RECUEIL ALPHABÉTIQUE

DES

QUESTIONS DE DROIT.

TOME PREMIER.

A — BAN.

CET OUVRAGE SE TROUVE AUSSI CHEZ
DONDEY-DUPRÉ PÈRE ET FILS, IMP.-LIB.,

RUE RICHELIEU, n° 47 *bis*, ET RUE SAINT-LOUIS, n° 46,

Et chez les Libraires des Départemens dont les noms suivent :

AGEN.	P. P. NOUBEL.		LIMOGES.	ALBIN.
AIX.	AUBIN.		LYON.	TARGE, FAVÉRIO.
AMIENS.	ALLO.		METZ.	HUSSON frères.
ANGERS.	FOURRIER-MAME.		MONTPELLIER.	POMATHIO-DURVILLE.
BESANÇON.	BINTOT.		NANCY.	SENEF jeune.
BORDEAUX.	LAWALLE, TFYCHNEY.		NÎMES.	POUCHON.
BOURGES.	Dames BOUGUET.		ORLÉANS.	HUET PERDOUX.
CAEN.	Dame BLIN, née LEBARON.		PAU.	PERRIS.
CLERMONT.	VESSET (AUGUSTE.) / THIBAUT-LANDRIOT.		POITIERS.	BARBIER.
			RENNES.	MOLLIEX.
COLMAR.	PANNETIER ET RESSEINGER.		ROUEN.	FRÈRE (ÉDOUARD). / Veuve RENAULT.
DIJON.	LAGIER (Victor).			
DOUAI.	TARLIER.			
GRENOBLE.	PRUDHOMME, succ^r de DURAND.		TOULOUSE.	VIEUSSEUX père et fils.

PARIS, IMPRIMERIE DE GAULTIER-LAGUIONIE.

RECUEIL ALPHABÉTIQUE

DES

QUESTIONS DE DROIT

QUI SE PRÉSENTENT

LE PLUS FRÉQUEMMENT DANS LES TRIBUNAUX;

OUVRAGE DANS LEQUEL L'AUTEUR A FONDU ET CLASSÉ

UN GRAND NOMBRE DE SES PLAIDOYERS ET RÉQUISITOIRES, AVEC LE TEXTE DES ARRÊTS
DE LA COUR DE CASSATION QUI S'EN SONT ENSUIVIS;

Quatrième Édition,

REVUE, CORRIGÉE ET CONSIDÉRABLEMENT AUGMENTÉE;

PAR M. MERLIN,

Ancien Procureur-Général à la Cour de Cassation.

TOME PREMIER.

A — BAN.

PARIS,

GARNERY, LIBRAIRE, RUE DE L'OBSERVANCE, N° 10.
J.-P. RORET, QUAI DES AUGUSTINS, N° 17 *bis.*

M DCCC XXVII.

RECUEIL ALPHABÉTIQUE

DES

QUESTIONS DE DROIT

QUI SE PRÉSENTENT LE PLUS FRÉQUEMMENT DANS LES TRIBUNAUX.

ABSENT, §. I-III.

ABSENT §. I. *Le ministère public doit-il être entendu dans les causes des militaires absens pour fait de service ?*

V. l'article *Conclusions du ministère public*, §. 1.

§. II. *L'absence de la femme et sa disparition de la maison maritale entraîne-t-elle, soit pour ses héritiers, soit pour elle-même, la perte de sa dot ?*

V. le plaidoyer et l'arrêt du 2 ventôse an 11, rapportés à l'article *Dot*, §. 5.

§. III. 1°. *Les héritiers provisoires d'un Absent peuvent-ils réclamer, de son chef, une succession ouverte depuis sa disparition, lorsqu'ils ne prouvent pas son existence à l'époque de l'ouverture de cette succession ?*

2°. *L'Absent de qui l'on n'a point de nouvelles, est-il, relativement aux tiers intéressés à son existence, réputé mort du jour de sa disparition ; ou doit-on, à leur égard, le présumer en vie jusqu'à sa centième année révolue ?*

3°. *Lorsqu'il s'agit de décider si un possesseur plus que trentenaire a possédé, et par conséquent prescrit, contre un Absent majeur, ou s'il n'a possédé que contre les héritiers provisoires et mineurs de celui-ci, l'Absent doit-il être réputé mort du jour de sa disparition totale, ou doit-on le réputer vivant jusqu'à sa centième année ?*

I. Ces questions, et deux autres qui sont indiquées sous les mots *Aliénation* et *Avantages aux héritiers présomptifs*, §. 2, n° 3, ont été portées, le 21 ventôse an 9, à la section des requêtes de la Cour de cassation, par André Camus et consorts, demandeurs en cassation d'un jugement rendu en faveur de la veuve Bénoît et de ses enfans. Voici les conclusions que j'ai données sur cette affaire.

4° édit., Tome I.

» Les moyens de forme que les demandeurs invoquent à l'appui de leur recours, ne pouvant, sous aucun rapport, mériter votre attention, vous la fixerez sûrement toute entière sur ceux que les demandeurs puisent dans les actes relatifs au fond du procès.

» Le procès avait, devant les tribunaux de première instance et d'appel, deux objets bien distincts : la succession de Louis Bénoît, et celle de Marcel Camus.

» La veuve de François Bénoît était poursuivie comme détentrice de la première ; ses enfans l'étaient comme détenteurs de la seconde.

» La veuve de François Bénoît répondait : Je ne possède rien comme héritière de Louis Bénoît; ce que je possède, je le tiens à titre de vente ; et je le prouve par un contrat notarié, du 9 pluviôse an 4.

» Ses enfans ajoutaient : Nous ne possédons rien comme héritiers de Marcel Camus ; ce que nous possédons, nous le tenons en vertu d'un échange passé entre notre père et un tiers acquéreur; et nous le prouvons par un acte authentique du 13 janvier 1755.

» De leur côté, les demandeurs attaquaient et le contrat d'échange du 13 janvier 1755, et le contrat de vente du 9 pluviôse an 4.

» Par un premier jugement du tribunal civil du département de l'Indre, ces deux contrats ont été déclarés nuls, et en conséquence les demandeurs ont été admis à reprendre les biens qu'ils réclamaient.

» Mais, sur l'appel, le tribunal civil du département de la Creuse a, par jugement du 16 prairial an 8, infirmé celui du tribunal de l'Indre, et débouté les demandeurs.

» Il s'agit de savoir si ce jugement a violé quelque loi, soit en validant, en faveur de la veuve de François Bénoît, le contrat de vente du 9 pluviôse an 4, soit en maintenant ses enfans dans les biens que leur père avait acquis par l'échange du 13 janvier 1755.

» Les demandeurs prétendent d'abord qu'en validant le contrat de vente du 9 pluviôse an 4, il a violé l'art. 26 de la loi du 17 nivôse an 2. Voyons dans quelles circonstances cet acte a été passé.

» François Bénoît, Jeanne Catinat, son épouse, et Louis Bénoît, son frère, avaient vécu en communauté jusqu'à la mort du premier; et cette communauté s'était continuée, après le décès de celui-ci, entre sa veuve, ses enfans et Louis Bénoît.

» Le 9 pluviôse an 4, Louis vend à sa belle-sœur le tiers qu'il avait dans la totalité des meubles et immeubles communs ; le contrat fixe le prix de cette vente à 1,700 fr., et il énonce que cette somme a été précédemment payée au vendeur.

» Louis Bénoît meurt en l'an 7.

» La loi lui donne pour héritiers les enfans de Louis Bénoît, son frère germain, et les demandeurs qui sont ou qui représentent ses frères utérins.

» Les demandeurs viennent revendiquer leur part légale dans les meubles et immeubles qu'il a laissés.

» La veuve de François Bénoît leur oppose son contrat du 9 pluviôse an 4.

» Ils soutiennent que ce contrat est nul, 1°. parce qu'il n'a pas été précédé d'un inventaire, et qu'aux termes de l'art. 20 du tit. 8 de la coutume de Berry, la communauté ne peut être dissoute que par un inventaire authentique ; 2°. parce qu'il n'est qu'une donation déguisée, et que la preuve en résulte d'un testament par lequel Louis Bénoît avait, en 1785, institué la veuve de François Bénoît son héritière universelle; 3°. parce que l'art. 26 de la loi du 17 nivôse an 2 déclare nulle *toute donation à charge de rente viagère et toute vente à fonds perdus, faite en ligne directe ou collatérale à l'un des héritiers présomptifs ou à ses descendans.*

» Le tribunal d'appel ne s'est arrêté à aucun de ces trois moyens ; et les demandeurs paraissent reconnaître eux-mêmes qu'il a bien jugé par rapport aux deux premiers, puisqu'ils ne les reproduisent plus.

» Dans le fait, rien de plus mal imaginé que celui qu'ils tiraient de l'art. 20 du titre 8 de la coutume de Berry, puisque l'acte de vente du 9 pluviôse an 4 contenait l'inventaire général de toute la communauté, tant mobilière qu'immobilière, et que, par conséquent, cette communauté avait été dissoute par le contrat même qui avait transporté à la veuve de François Bénoît le tiers qu'en possédait Louis Bénoît, son beau-frère.

» Quant à la prétendue simulation de ce contrat, il ne suffisait pas de l'alléguer, il fallait la prouver; et c'est ce que ne faisaient sûrement pas les demandeurs par la production d'un testament antérieur à la loi du 17 nivôse an 2. Car, de ce que j'ai voulu donner dans un temps où la loi me le permettait, il ne s'ensuit pas nécessairement que j'aie eu la même volonté, quand la loi a cessé de me le permettre; il ne s'ensuit pas surtout que j'aie voulu donner, quand j'ai déclaré que mon intention était de vendre.

» Mais, d'après cela même, que devient le deuxième moyen des demandeurs contre l'acte du 9 pluviôse an 4 ?

» Cet acte est-il une donation à rente viagère? Il n'en a ni le nom, ni la forme, ni la substance.

» Est-il une vente à fonds perdu? Pas davantage. Il énonce un prix payé d'avance; et un prix dont l'acquéreur s'est dessaisi, même avant de signer ce contrat, n'est assurément pas un prix qui reste entre ses mains à la charge d'une rente viagère.

» Mais quand on pousserait la complaisance jusqu'à supposer à l'acte du 9 pluviôse an 4, le caractère d'une vente à fonds perdu, quelle application recevrait ici l'art. 26 de la loi du 17 nivôse an 2 ? Aucune. Ce n'est pas à l'un de ses héritiers présomptifs ni à ses descendans que Louis Bénoît vend sa part dans la communauté; c'est à sa belle-sœur.

» Sans doute sa belle-sœur est mère de plusieurs de ses héritiers présomptifs; mais l'art. 26 de la loi du 17 nivôse an 2 ne comprend pas dans sa prohibition les ascendans des successibles; il la limite aux successibles eux-mêmes et à leurs descendans, et c'est ici le cas de dire avec le §. 55 du décret du 22 ventôse an 2, interprétatif de cet article même, *que la loi valide ce qu'elle n'annule pas* (1).

» Le jugement du tribunal de la Creuse est donc inattaquable en ce qui concerne les biens vendus par Louis Bénoît à sa belle-sœur, le 9 pluviôse an 4.

» Examinons-le maintenant dans ses dispositions relatives aux biens que François Bénoît avait acquis par échange en 1755.

» Ces biens, les demandeurs les avaient, dans le principe, réclamés comme héritiers d'Alexandre Camus et de Catherine Valadoux, père et mère de l'un d'eux, et aïeux des autres.

» Mais on leur a prouvé que Marie Camus, l'une d'eux, et Gabriel Camus, père des autres, avaient renoncé, par acte du 15 avril 1763, aux successions d'Alexandre Camus et de Catherine Valadoux.

» Dès-lors, il leur a fallu changer de système ; et ils se sont présentés comme héritiers de Marcel Camus, frère de Marie Camus, l'une d'eux, et oncle des autres.

» Voici comment ils ont raisonné à cet égard.

» Alexandre Camus et Catherine Valadoux avaient eu trois enfans de leur mariage : Marie Camus, née en 1733, et encore vivante; Gabriel

(1) *V.* l'article *Avantages aux héritiers présomptifs*, §. 2, n° 4.

Camus, né en 1735, et mort en 1781; Marcel Camus, né en 1739, et Absent depuis plus de quarante ans sans que depuis on en ait reçu aucune nouvelle.

» Alexandre Camus et Catherine Valladoux sont morts: le premier, on ignore à quelle époque précise, la deuxième après son mari et en 1751.

» Par leur mort et par la renonciation de Marie et Gabriel Camus à leur succession, Marcel Camus, celui de leurs enfans qui est encore Absent, s'est trouvé leur seul héritier.

» Et comme il n'a point donné de nouvelles de son existence depuis son départ, on doit présumer qu'il est mort à l'instant même de sa disparition.

» Il a donc transmis à Marie Camus, sa sœur, et à Gabriel Camus, son frère, tous les droits qu'il avait dans les biens de leurs père et mère communs.

» Il leur a par conséquent transmis le droit d'attaquer l'aliénation qui avait été faite de ces mêmes biens par leurs tuteurs communs en 1754, et par suite, l'échange que l'acquéreur en avait fait en 1755, avec François Bénoît.

» Or (continuent les demandeurs), c'est ce droit que nous exerçons aujourd'hui, et nous y sommes aussi recevables que fondés.

» Nous y sommes recevables, car on ne peut pas nous opposer de prescription.

» Nous y sommes fondés, car l'aliénation faite, en 1754, des biens de Marcel Camus, est évidemment nulle, à défaut des formalités requises pour l'expropriation légale des mineurs.

» Voilà tout le système des demandeurs, et comme vous le voyez, il se réduit à quatre propositions.

» Marcel Camus, Absent est devenu seul héritier de son père et de sa mère, par la renonciation de Marie et de Gabriel Camus, son frère et sa sœur; c'est la première.

» Marcel Camus est présumé mort du jour de sa disparition, et par conséquent il a transmis, dès ce même jour, à son frère Gabriel et à sa sœur Marie Camus, le droit qu'il avait d'attaquer la vente de ses biens faite en 1754; c'est la seconde.

» La vente faite en 1754, est nulle; c'est la troisième.

» La nullité de cette vente n'a pas été couverte par la prescription; c'est la quatrième.

» Si ces quatre propositions sont vraies, nul doute que le tribunal civil de la Creuse n'ait mal jugé.

» Mais s'il y en a une seule de fausse, le jugement du tribunal de la Creuse est à l'abri de toute censure.

» Or, 1°. peut-on dire que Marcel Camus ait succédé à son père et à sa mère?

» Cette question en renferme deux: l'une de fait, l'autre de droit.

» Dans le fait, y a-t-il preuve que Marcel Camus ait survécu à son père et à sa mère? Ou en d'autres termes, y a-t-il preuve qu'il ne s'est absenté et n'a disparu qu'après que son père et sa mère eurent cessé d'exister? Non, les demandeurs n'ont rien prouvé, ils n'ont même rien articulé à cet égard; ils se sont bornés à dire qu'il y avait plus de 40 ans que Marcel Camus était Absent et n'avait point donné de ses nouvelles, sans préciser, sans vérifier l'époque de sa disparition; et cependant la veuve de François Bénoît avait soutenu formellement, dans le procès-verbal de non conciliation du 26 frimaire an 7, que Marcel Camus était parti *avant d'avoir rien eu en sa possession;* ce qui signifiait bien clairement que son départ avait précédé l'ouverture des successions paternelle et maternelle; ce qui, par conséquent, imposait aux demandeurs l'obligation de prouver, au contraire, que les successions paternelle et maternelle étaient ouvertes avant son départ.

» Et au surplus, il est bien évident que le système des demandeurs reposant en entier sur la dévolution prétendue de tous les biens du père et de la mère de Marcel Camus, comme à leur héritier unique, c'était à eux à justifier le fait qui pouvait seul fournir une base plausible à ce système; et que n'en ayant rapporté aucune preuve, surtout après la dénégation qu'en avait faite la veuve Bénoît, on doit regarder comme non constant que Marcel Camus ait recueilli la succession de ses père et mère avant de s'absenter; et que, par une conséquence ultérieure, il doit être permis aux adversaires des demandeurs de supposer que Marcel Camus était déjà disparu, lorsque ses père et mère sont décédés.

» Cela posé, une question de droit se présente: c'est de savoir si Marcel Camus peut être réputé avoir été saisi, malgré son absence et sa disparition, des deux successions ouvertes depuis qu'il s'est absenté et qu'il a disparu; et si par suite il les a transmises aux demandeurs, qui provisoirement se trouvent ses héritiers personnels.

» Cette question tient à des principes sur lesquels les auteurs ne sont pas d'accord.

» Les uns prétendent que les héritiers provisoires, et généralement les ayant-cause d'un Absent peuvent profiter de toutes les successions qui lui échoient pendant cent ans, parce qu'il est présumé vivre un siècle. C'est ce qu'enseigne Dunod, en son *Traité des prescriptions*, et c'est ce qu'ont jugé les arrêts de Tillement, en 1629, et de Lenglet en 1672.

» Les autres prennent un tempérament: ils font passer aux Absens les successions qui s'ouvrent dans les 7, 10, 15, 30, ou 40 années de leur absence suivant les termes que fixent les coutumes, pour autoriser leurs héritiers apparens à se mettre provisoirement en possession de leurs biens. C'est l'avis de Lebrun, et il paraît avoir été adopté par deux arrêts rapportés par Louis, sur l'art. 287 de la coutume du Maine.

I.

» Enfin, il y a une troisième opinion adoptée par Dumoulin, sur les conseils d'Alexandre (tome V., cons. 1, n°. 42); par Pothier, sur la coutume d'Orléans, et qui n'a presque plus aujourd'hui de contradicteurs : c'est que l'Absent est toujours censé mort, lorsqu'il s'agit de lui faire recueillir une succession qui serait ouverte à son profit, s'il paraissait. Le Journal des Audiences nous fournit un arrêt du parlement de Paris du 11 août 1719, qui l'a ainsi jugé : *Quand il s'agit d'acquérir* (dit le rédacteur de ce recueil, en le rapportant), *il faut se présenter et se montrer, soit par soi, soit par procureur, en vertu d'une procuration qui atteste l'existence ; sinon, ceux qui sont présens, recueillent, sauf, au cas que l'Absent se représente, à lui accorder restitution, telle que de droit.*

» Védel, en ses Observations sur Catellan, liv. 2, chap. 58, rapporte un arrêt du parlement de Toulouse, du 23 juillet 1723, qui a adopté le même principe.

» C'est ce qu'a pareillement jugé un arrêt du parlement de Bordeaux, du 13 mai 1771, rapporté dans le recueil de Salviat, quest. 23 (1).

» Ainsi, déjà se trouve fausse la première proposition, la proposition fondamentale des demandeurs ; déjà il est démontré que Marcel Camus ne peut pas être censé n'avoir disparu qu'après la mort de ses père et mère, ni par conséquent leur avoir succédé.

» Mais admettons pour un moment que sa disparition soit effectivement postérieure au décès de ses père et mère, et qu'il ait été réellement saisi de leurs successions, en conclura-t-on que, par sa disparition seule, les demandeurs ont acquis le droit d'attaquer, comme ses héritiers provisoires, la vente faite de ses biens en 1754?

» Les demandeurs n'y trouvent aucune difficulté, et ils se fondent sur la règle que tout Absent est réputé mort du jour où il a cessé de donner de ses nouvelles.

» Mais cette règle, toute générale qu'elle est, a besoin d'explications ; vraie sous un rapport, elle est erronée sous d'autres.

» Dans l'exactitude des principes l'Absent n'est présumé ni vivant, ni mort; c'est à celui qui a intérêt qu'il soit vivant, à prouver sa vie, comme c'est à celui qui a intérêt qu'il soit mort, à prouver son décès.

» Seulement après cent années écoulées depuis sa naissance, toute espérance de retour est perdue, et sa mort est regardée comme constante, parce que, comme l'établit la loi 8, D. *de usu et usufructu*, l'âge de cent ans accomplis est le plus long terme de la vie ordinaire de l'homme.

» Mais une fois sa centième année révolue, il faut, en le regardant comme bien constamment décédé, déterminer à qui doit appartenir sa succession ; et comme à compter du jour où l'on a cessé de recevoir de ses nouvelles, on n'a aucune preuve qu'il ait continué d'exister ; nul ne peut dire que son hérédité se soit ouverte à une époque postérieure à celle de sa disparition : car pour soutenir le contraire, il faudrait prouver qu'il a vécu au-delà de cette époque, et une pareille preuve est impossible. C'est donc aux parens qui auraient été appelés à lui succéder au moment où il a cessé de donner de ses nouvelles, s'il était décédé dès-lors, que la jurisprudence défère sa succession ; et elle la leur défère, en établissant une fiction qui le répute mort à dater de ce moment.

» Cette fiction ne produit son entier effet qu'à l'époque à laquelle il ne peut plus y avoir de doute sur la mort de l'Absent, c'est-à-dire quand il s'est écoulé cent ans depuis sa naissance.

» Alors, ceux de ses parens qui, à l'instant de sa disparition, étaient désignés par la loi pour lui succéder, sont définitivement saisis, à compter de sa disparition elle-même, de tous les biens qu'il a laissés. Jusqu'alors, ils n'en ont que la garde, l'administration, la jouissance provisoire.

» Tel est le but, tel est le résultat de la fiction dont il s'agit.

» Elle n'a été introduite que par la nécessité de déterminer avec précision quelles sont les personnes qui doivent succéder à l'Absent, lorsque la succession est ouverte par la révolution de sa centième année ; et comme toute fiction de droit est essentiellement limitée aux cas pour lesquels elle a été admise, celle dont il est question ne peut pas empêcher que, pour tout autre objet, l'on ne tienne invariablement au principe que l'Absent, jusqu'à sa centième année, ne doit pas plutôt être présumé mort que vivant, et que son décès doit être prouvé par tous ceux qui forment des demandes dont la certitude de son décès est le fondement.

» Et qu'on ne vienne pas dire qu'il y a de l'inconséquence, de la contradiction, à ne pas réputer l'Absent mort à tous égards, tandis qu'on le répute tel, à l'effet de régler quels doivent être ses héritiers.

» Il n'y a en cela ni contradiction ni inconséquence : ce n'est que l'application exacte de la maxime générale, qui impose à tout demandeur la nécessité de prouver le point de fait sur lequel est fondée sa demande, et qui veut qu'à défaut par lui d'en rapporter la preuve, le défendeur soit déchargé : *actoris est probare ; actore non probante, reus absolvitur.*

» Ainsi, un Absent jouissait-il, à l'époque de sa disparition, de quelques immeubles à titre d'usufruit, sa jouissance doit continuer à son profit, ou, si l'on veut, au profit du gardien légal de sa succession, au profit du son héritier provisoire, jusqu'à ce qu'il se soit écoulé cent ans depuis sa naissance.

---

(1) Cette opinion est érigée en loi par les art. 135 et 136 du Code civil.

… En vain le propriétaire viendra-t-il, avant cela, demander que l'usufruit soit réuni à la nue propriété, sous prétexte que l'usufruitier est réputé mort du jour qu'on a cessé d'avoir de ses nouvelles; on lui répondra avec succès, que c'est à celui qui se constitue demandeur sur le fondement de la mort d'un autre, à la prouver.

» Et c'est ainsi que le décide expressément Dumoulin, sur la coutume de Paris, titre *des fiefs*, §. 1, gl. 2, n°. 4.

» Un Absent a-t-il, avant son départ, fait un testament? Il faut que les légataires appelés par cet acte, justifient de sa mort pour obtenir la délivrance de leurs legs; et il ne leur servira de rien d'invoquer la fiction qui le fait réputer mort du jour de sa disparition absolue : il suffira de leur répondre qu'ils sont demandeurs, que leur demande ne peut être accueillie qu'autant que la mort du testateur se trouve certaine, et que ce n'est point par une fiction, mais par une preuve directe, que cette mort doit être constatée.

» Ainsi l'a jugé un arrêt du parlement de Toulouse, du 2 juin 1650, rapporté par Catellan, liv. 2, chap. 67.

» L'Absent a-t-il, par des donations entre vifs, entamé les réserves légales ou coutumières de ses héritiers? Ceux-ci ne pourront faire réduire les donations au taux de la loi ou de la coutume, qu'à l'expiration du délai de cent années. Avant ce temps, les donataires seront fondés à leur dire : « Nous jouissons en vertu d'un titre de propriété qui ne peut pas être attaqué par le donateur lui-même; ses héritiers seuls ont ce droit, mais ils ne l'ont qu'à sa mort. Ainsi, ou prouvez qu'il est décédé, ou laissez-nous jouir, jusqu'à ce que le laps de cent ans ait fait cesser tous les doutes sur sa mort ».

» Et il a été ainsi jugé par arrêt du parlement de Paris, du 13 juillet 1654, rapporté dans le recueil de Henrys, tome 2, livre 6, question 36 (1).

» Enfin les biens de l'Absent se trouvent-ils, comme dans notre espèce, entre les mains d'un tiers acquéreur, qui les possède depuis plus de 40 ans, et que l'héritier provisoire de l'Absent veut évincer par des moyens qui ne peuvent réussir qu'en supposant celui-ci mort à l'époque de sa disparition totale? c'est toujours le même principe qui prédomine : l'héritier provisoire est demandeur, il s'est constitué tel sur le fondement de la mort de l'Absent; il faut donc qu'il la prouve; et s'il ne la prouve pas, sa demande doit être rejetée (1).

» La deuxième proposition des demandeurs n'est donc pas plus vraie que la première; ils sont bien héritiers provisoires de Marcel Camus; ils le sont bien à compter du jour où il a disparu tout-à-fait; mais cela n'empêche pas que, vis-à-vis d'un tiers, ils ne soient tenus de prouver sa mort, s'ils sont demandeurs contre ce tiers, et si leur demande est d'une telle nature, qu'elle ne puisse pas être accueillie sans la certitude que Marcel Camus a cessé d'exister à l'époque où il a cessé de donner de ses nouvelles.

» Or, nous verrons bientôt que c'est précisément dans cette position que les demandeurs se trouvent.

» Examinons maintenant leur troisième proposition, et voyons si, comme ils le soutiennent, la vente faite en 1754, des biens des mineurs Camus, est nulle.

» Elle l'est, suivant les demandeurs, parce qu'elle n'a été précédée, ni d'une vente légale du mobilier, ni d'une évaluation d'experts, ni de publications et d'affiches; enfin, parce qu'elle n'a pas été faite en justice, à la chaleur des enchères.

» Toutes ces formalités sont sans contredit très-utiles pour prévenir tout abus dans la vente des biens des mineurs; mais sont-elles rigoureusement nécessaires?

» Elles le sont dans la coutume de Paris, d'après la disposition expresse de deux arrêts de réglement, des 9 avril 1630 et 28 février 1722.

» Le sont-elles également dans la coutume de Berry? Les deux arrêts que nous venons de citer, n'ont été publiés dans aucun des tribunaux de cette contrée : ils ne l'ont été et n'ont dû l'être qu'au Châtelet, parce qu'ils n'ont été faits que pour le ressort de ce tribunal. Nous ne pouvons donc nous déterminer ici, ni par l'un ni par l'autre arrêt; et à défaut absolu de loi générale sur cette matière, nous ne pouvons interroger que le texte de la coutume de Berry elle-même.

» Or, la coutume de Berry, tit. 1, art. 4, n'exige que deux choses pour la validité de l'aliénation des biens d'un mineur : *autorité de curateur* et *décret de juge*.

» Ici il y a eu, non seulement *autorité de tuteur* et *décret de juge*, mais encore *avis de parens*; car le juge n'a rendu son ordonnance portant autorisation de vendre, qu'après avoir entendu les parens des mineurs Camus, et leur consentement.

» On a donc fait, dans cette vente, tout ce qui était rigoureusement nécessaire pour la rendre légale; on a même fait quelque chose de plus; et dès-là, point de moyen pour la faire déclarer nulle, faute de formalités.

» Dira-t-on qu'au défaut du texte de la coutume, on doit recourir au droit romain?

---

(1) On ne doit pas perdre de vue que ceci a été écrit avant l'art. 123 du Code civil. Aujourd'hui, tous les tiers qui ont, sur les biens de l'Absent, des droits subordonnés à son décès, ne sont plus assujétis à la preuve de son décès, même vis-à-vis de l'héritier qui, après avoir fait déclarer l'absence, a obtenu l'envoi en possession provisoire. *V*. le *Répertoire de Jurisprudence*, au mot *Absent*, observations sur les art. 115 et 123 du Code civil.

(1) *V*. encore sur cette matière, l'article *Vie*, §. 2.

» Supposons-le : que trouvera-t-on dans le droit romain sur cette matière? Rien de plus que dans la coutume de Berry, si ce n'est qu'il défend au juge d'accorder son autorisation pour vendre avant d'avoir entendu les parens, formalité qui, dans notre espèce, a été remplie.

» Du reste, le droit romain n'exige aucune des autres formalités dont les demandeurs font ici valoir l'omission; il se contente de l'autorisation du tuteur ou curateur, et du décret de justice. C'est ce qu'établit *Simoncellus*, dans son Traité *de decretis*, liv. 1, titre 2, n°. 64; et sa doctrine a été confirmée solennellement par un arrêt de révision du grand conseil de Malines, du 5 septembre 1643, rapporté dans le recueil de Dulaury, §. 102.

» Encore une fois nous ne prétendons pas que les autres formalités dont il s'agit, n'aient été sagement ordonnées dans la coutume de Paris, et que l'usage qui les a fait adopter presque partout ailleurs, ne mérite des éloges.

» Mais leur omission emporte-t-elle nullité, et un jugement qui décide que non, peut-il pour cela être cassé? Voilà le point sur lequel il faut se fixer; et certainement les demandeurs ne parviendront jamais à le faire résoudre en leur faveur.

» Cependant supposons que la vente dont il est ici question, manque de quelques-unes des formalités requises pour sa validité; au moins, la prescription ne suffira-t-elle pas pour écarter les demandeurs?

» Non, s'écrient-ils, parce qu'on ne peut pas prescrire en vertu d'un titre vicieux.

» Mais un titre peut être vicieux de deux manières : ou parce qu'il est inhabile à rendre le possesseur propriétaire, quoiqu'il soit valable en lui-même; ou parce qu'il est nul dans l'hypothèse, quoique capable par lui-même, de transférer la propriété.

» Sans doute, dans le premier cas, c'est-à-dire, lorsque le vice du titre provient du défaut d'habileté à transférer le domaine, le possesseur ne peut jamais prescrire, parce qu'il ne jouit pas *animo domini*, et que conséquemment il n'a pas cette *possession civile*, qui est la condition essentielle et fondamentale de la prescription.

» Mais dans le second cas on sous-distingue : ou la nullité est absolue, c'est-à-dire, introduite uniquement pour l'intérêt général et direct de la société; ou elle est relative, c'est-à-dire, établie pour l'intérêt des particuliers ou de certaines corporations.

» Quand le titre est frappé d'une nullité véritablement absolue, point de prescription. La loi résiste continuellement à l'exécution que ce titre pourrait avoir; elle le réduit à un pur fait, qui ne peut être ni autorisé ni confirmé, et qui ne produit aucun droit, aucune action, aucune exception.

» Mais les nullités relatives ne forment, en aucun cas, obstacle à la prescription. Comme elles ne sont introduites qu'en faveur de certains individus ou de corps particuliers, nul autre n'est recevable à les proposer; et l'action qu'elles produisent, étant de droit purement privé, rien n'empêche qu'elle ne s'éteigne par le laps de temps.

» Ainsi, nonobstant la défense d'aliéner les fonds dotaux, de vendre sans nécessité et sans décret de justice, les biens des pupilles et des mineurs, de contracter sans l'autorité du père ou du mari, la prescription couvrira les nullités de l'aliénation d'un fonds dotal, de la vente d'un bien pupillaire, d'un contrat fait par un fils de famille ou par une femme non autorisée.

» La première objection que les demandeurs opposent à la prescription réclamée par la veuve Benoît et ses enfans, tombe donc d'elle-même.

» La seconde est tirée de l'art. 2 du tit. 12 de la coutume de Berry, qui ouvre aux mineurs la voie de la restitution en entier contre la prescription de 30 ans, à laquelle les soumet l'art. 1ᵉʳ. du même titre.

» Les demandeurs infèrent de cet article, qu'on ne peut jamais prescrire utilement contre un mineur, parce qu'il peut toujours se faire restituer en entier contre la prescription qui serait acquise à son désavantage; et cette induction les conduit à une autre conséquence : c'est qu'il ne peut pas y avoir de prescription si l'on n'a possédé pendant 30 ans, contre un majeur.

» Il y aurait bien quelques observations à faire sur ce principe; mais pour simplifier la discussion, admettons-le purement et simplement; et voyons comment les demandeurs en font l'application à leur cause.

» Marcel Camus, disent-ils, est réputé mort du jour de sa disparition; et dès ce jour-là même, nous sommes devenus ses héritiers de plein droit; ainsi, ce n'est pas contre lui, c'est d'abord contre notre père, et ensuite contre nous, que François Benoît, sa femme et ses enfans ont possédé.

» Or, Gabriel Camus, notre père, n'est devenu majeur qu'en 1760, et il est mort en 1781. Il n'y a donc eu contre lui que 19 ans de possession utile.

» Quant à nous, nous ne sommes devenus respectivement majeurs qu'en 1787 et en 1793; ainsi, il n'y a contre l'un de nous que sept ans et demi, et contre l'autre que 17 mois de possession.

» Dès-là, point de possession trentenaire à nous opposer; par conséquent, point de prescription.

» En raisonnant ainsi, les demandeurs laissent à l'écart Marie Camus, qui pourtant fait cause commune avec eux, et qui, étant née en 1733, est devenue majeure en 1758; ce qui jusqu'au 22 pluviôse an 3, jour de la première demande, donne contre elle une possession utile de 36 ans.

» Mais attachons-nous au raisonnement que les demandeurs font par rapport aux deux d'entre eux qui descendent de Gabriel Camus, mort en 1781.

» Ce raisonnement repose tout entier sur la supposition que Marcel Camus doit être réputé mort du jour de sa totale disparition, et qu'à compter de ce même jour, Gabriel Camus est devenu, à titre d'héritier, propriétaire des biens dont il s'agit.

» Mais cette supposition est détruite à l'avance par les principes que nous avons tout-à-l'heure développés; et il doit maintenant passer pour bien constant que, si, pour déposséder leurs adversaires des biens dont ceux-ci jouissent depuis l'an 1755, ils ont besoin de la mort de Marcel Camus, il faut qu'ils fassent preuve de cette mort; et qu'il n'y a point de fiction de droit qui, en cette matière, puisse détourner d'eux l'application de la règle qui veut que tout demandeur soit débouté, s'il ne prouve le fait qui est le fondement de sa demande.

» Ce n'est donc pas contre Gabriel Camus ni contre Marie Camus, sa sœur, c'est contre l'Absent Marcel Camus, leur frère, que François Bénoît et ses héritiers sont censés avoir possédé ; or, Marcel Camus est devenu majeur en 1764; conséquemment il y a contre lui plus de 31 ans de possession utile ; et par une conséquence ultérieure, la prescription est complétement acquise aux héritiers Bénoît.

» Ainsi l'a jugé le tribunal civil de la Creuse; et certes, quand il n'aurait pas aussi bien jugé en cela qu'il l'a fait, du moins il n'aurait, en jugeant ainsi, violé aucune loi, ni par conséquent donné prise à la cassation de son jugement.

» Par ces considérations, nous estimons qu'il y a lieu de rejeter la requête, et de condamner les demandeurs à l'amende ».

Ces conclusions ont été adoptées par arrêt du 21 ventôse an 9, au rapport de M. Poriquet,

» Attendu, sur les moyens de forme, ect. ;

» Attendu que la vente faite par Louis Bénoît à la veuve Catinat, sa belle-sœur, le 9 pluviôse an 4, n'est ni une vente à rente viagère, ni une vente à fonds perdu, et que d'ailleurs la veuve Catinat n'était ni la successible, ni descendante des successibles de Louis Benoît; d'où il résulte que le jugement qui a déclaré cette vente valable, n'a violé aucune des dispositions de la loi du 17 nivôse an 2;

» Attendu que les demandeurs n'ont pas justifié du décès de Marcel Camus Absent, qui, jusqu'à la preuve contraire, est réputé, relativement aux tiers personnes intéressées à son existence, devoir vivre jusqu'à cent ans; et qu'ainsi, c'est contre lui seul, comme l'a décidé le jugement attaqué, que la prescription a dû courir, et a été acquise en effet par la possession plus que trentenaire que François Bénoît ou ses représentans ont eue, sans aucun trouble, des biens compris dans la cession du 13 janvier 1755 ».

II. Aurait-on pu juger de même, si les héritiers provisoires avaient obtenu l'envoi en possession des biens de l'Absent à une époque assez reculée pour qu'il ne se fût plus trouvé, au profit du tiers-détenteur, trente ans de possession utile ? Non. *V*. ce que je dis sur l'art. 134 du Code civil, au mot *Absent*, dans le *Répertoire de Jurisprudence*.

§. IV. *Lorsqu'il s'agit de pourvoir, non à la conservation des droits d'un militaire Absent pour cause de service en temps de guerre, et dont on n'a point de nouvelles, sur une succession ouverte à son profit pendant son absence, et qui lui serait dévolue s'il vivait encore ; mais à la conservation des droits qui lui étaient acquis avant sa disparition, est-ce par le conseil de famille qu'il doit lui être nommé un curateur, conformément à la loi du 11 ventôse an 2 ; ou cette nomination appartient-elle, d'après la règle générale écrite dans l'art. 112 du Code civil, au tribunal de première instance ?*

Je crois avoir prouvé, dans le *Répertoire de jurisprudence*, au mot *Absent* (observations sur l'art. 115 du Code civil, n°. 6), que la loi spéciale du 11 ventôse an 2 est inapplicable à ce cas; et qu'alors il n'appartient qu'au tribunal de première instance de nommer un curateur à l'Absent.

Aux trois arrêts cités au même endroit de la cour supérieure de justice de Bruxelles, qui l'ont ainsi jugé, s'en joint encore un de la cour royale de Paris, du 9 juillet 1822, qui est rapporté dans le *Journal des Audiences de la cour de cassation*, année 1823, supplément, page 106.

Mais il semblerait, au premier abord, que l'on peut opposer à ces arrêts celui que la Cour de cassation a rendu depuis, dans l'espèce suivante.

Le 17 décembre 1813, délibération d'un conseil de famille qui, attendu que Jacques Bréban, militaire, est Absent depuis plusieurs années, et que l'on ignore ce qu'il est devenu, nomme le sieur Damray curateur à ses biens et affaires.

Le 20 décembre 1818, le sieur Damray fait, en sa qualité, signifier au sieur Garnier un commandement de payer trois années de fermage d'un domaine appartenant à Jacques Bréban.

Le sieur Garnier lui oppose une fin de non recevoir qu'il fait résulter de ce qu'aux termes de la loi du 11 ventôse an 2, le conseil de famille était incompétent pour lui conférer la qualité de curateur. Mais comment justifie-t-il cette proposition ? Expose-t-il que la loi du 11 ventôse an 2 ne porte que sur le cas où il échoit une succession à un militaire Absent, et qu'elle est étrangère à celui où il s'agit de pourvoir à l'administration des biens de ce militaire ? Non. Raisonnant comme si la loi du 11 ventôse an 2 assimilait ces deux cas l'un à l'autre, il se borne à soutenir, contre le texte formel de l'art. 2 de cette loi, que la disposition n'en est applicable qu'au militaire de qui l'on a des nouvelles.

ABSENT, §. V.

Le 21 mars 1819, jugement en dernier ressort du tribunal de première instance d'Issoudun, qui, en effet, déclare illégale la nomination faite par le conseil de famille de la personne du sieur Damray aux fonctions de curateur, « Attendu » que la loi du mois de ventôse an 2, en réglant » la manière de stipuler les intérêts des mili- » taires Absens, n'a entendu parler que des mi- » litaires qui étaient momentanément sous les » drapeaux, à de grandes distances, et hors » d'état de stipuler leurs intérêts; qu'il y a une » grande différence entre un Absent et un pré- » sumé Absent; que l'Absent est celui qui est à » un éloignement tel que, d'après son état, on ne » peut stipuler ses intérêts; que le présumé Ab- » sent, au contraire, est celui dont on n'a point » de nouvelles, dont on ignore le sort depuis plu- » sieurs années, et dont on doit craindre la mort; » que Jacques Bréban est dans cette dernière » catégorie; que ce n'est point un militaire exis- » tant sous les drapeaux, à une très grande dis- » tance, mais bien un militaire présumé Absent, » puisqu'on n'a pas reçu de ses nouvelles depuis » plusieurs années; que dans cette dernière hy- » pothèse, c'est l'art. 112 du Code civil qui doit — » régler les poursuites et faire la loi des tribu- » naux ».

Ce jugement n'avait d'autre défaut que celui d'être motivé d'une manière qui choquait ouvertement l'esprit et la lettre de la loi du 11 ventôse an 2. Cependant il a été attaqué par un recours en cassation : et qu'a-t-on dit pour le défendre ? Rien de plus que le tribunal qui l'avait rendu. Au lieu d'établir que la loi du 11 ventôse an 2, par cela seul qu'elle est spéciale, doit être restreinte dans ses termes précis, et qu'on ne peut pas l'étendre à l'administration des biens personnels des militaires absens sans nouvelles, on a soutenu » qu'elle suppose toujours que le militaire aux » intérêts duquel elle pourvoit est vivant, puis- » que toutes ses dispositions ont pour but la con- » servation de ses biens et de ses droits, sans que » rien ait trait aux droits de ses héritiers, et se » rattache à la supposition de son décès; qu'il » faut, dès-lors, pour le cas où un militaire est » *présumé Absent*, c'est-à-dire, lorsqu'il y a in- » certitude sur le fait de son existence, chercher » les règles applicables dans le Code civil, qui » dispose d'une manière générale pour le cas où » il y a plus que *simple éloignement, où il y a* » *présomption d'absence* ».

En conséquence, par arrêt du 9 mars 1824, au rapport de M. Gandon, et sur les conclusions de M. l'avocat général Jourde,

« Vu la loi du 11 ventôse an 2 (1 mars 1794)...;
» Attendu qu'il est constaté par le jugement attaqué lui-même, que, par délibération du conseil de famille du 17 décembre 1813, le demandeur a été nommé curateur à l'absence de Jacques Bréban, militaire, et ce en conformité de la loi du 11 ventôse an 2; que l'unique motif donné par le tribunal d'Issoudun, pour annuler cette nomination, est que la loi de l'an 2 n'a entendu parler que des militaires qui se trouvent momentanément à de grandes distances sous leurs drapeaux, et non des militaires présumés absens dont on n'a pas reçu de nouvelles;

» Attendu que le texte de la loi du 11 ventôse an 2 n'autorise point une pareille distinction ; qu'il parle généralement des *militaires absens*; que c'est dans ce sens que la loi a toujours été entendue et appliquée; et qu'on en trouve la preuve dans la circulaire du 16 décembre 1807, où le grand-juge applique précisément cette loi à des militaires dont on voulait faire déclarer l'absence; que c'est aussi dans ce sens que les arrêts des cours royales en ont fait l'application ; que cette classe d'absens, aux intérêts de laquelle on a pourvu par une législation spéciale, ne commencé à être soumise aux effets ordinaires de l'absence, tels qu'ils sont déterminés par le Code civil, que lorsque, d'après la loi du 13 janvier 1817, leur famille ou les autres parties intéressées ont fait déclarer l'absence par un jugement ;

» Que le tribunal dont la décision est attaquée, a donc créé une distinction arbitraire; qu'il a, par suite, dans l'espèce, fait une fausse application de l'art. 112 du Code civil, et commis une contravention expresse à la loi du 11 ventôse an 2 ;

» La Cour casse et annule...... (1) ».

Rien de plus contraire en apparence que cet arrêt à ceux des Cours de Paris et de Bruxelles, qui ont adopté l'opinion à laquelle je crois devoir me ranger. Cependant, bien examiné, que juge-t-il ? Rien autre chose, si ce n'est que la loi du 11 ventôse an 2 comprend dans sa disposition les militaires qui sont *absens*, tout aussi bien que ceux sur l'existence desquels il n'y a pas de contestation, quoiqu'on n'ait pas d'eux de nouvelles directes. Il ne juge donc pas que l'on doit étendre cette loi hors du cas précis qu'elle a pour objet, et que la disposition en est applicable à celui où il s'agit de pourvoir à l'administration des biens personnels des militaires absens, sans nouvelles. A la vérité, il le suppose, parce que les deux parties étaient erronément d'accord là-dessus. Mais on ne peut pas conclure de là qu'il l'eût jugé formellement, si cela eût été mis en question.

§. V. *Les héritiers présomptifs qui ont fait déclarer l'absence, et obtenu l'envoi en possession provisoire des biens d'un homme engagé dans les liens du mariage, peuvent-ils, comme s'il lui avaient succédé par suite de son décès légalement justifié, contester la légitimité des enfans auxquels son épouse a donné le jour depuis qu'il a disparu et cessé de donner de ses nouvelles ?*

---

(1) Bulletin civil de la Cour de cassation, tome 24, page 87.

ABUS.

V. l'article *Légitimité*, § 8.

ABSOLUTION. *V.* les articles *Délit* et *Non bis in idem.*

ABUS (APPEL COMME D'). *A quelle autorité appartient aujourd'hui la connaissance des appels comme d'Abus? Est-ce au conseil d'état, conformément aux articles* 6 *et* 7 *de la loi du* 18 *germinal an* 10*? Est-ce aux cours royales, conformément à l'article* 5 *du décret du* 25 *mars* 1813 *?*

Que les art. 6 et 7 de la loi du 18 germinal an 10 aient introduit en France une grande innovation, lorsqu'ils ont dit, l'un, qu'il y aurait *recours au conseil d'état, dans tous les cas d'abus de la part des supérieurs et autres personnes ecclésiastiques;* l'autre, qu'il y aurait *pareillement recours au conseil d'état, s'il était porté atteinte à l'exercice public du culte, et à la liberté que les lois et les réglemens garantissent à ses ministres:* c'est une vérité qu'il est impossible de méconnaître.

Jusqu'alors, l'appel comme d'Abus avait été universellement considéré comme une voie de droit purement judiciaire; et le pouvoir exclusif des tribunaux souverains d'en connaître, établi d'abord comme de lui-même et par la seule force d'une jurisprudence dont les monumens remontaient à plus de quatre siècles, avait été reconnu et consacré par une foule de lois qui en avaient réglé l'exercice, notamment par les art. 6 et 7 de l'ordonnance de 1539; par l'art. 5 de l'édit du 16 avril 1571; par l'art. 59 de l'ordonnance de Blois de 1579; par l'art. 1 de l'édit de Melun, de 1580; par les art. 2 et 6 de l'édit du mois de décembre 1606; par un édit du mois de décembre 1610; par l'édit du mois de décembre 1633, portant création du parlement de Metz; par l'art. 7 de l'édit du mois de février 1694, portant règlement pour la discipline du parlement de Besançon; par les art. 11, 18, 20, 29, 35, 36 et 37 de l'édit de 1695, concernant la juridiction ecclésiastique; par la déclaration du 22 août 1702, concernant la juridiction primatiale de l'archevêque de Lyon; par les lettres-patentes du 6 octobre 1722, qui dispensaient l'archevêque de Besançon d'établir un official forain en Alsace; par celles du 15 avril 1744, qui dispensaient l'archevêque de Lyon d'établir un official forain en Franche-Comté, pour le jugement des appellations des sentences rendues par l'official de l'évêché de Saint-Claude, etc.

Il s'était néanmoins écoulé, sous les règnes de Louis XIV et de Louis XV, un espace de temps assez considérable pendant lequel le pouvoir judiciaire avait été réduit, dans une très-petite portion de la Belgique française, au simple rôle de dénonciateur des entreprises de la juridiction ecclésiastique sur la juridiction séculière, et forcé d'en laisser le jugement définitif au conseil d'état. Mais comment cette anomalie s'était-elle introduite, et comment avait-elle cessé? C'est ce qu'il ne sera pas inutile d'expliquer le plus succinctement possible.

4ᵉ édit., Tome I.

Avant la cession faite par le roi François Iᵉʳ à l'empereur Charles-Quint, de la souveraineté des provinces de Flandre et d'Artois, le grand conseil de Malines, juge supérieur de ces pays, était, comme toutes les cours souveraines de l'intérieur de la France, en possession de recevoir et de juger définitivement les appels comme d'Abus; et il y avait ensuite été maintenu par l'ordonnance de Philippe II, roi d'Espagne, de 1559, connue sous le nom de *Style du grand conseil de Malines,* titre *des requêtes et provisions de justice,* art. 14.

Mais insensiblement on s'était habitué, dans le ressort de ce tribunal, à substituer aux mots *appel comme d'Abus,* les termes de *recours au prince,* qui étaient plus usités dans les conseils souverains de Brabant et de Hainaut, et exprimaient absolument la même idée, comme on peut s'en convaincre par les longs développemens dans lesquels entre là-dessus Vanespen, dans son savant traité *de recursu ad principem.*

Ce changement de dénomination en amena bientôt un dans les choses. Le roi Philippe II, ne voyant, dans la connaissance que prenaient les cours souveraines des Pays-Bas, de ce qu'on appelait le *recours au prince,* que l'exercice d'un pouvoir qu'il leur déléguait, et qu'il lui était libre de ne pas leur déléguer, prit le parti de le réserver à son conseil, non pas, à la vérité, pour le cas où il s'agirait d'entreprises de la juridiction ecclésiastique sur la juridiction séculière, mais pour le cas où il s'agirait d'entreprises de la juridiction séculière sur la juridiction ecclésiastique; et c'est ce qu'il fit en ces termes, par l'art. 16 de son placard du 1ᵉʳ juin 1587, confirmatif des décrets du concile provincial de Cambrai, de 1586:

« Veuillant mettre ordre à ce que la juridiction
» ecclésiastique soit maintenue et conservée si
» avant que de raison, nous défendons à tous nos
» consaux et sièges provinciaux; et toutes autres
» justices séculières, de n'entreprendre sur la-
» dite juridiction ecclésiastique, ni prendre con-
» naissance des causes criminelles ou civiles sur
» les personnes desdits ecclésiastiques, chapitres
» ou monastères, ni permettre iceux être attirés
» par les juges subalternes de leur ressort, sauf
» ès cas auxquels ils sont de temps immémorial
» accoutumés de ce faire; et où à cette occasion
» lesdits archevêques et évêques prétendaient y
» avoir emprinse, *auront leur recours vers nous*
» *ou vers nos très-chers et féaux les chefs prési-*
» *dent et gens de notre conseil privé, pour y or-*
» *donner ce que de raison* ».

Remarquons bien qu'il n'est question dans cet article que des entreprises de la juridiction séculière sur la juridiction ecclésiastique, et que, dans l'article suivant, le même prince, s'occupant des entreprises de la juridiction ecclésiastique sur la juridiction séculière, s'exprima tout autrement; voici ses propres termes:

« Quand lesdits juges ecclésiastiques auront

» cité quelques personnes qui se prétendent
» exemptes de leur juridiction ; nous ordonnons
» à nos consaux et siéges provinciaux, que leur
» en étant fait plainte, *auparavant décerner quel-*
» *que provision de saisissement ou cassation* (1),
» ils aient à écrire audit juge ecclésiastique, afin
» d'avertir que c'est du procès, de quelle matière
» il y a question, sur quoi le demandeur fonde
» la connaissance du juge ecclésiastique, et si
» lui semble la matière disposée pour soumettre
» ledit lay à sa juridiction, et par quelle raison :
» pour, la rescription vue et examinée en con-
» seil, si les raisons sont trouvées insuffisantes,
» requérir ledit juge ecclésiastique itérativement
» de se déporter de ladite connaissance, à peine
» d'y pourvoir par les remèdes accoutumés,
» *comme en cas de défaut ils feront;* tenant, pen-
» dant cette communication, toutes procédures
» en surséance ».

Il est clair qu'en s'expliquant ainsi sur le cas où il y aurait réclamation contre une entreprise de la juridiction ecclésiastique sur la juridiction séculière, Philippe II n'entendait pas en réserver la connaissance définitive à son conseil, et que, bien loin de là, il voulait que les tribunaux prononçassent définitivement, après avoir mis la juridiction ecclésiastique en demeure de justifier les actes attaqués. Aussi trouve-t-on, dans l'ouvrage déjà cité de Vanespen, une foule d'arrêts du grand conseil de Malines et des conseils souverains de Brabant et de Hainaut, qui, statuant sur les réclamations portées devant ces cours, par des particuliers, annulent, comme contraires aux lois de l'état, soit des ordonnances d'évêques, soit des sentences d'officiaux, soit des actes de simples ecclésiastiques.

Ce fut cependant cet article qui, dans le siècle suivant, servit de prétexte au conseil d'état de Louis XIV pour s'attribuer, dans le diocèse de Tournai, la connaissance des réclamations élevées, soit par le ministère public, soit par les parties intéressées, contre les entreprises de la juridiction ecclésiastique.

Le conseil souverain établi à Tournai par l'édit de Louis XIV du mois d'avril 1668 (depuis érigé en parlement par des lettres-patentes du mois de février 1686, et transféré à Douai par un édit du mois de décembre 1713), avait été saisi d'appels comme d'Abus interjetés d'actes émanés de l'évêque de Tournai et de son official. Au lieu de défendre à ces appels, l'évêque se pourvut au conseil ; et là, après une instruction contradictoire, il intervint, le 28 février 1676, un arrêt

(1) C'est-à-dire, avant de prononcer soit la maintenue en possession du réclamant dans l'exemption de la juridiction ecclésiastique, soit la nullité de la citation décernée contre lui ; et il est à remarquer à ce sujet que les mots *voie de cassation* étaient alors, dans la Belgique, synonymes d'*appel comme d'Abus.* Témoins les passages de Chrystin et de Zypœus cités par Vanespen, *de recursu ad principem*, chap. 5, § 1.

par lequel, après avoir statué sur les contestations des parties,

« Faisant droit sur les requêtes dudit magistrat de Tournai, requête d'intervention des échevins de Lille, et celle du sieur évêque de Tournai, ordonne, Sa Majesté, que ledit sieur évêque et son official pourront connaître des affaires et juger ainsi qu'ils faisaient en l'année 1667, auparavant la réduction de Tournai à l'obéissance de Sa Majesté, conformément aux lettres de la duchesse de Parme, publiées sur le fait de la réception du concile de Trente, les 11 et 24 juillet 1555, et placard ou lettres-patentes du roi Philippe II, de l'année 1587, confirmatives du synode de Cambrai, avec défenses respectives audit sieur évêque de Tournai de rien entreprendre au préjudice des hauteurs de Sa Majesté ni autres droits réservés par lesdites lettres, et aux juges de Sa Majesté de troubler ledit sieur évêque ni son official dans la juridiction qui lui appartient dans la ville de Lille, ville et diocèse de Tournai ;

» Et en cas d'entreprise de la part dudit sieur évêque de Tournai ou de son official, la plainte en sera portée au conseil souverain de Tournai, pour, à la requête du procureur-général de Sa Majesté audit conseil, être les réquisitions faites audit sieur évêque, son official ou promoteur, en tel cas requises et accoutumées, *et suivant les formes prescrites par lesdites lettres-patentes de Philippe II ;* et en cas de refus de la part dudit sieur évêque ou de son official, il en sera dressé procès-verbal par l'un des conseillers dudit conseil de Tournai, à la requête du procureur-général en icelui, lequel l'enverra à Sa Majesté pour y être pourvu, s'en étant réservé la connaissance et en son conseil, jusqu'à ce qu'autrement par elle en ait été ordonné ; et pendant lesdites contestations, demeureront toutes choses en surséance de part et d'autre ; et sera le présent arrêt lu et publié au conseil souverain de Tournai, l'audience tenante, pour être exécuté selon sa forme et teneur, et servir de règlement pour ledit diocèse de Tournai ».

Le conseil souverain de Tournai enregistra cet arrêt le 22 mars de la même année (1) ; mais en se soumettant par-là à en exécuter les dispositions, pour la partie de son ressort qui était située dans le diocèse de Tournai, il ne contracta sans doute pas le même engagement pour les parties de son ressort sur lesquelles s'étendaient les diocèses de Cambrai, d'Arras, de Saint-Omer et de Bruges ; en sorte que, dans celles-ci, il conserva la plénitude de sa juridiction naturelle pour la répression des Abus de l'autorité ecclésiastique, et que, dans celles-là, ce fut le conseil d'état qui en devint le juge.

Une différence aussi bizarre de législation dans

(1) Recueil d'Édits.... enregistrés au parlement de Flandre, tome 1", page 162.

un même ressort, sur une matière où il importe autant que tout soit fixe et uniforme, semblait ne pouvoir pas durer; cependant elle se prolongea jusqu'à la quatrième année du règne de Louis XV; et enfin, le 8 janvier 1719, elle fut abrogée par une déclaration du Roi, enregistrée le 27 du même mois, qui, en même tems, fit cesser tous les doutes sur le point de savoir si c'était par *appel comme d'Abus*, ou par *recours au prince*, que l'on devait, en cette matière, procéder devant le parlement de Flandre.

Voici comment fut conçue cette déclaration :

« Louis.....; quoique les appels comme d'Abus des sentences et autres actes des juges d'église, bulles et rescrits de cour de Rome aient été en usage en Flandre avant la cession de la souveraineté de ces pays, faite au roi d'Espagne par les traités de Madrid et de Cambrai, et qu'ils aient été conservés par l'ordonnance de Philippe II, roi d'Espagne, du 8 janvier 1559, servant de règlement pour le conseil de Malines, l'usage en a été moins fréquent, soit par la tolérance des officiers royaux, soit parce que les juges d'église se contenaient dans les bornes que les lois leur ont prescrites; mais depuis la réunion à notre couronne d'une partie des Pays-Bas, *la voie d'appel comme d'Abus a dû être pratiquée dans notre parlement de Flandre comme dans tous les autres parlemens de notre royaume*, avec plus de raison que l'édit du mois de mars 1682, donné à l'occasion de l'assemblée du clergé de France, concernant la puissance ecclésiastique, a été enregistré dans notre dit parlement de Flandre, suivant l'adresse qui en fut faite alors, et y a été observé dans tous ses points; ce qui emporte et confirme le droit des appels comme d'Abus, aucun moyen n'étant plus sûr, plus nécessaire et plus propre, tant pour réprimer les contraventions à cet édit et aux saints décrets, que pour maintenir les libertés de l'église gallicane; que l'appel comme d'Abus est pratiqué depuis long-tems en Artois ainsi que dans le comté de Bourgogne; et d'autant qu'il convient à l'ordre public et à la tranquillité de notre royaume, qu'il y ait sur cette matière une règle certaine et uniforme dans toutes les provinces qui le composent;

» A ces causes, voulons et nous plaît que les appels comme d'Abus soient reçus et aient lieu dans le ressort de notre parlement de Flandre, en la forme et manière qu'ils se pratiquent dans les autres parlemens de notre royaume, et notamment dans le parlement de Paris; et, en conséquence, qu'il soit permis à notre procureur général audit parlement de Flandre, et aux parties, de se pourvoir par cette voie dans les cas accoutumés (1) ».

Le principe si solennellement raffermi par cette loi, que les cours souveraines étaient, par le seul titre de leur institution, exclusivement investies de la connaissance de l'appel comme d'Abus, n'éprouva plus, tant que subsistèrent les parlemens, ni controverse, ni modification même locale.

Et il ne faut pas croire qu'il soit devenu sans application par la suppression des parlemens : le contraire est nettement prouvé par les art. 4 et 5 de la loi du 15-24 novembre 1790. Le premier de ces articles portait qu'en cas de refus, de la part du métropolitain et de tous ses suffragans, d'accorder la confirmation canonique à l'ecclésiastique élu à un évêché vacant, il y aurait *lieu à l'appel comme d'Abus*; et le second ajoutait : « L'appel comme d'Abus sera porté au tri-
» bunal de district dans lequel sera situé le siége
» épiscopal auquel l'élu aura été nommé, *et il*
» *sera jugé en dernier ressort* ».

Tel était l'état de la législation sur cette matière importante, lorsque, sur la proposition du gouvernement créé par la constitution du 22 frimaire an 8, la loi du 18 germinal an 10, organique du concordat du 26 messidor an 9, y substitua un ordre de choses tout-à-fait nouveau, en plaçant l'appel comme d'Abus sous la juridiction du conseil d'état.

Le gouvernement ne tarda pas à éprouver lui-même les inconvéniens de cette innovation imprudente. Le pape Pie VII ayant refusé, sans cause fondée en droit, l'institution canonique à plusieurs des évêques qui, en exécution du concordat du 26 messidor an 9, avaient été nommés par le chef de l'état à des évêchés vacans, on sentit tout de suite que le seul moyen légal d'y remédier était l'appel comme d'Abus; mais on sentit en même temps que, dans une matière aussi délicate, et sur laquelle il était d'un aussi grand intérêt de marcher d'accord avec l'opinion publique, un décret rendu en conseil d'état aurait bien moins d'influence sur les esprits qu'un arrêt émané d'un corps judiciaire; et, dès ce moment, on pensa sérieusement à rendre l'appel comme d'Abus aux cours souveraines.

Tout en s'occupant de cette idée, le chef de l'état négocia avec le pape Pie VII, et signa avec lui, à Fontainebleau, le 25 janvier 1813, un nouveau concordat, dont l'article 4 était ainsi conçu : « Dans les six mois qui suivront la notification
» d'usage de la nomination par (le chef de l'état)
» aux archevêchés et évêchés......, le pape don-
» nera l'institution canonique, conformément
» aux concordats, et en vertu du présent indult.
» L'information préalable sera faite par le mé-
» tropolitain. Les six mois expirés sans que le
» pape ait accordé l'institution, le métropoli-
» tain, et à son défaut, ou s'il s'agit du métro-
» politain, l'évêque le plus ancien de la pro-
» vince, procédera à l'institution de l'évêque
» nommé, de manière qu'un siége ne soit jamais
» vacant plus d'une année. »

A cet acte, publié comme loi de l'état le 13 fé-

---

(1) *Ibid.*, tome 4, page 725.

vrier suivant, succéda, le 25 mars de la même année, un décret dont voici les termes.

« Art. 1. Le concordat signé à Fontainebleau, qui règle les affaires de l'église, et qui a été publié comme loi de l'état le 13 février 1813, est obligatoire pour nos archevêques, évêques et chapitres, qui seront tenus de s'y conformer.

» Art. 2. Aussitôt que nous aurons nommé à un évêché vacant, et que nous l'aurons fait connaître au Saint-Père dans les formes voulues par le concordat, notre ministre des cultes enverra une expédition de la nomination au métropolitain; et, s'il est question d'un métropolitain, au plus ancien évêque de la province ecclésiastique.

» Art. 3. La personne que nous aurons nommée se pourvoira par-devant le métropolitain, lequel fera les enquêtes voulues et en adressera le résultat au Saint-Père.

» Art. 4. Si la personne nommée était dans le cas de quelque exclusion ecclésiastique, le métropolitain nous le fera connaître sur-le-champ; et dans le cas où aucun motif d'exclusion ecclésiastique n'existerait, si l'institution n'a pas été donnée par le pape dans les six mois de la notification de notre nomination, aux termes de l'art. 4 du concordat, le métropolitain, assisté des évêques de la province ecclésiastique, sera tenu de donner ladite institution.

» Art. 5. *Nos cours impériales connaîtront de toutes les affaires connues sous le nom d'*APPELS COMME D'ABUS*, ainsi que de toutes celles qui résulteraient de la non-exécution des lois des concordats.*

» Art. 6. *Notre grand-juge présentera un projet de loi pour être discuté en notre conseil, qui déterminera la procédure et les peines applicables dans ces matières.*

» Art. 7. Nos ministres.... sont chargés de l'exécution du présent décret, qui sera inséré au *Bulletin des lois* ».

La loi promise par l'avant-dernier article de ce décret n'était ni longue ni difficile à faire; mais les grands événemens qui se passaient alors, la firent perdre de vue; et, d'un autre côté, le nouveau concordat de Fontainebleau, auquel se référaient trois des articles précédens, resta sans effet par suite d'une protestation du pape Pie VII.

Ce fut dans ces circonstances que s'opéra la restauration de 1814; et dès le 19 juin de la même année, il parut une ordonnance du roi qui, en organisant un nouveau conseil d'état, déclara, art. 8, qu'il connaîtrait des *appels comme d'Abus*; ce qui signifiait, en d'autres termes, et que le nouveau conseil d'état succédait à toutes les attributions de l'ancien, et que l'ancien avait conservé la connaissance des appels comme d'Abus, nonobstant l'art. 4 du décret du 25 mars 1813.

Mais cette disposition ne se retrouve plus dans l'ordonnance du 23 août 1815, qui, en donnant une nouvelle organisation au conseil d'état, rapporte purement et simplement, par son premier article, celle du 29 juin 1814.

Est-ce à dire pour cela que le gouvernement avait fait, le 25 août 1815, de nouvelles réflexions sur l'art. 5 du décret du 25 mars 1813, et qu'il le regardait alors comme la seule loi qui dût régir la France, relativement au droit de connaître des appels comme d'Abus?

Ce qui porte à croire que non, c'est la manière dont les ministres du roi s'exprimèrent devant la chambre des députés, le 22 novembre 1817, lorsqu'ils lui présentèrent un projet de loi (retiré depuis) pour l'exécution d'un concordat du 11 juin précédent, qui était destiné à remplacer celui du 26 messidor an 9.

Après avoir rendu hommage à la nécessité de l'appel comme d'Abus pour réprimer « l'excès du » pouvoir en matière spirituelle ou la violation » des saints décrets, maximes et canons reçus » en France, la violation des lois et réglemens » du royaume et des droits des citoyens; l'ou- » trage, la violence, les voies de fait dans l'exer- » cice de fonctions ecclésiastiques », ils ajoutaient :

« La connaissance de l'appel comme d'Abus » sera attribuée aux cours royales : ces corps » de magistrature sont assez élevés pour de- » venir étrangers aux petites passions qui » se déchaînent si souvent contre les dépo- » sitaires de l'autorité, soit civile, soit ecclésias- » tique, et pour résister à l'influence de ces » autorités mêmes. Composées de magistrats » inamovibles, elles sont éminemment propres » à conserver le dépôt de nos maximes natio- » nales, et à en perpétuer la tradition. Les mi- » nistres de la religion trouveront dans les ma- » gistrats cette gravité de mœurs et de pensées, » ces sentiments vraiment religieux qui ont tou- » jours honoré la magistrature française ».

Annoncer que la connaissance de l'appel comme d'Abus *serait attribuée* aux cours royales, c'était supposer clairement que, dans l'opinion des ministres, les cours royales n'en étaient pas encore investies; et c'est ce que paraissait également supposer l'art. 8 du projet de loi, qui était ainsi conçu :

« Les cas d'Abus spécifiés en l'art. 6, et ceux de troubles prévus par l'article 7 de la loi du 8 avril 1802 (18 germinal an 10), seront portés directement aux cours royales, première chambre civile, à la diligence de nos procureurs-généraux, ou sur les poursuites des parties intéressées.

» Les cours royales statueront dans tous les cas qui ne seront pas prévus par les Codes, conformément aux règles anciennement observées dans le royaume, sauf le recours en cassation (1) ».

---

(1) Moniteur du 25 novembre 1817, page 1292.

Si cet article eût été converti en loi, il importerait peu aujourd'hui qu'il eût disposé comme introductif d'un droit nouveau, plutôt que comme explicatif de l'art. 5, et supplétif de l'art. 6 du décret du 25 mars 1813. Mais le retrait qui en a été fait par le ministère de cette époque, laisse entière la question de savoir à quelle autorité appartient aujourd'hui la connaissance de l'appel comme d'Abus.

Nul doute que cette question ne doive être résolue en faveur des cours royales, si les art. 6 et 7 de la loi du 18 germinal an 10 ont été abrogés par l'art. 5 du décret du 25 mars 1813; mais nous devons convenir que, jusqu'à présent, elle a été jugée dans un sens contraire.

Le 24 mars 1819, une ordonnance du roi, statuant, au rapport de M. de Cormenin, maître des requêtes (qui en rend compte dans ses *Questions de droit administratif*, aux mots *appel comme d'Abus*, § 1, n° 2), sur un conflit élevé par un préfet contre une cour royale, a prononcé en ces termes :

« Considérant qu'aux termes de l'art. 6 de la loi du 18 germinal an 10, les recours, dans tous les cas d'Abus de la part des supérieurs et autres fonctionnaires ecclésiastiques doivent être portés au conseil d'état, et qu'aux termes de l'article 8, l'ecclésiastique qui veut exercer le recours doit adresser un mémoire détaillé et signé au ministre de l'intérieur pour sa, sur son rapport, l'affaire être suivie et définitivement terminée dans la forme administrative, ou renvoyée, selon l'exigence des cas, aux autorités compétentes;

» L'arrêté de conflit est approuvé ».

Le 10 janvier 1824, autre ordonnance du roi qui, sans juger formellement la question de compétence, la suppose également résolue définitivement contre les cours royales.

« Nous nous sommes fait représenter (porte-t-elle) une lettre pastorale de notre cousin le cardinal archevêque de Toulouse, en date du 15 octobre 1823, imprimée dans la même ville chez Augustin Manavit;

» Et nous avons considéré que, s'il appartient aux évêques de notre royaume de nous demander les améliorations et les changemens qu'ils croient utiles à la religion, ce n'est point par la voie des lettres pastorales qu'ils peuvent exercer ce droit, puisqu'elles ne sont adressées qu'aux fidèles de leur diocèse, et ne doivent avoir pour objet que de les instruire des devoirs religieux qui leur sont prescrits ;

» Que notre cousin le cardinal archevêque de Toulouse a publié, sous la forme d'une lettre pastorale, des propositions contraires au droit public et aux lois du royaume, aux prérogatives et à l'indépendance de notre couronne;

» C'est pourquoi,

» Sur le rapport de notre garde-des-sceaux, ministre secrétaire d'état au département de la justice,

» De l'avis de notre conseil d'état,

» Nous avons déclaré et déclarons, ordonné et ordonnons ce qui suit :

» Art. 1er. Il y a Abus dans la lettre pastorale de notre cousin le cardinal archevêque de Toulouse, imprimée dans la même ville chez Augustin Manavit; en conséquence, ladite lettre est et demeurera supprimée.

» Art. 2. Notre garde-des-sceaux, ministre secrétaire d'état au département de la justice, et notre ministre secrétaire d'état au département de l'intérieur sont chargés, chacun en ce qui le concerne, de l'exécution de la présente ordonnance, qui sera insérée au *Bulletin des lois* ».

Deux jours après cette ordonnance, et avant qu'elle fût connue, le sieur Chasles, curé de Notre-Dame de Chartres, a présenté à la cour royale de Paris une requête ainsi conçue :

« Plaise à M. le premier président autoriser l'exposant à faire citer monseigneur l'évêque de Chartres sur l'appel comme d'Abus qu'il entend interjeter contre ce prélat, et est motivé sur les faits suivans :

» 1° Par ordonnance donnée à Chartres, le 8 novembre 1821, monseigneur de Latil, agissant en vertu d'une bulle du pape Pie VII, en date du 27 juillet 1817, a érigé le chapitre de la cathédrale; et en appelant le curé de la paroisse de Notre-Dame parmi les chanoines, il a cru en induire plus tard la renonciation de l'exposant à sa cure.

» Or, non-seulement la bulle dont il s'agit n'a pas été vérifiée au conseil d'état ni publiée selon les formes prescrites par les lois du royaume, mais par l'ordonnance de publication de la bulle d'institution de Monseigneur, et par celle de circonscription du nouvel évêché de Chartres, toutes deux en date du 19 octobre 1821, insérées au *Bulletin des lois*, S. M. a déclaré formellement qu'on ne pourrait en induire aucune approbation de la bulle de circonscription donnée à Rome le 27 juillet 1819; laquelle, est-il dit dans cette ordonnance, n'est pas reçue dans le royaume.

» En quoi monseigneur l'évêque de Chartres a violé l'une des maximes fondamentales du droit public français, notamment la loi du 8 avril 1802.

» 2° Par une seconde ordonnance épiscopale du 19 janvier 1825, Monseigneur, sans avoir observé aucune des règles canoniques, et par une conséquence erronée du pouvoir qu'il croit lui avoir été concédé par la bulle du pape, a cru devoir réunir le curé de la paroisse Notre-Dame à son chapitre épiscopal, et déléguer les fonctions du premier curé du diocèse à un ecclésiastique révocable dans son titre et dans son salaire.

» 3° Enfin, par une dernière ordonnance

rendue, comme la précédente, hors du diocèse de Monseigneur, et en l'absence de son conseil épiscopal, sans avoir entendu ni mandé l'exposant, monseigneur de Latil, au mépris du principe de l'inamovibilité des curés, consacrée par les saints canons, et notamment par l'ordonnance donnée à Versailles par Louis XIV, le 29 janvier 1686, registrée au parlement le 11 février, a destitué le curé de Notre-Dame de sa cure, et l'a interdit arbitrairement, d'une manière illimitée, des fonctions curiales, en lui retirant même le pouvoir d'entendre les confessions et d'annoncer la parole sainte; pouvoir qu'en vertu de son institution il tient de Dieu, et non de monseigneur l'évêque.

» En quoi, ledit prélat a évidemment violé les saints canons, toutes les règles de la discipline ecclésiastique, et *abusé* de ses pouvoirs.

» Pourquoi, et attendu que, par décret du 25 mars 1813, art. 5, les appels comme d'Abus ont été formellement restitués aux cours souveraines, et qu'en ce point celles-ci ont succédé aux attributions des parlemens ;

» Attendu que ce décret a été inséré au bulletin des lois ; qu'en vertu de la charte, il est devenu loi de l'état, et qu'il n'a point été abrogé ;

» Attendu que, si, par l'art. 18 de l'ordonnance du 29 juin 1814, relative à l'organisation du conseil d'état, il a été dit, par forme d'énonciation, que ce conseil connaîtrait des appels comme d'Abus, cette énonciation, purement accidentelle, n'a pu dessaisir les cours royales d'une attribution dont elles étaient, par un acte *devenu législatif*, définitivement investies ;

» Que d'ailleurs, l'ordonnance du 29 juin 1814 a été entièrement rapportée par celle du 23 août 1815, qui a réorganisé le conseil d'état sur de nouvelles bases, et qui ne parle plus des appels comme d'Abus ;

» Que le gouvernement lui-même a reconnu qu'il s'était dessaisi de ce droit, puisque, dans l'ordonnance royale du 22 novembre 1817, proposée en forme de projet de loi aux chambres, il est dit, art. 8, que les cas d'Abus seront portés *directement* aux cours royales, première chambre civile, à la diligence des procureurs-généraux, ou sur *la poursuite des parties intéressées* ;

» Que, si le conseil d'état est resté en possession *de fait* de la connaissance de ces sortes d'affaires, il ne l'est pas de droit, puisque le décret du 25 mars 1813 n'a jamais été législativement rapporté ;

» Pourquoi l'exposant vous supplie, M. le premier président, de vouloir bien lui adjuger les fins de la présente requête, et ce sera justice ».

Quel a été le sort de cette requête ? Par arrêt rendu en la chambre du conseil de la première chambre, le 20 janvier 1824, il y a été statué en ces termes :

« Vu la requête présentée par Pierre-Claude Chasle, tendant à obtenir permission d'assigner devant la Cour, à raison d'appel comme d'Abus, Jean-Baptiste-Anne-Antoine de Latil, évêque de Chartres, ladite requête signée Durant, avoué ;

» Vu l'ordonnance de *soit communiqué* au procureur-général du roi, rendue par M. le premier président de la cour royale de Paris, en date du 12 janvier présent mois ;

» Vu les conclusions par écrit du procureur-général, en date du 14 janvier aussi présent mois ;

» Ouï M. Silvestre, fils, conseiller, en son rapport ;

» La Cour, après en avoir délibéré, vu la loi du 18 germinal an 10 (8 avril 1802) et notamment l'art. 8 de ladite loi ainsi conçu : *le recours compétera à toute personne intéressée. Le fonctionnaire public, l'ecclésiastique ou la personne qui voudra exercer ce recours, adressera un mémoire détaillé et signé, au conseiller d'état chargé de toutes les affaires concernant les cultes, lequel sera tenu de prendre, dans le plus court délai, tous les renseignemens convenables, et, sur son rapport, l'affaire sera suivie et définitivement terminée dans la forme administrative, ou renvoyée, suivant l'exigence des cas, aux autorités compétentes*, délaisse le requérant à se pourvoir (1) ».

Mais que serait devenu cet arrêt s'il eût été attaqué par un recours en cassation ?

J'ose croire qu'il eût dû être cassé, et je n'ai besoin, pour le prouver, que de réduire à leur juste valeur les raisons sur lesquelles M. de Cormenin, à l'endroit cité, nous apprend que les défenseurs de la *compétence administrative* fondent leur système.

Première raison. « La loi du 8 germinal an 10, » qui attribue au conseil d'état les appels comme » d'Abus, est claire et précise. Cette loi, la plus » impartiale qui ait été rendue sur les matières » ecclésiastiques avant la restauration, *n'a pu être* » *révoquée par un simple décret, et ce décret lui-* » *même n'a reçu aucune exécution ;* de manière » que la loi du 18 germinal an 10 n'a été rapportée ni de droit, ni de fait ».

Réponse. Cette première raison se divise, comme l'on voit, en deux branches : d'abord les art. 6 et 7 de la loi du 18 germinal an 10 n'ont pas pu être rapportés par un simple décret ; ensuite, le décret du 25 mars 1813 est resté sans exécution.

Mais 1° s'il n'est pas douteux que l'art. 5 du décret du 25 mars 1813 n'ait été, de la part du chef du gouvernement d'alors, un véritable empiétement sur le pouvoir législatif, il ne l'est pas non plus qu'il n'ait acquis toute la force d'une loi dérogatoire aux lois qui l'avaient précédé, par cela seul que, dans les dix jours de sa promulgation, il n'a pas été annulé, comme inconstitutionnel, par le sénat.

---

(1) Moniteur du 24 janvier 1824.

ABUS.

C'est ce qui résulte d'une foule d'arrêts de la cour de cassation, notamment

De celui du 1er floréal an 10, qui est cité dans les conclusions des 29 pluviôse an 13 et 28 octobre 1814, rapportées dans le *Répertoire de jurisprudence*, aux mots *Divorce*, sect. 4, § 10, et *Falsification de denrées et de boissons* ;

De celui du 3 février 1820, qui est transcrit dans le même recueil, au mot *interprétation*, n° 3 ;

Et de celui du 3 octobre 1822, qui déclare textuellement que la disposition de l'art. 10 du décret du 14 décembre 1810 *a restreint celle de l'art. 295 du Code d'instruction criminelle; que les décrets du chef de l'ancien gouvernement, qui ont toujours été exécutés comme lois, doivent en conserver la force jusqu'à ce qu'ils aient été abrogés ou modifiés* (1).

Eh! n'avons-nous pas vu exécuter comme loi, pendant plusieurs années, le décret du 18 octobre 1810, qui, en créant des tribunaux de première instance et des cours prévôtales des douanes, suspendait jusqu'à la paix générale, la juridiction que les lois des 4 germinal an 2, 14 fructidor an 3, 10 brumaire et 26 ventôse an 5, etc., et le Code d'instruction criminelle avaient attribuée respectivement aux juges de paix, aux tribunaux correctionnels, aux cours d'assises et aux cours spéciales sur les matières de douanes, ainsi que sur les délits et les crimes qui s'y rattachaient? N'avons-nous pas vu, pendant tout ce tems, la cour de cassation le prendre pour base des nombreux arrêts par lesquels elle a annulé ou confirmé ceux des cours prévôtales des douanes (2)?

N'avons-nous pa vu, pendant un bien plus grand nombre d'années, exécuter comme lois dérogatoires à la loi générale, qui assure à tout créancier, dont la dette est échue, le droit d'en poursuivre le recouvrement par les voies judiciaires, les arrêtés du gouvernement consulaire des 19 fructidor an 10 et 25 germinal an 11, qui suspendaient toutes poursuites contre les colons de Saint-Domingue, de la part de leurs créanciers, pour vente d'habitations situées en cette colonie? Et la cour de cassation n'a-t-elle pas maintenu, le 23 mai 1815, un arrêt de la cour d'appel d'Angers, du 12 septembre 1812, qui avait jugé conformément à ces arrêtés (3)? N'a-t-elle pas cassé, le 18 novembre 1817, un arrêt de la cour royale de Paris du 19 mai 1815, qui les avait violés (4)?

Ne voyons-nous pas encore tous les jours exécuter comme loi l'art. 32 du décret du 1er germinal an 13, qui, dérogeant à la loi générale, aux termes de laquelle le délai de l'appel des jugemens rendus contradictoirement en matière correctionnelle court à compter du jour de leur prononciation, fait courir ce délai, dans les matières de droits-réunis ou contributions indirectes, à compter du jour de la signification à personne ou domicile; et la cour de cassation n'a-t-elle pas constamment annulé les arrêts qui s'étaient écartés de cette règle spéciale (1)?

Ne voyons-nous pas encore tous les jours exécuter comme loi l'art. 11 du décret du 9 juillet 1810, qui, par dérogation à l'art. 27 de la loi du 27 ventôse an 8, permet aux chambres correctionnelles des cours royales, quoique composées de six conseillers seulement, de juger les causes sommaires qui leur sont renvoyées en matière civile ; et telle n'est-elle pas, comme le dit un arrêt de la cour de cassation, du 18 janvier 1821, la jurisprudence constante et uniforme de cette cour (2)?

Ne voyons-nous pas encore tous les jours exécuter comme loi, dans les saisies immobilières, le décret du 2 février 1811, qui déroge d'une manière si positive et fait des additions si importantes aux art. 706, 735 et 736 du code de procédure civile (3)?

Enfin, ce qui est encore plus topique, ne voyons-nous pas exécuter paisiblement comme lois, les dispositions du décret du 28 février 1810, qui rapportent formellement plusieurs de celles des art. 26 et 30 de la loi du 18 germinal an 10 (4)? Et comment peut-on, en reconnaissant qu'un décret a pu déroger aux art. 26 et 27 de cette loi, soutenir sérieusement que les art. 6 et 7 n'en ont pas pu être révoqués par un autre décret?

2° Que veut-on dire en alléguant que le décret du 25 mars 1813 *n'a reçu aucune exécution?* Est-ce de l'art. 5, est-ce de l'art. 6, est-ce des quatre premiers articles de ce décret que l'on entend parler?

Si c'est de l'art. 5, je conviens que, jusqu'à présent, les cours royales n'ont pas encore usé du pouvoir dans l'exercice duquel il les réintègre, et que le conseil d'état est, de fait, en possession de connaître de l'appel comme d'Abus. Mais la question est précisément de savoir si la possession du conseil d'état est légale, si elle n'est pas un empiétement sur la juridiction des cours; et assurément elle n'est pas assez ancienne

---

(1) Journal des audiences de la cour de cassation, année 1822, page 414.

(2) *V.* le Répertoire de Jurisprudence, au mot *Douanes*, §. 5.

(3) Jurisprudence de la cour de cassation, tome 15, page 359.

(4) *Ibid.*, tome 17, page 161.

(1) *V.* l'article *Appel*, § 8, art. 2, et le Répertoire de Jurisprudence, aux mots *Droits-Réunis*, n° 2.

(2) Jurisprudence de la cour de cassation, tome 22, page 57.

(3) Répertoire de Jurisprudence, aux mots *Saisie Immobilière*, § 6, art. 2, n° 10.

(4) Bulletin des lois, 4e série, n° 268.

pour avoir prescrit contre un décret, ayant force de loi, qui la condamne.

Si c'est l'art. 6 que l'on a en vue, lorsqu'on dit que le décret du 25 mars 1813 n'a reçu aucune exécution, c'est une objection qui rentre dans la *quatrième* des raisons dont s'appuie le système de la *compétence administrative* ; et j'y reviendrai tout-à-l'heure.

Enfin, si c'est des quatre premiers articles de ce décret que l'on entend parler, l'objection se réduira à dire qu'ils se rattachaient au concordat de Fontainebleau ; qu'ils sont devenus sans objet par l'inexécution de ce concordat, et que leur caducité a entraîné celle de l'art. 5. Mais, entendue en ce sens, que signifie-t-elle ? Rien.

Elle serait fondée sans doute, si l'art. 5 s'était borné à dire qu'en cas d'infraction du concordat de Fontainebleau, il y aurait lieu à l'appel comme d'Abus, et que cet appel serait porté devant les cours judiciaires. Il est sensible, en effet, que, dans cette hypothèse, la résiliation du concordat de Fontainebleau aurait rendu l'art. 5 sans objet, et par conséquent comme non avenu.

Mais l'art. 5 n'a pas seulement renvoyé aux cours judiciaires la connaissance des appels comme d'Abus auxquels donneraient lieu les contraventions qui pourraient être faites au concordat de Fontainebleau ; il leur a généralement renvoyé la connaissance de *toutes les affaires connues sous le nom d'appels comme d'Abus*, ainsi que de *toutes celles qui résulteraient de la non exécution des lois des concordats*, c'est-à-dire, des lois écrites tant dans le concordat du 26 messidor an 9, que dans celui du 25 janvier 1813 ; et dès là, il est clair que la disposition qui prononçait ce renvoi, a conservé toute sa force pour tout ce qui était étranger au second de ces concordats.

Pour qu'il en fût autrement, il faudrait que l'art. 5 du décret fût, au concordat de Fontainebleau, ce qu'est l'accessoire au principal, et que l'on se trouvât en conséquence dans le cas de la règle de droit, *cùm principalis causa non subsistit, nec ea quae sequuntur locum habere debent*. Mais le moyen de considérer l'art. 5 du décret comme uniquement accessoire au concordat de Fontainebleau, alors qu'il porte sur tous les cas d'Abus énumérés dans la loi du 18 germinal an 10, alors, par conséquent, qu'il dispose sur des objets dont le concordat de Fontainebleau ne s'était pas occupé ? C'est bien *à l'occasion* du concordat de Fontainebleau qu'il a été fait ; mais de ce qu'une chose se fait *à l'occasion* d'une autre, il ne s'ensuit pas qu'elle n'en soit que l'accessoire, ni, par conséquent, que l'anéantissement de celle-ci emporte de plein droit l'anéantissement de celle-là.

Que serait-il arrivé si, le lendemain de l'insertion du décret du 25 mars 1813 au bulletin des lois, le chef du gouvernement, informé de la protestation du pape Pie VII contre le concordat de Fontainebleau, avait rapporté les quatre premiers articles de ce décret, sans s'expliquer sur le cinquième ? Qui est-ce qui aurait osé dire que le cinquième était compris dans le rapport des quatre premiers ? Qui est-ce qui aurait osé invoquer, à l'appui d'une assertion aussi étrange ; la maxime qui fait suivre à l'accessoire le sort du principal ? Personne assurément. Tout le monde aurait senti que plusieurs dispositions législatives ne sont pas accessoires les unes des autres, par cela seul qu'elles sont rangées dans le même écrit ; que l'identité de l'écrit qui les contient n'en forme pas un tout indivisible ; que celles qui, par elles-mêmes, sont indépendantes des dispositions rapportées, survivent à leur rapport ni plus ni moins que si elles se trouvaient dans un écrit séparé ; qu'il en est d'un acte législatif contenant plusieurs dispositions, comme d'un jugement qui contient plusieurs chefs ; et que de même que l'infirmation d'un chef de jugement laisse subsister les chefs qui en sont distincts, de même aussi le rapport d'une disposition législative qui se réfère à un objet, n'entraîne pas le rapport des autres dispositions du même acte qui se réfèrent à un objet différent ou plus étendu ; et qu'enfin, s'il en était autrement, il faudrait rayer de tous nos livres la grande maxime que l'abrogation partielle d'une loi n'emporte pas celle de la loi tout entière.

Quelle différence y a-t-il donc entre cette hypothèse et la position dans laquelle les choses ont été placées par la résiliation du concordat de Fontainebleau ? Aucune, absolument aucune. Qu'importe, en effet, que les quatre premiers articles du décret du 25 mars 1813 aient été anéantis de plein droit, par la résiliation du concordat de Fontainebleau, ou qu'en conséquence de la résiliation du concordat de Fontainebleau, le législateur les ait rapportés expressément ? En les rapportant expressément, il n'aurait fait qu'une chose surérogatoire ; et de ce qu'il n'a pas fait une chose surérogatoire, il ne peut pas résulter un effet qui n'aurait pas lieu s'il l'eût omise.

Deuxième raison. « L'ordonnance du roi du » 25 août 1815 n'enlève pas au conseil d'état » la connaissance des appels comme d'Abus, par » cela seul qu'elle garde le silence sur l'attribu- » tion que lui en faisait celle du 29 juin 1814 ».

Réponse. Il n'y aurait sans contredit rien à conclure du silence de l'ordonnance du roi du 23 août 1815, sur la connaissance des appels comme d'Abus, si les art. 6 et 7 de la loi du 18 germinal an 10 n'avaient pas été abrogés par le décret du 25 mars 1813 ; car, dans cette supposition, ne pas parler de ces articles dans l'ordonnance dont il s'agit, c'était s'y référer, et, par conséquent, répéter implicitement ce que l'on avait dit en termes exprès dans l'ordonnance du 29 juin 1814, savoir, que le conseil d'état connaîtrait des appels comme d'Abus.

Mais quelle force ne prend pas en faveur des

cours royales, l'argument qui sort du rapprochement de ce qui est exprimé dans l'ordonnance du 29 juin 1814, avec ce qui est omis dans celle du 25 août 1815 (qui, d'ailleurs, l'abroge purement et simplement); lorsque l'on se reporte à l'abrogation prononcée par l'art. 5 du décret du 25 mars 1813; des art. 6 et 7 de la loi du 18 germinal an 10 ? Pourquoi, en rapportant l'ordonnance du 29 juin 1814, celle du 25 août 1815 n'en a-t-elle pas renouvelé l'art. 8 ? Pourquoi n'a-t-elle pas déclaré que le conseil-d'état qu'elle organisait, aurait, pour les appels comme d'Abus, la même attribution qui avait été conférée au conseil-d'état organisé par l'ordonnance du 29 juin 1814 ? On ne peut en donner qu'une raison : c'est que le rédacteur de l'ordonnance du 25 août 1815, mieux instruit et plus attentif que celui de l'ordonnance du 29 juin 1814, aura considéré que l'attribution faite au conseil-d'état par les art. 6 et 7 de la loi du 18 germinal an 10, avait été révoquée et transférée aux cours royales, par le décret du 25 mars 1813; que ce décret avait toute la force d'une loi proprement dite; et que, par conséquent, comme l'a reconnu depuis M. le garde-des-sceaux de Serres à la tribune de la chambre des députés (1), il n'y pouvait pas être dérogé par une ordonnance royale.

Troisième raison. « C'est un principe, autant » qu'un fait, que tout, dans les matières ecclé- » siastiques, se traite administrativement d'après » la loi du 18 germinal an 10 ».

Réponse. En principe, l'autorité administrative n'a, dans les matières contentieuses, n'importe qu'elles soient ecclésiastiques ou civiles, que les attributions qui lui sont expressément conférées par la loi; et elle ne peut les exercer qu'autant que la loi qui les lui confère, n'est pas rapportée, soit par une autre loi, soit par un acte qui en a toute la force. Or, l'attribution que la loi du 18 germinal an 10 avait faite au conseil-d'état, de la connaissance des appels comme d'Abus, est révoquée par le décret du 25 mars 1813, et ce décret a toute l'autorité d'une loi proprement dite. Le conseil-d'état n'est donc plus compétent pour connaître de ces appels.

En fait, le conseil-d'état n'a encore prononcé que deux fois, depuis la restauration, sur des appels comme d'Abus; et il est inutile de répéter que de là ne peut pas résulter une prescription contre les droits juridictionnels des cours royales.

Quatrième raison. « Les réglemens sur la » procédure et les peines applicables dans ces » matières, dont le décret du 25 mars 1813 avait » prévu la nécessité, seraient d'autant plus indis- » pensables, que les appels comme d'Abus ont été » soumis, dans tous les temps, à des formes particulières, et différentes, en certains points, » des affaires ordinaires. Il fallait autrefois obtenir des lettres de chancellerie, et l'appel devait » être préalablement reçu, en vertu d'une requête à laquelle on joignait les lettres de chancellerie, ainsi que le jugement ou l'acte contre » lequel on entendait se pourvoir. Il fallait en » outre représenter une consultation de deux avocats, dans laquelle les moyens d'Abus devaient » être détaillés. Quelques-unes de ces formalités ne pourraient plus s'observer aujourd'hui; » mais il faudrait les remplacer par d'autres » plus analogues à nos usages actuels, si l'on » voulait investir les tribunaux de cette nouvelle » attribution. On ne doit, en effet, jamais perdre » de vue que les tribunaux ne peuvent procéder » que d'après des règles fixes et déterminées à » l'avance; sans cela, après les bouleversemens » qu'a éprouvés la juridiction ecclésiastique, les » cours royales ne sauraient sur quelles bases » asseoir leurs jugemens ».

Réponse. Supposons d'abord que l'art. 5 du décret du 25 mars 1813 en forme la clôture, ou, ce qui revient au même, qu'il n'est point suivi de l'art. 6 portant qu'un projet de loi sera présenté pour *déterminer la procédure et les peines applicables en ces matières;* et en le prenant ainsi isolément, voyons s'il y manque quelque chose pour mettre les cours royales en état d'exercer la juridiction dont il les investit sur *toutes les affaires connues sous le nom d'appel comme d'Abus.*

Suivant l'objection que j'ai ici à examiner, il y manque un règlement sur les formes à observer dans l'introduction des appels comme d'Abus devant les cours royales. Et pourquoi ce règlement y manque-t-il ? Parce que quelques-unes des formes particulières auxquelles les appels comme d'Abus ont été soumis dans tous les temps, ne pourraient plus s'observer aujourd'hui, et que, par conséquent, *il faudrait les remplacer par d'autres plus analogues à nos usages actuels, si l'on voulait investir les tribunaux de cette nouvelle attribution.*

Ceci suppose que les formes auxquelles l'appel comme d'Abus était soumis avant que la loi du 18 germinal an 10 en eût transféré la connaissance au conseil-d'état, ne sont ni abrogées par l'art. 1041 du Code de procédure civile, ni conséquemment remplacées par les formes que ce Code rend communes à toutes les affaires dont la connaissance appartient aux cours royales : et je conviens de l'exactitude de cette supposition. D'une part, en effet, il est impossible d'appliquer à l'appel comme d'Abus, qui n'avait rien de judiciaire, qui était purement administratif, à l'époque où a été fait le Code de procédure civile, la disposition abrogatoire qui se trouve dans l'ar-

---

(1) *V.* le Répertoire de jurisprudence, au mot *Interprétation*, n° 3.

4ᵉ édit., Tome I.

ticle 1041 de ce code : la règle *verba debent intelligi secundùm subjectam materiam*, s'y oppose manifestement.

D'un autre côté, il est de principe qu'une loi générale ne déroge pas aux lois spéciales qui l'ont précédée (1); et c'est sur ce fondement que, par l'avis du conseil-d'état du 12 mai 1807, approuvé le 1er juin suivant, il a été décidé que l'art. 1041 du Code de procédure civile n'avait porté *aucune atteinte aux formes de procéder, soit dans les affaires de la régie de l'enregistrement et des domaines*, SOIT EN TOUTE AUTRE MATIÈRE *pour laquelle il aurait été fait par une loi spéciale une exception aux lois générales*. Ainsi, nul doute que, quand même l'appel comme d'Abus eût encore été dans le domaine des tribunaux à l'époque où a paru le Code de procédure civile, les formes spéciales auxquelles il avait été soumis dans tous les temps n'eussent survécu à l'art. 1041 de ce code.

Et de là il suit nécessairement que, si ces formes étaient encore praticables au moment où les cours royales ont été réintégrées par le décret du 25 mars 1813 dans la connaissance des appels comme d'Abus, ce décret a, de plein droit, fait revivre, pour ces cours, l'obligation de les observer ; comme la loi du 27 ventôse an 8, en rétablissant les avoués dont la suppression avait été prononcée par la loi du 3 brumaire an 2, avait fait revivre de plein droit l'art. 34 de la loi du 27 mars 1791, qui assujétissait ces officiers à suivre exactement la procédure établie par l'ordonnance de 1667 (2).

Mais y avait-il, relativement à l'appel comme d'Abus, avant la loi du 18 germinal an 10, des formes spéciales qui ne puissent plus compatir avec *nos usages actuels* ?

Oui, dit-on, *il fallait autrefois obtenir des lettres de chancellerie, et l'appel devait être préalablement reçu en vertu d'une requête à laquelle on joignait ces lettres de chancellerie, ainsi que le jugement ou l'acte contre lequel on entendait se pourvoir. Il fallait en outre représenter une consultation de deux avocats dans laquelle les moyens d'Abus devaient être détaillés.*

Mais, d'abord, il n'est pas vrai que le concours de toutes ces formalités fût nécessaire dans les parlemens, pour faire recevoir un appel comme d'Abus. Écoutons le savant et célèbre canoniste Camus, dans le *nouveau Denisart*, au mot *Abus*, §. 8.

« Les appels comme d'Abus se relèvent, ou par arrêt, ou par des lettres qui s'obtiennent en chancellerie.

» Au premier cas, il faut, pour obtenir l'arrêt qui reçoit l'appel, présenter à cet effet une requête, et y joindre la sentence ou l'acte contre lequel on entend se pourvoir.

» Au second cas, c'est-à-dire, lorsque l'on se pourvoit en chancellerie, il faut, pour obtenir des lettres de relief d'appel comme d'Abus, représenter une consultation de deux avocats, dans laquelle les moyens d'Abus doivent être détaillés ; cela est d'un usage immémorial, et autorisé par l'ordonnance de Charles VIII, du mois de juillet 1493 ».

Ainsi, les lettres de chancellerie et la consultation de deux avocats étaient inutiles, quand l'appel comme d'Abus s'interjetait par une requête ; et il n'y avait alors d'autre formalité à remplir que de joindre à la requête d'appel le jugement ou l'acte qui en était l'objet ; formalité qui bien évidemment peut encore être observée aujourd'hui sans nouvelle loi qui l'autorise.

Mais admettons que, dans l'ancien ordre judiciaire, il fallût tout à la fois lettres de chancellerie, consultation de deux avocats, requête d'appel et jonction à cette requête de l'acte ou du jugement attaqué ; qu'y aurait-il à *remplacer*, dans tout cela, *par d'autres formalités plus analogues à nos usages actuels* ? J'ai déjà dit, et il est d'une vérité sensible, que ce ne serait ni la requête d'appel ni l'obligation d'y joindre le jugement ou l'acte contre lequel l'appel serait dirigé. Ce ne serait pas non plus la consultation de deux avocats : cette formalité est si peu incompatible avec nos *usages actuels*, que l'art. 495 du Code de procédure civile en prescrit une semblable pour la requête civile. Il n'y aurait donc que les *lettres de chancellerie* dont *l'usage est supprimé* par l'art. 20 de la loi du 7-12 septembre 1790 ; mais il y a déjà bien du temps que le remplacement en est fait législativement ; l'art. 21 de la loi que je viens de citer, porte qu'en conséquence de la suppression prononcée par l'article précédent, *il suffira, dans tous les cas où lesdites lettres étaient ci-devant nécessaires, de se pourvoir devant les juges compétens pour la connaissance immédiate du fond*.

Donc, dans tous les cas, il n'y a aucune des anciennes formes (non abrogées législativement) de l'appel comme d'Abus, qui ne puisse très-bien s'amalgamer avec nos usages actuels, et ne soit, sans loi nouvelle, susceptible d'une exécution aussi simple que facile.

Donc l'art. 5 du décret du 25 mars 1813 suffit par lui-même, en le supposant isolé, pour mettre les cours royales en état d'exercer, sur les appels comme d'Abus, la juridiction dans laquelle il les réintègre.

Et cela est si vrai que, pour subroger les tribunaux de district aux parlemens, pour la connaissance de l'appel comme d'Abus, la loi du 15-24 novembre 1790 s'est contentée de dire que l'appel comme d'Abus serait porté devant eux, considérés comme *juges en dernier ressort*. Assurément son intention était bien qu'ils en-

---

(1) *V.* l'article *Délits ruraux*, §. 1.
(2) *V.* le Répertoire de jurisprudence, au mot *Enquête*, §. 6.

trassent sur-le-champ en exercice de cette partie de leurs attributions ; pourquoi donc ne leur a-t-elle tracé aucune règle pour la manière dont ils devaient procéder ? Parce qu'elle s'en est référée, à cet égard, à celles des anciennes formes qui n'étaient pas abrogées.

C'est dans le même esprit et par la même raison que l'art. 8 du projet de loi du 22 novembre 1817 s'était borné à dire que les appels comme d'abus seraient *portés directement aux cours royales, première chambre*. En quoi ce projet d'article différait-il de l'art. 5 du décret du 25 mars 1813, pris isolément ? En rien, si ce n'est qu'il désignait la première chambre de chacune des cours royales, comme seule compétente pour recevoir les appels comme d'Abus. Mais si cette disposition n'est pas exprimée textuellement dans l'art. 5 du décret du 25 mars 1813, elle y est du moins sous-entendue ; elle l'est même nécessairement par la force du principe que des formes une fois établies pour une espèce particulière de procédure, continuent d'être obligatoires tant qu'elles ne sont pas abolies ou remplacées par d'autres. En effet, c'était une règle aussi ancienne que les appels comme d'Abus, que la *grand'chambre* de chaque parlement était seule compétente pour connaître des affaires de ce genre. Mais il y avait des parlemens où il n'existait pas de *grand'chambre*. Était-ce à dire pour cela que toutes les chambres de ces cours fussent compétentes pour statuer sur ces sortes d'affaires ? Non, la première chambre y était, à cet égard, considérée comme *grand'chambre*, et en exerçait toutes les attributions ; c'est ainsi que je l'ai vu constamment pratiquer au parlement de Douai, qui ne faisait, en cela, qu'obéir à l'esprit de la déclaration du 10 février 1719, par laquelle il lui était enjoint de se conformer, en cette matière, à ce *qui se pratiquait dans les autres parlemens du royaume et notamment dans le parlement de Paris* ; et il est clair que, par la même raison, l'art. 5 du décret du 25 mars 1813 doit être censé, par cela seul qu'il attribue la connaissance des appels comme d'Abus aux cours royales, l'attribuer à la première chambre de chacune de ces cours.

Mais jusqu'à présent j'ai supposé cet article isolé, et comme il ne l'est pas, comme il est au contraire suivi de l'art. 6, par lequel le ministre de la justice est chargé de présenter un projet de loi qui *détermine la procédure et les peines applicables en ces matières*, il faut aborder une autre question : il faut examiner si l'art. 6 ne doit pas être considéré comme la condition *sine quâ non* de l'exécution de l'art. 5, si l'art. 5 n'a pas été paralysé par l'inexécution de l'art. 6.

En principe, toute disposition législative qui contient tout ce qu'il faut pour la rendre susceptible d'exécution, doit être exécutée dès le moment où la promulgation en peut être connue.

Or, d'une part, aux termes de l'avis du conseil d'état du 12 prairial an 13, approuvé le 25 du même mois, les *décrets impériaux* étaient censés publiés et par conséquent *obligatoires dans chaque département, du jour auquel le bulletin des lois dans lequel ils étaient insérés, avait été distribué au chef-lieu, conformément à l'art. 12 de la loi du 12 vendémiaire an 4*. D'un autre côté, on vient de voir que l'art. 5 du décret du 25 mars 1813 en dit assez pour pouvoir être exécuté sur-le-champ, comme la loi du 15-24 novembre 1790 en disait assez pour que les tribunaux de district pussent immédiatement statuer sur les appels comme d'Abus dont il déclarait que la connaissance leur appartenait par l'effet de leur subrogation aux parlemens, comme le projet de loi du 22 novembre 1817 en disait assez pour que, s'il eût été converti en loi, les cours royales pussent connaître sur-le-champ des mêmes affaires. L'art. 5 du décret du 25 mars 1813 a donc dû, par lui-même, faire loi dans chaque département, dès le jour où a été distribué au chef-lieu le n° 490 de la 4° série du bulletin des lois dans lequel il est inséré.

Il en serait autrement sans doute, si l'art. 6 de ce décret contenait, par rapport à l'art. 5, une dérogation à la règle générale qui fixe l'époque de l'exécution de chaque disposition législative.

Mais cette dérogation, la contient-il ? Non, car il ne dit pas expressément que l'art. 5 ne sera exécuté qu'après qu'il l'aura été lui-même ; et dès qu'il ne le dit pas en termes exprès, il ne peut pas être censé le dire tacitement ; pourquoi ? parce que ce serait une exception à la loi générale, d'après laquelle l'art. 5 doit être exécuté dès le moment de sa publication, et qu'il ne peut être fait exception à une loi générale que par une disposition aussi expresse que la loi générale même.

Sans contredit, il serait de plein droit suspensif de l'exécution de l'art. 5 ; sans contredit, il formerait la condition *sine quâ non* de cette exécution, si l'art. 5 avait besoin, pour être exécuté, soit de dispositions ultérieures qui *déterminassent la procédure*, soit de lois ultérieures qui déterminassent les peines applicables à ces matières. Mais il n'a évidemment besoin ni des unes ni des autres. Il n'a pas besoin de celles-ci, puisque tout ce qui résultera du manque de celles-ci, c'est que les cours royales, en prononçant sur des actes à la fois abusifs et répréhensibles, se borneront, comme le devaient faire les tribunaux de district, à déclarer qu'il y a Abus, sans infliger aucune peine aux auteurs de ces actes ; et il n'a pas non plus besoin de celles-là, puisqu'en les attendant, les cours royales pourront et devront suivre la procédure que suivaient les parlemens, en y appliquant, comme le devaient faire les tribunaux de district, d'après la loi du 15-24 novembre 1790; la mo-

3.

dification résultant des art. 20 et 21 de la loi du 7-12 septembre de la même année.

Qu'importe, dès-lors, que l'art. 6 ne dise pas que, jusqu'à la confection de la loi nouvelle qu'il promet, l'art. 5 recevra son exécution ; il ne le dit pas, parce qu'il est inutile de le dire ; il ne le dit pas, parce qu'il lui suffit de se taire à cet égard pour que l'art. 5 reçoive immédiatement l'exécution dont il est susceptible par lui-même. Mais ce qui importe beaucoup, c'est qu'il ne dit pas le contraire ; et que, si c'était le contraire qu'il voulût, il devrait l'exprimer.

Est-il d'ailleurs sans exemple que des dispositions législatives aient été et dû être exécutées dès le moment de leur publication, quoiqu'elles se trouvassent accompagnées d'autres dispositions qui en renvoyaient le mode d'exécution à des lois ultérieures encore à faire ?.

La loi du 24 août 1790, sur l'organisation judiciaire, portait, tit. 12, art. 1, « qu'il serait » établi un tribunal de commerce dans les villes » où l'administration de département, jugeant cet » établissement nécessaire, en formerait la de-» mande »; art. 2, que « ce tribunal connaîtrait » de toutes les affaires de commerce tant de terre » que de mer sans distinction »; et art. 3, qu'il serait *fait un réglement particulier pour déterminer d'une manière précise l'étendue et les limites de la compétence des juges de commerce.*

Tout le monde sait que le réglement promis par le troisième de ces articles n'a été fait que par le Code de commerce en 1807. Mais tout le monde sait aussi que les tribunaux de commerce n'en ont pas moins rempli, dans cet intervalle de 17 ans, toutes les fonctions auxquelles ils étaient appelés par leur institution. Il a donc été, pendant tout cet intervalle, tenu pour constant que l'art. 5 ne formait pas, dans le tit. 12 de la loi du 24 août 1790, une condition suspensive de l'exécution des art. 1 et 2 du même titre. Il a donc été unanimement reconnu pendant tout cet intervalle, qu'en attendant le réglement promis par l'art. 3, les art. 1 et 2 devaient être exécutés, quant à la compétence, d'après les dispositions de l'ordonnance de 1673. Le moyen, d'après cela, de ne pas convenir que l'art. 6 du décret du 25 mars 1813 ne forme pas non plus une condition suspensive de l'exécution de l'art. 5 du même décret ! Le moyen de nier qu'en attendant la loi promise par l'art. 6, l'art. 5 doive pareillement être exécuté, quant à la procédure, d'après les règles qui étaient en vigueur avant la loi du 18 germinal an 10 !

Le 25 janvier 1793, la convention nationale rendit une loi qui consacra le principe que l'adoption aurait désormais lieu en France, et chargea *le comité de législation de faire incessamment un rapport sur les lois de l'adoption* (1).

De ces deux dispositions la seconde était-elle suspensive de la première? Il y avait assurément bien plus de raisons pour le décider ainsi, qu'il ne peut y en avoir pour subordonner l'exécution de l'art. 5 du décret du 25 mars 1813 à celle de l'art. 6 du même décret, puisque l'adoption, absolument inconnue en France depuis plusieurs siècles, n'y était réglée, ni quant à ses formes, ni quant à ses conditions ; au lieu que, pour l'appel comme d'Abus, les cours souveraines avaient, avant la loi du 18 germinal an 10, des règles fixes, uniformes et consacrées par une pratique de plusieurs siècles.

Cependant quel a été l'effet de l'inexécution dans laquelle est restée, jusqu'au Code civil, la seconde disposition de la loi du 25 janvier 1793? En est-il résulté que la première disposition de ce décret devait pareillement rester sans exécution? Point du tout. La loi transitoire du 25 germinal an 11 en a inféré, au contraire, que toutes les adoptions faites par actes authentiques dans l'intervalle de l'une à l'autre de ces deux époques, devaient avoir leur plein effet, entre quelques personnes et dans quelques formes qu'elles eussent eu lieu ; et l'orateur du gouvernement, dans *l'exposé des motifs* de cette loi, en a très-bien fait ressortir la parfaite conformité aux vrais principes. « En sentant le besoin, a-t-il dit, de rap-» procher entre elles les adoptions organisées » par le Code civil et celles qui ont eu lieu anté-» rieurement, en reconnaissant même la possi-» bilité de les assimiler dans quelques parties, » on en a aperçu d'autres qui n'admettaient pas » d'application commune, et l'on a reconnu que » le passé et l'avenir ne pouvaient, en cette ma-» tière, s'allier sans quelques modifications. — » Ainsi, d'abord, les formes et conditions pres-» crites par la loi nouvelle ne sauraient régir » les adoptions préexistantes, sans les annuler » rétroactivement, et l'on sent combien cela » serait injuste ; car l'adoption annulée serait » irréparable, toutes les fois que l'adoptant serait » décédé, ou qu'il aurait changé de volonté, ou » que, persévérant dans cette volonté, il ne pour-» rait la réaliser à cause des conditions aujour-» d'hui exigées par la loi. — Ces considérations » réclament impérieusement le maintien des » anciennes adoptions. — Nulles formes spéciales » n'étaient prescrites jusqu'au Code civil ; les » adoptions faites jusqu'à cette époque doivent » être déclarées valables, *pourvu qu'elles* » *soient établies par un titre authentique*. — Nulles » conditions n'étaient imposées ; ainsi, *et sauf* » *les règles générales qui frapperaient de nullité* » *ceux de ces actes que l'on prouverait avoir été* » *extorqués par la violence, ou être l'ouvrage* » *d'un esprit aliéné*, les adoptions consommées » avant la promulgation du Code devront obte-» nir leur effet, sans consulter la loi nouvelle, et » sans examiner si l'adoptant était d'ailleurs ca-» pable de conférer le bénéfice de l'adoption, ou

---

(1) *V.* le Répertoire de jurisprudence, au mot *Adoption*, §. 2 et 3.

» l'adopté capable de le recevoir ; car l'un et
» l'autre étaient habiles, puisque la législation
» ne contenait alors aucune prohibition, et n'of-
» frait, au contraire, qu'une autorisation in-
» définie ».

Qu'on ne dise donc pas que la loi du 25 germinal
an 11 n'a disposé comme elle l'a fait que par faveur pour les adoptions qui avaient été faites dans
l'intervalle de la loi du 25 janvier 1793 au Code
civil; qu'on ne dise donc pas qu'elle ne doit être
considérée que comme une exception de circonstance, et que, dès-lors, elle ne peut pas empêcher que l'on ne tienne pour maxime que toute
disposition législative qui, placée à la suite d'une
autre, ordonne qu'il sera fait une loi ultérieure
pour en déterminer le mode d'exécution, para-
lyse de plein droit celle-ci, tant que la loi ultérieure n'est pas faite.

Comment, en effet, la loi du 25 germinal
an 11 aurait-elle pu se déterminer par des motifs
de faveur à disposer comme elle l'a fait ? Elle
n'aurait pu accorder aux enfans adoptifs plus de
droits qu'ils n'étaient fondés à réclamer, sans
porter atteinte aux droits acquis aux héritiers légitimes, et par conséquent sans rétroagir, au
mépris de l'art. 2 du Code civil. Elle n'a donc
disposé, comme elle l'a fait, que pour départir à
chacun ce qui lui était dû, que par respect pour
les droits acquis ; et, à proprement parler, elle n'a
déclaré que ce que les tribunaux auraient dû et
pu juger d'eux-mêmes, si elle n'avait pas cru
devoir venir à leur secours, et les éclairer par
des explications qu'ils auraient pu suppléer; car,
comme le disait très-bien M. Tronchet, le 14 messidor an 4, à la tribune du conseil des anciens,
*pour bien juger ce qu'une loi postérieure a pu
faire, par forme d'explication, il faut examiner
ce que les tribunaux ont pu et dû faire eux-mêmes
dans l'intervalle* de la loi expliquée à la loi explicative (1).

Suite de la quatrième raison. « Il n'est point
» de matière sur laquelle le présent ressemble
» moins au passé, que celle des appels comme
» d'Abus. L'autorité épiscopale était autrefois
» au rang des autorités publiques. Les magistrats
» royaux étaient tenus de faire exécuter les or-
» donnances. La législation nouvelle a séparé en-
» tièrement l'autorité spirituelle et l'autorité ci-
» vile. On n'est point encore fixé sur la part plus
» ou moins grande qu'il est possible de faire au-
» jourd'hui à la première de ces autorités. Quand
» il s'élève des débats à ce sujet, c'est au gou-
» vernement à y statuer, parce que seul il peut
» suppléer au silence momentané de la loi.
» S'il en était autrement, les évêques, toutes les
» fois qu'ils voudraient exercer leur surveillance
» sur la discipline ecclésiastique, se verraient

(1) *V.* le Répertoire de jurisprudence, aux mots *Renonciation à une succession future*, §. 2, n° 2.

» dans le cas d'être pris à partie par ceux aux-
» quels la censure déplairait; et comme les dio-
» cèses s'étendent aujourd'hui le plus souvent
» dans le ressort de différentes cours d'appel, ils
» seraient exposés à des discussions perpétuelles
» sur leurs moindres actes; discussions d'autant
» plus embarrassantes, qu'il se passerait beau-
» coup de temps avant que les différentes cours se
» fussent construit une jurisprudence à-peu-près
» uniforme sur ces délicates matières. — Une
» grande partie de ces inconvéniens disparaît de-
» vant le conseil-d'état, où l'instruction se fait
» par de simples mémoires, où les autorités dont
» on discute les actes ne comparaissent pas
» comme parties, et où une jurisprudence uni-
» forme s'établit sous les yeux du gouvernement
» lui-même ». -

Tout cela serait bon à dire, et en même temps
bien facile à réfuter, s'il s'agissait de faire une
nouvelle loi sur la compétence en matière d'appel comme d'Abus. Mais la loi est toute faite, elle
est dans l'art. 5 du décret du 25 mars 1813; et
tant que cet article n'aura pas été rapporté par
une disposition législative, ce ne sera point par
des considérations arbitraires que l'on parviendra
à la neutraliser.

Cinquième raison. « Enfin, le roi a, par dif-
» férentes ordonnances, retenu cette attribution
» à son conseil ».

Réponse. Cette cinquième raison n'est, en
d'autres termes, que la répétition d'une partie de
la première et de la troisième, et je l'ai détruite à
l'avance en répondant à celles-ci.

Du reste, il est curieux de voir quel parti embrasse personnellement M. de Cormenin, après
avoir retracé les cinq raisons que je viens de passer en revue. Partageant l'erreur de ceux qui la
emploient, sur le caractère et l'effet de la disposition contenue dans l'art. 5 du décret du 25 mars
1813, il regarde avec eux les cours royales comme
encore dépouillées, par la loi du 18 germinal an 10,
de la connaissance des appels comme d'Abus ; il
soutient même que l'ordre public est intéressé à
ce qu'elle ne leur soit pas rendue ; et cependant
voici comment il termine :

« Je conclurai de tout ceci qu'il y a plus d'a-
vantages que d'inconvéniens à laisser au conseil-
d'état l'attribution de juge dans cette matière ;
mais je soutiendrai néanmoins qu'une loi seule
devrait lui conférer cette attribution ; car la loi
du 18 germinal an 10 avait dévolu ces affaires au
conseil impérial, autorité reconnue par la constitution de l'an 8; mais le conseil actuel n'étant
ni reconnu par la Charte, ni constitué par la loi,
n'existant qu'en vertu d'une ordonnance rappor-
table, ne marchant qu'à l'aide d'un règlement
provisoire, ne permettant que des débats secrets,
ne se composant que de juges amovibles, ne se
gouvernant que par une jurisprudence de tradition, exposée elle-même à changer et à se renou-

veler continuellement avec les conseillers passagers qui l'ont faite, ne devrait peut-être pas garder et retenir plus long-temps dans cet état des questions qui, avant la révolution, étaient décidées par des juges indépendans et inamovibles, après les solennités de la plaidoirie, et avec toutes les garanties des jugemens ordinaires.

» M. de Villèle, aujourd'hui ministre des finances, s'est expliqué à ce sujet avec la force et la vérité pressantes de sa dialectique : *que le gouvernement ait un conseil, que l'administration ait un tribunal pour juger la validité de ses actes, je ne combattrai pas cette opinion; mais que, si ce tribunal peut prononcer sur ma* PROPRIÉTÉ, *il soit organisé par la loi, contraint de juger d'après ses lois, et que les membres qui le composent, soient inamovibles et hors de la dépendance du gouvernement, car la* CHARTE *nous a assuré cette garantie; et elle nous est d'autant plus nécessaire ici, que ce* TRIBUNAL *doit connaître de nos* CONTESTATIONS AVEC LE GOUVERNEMENT LUI-MÊME. (Séance de la Chambre des Députés, 24 avril 1818.)

» Quoi qu'il en soit, dans la position actuelle des choses, c'est au conseil d'état à prononcer sur les appels comme d'Abus. »

Ainsi, suivant M. de Cormenin, le conseil-d'état d'aujourd'hui n'est pas subrogé de droit au conseil-d'état qui existait lors de la loi du 18 germinal an 10; et il ne peut pas, en vertu de cette loi, même abstraction faite de la dérogation qui y a été apportée par le décret du 25 mars 1813, prendre légalement connaissance des appels comme d'Abus.

Et cependant M. de Cormenin prétend que *dans la position actuelle des choses*, la connaissance des appels comme d'Abus n'appartient qu'au conseil-d'état.

Je n'examinerai pas si la bonne logique ne devrait pas conduire à la conséquence opposée; si, de la concession faite par M. de Cormenin, que le conseil-d'état actuel n'est pas le successeur légal du conseil d'état de 1802, on ne devrait pas plutôt inférer que la connaissance des appels comme d'Abus, toute judiciaire par sa nature, est retournée aux cours royales, par le seul effet de la suppression et du non remplacement légal du conseil-d'état de 1802, à qui la loi du 18 germinal l'avait attribuée, par exception à la juridiction universelle de ces cours; et si soutenir le contraire, ce ne serait pas vouloir que, si, par une loi ou un événement quelconque, les tribunaux de commerce et de paix venaient à être supprimés tout-à-coup, les portions de juridiction qui leur sont déléguées ne se réuniraient pas de plein-droit à la juridiction universelle des tribunaux d'arrondissement dont elles ne sont que des démembremens ; et si, par conséquent, ce ne serait pas soutenir une chose absurde.

Je n'ai pas besoin de la concession de M. de Cormenin pour justifier mon opinion sur le droit exclusif des cours royales à la connaissance des appels comme d'Abus, parce que mon opinion sur ce point a pour base l'art. 5 du décret du 25 mars 1813, c'est-à-dire une disposition qui a toute la force d'une loi, et qui la conservera aussi long-temps qu'une loi contraire ne l'aura pas rapportée.

En concluant de toute cette discussion, que l'arrêt de la cour royale de Paris, du 20 janvier 1824, aurait dû être cassé, s'il eût été dénoncé à la cour suprême, je ne me dissimule pourtant pas que, s'il eût reçu, comme il devait le faire, l'appel comme d'Abus du sieur Chasle, il aurait peut-être été annulé administrativement, par suite d'un conflit élevé par le préfet du département d'Eure-et-Loir; mais loin de moi la pensée que la crainte d'une pareille annulation ait influé sur la détermination qu'a prise la cour royale de Paris. Les magistrats de cette cour connaissent trop bien leurs devoirs, et sont trop pénétrés du sentiment de leur indépendance, pour ne pas se faire une règle invariable de cet adage de nos bons aïeux: *Fais ce que dois, advienne que pourra.*

ACCENSEMENT. *V.* l'article *Bail à cens.*

ACCEPTATION DE COMMUNAUTÉ. *V.* l'article *Communauté de biens entre époux*, §. 6.

ACCEPTATION D'HÉRÉDITÉ. *V.* l'article *Héritier*, §. 1 et 2.

ACCOUCHEMENT. *V.* les articles *Maternité, Viabilité* et *Vie.*

ACCUSATION. §. I. *En matière de faits qualifiés crimes, mais qui peuvent être excusés par la bonne foi, suffit-il, pour mettre le prévenu hors d'accusation, de déclarer qu'il est possible qu'il ait été induit en erreur ; ou faut-il déclarer positivement que sa bonne foi est constante?*

V. l'article *Bigamie.* §. 1.

§. II. *Une chambre d'accusation peut-elle mettre un prévenu hors d'accusation, sur le fondement que sa culpabilité n'est pas suffisamment prouvée?*

Le 26 décembre 1811, le premier président de la cour de Toulouse, procédant en exécution de l'art. 484 du Code d'instruction criminelle, décerne un mandat d'arrêt contre Antoine Delluc, garde champêtre, prévenu 1° de s'être abstenu, moyennant argent, dons et promesses, de dresser procès-verbal de diverses contraventions, 2° d'avoir abusé de sa place, par menaces et autres voies illicites, pour achalander sa boutique de forgeron.

Le 17 janvier 1812, d'après le rapport fait à la chambre d'accusation de la cour de Toulouse, arrêt par lequel,

«Considérant qu'*il n'est pas suffisamment établi* qu'Antoine Delluc, garde champêtre de la commune de Garganvillars, prévenu, se soit abstenu de faire les actes qui entraient dans l'ordre de ses devoirs, moyennant des offres ou promesses agréées, des dons ou des présens reçus, ni qu'il ait abusé de sa place et de l'autorité qu'elle lui donnait, pour, par menaces ou autres voies, achalander sa boutique de forgeron;

» La cour déclare n'y avoir lieu à mettre en accusation ledit Antoine Delluc, prévenu; en conséquence, annule le mandat d'arrêt lancé contre lui, le 26 décembre dernier ».

Le 20 du même mois, le procureur général se pourvoit en cassation contre cet arrêt.

« Si la cour de Toulouse (ai-je dit à l'audience de la section criminelle, le 27 février 1812) s'était déterminée à ne pas mettre Antoine Delluc en accusation, par la considération qu'il n'existait pas de présomptions graves, de commencement de preuves, des crimes qui lui étaient imputés, nous n'aurions rien à redire à son arrêt.

» Mais ce n'est pas ainsi que son arrêt est motivé; c'est parce qu'*il n'est pas suffisamment établi* qu'Antoine Delluc est coupable des crimes qui lui sont imputés, que la cour de Toulouse ne le met pas en accusation; et il est facile de sentir que, par cette manière de prononcer, la cour de Toulouse a tout à la fois violé les art. 229 et 231 du Code d'instruction criminelle, et entrepris sur les attributions du jury de jugement.

» Les chambres d'Accusation remplacent, dans la nouvelle organisation judiciaire, les jurés d'Accusation que la loi du 16-29 septembre 1791 avait institués, et que le Code du 3 brumaire an 4 avait maintenus.

» Or, les jurés d'Accusation pouvaient-ils se dispenser de mettre un prévenu en état d'Accusation, sous le prétexte de défaut de preuve suffisante qu'il fût coupable? Non, ils ne pouvaient s'en dispenser que par le défaut de présomptions graves, par le défaut de commencement de preuves de culpabilité. Cela était écrit en toutes lettres dans l'art. 237 du Code du 3 brumaire an 4 :

« Les jurés d'Accusation (y était-il dit) n'ont pas
» à juger si le prévenu est coupable ou non, mais
» seulement s'il y a des preuves suffisantes à
» l'appui de l'Accusation..... et plus bas : « ce
» ne sont pas de simples soupçons, une simple
» prévention, mais de fortes présomptions, un
» commencement de preuv esdéterminantes,
» qui doivent provoquer la décision des jurés
» pour l'admission de l'acte d'Accusation ».

« Et c'est parce que les jurés d'Accusation saisissaient et remplissaient mal l'objet de la mission qui leur était confiée par cette loi, c'est parce qu'ils confondaient souvent leur mission avec celle des jurés de jugemens, que le Code d'instruction criminelle les a supprimés et les a remplacés par les chambres d'Accusation des cours.

» L'expérience a démontré» (disait l'orateur du gouvernement, dans *l'exposé* des motifs des cinq premiers chapitres du titre 2 du second livre de ce Code) « qu'autant il est facile au jury
» de jugement d'apprécier le mérite des preuves,
» dans l'état de perfection où la procédure se
» trouve alors, et d'après les débats qui ont eu
» lieu devant lui, autant il est difficile au jury
» d'Accusation, tel qu'il existe, de calculer la
» valeur des présomptions, d'après une instruction encore incomplète. La difficulté d'apprécier ces présomptions lui fait chercher *des preuves dont il n'a pas besoin pour se determiner;* et comme il ne les trouve pas, il arrive
» souvent que, *malgré les indices*, au lieu de
» renvoyer ce prévenu pour être jugé, il le juge
» lui-même et prononce son acquittement ». L'orateur de la commission de législation du corps législatif disait la même chose en d'autres termes: « Vainement le magistrat qui dirige le jury d'Accusation lui explique qu'il n'a pas à décider si
» le prévenu est coupable ou non; il est rare
» qu'il ne s'érige pas en juge. Selon le plus grand
» nombre, dire *oui*, c'est condamner; dire *non*,
» c'est absurde. Les mieux intentionnés distinguent difficilement la limite de leurs pouvoirs».

» Le législateur a pensé que les magistrats des cours saisiraient mieux la nuance qui sépare les présomptions suffisantes pour accuser, des preuves nécessaires pour condamner; et, dans cette confiance, il a dit, art. 229 : « Si la cour n'aperçoit aucune trace d'un délit prévu par la loi,
» ou si elle ne trouve pas *des indices suffisans*
» *de culpabilité*, elle ordonnera la mise en liberté du prévenu; » et art. 231: « si le fait est
» qualifié crime par la loi, et que la cour trouve
» *des charges suffisantes pour motiver la mise en*
» *Accusation*, elle ordonnera le renvoi du prévenu, soit aux assises, soit à la cour spéciale....».

« Ce n'est donc qu'à défaut d'*indices suffisans de culpabilité*, que les chambres d'accusation peuvent ordonner la mise en liberté des prévenus. Elles ne peuvent donc pas l'ordonner sur le seul défaut de preuves suffisantes de culpabilité, c'est-à-dire, à défaut de preuves nécessaires pour motiver une condamnation. Elles sont donc tenues de mettre en Accusation les prévenus contre lesquels il existe de graves présomptions, de violens indices, de notables commencemens de preuve qu'ils ont commis les crimes qui leur sont imputés.

» Et cependant la chambre d'Accusation de la cour de Toulouse a ordonné la mise en liberté d'Antoine Delluc, sur le fondement que sa culpabilité n'est pas suffisamment établie, termes qui signifient évidemment qu'il n'existe pas de preuves suffisantes pour le convaincre définitivement, et que, dans l'état actuel de la procédure, on ne pourrait pas le condamner.

» Ainsi, non seulement elle a foulé aux pieds les art. 229 et 231 du Code d'instruction criminelle, mais encore elle a fait ce que le jury de jugement avait seul le pouvoir de faire, elle a empiété sur les fonctions de ce jury, elle a prononcé incompétemment; ce qui place nécessairement son arrêt dans le cas de l'une des ouvertures de cassation déterminées par l'art. 416 du même Code.

« Par ces considérations, nous estimons qu'il y a lieu de casser et annuler l'arrêt qui vous est dénoncé ».

Par arrêt du 27 février 1812, au rapport de M. Oudart,

« Vu les art. 221, 229 et 345 du Code d'instruction criminelle..... ;

» Considérant que la cour de Toulouse, chambre d'accusation, a déclaré dans son arrêt du 17 janvier dernier, *qu'il n'était pas suffisamment établi* par l'instruction et la procédure qu'Antoine Delluc, garde-champêtre et forgeron, se fût abstenu de faire un ou plusieurs actes qui entraient dans l'ordre de ses devoirs, moyennant des offres ou promesses agréées, des dons ou des présens reçus, et qu'il eût abusé de sa place par menaces ou autres voies, pour achalander sa boutique de forgeron, et qu'il n'y avait pas lieu de le mettre en Accusation ;

» Que les chambres d'Accusation sont chargées d'examiner s'il existe contre le prévenu des preuves ou des indices assez graves pour prononcer la mise en Accusation ; et que c'est lorsqu'elles ne trouvent pas des indices suffisans de culpabilité, qu'elles peuvent ordonner sa mise en liberté ;

» Qu'il n'appartient qu'au jury de jugement et aux cours spéciales de juger si le fait est constant et si l'accusé est convaincu; que le Code du 3 brumaire an 4 faisait un devoir au directeur du jury d'avertir les jurés d'Accusation qu'ils n'avaient pas à juger si le prévenu était coupable ou non, mais seulement s'il y avait des preuves suffisantes à l'appui de l'acte d'Accusation; que, malgré cet avertissement, les jurés ayant trop souvent cherché, dans une instruction encore incomplète, des preuves dont ils n'avaient pas besoin pour se déterminer, ayant jugé eux-mêmes et acquitté les prévenus malgré les indices, au lieu de les renvoyer pour être jugés, le Code d'instruction criminelle a remplacé les jurés d'Accusation par les cours; que les magistrats de ces cours ne doivent donc pas exiger qu'une procédure muette, qu'une instruction lue et examinée sans solennité, en l'absence du prévenu et des témoins, *établisse suffisamment* que le prévenu a commis ou non le crime qui lui est imputé ;

» Que la chambre d'Accusation de la cour de Toulouse a porté une décision que la loi a attribuée aux cours d'assises et au jury de jugement, et qu'elle a ainsi violé les règles de compétence fixées par les dispositions du Code citées ci-dessus ;

» Par ces motifs, la cour casse et annule.... »

Le 16 mars 1821, le procureur général de la cour royale de Corse fait à la chambre d'Accusation de cette Cour, un rapport par lequel il conclut à la mise en Accusation d'un notaire prévenu de faux dans la minute et dans l'expédition d'un acte de vente du 13 août 1818.

Le même jour, arrêt qui, attendu qu'il n'est pas *suffisamment justifié que la minute* de l'acte dont il s'agit soit fausse, et que d'ailleurs il n'y a eu ni plainte ni dénonciation de la part des intéressés, déclare qu'il n'existe pas contre le prévenu de *charge suffisante* pour le mettre en accusation, et ordonne son élargissement.

M. le procureur général se pourvoit en cassation; et par arrêt du 2 août suivant, au rapport de M. Aumont,

« Vu les art. 221 et 229 du Code d'instruction criminelle.... ; et aussi l'art. 4 du même Code....;

» Attendu 1° qu'aux termes de l'art. 221 du Code d'instruction criminelle, la chambre des mises en Accusation devant laquelle est traduit un individu prévenu de crime, doit examiner s'il existe contre ce prévenu des preuves *ou des indices assez graves* pour que son renvoi à la cour d'assises doive être prononcé ; et que, d'après l'art. 229 du même Code, ce n'est que quand il n'existe pas d'*indices suffisans* de culpabilité contre lui, que sa mise en liberté doit être ordonnée; que c'est aux jurés seuls qu'il appartient de juger si l'accusé est ou n'est pas coupable; que, dans le *considérant* de l'arrêt dénoncé, la cour dit qu'il n'est pas *suffisamment justifié* que les signatures des témoins instrumentaires apposées à l'acte de vente du 13 août 1818, soient fausses; qu'il s'ensuit bien de cette déclaration que, dans l'opinion de la cour, la fausseté de ces signatures n'est pas *prouvée*, mais qu'il n'en résulte nullement qu'il n'existe pas des *indices graves* de leur fausseté; que les *considérant* des arrêts ayant avec leur dispositif une corrélation intime et nécessaire, la mise en liberté du prévenu, dans l'espèce, est réputée avoir pour fondement le défaut de *preuves* du faux qui était l'objet de la prévention ; mais que, si le défaut de preuves du crime est, pour les jurés, un motif légitime de déclaration de non-culpabilité, il ne saurait être, pour les chambres d'accusation, le motif d'une ordonnance de mise en liberté, dès qu'aux termes des art. 221 et 226 du Code d'instruction criminelle, des *indices graves* suffisent pour que le renvoi du prévenu à la cour d'assises doive être prononcé ;

» Attendu 2° que le réquisitoire du procureur général présentait deux chefs distincts d'Accusation, le faux de la minute de l'acte de vente du 13 août 1818, et le faux d'une expédition de cet acte ; et qu'il n'est parlé dans le *considérant* de l'arrêt que du faux de la minute; qu'ainsi, la cour n'a pas prononcé sur tous les objets soumis à son examen; que sa décision sur le premier chef d'Accusation, en la supposant légale, ne justifierait cependant pas la mise en liberté qu'elle a prononcée, puisque, par l'effet de son silence sur le second chef, il restait incertain s'il n'existait pas, sur ce chef, des indices de culpabilité capables de déterminer le renvoi à la cour de justice criminelle ;

» Attendu 3° que le faux commis par un notaire, dans l'exercice de ses fonctions, est un crime, et donne conséquemment lieu à l'action publique; qu'il importe donc fort peu que les individus dénommés dans l'acte de vente du 13 août 1818 ne se soient pas portés parties civiles, et n'aient pas même été les dénonciateurs du crime; que la renonciation à l'action civile ne pouvant ni arrêter ni suspendre l'exercice de l'action publique, la cour n'a pu s'autoriser du silence des parties intéressées dans l'acte dont il s'agit, pour se dispenser de faire droit au réquisitoire du procureur-général;

» Qu'en refusant, d'après cette circonstance, et par les autres motifs énoncés dans son arrêt, de prononcer le renvoi du prévenu à la cour de justice criminelle, et en ordonnant au contraire sa mise en liberté, ladite cour a violé les art. 221, 229 et 4 du Code d'instruction criminelle.

» D'après ces motifs, la cour casse et annule.... (1) ».

§. III. *De ce qu'une chambre d'Accusation ne peut pas se dispenser de mettre le prévenu d'un crime en état d'Accusation, sous le prétexte qu'il résulte de l'instruction des circonstances qui rendent le crime excusable et le réduisent au caractère de simple délit* (2), *s'ensuit-il qu'elle ne peut pas, en mettant le prévenu en état d'Accusation, énoncer dans son arrêt un fait d'excuse indiqué par l'instruction, en laissant au jury le soin de l'apprécier?*

Le procureur général de la cour royale d'Aix a soutenu l'affirmative, en attaquant, comme violant les règles de la compétence, un arrêt de la chambre d'Accusation de cette cour, qui était ainsi conçu:

« Attendu que la procédure et les pièces indiquent suffisamment que le nommé Piquet a, le 12 septembre dernier, commis sur la personne de Thomas Hagues un homicide volontaire *après provocation*, crime prévu par les art. 295 et 304 du Code pénal;

» La cour déclare qu'il y a lieu à Accusation contre ledit Piquet, et le renvoie à la cour d'assises du département des Bouches-du-Rhône pour y être jugé selon la loi ».

Mais, par arrêt du 13 janvier 1820, au rapport de M. Busschop, et sur les conclusions de M. l'avocat-général Fréteau,

« Considérant que, si les chambres d'Accusation des cours royales n'ont point d'attributions pour apprécier et juger elles-mêmes les faits qui peuvent rendre un crime excusable, et qu'ainsi elles ne peuvent renvoyer les prévenus de pareils crimes devant les tribunaux de police correctionnelle pour l'application directe des peines portées par l'art. 326 du Code pénal, contre les crimes excusables, néanmoins aucune loi n'a défendu auxdites chambres de faire mention, dans leurs arrêts de mise en Accusation, de toutes les circonstances qui leur ont paru résulter de l'instruction et être de nature à aggraver ou atténuer le crime;

» Que la chambre d'Accusation de la cour royale d'Aix, ayant renvoyé le nommé Piquet, absent, devant la cour d'assises du département des Bouches-du-Rhône, comme prévenu du crime de meurtre, n'a donc point violé les règles de compétence, en faisant mention dans son arrêt de la circonstance atténuante de *provocation*, qui, d'après les pièces de l'instruction, lui a paru avoir précédé ledit crime; que le renvoi du prévenu à la cour d'assises a, au contraire, laissé intact la compétence du jury pour prononcer sur ledit fait d'excuse....;

» La cour rejette le pourvoi... (1) ».

§. IV. *L'obligation dans laquelle sont les cours royales de mettre en Accusation les prévenus de crimes qui, d'après l'instruction, paraissent excusables, leur ôte-t-elle le droit et les dispense-t-elle de mettre en liberté les prévenus d'homicides qui sont prouvés avoir été commis dans la nécessité d'une légitime défense?*

La négative est évidente, d'après l'art. 328 du Code pénal; et voici deux arrêts de la cour de cassation qui la consacrent formellement.

Claude-François-Marie Rosay était prévenu d'avoir commis volontairement un homicide sur la personne de Philibert Romand; mais, en même tems, il était établi au procès qu'il ne l'avait commis que dans la nécessité d'une légitime défense.

Cependant, par arrêt du 30 décembre 1817, la cour royale de Besançon l'avait mis en Accusation, sur le fondement que le fait de la légitime défense, quoique suffisamment prouvé par l'instruction, ne constituait qu'un fait d'excuse dont l'application n'appartenait qu'à la cour d'assises.

Mais, sur le recours en cassation du ministère public, arrêt est intervenu, le 27 mars 1818, au rapport de M. Busschop, et sur les conclusions de M. Giraud-Duplessis, avocat-général, par lequel,

« Vu l'art. 328 du Code pénal....; vu aussi les art. 229, 231 et 299 du Code d'instruction criminelle.....;

» Considérant que, d'après les dispositions de l'art. 328 précité du Code pénal, les blessures et les coups ne constituent ni crime ni délit, lorsqu'ils étaient commandés par la nécessité actuelle de la légitime défense de soi-même ou d'autrui;

---

(1) Bulletin criminel de la cour de cassation, année 1824, page 345.
(2) *V.* le Répertoire de jurisprudence, au mot *Excuse*, n° 4.

(1) Journal des audiences de la cour de cassation, 1.er volume supplémentaire, page 24.

4e édit. Tome I.

» Que, d'après l'art. 229 du Code d'instruction criminelle, les chambres de mise en Accusation des cours royales doivent ordonner la mise en liberté du prévenu, toutes les fois qu'elles n'aperçoivent dans l'instruction aucune trace d'un délit prévu par la loi;

» Qu'il s'ensuit nécessairement que lesdites chambres ont le droit, et même il est de leur devoir d'apprécier les circonstances qui peuvent caractériser l'état de légitime défense, puisque cet état exclut tout crime et tout délit, et, conséquemment, toute poursuite;

» Considérant, dans l'espèce, que les faits déclarés dans l'arrêt dénoncé ne constituent pas de simples faits d'excuse dont l'appréciation est attribuée par la loi au jugement du jury, mais qu'ils avaient placé Claude-François-Marie Rosay dans l'état de légitime défense, et qu'ainsi ils ôtaient le caractère de crime et de délit à l'homicide par lui commis sur la personne de Philibert Romand;

» Qu'il y avait donc lieu d'appliquer audit Rosay les dispositions dudit article 229 du Code d'instruction criminelle; qu'ainsi sa mise en accusation et son renvoi devant la cour d'assises ont été une fausse application de l'art. 231 du même Code, une violation tant dudit art. 229 que de l'art. 328 du Code pénal, ce qui établit le premier moyen de nullité déterminé par l'art. 229 dudit Code d'instruction criminelle;

» D'après ces motifs, la cour, faisant droit au pourvoi du procureur-général, casse et annule..... (1) ».

Le 21 octobre 1818, ordonnance de la chambre du conseil du tribunal de première instance de Montpellier, qui, statuant sur l'instruction faite contre le sieur Cazelle, poursuivi comme complice d'un homicide commis volontairement sur la personne du sieur Ferret, et attendu que, d'une part, il paraît résulter de l'instruction que le prévenu est réellement auteur de cet homicide, mais que, de l'autre, il existe des indices qui portent à croire qu'il ne l'a commis que dans la nécessité d'une légitime défense, ce qui constituerait un fait d'excuse, renvoie le prévenu devant le tribunal correctionnel.

Opposition à cette ordonnance, de la part du procureur du Roi; et le 8 janvier 1819, arrêt de la chambre d'Accusation de la cour royale de Montpellier, qui, « attendu que la chambre du » conseil et la chambre d'Accusation ont point » à examiner les faits d'excuse qui, d'après la » loi, doivent être exclusivement appréciés et jugés par le jury », annule l'ordonnance et renvoie le sieur Cazelle devant la cour d'assises du département de l'Hérault.

Mais le sieur Cazelle se pourvoit en cassation; et par arrêt du 8 janvier 1819, au rapport de M. Busschop, et sur les conclusions de M. l'avocat-général Hua,

« Vu les art. 219 et 23 du Code d'instruction criminelle....; vu aussi l'art. 328 du Code pénal...;

» Considérant que, si les faits d'excuse ne peuvent être appréciés par les chambres d'Accusation, et, conséquemment, par les chambres du conseil, c'est que, par des dispositions formelles de la loi, le jugement en a été réservé à la décision du jury; que ces faits, d'ailleurs, ne détruisent pas la criminalité de l'action; qu'ils en modifient seulement le caractère et en atténuent la peine, et qu'ils ne sont pas, par conséquent, exclusifs de poursuite;

» Qu'il n'en est pas ainsi de la nécessité actuelle de la légitime défense de soi-même ou d'autrui; que, d'après l'art. 328 du Code pénal ci-dessus transcrit, elle dépouille l'homicide, les blessures et les coups de tout caractère de crime et de délit; qu'elle est donc exclusive de toute poursuite; que le fait en doit donc être examiné et jugé par les chambres d'Accusation, que la loi a investies du droit de juger s'il y a, ou non, lieu à poursuivre et à renvoyer, à cet effet, à qui de droit;

» Considérant que la cour royale de Montpellier, saisie, par l'opposition du procureur du Roi, de l'ordonnance de la chambre du conseil de cette ville, qui avait renvoyé le sieur Cazelle devant la police correctionnelle, n'est point entrée dans l'examen des faits énoncés dans cette ordonnance, ne les a point appréciés, pour juger s'ils avaient placé le prévenu dans la nécessité actuelle d'une légitime défense de soi-même, qu'elle s'est bornée à prononcer sur le fait de l'homicide qui lui était imputé, sans en juger les circonstances accessoires qui pouvaient lui ôter le caractère de crime et délit, et que, sur ce fait d'homicide, ainsi considéré par elle, abstraction faite des circonstances qui l'avaient précédé et accompagné, elle a déclaré qu'il y avait lieu à accusation contre le prévenu, et l'a renvoyé, en conséquence, devant la cour d'assises du département de l'Hérault;

» En quoi cette cour a méconnu les règles de ses attributions, et, par suite, a violé les art. 229 et 231 du Code d'instruction criminelle;

» D'après ces motifs, la cour, faisant droit sur le pourvoi de Mathieu-Brutus Cazelle, casse et annule.... (1) ».

§. V. *Peut-on, en mettant un prévenu en état d'Accusation et le renvoyant devant une cour d'assises pour y être jugé, rattacher au crime dont on l'accuse, comme en formant une circonstance aggravante, un autre crime dont la connaissance appartient à un tribunal d'exception, et sur lequel ce tribunal n'a pas encore statué?*

V. l'article Connexité, §. 4.

---

(1) Bulletin criminel de la cour de cassation, année 1818, page 107.

(1) Ibid., année 1819, page 6

§. VI. *Un arrêt de mise en Accusation est-il nul, par cela seul qu'il ne signifie pas les faits matériels qu'il qualifie de crime, et qu'il se borne à énoncer qu'ils constituent un assassinat, un meurtre, un faux, etc?*

Cette question revient à celle de savoir si la Assation pourrait atteindre un arrêt de mise en ccusation qui serait ainsi conçu :

« Considérant qu'il résulte, de la procédure instruite contre un tel, de fortes présomptions qu'il s'est rendu coupable d'assassinat; que le fait, le jour, l'heure, les circonstances, le nom (ou le signalement) de la personne homicidée sont exposés dans les informations faites par le juge d'instruction,

» La cour déclare qu'un tel est accusé d'avoir commis le meurtre mentionné dans la procédure avec les circonstances aggravantes qui y sont énoncées ».

On peut dire pour la négative que l'art. 299 du Code d'instruction criminelle n'ouvre la voie de recours en cassation contre un arrêt de mise en Accusation, que dans les trois cas suivans : « 1° si » le fait n'est pas qualifié crime par la loi; 2° si » le ministère public n'a pas été entendu; 3° si » l'arrêt n'a pas été rendu par le nombre de juges » fixé par la loi »; et qu'aucun de ces trois cas ne peut s'identifier avec celui dont il s'agit

Mais on peut répondre que cet article, en exigeant, à peine de nullité, que *le fait imputé* au prévenu par l'arrêt de mise en Accusation, soit qualifié de crime par la loi, suppose nécessairement que ce fait est énoncé dans l'arrêt même : qu'à défaut de cette énonciation, l'arrêt manque de l'un de ses élémens substantiels, et que par conséquent il est nul.

Inutile d'objecter que, si l'arrêt ne contient pas littéralement l'énonciation du fait, il en contient du moins l'équivalent en ce qu'il se réfère à la procédure dans laquelle le fait est spécifié.

Ce n'est point par la procédure qui peut lui être tout-à-fait inconnue et dont il n'est pas encore à portée de prendre connaissance, que le prévenu doit apprendre qu'il est accusé de tel fait; c'est par l'arrêt même qui l'en a accusé; il faut donc que cet arrêt le lui apprenne. Cet arrêt est donc essentiellement vicieux, s'il le lui laisse ignorer.

Et c'est ce qu'a jugé un arrêt de la cour de cassation, du 9 septembre 1819, dont le Bulletin criminel de cette cour (tome 24, page 306) nous retrace ainsi les motifs et le prononcé :

« Ouï le rapport de M. Ollivier, conseiller en la cour, et M. Hua, avocat-général, en ses conclusions ;

» Statuant sur le pourvoi du procureur-général à la cour royale d'Amiens, envers l'arrêt de cette cour, chambre d'Accusation, du 11 août dernier;

» Vu le *considérant* de cet arrêt, d'après lequel Honoré Rabouin est renvoyé en état de mise en accusation, par le seul motif qu'il était prévenu d'avoir fait usage d'une pièce fausse, en écriture privée, sachant qu'elle était fausse, sans expliquer, ni ce qu'était la pièce qualifiée fausse, ni en quoi consistait l'usage fait sciemment;

» Vu l'art. 299 du Code d'instruction criminelle, dans lequel le premier des trois motifs autorisant la demande en nullité des arrêts de chambres d'accusation, est : *Si le fait imputé n'est pas qualifié crime par la loi;*

» Attendu que la qualification de la criminalité ne peut être appréciée que par son rapprochement du fait *matériel* auquel on l'a donnée;

» Que, dans l'espèce, l'arrêt attaqué, en donnant la qualification de pièce fausse en écriture privée, et d'usage fait sciemment de cette pièce fausse, n'énonce pas quels sont les faits matériels auxquels cette qualification a été donnée, que dès-lors, et en cet état, cet arrêt manque, dans son contexte, de l'un des élémens indispensables pour sa régularité;

» La Cour casse et annule.... ».

§. VII. *Lorsque le fait imputé au prévenu ne constitue pas un crime par lui-même, mais seulement dans telle circonstance que la loi détermine, l'arrêt qui, sans spécifier cette circonstance, met le prévenu en état d'Accusation, est-il nul?*

La nullité d'un pareil arrêt est la conséquence directe et immédiate de la disposition citée au paragraphe précédent de l'art. 299 du Code d'instruction criminelle, qui ouvre la voie de recours en cassation contre tout arrêt de mise en accusation, dans le cas où le *fait n'est pas qualifié crime par la loi.*

C'est ainsi qu'un arrêt de la cour de cassation, du 3 vendémiaire an 7, a annulé, au rapport de M. Gohier, un acte d'Accusation dressé contre un prévenu de crime de bigamie, « Attendu (ce » sont ses termes) qu'il réfère que Larzilière a » contracté un second mariage avant la dissolu- » tion du premier, sans même qu'il y soit exprimé » que Larzilière savait que ce premier mariage » n'était pas dissous, circonstance nécessaire pour » caractériser le crime de bigamie ; qu'on peut » dire conséquemment que, par cet acte, il est » accusé d'un fait non qualifié crime par le Code » pénal, le fait d'un second mariage contracté » avant la dissolution du premier, ne constituant » le délit de bigamie que lorsque le second ma- » riage a été contracté avec connaissance certaine » que le premier mariage subsistait encore (1) ».

C'est ainsi, par arrêt de la même cour, du 12 septembre 1812, au rapport de M. Oudart, et sur les conclusions de M. Daniels,

« Vu l'art. 299 du code d'instruction criminelle; vu aussi l'art. 62 du Code pénal....;

---

(1) *Ibid.*, an 7, page 21.

4.

» Attendu que nul ne peut être accusé d'un fait qui n'est pas qualifié crime par la loi, et que les personnes qui ont recélé des effets soustraits à l'aide d'un crime, ne peuvent être punies comme complices de ce crime, que lorsqu'elles ont recélé ces effets sciemment;

» Attendu que Anne-Julie, veuve Masson, est accusée, par l'arrêt du 1er août dernier, de s'être rendue complice du vol d'une pièce de toile commis la nuit dans une maison habitée, à l'aide d'effraction extérieure, en recélant cette pièce de toile dans son domicile; et que l'arrêt de mise en Accusation n'exprime pas qu'elle l'ait recélée sciemment; d'où il suit que cet arrêt porte sur un fait qui n'est pas qualifié crime par la loi, et qu'il a violé les lois citées ci-dessus;

« Par ces motifs, la cour casse et annule l'arrêt rendu le 1er août dernier par la cour de Montpellier, chambre d'accusation.... (1) ».

ACQUÉREUR. §. I. 1° *Entre deux Acquéreurs d'un même bien, sous la loi du 11 brumaire an 7, la préférence est-elle due à celui qui, le premier, a fait transcrire son contrat au bureau des hypothèques, quoique le contrat de l'autre soit antérieur en date ?*

2° *Lui est-elle due, tant au possessoire qu'au pétitoire ?*

V. les articles *Complainte* et *Transcription.*

§. II. *Celui qui n'a acquis, sous son propre nom, que pour le compte d'un tiers, peut-il, sous le prétexte de la transcription de son contrat au bureau des hypothèques, empêcher que les créanciers de ce tiers ne fassent saisir et vendre le bien sur celui-ci ?*

V. l'article *Expropriation forcée*, §. 2.

Au surplus, *V.* les articles *Déclaration de command*, *Indication de paiement*, *Lettres de ratification*, *Mutation* et *Propres*.

ACQUÊTS. *V.* les articles *Conquêts*, *Propres* et *Société d'acquêts*.

ACQUIESCEMENT. §. I. *Quel est l'effet de l'Acquiescement à ce qu'une contestation soit jugée sans appel? Cet Acquiescement s'étend-il à tous les jugemens préparatoires et définitifs que comporte cette contestation ?*

V. l'article *Appel*, §. 7.

§. II. *Quel est l'effet de l'Acquiescement donné à un jugement avant qu'il soit rendu ?*

V. l'article *Appel*, §. 1, n°[s] 4, 5 et 6.

§. III. *S'en rapporter à la prudence du juge, est-ce acquiescer d'avance au jugement qui interviendra, et renoncer à la faculté de l'attaquer ?*

La négative est établie dans les plaidoyers et consacrée par les arrêts de la cour de cassation, des 2 ventôse et 18 germinal an 11, rapportés aux mots *Appel*, §. 14, art. 1, n° 9, et *Sections des tribunaux*, §. 2; et quoiqu'elle ne paraisse pas susceptible de la moindre contradiction, elle n'a pas laissé d'être remise en question devant la cour royale de Metz, en 1821.

Le 11 janvier 1820, le sieur Guyaux, négociant belge, fait assigner le sieur Pros devant le tribunal de commerce de Rocroy, pour se voir condamner au paiement d'un billet à ordre de 500 francs, revêtu de sa signature.

Le sieur Pros comparaît sur cette assignation, et soutient que la signature apposée au billet n'est pas la sienne. En conséquence, et conformément à l'art. 427 du Code de procédure, jugement qui renvoie les parties devant le tribunal civil, pour procéder à la vérification de la signature déniée.

En exécution de ce jugement, le sieur Guyaux fait assigner le sieur Pros devant le tribunal civil. Le sieur Pros conclut à ce qu'en sa qualité d'étranger, le sieur Guyaux soit tenu de fournir la caution *judicatum solvi*. Le sieur Guyaux déclare s'en rapporter, sur cette demande, à la prudence du tribunal.

Le 24 janvier 1820, jugement qui décide qu'il y a lieu à la caution *judicatum solvi*.

Appel de la part du sieur Guyaux. Le sieur Pros soutient que cet appel est non-recevable, parce que le sieur Guyaux a acquiescé d'avance au jugement qu'il attaque.

Mais par arrêt du 26 mars 1821,

« Attendu, sur la fin de non-recevoir opposée par Pros contre l'appel de Guyaux, et qu'il fait résulter de ce que Guyaux aurait consenti, à l'audience du 24 février 1820, de fournir la caution qui lui était demandée..... Que Guyaux s'en est rapporté à la prudence des juges, à l'audience du 24 février, sur la demande de la caution *judicatum solvi*, ce qui était contester; qu'ainsi, on ne peut, sous ce premier rapport, lui objecter un consentement qu'il n'a réellement pas donné, ni conséquemment arguer d'irrécevabilité l'appel qu'il a interjeté du jugement du 24 février....

» La cour met l'appellation et ce dont est appel au néant; émendant, décharge Guyaux des condamnations prononcées contre lui; et de toutes obligations de fournir caution..... (1) ».

§. IV. *L'appel d'un jugement au bas de l'expédition duquel la partie condamnée a écrit et signé qu'elle se le tenait pour signifié et promettait de s'y conformer, peut-il être reçu sous le prétexte que cette partie a posté-*

---

(1) *Ibid.*, année 1812, page 413.

(1) Jurisprudence de la cour de cassation, tome 23, partie 2, page 126.

ACQUIESCEMENT, § IV.

rieurement souscrit, au profit de son adversaire, une obligation dans laquelle est confondue la somme portée dans la condamnation ?

Il est évident que non : car de deux choses l'une : ou il n'est pas résulté de l'obligation postérieure une novation au jugement, ou il a été innové au jugement par cette obligation.

Au premier cas, le jugement est devenu, par l'Acquiescement de la partie condamnée, inattaquable par la voie de l'appel.

Au second cas, il est vrai que le jugement n'existe plus ; mais ce n'est point par la voie d'appel que l'on peut le faire déclarer non-avenu ; c'est par une demande principale dont la connaissance n'appartient qu'au premier juge.

Voici cependant une espèce dans laquelle il en a été d'abord décidé autrement.

Le 13 frimaire an 10, jugement du tribunal de première instance de Colmar, qui condamne la veuve Schott à payer au sieur Lehman, juif, le montant des deux traites souscrites par elle à son profit, l'une de 900 francs, l'autre de 528 francs.

Le 21 nivôse suivant, au moment où Lehman, muni d'une expédition de ce jugement, se dispose à le lui faire signifier, la veuve Schott écrit et signe au bas de cette expédition, les mots : « J'accepte le présent jugement pour signifié, » sans qu'il soit nécessaire de le faire signifier par » un huissier, et je promets de m'y conformer ».

Le 5 pluviôse de la même année, la veuve Schott signe, au profit de Lehman et du nommé Fiefet, un acte sous seing-privé par lequel, sans faire mention du jugement du 13 frimaire an 10, elle s'oblige de leur payer une somme de 4,320 francs, à la charge de payer pour elle 600 francs, qu'elle déclare devoir à diverses personnes.

En 1806, Lehman fait à la veuve Schott, en vertu du jugement du 13 frimaire an 10, un commandement à fin de saisie immobilière.

La veuve Schott appelle de ce jugement à la cour de Colmar; et là, en soutenant que le montant des traites que ce jugement l'avait condamnée à payer à Lehman a été compris dans l'obligation du 5 pluviôse an 10, elle conclut à ce que Lehman soit condamné à lui remettre ces traites.

Lehman répond que l'appel est non-recevable; et qu'en tout cas, la prétention de la veuve Schott est dénuée de tout fondement.

Le 25 novembre 1812, arrêt qui reçoit l'appel, et adjuge à la veuve Schott les conclusions qu'elle a prises,

« Attendu, sur la fin de non-recevoir opposée à l'appel et basée sur l'Acquiescement donné par l'appelante au jugement du 13 frimaire an 10, qu'elle s'identifie avec l'objet même de l'appel, ainsi qu'il va être démontré;

» Attendu, à la vérité, qu'à la suite de l'expédition du jugement qui condamne l'appelante à payer 900 francs, plus 528 francs portés en deux traites, l'appelante a écrit et signé une déclaration par laquelle *elle accepte le jugement pour signifié, et promet d'y satisfaire*, dont le juif intimé induit Acquiescement au moyen duquel le jugement aurait acquis l'autorité de la chose jugée, et dont conséquemment l'appel ne serait plus recevable.

» Mais attendu que quinze jours après seulement, c'est-à-dire, le 5 pluviôse suivant, l'appelante souscrivit un acte notarié......, portant qu'elle a emprunté de l'intimé et de Lazare Fiefet..., une somme de 4,320 francs qu'elle aurait reçue à 680 francs près, que ces deux juifs se seraient engagés de payer, à la décharge de l'appelante, à deux autres juifs y dénommés, en extinction de trois lettres de change ;

» Attendu que, par cette obligation, l'intimé ne s'est point réservé les droits résultant du jugement du 13 frimaire an 10, contrairement à l'habitude où tous les juifs sont, qui ne manquent jamais, lorsqu'ils font un nouveau prêt à leur débiteur, de faire écrire au titre que c'est sans préjudicier aux créances précédentes ; il n'est donc pas douteux que l'objet du jugement a été confondu dans celui de l'obligation ; et qu'ainsi, il y a eu novation, d'autant qu'il impliquait que l'intimé, qui figure comme créancier avec Fiefet qui paraît bien n'avoir été qu'un affidé, eût voulu se charger de payer à des tiers, à la décharge de l'appelante, plutôt que de faire l'imputation sur sa créance personnelle, résultant de son jugement, de la somme qu'il avait retenue lors de l'obligation. Tout concourt donc à établir qu'au moyen de l'obligation les causes des jugemens n'ont plus d'objets; qu'ainsi, les traites du 2 brumaire an 10 doivent être considérées comme inexigibles, soldées et quittes, sauf au juif intimé à faire valoir son obligation, et à l'appelante tous ses droits au contraire ».

Mais sur le recours en cassation de Lehman, arrêt du 6 février 1816, au rapport de M. Pajon, par lequel,

« Vu l'art. 5 du tit. 27 de l'ordonnance de 1667...

» Considérant que la défenderesse avait acquiescé de la manière la plus formelle au jugement du tribunal de commerce de Strasbourg, du 13 frimaire de l'an 10, en déclarant au bas de l'expédition de ce jugement qu'elle le tenait pour dûment signifié, et promettant de s'y conformer ; que cependant, malgré un Acquiescement aussi formel, l'arrêt attaqué a reçu l'appel dudit jugement, et qu'en conséquence il a formellement contrevenu à l'article de l'ordonnance de 1667, ci-dessus cité ;

» Considérant en outre, qu'en supposant l'appel recevable, la question de savoir si le montant des condamnations prononcées par le jugement avait été compris dans l'obligation de 4,320 francs consentie par la défenderesse, n'avait été ni pu être agitée en première instance, puisque cette obligation était postérieure au jugement; qu'ainsi, l'arrêt attaqué, en prononçant sur cette question dont les premiers juges n'avaient pas été saisis, a privé les parties d'un degré de juridiction, et contrevenu en conséquence à la loi du 1ᵉʳ mai 1790;

» La cour casse et annule..... (1) ».

§. V. 1° *Lorsqu'un jugement ne contient qu'une seule disposition, ou lorsqu'il en contient plusieurs tellement connexes que l'une emporte nécessairement les autres, est-on censé y acquiescer par cela seul qu'on le fait signifier sans protestations ni réserves, et se rend-on par-là non-recevable à l'attaquer autrement que par appel incident, c'est-à-dire, dans tout autre cas que celui où la partie adverse s'en rendrait appelante ?*

2° *Y a-t-il, à cet égard, quelque différence entre le cas où la signification du jugement est accompagnée d'une sommation de l'exécuter, et celui où elle ne l'est pas ?*

I. Que la signification pure et simple d'un jugement, avec ou sans sommation de l'exécuter, ne prive pas la partie qui la fait faire, de la faculté d'attaquer ce jugement, dans le cas où la partie adverse l'attaquerait elle-même; c'est ce que décide textuellement l'art. 443 du Code de procédure civile (*V.* l'article *Appel incident*).

Mais de là ne doit-on pas conclure que, hors ce cas, la signification pure et simple d'un jugement emporte renonciation à toute voie de droit que l'on pourrait prendre pour le faire réformer ?

Nous examinerons dans le §. suivant ce qu'il y a lieu de décider à cet égard, lorsque le jugement contient plusieurs dispositions dont l'une peut subsister indépendamment des autres; bornons-nous ici à traiter la question par rapport à la signification d'un jugement qui ne contient qu'une seule disposition, ou qui en contient plusieurs tellement connexes, que, l'une admise, les autres n'en sont que la conséquence nécessaire.

Cette question peut se présenter dans deux cas: dans celui où le jugement est interlocutoire, et dans celui où il est définitif.

Dans le premier cas, nul doute que la signification sans réserve du jugement n'emporte acquiescement de la part de celui qui la fait faire; et c'est ce qu'a formellement jugé l'arrêt du parlement de Paris, du 13 août 1765, qui est rapporté dans le *Répertoire de jurisprudence*, au mot *Appel*, sect. 1, §. 6.

Voici cependant une espèce dans laquelle la cour royale de Montpellier avait embrassé l'opinion contraire. Le 7 juillet 1810, le sieur Delayrolles fait assigner les sieurs Gineste et consorts au tribunal de première instance d'Espalion,

(1) Bulletin civil de la cour de cassation, tome 18, page 38.

pour voir dire qu'il sera déclaré propriétaire exclusif de diverses forêts qu'il désigne, et que défenses leur seront faites d'y exercer d'autres droits que ceux de pâturage qu'il reconnaît leur appartenir.

Les sieurs Gineste et consorts contredisent cette demande, et opposent leurs propres titres à ceux dont il se prévaut.

Le 5 juillet 1813, jugement qui, avant faire droit et sans préjudice au fond, ordonne qu'il sera procédé à la visite des lieux par experts, à l'effet d'y faire l'application des titres respectifs des parties.

Le 20 septembre suivant, signification de ce jugement aux sieurs Gineste et consorts, à la requête du sieur Delayrolles, sans réserve de la faculté d'en appeler, et sans sommation ou commandement de l'exécuter.

Point d'appel de la part des sieurs Gineste et consorts.

Mais par acte du 27 décembre de la même année, le sieur Delayrolles s'en rend appelant.

Question de savoir s'il y est recevable.

Les sieurs Gineste et consorts soutiennent la négative.

Le 16 juin 1814, arrêt qui rejette la fin de non-recevoir et ordonne aux parties de plaider au fond,

« Attendu qu'en matière d'Acquiescement propre à interdire la faculté de l'appel il faut que le fait d'où l'on veut faire résulter un tel Acquiescement soit de nature à prouver d'une manière claire et précise, dans celui à qui on l'attribue, l'intention manifeste d'acquiescer au jugement et de renoncer à la faculté de l'appel ; principe qui résulte des dispositions de la loi 5, C. *de re judicatâ*, et des art. 1338 et 1350 du Code civil, principe consacré dans ce sens par la jurisprudence des arrêts;

» Attendu que la signification faite purement et simplement du jugement de première instance ne saurait être regardée comme une preuve suffisante de l'intention d'acquiescer, car la signification seule n'est pas un acte d'exécution ;

» Attendu que les recours et protestations de droit ne deviennent indispensables, que lorsqu'on veut exécuter le jugement, ou qu'on fait un acte d'exécution quelconque; car il faut prouver alors que l'on exécute sans préjudice du droit d'appeler; qu'il en serait de même si la signification était faite avec commandement de satisfaire ou sommation d'y obéir ; car alors, en sommant la partie adverse d'exécuter, on déclare implicitement que l'on veut soi-même aussi cette exécution ; mais qu'il ne saurait en être ainsi d'une signification simple, qui ne fait, tout au plus, que fixer le cours du délai dans lequel chaque partie peut réciproquement exercer cette faculté ;

— » Attendu que l'intention de renoncer à l'appel peut d'autant moins être présumée, dans l'espèce d'une pareille signification, que c'est principalement dans le délai réciproque de trois mois que le sieur Delayrolles a usé de la faculté de l'appel ;

» Que, d'autre part, le jugement de première instance ordonnait une descente sur les lieux, et contenait nomination d'experts; qu'il aurait fallu signifier le jugement aux experts, et les assigner aux fins de l'opération ordonnée, ce qui n'a point été fait par le sieur Delayrolles ;

» D'où il suit par conséquent que la signification dont il s'agit ne saurait être regardée comme la preuve de la renonciation à l'appel, ni justifier les fins de non-recevoir opposées ».

Mais les sieurs Gineste et consorts se pourvoient en cassation ; et l'affaire portée à la section civile, d'après un arrêt d'admission de la section des requêtes, arrêt du 12 août 1817, au rapport de M. Poriquet, par lequel ,

« Vu l'art. 443 du Code de procédure civile :

» Considérant que la signification d'un jugement faite sans réserves ni protestations contient un Acquiescement formel à ce jugement ;

» Soit parce qu'elle est un acte d'exécution volontaire, dont l'un des principaux effets est de *contraindre* l'adversaire ou à exécuter le jugement, ou à en interjeter appel dans le délai de la loi que cette signification fait courir contre lui ;

» Soit parce qu'elle contient la soumission expresse de la part de celui qui la fait faire, d'exécuter le jugement, si l'adversaire de son côté consent à son exécution;

» Que cet Acquiescement, quels qu'en aient été les motifs , forme l'appel que celui qui a fait signifier le jugement, voudrait ensuite interjeter une fin de non-recevoir dont il ne peut être relevé que par le refus que l'adversaire aurait fait de consentir à l'exécution du jugement, et qu'il aurait manifesté en interjetant appel ;

» Que ces principes ont été confirmés par l'art. 443 du Code de procédure civile qui porte que *la signification d'un jugement faite sans réserves ni protestations, n'empêchera pas celui qui l'a faite d'interjeter appel dans le cas où il serait intimé par son adversaire* ; ce qui signifie clairement qu'il y serait non-recevable, s'il n'était pas intimé ;

» Qu'il suit de là que la cour royale de Montpellier, en recevant l'appel du jugement du 5 juillet 1813, interjetant par le défendeur, quoiqu'il eût fait signifier ce jugement sans réserves ni protestations, et quoique ses adversaires n'en eussent pas interjeté appel, s'est écartée des principes relatifs à l'autorité des jugemens acquiescés, et ainsi passés en force de chose jugée, et a commis une contravention expresse à l'art. 443 du Code de procédure civile ;

» La Cour casse et annule... ». (*Bulletin civil de la cour de cassation*).

Cet arrêt est d'autant plus remarquable qu'il a été précédé d'un délibéré dans la chambre du conseil, sans doute parce que les conclusions de M. l'avocat-général Jourde tendaient au rejet de la demande en cassation des sieurs Gineste et consorts ; ce qui prouve que la question a été parfaitement discutée.

Mais remarquons bien que, dans l'espèce de cet arrêt, ainsi que dans celle de l'arrêt du parlement de Paris, du 13 août 1765, la partie qui avait fait signifier purement et simplement le jugement interlocutoire, en avait appelé avant qu'il fût survenu un jugement définitif, et que son appel n'avait d'autre but que d'empêcher l'exécution de l'interlocutoire même. De savoir si, comme l'a jugé depuis un arrêt de la cour royale de Bourges, du 25 juillet 1823 (rapporté dans le *Journal des audiences de la cour de cassation*, année 1825, partie 2, page 8), il en doit être autrement lorsque l'appel du jugement interlocutoire signifié purement et simplement, n'est interjeté qu'après qu'il est survenu un jugement définitif et conjointement avec l'appel de celui-ci, c'est une question toute différente et qui doit être résolue par un autre principe. *V.* les conclusions rapportées au mot *Testament*, §. 14, et le *Répertoire de Jurisprudence*, au mot *Preuve*, sect. 2, art. 1, n°s 31 et 32.

Dans le second cas, c'est-à-dire, lorsqu'il s'agit d'un jugement définitif, il y a évidemment, pour rejeter l'appel comme non-recevable, les mêmes raisons que dans le premier.

Cependant la question s'étant présentée devant la Cour d'appel de Bruxelles en 1808, « on » a soutenu pour l'appelant » (disent les rédacteurs des *décisions notables* de cette cour, tome 14, page 41), « qu'il n'était pas probable qu'il eût » voulu acquiescer à un jugement qui lui était » préjudiciable et favorable à son adversaire; » que les faits mêmes s'opposaient à lui prêter » cette intention; qu'il n'avait fait signifier le ju- » gement que parce qu'il croyait, avec beau- » coup de praticiens du pays, qu'il fallait qu'un » jugement fût signifié avant de pouvoir en ap- » peler, et que cette signification n'était par » conséquent que l'effet d'une erreur commune » de droit. Enfin on a objecté que, si l'art. 443 » du Code de procédure accorde à l'intimé » qui a fait signifier le jugement sans protes- » tation ni réserve, que l'appel incident en tout » état de cause, il ne s'ensuit pas nécessaire- » ment qu'il soit privé de l'appel principal » interjeté dans le délai, et qu'il en résulte seu- » lement, que l'appel incident n'est pas non- » recevable pour avoir été formé par l'intimé » hors les délais ».

Mais, par arrêt du 14 mars 1808, la cour d'appel de Bruxelles a fait justice de ces vaines cavillations :

« Attendu (a-t-elle dit) qu'il conste que le jugement du 4 octobre 1806, rendu par le tribunal de première instance, a été signifié

à la requête de Mathias-Joseph Hayn, le 12 décembre 1807, à Nicolas et à Marie-Anne Goettens, intimés sans protestation ni réserve ;
» Que cependant Mathias-Joseph Hayn a interjeté appel de ce jugement le 26 du même mois de décembre ;
» Que les principes de droit s'opposent, dans l'espèce, à ce que cet appel soit reçu ;
» Que, d'après l'art. 443 du Code de procédure, on ne peut qu'incidemment interjeter appel lorsque le jugement a été signifié sans protestation ; d'où il suit que, dans le cas prévu, un appel principal n'est pas recevable ;
» Par ces motifs, la Cour déclare l'appelant non-recevable en son appel.... ».

La même chose a été jugée par un arrêt de la cour de cassation dans l'espèce suivante.

La dame Étienne et son mari avaient formé, devant le Tribunal de première instance de Caen, contre la veuve Crespin, leur mère et belle-mère, et contre le sieur Crespin, leur frère et beau-frère, une demande tendante à ce qu'ils fussent condamnés solidairement à rapporter à la succession de leur père et beau-père une somme de 60,000 francs et quantité d'effets mobiliers qu'ils leur imputaient d'en avoir soustraits.

Le 25 juillet 1816, il est intervenu un jugement qui a condamné la veuve Crespin au rapport d'une somme de 45,000 francs, et rejeté le surplus des demandes formées tant contre elle que contre le sieur Crespin, qui, par-là, a été mis hors de cause.

Ce jugement contenait, sans doute, relativement à la veuve Crespin, deux dispositions bien distinctes ; puisque, d'une part, il la condamnait à rapporter 45,000 francs, et que, de l'autre, il la déchargeait du surplus des prétentions des sieur et dame Étienne. Mais il n'en contenait qu'une relativement au sieur Crespin, puisqu'il ne prononçait, à son égard, qu'un renvoi indéfini de toutes les demandes formées contre lui.

Cependant les sieur et dame Étienne l'ont fait signifier, le 26 de la même année, non-seulement à la veuve Crespin, mais encore à son fils, avec commandement *d'y satisfaire, de s'y conformer*, *et de tenir jusqu'au contenu et prononcé dudit jugement dans toutes ses dispositions, aux obéissances, réserves et protestations de fait et de droit.*

Le sieur Crespin n'a pas appelé de ce jugement, quoiqu'il y eût peut-être intérêt en ce qu'il n'avait pas obtenu les réparations auxquelles il avait conclu contre les sieur et dame Étienne, pour l'avoir accusé d'une soustraction à laquelle il était jugé n'avoir eu aucune part.

Mais la veuve Crespin s'en est rendue appelante.

De leur côté, les sieur et dame Étienne en ont aussi appelé incidemment, même contre le sieur Crespin.

Celui-ci a soutenu que leur appel était non-recevable à son égard, parce qu'ils avaient acquiescé au jugement par la signification qu'ils lui en avaient fait faire, avec sommation d'y satisfaire et sans réserve expresse d'en appeler; et qu'ils n'auraient pu être relevés de leur acquiescement que par l'appel principal qu'il en eût interjeté lui-même, appel dont il s'était abstenu et déclarait s'abstenir encore.

Le 24 février 1817, arrêt de la cour royale de Caen, qui rejette la fin de non-recevoir du sieur Crespin, et lui ordonne de plaider au fond, « attendu que les sieur et dame Étienne n'avaient
» entendu acquiescer au jugement du 25 juillet,
» qu'autant qu'il serait exécuté dans *toutes ses*
» *dispositions*, et que la dame Crespin en ayant
» interjeté appel, ils s'étaient trouvés dégagés
» par-là, et avaient conservé le droit d'en appe-
» ler incidemment contre toutes les parties,
» contre le sieur Crespin fils aussi bien que con-
» tre sa mère, encore qu'il n'eût pas personnel-
» lement appelé ».

Forcé d'exécuter cet arrêt (circonstance sur laquelle je reviendrai ci-après, §. 9, art. 1), le sieur Crespin plaide au fond; et le 13 juin 1818, il intervient un arrêt définitif qui, en confirmant le jugement de première instance à l'égard de la veuve Crespin, le réforme par rapport à lui.

Mais il se pourvoit en cassation; et l'affaire, portée à la section civile, les sieur et dame Étienne, reconnaissant que l'arrêt attaqué est insoutenable en tant qu'il admet leur appel comme incident, changent de système : ils soutiennent que c'est par erreur que leur appel a été ainsi qualifié; que c'est un appel principal qu'ils ont entendu interjeter, et qu'ils ont interjeté en effet, et qu'ils y étaient recevables, parce qu'ils avaient accompagné la signification qu'ils en avaient fait faire au sieur Crespin, *de toutes réserves et protestations de fait et de droit.*

Par arrêt du 27 juin 1820, au rapport de M. Carnot, et sur les conclusions de M. l'avocat-général Cahier,

« Vu l'art. 443 du Code de procédure civile et l'art. 1350 du Code civil ;
» Attendu que les défendeurs avaient fait notifier au demandeur, dès le 26 août, le jugement du 25 juillet 1816, avec interpellation d'y satisfaire et de se conformer à toutes ses dispositions, et que ce ne fut que le 28 décembre qu'ils déclarèrent s'en rendre *incidemment* appelans;
» Que leur appel considéré, soit comme appel *principal*, soit comme appel *incident*, n'était pas recevable; qu'il ne l'était pas comme incident, puisque le demandeur ne s'était pas lui-même rendu appelant, et qu'il ne l'était pas non plus comme principal, puisque les défendeurs avaient acquiescé au jugement en le faisant signifier avec interpellation d'y satisfaire;

» Que cependant la cour royale de Caën ayant considéré ledit appel comme incident, l'a déclaré recevable, par le motif que l'Acquiescement que les défendeurs auraient donné au jugement du 22 juillet 1816, avait été subordonné au cas où *toutes* les parties consentiraient d'y acquiescer, et que la dame Crespin, l'une d'elles, s'en était rendue appelante, ce qui avait restitué les défendeurs dans le droit d'en appeler incidemment; mais que les défendeurs n'avaient pas mis cette condition à leur Acquiescement; qu'ils en étaient eux-mêmes convenus dans leur mémoire devant la cour de cassation et en plaidoirie, en soutenant que leur appel avait été mal qualifié d'incident; que c'était un véritable appel principal qu'ils avaient interjeté;

» Qu'en effet l'appel incident n'aurait été recevable qu'autant qu'il y aurait eu appel principal de la partie contre laquelle il aurait été interjeté, et que le demandeur à qui le jugement avait été notifié avec interpellation d'y satisfaire et de s'y conformer, n'en avait pas appelé;

» Que le demandeur pouvait acquiescer audit jugement et la dame Crespin s'en rendre appelante; que l'appel de celle-ci était indépendant de celui que le demandeur avait pu interjeter; que l'appel de la dame Crespin autorisait bien à son égard l'appel incident des demandeurs, mais qu'il ne pouvait produire l'effet de les relever de leur Acquiescement dans leurs rapports avec le demandeur qui n'avait pas appelé;

» Que l'appel des défendeurs, considéré comme principal, ne pouvait être plus recevable que ne l'aurait été leur appel incident, puisque, par la notification qu'ils avaient fait faire du jugement au demandeur, avec interpellation d'y satisfaire et de se conformer à toutes ses dispositions, ils s'étaient irrévocablement fermé la voie de l'appel, dans le cas où le demandeur ne s'en rendrait pas lui même appelant;

» Que, si les défendeurs, après l'interpellation faite au demandeur de satisfaire audit jugement, ajoutèrent les mots *aux obéissances, réserves et protestations de fait et de droit*, ces protestations et réserves ne pouvaient évidemment porter sur le droit d'appeler, parcequ'alors elles auraient été contraires à l'acte qui les renfermait, ce qui les aurait rendues inutiles; qu'il ne peut d'ailleurs y avoir de réserves efficaces, lorsqu'elles sont faites dans un acte que l'on aurait pu se dispenser de faire, et que même l'on aurait pu faire dans un sens absolument contraire à celui dans lequel on l'a fait;

» Que les réserves de droit, dans l'espèce, n'étaient évidemment et ne pouvaient être que celles de l'appel incident pour le cas où le demandeur se rendrait lui-même appelant;

» Par ces considérations, la cour casse et annule l'arrêt du 13 juin 1818, et tout ce qui s'en est ensuivi...... (1) ».

(1) Bulletin civil de la cour de cassation, tome 22, page 221.

4ᵉ édit., Tome I.

II. Notre seconde question se résout par la comparaison des deux arrêts de la cour de cassation qui sont rapportés au numéro précédent.

Dans l'espèce du second, le sieur et dame Étienne avaient, par la signification du jugement rendu en faveur du sieur Crespin, sommé celui-ci *d'y satisfaire et de s'y conformer*; et il ne pouvait pas, dès-lors, être douteux que, par là, ils n'eussent renoncé à la faculté d'en appeler.

Mais, dans l'espèce du premier, le sieur de Layrolles n'avait fait aux sieurs Gineste et consorts qu'une signification pure et simple du jugement de première instance dont il s'agissait; et il s'agissait précisément de savoir si, par là, il avait acquiescé à ce jugement.

La cour royale de Montpellier avait jugé que non. En convenant qu'il y aurait Acquiescement formel « si la signification était faite avec commandement d'y satisfaire ou sommation d'y » obéir, parce qu'alors, en sommant la partie adverse d'exécuter, on déclare implicitement que » l'on veut soi-même cette exécution », elle avait décidé « qu'il ne saurait en être ainsi d'une si- » gnification simple, qui ne peut tout au plus » que fixer le cours du délai dans lequel chaque » partie peut réciproquement exercer cette fa- » culté ».

Mais la cour de cassation en a jugé autrement; et en effet, comme elle l'a très-bien dit, quoique non accompagnée d'un commandement ou d'une sommation d'exécuter le jugement, la signification n'en est pas moins « un acte d'exécution vo- » lontaire, dont l'un des principaux effets est de » contraindre l'adversaire ou à exécuter le juge- » ment ou à en interjeter appel dans le délai de » la loi que cette signification fait courir »; et par conséquent elle n'en contient pas moins « la » soumission expresse de la part de celui qui la » fait faire, d'exécuter le jugement, et l'adver- » saire, de son côté, consent à son exécution ».

§. VI. 1°. *Lorsqu'un jugement contient plusieurs dispositions, dont l'une peut subsister indépendamment des autres, la partie qui, sans protestation ni réserve, le fait exécuter ou en poursuit l'exécution, quant à celle de ses dispositions qui lui est favorable, conserve-t-elle le droit d'en attaquer les dispositions qui lui sont contraires?*

2°. *En conserve-t-elle le droit, si, au lieu de faire exécuter le jugement ou d'en poursuivre l'exécution, elle se borne à le faire signifier sans réserve?*

I. Sur la première question, il y a un arrêt de la cour d'appel de Turin qui adopte la négative.

Un jugement du tribunal de première instance de Coni, rendu sur deux chefs de contestation entre le sieur Bonfante et son épouse, avait, par une première disposition, annulé le bail que le mari avait fait des biens dotaux de sa femme, postérieurement à la demande formée contre lui en séparation de corps; et par une seconde disposition, fait main-levée au mari, moyennant caution, des oppositions que la femme avait formées à son préjudice.

Le sieur Bonfante exécuta la seconde disposition sans se réserver le droit d'attaquer la première, et il interjeta ensuite appel de celle-ci.

Par arrêt du 20 novembre 1811, son appel fut déclaré non-recevable, « attendu que la procé- » dure constate que l'appelant Denis Bonfante » aurait acquiescé et même sollicité l'exécution » du jugement dont est appel; que quoique cet » Acquiescement et demande d'exécution ne con- » cernassent que l'un des chefs dudit jugement, » néanmoins l'appelant n'ayant point fait de ré- » serve, quant aux autres chefs, son adhésion ne » peut être que censée donnée à tout le juge- » ment, et conséquemment l'appel qu'il en a » postérieurement interjeté n'est plus receva- » ble (1) ».

Mais cet arrêt est-il bien d'accord avec les vrais principes?

Il est certain, et j'ai démontré dans des conclusions du 20 thermidor an 13, rapportées dans le *Répertoire de jurisprudence*, aux mots *Renonciation à une succession future*, §.3, il résulte d'ailleurs clairement de l'art. 482 du Code de procédure civile, que toutes les fois qu'un jugement contient plusieurs dispositions dont les unes peuvent subsister sans les autres, ou ce qui est la même chose, dont les unes peuvent être confirmées alors même que les autres sont réformées et *vice versâ*, chacune de ses dispositions doit être considérée comme formant à elle seule un jugement séparé.

Comment, dès-lors, l'approbation donnée à un chef d'un jugement par l'exécution que l'on en fait ou que l'on en poursuit, se reporterait-elle sur les chefs du même jugement à l'égard desquels on s'abstient de toute exécution et de toute demande tendant à les faire exécuter ? C'est comme si l'on prétendait que, lorsque deux jugemens ont été rendus successivement à la même audience entre vous et moi, je ne puis pas exécuter l'un sans être censé exécuter l'autre, et que j'acquiesce à celui-ci, par cela seul que j'acquiesce à celui-là.

Je sais bien qu'on peut opposer à cela un arrêt de la cour de cassation, du 23 décembre 1807, dont je rends compte ci-après, §. 18, n°. 5. Mais il ne paraît pas que la question ait été agitée dans l'espèce sur laquelle il a été rendu ; et ce qui prouve qu'il ne la juge pas, c'est qu'il n'en dit pas un mot.

Du reste, elle a été jugée par un grand nombre d'autres arrêts dans le sens opposé.

Il y en a quatre de la cour de cassation, des 26 prairial an 11, 9 nivôse an 12, 19 thermidor an 13 et 30 décembre 1818.

On trouvera le second et le quatrième à l'endroit cité du *Répertoire de jurisprudence*.

Voici l'espèce du premier.

Le 18 floréal an 8, jugement du tribunal de commerce de Mayence, qui, statuant sur trois articles d'un compte litigieux entre les sieurs Winter et Meister, l'un de 1008 florins, l'autre de 376 florins, et le troisième de 484 florins, adjuge les deux premiers au sieur Winter, et le troisième au sieur Meister, qu'il condamne en conséquence à payer une somme de 929 florins.

Le 9 prairial suivant, les héritiers du sieur Winter font signifier ce jugement au sieur Meister, avec commandement de payer la somme de 929 florins qu'il leur adjuge.

Le 6 fructidor de la même année, le sieur Meister leur fait signifier un acte d'appel des deux chefs du jugement qui préjudicient à ses intérêts.

Le 8 du même mois, les héritiers Winter en appellent eux-mêmes incidemment au chef qui prononce en faveur du sieur Meister sur l'article de 484 florins, et n'en poursuivent pas moins l'exécution provisoire du chef qui condamne celui-ci à leur payer 929 florins.

Le 6 nivôse an 10, jugement du tribunal civil du département du Mont-Tonnerre, qui déclare non-recevable l'appel incident des héritiers Winter, attendu qu'ils ont acquiescé au jugement du tribunal de commerce, tant par la signification qu'ils en ont faite sans réserve, que par leurs poursuites pour le faire exécuter.

Mais sur le recours en cassation des héritiers Winter, arrêt du 26 prairial an 11, au rapport de M. Audier-Massillon, par lequel,

« Vu l'art. 5 du titre 27 de l'ordonnance de 1667....;

» Attendu qu'il est de maxime que, lorsqu'un jugement statue sur plusieurs chefs de demande indépendans les uns des autres, la disposition qui frappe sur chacun des chefs du procès, est regardée comme un jugement séparé, duquel il est permis à chaque partie d'appeler, sans se priver du droit d'acquiescer aux autres dispositions, et même en poursuivre l'exécution provisoire, lorsque la matière en est susceptible; que cette règle a toujours été regardée comme constante, et que l'ordonnance de 1539 ne s'était pas bornée à laisser à l'appelant d'un jugement qui contient plusieurs chefs, la faculté de limiter son appel à ceux qui lui portent griefs, et d'exécuter les autres dispositions, mais qu'elle lui en avait fait une obligation expresse par son art. 114, et l'avait soumis à déclarer le chef sur lequel portait son appel, à souffrir l'exécution du surplus du jugement ;

» Attendu que la sentence rendue par le tribunal de commerce du Mont-Tonnerre, avait statué sur plusieurs articles d'un compte de société en-

---

(1) Jurisprudence de la cour de cassation, tome 14, partie 2, page 42.

tre les parties, et que de trois articles litigieux entre-elles, cette sentence en avait adjugé deux aux héritiers Winter, et les avait déboutés de la demande du troisième ; ce qui formait deux dispositions distinctes, séparées et indépendantes l'une de l'autre ;

» Attendu que, sur la signification de ce jugement faite à la requête des héritiers Winter, par exploit du 9 prairial an 8, avec sommation de l'exécuter, Meister avait appelé de ce jugement par acte du 6 fructidor an 8, ce qui avait relevé les héritiers Winter de l'Acquiescement qu'ils avaient donné à ce jugement et les avait autorisés à déclarer appel par exploit du 8 du même mois, du chef de ce même jugement qui les avait déboutés d'un article de leur demande ;

» Attendu que les héritiers Winter, en limitant leur appel à ce seul chef du jugement du tribunal de commerce, ont pu acquiescer aux autres dispositions de ce même jugement, et même en poursuivre l'exécution provisoire ; qu'ils n'ont fait en cela que se servir d'une faculté laissée à toutes les parties, et dont Meister, leur partie adverse, avait usé, puisque celui-ci avait également borné son appel au chef du jugement qui lui faisait grief, et avait soutenu la confirmation du chef qui lui était favorable ; et que le tribunal civil du Mont-Tonnerre ne devait voir en cela que des appels respectifs sur lesquels il était également tenu de statuer ;

» D'où il suit que les héritiers Winter n'ayant jamais acquiescé au chef de la sentence qui les avait déboutés de leur demande et dont ils avaient appelé, le tribunal civil du Mont-Tonnerre, qui les a déclarés non-recevables dans cet appel limité à ce chef, a refusé de recevoir l'appel d'un jugement de première instance non-acquiescé ; et qui, aux termes de la loi ci-dessus citée, n'avait pas acquis l'autorité de la chose jugée ; qu'il a fait une fausse application de cette loi et des principes relatifs à la chose jugée, et qu'il a commis un excès de pouvoir et fait une espèce de déni de justice, en créant une fin de non-recevoir qui n'était autorisée par aucune loi ;

» Par ces motifs, le tribunal casse et annule..... ».

Quant à l'arrêt du 4 thermidor an 13, je me borne à en transcrire le texte, parcequ'il en fait suffisamment connaître l'espèce :

« Attendu que le jugement du tribunal de première instance avait prononcé sur deux demandes distinctes, 1°. sur la demande en révendication formée du chef de Sylvain Thévenin, héritier institué sur les immeubles dont la demanderesse l'avait dépossédé ; 2°. sur l'action hypothécaire intentée sur les mêmes biens, pour le remboursement de la dot constituée à l'épouse de Léonard Thévenin, son frère ;

» Que, sur la première de ces deux questions, ce tribunal avait statué définitivement, en déboutant les ayant-cause de l'héritier, et que, sur la seconde, il n'avait prononcé qu'un *avant dire droit* ;

» Qu'ainsi, en exécutant cette disposition interlocutoire, l'héritier de Sylvain Thévenin ne pouvait être considéré comme ayant acquiescé soit formellement, soit tacitement, à la disposition définitive qui y était absolument étrangère ;

» D'où il suit que son appel a pu être reçu sans aucune contravention à l'art. 5 du titre 27 de l'ordonnance de 1667 ;

» La cour rejette le pourvoi.... (1) ».

La même chose a été jugée par un arrêt de la cour d'appel de Paris, du 29 février 1812 (2) ; par un autre de la cour royale de Limoges, du 1er juillet 1817 (3) ; et par un troisième de la cour royale d'Amiens, du 12 juin 1822 (4).

En voici encore un de la cour supérieure de justice de Bruxelles, formée en cour de cassation, qui juge de même.

Le 19 août 1814, arrêt qui, en adjugeant aux sieur et dame de Saint-Génois une provision de 5,000 francs sur l'un des points en litige, prononce sur d'autres points à leur désavantage.

Les sieur et dame de Saint-Génois font signifier cet arrêt avec réserve du recours en cassation ; et cependant ils reçoivent, sans se réserver de nouveau cette voie, les 5,000 francs qui leur sont adjugés par provision.

De là une fin de non-recevoir contre le recours en cassation qu'ils exercent quelque tems après, et dans le délai légal, contre les chefs de l'arrêt qui leur sont défavorables.

Mais par arrêt du 4 mars 1816, sur les conclusions conformes de M. le procureur-général Daniels, cette fin de non-recevoir est rejetée.

« Attendu que l'adjudication d'une demande provisionnelle est indépendante du fond de la contestation et n'y porte aucun préjudice ;

» Attendu que l'on peut acquiescer à quelques parties d'un jugement ou arrêt, sans que cet Acquiescement doive entraîner la renonciation au droit d'appeler ou de se pourvoir contre d'autres dispositions du jugement absolument distinctes et indépendantes de celles qui ont fait l'objet de l'Acquiescement ;

» Qu'ainsi les demandeurs, en acceptant la somme de 5,000 francs qui leur était adjugée à titre de provision, n'ont nullement renoncé à la faculté de demander la cassation de l'arrêt attaqué, dans les autres dispositions qu'il renferme, faculté qu'ils s'étaient d'ailleurs réservée en faisant signifier l'arrêt ».

Le principe qui a déterminé ces arrêts, était

---

(1) Jurisprudence de la cour de cassation, tome 20, page 450.
(2) *Ibid.*, tome 12, partie 2, page 416.
(3) *Ibid.*, tome 17, partie 2, page 306.
(4) Journal des Audiences de la cour de cassation, année 1823, supplément, page 159.

également reçu dans l'ancienne jurisprudence. Écoutons Papon, liv. 19, tit. 1, n°. 29 : « Si un » arrêt ou une sentence contient plusieurs cha- » pitres séparés, et dont l'un n'empêche l'autre, » le proposant erreur ou appelant pour un chef, » peut, nonobstant ce, requérir et obtenir l'exé- » cution des chefs dont il ne se plaint point. Et » ainsi fut jugé par arrêt de Paris, en janvier » 1549, pour madame de Touteville ».

II. La seconde question paraît devoir se résoudre dans le même sens que la première. Cependant voici un arrêt de la cour supérieure de justice de Liége, qui la juge tout autrement.

Le 2 juillet 1816, jugement du tribunal de première instance de Huy, qui, statuant sur la demande formée par le sieur Vanclève, en validité d'une saisie-arrêt pratiquée à sa requête sur la dame Belin, pour deux créances différentes qu'il prétend avoir sur elle, déclare que l'une de ces créances lui est légitimement due, et le déboute de ses conclusions par rapport à l'autre.

Le sieur Vanclève fait signifier ce jugement sans réserve, et la dame Belin n'en appelle pas.

Depuis, et dans une instance en liquidation pendante devant la cour de Liége, le sieur Vanclève reproduit et prétend porter en ligne de compte la créance que le jugement du 2 juin 1816 avait décidé ne pas exister.

La dame Belin lui oppose ce jugement. Il en appelle, et il soutient y être recevable, 1°. parceque la signification ne lui en a pas encore été faite par la dame Belin, et que *nul ne se forclôt soi-même* (1) ; 2°. parce qu'en signifiant ce jugement sans réserve à la dame Belin, il n'a entendu en poursuivre l'exécution, et par conséquent y acquiescer qu'à l'égard de celle de ses dispositions qui lui était favorable, et n'avait rien de commun avec l'autre; que celle-ci formait à elle seule un jugement distinct, et que sa prétendue intention d'y acquiescer, ne résulte nullement des diligences qu'il a faites pour l'exécution de celle-là.

Par arrêt du 10 mars 1825,

« Attendu que, si la veuve Belin eût appelé du jugement du 2 juillet 1816, Vanclève eût pu former, de son côté, un appel incident; mais que cela n'a pas eu lieu; qu'ainsi il n'a pu se rendre appelant d'un jugement dont il avait poursuivi l'exécution sans réserves ;

» Par ces motifs, la cour déclare l'appel non-recevable..... (2) ».

Mais cet arrêt aurait-il échappé à la cassation, s'il eût été attaqué par cette voie? J'ai peine à le croire. La manifestation de la volonté de faire exécuter un jugement, peut-elle avoir plus d'effet que l'exécution même? Non, certainement. Or, on vient de voir qu'en exécutant sans réserve une disposition d'un jugement, on n'est pas censé renoncer au droit d'en attaquer les autres dispositions; comment donc serait-on censé y renoncer, par cela seul qu'en signifiant un jugement qui contient plusieurs dispositions distinctes, on se prépare à en faire exécuter la disposition favorable ?

Qu'on dise tant que l'on voudra que manifester l'intention d'exécuter un jugement, c'est approuver le jugement même. Oui, c'est l'approuver, quant à la disposition que l'on annonce vouloir faire exécuter ; mais ce n'est pas, nécessairement l'approuver quant aux autres dispositions ; et dès que l'approbation des secondes n'est pas une conséquence nécessaire de l'approbation de la première, il ne peut pas y avoir Acquiescement formel à l'égard de celles-là ; car l'Acquiescement n'est formel qu'autant que le fait qui le caractérise exclut toute supposition d'une intention différente.

§. VII. *La réserve de se pourvoir contre un jugement que l'on fait signifier ou dont on poursuit l'exécution, suffit-elle pour empêcher que l'on ne soit censé y acquiescer ?*

Cette question n'en est point une pour le cas où le jugement contient plusieurs dispositions indépendantes les unes des autres. Puisqu'alors je puis, comme on vient de le voir, attaquer les dispositions qui me sont contraires, après avoir poursuivi purement et simplement l'exécution de celles qui me sont favorables, à plus forte raison le puis-je, si, en poursuivant cette exécution, je me suis réservé les voies de droit contre les autres chefs du jugement. Aussi la cour de cassation a-t-elle, par arrêt du 17 frimaire an 11, rejeté la fin de non-recevoir que le sieur Chumflour opposait à la demande du sieur Boyer en cassation d'un jugement en dernier ressort dont il avait, avec réserve de ses droits, poursuivi l'exécution au chef qui avait été jugé en sa faveur, et l'a-t-elle rejeté, « attendu que le jugement attaqué » statue sur des chefs de demande séparés, et » forme autant de dispositions distinctes ; que par » conséquent la poursuite des condamnations » particulières ne peut être considérée comme un » Acquiescement indivisible et inséparable du sur- » plus des autres dispositions sur lesquelles les » actes de signification et d'exécution contiennent » les réserves et protestations les plus formelles ».

Mais si le jugement ne contient qu'une disposition, ou, ce qui revient au même, s'il en contient plusieurs qui soient la conséquence nécessaire les unes des autres, il y a une distinction à faire entre le cas où il est définitif et celui où il n'est qu'interlocutoire.

S'il est définitif, la réserve de l'attaquer ne peut pas empêcher qu'il n'y ait Acquiescement, parce qu'elle est incompatible avec le fait par lequel l'exécution est commencée ou poursuivie, et qu'il est de principe qu'une protestation contraire à l'acte auquel elle se réfère, est comme non écrite :

---

(1) *V.* l'article *Délai*, §. 1.
(2) Annales de Jurisprudence de M. Sanfourche-Laporte, année 1816, tome 1ᵉʳ, page 143.

Protestatio actui contraria inutilis est quia facta verbis prævalent, dit, en s'appuyant sur les lois 24 et 78, D. *de acquirendâ vel omittendâ hereditate*, le président Favre, dans ses *Rationalia*, sur la loi 54, D. *de negotiis gestis* (1).

De là un arrêt du sénat de Chambéry, du 25 mai 1590, par lequel, suivant le témoignage du même magistrat, dans son Code, liv. 7, tit. 26, défin. 14, il a été jugé qu'un défendeur condamné à délaisser un fonds de terre ou à payer une somme d'argent déterminée, au choix du demandeur, était censé avoir acquiescé à la condamnation alternative, par cela seul qu'il avait, après le jugement, sommé le demandeur de faire son option dans un certain délai, avec protestation de prendre la voie de l'appel dans le cas où le demandeur choisirait le fonds de terre; et que, par suite, l'appel qu'il avait interjeté après le choix fait par le demandeur, était non-recevable : *Placuit senatui secutâ electione seram esse appellationem posteaquàm, consentiente eo, qui condemnatus fuerat, mandata esset executioni sententia, nec prodesse debere protestationem appellandi in id tempus collatam quo appellari ampliùs non posset. Itaquè hoc casu, si quo unquàm alio, locum habere, quod vulgo jactatur, protestationem quæ sit actui contraria nullius omninò esse momenti.*

De là encore un arrêt du 11 mars 1813, par lequel, « en ce qui concerne la fin de non-recevoir
» proposée contre l'appel interjeté par Villain, le
» 27 août 1811, du jugement du 24 prairial an 11,
» rendu par le tribunal civil de Nogent-sur-Seine,
» département de l'Aube; attendu que Villain a
» poursuivi l'exécution de ce jugement par com-
» mandement et saisie immobilière; que les ré-
» serves d'appeler exprimées dans ces actes, sont
» incompatibles avec l'exécution, et ne sauraient
» conséquemment produire aucun effet......; la
» cour (de Paris) déclare Villain non-recevable
» dans son appel..... (2) ».

La même chose a été jugée de la manière la plus positive et d'après le même motif, par l'arrêt de la cour de cassation, du 17 juin 1820, qui est rapporté ci-dessus, §. 5, n°. 1.

En est-il de même lorsqu'il s'agit d'un jugement interlocutoire?

Non, et la raison en est simple. Le jugement interlocutoire ne liant pas les magistrats qui l'ont rendu (3), je puis, en l'exécutant, me réserver le droit de soumettre de nouveau à leur examen la question de savoir s'ils n'ont pas violé la loi ou blessé la justice. Il n'y a donc rien d'incompatible entre l'exécution que je lui donne, et la réserve que j'appose à son exécution; et ici s'ap-

_____
(1) *V.* le Répertoire de Jurisprudence, au mot *Héritier*, sect. 2; §. 1, n°°. 2 et 4.
(2) Jurisprudence de la cour de cassation, tome 14, partie 2, page 373.
(3) *V.* Les articles *Interlocutoire*, §. 2; et *Testament*, §. 14.

plique la modification que met le président Favre, à l'endroit cité, au principe général que l'on vient de le voir enseigner : *In iis quæ aliâ atque aliâ mente fieri possunt, protestatio semper prodest ad animi motum declarandum, qui meliùs sanè declarari aliter non potest, ideòque conservat jus protestantis ne lædatur ex eo actu ex quo alioqui læderetur.*

C'est ainsi d'ailleurs que la question a été jugée par un arrêt de la cour de cassation dont voici l'espèce.

Le 21 ventôse an 11, acte sous seing-privé enregistré le 29 floréal an 12, par lequel le sieur Rame afferme pour six ans tous ses biens au sieur Aubaterre, moyennant la somme annuelle de 1881 francs.

Le 15 février 1807, décès du sieur Rame.

Le 20 février 1810, sa veuve, au nom de ses enfants mineurs, fait à la régie de l'enregistrement la déclaration des biens qu'il a laissés, et en porte le revenu à la somme de 638 francs.

La régie, frappée de la différence qui se trouve entre cette déclaration et le bail qui devait encore être considéré comme existant à l'époque de la mort du sieur Rame, décerne contre la veuve, en sa qualité, une contrainte en paiement du surplus du droit exigible.

La veuve Rame forme opposition à cette contrainte, et offre de prouver que le bail du 21 ventôse an 11 avait été résilié et même lacéré long-temps avant la mort de son mari.

La régie soutient que cette preuve est inadmissible.

Le 23 août 1809, jugement qui, avant faire droit, admet la veuve Rame à la preuve du fait articulé par elle, et la régie à la preuve contraire.

La régie fait signifier ce jugement à la veuve Rame, avec protestation de se pourvoir, s'il y a lieu, ainsi qu'il appartiendra, pour le faire réformer.

En conséquence, les parties font respectivement procéder à l'enquête et à la contre-enquête.

L'affaire reportée à l'audience, la régie, pressentant bien qu'elle succombera, si le tribunal ne prononce que d'après les dépositions des témoins, revient à la question de droit préjugée par l'interlocutoire, soutient que la preuve ordonnée était inadmissible, et conclut à ce que, sans avoir égard au résultat de l'enquête et de la contre-enquête, le tribunal s'en tienne à la preuve par écrit résultant du bail enregistré.

Le 20 novembre 1809, jugement définitif qui, « attendu que rien ne s'opposait à l'admission
» de la preuve testimoniale en cette matière;
» que d'ailleurs l'administration, ayant elle-
» même requis l'exécution du jugement qui l'a-
» vait ordonnée, y a acquiescé; que les réser ves
» qu'elle a faites ne détruisent pas son Acquies-
» cement, attendu que la preuve produite était
» concluante en faveur de la dame Rame, déboute
» la régie de l'effet de la contrainte et la con-
» damne aux dépens ».

Recours en cassation contre ces jugemens de la part de la régie; et le 21 janvier 1812, arrêt, au rapport de M. Poriquet, et sur les conclusions de M. l'avocat général Lecoutour, qui casse l'un et l'autre,

« Attendu 1°. que les demandeurs n'avaient fait signifier le jugement interlocutoire du 23 mars 1809 que sous réserve de leurs droits, et qu'une semblable signification est exclusive de toute idée d'Acquiescement à ce même jugement ;

» Attendu 2°. que le bail sous seing-privé du 21 ventôse an 11, dûment enregistré, ne pouvait pas, aux termes de l'art. 341 du Code civil ci-dessus cité, être écarté sur la foi d'une preuve testimoniale........ ».

§. VIII. 1°. *Est-on censé acquiescer à un jugement rendu en dernier ressort, lorsque, sans protestation ni réserve, on fait, d'après les poursuites de la partie adverse, ce à quoi l'on est condamné par ce jugement ?*

2°. *Est-on censé y acquiescer, lorsque, sans protestation ni réserve, on l'exécute, non d'après les poursuites de la partie adverse, mais spontanément ?*

I. La première de ces questions s'est présentée à l'audience de la cour de cassation, section civile, le 22 floréal an 9, sur un incident élevé entre le sieur Gilkinet, demandeur en cassation, et les sieurs Beaujean et consorts, défendeurs.

« Les cit. Beaujean et consorts (ai-je dit) opposent au cit. Gilkinet une fin de non-recevoir qu'ils font résulter d'un jugement du tribunal civil du département de l'Ourthe, du 17 thermidor an 7, ou plutôt de ce qui a été fait et dit de sa part, lors de ce jugement.

» Pour apprécier cette fin de non-recevoir, nous devons d'abord nous bien pénétrer de la manière dont les choses se sont passées.

» Le 8 messidor an 7, jugement du tribunal civil du département de la Meuse-Inférieure (aujourd'hui attaqué en cassation), qui condamne le cit. Gilkinet à délaisser aux cit. Beaujean et consorts, une ferme située dans le ci-devant Limbourg, et à leur en restituer les fruits à compter du jour de la demande judiciaire.

» Sur la présentation de ce jugement au bureau de l'enregistrement, le receveur exige des cit. Beaujean et consorts 1,100 francs, à raison de la ferme, et 25 francs à raison des fruits perçus.

» Les cit. Beaujean et consorts font signifier ce jugement au cit. Gilkinet, avec commandement de leur restituer les 1,125 francs, qu'ils avaient payés pour le faire enregistrer.

» Le cit. Gilkinet s'y refuse.

» Assignation en référé devant le commissaire du pouvoir exécutif, qui ordonne l'exécution du jugement.

» Le cit. Gilkinet se pourvoit au tribunal civil du département de l'Ourthe, et soutient que ce n'est pas à lui à payer les droits d'enregistrement; que ces droits ne font point partie du coût du jugement, mais qu'ils sont à la charge personnelle des cit. Beaujean et consorts, par la raison qu'au moyen de l'annulation de l'acte par lequel leur sœur lui avait donné la ferme dont il s'agissait, il est censé n'avoir jamais possédé cette ferme; qu'eux, au contraire, sont censés l'avoir reçue directement de la défunte, à titre d'héritiers *ab intestat*; et que c'est toujours par celui qui acquiert un immeuble, que doivent en être payés les droits de mutation.

» Il convient cependant que c'est à lui à acquitter, non-seulement le droit fixe qui est dû pour l'enregistrement du jugement, mais encore le droit proportionnel pour les fruits et les autres accessoires ; et il en fait l'offre.

» En conséquence, jugement qui donne acte de cette offre, et décharge le cit. Gilkinet des 1,100 francs de droits d'enregistrement perçus pour le délaissement de la ferme, sauf aux cit. Beaujean et consorts, leurs recours contre le percepteur.

» De là les cit. Beaujean et consorts concluent que le cit. Gilkinet a acquiescé au jugement du tribunal de la Meuse-Inférieure, qui le condamnait à délaisser la ferme, avec restitution des fruits perçus et aux dépens.

» Il y a acquiescé (disent-ils), en offrant de payer un droit d'enregistrement qui faisait partie des dépens auxquels ce jugement le condamnait; et il est de principe, continuent-ils, qu'après avoir acquiescé à un jugement en dernier ressort, on ne peut plus l'attaquer par le recours en cassation, comme on ne peut plus, en pareil cas, appeler d'un jugement rendu en première instance.

» Le cit. Gilkinet (disent-ils encore) le peut d'autant moins, dans l'espèce particulière, que le jugement du 27 thermidor an 7, lors duquel il a acquiescé à celui du tribunal de la Meuse-Inférieure, est antérieur de près de trois mois à la présentation de sa requête en cassation.

» Telle est la fin de non-recevoir sur laquelle vous avez à prononcer.

» Il ne peut y avoir aucune difficulté sur le fait dont elle dérive : il est constant que le cit. Gilkinet a offert en justice le paiement d'un droit auquel il était condamné par jugement dont il a depuis demandé la cassation.

» Mais vous avez à examiner si cette offre, dans la circonstance où elle a été faite, emporte de sa part Acquiescement aux condamnations prononcées contre lui, et renonciation au droit de vous les dénoncer comme contraires aux lois de la matière sur laquelle elles sont intervenues.

» La première idée qui se présente sur cette question, c'est qu'elle n'est décidée expressément par aucune loi.

» L'art. 5 du tit. 27 de l'ordonnance de 1667 dit bien que l'appel d'une sentence n'est pas recevable, lorsque *les parties y ont formellement acquiescé*. Mais il ne s'agit ici ni d'un appel ni d'un jugement qui y soit sujet par sa nature.

» L'art. 14 de la loi du 2 brumaire an 4 dit bien que *l'exécution même volontaire* d'un jugement préparatoire en dernier ressort, *ne pourra en aucun cas être opposée comme fin de non-recevoir* au recours en cassation. Mais, d'une part, ce n'est pas d'un jugement préparatoire, c'est d'un jugement définitif que la cassation vous est demandée. D'un autre côté, il y a, pour repousser la fin de non-recevoir que l'on voudrait tirer de l'exécution volontaire d'un jugement préparatoire, un motif déterminant qui ne peut en aucune manière s'appliquer aux jugemens définitifs: c'est que les jugemens préparatoires ne peuvent être attaqués en cassation qu'après que les jugemens définitifs sont rendus; et c'est précisément sur ce motif que se fonde la loi que nous venons de citer.

» Il faut donc, dans le silence de toutes les dispositions législatives sur la question qui nous occupe, nous renfermer dans les principes généraux du droit commun, ou ce qui est la même chose, dans ces notions de justice et d'équité qui sont de tous les temps et de tous les lieux.

» Or, ces principes généraux, ces notions universelles nous disent que toute convention est obligatoire; qu'exécuter librement une condamnation en dernier ressort, c'est convenir implicitement avec celui qui l'a obtenue, que l'on ne tentera aucune poursuite pour la faire réformer; et qu'offrir librement de l'exécuter, c'est la même chose que de l'exécuter en effet.

» Ainsi, nul doute que l'Acquiescement à un jugement en dernier ressort n'élève une fin de non-recevoir insurmontable contre le recours en cassation.

» Nul doute par conséquent que le recours en cassation ne soit absolument fermé à celui qui a librement exécuté ou offert d'exécuter le jugement qu'il aurait pu attaquer par cette voie.

» Mais dès que cette fin de non-recevoir n'a pour base qu'une convention présumée, il est clair que, là où il ne peut pas être présumé de convention, il ne peut pas exister de fin de non-recevoir.

» Or, peut-on présumer une convention de la part de deux individus, dont l'un poursuit l'autre pour l'exécution du jugement qu'il a obtenu à sa charge? Peut-on la présumer de cela seul que la partie poursuivie paie ou offre de payer ce à quoi elle est condamnée? Bien sûrement, ce n'est point sa volonté libre et indépendante qui la porte à faire ou offrir le paiement de ce qu'elle est jugée devoir; elle ne fait ou n'offre ce paiement, que parce qu'elle y est contrainte par un commandement judiciaire; elle ne le fait ou ne l'offre, que parce qu'elle n'a aucun moyen de s'en dispenser. On ne peut donc pas lui supposer un consentement qu'elle ne manifeste pas.

» Dira-t-on qu'elle devait, en payant ou offrant de payer, s'assurer par une protestation, la faculté de recourir aux voies de droit?

» Sans contredit, elle aurait bien fait d'en user ainsi, et c'eût été de sa part un acte de prudence. Mais la question est de savoir si cet acte était nécessaire, et si, pour l'avoir omis, elle a perdu toute espèce de recours.

» Or, comment l'omission d'un pareil acte pourrait-elle emporter l'idée d'un consentement qu'exclut déjà par soi la contrainte qui précède, soit le paiement, soit l'offre du paiement?

» A la bonne heure, qu'en cas de paiement ou d'offre de paiement purement volontaire, une protestation soit indispensable pour conserver le droit de recours; il faut bien alors qu'un acte exprès et formel s'élève pour détruire la présomption d'Acquiescement qui résulte d'un paiement ou d'une offre de paiement auquel on n'était pas contraint.

» Mais lorsqu'on ne paie, lorsqu'on n'offre de payer, que par suite d'un commandement judiciaire; lorsqu'on ne paie, lorsqu'on n'offre de payer, que parcequ'on ne peut pas faire autrement, à quoi bon exiger une protestation? La contrainte qui a nécessité le paiement ou l'offre de paiement, suffit seule pour empêcher qu'il ne se forme une présomption d'Acquiescement; et cette présomption n'existant pas, il n'est pas besoin de protestation pour l'écarter.

» Or, dans l'espèce actuelle, ce n'est point volontairement, ce n'est point librement que le cit. Gilkinet a fait l'offre dont on excipe en ce moment contre lui. Il ne l'a faite que par suite d'un commandement, à l'effet duquel il n'avait aucun moyen de se soustraire; il ne l'a faite que parcequ'il y était contraint; il ne l'a faite que par une cause exclusive de toute présomption d'Acquiescement.

» Nous estimons en conséquence qu'il y a lieu de rejeter la fin de non-recevoir proposée par les défendeurs, et d'ordonner qu'il sera passé outre au rapport du fond ».

Arrêt du 22 floréal an 9, au rapport de M. Oudot, qui prononce conformément à ces conclusions;

« Attendu que les offres faites par Gilkinet de payer les droits fixes dus à la régie de l'enregistrement, dans la contestation qui a eu lieu entre les défendeurs et lui, sur la question de savoir à la charge de qui seraient les droits proportionnels exigés par la régie, ne peuvent être considérés comme un Acquiescement, puisque Gilkinet ne pouvait se dispenser de payer les droits qu'il a offerts;

» Attendu que l'art. 5 du tit. 27 de l'ordonnance de 1667 porte que *les jugemens passés en force de chose jugée, sont ceux qui sont rendus en dernier ressort; et dont il y a appel ou dont l'appel n'est pas recevable, soit que les parties y eussent* FORMELLEMENT ACQUIESCÉ, *ou qu'elles n'en eussent interjeté appel dans le temps, ou que l'appel ait été déclaré péri*; qu'il faut par conséquent un Acquiescement formel pour être déclaré non-recevable ; et que jamais l'exécution forcée qui a lieu pour le paiement des droits de la république, ne peut être présumée contenir un Acquiescement de cette espèce ».

II. La seconde question paraît devoir être sans difficulté résolue en sens inverse de la première, et c'est ainsi qu'elle l'a été en effet par un arrêt de la cour de cassation, du 3 fructidor an 13, qui est rapporté dans le *Répertoire de jurisprudence*, au mot *Cassation*, §. 4, n°. 6 (1).

Il faut pourtant convenir qu'à cet arrêt en a succédé un autre qui a jugé le contraire, et voici dans quelle espèce :

Les héritiers Balland, troublés par le sieur Petit dans la possession annale d'un pré ci-devant national, qui avait été vendu administrativement à leur auteur en 1795, le font citer en complainte devant le juge de paix du canton de Toul.

Le sieur Petit, en convenant de leur possession annale, excipe contre eux d'un bail administratif par lequel ce pré lui a été affermé avant que leur auteur en fût devenu propriétaire.

Jugement qui, d'après l'aveu fait par le sieur Petit, de la possession annale des héritiers Balland, le condamne à réparer le trouble.

Appel au tribunal civil de Toul ; et le 29 juin 1808, jugement qui déclare celui du tribunal de paix incompétemment rendu et condamne les héritiers Balland aux dépens des causes principale et d'appel.

Les héritiers Balland commencent par payer sans protestation ni réserve, et même avant que ce jugement leur soit signifié, les dépens auxquels il les condamne ; puis ils se pourvoient en cassation.

L'affaire portée à la section civile par suite d'un arrêt d'admission, le sieur Petit oppose aux héritiers Balland la fin de non-recevoir qui lui paraît résulter du paiement qu'ils ont fait spontanément à son avoué, des dépens prononcés contre eux par le jugement qu'ils attaquent.

Mais par arrêt du 23 août 1810, au rapport de M. Liger de Verdigny, et sur les conclusions conformes de M. l'avocat-général Daniels,

« Attendu que le recours en cassation ne suspendant pas l'exécution d'un jugement rendu *en dernier ressort*, on ne peut pas raisonnablement induire un Acquiescement du paiement des frais, puisque faire ce que le juge souverain ordonne, c'est faire un acte de nécessité et non un acte de volonté.

» La cour rejette la fin de non-recevoir ».

Cet arrêt est-il bien conforme avec les principes de la matière, et doit-il l'emporter sur le motif prédominant de celui du 3 fructidor an 13 ? Il me semble que non. Sans doute, de ce que le recours en cassation ne suspend pas l'exécution d'un jugement en dernier ressort, il résulte que c'est forcément que l'on exécute un jugement en dernier ressort, lorsqu'après qu'il a été signifié avec commandement d'y satisfaire, on paie le montant des condamnations qu'il prononce ; mais en résulte-t-il également qu'il y a absence de volonté dans l'exécution qu'on lui donne, lorsque, même sans en attendre la signification, et allant au-devant des menaces de contrainte dont elle serait accompagnée ou suivie, on l'exécute spontanément ? La demande en nullité ou en rescision d'un contrat notarié n'en suspend pas non plus l'exécution, et l'on infère justement de là dans la pratique, que payer après un commandement ce à quoi l'on s'est obligé par un contrat de cette espèce, ce n'est pas renoncer au droit de l'attaquer et de le faire déclarer nul. Mais pousser cette conséquence jusqu'à prétendre que celui qui, sans commandement préalable, exécute une obligation notariée, n'en conserve pas moins le droit d'en demander la nullité ou la rescision, c'est de quoi personne ne s'est encore avisé ; et c'est un système contre lequel s'élèveraient hautement la généralité de la disposition de l'art. 1338, §. 2, du Code civil. Et pourquoi en serait-il autrement, à cet égard, d'un jugement en dernier ressort que d'un contrat notarié ? Sans doute, il y a pour l'un comme pour l'autre, après le commandement, nécessité d'exécution nonobstant les démarches faites ou à faire pour en obtenir la nullité ; mais avant le commandement, l'exécution du premier est aussi volontaire que l'est celle du second ; elle doit donc couvrir la nullité de l'un comme elle couvre incontestablement la nullité de l'autre.

Vainement au surplus, dans l'espèce que je viens de retracer, les héritiers Balland venaient-ils dire qu'en payant de bonne grace les dépens auxquels les condamnait le jugement qu'ils attaquaient, ils n'avaient fait que prévenir les actes d'exécution qui auraient été exercés contre eux nonobstant leur recours en cassation.

D'abord, qui leur avait révélé que le sieur Petit n'aurait pas différé ces actes d'exécution jusqu'après le jugement de leur recours ? Est-il donc sans exemple qu'après avoir obtenu un jugement en dernier ressort, on attende, pour le faire exécuter, l'expiration du délai dans lequel il peut être attaqué par la voie de cassation ? Et n'est-ce pas, au contraire, le parti auquel se détermine journellement l'homme sage qui ne veut

---

(1) On ne dira sans doute pas que cet arrêt aurait prononcé autrement qu'il ne l'a fait, si le sieur Cante n'avait pas, après le paiement qu'il avait effectué spontanément entre les mains du sieur Emelin, déclaré lui-même ne l'avoir fait que pour terminer toute contestation entre lui et son adversaire ; car ce n'est que surabondamment que cette déclaration entre dans les motifs de l'arrêt ; ce qui, en première ligne et indépendamment de toute autre circonstance, détermine la cour de cassation à déclarer le sieur Cante *non-recevable dans son pourvoi*, c'est qu'il a acquiescé à sa condamnation, en payant *sans avoir essuyé aucune contrainte*, la plus forte partie de la somme qui en formait le montant.

pas s'exposer à des restitutions toujours désagréables et souvent onéreuses ?

Ensuite, celui qui exécute spontanément un contrat notarié contre lequel il a des nullités ou des exceptions à faire valoir, pourrait aussi dire qu'il ne fait que prévenir des actes d'exécution auxquels il lui serait impossible d'échapper. Et cependant il est bien universellement reconnu qu'on ne l'écouterait pas. Pourquoi écouterait-on plutôt celui qui exécute spontanément un jugement en dernier ressort ?

§. IX. 1°. *En exécutant sans protestation ni réserve un jugement en dernier ressort, qui, sans s'arrêter à une exception, ou en statuant sur une demande incidente, ordonne de plaider au fond, est-on censé y acquiescer et renoncer au droit de l'attaquer par recours en cassation ?*

2°. *Plaider au fond, en exécution d'un jugement sujet à l'appel qui l'ordonne en pareil cas, est-ce y acquiescer et renoncer à la faculté d'en appeler ?*

3°. *Est-on censé y acquiescer et renoncer à la faculté d'en appeler, lorsqu'on demande un délai pour plaider au fond ?*

I. Sur la première question, la négative est la conséquence nécessaire du principe sur lequel est fondé l'arrêt de la cour de cassation du 22 frimaire an 9, rapporté dans le paragraphe précédent, n°. 1. En effet, un jugement en dernier ressort qui ordonne de plaider au fond, a bien par lui-même autant de force coactive qu'un commandement fait en vertu d'un jugement définitif de la même nature; car un recours en cassation ne suspend pas plus l'exécution de l'un qu'il ne suspend celle de l'autre. La réserve de ce recours n'est donc pas plus nécessaire à l'égard de l'un, de la part de celui qui l'exécute, qu'elle ne l'est à l'égard de l'autre : et c'est ainsi que l'ont jugé deux arrêts de la cour de cassation, l'un du 5 brumaire an 11, que l'on trouvera sous le mot *Interlocutoire*, §. 2, l'autre, dont voici l'espèce :

Le 24 février 1817, arrêt de la cour royale de Caën, qui, sans avoir égard à la fin de non-recevoir opposée par le sieur Crespin à l'appel, incidemment interjeté, par les sieur et dame Etienne, d'un jugement du 25 juillet 1816, ordonne qu'il sera plaidé au fond.

En exécution de cet arrêt, le fond est plaidé contradictoirement devant la même cour; et, le 13 juin 1818, il intervient un arrêt définitif, qui, entre autres dispositions, réforme celles du jugement de première instance dont les sieur et dame Etienne ont appelé incidemment.

Le sieur Crespin se pourvoit en cassation contre ces deux arrêts. Sa requête admise et l'affaire portée à la section civile, les sieur et dame Etienne soutiennent qu'il est non-recevable dans son recours en cassation, quant au premier arrêt, parce qu'il y a acquiescé en plaidant au fond.

Mais, par arrêt du 27 juin 1820, au rapport de M. Carnot, la fin de non-recevoir est rejetée.

« attendu que ce ne fut que comme contraint et
» pour se conformer aux dispositions de l'arrêt
» du 24 février 1817, qui commandait aux par-
» ties de procéder au principal, que le deman-
» deur défendit au fond (1) ».

Je sais bien qu'à ces deux arrêts on peut en opposer un que la cour de cassation elle-même a rendu dans l'intervalle de l'un à l'autre; mais faisons bien attention aux circonstances.

Le sieur Hébert appelle à la cour de Rouen d'un jugement rendu au profit du sieur Delu. La cause portée à l'audience, celui-ci demande la nullité de l'acte d'appel, sur le fondement que la signification ne lui en a pas été faite à son véritable domicile. Le 12 pluviôse an 10, arrêt qui rejette cette exception et ordonne aux parties de plaider au fond. Les parties plaident en effet; et le 14 du même mois, second arrêt qui déclare l'appel désert, faute d'avoir été relevé dans les trois mois. Le 14 fructidor an 11, cassation de ce second arrêt, sur mes conclusions, comme on peut le voir aux mots *Désertion d'Appel*. Le sieur Delu se pourvoit à son tour en cassation contre le premier arrêt; et son avocat (M. Badin), prévoyant la fin de non-recevoir qui peut lui être opposée pour avoir plaidé au fond à l'audience du 14 pluviôse an 10, expose, non pas qu'il a plaidé au fond, parce qu'il n'avait aucun moyen légal de s'y refuser, mais que l'arrêt qu'il attaque, n'est que préparatoire, et que là par conséquent s'applique la disposition de la loi du 2 brumaire an 4, qui déclare que *l'exécution même volontaire d'un arrêt de cette nature, ne pourra, en aucun cas, être opposée comme fin de non-recevoir*. Et là dessus, arrêt de la section des requêtes, du 14 frimaire an 12, au rapport de M. Poriquet, qui, « attendu que le jugement du 17 pluviôse,
» an 10 était un jugement définitif, et que le de-
» mandeur l'a exécuté volontairement, sans ré-
» serve ni protestation de se pourvoir, déclare le
» pourvoi non-recevable ».

Il est visible que cet arrêt suppose bien, mais ne juge pas, que plaider au fond sans réserve ni protestation, c'est acquiescer au jugement en dernier ressort qui l'ordonne, et qu'il ne le suppose que parceque l'avocat du sieur Delu passait condamnation sur ce point.

II. La seconde question peut se présenter dans deux cas différens : ou le jugement dont il s'agit, a ordonné de plaider au fond sur-le-champ, ou il a renvoyé la plaidoirie du fond à une autre audience.

Le premier cas se subdivise en deux : ou le jugement qui ordonne de plaider au fond sur-le-champ, n'est pas de la nature de ceux dont

(1) Bulletin civil de la cour de cassation, tome 21, page 221.

4ᵉ édit., Tome I.

l'art. 449 du Code de procédure civile défend d'appeler dans la huitaine de la prononciation, ou il se trouve compris dans la catégorie de ces jugemens.

Dans la première hypothèse, point de fin de non-recevoir à tirer contre l'appel, de ce que la partie à laquelle il a été enjoint de plaider sur-le-champ au fond, a obtempéré à ce jugement. Comment, en effet, s'en serait-elle dispensée? Elle ne pouvait pas interjeter appel à la face des juges, et elle pouvait raisonnablement douter qu'il lui fût permis de se réserver, à la face des juges, la faculté d'appeler (1). Ce n'est donc pas de son plein gré qu'elle a exécuté le jugement; et, dès-lors, on ne peut pas dire qu'elle y ait véritablement acquiescé.

Inutile d'objecter qu'elle aurait pu se retirer et se laisser condamner par défaut. Cela serait bon si une condamnation par défaut n'entraînait pas d'inconvéniens auxquels il fût impossible de remédier sur-le-champ par un appel. Mais, d'une part, un jugement par défaut n'est susceptible d'appel qu'après l'expiration du délai que la loi accorde pour y former opposition; et cependant il peut, même durant ce délai, servir de titre pour couvrir les biens du défaillant d'inscriptions hypothécaires (2). D'un autre côté, il peut arriver que ce jugement soit exécutoire nonobstant appel. On ne peut donc pas attribuer à la volonté parfaitement libre de la partie à laquelle il a été enjoint de plaider sur-le-champ au fond, la détermination qu'elle a prise de ne pas se laisser condamner par défaut; et de là suit nécessairement la conséquence, qu'en plaidant au fond, elle ne s'est pas fermé la voie de l'appel.

Dans la seconde hypothèse, la partie à laquelle il est enjoint de plaider au fond, peut s'en dispenser, en remontrant au tribunal qu'aux termes de l'art. 450 du Code de procédure, *l'exécution des jugemens non-exécutoires par provision, doit être suspendue pendant la huitaine*; et si elle ne le fait pas, quel prétexte aurait-elle pour dire que ce n'est pas de son plein gré qu'elle exécute le jugement?

Il paraît cependant que le contraire a été jugé par un arrêt de la cour royale de Toulouse, dont nous ne connaissons pas la date précise, mais que cette cour a terminé par un arrêt définitif du 30 janvier 1821. Les rédacteurs du *Journal des audiences de la cour de cassation*, qui le citent (année 1822, supplément, page 58) comme l'ayant sous les yeux, assurent qu'il « a considéré » qu'il est de principe que l'on n'est pas obligé » d'appeler à la face du juge, et que les plaidoiries » qui sont faites en exécution d'un jugement, ne » peuvent être considérées comme un Acquiescement ».

---

(1) *V*. l'article *Appel*, §. 6, n°. 3.

(2). *V*. le Répertoire de Jurisprudence, au mot *Hypothèque*, sect. 2, §. 2, art. 3, n°. 2.

Mais que devient ce motif, lorsqu'on le comparé avec l'art. 450 du Code de procédure ? Ce n'est sûrement pas appeler à la face du juge, que de lui remontrer que l'on est dispensé par la loi d'exécuter son jugement à l'instant même. Que fait donc la partie qui, maîtresse de faire cette remontrance, s'en abstient? Bien certainement elle exécute volontairement le jugement qui lui ordonne de plaider au fond. Or, de même qu'aux termes de l'art. 1338 du Code civil, l'exécution volontaire d'un contrat emporte *renonciation aux moyens et exceptions que l'on pourrait y opposer*, de même aussi l'exécution volontaire d'un jugement quelconque, et par conséquent d'un jugement qui ordonne de plaider au fond, doit emporter renonciation à la faculté d'en appeler.

A plus forte raison doit-il en être de même lorsqu'il y a eu un intervalle entre le jugement qui a ordonné de plaider au fond, et la plaidoirie du fond même; et c'est ce qui a été jugé, d'abord par la cour de cassation, ensuite par la cour supérieure de justice de Bruxelles, dans les deux espèces suivantes.

Le 3 janvier 1817, jugement du tribunal de paix du canton de Louviers, qui, sans avoir égard au déclinatoire opposé par les sieurs Moireau, père et fils, à l'action en complainte intentée contre eux par le sieur Roullé, ordonne aux parties de plaider au fond.

Le 24 du même mois, second jugement qui, d'après les plaidoiries respectives des parties au fond, ordonne une descente sur les lieux.

Le 7 février suivant, troisième jugement qui admet le sieur Roullé à la preuve des faits qu'il articule, sauf la preuve contraire.

Les enquêtes achevées de part et d'autre, et avant le jugement définitif, les sieurs Moireau, père et fils appellent du premier et du troisième de ces jugemens.

Le sieur Roullé excipe, contre l'appel du premier, de ce que les sieurs Moireau, père et fils, l'ont exécuté sans protestation ni réserve en plaidant au fond; et contre l'appel du troisième, de ce qu'ils l'ont pareillement exécuté purement et simplement.

Le 13 mai 1818, jugement du tribunal civil de Louviers qui reçoit l'appel du premier jugement.

Mais sur le recours en cassation du sieur Roullé, arrêt du 1er. août 1820, au rapport de M. Poriquet, et sur les conclusions de M. l'avocat-général Jourde, qui annule ce jugement, « vu » l'art. 1351 du Code civil, et attendu que les » sieurs Moireau, père et fils, ont plaidé sur le » fond, sans réserves ni protestations, en exécu- » tion du jugement du 3 janvier, qui les avait dé- » boutés de leur déclinatoire (1) ».

---

(1) Cet arrêt est rapporté dans le Bulletin civil de la

Le 23 juin 1822, la demoiselle Desbille tire de Nivelles une lettre de change sur le sieur Desbille, son frère, domicilié à Bruxelles, qui l'accepte, mais la laisse protester à l'échéance.

Le porteur les fait assigner tous deux au tribunal de commerce de Bruxelles; et là, se fondant l'un et l'autre sur l'art. 115 du code de commerce, ils demandent leur renvoi devant les juges ordinaires.

Le 7 novembre 1822, jugement qui rejette le déclinatoire et ordonne aux défendeurs *de contester à toutes fins*.

Le jugement leur est signifié le 27 du même mois, avec assignation pour plaider au fond.

Ils ne comparaissent pas, et il intervient un jugement qui les condamne par défaut.

Opposition de leur part à ce jugement par un exploit qui contient une réserve expresse d'appeler.

Le 3 décembre 1822, jugement qui, en statuant sur leur opposition, les en déboute.

Les choses en cet état, ils appellent du jugement du 7 novembre; et l'intimé leur oppose une fin de non-recevoir qu'il fait résulter de ce qu'ils ont plaidé au fond par suite de leur opposition au jugement par défaut subséquent. Pour repousser cette fin de non-recevoir, se prévalent-ils de la réserve qu'ils ont insérée dans leur exploit d'opposition au jugement par défaut? Non, ils n'en parlent pas, parceque n'ayant pas réitéré cette réserve à l'audience du tribunal de commerce, ils s'imaginent qu'elle ne peut leur être d'aucun secours.

En conséquence, par arrêt du 27 novembre 1823,

« Considérant que l'intimé a fait assigner les appelans devant le tribunal de commerce, en paiement de la lettre de change dont il s'agit au procès; que lesdits appelans ont proposé l'exception d'incompétence, et que cette exception ayant été rejetée, ils ont été condamnés par jugement de défaut au paiement de la lettre de change prémentionnée; qu'ils ont formé opposition à ce jugement, se fondant sur ce que l'ajournement du 27 novembre 1822, ainsi que le jugement qui s'en était ensuivi, étaient nuls et de nulle valeur, d'après l'art. 68 du Code de procédure, et que les appelans ont plaidé leur opposition sans protestation ni réserve;

» D'où il suit qu'ils ont volontairement exécuté le jugement par lequel le tribunal de commerce s'était déclaré compétent; et que, par une conséquence ultérieure, l'appel de ce jugement de compétence est non-recevable; qu'il en résulte en outre que l'exception d'incompétence ne peut plus être proposée en cause d'appel, puisque ledit jugement de compétence est passé en force de chose jugée;

» Considérant que les appelans ont déféré à l'intimé le serment décisoire, pour appuyer leur appel du même jugement de compétence, d'autant que les faits qui font l'objet de ce serment, ont un rapport direct avec l'incompétence du tribunal de commerce, et que, par suite, l'appel de ce jugement n'étant pas recevable, le serment décisoire dont il s'agit est devenu sans objet;

» Par ces motifs, la Cour, M. l'avocat-général Destoop entendu, et de son avis, sans avoir égard au serment décisoire que les appelans ont déféré à l'intimé, déclare l'appel du 7 novembre 1822 non-recevable...... (1) ».

Mais quel eût été le sort de la fin de non-recevoir, si les sieur et demoiselle Desbille l'avaient combattue comme ils auraient dû le faire, s'ils avaient dit à la cour de Bruxelles, qu'avant de plaider au fond devant le tribunal de commerce, ils s'étaient expressément reservé, par un acte signifié à leurs adversaires, la faculté d'appeler du jugement qui le leur avait ordonné?

Il paraît qu'elle aurait dû être rejetée; et que telle est la conséquence que l'on doit tirer non-seulement du soin qu'avait pris la cour de Bruxelles de remarquer, dans ses motifs, que les appelans avaient plaidé leur opposition sans protestation ni réserve, mais encore et surtout de ce que la même énonciation se trouve dans l'arrêt de la cour de cassation du 1er août 1820.

Le contraire avait cependant été jugé précédemment par un arrêt de la cour royale de Metz, dans une espèce où la fin de non-recevoir était encore bien moins favorable.

Le 13 avril 1818, jugement du tribunal de première instance de Metz, qui, statuant sur un déclinatoire proposé par le sieur Lacombe sur une demande formée contre lui par les sieurs Faure et Legré, le rejette, ordonne de plaider au fond, et renvoie, pour cet effet, la cause au lendemain.

Le lendemain 14, jugement par défaut qui adjuge aux sieurs Faure et Legré les conclusions qu'ils ont prises au fond.

Le sieur Lacombe commence par appeler du jugement du 13.

Ensuite il forme opposition à celui du 14, et déclare en même tems qu'en plaidant au fond, il n'entend point se départir de son appel du premier.

Le 27 du même mois, jugement qui déboute le sieur Lacombe de son opposition, et ordonne que celui du 14 sera exécuté selon sa forme et teneur.

Le sieur Lacombe appelle de ce jugement et

---

cour de cassation, tome 22, page 263, mais d'une manière incomplette et peu exacte. On verra à l'article *Testament*, §. 14, dans une note sur mes conclusions du 17 janvier 1810, comment il a prononcé à l'égard du jugement qui avait reçu l'appel de celui du tribunal de paix, du 7 février 1817.

(1) Jurisprudence de la cour supérieure de justice de Bruxelles, année 1823, tome 1er, page 305.

6.

pursuit en même tems son appel de celui du 13.

La cause portée à l'audience de la cour royale, les sieurs Faure et Legré soutiennent que l'appel du jugement du 13 est devenu non-recevable par l'exécution que le sieur Lacombe a donnée à ce jugement, en plaidant au fond.

Vainement le sieur Lacombe répond-il que l'on ne peut pas raisonnablement supposer qu'il ait eu, en plaidant au fond, l'intention de se départir de son appel, alors qu'il avait hautement manifesté l'intention contraire. Par arrêt du 12 mai 1818,

« Considérant que Lacombe, après avoir été débouté, par le jugement du 13 avril dernier, du déclinatoire par lui proposé, après avoir, le lendemain 14, interjeté appel de ce jugement et laissé rendre contre lui le jugement par défaut de ce même jour, qui prononçait sur le fond de la contestation, a ensuite formé opposition à ce second jugement, a plaidé contradictoirement et proposé ses moyens, en soumettant au tribunal toutes les questions relatives au fond même du litige, et qui ont été décidées définitivement contre lui par le dernier jugement, en date du 27 du même mois d'avril ;

» Qu'en procédant ainsi, Lacombe a nécessairement renoncé à son appel du premier des jugemens dont il s'agit ; qu'en vain, dans sa requête d'opposition au second jugement, comme dans ses conclusions lors du jugement définitif, il a fait des réserves pour maintenir cet appel duquel, a-t-il dit, *il n'entendait pas se déporter ;* que de semblables protestations sont inefficaces pour anéantir un Acquiescement aussi formel et d'autant plus irrévocable qu'il a été libre et volontaire, puisque rien n'obligeait la partie à se soumettre à un jugement qui, rendu sur la compétence, ne pouvait ordonner et n'a point ordonné en effet qu'il serait exécuté par provision et nonobstant appel.....,

» La Cour déclare non-recevable l'appel interjeté par François Lacombe du jugement du 13 avril dernier..... (1) ».

Juger ainsi n'est-ce pas abuser de la maxime, *protestatio actui contraria inutilis est?* Je l'ai déjà dit, §. 7, que l'on applique cette maxime au cas où l'exécution à laquelle est apposée la réserve de se pourvoir, est absolument volontaire, rien de plus juste. Mais était-ce bien volontairement, en prenant ce mot dans toute la plénitude du sens qui y est attaché, que Lacombe avait formé opposition au jugement par défaut du 14 avril, et par suite exécuté le jugement du 13 qui lui avait enjoint de plaider au fond ? N'était-il pas évident qu'il n'avait pris ce parti que pour empêcher que, pendant le délai qu'il lui aurait fallu laisser écouler avant de pouvoir appeler du jugement par défaut, ce jugement ne servît de titre hypothécaire aux sieurs Faure et Legré ? Qu'importait, dès-lors, que le jugement qui avait rejeté le déclinatoire, ne fût pas exécutoire, nonobstant l'appel du sieur Lacombe ? En était-il moins vrai que son appel ne portait ni ne pouvait porter que sur le jugement par défaut qui y était antérieur ? *V.* ci-après, §. 13.

III. La troisième question semblerait, au premier abord, devoir être résolue de la même manière que doit l'être la précédente, dans le cas où la plaidoirie sur le fond a suivi immédiatement, et sans réserve, la prononciation du jugement qui l'ordonnait. Il est certain, comme on le verra au mot *Appel,* §. 6, n°. 2, que demander un délai pour payer ce à quoi l'on est condamné, c'est acquiescer à la condamnation et renoncer à la faculté d'en appeler. Donc, par la même raison, demander un délai pour plaider au fond, en exécution d'un jugement qui l'ordonne, c'est acquiescer à ce jugement, c'est se fermer la voie de l'appel pour le faire réformer.

Il ne peut, en effet, y avoir aucune difficulté là-dessus, lorsqu'il est bien constaté qu'en demandant un délai pour plaider au fond, l'on a pris l'engagement de plaider au fond à l'expiration du délai.

Mais pour peu que le plumitif laisse de doute sur ce point, il est de toute justice de présumer que l'on n'a demandé le délai que pour se ménager le temps de délibérer sur le parti à prendre par rapport au jugement qui venait d'être rendu.

Cette présomption est encore plus forte, lorsque c'est hors la présence de la partie et par son avoué seulement que le délai a été demandé. Quelle apparence, en effet, qu'un officier ministériel ait pris sur lui un Acquiescement dont le désaveu pourrait le placer dans une position très-fâcheuse (1) ? Il est bien plus naturel de présumer qu'il n'a eu, en demandant la remise de la cause, d'autre intention que d'informer son client et d'attendre ses instructions.

C'est ainsi, au surplus, que la question a été jugée dans les deux seules espèces où il paraît qu'elle se soit présentée jusqu'à présent.

Les héritiers du sieur Cardon, assignés devant le tribunal de première instance de Courtrai, par le sieur Neestagh, créancier du défunt, pour prendre qualité, demandent, par l'organe de leur avoué, le renvoi de la demande devant le tribunal de première instance de Gand, lieu de l'ouverture de la succession.

Jugement qui rejette leur déclinatoire, et leur enjoint de plaider au fond.

Leur avoué, interpellé en conséquence de plaider au fond, demande un délai qui lui est accordé.

Peu de temps après, les héritiers Cardon ap-

---

(1) Jurisprudence de la cour de cassation, tome 19, partie 2, page 104.

(1) *V.* ci-après, §. 18, n°. 2.

pellent de ce jugement; et la cause portée à l'audience de la cour d'appel de Bruxelles, le sieur Neestagh soutient qu'ils sont non-recevables, parce qu'ils ont acquiescé au jugement par l'organe de leur avoué, et qu'ils n'ont pas pris la voie du désaveu pour neutraliser son Acquiescement.

Mais, par arrêt du 25 mars 1808, cette fin de non-recevoir est rejetée, « attendu que la renonciation au droit d'interjeter appel, comme à tout autre droit en général, étant de stricte interprétation, il ne résulte point de ladite demande d'un délai un Acquiescement à l'ordonnance du juge de plaider; surtout qu'il pourrait y avoir, dans l'espèce, d'autres motifs plausibles d'une pareille demande (1) ».

Le 13 mai 1818, jugement du tribunal de première instance de Brioude, qui admet les sieurs et dames la Rigaudie et Allezart à la preuve par témoins contre le sieur Dosfant.

En exécution de ce jugement, les sieurs et dames la Rigaudie et Allezart font procéder à leur enquête; mais à peine est-elle achevée, que le sieur Dosfant en demande la nullité.

Le 3 février 1819, jugement qui la déclare nulle, et, *sur la demande des avoués de toutes les parties, renvoie la cause à mercredi prochain pour plaider au fond.*

Appel de ce jugement de la part des sieurs et dames la Rigaudie et Allezart.

Le sieur Dosfant soutient qu'ils sont non-recevables, parceque leurs avoués ont acquiescé en leur nom au jugement, en demandant une remise pour plaider au fond.

Le 13 juin 1820, arrêt de la cour royale de Riom qui rejette la fin de non-recevoir et reçoit l'appel, « attendu qu'en supposant que les avoués des mariés la Rigaudie et consorts eussent demandé le renvoi de la cause pour plaider au fond, il n'en résulte point une renonciation formelle à l'appel, cette demande ayant pu avoir pour but d'obtenir du tems pour consulter les parties sur ce qu'elles avaient à faire, et non de leur nuire relativement à la faculté d'appeler ».

Les sieurs et dames la Rigaudie et Allezart se pourvoient en cassation. Mais, par arrêt contradictoire du 17 décembre 1823, au rapport de M. Cassaigne, et sur les conclusions de M. l'avocat-général Jourde, leur recours est rejeté, quant à ce chef, « attendu qu'un Acquiescement ne peut rendre l'appel non-recevable qu'autant qu'il est formel; que, dans le fait, l'arrêt attaqué juge que la demande en renvoi énoncée dans le jugement du 3 février 1819, ne renferme pas un Acquiescement formel à ce jugement, puisqu'il décide qu'en supposant qu'elle ait été faite par les avoués des mariés la Rigaudie et consorts, elle peut avoir eu pour but d'avoir du tems pour

(1) Jurisprudence de la cour de cassation, tome 12, partie 2, page 205.

» consulter les parties sur ce qu'elles avaient à » faire, et non de leur nuire, relativement à la » faculté de l'appel (1) ».

§. X. *Est-on censé acquiescer à un jugement sujet à l'appel, au moins du chef d'incompétence, mais exécutoire par provision, lorsque, sur les poursuites de la partie au profit de laquelle il a été rendu, et sans recourir au tribunal supérieur pour obtenir des défenses de l'exécuter, on paie le montant de la condamnation, sous la réserve de se pourvoir ?*

Non, car ici ne peut pas être invoqué le principe qu'une protestation contraire à l'acte que l'on fait, doit être considérée comme non écrite. Ce principe n'est applicable qu'au cas où l'acte accompagné d'une protestation qui le contrarie, est purement volontaire de la part de celui qui le fait. Or, tel n'est certainement pas le paiement que fait une partie condamnée en vertu d'un jugement dont on poursuit contre elle l'exécution, et qui est exécutoire nonobstant appel. La partie condamnée ne paie en pareil cas, que pour éviter des contraintes auxquelles il lui est, sinon tout-à-fait impossible, du moins très-difficile de se soustraire. Il n'y a donc pas de fin de non-recevoir à lui opposer; et voici une espèce dans laquelle la cour de cassation l'a ainsi décidé.

Le 22 septembre 1818, jugement du tribunal de paix d'Aix qui, *statuant en dernier ressort*, condamne le sieur Savournin à payer au sieur Fauthier une somme de 50 francs pour dommage causé dans un pré, et aux dépens.

Le 26 octobre suivant, le sieur Fauthier fait signifier ce jugement au sieur Savournin, avec commandement d'y satisfaire dans les vingt-quatre heures, avec déclaration qu'en cas de retard, il sera passé outre à la saisie de ses meubles.

Le sieur Savournin paie le montant de la condamnation entre les mains de l'huissier, en déclarant qu'il ne le fait que comme contraint, pour éviter une exécution imminente, sans approbation du jugement et *sous la réserve de tous ses droits, notamment de celui de se pourvoir en cassation pour cause d'incompétence.*

Le 19 décembre de la même année, le sieur Savournin appelle de ce jugement au tribunal civil d'Aix, et l'attaque comme incompétemment rendu.

Le sieur Fauthier lui oppose une fin de non-recevoir qu'il fait résulter du paiement fait par le sieur Savournin entre les mains de l'huissier.

Le premier février 1809, jugement qui, en effet, déclare l'appel non-recevable, « attendu que, » lors de la signification du jugement du juge de » paix et du commandement fait à Savournin, » celui-ci, loin d'appeler de ce jugement pour

(1) *Ibid.*, tome 23, page 241.

» en arrêter l'exécution, l'a, au contraire, exécuté en payant la somme adjugée et les dépens, sous la réserve seulement de se pourvoir en cassation ; que l'exécution n'était pas forcée ; que la loi fournissait à Savournin le moyen de paralyser les exécutions de Fauthier, s'il avait voulu le faire ; qu'il n'avait pris aucun des moyens que la loi lui offrait ; qu'il devait donc être réputé avoir acquiescé au jugement dont Fauthier poursuivait l'exécution ; et que, dès lors, il n'avait pu ultérieurement appeler de ce jugement ».

Recours en cassation contre ce jugement de la part du sieur Savournin, et par arrêt du 24 octobre 1811, au rapport de M. Reuvens, et sur les conclusions conformes de M. l'avocat-général Jourde,

« Vu l'art. 454 du Code de procédure portant : *lorsqu'il s'agira d'incompétence, l'arrêt sera recevable, encore que le jugement ait été qualifié en dernier ressort* ; et l'art. 443 du même Code portant : *le délai pour interjeter appel sera de trois mois ; il courra, pour les jugemens contradictoires, du jour de la signification à personne au domicile* ;

» Considérant que Savournin a attaqué le jugement du juge de paix, en date du 20 septembre 1808, par incompétence, et qu'il a interjeté son appel dans les trois mois de la signification à lui faite ;

» Que, par la teneur du commandement même, fait à Savournin lors de la signification du jugement, il conste évidemment que l'exécution qu'il y a donnée, n'a pas été volontaire, mais seulement forcée ; d'autant plus que le jugement ayant été qualifié en dernier ressort, l'appel même n'en aurait pas suspendu l'exécution avant d'avoir obtenu des défenses à l'audience du juge d'appel ;

» Considérant, au surplus, que Savournin, en satisfaisant à ce commandement, a déclaré de la manière la plus expresse qu'il ne remettait la somme adjugée, dans les mains de l'huissier, que comme contraint et forcé, et sans approuver le jugement, contre lequel il s'est réservé tous ses droits ;

» Que la réserve particulière par lui faite du recours en cassation n'a pu nuire à ses autres protestations générales, et n'offrait qu'une preuve de plus qu'il n'entendait pas acquiescer à ce jugement ;

» D'où il suit que le tribunal de première instance, séant à Aix, a violé, par son jugement, les susdits art. 443 et 454 du Code de procédure, et a facilement appliqué l'ordonnance de 1667, qui veut un Acquiescement formel et par conséquent libre et volontaire ;

» La Cour casse et annule... ».

§ XI. *En est il, à cet égard, du paiement fait pour obtenir la cessation d'une contrainte déjà exercée en vertu d'un jugement exécutoire par provision, comme du paiement fait pour éviter une contrainte par laquelle des poursuites sont commencées, et qui, par conséquent, est imminente ? Les protestations ou réserves qui accompagnent l'une, empêchent-elles, comme les protestations ou réserves qui accompagnent l'autre, qu'il n'y ait Acquiescement et renonciation à la faculté de se pourvoir ?*

On vient de voir que le principe *protestatio actui contrariâ inutilis est*, ne peut recevoir aucune espèce d'application au cas où ce n'est pas de la libre volonté de la partie condamnée qu'émane l'exécution qu'elle donne au jugement. Or, la partie condamnée agit-elle plus librement lorsqu'elle paie pour faire cesser une contrainte déjà exercée contre elle en vertu du jugement, que lorsqu'elle paie pour en éviter une dont elle est menacée par des poursuites instantes ? Si, frappé d'une saisie mobilière qui sera bientôt suivie d'une vente forcée, je paie sous protestation pour rentrer en possession de mes meubles ; si, arrêté et détenu, je paie sous protestation pour ne pas languir en prison jusqu'à ce qu'il ait été statué sur mon appel, peut-on dire que ma volonté soit plus libre qu'elle ne le serait si je payais pour empêcher qu'on ne saisît mes meubles ou qu'on ne me constituât prisonnier ? Non sans doute. Il n'y a donc pas plus d'Acquiescement de ma part dans un cas, qu'il n'y en a dans l'autre.

Voici cependant une espèce dans laquelle il en a été jugé autrement par un arrêt qui heureusement n'a pas subsisté.

Le 10 septembre 1815, jugement du tribunal de commerce du département de la Seine, qui condamne par corps, et nonobstant appel, le sieur Baloffet-Buffe à livrer au sieur Olivier des marchandises qu'il lui a vendues, ou de lui payer une somme de 2,600 francs.

Le 13 novembre suivant, le sieur Baloffet-Buffe fait signifier au sieur Olivier un acte d'appel de ce jugement. Mais celui-ci ne l'en fait pas moins arrêter et conduire à la prison de Sainte-Pélagie, le 24 décembre de la même année.

Le lendemain, le sieur Baloffet-Buffe consigne, entre les mains du concierge de la prison, *comme contraint et forcé, et sous la réserve expresse de tous ses droits*, une somme de 2,950 francs 51 centimes, tant pour le principal de la condamnation prononcée contre lui que pour les intérêts échus, les dépens liquidés et les frais de capture ; et, conformément à l'art. 800 du Code de procédure civile, il est mis en liberté.

En cet état, il poursuit son appel du jugement du 10 septembre 1815 ; mais, par arrêt de la cour royale de Paris, du 13 février 1816, il est déclaré non-recevable, « attendu qu'il est censé » avoir acquiescé au jugement du tribunal de

» commerce, en payant les dépens de première
» instance ».

Il se pourvoit en cassation et soutient qu'en supposant de sa part un Acquiescement dont tout repousse jusqu'à la plus légère idée, et en créant par là une fin de non-recevoir purement arbitraire, la cour royale a violé les art. 639 et 645 du Code de commerce, ainsi que l'art. 443 du Code de procédure civile, d'après lesquels son appel réunissait toutes les conditions nécessaires pour être reçu.

Le sieur Olivier, cité devant la section civile pour défendre l'arrêt attaqué, n'entreprend pas même de le justifier: il se borne à soutenir que, si la cour royale a mal jugé, elle n'a du moins violé aucune loi. On ne trouve, dit-il, aucune disposition législative qui détermine les caractères de l'Acquiescement; c'est donc aux juges de première instance et d'appel qu'il appartient d'apprécier les faits qui paraissent le constituer, et de déterminer s'il y a ou non présomption d'Acquiescement; la loi leur laisse plein pouvoir à cet égard: dans ces cas-là, il ne peut jamais y avoir violation d'aucune loi; seulement il peut y avoir un mal jugé, ce qui n'est pas un motif de cassation.

Mais, par arrêt du 4 mai 1818, au rapport de M. Pajon, et sur les conclusions de M. l'avocat-général Joubert,

« Vu l'art. 443 du Code de procédure qui dispose: *le délai pour interjeter appel sera de trois mois; il courra, pour les jugemens contradictoires, du jour de la signification à personne ou domicile;*

» Considérant, en fait, que s'il résulte du procès-verbal de la consignation faite entre les mains du concierge de la maison de Sainte-Pélagie, que le demandeur a ajouté au principal des condamnations contre lui prononcées par le jugement dont il avait interjeté appel, le montant des dépens liquidés par le jugement; ce procès-verbal constate aussi qu'il a déclaré ne faire cette consignation que comme contraint et sous la réserve expresse de tous ses droits contre le défendeur;

» Considérant, en droit, que, d'après la disposition de l'art. 800 du Code de procédure, le détenu pour dettes ne peut obtenir sa liberté sans ajouter à la consignation du principal de la dette, des intérêts et des frais d'emprisonnement, celle des dépens liquidés; qu'ainsi une pareille consignation étant forcée de la part du détenu qui veut obtenir sa liberté, elle ne peut être considérée comme un Acquiescement de sa part au jugement dont il aurait déjà interjeté appel, qu'autant qu'il aurait déclaré s'en désister, ou que son consentement présumé ne résulterait de quelque autre circonstance;

» Mais, attendu que, dans l'espèce, le demandeur, loin de manifester par sa consignation qu'il entendait acquiescer au jugement en vertu duquel il avait été incarcéré, ayant au contraire déclaré formellement qu'il n'entendait la faire que comme contraint et sous la réserve de tous ses droits, qui comprenait nécessairement celle de suivre l'appel par lui précédemment interjeté, il s'ensuit qu'on ne pouvait la considérer comme un Acquiescement volontaire de sa part à l'exécution de ce jugement; d'où il résulte, pour conséquence ultérieure, qu'en le déclarant non-recevable dans cet appel, sur l'unique motif de la consignation de ces dépens, l'arrêt attaqué a créé une fin de non-recevoir qui n'était autorisée par aucun texte de loi, et par suite contrevenu à l'art. 443 du Code de procédure ci-dessus cité;

» La cour casse et annule.... (1) ».

§. XII. *Dans le cas sur lequel porte le §. précédent, y aurait-il Acquiescement, si le paiement fait en vertu d'un jugement exécutoire par provision, l'avait été sans protestation ni réserve?*

L'arrêt de la cour de cassation, du 4 mai 1818, que je viens de transcrire, se prononce nettement pour la négative.

Et, en effet, d'une part, point de différence entre le paiement fait pour obtenir la cessation d'une contrainte déjà exercée, et le paiement fait pour éviter la consommation d'une contrainte imminente.

D'un autre côté, on a vu dans les §. 8 et 9 que l'exécution donnée forcément à un jugement en dernier ressort, n'emporte pas Acquiescement à son prononcé; et il est évident qu'un jugement sujet à l'appel, mais exécutoire par provision, est, en cette matière, sur la même ligne qu'un jugement en dernier ressort.

Aussi Jousse, sur l'art. 5 du tit. 27 de l'ordonnance de 1667, après avoir dit que « celui » qui paie en vertu d'une sentence exécutoire » par provision, ne doit payer que comme contraint, et en conséquence du commandement » qui lui en est fait, et sans préjudice de l'appel » qu'il a interjeté ou qu'il est près d'interjeter », ajoute-t-il: « S'il avait omis de faire des réserves, » le procès-verbal de l'huissier, qui constate la » contrainte qui lui est faite, suffit pour lui » conserver le droit d'appeler, et il n'est pas né- » cessaire qu'il laisse saisir ses meubles et effets. » S'il paie, il est présumé le faire uniquement » pour prévenir la saisie dont il est menacé ».

§. XIII. 1°. *La réserve de se pourvoir contre un jugement quel on exécute comme contraint, suffit-elle pour empêcher que l'on ne soit censé y acquiescer, lorsqu'il n'est pas exécutoire par provision?*

---

(1) Bulletin civil de la cour de cassation, tome 20, page 115.

2°. *Suffit-elle pour empêcher que l'exécution de ce jugement n'emporte Acquiescement à un jugement antérieur et pareillement non exécutoire par provision, dont il est la conséquence ?*

La première question semblerait, à la première vue, devoir être résolue pour la négative.

Il est vrai que, comme on l'a établi ci-dessus, §. 10, vous n'êtes pas censé acquiescer à un jugement exécutoire par provision, lorsque, d'après les poursuites de votre adversaire, vous l'exécutez avec réserve de vous pourvoir. Mais vous avez pour vous, dans ce cas, une raison qui est sans application à celui-ci : le temps vous manque pour demander des défenses au juge supérieur, et surtout pour les obtenir. Ici, au contraire, vous pouvez appeler sur-le-champ et, par ce moyen, suspendre l'effet des poursuites que l'on exerce contre vous. Il y a donc incompatibilité entre l'exécution que vous donnez au jugement et la réserve que vous faites du droit de l'attaquer ; et, dès-lors, comment cette réserve ne serait-elle pas paralysée par la maxime, *protestatio actui contraria inutilis est !*

Mais ces raisonnemens disparaissent devant deux principes irréfragables : l'un, que nul n'est tenu d'appeler sur-le-champ et que l'on doit jouir, pour le faire, de tout le délai qu'accorde la loi ; l'autre, que tant que ce délai n'est pas expiré, il n'y a qu'une exécution volontaire du jugement qui puisse faire présumer un Acquiescement tacite. Or, est-elle volontaire l'exécution que vous donnez au jugement qui vous a été signifié avec commandement, et en vertu duquel vos biens sont sur le point d'être saisis ? Elle l'est bien en ce sens que vous pourriez vous en dispenser par un appel ; mais elle ne l'est pas pleinement, parcèque vous êtes encore incertain si vous êtes fondé à appeler en effet, et que la loi elle-même approuve votre incertitude. Elle n'emporte donc pas, de votre part, la preuve d'un Acquiescement entier et parfaitement libre au jugement ; et, dès-lors, pourrait-on en tirer contre vous une fin de non-recevoir à en tirer contre votre appel.

C'est ainsi, au surplus, que cette première question a été jugée par plusieurs arrêts.

Le 9 janvier 1809, jugement du tribunal de première instance de Verceil, qui condamne le sieur Fassi à payer au sieur Avite une somme de 2,017 francs.

Sur la signification qui lui est faite de ce jugement, avec commandement de l'exécuter, le sieur Fassi déclare à l'huissier qu'il se réserve le droit d'en appeler et qu'il en appelle même dès ce moment ; mais il n'en paie pas moins entre les mains de cet officier la somme à laquelle il est condamné.

Peu de temps après, il fait signifier un acte d'appel aux sieurs Avite eux-mêmes ; et l'affaire portée à l'audience de la cour de Turin, ceux-ci soutiennent que son appel est non-recevable.

« Toute exécution volontaire d'un acte, disent-ils, » est une preuve certaine de l'Acquiescement qu'on » y donne ; or Fassi a volontairement exécuté le » jugement rendu contre lui. A la vérité, on le » lui avait fait signifier avec commandement d'y » obéir ; mais, pour arrêter les poursuites de ses » créanciers, il n'avait pas besoin de l'exécuter ; » il lui suffisait d'en appeler. Il a mieux aimé » prendre le premier parti ; et par là il a prouvé » qu'il n'avait pas à se plaindre de la condamna- » tion prononcée contre lui. Les protestations » qu'il a faites ne prouvent rien, du moment » qu'elles sont démenties par sa conduite, et par » l'exécution volontaire du jugement ».

Mais, par arrêt du 15 juillet 1809,

« Considérant que la réserve expresse apposée au procès-verbal de paiement du 28 janvier dernier, dressé par l'huissier Brachi, a dû conserver à Fassi le droit d'appeler du jugement auquel il donna exécution par acte susdit ;

« La cour reçoit Fassi dans son appel.... (1) »

Le 22 mars 1809, jugement qui condamne, avec dépens, le sieur Boyer à délaisser au sieur Cros la moitié d'un domaine qu'il détient.

Ce jugement est signifié au sieur Boyer avec l'exécutoire des dépens, et commandement d'en payer le montant.

Le sieur Boyer paie en effet le montant de cet exécutoire entre les mains de l'huissier du sieur Cros ; mais *par manière de consignation seulement, et sans qu'on puisse en induire aucun Acquiescement de sa part aux condamnations prononcées contre lui.*

A ce paiement succède un acte d'appel que le sieur Boyer fait signifier au sieur Cros ; et la cause est en conséquence portée devant la cour de Montpellier.

Là une fin de non-recevoir est opposée par le sieur Cros au sieur Boyer ; mais elle est rejetée par arrêt du 6 février 1810, « Attendu que les dé- » pens n'ont été payés que par manière de consi- » gnation ; que la partie d'Anduze (le. sieur » Boyer), s'est réservé expressément de pouvoir ap- » peler ; d'où il résulte que ladite partie d'Anduze » a manifesté une intention contraire à toute idée » d'Acquiescement (2) ».

Enfin, voici un arrêt de la cour de cassation qui juge de même et prononce en même-tems sur notre seconde question.

Le 25 mars 1813, jugement entre la dame Demerseau et le sieur Bobierre, qui condamne celui-ci aux dépens, dont il fait distraction au profit de l'avoué de la première.

La dame Demerseau et son avoué poursuivent

---

(1) Jurisprudence de la cour de cassation, tome 10, partie 2, page 279.
(2) *Ibid.*, tome 14, partie 2, page 351.

la taxe de ses dépens, et en obtiennent l'exécutoire qu'ils font signifier au sieur Bobierre, avec sommation d'en payer le montant.

Le sieur Bobierre forme opposition à cet exécutoire.

Le 15 avril de la même année, jugement qui le déboute de son opposition.

Signification de ce jugement, avec déclaration que, faute de paiement, il sera procédé à la saisie-exécution de ses meubles.

Sur ce commandement, le sieur Bobierre paie le montant de l'exécutoire, *sous la réserve expresse de tous ses droits, et particulièrement de celui d'interjeter appel du jugement du 15 avril qui le déboute de son opposition à l'exécutoire délivré contre lui.*

Les choses en cet état, le sieur Bobierre appelle, non du jugement du 15 avril qui maintient l'exécutoire des dépens, mais de celui du 25 mars dont cet exécutoire n'est que la suite.

Le 30 juillet 1813, arrêt de la cour royale d'Orléans qui déclare son appel non-recevable;

« Attendu que les réserves et protestations faites par Bobierre au procès-verbal de saisie-exécution du 22 avril dernier, même l'appel y énoncé, ne portent que sur l'exécutoire et le jugement du 15 avril, comme étant l'un et l'autre, d'après les expressions mêmes des protestations, préjudiciables à Bobierre;

» Que les réserves et protestations ne portent nullement sur le jugement du 25 mars, en vertu duquel les dits exécutoire et jugement du 15 avril ont été rendus ;

» Attendu que le jugement du 25 mars n'étant pas exécutoire par provision, n'était susceptible d'être arrêté dans son exécution que par la seule voie indiquée par la loi pour en opérer la suspension ;

» D'où résulte la conséquence que le paiement des dépens fait par Bobierre, est de sa part un Acquiescement audit jugement, nonobstant les réserves... ».

Mais sur le recours en cassation du sieur Bobierre, arrêt du 15 juillet 1818, au rapport de M. Pajon, et sur les conclusions de M. l'avocat général Joubert, par lequel,

« Vu l'art. 443 du Code de procédure civile..»;

» Attendu 1°. que l'appel étant une voie de droit contre les jugemens qui en sont susceptibles, nul ne peut y être déclaré non-recevable qu'en vertu de quelque disposition de loi, ou parceque, avant d'interjeter appel, il aurait consenti à l'exécution du jugement qui en est l'objet, soit d'une manière formelle et explicite, ou par quelque autre acte qui ne permette pas de douter qu'il ait entendu acquiescer aux condamnations contre lui prononcées ; d'où résulte la conséquence que, si l'exécution volontaire d'un jugement peut faire présumer que l'intention de la partie condamnée a été de renoncer à la voie de l'appel, il n'en doit pas être de même lorsqu'elle y a été contrainte par l'effet d'une poursuite judiciaire à laquelle elle ne pouvait se dispenser d'obéir ;

» Attendu 2°. que, dans l'espèce, il était prouvé par le procès-verbal de l'huissier que, si le demandeur avait payé le montant de l'exécutoire obtenu contre lui par l'avoué de la défenderesse, il n'avait entendu le faire que pour éviter la saisie de ses meubles, et sous la réserve d'interjeter appel du jugement du 15 avril 1813;

» Attendu 3°. qu'à la vérité, cette réserve n'avait point pour objet le jugement du 25 mars qui avait prononcé contre lui cette condamnation de dépens, au profit de la défenderesse, avec distraction au profit de son avoué ; mais qu'il ne s'ensuivait pas que l'exécution par lui donnée à ce jugement du 15 avril, eût été volontaire de sa part, et que la défenderesse pût s'en prévaloir, puisque ce n'était point à son profit qu'il avait été rendu, et que, par conséquent, elle n'avait aucun intérêt à ce que son exécution fût volontaire ou forcée; de tout quoi il résulte que l'arrêt attaqué, en déclarant le demandeur non-recevable dans l'appel par lui interjeté du jugement du 25 mars précédent, rendu au profit de la défenderesse, a créé une fin de non-recevoir arbitraire, et par suite de cet excès de pouvoir, contrevenu à l'art. 443 du Code de procédure ;

» La Cour casse et annule..... » (1).

§. XIV. *Prendre des conclusions subsidiaires, est-ce renoncer aux conclusions principales acquiescer d'avance au rejet de celles-ci ?*

Je ne proposerais pas une question aussi simple, et qui ne peut être évidemment résolue que négativement, si elle ne s'était élevée plusieurs fois dans les tribunaux.

Le 25 thermidor an 8, jugement qui déclare nulle, pour lésion de plus des trois quarts, l'adjudication faite en l'an 3 aux sieur et dame Lambert, d'une maison dépendante de la succession bénéficiaire du sieur Andrey ; et les condamne, non-seulement à délaisser cet immeuble, sans leur permettre de suppléer ce qui manque au juste prix, mais encore à restituer les loyers qu'ils ont perçus.

Appel de la part des sieur et dame Lambert, devant la cour de Besançon, avec des conclusions principales à ce qu'en infirmant ce jugement, elle déclare l'adjudication valable, et des conclusions subsidiaires à ce qu'au moins elle décharge les appelans de la restitution des loyers perçus.

Le 12 ventôse an 9, arrêt qui confirme le jugement en ce qu'il annule l'adjudication, et le réformant quant aux loyers, ordonne qu'ils seront compensés avec les intérêts du prix payé par les sieur et dame Lambert.

Les sieur et dame Lambert se pourvoient en

(1) Bulletin civil de la cour de cassation, tome 20, page 165.

4ᵉ édit. Tome I.

cassation contre le premier chef de cet arrêt ; et l'affaire portée à la section civile par suite d'un arrêt d'admission, les demoiselles Andrey, défenderesses, soutiennent qu'ils sont non-recevables, parcequ'ils ont obtenu tout ce qu'ils ont demandé par leurs conclusions subsidiaires.

Mais, par arrêt du 27 floréal an 11, au rapport de M. Dunoyer,

« Considérant, sur la fin de non-recevoir, que les conclusions subsidiaires prises par Lambert et sa femme, n'emportaient pas par elles-mêmes l'abandon des conclusions principales;

» Et en ce qui concerne la demande en cassation, vu l'art. 1er. de la loi du 19 floréal an 6...;

» Le tribunal casse et annule...... ».

Le 12 août 1811, jugement du tribunal de première instance de Chiavari, qui rejette les conclusions principales de Laurent Dasso, tendantes à ce que ses sœurs soient déclarées sur-le-champ non-recevables dans leur demande en validité d'une cession à elles faite par leur frère Emmanuel, et accueille les conclusions qu'il avait prises subsidiairement à l'effet d'être admis à prouver que leur frère Emmanuel était en démence au moment où il avait souscrit cette cession.

Laurent Dasso appelle de ce jugement à la cour de Gènes, et en demande la réformation au chef qui le déboute de ses conclusions principales.

Ses sœurs lui opposent une fin de non-recevoir qu'elles font résulter des conclusions subsidiaires qu'il a prises en première instance et qui lui ont été adjugées.

Le 5 février 1812, arrêt par lequel,

« Considérant que les parties plaidantes, en prenant des conclusions principales et des conclusions subsidiaires, ne font que soumettre aux juges, pour l'intérêt de leur cause, deux demandes distinctes, qui ne sont point alternatives entre elles, ni exclusives l'une de l'autre, mais simplement successives et subalternes ; et que, bien loin que les conclusions en sous-ordre puissent être regardées comme une renonciation à la conclusion principale, ainsi qu'on l'a prétendu, elles démontrent au contraire que le demandeur insiste premièrement sur sa conclusion principale, et que ce n'est que secondairement et en cas de refus d'icelle, qu'il se réplie sur des conclusions subsidiaires ; ce qui prouve évidemment que le jugement qui rejette sa conclusion principale, quoiqu'il accueille ses conclusions subsidiaires, décide contre lui un point en question, et par là est *gravatoire*, et par conséquent *appellable*;

» Considérant que les conclusions subordonnées qui ont été prises par la partie de Cosso (Laurent Dasso), n'ont aucune clause ni expression qui puisse faire présumer qu'elle ait voulu récéder de ses conclusions principales, et qu'au contraire, elles sont conçues de manière à exclure tout doute là-dessus, ayant eu soin ladite partie d'exprimer que c'était seulement pour le cas que ses conclusions principales ne lui seraient point adjugées, et par simple précaution, et en cas de besoin, et non autrement, qu'elle avait recours à des conclusions subsidiaires, ce qui rend évidemment applicables à l'espèce les principes posés ci-dessus......;

» La cour, sans s'arrêter à la fin de non-recevoir, met l'appellation au néant.... (1).».

§. XV. *L'Acquiescement à une sentence, ou à une offre faite par une partie dans le cours d'une contestation, produit-il son effet avant l'acceptation expresse ou implicite de celui qui a obtenu la sentence ou fait l'offre?*

V. l'article *Effets publics*, et le *Répertoire de Jurisprudence*, aux mots *Contrat judiciaire*.

§. XVI. *La demande formée par suite d'un jugement, peut-elle être opposée comme preuve d'Acquiescement formel à ce jugement, par la partie qui l'a combattue et l'a fait rejeter?*

V. l'article *Union de créanciers*, §. 1.

§. XVII. *Le maire d'une commune assignée en délaissement d'un bien dont elle s'est précédemment emparée sans titre, peut-il valablement acquiescer à la demande? Le peut-il spécialement s'il y est autorisé par une délibération du conseil de préfecture, approuvée par le préfet?*

V. l'article *Commune*, §. 3, n°. 2.

§. XVIII. *L'Acquiescement donné par un mandataire à un jugement, ôte-t-il au mandant la faculté d'attaquer ce jugement par les voies de droit, comme s'il y eût acquiescé lui-même?*

I. Il est un cas où la négative ne peut pas être douteuse : c'est celui où le mandataire, uniquement préposé à des recettes, reçoit sans ordre spécial de la personne de qui il tient son mandat, le montant de ce qui est adjugé à celle-ci par un jugement, sans lui réserver par sa quittance les voies de droit contre les dispositions de ce jugement.

Que, dans ce cas, l'Acquiescement du mandataire au jugement ne nuise pas au mandant, c'est ce qu'a formellement jugé l'arrêt rendu par la cour de cassation dans l'espèce suivante :

Un jugement en dernier ressort du tribunal de Gand avait condamné la régie de l'enregistrement, agissant par le ministère de son directeur départemental, à restituer à la dame Haesebeyt une somme de 293 francs, sur une plus forte somme qui avait été perçue à l'occasion d'un acte de réméré ; et sur la signification qui lui avait été faite de ce jugement à la requête de la dame Haesebeyt, le receveur avait effectué la restitution sans protestation ni réserve.

Cependant les administrateurs se sont pourvus

---

(1) Journal des Audiences de la cour de cassation, premier volume supplémentaire, page 35.

ACQUIESCEMENT, §. XVIII.

en cassation, et la dame Haesebeyt a prétendu qu'ils y étaient non-recevables, sous le prétexte que leur préposé avait exécuté volontairement le jugement qu'ils attaquaient.

Mais, par arrêt du 21 germinal an 12, au rapport de M.º Cochard, la fin de non-recevoir a été rejetée,

« Attendu que la régie ne pouvait être liée par le fait de ses préposés inférieurs qu'autant qu'ils auraient agi en vertu d'un mandat spécial qu'ils auraient reçu d'elle *ad hoc*, mandat qu'ils n'ont point reçu, et que le défendeur ne prétend pas leur avoir été par elle adressé;

» D'où il suit que le prétendu Acquiescement qu'il oppose à la régie, n'ayant pas été volontaire, le pourvoi en cassation de celle-ci, contre le jugement attaqué, ne peut être écarté par l'art. 5 du titre 27 de l'ordonnance de 1667, absolument inapplicable à l'espèce ».

Il en serait de même, et à bien plus forte raison, si le mandataire qui a reçu le montant des condamnations, n'était pas le préposé de la partie sur les poursuites de laquelle les condamnations ont été prononcées, quoiqu'il ait eu d'ailleurs qualité pour recevoir.

Ainsi, c'est entre les mains des receveurs de l'enregistrement que doivent être payées les amendes et les restitutions qui sont prononcées, pour délits forestiers, sur les poursuites de l'administration des forêts; et cependant il est certain que leurs quittances ne peuvent pas être opposées à cette administration, comme emportant, de sa part, une renonciation aux voies de droit contre les jugemens qui ne lui ont accordé qu'une partie de ce qu'elle demandait; et c'est ce qu'a jugé, au rapport de M. Chantereyne, un arrêt de la cour de cassation du 4 juin 1824, qui est ainsi conçu :

« Vu les art. 408 et 413 du Code d'instruction criminelle;

» Attendu, en fait, qu'un procès-verbal de récolement, dressé le 15 mai 1823, a constaté un déficit de deux arbres modernes dans la coupe affouagère délivrée à la commune de la Chapelle-sous-Chaux, dans la forêt royale de Larot; que l'adjudicataire Bezancenès, responsable de ce délit, et traduit en conséquence devant le tribunal correctionnel de Belfort, pour se voir condamner à l'amende de 100 francs et à pareille somme de restitution, par application des art. 4 et 8, titre 32, de l'ordonnance de 1669, ne fut condamné qu'à 6 francs de restitution envers l'état; que, sans l'appel de ce jugement, interjeté par l'administration des forêts, l'adjudicataire, qui avait jugé convenable à ses intérêts de l'exécuter, en payant le montant de la condamnation entre les mains du receveur de l'enregistrement, qui lui en a donné quittance, a opposé contre cet appel une fin de non-recevoir tirée de l'exécution du jugement et de l'Acquiescement

qu'il prétendait en faire résulter contre l'administration;

» Mais attendu, en droit, que la renonciation au bénéfice d'un appel régulièrement émis, doit être formellement exprimée, ou résulter au moins d'un fait personnel de l'appelant, qui ne laisse aucun doute sur sa volonté d'acquiescer au jugement qu'il avait attaqué; et que l'exécution donnée au jugement par le condamné, à l'insu et sans la participation de la partie civile qui se plaint de l'insuffisance de la condamnation, ne peut pas opérer une fin de non-recevoir contre son appel; que, si, dans l'espèce, Bezancenès, sans aucune sommation à lui faite, et postérieurement à l'appel du jugement qui prononçait contre lui une faible condamnation, a cru devoir en acquitter le montant, il n'y a, dans cette exécution libre et volontaire de sa part, rien du fait de l'administration des forêts, rien par conséquent dont on pût induire contre elle aucune espèce d'Acquiescement;

» Que cependant la cour royale de Colmar, sous prétexte de l'exécution donnée au jugement dont l'appel lui était déféré, et par suite de l'Acquiescement qu'elle en a fait résulter au préjudice d'une administration restée entièrement étrangère à cette exécution, a déclaré l'administration des forêts non-recevable dans l'appel interjeté par elle du jugement rendu par le tribunal correctionnel de Belfort, le 28 juin 1823; en quoi ladite cour royale a fait une fausse application du principe consacré par l'art. 443 du Code de Procédure, violé les règles de sa compétence et commis un excès de pouvoir, en créant une fin de non-recevoir qui n'était pas dans la loi;

» La cour casse et annule . . . . . »

Il a été rendu trois arrêts semblables 29 octobre et le 31 décembre de la même année, et au rapport du même magistrat (1).

II. Il n'y a pas plus de difficulté sur le cas où le mandataire, uniquement chargé de la poursuite de l'affaire sur laquelle est intervenu le jugement, a, par un acte quelconque, pris sur lui d'acquiescer au jugement même; car, le pouvoir de poursuivre une affaire, ne renferme pas le pouvoir d'acquiescer au jugement qui la terminera.

Mais il existe, à cet égard, une différence très-remarquable entre le mandataire privé *ad lites*, et le mandataire qui n'est tel qu'en qualité d'officier public, c'est-à-dire, d'avoué. Pour faire tomber l'Acquiescement donné par le premier, le seul désaveu du commettant suffit au lieu que, pour échapper à la fin de non-recevoir que l'on tire contre lui de l'Acquiescement donné par le second, il faut que le commettant fasse juger valable le désaveu qu'il en fait. Cela résulte des principes établis aux mots *Désaveu*, §. 2; *Union de créances*, §. 2, et c'est ce que juge l'arrêt rendu dans l'espèce suivante.

Le 10 juin 1818, jugement du tribunal de pre-

(1) Bulletin criminel de la cour de cassation, tome 24, pages 227, 454, 457 et 623.

7.

mière instance de Mende, qui, après avoir statué sur des contestations élevées entre les enfans majeurs d'Étienne Rouvière, relativement au partage de la succession de leur père, ordonne qu'à l'effet de procéder à ce partage, des experts seront nommés par les parties, sinon par le tribunal.

Les avoués des parties, usant de la faculté accordée aux co-partageans majeurs, par l'art. 971 du Code de procédure civile, s'accordent sur le choix d'un expert et n'en nomment point d'autre.

Dans cet état de choses, la dame Mazandier, l'une des co-partageantes, appelle du jugement du 8 juin 1818.

Le sieur Rouvière, l'un des co-héritiers, lui oppose une fin de non-recevoir qu'il fait résulter de l'exécution qu'elle a donnée volontairement au jugement par son concours à la nomination de l'expert chargé des opérations du partage.

Elle répond qu'eût-elle concouru personnellement à cette nomination, elle n'aurait pas pour cela acquiescé au jugement qu'elle attaque; mais que d'ailleurs cette nomination lui est étrangère, qu'elle est l'ouvrage de son avoué, et qu'en le faisant, il a excédé ses pouvoirs.

Le 1er. juin 1819, arrêt de la cour royale de Nîmes, qui déclare l'appel non-recevable, « attendu que l'accord des parties pour la nomi-
» nation de l'expert chargé de procéder aux opé-
» rations du partage ordonné, est venu posté-
» rieurement au jugement, et qu'il en a été une
» exécution volontaire qui présente un Acquiesce-
» ment formel ; qu'il importerait peu que cet ac-
» cord fût émané des seuls avoués, puisque nul
» désaveu n'a eu lieu de la part de l'appelante(1) ».

III. Mais quel est l'effet de l'Acquiescement donné par un mandataire général au jugement rendu contre le mandant?

Suivant la loi 63, D. *De procuratoribus,* le mandataire-général ne peut aliéner ni les meubles ni les immeubles de son commettant; il peut seulement vendre les fruits et les choses périssables : *Procurator totorum bonorum cui res administrandae mandatae sunt, res domini neque mobiles vel immobiles..... sine speciali domini mandato alienare non potest, nisi fructus aut alias res quae facilè corrumpi possunt.*

L'art. 1988 du Code civil dit à peu près la même chose : « Le mandat conçu en termes gé-
» néraux n'embrasse que les actes d'administra-
» tion. S'il s'agit d'aliéner ou hypothéquer, ou de
» tout autre acte de propriété, le mandat doit être
» exprès ».

Or, qu'est-ce qu'acquiescer au jugement qui rejette la demande du commettant, ou prononce contre lui une condamnation? Si c'est aliéner le fonds de l'objet litigieux, nul doute que ce ne soit un acte qui excède les pouvoirs du mandataire général. Mais si c'est un acte d'administration, il est clair que l'Acquiescement du mandataire général doit avoir son plein effet contre le commettant.

Entre ces deux partis, voici un arrêt qui adopte le premier.

Le sieur Vandewerve avait poursuivi la vente par expropriation forcée d'une maison appartenant à la dame Tribert; et il avait obtenu un jugement qui en avait prononcé l'adjudication définitive.

Acquiescement à ce jugement de la part du fondé de procuration générale des sieur et dame Tribert.

Cependant ils en appellent ; et la cause portée à l'audience de la cour supérieure de justice de Bruxelles, le sieur Vandewerve soutient qu'ils sont non-recevables.

Par arrêt du 25 mars 1717, la fin de non-recevoir est rejetée;

« Attendu que l'Acquiescement à un jugement qui pouvait être attaqué par la voie d'appel, emporte une renonciation au droit acquis d'en interjeter appel ; qu'il est notoire en droit d'après la loi 63, D. *De procuratoribus,* qu'un mandat général n'enveloppe pas le pouvoir d'aliéner, sinon les fruits et autres choses périssables, mais qu'un pouvoir spécial est nécessaire à cet effet;

» Qu'il n'a pas été articulé par les intimés, que le mandataire général des appelans aurait eu un mandat spécial pour aliéner, et qu'ainsi, l'assentiment qu'il a donné en leur nom à l'exécution du jugement d'adjudication définitive dont il s'agit, ne leur pas enlevé le droit à eux acquis d'en interjeter appel (1) ».

Mais il est très-permis de douter que cet arrêt doive servir de règle.

Si c'était aliéner que d'acquiescer à un jugement, ce serait aussi et à plus forte raison aliéner que d'acquiescer à une demande formée en justice; car les prétentions du commettant seraient plus équivoques après le jugement qui les a condamnées, qu'elles ne l'étaient auparavant ; et cependant Pothier enseigne positivement, dans son *Traité du Mandat,* n°.155, que « de même que le
» procureur *omnium bonorum* peut, sous le nom de
» mandant, donner des demandes en justice, il peut
» aussi, sous le nom du mandant, défendre à celles
» qui seraient données contre le mandant, lorsqu'il
» les trouve mal fondées, ou y acquiescer lorsqu'il
» les trouve bien justifiées, et qu'il n'a rien à op-
» poser contre ».

Il y a plus : quoique le tuteur d'un mineur n'en puisse aliéner les immeubles ni transiger pour lui, qu'avec l'autorisation de la justice, il a cependant besoin, suivant l'art. 144 du Code civil, que de l'autorisation d'un conseil de famille

---

(1) Jurisprudence de la cour de cassation, tome 19, partie 2, page 285.

(1) Jurisprudence de la cour supérieure de justice de Bruxelles, année 1817, tome 2, page 155.

pour acquiescer à une demande formée contre lui pour des droits immobiliers.

De même, quoiqu'une commune ne puisse aliéner qu'en vertu d'une loi, ou transiger qu'avec l'autorisation du gouvernement, un simple arrêté du conseil de préfecture lui suffit cependant pour passer condamnation, par l'organe de son maire, sur les actions même immobilières qui sont intentées contre elle. (1)

De même encore, quoique l'administration de l'enregistrement ne puisse, aux termes de l'art. 59 de la loi du 22 frimaire an 7, *accorder de remise ou modération des droits ou des peines encourues*, elle peut cependant *acquiescer* à un jugement qui rejette sa demande en paiement de droits ou d'amendes, et c'est ce qu'elle est censée faire toutes les fois qu'elle le signifie sans protestations ni réserves.

Voici, en effet, un arrêt de la cour de cassation qui le juge ainsi formellement.

Le 15 juin 1806, jugement en dernier ressort du tribunal civil de Semur qui, statuant sur plusieurs demandes formées à-la-fois par la régie de l'enregistrement contre la veuve Arbey, en adjuge quelques-unes et rejette les autres.

Le 17 juillet suivant, *à la requête de MM. les administrateurs de la régie de l'enregistrement*, ce jugement est signifié à la veuve Arbey, avec commandement d'y satisfaire.

Quelques tems après, la veuve Arbey est assignée devant la section civile de la cour suprême pour défendre à la demande en cassation intentée par les administrateurs de l'enregistrement contre les dispositions de ce jugement qui lui sont favorables; et là, elle soutient que la signification qui lui a été faite de ce jugement, sans protestations ni réserves, emporte, de la part de la régie, renonciation à tout recours.

Par arrêt du 23 décembre 1807, au rapport de M. Boyer,

« Vu l'acte de signification du jugement attaqué, fait à la requête des administrateurs de la régie de l'enregistrement, à la défenderesse;

» Attendu que, par cet acte, fait au nom de la régie elle-même, et non d'un simple préposé de cette administration, par lequel elle a sommé la défenderesse d'exécuter le jugement attaqué, la régie est censée avoir acquiescé à ce jugement;

» Attendu que, d'après cet Acquiescement, elle n'a plus été recevable à se pourvoir en cassation contre ce même jugement;

» La cour déclare les administrateurs de la régie de l'enregistrement non-recevables dans leur pourvoi... ».

De tout cela il résulte bien clairement que, pour qu'un mandataire général puisse acquiescer d'une manière efficace au jugement rendu contre son commettant, il n'est pas nécessaire que son commettant l'ait investi du pouvoir d'aliéner.

D'où dépend donc, à l'égard du commettant, l'efficacité de l'Acquiescement donné par un mandataire général ? De ce seul point : le mandataire général est-il ou n'est-il pas investi, par son mandat, du pouvoir d'intenter toutes les actions qu'il jugera à propos, et de défendre à toutes celles qu'il trouvera mal fondées ? S'il ne l'est pas, nul doute que son Acquiescement ne soit sans effet contre le mandant. Mais nul doute aussi qu'il n'en soit autrement dans le cas contraire. C'est ainsi que le tuteur nuit à son pupille en acquiesçant, avec l'autorisation du conseil de famille, à un jugement qui évince son pupille d'un immeuble, ou le déboute de sa demande en revendication d'un bien de la même nature. C'est ainsi qu'un maire nuit à sa commune, en acquiesçant, avec l'autorisation du conseil de préfecture, à un jugement rendu contre elle en matière immobilière. C'est ainsi que l'administration de l'enregistrement nuit à l'état, en acquiesçant de son propre mouvement et sans autorisation du gouvernement, au jugement rendu sur une action pour l'exercice de laquelle l'autorisation spéciale du gouvernement ne lui a pas été nécessaire. En un mot, le pouvoir d'acquiescer à un jugement est, dans tout mandataire général, la conséquence du pouvoir d'agir ou de défendre selon qu'il le juge convenable aux intérêts du mandant.

§. XIX. *La faculté d'attaquer un jugement rendu sur une contestation qui intéresse l'ordre public, se perd-elle par l'Acquiescement volontaire de la partie condamnée, comme par le laps de délai fixé par la loi pour en provoquer la réformation ou la nullité ?*

2°. *Si elle survit à la renonciation que la partie y a faite moyennant une obligation souscrite à son profit, cette obligation n'est-elle pas dénuée de cause et par conséquent nulle ?*

I. Sur la première question, la négative est la conséquence nécessaire du principe consacré par l'art. 6 du Code civil, qu'*on ne peut déroger par des conventions particulières aux lois qui intéressent l'ordre public et les bonnes mœurs*.

De là l'arrêt de la cour de cassation, du 17 août 1807 (rapporté dans le *Répertoire de jurisprudence*, au mot *Jugement*, §. 3, n°. 6.); qui décide que l'Acquiescement volontaire d'un mari au jugement par lequel il est permis à son épouse de faire prononcer la dissolution de leur mariage par le divorce, n'apporte aucun obstacle à l'appel de ce jugement, avant que soit expiré le délai dans lequel la loi veut qu'il soit interjeté.

II. La seconde question se résoud par le même principe que la première. Dès que la partie condamnée n'est pas liée par la renonciation qu'elle fait à la faculté de se pourvoir contre le jugement de condamnation dans le délai légal, il est im-

---

(1) *V.* l'article *Commune*, §. 3, n°. 2.

possible que la partie adverse le soit par l'obligation qu'elle a souscrite pour obtenir cette renonciation ; car son obligation se trouve nécessairement sans cause, et elle *ne peut, dès-lors, aux termes de l'art. 1131 du Code civil, avoir aucun effet.*

Voici, au surplus, un arrêt de la cour de cassation qui le juge ainsi.

La dame Pion, après avoir fait signifier à son mari un arrêt de la cour royale d'Angers qui l'autorisait à se séparer de corps et de biens d'avec lui, avait souscrit, pour le déterminer à ne pas se pourvoir en cassation dans les trois mois que la loi lui accordait à cet effet, un billet de dix mille francs payable au sieur Laignard, créancier de pareille somme du sieur Pion, le lendemain du jour où ces trois mois seraient expirés.

A l'échéance de ce billet, arrivée sans que le sieur Pion eût attaqué l'arrêt, demande du sieur Caignard en paiement de la somme de dix mille francs.

Refus de la dame Pion, qui est en conséquence assignée devant le tribunal de commerce.

Le sieur Pion intervient pour soutenir la validité de l'engagement pris par sa femme de payer les dix mille francs qu'il devait au sieur Caignard.

Jugement qui, en effet, condamne la dame Pion à payer cette somme.

Mais, sur l'appel, arrêt de la cour royale d'Angers, du 18 juillet 1821, qui réforme ce jugement et décharge la dame Pion.

« Attendu qu'il est résulté positivement des faits articulés, des explications données, et des aveux respectivement faits au cours des plaidoiries, 1°. quant au sieur Caignard, que, dans la vérité, et d'après sa propre déclaration, il n'a fait aucun prêt d'argent, aucunes fournitures particulières à la dame Pion ; que seulement il a posé en fait que le sieur Pion était particulièrement son débiteur, et que c'est de lui-même qu'il a reçu en paiement le billet à ordre dont est cas ; 2°. à l'égard des sieur et dame Pion, que le même billet, passé ainsi, devait indirectement tourner en entier au profit de celui-ci, que son épouse ne l'avait consenti et souscrit de la sorte que pour ne pas courir les chances et risques, pour elle, du pourvoi en cassation qu'alors il se disposait à former contre l'arrêt de la cour, confirmatif de leur séparation jugée en première instance ; que ce billet, ainsi convenu entre eux, fut le prix de sa renonciation à ce pourvoi ; que ce fut par suite qu'ils se réglèrent à l'amiable sur leurs droits respectifs, en exécution du jugement qui avait prononcé leur séparation ; enfin, que d'après ce dont ils étaient convenus, ledit billet fut d'abord confié à une tierce-personne, pour n'être remis au sieur Pion qu'après son Acquiescement formel audit arrêt de la cour, et l'expiration du délai pour le pourvoi en cassation, que ce fut alors seulement que la remise en fut faite au sieur Pion et par suite au sieur Caignard ;

» Attendu, en droit, qu'il résulte de la concordance de tous ces faits dont il a été requis acte,

» 1°. Qu'à l'égard du sieur Caignard, le billet en question est sans cause réelle, au respect de la dame Pion ; qui ne lui devait rien ; que d'ailleurs, il n'a justifié ni offert de justifier que le sieur Pion fût son débiteur particulier, comme il l'a seulement allégué en plaidant ; que même il ne résulte aucunement des termes dudit billet, que la dame Pion l'ait consenti pour la libération de son mari envers lui sieur Caignard,

» 2°. Que ce billet, effet d'un accord particulier entre les sieur et dame Pion, a eu uniquement pour objet et pour cause, à leur égard, la renonciation du sieur Pion au pourvoi en cassation qu'il voulait former ; que ce pourvoi, en cas d'admission et de renvoi à une autre cour, aurait ainsi remis en question l'état du mari et de la femme, quant à leur séparation jugée ; d'où il suit que réellement le billet consenti par la dame Pion, a été le résultat d'une transaction sur un procès d'ordre public ; procès non invariablement terminé, puisqu'il pouvait renaître par suite du pourvoi en cassation ;

» Que toute transaction en tel cas, et sur telle matière, est prohibée formellement par l'art. 1004 du Code de procédure, qui n'est en cela que la conséquence des art. 9, 1131 et 1133 du Code civil ; qu'ainsi, la cause unique du billet dont il s'agit, doit être considérée comme illicite et en faire prononcer la nullité, sans avoir égard à l'autorisation donnée par le mari, autorisation qui, en ce cas, est comme non-avenue ».

Les sieurs Caignard et Pion se pourvoient en cassation contre cet arrêt, et le dénoncent comme violant, par une fausse application des art. 6, 1131 et 1133 du Code civil, l'art. 1134 du même Code, aux termes duquel «les conventions » légalement formées tiennent lieu de loi à » ceux qui les ont faites ». Ils ne nient pas positivement que la renonciation contractuelle à la faculté d'attaquer par opposition ou appel un jugement qui prononce une séparation de corps entre époux, ne soit implicitement prohibée par l'art. 6 du Code civil, et par conséquent nulle ; mais ils prétendent qu'il n'en peut pas être de même de la renonciation contractuelle à la faculté d'attaquer par requête civile ou recours en cassation, un arrêt qui contient une pareille disposition. La requête civile et le recours en cassation (disent-ils) sont des voies extraordinaires ; la loi ne les ouvre que dans des cas déterminés. L'ordre public n'est donc pas troublé par la renonciation à l'une ou à l'autre voie, puisque déjà il existe un arrêt qui a statué souverainement sur le fond du procès, et qui forme par lui-même, pour la société, une garantie suffisante de sa conformité aux lois.

Cette distinction n'était fondée sur rien. Par

arrêt du 2 janvier 1823, au rapport de M Favart de Langlade,

« Considérant qu'il résulte des faits constatés par l'arrêt attaqué, 1°. que le sieur Caignart avait servi de prête-nom au sieur Pion Noirie, dans le billet souscrit à son profit, par la dame Noirie, qui ne devait rien au sieur Caignard; 2°. que le billet en question avait une fausse cause, et que sa véritable avait eu pour objet le résultat d'une transaction entre les sieur et dame Pion, sur un pourvoi en cassation contre un arrêt qui avait prononcé leur séparation de corps, matière qui tient à l'ordre public; qu'ainsi, en déclarant illicite la cause du billet dont il s'agit, et en le déclarant nul, la cour royale d'Angers a fait une juste application de l'article 1133 du Code civil;

» Par ces motifs, la cour (section des requêtes) rejette le pourvoi..... (1) ».

§. XX. *L'Acquiescement donné par le ministère public à un jugement dans lequel il était partie, le prive-t-elle de la faculté d'attaquer ce jugement par les voies de droit?*

Que le ministère public soit non-recevable à attaquer un jugement dans lequel il a été partie, lorsqu'est écoulé le délai que la loi lui accordait à cet effet, c'est ce qui n'est et ne peut être douteux.

Mais est-il également non-recevable par cela seul qu'avant que ce délai commençât à courir ou fût expiré, il a consenti, soit expressément, soit pour un fait positif, à ce que ce jugement reçût son exécution?

La négative résulte clairement du principe sur lequel sont fondés les deux arrêts de la cour de cassation des 17 août 1807 et 2 janvier 1823, cités dans le §. précédent, et elle a été formellement consacrée par plusieurs arrêts de la même cour qui sont rapportés au mot *Cassation*, §. 50, et dans le *Répertoire de jurisprudence*, aux mots *Acquiescement*, §. 6, *Appel*, sect. 2, §. 8 *bis*, n°. 2, *Cassation*, §. 4, n°. 6, *Contumace*, §. 3, n°. 6, et *Notaire*, §. 5, n°. 2.

Voici pourtant une espèce dans laquelle la cour royale de Nîmes a cru pouvoir en juger autrement.

En 1823, réquisitoire du procureur du roi au tribunal de première instance de Nîmes, tendant à la destitution du sieur B....., notaire.

Le 21 novembre, jugement qui, attendu que les faits reprochés par le procureur du roi au sieur B....., annoncent plus de faiblesse que d'immoralité et d'incapacité, déclare qu'il n'y a lieu de poursuivre la destitution de cet officier, et se borne à lui enjoindre « d'apporter par la » suite plus de zèle, d'exactitude et de régularité » dans ses fonctions, sous peine d'être livré à toute » la sévérité des lois ».

---

(1) Journal des Audiences de la cour de cassation, année 1823, page 109.

Le 9 décembre suivant, le procureur du roi fait signifier ce jugement au sieur B.... *afin qu'il n'en ignore et qu'il ait à s'y conformer en tout son contenu*; et deux jours après, il lui fait notifier un acte par lequel il déclare se rendre appelant de ce même jugement.

L'affaire portée à la cour royale de Nîmes, le sieur B..... soutient que l'appel du procureur du roi est non-recevable; et un arrêt du 7 janvier 1824 le juge ainsi, « Attendu, en fait, que le » procureur du roi a fait signifier sans protesta- » tion et avec commandement de s'y conformer, » le jugement dont il s'est rendu appelant; qu'en » règle générale, une pareille signification doit » être considérée comme un Acquiescement et » une renonciation à l'appel, et rend par consé- » quent irrecevable l'appel postérieurement re- » levé ; qu'il n'existe dans notre législation aucune » disposition particulière qui affranchisse le mi- » nistère public, agissant en matière civile, de la » règle générale ci-dessus établie ».

Mais, sur le recours en cassation du procureur général, arrêt du 23 décembre 1824, au rapport de M. Quéquet, sur les conclusions conformes de M. l'avocat-général Cahier, et après un délibéré en la chambre du conseil, par lequel,

« Vu l'art. 53 de la loi du 25 ventôse an 11 sur le notariat, l'article 6 du titre préliminaire du Code civil, et l'art. 2045 du même Code;

» Considérant que la loi du 25 ventôse an 11 qui donne au ministère public, et l'action en suspension ou destitution contre les notaires et la faculté d'appeler des jugemens rendus sur l'exercice de cette action, intéresse éminemment l'ordre public;

» Considérant que le jugement du tribunal de Nîmes, qui avait prononcé, en premier degré, sur la demande en destitution dirigée par le procureur du roi contre le notaire B...., a été attaqué d'appel dans le délai de la loi;

» Que la cour royale de Nîmes ne pouvait pas se dispenser d'examiner le mérite de cet appel; que c'est mal à propos qu'elle a induit une fin de non-recevoir de ce que le jugement avait été signifié à la requête du procureur du roi, non-seulement sans réserve ni protestation, mais encore avec interpellation au notaire B..... de s'y conformer, parceque le magistrat chargé de la poursuite d'une action qui intéresse l'ordre public, ne peut ni abréger les délais que la loi fixe, ni renoncer aux facultés qu'elle lui donne; qu'ainsi, la cour royale de Nîmes a créé une fin de non-recevoir arbitraire, en considérant cette signification comme un Acquiescement que le consentement le plus formel n'aurait pu lui-même opérer; d'où il suit que c'est par excès de pouvoir, et en violant la loi du 25 ventôse an 11 et les art. 6 et 2045 du Code civil, que la cour royale de Nîmes a déclaré non-recevable l'appel interjeté par le procureur du roi de la même ville et relevé par la procureur-général;

» Par ces motifs, la cour donne défaut contre B...., non-comparant, et pour le profit casse et annule,...... (1) ».

§. XXI. *Celui qui fait signifier et exécuter un jugement de première instance, rendu conformément à sa demande, mais basé sur plusieurs motifs, dont un rejette le principal moyen de défense qu'il avait employé devant les premiers juges, est-il par là censé acquiescer au rejet de ce moyen, et ne peut-il plus en conséquence, dans le cas d'appel de la part de son adversoire, invoquer ce même moyen devant le juge supérieur?*

V. Les articles *Cassation*, §. 35, et porté à l'*Inscription sur le grand-livre*, §. 4.

§. XXII. 1°. *Quel est à l'égard de la caution, l'effet de l'Acquiescement du débiteur principal au jugement rendu contre lui?*

2°. *Quel est, dans les matières divisibles, à l'égard des co-obligés solidaires du débiteur condamné, l'effet de l'Acquiescement de celui-ci à sa condamnation?*

3°. *Quel est, dans les matières indivisibles, à l'égard des co-débiteurs ou co-propriétaires du condamné, l'effet de son Acquiescement à ce que le Jugement rendu contre lui, reçoive son exécution?*

On verra à l'article *Chose jugée*, §. 18, que le jugement rendu contre le débiteur principal, a l'autorité de la chose jugée contre la caution; que le jugement rendu contre l'un des débiteurs solidaires, a l'autorité de la chose jugée contre ses co-débiteurs; et que le jugement rendu contre le co-propriétaire ou co-débiteur d'un objet indivisible, a l'autorité de la chose jugée contre les autres co-propriétaires ou co-débiteurs de cet objet.

Mais est-ce à dire pour cela que la caution est liée par l'Acquiescement du débiteur principal au jugement pour qui a été rendu contre lui? Est-ce à dire pour cela que le jugement rendu, soit contre l'un des débiteurs solidaires d'une chose divisible, soit contre l'un des co-débiteurs ou co-propriétaires d'une chose indivisible, devient, par le seul Acquiescement du condamné, inattaquable de la part des autres débiteurs ou propriétaires?

La négative est clairement établie en faveur de la caution par la loi 5, D. *de appellationibus.* Après avoir dit que régulièrement l'on ne peut appeler que des jugemens dans lesquels on a été partie, cette loi en excepte notamment les cautions : *item fidejussores pro eo pro quo intervenerunt;* et elle ajoute : *igitur et venditoris fidejussor appellabit, licet emptor et venditor adquiescant.* On sent, en effet, que la caution ne peut pas être liée par le jugement rendu contre le débiteur principal, sans être censée y avoir été partie; que, dès qu'elle est censée y avoir été partie, il faut nécessairement qu'elle ait droit d'en appeler; et que, dès qu'elle a droit d'en appeler, il est impossible qu'elle en soit privée par le fait du débiteur principal.

La même raison s'applique tant aux co-débiteurs solidaires d'une chose divisible qu'aux co-propriétaires ou co-débiteurs d'une chose indivisible qui sont liés de plein droit par le jugement rendu contre leur co-débiteur ou co-propriétaire. Aussi Pothier dit-il, dans son *Traité des obligations*, part. 4., sect. 3, art. 5, qu'*ils peuvent interjeter appel de ce jugement, quoique celui contre qui il a été rendu, y eût acquiescé.*

V. l'article *Appel*, §. 6, n°. 8; §. 8, art. 1, n°. 13; et §. 15.

§. XXIII. *Lorsqu'un jugement est rendu contre deux parties dont l'une est l'ayant-cause de l'autre, quel est contre l'une l'effet de l'Acquiescement que l'autre y donne?*

Que l'ayant-cause ne puisse pas, par son Acquiescement, priver son auteur du droit d'attaquer le jugement qui les a condamnés tous deux, c'est une vérité qu'a formellement consacré un arrêt de la cour de cassation du 13 nivôse an 10 dont le Bulletin civil de cette cour, nous retrace ainsi l'espèce et le prononcé.

« Barthélémi Laugerat et consorts, se prétendant propriétaires d'un terrain, avaient autorisé Laugerat fils et Bouyer-Blaisy à déposer des fumiers sur ce terrain.

» François Cherbonnaud se prétendant aussi propriétaire du même terrain avait formé contre Barthélémi Laugerat et consorts, Laugerat fils et Bouyer-Blaisy une demande qui avait pour objet, à l'égard des premiers, la propriété du terrain, et relativement aux autres, l'enlèvement de leurs fumiers.

» Le tribunal civil du département de la Charente avait condamné Bouyer-Blaisy et Laugerat fils à enlever les fumiers, et avait fait défenses à Barthélémi Laugerat et consorts de faire acte de propriété sur le terrain contentieux.

» Bouyer-Blaisy et Laugerat fils, ainsi que Barthélémi Laugerat et consorts, s'étaient rendus appelants.

» Depuis cet appel, Bouyer-Blaisy avait fait enlever les fumiers.

» Devant le tribunal civil du département de la Vienne, saisi de l'appel, Cherbonnaud avait soutenu que les appelans y étaient non-recevables, parce qu'ils étaient censés avoir acquiescé au jugement de première instance, à raison du fait de l'enlèvement des fumiers.

» Barthélémi Laugerat et consorts avaient répondu que la circonstance de cet enlèvement ne pouvait leur être opposée comme preuve d'Acquiescement au jugement du tribunal de pre-

---

(1) Bulletin civil de la cour de cassation, tome 26, page 390.

ACQUISITION, ACTE, §. I.

mière instance, ledit enlèvement n'étant le fait que de Bouvier-Blaisy qui ne prétendait rien à la propriété du terrain.

« Le tribunal civil du département de la Vienne avait décidé que les condamnations prononcées par le tribunal civil du département de la Charente, étaient solidaires, et que l'exécution étant indivisible l'adhésion de l'une des parties avait engagé les autres; et il avait en conséquence déclaré l'appel non-recevable.

» Fausse application de l'art. 5 du tit. 27 de l'ordonnance de 1667, qui déclare non-recevable l'appel de tout jugement auquel il a été formellement acquiescé; et contravention à la loi 6, C. *de re judicatâ*.

» Le jugement portant cassation est conçu en ces termes:

» Vu l'art. 5 du tit. 27 de l'ordonnance de 1667, portant......;

» Vu aussi la loi 9, D. *de Exceptione rei judicatæ*, portant : *Julianus scripsit exceptionem rei judicatæ à personâ auctoris ad emptorem transire solere; retrò autem ab emptore ad auctorem reverti non debere.*

» Et la loi 63, D. *de re judicatâ*, portant : *si ex duobus petitoribus, alter victus adquieverit, alterius petitioni non præjudicatur, idque ita rescriptum est;*

» Attendu qu'il est de principe reconnu par ces lois, que l'Acquiescement de l'ayant-cause ne peut jamais être opposé à celui dont il tient son droit, et que l'Acquiescement de l'une des parties plaidantes ne peut pas nuire à l'autre partie; qu'ainsi, quand l'enlèvement des fumiers par Bouvier-Blaisy et Langerat fils aurait pu être considéré comme un Acquiescement de leur part, il n'aurait pu empêcher les demandeurs d'interjeter appel; que, par suite, le jugement du 7 fructidor an 7, en décidant que l'enlèvement des fumiers rendait non-recevables les demandeurs qui n'y avaient pas individuellement participé, a fait une fausse application de l'art. 5 du tit. 27 de l'ordonnance de 1667, et a violé les lois romaines ci-dessus citées qui régissent le lieu de la contestation;

» Le tribunal casse et annule le jugement du tribunal civil du département de la Vienne, du 7 fructidor an 7 ».

Mais de cet arrêt même ne résulte-t-il pas que l'Acquiescement de l'auteur peut être opposé à l'ayant-cause?

Il conduirait en effet tout naturellement à cette conséquence, s'il était uniquement motivé sur le principe reconnu par la loi 9, D. *de Exceptione rei judicatæ*, que *l'Acquiescement de l'ayant-cause ne peut jamais être opposé à celui dont il tient son droit*; car si c'était la loi citée qui établit ce principe, en disant que l'auteur n'est pas lié par l'exception de chose jugée qui a lieu contre l'ayant-cause, elle établirait en même temps que l'Acquiescement de l'auteur nuit à l'ayant-cause, par cela seul qu'elle dit que l'ayant-cause est soumis à l'exception de chose jugée qui a lieu contre l'auteur.

Mais, d'une part, l'arrêt n'est pas seulement motivé sur la loi 9, D. *de Exceptione rei judicatæ;* il l'est encore sur un autre principe écrit textuellement dans la loi 63, D. *de re judicata*, savoir, que *l'Acquiescement de l'une des parties plaidantes ne peut pas nuire à l'autre partie;* et il est sensible que ce principe serait violé, si l'on faisait opérer contre l'auteur l'Acquiescement donné par l'ayant-cause au jugement qui les a condamnés tous les deux.

D'un autre côté, l'arrêt donne une fausse interprétation à la loi 9, D. *de re judicata*. Cette loi ne veut dire autre chose, si ce n'est que le jugement rendu contre le vendeur avant la vente, a l'autorité de la chose jugée contre l'acheteur; et bien loin que l'on puisse en conclure que l'Acquiescement du vendeur au jugement rendu à la fois contre lui et contre l'acheteur, peut être opposé à celui-ci, on ne peut pas même en conclure, ainsi que je l'établis aux mots *Chose jugée*, §. 2, que l'acheteur soit lié par le jugement rendu contre le vendeur postérieurement à la vente.

Sans doute, par l'Acquiescement de l'acheteur au jugement qui l'évince, ce jugement acquiert l'autorité de la chose jugée contre le vendeur qui a pris son fait et cause, en ce sens que le vendeur ne peut pas empêcher le demandeur en éviction de s'approprier l'objet litigieux. Mais le vendeur n'en reste pas moins le maître d'attaquer ce jugement dans son intérêt, c'est-à-dire, à l'effet de faire décider par le tribunal supérieur que l'acheteur a été évincé injustement, qu'il a eu tort d'acquiescer à son éviction, et que, par suite, il n'a ni restitution de prix ni dommages-intérêts à prétendre.

V. Les articles *Appel*, §. 2, n°. 4 bis, et *Appel incident*, §. 5.

§. XXIV. *Autres questions sur les conditions nécessaires pour qu'il y ait Acquiescement à un jugement, et par suite renonciation à la faculté de l'attaquer.*

V. l'article *Appel*, §. 6, n°. 2 et suivans.

ACQUISITION. *Quelle était, avant la révolution, la législation de la ci-devant Lorraine relativement aux Acquisitions des gens de mainmorte?*

V. Le plaidoyer et l'arrêt du 15 ventôse an 10, rapportés à l'article *Biens nationaux*. §. 2.

ACTE. §. I. *Quelle est la loi qui doit régler la forme extérieure des Actes? Est-ce celle du temps et du lieu où les Actes se passent? Est-ce celle du temps et du lieu où ils doivent recevoir leur exécution? Différence entre leur forme extérieure et le fond de leurs dispositions.*

V. l'article *Disponibilité des biens*, et le plaidoyer, ainsi que l'arrêt du 1er brumaire an 13, rapportés à l'article *Testament*, §. 11.

ACTE AUTHENTIQUE. *V.* l'article *Authentique (Acte.)*

ACTE DE NAISSANCE. §. I. *L'Acte de Naissance prouve-t-il autre chose que la filiation? Est-il destiné, par la loi, à établir la légitimité?*

V. les articles *Faux*, §. 3, et *Supposition d'état*.

§. II. *La déclaration faite devant notaire par une femme mariée, que c'est elle qui a donné le jour à tel enfant qui a été inscrit plusieurs années auparavant sur le registre public, comme fils de père et mère inconnus, procure-t-elle à cet enfant le même avantage qu'un Acte de Naissance dans lequel il serait énoncé comme fils de cette femme?*

V. le plaidoyer et l'arrêt du 9 novembre 1809, rapporté au mot *Légitimité*, §. 2.

Au surplus, *V.* les articles *Décès* et *Filiation*.

ACTE DE NOTORIÉTÉ. *V.* l'article *Notoriété (Acte de.)*

ACTE NOTARIÉ. §. I. *Après la loi du 21 septembre 1792 portant abolition de la royauté, et avant celle du 25 ventôse an 11, a-t-il été nécessaire, pour que les grosses des Actes notariés fussent exécutoires, qu'elles continssent une formule calquée sur celle qu'avait prescrite la loi du 29 septembre-6 octobre 1791?*

V. le plaidoyer et l'arrêt du 21 vendemiaire an 11, rapportés à l'article *Intervention*.

§. II. *Avant la loi du 29 septembre-16 octobre 1791, sur le notariat, un acte qui, d'après le statut local, devait être fait par un notaire en présence de deux témoins, pouvait-il l'être sans témoins par deux notaires?*
V. l'article *Signature*, §. I.

§. III. *Lorsqu'il ne manque plus à la perfection d'un acte reçu par un notaire, que la signature, soit des témoins et du notaire même, soit du notaire seulement, l'une des parties qui l'ont signé peut-elle encore se retracter?*

L'affirmative est incontestable quand il s'agit d'un acte qui, par sa nature, ne peut valoir que comme écrit public, et la raison en est simple : c'est qu'il n'existe pas comme tel tant que ne sont pas remplies toutes les formalités qu'il le constituent, et que par conséquent il n'oblige pas jusqu'alors les parties qui l'ont signé.

Mais en est-il de même s'il s'agit d'un acte que les parties auraient pu faire sous seing-privé?

Voici ce que contiennent, sur cette question, les manuscrits d'anciens avocats au parlement de Pau, dont un extrait m'a été remis vers l'année 1808 par M. Cassaigne, conseiller à la cour de cassation.

« La partie qui a signé un acte avec les autres
» parties et les témoins, peut-elle revenir avant
» qu'il ait été signé par le notaire? Arrêt du par-
» lement de Pau, du 5 juillet 1714, qui jugea
» l'affirmative à l'égard d'une caution qui, ayant
» signé avec les autres parties et les témoins, prit
» l'acte et le mit dans sa poche au moment que le
» notaire se disposait à signer. Il fut dit qu'il se-
» rait tenu de rendre l'acte, *duquel il pourrait
» néanmoins rayer son nom.* L'arrêt est conforme
» à la loi 17, C. *de fide instrumentorum*, et au
» titre des Institutes *de emptione et venditione*. Le
» contrat n'est parfait que par la signature du
» notaire, lorsque les parties ont voulu faire un
» acte public ».

Mais je crois avoir démontré, dans le *Répertoire de jurisprudence*, aux mots *Acte Notarié*, et *Vente*, §. 1, art. 3, n°. 5, que l'opinion adoptée par cet arrêt, n'était, dans l'ancien droit, qu'une erreur contre laquelle s'étaient élevés les plus grands jurisconsultes et qui avait été rejetée par un grand nombre d'autres arrêts.

Je dois ajouter ici que cette opinion serait aujourd'hui d'autant moins soutenable, qu'elle est textuellement condamnée par la loi du 25 ventôse an 11 sur le notariat.

Cette loi, après avoir dit, art. 14, que *les actes seront signés par les parties, les témoins et les notaires qui doivent en faire mention à la fin de l'acte*, déclare, art. 68, que « tout acte fait en con-
» travention aux art.... 14...., est nul, *s'il n'est
» pas revêtu de la signature de toutes les parties*»;
et que, lorsque l'acte sera revêtu de la signature de toutes les parties contractantes, « il ne
» vaudra que comme écrit sous signature-privée ».
On ne peut pas dire plus clairement que l'acte auquel manquent, soit la signature des témoins, soit celle du notaire, soit l'une et l'autre à la fois, soit la mention des signatures des parties et des témoins, est nul comme Acte Notarié, et que cependant il ne laisse pas de lier, comme acte sous seing-privé, les parties qui l'ont revêtu de leurs signatures. Le moyen, d'après cela, de prétendre sérieusement que l'une des parties qui a signé devant un notaire et des témoins, un acte de l'essence duquel il n'est pas d'être notarié, peut se dédire tant que les témoins et le notaire ne l'ont pas signé eux-mêmes?

On trouvera sous les mots *Certificats, Exécution parée* et *Date*, d'autres questions relatives aux Actes Notariés.

ACTE RESPECTUEUX. §. I. Question sur l'art. 151 du Code civil.

A qui du père adoptif ou des ascendans naturel

ACTE RESPECTUEUX, §. II. QUEST. I.

l'adopté doit-il s'adresser par un Acte respectueux pour demander le conseil dont il a besoin pour se marier ?

V. l'article *Adoption*, §. 3.

§. II. *Questions sur les art.* 152 *et* 153 *du Code civil.*

I. A la suite de l'art. 151 qui déclare *les enfans de famille* ayant atteint la majorité fixée par l'art. 148 (c'est-à-dire, 25 ans, si ce sont des fils, et 21 ans, si ce sont des filles), *seront tenus, avant de contracter mariage, de demander, par un Acte respectueux et formel, le conseil de leur père et mère, ou celui de leurs aïeuls et aïeules, lorsque leur père et leur mère sont décédés ou dans l'impossibilité de manifester leur volonté;* l'art. 152 ajoute : « depuis la majorité fixée par l'art. 148
» jusqu'à l'âge de trente ans accomplis pour les
» fils et jusqu'à l'âge de vingt-cinq ans pour les
» filles, l'Acte respectueux prescrit par l'article
» précédent, et sur lequel il n'y aurait pas de
» consentement au mariage, sera renouvelé deux
» autres fois, de mois en mois; et un mois après
» le troisième acte, il sera passé outre à la célé-
» bration du mariage ».

Et l'art. 153 continue ainsi : « après l'âge de trente
» ans, il pourra être, à défaut de consentement
» sur un Acte respectueux, passé outre, un mois
» après, à la célébration du mariage ».

Il s'élève sur ces deux articles trois questions, dont deux qui leur sont communes, et la troisième qui est particulière au second.

PREMIÈRE QUESTION. *Dans les délais que fixent l'art.* 152 *par les mots de mois en mois, et l'art.* 153 *par les mots* un mois après, *doit-on comprendre et le jour du terme* A QUO*, c'est-à-dire, où se fait la notification, et le jour du terme* AD QUEM*, c'est-à-dire, celui où expire le mois après lequel il y a lieu, soit d'en faire une nouvelle, soit de passer outre ?*

Point de doute que le jour du terme *ad quem* n'y doive être compris. Cela résulte du principe consacré par les lois romaines (1) que nul délai ne peut être censé expiré qu'à l'instant où finit le jour qui en forme le terme extrême. Ainsi, une notification faite le 1ᵉʳ avril, ne peut pas être réitérée le 30 du même mois, parce que, même en faisant entrer le 1ᵉʳ avril dans la supputation du délai, le mois ne se trouvera complet que lorsque la journée du 30 sera entièrement écoulée.

Mais, dans cette hypothèse, le 1ᵉʳ avril doit-il réellement être compris dans le délai ; et en conséquence la notification faite ce jour-là peut-elle être réitérée le 1ᵉʳ mai suivant ?

La négative serait incontestable, si l'on s'en rapportait à l'axiôme vulgaire des praticiens, *dies*

termini *non computatur in termino*. Mais j'ai prouvé *dans le Répertoire de jurisprudence*, à l'article *Délai*, sect. 1, §. 3, que ce prétendu axiôme n'est qu'une erreur; et voici une espèce dans laquelle a été hautement condamnée l'application que l'on prétendait en faire à notre question.

Le 19 mai 1809, un Acte respectueux est, à la requête de la demoiselle Juliard, mineure de vingt-cinq ans, demeurant à Paris, notifié à sa mère, demeurant à Corbeil. Il est réitéré le 19 juin et le 19 juillet suivans ; la demoiselle Juliard fait ensuite procéder aux publications de son mariage. Sa mère y forme opposition et soutient que les notifications des 19 juin et 19 juillet sont nulles, parce qu'elles ont été faites chacune avant l'expiration du mois qui devait la séparer de la précédente.

Elle appuie son système sur l'art. 1033 du Code de procédure, aux termes duquel *le jour de la signification ni celui de l'échéance ne sont jamais comptés pour le délai général fixé pour les ajournemens, les citations, sommations et autres actes faits à personne ou domicile ;* et voici comment elle raisonne. Il est clair, d'après cet article, que, dans le délai d'un mois qui doit s'écouler d'une notification à l'autre, on ne peut pas comprendre le jour où se fait la première. Or, si vous retranchez le jour où a été faite la notification du 19 mai, le mois qui devait la suivre et se compléter avant qu'il pût en être fait une seconde, se trouvera n'avoir été révolu qu'au dernier instant de la journée du 19 juin ; et par conséquent ce ne sera que le 20 juin que la seconde notification aura pu avoir lieu ; donc la seconde notification ayant été faite le 19 juin, est, par cela seul, nulle et comme non-avenue ; donc la troisième notification est entachée de la même nullité.

Le 15 septembre 1809, jugement du tribunal de première instance du département de la Seine, qui fait main-levée de l'opposition, « attendu
» que les dispositions du Code civil relatives aux
» actes de l'état civil, déterminent que les Actes
» respectueux seront faits de mois en mois ; que
» la demoiselle Juliard a satisfait à cette obliga-
» tion ; que l'art. 1033 du Code de procédure
» n'est pas applicable à l'espèce ».

Et sur l'appel, arrêt du 19 octobre de la même année, qui, « adoptant les motifs des premiers
» juges, met l'appellation au néant (1) ».

Ni cet arrêt ni le jugement qu'il confirme, n'expliquent pourquoi *l'art.* 1033 *du Code de procédure n'est pas applicable à l'espèce.* Mais la raison en est sensible : c'est que cet article ne porte que sur les significations de certains actes de procédure, et que l'on ne peut pas considérer comme actes de procédure les Actes respectueux qui sont prescrits par les art. 151, 152 et 153 du Code civil.

---

(1) V. le Répertoire de jurisprudence, au mot *Délai*, sect. 1, §. .

(1) Journal du Palais, tome 26, page 348.

8.

Au surplus, la question a encore été jugée de même plus récemment.

Le 3 novembre 1819, la demoiselle D..... fait notifier à son père et à sa mère un Acte respectueux, qu'elle réitère le 3 décembre et le 3 janvier 1820. Le père et la mère forment opposition au mariage, et soutiennent que le second et le troisième de ces actes sont nuls, parce qu'il ne s'est pas écoulé un mois entre le premier et le second, ni entre le second et le troisième.

Mais, par jugement du 6 mars 1820, le tribunal de Bruges fait main-levée de l'opposition « attendu que les mois se comptent de quantième à » quantième; que, dès-lors, les Actes respectueux » des 3 novembre, 3 décembre 1819 et 3 jan- » vier 1820 ont été rédigés et renouvelés en » temps utile ».

Et sur l'appel à la cour supérieure de justice de Bruxelles, arrêt confirmatif, du 29 du même mois, « attendu que les Actes respectueux pro- » duits au procès constatent que les formalités » exigées par la loi, ont été observées (1) ».

II°. QUESTION. *Doit-on, en cette matière, tellement calculer les mois de quantième en quantième, comme l'avait dit le tribunal de Bruges dans l'affaire dont on vient de parler, qu'un Acte respectueux notifié le 3 février puisse être réitéré le 3 mars suivant?*

La raison de douter est que du 3 février au 3 mars il n'y a pas trente jours; et qu'il semblerait, au premier abord, qu'en aucun cas, un espace de temps moindre de trente jours, ne dût être compté pour un mois.

Mais l'opinion contraire est clairement justifiée par les détails que contient l'article *Mois*, du *Répertoire de jurisprudence*.

III°. QUESTION. *De ces termes de l'art. 153, après l'âge de trente ans, résulte-t-il que la fille majeure de vingt-cinq ans, mais mineure de trente, doit, après avoir fait notifier un Acte respectueux, le réitérer deux fois, comme elle y serait tenue aux termes de l'art. 152., si, majeure de 21 ans, elle était mineure de vingt-cinq?*

Elle le devrait, sans doute, si l'on s'arrêtait judaïquement au texte de l'art. 153; car, ce n'est qu'*après l'âge de trente ans* que, sans distinguer entre la fille et le fils, il permet de passer outre à la célébration du mariage, à la suite d'un seul Acte respectueux.

Mais il est à remarquer que, dans *l'exposé des motifs*, l'orateur du gouvernement n'applique ces mots, *après l'âge de trente ans*, qu'au fils : et qu'à l'égard de la fille majeure de vingt-cinq ans, il l'assimile au fils dont la trentième année est accomplie. Cette interprétation est en effet commandée par le rapprochement de l'art. 153 avec l'art. 152; et c'est ainsi que l'ont jugé deux arrêts.

Le premier, rendu à la cour d'appel de Bordeaux, le 22 mai 1806, décide « que la demoi- » selle Crouzeilles, ayant vingt-cinq ans révolus, » n'avait besoin que de faire notifier un seul » Acte respectueux, aux termes de l'art. 152 du » Code, qui dit expressément que depuis 25 ans » révolus, jusqu'à 30, pour les fils; et depuis 21 » jusqu'à 25, pour les filles, l'Acte respectueux sur » lequel il n'y aurait pas eu de consentement, sera » renouvelé deux autres fois; d'où il résulte in- » vinciblement qu'après 30 ans pour les fils, et » après 25 ans pour les filles, cet acte n'a pas besoin » d'être renouvelé, d'après la maxime triviale » *inclusio unius est exclusio alterius*. L'art 153 » ne détruit pas, ne contrarie même pas l'art. » 152, parce qu'il ne parle que des fils, et que » dans l'interprétation des lois, il faut adopter » celle qui leur fait produire un effet et les met » en harmonie entre elles, plutôt que celle qui » les paralyserait en les neutralisant l'une par » l'autre (1) ».

Le second, rendu à la cour royale de Paris, le 21 septembre 1815, statuant sur l'opposition que la dame Vengny avait formée au mariage de sa fille, et qu'elle fondait sur la nullité des deux premiers Actes respectueux que sa fille lui avait fait notifier, il en donne main-levée, « attendu » que la fille Vengny a vingt-cinq ans accomplis, et » et que dès-lors un seul Acte respectueux était » nécessaire, et que le dernier, signifié à sa re- » quête, n'était susceptible d'aucune criti- » que (2) ».

§. III. *Question sur l'art.* 154 *du Code civil.*

Cet article est ainsi conçu: « l'Acte respectueux » sera notifié à celui ou ceux des ascendans dési- » gnés en l'art. 151, par deux notaires, ou par un » notaire et deux témoins; et dans le procès-ver- » bal qui doit en être dressé, il sera fait mention » de la réponse ».

De là plusieurs questions qui seront, je crois, faciles à résoudre d'après les quatre principes suivans.

Premier principe. L'art. 154 détermine les formes qui constituent un Acte respectueux. Dénué de ces formes, l'acte qui doit en être revêtu, n'est pas ce que la loi veut qu'il soit. Il est donc nul, quoique la peine de nullité ne soit pas expressément prononcée par le législateur. Il est vrai qu'en fait d'actes de procédure, la peine de nullité ne peut jamais se suppléer (3); mais cette

---

(1) Jurisprudence de la cour supérieure de Bruxelles, année 1820, tome 2, page 76.

(1) Jurisprudence de la cour de cassation, tome 7, partie 2, page 769.
(2) Journal du Palais, tome 43, page 391.
(3) Code de procédure, art. 1030.

règle ne s'étend pas jusqu'aux actes ordinaires; et à l'égard de ceux-ci, on distingue entre les formes substantielles et les formes accidentelles. L'omission des formes accidentelles n'emporte nullité, que lorsque la loi y attache expressément cette peine. L'omission des formalités substantielles est toujours irritante (1).

Second principe. Un Acte respectueux est valable, du moment que s'y trouvent les formalités et les conditions prescrites par l'art. 154, et par les autres lois auxquelles il est censé se référer. L'annuler, sous prétexte qu'il manque d'autres formalités ou d'autres conditions, ce serait violer cet article puisque ce serait juger que ce qu'il déclare suffisant, ne l'est pas.

Troisième principe. Il n'est pas nécessaire que les formalités prescrites par l'art. 154, soient remplies à la lettre. Elles peuvent l'être, comme celles de tous les autres actes (2), par une équipollence parfaite et identique.

Quatrième principe. Un Acte respectueux n'est pas nul par cela seul qu'on y a inséré des énonciations non prescrites par l'art. 154, pourvu qu'elles ne soient pas contraires à l'objet de cet article, et qu'elles ne détruisent pas l'effet de celles qu'il prescrit. Ainsi le veut la maxime, *quod abundat non vitiat, utile non vitiatur per inutile.*

C'est sous chacun de ces principes que nous allons ranger successivement les questions qui s'y rattachent.

Application du premier principe.

Ire. QUESTION. *Peut-on considérer comme un Acte respectueux l'écrit par lequel un notaire, chargé par un fils de famille, majeur, de requérir le conseil de ses ascendans pour le mariage qu'il se propose de contracter, se borne à notifier son mandat aux ascendans, en présence de deux témoins? En d'autres termes, cette notification équivaut-elle, de la part de l'enfant de famille, la réquisition formelle et expresse du conseil de ses ascendans?*

Qui est-ce qui doit, aux termes de l'art. 54, requérir le conseil des ascendans pour le mariage qu'un enfant de famille, majeur, se propose de contracter, et auquel ils refusent leur consentement? C'est l'enfant de famille lui-même; c'est donc pour lui un devoir personnel. C'est donc un acte de subordination qui doit être fait en son nom propre. Sans doute, il n'est pas nécessaire, comme on l'établira ci-après, que, pour remplir ce devoir, pour faire cet acte de subordination, il se présente en personne devant son père. Mais il faut du moins que ce soit lui qui parle dans l'acte; il faut que l'officier public qui notifie l'acte, place dans sa bouche la réquisition adressée au père; il faut, en un mot, que cet officier y paraisse, non comme requérant lui-même le conseil du père, par délégation; mais comme porteur de la réquisition, et comme simplement commis pour en donner légalement connaissance.

Ainsi l'ont jugé trois arrêts de la cour de Bruxelles.

Le sieur Bruyninex, âgé de plus de trente ans, se disposant à contracter avec Catherine Spanage, un mariage auquel sa mère refuse son consentement, passe au notaire Pappé, une procuration pour notifier à celle-ci un Acte respectueux.

Au lieu de dresser procès-verbal de sa démarche, et de constater par là qu'il a requis, au nom du sieur Bruyninex, le conseil de sa mère, le notaire se contente de notifier sa procuration à la dame Bruyninex, et de lui en laisser copie. Opposition au mariage du fils de la part de la mère.

Jugement qui, attendu qu'il a bien été donné une procuration pour faire un Acte respectueux, mais que cet Acte respectueux n'a pas été fait, et que par conséquent le vœu de la loi n'a pas été rempli, maintient l'opposition.

Le sieur Bruyninex appelle de ce jugement; mais, par arrêt du 30 janvier 1813, l'appellation est mise à néant,

« Attendu que, si les dispositions du Code civil relatives aux Actes respectueux à faire par les enfans de famille à leurs ascendans, avant de contracter mariage, n'exigent pas que ces actes soient faits à la personne même de l'ascendant pour ne pas faire dépendre de son caprice l'accomplissement d'une formalité qui doit nécessairement précéder la célébration du mariage, il est du moins essentiellement requis qu'il soit donné un mandat à un notaire par l'enfant de famille, lorsque celui-ci ne fait pas la démarche respectueuse par lui-même, à l'effet de la faire en son nom, c'est-à-dire, de demander conseil en son nom sur le mariage qu'il a l'intention de contracter, et qu'il compte que ce mandat a été ponctuellement exécuté;

» Attendu qu'il suffit d'une simple inspection sur la pièce produite par l'appelant, afin de constater que le mandat qu'il a donné au notaire Pappé de demander en son nom le conseil de sa mère, relativement au mariage qu'il se proposait de contracter avec Catherine Spanage, pour être convaincu que ledit notaire n'a pas rempli ce mandat dans toute son étendue, d'autant qu'il n'a fait autre chose, si non de laisser au domicile de l'intimée une copie de la procuration à lui donnée par l'appelant, sans avoir énoncé la demande de conseil, demande qui constitue l'essence de l'Acte respectueux; et

---

(1) *V.* l'article *Mariage*, §. 3, et le Répertoire de Jurisprudence, aux mots *Bordereau (Hypothèque)* et *Inscription hypothécaire*, §. 5, n°. 8.

(1) *V.* le Répertoire de Jurisprudence, au mot *Testament*, sect. 2, §. 1, art. 6, n° 10.

ce qui jette le plus grand jour sur ce qui vient d'être dit, c'est qu'il est sensible que l'appelant n'eût pas satisfait au prescrit de la loi; si, en faisant l'Acte respectueux par lui-même, il n'eût rien effectué de plus, et qu'il est visible que ce qu'il n'eût pu faire en personne, il n'a pas eu la faculté de l'effectuer par le ministère d'un mandataire; qu'il résulte de tout ce qui précède, qu'il n'existe point d'Acte respectueux fait par l'appelant à sa mère au désir du Code civil, relativement à la célébration du mariage dont il s'agit; et qu'en conséquence l'opposition qu'elle a formée à ce mariage est étayée d'un fondement légitime (1) ».

Antoine Vandormael, âgé de 29 ans, ne pouvant obtenir l'assentiment de sa mère, veuve de Grégoire Vandormael, au mariage qu'il est dans l'intention de contracter avec Thérèse Vandries, charge un notaire, par une procuration authentique, de faire les trois Actes respectueux prescrits par la loi. Le notaire se transporte le 2 juillet 1816, chez la mère; mais il se borne à lui notifier une copie de sa procuration; et les deux fois suivantes, il réitère simplement la même notification.

La mère forme opposition au mariage; et assignée en main-levée devant le tribunal de Louvain, elle soutient qu'à la vérité, les trois notifications qui lui ont été faites, lui ont annoncé la disposition dans laquelle était son fils de lui faire des Actes respectueux ; mais que ces actes n'ont réellement pas été faits; et qu'en conséquence, il ne peut pas être passé outre au mariage.

Le 23 octobre 1816, jugement qui, sans avoir égard à ce moyen de défense, fait main-levée de l'opposition.

Mais sur l'appel, arrêt du 14 décembre de la même année qui maintient l'opposition de la mère,

« Attendu que l'acte en date du 2 juillet 1816 n'est autre chose que la notification du mandat donné au notaire; ce qui ne constitue pas l'Acte respectueux requis par la loi, qui doit être fait par l'enfant de famille ou par le notaire chargé de pouvoir; que l'un comme l'autre, en cas de majorité, doivent demander conseil au parent auquel il s'adresse, ce qui n'a pas eu lieu dans le cas présent (2) ».

Le 3 mars 1826, un notaire, chargé par un mandat spécial de notifier à la veuve Dewolf un Acte respectueux de son fils, dresse au domicile de cette veuve, un procès-verbal énonçant, et rien de plus, qu'il s'y est présenté, et que ne l'ayant pas trouvée, il a remis à une personne de sa maison une copie du mandat dont il est porteur.

(1) Décisions notables de la cour de Bruxelles, tome 28, page 69.
(2) Jurisprudence de la cour supérieure de justice de Bruxelles, année 1816, tome 2, page 251.

Demande en nullité de cette notification de la part de la veuve Dewolf.

Jugement du tribunal de première instance de Termonde, qui rejette cette demande.

Mais par arrêt du 16 mai 1826,

« Attendu que, d'après les dispositions des art. 151 et 154 du Code civil, l'intimé était tenu de demander le conseil de sa mère, par un Acte respectueux et formel, et que cet acte devait être notifié à celle-ci, et contenir la mention de sa réponse ;

» Attendu qu'on ne trouve pas la demande de conseil dans le procès-verbal dressé par le notaire Heivoert, le 3 mai dernier; qu'à la vérité, cette demande se trouve dans le mandat donné au même notaire, mais que la notification du mandat ne peut suppléer au défaut de cette demande dans le procès-verbal;

» Attendu qu'on ne peut être dispensé de satisfaire au prescrit de l'art. 154 du Code civil, que quand il y a impossibilité de le faire ; que le procès-verbal précité porte simplement que le notaire n'a point trouvé la mère chez elle; qu'ainsi, il ne conste pas qu'il ait fait les moindres diligences pour lui parler à elle-même, et pour obtenir son conseil.

» Par ces motifs, la cour (supérieure de justice de Bruxelles), ouï les conclusions de M. le premier avocat-général de la Hamaide, met le jugement dont est appel au néant (1) ».

IIe. QUESTION. *Un Acte respectueux fait au père seulement, tant pour lui que pour la mère, ou à la mère seulement, tant pour elle que pour le père, est-il valable?*

L'art. 154 veut que l'Acte respectueux soit notifié *à celui ou ceux des ascendans désignés en l'art.* 151 ; et l'art. 151 porte expressément que « les enfans de famille ayant atteint leur majo- » rité fixée par l'art. 148, sont tenus, avant de » contracter mariage, de demander par Acte » respectueux et formel le conseil de *leur Père* ET » *de leur mère*, ou celui *de leurs aïeuls* ET *aïeules*, » lorsque leur père et leur mère sont décédés ».

Il faut donc que la notification soit faite à la mère comme au père; et si elle n'est faite qu'à l'un des deux, elle est nulle.

La demoiselle Fruyt fait signifier à sa mère un premier Acte respectueux sans y parler de son père; et elle fait ensuite signifier les deux autres à son père, sans y parler de sa mère.

Opposition à son mariage de la part de son père.

Elle soutient que le père et la mère n'étant considérés, sous les rapports de famille, que comme une seule et même personne, les actes adressés à l'un d'eux, sont censés adressés en même temps à l'autre; qu'au surplus, si le premier Acte respectueux était nul, les deux autres seraient du moins valables; qu'en effet, le père est le chef de

(1) *Ibid.*, année 1826, tome 2, page 46.

la famille, que c'est lui qui exerce seul l'autorité pendant le mariage, et que c'est à lui seul que l'art. 148 défère, en cas de dissentiment, le choix de l'époux qu'il veut donner à l'enfant commun.

Jugement qui déclare les trois actes nuls et l'opposition fondée.

Appel, et le 5 mai 1808, arrêt confirmatif de la cour de Bruxelles, « attendu que, dans le premier acte, le notaire s'est adressé uniquement à la mère, et ne s'est nullement informé de la présence du père de l'appelant; que l'inverse existe dans les deux actes suivans; que pareille opération est contraire à la lettre et au sens des art. 151 et 154 du Code civil (1) ».

Le 8 septembre et le 14 novembre 1814, la demoiselle Boidart, âgée de 22 ans, fait notifier deux Actes respectueux à son père, *tant pour lui que pour sa mère*, lequel (porte le procès-verbal du notaire) *a répondu tant pour lui que pour sa femme*, que leur intention n'est pas de consentir au mariage *de leur fille*. Elle en fait ensuite notifier un troisième, tant à son père qu'à sa mère qui y font la même réponse; et un mois après, elle fait procéder aux publications.

Le père y forme opposition et se fonde sur la nullité des deux premiers actes.

Elle répond que le vœu de l'art. 154 a été rempli dans les deux premiers actes, comme dans le troisième; et elle emploie, pour le prouver, les mêmes raisons qu'avait précédemment fait valoir la demoiselle Fruyt.

Le premier juge accueille sa défense; mais sur l'appel, arrêt de la cour royale de Douai, du 25 janvier 1815, qui,

« Attendu qu'il est prescrit, par les art. 151 et 152, aux filles de famille qui n'ont point atteint l'âge de vingt-cinq ans, de demander, par des Actes respectueux, le conseil de leur père et de leur mère avant de pouvoir contracter mariage; que par ledit art. 154, il est prescrit que les Actes respectueux seront notifiés aux père et mère; et que, dans le procès-verbal qui doit en être dressé, il soit fait mention de la réponse;

» Attendu que, par les Actes respectueux des 8 septembre et 14 novembre 1814 dont il s'agit, au lieu de se conformer aux dispositions sus-rappelées, on s'est borné, dans lesdits actes, à s'adresser au père tant pour lui que pour son épouse, et de recevoir sa réponse, tandis que la loi veut qu'on s'adresse aux deux époux, et que le procès-verbal fasse mention de leur réponse, que cette nullité est de droit public.....;

» Déclare lesdits Actes respectueux nuls et de nul effet (2) ».

IIIe. QUESTION. *Lorsqu'un Acte respectueux est notifié tout à la fois au père et à la mère, suffit-il qu'une seule copie soit remise au père tant pour lui que pour la mère, ou réciproquement? Et lorsque le notaire ne parle ni à l'un ni à l'autre, suffit-il qu'il laisse une seule copie à leur domicile?*

La cour de cassation a jugé par plusieurs arrêts que, lorsqu'on signifie un acte à un mari et à une femme pour un objet dans lequel chacun d'eux a un intérêt distinct, il doit, à peine de nullité, être remis une copie de cet acte à chacun d'eux (1).

Or, la mère a, dans l'Acte respectueux qui lui est notifié en même temps qu'au père, un intérêt distinct de celui de son mari. Sans doute, en cas de dissentiment, le consentement du père prévaut sur le refus de la mère; mais la mère n'en a pas moins un droit personnel d'exprimer son intention propre. Il faut donc qu'elle soit mise personnellement à même d'exprimer cette intention; et par conséquent il faut qu'il lui soit personnellement délivré une copie de l'Acte respectueux.

Aussi parmi les motifs d'un arrêt de la cour d'appel de Rouen, du 12 décembre 1812, qui a déclaré nuls deux Actes respectueux signifiés par Bouquerel fils à son père et à sa mère, y en a-t-il un qui porte spécialement sur la circonstance « qu'il n'a été laissé qu'une seule copie de chacun » de ces actes pour les père et mère Bouquerel, » tandis qu'il eût dû en être laissé deux, puisque » la loi assujétissait le fils à demander le conseil » de l'un et de l'autre (1) ».

Voici néanmoins une espèce dans laquelle il en a été jugé autrement.

La demoiselle D... ayant fait notifier trois Actes respectueux à son père et à sa mère, pour obtenir leur consentement au mariage qu'elle voulait contracter avec le sieur P...., son père et sa mère soutinrent qu'ils étaient nuls, parce qu'il n'en avait été laissé qu'une copie au premier, tant pour lui que pour son épouse.

Le 6 mars 1820, jugement du tribunal de première instance de Bruges qui déclare les actes valables, « attendu qu'à la vérité, ces derniers » doivent, d'après l'art. 151 du Code civil, être » faits *au père et à la mère*, d'où l'on pourrait » inférer qu'ayant chacun un intérêt distinct dans » l'affaire, il faut aussi laisser une copie à chacun » d'eux ; mais que cette considération ne peut » être d'aucun poids, lorsque les époux vivent en » communauté dont le mari est le chef, et qu'ils » ne manifestent aucun dissentiment, auquel » cas le consentement du père suffit, suivant » l'art. 148; de manière que la signification d'une » copie à la mère paraît inutile, surtout lorsqu'il » y a volonté uniforme ».

---

(1) Décisions notables de la cour d'appel de Bruxelles, tome 14, page 127.

(2) Annales de la cour royale de Douai, tome 2, page 234.

(1) *V*. L'article Surenchère, n° 3, dans le Répertoire de Jurisprudence.

(2) Jurisprudence du Code civil, n°. 653.

Appel à la cour supérieure de justice de Bruxelles; et le 29 du même mois, arrêt qui met l'appellation au néant, « attendu que les procès-verbaux des Actes respectueux constatent que les formalités exigées par la loi, ont été remplies (1) ».

Un motif aussi vague prouve assez que la cour supérieure de justice de Bruxelles n'a pas adopté celui que les premiers juges avaient tiré de la circonstance qu'il existait, entre le père et la mère, une communauté de biens dont le premier était le chef. Et en effet, pour argumenter de là avec justesse, il aurait fallu aller jusqu'à dire qu'il n'est pas même nécessaire d'adresser les Actes respectueux à la mère commune en biens avec son mari; car lorsqu'il s'agit des intérêts de la communauté, il est inutile d'assigner la femme, l'assignation au mari seul suffit; et cependant nous avons vu sur la question précédente, que des Actes respectueux seraient nuls, s'ils n'étaient pas notifiés à la mère comme au père.

Pourquoi donc la cour de Bruxelles, tout en improuvant d'une manière implicite le motif du tribunal de Bruges, a-t-elle confirmé son jugement? C'est sans doute parce qu'elle est partie du principe qu'elle s'était fait par deux arrêts des 14 juillet et 6 octobre 1815, que, lorsqu'on signifie un exploit à plusieurs individus ayant le même domicile, pour une affaire qui leur est commune, quoique chacun y ait un intérêt distinct et personnel, une seule copie suffit pour eux tous (2). Mais la fausseté de ce principe est démontrée dans les conclusions que j'ai données à l'audience de la cour de cassation, du 15 février 1815, et dont un arrêt du même jour a sanctionné la doctrine (3).

La question s'est représentée depuis devant la même cour, et elle y a donné lieu à deux arrêts tout différens l'un de l'autre, mais dont la différence s'explique par celle des espèces dans lesquelles ils ont été respectivement rendus.

Dans la première espèce, le notaire n'avait parlé ni au père ni à la mère, et n'avait laissé qu'une copie à leur domicile. Le premier juge avait, à raison de cette circonstance, annulé les Actes respectueux; et par arrêt du 11 juillet 1821, l'appellation a été mise au néant,

« Attendu que l'art. 151 du Code civil exige impérieusement que les enfans de famille, qui n'ont pas atteint la majorité fixée par l'art. 148, demandent, avant de contracter mariage, le conseil de leur père et de leur mère, et que l'art. 154 déclare que l'Acte respectueux qui doit contenir cette demande, sera notifié à ceux des ascendans désignés audit art. 151;

» Attendu que, d'après la nature des choses, notifier un acte à quelqu'un, c'est lui en donner connaissance, et qu'il est de règle générale que ce n'est que par la délivrance de la copie de l'exploit ou acte qu'on pratique, que cette connaissance est donnée; qu'aux yeux de la loi même il n'est pas d'autre moyen de la transmettre à la personne à laquelle il faut la donner; qu'il importe peu qu'on ne puisse pas assimiler l'Acte respectueux à un exploit judiciaire; car ce n'est pas dans la rigueur des formes exigées pour la validité des exploits qu'est fondée la nécessité des deux copies; c'est dans la nécessité de donner connaissance de l'acte, et pour cela la copie individuelle est indispensable, puisque le père et la mère sont mis sur la même ligne, et que la mère est capable de conseil comme le père;

» Attendu que, pour justifier la remise de cette double copie, il faut que le fait résulte de l'acte même;

» Attendu que, dans cet état de choses, il fallait donc, dans l'espèce, pour donner à l'Acte respectueux dont il s'agit l'effet que la loi attribue à semblable acte, que les notaires en remissent deux copies, l'une pour le père, l'autre pour la mère, et qu'il constât de ce fait par l'acte même;

» Et attendu que cela n'existe pas, puisque l'acte porte simplement qu'il a été donné copie au singulier; qu'ainsi on ne voit pas si c'est pour le père ou la mère (1) ».

Dans la seconde espèce, le notaire n'avait également remis qu'une seule copie; mais il avait déclaré l'avoir remise au père et à la mère simultanément, et en parlant à eux-mêmes.

Par arrêt du 9 janvier 1824, le jugement du tribunal de première instance de Termonde qui avait déclaré l'Acte respectueux valable, a été confirmé,

« Attendu que ledit acte a été signifié à la » personne même des appelans, en parlant tant » au père qu'à la mère de l'intimée ; que le no- » taire a mentionné dans son procès-verbal, et » que la copie dudit procès-verbal a été laissée » au père et à la mère, au domicile commun ; » d'où il suit que, dans les circonstances de la » cause, il a été satisfait à ce qui est prescrit par » l'art. 151 et par l'art. 154 du Code civil (2) »?

IVe. QUESTION. *Est-il nécessaire que les Actes respectueux soient notifiés à la personne du père et de la mère, ou suffit-il que la notification en soit faite à leur domicile?*

Ce qui pourrait faire penser que, dans tous

---

(1) Jurisprudence de la cour supérieure de justice de Bruxelles, année 1820, tome 2, page 76.
(2) Je reviendrai sur ces arrêts à l'article Assignation, §. 10.
(3) *V.* Le Répertoire de Jurisprudence, aux mots Domicile élu, §. 3.

(1) Annales de Jurisprudence de M. Sanfourche-Laporte, année 1822, tome 2, page 43.
(2) *Ibid.*, année 1824, tome 1er, page 138.

les cas, et lors même que le père et la mère ne sont pas à leur domicile, au moment où s'y présente le notaire avec son second ou ses témoins, l'Acte Respectueux doit leur être notifié personnellement, c'est que l'art. 154 veut qu'il soit fait mention de leur réponse, et qu'ils ne peuvent répondre qu'autant qu'on leur parle à eux-mêmes.

Mais l'art. 154 se réfère nécessairement à la règle générale d'après laquelle toute notification est valablement faite à domicile, lorsqu'on n'y trouve pas la personne à laquelle il est ordonné de la faire. Comment, en effet, pourrait-on lui prêter l'intention de déroger à cette règle? Il dépendrait donc du père, qui serait informé à l'avance des dispositions faites par l'enfant pour lui notifier un Acte respectueux, d'en empêcher la notification, soit en évitant de se trouver chez lui à l'heure où il saurait que le notaire et les témoins doivent y venir, soit en se faisant céler! La loi aurait donc laissé au père un moyen indirect de paralyser la faculté qu'elle accorde au fils, de suppléer à son consentement par un Acte respectueux! Il est impossible d'admettre une pareille supposition. Il faut donc dire que la disposition de l'art. 154, qui exige la mention de la réponse du père, ne doit s'entendre que du cas où le notaire et les témoins trouvent le père à son domicile.

Et c'est ce qu'ont jugé formellement un arrêt de la cour royale de Lyon, du 22 avril 1812 (1), et un arrêt de la cour royale de Douai, du 22 avril 1819, « Attendu (porte celui-ci) que l'obligation » imposée aux rédacteurs du procès-verbal d'y » consigner la réponse du père, suppose bien l'o- » bligation de se présenter au domicile du père » pour connaître ses intentions, mais non pas » d'y retourner une fois ou vingt fois, quand les » notaires ne l'ont pas trouvé (2) ».

C'est ce qu'ont également décidé un arrêt de la cour supérieure de justice de Bruxelles, du 17 septembre 1819 (3), et deux arrêts de la cour royale de Toulouse des 27 juinet 21 juillet 1820 (4).

Toutefois il ne faut pas conclure de là qu'il ne soit absolument d'un Acte respectueux comme d'un exploit d'assignation, de la signification d'un arrêt ou de celle d'un commandement.

En fait d'assignation, de commandement, de signification ordinaire, il suffit que l'officier ministériel se présente au domicile de la partie, et que, sans s'informer si elle y est ou non, il remette la copie de son exploit à une personne de la maison.

Mais il est des actes qui, par leur nature,

---

(1) Jurisprudence du Code civil, tome 18, page 409.
(2) Jurisprudence de la cour de cassation, tome 20, page 116.
(3) Jurisprudence de la cour supérieure de Bruxelles, année 1819, tome 2., page 198.
(4) Jurisprudence de la cour de cassation, tome 22, partie 2, page 98.

4ᵉ édit., Tome I.

---

exigent que l'officier ministériel parle, autant que la chose est possible, à la partie elle-même, en les notifiant; et qui, par conséquent, seraient nuls, si les copies en étaient remises à un portier ou à un domestique, sans constater l'absence de la partie.

Tel est le procès-verbal d'offres réelles; et voilà pourquoi l'art. 813 du Code civil veut qu'il y soit fait *mention de la réponse, du refus ou de l'acceptation du créancier, et s'il a signé, refusé ou déclaré ne savoir signer*.

Tel est encore le protêt d'une lettre de change; et voilà pourquoi, aux termes de l'art. 174 du Code de commerce, l'*acte de protêt......énonce la présence ou l'absence de celui qui doit payer, les motifs de refus de payer, et l'impuissance ou le refus de payer*.

Et tel est nécessairement aussi l'Acte respectueux. L'obligation qu'impose l'art. 154, de faire *mention de la réponse dans le procès-verbal qui doit en être dressé*, en est la preuve sans réplique.

De là, la manière dont est motivé l'arrêt de la cour royale de Toulouse, du 21 juillet 1821, que l'on vient de citer: « Sans doute (y est-il dit) » le fils de famille doit faire ce qui est en lui pour » que l'Acte respectueux soit adressé au père lui- » même; et s'il était prouvé qu'il a pris des me- » sures pour que le père ne fût pas rencontré » dans son domicile, cette affectation, essentiel- » lement opposée à la nature de l'acte, devrait » être pesée dans la balance de la justice; mais » hors ce cas, la notification est toujours régu- » lière, quoique l'on ne parle point de la réponse » de l'ascendant ».

On pressent d'après cela, ce qu'il y aurait lieu de juger dans le cas où l'enfant de famille sachant très-bien que ses père et mère ne sont pas chez eux, mais occupés dans un lieu où il ne tient qu'à lui d'aller les trouver, ne s'en présenterait pas moins à leur domicile, dans un moment où la porte en serait fermée, et leur notifierait en conséquence son Acte respectueux dans la personne du mari. L'arrêt de la cour d'appel de Rouen, du 12 décembre 1812, déjà cité plus haut (IIIᵉ Qᴜᴇsᴛɪᴏɴ), porte précisément sur ce cas, et il déclare nuls des Actes respectueux ainsi notifiés, « Attendu que l'art. 154 voulant qu'il soit fait mention, dans le procès-verbal du notaire, de la réponse des père et mère, il en résulte nécessairement qu'ils doivent être mis à portée de faire cette réponse; qu'à ce moyen, il est évident que l'intention du législateur a été que les enfans de famille qui auraient à faire des Actes respectueux, ou les notaires qui agiraient pour eux, s'assurent que les ascendans dont ils seraient obligés de demander les conseils, seraient à leur domicile au moment où ils s'y présenteraient; que, dans le cas où ils n'y seraient pas, ils en choisissent un autre ou les attendent, ou au moins qu'ils emploient tous les moyens possibles pour les trouver, parler à leur personne, et que le procès-verbal qui doit en être dressé, constate les démarches faites à cet égard ;

» Attendu que, dans l'espèce, Bouquerel fils, ni le notaire qui a agi pour lui, n'ont rien fait de semblable ; qu'en effet, le premier Acte respectueux du 19 juin dernier n'a été adressé qu'au père, quoique la mère existe ; qu'ainsi, ce premier acte est incomplet, et a été abandonné comme tel ; que le second et le troisième, sous la date des 20 juillet et 21 août suivans, sont irréguliers, parce que Bouquerel fils et son notaire se sont contentés de se présenter au domicile des père et mère, de constater qu'ayant frappé à la porte, personne ne leur avait répondu ; qu'ensuite, ils s'étaient retirés chez le maire, et lui avaient remis une copie du procès-verbal dressé par le notaire, pour la faire passer aux père et mère Bouquerel, sans employer aucun moyen pour découvrir où ils étaient, et parler à leur personne ; que cependant Bouquerel père a attesté en plaidoirie qu'il était dans ses champs à faire sa récolte ; que son fils le connaissait, et que, s'il avait eu envie de le voir, il l'aurait facilement trouvé ;

» Attendu qu'il est de notoriété publique qu'à cette double époque, les cultivateurs étaient véritablement occupés de leurs récoltes ; que Bouquerel fils, connaissant nécessairement les champs exploités par son père, pouvait aller l'y trouver, le prier ainsi que sa mère, de venir à son domicile recevoir son Acte respectueux, et lui donner leurs conseils ; que n'ayant pris aucune de ces précautions, il est évident que ce qu'il a fait pour y suppléer, ne remplit pas le vœu de la loi ;

» Attendu qu'il y a d'autant plus lieu de le décider ainsi dans l'espèce, qu'il est établi au procès que les père et mère Bouquerel n'ont rien fait pour se soustraire aux recherches de leur fils, puisque deux fois, lorsqu'ils se sont trouvés chez eux au moment où il s'y est présenté, ils l'ont reçu ainsi que le notaire, ont fait leur réponse ; qu'ainsi on ne peut pas dire que ce sont eux qui, par leur fait, ont mis leur fils dans l'impossibilité d'exécuter la loi à leur égard ».

Les considérations qui ont déterminé cet arrêt, avaient été précédemment développées à l'audience de la cour d'appel de Bruxelles, lors de deux arrêts qui avaient d'ailleurs jugé conformément à ceux qu'ont rendus depuis les cours royales de Douai et de Toulouse, en 1819 et en 1821.

Dans l'espèce du premier, un père était appelant d'un jugement du tribunal de première instance de Bruxelles, par lequel avait été rejetée sa demande en nullité de deux Actes respectueux qui lui avaient été notifiés à la requête de sa fille majeure de vingt-un ans, demande qu'il fondait sur ce qu'à la différence du premier qui lui avait été notifié parlant à sa personne, ils ne l'avaient été qu'à son domicile, les gens de sa maison ayant déclaré qu'il était absent.

Il ne se présentait point pour soutenir son appel ; mais le ministère public, par l'organe de M. Tarte, substitut, a examiné d'office le moyen de nullité qu'il avait fait valoir devant les premiers juges, et il a remarqué

« Que l'art. 154 du Code civil qui ordonne la notification de l'Acte respectueux aux ascendans, ne dit pas qu'elle sera nécessairement faite à leur personne ; qu'à cet égard, la signification reste dans les termes de droit ; qu'ainsi, elle peut être donnée à domicile, quand la personne se trouve absente, et *que le procès-verbal relate qu'elle n'a pu être remise à la personne ;* que la loi est toujours accomplie par la remise que doivent lui faire de la copie de l'Acte respectueux, les personnes qui l'ont reçue pour lui dans sa demeure ;

» Que l'obligation de mentionner la réponse, ne renferme pas la nécessité de parler à la personne ; qu'elle suppose plutôt sa présence, parce que l'absence du domicile ne se présume pas ;

» Que la réponse se trouve dans la déclaration faite par les personnes de la famille ou de la maison qui annoncent l'absence ; qu'il en est ainsi dans tous les cas où l'on fait des interpellations, lesquelles deviendraient impraticables, si elles ne pouvaient avoir d'effet qu'autant qu'elles seraient notifiées à l'individu même ;

» Que la loi retirerait d'une main ce qu'elle présente de l'autre, si elle laissait à la disposition ou au caprice de l'ascendant, un moyen d'inertie qu'il serait impossible de vaincre, puisqu'il dépendrait de lui d'éviter la rencontre des notaires dans son domicile....;

» Enfin, que l'Acte respectueux se trouve dans le sens de la loi comme un agent intermédiaire qui veille à la conservation de l'autorité paternelle, en même tems qu'il protège le mariage ; que l'accomplissement du premier objet doit conduire à la possibilité d'accomplir le second, indépendamment du fait et de la volonté de l'ascendant ; sans quoi le moyen indiqué par la loi, serait illusoire.

Et sur ces raisons, arrêt du 14 brumaire an 13, qui, donnant défaut contre le père, met l'appellation au néant (1).

La seconde espèce a donné lieu à une discussion plus lumineuse encore, et qui a fixé avec plus de précision les idées sur cette matière importante.

Une fille majeure de vingt-un ans, demeurant avec son père et sa mère, leur avait fait notifier un premier Acte respectueux, *parlant à eux-mêmes.*

Les deux actes suivans avaient été également notifiés au père et à la mère, mais parlant à la mère seulement, laquelle avait déclaré que son mari était absent et qu'elle lui en remettrait les copies.

(1) Décisions notables de la cour d'appel de Bruxelles, tome 4, pages 374, 375 et 376.

Sur l'opposition du père au mariage de la fille, jugement du tribunal de première instance de Malines qui en fait main levée.

« A la cour, le père invoqua les dispositions de l'art. 154, et prétendit, que la loi serait facilement éludée, si on pouvait juger qu'elle est accomplie par une signification faite à domicile ;

» Que l'on aurait soin de saisir les momens d'absence des parens, pour faire la signification des Actes respectueux ;

» Que l'on n'aurait pas même toujours besoin de recourir à cette précaution, parce qu'en assimilant ces actes aux exploits ou procès-verbaux ordinaires, il suffirait de les laisser à un portier, ou au premier domestique rencontré dans la maison ;

» Que la loi avait évidemment voulu l'intervention personnelle des ascendans, puisqu'il s'agit de requérir leur conseil ou consentement et de prendre leur réponse ;

» Que tout cela suppose nécessairement leur présence ;

» Que prêter tout autre sens à la loi, ce serait faire un jeu de ce qu'elle a impérieusement prescrit, ce serait la rendre illusoire ;

» Enfin, que l'exception établie par l'art. 155, prouve qu'il n'y a que le cas d'une absence constatée dans les formes légales, qui puisse dispenser des Actes respectueux, et que cette exception fait connaître qu'il n'y a point d'autre absence aux yeux de la loi, lorsqu'il s'agit d'Actes respectueux.

» La fille employait les observations faites par le ministère public, à l'occasion du premier arrêt que nous avons rapporté.

« Elle ajoutait que les Actes respectueux avaient été signifiés à ses père et mère, le premier, à l'un et l'autre personnellement, et les deux suivans, à la personne de la mère, qui s'était chargée de les communiquer au père, dès qu'il rentrerait dans son domicile ;

» Que l'on ne pouvait pas l'accuser d'avoir cherché à éviter la rencontre de son père, puisqu'elle n'avait jamais cessé d'habiter la maison paternelle où elle demeure encore ;

» Qu'ainsi, son père avait pu chaque jour et à chaque instant, lui faire ses réflexions, et lui donner les conseils qu'il croyait convenables au sujet de la résolution qu'elle avait prise de se marier.

» M. Malfroid, substitut du procureur général, se détermina en faveur du jugement rendu au tribunal de Malines, mais sans en approuver indistinctement tous les motifs.

» Par exemple, le tribunal de Malines avait dit que l'art. 154 du Code civil ne prescrivait point impérieusement la signification des Actes respectueux aux personnes des ascendans.

» Ici, il y a une distinction à faire.

» Les formalités ordonnées par la loi, ne doivent être illusoires, ni pour les parens, ni pour les fils de famille.

» A l'égard des ascendans, c'est un conseil que les enfans doivent leur demander : l'art. 151 le dit expressément.

» Quant aux fils de famille, c'est pour eux un moyen d'arriver à l'état de mariage, sans le consentement, et même malgré l'opposition des parens, lorsqu'ils sont parvenus à un âge qui les fait présumer capables de réfléchir sur l'importance de la détermination qu'ils ont prise.

» Oser prétendre que le fils de famille aurait satisfait aux dispositions de la loi, par la simple remise à un portier, ou à un domestique, de l'Acte respectueux, et sans énonciation d'aucune autre démarche, ce serait, pour ainsi dire, insulter à l'intention du législateur exprimée dans l'art. 151 du Code civil.

» Soutenir, au contraire, qu'il faut indispensablement que les Actes respectueux soient signifiés à la personne même de l'ascendant, c'est faire dépendre du caprice ou de l'humeur de celui-ci, l'effet d'une formalité qui doit conduire au but, indépendamment de la volonté de l'ascendant; et remarquons que cette formalité révérentielle est en elle-même une restriction des droits que comporte l'âge de majorité.

» Les deux points se concilient lorsqu'il résulte, des procès-verbaux dressés par les notaires, que les démarches que la prudence et l'honnêteté prescrivent pour arriver à la personne de l'ascendant, ont été tentées inutilement, et qu'il paraît que c'est par son fait que les Actes respectueux n'ont pu atteindre la personne au moment de la signification.

» Dans l'espèce, les circonstances conciliaient les deux points, et c'est ce qui a décidé le magistrat du parquet.

» C'est aussi dans ce sens que la cour, par son arrêt du 1er nivôse an 13, a confirmé le jugement du tribunal de l'arrondissement de Malines (1) ».

J'ai rapporté ci-dessus, 1re QUESTION, un arrêt de la même cour, du 16 mai 1826, qui est fondé sur le même principe; et l'on en trouvera, ci-après, XIXe. QUESTION, un semblable du 3 avril 1823.

On peut encore voir là-dessus l'arrêté de la même cour, du 11 décembre 1816, qui est rapporté à la XIIe. QUESTION.

Ve. QUESTION *Y a-t-il nullité lorsqu'en notifiant un Acte respectueux, le notaire ne signe pas l'acte qu'il en délivre ?*

Pour qu'il y ait matière à cette question, il faut supposer que l'original de l'Acte respectueux ne contient pas la mention expresse de la signature du notaire apposée à la copie qui en a été délivrée au père; car si l'acte contient cette mention, il en fait foi jusqu'à inscription de faux ; et dès-lors, vainement le père représenterait-il une copie de

---

(1) *Ibid.*, pages 376 et suivantes.

l'Acte respectueux non signée du notaire, on lui répondrait victorieusement que cette copie n'est pas celle que l'original constate lui avoir été délivrée.

Supposons donc que, par l'original de l'Acte respectueux, il soit seulement dit qu'une copie en a été laissée au père, sans ajouter qu'elle est revêtue de la signature du notaire, et que cette signature manque en effet à la copie représentée par le père. Dans ce cas, l'Acte respectueux sera-t-il valable?

Comment pourrait-il l'être? Il est de principe que la copie signifiée tient lieu d'original à celui auquel la signification est adressée. Il faut donc que la personne à qui l'on signifie un acte, trouve dans la copie qui lui en est laissée, une preuve authentique que toutes les formalités dont la loi veut qu'il soit revêtu, y ont été remplies; et cette preuve où la trouvera-t-elle, si la copie qui lui est laissée de l'acte, n'est qu'une pièce informe, si elle est dénuée de la signature de l'officier public qui a dû la délivrer?

La question est si simple, qu'il semble qu'elle n'aurait jamais dû se présenter. Elle s'est cependant offerte à la cour d'appel de Bordeaux qui, par arrêt du 12 fructidor an 13, a déclaré nul un Acte respectueux, *attendu,* a-t-elle dit, *que la copie notifiée au père n'est pas revêtue de la signature du notaire* (1).

VIᵉ. QUESTION. *Suffit-il que le second notaire, ou les témoins qui en tiennent lieu, signent* l'original *de l'Acte respectueux? Ne faut-il pas qu'ils en signent également la copie délivrée au père?*

Au motif sur lequel est fondé l'arrêt de la cour d'appel de Bordeaux, que je viens de citer, il est ajouté que *la notification de l'Acte respectueux est également nulle, parce qu'elle ne contient pas la mention de la signature des témoins;* et il paraît qu'en s'exprimant ainsi, la cour d'appel de Bordeaux a supposé que, tout autre vice à part, l'Acte respectueux dont il s'agissait, aurait dû être jugé valable, si, sans que la copie fût signée des témoins, il y eût seulement été mentionné qu'ils en avaient signé l'original.

Mais ce qu'elle n'a fait que supposer par cet arrêt, la cour royale de Montpellier l'a jugé depuis formellement : « Attendu (a-t-elle dit, par un » arrêt du 31 décembre 1821) que les originaux » des actes par lesquels la demoiselle Marie L.... » a demandé conseil à ses père et mère sur le » projet de mariage avec M...., sont signés du » notaire et des témoins qui en ont fait la notifi- » cation; qu'à la vérité, les copies de ces mêmes » actes ne portent que la signature du notaire; mais » qu'on ne peut induire des termes de l'art. 154 du » Code civil, que le défaut de celle des témoins sur » ces copies, constitue une nullité; d'où il suit

» que le premier moyen présenté par les mariés » L...., à l'appui de leur appel, ne peut point être » pris en considération (1) ».

Mais cette manière de juger est-elle bien exacte? j'ai peine à le croire.

Dans les actes ordinaires, la signature du second notaire ou des témoins n'est requise que sur la minute; et la mention qu'en fait le notaire entre les mains duquel la minute demeure, dans les expéditions qu'il en délivre, constate authentiquement que le second notaire ou les témoins l'ont signée.

Mais d'où cela vient-il? De ce que le plus souvent il serait impossible, au moment où se délivre l'expédition d'un acte, de retrouver ou le second notaire ou les témoins qui en ont signé la minute. Aussi, l'art. 21 de la loi du 25 ventôse an 11, sur le notariat, porte-t-il que *le droit de délivrer des expéditions n'appartiendra qu'au notaire possesseur de la minute.*

La même raison est-elle applicable à un Acte respectueux? Non évidemment.

D'une part, l'Acte respectueux n'est pas, par sa nature, de la compétence des notaires. Suivant l'art. 1ᵉʳ de la loi du 25 ventôse an 11, l'objet direct de l'institution des notaires est *de recevoir tous les actes et contrats auxquels les parties doivent ou veulent faire donner le caractère d'authenticité attaché aux actes de l'autorité publique, et pour en assurer la date, en conserver le dépôt, en délivrer des grosses et expéditions.* Ils n'ont donc pas de plein droit caractère pour faire des significations ou notifications, et si la loi les admet à en faire quelques unes, soit concurremment avec les huissiers, telles que celles des protêts de billets de commerce, soit à leur exclusion, telles que celles des Actes respectueux; elle ne range pas pour cela ces significations ou notifications dans la classe des actes qui ne sont soumis qu'aux règles du notariat; elle ne dispense pas pour cela les notaires d'y observer les règles propres aux significations ou notifications. Or, quand un huissier notifie un acte dans lequel, par une exception spéciale, la loi l'oblige de se faire assister de deux témoins, il ne suffit certainement pas que ses deux témoins en signent l'original; il faut, à peine de nullité, qu'ils en signent également la copie laissée à la partie à laquelle la notification est faite. Il en est donc nécessairement de même des notifications qui sont faites par un notaire.

D'un autre côté, l'art. 154 veut que l'Acte respectueux soit *notifié par deux notaires ou par un notaire et deux témoins.* Le second notaire et les deux témoins co-opèrent donc à la notification de cet acte. Ils y sont donc parties essentielles, comme le notaire rédacteur; il faut donc qu'ils y fassent tout ce qu'y fait ce notaire. Il est donc

---

(1) Jurisprudence de la cour de cassation, tome 7, part. 2, page 769.

(1) *Ibid.*, tome 22, partie 2, page 248.

indispensable qu'ils en signent la copie, comme il est indispensable qu'il la signe lui-même.

C'est ce qu'a décidé, le 11 février 1811, un arrêt de la cour d'appel de Paris, confirmatif d'un jugement de première instance de Nogent, « attendu que, suivant l'art. 154 du Code civil, » l'Acte respectueux doit être notifié par deux » notaires, ou par un notaire et deux témoins ; » que ces témoins sont dès-lors établis co-opéra- » teurs de l'acte, et que leur co-opération ne peut » être valablement constatée que par leur signa- » ture, tant sur l'original que sur la copie, sui- » vant ce qui est prescrit pour les autres actes où » l'assistance des témoins est nécessaire (1) ».

§. VIIe. QUESTION. *Y a-t-il nullité dans les Actes respectueux où n'est pas énoncée la demeure des témoins qui assistent le notaire ? Et si cette énonciation n'est omise que dans l'un de ces actes, suffit-il, pour la réparer, lorsque les témoins sont les mêmes dans tous trois, que leur demeure soit énoncée dans les deux autres ?*

De ce que les Actes respectueux sont, comme on vient de le voir, assujétis, relativement aux copies qui en sont délivrées aux ascendans, à une formalité de plus que les actes notariés ordinaires, il ne s'ensuit sûrement pas qu'ils soient affranchis des formalités communes à ceux-ci. Or, par l'art. 12 de la loi du 25 ventôse an 11, sur le notariat, les notaires sont tenus, sous la peine de nullité prononcée par l'art. 68 de la même loi, d'énoncer dans tous leurs actes, la demeure des témoins qu'ils y emploient ; tout Acte respectueux dans lequel le notaire omet la demeure des deux témoins qui doivent l'assister à défaut d'un second notaire, est donc nécessairement nul.

Mais la nullité en serait-elle couverte, si, dans un acte antérieur ou subséquent de la même nature, notifié dans le même but, aux mêmes ascendans, à la requête du même enfant de famille, la demeure des témoins se trouvait énoncée, et que ces témoins fussent encore les mêmes ?

Un arrêt de la cour d'appel de Bruxelles, du 11 avril 1810, a jugé pour l'affirmative, « at- » tendu que, dans ce cas, les témoins aux trois » Actes respectueux étant les mêmes, et ces actes » ayant une certaine relation entre eux, l'omis- » sion de la demeure des témoins, qui se trouve dans le second Acte Respectueux, est vis-à-vis » de la partie, suffisamment remplie par l'expres- » sion de cette demeure, qui se trouve dans les » deux autres actes (1) ».

Mais cet arrêt doit-il servir de règle ? Nous osons croire que non.

En général, ce n'est point par des documens étrangers à un acte, que peut-être constatée l'observation des formalités qui y sont requises pour sa validité ; il faut qu'elle le soit par cet acte même. C'est l'observation d'un jurisconsulte qui jouit d'une grande et juste réputation dans toute la Belgique ; en parlant de la nullité attachée au défaut d'énonciation du lieu où un acte est passé, il dit que le vœu de la loi ne serait pas rempli, alors même que ce lieu se trouverait constaté par relation à un autre acte, *quia dispositio juris continet clausulam irritantem et requirit expressionem loci pro formâ, cui non sufficit,* ETIAM SI CONSTARET *de loco per relationem* (1).

Que dirait-on d'un codicille dans lequel seraient employés, sans énonciation de leur demeure, les mêmes témoins qui ont assisté à un testament antérieur de la même personne, dans lequel leur demeure a été énoncée ? Bien certainement on ne le jugerait pas valable, sous le prétexte que le codicille et le testament *ayant une certaine relation entre eux, l'omission de la demeure des témoins qui se trouve dans le second, est suffisamment remplie par l'expression de cette demeure qui se trouve dans le premier*. Et pourquoi ne pourrait-on pas juger ainsi ? Parce que la relation qui existe entre le testament et le codicille, ne constate pas, par elle-même, l'identité des témoins employés dans l'un, avec les témoins employés dans l'autre ; et en effet, quoiqu'ils portent les mêmes noms et prénoms, ils peuvent être des individus différens. Vainement prétendrait-on qu'ils doivent être présumés les mêmes. Ce ne serait là qu'une présomption morale ; et jamais les présomptions morales ne peuvent être admises pour établir des faits dont le mode de preuve est déterminé par la loi (2).

Il en serait autrement, sans doute, si le codicille énonçait en termes exprès que les témoins qu'on y emploie, sont les mêmes qui ont déjà figuré dans le testament fait précédemment par la même personne, devant tel notaire. Le codicille contiendrait alors des documens intrinsèques d'après lesquels la demeure des témoins pourrait être constatée avec une certitude vraiment légale, et ce ne serait plus une *relation vague*, une relation quelconque ; ce serait une relation précise et authentique, qui existerait entre le codicille et le testament. Mais hors ce cas, le codicille serait incontestablement nul.

Et par la même raison, si le second ou le troisième Acte respectueux dans lequel est omise la mention de la demeure des témoins, énonce expressément qu'ils sont les mêmes que ceux qui ont assisté au premier, dans lequel leur demeure est énoncée en toutes lettres, il est clair que le second ou troisième Acte respectueux sera valable ; mais il est clair aussi qu'il sera nul, s'il ne

---

(1) *Ibid.*, partie 2, page 471.
(2) Journa du Palais, tome 27, page 286.

(1) Méan, *ad jus civile leodiensium,* observ. 649, n°. 8.
(2) Code civil, art. 1353. *V.* le Répertoire de jurisprudence, au mot Testament, sect. 2, §. 1, art. 6, n°. 10.

constate pas l'identité des témoins qui y figurent, avec ceux qui y ont figuré dans le premier acte.

VIIIe. QUESTION. *L'Acte respectueux est-il valable, lorsque le procès-verbal de notification n'énonce pas que copie en ait été remise ? Est-il valable, si d'ailleurs il est constant que cette formalité a été remplie ?*

Qu'un acte ne puisse être censé notifié à la partie à laquelle il est adressé, qu'autant qu'il en est délivré une copie exacte et entière à cette partie, c'est une vérité qui porte sa preuve avec elle-même.

Mais comment doit être constatée la délivrance de la copie ? Elle ne peut régulièrement l'être que par l'acte même qui est représenté par la copie.

Et de là résulte la conséquence que régulièrement un Acte respectueux est nul à défaut d'énonciation que copie en ait été remise.

Mais la nullité n'en serait-elle pas couverte, s'il existait d'autres preuves indubitables de l'accomplissement de cette formalité; par exemple, si la remise de la copie était avouée par le père ou prouvée par des écrits de sa main qu'il ne méconnaîtrait pas ?

Un arrêt de la cour d'appel de Bruxelles, du 18 juillet 1808, a jugé pour l'affirmative (1), et il a très-bien jugé.

A la vérité lorsqu'il s'agit d'un exploit d'ajournement, la nullité n'en est pas couverte par l'aveu de la partie que copie lui en a été remise; et c'est ce qui résulte clairement de l'art. 173 du Code de procédure, comme cela résultait non moins clairement de l'art. 5 du titre 5 de l'ordonnance de 1667.

Mais c'est une règle particulière aux actes de procédure; et elle est tellement contraire aux principes généraux, qu'on ne l'observe pas, même relativement à ces actes, dans les pays qui n'ont là-dessus d'autre guide que le droit commun (2).

Voyez d'ailleurs, l'arrêt du 11 décembre 1818, rapporté ci-après, XIIe. QUESTION.

Application du deuxième principe.

IXe. QUESTION. *Est-il nécessaire que l'enfant de famille à la requête duquel est fait un Acte respectueux, y soit présent en personne ?*

M. Maleville embrasse la négative. « Suivant » un arrêt du règlement du parlement de Paris, » du 27 août 1692 (dit-il), l'enfant était obligé » de se transporter en personne chez ses père et » mère pour leur faire la sommation respec- » tueuse; mais le Code civil ne l'exige pas; et par » cela seul, cette formalité ne doit plus être jugée » nécessaire (3) ».

---

(1) Décisions notables de la cour d'appel de Bruxelles, tome 15, page 29.
(2) *V.* l'article *Assignation*, §. 5.
(3) Analyse raisonnée de la discussion du Code civil au conseil d'état, tome 1er, page 174.

Je pense absolument comme M. Maleville, mais où a-t-il pris que l'arrêt de règlement de 1692 exigeait la comparution personnelle de l'enfant dans la sommation respectueuse ? Il suffit, comme je l'ai dit dans des conclusions du 4 novembre 1807, rapportées dans le *Répertoire de jurisprudence*, aux mots *Sommation respectueuse*, de lire cet arrêt pour se convaincre qu'il établit précisément tout le contraire.

Quoi qu'il en soit, la question s'étant présentée à la cour d'appel de Caen, le 1er. prairial an 13, y a été jugée contre l'opinion de M. Maleville,

« Attendu que la demande d'un conseil par un acte formel, suppose un rapprochement et une communication entre celui qui demande et celui qui donne le conseil;

» Attendu que des expressions de l'article, que les parens et l'enfant qui requièrent conseil, doivent être en présence les uns des autres;

» Attendu que, selon l'orateur du conseil-d'état qui a clairement expliqué le but de la loi, c'est un hommage de reconnaissance, de respect qui ne peut être rendu par un étranger : *La loi a pour but*, dit-il, *de chercher à éclairer les père et mère, sur les préjugés qu'ils peuvent avoir; et les enfans sur la passion qui peut les égarer; les rapprocher les uns des autres plusieurs fois; laisser, de part et d'autre, à la raison et à l'affection, le temps d'exercer leur influence. C'est un moyen que la nature elle-même indique, lorsque ce sont des père et mère vis-à-vis de leurs enfans; se voir et entrer en explication, c'est presque toujours dissiper les nuages, et rétablir l'harmonie;*

» Attendu qu'on ne peut préciser dans une forme plus pure le véritable sens de la loi (1) ».

Il est aisé de sentir qu'en raisonnant ainsi, la cour d'appel de Caen a cru voir dans l'art. 154 ce qui n'y est pas, et qu'elle a tiré une fausse conséquence de la paraphrase de l'orateur du gouvernement a fait de cet article dans l'*exposé des motifs*. C'est d'ailleurs ce que j'ai démontré dans les conclusions déjà citées du 4 novembre 1807, conformément auxquelles la cour de cassation a maintenu un arrêt de la cour d'appel de Rouen, du 6 mars 1806, qui avait décidé formellement que la présence de l'enfant de famille n'est pas nécessaire à la notification de l'Acte respectueux.

C'est ce qu'avait également jugé, même avant que la question se fût présentée à la cour de Caen, un arrêt de la cour d'appel d'Amiens dont voici l'espèce.

Le 11 messidor an 11, la demoiselle Driencourt, majeure de vingt-cinq ans, fait notifier à son père et à sa mère un Acte respectueux revêtu des formes pescrites par l'art. 154, et dans lequel, au lieu de

---

(1) Jurisprudence de la cour de cassation, tome 5, partie 2, page 143.

figurer en personne, elle se fait représenter par un fondé de pouvoir.

Son père et sa mère en demandent la nullité et forment en conséquence opposition au mariage.

Les conseils que vous requérez de notre part, disent-ils à leur fille, nous sommes prêts à vous les donner; mais ils reposent sur une foule de circonstances et de secrets de famille qui ne peuvent être révélés à un étranger. Ce n'est pas une formalité froide et, pour ainsi dire, insultante, que le législateur a prescrite. Son intention a été sans doute de placer l'enfant qui veut se marier, en présence des auteurs de ses jours, qui veulent son bonheur comme lui-même, qui souvent connaissent mieux que lui ce qu'exige son avantage, et qui toujours ont le droit d'éclairer son esprit et le besoin d'émouvoir son cœur.

La demoiselle Driencourt répond qu'elle a usé, en se faisant représenter par un fondé de pouvoir, d'un droit qui n'aurait pu lui être ôté que par une disposition expresse de la loi; que, dans l'ancienne législation abrogée, d'abord en cette matière par la loi du 20 septembre 1792, mais rétabli par le Code civil, les Actes respectueux pouvaient se faire dans cette forme; et que le Code civil, en remettant en vigueur les dispositions des édits de 1556 et 1697 et de la déclaration de 1639, n'a rien changé au mode de leur exécution.

Jugement du tribunal de première instance de Laon qui fait main-levée de l'opposition ; et sur l'appel, arrêt confirmatif du 1er frimaire an 12 ; « attendu que, par l'Acte respectueux du 11 mes- » sidor an 11, la demoiselle Driencourt a satis- » fait à tout ce que prescrit l'art. 151 du Code » civil; et que ni cette loi, ni les anciennes n'exi- » geaient sa présence à cet acte (1) ».

Le 22 mai 1806, arrêt semblable de la cour d'appel de Bordeaux, motivé sur ce que « la pré- » sence de l'enfant à la notification de l'acte n'est » prescrite nulle part, et surtout à peine de nul- » lité (2) ».

Le 18 juillet 1808, arrêt de la cour d'appel de Bruxelles qui déclare pareillement que la loi n'exige pas la présence personnelle du fils de famille (3) ».

Le 4 avril 1811 autre arrêt de la même cour qui est fondé sur le même principe (4).

Le 22 avril 1819, arrêt de la cour royale de Douai qui juge encore de même, « vu les art. 151, » 152 et 154 du Code civil, et attendu que ces » articles qui indiquent le nombre et les délais » des Actes respectueux, et les officiers qui doi- » vent les rédiger, n'exigent ni la présence du fils,

---

(1) Jurisprudence de la cour de cassation, tome 4, partie 2, page 86.
(2) Ibid., tome 7, partie 2, page 768.
(3) Décisions notables de la cour d'appel de Bruxelles, tome 15, page 28.
(4) V. ci-après, 13e question.

» ni aucune des formalités autres que celles qui » sont communes à tous les actes extrajudiciaires; » et que le juge ne peut ajouter aux formes, et » surtout aux nullités prononcées par la loi (1) ».

Enfin, l'arrêt de la cour royale de Toulouse, du 21 juillet 1821, déjà cité plus haut (IVe. QUESTION), énonce dans ses motifs, « que l'Acte respectueux » n'a point pour but de mettre le fils en présence » du père, puisque, comme plusieurs arrêts l'ont » jugé, ce système, loin d'être propre à concilier » les esprits, servirait souvent à les aigrir, et pour- » rait donner lieu à des scènes affligeantes et scan- » daleuses ».

Xe. QUESTION. *Lorsque, dans un Acte respectueux, l'enfant de famille ne se présente pas en personne et ne s'y fait pas représenter par un fondé de pouvoir spécial, est-il nécessaire, à peine de nullité, que les notaires soient munis de pouvoirs spéciaux et en forme authentique pour notifier cet acte en son nom ?*

Un arrêt de la cour d'appel de Liége, du 26 décembre 1812, a jugé que non, et par un motif au-dessus de toute espèce de critique : « parce » qu'il suffit que des officiers publics, tels que les » notaires, attestent que l'acte est fait au nom de » l'enfant, pour que les parens doivent ajouter » foi à cette énonciation qui est authentique, tout » comme tout le reste du contenu du procès-ver- » bal (1) ».

Dans l'espèce de cet arrêt, le fils n'avait donné au notaire aucune espèce de pouvoir par écrit.

Mais dans celui de la cour royale de Paris du 19 octobre 1809, qui est rapporté sur les art. 152 et 153, la demoiselle Juliard avait donné un pouvoir sous seing-privé, et sa mère prétendait qu'il ne devait y être pris aucun égard, parce qu'il n'était point légalisé. L'arrêt a écarté ce moyen, « attendu que le défaut de légalisation du pouvoir » n'emporte point la nullité des Actes respec- » tueux ». Il aurait été plus exact de dire, « attendu que les notaires n'avaient pas besoin de » pouvoir spécial ».

La question s'est représentée depuis dans l'affaire jugée à Bruges le 6 mars 1820, dont il a été parlé sur la *troisième question*.

Au moyen de nullité dont il a été rendu compte à cet endroit, le sieur et dame D.... en ajoutaient un autre consistant à dire que les Actes respectueux qui leur avaient été notifiés par leur fille étaient nuls, parce que le notaire qui en avait fait la notification n'était pas muni d'un pouvoir spécial à cet effet, et que d'ailleurs leur fille ne les avait pas signés.

Mais ce moyen a été justement rejeté par les premiers juges, « attendu que la demande

---

(1) Jurisprudence de la cour de cassation, tome 20, partie 2, page 116.
(2) Décisions notables des cours de Bruxelles et de Liége, t. 28, p. 88.

» respectueuse ayant été faite au nom de l'en-
» fant par un notaire, qui est le seul officier
» public que la loi autorise à procéder aux Actes
» respectueux, on ne peut se refuser à recon-
» naître que l'enfant est l'acteur principal et l'au-
» teur de ces mêmes actes; qu'aucun texte de
» loi n'exige que le notaire soit muni d'un pou-
» voir spécial; que, quand la loi le veut ainsi,
» elle l'exprime positivement; que d'ailleurs il
» n'y a pas ici de nullité prononcée par la loi;
» que, par respect pour les parens, la loi a,
» dans ces sortes d'actes, préféré le ministère du
» notaire à celui de l'huissier qui est remplacé
» par le premier; que l'art. 14 de la loi du 25
» ventôse an 11 ne leur est pas applicable, puis-
» que les requérans ne sont pas même présens
» aux opérations du notaire, consistant à faire
» la demande aux parens et à constater leur ré-
» ponse ou l'absence de leur domicile, qui équi-
» vaut à un refus ».

Et sur l'appel, arrêt de la cour supérieure de justice de Bruxelles, du 29 mars 1820, qui met l'appellation au néant,

« Attendu que, par la loi du 12 mars 1804 (contenant les art. 152, 153 et 154 du Code civil), les notaires ont seuls qualité pour faire les Actes respectueux;

» Que, d'après ce qu'a dit l'orateur du gouvernement, en présentant ladite loi au corps législatif, cet acte n'a ni la dénomination ni les formes judiciaires; qu'il est seulement nécessaire que son existence soit constatée par un procès-verbal qui d'ailleurs apprend si le consentement est donné;

» Attendu que la jurisprudence est conforme à ces principes ».

XI° QUESTION. *Est-il nécessaire que l'enfant de famille fasse notifier d'avance à son père le jour et l'heure où il se présentera pour lui notifier un Acte respectueux?*

Non, la loi ne l'exige pas, et suivant notre deuxième principe, on ne peut pas plus en cette matière qu'en toute autre, ajouter à la loi.

Cependant le tribunal de première instance d'Angers avait déclaré nul un Acte respectueux qui n'avait pas été précédé d'une notification de cette espèce. « Aux termes de l'art. 154 du
» Code civil (avait-il dit), il doit être dressé pro-
» cès-verbal de l'Acte respectueux, et il doit être
» fait mention de la réponse. Or, cette volonté du
» législateur resterait souvent sans exécution, si
» l'ascendant n'était pas averti d'une sommation
» préalable ».

Mais, sur l'appel, la cour d'Angers a réformé ce jugement, par arrêt du 10 mars 1813, « attendu
» qu'aucune loi n'exige que le fils ou la fille qui
» veut faire un Acte respectueux à ses ascendans,
» leur fasse notifier par le ministère d'un huissier
» ou de tout autre officier, une sommation ou
» intimation de se trouver à leur domicile au mo-
» ment où il se propose de faire l'Acte Respec-
» tueux; que les juges dont est appel, en décidant
» que cette sommation était un préalable indispen-
» sable dont l'omission entraîne la nullité de l'Acte
» respectueux, ont créé une formalité et une nul-
» lité qui ne sont ni dans le texte ni dans l'esprit
» de la loi (1) ».

Le système proscrit par cet arrêt a été encore reproduit devant la cour royale de Toulouse dans l'espèce de l'arrêt du 21 juillet 1821, déjà cité sous la IV°. QUESTION ; mais cet arrêt l'a également rejeté, «Attendu que c'est mal à propos que l'on a
» prétendu que, du moins, une sommation anté-
» rieure devait être adressée au père, pour le
» constituer en demeure, outre que cette som-
» mation serait peu respectueuse en soi, qu'elle
» aurait pour but de contraindre le père à rece-
» voir un acte déplaisant pour lui, et que les rap-
» ports qui existent entre un père et son fils
» n'admettent pas un mode aussi inconvenant:
» d'ailleurs on ne peut ajouter aux dispositions
» de la loi, et créer des formalités qu'elle ne pres-
» crit pas de remplir ».

XII°. QUESTION. *Lorsque le père s'étant choisi dans la commune qu'il habite, une demeure inconnue, il est impossible au notaire chargé de lui notifier les Actes respectueux, de le rencontrer, la notification de ces actes peut-elle être faite au père dans la personne du maire; et est-il, dans ce cas, nécessaire de remplir toutes les formalités prescrites par les art. 61 et 68 du Code de procédure pour les exploits d'huissiers?*

Nous avons déjà vu (VIII°. QUESTION) que les Actes respectueux ne sont pas des actes de procédure, et ne sont pas soumis aux formalités judiciaires. D'après cela, nul doute que, dans l'hypothèse ici proposée, la notification ne soit valablement faite au maire, sans qu'il soit nécessaire de faire viser l'original; et c'est ce qui a été jugé dans l'espèce suivante.

Le 29 juin 1816, la demoiselle L..... fait notifier à son père, percepteur des contributions de la commune d'E......, en parlant à sa personne, dans la ville de......; un premier Acte Respectueux. Le père déclare au notaire qu'il donnera incessamment sa réponse.

Le 8 août suivant, le notaire, ne trouvant plus le père dans la ville de......; se transporte à la commune d'E......, où il le trouve faisant sa recette dans une auberge. Mais, à la vue de cet officier, le père disparaît; et le notaire, après avoir fait d'inutiles recherches pour découvrir le lieu de sa demeure, remet la copie de son acte de notification au maire, en le requérant de la lui faire parvenir.

Le 11 septembre, même transport du notaire

―――――――
(1) Jurisprudence de la cour de cassation, tome 15, 2, p. 65.

dans la commune d'E......; mêmes recherches de la demeure du père sans plus de succès; et même remise de la copie de l'acte de notification au maire.

Le maire remet en effet les deux copies au père; et c'est avec ces pièces à la main que le père vient, sur la demande en main-levée de l'opposition qu'il a formée au mariage de sa fille, soutenir que le second et le troisième Acte respectueux sont nuls.

Jugement du tribunal de première instance de Gand qui, en effet, les déclare tels, « attendu que, » d'après la combinaison des art. 151, 152 et » 154, l'Acte respectueux doit être signifié à la » personne, puisqu'il doit être fait mention de la » réponse; et que d'ailleurs le premier acte ayant » été notifié au père, à son domicile, dans la ville » de......, il n'y avait pas lieu de rechercher un » autre domicile à la campagne pour les deux » actes subséquens ».

La demoiselle L.... appelle de ce jugement, et pour en détruire le second motif, elle produit un certificat du commissaire de police de la ville de..... constatant que le père n'est nullement domicilié en cette ville.

Par arrêt du 11 décembre 1816, la cour supérieure de justice de Bruxelles fait main-levée de l'opposition du père,

« Attendu que le Code civil, en prescrivant les formalités que les enfans de famille ayant atteint l'âge de majorité fixé par l'article 148, doivent observer, avant de pouvoir contracter mariage, a soigneusement imprimé à ces actes le caractère de déférence et de respect que ne peuvent comporter des exploits tels que ceux qui se trouvent dans les attributions des huissiers;

» Qu'au contraire, et pour que ces Actes respectueux fussent d'autant moins susceptibles d'être envisagés comme des exploits d'huissier, le législateur a positivement ordonné par l'art. 154, que la notification se fît exclusivement par des fonctionnaires habitués à être les dépositaires des secrets des familles, et tenus par état à les garder;

» Attendu que le même Code, en ordonnant par cet art. 154, que lesdits actes prescrits par les art. 151 et 152, seront notifiés par deux notaires, ou par un notaire et deux témoins, n'a imposé à ces fonctionnaires aucune autre formalité à observer, que celle de faire mention de la réponse des parens dans le procès-verbal de notification; qu'ainsi, c'est sans raison que l'intimé a opposé aux actes dont il s'agit, comme moyen de nullité, que les formalités ordonnées pour la validité des exploits appartenant aux fonctions d'huissiers, n'y auraient pas été observées;

» Attendu que le procès-verbal de notification du premier Acte respectueux, faite de la part de l'appelante à son père en personne, en la ville de Gand, le 29 juin de cette année, fait mention expresse de la réponse négative, et se trouve à l'abri de toute critique;

» Que, quant à la seconde notification du 9 août suivant, il conste par le procès-verbal desdits notaires qu'ils se sont transportés à L... où l'intimé a sa recette, et où il a notoirement son domicile; que le trouvant là dans une auberge; et voulant lui faire cette notification, il s'est soustrait à la possibilité de la recevoir, en se retirant du lieu où ils l'avaient trouvé; que, dans cet état, ils ont vainement recherché l'endroit particulier où il a sa demeure en ladite commune; que cet endroit est inconnu à la mairie même; que conséquemment lesdits notaires n'ont, par le fait même de l'intimé, pu autrement s'acquitter de leur mandat, qu'en faisant la susdite notification au sous-maire chargé de la transmettre à son administré;

» Qu'il en est de même de la troisième notification, en date du 11 septembre suivant, puisqu'il conste du procès-verbal desdits notaires, qu'alors encore ce ne fut qu'après avoir renouvelé les diligences et les recherches propres à s'assurer de l'endroit particulier habité par l'intimé dans la commune de L...., mais encore inutilement, qu'ils firent ladite notification au maire chargé de la transmettre à l'intimé.

» Attendu que ces notifications lui ont en effet été transmises par cette voie, et qu'au lieu de donner à l'appelante le conseil qu'elle sollicitait respectueusement, et qu'elle avait lieu d'attendre de son autorité paternelle, il n'en a fait d'autre usage que celui de les traduire en justice, à l'effet de les arguer de nullité, sous prétexte, entre autres, que les procès-verbaux des deuxième et troisième notifications desdits Actes respectueux ne faisaient pas mention de ses réponses, tandis qu'il est évident que c'est lui-même qui a éludé soigneusement tout moyen de recevoir en personne lesdits actes de notification, et d'y faire aux notaires telle réponse qu'il aurait trouvé convenir;

» Attendu que, si, d'un côté, le législateur a imposé aux enfans la nécessité de faire ces Actes respectueux, il a voulu aussi, art. 154, que, de leur côté, les parens se prêtassent à les recevoir, et ne pussent, dans aucun cas, se prévaloir de subterfuges de cette espèce pour entraver et retarder le mariage de leurs enfans (1) ».

XIIIe. QUESTION. *Le père à qui est notifié un Acte respectueux, peut-il, sur le fondement que son fils se trouve dans la maison où il est retiré, sous l'influence de mauvais conseils, exiger qu'il se transporte dans une maison tierce qu'il lui indique?*

L'enfant est sans doute obligé, pour suppléer au consentement de son père, de remplir rigoureusement toutes les conditions que lui impose la loi; mais il n'est tenu à rien de plus; il peut donc attendre, dans l'habitation qu'il s'est choisie et

---

(1) Jurisprudence de la cour supérieure de justice de Bruxelles, année 1816, tome 2, page 74.

que sa majorité lui a donné le droit de choisir, la détermination que son père prendra d'après l'Acte ou les Actes respectueux qu'il lui notifie; et son père ne peut pas exiger qu'il se transporte dans une maison tierce pour recevoir sa réponse.

Ainsi l'a jugé un arrêt de la cour d'appel de Bruxelles, du 18 juillet 1808;

« Attendu que la loi n'exige pas la présence personnelle du fils de famille, ni que les notaires trouvent les ascendans dans leur domicile ni qu'ils s'y représentent, dans le cas que ceux-ci soient absens;

» Attendu que c'est par les Actes respectueux que le conseil est requis, et que c'est sur les actes que doit intervenir le consentement ou refus; que c'est à cet effet que le Code détermine plusieurs intervalles, afin que les ascendans aient le tems de mûrir leurs réflexions; que, si les ascendans dont le conseil est requis, sont absens de leur domicile, lorsque les actes y sont faits, on doit présumer leur refus, s'ils ne le dounent par des actes particuliers; qu'ainsi, le Code n'exigeant pas que le conseil soit requis dans le tems intermédiaire des actes, ni que les parties aient des points de contact pour demander et recevoir des conseils, le changement de domicile de l'appelante n'est d'aucune considération (1) ».

XIV°. QUESTION. *Les Actes respectueux qu'une fille majeure, vivant sous le même toit que celui qu'elle veut épouser, a fait notifier à son père, peuvent-ils être jugés insuffisans, sous le prétexte qu'elle ne jouit pas de sa liberté; et les juges peuvent-ils en conséquence lui enjoindre de se retirer dans une maison tierce, pendant quelques mois, après lesquels elle émettra son vœu en leur présence et devant son père?*

Cette question se résoud par le même principe que les cinq précédentes. La loi, toute la loi, rien que la loi, voilà quelle doit être la règle du juge en cette matière.

Un arrêt de la cour d'appel de Paris, du 26 août 1807, en avait pourtant décidé autrement; mais il a été cassé le 21 mai 1809.

« Vu les art. 151. 154 et 488 du Code civil.;

» Attendu que, si la loi établit des règles pour maintenir les enfans dans le respect et la déférence qu'ils doivent à leurs père et mère, elle veut aussi que les enfans majeurs qui veulent contracter mariage, jouissent de la liberté qu'elle leur accorde à cet égard par les articles précités;

» Attendu qu'en subordonnant la décision à intervenir, à des mesures que la loi n'impose pas, l'arrêt attaqué prive la demanderesse de la liberté dont la loi veut que les majeurs jouissent, et que, **sous ce rapport, il y a excès de pouvoir** (2) ».

Cependant la question s'étant représentée depuis devant la cour royale de Montpellier, il y est intervenu, le 31 décembre 1821, un arrêt qui l'a jugée de la même manière que l'avait fait la cour de Paris, en 1807.

« Attendu (y est-il dit) qu'il est constant en fait que, depuis qu'elle a quitté la maison paternelle, Marie L..... n'a cessé d'habiter dans le domicile du sieur M....., et qu'outre que, par là, elle a insulté l'autorité paternelle, elle a choqué les bonnes mœurs, et elle a renoncé à toute liberté par l'ascendant qu'elle a laissé prendre sur sa volonté audit M......;

» Attendu que les actes faits sans liberté ne peuvent être valables, et qu'ils doivent être considérés comme non-avenus;

» Attendu qu'il est conforme à la décence que Marie L..... quitte le domicile où elle est retenue, pour se retirer dans celui que ses père et mère lui indiqueront, et où ils auront la liberté de la voir et de lui donner leurs conseils ;

» Par ces motifs, disant droit à l'appel relevé par les mariés L....., infirme le jugement rendu entre parties par le tribunal civil de Montpellier, le 10 mai 1821. Ce faisant, déclare nuls et comme non-avenus les actes signifiés à la requête de Marie L..... à ses père et mère, les 30 décembre 1820, 1er. février et 5 mars 1821; déboute ladite Marie L..... de sa demande en main-levée de l'opposition formée par ses père et mère à son mariage avec Jacques M....., et lui fait défense de passer outre à la célébration dudit mariage; ordonne qu'à dater du jour du présent arrêt, elle sera tenue de quitter le domicile dudit M....., de se retirer dans celui qui lui sera désigné par ses père et mère, et d'y résider pendant trois mois; que, pendant ce temps, il sera libre aux mariés L..... d'y voir leur fille et de lui donner leurs conseils, à ladite Marie L..... d'user du droit que lui donnent les art. 151 et 152 du Code civil; que ledit L..... et son épouse seront tenus de fournir aux frais de logement, de nourriture et d'entretien de leur dite fille..... (1) ».

Mais il est à croire que cet arrêt n'aurait pas échappé à la cassation, s'il eût été dénoncé à la cour suprême.

XV°. QUESTION. *Dans les circonstances qui ont donné lieu à la question précédente, les juges peuvent-ils, tout en reconnaissant la validité des Actes respectueux, ordonner, avant faire droit sur l'opposition du père, la comparution personnelle de*

---

(1) Décisions notables de la cour d'appel de Bruxelles, tome 15, page 18.
(2) Nous nous permettrons de faire remarquer que ces mots *excès de pouvoir* sont là employés dans un sens très-

impropre. Il y a bien *excès de pouvoir* lorsque le juge franchit les bornes de sa compétence, mais non pas lorsqu'en statuant compétemment sur une affaire, il impose à l'une des parties des conditions dont la loi l'affranchit ; il y a alors violation de la loi.
Voyez ce qui est en note dans le Répertoire de Jurisprudence, au mot *Divorce*, section 4, § 9.
(1) Jurisprudence de la cour de cassation, tome 22, partie 2, page 248.

sa fille en sa présence devant le président du tribunal?

Non, et toujours par la même raison, parce que les juges ne doivent être ni plus sages ni plus exigeans que la loi.

La demoiselle Vandermeesch était encore mineure, lorsque, ne pouvant obtenir le consentement de son père pour épouser le sieur Dupré, elle disparut de la maison paternelle et passa dix-huit mois sans donner de ses nouvelles.

Parvenue à l'âge de 21 ans, elle fait notifier à son père et à sa mère, par un fondé de pouvoir spécial, les trois Actes respectueux prescrits par la loi.

Le père forme opposition à la célébration du mariage. Il demande que les Actes respectueux soient déclarés nuls, surtout à raison de ce que sa fille, enlevée dans sa minorité et ayant toujours été depuis au pouvoir de son ravisseur, ne jouit pas d'une liberté suffisante pour manifester ses véritables dispositions; et il conclut à ce qu'elle soit tenue de réitérer ces actes en personne.

Jugement du tribunal de première instance de Gand, qui déclare les Actes respectueux valables; mais, avant faire droit sur la demande de la demoiselle Vandermeesch en main-levée de l'opposition, « ordonne qu'elle se présentera à son père
» devant le président du tribunal, pour y faire
» constater que c'est librement et sans contrainte
» qu'elle a fait notifier ces actes et agi dans toutes
» les démarches tendantes à la célébration de
» son mariage avec Dupré ».

La demoiselle Vandermeesch appelle de ce jugement à la cour de Bruxelles; et le 4 avril 1811, arrêt qui,

« Attendu que les Actes respectueux ont été reconnus valables par les premiers juges, et que l'intimé n'impugne pas le jugement;

» Attendu que la mesure ordonnée par le jugement de première instance, n'est pas autorisée par la loi;

» Attendu que c'est lorsqu'il s'agira de la célébration du mariage que l'appelante usera de la liberté d'y consentir ou de s'y refuser;

» Met l'appellation et ce dont est appel au néant; émendant, ordonne qu'il sera passé outre à la célébration du mariage (1) ».

Application du troisième principe.

XVIe. QUESTION. *L'acte respectueux par lequel un enfant de famille demande, non pas le conseil, mais le* CONSENTEMENT *de son père, est-il valable?*

On a déjà vu que l'art. 151 ne fait, en ordonnant aux enfans de famille de *demander le conseil de leurs père et mère, avant de contracter mariage*, que renouveler la disposition des lois de 1556, 1639 et 1697, en substituant aux mots *requérir l'avis et conseil*, les mots *demander le conseil* qui présentent absolument le même sens.

Or, sous l'ancienne législation, satisfaisait-on au vœu de ces lois, lorsqu'au lieu de requérir *l'avis et conseil* des père et mère, on demandait leur *consentement?*

Oui, et la preuve en est dans ces termes de l'arrêt de règlement du parlement de Paris, du 27 août 1692: *les fils et filles... qui voudront faire sommer leurs père et mère, aux termes de l'ordonnance*, DE CONSENTIR A LEUR MARIAGE, *seront tenus, etc.*

La même conséquence résulte de l'arrêt de règlement du parlement de Toulouse du 25 juin 1723, qui « fait inhibitions et défenses à tous fils
» de famille, majeurs de trente ans, et aux filles,
» majeures de vingt-cinq ans, de contracter mariage sans l'approbation et consentement de
» leurs pères et mères, s'ils en ont, ou *sans avoir
» requis leur consentement* par trois actes réitérés,
» sous les peines portées par les ordonnances faisant défenses à tous notaires de retenir aucuns
» contrats de mariage des fils et filles de famille,
» qu'il ne leur apparesse du consentement de
» leurs père et mère ou des trois actes à eux faits
» pour les requérir d'y consentir... (1) ».

Et en effet, on peut dire que demander le consentement, c'est implicitement demander qu'en cas de refus, on veuille bien en déduire les motifs. Or, demander que l'on consente ou que l'on explique pourquoi l'on ne consent pas, c'est, en d'autres termes, demander le conseil.

Aussi l'arrêt de la cour de cassation du 24 décembre 1807, déjà cité sur la IXe. QUESTION, juge-t-il formellement qu'il y a équipollence entre ces expressions.

L'arrêt de la cour royale de Toulouse, du 27 juin 1821, qui est cité sous la IVe. QUESTION, juge également « qu'en demandant à sa mère son consentement et non des conseils, la demoiselle
» Ponderoux a suffisamment satisfait à la loi,
» puisqu'elle a mis sa mère à même de lui répondre et de manifester sa volonté ».

Même décision dans un arrêt de la cour supérieure de justice de Bruxelles, du 4 novembre 1824, « attendu que la loi se borne à exiger un
» Acte respectueux de la part des enfans à l'égard
» de leurs père et mère, sans aucunement prescrire dans quels termes cet acte doit être conçu;
» qu'ainsi, si l'enfant à la loi en demandant conseil à ses parens, il est au moins aussi respectueux et même plus respectueux encore de demander leur consentement au mariage; qu'en
» outre il résulte de la combinaison des art. 151,
» 152 et 153 du Code civil, que la demande de

---

(1) Décisions notables de la cour d'appel de Bruxelles, tome 23, page 188.

(1) Recueil judiciaire du parlement de Toulouse, tome 4, page 398, édition de 1783.

» conseil et celle de consentement, sont regardées
» comme synonimes (1) ».

Application du quatrième principe.

XVIIe. QUESTION. *Lorsque par sa réponse à un Acte respectueux, le père refuse son consentement, l'enfant de famille peut-il, sans vicier cet acte, y protester de sa résolution de ne pas abandonner son projet de mariage ?*

Quel est l'objet direct et essentiel de l'Acte respectueux ? C'est de demander le conseil du père et de la mère. Tout Acte respectueux qui remplit cet objet, est donc valable, quelque déclaration ultérieure qu'il contienne, pourvu qu'elle ne soit pas en contradiction avec la demande d'un conseil et qu'elle ne la détruise pas.

Or, demander le conseil de son père et de sa mère avant de contracter un mariage et leur déclarer en même temps que l'on est résolu de le contracter, est-ce tenir un langage contradictoire ? Est-ce dire que l'on demande leur conseil pour la forme, mais qu'au fond l'on n'en a pas besoin et qu'on sera sourd à toutes leurs remontrances ?

Une pareille déclaration pourrait bien, à certains égards, être interprétée dans ce sens ; mais ce qui prouve qu'elle n'a pas nécessairement ce sens, aux yeux de la loi, c'est qu'elle est toujours renfermée, soit implicitement, soit en termes exprès, dans un Acte respectueux ; et que, si elle le viciait, il n'y en aurait aucun de valable. Car ce n'est jamais que parce qu'il est bien résolu de contracter le mariage auquel son père et sa mère refusent leur consentement, qu'un enfant de famille prend le parti de leur adresser un acte de cette nature : Qu'importe donc qu'elle y soit exprimée ou qu'elle n'y soit que sous-entendue ? Elle ne peut pas avoir plus d'effet dans un cas que dans l'autre ; aussi voit-on dans le *Répertoire de jurisprudence*, aux mots *Sommation respectueuse*, qu'encore qu'elle fût insérée en toutes lettres dans les trois Actes respectueux que le sieur Morel fils avait fait notifier en 1805, à son père et à sa mère, la cour d'appel de Rouen et la cour de cassation n'en ont pas moins jugé ces actes parfaitement réguliers.

Même décision dans l'espèce suivante.

Le 5 nivôse an 14, la demoiselle Dalbiat désirant contracter, avec le sieur Dufraisse, un mariage qu'approuvent sa mère et ses plus proches parens collatéraux, mais auquel se refuse son père, fait notifier à celui-ci un Acte respectueux, portant « qu'elle eût bien désiré
» tenir de lui la faveur que lui accorde le Code
» civil, art. 151 et 152 ; qu'il lui eût épargné le
» désagrément d'un acte qu'elle craint autant
» qu'il répugne à son cœur ; mais que les avan-
» tages bien calculés et appréciés par la dame

(1) Jurisprudence de la cour supérieure de justice de Bruxelles, année 1824, tome 2, page 270.

» Dupuy, sa mère, et le surplus de sa famille,
» sont impérieux dans cette circonstance, et ne
» lui permettent pas d'abandonner un projet
» mûri et approuvé par toutes les personnes qui
» prennent intérêt à son mariage ; en conséquence,
» elle prie et supplie très-respectueusement son
» père de se rendre à ses instances et de joindre
» son consentement à celui de la dame Dupuy sa
» mère, nécessaire à son mariage avec ledit sieur
» Dufraisse ».

Par sa réponse à cet acte, le père refuse son consentement, et la demoiselle Dalbiat *proteste de se pourvoir par toutes les voies de droit pour parvenir à son mariage*.

Le 29 janvier 1806, nouvel Acte respectueux dans lequel la demoiselle Dalbiat déclare qu'elle est *dans la ferme résolution* de ne pas *abandonner son projet de mariage*. Le père persiste dans son refus.

Le 4 mars suivant, troisième Acte respectueux conçu de la même manière, sauf que la demoiselle Dalbiat y demande expressément le *conseil de son père* ; et nouveau refus de la part du sieur Dalbiat.

La demoiselle Dalbiat fait procéder aux publications de son mariage. Le père y forme opposition et soutient que les deux premiers Actes respectueux sont nuls, 1°. parce qu'ils ne renferment pas la demande d'un *conseil* ; 2°. parce qu'ils sont conçus en termes qui annoncent ouvertement que la demoiselle Dalbiat, bien loin de demander un conseil, a pris invariablement sa résolution.

Le 1er. mai 1806, jugement du tribunal de première instance de Clermont-Ferrand, qui maintient l'opposition,

« Attendu que *conseil* et *consentement* ont une acception différente ;

» Que, d'après l'art. 151 du Code civil, la fille Dalbiat devait demander, par un Acte respectueux et formel, le conseil de son père ;

» Que, dans les actes de cette nature, tout doit s'observer à la lettre ; que la volonté du législateur ne peut se trouver que dans la loi même et non dans les discussions qui l'ont préparée ;

» Que les termes employés par le législateur pour exprimer sa volonté, sont sacramantels et ne peuvent être pris que dans leur sens et leur acception véritable.

» Que, dans les actes des 5 nivôse an 14 et 29 janvier 1806, la fille Dalbiat a requis le *consentement* et non le *conseil* de son père ; que, dans l'acte du 4 mars 1806, elle a même reconnu qu'elle n'avait pas rempli le vœu de la loi dans les deux précédens, et que pour la première fois elle a demandé le conseil de son père ; mais que, par ce dernier acte, elle n'a pu effacer le vice des deux premiers ;

» Que toutes les nations ont révéré la puissance paternelle à tous les âges ;

» Que ce serait faire injure au législateur que de penser qu'il n'a voulu imposer à l'enfant qui veut contracter un mariage désagréable à l'auteur de ses jours, d'autre condition que celle d'une vaine formalité, sans exprimer le respect et les sentimens de piété filiale qu'il doit à son père, pour obtenir un consentement sans lequel l'enfant ne doit avoir pris de détermination qu'après que le temps des épreuves est expiré.

» Que les trois actes de la fille Dalbiat ne sont, de sa part, qu'une déclaration de la ferme résolution qu'elle a prise et dans laquelle elle persévère, et qu'elle y annonce à son père que sa démarche n'a d'autre but que de remplir la formalité que la loi lui commande.

» Que les actes de la demoiselle Dalbiat, qui ne doivent être que l'image de la soumission et de la déférence que l'enfant doit à son père, n'ont marqué au père que la volonté d'un tiers dans une rédaction anticipée et faite hors la présence du père.

» Que ces actes sont donc, sous tous les rapports, irrévérentiels et non-respectueux ».

La demoiselle Dalbiat appelle de ce jugement; et le 11 juin de la même année, arrêt de la cour de Riom qui fait main-levée de l'opposition du père, « Attendu que l'appelante a satisfait à ce » qu'exige la loi par les trois Actes respectueux des » 5 nivôse an 14, 29 janvier et 4 mars derniers, » et que ces actes sont régulièrement et légale-» ment faits ».

Recours en cassation contre cet arrêt de la part du père, et reproduction des moyens employés tant en première instance qu'en cause d'appel.

Mais, par arrêt du 24 décembre 1807, « Con-» sidérant que la demoiselle Dalbiat a satisfait au » vœu de la loi par les Actes respectueux des 5 ni-» vôse an 14, 29 janvier et 14 mars 1806, la cour » rejette le pourvoi...... ».

XVIIIe. QUESTION. *Y aurait-il nullité dans un Acte respectueux, par cela seul que l'enfant de famille y déclarerait à son père que le mariage qu'il a en vue, peut seul faire son bonheur?*

La négative résulte clairement et *à fortiori* de la solution donnée à la question précédente.

On a cependant soutenu le contraire devant la cour supérieure de justice de Bruxelles, sous le prétexte que cette déclaration manifestait l'intention de conclure le mariage, quels que fussent les conseils du père, et que, par conséquent, elle portait le caractère d'une *irrévérence contraire au respect filial.*

Mais cette prétention a été condamnée par un arrêt du 9 janvier 1824, « attendu que l'acte ar-» gué ne contient rien qui puisse porter atteinte » au respect que les enfans doivent à leurs pa-» rens (1) ».

XIXe. QUESTION. *Dans les cas où trois Actes res-*

___
(1) Annales de jurisprudence de M. Sanfourche-Laporte, année 1824, tome 1er, page 139.

pectueux sont nécessaires, le premier est-il nul par cela seul qu'en tête de la copie qui en est remise au père, se trouve celle d'une procuration par laquelle l'enfant de famille donne pouvoir au notaire, non-seulement de faire et notifier cet acte, mais encore de le réitérer ?

Voici une espèce dans laquelle cette question s'est présentée devant la cour supérieure de justice de Bruxelles.

Le .... octobre 1822, le sieur Vanderdilft fils, majeur de 25 ans et mineur de 30, ne pouvant obtenir à l'amiable le consentement de son père au mariage qu'il se propose de contracter, passe une procuration par laquelle il charge un notaire *de lui notifier et de renouveler les Actes respectueux requis par la loi.*

En conséquence, le 11 octobre, le notaire notifie au sieur Vanderdilft père, en parlant à sa personne, un premier Acte respectueux en tête de la copie duquel il donne copie de la procuration en vertu de laquelle il agit.

A cette notification en succèdent, les 12 novembre et 13 décembre suivans, deux autres dont les copies sont laissées au portier du sieur Vanderdilft père, non-trouvé chez lui au moment où le notaire s'y présente.

D'après ces actes, le fils fait procéder aux publications de son mariage.

Le père y forme opposition, et se borne à soutenir que les actes des 12 novembre et 13 décembre sont irréguliers, en ce qu'ils n'ont pas été notifiés *de mois en mois,* comme le veut l'art. 152 du Code civil, et que, pour remplir le vœu de cet article, ils auraient dû l'être, le premier le 11 novembre, et le second le 11 décembre.

Le 3 février 1823, jugement qui donne main-levée de l'opposition, « attendu que la loi n'exige » pas que le second Acte Respectueux soit signifié » rigoureusement le même jour où le mois ex-» pire; qu'il suffit qu'il y ait un mois d'intervalle ».

Sur l'appel, le sieur Vanderdilft père, offre de prouver « que l'on avait choisi à dessein le mo-» ment où il n'était pas chez lui pour lui notifier » le second et le troisième Acte respectueux ».

Admis à cette preuve par un arrêt interlocutoire, il fait entendre plusieurs témoins et interroger son fils sur faits et articles. Mais, sentant qu'il ne résulte rien de concluant, ni des dépositions des uns, ni des réponses de l'autre, il a recours à deux nouveaux moyens.

En annonçant (dit-il d'abord) par la procuration notifiée en même tems que le premier Acte respectueux, son intention de renouveler cet acte autant de fois que l'exige le Code civil, mon fils a clairement manifesté, dès-lors, la résolution de n'avoir aucun égard aux conseils que je pourrais lui donner à la suite de la première notification ; il a par conséquent manqué au respect qu'il me doit. Le premier acte qu'il m'a notifié n'est donc *respectueux* que de nom : il est donc essentiellement nul; et les deux suivans sont donc infectés du même vice.

Ces deux actes (ajoute-t-il) ont d'ailleurs un vice qui leur est propre : c'est qu'ils ne constatent pas que le notaire de mon fils ait pris aucun soin particulier pour arriver jusqu'à moi.

Par arrêt du 3 avril 1823,

« Considérant que l'intérêt des mœurs publiques exige que les officiers ministériels, chargés de l'exécution des lois, appliquent strictement celles qui prescrivent le respect des enfans envers leurs parens, afin de maintenir l'autorité paternelle, sans porter atteinte cependant à la faculté de contracter mariage, attribuée par la loi ;

» Considérant que, suivant l'art. 151 du Code civil, les demandes de conseils, que les enfans majeurs sont tenus de faire à leurs parens avant de contracter mariage, doivent être faites par Actes respectueux et formels ;

» D'où résulte que tous les actes ou devoirs relatifs à ladite demande de conseils qui porteraient atteinte à ce respect dû, doivent vicier et faire déclarer nuls lesdits actes, aussi bien selon les termes que selon l'esprit de la loi ;

» Considérant, en outre, qu'il résulte suffisamment des termes et du sens de l'art. 154 dudit Code, qu'il ne suffit pas de notifier les Actes respectueux requis, *au domicile* des parens, mais qu'il faut au moins que les notaires requis fassent des efforts suffisans et raisonnables pour pouvoir remettre les demandes de conseils de la part des enfans, personnellement à leurs parens, d'autant plus que les notaires doivent, au vœu dudit article, mentionner en leur procès-verbal la réponse des parens;

» Considérant que, dans le cas présent l'intimé a remis au notaire Mataigne, une simple procuration, à l'effet de faire généralement et renouveler tous les Actes respectueux requis, au vœu de l'art. 152 du Code civil, au lieu d'attendre, après chaque demande, le bon conseil que son père, l'appelant en cause, aurait pu lui donner, relativement au mariage projeté, et pour déterminer si un nouvel Acte respectueux était nécessaire ;

» Considérant que cette façon d'agir doit être considérée comme irrévérente, d'autant plus que la procuration mentionnée se trouve en tête de l'acte de notification à l'appelant, et qu'il est facile de voir, d'après cela, que l'intimé avait déjà résolu d'accomplir son dessein relativement à son mariage, quelle que fût la réponse du père sur le conseil à lui demandé ;

« Considérant qu'il ne résulte nullement des procès-verbaux du notaire Mataigne, sur les exploits faits par lui en vertu de ladite procuration, qu'il ait fait les efforts convenables, lors du renouvellement des deux dernières demandes de conseils, pour arriver jusqu'à l'appelant, et pour lui faire, personnellement et respectueusement, les demandes requises; d'où il résulte que, non-seulement la première demande, du 11 octobre dernier, mais aussi les deux dernières demandes de conseils doivent être considérées com n'ayant pas été faites par des Actes respectueux de la nature de ceux dont parle la loi; partant, qu'ils sont irréguliers et de nulle valeur ;

» Par ces motifs, M. le premier avocat général entendu,

» La cour met à néant le jugement dont est appel ; émendant, déclare nuls et de nulle valeur les prétendus Actes respectueux des 11 octobre, 12 novembre et 13 décembre 1822, dont il est question au procès...... (1) ».

Je n'ai rien à dire sur le second motif de cet arrêt; il est parfaitement conforme à la doctrine consacrée par plusieurs arrêts précédens, qui sont rapportés ci-dessus, QUEST. IV.

Mais le premier motif, que présente-t-il? Rien qu'une théorie tout-à-fait nouvelle, et purement arbitraire. Où est-il écrit, en effet, qu'une seule procuration ne suffit pas pour la notification des trois Actes respectueux qui doivent se succéder de mois en mois, et qu'il en faut une pour chacun? Nulle part, assurément.

Cela tient, dit-on, à l'essence même de ces actes. Annoncer, dès le premier, qu'on le réitérera, s'il n'amène pas un consentement formel, c'est laisser percer la résolution de ne s'arrêter, ni aux remontrances que le père pourra faire, ni aux conseils qu'il pourra donner immédiatement après la première notification, et de passer outre au mariage.

Mais, d'une part, il est certain, et je l'ai prouvé, sur la XVII°. QUESTION, qu'un Acte respectueux n'est pas nul part cela seul que le fils y consigne une *protestation expresse* de sa résolution de ne pas abandonner son projet de mariage; et, à combien plus forte raison n'est-il pas vicié par les *simples indices* qui peuvent s'y trouver d'une pareille résolution? D'un autre côté, quoi de plus trompeur que l'indice que l'on prétend faire résulter à cet égard, du seul pouvoir de réitérer deux fois le premier Acte respectueux? Le fils n'a-t-il pas pu donner ce pouvoir dans la supposition que son père ne lui opposerait pas d'autres motifs que ceux qui ont jusqu'à présent déterminé son refus, ou qu'il ne les présenterait pas sous une forme nouvelle qui leur donnât plus de force? Peut-on dire, pour cela, qu'il s'est montré fermement résolu de fermer l'oreille à de nouvelles remontrances, de ne pas écouter de nouveaux conseils?

ACTE SOUS SEING-PRIVÉ. — §. I. *Un acte sous seing-privé portant vente d'un immeuble, peut-il être valablement transcrit au bureau des hypothèques?*

V. les plaidoyers et les arrêts des 23 messidor

___
(1) *Ibid.*, page 133. Jurisprudence de la cour supérieure de justice de Bruxelles, année 1824, tome 1ᵉʳ, page 327.

an 10 et 27 nivôse an 12, rapportés à l'article *Transcription*, §. 3.

§. II. *Le droit d'enregistrement dû à raison d'un Acte sous seing-privé antérieur à la loi du 14 thermidor an 4, doit-il être liquidé d'après les dispositions de cette loi, ou d'après celle de la loi du 5-19 décembre 1790 ?*

Sur cette question portée à la cour de cassation, section des requêtes, le 22 pluviôse an 9, par la régie de l'enregistrement, demanderesse en cassation d'un jugement du tribunal civil du département de Lot-et-Garonne, rendu le 25 prairial an 8, en faveur du sieur Castillon, j'ai donné des conclusions ainsi conçues :

« Vous n'avez pas à examiner, dans cette affaire, si le tribunal civil du département de Lot-et-Garonne a bien ou mal jugé dans les points qu'il a décidés en faveur de la régie de l'enregistrement. La régie se pourvoyant seule en cassation du jugement de ce tribunal, il ne peut s'agir ici que de savoir si ce jugement s'est conformé à la loi, ou s'il l'a violée, en décidant que le droit qu'il a déclaré dû à la régie, à raison de l'acte d'échange, passé sous seing-privé, le 2 janvier 1779, doit être liquidé au taux déterminé par la loi du 5-19 décembre 1790, et non d'après les dispositions des art. 3 et 4 de celle du 14 thermidor an 4.

» Le tribunal de Lot-et-Garonne s'est fondé d'abord sur l'art. 73 de la loi du 22 frimaire, an 7, ensuite sur l'art. 30 de celle du 9 vendémiaire an 6.

» Or, en premier lieu, nul doute qu'il n'ait appliqué à faux l'art. 73 de la loi du 22 frimaire an 7.

» Cet article, en effet, ne dit pas que les droits d'enregistrement ouverts antérieurement à la publication de la loi dont il fait partie, seront liquidés conformément aux lois qui étaient en vigueur lors de leur ouverture.

» Il dit seulement que ces droits seront liquidés, d'après les lois antérieures à sa publication même.

» Or, parmi les lois antérieures à la publication de la loi du 22 frimaire an 7, il en est une, celle du 14 thermidor an 4, qui fixe le taux des droits d'enregistrement, dus à raison des contrats d'échange, *quelle que soit la date de ces contrats* ; c'est-à-dire que le tarif déterminé par cette loi est applicable, non-seulement aux actes d'échange postérieurs au 14 thermidor an 4, mais encore à ceux qui ont précédé cette époque.

» La fausse application de l'art. 73 de la loi du 22 frimaire an 7, est donc évidente.

» A l'égard de l'art. 30 de la loi du 9 vendémiaire an 6, pour apprécier avec justesse l'application qu'en fait le jugement attaqué, il faut commencer par se bien pénétrer des dispositions de la loi du 5-19 décembre 1790, concernant les Actes sous seing-privé.

» La loi du 5-19 décembre 1790 établit une distinction entre les Actes sous seing-privé qui se passeront à l'avenir, et ceux qui ont été faits avant l'époque où doit commencer son exécution, c'est-à-dire, avant le premier février 1791.

» Pour les premiers elle veut, article 10, que, s'ils contiennent mutation d'immeubles, l'enregistrement s'en fasse dans les six mois de leur date ; et passé ce délai, elle les assujétit au paiement du double droit.

» Et remarquez bien qu'elle ne détermine pas, dans cet article, la quotité du droit ; elle s'en réfère sur ce point aux divers articles du tarif dont elle est suivie, articles qui varient suivant les diverses natures de mutation. Elle dit seulement que le droit, quelle qu'en soit la quotité, sera doublé en cas de retard de plus de six mois à remplir la formalité de l'enregistrement.

« Quant aux actes passés avant le 1er février 1791, elle veut, art. 23, qu'ils ne soient pas passibles même du simple droit, que dans le cas où ils donneront lieu, soit à quelque demande judiciaire, soit à la passation de quelque acte authentique ; mais dans aucun cas, elle ne permet de les assujétir au double droit ; ainsi, en quelque temps qu'ils soient présentés à l'enregistrement, ils ne doivent que le droit simple.

« Telle était la législation relative aux Actes sous seing-privé, lorsqu'a été faite la loi du 9 vendémiaire an 6.

» L'art. 30 de cette loi contient à leur égard trois dispositions bien distinctes.

» D'abord, il veut que les Actes sous seing-privé qui seront passés à l'avenir soient soumis au triple droit, s'ils ne sont enregistrés dans les trois mois de leur date.

» A l'égard de ceux qui ont été passés antérieurement, il maintient les dispositions de la loi du 5-19 décembre 1790 ; c'est-à-dire qu'il soumet au double droit les Actes sous seing-privé, passés, à la vérité, avant le 9 vendémiaire an 6, mais depuis le 1er février 1791.

» Cependant, pour engager les individus qui s'en trouvent porteurs, ou qui y ont intérêt, à les faire enregistrer promptement, la loi exempte de la peine du double droit, et n'assujétit qu'à un droit simple les actes de cette espèce qui seront présentés à l'enregistrement dans les trois mois de sa publication.

» Mais que fait-elle de ceux qui ont été faits avant le 1er février 1791, c'est-à-dire, de ceux que l'art. 23 de la loi du 5-19 décembre 1790 ne soumettait dans tous les cas qu'au simple droit ? Elle les assimile aux actes postérieurs au 1er. février 1791 : elle veut que, passé le délai de trois mois qu'elle accorde pour l'enregistrement de ceux-ci, l'art. 23 de la loi du 5-19 décembre 1790 demeure sans effet, même pour les actes antérieurs au 1er. février 1791.

» En un mot, elle déclare, qu'après les trois mois auxquels elle limite le délai de grâce, qu'elle donne pour l'enregistrement des Actes sous seing-privé, antérieurs à sa publication, ils soient tous sujets au double droit, soit que leur date précède, soit qu'elle suive le 1er. février 1791.

» Voilà tout ce que porte l'art. 30 de la loi du 9 vendémiaire an 6; il ne s'occupe, comme vous le voyez, que de la détermination des cas où il y a lieu à un droit simple, à un droit double, à un droit triple, et sous ce rapport il forme véritablement le pendant des art. 10 et 23 de la loi du 5—19 décembre 1790, tant en les corrigeant et les modifiant.

» De savoir quelle sera la quotité, soit du droit triple, soit du droit double, soit du droit simple, c'est une question dont il ne s'occupe pas plus que ne l'avaient fait les art. 10 et 23 de la loi du 5—19 décembre 1790: et comme sur cette question, les art. 10 et 23 de la loi du 5—19 décembre 1790 s'en référaient au tarif placé à leur suite, de même aussi l'art. 30 de la loi du 9 vendémiaire an 6 s'en réfère, soit aux articles précédens de la même loi, soit à l'art. 53, qui le suit et qui maintient les dispositions législatives antérieures, auxquelles il n'a pas été expressément dérogé, et par conséquent celle de la loi du 14 thermidor an 4, concernant, entre autres, les contrats d'échange, soit d'une date antérieure, soit d'une date postérieure à sa disposition.

» Il est donc clair, plus clair que le jour, que le tribunal de Lot-et-Garonne a fait une fausse application de l'art. 30 de la loi du 9 vendémiaire an 6, en inférant de ses dispositions que la quotité du double droit dû, pour le contrat d'échange du 2 janvier 1779, devait être liquidée d'après le tarif annexé à la loi du 5 décembre 1790, et non d'après les bases établies par la loi du 14 thermidor an 4.

» Par ces considérations, nous estimons qu'il y a lieu d'admettre la requête de la régie ».

Ces conclusions ont été adoptées par arrêt du 22 pluviôse an 9, au rapport de M. Desfougère.

Et l'affaire portée en conséquence à la section civile, arrêt y est intervenu, le 4 nivôse an 10, au rapport de M. Bazire, par lequel,

« Vu l'art. 73 de la loi du 22 frimaire an 7, les art. 2, 3 et 4 de la loi du 14 thermidor an 4, et l'art. 30 de la loi du 9 vendémiaire an 6;

» Et attendu qu'aux termes de l'art. 73 de la loi du 22 frimaire an 7, les lois antérieures sur l'enregistrement doivent être exécutées à l'égard des actes faits avant sa publication.

» Que de cette disposition il résulte que la loi du 14 thermidor an 4 ayant abrogé celle du 5—19 décembre 1790, en ce qui concerne les actes translatifs de propriété, *quelle que soit leur date*, c'était cette loi du 14 thermidor qui devait servir à fixer la quotité des droits pour l'acte dont il s'agit;

» Que l'art. 30 de la loi du 9 vendémiaire an 6 ne concerne que les dispositions de la loi du 5—19 décembre 1790, qui n'avaient point été abrogées par celles du 14 thermidor an 4;

» Le tribunal casse et annule.... ».

Dans l'intervalle de l'un à l'autre des deux arrêts rendus sur cette affaire par la cour de cassation, la question s'était présentée à la section civile, le 11 floréal an 9, à l'occasion d'un jugement du tribunal civil du département des Hautes-Pyrénées, du 21 pluviôse an 8, qui avait prononcé en faveur du sieur Ricœur, comme l'avait fait depuis le tribunal civil de Lot-et-Garonne, en faveur du sieur Castillon.

Il s'agissait d'un contrat de vente sous seing-privé, du 26 nivôse an 3, que le sieur Ricœur avait négligé de faire enregistrer dans le délai fixé par la loi.

Au commencement de l'an 8, une contrainte fut décernée contre lui, pour le double droit, calculé d'après la loi du 14 thermidor an 4, c'est-à-dire à raison de 4 pour 100.

Ricœur a prétendu, et le jugement du 21 pluviôse an 8 a décidé qu'il ne devait le double droit que sur le pied réglé par la loi du 5—19 décembre 1790, c'est-à-dire à raison de 2 pour 100.

La régie de l'enregistrement s'étant pourvue en cassation contre ce jugement, j'ai employé, pour le faire annuler, les mêmes moyens que j'avais fait valoir dans mon plaidoyer du 22 pluviôse an 9.

En conséquence, par arrêt du 11 floréal an 9, rendu au rapport de M. Doutrepont, il a été prononcé en ces termes :

» Vu l'art. 3 de la loi du 14 thermidor an, l'art. 30 de la loi du 9 vendémiaire an 6, et l'art. 73 de la loi du 22 frimaire an 7;

» Attendu que, si l'acte de vente sous seing-privé, du 26 nivôse an 3 n'a d'abord été soumis qu'au droit de 2 pour 100, par l'art. 1 de la sixième section de la première classe du tarif, annexé à la loi du 5—19 décembre 1790, il a été frappé du droit de 4 pour 100 par l'art. 3 de la loi du 14 thermidor an 4, puisqu'à l'époque de la publication de cette dernière loi, cet acte n'était point encore enregistré;

» Que, bien loin que l'art. 73 de la loi du 22 frimaire an 7 ait dérogé à cette disposition, il l'a au contraire confirmée, en statuant que les lois précédentes seraient exécutées à l'égard des actes faits avant sa publication;

» Qu'il est également visible que l'art. 30 de la loi du 9 vendémiaire an 6 n'examine pas si les Actes sous seing-privé, translatifs de propriété d'immeubles, seront soumis au droit de 2 ou de 4 pour 100; mais qu'il détermine seulement les cas où ils seront soumis au simple, au double ou au triple droit pour défaut d'enregistrement;

» De sorte que le jugement du tribunal civil du département des Hautes-Pyrénées a violé l'art. 3 de la loi du 14 thermidor an 4, et l'art. 73 de celle du 22 frimaire an 7, et fait une fausse application de l'art. 30 de celle du 9 vendémiaire an 6;

» Par ces motifs, le tribunal casse et annule gement du 21 pluviôse an 8.... ».

V. l'art. 1er. de la loi du 27 ventôse an 9.

§. III. *Comment doit être conçue la mention d'un Acte sous seing-privé dans un acte authentique, pour que la date de celui-ci devienne commune à celui-là ?*

V. l'article *Testament*, §. 7.

§. IV. *Une obligation sous seing-privé prend-elle le caractère d'obligation notariée et de titre exécutoire, par le dépôt qui en est fait dans les minutes d'un notaire, et par l'acte de dépôt qu'en dresse cet officier ?*

Nul doute sur la négative, lorsque le dépôt est fait par une personne qui n'est ni signataire ni représentante d'un signataire de l'obligation sous seing-privé.

Mais si le dépôt est fait, soit par un signataire, soit par le représentant d'un signataire de l'obligation sous seing-privé, il est d'abord certain que cette obligation prend, dès-lors, contre le déposant, le caractère d'un titre *authentique*, puisqu'elle emporte nécessairement, de sa part, la reconnaissance de sa signature ou de celle de son auteur, et que cette reconnaissance est faite devant un notaire. Cela résulte d'ailleurs des arrêts de la cour de cassation qui sont rapportés dans le *Répertoire de jurisprudence*, aux mots *Filiation*, n°. 12, et *Hypothèque*, sect. 2, §. 3, art. 6, n°. 4.

Il ne reste donc plus qu'à savoir si cette obligation, en devenant *authentique* contre le débiteur qui en fait le dépôt, devient en même temps *exécutoire* contre lui, c'est-à-dire, si le notaire dans les minutes duquel en a été fait le dépôt constaté, à l'instant même, par l'acte qu'il en a dressé, peut, à la réquisition du créancier, la mettre en grosse et en faire un titre emportant exécution parée ?

Ce qui pourrait en faire douter, c'est la manière dont est conçu l'art. 21 de la loi du 25 ventôse an 11 sur le notariat : « Le droit de déli-» vrer des *grosses* et *expéditions* n'appartiendra » qu'au notaire possesseur de la minute, et néan-» moins tout notaire pourra délivrer *copie* d'un » acte qui lui aura été déposé pour minute ». Ne semble-t-il pas, d'après l'opposition qui se trouve dans cet article, entre le mot *grosse* appliqué aux actes reçus par un notaire, et le mot *copie* appliqué aux actes dont le dépôt a été fait dans les minutes d'un notaire, qu'un notaire ne peut pas mettre en forme exécutoire l'Acte sous seing-privé qui lui a été déposé pour minute ?

Ce premier aperçu est spécieux ; mais pour peu que l'on y réfléchisse, on reconnaîtra bientôt que, si de l'article dont il s'agit, il résulte pour le notaire une défense implicite de mettre *directement* un pareil acte en forme exécutoire,

4e édit., Tome *I*.

il n'en résulte pas que le notaire ne puisse pas l'y mettre indirectement.

En effet, l'acte de dépôt étant une minute du notaire, on ne peut pas contester au notaire le droit de le mettre en forme exécutoire. Or, séparer de l'acte originairement public de dépôt, l'acte originairement privé, mais actuellement authentique, qui en est l'objet, c'est la chose impossible. Unis l'un à l'autre par un lien qui dérive de l'essence du premier, ils s'identifient nécessairement, ils ne font ensemble qu'un seul et même acte. Donc refuser à l'acte déposé le caractère de titre exécutoire, ce serait le refuser à l'acte de dépôt. Donc forcé que l'on est d'accorder à l'acte de dépôt ce caractère, on l'est aussi de l'accorder à l'acte déposé. Donc la force exécutoire de celui-là se communique nécessairement à celui-ci.

C'est la doctrine que j'ai professée dans le *Répertoire de jurisprudence*, au mot *péremption*, sect. 2, §. 1, n° 7 ; et voici une espèce dans laquelle la cour royale de Caen et la cour de cassation l'ont sanctionnée formellement, mais pour un cas que l'on pourrait au premier abord regarder comme particulier : pour celui où, postérieurement à l'acte de dépôt, le créancier qui n'y est pas intervenu, a reconnu implicitement, par des actes publics, la signature dont il avait lui-même revêtu précédemment l'acte déposé.

Le 12 avril 1806, acte double sous seing-privé par lequel le sieur Richard et le sieur Daniel Lenoir-Dufresne rompent une société qui existe entre eux depuis plusieurs années, et le premier vend au second sa moitié indivise dans les fonds sociaux, moyennant la somme de 740,000 francs payable en dix termes, à raison d'un dixième par an.

Le 23 juillet suivant (après la mort du sieur Daniel Lenoir-Dufresne, laissant pour héritières deux filles mariées, l'une au sieur Olivier, l'autre au sieur Jean Lenoir-Dufresne), le sieur Richard dépose l'un des deux doubles de l'acte du 12 avril dans l'étude du sieur Roard, notaire à Paris, lequel en dresse un acte de dépôt, avec une clause ainsi conçue : « pour par ledit Me. Roard, » en être délivré copie ou extrait (du double dé-» posé), quand et à qui il appartiendra, décla-» rant mon dit sieur Richard qu'il reconnaît pour » sincère et véritable sa signature apposée au » bas dudit acte ».

Le 9 novembre 1807, par acte passé devant le notaire Roard, le sieur Jean Lenoir-Dufresne reconnaît avoir reçu du sieur Richard différentes sommes qu'il énonce, et montant ensemble à 82,327 francs à compte de la moitié revenant à sa femme dans le capital de 740,000 francs formant le prix de la vente du 12 avril 1806 ; et le sieur Richard, de son côté, déclare lui redevoir 296,673 francs.

Le 8 janvier 1813, autre acte par lequel le sieur Jean Lenoir-Dufresne et le sieur Richard

11

reconnaissent, devant le même notaire, le premier qu'il a reçu du second 148,525 francs à valoir sur la somme de 299,673 francs mentionnés dans l'acte du 9 novembre 1807; et le second redevoir au premier, ainsi qu'à son épouse, 148,148 fr., *pour solde de leur moitié dans les 740,000 fr., formant le prix de la vente du 12 avril 1806* (1).

Le 6 novembre 1818, le sieur Jean Lenoir-Dufresne se fait délivrer par le notaire Roard une grosse en forme exécutoire de l'acte de dépôt du 25 juillet 1806, avec copie de l'acte déposé et des mentions couchées en marge de celui-ci, des paiemens à compte constatés par les quittances notariées des 9 novembre 1807 et 8 janvier 1813.

Le 16 janvier 1819, il fait faire au sieur Richard, en vertu de cette grosse, un commandement de lui payer la somme de 148,148 francs dont il reste débiteur.

Et à défaut de paiement de cette somme, il fait procéder les 2 et 3 août suivans, toujours en vertu de la même grosse, à une saisie-exécution de divers objets mobiliers appartenant au sieur Richard.

Le sieur Richard demande la nullité de cette saisie, et se fonde, en première ligne, sur ce qu'elle a été pratiquée sans titre légalement exécutoire.

Le 31 du même mois d'août, jugement du tribunal de première instance d'Alençon, qui déclare la saisie valable.

Appel, et le 16 décembre suivant, arrêt confirmatif,

« Attendu, sur le moyen de nullité proposé par Richard et tiré de ce que Lenoir-Dufresne aurait agi sans titre exécutoire, qu'à la vérité, l'acte intervenu entre Richard et Daniel Lenoir, le 12 avril 1806, était sous signatures privées; mais que le 25 juillet suivant, ledit Richard déposa cet acte devant M°. Roard, notaire à Paris, déclara formellement qu'il en reconnaissait la sincérité, et autorisa le notaire à en délivrer des copies à qui il appartiendrait;

» Attendu que, depuis le dépôt et reconnaissance de cet acte de la part de Richard, il a été expédié à ce dernier deux quittances devant notaire pour à-comptes reçus, par lesquelles il fut donné pouvoir de faire mention desdites quittances en marge de l'acte déposé, ainsi que cela résulte de la grosse délivrée par ledit M°. Roard, et qui a servi de base aux poursuites de Lenoir-Dufresne;

» Attendu que, si, d'une part, Richard a déposé et reconnu devant notaire l'acte du 12 avril 1806, et que, d'autre part, les héritiers de Daniel Lenoir ont reconnu avoir reçu des à-comptes à valoir sur les sommes qui étaient reconnues par Richard leur être dues par l'acte déposé; qu'en outre, les héritiers dudit Daniel Lenoir ayant autorisé la mention des quittances en marge dudit acte, il est évident que cette réception d'à-comptes et cette autorisation de mention équivalent à une reconnaissance formelle de la part desdits héritiers, de l'acte du 12 avril 1806, en supposant qu'une reconnaissance de leur part fût nécessaire pour donner le droit au notaire de délivrer ledit acte dans la forme exécutoire;

» Attendu qu'on argumente en vain des dispositions de l'art. 21 de la loi du 25 ventôse an 11, parce que, si, d'après la dernière partie de cet article, le législateur n'a autorisé les notaires qu'à délivrer des copies des actes déposés au rang de leurs minutes, il est évident qu'il n'a entendu parler que des actes déposés purement et simplement sans aucune déclaration de reconnaissance de la part de la partie qui a effectué le dépôt (1); qu'ainsi le premier moyen de nullité proposé par Richard est mal fondé ».

Le sieur Richard se pourvoit en cassation contre cet arrêt, et l'attaque notamment comme violant l'art. 551 du Code de procédure civile, aux termes duquel il ne peut être *procédé à aucune saisie mobilière ou immobilière qu'en vertu d'un titre exécutoire;* et l'art. 21 de la loi du 25 ventôse an 11.

Un titre ne peut (dit-il, en substance) être exécutoire dans le sens du premier de ces articles, qu'autant qu'indépendamment de l'authenticité dont il est revêtu, il contient en lui-même la cause d'une exécution forcée, qu'autant qu'il porte obligation de la somme pour laquelle il est procédé à une exécution.

---

(1) Il est à remarquer que, dans l'intervalle de l'un de ces deux derniers actes à l'autre, il en avait été passé un devant le même notaire, le 3 octobre 1812, par lequel le sieur Olivier avait reconnu avoir reçu du sieur Richard la somme de 370,000 francs, formant la moitié afférente à sa femme, comme héritière de son père, dans le prix de la vente du 12 avril 1806, et avait donné pouvoir au notaire de faire mention de ce paiement sur le double déposé dans ses minutes.

(1) Est-il possible que je dépose dans les minutes d'un notaire un acte passé sous seing-privé entre vous et moi, sans que, par cela seul, je reconnaisse la signature que j'y ai apposée? Non sans doute. Mais, dès-lors, que veut dire ici la cour royale de Caen? Entend-elle que *la dernière partie de l'art. 21 de la loi du 25 ventôse an 11* n'est applicable qu'à l'acte sous seing-privé déposé par un tiers dans les minutes d'un notaire? Si c'est là sa pensée, c'est évidemment une erreur; car la disposition dont il s'agit, est trop générale pour qu'elle puisse souffrir une pareille restriction. Il semble donc que la cour royale de Caen aurait mieux motivé cette partie de son arrêt, si elle eût dit qu'à la vérité, le notaire Roard n'avait pas pu, d'après l'art. 21 de la loi du 25 ventôse an 11, délivrer une grosse proprement dite de l'écrit sous seing-privé du 12 avril 1806, et qu'aussi ne l'avait-il pas fait; mais qu'il avait délivré, comme il en avait le pouvoir, une grosse de l'acte de dépôt, et qu'en y joignant une copie authentique de l'écrit du 12 avril 1806 *authentiqué* par cet acte, il avait nécessairement rendu commun à l'un la force exécutoire de l'autre.

Or, dans l'espèce, quel est le titre en vertu duquel le sieur Richard a fait procéder à la saisie-exécution des 2 et 3 août 1819 ? Ce n'est point, comme le dit la cour royale de Caen, *la grosse de l'Acte sous seing-privé du 12 avril 1806*; c'est uniquement, et le procès-verbal de l'huissier en fait foi, *la grosse de l'acte de dépôt du 23 juillet de la même année.*

Et que contient ce dernier acte ? Le dépôt d'une pièce, la reconnaissance de l'une des signatures dont elle est revêtue, et un consentement à ce qu'il en soit délivré des copies ou extraits; voilà exactement à quoi il se réduit.

« Mais on cherche en vain. dans ces élémens une cause d'exécution forcée. Le dépôt d'une pièce n'entraîne par lui-même ni obligation ni ratification; c'est une simple mesure de précaution qui n'a pour objet que la conservation de la pièce déposée; et cela est si vrai que tous les jours on dépose des pièces contre lesquelles on se propose de s'inscrire en faux ou de prendre toute autre voie. La reconnaissance d'une signature apposée à un acte n'est autre chose que l'obligation de ne pouvoir nier à l'avenir la signature reconnue; il ne s'ensuit pas que le signataire de l'acte renonce à tous les moyens qu'il peut avoir à proposer contre son contenu ; il ne s'ensuit pas non plus que l'acte devienne exécutoire; aussi un jugement de reconnaissance d'écriture, bon pour autoriser les actes conservatoires, tels que des oppositions ou des inscriptions hypothécaires, ne peut-il donner lieu à une exécution forcée, tant que la condamnation du principal n'est pas prononcée. Enfin le consentement à ce que le notaire délivre des copies ou extraits, n'est encore ni une obligation ni une ratification ».

Admettons d'ailleurs avec l'arrêt attaqué, que la saisie-exécution a été pratiquée, non comme le porte en toutes lettres le procès-verbal de l'huissier, en vertu de la grosse de l'acte de dépôt du 23 juillet 1806, mais en vertu de la grosse de l'acte du 12 avril précédent; il y aura alors contravention formelle non-seulement à l'art. 551 du Code de procédure civile, mais encore aux art. 1 et 21 de la loi du 25 ventôse an 11. Il y aura contravention à l'art. 1, puisqu'il n'autorise les notaires à *délivrer des grosses et expéditions* que des actes et contrats passés devant eux par les parties; et il y aura également contravention à l'art. 21, puisque, relativement aux actes déposés pour minutes entre les mains des notaires, cet article n'autorise ces officiers qu'à en *délivrer copie*.

« C'est d'après ces principes qu'il faut examiner les actes notariés que la cour de Caen a regardés, dans l'espèce, comme ayant autorisé le notaire Roard à délivrer grosse de l'Acte sous seing-privé du 12 avril 1806.

» Or, le premier de ces actes est celui du 23 juillet 1806, constatant le dépôt du sous-seing-privé, et on a établi qu'il n'était pas susceptible d'exécution forcée. Bien loin que cet acte ait autorisé le notaire à délivrer une grosse de la pièce déposée, on y trouve, au contraire, en termes exprès, qu'il n'en pourra être délivré que des copies.

» À l'égard des comptes et quittances subséquens, il est possible qu'ils contiennent une véritable obligation de la part du sieur Richard ; mais alors ces comptes et ces quittances devenaient les titres exécutoires; c'était de ces actes qu'il fallait délivrer la grosse; c'était en vertu de ces actes qu'il fallait faire la saisie, et non pas en vertu d'un acte de dépôt et de reconnaissance d'écriture qui ne contient aucune obligation, ni en vertu d'un Acte sous seing-privé qui ne comportait point ce genre d'exécution ».

Par arrêt du 27 mars 1821, au rapport de M. Favart de Langlade et sur les conclusions de M. l'avocat-général Joubert,

« Attendu qu'il résulte de l'arrêt attaqué, 1°. que l'Acte sous seing-privé du 12 avril 1806, passé entre Richard et Lenoir, avait été déposé chez un notaire par le sieur Richard qui en avait reconnu la sincérité, et qui avait autorisé le notaire à en délivrer des copies ou extraits; 2°. que, d'un autre côté, les héritiers de Daniel Lenoir avaient reconnu ledit acte postérieurement à son dépôt par différens actes équivalant à une reconnaissance formelle ; qu'ainsi, en jugeant que l'acte du 12 avril 1806 pouvait être considéré comme un acte authentique, la cour royale de Caen s'est déterminée par une appréciation de faits qui ne peut donner ouverture à cassation ;

» La cour (section des requêtes) rejette le pourvoi...... (1) ».

Ce qu'ont jugé cet arrêt et celui qu'il confirme, pourrait-on le juger de même dans le cas où, postérieurement à l'acte de dépôt fait par le débiteur, le créancier n'aurait pas, par des actes publics, reconnu lui-même la signature dont il avait précédemment revêtu l'acte déposé ?

Je n'en doute pas, et il y en a une raison très-sensible : c'est que le créancier reonnaît nécessairement sa signature apposée à l'Acte sous seing-privé mentionné dans l'acte public de dépôt, par cela seul qu'il se fait délivrer une grosse contenant à la fois expédition de celui-ci et copie de celui-là, et qu'en vertu de cette grosse, il poursuit l'exécution des engagemens contractés à son profit ; c'est qu'une reconnaissance de signature s'opère tout aussi bien par un fait dont elle est la conséquence nécessaire, que par un acte dressé à cette fin.

Et c'est ainsi que, depuis les arrêts cités, la cour royale de Bourges l'a jugé dans l'espèce suivante:

Le 10 février 1811, Acte sous seing-privé par lequel, en stipulant qu'il sera renouvelé devant

(1) *Journal des Audiences de la cour de cassation*, année 1821, page 244.

11.

notaire à sa première réquisition, le sieur Poya vend à la demoiselle Poya, sa nièce, divers immeubles, moyennant une rente viagère de 2,500 francs.

Le 8 mars suivant, la demoiselle Poya dépose cet acte chez un notaire pour être placé au rang de ses minutes, et en rappelle tout le contenu dans l'acte de dépôt qu'elle en fait dresser.

Quelque temps après, mariée au sieur Blanchard, elle se trouve en demeure de payer les arrérages de la rente viagère qu'elle doit à son oncle.

Celui-ci lève une grosse de l'acte de dépôt du 8 mars 1811 et du titre sous seing-privé qui y est rappelé, la fait signifier avec commandement aux sieur et dame Blanchard, et poursuit l'expropriation de leurs immeubles.

Les sieur et dame Blanchard demandent la nullité de ses poursuites, et se fondent sur l'art. 2213 du Code civil, aux termes duquel *la vente forcée des immeubles ne peut être poursuivie qu'en vertu d'un titre authentique et exécutoire*. Ils reconnaissent que l'Acte sous seing-privé du 10 février 1811 serait devenu authentique par le dépôt qui en avait été fait le 8 mars suivant dans les minutes d'un notaire, si le sieur Poya eût été partie dans l'acte de dépôt; mais ils soutiennent que la demoiselle Poya ayant paru seule dans cet acte, le titre qui en était l'objet, n'a pas pu changer de nature dans l'intérêt du créancier.

Le 15 avril 1825 de la même année, jugement du tribunal de première instance d'Issoudun, qui, sans s'arrêter aux moyens de nullité, ordonne la continuation des poursuites.

Appel; et le 27 juin de la même année, arrêt confirmatif.

« Attendu d'abord, qu'on ne peut pas prétendre que le sous-seing ayant acquis, par le dépôt dans les minutes d'un notaire, la qualité d'acte authentique pour l'une des parties, il ne soit qu'un simple sous-seing-privé pour l'autre;

» Attendu, en second lieu, que le dépôt ayant été fait par la partie débitrice, c'est-à-dire, par celle qui avait seul intérêt à ce que le titre ne pût servir de base à des poursuites juridiques, ce dépôt donne au créancier le droit d'exercer contre elle toutes celles qu'autorise l'acte authentique et exécutoire; que la jurisprudence, conforme à la raison et à l'équité, est constante sur ce point;

» Attendu enfin que le sieur Poya, autorisé par le sous-seing à exiger de sa débitrice qu'il fût passé, à ses frais, acte de leurs conventions devant notaire, ne pouvait plus demander cet acte après le dépôt fait par elle, puisque l'obligation qu'elle avait contractée se trouvait remplie; qu'il n'avait plus qu'à se faire délivrer, comme il l'a fait, expédition en forme de sous-seing et de l'acte de dépôt qui ne font plus qu'un seul et même acte; et qu'avec le titre exécutoire, il a été légalement autorisé à faire procéder à la saisie immobilière (1) ».

§. V. *Autres questions sur les Actes sous seing-privé.*

V. les articles *Billet*, *Blanc-seing*, *Date*, *Double écrit*, *Faux*, *Tiers*, §. 2, et *Vérification d'écriture*.

ACTION *(ordre judiciaire)*. §. I. Quelle est, dans la division générale des biens en meubles et immeubles, la place qui appartient aux actions?

V. l'article *Légitime*, §. 8.

§. II. *Des actions qui intéressent l'État?*

V. l'article *Nation*.

§. III. *Quelles actions ont les créanciers d'une succession contre les légitimaires et les légataires particuliers?*

V. les articles *Exception*, §. 5; et *Paiement*, §. 2.

ACTION *AD EXHIBENDUM*. §. I. Quel était l'objet de cette Action dans le droit romain? Qu'y avait-il de commun entre cette Action, lorsque des titres en étaient l'objet, et l'Action de edendo, ou la demande en communication de titres? De quel usage sont aujourd'hui les règles que les lois romaines avaient établies par rapport à l'une et à l'autre?

I. L'Action *ad exhibendum* était, dans le droit romain, une Action dont le but était de forcer la partie contre laquelle elle était intentée, d'exhiber une chose ou un titre.

Cette Action était toujours préparatoire à une autre qui était réelle, et notamment à l'action en revendication : *hæc Actio perquàm necessaria est, et vis ejus in usu quotidiano est, et maximè propter vindicationes inducta est*, disait Ulpien, dans la loi 1, D. *ad exhibendum*.

On l'intentait contre le détenteur de la chose qui en était l'objet, pour le forcer à la représenter, sauf à en venir ensuite, s'il y avait lieu, à l'action principale que l'on avait en vue : *est autem* (disait le même jurisconsulte, dans la loi 3, §. 3 du titre cité) *personalis hæc Actio; et ei competit, qui in rem acturus, qualicunque in rem actione : etiam pignoratitiâ, servianâ, sive hypothecariâ, quoe creditoribus competunt.*

Nais ce n'était que pour les effets mobiliers que cette Action avait été introduite; elle n'avait pas lieu pour les immeubles. *Cœterùm* (dit le président Favre, dans ses *Rationalia* sur le premier des textes que je viens de transcrire) *differentia in eo est inter vindicationem et Actionem ad ex-*

---

(1) *Ibid.*, année 1824, supplément, page 105.

hibendum, quod vindicari possunt etiam res immobiles; Actio autem ad exhibendum non nisi pro rebus mobilibus comparata est, quia celari facilè et occultari possunt, immobiles non item.

II. L'Action *ad exhibendum* avait quelque analogie avec l'action *de edendo*, lorsqu'elle tendait à l'exhibition des titres détenus par celui contre qui elle était intentée, mais elle en différait sous plusieurs rapports.

D'une part, l'action *de edendo* était toujours incidente à une action principale et tendait à procurer à celui qui avait intenté celle-ci, les moyens de triompher. L'Action *ad exhibendum* n'était, au contraire, que le prélude d'une action principale, et n'avait d'autre objet que de mettre celui qui se proposait d'intenter celle-ci, à portée de juger s'il lui était expédient de l'intenter en effet.

D'un autre côté, l'Action *ad exhibendum* présupposait toujours la *réalité* de l'action principale dont elle était le prélude; au lieu que, pour l'exercice de l'action *de edendo*, l'on ne distinguait pas si l'action principale était réelle ou personnelle.

Mais les deux actions avaient cela de commun, qu'elles pouvaient également être intentées contre le détenteur de titres qui n'avait point qualité pour défendre à l'action principale à laquelle elles étaient, l'une préparatoire, l'autre incidente. Ainsi, suivant la loi 4, D. *ad exhibendum*, l'Action *ad exhibendum* pouvait être intentée contre le dépositaire, contre le mandataire et contre le locataire, quoique l'action principale ne pût être dirigée que contre ceux au nom desquels ils possédaient: *Nam et cùm eo apud quem deposita, vel cui commodata vel locata res sit, agi potest*. Ainsi, suivant la loi 10, D. *de edendo*, le banquier dans les papiers duquel se trouvaient des renseignemens propres à jeter du jour sur un point controversé en justice entre des tiers, pouvait être contraint par l'action *de edendo* à les représenter; *Argentarius rationes edere jubetur: nec interest cùm ipso argentario controversia sit, an cùm alio*; et cette règle, d'abord restreinte aux banquiers, avait été étendue par Justinien, dans la loi 2, D. *de fide instrumentorum*, à tous les détenteurs de titres dont des tiers pouvaient tirer parti dans leurs différends judiciaires (1).

III. Les actions judiciaires n'étant plus, aujourd'hui et depuis plusieurs siècles, assujéties aux subtiles formules que les jurisconsultes romains avaient imaginées, il n'y a plus, en fait de représentation de titres, de distinction à faire entre l'Action qu'ils appelaient *ad exhibendum* et celle qu'ils appelaient *de edendo*, ni par conséquent entre le cas où ces actions sont préparatoires ou incidentes à des actions personnelles et mobilières, et le cas où elles le sont à des actions réelles et immobilières. *V.* le §. suivant.

§. II. *En quel sens quelques auteurs qui ont écrit avant le Code de procédure civile, ont-ils dit que l'Action* ad exhibendum *n'avait plus lieu en France? Comment la faculté d'intenter cette action, à l'effet d'obliger un possesseur d'immeubles à représenter ses titres, se concilie-t-elle avec la maxime qui dispense le possesseur de justifier la légitimité de sa possession, tant que son adversaire n'a pas prouvé qu'elle est vicieuse?*

Ces questions ont été agitées devant la cour de cassation, dans une espèce que retrace ainsi l'arrêt rapporté ci-après:

« Marie-Madeleine Depas (je copie littéralement cet arrêt), Marie-Madeleine Depas, fille de Lambert Depas, dit le vieux, mayeur d'Hougarde, et de Christine Marix, fit, par acte du 30 juin 1678, donation entre-vifs aux jésuites de Louvain, où elle était béguine jubilaire, de tous les biens qu'elle possédait à Beauvechain et Tournières, au pays de Liége.

» Nonobstant cette donation, et par autre acte du 26 juin 1684, Henri Gilles, comme fondé de procuration de Marie-Madeleine Depas, vendit aux enchères, à Gérard Herkenrode, une maison et dépendances situées à la grande bruyère de Beauvechain, avec tous les biens, héritages, terres, clos, champs et bois ayant appartenu aux héritiers de Lambert Depas, dit le vieux, et lesquels, y est-il dit, appartenaient tous alors à ladite Marie-Madeleine Depas, et consistaient en 90 ou 100 bonniers.

» Le prix de la vente fut porté à 240 florins de Brabant par bonnier.

» Il est prétendu que Gérard Herkenrode n'était qu'un prête-nom des jésuites de Louvain, et que la vente fut faite pour consolider la donation du 30 juin 1678.

» En effet, par acte du 27 janvier 1750, ces jésuites vendirent ou donnèrent à rente à Pierre Jacquart, une maison appelée la Cense de la Bruyère, avec quelques autres immeubles.

» Et par autre acte du 25 avril 1750, ratifié par un troisième du 2 mai suivant, ils vendirent à Jean Vanhamme, les terres et prairies vulgairement appelées de Depas, situées à Beauvechain, sauf ce qui avait été vendu ou donné à rente à Jacquart, et qui consistait en environ 82 bonniers et 2 journaux, à raison desquels il fut dit que l'acquéreur serait indemnisé à dire d'experts, dans le cas où il serait obligé d'en faire l'abandon.

» C'est sur la propriété des immeubles compris dans les ventes portées par ces actes, que s'est engagée la contestation qui divise les parties.

» Les père et mère de Marie-Madeleine Depas, béguine à Louvain, avaient fait, le 3 juin 1621, un testament mutuel portant, entre autres dis-

---

(1) *V.* l'article *Représentation d'actes*, n° XI., dans le *Répertoire de Jurisprudence*.

positions, que leurs enfans mâles auraient, après le décès des filles, tous les biens fonds d'héritages, à la charge par lesdits mâles de donner 100 florins pour chaque bonnier de terre de Beauvechain, au profit de leurs héritiers ou ayant-cause.

» Ce testament portait aussi la clause que lesdits fonds d'héritages demeureraient à toujours aux Depas et à leurs successeurs, lesquels, en tels cas, pourraient les demander et prendre à leur profit sans prescription.

» Outre Marie-Madeleine Depas, béguine, Lambert Depas eut un fils aussi nommé Lambert Depas, rappelé au testament de 1621, par lequel ses père et mère lui donnèrent par préciput les cens et chapons à eux dus à Hougarde.

» Un testament séparé, fait par Lambert Depas, mayeur de Hougarde, le 4 septembre 1641, après la mort de Christine Marix, sa femme, fait encore mention de Lambert Depas, leur fils, à qui il lègue sa maison dite les Sept-Fraines.

» Lambert Depas fils fut marié à Jeanne Dumont ; et ce mariage donna naissance, en 1673, à Anne-Charlotte Depas.

» Celle-ci contracta mariage avec Philibert Gentil.

» C'est ce dernier qui, en qualité d'arrière-petit-fils de Lambert Depas le vieux, et de Christine Marix, ses bisaïeul et bisaïeule, a, par exploit du 29 novembre 1775, traduit Henri-Hubert Duchesne devant les échevins de Liége, à fin d'exhibition des titres en vertu desquels il possédait la maison, cense et biens ayant appartenu à Lambert Depas, arrière-grand-père de lui Philibert Gentil, pour, en cas de validité et suffisance, les *purger* si *purgement* (1) appartenait ; et en cas de non production ou insuffisance, voir dire et déclarer ne lui compéter et ne lui avoir compété aucun droit.

» Henri-Hubert Duchesne fut assigné, comme représentant, du chef de Catherine-Barbe Vanhamme, son épouse et fille de Jean Vanhamme, Pierre Jacquart au profit de qui était fait l'acte de vente du 27 janvier 1730, à l'effet duquel il avait subrogé Jean Vanhamme par acte du 6 mai 1758, et encore comme représentant Jean Vanhamme, acquéreur lui-même par l'acte du 25 avril 1750, ratifié par celui du 2 mai suivant, lequel Vanhamme lui en fit la rétrocession par autre acte du 26 février 1766.

» Henri-Hubert Duchesne assigna en garantie le prince-évêque de Liége, comme représentant les jésuites par la suppression générale de leur ordre, suppression par laquelle il avait profité de la confiscation des biens qu'ils possédaient dans ses états.

» L'instruction fut continuée avec Henri-Philibert Gentil jusqu'à son décès ; l'instance fut alors reprise par la défenderesse en cassation

---

(1) *V.* l'article *Purgement de saisine*

(veuve de son fils et unique héritier.), au mois de novembre 1784, comme ayant obtenu des enfans de son mari la cession de leurs actions, par acte du 31 juillet précédent.

» N'étant pas encore terminée lors de la réunion du pays de Liége et de la Belgique à la France, elle a été renouvelée en l'an 4 devant le tribunal civil du département de la Dyle.

» La république est intervenue dans l'affaire, par le ministère du commissaire du gouvernement près l'administration du département. Le motif de l'intervention était que la république représentait le prince-évêque de Liége, qui était aux lieu et place des jésuites de Louvain, relativement aux biens situés dans ses états.

» La veuve Gentil reprit, sur le fond, ses conclusions primitives à fin d'exhibition de titres, se fondant sur ce que les biens en question ayant appartenu aux ancêtres ou parens de feu son époux, elle était fortement intéressée à connaître si la possession de Duchesne était légitime.

» Par jugement du 11 fructidor an 7, le tribunal civil du département de la Dyle la déclara mal fondée dans ses conclusions ; sauf à elle à intenter sur les biens dont il s'agit, telle action que de droit.

» La veuve Gentil s'est rendue appelante de ce jugement ; et le tribunal civil du département de la Meuse-Inférieure s'est trouvé saisi de cet appel par l'effet des exclusions ; il y intervint, le 8 floréal an 8, un jugement par défaut qui infirma celui de première instance, et adjugea à la veuve Gentil ses conclusions.

» Le préfet de la Dyle et Duchesne formèrent opposition à ce jugement par défaut.

» La cause fut portée à l'audience du 7 messidor an 8 ; elle s'y engagea sur le fond.

» La veuve Gentil invoqua d'abord la pratique constante du pays de Liége, quant à ses conclusions à fin d'exhibition des titres de Duchesne, comme préparatoires à toute action réelle ; ce qui fut reconnu par le défenseur de Duchesne, et n'éprouva aucune contradiction de la part du commissaire du gouvernement.

» La veuve Gentil soutint ensuite qu'elle avait un intérêt réel à la production des titres de Duchesne, puisque, d'après les actes de naissance et les testamens par elle produits, il était constant que son mari était petit-fils de Lambert Depas le jeune, et arrière-petit-fils de Lambert Depas, dit le vieux, et de Christine Marix, sa femme.

» Par jugement contradictoire dudit jour, 7 messidor an 8, le tribunal civil de la Meuse-Inférieure, statuant sur l'opposition du préfet de la Dyle et de Duchesne au jugement rendu contre eux par défaut, infirma tant à la forme qu'au fond le jugement de première instance ; et déclara la veuve Gentil bien fondée dans les fins et conclusions prises, le 29 novembre 1775, pardevant les échevins de Liége.

» C'est ce jugement qui est attaqué en cassation, tant par le préfet du département de la Dyle, au nom du gouvernement, que par Duchesne dans son intérêt particulier. ».

« *Moyens de cassation présentés par le préfet.*
» Le premier était pris d'une prétendue contravention à l'art. 2 du tit. 2 de l'ordonnance de 1667, qui veut, à peine de nullité, que les huissiers déclarent, par leurs exploits, la qualité de la partie, en ce que, suivant le préfet, aucun des exploits d'ajournement ou de signification qui ont précédé le jugement attaqué, ne contient la qualité de la veuve Gentil.

» Le second était fondé sur l'art. 15 du tit. 5 de la loi du 24 août 1790, qui veut que la rédaction des jugemens contienne, dans la première partie, les noms et les qualités.

» Le préfet soutenait que cet article avait été violé, parce que, dans la première partie du jugement attaqué, on ne trouve point les qualités de la veuve Gentil.

» Le troisième résultait d'une prétendue contravention à la loi du 19 juillet 1790, et autres postérieures, d'avril et juin 1791, sur l'abolition des retraits.

» L'action intentée par Henri-Philibert Gentil et reprise par sa veuve est entée, disait le préfet, sur un édit de Charles V, du 27 juillet 1521, et sur l'art. 24 du chap. 16 des coutumes du pays de Liége, qui permettent, non-seulement à ceux de la famille, mais encore à tous autres Liégeois de rentrer à toujours, moyennant restitution de prix, dans les biens aliénés en contravention au même édit de 1521. Ce droit est un véritable retrait, nommé même en pays de Liége *retrait populaire*, et appelé *retrait Carolin*, dans le jugement attaqué ; il est donc aboli par les lois citées, de même que tous les autres retraits non consentis ou adjugés en dernier ressort avant la publication de ces lois. Et en effet, le conseil des Cinq-Cents, par un décret d'ordre du jour du 27 vendémiaire an 7, a formellement reconnu que le droit établi par Charles-Quint et par la coutume de Liége, était une espèce de retrait aboli par les lois françaises.

» Le tribunal civil de la Meuse-Inférieure a donc violé ces lois, en ce qu'il a accueilli la demande de la veuve Gentil.

» Le quatrième portait sur une prétendue fausse application du même édit de Charles-Quint, suivant lequel ce n'est pas assez pour être admis au retrait d'être proche ni même descendant du vendeur ; il faut encore être son héritier ou successeur.

» Or, le mari de la défenderesse à la cassation n'était ni héritier ni successeur de Marie-Madeleine Depas. D'ailleurs, cet édit ne regarde que les aliénations d'immeubles faites aux mains-mortes du pays de Liége ; et il s'agit ici d'une aliénation faite à une main-morte étrangère.

» Le cinquième était fondé sur une fausse application des lois du digeste, au titre *ad exhibendum*, reprochée au jugement attaqué sous deux rapports :

» 1°. Parce qu'il n'est pas prouvé que Lambert Depas, dit le vieux, eût jamais possédé en tout ni en partie les biens dont est question aux actes de 1730, 1750, 1758 et 1768, tous produits par le mari de la défenderesse en cassation ;

» 2°. Parce qu'il ne suffit pas qu'elle ait un intérêt quelconque de connaître les titres et la possession de Duchesne ; qu'il faudrait qu'elle eût un intérêt à raison d'une action *in rem*, qui pût lui compéter aux biens, et que cet intérêt fût prouvé.

» Or, n'étant pas prouvé que Lambert Depas, dit le vieux, bisaïeul du mari de la défenderesse à la cassation, ni même Lambert Depas, le jeune, son aïeul, aient jamais possédé les biens dont il s'agit, ni que le mari de la défenderesse à la cassation ait été héritier médiat de la béguine qui a aliéné les biens, la défenderesse à la cassation ne peut avoir aucune action *in rem* à ces biens, et par une conséquence ultérieure, elle ne peut avoir aucun intérêt de connaître les titres en vertu desquels Duchesne possède, quand même les lois nouvelles sur l'abolition des retraits n'auraient pas anéanti toutes les prétentions qu'elle et son mari, s'il vivait, pourraient former.

» Le sixième était fondé sur l'art. Ier. du chap. 9 des coutumes de Liége, et sur les lois placées sous le titre du code de *præscriptione triginta vel quadraginta annorum*, suivant lesquels la prescription, soit positive, soit négative, est accomplie par le laps de quarante ans.

» Dans l'espèce, l'action a été intentée le 29 novembre 1773, pardevant les échevins de Liége, la cense de la Bruyère avec ses dépendances avaient été vendues à Pierre Jacquart, le 27 janvier 1730. Il y avait donc quarante-trois ans et dix mois que Duchesne et ses auteurs possédaient ces biens au titre singulier d'acheteurs, au moment de l'introduction de l'instance.

» Le droit de rapprocher ces biens, s'il avait existé, était donc prescrit depuis près de quarante ans, lorsque la demande originaire fut formée.

» Le jugement attaqué n'a donc pu ordonner l'exhibition des titres de possession à l'égard de ses biens, sans contrevenir aux lois citées.

» Le septième résultait de ce que la *Caroline* donnant le droit, non-seulement aux individus de la famille, mais encore à tout habitant du pays de Liége, de retirer des immeubles acquis par des mains-mortes étrangères et possédés par elles, ce droit ne devait plus subsister dès le moment où ils étaient rentrés dans des mains vivantes du pays.

» L'on concluait de là, que du moment où les biens dont il s'agit ont eu passé des jésuites à Pierre Jacquart et à Vanhamme, habitans du pays de Liége et auteurs de Duchesne, par les contrats de 1730 et 1750, le but de la loi se trouvant rempli, toute action de rapprochement était éteinte.

» Le huitième et dernier consistait à dire que l'acte du 31 juillet 1784, portant cession par les enfans de Henri-Philibert Gentil, de leurs droits dans la succession de leur père, en vertu duquel la défenderesse a repris l'instance que son mari avait introduite en 1773, contenait transport d'une action litigieuse ; et que, sous ce rapport, il était prohibé par les lois, et notamment par l'art. 26 du chap. 15 des coutumes du pays de Liége.

» *Moyens proposés par Duchesne.*

» Le premier était pris de ce que le jugement attaqué attribue force de loi en France et en pays de Liége, au tit. 4, liv. 10 du Digeste sur l'Action *ad exhibendum*, quoique chez les Romains cette Action fût arbitraire et préparatoire, et qu'en France, comme dans le pays de Liége, elle soit méconnue et réprouvée.

» Le second résultait de ce qu'en supposant que l'Action *ad exhibendum* fût admise au pays de Liége, comme chez les Romains, le jugement attaqué lui avait donné une extension dont elle n'était pas susceptible, en l'appliquant à une action réelle, lorsqu'elle ne dispose que pour les choses mobilières.

» Le troisième était fondé sur la loi 2, D. *de probationibus*, suivant laquelle celui qui réclame doit prouver sa demande.

» Le jugement attaqué (disait-on) a violé cette loi, en obligeant Duchesne à exhiber ses titres, sans que la veuve Gentil eût rien prouvé, dans la seule vue de lui fournir le moyen de former la demande en éviction qu'elle méditait.

» Le quatrième était fondé sur la maxime portant qu'on n'est point tenu de produire des titres contre soi-même.

» Le cinquième consistait à dire que le jugement attaqué était contraire à la maxime, *possideo, quia possideo*, puisqu'il astreint le possesseur à exhiber ses titres, nonobstant sa possession à laquelle on ne donne aucun effet contre l'Action *ad exhibendum*.

» Le sixième était pris d'une contravention à l'art. 1 du chap. 9 de la coutume de Liége, qui admet la prescription par quarante ans, en ce que le jugement attaqué a décidé que la possession de Duchesne, qui remonte aux actes de 1678 et 1684, était sans vertu et sans efficacité.

» Le septième était pris de ce que l'acte de 1684 étant une vente faite solennellement d'autorité de justice sur enchères publiques et à l'extinction des feux, le jugement attaqué n'avait pu astreindre Duchesne à prouver que cette vente n'avait été ni fictive ni simulée, sans violer la maxime, *in antiquis enunciativa probant*.

» Le huitième résultait d'une fausse application de l'art. 28 du chap. 16 de la coutume de Liége.

» En supposant que les jésuites de Louvain aient possédé les biens dont il s'agit, ils ont passé à l'évêque de Liége, par la suppression des jésuites, et à la république française, à titre de confiscation, par l'émigration du prince-évêque de Liége. Si donc ces jésuites ont été susceptibles de souffrir le retrait Carolin, le prince-évêque et la république française ni Hubert Duchesne ne peuvent pas être passibles de ce retrait.

» Le neuvième portait sur la violation du même article de la coutume de Liége, en ce que cet article ne donne la faculté du retrait qu'au vendeur ; ses héritiers ou successeurs, et que, dans l'espèce, Philibert Gentil, sa femme et ses enfans ne sont héritiers ni successeurs de Marie-Madeleine Depas, qui a fait la donation prétendue de 1678, ni de celui sur qui la vente de 1684 a été faite.

» Le dixième résultait d'une contravention aux lois des 19 juillet 1790, avril et juin 1791, sur l'abolition de tous retraits non adjugés par jugement en dernier ressort.

» Le onzième consistait à dire que les droits des enfans de Philibert Gentil étaient indécis et litigieux dans le procès commencé en 1773, et par conséquent incessibles.

» Le douzième et dernier était fondé sur ce qu'il n'a pas encore été formé d'action en revendication, mais une simple Action préparatoire, *ad exhibendum*.

» La restitution des fruits ne pourrait, disait-on, avoir lieu qu'à compter de la demande en revendication proprement dite ; et sous le prétexte d'un droit aux fruits remontant même à 1773, la veuve Gentil ne pourrait pas même agir en revendication du fonds.

» Le jugement attaqué a décidé le contraire, disait-on, et en ce point il a attribué à l'accessoire ce qui n'appartient qu'à l'action principale en revendication, et en est inséparable ; il a supposé que la restitution des fruits doit remonter à l'Action *ad exhibendum*, tandis que cette restitution ne doit avoir lieu qu'à partir de la demande en revendication ».

Tels étaient les moyens sur lesquels la cour de cassation avait à prononcer.

Consulté par la veuve Gentil, en vendémiaire an 10, époque où j'étais rendu à la vie privée, voici ce que j'ai dit sur le moyen que tiraient ses adversaires de la nature de l'action qu'avait intentée Philibert Gentil, et dont elle avait repris les erremens.

« Suivant les demandeurs, l'Action *ad exhibendum* n'avait lieu dans le droit romain que pour les effets mobiliers, jamais pour les titres d'immeubles. Cette Action d'ailleurs n'est pas connue dans notre jurisprudence. Enfin, il répugne aux premiers principes qu'un possesseur soit tenu d'exhiber les titres justificatifs de sa possession.

» Ce sont là autant d'erreurs dont la réfutation n'est pas difficile.

ACTION *AD EXHIBENDUM*, §. II.

» Que des titres puissent être l'objet d'une Action *ad exhibendum*, c'est ce qui résulte du rapprochement de deux lois très-précises du titre du Digeste *de in litem jurando*. La loi 5 dit que le serment *in litem* est admis dans les actions réelles, dans les Actions *ad exhibendum*, et dans les actions de bonne foi : *in actionibus in rem, et ad exhibendum, et in bonæ fidei judicis, in litem juratur*; et la loi 10 ajoute qu'à défaut d'exhibition des titres réclamés contre quelqu'un, le demandeur doit être autorisé à jurer *in litem* sur le dommage qu'il en souffre : *in instrumentis quæ quis non exhibet, actori permittitur in litem jurare quanti suâ interest ea proferri.*

» La loi 4, C. *ad exhibendum*, nous présente la même disposition : *non ignorabit judex, si instrumenta tui juris quæ penes diversam partem fuisse probaveris, ab eisdem non exhibeantur, juris-jurandi in litem facultatem deferri tibi oportere.*

» La loi 6 du même titré dit encore : *instrumenta..., si ad exhibendum intendis, judiciorum more experire.*

» Dans la loi 3, §. 8., D. *ad exhibendum*, on demande si cette Action peut être intentée pour faire exhiber un testament. La loi répond qu'elle peut l'être par l'héritier institué ; qu'à l'égard des légataires, ils ont bien aussi une action pour faire produire, soit le testament, soit le codicille, dans lequel sont écrits leurs legs; mais qu'ils n'ont pas besoin pour cela de l'Action *ab exhibendum*, parce qu'ils en ont de particulières connues sous le nom d'*interdits*, et qui vont au même but: *si quis, extrà heredem, tabulas testamenti, vel codicillos, vel quid aliud ad testamentum pertinens, exhiberi velit; dicendum est per hanc actionem agendum non esse ; cùm sufficiant sibi interdicta in hanc rem pertinentia.* Comme l'observe Godefroy, ces mots *extrà heredem* prouvent clairement que l'héritier peut demander par l'Action *ad exhibendum*, la communication du testament, et c'est ce que décide en termes exprès la loi 3, *quemadmodum testamenta aperiantur*, au Digeste : *ipsi tamen heredi vindicatio tabularum, sicut cœterarum rerum hereditariarum, competit : etob idad exhibendum quoque agere potest.*

» Dans tous ces textes, on n'aperçoit pas l'ombre d'une distinction entre les titres relatifs à des immeubles, et les titres qui ne concernent que des effets mobiliers; rien ne prouve mieux sans doute qu'ils peuvent, les uns comme les autres, faire la matière d'une Action *ad exhibendum*.

» En vain objecte-t-on que, dans le droit romain, l'Action *ad exhibendum* n'avait pas lieu pour les immeubles, par la raison que *semet ipsa satis exhibent, nec facilè latere possunt.*

» Cette disposition du droit romain n'était, à l'égard des demandeurs qui se préparaient à une action en revendication, que le prélude de l'art. 5 du titre 9 de l'ordonnance de 1667, qui abroge, relativement aux défendeurs en revendication, les *exceptions de vues et montrées* introduites par les ordonnances de 1334, 1355 et 1453. Il en résultait bien qu'avant d'intenter la revendication d'un immeuble, le demandeur ne pouvait pas exiger que le futur défendeur le lui montrât au doigt et à l'œil ; mais il eût été absurde d'en conclure que le demandeur ne pût pas réclamer préliminairement l'exhibition des titres relatifs à cet immeuble; et encore une fois, le contraire est prouvé par cela seul que, dans toutes les lois qui soumettent les titres à l'Action *ad exhibendum*, il n'y a pas un mot dont on puisse conclure que leur disposition soit limitée aux titres d'effets mobiliers.

» Mais, dit-on, l'Action *ad exhibendum* n'a pas lieu dans notre jurisprudence ; elle est abolie par l'art. 344 de la coutume d'Orléans, qui n'est, à cet égard, que l'expression du droit commun de la France.

» Il s'agit bien ici du droit commun de la France, et spécialement des dispositions de la coutume d'Orléans ! On feint donc d'ignorer que le pays de Liége faisait, avant sa réunion à la France, partie de l'empire d'Allemagne, et que, dans tout ce qui n'est pas réglé par nos lois nouvelles, la jurisprudence de cette contrée diffère presque en tous points, non-seulement de celle de l'ancien territoire français, mais même de celle de la Belgique.

» Mais d'ailleurs, où est-il écrit que l'art. 344 de la coutume d'Orléans forme le droit commun de la France ? Et pourquoi ne serait-ce pas plutôt l'art. 269 de la coutume de Blois, qui porte formellement: *l'Action ad exhibendum et compensation auront désormais lieu par ladite coutume ?*

» Dans l'exacte vérité, l'Action *ad exhibendum* n'est pas abolie dans notre jurisprudence; mais elle y est considérée comme inutile, parce que le plus communément, au lieu de commencer par une action préparatoire, soit en exhibition de titres, soit en représentation de la chose que l'on se propose de revendiquer, on passe directement et tout de suite à l'action principale. Ecoutons Mornac sur le titre *ad exhibendum*, du Code : *inane*, dit-il, *hodie istud moribus nostris atque ex formulis Galliæ : cùm enim vitandus sit maximè ad actiones instituendas circuitus, et brevissima facti narratio cùm causæ adjectione sufficiat in actionibus, præciduntur prolusiones illæ juris romani, rectâque libellus concipitur, ut damnetur reus reddendæ ac restituendæ rei quam ab eo petimus...; neque enim hodiè actionis ad exhibendum formula necessaria est.*

» Mais de ce que, dans l'ancien territoire français, on s'est habitué à ne pas préluder aux actions principales par l'Action *ad exhibendum*, il ne s'ensuit certainement pas que, dans une contrée nouvellement réunie, il soit défendu, sous peine de cassation, d'observer encore ce préparatoire ; il ne s'ensuit pas surtout qu'on puisse faire rétroagir nos usages jusque sur une procédure intentée plus de vingt ans avant la réunion de cette contrée à la république.

» Et si l'on veut une preuve claire, indubitable, que même encore aujourd'hui la pratique constante du ci-devant pays de Liége admet l'Action *ad exhibendum* dans toutes les circonstances semblables à celles de la cause, il suffit de se reporter au jugement du tribunal de la Meuse-Inférieure qu'attaquent ici les demandeurs. Voici mot pour mot ce qu'il contient sur ce point : « L'appelante, a, ce jour, par son fondé de » pouvoir, le cit. Warzée, homme de loi, com-
» mencé à invoquer la pratique constante du
» ci-devant pays de Liége, quant à ses conclu-
» sions *ad exhibendum*, COMME PRÉPARATOIRES A
» TOUTE ACTION RÉELLE ; ce qui ayant été AVOUÉ
» par le cit. Rolly, homme de loi et défenseur de
» l'intimé Duchesne, sans contradiction de la
» part du commissaire du gouvernement, ledit
» cit. Warzée entreprit de prouver, etc. ».

» Il est sans doute bien étonnant qu'après un pareil aveu, les demandeurs viennent réclamer contre un jugement qui n'a fait que le consacrer !

» Et remarquons que cet aveu porte précisément sur l'Action *ad exhibendum*, PRÉPARATOIRE A L'ACTION RÉELLE, c'est-à-dire, sur l'Action *ad exhibendum*, telle qu'elle a été intentée par le mari de la défenderesse.

» Les demandeurs ont donc reconnu devant le tribunal de la Meuse-Inférieure, que l'on pouvait, par cette action, demander l'exhibition de titres relatifs à des propriétés immobilières.

» Eh ! Comment auraient-ils osé le nier ? Deméan, Louvrex, Sohet, tous les commentateurs des lois et coutumes liégeoises, n'ont là-dessus qu'un cri unanime.

» Mais du moins cette pratique notoire et avouée du pays de Liége n'est-elle pas en opposition avec la maxime qui veut que tout demandeur en revendication soit chargé de la preuve de sa propriété, et que, tant qu'il n'a pas fait cette preuve, il ne puisse pas inquiéter le possesseur ?

» Non, elle ne contrarie pas cette maxime ; elle n'est même que l'application exacte de l'exception qui la limite dans le droit romain, comme dans le droit général de l'Europe.

» S'il est vrai, en effet, que le demandeur est chargé de la preuve du fait qui sert de fondement à son action, *quisque tenetur probare fundamentum intentionis suæ* ; il ne l'est pas moins qu'une fois cette preuve faite par le demandeur, c'est sur le défendeur que pèse l'obligation de vérifier les exceptions qu'il y oppose, *reus excipiendo ut actor.*

» Or, quel est, dans le ci-devant pays de Liége, l'objet de l'Action *ad exhibendum*, lorsqu'elle sert de préparatoire à une action réelle ?

» Son objet est 1°. d'établir que celui qui l'intente, a droit au bien qu'il annonce être disposé à revendiquer ; 2°. d'obliger le possesseur contre qui elle est intentée, à opposer ses propres titres à ceux du demandeur, ou convenir qu'il n'en a point.

» C'est comme si le demandeur disait : « Je » prouve par tels et tels titres, que le bien dont » vous êtes en possession m'appartient. Il est » possible cependant que vous en ayez de parti-
» culiers qui forment pour vous une exception » capable de m'imposer silence ; montrez-les » moi, afin que je les examine. Si je les trouve » suffisans pour écarter les miens, je vous lais-
» serai tranquille ; si je les trouve insuffisans, ou » si vous déclarez n'en point avoir, j'intenterai » ma demande en revendication ».

» Sans doute, il serait plus court, plus expéditif, que le demandeur fît dans le ci-devant pays de Liége, ce qu'on fait le plus communément dans les autres parties de la France ; c'est-à-dire, qu'au lieu de commencer ainsi par une action préparatoire, il se constituât immédiatement demandeur en revendication.

» Mais d'abord, l'usage contraire a prévalu dans le ci-devant pays de Liége ; et cet usage ayant sa source dans le droit romain, y fera nécessairement loi, tant qu'il n'aura pas été aboli, soit par un usage contraire, soit par une loi expresse.

» Ensuite, qu'importe au fond que le demandeur emploie un pareil circuit, ou qu'il agisse directement en revendication ? le résultat est toujours le même, puisque, d'une part, il ne peut obtenir l'effet de son Action *ad exhibendum*, qu'en justifiant son droit, et que de l'autre, dès qu'il a justifié son droit, il faut bien que le possesseur articule ses exceptions et les prouve.

» D'après ces développemens, il ne reste plus qu'à savoir si, dans le fait, la veuve Gentil a suffisamment justifié son droit aux biens possédés par le cit. Duchesne, etc. ».

Sur ces raisons, arrêt du 10 frimaire an 11, au rapport de M. Coffinhal, et sur les conclusions de M. Jourde, par lequel,

« Considérant sur le premier et deuxième moyens proposés par le préfet de la Dyle,

» Qu'à l'égard des actes de procédure, quand le vice reproché aurait existé, d'après la loi du 4 germinal an 2, il serait couvert, faute d'avoir été relevé devant le tribunal d'appel ;

» Mais que l'on a énoncé dans les exploits la qualité de veuve de Henri-Philibert Gentil, en laquelle Isabelle Loetmens avait repris l'instance en 1784, et avait procédé depuis ; qu'on y a ajouté qu'elle était sans profession ; qu'ainsi, il a été satisfait à la loi ;

» Considérant sur les troisième, quatrième et septième moyens,

» Que le jugement attaqué n'a statué que sur une Action *ad exhibendum*, usitée dans le pays de Liége, et préparatoire à celle en revendication de fonds immeubles; qu'elle peut avoir pour objet une restitution de biens héréditaires ou grevés de fidéicommis, un purgement de saisine, tout autre but enfin qu'une action en retrait; ce qui écarte, au moins dans l'état actuel des choses, et la contravention aux lois relatives à l'abolition des retraits, et la fausse application de l'édit de 1521, et dispense de s'occuper de la question de savoir si l'effet de cette loi cessait, lorsque des biens possédés par des gens de mainmorte, passaient à des laïques; en observant que quoique cet édit soit rappelé dans ce même jugement, il ne peut pas le vicier; ce qu'il a décidé, étant justifié par d'autres motifs;

» Considérant sur les cinquième et sixième moyens,

» 1°. Que le jugement attaqué ayant décidé, d'après les pièces produites, que feu Gentil était arrière-petit-fils de Lambert Depas, dit le vieux, et que les immeubles dont cette action tendait à préparer la revendication, dépendaient de la succession de ce dernier, on ne pourrait admettre le cinquième moyen qu'en jugeant le fond, ce qui n'entre pas dans les attributions du tribunal de cassation;

» 2°. Que le jugement attaqué n'a pas décidé qu'il n'y eût pas de prescription, mais seulement que, d'après les circonstances du procès et les dispositions de la coutume de Liége, qui n'admet même celle de quarante ans qu'autant qu'elle est accompagnée de bonne foi et contre des majeurs, il était possible qu'elle ne fût pas accomplie; en sorte que la question de prescription demeure entière, et pourra être agitée si l'action en revendication est formée;

» Considérant enfin, sur le huitième et dernier moyen du préfet, que, d'après la coutume de Liége, la veuve Gentil, en cette seule qualité de veuve, avait un intérêt dans l'instance introduite par son mari, et que la donation ou cession à elle faite par les enfans du premier mariage de son mari, échappe à l'application des lois *ab anastasio* et *per diversas*, ainsi qu'aux autres lois invoquées à cet égard;

» D'où il résulte que le jugement attaqué ne peut être annulé par aucun des moyens proposés sous le nom du préfet:

» Considérant, sur les moyens proposés par Duchesne contre le même jugement;

» Sur les premier et deuxième, qu'il est demeuré constant devant le tribunal qui a rendu le jugement attaqué, que l'Action *ad exhibendum* avait lieu dans le pays de Liége, pour l'hypothèse actuelle; que, dès-lors, on ne peut se faire un moyen, ni de ce qu'elle a été admise en principe, quoiqu'elle fût inconnue en France, ni de ce qu'elle a été admise comme preparatoire à une action réelle, lorsqu'en tout événement,

on ne la supposerait admissible que pour les choses mobilières.

» Sur les troisième, quatrième et cinquième,

» Que l'Action *ad exhibendum* une fois reconnue légitime dans le pays de Liége, et le jugement attaqué n'ayant ordonné qu'une exhibition de titres, ce ne peut être le cas d'apprécier la valeur des maximes, *actori incumbit onus probandi, possideo quia possideo, nemo tenetur edere contra se*, ni d'examiner les moyens qu'on en fait résulter, et qui se trouvent tous sans application;

» Sur le sixième, qu'il est résolu par les considérations présentées sur le sixième du préfet;

» Sur le septième, que la question qu'il présente, touche le fond du procès qui n'est pas jugé, et qui dépend du rapport sous lequel l'action en revendication pourra être formée;

» Sur le huitième, qu'il est écarté par la réponse au septième du préfet;

» Sur le neuvième et dixième, qu'il ne s'agissait pas de l'exécution de la Caroline de 1512, mais d'une simple Action préparatoire *ad exhibendum*;

» Sur les onzième et douzième, qu'ils sont les mêmes ou rentrent dans le huitième du préfet; et se résolvent par les mêmes motifs; qu'ainsi, la double attaque livrée au jugement est sans fondement;

» Le tribunal, après en avoir délibéré, déboute tant le préfet du département de la Dyle, que Duchesne et sa femme, des demandes en cassation par eux respectivement formées...».

§. III. *Quel est le juge compétent pour connaître de l'Action* ad exhibendum, *considérée comme demande en représentation des titres de propriété d'un immeuble? Est-ce celui du domicile du défendeur? Est-ce celui du lieu où est situé l'immeuble auquel se réfèrent les titres qu'elle tend à faire représenter?*

La loi 3, §. 5, D. *ad exhibendum*, rapportée dans le §. 1, n°. 1, qualifie expressément de personnelle, l'Action *ad exhibendum*, qui n'est que le prélude d'une action réelle; et de là il suit évidemment qu'elle ne peut être intentée que devant le juge du domicile du défendeur. C'est effectivement ce qu'a jugé un arrêt de la cour de cassation, du 3 février 1806, dont on trouvera l'espèce et le texte dans le *Répertoire de jurisprudence*, aux mots *Exhibition de pièces*, n°. 2.

ACTION CIVILE, ACTION PUBLIQUE. *V.* les articles *Délit, Faux, Opposition (tierce)* §. 5, *Sections des tribunaux*, §. 2; *et Tribunal de police*, §. 9.

ACTION PAULIANE ou RÉVOCATOIRE. §. I. *L'émancipation d'un fils de famille était-elle, avant le Code civil, soumise à l'Ac-*

12.

ACTION, ACTIONNAIRE, §. I.

tion paulianne ou révocatoire, lorsqu'elle avait pour objet de dépouiller le père, au préjudice et en fraude de ses créanciers, des droits qui lui étaient acquis et dont il jouissait sur les biens de son fils? Un père pouvait-il, au préjudice et en fraude de ses créanciers, renoncer au droit d'usufruit qu'il tenait de sa puissance paternelle?

V. l'article *Usufruit paternel.*

§. II. *L'Action pauliane avait-elle lieu en France et dans la Belgique, avant le Code civil? Par quel espace de temps se prescrivait-elle?*

V. l'article *Expropriation forcée,* §. 2.

ACTION, ACTIONNAIRE. §. I. 1°. *Lorsque, par un contrat d'association, les fonds de la société sont divisés en Actions, avec faculté à chaque associé de céder, à qui il lui plaira, tel nombre de ses actions qu'il jugera à propos, les cessionnaires d'Actions deviennent-ils, par cela seul, copropriétaires des fonds sociaux et membres de la société?*

2°. *Le Code civil déroge-t-il sur ce point à l'ancienne jurisprudence?*

La première de ces questions s'est présentée à l'audience de la section civile de la cour de cassation, le 3 fructidor an 9, et par conséquent avant le Code civil, entre les héritiers et créanciers du sieur Sérilly, et le sieur Fénis-Saint-Victour.

Les premiers soutenaient l'affirmative, et j'ai conclu en leur faveur.

Après une longue délibération, les voix se sont trouvées partagées, et cinq nouveaux juges ont été appelés pour vider le partage.

La cause reportée en conséquence à l'audience du 24 nivôse an 10, je me suis expliqué en ces termes :

« Cette affaire, que la complication de ses détails et l'importance de son objet, rendent également digne de l'attention profonde que vous lui donnez, exige de notre ministère des développemens, pour l'étendue desquels nous serions forcés de solliciter votre indulgence, si nous n'avions appris par une expérience journalière, qu'un ardent amour de la justice vous rend agréable tout ce qu'il y a de plus pénible pour des hommes ordinaires, et convertit pour vous en fleurs les épines des discussions les plus sèches et les plus arides.

» Dans le fait, le cit. Fénis-Saint-Victour avait obtenu, le 22 décembre 1777, des lettres patentes qui lui permettaient d'établir à Tulle une manufacture d'armes; et il s'était ensuite associé, pour l'exploiter et la faire valoir, avec le cit. Rousseau, administrateur des domaines et le cit. Gaudissart.

» Le 3 juillet 1782, cette société fut dissoute, et il fut stipulé que le cit. Fénis conserverait seul et exclusivement son droit au bénéfice des lettres patentes d'établissement de la manufacture.

» Par un autre acte du même jour, le cit. Fénis vendit aux cit. Bettinger et Wendel les trois quarts des immeubles dépendans de la manufacture d'armes et servant à son exploitation.

» Immédiatement après la signature de cet acte, et toujours le 3 juillet 1783, il a été passé entre le cit. Fénis, d'une part, et les cit. Bettinger et Wendel, de l'autre, un contrat sur lequel il importe que nous arrêtions quelque tems vos regards.

» Par l'art. 1, le cit. Fénis cède et transporte aux cit. Bettinger et Wendel, les trois quarts de son privilége pour l'établissement de la manufacture d'armes.

» Il n'est stipulé aucun prix en numéraire pour cette cession; mais il est dit qu'elle est faite, de la part du sieur Fénis, en vue de la société qui va être formée entre lui et les sieurs Bettinger et Wendel, laquelle société n'aurait pas eu lieu sans ladite cession; ce qui signifie bien clairement que Bettinger et Wendel sont censés payer cette cession, par les avantages que doit procurer à Fénis leur association avec lui.

» Le même article ajoute que Wendel et Bettinger jouiront et disposeront *en toute propriété* desdits trois quarts à eux cédés.

» Par l'art. 2, les parties déclarent s'associer pour l'exploitation de la manufacture d'armes : et elles s'associent de même au privilége qui en a autorisé l'établissement.

» Par l'art. 3, les fonds de première mise de la société sont fixés à 240,000 livres; savoir: 60,000 livres, valeur des immeubles dont Fénis vient de vendre les trois quarts à Bettinger et Wendel; 180,000 livres en effets, en matières mobilières, et en argent comptant.

» Le même article porte que *ces fonds seront divisés en 60 Actions intéressées;* que chacune de ces actions sera de 4,000 livres; qu'il en appartiendra 15 à Fénis, et 45 tant à Wendel qu'à Bettinger.

» D'après cette fixation de fonds et d'Actions, continue l'art. 3, *la première mise de Fénis doit être de* 60,000 *livres,* dont 15,000 en immeubles, et 45,000 en deniers comptans ou objets mobiliers; celle de Wendel et Bettinger doit s'élever à 180,000 livres, dont 135,000 livres en objets mobiliers ou deniers comptans, et 45,000 livres en immeubles.

» Remarquez cette manière de s'exprimer : *La première mise de Fénis doit être de* 60,000 *livres.* L'acte ne dit pas que Fénis a fait cette mise, mais qu'il doit la faire ; et c'est ce qui nous conduit à l'explication du paragraphe suivant du même article, dans lequel il est dit qu'à l'exception des 15,000 livres, qui forment le quart réservé à Fénis dans les immeubles qu'il vient de vendre à Bettinger et Wendel, c'est par Bettinger et Wendel qu'ont été fournis les fonds nécessaires pour compléter sa première mise, en sorte qu'il demeure, à cet égard, redevable envers eux d'une somme de 45,000 livres.

» Vient ensuite, et toujours dans le même article, une disposition qui doit avoir une grande influence sur le jugement que vous avez à rendre ; en voici les termes : *Il est expressément convenu que le privilége de la manufacture, ainsi que les terrains, bâtimens et ateliers dépendans de la présente société, y sont tellement inhérens, qu'ils ne pourront jamais en être séparés, même dans le cas de dissolution de ladite société ; de manière que, ce cas arrivant, il sera fait une estimation desdits immeubles, et celle des parties qui, par l'événement de la dissolution, n'aura plus de droit à la manufacture, sera remboursée par les autres parties de sa part dans lesdits immeubles, suivant ladite estimation,* EN RAISON DU NOMBRE DE SES ACTIONS ; *c'est pourquoi les comparans renoncent, dès à présent, à pouvoir exercer aucune Action ni demande, à fin de partage ou licitation desdits immeubles ; le tout de convention expresse, essentielle et indivisible du présent traité, et sans l'exécution duquel il n'aurait été fait.*

» Ici se présente une observation que nous devons faire dès ce moment, afin de n'être plus obligés d'y revenir : c'est qu'au premier aspect, il paraît étrange qu'en prévoyant le cas de dissolution de la société, les contractans prévoient en même tems que l'alors la manufacture appartiendra à quelques-uns d'entre eux.

• Il semble, en effet, que si la société est une fois dissoute, elle doit l'être pour toutes les parties, et qu'alors aucune d'elles ne pourra pas avoir plus de droits à la manufacture que l'autre.

» Cependant il faut bien donner un sens, et un sens effectif à la clause que nous venons de retracer ; or, il n'y a qu'une seule manière raisonnable de l'expliquer, et la voici : c'est que, si la société vient à se dissoudre par le fait de l'un des associés, c'est-à-dire, soit par sa renonciation, soit par sa mort, alors les autres associés auront seuls le droit d'exploiter la manufacture ; mais pour que ce droit ne devienne pas illusoire entre leurs mains ; ce qui arriverait infailliblement si l'associé renonçant ou les héritiers de l'associé mort pouvaient réclamer le partage en nature des bâtimens, des ateliers, et de leurs dépendances immobilières, les associés restans pourront retenir ces divers objets, à la charge d'en payer la valeur, *en raison du nombre de ses Actions.*

» La clause dont il s'agit, ne fait donc qu'accorder aux associés qui voudront rester à la tête de la manufacture, nonobstant la dissolution de la société, un droit de rétention ; ou, si l'on veut, une sorte de retrait, sur la part de l'associé renonçant ou mort, dans les immeubles sociaux ; et il n'est pas inutile de remarquer que ces sortes de clauses sont d'un usage général, et, pour ainsi dire, de style dans tous les contrats de société qui ont pour objet de grandes exploitations. Par exemple, il ne se fait pas une seule association pour l'ouverture d'une mine de charbon de terre, dans les départemens du Nord, de Jemmapes, de l'Ourthe et de Sambre-et-Meuse, sans que les associés se réservent le droit de retrait sur les Actions de ceux d'entre eux qui jugeront à propos de se retirer de la société ; et jamais il n'est venu à l'idée de personne d'en conclure que l'Actionnaire dont la société retire la part, n'était pas co-propriétaire des fonds sociaux avant l'exercice de ce retrait.

» Revenons au contrat du 3 juillet 1783. Il est convenu par l'art. 4, et ceci mérite encore une grande attention, *qu'il sera payé annuellement un dividende de six pour cent des fonds et supplémens de fonds faits et à faire dans la société ; et que les bénéfices seront partagés entre les parties, à raison du nombre de leurs Actions à l'époque de chaque inventaire ou bilan de la société.*

« Cet article, comme vous le voyez, établit une différence très-sensible entre la qualité de *bailleur de fonds* et celle de *propriétaire d'Actions.* La première donne droit à un intérêt de six pour cent par an ; la seconde à une part proportionnelle dans les bénéfices de la manufacture.

» Ainsi, Fénis, qui n'a versé dans la société que 15,000 livres, ne recevra que l'intérêt de sa mise effective ; mais comme il est propriétaire du quart des Actions, il n'en aura pas moins droit au quart des bénéfices ; et au contraire, Wendel et Bettinger, qui ont versé dans la société 225,000 livres ; savoir : 180,000 livres pour leur propre compte, et 45,000 livres pour le compte de Fénis, toucheront bien annuellement l'intérêt de cette somme ; mais comme ils n'ont que les trois quarts des Actions, ils ne prendront part aux bénéfices qu'à concurrence des trois quarts.

» Cette observation est d'une grande importance dans la cause, et nous ne pouvons trop vous inviter à ne pas la perdre de vue.

• L'art. 5 n'est remarquable que par la distinction qu'il fait entre les *associés* DÉLIBÉRANS et les *cessionnaires d'Actions.* Du reste, il n'a aucun rapport à l'objet de la contestation actuelle.

» L'art. 6 autorise les trois contractans *à faire des cessions de leurs Actions, soit* ENSEMBLE, *soit séparément.*

» Il ajoute, que les cessionnaires d'Actions *seront intéressés dans la société, en proportion du nombre de leurs Actions, qu'ils en auront les profits, et en supporteront les pertes dans la même proportion.*

» Mais il est dit dans le même article, qu'ils *ne pourront prétendre aucun droit comme titulaires dans la société ;* et l'art. 7 développe cette idée : *Les cessionnaires d'Actions* (porte-t-il) *ne pourront prétendre avoir le droit d'être présens aux assemblées ni voix délibérative, s'ils ne sont agréés unanimement par une délibération spéciale de la compagnie.*

» Ainsi, les art. 6 et 7 établissent formellement la distinction que l'art. 5 ne fait qu'énoncer, entre les *cessionnaires d'Actions et les associés délibérans.*

» L'art. 7 ne se borne point là : il prévoit le cas où, soit *l'un des comparans,* c'est-à-dire, l'un des associés primitifs, soit l'un des cessionnaires admis par la société entière au titre et à la qualité d'associé délibérant, voudrait se défaire de son intérêt en tout ou en partie ; et il oblige d'en donner avis par écrit ; et d'en offrir la préférence à la compagnie, laquelle se réserve la faculté de conserver l'intérêt cédé, ou, ce qui revient au même, de le retirer sur le cessionnaire, en lui en payant la valeur, d'après le bilan de la société à l'époque de la cession.

» L'art. 8 étend ce droit de retrait en faveur de la compagnie, au cas où l'un des associés viendrait à mourir sans laisser ni veuve ni enfans, mais seulement des héritiers collatéraux. Il veut qu'alors la compagnie puisse retirer sur les héritiers collatéraux de l'associé décédé, l'intérêt entier de celui-ci, en leur en payant la valeur, comme dans le cas de l'art. 7.

» L'art 10 déclare que *toutes les affaires de la société seront dirigées par les comparans.*

» Les autres articles sont étrangers à notre objet.

» A l'acte que nous venons de parcourir, s'en lie un autre du même jour, 3 juillet 1783, par lequel Bettinger, tant pour lui que pour Wendel, qui l'a ratifié le 22 septembre suivant, déclare entre autres choses, que les fonds représentés par les 45 Actions à eux assignées dans la société qu'ils viennent de former avec Fénis, sont, quant à eux deux, et pour ce qui les concerne séparément, divisés en 60 Actions, dont 26 appartiennent à Megret-Sérilly ; ce qui signifie bien clairement qu'il appartient à Megret-Sérilly 26 soixantièmes des 45 Actions de Wendel et Bettinger dans la société stipulée entre eux et Fénis. Cette déclaration a été acceptée par Megret-Sérilly, le 22 janvier 1787.

» Ainsi, voilà Megret-Sérilly cessionnaire de 26 soixantièmes, ou ce qui est la même chose, de 18 Actions et un tiers pris dans les 45 Actions de Wendel et de Bettinger.

» C'est ce qui a été encore reconnu par un acte notarié du 21 mars de la même année 1787, dans lequel Mégret-Sérilly comparaît avec Bettinger et Wendel comme intéressé pour 26 Actions, dans les 60 qui composent leur société particulière dans les trois quarts de la société formée entre ces deux derniers et Fénis, par le contrat du 3 juillet 1783, pour l'exploitation de la manufacture d'armes à feu de Tulle; et nous devons remarquer en passant, qu'il résulte de ce même acte, que c'était Sérilly qui avait fourni à Wendel et à Bettinger tous les fonds avec lesquels ils avaient acquis, non-seulement les Actions qu'ils lui cédaient, mais encore celles qu'ils se conservaient ; en sorte qu'à l'exception des 15,000 livres que Fénis-Saint-Victour avait versées dans la manufacture de Tulle, tout le surplus des mises qui y avaient été faites, provenait de Sérilly.

» Quoi qu'il en soit, nul doute, d'après ces actes, que Sérilly ne soit associé de Wendel et Bettinger dans la part qu'ils ont dans la société existante entre eux et Fénis-Saint-Victour.

» Mais il n'est pas, pour cela, associé délibérant de Fénis lui-même, ou, en d'autres termes, il n'est pas, pour cela, membre délibérant de la société existante entre Fénis, Bettinger et Wendel ; l'acte constitutif de la société elle-même s'y oppose. Wendel et Bettinger, d'après ces actes, ont bien pu, d'après le concours de Fénis, céder à Sérilly une partie de leurs Actions, et par là associer Sérilly à leur part dans la société ; mais ils n'ont pas pu l'agréger à la société elle-même, avec voix délibérative, sans le consentement de Fénis. Ainsi le voulaient, comme nous l'avons vu, les stipulations expresses de l'acte du 3 juillet 1783.

» Fénis-Saint-Victour a-t-il, par la suite, donné son consentement à ce que Sérilly devînt membre délibérant de la société? C'est une question importante, sans doute, dans la cause, mais à laquelle on a donné plus d'importance qu'elle n'en a réellement ; au surplus, pour la résoudre, il faut consulter les actes postérieurs à ceux que nous venons de retracer ; et il faut les consulter avec d'autant plus d'attention, que le jugement attaqué n'en a rendu qu'un compte très-inexact.

» Megret-Sérilly ayant été obligé, par le dérangement de ses affaires, de donner tous ses biens en nantissement à ses créanciers, ceux-ci firent entre eux un contrat d'union, et choisirent pour syndics les cit. Aucante et Provigny.

» Dès ce moment, les cit. Aucante et Provigny intervinrent dans toutes ou presque toutes les délibérations de la société ; et Megret-Sérilly lui-même assista à un grand nombre de celles qui précédèrent sa mort.

» Les demandeurs ont produit seize de ces délibérations qui remontent au 29 septembre 1789, et se prolongent jusqu'au 11 prairial an 4.

» La première est ainsi conçue : *Les Propriétaires de la manufacture d'armes de Tulle réunis, considérant que l'état actuel de ladite manufacture.... exige la présence d'un des propriétaires sur les lieux ; et M. Bettinger, l'un d'eux, ayant bien voulu se charger de la surveillance qu'exige cette manufacture, ont arrêté qu'il s'y transportera incessamment.*

» Elle est signée *Veymeranges* (nom d'un des cessionnaires d'Actions de Bettinger et de Wendel), *Saint-Victour, Aucante* et *Bettinger*. Ainsi, le cit. Fénis-Saint-Victour reconnaît bien évidemment le cit. Aucante pour représentant d'un de ses co-propriétaires, puisqu'il arrête et qu'il signe avec lui une délibération prise au nom des *propriétaires réunis de la manufacture de Tulle.*

» La seconde délibération, en date du 15 février

1790, ne présente que des détails d'administration qu'il serait aussi long qu'inutile de vous retracer. Mais elle est, comme la précédente, signée du cit. Aucante, en même temps que de Fénis-Saint-Victour et de Veymeranges.

» La troisième, du 6 novembre 1790, qui crée une place de *contrôleur-ambulant-général* de la manufacture de Tulle, est remarquable, en ce qu'elle est prise et signée par Fénis-Saint-Victour, Veymeranges et *Sérilly*. Voilà donc Sérilly délibérant avec Fénis ; voilà Fénis qui reconnaît à Sérilly le droit de concourir aux délibérations de la société.

» La quatrième, du 21 mai 1791, est plus remarquable encore ; elle est prise dans un comité composé de Fénis et de Sérilly seulement, et voici ce qu'elle porte : *M. de Saint-Victour a dit qu'obligé de prolonger son séjour à Paris jusqu'à la solution des affaires importantes qui l'y avaient amené, et privé de la majeure partie de ses revenus par la suppression de sa pension, il croyait pouvoir demander à ses* CO-PROPRIÉTAIRES *un secours à titre d'avance....; sur quoi les* CO-PROPRIÉTAIRES *de M. Saint-Victour, désirant lui donner des preuves de leur attachement et reconnaître les soins particuliers qu'il prend pour le* succès DE L'ENTREPRISE COMMUNE, *ont arrêté qu'à compter de....., il pourra prélever par mois, sur les fonds de la caisse, une somme de.... qui sera rétablie à la caisse par tiers, d'année en année, à compter de celle qui donnera lieu à la répartition des bénéfices, et sur la portion à lui afférant par l'effet du partage qui en sera fait* ENTRE TOUS LES PROPRIÉTAIRES; *et ont signé.* Suivent les signatures, *Saint-Victour et Sérilly:*

» Assurément, il résulte de cette délibération, qu'en la prenant et la signant, Fénis-Saint-Victour a reconnu Sérilly pour co-propriétaire, pour associé de la manufacture de Tulle.

» En voici une autre qui n'est pas moins expressive ; c'est celle du 3 janvier 1793 : *M. Aucante a dit que M. de Sérilly ayant donné sa procuration à M. Romeron, pour le représenter dans les comités tenus par les établissemens dans lesquels il avait des intérêts, il croyait devoir l'admettre* DANS CELUI DE LA MANUFACTURE, *comme il l'avait été dans ceux des autres établissemens.... Après qu'il en a été délibéré, il a été arrêté que M. Romeron,* COMME REPRÉSENTANT DE M. SÉRILLY, SERAIT ADMIS AVEC VOIX DÉLIBÉRATIVE. Cette délibération est signée *Saint-Victour, Provigny, Aucante,* et même *Romeron* ; c'est-à-dire qu'elle est exécutée au même instant où elle est prise.

» Dans une autre, du 30 nivôse an 2, il est dit que, depuis celle dont nous venons de parler, le cit. Romeron remplit les fonctions d'administrateur de la manufacture de Tulle ; et en effet, représentant Sérilly, il faisait tout ce qu'aurait pu faire Sérilly lui-même ; or, nous avons vu, par les délibérations précédentes, que Sérilly administrait la manufacture conjointement avec Fénis-Saint-Victour.

» Celle du 30 fructidor de la même année n'est pas moins remarquable ; mais pour en bien saisir l'objet et en concevoir toute l'importance, il faut la rapprocher d'un fait consigné dans le jugement de première instance, et qui n'est pas contredit par le jugement rendu sur l'appel.

» Ce fait est que les 1, 21 *pluviôse* et 24 *ventôse, an* 2, *l'union des créanciers Sérilly, sur la menace du comité de salut public, qui voulait mettre en régie la manufacture, si l'on n'y fabriquait* 20,000 *armes par an, prit toutes sortes de moyens pour conserver la propriété de cet établissement, pour faire des acquisitions, en un mot, pour conférer à la manufacture le développement et la solidité dont elle était susceptible.*

» Et ce fait est complètement justifié par les délibérations mêmes qu'énonce cette partie du jugement. Pour nous borner à la dernière, à celle du 24 ventôse an 2, voici ce qu'elle porte : « Le » cit. Provigny a exposé que le comité de salut » public avait fait connaître aux administrateurs » de la manufacture de Tulle la nécessité de don- » ner un plus grand développement à la fabrica- » tion des armes, et les avait fait inviter d'employer » les mesures les plus puissantes pour parvenir à » une fabrication annuelle de 20,000 armes ; que » ces grandes mesures nécessitaient des adminis- » trateurs à des acquisitions de bâtimens et usi- » nes, que le cit. Aucante, qui s'était rendu à » Tulle, avait pensé, conjointement avec le cit. » Bettinger, qu'il fallait acquérir le collége de » Tulle, pour y établir la manufacture....; qu'on » avait fait déjà l'acquisition d'un moulin propre » à une usine, et qu'on projetait une autre acqui- » sition ; que, sur ce, après qu'il en a été déli- » béré, il a été arrêté..... qu'on approuvait toutes » les acquisitions que nécessitait l'agrandisse- » ment de la manufacture et ce qui seconderait » les vues du comité de salut public, principale- » ment pour étendre la fabrication des armes né- » cessaires à la défense de la république ».

» C'est à cette délibération des créanciers Sérilly que se rapporte celle du comité de la société de la manufacture de Tulle, du 30 fructidor an 2. Le cit. Aucante, de retour à Paris, a rendu compte à ce comité, des opérations qu'il avait faites pendant sa mission : *il a représenté* (ce sont les termes de l'acte) *les procès-verbaux qui constataient les plus importantes, tant en acquisitions qu'en constructions nécessaires au développement de l'entreprise ordonnée par le comité de salut public.* En conséquence, *il a été arrêté que l'on approuvait et ratifiait toutes les opérations faites par le cit. Aucante, conjointement avec le cit. Bettinger,* SOIT EN ACQUISITIONS, SOIT EN CONSTRUCTIONS. La délibération est signée *Saint-Victour* et *Aucante.*

» Voilà donc les créanciers, les ayant-cause de Sérilly, qui acquièrent, qui construisent au profit de la manufacture, et qui, par là, contribuent à l'amélioration des propriétés sociales. Fénis-

Saint-Victour approuve leurs opérations; il reconnaît donc leur débiteur pour son associé; il reconnaît donc que leur débiteur a droit dans les propriétés sociales elles mêmes.

» Il est inutile de parcourir les délibérations subséquentes, parce que toutes présentent les mêmes résultats. Mais il en est une qui a précédé les trois dernières dont nous venons de parler, et qui doit fixer plus particulièrement l'attention du tribunal, à raison des conséquences que l'on peut en tirer contre le système des demandeurs en cassation: c'est celle du 15 octobre 1791.

» Cette délibération est prise dans un comité auquel il ne se trouvait que Fénis-Saint-Victour et Sérilly.

» Fénis-Saint-Victour expose au comité, qu'il a de fortes raisons de suspecter d'inexactitude les comptes et bilans dressés par un cit. Léveillé, tant de la manufacture de Tulle, que de la forge de Remiremont. Il en conclut qu'il est nécessaire de faire un travail général pour constater l'état au vrai de la manufacture.

» Il ajoute que cette opération paraîtrait certainement utile et même indispensable *à ses associés*, quand même elle n'aurait pour objet que de fixer *l'état de la propriété commune* et leur position respective; mais qu'elle lui paraît impérieusement commandée par les relations que l'état des choses donnait à l'entreprise avec *Sérilly, qui, sans être un des associés avec lesquels il avait traité, a néanmoins des intérêts dans l'opération;* que ces intérêts, qu'il connaît, portent singulièrement sur la mise de fonds faite dans la manufacture de Tulle par les propriétaires de celle de Charleville, faisant partie des bons de Sérilly; qu'il convient, en fixant d'une manière exacte, le capital de celle de Tulle, de connaître en même temps sa position réelle et sa position relative avec celle de Charleville, *comme bailleur de fonds à son égard;* que le compte qui doit éclaircir cette dernière relation, établira d'une part, les fonds versés par Charleville à Tulle, avec les intérêts dus par la manufacture de Tulle pour l'avance de ces fonds; et, de l'autre les divers versemens de fonds faits par la caisse de Tulle à la caisse générale des établissemens qui l'ont successivement libérée et de partie du capital et des intérêts par décroissance;

» Qu'il propose ce travail avec d'autant plus d'instance, *qu'il veut mettre la masse des créanciers de Sérilly, qui, aux termes de son acte de société, ne peut prendre part à l'administration de l'entreprise de Tulle, à portée d'en surveiller les résultats pour la partie des fonds qui seuls peuvent et doivent l'intéresser*, et être toujours en état de juger les efforts que la manufacture de Tulle a faits dans la dernière année, et ceux qu'elle continuera de faire, pour se libérer entièrement des avances qui lui ont été faites par la manufacture de Charleville.

» Sur quoi (porte la délibération), *il a été arrêté que l'on approuve le parti proposé par M. de Saint-Victour, pour fixer l'état au vrai de la manufacture; et qu'il sera fait choix d'un sujet capable de remplir cette mission.* Suivent les signatures *Saint-Victour* et *Sérilly.*

» On a voulu conclure de cette délibération, qu'à l'époque où elle avait été prise, Fénis-Saint-Victour ne reconnaissait pas Sérilly pour membre de la société.

» Cependant, c'est avec Sérilly lui-même qu'il prend cette délibération; et il la prend dans un comité de la société. Il y a plus: dans l'exposé qui, de sa part, précède la délibération, c'est à ses associés qu'il parle dans la personne de Sérilly. Il dit que l'opération qu'il propose, *paraîtrait utile et même indispensable à ses associés, quand elle n'aurait pour objet que de fixer l'état de propriété commune.* Il est impossible qu'en s'énonçant ainsi, il n'ait pas eu l'intention d'exprimer qu'il se regardait alors comme associé à Sérilly.

» Il ajoute, à la vérité, que Sérilly, *sans être un des associés avec lesquels il avait traité, avait néanmoins des intérêts dans l'opération;* mais cela signifie seulement que Sérilly n'a pas été dans le principe, membre de la société; et l'on ne peut pas conclure que Sérilly ne le soit pas devenu depuis; on le peut d'autant moins que, d'une part, l'acte de société du 3 juillet 1783 porte expressément que les cessionnaires d'Actions pourront obtenir, du consentement de tous les associés, le droit d'assister aux délibérations et d'y voter, et que, dès-lors, ils auront la qualité et le titre d'associés; que, de l'autre, Sérilly y avait été admis par Fénis-Saint-Victour lui-même à voter dans les comités précédens, et que Fénis-Saint-Victour en avait signé avec lui les résultats.

» Fénis-Saint-Victour, il est vrai, ajoute encore que *la masse des créanciers de Sérilly ne pouvait pas, aux termes de son acte de société, prendre part à l'administration de l'entreprise de Tulle, et qu'il veut cependant la mettre à portée d'en surveiller les résultats pour la partie des fonds qui seuls peuvent et doivent l'intéresser.*

» Mais que peut-on inférer de là, relativement à Sérilly lui-même? Sans doute les ayant-cause des associés, et par conséquent leurs créanciers, sont exclus du droit de prendre part à l'administration de la société; sans doute aussi, et par une suite nécessaire, les créanciers de Sérilly n'ont intérêt de surveiller les résultats de l'entreprise sociale, que pour la partie des fonds;

» Mais ce que Fénis-Saint-Victour dit à cet égard, relativement aux créanciers, il ne l'étend pas jusqu'à Sérilly lui-même; et en n'excluant que les créanciers du droit de prendre part à l'administration de la société, il reconnaît tacitement que Sérilly doit personnellement jouir de ce droit.

» Enfin, ce qui lève toute espèce de doute, c'est que, postérieurement à cette délibération, Fénis-Saint-Victour admet le cit. Romeron, en sa qualité de fondé de pouvoirs de Sérilly, à voter dans toutes les assemblées de la société, et à remplir dans la société elle-même *les fonctions d'administrateur.*

» Reprenons la suite des faits.

» En 1792, Wendel, l'un des membres de la société, émigre.

» En l'an 2, Sérilly périt sur un échafaud.

» Alors Fénis-Saint-Victour présente au comité de salut public un mémoire dans lequel il retrace les époques, les motifs et les conditions des deux sociétés qu'il avait successivement formées, l'une avec Rousseau et Gaudissard, l'autre avec Wendel et Bettinger; il y invoque surtout l'art. 3 du contrat de société du 3 juillet 1783; il affecte de méconnaître la co-propriété de *Bettinger* lui-même; il argumente de l'émigration de Wendel; il assure que, par cette émigration, la société est dissoute; enfin, il demande que les trois quarts de la propriété qu'il a vendue à Wendel et à Bettinger soient réunis au quart qu'il en a conservé.

» Le comité de salut public renvoie ce mémoire à la commission des armes et poudres, pour donner son avis.

» La commission consulte Bettinger, qui incontestablement était associé de Fénis-Saint-Victour, et Aucante, syndic des créanciers Sérilly.

» Tous deux s'opposent à la concession que sollicite Fénis-Saint-Victour; celui-ci, en conséquence, suspend sa poursuite.

» Mais bientôt paraît la loi du 17 frimaire an 3, par laquelle *les citoyens intéressés dans des établissemens de commerce ou manufactures, dont un ou plusieurs associés ont été frappés de confiscation,* sont appelés à se faire céder et abandonner par la nation, *toutes les propriétés de la société,* à la charge d'en payer le prix tel qu'il sera liquidé par les corps administratifs, et d'en acquitter toutes les dettes.

» En vertu de cette loi, Fénis-Saint-Victour obtient, le 21 vendémiaire an 4, un arrêté du comité des finances qui charge l'administration du département de la Corrèze de lui transporter la portion de l'émigré Wendel dans la manufacture de Tulle.

» Cet arrêté est motivé sur deux *considérant,* dont le premier mérite une attention particulière : il porte *que la république, étant aux droits de l'émigré Wendel, a constamment une portion dans la manufacture de Tulle, et dans les immeubles qui en dépendent; que cette portion n'a pu être transmise par Wendel à Mégret-Sérilly, postérieurement au traité de société, sans que tous les associés y eussent été parties consentantes; et que dès-lors la direction des créanciers Sérilly ne peut avoir d'autres droits que ceux des créanciers bailleurs de fonds.*

» Les représentans de Sérilly, par un mémoire adressé au directoire exécutif, s'opposent à l'exécution de cet arrêté, comme portant atteinte à leurs droits dans la manufacture.

» Leur mémoire est renvoyé au ministre des finances, qui, par une lettre du 2 pluviôse an 4, énoncée dans le jugement de première instance, mande au bureau du domaine national du département de la Seine, de renvoyer les parties devant les tribunaux.

» Dans cette lettre, sont rappelés les griefs que font valoir et les conclusions que prennent les représentans de Sérilly dans leur mémoire d'opposition.

» Leurs griefs consistent en ce que Fénis-Saint-Victour s'est fait céder *pour lui seul* la part de l'émigré; Wendel leurs conclusions tendent à ce que cette cession leur soit déclarée commune, à raison de leur co-propriété dans les fonds sociaux.

» Le ministre des finances observe dans la lettre citée, que *le point de savoir si la réclamation des créanciers Sérilly est fondée, est une question de fonds, puisqu'ils se prétendent co-propriétaires de l'établissement.*

» *Il faut, avant tout* (ajoute-t-il), *examiner par qui elle peut être résolue. Il est évident que ce ne peut pas être par l'administration; l'administration ne peut pas être juge d'une prétention de propriété entre Fénis-Saint-Victour, les créanciers Sérilly, et peut-être la république elle-même; la république étant, dans cette affaire, aux droits de l'émigré Wendel, il faut, d'après l'article 32 de la loi du 1 floréal an 3, que ce soit des arbitres qui prononcent.*

» *Le comité des finances n'a pas pu, par son arrêté, statuer définitivement sur un pareil objet; il n'aurait même pas dû lui être soumis; mais il avait reçu les réclamations de Fénis-Saint-Victour; il a demandé à la commission des revenus nationaux son avis : il a reconnu, pour la république représentant Wendel, émigré, co-propriétaire dans l'établissement, que Fénis-Saint-Victour était également co-propriétaire : tout cela est bon et régulier; quant à ce que porte le considérant de son arrêté, que Sérilly ne pouvait être que créancier, il n'en résulte pas que les créanciers Sérilly ne puissent pas judiciairement soutenir leur prétention de co-propriété; et ce sera à Tulle que des arbitres en décideront.*

» D'après cette lettre, le bureau du domaine national transmet les pièces à l'administration centrale du département de la Corrèze.

» Celle-ci prend, le 5 nivôse an 5, un arrêté qui charge Fénis-Saint-Victour d'appeler la veuve, les héritiers et les créanciers Sérilly, le sieur Bettinger et le commissaire près l'administration centrale, devant le tribunal civil du même département, *pour faire régler la propriété qui revient à la république pour l'émigration de Wendel, et à chacun des autres intéressés sur ladite manufacture.*

» Cet arrêté, dit le jugement attaqué, es

fondé en substance sur ce que les héritiers et créanciers Sérilly soutenaient que feu Sérilly était copropriétaire de la manufacture de Tulle, tandis que Fénis lui disputait toute propriété dans cette manufacture, et ne lui accordait que la qualité de cessionnaire d'actions ou de bailleur de fonds.

» Fénis-Saint-Victour aurait pu, ce semble, se pourvoir auprès du gouvernement en cassation de cet arrêté. Car l'administration de la Corrèze faisait, par cet acte, ce qui était réservé au corps législatif par l'art. 3 de la loi du 8 germinal an 4, relatif à la manière de procéder sur les réclamations contre les arrêts des comités de la convention nationale.

» Il est vrai que le ministre des finances avait autorisé l'administration de la Corrèze à renvoyer les parties en justice réglée, pour faire statuer sur la question de propriété décidée si légèrement par le premier considérant de l'arrêté du comité des finances, du 21 vendémiaire an 4. Mais son autorisation était antérieure à la loi du 8 germinal an 4, et cette loi l'avait rendue sans objet.

« Cependant Fénis-Saint-Victour, au lieu d'élever une question de compétence qui n'aurait pu que l'éloigner de son but, a tout de suite exécuté l'arrêté de l'administration de la Corrèze, et par conséquent renoncé à l'exception qu'il aurait pu tirer de la loi du 8 germinal an 4.

» C'est d'après cela que la veuve Sérilly, comme tutrice de ses enfans mineurs, le cit. Aucanté, comme syndic des créanciers, et le cit. Bettinger, ont été assignés par Fénis-Saint-Victour devant le tribunal civil du département de la Corrèze.

» Là, Fénis-Saint-Victour soutient, 1°. qu'ayant uniquement contracté avec Wendel et Bettinger, il ne peut reconnaître pour co-propriétaire de la manufacture d'armes de Tulle Megret-Sérilly, avec lequel Bettinger et Wendel se sont associés; 2°. que Wendel, l'un de ses associés, ayant émigré, il a pu, aux termes de la loi du 17 frimaire an 5, acquérir sa part dans la propriété commune.

» La veuve Sérilly, le syndic des créanciers et le cit. Bettinger répondent, entre autres choses, 1°. que Fénis-Saint-Victour ne peut contester à Sérilly la qualité de co-propriétaire; 2°. que, fût-il fondé dans sa prétention, il n'aurait pu se faire céder par le comité des finances, que treize actions et un tiers de celles qui avaient originairement appartenu à Wendel.

» Pour bien entendre ces deux propositions, il faut se rapporter au contrat de société du 3 juillet 1783, et à l'acte de transport du même jour.

» Wendel et Bettinger avaient originairement, comme nous l'avons vu par le contrat de société, quarante-cinq Actions dans la masse des propriétés sociales.

» De ces quarante-cinq Actions, ils en avaient cédé à Megret-Sérilly vingt-six soixantièmes, c'est-à-dire, dix-huit Actions et un tiers.

» Il ne leur restait conséquemment en commun que vingt-six Actions et deux tiers. C'était, par suite, treize Actions et un tiers pour chacun d'eux.

» Ainsi Wendel n'étant, lors de son émigration, propriétaire que de treize Actions et un tiers, la nation n'avait pas pu en confisquer davantage.

» Elle n'avait donc pas pu céder à Fénis-Saint-Victour plus de treize Actions et un tiers dans la manufacture de Tulle.

» Cela posé, on voit clairement ce que signifient et la défense principale et la défense subsidiaire des héritiers et créanciers Sérilly devant le tribunal de la Corrèze.

» Leur défense principale était fondée sur ce que Sérilly, selon eux, avait été co-propriétaire de la manufacture et leur avait transmis sa co-propriété.

» Ils soutenaient donc que Fénis-Saint-Victour ne pouvait pas jouir seul de l'effet de la cession contenue dans l'arrêté du comité des finances; et que cette cession devant profiter à tous les co-propriétaires de la manufacture, ils devaient y prendre part, comme Fénis-Saint-Victour, proportionnellement à leurs droits dans la propriété commune.

» Leur défense subsidiaire consistait à dire : qu'à tout événement, Fénis-Saint-Victour n'avait pu se faire céder par la nation que les treize Actions et un tiers de l'émigré Wendel, et c'est comme s'ils lui eussent dit : « Supposons que, » comme co-propriétaires, nous ne puissions pas » réclamer notre part proportionnelle dans la ces- » sion que vous avez obtenue, au moins il est » constant que vous n'avez pu vous faire céder » que ce qui appartenait à Wendel : or, il n'ap- » partenait à Wendel que treize Actions et un tiers, » vous n'avez donc pas pu vous faire céder plus » de treize Actions et un tiers dans la propriété » commune. Vous ne pouvez donc pas étendre » votre cession jusqu'aux neuf Actions et un » sixième que Wendel avait cédés à Sérilly ».

» A ces deux branches de la défense des héritiers et des créanciers Sérilly, Fénis-Saint-Victour n'opposait qu'un seul moyen : c'était de dire que Sérilly n'avait été que cessionnaire d'Actions, et que les Actions qui lui avaient été cédées par Wendel ne l'avaient pas rendu co-propriétaire de la portion de celui-ci dans la propriété de la manufacture.

» Sur cette contestation, le tribunal de la Corrèze a proposé plusieurs questions, et notamment celle-ci :

» L'émigration de Wendel a-t-elle dissous la société contractée le 3 juillet 1783 ?

» Si elle a dissous la société, Fénis Saint-Victour qui représente Wendel, au moyen de la cession qu'il a obtenue du comité des finances, peut-il, aux termes de la loi du 19 frimaire an 3, demander en nature la portion de Wendel dans la propriété de la manufacture, ou n'a-t-il que le droit d'en réclamer la valeur estimative?

» Megret-Sérilly est-il devenu co-propriétaire avec Fénis-Saint-Victour, de la manufacture d'armes de Tulle, ou n'était-il qu'un bailleur de fonds?

» Sur la première de ces trois questions, le tribunal de la Corrèze a considéré que l'émigration emportait la mort civile; qu'aux termes des lois romaines, la mort civile de l'un des associés entraînait la dissolution de la société; qu'ainsi, par l'émigration de Wendel, la société contractée le 3 juillet 1783, entre lui, Bettinger et Fénis-Saint-Victour, avait été dissoute de plein droit.

» Sur la deuxième question, il a considéré

» Que l'art. 3 du contrat de société avait prévu le cas où la société serait dissoute; qu'il avait décidé en termes exprès, pour ce cas même, que celui des associés, par le fait duquel serait opérée la dissolution de la société, ne pourrait pas réclamer sa part en nature dans les immeubles de la compagnie, mais seulement dans l'estimation qui en serait faite; qu'ainsi, en supposant Wendel mort naturellement, ses ayant-cause ne pourraient prétendre dans la manufacture qu'une somme de deniers représentative de sa portion dans les propriétés sociales;

» Que l'effet de sa mort civile devait être le même qu'eût été celui de sa mort naturelle;

» Que par conséquent la république n'avait acquis, par son émigration, que le droit de réclamer cette somme de deniers;

» Qu'elle n'avait donc pu céder que ce droit à Fénis-Saint-Victour;

» Que Fénis-Saint-Victour ne pouvait donc pas, en vertu de la cession qu'il avait obtenue, revendiquer la portion d'immeubles qui avait appartenu à Wendel;

» Que par conséquent, cette portion d'immeubles demeurait fondue dans la masse sociale, pour accroître à chaque sociétaire;

» Que telle était la loi imposée aux parties par le contrat de société; que la loi du 17 frimaire an 3 n'y avait ni dérogé ni pu déroger;

» Qu'à la vérité elle avait attribué aux associés qui useraient du bénéfice de ses dispositions la co-propriété du sociétaire émigré; mais qu'elle ne la lui avait attribuée, qu'autant que cette co-propriété lui aurait appartenu à lui-même, en cas de dissolution de la société sans émigration de sa part;

» Que d'ailleurs, en supposant que, par l'effet de cette loi, Fénis-Saint-Victour eût pu acquérir la co-propriété de Wendel, du moins il n'aurait pas pu l'acquérir pour lui seul; qu'il l'aurait acquise pour la société, d'après la règle qui veut que toutes les opérations d'un associé dans une affaire sociale profitent ou nuisent à la société dont il est membre;

» Qu'ainsi, sous tous les aspects possibles, Fénis-Saint-Victour n'avait pu s'approprier, en vertu de la loi du 17 frimaire an 3, la co-propriété de Wendel.

» Sur la troisième question, le tribunal de la Corrèze a inféré de divers articles du contrat de société et des reconnaissances de Fénis-Saint-Victour, consignées dans les délibérations dont nous avons eu l'honneur de vous rendre compte, que Sérilly avait été, non-seulement co-propriétaire de la manufacture, à raison du nombre de ses Actions; mais qu'il avait été agrégé à la société elle-même, et qu'il en était devenu membre, quoiqu'il ne l'eût pas été dans le principe.

» En conséquence, jugement est intervenu le 23 messidor an 5, qui déclare « 1°. que l'émigration de Wendel a dissous la société; 2°. que les re- » présentans de Wendel ne peuvent, malgré la » loi du 17 frimaire an 3, réclamer en fonds, » (c'est-à-dire, en nature), la portion de pro- » priété qu'avait autrefois Wendel dans la ma- » nufacture de Tulle, mais simplement une » somme d'argent à régler par experts, confor- » mément à l'art. 3 de l'acte de société du 3 juil- » let 1783, d'où il suit que Fénis-Saint-Victour » est sans Actions, puisqu'il a réclamé en nature » la portion de propriété de Wendel; 3°. que Me- » gret-Sérilly est devenu propriétaire avec Fénis » de la manufacture d'armes de Tulle».

» Fénis-Saint-Victour a appelé de ce jugement, et son appel a été porté au tribunal civil du département du Lot.

» Dans ces entrefaites, la veuve Sérilly, qui avait plaidé en première instance, comme tutrice de ses enfans, d'après un avis de parens et un procès-verbal du juge de paix, était venue à mourir; et un jugement du tribunal civil du département de la Seine, du 24 floréal an 7, avait confirmé la nomination du cit. Mézière aux fonctions de curateur des mineurs Sérilly qui se trouvaient émancipés, et de tuteur de ceux d'entre eux qui ne l'étaient pas encore.

» Le même jugement avait confirmé la nomination du cit. Huguet *pour conseil de la tutelle*. Il avait pareillement confirmé les autorisations conférées à l'un et à l'autre par l'avis de parens. Or, par l'avis de parens, il était dit que le cit. Mézière ne pourrait *intenter aucune demande en justice, ny défendre à toutes celles qui pourraient être formées contre lui en sa dite qualité de curateur et tuteur desdits mineurs, sans l'avis et consentement du cit. Huguet.*

» Le 19 vendémiaire an 8, Fénis-Saint-Victour a fait sulumer son appel 1°. les mineurs Sérilly émancipés; 2°. le cit. Mézière, tant comme leur curateur aux causes, que comme tuteur de leurs frères et sœurs non encore émancipés; 3°. le cit. Aucante, syndic des créanciers de leur père; 4°. le cit. Bettinger; 5°. le commissaire du gouvernement près l'administration centrale.

» La cause plaidée contradictoirement, le tribunal du département du Lot a réduit toutes les difficultés qu'elle présentait, à la seule question de savoir si Sérilly avait été *associé ou co-propriétaire de la manufacture de Tulle*; il a décidé

13.

que Sérilly n'avait été ni l'un ni l'autre, et voici, en conséquence, comment il a prononcé. — « Le » tribunal déclare qu'il a été mal jugé; *réformant le* » *tout, et faisant sur le tout* ce que les premiers juges auraient dû faire, déclare que Sérilly n'a pas été co-propriétaire de la manufacture de Tulle; » que ledit Sérilly et ses représentans n'ont jamais eu d'autre qualité dans ladite manufacture que celle de cessionnaire d'Actions ou » *bailleur de fonds*; en conséquence, déclare » les héritiers et syndic des créanciers Sérilly non-» recevables dans leur demande en co-propriété, » déclare nulles et comme non avenues toutes » oppositions formées par lesdits héritiers et syndic des créanciers, en tant que lesdites oppositions auraient pour objet la revendication de » prétendus droits de propriété dans ladite manufacture, ou un empêchement quelconque à » ce que Fénis-Saint-Victour profite de la loi du » 17 frimaire an 3; sauf néanmoins l'effet desdites oppositions pour tous les droits qui pourraient appartenir, soit auxdits héritiers, soit » auxdits créanciers, sur la manufacture de Tulle, » circonstances et dépendances, tant en raison » de la qualité de cessionnaire d'Actions qui fut » acquise par Sérilly, qu'à tout autre titre que » celui de co-propriétaire; déclare le jugement » commun à toutes les parties instanciées; et » moyennant ce, n'y avoir lieu de statuer sur le » surplus des griefs particuliers articulés par » Saint-Victour, non plus que sur les conclusions du commissaire du gouvernement; sur » tout quoi, le tribunal a mis et met les parties » hors d'instance; sauf à Fénis à se retirer devant qui de droit, pour, si bon lui semble, » poursuivre en sa faveur l'application de la loi » du 17 frimaire an 3, sans entendre néanmoins » rien statuer sur les prétentions que Bettinger » pourrait élever à partager avec ledit Saint-Victour le bénéfice de ladite loi, les droits et exceptions des parties demeurant à cet égard entièrement réservés ».

» Tel est le jugement dont les héritiers et les créanciers Sérilly demandent la cassation.

» Ils proposent six moyens, cinq de pure forme, et un sixième tiré du fond de la cause.

» Dans la forme, ils prétendent d'abord que le jugement est nul....

» Au fond, les demandeurs soutiennent, et c'est leur sixième moyen, que le jugement attaqué, en les déclarant non co-propriétaires de la manufacture de Tulle, viole la foi due aux contrats, et que, par suite, il contrevient, non-seulement aux lois romaines et aux anciennes lois françaises qui assujétissent les parties à exécuter leurs engagemens, lorsqu'il ne s'y trouve ni dol, ni lésion, ni contrainte, ni erreur, mais encore à l'art. 13 de la loi du 17 frimaire an 3, lequel déclare en toutes lettres, que, par la faculté qu'accorde cette loi aux associés de se faire céder les droits de leurs associés émigrés, il n'est pas dérogé aux conditions contenues dans les contrats de société.

» Pour bien apprécier ce moyen, il importe de concentrer toute notre attention sur la disposition du jugement attaqué, qui déboute les représentans de Sérilly de leur prétention à la co-propriété de la manufacture. Il importe surtout d'en fixer le véritable sens, et, pour y parvenir, de déterminer avec précision quel était l'objet de chacune des parties dans les prétentions sur lesquelles ce jugement a statué.

» Fénis-Saint-Victour prétendait se faire céder par la nation, en vertu de la loi du 17 frimaire an 3, la totalité de la part de l'émigré Wendel dans les propriétés de la société. Il prétendait se les faire céder, non pour le compte de la masse sociale, mais pour lui seul. Il offrait bien à Bettinger, qu'il reconnaissait pour son associé, de lui en abandonner une part proportionnée à ses Actions dans la société; mais il ne faisait cette offre qu'à Bettinger, et il entendait que la cession à faire par la nation ne devait profiter qu'à Bettinger et à lui.

» Les représentans de Sérilly soutenaient, de leur côté, que la cession devait être déclarée commune *à tous les co-associés intéressés dans la propriété et entreprise de la manufacture*, et ils prétendaient, à ce titre, être admis à y prendre part concurremment avec Fénis-Saint-Victour.

» Tel était le premier chef de leurs demandes, et vous vous rappelez, qu'il est expressément consigné dans le mémoire qu'ils avaient présenté au directoire exécutif, pour être reçus opposans à l'exécution de l'arrêté du comité des finances du 21 vendémiaire an 4; vous vous rappelez aussi qu'il est également énoncé, quoique d'une manière moins explicite, dans le jugement du tribunal de la Corrèze.

» Subsidiairement, les représentans de Sérilly soutenaient que la cession faite à Fénis-Saint-Victour ne pouvait porter sur la part de l'émigré Wendel dans les propriétés sociales, que déduction faite de ce qu'il en avait transporté à Sérilly; et que, puisque de ses 22 et demi-soixantièmes formant la moitié des 45 soixantièmes qui lui étaient communs avec Bettinger, il en avait transporté à Sérilly 9 et un-sixième, il fallait distraire ces 9 soixantièmes et ce sixième de soixantième, de la cession que le comité des finances avait faite à Fénis-Saint-Victour, et par conséquent la réduire à treize soixantièmes et un tiers de soixantième des propriétés dépendantes de la société.

» En deux mots, les représentans de Sérilly soutenaient, d'abord, que la cession faite à Fénis-Saint-Victour l'avait été pour leur propre compte comme pour celui de Fénis-Saint-Victour, parce que Sérilly avait été membre de la société à laquelle devait accroître la part de Wendel, au moyen de cette cession; ensuite, que, du moins, la nation n'avait ni pu ni voulu céder à Fénis-Saint-Victour leur propre part dans la portion qu'avait eue l'émigré Wendel dans les biens de la société.

» Que répondait Fénis-Saint-Victour? Une seule chose : c'est que Sérilly n'avait été ni membre de la société, ni co-propriétaire des biens de la société ; que l'émigré Wendel, en lui cédant 9 actions et un sixième de ses actions, ne l'avait rendu ni sociétaire ni co-propriétaire; que, par l'effet de cette cession, Sérilly n'avait pas acquis d'autre qualité que celle de *bailleur de fonds*, c'est-à-dire, de créancier.

» Et qu'a jugé le tribunal d'appel? Il a jugé qu'en effet Sérilly n'avait été, ni associé dans la manufacture de Tulle, ni co-propriétaire de cet établissement, mais seulement *bailleur de fonds*; il a jugé que les représentans de Sérilly ne pouvaient pas s'opposer à ce qu'en vertu de la loi du 17 frimaire an 3, Fénis-Saint-Victour s'appropriât la totalité de la part originaire de Wendel dans les propriétés sociales; il a jugé par conséquent que Fénis-Saint-Victour avait droit, exclusivement aux représentans de Sérilly, non-seulement à la part que Wendel avait au moment de son émigration, dans la manufacture de Tulle, mais encore à la part qu'il en avait précédemment cédée à Sérilly lui-même.

» Ainsi, les représentans de Sérilly sont expressément réduits par le jugement attaqué à la simple qualité de *bailleur de fonds*, qualité synonyme, comme nous venons de le dire, avec celle de *créancier*, et qui ne leur donne qu'une action personnelle contre Fénis-Saint-Victour, sans aucune espèce de droit réel, soit dans la manufacture, soit dans ses dépendances.

» Or, il est facile de démontrer qu'en les réduisant à cette qualité, le jugement du tribunal du Lot a doublement violé les contrats qui liaient les parties; qu'il les a violés, en refusant à Sérilly le titre et les droits de membre délibérant de la société; qu'il les a encore violés, en lui refusant, même dans la supposition qu'il ne fût pas membre délibérant de la société, le titre et les droits de co-propriétaire de la manufacture.

» Que Sérilly ne soit devenu, par la cession que lui ont faite Bettinger et Wendel des 45 soixantièmes de leurs Actions, que leur associé sans voix active, c'est une vérité que nous avons suffisamment établie dans l'exposé des faits.

» Mais que, dans la suite, Sérilly soit devenu membre délibérant de la société par le consentement de tous les sociétaires primitifs, c'est ce qui ne peut être révoqué en doute d'après l'art. 7 du contrat d'association du 3 juillet 1783, combiné avec les délibérations dont nous avons rendu compte.

» L'art. 7 de l'acte du 3 juillet 1783 prévoit, comme nous l'avons remarqué, le cas où, soit l'un des associés primitifs, soit *l'un des cession- naires d'Actions* ADMIS PAR LA SOCIÉTÉ ENTIÈRE AU TITRE ET A LA QUALITÉ D'ASSOCIÉ, voudrait se défaire de son intérêt en tout ou en partie. Il établit donc, par cela seul, qu'un cessionnaire d'Actions peut acquérir le titre et la qualité d'associé délibérant, et qu'il peut l'acquérir par le consentement de la société entière.

» C'est ce que fait encore entendre le même article, lorsqu'il dit que *les cessionnaires d'Actions ne pourront prétendre avoir le droit d'être présens aux assemblées, ni voix délibérative, s'ils ne sont agréés unanimement par une délibération spéciale de la compagnie*. Il résulte évidemment de là qu'un cessionnaire d'actions peut assister aux assemblées, y voter, et par conséquent jouir à tous égards des droits de sociétaire, lorsqu'il est agréé unanimement par une délibération spéciale de la société.

» Or, comment douter que Sérilly, simple cessionnaire d'actions dans le principe, n'ait été ensuite admis au titre et à la qualité d'associé délibérant? Comment en douter, lorsqu'on voit Fénis-Saint-Victour délibérer avec lui, et avec lui seul; lorsqu'on les voit tous deux régler les dépenses de la société, lors surtout qu'on voit le porteur de la procuration de Sérilly, le cit Romeron, reconnu par la compagnie, et spécialement par Fénis-Saint-Victour, pour l'un de ceux qui ont droit d'assister au comité *avec voix délibérative*, et même pour l'un des *administrateurs* des propriétés sociales?

» Dira-t-on qu'il n'existe point de *délibération spéciale de la compagnie*, qui ait *agréé unanimement* Sérilly pour assister aux assemblées avec voix délibérative?

» Mais, 1°. les délibérations qui sont produites établissent clairement que Fénis-Saint-Victour a reconnu Sérilly pour sociétaire, et il importerait peu, d'après cela, que Bettinger et Wendel n'y eussent pas adhéré formellement. Elles suffisent toujours pour assurer à Sérilly, vis-à-vis de Fénis-Saint-Victour, la qualité d'associé ; car Fénis-Saint-Victour ne peut pas opposer à son propre consentement le défaut de consentement de Wendel et Bettinger; ce serait, de sa part, exciper du droit d'un tiers ; et dès qu'il n'y a eu de réclamation, ni de la part de Bettinger, ni de la part de Wendel, le seul consentement de Fénis-Saint-Victour doit opérer contre lui, et en faveur de Sérilly, les mêmes effets qu'opérerait le consentement simultané de tous les sociétaires. En deux mots, Saint-Victour a renoncé personnellement au droit qu'il avait de ne pas reconnaître Sérilly pour associé délibérant, tant qu'il ne serait pas reconnu pour tel par Bettinger et Wendel. Il l'a reconnu seul en cette qualité, et certainement il a pu le faire d'après le principe qui permet à tout majeur de renoncer à son propre droit : *unicuique licet juri pro se introducto renunciare*.

» 2°. Non-seulement Wendel et Bettinger n'ont

jamais pensé à réclamer contre l'admission de Sérilly au titre et à la qualité d'associé délibérant; mais, au contraire, par leur déclaration du 3 juillet, ils avaient, autant qu'il était en leur pouvoir, agrégé Sérilly à la compagnie formée pour l'exploitation de la manufacture de Tulle, en l'associant à leurs intérêts dans cette manufacture. Qu'a donc fait Saint-Victour, en reconnaissant lui-même Sérilly pour associé? Il a ratifié ce qu'avaient fait Bettinger et Wendel en faveur de Sérilly; il a par conséquent placé Sérilly au même état que si, dès le 3 juillet 1783, Bettinger, Wendel et Saint-Victour se fussent réunis pour l'agréger à leur société: *omnis ratinabitio*, dit une règle de droit, *retrotrahitur ad initium et mandato comparatur*.

» Mais il faut répondre à l'argument que le tribunal du Lot a opposé, dans les motifs de son jugement, aux délibérations invoquées par les représentans de Sérilly.

» La déclaration de Bettinger et de Wendel, du 3 juillet 1783, dit ce tribunal, n'avait donné à Sérilly que la qualité de cessionnaire d'actions; ce n'est donc qu'en cette qualité que Sérilly a pu intervenir dans les délibérations; ces délibérations n'ont pas pu substituer en lui à cette qualité celle de sociétaire: elles paraissent, il est vrai, lui opposer cette dernière qualité; mais cette apparence s'évanouit, dès qu'on se reporte à l'acte de société; et c'est ici le cas de la maxime, *à primordio tituli posterior formatur eventus*.

»Vous sentez, avec quelle facilité, eten même temps avec quelle force on peut rétorquer cet argument.

» L'art. 10 du contrat d'association du 3 juillet 1783 réserve aux sociétaires la direction exclusive de toutes les affaires de la société; or, Sérilly a pris part, tant personnellement que par ses fondés de pouvoir, à l'administration des affaires de la société; Sérilly était donc associé.

» L'art. 7 offre le même résultat. Les cessionnaires d'actions ne pouvaient, aux termes de cet article, assister aux assemblées et y avoir voix délibérative, tant qu'ils n'étaient pas admis au titre et à la qualité d'associés. Or, Sérilly a assisté aux assemblées; il y a voté; en son absence, ses représentans y ont voté pour lui; il existe même une délibération signée de Saint-Victour, qui leur en reconnaît formellement le droit. Sérilly a donc été admis au titre et à la qualité de sociétaire.

» Prétendre, comme le fait le tribunal du Lot, que les délibérations doivent se référer au contrat de société, et conclure de là qu'elles ne prouvent point l'admission de Sérilly au titre et à la qualité d'associé, c'est, non-seulement méconnaître le texte de ces délibérations, c'est encore violer le contrat de société lui-même; car, encore une fois, il est écrit textuellement dans le contrat de société, que l'on pourra, par des délibérations postérieures, déroger à l'article par lequel il déclare que les cessionnaires d'Actions ne font pas partie des associés délibérans. Ainsi, juger que les délibérations postérieures qui établissent cette dérogation ne prouvent cependant pas qu'un cessionnaire d'Actions soit devenu associé délibérant, c'est véritablement juger contre la lettre, en même temps que contre l'intention manifeste du contrat de société.

» Mais quand nous supposerions que Sérilly n'a jamais été membre délibérant de la société, ou qu'en le jugeant ainsi, le tribunal du Lot n'eût pas violé ouvertement les obligations écrites des parties, il n'en resterait pas moins à examiner si Sérilly a été co-propriétaire de la manufacture de Tulle, et si le tribunal du Lot a pu juger que non.

» Or, que Sérilly ait été membre délibérant de la société, ou qu'il en ait seulement été Actionnaire, sa qualité de co-propriétaire se trouvera toujours également constante.

» Qu'est-ce, en effet, qu'une Action dans une manufacture, soit d'armes, soit de glaces, soit de tout autre objet? C'est une part dans la propriété de tout ce qui compose la manufacture elle-même, c'est-à-dire, du mobilier, des outils, des ustensiles, des matières premières; des objets fabriqués, des fonds en caisse, des créances et obligations sur particuliers, enfin de l'emplacement et des édifices.

» Telle est l'idée que l'on a toujours attachée, dans ces sortes d'entreprises, au mot *Action;* et c'est une vérité si notoire dans le commerce, dans la banque et au barreau, que, si elle n'avait pas été contredite dans cette affaire, et pour la première fois sans doute, nous aurions cru inutile de recourir à des autorités écrites pour la justifier.

» Mais puisque nous sommes réduits à prouver l'évidence, nous citerons d'abord le Dictionnaire Encyclopédique, tome 1, page 123 de la première édition: ACTION DE COMPAGNIE. *C'est une partie ou égale portion d'intérêt, dont plusieurs jointes ensemble* COMPOSENT LE FONDS CAPITAL *d'une compagnie de commerce. Ainsi une compagnie qui a 300 Actions de 1000 francs chacune, doit avoir un fonds de 300,000 livres; ce qui s'entend à proportion, si les Actions sont réglées ou plus haut ou plus bas* Cette définition ne laisse, comme vous voyez, aucun doute sur la vérité du sens universellement attaché au mot *Action*. Il en résulte, en effet, que c'est la réunion des Actions qui compose le fonds capital de chaque compagnie de commerce. Il en résulte, par conséquent, que chaque Action consiste en une partie du fonds capital de la compagnie; il en résulte, par une conséquence ultérieure, que chaque Actionnaire est co-propriétaire de ce fonds capital.

» Peut-être, dira-t-on, que le Dictionnaire Encyclopédique ne mérite pas, sur ce point, une confiance entière.

ACTION, ACTIONNAIRE, §. I.

» Mais voici deux autorités qui sans doute paraîtront sans réplique.

» Voët, sur le Digeste, titre *de hereditate vel Actione venditâ*, n°. 11, parlant des *Actions* de la compagnie hollandaise des Indes orientales et occidentales, les qualifie expressément de parts dans la société que constitue cette compagnie.

» Voici ses termes : *Venditœ Actionis effectus est, quòd venditor eam emptori cedere teneatur. Quâ ratione, si quis suam Actionem* SEU SOCIETATIS INDIÆ ORIENTALIS AUT OCCIDENTALIS PARTEM *alteri vendiderit, necessitas ei edictis generalium ordinum imposita transcribendi in emptorem apud acta societatis Actionem venditam intra dies quatuordecim à venditione celebratâ.* Vous remarquez les expressions de ce jurisconsulte si justement célèbre : *Actionem seu partem societatis.* Il n'y a rien assurément de plus clair.

» C'est avec la même précision que s'explique là-dessus le chancelier d'Aguesseau, dans son *Mémoire sur le commerce des Actions*, n°. 6 : « Une Action dans une compagnie de commerce est la même chose qu'une part dans une société, qui donne le droit de partager, à proportion du fonds qu'on y met, les profits certains ou incertains de la compagnie, à condition de supporter aussi dans la même proportion les dépenses et les pertes qu'elle peut faire. Si la compagnie a un revenu fixe et assuré, l'Action qui donne droit de partager ce revenu est aussi un bien réel et certain. Si les profits de la compagnie sont casuels et incertains, l'Action est plutôt une espérance qu'un bien réel ».

» Que répliquer à des autorités aussi graves, aussi positives, sur le sens du mot *Action*, considéré dans ses rapports avec le contrat de société ? Rien, absolument rien, qui puisse, on ne dit pas satisfaire, mais même embarrasser la justice.

» Cependant on a dit : Il y a dans le *Répertoire de jurisprudence*, aux mots *Substitution*, *fidéicommissaire*, sect. 8, §. 1, art. 3, deux arrêts du parlement de Paris, qui ont jugé que les Actions dans la manufacture des glaces n'étaient pas susceptibles de la qualité de propres. Donc il a été décidé par ces arrêts, que les Actionnaires n'étaient pas propriétaires du fonds de la manufacture ; car une partie du fonds de la manufacture consistait en immeubles, et les Actionnaires n'auraient pas pu avoir part à la propriété de ces immeubles, sans que leurs Actions acquissent, dans les mains de leurs héritiers, la qualité de propre.

» Cette objection ne présente qu'une confusion d'idées facile à éclaircir ; et c'est à quoi nous parviendrons, en mettant sous vos yeux la discussion qui a précédé les deux arrêts dont il s'agit.

» Le sieur de la *Vieuville* (nous copions le recueil d'après lequel on vous cite ces arrêts) avait, par son testament du 17 mai 1780, légué au sieur Boutin de Pomery, son parent et l'un de ses héritiers présomptifs, quatorze deniers d'intérêt dans la manufacture des glaces dont il était propriétaire. Deux des héritiers aux propres ont réclamé les quatre quintes de cet intérêt, comme étant un effet immobilier, et comme tel, susceptible de la qualité de propre. Le sieur Boutin de Pomery a soutenu au contraire que cet intérêt était purement mobilier, et qu'en conséquence le testateur avait pu en disposer librement.

» Après une plaidoirie de plusieurs audiences, dans laquelle MM. Treilhard et Hardouin pour les héritiers, et M. Gerbier pour le légataire, ont développé tout l'art d'une discussion aussi habile que savante, M. l'avocat général Joly de Fleury a pris la parole, et dit en substance : « La manufacture des glaces est une société de commerce
» dans laquelle les intéressés sont associés en
» commandite pour partager entre eux les profits
» et les pertes, à proportion de leur intérêt. Les
» bénéfices, profits et produits se répartissent
» en argent ; ainsi, un intérêt qui n'a pour objet
» que de l'argent, doit être nécessairement mo-
» bilier. Si à cette société est attaché un pri-
» vilége, ce privilége ne change ni son objet ni
» sa nature. Par lui-même, le privilége n'est
» ni mobilier ni immobilier : droit purement
» incorporel, il suit la nature de l'objet auquel
» il est attaché. Ainsi, le privilége perpétuel,
» accordé aux propriétaires du marché aux veaux,
» a été jugé immobilier, parce que ce marché
» est un fonds, un immeuble ; et par la raison
» contraire, un privilége accordé à une entre-
» prise de commerce est purement mobilier. Il
» est encore plus étranger à la nature immobi-
» lière, quand il n'est accordé qu'à temps : alors,
» il participe de la nature des choses fongibles
» qui se consomment par l'usage. Tel est le pri-
» vilége de la manufacture des glaces, qui n'a
» été accordé que pour trente ans, et qui dans
» onze ans sera éteint. On a toujours jugé meu-
» bles ces sortes d'intérêts, soit dans les manu-
» factures, soit dans les voitures publiques, soit
» dans les sous-fermes, soit dans le commerce
» de la compagnie des Indes, soit enfin dans
» toutes les affaires de cette espèce, ainsi que le
» prouvent nombre d'arrêts rapportés dans nos
» livres ».

» Ces motifs ont déterminé M. l'avocat général à regarder comme meuble l'intérêt légué au sieur Boutin de Pomery ; et son opinion a été adoptée par arrêt du 27 août 1781.

» Vous voyez que, dans cette affaire, la question n'était pas de savoir si les Actionnaires de la manufacture des glaces avaient part à la propriété du fonds de cette manufacture, mais uniquement si les fonds de cette manufacture étaient meubles ou immeubles. Vous voyez encore qu'on les a jugés meubles, et par conséquent non susceptibles de la qualité de propres. Vous voyez enfin que précédemment les Actions du marché aux veaux avaient été jugées immobilières, parceque les fonds principaux de cette compagnie consistaient en immeubles; et que conséquemment on avait décidé que les porteurs de ces Actions étaient propriétaires des fonds de cette compagnie (1).

» Poursuivons. Par là il est jugé implicitement (continue le recueil cité) qu'on ne peut substituer en nature un intérêt dans une société de commerce.

» Cependant on citait dans la cause dont nous venons de rendre compte, un arrêt tout récent qui avait décidé le contraire. Il importe sans doute d'en connaître l'espèce, la voici.

» La dame Dumoulin était propriétaire de vingt-sept deniers d'intérêt dans la manufacture des glaces. En 1739, c'est-à-dire, dans un temps où les dispositions de l'ordonnance de 1747 n'étaient encore qu'un projet, elle fait un testament et un codicille par lesquels elle fait le sieur Santilly son neveu, et la dame Combaut sa nièce, ses légataires universels, chacun pour un sixième, et elle grève le sieur Santilly de substitution envers ses enfans, et à défaut d'enfans, envers la dame Combaut sa sœur.

» Le sieur Santilly recueille donc, à raison de son sixième, quatre deniers et demi d'intérêt dans la manufacture des glaces. Il en jouit jusqu'à sa mort, arrivée en février 1780. Il faut observer que, lors du testament de la dame Dumoulin en 1739, il avait été accordé aux intéressés, en 1727, un nouveau privilége qui devait expirer en 1762, et qu'en 1762, c'est-à-dire, pendant la jouissance du sieur Santilly, il avait été accordé un nouveau privilége pour trente autres années.

» Après la mort du sieur Santilly, la dame Combaut s'est fait envoyer en possession de la substitution, et notamment des quatre deniers et demi d'intérêts dans la manufacture.

» La veuve du sieur Santilly, comme donataire en toute propriété des biens de son mari, a formé opposition entre les mains des directeurs et intéressés, et a prétendu que l'intérêt même lui appartenait, comme il avait appartenu à son mari, sauf la valeur qu'il avait au moment où il en était entré en possession, et qu'elle a offert à rendre à la dame Combaut.

» Les créanciers du sieur Santilly, qui n'avaient; à ce qu'il paraît, pour gage de leurs créances, que l'intérêt dans la manufacture, sont intervenus, et ont adhéré aux conclusions de la dame Santilly.

» De la part de la veuve et des créanciers, on a soutenu,

» Qu'un intérêt dans la manufacture des glaces n'est que la co-propriété de ce qui compose la manufacture, c'est-à-dire, du privilége, qui est un mobilier, des outils, ustensiles, matières premières, glaces fabriquées, fonds en caisse, créances et obligations sur particuliers, et enfin de l'emplacement et des bâtimens, qui, n'étant que l'accessoire de la manufacture, sont mobiliers comme elle;

» Que tous ces objets mobiliers sont de la nature des meubles qu'on appelle fongibles, c'est-à-dire, dont on ne peut faire usage sans les détruire ou les aliéner;

» Que les meubles de cette espèce ne sont pas plus susceptibles de substitution en nature que d'usufruit;

» Que les lois romaines n'ont permis d'en léguer l'usufruit, que tant que l'usufruitier en devenait propriétaire, sauf l'estimation de leur valeur qu'il était seulement tenu de rendre; que cela résulte des textes qu'on trouve dans les institutes, au titre de usufructu, et dans le Digeste, au titre de usufructu earum rerum;

» Qu'il est prouvé, par des réponses des parlemens aux questions proposées par M. d'Aguesseau, lorsqu'il s'occupait de l'ordonnance de 1747, et par l'autorité de M. d'Aguesseau lui-même, que les lois romaines relatives à l'usufruit des choses mobilières fongibles, s'appliquent parfaitement aux substitutions, et que partout où les substitutions de choses de cette espèce ont été autorisées, le grevé n'a été tenu de rendre autre chose que l'estimation de leur valeur, au moment de son entrée en jouissance;

» Qu'au moins on ne pouvait nier qu'à compter de 1762 le sieur Santilly ne fût devenu propriétaire de l'intérêt, attendu que le nouveau privilége, accordé à cette époque par le roi, était une concession qui lui était personnelle, et que la dame Dumoulin n'avait pu grever de substitution; qu'ainsi, tout au plus, la dame Combaut avait à répéter la valeur des quatre deniers et demi d'intérêt, telle qu'elle était en 1762;

» Qu'on ne pouvait pas faire profiter la substitution des accroissemens qui ne provenaient que des soins, du travail, de l'intelligence, de l'économie des intéressés et par conséquent du sieur Santilly;

» Que l'une des causes principales des accroissemens était qu'au lieu de faire entre eux des répartitions annuelles de tout le produit de la vente, les intéressés ne s'étaient distribué qu'une partie de ce produit, et qu'ils avaient laissé le reste en masse; que, si le sieur Santilly avait touché ces distributions, elles seraient aujourd'hui dans sa succession; qu'il n'était pas juste, parce qu'il s'en était privé, que la substitution s'enrichît de ses privations;

» Que Peregrinus et Fusarius décident que dans une substitution dont fait partie un fonds de commerce, les accroissemens profitent au grevé ou à ses héritiers, et qu'ils ne sont obligés de restituer que le prix du fonds de commerce, suivant son estimation au temps du décès de l'auteur de la substitution;

---

(1) *V.* le n°. suivant.

» Qu'enfin, une veuve et des créanciers qui certant tantùm de damno vitando, méritent bien plus de faveur qu'une appelée à qui l'on offre tout ce qui était dans la substitution au moment de la mort de sa fondatrice, et qui, le refusant pour en gagner les bénéfices, certat de lucro captando.

» La dame Combaut répondait qu'il était très-possible de jouir d'un intérêt dans une manufacture de glaces, sans le consommer, sans le détruire, sans en altérer la substance ; que cela était arrivé au sieur Santilly lui-même, qui avait joui d'un intérêt de quatre deniers et demi, après la dame Dumoulin, puisqu'un intérêt existait encore.

» Léguer l'usufruit d'un intérêt dans la manufacture des glaces (a-t-elle ajouté), n'est pas léguer le droit de jouir des effets qui appartiennent à cette manufacture : c'est léguer le droit de percevoir les fruits de l'intérêt, de prendre part à toutes les répartitions qui se feront pendant la durée de l'usufruit.

» Ainsi, que les effets d'une manufacture périssent ou se détériorent, ce n'est pas là la jouissance de l'usufruitier ou du grevé de substitution. Le fonds du droit de l'intérêt est toujours le même, malgré tous les changemens qui arrivent dans les effets particuliers.... Or, c'est du fonds de ce droit que l'usufruitier et le grevé ont seul droit de jouir.

» Le privilége exclusif de fabriquer des glaces n'est point la manufacture. Ce qui forme la manufacture, c'est l'association, la corporation de tous les intérêts ; c'est le mélange, la communauté des biens. Tant que les effets sont communs, tant qu'il n'y a ni dissolution ni partage de fonds, l'association subsiste, la manufacture est la même ; dès-lors point de changement dans l'intérêt que chaque associé ou participe a dans la manufacture.

» Le sieur Santilly n'a jamais été concessionnaire du privilége actuel...... C'est la compagnie, qui, sans le consulter, a sollicité et obtenu des lettres-patentes...... Elle ne les a sollicitées et obtenues pour aucun intérêt en particulier, mais pour la chose même, pour tous ceux en général qui y ont intérêt, pour les propriétaires comme pour les usufruitiers, pour les appelés comme pour les grevés de substitution...... En un mot, c'est à la manufacture que le renouvellement du privilége a été accordé ; il profite donc à tous ceux qui ont droit à la chose.

» Il est certain qu'un grevé de substitution qui a fait sur le fonds substitué des augmentations, des améliorations, est en droit de retenir ses impenses ; mais que, par le bénéfice du temps, par des événemens heureux, par sa nature même, la chose augmente de valeur, le grevé de substitution n'a rien à prétendre : pendant sa vie, il jouit de ces augmentations ; à sa mort, les augmentations passent avec la chose à celui qui est appelé à la recueillir.

» Grevé de substitution, le sieur Santilly se trouve n'avoir été qu'un simple usufruitier ; c'est-à-dire qu'il a eu le droit de prendre tous les ans une part dans les répartitions : il a perçu tous les fruits qui lui appartenaient.

» Si la chose est augmentée, ce n'est pas du fait du sieur Santilly ; l'augmentation vient du bénéfice du temps, des progrès qu'a faits le goût des glaces, de la perfection de la fabrique, de l'intelligence des administrateurs, et de mille autres circonstances, que le sieur Santilly ne peut pas s'attribuer, et dont il n'est pas permis à ses représentans de venir demander le prix.

» Sur ces raisons, sentence du Châtelet qui envoie la dame Combaut en possession de l'intérêt. Appel : et le 5 janvier 1781, arrêt confirmatif.

» On voit par les détails de cette affaire qu'elle ne devait pas être, et qu'elle n'a pas été décidée par les principes que l'ordonnance de 1747 a établis. Ainsi, rien à conclure de l'arrêt qui l'a jugée, contre l'opinion adoptée par celui du 27 août suivant. Tout ce qu'on peut raisonnablement en inférer, c'est qu'avant l'ordonnance de 1747, les meubles fructueux étaient susceptibles de substitution en nature.

» Ainsi, dans cette espèce, les deux parties s'accordaient sur le point capital qui fait ici difficulté : toutes deux convenaient qu'une action dans la manufacture des glaces consistait dans la co-propriété des fonds de cet établissement ; cependant la veuve et les créanciers qui combattaient la substitution avaient grand intérêt de contester ce point de droit ; et il est indubitable qu'ils l'eussent contesté en effet, s'ils n'avaient été subjugués par l'évidence d'un principe qui jusqu'alors n'avait jamais été méconnu, et qu'il était réservé à l'affaire actuelle de voir pour la première fois mettre en problème.

» Qu'a-t-il donc été jugé dans l'espèce que nous venons de rappeler ? Il a été jugé qu'à la vérité, les fonds sociaux consistaient en meubles ; qu'à la vérité, les Actions, c'est-à-dire, les parts de Santilly dans les fonds étaient mobilières ; mais qu'elles n'en avaient pas moins pu être substituées, parce qu'elles formaient des meubles fructueux, et qu'avant l'ordonnance de 1747, à laquelle était antérieure la substitution créée par la dame Dumoulin, les meubles fructueux étaient passibles de substitutions, comme les immeubles réels.

» Il s'en faut donc de beaucoup que les arrêts dont on vous a parlé aient rien jugé de contraire au principe reconnu dans tous les temps et dans tous les lieux, qu'une Action dans une manufacture exploitée par une compagnie n'est que la co-propriété de cette manufacture elle-même. Bien loin de là, ils n'ont fait que confirmer ce principe, puisqu'ils ont fait dépendre de la qualité mobilière ou immobilière des fonds de la manufacture, la question de savoir si les Ac-

4ᵉ édit., Tome 1.

tions formaient des meubles ou des immeubles dans les mains des Actionnaires.

» Et ce qu'il y a de remarquable dans notre espèce, c'est que ce même principe est expressément consacré par l'acte même d'association du 3 juillet 1783.

» Vous vous rappelez que cet acte détermine la consistance des fonds de première mise de la société. Ces fonds consistent en édifices, en effets mobiliers, en argent : le tout est évalué 240,000 francs.

» Cette valeur est divisée en soixante Actions de 4000 fr. chacune ; donc chaque Action est représentative du 60°. de la propriété de tous les fonds de la société ; donc les fonds de la société appartiennent pour un 60°. à chaque propriétaire d'une seule Action.

» Et ce qui prouve invinciblement que les parties l'ont ainsi entendu, c'est qu'en stipulant qu'en cas de dissolution de la société, les immeubles qui dépendent de la manufacture continueront de lui appartenir ; elles déclarent que l'associé qui se retirera, sera remboursé par les autres de sa part dans la propriété de ces immeubles, *en raison du nombre de ses Actions.*

» Ainsi, nul doute que la part plus ou moins grande de chaque associé, dans la propriété des fonds de la société, ne soit déterminée par le plus ou moins d'*Actions* qui lui appartiennent.

» Nul doute par conséquent que, dans la main de chaque associé, une *Action* ne soit synonyme de *propriété d'un 60°. des fonds de la société.*

» Maintenant, pourquoi voudrait-on que le tiers à qui l'un des associés a cédé une de ses *Actions*, ne fût pas également co-propriétaire de ces fonds, à concurrence d'un 60°. ? Certainement l'associé, en lui cédant son Action, la lui a transmise telle qu'il la possédait ; cette Action n'a pas changé de nature, en passant des mains du cédant dans celles du cessionnaire ; il faut donc bien que, dans les mains de celui-ci, comme dans les mains de celui-là, une *Action* consiste dans la propriété d'un 60°. des fonds de la société.

» Aussi l'acte du 3 juillet 1783 décide-t-il que *les droits des cessionnaires d'Actions consisteront à être* INTÉRESSÉS DANS LA SOCIÉTÉ, *à concurrence du nombre de leurs Actions, en avoir les profits et en supporter les pertes dans la même proportion.*

» Qu'est-ce qu'être *intéressé dans une société ?* C'est sans contredit avoir part aux fonds de cette société, c'est par conséquent en être co-propriétaire. Et comment, sans cela, un cessionnaire d'Actions pourrait-il prendre sa part dans les profits, et supporter les pertes de la société ? Que les édifices appartenant à la société viennent à périr par un incendie ou par un ouragan, à quel titre ferait-on contribuer les Actionnaires non associés à leur reconstruction, si ce n'est par la règle *res perit domino*, si ce n'est conséquemment parce qu'ils sont co-propriétaires ? Que les fonds, au contraire, augmentent de valeur par l'effet des circonstances du temps, à quel titre les Actionnaires non intéressés profiteront-ils de cette augmentation, si ce n'est parce qu'ils ont leur part dans la propriété de ces fonds ?

» Mais, dit-on, l'acte veut que les cessionnaires d'Actions ne puissent pas, en cette qualité, prétendre droit aux assemblées ni aux *délibérations*, s'ils ne sont agréés unanimement par une *délibération spéciale de la compagnie*. Donc l'acte ne veut pas qu'un cessionnaire d'Actions soit copropriétaire des fonds de la société.

» Voilà comment a raisonné le tribunal du Lot, et nous ne craignons pas de dire qu'il n'y a pas l'ombre de logique dans ce raisonnement.

» Bien loin, en effet, que de la clause invoquée par le tribunal du Lot, on puisse conclure qu'un cessionnaire d'Actions n'est pas co-propriétaire des fonds, on ne peut pas même en conclure qu'il n'est pas membre de la société ; et c'est une vérité facile à démontrer.

» Cette clause porte *que les associés pourront*, SOIT ENSEMBLE, *soit séparément, faire des cessions de leurs Actions* ; et ce n'est point seulement au cas d'une cession faite par l'un des associés, c'est aussi au cas d'une cession faite par les associés en commun, que s'applique la seconde partie de la même clause qui exclut les cessionnaires des assemblées et des délibérations.

» Ainsi, le cessionnaire de tous les associés n'est pas plus admis aux assemblées et aux délibérations, que le cessionnaire d'un ou de deux membres de la société. Cependant, le cessionnaire de tous les associés est véritablement l'associé de chacun d'eux, il est véritablement membre de la société ; car de même que l'un des associés seulement, en cédant une portion de sa part à un tiers, le rend son associé dans cette part, de même aussi lorsque la cession est faite par tous les associés, tous les associés s'associent nécessairement leur cessionnaire commun ; ils l'agrègent, ils l'incorporent à leur société. Pourquoi donc, même en ce cas, l'acte du 3 juillet 1783 veut-il que le cessionnaire de tous les associés, et par conséquent l'associé de tous, ne puisse pas assister aux assemblées ni prendre part aux délibérations ? C'est que les auteurs de l'acte du 3 juillet 1783 ont voulu se réserver l'administration exclusive de la société ; car rien n'empêche qu'en formant une société, on ne distingue la qualité d'associé d'avec celle d'administrateur, et qu'on n'attribue celle-ci à tel ou tel associé, à l'exclusion de tous les autres.

» Voyez maintenant combien est fausse la conséquence que le tribunal du Lot a tirée de la clause dont il s'agit, et avec quelle force, au contraire, cette clause combat ou plutôt détruit tout son système !

» D'un côté, en effet, elle établit que les associés pourront en commun céder des Actions de la société, et par là, comme nous venons de le dire, elle établit implicitement que le cessionnaire de tous les associés deviendra, de plein droit, l'associé de tous.

» De l'autre, elle donne à chaque associé la faculté de céder également une partie des Actions qui lui appartiennent.

» Eh bien ! Quels seront les droits du cessionnaire d'un seul associé ? Ils seront les mêmes que ceux du cessionnaire de tous ; l'acte les confond, les identifie absolument ; cependant, nous l'avons dit, le cessionnaire d'un seul associé n'est associé qu'à la part de son cédant, tandis que le cessionnaire de tous les associés est associé à la société elle-même.

» Il faudrait donc, dans le système du tribunal du Lot, aller jusqu'à dire qu'un membre de la société, devenu tel par la cession que lui ont faite tous les associés ensemble de quelques-unes de leurs Actions, n'est pas co-propriétaire des fonds de la société ! Et si une pareille prétention est absurde à son égard, comment pourrait-elle ne pas l'être également à l'égard du cessionnaire d'un seul associé ?

« Encore une fois, les droits du cessionnaire d'un seul associé sont, d'après l'acte, les mêmes que les droits du cessionnaire de tous ; et puisque le cessionnaire de tous est nécessairement, par sa qualité d'associé, co-propriétaire des fonds de la société entière, il faut nécessairement en conclure que le cessionnaire d'un seul associé est également co-propriétaire de la part de son cédant dans ces mêmes fonds.

» Enfin, il n'y a pas de milieu : ou le simple Actionnaire de la société est, à ce seul titre, co-propriétaire des biens appartenants à la société elle-même, ou il n'en est que le bailleur de fonds ou créancier.

» Or, rien de plus distinct, rien de plus opposé que les qualités d'Actionnaire et de bailleur de fonds; et c'est, comme nous l'avons déjà remarqué, ce que démontre parfaitement l'art. 4 du contrat de société du 3 juillet 1783 ; répétons-en les termes : *Il sera payé annuellement un dividende de 6 pour cent des fonds et suppléments de fonds faits et à faire dans la société ; et les bénéfices seront partagés entre les parties, à raison du nombre de leurs Actions, à l'époque de chaque inventaire ou bilan de la société.* Ainsi, le bailleur de fonds n'est qu'un créancier dont les droits sont invariablement fixés à un dividende de 6 pour cent par an. Mais l'Actionnaire entre dans tous les bénéfices, comme dans toutes les pertes de la société; et ses droits se déterminent, non chaque année, comme ceux des bailleurs de fonds, mais à *l'époque de chaque inventaire général des fonds sociaux.*

» Concluons donc que le jugement du tribunal du Lot viole, de la manière la plus formelle, et le contrat de société du 3 juillet 1783, et l'acte du même jour par lequel Bettinger et Wendel ont reconnu Sérilly propriétaire de 26 soixantièmes de 45 Actions dans cette société.

» Concluons que, par cela seul, le jugement du tribunal du Lot doit être cassé, puisqu'il n'a pas pu violer un contrat, sans violer en même temps les lois qui en prescrivaient l'exécution, et notamment l'art. 13 de la loi 17 frimaire an 3.

» Que vous a dit le cit. Fénis pour écarter ces conséquences ? Il vous a dit, il vous a prouvé en termes équipollens, que le jugement doit être cassé, non pour contravention à l'art. 13, mais pour contravention à l'art. 2 de la loi dont nous venons de parler.

» En effet, le cit. Fénis est convenu à l'audience, que Sérilly était, en sa qualité d'Actionnaire, intéressé dans tous les profits et dans toutes les pertes de la manufacture sociale.

» Il est donc convenu implicitement que Sérilly était co-propriétaire de cette manufacture ; car jamais un simple créancier, jamais un simple bailleur de fonds, n'a pris part, soit aux pertes, soit aux bénéfices d'une entreprise. Il n'a droit qu'aux intérêts annuels de ces avances, et vous avez remarqué que le contrat de société du 3 juillet 1783 en contient une disposition textuelle.

» Le cit. Fénis confond, quant à la qualité d'Actionnaire, deux choses qui cependant sont bien distinctes : savoir, la co-propriété des fonds sociaux, et le droit de coopérer à l'administration, ou, le cas arrivant, à l'aliénation de ces mêmes fonds.

» Sans doute, un Actionnaire qui n'a pas été admis par les associés délibérans à l'avantage de pouvoir délibérer avec eux, ne peut pas demander le partage en nature ni la licitation de l'entreprise commune. Ainsi l'a voulu le contrat de société.

» Mais de ce qu'un Actionnaire ne peut pas demander, soit le partage en nature, soit la licitation ; de ce qu'un Actionnaire ne peut pas aliéner, s'ensuit-il qu'il ne soit pas propriétaire ?

» Non, puisque son Action n'est, d'après le contrat de société même, que la représentation, que le signe extérieur d'une portion correspondante de fonds sociaux.

» Non encore, puisqu'il court les mêmes chances que les associés délibérans, puisque, comme eux, il profite et perd, à raison du nombre de ses Actions.

» Or, de là il résulte évidemment que, quand même le jugement attaqué devrait être entendu dans le sens que vient de le soutenir le cit. Fénis, il présenterait encore une contravention manifeste à la loi du 17 frimaire an 3 : puisque, contre le texte précis de l'art. 2 de cette loi, il refuse aux représentans de Sérilly, qui bien sûrement sont *intéressés*, qui le sont même à *profit* et à *perte*, dans la manufacture d'armes de Tulle, l'avantage de prendre part à la cession qui doit être faite par la république de la part de l'émigré Wendel.

» Par ces considérations, nous estimons qu'il y a lieu de donner défaut contre le préfet du département de la Corrèze ; casser et annuler le jugement dont il s'agit ; renvoyer les parties devant le tribunal d'appel compétent ; ordonner que l'amende consignée par les demandeurs leur sera restituée, et qu'à notre diligence, le jugement de cassation à intervenir sera imprimé et transcrit sur les registres du ci-devant tribunal civil du département du Lot ».

Conformément à ces conclusions, arrêt sur délibéré, du 1er. ventôse an 10, au rapport de M. Basire, par lequel,

« Vu l'acte de société du 3 juillet, 1783 ; vu la loi 23, au Digeste, liv. 5o, tit. 17, qui porte : *nam hoc servabitur quod initio convenit ; legem enim contractus dedit ;* vu les art. 4 et 9 de la loi du 17 frimaire an 3.... ;

» Considérant que, par l'acte de société contracté en juillet 1783, entre les cit. Bettinger, Wendel et Saint-Victor, les fonds de première mise dans ladite société ont été fixés à 240,000 liv. ; savoir, 60,000 liv. valeur des immeubles dont les associés étaient co-propriétaires, et 180,000 liv. en argent, meubles et ustensiles ;

» Que ces fonds, tant meubles qu'immeubles, ont été divisés en soixante Actions intéressées dans ladite société ;

» Que ces Actions, dans la main des associés, représentaient leur propriété respective dans les fonds de première mise ;

» Que les associés avaient le droit de céder leurs Actions ; que ces Actions n'auraient pu changer de nature entre les mains des cessionnaires, qu'autant que cela aurait été dit expressément dans le contrat de société ;

» Que, loin que l'on trouve dans cet acte une disposition expresse à cet égard, il est dit que les cessionnaires partageront les profits et supporteront les pertes de la société, ce qui est le signe caractéristique de l'association, et ne permet pas de méconnaître la qualité d'associé en la personne du cessionnaire ;

» Que si, par l'acte de la société, il est dit que les cessionnaires ne pourront avoir voix délibérative sans le consentement unanime et spécial des associés, tout ce qui peut s'induire de cette clause, c'est que les cessionnaires ne pouvaient, en vertu de cette seule qualité, concourir aux délibérations ; mais qu'il ne s'en suit nullement qu'ils ne dussent pas jouir de tous les autres droits sociaux ;

» Qu'un de ces droits était de concourir aux avantages accordés aux associés des confisqués, par la loi du 17 frimaire an 3 ;

» Qu'ainsi, le jugement attaqué, en prononçant que les héritiers Sérilly n'étaient ni co-propriétaires ni associés dans la manufacture de Tulle, parce que leur père n'avait pu leur transmettre des droits qu'il n'avait jamais eus lui-même, et que dès-lors, ils ne pouvaient concourir avec le cit. Saint-Victor aux avantages accordés par la loi du 17 frimaire an 3, a contrevenu, tant à la loi du contrat ; qu'aux art. 4 et 9 de ladite loi de frimaire ;

» Le tribunal casse et annule..... »

II. Le principe consacré par cet arrêt, que le cessionnaire d'une Action dans une société industrielle ou commerciale devient de plein droit co-propriétaire des fonds sociaux, n'est pas contrarié par l'art. 529 du Code civil, qui répute « meubles par la détermination de la loi, les Actions ou intérêts dans les compagnies de finance, de commerce ou d'industrie, *encore que des immeubles dépendans de ces entreprises appartiennent à ces compagnies* » ; car, de ce que l'Action est mobilière relativement à celui qui en est porteur, il ne s'ensuit pas, comme je l'ai établi dans mes conclusions, qu'elle ne soit pas, dans les mains de celui qui en est porteur, le signe représentatif d'une part dans la propriété des fonds mis en commun par l'acte d'association.

Mais il est modifié d'une manière très-remarquable par la disposition du même article qui dit que ces Actions ou intérêts sont réputés *meubles, à l'égard de chaque associé seulement, tant que dure la société.*

De là, en effet, il résulte que, tant que dure la société, chaque Actionnaire n'est propriétaire que d'une part mobilière dans la valeur des immeubles dépendant de l'entreprise sociale ; et que ce n'est qu'au moment où la société se dissout, qu'il devient co-propriétaire de ces immeubles eux-mêmes ; c'est ce qu'a fort bien expliqué l'orateur du tribunat dans son discours sur le tit. 1er. du liv. 2 du Code civil : « Chaque compagnie » est une personne morale qui agit, administre » et régit les affaires de l'association d'après des » statuts qui règlent le nombre, la qualité et les » attributions de chacun de ses agens ; ceux-ci, » en se conformant à leur mandat, obligent l'as» sociation. Le résultat de leurs opérations peut » être de créer des hypothèques, et par une suite » inévitable, de donner lieu à des poursuites en » expropriation forcée des immeubles apparte» nant à l'association, et qui conservent leur qua» lité d'immeubles sous tout autre rapport que » celui des Actionnaires considérés individuelle» ment ; chacun des sociétaires ou des intéressés » ne pourrait sans doute hypothéquer sa portion » virile dans ces immeubles ; et son droit se » borne à demander, soit son dividende d'après » le contrat de société, soit, lors de la dissolu» tion de la société, la liquidation de sa portion » afférente dans l'association. Mais tant que dure » la société, il n'est pas propriétaire de sa por» tion dans l'immeuble dont il ne peut user, » mais de sa portion dans la valeur de l'im» meuble ».

§. II. *Quelle était, en Hainaut, avant le*

Code civil, la nature des Actions dans les sociétés charbonnières?

V. l'article Mines, §. 1, n°. 2.

§. III. *La disposition de l'art. 529 du Code civil qui mobilise les Actions dans les compagnies de finance, de commerce et d'industrie, est-elle limitée au cas où les immeubles appartenant à ces compagnies ne sont qu'accessoires à leurs entreprises ? Ou bien est-elle commune au cas où ces immeubles forment l'objet principal de la société ?*

Ce qui semblerait, à la première vue, devoir faire pencher pour le premier de ces deux partis, c'est la manière dont s'est exprimé l'orateur du gouvernement dans l'*exposé des motifs* du titre du Code civil sous lequel est placé l'art. 529: « les Actions ou intérêts dans les compagnies de » finance, de commerce et d'industrie (a-t-il » dit), sont aussi rangées dans la même classe » (dans celle des meubles), parce que les bénéfices » qu'elles procurent sont mobiliers. Et la règle » est juste, même lorsque les compagnies de com- » merce, de finance ou d'industrie, ont dû acquérir » quelques immeubles pour l'exploitation de l'en- » treprise: cette entreprise est toujours *le principal » objet de l'association dont l'immeuble n'est que » l'accessoire*, et la qualité d'une chose ne peut » être déterminée que par la considération de » son objet principal ».

Mais, en indiquant ainsi le motif prédominant de l'art. 529, l'orateur du gouvernement n'a ni dénaturé ni pu dénaturer la disposition de cet article; ni par conséquent la convertir, de générale qu'elle est par elle-même, en règle particulière aux compagnies dans le fonds social desquelles les immeubles ne sont qu'accessoires à leur entreprise : aussi cette disposition est-elle déclarée, par une loi expresse, applicable aux Actions des compagnies dont le fonds social consiste principalement en immeubles. L'art. 8 de la loi du 21 avril 1810, sur les mines, après avoir dit que, conformément à l'art. 524 du Code civil, les mines concédées par le gouvernement, sont *immeubles*, ainsi que les *bâtimens, machines, puits, galeries et autres travaux établis à demeure*, ajoute que « néanmoins les Actions ou intérêts » dans une société ou entreprise pour l'exploita- » tion des mines, *seront réputés meubles, confor- » mément à l'art.* 529 *du Code civil* ».

Ce que cette loi dit expressément des Actions dans les mines, le décret du 16 mars 1810, qui a toute la force d'une loi, le dit implicitement des Actions dans les canaux de navigation.

En exécution de la loi du 23 décembre 1809, qui avait autorisé le gouvernement, tant à vendre les canaux d'Orléans et de Loing (devenus biens nationaux par la confiscation qui en avait été faite sur la maison d'Orléans), qu'à fixer par des réglemens d'administration publique, « les » conditions et la forme de la vente, le mode de » transmission de propriété aux acquéreurs, *le » mode de jouissance par les Actionnaires*, le » régime de leur association et le mode d'admi- » nistration des canaux aliénés » ; ces canaux avaient été vendus au domaine extraordinaire ; et c'est à la suite de cette vente, que le décret dont il s'agit a disposé ces termes :

« Art. 3. Les droits de propriété appartenant au domaine extraordinaire seront divisés en 1400 Actions de 10,000 francs chacune.

» 4. Les canaux formeront une *propriété indivise entre les mains des Actionnaires*. La propriété résidera toujours sous le titre collectif de l'association ; il ne pourra en être distrait ni séparé aucune portion par cession, donation, décès, faillite des Actionnaires, liquidation, faillite de la société, et toute autre cause........

» 9. L'universalité des Actionnaires forme une société en commandite, sous le nom de *Compagnie des canaux d'Orléans et de Loing*......

» 11. Il y aura un registre double sur lequel les Actions seront inscrites nominativement.

» 12. Le transfert s'opèrera sur la déclaration du propriétaire, qui sera inscrite sur ce registre.

» 15. Les Actions de la compagnie des canaux d'Orléans et de Loing, pour leur *immobilisation*, leur inaliénabilité et jouissance, sont assimilées en tout aux Actions de la banque de France ».

Il résulte clairement de ce dernier article, que les Actions des canaux peuvent être immobilisées comme les Actions de la banque de France (1). Mais de là même il suit nécessairement qu'elles sont mobilières, tant qu'on n'ont pas été remplies les formalités nécessaires pour en opérer l'immobilisation. Et pourquoi le sont-elles ? Parce qu'elles sont comprises dans la disposition générale du Code civil.

Dira-t-on que c'est là une disposition particulière aux canaux d'Orléans et de Loing ?

Mais comment soutenir une pareille thèse en présence de la loi du 21 avril 1810 qui déclare mobilières *les Actions dans une société pour l'exploitation des mines*, et qui les déclare telles *conformément à l'art.* 529 *du Code civil*? Quelle différence y a-t-il, quant à notre question, entre une société pour l'exploitation d'une mine, et une société pour la jouissance indivise d'un canal ? Aucune. Dans l'une comme dans l'autre, c'est un immeuble qui compose principalement le fonds social ; il n'y a donc pas de raison pour que les Actions de l'une ne soient pas de la même nature que les Actions de l'autre.

On cite cependant, comme jugeant le contraire, un arrêt de la cour royale de Paris, du 19 février 1809. Mais la contestation sur laquelle

---

(1) *V.* le Répertoire de jurisprudence, aux mots *Action en Banque*.

il a prononcé, devait-elle être réglée par l'ancienne jurisprudence suivant laquelle, comme on l'a vu au §. 1, n°. 1, de pareilles Actions étaient incontestablement réputées immeubles, ou devait-elle l'être par le Code civil? Écoutons les rédacteurs du journal des audiences de la cour de cassation, année 1824, page 257 :

« Le canal de Briare, commencé sous Henri IV, fut terminé sous Louis XIII, qui en abandonna la propriété aux entrepreneurs, pour les indemniser des frais de construction. Les associés formèrent trente parts, chacune de 1,000 francs, pour la distribution des produits du droit de péage. Le sieur Louis-François Fillemin, l'un des administrateurs du canal, DÉCÉDA EN L'AN IX, laissant dans sa succession des droits sur les produits du péage. La dame Fillemin, son épouse, MOURUT QUELQUE TEMPS APRÈS, laissant aussi à ses enfans des droits du même genre.

» Dans la liquidation de la succession, une contestation s'est élevée entre les créanciers hypothécaires et chirographaires sur la question de savoir si les parts dans les produits du droit du péage étaient meubles ou immeubles. Par jugement du 29 juin 1808, le tribunal de première instance de la Seine, considérant que le premier et principal objet de l'association pour l'entreprise du canal était les bénéfices à obtenir dans la concurrence du transport des matières, des marchandises et des personnes ; que les terrains achetés n'étaient qu'accessoires à cette spéculation commerciale et comme moyen de la réaliser; qu'ainsi, cette association, dans son objet, comme dans celui des travaux d'art et d'industrie qu'elle a employés, est passible des dispositions de l'art. 529 du Code civil; — Considérant, d'autre part, que, si l'obligation textuelle de cet article pouvait être problématique, les principes de la matière fixeraient un pareil résultat, pour la mobilisation des Actions et des intérêts des co-propriétaires; qu'en effet, 1°. les biens qui se trouvent compris dans la société lui appartiennent et sont sujets à la direction sociale qui peut seule en disposer comme elle les a acquis ; 2°. chaque associé, jusqu'à la dissolution et le partage de la société, n'a d'autre droit que celui de demander compte et participation aux bénéfices, et d'autre Action que celle personnelle résultant du contrat, laquelle Action est essentiellement mobilière, cessible et transportable ; qu'ainsi, et jusqu'à la dissolution de la société, aucun des associés ne peut hypothéquer le tout ou partie de l'association, et les Actions, intérêts de chacun des associés ne peuvent être passibles de l'affectation hypothécaire.... par ces motifs, déclare mobilières les Actions et portions d'intérêts appartenant aux successions des sieur et dame Fillemin.

» Sur l'appel de ce jugement, on a soutenu qu'il fallait distinguer si les Actions étaient l'objet principal de l'entreprise et les immeubles l'accessoire, ou si, au contraire, les Actions étaient l'accessoire, et les immeubles le principal ; que l'art. 529 du Code ne s'appliquait qu'au premier cas; mais que, dans l'espèce, on était dans le second ; car le droit de péage n'est qu'une indemnité accordée par le gouvernement; ce qui fait l'objet principal de l'association, ce sont le canal de Briare et les fonds de terre.

» On a répondu qu'il fallait distinguer la propriété du canal, de la propriété des Actions; que la première donnait un droit immobilier, mais que la seconde, qui n'avait pour résultat que des sommes d'argent, ne pouvait donner un pareil droit ».

Par l'arrêt cité

« La Cour, faisant droit sur les appels interjetés par de Brion et consorts et par Huerne ;

» Attendu que tous les associés au canal de Briare sont co-propriétaires; que le canal et autres immeubles, loin d'être une simple dépendance de la société, en sont au contraire la chose principale et le fondement ; que le droit de péage n'en est que le produit ; qu'il s'agit, d'ailleurs, d'un partage entre co-héritiers et des droits des créanciers ; que, dans ces circonstances, l'art. 529 du Code civil est inapplicable ;

» Sans s'arrêter..., émendant et faisant droit au principal, déclare immobilières lesdites portions».

Que, dans cette espèce, l'Action du sieur Fillemin dans le canal de Briare, ait dû être, comme elle l'a été effectivement, jugée immobilière, conformément à l'ancienne jurisprudence, cela n'est pas douteux, puisque le sieur Fillemin était mort en 1801, et par conséquent environ deux ans avant la publication de l'art. 529 du Code civil.

Mais à quelle époque était décédée la dame Fillemin ? *Quelque temps après son mari*, disent les auteurs cités. Et qu'entendent-ils par là? Que son décès avait également précédé la publication de l'art. 529 du Code civil? Dans ce cas, l'arrêt a bien jugé relativement à l'Action de la dame Fillemin, comme relativement à l'Action de son mari ; mais il ne contrarie en rien la doctrine que je viens d'établir. Que la succession de la dame Fillemin s'était ouverte après la publication de cet article ? Dans ce cas, l'arrêt pourrait m'être opposé ; mais, j'y opposerais à mon tour les deux arrêts de la cour de cassation dont les espèces sont rapportées dans le §. suivant.

§. IV. *De ces termes de l'art.* 529 *du Code civil, à l'égard de chaque associé seulement, résulte-t-il que ce n'est qu'entre les associés, ou entre chacun d'eux et la société, que les Actions sont réputées mobilières, et que, de chaque associé aux tiers, les Actions doivent, même pendant la durée de l'association, être réputées immobilières jusqu'à concurrence des parts qu'elles forment dans le fonds social ?*

Cette question, qui n'en est véritablement pas une, s'est présentée deux fois devant la cour de cassation, conjointement avec celle qui fait la matière du §. précédent; et deux fois elle a été, comme elle devait l'être, jugée pour la négative, en même temps que deux fois il a été décidé que l'art. 529 comprend dans sa disposition générale les Actions des compagnies dont le fonds social consiste principalement en immeubles, tout aussi bien que les Actions des compagnies dans le fonds social desquelles les immeubles ne sont qu'accessoires à leur entreprise.

Première espèce. Les 6 novembre et 6 décembre 1820, actes notariés par lesquels le sieur Deiss vend au sieur Humann, pour 6,400 francs, des Actions représentant deux quatre-vingtièmes, et au sieur Ratisbonne, pour 24,000 francs, des Actions représentant quatre quatre-vingtièmes dans la propriété des mines de Bouxviller, des bâtimens qui en dépendent, et généralement de tous les objets *mobiliers et immobiliers, créances et droits quelconques* qui appartiennent à cet établissement. Les acquéreurs s'obligent, par les mêmes actes, à payer le prix de leurs acquisitions respectives, aussitôt que le sieur Deiss aura justifié *que les quatre-vingtièmes attachés aux actions cédées, sont francs de priviléges et d'hypothèques*.

Ces actes présentés à l'enregistrement, le receveur, considérant comme immobilières les Actions qui en sont l'objet, se fait payer un droit de cinq et demi pour cent.

Demande des sieurs Humann et Ratisbonne en réduction à celui de deux pour cent, attendu qu'ils n'ont acquis que des Actions mobilières, et en restitution de ce qu'ils ont payé de trop.

Le 11 décembre 1821, jugement en dernier ressort du tribunal civil de Strasbourg qui leur adjuge leurs conclusions,

« Attendu que la loi sur l'enregistrement, en graduant différemment les droits à percevoir sur les ventes, suivant que l'objet vendu est meuble ou immeuble, n'a pas établi de règle spéciale sur la distinction des meubles ou immeubles; que conséquemment les principes à suivre sont ceux consacrés par le Code civil;

» Attendu que l'art. 529 déclare meubles les Actions dans les compagnies de commerce ou d'industrie, encore que des immeubles dépendent de ces entreprises, appartiennent aux compagnies, et que l'art. 8 de la loi du 21 avril 1810 applique spécialement et nominativement aux Actions dans les mines, la règle générale du Code civil;

» Attendu que, dans l'espèce, les contrats des demandeurs portent vente d'Actions dans la société connue sous le nom d'*administration des mines de Bouxviller*, qui est une compagnie de commerce et d'industrie;

» Attendu que l'explication donnée par les contrats que chacune de ces Actions représente un quatre-vingtième de valeurs mobilières ou immobilières de la société, n'est autre chose qu'une définition surabondante du mot *Action*, et que ces contrats auraient eu le même effet, quand même ce développement n'y aurait pas été inséré, puisque l'Action est une quote-part de tout l'actif et de tout le passif de la société; qu'en conséquence on ne peut admettre l'argument tiré par la régie de cette explication pour faire considérer les contrats comme vente de meubles et d'immeubles sans ventilation, et leur appliquer l'art. 9 de la loi du 22 frimaire an 7, qui suppose une vente où figurent des immeubles, tandis que, dans l'espèce, les objets vendus sont des Actions que la loi déclare meubles, encore qu'elles représentent une quote-part des immeubles de la société;

» Attendu que la dernière partie de l'art. 529 du Code civil, en statuant que les Actions sont considérées comme meubles *à l'égard de chaque associé seulement*, tant que dure la société, ne limite pas cette mobilisation aux transactions qui pourraient avoir lieu d'associé à associé, comme la régie le prétend : qu'en effet, cet article ne dit pas *entre associés seulement*, mais il dit, *à l'égard de chaque associé seulement*, par opposition à la société en masse, ce qui s'étend à toutes les relations que chaque associé peut avoir, soit avec ses co-associés, soit avec les tiers; que cette manière de voir est complétement justifiée par la discussion de cet article au conseil d'état du 4 brumaire an 12, où il a été adopté, et par le discours tenu au nom de la section de législation dans la séance du tribunal, du 29 nivôse de la même année; qu'enfin, l'avantage qu'on a voulu tirer de quelques expressions de la discussion préparatoire du conseil d'état, du 20 vendémiaire an 12, est inadmissible, parce que les principes mis en avant dans cette séance ont été abandonnés dans celle définitive du 4 brumaire suivant ».

La régie de l'enregistrement se pourvoit en cassation contre ce jugement et l'attaque comme violant, par une fausse application de l'art. 529 du Code civil et de l'art. 8 de la loi du 21 avril 1810, les art. 9 et 69 de la loi du 22 frimaire an 7, ainsi que l'art. 52 de celle du 28 avril 1816.

« Les Actions dans les entreprises qui possèdent des immeubles (dit-elle) sont sans doute, comme dans celles qui n'en possèdent pas, de nature mobilière d'après la détermination de la loi; mais la nature des droits des associés dans les manufactures et entreprises n'est plus la même, lorsque ces associés jouissent des immeubles à titre de propriété indivise entre plusieurs personnes, chacune pour une portion déterminée ».

« Or, dans l'espèce, il résulte des termes mêmes des actes soumis à l'enregistrement, que ce qu'on appelle *Action* n'est qu'une partie plus ou moins forte dans les immeubles dont les sociétaires jouissent par indivis, chacun par des contrats séparés.

» Si l'art. 529 du Code civil, par une fiction, dispose que les Actions ou intérêts dans les compagnies de finance sont meubles, encore que des immeubles dépendent des entreprises, il la restreint *à l'égard de chaque associé seulement* pendant la durée de la société ; cela ne veut dire autre chose, sinon que chaque associé ne peut exercer que mobilièrement ses Actions contre la société. Mais appliquer cette disposition à des tiers, ce serait étendre cette fiction hors des termes dans lesquels la loi a voulu la restreindre à leur égard ; la cession des Actions produit incontestablement le droit de mutation exigible sur les ventes immobilières ».

Par arrêt contradictoire du 7 avril 1824, au rapport de M. Boyer, et conformément aux conclusions de M. l'avocat-général Jourde,

« Attendu qu'aux termes de l'art. 529 du Code civil et de l'art. 8 de la loi du 21 avril 1810 sur les mines, les Actions qui ont fait l'objet des actes de cession des 6 novembre et 9 décembre 1820, ne peuvent être considérées que comme des biens *meubles pour la détermination de la loi*, quoique la société anonyme à laquelle ces Actions se rattachent possède des immeubles, et quoique d'après quelques énonciations employées par les parties dans les actes sus-énoncés, on puisse induire qu'elles ont considéré les Actions dont il s'agit comme formant, à leur égard, une propriété en partie immobilière, parce que l'erreur des contractans sur ce point ne peut pas avoir pour effet de changer la nature des objets cédés, et d'imprimer le caractère d'immeubles à des objets réputés meubles par une détermination formelle de la loi ;

» Attendu qu'il suit de là que le droit de mutation applicable aux actes sus-énoncés, était celui fixé par les ventes des meubles par le §. n°. 1er., de l'art. 69 de la loi du 22 frimaire an 7 ; et qu'en le jugeant ainsi, le jugement attaqué n'a fait qu'une juste application de cet article, ainsi que des art. 529 du Code civil et 8 de la loi du 21 avril 1810, et n'a point violé le §. 7, n°. 1er. dudit art. 69 de la loi du 22 frimaire an 7 ;

» La cour (section civile) rejette le pourvoi.... (1) ».

Deuxième espèce. Le 8 janvier 1822, adjudication par-devant notaire à Paris, d'une Action du canal de Briare, moyennant une somme de 137,500 francs.

Les adjudicataires, forcés de payer, pour l'enregistrement de cet acte, un droit de cinq et demi pour cent, se pourvoient en restitution.

Le 28 mai 1823, jugement du tribunal civil du département de la Seine, qui condamne la régie à leur restituer 5,337 francs,

« Attendu qu'aux termes de l'art. 529 du Code civil, les Actions ou intérêts dans les compagnies de finance, de commerce et d'industrie, sont réputées meubles, encore que des immeubles dépendent de ces compagnies ;

» Attendu, dans l'espèce, que l'Action sur le canal de Briare, vendue suivant acte passé devant Vingtain, le 8 janvier de l'année dernière, enregistrée, est une Action dans une compagnie d'industrie, et par conséquent se trouve rangée dans la classe des meubles ; que c'est d'après ce principe qu'un décret du 16 mars 1810 détermina le mode de transfert de pareilles Actions sur les canaux d'Orléans et de Loing, par la simple inscription sur les registres de ces compagnies, et que ce même décret impose les mêmes formalités pour l'immobilisation de ces Actions que pour les Actions de la Banque de France ;

» Attendu que la vente de pareilles Actions ne doit être passible que du droit de deux pour cent, dû pour la vente des meubles ; que, dès-lors, l'administration n'était pas fondée à percevoir le droit de cinq et demi pour cent ».

La régie attaque ce jugement par les mêmes moyens qu'elle a déjà employés contre celui du tribunal de Strasbourg, et invoque en outre, comme tranchant la question pour les Actions du canal de Briare même, l'arrêt de la cour royale de Paris, du 19 février 1809, dont il est parlé dans le §. précédent.

Mais, par arrêt du 14 avril 1824, au rapport de M. Dunoyer et sur les conclusions de M. l'avocat-général Joubert,

« Attendu que, d'après l'art. 529 du Code civil, toutes Actions d'une association de finance, de commerce ou d'industrie, sont réputées mobilières et déclarées telles par la détermination de la loi, lors même que cette association est propriétaire d'immeubles, quelle que soit l'origine de ces Actions, et soit qu'elles tiennent à un intérêt dans l'entreprise, ou à de simples droits aux produits ; que c'est seulement lorsque l'association cesse d'exister que la fiction disparaît, et que les immeubles qui faisaient l'instrument ou la garantie de ses opérations reprennent leur caractère originaire et doivent en subir les conséquences ;

» Attendu que, d'après la généralité des expressions de cet article, les produits, divisés entre les Actionnaires ou intéressés, des droits de péage perçus sur les denrées, marchandises ou objets quelconques transportés par le canal de Briare, en vertu d'une concession ancienne du souverain, et en faveur d'une association autorisée par lui, quoique, à raison de cette entreprise, cette même association soit co-propriétaire d'immeubles d'une valeur plus ou moins importante ; que ces produits doivent être réputés meubles, et sont nécessairement compris dans l'application de l'art. 529 ci-dessus, puisqu'aucun des individus qui composent le corps de

---

(1) Journal des Audiences de la cour de cassation, année 1824, page 143.

l'association, n'est propriétaire des immeubles appartenant à l'association pendant la durée de la société ;

» Attendu que cet article a dérogé à la législation ancienne, et a établi un droit nouveau, qu'il devient indispensable de suivre, quels que soient d'ailleurs les principes généraux ;

» Attendu que l'arrêt de la cour royale de Paris, du 19 février 1809, invoqué par la direction générale de l'enregistrement, n'est rendu ici ni avec elle ni avec ses adversaires (1) ».

§. V. *De ce que les Actions dans les compagnies de finance, de commerce et d'industrie, sont réputées meubles; de ce qu'aux termes de l'art. 2,279 du Code civil*, la possession vaut titre en fait de meubles non volés ou perdus; *et de ce que, suivant l'art. 35 du Code de commerce, lorsque les actions d'une société anonyme sont établies sous la forme de titres au porteur, la cession s'opère par la tradition du titre, s'ensuit-il que le détenteur d'actions de ce genre qui les a reçus d'une personne à laquelle il savait ou devait savoir qu'elles n'appartenaient pas, en est véritablement propriétaire ?*

Que le possesseur actuel d'un titre de créance payable au porteur en soit présumé le propriétaire légitime, *quoiqu'il le tienne d'un individu qui n'en était détenteur que pour le compte d'autrui et n'avait pas le droit d'en transmettre la propriété*, c'est ce que j'ai établi à l'article *Revendication*, §. 1 ; mais j'ai ajouté, au même endroit, qu'il en est autrement lorsque le possesseur actuel a connu, au moment de la délivrance qui lui a été faite du titre, le vice de la possession de la personne qui le lui transmettait ; et c'est ce qui a été jugé dans l'espèce suivante.

On a vu plus haut, §. 3, que la propriété des canaux d'Orléans et de Loing, confisquée en 1793 sur la maison d'Orléans, avait été vendue par le gouvernement au domaine extraordinaire, en vertu de la loi du 23 décembre 1809, et qu'elle avait été divisée par le décret du 16 mars 1810 en 1,400 Actions de 10,000 chacune.

C'est ici le lieu d'ajouter que de ces 1,400 Actions, 1,100 avaient été appliquées à des dotations, et par suite immobilisées ; que les 300 autres avaient été versées dans la caisse de la liste civile, pour servir à l'achèvement du Louvre ; qu'un décret du 30 août 1811, leur conservant la qualité de meubles, avait ordonné qu'elles seraient échangées contre des *bons au porteur ;* qu'il en avait été aliéné 120 avant 1814 ; et qu'il en restait encore, à l'époque de la restauration, 180 dans la caisse de la liste civile.

Tel était, à cet égard, l'état des choses, lorsque, par la loi du 5 décembre 1814, il fut ordonné que les biens invendus qui avaient été confisqués sur les émigrés, leur seraient restitués ; et qu'en conséquence, *les Actions représentant la valeur des canaux de navigation, et qui se trouvaient encore dans les mains du gouvernement, seraient également rendues, aussitôt que la demande en serait faite par ceux qui y auraient droit.*

Les 180 Actions dont il vient d'être parlé, n'avaient pas encore été réclamées, en exécution de cette loi, par M. le duc et mademoiselle d'Orléans, héritiers bénéficiaires de leur père, lorsque Napoléon, revenu de l'île d'Elbe, reprit momentanément les rênes du gouvernement ; retrouvant ces Actions dans le portefeuille de la liste civile, il en remit 40 sous la forme de *bons au porteur*, au duc de B..., en paiement d'une somme de 408,000 francs qu'il lui devait.

Bientôt le duc de B......, compris dans l'art. 2 de l'ordonnance du roi, du 22 juillet 1815, quitta la France et emporta avec lui les 40 Actions.

En 1817, M. le duc et mademoiselle d'Orléans, subrogés par une ordonnance du roi, du 20 mars de cette année, à tous les droits de la liste civile sur les 80 Actions dont le gouvernement n'avait pas disposé avant la loi du 5 décembre 1814, demandèrent à l'administration des canaux d'Orléans et de Loing qu'ils fussent reconnus propriétaires de ces Actions, et que les dividendes leur en fussent payés.

Nulle difficulté là-dessus pour les 140 actions dont ils représentaient les titres ; mais quant à celles dont les titres reposaient dans les mains du duc de B......, l'administration déclara ne pouvoir accéder à leur demande.

Ce refus donna lieu à un référé, sur lequel il intervint, le 20 avril, une ordonnance qui enjoignit à l'administration d'exécuter provisoirement l'ordonnance du roi du 20 mars, sous la réserve des droits des tiers-porteurs.

Cette ordonnance reçut son exécution. En conséquence, M. le duc et mademoiselle d'Orléans firent vendre, par autorité de justice, les 180 Actions qui leur avaient été rendues, en expliquant dans le cahier des charges qu'il y en avait 40 de litigieuses, et que le litige serait aux risques et périls de l'adjudicataire ; et l'adjudicataire fut M. le duc d'Orléans en son nom.

En 1820, le duc de B......, rentré en France, se présente à la caisse des canaux, comme porteur et propriétaire de 40 Actions dont les titres lui avaient été délivrés en 1815 par Napoléon, et demande le paiement des dividendes échus et à échoir. On lui répond qu'on les paie à M. le duc d'Orléans.

Sur cette réponse, il fait assigner l'administration en paiement de devidendes qu'il réclame, et M. le duc d'Orléans en déclaration de jugement commun.

---

(1) *Ibid.*, page 257.

4e édit., Tome I.

Le 23 mars 1823, jugement du tribunal de première instance du département de la Seine, qui déboute le duc de B..... de sa demande et lui ordonne de remettre les 40 Actions à M. le duc d'Orléans.

Appel ; et le 5 juillet suivant, arrêt de la cour royale de Paris qui met l'appellation au néant,
» Attendu que, par l'effet de la loi du 5 décembre 1814, art. 10, la propriété des Actions dont il s'agit a été restituée à la succession bénéficiaire d'Orléans ;
» Attendu que, dès-lors, ces Actions ne sont restées qu'à titre de dépôt dans les mains du gouvernement, et que le roi n'aurait pas eu le droit d'en disposer au préjudice du légitime propriétaire ;
» Attendu que Napoléon, dans les Cent jours n'a pu faire valablement ce que le roi n'aurait pu faire, ni par conséquent disposer desdites Actions dans son intérêt privé ;
» Attendu que, nul ne pouvant *alléguer l'ignorance de droit*, celui qui a disposé des Actions dont il s'agit, et celui qui les a reçues, ont dû connaître l'un et l'autre que ces objets étaient redevenus la propriété d'un tiers ».

Le duc de B.... se pourvoit en cassation contre cet arrêt, et, entr'autres moyens qu'il fait valoir, il insiste particulièrement sur l'art. 2279 du Code civil qu'il soutient avoir été violé par la cour royale de Paris.

Mais, par arrêt du 12 mai 1824, au rapport de M. Lasagni, et sur les conclusions de M. l'avocat-général Joubert, celui de la cour royale de Paris est maintenu, « attendu (entr'autres motifs) que » le demandeur en cassation a dû connaître, » comme l'a déclaré l'arrêt attaqué, que les Ac- » tions dont il s'agit étaient redevenues la pro- » priété d'un tiers; qu'ainsi, le vice de la posses- » sion de son auteur ne lui demeurant pas étran- » ger, sa propre possession n'aurait pu, même » en fait de meubles, lui valoir titre ; que par » conséquent, sous ce rapport, l'art. 2279 du » Code civil, invoqué par le demandeur, n'est » point applicable à l'espèce (1) ».

§. VI.
Dans quelles circonstances le vendeur d'une Action dans une société anonyme, peut-il réclamer, sur cet effet, le privilége établi par le n°. 4 de l'art. 2102 du Code civil ?

V. L'article *Privilége*, §. 1.

§. VII.
Quel est, sur les les Actions d'une société anonyme qui sont vendues à terme et non encore livrées, l'effet de l'augmentation qui survient, par le fait du gouvernement, dans le capital dont elles forment des divisions ? Cette augmentation est-elle, pour l'acheteur, une cause de résiliation du marché qu'il a conclu ?

Pour résoudre cette question, il faut d'abord se reporter au principe établi dans le §. 1er, qu'une Action dans une société anonyme, est une part de la société elle-même, *pars societatis*, suivant l'expression de Voët.

Il faut ensuite bien faire attention à l'effet que produit, sur une société anonyme, l'acte du gouvernement qui en augmente le capital. Une société anonyme ne pouvant, aux termes de l'art. 37 du Code de commerce, *exister qu'avec l'autorisation du gouvernement*, il est clair qu'elle est anéantie du moment que le gouvernement retire l'autorisation qu'il lui avait accordée. Il est clair par conséquent que le gouvernement la change, ou pour mieux dire, qu'il lui en substitue une nouvelle, lorsqu'au lieu de lui retirer son autorisation, il la modifie en augmentant le capital des fonds sociaux. Et par conséquent encore, il est clair que les Actionnaires de la société primitive ne sont pas obligés d'entrer dans la nouvelle; qu'ils ne peuvent être contraints de verser dans la caisse de celle-ci le montant de leurs Actions ; et qu'au contraire, ils peuvent en demander la liquidation, s'ils en ont déjà fait le versement.

D'après ces données, une distinction très-simple va résoudre notre question.

Ou la société anonyme s'était formée et avait pris son assiette dans l'intervalle des deux actes du gouvernement ; ou elle était restée en pur projet, et il n'y avait eu, pour la former et l'asseoir, que des *souscriptions* non encore réalisées.

Au premier cas, le nouvel acte du gouvernement anéantit bien la société anonyme pour l'avenir; mais il n'empêche pas qu'elle n'ait existé légalement, ni par conséquent qu'il n'y ait eu quelque chose de réel dans les Actions dont elle se composait. Il ne porte donc aucune atteinte à la vente qui a été faite de ces Actions, avant qu'il fût publié. Envain l'acheteur alléguera-t-il qu'il les a achetées comme parts d'une société, qu'elles n'en ont plus le caractère, puisque la société n'existe plus, et que, par suite, le vendeur ne peut pas les lui livrer telles qu'il les a promises. On lui répondra victorieusement que l'altération qu'elles ont subie après la vente, par le fait du souverain, est à ses risques; qu'il doit donc les prendre telles qu'elles sont, sauf à en tirer le parti qui lui conviendra, c'est-à-dire, soit à s'en servir pour entrer dans la nouvelle société, soit à les faire liquider par les administrateurs de la société dissoute.

Au second cas, c'est tout autre chose. Le vendeur n'était pas encore Actionnaire lors du traité : il n'était que soumissionnaire pour le devenir, et il a été dégagé de sa soumission par le second acte du gouvernement. Qu'a-t-il donc vendu? Rien que des Actions qui réellement n'existaient

---

(1) *Ibid.*, page 245.

ACTION RÉVOCATOIRE, ADITION D'HÉRÉDITÉ.

pas encore, et qui existent bien moins aujourd'hui. Comment donc pourrait-il forcer l'acheteur à en prendre livraison ?

C'est à ce second cas que se rapporte un arrêt de la cour supérieure de justice de Bruxelles, dont voici l'espèce.

Le 29 mars 1824, arrêté du roi des Pays-Bas dont l'art. 1er. porte « qu'il sera ouvert des listes » de souscription pour la participation à une so- » ciété belge de commerce, laquelle sera érigée, » pour le temps de vingt-cinq années consécu- » tives, conformément aux règles établies par la » loi concernant les sociétés anonymes ».

L'art. 2 ajoute : « le fonds primitif de cette so- » ciété est fixé à *douze millions de florins*. Cepen- » dant il pourra s'élever jusqu'à la somme de » *vingt-quatre millions*, s'il se présente un plus » grand nombre de souscriptions, ou si l'admi- » nistration de la société le juge utile. En cas » d'augmentation du fonds primitif, les premiers » associés seront admis à se faire inscrire sur le » fonds accru, en proportion de leur mise ».

L'art. 3 porte le taux des Actions à *mille florins* chacune ; il permet cependant de les diviser en fractions de 500 et 250 florins.

L'art. 4 renvoie à un autre temps la fixation des époques auxquelles les sommes inscrites devront être versées ; cependant il veut qu'il soit fourni, quinze jours après la clôture, cinq pour cent de chaque Action entière qui aura été inscrite.

A la vue de cet arrêté, le sieur Zanna, négociant à Bruxelles, s'inscrit pour dix Actions ; le 16 avril suivant, il les vend moyennant une prime de vingt pour cent, au sieur Spinaels-Denies, avec la clause que, « lorsque le paiement » des cinq pour cent voulu par l'art. 4 de l'ar- » rêté de S. M., du 29 mars, aura été effectué » par le vendeur, l'acheteur sera tenu d'en faire » le remboursement contre le récépissé, et de » payer le reste des Actions au jour qui sera fixé ».

Trois jours après cette négociation, le 19 avril, paraît un nouvel arrêté royal qui porte le capital de la société anonyme à *trente-sept millions de florins*, mais laisse à tous ceux qui ont souscrit d'après le premier, la faculté de ne pas donner suite à leurs souscriptions.

Le 26 du même mois, le sieur Spinaels-Denies fait notifier au sieur Zanna un acte par lequel il lui déclare qu'il regarde leur convention comme résiliée « par l'impossibilité où se trouve celui- » ci de lui livrer les dix Actions qui étaient l'objet » de cette convention ; qu'en outre l'arrêté du 19 » de ce mois ayant changé les bases de la société » anonyme, en portant son capital de 24 à 37 » millions, il est vrai de dire que ce n'est plus » identiquement la même société dont il a acheté » dix Actions par le contrat du 16 avril ; qu'alors » il ne peut être tenu de prendre livraison d'une » chose au lieu d'une autre ».

Le sieur Zanna répond à cette notification par une assignation qu'il fait donner au sieur Spinaels-Denies, devant le tribunal de commerce de Bruxelles, pour voir dire que leur convention sera exécutée selon sa forme et teneur.

Débouté de sa demande par un jugement de ce tribunal, il en appelle à la cour supérieure de justice ; et il intervient, le 3 décembre 1824, un arrêt qui met l'appellation au néant,

» Attendu que, dans une société anonyme, on considère principalement le capital, qui se divise en Actions, et qui constitue la base essentielle de pareille société ;

» Attendu que, par arrêté de S. M., du 29 mars, il a été d'abord décrété un projet d'une société anonyme, au capital de douze, et au plus de vingt-quatre millions ; que, par l'arrêté du 19 avril suivant, ce capital ayant été porté à trente-sept millions, il en résulte que le premier projet a éprouvé un changement notable dans sa principale base, changement qui rend le premier projet très-différent du second, tellement que S. M., par le deuxième arrêté, n'a voulu obliger personne à tenir sa souscription ;

» Attendu que nulle société anonyme ne peut exister sans le consentement et l'autorisation du roi, et que S. M. n'a approuvé le premier projet qu'avec l'augmentation considérable du capital ci-dessus mentionné, et cela afin de satisfaire à l'empressement de ses sujets qui désirent prendre part à la nouvelle société, et afin de fournir, de cette manière, à un plus grand nombre de personnes l'occasion de participer aux avantages qu'on peut raisonnablement attendre d'une société établie avec tant de sagesse et de solidité ;

» Attendu que, bien que cette circonstance soit favorable aux habitans du royaume des Pays-Bas en général, elle a néamoins fait baisser le prix ou la valeur des souscriptions, auxquelles l'augmentation du capital a aussi fait perdre l'avantage de la préférence ;

» Attendu que, dans l'espèce, il n'a pas été vendu des *souscriptions*, telles qu'elles étaient faites, mais bien un nombre d'*Actions* de la société, telle que celle-ci était projetée par le premier arrêté royal ; Actions que l'appelant est maintenant hors d'état de livrer (1) ».

On trouvera à l'article *Société anonyme*, d'autres questions qui se rapportent à cette matière.

ACTION RÉVOCATOIRE. *Quelle différence y a-t-il entre l'Action révocatoire et la revendication ?*

V. le plaidoyer et l'arrêt du 4 thermidor an 12, rapportés aux mots *Tiers-Coutumier*.

ADJUDICATION. *V.* les articles de *Coupe de Bois, Expropriation forcée* et *Folle enchère*.

ADITION D'HÉRÉDITÉ. *V.* l'article *Héritier*.

---

(1) Jurisprudence de la cour supérieure de Bruxelles, année 1825, tome, 1, page 164.

ADMINISTRATION. *V.* l'article *Pouvoir judiciaire.*

ADOPTION. §. I. *La loi transitoire du 25 germinal an* 11 *a-t-elle validé les Adoptions d'enfans adultérins qui avaient été faites depuis le* 18 *janvier* 1792*, jusqu'à la publication du titre de l'Adoption du Code civil ?*

Je ne citerai pas pour l'affirmative, à l'exemple de quelques auteurs, l'arrêt de la cour de cassation du 9 fructidor an 12, qui est rapporté dans le *Répertoire de Jurisprudence*, au mot *Adoption*, §. 3, n°. 1; car il n'a prononcé que sur la question de savoir si, avant le Code civil, le consentement du père légalement présumé de l'enfant adopté était nécessaire à la validité de l'Adoption.

Mais un arrêt qui a véritablement consacré cette opinion, c'est celui de la même cour, du 12 novembre 1811, qui est rapporté au même endroit, n°. 3.

Cependant la question s'étant représentée depuis, l'opinion contraire a prévalu.

Il s'agissait d'un enfant qui était né le 10 fructidor an 2, époque où le sieur Delisle était marié avec la demoiselle Barrois, et qui avait été inscrit sur les registres de l'état civil sous le nom de François Thiéry, fils de Marie-Anne Thiéry, le père inconnu.

La demoiselle Barrois étant morte, le 7 brumaire an 5, laissant des enfans de son mariage, le sieur Delisle avait épousé en secondes noces Marie-Anne Thiéry. Trois jours après la célébration de leur mariage, et par acte passé devant l'officier de l'état-civil, le 1ᵉʳ. ventôse an 6, les nouveaux époux avaient déclaré reconnaître François-Thiéry pour leur enfant, et l'*adopter en tant que de besoin*.

Le 7 octobre 1812, décès du sieur Delisle.

Le tuteur de François Thiéry, se fondant sur l'acte d'Adoption du 1ᵉʳ. ventôse an 6, forme contre les enfans légitimes une demande en partage de la succession du père commun.

Les enfans légitimes soutiennent que l'acte d'Adoption est nul, parceque François Thiéry est bâtard adultérin.

Le 16 juillet 1813, jugement du tribunal de Saint-Mihiel qui le décide ainsi par trois motifs; le premier, que, dans l'ancienne législation, les enfans naturels n'avaient droit qu'à des alimens, et que la législation intermédiaire ne leur avait pas attribué d'autres droits, quelque favorable qu'elle eût été aux enfans naturels; le second, qu'il était impossible d'admettre qu'un enfant adultérin pût acquérir, par l'Adoption, des droits de successibilité que lui refusait expressément la loi du 12 brumaire an 2; le troisième, que la loi du 25 germinal an 11, en validant les Adoptions qui n'auraient été accompagnées d'aucune des conditions prescrites postérieurement par le Code civil, pour adopter et être adopté, n'avait pas fait cesser les incapacités et les nullités absolues prononcées par toutes les législations.

Sur l'appel, arrêt de la cour royale de Nancy, du 18 août 1814, qui, adoptant les motifs de ce jugement, le confirme.

Recours en cassation de la part du tuteur de François Thiéry; et, le 23 décembre 1816, arrêt contradictoire, au rapport de M. Vergès, sur les conclusions conformes de M. l'avocat-général Jourde, après délibéré en la chambre du conseil, par lequel,

« Considérant que la cour royale de Nancy a reconnu, d'après le rapprochement des titres produits au procès, d'après les faits qui lui ont été soumis, et d'après les déclarations des parties, que François Thiery était bâtard adultérin;

» Considérant que l'incapacité des bâtards adultérins les a toujours fait exclure, tant dans l'ancienne que dans la nouvelle législation, de l'exercice des droits de filiation et de successibilité;

» Qu'ils n'ont eu constamment droit qu'à des alimens;

» Que, quelque favorable qu'ait été aux enfans naturels la loi du 12 brumaire an 2, elle a maintenu l'incapacité absolue des enfans adultérins, en les réduisant à des alimens;

» Que cette incapacité a été formellement maintenue par le Code civil qui a défendu la reconnaissance des bâtards adultérins, et même leur légitimation par mariage subséquent;

» Qu'on ne peut supposer que le législateur, qui a toujours si solennellement consacré l'incapacité absolue des bâtards adultérins pour acquérir des droits de filiation et de successibilité, se soit mis en opposition avec lui-même, en étendant à ces bâtards la voie indirecte de l'Adoption, au préjudice des enfans nés dans le légitime mariage;

» Considérant que cette incapacité annule l'Adoption dans son essence, et s'oppose, par conséquent, à ce qu'une pareille Adoption produise aucun effet, quant aux droits de filiation ou de successibilité;

» Que la loi transitoire, du 25 germinal an 11 s'est bornée à valider les Adoptions à l'égard desquelles on n'aurait pas rempli les conditions postérieurement imposées par le Code civil;

» Qu'il ne s'agit, dans l'espèce, de l'omission d'aucune de ces conditions prescrites par les art. 343, 344, 345 et 346 du Code civil, mais bien d'une incapacité absolue qui a vicié l'Adoption dès son essence;

» Que, quant à cette incapacité, la loi transitoire du 25 germinal an 11 a laissé les choses dans les termes du droit commun;

» Qu'en le décidant ainsi, la cour de Nancy n'a violé ni l'art. 1ᵉʳ. de la loi du 25 germinal an 11, ni aucune des lois de la matière;

» La Cour rejette le pourvoi..... (1) ».

---

(1) Jurisprudence de la cour de cassation, tome 17, page 164.

Cet arrêt était trop manifestement en opposition avec celui du 12 novembre 1811, pour réunir toutes les opinions et fixer la jurisprudence ; car il importait peu que, dans l'espèce sur laquelle il avait été rendu, l'Adoption fût contestée par des enfans légitimes, au lieu que, dans l'autre, elle ne l'avait été que par un héritier collatéral. La loi du 25 germinal an 11 ne fait, à cet égard, aucune distinction ; elle valide indistinctement TOUTES LES ADOPTIONS *faites par actes authentiques depuis le 18 janvier 1792, jusqu'à la publication des dispositions du Code civil relatives à l'Adoption* ; et par ce mot *toutes*, elle assimile évidemment le cas où les Adoptions seraient critiquées par des enfans légitimes, au cas où elles ne le seraient que par des héritiers collatéraux.

Aussi la question n'a-t-elle pas tardé à renaître, et un arrêt de la cour royale de Bordeaux, du 18 février 1821, rendu entre un enfant adultérin adopté par acte authentique du 5 germinal an 2, et les héritiers collatéraux de son père, décédé sous le Code civil, l'a jugé dans le sens de celui de la cour de cassation du 12 novembre 1811.

« Attendu que l'incapacité qui, dans l'ancienne législation, excluait les bâtards adultérins des droits de filiation et de succession, ne peut être opposée dans la cause actuelle, parceque l'Adoption, introduite par la loi du 18 janvier 1792, est une institution nouvelle qui n'avait pas lieu dans la législation précédente ;

» Qu'ainsi, pour prononcer sur l'Adoption instituée par le droit nouveau, il faut se renfermer dans la nouvelle législation ;

» Attendu qu'on ne peut prétendre que la loi du 12 brumaire an 2 ait maintenu une incapacité, puisque le droit nouveau qui seul régissait l'Adoption au 12 brumaire an 2, n'avait établi ni reconnu aucune incapacité à adopter ni à être adopté ; qu'il n'existait alors, dans la nouvelle législation, qu'une seule loi relative à l'Adoption, celle du 28 janvier 1792, qui l'admit en principe, sans en arrêter le mode, ni imposer des conditions, restrictions, ni exclusions pour user ou profiter de ce droit ;

» Attendu que la loi du 12 brumaire an 2, en fixant les droits des enfans naturels et les alimens dus aux bâtards adultérins, ne leur a pas interdit d'acquérir de plus forts droits à un autre titre ; que cette loi parle d'eux, dans leur qualité primitive ; mais ne les frappe pas de l'incapacité d'obtenir une qualité plus avantageuse ;

» Attendu que, s'il pouvait y avoir quelque doute sur le sens absolu de l'art. 1er. de la loi du 25 germinal an 11, qui déclare valables *toutes* les Adoptions, lors faites, depuis le 18 janvier 1792, les doutes seraient pleinement dissipés par les motifs exposés par le conseiller d'état qui, au nom du gouvernement, proposa la loi telle qu'elle fut décrétée, motifs ainsi conçus : *toutes les Adoptions consommées avant la promulgation du Code devront obtenir leur effet sans consulter la loi nouvelle et sans examiner si* L'ADOPTANT ÉTAIT D'AILLEURS CAPABLE DE CONFÉRER LE BÉNÉFICE DE L'ADOPTION, OU L'ADOPTÉ CAPABLE DE LE RECEVOIR ; *car l'un et l'autre étaient habiles, puisque la législation ne contenait alors aucune prohibition, et n'offrait, au contraire, qu'une autorisation indéfinie* (1) ».

Cet arrêt a été frappé d'un recours en cassation, à l'appui duquel on n'a pas manqué de faire valoir celui du 23 décembre 1816. Mais il a été rejeté par arrêt contradictoire, du 9 février 1824, également rendu au rapport de M. Vergès, sur les conclusions de M. l'avocat-général Jourde, et, après délibéré en la chambre du conseil, « attendu » que la loi transitoire du 25 germinal an 11 a formellement maintenu toutes les Adoptions consommées depuis le 18 janvier 1792 jusqu'à la » promulgation du Code civil ; *qu'il ne s'agit pas*, » *dans l'espèce de la cause, d'une Adoption faite* » *par un individu ayant des enfans légitimes* ; que » le demandeur en cassation est, au contraire, un » collatéral éloigné ; que, par conséquent, en déclarant, d'après la loi transitoire du 25 germinal » an 11, le demandeur en cassation non-recevable » à attaquer cette Adoption, la cour royale de » Bordeaux a fait une juste application de cette » loi et n'a violé aucune des lois invoquées (2) ».

De l'observation contenue dans cet arrêt, que l'Adoption dont il s'agissait, n'était attaquée que par un collatéral éloigné, peut-on conclure qu'il eût jugé autrement, s'il eût été question d'*une Adoption faite par un individu ayant des enfans légitimes* ? Je ne le pense pas. Que le rédacteur de l'arrêt eût glissé cette observation pour masquer la contrariété qui se trouve entre sa décision et celle de l'arrêt de 1816, à la bonne heure. Mais que la cour de cassation eût annulé, dans l'hypothèse inverse, l'arrêt de la cour royale de Bordeaux, c'est ce que je ne saurais supposer. Encore une fois, la généralité du texte de la loi du 25 germinal an 11 repousse toute distinction entre l'Adoption attaquée par des enfans légitimes et l'Adoption attaquée par des héritiers collatéraux.

Que signifie, d'ailleurs, contre la validité de l'une et de l'autre, l'argument tiré dans l'arrêt de 1816, de ce que la loi du 25 germinal an 11 s'est *bornée à valider les Adoptions à l'égard desquelles on n'aurait pas rempli les conditions imposées depuis par le Code civil* ; qu'elle n'a point effacé par là une *incapacité absolue* qui avait vicié l'adoption dans son essence, et que cette incapacité résultait de la disposition de la loi du 12 brumaire an 2, qui déclarait, en confirmant la législation précédente, qu'il n'était dû aux enfans adultérins que des alimens ?

On pourrait opposer le même argument à l'Adoption faite, avant le Code civil, d'un enfant naturel légalement reconnu. On pourrait dire que

(1) *Ibid.*, tome 22, partie 2, page 220.
(2) Journal des audiences de la cour de cassation, année 1824, page 50.

le Code civil, duquel seul dépendent les droits de cet enfant sur la succession de son père, déclare cet enfant incapable d'obtenir, par testament ou donation, rien au-dessus de la portion qui lui est attribuée par les art. 756 et suivans; et que, par conséquent, l'Adoption de cet enfant n'est pas validée par la loi du 25 germinal an 11.

Cependant il est généralement reconnu, et la cour suprême a jugé par deux arrêts, l'un de rejet, du 24 novembre 1806, l'autre de cassation, du 24 juillet 1811, qu'avant le Code civil, et depuis le 18 janvier 1792, un père pouvait adopter l'enfant naturel qu'il avait précédemment reconnu; et pourquoi? Parceque, comme l'ont dit ces arrêts: *la loi qui réduit l'enfant naturel à une portion de l'hérédité, et porte qu'il ne pourra, par donation entre-vifs ou par testament, rien recevoir au-delà de ce qui lui est accordé à titre de succession, n'empêcherait pas qu'il ne pût être plus avantagé par l'effet de l'Adoption, si elle a lieu* (1).

Comment donc un argument qui serait impuissant contre l'adoption d'un enfant naturel légalement reconnu, aurait-il plus de force contre l'Adoption d'un enfant adultérin? Comment donc ne pourrait-on pas dire également avec l'arrêt de la cour royale de Bordeaux, du 18 février 1821, et avec l'arrêt de la cour de cassation, du 9 février 1824, qui l'a confirmé, « qu'on ne peut pré-
» tendre que la loi du 12 brumaire an 2 ait main-
» tenu une incapacité, puisque le droit nouveau,
» qui seul régissait l'Adoption au 12 brumaire an 2,
» n'avait établi ni reconnu aucune incapacité à
» adopter ou à être adopté; qu'il n'existait alors,
» dans la nouvelle législation, qu'une seule loi re-
» lative à l'Adoption, celle du 18 janvier 1792,
» qui l'admettait en principe sans en arrêter le
» mode, ni imposer de conditions, restrictions
» ni exclusions pour user de ce droit; que la
» loi du 12 brumaire an 2, en fixant les droits des
» enfans naturels et les alimens dus aux enfans
» bâtards adultérins, ne leur a pas interdit le
» moyen d'acquérir de plus forts droits à un autre
» titre; que cette loi parle d'eux dans leur qualité
» primitive, mais ne les frappe pas de l'incapacité
» d'obtenir une qualité plus avantageuse » ?

Que l'Adoption d'un enfant adultérin soit plus défavorable que celle d'un enfant naturel légalement reconnu, cela est incontestable, mais absolument étranger à la question. Il ne s'agit pas de savoir ce que le législateur aurait dû faire par la loi transitoire du 25 germinal an 11, mais uniquement de ce qu'il a fait. Les tribunaux ne sont pas juges du mérite des lois.

§. II. *Un regnicole peut-il adopter un étranger, et réciproquement un étranger peut-il adopter un regnicole?*

(1) Répertoire de jurisprudence, au mot *Adoption*, §. 3, n°s. 1 et 2.

Dans le droit romain, ce n'était qu'entre les *citoyens* que pouvait avoir lieu l'*Adoption simple*, c'est-à-dire, l'acte par lequel un fils de famille, ou, en d'autres termes, un enfant placé sous la puissance de son père naturel et légitime, devenait l'enfant et passait sous la puissance de l'adoptant; car la loi ne reconnaissant de puissance paternelle qu'entre les citoyens (*jus patriæ potestatis proprium est civium romanorum*, dit Justinien dans ses Institutes, titre *De Patriâ Potestate*, §. 1), il était impossible qu'un étranger fût adopté par un citoyen, puisqu'il ne pouvait jamais être considéré comme fils de famille; et il l'était également qu'un citoyen fût adopté par un étranger, puisque les étrangers étaient exclus du droit de puissance paternelle.

Mais il n'en était pas tout-à-fait de même de l'*adrogation*, c'est-à-dire, de l'acte par lequel un *père de famille*, dénomination qui désignait tout individu non-assujéti à la puissance paternelle, était adopté par un autre père de famille sous la puissance duquel il passait; un étranger pouvait être adopté de cette manière, et son extranéité n'y faisait pas obstacle, parce que l'adrogation ne pouvait avoir lieu qu'en vertu d'un acte de l'autorité souveraine, c'est-à-dire, d'une loi émanée du peuple, sous la république (1), et d'un rescrit du prince sous l'empire (2), et que l'acte de l'autorité souveraine qui permettait l'adrogation d'un étranger, renfermait essentiellement, en faveur de celui-ci, la concession de la qualité de citoyen romain (3).

Il n'est pas besoin de faire remarquer que l'on ne peut tirer de cette législation aucune espèce de lumière pour résoudre la question qui fait la matière de ce paragraphe. D'une part, l'Adoption n'est plus, parmi nous, comme elle était à Rome, un moyen d'acquérir la puissance paternelle; et de l'autre, en la plaçant dans les attributions du pouvoir judiciaire, le Code civil lui a évidemment ôté la vertu qu'elle avait à Rome, lorsqu'elle était autorisée par le souverain, de naturaliser l'étranger qui en était l'objet.

Quel est donc aujourd'hui le principe d'après lequel on doit juger si un regnicole peut adopter

(1) On en trouve un exemple dans Middleton, *the life of Cicero*, tome 1er., page 294.
(2) *V.* la loi 2, D. *de Adoptionibus*.
(3) C'est ce qui donne la clé de ce passage de César, *de Bello Gallico*, lib. 1, cap. 45, où il est dit que Caïus Valerius Cabarus, né Gaulois, était devenu citoyen romain par la munificence de Caïus Valerius Flaccus: *Commodissimum visum est C. Valerium Procillum, C. Valerii Caburi filium, summâ virtute et humanitate adolescentem*, CUJUS PATER A C. VALERIO FLACCO CIVITATE DONATUS ERAT, ... *ad eum mittat*. Comment Valerius Flaccus avait-il pu conférer à un Gaulois la qualité de citoyen romain? Bien évidemment il n'avait pu le faire qu'en introduisant cet étranger dans sa famille par une adrogation.

un étranger, et si un étranger peut adopter un regnicole.

Si l'Adoption n'était qu'une institution contractuelle d'héritier, il n'y aurait nul doute que l'Adoption ne pût avoir lieu de regnicole à étranger, depuis que la loi du 14 juillet 1819, en abrogeant les art. 726 et 912 du Code civil, a voulu que les étrangers eussent *le droit de succéder, de disposer et de recevoir de la même manière que les Français*; et il n'y en aurait pas davantage qu'elle n'eût pu, même avant cette loi, avoir lieu de la part ou au profit des sujets ou citoyens des pays étrangers qui, en vertu de traités diplomatiques, jouissaient en France du droit de succéder, de disposer et de recevoir, comme s'ils eussent été regnicoles.

Mais l'Adoption instituée par le Code civil, n'est-elle en effet qu'un moyen de transmission des biens de l'adoptant à l'adopté ?

C'était sous ce rapport que l'envisageaient, lors de la discussion du Code civil, ceux qui s'opposaient à ce qu'elle fût introduite dans notre nouvelle législation. De quelle utilité peut-elle être (disaient-ils) d'après la latitude de disposer que nous promet la partie du projet du Code civil qui est relative aux donations et aux testamens ?

Mais, leur répondit M. Gary, orateur du tribunat, à la séance du corps législatif du 2 germinal au 11,

« N'y a-t-il donc dans l'Adoption que l'argent donné et reçu? Est-il donc bien exact de comparer ces longues années de soins et de secours qui ont dû précéder l'Adoption, à cet instant fugitif où le plus souvent on donne à regret ce qu'on ne peut plus conserver? N'y a-t-il donc aucune différence entre ces libéralités entre-vifs, si souvent suivies du repentir, ou ces dispositions testamentaires, trop souvent le fruit de l'obsession, de la faiblesse ou de la passion; et ces libéralités, ouvrage de la sagesse, du choix et de la réflexion, fruits de sentimens éprouvés, affermis par l'habitude, et qui prennent enfin leur source dans les dispositions qu'il importe le plus de faire germer et d'entretenir dans le cœur des hommes ?

» On ne voit dans l'Adoption que la faculté de donner. Mais la société ne peut partager des idées, aussi étroites qu'inexactes. Ce qui lui importe, n'est pas qu'un individu dispose de ses biens suivant son humeur ou son caprice; mais qu'il en fasse pendant sa vie un usage éclairé, et qui lui soit utile à lui-même. Ce qui lui importe, c'est d'établir et d'étendre un commerce de bienfaits qui rende les citoyens meilleurs et plus heureux, de lier ainsi les diverses classes qui la composent, d'appeler enfin sur l'indigence les regards et les secours de la richesse.

» Il s'agit bien de donner de l'argent! Ce sont les soins, les affections, c'est le cœur, c'est soi-même enfin qu'il faut donner, et voilà tout ce que donne le père adoptif, il s'identifie en quelque sorte avec celui qu'il appelle son fils; il at- tache sa gloire à la sienne, son bonheur à son succès; il garantit à la société sa bonne conduite et sa vertu.

» A ceux qui ne voient dans l'Adoption que de l'argent donné et reçu, je ne répondrai plus que par un trait de l'antiquité que je vous demande la permission de remettre sous vos yeux.

» Eudamidas, de Corinthe, était au lit de la mort, et laissait sa mère et sa fille dans l'indigence. Il se souvint qu'il avait deux amis, Aréthus et Carixène : il fit son testament, dans lequel il légua à Aréthus le soin de nourrir sa mère, et à Carixène celui d'adopter sa fille, et de la doter quand elle se marierait; et au cas que l'un d'eux vint à mourir, il chargeait le survivant de remplir les obligations de celui qui précéderait. Ces dispositions furent religieusement exécutées. La mère d'Eudamidas fut nourrie et entretenue par Aréthus, et sa fille adoptée par Carixène, reçut de lui une dot égale à celle de sa propre fille. N'est-ce là que de l'argent donné et reçu ? Et ne se demande-t-on pas où est la plus sublime vertu, dans celui qui témoignait une si noble confiance dans les secours et les devoirs de l'amitié ou dans ceux qui y repondaient si généreusement »?

Ajoutons qu'il suffit de comparer, dans le Code civil, le titre de l'*Adoption* avec le titre *des Donations et Testamens* pour se sentir intimement convaincu que le législateur s'est proposé dans le premier tout autre chose que dans le second.

1°. L'un est placé dans le livre *des personnes*; l'autre fait partie du livre *des biens*.

2°. Il suffit, pour donner entre-vifs, d'être majeur, et pour donner par testament d'avoir 16 ans accomplis; pour adopter, il faut être âgé de plus de 50 ans.

3°. On ne peut donner entre-vifs ou par testament, lors même que l'on a des enfans légitimes; l'Adoption est défendue dans ce cas.

4°. On peut donner ou léguer à un individu qui ne fait que de naître, qui même est encore dans le sein de sa mère; on ne peut adopter qu'un majeur dont on excède l'âge d'au moins 15 ans, et à qui l'on a, pendant six années de sa minorité, fourni des secours et donné des soins non interrompus, ou à qui l'on est redevable de la vie, sauvée par son dévouement et son courage dans un combat, dans un incendie ou une tempête.

5°. Un mari n'a pas besoin du consentement de son épouse pour donner entre-vifs ou par testament; ce consentement lui est nécessaire pour adopter.

6°. On peut à la fois ou successivement recevoir par donation ou testament de plusieurs personnes; on ne peut être adopté par plusieurs, si ce n'est par deux époux.

7°. Le donataire entre-vifs ou par testament et l'héritier contractuel restent étrangers au donateur et à l'instituant; l'adopté prend le nom de l'adoptant; il est soumis, envers lui comme envers son époux et les enfans légitimes qui peuvent lui survenir dans la suite, à tous les empêchemens de mariage qui résultent de la parenté et de l'affinité; il encourt même, aux termes de l'art. 299 du Code pénal, la peine du parricide, s'il s'oublie au point de porter sur son bienfaiteur une main meurtrière.

8°. La donation et l'institution contractuelle n'ont besoin que du consentement réciproque du donateur et du donataire, de l'instituant et de l'institué, parcequ'elles appartiennent au droit privé; l'Adoption ne peut avoir lieu qu'avec l'autorisation de la justice, parcequ'elle appartient au droit public.

Il est donc bien clair que ne voir dans l'Adoption qu'un moyen de transmission des biens de l'adoptant à l'adopté, ce serait confondre la cause avec l'un des effets qui en résultent. Sans doute l'adopté succède à l'adoptant; mais il ne lui succède pas comme héritier contractuel; il lui succède comme héritier légitime; il lui succède, parce qu'il est civilement son fils; il faut donc qu'il puisse devenir civilement son fils, pour qu'il puisse lui succéder.

Or, un étranger peut-il devenir civilement le père ou le fils d'un regnicole?

La question réduite à ces termes, se divise en deux branches: d'abord, la faculté de devenir civilement le père ou le fils d'un autre individu, est-elle autre chose qu'un droit civil proprement dit? Ensuite, si elle constitue un droit civil proprement dit, peut-elle avoir lieu d'un étranger à un regnicole ou d'un regnicole à un étranger?

Sur la première question, voici un passage de la *République* de Bodin, liv. 1ᵉʳ, chap. 4, d'après lequel il semblerait que c'est au droit des gens qu'appartient l'Adoption. « Combien que ce droit
» des Adoptions étant déchu peu-à-peu, soit
» presque éteint par le moyen des lois de Jus-
» tinien, lequel voulant retrancher les abus qui
» s'y commettaient, l'a presque anéanti; néan-
» moins il est bien certain que *c'est un ancien*
» *droit et commun à tous les peuples*, et de
» grande conséquence à toutes républiques. Nous
» voyons les plus anciens peuples l'avoir eu en
» singulière recommandation; et même Jacob
» adopta Ephraïm et Manassé, fils de Joseph,
» quoiqu'il eût douze enfans vivans, qui en avaient
» plusieurs autres, et leur donna part et portion
» des acquêts par lui faits. Et quant aux Egyp-
» tiens, nous avons l'exemple de Moyse, qui fut
» adopté comme fils de roi. Nous voyons aussi
» Thésée avoir été adopté solennellement par
» OEgeus, roi d'Athènes, le faisant son successeur
» en l'état..... et jusques aux Goths, Allemands,
» Français, Saliens, comme nous voyons aux
» lois des Ripuaires, où ils usent du mot *adfa-*
» *tinir* pour *adopter*, en firent estime, tenant
» les enfans adoptés en même degré que les en-
» fans propres au droit des successions, suivant
» le droit commun qui les répute comme héri-
» tiers siens »

Mais Bodin est tombé dans une grande erreur, si, en s'expliquant de la sorte, il a voulu dire que l'Adoption appartient au droit des gens. Il n'y a point de peuple, tant soit peu civilisé, chez lequel les testamens ne soient en usage, chez lequel le fils ne succède à son père: est-ce à dire pour cela que les testamens et les successions n'appartiennent pas entièrement au droit civil? Non assurément; il en résulte seulement qu'il n'est presque pas de nation dont le droit civil n'admette les successions et les testamens. Eh! comment pourrait-on douter que l'Adoption ne soit une institution du pur droit civil? Elle produit, suivant l'expression de l'orateur du gouvernement, dans l'*exposé des motifs* de cette partie du Code, une *quasi-paternité;* elle est donc une fiction de la loi, et ce n'est bien certainement que du droit civil que peut émaner une fiction légale.

En second lieu, dès que la faculté d'adopter et d'être adopté constitue un droit civil proprement dit, on ne peut sans doute pas la contester à l'étranger qui est domicilié en France, avec l'autorisation du gouvernement, puisqu'aux termes de l'art. 13 du Code, il jouit de tous les droits civils qui ne sont pas réservés aux régnicoles.

Mais de là même ne résulte-t-il pas qu'elle n'appartient pas à l'étranger qui n'est pas domicilié en France, ou qui l'est sans l'autorisation du gouvernement?

La seule raison qu'il puisse y avoir d'en douter, c'est la rédaction louche et incomplète de l'art. 11 du Code civil; c'est qu'il est bien dit dans cet article que les étrangers jouissent en France *des mêmes droits civils que ceux qui sont accordés aux Français par les traités de la nation à laquelle ils appartiennent;* mais qu'il n'y est pas ajouté qu'ils sont exclus en France des droits civils qui ne leur sont pas expressément refusés par la loi.

Mais j'ai prouvé ailleurs que cet article doit être entendu en ce sens, qu'abstraction faite des traités diplomatiques et du cas prévu par l'art. 13, l'étranger ne jouit en France que des droits civils accessoires aux contrats dérivant du droit des gens, et qu'ils y sont exclus de tous les droits civils qui ne sont que des créations de la loi française (1).

Dès-lors, plus de difficulté à dire que l'étranger qui n'est point dans le cas de l'art. 13, ne peut ni adopter ni être adopté en France, quelque habile qu'il y soit d'ailleurs à succéder, à donner et à recevoir, soit d'après la loi du 14 juillet 1819, soit d'après les traités existant entre sa nation et le gouvernement français.

Vainement argumenterait-on, pour soutenir

---

(1) *V.* les notes sur les conclusions du 23 mars 1810, rapportées aux mots *Propriété littéraire*, §. 2.

le contraire, de ce que les art. 343, 344, 345 et 346, en spécifiant les qualités requises pour qu'on puisse adopter et être adopté, n'y comprennent pas la qualité de regnicole.

De ce que ces articles ne disent pas qu'un mort civilement ne peut ni adopter ni être adopté, conclura-t-on que l'Adoption est permise tant activement que passivement à l'individu qui a encouru la mort civile? Non sans doute, et pourquoi? Parce que, dans ces articles, le législateur ne s'occupe que des conditions particulières au contrat d'Adoption; parceque, s'y référant aux règles générales concernant la capacité des personnes, il n'a pas besoin d'y répéter que, pour pouvoir adopter et être adopté, il faut avoir la jouissance des droits civils, comme il n'a pas besoin d'y répéter que l'Adoption n'est permise ni activement ni passivement au majeur interdit pour cause de fureur, de démence ou d'imbécillité.

Ce ne serait pas avec plus de fondement qu'en distinguant, à cet égard, entre l'Adoption active et l'Adoption passive, on prétendrait que, si un étranger ne peut pas adopter un regnicole, rien n'empêche qu'un regnicole ne puisse adopter un étranger; et que, pour accréditer ce système, on aurait recours aux dispositions des lois romaines qui permettaient, soit aux citoyens romains d'adroger des étrangers et des affranchis, soit aux citoyens d'une *cité* d'adroger des citoyens d'une autre *cité*.

Peut-on nier que l'Adoption ne soit un contrat? Non, sans doute, puisqu'elle ne peut avoir lieu sans le concours de la volonté de l'adoptant avec celle de l'adopté, et qu'elle établit entre l'un et l'autre des obligations réciproques.

Or, ce contrat de quelle nature est-il? Ce n'est certainement pas un contrat du droit des gens; ou est, au contraire, forcé de reconnaître que c'est un contrat du pur droit civil.

Il faut donc que les deux parties qui y interviennent, soient également capables de le former. La coopération à ce contrat est donc, de la part de l'une comme de la part de l'autre, l'exercice d'un droit civil. Ce contrat est donc nécessairement nul, si l'adopté ne jouit pas des droits civils en France, comme il est nécessairement nul, si les droits civils sont refusés en France à l'adoptant.

Il est vrai que, comme je l'ai dit plus haut, un étranger pouvait être *adrogé* par un citoyen romain. Mais d'où cela venait-il? De ce que l'*adrogation* ne pouvait avoir lieu qu'en vertu d'un acte de l'autorité souveraine, et que le souverain ne pouvait pas la permettre sans naturaliser implicitement l'étranger qui y figurait comme partie passive. Que l'on pût raisonner de même parmi nous, s'il était réservé au souverain de permettre l'Adoption, rien de plus simple. Mais comment appliquer ce raisonnement à un ordre de choses dans lequel la permission d'adopter ne peut émaner que du pouvoir judiciaire?

Il est vrai encore que la loi 15, §. 3, D. *de Adoptionibus*, en défendant d'*adroger* l'affranchi d'autrui, était censée dire que rien ne s'opposait à ce qu'un patron adrogeât son propre affranchi; *non debet quis adrogare....libertum alienum*. Mais c'était, du moins à l'égard des affranchis qui ne devenaient pas, comme tels, citoyens romains de plein droit (1), par la même raison qui autorisait les citoyens romains à *adroger* des étrangers, c'était parceque l'acte de l'autorité souveraine qui permettait l'adrogation d'un affranchi, l'élevait implicitement à la qualité de citoyen romain, dans les cas où il ne l'avait pas acquise par son affranchissement.

Il est vrai enfin que la loi 7, C. *de Adoptionibus*, suppose clairement qu'un citoyen d'une cité peut être adopté par un citoyen d'une autre cité, lorsqu'elle dit que l'individu adopté par un individu d'une autre cité que lui, ne perd pas sa patrie d'origine et qu'il en acquiert seulement une nouvelle: *in Adoptionem quidem alienæ civitatis civi rectè dato additur, non mutatur patria: ac propterea jus originis in honorum ac munerum obsequio per Adoptionem non minui, perspicis*. Mais qu'entend-elle par les mots *alienæ civitatis civi?* Un étranger proprement dit, un individu non citoyen romain? Point du tout; elle n'entend par ces mots que ce que la loi 1, D. *ad municipalem*, appelle le *municeps*, le bourgeois d'une autre ville que l'adoptant (*municipem aut nativitas facit aut Adoptio; et propriè quidem municipes appellantur muneris participes recepti in civitate ut munera nobiscum faciant*); elle veut surtout dire que le *municeps* d'une ville qui se donne en Adoption au *municeps* d'une autre ville, conserve les privilèges du lieu de sa naissance, en même temps qu'il acquiert ceux du lieu de naissance de l'adoptant; et assurément il ne résulte point de là que, dans le droit romain, la pérégrinité ne fût pas un obstacle à l'Adoption passive, comme à l'Adoption active.

C'est cependant à l'aide de ces lois et en les invoquant à l'appui d'autres argumens non moins futiles, que l'on est parvenu, sous le Code civil, à faire juger valables par deux arrêts de cours royales, des actes par lesquels des Français avaient adopté des étrangers qui n'avaient en France d'autre droit civil que la capacité (résultant, pour l'un, d'un traité diplomatique, pour l'autre, de la loi du 14 juillet 1819) de succéder, de donner et de recevoir. Mais on va voir que ni l'un ni l'autre de ces arrêts n'ont pu résister aux recours en cassation dont ils ont été frappés.

Première espèce. Le 30 janvier 1817, acte par lequel le sieur Lotzbeck, né Badois, mais devenu

---

(1) *V.* les Institutes de Justinien, titre *de Libertinis*.

Français, et Barbe Nagel, son épouse, tous deux sans enfans, âgés de plus de 50 ans, et domiciliés à Strasbourg, déclarent, devant le juge de paix de leur domicile, être dans l'intention d'adopter le sieur Sander, neveu du premier, né et domicilié à Bade, auquel ils ont, depuis plus de dix ans, fourni des secours et donné des soins non-interrompus. Le sieur Sander, majeur, comparaît dans cet acte assisté de ses père et mère, et déclare accepter l'Adoption.

Le 3 février suivant, jugement du tribunal civil de Strasbourg qui homologue cet acte.

Le 11 du même mois, arrêt de la cour royale de Colmar qui confirme ce jugement.

Et dès le 17, le tout est inscrit sur les registres de l'état civil.

Le 8 janvier 1819, le sieur Lotzbeck fait un testament olographe par lequel, sans parler du sieur Sander, son fils adoptif, il fait pour environ 140,000 francs de legs particuliers, et ajoute : « le surplus de mes biens *disponibles* sera partagé entre les sept filles de mon frère Louis » Lotzbeck, demeurant à Laho (grand duché de » Bade), en sept portions égales ».

Il meurt le 31 janvier 1820 ; et à l'ouverture de sa succession, se présentent, entre autres, le sieur Sander, réclamant, en sa qualité de fils adoptif, la portion *indisponible* des biens du testateur, et le sieur Dugied, exerçant les droits de l'une des nièces légataires universelles.

Le second proteste contre la qualité que s'attribue le sieur Sander ; et il le fait assigner devant le tribunal de Strasbourg, pour voir dire qu'attendu son extranéité, sa prétendue Adoption sera déclarée nulle.

Le 15 janvier 1821, jugement par lequel le tribunal se déclare incompétent, par un motif qui sera discuté ci-après, §. 17.

Appel de la part des sieur et dame Dugied à la cour royale de Colmar, et conclusions à l'évocation du principal.

Le sieur Sander s'en rapporte, sur la confirmation ou la réformation du jugement dont est appel, à la prudence de la cour ; et se fondant 1°. sur le prétendu principe justifié, suivant lui, par les lois romaines, que, s'il faut être regnicole pour pouvoir adopter, il n'est pas nécessaire de l'être pour pouvoir être adopté ; 2°. sur le traité du 29 novembre 1765, qui établit une capacité réciproque de succéder et recevoir entre les Français et les Badois, il conclut, en consentant à l'évocation du principal, au rejet de la demande en nullité de son Adoption.

La cause plaidée en audience solennelle avec tous les développemens dont elle est susceptible, M. l'avocat-général Rossée, après avoir, sur le fond, résumé les moyens des parties, s'explique en ces termes :

« C'est un principe d'ordre public en France, que l'étranger ne jouit, parmi nous, d'autres droits civils que ceux qui sont accordés aux Français, par les traités de la nation à laquelle cet étranger appartient.

» C'est là une règle tracée par la loi dans l'intérêt du gouvernement, et à laquelle les particuliers ne peuvent déroger ; elle tient au droit de souveraineté qui n'est pas dans leur domaine.

» L'Adoption est une institution qui n'appartient qu'au droit civil ou positif ; c'est une fiction, c'est assez dire qu'elle est l'ouvrage de l'homme ; mais ce qui prouve encore mieux cette vérité, c'est qu'elle n'est pas admise par toutes les nations.

» Enfin, il faut, pour la validité des engagemens civils, que ceux qui les consentent, aient les capacités nécessaires ; ces capacités sont puisées ou dans le droit des gens, ou dans le droit civil.

» Or, comme l'étranger ne peut jouir en France que de quelques droits civils, et seulement de ceux qui sont déterminés par les traités, la question à résoudre est celle-ci : *l'Adoption est-elle au nombre des engagemens civils auxquels l'étranger peut prendre part ?*

» Pour résoudre affirmativement ou négativement cette question, il est nécessaire de déterminer la nature, les effets de l'Adoption parmi nous ; puis ensuite, quels sont les droits civils qui, en France, peuvent appartenir à un étranger.

» Sans rappeler ce qu'étaient l'Adoption et l'adrogation chez les anciens romains, chacun sait que, d'après les modifications introduites dans les lois par Justinien, l'adopté ne changeait plus de famille, et qu'il conservait tous les droits qui, avant l'Adoption, lui appartenaient dans sa famille naturelle (1).

» En France, l'Adoption, pratiquée sous les rois de la première race, était depuis tombée en désuétude ; l'assemblée législative la rétablit en 1792, mais elle ne fit qu'en décréter le principe.

» Il était réservé aux auteurs de notre Code civil de l'organiser définitivement.

» Sur quelles bases fut-elle admise ?

» Précisément sur celles de la législation romaine dans son dernier état ; ainsi chez nous, comme là, elle n'opère pas de changement de famille ; et elle conserve à l'adopté ses droits d'hérédité sur les biens de ses parens légitimes.

» Son effet principal et caractéristique est de produire *un changement dans l'état de l'adoptant et de l'adopté*, par suite duquel il s'établit entre eux des rapports de PATERNITÉ et FILIATION *qui n'existaient pas naturellement.*

» C'est ce que démontrent victorieusement 1°. l'art. 348 du Code, qui crée une affinité résultant de l'Adoption, par suite de laquelle le mariage est prohibé entre certains individus ; 2°. l'art. 299 du Code pénal, qui qualifie de parricide le meurtre des père et mère légitimes, na-

---

(1) *V*. le Répertoire de jurisprudence, au mot *Adoption*, §. 3, n°. 1.

turels ou *adoptifs*; 5°. enfin l'art. 359 du Code civil, qui prescrit la transcription de l'acte d'Adoption sur les registres de l'état civil.

» C'est à raison de son importance, que la loi requiert l'intervention de l'autorité judiciaire, pour la validité du contrat d'Adoption ; s'il n'eût été qu'un engagement ordinaire, le ministère d'un notaire aurait suffi. C'est toujours par le même motif que le législateur a exigé la majorité de l'adopté, et cette majorité est la même que celle voulue pour le mariage. En effet, donnant naissance à l'obligation réciproque de se fournir des alimens, établissant des incapacités qui peuvent gêner la liberté quant au mariage, la loi a voulu qu'il ne fût valide qu'alors que l'adopté, ayant acquis l'âge qui suppose un discernement éclairé, aurait personnellement manifesté la volonté d'y souscrire.

» L'Adoption produit, il est vrai, un autre effet, c'est la *transmission des biens*; mais celle-ci n'en est qu'une conséquence purement secondaire : le caractère indélébile de cet engagement est le changement qu'il produit dans l'état civil personnel des contractans.

» Maintenant que la nature, le caractère et les effets du contrat d'Adoption sont fixés, examinons si, au nombre des *droits civils* dont un étranger peut jouir en France, il en est qui puissent habiliter l'étranger à être adopté par un regnicole ».

Ici M. l'avocat général remonte à l'origine du droit, qu'il définit *l'ensemble de toutes les lois écrites ou non écrites*.

« Le droit ayant pour objet, dit-il, les diverses relations qui existent entre les hommes, et ceux-ci se trouvant appartenir à des états ou nations dont les règles d'organisation et de régime, par la force des choses, n'ont pas pu être les mêmes pour tous, il a fallu nécessairement faire des distinctions à raison des rapports que les hommes pouvaient avoir entre eux : ainsi, l'on a bientôt reconnu le droit naturel, le droit des gens et le droit civil ou positif, qui se subdivise en droit public et en droit privé : on sent bien que ceux-ci ne peuvent *obliger* que les membres de l'état pour lequel ils sont établis : ces divisions étaient indispensables pour assurer l'indépendance des nations entre elles, et garantir le droit de souveraineté qui appartient à chaque gouvernement....

» Le droit civil ou positif doit être considéré sous deux points de vue principaux : les rapports purement *personnels*, abstraction faite des choses, tels que la minorité, la majorité, le mariage, la filiation, la puissance paternelle, etc. ; 2°. les rapports purement *réels*, ou relatifs aux choses qui prennent leur origine ou dans la loi, ou dans les dispositions de l'homme, ou enfin dans les conventions, telles que la prescription, la succession, l'usufruit, le testament, la donation à cause de mort, les divers contrats : de là cette grande division dans les lois civiles, en lois *personnelles* et en lois *réelles*.

» Les lois qui déterminent et fixent les qualités civiles des personnes, appartiennent au droit public, puisqu'elles règlent l'organisation sociale. Dès-lors, les objets sur lesquels ces objets portent, ne sont pas à la disposition des particuliers ; dès-lors, par conséquent, les qualités civiles de la personne ne peuvent jamais sortir du domaine de la loi, puisqu'elles ne sont pas à la disposition de l'homme, et d'ailleurs la loi qui les régit, appartenant au droit public, est tellement impérieuse, que nul ne peut y déroger. Ainsi, dès que la condition personnelle d'un individu est une fois fixée par les lois de son pays, elle devient invariable, quelque part qu'il habite ou réside, aussi long-tems qu'il n'abdique pas sa patrie, comme la condition des biens est irrévocablement fixée par la loi du territoire où ils sont placés, encore que le propriétaire soit regnicole ou non. Telles sont les bases reconnues, admises et consacrées par les législations de tous les états civilisés. Nous les trouvons placées au frontispice de notre Code, art. 3.

» De ces principes il suit nécessairement que les lois civiles d'une nation n'étant édifiées que pour elle-même, le gouvernement de cette nation, sauf en ce qui concerne la sûreté et la police du territoire, n'a aucun droit, aucune autorité sur les individus d'une autre ; qu'ainsi, il n'a aucun pouvoir de régler ou modifier leur *état* civil personnel ; que, s'il le faisait, il violerait l'indépendance des nations, et empiéterait sur le droit de souveraineté qui appartient au gouvernement de ces étrangers.

» Une autre conséquence des mêmes principes, c'est que chaque gouvernement étant souverain chez lui, il a droit de refuser l'entrée de son territoire aux étrangers, ou de ne le leur accorder qu'avec des conditions, ou bien enfin de ne les faire jouir chez lui que des droits civils qu'il juge convenable, sauf le droit de *rétorsion* de la part des gouvernemens étrangers.

» Et telle est, sur ce point, la situation des choses, qu'il n'est pas une nation en Europe où les étrangers soient entièrement équiparés aux nationaux.

» Ici pourrait se terminer notre tâche ; car ayant démontré d'abord, que l'Adoption est une institution purement civile, qui opère un changement dans l'*état* personnel des contractans; ensuite, que les lois qui règlent l'*état* personnel d'un individu, sont invariablement et uniquement celles du gouvernement de cet individu, nous pourrions en tirer la juste conséquence qu'à moins qu'un étranger n'abdique sa patrie, il est incapable d'être adopté en France.

» Mais puisque l'on a, dans la cause, cherché à établir qu'au nombre des droits civils qu'un Badois peut exercer en France, se trouve compris celui d'être *adopté*, il faut rentrer dans la lice et examiner quelle est en général la mesure de la capacité civile d'un étranger en France.

_16.

» A cet égard, il n'y a que deux règles à suivre, l'une positive et l'autre arbitraire.

» 1°. Règle *positive* : elle est puisée dans le droit des gens ou des nations. Les principes de ce droit étant communs à tous les peuples policés, chaque homme peut les invoquer et contracter d'après eux. A ce droit se rattachent la vente, la donation entre-vifs, l'échange, le prêt, et les autres engagemens qui ne tirent pas leur origine du droit privé proprement dit, quoiqu'ils soient réglés par ses dispositions.

» 2°. Règle *variable et arbitraire* : celle-ci n'est basée que sur les *traités* que les nations font entre elles, à raison des convenances ou avantages réciproques qu'elles s'en promettent ; mais ces traités peuvent changer souvent, et communément les effets en sont suspendus en tems de guerre.

» En général, ils ne portent que sur la *capacité* d'appréhender les *successions* que délaisseraient chez un des souverains stipulans, les sujets de l'autre, *et vice versâ*; il est sans exemple que, par ces sortes d'engagemens, un gouvernement ait abandonné à l'autre les droits de *souveraineté* qu'il a sur ses sujets; ce qui arriverait pourtant, si ces traités portaient sur l'*état personnel* des individus des gouvernemens respectifs.

» Relativement aux nations entre lesquelles il n'existait pas de traités, les membres respectifs de celles-ci ne jouissaient, vis-à-vis les uns des autres, que des seuls *droits civils* qui dérivent du *droit des gens*.

» En France, par exemple, l'étranger qui était dans cette cathégorie, ne pouvait succéder, donner à cause de mort, tester, parceque la succession, la donation et le testament sont des actes qui dérivent essentiellement du droit civil.

» Les biens que cet étranger laissait en mourant, avenaient au roi, lorsqu'il ne laissait pas d'héritiers regnicoles, ou qu'il n'en avait pas disposé entre vifs. De là cette ancienne maxime : *l'étranger en France vit en homme libre et meurt en esclave.* Le droit d'appréhender ainsi les biens de l'étranger, se nommait *droit d'aubaine*.

» Il n'y avait d'exception qu'à l'égard des états avec lesquels *l'abolition* en avait été formellement stipulée par des traités.

» Les rois de France, Louis XV et Louis XVI, conclurent un assez grand nombre de ces traités avec différentes puissances ; mais ils furent sinon anéantis, du moins suspendus, quant à l'exécution, par l'état de guerre qu'amena la révolution. Tel était l'état des choses parmi nous, lorsque le 6 août 1790, l'assemblée constituante prononça *l'abolition* des droits d'aubaine et de *détraction*, sans exiger la *réciprocité*.

» Les étrangers acquéraient bien ainsi la faculté de recueillir les successions que leurs parens, aussi étrangers, délaissaient en France : mais cette loi ne leur conférait pas la capacité civile nécessaire pour succéder à leurs parens *français*, par la raison que le droit de succession étant un droit purement *civil*, la qualité d'*étranger* les en privait. Ce fut pour compléter sa munificence, si l'on peut s'exprimer ainsi, que, par un second décret du 8 avril 1791, cette même assemblée admit les *étrangers* comme les *nationaux* à concourir aux successions de leurs parens français, toujours sans exiger la réciprocité.

» Cette générosité n'eut pas le résultat qu'on s'en promettait.... Le droit d'aubaine fut donc de nouveau admis par l'art. 11 du Code civil, lequel, quant à la capacité civile de l'étranger, ne fixe d'autre règle que celle de la réciprocité stipulée par les traités ; c'était rétablir l'ancien ordre de choses, avec quelques modifications résultant des art. 726 et 912.

» Depuis le Code civil jusqu'en 1814, cet état de choses s'est maintenu ; mais alors, et par le traité conclu avec les souverains étrangers, à Paris, les anciennes conventions, sur l'abolition de l'aubaine furent confirmées, et cet avantage fut étendu aux portions de territoire distraites de la France par l'effet de ce traité.

» Enfin, la loi du 14 juillet 1819 abrogea les art. 726 et 912 du Code civil.

» Ainsi, maintenant en France, l'étranger est assimilé au regnicole, pour la capacité de recueillir et transmettre par succession et donation, mais voilà tout : l'art. 11 du Code civil, demeure comme principe général et invariable.

» Du reste, ni le traité de 1814, ni la loi de 1819, ne sont applicables à notre cause, où il ne s'agit que d'une succession *testamentaire*, sur laquelle l'intimé prétend avoir droit à une *réserve* en sa qualité d'enfant adoptif, mais à laquelle il ne se trouve appelé ni par la volonté du testateur, ni par le degré de parenté.

« C'est dans le traité conclu entre le roi de France et le margrave de Bade, le 29 novembre 1765, que le sieur Sander entend puiser le droit qu'il veut aujourd'hui faire valoir.

» Ce traité porte, en faveur des sujets respectifs, *abolition* réciproque et totale du *droit d'aubaine*, et en conséquence, capacité de *recueillir les successions qui s'ouvriront par donation, testamens ou autres dispositions*, tant *ab intestat* QUE DE TELLE AUTRE MANIÈRE QUE CE SOIT.... Il est manifeste que l'on ne saurait trouver dans ces expressions, une concession de *droits civils* quelconques, surtout la faculté d'adopter ou d'être adopté, à laquelle on ne songeait certes pas alors.

» Mais, dit le sieur Sander, l'Adoption n'est qu'une *transmission* de biens, une institution contractuelle, une donation.

» Cette définition, qui peut avoir son utilité dans la cause, est également fausse, en fait et en droit.

» Elle l'est, *en fait*, parceque l'Adoption, au moment où elle s'opère, ne procure aucun bien à l'adopté : il ne reçoit qu'une expectative ; la loi prévoit même la possibilité que l'adoptant perde tout, et veut qu'alors son enfant adoptif lui fournisse des alimens. L'adoptant peut être riche en apparence, et pauvre en réalité ; il peut avoir une fortune opulente lors du contrat, et mourir insolvable. Dans ces diverses hypothèses, où sera, en quoi consistera la *transmission de biens* ?

» La définition est fausse, *en droit*, parceque, légalement parlant, il n'y a *transmission* de biens que celle qu'opère le *délaissement* actuel du propriétaire ; or, l'adoptant ne donne pas une obole à l'adopté lors de l'engagement ; seulement, dans le cas où il laisserait quelques biens, il ne peut entièrement l'en frustrer, la loi lui assure une *réserve* ; mais, pour cela, il faut qu'il délaisse une succession, et le contraire peut arriver.

» Il n'y a donc pas transmission de biens dans ce sens, que ce serait là le caractère distinctif du contrat d'Adoption ; dès-lors il ne peut y avoir ni institution contractuelle, ni donation.

» L'Adoption est donc, ainsi que nous l'avons déjà dit, d'après le texte et l'esprit de la loi et l'opinion des auteurs, *une institution du droit civil qui a pour effet de produire un changement dans l'état des personnes de l'adoptant et de l'adopté, et de créer entre eux des rapports de paternité et de filiation qui n'existaient pas auparavant*.

» De plus, nous avons établi,

» Que, pour tout ce qui tient à l'état personnel civil, les hommes ne peuvent être régis que par les lois de leur patrie, et que cet état une fois fixé, il est tellement indélébile, qu'il n'est pas au pouvoir de l'individu de le changer ou de le modifier, à moins d'abdiquer sa patrie, parceque les lois qui règlent cet état, appartiennent au droit public auquel nul homme ne peut déroger par des conventions privées ;

» Qu'en établissant des lois de cette nature, chaque gouvernement n'avait pu vouloir les appliquer qu'à ses propres sujets, et non y faire participer des étrangers sur l'état personnel desquels il n'avait aucun droit....;

» Qu'enfin, ces règles du droit public des nations n'ont pas été méconnues par le législateur français, puisqu'il en a consigné le principe dans l'art. 3 qu'il a placé sur le fronton de son édifice législatif.

» Ainsi, nous n'hésitons pas à penser qu'un étranger ne peut être adopté par un Français, sans qu'au préalable il se fasse naturaliser.

» Nous le pensons ainsi, parceque nous ne saurions nous persuader qu'un simple particulier puisse s'élever au-dessus du pouvoir souverain ; qu'il puisse ainsi, par l'effet de sa seule volonté, conférer à un étranger un état civil en France malgré la prohibition de la loi.

» En effet, d'après l'art. 13 du Code civil, aucun étranger ne peut établir son *domicile* en France, sans l'autorisation du gouvernement (1). Ce précepte est d'une saine politique.

» Cependant le principal motif de l'Adoption, le but que se proposent les contractans, c'est d'établir une communauté assez intime pour imiter la *communion de famille*.

» Si, dans cette position, l'adopté étranger appartient à une nation avec laquelle la France soit dans une position telle qu'elle croie devoir proscrire tous les membres de cette nation, qu'arrivera-t-il alors ? Ou le souverain respectera l'Adoption et souffrira ainsi dans son royaume des individus que sa politique lui commande d'en expulser ; ou il ordonnera à l'étranger de quitter le pays, et violant ainsi la loi de l'Adoption, il donnera par là l'exemple d'une transgression toujours funeste, de quelque part qu'elle vienne ! Peut-on admettre que le législateur ait voulu placer l'autorité souveraine dans une position aussi inconvenante, c'est-à-dire, la mettre en quelque sorte dans la dépendance des particuliers ? Assurément proposer un pareil doute, c'est le résoudre.

» Mais, a-t-on dit, un Français peut, de sa seule autorité faire d'une femme étrangère une française, en l'épousant ! Il peut élever à la même dignité, par la reconnaissance ou la légitimation, un enfant né à l'étranger d'une mère étrangère ! Pourquoi ne pourrait-il pas adopter un étranger ?

» Il n'est pas exact de dire, dans les deux hypothèses proposées, que la volonté de l'individu qui épouse l'étrangère, ou qui reconnaît l'enfant étranger, suffise pour que la qualité de Français soit attribuée ou à la femme ou à l'enfant ; si cela s'opère de la sorte, c'est parce que la loi l'a voulu. (Art. 10 et 12 du Code civil.)

» Cet effet qu'opère le mariage, est la conséquence de la suprématie que la loi donne au mari pour tout ce qui tient à l'association conjugale ; aussi, par l'art. 19 du Code, est-il dit que la femme française qui épousera un étranger, suivra la condition de son mari.

» Quant à l'effet de la reconnaissance de l'enfant étranger, il est la conséquence naturelle de la présomption légale de paternité qui résulte de cette reconnaissance ; mais elle ne serait pas irrévocablement attributive de la qualité de Français ; car l'enfant lui-même, ou tout autre,

---

(1) L'article 13 ne dit pas cela, et je crois avoir prouvé dans le Répertoire de jurisprudence, au mot *Domicile*, §. 13, qu'un étranger peut, sans la permission du gouvernement, acquérir en France un domicile proprement dit. Mais d'ailleurs l'argument que tire M. l'avocat-général, de l'art. 13, entendu dans le sens qu'il lui suppose, n'est pas mieux fondé ; car il dépend toujours du gouvernement d'expulser de France l'étranger qu'il a autorisé à y établir son domicile, et qui n'a pas encore obtenu de lui, après dix années de résidence continue, le bienfait de la naturalisation.

pourrait la contester, si son intérêt le commandait.

» Après avoir ainsi justifié notre opinion, essayons maintenant de prouver que la loi n'a pas voulu que l'Adoption pût être conférée à d'autres que des Français.

» L'Adoption attribue principalement à l'adopté, et au regard de l'adoptant, la qualité et les priviléges attachés à la condition d'*enfant légitime* ce qui lui donne droit à la *réserve légale* sur les biens de son père adoptif, ainsi, il pourrait exercer l'action en retranchement, si celui-ci, disposant gratuitement entre-vifs, ou à cause de mort, excédait la portion disponible; c'est précisément ce que veut le sieur Sander, dans notre espèce.

» Mais qu'est-ce que cette réserve?

» Ce n'est qu'un privilège que la loi française n'a voulu établir qu'en faveur des héritiers regnicoles. Les étrangers, à quelque titre qu'ils viennent à la succession d'un Français, n'y peuvent jamais prétendre ; ils pourront bien appréhender cette succession, si elle existe; mais si le défunt a disposé de ses biens, ils n'auront rien; ou du moins ils ne pourront exercer l'action en réduction, parceque ce droit spécial n'est accordé par la loi qu'aux héritiers français qui sont parens au degré déterminé. Or, si d'une part, la loi n'a voulu conférer cet avantage qu'aux seuls regnicoles, et que, de l'autre, l'Adoption produise forcément cet effet, n'est-il pas naturel d'en conclure que l'Adoption ne peut avoir lieu au profit d'un étranger, puisqu'elle entraîne des privilèges que la loi a voulu n'accorder qu'aux seuls Français (1).

» Le Code civil exige que l'adopté soit majeur, pour consentir au contrat d'Adoption.

» Quelle sera cette majorité? La loi française n'en connaît qu'une; en l'exigeant donc dans l'adopté, n'exige-t-elle pas par la même raison qu'il soit Français?

» Si elle eût voulu qu'un étranger pût être adopté en France par un *Français*, elle aurait certainement prévu et réglé les difficultés que l'accomplissement de cette condition peut entraîner dans cette hypothèse.

» En effet, supposé l'Adoption d'un Anglais : d'après sa loi, il est, dit-on, majeur à 20 ans; pourra-t-il consentir l'Adoption en France, où la majorité est fixée à 21 ans ? Non, certainement : donc il se trouvera de fait soumis à deux statuts personnels; à celui de sa patrie qui le rend habile pour tous les actes de la vie civile, et à celui de France qui ne reconnaît cette aptitude qu'à l'individu majeur suivant la loi française.

» Prenons l'inverse, l'inconvénient se fait mieux sentir encore. Un Français veut adopter un de ses parens né et citoyen en Allemagne, où la majorité n'est fixée qu'à 25 ans, ce parent n'a que 23 à 24 ans; à ne considérer que son âge, le juge français l'admettra, cependant son engagement sera nul, et suivant la loi française, qui requiert la majorité des contractans, et suivant la loi de l'Allemand, qui lui défend de s'obliger en minorité. Ainsi, dans cette dernière hypothèse, si l'adoptant se trouvait obligé de réclamer chez les juges naturels de l'adopté, l'exécution du contrat pour un cas donné, le pourrait-il avec succès; et ne lui opposerait-on pas la nullité de l'engagement provenant de l'incapacité où l'adopté était d'y consentir (1) » ?

« Mais il y a quelque chose de plus positif encore : le titre de l'Adoption est celui qui a éprouvé le plus de changement dans sa rédaction.

» La première qui fut soumise au conseil d'état, tendait à faire revivre l'Adoption des anciens romains; elle fut proscrite avec le système qu'elle représentait.

» Une seconde fut présentée par M. Berlier, dans l'esprit du système actuel, suivant une de ses dispositions, la déclaration des contractans devait être reçue par le juge de paix du *domicile de l'adopté*. (Procès-Verbaux du conseil d'état, tome 2, page 195): Preuve que l'on ne voulait créer l'Adoption que pour des *Français ;* car tout le monde sait que l'institution des justices de paix est particulière à la France. Or, la déclaration devant le juge de paix étant l'acte fondamental, constitutif de l'Adoption, comment concevoir et expliquer la nécessité de cette déclaration devant le juge de paix du domicile de l'adopté, à moins de dire que cet adopté ne pourra être qu'un Français?

---

(1) Je m'étonne qu'un pareil argument soit employé par M. l'avocat-général Rossée à l'appui d'une opinion qu'il défend d'ailleurs si bien. Est-ce qu'un Allemand dont le père aurait été naturalisé en France et y serait mort, n'aurait pas, sur sa succession, le même droit de réserve que s'il était lui-même Français? L'art. 1er. de la loi du 14 juillet 1819 paraît ne pas permettre d'en douter. Il assimile entièrement les étrangers aux Français, non-seulement pour le droit de disposer, ce qui emporte nécessairement leur assujétissement à la réserve établie par la loi française en faveur des enfans et des ascendans, mais encore quant au droit de succéder, ce qui signifie clairement qu'ils succèdent dans les mêmes cas, sous les mêmes conditions, avec les mêmes avantages, et de la même manière que les regnicoles, et par conséquent qu'ils ne peuvent pas plus que les regnicoles être exclus de la totalité des successions, soit de leurs ascendans, soit de leurs enfans.

(1) Cet argument n'est pas mieux fondé que le précédent. Si un Anglais pouvait être adopté en France, rien ne s'opposerait à ce qu'il le fût à vingt ans, parceque la loi française exige bien qu'il soit majeur, mais ne dit pas qu'il ne sera pas considéré comme tel en France, alors que la qualité lui en est conférée par le statut qui régit sa personne. Et par la même raison, si un Allemand pouvait être adopté en France, il serait impossible qu'il le fût avant vingt-cinq ans. *V.* le Répertoire de jurisprudence, au mot *Loi*, §. 6, n°. 6.

» A la vérité, cette disposition ne se trouve aujourd'hui que dans le chapitre de la *tutelle officieuse* ; mais dans cette place même, elle s'élève avec force contre la prétention de ceux qui veulent qu'un étranger puisse être adopté ; or, s'il peut l'être dans une hypothèse, il doit l'être dans toutes ; car la tutelle officieuse n'est qu'une préparation à l'Adoption ; donc si la prohibition de l'étranger subsiste pour ce cas, elle doit aussi subsister pour l'autre. Pourquoi distinguerait-on entre deux choses aussi analogues, d'autant que le projet n'a été changé sur ce point que dans la seule vue de donner plus de publicité à l'Adoption ? C'est ce qui résulte de la discussion retracée dans les procès-verbaux, tome 2, page 228.

» Maintenant et en rentrant même dans la loi modifiée quant au *domicile*, notre observation n'en subsiste pas moins ; en effet, si un étranger peut être adopté en France, il pourra aussi y adopter ; mais il ne peut, aux termes de l'art. 13 du Code civil, acquérir parmi nous de domicile qu'avec l'autorisation du gouvernement ; si donc il n'a pas cette autorisation, quel sera le juge de paix compétent pour recevoir l'engagement d'adopter (1) ?

» D'après ces observations, il serait superflu de discuter le mérite de ce moyen du sieur Sander, par lequel, argumentant de l'autorisation et de la latitude que donne la loi d'adopter, par reconnaissance, celui qui nous aurait *sauvé la vie*, il a voulu en tirer la conséquence que cette faculté devrait, dans cette hypothèse, être illimitée, quant à ce choix, il y aurait de la contradiction à vouloir la restreindre, dans le cas d'une Adoption ordinaire.

» Quand il serait vrai que la loi eût voulu, pour ce cas d'exception, laisser une liberté indéfinie, on ne pourrait pas en induire une règle générale ; mais la loi n'a pas été aussi libérale ; elle n'affranchit pas de toute condition ; seulement elle tolère que l'adoptant n'ait pas l'âge de 50 ans, et elle le dispense des soins qui doivent toujours être donnés à l'adopté avant l'Adoption ; mais elle borne là ses franchises ; ainsi, la condition de la majorité des deux contractans subsiste ; celle imposée à l'adoptant d'être sans enfans, ni descendans légitimes, et celle d'obtenir le consentement de son conjoint, sont également maintenues ; donc aucune conséquence à tirer de cette disposition.

» Du reste la reconnaissance peut se manifester par tant de moyens, qu'assurément, alors même que la voie de l'Adoption lui serait fermée, ce sentiment n'en éprouverait pas d'atteinte ;

» Mais si on voulait absolument adopter, en obtenant du gouvernement l'autorisation nécessaire à l'étranger pour fixer domicile, il deviendra par là même participant des droits civils ; et cette condition n'est pas plus onéreuse que toutes celles que la loi exige pour la validité d'une Adoption ».

D'après toutes ces raisons, M. l'avocat-général estime qu'il y a lieu, en infirmant le jugement de première instance, et en évoquant le principal, de déclarer l'Adoption du sieur Sander nulle et de nul effet.

Mais par arrêt du 28 juillet 1821,

« Considérant, quant à la question si un *Français peut adopter un étranger*, qu'à Rome, sous les empereurs, l'Adoption était permise *au seul citoyen romain*, et qu'il pouvait l'appliquer à un *étranger*, même à un *affranchi* : ce qui établissait une différence notable entre l'adoptant, partie active, et l'adopté, partie passive dans l'Adoption ;

» Qu'en France, pour l'espèce actuelle, on impose six conditions à l'adoptant : 1°. qu'il soit sans enfans ni descendans légitimes ; 2° qu'il jouisse d'une bonne réputation ; 3°. qu'il ait plus de 50 ans ; 4°. quinze ans plus que celui qui doit être adopté ; 5°. que pendant 6 ans, au moins, il ait fourni au dernier des secours et donné des soins non interrompus ; 6°. que, s'il est époux, il obtienne le consentement de son conjoint ; mais qu'il suffit à l'adopté d'être majeur, et d'avoir le consentement de ses parens, s'il est âgé de moins de 25 ans ;

» Que, devant le juge de paix, s'est formé le contrat personnel entre le sieur Lotzbeck, devenu Français, à qui il était permis d'adopter, et le sieur Sander qui consentait à être adopté ;

» Que la seule mission confiée par la loi au tribunal et à la cour, était de vérifier si celui-ci était majeur et autorisé par ses parens ; si celui-là offrait, comme remplies, les six conditions dont on a parlé ; qu'il a été alors reconnu, comme il est encore avoué aujourd'hui, que, sous tous ces rapports, on s'était conformé strictement au vœu du législateur ;

» Que les magistrats à qui on déclarait la qualité d'étranger du sieur Sander, et qui ne voyaient pas la condition d'être Français exigée pour l'adopté, ont non-seulement admis cette Adoption, mais encore, peu après, une qui intéressait une habitante du même pays ;

» Que l'Adoption, comme paternité fictive, a dû, d'après l'ordre naturel des idées, être classée à la suite des lois sur la paternité légitime et celle naturelle ;

» Que, d'après l'art. 343 du Code civil, l'A-

---

(1) J'ai dit que l'art. 13 n'établit la nécessité de l'autorisation du gouvernement, que pour le domicile conférant les droits civils, et qu'il ne s'en occupe pas relativement au domicile que l'étranger voudrait prendre en France sans aspirer à la jouissance de ces droits.

Voilà donc encore un argument qui ne prouve rien en faveur de l'opinion d'ailleurs très-exacte de M. l'avocat-général Rossée. N'est-il pas à regretter qu'à côté des excellentes raisons que ce magistrat a fait si bien valoir pour la justifier, il en ait placé d'autres, qui, en donnant prise à une juste critique, les ont en quelque sorte décréditées ou fait perdre de vue ?

doption n'est permise qu'aux personnes qui réunissent les conditions indiquées ; que l'adoptant figure donc au premier plan ; qu'il est la partie active ; qu'il exerce dans sa plénitude le droit civil accordé au Français ; tandis que l'adopté, partie passive, n'est que celui envers qui le droit est exercé : point de contact avec la législation romaine déjà citée ;

» Que l'art. 980 exige que les témoins d'un testament soient *regnicoles* ; que le législateur aurait, à plus forte raison, employé ce mot au lieu de celui *individus*, s'il avait cru qu'on ne pouvait adopter que des *Français*, s'agissant alors d'un acte bien autrement important ;

» Qu'on remarque les art. 361, 366 et 368, suivant lesquels un *Français*, après en avoir été le tuteur *officieux*, peut adopter l'enfant recueilli dans un hospice, qui n'a pas de parens *connus* ; que dans le doute, on doit présumer qu'un tel enfant appartient à des parens *Français* ; mais qu'alors ou plus tard la certitude peut être acquise qu'il vient d'une terre *étrangère*, et que, dans aucun de ces cas, la loi n'empêche, ou ne révoque l'Adoption......: (1) ;

« Que, d'ailleurs, la loi a confirmé le principe déjà posé, lorsqu'elle indique quatre des six conditions qui, dit-elle expressément, suffisent à l'adoptant envers celui qui l'a arraché à une mort imminente ; qu'une action aussi généreuse honore encore plus l'*étranger* que le compatriote ; et qu'à cette époque, plusieurs nations partageaient, ou étaient sur le point de partager la gloire de nos armées ;

» Que l'Adoption a été, surtout en France, instituée pour consoler, par l'image de la paternité, les citoyens privés du bonheur d'avoir des enfans : raison de plus pour que l'effet de l'estime et de l'affection ne soit pas, à cet égard, circonscrit dans certain lieu ;

» Que, lors de la discussion au conseil-d'état, du projet de loi, il a été admis en principe, que l'Adoption n'offrait aucun changement d'état, qu'elle n'était qu'un moyen légitime de *transmettre* le nom et les biens, accompagné de conditions et de formalités particulières ;

« Qu'en parlant de *bons citoyens* à préparer pour l'état, on a dû penser que le choix tombant sur des *étrangers*, ils aspireraient, par gratitude, à le devenir ;

» Que la loi rendue est en harmonie avec les antécédens que l'adopté n'entre ni n'acquiert aucun droit dans la famille de l'adoptant ; qu'il n'est pas sous sa puissance ; que même, en cas de mariage, il n'a pas de consentement à lui demander, tandis que l'adopté reste avec ses devoirs et ses droits, dans sa famille naturelle ;

» Que l'Adoption d'un étranger ne confère donc pas plus la qualité de Français qu'elle ne l'exige, ce qui aussi ne lui nuit pas plus qu'au fils légitime d'un Français qui aurait perdu cette qualité ; que l'Adoption n'acquiert pas même à cet étranger le droit de domicile ; il n'est donc point soumis à deux statuts personnels, mais seulement à celui de son pays, dont l'empire ne cesse que lorsque, par sa naturalisation, il est régi par celui personnel de sa nouvelle patrie ;

» Que le Français peut donc se choisir un fils là où personne ne lui conteste la faculté de prendre une épouse, et qu'on ne peut lui reprocher d'avoir jeté les yeux sur un parent étranger, plutôt que sur un enfant inconnu ;

» Qu'ainsi, il ne s'agirait ici, au plus, que d'appliquer à la seule successibilité l'art. 11 du Code civil ;

» Qu'à cet égard, les traités encore en vigueur, faits en 1765, entre la France et les pays formant aujourd'hui le Grand-Duché de Bade, ont établi la réciprocité la plus absolue ;

» Qu'il y a plus : les Badois, à quelques différences près, sont régis par les mêmes lois civiles que les Français, et il y a identité parfaite quant aux *étrangers* et à l'*Adoption* ;

» Qu'il existe une attestation conforme, du 10 février dernier, émanée du ministère d'état du Grand-Duché, légalisée par les ministres des deux puissances ; elle exprime en outre que l'Adoption d'un Français serait admise et validée par les tribunaux badois ;

« Que les principes développés doivent jouir de plus de faveur encore depuis la loi du 14 juillet 1819 qui, *sans réciprocité*, accorde aux étrangers le droit de succéder, posséder et recevoir comme les Français ; et certes depuis la mort du sieur Lotzbeck, postérieure à cette loi, l'Adoption aurait été plus que jamais, s'il était possible, une simple transmission de noms et de biens ;

» Qu'enfin, 1°. quant à la majorité acquise à des âges différens, suivant les pays, l'étranger ne pourrait être adopté qu'à celui réglé par son statut personnel ; 2°. quant aux *alimens* à fournir par l'adopté, et au *retour* des biens après son décès, il est dans tous les pays policés une justice pour l'exécution des engagemens, et surtout pour ceux aussi légitimes que ceux-ci ; 3°. quant à la possibilité du mariage entre les étrangers coadoptés, lorsque le législateur en était l'espoir, il voulait prévenir les dangers de la cohabitation ; mais la prohibition n'est que morale, et seulement un tel mariage n'aurait pas d'effets civils en France ;

» Qu'au reste, outre que, depuis la mort du sieur Lotzbeck, ces questions sont devenues sans intérêt, quant à son fils adoptif, elles sont encore résolues par cette vérité, que, d'après le Code civil badois de 1809, comme d'après le nôtre,

---

(1) Le Code civil ne dit pas non plus que, si, sans adopter cet enfant, le tuteur officieux l'institue son héritier, et que l'on vienne ensuite à découvrir que cet enfant est né de parens étrangers, l'institution sera nulle. Et cependant qui aurait osé en soutenir la validité, avant la loi du 14 juillet 1819 ?

la majorité est acquise à 21 ans; l'adoptant et l'adopté se doivent des alimens; les biens, dans les mêmes cas, doivent retourner à l'adoptant, et le mariage est prohibé entre les co-adoptés; qu'ainsi l'Adoption du sieur Sander-Lotzbeck doit être maintenue;

» La cour donne acte au sieur Sander-Lotzbeck de ce que, sur la question d'incompétence, il s'en rapporte à sa prudence; ce fait, prononçant sur l'appel du jugement rendu entre les parties, le 15 janvier 1821, par le tribunal civil de Strasbourg, met l'appellation et ce jugement au néant; émendant et évoquant le principal, sans s'arrêter au moyen d'incompétence et aux fins de non-recevoir proposés par le sieur Sander-Lotzbeck, lesquels sont déclarés mal fondés, déboute les sieur et dame Dugied de leur demande formée en première instance; les condamne aux dépens, tant de cause principale que d'appel....... (1) ».

Cet arrêt était trop ouvertement en opposition avec l'art. 11 du Code civil, entendu dans le seul sens raisonnable que l'on puisse lui donner et qui n'avait pas même été mis en question devant la cour royale de Colmar, pour pouvoir résister à un recours en cassation. Aussi les sieur et dame Dugied n'ont-ils pas manqué de l'attaquer par cette voie; et après une discussion très-contradictoire, arrêt est intervenu le 5 août 1823, au rapport de M. Trinquelaque, et après un délibéré en la chambre du conseil, par lequel,

« Vu l'art. 11 du Code civil......;

» Attendu que, suivant cet article, il est de principe d'ordre public en France, que l'étranger ne jouit des droits purement civils des Français, qu'autant qu'une loi expresse ou des traités formels l'y autorisent;

» Que cet article ne distingue point entre les différens droits civils; qu'au contraire, il est conçu d'une manière générale et absolue qui les comprend tous sans exception; qu'ainsi, hors les cas prévus par des traités, l'étranger n'est pas plus capable de jouir passivement de ces droits que de les exercer d'une manière active;

» Que, d'après les art. 343 et suivans jusqu'à l'art. 353 du même Code, l'Adoption est un acte solennel qui établit entre l'adoptant et l'adopté des rapports de paternité et de filiation qui les constituent civilement, l'un envers l'autre, dans un état personnel permanent et irrévocable, dont les effets sont déterminés par ces articles; qu'il suit de là que l'Adoption est un droit purement civil, et que l'étranger ne peut être valablement adopté par un Français, qu'autant que la législation française, ou un traité passé entre les deux nations, le lui aurait permis;

» Que, dans le fait, Sander est étranger, ainsi que l'arrêt attaqué l'a reconnu et qu'il en convient lui-même; que, par conséquent, il n'a pu être adopté par Lotzbeck, quoique celui-ci fût Français, puisqu'il n'existe pas de loi qui, dans aucun cas, autorise l'Adoption des étrangers par des Français;

» Que Sander ne peut induire cette autorisation du traité passé avec le pays de Bade, le 20 novembre 1765, puisque ce traité est uniquement relatif aux donations et aux successions; et que, si depuis cette époque, l'Adoption a été admise dans le pays de Bade, comme en France, la réciprocité de ce droit n'a été stipulée par aucun traité postérieur à l'introduction de cette institution;

» Que Sander peut encore moins invoquer la loi du 14 juillet 1819, qui abolit le droit d'aubaine, puisque cette loi, qui n'est également relative qu'aux donations et aux successions, est sans application à l'Adoption, qui tient à l'état des personnes, et non pas seulement à la transmission des biens;

» Attendu, enfin, que, malgré ces principes, la cour de Colmar a décidé que Sander, quoique étranger, avait été valablement adopté par Lotzbeck, Français, sur le motif qu'en général, l'étranger peut être adopté par un Français et qu'en particulier Sander a pu l'être d'après le traité du 20 novembre 1765, les nouvelles lois du pays de Bade et la loi du 14 juillet 1819; qu'en cela, l'arrêt a formellement violé l'art. 11 du Code civil, et faussement appliqué les autres lois ci-dessus citées;

La cour casse et annule.......; et sur le fond, renvoie les parties devant la cour royale de Dijon.... (1). »

La cause a été, en conséquence, plaidée de nouveau devant la cour royale de Dijon; et là, en reproduisant tous les moyens qu'il avait fait valoir devant la cour royale de Colmar, le sieur Sander est revenu sur le sens qu'il avait jusqu'alors supposé à l'art. 11 du Code civil: il a soutenu que cet article ne devait pas être entendu comme excluant les étrangers des droits purement civils qui ne leur sont pas spécialement accordés par des traités diplomatiques; et il a cité les passages de mes conclusions du 23 mars 1810, auxquels j'ai depuis ajouté les observations indiquées dans l'une des notes précédentes.

Mais, par arrêt du 31 janvier 1824,

« Considérant que l'Adoption est l'exercice d'un droit civil, et que pour s'en convaincre, il suffit d'examiner les différences essentielles qui existent entre les actes ou les droits qui dérivent du droit des gens, et ceux qui dérivent du droit civil, *jus civitatis*. Or, les engagemens qui dérivent du droit des gens, sont ceux qui existe-

---

(1) Journal de jurisprudence de la cour royale de Colmar, tome 17, pages 161 et suivantes.

(1) Bulletin civil de la cour de cassation, année 1823, page 364.

raient par la nécessité des choses, quand même la loi n'en aurait pas déterminé la forme, et qui d'ailleurs sont admis par toutes les nations civilisées, tels que le droit de vendre, d'acheter, d'échanger, de prêter, etc.; ceux qui dérivent du droit civil sont, au contraire, ceux dont on ne peut concevoir l'existence sans que la loi civile en ait accordé la faculté; d'où il suit qu'on ne peut révoquer en doute que l'Adoption ne soit au nombre de ceux-là; car c'est, à proprement parler, une fiction de la loi qui donne un enfant au père adoptif, et un père à l'enfant;

» Considérant que les art. 8, 11 et 13 du Code civil règlent de la manière la plus claire quelles sont les personnes qui jouissent des droits civils, soit dans leur plénitude, soit seulement en partie; que l'art. 8 détermine en termes généraux, que tout Français jouit des droits civils; que l'art. 11 détermine que l'étranger jouit des mêmes droits civils accordés aux Français par les traités de la nation à laquelle un étranger appartient; d'où déjà la conséquence que l'étranger ne jouit pas de tous les droits civils, et qu'il y a restriction; mais ce qui la confirme encore, c'est que l'art. 13 statue que l'étranger jouira des droits civils pendant sa résidence en France, quand il aura obtenu du roi l'autorisation d'y établir son domicile; ainsi, cette simple exposition des principes réfute la première proposition de l'intimé, que les étrangers jouissent en France de tous les droits civils dont ils ne sont pas privés par une disposition spéciale de la loi, et elle répond également à cette seconde proposition qu'un étranger peut être adopté en France, parcequ'aucune disposition de la loi d'Adoption ne le défend;

» Considérant que, du moment qu'il est établi que l'Adoption est l'exercice d'un droit purement civil et que les étrangers ne jouissent en France que de ceux accordés réciproquement par des traités de nation, il ne reste, pour décider entièrement la question, qu'à examiner si les Badois sont, par quelques traités intervenus entre la France et le pays de Bade, déclarés aptes à être adoptés par des Français. Or, le point de fait n'est pas même controversé; il est reconnu que le traité de 1765 n'en fait pas et n'en pouvait pas faire mention; car l'Adoption n'était alors ni dans nos lois, ni dans nos mœurs, et le traité de 1814, dont il a été dit un mot, n'est que le renouvellement de celui de 1765;

» Et vainement Sander prétend-il échapper aux conséquences de cette opinion, en soutenant que le principal effet de l'Adoption est de succéder à l'adoptant, et que ces traités établissant le droit des Badois de succéder à des Français, soit *ab intestat*, soit par dispositions testamentaires, il faut en conclure que le droit d'adopter est simplement compris dans ces traités; car il n'est point exact de dire que le droit de succéder soit le principal objet de l'Adoption; il est de principe, au contraire, que ce principal effet, et c'est ainsi que s'en expliquent les auteurs, est de produire un changement dans l'état personnel de l'adoptant et de l'adopté; changement par suite duquel il s'établit entre eux des rapports de paternité et de filiation, et c'est comme conséquence de ces rapports que la loi a donné à l'adopté le droit de succéder à l'adoptant;

» Tout aussi vainement, Sander prétend-il, en s'appuyant de définitions données par des jurisconsultes et des magistrats anciens, établir que le droit de succéder est le seul droit civil proprement dit, et que ce droit étant reconnu par le traité de 1765, il en résulte que les Badois jouissent en France des droits civils; indépendamment de ce qu'il ne faudrait pas s'arrêter à la manière dont on définissait les droits civils dans l'ancienne jurisprudence, parcequ'il est question de l'Adoption qui est un droit nouveau, régi par une loi spéciale, il n'est pas exact de dire que les anciens auteurs, cités par Sander, tels que Domat, d'Aguesseau, Joly de Fleury, Bignon, ne reconnaissaient pour droit civil que le droit de succéder. Il est constant, au contraire, qu'ils en reconnaissaient d'autres, et que, quand ils parlent du droit de succéder, ce n'est que d'une manière démonstrative et non restrictive; mais encore la discussion qui a eu lieu au conseil d'état lors de la confection du Code civil, et les discours des orateurs du gouvernement, lors de sa présentation au tribunat, sont contraires à ce système; et il est de même en opposition directe avec le discours du garde des sceaux, lors de la présentation de la loi du 14 juillet 1819; car ce chef de la magistrature dit positivement que le but de la loi n'est que de donner le droit de succéder; mais que l'interdiction de tous les autres droits civils, conformément à l'art. 11, continuera de subsister (1); ainsi s'écroule tout ce système, et les conséquences qu'en prétendait tirer Sander.....;

» Par ces motifs, la cour, faisant droit sur l'appellation tranchée par les mariés Dugied, du jugement rendu en la cause par le tribunal de première instance de Strasbourg, le 17 janvier 1821, prononçant en tant que de besoin sur les moyens d'incompétence et sur les fins de non-recevoir, et sans s'y arrêter, évoquant le principal et y faisant droit, annule l'Adoption faite le 30 janvier 1817, par feu Frédéric-Guillaume Lotzbeck, en faveur de Chrétien-Frédéric Sander, sujet badois, ainsi que tout ce qui s'en est ensuivi; en conséquence, fait défense audit Sander de joindre le nom de Lotzbeck au sien, et de s'immiscer dans la succession de Frédéric-Guillaume Lotzbeck, en la prétendue qualité de fils adoptif; ordonne que mention du présent arrêt sera faite en marge de la minute de la déclaration

___

(1) *V.* le Répertoire de jurisprudence, au mot *Étranger*, §. 1, n°. 7.

d'Adoption qui a eu lieu le 30 janvier 1817, devant le juge de paix du canton Nord de Strasbourg, et qu'inscription en sera faite en marge des registres de l'état civil de la même ville où cette Adoption a été transcrite....».

Quelque bien calqué que fût cet arrêt sur les principes qui avaient déterminé celui de la cour de cassation, du 5 août 1823, le sieur Sander n'a pas craint de l'attaquer devant cette cour elle-même, et il a publié un mémoire dans lequel il a développé fort au long ses moyens de cassation. Mais, par arrêt du 22 novembre 1825, au rapport de M. Voisin de Gartempe et sur les conclusions de M. l'avocat-général Lebeau,

« Attendu que l'Adoption n'ayant d'autre principe que la loi civile qui l'institue, elle n'engendre qu'un droit purement civil, auquel ne peuvent participer que ceux auxquels la loi accorde la jouissance des droits civils ;

» Attendu que les étrangers ne peuvent être admis, en France, à la jouissance d'un droit civil, qu'autant qu'entre le roi de France et le souverain du pays de l'étranger il y aurait des traités qui eussent stipulé la réciprocité de ce droit pour les sujets respectifs, dans chacun des états ;

» Attendu que ce serait méconnaître le véritable caractère d'un acte d'Adoption, lequel fait entrer dans la famille de l'adoptant l'adopté pour en recueillir le nom, les biens, les titres et les dignités, que vouloir l'assimiler ou à l'aptitude qu'avaient les étrangers à jouir de certains droits réglés par la loi civile; mais dont l'origine se trouve dans le *droit des gens universel*, tels que le droit de vendre, de contracter, d'acheter, d'ester en justice, ou au simple droit qui serait conféré à des étrangers, soit en vertu de conventions diplomatiques et réciproques, soit par l'effet de l'abolition du droit d'aubaine, prononcée par la loi du 14 juin 1819;

» Attendu que si, comme il n'est pas permis d'en douter, l'Adoption appartient à la législation sur l'état des hommes, et par conséquent à notre droit public interne, il serait également absurde et dérisoire que, sans le concours ou la volonté du prince, auquel appartenait d'effacer l'extranéité de Sander, sujet badois, on eût pu, à l'aide d'une fausse et captieuse interprétation de la loi civile, rendre Français cet étranger, en le faisant fils d'un Français, et rompre ainsi l'économie de nos lois, en renversant la concordance de notre droit civil avec le droit public du royaume ;

» Attendu qu'il n'existe, entre le pays de Bade, dont est sujet Chrétien-Frédéric Sander, et le roi de France, aucuns traités, aucunes conventions diplomatiques, desquels il résulte que réciproquement les Français pourront être adoptés dans le pays de Bade, et les Badois en France ;

» La cour (section des requêtes) rejette le pourvoi..... (1)».

Deuxième espèce. Le 21 octobre 1819, acte par lequel le marquis de Canillac adopte devant le juge de paix de Carpentras, lieu de son domicile, Charles Sollima, né dans l'île de Malte, le 22 avril 1793, d'un premier mariage que son épouse avait contracté avec un Maltais, et encore mineur.

Le marquis de Canillac meurt trois jours après.

Ses héritiers, instruits que sa veuve n'en poursuit pas moins, comme tutrice légitime de son fils, l'homologation de l'acte d'Adoption, remettent au procureur du roi, conformément à l'art. 360 du Code civil, des observations tendant à prouver que cet acte est nul à raison de l'extranéité de Jean Sollima.

Le 22 août 1820, jugement du tribunal de première instance de Carpentras, qui *déclare n'y avoir lieu à l'Adoption.*

Appel de la part de la veuve Canillac, à la cour royale de Nîmes, qui, par arrêt du 29 mars 1822, infirme le jugement de première instance, et *déclare qu'il y a lieu à l'Adoption.*

Mais sur le recours en cassation des héritiers, arrêt du 7 juin 1826, au rapport de M. Quéquet et sur les conclusions de M. l'avocat-général Cahier, par lequel,

« Vu l'art. 11 du Code civil....,

» Attendu, en droit, que l'Adoption n'appartient ni au droit naturel ni au droit des gens ; que cette institution ne peut donc appartenir qu'au droit civil; et que, par une conséquence nécessaire, les rapports qui en dérivent, ne peuvent s'établir qu'entre individus appartenant au même droit civil ; d'où il suit que les nationaux seuls peuvent adopter et être adoptés, si ce n'est dans le cas où les traités rendent communs aux étrangers les droits civils appartenant aux nationaux ;

» Attendu que l'art. 11 du Code civil n'admet l'étranger à jouir en France que des droits civils dont le Français pourrait jouir en vertu des traités de la nation à laquelle appartient cet étranger ;

» Attendu que la loi du 14 juillet 1819 n'a fait qu'habiliter l'étranger à succéder, disposer et recevoir, c'est-à-dire que, pour l'exercice de ces trois espèces de droits civils, elle a placé l'étranger sur la même ligne que le Français ; mais en laissant subsister, à l'égard de l'étranger, l'exclusion des autres droits civils sur lesquels elle n'a pas statué ;

» Attendu, en fait, que Sollima est né en 1793, dans l'île de Malte, pays aujourd'hui soumis à la domination anglaise, et qu'il n'a été justifié d'aucun traité, soit entre la France et le ci-de-

---

(1) Jurisprudence de la cour de cassation, tome 26, page 143.

vant ordre de Malte, en vertu duquel les sujets des deux puissances eussent, dans le ressort des deux états respectifs, la jouissance réciproque des droits civils, soit entre la France et la Grande-Bretagne, en vertu duquel les Français seraient admis à former activement ou passivement en Angleterre le contrat d'Adoption;

» Que, dans ces circonstances, en autorisant l'Adoption de Sollima par le marquis de Canillac, la cour royale de Nîmes a faussement appliqué la loi du 14 juillet 1819, et violé l'art. 11 du Code civil;

» Donne défaut contre la défenderesse, et pour le profit, casse et annule... (1) ».

§. III. *L'Adoption confère-t-elle à l'adoptant, sur la personne de l'adopté, la portion de puissance paternelle qui est réservée aux ascendans sur les majeurs?*

Dans les conférences entre la section de législation du conseil d'état et la section de législation du tribunat sur le titre de l'*Adoption* du Code civil, la seconde avait proposé de placer avant l'art. 347 une disposition ainsi conçue : *L'adoptant exercera sur l'adopté l'autorité des père et mère, telle qu'elle est réglée par les lois à l'égard des mineurs de vingt-un ans;* et voici comment elle l'avait motivée : « Il a paru sage
» de conférer à l'adoptant sur l'adopté l'autorité
» des père et mère à l'égard des majeurs de vingt-
» un ans, qui a principalement lieu lorsqu'il est
» question de mariage. Cette autorité doit tou-
» jours exister, et il est convenable de la placer
» dans les mains de l'Adoptant. C'est donner plus
» de consistance à l'adoption, et le consentement
» à cette Adoption de la part des père et mère de
» l'adopté, fait nécessairement supposer qu'ils ont
» délégué tous leurs droits à cet égard à l'adop-
» tant (2) ».

Mais cette proposition ne pouvait pas se concilier avec l'art. 348 portant que l'*adopté restera dans sa famille naturelle*. Elle n'a donc pas été accueillie; et du rejet qui en a été fait par le conseil d'état, il résulte nécessairement que l'adopté reste, quant au consentement dont il a besoin pour se marier, sous la puissance des auteurs de ses jours.

C'est ce qu'a fort bien expliqué l'orateur du tribunat lui-même dans son discours au corps législatif, du 2 germinal an 11 : « L'adopté ne
» sort pas d'ailleurs de sa famille naturelle : ses
» père et mère conservent sur lui tous les droits
» accordés aux pères sur leurs enfans majeurs.
» Quelques voix se sont élevées pour que ces
» mêmes droits appartinssent au père adoptif.
» Mais on a observé avec raison qu'on ne pou-
» vait les lui conférer qu'au préjudice du père
» naturel et légitime, qu'alors il faudrait en dé-
» pouiller; et, dans le concours, on a cru devoir
» donner la préférence au père avoué par la na-
» ture et la loi, sur celui dont la loi seule avait
» formé la paternité. Le projet de loi, en un
» mot, a séparé de l'Adoption tout ce qui avait
» trait à la puissance du père; il n'en a conservé
» que les bienfaits ».

Et voilà pourquoi il est dit dans l'arrêt de la cour royale de Colmar, du 28 juillet 1821, qui est rapporté dans le §. précédent : *L'adopté n'est pas sous la puissance de l'adoptant; en cas de mariage, il n'a pas de consentement à lui demander; il reste avec ses devoirs et ses droits dans sa famille naturelle.*

§. IV. *L'Adoption emporte-t-elle, comme la survenance d'enfant naturel et légitime, la révocation des donations entre-vifs qui l'ont précédée?*

Non, répondent M. Grenier (*Traité de l'Adoption*, n°. 39), M. Proudhon (*Cours du droit français*, tome 2, page 141), et M. Toullier (*Droit civil français*, tome 5, n°. 365); et indépendamment des raisons sur lesquelles ils se fondent, en voici une qui me paraît justifier complètement leur opinion.

Il est vrai qu'aux termes de l'art. 350 du Code civil, l'*adopté a, sur la succession de l'adoptant, les mêmes droits que ceux qu'y aurait l'enfant né en mariage*. Mais ce n'est pas en faveur de l'enfant né en mariage qu'est révoquée la donation qui a précédé sa naissance, c'est en faveur du père. Que faudrait-il donc pour que cet article pût autoriser l'adoptant à rentrer dans les biens qu'il a donnés entre-vifs avant l'Adoption? Il faudrait que cet article assimilât l'Adoption, dans l'intérêt de l'aodptant, comme il l'assimile dans l'intérêt de l'adopté, à la survenance d'une postérité naturelle et légitime; et c'est ce qu'il ne fait pas.

Inutile d'objecter que l'un est la conséquence de l'autre. On ne peut pas raisonner par induction, quand il s'agit d'étendre hors de ses termes, et au préjudice des droits acquis à un tiers, une exception à un principe aussi sacré que celui qui rend toute donation entre-vifs irrévocable de la part du donateur. Cela est si vrai que, sous l'empire du droit romain, qui donnait à l'Adoption des effets bien plus étendus qu'elle n'en a aujourd'hui, on tenait pour constant que la loi *si unquam* sur laquelle ont été successivement modelés l'art. 39 de l'ordonnance de 1731 et l'art. 960 du Code civil, ne pouvait pas être appliquée à l'Adoption survenue à la suite d'une donation entre-vifs : *propter liberos adoptivos, post donationem assumptos, eamdem non posse revo-*

---

(1) Bulletin civil de la cour de cassation, tome 28, page 244.
(2) Conférences sur le code civil, par M. Favart de Langlade, tome 2, pages 347 et 348.

cari firmiter statuendum est, disait Voët (sur les Pandectes, titre *de donationibus*, n°. 27) par argument de la loi 76, D. *de conditionibus et demonstrationibus*, sur laquelle je reviendrai, ci-après, §. 6.

§. V. *L'adopté a-t-il, sur les biens de l'adoptant, le même droit à la réserve légale que s'il était son enfant naturel et légitime ?*

I. Nul doute sur l'affirmative, si l'exercice du droit de réserve ne tend qu'à faire réduire des legs, soit universels, soit particuliers, que l'adoptant a faits au préjudice de l'adopté. En effet, d'une part, les choses léguées par l'adoptant, se trouvent nécessairement dans sa succession, et ce n'est que dans sa succession que les légataires peuvent les prendre ; d'un autre côté, l'art. 350 du Code civil attribue à l'adopté, *sur la succession de l'adoptant, les mêmes droits que ceux qu'y aurait l'enfant né en mariage*. Or, l'*enfant né en mariage* aurait certainement le droit de faire réduire les legs qui excéderaient la portion disponible ; on ne peut donc pas contester ce droit à l'adopté.

Aussi a-t-on vu, dans l'espèce rapportée ci-dessus, §. 2, les sieur et dame Dugied reconnaître sans hésiter que le sieur Sander aurait eu un droit de réserve sur les biens dont le sieur Lotzbeck avait disposé par testament, si son Adoption eût été valable.

La question avait cependant été controversée précédemment ; mais elle avait été jugée deux fois en faveur de l'adopté.

En 1796, James Margnat et Françoise Tixier, son épouse, adoptent Marie Faure.

Environ un an après, James Margnat meurt, laissant un testament par lequel il institue Françoise Tixier, son épouse et co-adoptante, héritière universelle de ses biens.

Survient la loi transitoire du 25 germinal an 11, qui, sauf quelques exceptions inapplicables à l'espèce, attribue aux enfans adoptés avant le Code civil, les mêmes droits qu'aux enfans adoptés depuis.

Marie Faure demande en conséquence que l'institution de Françoise Tixier soit réduite à l'usufruit de la moitié des biens du testateur.

Arrêt de la cour d'appel de Riom qui l'ordonne ainsi.

Recours en cassation de la part de l'ayant-cause de Françoise Tixier ; mais, par arrêt de la section des requêtes, du 8 avril 1808, et conformément aux conclusions de M. l'avocat-général Daniels, ce recours est rejeté, « attendu qu'à la » vérité, les art. 13 et 14 de la loi du 17 nivôse » an 11, sous l'empire de laquelle James Margnat » est décédé, n'admettait pour restriction au » droit accordé à l'époux de disposer, en faveur » du con-joint survivant, de la totalité de sa for- » tune, que le seul cas où les époux auraient un » ou plusieurs enfans de leur union ou d'un pré-

» cédent mariage ; mais que la loi transitoire » ayant accordé aux enfans adoptifs tous les » droits de successibilité qui appartiendraient à » un enfant légitime, l'effet de cette assimilation » a dû être d'étendre aux enfans adoptifs le droit » de réduire à l'usufruit de la moitié les avan- » tages que James Margnat avait accordés à Fran- » çoise Tixier, son épouse survivante (1) ».

En 1802, les sieur et dame Théobald adoptent Adam Théobald, neveu du mari.

Le mari meurt sous le Code civil, laissant un testament par lequel il lègue à son épouse l'usufruit de tous ses biens.

Adam Théobald, se fondant sur l'art. 350 du Code civil, déclaré, par la loi transitoire du 25 germinal an 11, commun aux Adoptions antérieures au Code civil même, demande que, conformément à l'art. 1094, ce legs soit réduit de moitié.

Sa mère adoptive lui répond qu'il n'a point de réserve à exercer ; qu'il est sans qualité pour quereller les dispositions de son père adoptif, et qu'il n'est appelé par l'art. 350 qu'aux biens dont son père adoptif n'a point disposé.

Jugement du tribunal de première instance de Kayserslauten, qui, sans avoir égard à cette défense, ordonne la réduction ; et sur l'appel, arrêt de la cour de Trèves, du 22 janvier 1813, qui met l'appellation au néant,

« Attendu, en ce qui regarde les effets de l'Adoption, qu'ils sont réglés par l'art. 4 de la loi du 13 avril 1803 (25 germinal an 11) combiné avec l'art. 350 du Code civil, et qu'ils consistent en ce que l'adopté Adam Théobald peut exercer, sur la succession de son père adoptant, tous les droits accordés à un enfant naturel et légitime, l'adoptant ne les ayant pas restreints à une moindre portion par une affirmation faite devant le juge de paix ;

» Attendu que le testateur étant décédé sans postérité naturelle et légitime, sa succession entière est échue à Adam Théobald, son fils adoptif, sauf la portion disponible ;

» Qu'ainsi, sous ce rapport, les premiers juges ont bien jugé en réduisant la totalité de l'usufruit des biens délaissés par le testateur, dont il a disposé en faveur de son épouse, à la moitié seulement de l'usufruit de ces mêmes biens, l'art. 1094 du Code civil ne permettant pas à un époux avec enfans ou descendans, d'excéder cette quotité au profit de l'autre époux (2) ».

II. En est-il de même si c'est par une institution contractuelle ou par une donation à cause de mort irrévocable, c'est-à-dire, consignée dans un contrat de mariage, que l'adoptant a

(1) Répertoire de jurisprudence, aux mots *Révocation d'Adoption.*
(2) Jurisprudence de la cour de cassation, tome 14, partie 2, page 3.

disposé de ses biens au préjudice de l'adopté?

Oui, et par une raison très-simple : c'est que les biens compris, soit dans l'institution contractuelle, soit dans la donation à cause de mort irrévocable, se trouvent également dans la succession de l'adoptant ; que ce n'est également que dans la succession de l'adoptant, que l'héritier institué ou donataire contractuel à cause de mort peut prendre ces biens ; et que là par conséquent s'applique dans son étendue, comme au cas où il ne s'agit que de biens légués par testament, la disposition de l'art. 350 qui investit l'adopté *des mêmes droits sur la succession de l'adoptant*, que s'il était son enfant naturel et légitime.

Cependant M. Grenier (*Traité de l'Adoption*, n°. 40) fait, à cet égard, une distinction entre l'institution contractuelle qui a précédé l'Adoption et celle qui l'a suivie ; et en convenant implicitement que la seconde est sujette à réduction en faveur de l'adopté, il soutient qu'il en doit être autrement de la première.

Mais comment accorder cette doctrine avec le texte de l'art. 350 ? Que le législateur eût pu excepter de la disposition de cet article, l'institution contractuelle qui aurait précédé l'Adoption, à la bonne heure. Mais ce qu'il eût pu faire, il ne l'a point fait. Il a voulu, au contraire, en termes généraux, absolus, exclusifs de toute distinction, que l'adopté eût *sur la succession de l'adoptant les mêmes droits que ceux qu'y aurait l'enfant né en mariage* ; et encore une fois, c'est dans la succession de l'adoptant que se trouvent les biens dont l'adoptant avait disposé avant l'Adoption, par une institution contractuelle.

Aussi la distinction de M. Grenier a-t-elle été vainement proposée dans l'espèce suivante.

Le 29 vendémiaire an 4, contrat de mariage par lequel le sieur Carrion de Nizas fait donation à sa future épouse, en cas qu'elle lui survive, « de tous et chacun des biens meubles et » immeubles, droits et actions qu'il se trouvera » délaisser à son décès, ladite donation ne de- » vant avoir lieu pour la totalité qu'au cas où il » n'y aurait pas d'enfans procréés de leur union ; » au cas où il y en aurait, le donataire veut que » son épouse ait tout ce que les lois, tant pré- » sentes que futures, permettent et permettront » de lui donner ».

Le 13 juin 1817, le sieur Carrion de Nizas n'ayant point d'enfans de son mariage, adopte la demoiselle Marie Lacazin, nièce de son épouse, qui l'adopte elle-même par le même acte.

Le 17 septembre de la même année, les sieurs et dame Carrion de Nizas marient leur fille adoptive au sieur Rouch ; et par son contrat de mariage, « lui constituent en dot tous leurs biens » présens et à venir, pour, par leur dite fille » adoptive, en prendre possession et jouissance, » à compter du décès du survivant des dona- » teurs ; lesdits donateurs se réservant l'un pour » l'autre la jouissance de leurs biens respectifs, » en faveur du survivant ».

En 1818, décès du sieur Carrion de Nizas.

Peu de temps après, la dame Rouch meurt, laissant pour héritière Cécile Rouch, sa fille unique, qui meurt elle-même laissant pour héritiers le sieur Rouch, son père, et la dame Carrion de Nizas, sa tante et mère adoptive.

Question de savoir quels ont été dans la succession du sieur Carrion de Nizas les droits de la dame Rouch transmis pour moitié à son mari par son prédécès et celui de leur fille commune ?

Le sieur Rouch, partant du principe que *l'adopté a sur la succession de l'adoptant les mêmes droits que ceux qu'y aurait un enfant né en mariage*, demande que l'institution stipulée en faveur de la dame Carrion de Nizas par le contrat de mariage du 19 vendémiaire an 4, soit réduite, d'après l'art. 1094 du Code civil, à un quart en nue propriété et à un quart en usufruit des biens du sieur Carrion de Nizas.

La dame Carrion de Nizas combat cette prétention et soutient

Que, par l'institution contractuelle stipulée éventuellement à son profit par son contrat de mariage, le sieur Carrion de Nizas s'est dépouillé pour toujours du droit de disposer à titre gratuit de ses biens ;

Qu'en concourant avec son mari à l'Adoption de la dame Rouch, elle n'a point renoncé à cette institution, et que par conséquent elle en a conservé tous les avantages ;

Qu'à la vérité, l'art. 350 du Code civil donne à l'adopté tous les droits d'un enfant naturel et légitime sur les biens de l'adoptant ; mais que ces droits ne peuvent porter que sur les biens dont l'adoptant a conservé, non seulement la propriété, mais encore la libre disposition ;

Que l'Adoption de la dame Rouch n'équivalant pas à une survenance d'enfant légitime, n'avait pas révoqué de plein droit l'institution contractuelle ; qu'elle n'a donc pas non plus soumis cette institution à la réduction que prétend en faire le sieur Rouch.

Le 4 mars 1822, jugement qui, adoptant le système du sieur Rouch, ordonne que, « dans » la succession de la dame Rouch, entreront les » trois quarts des biens délaissés par le sieur » Carrion de Nizas, son père adoptif, savoir , » pour deux quarts, l'entière propriété et jouis- » sance, et pour le troisième quart, la nue pro- » priété seulement jusques au décès de la veuve » Carrion de Nizas ; la disposition faite en faveur » de cette dernière, par son mari dans leur con- » trat de mariage, demeurant réduite, confor- » mément à la loi du contrat, combinée avec » l'art. 1094 du Code civil, au quart en une » propriété, et au quart en jouissance des entiers » biens délaissés par le sieur Carrion de Nizas ».

Appel de la part de la dame Carrion de Nizas ;

mais, par arrêt du 8 juin 1823, la cour royale de Montpellier met l'appellation au néant,

« Attendu 1°. que, d'après l'art. 350 du Code civil, la dame Lacazin, épouse Rouch, avait acquis sur la succession de M. de Nizas, son père adoptif, les mêmes droits que si elle était née dans le mariage ; et que ces droits étaient d'autant mieux assurés, que la dame de Nizas avait, non-seulement consenti à l'Adoption, mais qu'elle avait elle-même adopté la dame Lacazin, conjointement avec son mari ;

» Attendu 2°. que la donation contractuelle de la dame de Nizas ne lui donnait des droits que sur la succession de son mari, puisqu'elle ne devait frapper que sur les biens que M. de Nizas se trouverait délaisser au jour de son décès ; que, dès-lors, les droits de l'épouse Nizas et de sa fille adoptive entraient en concours, avec cette précision, que la dame de Nizas, par sa propre Adoption, et le consentement qu'elle donna à la donation faite par son mari, donnait elle-même la préférence à sa fille adoptive ;

» Attendu 3°. que l'art. 1094 du Code civil réduit à un quart en usufruit, et un quart en propriété, les libéralités entre époux, lorsque l'époux qui prédécède, laisse des enfans ou descendans, sans distinction d'enfans légitimes ou adoptifs ; qu'ainsi, le droit de réduction, pour sa réserve légale, devait appartenir à la dame Lacazin, épouse Rouch, et être transmis par elle à ses héritiers, puisqu'elle avait survécu à son père ;

» Attendu 4°. qu'il est incontestable que, si, postérieurement à l'Adoption de Marie Lacazin, il fût survenu des enfans légitimes, ceux-ci auraient eu droit d'opérer la réduction, ce qui aurait diminué les droits de la fille adoptive, sans les détruire ; que la fille adoptive, pouvant, en ce cas, écarter en partie l'enfant légitime, peut, à plus forte raison, l'emporter sur l'épouse du père adoptif, d'après la maxime de droit ; *si vinco vincentem te, à fortiori vincam te;*

» Attendu 5° qu'il est inutile de prétendre que la réduction accordée par la loi aux enfans légitimes pour leur réserve légale, sur les donations antérieures, ne tire sa source que de la révocation de ces donations par survenance d'enfant, parceque le droit de réduction et le droit de révocation n'ont rien de commun, et sont marqués par des différences essentielles, surtout en ce que la révocation fait rentrer les biens donnés, de plein droit, dans la main du donateur, et sans aucune charge du passé, tandis que la réduction doit être demandée et ne peut s'exercer au préjudice des aliénations faites par le donateur ; et en ce que la révocation par survenance d'enfant peut ne profiter qu'au seul donateur, et que la réduction ne profite, au contraire, qu'à celui à qui appartient la réserve légale ; qu'il a donc été bien jugé par les premiers juges (1) ».

(1) Jurisprudence de la cour de cassation, tome 23, partie 2, page 295.

La dame Carrion de Nizas se pourvoit en cassation contre cet arrêt, et l'attaque comme violant, par une fausse application des art. 350, 920 et 1094 du Code civil, les art. 1083 et 1093 du même Code.

L'Adoption (dit-elle) n'est qu'un contrat. Elle est donc soumise, comme toutes les conventions, à la grande règle qui s'oppose à ce qu'elles rétroagissent sur les actes qui les ont précédées ; elle ne peut donc pas participer au privilége que la loi attribue à la naissance d'un enfant légitime, soit de révoquer, soit de faire réduire une donation antérieure. Aussi est-il bien constant que l'enfant adoptif n'est pas compris dans la disposition de l'art. 960, et quelle raison y aurait-il de la comprendre dans les art. 913, 920 et 1094 ?

Assimiler l'Adoption à un simple contrat (répondent les défendeurs, par l'organe de M. Nicod, leur avocat) c'est en méconnaître le caractère essentiel. Les contrats sont l'ouvrage du seul consentement des parties ; et telle n'est certainement point l'Adoption. Sans doute, le consentement des parties y est nécessaire ; mais il ne suffit pas pour la former. Elle est soumise aux conditions prescrites par l'art. 345, et elle ne peut avoir lieu qu'avec l'approbation de la justice. Elle est donc, comme le mariage, l'œuvre de la loi et le résultat du concours de la volonté des parties avec la sanction des ministres de la puissance publique.

Par arrêt du 29 juin 1825, au rapport de M. Zangiacomi,

« Considérant qu'aux termes de l'art. 350 du Code civil, l'adopté *a sur la succession de l'adoptant les mêmes droits que ceux qu'y aurait l'enfant né en mariage*, même quand il y aurait d'autres enfans de cette dernière qualité, nés depuis l'Adoption ;

» Qu'ainsi, de même que l'enfant légitime a une réserve sur la succession de son père, de même l'adopté en a une sur la succession de l'adoptant ;

» Qu'ainsi, de même qu'aux termes des art. 920 et suivans du Code civil, l'enfant légitime peut faire réduire les donations qui portent atteinte à sa réserve, et à quelque époque que ces actes de libéralité aient été passés, de même l'adopté, à qui ce droit est commun, peut l'exercer sur toutes les donations faites au préjudice de sa réserve, soit antérieurement, soit postérieurement à son Adoption ;

» Que vainement on oppose, soit les lois relatives aux contrats, soit l'art. 960 du Code civil ; que l'Adoption n'est pas un simple contrat, mais un acte de l'état civil, régi par des principes qui lui sont propres, régi, dans l'espèce, par la disposition de l'art. 350 et par les lois sur les successions auxquelles cet article renvoie, et qui rend inapplicable à la cause la législation relative aux conventions ordinaires ; que l'art. 960 ne disposant, dans les cas qu'il prévoit, que sur la révocation pure et simple des donations, est étrangère à l'espèce où il s'agit d'une demande en réduction, différente, quant à son objet, ses effets, et surtout aux personnes qui en profitent, d'une demande en révocation ;

» La Cour (section civile) rejette le pourvoi....»

III. Mais que doit-on décider par rapport aux donations entre-vifs ?

Les biens qu'elles comprennent ne se trouvent certainement pas dans *la succession de l'adoptant;* or, ce n'est que sur *la succession de l'adoptant* que l'art. 350 confère à l'adopté *les mêmes droits que ceux qu'y aurait l'enfant né en mariage;* il semble donc, au premier abord, que l'adopté invoquerait inutilement cet article pour faire réduire les donations entre-vifs de l'adoptant, n'importe qu'elles aient précédé ou qu'elles aient suivi l'Adoption. Et telle est effectivement l'opinion de M. Delvincourt, dans son *Cours de droit civil*, tome 1er., page. 413.

M. Grénier, à l'endroit cité au n°. précédent, M. Toullier, tome 2, page 1011, et M. Chabot, dans ses *questions transitoires*, au mot *Adoption*, §. 5, pensent de même par rapport aux biens qui ont été donnés entre-vifs avant l'Adoption ; mais ils ne prennent pas, comme M. Delvincourt, pour base de leur doctrine, les termes de l'art. 350, *sur la succession de l'adoptant.* Regardant cet article comme muet sur la question, ils se bornent à dire que le donateur qui s'est irrévocablement dépouillé de la propriété de ses biens, ne peut pas, par un fait qui lui est absolument personnel, par une Adoption qui n'est qu'une fiction légale, les soumettre à une réduction à laquelle le donataire n'a pas dû s'attendre.

D'un autre côté, ils enseignent que *l'enfant adopté a les mêmes droits que l'enfant légitime sur les dons faits après l'Adoption*, parce qu'il ne peut pas être libre à l'adoptant, après l'Adoption, de diminuer par des donations entre-vifs les droits éventuels dont il a investi l'adopté sur sa succession.

Mais, disons-le franchement, si le système de M. Delvincourt était vrai dans sa première branche, il le serait nécessairement dans la seconde ; car si l'art. 350 ne confère pas à l'adopté le droit de faire réduire les donations antérieures à l'Adoption, il ne lui confère pas davantage le droit de faire réduire les donations qui y sont postérieures. Et comment suppléer à son silence pour celles-ci plutôt que pour celles-là ? Y suppléera-t-on par la considération de l'inconvénient qu'il y aurait à laisser l'adoptant maître de neutraliser le bienfait de l'Adoption par des donations entre-vifs ? Mais alors où s'arrêtera-t-on ? La donation entre-vifs n'est pas le seul moyen que l'adoptant puisse, en supposant l'art. 350 muet sur notre question, employer pour diminuer ou anéantir presque entièrement l'expectative qu'il a conférée à l'adopté sur sa succession ; il peut, comme on le verra ci-après, §. 9, la diminuer par d'autres Adoptions, et l'on ne niera pas qu'il ne puisse l'anéantir presque entièrement par la vente de tous ses biens à rente viagère. Or, ce qu'il peut faire par ces deux voies, pourquoi, dans la même supposition, ne le pourrait-il pas par la donation entre-vifs ?

Il faut donc en revenir à l'idée qu'il ne peut pas y avoir, en cette matière, de différence entre les donations qui ont précédé l'Adoption et celles qui l'ont suivie, et examiner si, par rapport aux unes, comme par rapport aux autres, on doit, dans l'art. 350, entendre les mots, *sur la succession,* dans le sens que leur attribue M. Delvincourt.

Sur quoi *l'enfant né en mariage,* prend-il la réserve que lui assurent les art. 913, 920 et 1094? Il la prend, et il ne peut la prendre que sur *la succession,* puisqu'il ne la prend et ne peut la prendre qu'à titre d'héritier, puisqu'il en serait exclus s'il refusait de se porter héritier, ou qu'il en fût incapable. Est-ce à dire pour cela qu'il ne la prend pas sur les biens qui, par des donations entre-vifs, sont sortis du patrimoine du père, et qui par conséquent ne font pas partie de sa succession ? L'art. 922 prouve clairement que non : et pourquoi la prend-il sur ces biens, comme sur ceux qui existaient dans le patrimoine du père au moment de son décès ? Parce que la loi les fait rentrer fictivement dans la succession ; parce qu'elle veut que la succession soit censée, dans l'intérêt de l'enfant, composée des uns ni plus ni moins que des autres.

Or, par l'art. 350, l'enfant adoptif est, relativement aux droits à exercer *sur la succession* de l'adoptant, placé sur la même ligne que l'enfant né en mariage. Donc les mots *sur la succession* doivent, à l'égard de l'un, être entendus dans le même sens qu'à l'égard de l'autre.

Donc l'enfant adoptif peut, comme *l'enfant né en mariage*, exercer sa réserve sur les donations entre-vifs, comme sur les legs et les institutions contractuelles.

Donc il peut l'exercer sur les donations entre-vifs qui ont précédé son Adoption, aussi bien que sur celles qui l'ont suivie, comme l'enfant *né en mariage* peut l'exercer sur les donations antérieures à sa naissance aussi bien que sur celles qui y sont postérieures.

Et la preuve que c'est ainsi que la cour de cassation l'a entendu dans son arrêt du 29 juin 1825, c'est qu'elle a motivé cet arrêt d'une manière qui en rend la décision applicable aux donations entre-vifs comme aux institutions contractuelles.

§. VI. *L'Adoption que fait un donataire grevé d'un droit de retour conventionnel pour le cas où il mourrait avant le donateur sans descendans légitimes, forme-t-elle obstacle à l'exercice de ce droit ?*

Les lois romaines nous fournissent, sur des questions analogues à celle-ci, deux textes qui nous aideront à la résoudre.

Vous êtes célibataire, ou si vous êtes marié, vous n'avez point d'enfant de votre mariage. En cet état, je vous lègue le tiers de mes biens, en cas que vous ayez des enfans. Pourrez-vous, après ma mort, remplir par Adoption, la condition que j'ai mise à ce legs ? La loi 51, §. 1, D. *de legatis* 2°., décide que non : *is cui in tempus liberorum tertia pars relicta est, utique non poterit adoptando tertiam partem consequi.*

Un testateur, en instituant ses fils héritiers, ordonne que, si quelqu'un d'entre eux vient à mourir sans enfans, sa part retournera aux survivans. Après sa mort, l'un des institués adopte un enfant et meurt sans laisser d'autre héritier en ligne directe. Question de savoir si, en se conférant par ce moyen, une paternité fictive, il a fait évanouir la condition sous laquelle le testateur l'avait grévé de fideicommis. La loi 76, D. *de conditionibus et demonstrationibus*, se prononce nettement pour la négative : *fidei-commissum à filiis relictum*, SI QUI EX HIS SINE LIBERIS DIEM SUUM OBIERIT, *adoptionis commento non excluditur.*

Ces décisions sont évidemment fondées sur le principe résultant, comme le dit Furgole (*Questions sur la matière des donations*, quest. 17, n°. 61), des lois 44 et 45, D. *de conditionibus et demonstrationibus*, que « dans les conditions, » on ne considère que le seul fait et non les fic- » tions ».

C'est d'après cela que les interprètes du droit romain tenaient pour constant, ainsi qu'on l'a vu plus haut, §. 4, que l'Adoption d'un enfant ne remplissait pas, dans l'intention du donateur, la condition résolutoire de la survenance d'enfant, qui, par la loi *si unquàm*, était sous-entendue dans les donations entre-vifs, comme l'art. 960 du code civil l'y sous-entend aujourd'hui.

Et c'est sur le même fondement que l'on s'accorde généralement aujourd'hui à dire que l'Adoption n'équivaut pas, pour l'application de l'art. 960 du Code civil, à la survenance d'un enfant légitime.

Comment, dès-lors, le donataire grévé de la condition de retour en cas qu'il meure sans descendans légitimes, pourrait-il faire évanouir cette condition par l'Adoption qu'il ferait d'un enfant ?

Voici cependant une espèce dans laquelle on a prétendu, mais inutilement, qu'il en devait être ainsi.

Le premier janvier 1770, contrat de mariage par lequel le sieur Lancel fait donation à son épouse, d'une somme de 12,000 francs, et stipule le retour de cette somme en cas de *désavénement du mariage sans enfans issus d'icelui.*

En 1809, la dame Lancel n'ayant point d'enfant de son mariage, obtient le consentement de son mari pour adopter la dame Ressein, et l'adopte en effet.

Elle meurt avant son mari qui la suit de près, laissant pour héritière la dame D'Anduzain.

Celle-ci fait assigner la dame Ressein devant le tribunal de première instance de Saint-Palais, en restitution de la somme de 12,000 francs donnée par le sieur Lancel à son épouse sous une condition résolutoire qui est arrivée.

La dame Ressein répond qu'elle est fille adoptive de la dame Lancel, et que par conséquent la dame Lancel n'est pas décédée sans enfans.

Le 13 avril 1820, jugement qui condamne la dame Ressein à rendre les 12,000 francs, « at- » tendu qu'on ne peut considérer comme une » survenance d'enfant, capable de faire obstacle » au droit de retour, que la naissance d'un en- » fant procréé dans le mariage, et non l'Adop- » tion d'un enfant étranger ».

Et, sur l'appel, arrêt de la cour royale de Pau, du 9 mai 1821, qui met l'appellation au néant.

Recours en cassation de la part de la dame Ressein ; mais, par arrêt du 27 juin 1822, au rapport de M. Pardessus et sur les conclusions de M. l'avocat-général Lebeau,

« Attendu que, s'il est déclaré par l'art. 350 du Code civil, que l'enfant adopté a, dans la succession de l'adoptant, tous les droits d'un enfant légitime, il est contraire à l'esprit de l'art. 951 du Code civil et à l'intention de ceux qui stipulent un retour, au cas où le donataire décèderait sans enfans, de prétendre que l'Adoption d'un enfant puisse être considérée comme une survenance de postérité qui ferait obstacle à ce droit de retour ; que dans l'espèce, cette intention des parties ne saurait être douteuse, puisqu'on lit dans le contrat de mariage de 1770, que le retour aura lieu en cas de *désavénement du mariage sans enfans issus d'icelui.*

» D'où il suit que la cour de Pau, loin d'avoir violé les lois citées, en a fait une juste application ;

» La cour (section des requêtes) rejette le pourvoi.... (1) ».

§. VII. 1°. *Les enfans de l'adopté participent-ils à la parenté civile que l'Adoption établit entre l'adoptant et l'adopté ?*

2°. *Représentent-ils leur père prédécédé dans la succession de l'adoptant ?*

3°. *Les legs d'immeubles que l'adoptant fait aux enfans de l'adopté, ne sont-ils soumis, en matière d'enregistrement, qu'au droit d'un pour cent, tel qu'il est réglé par l'art. 69, §. 3, n°. 4, de la loi du 22 frimaire an 7, pour les transmissions d'immeubles en ligne directe ; ou bien sont-ils, d'après le même article, §. 8, n°. 2, passibles du droit de*

---

(1) Bulletin civil de la cour de cassation, année 1822, page 281.

cinq pour cent, comme s'il s'agissait d'une mutation au profit de parens collatéraux ou d'étrangers ?

Ces trois questions n'en font à proprement parler qu'une seule; car c'est de la solution de la première que dépend celle des deux autres.

Le droit romain faisait, sur la première, une distinction entre les enfans nés avant, et les enfans nés après l'Adoption.

Les enfans nés après l'Adoption, suivaient indistinctement la condition de leur père et devenaient par conséquent les enfans adoptifs de celui par qui leur père avait été adopté ; *ex adoptivo natus* (disait la loi 27, D. *de Adoptionibus*) *adoptivi locum obtinet in jure civili.*

Quant aux enfans nés avant l'Adoption, le droit romain faisait une sous-distinction entre l'*adrogation*, c'est-à-dire, l'Adoption d'un *père de famille*, ou d'un individu dont le père était mort ou qui était affranchi de sa puissance par l'émancipation, et l'*Adoption simple*, c'est-à-dire, l'Adoption d'un *fils de famille*, ou d'un individu qui, soumis à la puissance de son père naturel, passait, du consentement de celui-ci, sous la puissance d'un père adoptif.

Dans le premier cas, les enfans que l'*adrogé* avait sous sa puissance au moment de l'*adrogation*, passaient sous celle du père adoptif et en devenaient les petits-fils : *adrogato* (disait la loi 40 du titre cité) *patre familias, liberi qui in ejus erant potestate, nepotes apud adrogatorem efficiuntur, simulque cum suo patre in ejus recidunt potestatem.*

Dans le second cas, les enfans de l'adopté restaient sous la puissance de leur aïeul, et l'adoptant n'acquérait sur eux aucun droit : *Quod non similiter*, ajoutait la même loi, *obtinet in Adoptione; nam nepotes ex eo in avi naturalis retinentur potestate* (1).

Mais quel effet avait, soit l'*adrogation*, soit l'*Adoption simple*, par rapport aux enfans de l'adrogé ou de l'adopté, qui, déjà nés à l'époque de l'une ou de l'autre, se trouvaient émancipés ? Aucun. Devenus, par leur émancipation, simples enfans de leur père naturel, ils ne pouvaient pas même acquérir, soit par son adrogation, soit par son Adoption, la qualité de *cognat*, de son père adoptif : *Qui in Adoptionem datur*, disait la loi 23, D. *de Adoptionibus, his quibus adgnascitur, et cognatus fit; quibus verò non adgnascitur, nec cognatus fit : Adoptio enim non jus sanguinis, sed jus adgnationis adfert; et ideò si filium adoptaverim, uxor mea illi matris loco non est; neque enim adgnascitur ei, propter quod nec cognata ejus fit. Item nec mater mea aviæ loco illi est : quoniam his qui extrà familiam meam sunt, non adgnascitur; sed filiæ meæ is quem adoptavi, frater fit, quoniam in familiâ meâ est filia; nuptiis etiam eorum prohibitis.*

Cependant, M. Proudhon, dans son *Cours de Droit français*, tome 2, page 140, part de la première de ces lois (qu'il suppose, sans doute par inattention, applicable aux enfans nés avant l'Adoption, comme aux enfans nés après), pour soutenir que les enfans légitimes de l'adopté deviennent de plein droit les petits-fils de l'adoptant, et qu'en conséquence ils représentent leur père dans la succession de celui-ci. « La question, » dit-il, était ainsi décidée dans le droit romain » par la loi 27 D. *de Adoptionibus*. Mais elle » n'est pas résolue dans le Code civil ; néanmoins » il nous paraît qu'on doit suivre la décision consignée dans la loi romaine, parcequ'elle est » conforme à l'esprit dans lequel l'Adoption a » été instituée parmi nous. Lorsque l'adopté » meurt, il transmet à ses enfans les biens qu'il » avait reçus de l'adoptant; et si ces enfans meurent encore avant l'adoptant, celui-ci leur succède dans les biens provenus de lui (art. 352 du » Code civil), comme il aurait succédé à l'adopté » mort sans postérité; on doit donc admettre, » par réciprocité, les enfans à représenter leur » père dans la succession de l'adoptant, puisque celui-ci leur succède de la même manière » qu'il aurait succédé à leur père ».

M. Toullier (*Droit civil français*, liv. 1, question 8, n°. 1015) regarde la loi 27, D. *de Adoptionibus*, comme indifférente à la question. « L'on » ne peut, dit-il, en argumenter, parceque les » principes de l'Adoption romaine sont totalement différens des nôtres ». Cependant il ne laisse pas de penser comme M. Proudhon, que, « si l'adopté mourait avant l'adoptant, mais laissant des descendans légitimes, ceux-ci recueilleraient par représentation les droits qu'il aurait eus dans la succession de l'adoptant; et » que c'est ce qui paraît résulter de l'art. 351, » qui n'accorde à l'adoptant le droit de retour » que dans le cas où l'adopté meurt sans descendans légitimes ».

Mais M. Grenier (dans son *Traité de l'Adoption*, n°. 37) se déclare hautement pour l'opinion contraire.

Il commence par poser en principe, avec M. Locré (*Esprit du Code civil*), que *les effets de l'Adoption ne doivent pas s'étendre au-delà du père adoptant et du fils adopté*; puis il continue ainsi.

« La loi donne bien à l'adopté, sur la succes-

---

(1) C'est par le rapprochement de cette loi avec la loi 27 du même titre, que le président Favre prouve, dans *Rationalia* sur celle-ci, qu'elle ne peut être entendue que des enfans nés après l'Adoption. Il demande si la décision n'en est pas contrariée par la loi 40, et il répond que non, parceque la loi 40 ne parle que des enfans qui, au moment de l'adrogation ou de l'Adoption simple, étaient déjà nés : *intellige de his qui jam nati erant tempore adoptionis. Secus in iis qui posteà nati sunt, nec ulla quantùm ad istos differentia est inter Adoptionem et adrogationem. Itaque hæc lex intelligenda est de adoptivo quolibet, etiam de arrogato.*

ADOPTION, §. VII.

sion du père, tous les droits des enfans nés du mariage; mais elle borne, par l'art. 349, l'obligation respective de fournir des alimens à l'adoptant et à l'adopté, en sorte qu'elle exclut toute idée de parenté entre l'adoptant et les enfans de l'adopté, et par conséquent tout droit de successibilité.

» De même aussi elle n'établit aucune successibilité active ou passive, à l'égard de l'adopté, dans les degrés collatéraux de la famille adoptive.

» Tout cela résulte des art. 351 et 352.

» Les enfans de l'adopté, ne peuvent invoquer le droit de représentation. La représentation est, à la vérité, d'après l'art. 739, une fiction de la loi, dont l'effet est de faire rentrer les représentans dans la place, dans le degré et dans les droits du représenté. Mais la représentation, suivant que le remarquent tous les auteurs, et notamment Lebrun, ne prend pas moins son fondement dans la nature, et l'on ne peut pas l'appliquer à l'Adoption dès que la loi ne pousse pas jusque-là la fiction, et que l'Adoption n'opère aucune transmission de droit de famille.

» La loi a voulu, art. 759, qu'en cas de prédécès de l'enfant naturel, ses enfans ou descendans puissent réclamer les droits fixés par les articles précédens; mais ne s'étant pas expliquée de même à l'égard de la descendance de l'enfant adoptif prédécédé, il s'en tire la conséquence qu'elle n'a pas voulu lui appliquer le même principe.

» Enfin, l'art. 745 appelle au droit de succéder les enfans et leurs descendans, et la loi ne défère pas ce droit aux descendans de l'adopté.

» Ainsi, pour que les descendans de l'enfant adoptif qui a prédécédé l'adoptant, pussent réclamer les biens de ce dernier, il faudrait qu'il y eût en faveur de l'enfant adoptif, ou une donation entre-vifs qui l'aurait saisi dès l'instant qu'elle aurait été faite, ou une institution contractuelle qui renfermerait, en faveur des enfans de l'institué, un substitution tacite ou vulgaire, en conséquence de l'art. 1082. Cette substitution ne peut d'elle-même, et sans le secours de l'institution contractuelle, s'appliquer à l'Adoption».

Avant de m'expliquer sur cette importante controverse, je crois devoir retracer deux espèces dans lesquelles l'opinion de MM. Proudhon et Toullier a triomphé.

En messidor an 10, la dame Thimister adopte, du consentement de son mari dont elle n'a point d'enfans, une fille qu'il a d'un mariage précédent, et lui confère sur sa succession, tous les droits qu'elle y aurait si elle était sa fille naturelle et légitime.

Le 12 fructidor de la même année, la demoiselle Thimister épouse le sieur Marmo; et elle meurt en 1816, mère de six enfans.

La dame Thimister meurt elle-même le 18 janvier 1822; et alors s'élève entre son mari survivant, appelé par leur contrat de mariage à recueillir toute sa succession dans le cas où elle ne laisserait pas d'enfans, et le sieur Marmo, père et tuteur légitime des enfans de la demoiselle Thimister, la question de savoir si ceux-ci doivent ou non représenter leur mère.

Le 20 janvier 1823, jugement du tribunal de première instance de la Seine, qui décide que non, et adjuge la succession de la dame Thimister à son mari, « attendu que les effet du contrat d'adoption sont réglés par un titre particulier du Code civil, et que les dispositions relatives à l'Adoption, forment un droit extraordinaire qui ne peut-être étendu par analogie; que la représentation est une fiction de la loi qui doit être expressément établie en faveur de celui qui l'invoque, et qu'aucun article du Code ne confère aux enfans de l'adopté le droit de le représenter dans la succession de l'adoptant; qu'il n'existe entre eux aucune obligation de se fournir des alimens; qu'ainsi, la loi n'a établi, entre les enfans du fils adoptif et l'adoptant, aucun droit de successibilité, les droits et les obligations étant corrélatifs; que l'Adoption se réduit à conférer à l'adopté le droit qui résulterait en sa faveur d'une institution irrévocable d'héritier, ou d'une donation de la succession, et qu'il est de principe que ces sortes de dispositions deviennent caduques par le prédécès du donataire ».

Mais sur l'appel, arrêt de la cour royale de Paris, du 27 janvier 1824, qui réforme ce jugement, et adjuge la succession aux mineurs Marmo,

» Attendu que la fiction, quand elle est l'œuvre de la loi, opère les mêmes effets et produit les mêmes conséquences que la réalité; que le but de l'Adoption étant de créer à l'adoptant une descendance fictive, en remplacement et par imitation de la descendance naturelle, il serait contraire au vœu même de l'institution que cette descendance s'arrêtât au premier degré, lorsque, pour la perpétuer, il existe des degrés ultérieurs; que, dans le droit civil, le père et le fils sont censés être une seule et même personne, et que c'est sur cette autre fiction que se fonde toute la doctrine de la représentation en ligne directe, c'est-à-dire, du droit qu'a le petit-fils de venir en remplacement de son père, et dans la même ligne que ses oncles, à la succession de son aïeul;

» Attendu que, dans le contrat formé par l'Adoption entre l'adoptant et l'adopté, celui-ci stipule, tant expressément pour lui que virtuellement pour ses enfans et descendans en ligne directe, suivant la règle du droit qui établit que, non-seulement nous pouvons stipuler pour nos héritiers, mais même que nous sommes censés l'avoir fait, quoique cela ne soit pas exprimé; que la condition onéreuse en échange de laquelle le contrat d'Adoption confère à l'adopté un droit incontestable de successibilité à l'égard de l'adoptant, consistant à ajouter à son nom celui de ce

18.

dernier; et l'adopté transmettant ensuite ce même nom à son fils, qui n'est avec lui qu'une seule et même personne, il y a, indépendamment de leur identité légale, par le seul fait de cette transmission, continuité de lien entre l'adoptant et le fils de l'adopté ; que la transmission du nom de l'adoptant à l'adopté et à sa postérité, ne permet pas de diviser, dans la pensée de l'adoptant, la personne de l'adopté de celle de ses descendans; que la circonstance de la mort de l'adopté avant l'adoptant, est donc complètement indifférente aux rapports de l'adoptant avec le fils de l'adopté, et qu'il serait contre raison et justice que le contrat fût résolu à l'égard de l'une des parties, lorsque l'autre resterait liée par la condition sur la foi de laquelle le contrat a été formé (1) ».

Le 21 janvier 1817, Pierre Baduel d'Oustrac adopte pour son fils, Pierre Baduel de la Boissonnade, son neveu.

Le 24 du même mois, il fait un testament par lequel, entré autres dispositions, il lègue un immeuble à Jean-Pierre-Benoît Baduel, son petit-neveu, fils aîné de Pierre-Baduel de la Boissonnade, son fils adoptif.

Le 27 février suivant, décès de Pierre Baduel d'Oustrac.

Contestation sur la quotité du droit de mutation qui est dû à raison du legs qu'il a fait à son petit-neveu. La direction générale de l'enregistrement prétend que le légataire ne descendant point du testateur, c'est à cinq pour cent que le droit doit être payé; et de son côté, le légataire soutient qu'ayant acquis par l'Adoption de son père, la qualité civile de petit-fils de Pierre-Baduel d'Oustrac, il ne doit qu'un pour cent.

Le 2 septembre 1820, jugement en dernier ressort du tribunal de première instance d'Espalion, qui prononce en faveur de la direction générale, « attendu que l'Adoption ne présente qu'un
» contrat personnel entre l'adoptant et l'adopté,
» dont les effets ne peuvent s'étendre, en ce qui
» concerne la filiation, à aucun membre de la
» famille du fils adoptif ».

Recours en cassation contre ce jugement de la part du légataire, et après une discussion contradictoire (dont on peut voir les développemens dans le recueil de M. Sirey, tome 23, page 74, ainsi que dans le Journal des Audiences de la cour de cassation, année 1823, page 489), arrêt du 2 décembre 1822, au rapport de M. Boyer, et sur les conclusions conformes de M. l'avocat-général Joubert, qui casse le jugement attaqué,
« Vu les art. 347, 348, 349, 350 et 351 du Code civil;
» Vu aussi l'art. 69, §. 3, n°. 4, et §. 8, n°. 2 de la loi du 22 frimaire an 7;
» Attendu que du rapprochement et de l'ensemble des articles précités du Code civil, il ré-

(1) Journal des Audiences de la cour de cassation, année 1824, supplément, page 98.

sulte évidemment que le système général de la loi qui permet l'Adoption, a pour objet de donner aux citoyens que les circonstances ont éloignés des liens du mariage, ou dont le mariage a été jusque-là stérile, la faculté de se créer une descendance fictive, semblable dans ses effets à la descendance naturelle dont ils sont privés;
» Que ce but principal de la loi se manifeste clairement dans les dispositions
» De l'art. 347, qui confère à l'adopté le nom de l'adoptant;
» De l'art. 348, qui établit *relativement au mariage*, les mêmes *prohibitions* entre l'adoptant et l'adopté, leurs enfans ou conjoints respectifs, que le même Code prononce entre les personnes unies au même degré par les liens du sang;
» De l'art. 349, qui établit, entre l'adoptant et l'adopté, les mêmes *obligations réciproques* qui existent dans l'ordre naturel, *de se fournir des alimens* dans les cas déterminés par la loi;
» De l'art. 350, qui accorde au fils adoptif *les mêmes droits sur la succession* de l'adoptant que *ceux des enfans nés en mariage, lors même qu'il y aurait d'autres enfans de cette dernière qualité*, nés depuis l'Adoption;
» Enfin de l'art. 351, qui, en cas de prédécès de l'adopté, n'accorde à l'adoptant *un droit de retour* sur les dons par lui faits à son fils adoptif, *que dans le cas où celui-ci est décédé sans postérité*;
» Attendu que, si l'art. 350 ci-dessus cité refuse à l'adopté tout droit de successibilité sur les biens des parens de l'adoptant, cette disposition, éminemment juste, en ce qu'il ne doit pas dépendre de l'adoptant de donner à ses parens des héritiers que la loi ne leur donne pas, et qui ne sont pas de leur choix, loin de modifier l'intimité des rapports que la loi établit entre l'adoptant lui-même et son enfant adoptif, la fortifie au contraire par la précision des termes restrictifs dans lesquels elle est conçue;
» Attendu qu'il suit de tout ce que dessus, que ce serait contrarier le vœu bien prononcé du législateur, et rendre en quelque sorte illusoire le bienfait de cette descendance civile par laquelle une heureuse fiction de la loi remplace, en faveur de l'adoptant, la descendance naturelle, que d'en restreindre l'effet à la seule personne de l'adopté;
» Attendu enfin que, suivant un principe de droit commun, consacré par l'art. 740 du Code civil, la représentation a lieu de plein droit en ligne directe descendante, et qu'on ne trouve aucune disposition exceptionnelle à ce principe à l'égard de la descendance résultant de l'Adoption;
» Attendu que, par une conséquence nécessaire de ce qui vient d'être dit, les legs faits aux enfans de l'adopté, doivent être considérés comme faits en ligne directe, et passibles seulement du droit proportionnel dont l'art. 69, §. 3, n°. 4, de la loi du 22 frimaire an 7 frappe ces sortes de

libéralités, et ne sont pas soumises au droit réglé par le n°. 2, §. 8, du même article, pour les mutations par décès qui ont lieu entre collatéraux ou entre personnes non parentes; et qu'ainsi, le jugement attaqué, qui a déclaré ce dernier droit applicable au legs fait par le sieur Baduel à l'enfant mineur de son fils adoptif, a violé les articles ci-dessus cités du Code civil, faussement appliqué le n°. 2, §. 8, de la loi du 22 frimaire an 7, et violé le n°. 4, §. 3 du même article ».

Ces deux arrêts ont-ils bien jugé?

L'affirmative n'est pas douteuse pour le second, dans la supposition que les enfans de Pierre Baduel de la Boissonnade fussent réellement devenus, par son Adoption, *les petits-fils civils* de Pierre Baduel d'Oustrac, puisqu'alors le legs dont il s'agissait, aurait dû être considéré comme fait *en ligne directe*.

Elle ne l'est pas non plus pour le premier, dans la supposition que l'Adoption de la dame Marmo eût conféré à ses enfans la qualité civile de petits-fils de la dame Thimister. Peu importe, dans cette supposition, que la loi n'appelle pas expressément les enfans du fils adoptif à la représentation dans la succession de l'adoptant; elle les y appelle, dans cette supposition, par cela seul qu'elle dit, art., 740, que *la représentation a lieu à l'infini dans la ligne directe descendante*.

Et que l'on ne dise pas que, par l'art. 745, elle restreint cette disposition aux enfans à la fois naturels et légitimes. L'objet de cet article n'est que de déterminer les effets de la représentation en ligne directe descendante, dans le cas où il y a des enfans *issus de différens mariages*; et de ce que, pour ce cas particulier, il ne s'occupe que des enfans à la fois naturels et légitimes, il ne s'ensuit certainement pas qu'il exclue les enfans qui ne sont que légitimes, de la disposition générale qui, dans l'art. 740, accorde la représentation à tous les descendans en ligne directe sans distinction.

Qu'on ne dise pas non-plus que, s'il entrait dans les vues de l'art. 740, d'accorder la représentation aux descendans qui ne sont tels que par l'Adoption de leur père, comme aux descendans qui sont tels par l'effet du mariage dont ils sont issus médiatement, l'art. 759 ne prendrait pas la précaution d'appeler expressément les enfans du fils naturel légalement reconnu à le représenter dans la succession de son père. L'art. 759 ne prend cette précaution que parce qu'aux termes de l'art. 756, *les enfans naturels légalement reconnus ne sont point héritiers*, et que par conséquent la disposition de l'art. 740 n'est point d'elle-même applicable à leurs descendans.

Mais reste la question de savoir si la supposition que nous faisons ici, est exacte, c'est-à-dire, si les enfans du fils adoptif deviennent réellement les *petits-fils civils* de l'adoptant.

Pour établir qu'ils le deviennent en effet, on se fonderait inutilement sur la disposition de l'art. 348 qui prohibe le mariage *entre l'adoptant et les descendans de l'adopté*. Si l'on pouvait conclure de là que les descendans de l'adopté sont les *descendans civils* de l'adoptant, il faudrait aussi, de la prohibition (écrite dans le même article) du mariage *entre l'adopté et les enfans qui pourraient survenir à l'adoptant*, conclure que les enfans qui surviennent à l'adoptant deviennent les frères civils de l'adopté. Il faudrait aussi, de ce que le même article prohibe le mariage *entre l'adopté et le conjoint de l'adoptant*, conclure que l'époux de l'adoptant acquiert, à l'égard de l'adopté, la qualité de mère civile. Or, ces trois conséquences seraient évidemment fausses; celle que l'on voudrait tirer de la prohibition du mariage *entre l'adoptant et les descendans de l'adopté*, ne peut donc pas être vraie. Et en effet, ce ne sont pas des empêchemens de parenté civile, ce sont uniquement des empêchemens d'honnêteté publique, qui sont établis par les diverses dispositions de l'art. 348.

Plus vainement argumenterait-on, à cet égard, de ce que l'art. 349 déclare *commune à l'adoptant et à l'adopté, l'un envers l'autre*, « l'obligation » naturelle qui continue d'exister entre l'adopté » et ses père et mère, de se fournir des alimens » dans les cas déterminés par la loi »; car cet article ne dit pas que les enfans de l'adopté sont, sur ce point, de la même condition que d'adopté lui-même. Sans doute il est censé le dire dans la supposition que les enfans de l'adopté soient civilement les petits-enfans de l'adoptant; mais il ne peut aider en rien à apprécier le mérite de cette supposition.

L'argument que tire M. Toullier des art. 351, 352, est-il mieux fondé? Il le serait sans doute, si, pour trouver la raison de ce que ces articles n'accordent à l'adoptant le retour des biens qu'il avait donnés à son fils adoptif prédécédé, que dans le cas où celui-ci ne laisse pas d'enfans légitimes, il était nécessaire de supposer que la loi considère les enfans de l'adopté comme petits-fils de l'adoptant. Mais cette disposition peut très-bien s'expliquer sans recourir à une pareille supposition. On conçoit, en effet, sans peine que la loi a pu disposer ainsi par le seul motif que, si, en donnant à son fils adoptif, l'adoptant ne peut pas être censé avoir entendu qu'à son exclusion et à celle de ses propres descendans, les objets donnés passassent aux ascendans ou aux parens collatéraux de l'adopté, il est du moins naturel de présumer qu'il n'a pas entendu qu'en cas de prédécès de l'adopté, celui-ci fût privé de la consolation de transmettre à sa propre descendance les biens compris dans la donation.

M. Proudhon tire des mêmes articles le même argument que M. Toullier; mais il le présente sous une autre face. Suivant lui, c'est à titre de *succession*, qu'en cas de prédécès des descendans de l'adopté mort avant eux, l'adoptant reprend les biens qu'il avait donnés à leur père. Il est donc, quant à ces biens, *héritier* des descendans de l'adopté, comme l'ascendant naturel et légitime est, en pareil cas, et aux termes de l'art. 747, *héritier* des biens qu'il avait donnés à l'un des enfans issus de son mariage. Or, l'adoptant peut-il être *héritier* des descendans de l'adopté, sans que les descendans de l'adopté soient considérés comme ses propres descendans, sans qu'ils soient appelés éventuellement à sa propre succession?

Cela serait sans réplique, si c'était vraiment à titre de succession que l'adoptant rentre, après le décès des descendans de l'adopté mort avant eux, dans les biens qu'il avait donnés à celui-ci; et ce qui pourrait faire croire, au premier aspect, que c'est effectivement à ce titre qu'il y rentre, c'est qu'il ne les reprend, comme l'ascendant naturel et légitime dans le cas de l'art. 747, qu'*à la charge de contribuer aux dettes et sans préjudice des droits des tiers.*

Mais, d'abord, faisons bien attention à la différence qui se trouve entre la rédaction de l'art. 351 et celle de l'art. 747. Dans le cas de l'art. 747, *les ascendans succèdent aux choses par eux données à leurs enfans*, et par conséquent c'est comme *héritiers* qu'ils les reprennent. En est-il de même dans le cas de l'art. 351 ? Non; c'est par droit de retour que l'adoptant rentre dans ce qu'il avait donné à son fils adoptif. A la vérité, il ne peut exercer ce droit qu'en supportant les mêmes charges que s'il était héritier; mais ce n'est pas à titre d'héritier qu'il l'exerce. On ne peut donc pas conclure de là qu'il existe une parenté civile entre lui et les descendans de l'adopté.

En second lieu, ce n'est pas seulement à l'adoptant que l'art. 351 accorde, dans le cas de prédécès des descendans de l'adopté morts avant eux, le retour des biens qu'il avait donnés à leur père; il l'accorde également aux enfans qui sont survenus à l'adoptant après l'Adoption. Or, est-ce comme héritiers des descendans de l'adopté que ceux de l'adoptant exercent ce droit ? Et de ce que ce droit leur est déféré par l'art. 351, s'ensuit-il que l'art. 351 les considère comme liés par une parenté civile aux descendans de l'adopté? Non certainement. Eh! comment voudrait-on tirer de cet article, par rapport à l'adoptant, une conséquence qui serait évidemment fausse par rapport à ses descendans?

Mais s'il n'y a rien dans les art. 348, 349, 351 et 352, d'où l'on puisse raisonnablement induire que l'Adoption établit une parenté civile entre l'adoptant et les descendans de l'adopté, n'en est-il pas autrement de l'art. 347? Et de ce qu'aux termes de celui-ci, *l'Adoption confère le nom de l'adoptant à l'adopté, en l'ajoutant au nom propre de ce dernier,* ne s'ensuit-il pas que les enfans de l'adopté deviennent les petits enfans de l'adoptant?

Oui sans doute, si le nom de l'adoptant est, par l'Adoption, conféré aux enfans de l'adopté comme à l'adopté lui-même. Car, dans cette hypothèse, le nom de l'adoptant ne peut pas se communiquer aux enfans de l'adopté, sans la filiation civile dont il est à la fois le signe légal et la conséquence nécessaire. Si donc ils sont obligés de porter le nom de l'adoptant, si, par là, ils sont soumis à la charge imposée par le contrat d'Adoption à leur père, il est impossible qu'ils soient exclus des avantages résultant de ce contrat; et les bénéfices de ce contrat leur sont nécessairement communs, si les charges et surtout la principale leur en sont communes.

La question se réduit donc à ce seul point: est-ce à l'adopté seulement, ou bien est-ce aussi à ses enfans que l'Adoption confère le nom de l'adoptant?

Point de difficulté là-dessus quant aux enfans survenus à l'adopté après l'Adoption. Tout enfant qui est le fruit d'un mariage, doit être inscrit, au moment de sa naissance, sur les registres de l'état civil, sous le nom de son père. C'est donc sous un nom composé de celui de son aïeul paternel et de celui de l'adoptant, que doit être inscrit l'enfant légitime qui, après l'Adoption, survient à l'adopté. Cet enfant naît donc petit-fils civil de l'adoptant, en même temps que petit-fils naturel et légitime de l'auteur des jours de son père. Et dès-là, il est clair que l'arrêt de la cour royale de Paris, du 27 janvier 1824, a bien jugé en admettant les enfans de la dame Marmo à succéder par représentation de leur mère à la dame Thimister, sa mère adoptive, puisqu'ils étaient nés postérieurement à l'Adoption qui avait rendu l'une civilement fille de l'autre.

Mais il y a plus de doutes, il y en a même de très-sérieux, par rapport aux enfans de l'adopté qui étaient nés avant l'Adoption; et c'était d'un enfant de cette catégorie qu'il s'agissait dans l'espèce de l'arrêt de la cour de cassation, du 2 décembre 1822.

La direction générale de l'enregistrement aurait pu dire dans cette espèce, et je m'étonne qu'elle n'ait pas dit en effet,

Qu'il ne faut pas confondre l'enfant dont la naissance a précédé l'Adoption de son père, avec l'enfant qui n'a vu le jour qu'après l'acte qui avait rendu son père fils civil de l'adoptant;

Qu'à la vérité, l'enfant qui survient à l'adopté après l'Adoption, prend nécessairement le nom de l'adoptant conjointement avec le nom primitif de son père, et par conséquent naît petit-fils civil de l'adoptant; mais qu'il n'en peut pas être de même de l'enfant auquel l'adopté avait donné le jour avant l'Adoption;

Que, né avec le nom primitif de son père, ce nom est pour lui une propriété personnelle; que

ADOPTION, §. VII.

son père peut bien , en employant à cet effet des moyens légaux , le changer, le mêler avec un nom étranger , ou le dénaturer de toute autre manière ; mais qu'il ne peut le faire que pour lui seul et pour ses enfans à naître ;

Que, s'il en était autrement, il dépendrait d'un père, en se faisant adopter par un individu portant un nom ridicule ou infâme, de forcer ses enfans déjà nés à associer ce nom à celui que ses ancêtres ont illustré;

Qu'il est donc impossible que l'Adoption confère de plein droit le nom de l'adoptant à l'enfant né avant l'Adoption ;

Et que, dès-lors, tout prétexte manque, soit pour supposer une parenté civile entre l'enfant né avant l'Adoption et l'adoptant, soit pour soutenir que, dans la succession de l'adoptant, cet enfant représente son père prédécédé ; soit pour assimiler le legs qui lui est fait par l'adoptant, à une mutation en ligne directe.

Qu'aurait prononcé la cour de cassation , si on lui eût présenté sous ce point de vue, la question qu'elle avait à juger? Aurait-elle cassé, comme elle l'a fait , le jugement du tribunal d'Espalion qui avait assujéti au droit dont sont passibles les donations entre collatéraux ou étrangers, le legs fait par Pierre Baduel d'Oustrac à l'un des enfans qu'avait son fils adoptif au moment de l'Adoption ? Je ne saurais le penser.

Que les enfans nés avant l'Adoption , ne puissent pas être forcés par le contrat passé entre leur père et l'adoptant, d'ajouter le nom de celui-ci au leur, c'est ce qui me paraît incontestable.

Mais cela posé , comment pourraient-ils être réputés les petits-fils civils de l'adoptant? Ils ne le deviennent certainement pas de plein droit au moment même de l'Adoption ; et le moyen de concevoir qu'ils puissent le devenir postérieurement par leur adhésion expresse ou tacite à ce qui a été fait entre l'adoptant et leur père ? Leur filiation civile ne peut, ni demeurer en suspens, ni dépendre uniquement de leur volonté ; et dès qu'elle ne se forme pas en même temps que celle de leur père, il est impossible qu'elle se forme après coup sans le concours de la volonté de l'adoptant envers la leur, et sans la sanction du pouvoir judiciaire, c'est-à-dire, sans qu'il intervienne, entre eux et l'adoptant, un contrat particulier d'Adoption.

Objectera-t-on que, lorsqu'en exécution de la loi du 11 germinal an 11 , un père obtient du gouvernement la permission de substituer ou d'ajouter un nom étranger au sien , les enfans qu'il a en ce moment, n'ont pas besoin d'une permission personnelle pour que son changement de nom leur devienne commun.

Pour peu que l'on y réfléchisse , on sentira qu'il n'y a aucune induction à tirer de là.

D'une part, il est certain que, si un père parvenait à obtenir du gouvernement la permission de substituer ou d'ajouter un nom ridicule ou infâme au sien, ses enfans pourraient, d'après l'art. 7 de la loi du 11 germinal an 11 , demander, dans l'année de la publication de l'ordonnance du roi, qu'elle fût révoquée ou du moins restreinte à la personne du père; et dès-lors, on voit tout de suite comment le changement de nom autorisé par le gouvernement en faveur du père, s'étend jusqu'aux enfans, sans qu'ils soient expressément compris dans la permission que le père obtient personnellement : ce n'est point parce-que le nouveau nom du père devient de plein droit le nom des enfans déjà nés ; encore une fois , le nom du père, une fois acquis aux enfans par leur naissance, ne peut ni leur être ôté ni être changé sans leur consentement ; mais c'est parcequ'en n'usant pas de la faculté qu'ils tiennent de l'art. 7 de la loi du 11 germinal an 11 , ils consentent à ce que le nouveau nom de leur père devienne le leur.

D'un autre côté, il n'y a point d'inconvénient à ce que, pendant l'année qui suit la publication de l'ordonnance du roi par laquelle le père est autorisé à changer de nom, il reste incertain si ce changement sera ou ne sera pas commun aux enfans ; et aucun principe n'est blessé par cette incertitude. Mais assurément il serait absurde que la filiation civile des enfans de l'adopté pût, à l'égard de l'adoptant, rester en suspens, je ne dis pas pendant une année, mais pendant un jour, pendant une heure.

Dira-t-on que, puisque les enfans de l'adopté nés avant l'Adoption, sont, sans leur concours à l'Adoption même , soumis à l'empêchement de mariage qu'elle établit entre eux, l'adoptant, son époux, les autres enfans adoptifs et les enfans légitimes qui peuvent lui survenir, ils peuvent bien aussi, sans leur concours à l'Adoption, et par le seul fait de leur père, devenir civilement les petits-fils de l'adoptant?

Ce ne serait pas raisonner avec plus de justesse. La loi peut bien , de sa seule autorité et par respect pour la morale publique , faire résulter d'un fait qui vous est étranger, un obstacle à ce que vous épousiez légalement telle personne; et c'est ainsi qu'encore que vous n'ayez ni coopéré ni consenti à la paternité naturelle de votre fils , vous ne pouvez cependant pas épouser la fille qui doit le jour au commerce illicite auquel il s'est livré. Mais si , comme je l'ai établi dans le *Répertoire de Jurisprudence*, au mot *Alimens*, §. 1, art. 2 , on ne peut pas même conclure de là que vous soyez tenu de fournir des alimens à cette fille, comment pourrait-on inférer de l'empêchement de mariage qui résulte de l'Adoption, à l'égard des enfans de l'adopté, non-seulement que les enfans de l'adopté sont soumis , envers l'adoptant, à tous les devoirs de la filiation civile, mais encore qu'ils en ont sur lui tous les droits?

Enfin, invoquera-t-on les dispositions du droit romain sur les effets de l'Adoption, et dira-t-on d'abord que, suivant la loi 40, D. *de Adoptionibus*, les enfans qu'avait *l'adrogé* au moment de *l'adrogation*, devenaient de plein droit les petits fils de *l'adrogateur*, ni plus ni moins que ceux qui lui survenaient après; ensuite, que, suivant la loi 7 du même titre, les agnats de l'adoptant devenaient de plein droit, et même malgré eux, les agnats de l'adopté : *Cùm Adoptio fit, non est necessaria in eam rem auctoritas eorum inter quos jura agnationis consequuntur ?*

Mais les enfans de *l'adrogé* ne devenaient, de plein droit, les petits fils de l'adrogateur, que par l'effet de la puissance paternelle que l'adrogateur acquérait sur leur père : *si pater familias adoptatus sit* (disait la loi 15, D. *de Adoptionibus*), *omnia quæ ejus fuerunt et acquiri possunt, tacito jure ad eum transeunt qui adoptavit. Hoc ampliùs, liberi ejus, qui in potestate sunt, eum sequuntur.* Or, je l'ai déjà dit, l'Adoption ne confère plus à l'adoptant la puissance paternelle sur l'adopté. Il n'y a donc aucune conséquence à tirer ici de la première des lois dont il s'agit.

La seconde n'est pas moins étrangère aux principes qui nous régissent aujourd'hui. Non-seulement nous ne connaissons plus d'agnats dans le sens des lois romaines, mais l'Adoption ne produit aucune ombre de parenté civile entre les parens de l'adoptant et l'adopté, ni entre les parens de l'adopté et l'adoptant.

§. VIII. 1°. *Quand l'Adoption est parfaite, l'adoptant peut-il la révoquer malgré l'adopté, et l'adopté peut-il y renoncer malgré l'adoptant ?*

2°. *Est-elle révocable au gré de l'un ou de l'autre, tant qu'elle n'est pas homologuée par arrêt et inscrite sur les registres de l'état civil ?*

3°. *Peuvent-ils l'un et l'autre la révoquer de commun accord, après qu'elle a reçu, par l'inscription sur le registre de l'état civil, le complément des formes qui la constituent ?*

I. Sur la première question, nulle difficulté. La négative a été consacrée par l'arrêt de la cour de cassation, du 8 avril 1808, qui est rapporté dans le *Répertoire de Jurisprudence*, aux mots *Révocation d'Adoption*; et depuis, elle n'a plus été remise en controverse. En effet, dit M. Locré (*Esprit du Code civil*, tome IV, page 327, édition in-4°), « l'Adoption n'ayant » lieu qu'entre majeurs et s'opérant par le con» sentement mutuel des parties, il est évident » qu'elle forme un contrat qu'un seul des contrac» tans ne peut plus rompre. »

II. La seconde question n'offre pas plus de difficulté. Il est de principe que l'obligation conditionnelle ne peut pas être résiliée par une seule des parties qui l'ont contractée et malgré l'autre, tant que reste en suspens la condition de laquelle en dépend l'effet. Or, que font l'adoptant et l'adopté par l'acte qu'ils passent devant le juge de paix, conformément à l'art. 353 du Code civil ? Ils forment entr'eux un contrat qui est subordonné à trois conditions : la première, qu'il sera présenté, dans les dix jours suivans, à l'homologation du tribunal de première instance ; la seconde, que, dans le mois qui en suivra l'homologation ou le refus d'homologation de la part du tribunal de première instance, il sera présenté à l'homologation de la cour d'appel ; la troisième, que, dans les trois mois de l'homologation qui en aura été faite par la cour d'appel, il sera inscrit sur les registres de l'état civil. Donc l'une des parties ne peut pas le résilier malgré l'autre, tant que ces trois conditions ou l'une de ces trois conditions reste en suspens.

Aussi voyons-nous que les art. 354, 355, 357 et 359 n'exigent pas le concours des deux parties dans la poursuite de l'homologation et de l'inscription sur le registre de l'état civil, et qu'il y est, au contraire, exprimé littéralement que ces deux opérations seront poursuivies *par la partie la plus diligente*.

Et ce qui prouve encore mieux que le Code civil considère l'acte d'Adoption passé devant le juge de paix, comme obligatoire pour les deux parties, tant que restent en suspens les trois conditions auxquelles l'effet en est subordonné, c'est qu'appliquant à ce contrat le principe général que les obligations conditionnelles ne lient pas moins les héritiers que leurs auteurs, il porte, art. 360, que, « si l'adoptant venait à mourir » après que l'acte constatant la volonté de for» mer le contrat d'Adoption, a été reçu par le juge » de paix et porté devant les tribunaux, et avant » que ceux-ci eussent définitivement prononcé, » l'instruction sera continuée et l'Adoption ad» mise, s'il y a lieu ».

III. La troisième question n'est pas tout-à-fait aussi facile à résoudre que les deux premières.

Que les deux parties puissent résilier l'Adoption d'un commun accord, tant qu'elle n'est pas consommée par l'inscription qui doit en être faite sur les registres de l'état civil, c'est ce qui ne paraît pas douteux. Les deux parties peuvent la rendre comme non-avenue en s'entendant pour ne pas en remplir les conditions dans les délais fixés par la loi ; elles peuvent donc aussi la rendre telle par un acte exprès.

Qu'après l'inscription sur les registres de l'état civil, le seul consentement des deux parties ne suffise pas pour résoudre l'Adoption, c'est une vérité qui se sent également d'elle-même. Le seul consentement des parties n'a pas suffi pour consommer l'Adoption ; il a fallu de plus l'intervention de la justice et la formalité de l'inscription sur les registres de l'état civil ; les deux parties ne peuvent donc pas la détruire par leur seul consentement.

ADOPTION, §. VIII.

Mais ne pourraient-elles pas opérer la dissolution du contrat qui les lie, en observant les mêmes formalités qu'elles ont employées pour le former, c'est-à-dire, en passant d'abord devant le juge de paix un acte par lequel elles déclareraient leur intention commune de le tenir pour non avenu, en le présentant à l'homologation dans les dix jours suivans, et en le faisant, dans les trois mois, inscrire sur les registres de l'état civil?

Il semblerait, à la première vue, que l'affirmative fût la conséquence de la règle de droit écrite dans la loi 35, D. *de regulis juris* : il n'y a rien de si naturel que de dissoudre un contrat de la même manière qu'il a été formé : *nihil tam naturale est quàm unumquodque eodem genere dissolvi quo colligatum est*.

On pourrait encore invoquer à l'appui de cette opinion, la loi 55, D. *de ritu nuptiarum*, dans laquelle il est dit que *per emancipationem Adoptio dissoluta est*, l'Adoption se dissout par l'émancipation, c'est-à-dire, par un acte qui, dans le droit romain, exigeait, comme l'Adoption elle-même, le concours de la volonté des deux parties et l'intervention du magistrat.

Enfin, le Code prussien, qui a servi, en plusieurs points, de modèle au nôtre sur les conditions, la forme et les effets de l'Adoption, porte expressément, part. 2, tit. 2, sect. 10, n°. 7-14, que l'Adoption une fois légalement consommée, ne peut être révoquée que par les moyens qui l'ont opérée, c'est-à-dire, sans le concours de l'agrément des deux parties avec la sanction des tribunaux.

M. Toullier, tome 2, n°. 1018, incline effectivement à penser que l'on doit, sur cette question, suppléer au silence du Code civil par le Code prussien, « comme la source où ont été
» puisées les dispositions de notre Code sur l'A-
» doption. Il est vrai (continue-t-il) qu'on ne
» trouve en ce dernier, aucune disposition sur la
» révocation de l'Adoption, mais on n'en trouve
» point de contraire. Il ne dit point que les liens
» de l'Adoption seront indissolubles comme les
» liens du sang ; ce qui ne saurait être, puisque
» l'Adoption n'est qu'un contrat. Ce contrat doit
» donc être soumis à la règle ordinaire de tous
» les contrats qui peuvent être dissous de la
» même manière qu'ils ont été passés. Le Code
» n'a point excepté de cette règle le contrat d'A-
» doption, il y a donc lieu de penser que l'Adop-
» tion pourrait être révoquée de la même ma-
» nière qu'elle a été faite, par un contrat ; ou,
» pour employer un terme ancien, mais énergi-
» que et propre, par un *distract* passé devant le
» juge de paix, et homologué par le tribunal qui
» aurait admis l'Adoption ».

Cependant il convient que, dans la discussion du Code civil, *le conseil d'état considéra l'Adoption comme irrévocable* ; et il finit par demander si « le Code n'ayant rien décidé sur ce point, les
» tribunaux pourraient suppléer à son silence

4ᵉ édit., Tome I.

» sans excès de pouvoir » ; mais il laisse la question sans réponse.

Pour moi, il me semble qu'homologuer un acte de dissolution d'Adoption légalement consommée, ce serait, de la part des tribunaux, violer formellement l'art. 6 du Code civil, aux termes duquel « on ne peut déroger par des
» conventions particulières aux lois qui intéres-
» sent l'ordre public et les bonnes mœurs ».

En effet, l'Adoption tient essentiellement à l'ordre public, sinon en ce qu'elle établit, entre l'adoptant et l'adopté, des obligations réciproques de secours, et du second au premier un droit de successibilité, du moins en ce qu'elle produit des empêchemens de mariage entre eux et d'autres personnes qui leur sont respectivement unies par le lien conjugal ou par celui du sang ; et puisque, dès-lors, il ne peut pas dépendre d'eux de faire cesser ces empêchemens par une convention destructive de l'acte d'Adoption, il est clair que, revêtir une pareille convention de la sanction judiciaire, ce serait contrevenir à l'art. 6 du Code civil.

Vainement dirait-on que, si une pareille convention ne peut pas être homologuée en justice à l'effet de faire cesser les empêchemens de mariage produits par l'Adoption, elle peut du moins l'être pour faire cesser les devoirs réciproques et le droit de successibilité que l'Adoption a établis entre les deux parties contractantes.

Pourrait-on stipuler dans une Adoption qu'elle ne produira pas ces devoirs et ce droit, et qu'il n'en résultera que les empêchemens de mariage déterminés par la loi ? Non sans doute ; restreindre ainsi une Adoption, ce serait la dénaturer ; et il n'est point de juge qui osât l'homologuer.

Et l'on pourrait faire, après coup, ce qu'il est impossible de faire d'emblée ! On pourrait, après avoir consenti une Adoption pure et simple, en limiter l'effet à des empêchemens de mariage ! Non : l'Adoption est indivisible dans ses effets comme dans son essence, parceque son essence se compose précisément des effets qu'elle produit : fiction légale de la paternité, il est impossible qu'elle existe s'il manque à la paternité fictive qu'elle établit, un seul des effets que la loi y attache. Pouvez-vous être réputé père d'un individu, sans être, par cela même, soumis à l'obligation de lui fournir des alimens, lorsqu'il est dans le besoin, et sans avoir, par cela même, le droit d'exiger de lui des alimens, lorsque vous tombez dans l'indigence ? Non certainement. Vous ne pourriez donc pas être déchargé de cette obligation ou privé de ce droit, alors que vous continueriez d'être réputé père, à l'effet de ne pouvoir épouser ni la fille ni la veuve de l'individu que vous avez adopté.

Que peut contre une raison aussi tranchante, la règle de droit, *nihil tam naturale est quàm unum quodque eo genere dissolvi quo colligatum est?* Cette règle n'est pas aussi générale qu'elle

19

le paraît au premier abord ; et nous en trouvons la preuve dans la manière dont la loi 153, D. *de regulis juris* la reproduit : FERÈ *quibuscumque modis obligamur*, dit-elle, *iisdem in contrarium actis liberamur*. Si cette règle n'a lieu que dans les cas les plus ordinaires, *ferè* (presque toujours), elle admet donc des exceptions ; et en effet, le bon sens veut que, bonne pour les contrats de pur droit privé, elle soit sans application aux contrats de droit public. Ainsi, c'est un contrat de droit public que le mariage, et il est bien constant qu'une fois formé par le consentement des époux donné publiquement en présence de l'officier de l'état-civil, le mariage ne peut pas être dissous par leur consentement contraire donné devant le même fonctionnaire. Ainsi, c'est un contrat de droit public que le divorce par consentement mutuel (dans les pays étrangers régis par notre Code civil, où il a encore lieu) ; et l'art. 295 de ce Code décide nettement qu'une fois prononcé en vertu d'un jugement passé en force de chose jugée, il ne peut plus être rétracté par le consentement des parties, même avec le concours du pouvoir judiciaire. Ainsi, et par la même raison, l'Adoption qui est également un contrat de droit public, ne serait pas dissoute par la sanction que le pouvoir judiciaire donnerait à la rétractation simultanée des deux parties contractantes.

Il est vrai que, dans le droit romain, l'Adoption était aussi et bien plus encore que sous le Code civil, un contrat de droit public, et que cependant elle était dissoute par les mêmes causes qui l'avaient opérée, par le consentement des deux parties contractantes et par l'intervention des magistrats, en un mot, par l'émancipation. Mais ce n'était point par une conséquence de la règle de droit, *nihil tam naturale est quàm unum quodque eo genere dissolvi quo colligatum est* ; et la preuve en est que, pour adopter un *père de famille*, il fallait le concours de l'autorité du prince avec le consentement des parties, au lieu que, pour l'émanciper après l'Adoption, le consentement des parties n'avait besoin que d'être sanctionné par le magistrat.

Cela venait uniquement de ce que, dans le droit romain, l'Adoption n'était qu'un moyen d'acquérir la puissance paternelle, et qu'à côté de la loi qui permettait d'acquérir la puissance paternelle par cette voie, était celle qui permettait d'y renoncer par l'émancipation.

Et c'est assez dire que l'on ne peut tirer de là aucune induction par rapport à l'Adoption organisée par le Code civil, puisque, n'ayant rien de commun avec la puissance paternelle, il est impossible qu'elle soit dissoute par le moyen qui faisait cesser la puissance paternelle dans le droit romain.

Quant au Code prussien, qu'importe que notre Code civil en ait emprunté plusieurs dispositions relatives à l'Adoption ? Bien loin de conclure de là que l'on puisse suppléer dans notre Code civil celle qui permet aux tribunaux d'autoriser l'adoptant et l'adopté à résoudre l'Adoption, on devrait, en bonne logique, en tirer une conséquence toute contraire. Elle résulte, en effet, nécessairement de la double circonstance que les auteurs du Code civil connaissaient cette disposition, et de ce qu'ils l'ont passée sous silence, alors qu'ils s'en appropriaient plusieurs autres.

§. IX. *Peut-on, après avoir adopté un enfant, et de son vivant, en adopter un second ou un troisième ?*

« Dans toute espèce de cas (dit M. Grenier, » *Traité de l'Adoption*, art. 10), le même individu » peut adopter plusieurs personnes. L'induction » s'en tire de la 3e. partie de l'art. 348 ».

En effet, il y est dit que « le mariage est pro- » hibé..... entre *les enfans adoptifs* du même in- » dividu ».

Ajoutons que l'art. 344 défend bien que l'on soit *adopté par plusieurs, si ce n'est par deux époux* ; mais qu'il n'est dit nulle part, que *plusieurs ne pourront être adoptés par le même individu*.

Voici pourtant une espèce dans laquelle on a soutenu le contraire.

Jérôme V..., piqué de ce qu'une fille qu'il avait adoptée, s'était mariée contre son gré, passe, devant le juge de paix de son domicile, un acte par lequel il adopte ses deux neveux.

Cet acte, présenté au tribunal de première instance de Bourges, jugement qui l'homologue sans difficulté.

Mais, l'affaire portée à la cour d'appel de Bourges, le ministère public conclut à ce que le jugement soit réformé.

« Suivant l'art. 337 du Code, dit-il, l'Adoption n'est permise que dans le cas où l'on n'a pas d'enfant légitime : Or, celui qui a un fils adoptif, a un fils légitime ; la légitimité consiste à être reconnu par la loi.

» Suivant l'art. 344, *l'adopté a, sur la succession de l'adoptant, les mêmes droits que ceux qu'y aurait l'enfant né en mariage*. Or, celui-ci aurait le droit d'empêcher que, par la voie d'Adoption, ses droits à la succession ne fussent éludés.

» S'il était permis à celui qui a un fils adoptif de s'en donner un nouveau, cette faculté pourrait être exercée indéfiniment. Ainsi, après s'être dévoué tout entier au bonheur de son père, il ne pourrait plus attendre de lui que des sentimens et des soins affaiblis et presque annulés par leur extrême division ; ce qui serait une atteinte à la foi du contrat, irrévocable entre l'adoptant et l'adopté.

» D'ailleurs il ne peut y avoir de motifs, même spécieux pour autoriser une Adoption nouvelle ; le législateur, en permettant l'Adoption considérée comme une image de la paternité, voulut offrir une consolation à celui qui était privé d'enfans, rattacher à la société celui que la nature entraînait vers l'isolement ; échauffer, rendre expansifs et bienveillans des cœurs menacés de sécheresse et d'égoïsme. Aucun de tous ces motifs n'existent plus, dès que l'on s'est donné un enfant adoptif. Malheur à celui qui a placé près de son cœur un objet peu digne ! »

Mais, par arrêt du 21 frimaire an 12, la cour d'appel de Bourges a confirmé purement et simplement le jugement d'homologation (1).

§. X. 1°. *L'Adoption consommée par l'inscription sur le registre de l'état civil, peut-elle être annulée sur la réclamation de l'adoptant, soit à raison de l'incapacité des parties ou de l'une d'elles, soit à raison de l'incompétence des juges qui l'ont homologuée, soit à raison de quelque vice de forme?*

2°. *Peut-elle l'être, pour l'une de ces causes après la mort de l'adoptant, sur la réclamation de ses héritiers ou ayant-cause?*

On a déjà vu que l'Adoption est un contrat de droit public. Or, il est de principe que les nullités d'un contrat de droit public sont absolues, et qu'elles peuvent être alléguées, même par les parties contractantes, parcequ'il n'y a point d'obligation là où la loi défend de s'obliger, et là où manquent les conditions sous lesquelles elle le permet. Il ne paraît donc pas douteux que l'adoptant ne puisse revenir sur l'Adoption, en prouvant qu'elle est contraire à la loi.

Et, dès-lors, il est clair que le même droit appartient à ses héritiers et ayant-cause.

Aussi dans l'espèce rapportée ci-dessus, §. 2, le sieur Sander a-t-il vainement prétendu que les sieur et dame Dugied, légataires de son prétendu père adoptif, étaient non-recevables à demander la nullité de son Adoption, et qu'il suffisait qu'un contrat de cette nature fût irrévocable, pour qu'une fois consommée par l'inscription sur le registre de l'état civil, il fût à l'abri de toute attaque. L'arrêt de la cour royale de Colmar, du 28 juillet 1821, a rejeté sa fin de non-recevoir : « Attendu que, si, lors de la discussion du projet » de loi, on a pensé que les collatéraux ne devaient » pas être admis à critiquer l'Adoption consom- » mée, cependant aucune interdiction n'a été » posée ; qu'au reste, l'irrévocabilité, considérée » en général, ne serait pas absolue, puisqu'elle » cesserait dans le cas de survenance d'un enfant » conçu avant l'Adoption, celui de démence de » l'adoptant, et sans doute aussi dans le cas de » faux matériel des pièces sur lesquelles aurait été » basée l'Adoption ».

Le sieur Sander n'a pas été plus heureux devant la cour royale de Dijon ; il y a reproduit sa fin de non-recevoir, et l'arrêt de cette cour, du 31 janvier 1824, l'a également proscrite, « Attendu que » rien, dans le titre 8 du Code civil, qui traite de » l'Adoption, de ses formes et de ses effets, ne » tend à interdire aux héritiers du sang, ou testa- » mentaires, *la faculté de critiquer* l'Adoption » consommée ; et que les tribunaux peuvent d'au- » tant moins admettre une interdiction que la loi » ne prononce pas, que cette loi prévoit elle- » même des cas où l'Adoption serait irrévocable ».

Enfin, le recours en cassation que le sieur Sander a formé contre cet arrêt, a été rejeté le 22 novembre 1825 ;

« Attendu que la nullité invoquée contre l'Adoption de Chrétien-Frédéric Sander, par Frédéric-Guillaume Lotzbeck, sujet français, est fondée sur le reproche de l'incapacité légale de l'adopté, et, par conséquent, repose sur une nullité absolue, générale et d'ordre public, qu'il appartenu à la dame Dugied de relever dans son propre et personnel intérêt.....;

» Attendu que...... du caractère et de la nature de la nullité relevée par la dame Dugied, il résulte que, légataire et héritière de l'adoptant, elle eut droit et intérêt à la faire valoir et à la faire prononcer ».

§. XI. *Quelle est la voie qu'il faut prendre pour faire annuler une Adoption illégale, lorsqu'elle se trouve consommée par l'inscription sur les registres de l'état civil?*

I. Il semble, à la première vue, que, pour demander la nullité d'une Adoption homologuée par arrêt, la première chose à faire soit d'attaquer l'arrêt d'homologation ; que, tant que cet arrêt subsiste, l'Adoption ne puisse pas être annulée, et que, par suite, elle ne puisse jamais être attaquée par action principale devant le premier juge.

C'est effectivement, ce qu'enseigne M. Toullier, n°. 1019 ; mais il convient que l'opinion contraire est professée par M. Grenier ; et, en effet, celui-ci, après avoir établi, n°. 22 (par des raisons qui seront appréciées ci-après, n°. 3), que les héritiers de l'adoptant ne seraient pas recevables à se pourvoir en cassation contre l'arrêt d'homologation, ajoute : « ces héritiers pourraient atteindre » leur but en demandant au tribunal même qui » aurait prononcé l'Adoption, la nullité de cette » même Adoption, comme subreptice, à raison de » l'inobservation des formes prescrites par la loi, » ou parceque, soit l'adoptant, soit l'adopté, » n'auraient pas été dans le cas ou dans les cir- » constances exigées par la loi, pour que l'Adop- » tion ait lieu, *sauf à suivre, sur cette demande,* » *la gradation ordinaire des tribunaux* ».

Laquelle de ces deux opinions est la plus exacte?

Dans l'espèce rapportée ci-dessus, §. 2, le tribunal de première instance de Strasbourg s'était décidé en faveur de celle de M. Toullier, au sujet de la demande que les sieur et dame Dugied, lé-

---

(1) Jurisprudence de la cour de cassation, tome 4, partie , page 65.

gataires universels du sieur Lotzbeck ; avaient formée devant lui par action principale, en nullité de l'Adoption du sieur Sander. Nous ne pouvons, avaient dit les magistrats de ce tribunal, connaître de cette demande, 1°. parcequ'en homologuant l'adoption dont il s'agit, nous avons été, par l'acte de naissance de l'adopté, bien informés de sa qualité d'étranger, et qu'ainsi, il y a chose jugée de notre part ; 2°. parcequ'il ne nous appartient de réformer l'arrêt de la cour royale de Colmar qui a confirmé notre jugement; et, en conséquence, ce tribunal s'était déclaré incompétent. Mais, je l'ai déjà dit, son jugement a été réformé, sur l'appel, par arrêt de la cour royale de Colmar du 28 juillet 1821, et voici par quels motifs :

« Attendu que les sieurs et dame Dugied, prétendant n'être pas tenus des faits de leur auteur, ne pouvaient user de l'opposition, ni de la requête civile, ni du pourvoi en cassation ; qu'ils avaient la faculté de former une tierce-opposition ; mais qu'ils ont pu préférer à celle-ci *l'action principale*, qui lésait d'autant moins les droits de leur adversaire, qu'elle donnait les deux degrés de juridiction.

» Que d'ailleurs, en matière d'Adoption, tout est volontaire de la part des parties ; et quant aux magistrats, leurs vérifications sont secrètes, leurs décisions sans motifs; que celles-ci ne font que mettre le sceau au contrat personnel passé devant le juge de paix entre l'adoptant et l'adopté ; que c'est surtout ce contrat qu'on attaque;

» Qu'enfin, les jugement et arrêt intervenus auraient pu rester sans effet, par la volonté de celle des parties chargée de régulariser l'inscription sur les registres de l'état civil, en ne le faisant pas dans le temps prescrit ».

Cependant, si cet arrêt n'eût bien jugé qu'autant que tous ses motifs fussent également bien fondés, il serait difficile de ne pas le signaler comme marqué au coin de l'erreur.

D'abord, de ce que les sieur et dame Dugied prétendaient n'être pas tenus des faits de leur auteur, il ne s'ensuivait pas qu'ils fussent non-recevables à prendre, soit la voie de l'opposition, soit celle de la requête civile, soit celle du recours en cassation. Si l'une de ces voies eût été ouverte à leur auteur, elle eût été également à eux-mêmes, non *parcequ'ils n'étaient pas tenus de ses faits*, mais au contraire, comme on l'a vu dans le §. précédent, parcequ'ils étaient ses successeurs, parcequ'ils le représentaient, parcequ'ils étaient à ses droits.

En second lieu, où a-t-on pris que les sieur et dame Dugied *avaient la faculté de former une tierce-opposition à* l'arrêt qui avait homologué l'Adoption ? Leur auteur avait été partie dans cet arrêt, et ils le représentaient. L'art. 474 du Code de procédure leur fermait donc la voie de la tierce-opposition.

Troisièmement, de ce que, dans l'homologation d'une Adoption, *les vérifications* des magistrats *sont secrètes et leurs décisions sans motifs*, conclure que l'action principale soit recevable, et qu'il ne faille pas à cette voie en substituer une autre, c'est, je l'avoue, une manière de raisonner que j'ai peine à comprendre.

Quatrièmement, enfin, de ce que *les jugement et arrêt intervenus auraient pu rester sans effet, par la volonté de celle des parties chargée de régulariser l'inscription sur les registres de l'état civil, en ne le faisant pas dans le temps prescrit*, il résulte bien que l'Adoption n'était pas irrévocable avant l'inscription sur les registres de l'état civil, mais non pas qu'une fois devenue irrévocable par cette inscription, l'adoptant ou ses ayans-cause puissent l'attaquer par action principale.

Mais, au milieu de tous ces motifs si légèrement hasardés, il s'en trouve un qui mérite plus d'attention : c'est celui qui consiste à dire qu'en cette matière, *les décisions des magistrats ne font que mettre le sceau au contrat personnel passé devant le juge de paix entre l'adoptant et l'adopté; que c'est surtout ce contrat qu'on attaque*.

De là, en effet, il résulte clairement que, pour attaquer efficacement une Adoption nulle en soi, il suffit de s'en prendre à l'acte par lequel les parties contractantes ont consenti à la former, et qu'il n'est pas nécessaire d'impugner directement l'arrêt qui l'a homologué; pourquoi? Parcequ'en homologuant, ou ce qui est la même chose, en confirmant l'Adoption, l'arrêt ne l'a pas jugée valable; qu'il n'a fait que la supposer telle; qu'il a seulement dans cette supposition, permis de la consommer par l'inscription sur les registres de l'état civil ; et que par conséquent il devient sans objet et tombe de lui-même, du moment qu'elle est reconnue vicieuse. C'est la conséquence aussi simple que naturelle du principe rappelé par M. D'Aguesseau dans son 26°. plaidoyer, *que la confirmation peut rendre le titre plus authentique, plus inviolable, mais ne peut rien ajouter à sa validité*.

Sans doute, lorsqu'un jugement rendu en matière contentieuse, a été confirmé par un arrêt, ce n'est pas le jugement, mais l'arrêt que doit attaquer la partie qui prétend avoir été injustement condamnée; mais inférer de là que, par identité de raison, ce n'est pas contre le contrat passé devant le juge de paix entre l'adoptant et l'adopté, mais contre l'arrêt qui l'a confirmé en l'homologuant, que doit se pourvoir la partie qui prétend faire annuler l'Adoption, ce serait confondre les actes de juridiction volontaire, tel qu'est bien constamment l'arrêt qui homologue une Adoption (1), avec les déci-

---

(1) *V*. le Répertoire de jurisprudence, aux mots *Juridiction volontaire*.

sions qui appartiennent à la juridiction contentieuse.

Lorsqu'en matière contentieuse, une cour confirme un jugement de première instance, elle prononce entre deux parties dont l'une (l'appelant) soutient que le jugement est nul ou injuste; l'autre (l'intimé), qu'il est régulier ou conforme à la justice; elle a par conséquent pour mission directe de décider laquelle des deux parties est bien fondée dans sa prétention; et une fois qu'elle a déclaré que c'est l'intimé, il n'y a plus à revenir sur ce qu'ont fait les premiers juges; il ne peut plus être question que de savoir si son arrêt lui-même est ou non à l'abri de toute atteinte.

Lors, au contraire, qu'une cour homologue une Adoption, elle trouve les parties d'accord sur la validité du contrat qu'elles ont passé devant le juge de paix. Elle a bien à examiner d'office et dans l'intérêt de la société, si elles ne se trompent pas ou si elles ne cherchent pas à la tromper; mais elle n'a rien à juger et elle ne juge rien entre elles, parcequ'entre elles il n'y a point de contestation. Que fait-elle donc en déclarant qu'il y a lieu à l'Adoption dont les parties lui présentent l'acte? Elle permet de consommer l'Adoption, en la faisant inscrire sur les registres de l'état civil; mais elle la laisse telle qu'elle est dans son principe : valable, si, dans son principe, elle réunit toutes les conditions requises par la loi; nulle, si, dans son principe, elle est entachée de quelque vice. Il est donc impossible que son arrêt ait, entre l'adoptant et l'adopté, l'autorité de la chose jugée sur la question de savoir si l'Adoption pouvait avoir lieu; et de cette vérité que j'établirai encore plus particulièrement ci-après, n° 3, il résulte évidemment que rien ne s'oppose, en thèse générale, à ce que la demande en nullité de l'Adoption, soit formée par action principale.

Aussi le sieur Sander a-t-il inutilement reproduit, devant la cour royale de Dijon, le système d'incompétence qu'il avait soutenu devant la cour royale de Colmar. On a déjà vu plus haut, §. 2, qu'il avait succombé devant la première de ces cours comme il avait succombé devant la seconde; et voici comment est motivé, sur ce point, l'arrêt rendu par la seconde, le 31 janvier 1824 : « Considérant que c'est à tort que les premiers » juges ont basé leur incompétence sur ce qu'ils » ne pouvaient se réformer eux-mêmes, et en- » core moins réformer un arrêt de cour royale, » puisque ces principes, vrais en eux-mêmes, ne » recevaient aucune application, attendu que les » jugemens et arrêts, en matière d'Adoption, ne » jugent véritablement rien et ne font que mettre » le sceau légal à cette Adoption, sans rien statuer » sur sa validité, d'autant qu'ils sont rendus sans » contradiction et sans être motivés ».

Le sieur Sander n'a pas été plus heureux devant la cour de cassation. En vain s'est-il épuisé en raisonnemens pour prouver que les cours royales de Colmar et de Dijon avaient attenté à l'autorité de la chose jugée, en décidant que la demande en nullité de son Adoption avait été valablement formée par action principale; son recours en cassation a été rejeté par l'arrêt déjà cité du 22 novembre 1825, « attendu que l'excep- » tion de la chose jugée ne peut résulter d'un acte » de simple juridiction volontaire ou gracieuse, » intervenu sans contradiction *inter volentes*, et » par conséquent être opposée aux tiers pour em- » pêcher de prononcer, *inter nolentes*, sur la » question de la validité de l'acte toujours suscep- » tible d'être querellé par ceux qui se trouvent » intéressés à le faire annuler ».

II. Il est cependant deux cas où l'action principale ne serait pas recevable, et où il faudrait de toute nécessité commencer par attaquer l'arrêt d'homologation.

Le premier serait celui où l'homologation étant poursuivie par l'adopté seulement, l'adoptant serait intervenu pour s'y opposer sur le fondement que l'Adoption est nulle dans son principe;

Le second, celui où l'adoptant étant mort avant l'homologation, ses héritiers auraient usé de la faculté que leur accordait l'art. 360 de remettre au procureur-général *tous mémoires et observations* qu'ils auraient cru propres à établir l'inadmissibilité de l'Adoption.

En effet, dans ces deux cas, l'affaire serait passée du domaine de la juridiction volontaire dans celui de la juridiction contentieuse (1); la question de la validité de l'Adoption aurait été *jugée* dans le véritable sens de ce mot; et là par conséquent s'appliquerait, dans toute son intensité, le principe qu'une question jugée par un arrêt, ne peut plus être reproduite en justice tant que cet arrêt subsiste.

Ni M. Grenier, ni M. Toullier ne parlent du premier de ces cas; mais ils sont tous deux d'accord avec moi sur le second; et il est évident que la raison de décider est la même pour l'un que pour l'autre.

III. Mais de ce que, hors ces deux cas, la demande en nullité de l'Adoption peut être formée par action principale, il ne s'ensuit pas qu'il soit nécessaire de la former par cette voie, et que l'on ne puisse pas arriver au même but par un chemin plus court, c'est-à-dire, en attaquant directement l'arrêt d'homologation.

La raison s'en présente d'elle-même : c'est que le contrat d'Adoption est essentiellement subordonné à la condition qu'il sera homologué; que l'inaccomplissement de cette condition le rend comme non avenu; et que, dès-lors, la rétrac-

---

(1) *V.* l'article *Juridiction volontaire*, n°. 2, dans le Répertoire de jurisprudence.

tion de l'arrêt d'homologation emporte nécessairement la caducité de l'Adoption.

Quelle est donc la voie qu'il faudrait prendre contre l'arrêt d'homologation ? Serait-ce celle de l'opposition devant la cour de laquelle est émané cet arrêt ? Serait-ce celle du recours en cassation devant la cour suprême ?

M. Toullier, n°. 1019, regarde la voie d'opposition comme inadmissible. Elle « n'est admise, « dit-il, que contre les arrêts par défaut. Or, on « ne peut pas considérer comme tel, l'arrêt qui « confirme un jugement rendu en matière d'A-« doption ».

Mais ce n'est pas seulement contre les arrêts par défaut que la voie d'opposition est ouverte; elle l'est également contre les arrêts rendus sur la requête de l'une des parties intéressées; et il semblerait, dès-lors, qu'elle dût l'être sans difficulté, en faveur de l'adoptant ou de ses héritiers, contre l'arrêt d'homologation qui aurait été rendu sur la seule requête de l'adopté.

Cependant on pourrait dire que, même en ce cas, la voie d'opposition devrait être fermée à l'adoptant et à ses héritiers, parceque l'adopté n'a fait, en provoquant l'arrêt d'homologation, que remplir le mandat que l'adoptant lui en avait implicitement donné par le contrat passé devant le juge de paix.

Au surplus, ce n'est là qu'une question de mots; car qu'est-ce que former opposition à un arrêt ? Rien autre chose que de demander qu'il soit rapporté. Il ne peut donc y avoir de difficulté que sur le point de savoir si la demande en rapport de cet arrêt est admissible de la part de l'adoptant ou de ses héritiers, n'importe qu'elle soit ou ne soit pas qualifiée d'opposition; et je n'hésite pas à me prononcer pour l'affirmative, d'après le principe que l'homologation d'un contrat d'Adoption n'est qu'un acte de juridiction volontaire.

En effet, comme le dit Dunod, *Traité de l'aliénation des biens d'église*, page 22, *les actes de juridiction volontaire peuvent être révoqués par le tribunal même qui les a faits, lorsqu'il est mieux informé, et qu'on procède devant lui par la voie contentieuse*.

De là, suivant le même auteur, plusieurs arrêts du parlement de Besançon qui ont jugé qu'il n'était pas *nécessaire d'appeler des décrets qui autorisaient des aliénations de biens d'église et des sentences qui les homologuaient*.

De là encore l'arrêt du parlement de Metz, rapporté dans le *Répertoire de Jurisprudence*, au mot *Homologation*, qui a jugé de même.

De là enfin l'arrêt de la cour de cassation, du 19 floréal an 10, rapporté dans le même recueil, au mot *Garantie*, §. 7, n°. 2, qui a décidé que, pour faire annuler la vente d'un bien de mineur adjugé sur une seule publication, en vertu d'un jugement qui, par contravention aux réglemens alors en vigueur, avait autorisé cette manière de les vendre, il n'avait pas été nécessaire d'interjeter appel de ce jugement, et qu'une simple demande en nullité avait suffi.

Voyons maintenant si, au lieu de se borner à demander le rapport de l'arrêt d'homologation du contrat d'Adoption, l'adoptant et ses héritiers pourraient l'attaquer par recours en cassation devant la cour suprême.

M. Grenier, n°. 22, pense que non : « Il est dans » l'ordre, dit-il, qu'on ne soit obligé à ce pour-» voi que lorsqu'il s'agit d'un jugement dans le-» quel on a été partie, et d'une notification judi-» ciaire de ce jugement, qui ferait courir le délai » dans lequel, d'après la loi, le pourvoi en cas-» sation doit se faire. Or, dans la matière en ques-» tion, il n'y a rien de tout cela. Ceux qui au-» raient principalement intérêt à faire annuler » l'Adoption, sont les héritiers de l'adoptant. Mais » ils ne sont point parties; ils ne peuvent même » l'être, puisque leurs droits seraient seulement » ouverts au décès de l'adoptant. C'est donc seu-» lement alors qu'ils pourraient attaquer l'Adop-» tion. Mais, d'après les raisons qui viennent » d'être déduites, ce ne serait pas le cas du pour-» voi en cassation ».

On voit que M. Grenier laisse de côté le cas où la demande en nullité de l'Adoption serait formée par l'adoptant lui-même; et cependant ce cas peut très-bien se présenter. Or, s'il se présentait, que signifieraient, à l'égard de l'adoptant, les objections de M. Grenier contre l'inadmissibilité du recours en cassation ? D'une part, dirait-on que l'adoptant n'a point été partie dans l'homologation ? On le dirait certainement en vain, si c'était de l'adoptant lui-même que l'homologation eût été poursuivie. On ne le dirait peut-être pas avec plus de fondement, si l'homologation avait été poursuivie par l'adopté seulement; car, j'en ai déjà fait la remarque, on pourrait répondre que l'adopté ne l'avait pas poursuivie en son nom seul, et qu'il l'avait également poursuivie en vertu de la procuration tacite que l'adoptant lui avait donnée à cet effet par le contrat d'Adoption passé devant le juge de paix. D'un autre côté, que résulterait-il de ce que l'arrêt d'homologation ne serait pas de nature à être notifié à l'adoptant par un exploit propre à faire courir le délai du recours en cassation ? Rien autre chose si ce n'est que le recours en cassation serait ouvert à l'adoptant jusqu'à sa mort.

Mais d'ailleurs dans le cas même où ce seraient les héritiers de l'adoptant qui se pourvoiraient, qu'importerait qu'ils n'eussent pas été parties dans l'arrêt d'homologation; et que leur droit d'attaquer l'Adoption, ne se fût ouvert qu'après la mort de l'adoptant ? Successeurs de l'adoptant, ils auraient les mêmes droits que lui; ils pourraient donc exercer le droit de recours en cassation qu'il aurait laissé dans son hérédité.

Du reste, tout en combattant les argumens de

M. Grenier, je me range sans hésiter à son avis, mais par une autre raison : C'est que, comme je l'ai établi dans les conclusions du 28 mars 1810, rapportées à l'article *Serment*, §. 2, *le recours en cassation n'est admis que contre les jugemens en dernier ressort qui ne peuvent pas être attaqués par les voies de droit ordinaires*; et que tel n'est point, tel ne peut pas être l'arrêt qui homologue un contrat d'Adoption, puisqu'il existe deux voies de droit ordinaires pour en neutraliser l'effet, savoir, l'action principale en nullité du contrat devant les premiers juges, et l'action en rapport de l'arrêt même, devant la cour qui l'a rendu.

Je sais bien que M. Toullier, n°. 1019, regarde le recours en cassation comme *admissible* et même comme *nécessaire* de la part de l'adoptant qui veut revenir contre l'Adoption consommée par l'inscription sur le registre de l'état civil. Mais son système ne repose que sur des bases que je crois avoir complètement détruites.

ADULTÈRE. §. Ier. 1°. *L'héritier d'un mari qui, avant le Code civil, et depuis la loi du 20 septembre 1792, n'avait pas accusé sa femme d'Adultère, pouvait-il l'en accuser pour s'exempter de lui rendre sa dot ?*

2°. *Dans le cas où l'accusation eût été recevable et fondée, la femme eût-elle perdu effectivement ses deniers dotaux ?*

V. le plaidoyer et l'arrêt du 2 ventôse an 11, rapportés à l'article *Dot*, §. 5.

§. II. *Les héritiers d'un donateur ou d'un testateur qui, avant le Code civil, a avantagé une femme avec laquelle il avait vécu dans un commerce adultérin, sont-ils recevables à prouver ce commerce, pour faire annuler les libéralités dont il a été le principe ?*

Pourquoi ne le serait-il pas ? Ce serait bien vainement que la loi du 13, D., *de his quæ ut indignis auferuntur*, et l'art. 132 de l'ordonnance de 1629 (rapporté au mot *Concubinage*), auraient proscrit les donations entre personnes vivant dans le concubinage et l'Adultère, si, lorsqu'il serait question d'en faire l'application à tel ou à tel acte, on pouvait repousser, par une fin de non-recevoir arbitraire, la preuve rapportée ou offerte par les héritiers du donateur.

On a cependant vu des hommes à système prétendre, et le parlement de Bordeaux juger constamment (1), qu'il fallait à cet égard distinguer entre les faits d'Adultère et les faits de concubinage ; qu'à la vérité, la preuve de ceux-ci était recevable, mais que la preuve de ceux-là ne l'était point, parce que le mari a seul le droit de se plaindre de la conduite de sa femme, *solus genitalis thori vindex*.

Mais raisonner ainsi, c'est évidemment confondre des principes qui n'ont rien de commun ensemble.

Sans doute, le mari est seul recevable à accuser sa femme d'Adultère, à l'effet de faire prononcer le divorce ou la déchéance des gains nuptiaux, comme il était seul recevable, avant la loi du 20 septembre 1792, à provoquer contre elle les peines de *l'authentique*.

Mais il ne s'ensuit point de là que les héritiers d'un donateur ne puissent pas opposer à la femme donataire, qu'elle a vécu avec lui dans un commerce adultérin, et conclure, par cette raison, à la nullité de l'acte qu'elle cherche à faire valoir à leur préjudice; et encore une fois, s'il en était autrement, la prohibition des avantages entre Adultères serait absolument frustratoire. D'ailleurs, comme l'observe Raviot, sur Périer, tome 1, page 155, « la femme Adultère qui de- » mande son legs, et son mari qui en profite, sont » regardés comme agresseurs ; or, il est permis » de se défendre et de conserver son bien par » toutes les voies légales ; et celles que la vérité » soutient, sont toujours telles. ».

Furgole, dans son *Traité des testamens*, chap. 6, sect. 3, n°°. 194 et 196, entre là-dessus dans de plus grands développemens. Après avoir établi *l'incapacité ou l'indignité qui résulte du concubinage ou de l'Adultère*, et l'admissibilité de la preuve par témoins, relativement aux faits de concubinage simple, il ajoute :

« Il paraît d'abord y avoir un peu plus de doute sur la preuve testimoniale par rapport à l'Adultère, et au mauvais commerce d'une femme mariée, pendant la vie du mari, parcequ'on peut troubler par là un mariage où règnent la paix et la tranquillité ; que l'accusation d'Adultère appartient au mari seul de la femme qu'on soupçonne...; que l'accusation d'Adultère tend à diffamer le défunt, la femme, les enfans nés du mariage, et qu'il est peu séant que des héritiers aillent contrister les cendres du défunt pour un vil intérêt; afin de faire déclarer indigne une personne avec laquelle on suppose que le testateur a mal vécu, tandis que, de son vivant, il n'y a eu aucune plainte....

» Toutefois la jurisprudence des arrêts est assez constante sur ce point pour l'affirmative. Il est vrai que l'accusation d'Adultère appartient au mari seul pour faire punir la femme de la peine ordinaire; mais toutes les fois qu'il s'agit d'un intérêt pécuniaire, les intéressés peuvent opposer l'Adultère par voie d'exception à fins civiles, et en faire la preuve par témoins. Les libéralités faites dans ces occasions, ont un principe vicieux, c'est-à-dire, l'affection criminelle des Adultères et leur turpitude, qu'il importe au public de punir et de ne pas tolérer ; au lieu que, si la libéralité subsistait et si la preuve n'en pouvait pas

---

(1) *V.* l'arrêt du mois de décembre 1665, rapporté par la Peyrère, lettre I, n°. 5, et la *Jurisprudence du parlement de Bordeaux*, par Salviat, au mot *Adultère*.

être reçue, ce serait en quelque façon récompenser cette turpitude....

» Cette opinion est sans contredit préférable à celle des auteurs qui ont pensé que le fait d'Adultère ne peut pas être prouvé ni opposé, lorsque le mari de la femme soupçonnée d'Adultère, ne s'est pas plaint : car *cette opinion tend à favoriser le désordre et à récompenser le crime* ».

Et c'est ce qu'ont jugé une foule d'arrêts.

Il y en a trois du parlement de Toulouse, que nous rapportons sous le mot *Concubinage* (1).

Le recueil de Boniface, tome 1, page 169, nous en offre un semblable du parlement d'Aix, du 20 février 1642.

Bénoit, prêtre, bénéficier de l'église majeure de Marseille, avait, par son testament, légué à Marguerite Trumel tous ses meubles et une propriété estimée 15,000 livres; et il avait, par le même acte, institué pour son héritier Pierre Bénoit, son neveu.

Celui-ci présenta à la sénéchaussée de Marseille, une requête par laquelle il demanda à prouver que Marguerite Trumel était née d'un commerce adultérin entre le défunt et Catherine Vian, femme Trumel; il conclut en conséquence à ce que le legs que lui avait fait le testateur, fût déclaré nul, tant parcequ'il « n'était pas permis » à un prêtre de faire des donations ou des legs » à ses enfans bâtards, à moins que ce ne fût » par forme d'alimens »; que parceque, même » en supposant Marguerite Trumel non bâtarde, » c'était une autre maxime, qu'il n'était pas permis de donner à sa concubine, *ni à la fille de* » *sa concubine* ».

Pour donner plus de vraisemblance à ses assertions, il offrait « de vérifier qu'avant la naissance » de ladite Trumel, le mari de Catherine Vian » avait demeuré absent d'elle durant trois ans ».

Les juges de Marseille le prirent au mot sur ce dernier fait. Ils rendirent une sentence interlocutoire portant « qu'avant faire droit, Pierre Bénoit » vérifierait cette absence continuelle ».

Pierre Bénoit, se trouvant grevé par le cercle trop étroit dans lequel cette sentence renfermait la preuve à laquelle il avait demandé d'être admis, en interjeta appel au parlement d'Aix.

---

(1) C'est à Catellan, liv. 2, chap. 63, que nous devons la conservation du premier.

A cet arrêt, il en ajoute immédiatement un autre, que les nouveaux éditeurs de la collection de Denisart insinuent y être contraire. Mais ces écrivains se trompent évidemment; Catellan lui-même, qui a coopéré à rendre ce second arrêt, assure qu'il n'a jugé rien autre chose; si ce n'est « que nul ne peut opposer, même civilement, à l'hé» ritière instituée, le mauvais commerce entre elle et le » défunt, s'il n'y a un véritable intérêt et s'il ne doit pro» fiter de la succession ». En effet, dans cette espèce, l'héritier *ab intestat* qui réclamait contre l'institution d'une femme mariée, et qui fondait sa réclamation sur le commerce adultérin du testateur avec cette femme, se trouvait exclu par un « testament antérieur, qui n'était pas » révoqué (dit Catellan) par un postérieur contenant insti» tution d'une telle héritière ».

Marguerite Trumel s'en rendit également appelante, en ce que cette sentence n'avait pas eu égard aux fins de non-recevoir qu'elle opposait à Pierre Bénoit. Codonel, son mari, et Catherine Vian sa mère, intervinrent pour adhérer à ses conclusions.

« La cause portée à l'audience, dit Boniface, » M. l'avocat général d'Ubaye ne s'arrêta point » aux fins de non-recevoir, comme n'étant d'au» cune considération, et dit que la preuve de » la bâtardise de ladite Trumel n'était point ad» missible après 30 ans, *mais que celle du con*» *cubinage le devait être*. Par arrêt prononcé en » l'audience de la grand'chambre, le 20 fé» vrier 1642, les appellations et la sentence furent » mises à néant; et par nouveau jugement, évo» quant le principal, sans s'arrêter à la requête » dudit Bénoit, en ce qu'elle regardait la nais» sance de Marguerite Trumel, mit Codonel, » son mari, hors de cour et de procès; et *sur* » *les autres faits de concubinage, les parties fu*» *rent réglées en leurs faits contraires, qu'ils ar*» *ticuleraient* ».

Il est vrai que l'année suivante, le 12 mars 1643, le même parlement mit hors de cour sur la demande d'un héritier *ab intestat* en permission de faire preuve d'un commerce adultérin entre le chanoine Fet, *âgé de 80 ans*, et les femmes des deux héritiers institués par celui-ci. Mais quel en fut le motif? Boniface nous l'apprend à l'endroit cité : « Cet arrêt, dit-il, fut rendu con» formément aux conclusions de M. l'avocat gé» néral de Cormis qui dit qu'en l'affaire de Bénoit, » il y avait notoriété de la paillardise du testa» teur; qu'en cette cause, il n'y en avait point, » non pas même de vraisemblance : car il n'y » avait point d'apparence que deux femmes de » condition se fussent prostituées à un prêtre et » à un vieillard (jusqu'au point de coucher toutes » deux dans un lit et lui au milieu), ni que leurs » maris eussent été les M...., ni que ce vieillard » en eût ainsi deux à la fois, qu'un jeune homme » difficilement pourrait aimer ».

Et la preuve que cet arrêt n'a nullement altéré la maxime consacrée par le précédent, c'est que, trente ans après, la question a été encore jugée au parlement d'Aix, comme elle l'avait été le 20 février 1642.

« Laurent Ladarrie, séparé d'habitation de Madeleine Bauzille, sa femme, fait son testament, solennel, par lequel il lègue environ 8,000 livres d'effets, en quoi consistait presque tout son bien, à Anne Ricarde, pour les bons services qu'il dit avoir reçus d'elle, et de Jacques Durand, son mari. Par ce même testament, il institue son héritier, Antoine Ladarrie, son frère, avec inhibition expresse de contester le legs, à peine d'être privé de son hérédité.

» Lors de l'ouverture du testament, la légataire demande la délivrance de son legs; mais comme il était de notoriété publique que le testateur avait vécu dans une mauvaise habitude avec elle, l'héritier oppose l'indignité de cette femme ; et pour en faire preuve, il présente requête au juge de la Tour-d'Aigue.

» Le mari qui ne se plaignait pas de sa femme, défendit à cette requête ; il soutint l'héritier non-recevable en ses conclusions ; et il fut ainsi jugé par sentence contradictoire.

» Dans l'appel devant le sénéchal d'Aix, la légataire obtint de ce dernier juge, une ordonnance portant permission de faire saisir les choses qui lui ont été léguées.

» L'héritier en appelle à la cour, où il donne requête pour l'évocation du principal ; et sur le tout, la cause est plaidée à l'audience de la grand'chambre.

» M. de Vergons, procureur général, porta la parole en cette cause ; et, après avoir établi la maxime de la jurisprudence du droit romain et des arrêts, que l'héritier est recevable à opposer par exception à une femme mariée, le crime d'Adultère commis avec le testateur, il conclut en faveur de l'appelant ; et suivant ses conclusions, arrêt est intervenu le 6 novembre 1673, par lequel l'appellation et ce dont est appel est mis au néant ; et par nouveau jugement, et évoquant et revenant, avant dire droit au principal, la cour appointe les parties en leurs faits contraires, pour en faire preuve dans le mois ; et ce fait rapporté, y être ordonné ce qu'il appartiendra par raison ». (*Journal du Palais*, tome 1, page 449.)

Objectera-t-on que, dans le recueil du président de Bézieux, page 407, il se trouve un autre arrêt du même parlement, du 20 mars 1713, qui déclare un héritier *ab intestat* non-recevable dans son offre de prouver un commerce d'Adultère entre le testateur et son héritière instituée ? Mais la réponse est dans une observation de l'avocat général qui portait la parole dans cette cause : « Il faut tenir pour certain (disait-il) » que tous les faits allégués étant joints ensemble, » ils ne seraient pas suffisans pour prouver l'A- » dultère ». Il est bien clair que, d'après cette observation, l'arrêt a pu et dû prononcer comme il l'a fait, sans pour cela déroger à la jurisprudence établie par ceux de 1642 et 1673.

Une chose au surplus bien remarquable, c'est que cette jurisprudence a été adoptée même par le parlement de Paris, qui cependant, comme on le verra à l'article *Concubinage*, ne reconnaissait pour loi, ni le droit romain, ni l'art. 132 de l'ordonnance de 1629.

Témoin Ricard, *Traité des donations*, partie 1, n°. 403 :

» Encore que, par notre jurisprudence (dit-il) les héritiers d'un mari ne soient recevables à accuser sa veuve d'Adultère, s'il n'en a de le premier témoin du ressentiment par une plainte faite en justice, pour la priver de sa dot et de ses conventions matrimoniales ; néanmoins les arrêts ont reçu le fait d'Adultère lorsqu'il a été opposé civilement par les héritiers et par forme d'exception, pour faire annuler une donation faite entre ceux qui étaient coupables d'une semblable conjonction. Ils ont jugé que le public serait trop intéressé, si on souffrait qu'une donation qui n'a qu'un crime pour fondement, eût son effet sous prétexte d'un intérêt particulier, et qu'il n'était pas à propos qu'il n'y eût que la justice qui se tînt les yeux fermés, par une trop grande pitié envers les défunts pendant que tout le monde verrait une action mauvaise et condamnée par les lois, et couronnée de récompenses, à cause d'un scrupule criminel, puisqu'il couvre et anéantit la disposition des constitutions publiques ; c'est là la raison pourquoi la cour a mis différence entre le premier cas, quand les héritiers veulent révéler l'Adultère pour en profiter au préjudice de la veuve, en la faisant priver de ses conventions matrimoniales, qui lui appartiennent en vertu d'un titre dont le fondement est favorable, d'avec le second qui tend à empêcher que le donataire ne profite de son crime, et d'un avantage qui lui est fait, qui n'a pour fondement qu'une mauvaise action.

» Le premier arrêt, qui a autorisé cette distinction, a été donné, au rapport de M. Louet, le 5 avril 1599, *après en avoir demandé l'avis aux chambres*.... Il est encore depuis intervenu d'autres arrêts qui ont déclaré les donations nulles pour cause d'Adultère, et particulièrement deux qui sont intervenus à l'audience de la grand'chambre, depuis que je suis au palais. Il a été jugé par le premier, du 11 avril 1652, en faveur du père du testateur, que, quoiqu'une femme eût pour le prétexte de son crime la longue absence de son mari, durant laquelle elle s'était abandonnée, elle ne laissait pas d'être incapable de recevoir le legs que son Adultère avait fait à son profit.

» Le second a été prononcé le jeudi 6 avril 1656, et a déclaré nulle une donation faite en l'année 1641, par une femme mariée, à son Adultère, de 6,000 livres, à prendre sur son mari, et de 300 livres de rente. Le mari ne s'était pas plaint de la débauche de sa femme, et les héritiers avaient adroitement fait leurs procès, sous prétexte d'informer d'un récélé. La cour, *en maintenant les héritiers en la possession des biens, sans avoir égard à la donation*, ordonna qu'il serait pris la somme de 300 livres au profit de l'Hôtel-Dieu ».

Ajoutons que précédemment, le 4 août 1625, un arrêt semblable, rapporté au Journal des Audiences, avait annulé le legs fait par le chanoine Godefroy, *à la fille de sa concubine, de laquelle concubine il avait abusé* PENDANT SON MARIAGE.

Il est inutile de rappeler (parceque tout le

4ᵉ édit., Tome I.   20

monde le connaît) l'arrêt du 17 mai 1736, qui a consacré solennellement les mêmes principes sur la plaidoirie de Cochin.

Mais, s'il en faut croire les nouveaux éditeurs de Denisart, il existe plusieurs autres arrêts du parlement de Paris qui ont rejeté la preuve offerte par des héritiers *ab intestat* du commerce adultérin dans lequel ils prétendaient qu'avaient vécu les donateurs avec les femmes avantagées par ceux-ci.

A cet égard, il se présente d'abord une observation importante.

Nous l'avons déjà dit, ni le droit romain ni l'art. 132 de l'ordonnance de 1629 ne faisaient loi aux yeux du parlement de Paris. Ce tribunal croyait par conséquent pouvoir exercer sur la matière que l'on discute ici, une latitude d'autorité, ou plutôt d'arbitraire, que n'ont jamais eue, que n'ont jamais pu se permettre la plupart des autres tribunaux supérieurs ; et c'est assez dire qu'autant sont décisifs et applicables partout, les arrêts qu'il a rendus contre les donations attaquées du chef de concubinage adultérin, autant sont insignifians pour les contrées étrangères à son ancien ressort, les arrêts qui lui sont échappés en faveur de ces mêmes donations.

En second lieu, il est facile de prouver, que, parmi ces derniers arrêts, il n'y en a presque aucun qui n'ait été motivé par des circonstances particulières, et que l'on puisse conséquemment regarder comme rendu en thèse générale.

Dans celui du 22 février 1633, les héritiers qui demandaient à prouver l'Adultère du testateur avec une femme mariée, rapportaient des lettres amoureuses qui étaient supposées et fausses. C'était déjà contre eux un puissant préjugé de calomnie. Mais ce n'était pas tout. Ils avaient, suivant l'usage de ce temps-là, obtenu un monitoire qu'ils avaient fait publier pour parvenir à la preuve de leurs faits de commerce adultérin ; *et nul n'était venu à révélation*. De là on inférait avec beaucoup d'avantage, que ces faits étaient chimériques, et que c'eût été allonger inutilement la procédure, que d'en permettre une preuve ultérieure. Aussi l'arrêt ne se borna-t-il pas à rejeter la demande des héritiers ; il ordonna *que les défenses et autres actes contenant les faits calomnieux, comme aussi les prétendus billets et lettres d'amourettes, seraient et demeureraient supprimés* (1).

Lors de l'arrêt du 23 mai 1702, l'héritier qui attaquait le testament, accusat la dame de Longepierre d'un mauvais commerce, non avec le testateur, mais avec un tiers, légataire comme elle. Il prétendait que la vie débauchée de cette femme la rendait indigne des libéralités du défunt, avec lequel cependant il convenait qu'elle n'avait eu aucune relation répréhensible. — Un pareil système devait être hautement proscrit, et il le fut (1).

L'arrêt du 26 mars 1706 est également dans une espèce tout-à-fait particulière.

Pierre Lolly, porteur d'un brevet de Louis XIV, qui lui faisait don de la succession d'Ange Lolly, son frère, échue au gouvernement par droit d'aubaine, attaquait le testament que celui-ci avait fait, dans les derniers momens d'une vieillesse avancée et très-infirme, en faveur de la dame de......, chez qui il s'était mis en pension après la mort de sa femme. Il prétendait que cette dame, qui était séparée de son mari, et le testateur avaient vécu ensemble dans l'Adultère.

La cause portée à l'audience de la grand' chambre, M. l'avocat-général Portail conclut contre le brévetaire, et il s'y détermina par deux motifs, l'un de droit, l'autre de fait.

Son motif de droit était qu'au mari seul appartient le pouvoir d'accuser sa femme d'Adultère. Il convenait cependant que les dispositions provoquées par le concubinage étaient nulles ; mais il distinguait à cet égard entre le concubinage simple et le concubinage adultérin. Au premier cas, il admettait la preuve ; mais il la refusait dans le second, sous prétexte que c'eût été attaquer l'honneur du mariage, troubler le repos d'une famille, et exposer aux yeux du public la mauvaise conduite d'une femme dont le mari ne se plaignait pas.

C'est-à-dire que, selon ce magistrat, plus un crime était grave, plus il fallait prendre de soins pour qu'il fût, on ne dit pas impuni, mais récompensé, en empêchant qu'il ne fût prouvé, même par voix d'exception.

Sans doute on doit croire, pour l'honneur de l'ancienne magistrature (qu'un paradoxe aussi immoral, aussi révoltant sous tous les rapports, n'eût pas été accueilli par les juges. Mais le *fait* était déterminant contre le brévetaire :

« Loin qu'il se trouve (disait M. l'avocat-général) aucune preuve du libertinage de la légataire, sa bonne conduite et la régularité de ses mœurs paraissent, au contraire, parfaitement établies par les certificats qu'en ont donnés les curés des paroisses (de Paris) dans lesquelles elle a demeuré ; elle a été choisie plusieurs fois pour être dame de la charité ; le soin des pauvres lui a été confié ; on sait que ce soin ne se donne qu'à des personnes d'une piété éprouvée ; ainsi, l'on peut dire que la bonté de ses mœurs paraît constante.

» Si, à cette première considération, on joint ce qui résulte des lettres des enfans du testateur (2), qui tous remercient, dans les termes les plus tendres, la légataire, des soins qu'elle a pris de

---

(1) Bardet, tome 2, liv. 2, chap. 11.

(1) Journal des Audiences, tome 5, liv. 2, chap. 26.
(2) Ces enfans étant étrangers, n'avaient pas pu lui succéder.

leur père, qui lui font compliment sur son legs universel, et qui souhaitent qu'elle en jouisse long-temps, il n'est plus permis de douter que l'accusation de Jean Lolly ne soit une véritable calomnie ».

Il n'en fallait assurément pas davantage pour faire rejeter la demande du brévetaire, qui, par sa seule qualité, était déjà si peu favorable; et c'est ce qu'a fait l'arrêt cité (1).

Lors de l'arrêt du 19 mai 1722, M. l'avocat-général d'Aguesseau, fils du chancelier, tint un langage bien différent de celui de son prédécesseur M. Portail.

« Les arrêts cités respectivement par les parties (dit-il) quoique différens, suivant la diversité des circonstances, sont fondés sur les mêmes principes.

» Un premier principe, constant en lui-même, est que le mari est le seul censeur des mœurs de sa femme, et le plus intéressé à réprimer ses égaremens, si elle est coupable.

» La conséquence de ce premier principe est qu'il ne doit point y avoir d'action pour poursuivre l'Adultère, quand le mari ne le poursuit pas.

» Un second principe est que le crime ne doit point nuire à un tiers, et que la défense doit toujours être permise. En sorte que, si le crime d'une femme mariée prive une famille de ses biens, si son mari, par un nouveau crime, excuse sa conduite pour usurper ces biens, la justice qui avait jusqu'alors été sourde à toute autre voix qu'à celle du mari, ne peut plus refuser d'écouter les justes plaintes de celui qui devient la victime malheureuse de la double indignité du mari et de la femme.

» Et si l'on considère les raisons d'utilité publique, ce serait en vain que de telles donations auraient été prohibées, que les lois se seraient élevées contre l'Adultère et contre la connivence scandaleuse du mari, si elles ne pouvaient jamais venir au secours de ceux mêmes au préjudice de qui ces donations auraient été faites.

» La conséquence de ce second principe est qu'il doit être permis d'opposer l'Adultère par exception.

» Il semble d'abord que les conséquences de ces deux principes également vrais se détruisent mutuellement: le seul moyen de les concilier est de regarder l'exception comme admissible, mais comme ne devant être admise que pour de grandes considérations.

» On ne peut déterminer précisément quelles sont ces circonstances, mais il y en a trois principales.

» La première, s'il y a de violens soupçons contre le mari, qui, par sa connivence aux désordres de sa femme, ait donné lieu de regarder comme suspect le témoignage qu'il rend en sa faveur.

(1) Augeard, tome 1, §. 280.

» La seconde, s'il y a un commencement de preuve des faits allégués contre la femme, surtout par écrit, comme des lettres, *quoique sans cette circonstance, il puisse y avoir des présomptions assez fortes pour obliger d'admettre la preuve.*

» La troisième et la plus considérable de toutes les circonstances, est le scandale et la notoriété d'un désordre qu'on voudrait inutilement ensevelir dans les ténèbres, et qui semble demander un exemple, l'impunité devenant un nouveau scandale.

» Dans l'espèce particulière, il n'y a aucune de ces circonstances : ni soupçon grave contre le mari de celle dont on allègue la mauvaise conduite; ni commencement de preuve contre elle; ni scandale et notoriété.

» A la vérité, on a prouvé une grande liaison entre le testateur, le mari et la femme; mais cette liaison pouvant être fondée sur deux causes, dont l'une serait criminelle, l'autre légitime, *qui est la parenté avec le testateur*, on ne doit pas, dans ce doute, la regarder comme une présomption suffisante ».

Par ces motifs, M. l'avocat-général d'Aguesseau conclud à ce que, sur la demande des sœurs du testateur, à fin de faire preuve des faits de mauvais commerce, les parties fussent mises hors de cour; et l'arrêt adopta ses conclusions (1).

Mais il est aisé de voir qu'il eût conclu dans un sens tout opposé, si les héritiers du testateur eussent articulé des faits propres à caractériser, de la part du mari, une connivence manifeste au libertinage de sa femme; si ce libertinage eût été présenté comme notoire et scandaleux; s'il en eût existé des commencemens de preuve, etc.

Jusqu'à présent nous ne trouvons dans les arrêts cités par les nouveaux éditeurs de Denisart, rien qui puisse être opposé avec avantage à l'opinion que nous avons avancée, rien même qui, bien entendu et appliqué avec justesse, ne doive la fortifier. Mais en voici un autre qui, du premier abord, paraît y être contraire.

Le sieur Béthisy, chanoine, avait fait des donations et des legs à la femme de Pierre Conte, cordonnier, précédemment servante de son père, et à un enfant né de leur mariage. Le sieur Ancelet, un de ses cousins, se porta héritier; et pour faire annuler ces avantages, demanda à prouver qu'il y avait eu un commerce de débauche publique entre la femme Conte et le chanoine Béthisy.

Il justifiait que celui-ci avait assisté au mariage de la femme Conte; que les articles de ce mariage avaient été dressés en sa présence; qu'il les avait gardés chez lui; qu'il avait fait à cette occasion divers cadeaux; qu'il avait même annoté sur son registre domestique le jour où cette

(1) Journal des Audiences, tome 7, liv. 5. chap. 22.

femme avait mis son fils au monde, et qu'indépendamment des libéralités constatées par des actes publics, il en avait fait plusieurs autres à cet enfant.

Question de savoir si, d'après ces preuves préparatoires, la preuve des faits d'Adultère devait être admise.

M. l'avocat-général Gilbert, qui porta la parole dans cette cause, convint du principe que « le » mauvais commerce rend indigne des libéralités » de la personne avec laquelle on a vécu, surtout » lorsque ce mauvais commerce est un Adultère ».

Mais il soutint que, « dans le cas d'Adultère, » il fallait distinguer si le mauvais commerce était » prouvé, ou s'il était question d'en admettre la » preuve; qu'il y avait moins de difficulté à ad-» mettre la preuve, soit lorsque le fait n'avait be-» soin que d'être appuyé et confirmé, soit lors-» que les faits portaient contre une femme ma-» riée, dont le mariage ne subsistait plus ».

Ce n'est sûrement ni dans les lois romaines, ni dans les lois françaises, que l'on trouvera des bases à cette distinction purement systématique; et peut-être ne serait-ce pas trop hasarder que de dire que, si le Code civil, au lieu d'abroger, renouvelait la disposition de la loi 15, D. *de rebus quœ ut indignis*, un arrêt qui serait aujourd'hui, en pareille matière, motivé aussi arbitrairement, devrait être cassé comme créant des fins de non-recevoir qu'il n'appartient qu'à la loi d'établir.

Mais continuons d'entendre M. l'avocat-général Gilbert :

« La grande difficulté, c'est lorsqu'on allègue le fait de l'Adultère d'une femme encore engagée dans les liens du mariage, auquel on prétend qu'elle fait injure. En général, le mari seul est en droit de se plaindre de l'Adultère de sa femme, parceque, s'il est à souhaiter que le mal puisse être réprimé et puni, il est plus à craindre encore que l'honneur du mariage ne soit livré, au hasard, à des attaques qui seraient mal fondées.

» Ainsi, dans le cas où le mariage de la personne que l'on accuse, est encore subsistant, il s'élève une espèce de combat entre deux vues opposées de bienséance et d'utilité publique : celle de l'honneur du mariage l'emporte, et ne permet pas qu'on puisse le compromettre, même par forme d'exception ».

C'est toujours, comme l'on voit, le même esprit de système, le même arbitraire, tranchons le mot, la même rébellion contre la loi qui, en prohibant les donations entre concubinaires, a nécessairement imposé aux juges l'obligation d'admettre la preuve des faits de concubinage, toutes les fois que ces faits seraient graves, précis et circonstanciés.

Ce n'est pas ainsi que s'était expliqué en 1722, le fils et l'élève du célèbre d'Aguesseau. Formé par un père aussi profond jurisconsulte que magistrat judicieux, pensant comme lui que l'ordonnance de 1629 était une loi pour le parlement de Paris, tout aussi bien que pour ceux de Toulouse, de Bordeaux et de Dijon; et oubliant que son illustre instituteur l'avait ainsi professé publiquement à l'audience du 30 juillet 1693 (1), il était bien éloigné de chercher dans les écarts d'une imagination fantastique, les moyens d'en éluder l'application, par des distinctions que le législateur seul aurait pu autoriser.

Quoi qu'il en soit, « M. Gilbert (disent les nou-» veaux éditeurs de Denisart, appliquant aux cir-» constances particulières de la cause le résultat des » principes qu'il avait développés » (ou, *pour parler » plus juste qu'il avait créés*), remarqua qu'il n'y » avait nulle preuve existante du mauvais com-» merce que l'on alléguait » (*non, mais il y avait des commencemens de preuves, et une enquête aurait pu les compléter*); « que l'on avait jeté des soup-» çons que la femme Conte était enceinte avant » son mariage, mais qu'ils étaient gratuits ou » très-équivoques » (*pourquoi ne pas les éclaircir par une enquête?*) ; « que la note du fils né de ce » mariage, écrite sur le registre du chanoine, » était un fait plus fort, mais qui cependant ne » concluait pas »; *il formait du moins et bien certainement un commencement de preuve; et dès-là, comment se refuser à découvrir la vérité toute entière par une enquête?*) ; « qu'au total, on voyait » de grandes marques d'affection du chanoine » Béthisy pour Conte fils, mais que cela n'était » rien moins que suffisant pour faire admettre » une preuve si peu admissible en soi » (*sans doute, dans l'esprit de ceux qui ne la croient admissible en aucun cas, pendant que le mariage subsiste*).

« Les conclusions de M. l'avocat-général Gilbert » furent à ce que l'on ordonnât l'exécution des » actes qui étaient attaqués par Ancelet; l'arrêt » (intervenu le 15 décembre 1733) suivit ces con-» clusions ».

Mais il est permis de douter qu'il en ait adopté les motifs. Deux circonstances remarquées par les auteurs qui le rapportent ont pu déterminer sa décision.

La première, c'est que *les dispositions attaquées n'étaient pas d'une grande importance*. Les juges ont donc pu les regarder comme le simple acquit de la dette que le sieur Béthisy, en le supposant l'auteur de la grossesse de la femme Conte avant son mariage, eût contractée de fournir au fils et d'assurer à la mère, à titre de dommages-intérêts, une subsistance proportionnée à leur état.

La seconde circonstance, c'est que l'héritier qui attaquait ces dispositions, était un parent éloigné; d'où l'on a pu conclure que l'on pouvait, sans injustice, ne pas scruter ausi scrupu-

---

(1) *Journal des Audiences*, tome 4, livre 8, chapitre 23.

leusement que l'on eût dû le faire à l'égard d'un proche parent, si les objets donnés excédaient la véritable mesure des alimens dus aux bâtards, et des dommages-intérêts qu'eût pu prétendre la mère, à raison de sa défloration avant son mariage.

Ce qui prouve, au surplus, que la doctrine de M. l'avocat-général Gilbert ne fut pas consacrée par l'arrêt du 15 décembre 1733, c'est que, deux ans et demi après, le 17 mai 1736, intervint, sur la plaidoirie de Cochin, le célèbre arrêt dont j'ai déjà parlé ; et cela, malgré les efforts que M. l'avocat-général Gilbert avait encore faits dans cette cause, à une première audience du 23 février 1734 (1), pour faire adopter ses principes véritablement destructeurs de la loi prohibitive des avantages entre Adultères.

Il ne reste plus, des arrêts du parlement de Paris retracés par les nouveaux éditeurs de la collection de Denisart, que celui du 19 août 1758 ; mais comme il a été rendu sur un rapport secret, et qu'aucune des circonstances qui ont pu le déterminer, n'a été annoncée en audience publique, il est sûrement permis de le regarder ici comme insignifiant.

Il y a plus : on remarque dans le compte qu'en rendent les auteurs cités, une particularité qui seule devait mettre singulièrement les juges en garde contre les allégations du demandeur en nullité du testament fait par Gabrielle Tombelle, au profit du sieur Kormann, avec lequel il prétendait que la testatrice, femme Marin, avait entretenu un mauvais commerce ; c'est que le cohéritier de ce demandeur acquiesçait au testament, qu'il disait devoir être bien plutôt regardé comme le paiement d'une dette légitime, que comme une libéralité ; et protestait même de se pourvoir contre son co-héritier, pour le faire déclarer indigne de profiter des legs particuliers que lui avait faits la défunte.

Il n'y a donc rien, absolument rien, même dans la jurisprudence du parlement de Paris, qui contrarie le principe général, que les héritiers d'un donateur sont recevables à opposer des faits de commerce adultérin aux donations qu'il a faites à leur préjudice, avant le Code civil ; et que la preuve de ces faits doit être admise, lorsqu'ils sont graves, précis, circonstanciés, et principalement lorsqu'il existe à leur appui, soit un commencement de preuve par écrit, soit un concours quelconque de présomptions assez fortes pour faire désirer aux juges des éclaircissemens ultérieurs.

§. III. *Pour que le ministère public puisse poursuivre correctionnellement l'Adultère dont la femme s'est rendue coupable, suffit-*

___

(1) Nouvelle édition de Denisart, tome 1, pages 2 et 28.

il que la dénonciation lui en soit faite par le mari ? Son action est-elle recevable, si le mari n'y adhère pas personnellement en se rendant partie civile ?

Ce qui peut en faire douter, c'est la manière dont l'orateur du gouvernement s'est exprimé dans l'*exposé des motifs* du tit. 2 du liv. 3 du Code pénal. Après avoir dit qu'à l'instar de l'art. 309 du Code civil, l'art. 337 du Code pénal donne au mari le droit de faire cesser, en consentant à reprendre sa femme, l'effet de la condamnation prononcée contre elle sur les réquisitions du ministère public, et avoir fait observer qu'*en effet* la femme n'est coupable qu'envers son mari et qu'il doit par conséquent avoir le droit de lui pardonner, il a ajouté : « Si la femme n'est coupable qu'envers le mari, lui seul est en droit » de se plaindre ; l'action doit être interdite à tout » autre, parce que tout autre est sans intérêt. » Ne semble-t-il pas résulter de ces termes que c'est dans la personne du mari que réside l'action correctionnelle pour cause d'Adultère ? Et s'il en est ainsi, le moyen que le ministère public puisse exercer cette action sans le concours du mari ? Le mari peut-il être censé concourir à une action dans laquelle il ne se rend point partie ?

Mais faisons bien attention au texte de l'art. 336 du Code pénal. L'*Adultère de la femme*, y est-il dit, *ne pourra être dénoncé que par le mari*. La loi ne dit pas, comme l'on voit, que le mari soit seul recevable à *poursuivre, comme partie*, l'Adultère de la femme ; elle veut qu'il soit seul admis à le *dénoncer*. Et qu'entend-elle par-là ? Qu'à la vérité, le principe de l'action à laquelle donne lieu l'Adultère de la femme, réside exclusivement dans la personne du mari, et que ce n'est que de lui qu'elle peut émaner ; mais qu'il n'est pas nécessaire qu'elle soit exercée par lui ; qu'il suffit qu'il la mette en mouvement par une dénonciation, et qu'alors elle entre naturellement dans les attributions du ministère public.

C'est ainsi, au surplus, que la question a été jugée par un arrêt de la cour de cassation dont voici l'espèce :

Sur une plainte par laquelle le sieur L..... dénonce sa femme comme coupable d'Adultère et le sieur P.... comme son complice, le procureur du roi du tribunal de première instance de Gaillac les poursuit tous deux correctionnellement.

Le 22 juin, 1816, jugement qui, attendu que le sieur L... ne s'est pas constitué partie civile sur sa plainte, déclare le procureur du roi non-recevable quant à présent.

Appel au tribunal correctionnel d'Alby, et le 12 juillet de la même année, jugement confirmatif.

Mais, sur le recours en cassation du procureur du roi, arrêt du 22 août de la même année, au rapport de M. Audier-Massillon, et sur les conclusions de M. l'avocat-général Lebeau, par lequel,

« Vu les art. 1.... et 22 du Code d'instruction criminelle....;

« Attendu que l'action publique pour la poursuite des délits et l'application des peines, n'appartient qu'aux fonctionnaires publics auxquels elle est confiée par la loi ; que, si l'art. 336 du Code pénal a réservé au mari seul le droit de dénoncer l'Adultère de sa femme, et si, à l'égard de ce délit, cette dénonciation doit précéder les poursuites du ministère public, aucune loi n'a chargé le mari des poursuites qui sont demeurées à la charge des fonctionnaires publics auxquels l'action publique est confiée; que, dès que le sieur L.... a eu dénoncé sa femme pour Adultère, le procureur du roi, qui a reçu cette dénonciation, a été autorisé à poursuivre la répression de ce délit devant le tribunal correctionnel compétent, tant contre la femme que contre son complice.....;

» D'où il suit que le jugement attaqué, en anéantissant les poursuites intentées par le procureur du roi près le tribunal de Gaillac, d'après la dénonciation dudit L., contre sa femme et le sieur P...., et en soumettant l'action du ministère public au concours de la poursuite personnelle du mari offensé par ledit Adultère, a violé les art. 1.... et 22 ci-dessus rapportés.....;

» La Cour casse et annulle... (1) ».

La question s'est représentée depuis devant la cour supérieure de justice de Bruxelles formée en cour de cassation, et y a été jugée de même.

Le sieur S.... ayant porté plainte en Adultère contre sa femme et son complice, ils ont été tous deux poursuivis par le ministère public seul, et condamnés par arrêt à la peine déterminée par l'art. 337 du Code pénal. Ils se sont pourvus en cassation, « sur le fondement que des art. 336 et
» 337 il résulte que le mari est le maître de l'ac-
» tion, puisqu'à lui seul appartient la faculté de
» dénoncer le délit et qu'il peut arrêter l'effet de
» la condamnation ; d'où ils tiraient la consé-
» quence que la poursuite devait avoir lieu au
» nom du mari, au moins comme partie jointe ».

Mais par arrêt du 23 novembre 1822,

» Attendu qu'il résulte de l'art. 336 du Code pénal que, pour que le ministère public puisse agir d'office et demander contre la femme Adultère l'application des peines prononcées par la loi, il suffit que son action soit provoquée par une dénonciation du mari ; dénonciation qui existe dans l'espèce, et qu'aucune loi n'exige que le mari soit partie en cause.....;

» La Cour rejette le pourvoi... (2) ».

_____

(1) Bulletin criminel de la cour de cassation, tome 21, page 127.
(2) Annales de Jurisprudence de M. Sanfourche-Laporte, année 1822, tome 2, page 39.

§. IV. 1°. *Si le mari se désiste de sa dénonciation ou plainte, que devient l'action intentée en conséquence par le ministère public ?*

2°. *Le mari est-il censé renoncer à sa dénonciation ou plainte, par cela seul qu'avant qu'il ait été statué sur l'action intentée en conséquence par le ministère public, il se constitue civilement demandeur en séparation de corps, en se fondant sur l'Adultère qu'il a précédemment dénoncé ?*

3°. *Lorsque, sur l'action intentée par le ministère public d'après la plainte du mari, il est intervenu un jugement de condamnation contre la femme et son complice, et que ceux-ci ont appelé de ce jugement, le désistement qui survient, de la part du mari, avant que l'appel soit jugé, éteint-il l'action, comme il l'aurait éteinte, s'il eût été donné en première instance ?*

I. En thèse générale, la renonciation de la partie lésée à sa plainte, *ne peut arrêter ni suspendre l'action publique;* et c'est la disposition expresse de l'art. 4 du Code d'instruction criminelle. Mais cet article ne dispose ainsi que relativement à la plainte portant sur des faits qui ont, par eux-mêmes, le caractère de délits. Or, tel n'est point l'Adultère de la femme. Il n'est punissable qu'autant que cela convient au mari. Il ne peut donc plus être l'objet d'aucune poursuite, du moment que le mari renonce à la dénonciation qu'il en avait faite. Et c'est, comme on le verra au §. suivant, ce que reconnaît formellement un arrêt de la cour de cassation, du 7 août 1823.

II. La seconde question est également simple. Le désistement ne se présume pas ; il ne peut être établi que par une déclaration expresse ou par un fait dont il soit la conséquence nécessaire. Or, de déclaration expresse, il n'y en a point de la part du mari qui, après avoir dénoncé au ministère public l'Adultère de sa femme, se pourvoit, de ce chef, en séparation de corps. Résulte-t-il du moins nécessairement de l'action civile qu'il intente avant le jugement de la plainte qu'il a précédemment portée, qu'il se désiste de celle-ci ? Non, et bien loin de là : en prenant pour base de son action civile, le fait qu'il a dénoncé au ministère public, il manifeste clairement l'intention de persister dans sa dénonciation. Qu'importe qu'aux termes de l'art. 3 du Code d'instruction criminelle, son action civile doive rester en suspens jusqu'après le jugement à intervenir sur l'action du ministère public ? Tout ce qu'on doit inférer de là, c'est qu'il agit prématurément. Mais agir prématurément à fins civiles, ce n'est pas se désister d'une dénonciation par laquelle on a provoqué antérieurement une action criminelle.

Il en avait cependant été jugé autrement par le

tribunal correctionnel d'Alby, dans la première des espèces rapportées au §. précédent.

Sur l'appel du procureur du roi près le tribunal de première instance de Gaillac, du jugement du 22 juin 1816, qui l'avait déclaré non-recevable à poursuivre l'Adultère dont étaient prévenus la dame L..... et le sieur P...., ceux-ci ont prétendu qu'en tout cas, l'action intentée contre eux par ce magistrat, devait être rejetée par une raison qu'ils n'avaient pas fait valoir en première instance, savoir, que le sieur L..... avait, postérieurement à sa plainte, intenté une demande en séparation de corps ; et le tribunal d'Alby avait tiré de ce nouveau moyen un motif de plus pour dire qu'il avait été bien jugé.

Mais son jugement a été cassé par l'arrêt du 22 août 1816,

« Vu.... l'art. 3 du Code d'instruction criminelle.... ;

» Et attendu que l'action du ministère public n'a pu être anéantie, ni même suspendue, par la demande en séparation de corps portée par L.... devant le tribunal civil;

» Que, si la loi autorise la partie lésée à intenter l'action civile qui lui compète, séparément de l'action publique et devant les tribunaux civils, elle ne lui donne pas le droit d'arrêter ou de suspendre l'action publique (1) »; et qu'au contraire, l'art. 3, ci-dessus rapporté, décide expressément que, dans le cas de concours de l'action civile, portée devant les tribunaux civils, et de l'action publique devant les tribunaux correctionnels ou criminels, l'exercice de l'action civile est suspendu tant qu'il n'a pas été prononcé sur l'action publique ;

» D'où il suit que le jugement attaqué, en anéantissant les poursuites intentées par le procureur du roi, près le tribunal de Gaillac, d'après la dénonciation dudit L.... contre sa femme et le sieur P...., et en soumettant l'action du ministère public au concours de la poursuite personnelle du mari offensé par ledit Adultère, a violé... l'art. 3 ci-dessus rapporté et les règles de la compétence ».

III. La troisième question s'est élevée au sujet d'une plainte en Adultère que le sieur Jacques H... avait portée contre sa femme et le complice des désordres qu'il lui imputait.

Sur cette plainte et sur les réquisitions du ministère public, il était intervenu un jugement qui avait condamné les deux prévenus à l'emprisonnement.

Les deux prévenus avaient appelé de ce jugement, et sur l'appel, le sieur H... avait déclaré, par acte authentique, se désister de sa plainte.

L'affaire portée en cet état à l'audience de la chambre correctionnelle de la cour supérieure de justice de Liége, le ministère public, se fondant avec raison sur l'art. 336 du Code pénal, conclut à ce qu'il soit dit qu'attendu le désistement du mari, le jugement dont est appel est réputé non avenu.

Mais, par arrêt du 19 juin 1824, la cour, vu l'art. 337 du Code pénal, et considérant que, d'après cet article, ce n'est qu'en consentant à reprendre sa femme, que le mari peut faire cesser la condamnation prononcée contre elle, déclare le désistement du sieur H.... insuffisant pour éteindre l'action du ministère public, et ordonne qu'il sera plaidé au fond.

Juger ainsi c'était évidemment oublier la maxime *appellatio extinguit judicatum*, et assimiler une condamnation, passée en force de chose jugée, à une condamnation dont il y a appel.

Aussi cet arrêt a-t-il été attaqué avec succès par la voie de cassation devant deux autres chambres réunies de la même cour, suivant la forme provisoirement établie à cet effet dans le royaume des Pays-Bas. Par un arrêt du 4 février 1825,

« Attendu qu'il résulte des art. 336 du Code pénal et 272 du Code civil, que, par le désistement du mari, l'action est éteinte ;

» Attendu que l'art. 337 du Code pénal n'est applicable qu'au cas où il y a une peine définitivement prononcée ; et que, dans l'espèce, le désistement a eu lieu pendant l'instance d'appel ; d'où il suit ultérieurement qu'elle est éteinte à l'égard de toutes les parties ;

» Considérant que la cour de Liége, chambre correctionnelle, a violé les art. 336 du Code pénal, 272 du Code civil et fait une fausse application de l'art. 337 du Code pénal ;

» Et attendu néanmoins que Jacques H.... a occasioné les frais de la poursuite jusqu'à son désistement ;

» La cour casse et annulle l'arrêt de la cour, chambre des appels correctionnels, du 19 juin 1824, et, faisant ce que ladite chambre aurait dû faire, déclare que, par le désistement, la poursuite a été éteinte; condamne Jacques H.... aux frais de la poursuite antérieure à son désistement. (1) ».

§. V. 1°. *Quel est l'effet de la réconciliation, survenue entre les époux, sur l'action en Adultère précédemment intentée par le ministère public d'après la plainte du mari ?*

---

(1) Il est visible que, dans cette partie des motifs de son arrêt, la cour de cassation n'entend pas, en rappelant la disposition générale de l'art. 3 du Code d'instruction criminelle, en faire l'application au mari, et en conclure que, par un pardon généreusement accordé à sa femme, le mari ne puisse pas arrêter les poursuites exercées contre elle par le ministère public. S'il pouvait s'élever là-dessus le moindre doute, il serait levé par l'arrêt de la même cour, du 7 août 1823, que l'on trouvera dans le §. suivant.

(1) Annales de Jurisprudence de M. Sanfourche-Laporte, année 1825, tome 2, page 384.

2°. Quel est-il sur les poursuites qui, d'après la plainte du mari, ont été également dirigées par le ministère public contre les complices de la femme?

I. Il est certain, et l'art. 336 du Code pénal décide expressément, que le ministère public n'est recevable à poursuivre l'Adultère, qu'autant que la dénonciation lui en est faite par le mari.

Il est également certain, et c'est ce qui résulte de l'art. 272 du Code civil, que le mari est lui-même non-recevable à dénoncer l'Adultère, après s'être réconcilié avec sa femme.

Et de là suit nécessairement la conséquence que, si la réconciliation a précédé la plainte ou dénonciation du mari, l'action du ministère public doit être repoussée, puisqu'elle ne peut avoir pour fondement qu'une plainte ou dénonciation recevable de la part du mari.

Mais, dès-lors, comment serait-il possible que les poursuites du ministère public survécussent à la réconciliation survenue entre les époux après qu'elles ont été intentées sur la plainte ou dénonciation du mari? L'action du mari en divorce ou en séparation de corps n'est pas seulement *éteinte par la réconciliation survenue après les faits qui auraient pu autoriser cette action;* elle l'est encore, aux termes des art. 272 et 309 du Code civil, *par la réconciliation survenue depuis la demande en divorce ou en séparation de corps*. Et pourquoi n'en serait-il pas de même de l'action du ministère public, fondée sur la plainte ou dénonciation du mari? Si le mari est maître, suivant l'art. 352 du Code pénal, après même que sa femme a été condamnée à une peine sur les poursuites du ministère public, d'arrêter l'effet de cette condamnation, et s'il n'a besoin pour cela que de se reconcilier avec sa femme, à combien plus forte raison est-il en son pouvoir de prévenir cette condamnation par une réconciliation antérieure au jugement?

Voici néanmoins une espèce dans laquelle la cour royale de Montpellier en avait jugé autrement.

Le 10 mars 1823, plainte en Adultère, de la part du sieur P......, contre son épouse; et en conséquence, citation de la dame P..... devant le tribunal correctionnel de Montpellier à la requête du ministère public.

Peu de temps après, jugement qui condamne la dame P.... à un an d'emprisonnement.

La dame P.... appelle de ce jugement, prouve par les lettres de son mari qu'il lui avait pardonné, postérieurement à sa plainte et à la citation dont elle avait été suivie, les faits d'Adultère qu'il lui imputait, et soutient que, dès-lors, l'action du ministère public est éteinte.

Le 14 mai 1823, arrêt confirmatif, « Attendu » que le sieur P.... a nanti le ministère public » de son action, laquelle, à cet égard, demeure » dans toute sa force, indépendamment de ce » qui aurait pu se passer entre le mari et la » femme. »

Mais la dame P....., se pourvoit en cassation, et dénonce cet arrêt comme violant les art. 306 du Code pénal et 272 du Code civil.

En vain son mari intervient-il pour combattre ses moyens de cassation ; en vain expose-t-il

Que le crime d'Adultère offense non-seulement le mari mais encore la société; qu'il est classé par le Code pénal dans la catégorie des *attentats aux mœurs*, et que la société est éminemment intéressée à la conservation des mœurs et à la répression des atteintes qu'elles reçoivent ;

Que l'action du ministère public, vengeur des intérêts de la société, naît donc aussitôt que le crime est commis ;

Que seulement, à raison de la nature du délit, l'exercice de cette action est suspendu jusqu'à la plainte du mari ; qu'à lui seul appartient le droit de dénoncer la violation du lien conjugal ; mais qu'aussitôt qu'il a rompu le silence, le ministère public est dégagé du lien qui retenait son action captive ; qu'il poursuit, au nom de la société, la répression du délit qui, en offensant le mari, a offensé en même temps la société ;

Qu'inutilement le mari voudrait-il s'interposer entre la vindicte publique et l'épouse coupable ; qu'il faut que la justice ait son cours ; que tout le pouvoir du mari se borne à arrêter *l'effet de la condamnation ;* que c'est le *droit de grace,* en quelque sorte, que la loi lui réserve ; et que, par cela même qu'elle lui accorde le droit d'*arrêter l'effet de la condamnation*, elle lui refuse celui de la prévenir ;

Que le ministère public, une fois mis en mouvement par la plainte du mari, poursuit, au nom de la société, un attentat contre les mœurs ; que la position de l'époux offensé est alors celle de partie civile ; qu'il n'est plus maître que des intérêts civils ; que, s'il se désiste de la plainte, s'il pardonne les torts de son épouse, s'il se réconcilie avec elle, il se ferme la voie civile, c'est-à-dire, l'action en séparation de corps ; mais qu'il ne peut empêcher que la société ne venge l'offense qu'elle a reçue ; et que là s'applique le principe écrit dans l'art. 4 du Code d'instruction criminelle, que *la renonciation à l'action civile ne peut arrêter ni suspendre l'exercice de l'action publique*.

Tous ces raisonnemens portaient évidemment sur une fausse base. Si le mari n'était que partie civile dans le procès intenté, d'après sa plainte, par le ministère public, il n'aurait bien sûrement pas le pouvoir d'*arrêter l'effet de la condamnation* que le ministère public aurait fait prononcer contre la femme. D'où lui vient donc ce pouvoir, d'où dérive donc *le droit de grace* que la loi lui réserve en pareil cas ? Uniquement de ce qu'il est *partie nécessaire* dans l'action du ministère public, de ce que le ministère public n'y est que *partie jointe*; ce qui conduit inévitablement à la conséquence, que, dès que le mari se désiste de sa plainte, soit expressément, soit par sa réconciliation avec sa femme, l'action du ministère public s'éteint d'elle-même.

Aussi, par arrêt du 7 août 1823, au rapport de M. Busschop,

« Vu l'art. 336 du Code pénal et les art. 229, 230, 272 et 298 du Code civil;

» Attendu qu'il résulte dudit art. 336 du Code pénal, que le mari a seul le droit de se plaindre de l'Adultère de sa femme; que lui seul a intérêt et qualité pour en provoquer les poursuites;

» Que la loi n'a pas voulu permettre que le repos des familles pût être troublé d'office sur un fait qui, ne laissant jamais de traces qui le rendent certain et manifeste pour le public, ne peut être considéré que comme un délit privé envers le mari, et non comme un délit commis envers la société;

» Qu'il importe d'ailleurs à l'intérêt des bonnes mœurs qu'un fait qui blesse la sainteté du mariage, ne devienne pas, par une instruction devant les tribunaux, un scandale public, qu'il n'acquière pas, par des jugemens, une certitude judiciaire; que par conséquent le pardon du mari ou sa réconciliation avec sa femme soient toujours accueillis comme une preuve légale que l'Adultère n'a pas été commis, et comme une fin de non-recevoir contre toutes poursuites;

» Que c'est ainsi que le droit d'action sur ce fait avait été réglé par la jurisprudence antérieure au Code pénal; que c'est ainsi encore que le Code civil, en faisait de l'Adultère une cause de divorce, et en prononçant une peine contre la femme après l'admission du divorce sur cette cause, avait ordonné, dans son art. 272, que *l'action en divorce serait éteinte par la réconciliation des époux, survenue soit depuis les faits qui auraient pu autoriser cette action, soit depuis la demande en divorce;*

» Que l'art. 336 du Code pénal doit être réputé, dans la généralité de sa rédaction, avoir admis des règles qu'il n'a pas exclues; qu'il doit être réputé particulièrement s'en être référé, sur ces règles, aux dispositions du Code civil, auxquelles il s'est expressément conformé, lorsqu'il a dû fixer la peine qui serait prononcée contre la femme convaincue d'Adultère,

» Qu'il s'ensuit que, non-seulement le ministère public n'a pas le droit de poursuivre d'office le fait d'Adultère, mais encore que ses poursuites ne peuvent être légalement exercées que sur une dénonciation du mari, contre laquelle il n'existe pas de fin de non-recevoir par une rénonciation antérieure, opérée avec connaissance des faits dénoncés; et que l'action du ministère public cesse, même d'avoir un caractère légal, lorsque, pendant les poursuites, le mari retire sa dénonciation par une déclaration formelle, ou lorsqu'il en anéantit l'effet par un pardon ou par une réconciliation résultant de circonstances dont l'appréciation appartient aux tribunaux;

» Et attendu que la cour royale de Montpellier, après avoir déclaré, dans son arrêt du 24 mai dernier, *qu'il paraîtrait que le sieur P.... avait pardonné les faits..... et qu'il y aurait une réconciliation entre les époux*, a jugé *que le sieur P.... ayant nanti le ministère public de son action, elle demeurait dans toute sa force indépendamment de ce qui aurait pu se passer entre le mari et la femme;*

» Qu'en conséquence, et sur ce seul motif, cette cour a maintenu la condamnation qui avait été prononcée par le jugement de première instance contre la dame P....; en quoi elle a faussement interprété et violé ledit art. 336 du Code pénal.

» Par ces motifs, la cour casse et annule... (1) ».

II. En est-il, à cet égard, du complice de la femme, comme de la femme elle-même? En d'autres termes, la réconciliation du mari avec sa femme, qui éteint l'action du ministère public contre celle-ci, l'éteint-elle également contre le complice que le mari avait compris dans sa dénonciation ou plainte?

Un arrêt de la cour royale de Rouen, du 1er. août 1816, a jugé que non, « attendu qu'il ne résulte » point de la combinaison des art. 336 et 337 du » Code pénal, qu'une femme prévenue d'Adultère » étant affranchie de la condamnation par le con-» sentement de son mari, il n'y ait plus lieu pour » cela à l'action du ministère public contre cette » femme (2) ».

Mais il paraît bien difficile de justifier cette décision.

Le mari pourrait-il dénoncer le complice de sa femme, sans dénoncer sa femme elle-même? Il est certain que non; et c'est ce que prouve très-bien M. Legraverend, dans sa *Législation criminelle*, tome 1er., page 46. Mais si la dénonciation du complice est inséparable de la dénonciation de la femme, comment la première pourrait-elle survivre à la seconde? Comment le retrait de celle-là n'emporterait-il pas le retrait de celle-ci? Et comment le ministère public pourrait-il encore agir contre le complice, alors que son action contre la femme est paralysée?

§. VI. *Le mari qui s'est rendu partie dans l'action intentée, d'après sa plainte, par le ministère public, peut-il, sans le concours du ministère public, appeler du jugement qui acquitte sa femme? Le peut-il, à l'effet de faire condamner sa femme à la peine portée par l'art. 337 du Code pénal?*

Qu'en thèse générale, la partie civile puisse

---
(1) Bulletin criminel de la cour de cassation, année 1823, page 322.
(2) Jurisprudence de la cour de cassation, tome 17, partie 2, page 170.

appeler seule et sans le concours du ministère public, du jugement qui acquitte le prévenu, c'est ce qui est écrit tout au long dans l'art. 202 du Code d'instruction criminelle.

Mais cet article n'admet la partie civile à appeler que *quant à ses intérêts civils seulement*.

Et si de là il résulte que le mari n'a pas besoin du concours du ministère public pour appeler, *quant à ses intérêts civils*, du jugement qui a acquitté sa femme, n'en résulte-t-il pas aussi qu'il est non-recevable à appeler seul, lorsqu'il n'a *aucun intérêt civil* à le faire, lorsque, déjà séparé de corps par un jugement antérieur passé en force de chose jugée, et motivé sur un premier Adultère de sa femme, il ne peut plus obtenir de son appel d'autre résultat que de faire condamner de nouveau sa femme à la peine portée par l'art. 337 du Code pénal?

L'affirmative ne serait pas douteuse, si la peine portée par l'art. 337 du Code pénal, était, comme les autres peines, de nature à ne pouvoir être prononcée que sur *l'action* du ministère public.

Mais l'art. 308 du Code civil prouve clairement que cette peine peut être prononcée, non sur *l'action*, mais sur la *réquisition* du ministère public, et incidemment à l'action civile du mari en séparation de corps, c'est-à-dire, dans une instance où le ministère public ne joue que le rôle de partie jointe.

Une autre preuve non moins sensible que la peine portée par l'art. 337 du Code pénal, ne doit pas être assimilée aux autres peines, c'est que le mari peut la faire *cesser* après qu'elle a été prononcée, et qu'il n'a besoin, pour cela, que de consentir à reprendre sa femme.

Cette peine n'est donc prononcée que dans l'intérêt du mari; et, dès-lors, quelle raison peut-il y avoir de douter que le mari n'ait qualité, sinon pour la requérir lui-même en cause d'appel, du moins pour mettre, en cause d'appel, le ministère public à portée de la requérir et de réparer par-là le grief que les premiers juges lui ont inféré en refusant de la prononcer? Aucune assurément; et c'est ainsi qu'il a été jugé dans l'espèce suivante.

En 1819, le sieur B... obtient contre sa femme un jugement qui, en la déclarant coupable d'Adultère, et en la condamnant, sur la réquisition du ministère public, à un emprisonnement de trois mois, prononce la séparation de corps entre les deux époux.

En 1822, le sieur B...., imputant de nouveaux désordres à sa femme, rend contre elle une plainte en Adultère, sur laquelle il se constitue partie civile.

Le 22 octobre de la même année, jugement du tribunal correctionnel du département de la Seine, qui, adoptant les conclusions du ministère public, déclare que les faits d'Adultère reprochés par le sieur B.... à sa femme, ne sont pas suffisamment établis; et, en conséquence, rejette la plainte.

Le sieur B.... appelle de ce jugement, et la cause portée à l'audience de la cour royale de Paris, on soutient qu'il est non-recevable, à raison du silence du ministère public. «Quel est, dit-on, le but de l'appel du sieur B....? De requérir des peines contre » sa femme. Or, ce droit ne peut appartenir » qu'au ministère vengeur de la société. On se » prévaudrait en vain de ce que l'Adultère ne peut » être dénoncé que par le mari (art. 336 du Code » pénal), pour en conclure que la peine est une » réparation de l'offense qui lui a été faite; ce » serait une erreur. Tout ce qui résulte de l'art. 336, » c'est que la poursuite d'office n'a pas lieu en » matière d'Adultère, et que nul n'est recevable à » se plaindre d'un délit caché, quand le mari, plus » particulièrement offensé, garde le silence. Mais » il ne s'ensuit point que celui-ci puisse s'emparer » du rôle du ministère public; ni s'arroger le droit » de provoquer une condamnation pénale qui n'a » été introduite que pour réparation du tort que » le délit cause à la société. L'appel de B... n'ayant » pas d'autre motif, est donc irrecevable ».

Mais (répond le sieur B...) «Dans la poursuite » d'Adultère, le ministère public n'est que partie » jointe ; le mari n'a pas besoin de son assistance » pour requérir une détention, une peine prononcée bien plutôt en faveur de la vindicte » privée du mari que dans l'intérêt de la société. » C'est pour cela qu'au mari seul appartient le » droit de dénoncer les écarts de sa femme, d'arrêter toute poursuite, en consentant à la reprendre, sans que la désertion du ministère public porte aucune atteinte à ses droits ».

Par arrêt du 17 janvier 1823, « Attendu que, » d'après l'art. 336 du Code pénal, l'action en » Adultère appartient exclusivement au mari; que » le ministère public, dans cette poursuite, n'est » que partie jointe; la cour, sans s'arrêter ni avoir » égard à la fin de non-recevoir présentée par la » femme B...., ordonne qu'il sera plaidé au » fond (1) ».

§. VII. 1°. *La femme qui ne demeure pas avec son mari, a-t-elle droit, lorsqu'il entretient une concubine dans la maison qu'il habite, de l'accuser d'Adultère, soit par plainte devant le tribunal correctionnel, soit par action civile en séparation de corps, ou en divorce dans les pays régis par notre Code civil où le divorce a encore lieu?*

2°. *En a-t-elle le droit, lorsque c'est dans un hôtel garni non habité par elle, que le mari, dont il forme la seule habitation connue, entretient une concubine?*

I. Dans le droit romain, la femme ne pouvait, en aucun cas, intenter contre son mari l'*accusation publique d'Adultère*, c'est-à-dire, l'action

---

(1) Journal des Audiences de la cour de cassation, année 1823, supplément, page 30.

qui tendait à faire condamner tout coupable de ce crime à une peine afflictive. *Publico judicio* (disait la loi 1, C. *Ad legem Juliam de Adulteriis*) *non habere mulieres Adulterii accusationem, quamvis de matrimonio suo violato queri velint, lex Julia declarat: quæ cùm masculis jure mariti accusandi facultatem detulisset, non idem fœminis privilegium detulit.*

Mais l'Adultère du mari donnait à la femme une action en divorce qu'elle pouvait intenter devant les juges civils; et il ne sera pas inutile de signaler ici les variations qu'a éprouvées à cet égard la législation romaine.

Dans l'ancien droit, la femme pouvait obtenir le divorce, non-seulement par la preuve que le mari violait ouvertement la foi conjugale, mais encore par la preuve qu'il vivait d'une manière trop déréglée pour n'en pas autoriser le soupçon; et la différence qu'il y avait pour elle entre ces deux cas, c'est que, dans le premier, elle faisait condamner le mari à lui restituer sa dot sur-le-champ; au lieu que, dans le second, il avait, pour la lui rendre, un délai de six mois (1).

Les empereurs Théodose et Valentinien restreignirent, pour la femme, le droit de demander le divorce du chef du déréglement de mœurs, au cas où elle prouverait que son mari s'était véritablement rendu coupable d'Adultère : *Si qua igitur maritum suum Adulterum..... invenerit...., tunc repudii auxilio uti necessario ei permittimus libertatem, et causas dissidii legibus comprobare.* Ce sont les termes de la loi 8, §. 2, C. *de repudiis*.

Justinien s'était un peu rapproché, sur ce point, de l'ancien droit, par sa Novelle 22, chap. 15. Il avait débuté par dire que la voie du divorce était ouverte à la femme, *si secundùm Theodosii piæ memoriæ constitutionem voluerit mulier ostendere maritum Adulterio delinquentem;* mais après avoir spécifié plusieurs autres cas de divorce de la part de la femme, il y avait ajouté celui où, sans prouver précisément que son mari s'était rendu coupable d'Adultère, elle prouvait du moins qu'il était *ità luxuriosè viventem ut, inspiciente uxore, cum aliis corrumpatur, quod mulieres nuptas et præcipuè castas exasperat.*

Il revint là-dessus dans sa Novelle 117, chap. 9, et en maintenant, pour la femme, ces deux causes de divorce, il limita la première au cas où le mari entretenait une concubine dans la maison que sa femme occupait avec lui : *Si quis in eâ domo, in quâ cùm suâ conjuge communet, contemnens eam, cùm aliâ inveniatur in eâ domo manens;* et la seconde au cas où le mari avait de fréquens rendez-vous avec une autre femme dans une maison tierce, mais dans la même ville : *aut in eâdem civitate degens, in aliâ domo cùm aliâ muliere frequenter manere convincitur.*

II. Notre Code pénal est plus sévère à l'égard du mari que ne l'était le droit romain : il permet à la femme de poursuivre correctionnellement son mari pour cause d'Adultère; mais dans un seul cas, dans celui où, dit l'art. 339, *le mari aura entretenu une concubine dans la maison conjugale.*

Quant à l'action civile en divorce, ou séparation de corps pour cause d'Adultère du mari, les art. 230 et 236 du Code civil ne l'accordent pareillement à la femme, que dans le cas où le mari *a tenu sa concubine dans la maison commune.*

Mais qu'entendent ces articles par les mots, *maison conjugale, maison commune?* Est-ce uniquement la maison que les deux époux habitent ensemble? Est-ce aussi la maison que le mari habite seul, soit qu'il ait expulsé sa femme d'autorité privée, soit que, d'autorité privée, sa femme l'ait abandonné et réside sous un autre toit?

La chambre des pairs s'était prononcée pour la première de ces deux acceptions, en adoptant un projet de loi qui lui avait été présenté par l'un de ses membres, le 27 décembre 1816, et dont l'art. 1er. portait en toutes lettres que, «pour que » la femme puisse demander la séparation de » corps, pour cause d'Adultère du mari, il faut » qu'il ait tenu sa concubine dans la maison commune, *sa femme y résidant* ». Mais ce projet de loi n'a pas été revêtu de la sanction royale, et, par conséquent, il ne peut pas lier les tribunaux par la définition qu'il donne à ce qu'entendent le Code civil par les mots *maison commune*, et le Code pénal par les mots *maison conjugale*.

Ce ne serait pas avec plus de fondement que l'on prétendrait justifier cette définition par le passage transcrit au numéro précédent de la Novelle 117 de Justinien, où il est dit qu'il y a lieu au divorce, de la part de la femme contre le mari qui, dans la maison où il demeure avec elle, entretient une concubine. Pour que l'on pût argumenter de là, dans la législation actuelle, il faudrait que la Novelle 117 de Justinien n'eût, comme le Code civil, admis la femme à demander le divorce contre son mari pour cause d'Adultère, que dans le cas où le mari l'aurait rendue elle-même témoin de ses excès; et l'on vient de voir qu'il n'en était pas ainsi.

Il faut donc, pour résoudre notre question, nous attacher au sens que les mots *maison commune* et *maison conjugale* présentent par eux-mêmes.

Or, la *maison commune* aux époux, la *maison conjugale* est essentiellement celle où le mari a fixé sa résidence; car c'est là que la femme doit résider elle-même, et c'est là par conséquent qu'elle est censée résider effectivement. Cela résulte nécessairement de l'art. 108 du Code civil, aux termes duquel *la femme mariée n'a point d'autre domicile que celui de son mari.* Qu'im-

---

(1) *Mariti mores puniuntur, in eâ quidem dote, quæ à die reddi debet, ita : propter majores mores præsentem dotem reddi; propter minores, senûm mensium die.* Fragmens d'Ulpien, tit. 6, §. 13.

porte donc que la femme ait, de fait, quitté la maison conjugale, ou que le mari ait abandonné l'habitation commune, pour aller vivre sous un autre toit avec une concubine? Dans un cas comme dans l'autre, c'est toujours dans la maison conjugale qu'a lieu le désordre qui donne action à la femme pour dénoncer son mari comme coupable d'Adultère.

Et c'est ainsi que l'a jugé un arrêt de la cour d'appel de Poitiers, du 28 messidor an 12.

En l'an 9, la femme B..... quitte la maison de son mari, et retourne dans sa famille.

Trois ans après, elle intente contre son mari une action en divorce qu'elle fonde principalement sur le fait que, depuis qu'elle l'a quitté, il a entretenu une concubine dans la maison commune.

B..... ne nie point ce fait, mais il soutient que c'est sa femme elle-même qui, en se séparant de lui de son autorité privée, l'a exposé aux désordres qu'elle lui reproche; que d'ailleurs, sa maison nouvelle a cessé d'être la *maison commune*, du moment que sa femme avait cessé de l'habiter.

La femme répond que c'est précisément parcequ'elle a quitté son mari sans l'autorité de la justice, sans jugement préalable de séparation de corps, qu'elle a conservé son domicile dans la maison qu'il habite; et que, dès-lors, c'est véritablement dans la *maison commune* que son mari entretient une concubine; qu'au surplus, sa disparition a été provoquée par l'inconduite de son mari; que son mari n'a donc pas pu s'en faire un prétexte pour se livrer à de nouveaux désordres; et qu'au contraire, ce devait être pour lui une raison de plus de bannir de sa maison tout ce qui pouvait alarmer la tendresse d'une épouse, offenser sa pudeur et l'empêcher de retourner près de lui.

Sur ces débats, jugement qui admet le divorce; et sur l'appel, arrêt confirmatif.

La question s'est représentée depuis dans une espèce où c'était le mari qui avait abandonné la maison conjugale, et était allé s'établir dans une autre commune où il vivait avec une concubine; et cette fois la cour d'appel de Limoges a rejeté le moyen de divorce que la femme puisait dans l'art. 230 du Code civil. Ce moyen, a-t-elle dit par arrêt du 2 juillet 1810, « ne peut être ac-
» cueilli, puisque le reproche par elle fait à son
» mari, qu'elle a dit tenir une concubine dans la
» maison qu'il occupe à Gueret, depuis qu'il l'a
» abandonnée, ne pourrait donner lieu à l'ap-
» plication de l'article invoqué, qui ne dispose
» que dans le cas où le mari tiendrait sa concu-
» bine dans la maison commune (1) ».

Mais, deux ans après, la cour d'appel de Douai, saisie de la même question, l'a jugée comme l'avait fait celle de Poitiers.

(1) Jurisprudence de la cour de cassation, tome 11, partie 2, page 236.

Le tribunal de première instance de Dunkerque avait débouté la dame C..... de sa demande en divorce, fondée sur ce que son mari entretenait une concubine dans la maison conjugale; et il avait motivé son jugement sur ce que la dame C... avait précédemment quitté la maison conjugale pour se soustraire à de prétendus excès et mauvais traitemens de son mari, dont elle avait fait le fondement d'une demande en séparation de corps, et sur ce qu'elle avait même obtenu, en formant cette demande, l'autorisation de se retirer dans une autre maison.

Mais, sur l'appel, ce jugement a été réformé par arrêt rendu en audience solennelle, le 24 juillet 1812,

» Attendu que des pièces produites et des dépositions entendues au tribunal de Dunkerque, il résulte 1°. que, le 28 juillet, Marie-Anne D.... est accouchée dans la maison de Pierre Cornil B.... époux de Louise Glason ; 2°. que ledit B.... s'est reconnu père de l'enfant, par conséquent coupable d'Adultère; 3°. que la mère de cet enfant demeurait dans la maison de B.... depuis un an ou environ ;

» Attendu qu'il importe peu que, dans cet intervalle, l'épouse ait été absente de la maison de son mari; que, dans l'art. 230 du Code civil, il est parlé, non de l'*habitation commune*, mais de la *maison commune* des époux; que le législateur regarde, et que le juge doit regarder comme la maison commune, non-seulement celle qui, à certaine époque, est de fait habitée par l'époux et par l'épouse, mais qu'il faut aussi considérer comme telle la maison habitée par le mari, qui, de droit, est le domicile de la femme, celle qu'elle est obligée d'habiter, où elle peut être légalement contrainte de rentrer, où enfin son droit et son devoir la placent et l'appellent, quand elle n'est pas repoussée par les désordres que la loi regarde comme cause de divorce;

» Attendu que la femme B...., pendant une demande en séparation, fut autorisée à demeurer dans une maison autre que celle de son mari; mais que cette autorisation a cessé à l'époque du jugement qui a rejeté cette demande; que le mari n'a pas même fait signifier ce jugement; et que, quand même cette signification eût été faite, Cornil B...., qui tenait alors chez lui une concubine, n'eût pu reprocher à sa femme de n'avoir pas voulu être témoin de ses désordres; que d'ailleurs on ne peut distinguer entre le concubinage qui empêche l'épouse de rester dans la maison conjugale, d'avec celui qui l'empêche d'y rentrer;

» Que le législateur, en parlant de la maison commune, ne considère pas seulement la gravité de l'injure faite à la femme, mais la difficulté de prouver l'Adultère commis ailleurs par le mari, et qu'il considère surtout l'intérêt des mœurs;

» Qu'enfin, relativement à l'épouse, l'injure insupportable n'est pas seulement l'Adultère dont elle est témoin, mais celui dont elle a la certitude (1) ».

Cet arrêt paraissait trop bien motivé pour ne pas faire jurisprudence. Cependant la question a encore été agitée plusieurs fois.

En 1816, la dame D...., séparée de biens d'avec son mari, forme contre lui une demande en séparation de corps fondée sur le commerce incestueux qu'il entretient dans sa maison avec sa propre sœur.

Le sieur D... soutient qu'elle est non-recevable, parcequ'elle ne peut pas qualifier de maison conjugale, une maison qu'elle n'habite pas.

Le 30 avril de la même année, jugement du tribunal de première instance du département de la Seine, qui déclare pertinent le fait articulé par la dame D...., et en admet la preuve, « attendu » que le domicile du mari est, de droit, celui » des deux époux, celui où le mari peut forcer » sa femme de se rendre, où la femme a elle-» même le droit de rentrer à son gré, ce qu'elle » ne peut faire, si une concubine occupe sa place. »

Appel de la part du sieur D...., et le 29 mars 1817, arrêt de la cour royale de Paris, en audience solennelle, qui réforme ce jugement, « attendu que les faits dont se plaint la dame » D..., se seraient passés depuis qu'elle avait cessé » d'habiter volontairement avec son mari; que » l'Adultère du mari n'est une cause de sépara-» tion, comme injure grave pour la femme, que » lorsque le mari tient sa concubine dans la mai-» son ou habitation commune, et qu'il rend ainsi » sa femme témoin de ses désordres ».

Mais la dame D.... se pourvoit en cassation, et par arrêt du 21 décembre 1818, au rapport de M. Cassaigne, sur les conclusions conformes de M. l'avocat-général Cahier, et après un délibéré en la chambre du conseil,

« Vu l'art. 230 du Code civil.....;
» Attendu que, suivant cet article, pour que la femme puisse demander la séparation de corps pour cause d'Adultère de son mari, il suffit qu'il ait tenu sa concubine dans la maison commune;
» Que de la combinaison de cet article avec les art. 108 et 214 qui le précèdent, il résulte que, par ces expressions, maison commune, le Code a entendu la maison où est de droit la résidence des deux époux, celle où le mari réside, où il peut contraindre sa femme d'habiter, et où elle a droit de résider;
» Qu'il suit de là, que la femme est recevable à demander la séparation, lors même que ces désordres se sont passés depuis qu'elle a cessé de fait de résider avec son mari; qu'en jugeant le contraire, l'arrêt attaqué viole formellement l'art. 230 ci-dessus transcrit;
» La cour casse et annule........(2) ».

(1) Journal du Palais, tome 29, page 546.
(2) Bulletin civil de la cour de cassation, année 1818, page 308.

Le 11 juin 1817, arrêt de la cour royale de Grenoble qui, dans des circonstances semblables, admet la demande de la dame P...., en séparation de corps contre son mari; et le 27 février 1819, arrêt contradictoire de la cour de cassation qui le maintient,

« Attendu que, lorsque, dans l'art. 230 du Code civil, le législateur autorise la femme à demander le divorce pour cause d'Adultère du mari, quand il a tenu sa concubine dans la maison commune, cette expression, maison commune, n'est employée que pour désigner la maison conjugale, celle où réside le mari, et qui, d'après les art. 108 et 214 du Code civil, est le domicile légal de la femme; que c'est cette dénomination qui lui est donnée par l'art. 339 du Code pénal qui punit d'une amende l'Adultère du mari dans cette circonstance;

» Que cette maison ne cesse pas d'être la maison commune par le fait de l'absence de la femme, parceque le mari a le droit de la contraindre à venir l'habiter, et qu'à son tour elle a celui de s'y faire recevoir; qu'ainsi, cette absence n'ôte pas à l'Adultère du mari, lorsqu'il a tenu sa concubine dans cette maison, le caractère de gravité qui fait autoriser la femme à demander, dans ce cas, la séparation de corps; qu'il n'en est pas moins vrai que la concubine a tenu la place de la femme légitime, et souillé de sa présence la demeure de la famille;

» Qu'il suit de là qu'en jugeant, dans les circonstances de la cause, que l'absence de la dame P.... de la maison de son mari n'avait pas fait obstacle à la demande en séparation de corps qu'elle avait formée, la cour royale de Grenoble n'a fait qu'une juste application des art. 230 et 306 du Code civil (1) ».

Ces deux arrêts n'ont pas empêché, l'année suivante, le sieur L...., poursuivi par sa femme en séparation de corps, sur le fondement qu'il entretenait une concubine dans la maison conjugale, de se prévaloir, contre elle, du fait qu'elle s'était constamment refusée à partager sa demeure depuis qu'il avait quitté la maison de son beau-père et de sa belle-mère où ils avaient passé ensemble les premières années de leur mariage. Mais, par arrêt du 16 août 1820, la cour royale d'Orléans a rejeté la fin de non-recevoir, « attendu » (a-t-elle dit, en adoptant les motifs des pre-» miers juges) que la loi comme la morale en-» tendent par maison commune, le domicile du » mari, puisqu'en droit, la femme peut à tout » instant forcer son mari à l'y recevoir, et qu'en » morale, le mari doit employer tous les moyens » pour l'y faire demeurer ».

Et vainement le sieur L.... s'est-il pourvu en cassation. Son recours a été rejeté par arrêt de

(1) Journal des Audiences de la cour de cassation, année 1819, page 122.

la section des requêtes, du 9 mai 1821, au rapport de M. Louvot, et sur les conclusions conformes de M. l'avocat-général Joubert, « attendu » que le domicile du mari est la maison commune, *et que la jurisprudence de la cour de cassation est constante sur ce point* (1) ».

III. Cette jurisprudence est-elle applicable au cas où c'est dans un hôtel garni, non-habité par la femme, et qui forme la seule habitation connue du mari, que celui-ci entretient une concubine?

L'affirmative ne paraît pas douteuse, et cependant voici une espèce où, niée par une cour royale, il a fallu recourir à la cour suprême pour la faire consacrer.

« En 1815 (est-il dit dans le *Bulletin civil* de la cour de cassation, tome 27, page 298), la dame Thevenez avait demandé la séparation de corps devant le tribunal civil de Bergerac.

» Les époux se réconcilièrent, et par une transaction du 5 mai 1818, ils s'engagèrent à se réunir, à demeurer et à vivre ensemble.

» Au mois de février 1823, la dame Thevenez forma une nouvelle demande en séparation de corps devant le tribunal civil de Paris, offrant la preuve des mauvais traitemens auxquels elle aurait été en butte depuis sa réconciliation et qui faisaient revivre les anciens.

» Le sieur Thevenez prétendit qu'il n'était pas domicilié à Paris, déclina la juridiction du tribunal de cette ville, et demanda son renvoi devant ses juges naturels.

» Le déclinatoire fut rejeté par jugement du 31 mai 1823, *attendu que si le baron Thevenez avait été domicilié dans le département de la Dordogne, il résultait des faits, titres et pièces de la cause, que depuis plus d'une année il n'y avait conservé ni logement ni mobilier, ni aucune espèce d'établissement, et qu'au contraire, depuis lors, il n'avait cessé de résider à Paris; qu'ainsi, aux termes de l'art. 59 du Code de procédure civile, c'était à juste raison que l'action personnelle à fin de séparation de corps, dirigée contre lui, et de laquelle il s'agissait, avait été portée au tribunal du département de la Seine.*

» Les époux procédèrent au fond. La dame Thevenez ajouta un nouveau fait à ceux qu'elle avait mis jusqu'alors en avant. Elle articula que son mari avait habité pendant long-temps, et vécu publiquement, rue de Paradis, n°. 11, au Marais, et rue de Crussol, n°. 1, avec une concubine qu'il faisait passer pour sa nièce.

» Le 26 juillet 1823, jugement par lequel le tribunal rejeta plusieurs des faits articulés par la dame Thevenez, l'admit à la preuve de certains autres, et notamment de celui de concubinage dans la maison maritale et commune, ajourna la preuve des faits antérieurs à la réconciliation jusqu'à ce que la preuve des nouveaux faits fût connue.

» La dame Thevenez appela du jugement, sous prétexte que la séparation de corps aurait dû être prononcée immédiatement par les premiers juges et sans qu'il fût nécessaire de recourir à la preuve des faits par elle articulés, tous constans et suffisamment prouvés.

» Le sieur Thevenez se rendit incidemment appelant.

» Le 7 février 1824 arrêt dont voici la teneur:

» *En ce qui touche l'appel incident de Thevenez, considérant que les faits postérieurs à la réconciliation articulés par la femme Thevenez, n'ont pas la gravité nécessaire pour faire revivre les faits anciens;*

» *En ce qui touche l'appel principal de la femme Thevenez, attendu que, par le motif ci-dessus, cet appel devient sans effet;*

» *La cour décharge Thevenez des condamnations contre lui prononcées au principal, déboute la femme Thevenez de sa demande en séparation de corps; en conséquence ordonne qu'elle sera tenue de réintégrer le domicile conjugal dans le délai d'une année, à la charge par Thevenez de la traiter maritalement.*

» La demanderesse s'est pourvue en cassation de cet arrêt pour violation des art. 230 et 306 du Code civil.

» La cour royale de Paris, a-t-elle dit, après les faits tels qu'ils étaient articulés, elle s'est bornée à l'appréciation de leur gravité. Elle a décidé qu'aucun de ces faits n'était assez grave, même pour faire revivre les anciens.

» Le fait que le sieur Thevenez avait habité et qu'il habitait encore publiquement avec une fille nommée Lefèvre, sa concubine, qu'il faisait passer pour sa nièce, d'abord rue de Paradis, n°. 11, ensuite rue de Crussol, n°. 1, lieux de son domicile, est cependant un fait assez grave pour opérer la séparation de corps, d'après l'art. 230 du Code civil, qui porte que *la femme pourra demander le divorce pour cause d'Adultère de son mari, lorsqu'il aura tenu sa concubine dans la maison commune.*

» D'une part, il a été décidé par le jugement du 31 mai 1823, passé en force de chose jugée, que le sieur Thevenez avait son domicile à Paris.

» D'autre part, le législateur a voulu, par les mots *maison commune*, désigner le domicile du mari, celui qu'il doit obliger sa femme d'habiter, et où elle peut exiger qu'il la reçoive.

» Les mots *maison commune* s'entendent même des simples résidences du mari, parceque, d'après l'art. 214 du Code civil, la femme doit suivre le mari partout où il juge à propos de résider. La loi ne considère pas si la femme habite, ou non, actuellement avec son mari. Le séjour d'une concubine dans le domicile du mari est aussi grave pour la femme, lorsqu'elle est absente, que lors-

---

(1) *Ibid.*, année 1821, page 461.

qu'elle y habite, puisqu'elle peut toujours s'y présenter et s'y faire recevoir.

» La violation de la foi conjugale n'est pas le seul motif de la disposition de l'art. 230. Cette disposition est aussi fondée sur le mauvais exemple donné aux enfans; aux personnes de la famille, en un mot, sur l'intérêt des mœurs. Aussi l'art. 339 du Code pénal a-t-il établi une peine contre l'Adultère du mari dans le domicile conjugal, sans distinguer si la femme y est, ou non, présente.

» C'est dans ce sens que l'art. 230 a été entendu et appliqué par plusieurs cours et par la cour de cassation....

» Suivant le texte de l'art. 230, a répondu le défendeur, il faut que la concubine ait habité la maison commune. Tel est le vœu de la Novelle 25, chap. 15....

» Voilà comment les législateurs romains entendaient la disposition que nous leur avons empruntée. Ils conciliaient, par ce sage tempérament, ce qu'on doit à la morale publique et à l'autorité maritale, qui serait gravement compromise si, sous prétexte d'un outrage, la femme pouvait se livrer à toutes sortes d'investigations.

» On conçoit que la jurisprudence ait étendu la disposition au cas où le mari vit publiquement avec la concubine dans son domicile ou dans sa résidence bien reconnue, en l'absence de sa femme, parceque la femme peut venir habiter la maison; mais appliquer l'art. 230 au cas où un mari logeant, comme dans l'espèce, dans un hôtel garni, tiendrait un commerce criminel avec une femme qui habiterait le même hôtel, c'est méconnaître l'esprit de la loi et ajouter à son texte.

» Il ne suffit pas d'objecter que le mari peut forcer la femme à venir résider avec lui partout où bon lui semble; la question serait de savoir s'il l'y a forcée.

» Le défendeur a cherché à justifier l'arrêt sous un autre rapport. Nul doute, selon lui, que la cour royale de Paris, saisie de ce qui était articulé devant elle, n'ait pu, sans violer la loi, voir dans l'articulation ou un défaut de vraisemblance, ou un défaut de gravité, qui lui a fait regarder l'enquête comme inutile ou dangereuse à admettre. Ce n'est de sa part qu'une appréciation.

» Malgré ces considérations et plusieurs autres qu'il serait superflu de rapporter, l'arrêt de la cour royale de Paris a été cassé le 17 août 1825, par les motifs suivans:

» Ouï le rapport fait par M. Henry Larivière...., les observations de Piet, avocat de la demanderesse; celles de Mandaroux-Vertamy, avocat du défendeur, et les conclusions de M. l'avocat-général Marchangy....;

» Vu les art. 108, 214 et 230 du Code civil;

» Considérant qu'il est jugé, par le jugement du 31 mai 1823, passé en force de chose jugée que le sieur Thevenez a son domicile à Paris;

» Considérant, en droit, que l'art. 230 du Code civil autorise la femme à demander la séparation de corps pour cause d'Adultère, quand le mari a tenu sa concubine dans la maison commune; que cette maison est celle où réside le mari, et qui, d'après les art. 108 et 214 du Code civil, est le domicile légal de la femme; qu'elle ne cesse pas d'être la maison conjugale par le fait de l'absence de la femme, puisque le mari a le droit de la contraindre de venir l'habiter, et qu'elle a celui de s'y faire recevoir; que, d'ailleurs, il serait trop facile au mari d'éloigner par de mauvais traitemens la femme du domicile conjugal; qu'ainsi l'absence de la femme n'ôte pas à l'Adultère du mari le caractère de gravité qui fait autoriser celle-ci à demander, en ce cas, la séparation de corps; qu'il n'en est pas moins vrai que la concubine a tenu la place de la femme légitime et souillé de sa présence la demeure de la famille;

» Considérant que le fait articulé présente exactement le cas prévu par l'art. 230 du Code civil, et que, dès-lors, la cour royale de Paris n'a pas pu, sans violer la loi, écarter la preuve de ce fait, sous prétexte que *les faits postérieurs à la réconciliation* des époux, articulés par la femme Thevenez, n'ont pas la gravité nécessaire pour faire revivre les faits anciens;

» Par ces motifs, la cour casse et annule l'arrêt de la cour royale de Paris, du 7 février 1824... ».

§. VIII. *Pour écarter l'action en Adultère intentée contre elle, la femme peut-elle être admise à prouver que son mari s'est lui-même rendu coupable des désordres qu'il lui reproche?*

I. Cette question peut se présenter dans deux cas différens: dans celui où l'action en Adultère est *pénale*, c'est-à-dire, où elle tend à faire condamner la femme à la peine infligée par la loi à l'Adultère, et dans celui où elle est *civile*, c'est-à-dire, où elle n'a pour objet, soit que de faire prononcer la séparation de corps entre les époux, soit (dans les pays étrangers régis par notre Code civil, où le divorce a encore lieu) que de faire dissoudre le mariage par le divorce.

Sur le premier cas, voyons d'abord ce qu'avaient réglé les lois romaines.

On a déjà vu, §. 7, n°. 2, qu'elles n'admettaient pas la femme à intenter contre son mari, ce qu'elles appelaient l'accusation publique d'Adultère; et de là semble résulter la conséquence que la femme ne pouvait pas non plus exciper contre son mari, agissant criminellement contre elle, de l'Adultère qu'il avait commis lui-même.

C'est ainsi que la femme ne pouvait pas plus exciper contre son mari agissant criminellement contre elle, de ce qu'il l'avait prostituée, qu'elle ne pouvait intenter contre lui l'action criminelle en prostitution ; et que, si alors le juge condamnait d'office le mari à la peine du *lenocinium*, il n'en condamnait pas moins la femme à la peine de l'Adultère. *Si in publico judicio maritus uxorem ream faciat, an lenocinii allegatio repellat maritum ab accusatione? Et putem non repellere : lenocinium igitur mariti ipsum onerat, non mulierem excusat. Undè quæri potest an is qui de Adulterio cognoscit, statuere in maritum ob lenocinium possit? Et puto posse. Nam Claudius Gorgus, vir clarissimus, uxorem accusans, cùm detectus est uxorem in Adulterio deprehensam retinuisse, et sine accusatore lenocinii damnatus est à divo Severo.* Ce sont les termes de la loi 2, §. 5 et 6, D. *ad legem Juliam de Adulteriis.*

Cependant la loi 13, §. 5, du même titre est citée par quelques auteurs comme mettant en principe que le mari doit être déclaré non-recevable dans son accusation d'Adultère, lorsqu'il paraît au juge qu'il s'est lui-même livré à des désordres pareils à ceux qu'il reproche à sa femme, et il est vrai que cette loi commence par dire : *judex Adulterii antè oculos habere debet et inquirere an maritus publicè vivens, mulieri quoque bonos mores colendi auctor fuerit? Periniquum enim videtur esse ut pudicitiam vir ab uxore exigat, quam ipse non exhibeat.* Mais ces auteurs ne font pas attention au but que se propose la même loi dans le précepte qu'elle donne au juge et à la conclusion qu'elle en tire : *quæ res*, ajoute-t-elle, *potest et virum damnare, non rem ob compensationem mutui criminis inter utrosque communicare*; ce qui signifie évidemment que l'examen dont la loi charge le juge, ne doit pas avoir pour résultat de repousser l'accusation du mari par une fin de non-recevoir, mais de punir le mari en même temps que la femme, si le juge lui trouve des torts portant le caractère de crime. C'est l'observation des auteurs du nouveau Denisart, au mot *Adultère*, §. 4, n°. 5. « La » loi, disent-ils, recommande au juge, devant le- » quel l'accusation d'Adultère est portée, de con- » sidérer la manière de vivre du mari, et s'il n'a » pas l'injustice d'exiger de sa femme une vertu » que lui-même n'a pas. Mais le jurisconsulte, » avertit en même temps que ce n'est pas pour » renvoyer la femme de l'accusation du mari, que » le juge doit faire cet examen, mais pour les pu- » nir tous deux, s'ils sont tous deux coupables ».

Quoi qu'il en soit, il est certain que, dans la législation actuelle, la femme tenterait vainement, pour se soustraire à l'action pénale intentée contre elle, soit par son mari, soit par le ministère public sur la dénonciation de son mari, de prouver qu'il s'est rendu coupable des désordres à raison desquels elle n'aurait pas le droit de porter plainte contre lui.

Mais ne se soustrairait-elle pas à cette action, en prouvant que son mari entretient une concubine dans la maison conjugale?

Ce qui paraît, au premier abord, ne pas permettre d'en douter, c'est que la femme a qualité pour poursuivre ce genre d'Adultère par voie de plainte, et qu'un fait qui produit une action, semble devoir, *à fortiori* produire une exception.

Cependant le contraire résulte clairement de la combinaison de l'art. 336 avec l'art. 339 du Code pénal. L'art. 336 porte que la faculté accordée au mari seul de dénoncer l'*Adultère de la femme, cessera* s'il est dans le cas prévu par l'art. 339 ; et ce cas quel est-il ? « Le mari qui aura » entretenu une concubine dans la maison con- » jugale *et qui aura été convaincu* sur la plainte » de la femme, sera puni d'une amende de 100 » francs à 2000 francs ». Il faut donc que le mari ait été, par un jugement rendu sur la plainte de la femme, convaincu d'avoir entretenu une concubine dans la maison conjugale, pour que la femme puisse le faire déclarer non-recevable à dénoncer l'Adultère qu'elle a commis elle-même.

C'est en ce sens que l'orateur du gouvernement a présenté, dans l'*exposé des motifs*, la substance de l'art. 339 : « Le mari serait privé » de cette action, a-t-il dit, *s'il avait été con- » damné* lui-même pour cause d'Adultère. Alors » la justice le repousserait comme indigne de sa » confiance ; et n'ayant pu être convaincu » d'Adultère que sur la plainte de sa femme, il « serait trop à craindre qu'il n'agît par récrimi- » nation ».

C'est dans le même esprit que le rapporteur de la commission de législation du corps législatif, après avoir dit que « le mari qui, oubliant les » sentimens dus à son épouse, méconnaîtrait as- » sez les égards dont elle doit être l'objet, pour » entretenir une concubine dans sa maison, sera » puni d'une amende de 100 francs à 2000 fr. », a ajouté : *toute action en Adultère lui sera interdite ;* ce qui signifie bien clairement que l'interdiction de toute action en Adultère est, pour le mari, une suite, non de l'Adultère qu'il a commis lui-même dans l'intérieur de la maison conjugale, mais du jugement qui l'en a déclaré coupable.

Aussi, dans l'espèce rapportée ci-dessus, §. 3, la dame S..... et son complice ont-ils en vain produit une lettre du sieur S.... de laquelle il résultait qu'il, vivait dans la maison conjugale en concubinage avec une autre femme ; en vain sont-ils partis de là pour soutenir que sa plainte en Adultère n'était pas recevable.

Condamnés, nonobstant cette défense, à la peine portée par l'art. 237 du Code pénal, ils se sont pourvus en cassation ; mais, par l'arrêt du 23 novembre 1821, leur recours a été rejeté. « at- »tendu que, d'après l'art. 336 précité, combiné » avec l'art. 339 de Code, il faut, pour que » le mari perde la faculté de dénoncer sa femme » d'Adultère, qu'il y ait contre lui une plainte formée » de la part de la femme, et que, sur cette plainte, » il ait été convaincu d'avoir entretenu une con- » cubine dans la maison conjugale, circonstance

ADULTÈRE, §. VIII.

» que le juge d'appel a déclaré ne pas exister
» dans l'espèce (1) ».

II. Suivons, pour le second cas, la même
marche que pour le premier; et commençons
par nous fixer sur la question de savoir si, dans
le droit romain, la femme pouvait repousser
l'action en divorce que son mari intentait contre
elle pour cause d'Adultère, par la preuve qu'il
avait lui-même violé la foi conjugale.

L'affirmative ne paraissait pas douteuse aux
auteurs qui, d'après leur manière d'entendre la
loi 13, §. 5, D. *ad legem Juliam de Adulteriis*,
tenaient l'accusation d'Adultère pour non-recevable de la part du mari coupable d'un délit du
même genre; et, en effet, disaient-ils, si la femme
qui ne peut pas faire de l'Adultère de son mari,
la matière d'une accusation publique, peut cependant en tirer une exception pour neutraliser
l'accusation publique dont elle est elle-même
l'objet, à combien plus forte raison, habile
qu'elle est à poursuivre l'Adultère de son mari
par l'action civile en divorce, doit-il lui être permis d'en exciper pour faire déclarer non-recevable une semblable action intentée contre elle?

Mais cet argument était doublement vicieux.

D'une part on a vu au n°. précédent, que la
base sur laquelle il reposait, n'était rien moins
que certaine.

D'un autre côté, quand on admettrait que le
droit romain permettait à la femme d'exciper
de l'Adultère du mari, lorsqu'il s'agissait d'une
accusation publique, on ne pourrait pas encore
en inférer qu'il le lui permît également, lorsqu'il
ne s'agissait que d'une action civile en divorce;
pourquoi? Parceque l'une avait des conséquences beaucoup plus graves que l'autre; parceque
la femme, déclarée criminellement coupable
d'Adultère, encourait, ou la relégation dans une
île, ou la peine de mort, ou la fustigation et la
réclusion perpétuelle (2), tandis que, déclarée
civilement coupable de ce crime, elle en était
quitte, comme on le verra tout-à-l'heure, pour
la perte d'une partie de ses biens et qu'elle
pouvait s'en croire indemnisée, jusqu'à un certain point, par le recouvrement de sa liberté;
parcequ'il ne serait pas, dès-lors, étonnant que,
chez les Romains, la législation eût été plus facile
à excuser la femme luttant contre une accusation criminelle d'Adultère, que la femme combattant une demande civile en divorce.

Ajoutons que l'argument dont il s'agit, se rétorque avec une force inexpugnable contre l'opinion qu'il tend à justifier.

En effet, dans le droit romain, tel qu'il est
consigné dans les Pandectes, et par conséquent

tel qu'il existait au temps d'Ulpien, auteur de la
loi 13, §.5, *ad legem Juliam de Adulteriis*, le
mari ne pouvait accuser criminellement sa femme
d'Adultère, qu'après avoir fait civilement dissoudre par le divorce, le mariage qui l'unissait à
elle; et c'est ce que décidait expressément la loi
11, §. 10, du même titre : *Volenti mihi ream
Adulterii postulare eam quæ, post commissum
Adulterium, in eodem matrimonio perseveravit,
contradictum est : quæro an justè responsum sit?
Respondit : ignorare non debuisti ; durante eo
matrimonio, in quo Adulterium dicitur esse commissum, non posse mulierem ream Adulterii fieri,
sed nec Adulterum interim accusari posse.*

Or, si le mari eût pu être déclaré non-recevable à demander le divorce contre sa femme
pour cause d'Adultère, par cela seul qu'il eût
été lui-même coupable d'un délit du même genre,
comment aurait-il jamais pu être déclaré non-
recevable, de ce chef, à accuser criminellement
sa femme? Cela eût été évidemment impossible,
puisque le seul défaut de prononciation préalable du divorce eût suffi pour le repousser, et eût
par conséquent rendu inutile toute recherche sur
sa conduite personnelle.

D'autres auteurs fondaient la même opinion
sur la loi 39, D. *soluto matrimonio*, et sur la loi
156, §. 1, D. *de regulis juris*.

La première de ces lois, suivant eux, tranchait
nettement la question en faveur de la femme;
car voici comment s'y exprimait Papinien. Un
mari et sa femme s'inculpant l'un et l'autre par
l'action *de moribus*, jugement est intervenu par
lequel il a été dit qu'ils avaient tous deux donné
lieu à la répudiation. Cela doit être entendu en
ce sens, que ni l'un ni l'autre des deux époux ne
peut réclamer à son profit les peines portées par
la loi qu'ils ont également violée; car leurs délits
mutuels sont éteints par la compensation : *viro
atque uxore* MORES *invicem accusantibus*, CAUSAM
REPUDII DEDISSE UTRUMQUE *pronunciatum est : id
ita accipi debet, ut eâ lege quam ambo contemp-
serunt, neuter vindicetur : paria enim delicta*
MUTUA PENSATIONE *dissolvuntur.*

La seconde loi, continuaient ces auteurs, n'est
pas moins positive; elle porte, que tout fait qui
produit une action, produit, à plus forte raison,
une exception : *cui damus actiones eidem et exceptiones competere multò magis quis dixerit.*
Or, l'Adultère du mari produit certainement,
en faveur de la femme, une action civile en divorce. Il doit donc *à fortiori* lui fournir une exception pour paralyser l'action du même genre
que son mari intente contre elle.

Tout cela est fort spécieux. Cependant je n'hésite pas à dire que rien n'est plus contraire au
véritable esprit du droit romain.

D'abord, dans la loi 39, D. *soluto matrimonio*,
Papinien ne dit pas que, d'après la conviction
acquise par le juge, que les deux époux étaient
également coupables d'Adultère, le libellé de

---

(1) *Annales de Jurisprudence* de M. Sanfourche-Laporte, année 1822, tome 2, page 41.
(2) *V.* Les Pandectes de Pothier, liv. 48, tit. 5, n°⁵. 55,
56 et 57.

4ᵉ édit., Tome I.   22

répudiation que l'un avait adressé à l'autre, eût été déclaré nul. Il dit seulement qu'il avait été jugé que les deux époux l'avaient justifié l'un et l'autre par leur immoralité, ce qui suppose évidemment qu'il avait eu son effet, et que le divorce prononcé en conséquence était à l'abri de toute atteinte.

De quoi s'occupe Papinien dans cette loi? Uniquement des résultats que doit avoir le divorce dont il reconnaît la validité; et c'est comme s'il disait : en thèse générale, la dissolution du mariage par le divorce pour cause d'Adultère, emporte, pour le mari qui l'obtient, le gain incommutable de la dot de la femme; et pour la femme qui parvient à le faire prononcer, tous les avantages qui lui sont assurés par ses conventions matrimoniales en cas de survie (1); mais ici, c'est vainement que les deux époux se disputent le bénéfice de la loi qui prononce ces peines, parcequ'elle ne les prononce qu'au profit de l'innocent contre le coupable, et qu'ils sont tous deux également en faute.

Aussi Pothier, dans ses Pandectes, liv. 24, tit. 2, n°. 12, ne présente-t-il pas ce texte comme établissant que, dans le droit romain, la simultanéité des torts des deux époux faisait cesser l'action en divorce de l'un contre l'autre; mais uniquement comme établissant que, dans le droit romain, lorsque le divorce était prononcé sur la demande de l'un des époux pour des torts qui lui étaient communs avec l'autre, ils étaient tous deux indignes de réclamer la peine pécuniaire que la prononciation du divorce, pour cause d'Adultère, entraînait au profit de l'innocent contre le coupable : *Hæc pœna cessabat si uterque conjux in culpâ esset*.

Il s'en faut donc beaucoup que la loi 39, D. *soluto matrimonio*, justifie l'opinion que je combats; il est évident, au contraire, qu'elle la détruit de fond en comble.

Inutilement dirait-on qu'entendue dans le sens que je lui donne, elle serait en contradiction avec elle-même, et que, puisqu'elle admet la compensation même des délits respectifs des époux, à l'effet d'empêcher que l'un ne profite de la peine pécuniaire attachée à l'Adultère de l'autre, elle devrait aussi l'admettre à l'effet d'empêcher que l'un n'obtienne contre l'autre la peine morale de leurs torts mutuels, c'est-à-dire, le divorce. Pour peu que l'on y réfléchisse, on sentira le vice de cette manière de raisonner.

La compensation n'était, dans le droit romain, comme elle n'est parmi nous, qu'un mode de libération fictive, par l'effet duquel deux personnes qui se trouvent débitrices l'une de l'autre, sont censées s'être payé réciproquement. Elle a donc lieu toutes les fois que, cumulant à l'égard d'objets susceptibles d'être compensés, les qualités de créancier et de débiteur, on peut être censé avoir, par une fiction *brevis manus*, payé ce qu'on doit et touché ce qu'on a le droit d'exiger. Mais l'admettre hors de ce cas, ce serait aller contre son essence.

On conçoit très-bien, d'après cela, que Papinien ait dit, dans la loi citée, qu'entre deux époux divorcés à raison des infractions qu'ils se sont permises à la foi conjugale, il y a compensation de torts mutuels; et que, par suite, ils ne peuvent pas exiger l'un de l'autre la peine pécuniaire dont la loi punit l'Adultère. En effet, par cela seul qu'ils sont tous deux coupables, ils se trouvent nécessairement créanciers et débiteurs l'un envers l'autre de dommages-intérêts; et il n'en faut pas davantage pour qu'ils soient censés s'être payé réciproquement ce qu'ils se doivent.

Mais il est impossible d'imaginer comment Papinien aurait pu dire, dans la même loi, que les torts mutuels des deux époux se compensent de manière à paralyser la demande en divorce formée par l'un d'eux contre l'autre. Pourquoi la compensation paralyse-t-elle la demande en paiement de la dette qui se rencontre avec une autre dette? Parcequ'elle consiste dans une fiction qui fait réputer les deux dettes réellement payées; parcequ'alors on peut dire avec fondement : « Il y a dette de part et d'autre; donc il y » a compensation, et par conséquent, paiement » fictif; donc la demande en paiement est non-re- » cevable ». Mais quel est l'homme qui, jouissant encore d'un éclair de raison, pourrait dire sérieusement : « Il y a Adultère de part et d'autre; » donc il y a compensation; donc il y a divorce; » donc la demande en divorce n'est pas admis- » sible »? Eh! Sans doute, la demande en divorce serait inadmissible, si le divorce était déjà prononcé par une fiction de la loi, puisqu'il y aurait alors lieu de dire au demandeur, *quod petis intùs habes*. Mais d'une part, en fait de prononciation de divorce, la loi n'admet point de fiction; de l'autre, les auteurs contre la doctrine desquels je m'élève, se gardent bien de dire que, dans le cas d'Adultère réciproque, le divorce est réputé opéré par l'effet de la compensation des torts réciproques des deux époux; ils prétendent, au contraire, que, par l'effet de la compensation des torts respectifs des deux époux, il y a obstacle invincible à la prononciation du divorce; et par conséquent ils attribuent à la compensation un effet directement contraire à son essence.

En second lieu, de ce que la femme, actionnée en divorce pour cause d'Adultère, par son mari coupable comme elle, pourrait l'actionner lui-même aux mêmes fins; ils ne s'ensuit nullement qu'elle puisse l'éconduire par une exception; et telle n'est pas, à beaucoup près, le corollaire de la règle de droit, *cui damus actiones*,

---

(1) *V.* les Pandectes de Pothier, titre *de Divortiis et Repudiis*, n°s. 9, 10 et 11; la loi 8, C. *de Repudiis*; la loi 24, C. *de Jure dotium*, et la Novelle 22, chap. 15.

ADULTÈRE, §. VIII.

eidem et exceptiones competere multò magis quis dixerit.

Le sens de cette règle n'est pas équivoque : elle signifie, et rien de plus, que, si j'ai contre vous une action pour vous contraindre à me payer ou à faire quelque chose, j'ai, à plus forte raison, en cas que vous répétiez cette chose contre moi, ou que vous prétendiez la défaire, une exception pour repousser votre demande. Elle signifie par conséquent, comme le dit très-bien Godefroy, sur la loi 156, §. 1, D. *de regulis juris*, que l'exception sert de supplément à l'action : *exceptio est subsidium actionis*; qu'elle procure à celui qui l'oppose, les mêmes avantages que s'il intentait l'action dont elle tient lieu; en un mot que l'on peut toujours obtenir par exception, ce que l'on pourrait obtenir par action.

C'est en ce sens que le jurisconsulte Ulpien, auteur de cette règle, la reproduit littéralement dans la loi, §. 4; D. *de superficiebus*, de laquelle il résulte, comme le prouve très-bien d'Antoine sur la loi 156, §. 1, D. *de regulis juris*, « que » celui qui a une action pour demander la pos- » session qui lui est due, a aussi une exception » pour s'y maintenir. *Qui agit in vim justi tituli* » *pro adipiscendâ vel recuperandâ possessione,* » *si semel in eâ collocatus fuerit, potest pro eâ* » *retinendâ excipere* ».

Mais de là même il suit évidemment, et c'est encore une remarque de Godefroy sur ce dernier texte, que cette règle est inapplicable au cas où l'action et l'exception ont des objets différens, *cùm actio et exceptio ad res diversas referuntur.* Or, tel est précisément le cas où se trouve la femme actionnée en divorce pour cause d'Adultaire, par son époux coupable du même délit qu'elle. A quoi tendrait l'action qu'elle a, si elle l'intentait? A forcer le mari de rompre leurs nœuds par le divorce; et à quoi tend l'exception qu'elle lui oppose? A faire maintenir les nœuds qui les unissent. Il n'y a donc pas identité d'objets entre l'action et l'exception. La règle dont il s'agit, ne peut donc lui être d'aucun secours.

III. Comment notre question devait-elle être jugée, dans notre ancienne jurisprudence, suivant laquelle l'Adultère de la femme n'était pas une cause de divorce, mais seulement de séparation de corps, et pouvait être poursuivi, à cette fin, tant par action civile que par plainte au criminel?

Je ne connais qu'une espèce où elle ait été agitée; la voici telle que la rapporte (Lettre A, §. 3.) Bouguier, l'un des magistrats qui ont co-opéré à l'arrêt rendu sur le procès.

« Feu Jean de la Pommeraye avait été conjoint par un mariage avec la femme (en secondes noces) du comte de Sanray, à laquelle, par son contrat, il avait donné douaire préfix de la somme de tant de livres.

» Cependant mauvais ménage serait entre eux survenu à l'occasion des débauches dudit Jean de la Pommeraye, mari; que même il aurait, par sa dissolution de vie gagné la vérole, tellement que sa femme aurait été contrainte de se séparer d'avec lui, et de fait se serait absentée deux ans et plus hors de la présence de son mari, pendant lequel temps elle aurait fait plusieurs voyages avec le demandeur avec lequel elle aurait mené une telle vie et si impudique, que le mari aurait été contraint d'intenter accusation d'Adultère, tant contre sa dite femme, que contre ledit Sanray.

» Et depuis, cette accusation ayant été quelque temps discontinuée, serait arrivé le décès dudit de la Pommeraye, par la mort duquel l'accusation aurait dû tout assoupir. Ledit décès arriva l'an 1562, au mois d'octobre, après lequel le demandeur aurait épousé sa veuve, contre lesquels les héritiers auraient repris l'accusation d'Adultère intentée par le défunt......

» Depuis, plusieurs années étant échues du douaire à elle constitué, elle aurait donné à son mari la moitié de tous les arrérages dus, pour raison desquels il se serait constitué demandeur contre le sieur de Biragues, ayant épousé la fille et héritière dudit Pommeraye son premier mari.

» Contre laquelle demande ledit de Biragues aurait excipé et dit par le moyen de ses défenses, que le demandeur était non-recevable à intenter cette action, d'autant qu'ayant été accusé d'Adultère par ledit défunt Jean de la Pommeraye, bien que cette accusation ne soit bonne en la personne de lui héritier pour la poursuivre criminellement, toutefois elle lui sert d'une bonne exception pour élider la demande faite par le demandeur pour les arrérages du douaire dû à sa femme; d'autant que ne s'étant trouvée, lors de son décès par la coutume de Bretagne, elle perd son douaire : comme aussi par la même coutume, la femme accusée d'Adultère par son mari, ne s'étant réconciliée avec lui, ne peut demander douaire après sa mort. Tellement que, par la raison de ces deux articles, il était non-recevable en sa demande : et partant subordinément ledit de Biragues demandait d'être reçu en l'accusation d'Adultère ci-devant intentée contre ledit de Sanray par le défunt Jean de Pommeraye, pour lui servir par forme d'exception.

» Trois questions furent agitées en ce procès : la première, de savoir si les héritiers peuvent criminellement poursuivre une accusation d'Adultère commencée par le mari; la seconde, si du moins ils le peuvent alléguer par forme d'exception pour s'exempter du douaire; et la troisième, si cette exception peut être élidée par une réplication faite au mari ou ses héritiers, *quod malè vivendi author fuerit*, et cause du mauvais ménage et Adultère de sa femme.

» Pour la première question, il fut résolu par l'opinion de tous les docteurs, et par la décision des arrêts sur ce intervenus, que les héritiers ne

22.

peuvent alléguer ni reprocher l'Adultère commis contre la personne du mari, après sa mort, soit qu'il l'ait su et dissimulé, soit qu'il n'en soit venu autre chose à sa connaissance.

» Pour la seconde, il fut resolu par l'avis de tous messieurs, que les héritiers peuvent exciper de l'Adultère commis par la femme du vivant de son mari, quand l'accusation a été intentée par le mari, et interrompue par sa mort (comme au fait qui se présente), pour s'exempter du douaire : *cujus alia est ratio quàm dotis :* d'autant que *dos est proprium patrimonium ipsius mulieris*, comme dit la loi, *doarium est donatio quam habet à marito in pretium pudicitiæ*, de laquelle, pour cette raison, elle se rend indigne en faussant la foi qu'elle lui a promise....

» Mais restait l'autre question qui faisait difficulté à la précédente, d'autant que, par réplique, le demandeur disait que l'héritier dudit Pommeraye ne pouvait alléguer, *etiam* par forme d'exception, l'accusation par lui intentée contre sa femme, d'autant que lui-même eût succombé en cette accusation s'il l'eût poursuivie, et eût été déclaré non-recevable, *cùm malè vivendi author ipse fuisset*, ayant par ses débauches gagné la vérole et l'ayant baillée à sa femme et contraint à cette occasion de se séparer d'avec lui. Tellement que quelques-uns de messieurs soutenaient *mutuam fieri compensationem delictorum* par le moyen de cette réplication, par argument de la loi 13, *si uxor*, §. *si judex*, 5, D. *ad legem Juliam de Adulteriis* : *per iniquum enim est ut maritus pudicitiam ab uxore exigat quam ipse non præstat*. Et partant la demande du douaire pouvait subsister, étant l'exception élidée par la réplication.

» A la vérité, nous trouvons bien par le droit romain, que *per replicationem lenocinii impediebatur retentio dotis propter Adulterium*, loi *cùm mulier* 47, D. *soluto matrimonio*, où Scévola dit : *Non potest improbare maritus mores quos ipse antè corrupit aut posteà probavit*; où notoirement il parle *de marito lenocinante*, auquel cas *mutua fit compensatio delictorum*, ce qui est expliqué en la loi *viro et uxore mores invicem accusantibus* 39, D. *eod tit.*, qui parle notoirement *de actione et accusatione de moribus etiam levioribus qui erant omnes præter Adulterium*, et pour lesquels *fiebat retentio dotis*, comme il est traité dans les fragmens d'Ulpien, auquel cas *morum et delictorum fiebat mutua compensatio*. Mais en cas d'accusation d'Adultère, soit qu'elle se traitât criminellement *et judicio publico*, soit par action civile seulement, *nunquàm fiebat compensatio criminum*, comme dit expressément Ulpien audit §. *si judex*, ci-devant allégué, D. *ad legem Juliam de Adulteriis* : *quæ res potest*, dit-il, *et virum damnare, non autem rem ad compensationem mutui criminis inter utrosque communicare*; et partant n'est audit point, en ce cas, de compensation; que cette réplique faite par le demandeur n'était considérable, et que l'article seul dernier de la coutume de Bretagne rendait le demandeur non-recevable.

» La cour, faisant droit sur la demande dudit douaire, a absous ledit Biragues de l'action contre lui intentée; et sur le surplus des demandes, a mis les parties hors de cour et de procès, par arrêt donné au rapport de M. de Vertamont, en la chambre de l'édit, en laquelle présidait M. le président Séguier, en l'an 1609 ».

Cet arrêt juge-t-il notre question dans le sens qu'il aurait dû le faire, selon moi, d'après le dernier état du droit romain modifié par les changemens qu'y avait apportés la jurisprudence, en substituant l'action en séparation de corps à l'action en divorce, et en permettant de cumuler la première avec l'accusation criminelle de l'Adultère.

Les auteurs du *Nouveau Denisart* n'en font pas de doute. Ils le citent comme décidant que la femme actionnée en séparation de corps, pour cause d'Adultère par son mari coupable lui-même d'un commerce Adultérin, n'est pas recevable à exciper contre lui de ce commerce.

Et l'on ne peut disconvenir qu'il ne le juge effectivement. Mais remarquons bien que, dans l'espèce sur laquelle il a été rendu, il pouvait y avoir quelque difficulté sur le point de savoir si le commerce Adultérin que l'ayant-cause de la femme reprochait à son mari, aurait pu donner lieu, de la part de la femme elle-même, à une demande en séparation de corps (1); et comme c'est précisément sur ce cas que porte notre question, je crois qu'il la laisse entière.

IV. Le droit que les lois romaines accordaient à la femme, comme au mari, de demander le divorce pour cause d'Adultère, la loi du 20 septembre 1792 le leur accordait également à tous deux : *Chacun des époux*, portait-elle, §. 1er. art. 4, *peut faire prononcer le divorce sur des causes déterminées, savoir....* 4º. *sur le dérèglement de mœurs notoire*; et il semblerait, d'après cela, que, sous l'empire de cette loi, notre question eût dû être jugée comme on vient de voir qu'elle avait dû l'être sous le droit romain.

Voici cependant un arrêt de la cour de cassation qui en a décidé autrement.

Le sieur Pinson-Deshommais forme contre sa femme une demande en divorce, qu'il fonde sur le dérèglement qu'elle affiche dans ses mœurs, et articule à ce sujet divers faits dont il offre la preuve.

La défenderesse soutient qu'il est non-recevable, parcequ'il tient lui-même une conduite fort déréglée, et articule, de son côté, avec offre

---

(1) *V.* le Répertoire de Jurisprudence, aux mots *Séparation de corps*, §. 1, n°. 9

de le prouver, plusieurs faits qui justifient son assertion.

Jugement interlocutoire du tribunal civil du département du Calvados, qui admet les parties à la preuve des faits qu'elles alléguent respectivement; et d'après le résultat des enquêtes, jugement définitif du même tribunal qui déclare le mari non-recevable.

Appel au tribunal civil du département de la Manche, et là il intervient un jugement qui, « Attendu que, par l'enquête faite par le mari, » le déréglement de mœurs notoire de la femme » demeure suffisamment établi, et que l'incon- » duite du mari ne peut lui servir d'excuse pour » légitimer sa conduite personnelle »; rejette la fin de non-recevoir opposée par la dame Pinson Deshommais à son mari, et permet à celui-ci de faire prononcer le divorce.

Recours en cassation de la part de la dame Pinson Deshommais; et le 7 nivôse an 7, arrêt qui casse le jugement attaqué,

« Attendu que le mariage est un contrat civil qui impose à chacun des époux une obligation réciproque de bonnes mœurs, et leur donne, aux termes de l'art. 4 du §. 1er. de la loi du 22 septembre 1792, l'action en divorce pour cause déterminée de déréglement de mœurs notoire, et par conséquent admet l'exception en faveur de l'un et de l'autre, fondée sur l'inconduite personnelle de celui qui demande, pour cette cause, le divorce;

» D'où il résulte qu'en déclarant inadmissible la fin de non-recevoir que la demanderesse avait proposée contre la demande en divorce formée par son mari, les juges du tribunal civil du département de la Manche ont violé l'art. 4 du §. 1er. de la loi du 20 septembre 1792 ».

C'est une chose inexplicable que la légèreté avec laquelle cet arrêt avance que, par cela seul que la loi du 20 septembre 1792 donne à chacun des époux l'action en divorce contre celui des deux qui est coupable de déréglement de mœurs notoire, *elle admet l'exception en faveur de l'un et de l'autre, fondée sur l'inconduite personnelle de celui qui, pour cette cause, demande le divorce.* Pour raisonner ainsi, il faut qu'il prête à la règle de droit, *cui damus actiones, eidem et exceptiones competere multò magis quis dixerit*, un sens que j'ai prouvé au n°. 2, être diamétralement contraire à son texte et à son esprit. Mais il y a plus : cette règle eût-elle le sens qu'il lui suppose, elle ne pourrait pas encore légitimer la cassation qu'il prononce; car elle n'a jamais eu d'autorité législative dans la ci-devant Normandie; et c'est assez dire que cet arrêt est doublement marqué au coin de l'erreur.

V. Reste à savoir de quelle manière notre question doit être jugée sous le Code civil; et comme elle est la même pour le cas où c'est le mari qui excipe de l'Adultère de la femme agissant contre lui en divorce, que pour la femme qui excipe de l'Adultère du mari agissant contre elle aux mêmes fins, je crois devoir la renvoyer au §. suivant. Je remarquerai seulement ici qu'elle ne peut être élevée de la part de la femme, que lorsque celle-ci, actionnée en séparation de corps pour cause d'Adultère, reproche à son mari d'entretenir une concubine dans la maison conjugale; et l'on en sent la raison : c'est que, dans tout autre cas, l'Adultère du mari ne donne aucune action à la femme, et que par conséquent la femme ne peut en tirer aucun prétexte d'exception.

§. IX. *Pour écarter l'action en Adultère intentée contre lui par sa femme, le mari peut-il être admis à prouver que sa femme est elle-même coupable du délit qu'elle lui impute ?*

I. Ici, comme dans le §. précédent, il faut avant tout nous occuper de l'action *pénale*; nous passerons ensuite à l'action *civile*.

Et d'abord, le mari actionné correctionnellement par sa femme, sur le fondement qu'il entretient une concubine dans la maison commune, peut-il, pour écarter sa plainte, être admis à prouver qu'elle a elle-même violé la foi conjugale ?

M. Carnot, sur l'art. 399 du Code pénal, n°. 8, présente l'affirmative comme très-constante : « Quoique le Code ne le dise pas (ce sont ses » termes), le mari pourrait opposer pour fin de » non-recevoir, contre la plainte de sa femme, » qu'elle serait elle-même tombée en Adultère; » car il n'est aucun fait qui, pouvant donner » lieu à l'exercice d'une action, ne puisse être » opposé comme exception contre l'exercice » d'une action de même nature. *Voyez* Raviot, » en ses arrêts, tome 1er., page 213, n°. 9 ».

Mais d'abord que signifie le passage de Raviot auquel M. Carnot se réfère? Écoutons cet auteur, non pas tome 1er., page 213, où il ne dit pas un mot qui se rapporte à cette question, mais tome 2, page 298 :

« Si la séparation se fait pour des causes im- » putables, au mari et à la femme, et si l'un et » l'autre ont donné lieu au divorce par leur mau- » vaise conduite, c'est le cas d'une compensa- » tion, *paria delicta compensantur*; le mari ne » perd point les avantages qui lui sont faits par » son contrat de mariage, et la femme n'est point » privée de sa dot, loi 39, D. *soluto matrimonio*..., » et en pareil cas, les théologiens sont d'avis, » au moins pour la plus grande partie, que le » mari qui est tombé lui-même dans l'Adultère, » n'a plus droit en conscience d'expulser de sa » compagnie et de son lit la femme qui aurait com- » mis la même faute; nous avons néanmoins re- » marqué ci-dessus, que le crime n'est point égal, » et qu'il est plus grand de la part de la femme;

» et qu'on le juge ainsi dans le for extérieur».

Jusqu'ici il n'est point question de l'accusation criminelle pour cause d'Adultère. Raviot ne s'occupe que de l'action civile en séparation de corps, et reconnaissant lui-même qu'elle peut être prononcée sur la demande de l'un des époux pour une cause dont il est personnellement coupable, il se borne à établir que tout ce qui résulte de la réciprocité des torts des deux parties, c'est que l'un ne peut pas s'en faire un moyen pour s'enrichir aux dépens de l'autre : doctrine parfaitement d'accord, comme on l'a vu dans le §. précédent, n°. 2, avec les lois romaines sainement entendues.

« Je croirais néanmoins qu'un mari qui vivrait
» lui-même dans un Adultère public, n'aurait
» pas droit d'accuser sa femme pour un fait sem-
» blable, parceque celui-là se rend indigne de
» la protection de la loi qui pèche contre la loi,
» *qui peccat in legem, ei à lege subveniri non de-*
» *bet ;* ce mari qui méprise sa femme et qui lui
» préfère une concubine, n'est-il point la cause
» de la chute qu'il lui reproche? *Ainsi, la dot*
» *ne lui serait point adjugée*, et, au contraire, il
» la doit rendre à la femme avec laquelle il fait
» un vrai divorce ».

Qu'ici Raviot parle de l'accusation d'Adultère portée par le mari coupable lui-même de ce délit, et qu'il la présente comme non-recevable, à la bonne heure. Mais, d'une part, il est, sur ce point, en opposition avec les lois romaines sous l'empire desquelles il écrit ; et de l'autre, il se contredit évidemment, puisqu'en avançant que le mari ne peut point, en pareil cas, se faire adjuger la dot de sa femme et qu'il doit au contraire la lui rendre, il suppose nécessairement que le mari, tout coupable qu'il est lui-même, ne laisse pas d'obtenir du juge les fins de son accusation.

Ensuite, en mettant à part l'autorité de Raviot qui ne peut être ici d'aucun poids, est-il vrai, comme le dit M. Carnot, qu'*il n'est aucun fait qui, pouvant donner lieu à l'exercice d'une action, ne puisse être proposé comme exception contre l'exercice d'une action du même genre ?* Oui, lorsque les deux actions ont le même but; non, lorsqu'elles ont des buts différens. C'est ce que j'ai prouvé dans le §. précédent, n°. 2. Or, ici l'action correctionnelle intentée par la femme contre le mari, n'a certainement pas le même but que l'action que le mari pourrait intenter contre la femme, puisque l'une tend à faire condamner le mari à une amende, et que l'autre aurait pour résultat de faire condamner la femme à l'emprisonnement. Donc point d'application à faire ici de la règle de droit, *cui damus actiones, eidem et exceptiones competere multò magis quis dixerit.*

Que le mari actionné correctionellement par sa femme, en vertu de l'art. 339 du Code pénal, l'actionne aussitôt elle-même par la même voie, en vertu de l'art. 336 ; que les deux actions marchent ainsi parallèlement, et qu'elles aboutissent chacune à un jugement qui applique à chacun des époux la peine qu'il a encourue, rien ne s'y oppose. Mais que le mari puisse paralyser l'action de la femme par ces seuls mots, *je puis vous poursuivre comme coupable d'Adultère*, c'est ce que le législateur n'a point dit, et ce qu'on ne peut suppléer dans la loi.

II. Examinons maintenant si l'exception d'Adultère serait opposée avec plus de succès par le mari à la femme agissant contre lui en séparation de corps (ou en divorce dans les pays régis par le Code civil où le divorce a encore lieu), sur le fondement qu'il entretient une concubine dans la maison conjugale.

Déjà nous avons vu que cette exception n'était pas admissible dans le droit romain; et sous quel prétexte voudrait-on qu'elle le fût sous le Code civil?

Non-seulement la compensation est, dans le Code civil, de la même nature que dans le droit romain;

Non-seulement elle n'a, suivant l'un comme suivant l'autre, que l'effet de réputer payé ce qui est dû mutuellement, et de réputer fait ce que les deux parties sont obligées réciproquement de faire;

Non-seulement il résulte de là que, si, dans une instance en séparation de corps provoquée par la femme contre le mari, l'Adultère du mari était susceptible de compensation avec l'Adultère de la femme, ce ne pourrait être qu'à l'effet de faire réputer la séparation réellement opérée, et non pas à l'effet d'en empêcher la prononciation ;

Non-seulement il ne serait pas moins absurde sous le Code civil, qu'il ne l'était dans le droit romain, de faire signifier à la règle de droit, *cui damus actiones, eidem exceptiones competere multò magis quis dixerit*, rien autre chose si ce n'est que tout ce qu'on peut obtenir par action, l'on peut l'obtenir par exception, et d'en tirer la conséquence que l'on peut s'opposer par exception à un divorce ou à une séparation de corps que l'on pourrait soi-même obtenir par action;

Mais, ce qui est bien plus décisif, le Code civil s'occupe dans une section spéciale du titre *du divorce* qu'il déclare ensuite commune à la séparation de corps, *des fins de non-recevoir contre l'action en divorce pour cause déterminée*; et il y garde le plus profond silence sur le cas où l'époux demandeur en divorce ou en séparation de corps, serait lui-même coupable des torts qu'il reproche à l'époux défendeur. N'est-ce pas manifester clairement l'intention de n'attacher à cette circonstance aucune espèce de fin de non-recevoir ?

La chose est d'autant moins douteuse que, dans ses observations sur le projet de Code civil, page 7, la cour d'appel d'Agen, avait proposé d'ajouter à cet article, que *les mauvais procédés et sur-*

tout *l'Adultère du mari* opérassent aussi une fin de non-recevoir contre la demande de celui-ci en divorce, et qu'elle avait ainsi motivé sa proposition : « il conviendrait d'admettre pour fin de non-
» recevoir l'exception naturelle résultant de l'ac-
» tion lorsqu'elle serait prouvée, mais au moins
» cette fin de non-recevoir devrait-elle être reçue
» dans les demandes en divorce fondées sur cause
» d'Adultère, lorsque cette fin de non-recevoir
» serait prise de l'Adultère de l'époux demandeur.
» Elle se trouve expressément établie dans la loi
» 59, D. *soluto matrimonio*. Il faut voir cette belle
» loi du sage Papinien. Les motifs qui la dictèrent,
» doivent nous en faire adopter les dispositions.
» Comme chez les romains, le mariage, chez
» nous, est un contrat qui impose aux époux une
» fidélité réciproque, des mœurs exactes, une
» conduite également irréprochable. Or, il est de
» la nature de pareils contrats de rejeter les plain-
» tes de celui des époux coupable de la même
» infraction au contrat ».

On ne peut donc pas dire que ce soit par oubli que, dans la rédaction définitive de la section *des fins de non-recevoir contre l'action en divorce pour cause déterminée*, les auteurs du Code civil ont omis la fin de non-recevoir dont il s'agit ; et il est au contraire bien démontré qu'ils ne l'ont omise qu'avec réflexion et pleine connaissance de cause.

Aussi, dans l'espèce rapportée ci-dessus, §. 7, le sieur L...., poursuivi en séparation de corps par son épouse, sur le fondement qu'il entretenait une concubine dans sa maison, a-t-il vainement opposé, indépendamment des moyens qu'il tirait de ce qu'elle ne demeurait pas sous le même toit que lui, une exception d'indignité qu'il faisait résulter de faits d'Adultère dont il offrait la preuve. Par jugement du 15 mai 1820, cette exception a été rejetée, « attendu qu'on ne
» peut admettre d'autres fins de non-recevoir que
» celles prévues dans la loi, et que, dans l'espèce,
» cette fin de non-recevoir ne pouvait exister
» qu'autant qu'il serait établi en principe une
» sorte de compensation contre l'inconduite
» réciproque des époux, et dont les monumens
» judiciaires anciens et modernes n'offrent aucun
» exemple, si ce n'est sous le rapport des intérêts
» civils ; que cette compensation entraînerait avec
» elle les conséquences les plus funestes aux
» mœurs publiques et privées ».

Il est vrai que, sur l'appel de ce jugement à la cour royale d'Orléans, M. l'avocat-général Rousseau a conclu en faveur du sieur L.... ; mais quels ont été ses motifs ? Écoutons-le lui-même, en faisant sur chacun de ses argumens, les observations dont ils sont susceptibles :

« Nous croyons devoir faire précéder les développemens de notre opinion, d'un examen rapide de l'état de la législation des différentes époques, relativement aux poursuites pour fait d'Adultère.

» A Rome, pendant plusieurs siècles, les accusations, pour ce genre de délits, étaient intentées, jugées, exécutées dans des formes et avec une barbarie monstrueuses. Auguste y apporta des modifications plus humaines ; la loi *Julia*, rendue sous son règne, ramena à des règles certaines ce qui n'avait été jusques-là qu'un déplorable arbitraire.

» Constantin, Théodose, Justinien, l'expliquèrent, la restreignirent dans différentes Novelles ; et plusieurs autres empereurs firent successivement sur l'Adultère, des lois, des décrets, des rescrits dont l'incohérence ne peut se concevoir que par les changemens arrivés alors dans les mœurs et dans la religion du peuple romain.

» En résumé, nous avons vérifié que, dans le dernier état du droit romain, le mari pouvait seul accuser sa femme d'Adultère, et que celle-ci n'était autorisée non à l'accuser, mais à le poursuivre civilement pour obtenir sa séparation et la restitution de sa dot, qu'autant qu'il aurait porté le scandale jusqu'à la rendre témoin de ses désordres avec une autre femme, soit dans sa propre maison, soit toute autre ; cela résulte expressément de la Novelle 117, chap. 9, §. 5.

» Nous avons vérifié également que le préteur admettait une espèce de compensation des torts de l'Adultère, lorsqu'ils étaient réciproques, et qu'au lieu de prononcer le divorce, il congédiait l'un et l'autre époux ; c'est ce qui résulte de la loi 13, D. *soluto matrimonio* (1).

» Ceux qui ont prétendu que cette compensation ne s'appliquait qu'aux intérêts civils, n'ont peut-être pas remarqué que la femme avait deux actions, l'une principale en divorce contre le mari pour l'Adultère, au seul cas *inspiciente uxore* ; l'autre incidente et d'exception, lorsqu'elle-même étant accusée par son mari, lui opposait récriminatoirement d'autres faits d'Adultère, et que, sans s'opposer au divorce, elle demandait seulement à être déchargée de la peine de la rélégation et de la confiscation de sa dot....(2).

» Sous la première et la seconde race de nos rois, l'Adultère de la femme fut en France, tantôt puni du dernier supplice, tantôt l'objet d'un tarif pécuniaire par lequel son complice se rédimait envers le mari ; mais, dans le dernier siècle, l'on adopta, à peu près, la disposition de la loi romaine ; le mari seul pouvait accuser sa femme, à moins qu'il n'y eût scandale public ; la poursuite se faisait toujours par la voie criminelle ; mais lorsque la femme était convaincue, on ne la condamnait qu'à être renfermée dans un mo-

---

(1) Je crois avoir démontré plus haut, §. 8, n°. 2, que cette loi suppose précisément tout le contraire.

(2) Comme si, à l'époque où Papinien écrivait la loi 13 D. *soluto matrimonio*, l'action en divorce eût pu être cumulée avec l'accusation publique d'Adultère ! Comme si alors l'accusation publique d'Adultère eût pu être admise avant la prononciation du divorce !

nastère, avec privation de sa dot, de son douaire et de sa part dans la communauté ; l'on suivait en cela l'authentique *sed hodie*. Elle pouvait néanmoins demander sa séparation pour cause d'Adultère de son mari, mais par la voie civile, quand l'Adultère avait été suivi de scandale, de mépris pour elle et de mauvais traitemens. Ainsi, la jurisprudence était, à cet égard, sans fanatisme ni enthousiasme ; on punissait la femme infidèle, mais sans rigueur inutile ; on veillait à l'honneur du mari, mais on ne favorisait pas ses inquiétudes.

» La loi du 29 septembre 1792 vint contrarier ce système et apporter aux mœurs un relâchement auquel il fallut bientôt mettre un frein. L'on confondit l'Adultère dans le déréglement de mœurs, et il fut permis à la femme, comme au mari, de demander le divorce pour cette cause.

» Enfin, le Code civil et le Code pénal fixèrent invariablement la législation sur ce point.

» Ensorte qu'aujourd'hui le mari peut, dans tous les cas, demander devant les tribunaux civils sa séparation d'avec sa femme pour fait d'Adultère ; mais si le fait est prouvé, et que la séparation soit prononcée, la femme est condamnée d'office, par le même tribunal, à une détention qui peut aller jusqu'à deux années, et que le mari peut faire cesser en consentant à la reprendre.

» La femme, au contraire, ne peut poursuivre sa séparation, pour Adultère de son mari, que dans la seule circonstance où il aurait tenu sa concubine dans la maison commune ; et s'il est convaincu, le tribunal civil ne peut lui infliger aucune peine.

» Mais l'un et l'autre ont encore la voie criminelle. Si l'un d'eux veut faire punir l'infidélité conjugale, sans cependant vouloir se séparer, il traduit l'autre époux au tribunal correctionnel. Si c'est la femme qui y est déférée, et que la preuve de l'imputation soit acquise, la même peine de deux années d'emprisonnement peut lui être infligée, à moins que le mari n'ait entretenu une concubine dans la maison commune (1), auquel cas l'injure étant réciproque, il serait même non-recevable dans sa plainte.

» Si c'est la femme qui poursuit le mari et qui fasse la preuve de l'Adultère qu'elle lui reproche, il sera condamné correctionnellement, non à l'emprisonnement, mais uniquement à une amende de 100 à 2,000 francs.

» L'on voit qu'il y a une différence assez notable dans la condition des deux époux, par rapport aux actions que la loi leur accorde pour cause d'Adultère, et cette différence est remarquable au civil comme au criminel.

---

(1) Il fallait ajouter : « et qu'il n'ait déjà été jugé coupable de ce délit, sur la plainte de sa femme ». *V.* ci-dessus, §. 8, n°. 1.

» Mais cela est néanmoins conforme à la raison et à l'état des choses.

» La nature a donné à l'homme la force en partage, et lui a assujéti sa compagne ; la religion, la police publique, l'ordre et la conservation des familles exigent de la femme une entière résignation aux volontés de son mari, elle doit, avec la docilité qui convient à sa douceur et à ses vertus, fermer les yeux sur ses égaremens, et par une constante bienveillance, travailler à les lui faire abjurer.

» Si elle avait le droit d'explorer toutes les circonstances de sa conduite, bientôt la subordination domestique serait méconnue, et il n'y aurait plus dans le mariage qu'anarchie et conflit de pouvoirs.

» Le mari, qui porte ailleurs ses hommages et sa fécondité, est coupable sans doute, et le mépris de ses concitoyens est là pour en faire justice ; mais ses torts, quels qu'ils soient, sont loin des désordres que produit l'Adultère d'une épouse. La loi a pourvu aux uns, tandis qu'elle est sans moyens pour repousser du foyer conjugal des enfans étrangers qu'une mère coupable y introduit, et auxquels sa funeste adresse sait assurer les avantages de la légitimité.

» Dans cet état, il a fallu laisser au mari la plus grande latitude pour se plaindre de l'Adultère de sa femme, et se prêter au relâchement du lien qui l'unit à une épouse infidèle. Quant à celle-ci, on a dû lui interdire en général la même action, dans la crainte qu'elle n'en abusât pour se procurer une dangereuse indépendance ; et si, dans un cas prévu, il lui a été permis d'incriminer son mari, et de demander à en vivre séparée, c'est que la loi a pensé que la sagesse des magistrats examinerait, avec une rigueur salutaire, le mérite de ses allégations, et qu'elle ne les admettrait que lors d'une indispensable nécessité.

» Le jugement dont est appel a rejeté l'exception du sieur L....., parcequ'elle n'est pas prévue par la loi, et qu'elle établirait une sorte de compensation sans exemple et nuisible aux mœurs ; que cette compensation n'a jamais été admise que sous le rapport des intérêts civils

» A la vérité, l'art. 272 n'admet qu'une seule fin de non-recevoir ; mais exclud-il, par là même, la voie de toute autre exception ? Cela ne peut être ; l'art. 272 ne parle de la réconciliation, que parcequ'elle s'applique à toutes les demandes en divorce, pour quelque cause que ce soit, sévices, injures, Adultère, condamnation infamante, etc. ; mais il n'a pas prescrit les exceptions qui s'attachent à chaque cause particulière ; il ne pouvait pas davantage les prévoir et les déterminer, parcequ'elles varient et se modifient suivant les espèces et que la loi ne dispose que pour les cas généraux ; il y a d'ailleurs de ces exceptions prévues dans d'autres articles du Code, celle qui résulterait de l'allégation de condamnation à peine infamante, pour écarter la demande de celui qui, étant lui-même condamné, demanderait sa séparation (1); celle qu'on puiserait dans un moyen de prescription quelconque (2); celle enfin relative à la complicité du mari dans la débauche de sa femme (3).

» Au fait, ce qu'il faut rechercher, ce n'est pas si l'art. 272 exclud péremptoirement toute autre fin de non-recevoir, mais si l'exception proposée par le sieur L....., était admissible de sa nature.

» Voyons d'abord la jurisprudence actuelle

» Le seul arrêt connu sous l'empire du Code civil, est l'arrêt Chevé. Vous avez, Messieurs, repoussé la demande en divorce de la femme Chevé, parcequ'elle était Adultère; sans vous expliquer sur la compensation des torts réciproques, vous l'avez reconnue indigne de la protection de la loi par ce fait de son inconduite. Elle n'avait, à la vérité, fondé sa demande que sur des sévices;

(1) Non sans contredit, l'époux condamné à une peine infamante, ne serait pas recevable à demander le divorce ou la séparation de corps contre l'époux condamné à une peine de la même nature; mais pourquoi? Parce que l'art. 233 du Code civil y a expressément, pourvu en disant que « la condamnation *de l'un des époux* à une peine in-« famante, sera, pour l'autre époux, une cause de di-« vorce ».

(2) La fin de non-recevoir résultant de la prescription, est établie par des dispositions expresses du Code civil et du Code d'instruction criminelle, qui sont communes à toutes les actions, et dont, ni l'action en séparation de corps, ni l'action correctionnelle pour cause d'Adultère, ne sont exceptées spécialement. Peut-on en dire autant de la fin de non-recevoir dont il est ici question?

(3) Sans doute, le mari qui aurait favorisé les désordres de sa femme, tenterait inutilement de s'en faire un moyen de séparation de corps ou de divorce. Mais ce ne serait pas par une fin de non-recevoir proprement dite que sa demande devrait être rejetée; elle devrait l'être comme *non fondée*, comme reposant sur un fait qui ne constituerait pas un véritable Adultère. En effet, il y a bien, en pareil cas, action immorale de la part des deux époux; mais ce n'est pas Adultère de la part de la femme envers le mari; car qu'est-ce que l'Adultère considéré par rapport aux époux entre eux? Rien autre chose que la violation de la foi qu'ils se sont jurée réciproquement; et certainement la femme ne viole pas la foi qu'elle a jurée à son mari, lorsque c'est du consentement de son mari lui-même qu'elle reçoit un autre homme dans ses bras, comme il ne peut pas y avoir violation d'un contrat quelconque au préjudice de la partie qui a délié l'autre des engagemens qu'elle a pris à son égard.

Que dirait-on d'un mari qui actionnerait sa femme en divorce ou en séparation de corps, pour avoir publié contre lui un libelle diffamatoire, à la composition et à la publication duquel il serait prouvé que la femme qu'il a concouru? Assurément il ne serait pas écouté. Mais, pour repousser son action, serait-il nécessaire de le *déclarer non-recevable*? Non, il suffirait de le *débouter*, comme se fondant mal-à-propos sur l'art. 231 du Code civil, qui permet le divorce ou la séparation de corps pour *injures graves*, par la seule raison que *volenti et consentienti non fit injuria*.

Le troisième des exemples allégués par M. l'avocat-général Rousseau ne prouve donc pas plus que les deux premiers, en faveur de son système.

4ᵉ édit., Tome I.

mais il est hors de doute que vous l'eussiez de même et à plus forte raison éconduite, si elle l'avait établie sur des faits d'Adultère, parcequ'alors la réciprocité de torts eût été encore plus exacte; il est vraisemblable aussi que votre détermination eût été plus prompte; car enfin il y avait moins d'inconvénient et de danger à rendre la femme Chevé à un mari Adultère, que de la rendre au mari qui la maltraitait et la frappait aussi violemment qu'elle le prétendait. Vainement donc se fait-on un moyen de ce que la demande et l'exception reposaient sur des articulations différentes; cette différence n'importe pas à la cause; l'Adultère est une injure; des sévices comprennent aussi l'injure; il y a analogie suffisante.

» Ce serait tout aussi inutilement que l'on argumenterait de la formule de votre décision: que vous ayez déclaré que les faits de la dame Chevé, manquant de gravité et de pertinence en les rapprochant de ceux que son mari lui opposait, ou que vous ayez statué plus directement sur l'exception, cela est égal pour le principe; vous n'en avez pas moins jugé que l'inconduite de la demanderesse dégradait les griefs qu'elle produisait et les dépouillait de leur gravité légale. Il serait aujourd'hui indifférent au sieur L..... que vous décidassiez par simple voie d'inadmissibilité des faits articulés par son épouse, si les enquêtes étaient faites; ce n'est pas à lui qu'il appartient de vous prescrire les formes de vos décisions.

» L'arrêt Chevé a été pleinement confirmé par la cour de cassation (1).

» En remontant à l'arrêt de la cour suprême du 7 nivôse an 7, l'on voit cette doctrine consacrée de la manière la plus explicite.

» Il y est dit que le mariage impose à chacun des époux une obligation réciproque de bonnes mœurs, et que, lorsque le demandeur en divorce pour cause de dérèglement notoire, est inculpé lui-même d'inconduite personnelle, il doit être déclaré non-recevable sur l'exception de l'épouse défenderesse.

Sans doute l'arrêt est rendu sous la loi du 20 septembre 1792, qui n'établissait aucune distinction entre les époux pour les causes de divorce; mais que peut-on raisonnablement en conclure? Est-ce que le Code civil, en restreignant la demande de l'époux au seul cas d'Adultère prévu par l'art. 230, a, par cette modification, interdit la faculté mutuelle d'opposer l'exception de culpa-

(1) Que l'on compare ce que dit M. l'avocat-général Rousseau de cette affaire, avec ce que j'en ai dit moi-même dans les conclusions du 14 prairial an 13, rapportées dans le Répertoire de Jurisprudence, au mot *Divorce*, sect. 4, §. 12, et avec la manière dont il y a été statué par la cour de cassation; et que l'on juge si, dans cette affaire, c'est *par compensation* que la femme a succombé.

23

bilité du même fait, contre l'époux demandeur? Non, sans doute, et l'on n'a pas fait attention, en plaidant pour le sieur L...., que l'objection de la dame L.... retombait sur elle-même. Effectivement le Code civil n'a dérogé à la loi de 1792, qu'en limitant et réduisant l'action des femmes lorsqu'il s'agit d'Adultère; il a laissé, au contraire, l'action des hommes dans toute sa plénitude. La loi a donc regardé la femme comme peu favorable dans ces sortes de demandes, elle l'a circonscrite dans le cercle le plus étroit, pour qu'elle ne pût pas légèrement, à l'aide de pareils motifs, chercher à rompre ou à relâcher le lien qui l'attache à son mari. Ainsi, loin de rejeter l'exception tirée des déréglemens, comme le mari pouvait le faire en 1792, il faut convenir que le Code civil l'admet virtuellement et qu'elle acquiert plus de force devant la justice (1).

» La jurisprudence antérieure à nos institutions actuelles, était loin d'être contraire au système du sieur L.....; elle concordait avec les lois romaines sur lesquelles elle s'était formée. Nous n'ignorons pas que plusieurs auteurs prétendaient que les compensations des désordres respectifs entre époux n'étaient pas admises, sinon pour les intérêts pécuniaires; mais nous ferons bientôt connaître que l'opinion qu'ils avaient alors, serait sans influence dans la cause, depuis les changemens survenus dans la législation.

» M. Fournel, dans son *Traité de l'Adultère*, s'explique ainsi, page 165 : *les auteurs de l'ancien Répertoire font cette réflexion fort judicieuse : il faut examiner si la femme n'agit pas dans le dessein d'une indépendance absolue ; si, coupable envers son mari, elle n'aura pas provoqué son inconduite pour acheter la licence de mettre le comble à son déshonneur. Plus les femmes sentent leur conscience chargée de reproches, plus elles acquièrent d'audace pour accuser, plus elles sont violentes dans les moyens qu'elles emploient contre le mari qu'elles ne peuvent plus souffrir à force de l'avoir offensé* (2).

» Toutefois M. Merlin, dans son *Nouveau Répertoire*, après avoir dit que la femme accusée pour Adultère peut faire cesser l'action en opposant à son mari le même crime dont il l'accuse (3), ajoute : *le Code civil n'admet pas ce genre de récrimination, sauf le cas de l'art*. 336. Au mot *Compensation*, il dit encore : *pour ce qui est des crimes et des délits graves, l'on ne compense ni les accusations ni les peines, parcequ'il est de l'intérêt public qu'ils ne demeurent pas impunis; ainsi, quand il est dit dans la loi* 39, *soluto matrimonio* PARIA DELICTA, MUTUA COMPENSATIONE SOLVENTUR, *il ne s'agit que du crime d'Adultère pour lequel la femme étant poursuivie par le mari, qui veut lui faire perdre sa dot et l'appliquer à son profit, peut lui opposer le même crime pour rendre sa prétention sans effet* (1).

» Nous croyons avoir découvert qu'il y a dans tout ceci un mal-entendu que l'on peut expliquer.

» Tous les auteurs qui ont soutenu que la compensation dont ils parlent, était bornée aux intérêts pécuniaires, raisonnaient dans un temps où l'Adultère était un crime qualifié, dont l'action appartenait exclusivement aux tribunaux criminels (2) ; M. Merlin lui-même est de ce nombre, parceque l'article que nous venons de rapporter, a été retiré de son ancien Répertoire et copié mot à mot dans le nouveau.

» Eh bien ! En supposant qu'ils ne se soient pas trompés dans l'interprétation de la loi romaine, ils avaient complétement raison, et leur sentiment serait même en harmonie avec ce qui se pratique à présent.

» En effet, personne ne niera que les crimes et les peines qu'ils entraînent, ne soient jamais susceptibles de compensation ; la vindicte publique ne s'occupe pas des conventions des particuliers touchant leur désistement des dénonciations ou plaintes sur des crimes; une fois que le crime est connu, les poursuites commencent d'office, et l'intervention de la partie civile ne peut, non plus que son absence, en arrêter l'effet, sauf à cette partie à s'arranger comme bon lui semble avec le prévenu ou le condamné, pour ses dommages-intérêts.

» Mais ce n'est pas là la question.

» La demande en séparation de la dame L..... n'a pas été introduite devant le tribunal correc-

---

(1) Je conviens que, si l'arrêt du 7 nivôse an 7 cût pu servir de règle sous la loi du 20 septembre 1792, il pourrait, sous le Code civil, être opposé à la femme excipant contre son mari, demandeur en séparation de corps pour cause d'Adultère, du fait qu'il entretiendrait une concubine dans la maison conjugale. Mais cet arrêt a-t-il bien jugé? *V*. ci-dessus, §. 8, n°. 4.

(2) Je ne vois pas quel rapport il peut y avoir entre ce passage de Fournel et l'assertion mise en avant par M. l'avocat-général Rousseau, que, dans l'ancienne jurisprudence, la compensation des torts mutuels des époux était admise à l'effet d'empêcher la prononciation du divorce ou de la séparation de corps de l'un d'eux.

(3) Ce n'est pas moi qui ai dit cela : c'est M. Guyot, auteur de l'article *Adultère* des deux premières éditions du Répertoire de Jurisprudence ; et je ne l'ai laissé subsister dans les troisième et quatrième éditions, que parcequ'il me paraissait alors inutile d'examiner quelle était là-dessus l'ancienne jurisprudence.

(1) Ce n'est pas non plus moi qui ai écrit cela à l'article *Compensation*, mais bien M. Roubaud, auteur de cet article dans les deux premières éditions du Répertoire de Jurisprudence. Du reste, sa doctrine, sur ce point, était alors parfaitement exacte.

(2) Quoi! Dans l'ancien ordre judiciaire, la femme n'aurait pas pu poursuivre civilement sa demande en séparation de corps contre son mari coupable d'un Adultère commis avec une publicité scandaleuse ! Quoi ! Le mari lui-même n'aurait eu que la voie de plainte au grand criminel pour faire prononcer sa séparation de corps contre sa femme coupable d'un simple Adultère ! Quoi ! Les tribunaux civils auraient été fermés à l'un et à l'autre! Où a-t-on puisé d'aussi étranges assertions?

tionnel, mais bien devant le tribunal civil, seul compétent, selon nos lois modernes, pour connaître des séparations. Or, quelque grave, quelqu'importante que soit une demande de cette nature, elle ne présente toujours qu'un intérêt civil et particulier, et l'on ne contestera pas qu'il est libre aux parties de s'opposer réciproquement les exceptions de compensation qui peuvent faire cesser une demande civile, (1) lorsque le ministère public n'est pas partie poursuivante (et il ne peut l'être au tribunal correctionnel que lorsque l'Adultère a été suivi de scandale extérieur); il est libre au demandeur d'abandonner son action, de même qu'il lui est permis de transiger sur les restitutions pécuniaires qui seraient la conséquence de ses poursuites. A Rome, et même en France, avant 1789, l'Adultère appartenait à l'action publique (2); aujourd'hui l'action en appartient au mari seul ; la loi l'a rendu juge souverain des torts de sa femme ; il peut toujours les lui remettre, soit avant, pendant ou après la demande dirigée contre elle.

» Dira-t-on qu'au civil même, la peine d'emprisonnement étant toujours prononcée contre la femme convaincue d'Adultère, la compensation préviendrait cette peine et paralyserait la vengeance publique? Il serait facile de répondre que la loi l'a voulu ainsi, puisqu'elle permet au mari seul de se plaindre et qu'elle l'autorise à faire cesser, quand il lui plaît, l'emprisonnement prononcé, s'il juge convenable de pardonner à sa femme. Or, celui qui peut remettre la peine, peut *à fortiori* abandonner l'action qui conduirait à cette peine (3).

----

(1) L'exception de compensation ne peut jamais faire cesser une *demande civile*, que dans le cas où, par l'effet de la compensation, l'objet de la demande civile est censé rempli, et où l'on peut dire au demandeur, *quod petis intùs habes*. Or, je l'ai déjà dit, §. II, n°. 2, il est impossible d'attribuer à la réciprocité des torts des deux époux, l'effet de faire réputer leur séparation de corps prononcée. Donc point de compensation en cette matière.

(2) Cette assertion n'est pas tout-à-fait exacte. A Rome, l'Adultère de la femme donnait lieu à deux actions bien distinctes : à l'action civile en divorce et à l'action pénale. Celle-ci était *publique*, en ce sens qu'elle pouvait être intentée par le premier venu, lorsque le mari et le père de la femme ne l'avaient pas intentée eux-mêmes dans certains délais (point de législation sur lequel on peut voir la loi 4, D. *ad legem Juliam de Adulteriis*). Celle-là, au contraire, n'appartenait qu'au mari, et lui seul était recevable à l'exercer.

En France, avant 1789, l'Adultère de la femme ne pouvait être poursuivi par le ministère public que lorsque le mari en était notoirement complice. C'est ce qu'ont jugé une foule d'arrêts rapportés dans le *Code matrimonial*, au mot *Adultère*, §. 1, n°. 3, dans le Recueil de Catellan, liv. 2, chap. 84, dans les *Causes célèbres* de Richer, tome 9, page 425, etc.

(3) De ce que le mari peut remettre à sa femme la peine d'emprisonnement qu'il a fait prononcer civilement contre elle, il ne s'ensuit nullement que la femme puisse prévenir cette peine et écarter l'action civile du mari par la compensation du tort qu'il a, de son côté, d'entretenir une concubine dans la maison conjugale.

» L'on observera en outre que la poursuite en Adultère ne privant maintenant la femme ni de sa dot, ni de ses avantages matrimoniaux, l'unique intérêt civil de la demande se réduit au succès de la séparation, et qu'encore une fois, elle peut être le sujet d'une compensation qui l'anéantisse (1).

» L'opinion des auteurs cités par la dame L......, se concilie donc fort bien avec la défense de ce dernier. Le mode de poursuite n'est plus le même ; voilà ce qui formait la difficulté (2).

» Il reste pourtant cette remarque de M. Merlin, *que le Code ne reconnaît plus de semblable compensation* ; mais quelles sont les dispositions qui la rejettent ? Elle n'était écrite avant le Code que dans la loi romaine (3), et cependant on l'admettait dans tous les tribunaux de France (4). Est-ce que pour les cas où le Code est muet sur l'application d'un principe de droit, la loi romaine ne peut plus être invoquée ?

» Au reste, cette décision jetée pour ainsi dire au hasard et sans discussion préalable, est-elle bien de M. Merlin ? Des auxiliaires l'ont aidé dans la confection de son Répertoire et y ont commis plus d'une erreur qui ne lui serait point échappée (5).

» Les premiers juges ont dit que la compensation proposée serait immorale et d'un dangereux exemple. Sans doute ils se sont fait illusion dans les bons sentimens qui les animent ; il faut dire, au contraire, que tout moyen qui tend à diminuer la fréquence des divorces ou des séparations de corps, doit être accueilli favorablement. Il faut dire que tout ce qui tend à prévenir le scandale de la rupture du premier des contrats, et que tout ce qui tend à maintenir l'indissolubilité du lien conjugal, doit l'emporter, dans la balance de la justice et dans l'intérêt bien entendu des mœurs, sur les inconvéniens transi-

----

(1) Encore une fois, il est de l'essence de la compensation de ne pouvoir être opposée à une demande dont elle ne ferait pas réputer l'objet rempli.

(2) Il n'y a de différence entre le mode de poursuites actuel et le mode de poursuites de l'ancien ordre judiciaire, qu'en ce qu'aujourd'hui l'action en séparation de corps ne peut être intentée que civilement, tandis qu'avant 1789, elle pouvait l'être par plainte au grand criminel. Or, dans l'ancien ordre judiciaire, l'action civile en séparation de corps ne pouvait pas être écartée par l'exception de compensation ; elle ne peut donc pas l'être davantage aujourd'hui.

(3) Faut-il répéter que la loi romaine, bien loin d'admettre la compensation en cette matière, la rejetait de la manière la moins équivoque ?

(4) Où sont donc les jugemens qui l'ont admise dans l'ancienne jurisprudence ? *V.* ci-dessus, §. 8, n°. 3.

(5) Je n'ai eu d'autres auxiliaires dans mon travail que les jurisconsultes qui y sont nommés. Pour tout le reste, il n'y a pas une ligne, pas un mot qui ne soit sorti de ma plume ; et s'il s'y trouve des erreurs, c'est à moi seul que l'on doit les imputer.

toires de réunir deux époux qui s'imputent des désordres réciproques (1).

» Au surplus, la loi elle-même consacre la compensation de la manière la plus positive ; l'art. 336 du Code pénal oppose au mari une fin de non-recevoir dans le cas où, demandeur en Adultère, il serait inculpé du même fait. Oserait-on soutenir que la loi permet une immoralité (2) ?

» Nous arrivons aux dernières objections de la dame L..... Peut-on, dit-elle, supporter l'idée de la réunion de deux époux qui se sont mutuellement accablés des plus violens outrages ; qui se sont publiquement et devant les tribunaux reproché tous les vices honteux du libertinage et de la débauche ? Quelle sera leur existence, lorsqu'un arrêt les aura condamnés à reprendre la vie commune ?

» Il ne faut pas faire descendre la moralité de la loi jusqu'à la considération de quelques cas particuliers où les époux sont divisés et même ennemis ; la loi ne leur promet pas qu'ils s'adoreront toujours, qu'ils seront constamment heureux ; elle les avertit seulement des obligations qui naissent du mariage ; elle leur dit : supportez-vous, consolez-vous, oubliez vos injures, sacrifiez vos ressentimens, et n'élevez pas entre vous, pour des torts passagers, des barrières éternelles ; n'espérez pas surtout que, pour satisfaire vos caprices ou vos passions, l'autorité publique cède à vos indiscrètes réclamations ; et parceque vous cessez d'être estimables aux yeux l'un de l'autre, qu'elle doive vous dégager d'un lien qui maintient, en général, l'ordre et la prospérité des familles (1).

» Non, ce n'est pas parceque des époux se sont mutuellement injuriés et diffamés, qu'il faudra les séparer ; autrement, il ne tiendrait qu'à l'un d'eux de se préparer, à tout moment, un moyen de se jouer du plus saint des engagemens. Et si M. d'Aguesseau s'élevait avec énergie contre le mari qui voulait conserver une femme Adultère, c'est que celle-ci était si hideusement dégradée, que la piété du magistrat lui fournit alors l'expression dont s'était servi un des pères de l'église : *impius et stultus* ; mais un autre père de l'église a dit qu'il n'était aucune injure, si grave fût-elle, que le mari ne pût pardonner à sa femme ; au surplus la femme dont il s'agit, était accusée de suppression d'un enfant qu'elle avait eu avec la participation de son mari ; et assurément la position de la dame L..... est loin d'être aussi défavorable.

» Vainement la dame L..... prétend-elle encore que son mari ne s'oppose à la séparation qu'elle demande, que dans des vues d'un sordide intérêt, pour disposer de la fortune de ses père et mère. Une telle considération est étrangère à la justice et sans influence dans la cause. Du reste, l'administration des immeubles est de droit confiée au mari, sauf la séparation de biens, s'il en abuse.

» Mais le sieur L..... ne pourrait-il pas lui répondre que c'est elle qui n'agit que pour disposer à son gré d'une fortune qu'elle dissiperait bientôt par l'effet de son indépendance ; que libre de la surveillance paternelle, elle veut maintenant échapper à la surveillance de son mari ; que, s'il en était autrement, elle aurait demandé la séparation avant la mort de ses parens, et se serait fortifiée de leur assentiment et de leur appui, puisqu'à cette époque, les faits dont elle se plaint, étaient parfaitement connus ; qu'elle a long-temps

---

(1) *Réunir deux époux qui s'imputent des torts réciproques*, l'un dans la vue d'obtenir la séparation de corps ou le divorce, l'autre dans la vue d'échapper à l'une ou à l'autre, cela est moralement impossible. Par cela seul qu'un mari actionné en divorce ou séparation de corps, comme entretenant une concubine dans la maison conjugale, excipe contre la femme de désordres dont il la prétend elle-même coupable, il prouve manifestement que, d'après ses dispositions actuelles, aucune réconciliation n'est à espérer entre elle et lui. Il n'y a, dès-lors, point de milieu : ou il faut que la justice les sépare légalement, et, en les éloignant l'un de l'autre, attende que le temps calme leurs ressentimens respectifs ; ou il faut qu'elle les laisse offrir au public le spectacle scandaleux d'époux violant, chacun de son côté, la foi qu'ils se sont mutuellement promise. Or, entre les deux déterminations, quelle est celle que commande la morale publique ? C'est assurément la première.

(2) Ce n'est pas, je l'ai déjà dit, lorsque le mari, poursuivant par plainte ou dénonciation l'Adultère de sa femme, est lui-même *inculpé* d'un fait de la même nature, mais plus fortement caractérisé, que la loi le déclare non-recevable ; elle ne le déclare tel que lorsqu'il a déjà été *condamné* comme coupable de ce fait. Cela posé, que l'on argumente de l'art. 336 du Code pénal, pour dire qu'après que la femme a obtenu contre son lui jugement qui la sépare ou la divorce d'avec pour cause d'Adultère, le mari ne sera pas recevable à la poursuivre aux mêmes fins et pour la même cause, j'y trouverais d'autant moins de difficulté, qu'indépendamment de l'analogie qu'il peut y avoir entre ce cas et celui qui est prévu par l'art. 336 du Code pénal, il est impossible, d'après la nature des choses, qu'un divorce ou une séparation de corps, prononcé sur la demande de la femme, soit prononcé de nouveau sur la demande du mari. Mais que l'on puisse pousser plus loin l'argument, et aller jusqu'à dire qu'il résulte de l'art. 336 du Code pénal que le mari peut arrêter par une action d'Adultère la demande en divorce ou séparation de corps formée contre lui pour la même cause, c'est ce que je ne comprends pas.

---

(1) Voilà sans doute comment a raisonné le législateur prussien, lorsqu'il a dit dans son Code, art. 719 : *Lorsque celui des époux qui demande le divorce, a occasioné lui-même, par sa conduite immorale, les torts sur lesquels est fondée sa plainte contre celui qui veut persister dans le lien conjugal, sa plainte ne sera point admise.* Mais le législateur français qui, en rédigeant le titre *du divorce* de notre Code civil, avait cette disposition sous les yeux, ne l'y a point insérée. Il a donc pensé que la morale publique souffrirait moins de la séparation légale de deux époux dont l'aversion mutuelle aurait de justes causes, que de l'infraction qu'ils ne manqueraient pas de faire tous deux à la loi qui les oblige à une vie commune.

cherché des prétextes pour se séparer, et n'a pris le moyen d'Adultère qu'après avoir échoué dans ses tentatives pour se faire frapper en présence de témoins.

» Après avoir établi que l'exception résultant de l'inconduite de la demanderesse, est admissible selon la loi, et qu'elle procède utilement contre sa demande, il nous reste à démontrer subsidiairement qu'elle est fondée sur l'équité et les principes de la raison.

» En effet, quoi de plus juste et de plus conforme à l'équité que l'admission du sieur L..... à la preuve des faits qu'il articule dans le besoin d'une légitime défense? Une épouse inconsidérée lui impute des déréglemens, selon lui, imaginaires ou très-exagérés, et s'en fait un prétexte pour s'affranchir de l'autorité maritale; il vient dire aux magistrats : les désordres et la licence du mari ne sont une injure pour la femme que lorsque la conduite de celle-ci est pure et irréprochable. La demanderesse est indigne de la protection des lois ; je suis forcé, pour ne pas l'abandonner à de nouveaux déréglemens, de vous dévoiler sa conduite; elle a même été infidèle ; voilà les faits ; j'en offre la preuve.

» Et parceque les lois n'auront pas exactement prévu l'exception proposée, on lui répondra : nous admettons votre épouse à la preuve de ce qu'elle articule contre vous; elle demande la séparation ; elle veut vivre loin de vous; elle doit être écoutée ; mais vous, quoiqu'on ne puisse que vous louer de ne pas répudier une femme parjure, et quoiqu'il ne vous reste que ce moyen de la conserver, vous ne serez pas entendu, puisque vous ne voulez pas vous séparer.

» Non, vous n'adopterez pas une semblable doctrine, vous suppléerez de droit et d'équité au silence de la loi, s'il est vrai qu'elle ne s'explique pas. *In omnibus æquitas maximè spectanda* (1).

» Vous déclarerez l'exception du sieur L..... admissible, et sans rien préjuger sur l'événement des enquêtes, vous autoriserez l'appelant à faire la preuve des faits par lui articulés (2) ».

Des conclusions ainsi motivées ne pouvaient pas être accueillies. Par arrêt du 16 août 1820, la cour royale d'Orléans, siégeant en audience solennelle, a mis l'appellation au néant, « attendu » qu'on ne peut admettre contre une demande,

_____

(1) Dans une affaire de cette nature, tel homme du monde trouve équitable ce qu'un autre trouve souverainement inique. Mais quand la loi a parlé, c'est elle seule qui doit dicter les jugemens du magistrat. Or, qu'a fait notre Code civil en n'adoptant pas la compensation *anomale* que le Code prussien avait établie entre les torts mutuels des deux époux? Il a laissé ces torts sous l'empire de la règle générale, suivant laquelle ils se compensent bien quant aux dommages-intérêts pécuniaires qui en résultent, mais non pas quant au droit qu'ils donnent, soit à la dissolution, soit au relâchement du lien conjugal.

(2) Jurisprudence de la cour de cassation, tome 21, partie 2, page 134.

» d'autres fins de non-recevoir que celles prévues » par la loi ; et que, dans l'espèce, celle opposée » par le sieur L.... n'est consacrée par aucune » disposition du Code civil ».

Inutilement le sieur L..... s'est-il pourvu en cassation contre cet arrêt. Inutilement a-t-il reproduit devant la section des requêtes, et avec de nouveaux développemens, les raisons que le ministère public avait fait valoir devant la cour royale d'Orléans. Par arrêt du 9 mai 1821, son recours a été rejeté; « attendu que l'arrêt attaqué, » en rejetant la fin de non-recevoir résultant de » l'imputation d'Adultère faite par le demandeur » à sa femme, n'a violé aucun texte de loi ».

§. X. *Comment se prouve l'Adultère, tant à l'égard de la femme qu'à l'égard de son complice ?*

Cette question en renferme trois :

La première, si l'Adultère peut être prouvé par témoins, ou s'il ne peut l'être que par écrit.

La seconde, si des présomptions graves, précises et concordantes qui résultent, soit des dépositions des témoins, soit des pièces écrites, peuvent, en cette matière, tenir lieu de preuve positive.

La troisième, si l'aveu du défendeur ou prévenu suffit pour faire juger qu'il y a Adultère.

1°. Dans l'ancienne jurisprudence, l'Adultère pouvait être prouvé indistinctement par écrit ou par témoins.

Dans le projet de Code civil, liv. 1er., titre 6, art. 3, la commission avait proposé de restreindre la preuve testimoniale de l'Adultère de la femme, considéré comme cause de divorce, au cas où elle porterait sur des faits qui caractériseraient un scandale public, et de n'admettre, hors ce cas, d'autre preuve que celle qui résulterait des écrits émanés de la femme elle-même.

Mais, d'une part, ont dit les cours d'appel de Rouen, de Grenoble et de Douai, dans leurs observations sur ce projet, « quelles seraient les » circonstances qui caractériseraient le scan- » dale ? Le divorce n'aurait-il lieu qu'autant que » la femme serait notoirement affichée pour une » prostituée publique ? L'effet de cette distinc- » tion (entre l'Adultère scandaleux et l'Adultère » commis sans éclat) serait d'habituer la masse » du peuple à ne voir bientôt de mal dans le cri- » me que le scandale, à compter pour rien ou » pour peu les crimes secrets ; de s'exposer à » sanctionner légalement l'hypocrisie, à dégrader » sans retour le caractère national et les mœurs » publiques ».

D'un autre côté, ont dit les cours d'appel de Lyon et de Rouen, « la femme qui aurait eu la » prudence de ne jamais écrire à son amant et » l'adresse de couvrir ses intrigues du voile du » mystère, pourrait, à l'abri de la loi, se jouer » des justes poursuites de son mari, trop certain

» de son injure que la loi le mettrait dans l'impossibilité de prouver. Et quelle sera la femme assez maladroite pour que le mari puisse avoir des preuves écrites émanées d'elle ? Quoi donc ? Le mari qui pourrait établir, par des témoins sûrs, joints à des écrits non suspects de l'amant lui-même, ou par un ensemble de preuves certaines, que sa femme viole tous ses devoirs, lui donne même des enfans étrangers, sera contraint de tout souffrir en silence ! La loi ne peut consacrer un tel relâchement ».

Cependant la section de législation du conseil-d'état adopta purement et simplement l'article proposé par la commission, et le présenta à la séance du 14 vendémiaire an 10; mais il fut rejeté par cette considération mise en avant par M. Tronchet, qu'il fallait *laisser les juges peser les circonstances* (1).

Dès-là, nul doute que, lorsque l'Adultère est poursuivi par l'action civile en divorce ou séparation de corps, il ne puisse être prouvé par témoins, comme peuvent l'être, suivant l'art. 1348 du Code civil, tous les *délits ou quasi délits*.

Mais en est-il de même, lorsque l'Adultère est poursuivi par l'action correctionnelle ?

A l'égard du complice de la femme, non. L'art. 338 du Code pénal porte que *les seules preuves qui pourront être admises contre le prévenu de complicité, seront, outre le flagrant délit, celles résultant de lettres ou autres pièces écrites par le prévenu.*

« Il importait (a dit sur cet article l'orateur du corps législatif) de fixer la nature des preuves qui pourront être admises pour établir une complicité que la malignité se plaît trop souvent à chercher dans des indices frivoles, des conjectures hasardées ou des rapprochemens fortuits. Après les preuves du flagrant délit, de toutes les moins équivoques, les tribunaux ne pourront admettre que celles qui résulteraient des lettres ou autres pièces écrites par le prévenu ; c'est dans ces lettres, en effet, que le séducteur dévoile sa passion et laisse échapper son secret ».

Mais quel est, dans l'art. 338, le sens des termes *outre le flagrant délit ?* Signifient - ils qu'à l'égard du complice de la femme, la nécessité des preuves littérales cesse, et que la preuve testimoniale est admissible, lorsqu'il est articulé que les coupables ont été surpris par des témoins au moment même où ils consommaient l'Adultère?

Nul doute sur l'affirmative, lorsque les témoins qui ont surpris les deux coupables en flagrant délit, en ont fait sur-le-champ la déclaration à un officier de police judiciaire appelé à cet effet par le mari; car ne pas appliquer même à ce cas l'exception que met l'art. 338 à la règle générale qu'il établit, ce serait la rendre illusoire, ou du moins la restreindre à un cas infiniment rare et qui n'avait pas besoin d'être littéralement excepté de cette règle, à celui où le fait serait constaté par le procès-verbal d'un officier de police judiciaire, qui, sur la réquisition du mari, se serait transporté au lieu du délit et y aurait trouvé les délinquans dans les bras l'un de l'autre.

Mais la chose est plus douteuse, lorsque le flagrant délit n'a pas été prouvé sur-le-champ par la déclaration des témoins qui y étaient présens; et voici une espèce dans laquelle il a été jugé qu'en ce cas, la preuve testimoniale n'était plus admissible.

Le 19 septembre 1819, le sieur T....., apprend que sa femme, sortie clandestinement de sa maison la nuit du 21 au 22 août précédent, avec le sieur L....., s'est retirée dans une commune voisine et qu'elle y a reçu, tant la nuit que le jour, de fréquentes visites de ce particulier.

Dès le lendemain, il rend contre sa femme et le sieur L..... une plainte en Adultère, et contre le sieur L..... spécialement, une plainte en soustraction d'effets.

De là s'ensuit une instruction dans laquelle plusieurs témoins déposent avoir vu les deux prévenus couchés ensemble dans le même lit.

Le 31 septembre suivant, arrêt de la chambre d'accusation de la cour royale d'Angers, qui renvoie le sieur L..... de la plainte en soustraction d'effets, sauf au sieur T..... à poursuivre tant contre lui que contre sa femme, l'effet de sa plainte en Adultère.

Le sieur T..... fait en conséquence citer sa femme et le sieur L..... devant le tribunal correctionnel; et là s'élève entre autres questions, celle des avoir s'il y a lieu, contre le sieur L....., à la preuve testimoniale du fait qu'il a été vu couché avec la dame T..... dans la maison du sieur M.....

Le 12 janvier 1820, jugement qui déclare la dame T..... coupable d'Adultère et la condamne à quatre mois d'emprisonnement ; mais « en ce qui concerne la complicité de L....., attendu que les faits qui établissent l'Adultère, ont eu lieu dans l'intervalle du 27 août au 7 septembre dernier, au domicile de M.....; que la première dénonciation qu'en a faite T...., est à la date du 20 dudit mois de septembre ; que l'art. 338 du Code pénal et l'art. 41 du Code d'instruction criminelle, qui donnent la définition la plus précise et la plus certaine du flagrant délit, portent textuellement......; qu'ainsi, soit que l'on prenne pour date la citation du 6 présent, soit même qu'on n'ait égard qu'à la dénonciation du 20 septembre, la femme T..... ayant quitté le domicile de M..... depuis treize jours, lors de la première plainte de son époux, et d'ailleurs n'étant point articulé que

---

(1) Procès-verbal de la discussion du Code civil, tome 1, page 347.

ADULTÈRE, §. X.

» L.... et la femme T..... aient eu des relations
» ensemble depuis, il s'ensuit que les faits ne
» présentent point le *flagrant délit*, la loi ne re-
» gardant comme tel que celui qui se commet
» actuellement ou qui vient de se commettre ;
» attendu enfin qu'il n'est ni produit par le plai-
» gnant, ni articulé qu'il existe aucunes lettres
» ou autres preuves écrites par L..... qui puissent
» rendre admissibles les preuves de complicité
» de l'Adultère, outre le flagrant délit...; adju-
» geant le profit du défaut prononcé contre L....,
» annulle la citation en ce qui le concerne; dé-
» clare T..... *non-recevable* dans sa plainte portée
» contre lui en complicité d'Adultère ».

Appel de ce jugement de la part du sieur T.....

« Il est vrai, dit-il, que l'art. 338 du Code
pénal n'admet contre le complice d'une femme
Adultère que la preuve écrite et le flagrant délit;
mais pour l'une comme pour l'autre de ces preuves, il n'établit ni délai, ni déchéance. Le scandale étant le même dans ces deux cas, la durée
de l'action a dû aussi être la même, et vouloir
réduire le mari à la nécessité de se pourvoir à
l'instant même, de faire constater *hic et nunc* la
consommation matérielle d'un délit environné
presque toujours de l'ombre du mystère, ce serait
le plus souvent exiger de lui l'impossible ; il suffirait d'ailleurs de choisir le moment où il serait
absent pour assurer l'impunité du complice; et
dans ce cas, le mari, de retour, qui conséquemment n'a pu agir plutôt, produisît-il cent témoins
prêts à déposer *de visu*, se verrait dans l'impuissance de démontrer le crime !

» Il faut donc reconnaître que ni l'art. 338 du
Code pénal, dans lequel, suivant l'orateur du
corps législatif, il est question de la preuve du
flagrant délit, ni l'art. 41 du Code d'instruction
criminelle, qui définit ce qu'on doit entendre
par *flagrant délit*, ne parlent de la fin de non-
recevoir prononcée arbitrairement par le tribunal ; et que, si la preuve de l'Adultère, permise
par la loi *Julia*, pendant cinq ans, tant contre
la femme que contre son complice, a été déjà
rendue si difficile à l'égard de ce dernier, elle
peut être faite tant que dure le délit, c'est-à-
dire, pendant trois ans (Code d'instruction criminelle, art. 638) sans distinction entre la preuve
écrite et celle qui a pour objet de constater le flagrant délit ».

Nonobstant ces raisons, arrêt de la cour royale
d'Angers, du 8 mai 1826, qui,

« Attendu que le législateur..... n'a admis
contre l'homme présumé le complice de l'Adultère (d'une femme mariée), que deux moyens
de preuve, des lettres ou autres pièces écrites par
lui ou le flagrant délit (art. 338 du Code pénal);

» Que, pour interdire toute extension sur ce
dernier moyen, il a pris soin de définir (art. 41
du Code d'instruction criminelle) ce qu'on doit
entendre par le *flagrant délit*, et posé le seul cas
d'exception où la preuve sera recevable dans un
temps voisin du délit ; que ces précautions scrupuleuses indiquent à suffire que le mari offensé,
qui seul a droit d'action contre le délinquant,
l'exercera sans doute valablement à l'aide de la
preuve testimoniale, mais que cette preuve testimoniale pour établir la culpabilité de l'homme
complice de l'Adultère de la femme, devra constater la consommation actuelle de l'acte physique, la surprise faite en quelque sorte *in rebus
venereis* ; qu'ainsi, il n'est plus permis de se livrer
après coup à de téméraires recherches, de rapprocher les antécédens et les conséquens pour
recueillir les traces d'un fait qui n'en laisse point
au-delà du moment où il a eu lieu, sans quoi la
paix des familles serait sans cesse compromise et
le rapprochement, dont le vœu est exprimé dans
les art. 309 du Code civil et 337 du Code pénal,
serait rendu presque toujours impraticable entre
des époux mutuellement aigris par les suites de
cette scandaleuse inquisition ;

» Par ces motifs et adoptant au surplus ceux
des premiers juges, dit qu'il a été bien jugé...(1) ».

Mais il paraît bien difficile de concilier cet
arrêt avec l'esprit et la lettre de l'art. 338 du Code
pénal.

Cet article, il est vrai, défend en général d'admettre d'autres preuves de la complicité de l'A-
dultère de la femme, que celles résultant des
lettres et autres pièces écrites par le prévenu ; et
il le défend, comme l'a fait remarquer l'orateur
du corps législatif, pour empêcher que la malignité ne cherche ces preuves *dans des indices frivoles, des conjectures hasardées, des rapprochemens fortuits.*

Mais il excepte de cette défense le cas de *flagrant délit*. Pourquoi l'en excepte-t-il ? C'est,
comme l'a dit le même orateur, parceque *les
preuves du flagrant délit sont de toutes les moins
équivoques* ; parceque le flagrant délit est un fait
à la fois positif et patent ; parceque ce fait une
fois prouvé, il n'est plus besoin de prémunir la
justice contre les illusions des conjectures, des
indices, des rapprochemens ; parcequ'alors la
vérité apparaît dans tout son éclat.

Qu'est-ce donc qu'un *flagrant délit* ? C'est,
suivant l'art. 41 du Code d'instruction criminelle,
*le délit qui se commet actuellement, ou qui vient
de se commettre.*

Et dès-là il est clair qu'en fait d'Adultère, il y
a preuve de flagrant délit, par cela seul qu'il est
prouvé que les coupables ont été surpris, soit au
moment où ils se livraient à l'acte adultérin, soit
au moment où ils venaient de s'y livrer.

Exiger de plus que la preuve en eût été re-
cueillie ou qu'il en eût été dressé procès-verbal
dans l'un ou l'autre de ces deux momens, c'est

---

(1) Journal des Audiences de la cour de cassation, année 1823, supplément, page 81.

ajouter à la loi, c'est lui faire dire ce qu'elle ne dit pas, c'est par conséquent restreindre arbitrairement sa disposition.

Oserait-on dire que, d'après l'art. 324 du Code pénal, *le meurtre commis par l'époux sur son épouse, ainsi que sur le complice, à l'instant où il les surprend en flagrant délit dans la maison conjugale*, n'est *excusable* qu'autant que le flagrant délit a été constaté sur-le-champ; et que le mari qui ne le ferait constater que le lendemain ou quelques jours après, devrait subir la peine du meurtre? Une pareille idée n'est jamais venue, et ne viendra sans doute jamais à qui que ce soit. Et pourquoi en serait-il autrement du flagrant délit dont il est parlé dans l'art. 338 du même Code?

Dira-t-on que c'est là une exception à la règle générale qui est écrite dans l'art. 41 du Code d'instruction criminelle?

Mais cet article se borne à définir le flagrant délit; et il ne dit ni ne fait entendre qu'il n'y a eu général preuve de flagrant délit, que lorsque le flagrant délit a été constaté sur-le-champ.

Sans doute, dans la matière à laquelle il se rapporte, c'est sur-le-champ que le flagrant délit doit être constaté. Mais pourquoi? Par une raison tout-à-fait particulière. Le législateur s'occupe, dans cette partie du Code d'instruction criminelle, de la détermination des cas où le procureur du roi peut, pour la *constatation* des délits et des crimes, exercer les fonctions d'officier de police judiciaire; et il met au nombre de ces cas, celui où le procureur du roi est averti qu'un délit se commet actuellement ou vient de se commettre. Que le procureur du roi doive alors constater sur-le-champ le flagrant délit, et que, s'il diffère d'un jour ou deux, sa compétence cesse, cela est tout simple; il n'est appelé par la loi qu'à constater le délit qui se commet actuellement ou qui vient de se commettre; il est donc que pour constater le délit dont l'auteur ou les auteurs sont surpris, soit au moment où ils le commettent, soit au moment qui suit immédiatement celui où ils l'ont commis; il faut donc qu'il le constate dans l'un de ces deux momens. Mais de ce qu'il ne l'aura pas fait, s'ensuivra-t-il qu'on ne pourra plus dire des témoins qui déposeront ensuite du fait devant le juge d'instruction et à l'audience, qu'ils ont surpris les coupables en flagrant délit? Non certainement.

Au surplus, qu'est-ce que la disposition de l'art. 338 du Code pénal qui exclud la preuve testimoniale de la complicité de l'Adultère de la femme? Rien autre chose qu'une exception de la règle générale qui permet de prouver par témoins toutes les espèces de délits et de crimes. Qu'est-ce, au contraire, que la disposition du même article qui admet la preuve testimoniale du flagrant délit? Rien autre chose qu'un retour à la règle générale. Les principes veulent donc que la première soit interprétée strictement, et que la seconde le soit dans le sens le plus large dont elle est susceptible.

Mais il reste à savoir, pour résoudre complétement notre première question, si, hors le flagrant délit, la preuve testimoniale de l'Adultère est admissible contre la femme; et déjà l'on voit l'affirmative résulter clairement de ce que nous venons de dire. En effet, c'est par exception à la règle générale que, contre le complice de la femme, l'art. 338 du Code pénal interdit la preuve testimoniale, hors le cas de flagrant délit; il ne l'interdit donc pas contre la femme elle-même; la femme reste donc, à cet égard, sous l'empire de la règle générale. La preuve par témoins est donc indistinctement admissible contre elle.

Cependant le contraire a été soutenu par la dame D...., devant la cour royale de Paris, sur l'appel d'un jugement par défaut du tribunal correctionnel du département de la Seine, qui l'avait déclarée coupable d'Adultère et condamnée comme telle, d'après de simples preuves par témoins, tandis qu'il avait déclaré les mêmes preuves insuffisantes pour condamner son complice. Mais, par arrêt du 18 février 1813, ce jugement a été confirmé.

Et vainement la dame D..... s'est-elle pourvue en cassation. Vainement a-t-elle exposé que « l'art. » 338 du Code pénal ne parle pas du principal » coupable, parcequ'il s'agit d'une sorte particulière de délit qui ne peut se commettre que » de complicité et pour lequel il n'existe pas, à » proprement parler de principal coupable; (que) » les deux coupables ou complices de l'Adultère » sont donc sur la même ligne; (que) s'il n'y a » qu'une manière de convaincre l'un, il ne peut » y avoir qu'une manière de convaincre l'autre; » (qu') en un mot, tous deux sont coupables ou » tous deux sont innocens ».

Son recours en cassation a été rejeté par arrêt du 1er mai de la même année, au rapport de M. Oudart, « attendu que la preuve du délit d'Adultère, à l'égard de la femme prévenue, se fait de » la manière prescrite par les art. 154, 155, 156 » et 189 du même Code; qu'aucune disposition ne » l'a exceptée de la règle générale; que, si l'art. » 338 du Code pénal porte que les seules preuves » qui pourront être admises contre le prévenu de » complicité, seront, outre le flagrant délit, celles » résultant des lettres ou autres pièces écrites par » le prévenu, les termes et les motifs de cette disposition ne permettent pas de penser qu'elle soit » commune à la femme prévenue du même délit ».

Il m'est passé par les mains un autre arrêt de la cour royale de Paris, du 24 février 1815, dans les motifs duquel il est dit « que, si le Code pénal » a déterminé d'une manière précise la nature » des preuves admissibles contre le complice de » la femme prévenue d'Adultère, il a laissé, à » l'égard de la femme, ce délit dans la classe ordinaire des autres délits punis par la loi ».

Le même principe a été consacré, comme on l'a vu tout-à-l'heure, par le jugement rendu le 12 janvier 1820, dans l'affaire du sieur T....; et l'arrêt de la cour royale d'Angers, du 8 mai suivant, en a hautement approuvé la décision en ce point, « attendu qu'il existe une très-grande dif-
» férence entre la femme prévenue d'Adultère, et
» l'homme prévenu de complicité du même délit;
» que ce dernier peut être présumé le plus sou-
» vent avoir cru que celle qu'il connaissait char-
» nellement, était fille ou veuve, tandis que c'est
» toujours sciemment et volontairement que la
» femme mariée viole la foi conjugale et s'expose
» à aggraver cet outrage *propter partum ex altero*
» *conceptum;* qu'ainsi, cet acte, par rapport à la
» femme, caractérisé par les lois romaines *Adul-*
» *terium*, relativement à son complice était sim-
» plement qualifié *stuprum;* que, sous le Code
» pénal du 25 septembre 1791, le complice de la
» femme Adultère n'encourait aucune peine; qu'il
» en est autrement aujourd'hui; mais qu'il faut
» bien remarquer que le législateur qui, contre
» la femme prévenue d'Adultère, abandonne à la
» conscience du juge, tous les moyens de convic-
» tion indistinctement, n'a admis contre l'homme
» présumé être son complice que deux moyens
» de preuves : ses lettres ou autres pièces écrites
» par lui, ou le flagrant délit ».

2°. On a écrit de gros volumes sur la question de savoir si, pour prouver l'Adultère à l'effet de justifier une demande en divorce ou séparation de corps, ou d'attirer une condamnation pénale sur la tête des coupables, il est nécessaire de produire, soit des témoins qui déposent *de visu* de l'acte Adultérin, soit des pièces qui établissent positivement la consommation de cet acte; ou si l'on peut y suppléer par des présomptions résultant de faits prouvés par témoins ou par écrit (1). Mais toute controverse doit cesser là-dessus depuis que l'art. 1353 du Code civil a, dans toutes les matières susceptibles de la preuve par témoins, abandonné les présomptions non établies par la loi, *aux lumières et à la prudence des magistrats*, sous la seule condition de *n'admettre que des présomptions graves, précises et concordantes*.

On a cependant prétendu, même sous le Code civil, que, pour obtenir le divorce (et par conséquence aussi la séparation de corps) pour cause d'Adultère, il ne suffisait pas de prouver des faits qui ne permissent pas de douter de la consommation du délit, et qu'il fallait des preuves positives qu'elle avait eu effectivement lieu. Mais ce système, uniquement fondé sur des lois romaines et canoniques aussi mal entendues que mal appliquées, a été condamné par un arrêt de la cour d'appel de Bordeaux, du 27 février 1807.

« Attendu que, puisque le Code civil est muet sur la nature des preuves de l'Adultère, pour lequel il permet le divorce, il faut recourir *aux anciens principes* (1);

» Qu'il faut bien distinguer, dans les lois romaines, recueillies dans des titres du Digeste et au Code *ad legem Juliam de Adulteriis*, le cas où elles permettent au père et au mari de tuer les coupables surpris en Adultère (D. lois 20, 22, 23, 24 et 25, Code, loi 4), et celui où le juge doit prononcer le divorce sur cette cause, ou même punir l'Adultère selon les lois; que, si la glose et les auteurs parlent souvent de ces mots, *in ipso flagitio, in rebus venereis, in ipsâ turpitudine*, elles disent aussi que, pour autoriser les juges à prononcer le divorce, ou même infliger les peines de l'Adultère, la preuve de ce délit, comme de tous autres, peut et doit résulter des présomptions violentes et claires qui ne permettent pas de douter;

» Attendu que le droit canon ne doit pas diriger les juges en cette matière; que d'ailleurs les décrétales bien entendues n'exigent pas, pour la séparation, la preuve physique de l'Adultère; que, si la glose et les auteurs parlent souvent de ces mots, *in ipsâ turpitudine, in ipso flagitio, in rebus venereis*, qu'ils cherchent même à expliquer, c'est principalement à l'occasion des lois qui permettaient le meurtre des coupables surpris en Adultère;

» Attendu que les criminalistes et les auteurs qui ont écrit sur le droit civil, professent que dans une matière, où il est presque impossible d'acquérir la preuve physique, la loi qui veut réprimer, et la justice qui veut punir, se bornent à des présomptions, pourvu qu'elles soient violentes, précises, concordantes et qu'elles ne laissent à l'esprit aucun doute raisonnable;

» Attendu que la discussion des art. 229 et suivans au conseil d'état, fait voir que ces principes étaient adoptés par ceux qui ont préparé et proposé la loi;

« Attendu, en point de fait, que bien que la dame L.... et le sieur B..., musicien, n'aient pas été vus consommant l'Adultère, ou couchés dans le même lit, il n'en est pas moins constant pour la justice que l'Adultère a été commis; que l'enquête et les lettres en fournissent à la fois la preuve testimoniale et littérale; que les présomptions qui résultent à la fois de l'enquête et des lettres combinées sont si précises, qu'il est impossible à la raison de douter d'un fait et d'une conduite qui ont causé un scandale public; que par conséquent il est constant, en fait, pour la cour comme pour les premiers juges, que l'Adultère a été commis.... (2) ».

----

(1) *V.* le Répertoire de Jurisprudence, au mot *Indices*, nos. 3 et 4.

(1) Il aurait été plus exact de dire : à la règle générale qui est tracée par l'art. 1353 du Code civil lui-même.

(2) Jurisprudence de la cour de cassation, tome 7, partie 2, page 163.

4e édit., Tome I. 24

5°. Il semblerait, à la première vue, que la question de savoir si l'aveu du défendeur ou prévenu suffit pour faire juger qu'il y a eu Adultère, dût toujours être résolue affirmativement, et que telle fût, dans tous les cas, la conséquence du principe consigné dans l'art. 1356 du Code civil, que, *l'aveu judiciaire fait pleine foi contre la partie qui l'a fait.*

Mais ce principe n'est pas aussi général qu'on le croirait au premier abord. Le texte du Code civil qui l'établit, est placé sous la rubrique *de la preuve des obligations et des paiemens*; il n'est donc applicable qu'à *la preuve des obligations et des paiemens*, ou ce qui revient au même, à la preuve de faits qui se rapportent à des intérêts privés dont les parties peuvent disposer; il ne fait donc pas loi à l'égard des faits auxquels l'ordre public est intéressé (1); ni par conséquent à l'égard de l'Adultère qui, lorsqu'il est prouvé, donne lieu, dans certains pays, à l'action en divorce, et dans d'autres, à l'action en séparation de corps, deux genres d'actions sur le sort desquelles le seul consentement des parties ne peut rien et que le juge ne peut accueillir que sur des preuves légales.

A la vérité, l'art. 243 du Code civil veut qu'à la première comparution des époux dont l'un est demandeur en divorce pour cause déterminée, il soit *dressé procès-verbal des aveux que l'un ou l'autre pourra faire*; mais tout ce qui résulte de là, c'est que l'aveu du défendeur à l'action en divorce pour cause d'Adultère, peut entrer dans les élémens de la conviction du juge ; et ce n'est pas à dire pour cela qu'il doive nécessairement la déterminer.

Je dis qu'il doive nécessairement la déterminer; car rien n'empêche le juge de la prendre pour base dans son jugement, s'il trouve dans les circonstances de la cause de quoi s'assurer que c'est de bonne foi et seulement pour éviter une enquête scandaleuse que le défendeur reconnaît ses torts. Aussi l'art. 247 permet-il de statuer sur la demande en divorce dès la première audience, *si elle paraît en état d'être jugée*, et n'est-ce que dans le cas contraire qu'il ordonne d'*admettre le demandeur à la preuve des faits pertinens par lui allégués*.

§. XI. *Autres questions sur l'Adultère.*

V. les articles *Assignation*, §. 14, et *Motifs des jugemens*, §. 5.

AFFICHE. §. I. *De l'Affiche des lois, considérée comme moyen de promulgation, avant la loi du 12 vendémiaire an 4.*

V. le plaidoyer et l'arrêt du 1er. floréal an 10, rapportés à l'article *Loi*, §. 8.

_____
(1) *V.* le Répertoire de Jurisprudence, au mot *Serment*, §. 2, art. 2, n°. 6.

§. II. 1°. *Les tribunaux de commerce peuvent-ils ordonner l'impression et l'Affiche de leurs jugemens aux frais de la partie condamnée?*

2°. *Le peuvent-ils par la considération expresse que la conduite de la partie condamnée mérite l'animadversion publique ?*

V. le plaidoyer du 4 frimaire an 9, et l'arrêt du 1er. frimaire an 10, rapportés à l'article *Monnaie décimale.*

§. III. *Dans quels cas les tribunaux de police peuvent-ils ordonner l'impression de l'Affiche de leurs jugemens ?*

V. l'article *Tribunal de police*, §. 7.

AFFIRMATION. §. I. 1°. *Est-il nécessaire, en matière de douanes, que la partie saisie soit présente ou appelée à l'Affirmation du procès-verbal des douaniers ?*

2°. *Est-il nécessaire que le procès-verbal soit signé et affirmé par tous les saisissans ?*

3°. *Peut-il être affirmé devant un autre juge de paix que celui du lieu de la saisie?*

V. L'arrêt de la cour de cassation du 6 messidor an 8, rapporté au mot *Appel*, §. 14, art. 2, n°. 2, et l'article *Douanes*, §. 7 et 11.

§. II. *Les procès-verbaux des préposés de la régie de l'enregistrement, relatifs au droit de timbre, sont-ils nuls à défaut d'Affirmation ?*

V. l'article *Procès-verbal*, §. 4.

§. III. *De l'Affirmation considérée comme moyen de terminer un procès.*

V. les articles *Appel*, §. 6, n°. 5, et *Serment*.

§. IV. *Y a-t-il quelque différence entre l'Affirmation et le serment?*

V. l'article *Serment*, §. 1.

AGENT D'AFFAIRES. L'*Agent d'affaires qui tient comme tel un bureau ouvert au public, est-il, par cela seul réputé commerçant?*

J'ai établi l'affirmative dans des conclusions du 18 novembre 1813, et elle a été consacrée par un arrêt de la cour de cassation du même jour, rapportés dans *le Répertoire de jurisprudence* aux mots *Faillite* et *Banqueroute*, sect. 2, §. 2, art. 4, n°. 2.

Mais le contraire n'a-t-il pas été jugé depuis par un arrêt de la cour supérieure de justice de Bruxelles, du 8 novembre 1823? Pour nous fixer là-dessus, voyons quelle était l'espèce de cet arrêt.

Le 27 novembre 1821, le sieur F.... crée, au profit du sieur C..., un billet à ordre que celui-ci transmet par endossement au sieur T....

A l'échéance, le sieur F...., assigné par le sieur T..., en paiement de ce billet devant le tribunal civil de Louvain, expose qu'il est Agent d'affaires, et qu'en cette qualité, il est réputé commerçant; en conséquence, il demande son renvoi devant le tribunal de commerce.

Le 26 janvier 1823, jugement qui rejette son déclinatoire « attendu *que les affaires dont il s'occupe, n'ont point trait au commerce*, et que le billet à ordre du paiement duquel il s'agit, n'a point pour cause une livraison de marchandises ou toute autre opération commerciale ».

Le sieur F.... appelle de ce jugement; mais, par l'arrêt cité,

« Attendu que la connaissance de toutes les affaires judiciaires est attribuée par la loi aux tribunaux civils; qu'en conséquence, les tribunaux de commerce ne sont que des tribunaux d'exception : d'où il suit ultérieurement que leur compétence doit être déterminée par une disposition claire et précise du législateur, soit à raison de la qualité de la personne, soit à raison de l'objet même dont il est question.

» Attendu que dans l'espèce, l'appelant ne fonde son exception d'incompétence que sur la qualité d'Agent d'affaires dont il est revêtu;

« Attendu que l'art. 362 du Code de commerce doit être entendu *pro subjectâ materiâ*, et que cet article est uniquement relatif aux entreprises d'agences et bureaux d'affaires qui concernent le commerce, sans qu'on puisse en faire l'application à des entreprises de cette nature, qui sont entièrement et exclusivement relatives à des affaires civiles;

» Attendu que dans le jugement attaqué, le premier juge a formellement posé en fait, que le billet à ordre n'avait pour cause aucune livraison quelconque de marchandises, ce que l'appelant n'a jamais contesté, et que d'ailleurs le même billet à ordre n'indique aucune autre opération commerciale; d'où il résulte évidemment que, dans l'espèce, la qualité invoquée par l'appelant, était insuffisante pour pouvoir, de ce chef, le faire envisager comme commerçant; qu'ainsi, les art. 632 et 633 du Code de commerce ne peuvent recevoir ici aucune application; qu'enfin, le tribunal civil de Louvain était en effet compétent pour statuer sur la demande intentée par l'intimé à la charge de l'appelant;

» La cour, entendu M. l'avocat-général Destoop en ses conclusions conformes, met l'appellation au néant (1) ».

On voit que, dans cette espèce, l'agence du sieur F.... était restreinte à un genre déterminé d'affaires. Or, ce n'est, comme je l'ai dit dans mes conclusions du 25 novembre 1815, que parceque les opérations commerciales sont censées comprises dans les Agences générales d'affaires, que celles-ci sont placées par l'art. 632 du Code de commerce, dans la catégorie des actes commerciaux. Ce serait donc mal entendre cet article que de l'appliquer à une agence d'affaires dont les opérations commerciales sont exclues; et dès-lors, nulle contrariété entre l'arrêt dont il s'agit et celui de la cour de cassation.

AGENT DU GOUVERNEMENT. §. I. *Peut-on, sans décision préalable du conseil d'état, citer un maire devant un tribunal, pour avoir fait faucher des grains qu'un particulier avait semés sur un terrain qu'il prétend lui appartenir, et que le maire soutient faire partie d'un chemin public?*

« Le procureur général expose qu'il est chargé par le gouvernement de requérir, dans l'intérêt de la loi, la cassation d'un jugement de la justice de paix du canton de Sainte-Ménehould qui contient un excès manifeste de pouvoir.

» Le 9 avril dernier, Marie-Jeane Rouot, veuve de Claude Poinsard, demeurant à la ferme de Mangoni, commune de Voilemont, fait citer Jean-Baptiste Remy, manouvrier, pour se voir condamner à lui payer la somme de six francs, montant du dommage qu'il lui a causé en fauchant l'avoine, croissant dans un coin de terre à elle appartenant, si mieux il n'aime que ce dommage soit estimé par des experts.

» L'affaire portée, le 12 du même mois, à l'audience du juge de paix du canton de Sainte-Ménehould, le sieur Godart, maire de la commune de Voilemont, intervient, et dit que Jean-Baptiste Remy « n'a fauché l'avoine du champ de la veuve
» Poinsard, que par son ordre; qu'en consé-
» quence, il déclare prendre son fait et cause à
» cet égard; que la veuve Poinsard ayant usurpé
» une portion du terrain public, et l'ayant réunie
» au champ dont s'agit, elle en avait diminué la
» largeur de manière à le rendre trop étroit pour
» le charroi des moissons; que, dans la vue de
» rendre audit chemin sa largeur, il avait pensé
» pouvoir faire faucher l'avoine crûe sur l'anti-
» cipation; et qu'en conséquence, il conclud à ce
» que la veuve Poinsard soit déclarée non-rece-
» vable dans sa demande ».

» Sur cet exposé, le juge de paix pose ainsi les questions : « dans le fait, y a-t-il eu de
» l'avoine sur pied et non en maturité de fau-
» chée dans le champ de la veuve Poinsard?
» Dans le droit, quelqu'autre que le propriétaire
» pouvait-il faire couper cette avoine »?

» Et sur ces questions, voici comment il prononce : « Donnons acte audit sieur Godart,
» maire, de son intervention; donnons pareille-
» ment acte audit Jean-Baptiste Remy de ce que
» ledit Godart a déclaré, en la présente audience,
» prendre son fait et cause; en conséquence ren-
» voyons ledit Remy de la demande formée contre
» lui; considérant qu'il est constant qu'il y a eu
» de l'avoine fauchée, avant la maturité, dans le
» champ de la veuve Poinsard, par ledit Jean-
» Baptiste Remy; que c'est une voie de fait qui a
» causé un dommage quelconque au propriétaire

---

(1) Jurisprudence de la cour supérieure de justice de Bruxelles, année 1824, tome I, page 286.

188   AINESSE, §. I ET II.

» dudit champ, pour lequel il a droit à une in-
» demnité ; que l'allégation non justifiée dudit
» Godart, relativement au chemin dont le champ
» est voisin, ne peut l'excuser ni le dispenser des
» dommages-intérêts dus à ladite veuve Poin-
» sard; par ces motifs, condamnons ledit Godart,
» audit nom, à payer à ladite veuve Poinsard, la
» somme de 2 francs, somme à laquelle les par-
» ties ont respectivement arbitré les dommages-
» intérêts résultant du tort fait par l'ordre dudit
» Godart, sur ladite empouille ; le condamnons
» en outre aux dépens, que nous avons liquidés
» à la somme de 5 francs 20 centimes ».

» En prononçant ainsi, le juge de paix du canton de Sainte-Ménehould a manifestement violé l'art. 75 de l'acte constitutionnel du 22 frimaire an 8, aux termes duquel *les Agens du gouvernement ne peuvent être poursuivis pour des faits relatifs à leurs fonctions, qu'en vertu d'une décision du conseil-d'état.*

» En effet, on ne saurait nier que le sieur Godart, en sa qualité de maire de la commune de Voilemont, ne soit un Agent du gouvernement.

» Il est également incontestable que c'est en sa qualité de maire, et par conséquent en celle d'Agent du gouvernement, que le sieur Godart a donné l'ordre de faucher l'avoine croissant dans la partie du champ de la veuve Poinsard, que celle-ci avait, suivant lui, usurpé sur un chemin public.

» C'était donc pour un *fait relatif à ses fonctions*, que le sieur Godart était cité devant le juge de paix du canton de Sainte-Ménehould.

» Le juge de paix du canton de Sainte-Ménehould ne pouvait donc pas connaître de ce fait, respectivement au sieur Godart, tant qu'il ne lui apparaissait pas d'une décision du conseil-d'état qui autorisât la partie intéressée à poursuivre le sieur Godart pour raison de ce fait même.

» Ce juge a donc commis un excès de pouvoir.

» Ce considéré, il plaise à la cour, vu l'art. 80 de la loi du 27 ventôse an 8, et l'art. 65 de l'acte constitutionnel du 22 frimaire de la même année, casser et annuler, dans l'intérêt de la loi, le jugement ci-dessus mentionné de la justice de paix du canton de Sainte-Ménehould; et ordonner qu'à la diligence de l'exposant, l'arrêt à intervenir sera imprimé et transcrit sur les registres de ladite justice de paix.

» Fait au parquet, le 21 octobre 1809. *Signé* Merlin.

» Ouï le rapport de M. Jean Cassaigne, l'un des juges, commis à cet effet, et les conclusions de M. Lecoutour, substitut du procureur-général;

» Vu l'art. 80 de la loi du 27 ventôse an 8, et l'art. 65 de l'acte constitutionnel du 22 frimaire de la même année ;

» Attendu qu'aux termes de ces deux articles, les Agens du gouvernement ne peuvent être poursuivis pour raison des faits relatifs à leurs fonctions, qu'en vertu d'une décision du conseil-d'état, à peine de nullité;

» Que, par le jugement du 12 août 1809, le juge de paix du canton de Sainte-Ménehould a condamné le sieur Godart pour un fait relatif à ses fonctions de maire, sans qu'il lui ait apparu d'une décision du conseil-d'état qui autorisât à poursuivre le sieur Godart pour raison de ce fait;

» La cour, faisant droit sur le réquisitoire du procureur-général, casse et annulle, dans l'intérêt de la loi, et sans préjudice du droit des parties intéressées, le jugement rendu par la justice de paix du canton de Sainte-Ménehould, le 12 août 1809... ».

» Fait et prononcé à l'audience publique de la section civile de la cour de cassation, le 13 novembre 1809 ».

V. l'article *Commune*, §. 1 et 2.

§. II. *Est-ce au pouvoir judiciaire ou à l'autorité administrative, qu'appartient la connaissance de la demande formée contre un Agent du gouvernement, en paiement des lettres de change qu'il a tirées en sa qualité (pour denrées fournies à l'état par des particuliers) sur l'entrepreneur général de la fourniture de ces denrées?*

V. l'article *Pouvoir judiciaire*, §. 7.

§. III. *Lorsqu'un Agent du gouvernement, poursuivi pour un délit, sans l'autorisation préalable du conseil-d'état, a été acquitté par le jugement qui est intervenu sur les poursuites dirigées illégalement contre lui, peut-on, en annullant ce jugement, ordonner que le prévenu sera poursuivi et jugé de nouveau; ou ce jugement ne peut-il être annullé que dans l'intérêt de la loi?*

V. l'article *Non bis in idem*, §. 1.

AGRIER. *V.* l'article *Terrage*.

AINESSE. §. I. *Les enfans d'un aîné qui était marié ou veuf lors de la publication des lois des 15-28 mars 1790 et 8-12 avril 1791, peuvent-ils exercer, dans les successions ouvertes postérieurement à ces époques et à la mort de leur père, les droits d'Aînesse et les avantages que ces deux lois conservaient à celui-ci?*

V. l'article *Succession*, §. 7.

§. II. *Avant l'abolition du droit d'Aînesse, le père pouvait-il, dans la coutume d'Artois, priver son fils aîné de toute part dans ses biens libres, dans le cas où il eût voulu exercer rigoureusement ce droit?*

Voici ce que j'ai dit sur cette question, à l'audience de la cour de cassation, section civile, le 12 germinal an 9 :

AINESSE, §. II.

« Vous avez à prononcer sur la demande en cassation d'un jugement du tribunal civil du département de la Somme, du 8 prairial an 7, confirmatif d'un autre du tribunal civil du département du Pas-de-Calais, qui, sans avoir égard aux dernières dispositions de la mère commune des parties, pour le partage égal de ses biens entre tous ses enfans, accorde au fils aîné, dans les ci-devant fiefs, le préciput déterminé par l'art. 94 de la coutume d'Artois, sans pour cela le priver de sa part virile dans les biens disponibles.

» Dans le fait, le 26 juin 1759, testament en bonne forme, par lequel Marie-Louise Delannoy, femme Topart, veut que tous ses biens meubles et immeubles, de quelque nature qu'ils soient et quelle qu'en soit la situation, sans exception ni réserve, soient partagés également entre tous ses enfans, sans aucun droit d'Aînesse; en cas de refus de l'un ou de l'autre de ses enfans de se soumettre à sa volonté, elle le prive de tous ses biens libres, *pour accroître au profit de celui ou de ceux qui y acquiesceront, auxquels, en ce cas, elle en fait donation.*

» Le 25 avril 1792, codicille qui ordonne itérativement le partage égal de tous les biens entre les enfans de la testatrice, et qui prive de toute part dans les biens libres, celui ou ceux qui y contreviendraient;

» En juillet 1792, décès de la femme Topart, laissant sept enfans, dont l'aîné, Pierre-Guislain, était marié depuis l'année 1774.

» Après un partage provisoire et diverses opérations auxquelles il est inutile de nous arrêter, contestation devant le tribunal civil du Pas-de-Calais, entre les frères puînés, d'une part, et le frère aîné de l'autre.

» Les premiers demandent qu'il soit procédé à un partage égal et définitif de tous les biens délaissés par la mère, *conformément*, disent-ils, *à son testament, qui sera exécuté selon sa forme et teneur;* et ils se fondent spécialement sur la renonciation qu'ils prétendent avoir été faite par leur frère Pierre-Guislain à son droit d'Aînesse, en s'immisçant de fait dans les biens libres de la défunte; ce qu'il n'aurait pu faire, s'il eût voulu exercer les droits que la coutume lui déférait comme aîné.

» Pierre-Guislain Topart, de son côté, consentait au partage égal des biens libres; mais il réclamait hors part son droit d'Aînesse, c'est-à-dire, les quatre quints des fiefs qui avaient tenu nature de propres à la défunte; et il invoquait à cet effet, comme marié avant le 4 août 1789, l'exception établie par la loi du 15-28 mars 1790, à l'abolition de tout préciput dans les biens ci-devant féodaux; exception qui n'a été révoquée que par la loi du 4 janvier 1793, et conséquemment après l'ouverture de la succession dont il s'agit.

» Après avoir entendu les parties, le tribunal civil du Pas-de-Calais a posé trois questions: la première, si les testamens de la veuve Topart devaient être exécutés; la seconde, si Pierre-Guislain Topart, son fils aîné, était recevable à réclamer son droit d'Aînesse; la troisième, s'il était fondé dans cette réclamation.

» La première question était, sans contredit, la plus importante; et cependant, elle n'a reçu aucune solution de la part du tribunal du Pas-de-Calais;

» Car ce n'était pas la résoudre, que de dire, comme il l'a fait, que les actes passés sous l'empire de l'effet rétroactif de la loi du 17 nivôse an 2, n'étant pas volontaires de la part de Pierre-Guislain Topart, on ne pouvait pas en conclure que celui-ci eût renoncé à son droit d'Aînesse.

» Cette considération était bien applicable à la seconde question, à celle de savoir si Pierre-Guislain Topart était ou non recevable dans sa réclamation; mais elle n'avait aucune espèce de rapport à la première question, à la question vraiment essentielle, et dont la solution affirmative eût rendu inutile l'examen des deux autres.

» Quant à la seconde question, le tribunal du Pas-de-Calais l'a décidée en faveur de l'aîné, d'après le motif que nous venons de retracer, et encore parceque la vente publique qu'il avait faite en l'an 5 d'une coupe de bois échue dans son lot provisoire, n'avait eu lieu qu'*en nom commun.*

» C'est également en faveur de l'aîné qu'il a décidé la troisième question, et cela toujours sans s'expliquer sur l'effet que devait avoir le testament de la mère, et sur le seul fondement que la testatrice étant décédée en 1792, l'aîné se trouvait dans le cas de l'exception qui modifiait alors la loi du 15-28 mars 1790.

» Les frères puînés ont interjeté appel de ce jugement au tribunal civil du département de la Somme; et là, ils ont insisté de nouveau sur l'exécution du testament de la mère commune. C'est ce qu'on voit par les conclusions prises à l'audience par leur défenseur, et qui sont insérées dans le jugement intervenu sur cet appel.

» Laurendeau, homme de loi, y est-il dit, *a conclu à ce qu'il plaise au tribunal,*

» *Considérant que, suivant les art. 85, 90, 91, 103 et 137 de la coutume d'Artois, chacun peut disposer par testament de ses meubles et acquêts, du quint des propres ci-devant féodaux, et de trois années de revenu des propres de toute nature;*

» *Considérant que, par ses testament et codicille des 26 juin 1759 et 25 avril 1792, la mère commune a ordonné le partage égal de tous ses biens entre ses sept enfans; sans préciput ni prérogative de droit d'aînesse, avec clause qu'en cas de contestation par l'un de ses enfans, elle le privait de sa part dans les biens disponibles, pour accroître aux acquiescans, auxquels elle en a fait don et legs;*

» *Considérant que Topart aîné ne pouvait conserver son droit d'Aînesse, qu'en abandonnant aux puînés tous les biens disponibles;*

» Que, loin de faire cet abandon, il a pris part dans ces biens par le partage provisoire qui en a été fait, et par les actes subséquens faits depuis le rapport de l'effet rétroactif de la loi du 17 nivôse an 2 ; ce qui emporte de sa part acceptation du testament ;

» Considérant que, quand on jugerait que ces actes n'auraient point apporté obstacle à ce que Topart aîné réclamât les réserves coutumières, il n'aurait pu en obtenir la délivrance, qu'à la charge d'abandonner et de rapporter la part par lui prise dans les biens disponibles, et que Topart ne fait pas cet abandon ;

» Considérant que le jugement dont est appel, a adjugé à Topart aîné ses réserves coutumières, et l'a encore admis à partager dans les biens disponibles, nonobstant la clause des testament et codicille dont l'exécution était demandée par les puînés ;

» Dire qu'il a été mal jugé.... »

Les moyens employés par les puînés à l'appui de ces conclusions, n'ont pas eu plus de succès en cause d'appel qu'en cause principale : par jugement du 8 prairial an 7, le tribunal civil de la Somme, s'en référant aux motifs consignés dans celui du tribunal du Pas-de-Calais, l'a confirmé purement et simplement.

» Il s'agit de savoir si ce jugement est régulier dans la forme, et si, au fond, il est calqué sur les dispositions de la loi.

» Dans la forme, les demandeurs prétendent qu'il a violé, en ne posant aucune question de fait, la règle prescrite pour la rédaction des jugemens, par l'art. 15 du tit. 5 de la loi du 24 août 1790. Mais quelle question de fait aurait-il pu poser? Il n'y avait entre les parties aucune contestation sur les faits ; elles reconnaissaient toutes que la succession de leur mère était composée de biens libres et de réserves coutumières ; que leur mère avait ordonné un partage égal du tout, avec clause privative des biens libres contre les refusans ; qu'elle était décédée avant la loi du 4 janvier 1793 ; qu'il avait été fait, en pluviôse an 2, un partage provisoire de tous les biens ; que ce partage avait été annulé, l'année suivante, par un jugement arbitral ; et qu'en l'an 5, l'aîné avait fait procéder, tant en son nom qu'en celui de ses frères et sœurs, à l'adjudication publique d'une coupe de bois, comprise dans son lot provisoire. Sur tous ces faits, nulle difficulté entre les parties ; par conséquent point de question de fait à poser par les juges ; et par une conséquence ultérieure, point de contravention de leur part à la loi du 24 août 1790.

» Au fond, les demandeurs soutiennent que le jugement du tribunal de la Somme est en opposition diamétrale avec les art. 91, 133, 187 et 189 de la coutume d'Artois.

» De ces quatre articles, nous commencerons par écarter les deux derniers.

» Qu'a de commun, en effet, l'espèce actuelle avec deux articles qui ne portent que sur l'obligation imposée aux héritiers d'acquitter les *dettes et contrats* du défunt ? Il ne s'agit pas ici du paiement d'une dette de la mère commune des parties : il s'agit de l'exécution de son testament, et jamais on n'a étendu aux dispositions testamentaires la signification des mots *dettes et contrats*.

» Mais les inductions que tirent les demandeurs des art. 91 et 133 de la coutume, méritent plus d'attention.

» L'art. 91 permet à tout propriétaire de donner, par disposition dernière, un quint de tous ses fiefs par don d'aumône, pour par le légataire en jouir paisiblement comme de sa chose.

» Et cette permission est indépendante du droit que l'art. 94 attribue aux enfans puînés, de prendre *ab intestat* le quint de chaque fief propre de leur père.

» De manière que, lorsque le père dispose par testament du quint de ses fiefs en faveur de ses enfans puînés, ceux-ci ont droit, non-seulement à ce quint, en vertu du legs que leur en a fait leur père, mais encore à un autre quint, en vertu de l'art. 94, et en leur qualité d'héritiers ; car dans la coutume d'Artois, rien n'empêche d'être à la fois *aumônier et parçonnier*, c'est-à-dire, de cumuler les qualités de légataire et d'héritier. C'est ce qu'on l'a jugé, dans les coutumes d'Amiens et du Boulonnais, dont les dispositions sont à cet égard littéralement les mêmes que celles de la coutume d'Artois, deux arrêts des 24 mars 1683 et 26 juillet 1764, rapportés, le premier par l'annotateur de Ricard, sur la coutume d'Amiens, art. 57 ; le second, par Sérieux, dans ses notes sur le *Traité des successions* de Lebrun. Voici comment s'exprime le premier de ces auteurs : « Par arrêt du 24 mars 1683, il
» a été jugé, à la troisième des enquêtes, en faveur
» de Nicolas de Lestoc, qu'un père avait pu dis-
» poser, au profit des puînés, du quint des pro-
» pres, quoiqu'ils eussent eu en même temps le
» quint naturel ; et qu'ainsi, ils pouvaient avoir
» ensemble le quint datif et le quint naturel, l'un
» par succession, et l'autre comme légataires...,
» encore que le testament n'eût pas exprimé la
» volonté du défunt ».

» Du reste, on ne peut douter qu'en Artois, le quint datif ou quint d'aumône, ne soit compris dans le legs universel de tout ce que le testateur possède de disponible. Maillart, sur l'art. 91 de la coutume, rapporte quatre arrêts des 7 septembre 1690, 4 juin 1699, 22 juillet 1701 et 31 juillet 1702, qui l'ont ainsi jugé formellement ; et la même chose l'avait déjà été dans la coutume d'Amiens, par un arrêt prononcé en robes rouges, le 1er. juin 1582, et rapporté par Peheu sur l'art. 57 de cette coutume.

» D'un autre côté, l'art. 133 de la coutume d'Artois porte que *chacun peut valablement vendre, engager,* DONNER *ou aliéner ses biens fiefs, terres et héritages par lui acquétés*, A QUI BON lui semble, *sauf la femme au mari, ou le mari à la femme, et généralement disposer par disposition testamentaire ou autrement, de tous acquêts et conquêts.*

» Ce n'est pas tout : la coutume permet encore, art. 90, à chacun de donner par testament, à qui bon lui semble, les fruits et revenus de tous ses propres féodaux ou roturiers, pendant les trois années qui suivent immédiatement le décès du testateur.

» Enfin, l'art. 146 autorise la disposition testamentaire des *cateux verts et secs*, c'est-à-dire, de certains arbres et de certains édifices inhérens aux propres, soit féodaux, soit roturiers.

» Ainsi, nul doute que la mère commune des parties n'ait pu disposer, par son testament, du quint datif de ses fiefs propres, de la totalité de ses acquêts, soit féodaux, soit roturiers, de trois années de revenu de ses propres roturiers et féodaux, et de l'universalité des cateux existans sur les uns et les autres.

» Nul doute par conséquent qu'elle n'ait pu léguer ces divers objets à ses enfans puînés, à l'exclusion de l'aîné.

» Or, ce qu'elle pouvait faire, la mère commune des parties l'a fait. Elle a légué à ses enfans puînés tout ce dont la coutume lui permettait de disposer ; elle leur a par conséquent légué, et le quint datif de ses fiefs propres, et la totalité de ses acquêts, et l'universalité de ses cateux, et le revenu triennal de tous ses biens indisponibles.

» Il est vrai qu'elle ne leur a pas fait ce legs purement et simplement, mais seulement dans le cas où leur frère aîné se ferait adjuger son droit d'Aînesse.

» Mais ce cas est précisément arrivé ; et dès-là, les choses se trouvent au même point que si le legs eût été pur et simple.

» Comment, d'après cela, le tribunal de la Somme a-t-il pu admettre l'aîné tout à la fois au partage par têtes dans les biens disponibles, et à l'exercice de son droit d'aînesse ? Il est évident qu'en prononçant ainsi, il a violé les art. 90, 91, 133 et 146 de la coutume.

» Ce qui étonne surtout, c'est que ni ce tribunal, ni celui du Pas-de-Calais dont il a confirmé le jugement, n'ont pris la peine d'expliquer par quels motifs ils entendaient pouvoir faire concourir ensemble, en faveur de l'aîné, le prélèvement de son préciput légal et le partage dans les biens libres.

» Mais ce qu'il y a de certain, c'est que ni l'un ni l'autre tribunal n'eût pu motiver raisonnablement une pareille décision.

» Ce qu'ils auraient pu dire de plus spécieux, c'est que la disposition des testament et codicille de la femme Topart qui appelle ses enfans puînés à la totalité de ses biens libres, porte, dans sa rédaction, le caractère d'une disposition pénale,

et que, par l'ancien droit romain, les dispositions pénales étaient nulles.

» Mais il aurait été facile de répondre à cet argument.

» D'abord, il est bien vrai que l'empereur Antonin le pieux prohiba les dispositions pénales : *primus constituit ne pœnæ causâ legatum maneret,* dit Capitolin, dans la vie de ce prince. Il est vrai encore que cette loi fut confirmée par ses successeurs, et qu'elle se retrouve, non-seulement dans les fragmens d'Ulpien, tit. 24, §. 16, et tit. 25, §. 13, mais encore dans les Pandectes, titre *de his quæ pœnæ nomine relinquuntur.*

» Mais cette législation n'avait aucun motif raisonnable ; elle était même directement opposée à la liberté indéfinie que la loi des Douze-Tables avait accordée à tout père de famille, de disposer à son gré de tous ses biens ; car l'imposition des peines devait faire partie de cette liberté. Aussi a-t-elle été abrogée par Justinien, dans la loi 1, C. *de his quæ pœnæ nomine,* et dans les Institutes, titre *de legatis,* §. 36.

» En second lieu, il n'est pas exact de dire que le legs de tous les biens disponibles de la femme Topart, en faveur de ses enfans puînés, soit une disposition véritablement pénale.

» Les dispositions pénales ont sans doute beaucoup d'affinité avec les dispositions conditionnelles : on remarque la même forme dans les unes et dans les autres ; et cependant il était fort essentiel, dans l'ancien droit, de ne pas confondre celles-ci qui étaient permises, avec celles-là qui étaient défendues. La loi 2, D. *de his quæ pœnæ nomine relinquuntur,* nous trace une règle pour les discerner. La question de savoir, dit-elle, si une disposition est pénale ou conditionnelle, est un point de fait qui dépend de la volonté du testateur : *pœnam à conditione voluntas testatoris separat.* Ainsi, dit Godefroy dans ses notes sur ce texte, lorsque la disposition est faite en haine de l'héritier, elle est pénale ; lorsqu'elle tend à gratifier le légataire, elle est conditionnelle. *Si odio heredis id appositum est, pœna est ; si in favorem legatarii, conditio.* Cujas s'explique à peu près de même : un legs est pénal, dit-il, lorsqu'il n'est point fait par affection pour le légataire, mais dans la seule vue de punir l'héritier : *Legatum relinquitur pœnæ causâ quòd non relinquitur legatarii gratiâ, sed in odium et pœnam heredis.*

» Cette théorie est calquée sur la définition du legs pénal, telle qu'on la trouve dans les fragmens d'Ulpien, tit. 24, §. 16 : *Pœnæ autem causâ legatur quod coercendi heredis causâ relinquitur ut faciat quidem aut non faciat, non ut legatum pertineat ;* et cette définition à été adoptée par Justinien, en ses Institutes, §. 36, *de legatis : On lègue,* dit-il, *par forme de peine, quand on lègue pour punir son héritier, en cas qu'il fasse ou qu'il ne fasse pas quelque chose.*

» Ces notions posées, quand il serait vrai,

comme le prétendent les rédacteurs du Journal du Palais, et Maillart sur l'art. 74 de la coutume d'Artois, que les dispositions purement pénales sont encore nulles en France, comme elles l'étaient dans l'ancien droit romain (doctrine que nous sommes loin de reconnaître, et qu'il serait extrêmement facile de réfuter), au moins il demeurerait toujours constant que, dans notre espèce, ce n'est pas une disposition purement pénale, mais une disposition véritablement conditionnelle, qu'a faite la mère commune des parties, puisqu'en léguant tous ses biens disponibles à ses enfans puinés dans le cas prévu par son testament, elle a eu en vue, non pas précisément de punir son fils aîné de sa résistance à la volonté qu'elle avait de ne pas lui laisser plus qu'à ses autres enfans, mais de gratifier ceux-ci, de les indemniser de la perte que leur occasionerait l'exercice du droit d'Aînesse, en un mot, de rétablir dans sa descendance cette égalité si précieuse, si naturelle, qu'une ancienne et barbare coutume avait détruite.

» Et de là que devons-nous conclure? C'est que, même en supposant l'ancien droit romain encore en vigueur relativement aux dispositions pénales, le testament et le codicille de la femme Topart n'en devraient pas moins être exécutés, parceque ce n'est point par une disposition pénale, mais bien par une disposition conditionnelle que ces deux actes défèrent aux enfans puinés la totalité des biens disponibles de la testatrice.

» Furgole, dans son *Traité des testamens*, chap. 11, n°. 137, propose une espèce qui rentre parfaitement dans celle-ci :

» *Supposons*, dit-il, *qu'un testateur, dans une coutume qui ne permet de disposer que d'une portion des propres, laisse à quelqu'un tous ses propres, et, en cas que son héritier ne voudrait pas exécuter cette disposition, il lègue à la même personne tous ses meubles et acquêts ; faudra-t-il exécuter la disposition pénale ou la rejeter ?*

» *Il faut décider que la disposition doit être exécutée, et que l'héritier du sang auquel la coutume destine les portions des propres qui ne sont pas disponibles, doit s'y conformer ; sinon, le legs de tous les acquêts et des meubles sera valable, comme le remarque Richard, des* Donations, part. 3, n°. 1549...., *parcequ'on n'est pas dans le cas d'une disposition véritablement pénale dans le sens de la loi ; car la disposition pénale est celle qui n'a pas pour objet de gratifier le légataire, mais qui a pour but de punir l'héritier ; or, dans le cas proposé, le but du testateur est de gratifier le légataire et non de punir l'héritier ; par conséquent la disposition est conditionnelle simplement, et non pénale ; elle doit donc être efficace, comme le serait un legs conçu en ces termes :* Je lègue à ma femme dix muids de blé par an ; et si mon héritier ne paie pas cette quantité, je veux qu'il lui donne cent écus (loi 1re., D. de penu legata). *On doit dire la même chose dans tous les autres cas où la condition porte sur des biens indisponibles.*

» Nous devons ajouter que cette doctrine a été confirmée par plusieurs arrêts ; en voici un que rapporte Ricard à l'endroit déjà cité : « Charles » Desmarêts (dit-il) faisant son testament, avait » disposé de ses propres au profit de Madeleine » Desmarêts, sa sœur, quoique la coutume ne » lui permît d'en léguer que le quint ; mais il » avait donné, par le même testament, à ses » autres présomptifs héritiers, ses meubles et » acquêts, dont il avait la liberté de disposer au » profit de telles personnes que bon lui semblait ; » et, prévoyant que ces derniers légataires qui » étaient habiles à lui succéder, pourraient éluder » sa disposition en renonçant aux legs qui leur » avaient été faits, et en se portant héritiers, en » laquelle qualité ils prendraient toujours les » mêmes biens qui seraient rentrés dans la succession, et pourraient encore demander la réduction des propres, il ordonna qu'en cas que » le legs qu'il avait fait de ses propres à Madeleine, fût contesté par les autres, il révoquait » le legs qu'il avait fait à leur profit ; et voulait » que tout ce dont il pouvait disposer, appartînt » en ce cas à Madeleine ; ce qui fut contesté par » les autres qui prétendaient que cette disposition étant pénale, elle ne devait pas avoir » d'effet ; néanmoins elle fut confirmée par arrêt » du 23 août 1662, conformément aux conclusions de M. l'avocat-général Talon. »

» C'est ce qu'a encore jugé un arrêt plus récent que Denisart nous retrace en ces termes : « Un testateur peut léguer plus que le quint des » propres, lorsqu'il laisse des biens d'une autre » espèce à son héritier, pour le dédommager des » propres dont il le prive, et qu'il impose à cet » héritier la peine d'être privé des meubles et ac- » quêts qu'il lui laisse. Dans ce cas-là, l'héritier » n'a point à délibérer ; il faut qu'il livre le pro- » pre pour conserver les meubles et acquêts ; et » s'il préfère les réserves coutumières, il faut » qu'il abandonne aux légataires tous les biens » disponibles. Ainsi jugé par arrêt rendu à la » grand-chambre, le 30 juillet 1742, entre la » dame Duret et la dame de Montbellet ».

» Nous ajouterons encore que telle a toujours été la jurisprudence de la ci-devant province d'Artois ; et nous ne craindrons pas de dire que le jugement attaqué est le premier qui s'en soit écarté.

» Cependant le défendeur cherche à justifier ce jugement par la doctrine de quelques auteurs qui ont enseigné, et par la prétendue jurisprudence de quelques arrêts qui ont jugé, que le père ne peut pas déroger, par son testament, aux dispositions des coutumes par lesquelles son fils aîné est appelé, soit à la totalité des fiefs, soit à une portion avantageuse dans les biens de cette nature.

» C'est-à-dire que, pour pallier une contravention à l'article de la coutume d'Artois qui autorise le père à disposer à son gré de ses meubles et acquêts, et par conséquent à en priver son fils aîné, en cas qu'il veuille exercer son droit d'aînesse sur les fiefs propres, pour pallier cette contravention, disons-nous, on prétend créer un principe qui n'est ni dans l'article cité, ni dans aucun autre de la coutume, et contre lequel s'élèvent également la voix de la nature et celle de la raison.

» Que, dans la coutume d'Artois, un père qui n'a que des fiefs propres, ne puisse, par aucun moyen, empêcher son fils aîné d'en prendre les trois quints, cela est incontestable. Les fiefs propres ne sont disponibles qu'à concurrence d'un quint ainsi, distraction faite du quint datif dont le père peut disposer, et du quint naturel qui appartient de droit aux enfans puînés, il reste trois quints, dont l'indisponibilité est établie par la loi ; et il est tout simple que le père ne puisse pas les ôter à son fils aîné, puisque, pour les lui ôter, il faudrait pouvoir en disposer.

» Mais que, dans cette même coutume, un père ne puisse pas déroger au droit d'aînesse, en disposant de ses biens libres, c'est un paradoxe monstrueux.

» L'art. 94 attribue à l'aîné, en succession de père ou de mère, les quatre quints de tous les fiefs. Est-ce une raison pour priver le père du droit de disposer d'un de ces quints, c'est-à-dire, du quint datif, et surtout du droit d'en disposer en faveur de ses enfans puînés ? Déjà nous avons vu que le contraire a été jugé par deux arrêts des 24 mars 1683 et 29 juillet 1764 ; et encore la difficulté décidée par ces arrêts, n'était pas de savoir si le quint datif était disponible de la part du père, en faveur de ses enfans puînés (on n'aurait pas osé contester sérieusement l'affirmative), mais seulement de savoir si les enfans puînés pouvaient recueillir à la fois le quint datif comme légataires, et le quint naturel comme héritiers *ab intestat*.

» Ce même art. 94 de la coutume d'Artois attribué à l'aîné, en succession *ab intestat*, les quatre quints des fiefs acquêts, comme des fiefs propres. Est-ce une raison pour ôter au père le droit de les donner en totalité à ses enfans puînés ; et la prétendue défense de déroger au droit d'aînesse, l'emportera-t-elle sur la liberté indéfinie que l'art. 133 de la coutume accorde à tout propriétaire de disposer de ses acquêts, même féodaux ? Jamais on n'en a élevé la prétention dans le ci-devant Artois ; et nous osons assurer que, si quelqu'un eût osé la mettre en avant, il aurait été universellement sifflé. On a été plus hardi dans la coutume d'Amiens, dont les dispositions sur cette matière sont parfaitement conformes à celle de la coutume d'Artois : on y a soutenu qu'un père n'avait pu user, en faveur de ses enfans puînés et au préjudice du droit d'aînesse, de la faculté que les art. 49, 57 et 94 lui donnaient de disposer de ses acquêts, tant en fief qu'en roture ; mais le bailliage d'Amiens a fait justice de ce système, en ordonnant l'exécution du testament du père ; et sa sentence a été confirmée par arrêt du 2 janvier 1623, rapporté au premier chapitre du Journal des Audiences, arrêt que le défendeur a cependant cru pouvoir invoquer dans son mémoire, et dont il a entièrement dénaturé l'espèce et le dispositif.

» Enfin, la question de savoir si, dans la coutume d'Artois, le père peut déroger au droit d'aînesse, en exerçant à cette fin, dans toute sa latitude, la faculté de disposer de ses meubles et acquêts, a été jugée pour l'affirmative par un arrêt célèbre dans cette contrée, et connu sous le nom d'*arrêt des Coffin*.

» Dans l'espèce sur laquelle il a été rendu, Coffin père et son épouse, domiciliés à Hesdin, avaient laissé une fortune assez considérable, mais qui était presque entièrement composée d'acquêts, et par conséquent de biens disponibles. Par les dispositions qu'ils en avaient faites, ils avaient réduit leur fils aîné à une portion infiniment au-dessous de celles de ses cadets. Le fils aîné s'est pourvu contre leur testament, et a soutenu, entre autres choses, que les quatre quints des fiefs lui étant assignés par la loi pour son droit d'Aînesse, son père et sa mère n'avaient pu les lui ôter ; qu'ils eussent bien pu les donner à un étranger, mais qu'il ne leur avait pas été permis d'en disposer en faveur de leurs enfans puînés. Par arrêt du 18 mars 1749, le parlement de Paris a ordonné que le testament serait exécuté selon sa forme et teneur, si mieux n'aimait le fils aîné s'en tenir à sa légitime.

» Nous n'ignorons pas qu'il a été rendu des arrêts contraires dans les coutumes de Paris, de Troyes et de Poitou, et, ce qui est à remarquer, en faveur d'aînés jouissant de ce qu'on appelait alors la *noblesse*. Mais que prouvent ces arrêts ? Une seule chose : c'est que, dans l'esprit des magistrats qui les ont rendus, les préjugés de la naissance l'ont emporté sur le principe qui leur défendait d'ajouter à ces deux coutumes des dispositions qu'elles n'avaient pas cru devoir adopter ; et les auteurs de la nouvelle édition de Denisart, au mot *Aînesse*, ont soin d'observer qu'il est douteux, même dans la coutume de Paris, si ces décisions doivent être étendues aux successions déférées à des personnes non nobles.

» Quoi qu'il en soit, ce n'est point par quelques arrêts rendus dans les coutumes de Paris, de Troyes et de Poitou, et sous l'empire des préjugés, que l'on parviendra à justifier une contravention faite à la coutume d'Artois, dans un temps où la raison a repris tout son empire, et où l'égalité entre les enfans a reconquis toute la faveur que la nature réclamait depuis tant de siècles.

» Nous estimons, en conséquence, qu'il y a lieu de casser et annuller le jugement dont il s'agit, comme contraire aux art. 90, 91, 133 et 146 de la coutume générale d'Artois; ce faisant, remettre les parties au même état où elles étaient avant ce jugement, et, pour leur être fait droit au fond, les renvoyer devant le tribunal d'appel de Douai; ordonner que l'amende consignée par les demandeurs, leur sera restituée sans coût ni frais; ordonner qu'à notre diligence le jugement de cassation sera imprimé, etc. ».

Sur ces conclusions, arrêt du 12 germinal an 9, au rapport de M. Delacoste, par lequel,

« Vu les art. 91, 94 et 133 de la coutume d'Artois... ;

» Attendu qu'il résulte de ces articles que la mère des parties a pu valablement disposer, comme elle l'a fait, en faveur de ceux de ses enfans qui ne contreviendraient point à ses dispositions; pour accroître et multiplier à leur profit ;

» Que les biens dont elle pouvait disposer et dont elle a disposé par ses testament et codicille, étaient les meubles, acquêts non féodaux, et même le quint des acquêts féodaux à titre d'aumône, outre le quint naturel desdits biens ;

» Attendu que le jugement attaqué a manifestement prononcé contre le texte de ces articles ; en ordonnant le partage égal des biens disponibles de la mère, et en adjugeant à l'aîné les biens que les lois et coutumes lui adjugeaient à ce titre, par préciput et hors part, sans adjuger aux six autres les biens de libre disposition ;

» Qu'en prononçant ainsi, les juges du tribunal civil du département de la Somme ont violé les art. 91 et 133, ci-dessus cités, et ont fait une fausse application de l'art. 94 ;

» Par ces motifs, le tribunal casse et annulle le jugement rendu par le tribunal civil du département de la Somme, le 8 prairial an 7 ; renvoie, sur le fond, la cause et les parties devant le tribunal d'appel séant à Douai, etc. ».

ALBERGUE (RENTE). *V.* l'article *Rente foncière*.

ALIÉNATION. §. I. *Quelles étaient, avant le Code civil, et dans les pays qui n'avaient pas là-dessus de réglemens particuliers, les formalités rigoureusement nécessaires pour l'Aliénation des biens des mineurs ?*

V. le plaidoyer du 21 ventôse an 9, rapporté à l'article *Absent*, §. 3.

§. II. *Avant le Code civil, un père pouvait-il, en pays de droit écrit aliéner sans formalités les biens du fils mineur qu'il avait sous sa puissance ?*

V. le plaidoyer du 23 brumaire an 9, rapporté à l'article *Usufruit paternel*, §. 1.

§. III. *La réserve d'un droit sur une propriété que l'on a, suppose-t-elle toujours que l'on aliène cette propriété ?*

V. l'article *Institution contractuelle*, §. 2.

§. IV. *Différence entre l'action tendante à la révocation d'une Aliénation valablement faite dans son principe, et la revendication.*

V. le plaidoyer et l'arrêt du 29 messidor an 12, rapportés aux mots *Tiers coutumier*.

Au surplus, *V.* l'article *Résolution*, §. 1.

ALLARMANTES (NOUVELLES). *V.* l'article *Lettres*, §. 3.

ALLEU. *V.* l'article *Franc-alleu*.

ALTERNATIVE. *Quels sont le sens et l'effet de la particule alternative* soit, *répétée successivement dans deux membres de phrase d'une déclaration de jury, relatifs à la manière dont l'accusé s'est rendu coupable du crime dont il s'agit ?*

V. l'article *Complice*, §. 4.

AMBASSADEUR. *Peut-on, sous le prétexte de contravention aux lois sur les douanes, arrêter un Ambassadeur étranger, sans l'ordre préalable du gouvernement ?*

V. l'article *Parlementaire*.

AMENDE. §. I. *Les tribunaux correctionnels et criminels peuvent-ils, d'après l'art. 10 de la loi du 20 messidor an 3, modérer, en faveur des auteurs des délits commis dans les forêts de l'état, les Amendes déterminées par l'ordonnance des eaux et forêts de 1669 ?*

Voici un arrêt de la cour de cassation, section criminelle, du 13 brumaire an 11, qui décide négativement cette question.

« Le commissaire du gouvernement près le tribunal de cassation, expose qu'il ne peut se dispenser de requérir l'annullation d'un jugement du tribunal criminel du département de la Vienne, qui introduit, sur le mode de répression des délits forestiers, une jurisprudence aussi contraire à la loi qu'à l'intérêt public.

» Un procès-verbal en bonne forme ayant constaté que deux bœufs appartenant au cit. Boisnard-Renaudet, avaient été trouvés paissant dans le bois national dit *la taille de quatre ans*, le cit. Boisnard-Renaudet a été cité au tribunal de première instance de Chatellerault, pour y être condamné aux peines correctionnelles déterminées par la loi.

» Par jugement du 19 prairial an 10, ce tribunal a déclaré la saisie des deux bœufs bonne et valable, et a en conséquence ordonné que les deux bœufs demeureraient confisqués au profit de la république, conformément aux art. 10 et 11 du titre 32 de l'ordonnance des eaux et forêts de 1669.

» Le cit. Boisnard-Renaudet s'est rendu appelant de ce jugement au tribunal criminel du département de la Vienne.

» Et le 23 messidor suivant, ce dernier tribunal a prononcé en ces termes:

AMENDE, §. 1.

« Considérant qu'il est constaté par le procès-verbal du garde forestier, et reconnu par ledit Boisnard, que sesdits bœufs ont été trouvés dans le bois national dont il s'agit; que, dès-lors, il est coupable au moins de négligence, pour n'avoir pas veillé à ce qu'ils ne pussent s'y introduire, et que, par ce seul fait, il s'est rendu passible de l'Amende et de la restitution envers la république; que néanmoins il n'y avait pas lieu à confiscation desdits bœufs, ni d'en ordonner la vente, puisqu'ils n'avaient pas été séquestrés conformément à la loi, mais seulement conduits par le garde chez le cit. Limousin, vis-à-vis duquel il n'avait rempli aucune des formalités requises pour l'en constituer gardien, et le charger de les représenter en justice, et lequel, au contraire, ayant refusé d'en rester dépositaire, les a, de son propre mouvement, remis audit Boisnard qui les a aussitôt réclamés, et qui, dans le cas d'un séquestre valable, aurait encore eu le droit de le faire dans les trois jours de la saisie;

» Et considérant au surplus que toute peine doit être proportionnée au délit; que, dans la circonstance où le garde, par son procès-verbal, n'a constaté aucune espèce de dommage, et où les bestiaux ayant seulement été trouvés à l'entrée du bois et dans une partie en coupe de la présente année, n'ont pu y faire que très-peu ou point de dégâts, il serait trop rigoureux d'appliquer audit Boisnard les amendes et restitutions fixées par les art. 8 et 10 du tit. 32 de l'ordonnance de 1669, et qu'il est plus juste, en ce cas, d'après le pouvoir donné au tribunal par l'art. 10 de la loi du 20 messidor an 3, de déterminer ces peines à une somme moindre et proportionnée au délit;

Le tribunal criminel annulle le jugement rendu par le tribunal de Chatellerault dont est appel, pour mal jugé au fond, et statuant lui-même définitivement, condamne Louis Boisnard, pour la réparation du délit dont il s'agit, envers la république, à une Amende de dix francs, seulement, et à pareille somme de restitution pour les deux bœufs; le décharge du surplus des condamnations prononcées contre lui, et le condamne pareillement au remboursement des frais auxquels la poursuite a donné lieu, tant de la cause principale qued'appel.

» L'exposant ne discutera pas la disposition de ce jugement qui décharge le délinquant de la confiscation; il faudrait, pour l'apprécier, avoir sous les yeux le procès-verbal de saisie, et cette pièce n'a pas été adressée à l'exposant.

» Mais il croit devoir fixer spécialement l'attention du tribunal suprême sur la disposition par laquelle est réduite à dix francs une Amende qui, d'après l'art. 10 du tit. 32 de l'ordonnance de 1669, devait être portée à 40 francs, à raison de 20 francs par chaque bœuf trouvé en délit.

» Le tribunal criminel du département de la Vienne s'est cru autorisé par l'art. 10 de la loi du 20 messidor an 3, à modérer les Amendes portées par l'ordonnance de 1669, et assurément c'est de sa part une grande erreur.

» Cet article est ainsi conçu : *à l'égard des délits commis dans les forêts nationales et particulières, le prix de la restitution et de l'Amende sera provisoirement déterminé par les tribunaux, d'après la valeur actuelle des lois.*

» Il est évident qu'en s'expliquant ainsi, le législateur n'a pas cherché à adoucir, mais, au contraire, à aggraver les peines des délits forestiers. Son seul objet a été de remédier à l'inconvénient qui résultait de ce que, par l'augmentation survenue depuis un siècle dans la valeur des bois, et surtout par l'extrême dépréciation des assignats à l'époque du 20 messidor an 3, les Amendes et restitutions se trouvaient réduites à presque rien. Il a voulu, et il a voulu uniquement, faire cesser dans les forêts le brigandage qu'une criminelle spéculation y avait introduit, au moyen du bénéfice qu'il y avait à commettre des délits dont la peine ne pouvait plus égaler le profit.

» Et ce qui est décisif, c'est que la loi n'autorise les tribunaux qu'à déterminer le *prix* des Amendes et restitutions, d'après la valeur actuelle des bois. Par là, en effet, la loi maintient les Amendes à leur ancien taux; mais elle veut qu'on en arbitre le *prix*, c'est-à-dire, qu'en sus du taux réglé par l'ordonnance de 1669, on condamne les délinquans à la somme formant la différence entre les Amendes fixées par l'ordonnance, valeur de 1669, et ce qu'il faut en monnaie actuelle pour en égaler le montant.

» Ce principe a été clairement développé dans une lettre du ministre de la justice, du 11 prairial an 8, à l'accusateur public près le tribunal criminel du département de la Côte-d'Or.

» *Si l'art. 10 de la loi du 20 messidor an 3 (porte cette lettre) présente quelques inconvéniens dans son exécution, c'est parceque l'on donne une fausse interprétation à ses dispositions.*

» *D'abord l'art. 609 du Code des délits et des peines, qui maintient provisoirement l'exécution de cette loi, impose aux tribunaux l'obligation d'appliquer les peines que prononce l'ordonnance de 1669. Il est donc du devoir des juges de se conformer, jusqu'à ce qu'il en soit autrement ordonné, aux dispositions de l'une et l'autre de ces lois, pour déterminer les peines applicables aux vols et enlèvemens de bois qui se font dans les forêts nationales.*

» *Le moyen de concilier ces deux lois, consiste à se régler sur les dispositions de l'ordonnance de 1669, et non à autoriser les tribunaux à modérer les peines qu'elle prononce. Le seul but de l'art. 10 de la loi du 20 messidor, est de rétablir entre les peines que détermine l'ordonnance de 1669 et la valeur actuelle des bois, une juste proportion que la progression du prix énorme des bois qui*

25.

s'est opérée depuis plus d'un siècle, a fait disparaître. Les législateurs ont senti que l'Amende, telle qu'elle est fixée par l'ordonnance de 1669, pourrait aujourd'hui se trouver au-dessous de la valeur des bois abattus et enlevés, et cesser par conséquent d'être un frein contre le pillage des forêts nationales ; et c'est pour prévenir cet inconvénient, qui se faisait surtout apercevoir lors de la circulation du papier monnaie, qu'ils ont, par l'art. 10 de la loi du 20 messidor an 3, autorisé provisoirement les tribunaux à déterminer le prix de la restitution et de l'Amende, d'après la valeur actuelle des bois. Ainsi, les juges peuvent bien, en vertu de la loi du 20 messidor, prononcer, dans le cas de vol ou d'enlèvement de bois dans les forêts nationales, les Amendes ou restitutions plus fortes que celles qui sont fixées par l'ordonnance de 1669; mais ils ne peuvent les prononcer moindres.

» Des vérités aussi simples n'auraient jamais dû être méconnues, et il importe éminemment à l'intérêt général de les rétablir dans tout leur jour.

» A ces causes, l'exposant requiert qu'il plaise au tribunal de cassation, vu les art. 8 et 10 du tit. 32 de l'ordonnance des eaux et forêts, du mois d'août 1669; l'art. 10 de la loi du 20 messidor an 3; l'art. 609 du Code des délits et des peines; et l'art. 88 de la loi du 27 ventôse an 8; casser et annuller, pour l'intérêt de la loi, le jugement rendu par le tribunal criminel du département de la Vienne, le 23 messidor an 10, en ce qu'il réduit à 10 francs l'Amende encourue par le citoyen Boisnard-Renaudet; ordonner qu'à la diligence de l'exposant, le jugement à intervenir sera imprimé et transcrit sur les registres dudit tribunal.... Signé Merlin.

» Ouï le rapport de Pierre-Henri Seignette, commissaire à ce nommé, par ordonnance du 14 vendémiaire dernier;

» Ouï Lecoutour, substitut du commissaire du gouvernement ;

» Vu les art. 8 et 10 du tit. 32 de l'ordonnance des eaux et forêts, du mois d'août 1669, ainsi conçus...;

» Vu l'art. 609 de la loi du 20 messidor an 3, portant...;

» Vu l'art. 609 du Code des délits et des peines, portant....;

» Vu l'art. 88 de la loi du 27 ventôse an 8, portant....;

» Et attendu que l'art. 10 de la loi du 20 messidor an 3 n'autorise les tribunaux qu'à déterminer le *prix* des Amendes et restitutions, d'après la valeur actuelle des bois; qu'ainsi, cette loi maintient les Amendes à leur ancien taux; mais qu'elle veut qu'on en arbitre le *prix*, c'est-à-dire, qu'en sus du taux réglé par l'ordonnance de 1669, on condamne les délinquans à la somme formant la différence des Amendes fixées par l'ordonnance, valeur de 1669, et de ce qu'il faut en monnaie actuelle pour en égaler le montant;

» Que le but de la loi du 20 messidor an 3, n'a pas été d'autoriser les tribunaux à modérer les peines prononcées par l'ordonnance de 1669, mais qu'elle a voulu rétablir entre ces peines et la valeur actuelle des bois, une juste proportion que la progression du prix des bois a fait disparaître; qu'ainsi, les juges peuvent bien, en vertu de la loi du 20 messidor an 3, prononcer des Amendes ou restitutions plus fortes que celles qui sont fixées par l'ordonnance de 1669; mais qu'ils ne peuvent les prononcer moindres ;

» D'où il suit que le tribunal criminel de la Vienne, en modérant l'Amende prononcée par l'ordonnance de 1669, et se fondant, pour le faire, sur l'art. 10 de la loi du 20 messidor an 3, a fait une fausse application de cet article;

» Par ces motifs, le tribunal casse, pour l'intérêt de la loi seulement, le jugement du tribunal criminel de la Vienne, du 23 messidor an 10...».

La même chose a été jugée par plusieurs arrêts plus récens, qui sont rapportés dans le Répertoire de jurisprudence aux mots *Amende*, §. 1, et *Délit forestier*, §. 2 et 13.

En voici un autre qui juge encore de même.

Les 6, 13 et 15 juin 1808, procès-verbaux qui constatent que Pierre Mouret, Jean Duthu, Pierre et François Raviot, Didier Bornier et Louis Charles ont fait paître leurs chevaux, à garde faite, dans une forêt de l'état non déclarée défensable.

L'administration forestière fait en conséquence citer les prévenus devant le tribunal correctionnel de Dijon, et trois instances séparées s'établissent sur ces poursuites.

Le 26 novembre 1808, jugemens qui déclarent les prévenus coupables des délits qui leur sont imputés; mais, au lieu de prononcer contre eux l'Amende de 20 francs pour chaque cheval, et la restitution de pareilles sommes conformément aux art. 8 et 10 du tit. 32 de l'ordonnance des eaux et forêts de 1669, ils se bornent à les condamner, savoir, Didier Bornier et Louis-Charles à 2 francs d'Amende et 2 francs de restitution pour chaque cheval; et Pierre Raviot, François Raviot, Pierre Mouret et Charles Duthu, aussi pour chaque cheval, à 4 francs d'Amende et 4 francs de restitution.

Ces jugements sont motivés sur l'art. 10 de la loi du 20 messidor an 3.

Appel de ces trois jugemens de la part de l'administration forestière.

Le 13 février 1809, la cour de justice criminelle du département de la Côte-d'Or rend trois arrêts qui infirment ces jugements, comme appliquant à faux l'art. 10 de la loi du 20 messidor an 3; et néanmoins, prenant pour base d'anciens réglemens faits pour les maîtrises d'Orléans et de Sedan, l'avis du conseil d'état du 18 brumaire an 14, l'art. 23 du tit. 32 de l'ordonnance de 1669, les art. 15 et 21 de l'édit du mois de mai 1716, et des considérations d'humanité, ne condamne les délinquans qu'à une Amende de 10 francs et

AMENDE, §. II.

à une restitution de pareille somme pour chaque cheval trouvé en délit.

L'administration forestière se pourvoit en cassation, et le 18 mai 1809, arrêt, au rapport de M. Guieu, par lequel,

« Vu l'art. 156, §. 1 et 6 du Code du 3 brumaire an 4, l'art. 10 du tit. 32 de l'ordonnance de 1669, l'art. 14 du même titre, l'art. 50 de l'édit du mois de mai 1716;

» Attendu que les tribunaux ne peuvent s'arroger le droit de modérer les Amendes, ainsi que les peines de toute espèce, lorsqu'elles ont été clairement et spécialement fixées par la loi;

» Que cette règle des juridictions est le résultat du droit commun et des lois particulières au régime forestier;

» Que, de droit commun, il est certain que les magistrats, en modérant arbitrairement les peines déterminées par les ordonnances, usurperaient et la puissance législative et la puissance du souverain, à qui seul il appartient de faire grace et de tempérer la sévérité des lois dans certains cas extraordinaires, dont il est l'unique et le suprême arbitre;

» Que ces principes, consacrés par le droit romain, ont été adoptés de tous les temps par la législation française, ainsi qu'il résulte de l'art. 208 de l'ordonnance de Blois, relativement à toutes les dispositions pénales des ordonnances; et de la déclaration du roi, du 21 mars 1671, relativement aux Amendes, tant en matière civile qu'en matière criminelle;

» Que les mêmes principes avaient été adoptés, dans la législation ancienne, sur les aides, gabelles et domaines, ainsi qu'il résulte de l'art. 31 du titre commun de l'ordonnance de 1687;

» Et qu'ils ont été remis en vigueur, pour les Amendes de toute nature, par l'art. 51 de la loi du 27 mai 1781, sur l'organisation des contributions indirectes;

» Que les lois particulières au régime forestier, confirment cette règle; bien loin d'apporter aucune dérogation à une maxime fondamentale qui établit le vrai caractère des fonctions des magistrats, en les limitant à l'application stricte, impassible et littérale des lois, aux cas que les lois ont prévus et déterminés;

» Que l'art. 14 du tit. 32 de l'ordonnance de 1669, et l'art. 50 de l'édit du mois de mai 1716, enregistré à Dijon le 7 août suivant, prouvent que l'intention du législateur a été d'interdire aux tribunaux tout arbitraire dans la prononciation des Amendes graduées et fixées pour les délits forestiers;

» Que l'art. 25 du même titre de l'ordonnance ne présente aucune modification des dispositions impératives de l'art. 14, puisqu'il ne dit autre chose, sinon que les juges d'appel peuvent augmenter ou modérer les Amendes, non d'une manière arbitraire, mais toujours conformément à la loi, lorsque les tribunaux de première instance les ont prononcées au-dessous ou au-dessus du taux réglé par l'ordonnance;

» Que c'est dans le même sens qu'il faut entendre les art. 15 et 21 de l'édit de 1716, lesquels ne sont nullement en contradiction avec l'art. 50;

» Qu'on ne peut argumenter non plus des réglemens qui avaient modéré les Amendes dans certaines maîtrises des eaux et forêts, par la raison que ces réglemens étaient l'ouvrage de la puissance souveraine, ne résultaient point de simples décisions judiciaires sur des cas particuliers, et étaient limitativement circonscrits dans les localités pour lesquelles ils avaient été promulgués et autorisés;

» Que, de l'avis du conseil d'état du 18 brumaire an 14, il résulte seulement que *les Amendes doivent être modérées suivant les réglemens particuliers, auxquels on doit se conformer dans chaque localité :* mais qu'on ne saurait conclure de là que les tribunaux ont la faculté d'étendre ces réglemens hors le territoire dans lequel ils étaient en vigueur;

» Enfin, que les considérations prises de la position particulière des délinquans, ne suffisent point pour autoriser une dérogation au droit commun et aux lois spéciales de la matière; le recours au souverain étant ouvert à tous les justiciables, et leur offrant un moyen sûr et légal d'obtenir les conclusions que des motifs d'équité ou d'intérêt public peuvent motiver à leur égard.

» Attendu que la cour de justice criminelle du département de la Côte-d'Or a méconnu tous ces principes par son arrêt du 13 février dernier, et qu'il en résulte,

» 1°. Une contravention formelle aux art. 14 du tit. 32 de l'ordonnance de 1669, et 50 de l'édit du mois de mai 1716, par la réduction que cette cour a faite de l'Amende encourue par les délinquans;

» 2°. Un excès de pouvoir, en ce qu'elle a fondé cette réduction sur la censure qu'elle a faite des dispositions de la loi dont il n'appartient pas aux tribunaux de se rendre juges;

» 3°. Enfin une violation formelle de l'art. 10 de la même ordonnance, en ce que la cour de justice criminelle n'a pas appliqué à un délit reconnu constant les peines prononcées par cet article;

» Par ces motifs, la cour casse et annulle... ».

Le même jour, deux autres arrêts de la même cour, rendus dans des espèces semblables, ont été cassés par les mêmes motifs, au rapport du même magistrat.

§. II. *Le recouvrement d'une Amende prononcée en justice, peut-il être poursuivi sans signification préalable du jugement, par une simple contrainte non revêtue du visa d'un juge ?*

AMENDE, §. II.

Pierre Dumoulin, cultivateur à Maldeghem, avait été, conformément à la loi du 24 germinal an 2, condamné à une Amende de 30 francs, pour n'avoir pas comparu au bureau de paix, sur une citation en conciliation qui lui avait été donnée.

Pour obtenir le recouvrement de cette Amende, l'administration de l'enregistrement et des domaines, sans signifier à Pierre Dumoulin le jugement qui l'avait prononcée, et, se bornant à en rappeler la date, a fait notifier à ce particulier une contrainte portant sommation de venir payer les 30 francs au bureau de son receveur. Cette contrainte n'était revêtue du *visa* d'aucune autorité judiciaire.

Au défaut de paiement de cette Amende, l'administration a fait saisir et exécuter les meubles et effets de Pierre Dumoulin, *en vertu*, était-il dit dans l'exploit de saisie-exécution, *de la contrainte précédemment notifiée*.

Pierre Dumoulin a formé opposition à la contrainte, et a demandé la nullité de la saisie-exécution. Il s'est fondé sur le défaut de *visa* dans la contrainte, et sur l'absence de toute espèce de titre exécutoire.

L'administration a soutenu que, ne s'agissant point du droit d'enregistrement, la contrainte n'était point sujette à la formalité du *visa*.

Le 6 avril 1808, jugement du tribunal civil de l'arrondissement d'Ecloo, qui, attendu qu'une contrainte n'est point exécutoire *de plano*, tant qu'elle n'est pas revêtue du *visa* d'une autorité compétente, et que cela résulte évidemment de l'art. 64 de la loi du 22 frimaire an 7, annulle la contrainte, ainsi que la saisie-exécution, et condamne l'administration aux dommages-intérêts et aux dépens.

Recours en cassation de la part de l'administration de l'enregistrement et des domaines. L'art. 64 de la loi du 22 frimaire an 7, dit-elle, ne concerne que le recouvrement des droits d'enregistrement; c'est donc en faire une fausse application, que d'étendre au recouvrement des Amendes la formalité qu'il prescrit.

Par arrêt du 8 mai 1809, au rapport de M. Rousseau,

« Attendu que la régie ayant, conformément à l'art. 64 de la loi du 22 frimaire an 7, commencé son premier acte de poursuite par une contrainte, aurait dû la faire revêtir de la formalité prescrite par le même article; qu'aucune loi ne dispense la régie, quand elle agit par voie de contrainte, de la formalité du *visa* du juge qui seul peut lui donner l'authenticité et le caractère nécessaires pour procéder par voie exécutoire; que, sans cette forme, la contrainte est un acte purement privé des préposés d'une administration vis-à-vis des redevables;

» Qu'ainsi, le tribunal d'Ecloo, en annullant les poursuites de la régie faites en vertu d'une contrainte non visée du juge ni déclarée exécutoire, n'a fait aucune fausse application des lois, ni commis de contravention;

» La cour rejette le pourvoi.... ».

Cet arrêt est, comme l'on voit, calqué sur les vrais principes.

Sans doute, l'art. 64 de la loi du 22 frimaire an 7 n'est point, par lui-même, applicable au recouvrement des Amendes. Mais l'administration de l'enregistrement ayant cru pouvoir employer, pour le recouvrement d'une Amende, la voie de contrainte qu'il autorise pour le recouvrement des droits d'enregistrement, elle n'a pas pu séparer de la faculté qu'elle en a prise dans cet article, le mode auquel cet article en assujétit l'exercice.

Règle générale : aucune saisie-exécution ne peut être pratiquée qu'en vertu d'un titre exécutoire, et nul ne peut se rendre lui-même exécutoire le titre en vertu duquel il prétend faire saisir et exécuter.

L'administration de l'enregistrement ne pouvait donc faire saisir et exécuter les meubles de Pierre Dumoulin, qu'en vertu, soit d'une grosse du jugement qui avait été rendu contre ce particulier, en prenant la précaution de le lui signifier préalablement, avec commandement d'y satisfaire, soit du *visa* apposé par le juge compétent à une contrainte décernée par l'un de ses préposés.

A défaut de l'un ou de l'autre titre, l'administration n'avait aucun moyen de saisir et exécuter les meubles de Pierre Dumoulin. Simple agent du gouvernement dans sa poursuite, elle était, comme le gouvernement, soumise à la loi qui ne permet pas qu'un citoyen soit exproprié sans le concours de l'autorité publique. Le gouvernement, lorsqu'il agit pour ses intérêts pécuniaires, est assimilé en tout point aux particuliers, et l'administration qui le représente, ne peut pas avoir un privilége auquel il n'a jamais prétendu lui-même.

On sait bien qu'un arrêt de la cour de cassation, du 12 fructidor an 11, a jugé, en cassant un jugement en dernier ressort du tribunal civil de Gaillac, du 8 pluviôse an 10, que les contraintes décernées pour le recouvrement des droits de patentes, sont exécutoires sans *visa*.

Mais quelle différence entre les contraintes pour le recouvrement des droits de patentes, et les contraintes pour le recouvrement des Amendes !

Les droits de patentes, lors même que le recouvrement en était confié à l'administration de l'enregistrement, et avant que l'arrêté du gouvernement du 26 brumaire an 10 eût délégué ce recouvrement aux percepteurs des contributions personnelles et mobilières, étaient arrêtés, comme ils le sont encore, par un rôle que le préfet déclarait exécutoire; et les poursuites contre les redevables en retard se faisaient par un simple avertissement du receveur : « ce délai passé (por-

» tait l'art. 7 de la loi du 1er. brumaire an 7),
» les redevables en retard seront contraints; ils
» seront en conséquence *avertis* par les receveurs
» de l'enregistrement. Dix jours après *l'averti-*
» *ssement*, le paiement sera poursuivi par la
» saisie en vente des marchandises et des meubles
» des contribuables en retard ».

Les poursuites qui tendent au recouvrement des droits de patentes, ne ressemblent donc en rien aux poursuites qui tendent au recouvrement des Amendes.

Celles-ci tirent toute leur force de l'autorité judiciaire par laquelle les Amendes ont été prononcées ; il faut donc qu'elles soient munies du sceau de cette autorité ; elles ne peuvent donc être faites que, ou en vertu de la grosse d'un jugement signifié, ou en vertu d'une contrainte visée par un juge.

Celles-là, au contraire, tirent toute leur force de l'autorité administrative; l'autorité judiciaire ne peut ni ne doit donc y intervenir ; elle ne doit donc pas plus viser les contraintes qui ont pour objet des droits de patentes, qu'elle ne doit rendre exécutoires les rôles qui sont dressés de ces droits.

Ainsi, point de conséquence à tirer de l'arrêt du 12 fructidor an 11; et dès-là, reste dans toute sa force, comme dans toute sa latitude, par rapport au recouvrement des Amendes, le principe que nul ne peut être contraint, soit dans sa personne, soit dans ses biens, qu'en vertu d'un titre que la justice a rendu exécutoire.

§. III. *Quelles sont, parmi les diverses sortes d'Amendes, celles qui doivent être prononcées par les tribunaux civils, et celles qui doivent l'être par les tribunaux correctionnels ?*

V. l'article *Conscrit*, §. 3.

AMENDE DE FOL APPEL. §. I. *Le défaut de condamnation à l'Amende de fol appel, peut-il former un moyen de cassation, soit en faveur de la partie à qui il a été mal à propos fait remise de cette Amende, soit en faveur de la partie contre laquelle cette Amende a été mal à propos prononcée ?*

V. le plaidoyer et l'arrêt du 24 vendémiaire an 13, rapportés au mot *Terrage*, §. Ier.

§. II. 1°. *L'Amende de fol appel a-t-elle lieu dans les matières correctionnelles ?*
2°. *A-t-elle lieu dans les matières de simple police ?*

I. Sous l'ordonnance de 1670, l'Amende de fol-appel avait lieu dans les matières criminelles (et par conséquent dans celles que nous appelons aujourd'hui *correctionnelles*), comme dans les matières civiles; cela était ainsi réglé par l'édit du mois de décembre 1669, par là déclaration du 22 mars 1671, et par l'arrêt du conseil du 21 août 1781, rapportés dans le *Répertoire de Jurisprudence*, au mot *Amende*, §. 4, n°. 1.

La loi du 22 juillet 1791, loin de déroger à cette règle pour les appels des jugemens rendus par les tribunaux correctionnels qu'elle a érigés, la maintenait, au contraire, en termes exprès : *L'appelant, s'il succombe* (portait-elle, tit. 2, art. 68), *sera condamné à l'Amende ordinaire.*

Mais le Code des délits et des peines, du 3 brumaire an 4, en disposait autrement. Du moins il se bornait à dire, art. 201, que la *requête d'appel* serait *rejetée*, en cas que le jugement du tribunal correctionnel fût trouvé régulier dans la forme et juste au fond, sans ajouter (comme la loi du 22 juillet 1791), que l'appelant serait, en ce cas, *condamné à l'Amende ordinaire ;* et il a été constamment entendu comme ne permettant pas de suppléer par son silence sur cette matière, par les dispositions des lois précédentes.

L'Amende de fol appel ainsi abrogée par le Code du 3 brumaire an 4, n'a pas été rétablie par le Code d'instruction criminelle de 1808. Elle ne peut donc pas plus être prononcée sous celui-ci, qu'elle ne pouvait l'être sous celui-là.

II. Mais le Code d'instruction criminelle n'a-t-il pas rétabli cette Amende pour les matières de simple police ?

Ce qui pourrait, à la première vue, le faire penser ainsi, c'est que, d'une part, il est dit par l'art. 174 de ce Code, que l'appel des jugemens des tribunaux de police sera *suivi et jugé dans les mêmes formes que les appels des sentences des justices de paix;* et que, de l'autre, il est écrit dans l'art. 471 du Code de procédure civile, que *l'appelant qui succombera, sera condamné à une Amende de cinq francs, s'il s'agit d'un jugement de juge de paix.*

C'est effectivement ainsi qu'ont raisonné les tribunaux correctionnels de Lunéville et de Rouen, pour condamner à l'Amende de cinq francs des appelans qu'ils avaient trouvés mal fondés dans leurs appels.

Mais les jugemens de ces deux tribunaux ayant été déférés à la cour de cassation, le premier a été cassé par arrêt du 19 juin 1817, au rapport de M. Aumont, et, après un délibéré en la chambre du conseil,

« Vu l'art. 10, tit. 10, de la loi du 24 août 1790.... ;
» Vu aussi l'art. 471 du Code de procédure civile.... ;
» Vu enfin les différens articles du Code d'instruction criminelle qui prescrivent les règles de procédure et de jugement en matière de police, notamment l'art. 174;
» Attendu que les condamnations d'Amende pour fol appel ont été ordonnées par la loi, en matière civile, et devant les tribunaux civils ; mais qu'elles n'ont été prononcées par aucune

disposition de loi, ni en matière de simple police, ni en matière de police correctionnelle ;

» Qu'une condamnation d'Amende ne rentre nullement dans la disposition citée de l'art. 174 du Code d'instruction criminelle ; que, par cette disposition uniquement relative aux formes de la poursuite et du jugement, l'art. 471 du Code de procédure civile n'est pas rendu applicable aux appels en matière de police ;

» Que les dispositions pénales ne peuvent être étendues au-delà des cas pour lesquels elles sont établies ;

Qu'en prononçant contre Frédéric Bolz une condamnation à l'Amende de cinq francs, fondée sur le rejet de l'appel par lui interjeté d'un jugement du tribunal de simple police de Lunéville, le tribunal de police correctionnelle du même lieu a donc fait une fausse application des art. 174 du Code d'instruction criminelle, et 471 du Code de procédure civile, et créé une disposition législative (1) ».

Le second a été cassé par arrêt du 12 juin 1823, au rapport de M. Chantereyne :

« Vu l'art. 174 du Code d'instruction criminelle, duquel il résulte que l'appel des jugemens rendus par le tribunal de police, porté au tribunal correctionnel, y doit être suivi et jugé dans la même forme que les appels des sentences des justices de paix ;

» Vu également l'art. 471 du Code de procédure civile, lequel porte que l'appelant qui succombera, sera condamné à une Amende de cinq francs, s'il s'agit du jugement d'un juge de paix ;

» Et attendu que l'Amende portée en ce dernier article n'est point une forme qui appartienne, soit à l'instruction, soit au jugement ; qu'elle est la peine d'un fol appel, et que toute peine ne doit être prononcée que dans les cas déterminés par la loi ; qu'il n'y a donc pas lieu d'appliquer, dans les tribunaux correctionnels et dans les appels qui sont relevés devant eux, envers des jugemens de tribunaux de police, une disposition pénale qui n'est établie que pour les affaires civiles qui ont été jugées en première instance devant le juge de paix ;

» Que cependant le tribunal de Rouen, en rejetant l'appel interjeté par Mullot, du jugement rendu par le tribunal de simple police, a cru devoir le condamner à une Amende de cinq francs ; en quoi ce tribunal a violé l'art. 174 du Code d'instruction criminelle, et fait une fausse application de l'art. 471 du Code de procédure civile (2) ».

AMENDE HONORABLE. *V.* l'article *Réparation d'injure*, §. 1.

_____

(1) Bulletin criminel de la cour de cassation, tome 22, page 124.

(2) *Ibid.*, tome 28, page 236.

AMNISTIE. §. Ier. *La loi d'Amnistie du 4 brumaire an 4 s'oppose-t-elle à ce qu'une personne à qui l'on impute l'un des délits sur lesquels elle a imposé silence, poursuive la réparation de l'injure qui lui est faite par cette imputation ?*

V. l'article *Réparation d'injure*, §. 2.

§. II. *Quels sont, par rapport à la puissance maritale, les effets de l'Amnistie accordée aux émigrés par le sénatus-consulte du 6 floréal an 10 ?*

V. l'article *Émigré*, §. 3.

§. III. *Le certificat d'Amnistie délivré, en vertu de l'arrêté du gouvernement du 7 nivôse an 8, à un homme marié qui avait pris part aux troubles des départemens de l'Ouest, et qui était en même temps inscrit sur la liste des émigrés, a-t-il équipollé pour lui, à une radiation expresse de cette liste ? A-t-il pu empêcher qu'avant la radiation effective et formelle de ce particulier, son épouse ne fît prononcer son divorce, du chef de l'émigration de son mari ? Son épouse a-t-elle pu, sachant qu'il était en France, faire prononcer son divorce, sans l'assigner à cet effet devant un tribunal ?*

V. le plaidoyer et l'arrêt du 3 thermidor an 12, rapportés à l'article *Rebelles de l'Ouest*.

§. IV. *L'Amnistie d'un crime est-elle, de plein droit, commune à tous ceux qui ont participé à ce crime ? S'étend-elle, de plein droit, aux autres crimes qui ont été commis pour en aider et faciliter l'exécution ?*

En pluviôse an 8, Sébastien Buanton, natif de Bourg, soldat à la 44e demi-brigade d'infanterie légère, est porté sur la liste des déserteurs du département de l'Ain.

Le 27 nivôse an 10, il est condamné par contumace à huit années de fers, pour avoir, dans l'intervalle du 30 fructidor an 8 au 2 pluviôse an 9, fabriqué de faux congés, et les avoir vendus à des conscrits qui s'en sont servis pour s'exempter du service militaire.

Arrêté en 1808, il est traduit devant la cour de justice criminelle et spéciale du département de l'Ain.

Là, il excipe de l'Amnistie accordée aux déserteurs par la loi du 24 floréal an 10, et il invoque le passage suivant d'une lettre en forme d'instruction, du ministre de la guerre, du 12 messidor de la même année : « Les délits ac-
» cessoires de la désertion, tel qu'enlèvement
» d'armes ou d'effets d'habillement, *fabrication*
» *de faux congés* ou faux passeports, résistance
» à la force armée, etc., tous ces délits qui ont
» pu servir à préparer et consommer la déser-
» tion, sont compris dans les effets de l'Amnis-
» tie, pourvu qu'il n'y ait point eu homicide » ;

Et il demande que, conformément à la loi

citée, il soit mis à la disposition du commandant du recrutement, pour être dirigé sur le corps qui lui sera désigné.

Le ministère public répond que la loi du 24 floréal an 10 ne porte d'Amnistie que pour le crime de désertion et en faveur du soldat ou sous-officier qui a déserté ; que Buanton est mis en jugement, non pour sa désertion, mais pour une multitude de faux qui ont soustrait des conscrits au service de l'état ; que, sous ce rapport, l'Amnistie dont il cherche à se prévaloir, ne lui est pas applicable ; que cela résulte même de la lettre du ministre de la guerre, du 17 messidor an 10, puisqu'il y est dit que la faveur de la loi ne s'étend pas jusqu'aux délits commis après la désertion consommée, et que c'est postérieurement à sa désertion, que Buanton est prévenu d'avoir commis les faux qui lui sont imputés.

Par arrêt du 14 septembre 1808,

« Considérant que, par ses différentes réponses, le prévenu ne s'est pas justifié des différentes imputations qui lui sont faites et qui ressortent de la procédure ;

» Considérant, à l'égard de l'exception proposée par Buanton, et qu'il fait résulter de la loi du 24 floréal an 10 et de la lettre du ministre de la guerre explicative du 17 messidor suivant,

» Que la disposition de l'art. 1, portant que le crime de la désertion à l'intérieur est remis et pardonné à tous sous-officiers et soldats des troupes de la république avant le 1er. floréal de la présente, n'est point applicable au prévenu, puisque cette loi ne porte d'Amnistie que pour le crime de désertion ; Que tout autre crime en est formellement excepté par l'avis du conseil d'état et l'arrêté des consuls, du 17 prairial an 10 ;

» Qu'on ne peut invoquer valablement la lettre du ministre de la guerre du 17 messidor, puisque cette même lettre excepte de la faveur de la loi les délits commis après la désertion consommée, et que les délits imputés à Buanton sont postérieurs à sa désertion qui, d'après lui, a eu lieu en l'an 8 ;

» Considérant enfin que les délits imputés au prévenu, n'ont point été commis pour procurer sa désertion qui, d'après lui, a eu lieu en pluviôse an 8 ; mais qu'ils ont eu lieu postérieurement en fructidor an 8, en frimaire et pluviôse an 9, pour faciliter la désertion ou retraite de conscrits qui lui étaient étrangers et qui n'avaient aucun rapport avec lui ;

« Par ces motifs, la cour de justice criminelle spéciale du département de l'Ain, se déclare compétente pour juger en dernier ressort la procédure contre Sébastien-Yves-François Buanton, prévenu de faux en écritures authentiques.... ».

Cet arrêt est transmis à la cour de cassation ; et sur la question de savoir s'il doit être maintenu ou cassé, je fais les observations suivantes :

« Deux principes doivent ici nous servir de régulateurs :

» Le premier est que la loi d'Amnistie du 24 floréal an 10 ne comprenant dans sa disposition que le crime de désertion à l'intérieur commis avant le premier du même mois, elle ne peut pas être étendue à d'autres crimes qui, par eux-mêmes, seraient indépendans de celui de désertion ;

» Le deuxième est que cette loi amnistiant, sans distinction ni réserve, tous les crimes de désertion à l'intérieur commis avant le 1er. floréal an 10, on doit regarder comme amnistiés par cette loi tous les crimes qui, avant le 1er. floréal an 10, ont été commis *accessoirement à la désertion*, c'est-à-dire, pour la favoriser, la consommer, ou en empêcher la poursuite.

» Le premier de ces principes est consacré par un avis du conseil d'état du 17 prairial an 10, que l'on trouve dans le Bulletin des lois, avec l'approbation dont l'a revêtu dans le temps le chef du gouvernement consulaire : « Le conseil d'état (y est-il dit), consulté sur la question de savoir si l'effet de l'Amnistie prononcée le 24 du mois de floréal, en faveur des sous-officiers et soldats déserteurs à l'intérieur, peut s'étendre également jusqu'aux soldats condamnés aux fers pour cause d'insubordination ; considérant que la loi, dans le pardon qu'elle accorde, n'a compromis que le crime de désertion, a pensé qu'il y avait lieu à se déclarer pour la négative ».

» Le second principe paraît sortir de l'instruction du ministre de la guerre, du 17 messidor an 10, sur laquelle Sébastien Buanton fonde toute sa défense. Mais cette instruction n'est que la copie d'un avis du conseil d'état du 26 prairial précédent, et c'est par conséquent à cet avis que nous devons nous attacher de préférence. Or, voici comment est conçu cet avis :

» Le conseil d'état qui, d'après le renvoi des consuls, et sur le rapport de la section de la guerre, a discuté différentes questions proposées par le ministre de la guerre, relatives à l'exécution de la loi portant Amnistie pour fait de désertion à l'intérieur, est d'avis qu'elles peuvent être résolues de la manière suivante :

» Première question. *Le déserteur condamné aux fers, qui s'est échappé du bagne avant le 1er. floréal, et qui, dès-lors, s'est mis dans le cas de subir une nouvelle condamnation de trois ans, est-il compris dans l'Amnistie ?*

» Réponse. Il n'est pas douteux que le délit qui a causé la première condamnation étant remis, l'Amnistie ne doive s'étendre à celui de la seconde désertion, suite de la première.

» Deuxième question. *Les soldats condamnés pour fait de désertion, et qui ont subi la peine des fers, sont-ils tenus de reprendre du service ?*

» Réponse. Ceux-là seulement qui, en vertu de la loi du 19 fructidor an 6 et autres subséquentes, étaient compris dans les classes qui ont été appelées, sont tenus de reprendre et continuer leur service.

» TROISIÈME QUESTION. *L'Amnistie est-elle applicable aux déserteurs qui ont emporté leurs armes et leurs bagages ?*

» RÉPONSE. *Une loi de grace et d'indulgence doit toujours être favorablement interprétée : son silence sur cette circonstance aggravante du crime, dit assez que l'Amnistie s'étend aussi aux délits qui ne pourraient être séparés du délit principal dans l'information.*

» QUATRIÈME QUESTION. *L'Amnistie est-elle applicable à ceux qui ont déserté à l'ennemi, ou étant de service ?*

» RÉPONSE. *Le crime de désertion à l'ennemi, tel qu'il est désigné et caractérisé dans le Code pénal, n'est point compris dans l'Amnistie. Mais la désertion à l'intérieur est amnistiée, de quelque manière que le crime ait été commis, et même étant de service.*

» CINQUIÈME QUESTION. *L'Amnistie est-elle applicable aux déserteurs à l'intérieur, qui, pour n'être pas arrêtés, se sont fabriqués de faux passeports, se sont révoltés, etc. ?*

» RÉPONSE. *Les délits qui ont servi à préparer et consommer la désertion, pourvu qu'il n'y ait point eu homicide, sont compris dans les effets de l'Amnistie ; et si, depuis la désertion consommée, le déserteur a commis d'autres délits, ils doivent être poursuivis, nonobstant les effets de l'Amnistie.*

» Tels sont les termes de l'avis du conseil d'état du 26 prairial an 10 ; et quoique cet avis ne soit ni inséré dans le Bulletin des lois, ni revêtu sur la minute de la sanction du chef du gouvernement, on ne peut pas douter néanmoins que le chef du gouvernement ne l'ait approuvé, puisque, par une lettre du 30 du même mois, le ministre-secrétaire d'état en a adressé une expédition au ministre de la guerre, en lui disant :

» Les consuls me chargent de vous communiquer, pour servir de base aux instructions que
» vous serez dans le cas de donner, les réponses
» faites par le conseil d'état aux questions que
» vous proposez relativement à l'exécution de
» l'Amnistie ».

» Vous voyez au surplus, Messieurs, que, par cet avis, le conseil d'état a fait deux choses très-remarquables :

» Qu'il a de nouveau reconnu le premier de nos deux principes déjà proclamés par son avis du 17 du même mois ;

» Et qu'il a expressément consacré le deuxième principe, savoir, que l'Amnistie accordée par la loi du 24 floréal an 10, s'étend à tous les crimes accessoires à celui de désertion à l'intérieur.

» Maintenant rapprochons ces deux principes de notre espèce.

» Sébastien Buanton, déserteur, dès l'an 7, de la 44ᵉ. demi-brigade d'infanterie légère, est prévenu d'avoir fabriqué, dans l'intervalle du 30 fructidor an 8 au 2 pluviôse an 9, de faux congés à l'aide desquels des conscrits se sont soustraits au service militaire.

» Si nous ne devions consulter ici que le premier de nos deux principes, il n'est pas douteux que Sébastien Buanton ne fût mal fondé à réclamer le bénéfice de l'Amnistie; car les crimes de faux, qu'il est prévenu d'avoir commis, sont étrangers à sa désertion ; ils n'ont, avec la désertion, aucune espèce de rapport ; ce n'est ni pour faciliter, ni pour favoriser, ni pour consommer sa désertion, qu'ils ont été commis ; ils en sont totalement indépendans ; ils lui sont même postérieurs.

» Mais si nous descendons au deuxième principe, nous verrons bientôt que la question de savoir si Sébastien Buanton a droit à l'Amnistie, doit être envisagée sous un point de vue tout différent de celui sous lequel l'a considérée la cour spéciale du département de l'Ain, et qu'elle doit être réduite à ce seul point : *la loi du 24 floréal an 10 est-elle applicable aux conscrits réfractaires, comme aux déserteurs ?*

» En effet, si cette loi est applicable aux conscrits réfractaires, si les conscrits réfractaires pour lesquels Sébastien Buanton est prévenu d'avoir fabriqué de faux congés, sont autorisés à réclamer le bénéfice de cette loi, où serait la raison de douter que le bénéfice de cette loi ne s'étendît pas jusqu'à Sébastien Buanton lui-même ? Le déserteur qui, postérieurement à sa désertion, a fabriqué de faux congés pour des conscrits réfractaires, n'a fait que *préparer* à ceux-ci des moyens d'échapper à la conscription ; il n'a fait par conséquent que se rendre leur complice ; et si les conscrits réfractaires sont amnistiés par la loi, il est clair que leurs complices le sont également ; il est clair que l'Amnistie est également applicable à tout homme, déserteur ou non, qui leur a fabriqué de faux congés. C'est la conséquence nécessaire de l'art. 5 de l'avis du conseil d'état du 26 prairial an 10.

» Mais si la loi du 24 floréal an 10 ne comprend pas, dans sa disposition, les conscrits réfractaires, point d'Amnistie pour Sébastien Buanton. Dans cette hypothèse, les faux congés que Sébastien Buanton est prévenu d'avoir fabriqués, n'ont aucun rapport, non-seulement avec sa désertion personnelle, mais même avec la désertion d'aucun autre individu ; et dès-là, nulle raison, nul prétexte, pour les assimiler à des crimes commis pour *préparer ou consommer la désertion ;* nulle raison, nul prétexte pour les faire entrer dans l'Amnistie.

» Reste donc à savoir si les conscrits réfractaires sont compris dans la loi du 24 floréal an 10, sous la dénomination de *déserteurs* ; c'est là, encore une fois, toute la question du procès.

» Et au premier aspect la négative paraît incontestable. D'une part, le texte de la loi du 24 floréal an 10 est expressément limité à ceux qui se sont rendus *coupables du crime de désertion.* De l'autre, nous voyons que, dans l'usage, tandis que les déserteurs sont jugés par les conseils de guerre spéciaux, les conscrits réfractaires le sont par les tribunaux ordinaires, d'après les arrêtés pris par les préfets : et c'est assurément une preuve sans réplique, que la dénomination de *déserteurs* n'est pas commune aux conscrits réfractaires.

» Mais ne confondons pas, relativement aux conscrits réfractaires, deux époques très-différentes de notre législation.

» Dans l'origine, les conscrits réfractaires étaient, en tout point, assimilés aux soldats déserteurs, et ils étaient, comme ceux-ci, jugés par les conseils de guerre.

» L'art. 53 de la loi du 19 fructidor an 6 portait : *Les conscrits appelés par la loi, qui ne se seront pas rendus à leur corps dans le délai prescrit....., seront poursuivis et punis comme déserteurs.*

L'art. 7 de la loi du 17 ventôse an 8, disait absolument la même chose; et les art. 9 et 10 de la même loi voulaient que les conseils de guerre, en condamnant les conscrits réfractaires aux peines de la désertion, les condamnassent en même temps à l'amende de 1500 francs.

» Or, ces lois étaient encore en pleine vigueur le 24 floréal an 10, date de la loi qui a amnistié les déserteurs; elles n'ont été abrogées que par la loi du 6 floréal an 11, qui a établi, pour la poursuite des conscrits réfractaires, le mode actuellement suivi.

» Les conscrits réfractaires étaient donc, à l'époque du 24 floréal an 10, compris sous la dénomination de *déserteurs;* la loi portée à cette époque a donc, en amnistiant les déserteurs, amnistié les conscrits réfractaires.

» Et c'est effectivement ainsi que la loi du 24 floréal an 10 a été entendue et exécutée par le gouvernement. Témoin ce que nous a écrit, le 26 de ce mois, M. le ministre d'état, directeur-général des revues et de la conscription militaire :

« J'ai reçu, monsieur et cher collègue, la lettre par laquelle vous demandez mon opinion sur la question de savoir, si la loi du 24 floréal an 10 est applicable aux conscrits réfractaires comme aux déserteurs.

» Je m'empresse de vous répondre,

» 1°. Qu'en floréal an 10, il n'existait pas de conscrits qualifiés réfractaires ;

» 2°. Que tous les conscrits désobéissans étaient alors, punis comme déserteurs et jugés par les mêmes tribunaux que les déserteurs déjà admis dans des corps ;

» 3°. Que par conséquent les Amnisties accordées aux déserteurs pendant l'an 10 et antérieurement, ont toujours été applicables aux conscrits désobéissans ;

» 4°. Que S. E. le ministre de la guerre a donné des instructions *dans ce sens*, le 26 *prairial an* 10 ;

» 5°. Que la distinction de *réfractaire* n'a été établie que par la loi du 10 *floréal an* 11, qui a changé la législation à cet égard ;

» 6°. Qu'à partir de cette époque, les conscrits réfractaires n'ont été amnistiés qu'autant qu'ils ont été nominativement compris dans la loi d'Amnistie ;

» 7°. Qu'il suit de là que toute *désertion avant* le 1er. *floréal an* 10, soit par des conscrits, soit par des militaires, a été amnistiée par la loi du 24 *floréal an* 10.

» Sans doute, comme le remarque expressément la même lettre, *un fabricateur de faux congés ne pourrait être amnistié par cette loi, qu'autant que le faux aurait eu pour but de faciliter une désertion commise avant le* 1er. *floréal an* 10.

Sans doute, comme il est encore dit dans cette lettre, *si ce faux avait été fait pour favoriser une désertion à commettre postérieurement au* 1er. *floréal an* 10, *ou pour faciliter au conscrit qualifié réfractaire d'après la loi du 5 floréal an* 11, *les moyens de se soustraire au service militaire, l'auteur du faux ne pourrait être amnistié comme complice de ce déserteur ou de ce réfractaire, puisque ceux-ci ne seraient pas amnistiés eux-mêmes.* »

» Mais ce n'est, ni pour favoriser des désertions postérieures au 1er. floréal an 10, ni pour faciliter à des conscrits déclarés réfractaires en vertu de la loi du 6 floréal an 11, les moyens de se dérober au service militaire, que Sébastien Buanton est prévenu d'avoir fabriqué les faux congés qui ont donné lieu aux poursuites exercées contre lui devant la cour spéciale du département de l'Ain.

» Ces faux congés n'ont été fabriqués que pour préparer des désertions consommées, non-seulement avant le 1er. floréal an 10, mais même long-temps avant le 27 nivôse de la même année, puisque c'est au 27 nivôse an 10 que remonte l'arrêt par contumace qui a été rendu contre Sébastien Buanton.

» Sébastien Buanton n'est donc, dans l'exacte réalité des choses, poursuivi que comme complice de désertion antérieures au 1er. floréal an 10; il est donc amnistié par la loi du 24 du même mois. Il y a donc lieu de casser l'arrêt de la cour spéciale de l'Ain, du 14 septembre dernier ».

Par arrêt du 7 janvier 1809, au rapport de M. Carnot,

« Vu l'art. 456 du Code du 3 brumaire an 4 ;

» Et attendu qu'une action réputée crime à l'instant qu'elle a été commise, perd son caractère de criminalité par l'effet de l'Amnistie; et que, dès-lors, celui qui s'en est rendu coupable et ceux qui y ont co-opéré, ne peuvent, à raison d'un pareil fait, être poursuivis ni mis en jugement;

26.

» Attendu que, dans l'espèce, les faux reprochés à Buanton, avaient eu pour objet de favoriser la désertion à l'intérieur de conscrits réfractaires, et que tous avaient été commis à une époque antérieure au 1er. floréal an 10;

» Attendu qu'à cette époque, les conscrits réfractaires étaient mis, par la loi, sur la même ligne que les véritables déserteurs, ce qui ne fut changé que par la loi du 6 floréal an 11; que conséquemment la loi d'Amnistie du 24 floréal an 10, pour la désertion à l'intérieur, était applicable aussi bien aux conscrits réfractaires, qu'aux autres déserteurs; que tout dépend donc de l'examen du point de savoir si l'Amnistie prononcée pour le crime de désertion à l'intérieur, remontant à une époque antérieure au 1er. floréal an 10, a porté sur les délits accessoires à la désertion, comme sur la désertion elle-même, et nommément sur les faux pratiqués par des tiers pour la favoriser;

» Que, si la loi du 24 floréal an 10 pouvait présenter, à cet égard, de l'équivoque, n'ayant parlé en termes positifs que de la désertion, l'on ne peut néanmoins supposer qu'en déclarant amnistié le délit principal, il ait été dans l'esprit des législateurs de faire poursuivre les délits qui lui sont nécessairement accessoires, et les complices d'un fait que la loi ne regarde plus comme un véritable délit; que cette entente naturelle de la loi se trouve consignée, d'une manière à lever tous les doutes, dans un avis du conseil d'état du 26 prairial an 10, et dans la circulaire du ministre de la guerre du 17 messidor suivant, puisque l'un et l'autre n'exceptent de la faveur de l'Amnistie, que le cas d'homicide, et qu'ils la font porter nommément sur les faux qui pourraient avoir été commis pour favoriser la désertion;

» Attendu que le crime en lui-même ayant été amnistié, et ne restant conséquemment plus de crime aux yeux de la loi, il n'y a plus y avoir de complices de ce crime à poursuivre et à punir; qu'autrement, il faudrait supposer une restriction dans la loi qui ne s'y trouve pas, et qui n'a pu même être dans la pensée du législateur; car, ayant voulu que la désertion à l'intérieur, jusqu'à l'époque du 1er. floréal an 10, ne fût plus considérée comme une action criminelle, il n'a pu vouloir en même temps, que les moyens employés pour la favoriser, pussent être considérés comme criminels, et donner lieu à des condamnations pénales;

» Qu'il suit de là que n'y ayant autre chose à reprocher à Buanton, que des faux commis à une époque antérieure au 1er. floréal an 10, et pour favoriser des désertions à l'intérieur, également d'une époque antérieure au 1er. floréal an 10, il ne pourrait être jugé comme complice de ces désertions qu'il aurait favorisées par le moyen des faux qu'il aurait commis; et que, dès-lors, il ne pourrait l'être légalement, puisque le délit principal de désertion est amnistié;

» Que la cour de justice criminelle spéciale du département de l'Ain, en se déclarant compétente par son arrêt du 14 septembre 1808, pour instruire et pour juger la prévention de faux qui pesait contre Buanton, a donc commis une usurpation de pouvoir qui en nécessite l'annullation;

» La cour casse et annulle...... ».

§. V. *Un fait couvert par une loi d'Amnistie, peut-il redevenir la matière d'une accusation, sur le fondement que, depuis cette loi, l'auteur du fait amnistié s'est rendu, par une action qualifiée de crime, indigne de la faveur qui lui avait été accordée ?*

Il le pourrait, sans doute, si la loi d'Amnistie subordonnait expressément la durée de la faveur qu'elle accorde, à la condition d'une conduite constamment irréprochable de la part de tous ceux qui sont appelés à en profiter.

Mais cette condition peut-elle être sous-entendue dans une pareille loi ?

Cette question s'est élevée en 1660, dans la Grande-Bretagne.

Charles II, après sa restauration, crut devoir faire, sur le marquis d'Argyle, qui avait pris, en Ecosse, une part très-active à la révolution précédente, un exemple de sévérité propre à tenir en respect tous les mécontens qui restaient encore dans cette partie de ses états; et le choisissant *pour victime*, suivant l'expression de Hume (1), il le fit traduire devant ses pairs, au parlement d'Ecosse.

Là, deux séries différentes de faits furent articulées contre l'accusé : les uns remontaient à l'année 1639 et se suivaient, à plus ou moins d'intervalle, jusqu'en 1651; les autres, postérieurs à cette dernière époque, se composaient d'actes d'adhésion ouverte au gouvernement usurpateur.

Les premiers, dit encore Hume, étaient couverts par les deux actes *d'indemnité* que Charles I et Charles II lui-même avaient publiés, l'un en 1641, l'autre en 1651 : et ces deux actes étaient généralement considérés comme une barrière invincible à toute recherche et à toute condamnation (2).

Les seconds étaient, continue le même auteur, de vrais crimes que la *déclaration de Bredn* n'avait amnistiés que relativement à l'Angleterre, et qui, pour l'Ecosse, étaient encore susceptibles

---

(1) *He was picthed upon as a victim.* Histori of England, chap. 73.
(2) *Two acts of indemnity, one passed by the late king in 1641, another by the present in 1651, formed, it was thought, invincibles obstacles to the punishment of Argyle, and barred all inquiry into that part of his conduct, which might be justly regarded as the most exceptionable.* Ibid.

de poursuites; mais ces crimes, toute la nation écossaise les avait partagés; et il n'y avait ni raison ni justice à en charger spécialement le marquis d'Argyle (1).

Cependant le parlement d'Ecosse, servile instrument des passions du monarque, déclara l'accusé coupable et le condamna à mort.

Ce récit de Hume, qui certes, dans cette partie de son histoire, est loin de montrer la plus légère partialité pour les idées révolutionnaires qui avaient renversé le trône de Charles Ier., prouve déjà suffisamment que les faits antérieurs à 1651, furent écartés du procès dont il s'agit, et qu'ils n'influèrent nullement sur la condamnation.

Mais nous trouvons, sur ce point, des détails curieux dans *the Abridgment of state-trials*, de Salmon, imprimé à Londres en 1738, page 183.

On y voit que, dans l'acte d'accusation dressé contre le marquis d'Argyle, le ministère public, se roidissant contre l'opinion générale qui regardait les *actes d'indemnité* de 1641 et 1651 comme des obstacles insurmontables à toute poursuite sur les faits antérieurs à l'un et à l'autre, avait expressément tiré ces faits en ligne de compte.

On y voit aussi que, les débats ouverts, l'accusé se borna à dire, quant à ces chefs d'accusation, qu'ils étaient *ensevelis, par deux actes d'indemnité, dans un éternel oubli*.

On y voit encore que le ministère public, persista à soutenir que les nouveaux torts de l'accusé avaient fait revivre ceux sur lesquels les deux *actes d'indemnité* avaient jeté un voile.

Mais on y voit aussi que, lorsque Charles II, dont la vertu favorite n'était assurément pas l'oubli du passé (témoins les flots de sang qui, sous son règne, et par le ministère de son féroce Jefferys, inondèrent les échafauds), apprit que son avocat se permettait d'argumenter ainsi en son nom, la pudeur fit taire la vengeance; qu'il chargea, par une lettre expresse, son chancelier de lui défendre d'insister sur ce qui s'était passé avant l'*acte d'indemnité* de 1651; et qu'en conséquence, l'accusation fut restreinte aux chefs d'une date postérieure (2).

---

(1) *Nothing remained but to try him for his compliance whith the usurpation, a crime common to him with the whole nation, and such a one as the most loyal and affectionate subject might frequenty by violence be obliged to submit.* Ibid.

(2) *The prisonner said in hist defence..... as to all thing done before the year 1641, the late king had buried them in an act of oblivion, as his present majesty Charles II had all those done before the year 1651; so that he had no occasion to make any defence as thow hat had been done before that time..... During the trial, a letter from his majesty to the earl of Middleton required him to order his majesty's advocate not to insist on any facts before the indemnity passed in the year 1651; and accordingly all the part of the charge relating to what was done before that, was waved and declared to be out of the case.* Ce sont les termes de Salmon.

§. VI. *Une lettre ministérielle qui ordonne de ne poursuivre les auteurs et les complices de certains délits, qu'après l'expiration d'un terme qu'elle leur accorde pour le réparer, équivaut-elle à une Amnistie pour ceux qui, dans le délai fixé, réparent le délit dont ils se sont rendus coupables ?*

Il y a dans le *Répertoire de jurisprudence*, au mot *Amnistie*, n°. 4, un arrêt de la cour de cassation, du 28 juillet 1814, par lequel a été cassé, sur mes conclusions, un arrêt de la cour royale de Nancy qui avait jugé pour l'affirmative.

Depuis, un arrêt de la même cour, du 14 avril 1815, a également cassé, au rapport de M. Oudart et sur les conclusions de M. l'avocat-général Pons, un jugement en dernier ressort du tribunal correctionnel d'Alby qui, dans une espèce parfaitement semblable, avait prononcé comme l'avait fait précédemment la cour royale de Nancy:

« Vu (porte-t-il) l'art. 410 du Code d'instruction criminelle...., et l'art. 5 de la loi du 28 mars 1793.....;

» Considérant que, par son jugement en dernier ressort du 6 janvier dernier, le tribunal de l'arrondissement d'Alby a reconnu que Louis Tournier avait acheté des armes au mépris de la prohibition portée par la loi du 28 mars 1793; que, dès-lors, le tribunal d'Alby devait le condamner aux peines portées par ladite loi; et qu'en jugeant qu'il n'y avait pas lieu à lui appliquer ces peines, il a formellement violé l'art. 5 de ladite loi;

» Qu'en se dispensant de prononcer lesdites peines, sur le fondement de l'existence d'une circulaire du ministre secrétaire-d'état au département de la guerre, insérée au *Moniteur* du 8 juin 1814, par laquelle ce ministre aurait affranchi des poursuites les détenteurs des effets militaires qui en feraient la déclaration dans les délais qui y sont prescrits, il a supposé illégalement qu'un ministre pouvait anéantir ou suspendre l'effet des lois pénales; que le droit de modifier les lois n'appartient qu'au pouvoir législatif; et que le droit de faire grace ou accorder Amnistie, n'appartient qu'au roi :

» D'après ces motifs, la cour casse et annulle..... ».

ANNUAIRE. *Pour déterminer l'échéance et l'exigibilité d'une lettre de change tirée d'Amsterdam sur Paris à deux mois de date, devait-on, avant le 1er. janvier 1806, époque du rétablissement du calendrier grégorien, consulter l'Annuaire de la France, ou celui de la Hollande?*

V. le plaidoyer et l'arrêt du 18 brumaire an 11, rapportés à l'article *Protêt*, §. 2.

ANTICHRÈSE. *V.* l'article *Faculté de rachat*, §. 5.

APPEL. §. I. *Quels sont les actes dont il est permis ou défendu d'appeler?*

I. Dans l'ancien ordre judiciaire, plusieurs cours supérieures étaient dans l'usage de recevoir l'Appel d'une contrainte par corps, d'une saisie réelle, et même d'une saisie d'effets ou de marchandises faite par les gardes d'un corps d'arts et métiers.

M. l'avocat-général le Pelletier de Saint-Fargeau a attesté cet usage, le 24 janvier 1761, en portant la parole à l'audience de la grand'chambre du parlement de Paris, sur l'Appel d'une saisie de jurande, faite dans le faubourg Saint-Antoine; il a cité à ce sujet un arrêt du 5 août 1760; et, d'après ses conclusions, il en est intervenu sur-le-champ un autre qui, en recevant également l'appel d'une pareille saisie, l'a déclarée nulle.

Cet usage n'était pas aussi opposé aux lois romaines qu'on pourrait peut-être se le figurer. Le droit romain permettait d'appeler des exécutions de jugemens, lorsqu'elles étaient excessives; et ce n'était que hors ce cas, qu'il en rejetait toute appellation. (Loi 5, C., *quorum appellationes non recipiuntur*. Loi 4, D., *de appellationibus et relationibus*.)

Il y avait des tribunaux, où, sans recevoir expressément ces sortes d'Appels, on y faisait droit après les avoir convertis en oppositions. C'est ce qui se pratiquait notamment au conseil souverain de Colmar, comme on peut le voir par différens arrêts répandus dans le recueil des ordonnances d'Alsace.

Au surplus, il fallait excepter de cette règle les contraintes, les saisies et les commandemens qui concernaient les matières d'aides. L'art. 8 du tit. 10 de l'ordonnance des aides de 1681 défendait aux cours de justice d'en recevoir l'Appel. La seule voie que les redevables puissent prendre contre ces sortes d'actes, était celle de l'opposition.

L'ordonnance de 1687 concernant les cinq grosses fermes, défendait pareillement aux cours de justice, tit. 11, art. 14, « de recevoir l'Appel » des saisies, ni d'aucun autre acte, que des » sentences et ordonnances rendues par les pre-» miers juges ».

Cette disposition avait été suivie d'un arrêt du parlement de Bretagne du 31 décembre 1721, rendu contre le sieur Roch, Irlandais, qui avait appelé à cette cour d'un procès-verbal dressé contre lui pour saisie d'étoffes d'Angleterre.

On a agité au parlement de Paris, en 1777, la question de savoir s'il pouvait y avoir lieu à l'Appel d'un décret que la faculté de médecine avait prononcé contre un de ses membres; et elle n'a pas souffert beaucoup de difficultés; M. l'avocat-général Séguier en a re-gardé l'affirmative comme incontestable. C'est ce qu'annonce la manière dont il s'est exprimé à cet égard : « Quant à la forme (a-t-il observé), s'il » est vrai de dire que la faculté de médecine ait » le droit de correction sur ses membres, ce droit » qui est celui de toute compagnie vertueuse, ne » doit-il pas lui être conservé, surtout en matière » de mœurs? L'exercice en est moins dangereux » dans la faculté de médecine que dans toute autre » compagnie, puisque son usage est d'exiger trois » décrets semblables et consécutifs, pour opérer » la privation de l'état de médecin, *décrets qui » d'ailleurs sont sujets à l'Appel au parlement*, qui » juge de la validité des motifs d'exclusion ».

Par arrêt du 13 août 1777, le parlement prononça contre l'appelant; mais, en même temps, il fit voir clairement qu'il ne regardait pas son Appel comme non-recevable. Voici les termes de cet arrêt: « Après que Breton, avocat de Guilbert de Préval, » et de Bonnières, avocat de la faculté de médecine, » ont été ouis..., la cour *reçoit* la partie de Breton...] » *appelante* du décret du 5 juin 1776; *tient l'Appel » pour bien relevé....;* au principal, *faisant droit » sur les Appels*, sans s'arrêter aux requêtes et » demandes de la partie de Breton dont elle est » déboutée, a mis et met l'appellation au néant, » ordonne que ce dont est Appel sortira son plein » et entier effet; condamne la partie de Breton à » l'amende de 12 livres ».

II. Aujourd'hui on ne peut plus appeler que des jugemens proprement dits. Cela résulte

1°. De l'art. 4 du tit. 4 de la loi du 24 août 1790, qui veut que « les juges de district connaissent » *en première instance* de toutes les affaires per-» sonnelles, réelles et mixtes, excepté seulement » celles qui ont été déclarées être de la compé-» tence des juges de paix, les affaires de com-» merce dans les districts où il y aura des tribu-» naux de commerce établis, et le contentieux » de la police municipale »;

2°. Du tit. 5 de la même loi qui a pour rubrique, *des juges d'Appel*, et dans lequel il n'est question d'Appel que relativement aux jugemens rendus en première instance;

3°. De l'art. 7 de la loi du 3 brumaire an 2, qui circonscrit expressément les juges d'Appel dans le droit de « prononcer sur les demandes » formées en première instance »;

4°. De l'art. 464 du Code de procédure civile, qui renouvelle cette disposition.

III. 1°. Mais que doit-on entendre, en cette matière, par un *jugement?* Doit-on considérer comme tel et par conséquent comme passible de recours au tribunal supérieur, un acte de juge qui statue sur une requête non communiquée?

Nul doute qu'un pareil acte ne soit un véritable jugement; et cela est si vrai que, lorsqu'il émane du tribunal entier, il est soumis, comme l'a décidé l'arrêt de la cour de cassation, du 24 thermidor an 13, rapporté aux mots *Tribunal d'Appel*, §. 5, à la grande règle qui veut que tous les jugemens soient prononcés à l'audience.

Mais gardons-nous de conclure de là qu'il puisse, dans tous les cas, être attaqué par la voie d'Appel; il y a, à cet égard, quelques distinctions à faire.

Et d'abord ne confondons pas la partie sur la requête de laquelle intervient l'acte dont il s'agit, et la partie qui n'a pas figuré dans cette requête.

La première peut, sans contredit, en appeler lorsqu'elle n'a pas d'autre voie pour réparer le préjudice qu'il lui porte; et c'est un des points jugés par l'arrêt de la cour royale de Rouen, dont l'espèce est rapportée dans le *Répertoire de jurisprudence*, au mot *Testament*, sect. 2, §. 4, art. 5, n°. 4.

Dans cette espèce, Marie-Renée Levillain, instituée légataire universelle par le testament olographe de la demoiselle Lebourg, morte en célibat à l'âge de 85 ans, était appelante d'une ordonnance du président du tribunal de première instance de Neufchâtel, qui, au lieu de l'envoyer, sur sa requête, en possession des biens de la testatrice, conformément à l'art. 1008 du Code civil, l'avait renvoyée à se pourvoir par action, sous prétexte qu'il était possible que la défunte eût laissé des héritiers à réserve et que par conséquent le legs universel fût sujet à délivrance. Aucune partie n'avait été ni pu être intimée sur cet Appel, et il ne s'en présentait aucune, par cette raison, pour le combattre. Cependant la cour de Rouen a examiné d'office s'il était recevable, et, par arrêt du 27 mai 1807, elle s'est prononcée pour l'affirmative, « attendu que le tri-
» bunal de première instance, qui, en certains
» cas, est autorisé à rapporter les ordonnances
» de son président, n'a pas qualité pour annuler
» ni même réformer celles qui renferment excès
» de pouvoir ou contravention aux lois; qu'ain-
» si, la cour d'Appel est régulièrement saisie ».

La même chose a été jugée par la cour supérieure de justice de Bruxelles, dans une affaire d'un autre genre.

Le sieur F...., domicilié en France, mais résidant pour le moment dans le royaume des Pays-Bas, s'était adressé au tribunal de commerce d'Anvers, pour se faire déclarer failli et faire déterminer l'époque de l'ouverture de sa faillite.

Mais, par un jugement fondé sur ce qu'il n'appartenait qu'au juge de son domicile de décider s'il était en faillite ou non, le tribunal de commerce s'est déclaré incompétent.

Le sieur F.... a appelé de ce jugement par une requête qu'il a présentée à la cour supérieure de justice de Bruxelles (forme sur laquelle je reviendrai ci-après, §. 10, art. 1, n°. 13).

La difficulté n'était pas de savoir si le tribunal de commerce avait bien jugé; l'affirmative était évidente. Mais l'appel était-il recevable? La cour a examiné cette question d'office; et, par arrêt du 28 novembre 1823,

« Attendu qu'il résulte clairement de la combinaison de l'art. 457 du Code de commerce avec les art. 441, 449, 454 et 455 du même Code, que le jugement dont parle le même art. 457, et contre lequel il détermine le mode de se pourvoir, tant de la part du failli que de celle de ses créanciers ou de tout autre intéressé, n'est autre chose que celui qui déclare la faillite, qui en fixe l'ouverture, qui nomme les commissaires et les agens, et qui détermine les mesures de sûreté à prendre à l'égard de la personne du failli; tandis que le même article n'a pas prévu le cas où le tribunal, au lieu de déclarer la faillite, déclare au contraire, ainsi qu'il est arrivé dans l'espèce, qu'il n'y a point lieu de le faire;

» D'où il suit que ce n'est point par la voie de l'opposition, mais bien par la voie de l'Appel, que le demandeur Victor F..... a dû se pourvoir dans l'espèce, comme il s'est pourvu en effet contre le jugement dont il s'agit ici....;

» La cour reçoit l'Appel.... (1) ».

C'est par le même principe que se décide la question de savoir si le procureur du roi peut appeler de l'ordonnance du juge d'instruction qui déclare qu'il n'y a pas lieu à décerner le mandat d'arrêt qu'il avait requis contre un prévenu. Le procureur du roi n'ayant pas d'autre voie que l'Appel pour faire réformer cette ordonnance, nul doute qu'il ne soit recevable à en appeler à la chambre d'accusation de la cour royale; et c'est ce que décide textuellement un arrêt de la cour de cassation du 4 août 1820, rendu au rapport de M. Aumont (2).

Mais si la partie, sur la requête de laquelle est intervenu un acte de juge qui lui porte préjudice, a, pour le faire réformer, une autre voie que l'Appel, nul doute qu'elle ne soit non-recevable à en appeler. Cela est si vrai que son Appel ne devrait pas même être reçu dans le cas où l'acte aurait été fait en présence des parties intéressées à contredire sa demande.

« Le 28 juillet 1814, les sieurs Vandonghen et Gram, négocians à Termonde, sont déclarés en état de faillite.

» Après l'accomplissement des formalités prescrites pour la vérification et l'affirmation des

---

(1) Jurisprudence de la cour supérieure de justice de Bruxelles, année 1824, tome 1, page 315.
(2) « Attendu (y est-il dit) que des dispositions des
» art. 34 et 80 du Code d'instruction criminelle, il résulte
» qu'en règle générale les ordonnances des juges d'in-
» struction ne sont point affranchies du recours par voie
» d'Appel; mais que ces ordonnances ne pouvant porter,
» lorsqu'elles sont soumises à ce recours, que sur des me-
» sures relatives à l'instruction ou à l'exécution des juge-
» mens qui pourraient en être la suite, l'Appel qui en se-
» rait relevé ne pourrait avoir un effet suspensif qu'au-
» tant que la loi l'aurait ordonné, ce qu'elle n'a pas fait;
» que le juge d'instruction, faisant nécessairement partie
» de la chambre du conseil, l'Appel qui serait relevé de
» ses ordonnances, ne pourrait être jugé par cette cham-
» bre; que la chambre d'accusation de la cour royale
» pourrait donc seule en connaître ».

créances, les créanciers des faillis sont réunis en assemblée générale, le 17 février 1815.

» Le juge-commissaire y expose que l'examen des actes, livres et papiers des faillis, donne quelque présomption de banqueroute, et en conséquence, en vertu de l'art. 521 du Code de commerce, il déclare qu'il n'y a pas lieu de faire un concordat.

» Les sieurs Vandonghen et Gram ont appelé de cette disposition du juge-commissaire. Mais leur Appel a été déclaré non-recevable, par arrêt de la cour supérieure de justice de Bruxelles, du 25 mai 1815,

» Attendu que tous les devoirs dont le Code de » commerce charge le juge-commissaire à délé- » guer par le tribunal en cas de faillite, sont ex- » pressément subordonnés et soumis à la délibé- » ration et sanction du tribunal de commerce, à » qui ce juge-commissaire est tenu d'en faire rap- » port (1);

» Que de là il suit que toutes les opérations de » ce commissaire, quelles qu'elles puissent être, » sont provisoires et comme telles nécessairement » dépendantes de l'approbation ou de l'improba- » tion du tribunal; qu'ainsi, elles ne peuvent pas » avoir le caractère d'un jugement, ni consé- » quemment donner ouverture à l'Appel;

» Attendu que ce serait renverser les règles éta- » blies concernant la juridiction desdits tribu- » naux, que de leur ôter la connaissance de ce » qui a été fait par le juge de leur compagnie à » ce commis, et de venir immédiatement s'en » plaindre à la cour supérieure, comme si ces » tribunaux avaient infligé grief, tandis cepen- » dant qu'ils n'ont pas même été dans le cas de » pouvoir en connaître, ni y statuer;

» Que ce serait aussi contrarier directement les » art. 644 et 645 du Code, qui ne donnent ou- » verture à l'Appel, qu'après que les tribunaux » de commerce ont prononcé;

» Attendu enfin que l'art. 809 du Code de pro- » cédure, qui donne, par exception à la règle gé- » nérale, ouverture à l'Appel des ordonnances » de référé, ne peut que confirmer cette règle » pour des cas que la loi n'a pas spécialement » exceptés (2) ».

III. 2°. On pressent assez par là comment doit être jugée la question de savoir si la partie qui n'a pas figuré dans la requête sur laquelle est intervenu un acte de juge, et hors la présence de laquelle il été statué d'une manière qu'il croit nuisible à ses intérêts, est recevable à en appeler.

Que cet acte puisse être attaqué par opposition, comme peut l'être par la même voie, un jugement rendu par défaut contre une partie dû-

---

(1) C'est effectivement ce que décide expressément l'art. 458 du Code de commerce.
(2) Jurisprudence de la cour supérieure de Bruxelles, année 1815, tome 1, page 327.

ment appelée, c'est ce qui ne peut faire la matière d'aucun doute (1). Or, il est certain, et l'art. 455 du Code de procédure civile met en principe que *les Appels de jugemens susceptibles d'opposition, ne sont point recevables pendant le délai de l'opposition.* Donc point d'Appel des jugemens rendus sur requête, de la part de ceux qui n'y ont pas été parties.

Il y a effectivement un arrêt de la cour d'Appel de Colmar, du 15 avril 1807, qui décide que » les jugemens rendus sur requête non commu- » niquée, ne sont pas susceptibles d'Appel; et » que, dans ce cas, c'est la voie d'opposition » qu'il faut prendre (2) ».

C'est sur le même fondement qu'un arrêt de la cour d'Appel de Rennes, du 27 février 1811, a déclaré non-recevable l'Appel interjeté par un commerçant d'un jugement qui, sur la requête de quelques-uns de ses créanciers, l'avait déclaré en état de faillite (3).

Voici encore quatre arrêts de la cour supérieure de Bruxelles, qui consacrent le même principe.

Marie-Jacqueline Mœrman avait été interdite en 1778, et placée sous la curatelle du sieur Smaelen.

En 1811, le sieur Vandermehrs, nommé, après la publication du Code civil, subrogé-tuteur à l'interdiction, convoque un conseil de famille pour délibérer sur sa proposition de destituer le sieur Smaelen et de nommer un nouveau tuteur à l'interdite. Le sieur Smaelen, appelé à l'assemblée, s'y présente et combat la proposition du sieur Vandermehrs; mais le conseil de famille passe outre, et, sur la requête du subrogé-tuteur, sans entendre le tuteur, la délibération est homologuée, par un jugement du tribunal de première instance d'Ipres.

Appel de ce jugement de la part du sieur Smaelen.

Par arrêt du 6 mai 1812,

« Attendu que le premier juge a donné un acte homologatif de la délibération du conseil de famille, portant destitution de l'appelant de ses fonctions de tuteur, dans les formes de juridiction volontaire, sans avoir au préalable entendu l'appelant contradictoirement dans ses défenses, ainsi que le suppose l'art. 448 du Code civil;

» D'où il suit que par la confection du simple remplacement, avec destitution dont les formes particulières sont déterminées par le Code civil, il n'existe point de jugement proprement dit qui soit susceptible d'Appel; qu'ainsi, le premier degré de juridiction n'ayant pas été épuisé, la cour

---

(1) V. le Répertoire de Jurisprudence aux mots *Opposition à un jugement*, §. I.
(2) Jurisprudence de la cour de cassation, tome 7, partie 2, page 785.
(3) M. Carré, Questions sur le Code de procédure civile, n°. 2307.

n'est point compétente pour prononcer en premier et dernier ressort ;

» Que, dans ces circonstances, il ne reste à l'appelant, quant à présent, que la voie d'opposition à intenter à l'audience, dans les formes d'une procédure contradictoire ;

» La cour déclare l'Appel non-recevable, sauf à l'appelant à se pourvoir autrement dûment... (1) ».

Le 2 janvier 1812, le sieur N..... obtient, du président du tribunal de première instance de Bruxelles, une ordonnance sur requête qui lui permet, conformément à l'art. 417 du Code de commerce, de saisir les meubles et effets de personnes qu'il poursuit comme ses débiteurs, pour cause commerciale. Ces personnes en interjettent Appel. Mais, par arrêt du 17 mars 1816,

« Attendu que l'ordonnance du président du tribunal de commerce, du 2 janvier 1812, portant permission de saisir les meubles et effets des appelans, ayant été délivrée sans avoir entendu ni appelé sur icelui les appelans, ne peut être envisagée comme un jugement d'un tribunal inférieur, seul susceptible d'être porté à la connaissance d'une cour supérieure par la voie d'Appel ;

» La cour dit qu'Appel n'échoit de ladite ordonnance du 2 janvier 1812 (2) ».

En juillet 1816, ordonnance du président du tribunal civil d'Anvers, qui, sur la requête du sieur Simons, se qualifiant de créancier du sieur Godfroid, l'autorise à saisir et arrêter entre les mains du sieur Engels, une somme de 12,000 francs due par celui-ci à son prétendu débiteur. Le sieur Godfroid appelle de cette ordonnance ; et quoique le sieur Simons fasse défaut, arrêt du 23 octobre 1816, par lequel,

« Attendu qu'il n'existe point de jugement rendu par le tribunal de première instance d'Anvers, mais seulement une ordonnance portée par le président de ce tribunal, qui permet à Simons, sur sa requête, de saisir-arrêter à ses risques et périls, entre les mains d'Engels, à concurrence d'une somme de douze mille francs ;

» Attendu que, d'après les divers articles sous le tit. 7, livre 5, part. 1, du Code de procédure, la connaissance des saisies-arrêts, tant sur la forme que sur le fond, appartient au tribunal de première instance, avant de pouvoir être soumise en degré d'Appel ;

» La cour, M. Vanderfosse, premier avocat-général entendu, accorde à l'appelant le défaut par lui requis, et pour le profit, déclare l'Appel non-recevable (3) ».

Le 8 novembre 1822, ordonnance du président du tribunal de première instance de Gand, qui,

---

(1) Décisions notables de la cour d'Appel de Bruxelles, tome 26, page 78.
(2) Jurisprudence de la cour supérieure de Bruxelles, année 1816, page 217.
(3) Ibid., page 220.

4ᵉ édit., Tome I.

sur la requête de la demoiselle Vandoome, l'envoie, comme légataire universelle du sieur Lambert Vendoome, son frère, en possession de tous les biens du défunt.

Appel de cette ordonnance de la part des neveux du testateur. Mais, par arrêt du 3 janvier 1823, il est déclaré non-recevable, « Attendu » que, bien qu'aux termes de l'art. 809 du Code » de procédure civile, les ordonnances en référé » puissent, selon la nature de la cause, être sus- » ceptibles d'Appel, cette voie néanmoins n'est » pas ouverte contre les ordonnances ou disposi- » tions du président du tribunal de première in- » stance intervenues sur des demandes à lui » faites par requêtes ; et dont la loi n'autorise pas » l'Appel (1) ».

« En 1814, le sieur Laviolette-Dufort, négociant à Courtray, fit faillite. La liquidation de la masse éprouva de longs retards.

» En 1822, plusieurs créanciers s'adressèrent par requête au tribunal de Courtray, jugeant commercialement, aux fins qu'il lui plût nommer des syndics et un commissaire pour continuer les opérations de la faillite. Cette demande fut accordée par le tribunal. Un autre créancier qui n'avait point signé la requête, interjeta Appel de ce jugement.

» Mais, par arrêt du 15 mai 1823, la cour supérieure a déclaré son Appel non-recevable, par le motif que le jugement dont il s'agit avait été rendu sur une simple requête présentée par les intimés, sans que personne eût été appelé pour contester la demande ; qu'il est de principe en jurisprudence que semblable disposition ne peut être attaquée par la voie d'Appel, mais seulement par opposition devant les juges qui l'ont rendue ; que cette jurisprudence n'est pas contraire aux lois sur la procédure en matière de commerce (2) ».

III. - 3°. Par là se résoud la question de savoir si la voie de l'Appel est ouverte à un failli contre les jugemens qui, sans l'entendre, ont été rendus à son préjudice, par le tribunal de commerce, sur le rapport du juge-commissaire à la faillite.

Cette question s'est présentée devant la cour d'Appel de Bruxelles, entre Vandyck, négociant failli d'Anvers, appelant de deux jugemens du tribunal de commerce de la même ville, qui, sur le rapport du juge-commissaire, avaient décidé qu'il était en prévention de banqueroute, qu'il n'était ni excusable ni susceptible d'être réhabilité, et qu'il n'y avait pas lieu au concordat qu'il avait proposé à ses créanciers.

Les syndics, intimés sur cet Appel, soutenaient qu'il n'était pas recevable parce que les deux jugemens pouvaient être attaqués par opposition.

Il répondait que ces jugemens n'étaient point par défaut, puisqu'il n'y avait pas été appelé ;

---

(1) Ibid., année 1823, tome 1, page 157.
(2) Ibid., année 1823, tome 2, page 157.

et que, dès-lors, on ne pouvait pas lui appliquer la fin de non-recevoir écrite dans l'art. 455 du Code de procédure civile.

Le ministère public, par l'organe de M. Mercs, a dit que l'appelant créait dans la loi une disposition qui ne s'y trouvait pas ; que la disposition de l'art. 455, par cela seul qu'elle était générale embrassait tous les jugemens susceptibles d'opposition, n'importait qu'ils fussent ou non rendus par défaut, et qu'il y avait lieu, en conséquence, de déclarer l'Appel non-recevable.

Mais, par arrêt du 15 mars 1810, la fin de non-recevoir a été rejetée et l'Appel reçu, « attendu que les dispositions dont est Appel ne sont » pas des jugemens portés par défaut contre un » cité défaillant ; qu'ainsi, on ne peut leur appliquer le contenu de l'art. 455 du Code de procédure civile, tandis que d'autre part, la voie » ordinaire et favorable de l'Appel est recevable » contre les décisions des tribunaux lorsque la loi » ne le défend pas (1) ».

M. Carré, qui avait applaudi à cet arrêt dans son *analyse raisonnée du Code de procédure civile*, n°. 1497, s'est rétracté, et avec raison, dans ses *questions* sur le même Code, n°. 2397. En effet, dit-il, « l'art. 455 ne mentionne aucunement les jugemens par défaut ; mais s'exprime » généralement à l'égard de *tous les jugemens susceptibles d'opposition*. Il suppose donc des » jugemens sujets à ce pourvoi, quoique la partie » contre laquelle ils ont été rendus, n'ait pas été » citée ; et par conséquent il est applicable aux » jugemens dont il s'agit dans l'arrêt de Bruxelles».

Aussi vient-on de voir que la cour de Bruxelles a elle-même condamné depuis, par quatre arrêts, le système qu'elle avait d'abord adopté par celui dont il est ici question.

A plus forte raison, n'y a-t-il pas lieu, de la part du failli, à l'Appel des ordonnances du juge-commissaire à la faillite. Le failli ne pourrait même pas en appeler, si elles avaient été rendues contradictoirement avec lui ; et la raison en est simple : c'est qu'elles ne sont rien par elles-mêmes, et qu'aux termes de l'art. 458 du Code de commerce , le juge-commissaire doit *faire au tribunal le rapport de toutes les contestations que la faillite peut faire naître*.

Ainsi l'a jugé, comme on l'a vu plus haut, n°. III. -- 1°., un arrêt de la cour supérieure de justice de Bruxelles, du 25 mai 1815.

IV. Doit-on, en ce qui concerne la faculté d'appeler, considérer comme de véritables jugemens, les *condamnations volontaires* que les tribunaux prononcent sur les contrats notariés, dans les pays où ces actes n'emportent pas d'eux-mêmes exécution parée? Et, en général, peut-on appeler d'un jugement au prononcé duquel on a consenti d'avance?

(1) Décisions notables de la cour d'appel de Bruxelles, tome 22, page 44.

Cette question s'est présentée à la section des requêtes de la cour de cassation, le 21 frimaire an 9 ; voici dans quelles circonstances :

Le 31 mai 1792, contrat devant notaires à Gand, par lequel les sieurs Bosquillon constituent à Charles Piers une rente de 7,575 florins, au capital de 176,761 florins, argent de Brabant.

Il est dit, à la fin de cet acte, que les sieurs Bosquillon *ont déclaré donner par les présentes, procuration spéciale et irrévocable* à trois personnes qui y sont dénommées, *et à tous porteurs de l'expédition, copie authentique ou extrait d'icelles, pour, et en leur nom, aller et comparaître partout où besoin sera,* notamment devant le conseil de Flandres, et tous autres juges et tribunaux où il plaira et bon semblera à Charles Piers *ou ses ayant-cause; et là ,* FAIRE JUGER LE PRÉSENT INSTRUMENT LÉGAL ET EXÉCUTOIRE, *selon sa forme et teneur.*

Cette clause avait été insérée dans l'acte, d'après les usages alors observés dans la Belgique, pour faire déclarer exécutoires les contrats passés devant notaires, qualité qu'ils n'avaient pas par eux-mêmes, qu'ils ne pouvaient recevoir que de l'autorité du juge, et que celui-ci leur imprimait en condamnant les parties contractantes, de leur consentement, à remplir leurs obligations. C'est ce qu'atteste Voët, en son commentaire sur le Digeste, titre *de fide instrumentorum : quæ verò*, dit-il, *apud alios instrumentis publicis per tabelliones conscriptis , vis tribuitur, quòd nempè paratam executionem habeant,* EA APUD NOS IN USU NON EST, *sed praxi receptum subjungi instrumentis consensum in condemnationem eorum quæ iis comprehensa sunt.*

Ces usages ont subsisté et dû subsister dans la Belgique, même après sa réunion au territoire français, tant qu'il n'y a pas été dérogé par une loi nouvelle.

C'est en les regardant en effet comme toujours en vigueur, que, le 16 brumaire an 8, Charles Piers a fait présenter une expédition de son contrat, à l'audience du tribunal civil du département de l'Escaut, par un citoyen qui a parlé en son nom, et en présence d'un autre qui a parlé au nom des sieurs Bosquillon, et que, sur leurs dires et consentemens respectifs, les juges ont prononcé en ces termes : « Le tribunal, ayant » vu et visité bien au long l'acte ci-dessus inséré, » et sur les déclarations et promesses faites » à l'audience, le commissaire du pouvoir exécutif présent, condamne les susdits Antoine-» Bertrand et Jean-François Bosquillon, et un » pour tous, à l'accomplir exactement, et les » condamne en outre aux frais taxés et modérés » à la somme de 20 francs, non compris l'expédition et enregistrement des présentes ».

Les sieurs Bosquillon ont interjeté Appel de ce prononcé au tribunal civil du département de la Lys, qui, par jugement du 1er. prairial an 8, a déclaré qu'*Appel n'échéait de l'acte du tribunal civil du département de l'Escaut, du 16 brumaire* précédent. Ce jugement était motivé, 1°. sur la nature de l'acte, par lequel le tribunal de l'Escaut avait condamné les sieurs Bosquillon à exécuter leurs obligations; 2°. sur le consentement que les sieurs Bosquillon avaient donné eux-mêmes, par l'organe de leur fondé de pouvoir, à la condamnation que cet acte prononçait contre eux.

Les sieurs Bosquillon ont attaqué ce jugement par la voie de cassation.

Ils l'ont attaqué comme contraire à l'art. 15 du tit. 5 de la loi du 24 août 1790, qui veut que tout jugement contienne quatre parties distinctes.

Ils l'ont attaqué comme contraire à l'article de la même loi qui soumet à l'Appel tout jugement dont l'objet excède 1,000 francs.

Ils l'ont attaqué enfin comme contraire à l'art. 1er. de la loi du 3 brumaire an 2, qui veut que tout jugement soit précédé d'une citation.

A l'appui de leur premier moyen, les sieurs Bosquillon ont soutenu que c'était un véritable jugement qu'avait rendu le tribunal civil de l'Escaut, le 16 brumaire an 8.

« En effet (ai-je dit, en portant la parole sur cette affaire à l'audience de la section des requêtes), quoi qu'ait pu alléguer à cet égard le tribunal d'Appel dans le premier de ses motifs, tout dans l'acte du 16 brumaire an 8, présente le caractère d'un véritable jugement; deux parties comparaissent, leurs déclarations respectives sont reçues, le ministère public donne ses conclusions, les cit. Bosquillon sont condamnés à exécuter leur contrat, et y sont condamnés solidairement, ils y sont condamnés avec dépens, et ces dépens sont liquidés. A ces différens traits, il est impossible de ne pas reconnaître un jugement proprement dit.

» Et la preuve que c'est effectivement ainsi que l'on a toujours considéré ces sortes d'actes dans la ci-devant Belgique, c'est que les tribunaux ne les ont jamais accordés qu'en connaissance de cause et après s'être assurés que les contrats, en vertu desquels on requérait d'eux une condamnation volontaire, non-seulement étaient en bonne forme, mais même ne renfermaient rien qui blessât, soit le droit public, soit les bonnes mœurs, ou qui fût en opposition avec quelques lois prohibitives.

« Nous trouvons là-dessus des détails précieux dans les *Quæstiones juri privati* de Bynkersoeck, mort au milieu du 18e. siècle, premier président du conseil suprême des provinces de Hollande et de Zélande.

» Il commence (chap. 13, tome 2, page 366) par établir la légitimité des clauses semblables à celle qui termine le contrat dont il est ici question : *Licitum est pactum, quod actionum promptiùs expediendarum ergò, creditorum prudentia invenit : inserunt quippe contractibus voluntarias condemnationes, ex quibus tanquàm rebus judicatis damnantur debitores, etiam simul ac contraxerunt; ut sic creditores, non ex contractu, sed judicati agant apud judicem qui ex* consensu partium damnavit. Iisdem pactioribus nihil est frequentius; et idem jus ad quælibet instrumenta publica, non apud magistratum duntaxat, sed et notarium facta, porrectum est, sive altera pars sive utraque damnetur in id quod actum gestum est.

» Après cette définition, l'auteur ajoute, (*cap.* 14, tome 2, page 369 et 370) : Je vais maintenant rendre compte des discussions qui ont eu lieu en ma présence dans le conseil suprême, lorsqu'il s'est agi d'accorder ou de refuser des condamnations volontaires; car le conseil ne les accorde point, lorsqu'elles contreviennent à une loi à laquelle les parties n'ont pas la faculté de renoncer : *Nunc recensebo quæ, me præsente, senatum supremum occuparint, cùm ageretur de voluntariis condemnationibus vel largiendis vel negandis ; neque enim eas largitur senatus, si offendant legem cui renunciare non licet.*

» Voilà bien la preuve que, dans l'usage, ces sortes d'actes en général ne sont pas comme le prétendent les citoyens Bosquillon, des opérations purement mécaniques, mais de véritables jugemens.

» Les détails dans lesquels entre ensuite le magistrat que nous citons, développent parfaitement cette preuve.

» On avait présenté, dit-il, au conseil suprême, pour le faire sanctionner par une condamnation volontaire, un contrat de société dans lequel était stipulée une peine de 5,000 florins, pour le cas où l'un des associés révélerait, du vivant de l'autre, le secret d'une invention que le premier avait confié au second. De grands débats s'élevèrent sur la légitimité de cette stipulation ; cependant elle fut reconnue valable ; et, en conséquence, il intervint arrêt, le 27 juin 1724, par lequel *senatus huic pacto auctoritatem suam accommodavit.*

» Deux raffineurs de sucre avaient contracté une société, tant pour eux que pour leurs héritiers respectifs ; ils en avaient fixé la durée à 40 ans, et ils avaient stipulé une peine de 2,000 florins au profit des pauvres, contre celui qui renoncerait à la société avant le terme convenu. Le contrat passé, il en fut présenté une expédition au conseil suprême, pour le faire déclarer exécutoire : *implorata est voluntaria condemnatio super co pacto; quærebatur an decernenda esset ?* Bynkersoeck rend compte de la discussion qui a eu lieu; et il ajoute que, par arrêt du 2 juillet 1728, il fut dit que la condamnation volontaire serait accordée, mais qu'on en excepterait la clause qui étendait la peine jusqu'aux héritiers des contractans : *placuit decerneretur, sed ne porrigeretur ad clausulam de herede insertam.*

» Nous ne suivrons pas cet auteur dans les autres espèces qu'il rapporte ; il suffit de dire qu'il retrace encore cinq arrêts des 22 décembre 1729, 3 mai 1732, 3 février 1734, 22 février 1741 et 12 décembre 1742, par lesquels des condamnations volontaires ont été, ou refusées absolu-

27.

APPEL, §. I.

ment, ou accordées, soit avec des modifications, soit purement et simplement; mais toujours après le plus mûr examen.

» Maintenant qu'il est bien démontré que l'acte du tribunal civil de l'Escaut du 16 brumaire an 8 est un véritable jugement, voyons si les cit. Bosquillon peuvent se prévaloir ici de l'omission des quatre parties distinctes, prescrites par l'art. 5 du tit. 15 de la loi du 24 août 1790.

» Il est certain, et vous avez décidé cent fois, que l'on ne peut pas regarder cette disposition comme violée par un jugement qui, sans être précisément divisé en quatre parties distinctes et contenir séparément les qualités des parties, leurs conclusions, le résultat des faits reconnus et constatés, les questions à résoudre, les motifs des juges et le dispositif, ne laisse pas de présenter dans son ensemble tout ce qu'il faut pour donner connaissance de chacun de ces objets.

» Or, en prenant lecture du jugement du 16 brumaire an 8, il est impossible de n'y pas reconnaître tout cela.

» Il débute par la comparution d'un homme de loi qui présente au tribunal l'expédition du contrat du 31 mai 1792, et qui le lui présente comme procureur fondé des cit. Bosquillon, en vertu du pouvoir donné par le contrat même à tout porteur de l'acte.

» Vient ensuite la transcription littérale du contrat, après laquelle *le même comparant déclare consentir à ce que le précédent acte soit jugé exécutoire à la charge de ses commettans et de leurs biens solidairement, et un pour tous.*

» Cette déclaration faite, paraît le procureur-fondé des créanciers qui l'accepte, en demande acte et conclut en outre aux dépens.

» Voilà bien les qualités des parties posées, leurs conclusions transcrites, et le fait reconnu ; car ici le fait consiste précisément dans le contrat.

» De questions, il n'y en a point, parceque les parties n'en élèvent aucune.

» Quant aux motifs, le tribunal les puise dans le contrat et dans les déclarations orales des procureurs fondés des parties : *le tribunal, ayant vu et visité bien au long l'acte ci-dessus inséré, et ouï sur ce les déclarations et promesses faites à l'audience, condamne,* etc.

» Le jugement du 16 brumaire an 8 est donc parfaitement régulier, et c'est sans aucune ombre de fondement que les cit. Bosquillon le prétendent contraire à l'art. 15 du tit. 5 de la loi du 24 août 1790.

» Mais de là même ne résulte-t-il pas, comme les cit. Bosquillon le soutiennent encore, que le tribunal de la Lys a violé l'art. 1 du tit. 5 de la même loi, en refusant de recevoir l'Appel de ce jugement ?

» Sans doute, il l'aurait violé en effet, si l'on ne pouvait justifier sa décision que par le premier des deux motifs sur lesquels il l'a fondée.

» Vous vous rappelez que le premier de ces motifs est que l'acte du 16 brumaire an 8 n'est pas un jugement proprement dit; or, ce motif est complètement détruit par les développemens dans lesquels nous sommes entrés sur la nature de cet acte.

» Mais, si le premier de ces motifs est insuffisant pour justifier la décision du tribunal de la Lys, il n'en est pas de même du second.

» Ce second motif est tiré du principe que la faculté d'appeler est interdite à celui qui n'a été condamné que de son propre consentement.

» C'est en effet de leur propre consentement, et ce n'est qu'en vertu de leur propre consentement, que les cit. Bosquillon ont été condamnés par le tribunal civil de l'Escaut, le 16 brumaire an 8. Ce consentement était exprimé à l'avance dans le contrat du 31 mai 1792, et il a été réitéré à l'audience du 16 brumaire an 8, par le fondé de pouvoirs des cit. Bosquillon eux-mêmes.

» Nous disons, *par leur fondé de pouvoirs*, car il en a pris la qualité, il l'a prise en vertu du contrat même par lequel les demandeurs avaient autorisé tout porteur de l'expédition de cet acte, à se qualifier tel, et à se présenter devant tout juge pour consentir à leur condamnation.

» Il est vrai que les cit. Bosquillon l'ont désavoué; mais, 1°. ils n'ont pas fait juger leur désaveu; 2°. quand ils l'auraient fait juger, ils ne pourraient pas pour cela en tirer un moyen de cassation ; l'art. 34 du tit. 35 de l'ordonnance de 1667, qui a été publiée dans la Belgique, ne fait résulter du désaveu, même jugé valable, qu'un moyen de requête civile.

» D'après cela, comment les cit. Bosquillon auraient-ils pu appeler du jugement du 16 brumaire an 8 ?

» La loi 1re, D. *de confessis*, qui a, dans le département de l'Escaut, une autorité véritablement législative, dit expressément que *confessus pro judicato est*, et que *suâ quodammodo sententiâ damnatur*; et de là Voët, titre *de Appellationibus*, n°. 6, tire avec beaucoup de raison la conséquence, que *confesso, in causis civilibus, atque ita secundùm propriam confessionem condemnato, non patet provocatio ; cùm nullœ, confessi intuitu, partes sint judicis in cognoscendo, sed tantùm in condemnando, dùm confessus pro condemnato est ; cui consequens est ipsum quoque judicem Appellationis non ultrà in meritâ causœ inquirere debere, sed potiùs confessum rursùs condemnare.*

» Et remarquons que Voët applique immédiatement cette doctrine à celui qui n'est condamné par le juge qu'en vertu de la condamnation volontaire qu'il a, par le titre de son obligation, autorisé tout porteur à requérir contre lui : *Confesso non dissimilis est, qui, mediante conventione, in antecessum in voluntariam consentit condemnationem eorum de quibus convenit ; eo quòd volenti atque consentienti nulla fit injuria.*

» Enfin, l'ordonnance de 1667, tit. 27, art. 5, déclare formellement non-recevable l'Appel de tout jugement auquel les parties ont acquiescé. La loi ne distingue pas si c'est lors du jugement même, ou depuis, qu'a eu lieu l'acquiescement : dans un cas comme dans l'autre, elle en fait résulter une fin de non-recevoir; et cette fin de non-recevoir, rien ne peut l'écarter, elle est absolue entre personnes majeures.

» Il est donc clair que le tribunal de la Lys a bien jugé en déclarant qu'*Appel n'échéait* du jugement du tribunal de l'Escaut, c'est-à-dire, que l'Appel qui en avait été interjeté par les cit. Bosquillon, était non-recevable.

» Il est inutile, d'après cela, de nous arrêter au dernier moyen que les cit. Bosquillon font résulter du défaut de citation de leurs personnes avant le jugement du 16 brumaire an 8. Comment, en effet, un pareil moyen pourrait-il être accueilli ?

» D'un côté, les cit. Bosquillon avaient consenti, par le contrat du 31 mai 1792, à ce qu'ils fussent condamnés sur la seule représentation de cet acte faite en justice par celui qui s'en trouverait porteur; et assurément ils avaient bien par là dispensé leur créancier de les citer en personne ou à domicile pour les faire condamner.

» D'un autre côté, il est de principe que toute partie qui comparaît volontairement en justice, couvre par cela seul le défaut de citation ; or, les cit. Bosquillon ont comparu volontairement devant le tribunal de l'Escaut : ils y ont comparu par un procureur fondé qu'ils ne peuvent pas désavouer, puisque sa procuration est écrite dans leur propre obligation; par un procureur fondé contre lequel ils n'ont pas fait juger le désaveu qu'ils en ont fait; par un procureur fondé dont le désaveu, même jugé valable, ne pourrait encore former pour eux qu'un moyen de requête civile ».

J'ai conclu, par ces motifs, au rejet de la requête en cassation, et ces conclusions ont été adoptées par arrêt du 21 frimaire an 9, au rapport de M. Cassaigne. Mais la cour craignant, et non sans raison, que l'on ne cherchât, mal à propos, à se prévaloir de son arrêt pour ôter aux sieurs Bosquillon les moyens de droit qu'ils pouvaient avoir à proposer contre le contrat du 31 mai 1792, a cru devoir motiver le rejet, sur ce « que l'acte du tribunal civil de l'Escaut du 16 » brumaire an 8, n'était qu'une simple formule » qui, suivant l'ancien ordre des choses, devait » être apposée aux actes publics pour les rendre » exécutoires, ainsi qu'il est reconnu par le ju» gement du tribunal de la Lys dont est question ; » que, dès-lors, ce dernier tribunal n'a point con» trevenu à la loi, en jugeant que cet acte n'était » point soumis à l'Appel ni aux autres formalités » de procédure relatives aux jugemens ».

Du reste, la preuve que, dans les Pays-Bas, avant que les lois françaises y fussent publiées, les condamnations volontaires dont il s'agit, étaient considérées comme de véritables jugement, quoiqu'elles ne fussent pas soumises à l'Appel, c'est qu'elles ont acquis, par la publication de la loi du 11 brumaire an 7, l'effet de titres hypothécaires, et qu'elles ont conféré de véritables hypothèques à ceux qui les ont fait inscrire conformément à cette loi. La cour d'Appel de Bruxelles l'a ainsi jugé par deux arrêts, l'un du 9 août 1806, « attendu que les condamnations » dites volontaires, et prononcées ensuite des » stipulations contenues dans un acte authenti» que, avaient, avant les lois actuelles, le même » effet que les condamnations judiciaires; qu'au» cune loi nouvelle n'a ôté à ces sortes de stipu» lations l'effet que les parties avaient consenti de » leur donner »; l'autre, du 24 décembre de la même année, « attendu que toute condamnation » émanée du juge avec connaissance de cause, » tombe sous la dénomination de condamnation » judiciaire; que tel était le décret du juge, et la » condamnation ensuivie sur les actes notariés » dans l'ancien régime, qui ne s'accordaient qu'a» près examen, si les parties étaient convenues » comme portait l'acte, et si le contrat n'avait » rien de contraire aux lois (1) ».

V. Quoi qu'il en soit, il résulte des principes établis dans mes conclusions du 21 frimaire an 9, qu'un majeur jouissant de tous ses droits, n'est pas recevable à appeler d'un jugement au prononcé duquel il a consenti d'avance, dans une matière et dans des circonstances où rien ne l'empêchait d'y consentir efficacement. En effet, appeler d'un pareil jugement, ce serait résilier un contrat judiciaire, et les contrats judiciaires ne sont certainement pas moins obligatoires que les contrats passés devant notaires ou sous seing-privé.

Aussi a-t-on vainement soutenu deux fois le contraire devant la cour d'Appel de Paris.

Les sieurs Olivier et Outrequin poursuivant la vente par expropriation forcée d'immeubles appartenant au sieur Brenier, leur débiteur, celui-ci leur propose, pour économiser les frais, de faire vendre les biens à l'audience des criées du tribunal, conformément à l'art. 747 du Code de procédure civile ; ils y consentent, et il intervient un jugement qui l'ordonne ainsi.

Des contestations s'élèvent entre les parties sur le mode d'exécution de ce jugement ; et pour les faire cesser, le sieur Brenier s'avise d'interjeter Appel de ce jugement même.

On soutient qu'il est non-recevable, et un arrêt par défaut du 31 janvier 1811 le déclare tel. En vain y forme-t-il opposition. Par arrêt contradictoire du 15 mars suivant, « la cour, adoptant les » motifs de l'arrêt du 31 janvier dernier, déboute » la partie de Louis (le sieur Brenier) de son op» position à l'exécution dudit arrêt, ordonne qu'il » sera exécuté selon sa forme et teneur (2) ».

(1) Jurisprudence de la cour de cassation, tome 6, partie 2, page 385.

(2) *Ibid.*, tome 14, partie 2, page 364.

Le 20 novembre 1812, jugement du tribunal de commerce de la même ville, qui, sur l'assignation donnée par le sieur Boileau à la dame et à la demoiselle Ferté, mère et fille, en nomination d'arbitres pour prononcer sur une contestation que les parties étaient convenues de faire juger arbitralement, prononce en ces termes : « Attendu qu'il a été convenu entre les parties que leurs différends seraient jugés par des arbitres; que le délai stipulé dans le compromis qui a existé, est expiré; que néanmoins l'intention des parties, à cet égard, n'a point changé; le tribunal donne acte au demandeur de ce qu'il nomme pour son arbitre... et aux dames Ferté, mère et fille, de ce qu'elles nomment également pour leur arbitre..., lesquels arbitres procéderont dans le délai voulu par la loi au jugement en dernier ressort, les parties renonçant expressément à l'Appel (1) ».

Les dame et demoiselle Ferté appellent de ce jugement; mais, par arrêt du 16 juin 1813, « attendu que le jugement attaqué a été rendu du consentement des appelantes..., la cour déclare la veuve et la fille Ferté non-recevables dans leur Appel (2) ».

Voici cependant un arrêt de la cour d'Appel de Turin, qui juge le contraire.

Les frères Trèves, juifs, font assigner le sieur Ferrero-Orméa devant le tribunal de première instance de Turin, pour le faire condamner à leur payer le montant d'une obligation qu'il a souscrite à leur profit.

Le sieur Orméa comparaît, reconnaît sa dette et consent à la payer.

En conséquence, jugement du 21 novembre 1807, qui l'y condamne de son consentement.

Le 21 septembre 1809, les sieurs Trèves font signifier ce jugement au sieur Orméa, avec commandement d'y satisfaire.

Le sieur Orméa, se fondant sur l'art. 4 du décret du 17 mars 1808, qui porte qu'*aucune lettre de change, aucun billet à ordre, aucune obligation ou promesse souscrit par un français non commerçant au profit d'un juif, ne pourra être exigé, sans que le porteur prouve que la valeur en a été fournie entière et sans fraude*, interjette Appel de ce jugement, et conclud à ce que les sieurs Trèves soient tenus de vérifier les causes de l'obligation qu'il avait souscrite en leur faveur.

Les sieurs Trèves répondent 1°. que ce jugement est passé en force de chose jugée par l'effet de l'acquiescement qu'y a donné d'avance le sieur Orméa, et qu'ainsi, il n'est pas susceptible d'Appel; 2°. que la disposition de l'art. 4 du décret du 17 mars 1808 n'est pas applicable (comme l'ont en effet jugé, depuis, plusieurs arrêts de la cour de cassation rapportés dans le *Répertoire de juris-*

(2) *Ibid*., tome 14, partie 2, page 189.
(3) *Ibid*., page 189.

prudence, au mot *Juif*, sect. 5, §. 4, n°. 5) aux jugemens qui, avant ce décret, avaient acquis l'autorité de la chose jugée.

Le 13 février 1810, arrêt qui,

« Attendu, sur la fin de non-recevoir, qu'il est un principe puisé dans les lois sur la procédure, que tout jugement est susceptible d'Appel, lorsqu'il n'est pas simplement préparatoire, et qu'il est rendu sur une contestation dont l'objet excède la somme ou la valeur de 1,000 francs ;

» Attendu qu'il est constant qu'un jugement, quoique prononcé d'accord entre les parties plaidantes, n'est pas moins un jugement, et par là sujet à l'Appel;

» Qu'en appliquant les principes à l'espèce, il n'est point douteux que le sieur Ferrero-Orméa se trouvant grevé par la condamnation portée par le jugement du tribunal de première instance de cette ville, du 21 novembre 1807, il a pu en interjeter Appel, quoiqu'il eût consenti à sa prononciation, et que l'ayant interjeté dans le délai de la loi, vu que le jugement ne lui a été signifié que le 21 septembre dernier, l'Appel doit être déclaré recevable;

» Sur le fond..., la cour, sans s'arrêter à la fin de non-recevoir, met le jugement au néant... ».

Mais sur le recours en cassation des sieurs Trèves, arrêt du 14 juillet 1813, au rapport de M. Zangiacomi, et sur les conclusions de M. l'avocat-général Jourde, par lequel,

« Vu les art. 1350, 1351 et 1352 du Code civil...;

» Considérant, en fait, que le jugement rendu en première instance contre Orméa, l'a été du consentement de ce dernier, conformément à des conclusions signées de lui et renouvelées à l'audience; qu'ainsi, il y a eu, de la part d'Orméa, acquiescement formel à la condamnation prononcée contre lui;

» En droit, que des jugemens auxquels il a été acquiescé, obtiennent l'autorité de la chose jugée, et ne peuvent légalement être attaqués par la voie de l'Appel;

» Que le décret du 17 mars 1808 ne déroge pas à ce principe, et par conséquent le maintient à l'égard des jugemens rendus au profit des juifs;

» D'où il suit que la cour d'Appel de Turin a fait une fausse application de ce décret, et violé les articles ci-dessus;

» La cour casse et annulle..... ».

VI. Mais ne devrait-on pas admettre à appeler d'un jugement auquel elle aurait acquiescé d'avance, la partie qui, pour moyen d'Appel, viendrait dire et prouver qu'au moment où il a été rendu, elle était incapable de se lier efficacement par une convention quelconque, ou qu'en donnant le consentement qu'on lui oppose, elle avait contrevenu à une loi d'ordre public?

Les auteurs du *Nouveau Denisart* n'en faisaient point de doute. Après avoir dit, au mot *Contrat*,

§. 2, n°. 2, que « les jugemens délivrés sur expé-
» diens sont des contrats qui se passent en juge-
» ment après une contestation précédente, de
» véritables transactions judiciaires, et (que)
» comme transactions, il n'est pas possible de se
» pourvoir contre par opposition, Appel, re-
» quête civile et autres voies semblables »; ils
ajoutaient : « à moins qu'on ne puisse joindre aux
» moyens de droit contre les jugemens attaqués,
» des moyens capables de faire annuler une trans-
» action ».

Mais cette doctrine était-elle exacte à l'époque
où écrivaient les auteurs cités, et le serait-elle
aujourd'hui ?

C'est une maxime généralement reçue que le
jugement par lequel est homologuée une convention vicieuse, n'apporte aucun obstacle à la demande en nullité de cette convention, et que cette
demande peut être formée par action principale
devant le tribunal qui a prononcé l'homologation (1).

Or, quelle différence y a-t-il entre un jugement
qui homologue une convention que deux parties
ont précédemment souscrite devant notaire, et
un jugement qui, donnant acte à deux parties des
déclarations qu'elles se sont respectivement signifiées ou qu'elles ont faites à l'audience, condamne l'une d'elles, de son consentement, soit à
payer telle somme, soit à faire ou souffrir telle
chose ? Aucune. L'un et l'autre rendent bien la
convention qui en est l'objet, plus solennelle
qu'elle ne l'était par elle-même; mais ni l'un ni
l'autre ne la purgent des vices dont elle peut être
entachée; ni l'un ni l'autre ne la jugent valable,
parceque la validité n'en est pas contestée.

On peut donc également, quoi qu'en dise
M. Carré, dans ses *Questions sur le Code de procédure civile*, n°. 2313, demander par action
principale la nullité de la convention qui a été
formée en justice, sans que le jugement qui en a
donné acte, y forme le moindre obstacle; et c'est
ce qu'a jugé de la manière la plus positive un
arrêt de la cour supérieure de justice de Bruxelles,
du 15 juin 1814.

Dans une instance en partage pendante devant
le tribunal civil de Bruxelles, entre la veuve Peytier et sa fille mineure, représentée par le sieur
Vanaster, son subrogé-tuteur, la première avait
conclu à ce que le second fût, en sa qualité, tenu de
lui délivrer certains immeubles qu'elle prétendait
lui être dus d'après le legs que lui en avait fait son
mari; et le sieur Vanaster avait déclaré y consentir, sans s'y être fait préalablement autoriser par
un conseil de famille, comme l'exigeait l'art. 464
du Code civil.

En conséquence, jugement était intervenu, le
31 août 1809, par lequel le tribunal avait « donné

» acte à la demanderesse de la déclaration du dé-
» fendeur, en sa qualité sus-énoncée, qu'il con-
» sent à délivrer et à laisser suivre à la deman-
» deresse, le tout conformément au testament de
» feu son mari et, au choix qu'il lui laisse, les
» immeubles indiqués et désignés par elle dans
» ses conclusions ».

La demoiselle Peytier, devenue majeure, s'est
pourvue devant le même tribunal contre le sieur
Deman-d'Obruge, tiers-acquéreur des biens
abandonnés à sa mère par son subrogé-tuteur; et
a pris des conclusions tendantes à faire « 1°. dé-
» clarer nul et comme non avenu l'acquiescement
» donné par le sieur Vanaster, en sa qualité, aux
» conclusions prises par la dame Peytier en déli-
» vrance du legs du tiers des immeubles de son
» mari; 2°. déclarer que le jugement du 31 août
» 1809, suivi sur cet acquiescement, avait été sub-
» et obreptieement obtenu; 3°. dire que ce juge-
» ment et tous actes subséquens sont nuls et
» comme non-avenus ».

Le sieur Deman-d'Obruge a répondu que la
demoiselle Peytier n'était pas recevable à revenir
par action principale contre un jugement; qu'elle
n'avait d'autre voie ouverte que celle de l'Appel
ou de la requête civile; et que d'ailleurs au fond,
sa réclamation ne pouvait pas se soutenir.

Le 4 décembre 1812, jugement qui prononce
conformément aux conclusions de la demoiselle
Peytier.

Appel de la part du sieur Deman-d'Obruge.
« En supposant, dit-il, que le jugement du 31
août 1809 fût nul, ce n'était que par les voies
légales, si elles étaient encore ouvertes, que la nullité pouvait en être demandée. Un tribunal, en
jugeant définitivement, épuise sa juridiction; il
ne peut réformer son propre ouvrage; la hiérarchie dans l'exercice du pouvoir judiciaire, indique
à celui qui croit avoir à se plaindre, soit d'un mal
jugé au fond, soit de l'inobservation des formes,
quelles sont les voies légales qu'il doit employer
pour en obtenir le redressement. Dans l'espèce,
il ne s'agit, ni de la voie d'opposition, ni de celle
de requête civile ; ce n'était que par Appel interjeté dans le délai fixé par la loi, qu'il y avait
lieu à se pourvoir.

» Un jugement auquel il y a des vices à reprocher, n'est point nul *de plein droit*; c'est au juge
supérieur seul qu'il appartient d'en prononcer la
nullité; et c'est par la voie de l'Appel qu'elle doit
être demandée; sans cela, un tel jugement obtient
l'autorité de la chose jugée.

» Les pouvoirs d'un tuteur (répond la demoiselle
Peytier) sont tracés par la loi; c'est elle qui en
détermine l'étendue. Tout ce qu'il peut et doit
faire, est restreint dans les limites des simples
actes d'administration. Non-seulement la loi ne
confère point au tuteur le pouvoir d'aliéner, de
transiger, d'introduire en justice une action
relative aux droits immobiliers du mineur; mais
elle le lui défend bien expressément. Un tuteur

---

(1) V. l'article *Adoption*, §. 11; et les conclusions du
12 germinal an 13, rapportées dans le Répertoire de Jurisprudence, aux mots *Conventions matrimoniales*, §. 2.

qui acquiesce à une demande relative à des droits immobiliers du mineur, ne se borne donc pas à commettre un simple excès de pouvoir, mais il agit directement contre la disposition prohibitive de la loi. La conséquence en est que le mineur n'est nullement représenté; que l'acquiescement du tuteur ne peut le concerner en aucune matière; et que le jugement qui s'est ensuivi, lui demeure absolument étranger. Ce serait autre chose si le tuteur eût contesté, ou même s'il eût laissé prendre un jugement par défaut. Dans ces cas, il est vrai de dire que le mineur a été valablement représenté, ou qu'il a pu l'être; malgré cela, la loi protège encore le mineur contre l'infidélité ou la négligence de son tuteur, en lui ouvrant la voie de requête civile, pour faire rétracter le jugement, même un arrêt, lorsqu'il n'a pas été défendu ou qu'il ne l'a pas été valablement (art. 481 du Code de procédure)....

» Est-il bien vrai que le jugement du 31 août 1809 soit un véritable jugement, là où il n'y a pas eu l'ombre de contestation, où tout a été fait *inter volentes*? N'est-ce pas plutôt une convention faite d'avance, présentée au juge pour lui imprimer la force exécutoire? Non, il n'y a de véritables jugemens que ceux qui sont rendus sur des conclusions et après une instruction juridique. Ceux qui sont rendus du consentement des parties, sont plutôt des transactions que des décisions, parceque le juge ne prononce que ce qui a été convenu entre elles...... ».

Par arrêt du 15 juin 1814, la cour réforme au fond le jugement du 4 décembre 1812, mais elle le confirme en tant qu'il a déclaré recevable dans la forme l'action principale de la demoiselle Peytier, « attendu que, dans la réalité, Vanaster, » tuteur, n'avait point seulement été assigné en » partage, mais encore en délivrance du tiers » des immeubles légués à la veuve Peytier, et à » son choix par son mari; que le tuteur n'a pu, » aux termes de l'art. 464 du Code civil, acquies- » cer à cette demande qui était relative aux droits » immobiliers de la mineure, sans l'autorisation » du conseil de famille; d'où il suit que l'inti- » mée n'ayant pas été représentée par un défen- « seur muni d'une mission requise, a pu porter » l'espèce de désaveu, d'oppposition ou d'impro- » bation de sa part, devant le tribunal même par » lequel ce jugement avait été rendu (1) »;

Tenons donc pour bien constant qu'une convention formée en justice, ne laisse pas, quoiqu'un jugement en ait donné acte, d'être possible de l'action principale en nullité.

Mais, dès-lors, que faudrait-il pour qu'au lieu d'attaquer cette convention par action principale, on pût attaquer par Appel le jugement qui en a donné acte?

Il faudrait que la faculté d'appeler de ce jugement pût co-exister avec la faculté de demander par action principale, que ce jugement fût réputé non avenu; car c'est bien demander implicitement le rapport d'un jugement qui a donné acte d'une convention et a ordonné qu'elle fût exécutée, que de demander que cette convention soit déclarée nulle.

Or, ces deux facultés peuvent-elles co-exister, et la seconde n'est-elle pas exclusive de la première?

Elles ne s'excluaient pas dans l'ancien ordre judiciaire, et ce qui le prouve incontestablement, c'est que, d'une part, on pouvait alors appeler d'une saisie, quoique l'on pût en demander la nullité devant le premier juge; que, de l'autre, le défaillant pouvait, au lieu de former opposition au jugement qui l'avait condamné, prendre la voie d'Appel contre ce jugement.

Mais, par la raison inverse, n'en doit-il pas être autrement aujourd'hui? En déclarant, art. 455, que « les Appels des jugemens susceptibles » d'opposition, ne sont point recevables pendant » la durée du délai de l'opposition », le Code de procédure civile ne pré-suppose-t-il pas un principe directement contraire à celui de l'ancien ordre judiciaire? Ne pré-suppose-t-il pas que l'Appel est non-recevable toutes les fois qu'il n'est pas nécessaire? Ne pré-suppose-t-il pas que le recours au juge supérieur est interdit à quiconque peut, par une autre voie, obtenir du premier juge, la réformation de ce qui a été fait à son préjudice? Eh! Comment en douter lorsqu'on voit le conseil d'état déclarer lui-même, dans un avis du 11-18 février 1806, c'est-à-dire, à une époque où cet article était adopté, rédigé et tout prêt à être converti en loi, « que l'Appel » étant une voie introduite pour faire réformer » les erreurs des premiers juges, on ne doit y » recourir que lorsque la partie lésée n'a plus les » moyens de les faire revenir eux-mêmes sur leurs » jugemens; que l'Appel ne doit donc être ou- » vert que lorsqu'on a perdu le moyen plus sim- » ple de l'opposition; que c'est pour cela que, » dans le projet du Code de procédure civile, il » est dit que le délai pour interjeter Appel des » jugemens par défaut, ne court que du jour où » l'opposition n'est plus recevable (1) ».

Ajoutons que c'est précisément le motif que donne à l'art. 455 l'un des rédacteurs du Code de procédure, Pigeau, dans son traité de la procédure civile, tome 1er, page 565. « La » raison de cet article, dit-il, est que toutes les » fois qu'on a deux voies pour attaquer un juge- » ment, on doit toujours prendre celle qui s'ac- » corde le mieux avec le respect dû au tribunal » qui a rendu le jugement, et par conséquent » l'opposition plutôt que l'Appel; puisque, par » l'opposition, on s'adresse aux juges eux-mêmes » pour réformer leur jugement, comme leur ayant

---

(1) Jurisprudence de la cour supérieure de justice de Bruxelles, année 1814, tome 1, page 279.

(1) *V.* ci-après, §. 8, art. 4.

» été surpris, tandis que, par l'Appel, on de-
» mande cette réformation au tribunal supérieur,
» fondée sur ce que les juges qui ont statué, ont
» jugé injustement ».

Vainement dirait-on que l'art. 1028 du même Code fait, à l'égard des jugemens arbitraux entachés des vices qu'il spécifie, concourir la faculté de l'Appel avec celle de l'opposition, et qu'il laisse le choix libre entre l'une et l'autre voie; qu'ainsi, il s'en faut beaucoup qu'en thèse générale, la voie de l'Appel soit interdite à toute partie qui peut atteindre son but par une opposition, ou ce qui revient au même, par une demande en rapport du jugement qui la grève; et que, si l'art. 455 en dispose autrement pour les jugemens par défaut, c'est par une exception qui ne peut pas être étendue au-delà de son objet.

D'abord, l'avis du conseil d'état que je viens de citer, prouve d'une manière sans réplique, que ce n'est point par exception, mais par conséquence d'un principe général, que l'art. 455 dispose comme il le fait.

Ensuite, est-il bien vrai que l'art. 1028 du Code de procédure civile laisse le choix de l'Appel ou de l'opposition à la partie qui est lésée par un jugement arbitral entaché de l'un des vices qu'il spécifie? La chose paraît sans difficulté d'après les premiers termes de cet article : *il ne sera besoin de se pourvoir par Appel ni requête civile dans les cas suivans....* Mais le même article ajoute : *les parties se pourvoiront par opposition à l'ordonnance d'exécution, devant le tribunal qui l'aura rendue, et demanderont la nullité de l'acte qualifié jugement arbitral;* et, comme l'on voit, c'est d'une manière impérative que la loi trace aux parties la marche qu'elles doivent suivre. Elle ne dit pas : *les parties se pourvoiront, à leur choix, ou par opposition ou par Appel;* elle dit simplement : *les parties se pourvoiront par opposition.* La voie de l'opposition est donc la seule qu'elle leur ouvre. Elle ne leur permet donc pas d'y substituer la voie d'Appel. C'est donc comme si elle s'exprimait ainsi : « Lorsqu'un juge-
» ment arbitral sera entaché de tel ou tel vice, non-
» seulement les parties n'auront pas besoin de se
» pourvoir par Appel, non-seulement une voie
» plus simple, celle de l'opposition, leur sera ou-
» verte; mais elle sera la seule qu'elles puissent
» prendre ».

Cette interprétation n'est donc pas seulement commandée par le caractère impératif que portent les mots *les parties se pourvoiront par opposition;* elle l'est encore par cette considération décisive, que, s'il eût disposé autrement, le législateur se serait écarté, sans motif ni prétexte, de la grande règle des deux degrés de juridiction; car il est évident que les vices d'un jugement arbitral qui sont spécifiés dans l'art. 1028, forment la matière d'une demande tout-à-fait nouvelle, et dont par conséquent cette règle permet si peu de saisir immédiatement le juge d'Appel, qu'avant le Code de procédure civile, la cour de cassation avait jugé, comme on le verra au mot *Arbitres*, §. 4, qu'une pareille demande ne pouvait être formée que par action principale en première instance (1).

On sent au surplus que cette considération s'applique ici dans toute sa force au mode de se pourvoir contre un jugement qui n'a fait que donner acte aux parties de leurs conventions respectives; car que ferait-on en attaquant un pareil jugement par la voie d'Appel? On porterait devant le juge supérieur une demande en nullité d'une convention qui n'aurait pas frappé l'oreille du premier juge; et par conséquent on violerait la règle des deux degrés de juridiction.

VII. Devons-nous, à cet égard, considérer comme acquiescé d'avance, et par conséquent comme non passible d'Appel, le jugement qui, par suite d'une demande en licitation formée par un majeur contre un mineur, et non contredite par celui-ci, prononce l'adjudication définitive des biens indivis entre les parties?

Voici une espèce dans laquelle deux arrêts, l'un de la cour royale de Rennes, l'autre de la cour de cassation, ont successivement jugé que non.

La dame Ménager, assignée conjointement avec le sieur Pichon, par le sieur Abautret, père, tant en son nom que comme tuteur légitime de son fils mineur, pour voir ordonner qu'il sera fait, à leurs frais communs, des réparations urgentes à deux maisons indivises entre eux, forme reconventionnellement contre lui une demande en licitation qu'il ne contredit pas.

Après les procédures nécessaires pour mettre les deux maisons en état d'être vendues, il intervient, le 18 novembre 1812, un jugement qui les adjuge à M². Carissan, avoué de la dame Ménager.

M². Carissan fait signifier ce jugement à toutes les parties; et trois mois s'écoulent sans qu'aucune en interjette Appel.

Alors le sieur Abautret, tant en son nom que comme tuteur de son fils et subrogé aux droits du sieur Pichon, attaque l'adjudication par action principale, et se fonde sur l'art. 1596 du Code civil, qui défend, *sous peine de nullité*, aux *mandataires*, et par conséquent aux avoués, de se rendre adjudicataires *des biens qu'ils sont chargés de vendre.*

M². Carissan lui oppose deux fins de non-recevoir. Vous êtes non-recevable, lui dit-il, parceque vous et le sieur Pichon, votre cédant, avez ratifié et exécuté l'adjudication par plusieurs actes volontaires. Vous l'êtes également, parceque ce n'est point par action principale, mais par Appel seulement que l'on peut attaquer un jugement d'adjudication, et que vous n'avez point

---

(1) Je reviendrai là-dessus ci-après, n°. 24.

appelé, dans le délai fatal, de celui dont il s'agit.

La première de ces fins de non-recevoir était invincible quant aux parts du sieur Abautret et de son cédant dans les maisons adjugées; mais elle était sans force quant à celle du mineur.

Il fallait donc, pour déclarer le sieur Abautret non-recevable pour le tout, aller jusqu'à dire que la voie d'Appel était la seule qui eût pu être prise, dans le délai de la loi, contre le jugement d'adjudication.

C'est aussi ce qu'a fait le tribunal de première instance de Nantes, par jugement du 2 juin 1818.

Appel de la part du sieur Abautret. Par arrêt du 11 juillet 1820, la cour royale de Rennes met l'appellation au néant, « attendu qu'en matière
» de licitation d'immeuble, l'acte judiciaire qui
» en prononce l'adjudication, soit qu'on le re-
» garde comme un jugement, soit comme une
» simple ordonnance du juge-commissaire, ne
» peut être attaqué que par la voie de l'Appel in-
» terjeté dans le délai de trois mois fixé par le
» Code de procédure ».

Le sieur Abautret se pourvoit en cassation contre cet arrêt, et l'attaque comme appliquant à faux et violant l'art. 443 du Code de procédure civile.

« Cet article, dit-il, fixe le délai de l'Appel à trois mois, à compter de la signification ; mais il n'est évidemment applicable qu'aux jugemens proprement dits, c'est-à-dire, aux décisions contradictoirement rendues sur un point quelconque en litige. Or, on ne peut considérer comme un véritable jugement l'adjudication d'un immeuble sur licitation ; un tel acte, librement consenti entre les co-propriétaires d'une chose indivise, ne présente d'autres caractères que ceux d'une vente ou d'un partage. Si donc il renferme des vices ou des nullités, il n'est pas nécessaire de recourir à la voie de l'Appel pour l'attaquer; il peut être l'objet d'une action principale en nullité, comme le serait un acte de partage ou de vente consommé en toute autre forme.

» A la vérité, l'art. 714 du Code de procédure qualifie de *jugement* une adjudication d'immeubles ; mais, dans cet article, il s'agit d'une adjudication par suite de saisie immobilière et d'expropriation forcée, tandis que l'adjudication d'un immeuble par licitation est, de sa nature, un acte purement volontaire ; on ne peut donc argumenter de ce que le jugement sur vente forcée, n'est susceptible d'être attaqué que par Appel, pour en conclure que l'adjudication sur licitation ne puisse être attaquée que par cette voie ».

Par arrêt du 6 février 1822, au rapport de M. Lasagni et sur les conclusions de M. l'avocat-général Cahier,

« Attendu que, du rapprochement des art. 827, 839 du Code civil ; 972, 955, 984, 707, 714 et 443 du Code de procédure civile, il résulte que ce n'est pas par action principale en nullité, mais bien par la voie ordinaire de l'Appel, qu'il faut attaquer les jugemens d'adjudication définitive, tant sur saisie immobilière que sur licitation de biens des mineurs ;

» Et attendu qu'il est constant et avoué, en fait, 1°. que le jugement d'adjudication définitive dont il s'agit, a été valablement signifié aux demandeurs en cassation ; 2°. que ces mêmes demandeurs n'en ont point interjeté Appel dans le délai voulu par la loi ; que même, à l'exception d'un seul, tous les autres l'ont complètement exécuté ;

» Que, dans ces circonstances, en décidant que ledit jugement d'adjudication définitive ne pouvait plus être attaqué, l'arrêt a fait une juste application des lois de la matière ;

» La cour (section des requêtes) rejette le pourvoi..... (1) ».

Il est visible que ni cet arrêt, ni celui qu'il confirme, ne portent aucune atteinte à l'opinion ci-dessus établie sur la faculté d'attaquer par action principale, et par conséquent sur la défense d'attaquer par Appel, les jugemens de condamnation volontaire.

« Sans doute (disent fort judicieusement à ce sujet les rédacteurs du *Journal des audiences de la cour de cassation)* les jugemens des tribunaux intervenus sur les transactions qui leur sont volontairement soumises, sur les expédiens qui leur sont proposés par les parties, ne sont pas susceptibles d'Appel, et ne peuvent être attaqués que par la voie d'action principale, toutes les fois que le tribunal n'a fait que sanctionner les conventions des parties sans les modifier en aucune manière ; et c'est l'opinion qu'émet M. Poncet, dans son *Traité des jugemens*, pages 27 et suivantes.

» Mais on ne saurait considérer l'adjudication d'un immeuble par licitation comme un contrat purement volontaire, ni comme un expédient présenté par les parties ; et cela est si vrai, que les co-propriétaires d'une chose commune n'ont recours à ce mode de partage que dans le cas où ils n'ont pu parvenir à s'entendre pour partager amiablement. Il est bien vrai qu'à certains égards le jugement de licitation est regardé comme un contrat volontaire, et c'est en ce sens qu'à la différence du jugement d'adjudication sur expropriation forcée, il ne purge pas de plein droit l'immeuble, et ne dispense pas de la transcription. Mais cette différence, qui tient à ce que les moyens de publicité employés pour la licitation ne sont pas aussi multipliés que ceux auxquels l'expropriation forcée est assujétie, ne fait point que la licitation soit un acte volontaire, à proprement parler, et ne lui enlève pas le caractère de jugement qui lui appartient.

» Au reste, comme on le voit par l'arrêt que nous rapportons, il résulte évidemment de la

_____
(1) Journal des Audiences de la cour de cassation, année 1822, page 152.

APPEL, §. I.

combinaison des dispositions du Code civil et du Code de procédure sur la matière, que le jugement de licitation ne peut être attaqué que par la voie de l'Appel ».

VIII. Peut-on appeler d'un jugement, soit préparatoire et de pure instruction, soit interlocutoire et préjugeant le fond du procès, soit purement provisoire ?

Nul doute qu'on ne le puisse après le jugement définitif. Mais le peut-on auparavant ?

Pour le jugement préparatoire, non. Pour le jugement interlocutoire, oui. *V.* l'article *Interlocutoire*, §. 2.

Quant au jugement provisoire, il y a une raison bien simple pour qu'il soit susceptible d'Appel avant, comme après, le jugement définitif : c'est qu'il est lui-même définitif sur la provision.

Mais ne faut-il pas en excepter le jugement qui, en matière d'interdiction et conformément à l'art. 497 du Code civil, nomme un administrateur provisoire à la personne et aux biens du défendeur?

Voici une espèce dans laquelle on a vainement soutenu l'affirmative.

En 1820, requête de la veuve Vigouroux tendant à l'interdiction du sieur Pons, son oncle. Un conseil de famille est assemblé et vote à la grande majorité pour l'interdiction. En conséquence, le sieur Pons est interrogé par les juges dans la chambre du conseil ; et le 8 juin 1822, il intervient un jugement qui nomme un administrateur provisoire à sa personne et à ses biens.

Le sieur Pons appelle de ce jugement à la cour royale de Montpellier.

La veuve Vigouroux soutient qu'il est non-recevable, parceque le fond est encore indécis.

Le 29 août suivant, arrêt qui rejette la fin de non-recevoir et admet l'Appel, « attendu qu'en-
» core bien que le jugement, portant nomination
» d'un administrateur, ne soit que provisoire
» en ce sens qu'il est préalable au jugement à in-
» tervenir sur la demande en interdiction, et
» qu'il cesse d'avoir son effet aussitôt que ce der-
» nier est rendu, il est néanmoins définitif en
» ce sens, que, par l'exécution spontanée qu'il
» reçoit, il prive celui contre lequel il est pro-
» noncé, de l'administration de ses biens et de
» la disposition de sa personne, et le met sous la
» dépendance de l'administrateur nommé ».

La veuve Vigouroux se pourvoit en cassation contre cet arrêt et l'attaque, tant comme un excès de pouvoir de la part de la cour royale, que comme une fausse application de l'art. 497 du Code civil.

« L'excès de pouvoir, dit-elle, résulte de ce que la décision du juge qui, en matière d'interdiction, prononce la nomination d'un administrateur provisoire, est une mesure d'ordre public, suite de l'état de prévention dans lequel se trouve l'individu dont on poursuit l'interdiction, et non susceptible d'être attaquée ;

» L'art. 497 a été faussement appliqué, en ce que cet article contient une disposition, par essence, provisoire, préservatrice et totalement indépendante du mérite du fond, et qu'on ne peut attaquer isolément, avant qu'il ait été statué sur la demande principale ».

Mais, par arrêt du 10 août 1825, au rapport de M. Dunoyer, et sur les conclusions de M. l'avocat-général Joubert,

« Attendu que l'art. 497 du Code civil, sur lequel est fondée la fin de non-recevoir contre l'Appel du jugement du 8 juin, portant nomination d'un administrateur provisoire à la personne et aux biens de Guillaume Pons, ne prohibe pas l'Appel des jugemens de la nature de celui dont il s'agit, et que cette prohibition n'est écrite dans aucune autre loi ; qu'ainsi, l'Appel était recevable...;

» La cour (section des requêtes) rejette le pourvoi...... (1) ».

IX. Peut-on appeler d'un jugement que l'on a laissé rendre par défaut?

On ne le pouvait pas dans le droit romain : lorsque l'une des parties fait défaut, disait la loi 13, §. 4, *C. de judiciis*, n'importe qu'elle soit demanderesse ou défenderesse, que l'examen de la cause ne s'en fasse pas moins avec tout l'appareil judiciaire ; que l'absence du plaideur défaillant soit suppléée par la présence de l'Être suprême, et que le juge ne craigne pas qu'on appelle de son jugement, car il n'y a point d'Appel pour le défaillant ; cela est ainsi réglé, même par les anciennes lois : *cùm autem eremodicium ventilatur, sive pro actore, sive pro reo, examinatio causæ sine ullo obstaculo celebretur. Litigatoris absentia Dei præsentia suppleatur ; nec pertimescat judex appellationis obstaculum, cùm ei qui contumaciter abesse noscitur, nulla sit provocationis licentia ; quod et in veteribus legibus esse statutum manifestissimi juris est.*

La loi 1, *C. quorum appellationes non recipiuntur*, contient absolument la même disposition, et on la retrouve encore énoncée dans le chap. 5 de la Novelle 82.

L'ordonnance de 1667 en disposait tout autrement. Non-seulement elle ne défendait pas l'Appel des jugemens par défaut ; mais cette voie était, suivant elle, la seule qui fût ouverte, en effet, contre ces jugemens ; et ce n'était que par la force d'un usage qui, du consentement même du législateur avait adouci la sévérité de cette loi, que l'on était parvenu à pouvoir les attaquer par la voie de l'opposition. C'est ce que l'on trouvera établi sous les mots *Opposition aux jugemens par défaut*, §. 1.

Cependant le parlement de Normandie s'était fait, depuis un temps immémorial, une règle constante de repousser tout Appel de sentences

---

(1) Journal des Audiences de la cour de cassation, année 1825, page 406.

28.

par défaut; et jamais sa jurisprudence n'avait essuyé, à cet égard, ni contradiction ni censure de la part de l'ancien gouvernement.

C'est parceque le rapporteur de la loi du 24 août 1790, le célèbre Thouret, était bien pénétré de cette jurisprudence, profondément convaincu de sa sagesse et fortement attaché à la faire au moins maintenir dans les départemens où elle avait été suivie jusqu'alors, qu'il s'est opposé avec autant d'énergie que de succès, à ce que, dans la rédaction de l'art. 14 du tit. 5 de cette loi, il fût fait mention des jugemens par défaut, et qu'il a obtenu qu'on n'y parlât que des jugemens contradictoires, afin qu'on n'en inférât point que l'Appel des jugemens par défaut fût recevable dans les contrées où il ne l'avait pas encore été.

C'est aussi par le même motif que, se trouvant encore rapporteur de la loi du 14-26 octobre 1790, il y a fait insérer un article qui étendoit cette jurisprudence à toutes les parties du territoire français, en ce qui concernait les procédures des justices de paix.

Mais cela suffisait-il pour couvrir l'illégalité de la jurisprudence du parlement de Rouen? Non.

Car, d'un côté, la loi du 14-26 octobre 1790 étant limitée aux justices de paix, on ne pouvait pas la tirer à conséquence pour les autres tribunaux.

De l'autre, la loi du 24 août précédent n'offrait dans sa rédaction *décrétée*, et par conséquent seule obligatoire, aucune disposition qui dérogeât aux articles de l'ordonnance de 1667, par lesquels (au moins dans le sens qu'un usage général leur a donné) les jugemens par défaut sont soumis à l'Appel comme les jugemens contradictoires.

Enfin, la jurisprudence du parlement de Rouen, sur cette matière, ne formant qu'un usage local, ne pouvait pas, par cela seul (et d'après les principes que l'on trouvera établis sous les mots *Opposition aux jugemens par défaut*, §. 7), l'emporter sur le texte d'une loi commune à toute la France.

Aussi cette jurisprudence a-t-elle été proscrite par un arrêt de la cour de cassation du 24 vendémiaire an 9.

Cet arrêt a été rendu sur la demande formée par le sieur Semillard, en cassation d'un jugement du tribunal civil du département de l'Orne, qui l'avait déclaré non-recevable à appeler d'un jugement par défaut du ci-devant tribunal du district de Verneuil, sur le fondement qu'il n'avait pas, au préalable, épuisé la ressource de l'opposition ; voici comment il est conçu :

« Ouï le rapport du cit. Tronchet, l'un des juges....;

» Vu 1°. la loi du 16 août 1790, art. 12, tit. 2;
2°. la loi du 12 octobre même année, art. 3;
3°. la loi du 6 mars 1791, art. 34; et enfin l'ordonnance de 1667, art. 12 et 17 du tit. 27;

» Attendu que l'application de la loi du 12 octobre 1790, en ce qu'elle autorise à suivre en matière de procédure, les formes actuellement existantes, se trouve déterminée par la disposition de la loi du 6 mars 1791 laquelle ne parle que de l'ordonnance de 1667 et des réglemens postérieurs, ce qui ne doit s'entendre que de ces sortes de réglemens faits par les anciens tribunaux, pour avoir force de loi tant que l'autorité législative ne les désapprouvait point, ou de ces usages qui, sans être directement contraires à l'ordonnance de 1667, ne faisaient que suppléer à son silence;

» Attendu que l'usage dans lequel était le ci-devant parlement de Rouen, de ne point recevoir l'Appel d'un jugement de première instance par défaut, sauf l'opposition, ne paraît point avoir été appuyé d'aucun arrêt de règlement;

» Attendu que cet usage ne peut point être regardé comme ayant été une conséquence nécessaire de l'abrogation de l'art. 6 du tit. 14 de l'ordonnance de 1667, résultant de l'usage universel qui s'était introduit d'admettre l'opposition aux jugemens par défaut de première instance, et de l'approbation que l'autorité publique avait donnée à cet usage, et qui est prouvée par la lettre que le chancelier d'Aguesseau avait écrite, le 7 juin 1746, au ci-devant parlement de Bordeaux, et par les lettres-patentes adressées au ci-devant parlement de Normandie, le 18 juin 1769; que tous les tribunaux qui admettaient l'opposition, en avaient point conclu, comme les tribunaux de la ci-devant Normandie, que la voie de l'Appel dût être refusée; ensorte que la partie qui se croyait lésée par un jugement de première instance rendu contre elle par défaut, avait la faculté de choisir entre la voie de l'opposition et celle de l'Appel;

» Que l'usage contraire, dans lequel était le ci-devant parlement de Rouen, de n'admettre que l'opposition, contenait une double violation des lois alors existantes : 1°. en ce qu'il interdisait une faculté qui était de droit, par cela seul qu'elle n'était interdite par aucune loi; 2°. en ce qu'il rejetait un Appel qui se trouvait autorisé par la disposition générale des art. 12 et 17 du tit. 27 de l'ordonnance de 1667;

» Attendu que, d'après les lois nouvelles qui ont interdit aux tribunaux actuels de prendre directement ou indirectement aucune part à l'exercice du pouvoir législatif, d'empêcher l'exécution des lois et de faire aucun règlement, les tribunaux qui ont succédé au ci-devant parlement de Rouen, n'ont pas pu se permettre de conserver un usage contraire à l'ordonnance de 1667, et qui n'était fondé sur aucun règlement qui eût l'approbation au moins tacite du pouvoir législatif; qu'en se le permettant, le tribunal civil du département de l'Orne a commis un excès de pouvoir, et a contrevenu aux lois précitées, notamment à celle du 6 mars 1791, laquelle n'autorise les tribunaux

APPEL, §. I.

qu'à suivre l'ordonnance de 1667, et les réglemens postérieurs;

» Le tribunal casse et annulle le jugement du tribunal civil du département de l'Orne.... ».

Il a encore été rendu un arrêt semblable, le 11 pluviôse an 10. Il est motivé comme le précédent, et on le trouve, à l'ordre de sa date, dans le Bulletin des arrêts de la cour de cassation.

Voyez, au surplus, ce que je dis encore sur cette question, à l'article *Opposition aux jugemens par défaut*, §. 2.

X. Avant le Code de procédure civile, l'Appel des jugemens par défaut était-il recevable dans le ressort du ci-devant parlement de Douai?

La négative était très-constante dans l'ancienne organisation judiciaire. J'en ai rapporté les preuves dans le *Répertoire de Jurisprudence*, au mot *Défaut*, et voici des arrêts plus récens encore qui les confirment.

Le sieur Frémicourt avait appelé au parlement de Flandre, d'une taxe de dépens faite dans un siége inférieur, et à laquelle il avait été procédé sur son *défaut de fournir de diminutions*. La partie qu'il fit intimer sur cet Appel, lui opposa la maxime *contumax non appellat*; et, par arrêt du 6 août 1783, le parlement de Flandre déclara le sieur Frémicourt non-recevable dans son Appel.

Le 26 mars 1768, les demoiselles Dupuis, de Cambrai, avaient fait rendre au siége de Lesdain une sentence par défaut qui ordonnait qu'une portion de terre dont elles poursuivaient le décret sur Claude-Antoine Le Franc, fermier à Gilmont, serait *vendue par subhastation*.

Après différentes procédures, dont le détail serait ici aussi long qu'inutile, Le Franc a interjeté Appel de cette sentence au parlement de Flandre; et pour faire cesser la fin de non-recevoir, qu'il avait à craindre, il a obtenu le 15 mars 1774, en la chancellerie près cette cour, des lettres connues sous le nom de *petites requêtes civiles*.

Entre temps, les demoiselles Dupuis sont décédées, leurs héritiers ont repris l'instance, et c'est avec eux qu'a été agitée la question de savoir si l'Appel de Le Franc était recevable, ou s'il devait être rejeté sans examen, parcequ'il avait pour objet une sentence par défaut.

Pour établir l'affirmative, Le Franc invoquait différens textes du droit canonique, l'usage général des tribunaux français, etc.

Je disais, au contraire, pour les héritiers des demoiselles Dupuis, que la jurisprudence constante du parlement était de n'admettre aucun Appel de sentences rendues par défaut; que cette jurisprudence avait été souvent critiquée par des plaideurs intéressés à fuir les regards de leurs premiers juges; mais que la cour l'avait toujours maintenue sévèrement; qu'à la vérité, il était contraire à la pratique observée dans le ressort du parlement de Paris, mais que cette pratique avait sa racine dans l'ordonnance de 1667, que le parlement de Flandre ne reconnaissait pas pour loi.

Sur ces raisons, arrêt du 23 juin 1785, à la troisième chambre, au rapport de M. de Ranst de Berkem, qui « en tant que touche la sentence des » bailli et hommes de fief de Lesdain, du 26 mars » 1768, sans avoir égard aux lettres de requête » civile impétrées par Le Franc, de l'intérinement » desquelles il est débouté, déclare qu'Appel » n'échet ».

Cette jurisprudence avait même lieu dans les matières de commerce.

Blanquart, père et fils, négocians à Lille, avaient été condamnés par défaut à la juridiction consulaire de la même ville, à payer une certaine somme à Bénard, négociant à Paris, pour valeur d'un billet dont il était porteur, et sur lequel ils avaient mis leur endossement. Ils interjetèrent Appel à la sentence, et portèrent la cause à l'audience du parlement de Flandre. Mais, au lieu de défendre au fond, Bénard s'est borné à les soutenir non-recevables; et, par arrêt du 17 mai 1784, le parlement les a effectivement déclarés tels, *sauf à eux à se pourvoir en opposition par-devant les juges et consuls de Lille*.

La même chose a été jugée par arrêt d'audience du 12 juillet 1785.

Le nommé Le Sieur, marchand à Noyelle, était chargé par les états de Lille de leur fournir les foins et pailles qu'il achetait de différens fermiers par le ministère de Lepenne. Celui-ci le fit assigner devant les juges et consuls de Valenciennes, en paiement d'une somme de 500 florins, pour le restant des achats qu'il avait faits au nom de Le Sieur.

Ce dernier répondit que lui ayant déjà payé différentes sommes, il croyait ne plus lui rien devoir; qu'au surplus il était nécessaire d'entrer en compte et liquidation.

La juridiction consulaire nomma un commissaire qui désigna aux parties jour et heure de comparution. Il y eut deux procès-verbaux auxquels les parties se trouvèrent. Le commissaire ayant désigné nouveau jour au 28 mai 1785, Le Sieur fit défaut.

Le 30, sur le rapport des trois procès-verbaux, la juridiction consulaire, après avoir pris de Lepenne le serment suppletoire, condamna Le Sieur à lui payer la somme de 500 florins, et aux dépens. Il n'était pas dit dans la sentence que Le Sieur eût fait défaut à l'audience, ni qu'il y eût comparu.

Appel au parlement de Flandre de la part de Le Sieur. Lepenne s'attacha à la fin de non-recevoir résultant de ce que la sentence avait été rendue sur le rapport d'un procès-verbal où l'appelant avait fait défaut. Le Sieur représenta que rien dans cette sentence ne prouvait qu'il eût fait défaut à l'audience, qu'elle paraissait même avoir été rendue contradictoirement, et du reste il plaida très-amplement sur le fond.

Mais, malgré tous ses efforts, Le Sieur, par l'arrêt cité fut déclaré non-recevable dans son Appel, et condamné aux dépens.

Le parlement de Douai avait puisé les élémens de cette jurisprudence dans les lois romaines retracées plus haut, n°. 9.

Elle n'était pour lui que la conséquence directe des lois particulières à son ressort, qui lui imposaient le devoir de suivre le droit romain dans tous les cas où les ordonnances et les coutumes se trouvaient muettes. On sait d'ailleurs que l'ordonnance de 1667 n'avait pas été enregistrée au ci-devant parlement de Douai, et qu'une loi spéciale du 3 mai 1791 avait maintenu les pays de son ancien ressort dans le droit de ne pas reconnaître cette ordonnance pour loi.

Nul doute, d'après cela, que dans ce pays, on ne dût encore, sous la loi du 3 brumaire an 2, repousser toute espèce d'Appel de sentence par défaut; et que les jugemens qui ne l'auraient pas fait, auraient dû être cassés, en vertu de l'art. 3 de la loi du 27 novembre 1790, aux termes duquel, « jusqu'à la formation d'un Code unique » des lois civiles, la contravention aux lois particu- » lières aux différentes parties de l'empire, don- » nera ouverture à la cassation ».

J'ai cependant vu soutenir que, déclarer non-recevable, dans ce pays, l'Appel d'un jugement par défaut, c'eût été contrarier les art. 218 et 219 de l'acte constitutionnel de l'an 3.

Mais que disaient ces articles ? Rien autre chose, si ce n'est que chaque tribunal civil prononçait en dernier ressort sur les Appels des juges de paix, des arbitres et des tribunaux de commerce; et que les Appels des jugemens rendus en première instance par chaque tribunal civil, se portaient à celui de l'un des trois départemens les plus voisins.

J'ai encore vu invoquer les art. 4, 5, 6 et 7 du tit. 4, et l'art. 1 du tit. 5 de la loi du 24 août 1790; mais il n'y avait rien dans ces divers articles qui eût le moindre rapport aux Appels des jugemens par défaut.

L'art. 4 et l'art. 5 du tit. 4 ne faisaient que déterminer la compétence des tribunaux de district.

L'art. 6 ne portait que sur la déclaration à faire par les parties, si elles entendaient être jugées sans Appel.

L'art. 7 fixait le nombre des juges qui devaient concourir au jugement de chaque affaire, suivant sa nature.

Et enfin, l'art. 1 du tit. 5 voulait que les tribunaux de district fussent juges d'Appel les uns des autres.

Dans toutes ces dispositions, pas un mot qui soit relatif à la question qui nous occupe.

Mais, dira-t-on, d'après l'arrêt du 12 vendémiaire an 9, rapporté dans le n°. précédent, la faculté d'Appeler des jugemens par défaut *est de droit, par cela seul qu'elle n'est interdite par aucune loi; et tout tribunal qui juge le contraire, commet un excès de pouvoir.*

Sans doute on n'aurait pas ainsi raisonné, lors de cet arrêt, si la question se fût présentée dans l'ancien ressort du parlement de Douai, où, d'une part, on ne connaissait pas l'ordonnance de 1667, et de l'autre, les lois romaines interdisaient expressément l'Appel des sentences par défaut. Car, point de milieu : dans les affaires qui doivent être décidées d'après les anciennes règles, où il faut proscrire tous les usages particuliers à ce pays, qui avaient leur fondement dans le droit romain, et par conséquent (entre autres choses) annuler les jugemens qui, dans cette contrée, ont admis les femmes à revenir par le bénéfice du sénatus-consulte velléien, contre les cautionnemens qu'elles avaient souscrits; ou il faut maintenir ceux qui ont rejeté par fin de non-recevoir les Appels des jugemens par défaut.

Et après tout, que répondre de raisonnable à l'art. 14 du tit. 5 de la loi du 24 août 1790? Certes, le silence de cet article sur les jugemens par défaut, est une preuve bien positive que l'assemblée constituante ne l'a décrété comme il est, que pour ne pas donner lieu de croire que son intention fût de rendre admissibles, dans toutes les parties de la France indistinctement, les Appels de ces sortes de jugemens. Témoin des débats qui ont précédé la rédaction de cet article, témoin surtout des efforts de M. Thouret pour le faire adopter tel qu'il l'a été, je puis assurer que c'est véritablement là ce qu'a eu en vue l'assemblée constituante, en le décrétant, et qu'elle a véritablement entendu laisser subsister, dans les lieux où il existait légitimement, l'usage de ne pas admettre l'Appel des jugemens par défaut.

Et que pouvait-on opposer à cet usage? N'était-il pas conforme au principe qui veut que, dans les matières dont la valeur excède 1000 francs en capital, les parties aient toujours deux degrés de juridiction? C'est bien évident que permettre les Appels des jugemens par défaut, c'est permettre à ceux qui les émettent, de franchir le premier de ces degrés pour arriver d'emblée au second; c'est faire plus : c'est, par leur fait, priver leurs adversaires du droit que la loi leur assure de faire discuter leurs intérêts dans deux tribunaux successivement.

Dira-t-on que l'art. 3 de l'édit du mois de mars 1674 (qui, pour l'ancien ressort du parlement de Douai, avait été extrait du tit. 35 de l'ordonnance de 1667), n'admettant l'opposition contre les jugemens par défaut, que lorsqu'ils étaient rendus en dernier ressort, il fallait bien que les jugemens par défaut rendus en première instance, pussent être attaqués par voie d'Appel, puisque, sans cela, il n'y aurait eu aucun moyen de les faire réformer?

Mais l'édit de 1674 ne s'exprimait pas tout-à-fait comme cette objection le suppose.

Il permettait de former opposition aux arrêts par défaut dans la huitaine de leur signification ; et s'il ne parlait dans cet article que des arrêts, c'est qu'il était uniquement destiné à régler le sort de ces sortes de jugemens. Ainsi, on ne peut pas dire que sa disposition fût exclusive des jugemens de première instance ; et dans le fait, on convenait généralement qu'elle ne l'était pas.

D'où dérive donc la faculté de former opposition à un jugement rendu par défaut en première instance? Elle dérive en quelque sorte du droit naturel, qui autorise tout homme condamné sans avoir été entendu, à présenter sa réclamation, et proposer sa défense à son juge ; et ce qu'il y a de certain, c'est qu'elle était en usage long-temps avant l'ordonnance de 1667 ; la preuve en existe dans le procès-verbal de cette ordonnance même. (*V.* l'article *Opposition aux jugemens par défaut*, §. 1).

Dans le principe, pour être admis à former opposition à une sentence par défaut, il fallait commencer par en appeler. Sur cet Appel, le tribunal supérieur déclarait qu'il n'y avait pas lieu de statuer, attendu que la sentence avait été rendue par défaut ; mais il renvoyait l'appelant devant le premier juge, en chargeant celui-ci de l'entendre et de le juger contradictoirement. Dans la suite, on ôta cette attribution au tribunal supérieur, pour en investir la chancellerie que l'on plaça près de lui, et de là vinrent les lettres de conversion d'Appel en opposition. Enfin, insensiblement, on s'habitua à regarder ces lettres comme inutiles, et évitant tout circuit superflu, les parties condamnées par défaut se présentèrent directement au premier juge, devant lequel leurs oppositions furent reçues sans autres formalités. Tel était l'état des choses lorsqu'a paru l'édit de mars 1674, et il a continué depuis, parceque cet édit n'y a rien changé.

Ainsi, rien à conclure de l'art. 3 de cet édit, contre l'usage constamment observé au ci-devant parlement de Douai, de rejeter les Appels de jugement par défaut.

Cet usage, nous ne saurions trop le répéter, avait son fondement dans le droit romain ; il avait été tacitement maintenu, dans les contrées où il faisait loi, par l'assemblée constituante ; l'assemblée constituante l'avait même trouvé si judicieux qu'elle l'avait étendu, pour la justice de paix, à toutes les parties du territoire français ; c'en est assez sans doute pour repousser les efforts que l'on pourrait désormais tenter encore pour le faire proscrire (1) à l'égard des jugemens rendus avant le Code de procédure civile.

Remarquez, au surplus, que la jurisprudence du parlement de Douai, qui interdisait l'Appel des jugemens par défaut, était restreinte aux jugemens rendus par les tribunaux compétens. Elle cessait, si l'Appel était d'un jugement par défaut rendu par des juges incompétens ; parcequ'alors il était vrai de dire que le défaut n'avait pas été valablement encouru.

C'est ce qui a été jugé formellement par un arrêt d'audience du 22 mai 1776.

Augustin Delmotte et Siméon Foveau, habitans de Pecquencourt en Hainaut, avaient été assignés à la juridiction consulaire de Valenciennes, pour s'y voir condamner à payer à Henri Duhem, le montant d'un billet à ordre qu'ils avaient fait à son profit.

Ils ne s'étaient pas présentés sur cette assignation, et il était intervenu sentence par défaut, qui les avait condamnés au paiement du billet.

Appel de leur part au parlement de Douai, comme de juge incompétent ; et la cause portée à l'audience, je disais pour eux, que n'étant ni marchands, ni banquiers, et n'ayant fait le billet dont il s'agissait, que pour un simple prêt à intérêts ; ils n'avaient pas pu être attraits devant les juges-consuls ; que, dès-là, ces juges n'avaient pas pu les condamner, même par défaut ; et que, le défaut ayant été accordé mal à propos, l'Appel était recevable.

M. l'avocat-général Lecomte de la Chaussée a dit que les appelans avaient eu tort de ne pas comparaître au consulat de Valenciennes ; et que eu ne l'ayant pas fait, les premiers juges avaient un juste sujet de croire qu'ils étaient compétens ; en conséquence, il a estimé qu'il y avait lieu de mettre sur l'Appel les parties hors de cour, et néanmoins d'évoquer le principal qui paraissait clair.

Mais ces conclusions n'ont pas été suivies ; par l'arrêt cité, le parlement, sans *s'arrêter à la sentence* dont était Appel, qu'il a déclarée *nulle et incompétemment rendue*, a renvoyé les parties devant les juges ordinaires, et a compensé les dépens.

Par la même raison, lorsque le jugement par défaut avait été rendu, soit sans assignation valable, soit sur une assignation à laquelle les deux parties étaient convenues de ne pas donner suite, le parlement de Flandre ne faisait aucune difficulté d'en recevoir l'Appel ; et c'est ce que prouve notamment l'arrêt de cette cour du 13 janvier 1777, qui est rapporté dans le *Répertoire de jurisprudence*, au mot *Défaut*, §. 1 ; n°. 7.

XI. Au surplus, le Code de procédure civile fait cesser là-dessus toute controverse. En fixant,

---

(1) Il l'a cependant été implicitement par un arrêt de la cour de cassation du 1er. thermidor an 11, que l'on trouvera sous les mots *Opposition aux jugemens par défaut*, §. 2 ; mais il l'a été d'office et sans discussion.

art. 443, le délai dans lequel doit être interjeté l'Appel des jugemens par défaut, il décide, non pas, à la vérité, directement, mais d'une manière qui n'en est pas moins positive, que les jugemens par défaut peuvent, dans toute la France, être attaqués par la voie d'Appel, sauf que (comme on le verra ci-après, §. 8, art. 4) régulièrement ils ne peuvent l'être qu'après le délai de l'opposition.

Mais il reste trois questions à résoudre.

1°. Le Code de procédure civile déroge-t-il, par là, à la disposition de la loi du 26 octobre 1790 qui interdisait formellement l'Appel des jugemens par défaut des justices de paix ?

Un jugement du tribunal civil de Bayonne, du 8 septembre 1813, avait jugé que non, en faveur des sieur et dame Sallenave contre le sieur Chegaray,

« Attendu qu'indépendamment des articles suivans du Code de procédure civile, il résulte des art. 19 et 20 de ce même Code, et de leur rapprochement avec l'art. 443, qu'il y a une différence notable dans la manière de se pourvoir contre les jugemens de défaut rendus par les justices de paix et par les tribunaux civils d'arrondissement;

» Attendu que, quoique l'art. 443 admette la voie de l'Appel contre les jugemens des tribunaux civils, alors même qu'on n'a pas fait usage de l'opposition mentionnée dans les art. 149 et suivans, il ne paraît point en être de même de l'art. 16 par rapport aux jugemens des justices de paix, puisque l'opposition envers ces jugemens n'est réglée que par l'art. 20, et qu'aucun des articles qui suivent dans le livre 1er. dudit Code, ne parle d'Appel;

» Attendu que la combinaison de ces articles rend au moins douteuse la question de savoir si l'Appel des jugemens des juges de paix rendus par défaut, est ou non-recevable, et que, dès-lors, ce serait le cas de recourir aux lois anciennes pour l'éclaircissement ou la solution de la difficulté ;

» Attendu que la loi du 26 octobre 1790 avait établi la procédure à suivre devant les justices de paix ;

» Attendu que l'art. 4 du tit. 3 de cette loi défendait expressément d'appeler des jugemens par défaut rendus en justice de paix, si ce n'est lorsqu'ils ont été rendus en contravention à l'art. 7 du tit. 8 de la même loi, et que ce principe fut consacré par arrêt de la cour de cassation, en date du 13 thermidor an 11 (1) ».

Mais le sieur Chegaray s'étant pourvu en cas-

_____

(1) Voici quelle était l'espèce de cet arrêt.

Le 7 messidor an 9, citation signifiée par Pierre Guyonnet à Charles Guyonnet, son frère, devant le juge de paix du canton d'Aulnay, pour se voir condamner à lui

sation, arrêt est intervenu le 8 août 1815, au rapport de M. Poriquet, par lequel,

« Vu l'art. 16 du Code de procédure civile, et l'art. 443 du même Code...;

» Attendu que l'art. 16 du Code de procédure ci-dessus cité autorise suffisamment l'Appel des jugemens rendus par défaut dans les justices de paix, par cela seul qu'en déterminant le délai après lequel l'Appel des jugemens des juges de paix ne sera plus recevable, il ne fait aucune distinction entre les jugemens contradictoires et les jugemens par défaut ;

» Attendu d'ailleurs que l'art. 443 du même Code (applicable aux tribunaux civils, comme aux tribunaux d'Appel de justice de paix) achève

_____

payer une somme de 63 francs, conformément à un traité conclu verbalement entre eux.

Le 9 du même mois, jugement contradictoire qui, sur la dénégation de Charles Guyonnet, admet Pierre Guyonnet à la preuve par témoins de la convention verbale articulée par celui-ci. Des témoins sont en conséquence entendus ; et d'après leurs dépositions, jugement par défaut, du 21 du même mois, qui condamne Charles Guyonnet au paiement des 63 francs.

Appel de ces deux jugemens de la part de Charles.

Pierre lui oppose l'art. 3 du tit. 5 de la loi du 26 octobre 1790 ; et soutient que son appel est non-recevable.

Charles Guyonnet répond que son Appel ne porte pas seulement sur le jugement définitif, qu'il en est en même temps dirigé contre le jugement interlocutoire ; que celui-ci étant rendu contradictoirement, est certainement devenu passible d'Appel après la prononciation de celui-là; que l'un n'étant que la suite de l'autre, l'infirmation du jugement interlocutoire doit nécessairement entraîner l'infirmation du jugement définitif.

Le 15 nivôse an 10, jugement du tribunal civil de Saint-Jean-d'Angly, qui, adoptant ce moyen de défense, rejette la fin de non-recevoir et accueille l'Appel.

Mais, sur le recours en cassation de Pierre Guyonnet, arrêt du 13 thermidor an 11, au rapport de M. Babille, par lequel,

« Vu l'art. 4 du tit. 3 de la loi d'octobre 1790 portant établissement de procédure en justice de paix ;

» Et attendu que cet article défend expressément d'appeler, en aucun cas, de tout jugement par défaut rendu en justice de paix, et qu'il n'admet d'autres exceptions à cette défense générale, que le cas où ce jugement aurait statué au mépris de la péremption acquise; auquel cas seulement il autorise l'Appel de ce jugement, même dans le cas où il serait rendu en dernier ressort;

» D'où il suit que cet article rejette toute autre exception, et par conséquent celle où ce jugement par défaut serait précédé d'un jugement préparatoire, quoique contradictoire, qui, comme tel, était sujet à l'Appel;

» Attendu que, dans l'espèce, le jugement attaqué a reçu l'Appel d'un jugement par défaut rendu par un juge de paix;

» Et que la circonstance que ce jugement était la suite d'un jugement préparatoire rendu contradictoirement, et sujet à l'Appel, ne pouvait pas former une exception en faveur de l'Appel de ce jugement par défaut, puisque la loi n'admet d'autre exception que celle d'un jugement intervenu nonobstant la péremption acquise ;

» D'où il suit qu'en recevant l'Appel de ce jugement par défaut, les juges dont le jugement est attaqué, ont violé l'art. 4 du tit. 3 de la loi d'octobre 1790.

» Par ces motifs, le tribunal casse et annulle.... ».

de mettre dans tout son jour la pensée du législateur, lorsqu'il énonce, *sans aucune restriction*, que le délai de l'Appel des *jugemens par défaut* courra à compter du jour où l'opposition ne sera plus recevable ;

» Qu'ainsi, le tribunal de Bayonne a expressément violé les dispositions desdits art. 16 et 443 du Code de procédure, en déclarant le sieur Chegaray non-recevable dans son Appel ;

» La cour casse et annulle.... (1) ».

Cet arrêt n'a pas empêché le tribunal civil de Clamecy de rendre, le 2 mai 1820, un jugement semblable à celui du tribunal civil de Bayonne, » attendu (a-t-il dit) qu'il résulte des principes » sur l'institution des justices de paix, et des dis- » positions du livre premier du Code de procédure » civile, que l'Appel d'un jugement par défaut » rendu par le juge de paix n'est pas recevable ».

Mais ce jugement a eu le même sort que celui du tribunal civil de Bayonne : il a été cassé le 7 novembre 1820, sur le réquisitoire de M. le procureur général et dans l'intérêt de la loi,

« Vu l'art. 16 du Code de procédure civile ainsi conçu.....;

« Et l'art. 443 du même Code, portant....;

» Attendu que le livre premier du Code de procédure civile a pour objet de régler tout ce qui concerne la juridiction des juges de paix, et que les dispositions de ce livre forment la loi à suivre dans cette matière ;

» Attendu que la disposition de l'art. 4. du tit. 5 de la loi du 24 octobre 1790, qui interdisait dans tous les cas l'Appel d'un jugement du juge de paix rendu en défaut, établissait une règle exorbitante du droit commun, et que cette disposition n'a point été reproduite dans le Code de procédure civile ;

» Attendu, au contraire, que l'art. 16 ci-dessus cité, en déterminant d'une manière générale et sans distinction des jugemens contradictoires et des jugemens en défaut, le délai après lequel l'Appel des jugemens des juges de paix ne serait pas recevable, autorise par là même l'Appel des uns et des autres dans ce délai, et que l'art. 443 ne laisse aucun doute à ce sujet, puisque sans faire aucune différence entre les jugemens des tribunaux civils et les jugemens des justices de paix, il fixe l'époque à laquelle commence à courir le délai de l'Appel des jugemens par défaut;

» Qu'ainsi, le tribunal civil de Clamecy a formellement violé ces deux articles, en déclarant le sieur Muriaux non-recevable dans son Appel (1) ».

2°. Que doit-on décider à l'égard du jugement qui nomme un administrateur provisoire à une personne poursuivie en interdiction ? Celle-ci ne peut-elle l'attaquer par Appel, qu'après avoir préalablement épuisé la voie de l'opposition pour le faire rapporter ?

C'est demander, en d'autres termes, si ce jugement est par défaut ou contradictoire; car, s'il est contradictoire, l'Appel en est évidemment recevable ; et c'est tout le contraire, s'il doit être considéré comme rendu par défaut.

Or, le moyen de le considérer comme rendu par défaut, lorsqu'on se reporte à l'art. 497 du Code civil, suivant lequel ce n'est qu'après que le défendeur à la demande en interdiction, a été interrogé par les juges dans la chambre du conseil, qu'il peut lui être nommé un administrateur provisoire ? Qu'importe que le défendeur n'ait encore, à cette époque, ni constitué ni pu constituer un avoué, ni par conséquent conclu dans la forme ordinaire au rejet de la demande formée contre lui ? Sans doute, dans les cas ordinaires, il faut qu'il y ait constitution d'avoué de la part du défendeur, pour que l'instance puisse devenir contradictoire ; mais ici, la loi admet le défendeur à contredire lui-même, sans l'assistance d'un avoué, la demande tendant à son interdiction ; et par conséquent elle veut que l'on répute contradictoire le jugement qui intervient à la suite de l'interrogatoire qu'il a subi.

Cependant la veuve Vigouroux soutenait le contraire dans l'espèce rapportée ci-dessus, n°. 8. Le jugement dont vous êtes appelant, disait-elle au sieur Pons, a été rendu par défaut (car on ne peut regarder comme contradictoire l'instance où l'une des parties, sans constituer avoué, subit un interrogatoire) ; vous ne pouvez donc l'attaquer que par opposition ; vous ne seriez recevable à en appeler qu'autant que les délais de l'opposition seraient expirés, et ils ne l'étaient pas au moment où vous avez interjeté votre Appel.

L'arrêt de la cour royale de Montpellier, du 29 mai 1822, a rejeté cette fin de non-recevoir,

« Attendu que le jugement dont est Appel, ayant été rendu après l'interrogatoire de Pons, doit être réputé contradictoire avec lui ;

» Que, dès-lors, Pons, par les griefs qu'il lui inférait, a pu l'attaquer par la voie de l'Appel, sans qu'il y ait eu pour lui obligation d'avoir recours à la voie de l'opposition, qui n'est prescrite qu'à l'égard des jugemens par défaut ;

» D'où il suit que l'Appel relevé par Pons est recevable ».

La veuve Vigouroux a reproduit cette fin de non-recevoir devant la cour suprême, et s'en est fait un second moyen de cassation, mais inutilement. L'arrêt du 10 août 1825 l'a également rejeté « attendu que le jugement du 8 juin (1822) » avait été précédé de l'interrogatoire du sieur » Pons, et qu'il a pu être considéré comme con- » tradictoire avec lui ».

3°. Le principe reconnu par les art. 443 et 455

---

(1) Bulletin civil de la cour de cassation, année 1815, page 164.
(2) *Ibid.*, année 1820, page 300.

4° édit., *Tome I.*

29

du Code de procédure civile, que les jugemens par défaut ne sont susceptibles d'Appel qu'après l'expiration du délai de l'opposition, est-il applicable au cas où c'est le demandeur qui a encouru le défaut ?

Je crois l'affirmative au-dessus de toute espèce de doute, lorsque l'Appel a pour objet de faire déclarer que le défaut a été mal accordé, comme s'il l'avait été sans que le demandeur eût été cité à l'audience de la manière prescrite par l'art. 154 du Code de procédure civile, si le jugement avait été rendu par un nombre de juges inférieur à celui qu'exige la loi, ou s'il n'avait pas été prononcé publiquement.

L'affirmative me paraît également certaine, lorsque le défendeur n'ayant conclu qu'à son *renvoi de l'assignation* pour le profit du défaut, le jugement l'a renvoyé *de la demande*, et que le demandeur n'attaquant ce jugement que parcequ'il prononce *ultrà petita*, conclud seulement à ce qu'il soit dit par le tribunal d'Appel que le défendeur n'est renvoyé que de *l'assignation*, et que la demande reste entière.

Mais en est-il de même, lorsque le demandeur reconnaissant la régularité du jugement par défaut, l'attaque au fond, ou, en d'autres termes, lorsque son Appel porte sur le fond même ?

Deux arrêts des cours d'Appel de Turin et de Bruxelles ont jugé que non.

Le premier, du 23 août 1809, explique assez par lui-même l'espèce sur laquelle il a prononcé :

« Attendu (porte-t-il) que le jugement en Appel n'est qu'un jugement en défaut, portant congé des sieurs Florio, de la demande formée contre eux par le sieur Fransoj ;

» Attendu que, par ce jugement, le tribunal de première instance n'a dû ni pu rien préjuger sur le fond des demandes du sieur Fransoj ;

» Que celui-ci, après avoir laissé écouler le délai pour former opposition audit jugement, ayant cru pouvoir en interjeter Appel, s'est évidemment mépris sur l'intelligence de l'art. 455 du Code de procédure ; car la disposition de cet article ne peut jamais recevoir d'application lorsque le jugement par défaut ne contient qu'un congé au profit du défendeur, ou une déclaration de l'abandon de l'instance faite par le demandeur ;

» Qu'en effet, le sieur Fransoj n'est pas appelant du susdit jugement, en ce qui touche le défaut-congé ; car n'ayant déduit aucun grief, il l'a reconnu juste et régulier en cette partie, et il n'a pu interjeter Appel d'aucun chef, parceque le jugement ne porte que le défaut et le congé ;

» Qu'il suit de là que, par l'assignation donnée à la requête du sieur Fransoj, par son exploit d'Appel au sieur Florio, pour comparaître devant cette cour, le sieur Fransoj n'a pu saisir la cour de la connaissance d'une affaire qui n'a pas encore éprouvé le premier degré de juridiction ;

» La cour déclare qu'elle est incompétente pour statuer sur les fins et conclusions des parties (1) ».

Le second arrêt a été rendu dans l'espèce suivante.

Le sieur Jardinot forme, contre ses frères, devant le tribunal de première instance de Nivelles, une demande en partage de succession ; mais, au jour indiqué par son assignation, ni lui ni son avoué ne se présentent à l'audience.

En conséquence, jugement qui, sur la réquisition des frères comparans, donne défaut contre lui, renvoie les défendeurs de sa demande, et le condamne aux dépens.

Le sieur Jardinot appelle de ce jugement après avoir laissé passer le délai de l'opposition.

Les intimés élèvent contre cet Appel une fin de non-recevoir qu'ils reconnaissent n'être fondée sur aucune disposition du Code de procédure civile, mais qu'ils soutiennent dériver de la nature même des choses.

« Qu'est-ce que le défaut-congé, disent-ils ? Rien autre chose qu'un certificat du tribunal qui constate que le demandeur n'a pas comparu, accordé sans examen, et par conséquent sans jugement proprement dit, il n'anéantit pas l'action du demandeur, et n'empêche pas qu'elle ne soit intentée par un nouvel exploit ; tandis que la demande ne pouvant être adjugée, même en cas de défaut de la part du défendeur, qu'autant qu'elle se trouve, suivant l'expression de l'art. 150, *juste et bien* vérifiée, le défaut prononcé contre le défendeur constitue un véritable jugement, emporte condamnation et a, faute d'opposition ou d'Appel dans les délais respectivement fixés pour ces deux voies, toute l'autorité de la chose jugée.

» Qu'importe (ajoutent-ils) que, dans l'espèce, le tribunal de Nivelles, en donnant défaut contre l'appelant, nous ait renvoyés de sa demande ? Ce renvoi ne peut s'entendre que dans le sens du défaut-congé ; il n'est le résultat d'aucun examen, d'aucune délibération ; en un mot, il n'y a point de jugement sur le fond de la demande, ni conséquemment rien qui puisse être l'objet d'un Appel.

» Que ferait-on, d'ailleurs (continuent-ils) en recevant l'Appel dont il s'agit ? On nous priverait du premier degré de juridiction qui est principalement établi en notre faveur. On donnerait un exemple funeste dont l'influence finirait par déconsidérer les tribunaux de première instance, en rendant leurs fonctions inutiles ».

Par arrêt du 26 avril 1810,

« Attendu que le jugement dont est Appel, tout en renvoyant de l'action, n'est qu'un simple congé et déclaration de l'abandon de l'instance, qui n'empêche pas que l'appelant ne puisse renou-

___
(1) Journal des Audiences de la cour de cassation, année 1810, supplément, page 20.

velcr la demande; que le juge n'a rien jugé relativement au différend des parties;

» La cour déclare l'Appel non-recevable; condamne l'appelant aux dépens (1) ».

Ces deux arrêts reposent, comme l'on voit, sur la supposition que le défaut accordé contre le demandeur, quoiqu'accompagné du *renvoi exprès de la demande*, ne met fin qu'à l'instance, qu'il laisse l'action entière, qu'il n'a pas plus d'effet que la péremption.

Mais cette supposition est-elle exacte? Je crois que non, et je le prouverai à l'article *Défaut*, §. 1 *bis*.

Comment, dès-lors, justifier les deux arrêts dont il s'agit? D'une part, on ne peut nier que le demandeur n'ait pu former opposition au jugement qui, en donnant défaut contre lui, renvoie le défendeur de sa demande. D'un autre côté, il résulte clairement de l'art. 445 du Code de procédure civile, que tout jugement par défaut peut, après le délai de l'opposition, être attaqué par la voie de l'Appel. Quel prétexte y aurait-il donc pour refuser la voie de l'Appel au demandeur défaillant qui a laissé passer le délai de l'opposition? La règle des deux degrés de juridiction empêche-t-elle que le défendeur ne soit admis, après ce délai, à appeler du jugement qui l'a condamné par défaut? Non, certainement. Pourquoi donc fermerait-elle la voie de l'Appel au demandeur qui se trouve dans la même position? Elle n'est pas plus violée dans un cas que dans l'autre par la réception de l'Appel, puisque dans l'un, le premier degré de juridiction a été rempli par le jugement qui a rejeté la demande, comme il l'a été dans l'autre par le jugement qui l'a accueillie.

XII. 1°. Peut-on appeler d'un jugement par défaut auquel on avait précédemment formé une opposition qui a été rejetée?

2°. Peut-on appeler du jugement par lequel a été rejetée l'opposition à un jugement par défaut, sans appeler en même temps de celui-ci?

La première question peut se présenter dans deux cas: dans celui où l'Appel porte à la fois sur le jugement par défaut et sur le jugement qui a rejeté l'opposition; et dans celui où le jugement qui a rejeté l'opposition, est le seul dont on appelle.

Dans le premier cas, nul doute que l'Appel du jugement par défaut ne soit recevable. Ce n'est pas qu'alors (comme on le verra sur la seconde question) il soit nécessaire; mais, quoique surabondant, il n'est ni prohibé par la loi ni condamné par la raison. Ainsi, point de prétexte pour ne pas l'accueillir.

Aussi les héritiers Berthault ayant appelé, à la cour royale de Bourges, d'un jugement par défaut rendu contre eux le 27 mars 1820, au profit de la direction générale de l'enregistrement et d'un jugement contradictoire du 7 janvier 1824, qui les avait déboutés de leur opposition au premier; vainement a-t-on prétendu que l'Appel de celui-là n'était pas recevable. Par arrêt du 6 août 1824,

« Attendu qu'un jugement par défaut et celui qui prononce sur l'opposition à ce jugement ne forment qu'une seule et même décision, puisque l'existence du premier dépend entièrement de ce qui sera décidé par le second;

» Attendu que l'administration de l'enregistrement ne prétend pas écarter la fin de non-recevoir l'Appel du jugement du 7 janvier 1824, et que cet Appel soumet nécessairement à l'examen de la cour tout ce qui a été jugé par le premier tribunal;

» Considérant que l'administration qui admet l'Appel du jugement de 1824, ne peut pas prétendre que celui de 1820 a acquis la force de chose jugée, puisqu'alors il n'y aurait plus rien à discuter; que sa prétention à cet égard est d'ailleurs d'autant plus mal fondée, que le jugement rendu par défaut en 1820, a été signifié aux héritiers Berthault le 15 avril, et qu'ils y ont formé opposition le 21 du même mois;

» La cour, sans avoir égard à la fin de non-recevoir opposée aux héritiers Berthault contre l'Appel qu'ils ont interjeté, du jugement du 27 mars 1820, dont l'administration de l'enregistrement est déboutée, reçoit ledit Appel, et y faisant droit, ainsi que sur celui du 7 janvier 1824, a mis et met l'appellation et ce dont est Appel au néant (1) ».

Mais que serait-ce si l'Appel ne portait que sur le jugement par défaut? Ne devrait-il pas être déclaré non-recevable, par la seule raison que ce jugement est confirmé par celui qui a rejeté l'opposition, et que l'on ne peut pas réformer l'un tant que l'autre subsiste?

Cela paraît sans difficulté, et voici une espèce dans laquelle la cour supérieure de justice de Bruxelles l'a ainsi jugé formellement.

Le 15 décembre 1823, jugement par défaut qui prononce des condamnations contre le sieur D....

Le sieur D.... y forme opposition dans le délai de la loi.

Le 2 février 1824, jugement qui déclare son *opposition non fondée*, et ordonne que le jugement par défaut du 15 décembre 1823 *sortira son plein et entier effet*.

Le 26 du même mois, le sieur D.... appelle du jugement par défaut, et n'attaque pas celui qui rejette son opposition.

Mais, par arrêt du 22 avril 1824, son Appel est déclaré non-recevable,

« Attendu que la loi a établi deux modes particuliers de se pourvoir contre les jugemens par

---

(1) Décisions notables de la cour d'Appel de Bruxelles, tome 20, page 65.

(1) Journal des Audiences de la cour de cassation, année 1825, partie 2, page 89.

défaut, savoir l'*opposition* dans le délai déterminé, et l'*Appel*, si l'on n'a point formé opposition dans ce délai ;

» Que ces dispositions législatives sont d'ordre public, et qu'il ne peut être permis à personne de s'en écarter pour recourir à une autre voie que la loi n'admet point ;

» Qu'en outre l'Appel contre un jugement par défaut, confirmé par un jugement qui a débouté de l'opposition, constituerait en effet une deuxième opposition contre un jugement par défaut, ce que la loi ne permet pas, d'autant plus que la voie de l'Appel est ouverte pour suspendre l'effet du jugement par défaut, et, qu'en cas d'Appel contre le premier jugement, il serait possible que ce jugement fût annullé, tandis que le jugement sur opposition, qui continuerait à subsister, ordonne, au contraire, que le premier jugement reçoive son exécution.

» De tout quoi il résulte que, dans l'espèce, l'opposition au jugement par défaut, rendu le 15 décembre 1823, ayant été rejetée par un autre jugement du 2 février dernier, et ce même jugement par défaut ayant été confirmé, l'Appel interjeté le 26 février dernier contre le prédit jugement par défaut est non-recevable (1) ».

Cependant la question avait été peu de temps auparavant jugée tout autrement par la cour royale de Poitiers.

Le 22 mai 1823, jugement par défaut qui prononce différentes condamnations avec dommages-intérêts contre le sieur Rateau, et au profit du sieur Lauradour.

Le sieur Rateau se rend appelant du jugement par défaut, et laisse passer le jugement contradictoire en force de chose jugée.

La cause portée à l'audience de la cour royale de Poitiers, le sieur Lauradour soutient que l'Appel est non-recevable, parcequ'il ne pourrait avoir pour résultat que la réformation du jugement par défaut, et que cette réformation est devenue impossible par l'autorité de la chose jugée, acquise au jugement contradictoire.

Le sieur Rateau répond que l'on ne peut appeler que du jugement qui renferme réellement une décision ; que, dans l'espèce, il n'y a de décision que dans le jugement par défaut ; que le jugement contradictoire ne présente aucune condamnation et ne fait que rejeter l'opposition au premier ; et que, dès-lors, la réformation du premier rendra nécessairement le second comme non avenu.

Par arrêt du 4 mars 1824,

« Considérant que c'est le jugement par défaut du 22 mai 1823 qui a statué sur le fond des contestations élevées entre les parties, et prononcé la condamnation contre celle de M°. Bigeu (le sieur Rateau), dont elle demande l'annullation ;

» Considérant que l'Appel qu'elle a interjeté, a eu lieu en temps utile ;

» La cour (royale de Poitiers), sans s'arrêter à la fin de non-recevoir proposée par la partie de M°. Bréchard (le sieur Lauradour.), ordonne que les parties plaideront au fond (1) ».

Mais il est permis de croire que cet arrêt n'aurait pas résisté à un recours en cassation, s'il eût été attaqué par cette voie. C'est ce qui paraît résulter de trois arrêts de la cour de cassation, des 14 floréal an 10, 21 avril 1807 et 24 novembre 1823, dont il est rendu compte au mot *Cassation*, §. 8.

Ceci ne doit pourtant s'entendre que du cas où le jugement contradictoire a rejeté l'opposition comme *non fondée*, et de celui où, en la rejetant comme *non-recevable*, il n'a pas ordonné que le jugement par défaut serait exécuté : il en serait autrement si le jugement contradictoire s'était borné à déclarer l'opposition non-recevable, soit parcequ'elle avait été formée trop tard, soit parcequ'elle l'avait été irrégulièrement. C'est ce qu'a jugé un arrêt de la cour de cassation dont voici l'espèce ;

Le 30 mars 1809, jugement par défaut du tribunal de première instance de Plaisance, qui, sur la demande du sieur Putzoni, lève le sursis précédemment obtenu par le sieur Rota, à une saisie-exécution pratiquée contre lui, et ordonne qu'il sera passé outre à la vente.

Le 20 avril suivant, le sieur Rota se rend opposant à ce jugement.

Le 8 mai de la même année, jugement contradictoire qui déclare son opposition *non-recevable en la forme*, et ne prononce rien de plus.

Appel du jugement par défaut seulement de la part du sieur Rota.

Le sieur Putzoni lui oppose une fin de non-recevoir tirée de ce qu'il n'a pas fait porter son Appel sur le jugement contradictoire.

Le 2 mai 1810, arrêt de la cour d'Appel de Gênes qui, attendu que le jugement contradictoire n'a fait que déclarer l'opposition *non-recevable en la forme*, qu'il n'a rien statué sur le fond, et n'a pas même ordonné l'exécution du jugement par défaut, rejette la fin de non-recevoir du sieur Putzoni, et faisant droit sur l'Appel, dit qu'il a été mal jugé.

Le sieur Putzoni se pourvoit en cassation contre cet arrêt, et l'attaque comme attentatoire à l'autorité de la chose jugée, dont le défaut d'Appel avait investi le jugement contradictoire du 8 mai 1808.

« Qu'importe (dit-il) que ce jugement, en rejetant pour vice de forme l'opposition au jugement par défaut, n'ait pas ordonné l'exécution de celui-ci ? S'il ne l'a pas ordonnée en termes

---

(1) Jurisprudence de la cour supérieure de justice de Bruxelles, année 1824, tome 2, page 148.

(1) Journal des Audiences de la cour de cassation, année 1825, partie 2, page 89.

exprès, il l'a du moins ordonnée d'une manière implicite; c'est la conséquence nécessaire des principes reçus jusqu'à ce jour.

» Ces principes sont,

» Qu'un jugement par défaut est une *décision subordonnée à la représentation de la partie défaillante*;

» Que cette décision conditionnelle ne devient absolue, en cas de comparution, qu'autant que les juges y persistent, après avoir entendu les deux parties;

» Que le jugement *contradictoire*, portant débouté d'opposition, se compose de deux élémens essentiels, savoir, du jugement par défaut qu'il fait revivre pour en adopter les dispositions, et de la décision contradictoire qui donne effet à la décision par défaut;

» Que le jugement qui fait droit sur l'opposition, ainsi composé de deux décisions, l'une *conditionnelle* et l'autre *absolue*, est donc le véritable, le principal et même l'unique jugement existant dans la cause, sans distinction s'il déclare l'opposition non-recevable, ou s'il la déclare non-fondée;

» Qu'en conséquence, les délais de l'Appel, sont toujours, et sans exception aucune, comptés à partir de la signification du *débouté d'opposition*, et non pas seulement à partir de la signification du jugement par défaut;

» Si ces notions sont les seules reçues au Palais, si elles sont conformes aux usages de toutes les cours, il s'ensuit que la théorie adoptée par la cour de Gênes, est une innovation que doit condamner la cour régulatrice ».

Mais, par arrêt de la section des requêtes, du 25 juin 1811, au rapport de M. Génevois, et sur les conclusions de M. l'avocat-général Jourde, le recours en cassation du sieur Putzoni est rejeté, « attendu que, dans les règles générales de la
» procédure, il compétait à Rota, deux moyens
» de se pourvoir contre les jugemens par défaut du
» 30 mars 1809, la voie de l'opposition et succes-
» sivement celle de l'Appel; que son opposition
» ayant été déclarée non-recevable par autre ju-
» gement contradictoire du 8 mai suivant; le
» sieur Rota a eu le droit d'appeler, comme il l'a
» fait, de ce premier jugement du 30 mars; et il
» n'a pas eu besoin, pour rendre cet Appel régu-
» lier et recevable, d'appeler en même temps du
» second jugement rendu le 8 mai, parceque ce
» dernier jugement prononçait taxativement sur
» un point de procédure; c'est-à-dire, sur la re-
» cevabilité de l'opposition envers le jugement par
» défaut, dans les circonstances où cette opposi-
» tion avait été formée, parceque ce jugement,
» ne touchant en aucune manière, *ni par ses mo-
» tifs, ni par son dispositif, au fond de la contes-
» tation*, sur laquelle avait prononcé le premier
» jugement par défaut, et l'exécution n'ayant
» d'ailleurs été ordonnée ni expressément, ni im-
» plicitement par le dernier jugement du 8 mai,
» il n'y avait, dès-lors, aucune nécessité d'obtenir
» la réformation de ce dernier jugement, pour
» rendre efficace l'Appel interjeté contre le pre-
» mier ».

C'est bien mal-à-propos que les rédacteurs de la *Jurisprudence de la cour supérieure de justice de Bruxelles* présentent cet arrêt comme contraire à celui de la cour de Bruxelles même, du 22 avril 1824, dont je viens de rapporter l'espèce. Ils le supposent motivé « sur ce que le jugement qui dé-
» bonte de l'opposition, se confond avec le juge-
» ment par défaut auquel la partie s'est opposée, et
» que l'opposition étant écartée, le jugement par
» défaut reprend son effet, et est réputé avoir jugé
» seul la contestation »; et en partant de là, ils disent avec raison que « le système consacré par
» l'arrêt de la cour de Bruxelles, paraît plus con-
» forme aux principes de la matière et aux lois de
» la jurisprudence ». Mais cela prouve qu'ils ont pris pour motifs de cet arrêt, les moyens de cassation qu'il proscrit par ses véritables motifs.

La seconde question doit se résoudre par le même principe que celle de savoir si le recours en cassation formé contre un arrêt qui rejette l'opposition à un arrêt par défaut, peut être écarté par cela seul qu'il ne porte pas sur celui-ci et n'est dirigé que contre celui-là. Or, j'ai établi dans des conclusions, et il a été jugé par un arrêt de la cour de cassation, du 22 thermidor an 9, rapportés au mot *Cassation*, §. 8, que cette question doit être résolue pour la négative; c'est donc aussi pour la négative que doit être décidée la question de savoir s'il est nécessaire de joindre à l'Appel du jugement qui rejette une opposition, l'Appel du jugement contre lequel cette opposition était formée.

Il y a cependant un arrêt de la cour supérieure de justice de Bruxelles, du 22 mars 1826, qui juge le contraire :

« Attendu (porte-t-il) que la simple opposition à un jugement rendu par défaut ne le fait point disparaître; qu'au contraire ce jugement devient définitif, et doit être exécuté d'après sa forme et teneur, lorsque l'opposition est rejetée par un jugement ultérieur;

» D'où il suit que, puisqu'aucune opposition n'est plus recevable contre ce dernier jugement, quoique rendu par défaut, et que le jugement maintenu renferme seul le point jugé au fond, ce jugement ne peut être réformé que par la voie de l'Appel;

» Attendu que, dans l'espèce, l'appelant n'a point interjeté Appel du jugement rendu par défaut à son préjudice, sur le fond de la cause, le 7 octobre 1825; qu'ainsi, l'Appel du jugement par défaut du 11 novembre suivant, par lequel l'opposition est rejetée et le jugement du 7 octobre précédent maintenu, est insuffisant pour faire réformer ce dernier jugement;

» Par ces motifs, la cour, ouï M. le premier

avocat-général en ses conclusions conformes, déclaré l'Appel sans objet et par conséquent nul ».

Mais, en rapportant cet arrêt, les rédacteurs de la *Jurisprudence de la cour supérieure de Bruxelles* (année 1826, tome 1er, page 315) en démontrent clairement le mal jugé.

« D'abord (disent-ils) le jugement qui statue sur l'opposition, soit par défaut, soit contradictoirement, est un jugement définitif qui peut être attaqué par voie d'Appel. L'Appel d'un pareil jugement a pour effet, comme tout Appel, de remettre les parties dans l'état où elles étaient avant ce jugement, et par conséquent il a nécessairement pour objet de soumettre au juge supérieur la question de savoir si le premier juge a bien ou mal jugé en déboutant de l'opposition au jugement par défaut.

» Si l'opposition a été écartée parceque le premier juge n'a pas trouvé que les moyens de l'opposant fussent fondés, il met au néant le jugement dont est Appel, et fait ultérieurement droit sur les conclusions des parties, sans égard au jugement par défaut, lequel perd toute sa force et tombe de lui-même dès l'instant que l'opposition est jugée fondée, et que le jugement de débouté qui le maintenait, est mis au néant.

» Si le premier juge, sans entrer dans le mérite des moyens d'opposition, a déclaré l'opposition non-recevable ou nulle dans la forme, le juge supérieur, par l'Appel du jugement de débouté, sera également saisi de la connaissance de la fin de non-recevoir ou des moyens de nullité qu'on a fait valoir en première instance contre l'opposition; et dans le cas où le juge supérieur croira devoir écarter cette fin de non-recevoir ou ces moyens de nullité, il appréciera ensuite les moyens d'opposition, et procédera comme au premier cas.

» Et quand il serait vrai, ce que nous ne pensons pas, qu'il fût nécessaire de révoquer *expressément* le jugement par défaut, pourquoi le juge d'Appel, pouvant et même devant faire ce que le premier juge eût dû faire, ne pourrait-il pas, en statuant sur l'opposition et en la déclarant fondée, rapporter ce même jugement par défaut? Car ne perdons pas de vue que le juge supérieur, saisi de l'Appel d'un jugement de débouté, est mis aux lieu et place du premier juge avant le jugement dont est Appel, et que, par une suite naturelle et nécessaire, il doit examiner le mérite de l'opposition, et conséquemment aussi le mérite du jugement par défaut, pourvu que l'opposition soit recevable et valide dans la forme.

» Mais, dit l'arrêt, *la simple opposition à un jugement rendu par défaut, ne le fait point disparaître; au contraire*, ajoute l'arrêt, *ce jugement devient définitif et doit être exécuté d'après sa forme et teneur, lorsque l'opposition est rejetée par un jugement ultérieur.*

» Cela est vrai lorsque ce jugement ultérieur n'est pas attaqué par la voie d'Appel; mais s'il est attaqué par la voie d'Appel, comme il peut toujours l'être, n'en résulte-t-il pas que tous les effets de ce jugement demeurent suspendus jusqu'à la décision du juge supérieur; que, par suite, l'opposition subsiste dans toute sa force en attendant cette décision, et que conséquemment les effets du jugement par défaut demeurent aussi suspendus ».

XII. Que l'Appel des jugemens rendus en dernier ressort, ne soit pas recevable, c'est une vérité qui porte sa preuve avec elle-même. Mais ces jugemens quels sont-ils? C'est sur quoi il s'élève souvent des questions plus ou moins épineuses. *V.* l'article *Dernier ressort*.

XIII. Peut-on Appeler d'un jugement qualifié en dernier ressort, mais qui, par la nature ou la valeur de l'objet litigieux, n'aurait dû être rendu qu'à la charge de l'Appel?

Cette question a été singulièrement controversée depuis l'établissement de la cour de cassation. Les tribunaux d'Appel l'ont jugée diversement; mais la cour de cassation a constamment annullé, pour excès de pouvoir, ceux des jugemens de ces tribunaux qui avaient décidé en faveur de la faculté d'appeler.

Enfin l'art. 453 du Code de procédure civile a établi là-dessus une règle fixe: « Seront sujets à » l'Appel (porte-t-il) les jugemens qualifiés en » dernier ressort, lorsqu'ils auront été rendus par » des juges qui ne pouvaient prononcer qu'en » première instance ».

Mais peut-on, doit-on appeler d'un jugement qui, par la nature ou la valeur de son objet, aurait dû être rendu en dernier ressort, et qui cependant ne l'a été qu'à la charge de l'Appel? *V.* l'article *Jugement*, §. 13.

XIV. Les tribunaux civils peuvent-ils recevoir les Appels des jugemens rendus en dernier ressort par les tribunaux de police, sous le prétexte que ceux-ci ont connu de matières placées par la loi hors de leur compétence?

Non, par cela seul que les tribunaux de police jugent en dernier ressort, leurs jugemens ne peuvent être réformés que par la cour de cassation.

Le tribunal de police du Puy avait rendu, le 18 ventôse an 8, un jugement par lequel il avait défendu à Royer et Imbert, chaudronniers, de continuer leurs travaux dans leurs maisons, sauf à eux à travailler partout ailleurs où ils pourraient ne pas incommoder leurs voisins;-il avait en même temps défendu à tout chaudronnier de laver et nettoyer, à l'avenir, son cuivre dans le bassin d'une fontaine dite *du Théron*, sous les peines de droit.

Royer et Imbert ont appelé de ce jugement au tribunal civil du département de la Haute-Loire.

Le 3 floréal an 8, jugement de ce tribunal

qui infirme, pour cause d'incompétence, celui du tribunal de police, et renvoie les appelans dans le libre exercice de leur profession. Ces deux jugemens ayant été dénoncés d'office à la cour de cassation, par un réquisitoire du ministère public, arrêt est intervenu le 23 floréal an 9, au rapport de M. Bailly, et sur les conclusions de M. Lefessier, par lequel,

« En ce qui touche le jugement du tribunal civil du département de la Haute-Loire,

» Vu l'art. 153 du Code des délits et des peines,

» Considérant que le jugement du 18 ventôse an 8, dont celui du 3 floréal a reçu l'Appel, était émané d'un tribunal de police, et par conséquent en dernier ressort;

» Considérant que, quelle que pût être la matière de laquelle le tribunal de police avait connu, cela ne pouvait point ouvrir la voie de l'Appel contre son jugement, puisqu'il était, de sa nature, en dernier ressort, et que les lois ne soumettent point de tels jugemens à l'Appel;

» Le tribunal annulle, pour excès de pouvoir, le jugement susdaté du tribunal civil du département de la Haute-Loire ;

» En ce qui concerne le jugement rendu par le tribunal de police... ;

» Annulle ce jugement comme contenant excès de pouvoir et entreprise sur les fonctions administratives.... »,

Un arrêt semblable a été rendu depuis entre Jean Hyvernaud et consorts, et Pierre-Léonard Ferrand. Voici les conclusions que j'avais données sur cette affaire :

« Cette cause, extrêmement simple dans son objet originaire, est devenue assez confuse par la manière dont l'ont envisagée les deux tribunaux qui jusqu'à présent en ont pris connaissance.

» Les cit. Hyvernaud, frères, entreprennent de reconstruire une maison. Le cit. Ferrand, leur voisin, voit dans les préparatifs destinés à cette fin, une usurpation de partie de la voie publique, et un empêchement à ce que désormais il puisse faire entrer une voiture dans sa cour.

» En conséquence, par un mémoire du 9 messidor an 8, il dénonce aux maire et adjoint de la commune, l'entreprise des frères Hyvernaud, et s'oppose à ce qu'elle soit continuée.

» Les maire et adjoint se rendent sur les lieux, et dressent un procès-verbal, qu'ils transmettent au préfet du département (de la Creuse) à l'effet d'y statuer, attendu, disent-ils, qu'il est question de grande voirie.

» Le 18 du même mois, messidor, décision par laquelle le conseil de préfecture se déclare incompétent, par le motif que l'affaire n'est relative qu'à la *petite voirie*, et par conséquent *du ressort de la police municipale*.

» Les frères Hyvernaud prennent ces derniers termes à la lettre, et ils en concluent qu'ils doivent se pourvoir devant le tribunal de police du canton, pour obtenir main-levée de l'opposition de Ferrand.

» Mais comme l'un d'eux est lui-même président de ce tribunal, en sa qualité de juge de paix, ils s'adressent à l'un de ses assesseurs, et se font délivrer une cédule qui leur permet de citer Ferrand *en audience extraordinaire de police municipale*.

» Sur cette citation, Ferrand fait défaut. En conséquence, jugement du 22 messidor, par lequel *le tribunal de la police municipale du canton de Dun*, composé de trois assesseurs, dont l'un préside pour *la suspicion* du juge de paix, déclare Ferrand non-recevable et mal fondé dans son opposition du 9 messidor, autorise les frères Hyvernaud à continuer leur reconstruction sur les mêmes fondations qu'elle est élevée actuellement, et condamne Ferrand aux dépens liquidés à..., *ainsi qu'à la levée et expédition du présent jugement qui sera exécuté par provision, nonobstant oppositions ou appellations quelconques.*

» Ce jugement est motivé sur les procès-verbaux, tant des maire et adjoint, que de l'ingénieur délégué par le préfet, procès-verbaux dont il résulte, porte-t-il, que les cit. Hyvernaud ont reconstruit leur maison sur les fondations de l'ancienne, et que leur reconstruction n'est nuisible ni à Ferrand ni au public.

» Dès le lendemain 23 messidor, Ferrand forme opposition à ce jugement; mais, le 24 du même mois, il est débouté, toujours par *le tribunal de la police municipale du canton de Dun*, et toujours sous la présidence d'un assesseur, en remplacement du juge de paix.

» Si alors Ferrand se fût pourvu en cassation contre ce jugement, bien certainement il l'eût fait annuler.

» Il l'eût fait annuller, à raison de la composition illégale du tribunal de police du canton de Dun, la loi voulant expressément que les tribunaux de police soient toujours présidés par des juges de paix, sans que jamais les assesseurs puissent les remplacer en cette partie.

» Il l'eût fait annuller, à raison de l'incompétence matérielle du même tribunal; et cette incompétence, il l'aurait fait résulter, d'une part, de ce que, dans le droit, les tribunaux de police ne peuvent connaître que des faits qualifiés délits, et qu'ils ne peuvent être saisis du droit d'en connaître que par les citations des parties publiques ou des parties plaignantes; de l'autre, de ce que, dans le fait, ni le ministère public, ni Ferrand ne s'était pourvu devant le tribunal de police contre les frères Hyvernaud.

» Il l'eût fait annuller enfin, parceque le tribunal de police du canton de Dun n'y avait observé aucune des formalités prescrites par l'art. 162 du Code des délits et des peines.

» Mais, au lieu de se pourvoir en cassation, Ferrand a pris la voie d'Appel au tribunal civil de l'arrondissement de Guéret; et il y a conclu

1°. A ce que ce jugement fût annullé pour incompétence et vice de forme ; 2°. à ce que, par jugement nouveau, les frères Hyvernaud fussent condamnés à se retirer sur les anciennes fondations de leur maison.

» Les frères Hyvernaud ont soutenu que ce jugement était rendu en dernier ressort, et ils ont demandé purement et simplement que l'Appel en fût déclaré non-recevable.

» Ferrand a répliqué que ce n'était pas comme tribunal de police, mais comme tribunal de paix, que les assesseurs du cit. Heyvernaud avaient rendu ce jugement; qu'à la vérité, ils avaient pris la qualité de tribunal de police; mais que, comme en cette qualité, ils n'étaient pas compétens pour connaître l'affaire, que d'ailleurs ils ne s'étaient conformés à la loi, ni dans la composition de ce tribunal, ni dans l'instruction de la procédure, ni dans la forme de leur jugement, on devait regarder tout ce qu'ils avaient fait comme l'ouvrage d'une simple justice de paix.

» Il serait inutile sans doute de nous arrêter à la réfutation d'un pareil paradoxe. On sent assez que, dès que des juges se sont constitués en tribunal de police, c'est comme tribunal de police qu'ils sont censés agir et prononcer, même dans le cas où ils agissent irrégulièrement, même dans le cas où ils prononcent sur des matières qui sont hors de leur compétence. Autrement, il faudrait dire qu'on ne doit reconnaître pour jugemens des tribunaux de police, que ceux qui sont rendus compétemment et dans les formes légales; il faudrait dire, par conséquent, que les seuls jugemens des tribunaux de police susceptibles d'être attaqués par la voie de cassation, seraient précisément ceux qui ne pourraient jamais être cassés; absurdité qui tombe d'elle-même.

» Aussi le tribunal de Guéret n'a-t-il pas adopté la défense de Ferrand; mais il n'en a pas moins rejeté la fin de non-recevoir des frères Hyvernaud, puisque, par jugement du 22 thermidor an 8, il a *reçu* l'Appel de ceux des 22 et 24 messidor, *et qu'avant de statuer sur le mérite de cet Appel*, il a ordonné une visite d'experts.

» Ses motifs ont été 1°. que *le tribunal de police* (c'est ainsi qu'il l'a qualifié) n'avait pas prononcé en dernier ressort, et que l'Appel de tout jugement non rendu en dernier ressort est recevable; « 2° qu'à l'égard de l'opposition formée par Ferrand, l'incompétence du tribunal » de police était notoire, s'agissant d'un préju- » dice particulier, dont la connaissance était dé- » volue aux tribunaux civils ».

» Déjà sans doute vous vous êtes dit à vous-mêmes que ces motifs ne justifient pas à beaucoup près, le prononcé du tribunal de Guéret.

» En effet, d'abord, rien n'annonce dans le jugement contradictoire du 24 messidor an 8, qu'il soit rendu à la charge de l'Appel ; et il est à remarquer que ce jugement ne se borne pas à un simple débouté de l'opposition formée par Ferrand à celui qui avait été rendu le 22 par défaut, mais qu'il prononce expressément sur le fond de la contestation, et qu'il le fait avec le même développement que si le jugement du 22 n'eût pas encore existé, quoiqu'il en ordonne l'exécution.

» Ensuite, quand on voudrait inférer de la clause, *nonobstant oppositions ou appellations quelconques*, qui se trouve dans le jugement par défaut du 22, que celui-ci n'eût pas été rendu en dernier ressort, serait-ce une raison pour que l'on pût en appeler ?

» Sans doute quand un tribunal a, par le titre de son institution, le pouvoir de juger certaines matières en dernier ressort, et d'en juger d'autres à la charge de l'Appel, on ne peut pas prendre la voie de cassation, mais seulement celle de l'Appel contre les jugemens qu'il rend *en premier ressort*, quoiqu'il eût dû les rendre en dernier, d'après la nature de leur objet (1).

» Mais quand un tribunal ne peut juger qu'en dernier ressort, il importe peu que, dans ses jugemens, il déclare prononcer effectivement de cette manière, ou ne le faire qu'à la charge de l'Appel. Dans un cas comme dans l'autre, la voie d'Appel est interdite, et celle de cassation est la seule ouverte contre les décisions qui en émanent. La raison en est simple : c'est qu'il n'existe aucune autorité qui soit investie par la loi du droit de recevoir les Appels des jugemens rendus par les tribunaux de cette nature ; et que d'ailleurs le tribunal de cassation est essentiellement institué pour réprimer tous les écarts, de quelque espèce qu'ils soient, dans lesquels peuvent tomber les tribunaux chargés uniquement de juger en dernier ressort.

» Ainsi, un tribunal d'Appel, un tribunal criminel, auraient beau rendre des jugemens en premier ressort : on ne pourrait pas pour cela en appeler, et le tribunal de cassation pourrait seul les annuler.

» Quant à l'incompétence dont le tribunal de Guéret a pensé, avec raison, qu'étaient viciés les jugemens du tribunal de police du canton de Dun, il est évident qu'elle ne pouvait pas plus autoriser l'Appel de ces jugemens, que ne serait susceptible d'Appel le jugement d'un tribunal criminel, qui connaîtrait d'un délit réservé aux conseils de guerre.

» Enfin, l'erreur du tribunal de Guéret est d'autant moins concevable, qu'il aurait dû voir, en jetant les yeux sur la loi du 27 ventôse an 8, à laquelle il doit son existence, qu'il n'est juge d'Appel que *des jugemens rendus en premier ressort par les justices de paix*; et que de là il aurait dû naturellement conclure qu'il ne lui était pas permis de recevoir l'Appel d'un jugement rendu par un tribunal de police.

―――――――
(1) L'art. 453 du Code de procédure civile a depuis décidé que, même en ce cas, l'Appel serait non-recevable. *V.* l'article *Jugement*, §. 13.

» Par ces considérations, nous estimons qu'il y a lieu d'admettre la requête des frères Hyvernaud, en cassation du jugement du tribunal civil de l'arrondissement de Guéret ».

Arrêt du 11 pluviôse an 9, au rapport de M. Lachèze, qui prononce conformément à ces conclusions.

Et l'affaire portée en conséquence à la section civile, arrêt contradictoire du 11 germinal an 10, au rapport de M. Pajon, qui,

« Vu la disposition des art. 153 et 154 du Code des délits et des peines;

» Et, attendu 1°. que, quand le tribunal de police du canton de Dun aurait excédé ses pouvoirs, en statuant sur une contestation qui n'était pas de sa compétence, ce n'était point à un tribunal d'Appel que le défendeur aurait dû se pourvoir, puisqu'en aucun cas, ces tribunaux ne peuvent statuer sur l'Appel des jugemens rendus en dernier ressort;

» Attendu 2°. que c'est de la loi seule que les jugemens reçoivent l'autorité du dernier ressort, lorsqu'ils ont été prononcés par les tribunaux, à qui la loi a confié l'exercice de ce pouvoir; au moyen de quoi, il n'est pas nécessaire que leurs jugemens en fassent mention pour leur imprimer ce caractère;

» D'où il suit que, dans l'espèce dont il s'agit au procès, les jugemens des 22 et 24 messidor an 8, ayant été rendus par la justice de paix du canton de Dun, comme tribunal de police, cette seule énonciation leur imprimait le caractère de dernier ressort; et que, par suite, le jugement attaqué n'a pu en recevoir l'Appel sans commettre un excès de pouvoir résultant de la disposition des deux textes de lois ci-dessus cités;

» Casse et annulle le jugement rendu entre les parties par le tribunal civil de Guéret, le 22 thermidor an 8... ».

Un arrêt semblable a été rendu le 19 messidor an 13, au rapport de M. Gandon.

Le 3 nivôse an 11, jugement du tribunal de police du canton de Larochefoucault, qui déclare le sieur Minard convaincu d'avoir fait entrer furtivement dans la commune de Larochefoucault, quatre barriques de vin et une charretée de bois; et le condamne à payer au fermier des octrois le montant des droits qui lui étaient dus, et à une amende égale à la valeur des objets entrés.

Le sieur Minard appelle de ce jugement au tribunal civil de l'arrondissement d'Angoulême.

Le fermier soutient que cet Appel est non-recevable, parcequ e les jugemens des tribunaux de police ne sont, suivant le Code du 3 brumaire an 4, soumis qu'au recours en cassation.

Le 18 thermidor an 11, jugement par lequel le tribunal civil, « attendu l'excès de pouvoir » évident, commis par le tribunal de police, re» jette la fin de non-recevoir, et ordonne que » les parties viendront plaider au fond. ».

Le 28 du même mois, second jugement qui, donnant défaut faute de plaider contre le fermier, réforme la condamnation prononcée par le tribunal de police.

Recours en cassation de la part du fermier; et par l'arrêt cité,

« Considérant que les tribunaux de police n'ont juridiction que pour prononcer en dernier ressort, et que, conséquemment, tous leurs jugemens sont en dernier ressort; que s'ils commettent excès de pouvoir, leurs jugemens peuvent être attaqués par recours en cassation; mais qu'un tribunal d'arrondissement ne peut en recevoir l'Appel, sans commettre, à son tour, un excès de pouvoir;

» La cour casse et annulle, pour excès de pouvoir et contravention à l'art. 153 de la loi du 3 brumaire an 3 ».

XV. Ce qu'ont jugé ces deux arrêts sous le Code du 3 brumaire an 4, le bon sens veut qu'on le juge également sous le Code d'instruction criminelle ; car les tribunaux civils n'ont pas plus sous celui-ci, qu'ils n'avaient sous celui-là, le droit de réformer les jugemens des tribunaux de police.

Mais les tribunaux correctionnels sont, par l'art. 172 du Code d'instruction criminelle, constitués juges d'Appel de tous les jugemens des tribunaux de police qui prononcent des condamnations, soit à l'emprisonnement, soit à des peines ou réparations pécuniaires au-dessus de 5 francs; et de là ne doit-on pas conclure qu'ils peuvent, dans tous les cas, recevoir les Appels des jugemens des tribunaux de police qui sont qualifiés *comme de juge incompétent?*

Ce qui, à la première vue, semblerait devoir le faire décider ainsi, c'est la règle établie par l'art. 454 du Code de procédure civile que, « lorsqu'il s'agit d'incompétence, l'Appel est re» cevable, encore que le jugement ait été qualifié » en dernier ressort ».

Mais cette règle ne porte que sur les jugemens des tribunaux civils; elle est étrangère aux jugemens des tribunaux de police, et il y a quatre arrêts de la cour de cassation qui décident que l'on ne peut pas l'appliquer à ceux-ci sans violer l'art. 277 du Code d'instruction criminelle qui ne les soumet qu'au recours en cassation hors des cas exprimés dans l'art. 172 du même Code.

Le premier, du 10 avril 1812, est cité dans mon réquisitoire du 5 décembre de la même année, rapporté dans le *Répertoire de jurisprudence*, au mot *Colombier*, n°. 12 bis.

Le second, du 25 janvier 1813, a été rendu sur le même réquisitoire, et se trouve au même endroit.

Le troisième est intervenu dans l'espèce suivante.

Le 11 décembre 1816, jugement par lequel, sur la demande en réparation d'injures, intentée par Lazare Tapin contre Étienne Raveau, le tribunal correctionnel de Clamecy se déclare incompétent, « attendu qu'il ne s'agit que d'in- » jures verbales, et que le dmandeur ne se plaint » pas d'un fait et d'une imputation d'un vice dé- » terminé ».

L'affaire portée au tribunal de police du canton, le juge de paix considère que, parmi les propos injurieux dont se plaint Lazare Tapin, il en est un qui porte sur un vice déterminé; et en conséquence il rend, le 17 de la même année, un jugement par lequel il se déclare incompétent.

Etienne Raveau attaque ce jugement par Appel devant le tribunal correctionnel de Clamecy; et là il intervient, le 12 juin suivant, un jugement qui, attendu que celui du 11 décembre 1816 est passé en force de chose jugée; qu'ainsi, le juge de paix n'avait plus à s'occuper que du fond, et qu'en discutant sa propre compétence, il a excédé ses pouvoirs; reçoit l'Appel, annulle le jugement du tribunal de police du canton de Clamecy, et renvoie les parties devant le tribunal de police du canton de Tannay.

Mais, sur le réquisitoire de M. le procureur-général à la cour de cassation, arrêt du 18 juillet 1817, au rapport de M. Aumont, par lequel,

« Vu les art. 172, 177 et 526 du Code d'instruction criminelle....;

» Attendu que, d'après le Code du 3 brumaire an 4, les jugemens des tribunaux de police n'étaient point soumis à la voie de l'Appel; qu'ils n'étaient susceptibles que du recours en cassation;

» Que la disposition de l'art. 172 du Code d'instruction criminelle a donc été une dérogation au droit commun, et qu'elle ne peut être étendue au-delà des cas qu'elle a déterminés,

» Que, d'après cette disposition, la voie de l'Appel n'est admise contre les jugemens rendus en matière de police, que dans les seuls cas où ces jugemens ont prononcé un emprisonnement, ou lorsqu'ils ont prononcé des amendes, restitutions et autres réparations civiles qui excèdent la somme de 5 francs, outre les dépens;

» Que le jugement rendu, le 17 avril dernier, par le tribunal de police du canton de Clamecy, n'avait point prononcé de condamnation ; que ce tribunal s'était borné à se déclarer incompétent pour connaître de la plainte portée par Raveau ;

» Que ce jugement ne rentrait donc pas dans l'application du susdit art. 172 du Code d'instruction criminelle, et qu'il ne pouvait être annullé que par le recours en cassation, conformément à l'art. 177 du même Code ;

» Que néanmoins le tribunal correctionnel de Clamecy, par son jugement du 4 juin dernier, en a reçu l'Appel, et le réformant, a renvoyé la cause et les parties devant le tribunal de police du canton de Tannay ;

» En quoi ce tribunal a violé les règles de sa compétence et commis une contravention au susdit art. 172 ci-dessus transcrit ;

» Que le jugement du tribunal de police de Clamecy ayant le caractère de dernier ressort, et le jugement rendu, le 11 décembre 1816, par le tribunal correctionnel du même canton, qui s'était aussi déclaré incompétent pour connaître de la plainte de Raveau, ayant acquis ce caractère, parcequ'il n'en avait pas été relevé Appel, la cause et les parties se trouvaient placées dans le cas de l'art. 526 du Code d'instruction criminelle;

» Que, pour rendre à l'action de la justice son cours légal, il y avait lieu, conformément à cet article, à être réglé de juges par la cour de cassation;

» Que le tribunal correctionnel de Clamecy, en annullant, par son jugement du 4 juin, le jugement par lequel le tribunal de police s'était déclaré incompétent, et en renvoyant la plainte et les parties devant un autre tribunal de police, s'est attribué un droit de règlement de juridiction qui, d'après ledit art. 526, n'appartient qu'à la cour de cassation; et que, sous ce second rapport, il a encore violé les règles de sa compétence et a contrevenu aux dispositions de cet art. 526 ;

» La cour casse et annulle... (1) ».

Le quatrième arrêt a été rendu, le 17 janvier 1823, au rapport de M. Ollivier, sur le recours en cassation du sieur Laffaille contre un jugement du tribunal correctionnel de Tarbes, par lequel avait été reçu l'Appel comme de juge incompétent, interjeté par Marc Peré, d'un jugement du tribunal de police qui l'avait condamné à 3 francs de dommages-intérêts pour un délit rural.

« Vu (porte-t-il) l'art. 172 du Code d'instruction criminelle....;

» Attendu que cet article, qui déroge au principe général précédemment établi, suivant lequel les jugemens des tribunaux de simple police n'étaient pas sujets à l'Appel, doit être restreint dans les bornes qu'il a fixées; qu'ainsi, les seuls jugemens de police contre lesquels la voie de l'Appel soit ouverte aujourd'hui, sont ceux qui prononcent, soit un emprisonnement, soit des restitutions ou autres réparations civiles excédant la somme de cinq francs outre les dépens ;

» Et attendu que, dans l'espèce, le jugement du juge de police de Tarbes, du 31 août dernier, avait condamné pour un dommage champêtre, Marc Père à 3 francs de dommages envers Laffaille, et à 2 francs d'amende; qu'à l'audience du tribunal correctionnel de Tarbes devant lequel Marc Peré avait appelé, Laffaille soutint que, d'après l'art. 172 du Code d'instruction criminelle, l'Appel du jugement qui ne prononçait que la condamnation à 3 francs et à 2 francs d'amende, était non-recevable;

(1) Bulletin criminel de la cour de cassation, tome 23, page 173.

» Que néanmoins le tribunal correctionnel de Tarbes, sans avoir égard à la fin de non-recevoir, a annullé la sentence du tribunal de police comme incompétente; en quoi ce tribunal a violé la disposition de l'art. 172 du Code d'instruction criminelle;

» La cour casse et annulle... (1) ».

On peut encore invoquer à l'appui de cette jurisprudence, un arrêt de cassation du 18 décembre 1812, qui est cité dans des conclusions du 25 février 1813, rapportées dans le *Répertoire de jurisprudence*, au mot *Appel*, sect. 2, §. 3, n°. 6.

XVI. Par la même raison, il n'y aurait pas lieu à l'Appel d'un jugement du tribunal de police qui ne prononcerait qu'un sursis à statuer; et voici un arrêt de la cour de cassation, du 25 juin 1824, qui confirme un jugement par lequel le tribunal correctionnel de Condom l'avait ainsi décidé.

« Ouï le rapport de M. Aumont, et M. Fréteau, avocat-général en ses conclusions;

» Attendu que, sous l'empire de la législation antérieure au Code d'instruction criminelle de 1808, et notamment d'après les dispositions des art. 153 et 154 du Code du 3 brumaire an 4, tous les jugemens des tribunaux de police, sans exception, étaient rendus en dernier ressort, et que le seul recours ouvert contre ces jugemens, était le recours en cassation;

» Que c'est donc en dérogeant au principe général précédemment établi, que, par son art. 172, le Code d'instruction criminelle a déclaré susceptibles d'Appel les jugemens des tribunaux de police qui prononcent un emprisonnement ou des amendes, restitutions et autres réparations civiles excédant la somme de 5 francs outre les dépens;

» Que la disposition de cet art. 172 étant une dérogation au droit antérieur, doit être restreinte dans les bornes qu'elle a fixées; qu'il n'y a donc, en matière de police simple, de jugemens que l'on puisse attaquer par la voie de l'Appel, que ceux qui prononcent les condamnations énoncées audit article;

» Attendu que, dans l'espèce, le tribunal de police de Nogaro avait sursis à statuer sur l'action intentée devant lui contre Joseph Jambon par le ministère public, jusqu'après la décision de l'autorité compétente sur la question portée devant elle par le prévenu; que le jugement de ce tribunal ne prononçant aucune condamnation, n'était pas compris dans la disposition exceptionnelle de l'art. 172;

» Qu'il importait peu que, ne prononçant qu'un sursis à statuer, ce jugement ne fût pas définitif; que ce sont les jugemens en dernier ressort, et non les jugemens définitifs qui sont déclarés par les lois seulement sujets au recours en cassation; que les tribunaux de police ne jugeant à la charge de l'Appel que quand ils prononcent un emprisonnement ou des condamnations pécuniaires au-dessus de 5 francs, il s'ensuit nécessairement que tous les autres jugemens émanés de ces tribunaux, qu'ils soient ou ne soient pas définitifs, ont le caractère de jugemens en dernier ressort contre lesquels la voie de la cassation est seule ouverte;

» Qu'en refusant de recevoir l'Appel relevé par le ministère public du jugement par lequel le tribunal de police de Nogaro a sursis à statuer sur l'action qui lui était soumise, le tribunal correctionnel de Condom n'a contrevenu à aucune loi; qu'il s'est au contraire conformé aux principes de la matière et aux règles de compétence;

» D'après ces motifs, la cour rejette le pourvoi du substitut du procureur du roi près le tribunal de première instance de Condom ».

XVII. Le jugement du tribunal de police qui, sur les conclusions du ministère public, condamne le prévenu à une amende de plus de cinq francs, mais qui, sur les conclusions de la partie civile, ne le condamne qu'à des dommages-intérêts au-dessous de cette somme, est-il passible d'Appel contre la partie civile, par cela seul qu'il l'est contre le ministère public ?

On a soutenu la négative dans une espèce qui sera rapportée à l'article *Responsabilité civile*, §. 2. On s'est fondé sur le principe que l'action de la partie civile est indépendante de l'action du ministère public, et ou en a conclu que la disposition du jugement qui statue sur l'une, doit être considérée comme un jugement distinct de la disposition qui statue sur l'autre.

Mais raisonner ainsi, c'était, en quelque sorte, faire le procès à l'art. 172 du Code d'instruction criminelle; c'était lui reprocher d'avoir cumulé, pour donner lieu à l'Appel, les condamnations prononcées sur les réquisitions du ministère public et les condamnations prononcées sur la demande de la partie civile.

Aussi la cour de cassation a-t-elle décidé que, dans cette espèce, l'Appel avait été valablement reçu : « Considérant (a-t-elle dit) qu'outre les » dépens tenant lieu des réparations civiles, le » tribunal de police a prononcé une amende de » plus de 5 francs; que son jugement pouvait » donc être attaqué par la voie de l'Appel, aux » termes de l'art. 172 du Code d'instruction cri- » minelle; la cour rejette le pourvoi..... ».

XVIII. Les jugemens des tribunaux de police sont-ils sujets à l'Appel, lorsqu'ils ne prononcent pas de condamnation au-dessus de cinq francs, quoique la partie civile ou le ministère public aient conclu, la première à une réparation plus forte, le second, soit à une amende au-dessus de cette somme, soit à un emprisonnement?

V. l'article *Dernier ressort*, §. 4.

---

(1) *Ibid.*, tome 28, page 21.

XIX. La faculté d'appeler des jugemens des tribunaux de police qui prononcent, soit un emprisonnement, soit des condamnations pécuniaires au-dessus de 5 francs, cesse-t-elle à l'égard du jugement qui, pour prononcer, soit une condamnation pécuniaire de plus de 5 francs, soit une peine d'emprisonnement, se fonde sur une loi pénale qu'il applique à faux?

Le tribunal correctionnel de Clamecy avait décidé que non, en déclarant non-recevable l'Appel interjeté par la femme Cottin, d'un jugement du tribunal de police de la même ville, qui, par une fausse application de la loi pénale, l'avait condamnée à trois jours d'emprisonnement et à 3 francs d'amende. Mais son jugement a été cassé, le 11 février 1819, au rapport de M. Aumont,

« Attendu qu'aux termes de l'art. 172 au Code d'instruction criminelle, les jugemens rendus en matière de police, peuvent être attaqués par la voie de l'Appel, lorsqu'ils prononcent un emprisonnement, ou lorsque les amendes, restitutions et autres réparations civiles excèdent la somme de 5 francs;

» Que cette disposition est générale et absolue; que le Code dont elle fait partie, ni aucune loi postérieure, ne l'a restreinte ou modifiée; que la nécessité de son exécution n'est point subordonnée au caractère du moyen par lequel le jugement peut être attaqué; qu'elle dépend uniquement de la nature et de la quotité de la condamnation qu'il prononce; et que l'Appel est recevable, par cela seul que le prévenu est soumis à la peine de l'emprisonnement, ou à payer plus de 5 francs d'amende et de réparations civiles;

» Attendu que, par jugement du tribunal de police de Clamecy, du 10 septembre dernier, la femme Cottin a été condamnée à 3 francs d'amende et à 3 jours d'emprisonnement; qu'elle a relevé Appel de ce jugement dans le délai de la loi, et que le tribunal correctionnel de Clamecy, saisi de cet Appel, l'a déclarée non-recevable, par le motif que le jugement du tribunal de police faisait une fausse application de la loi pénale; et qu'à raison de cette fausse application il n'y avait que la voie du recours en cassation;

» Que cette décision, qui range dans la classe des jugemens inattaquables par toute autre voie que celle de la cassation, conséquemment des jugemens en dernier ressort, un jugement déclaré, dans les termes les plus formels, susceptible d'Appel par l'art. 172 du Code d'instruction criminelle, est une fausse interprétation et une violation manifeste de cet article (1) ».

XX. Jusqu'à présent nous ne nous sommes occupés de la faculté d'appeler que relativement aux jugemens des tribunaux. Examinons maintenant, non pas si cette faculté s'étend jusqu'aux jugemens rendus par des arbitres (car l'affirmative est expressément consacrée par le Code de procédure civile), mais comment et par quels progrès successifs elle y a été étendue. On verra à l'article *Arbitres*, §. 14, que cet examen n'est pas de pure curiosité, et qu'il peut conduire encore aujourd'hui à des résultats très-importans.

Le droit romain soumettait sans difficulté à l'Appel les sentences rendues par des arbitres qui n'avaient pas été choisis par les parties, mais que les juges leur avaient donnés de leur seule autorité. C'est ce que prouvent la loi 9, D. *qui satisdare cogantur*, la loi 23, D. *de Appellationibus* (1), la loi 31, C. *de Appellationibus*, et ce qui résulte du rapprochement de la loi 16 et de la loi dernière, C. *de judiciis*.

Il y avait aussi dans le droit romain une espèce d'arbitres volontaires dont les décisions étaient soumises, non pas à un Appel proprement dit, mais à un recours à l'équité du juge : c'étaient ceux qui étaient choisis par les parties, non pour prononcer sur des contestations élevées entre elles, mais pour suppléer dans leurs contrats les explications qu'elles y avaient omises à dessein. Ainsi, en s'associant, deux parties convenaient que leurs parts respectives dans la société seraient réglées par un tiers : celui-ci les réglait d'une manière évidemment inique; la partie qui se trouvait lésée par sa décision, pouvait s'adresser au juge pour qu'il la réduisît *ad arbitrium boni viri*. Telle était la disposition expresse des lois 76, 77, 78, 79 et 80, D. *pro socio*; et on la retrouve dans l'art. 1854 du Code civil.

Mais en était-il de même des arbitres que le droit romain appelait *compromissaires*, c'est-à-dire, des arbitres que les parties choisissaient pour terminer les contestations qui les divisaient?

La première des lois que je viens de citer, décidait nettement que non : *arbitrorum enim*, disait-elle, *duo sunt genera; unum ejus modi, ut sive æquum sit, sive iniquum, parere debeamus; quod observatur, cùm ex compromisso ad arbitrium itum est ; alterum ejusmodi, ut ad boni viri arbitrium redigi debeat, etsi nominatim persona sit comprehensa, cujus arbitratu fiat.*

Aussi la loi 27, §. 2, D. *de receptis qui arbitrium*, déclarait-elle que *stari debet sententiæ arbitri, quam de re dixerit, sive æqua, sive iniqua sit : et sibi imputet qui compromiserit. Nam, et divi pii rescripto adjicitur*, VEL MINUS PROBABILEM SENTENTIAM ÆQUO ANIMO FERRE DEBET.

Il est vrai que la loi 32, §. 14, du même titre, prévoyant le cas où l'arbitre prononcerait au mépris de la récusation que l'une des parties lui aurait fait notifier pour cause d'inimitié survenue postérieurement au compromis, déclarait que cette partie pourrait opposer l'exception de dol

---

(1) Bulletin criminel de la cour de cassation, tome 24, page 64.

(1) *V.* les Pandectes de Pothier, liv. 49, tit. 1, n° 9.

aux poursuites exercées par son adversaire pour lui faire payer la peine compromissoire, et que cette exception serait pour elle une espèce d'Appel qui mettrait le juge ordinaire à portée de rétracter la sentence arbitrale ; mais bien loin de contrarier, par là, le principe consigné dans la loi 27, §. 2, elle le confirmait, au contraire, en termes exprès (1).

Ce principe était encore écrit en toutes lettres dans la loi 1, C. *de receptis arbitris* : *ex sententiâ arbitri ex compromisso jure perfecto aditi, appellari non posse sæpè rescriptum est ; quia nec judicati actio indè præstari potest ; et ob hoc invicem pœna promittitur, ut metu ejus à placitis non recedatur.*

Mais quelque lumineuse que fût la ligne de démarcation que traçaient ces différens textes entre ces deux dernières espèces d'arbitres, les praticiens, avides de procès qui les enrichissaient en ruinant les parties, affectaient de ne pas l'apercevoir ; et insensiblement les tribunaux s'habituèrent, dans presque toute l'Europe, à recevoir les réclamations élevées contre les décisions des arbitres compromissaires, comme ils étaient autorisés par les lois citées du titre *pro socio*, à accueillir les demandes en réduction *ad arbitrium boni viri*, des avis donnés par les arbitres nommés dans les contrats pour y suppléer ce que les parties avaient à dessein omis d'y régler elles-mêmes.

Ces réclamations ne furent d'abord présentées que sous un nom qui tout à la fois en rappelait l'origine et en mettait à nu le vicieux fondement ; elles le furent sous le nom de demandes *en réduction* ; et ce fut sous ce nom qu'elles continuèrent d'être admises dans les Pays-Bas (comme elles le sont encore dans une grande partie de l'Allemagne), jusqu'à la publication qui, de nos jours, y a été faite des lois françaises.

Mais en France, on fit d'abord un pas de plus. Sous le prétexte que la loi 32, §. 14, D. *de receptis qui arbitrium*, désignait par les mots *species Appellationis*, l'exception de dol qu'elle accordait contre les sentences arbitrales qui avaient été rendues au mépris des récusations légitimement motivées et notifiées, on donna ouvertement le nom d'Appel, au recours que l'on se permettait d'exercer contre les sentences arbitrales quelconques ; mais, comme on était forcé de reconnaître que ce n'était point là un Appel ordinaire, on le qualifia d'*Appellatio ad arbitrium boni viri.*

C'est ce que nous apprenons par l'art. 4 de l'ordonnance du roi Jean, du mois de décembre 1363, qui veut que ces sortes d'Appels soient portés devant les premiers juges, et que le parlement ne puisse les recevoir que dans le cas où il se trouvera saisi de la contestation sur laquelle les parties auront compromis (1).

Cette manière de qualifier l'Appel des sentences arbitrales, tomba peu à peu en désuétude ; mais ce qui prouve que l'on n'en continua pas moins fort long-temps à reconnaître que les sentences arbitrales n'étaient point passibles d'Appel proprement dit, et qu'elles n'étaient sujettes, devant le juge ordinaire, qu'à un recours *ad arbitrium boni viri*, c'est la manière dont est conçu l'art. 34 de l'ordonnance de Louis XII du mois de juin 1510, renouvelé pour la Provence, par l'art. 30 du chap. 16 de l'ordonnance de François Ier, du mois d'octobre 1535 : « Toutes parties (portent ces articles) et chacun d'eux qui compromettront en arbitres, arbitrateurs ou amiables compositeurs, avec adjéction de peine, après que sentence sera donnée par lesdits arbitres, arbitrateurs ou amiables compositeurs ; la partie prétendant être grevée, pourra RECOURIR OU APPELER au juge ordinaire ; et si, par le juge ordinaire, la sentence desdits arbitres, arbitrateurs ou amiables compositeurs est confirmée, en ce cas, ne sera reçue partie à appeler de ladite sentence, sinon en payant préalablement la peine apposée en l'arbitrage ; sauf toutefois à telle peine recouvrer, s'il est dit en fin de cause ».

On voit que ces articles se servaient indifféremment des mots *appeler* ou *recourir*, pour exprimer l'action d'implorer l'office du juge ordinaire contre une sentence arbitrale ; et c'est déjà une grande preuve que l'on ne considérait pas alors cette démarche comme un véritable Appel.

Ce qui le prouve encore mieux, c'est la disposition de ces articles qui ne rendait la peine compromissoire exigible qu'en cas d'Appel de la sentence confirmative de la décision arbitrale. On sent, en effet, que cette disposition n'avait

---

(1) *Cùm quidam arbiter ex aliis causis inimicus manifestè apparuisset, testationibus etiam conventus* NE SENTENTIAM DICERET, *nihilominùs nullo cogente dicere perseverasset : libello cujusdam id querentis, imperator Antoninus subscripsit,* POSSE EUM UTI DOLI MALI EXCEPTIONE. *Et idem cùm à judice consuleretur apud quem pœna petebatur, rescripsit* ETIAMSI APPELLARI NON POTEST, DOLI MALI EXCEPTIONEM IN PŒNÆ PETITIONE OBSTATURAM. *Per hanc ergò exceptionem quædam appellandi species est, cùm liceat retractare de sententiâ arbitri.*

(1) *Si quis autem à dicto seu pronunciatione arbitrorum, arbitratorum, amicabilium compositorum,* AD ARBITRIUM BONI VIRI DUXERIT APPELLANDUM, *non licet appellanti præfatam nostram curiam pro viro bono eligere, nisi partes, aut ipsarum altera de jure suo debeat sibi litigare ; quod si per importunitatem, aut aliàs subrepticè adjornamentum obtineat, sive sit in causâ Appellationis, sive reclamationis ad curiam nostram, et omisso medio interjectæ, sive alia causa, quæ jure suo ad curiam nostram non debet ventilari, cognito de surreptione aut impetrantis importunitate summariè, et de plano partem audiendo, quamlibet semel, vel bis, si hoc curiæ videatur, per curiam nostram ipsæ partes ad ordinarium vel omissum judicem, coràm eo, sicut rationis est, processuræ remittantur, et pars impetrans in expensas adversariæ condemnetur, nisi curia ipsa viderit ipsam ab expensis ex causâ justâ relevandam.*

pu être motivée que sur la considération qu'implorer l'office du juge comme *vir bonus*, contre une décision arbitrale, ce n'était pas, à proprement parler, revenir contre le compromis par lequel on s'était obligé d'exécuter cette décision, mais seulement exercer une faculté que l'on était censé s'y être réservée ; et que cette décision ne recevait son complément que par la sentence du juge ordinaire qui, en la confirmant, déclarait qu'il n'avait, comme *vir bonus*, rien à changer à ce qu'avaient fait les arbitres.

Sans doute, pour être conséquent, il aurait fallu, en considérant la sentence confirmative de la décision arbitrale, comme le complément de celle-ci, l'affranchir elle-même de l'Appel ; car on retombait nécessairement par là dans le cas des lois romaines qui prohibaient l'Appel des décisions rendues par suite d'un compromis valable ; et tel était effectivement l'avis d'un très-grand nombre d'auteurs cités par Covarruvias, *Variæ resolutiones*, liv. 2, chap. 12, et par Gail, *Practicæ Observationes*, liv. 1, §. 149. Mais l'usage en avait disposé autrement, et les articles cités des ordonnances de 1510 et 1555 l'avaient pris pour fondement de la disposition dont il s'agit.

On sentit enfin que la distinction entre l'Appel proprement dit et le recours *ad arbitrium boni viri*, n'aboutissait qu'à la multiplication des procédures et à la ruine des parties ; et n'osant ou ne voulant pas réparer la faute que l'on avait primitivement faite en mettant de côté les lois romaines qui interdisaient toute espèce de réclamation contre les sentences régulièrement rendues par des arbitres compromissaires, on prit le parti de les déclarer franchement sujettes à l'Appel ; ce qui amena, pour les parlemens, le droit que leur avaient refusé les ordonnances de 1363, de 1510 et de 1535, de connaître immédiatement du bien ou mal jugé de ces sentences. Cette innovation est due à l'ordonnance de François II, du mois d'août 1560 (1).

« Comme le vrai moyen d'abréger les procès (y est-il dit) soit de venir au-devant et garder qu'ils ne soient amenés par-devant les juges, mais décidés hors jugement par accord et transaction d'entre les parties même, ou par arbitrateurs et amiables compositeurs qui sont élus du commun consentement desdites parties ; toutefois les esprits des hommes sont si pleins de contention, que ce qu'ils ont peu avant accordé et aprouvé, tôt après ils le reprouvent et discordent, contrevenant aux transactions et compromis par eux faits et accordés. Sur quoi nous avons, par notre édit précédent de cette année même, pourvu et ordonné touchant les transactions ; et au regard des compromis et arbitrages, notre très-honoré seigneur et bisaïeul le roi Louis XII aurait ordonné que toutes parties qui auront compromis ou arbitré avec peine, pourront des sentences par eux données appeler devant le juge ordinaire, et où lesdites sentences seraient confirmées, en ce cas ne soit l'Appel reçu, sinon en payant préalablement la peine apposée à l'arbitrage, sauf à icelle recouvrer (s'il était dit) en fin de cause ; laquelle ordonnance a été faite pour abréviation des procès ; toutefois par la malice des hommes, l'effet a été du tout contraire à l'intention de ladite ordonnance qui n'apporte que plus grande longueur de procès, et au lieu d'une appellation en fait deux.

» Pour ce est-il que nous, désirant singulièrement ôter et abréger les procès, la longueur desquels ruine et détruit nos sujets, avons, par notre édit, confirmé et autorisé, confirmons et autorisons tous jugemens donnés sur les compromis des parties, encore qu'en iceux compromis n'y eût aucune peine apposée, voulant qu'ils aient telle force et vertu que les sentences données par nos juges, et que, contre iceux, nul ne soit reçu appelant que préalablement ils ne soient entièrement exécutés, tant en principal et dépens qu'en la peine, si peine y aurait été apposée, sans espérance d'icelle peine recouvrer, ores que ladite sentence fût infirmée en tout ou en partie.

» Et sera ledit Appel desdits arbitres ou arbitrateurs relevé en nos cours souveraines, sinon qu'il fût question de choses dont les présidiaux peuvent juger en dernier ressort, auquel cas, sera ledit Appel relevé devant eux ».

Tel était encore en 1790, l'état de la législation française sur cette matière, lorsque l'assemblée constituante s'occupa des *arbitrages* dans son décret sur l'organisation judiciaire. Les bons esprits n'avaient pas attendu jusque-là pour sentir tout ce qu'il y avait de vicieux et de contraire à la nature des choses dans le système qui soumettait de plein droit les sentences arbitrales à l'Appel.

Cujas en avait fait la remarque dans sa 12°. consultation : *mos est galliæ*, avait-il dit, *ut possit appellari, quod miror ; nam refragatur arbitrii natura ac ratio vera*.

Grivel, conseiller au parlement de Dole, avait fait entendre très-clairement dans son recueil d'arrêts de cette cour, décis. 1, qu'il pensait de même que Cujas. Après avoir parlé de l'usage où l'on était de son temps en Franche-Comté de recevoir l'Appel des sentences arbitrales, il avait ajouté : *usu ne an potius abusu id factum sit, nescio*.

Le président Favre, dans ses *Rationalia* sur la loi 76, D. *pro socio*, avait également signalé cet usage comme contraire aux vrais principes ; *alio tamen jure utimur* (avait-il dit, après avoir retracé les dispositions des lois romaines qui mettaient les sentences arbitrales à l'abri de toute espèce de recours, sous prétexte de mal-jugé), *ut etiam ab hujus modi arbitris hodie appellari*

---

(1) Cette ordonnance porte, pour le ressort du parlement de Toulouse, le nom du roi Charles IX et la date du mois de janvier 1561.

possit perindè atque à judicibus, ut petatur reductio ad arbitrium boni viri, etiam nullâ præstitâ pænâ, quousque arbitri sententia confirmata sit, non sine magno reipublicæ malo, ad quam certè pertineret maximè ne lites ab arbitris compromissariis decisæ beneficio hujus modi Appellationis, contrà juris rationem, longiùs protraherentur, nec sanè ullus juris nostri locus est quo probari possit Appellationes hujusmodi à sententiis arbitrorum qui ex compromisso prononciarunt, admittendas esse.

Tulden, conseiller au grand conseil de Malines, n'avait pas traité plus favorablement cet usage dans son commentaire sur le Code Justinien, titre *de receptis arbitris*, n°. 4 : *proindè nec appellandum à sententiâ arbitri, quod tamen consuetudo* PERPERAM *mutavit.*

Ce qu'avaient écrit là-dessus en 1787 les auteurs de la *nouvelle édition du dictionnaire des arrêts de Brillon*, n'était pas moins remarquable :

« L'Appel des sentences arbitrales est donc en usage parmi nous ; mais en cela, faisons-nous mieux que les Grecs et les Romains qui le rejetaient ? Les plus célèbres jurisconsultes ne le pensent pas. . . . .

» Van-Espen (tome 2, page 275) dit que l'Appel des sentences des arbitres est absolument contraire au but de l'arbitrage qui est d'être jugé vite et à peu de frais et d'éviter le recours aux tribunaux. . . . .

» On répond à cela qu'il serait cruel de refuser à une partie qui se croit injustement condamnée, quoiqu'elle l'ait été par des arbitres, un remède fourni par les lois contre l'iniquité des premiers juges ; que les sentences arbitrales ayant été mises au niveau de tous les autres jugemens qui sont sujets à l'Appel, ne doivent pas être plus privilégiées ; et que le droit de juger en dernier ressort, ne peut appartenir qu'aux tribunaux que le roi a revêtus, à cet égard, d'une portion de son autorité. D'ailleurs les sentences arbitrales, chez les Romains, n'avaient que force d'avis, et n'étaient entretenues que par la stipulation de la peine ; la partie qui ne voulait pas s'y tenir, en était quitte en payant cette peine ; la sentence était dès-lors comme non-avenue, et les parties étaient remises au même état qu'auparavant. En France, les décisions des arbitres ont plus de consistance ; on leur donne le caractère de vrais jugemens, tels que ceux qui sont émanés des tribunaux ordinaires. Une fois autorisés, ces jugemens d'arbitres deviennent exécutoires ; et il ne dépendrait pas de la partie condamnée d'en éviter l'exécution, en payant la peine du compromis ; il faut donc qu'elle ait une voie pour faire réformer ces jugemens, s'ils lui insèrent injustement des griefs trop considérables, et cette voie ne peut-être que celle de l'Appel.

» Tout cela ne prouve pas cependant, que la manière dont nous considérons les arbitrages sur compromis, soit plus avantageuse et plus raisonnable que celle que les Romains avaient adoptée ; tout cela ne prouve pas que des parties qui ont mutuellement et volontairement convenu de s'en rapporter, pour terminer leurs différends, à la décision d'un ou de plusieurs juges de leurs choix, ne soient naturellement tenues de remplir cet engagement réciproque, toutes les fois qu'il ne blesse que leurs intérêts particuliers ; tout cela, enfin, ne prouve pas que le souverain qui, dans certains cas, veut que l'on puisse appeler des sentences arbitrales, ne puisse donner à ces sentences, dans tous les autres cas, le même caractère de chose jugée en dernier ressort. Un père de l'église disait : *Diabolus ipse, si auctoritate judicis quem ultrò elegisset, toties vinceretur, non esset tam impudens ut in eâ causâ persisteret* (Saint-Augustin, épître 167) ».

Ces idées étaient trop évidemment marquées au coin de la raison, pour ne pas faire, sur l'assemblée constituante, l'impression que l'on devait attendre des lumières et de l'esprit philosophique que l'on distinguait la majorité : aussi la loi du 24 août 1790 déclara-t-elle, tit. 1, art. 4, qu'il ne serait *point permis d'appeler des sentences arbitrales, à moins que les parties ne se fussent expressément réservé, par le compromis, la faculté de l'Appel*, ce qui rentrait absolument dans l'esprit des lois romaines.

Cette disposition fut renouvelée par l'art. 211 de la constitution du 5 fructidor an 3, et par l'art. 3 de la loi du 27 ventôse an 8.

Mais, dans l'art. 1010 du Code de procédure civile, elle a été, sans discussion, remplacée par celle-ci : *Les parties pourront, lors et depuis le compromis, renoncer à l'Appel* ; c'est-à-dire que, sans peser les motifs qui avaient dirigé les législateurs de 1790, de 1795 et de 1800, sans considérer qu'une sentence arbitrale n'est qu'une convention qui, sur les contestations qu'elle a pour objet, est arrêtée entre les parties par l'organe de leurs mandataires (1), et que, par conséquent, il est de sa nature de ne pouvoir être résiliée par l'une des parties malgré l'autre, à moins qu'elles ne s'en soient expressément réservé la faculté ; on en est revenu à l'ancienne routine, de regarder l'Appel comme une voie ouverte de plein droit contre les sentences arbitrales, et que l'on a seulement permis aux parties d'y renoncer pour ces sentences, comme on leur avait déjà permis d'y renoncer pour les jugemens des tribunaux ordinaires. Je laisse à penser si une pareille innovation a été bien réfléchie.

XXII. La disposition citée de l'art. 4 du tit. 1 de la loi du 24 août 1790 n'avait été faite que pour le cas où les arbitres seraient choisis volontairement par les parties ; elle ne s'étendait pas à celui où l'arbitrage était forcé ; et cette loi elle-même l'avait ainsi réglé par l'art. 14 de son titre 10.

―――――――――
(1) *V.* l'article *Arbitres*, §. 14, art. 1.

Aussi n'a-t-on jamais douté, même dans l'intervalle de la loi du 24 août 1790 au Code de procédure civile, que la faculté d'appeler n'eût lieu de plein droit à l'égard des jugemens qui, dans les contestations entre associés pour fait de commerce, étaient rendues par les arbitres que les parties nommaient forcément en exécution de l'art. 7 du tit. 4 de l'ordonnance du mois de mars 1673. Le Code de commerce n'a donc pas introduit un droit nouveau, lorsqu'après avoir maintenu l'arbitrage forcé pour *toute contestation entre associés et pour raison de la société*, il a ajouté, art. 52 : *il y aura lieu à l'Appel du jugement arbitral, si la renonciation n'a pas été stipulée.*

XXIII. Du reste, la sage distinction que la loi du 24 août 1790 avait faite par rapport à la faculté de l'Appel, entre les décisions des arbitres volontaires et celle des arbitres forcés, fut perdue de vue à l'époque ou l'on crut devoir soumettre forcément à l'arbitrage, tous les procès concernant la propriété des biens communaux et toutes les contestations relatives à l'exécution des lois nouvelles sur les successions. La faculté de l'Appel fut interdite, pour les uns, par l'art. 21 de la section 5 de la loi du 10 juin 1793, et, pour les autres, par l'art. 56 de la loi du 17 nivôse an 2.

Mais ces dispositions furent abrogées par une loi du 6 brumaire an 4 ; et l'on verra ci-après, §. 8, art. 1, n°. 9, que, par une autre loi du 28 brumaire an 7, il fut donné une sorte d'effet rétroactif à cette abrogation, par rapport aux jugemens d'arbitres forcés, qui avaient enrichi des communes au préjudice de l'État, en accueillant, sans titres valables, leurs prétentions, soit à la propriété de forêts nationales, soit à des droits d'usage sur des forêts de la même nature (1).

XXIV. Lorsqu'une sentence arbitrale est arguée de l'un des vices énumérés dans l'art. 1028 du Code de procédure civile, peut-on en appeler au lieu de prendre, pour la faire déclarer nulle, la voie d'opposition à l'ordonnance d'*exequatur* du président du tribunal de première instance ?

J'ai établi la négative ci-dessus, n°. 6, et je dois ajouter ici qu'elle est énoncée comme très-constante, dans un arrêt contradictoire de la cour de cassation, du 5 novembre 1811 : « D'a-
» près l'art. 1028 du Code de procédure (y est-il
» dit) lorsqu'un jugement arbitral est rendu hors
» les termes du compromis, la nullité doit en
» être demandée par opposition à l'ordonnance
» d'exécution, devant le tribunal qui l'a rendu ;
» et, suivant la loi du 1ᵉʳ. mai 1790, une action
» principale ne peut-être soumise à une cour
» d'Appel, qu'après l'avoir été à un tribunal de
» première instance (1) ». On verra d'ailleurs à l'article *Arbitres*, §. 14, art. 8, n°. 1, dans une note sur un arrêt de la même cour, du 30 avril 1813, que celui-ci ne contrarie nullement le principe consacré par celui-là.

Mais cette règle est-elle applicable aux jugemens rendus par des arbitres forcés entre associés pour fait de commerce ?

C'est demander en d'autres termes, si ces jugemens sont compris dans la disposition de l'art. 1028 du Code de procédure civile ; car s'ils y sont compris, nul doute que l'Appel n'en soit non-recevable, et que l'on ne doive y substituer l'opposition à l'ordonnance d'*exequatur*. Si, au contraire, ils n'y sont pas compris, il est clair que l'on ne peut pas les attaquer par opposition à l'ordonnance d'*exequatur*, mais seulement par la voie d'Appel.

Quelle est donc de ces deux manières d'entendre l'art. 1028 du Code de procédure civile, celle qui doit prévaloir ?

M. Locré, dans son *Esprit du Code de commerce*, liv. 1, tit. 3, vers la fin, ne doute pas que ce ne soit la première.

Après avoir établi que les jugemens rendus par des arbitres forcés entre associés pour fait de commerce, peuvent être attaqués, non-seulement par Appel, mais encore par recours en cassation, mais non pas par requête civile, il ajoute :

« Il n'est pas besoin de mode particulier pour faire valoir les nullités qui vicient les jugemens des tribunaux, attendu que les parties les relèvent par le moyen, ou de la tierce opposition, ou de la requête civile, ou de l'Appel, ou du pourvoi en cassation.

» Mais il était un recours particulier pour empêcher qu'un jugement arbitral, qui est nul, n'ait cependant ses effets, par la raison,

» 1°. Que tous les genres de recours ne sont pas admis contre ces sortes de jugemens, et que même aucun ne reste ouvert dans l'arbitrage forcé, si les parties ont renoncé à l'Appel et au pourvoi en cassation ;

» 2°. Qu'il était utile de dégager l'arbitrage et surtout *l'arbitrage en matière de commerce*, des formes compliquées, où l'on pouvait trouver un moyen simple de faire anéantir les jugemens infectés de nullité.

» Ce moyen, le Code de procédure l'établit ainsi qu'il suit ».

Et là-dessus, M. Locré transcrit l'art. 1028 du Code de procédure ; après quoi, il continue ainsi : « J'observerai que cet article a été spécialement
» rappelé dans le cours de la discussion, et l'on a
» dit qu'il pourvoyait au cas où des arbitres au-
» raient jugé sans compromis ou après le com-

---

(1) *V.* l'article *Usage (droit d')*, §. 1.

(1) *V.* le Bulletin civil de la cour de cassation, année 1811, page 268.

» promis expiré, et, en conséquence, il était inu-
» tile de s'en occuper dans le Code de commerce ».
Il est vrai que ces assertions ont été mises en
avant (comme le remarque en note M. Locré lui-
même) dans la séance du conseil d'état du 19 février 1807; mais le conseil d'état les a-t-il adoptées? Ouvrons le procès-verbal de cette séance.

Nous y voyons d'abord, n°. 9, la discussion
s'ouvrir sur l'art. 56 du projet, lequel (à la suite
de l'art. 55 portant qu'il y aurait lieu à l'Appel
de la sentence arbitrale, si les parties n'y avaient
pas expressément renoncé), était ainsi conçu :
« Les parties peuvent, dans tous les cas, se
pourvoir en cassation, s'il y a, de la part des arbitres, violation de la loi.

» La renonciation à ce droit ne pourra être stipulée ».

Au n°. 10, M. Berlier combat cet article, en
demande la suppression et propose de le remplacer par la disposition suivante : « Les art. 1026,
» 1027 et 1028 du Code de procédure civile se-
» ront, au surplus, observés dans les cas où il y
» aura ouverture à requête civile, ou opposition
» contre un jugement arbitral, ou même à recours
» en cassation contre les arrêts qui auraient sta-
» tué soit sur la requête civile, soit sur l'Appel
» d'un jugement arbitral ».

Au n°. 11, le président du conseil d'état s'attache à justifier l'art. 56, sans s'occuper de la
proposition de M. Berlier.

Au n°. 12, M. Treilhard « dit qu'il ne serait
» peut-être pas sans inconvénient de n'ouvrir aux
» parties que le recours en cassation. On les obli-
» gerait de se transporter à Paris pour la contes-
» tation de l'intérêt le plus léger. On pourrait
» leur offrir une voie plus simple, celle de se pour-
» voir en nullité devant la cour d'Appel toutes les
» fois que les arbitres auraient blessé la loi ».

Aux n°°. 13 et 14, cette dernière proposition est
combattue.

Au n°. 15, l'art. 56 est supprimé.

Au n°. 16, « M. Berlier dit qu'il ne suffit pas de
» rejeter l'article, qu'il faut encore le remplacer,
» et il reproduit sa proposition ».

Aux n°°. 17, 18 et 19, une discussion s'établit
sur la question de savoir si la requête civile sera
admise contre les jugemens rendus en dernier
ressort par des arbitres forcés, comme elle l'est
contre les jugemens de la même nature rendus
par des arbitres volontaires.

Au n°. 20, « M. Berlier dit que le Code de pro-
» cédure ayant extrêmement simplifié la législa-
» tion relative aux arbitrages, il ne faut point s'ef-
» frayer de l'application qu'on demande à en faire
» aux matières de commerce. Qu'est-ce d'ailleurs
» que produirait le silence sur ce point ? Le renvoi
» au droit commun, si les tribunaux estimaient
» qu'il n'y est pas dérogé, ou une lacune, s'ils
» adoptaient l'opinion contraire ; il convient donc
» que la loi s'explique elle-même ».

Au n°. 21, l'on insiste pour le rejet de la voie
de requête civile.

Au n°. 22, « M. Treilhard dit que, si les arbi-
» tres avaient jugé sans compromis ou après le
» compromis expiré, il faudrait bien permettre
» aux parties de se pourvoir ».

Au n°. 23, M. Berlier répond « qu'en ce cas,
» il n'y a lieu qu'à une simple opposition, ainsi
» que l'a directement prévu l'art. 1028 du Code
» de procédure; tout doit donc engger le conseil
» à s'y référer ».

Enfin au n°. 24, « la proposition de M. Berlier
» et l'art. (56, quoique déjà supprimé) sont
» renvoyés à la section ».

Assurément le conseil d'état, en renvoyant à
la section la proposition de M. Berlier, ne l'a pas
plus approuvée en tant qu'elle tendait à faire déclarer l'art. 1028 du Code de procédure civile
commun aux jugemens rendus en arbitrage forcé, qu'il ne l'a approuvée en tant qu'elle tendait
à faire déclarer les art. 1026 et 1027 du même
Code communs aux mêmes jugemens; il a seulement exigé que, sur l'un comme sur l'autre
point, elle subît un examen ultérieur; et il est
clair que, si par suite de ce nouvel examen, elle
n'a pas obtenu, sur l'un et l'autre point, l'approbation du conseil d'état, elle ne peut être
d'aucune influence sur la question de savoir si
l'art. 1028 du Code de procédure civile est applicable aux jugemens rendus par des arbitres forcés, ou plutôt qu'elle doit faire résoudre cette
question dans un sens directement opposé à l'o-
pinion de M. Locré.

Or, quel a été le résultat de l'examen qu'en a
fait la section, ainsi que du compte qui en a été
rendu au conseil d'état ? Nous l'apprenons par
le procès-verbal de la séance du 13 janvier 1807,
n°. 9 :

» M. Regnault de Saint-Jean d'Angély présente
(y est-il dit) une nouvelle rédaction du projet de
Code de commerce, rédigée conformément aux
amendemens adoptés dans les séances des 14,
19, 21 et 24 février, et dans celle de ce jour.

» Le conseil l'adopte en ces termes.....

» Art. 54 (devenu l'art. 52 dans la rédaction
définitive). *Il y aura lieu à l'Appel du jugement
arbitral, ou au pourvoi en cassation, si la renonciation n'a pas été stipulée. L'Appel sera porté
au tribunal d'Appel.*

M. Locré convient qu'ainsi rédigé, l'art. 52 du
Code de commerce doit être regardé, pour les
associés commerçans, comme dérogeant pour
l'arbitrage forcé en matière commerciale, à la
règle établie, pour l'arbitrage volontaire, par
l'art. 1026 du Code de procédure civile; en un
mot, comme rejetant en cette partie la proposition de M. Berlier.

Eh ! Le moyen, d'après cela, de ne pas le regarder également comme exclusif de l'opposition à l'ordonnance d'*exequatur*, dans le cas où
cette voie est admise, dans l'arbitrage volon-

4ᵉ édit., Tome I.

taire, par l'art. 1028 du Code de procédure ? Comment le rejet de la proposition de M. Berlier, en tant qu'elle avait pour objet de faire déclarer l'art. 1026 commun à l'arbitrage forcé, n'en emporterait-il pas le rejet en tant qu'elle avait pour objet d'étendre à l'arbitrage forcé la disposition de l'art. 1028 ?

Est-il d'ailleurs si difficile d'expliquer pourquoi le conseil d'état n'a pas voulu que, dans les cas précisés par l'art. 1028, on pût attaquer les jugemens d'arbitres forcés par la voie de l'opposition à l'ordonnance d'*exequatur*, pourquoi il a voulu que, dans ces cas, comme dans ceux où les jugemens d'arbitres forcés ne seraient attaqués que comme jugeant mal au fond, ils ne pussent l'être que par la voie d'Appel ? Il ne faut, pour y parvenir, que faire bien attention à la nature de la disposition de l'art. 1028.

Cette disposition est-elle une exception à la règle du droit commun qui n'ouvre, contre les jugemens rendus ou censés rendus contradictoirement, mais non en dernier ressort, que la voie d'Appel, et ne permet pas, lors même qu'ils sont nuls par incompétence ou excès de pouvoir, de les attaquer par action principale en nullité ?

Non, car si elle n'était qu'une exception à cette règle, elle n'aurait pas pu exister avant que le Code de procédure civile l'eût érigée en loi ; et cependant il est certain qu'elle a précédé la publication de ce Code (1).

Qu'est-elle donc ? Rien autre chose que la déclaration de ce qu'on doit entendre, dans l'application de la règle dont il s'agit, par le mot *jugement*; rien autre chose que la définition de ce mot par rapport aux arbitres volontaires ; rien autre chose qu'une distinction entre les cas où les arbitres volontaires *jugent*, et le cas où, croyant juger, ils ne *jugent* réellement pas.

Que des arbitres volontaires légalement constitués, se renfermant dans les termes du compromis, observant les conditions qu'il leur impose, et ne s'occupant que des choses respectivement demandées, prononcent bien ou mal, justement ou d'une manière inique, conformément à la loi ou sans avoir égard à ses dispositions, sur l'affaire qui leur est soumise par les parties, leur décision équipollera à un jugement, il en acquerra toute la force par l'ordonnance d'*exequatur*; et là s'appliquera, dans toute son étendue, la règle du droit commun qui fait de l'Appel des jugemens contradictoires non rendus en dernier ressort, une voie indispensable pour les attaquer.

Mais que de prétendus arbitres qui, faute de compromis valable, ne le sont véritablement pas; que des arbitres légalement constitués, mais dont les pouvoirs sont expirés ; que des arbitres dont les pouvoirs subsistent encore, mais qui en violent les conditions ou en dépassent les limites, que de tels arbitres rendent une décision quelconque : que feront-ils ? Rien qu'un simulacre de jugement, rien qui porte le caractère d'un jugement véritable, rien qu'un acte susceptible sans doute d'être annullé par le juge ordinaire, mais dont il ne peut, sous aucun prétexte, être *nécessaire*, ni même *permis* d'appeler au juge supérieur ; et surtout rien dont le juge ordinaire ne puisse prononcer l'annullation sans qu'on puisse dire qu'il se *déjuge* lui-même, puisqu'il ne représente pas les arbitres, et qu'il ne peut, sous aucun rapport, être identifié avec eux. C'est ce qu'expliquait très-bien l'orateur du tribunat, en portant la parole devant le corps législatif, sur le titre *des arbitrages* du Code de procédure civile :
« Les arbitres (disait-il) reçoivent, des parties qui
» les choisissent, un véritable mandat; ils doi-
» vent en observer les termes avec scrupule. S'ils
» les excèdent, ce n'est plus comme arbitres qu'ils
» agissent, c'est en usurpateurs. L'acte qu'ils qua-
» lifient jugement, est une entreprise téméraire
» sur l'ordre des juridictions, une violation ma-
» nifeste du contrat formé entre eux et les parties.
» Un tel acte est radicalement nul, et le juge or-
» dinaire a naturellement l'autorité nécessaire
» pour en prononcer la nullité ».

En est-il à cet égard des arbitres forcés en matière commerciale, comme des arbitres volontaires ? Non, évidemment non.

Qu'importe, en effet, qu'à l'instar des arbitres volontaires, les arbitres forcés ne soient que les mandataires des parties qui les choisissent ou du tribunal de commerce qui les nomme au défaut des parties ? Qu'importe que les arbitres forcés ne puissent pas plus que les arbitres volontaires juger sans mandat ni après l'expiration de leur mandat, ni hors des termes de leur mandat ? Qu'importe que les décisions des arbitres forcés ne soient par elles-mêmes, comme celles des arbitres volontaires, que des actes privés dénués de toute force exécutoire et qui ne peuvent être converties en jugemens proprement dits que par l'ordonnance d'*exequatur* !

Il n'en est pas moins constant qu'il existe entre les uns et les autres plusieurs différences essentielles, et qu'il y en a notamment une qui est décisive pour notre question. En effet, les arbitres volontaires, je l'ai déjà dit, ne représentent point, en jugeant, le tribunal civil de première instance, et c'est principalement de là que dérive, pour ce tribunal, le droit d'annuller ce qu'ils ont fait sans pouvoir ou par excès de pouvoir. Les arbitres forcés, au contraire, ne sont, en jugeant, que les représentans du tribunal de commerce; ce qu'ils jugent, le tribunal de commerce est censé le juger par leur organe ; et cela est si vrai que leurs jugemens doivent, aux termes de l'art. 61 du Code de commerce, être transcrits dans ses registres, et par conséquent se confondre avec ceux qu'il rend lui-même.

---

(1) *V.* l'article *Arbitres*, §. 4.

Mais, dès-lors, comment aurait-il, pour annuller leur jugemens par défaut ou excès de pouvoir, une autorité qu'il n'a pas pour annuller les siens propres pour cause d'incompétence? Cela est évidemment impossible.

Aussi, est-ce en ce sens que notre question a été décidée par les cours souveraines, toutes les fois qu'elle s'y est présentée.

La dame Bocca et le sieur Billotto se trouvant en contestation devant le tribunal civil de Coni, faisant fonctions de tribunal de commerce, sur un compte de société commerciale, jugement intervient qui les renvoie devant les arbitres auxquels il ordonne de prononcer *dans le mois*. Les arbitres ne prononcent que cinq mois après. La dame Bocca appelle de ce jugement à la cour de Turin. Le sieur Billotto soutient qu'elle est non-recevable, et qu'elle n'a d'autre voie à prendre que celle d'opposition à l'ordonnance d'*exequatur*.

Par arrêt du 8 mars 1811,

« Considérant que l'affaire dont il s'agit, appartenant au commerce, ce n'est pas d'après les dispositions de l'art. 1028 du Code de procédure, mais bien d'après celles de l'art. 52 du Code de commerce, que la recevabilité de l'Appel interjeté d'un jugement arbitral, doit être appréciée;

» Que, d'après les dispositions dudit art. 52, il est évident que le législateur, pour favoriser l'expédition des causes de commerce, a voulu que, dans ces affaires, la voie de l'Appel fût de suite ouverte contre les jugemens arbitraux, sans les assujétir à celle de l'opposition établie pour les affaires ordinaires ;

» Qu'en conséquence, la dame Bocca a régulièrement interjeté Appel, pardevant cette cour, du jugement arbitral dont est cas ;

» La cour, sans s'arrêter à la fin de non-recevoir..., avant que de rendre droit au fond, ordonne.... (1) »*.

Le 20 novembre 1809, sentence arbitrale qui, statuant sur une contestation élevée entre les sieurs Gautreau et Lucas, d'une part, et le sieur Jamet, de l'autre, au sujet d'une société commerciale en participation, prononce en faveur de celui-ci.

Les sieurs Gautreau et Lucas forment opposition, devant le tribunal de commerce de Nantes, à l'ordonnance d'*exequatur* dont elle a été revêtue par le président de ce tribunal à la requête du sieur Jamet, et articulent, pour la faire annuller, plusieurs des vices énumérés dans l'art. 1028 du Code de procédure civile.

Le sieur Jamet répond que, s'ils ont des nullités à proposer contre cette sentence, c'est par Appel et non par opposition qu'ils doivent les faire valoir; et en conséquence, il décline le tribunal de commerce.

Le 27 mars 1810, jugement qui rejette le déclinatoire du sieur Jamet, et ordonne qu'il sera plaidé au fond.

Mais, sur l'Appel du sieur Jamet à la cour de Rennes, arrêt du 25 juillet de la même année, par lequel,

« Considérant que, par la section 2 du titre 3 du livre premier, le Code de commerce a établi des formes particulières et spéciales pour les arbitrages en matière de société de commerce ;

» Considérant qu'il résulte des art. 51 et 52 que les tribunaux de commerce ne peuvent, dans aucun cas, s'immiscer dans la connaissance des affaires de société de commerce ; que cette connaissance est dévolue exclusivement à des arbitres qui, commis par la loi, deviennent des juges momentanés et seuls compétens pour prononcer sur ces sortes de contestations ; que, si le président du tribunal de commerce donne son ordonnance d'exequatur au jugement des arbitres, il doit la rendre purement et simplement, sans connaissance de cause, et sans qu'il puisse examiner le bien ou le mal jugé des arbitres;

» Considérant d'ailleurs que le législateur a tracé une ligne de démarcation bien distincte entre les arbitrages volontaires et les arbitrages forcés, prescrits par le Code de commerce ; que les premiers sont considérés comme étrangers aux tribunaux de première instance, qui sont chargés de les annuller, s'ils contiennent des irrégularités dans la forme, ou de les réformer, dans le cas où le droit de réformation n'est pas attribué à la cour supérieure ; que la minute du jugement arbitral est seulement déposée au greffe du tribunal civil, tandis qu'au contraire, dans les arbitrages forcés, le jugement qui est aussi déposé au greffe, est rendu exécutoire sans *modification*, par une ordonnance du président, et est, de plus, transcrit dans les registres du tribunal de commerce ; en sorte qu'il est considéré comme un jugement émané de la juridiction commerciale, qui ne peut s'immiscer ni par voie de nullité, ni d'aucune autre manière;

» Considérant, enfin, que l'art. 52 du Code de commerce ne reconnaît que deux manières de se pourvoir contre un jugement arbitral, rendu en matière de société, l'Appel devant la cour supérieure, ou le pourvoi en cassation ;

» Par ces motifs, la cour dit qu'il a été mal et incompétemment jugé, par le jugement du 27 mars dernier, rendu par le tribunal de commerce de Nantes (1) ».

Les 2, 6 et 30 décembre 1822, un jugement arbitral est rendu à Paris entre les sieurs Demolard et Lefèbvre, associés.

Le 2 janvier 1823, il est rendu exécutoire par une ordonnance du président du tribunal de commerce de la même ville.

---

(1) Journal des Audiences de la cour de cassation, 1812, supplément, page 7.

(1) Jurisprudence de la cour de cassation, tome 12, partie 2, page 404.

Le sieur Lefèbvre forme opposition à cette ordonnance et demande la nullité du jugement.

Le sieur Demolard soutient que l'opposition est inadmissible, et qu'il ne peut y avoir lieu qu'à l'Appel.

Le 29 juin 1824, jugement par lequel le tribunal de commerce le décide ainsi,

« Attendu que le jugement arbitral à l'exécution duquel le sieur Lefèbvre a formé opposition, a été rendu sur les difficultés survenues entre les parties pour raison de leur société; et que, par conséquent, il y a lieu d'appliquer à la cause les principes qui régissent les arbitrages en matière de société.

» Attendu que l'art. 1028 du Code de procédure, invoqué par le demandeur, n'est pas applicable à la cause, et que, suivant les dispositions de l'art. 52 du Code de commerce, les jugemens arbitraux ne peuvent être attaqués que par la voie de l'Appel ou le recours en cassation ».

Appel de la part du sieur Lefèbvre, et le 6 août de la même année, arrêt qui, « adoptant les motifs des premiers juges, met l'appellation au néant (1) ».

La cour de cassation n'a pas encore eu, du moins à ma connaissance, occasion de se prononcer sur cette question. Mais ce qui prouve qu'elle la jugerait de même, le cas échéant, c'est que, par des arrêts dont je rendrai compte au mot *Arbitres*, §. 4, n°. 1, elle a expressément adopté les principes sur lesquels sont fondés ceux que je viens de transcrire.

§. II. *A qui la voie de l'Appel est-elle ouverte ?*

I. Elle l'est indubitablement à ceux qui, par un jugement non rendu en dernier ressort, sont condamnés, soit à payer, soit à faire ou souffrir quelque chose.

Remarquons cependant que la condamnation n'est pas toujours une cause d'Appel. Si celui qui est condamné, n'a point d'intérêt de faire réformer le jugement, il ne peut pas appeler. C'est ce que décident la loi, D. *de Appellationibus recipiendis vel non;* et la loi 2, C. *de fide instrumentorum.*

Par exemple, dit le président Favre (dans son Code, liv. 7, tit. 29, définit. 5), en faisant l'application de ces lois, vous devez à Pierre, qui est mon débiteur en même temps que celui de Paul, une somme de six mille livres. Paul la fait saisir entre vos mains, et vous la versez dans les siennes, par autorité de justice, moyennant caution. Ce paiement provisoire ne vous ayant pas libéré définitivement, je vous poursuis à mon tour comme redevable de mon débiteur, et je vous fais condamner à payer entre mes mains. Dans cet état, pourrez-vous appeler ? Non, répond M. Favre,

---

(2) Journal des Audiences de la cour de cassation, année 1824, supplément, page 165.

parceque'ayant déjà payé en vertu d'un jugement vous n'avez aucune suite à craindre de la sentence; ce ne sera pas contre vous, mais contre Paul que je la mettrai à exécution; et même je ne pourrai le faire qu'en prouvant que j'ai sur lui un droit de préférence ou au moins de contribution au marc la livre.

Par la même raison, dit Voët (sur le digeste, liv. 49, tit. 1, n°. 2), si un héritier bénéficiaire est condamné, en sa qualité, à payer par préférence un créancier qui n'est pas privilégié, il ne pourra pas appeler, parcequ'il lui importe peu dans quel ordre il paie les différens créanciers. Ce n'est pas sur lui que reviendront ceux qui auront à se plaindre d'une préférence accordée injustement à d'autres; ils n'auront de recours que contre les personnes qui ont été payées indûment. (Loi dernière, §. 4, 5, 6, C. *de jure deliberandi*).

II. Pour pouvoir appeler d'un jugement, est-il nécessaire d'y avoir été partie ?

L'affirmative n'était pas douteuse dans le droit romain; mais elle y souffrait une exception. On ne peut, disait la loi 5, D. *de Appellationibus*, appeler d'une sentence rendue entre des tiers; on le peut cependant, si l'on a, pour le faire, une juste cause : *à sententiâ inter alios dictâ appellari non potest nisi ex justâ causâ;* ce qui signifiait clairement que l'on pouvait appeler même d'un jugement dans lequel on n'avait pas été partie, lorsqu'on avait intérêt à ce qu'il fût réformé; et c'est ce qu'exprimait plus clairement encore la loi 4, §. 2 du même titre : *alio condemnato, is cujus interest appellare potest.*

De là résultait une conséquence fort simple : c'est que toutes les fois que, sans avoir été partie dans une sentence, on était sujet à l'exception de chose jugée qu'elle produisait, on était recevable à en appeler.

Ainsi, quoique les légataires n'eussent pas été parties dans la sentence qui, sur la demande de l'héritier *ab intestat* et contradictoirement avec l'héritier institué, déclarait le testament nul, étaient néanmoins recevables à en appeler. C'était la décision expresse de la loi 5, §. 1 et 2, D. *de Appellationibus.*

Mais celui qui, sans être sujet à l'exception de chose jugée qui résultait d'une sentence dans laquelle il n'avait pas été partie, avait à craindre qu'elle ne formât un préjugé défavorable, soit à l'action qu'il avait à intenter pour le même objet et pour la même cause, soit à la défense qu'il avait à faire valoir contre une action à laquelle il était exposé pour la même cause et pour le même objet, pouvait-il en interjeter Appel?

La loi citée se prononçait nettement pour l'affirmative. Vous pouvez, disait-elle, appeler du jugement rendu contre votre co-héritier, quoique vous n'ayez pas besoin de le faire pour conserver vos droits : *veluti si quis in coheredum præjudi-*

cium condemnari se patitur, quamvis et sine Appellatione tutus est coheres.

Il est vrai que Pothier, dans ses Pandectes, liv. 49, tit. 1, n°. 20, prétend que tel n'est pas le sens de cette loi, et voici comment il en présente le résultat : *si unus ex heredibus se falso creditori hereditario condemnari patiatur; videntur primâ facie coheredes ejus, ab hâc sententiâ quæ inter ipsos lata non est, posse appellare, eo quòd eorum intersit hunc non judicari hereditatis creditorem. Verùm quod dixit, mox emendat his verbis,* QUAMVIS ET SINE APPELLATIONE TUTUS EST COHERES : *quia sententia non facit ut is ergà coheredem cùm quo sententia lata non est, videri debeat hereditatis creditor. Undè tacitè concludendum relinquit supervacuam Appellationem adeòque non recipiendam.*

Mais il est évident que Pothier fait dire à cette loi ce qu'elle ne dit pas, et qu'il en efface ce qu'elle dit réellement. Elle dit bien que le co-héritier du condamné n'a pas besoin d'appeler pour conserver ses droits contre la partie adverse de son co-héritier; mais elle ne dit pas que, s'il appelle surérogatoirement, son Appel ne sera pas reçu; elle dit même précisément tout le contraire.

La même loi ouvrait à la caution la voie d'Appel contre le jugement qui avait condamné le débiteur principal : *item fidejussores pro eo pro quo intervenerunt; igitur et venditoris fidejussor, emptore victo appellabit.* Mais par quel motif disposait-elle ainsi ? Etait-ce parce qu'elle considérait le jugement rendu contre le débiteur principal, comme ayant l'autorité de la chose jugée contre la caution ? Ou n'était-ce qu'un moyen qu'elle offrait à la caution d'empêcher que le créancier ne lui opposât, comme simple préjugé, la condamnation déjà subie par le débiteur principal ? C'est ce qu'elle n'explique pas.

III. Quoi qu'il en soit, voyons jusqu'à quel point ces décisions du droit romain sont applicables à la jurisprudence actuelle.

Que l'on doive encore aujourd'hui prendre pour règle celles de ces décisions desquelles il résulte qu'une personne qui n'a pas été partie dans un jugement, mais qui est sujette de plein droit à l'exception de chose jugée qu'il produit, est recevable à en appeler, c'est ce qui ne peut faire la matière du plus léger doute. Il faut bien, en effet, qu'elle ait une voie ouverte pour attaquer ce jugement; car il serait à la fois inique et absurde de faire valoir contre elle une condamnation portée contre un tiers, et de lui refuser tout moyen de la faire réformer. Or, cette voie quelle serait-elle ? La tierce-opposition ? Non assurément. La tierce-opposition n'est admise que de la part de ceux contre lesquels le jugement n'a pas l'autorité de la chose jugée. Il faut donc nécessairement que ce soit l'Appel.

Dira-t-on qu'admettre à appeler une partie qui n'a pas figuré dans le jugement de première instance, quoiqu'elle soit sujette à l'exception de la chose jugée qu'il produit, ce serait l'admettre à former dans son intérêt, en cause d'Appel, des demandes qui n'ont pas frappé l'oreille du premier juge, et par conséquent à contrevenir à l'art. 464 du Code de procédure civile ? Mais il est impossible que le jugement de première instance ait contre elle l'autorité de la chose jugée, sans qu'elle soit, par une fiction de la loi, censée y avoir été partie; et du moment qu'elle est censée y avoir été partie, il faut bien aussi que les conclusions sur lesquelles il a prononcé, soient censées avoir été prises par ou contre elle.

Ainsi, la caution étant, comme je l'établirai sous les mots *Chose jugée*, §. 18, liée par le jugement qui condamne le débiteur principal, nul doute qu'aujourd'hui, comme sous le droit romain, la caution ne puisse appeler du jugement par lequel le débiteur principal a été condamné.

Ainsi, nul doute que le garanti qui, sur sa demande en garantie formelle, s'est fait mettre hors de cause en première instance, conformément à la faculté que lui en donne l'art. 182 du Code de procédure civile, ne puisse appeler du jugement qui intervient ensuite contre son garant, et qui, aux termes de l'art. 185 du même Code, n'est pas moins exécutoire contre lui que contre le garant même.

Ainsi, quoique je n'aie pas été partie dans le jugement qui a débouté Guillaume de sa demande en paiement d'une créance qu'il prétendait avoir sur Antoine, et qu'il m'a transportée depuis, je suis recevable à appeler de ce jugement, parce que j'ai été représenté par mon cédant, et que ce qui a été jugé avec celui-ci, le serait irrévocablement contre moi, si je n'en appelais pas (1).

Ainsi, Philippe, commerçant, est déclaré failli, par un jugement rendu sur la demande de l'un de ses créanciers; il y forme opposition et il obtient contre les syndics établis à sa faillite, un jugement qui rapporte le précédent, ainsi que tout ce qui s'en est ensuivi et le réintègre dans son état. Ce nouveau jugement n'est pas attaqué par les syndics, mais le créancier qui a provoqué la déclaration de faillite, en appelle. Y est-il recevable ? Pourquoi ne le serait-il pas ?

« Les jugemens rendus contre les syndics (disait sur cette question M. l'avocat-général Destoop, à l'audience de la cour supérieure de justice

---

(1) Il y a encore une autre raison : c'est que, comme l'a dit la cour supérieure de justice de Bruxelles, dans un arrêt du 25 février 1817, en rejetant la fin de non-recevoir opposée à l'Appel interjeté par un cessionnaire, du jugement qui, antérieurement à la cession, avait été rendu contre le cédant, « puisque l'art. 1700 du Code civil permet » la cession ou transport de créances *litigieuses*, c'est-à-» dire, lorsqu'il existe à leur égard un procès sur le fond » du droit, il doit être loisible au cessionnaire de pour-» suivre ce procès jusqu'au définitif contre le débiteur ». (*Jurisprudence de la cour supérieure de justice de Bruxelles, année 1817, tome 1ᵉʳ., page* 200.)

du Bruxelles, du 5 octobre 1815) n'acquièrent-ils pas, à l'égard des créanciers, l'autorité de la chose jugée? Et cette raison seule ne donne-t-elle pas aux créanciers la faculté d'appeler? Il paraît donc constant que, lorsque des syndics qui ont succombé en première instance, négligent d'appeler ou croient qu'il n'est pas de l'intérêt de la masse qu'ils appellent, il est libre à chaque créancier d'appeler à ses risques et périls. Aucune loi ne s'y oppose.

» L'art. 494 du Code de commerce dit bien que toutes les actions qui appartiendront à des tiers contre le failli, doivent être dirigées contre les syndics; mais ici il ne s'agit point d'une action à diriger contre les syndics; il s'agit uniquement d'un droit que les syndics eux-mêmes pourraient faire valoir contre le failli; et, à leur défaut, nous pensons que chaque créancier peut le faire ».

Et sur ces raisons, arrêt du même jour par lequel « attendu que les syndics condamnés par le jugement dont est Appel, auraient pu appeler de ce jugement; que les syndics d'une faillite représentant tous les créanciers, à leur défaut chacun des créanciers, à ses risques et périls, a le même moyen de se pourvoir contre le jugement....;

» La cour, sans avoir égard à la fin de non-recevoir contre l'Appel, proposée par l'intimé et dont il est débouté, met ce dont est Appel à néant (1) ».

Ainsi, le préfet qui, dans une affaire intentée par la régie de l'enregistrement et des domaines, pour le recouvrement des arrérages d'une rente appartenant à l'état, n'a pas été mis en cause devant les premiers juges, quoique le fond de la rente eût été contesté par le défendeur, peut, s'il intervient un jugement qui déclare que la rente n'est pas due, en interjeter Appel, parcequ'il a été, à cet égard, valablement représenté par la régie; et c'est ce qu'a jugé un arrêt de la cour de cassation dont voici l'espèce.

Il appartenait à la fabrique de Godoncourt, département des Vosges, une rente de 66 livres, créée en 1741, pour fondation de messes, et de la prestation de laquelle étaient chargés les héritiers de Jean Saintin, fondateur.

La loi du 13 brumaire an 2 ayant déclaré tout l'actif des fabriques propriété nationale, et chargé la régie de l'enregistrement d'en poursuivre le recouvrement, les héritiers de Jean Saintin n'ont fait d'abord aucune difficulté de continuer cette rente au trésor public, et ils la lui ont payée pendant plusieurs années consécutives.

Mais, en 1800, François Saintin qui, par des arrangemens de famille, devait acquitter la rente à la décharge de ses co-héritiers, a prétendu en être affranchi envers l'état, et en a refusé le paiement.

En conséquence, le 15 frimaire an 8, une contrainte a été décernée contre lui par le directeur de l'enregistrement et des domaines.

François Saintin y a formé opposition, et la cause a été portée devant le tribunal civil du département des Vosges.

Là, une seule question a été agitée, celle de savoir si la rente de 66 livres était due ou non à l'état, ou si elle était éteinte par la cessation du service religieux auquel le fondateur l'avait affectée; et elle l'a été entre deux parties seulement, François Saintin, opposant à la contrainte, et le directeur de l'enregistrement, défendeur à l'opposition.

Le 24 floréal an 8, jugement qui réduit la contestation au seul point sur lequel les parties avaient plaidé, et qui, après avoir établi par d'assez longs paralogismes, que l'État n'est pas fondé à réclamer la rente litigieuse, déboute la régie de ses conclusions, et déclare la contrainte nulle.

Ce jugement était en opposition manifeste, et avec la loi du 13 brumaire an 2, et, comme on le verra à l'article *Fondations*, avec la jurisprudence constante et invariable de la cour de cassation.

Aussi le directeur de l'enregistrement n'a-t-il pas manqué de réclamer l'autorisation de la régie pour en interjeter Appel.

La régie lui a répondu, le 18 messidor an 8 :
« Nous partagerons entièrement votre opinion sur
» le fond de cette affaire; et la distinction qui a
» servi de base au jugement, nous paraît même
» d'autant moins fondée, que, par une des clauses
» de l'acte de 1741, le curé de Godoncourt et ses
» successeurs sont autorisés, faute d'un seul paie-
» ment des arrérages, à se mettre en possession
» des fonds affectés à la rente. Mais l'état des
» choses a changé depuis que vous nous avez
» rendu compte de cette affaire. Il s'agissait d'a-
» bord d'un simple recouvrement, et aujourd'hui
» il s'agit de la propriété de la rente. Ainsi, nous
» ne pouvons nous pourvoir contre le jugement,
» quoique nous soyons persuadés qu'il doit être
» réformé. *Vous devez remettre au préfet de votre*
» *département toutes les pièces, avec un mémoire*
» *expositif des faits.... Le préfet prendra, de con-*
» *cert avec le conseil de préfecture, le parti qui*
» *sera jugé convenable,* et chargera, si, comme
» nous le pensons, *il se décide à interjeter Appel,*
» le commissaire du gouvernement près le tri-
» bunal civil, de la suite de cette affaire ».

Le directeur de l'enregistrement a suivi la marche qui lui était tracée par ses chefs; et, de son côté, le préfet du département des Vosges n'a pas balancé à interjeter Appel du jugement du 24 floréal an 8.

L'affaire portée, par ce moyen, à la cour d'Appel de Nancy, il s'y est agi de savoir, non pas si le tribunal de première instance avait bien jugé, la négative était trop évidente, mais si le préfet était recevable à en appeler.

Par arrêt du 24 germinal an 9, la cour de

---

(1) Jurisprudence de la cour supérieure de justice de Bruxelles, année 1815, tome 2, page 129.

Nancy a décidé qu'il n'était pas recevable *quant à présent*, et a renvoyé les parties *à se pourvoir autrement dûment par devant le tribunal de première instance.*

Le préfet a demandé la cassation de cet arrêt; et l'affaire portée à l'audience de la section civile, j'ai observé que, pour apprécier ses moyens, il importait de bien saisir les motifs qui avaient déterminé la décision de la cour de Nancy.

«Le tribunal d'Appel de Nancy (ai-je ajouté) a d'abord posé pour principe, que toutes les fois que, dans une instance en recouvrement de droits ou de rentes prétendus par la régie de l'enregistrement, au nom de la république, la partie contre laquelle la régie dirige ses poursuites, conteste le fond du droit ou de la rente, la régie n'a plus de qualité pour plaider cette partie, et qu'il est indispensable de faire intervenir le préfet, seul contradicteur légitime avec lequel puisse être jugée une question de cette nature.

» Passant ensuite à l'application de ce principe, le tribunal d'Appel de Nancy a reconnu que, dans l'espèce, *l'objet des poursuites était un droit contesté au fond par celui contre lequel il était revendiqué.*

» De là, il a conclu que, si la régie avait dû, par la nature de ses fonctions, exercer les premières poursuites, en tant qu'elles avaient pour objet un recouvrement d'arrérages, elle n'avait pas pu, de son chef, les continuer, lorsqu'elle avait vu le fond du droit compromis par la résistance de François Saintin; qu'elle avait dû alors dénoncer la contestation au préfet et provoquer son assistance dans la cause; que n'ayant pas suivi cette marche, tout ce qui avait été fait devant le premier juge, était irrégulier et nul.

» Il a ajouté qu'on ne pouvait pas régulariser en cause d'Appel ce qui a été mal fait en première instance, *parceque s'il est vrai*, a-t-il dit, *que les intérêts de la république n'aient pas été suffisamment défendus par devant les premiers juges, elle serait privée d'un degré de juridiction contrairement au vœu de la loi.*

» Tout cela roule, comme vous le voyez, sur la supposition que la régie de l'enregistrement n'était pas compétente pour plaider en première instance sur le fond du droit litigieux.

» Mais cette supposition, aucune loi ne la justifie, et l'usage journalier la condamne.

» Sans doute, lorsque le fond d'un droit dont la régie poursuit le recouvrement, est contesté par le redevable, le préfet peut intervenir pour défendre ce droit.

» Mais son intervention est-elle nécessaire pour que le jugement à rendre ait, contre la république ou en sa faveur, l'autorité de la chose jugée?

» Pour qu'elle le fût, il faudrait qu'une loi expresse eût attribué au préfet le droit exclusif d'intenter ou de soutenir en justice les actions qui ont pour objet le fond des rentes dues à la république. Or il n'existe point de loi semblable.

» L'art. 13 du tit. 3 de la loi du 5 novembre 1790 dit bien que « toutes actions en justice, » principales, incidentes ou en reprise, qui seront » intentées par les corps administratifs, le seront » au nom du département, par le procureur gé- » néral syndic, poursuite et diligence du procu- » reur syndic du district; et (que) ceux qui vou- » dront en intenter contre ces corps, seront » tenus de les diriger contre ledit procureur gé- » néral syndic ».

» L'art. 14 ajoute bien qu'il ne pourra être intenté « aucune action par le procureur général » syndic, qu'ensuite d'un arrêté du directoire du » département, pris sur l'avis du directoire du » district, à peine de nullité et de responsabilité, » excepté pour les objets de simple recouvre- » ment ».

La loi du 19 nivôse an 4 dit bien « qu'il im- » porte de donner aux corps administratifs les » moyens d'accélérer le recouvrement de tous les » objets qui appartiennent à la nation, et de » veiller à la conservation de toutes les propriétés » nationales »; et en conséquence, elle statue bien que « toutes les actions en justice, prin- » cipales, incidentes ou en reprise, qui seront » intentées par les corps administratifs, le seront » au nom de la république française, par le com- » missaire du directoire exécutif près l'adminis- » tration départementale ».

» Mais, dans toutes ces dispositions, pas un mot qui détermine quelles sont les actions qui devront être intentées ou soutenues exclusivement par les corps administratifs (que représentent aujourd'hui les préfets).

» A la vérité, lorsqu'il s'agit de propriétés foncières, les préfets ont seuls qualité pour agir et défendre; il y en a une preuve bien positive dans l'art. 12 du tit. 9 de la loi du 15-29 septembre 1791, concernant l'administration forestière.

» Mais aucune loi n'a étendu cette attribution exclusive aux rentes et redevances; et, dans le fait, nous voyons tous les jours la régie de l'enregistrement plaider, même devant vous, au pétitoire, sur ces sortes d'objets.

» Aussi ne lui a-t-il été opposé aucune fin de non-recevoir, de la part du cit. Saintin, devant le tribunal civil du département des Vosges; et cette circonstance était assurément bien suffisante pour déterminer le tribunal d'Appel de Nancy à repousser les réclamations élevées devant lui par le cit. Saintin, contre la régularité de la procédure en première instance.

» Il reste donc que la république a été valablement représentée en première instance; qu'elle y a régulièrement plaidé par l'organe des régisseurs de l'enregistrement; et que, par une conséquence nécessaire, elle se trouvait, en cause d'Appel, dans une position qui imposait au tribunal de Nancy, l'obligation de prononcer sur le bien ou mal jugé de la décision qui lui était déférée.

» Inutile de dire que le préfet n'avait point été partie dans le jugement de première instance.

» Le préfet n'y avait point été partie ! Mais la régie de l'enregistrement l'avait été pour lui : car il y avait entre eux une sorte de droit de prévention pour défendre la créance litigieuse de la république; et de là même il résulte qu'en cause d'Appel, il était indifférent que ce fût le préfet ou la régie de l'enregistrement qui se rendît nominativement partie.

» De là, par conséquent, la nécessité, pour le tribunal de Nancy, de faire droit sur cet Appel.

» En s'en abstenant, il a tout à la fois commis un déni de justice, et violé la loi qui défend de faire subir à chaque affaire plus de deux degrés de juridiction.

» Le défendeur a sans doute pressenti la force de tous ces raisonnemens ; car dans sa réponse aux moyens de cassation du préfet, il n'a cherché qu'à dénaturer l'état de la cause.

» Suivant lui, le préfet a dû être déclaré non-recevable, parce que le jugement de première instance ne jugeait pas le fond.

» Il ne jugeait pas le fond ! Mais il suffit de le lire, pour se convaincre du contraire.

» Il y a plus : le tribunal d'Appel de Nancy, lui-même, a décidé formellement que le fond avait été jugé par le tribunal de première instance ; ainsi, le jugement attaqué, c'est-à-dire, le titre même que défend ici François Saintin, condamne son système.

» Par ces considérations, nous estimons qu'il y a lieu de casser et annuller le jugement du tribunal d'Appel de Nancy, du 24 germinal an 9; renvoyer la cause et les parties devant le tribunal d'Appel le plus voisin ; et ordonner qu'à notre diligence, le jugement à intervenir sera imprimé et transcrit sur les registres du tribunal d'Appel de Nancy ».

Par arrêt rendu le 22 floréal an 10, au rapport de M. Lasaudade,

« Vu la loi du mois de mai 1790, qui ne permet que deux degrés de juridiction; la loi du 19 nivôse an 4....., et l'art. 3 de la loi du 28 pluviôse an 8, ainsi conçu : *le préfet sera chargé seul de l'administration*;

» Et, attendu que le directeur des domaines nationaux, comme le préfet, ne sont que les agens de la république ; que l'action intentée en première instance par le directeur des domaines, agent de la république, en paiement d'une année d'arrérages de rente, pour et au profit de la république, a pu être valablement poursuivie en cause d'Appel par le préfet, également agent de la république, surtout lorsque le fond du droit était contesté, et avait été jugé au préjudice de la république ; que le préfet, en cette qualité, était partie capable pour relever, en cause d'Appel, les griefs faits à la république ; que le tribunal d'Appel aurait dû statuer sur les griefs par lui proposés et sortir les parties d'affaire, au lieu de les renvoyer au tribunal de première instance, qui avait déjà statué sur le fond ; ce qui est un déni de justice, et une contravention aux lois ci-dessus citées;

» Par ces motifs, le tribunal casse et annulle.....».

III *bis*. Du principe consacré par cet arrêt et par les précédens, que la voie d'Appel est ouverte à toute partie liée par un jugement dans lequel elle n'a pas figuré en nom, est recevable à en appeler, il devrait résulter que les créanciers inscrits peuvent appeler du jugement qui, dans une procédure en expropriation forcée, et contradictoirement avec le poursuivant qui les représente tous, prononce sur une contestation élevée, soit entre le débiteur et le poursuivant, soit entre le poursuivant joint au débiteur et un tiers. Cependant il y a des raisons d'en douter que j'examinerai à l'article *Saisie immobilière*.

IV. Mais des légataires peuvent-ils aujourd'hui, comme sous le droit romain, appeler du jugement qui, sur la demande de l'héritier *ab intestat* contredite par l'héritier institué seulement, et sans qu'ils aient été mis en cause, déclare le testament nul ?

Sous les lois romaines, le droit d'Appel des légataires reposait sur deux bases : l'autorité de la chose jugée qu'avait contre eux le jugement rendu contre l'héritier institué, et l'intérêt qu'ils avaient à ne pas laisser subsister un jugement qui, fondé sur un titre commun entre eux et l'héritier institué, formait à l'avance un préjugé défavorable à leur cause.

La première de ces bases n'ayant plus lieu dans notre jurisprudence (1), ils ne pourraient plus fonder leur Appel que sur la seconde ; et ceci amène une question plus générale, celle de savoir si les principes de l'ordre judiciaire actuel peuvent encore s'accorder avec la disposition de la loi 5, D. *de Appellationibus*, de laquelle il résultait que, sans être sujet à l'exception de chose jugée produite par un jugement rendu entre des tiers, et par conséquent sans être tenu d'en appeler, on pouvait néanmoins l'attaquer par la voie d'Appel, dans la seule vue d'empêcher qu'il ne formât un préjugé défavorable, soit à l'action que l'on avait à intenter pour le même objet et pour la même cause, soit à la défense que l'on avait à faire valoir contre une action à laquelle on était exposé pour la même cause et pour le même objet.

Or, cette question n'en est plus une depuis long-temps.

Déjà même avant le Code de procédure civile, la disposition de la loi dont il s'agit, était généralement tombée en désuétude ; et il était passé en

―――――――
(1) *V*. les articles *Ministère public*, §. 7, n°. 4, et *Question d'état*, §. 3, n°. 1, à la fin.

APPEL, §. II.

maxime que la voie d'Appel n'était ouverte qu'à celui qui en avait rigoureusement besoin pour écarter le jugement qu'on lui opposait ou qu'il avait à craindre qu'on ne lui opposât.

Il est vrai qu'aux termes de l'art. 466 du Code de procédure civile, conforme en cela à l'ancienne jurisprudence (1), tant qu'est pendant l'Appel interjeté d'un jugement par l'une des parties qui y ont figuré, celui qui aurait le droit de former tierce opposition à l'arrêt par lequel la confirmation ou l'infirmation en serait prononcée, peut intervenir sur l'Appel même, et par là se procurer les mêmes avantages que s'il était appelant.

Mais s'il n'est appelé du jugement par aucune des parties entre lesquelles il a été rendu, ou, ce qui revient au même, si la partie qui en a d'abord appelé, se désiste de son Appel, alors il n'y a plus de matière à intervention de la part du tiers lésé par le jugement; et serait en vain qu'à cette voie qui lui est fermée, il voudrait substituer celle de l'Appel, il ne serait pas écouté. Témoin l'arrêt suivant de la cour de cassation.

La commune de Thons avait obtenu, le 22 octobre 1793, contre la veuve Toustain, un jugement arbitral en dernier ressort, qui la réintégrait, en vertu de la loi du 28 août 1792, dans la propriété d'une forêt qu'elle prétendait lui avoir été autrefois enlevée par les anciens seigneurs du lieu, représentés en partie par la veuve Toustain, et en partie par divers individus, qui, à cette époque, étaient émigrés.

La loi du 28 brumaire an 7, rapportée ci-après, §. 8, n°. 9, ayant soumis à l'Appel au profit de la république, les jugemens arbitraux qui, pendant le cours de l'arbitrage forcé, l'avaient évincée, au profit des communes, de forêts qu'elle prétendait nationales; le commissaire du gouvernement près l'administration du département des Vosges avait appelé de ce jugement, et son Appel avait été porté au tribunal civil du même département.

La commune de Thons l'avait soutenu non-recevable; et, par jugement du 24 messidor an 8, le tribunal des Vosges avait accueilli cette fin de non-recevoir.

Le préfet du département des Vosges s'était pourvu en cassation, et son unique moyen consistait à dire qu'une forêt prétendue nationale, le jugement attaqué avait violé la loi du 28 brumaire an 7, en déclarant l'Appel non-recevable, sous le prétexte qu'il n'avait pas été interjeté dans les trois mois de l'arrêté par lequel l'administration centrale en avait autorisé l'émission.

» Ce n'est point là (ai-je dit, en portant la parole sur cette affaire) ce qu'a véritablement jugé le tribunal civil du département des Vosges.

» Il a bien dit, dans ses motifs, que s'il y avait lieu à l'Appel en faveur de la république, la république s'en fût trouvée déchue pour n'avoir pas pris cette voie dans le délai dont nous venons de parler.

» Mais il a ajouté tout de suite que l'on devait observer que la république n'avait pas été partie au procès jugé par les arbitres, le 22 octobre 1793, et que, dès-lors, elle n'avait que la voie de tierce-opposition.

» Ainsi, il a jugé, non pas que la république était déchue de son Appel, mais que cette voie ne lui était pas ouverte par la loi du 28 brumaire an 7.

» Effectivement, la loi du 28 brumaire an 7 ne porte que sur *les jugemens arbitraux* que *les communes ont obtenus contre la république, et qui leur ont adjugé la propriété de certaines forêts que* la république *prétendait nationales* : ce sont les termes exprès de l'art. 1er.

Il faut donc que la république ait été partie dans ces jugemens, pour qu'elle puisse en appeler.

» Or, la république a-t-elle été partie dans le jugement arbitral du 22 octobre 1793 ? Non; ce jugement n'a été rendu qu'entre la veuve Toustain et la commune de Thons.

» Sans doute, la république aurait dû y être appelée, comme représentant les co-propriétaires de la veuve Toustain, qui, à cette époque, étaient émigrés. Mais elle ne l'a pas été; et de là, il résulte bien qu'elle peut former une tierce-opposition au jugement, mais non pas qu'elle puisse en interjeter Appel.

» Dira-t-on qu'elle aurait dû également être mise en cause, du chef de la veuve Toustain, elle-même, parceque celle-ci était mère d'émigrés?

» Mais d'abord, la chose est très-douteuse : les biens de pères et de mères d'émigrés n'étaient pas encore séquestrés à l'époque du 22 octobre 1793; le séquestre n'en a été ordonné que par le décret du 17 frimaire an 2. Il est vrai qu'alors les pères et mères d'émigrés étaient déclarés, par la loi du 28 mars 1793, incapables d'aliéner et d'hypothéquer leurs biens, au préjudice de l'expectative que la république avait sur leur succession, du chef de leurs enfans émigrés; mais il y a loin de l'incapacité d'aliéner à celle de plaider; et il est permis de douter que, dans l'esprit de la loi du 28 mars 1793, l'une emporte l'autre de plein droit.

» Ensuite, de deux choses l'une : ou la veuve Toustain était, en octobre 1793, capable d'ester en jugement, sans l'intervention de la république, ou elle ne l'était pas.

» Si elle l'était, le jugement rendu entre elle et les habitans de Thons est inattaquable, en ce qui concerne sa part dans les trois cents arpens de bois dont il s'agit.

» Si elle ne l'était pas, la république peut bien former une tierce-opposition au jugement arbitral; mais en appeler, elle ne le peut sous aucun rapport.

---

(1) *V.* le Répertoire de jurisprudence, au mot *Intervention*, §. 1, n°. 3.

4e édit., Tome I.

» Concluons donc que le tribunal des Vosges a très-bien jugé, en déclarant le préfet non-recevable dans son Appel du jugement dont il s'agit.

» Mais, nous l'avons déjà dit, le préfet avait pris des conclusions subsidiaires pour être reçu tiers-opposant à ce jugement, et le tribunal des Vosges se fondant sur ce qu'une tierce-opposition ne peut pas être entée sur un Appel, a refusé d'y faire droit, en réservant au préfet de se pourvoir à cet égard par action séparée. Question de savoir si cette partie du jugement donne prise à la cassation ?

» Là-dessus, nous observerons d'abord que le préfet n'attaque pas le jugement en cette partie.

» En second lieu, la raison s'opposait à ce que le préfet cumulât avec un Appel non-recevable, une tierce-opposition, même subsidiaire; car on ne peut valablement rien cumuler avec qui n'existe pas légalement.

» Dans ces circonstances, et par ces considérations, nous estimons qu'il y a lieu de rejeter la requête en cassation ».

Sur ces conclusions, arrêt du 21 brumaire an 9, au rapport de M. Vasse, par lequel,

« Vu les art. 1 et 2 de la loi du 28 brumaire an 7, qui admet la république à se pourvoir par Appel contre les jugemens arbitraux que des communes auraient obtenus contre la république, concernant la propriété contestée de certaines forêts;

» Vu l'art. 2 du titre 35 de l'ordonnance de 1667 qui autorise à se pourvoir par tierce-opposition contre tous jugemens en dernier ressort auxquels on n'a point été partie ou appelé;

» Attendu que la république n'a point été partie au jugement arbitral intervenu le 22 octobre 1793 entre la commune de Thons et la famille Toustain; qu'ainsi, ce n'était pas le cas de recourir à la voie de l'Appel introduit par la loi du 28 brumaire, mais à la voie de la tierce-opposition ouverte par l'ordonnance de 1667;

» Attendu que la forme de procéder ne permet pas de cumuler et substituer la voie de l'opposition à celle de l'Appel introduit, en déclarant convertir son Appel en opposition ;

» Le tribunal rejette le pourvoi...... ».

A cet arrêt n'est pas contraire, comme on pourrait le croire à la première vue, celui du 2 germinal an 10, qui est rapporté aux mots *Chose jugée*, §. 11, n°. 1. A la vérité, il y est dit en termes généraux qu'*on peut interjeter Appel d'un jugement dans lequel on n'est point partie*. Mais cela ne peut y être entendu que *secundùm subjectam materiam*, et dans le sens que j'avais expliqué dans les conclusions qui avaient précédé cet arrêt.

IV bis. Nous avons vu au n°. 3, qu'en matière de garantie formelle, le garanti peut, quoique mis hors d'instance devant les premiers juges, d'après la prise de son fait et cause par le garant, appeler du jugement qui intervient contre celui-ci, et qu'il le peut, parcequ'il est lié par le jugement ni plus ni moins que s'il y eût été partie.

Il n'est pas besoin d'ajouter que le garant peut appeler lui-même du jugement qui évince le garanti.

Mais 1°. peut-il en appeler concurremment avec le garanti, ou ne le peut-il qu'à son défaut?

De ces deux partis, la loi 4, §. 3, D. *De Appellationibus*, semble embrasser le second : *Si emptor*, dit-elle, *de proprietate victus est*, EO CESSANTE, *auctor ejus appellare poterit*.

Mais faisons bien attention que cette loi ne s'explique ainsi qu'en supposant que l'acheteur a défendu seul à la demande en éviction formée contre lui, et par conséquent que le vendeur n'a pas pris son fait et cause ; et ce qui le prouve manifestement, c'est qu'elle prévoit, immédiatement après, le cas contraire. Si c'est le vendeur, dit elle, qui a soutenu le procès, et qu'il ait succombé, l'acheteur n'en est pas moins recevable à appeler, soit que le vendeur appelle ou n'appelle pas lui-même : *aut si auctor egerit et victus sit, non est deneganda emptori appellandi facultas; quid enim si venditor, qui appellare noluit, idoneus non est? Quin etiam si auctor appellaverit, deindè in causæ defensione suspectus visus est, perindè defensio causæ emptori committenda est, atque si ipse appellasset*. La loi ne doute donc pas que, dans le cas où le vendeur a pris le fait et cause de l'acheteur, la voie d'Appel ne soit ouverte concurremment à l'un et à l'autre.

2°. Si ce n'était pas contre l'acheteur, mais que le vendeur que la demande en éviction eût été dirigée, et que celui-ci y eût défendu seul sans que l'acheteur eût paru dans la cause, l'acheteur pourrait-il appeler du jugement par lequel l'éviction en aurait été prononcée ?

Il le pourrait certainement, si le jugement avait contre lui l'autorité de la chose jugée ; mais bien certainement aussi il ne le pourrait pas dans l'hypothèse contraire.

Notre question se réduit donc à savoir si le jugement qui intervient contre le vendeur, à une époque où il est sans qualité pour défendre à une demande en éviction, a l'autorité de la chose jugée contre l'acheteur.

La loi 63, D. *De re judicatâ*, la lui donnait dans un cas, dans celui où l'acheteur instruit du procès que soutenait le vendeur, l'avait laissé plaider seul; et elle la lui refusait dans le cas où l'acheteur n'avait pas eu connaissance de ce procès.

Si cette distinction était encore compatible avec notre jurisprudence, nul doute que l'acheteur ne pût appeler, dans le premier cas, et que, dans le second, il n'y fût non-recevable.

Mais notre jurisprudence admet-elle encore cette distinction ? *V.* l'article *Chose jugée*, §. 2, n°. 2.

V. En matière correctionnelle, la partie civile peut-elle appeler seule et sans le concours du ministère public, du jugement qui acquitte le prévenu ?

Elle ne le peut pas sans doute à l'effet d'attirer sur la tête du prévenu une condamnation pénale (excepté cependant dans le cas expliqué à l'article *Adultère*, §. 6) ; mais qu'elle le puisse à l'effet d'obtenir du prévenu, en le faisant déclarer coupable, la réparation du dommage qu'il lui a causé, c'est ce dont ne permet pas de douter la disposition de l'art. 202 du Code d'instruction criminelle, qui accorde la faculté d'appeler et à *la partie civile, quant à ses intérêts civils seulement*, et au procureur du roi pour la vindicte publique.

Cependant le tribunal correctionnel de Vannes avait déclaré non-recevable l'Appel que le général Humbert avait interjeté d'un jugement du tribunal de première instance de Ploermel, qui avait acquitté la dame de Brillac et les mineurs Hervé de l'action qu'il avait intentée correctionnellement contre eux ; et il s'était fondé sur ce que, faute d'Appel de la part du ministère public, il était irrévocablement jugé qu'il n'y avait point de délit dans le fait imputé aux prévenus.

Mais, sur le recours en cassation du général Humbert, arrêt du 17 mars 1814, au rapport de M. Dunoyer, par lequel,

« Vu les art. 182 et 202 du Code d'instruction criminelle....,

» Et attendu qu'il résulte de ces articles, que la faculté d'agir par action directe, et celle d'appeler dans son intérêt, sont accordées par la loi à la partie civile, comme au ministère public dans l'intérêt de la vindicte publique, dont la poursuite lui est confiée, et sans que la poursuite de la partie civile soit, en aucune manière subordonnée à l'action du ministère public ;

» Que, lorsque le ministère public ne se rend pas appelant d'un jugement de première instance favorable au prévenu, il en résulte seulement que l'Appel de la partie civile ne peut donner lieu à l'application d'aucune peine ; mais non pas que son action civile soit éteinte ni altérée dans ses rapports avec son intérêt personnel ;

» Qu'ainsi, soit que le tribunal de première instance se soit déclaré incompétent, en décidant que le fait porté en la citation ne constituait pas un délit, comme dans l'espèce, le tribunal de Ploermel s'était abstenu de prononcer, parcequ'il ne lui avait pas paru que les faits exposés par le général Humbert missent ses adversaires dans le cas de l'application de l'art. 412 du Code pénal, concernant les entraves apportées à la liberté des enchères ; soit qu'il ait acquitté le prévenu, parceque les faits qui constituaient le délit n'étaient pas suffisamment prouvés, ou par tout autre motif quelconque, le droit d'Appel est réservé à la partie civile ; ensorte que celui interjeté par ledit Humbert, n'a pu être écarté par fin de non-recevoir, qu'en violant les articles ci-dessus cités, et spécialement le n°. 2 de l'art. 202 ;

» La cour casse et annulle.... ».

L'arrêt rendu dans l'espèce suivante est fondé sur le même principe.

Le sieur Simonnet, créancier des faillis Ch.... et G...., rend contre eux une plainte par laquelle il conclud à ce qu'ils soient déclarés coupables de *banqueroute simple*, mais ne demande point de dommages-intérêts.

Jugement du tribunal correctionnel du département de la Seine, qui renvoie Ch.... et G.... de cette plainte, et condamne le sieur Simonnet aux dépens.

Appel de la part du sieur Simonnet.

Ch.... et G.... lui opposent deux fins de non-recevoir. Vous n'êtes point partie civile, lui disent-ils, vous n'êtes que plaignant ; vous ne pouvez donc pas vous arroger le droit d'Appel, que l'art. 202 du Code d'instruction criminelle n'accorde qu'à la partie civile : fussiez-vous d'ailleurs partie civile, vous seriez encore non-recevable à appeler, parceque le ministère public, à qui seul appartient le droit de remettre en question le délit que vous nous imputez, acquiesce par son silence au jugement qui nous acquitte.

Le 25 novembre 1814, arrêt de la cour royale de Paris qui,

« Attendu, en la forme, que Simonnet est une véritable partie civile intéressée à se faire décharger de la condamnation des dépens ;

» Et que d'ailleurs il exerce un droit appartenant à tout créancier d'un failli ;

» Au fond, qu'il y a irrégularité dans les registres.... ;

» Infirme le jugement dont est Appel, déclare Ch.... et G.... banqueroutiers simples, et décharge le sieur Simonnet de la condamnation des dépens prononcée contre lui par le tribunal correctionnel ».

Ch.... et G.... se pourvoient en cassation contre cet arrêt et font valoir deux moyens : violation de l'art. 202 du Code d'instruction criminelle, en ce que le sieur Simonnet n'était point partie civile dans le procès en banqueroute simple ; fausse application du même article, en ce que la partie civile ne peut pas appeler seule et sans le concours du ministère public du jugement qui acquitte le prévenu ;

Mais, par arrêt du 19 mai 1815, au rapport de M. Audier-Massillon ;

« Considérant, sur le premier moyen, que les demandeurs font résulter de ce que le jugement du tribunal correctionnel, qui les avait acquittés de la plainte portée contre eux, était devenu irrévocable par l'acquiescement de la partie publique, et que le sieur Simonnet n'avait ni intérêt ni action pour appeler de ce jugement,

» Que l'art 202 du Code d'instruction criminelle accorde à la partie civile la faculté d'appeler des jugemens de police correctionnelle quant à ses intérêts civils, et que l'art. 588 du Code de commerce donne action à tout créancier pour poursuivre en cas de banqueroute simple; que ledit sieur Simonnet avait été porté dans le bilan desdits G.... et Ch...; qu'il a été reconnu dans la double qualité de créancier et de partie civile, non-seulement dans l'arrêt attaqué, mais dans un arrêt qui, sur sa plainte, a renvoyé G... et Ch... devant le tribunal correctionnel en état de banqueroute simple, et même dans le jugement du tribunal correctionnel qui les a acquittés, et que les qualités de créancier et de partie civile suffisaient pour établir son intérêt et fonder son action;

» Sur le second moyen, fondé sur ce que l'arrêt attaqué a prononcé une peine contre les demandeurs, en les déclarant banqueroutiers, d'où résulte la violation de l'art. 1er. du Code d'instruction criminelle,

» Attendu que la cour de Paris étant obligée de statuer sur l'Appel de la partie civile, en tout ce qui concerne l'intérêt civil, n'a pas pu se dispenser d'examiner les faits du procès, et de faire toutes les déclarations sur les faits qui lui ont paru résulter des débats, et qui étaient nécessaires pour prononcer sur les intérêts civils des parties; que ladite cour a expressément déclaré dans son arrêt qu'elle ne pouvait prononcer aucune peine, et que l'on ne peut regarder comme peine, en matière correctionnelle, que les condamnations énoncées sous cette qualification dans le Code pénal;

» La cour rejette le pourvoi...... (1) ».

VI. La partie civile peut-elle appeler seule et sans le concours du ministère public, du jugement par lequel le tribunal correctionnel s'est déclaré incompétent pour connaître de l'action qu'elle avait intentée devant lui?

Cette question peut se présenter dans trois cas différens:

1°. Dans celui où le tribunal correctionnel a fondé son incompétence sur ce que le fait imputé au prévenu, n'est réputé ni délit ni contravention, et ne peut donner lieu qu'à une action civile; 2°. dans celui où le tribunal correctionnel s'est déclaré incompétent par le seul motif que c'est à un autre tribunal correctionnel qu'appartient la connaissance du délit imputé au prévenu; 3°. dans celui où le jugement d'incompétence est motivé sur ce que le fait imputé au prévenu, ne constitue pas un délit, mais un crime.

Dans le premier cas, il paraît que la voie d'Appel est fermée à la partie civile.

En effet, ce n'est que pour ses *intérêts civils* que cette voie est ouverte à la partie civile par l'art.

202 du Code d'instruction criminelle; et de là il suit nécessairement que la partie civile ne peut prendre cette voie, qu'autant qu'elle y est civilement intéressée. Or, quel intérêt civil peut-elle avoir à la réformation d'un jugement qui, en décidant que le fait dont elle se plaint, n'est point passible de l'action publique, la renvoie à se pourvoir, si elle s'y croit fondée, devant les tribunaux civils? Aucun, évidemment aucun. Que gagnerait-elle à faire réformer ce jugement? N'appelant que pour des intérêts civils, elle ne peut pas, par son Appel, faire revivre l'action publique qui est éteinte faute d'Appel de la part du procureur du roi. L'arrêt de réformation qu'elle obtiendrait sur son Appel, ne pourrait donc pas renvoyer l'affaire devant un autre tribunal correctionnel. Il ne pourrait donc que faire, à l'égard de la partie civile, ce qu'avait fait le jugement dont elle aurait appelé (1).

Dans le second cas, l'action publique n'est pas éteinte par le défaut d'Appel du procureur du roi; et c'est toujours accessoirement à cette action que doit être exercée l'action privée de la partie civile. La partie civile a donc toujours intérêt à ce que son action privée reste soumise au tribunal correctionnel qu'elle en a saisi, soit par sa citation, soit par sa plainte. Elle a donc qualité pour appeler à l'effet de faire décider que ce tribunal est compétent. Et c'est ce qui résulte de ce que j'ai dit sur une question analogue à celle-ci, dans des conclusions du 26 novembre 1812, rapportées à l'article *Faux*, sect. 2, §. 2, n°. 3, du *Répertoire de jurisprudence*.

Il semblerait que, par la même raison, la partie civile dût aussi être admise à appeler dans le troisième cas. Voici cependant un arrêt de la cour de cassation qui, en le jugeant ainsi en faveur de l'administration des forêts, paraît faire entendre que l'opinion contraire devrait prévaloir à l'égard des parties civiles ordinaires.

En 1815, des habitans de la commune de Villers-les-Pots sont traduits à la requête de l'administration des forêts, devant le tribunal correctionnel de leur arrondissement, pour avoir enlevé des branchages d'arbres qui avaient été coupés dans diverses forêts de l'État, pour être employés à des fortifications.

Jugement par lequel, sur les conclusions du ministère public, le tribunal se déclare incompétent, parceque les faits imputés aux prévenus, constituent le crime prévu par l'art. 388 du Code pénal, et renvoie en conséquence l'affaire au juge d'instruction.

Appel de la part de l'administration, et arrêt de la cour royale de Dijon qui la déclare non-recevable, attendu que le ministère public n'est pas appelant.

---

(1) Jurisprudence de la cour de cassation, tome 16, page 70.

(1) Voyez dans le *Répertoire de jurisprudence*, au mot *Cassation*, §. 4, n°. 4, ce que j'ai dit sur une question analogue à celle-ci, dans des conclusions du 27 octobre 1811.

Mais l'administration des forêts se pourvoit en cassation ; et, par arrêt du 31 janvier 1817, au rapport de M. Basire ;

« Attendu, que d'après l'art. 202 du Code d'instruction criminelle, le droit d'appeler des jugemens rendus en matière correctionnelle, peut être exercé par l'administration forestière d'une manière indéfinie et sans restriction, à la différence des parties civiles, qui peuvent aussi l'exercer d'après le même article, mais seulement quant à leurs intérêts civils ; d'où il suit qu'en rejetant l'Appel de l'administration forestière, sans examiner les moyens de cet Appel, et par le seul motif que cette administration n'avait pas qualité pour appeler, et que le ministère public n'était point appelant, la cour royale de Dijon a créé dans l'espèce une fin de non-recevoir, et violé l'art. 202 précité du Code d'instruction criminelle;

» La cour casse et annulle..... (1) ».

Cet arrêt suppose, comme l'on voit, par la manière dont il est motivé, que celui de la cour royale de Dijon n'eût pas dû être cassé, si l'administration des forêts n'était pas, par l'art. 202 du Code d'instruction criminelle, distinguée des parties civiles ordinaires, si elle ne participait pas en quelque sorte à l'action du ministère public, si elle n'avait pas, comme lui, le droit de conclure aux amendes encourues par les délinquans et par conséquent le droit d'appeler des jugemens qui décident que ce n'est point par des amendes que doivent être punis les faits dont elle se plaint.

Mais supposer n'est pas juger. Il est donc permis de croire que, si la question se représentait, de nouvelles réflexions ramèneraient la cour suprême à l'opinion que j'ose ici mettre en avant.

Je sais bien qu'on peut opposer à cette opinion les arrêts de la cour de cassation des 28 fructidor an 12, 28 germinal an 13, 8 octobre 1807 et 6 avril 1809 (2), qui ont jugé, sous le Code du 3 brumaire an 4, que les parties civiles n'avaient qualité ni pour défendre ni pour attaquer, devant cette cour, les arrêts par lesquels les cours spéciales se déclaraient, soit compétentes, soit incompétentes, pour connaître de leurs plaintes.

Mais ces quatre arrêts, bons pour les cas où les faits dénoncés par les parties civiles, étaient jugés par les cours spéciales ne porter aucun caractère de délit ou de crime, allaient évidemment trop loin dans le cas où les cours spéciales, en convenant que ces faits étaient passibles de peines quelconques, se bornaient à déclarer que ce n'était pas à elles qu'en appartenait la connaissance ; et c'est, comme je le disais dans des conclusions du 28 novembre 1812, ce qu'a solennellement reconnu le Code d'instruction criminelle, art. 529 et 535, en donnant à la partie civile la même qualité qu'au ministère public et à l'accusé, pour défendre ou contester dans les instances en réglement de juges, la compétence ou l'incompétence du juge et du tribunal à qui elle a adressé ou dû adresser sa plainte.

VII. Le plaignant qui ne s'est pas rendu partie civile, peut-il appeler du jugement par lequel le prévenu est acquitté, lorsque le ministère public n'en appelle pas par lui-même ?

Il le pourrait sans difficulté, si l'on pouvait appliquer aux matières correctionnelles le principe généralement admis en matière civile, que tout jugement est passible d'Appel de la part de celui auquel on peut l'opposer, quoiqu'il n'y ait pas été partie ; car il n'est pas douteux qu'on ne puisse opposer au plaignant, qui ne s'est pas constitué partie civile, le jugement qui, sur la seule poursuite du ministère public, a déclaré le prévenu non coupable (1).

Mais l'art. 202 du Code d'instruction criminelle établit là-dessus une règle particulière. Il n'ouvre, quant aux intérêts civils, la voie d'Appel qu'à la partie civile. Il la ferme donc au simple plaignant ; et c'est ce que suppose clairement l'arrêt de la cour de cassation du 19 mai 1815, rapporté ci-dessus, n°. 5.

Il est vrai que l'art. 193 du Code des délits et des peines du 3 brumaire an 4 accordait indéfiniment la faculté d'appeler à la partie plaignante ; mais c'est que, dans le système de ce Code, la partie plaignante était de plein droit réputée partie civile, à moins qu'elle ne se fût désistée de sa plainte dans les vingt-quatre heures ; au lieu que, dans celui du Code d'instruction criminelle, on n'est censé se rendre partie civile par une plainte, qu'autant qu'on le déclare formellement. Ce qui d'ailleurs est décisif, c'est que, même sous le premier de ces Codes, la partie plaignante qui avait expressément déclaré ne vouloir pas se rendre partie civile, n'était pas recevable à appeler ; et que voici un arrêt de la cour de cassation, du 8 germinal an 11, qui le juge ainsi, au rapport de M. Dutocq, et sur les conclusions de M. Jourde ;

« Vu la première disposition de l'art. 456 du Code des délits et des peines ;

» Et attendu qu'Étiennette Pithon, femme Pillet, plaignante, a déclaré, par sa plainte, ne vouloir être partie civile ; que, lors du jugement rendu par le tribunal de première instance de Chambéry, jugeant correctionnellement, elle a répété cette assertion, et n'y a pas pris de conclusions ; que ce jugement n'a été rendu qu'entre le commissaire du gouvernement et Jacques Perret, et qu'il a acquitté ce dernier des inculpations à lui reprochées ; que le commissaire du gouvernement ne s'est pas porté appelant de ce juge-

---

(1) Bulletin criminel de la cour de cassation, tome 22, page 19.
(2) V. le *Répertoire de jurisprudence* au mot *Faux*, sect. 1, §. 5, et la *jurisprudence de la cour de cassation*, tome 8, partie 2, page 169.

(1) V. l'article *Faux*, §. 6.

ment; que, dès-lors, par les raisons ci-dessus, Étiennette Pithon était non-recevable à se rendre appelante dudit jugement; et que le tribunal criminel de Chambéry, en la recevant appelante d'un jugement dans lequel elle n'était pas partie, et n'avait pas pris de conclusions, et, en condamnant Perret à des dommages et intérêts, est contrevenu à la première disposition de l'art. 456 du Code du 3 brumaire an 4;

» La cour casse et annulle.... ».

VIII. Le substitut du procureur du roi, qui dans une affaire correctionnelle a rempli les fonctions du ministère public, a-t-il qualité, comme le procureur du roi lui-même, pour appeler du jugement rendu sur cette affaire?

Le 6 octobre 1821, jugement du tribunal correctionnel d'Altkirch, qui prononce sur une action intentée par le ministère public, le substitut du procureur du roi portant la parole, contre Henri Lehmann et consorts.

Dans les dix jours de la prononciation de ce jugement, le substitut du procureur du roi fait, au greffe du tribunal correctionnel, une déclaration par laquelle il s'en rend appelant en sa qualité.

La cause portée à l'audience de la cour royale de Colmar, les prévenus exposent que l'art. 202 du Code d'instruction criminelle accorde bien la faculté d'appeler au procureur du roi, mais qu'il ne l'étend pas jusqu'à son substitut, et ils concluent en conséquence à ce que l'Appel dont il s'agit, soit déclaré nul.

Le 29 janvier 1822, arrêt qui, adoptant cet étrange système, annulle l'Appel du substitut du procureur du roi.

Mais, sur le recours en cassation du procureur-général, arrêt du 29 mars 1822, au rapport de M. Ollivier, et sur les conclusions de M. l'avocat-général Fréteau, par lequel,

« Vu l'art. 202, n°. 4, du Code d'instruction criminelle, attribuant au procureur du roi du tribunal de première instance le droit d'appeler des jugemens correctionnels rendus par ce tribunal;

» Vu l'art. 43 de la loi du 20 avril 1810, portant que les fonctions du ministère public seront exercées dans chaque tribunal de première instance, par un substitut du procureur-général, qui aura le titre de procureur du roi, et par les substituts du procureur du roi, dans les lieux où il serait nécessaire d'en établir.

» Attendu que les attributions données aux substituts, lorsqu'ils remplacent le procureur du roi, sont les mêmes que celles qui appartiennent à ce magistrat;

» Que l'art. 43 de la loi du 20 avril 1810 investit les substituts du droit d'exercer, comme les procureurs du roi, les fonctions du ministère public;

» Que, dès-lors, dans les affaires pour le jugement desquels les substituts ont remplacé le procureur du roi, ils sont compris dans l'attribution du droit de déclarer l'Appel, donnée par le n°. 4 de l'art. 202 à ce magistrat;

» Attendu que, dans l'espèce, le substitut du procureur du roi avait, lors du jugement du tribunal correctionnel de première instance, rempli les fonctions du ministère public;

» Que, par là, il avait, en sa qualité de substitut, le droit de se déclarer appelant de ce jugement;

» Qu'il est réputé avoir fait cette déclaration en sa qualité de substitut;

» Que, d'ailleurs, c'est en cette qualité, et non comme simple individu, qu'il l'a faite;

» Que, dès-lors, son Appel était régulier et recevable;

« Que néanmoins, par une interprétation fausse de l'art. 202 précité, la cour royale de Colmar, supposant que le droit d'appeler n'était accordé qu'au procureur du roi en titre, a déclaré nul l'Appel émis par le substitut;

» En quoi cette cour a fait une fausse application de l'art. 202 du Code d'instruction criminelle, et violé l'art. 43 de la loi du 20 avril 1810;

» La cour casse et annulle.... (1) ».

Cet arrêt aurait dû, ce semble, empêcher que la question ne se reproduisît. Cependant elle s'est encore représentée trois ans après.

Le 29 novembre 1824, jugement du tribunal correctionnel de Valognes qui condamne Paul Lefèvre à 600 francs d'amende pour délit d'habitude d'usure.

Dans les dix jours de la prononciation du jugement, le substitut du procureur du roi qui avait porté la parole dans l'affaire, fait au greffe une déclaration d'Appel *à minimâ.*

La cause portée à l'audience du tribunal correctionnel de Coutances, jugement qui déclare l'Appel non-recevable pour défaut de qualité dans le substitut pour l'interjeter.

Mais, sur le recours en cassation du procureur du roi, près ce tribunal, arrêt du 14 mai 1825, au rapport de M. de Cardonnel et sur les conclusions de M. l'avocat-général de Vatimesnil, par lequel,

« Vu l'art. 202, n°. 4 du Code d'instruction criminelle, et l'art. 43 de la loi du 20 avril 1810;

» Attendu, en fait, que l'Appel du jugement du tribunal correctionnel de Valognes, du 29 novembre 1824, a été relevé par le substitut du procureur du roi près ledit tribunal, lequel dit substitut avait donné ses conclusions à l'audience à laquelle fut rendu ledit jugement;

» Attendu, en droit, que les attributions données au substitut, lorsqu'il remplace le procureur du roi, sont les mêmes que celles qui appartiennent à ce magistrat; ce qui résulte évidemment de la combinaison des articles de lois ci-dessus énoncés;

---

(1) Bulletin criminel de la cour de cassation, tome 21, page 138.

» Que l'art. 43 de la loi du 20 avril 1810 investit les substituts du droit d'exercer, comme les procureurs du roi, les fonctions du ministère public, et par conséquent celui d'interjeter Appel, accordé au procureur du roi par l'art. 202 du Code d'instruction criminelle;

» Attendu que le tribunal de Coutances, en déclarant que le substitut du tribunal de Valognes n'avait pu relever Appel du jugement du 20 novembre, en sa seule qualité de substitut, et que ce droit n'appartenait qu'au procureur du roi seul, a fait une fausse application de l'art. 202 du Code d'instruction criminelle, et ouvertement violé l'art. 43 de la loi du 20 avril 1810;

» Par ces motifs, la cour casse et annulle... (1) ».

IX. Le procureur du roi a-t-il qualité pour appeler dans l'intérêt du prévenu?

Cette question peut se présenter dans deux cas différens : dans celui où l'Appel du procureur du roi n'a pour but, ou ne doit avoir pour résultat, que de faire décharger le prévenu d'une réparation civile à laquelle il a été condamné; et dans celui où cet Appel tend, soit à faire réduire la peine prononcée contre le prévenu, soit à le faire déclarer non-coupable.

Dans le premier cas, nul doute que l'Appel du procureur du roi ne soit non-recevable.

Le sieur Gerber, notaire, avait fait citer le sieur Maire devant le tribunal correctionnel de Colmar, en réparation d'injures proférées pendant qu'il procédait à une adjudication publique, et avait conclu à l'impression ainsi qu'à l'affiche du jugement à intervenir.

Sur cette action, jugement qui condamne le sieur Maire à une amende de 16 francs, et ordonne l'impression et l'affiche au nombre de six exemplaires.

Point d'Appel de ce jugement de la part du sieur Maire; mais le ministère public s'en rend appelant au chef qui ordonne l'impression et l'affiche.

Le 25 août 1812, arrêt de la cour d'Appel de Colmar qui réforme cette disposition, comme renfermant une extension illégale de la peine infligée par la loi aux injures proférées contre des fonctionnaires dans l'exercice de leurs fonctions.

Mais le sieur Gerber se pourvoit en cassation, et par arrêt du 22 octobre 1812, au rapport de M. Bauchau,

« Vu les art. 408 et 413 du Code d'instruction criminelle;

» Attendu que le sieur Gerber, injurié, avait conclu devant les premiers juges, à l'impression et à l'affiche du jugement à intervenir, par forme de réparation de l'outrage qui lui avait été fait par le sieur Maire, prévenu, et à titre de dédommagement; que c'était à ce titre que l'affiche du jugement de première instance avait été ordonnée

(1) *Ibid.* tome 30, page 276.

que, dans cet état, cette disposition de ce jugement n'avait aucun caractère pénal; qu'elle était un complément des réparations civiles qui n'était réprouvé par aucune loi (1);

» Qu'il n'y avait point eu d'Appel de la partie condamnée ni de la partie poursuivante;

» Que la cour de Colmar n'avait été saisie que par l'Appel du ministère public; que cet *Appel, essentiellement étranger aux intérêts civils des parties,* n'avait pu donner juridiction à ladite cour sur les réparations civiles à l'égard desquelles il y avait acquiescement des parties intéressées;

» Qu'en annullant la disposition d'un jugement de première instance relative à une affiche prononcée à titre de complément des dommages et intérêts, ladite cour a donc violé les règles de sa compétence, tout comme elle a faussement appliqué celle de la loi pénale;

» La Cour casse et annulle... »

Dans le second cas, c'est tout autre chose.

D'une part, la société est éminemment intéressée à ce qu'un prévenu ne soit pas jugé coupable sans preuves suffisantes. Le ministère public, qui n'est pas moins le défenseur de l'innocence que le vengeur du crime, a donc qualité pour attaquer un jugement qui, sans preuves suffisantes, déclare un prévenu coupable.

D'un autre côté, les peines à infliger au prévenu dûment jugé coupable, tiennent essentiellement à l'ordre public; l'ordre public est donc troublé toutes les fois que les peines, prononcées par la loi, sont aggravées arbitrairement par les juges; et c'en est assez pour assurer le droit et imposer le devoir au ministère public de poursuivre la réformation de tout jugement qui inflige au condamné une peine excessive.

V. ci-après, §. 5, n°. 3 (troisième cas), l'arrêt de la Cour de cassation, du 27 février 1813.

X. On a vu plus haut, §. 1er., n°. 15, que la voie de l'Appel est ouverte par l'art. 172 du Code d'instruction criminelle, contre les jugemens des tribunaux de police qui prononcent, soit un emprisonnement, soit une condamnation pécuniaire de plus de cinq francs; mais ne l'est-elle qu'à la partie condamnée? L'est-elle aussi au ministère public?

M. Carnot, dans son *Commentaire* sur le Code, tome 1er., page 502, et M. Le Graverend, dans sa *Législation criminelle,* tome 2, page 309, pensent qu'elle l'est à l'un et à l'autre, puisque l'art. 172 ne distingue pas.

Non, il ne distingue pas expressément; mais il résulte des considérations développées dans mon réquisitoire du 16 août 1811, et adoptées par un grand nombre d'arrêts de la cour de cassa-

(1) *V.* le *Répertoire de jurisprudence,* au mot *Injure,* §. 2, n°. 1.

tion (1), que cet article ne dispose comme il le fait que dans l'intérêt du condamné ; et de là il suit nécessairement que c'est au condamné seul qu'il ouvre la voie d'Appel.

C'est ce qu'a en effet jugé un arrêt de la cour de cassation, du 29 mai 1812, dont voici les motifs et le dispositif :

« Ouï le rapport de M. Aumont, conseiller, et M. Jourde, avocat-général, en ses conclusions ;

» Attendu que l'art. 172 du Code d'instruction criminelle déroge au principe général suivant lequel les jugemens de simple police n'étaient pas sujets à l'Appel, et doit être conséquemment restreint dans les bornes qu'il a fixées ; que cet article ne permettant d'attaquer, par la voie de l'Appel, que les jugemens qui prononcent un emprisonnement ou des réparations civiles excédant la somme de cinq francs, il en résulte que cette voie n'est ouverte qu'à la partie contre laquelle ces condamnations sont prononcées ; que cette intention de la loi ; si clairement énoncée dans l'exposé des motifs du livre 2, tit. 1er., chap. 1.et 2 du Code cité, où on lit que, *lorsque les restitutions et autres réparations civiles n'excéderont pas la somme de cinq francs outre les dépens, le droit d'appeler serait* un présent funeste aux parties ; qu'on ne saurait supposer au ministère public d'intérêt à faire réformer des condamnations auxquelles acquiesce celui contre qui elles sont prononcées ; que si, le jugement acquittait au lieu de condamner, il est évident, d'après le texte littéral de l'art. 172, qu'il ne serait pas susceptible d'Appel ; que le ministère public, qui ne serait pas recevable à attaquer le jugement qui aurait acquitté le prévenu, ne peut pas l'être à se plaindre qu'il lui inflige des peines trop douces ; qu'en lui refusant le droit d'appeler des jugemens des tribunaux de police, on ne laisse pas ces tribunaux maîtres de s'écarter impunément des formes prescrites et de violer ou d'appliquer faussement les lois, puisque l'art. 177 du Code d'instruction criminelle autorise expressément le recours en cassation contre les jugemens en dernier ressort des tribunaux de police, et que les jugemens desdits tribunaux, lors même qu'ils seraient susceptibles d'Appel de la part de la partie condamnée, sont nécessairement en dernier ressort relativement au ministère public qui n'est pas recevable à les attaquer par cette voie ;

» D'après ces motifs, la cour rejette le pourvoi du demandeur ».

On trouvera à l'article *Appel incident*, §. 12, un arrêt de cassation du 24 juillet 1818, qui juge de même ; et c'est ce que jugent encore les trois suivans.

Le 5 juin 1823, jugement du tribunal de police de Douai qui condamne le sieur Barrez à un emprisonnement de cinq jours et à une amende de 15 francs.

Le 3 juillet suivant, second jugement du même tribunal qui, pour des faits de la même nature, prononce les mêmes condamnations contre le sieur Barrez ;

Le sieur Barrez n'appelle ni de l'un ni de l'autre. Mais le commissaire de police les attaque tous deux par la voie d'Appel, sur le fondement que les faits imputés au prévenu, portent le caractère, non de simples *contraventions*, mais de *délits*, et que, dès-lors, le tribunal de police était incompétent pour en connaître.

Le sieur Barrez soutient que l'Appel est non-recevable, parcequ'à l'égard du ministère public, les deux jugemens sont en dernier ressort et par conséquent inattaquables par toute autre voie que celle de cassation.

Jugement qui, sans s'arrêter à la fin de non-recevoir, admet l'Appel, et déclare les deux jugemens incompétemment rendus.

Mais le sieur Barrez se pourvoit en cassation ; et, par arrêt du 28 août 1823, au rapport de M. Ollivier et sur les conclusions de M. l'avocat-général Marchangy,

« Vu les art. 408 et 412 du Code d'instruction criminelle....; vu aussi l'art. 172 du même Code....;

» Attendu que cet article a dérogé au droit antérieur, qui affranchissait les jugemens des tribunaux de police de tout recours par voie d'Appel ; que la faculté d'Appel qu'il accorde, ne peut donc être étendue hors du cas pour lequel il l'admet ; que cette faculté y est réglée d'après la condamnation qui a dû être prononcée (1) ; qu'elle n'est donc relative qu'aux individus condamnés ; que, dans aucun cas et par aucun motif, elle ne peut être exercée par le ministère public ; qu'à son égard, les jugemens de police sont toujours en dernier ressort, et qu'il ne peut les attaquer que par la voie du recours en cassation, conformément à l'art. 177 ;

» Que, dans l'espèce, la partie condamnée déclarait acquiescer au jugement du tribunal de police, qui l'avait condamnée à cinq jours de prison et 15 francs d'amende ; que le tribunal correctionnel de Douai ne pouvait donc être saisi par l'Appel illégalement déclaré par le ministère public ; que ce tribunal devait déclarer cet Appel non-recevable ; que cependant ce tribunal a rejeté la fin de non-recevoir proposée par Barrez contre l'Appel du procureur du roi ; et, statuant sur cet Appel, a annullé le jugement de police comme incompétemment rendu ; en quoi ce tri-

---

(1) V. le *Répertoire de jurisprudence*, aux mots *Tribunal de police*, sect. 1, §. 3, note sur l'art. 172 du Code d'instruction criminelle.

(1) Il y a assurément ici une faute de copiste ou d'impression, et il faut lire : « *non d'après* la condamnation qui » a dû être *prononcée*, mais d'après celle qui l'a été effecti- » vement ». V. le Réquisitoire cité dans la note précédente.

bunal a violé ledit art. 172 du Code d'instruction criminelle ;

» La cour casse et annulle...... (1) ».

Le procureur du roi au tribunal correctionnel de Mortagne avait appelé *à minimâ* d'un jugement du tribunal de police du canton de Moulins, par lequel, sur les poursuites de l'officier qui y exerçait le ministère public, il avait été prononcé, contre les nommés Barbot et consorts, des condamnations au-dessus de cinq francs.

Le 8 juillet 1825, jugement qui, par des motifs étrangers à notre question, déclare l'Appel non-recevable.

Recours en cassation de la part du procureur du roi, qui réfute d'une manière victorieuse les motifs de ce jugement.

Mais, par arrêt du 9 septembre 1825, au rapport de M. Busschop,

« Considérant, sur le premier moyen de cassation, que l'art. 172 du Code d'instruction criminelle ayant dérogé aux lois antérieures qui imprimaient à tous les jugemens des tribunaux de police le caractère de dernier ressort, il s'ensuit que la faculté que ledit article accorde aux condamnés dans les cas y énoncés, ne peut être étendue au ministère public, lequel ne peut attaquer lesdits jugemens, toujours en dernier ressort à son égard, que par la voie de cassation, aux termes de l'art. 177 du même Code;

» Que le jugement du tribunal de Mortagne, du 8 juillet 1825, qui a déclaré le ministère public non-recevable dans son Appel incident du jugement du tribunal de police de Moulins, est donc conforme à la loi, malgré l'erreur de ses motifs... ;

» La cour rejette le pourvoi du procureur du roi de Mortagne, contre Barbot et autres ».

Par suite d'un procès-verbal dressé contre lui par le garde-champêtre de sa commune, le sieur Bunel est traduit devant le tribunal de police du canton de Rambouillet, *pour se voir condamner aux peines et amendes prononcées par la loi, pour avoir traversé, avec ses deux chiens, plusieurs pièces de terre non encore dépouillées de leur récolte.*

Le 31 août 1825, jugement de ce tribunal qui, appliquant au sieur Bunel le n°. 13 de l'art. 471 du Code pénal, le condamne à une amende de six francs.

Le procureur du roi près le tribunal correctionnel de Rambouillet interjette Appel *à minimâ*, de ce jugement, et requiert, outre l'amende, la condamnation du sieur Bunel à l'emprisonnement, attendu qu'il était en récidive.

Par jugement du 29 septembre suivant, le tribunal correctionnel accueille l'Appel du procureur du roi, et condamne le sieur Bunel à cinq jours d'emprisonnement.

Mais, sur le recours en cassation du sieur Bunel, arrêt du 2 décembre 1825, au rapport de M. Ollivier, et sur les conclusions de M. l'avocat-général de Vatimesnil, par lequel,

« Attendu que le ministère public n'est point recevable à se pourvoir par la voie d'Appel contre les jugemens rendus en matière de simple police ;

» Que la voie de recours en cassation est la seule qui lui soit ouverte contre ces jugemens, ainsi qu'il résulte de la combinaison des art. 172 et 1777 du Code d'instruction criminelle ;

» Que, dès-lors, dans l'espèce, le jugement attaqué étant intervenu sur l'Appel du ministère public interjeté contre un jugement de simple police du canton de Rambouillet en disant droit sur cet Appel, a violé les dispositions de l'art. 177 précité ;

» Par ces motifs, la cour casse et annulle...... (1) ».

§. III. *Quel est l'effet de l'Appel interjeté au nom d'une partie par un tiers qui est ou n'est pas fondé de pouvoir à cet effet ?*

V. ci-après, §. 10, art. 1 et 3.

§. IV. 1°. *Les préposés de la régie des douanes dans les départemens, sont-ils, en leur qualité, suffisamment autorisés pour appeler en son nom des jugemens rendus à son préjudice ?*

2°. *Les inspecteurs et sous-inspecteurs des forêts peuvent-ils appeler, sans l'autorisation spéciale de l'administration forestière, des jugemens rendus, en matière correctionnelle, d'après leurs poursuites ?*

3°. *Les gardes-généraux des forêts le peuvent-ils ?*

I. Voici une espèce dans laquelle la première de ces questions a été jugée par la section criminelle de la cour de cassation.

Le 9 prairial an 7, saisie de vingt pièces de velours de coton, chez le sieur Lancel-Carré, négociant à Lille, lequel est en conséquence cité au tribunal correctionnel de la même commune, pour se voir condamner aux peines portées par l'art. 15 de la loi du 10 brumaire an 5.

Jugement interlocutoire qui ordonne que les marchandises saisies seront visitées par experts.

Sur le rapport des experts, jugement définitif du 2 messidor an 7, qui déclare la saisie nulle, et en donne main-levée au sieur Lancel-Carré.

Appel au nom de la régie par le sieur Lheureux, lieutenant des douanes, qui avait poursuivi et plaidé pour la régie devant le tribunal correctionnel.

Jugement du tribunal criminel du département

(1) Bulletin criminel de la cour de cassation, tome 28, page 353.

(1) Bulletin criminel de la cour de cassation, tome 30, page 655.

du Nord, du 1er. fructidor an 7, qui déclare l'Appel non-recevable, attendu que la régie avait acquiescé au jugement interlocutoire par suite duquel avait eu lieu le rapport qui servait de base au jugement définitif.

Le 5 brumaire an 8, cassation de ce jugement, « 1°. attendu que la loi du 3 brumaire an » 2 et les art. 6 et 14 de la loi du 2 brumaire an 4 » déclarant formellement que l'exécution même » volontaire des jugemens préparatoires, ne peut, » en définitive, être opposée comme fin de non-re- » cevoir »; et renvoi des parties devant le tribunal criminel du Pas-de-Calais », pour y être procédé », conformément à la loi sur l'Appel interjeté par » la régie, du jugement du tribunal correction- » nel de Lille, du 2 messidor an 7 ».

Le 24 ventôse an 8, jugement du tribunal criminel du Pas-de-Calais, qui déclare la régie déchue de l'Appel interjeté en son nom par le sieur Lheureux, attendu « que le cit. Lheureux n'a » point joint à sa requête d'Appel un pouvoir spé- » cial des régisseurs des douanes de France, et » que sa commission de sous-lieutenant des » douanes qui l'autorise simplement à faire des » recherches et saisies indiquées par la loi du 10 » brumaire an 5, ne peut pas suppléer ce pouvoir; » qu'en cela, il y a contravention à l'art. 195 du » Code des délits et des peines, et que la peine de » déchéance est prononcée par cet article ».

Recours en cassation, formé le même jour, par le sieur Lheureux au nom de la régie des douanes.

Production de deux mémoires à l'appui de ce recours, l'un signé du défenseur de la régie devant le tribunal criminel, l'autre signé des régisseurs eux-mêmes.

« Vous avez à examiner (ai-je dit dans mes conclusions sur cette affaire) si le tribunal criminel du département du Pas-de-Calais a fait une juste application de l'art. 195 du Code des délits et des peines, en déclarant la régie des douanes déchue de son Appel du jugement du tribunal correctionnel de Lille, du 2 messidor an 7, sur le fondement que la commission du sieur Lheureux, lieutenant des douanes, ne lui conférait pas un pouvoir suffisant pour interjeter et suivre cet Appel.

» Sans doute, vous vous êtes déjà dit à vous-même qu'il y a, dans cette manière de prononcer, une contradiction manifeste; car il est évident que, si la commission du cit. Lheureux ne l'autorisait pas à signer et déposer au greffe la requête contenant les moyens d'Appel de la régie, elle ne l'avait pas d'avantage autorisé à interjeter l'Appel que cette requête était destinée à soutenir et justifier. Il fallait donc, pour être conséquent, déclarer l'acte d'Appel nul, et non pas dire que la régie était déchue de cet Appel. Prononcer la déchéance de cet Appel, c'était reconnaître qu'il avait été interjeté valablement; c'était, par une conséquence nécessaire, juger que le cit. Lheureux avait eu qualité pour le poursuivre; c'était, en un mot, juger qu'il ne pouvait pas y avoir déchéance, en même temps qu'on jugeait que la déchéance était acquise.

» Mais le tribunal criminel du Pas-de-Calais ne s'est pas seulement contredit lui-même, en prononçant de cette manière; il a encore contredit en cela et le jugement du tribunal correctionnel de Lille, du 2 messidor an 7, et le jugement du tribunal criminel du département du Nord, du 1er. fructidor suivant, et le jugement du tribunal de cassation, du 5 brumaire an 8.

» En effet; le tribunal correctionnel de Lille avait certainement reconnu au cit. Lheureux une qualité suffisante pour poursuivre, au nom de la régie des douanes, l'effet de la saisie pratiquée sur le cit. Lancel-Carré, puisqu'il avait admis le cit. Lheureux à plaider sur cette saisie, comme partie plaignante.

» Il avait donc, pour cela seul, décidé à l'avance que le cit. Lheureux était recevable à appeler au nom de la régie, puisque toute partie plaignante a cette faculté, d'après la loi.

» D'un autre côté, le tribunal criminel du Nord avait également jugé l'Appel valablement interjeté et poursuivi, puisqu'il y avait fait droit, en le déclarant non-recevable, sous le prétexte d'acquiescement préalable à un jugement interlocutoire du tribunal correctionnel de Lille, dont le jugement définitif du même tribunal n'était que la conséquence.

» Enfin, le tribunal de cassation avait bien sûrement jugé de même à cet égard, puisqu'en annullant le jugement du tribunal criminel du département du Nord, il avait jugé que l'Appel ne pouvait pas être écarté par la fin de non-recevoir, accueillie par ce tribunal.

» Le tribunal de cassation avait même fait plus : il avait renvoyé les parties devant le tribunal criminel du Pas-de-Calais, *pour y être procédé* (ce sont les termes du jugement de cassation) *sur l'Appel* INTERJETÉ PAR LA RÉGIE *du jugement du tribunal correctionnel de Lille, du 2 messidor an 7.*

» Il avait donc jugé qu'il existait véritablement un Appel du jugement du tribunal correctionnel de Lille; il avait donc jugé que cet Appel avait été *interjeté par la régie*; il avait donc jugé que la régie avait été suffisamment représentée, pour l'émission et la poursuite de cet Appel, par le cit. Lheureux.

» Il n'en faudrait pas davantage, sans doute, pour faire annuler le jugement du tribunal criminel du département du Pas-de-Calais, puisqu'en se permettant de juger le contraire de ce qu'avait jugé le tribunal de cassation, et de le juger sur un point qui ne lui était ni renvoyé ni ne pouvait l'être, n'ayant pas été contesté, le tribunal criminel du département du Pas-de-Calais a évidemment commis un excès de pouvoir, et par conséquent donné lieu à l'ouverture de cassation, établie par le §. 6 de l'art. 456 du Code des délits et des peines.

» Mais ce n'est pas seulement sous ce point de

vue que le jugement dont il s'agit, doit être cassé; il doit encore l'être pour fausse application de l'art. 195 du Code.

» En effet, il est constant que les agens et préposés de la régie des douanes ont, par leur seul caractère, un pouvoir suffisant pour intenter et poursuivre, au nom de cette administration, toutes les affaires civiles et criminelles qui se présentent dans le cours de leur gestion, par conséquent pour émettre des Appels, pour signer et déposer des requêtes d'Appel, même pour se pourvoir en cassation contre les jugemens qui rejettent leurs demandes. C'est ce qu'a reconnu formellement le tribunal de cassation lui-même, par deux jugemens des 26 brumaire et 26 nivôse an 7, motivés sur ce que *les lois rendues sur le fait des douanes, ont désigné les tribunaux de police correctionnelle pour statuer sur les contraventions qui auraient lieu, à raison de la peine d'emprisonnement et des amendes qu'elles les autorisent à prononcer; mais qu'elles n'ont pas astreint l'administration des douanes à envoyer des pouvoirs ad hoc à ses agens et préposés; qu'exiger de la part desdits agens et préposés un pouvoir spécial joint au pouvoir, ce serait mettre la régie des douanes dans l'impossibilité de faire faire aucun Appel.*

» Et, dans le fait, nous voyons que, dans toutes les affaires des douanes qui passent journellement sous les yeux du tribunal, ce sont les préposés de la régie qui, sans autre procuration que leur qualité notoire et légalement constatée, intentent les poursuites devant les tribunaux correctionnels, y prennent des conclusions, interjettent les Appels, en fournissent les moyens, plaident et concluent sur ces Appels, et font les déclarations de recours en cassation. Si c'était là une erreur, il faudrait convenir qu'elle serait bien générale, puisqu'elle se trouverait partagée même par le tribunal de cassation; et alors ce serait le cas de la maxime, *error communis jus facit.*

» Ici, d'ailleurs, il y a une circonstance particulière qui ajoute une nouvelle force à ces raisons, applicables à tous les cas : c'est ce que le cit. Lheureux avait annexé à sa déclaration d'Appel, une procuration de la régie des douanes, visée précédemment par le président du tribunal correctionnel de Lille, qui l'autorisait expressément à *faire toutes les recherches et saisies autorisées par la loi du 10 brumaire an 5, en se conformant aux dispositions de cette loi;* et bien certainement, le pouvoir de saisir emporte, en cette matière, celui de poursuivre l'effet de la saisie, jusqu'à jugement de cassation, puisque si, après avoir saisi, il fallait attendre un pouvoir spécial de la régie des douanes pour chaque acte de procédure, il serait impossible, surtout à de grandes distances, de faire tout ce que la loi prescrit par suite d'une saisie, dans les courts délais qu'elle accorde à cet effet.

» Dans ces circonstances et par ces considérations, nous estimons qu'il y a lieu de casser et annuller le jugement du tribunal criminel du département du Pas-de-Calais, du 24 ventôse an 8, renvoyer le prévenu et les pièces de la procédure devant le tribunal criminel le plus voisin......».

Arrêt du 26 messidor an 8, au rapport de M. Sieyes, qui adopte ces conclusions ,

« Attendu que le cit. Lheureux se trouvait investi d'un pouvoir général, suffisant pour faire toutes les recherches et saisies de marchandises anglaises, en exécution de la loi du 10 brumaire et autres, faire les poursuites et suivre toutes les opérations y relatives, etc.;

» Attendu que, devant le tribunal correctionnel de Lille, il avait déposé un extrait de ses pouvoirs, qui se trouve parmi les pièces du procès, et mentionné dans l'inventaire; qu'il avait été reconnu en cette qualité par toutes les parties, ainsi que sur son Appel par-devant le tribunal criminel du département du Nord;

» Attendu que le tribunal de cassation a déjà, par son jugement du 5 brumaire dernier, rendu sur le pourvoi de la régie des douanes, contre le jugement du tribunal criminel du département du Nord, du 1er. fructidor an 7, reconnu implicitement que la commission du cit. Lheureux l'avait suffisamment autorisé à interjeter l'Appel dont il s'agit;

» Attendu que le jugement dénoncé a conséquemment fait une fausse application des art. 193, 194 et 195 du Code des délits et des peines».

II. La seconde question avait d'abord été décidée négativement par l'art. 17 du tit. 9 de la loi du 15-29 septembre 1791 : « Les préposés de la » conservation (portait cet article) ne pourront eux-» mêmes interjeter aucun Appel sans autorisation».

Mais il a été dérogé implicitement à cette disposition, par le Code du 3 brumaire an 4.

C'est ce qu'a jugé notamment un arrêt de la cour de cassation, du 18 juin 1807, rendu au rapport de M. Minier, sur le recours de l'administration forestière et du procureur-général de la cour de justice criminelle du département de la Loire-Inférieure, contre un arrêt de cette cour, du 6 avril précédent.

« Vu (ce sont les termes de cet arrêt) l'art. 456 de la loi du 3 brumaire an 4, n°. 1er.;

» Attendu que, dans l'espèce, la cour de justice criminelle du département de la Loire-Inférieure en se fondant, comme elle l'a fait dans son arrêt du 6 avril dernier, sur l'art. 17 de la loi du 15-29 septembre 1791, pour rejeter la requête d'Appel présentée par l'administration des forêts, contre le jugement de première instance rendu contre elle par le tribunal de police correctionnelle du département de la Loire-Inférieure séant à Châteaubriant, est tombée dans une erreur évidente, cette loi n'étant plus applicable à l'espèce, et se trouvant implicitement et nécessairement abrogée par la promulgation de la loi du 3 brumaire an 4, qui, n'accordant que dix jours au lieu de trois mois, à compter du jour de la prononciation des jugemens rendus en police correctionnelle, mettrait évidemment, dans plus d'un cas, l'administration forestière dans l'impuissance de se pourvoir contre les jugemens qui lui préjudicieraient, si ses employés étaient obligés, avant d'agir en son nom, de solliciter et d'attendre une autorisation formelle;

» Attendu que, dans la présente affaire, cette autorisation qui n'était d'ailleurs requise par le législateur que dans l'intérêt de l'administration, a été donnée, et se trouve consignée dans la correspondance du conservateur de l'arrondissement dans lequel est situé la forêt de Vioreau, avec l'inspecteur du même arrondissement; d'où il suit que le moyen pris du défaut d'autorisation, en supposant qu'on pût l'invoquer encore depuis la promulgation de la loi du 3 brumaire an 4, ne serait pas exact en fait, et ne pourrait pas être opposé dans l'espèce;

» Attendu enfin que la cour criminelle du département de la Loire-Inférieure est encore tombée dans l'erreur, lorsqu'elle a cru pouvoir se fonder, pour rejeter la requête d'Appel de l'administration forestière, sur ce que l'Appel n'avait pas été suivi par le préposé qui avait fait les poursuites de première instance; qu'elle aurait dû remarquer que, si l'affaire avait été suivie en première instance par le sieur Le Jeune, inspecteur à Châteaubriant, le sieur Lecouvreur de la Jonquière avait été appelé à l'audience en sa qualité de sous-inspecteur, remplissant provisoirement les fonctions d'inspecteur des 2e. et 3e. arrondissemens, et que, dans tous les cas, sa comparution, dans l'intérêt de l'administration forestière, aurait été régularisée par la citation qui lui avait été donnée à la requête du procureur-général près la cour criminelle du département de la Loire-Inférieure; d'où il suit encore que, sous ce second point de vue, il a été fait par l'arrêt attaqué une fausse application de l'art. 17 de la loi du 15-29 septembre 1791;

» Par ces motifs la cour casse et annulle.... ».

Il existe un grand nombre d'autres arrêts semblables.

Voyez au surplus ce que je dis là-dessus dans les conclusions du 28 janvier 1813, rapportées dans le *Répertoire de Jurisprudence*, au mot *Procuration*, §. 2.

III. La troisième question a été jugée de même par un arrêt de la cour de cassation, du 20 mars 1812, dont le *Bulletin* criminel nous retrace ainsi l'espèce et le dispositif:

« Plusieurs particuliers prévenus d'avoir coupé et enlevé des fagots dans une forêt de l'état, ont été traduits en police correctionnelle.

» Par jugement du 27 avril 1811, le tribunal de première instance de Locadeso a déclaré nul le procès-verbal qui constatait le délit et déchargé les prévenus des poursuites de l'administration des forêts.

» L'Appel de ce jugement fut interjeté par le garde-général du lieu, le 6 mars 1811.

» Le même jour, ce garde-général présenta requête à l'appui de cet Appel. De cette requête, il résulte littéralement que le garde-général agissait *pour MM. les administrateurs généraux*, en vertu des ordres de l'inspecteur local, et des pouvoirs donnés par les circulaires de l'administration forestière.

» Le jugement attaqué a rejeté cette requête, par le motif que l'acte d'Appel avait été fait au nom du garde-général et à sa diligence, quoique aux termes de l'art. 1er., tit. 9 de la loi du 29 septembre 1791, les poursuites des délits forestiers dussent être faites au nom de l'administration forestière.

» Cet arrêt a été cassé par les motifs suivans

» Ouï le rapport de M. Basire, et les conclusions de M. Jourde, avocat-général;

» Vu l'art. 3 du tit. 32 de l'ordonnance de 1669...,

» Attendu que l'art. 17, tit. 9, de la loi du 29 septembre 1791, qui n'accordait aux préposés de l'administration forestière le droit d'appeler qu'après l'autorisation de cette administration, a été implicitement et nécessairement abrogé par la loi du 3 brumaire an 4; qu'en effet, cette dernière loi, réduisant à un délai de dix jours le délai de trois mois qui était accordé par les lois antérieures, pour appeler des jugemens rendus en matière correctionnelle, il serait presque toujours impossible que l'autorisation d'appeler des jugemens de cette nature, pût être demandée par les préposés de l'administration forestière, et accordée par cette administration, avant l'expiration de ce délai de dix jours; d'où il suit que, depuis la loi du 3 brumaire an 4, qui n'a pu vouloir l'impossible, les préposés de l'administration forestière ont nécessairement le droit d'appeler sans y être autorisés formellement par cette administration;

» Attendu que toutes les fois que ces préposés appellent d'un jugement rendu correctionnellement sur délit forestier, il est évident qu'ils agissent au nom de l'administration forestière dont ils sont essentiellement les organes auprès des tribunaux;

» Attendu, d'ailleurs, et surabondamment que, dans l'espèce, il ne pouvait être douteux que l'Appel n'eût été interjeté au nom de l'administration forestière, puisque, dans la requête présentée par le garde-général qui avait émis l'Appel, le jour même où cet Appel fut émis, il était itérativement déclaré qu'il agissait pour et au nom de cette administration;

» Que, dès-lors, en rejetant l'Appel interjeté dans l'espèce par le garde-général Lacase, le tribunal de Tarbes a fait une fausse application des art. 1er. et 17 du tit. 9 de la loi du 29 septembre 1791, excédé les bornes de sa compétence, en créant une fin de non-recevoir qui n'est point établie par la loi, et par suite violé l'art. 3 précité du tit. 32 de l'ordonnance de 1669.

» Par ces motifs, la cour casse et annulle.... ».

§. V. *L'Appel interjeté par une partie, de l'une des dispositions d'un jugement, investit-il le tribunal supérieur du droit de réformer ce jugement dans les autres dispositions qui lui paraissent faire grief à l'intimé, quoique celui-ci n'en soit pas appelant ?*

I. Voyons d'abord ce que les lois romaines avaient réglé sur ce point.

L'empereur Justinien nous apprend, dans la loi dernière, C. *De Appellationibus*, que, dans l'ancien droit, le juge supérieur ne pouvait réformer une sentence par laquelle les deux parties étaient respectivement lésées, qu'au profit de celle qui en avait appelé en temps utile ; mais il annonce en même temps qu'il croit devoir modifier cette jurisprudence : *Ampliorem providentiam subjectis conferentem, quam forsitan inveniunt, antiquam observationem emendamus ; cùm in Appellationum auditoriis, is solus, post sententiam judicis, emendationem meruerat, qui ad provocationis convolasset auxilium, alterâ parte, quæ hoc non fecisset, sententiam sequi (qualiscunque fuisset) compellendâ*; et il la modifie, en effet, par une distinction entre le cas où la partie intimée comparaît sur l'Appel, et le cas où elle fait défaut. Dans le premier cas, il veut que la partie intimée soit reçue à proposer ses griefs contre les dispositions du jugement de première instance qui lui portent préjudice, comme si elle en avait appelé en temps utile. Dans le second cas, il charge le juge d'Appel de se mettre à la place de la partie intimée et de faire pour elle tout ce qu'elle pourrait faire elle-même, si elle comparaissait : *Sancimus itaque si appellator semel in judicium venerit, et causas Appellationis suæ proposuerit, habere licentiam et adversarium ejus, si quid judicatis opponere maluerit, si præsto fuerit, hoc facere, et judiciale mereri præsidium. Sin autem absens fuerit, nihilominùs judicem per suum vigorem ejus partes adimplere.*

Le sens de la seconde de ces dispositions n'est pas équivoque. Il est clair qu'en chargeant le juge d'Appel de suppléer aux conclusions que pourrait prendre la partie intimée, si elle ne faisait pas défaut, Justinien l'autorise à réformer, s'il y a lieu, les chefs du jugement de première instance, qui, bien que non-attaqués par elle, lui sont préjudiciables; et c'est ainsi que Brunneman nous présente le résultat de cette disposition dans son Commentaire sur le Code, liv. 7, tit. 62 : *effectus Appellationis*, dit-il, *est ut si gravamina probentur, sententia rescindatur, et in meliùs reformetur ; quod beneficium per hanc legem utrique parti commune est, adeò ut si tu appellaveris,*

ego, licet non appellaverim, si quid minus per sententiam mihi consecutus videar, conqueri possim, quandò scilicet, gravamina in judicio à te sunt proposita ; imò, quod mirum, judex, etiam me absente, id supplebit ex officio, per hanc legem...; licet non appellaverim vel expressè adhæserim.

La première disposition ne présente pas plus de difficulté. Dire que la partie intimée pourra, en comparaissant sur l'Appel proposer ses griefs, comme si elle avait appelé elle-même dans le délai ordinaire, c'est bien clairement faire entendre que, si elle ne conclud pas à la réformation des chefs de la sentence qui la grèvent, le juge supérieur ne peut pas la réformer d'office. Aussi Brunneman, à l'endroit cité, n'hésite-t-il pas à dire avec Balde et Surdus, que, *si præsens sit appellatus, judex non supplebit.*

Il paraît pourtant bien singulier que Justinien ait investi le juge d'Appel, en faveur de l'intimé défaillant, d'un plus grand pouvoir qu'en faveur de l'intimé qui comparaissait sur l'Appel. Mais c'est à raison de cette singularité qui excite, comme on vient de le voir, l'étonnement de Brunneman, *quod mirum*, que l'on devait, sous l'empire de la loi dont il s'agit, se refuser à toute extension de la faculté qu'elle accordait au juge d'Appel, relativement à l'intimé défaillant. Elle était, en effet, bien absurde cette faculté. Que le juge puisse et doive suppléer d'office aux moyens de droit qu'une partie défaillante ou non omet d'employer à l'appui d'une demande qu'elle a formée, cela est tout simple, et tel est le vœu bien prononcé de la loi 1, C. *ut quæ desunt advocatis.* Mais que le juge puisse suppléer d'office à une demande qui ne lui a pas été présentée, qu'il puisse, par suite, appeler lui-même, dans l'intérêt de l'intimé défaillant, du jugement qui lui est déféré par la partie adverse, c'est ce qui répugne à la saine raison.

II. Quelle a été l'influence des deux dispositions de cette loi sur l'ancienne jurisprudence de nos tribunaux ?

Je ne sais si la question s'est jamais présentée quant à la première de ces dispositions. Je vois bien dans le recueil d'arrêts du président Maynard, liv. 3, chap. 10, « qu'il a été souvent mis » en doute si les sentences ou jugemens dont avait » été appelé, pouvaient être réformés au profit » de l'intimé qui les soutenait et acquiesçait (c'est-» à-dire, l'intimé comparaissant sur l'Appel), » même par les cours souveraines qui, comme » représentant le prince, *pro majestate imperii* » *judicant*, et, sans avoir égard aux scrupuleuses » formalités, *omnibus ex œquô jus dicunt* ». Mais je ne vois nulle part qu'il ait jamais été prétendu que l'intimé défaillant dût, à cet égard, être traité avec plus de faveur que l'intimé comparaissant.

Quoi qu'il en soit, examinons comment la question, telle que la pose le président Maynard, était jugée par les anciens tribunaux, d'abord en matière criminelle, ensuite en matière civile.

En matière criminelle, on jugeait constamment que le tribunal d'Appel pouvait, nonobstant la première des dispositions citées de la loi de Justinien, entendue dans le sens expliqué au n°. précédent, réformer, au préjudice de l'appelant, et sans Appel incident de la part de l'intimé, les chefs du jugement de première instance qui préjudiciaient à celui-ci.

« C'est (dit le président Maynard) ce que j'ai » vu souvent sans difficulté garder et observer en » la chambre de la Tournelle de la cour de Tou- » louse, *ubi ferè semper de quœstionibus publicis* » *agitur et non tam privatœ quàm disciplinœ pu-* » *blicœ vigor firmatur*. Jusque-là où ladite cour » connaît et juge les inférieurs et subalternes avoir » comme négligé, connivé ou dissimulé tant soit » peu à la punition des crimes dont serait ques- » tion, elle a accoutumé, mettant l'Appellation » et ce dont avait été appelé au néant, *graviore* » *pœnà etiam ipsos appellantes plectere*, combien » que par le procureur du roi ou justiciers subal- » ternes qui ont accoutumé en ladite cour pren- » dre la cause pour leurs procureurs d'office, n'en » fût *à minori*, comme ils disent, appelé ».

L'auteur rapporte ensuite, comme exemple de cette manière constante de juger, un arrêt de 1564 par lequel des particuliers qu'il avait, comme juge de première instance, condamnés au fouet pour différens vols qu'ils avaient commis, furent, sur leur propre Appel, et quoique la partie publique ne fût point appelante *à minimâ*, condamnés aux galères, les uns à perpétuité, les autres à temps.

Cette jurisprudence n'était point particulière au parlement de Toulouse; elle était la même dans toutes les cours. Mais elle ne contrariait nullement le sens dans lequel j'ai prouvé au n°. précédent, que devait être entendue la première disposition de la loi dernière, C. *de Appellationibus*. Elle était uniquement fondée, comme je l'ai établi dans des conclusions du 17 novembre 1815 (1), sur le principe de l'ancien ordre judiciaire, qu'en matière criminelle, les juges pouvaient faire d'office tout ce que le ministère public aurait pu les requérir de faire, et par conséquent appeler eux-mêmes *à minimâ* des sentences dont le ministère public ne se rendait pas appelant.

Le même principe ne pouvait pas être appliqué aux matière civiles; et dès-là, il semblerait que jamais l'on n'eût dû hésiter à refuser au juge d'Appel la faculté de réformer, au profit de l'intimé non appelant incidemment, les dispositions du jugement de première instance qui lui étaient préjudiciables.

_____
(1) *V.* le *Répertoire de Jurisprudence*, aux mots *Tribunal de police*, sect. 1, §. 3, observations sur l'art. 214 du Code d'instruction criminelle.

Cependant le président Maynard s'explique là-dessus d'une manière qui paraît insinuer que le parlement de Toulouse s'était quelquefois arrogé cette étrange faculté : « Quant au civil (ce sont » ses termes), nous y avons toujours vu faire de » grandes difficultés, et encore *vix id recipi* par » ladite cour, *nisi ex magnâ et evidente causâ* ». Mais ce qu'il ajoute aussitôt, prouve assez que le parlement de Toulouse lui-même regardait le petit nombre d'arrêts qu'il avait rendus en ce sens, comme des aberrationss qui ne devaient pas tirer à conséquence. « Pour obvier à quoi » (dit-il), sur le jugement des Appellations, la » cour juge ordinairement simplement icelles; et » où il y a des lettres et incidens qui regardent le » fond, si icelui n'est instruit pour juger défini- » tivement, elle a accoutumé les renvoyer par » devant les juges dont a été appelé, avec clause, » où leurs sentences et jugemens sont par elle in- » firmés du tout ou en partie, pardevant autre » que celui dont a été appelé, ou bien, étant » instruit, évoquer, retenir et ordonner que les » parties, avant faire droit sur leurs autres fins » et conclusions, diront et produiront ce que » bon leur semblera, pour, par ce moyen, les » avertir de se préparer au principal, et sur ice- » lui se pourvoir de tous moyens requis et né- » cessaires; tout ainsi que par leur conseil sera » avisé le plus expédient, et ainsi l'avons vu sou- » vent juger à notre rapport même du dernier » avril 1585, au procès de Catherine et Margue- » rite Galauves, contre Barthélemy Flottes et au- » tres créanciers de feu Thomas Balau, père des- » dites Galauves; et entre Artigues contre Artigues, » le 6 février 1589, en la seconde chambre des » enquêtes; et le 8 juillet 1594, en la grand' » chambre au procès d'entre Cassanh contre » Mérigot; *cela étant ordinaire et tenu comme une* » *maxime générale en ladite cour* ».

Quant au parlement de Paris, il paraît que, soit par respect pour la première disposition de la loi dernière C. *de Appellationibus*, entendue comme j'ai établi au n°. précédent qu'elle doit l'être, soit d'après les seules lumières de la raison naturelle, il tenait pour maxime que le juge d'Appel ne pouvait pas, d'office, réformer au profit de la partie intimée, les chefs de la sentence dont elle n'était pas elle-même appelante; mais que, comme le parlement de Toulouse, il s'écartait quelquefois de cette maxime par des considérations d'équité. Écoutons Charondas dans ses *Réponses du droit français*, liv. 4, chap. 62 :

« J'ai vu souvent disputer si on peut, en cause d'Appel, corriger la sentence dont est appelé, au profit de l'intimé; car, bien que l'Appel suspende, ou comme dit le jurisconsulte, *extinguat judicatum*, toutefois il semble que l'intimé y acquiesçant s'en contente, et me souviens avoir lu entre les mémoires de M. Chartelier, qu'en l'Appel pendant en la cour de la sentence du bailly de

Senlis où son lieutenant à Pontoise, qui avait condamné l'appelant à se désister de certain héritage, ou suppléer le prix à raison de vingt-quatre livres, la cour fut empêchée sur pareil doute, parceque l'héritage avait été vendu treize livres, tellement que l'appelant avait apparence de grief, d'autant que, selon le supplément ordonné par ladite sentence, l'intimé avait été déçu d'outre moitié de juste prix. Mais le procès était si bien vérifié que l'héritage valait trente livres et plus au jour de la vendition, tellement que l'intimé était grevé; le juge fut mandé en la cour, et cuida être condamné ès dépens. Toutefois parceque l'intimé n'avait appelé, la cour ne voulut amender et corriger la sentence à son profit, ains mit l'Appellation au néant, à cause que le juge avait donné couleur d'appeler, et ordonna que ce dont était appelé sortirait son effet.

» Depuis j'ai vu autres arrêts, par lesquels ladite cour voulant, par équité, retrancher les longueurs et circuits du procès, en mettant l'appellation et ce dont est appelé au néant, a corrigé la sentence au profit de l'intimé, et entre autres un donné depuis peu de tems entre Etienne Parent, appelant de certaine sentence de recréance, donnée par les maîtres des requêtes de l'hôtel du roi, d'une part, et Jean Lescolant, le jeune, intimé, d'autre, du 7 septembre 1565, pour raison de la jouissance de leurs états et offices de maîtres visiteurs des marchandises et merceries dont ils étaient pourvus par le roi ; et fut, par ledit arrêt, ledit appelant, qui était en la cause principal demandeur en cas de saisine et nouvelleté, déclaré non-recevable en ladite action, et condamné aux dépens tant de la cause principale que d'Appel ».

Mais l'ordonnance de 1667 a fait cesser cette manière arbitraire de juger, en disant, tit. 27, art. 5, dans les termes les plus formels et sans distinction entre l'Appel principal et l'Appel incident, que l'on doit tenir pour passés en force de chose jugée, *les sentences et jugemens dont il n'y a Appel ou dont l'Appel n'est pas recevable.*

Aussi la cour de cassation a-t-elle décidé, dans l'espèce suivante, que cet article avait été violé par un jugement qui, sans Appel incident de l'intimé, lui avait accordé en cause d'Appel, des dommages-intérêts que lui avait refusés un jugement de première instance suivi, de sa part, d'un acquiescement exprès.

Le 24 pluviôse an 7, les créanciers du sieur Cabousse font assigner la dame Montereau devant le tribunal civil du département de la Seine-Inférieure, en résiliation d'un bail et paiement de diverses sommes, et ils y concluent en outre à 20,000 francs de dommages-intérêts.

Jugement du 8 ventôse an 7, qui, entre autres dispositions, condamne la dame Montereau à payer aux créanciers du sieur Cabousse une somme de 11,900 francs ; *et, considérant que les circonstances dans lesquelles les parties se sont trouvées respectivement, ne permettent pas de s'arrêter à leurs demandes en dommages-intérêts, les met à cet égard hors de cour.*

Appel de ce jugement de la part de la dame Montereau.

Les créanciers anticipent cet Appel par un exploit d'assignation devant le tribunal civil du département de l'Oise ; ils déclarent par le même acte, *qu'ils concluront au bien jugé,* et en outre à ce que la dame Montereau soit condamnée à 2,500 francs *de dommages-intérêts d'indue vexation.*

La cause appelée à l'audience, la dame Montereau ne comparaît pas ; en conséquence, jugement par défaut qui confirme celui du tribunal de la Seine-Inférieure, et condamne la dame Montereau aux dommages-intérêts des créanciers Cabousse, à donner par déclaration.

En exécution de ce jugement, les créanciers Cabousse font signifier à la dame Montereau un état de dommages-intérêts qui s'élève à plus de 20,000 francs ; et il est à remarquer qu'ils y comprennent tous les articles pour lesquels ils avaient demandé au premier juge des dommages-intérêts qu'il leur avait refusés.

Mais la dame Montereau arrête leurs poursuites par une opposition au jugement par défaut.

Le 1er. messidor an 8, jugement contradictoire par lequel le tribunal civil du département de l'Oise reçoit la dame Montereau opposante pour la forme, remet les parties au même état où elles étaient avant le jugement par défaut ; faisant droit par nouveau jugement, dit qu'il a été bien jugé par le tribunal de la Seine-Inférieure, et, attendu les torts considérables que la dame Montereau a causés aux créanciers Cabousse, par les faits qui ont donné lieu aux poursuites commencées contre elle, le 24 pluviôse an 7, leur permet de retenir, à titre d'indemnité, une somme d'environ 17,000 francs qu'ils avaient reçue et dont, sans cette disposition, ils auraient été obligés de lui tenir compte.

La dame Montereau s'est pourvue en cassation contre ce jugement, et elle s'est fondée notamment sur l'acquiescement donné par les créanciers Cabousse, dans leur exploit d'anticipation, au jugement du tribunal de première instance, et sur le défaut d'Appel de leur part de la disposition de ce jugement qui rejetait, par un hors de cour, leur demande en dommages-intérêts. Elle a conclu de ces deux circonstances, que le tribunal civil du département de l'Oise, en accordant aux créanciers 17,000 francs de dommages-intérêts, avait violé l'autorité de la chose jugée et commis un excès de pouvoir.

En portant la parole sur cette affaire, à l'audience de la section civile, je n'ai trouvé aucune difficulté à conclure en faveur de la demanderesse en cassation.

L'affaire a été mise en délibéré, et les juges retirés dans la chambre du conseil, trois ont opiné pour le rejet de la demande, 1°. parceque les créanciers Cabousse, en annonçant par leur exploit d'anticipation qu'ils concluraient et au *bien jugé* et à 2,500 francs de dommages-intérêts d'*indue vexation*, avaient assez fait connaître qu'ils n'acquiesçaient pas au jugement de première instance, en ce qu'il avait repoussé, par un hors de cour, leur demande en dommages-intérêts ; 2°. parcequ'à la vérité, ils n'avaient pas interjeté formellement Appel de ce chef du jugement de première instance ; mais que, dans la vérité, ils en avaient appelé implicitement, en reproduisant devant le tribunal d'Appel une demande que le premier juge avait proscrite ; que, dans notre jurisprudence, il n'y a point de termes sacramentels pour les actions judiciaires ; et que, pour être considéré comme appelant, il n'est pas nécessaire (comme je l'établirai ci-après, §. 11) d'en prendre expressément la qualité. L'un des trois juges qui votaient dans ce sens a ajouté que la dame Montereau n'ayant point opposé, aux conclusions en dommages-intérêts prises en cause d'appel par les créanciers Cabousse, l'exception résultant de leur prétendu acquiescement et de leur prétendu défaut d'Appel, elle n'était pas recevable à la présenter pour la première fois au tribunal de cassation, ni par conséquent à en tirer une ouverture de cassation contre le jugement qu'elle attaquait.

Les autres juges, au nombre de onze, ont opiné pour la cassation : plusieurs, par le motif qu'il n'y avait point eu d'Appel incident de la part des créanciers Cabousse, et que, pour être réputé appelant d'une disposition d'un jugement auquel on a d'ailleurs donné un acquiescement indéfini, il ne suffit pas de reproduire, comme intimé, devant le tribunal d'Appel, la demande que cette disposition a rejetée ; que cela était tellement vrai dans l'espèce, que, si la dame Montereau se fût désistée de son appel, après la signification de l'exploit d'anticipation des créanciers Cabousse, ceux-ci n'auraient certainement pas pu suivre, devant le tribunal de l'Oise, leur demande en dommages-intérêts, puisqu'alors n'existant plus d'Appel, ce tribunal n'eût plus été saisi de rien.

Et tous, par le motif que les conclusions à 2,500 francs de dommages-intérêts d'*indue vexation* prises par les créanciers Cabousse dans leur exploit d'anticipation, ne portaient que sur les torts que causait à ceux-ci l'Appel de la dame Montereau, par les retards qu'elle apportait à l'exécution de ce jugement de première instance ; que ces conclusions ne pouvaient avoir et n'avaient pas évidemment d'autre objet (ce qui résultait du rapprochement de diverses pièces qu'il est inutile de rappeler ici) ; qu'ainsi limitées, elles n'offraient rien que de régulier, rien qui ne pût être accueilli par le tribunal d'Appel, d'après la seconde partie de l'art. 7 de la loi du 3 brumaire an 2 ; mais que de là même il suivait nécessairement que ces conclusions ne pouvaient pas être considérées comme une répétition de celles qui avaient été prises en première instance à fin de dommages-intérêts ; que conséquemment on ne pouvait pas leur attribuer l'effet d'un Appel incident de la disposition du jugement qui avait rejeté celles-ci ; que d'ailleurs le tribunal d'Appel avait motivé la condamnation à 17,000 francs d'indemnité, non sur la *vexation* exercée par la dame Montereau, contre les créanciers Cabousse, au moyen de son Appel, mais sur des faits antérieurs même à l'assignation introductive du 24 pluviôse an 7, c'est-à-dire, sur des faits pour lesquels le premier juge avait expressément mis hors de cour sur les conclusions en dommages-intérêts ; qu'ainsi, il y avait évidemment, de la part du tribunal d'Appel, violation de l'autorité de la chose jugée, irrévocablement acquise à ce chef du jugement du 8 ventôse an 7 ; et qu'il y avait lieu de casser le jugement du 1er, messidor an 8, nonobstant le silence que la dame Montereau paraissait avoir gardé devant le tribunal d'Appel, sur la fin de non-recevoir qu'établissait en sa faveur l'acquiescement et le défaut d'Appel des créanciers Cabousse.

En conséquence, arrêt du 11 fructidor an 9, au rapport de M. Doutrepont, qui adopte les conclusions que j'avais prises :

« Vu (porte-t-il) l'art. 5 du tit. 27 de l'ordonnance de 1667.... ;

» Attendu que les défendeurs, par leur exploit de citation sur Appel, en date du 27 ventôse an 7, ayant conclu au bien jugé du jugement rendu entre les parties par le tribunal civil du département de la Seine-Inférieure, le 8 du même mois, ont formellement acquiescé à ce jugement ;

» Que la demande de 2,500 francs de dommages-intérêts qu'ils ont formée par le même exploit de citation sur Appel, n'avait pour objet que des indemnités résultant de faits postérieurs au jugement dont était Appel, comme ils en conviennent dans leur réponse au 5e. moyen de cassation, demande qui était autorisée par l'art. 7 de la loi du 3 brumaire an 2 ;

» Qu'au contraire, dans les plaidoiries des 27, 28 et 29 prairial an 7, ils ont conclu au paiement de la somme de 13,316 francs 90 centimes, pour dommages-intérêts résultant de faits antérieurs au jugement de première instance, comme le prouve le jugement attaqué qui, statuant sur cette demande, dit que les dames Bruno-Francey et Montereau n'ont point exécuté leurs engagemens, soit en ne payant pas les loyers par avance, soit en n'acquittant pas les 90 francs par jour, soit en enlevant du magasin du théâtre des arts, des effets qu'elles employaient au théâtre de la république, soit en rétrocédant, faits qui sont tous antérieurs au jugement de première instance et pour lesquels le jugement autorise les défendeurs à retenir, à titre d'indemnité, toutes les sommes par eux reçues pour le produit de 95 francs par jour ;

» De sorte que le jugement attaqué a statué sur des indemnités sur lesquelles le jugement de première instance avait mis les défendeurs hors de cour, jugement auquel ceux-ci, loin d'en avoir appelé, avaient donné un acquiescement formel ; qu'ainsi, le jugement attaqué a visiblement violé l'autorité de la chose jugée ;

» Par ces motifs, le tribunal casse et annulle... ».

III. Voyons maintenant comment notre question doit être jugée d'après les lois qui nous régissent actuellement.

En matière civile, nulle difficulté. L'art. 443 du Code de procédure permet bien à l'intimé *d'appeler incidemment en tout état de cause* ; mais par là même, il reconnaît évidemment la nécessité d'un Appel incident de la part de l'intimé, pour que les dispositions du jugement de première instance qui préjudicient à ses droits, puissent être réformées par le juge d'Appel. (*V.* l'article *Appel incident*).

Il en devrait être autrement en matière correctionnelle, si les juges d'Appel avaient encore aujourd'hui le pouvoir qu'ils avaient dans l'ancien ordre judiciaire, de s'ériger eux-mêmes en officiers du ministère public, et de suppléer d'office, par ce moyen, à l'Appel que le ministère public négligeait ou refusait d'interjeter des chefs des jugemens de première instance qu'ils trouvaient susceptibles de réformation. Mais l'exercice de ce pouvoir leur est implicitement interdit par l'art. 1er. du Code d'instruction criminelle, comme il l'était déjà par l'art. 5 du Code des délits et des peines du 3 brumaire an 4 ; et dès-là, il est évident qu'il n'y a plus, sur cette matière, aucune différence entre les affaires civiles et les affaires correctionnelles.

Pour mettre cette vérité dans tout son jour, distinguons trois cas :

Celui où la partie civile est seule appelante ;
Celui où il n'y a Appel que de la part du prévenu ;
Et celui, où il n'y a Appel que de la part du ministère public.

Le PREMIER CAS se divise en deux branches.

1°. Lorsque la partie civile est seule appelante du jugement qui acquitte le prévenu, ou le condamne à de trop faibles dommages-intérêts, le juge d'Appel peut-il le condamner, non-seulement sur les conclusions de la partie civile à de justes dommages-intérêts, mais encore, soit d'office, soit sur les conclusions du ministère public non-appelant, à une peine quelconque ?

La négative a été adoptée sous le Code du 3 brumaire an 4, par un arrêt de la cour de cassation dont voici l'espèce.

Le 5 messidor an 8, jugement correctionnel du tribunal de première instance du département de la Seine, qui annulle une plainte en escroquerie, rendue par le sieur Coquille, sauf au plaignant à se pourvoir par action civile.

Appel de la part du plaignant seul.

Sur cet Appel, jugement du tribunal criminel du département de la Seine, du 8 frimaire an 9, qui déclare le délit d'escroquerie constant, et condamne deux des prévenus, Mercier et Thorel, aux peines portées par la loi du 22 juillet 1791.

Recours en cassation de la part des condamnés ; et le 18 germinal an 9, arrêt, au rapport de M. Chasle et sur les conclusions de M. Arnaud, qui,

« Vu les art. 5, 192, 193, 194 et 195 du Code des délits et des peines ;

» Attendu que, ni le commissaire près le tribunal de police correctionnelle du département de la Seine, ni l'accusateur public près le tribunal criminel du même département, ne se sont rendus appelans du jugement de la police correctionnelle du département de la Seine, du 5 messidor an 8 ; que, quoique la poursuite de la vindicte publique appartînt à ces seuls fonctionnaires exclusivement, et que l'Appel de la partie plaignante ne pût présenter à juger que des intérêts civils, le tribunal criminel n'en a pas moins prononcé contre les prévenus les peines portées par la loi, quoique ces peines ne puissent être que l'effet de la poursuite du ministère public, poursuite qui n'existait pas dans l'espèce ;

» Par ces motifs, le tribunal casse et annulle la disposition du jugement du tribunal criminel du département de la Seine du 8 frimaire dernier, par laquelle Mercier et Thorel ont été condamnés en 200 francs d'amende, et chacun en six mois d'emprisonnement ; le surplus dudit jugement demeurant dans toute sa force ».

C'est ce qu'ont encore jugé, sous le Code du 3 brumaire an 4, comme on peut le voir dans le *bulletin criminel* de la cour de cassation, des arrêts rendus le 19 fructidor an 9, dans la cause du sieur Le Chevalier ; le 27 nivôse an 10, dans celle de la veuve Delivet ; le 18 floréal suivant, dans celle de Bernard Florence et Jean Perrier ; le 16 frimaire an 12, dans celle de Pancrace Oth ; et le 18 juillet 1806, dans celle de Jean-Baptiste Leroux.

Cependant le ministre de la justice n'approuvait pas cette manière de juger ; et il l'a dénoncée au chef du gouvernement, par un rapport dont le but était de la faire réformer. Mais ce rapport ayant été renvoyé au conseil d'état, il est intervenu, le 28 octobre 1806, un avis ainsi conçu :

« Le conseil d'état qui.... a entendu le rapport de la section de législation sur celui du.... ministre de la justice tendant à savoir si, sur l'Ap-

4e édit., Tome I. 34

pel en matière correctionnelle émis par la partie civile, la cour criminelle peut connaître du bien ou mal jugé de l'entier jugement et réformer les dispositions non attaquées;

» Est d'avis que la jurisprudence de la cour de cassation, constante pour la négative de cette question, est fondée sur deux principes incontestables :

» Le premier, qu'un tribunal d'Appel ne peut réformer un jugement de première instance qu'autant qu'il y a Appel; que, par conséquent, s'il n'y a Appel que d'une seule disposition, le tribunal ne peut pas réformer les autres, et n'a pas même la faculté de les discuter; il n'en est pas saisi.

» Le second principe est qu'un tribunal, soit d'Appel, soit de première instance, ne peut adjuger ce qu'on ne lui demande pas ; et que tout jugement qui prononce *ultrà petita*, est essentiellement vicieux.

» Ces deux principes seraient violés, si, sur le seul Appel d'une partie civile qui se plaint de n'avoir pas assez obtenu de réparation, on aggravait la peine, dont la poursuite n'appartient qu'au ministère public qui n'a pas réclamé.

» En vain dit-on que la cour criminelle ne connaît qu'accessoirement des intérêts civils; qu'elle ne saurait donc être saisie qu'elle ne le soit en même temps de l'action publique.

» La règle réclamée n'est applicable que dans ce sens, que, si la cour criminelle a prononcé sur l'action publique sans qu'on ait agité devant elle l'action des intérêts civils, elle ne peut plus connaître de cette action ; elle a rempli ses fonctions et fait tout ce qui est de sa juridiction. Toutes les fois que les intérêts civils ne sont pas incidemment demandés, et qu'ils forment une action principale, ils doivent être portés aux juges des actions civiles.

» Il n'en est point ainsi dans l'hypotèse discutée. Les intérêts civils étaient poursuivis en première instance autant que l'action publique; il a été prononcé sur les deux actions ; il y a acquiescement au jugement de l'une ; la cour criminelle n'en reste pas moins compétente sur l'autre ; ce n'est point une action civile principale qu'on lui apporte, c'est l'Appel d'un chef de jugement qu'il n'appartient qu'à elle de confirmer ou de réformer; mais, comme il le ferait un tribunal civil auquel on porterait la question des dommages et intérêts, elle doit tenir pour constans les faits et les motifs qui ont déterminé le chef du jugement relatif au délit, parceque ce jugement ayant passé en force de chose jugée, il a tous les droits d'une vérité incontestable. *Res judicata pro veritate habetur.*

» On dit, en second lieu, que de la discussion que fait l'appelant pour obtenir de plus grands dommages et intérêts, il peut résulter, ou que le prévenu condamné ne devait pas l'être, ou ne pouvait l'être qu'à une peine moindre, ou que le prévenu absous devait être condamné, ou que la peine devait être plus forte. Il n'y a qu'à suivre ces divers cas pour se convaincre qu'ils ne fournissent aucun argument solide.

» 1°. Qu'importe que le prévenu ne dût pas être condamné, ou dût l'être à une moindre peine; s'il a voulu la subir, s'il l'a subie, s'il a acquiescé, s'il ne profite pas de la faculté d'appeler incidemment que lui donne l'Appel de la partie civile ? La cour criminelle ne peut être plus difficile et plus délicate qu'il ne l'est lui-même.

» 2°. S'il y a absolution d'un prévenu qui aurait dû être condamné, c'est son bonheur; il est jugé, il est jugé sans Appel ni réclamation puisque le vengeur public ne se plaint pas;

» 3°. A plus forte raison, s'il y a une peine trop légère, la cour criminelle ne devra pas d'office l'aggraver; elle ne le fait même pas en matière criminelle, où il s'agit de crimes offensant directement la société, au lieu qu'en matière correctionnelle il ne s'agit que de délits légers.

» On dit en troisième lieu que la cour criminelle serait obligée de dissimuler un vice d'incompétence, qui la frapperait dans le jugement dont l'Appel ne lui serait déféré que relativement aux intérêts civils.

» Ce cas est presqu'impossible, vu que trois personnes ont pu se rendre appelantes, la partie condamnée, le procureur-impérial, et le procureur-général ; mais en le supposant, ils présenteraient encore un bien petit inconvénient. L'incompétence est à considérer dans les matières graves, et même dans celles qui sont légères, lorsqu'elle est relevée ; mais lorsque personne ne s'en plaint, on ne doit point y faire attention ; les fins de non-recevoir couvrent beaucoup de vices de procédure ; elles ont été instituées pour l'expédition des affaires, qui est communément plus importante que la compétence.

» Ce n'est que par une exception introduite dans les matières criminelles, que les tribunaux peuvent annuller d'office, soit pour incompétence, soit pour tout autre vice, une procédure irrégulière qui deviendrait la base d'une condamnation à peine afflictive ou infamante ; dans tous les autres cas, ils ne peuvent prononcer sans conclusions.

» Le procureur général en la cour de cassation peut aussi, pour l'intérêt des règles et pour leur observation à l'avenir, requérir l'annullation d'un jugement incompétent ou irrégulier ; mais le jugement reste exécutoire entre les parties.

» On dit enfin que, si le plaignant a pu saisir, par son action toute civile, le tribunal correctionnel de l'action publique, il peut aussi, par son Appel, saisir la cour criminelle de l'une et de l'autre action.

» Cette parité n'est point exacte, parcequ'une

fois que l'action du plaignant a été introduite, le ministère public est saisi de l'action publique. Il n'appartient point au plaignant d'instruire sur cette action, sa plainte l'a fait naître, mais ne lui en donne pas la poursuite. Son Appel, qu'il n'a pu émettre que pour son intérêt, ne lui donne pas devant la cour criminelle une action qu'il n'avait pas en première instance; et comme le premier tribunal n'aurait pu prononcer aucune peine, si le ministère public ne l'avait pas requise, la cour d'Appel n'en pourra prononcer aucune, si le procureur-général reste muet et ne réclame pas pour la vindicte publique.

» Pour établir le contraire, il faudrait donner aux cours criminelles les fonctions qui appartiennent au ministère public; et ce serait confondre avec le pouvoir de poursuivre et requérir, celui de juger : ou il faudrait donner au procureur-général la faculté d'appeler jusqu'à l'arrêt définitif, tandis que le Code des délits et des peines ne lui accorde qu'un mois, à compter du premier jugement.

» Cette innovation, qui pourrait être utile, ne peut être introduite que par une loi ».

Cet avis, approuvé le 12 novembre 1806, et inséré au Bulletin des lois, a fait cesser toute controverse pendant tout le temps que le Code du 3 brumaire an 4 est resté en vigueur. Mais la question s'est renouvelée plusieurs fois, sous le Code d'instruction criminelle qui ne la décide pas plus que ne le faisait le précédent; et elle a été jugée de même par six arrêts de la cour de cassation qui sont rapportés dans le Bulletin criminel de cette cour, sous les dates des 18 avril 1811, 15 janvier 1814, 21 décembre 1816, 21 mars 1817, 1er. mai 1818 et 7 mai 1819.

En voici quatre plus récens que nous puisons dans le même Bulletin, et qui confirment de plus en plus cette jurisprudence.

Le 6 mars 1819, jugement du tribunal correctionnel de Grasse, qui acquitte les sieurs Leydier, Ventrin et Guisolphe d'une plainte en voies de fait et violences portée contre eux par le sieur Gautier, partie civile.

Appel de ce jugement de la part du sieur Gautier seulement.

L'affaire portée au tribunal correctionnel de Draguignan, juge d'Appel de celui de Grasse, il y intervient un jugement confirmatif à l'égard des sieurs Ventrin et Guisolphe, mais infirmatif à l'égard du sieur Leydier qu'il condamne, nonseulement à des dommages-intérêts envers la partie civile, mais encore à une amende envers le trésor public.

Le sieur Leydier se pourvoit en cassation contre ce jugement; et le 29 juillet 1819, arrêt par lequel,

« Ouï le rapport de M. Rataud, conseiller...., et sur les conclusions de M. Hua, avocat général.....,

» Vu l'art. 1er. du Code d'instruction criminelle, vu aussi les art. 203 et 205 du même Code qui fixent les délais dans lesquels le ministère public sera tenu, à peine de déchéance, de déclarer ou notifier son Appel des jugemens rendus en première instance par les tribunaux correctionnels;

» Et attendu, dans l'espèce, que, sur la plainte rendue par Gautier contre Leydier, Ventrin et Guisolphe, à raison des violences et voies de fait qu'il leur imputait d'avoir exercées sur sa personne, le tribunal correctionnel de Grasse, saisi de la connaissance des faits de cette plainte, avait, par jugement du 6 mars 1819, renvoyé les prévenus de l'action formée contre eux;

» Que ce jugement avait été acquiescé tant par le ministère public près le tribunal qui l'a rendu, que par le ministère public près le tribunal ayant droit de connaître de l'Appel, puisque ni l'un ni l'autre ne s'en étaient rendus appelans; que l'action publique se trouvait donc éteinte, et ne pouvait renaître par l'effet de l'Appel de ce jugement interjeté par la seule partie plaignante; que, par cet Appel, la partie plaignante n'avait saisi ni pu saisir le tribunal d'Appel que sous le rapport de ses intérêts civils, et que ce n'était donc que sur ces intérêts que ce tribunal pouvait et devait statuer;

» Que, cependant, le tribunal correctionnel de Draguignan, après avoir réformé le jugement rendu en première instance par le tribunal de Grasse pour mal jugé au fond, et après avoir reconnu et déclaré la culpabilité de Leydier, l'un des prévenus, ne s'est pas borné à statuer sur les dommages et intérêts réclamés par la partie plaignante, mais, en outre, a condamné ledit Leydier à une peine d'amende qui ne pouvait être prononcée que sur l'action publique régulièrement exercée;

» En quoi le tribunal a commis un excès de pouvoir, violé les règles de sa compétence et les dispositions des art. 1er., 203 et 205 du Code d'instruction criminelle;

» Par ces motifs, la cour casse et annule... (1) ».

Le 15 janvier 1820, jugement du tribunal correctionnel de Civray qui acquitte la dame Rivière de la plainte en diffamation portée contre elle par le sieur Guyot-Dervaux.

Point d'Appel de ce jugement de la part du procureur du roi ni de celle du procureur-général. Mais le sieur Guyot-Dervaux s'en rend appelant.

Le 28 mars suivant, arrêt de la cour royale de Poitiers qui réforme ce jugement, déclare la dame Rivière coupable envers le sieur Guyot-Dervaux de calomnies proférées dans des lieux publics, et la condamne à une amende qu'il modère à 10 francs, à raison de circonstances

---

(1) Bulletin criminelle de la cour de cassation, tome 24, page 268.

atténuantes (1), et aux dépens pour tous dommages-intérêts.

Recours en cassation contre cet arrêt de la part de M. le procureur-général à la cour de cassation, dans l'intérêt de la loi.

Et le 13 avril 1820, arrêt au rapport de M. Aumont, par lequel,

« Vu l'art. 1er., §. 1, du Code d'instruction criminelle......;

» Attendu que, par le jugement rendu en première instance par le tribunal correctionnel de Civray, la femme Rivière avait été renvoyée de la plainte portée contre elle par Dervaux ; que le ministère public ne s'était point rendu appelant de ce jugement ; que Dervaux seul en avait appelé ; que la cour royale de Poitiers n'était donc saisie que dans l'intérêt de la partie civile; et pour les réparations civiles par elle réclamées; que le ministère public, à qui l'art. 1er., §. 1er. du Code d'instruction criminelle réserve exclusivement le droit de poursuivre des condamnations à des peines, avait renoncé, en acquiesçant au jugement, à toute action à cet égard.....;

» Que le défaut d'Appel du ministère public avait donc produit acquiescement au jugement du tribunal de Civray et renonciation à toute action pour la vindicte publique; que cette renonciation était d'autant plus certaine dans les faits de la cause, qu'il y avait eu Appel de la part de la partie plaignante, et que, dès-lors, la disposition de l'article 5 de la loi du 26 mai 1819, n'aurait pas pu servir même de prétexte au défaut d'Appel du ministère public ;

» Que cependant la cour royale de Poitiers a prononcé une peine d'amende contre la femme Rivière; qu'elle a donc prononcé sur une action dont elle n'était pas saisie, et qui avait même cessé d'exister ; qu'elle a donc violé les règles de sa compétence, ainsi que l'art. 1er., §. 1er., du Code d'instruction criminelle.....;

» D'après ces motifs, la cour casse et annulle..... ».

La veuve Dupuy, poursuivie correctionnellement par le sieur Leguen, devant le tribunal correctionnel de Loudéac, pour avoir abattu et enlevé un arbre croissant dans un terrain qui n'était ni un *bois taillis*, ni un *bois futaie*, ni une *plantation*, excipe, en invoquant l'art. 33 du tit. 2 de la loi du 29 septembre, -6 octobre 1791, sur la police rurale, de ce que les poursuites du sieur Leguen n'ont été intentées que plus d'un mois après la connaissance du délit, et soutient en conséquence que l'action dirigée contre elle est prescrite.

Jugement qui le décide ainsi.

Appel de la part du sieur Leguen seulement.

---

(1) *V.* l'article *Peine*, §. 3.

La cause portée à l'audience du tribunal correctionnel de Saint-Brieux, le procureur du roi, quoiqu'encore dans le délai de l'Appel, ne dit rien qui annonce, de sa part, l'intention d'appeler ; il se borne à conclure à la réformation du jugement de première instance et à ce qu'il soit déclaré que la prescription n'est point acquise à la veuve Dupuy.

Le 24 avril 1820, jugement qui, statuant sur l'Appel du sieur Leguen, dit qu'il a été bien jugé par le tribunal de Loudéac.

Recours en cassation, tant de la part du sieur Leguen, que de la part du procureur du roi.

Par arrêt du 8 juin 1820, au rapport de M. Basire, et sur les conclusions de M. l'avocat-général Hua, la cour de cassation casse l'arrêt attaqué dans l'intérêt de la partie civile ;

« Mais (ajoute-t-elle) attendu, en ce qui concerne le renvoi à ordonner, qu'il n'y avait point eu Appel de la part du procureur du roi du tribunal de Loudéac, du jugement de ce tribunal; qu'il n'y en a pas eu non plus de la part du procureur du roi du tribunal de Saint-Brieux, puisque aucune notification n'en a été faite à la veuve Dupuy, soit par acte d'officier public, soit par une déclaration personnelle à elle faite à l'audience, avec réquisition qu'il en fût retenu acte ; que des conclusions pour l'application de la loi pénale, qui n'ont pas été prises par voie d'action, ne sauraient représenter cette notification qu'a exigée l'art. 205 du Code d'instruction criminelle; que toute action publique est donc éteinte, et qu'il n'y a lieu ainsi à renvoi que pour l'action privée ;

» Renvoie Leguen et la veuve Dupuy avec les pièces de la procédure, devant la cour royale de Rennes, chambre de police correctionnelle, à ce déterminée par délibération prise en la chambre du conseil, pour y être statué conformément à la loi, *et dans l'intérêt civil seulement*, sur l'Appel relevé par Leguen du jugement du tribunal de Loudéac ».

Le sieur Obert, poursuivi devant le tribunal correctionnel de Briançon par le sieur Clément, partie civile, est mis hors de cour sur la plainte portée contre lui.

Le sieur Clément appelle seul de ce jugement ; et sur son Appel, le procureur du roi, non-seulement n'y adhère pas, mais ne conclud même à aucune peine contre le sieur Obert.

Cependant le tribunal d'Appel ne se borne pas à infirmer le jugement de première instance dans l'intérêt du sieur Clément, il condamne encore le sieur Obert à une amende de 16 francs.

Mais, sur le recours en cassation du sieur Obert, arrêt du 26 février 1825, par lequel,

« Ouï le rapport de M. Ollivier, conseiller....., et les conclusions de M. Laplagne-Barris, avocat général.....;

» Attendu que, d'après l'avis du conseil d'état du 25 octobre 1806, approuvé le 12 novembre suivant, on ne peut, sur l'Appel de la partie civile seule, ni connaître du bien ou du mal jugé de l'entier jugement, ni réformer les parties non attaquées, ni aggraver la peine dont la poursuite n'appartient qu'au ministère public ;

» Et attendu que, dans l'espèce, le tribunal de première instance de Briançon avait mis Obert hors de cour sur la plainte de Clément, conformément aux conclusions du ministère public ;

» Que Clément appela seul de ce jugement ; qu'en Appel, le ministère public ne prit aucunes conclusions pour l'application de la peine ;

» Que, dès-lors, le tribunal d'Appel ne fut saisi que de la connaissance de la partie du jugement de première instance concernant l'action civile du plaignant, et qui formait l'objet de son Appel ;

» Que, néanmoins, ce tribunal a statué sur l'action publique, en condamnant Obert à 16 francs d'amende ;

» En quoi il a excédé les bornes de sa compétence, et violé les dispositions de l'arrêté du 12 novembre 1806 ;

» Par ces motifs, la cour casse et annulle......».

2°. Lorsque la partie civile est seule appelante en ce que le jugement de première instance, en déclarant le prévenu coupable, ne le condamne pas à des dommages-intérêts suffisans, et ce qui revient au même en matière de douanes (d'après ce qui est dit dans le *Répertoire de jurisprudence*, au mot *Appel*, sect. 2, §. 10, n°. 1), lorsque l'administration est seule appelante en ce que le jugement qui déclare le prévenu coupable de contravention, ne prononce que la confiscation des objets saisis, et ne le condamne pas à l'amende ; le tribunal d'Appel peut-il déclarer le prévenu non coupable et par suite le décharger, soit des dommages-intérêts, soit de la confiscation, qui ont été prononcés par le premier juge ?

Il est clair que non, et c'est la conséquence nécessaire des deux principes sur lesquels est fondé l'avis du conseil d'état du 25 octobre - 12 novembre 1806 : « le premier, qu'un tribunal » d'Appel ne peut réformer un jugement de pre- » mière instance qu'autant qu'il y a eu Appel; que, » par conséquent, s'il n'y a eu Appel que d'une » seule disposition, le tribunal ne peut pas ré- » former les autres et n'a pas même la faculté de » les discuter ; il n'en est pas saisi ; le second, » qu'un tribunal, soit d'Appel, soit de première » instance, ne peut adjuger ce qu'on ne lui de- » mande pas, et que tout jugement qui prononce » *ultrà petita*, est essentiellement vicieux ».

Aussi la question a-t-elle été jugée en ce sens, et sous le Code du 3 brumaire an 4, par un arrêt du 9 germinal an 8, rapporté ci-après (*troisième cas*), et sous le Code d'instruction criminelle, par un arrêt du 9 mai 1812, que le Bulletin criminel de la cour de cassation nous retrace en ces termes :

« Il s'agissait d'une saisie de denrées coloniales, faite sur le sieur Pierre Cloudt, domicilié à Middelbourg.

» Le tribunal des douanes séant à Anvers, devant lequel l'affaire fut portée, ordonna la confiscation de ces marchandises, mais sans aucune peine.

» La régie des douanes se rendit appelante de ce jugement, mais uniquement en ce que l'amende portée par la loi du 10 brumaire an 5, n'avait pas été aussi prononcée. Elle requit au surplus, le maintien de la disposition prononçant la confiscation.

» Le prévenu qui n'avait interjeté aucun Appel, avait, de son côté, conclu à ce qu'il fût dit qu'il avait été bien jugé par le tribunal des douanes, et mal appelé par la régie.

» La cour prévôtale des douanes n'avait donc été saisie, et ne pouvait connaître que du seul point sur lequel l'Appel avait porté.

» Cependant (par arrêt du 9 octobre 1811) cette cour jugeant que, dans l'espèce, il n'y avait pas même eu lieu de prononcer la confiscation, avait annullé cette disposition du jugement rendu en première instance, quoiqu'elle eût acquis l'autorité de la chose jugée.

» Arrêt de cassation, ainsi qu'il suit :

» Ouï le rapport de M. Rataud, et sur les conclusions de M. le comte Merlin, procureur-général ;

» Vu l'art. 408 du Code d'instruction criminelle ;

« Attendu que les cours et tribunaux d'Appel ne sont saisis et ne peuvent connaître que des seuls points qui ont été l'objet de l'Appel ;

» Que, dans l'espèce, le tribunal ordinaire des douanes, séant à Anvers, ayant, par son jugement du 21 août 1817, prononcé la confiscation des denrées coloniales saisies au domicile de Pierre Cloudt ; le 19 décembre précédent, l'administration des douanes n'a point appelé de cette disposition du jugement ; qu'elle en a requis formellement le maintien, et que son Appel n'a porté que sur ce que la peine d'amende, triple de la valeur des objets saisis, n'avait pas été aussi prononcée ;

» Que, de son côté, le prévenu Pierre Cloudt n'avait point non plus appelé dudit jugement, et avait même expressément conclu à ce qu'il fût dit qu'il avait été bien jugé par les premiers juges;

» Qu'il y avait donc, en cet état, acquiescement formel de toutes les parties en ce qui touche la confiscation prononcée ; que, par suite, cette disposition avait acquis l'autorité de la chose jugée, et que la cour prévôtale était pleinement incompétente pour connaître d'une question qui

ne lui avait pas été soumise par l'Appel porté devant elle ;
» Par ces motifs, la cour casse et annulle....».

Le SECOND CAS, c'est-à-dire, celui où le prévenu est seul appelant du jugement qui le déclare coupable et le condamne à une peine correctionnelle, se divise également en deux branches.

1°. Le tribunal d'Appel peut-il, en ce cas, soit d'office, soit sur les conclusions du ministère public non appelant, condamner le prévenu à une peine plus forte que celle qui lui a été infligée par le premier juge?

La négative est évidente, et elle a été consacrée par plusieurs arrêts de la cour de cassation, notamment par celui du 7 germinal an 4, qui est cité dans les conclusions du 9 prairial an 8, rapportées ci-après, sur le *troisième cas* ; et par celui du 27 août 1812, dont le *bulletin criminel* de cette cour nous retrace ainsi l'espèce et le dispositif.

« Michel-Louis Brion, prévenu du délit de calomnie, n'avait été condamné par jugement de première instance de police correctionnelle, qu'à une amende de 500 francs.

» Le ministère public n'appela point de ce jugement; le condamné seul en interjeta Appel.

» La cour de Metz, saisie de l'Appel du condamné, prononça contre celui-ci une peine plus forte que celle qui avait été prononcée en première instance.

» Cette aggravation de peine sortait des attributions de ladite cour, et cette violation des règles de compétence a donné lieu à l'arrêt de cassation dont la teneur suit.

» Ouï le rapport de M. Busschop, conseiller en la cour, et M. Daniels, avocat-général, en ses conclusions;

» Vu les art. 408 et 413 du Code d'instruction criminelle....; vu aussi l'avis du conseil d'état du 25 octobre 1806, approuvé le 12 novembre suivant;

» Considérant que, suivant les principes établis dans le susdit avis du conseil d'état, les cours et tribunaux d'Appel, en matière de police correctionnelle, ne sont légalement saisis du pouvoir d'aggraver, sous le rapport de la vindicte publique, le sort du prévenu jugé en première instance, qu'autant qu'il y a en Appel régulier de la part du ministère public;

» Que, dans l'espèce, le jugement de première instance, qui s'était borné à condamner Michel-Louis Brion à 500 francs d'amende, n'a point été attaqué en Appel par le ministère public, et que néanmoins la cour de Metz, uniquement saisie par l'Appel dudit Brion, a condamné celui-ci aux peines cumulées de l'emprisonnement, de l'amende et de l'interdiction des droits civils; qu'ainsi, ladite cour a excédé les pouvoirs de sa compétence;

» D'après ces motifs, la cour, sans avoir égard aux conclusions de la partie intervenante, et faisant droit au pourvoi de Michel-Louis Brion, casse et annulle.., ».

Le 18 janvier 1822, arrêt semblable, au rapport de M. Aumont:

« Vu (porte-t-il) les art. 408 et 416 du Code d'instruction criminelle; aux termes desquels la cour de cassation annulle les arrêts et les jugemens en dernier ressort qui contiennent violation des règles de compétence;

» Attendu que l'Appel d'un jugement de première instance ne saisit la cour ou le tribunal devant lequel il est porté, que de la connaissance de la disposition qui est l'objet spécial de cet Appel; que les autres dispositions n'étant point attaquées, sont nécessairement réputées acquiescées par l'appelant; qu'elles ne peuvent être réformées à son préjudice, sous le rapport de l'intérêt civil, et que, pour qu'elles puissent l'être dans l'intérêt de la vindicte publique, un Appel du ministère publique est indispensable;

» Attendu que Geoffroy a été cité le 21 juin 1821, par André, au tribunal de première instance de Poitiers, jugeant en police correctionnelle, pour être déclaré coupable d'avoir inséré, *dans une sommation extra-judiciaire* du 13 du même mois, des faits de nature à porter atteinte à son honneur ou à sa considération, et voir, pour réparation de cette diffamation, ordonner l'impression du jugement à intervenir, au nombre de cent exemplaires;

» Qu'à l'audience du 2 août, André s'est plaint des imputations qui lui avaient été faites par Geoffroy à l'audience précédente, a demandé qu'elles fussent déclarées diffamatoires, et que, pour réparation de ce nouveau délit, il fût ordonné que le jugement serait imprimé au nombre de 300 exemplaires ;

» Que, par son jugement du 16 août, le tribunal de Poitiers a déclaré Geoffroy coupable d'avoir, *par la sommation du 13 juin*, commis envers André, le délit de diffamation, l'a condamné, en conséquence, à 25 francs d'amende et 120 francs de dommages et intérêts, par application de l'art. 18 de la loi du 17 mai 1819; mais qu'il n'a rien prononcé sur la partie des conclusions dudit André, tendant à obtenir réparation des propos diffamatoires tenus contre lui, *à l'audience*, par Geoffroy;

» Que ni le ministère public, ni la partie civile, ne se sont plaints du silence du tribunal sur cette seconde partie des demandes formées contre Geoffroy; que celui-ci a seul relevé Appel du jugement de Poitiers; que son Appel n'a pu porter que sur la disposition de ce jugement qui le déclarait coupable, et que, sa culpabilité n'étant déclarée résulter que des faits et des expressions insérées dans la sommation du 13 juin, la cour royale, chambre correctionnelle, n'était saisie que de l'unique question de savoir si cette sommation constituait le délit de diffamation et pouvait faire prononcer contre le prévenu l'une des peines de l'art. 18 de ladite loi du 17 mars 1819;

» Qu'en le jugeant coupable de propos diffamatoires, tenus contre André, *à l'audience du tribunal de Poitiers*, et en le condamnant par suite à des dommages et intérêts au profit dudit André, lorsque celui-ci, qui était seul intéressé à se plaindre du silence des premiers juges à cet égard, n'élevait aucune réclamation, la cour royale a adjugé ce qui n'était pas demandé; qu'elle a fait une fausse application de l'art. 23 de la loi du 17 mai 1819, commis un excès de pouvoir et violé les règles de compétence;

» La cour casse et annule... (1) ».

2°. Lorsque le prévenu est seul appelant du jugement qui le déclare coupable et le condamne à une peine correctionnelle, le tribunal d'Appel peut-il, soit d'office, soit sur les conclusions du ministère public non appelant, annuller ce jugement comme incompétemment rendu, parce qu'il porte sur un fait qualifié de crime par la loi, et renvoyer le prévenu devant le juge d'instruction ?

J'ai rapporté dans le *Répertoire de jurisprudence*, aux mots *Tribunal de police*, sect. 1, §. 3 observations sur l'art. 214 du Code d'instruction criminelle), cinq arrêts de la cour de cassation, des 1ᵉʳ. mai 1812, 19 février, 19 novembre, 26 novembre 1813 et 17 novembre 1815, qui jugent que non.

Même décision dans l'espèce suivante :

Jean Boutot, condamné par un jugement du tribunal correctionnel de Brives, à cinq années d'emprisonnement, pour vol, s'en rend appelant au tribunal correctionnel de Tulle...;

Point d'Appel de la part du ministère public.

Cependant le tribunal d'Appel, sans s'occuper des griefs de l'appelant, le renvoie devant le juge d'instruction, attendu que le vol dont il est prévenu, a été commis avec de fausses clefs, et sort par conséquent du cercle des attributions de la justice correctionnelle.

Mais, sur le recours en cassation de Jean Boutot, arrêt du 29 janvier 1816, au rapport de M. Rataud, qui,

« Vu les art. 202, 203 et 205 du Code d'instruction criminelle ;

» Vu aussi l'avis du conseil d'état du 25 octobre 1806, approuvé le 12 novembre suivant ;

» Et attendu que ni le procureur du roi près le tribunal correctionnel de première instance, ni le ministère public près le tribunal d'Appel, ni le procureur-général près la cour royale, n'ayant usé de la faculté d'appeler, conformément aux articles du Code d'instruction criminelle ci-dessus cités, du jugement, du 6 juin dernier, par lequel le tribunal correctionnel de première instance de Brives, considérant le vol imputé à Jean Boutot, comme vol simple, ne l'avait condamné qu'à la peine d'emprisonnement, ce jugement avait acquis, en faveur de la partie condamnée, et relativement à l'action publique, l'autorité de la chose jugée;

» Que le tribunal correctionnel de Tulle n'ayant été saisi qu'en vertu de l'Appel émis par Boutot, condamné correctionnellement en première instance, ce tribunal, qui aurait eu la faculté de prononcer en faveur dudit Boutot la réformation du jugement dont il était seul appelant, n'a pu aggraver son sort, en annullant, soit pour incompétence, soit pour tout autre motif, un jugement à l'égard duquel le ministère public avait gardé le silence, lorsque seul, il pouvait en poursuivre et requérir l'annullation pour la vindicte publique, dans les formes légales;

» D'où il résulte que le jugement dénoncé, en considérant le fait qui avait donné lieu aux poursuites comme caractérisant un vol commis à l'aide de fausses clefs, prévu par l'art. 384 du Code pénal, en annullant en conséquence le jugement de première instance, et en renvoyant devant un nouveau juge d'instruction, pour être poursuivi et jugé par voie criminelle, a formellement contrevenu, tant auxdits articles du Code d'instruction criminelle, qu'à l'avis du conseil d'état ;

» Par ces motifs, casse et annule... (1) ».

Cette jurisprudence est encore confirmée bien positivement par l'arrêt rendu dans l'espèce suivante.

Le 12 août 1824, ordonnance de la chambre du conseil du tribunal de première instance de Gourdon, qui, statuant sur le rapport de l'instruction faite contre le nommé Labro, prévenu de tentative de vol avec effraction dans une maison habitée, le renvoie à la police correctionnelle.

Le 19 du même mois, jugement qui déclare Labro coupable et le condamne à un emprisonnement de cinq années.

Appel de ce jugement, non de la part du ministère public, mais de la part de Labro seulement.

Cependant il intervient, le 21 décembre suivant, au tribunal correctionnel de Cahors, juge d'Appel de celui de Gourdon, un jugement par lequel, vu la nature et le caractère du fait imputé à Labro, le tribunal se déclare incompétent et renvoie l'appelant devant le juge d'instruction de la même ville.

---

(1) *Ibid.*, tome 27, page 36.   (1) *Ibid.*; tome 2?, page 6.

Le 13 janvier 1825, ordonnance par laquelle la chambre du conseil du tribunal de première instance de Cahors se déclare incompétente.

Par là se forme un conflit négatif de juridiction, sur lequel la cour de cassation statue en ces termes, le 25 mars 1825 :

« Vu l'art. 536 du Code d'instruction criminelle, d'après lequel la cour de cassation, en jugeant le conflit, statue sur tous les actes qui peuvent avoir été faits par le tribunal ou le magistrat qu'elle dessaisit;

» Vu les art. 202, 203 et 205 du Code d'instruction criminelle ;

» Vu aussi l'avis du conseil d'état, du 25 octobre 1806, approuvé le 12 novembre suivant;

» Attendu que, dans l'espèce, l'ordonnance de la chambre du conseil du tribunal de Gourdon, du 12 août 1824, qui avait renvoyé Labro, prévenu de tentative de vol avec effraction dans une maison habitée, devant le tribunal de police correctionnelle, n'avait point été attaquée ;

» Que le tribunal de police correctionnelle, loin de déclarer son incompétence, avait, par jugement du 19 du même mois d'août, condamné ledit Labro à cinq ans d'emprisonnement;

» Que le procureur du roi n'ayant point appelé de ce jugement, et Labro seul ayant interjeté Appel devant le tribunal de police correctionnelle de Cahors, ce tribunal n'avait alors à prononcer que sur l'Appel de Labro; qu'il pouvait seulement réformer ou modifier ledit jugement en faveur dudit Labro, mais qu'il n'avait pas le droit d'aggraver son sort en annullant, soit par incompétence, soit par tout autre motif, un jugement à l'égard duquel le ministère public avait gardé le silence, lorsque seul il pouvait en poursuivre et en requérir l'annullation pour la vindicte publique ;

» Attendu que, dans ces circonstances, il n'y avait pas lieu de faire l'application de l'art. 114 du Code d'instruction criminelle; que le tribunal correctionnel de Cahors, saisi de l'Appel de Labro, devait y statuer, en appréciant les charges produites contre lui;

» Attendu que ledit tribunal de Cahors, en se déclarant incompétent par son jugement du 21 décembre dernier, et en renvoyant Labro devant le juge d'instruction de Cahors, a violé les lois, et contrevenu à l'avis du conseil d'état ci-dessus cités ; qu'en statuant sur une question de compétence dont il n'était pas saisi, il a excédé les bornes de ses attributions;

» Attendu que la chambre du conseil du tribunal de Cahors s'est déclarée incompétente, par ordonnance du 13 janvier dernier, qui a passé en force de chose jugée ; qu'ainsi il existe un conflit négatif de juridiction entre le tribunal de police correctionnelle de Cahors, et la chambre du conseil du même tribunal;

» Que le cours de la justice se trouve ainsi interrompu, et qu'il est nécessaire de le rétablir ;

» Par ces motifs, la cour faisant droit sur le réquisitoire du procureur du roi près le tribunal de Cahors, et statuant par voie de réglement de juges, sans avoir égard au jugement du tribunal correctionnel de Cahors, du 22 décembre 1824, qui demeure comme nul et non avenu, renvoie les pièces du procès et le prévenu devant le tribunal correctionnel de Montauban, chef-lieu judiciaire du département de Tarn-et-Garonne, pour y être de nouveau procédé et jugé conformément à la loi, sur l'Appel interjeté par ledit prévenu du jugement du tribunal de police correctionnelle de Gourdon, du 19 août dernier.... (1) ».

Ici s'applique encore l'arrêt qui a été rendu le 19 février 1813, sur le recours en cassation de la femme Poule.

Cette femme était traduite devant le tribunal de police du canton de Dammartin, comme prévenue d'injures proférées publiquement contre le sieur Copeaux.

Condamnée par jugement de ce tribunal à un emprisonnement de 20 jours et à 50 francs de dommages-intérêts envers la partie civile, elle en avait appelé au tribunal correctionnel de Meaux.

Là était intervenu un jugement qui, attendu que les propos injurieux imputés à la femme Poule, ne constituaient pas une simple *contravention de police*, mais un *délit* caractérisé par les art. 377 et 365 du Code pénal, avait annullé le jugement du tribunal de police, comme incompétemment rendu, et renvoyé la femme Poule devant la justice correctionnelle.

Mais, par l'arrêt cité,

Vu les art. 401 et 413 du Code d'instruction criminelle;

» Vu aussi l'avis du conseil d'état du 25 octobre 1806, approuvé le 12 novembre suivant;

» Attendu que le tribunal correctionnel de Meaux n'avait été saisi de la connaissance du jugement du tribunal de police de Dammartin, que par l'Appel qu'en avait relevé la femme Poule; qu'il ne pouvait conséquemment en connaître que dans la matière et l'objet de cet Appel; que son droit était donc restreint à juger si cet Appel avait été relevé dans le délai ou les formes de la loi, et à confirmer le jugement, ou à l'infirmer en faveur de l'appelante, ou à en modifier les condamnations ; que néanmoins ledit tribunal correctionnel de Meaux, prononçant dans l'intérêt de l'action publique dont il n'était nullement saisi, a annulé le jugement du tribunal de police, au préjudice de la femme

---
(1) *Ibid.*, tome 30, page 176.

Poule, et l'a renvoyée en état de prévention devant la juridiction correctionnelle, dont les peines sont plus sévères; qu'en aggravant ainsi le sort de l'appelante, contre l'objet de son Appel, il a contrevenu aux principes consacrés dans l'avis du conseil d'état ci-dessus cité, et qu'en statuant sur une question de compétence dont il n'était pas saisi, il a excédé les bornes de ses attributions;

» D'après ces motifs, la cour casse et annulle.... ».

Reste le TROISIÈME CAS, c'est-à-dire, celui où le ministère public est seul appelant. Il présente deux questions.

1°. Lorsque le ministère public appelle purement et simplement, ou ce qui est la même chose, en termes indéfinis, d'un jugement qui, en déclarant le prévenu coupable, le condamne à une peine inférieure à celle dont il avait requis l'application contre lui, le tribunal d'Appel est-il réduit à l'alternative, ou de confirmer le jugement, ou de ne l'infirmer qu'en ce qu'il n'a pas prononcé contre le prévenu la peine requise par le ministère public? Ou bien, peut-il, nonobstant le défaut d'Appel de la part du prévenu, déclarer celui-ci non coupable et le décharger de toute poursuite?

On a vu plus haut, §. 2, n°. 9, que le ministère public peut appeler, non-seulement dans l'intérêt de la vindicte publique, à l'effet de faire aggraver la peine prononcée par les premiers juges, mais encore dans l'intérêt du prévenu à l'effet de le faire acquitter.

Il est également certain, et c'est ce que j'ai établi aux endroits indiqués sous le mot *Acquiescement*, §. 20, que le ministère public est recevable à appeler des jugemens qui ont été rendus conformément à ses conclusions, ni plus ni moins que de ceux qui les ont rejetées.

Ainsi, nul doute que le ministère public ne puisse, dans le cas dont il s'agit, appeler du jugement qui déclare le prévenu coupable, quoiqu'il ait lui-même conclu à ce que le prévenu fût jugé tel, comme il peut n'en appeler qu'au chef qui n'inflige au prévenu qu'une peine inférieure à celle qu'il avait requise.

Que fait-il donc lorsqu'il appelle indéfiniment? Il attaque le jugement dans ses deux chefs. Le jugement est donc déféré dans ses deux chefs au tribunal supérieur. Le tribunal supérieur est donc investi par cet Appel, du droit de réviser le jugement en entier, et par conséquent de celui de décider si le prévenu a été justement déclaré coupable, tout aussi bien que de celui de décider s'il a été suffisamment puni.

Il est vrai qu'en matière civile, l'Appel pur et simple qu'une partie interjette d'un jugement contenant plusieurs dispositions, n'est censé porter que sur les dispositions contraires aux conclusions de cette partie.

Mais d'où cela vient-il? De deux causes : de ce que nul n'étant présumé renoncer au droit qui lui est acquis, l'appelant ne peut pas, en matière civile, être censé renoncer aux chefs du jugement qui lui sont favorables, par cela seul qu'il appelle en termes indéfinis, et de ce que d'ailleurs il ne serait pas recevable à rétracter malgré son adversaire les conclusions qu'il a prises en première instance et que le tribunal de première instance lui a adjugées (1.)

Or, ces deux causes sont absolument étrangères au ministère public.

D'une part, le ministère public n'a aucun intérêt personnel à ce que la disposition du jugement qui déclare le prévenu coupable, soit maintenue; cette disposition ne lui confère personnellement aucun droit; et bien loin de là, il a toujours, au nom de la société qu'il représente, intérêt et par conséquent droit de poursuivre la réformation du jugement qui condamne un innocent.

D'un autre côté, il peut toujours, même malgré le prévenu, rétracter les conclusions qu'il a prises pour le faire condamner, comme il peut, même malgré lui, exciper en sa faveur, soit de la chose jugée, soit de la prescription (2). Et de là le droit qu'il a d'appeler, sans le concours du prévenu, du jugement de condamnation qu'il a provoqué contre lui.

Quel obstacle y a-t-il donc à ce que le ministère public, lorsqu'il appelle purement et simplement d'un jugement qui, en adoptant ses conclusions, déclare le prévenu coupable, mais ne le condamne pas précisément à la peine qu'il avait requise, soit censé attaquer le jugement en entier, et en prendre la détermination d'après de nouvelles réflexions qu'il a faites, ou de nouveaux renseignemens qu'il a recueillis en faveur du prévenu? Aucun, évidemment aucun; et il est clair que le doute qui peut exister sur son intention, ne peut être résolu qu'en faveur du prévenu.

C'est ainsi, au surplus, que la question a été jugée par un arrêt de la cour de cassation, du 27 février 1813, que M. Sirey, tome 17, page 326, ne fait qu'indiquer, mais dont voici l'espèce et le prononcé, tels que je les ai recueillis dans le temps.

Le 3 décembre 1812, jugement du tribunal correctionnel de Thiel, qui, en déclarant Hendrick Hofstede, coupable d'avoir, le 20 octobre précédent, exercé des violences envers la femme de Daniel de Haas, et lui appliquant l'art. 463 du

---

(1) *V.* les conclusions du 6 fructidor an 10, rapportées aux mots *Opposition (tierce)*, §. 3.
(2) *V.* le *Répertoire de jurisprudence*, aux mots *Chose jugée*, §. 20, no. 2; et *Prescription*, sect. 1, §. 3, n.° 3.

Code pénal, le condamna à l'amende de 16 francs et aux frais.

Point d'Appel de ce jugement de la part de Hendrick Hofstede dans les dix jours ; mais dans le même délai ; le substitut de l'officier du ministère public, près le même tribunal, fait au greffe une déclaration par laquelle il s'en rend appelant en termes indéfinis.

L'affaire portée à l'audience du tribunal correctionnel d'Arnheim, le ministère public fait entendre des témoins pour établir la culpabilité et le caractère de la culpabilité du prévenu, et conclud à ce que la peine prononcée par les premiers juges, soit aggravée.

De son côté, le prévenu se borne à conclure à la confirmation du jugement de première instance.

Le 8 janvier 1813, le tribunal d'Appel prononce en ces termes :

« Considérant que le délit dont le tribunal de l'arrondissement de Thiel a tenu l'accusé et intimé comme coupable par son jugement énoncé ci-devant, du 3 décembre 1812, n'est constaté ni par l'instruction ni par les débats de ses audiences publiques d'aujourd'hui;

» Vu l'art. 212 du Code d'instruction criminelle lu par M. le président en français et en hollandais, portant....

» Le tribunal susdit du dernier ressort, faisant droit, entend que les juges *prioris instantiæ* ont mal jugé par leur jugement énoncé ci-devant et que M. le substitut du procureur du gouvernement de l'arrondissement de Thiel a mal appelé; réformant, par la présente, ledit jugement, et faisant ce qui aurait dû être fait par les juges *prioris instantiæ*, délivre l'accusé et intimé de la condamnation portée contre lui et de toutes autres choses ».

Le ministère public se pourvoit en cassation et expose

« Que les juges de première instance ayant déclaré coupable le prévenu du fait à lui imputé et l'ayant condamné, le ministère public s'est rendu appelant uniquement en ce que la peine voulue par la loi, n'a pas été appliquée au fait déclaré constant;

» Que le condamné lui-même n'ayant point du tout interjeté Appel, en ce qu'il a été condamné, de sorte qu'il a acquiescé au jugement;

» D'où il résulte que le délit a été reconnu constant, non-seulement par les premiers juges, mais aussi par les deux parties, d'autant plus de la part de l'intimé, que lui-même, sur l'Appel du ministère public, a conclu qu'il a été bien jugé par les juges de première instance;

» Que, par là, le délit a été avoué par le prévenu ; qu'ainsi, bien loin que le délit ne soit constaté, comme cela a été dit par le tribunal d'Appel, il aurait dû tenir pour constant les faits dont Hofiede était accusé, non-seulement par les preuves existantes, mais même, s'il n'en existait point, par l'aveu de l'intimé;

» Qu'ainsi, le délit étant avoué de la manière mentionnée plus haut, toutefois une peine aurait dû être prononcée ; d'ailleurs que le tribunal de première instance d'Arnheim n'a été saisi par l'Appel du procureur (du gouvernement), que de la question de savoir si une peine plus forte aurait dû être prononcée, ou seulement celle donnée par le tribunal de première instance de Thiel ;

» Que le prévenu n'ayant point interjeté Appel, et ne s'étant point plaint de ce qu'il a été déclaré coupable et condamné, rien n'a autorisé le tribunal d'Arnheim de réformer le jugement des premiers juges au chef de la culpabilité, et qu'en déchargeant le prévenu de toute peine, il semble avoir tout à-la-fois commis un excès de pouvoir, et violé les art. 311, 326 et 321 du Code pénal ».

Mais par l'arrêt cité,

« Ouï le rapport de M. Oudart, conseiller et les conclusions de M. Pons, avocat général, pour M. le procureur général ;

» Attendu que l'Appel du ministère public était illimité, et conséquemment remettait en question, quoique le condamné ne fût point appelant, tout ce qui avait été soumis aux premiers juges, tant à charge qu'à décharge ;

» Attendu que même le ministère public a produit en cause d'Appel, et fait entendre des témoins pour établir les faits dont le condamné avait été prévenu;

» D'où il suit qu'en déclarant ces faits non prouvés, le tribunal d'Appel n'a violé aucune loi ;

» Par ces motifs, la cour rejette le pourvoi ».

2°. Mais que doit-on décider si le ministère public restreint son Appel au chef du jugement qui, au lieu d'adopter ses conclusions sur l'application de la loi pénale, a condamné le prévenu à une peine inférieure à celle qu'il avait requise? Le tribunal d'Appel peut-il alors, ou acquitter le prévenu, ou réduire la peine au-dessous du taux auquel les premiers juges l'ont fixée?

Cette question s'est présentée sous le Code du 3 brumaire an 4, à la section criminelle de la cour de cassation, sur le recours formé par le commissaire du gouvernement près le tribunal criminel du département de l'Yonne, contre un jugement de ce tribunal du 11 pluviôse an 8.

Par jugement du 1er. pluviôse an 8, le tribunal correctionnel d'Auxerre avait déclaré le voiturier Jean Lucas, convaincu, d'après un procès-verbal dûment affirmé et non attaqué par preuve contraire, d'avoir injurié les préposés au droit de passe, en les traitant de *f. coquins*, de *f. polissons*, de *f. voleurs*; et néanmoins ne l'avait condamné qu'à 25 francs d'amende, quoique la loi du 3 nivôse an 8 voulût qu'on lui en infligeât une de 100 francs.

Le ministère public avait interjeté Appel, en ce que l'amende n'avait pas été portée à la somme fixée par la loi.

C'est sur cet Appel que le tribunal criminel du département de l'Yonne, sans que Jean Lucas se fût rendu lui-même appelant en ce qu'il était déclaré convaincu du fait et condamné à une amende quelconque, a cru pouvoir, par son jugement du 11 pluviôse an 8, non-seulement ne pas condamner celui-ci à l'amende déterminée par la loi, mais même le déclarer non convaincu du fait, et le décharger de toute condamnation.

« Ce jugement (ai-je dit en portant la parole sur cette affaire) a-t-il pu annuler celui du tribunal correctionnel, dans la partie non attaquée par Jean Lucas? C'est la première question qui se présente à votre examen.

» Il est de principe qu'un tribunal d'Appel ne peut réformer un jugement de première instance, qu'autant qu'il y en a Appel.

» Si donc il n'y a Appel que d'une seule disposition d'un jugement, il ne peut pas en réformer les autres dispositions; il n'a pas même le droit de les discuter, il n'en est pas saisi.

» Il est également de principe qu'un tribunal, soit d'Appel, soit de première instance, ne peut adjuger ce qu'on ne lui demande pas, et que tout jugement qui prononce *ultrà petita*, est essentiellement vicieux.

» Ces deux principes ont été ouvertement violés par le jugement du tribunal criminel du département de l'Yonne, du 11 pluviôse.

» Jean Lucas n'était appelant, ni de la disposition du jugement du tribunal correctionnel d'Auxerre, qui déclarait constantes les injures pour raison desquelles il était poursuivi, ni par suite de celle qui le jugeait passible d'amende. Le tribunal criminel ne pouvait donc ni examiner ni réformer, soit l'une, soit l'autre disposition; il n'était saisi de la connaissance ni de l'une ni de l'autre, l'une et l'autre étaient passées irrévocablement en chose jugée. Voilà la violation du premier principe.

» Jean-Lucas ne concluait pas, devant le tribunal criminel d'Auxerre, à ce qu'il fût déclaré non convaincu des injures qui avaient motivé sa condamnation à 25 francs d'amende; il ne concluait pas à ce que cette condamnation fût annulée; du moins rien ne l'annonce, il n'en existe aucune trace. Le tribunal criminel ne pouvait donc, ni juger qu'il n'était pas convaincu, ni le décharger de l'amende prononcée par le tribunal correctionnel. Voilà la violation du deuxième principe.

» Contre ces principes et contre leur application au jugement dont il s'agit, invoquera-t-on l'art. 204 du Code des délits et des peines? Mais que porte cet article? « Si le jugement (du tribunal correctionnel dont il y a Appel) est annulé pour mal jugé au fond, le tribunal criminel statue lui-même définitivement ».

» Il résulte bien de là qu'en réformant le jugement du tribunal correctionnel d'Auxerre, en ce qu'il n'avait pas condamné Jean-Lucas à la totalité de l'amende fixée par la loi, le tribunal criminel aurait pu et dû statuer lui-même comme le tribunal correctionnel aurait dû le faire, c'est-à-dire, condamner Jean Lucas à une amende de 100 francs.

» Mais conclure de l'art. 204, que le tribunal criminel a pu laisser à l'écart l'Appel du commissaire du gouvernement, et prononcer, comme si Jean Lucas eût été lui-même appelant, c'est, selon nous, faire dire à cet article ce qu'il ne dit pas, c'est forcer ses expressions, et méconnaître l'objet ainsi que l'intention du législateur.

» Au reste, ce n'est pas la première fois que cette espèce se présente au tribunal de cassation.

» Le nommé La Hire avait été condamné par un tribunal correctionnel à une peine assez légère. Il s'en rendit appelant; mais il n'y eut Appel, ni de la part du commissaire du pouvoir exécutif, ni de la part de l'accusateur public. Sur son Appel, jugement du tribunal criminel du département de l'Aisne, qui, loin de le décharger, aggrave la peine. Recours au tribunal de cassation. Le 7 germinal an 4, jugement qui casse, attendu que l'Appel de La Hire n'avait saisi le tribunal de l'Aisne que des intérêts civils, et qu'ainsi il y a eu contravention aux art. 192, 193, 194 et 195 du Code, dont il résulte que le jugement correctionnel pouvait être attaqué par la voie d'Appel, par le commissaire et l'accusateur public, dans les délais prescrits; après lesquels par conséquent il n'y avait plus lieu à cet Appel, ni à réformer le jugement pour l'intérêt public.

» Un autre jugement du 25 ventôse an 6 est plus remarquable encore, par la parfaite conformité de son espèce avec celle dont il s'agit ici.

» Un jugement du tribunal correctionnel de Châlons-sur-Marne avait fait défense à un particulier de paraître dans les rues de la ville avec un costume prohibé par les lois sur l'exercice du culte. Comme Jean Lucas, il n'avait point interjeté Appel de ce jugement; mais le commissaire du pouvoir exécutif s'en était rendu appelant, quant au chef qui avait renvoyé le prévenu sans prononcer contre lui aucune peine. Le tribunal criminel de la Marne, sans avoir égard à l'Appel du commissaire du pouvoir exécutif, et prononçant d'office, avait annulé la défense que les premiers juges avaient faite au prévenu, et l'avait déchargé de toute poursuite. Réquisitoire du ministère public, à fin d'annullation de ce jugement, dans l'intérêt de la loi; et le 25 ventôse an 6, jugement qui le casse et annulle pour excès de pouvoir de la part du tribunal criminel, et contravention à l'art. 193 du Code des délits et des peines.

» Mais supposons que le tribunal criminel ait pu, sans Appel et même sans conclusions de la part de Jean Lucas, se livrer à l'examen du fait qui avait servi de base à la condamnation de celui-ci, en première instance : aurait-il pu, dans cette hypothèse, sans violer l'art. 26 de la loi du 14 brumaire an 7, déclarer le fait non constant, et par suite, décharger Jean Lucas de toute espèce de peine? C'est la deuxième question qui vous est soumise, etc.

» Dans ces circonstances et par ces considérations, nous estimons qu'il y a lieu de casser et annuler le jugement du tribunal criminel du département de l'Yonne, du 11 pluviôse an 8,

» 1°. Comme statuant sur la disposition du jugement du tribunal correctionnel d'Auxerre, du 1er. du même mois, relative à la culpabilité de l'intimé, sans qu'il y eût Appel de ce chef, et quoique cette disposition eût acquis la force de chose jugée; ce qui emporte contravention aux art. 192, 193 et 194, qui prescrivent les conditions requises, à peine de nullité, pour qu'un tribunal criminel puisse connaître du bien ou mal jugé d'un jugement rendu par un tribunal correctionnel;

» 2°. Comme contraire à l'art. 26 de la loi du 14 brumaire an 7, sur la foi due aux procès-verbaux des inspecteurs et percepteurs de la taxe d'entretien des routes;

» Renvoyer la procédure devant un autre tribunal criminel, pour y être procédé à un nouveau jugement sur l'Appel du commissaire du gouvernement près le tribunal correctionnel d'Auxerre ».

Le 9 prairial an 8, au rapport de M. Dutocq, arrêt qui prononce conformément à ces conclusions.

« Attendu que Jean Lucas ne s'est pas porté appelant du jugement du tribunal de police correctionnelle d'Auxerre; qu'alors le tribunal criminel du département de l'Yonne, en le renvoyant des condamnations contre lui prononcées, à violé l'autorité de la chose jugée ;

» Attendu que, d'après l'art. 26 de la loi du 4 brumaire an 7, les procès-verbaux des inspecteurs et percepteurs de la taxe d'entretien des routes font foi en matière de police correctionnelle, jusqu'à preuve contraire, etc. »

A cet arrêt en a succédé, dix jours après, un autre qui est fondé sur le même principe et dont voici l'espèce.

Le 29 vendémiaire an 8, jugement du tribunal correctionnel d'Épernay, qui, sur la plainte du sieur d'Ailleux, partie civile, déclare les sieurs Cousin, Brugnon et Boutilhier convaincus du délit qu'il leur impute, les condamne envers lui à des dommages-intérêts, et sans citer, comme le voulait, à peine de nullité, l'art. 188 du Code du 3 brumaire an 4, les condamne pareillement à une amende.

Les condamnés acquiescent par leur silence, à ce jugement. Mais le commissaire du gouvernement fait au greffe, le 3 brumaire suivant, une déclaration par laquelle il s'en rend appelant en ce que l'amende n'est ni élevée assez haut, ni prononcée solidairement contre les trois prévenus.

L'affaire portée, le 19 nivôse de la même année, à l'audience du tribunal criminel du département de la Marne, ce tribunal remarque que le jugement du 29 vendémiaire ne contient pas le texte de la loi pénale en vertu de laquelle les prévenus ont été condamnés, et ne constate pas qu'il ait été lu à l'audience par le président; et en conséquence, jugement qui déclare nul celui de première instance, avec renvoi du fond du procès à un autre tribunal correctionnel, suivant la forme usitée avant la loi du 30 avril 1806, rapportée ci-après, §. 14, art. 2.

Le commissaire du gouvernement près le tribunal criminel se pourvoit en cassation, et expose que le vice de forme dont était entaché le jugement du 29 vendémiaire, a été couvert, quant à lui, par la restriction de son Appel au chef de ce jugement qui statue sur la peine à infliger aux prévenus; et quant aux prévenus eux-mêmes, par le défaut de toute espèce d'Appel de leur part; qu'ainsi, le tribunal criminel n'a pas été ni pu être saisi de la connaissance de la validité de ce jugement dans la forme; qu'il n'a donc pas pu l'annuler; et que l'annullation qu'il en a prononcée, est un excès de pouvoir.

Par arrêt du 19 prairial an 8, au rapport de M. Goupil-Préfeln, et sur les conclusions de M. Jourde,

« Considérant que le jugement du tribunal criminel du département de la Marne, rendu le 19 nivôse dernier, contre lequel le commissaire du gouvernement près ce tribunal réclame, est intervenu sur l'Appel interjeté par le commissaire du gouvernement près le tribunal criminel d'Épernay, d'un jugement rendu en ce tribunal le 29 vendémiaire de la présente année ; que l'acte d'Appel, déposé au greffe du même tribunal par ce commissaire, le 3 brumaire suivant, porte que cet Appel est interjeté en ce que le tribunal n'a pas condamné solidairement les particuliers, dénommés dans ledit acte d'Appel, à une amende égale à la somme des dommages-intérêts qu'il a adjugés contre eux au sieur d'Ailleux;

» Considérant que ces particuliers n'avaient point interjeté Appel dudit jugement, lequel avait acquis contre eux force irrévocable de la chose jugée; que néanmoins, sur le fondement que, lors du jugement du tribunal correctionnel d'Épernay, le texte de la loi, sur laquelle est appuyée la condamnation portée par icelui, n'a point été lu par le président, ni inséré dans le jugement, le tribunal criminel du département de la Marne a déclaré nul et de nul effet le jugement rendu par le tribunal correctionnel d'Epernay, le 29 vendémiaire dernier, et renvoyé le procès au tribunal de l'arrondissement de Reims, pour y être procédé à un nouveau jugement ;

» Et attendu qu'aux termes de la sixième disposition de l'art. 456 de la loi du 3 brumaire an 4, il y a lieu à l'annullation des jugemens des tribunaux criminels qui renferment, de quelque manière que ce soit, usurpation de pouvoirs ;

» Attendu aussi qu'en annulant un jugement qui avait acquis force irrévocable de chose jugée, le tribunal criminel du département de la Marne a, par son jugement dont il s'agit, fait une chose qu'il n'avait pas le droit de faire, et, par conséquent, commis une usurpation manifeste de pouvoirs ;

» Par ces motifs, le tribunal casse et annulle.... ».

La doctrine consacrée par cet arrêt, par celui du 9 du même mois, et par celui du 25 ventôse an 6, qui est rappelé dans les conclusions ci-dessus, semblait avoir été mise hors de toute espèce de problème par l'avis du conseil d'état de 1806; car bien que cet avis ne porte directement que sur le cas où il n'y a d'Appel que de la part de la partie civile, il ne laisse pas de décider de la manière la plus générale, *que le tribunal d'Appel ne peut réformer un jugement de première instance, qu'autant qu'il y en a eu Appel, et que, par conséquent, s'il n'y a eu Appel que d'une seule disposition, le tribunal ne peut pas réformer les autres, et n'a pas même la faculté de les discuter.*

Cependant la question s'étant représentée depuis devant la cour de cassation, y a été jugée dans un sens diamétralement opposé aux arrêts du 25 ventôse an 6, du 9 prairial an 8 et du 19 du même mois.

Dans le fait, la femme Autard, citée devant le tribunal correctionnel de Marseille, comme prévenue de résistance aux préposés de l'octroi, y avait été condamnée par défaut à trois mois d'emprisonnement; et sur son opposition, il était intervenu, le 15 juin 1824, un jugement contradictoire qui avait réduit l'emprisonnement à un mois.

Elle avait laissé passer les dix jours sans appeler de ce jugement; mais le procureur du roi avait appelé dans ce délai, et il avait expressément énoncé, dans la déclaration qu'il en avait faite au greffe, le 17 du même mois, que c'était *à minimâ* qu'il en appelait.

La cause en cet état a été portée, le 15 juillet suivant, à l'audience de la Cour royale d'Aix; et là, bien loin d'user du droit qu'il avait encore, vu la non expiration du délai à son égard, d'appeler dans l'intérêt de la partie condamnée, le ministère public a conclu formellement à ce que l'emprisonnement prononcé contre elle, fût porté à six mois.

Par arrêt du même jour, la cour royale a confirmé le jugement du tribunal de Marseille ; mais considérant que l'on avait déjà usé de trop de rigueur envers la femme Autard, en la détenant pendant un mois pour un délit qui pouvait n'être puni que d'un emprisonnement de six jours, elle a réduit la peine à quinze jours d'emprisonnement.

Cet arrêt n'a été attaqué, dans les trois jours, ni par le ministère public, ni par la partie condamnée. Mais parvenu à la connaissance de M. le garde-des-sceaux, ce ministre a chargé M. le procureur général à la cour de cassation d'en provoquer l'annullation dans l'intérêt de la loi.

« Le motif de cet arrêt (a dit en conséquence M. l'avocat-général de Vatimesnil, dans un réquisitoire présenté au nom de M. le procureur général, le 20 septembre 1824) est une erreur contraire à la marche de l'instruction et à la disposition suspensive de l'art. 173 du Code d'instruction criminelle. Son dispositif qui réduit la peine en faveur de la prévenue, constitue un *ultrà petita* et une violation des art. 202 et 203 du même Code.

» Lors du jugement du tribunal de première instance, la prévenue était en prison en vertu d'un mandat d'arrêt du 14 mai, décerné par le juge d'instruction et du jugement par défaut du 1er. juin précédent. L'Appel du procureur du roi a continué l'instruction, et, en attendant, il était impossible de prononcer une mise en liberté; l'état de détention provisoire a continué sans que la prévenue soit censée avoir subi sa peine. Ce temps préliminaire ne pouvait être compté en sa faveur; de sorte qu'on ne devait pas y avoir égard dans l'application de la peine, non plus que dans le cas d'acquittement. Ce point n'est pas douteux d'après les règles générales et d'après les art. 130 et 173 du code d'instruction criminelle.

» Mais la question, au fond, qui est ici de savoir si le juge d'Appel peut réformer un jugement et réduire la peine dans l'intérêt privé d'une partie qui n'a point appelé, et sur l'Appel du procureur général qui poursuit l'augmentation de la peine, paraît avoir été controversée.

» Un arrêt de la cour de cassation, du 27 février 1813, semble vouloir que, quand l'Appel du procureur du roi est indéfini, la cour soit investie du droit de connaître de l'action publique toute entière et d'annuler même la première condamnation contre laquelle on ne réclame pas. Voilà le texte de l'arrêt de la cour royale d'Aix; mais sans discuter ici les espèces différentes dans lesquelles ils ont été rendus, le principe qui en ressort, s'il était absolu, serait encore une erreur.

» En effet, d'après les principes suivis devant

les tribunaux, il n'y a que celui qui réclame un bénéfice, qui puisse l'obtenir. L'art. 202 du Code d'instruction criminelle accorde la faculté d'appeler d'un jugement en matière correctionnelle, au procureur du roi, à la partie civile et au prévenu; mais cette faculté est circonscrite dans le délai de dix jours. Après ce terme, l'art. 203 prononce la déchéance absolue. Ainsi, quand le procureur du roi n'use pas de cette faculté dans le temps voulu, il est impossible, sauf l'exception de l'art. 205, de faire augmenter la peine ou de faire prononcer une condamnation par le tribunal supérieur. C'est un acquiescement qui arrête l'action dans les termes de la chose jugée ; et si, en cet état, le prévenu appelle seul pour demander son acquittement, il ne sera plus permis devant la cour que d'agiter la question de confirmation du jugement ou de diminution de peine. On ne peut plus faire aggraver le sort du condamné ; seulement il doit encore supporter les frais de l'Appel formé contre lui, même quand il est rejeté, par suite de sa première condamnation.

» De même, et par parité de droit, lorsque le procureur du roi interjette seul l'Appel d'un jugement correctionnel, et que ses conclusions tendent à une augmentation de peine, la cour ne peut ni acquitter ni diminuer la condamnation. Le prévenu n'a pas qualité pour y conclure. L'action ne revit plus pour lui : volontairement il l'a laissé éteindre en renonçant, de fait et par son inaction volontaire, à la faculté et au délai de l'art. 202. Il y a déchéance acquise contre lui, de telle sorte que rien ne peut l'en relever directement ni indirectement ; que l'action du ministère public lui est étrangère et inutile, étant indépendante de son fait et exercée au contraire par l'adversaire que la loi lui donne. Si cette action, venant du ministère public seul, faisait revivre la sienne que la loi réserve dans le temps donné et après le temps, ce serait admettre ici l'Appel incident, tandis que cet Appel n'est toléré qu'au civil, et qu'*il est formellement rejeté en matière correctionnelle*(1).

» Vainement on aurait voulu prononcer d'office un acquittement ou une diminution de peine : ce droit n'appartient pas au juge d'Appel, qui n'a pas, par lui-même, l'action publique, d'après l'art. 1er. du Code d'instruction criminelle, et qui ne peut prononcer qu'en l'état des conclusions de ceux qui l'exercent, ou qui ont qualité pour la contredire, selon le même Code.

» Ici, la poursuite du ministère public ne pouvait faire effacer le jugement auquel la partie avait acquiescé. Cette poursuite était une action d'ordre public sur laquelle on devait prononcer en l'état des conclusions ; action exercée dans l'intérêt de la vindicte publique, et que l'on a prise à contre-sens dans l'arrêt dénoncé.

» La cour, en réduisant la peine et en s'investissant de la connaissance de l'action toute entière, tandis que le ministère public ne l'avait reproduite que hors des termes de la première condamnation, et la chose jugée tenant, a donc violé les art. 202 et 203 du Code d'instruction criminelle, et tous les principes qui résultent de l'avis du conseil d'état du 25 octobre 1806, et des arrêts des 27 mars, 1er. mai, 27 août 1812 (Bulletin des arrêts, partie criminelle, (pages 132, 212 et 378), 16 mars 1815 (page 33), 19 janvier 1816 (page 6), 3 mars 1820 (page 109) et 29 mai 1824 (page 221).

» L'interprétation donnée à l'Appel du procureur du roi, dans l'affaire actuelle, est d'autant plus extraordinaire, qu'on n'a pas pu dire que son objet fût douteux entre un Appel *ad mitiorem* ou un Appel *à minimâ*. Son caractère était bien précis et bien expliqué par l'acte du greffe du 17 juin dernier, où il était dit expressément que c'était un Appel *à minimâ*, et que les conclusions prises à l'audience du 15 juillet tendaient à une aggravation de peine, puisqu'au lieu d'un mois, on requérait un emprisonnement de trois mois, et que, dans la requête d'Appel jointe au dossier, on justifiait que cette durée de peine devait être portée à six mois. Ce n'était donc pas un Appel proprement *indéfini*, comme celui de l'arrêt de cassation du 27 février 1813, et la cour royale ne devait pas s'y méprendre.

» Ce considéré, il plaise à la cour.... casser et annuler.... ».

Ce réquisitoire était, comme l'on voit, motivé d'une manière qui paraissait en rendre le succès infaillible. Cependant il est intervenu, le 4 mars 1825, au rapport de M. Ollivier, un arrêt par lequel ;

« Statuant sur le pourvoi de M. le procureur général en la cour, formé dans l'intérêt de la loi :

» Attendu que l'Appel du ministère public exerçant l'action publique, saisit indispensablement le tribunal d'Appel correctionnel de l'examen et du jugement des faits dénoncés, puisqu'il est impossible que ce tribunal puisse apprécier quelle est la nature de la peine qui doit être appliquée à ces faits s'ils sont constatés, et s'ils constituent des délits ou des contraventions, sans apprécier en même temps le degré de culpabilité; qu'à la différence des juges des cours d'assises, appelés, après un arrêt qui a annulé une première condamnation, à appliquer à des faits déclarés constans par un jury de jugement, dont la déclaration est irréfragable, la peine portée par la loi, les juges d'Appel de police correctionnelle joignent aux fonctions de juge celles de juré, et qu'ils doivent, par conséquent, examiner eux-mêmes les faits de la prévention sur lesquels ils sont appelés à prononcer;

---

(1) Cette assertion est-elle bien exacte ? *V.* l'article *Appel-incident*, § 14.

APPEL, §. V.

» Que c'est par ce motif que les art. 175 et 176 du Code d'instruction criminelle les autorisent, non-seulement à entendre les témoins qui ont déposé devant les premiers juges, mais à en appeler de nouveaux; qu'il impliquerait contradiction que la loi qui autorise un nouvel examen et un nouveau débat, obligeât les juges d'Appel qui s'y livrent à négliger l'évidence qui pourrait en résulter, et à imposer silence à leur propre conviction, pour s'en tenir à la déclaration de fait émanée des juges de première instance; qu'une telle manière de procéder serait à la fois contraire à la justice, à la loi, à la dignité des tribunaux d'Appel;

» Que, si, sur l'Appel de la partie civile ou du prévenu, lorsque le ministère public n'est point appelant, il n'est point loisible aux juges d'Appel d'aggraver la peine prononcée par les premiers juges, c'est que cet Appel n'intervient que dans un intérêt civil ou purement privé, et que le silence du ministère public annonce suffisamment que la société est désormais sans intérêt dans la cause; mais qu'il importe peu que le prévenu ou la partie civile ait ou n'ait point appelé, lorsque le ministère public est lui-même appelant, parce que l'Appel du ministère public, qui agit au nom de la société, dans l'intérêt de la bonne administration de la justice, remet tout en question; et que cet Appel doit profiter au prévenu, s'il a été injustement condamné, comme à la vindicte publique, si elle n'a point été satisfaite, puisqu'il est interjeté par le magistrat institué par le roi, qui est la source de toute justice, autant pour procurer l'exacte application des lois et pour protéger les droits de tous, que pour rechercher et poursuivre les crimes et les délits.

» Enfin, qu'il serait souverainement contraire à l'ordre public et à une bonne distribution de la justice, qu'il pût arriver, par suite d'un prétendu acquiescement à un jugement rendu en matière criminelle, qu'un citoyen subît une peine grave, lorsqu'il résulterait peut-être d'un second jugement, rendu sur l'Appel du ministère public, que les faits qui lui auraient été imputés, ne constituaient ni crime ni délit, ou ne constituaient qu'un délit ou qu'une contravention que la loi ne punit que d'une peine inférieure à celle qui lui aurait été infligée.

» Par ces motifs, la cour rejette le réquisitoire.... (1) »

Cet arrêt détruit-il, par ces motifs, le moyen de cassation présenté dans le réquisitoire qu'il rejette? Peut-être me trompé-je, mais il semble que non.

Sans doute, le premier de ces motifs n'est pas rédigé tel qu'il a été délibéré par la cour de cassation. Sans doute, en disant *qu'il est impossible que le tribunal saisi par l'Appel du ministère public, puisse apprécier.... si les faits dénoncés sont constatés et s'ils constituent des délits ou des contraventions, sans apprécier en même temps le degré de culpabilité*, la cour de cassation a voulu dire qu'il est impossible que ce tribunal puisse *apprécier le degré de culpabilité des faits dénoncés, sans apprécier en même temps s'il sont constatés et s'ils constituent des délits ou des contraventions;* et ce qui me le persuade, c'est que la cour de cassation débute, dans ce motif, par dire que *l'Appel du ministère public exerçant l'action publique, saisit indispensablement le tribunal d'Appel correctionnel de l'examen et du jugement des faits dénoncés.*

Mais l'assertion contenue dans ce motif ainsi entendu, n'est-elle pas trop générale?

Qu'elle soit vraie, lorsque l'Appel du ministère public est indéfini, lorsqu'il porte sur le jugement entier et par conséquent sur la partie du jugement qui déclare que les faits dénoncés sont constans et que le prévenu est coupable, c'est ce que j'ai moi même prouvé tout-à-l'heure.

Mais qu'elle le soit également, lorsque le ministère public, acquiesçant, comme le prévenu, à cette partie du jugement, se borne à appeler de celle qui refuse d'élever la peine aussi haut qu'il l'avait requis par ses conclusions, c'est ce que je ne puis concevoir.

Faisons une hypothèse. Assigné par moi en paiement d'une obligation de dix mille francs, avec intérêts du jour de la demande; vous soutenez qu'elle est nulle ou prescrite. Jugement intervient par lequel vous êtes condamné à me payer cette somme, mais sans intérêts. J'appelle de ce jugement au chef qui me refuse les intérêts auxquels j'avais conclu; et vous, non-seulement vous n'en appelez pas au chef qui vous condamne à me payer la somme de dix mille francs, mais même vous faites, devant la cour royale saisie de mon Appel, des actes qui vous excluent de la faculté d'en appeler incidemment. Les choses en cet état, la cour royale pourra-t-elle, soit d'office, soit sur votre demande, revenir sur la question de savoir si votre obligation de dix mille francs est nulle ou prescrite, comme vous l'avez soutenu en première instance, et sous le prétexte que, si elle est prescrite ou nulle, les intérêts n'en peuvent être dus, non-seulement confirmer le jugement de première instance; au chef qui me refuse les intérêts, mais encore le réformer au chef qui m'adjuge le principal? Très-certainement elle ne le pourra pas; et si elle se le permettait, je ferais sans difficulté casser son arrêt, comme attentatoire à l'autorité de la chose jugée.

Eh bien! L'autorité de la chose jugée est la même en matière correctionnelle qu'en matière civile; et de même qu'en matière civile et dans l'hypothèse que je viens de faire, l'au-

---

(1) Bulletin criminel de la cour de cassation, tome 3o, page 119.

torité de la chose jugée est irrévocablement acquise, en ma faveur, au chef du jugement que vous n'avez pas frappé d'un Appel incident devant la cour royale, de même aussi, en matière correctionnelle, elle est irrévocablement acquise, en faveur du ministère public appelant, au chef du jugement contre lequel le prévenu n'a pas fait, dans les dix jours de sa condamnation, une déclaration d'Appel au greffe du tribunal de première instance (1).

Comment donc la cour royale qui ne pourrait pas, sans Appel incident de votre part, réformer en votre faveur le chef du jugement qui vous condamne à me payer dix mille francs, pourrait-elle, sans Appel interjeté dans les dix jours par le prévenu, réformer un jugement correctionnel qui le déclare coupable et lui inflige une peine quelconque?

S'il était vrai que l'Appel *à minimâ* du ministère public remet en question la totalité du jugement correctionnel de première instance, il le serait nécessairement aussi que l'Appel, dont j'ai frappé le jugement que j'avais obtenu contre vous pour le principal de ma créance, en ce qu'il m'aurait refusé les intérêts auxquels je prétendais, remet en question la légitimité du principal de ma créance; et si de ces deux propositions, la seconde est évidemment insoutenable, il est impossible que la première ne soit pas une erreur.

En effet, l'aggravation d'une peine, qui est l'objet de l'Appel *à minimâ* du ministère public, est aux faits sur lesquels a roulé le procès correctionnel de première instance, ce que sont, dans l'hypothèse ci-dessus, les intérêts que je réclame par mon Appel, à l'obligation que vous avez contestée devant le premier juge : l'une ne peut être prononcée par le tribunal d'Appel, qu'autant que les faits sur lesquels il a été statué par le jugement correctionnel de première instance, sont dûment constatés aux yeux de ce tribunal, comme les autres ne peuvent m'être adjugés en cause d'Appel, qu'autant que l'obligation qui a été contestée par vous en première instance, se trouve, en cause d'Appel, à l'abri de toute atteinte. En un mot, la culpabilité du prévenu est la condition *sine quâ non* de l'aggravation de peine provoquée par l'Appel *à minimâ* du ministère public, comme la validité et la non prescription de ma créance de dix mille francs, sont la condition *sine quâ non* de l'adjudication des intérêts qui sont le but de mon Appel civil.

Or, de ce que, sur mon Appel civil, les intérêts qui en sont l'objet, ne pourraient pas m'être adjugés, si ma créance était nulle ou prescrite, s'en suit-il que le tribunal saisi de mon Appel, puisse, sans Appel incident de votre part, réviser la disposition du jugement de première instance qui décide que ma créance n'est ni prescrite ni nulle?

Il est certain que non, et pourquoi? Parcequ'au moyen de cette disposition non attaquée par vous du jugement de première instance, ma créance se trouve, en cause d'Appel, purifiée des vices dont vous l'avez arguée devant les premiers juges ; parceque cette disposition forme, pour les juges supérieurs, une base inébranlable sur laquelle ils sont tenus d'asseoir la décision qu'ils ont à rendre sur mon Appel.

Donc, par la même raison, le tribunal correctionnel supérieur à qui le ministère public demande, par Appel *à minimâ*, la réformation d'un jugement de première instance, en ce qu'il condamne le prévenu déclaré coupable et non appelant, à une peine trop légère, ne peut pas se faire de cet Appel un prétexte pour réviser la disposition du jugement de première instance qui constate la culpabilité du prévenu. Donc, par la même raison, il ne peut pas se dispenser de prendre cette disposition pour base de son propre jugement sur l'Appel qui lui est soumis.

Pour soutenir le contraire, il faudrait, suivant l'expression de l'avis du conseil d'état de 1806, *donner aux cours* d'Appel en matière correctionnelle, *les fonctions qui appartiennent au ministère public;* il faudrait *confondre avec le pouvoir de poursuivre et derequérir, celui de juger;* il faudrait faire revivre, contre le vœu fortement prononcé tant de l'art. 5 du Code du 3 brumaire an 4, que de l'art. 1er. du Code d'instruction criminelle, et contre la décision si positive de l'arrêt de la cour suprême du 17 novembre 1814, l'usage dans lequel étaient les parlemens, lorsqu'ils statuaient sur un Appel *à minimâ* du ministère public qui laissait subsister, dans la sentence du premier juge, quelque disposition qu'ils trouvaient mal fondée, d'en faire interjeter Appel par l'un de leurs membres (1).

Inutile, après cela, de dire avec l'arrêt du 4 mars 1825, que *les juges d'Appel de police correctionnelle joignent aux fonctions de juges celles de jurés, et qu'ils doivent par conséquent examiner eux-mêmes le fait de la prévention sur laquelle ils sont appelés à prononcer;*

Oui, les juges d'Appel font les fonctions des jurés quand ils sont investis, par un Appel indéfini du ministère public, du droit de *prononcer* sur la prévention elle-même. Mais ces fonctions leur sont étrangères ; elles leur sont même interdites, quand le ministère public n'est appelant qu'*à minimâ,* quand il ne leur défère que la question de savoir si les premiers juges ont tiré des faits qu'ils ont vérifié, la conséquence que la loi voulait qu'ils en tirassent ; parcequ'alors *ils doivent*, suivant l'expression de l'avis du conseil d'état de 1806, *tenir pour constans les faits qui ont déterminé le chef du jugement relatif au délit, parceque ce*

---

(1) *V.* l'article *Appel Incident*, §. 11.

(1) *V.* les conclusions déjà citées du 17 novembre 1814.

jugement ayant passé en force de chose jugée, il a tous les caractères d'une vérité incontestable : RES JUDICATA PRO VERITATE *habetur.*

Est-ce avec plus de justesse qu'il est dit, dans le second motif de l'arrêt, que *les art.* 175 *et* 176 *du Code d'instruction criminelle, en autorisant les juges d'Appel en matière correctionnelle, non-seulement à entendre les témoins qui ont déposé devant les premiers juges, mais à en appeler de nouveaux, il impliquerait contradiction que la loi qui autorise un nouvel examen et un nouveau débat, obligeât les juges d'Appel qui s'y livrent, à négliger l'évidence qui pourrait en résulter, et à imposer silence à leur propre conviction pour s'en tenir à la déclaration des faits émanés des juges de première instance; qu'une telle manière de procéder serait à-la-fois contraire à la justice, à la loi, à la dignité des tribunaux d'Appel?* C'était ainsi, en effet, que raisonnaient les parlemens; et c'était par ce raisonnement qu'ils étaient parvenus à ériger chacun de leurs membres en procureur général. Mais reproduire aujourd'hui cette doctrine, n'est-ce pas oublier les principes fondamentaux de l'ordre judiciaire actuel?

Le même oubli ne se fait-il pas remarquer dans cette partie du troisième motif de l'arrêt, où il est dit qu'*il importe peu que le prévenu ou la partie civile ait ou n'ait point appelé, lorsque le ministère public est lui-même appelant, parceque l'Appel du ministère public, qui agit au nom de la société, dans l'intérêt de la bonne administration de la justice, remet tout en question; et que cet Appel doit profiter au prévenu, s'il a été injustement condamné, comme à la vindicte publique, si elle n'a point été satisfaite, puisqu'il est interjeté par le magistrat institué par le roi, qui est la source de toute justice, autant pour procurer l'exacte application des lois, et pour protéger les droits de tous, que pour rechercher et poursuivre les crimes et les délits?* Tout cela est parfaitement exact quand le ministère public appelle indéfiniment ; mais appliquer les mêmes principes au cas où le ministère public n'est qu'appelant *à minimâ,* n'est-ce pas convertir l'Appel *à minimâ* en Appel indéfini ? N'est-ce pas étendre l'action exercée par le ministère public, et dont l'exercice lui est exclusivement réservé, plus loin qu'il n'a voulu la porter ? N'est-ce pas empiéter sur ses attributions?

Enfin, l'arrêt est-il mieux fondé à dire dans son quatrième motif, qu'*il serait souverainement contraire à l'ordre public et à une bonne distribution de la justice, qu'il pût arriver, par suite d'un prétendu acquiescement à un jugement rendu en matière criminelle, qu'un citoyen subît une peine grave, lorsqu'il résulterait peut-être d'un second jugement rendu sur l'Appel du ministère public, que les faits qui lui auraient été imputés, ne constituaient ni crime ni délit, ou ne constituaient qu'un délit ou qu'une contravention que la loi ne punit que d'une peine inférieure à celle qui lui aurait été infligée?*

On opposait le même argument, lors de l'avis du conseil d'état de 1806, pour établir que, sur le seul Appel de la partie civile, le tribunal supérieur pouvait *connaître du bien ou mal jugé de l'entier jugement, et réformer les dispositions non attaquées.* « De la discussion que fait l'appelant pour obtenir de plus grands dommages-intérêts, disait-on, il peut résulter, ou que le prévenu condamné ne devait pas l'être, ou ne pouvait l'être qu'à une peine moindre ».

Mais, a répondu l'avis du conseil d'état, « qu'importe que le prévenu ne dût pas être condamné, ou dût l'être à une moindre peine, s'il a voulu la subir; s'il l'a subie, s'il a acquiescé, s'il n'a pas profité de la faculté d'appeler »?

Ajoutons que cet inconvénient est bien léger auprès de celui qui résulterait du système adopté par l'arrêt du 4 mars 1825, c'est-à-dire, de ce que l'avis du conseil d'état de 1806 appelle la *confusion du pouvoir de poursuivre et de requérir avec celui de juger.*

§. VI. *Comment se perd la faculté d'Appeler.*

I. On la perd par le laps de temps dans lequel l'exercice en est circonscrit. (*V.* ci-après, §. 8).

II. Elle se perd encore par l'acquiescement que l'on donne à la sentence dont on a ou dont on croit avoir à se plaindre.

Cet acquiescement doit être *formel,* suivant l'art. 5 du tit. 27 de l'ordonnance de 1667, dont la disposition, abrogée comme loi, subsiste encore comme raison écrite; mais ce n'est pas à dire pour cela qu'il ne puisse pas résulter d'un simple fait. Il est *formel,* par cela seul que le fait qui le caractérise, ne peut pas se concilier avec l'intention d'attaquer le jugement rendu à la charge de l'Appel.

Ainsi, liquider et payer des dépens, c'est exécuter la sentence qui les prononce, et par conséquent se rendre non-recevable à en appeler.

Ainsi, demander un délai pour exécuter une sentence, c'est y acquiescer, et par suite, renoncer à l'Appel. C'est la décision expresse de la loi 5, C. *De re judicatâ : Ad solutionem dilationem petentem acquievisse sententiæ manifestè probatur.*

C'est d'après cette règle qu'a été jugée l'espèce suivante :

Le 28 juillet 1815, jugement du tribunal de première instance du département de la Seine, qui rejette les moyens de nullité proposés par la dame Damien, contre les procédures de ses créanciers, tendantes à faire revendre à la folle-enchère de l'adjudicataire, une maison vendue sur elle par expropriation forcée, et ordonne qu'il sera procédé, nonobstant Appel, à une nouvelle adjudication définitive de cette maison.

Le 16 août suivant, au moment où ce jugement va s'exécuter à l'audience des criées, la dame Damien en interjette Appel; et immédiatement après l'avoir fait signifier, elle forme, par l'organe de son avoué, une demande en *sursis à l'adjudication*, sans la motiver, ni l'accompagner d'aucune réserve.

Le juge tenant l'audience, ordonne qu'il sera passé outre; et la maison est adjugée au sieur Marc.

Cependant, la dame Damien poursuit son Appel du jugement du 28 juillet, et fait assigner le sieur Marc en déclaration d'arrêt commun.

Le 9 février 1816, arrêt de la cour royale de Paris, qui déclare l'Appel non recevable, « attendu que l'appelante a acquiescé au juge- » ment dont est Appel, en requérant un sursis le » jour de l'adjudication définitive de l'immeuble » dont il s'agit, sans faire aucune réserve ».

La dame Damien se pourvoit en cassation contre cet arrêt, et soutient qu'il a fait une fausse application du principe consacré par l'art. 8 du tit. 27 de l'ordonnance de 1667; que sa demande en *sursis*, bien loin de pouvoir être considérée comme un acquiescement formel au jugement du 28 juillet, n'avait été formée que pour arrêter l'exécution de ce jugement; qu'eût-elle eu d'ailleurs le caractère d'un acte d'acquiescement, elle l'avait perdu du moment qu'elle avait été rejetée; qu'enfin, le jugement du 28 juillet étant exécutoire, par provision, et nonobstant Appel, l'exécution qu'il avait reçue était nécessairement forcée.

Ces moyens font d'abord admettre la requête en cassation; mais l'affaire, devenue contradictoire devant la section civile, les défendeurs exposent que la dame Damien n'a pu, en demandant un sursis à l'adjudication définitive, avoir d'autre intention que d'obtenir un délai pour payer ses créanciers et empêcher la revente de sa maison sur folle-enchère; que, par là, elle a nécessairement renoncé à toute critique de la procédure antérieure, et acquiescé au jugement qui avait rejeté ses moyens de nullité; qu'en interprétant ainsi la demande en sursis de la dame Damien, la cour royale de Paris n'avait fait que ce que lui commandait la raison naturelle, surtout dans la double circonstance que cette demande avait été formée sans motif exprimé et sans protestation ni réserve.

En conséquence, arrêt du 16 novembre 1818, au rapport de M. Ruperou, et sur les conclusions de M. l'avocat-général Cahier, qui rejette le recours en cassation : « Attendu, *sur le deuxième* » *moyen*, qu'en demandant un sursis sans en » donner les motifs, et sans faire aucune réserve » ni protestation, au moment même où il allait » être procédé à l'adjudication définitive, la veuve » Damien n'a pu avoir d'autre intention que de » demander terme et délai; ce qui eût été un » véritable acquiescement de sa part au jugement » qui avait ordonné qu'il serait passé outre à la- » dite adjudication, et qu'en considérant ainsi » cette demande et en déclarant, en conséquence, » ladite veuve Damien non-recevable dans son » Appel dudit jugement, la cour royale n'a violé » aucune loi (1) ».

III. Mais ne serait-ce pas abuser du principe qui attribue à l'acquiescement manifesté par un fait, la même force qu'à l'acquiescement exprimé par écrit, que de déclarer un appelant non-recevable, sur le fondement que, présent en personne, ou représenté, soit par un avoué, soit par un fondé de pouvoir, à l'audience où le juge a déféré le serment supplétoire à son adversaire, il a, sans protestation, sans réserve de ses droits, laissé effectuer sur-le-champ, la prestation de ce serment?

Le sieur Thibleau, poursuivait la commune de Neufchâteau, en paiement d'une somme qu'il prétendait lui être due par elle.

La cause, portée à l'audience du tribunal civil du département des Forêts, ce tribunal avait demandé au sieur Thibleau s'il était prêt à affirmer la sincérité de sa créance.

Sur sa réponse affirmative, il intervint sur-le-champ un jugement qui l'admit à prêter serment: il le prêta à l'instant même; et, immédiatement après, la commune de Neufchâteau fut condamnée à payer.

Appel de la part de cette commune.

Jugement du tribunal civil du département des Ardennes, du 1er. nivôse an 7, qui la déclare non recevable, parcequ'elle a acquiescé au jugement de première instance, en laissant prêter, en présence de son fondé de pouvoir (2), et sans opposition, le serment déféré à Thibleau.

Recours en cassation contre ce jugement; et, le 21 thermidor an 8, arrêt, au rapport de M. Babille, et sur les conclusions de M. Arnaud, par lequel,

« Vu l'art. 5 du tit. 27 de l'ordonnance de 1667;
» Et attendu qu'en droit, la prestation du serment supplétoire, faite avant la signification du jugement qui l'a ordonnée, n'emporte pas même un acquiescement tacite à ce jugement, puisqu'il ne s'est écoulé aucun intervalle de temps, pendant lequel la partie intéressée à empêcher cette prestation, ait pu s'y opposer;
» Et qu'en fait, le serment prêté, dans l'espèce, par Thibleau, était supplétoire, et a été prêté à l'instant même où il a été ordonné, ainsi que le constate le jugement; ensorte que la commune n'a pas eu un seul instant pendant lequel elle ait pu s'y opposer;

---

(1) Journal des Audiences de la cour de cassation, année 1819, page 6.

(2) Il n'y avait plus alors d'avoués; ils avaient été supprimés par la loi du 3 brumaire an 2, et ils n'ont été rétablis que par celle du 27 ventôse an 8.

» Attendu que le défaut d'opposition à cette prestation de serment, de la part du fondé de pouvoir déclaré présent par le jugement, ne peut pas non plus constituer un acquiescement à ce jugement; soit parcequ'il aurait fallu qu'il en interjetât Appel *à facie judicis*, ce que ne permet pas le respect dû à la justice, soit parcequ'il aurait fallu que ce fondé de pouvoir eût (ce qui n'est aucunement prouvé), procuration pour appeler, soit enfin, parceque, pour acquiescer, il lui aurait fallu un pouvoir *ad hoc*, que rien n'établit qu'il eût;

» D'où il suit qu'en déclarant la commune non-recevable dans son Appel, comme ayant acquiescé au jugement qui avait ordonné ce serment, faute par elle de s'être opposée à sa prestation, le jugement attaqué a fait évidemment une fausse application de l'art. 5, ci-dessus cité;

» La cour casse et annulle le jugement en dernier ressort, rendu le 1er. nivôse an 7, par le tribunal civil du département des Ardennes, pour fausse application de l'art. 5 du tit. 27 de l'ordonnance de 1667 ».

La question s'est représentée depuis et a été jugée tout autrement.

Le 15 février 1818, le sieur Moreau fait citer le sieur Bertrand devant le juge de paix du canton de Donzy, pour le faire condamner au paiement d'une somme de 68 francs 55 centimes, montant de diverses fournitures qu'il lui a précédemment faites.

Le sieur Bertrand comparaît sur cette citation, et invoquant les art. 2271 et 2272 du Code civil, il soutient que l'action du demandeur est prescrite.

Le sieur Moreau oppose à cette défense divers faits non déniés par son adversaire, et desquels il conclud que ses fournitures ne lui ont pas été payées.

Le même jour, jugement qui, sans s'arrêter à la prescription dont excipe le sieur Bertrand, le condamne à payer au sieur Moreau la somme de 68 francs 55 centimes, *à la charge par ce dernier d'affirmer par serment qu'il n'a réellement pas été payé de cette somme.*

Sur le champ, sans opposition ni réserve de la part du sieur Bertrand, le sieur Moreau prête le serment qui lui est déféré, et le juge de paix lui en donne acte.

Appel du sieur Bertrand au tribunal civil de Cosne; et le 15 avril de la même année, jugement confirmatif, « attendu que, lorsque le juge » de paix a déféré à Moreau le serment pour af- » firmer la sincérité de sa créance, Bertrand n'a » fait aucunes réserves ni protestations, et qu'il » n'a pas non plus fait défaut ».

Le sieur Bertrand se pourvoit en cassation contre ce jugement, et soutient qu'aucune loi ne permettait au tribunal de Cosne de le déclarer non-recevable dans son Appel, pour n'avoir pas protesté à l'audience contre le serment que le juge de paix avait déféré au sieur Moreau.

« D'une part (dit-il), il serait inconvenant d'autoriser les parties à protester ainsi à la face du juge contre ce qu'il ordonne; ce serait légitimer un manque de respect contraire à l'intention du législateur qui a voulu environner la justice de la plus grande considération.

» D'un autre côté, le juge étant le maître de l'audience, pourrait, de son autorité, ne pas faire mention des protestations qui seraient faites. Or, si le silence du jugement sur ce point emportait acquiescement, le juge se trouverait le maître d'imprimer à son jugement le caractère du dernier ressort ».

Par arrêt du 8 juin 1819, au rapport de M. de Ménerville, et sur les conclusions de M. l'avocat-général Lebeau,

« Attendu que le serment a été déféré à Moreau pour assurer la réalité de la dette de Bertrand, et que l'arrêt déclare que celui-ci, présent à la prestation du serment, n'a fait ni réserves ni protestations;

» La Cour (section des requêtes) rejette le pourvoi.... ».

Les rédacteurs du *journal des audiences de la cour de cassation* (année 1819, page 516) croient concilier l'arrêt du 21 thermidor an 8 avec celui-ci, en disant « que, dans l'espèce du premier, la » partie à qui on opposait l'acquiescement, n'a- » vait pas paru à l'audience, mais y avait été seu- » lement représentée par un fondé de pouvoir, » tandis que, dans l'espèce du second, la partie » avait comparu en personne ».

Mais ils ne font pas attention que l'arrêt du 21 thermidor an 8 ne tire qu'un motif subsidiaire de la circonstance (décisive sans doute) que la partie contre laquelle on excipait du prétendu acquiescement donné par elle à la prestation du serment supplétoire déféré par le juge à son adversaire, n'avait pas été présente en personne à l'audience, et que le motif principal qui en fonde la décision, est applicable, dans toute son étendue comme dans toute sa force, à l'espèce sur laquelle a prononcé l'arrêt du 8 juin 1819.

Il faut donc convenir que les deux arrêts sont directement contraires l'un à l'autre, et examiner franchement auquel des deux on doit s'en tenir de préférence.

Que celui du 9 juin 1819 aille beaucoup trop loin, et que, par cela seul, il se décrédite lui-même, c'est ce qui résulte de la circonstance que le jugement par lequel le tribunal de paix du canton de Donzy avait déféré le serment au sieur Moreau, était, aux termes de l'art. 17 du Code de procédure civile, *exécutoire par provision nonobstant l'Appel, et sans qu'il fût besoin de fournir caution.* De-là en effet il suit évidemment que le sieur Bertrand n'avait pas pu, même par un Appel interjeté à la face du tribunal de paix, empêcher l'exécution du jugement qui admettait le sieur Moreau au ser-

36.

ment suppletoire. Et comment, dès-lors, aurait-il eu besoin d'une prestation pour conserver son droit d'Appel? N'est-il pas de principe, et n'a-t-il pas été constamment jugé par la cour de cassation que ce droit se conserve sans protestation, toutes les fois que l'on ne fait que ce à quoi l'on n'avait aucun moyen, même dilatoire, de se refuser (1)?

Mais ce n'est pas tout. Supposons que, dans l'espèce sur laquelle a été rendu l'arrêt du 8 juin 1819, le jugement du tribunal de paix n'eût pas été exécutoire nonobstant l'Appel, ou qu'il ne l'eût été qu'à la charge (non remplie préalablement) de fournir caution, le sieur Bertrand aurait-il pu être déclaré non-recevable à en appeler, sur l'unique fondement que, présent en personne à l'audience, il avait laissé, sans réserve ni protestation, prêter par le sieur Moreau le serment suppletoire qui lui était déféré?

L'ancienne jurisprudence était constante pour la négative (2); et elle était fondée sur une considération qui certes n'a rien perdu de sa force sous la législation actuelle: c'est qu'à raison du *respect dû à la justice*, comme le dit l'arrêt du 21 thermidor an 8, il est généralement défendu d'appeler à la face du juge, et que là où l'émission de l'Appel est prohibée, là ne peut pas être permise et encore moins *nécessaire* la réserve ou protestation d'appeler. Aussi voyez comment s'exprime là-dessus Pigeau, *Traité de la procédure civile*, tome 1er., page 250: « On peut appe-
» ler du jugement (après prestation du serment
» suppletoire), lorsque le serment a été prêté à
» l'instant qu'il a été ordonné; par exemple,
» quand la partie, présente à l'audience, a été
» admise à affirmer sur-le-champ. L'autre n'ayant
» pu appeler à la face du juge, ni même protester
» contre le jugement, n'ayant pas d'ailleurs eu le
» temps de réfléchir, on ne peut lui opposer
» l'exécution qu'elle en a laissé faire, comme ac-
» quiescement et renonciation à l'Appel. Elle peut
» donc appeler et faire valoir sur l'Appel contre
» le serment, non-seulement les preuves de
» fausseté qu'elle avait avant la prestation, mais
» encore les nouvelles qu'elle a découvertes de-
» puis; car si l'art. 464 défend de former sur
» l'Appel de nouvelles demandes, il n'interdit pas
» de proposer de nouvelles preuves, ni de nou-
» veaux moyens à l'appui de la prétention dé-
» cidée par les premiers juges. »

N'oublions pas d'ailleurs le principe que, pour qu'un fait passé après un jugement sujet à l'Appel, puisse être considéré comme un acquiescement à ce jugement, il faut qu'il ne puisse pas se concilier avec l'intention d'appeler, et qu'il emporte nécessairement l'idée d'une renonciation à la faculté de le faire. Or, comment accor-

---

(1) *V.* l'article *Acquiescement*, §. 8 et 9.
(2) *V.* le *Répertoire de jurisprudence*, au mot *Affirmation*, n°. 7.

der ce principe avec l'arrêt du 8 juin 1819? Admettons qu'il ne soit pas bien constant que protester devant le juge par lequel on vient d'être condamné moyennant le serment suppletoire de la partie adverse, de la disposition où l'on est d'appeler de son jugement, ce serait manquer au respect dû à la justice: au moins faut-il convenir qu'il y a là-dessus assez d'incertitude pour embarrasser l'homme sage ou simplement timide qui craint de se compromettre. Que faire donc dans le doute si c'est par respect bien ou mal entendu pour la justice, que cet homme s'est abstenu de déclarer à la face du juge qu'il se réservait la faculté d'appeler, ou s'il ne s'en est abstenu que parcequ'il renonçait à cette faculté? Donner à son silence évidemment susceptible de deux interprétations, celle qui lui est le moins favorable, celle qui est en opposition diamétrale avec l'irréfragable maxime que la renonciation à un droit acquis ne se présume pas? je n'hésite pas à le dire, cela n'est pas possible.

IV. Mais lorsqu'il y a eu, entre le jugement qui a déféré le serment suppletoire et la prestation de ce serment, un intervalle quelconque, la partie qui, présente ou sommée de l'être à cette prestation, l'a laissé effectuer sans réserve ni protestation, est-elle encore recevable à appeler?

En thèse générale, non, parcequ'elle aurait évidemment acquiescé au jugement. Mais il est un cas où elle le serait sans difficulté: c'est celui où elle prouverait par écrit que, depuis la prestation du serment, elle a découvert une pièce qui était retenue par son adversaire et de laquelle sortirait la preuve de la fausseté de son affirmation. C'est ce qui résulte nettement de l'art. 448 du Code de procédure civile.

V. L'exécution volontaire d'un jugement interlocutoire emporte-t-elle, comme l'exécution volontaire d'un jugement définitif, la renonciation à la faculté d'en appeler?

V. les conclusions du 17 janvier 1810, rapportées au mot *Testament*, §. 14.

VI. La faculté d'appeler d'un jugement interlocutoire se perd-elle par l'émission préalable de l'Appel du jugement définitif? En d'autres termes, l'art. 451 du Code de procédure, en permettant d'appeler du jugement interlocutoire avant le jugement définitif, défend-il d'appeler du premier après avoir appelé du second seulement, quoiqu'à l'égard du premier, il n'y ait pas de fin de non-recevoir acquise pour cause d'acquiescement, et que le délai de l'Appel ne soit pas encore expiré?

Deux arrêts de la cour supérieure de justice de Bruxelles, des 17 février 1819 et 20 mai 1826, ont jugé pour l'affirmative, « Attendu (porte le
» le premier) que, le 7 mai 1817, l'appelante a
» interjeté Appel du jugement définitif du 10 fé-

» vrier, signifié le 10 mars 1817...; que ce n'est
» que le 11 mars 1818, plus de dix mois après
» l'Appel du jugement définitif, qu'elle a appelé
» du jugement interlocutoire....; qu'ainsi l'Appel
» du jugement interlocutoire est tardif, aux termes
» de l'art. 451 dudit Code, et conséquemment
« non-recevable (1) ».

Mais ces arrêts ne prêtent-ils pas à l'art. 451 du Code de procédure, un sens qui répugne à l'esprit du législateur? Que fait cet article, en déclarant que l'*Appel d'un jugement interlocutoire pourra être interjeté avant le jugement définitif?* Rien autre chose que déroger à la défense que contenait la loi du 3 brumaire an 2, d'appeler les jugemens interlocutoires avant que le fond fût jugé. Il ne dit donc pas que, si l'on commence par appeler du jugement définitif, on ne pourra plus appeler du jugement interlocutoire; et par conséquent il laisse l'Appel du jugement interlocutoire sous l'empire de la règle générale suivant laquelle on peut appeler tant que l'on n'est pas déchu, soit par acquiescement, soit par l'expiration du délai, de la faculté de recourir à cette voie.

Inutilement voudrait-on argumenter de la première disposition du même article qui, en décidant, par opposition à ce qui est dit dans la seconde relativement au jugement interlocutoire, que l'*Appel d'un jugement préparatoire ne pourra être interjeté qu'après le jugement définitif*, ajoute : et *conjointement avec l'Appel de ce jugement.* Vainement prétendrait-on que, puisque c'est *conjointement avec l'Appel du jugement définitif*, que doit être interjeté l'Appel qui, après le jugement définitif, est interjeté du jugement préparatoire; c'est aussi conjointement avec l'Appel du jugement définitif que doit, au plus tard, être interjeté l'Appel du jugement interlocutoire.

D'une part, il n'est pas bien clair que, par les mots *et conjointement avec l'Appel de ce jugement*, l'art. 451 veuille dire autre chose si ce n'est que l'Appel du jugement préparatoire ne sera reçu pendant le jugement définitif, qu'autant que la cause sur l'Appel de celui-ci sera encore pendante, qu'autant qu'il n'aura pas encore été statué sur cet Appel, qu'autant que l'Appel du premier sera interjeté assez tôt pour pouvoir être joint à l'Appel du second. Il n'est pas bien clair qu'en disposant ainsi, le législateur n'ait pas uniquement entendu renouveler, par rapport aux jugemens qu'il qualifie spécialement de préparatoires, la disposition de la loi du 3 brumaire an 2 qui, en interdisant l'Appel des jugemens préparatoires en général, voulait simplement que *les parties fussent obligées d'attendre les jugemens définitifs*. Il n'est pas bien clair, en un mot, que, par les mots dont il s'agit, l'art. 451 ait établi, contre l'Appel des jugemens prépara-

(1) Jurisprudence de la cour supérieure de justice de Bruxelles, année 1819, tome 2, page 292, et année 1826, tome 2, page 12.

toires, un moyen de déchéance qui ne serait fondé sur aucune raison apparente et n'aurait d'autre motif qu'une volonté arbitraire et capricieuse.

D'un autre côté, de ce que la loi aurait assujéti l'Appel des jugemens préparatoires à cet étrange moyen de déchéance, il suffirait, pour ne pas y assujétir également l'Appel des jugemens interlocutoires, qu'elle ne s'en fût pas expliquée.

VII. Appeler d'un jugement en un seul chef, est-ce renoncer à l'Appel des autres chefs du même jugement?

J'ai établi la négative dans des conclusions du 22 brumaire an 13, rapportées à l'article *Triage*, §. 2; et voici un arrêt de la cour supérieure de justice de Bruxelles qui l'adopte formellement.

Un jugement du tribunal de première instance de Nivelles, prononçant sur les contestations élevées entre la veuve Dévroede et les héritiers de son mari, avait décidé, 1°. que la veuve devait prélever son apport, non sur les biens de son mari, mais sur ceux de la *communauté d'acquêts* qui avait été stipulée entre les époux par leur contrat de mariage; 2°. qu'elle n'était tenue que pour moitié aux dettes qui avaient été contractées pendant le mariage; pour les acquisitions qu'ils avaient faites en commun; 3°. qu'il était dû récompense aux héritiers du mari pour les sommes tirées, pour ces acquisitions, du mobilier qui appartenait au mari seul.

Les héritiers du mari ayant appelé de la dernière de ces dispositions, la veuve leur a fait signifier, le 13 janvier 1823, un acte par lequel elle a déclaré se porter incidemment appelante de la première.

Et par un autre exploit du 14 février suivant, elle a interjeté Appel de la troisième.

Question de savoir si ce second Appel est recevable de sa part.

Les héritiers du mari soutiennent que non. En ne demandant, lui, disent-ils, par votre exploit du 13 janvier, la réformation du jugement que dans un seul chef, vous y avez virtuellement acquiescé sous tous les autres rapports.

Mais, par arrêt du 5 novembre 1823, cette fin de non-recevoir a été rejetée.

« Attendu que toute renonciation à des droits est de stricte interprétation; que l'intimée, en déclarant par son exploit du 13 janvier, qu'elle appelait incidemment, en tant que le premier juge avait déclaré que son apport devait être prélevé sur la *masse*, et demandant en outre, relativement aux appelans au principal, que leur appellation fût mise au néant, n'y a ajouté aucune expression d'où résulterait nécessairement qu'elle eût elle-même acquiescé au jugement sous tous les autres rapports que celui sous lequel elle en demandait alors la réformation;

qu'on peut d'autant moins lui supposer l'intention de renoncer à en appeler par la suite de tout autre chef, que pareille renonciation de sa part eût été purement gratuite;

» Qu'il résulte de là que ne se trouvant liée par aucun acquiescement, l'intimée a encore pu, par son exploit du 14 février, former son second Appel incident, d'après l'art. 443 du Code de procédure qui lui permettait de le faire en tout état de cause ; que partant son Appel est recevable......(1).

Il en serait néanmoins autrement si, en appelant de quelques chefs d'un jugement, on avait conclu à ce que le jugement fût confirmé dans ses autres dispositions, et si l'acquiescement qui serait résulté de là à celles-ci, n'avait pas été effacé par un Appel incident de la part de l'intimé. (*V.* l'article *Appel incident*, §. 1).

Le 22 mars 1823, jugement du tribunal de première instance de Mons, qui, en condamnant les héritiers Clomer à délaisser au bureau de bienfaisance de Morlarwets des immeubles qu'il avait revendiqués sur eux, les décharge de la restitution des fruits perçus depuis plus de cinq ans, et déclare le bureau de bienfaisance non-recevable à exiger d'eux une amende qu'il prétend avoir été encourue par eux au profit de l'État qui lui a cédé ses droits.

Le bureau de bienfaisance appelle de la disposition de ce jugement qui porte sur la restitution des fruits et déclaré expressément restreindre son Appel à ce chef; ce qui signifie, en d'autres termes, qu'il acquiesce au chef concernant l'amende; et cependant dans le cours de l'instruction de l'Appel, il conclud à ce que ce chef du jugement soit également infirmé.

Mais par arrêt du 26 janvier 1825,

« Considérant, quant à la conclusion prise par les appelans relativement à l'amende, qu'ils ont restreint leur Appel à certains points, à l'exclusion de ce qui regarde l'amende........;

» La cour (supérieure de justice de Bruxelles) déclare les appelans non-recevables dans leur conclusion concernant l'amende prononcée par la loi ......(2) ».

VIII. La faculté d'appeler du jugement qui condamne le débiteur principal, est-elle perdue pour la caution, par cela seul que le débiteur principal en est déchu? Est elle perdue pour le débiteur solidaire à l'égard du jugement qui condamne son co-débiteur, par cela seul qu'elle l'est pour celui-ci ? L'est-elle pour tous les co-propriétaires ou co-débiteurs d'une chose indivisible, par cela seul qu'elle l'est pour celui des co-propriétaires ou co-débiteurs contre lequel a été rendu le jugement?

---
(1) *Ibid.*, année 1824, tome 1, page 259.
(2) *Ibid.*, année 1825, tome 1, page 85.

V ci-après, §. 8, art. 1, n°. 13, et le mot *Acquiescement*, §. 22.

§. VII. *Peut-on, avant qu'un jugement soit rendu, renoncer à la faculté d'en appeler ?*

I. L'affirmative est incontestable dans le droit romain : elle est établie, dans les termes les plus clairs, par la loi 1, §. 3, D. *à quibus appellare non licet*, et par la loi dernière, §. dernier C. *de temporibus et reparationibus appellationum.*

Mynsinger, cent. 1, obs. 14, assure que cette jurisprudence était encore suivie, de son temps, par la chambre impériale d'Allemagne.

Mais avant la loi du 24 août 1790, elle passait généralement en France pour abrogée. On peut voir là-dessus, Tholosanus, *de appellationibus*, liv. 5, chap. 3, Guy-Pape, quest. 519, et Buguyon, *des lois abrogées*, liv. 3, §. 115.

« Quelque paction et promesse que l'on ait
» faite (dit ce dernier) de n'appeler de la sen-
» tence d'un juge, l'on en peut toujours réclamer,
» si l'on se sent grevé en aucune manière : et
» l'Appel est reçu, sans qu'il soit besoin d'ob-
» tenir lettres pour être relevé de tel pacte et aus-
» térité de la loi ».

De Ghewiet, *Institution au droit Belgique*, part. 4, tit. 3, §. 6, art. 2, tient à peu près le même langage : « On peut appeler (dit-il) des
» sentences par lesquelles on croit être grevé,
» encore bien qu'on eût convenu de ne point ap-
» peler. Le parlement de Flandre en a ainsi
» décidé au rapport de M. Buissy, entre le sieur
» de Recbois et le sieur Pamart, pour lequel
» j'avais été consulté ».

On trouve dans le *Répertoire de jurisprudence*, sous les mots *Arbitrage*, n°. 39, et *Transaction*, §. 3, n°. 3, plusieurs autres arrêts semblables.

II. Mais l'art. 6 du titre 4 de la loi du 24 août 1790 a fait cesser cette manière de juger véritablement scandaleuse, et a remis en vigueur, sur la faculté de renoncer à l'Appel, toutes les dispositions du droit romain.

Il s'est présenté, sur ce point, à la section civile de la cour de cassation, une espèce qui mérite d'être connue. Voici le compte que j'en ai rendu à l'audience du premier floréal an 9.

« Par jugement du 19 nivôse an 5, rendu en premier et dernier ressort, *du consentement formel des deux parties*, le tribunal civil du département du Var avait ordonné au cit. Bon, ici défendeur, de délaisser au cit. Aurran trois pièces de terre mentionnées dans une reconnaissance sous seing-privé, du 6 prairial an 4, à la charge par le cit. Aurran de lui en payer la valeur, proportionnellement au prix total de l'acquisition qu'il avait précédemment faite d'un domaine national dont elles faisaient partie.

» Le même jugement ordonnait que la répartition de cette valeur proportionnelle serait faite par des experts convenus ou nommés d'office, qui *auraient pouvoir d'estimer, diviser; limiter et liquider, et du tout dresseraient rapport aux formes ordinaires.*

» Enfin, il était dit dans ce jugement, que, faute par le cit. Bon de passer l'acte de délaissement dans les trois jours de la signification du jugement même, le cit. Aurran pourrait se faire mettre en possession des trois pièces de terre par le premier huissier requis.

» Le cit. Bon n'ayant pas satisfait à ce jugement dans les trois jours de la signification, le cit. Aurran s'est mis en possession des trois pièces de terre.

» Le 22 germinal an 6, le cit. Bon a fait citer le cit. Aurran au tribunal du Var, à l'effet de convenir d'experts pour procéder à la répartition ordonnée par le jugement du 19 nivôse an 5.

» Et la cause portée à l'audience du 29 du même mois, il a demandé que les experts à nommer fussent en outre chargés de vérifier et reconnaître si le cit. Aurran ne s'était pas emparé de quelques parties de terres au-delà de ce qui lui était accordé par le jugement du 19 nivôse.

» Le même jour, 29 germinal an 6, il est intervenu contradictoirement, *mais sans mention de premier ni de dernier ressort,* un jugement qui a nommé deux experts pour procéder conformément aux réquisitions faites par le cit. Bon.

» Le 19 frimaire an 7, autre jugement contradictoire qui nomme un tiers-expert pour départager les deux premiers.

» En conséquence, rapport qui constate que le cit. Aurran s'est effectivement mis en possession de trois parties de terre non comprises dans son titre.

» Le cit. Aurran a attaqué ce rapport, par ce qu'on appelle dans la ci-devant Provence, la *voie de cassation*, et subsidiairement par ce qu'on appelle dans la même contrée, la *voie de recours en droit.*

« Pour bien entendre ceci, il faut consulter les auteurs du pays, tels que Mourgues et Julien sur les statuts de Provence, et La Touloubre en son recueil d'actes de notoriété. On y voit que les anciennes lois de la ci-devant Provence ont introduit trois manières de se pourvoir contre un rapport d'experts : la *cassation*, le *recours en droit*, et le *recours simple.*

» La voie de la *cassation* est ouverte, lorsque le rapport est nul; et il est nul lorsque les experts ont excédé leur mission, ou lorsqu'ils ne l'ont pas remplie complètement.

» Le *recours en droit* consiste à implorer l'office du juge, comme arbitre de droit; il a lieu lorsque les experts ont jugé un point de droit, lorsqu'ils en ont tiré des conséquences fausses.

» Par le *recours simple*, on provoque la nomination de nouveaux experts, pour réviser l'opération des premiers; et c'est ce qui arrive quand les premiers experts n'ont commis aucune des fautes, n'ont donné dans aucun des écarts, qui ouvrent, soit *le recours en droit*, soit la *voie de cassation.*

» Il y a cette différence entre le recours simple et les deux autres espèces de recours, que celles-ci ne peuvent chacune être exercées qu'une seule fois; au lieu que le recours simple peut avoir lieu tant qu'il n'y a pas trois rapports conformes.

» Tel est l'usage immémorial de la ci-devant Provence, en fait de rapports d'experts; et l'on voit clairement, d'après cela, ce qu'entendait le cit. Aurran, quand il concluait à la *cassation*, et subsidiairement au *recours en droit* du rapport des experts nommés par les jugemens des 29 germinal an 6 et 19 frimaire an 7.

» Le cit. Bon, de son côté, soutenait que le rapport ne contenait aucun des vices qu'on lui reprochait; que les experts n'avaient point excédé leurs pouvoirs; qu'ils avaient suivi, dans leur décision, l'esprit et la lettre du jugement du 19 nivôse an 5. Il produisait plusieurs actes pour le prouver, et il concluait à ce qu'en déboutant le cit. Aurran de ses demandes, tant principale que subsidiaire, le tribunal du Var homologuât purement et simplement le rapport dont il s'agissait.

» C'est dans cet état des choses, qu'est intervenu, le 13 fructidor an 7, le jugement dont le cit. Aurran vous demande la cassation.

» Ce jugement ne pose qu'une seule question, celle de savoir si le cit. Aurran est ou non bien fondé, soit dans sa demande principale en *cassation* du rapport des experts, soit dans son *recours en droit* subsidiaire.

» Et pour la résoudre, il établit, par le rapprochement des actes respectivement produits, que les experts se sont renfermés dans les limites de leurs pouvoirs, qu'ils ne sont tombés dans aucune erreur de droit, qu'ils n'ont fait aucun raisonnement inconcluant; qu'ils ont, au contraire, fait une juste application du jugement du 19 nivôse an 5.

» Il ajoute que le rejet de la cassation et du recours en droit demandés par le cit. Aurran, ne peut pas, quant à présent, entraîner l'adoption directe des conclusions du cit. Bon, parceque le cit. Aurran a encore la voie de *recours simple* contre le rapport.

» Et par ces motifs, le tribunal, jugeant en dernier ressort, déboute le cit. Aurran, tant de sa demande en cassation, que de son recours en droit; lui ordonne de se pourvoir en recours simple, si bon lui semble, dans le délai d'une décade; sinon et ce temps passé, sans qu'il soit besoin d'autre jugement, adjuge au cit. Bon ses fins et conclusions avec dépens.

» C'est ce jugement que vous dénonce le cit. Aurran.

» Et son premier moyen de cassation consiste à dire que le tribunal du Var n'a pas pu prononcer

cer en dernier ressort sur les contestations vidées par ce jugement.

» En employant ce moyen, le cit. Aurran prévoit bien qu'on lui opposera le consentement donné par les deux parties, lors du jugement du 19 nivôse an 6; et il répond

» Que l'instance jugée le 17 nivôse an 5, n'avait rien de commun avec l'instance jugée le 13 fructidor an 7;

» Que, dans la première, il était demandeur, et que sa demande tendait au délaissement de trois corps d'héritages que le cit. Bon s'était obligé de lui céder;

» Que le cit. Bon y était défendeur; et que la seule question à juger, était de savoir si l'acte sous seing-privé du 6 prairial an 4 devait être exécuté;

» Que, dans l'autre, c'est-à-dire, dans l'instance jugée le 13 fructidor an 7, c'était, au contraire, le cit. Bon qui était demandeur, et qu'il ne s'y agissait que de savoir si le cit. Aurran avait ou non usurpé trois parties de terre dont il n'avait été ni pu être question lors du jugement du 19 nivôse an 5; qu'ainsi, le tribunal du Var n'avait pas pu étendre à celle-ci le consentement donné par les deux parties, à ce que celle-là fût jugée en dernier ressort.

» Le cit. Bon, de son côté, observe que les deux instances n'en font, à proprement parler, qu'une; et en effet, il est bien difficile de regarder comme instances séparées et indépendantes l'une de l'autre, les contestations respectivement jugées le 19 nivôse an 5 et 13 fructidor an 7.

» Le jugement du 19 nivôse an 5 avait-il terminé absolument et définitivement toutes les contestations sur lesquelles les parties avaient demandé que le tribunal du Var statuât en dernier ressort?

» Non, puisqu'il avait ordonné une expertise;

» Puisqu'il avait chargé les experts, non-seulement d'*estimer*, mais encore de *diviser et de limiter* les trois corps d'héritage dont il ordonnait le délaissement au profit du cit Aurran;

» Puisqu'enfin il avait exigé que les experts dressassent un rapport de leurs opérations.

» Le jugement du 19 nivôse an 5 contenait donc, dans son dispositif, deux parties bien distinctes, l'une définitive, l'autre préparatoire.

» Mais, remarquons le bien, IL ÉTAIT EN DERNIER RESSORT DANS L'UNE COMME DANS L'AUTRE.

» C'est donc en dernier ressort qu'il a ordonné aux experts de *diviser et limiter* les trois corps d'héritages dont il s'agissait, et d'en dresser leur rapport.

» Or, conçoit-on comment un jugement préparatoire pourrait ordonner en dernier ressort, des opérations nécessaires pour éclairer la religion des juges, sans qu'ensuite le résultat de ces opérations dût être jugé pareillement sans Appel?

» Conçoit-on d'ailleurs qu'en consentant, le 19 nivôse an 5, à être jugées en dernier ressort, les parties n'eussent pas entendu investir le tribunal du Var du droit de statuer *définitivement* sans Appel, sur les difficultés qui, ce jour-là, ne pourraient donner lieu qu'à un *interlocutoire*?

» Conçoit-on enfin que le tribunal du Var eût CONSOMMÉ, par un jugement préparatoire dans une partie de son dispositif, le droit qu'il avait reçu des cit. Aurran et Bon, de les juger en dernier ressort sur les contestations qui les divisaient?

» De pareilles idées ne sont certainement pas proposables; c'est assez dire qu'il est impossible d'adopter le premier moyen de cassation du cit. Aurran.

» Le deuxième est encore moins spécieux.....».

En conséquence, j'ai conclu au rejet de la requête du sieur Aurran, avec amende, et ces conclusions ont été adoptées sur-le-champ, au rapport de M. Rousseau,

« Attendu (porte l'arrêt de rejet) qu'il ne s'agissait que de l'exécution du premier jugement rendu en dernier ressort, du consentement des parties, et qui avait ordonné la division ou délimitation des trois parties de terre dont la propriété et possession avaient été adjugées au demandeur;

» Que les juges n'avaient consommé leur office qu'après l'homologation du rapport d'experts qu'ils avaient ordonné;

» Qu'ainsi, les juges n'ont pu excéder leurs pouvoirs en statuant en dernier ressort sur l'affaire même que les parties avaient consenti de leur soumettre comme à juges souverains ».

III. La faculté de renoncer d'avance à l'Appel, qui est écrite dans la loi du 24 août 1790, pour toutes les affaires civiles, est spécialement rappelée, pour les affaires commerciales, dans l'art. 639 du Code de commerce : « Les tribunaux de » commerce (y est-il dit) jugeront en dernier res- » sort toutes les demandes.... où les parties justi- » ciables de ces tribunaux et usant de leurs droits, » auront déclaré vouloir être jugées définitive- » ment et sans Appel ».

Mais cette disposition serait-elle applicable au jugement qu'un tribunal de commerce rendrait par suite d'un compromis qui le constituerait *arbitre et amiable compositeur*, avec renonciation à l'Appel et au recours en cassation?

V. le mot *Arbitre*, §. 14, art. 8.

§. VIII. 1°. *A quelle époque peut-on appeler? — 2°. Dans quel délai est-on tenu de le faire?*

Dans l'ordre naturel des idées, la question de savoir à quelle époque on peut appeler, devrait être traitée avant celle de savoir dans quel délai on est tenu de le faire. Mais ce que nous avons à dire sur la première, supposant des notions qui se rattachent exclusivement à la seconde, nous nous occuperons de celle-ci avant de passer à celle-là.

Art. I. *Quel est, en matière civile, le délai fatal de l'Appel ?*

I. L'ancien droit romain n'accordait pour appeler qu'un délai de deux ou trois jours, suivant les distinctions qui sont retracées dans le *Répertoire de Jurisprudence*, au mot *Délai*, §. 3.

Dans la suite, Justinien, par le chap. 1er. de sa Novelle 23, voulut que, dans tous les cas, ce délai fût de dix jours, à compter de celui de la prononciation du jugement: *et sancimus omnes appellationes, sive per procuratores, seu per defensores, vel curatores, vel tutores ventilentur, posse intrà decem dierum spatium à recitatione sententiæ numerandum, judicibus ab iis quorum interest, offerri.*

II. On a vu dans le *Répertoire de jurisprudence*, au mot *Appel*, sect. 1, §. 5, que cette Novelle était suivie au parlement de Douai, sauf que l'on pouvait très-facilement se faire relever du laps de dix jours, au moyen de lettres de chancellerie qui s'entérinaient toujours sans connaissance de cause.

Dans le ressort du parlement de Pau, le terme pour appeler était pareillement borné à dix jours, par l'art. 6 du *style du sénéchal*, rurb. 24, lequel rappelait la disposition du chap. 1 de la Novelle 23 de Justinien.

Mais le parlement de Pau n'était pas aussi facile que celui de Douai, à admettre la restitution en entier contre le laps de dix jours. On y a même douté, comme on le verra ci-après, n°. 6, si cette restitution pouvait être accordée aux mineurs.

III. On sait que l'ordonnance de 1667 avait, pour les pays où elle était reçue, établi sur cette matière des règles toutes différentes. Nous ne retracerons pas ici ces dispositions, elles sont assez connues.

Mais nous devons observer qu'il passait pour constant au parlement de Paris, que, même dans le cas prévu par l'art. 12 du tit. 27 de cette loi, la faculté d'appeler durait trente ans.

Roussaud de la Combe, fils, dans son recueil d'arrêts, chap. 99, demande si, d'après l'art. 17 du tit. 27 de l'ordonnance de 1667, *l'Appel d'une sentence est recevable après dix ans*; et il répond que « par arrêt du 26 juillet 1741, rendu en la » troisième chambre des enquêtes, cette question » a été jugée pour l'affirmative ».

Voici quelle était l'espèce :

En 1716, le sieur Miraillet fit un billet de la somme de 6,000 livres au profit du sieur Lodre, contrôleur ordinaire des guerres.

Un an après, Lodre fit signer cette promesse à la dame Miraillet.

En 1717, Lodre obtint sentence par défaut au consulat de Poitiers, qui condamnait Miraillet et sa femme, solidairement par corps, au paiement des 6,000 livres, avec intérêts et dépens.

Point d'autres poursuites pendant la vie de Miraillet.

En 1738, après sa mort, demande au siége de Fontenay-le-Comte par les héritiers de Lodre, contre la veuve Miraillet, tendante à ce que la sentence des consuls de Poitiers de 1717, soit déclarée exécutoire contre elle.

La veuve Miraillet, défendant cette demande, a soutenu que l'obligation de 1716 était nulle à son égard, par le défaut d'autorisation.

Sentence en 1759, qui adjuge aux héritiers Lodre leurs conclusions.

Appel de cette sentence et de celle de 1717.

Les héritiers Lodre ont soutenu que cet Appel était non-recevable à l'égard de la sentence de 1717, parcequ'il s'était écoulé plus de dix années depuis qu'elle avait été rendue; et qu'ainsi, aux termes de l'ordonnance, tit. 17, art. 27, elle était passée en force de chose jugée.

La dame Miraillet a répondu « que, dans l'usage, » on avait trente ans pour appeler d'une sentence; » et que cet usage était fondé en raison, étant » juste qu'une partie fût en droit de se pourvoir » contre une sentence pendant tout le temps » qu'on pouvait s'en servir contre elle, que l'ex- » ception devait durer autant que l'action ».

Par l'arrêt cité, les deux Appels ont été reçus, les deux sentences infirmées et l'obligation de la dame Miraillet déclarée nulle.

Il n'est pas dit, comme l'on voit, dans ce récit, que la sentence de 1717 eût été signifiée à la dame Miraillet. Mais ce fait sur lequel Roussaud de la Combe garde le silence, résulte assez de la défense de celle-ci. Il est clair en effet que, si la sentence ne lui eût pas été signifiée, elle n'aurait pas été réduite à opposer l'*usage* au texte de l'ordonnance; c'est cependant ce qu'elle faisait.

Voici au reste un arrêt plus récent qui a encore jugé conformément à cet usage.

Un ancien intendant du sieur Ch... avait formé contre lui une demande en paiement de neuf années d'appointemens, à raison de 1500 livres par chaque année.

Sentence par défaut, faute de comparaître, en 1763, qui adjuge le montant des demandes.

Trois ans après, l'intendant fait sommer le sieur Ch..... d'interjeter Appel; celui-ci ne le fait pas: en 1779, l'intendant veut mettre la sentence à exécution; alors le sieur Ch..... interjette Appel : on le soutient non-recevable, parceque, dit-on, la sentence est passée en force de chose jugée, suivant les art. 12 et 17 du tit. 27 de l'ordonnance de 1667.

Arrêt du 3 mars 1780, qui, *sans avoir égard à la fin de non-recevoir*, admet le sieur Ch.... à la preuve de l'inexistence de la convention d'appointemens.

L'usage qui a servi de fondement à cet arrêt, est encore attesté par Roussaud de la Combe, père, en sa *Jurisprudence civile*, au mot *Appel*.

4°. Edit., Tome I.

Cet auteur dit qu'un arrêt du 26 mai 1696, rapporté au Journal des Audiences, avait jugé, suivant l'ordonnance, que l'Appel après dix ans n'était pas recevable ; mais il ajoute que l'usage y est contraire, nonobstant cet arrêt.

Cet usage n'était pourtant pas commun à toutes les cours supérieures de justice.

On le suivait, à la vérité, dans le ressort du parlement d'Aix, comme le prouve un acte de notoriété du parquet de ce tribunal, du 24 mars 1723, rapporté par Julien, sur les statuts de Provence, tome 2, page 523.

Mais le Journal du Palais de Toulouse nous fournit un arrêt du 27 mai 1740, qui admet la fin de non-recevoir résultant du laps de dix ans(1).

On trouve aussi, à la fin du tome 2 du Journal des Audiences de Bretagne, une consultation de 15 anciens avocats au parlement de Rennes, en date du 15 mars 1712, par laquelle ils certifient que l'Appel d'une sentence rendue entre majeurs, qui a été dûment signifiée à procureur et à partie ou à domicile, n'est point recevable après dix ans, et que l'art. 17 du tit. 27 de l'ordonnance de 1667 est observé à la rigueur dans cette province.

Il n'est point douteux, d'après cela, qu'on ne dût aujourd'hui déclarer non-recevable un Appel qui serait interjeté d'une sentence rendue dans le ci-devant Languedoc, ou dans la ci-devant Bretagne, et qui aurait été signifiée à personne ou à domicile depuis plus de dix ans.

Mais que devrait-on décider, dans la même hypothèse, si l'Appel était d'une sentence rendue par un ancien tribunal, soit du ressort du parlement de Paris, soit du ressort du parlement d'Aix ?

---

(1) Cet arrêt jugea en même temps une autre question qui trouve naturellement ici sa place. Voici comment nous le retrace le magistrat même au rapport duquel il a été rendu.

« Le 27 mai 1740, entre le sieur Salgas, seigneur de Cruvières, et les consuls et communauté de Montaren, moi rapporteur.

» Jugé n'y avoir lieu de dire droit sur l'Appel de ladite communauté par fin de non-recevoir, pour n'avoir été relevé qu'après les 10 ans de l'ordonnance ; la sentence était de 1729, du sénéchal de Nîmes.

» La question a été débattue dans les instructions ; car la communauté soutenait que le délai était de 20 années, suivant l'ordonnance, tit. 27, art. 17, qui accorde ce délai pour l'église, hôpitaux, collèges, universités et maladreries, disant que les communautés laïques sont comprises sous le mot *universités*; on citait Bornier sur l'art. 5 dudit tit. 27, pour favoriser cette explication, ce qu'il ne fait pas : on disait que les communautés laïques jouissent du privilège des mineurs, suivant le titre du Code *de jure reipublicæ*, loi 3, liv. 11, titre 29. La voie de l'Appel dure 30 ans de droit commun ; et la limitation à 10 ans, faite par l'ordonnance, étant une exception, il ne faut pas l'étendre au-delà des cas exprimés.

» Au contraire, il a paru que l'ordonnance, art. 5 et 17, a fait une loi générale et précise, concernant le temps que les sentences doivent passer en force de chose jugée, et que les communautés laïques ne peuvent pas être réputées comprises dans le délai de 20 ans ; ce qui les laisse par conséquent comprises dans le délai de 10 ans ».

Cette question revient, comme l'on voit, à celle de savoir si la jurisprudence de ces deux parlemens a pu, dans leurs ressorts respectifs, abroger la disposition textuelle de l'ordonnance de 1667 ?

Or, la négative est établie dans le réquisitoire et consacrée par l'arrêt du 25 brumaire an 11, rapportés à l'article *Opposition aux jugemens par défaut*, §. 7.

C'est aussi ce qu'a jugé un arrêt de la cour de cassation du 3 floréal an 13, rapporté dans le *Répertoire de jurisprudence*, au mot *Appel*, sect. 1, §. 5.

IV. Dans le nouvel ordre judiciaire, la faculté d'appeler en matière civile est restreinte à des délais beaucoup plus brefs, et sur lesquels l'arbitraire de l'usage n'a plus de prise.

On distingue à cet égard quatre sortes d'appels :

Ceux des tribunaux de première instance en matière civile ;

Ceux des mêmes tribunaux en matière correctionnelle ;

Ceux des tribunaux de commerce ;

Ceux des tribunaux de paix ;

Et ceux des sentences arbitrales.

V. Pour les premiers, l'art. 14 du tit. 5 de la loi du 24 août 1790 avait accordé trois mois, à compter du jour de la signification du jugement à personne ou à domicile. Ce délai passé, il n'y avait plus de recours ; le jugement acquérait de plein droit l'autorité de la chose jugée ; et la loi ne faisait sur ce point aucune exception en faveur de l'État, encore moins des mineurs, des interdits et des communes.

Remarquons cependant que la disposition de la loi du 24 août 1790 était limitée aux jugemens contradictoires.

Ainsi les anciennes règles subsistaient encore, sous la loi du 24 août 1790 pour les jugemens par défaut, et c'est ce qu'avait déclaré un arrêté du directoire exécutif du 9 messidor an 4.

« Le directoire exécutif (portait-il), sur le compte qui lui a été rendu par le ministre de la justice, du jugement du tribunal civil du département du Cher, du 27 prairial dernier, portant qu'il sera référé au ministre de la justice, pour inviter le directoire exécutif à proposer au corps législatif une loi qui déclare si l'art. 14 du tit. 5 de la loi du 24 août 1790 est applicable aux jugemens par défaut, auxquels il n'a pas été formé opposition dans la huitaine de leur signification ;

» Considérant qu'aux termes de l'art. 3 de la loi du 10 vendémiaire dernier, sur l'organisation du ministère, le corps législatif ne doit être consulté que sur les *questions qui exigent une interprétation de la loi*; que l'art. 14 du tit. 5 de la loi du 24 août 1790, ne parlant que des jugemens contradictoires, ses dispositions ne peuvent être applicables aux jugemens par défaut ;

» Considérant que les lois nouvelles n'ayant pas prononcé sur l'Appel des jugemens par défaut, il

résulte nécessairement de leur silence, qu'on doit, à cet égard, recourir aux lois anciennes;
» Déclare qu'il n'y a pas lieu à délibérer sur le référé dont il s'agit ».

Cet arrêté n'avait cependant pas dissipé tous les doutes. Pour les faire cesser entièrement, le conseil des cinq-cents avait pris, le 13 brumaire an 5, une résolution ainsi conçue :

« Le conseil des cinq-cents, considérant que la loi du 24 août 1790, qui fixe à trois mois le délai de l'Appel des jugemens contradictoires, ne s'explique pas sur les jugemens par défaut, et que son silence sur ce point, comme sur le délai de l'opposition, donne lieu à des variations d'opinions, et à des contestations qu'il importe de faire promptement cesser...., prend la résolution suivante :

» Art. 1. On peut se pourvoir par opposition contre tout jugement par défaut, en matière civile, au tribunal où il a été rendu, dans les dix jours francs qui suivent la signification à personne ou domicile. A l'égard des parties dont les domiciles respectifs sont à plus de dix myriamètres (20 lieues) de distance, le délai ci-dessus sera augmenté d'un jour par cinq myriamètres.

»2. En matière civile, l'Appel des jugemens par défaut en première instance ne peut être interjeté et relevé, à peine de déchéance, que dans les trois mois qui suivront l'expiration du délai fixé pour se pourvoir en opposition.

»3. Les délais ci-dessus, à l'égard des jugemens par défaut, signifiés antérieurement à la publication de la présente, et contre lesquels la voie de l'opposition ou de l'Appel est néanmoins encore ouverte, ne courront que du jour de la nouvelle signification qui pourra en être faite à personne ou domicile, sans préjudice des droits acquis en conséquence de la première signification.

»4. Toutes dispositions contraires à la présente loi, sont abrogées, sans néanmoins rien innover aux dispositions de la loi du 6 brumaire présent mois, concernant les droits et actions des défenseurs de la patrie, ni à ce qui s'observe en la justice de paix ».

Mais cette résolution portée au conseil des anciens, y avait été combattue dans plusieurs de ses dispositions.

A la séance du 21 brumaire, le rapporteur de la commission chargée d'en faire l'examen, avait exposé que la difficulté que la résolution faisait cesser, était celle de savoir si le délai fixé pour se pourvoir par appel contre les jugemens contradictoires, s'appliquait aussi aux jugemens par défaut.

«L'ordonnance de 1667 (avait-il continué) accordait dix ans pour interjeter Appel de tous les jugemens, sans distinction, et huitaine pour se pourvoir par opposition contre les jugemens par défaut : le silence des parties pendant ce délai opérait la prescription. La loi du 24 août 1790, en conservant ce principe, n'a fait qu'abréger les délais. Lorsqu'on médite sur l'esprit de cette loi, destinée à diminuer le nombre des procès et à en accélérer la décision, on ne peut se persuader qu'elle ait voulu accorder un délai indéterminé pour l'appel des jugemens par défaut.

« Cependant cette supposition a trouvé des partisans : le tribunal de cassation lui-même a eu des doutes : ils naissaient de ce que la loi du 24 août 1790, en fixant les délais de l'Appel, ne parle explicitement que des jugemens contradictoires.

» La résolution est destinée à faire cesser ces perplexités ; elle donne dix jours pour former opposition aux jugemens par défaut. Ce changement apporté à la loi du 24 août, est plus favorable au défaillant, et concorde d'ailleurs avec le système décadaire.

» La résolution fixe ensuite à trois mois le délai pour l'Appel des jugemens par défaut.

» Cependant la commission, en adoptant le système de la résolution, relève dans les art. 2 et 3, des vices de rédaction qui lui font penser que le conseil ne peut l'adopter.... ».

A la séance du 30 du même mois, un membre, en votant, comme la commission, pour le rejet de la résolution du 13, avait soutenu, contre l'opinion de celle-ci, que le délai de trois mois accordé par l'art. 2, était trop court.

« Des citoyens absens (avait-il dit), quelquefois vexatoirement ou arbitrairement emprisonnés, loin même de leur domicile, ne doivent pas être, à l'improviste, irrévocablement dépouillés, ruinés, sans avoir été instruits du procès, et sans avoir pu se défendre.

» La résolution est donc vicieuse dans son second article, en ce qu'elle applique au jugement par défaut, à tout jugement par défaut, le délai de trois mois pour en relever Appel, tandis que la raison et la loi s'accordent sur ce point, que ce délai n'est établi que pour les jugemens contradictoires ».

Sur ces observations et sur plusieurs autres qui y furent ajoutées, concernant les articles relatifs à l'opposition, décret intervint, le même jour, 30 brumaire an 5, par lequel le conseil des anciens déclara ne pouvoir adopter la résolution du conseil des cinq-cents.

Et de là est née, en 1801, à la cour d'Appel de Pau, une question qui a été ensuite portée à la cour de cassation. Voici de quelle manière je l'ai présentée et discutée, en concluant à l'audience de la section civile, sur l'affaire qui y avait donné lieu.

« Joannès Harchoury et Guillem de Bertouetachar, *maître*, c'est-à-dire, héritier ou chef de la famille d'Arbela, se trouvant divisés d'intérêts pour le partage de la succession de Martin d'Inchaussindagne, leur grand-oncle, le premier a fait assigner le second devant le parlement de Pau, pour y faire prononcer en premier et dernier ressort, suivant l'usage du pays, sur leurs prétentions respectives.

» Sur cette assignation, arrêt par défaut du 13

mai 1790, qui condamne Guillem Bertouetachar à délaisser à Joannès Harchoury les biens que celui-ci réclamait.

» Le 30 du même mois, signification de cet arrêt à Guillem Bertouetachar, qui, par exploit du lendemain, y forme opposition.

» La cause reportée, après la suppression du parlement, devant le tribunal du district de Pau, Guillem Bertouetachar fournit ses moyens d'opposition ; et Joannès Harchoury les combat par des faits qu'il articule et dont il offre la preuve.

» Le 21 prairial an 2, jugement par défaut contre Guillem Bertouetachar, qui ordonne, avant faire droit, que Joannès Harchoury fera preuve, dans le mois, des faits qu'il a articulés dans son écrit de réplique du 15 décembre 1792, sauf à Guillem Bertouetachar la preuve contraire.

» Le 25 ventôse an 4, jugement contradictoire du tribunal civil du département des Basses-Pyrénées, subrogé au tribunal du district de Pau, qui permet à Joannès Harchoury de *continuer son enquête par cahier séparé*.

» Le 23 floréal suivant, autre jugement contradictoire du même tribunal, qui, du consentement de Guillem Bertouetachar, subroge un nouveau commissaire à celui qui avait été précédemment nommé pour la continuation de l'enquête.

» Le 9 frimaire an 6, production, de la part de Joannès Harchoury, d'un mémoire contenant le résumé de son enquête et ses conclusions.

» Le même jour, Guillaume Bertouetachar en prend communication et en reçoit copie par les mains du sieur Casaubon, son fondé de pouvoir.

» Le 18 du même mois, le sieur Casaubon signe, au bas du même mémoire, une déclaration portant qu'il *a pris la liste des témoins compris dans les enquêtes*.

» Le 2 germinal an 8, jugement *contradictoire*, selon Joannès Harchoury, et *par défaut*, selon Guillem Bertouetachar, qui, faisant droit définitivement, adjuge à Joannès Harchoury les conclusions qu'il avait prises, et condamne Guillem Bertouetachar aux dépens.

» Le 29 floréal suivant, signification de ce jugement au domicile de Guillem Bertouetachar.

» Le premier fructidor de la même année, conséquemment trois mois et un jour après cette signification, non compris le jour de la signification même, ni le dernier jour des trois mois, acte d'Appel signifié par Guillem Bertouetachar à Joannès Harchoury, à son domicile.

» La cause portée à l'audience du tribunal d'Appel de Pau, Joannès Harchoury soutient que l'Appel de Guillem Bertouetachar n'a pas été interjeté en temps utile, et qu'en conséquence, celui-ci doit en être déclaré déchu.

» Guillem Bertouetachar combat cette fin de non-recevoir ; et par jugement du 8 prairial an 9, elle est proscrite sur le double fondement que le jugement du 2 germinal an 8 n'est pas contradic-

toire, mais par défaut, et que les jugemens par défaut sont, à la vérité, soumis par l'art. 14 du tit. 5 de la loi du 24 août 1790, à la règle des trois mois ; mais qu'il faut à leur égard, ajouter à ce délai les huit jours qui sont accordés pour l'opposition.

» Recours en cassation de la part de Joannès Harchoury ; et de là, trois questions principales à examiner.

» Le jugement dont Guillem Bertouetachar s'est rendu appelant le premier fructidor an 8, est-il contradictoire ou par défaut ? C'est la première.

» S'il est contradictoire, y a-t-il lieu de casser le jugement du tribunal d'Appel ? C'est la seconde.

» S'il est par défaut, ce jugement est-il également susceptible de cassation ? C'est la troisième.

» Sur la première question, nous remarquons d'abord qu'en tête du jugement du 2 germinal an 8, il est dit qu'il a été rendu *entre Guillem Bertouetachar, représenté par Casaubon, contre Joannès Harchoury, représenté par Hourcade*.

» Cela seul prouve assez que les fondés de pouvoir des deux parties étaient présens à l'audience où, comme il est dit plus bas, a été fait le rapport de l'affaire, et que par conséquent le jugement est contradictoire.

» Ce qui le prouve encore mieux, c'est que dans le dispositif du jugement, il n'est point prononcé de défaut.

» Enfin, ce qui achève de le démontrer, c'est que les deux jugemens immédiatement précédens, c'est-à-dire, ceux des 25 ventôse et 23 floréal an 4, qui bien certainement sont contradictoires, sont conçus précisément comme le jugement du 2 germinal an 8 ; c'est que tous deux sont, comme celui-ci, énoncés avoir été rendus entre *Joannès Harchoury, représenté par Hourcade, et Guillem Bertouetachar, représenté par Casaubon* ; c'est que, ni dans l'un ni dans l'autre, on ne rappelle les dires respectifs des deux parties ; c'est qu'en un mot, le jugement du 2 germinal an 8 est rédigé sur le modèle de l'un et de l'autre ; tandis qu'au contraire dans le jugement d'admission à preuve, du 21 prairial an 2, il est dit non-seulement que ce jugement est rendu entre *Joannès Harchoury, représenté par Hourcade et Guillem Bertouetachar,* DÉFAILLANT, mais encore qu'il admet Joannès Harchoury à la preuve de ses faits, *faute par Guillem Bertouetachar de s'être présenté ni personne fondée de ses pouvoirs*.

» Sur quoi a donc pu se fonder le tribunal d'Appel pour qualifier de jugement par défaut, un jugement que ce seul rapprochement aurait suffi pour lui faire envisager comme contradictoire ? Il faut l'entendre lui-même.

» Après avoir posé une première question ainsi

conçue : *Le jugement du 2 germinal an 8 est-il contumacial ?* Il ajoute :

» *Considérant que, pour décider la première question, il suffit d'examiner si la partie de Petit* (Guillem Bertouetachar) *a fourni des défenses depuis le jugement du 21 prairial an 2, qui admit la partie de Hourcade à la preuve de certains faits;*

» *Qu'il résulte du jugement dont est appel, qu'elle n'en proposa pas; car on y trouve ces mots* : Bertouetachar n'a rien dit ni produit depuis le 18 frimaire an 6, qu'il prit la liste des témoins compris dans les enquêtes ;

On y trouve encore ces autres mots : Lecture faite des instructions respectives qui avaient précédé le jugement du 21 prairial an 2, des enquêtes qui s'en sont ensuivies ; et du mémoire de Harchoury, du 9 frimaire an 6.

» *Que, depuis le jugement du 21 prairial an 2, Harchoury seul remit un mémoire; que la partie de Petit n'en ayant point fourni, le jugement du 2 germinal an 8, qui a vidé l'interlocutoire ordonné par celui du 21 prairial, et qui a dit droit des enquêtes, a été rendu par défaut contre la partie de Petit, qui n'a rien dit ni produit depuis ce dernier jugement.*

» Ainsi s'exprime le tribunal d'Appel.

» Vous remarquerez qu'il ne nie pas que Guillem Bertouetachar ait été représenté par un fondé de pouvoir, à l'audience du 2 germinal an 8, et que conséquemment il laisse subsister dans le jugement rendu à cette audience, l'énonciation qui lui imprime constamment le caractère de jugement contradictoire.

» Vous remarquez aussi que, pour le considérer comme rendu par défaut, il part de ce seul point, que, depuis le 21 prairial an 2, Guillem Bertouetachar n'a ni fait une contre-enquête, ni fourni de reproches aux témoins entendus à la requête de Joannes Harchoury, ni écrit ou produit aucun mémoire ;

» Comme si la forclusion d'enquête, comme si la forclusion de reproches, comme si l'omission de toute défense écrite, pouvait empêcher qu'on ne fût jugé contradictoirement , lorsqu'on se rend à l'audience, que l'on assiste au rapport, que l'on figure en conséquence dans les qualités du jugement, non comme *défaillant*, mais comme partie véritablement présente, comme si, par la loi du 3 brumaire an 2, toute espèce d'instruction écrite n'avait pas cessé d'être nécessaire !

» Inutilement dirait-on que, pour qu'un jugement soit contradictoire, il faut que les deux parties, même présentes, soient entendues avant que les juges prononcent.

» Jamais un pareil système n'a été accueilli dans des tribunaux éclairés, il a même été proscrit formellement par un jugement du tribunal de cassation.

» Nicolas Masson attaquait un jugement du tribunal de police du canton de Colombey, du 15 pluviôse an 8.

» L'affaire portée à l'audience de la section criminelle, le 18 messidor suivant, nous avons observé qu'à la vérité, le jugement attaqué par Nicolas Masson, était nul dans la forme ; mais que Nicolas Masson n'avait pas exercé sa demande en cassation dans les trois jours, à compter de celui où il avait été prononcé ; qu'ainsi, il était non-recevable dans son recours ; qu'en vain opposait-il que ce jugement avait été rendu par défaut, et que son recours avait été formé dans les trois jours de la signification ; que, pour le présenter comme rendu par défaut, il se fondait uniquement sur ce qu'il n'avait rien dit pour sa défense, à l'audience du tribunal de police ; mais qu'il suffisait qu'il eût comparu à cette audience, pour que le jugement fût réputé contradictoire ;

» En conséquence, nous avons conclu à ce que Nicolas Masson fût déclaré non-recevable avec amende, et à ce que le jugement fût cassé, mais seulement pour l'intérêt de la loi ; et ces conclusions ont été adoptées sur-le-champ, au rapport du cit. Schwendt.

» Il n'y a donc ni raison ni prétexte qui, dans l'espèce actuelle, puisse justifier ni pallier la manière dont le tribunal d'Appel de Pau a qualifié le jugement dont l'Appel lui était soumis, et tout se réunit pour assurer à ce jugement le caractère imperturbable d'une décision contradictoire.

» Mais, si ce jugement est contradictoire, comment pourrait-il échapper à la cassation ? En recevant un Appel qui n'avait été interjeté qu'après les trois mois de la signification du jugement de première instance, il a ouvertement violé l'art. 14 du tit. 5 de la loi du 24 août 1790 ; et dès qu'il a violé cet article, nul doute qu'il ne doive être cassé.

» Cependant on pourrait dire que la signification était nulle, et qu'elle n'avait pas pu faire courir le délai de trois mois. Elle était nulle en effet, parce que l'huissier n'y avait pas énoncé le tribunal dans le ressort duquel il exerçait ses fonctions, et qu'aux termes de la loi du 7 nivôse an 7, le défaut de cette énonciation emporte nullité.

» Mais vous savez que les nullités d'un exploit sont toujours couvertes, par cela seul que la partie à laquelle il a été signifié, procède en conséquence de la signification qui lui en a été faite, comme s'il était régulier et valable, et n'en relève pas les vices. Or, voilà précisément ce qu'a fait le cit. Bertouetachar : par son acte du 1er. fructidor an 8, il a déclaré que, recevant griefs du *jugement du 2 germinal*, signifié le *29 floréal* par Junca, huissier, il était *obligé d'en interjeter appel*, et qu'à cet effet, il donnait assignation à Joannes Harchoury devant le tribunal d'Appel de Pau ; il a, par conséquent, reconnu valable la signification qu'il avait reçue, le 29 floréal an 8, du jugement du 2 germinal précédent ; et par conséquent encore, il s'est ôté le droit de critiquer ultérieurement cette signification. Aussi ne l'a-t-il critiquée en aucune manière pendant toute l'instance d'Appel (1).

» Mais entrons pour un moment dans les idées que le tribunal de Pau s'est faites de la nature du jugement du 2 germinal an 8; considérons avec lui ce jugement comme rendu par défaut, et voyons si, dans cette hypothèse, il a pu déclarer que l'Appel en avait été émis en temps utile.

» Sur cette question, qui est la troisième et dernière de celles que nous avons annoncées, ce n'est pas l'ordonnance de 1667 que nous devons consulter. L'ordonnance de 1667 n'a jamais été enregistrée au parlement de Navarre; loin de là, cette cour a été formellement dispensée de l'enregistrer par un arrêt du conseil du 18 mai 1668.

» Quelles sont donc les lois qui, pour le ressort du tribunal d'Appel de Pau, doivent suppléer au silence que garde l'art. 14 du tit. 5 de la loi du 24 août 1790, sur le délai dans lequel il doit être interjeté Appel des jugemens par défaut?

» Ce sont évidemment les lois qui, sur ces matières, étaient en vigueur, avant la loi du 24 août 1790, dans le ressort du ci-devant parlement de Navarre.

» Car l'art. 1 de la loi du 8 mai 1791 porte expressément que, *dans les tribunaux établis dans les villes où l'ordonnance de 1667 n'a été ni publiée ni exécutée, les juges et les avoués se conformeront, pour la procédure, aux réglemens qui y sont usités.*

» Or, il est constant que, dans le ressort du parlement de Pau, on n'a jamais connu, sur les délais de l'Appel, d'autre loi que le *style du conseil* et le *style du sénéchal de Béarn*; et que, par ces deux lois, dont la seconde rappelle littéralement la disposition du droit romain qu'elle ne fait que renouveler, il n'est accordé que dix jours pour appeler d'une sentence, à compter de celui de la signification.

» Ce délai était tellement de rigueur dans le ressort du parlement de Pau, comme il l'était autrefois dans tous les pays gouvernés par les lois romaines, que l'on a long-temps jugé que les mineurs eux-mêmes ne pouvaient pas se faire restituer en entier contre le laps de dix jours. Il existe là-dessus notamment un arrêt du 19 septembre 1747, qui a été rendu contre Marguerite Casson, mineure, et qui nous a été communiqué en 1784, par le cit. Mourot, jurisconsulte très-distingué et encore existant aujourd'hui à Pau, où il était professeur de droit français avant la révolution.

» On fondait cette extrême sévérité sur le principe que les prescriptions statutaires courent contre les mineurs ni plus ni moins que contre les majeurs, sans espérance de restitution.

» Il est vrai que depuis on a considéré que la prescription de dix jours à laquelle les statuts de Béarn et de Navarre assujétissent l'Appel, tirant son origine du droit romain, on ne devait pas la considérer comme purement statutaire; et que sur ce motif, il a été rendu le 27 août 1781, après de grands débats et un *consultis classibus*, un arrêt qui a restitué la nommée Susamicq, mineure, contre le laps de dix jours; mais cette exception elle-même, et les difficultés qu'il a fallu vaincre pour l'établir, prouvent combien le parlement de Pau tenait à la loi qui restreignait à dix jours la faculté de l'Appel.

» Et remarquons bien que le *style du conseil* et le *style du sénéchal* ne font aucune distinction entre l'Appel des sentences contradictoires et l'Appel des sentences par défaut.

» Aussi ne s'était-on jamais avisé, au parlement de Pau, de prétendre que l'on eût, pour appeler de celles-ci, un terme plus long que pour appeler de celles-là. Qu'aurait-on d'ailleurs gagné à chercher une différence entre les unes et les autres? En supposant que les dispositions du *style du conseil* et du *style du sénéchal* dussent, malgré la généralité de leurs termes, être limitées aux sentences contradictoires, il aurait fallu, pour les sentences par défaut, se reporter au droit romain; et qu'y aurait-on trouvé? Trois lois qui décident formellement qu'en aucun cas, les sentences par défaut ne sont sujettes à l'Appel. C'est ce que portent, en effet, la loi 13, §. 4, C. *de judiciis*; la loi première, C. *quorum appellationes non recipiuntur*; et le chap. 5 de la Novelle 82. Il fallait donc bien, en regardant le *style du conseil* et le *style du sénéchal*, comme établissant la faculté de l'Appel à l'égard des sentences par défaut comme à l'égard des sentences contradictoires, les regarder aussi comme excluant toute distinction entre les unes et les autres par rapport au délai de dix jours; et, dans le fait, nous devons le répéter, jamais on n'avait prétendu les différencier sur ce point, avant la loi du 24 août 1790.

» Sans contredit, la loi du 24 août 1790 a dérogé à ces lois locales pour les sentences contradictoires.

» Mais y a-t-elle également dérogé pour les sentences par défaut? Non, elle n'en a point parlé, elle les a laissées sous l'empire des diverses lois qui, à cette époque, régissaient le territoire français.

» Ainsi, de même que, dans les contrées soumises à l'ordonnance de 1667, la faculté d'appeler des sentences par défaut, a continué, depuis la loi du 24 août 1790, de durer dix ans, à compter du jour de la signification à personne ou domicile; de même aussi, dans le ressort du ci-devant parlement de Pau, la faculté d'appeler de ces sentences a dû continuer de ne durer que dix jours.

» Le tribunal d'Appel de Pau a beau dire qu'il serait fort singulier que la durée de l'Appel fût moindre pour les jugemens par défaut que pour les jugemens contradictoires.

---

(1) *V.* l'article *Triage*, §. 2.

» Singulière ou non, la chose est ainsi réglée pour le ressort de ce tribunal, par des lois expresses; et deux ou trois lignes de bonnes raisons ne suffisent pas pour ôter à une loi toute son autorité.

» Quel serait d'ailleurs le terme où il faudrait s'arrêter dans le système du tribunal d'Appel de Pau?

» Étendrait-on, pour les jugemens par défaut, le délai de l'Appel jusqu'à dix ans, conformément à l'ordonnance de 1667? Mais de quel droit mettrait-on ainsi l'ordonnance de 1667 en activité dans un pays où elle n'a pas reçu le sceau de la promulgation?

» Limiterait-on ce délai de trois mois, conformément à la loi du 24 août 1790? Mais la loi du 24 août 1790 ne parle que des jugemens contradictoires; et pour en adapter les dispositions aux jugemens par défaut, il faudrait être législateur.

» Car en vain objecte-t-on que, si la loi du 24 août 1790 a bien voulu accorder trois mois pour appeler des jugemens contradictoires, à plus forte raison a-t-elle voulu que l'on n'eût pas un moindre délai pour appeler des jugemens par défaut. En vain objecte-t-on qu'elle n'a restreint sa disposition à ceux-là, que pour ne pas abréger les délais beaucoup plus longs qu'accordait pour ceux-ci l'ordonnance de 1667, qu'elle a supposée en vigueur dans toute la France.

» Ce n'est point dans cet esprit qu'a été rédigé l'art. 14 du tit. 5 de la loi du 24 août 1790.

» Lorsque, dans la rédaction de cet article, on n'a parlé que des jugemens contradictoires, on savait très-bien que l'ordonnance de 1667 ne faisait loi, ni dans le ressort du parlement de Pau, ni dans celui du parlement de Douai; les membres de l'assemblée constituante qui étaient députés de ces contrées, n'avaient pas manqué d'en faire l'observation.

» Ce n'est donc pas, d'après la supposition que les délais pour l'Appel des jugemens par défaut avaient été étendus à plus de trois mois pour toute la France, que la loi du 24 août 1790 ne s'est occupée que des délais de l'Appel des jugemens contradictoires.

» Mais elle a restreint, à cet égard, ses dispositions aux jugemens contradictoires, pour ne pas donner à entendre que l'Appel des jugemens par défaut dût, à l'avenir, être reçu dans les pays où jusqu'alors on l'avait constamment tenu pour non-recevable.

» Le célèbre Thouret, rapporteur de cette loi, en a fait expressément la remarque, et il n'a pas dissimulé son but en la faisant : c'était de maintenir, dans le ressort du parlement de Rouen, l'usage qui s'y était introduit, contre la disposition textuelle de l'ordonnance de 1667, de ne recevoir aucun Appel des sentences rendues par défaut; mais que, depuis, vous avez proscrit par plusieurs jugemens, d'après le principe qu'il ne peut pas être dérogé par un usage local à une loi commune à tout le territoire français.

» Ainsi, rien à conclure, relativement à notre question, de l'art. 14 du tit. 5 de la loi du 24 août 1790; et, encore une fois, il n'appartiendrait qu'au législateur d'étendre cet article aux jugemens par défaut.

» C'est cependant à ce dernier parti que s'est tenu le tribunal d'Appel de Pau; et c'est en le jugeant préférable à tout autre, qu'il a rejeté la demande de Joannès Harchoury en déchéance de l'Appel de son adversaire.

» Mais voyez combien d'erreurs il lui a fallu franchir pour arriver à ce résultat!

» Pour y arriver, il fallait juger que le jugement du 2 germinal an 8 était par défaut, quoiqu'il soit bien évidemment contradictoire; le tribunal d'Appel de Pau l'a fait.

» Il fallait juger que les Appels des jugemens par défaut sont compris dans l'art. 14 du tit. 5 de la loi du 24 août 1790, qui pourtant est restreint aux jugemens contradictoires; le tribunal de Pau l'a fait.

» Il fallait juger que le silence de cette loi sur les jugemens par défaut, emportait, à leur égard l'abrogation du *style du conseil* et du *style du sénéchal* de Béarn et de Navarre; le tribunal d'Appel de Pau l'a fait.

» Il fallait plus encore : il fallait juger, même en prenant pour base la loi du 24 août 1790, que les Appels des jugemens par défaut durent trois mois et huit jours, tandis que cette loi ne donne que trois mois pour les jugemens contradictoires; et le tribunal de Pau l'a encore fait.

» Sur ce dernier point, écoutons-le dans ses motifs : *Le jugement dont est Appel fut signifié à la partie de Petit, le 29 floréal an 8; et elle en interjeta appel le 1er. fructidor de la même année, c'est-à-dire, trois mois et un jour après la signification.*

» *Or, il n'était pas possible que la partie de Petit pût interjeter Appel de ce jugement pendant la huitaine franche qu'il avait pour y former opposition, parceque il n'est pas permis de recourir à une voie extraordinaire, tandis que la voie ordinaire est encore ouverte.*

» *Ce n'est que depuis l'expiration de la huitaine, pour former opposition, que le délai pour interjeter appel peut courir; puisque ce n'est que de ce moment que le jugement devient contradictoire, et acquiert la force de la chose irrévocablement jugée; or, il ne s'est pas, depuis lors, écoulé trois mois jusqu'au jour où l'Appel a été déclaré; la partie de Petit n'a donc pas encouru la déchéance prononcée par la loi du 24 août 1790, pour les jugemens contradictoires.*

» Ainsi, à entendre le tribunal d'Appel de Pau, le jugement du 2 germinal an 8, en le supposant rendu par défaut, était susceptible d'opposition de la part de Guillem Bertouetachar; et cependant ce jugement n'avait fait que statuer sur une opposition déjà formée par Guillem Bertouetachar, à l'arrêt rendu par défaut le 15 mai 1799; et il est de maxime bien constante, vous avez même jugé deux fois sur nos conclusions, que l'on ne peut pas attaquer par la voie d'opposition, un jugement par défaut qui prononce sur une opposition précédemment dirigée contre un premier jugement de la même nature.

» Ainsi, à entendre le tribunal d'Appel de Pau, le délai pour se pourvoir en cassation contre un jugement en dernier ressort par défaut, ne courrait que du jour de l'expiration de la huitaine accordée par la loi pour y former opposition ; et cependant, il est bien certain que, si l'on venait vous demander la cassation d'un jugement par défaut, trois mois et un seul jour après sa signification, vous ne vous permettriez pas même d'examiner la requête qui vous serait présentée.

» Ainsi, à entendre le tribunal d'Appel de Pau, la première huitaine qui suit la signification d'un jugement, même contradictoire, ne devrait pas être comptée dans les trois mois fixés pour en interjeter Appel ; car l'art. 14 de la loi du 24 août 1790, défend expressément d'appeler dans cette première huitaine ; et cependant le même article, en accordant trois mois pour appeler, ne les fait pas courir du jour de l'expiration de cette huitaine seulement ; il les fait courir du jour de la signification du jugement.

» La décision du tribunal d'Appel de Pau ne peut donc, sous quelque rapport qu'on la considère, et de quelque prétexte qu'on cherche à l'étayer, soutenir le choc d'une discussion sérieuse. Sous tous les rapports possibles, et malgré tous les prétextes possibles, on est forcé de reconnaître qu'elle est en opposition diamétrale avec la loi ; et, par ces considérations, nous estimons qu'il y a lieu de casser et annuler le jugement dont il s'agit »

Sur ces conclusions, arrêt du 25 pluviôse an 11, au rapport de M. Rousseau, par lequel,

« Vu le style de Navarre, portant que tout appelant est tenu d'interjeter Appel dans dix jours, à compter de la publication de la sentence ; le style du ci-devant sénéchal de Béarn, contenant la même disposition ;

» La loi du 8 mai 1791, qui dispose que, dans les tribunaux établis dans les villes où l'ordonnance de 1667 n'a été ni publiée ni exécutée, les juges et les avoués se conformeront, pour la procédure, aux règlemens qui y sont usités, en ce qui n'est pas contraire aux modifications faites à cette ordonnance par l'art. 34 du décret du 6 mars précédent ;

» Vu aussi l'arrêté du directoire exécutif, du 9 messidor an 4, qui prononce que les nouvelles lois, n'ayant pas fixé le délai des Appels des jugemens par défaut, il résulte de leur silence qu'on doit recourir aux anciennes ;

» Attendu, qu'il est constant et reconnu qu'il s'était écoulé plus de trois mois depuis la signification du jugement du 2 germinal an 8 ;

» Attendu, que le statut local fixe indistinctement le délai d'Appel d'un jugement, soit qu'il soit rendu par défaut, soit qu'il soit contradictoire ;

» Que la loi du 24 août 1790 n'a déterminé le délai d'Appel que pour les jugemens de cette dernière espèce ; que l'ordonnance de 1667, qui avait étendu le délai d'Appel de jugemens, tant contradictoires que par défaut, à dix ans, n'a pas été enregistrée ni exécutée dans le ressort du ci-devant parlement de Pau ;

» Que par conséquent, d'après les dispositions de la loi du 8 mai 1791, les réglemens usités dans le pays, doivent être exécutés, pour ce qui concerne la procédure ;

» Qu'ainsi, dans le système des juges qui ont rendu le jugement du 2 germinal, comme étant rendu par défaut, le règlement local qui fixe sans distinction à dix jours le délai d'Appel, devait être appliqué ; qu'il y a conséquemment violation du statut municipal ;

» Que, dans la supposition même où l'on aurait pu considérer que, depuis la loi d'août 1790, le délai devait continuer d'être uniforme dans le ressort du ci-devant parlement de Pau, et être porté à trois mois pour toute espèce de jugement, il se trouvait encore écoulé ; et les juges, en déclarant qu'il faudrait joindre à ce délai celui de huitaine pour former opposition au jugement, ont ajouté à la loi, ce qui forme un excès de pouvoir ;

» Par ces motifs, le tribunal casse et annulle..... ».

Même décision dans l'espèce suivante.

Le 26 février 1793, jugement par défaut qui prononce, à la suite d'une saisie réelle, l'adjudication d'un immeuble appartenant à Jeanne Cambolive, mineure.

Celle-ci meurt le 15 décembre 1805, avant d'avoir atteint sa majorité, mais long-temps après la signification de ce jugement à son tuteur.

Le 1er. février 1809, Appel de la part du tuteur des enfans de Fillon, héritiers de Jeanne Cambolive.

L'adjudicataire soutient que cet Appel aurait dû, d'après l'art. 14 du tit. 5 de la loi du 24 août 1790, être interjeté dans les trois mois de la signification du jugement, et que, dès-là, il est non-recevable.

Le 23 août 1811, arrêt de la cour de Montpellier qui le juge ainsi, « attendu que l'Appel du » jugement du 26 février 1793 a été tardivement » interjeté, puisqu'il ne l'a été qu'après le délai » fixé par la loi du 24 août 1790 ».

Mais sur le recours en cassation du tuteur du mineur Fillon, arrêt du 17 novembre 1813, au rapport de M. Pajon, par lequel,

« Vu la disposition des art. 16 et 17 du tit. 27 de l'ordonnance de 1667.... ;

» Et attendu qu'il n'a été dérogé aux dispositions précédentes par la loi du 16-24 août 1790, qu'au regard des seuls jugemens contradictoires;

» D'où résulte que le jugement du 26 février 1793, ayant été rendu par défaut contre Jeanne Cambolive, alors mineure, et qui l'était encore lors de son décès qui n'a eu lieu que le 17 thermidor de l'an 13, le délai pour en interjeter Appel n'était point encore expiré en 1809; et que l'arrêt attaqué, en décidant le contraire par une fausse application de la loi du 24 août 1790, à un jugement par défaut, a violé les articles ci-dessus cités de l'ordonnance de 1667, qui étaient les seuls applicables à l'espèce;

» La cour casse et annulle.... ».

Deux arrêts de la cour supérieure de justice de Bruxelles ont consacré le même principe.

Le 7 juin 1804, jugement par défaut du tribunal de première instance d'Anvers, qui condamne solidairement les sieur et dame de Crequi-Hannecart au paiement de billets à ordre qu'ils avaient souscrits au profit du sieur Matthys. Ce jugement leur est signifié deux mois après.

En 1815, la dame Ratzinski, leur héritière, en interjette Appel.

L'intimé soutient que cet Appel est non-recevable, parcequ'aux termes du §. 10 d'un arrêté législatif du 2 frimaire an 4, qui a rendu commune à la Belgique la disposition de l'art. 14 du tit. 5 de la loi du 24 août 1790, la faculté d'appeler ne dure que trois mois, à partir de la signification des jugemens à personne ou domicile.

Le 6 février 1816, arrêt qui rejette la fin de non-recevoir, « attendu que le §. 10 du susdit » arrêté sur les Appels des jugemens, ne statue » que pour les jugemens contradictoires; qu'ainsi, » l'Appel des jugemens par défaut ne se trouve » limité que par le terme ordinaire de la prescrip- » tion ».

Le sieur Matthys se pourvoit en cassation contre cet arrêt, et le dénonce comme violant à la fois et l'arrêté calqué pour la Belgique sur la loi du 24 août 1790, et les art. 12 et 17 du tit. 27 de l'ordonnance de 1667.

Mais par arrêt du 15 juillet 1819,

« Attendu que le §. 10 de l'arrêté du 2 frimaire an 4, conforme à la loi du 24 août 1790, n'étant relatif qu'aux Appels des jugemens contradictoires, il suit que l'arrêt attaqué, en décidant ainsi qu'il l'a fait, n'a pas contrevenu à cet arrêté, ni à la loi du 24 août 1790;

» Et quant aux art. 12 et 17 du tit. 27 de l'ordonnance de 1667; attendu qu'ils n'ont pas été publiés dans la Belgique;

» La cour, sur les conclusions conformes de M. Spruyt, avocat-général, rejette le pourvoi.... (1) ».

(1) Jurisprudence de la cour supérieure de justice de Bruxelles, année 1819, tome 1, page 112.

4ᵉ Edit., Tome I.

VI. Le Code de procédure civile renouvelle, art. 443, la disposition de la loi du 24 août 1790, qui fixait à trois mois le délai pour interjeter Appel; mais il étend cette disposition aux jugemens par défaut.

La seule différence qu'il y ait, à cet égard, entre les jugemens contradictoires et les jugemens par défaut, c'est qu'à l'égard des premiers, le délai commence à courir du jour de la signification à personne ou domicile; et qu'à l'égard des seconds, il ne court que du jour où l'opposition a cessé d'être recevable. (*V.* ci-dessus, §. 1, n°. 3, et l'article *Défaut*, §. 8).

L'art. 444 du même Code maintient le principe d'après lequel, sous la loi du 24 août 1790, le délai d'Appel courait *contre toutes parties;* mais il le modifie en faveur du mineur non émancipé : contre celui-ci, le délai ne se compte « que du » jour où le jugement a été signifié, tant au tuteur » qu'au subrogé-tuteur, encore que ce dernier » n'ait pas été en cause ».

Les art. 445, 446, 447 et 448 déterminent divers cas où le délai s'étend à plus de trois mois.

Et, au contraire, les art. 291, 669, 730, 734, 736 et 763 en indiquent plusieurs où le délai est circonscrit dans des espaces de temps plus courts.

VII. Le délai pour appeler des jugemens des tribunaux de commerce est le même que le délai pour appeler des jugemens des tribunaux d'arrondissement en matière civile; car, à l'exemple de l'art. 14 du tit. 5 de la loi du 24 août 1790, la disposition de l'art. 443 du Code de procédure civile est générale; elle s'applique à tous les jugemens rendus en matière civile, sans distinction des tribunaux de qui ils sont émanés.

Aussi le Code de commerce déclare-t-il formellement, art. 645, que « le délai pour interje- » ter Appel des jugemens des tribunaux de com- » merce, sera de trois mois, à compter du jour » de la signification du jugement, pour ceux qui » auront été rendus contradictoirement, et du » jour de l'expiration de l'opposition, pour ceux » qui auront été rendus par défaut ».

VIII. A l'égard des jugemens des tribunaux de paix, l'art. 16 du Code de procédure civile porte « que l'Appel n'en sera pas recevable après les » trois mois, à dater du jour de la signification » faite par l'huissier de la justice de paix, ou tel » autre commis par le juge ».

Mais il y a pour les tribunaux de paix, une exception particulière aux affaires de douanes.

La loi du 14 fructidor an 3 porte, art. 6, que, dans ces sortes d'affaires, « l'Appel devra être » notifié dans la huitaine de la signification du » jugement; après ce délai (ajoute-*t*-elle) il ne » sera point recevable, et le jugement sera exé- » cuté purement et simplement ».

Et il ne faut pas croire que cette disposition soit abrogée par la généralité de celle de l'art. 16 du Code de procédure civile. Le contraire résulte

APPEL, §. VIII.

clairement de l'avis du conseil-d'état du 12 mai 1807, qui est rapporté dans le *Répertoire de jurisprudence*, aux mots *Enregistrement(droit d')*, §. 58. Au surplus, *V*. ci-après, §. 10, art. 4.

IX. Le délai de l'Appel est, pour les jugemens arbitraux, susceptibles d'être attaqués par cette voie, le même que pour les jugemens des tribunaux ordinaires, de commerce et de paix.

Mais il s'est élevé des difficultés fort sérieuses sur le délai dans lequel il a dû être appelé des jugemens arbitraux qui, pendant le cours de l'arbitrage forcé, avaient évincé le domaine public de la propriété des forêts qu'il prétendait nationales.

Ces difficultés avaient leur source dans les dispositions de la loi du 28 brumaire an 7 et dans celles de la loi du 11 frimaire an 9.

Voici comment sont conçues les premières.

« Art. 1. Les communes qui ont obtenu contre la République des jugemens arbitraux qui leur ont adjugé la propriété de certaines forêts, qu'elle prétendait nationales, et à l'exploitation desquelles il a été sursis par la loi du 7 brumaire an 5, produiront à l'administration de leur département, dans le mois qui suivra la publication de la présente loi, lesdits jugemens et les pièces justificatives;

» 2. Les commissaires près les administrations centrales se pourvoiront de suite par Appel, dans les formes ordinaires, contre ceux de ces jugemens que les administrations centrales auront reconnus susceptibles d'être réformés.

» 3. Ceux que l'administration centrale croira devoir être maintenus, seront, dans le mois suivant, adressés, avec son avis et les pièces justificatives, au ministre des finances, qui sera tenu de prononcer, dans les deux mois suivans, si l'Appel doit ou non en être interjeté.

» 4. Si le ministre n'a pas prononcé dans le délai prescrit par l'article précédent, les communes seront envoyées en possession.

» 5. Ne seront pas assujétis aux formalités ci-dessus exigées, et seront exécutés sans aucun délai, ceux desdits jugemens arbitraux qui n'auront fait que confirmer des premiers jugemens rendus en faveur des communes par les tribunaux de l'ancien régime.

» 6. La loi du 7 brumaire an 5, et toutes autres contraires, sont rapportées ».

Quant à la loi du 11 frimaire an 9, en voici les termes :

« Art. 1. Les communes qui ont obtenu des jugemens arbitraux contre l'État, touchant la propriété des forêts prétendues nationales, et qui ne les ont pas produits avec les pièces justificatives, dans le délai prescrit par l'art. 1 de la loi du 28 brumaire an 7, auront, à compter de la publication de la présente, un délai de six mois, passé lequel lesdits jugemens seront regardés comme non-avenus.

» 2. Le délai pour en faire l'examen et statuer au désir des art. 2 et 3 de ladite loi, sera d'un an, à dater de la remise qui en aura été faite.

» Le même délai est accordé, à compter de la publication de la présente, pour prononcer sur les jugemens et pièces justificatives précédemment produits, et sur lesquels il n'a pas été statué : ces délais expirés, les jugemens qui n'auront pas été attaqués par la voie d'Appel, auront leur plein et entier effet.

» 3. Toutes dispositions de la loi contraires à la présente, sont abrogées ».

Cette seconde loi n'a, comme l'on voit, rien prononcé, en cas de recours en cassation, sur le sort des Appels qui, avant sa publication, avaient été non-seulement interjetés, mais encore jugés et déclarés non-recevables, pour n'avoir été signifiés qu'après les délais fixés par la loi du 28 brumaire an 7 ; et de là naît la question, si les jugemens qui ont ainsi rejeté ces Appels par fin de non-recevoir, doivent être maintenus ou annulés.

Cette question s'est présentée, le 4 messidor an 9, à l'audience de la section civile de la cour de cassation, sur le recours formé par le préfet du département des Vosges, et admis par la section des requêtes du 21 brumaire précédent, contre un jugement du tribunal civil du même département, du 24 messidor an 8, qui avait déclaré non-recevable, comme interjeté trop tard, l'Appel du ci-devant commissaire du gouvernement près l'administration centrale, de deux jugemens arbitraux des 11 vendémiaire et 21 ventôse an 5, par lesquels la commune de Coussey avait été jugée propriétaire de biens de diverse nature, et notamment de bois possédés par des émigrés, aux droits desquels le domaine public avait succédé.

« Pour bien apprécier (ai-je dit en portant la parole sur cette affaire) la décision du tribunal des Vosges, il faut remonter aux circonstances qui ont amené la loi sur laquelle il l'a motivée.

» La loi du 28 août 1792 avait donné aux communes les plus grandes facilités pour se faire réintégrer dans la propriété des forêts et des biens ruraux, dont elles avaient pu être dépouillées par l'effet de la puissance féodale ; mais c'était presque toujours contre la nation, comme étant aux droits des ci-devant corporations ecclésiastiques et des émigrés, que leurs actions se dirigeaient. Si ces actions avaient été portées devant les tribunaux ordinaires, les parties intéressées auraient pu discuter paisiblement leurs titres respectifs et les droits de la république, comme ceux des communes auraient été pesés et jugés d'une manière impartiale et juste. Mais, dans un temps de crise, les formes conservatrices de la propriété furent mises à l'écart ; et la loi du 10 juin 1793 vint assujétir à l'arbitrage forcé les questions les plus importantes. Les arbitres furent choisis indistinctement et sans condition, parmi les hommes instruits comme parmi les plus ignorans; et par cette institution véritablement spoliatrice, la république se vit enlever ses propriétés les plus légitimes.

» Après la journée du 9 thermidor, la convention nationale, rendue à elle-même, sentit la nécessité d'opposer une digue à ce système de dévastation. De là, les décrets des 7 brumaire, 25 ventôse, 10 et 29 floréal an 3, qui suspendirent toute espèce d'exploitation, de la part des communes, dans les forêts dont elles avaient été déclarées propriétaires par des jugemens arbitraux. Ces décrets ne réformaient pas les injustices dont la république avait à se plaindre, mais du moins ils en arrêtaient l'exécution.

» L'installation des tribunaux civils créés par la constitution de l'an 3, entraîna l'abolition de l'arbitrage forcé ; et comme il n'existait aucun moyen de se pourvoir contre les jugemens arbitraux, rendus précédemment, le corps législatif y pourvut par la loi du 12 prairial an 4; il soumit ces jugemens au recours en cassation, et il accorda un délai de trois mois, pour attaquer par cette voie, ceux qui avaient été rendus avant le 1er. vendémiaire an 4. Mais ce délai, qui pouvait être suffisant pour des particuliers, était bien loin de l'être pour la république.

» Aussi la loi du 7 brumaire an 3 et celles dont elle avait été suivie, subsistaient-elles toujours. Plusieurs communes du département du Haut-Rhin présentèrent des pétitions pour en obtenir le rapport; et le 29 fructidor an 5, il intervint au conseil des Cinq-Cents, une résolution par laquelle il proposait de rapporter la loi du 7 brumaire, tant parcequ'elle suspendait le cours de la justice et entravait le droit de propriété, que parceque les jugemens arbitraux avaient pu être attaqués par la voie de cassation depuis la loi du 12 prairial an 4.

» Cette résolution portée au conseil des Anciens, il y fut observé que la loi du 7 brumaire an 3 devait incontestablement être rapportée; mais qu'en rendant aux jugemens rendus contre la république par des arbitres forcés, tout l'effet que leur donnait la loi à laquelle ils devaient l'être, il convenait de faire que la république fût aussi rétablie dans ses droits; que la voie de cassation contre ces jugemens n'avait été ouverte que le 12 prairial an 4, et que le délai de trois mois, pour user de ce recours, n'avait pas pu courir contre la république, parceque la loi du 7 brumaire avait suspendu toute espèce de débats entre elle et les communes ; et qu'ainsi elle ne pouvait pas agir, tant que cette suspension subsistait.

» En conséquence, la résolution fut rejetée le 25 vendémiaire an 6 : et le conseil des Cinq-Cents se vit obligé d'examiner de nouveau quels étaient les moyens les plus justes de faire cesser l'anarchie et l'incertitude qui régnait dans cette partie de notre législation, dont l'objet, pour être d'un ordre obscur, n'en embrassait pas moins d'immenses intérêts.

» Le premier pas à faire était de mettre les agens de la république à portée d'apprécier les jugemens arbitraux qui avaient été obtenus contre elle par les communes. Soit que ces jugemens n'eussent pas été signifiés aux administrations centrales, et qu'ils eussent été exécutés comme ils avaient été rendus, c'est-à-dire, sans aucune forme ; soit qu'ils leur eussent été signifiés et que les copies en eussent été adirées au milieu du tourbillon dans lequel les affaires n'avaient cessé de nager pendant tout le cours de l'arbitrage forcé ; toujours est-il constant : qu'il était devenu presque impossible aux agens de la république de connaître aucun de ces jugemens. Et nous devons dire ici que, d'après une lettre du cit. François (de Neufchâteau), alors commissaire près l'administration centrale du département des Vosges, au ministre de la justice, sur trente de pareils jugemens qui, dans ce département, avaient dépouillé la république de ses plus belles propriétés, ce fonctionnaire aussi laborieux qu'éclairé n'avait pu, malgré l'activité de ses recherches, s'en procurer plus de deux, dans les trois mois de la publication de la loi du 12 prairial an 4.

Cette considération fut présentée au corps législatif, et il en sentit l'importance.

» De là, le premier article de la loi du 28 brumaire an 7, qui forme virtuellement la condition essentielle *et sine quâ non* du rapport du décret du 7 brumaire an 3, prononcé par la dernière disposition de la même loi. Cet article est ainsi conçu : « Les communes qui ont obtenu contre la
» république des jugemens arbitraux, qui leur
» ont adjugé la propriété de certaines forêts qu'elle
» prétendait nationales, et à l'exploitation des-
» quelles il a été sursis par la loi du 7 brumaire
» an 3, produiront à l'administration de leur dé-
» partement, dans le mois qui suivra la publica-
» tion de la présente loi, lesdits jugemens et les
» pièces justificatives ».

» L'objet de cette production est visiblement, ou de suppléer à la signification des jugemens arbitraux, dans les cas où elle aurait été omise, ou de la réitérer, pour les cas où elle aurait été précédemment faite dans les formes ordinaires, parcequ'alors la loi la considère comme non avenue.

» Ainsi, tout jugement rendu contre la république, sous le régime de l'arbitrage forcé, ne peut être considéré comme légalement signifié qu'autant qu'en exécution de l'art. 1 de la loi du 28 brumaire an 7, la commune qui l'avait obtenu précédemment, en a produit une expédition devant l'administration départementale.

» Cette production supposée, que doit faire l'administration ? Le législateur ne la force pas d'attaquer indistinctement tous les jugemens qu'elle trouvera rendus en faveur des communes; il la charge d'abord de les examiner.

» Par l'examen qu'elle en fera, ces jugemens se trouveront divisés en deux classes : la pre-

38.

mière, de ceux qui lui paraîtront susceptibles d'être réformés; la seconde, de ceux qui lui paraîtront devoir être maintenus.

» Pour les premiers, sa déclaration suffira pour autoriser le commissaire du gouvernement placé près d'elles, à interjeter, *de suite*, Appel de ces jugemens.

» Pour les seconds, un nouvel examen sera nécessaire: *dans le mois suivant*, l'administration les enverra, avec son avis et les pièces justificatives, au ministre des finances.

» Dans les deux mois subséquens, le ministre décidera s'il y a lieu ou non d'en interjeter Appel.

» Et, si le ministre n'a pas prononcé dans ces deux mois, les communes jouiront de l'effet du rapport du décret du 7 brumaire an 3; elles seront envoyées en possession des forêts dont ce décret leur avait interdit provisoirement l'exploitation.

» Tel est le plan général de la loi du 28 brumaire an 7. Maintenant, comparons-en les dispositions avec le jugement attaqué par le préfet du département des Vosges.

» Ce jugement déclare le préfet non-recevable dans l'Appel émis par le ci-devant commissaire central, par la raison que cet Appel n'a pas été interjeté dans les trois mois.

» *Dans les trois mois!* Mais de quel jour, de quel acte? Le jugement n'en dit rien. Il ne s'explique pas sur le point de départ de ce délai; et par là, il demeure incertain si le tribunal des Vosges a entendu que les trois mois avaient couru, ou du jour de la signification des jugemens arbitraux faite en l'an 3, ou du jour de la production faite de ces mêmes jugemens par la commune de Coussey, devant l'administration centrale, en exécution de la loi du 28 brumaire an 7, ou enfin du jour de l'arrêté par lequel cette administration avait autorisé le commissaire du pouvoir exécutif à interjeter Appel.

» Est-ce donc du jour de la signification faite en l'an 3, des deux jugemens arbitraux, que le tribunal des Vosges a entendu faire courir le délai des trois mois? Dans ce cas, il s'est mis en opposition diamétrale avec la loi du 28 brumaire an 7; car l'objet direct et principal de cette loi a été précisément d'accorder à la république le moyen d'attaquer les jugemens arbitraux rendus contre elle sous le régime de l'arbitrage forcé: et il fallait bien, pour cela, qu'elle fît abstraction des significations qui avaient pu en être faites, il fallait bien qu'elle les regardât comme non existantes, puisque si ces significations eussent fait courir le délai de l'Appel, ce délai eût nécessairement été, en brumaire an 7, expiré depuis long-temps à l'égard de tous les jugemens de cette espèce.

» Est-ce du jour de la production des deux jugemens arbitraux devant l'administration centrale, en exécution de la loi du 28 brumaire an 7, que le tribunal des Vosges a entendu faire courir le délai de trois mois?

» Mais dans ce cas, le tribunal des Vosges aurait dû commencer par établir, en point de fait, que les deux jugemens arbitraux qui étaient l'objet de l'Appel du commissaire du gouvernement, avaient été produits par la commune de Coussey, devant l'administration centrale du département.

» Or, c'est ce qu'il ne fait pas, il n'en dit même pas un seul mot.

» Ainsi, nous devons regarder comme constant que la commune de Coussey n'a pas produit les deux jugemens dont il s'agit, devant l'administration des Vosges, en exécution de l'art. 1 de la loi du 28 brumaire an 7;

» Et par, une suite nécessaire, nous devons tenir pour une vérité irréfragable, que ce n'est pas du jour de cette prétendue production, que le tribunal des Vosges a entendu juger que le délai de trois mois avait commencé à courir.

» Il reste donc que ce tribunal a pris pour point de départ, le jour de l'arrêté par lequel l'administration centrale avait autorisé l'émission de l'Appel.

» Et nous sommes d'autant plus fondés à soutenir que c'est là ce qu'il a jugé, que, dans cinq à six autres affaires de même nature, sur lesquelles il a prononcé presque en même temps que sur celles-ci, et absolument de la même manière, il s'est expressément fondé, pour déclarer les Appels du commissaire du gouvernement non-recevables, sur ce que celui-ci ne les avait pas interjetés dans les trois mois des arrêtés de l'administration centrale qui l'avaient autorisé à les émettre.

» Mais si, comme on n'en peut douter, c'est le jour de l'arrêté portant autorisation d'appeler, que le tribunal des Vosges a pris pour point de départ du délai de trois mois, par quel moyen parviendra-t-on à justifier le jugement par lequel il a déclaré l'Appel non-recevable?

» On concevrait ce jugement, s'il commençait par établir, en point de fait, que les deux décisions arbitrales sur lesquelles portait l'Appel des communes, avaient été produites par la commune de Coussey devant l'administration centrale, avant que celle-ci eût pris son arrêté d'autorisation pour l'interjeter.

» Alors, en effet, on pourrait dire avec quelque vraisemblance, que cette production, de la part de la commune, a valu signification: et que, par là, le commissaire central s'est trouvé soumis à la règle des trois mois.

» Mais si les jugemens arbitraux n'ont pas été produits par la commune devant l'administration centrale (et encore une fois, nous devons croire qu'ils ne l'ont pas été, puisque le tribunal des Vosges n'en dit pas un mot, et que ce n'est point sur la production de ces jugemens qu'il fonde la fin de non-recevoir qu'il adopte); si, par suite, on ne peut pas regarder les deux jugemens arbitraux comme ayant été signifiés à la république dans la personne de ses agens, comment concevoir la décision du tribunal des Vosges?

» Faisons une comparaison. Un propriétaire, demeurant à Paris, apprend qu'il vient d'être rendu par le tribunal des Vosges un jugement qui le dépouille de sa propriété : il écrit à son agent d'affaires à Epinal, et lui dit : « Assem-
» blez les hommes de loi qui forment habituel-
» lement mon conseil; soumettez-leur le juge-
» ment qui vient d'être rendu; et s'ils me trouvent
» bien fondé à en appeler, interjetez-en Appel
» sur-le-champ ». L'agent d'affaires réunit en effet le conseil de son commettant; le résultat de la discussion à laquelle ce conseil se livre, est qu'il y a lieu d'appeler. Mais, au lieu d'appeler tout de suite, comme son commettant le lui avait prescrit, l'agent d'affaires ne le fait que cinq à six mois après; et il ne le fait pas plutôt, parceque la partie adverse n'a pas encore fait signifier le jugement.

» Ce retard de l'agent d'affaires pourra-t-il être invoqué par la partie adverse, et celle-ci sera-t-elle en droit d'en tirer une fin de non-recevoir contre le commettant?

» Une pareille idée serait souverainement absurde; et cependant c'est cette idée que le tribunal des Vosges a adoptée; et c'est sur cette absurdité, vraiment monstrueuse, qu'il a basé son jugement.

» En prononçant comme il l'a fait, il a jugé que la république, par l'organe de l'administration centrale, avait fait courir contre elle-même le délai de trois mois, et qu'elle l'avait fait courir par un arrêté qui autorisait l'Appel.

» Eh ! Comment la république aurait-elle pu faire courir ce délai par un pareil arrêté, qui, de sa nature, est essentiellement un acte d'administration intérieure, tandis qu'elle ne l'aurait même pas fait courir, en faisant signifier elle-même à la commune de Coussey, les jugemens arbitraux des 11 vendémiaire et 21 ventôse an 5 ? Car c'est une règle générale et bien connue, que *nul ne se forclot lui-même*.

» Que le gouvernement puisse faire des reproches à son commissaire de n'avoir pas appelé tout de suite, après l'arrêté qui l'y autorisait, et par là, d'avoir retardé la réintégration définitive de la république dans sa propriété, cela se conçoit; mais que la partie adverse de la république, sans avoir fait contre elle aucune diligence, prétende faire tourner à son profit un pareil arrêté et se prévaloir du retard apporté à son exécution, c'est ce qui ne peut se concevoir, c'est ce qui heurte tous les principes, toutes les notions de l'ordre judiciaire.

» Le tribunal des Vosges a donc fait l'application la plus fausse, tant de l'art. 14 du tit. 5 de la loi du 24 août 1790, que de l'art. 2 de la loi du 28 brumaire an 7, en déclarant non-recevable l'Appel dont il s'agit, sous prétexte qu'il n'a-

vait pas été interjeté dans les trois mois de l'arrêté qui en avait autorisé l'émission.

» Il est inutile, après cela, d'entrer dans la discussion de l'affaire, sous le point de vue sous lequel la présente le préfet du département des Vosges.

» Ce n'est pas cependant que nous regardions comme mal fondé le moyen qu'il emploie ; car le texte seul de la loi du 28 brumaire an 7 démontre que même, dans le cas où les jugemens arbitraux dont il s'agit, auraient été signifiés par la commune de Coussey, de la manière équipollente qu'a introduite l'art. 1er. de cette loi, il serait encore impossible d'appliquer ici la règle des trois mois établie par la loi de 1790.

» En effet, d'une part, il résulte de l'art. 3 que l'administration centrale avait un mois entier pour envoyer ce jugement au ministre des finances; et remarquez encore qu'il n'est pas dit dans cet article, si ce mois doit courir du jour de la production du jugement, valant signification, ou seulement du jour où l'administration a arrêté qu'il n'y avait pas lieu d'en appeler. Mais, en supposant qu'il ait dû courir du jour de la production faite par la commune, toujours est-il vrai que, si la commune eût produit le jugement le 1er. nivôse, l'administration départementale eût pu ne l'envoyer au ministre que le 1er. pluviôse suivant.

» D'un autre côté, l'art. 4 accorde au ministre deux mois pour examiner l'affaire et décider s'il y a lieu d'appeler; et ces deux mois ne courent que du jour où le jugement lui est parvenu. Supposons donc qu'il ait reçu le jugement le 3 pluviôse, bien sûrement il ne sera obligé de donner sa décision que le 3 germinal.

» Mais cette décision ne pourra parvenir à l'administration centrale, que le 6 du même mois.

» Or, du 1er. nivôse, jour supposé de la production faite par la commune, au 6 germinal, il y a plus de trois mois. Donc la règle des trois mois est inconciliable avec les dispositions de la loi du 28 brumaire an 7. Donc on ne peut pas, dans l'esprit de cette loi, faire valoir la règle des trois mois contre un Appel interjeté, comme l'a été celui dont il est question, d'après les ordres du ministre des finances.

» Et il est inutile d'observer que, si les trois mois ne courent pas du jour de la production du jugement arbitral, il n'y a, dans les cas prévus par la loi, aucun autre terme d'où ils puissent courir : car cette loi n'en a fixé aucun; elle n'a établi aucune fin de non-recevoir en cette partie.

» Et voilà pourquoi la loi du 11 frimaire an 9 a cru devoir limiter à un an la faculté d'appeler, et faire courir ce terme du jour où les jugemens arbitraux auront été remis par les communes qui les ont obtenus, entre les mains des préfets : c'est parceque la loi du 28 brumaire an 7 n'avait fixé aucun délai pour l'Appel de ces sortes de jugemens; c'était une lacune qu'a remplie la loi du

11 frimaire an 9; mais, même en la remplissant, elle a prouvé de plus fort, que la règle des trois mois n'était pas applicable à ces sortes de jugemens.

» Il est évident, en effet, que la loi du 11 frimaire an 9 n'aurait pas pu accorder un nouveau délai d'un an pour l'Appel, si déjà la faculté d'appeler eût été éteinte par le laps de trois mois depuis la production des jugemens arbitraux, puisque, dans cette hypothèse, les jugemens arbitraux non attaqués par Appel, dans les trois mois de leur production, auraient eu toute l'autorité de la chose jugée, et qu'il n'aurait plus été au pouvoir du législateur de priver les communes du droit qui leur eût été incommutablement acquis, de faire exécuter ces jugemens.

» Encore une fois, le tribunal des Vosges a donc interprété faussement, et par suite, ouvertement violé la loi du 28 brumaire an 7, en repoussant, par fin de non-recevoir, l'Appel sur lequel il avait à statuer.

» Et c'est bien vainement qu'aujourd'hui la commune de Coussey vient prétendre que ce n'est pas d'après cette loi, qu'a dû être jugée l'affaire dont il s'agit; c'est bien vainement qu'elle vient vous dire que, dans cette affaire, il n'est pas question de forêts, mais de biens-fonds de toute autre nature.

» La preuve que, dans cette affaire, il est vraiment question de forêts, la preuve que la loi du 28 brumaire an 7 y était réellement applicable, c'est que la commune de Coussey elle-même s'est fondée sur cette loi seule, pour faire déclarer non-recevable l'Appel dont était saisi le tribunal des Vosges; c'est que le tribunal des Vosges lui-même a pris cette loi pour règle de son jugement.

» Assurément, ce n'est pas devant le tribunal de cassation que la commune de Coussey peut être admise à changer ainsi l'état de la question, et à présenter comme ne tenant pas nature de forêts, des terrains qui, devant le tribunal dont le jugement est attaqué, ont été constamment envisagés comme tels.

» L'affaire a été plaidée, a été discutée, a été jugée comme ayant pour objet des forêts; c'est donc comme ayant pour objet des forêts, qu'il faut encore ici la considérer. Un fait reconnu devant le tribunal d'Appel, ne peut plus être nié devant le tribunal de cassation.

» Il suffit d'ailleurs de jeter les yeux sur les pièces produites, pour demeurer convaincu que des forêts sont, en partie, l'objet de la contestation.....

» En vain la commune cherche-t-elle à jouer sur le mot *forêt*. On sait bien que, dans le langage vulgaire, on n'appelle *forêts* que les bois d'une très-grande étendue. Mais, dans le langage de la loi, le mot *forêt* s'entend de toute espèce de bois; et cela est si vrai que les plus petits bois sont soumis, comme les plus grands, à l'administration forestière.

» La loi du 6 août 1790 ne limite pas, comme le prétend la commune de Coussey, la dénomination de forêts aux bois de cent arpens. Elle dit seulement que les boqueteaux et les parties de bois éparses, absolument isolées, et éloignées de 1000 toises des autres bois nationaux d'une grande étendue, pourront, s'ils n'excèdent pas 100 arpens, être vendus comme les autres propriétés nationales.

» Les lois postérieures ont étendu cette faculté de vendre les bois nationaux, jusqu'à ceux qui n'excèdent pas 300 arpens. Mais, comme celle du 6 août 1790, elles en ont excepté ceux qui, bien que très-inférieurs à cette étendue, ne sont pas éloignés de plus de 1000 toises d'autres bois plus considérables.

» Or, dans l'espèce, nous voyons, par la requête introductive d'instance de la commune de Coussey elle-même, que le bois dit *le haut de Logasse* tient immédiatement à un autre bois provenant de l'abbaye de Mureau, et par conséquent national.

» Le bois dit *le haut de Logasse*, est donc absolument inaliénable.

» Il est donc, sous tous les rapports, soumis à la loi du 28 brumaire an 7; et il n'importe qu'il soit grand ou petit: là où la loi ne distingue pas, nous ne devons, nous ne pouvons pas distinguer non plus.

» Par ces considérations, nous estimons qu'il y a lieu de casser et annuller le jugement du tribunal civil du département des Vosges, du 24 messidor an 8; ce faisant, remettre les parties au même état où elles étaient avant ce jugement; et les renvoyer, pour le jugement du fond, devant le tribunal qui doit en connaître ».

Ces conclusions ont été adoptées par arrêt du 4 messidor an 9, au rapport de M. Henrion.

« Vu l'art. 14 du tit. 5 de la loi du 24 août 1790....;

» Vu pareillement les art. 1, 2, 3 et 4 de la loi du 28 brumaire an 7....;

» Attendu que l'article précité de la loi du 24 août 1790 n'est relatif qu'aux jugemens de première instance, et qui sont, par leur nature, sujets à l'Appel;

» Que les sentences arbitrales rendues, comme celles des 11 vendémiaire et 21 ventôse an 3, en exécution de la loi du 10 juin 1793, étaient, par une disposition formelle de cette loi, rendues en dernier ressort et inattaquables par la voie de l'Appel;

» Et qu'ainsi, le tribunal civil du département des Vosges, en jugeant que le délai pour interjeter Appel de ces deux sentences arbitrales, devait être borné à trois mois, conformément à la disposition de la loi du 24 août 1790, a appliqué cette loi à un ordre de jugemens sur lesquels elle n'a ni statué ni eu l'intention de statuer;

» Attendu que la loi du 28 brumaire an 7 est la première qui ait assujéti à l'Appel ces sentences arbitrales; qu'elle établit à leur égard un droit nouveau et qui leur est particulier; et que par conséquent c'est dans les dispositions de cette loi qu'il faut chercher les règles relatives et à la forme des Appels qu'elle introduit et au délai pour les interjeter;

» Que cette loi distingue bien formellement ces deux objets, la forme et les délais ;

» Qu'à l'égard de la forme, elle se réfère aux lois anciennes, par ces mots de l'art. 2 : *Les commissaires des administrations se pourvoiront.... par Appel dans les formes ordinaires...;*

» Que, quant aux délais, il n'en est que trois explicitement déterminés par cette loi ;

» Délai d'un mois accordé aux communes pour déposer au secrétariat des administrations centrales les sentences arbitrales rendues en leur faveur ;

» Pareil délai d'un mois accordé aux administrations pour adresser au ministre des finances les jugemens et leurs avis, dans le cas où elles penseraient qu'il n'y a pas lieu d'en interjeter Appel ;

» Délai de deux mois accordé au ministre pour statuer définitivement sur la question de savoir si l'Appel aura lieu ;

» Qu'aucun de ces délais n'est directement relatif à l'Appel des sentences arbitrales ;

» Que, d'un autre côté, d'après les lois existantes, notamment celle du 5 novembre 1790, aucun Appel de ces sentences ne peut être interjeté par le commissaire, sans y être préalablement autorisé par un arrêté de l'administration;

» Que cependant aucune disposition de la loi du 28 brumaire an 7 ne fixe ni le temps pendant lequel les administrations centrales seront tenues de prendre cet arrêté, ni l'époque où il devra être remis au commissaire, ni la forme propre à constater la date de cette remise ;

» Que de ces omissions, qui ne peuvent pas être regardées comme fortuites, il résulte que l'intention du législateur n'a pas été de fixer un délai fatal pour l'Appel de ces sentences ; mais qu'il a voulu laisser aux administrations tout le temps que pourraient exiger l'importance, le nombre et l'urgence des faits administratifs ;

» Que cette intention se manifeste encore plus clairement par cette disposition de l'art. 2 : *Les commissaires près les administrations se pourvoiront de suite par Appel;*

» Que ce mot *de suite*, le seul dans la loi qui soit directement relatif au délai pour interjeter Appel, est une expression vague, indéterminée, qui ne fixe aucun terme fatal, en un mot, qui ne peut signifier autre chose, sinon que les commissaires se pourvoiront le plutôt qu'il leur sera possible ; la loi, vu le nombre et l'importance de leurs fonctions, se confiant sur ce point, dans leur zèle pour la défense du patrimoine public ;

» Qu'ainsi décider, comme l'a fait le tribunal civil du département des Vosges, que le délai indiqué par ce mot *de suite*, doit être limité à trois mois, ce n'est pas seulement interpréter la loi, c'est y ajouter, c'est créer une fin de non-recevoir qu'elle n'a pas voulu établir, puisqu'elle ne l'a pas établie, c'est enfin s'immiscer dans les fonctions du législateur;

» Et que par conséquent le jugement attaqué renferme deux vices essentiels qui ne permettent pas de le laisser subsister, 1°. fausse application de la loi du 24 août 1790, 2°. excès de pouvoir ».

Il a été rendu un arrêt semblable, le 14 fructidor suivant, au rapport du même magistrat : il casse un jugement du tribunal civil du département des Vosges, du 24 prairial an 8, qui avait prononcé en faveur des communes de Nossoncour, Menil, Anglemont, Sainte-Barbe, Menarmont et Barien, comme l'avait fait depuis le même tribunal en faveur de la commune de Coussey; et il le casse,

« Attendu que les sentences arbitrales rendues en exécution de la loi du 10 juin 1793, étaient, par une disposition formelle de cette loi, rendues en dernier ressort et inattaquables par la voie de l'Appel ; qu'ainsi, le tribunal civil du département des Vosges, en jugeant que le délai pour interjeter Appel de ces sentences arbitrales, devait être borné à trois mois, conformément à la loi du 24 août 1790, a appliqué cette loi à un ordre de jugemens sur lesquels elle n'a ni statué ni eu intention de statuer ;

» Attendu que la loi du 28 brumaire an 7 est la première qui ait assujéti à l'Appel les sentences arbitrales ; qu'elle établit, à leur égard, un droit nouveau et qui leur est particulier ; que par conséquent, c'est dans les dispositions seules de cette loi qu'il faut chercher les règles relatives aux Appels qu'elle introduit;

» Attendu enfin, que le mot *de suite*, le seul dans la loi qui soit relatif directement aux délais pour interjeter Appel, ne fixe aucun délai fatal, et ne peut signifier autre chose, sinon que les commissaires près les administrations centrales, se pourvoiront le plutôt qu'il leur sera possible, vu le nombre et l'importance de leurs fonctions, la loi se confiant sur ce point dans leur zèle pour la défense du patrimoine public ».

Pareils arrêts sont intervenus,

Le 23 messidor an 9, au rapport de M. Doutrepont, en faveur du préfet du département des Vosges, contre la commune de Domèvre-sur-Avière ;

Le même jour, au rapport de M. Babille, en faveur du même préfet, contre la commune de Tilleux ;

Le même jour encore, au rapport du même magistrat, en faveur du même préfet, contre la commune de Cercilleux ;

Et le lendemain, au rapport de M. Maleville, toujours en faveur du préfet du département des

Vosges, contre les communes de Damblain et de Romain-aux-Bois.

J'avais porté la parole sur toutes ces affaires à la section des requêtes, le 11 brumaire an 9; et conclu à l'admission des requêtes en cassation présentées par le préfet.

Cette jurisprudence a encore été implicitement confirmée par l'arrêt de la section civile du 25 germinal an 10, que je rapporte à l'article *Usage (droit d')*, §. 1.

Et elle l'a été de plus, en termes exprès, par un autre arrêt de la même section, du 22 thermidor an 10, rendu sur mes conclusions, et au rapport de M. Doutrepont. Il est transcrit en entier, sous les mots *Frais préjudiciaux*.

Cependant la question s'étant représentée longtemps après devant la cour de cassation, ellemême, y a reçu une solution toute différente. Voici les faits :

Le 19 pluviôse an 7, arrêté de l'administration centrale du département des Vosges, qui décide qu'il y a lieu à l'Appel de deux jugemens arbitraux obtenus par la commune de Sanville, les 22 mai et 14 septembre 1793, contre le domaine public subrogé aux droits de la famille Brunet-Neuilly, émigrée.

Le 17 pluviôse an 8, le commissaire du gouvernement près l'administration appelle, en effet, de ces jugemens.

Mais, par jugement du tribunal civil du département des Vosges, du 15 ventôse de la même année, il est déclaré non-recevable, faute d'avoir appelé dans les trois mois de l'arrêté du 9 pluviôse an 7.

Ce jugement ne lui est pas signifié. En conséquence, après la publication de la loi du 5 décembre 1814, qui restitue aux émigrés les biens et droits précédemment confisqués sur eux, et encore existans dans le domaine de l'état, le comte de Brunet-Neuilly l'attaque par la voie de la cassation, comme violant l'art. 2 de la loi du 28 brumaire an 7, et appliquant à faux l'art. 14 du tit. 5 de la loi du 24 août 1790; et voici (suivant le Journal des Audiences de la cour de cassation, année 1819, page 546) comment il expose ses moyens :

« Si l'on recherche le but dans lequel la loi du 28 brumaire an 7 a été portée, on trouve que l'intention du législateur a été de rendre à l'État le grand nombre de propriétés que les communes avaient envahies sous les prétextes les plus frivoles. De grandes injustices avaient été commises par des arbitres ignorans ou prévenus, et pour les réparer, il fallait sortir du cercle des règles communes. Ainsi les jugemens arbitraux, quoique qualifiés en dernier ressort, devinrent cependant sujets à l'Appel.

» Toute la question est de savoir si, par les expressions de l'art. 2 de la loi du 28 brumaire an 7, *se pourvoiront de suite*, le législateur a entendu que l'Appel serait formé dans un délai de trois mois, sous peine de déchéance, ou si ce n'est, au contraire, de la part du gouvernement, qu'une invitation faite à ses délégués d'user de diligence, sans désigner néanmoins aucun terme de rigueur.

» La loi n'ayant fixé aucun délai fatal, il faut en conclure que les administrations centrales ont eu, et que les préfets auront, pendant trente ans, le droit de se pourvoir par Appel contre les jugemens arbitraux, dont les communes voudraient se prévaloir pour conserver les propriétés que le gouvernement prétendrait nationales.

» Cette faculté, d'ailleurs, n'a rien d'exorbitant; avant la loi du 24 août 1790, le délai de l'Appel durait trente ans, et, encore une fois, la loi du 28 brumaire an 7 avait pour but la répression de grandes et nombreuses spoliations, et c'eût été manquer ce but désirable que de s'exposer à de nouvelles déchéances par l'impéritie, la négligence, et peut-être la collusion d'un administrateur ».

Par arrêt du 15 juillet 1819, au rapport de M. Borel de Brétizel, et sur les conclusions de M. l'avocat-général Lebeau,

« Attendu que la loi du 28 brumaire an 7 contenait une exception au droit commun, et que toute exception doit être rigoureusement renfermée dans ses termes; que, par l'effet de cette exception, l'autorité du dernier ressort attribuée, dans les cas prévus par la loi, à des jugemens arbitraux, a été temporairement suspendue, et la faculté d'Appel a été introduite en faveur des commissaires du gouvernement, sans que cette dérogation aux règles ordinaires contienne aucune expression qui puisse s'appliquer au délai pendant lequel cette faculté d'Appel pouvait être exercée; que l'expression *de suite*, qui tend plutôt à une abréviation qu'à une extension de délai, ne permet point d'attribuer au législateur l'intention d'une durée indéfinie de l'Appel; qu'il résulte de ce silence, sur le délai de l'Appel permis aux commissaires du gouvernement, que la règle générale contenue dans l'art. 14, tit. 5 de la loi du 24 août 1790, n'a point été abrogée, et que ce délai a couru du jour où la délibération des administrations centrales a reconnu qu'il y avait lieu à l'application de l'art. 2 de la loi du 28 brumaire an 7;

» Attendu que le jugement attaqué a fait une juste application de ladite loi, ainsi que de celle du 24 août 1790 sur les délais, pour interjeter Appel;

» La cour (section des requêtes) rejette le pourvoi... ».

Le recours en cassation du comte Brunet-Neuilly aurait-il échoué, s'il eût été appuyé des développemens contenus dans mes conclusions du 4 messidor an 9, et surtout des nombreux arrêts qui en avaient consacré le principe? Il est sans doute permis de croire que non.

X. Une règle commune à tous les délais d'Appel, est qu'ils ne courent qu'à compter du jour de la signification du jugement à personne ou domicile ; mais elle souffre quelques exceptions.

1°. C'est du jour de la signification à avoué que court, suivant l'art. 734 du Code de procédure civile, le délai de quinzaine dans lequel doit être interjeté l'Appel du jugement qui, par suite d'une saisie immobilière, statue sur les nullités proposées contre la procédure antérieure à l'adjudication préparatoire. Voyez à ce sujet l'arrêt de la cour de cassation du 25 avril 1811, qui est rapporté dans le *Répertoire de jurisprudence*, aux mots *Saisie immobilière*, §. 6, art. 2, n°. 10.

2°. C'est pareillement du jour de la signification à avoué que les art. 669 et 763 du même Code font courir le délai de l'Appel du jugement qui statue sur les contestations élevées entre les créanciers au procès-verbal de distribution par contribution ou d'ordre.

3°. Il est même des jugemens à l'égard desquels le délai de l'Appel se compte du jour de leur prononciation. Ce sont, suivant l'art. 291 du Code civil, ceux qui rejettent une demande en divorce par consentement mutuel, et suivant l'art. 736 du Code de procédure, ceux qui statuent sur les nullités proposées dans une instance en expropriation forcée contre les procédures postérieures à l'adjudication préparatoire.

4°. Dans les matières ordinaires, les jugemens par défaut sont-ils compris dans la règle générale dont il s'agit? En d'autres termes, est-il toujours nécessaire que ces jugemens soient signifiés à personne ou domicile, pour que commence à courir le délai dans lequel il doit en être interjeté Appel?

Nulle difficulté là-dessus pour les jugemens par défaut faute de comparoir. La signification à personne ou domicile étant, aux termes de l'art. 155 du Code de procédure, le préliminaire indispensable des poursuites d'exécution dont la connaissance personnellement acquise au défaillant, peut seule faire courir contre lui le délai de l'opposition (1), il est clair que le délai de l'Appel qui ne commence qu'au moment où expire celui-ci, ne peut pas courir tant que ces jugemens n'ont été signifiés ni à domicile ni à personne.

Mais en est-il de même des jugemens par défaut, faute de plaider?

La négative semblerait ne devoir éprouver aucune contradiction. Qu'exige en effet, l'art. 443 du Code de procédure civile, pour que le délai de l'Appel coure à l'égard de ces jugemens? Qu'ils soient signifiés à personne ou domicile? Non, il exige seulement que le délai de l'opposition soit expiré. Or, que faut-il pour cela? Il faut, et rien de plus, aux termes de l'art. 157 du même Code, qu'il se soit écoulé huit jours depuis la signification à avoué. Le délai de l'Appel a donc son point de départ dans l'expiration de ces huit jours, et non dans la signification à personne ou domicile.

Et c'est ce qu'ont effectivement jugé deux arrêts de la section des requêtes de la cour de cassation.

Dans l'espèce du premier, il avait été rendu, le 31 août 1810, contre Jean et Marguerite Laplanche, représentés par un avoué, un jugement par défaut qui avait été signifié à cet officier le 3 octobre suivant. Point d'opposition de leur part dans la huitaine. Le 26 juin 1811, ils interjettent Appel. Le sieur Beaussenat, leur adversaire, soutient qu'ils sont non-recevables ; et par arrêt de la cour de Bordeaux, du 17 février 1812, la fin de non-recevoir est admise, « attendu qu'aux termes de l'art. 443 du Code de
» procédure, le délai pour interjeter Appel n'est
» que de trois mois, à compter du jour où l'opposition envers le jugement n'est plus receva-
» ble ; que l'art. 157 décide que l'opposition en-
» vers le jugement rendu contre une partie
» ayant avoué, ne peut être reçue que pendant
» huitaine, à compter du jour de la significa-
» tion à avoué ».

Jean et Marguerite Laplanche se pourvoient inutilement en cassation contre cet arrêt ; inutilement l'attaquent-ils comme violant, par une fausse interprétation de l'art. 443 du Code de procédure civile, l'art. 147 du même Code. Inutilement exposent-ils « que, l'art. 443 supposant
» la signification à personne ou domicile, soit à
» l'égard des jugemens contradictoires, soit à
» l'égard des jugemens par défaut faute de se
» présenter, ne l'excluant pas relativement aux
» jugemens par défaut, faute de plaider, il doit
» être entendu en un sens concordant avec l'art.
» 147 qui en impose la nécessité ; d'autant qu'il
» est de règle qu'il faut exécuter tous les articles
» de la loi, quand il ne s'excluent pas l'un l'au-
» tre, quand on peut les interpréter les uns par
» les autres ». Inutilement ajoutent-ils « que
» l'effet de la *chose jugée* ne peut résulter que de
» la *souveraineté* du juge, ou de l'*acquiescement*
» de la partie ; que, dans l'espèce, le juge n'a
» statué qu'à la charge de l'Appel ; et que la
» partie ne peut être présumée avoir acquiescé,
» puisqu'il ne lui a été donné aucune connais-
» sance du jugement ».

Par arrêt du 5 août 1813, au rapport de M. Lefessier de Grand-Prey,

« Attendu qu'en déclarant les réclamans non-recevables dans leur Appel, l'arrêt attaqué a fait une juste application des art. 443 et 157 du Code de procédure, et que les dispositions de ces deux articles sont rédigées avec une clarté qui écarte tout raisonnement qui pourrait en résulter ;

« La cour (section des requêtes) rejette le pourvoi..... (1) ».

---

(1) *V.* le *Répertoire de jurisprudence*, au mot *Péremption*, sect. 2.

(1) Jurisprudence de la cour de cassation, tome 13, page 446.

4° édit., Tome *I*.

Dans la seconde espèce, la cour de Poitiers avait rendu, entre les sieurs Lamoureux, Proreau et Consorts, un arrêt calqué sur celui de la cour de Bordeaux, du 17 février 1812; et on l'a vainement attaqué par la voie de cassation. La section des requêtes a rejeté le recours du demandeur, le 21 décembre 1814, au rapport de M. Liger de Verdigny, et sur les conclusions de M. l'avocat-général Giraud, par des motifs qui ne sont que la répétition littérale de ceux sur lesquels elle avait fondé son arrêt du 5 août 1813 (1).

La même chose avait été jugée précédemment par la cour d'Appel de Riom.

Dans le fait, le sieur Issaly avait pratiqué une saisie-arrêt entre les mains des sieurs Denevers et Consorts, débiteurs du sieur Dubrac dont il était créancier. Ceux-ci ayant fait en conséquence leur déclaration sur le montant de ce qu'ils devaient au sieur Dubrac, un jugement par défaut les avait mis hors de cause; et ils en avaient fait faire deux significations, l'une, en date du 12 mars 1812, à l'avoué du sieur Issaly, l'autre, en date du 15 mai suivant, au sieur Issaly lui-même.

Le 2 juillet de la même année, Appel de ce jugement de la part du sieur Issaly. Les sieurs Denevers et Consorts soutiennent que cet Appel est non-recevable, parcequ'il a bien été interjeté dans les trois mois de la signification à personne, mais qu'il ne l'a été qu'après les trois mois de la signification à avoué, et par conséquent de l'expiration du délai de l'opposition.

Par arrêt du 25 août 1812,

« Vu les art. 157 et 443 du Code de procédure civile; et attendu que l'Appel d'Issaly a été signifié trois mois après que l'opposition au jugement n'était plus recevable;

» La cour déclare Issaly non-recevable dans son Appel (2) ».

Il existe quatre arrêts semblables de la cour supérieure de justice de Bruxelles.

Le premier a été rendu le 11 mai 1812, entre Pierre Vandenameele, appelant, et François Erraux Calwaert, intimé. Adoptant les conclusions de M. l'avocat-général Destoop, qui avait « estimé que l'Appel n'était plus recevable, vu » que plus de trois mois, s'étaient écoulés depuis » la signification du jugement par défaut au do- » micile de l'avoué », il a déclaré Vandenameele non-recevable dans son Appel, « attendu que le » jugement dont est Appel, est un jugement par » défaut, et vu les art. 157 et 443 du Code de » procédure (3) ».

Le second et le troisième, d'autant plus remarquables que c'est comme cour de cassation que la cour supérieure de justice de Bruxelles les a prononcés, sont rapportés à l'article *Défaut*, §. 4.

Le quatrième a été rendu, comme les deux premiers, en instance d'Appel.

Un jugement par défaut faute de plaider avait été signifié successivement à l'avoué de la partie défaillante et à cette partie elle-même.

Appel après l'expiration des trois mois écoulés depuis la première signification, mais dans les trois mois de la seconde.

L'intimé soutient que cet Appel est non-recevable, et se fonde sur l'art. 443 du Code de procédure civile, combiné avec l'art. 157 du même Code.

L'appelant répond que l'intimé a reconnu lui-même, par sa seconde signification, l'inefficacité de la première pour faire courir le délai de l'Appel.

Par arrêt du 3 janvier 1818,

« Attendu que, d'après la disposition précise de l'art. 443 du Code de procédure, le délai pour interjeter Appel des jugemens par défaut, court du jour où l'opposition n'est plus recevable;

» Attendu que la loi ne fait pas d'exception pour le cas où le jugement serait ensuite signifié à personne ou domicile.

» Attendu que dans l'espèce, l'Appel a été interjeté après le délai fixé par ledit art. 443;

» Par ces motifs, la cour, l'avocat-général Destoop entendu et de son avis, déclare l'Appel non-recevable (1) ».

Voilà une jurisprudence qui paraît bien établie; et cependant elle est contrariée par un grand nombre d'arrêts.

Le 12 janvier 1810, jugement par défaut, faute de plaider, qui condamne la veuve et les héritiers de Joseph Ganier à payer une dette de sa succession.

Le 19 du même mois, ce jugement est signifié à leur avoué, et ils n'en appellent que le 10 mai suivant.

Les intimés leur opposent une fin de non-recevoir qu'ils motivent sur la combinaison des art. 157 et 443 du Code de procédure civile.

Mais par arrêt du 9 juillet 1811, la cour d'Appel de Nancy reçoit l'Appel,

« Attendu que, si l'on examine avec attention les dispositions de l'art. 443, il est impossible d'admettre la conséquence que les intimés s'efforcent d'en tirer, laquelle d'ailleurs ne serait pas moins contraire à l'esprit de la loi qu'aux principes de l'équité.

» En effet, on remarque en général qu'elle a voulu prévoir tous les écueils qui tendraient à faire subir aux parties une condamnation définitive, avant d'avoir été en situation légale de se défendre; c'est ce que manifestent différentes dispositions du Code ;

---

(1) *Ibid.*, tome 14, page 328.
(2) Journal des Audiences de la cour de cassation, 1er volume supplémentaire, n°. 9, page 179.
(3) Décisions notables de la cour d'Appel de Bruxelles, tome 25, page 279.

(1) Jurisprudence de la cour supérieure de justice de Bruxelles, année 1818, tome 1, page 272.

» L'art. 147 ne permet même pas d'exécuter un jugement quelconque, qu'il n'ait été signifié à avoué; mais il veut, en outre, que les jugemens provisoires et définitifs, qui prononcent des condamnations, ne puissent recevoir leur exécution qu'après avoir été signifiés à partie. Lorsqu'un jugement par défaut a été rendu contre une partie qui n'a pas constitué d'avoué, l'art. 156 veut encore que le juge commette un huissier pour le lui signifier ;

» Qu'elle n'est pas moins prévoyante pour faire faciliter les voies d'opposition qu'elle prescrit en raison du danger que courrait la partie condamnée, de ne pouvoir être instruite du jugement qui la condamne; il suffit de lire les art. 157 et 158 pour s'en convaincre; tant de précautions pour éviter que les parties ne soient victimes d'une procédure qu'elles auraient ignorée, contrasteraient d'une manière trop frappante avec l'imprévoyance que l'on veut attribuer à la loi au cas présent ;

» Il serait effectivement absurde de prétendre qu'elle aurait moins pris de précautions pour faciliter l'Appel des jugemens par défaut que de ceux qui sont contradictoires; qu'elle se serait moins mise en garde contre un avoué négligent, qui, en faisant défaut, a compromis les intérêts de sa partie, que contre celui qui a fait preuve de diligence en figurant contradictoirement dans la contestation; mais s'il est évident que l'esprit de la loi rejette le système des intimés, il ne l'est pas moins que le véritable-sens de l'art. 443 le réprouve encore ;

» En effet, après avoir fixé en général à trois mois de délai pour interjeter Appel, l'article indique l'époque à laquelle ce délai commencera à courir. D'après le principe admis par l'art. 147, que tous jugemens provisoires et définitifs prononçant des condamnations, ne peuvent être exécutés avant d'avoir été signifiés à partie, à personne ou domicile, ainsi qu'à l'avoué, il est certain que, si cette signification est le seul moyen légal de lui donner l'existence nécessaire à son exécution, c'est seulement aussi par elle que la partie condamnée est avertie de pourvoir à sa réformation, lorsqu'elle y remarque des griefs qui l'autorisent à y résister ;

» Aussi est-ce par cette raison que le délai ne court, selon l'art. 443, que du jour de la signification à personne ou domicile. Si l'article ne fait pas courir ce délai à partir de cette *signification*, pour les jugemens par défaut, mais seulement du jour où l'opposition ne sera plus recevable, c'est que l'art. 445 déclare non-recevables les Appels des jugemens susceptibles d'opposition; mais il ne s'ensuit pas moins qu'ils doivent être signifiés à partie ou domicile pour faire courir le délai de l'Appel, car puisque, selon la loi, cette formalité est indispensable pour les jugemens contradictoires, à plus forte raison l'est-elle pour ceux qui ne le sont pas;

» La simple signification à avoué, prescrite par l'art. 157, de laquelle les intimés voudraient partir, ne fait donc courir que le délai de l'opposition, et non celui de l'Appel; ce qui écarte la fin de non-recevoir qu'on lui oppose (1) ».

Le système adopté par cet arrêt, a été reproduit le 25 août de la même année, à l'audience de la cour d'Appel de Paris, par M. l'avocat-général Freteau;

« Le principe de la nécessité de la notification à personne ou domicile (a dit ce magistrat), est un principe général qui ne doit pas plus souffrir d'exceptions pour les jugemens par défaut que pour les jugemens contradictoires. La disposition contenue au §. 2 de l'art. 443 n'y fait pas dérogation, 1°. parcequ'il faudrait que la dérogation fût expresse; 2°. parceque le Code en parlant des jugemens par défaut, relativement à l'Appel, suppose évidemment que la signification a été faite dans la forme prescrite pour en faire courir le délai.

» L'art. 147 veut que tous jugemens provisoires ou définitifs portant condamnation soient signifiés à personne ou à domicile avant d'être ramenés à exécution, c'est-à-dire, afin de faire courir les délais dont l'expiration doit donner au jugement la force de la chose jugée.

» Voilà le principe général qui est indépendant de la notification à avoué exigée par le même article, mais par une disposition différente. La loi ne distingue point ici si le jugement à notifier à personne ou domicile est contradictoire ou par défaut. La disposition est générale.

» Ensuite, que l'art. 157 attache à la notification à avoué l'effet de faire courir le délai de l'opposition pour les jugemens par défaut, c'est ce qui importe peu. Il reste toujours que tous jugemens tant contradictoires que rendus par défaut, doivent être signifiés à partie avant d'être exécutés; or, comme ils ne peuvent être exécutés qu'après l'expiration des délais de l'Appel, ils doivent donc être signifiés à partie pour faire courir le délai de l'Appel;

» A la vérité, l'art. 443 veut que l'Appel ne soit plus recevable après les trois mois de la signification à personne ou domicile, pour les jugemens contradictoires, et après trois mois de l'expiration du délai de l'opposition, pour les jugemens par défaut; cela signifie seulement que, si la notification à personne ou domicile a été faite avant l'expiration du délai d'opposition, ce sera cette dernière époque que l'on devra uniquement considérer; mais si cette notification à personne avait eu lieu après, évidemment on devrait considérer comme étant devenus contradictoires, les jugemens par défaut, pour lesquels l'opposition ne serait plus recevable. Alors n'ayant pas été no-

(1) Journal des Audiences de la cour de cassation, année 1812, supplément, page 15.

tifiés à personne ou à domicile, ils ne pourraient être exécutés, et par conséquent le délai de l'Appel ne commencerait pas à courir ;

» La signification à avoué peut bien suffire pour faire courir le délai de l'opposition, mais non pour celui de l'Appel ;

» Le jugement pris par défaut contre une partie ayant avoué, l'a été presque toujours par la faute de l'avoué; en sorte qu'il suffit d'avertir celui-ci de se mettre en mesure pour le faire rétracter; au lieu que, lorsqu'il s'agit d'un jugement rendu contradictoirement, ou qui est présumé tel par l'expiration des délais de l'opposition, le fait de l'avoué ne suffit plus pour paralyser une exécution injuste, il faut le fait de la partie; il est donc nécessaire de lui en donner connaissance à personne ou domicile ».

Et conformément à cette doctrine, il est intervenu, le même jour, un arrêt qui a décidé « qu'un
» jugement par défaut obtenu contre l'avoué,
» devenu définitif par le défaut d'opposition, doit
» être signifié à personne ou domicile, ainsi qu'un
» jugement contradictoire, pour faire courir le
» délai de l'Appel (1) ».

Le 18 novembre 1815, arrêt semblable de la cour royale de Colmar, « attendu que le second
» paragraphe de l'art. 443 du Code de procédure
» est étroitement lié au premier par une con-
» tinuation de phrase, qu'on ne peut les séparer
» l'un de l'autre, et qu'on doit appliquer à ce
» second paragraphe le développement exprimé
» dans le premier, et qui n'y est point réitéré dans
» le seul dessein d'éviter des répétitions inutiles ;
» que c'est parceque ce second paragraphe est
» une continuation de la phrase du premier pa-
» ragraphe, et qu'il s'y rapporte, qu'il n'y est
» fait aucune mention de la signification du ju-
» gement par défaut; que cette première disposi-
» tion décrétant que la signification du jugement
» doit être faite à personne ou domicile, en ma-
» tière de jugement contradictoire, il s'ensuit que
» cette signification doit pareillement avoir lieu
» de la même manière, en matière de jugement
» par défaut, puisque ce second paragraphe ne
» fait plus mention de la signification du juge-
» ment (2) ».

Ce n'est pas tout : deux arrêts de la cour d'Appel de Poitiers, des 31 juillet et 1ᵉʳ décembre 1812, calqués sur celui de la même cour qui avait été maintenu, le 21 décembre 1814, par la section des requêtes, ont été cassés, le 18 décembre 1815, au rapport de M. Gandon, et après délibéré en la Chambre du conseil,

« Vu les art. 147 et 443 du Code de procédure....;

» Et attendu que ces deux articles consacrent le principe général et de tout temps, que les jugemens doivent être signifiés à partie, soit pour faire courir le délai de l'Appel, soit pour acquérir le droit d'être mis à exécution ;

» Que, si la loi a jugé utile de faire à ce principe quelques exceptions en petit nombre, comme en matière de saisie immobilière et d'ordre, elle les a établies par des dispositions formelles, et elle les a rendues communes aux jugemens contradictoires et aux jugemens par défaut, faute de plaider;

» Qu'admettre entre ces jugemens une distinction que le législateur n'a indiquée d'aucune manière, et entre lesquels le délai pour appeler de ceux-ci, court sans signification à personne ou domicile, c'est vouloir ajouter à la loi, rompre l'harmonie qui existe entre ses diverses dispositions relatives au droit d'appeler, et contrarier le vœu qu'elle manifeste par tout de conserver ce droit aux parties, à l'abri des surprises, des infidélités et même de certaines négligences;

» D'où résulte que les arrêts attaqués renferment contravention aux art. 443 et 147 du Code de procédure (1) ».

Un arrêt de la cour d'Appel de Bordeaux, du 7 août 1813, a éprouvé le même sort. Pareillement calqué sur celui de la même cour, du 17 février 1812 que la section des requêtes avait maintenu le 5 août 1813, il a été pareillement cassé le 24 avril 1816, au rapport de M. Pajon.

« Vu les art. 147 et 443 du Code de procédure....;

» Et attendu que ces deux articles consacrent le principe admis de tous les temps, que les jugemens doivent être signifiés à partie, soit pour faire courir le délai de l'Appel, soit pour leur acquérir le droit d'être mis a exécution ; qu'admettre entre les jugemens contradictoires et ceux faute de plaider, une distinction que la oi n'a point faite, en dispensant ces derniers de la signification à partie, c'est avoir supposé dans la disposition de l'art. 443, une exception qui n'y existe pas et qui contrarierait d'une manière évidente la sagesse du législateur qui a présidé à « la réduction de l'art. 147, et avoir par conséquent contrevenu à ces deux articles (2) ».

A laquelle ces deux manières de juger doit-on définitivement s'en tenir ?

Consulté sur cette question par un législateur, je n'hésiterais pas à répondre que c'est à la première.

Mais à un magistrat je tiendrais un autre langage. Vous n'êtes pas juge de la loi (oserais-je lui dire) ; sage ou non, bonne ou mauvaise, vous devez l'appliquer telle qu'elle est. Ainsi, quelque puissantes que soient les raisons qui vous font penser que le législateur aurait dû, dans l'art.

---

(1) Jurisprudence de la cour de cassation, tome 12, partie 2, page...
(2) Ibid., tome 16, partie 2, page 374.

(1) Bulletin civil de la cour de cassation, tome 16, page 205.
(2) Ibid., tome 17, page 75.

443 du Code de procédure civile, disposer autrement qu'il ne l'a fait, elles ne le sont certainement pas assez pour vous autoriser à passer au-dessus de cet article.

Or, si vous retranchez ces raisons des motifs des arrêts qui jugent que, d'après cet article, le délai de l'Appel des jugemens rendus par défaut, faute de plaider, ne court à compter du jour de l'expiration du délai de l'opposition qu'autant que ces jugemens ont été signifiés à personne ou domicile, soit avant ce jour, soit ce jour-là même, qu'y restera-t-il? Rien que l'argument que l'on y tire de l'art. 147 du Code de procédure.

Mais que porte cet article? « S'il y a avoué en » cause, le jugement ne pourra être exécuté qu'a- » près avoir été signifié à avoué, à peine de nul- » lité : les jugemens provisoires et définitifs qui » prononceront des condamnations, seront en » outre signifiés à la partie, à personne ou » domicile, et il sera fait mention de la significa- » tion à l'avoué ». Il n'est, comme l'on voit, question dans ce texte, que de l'exécution des jugemens; et le législateur ne s'y occupe nullement du cours du délai de l'Appel. Cependant de ce qu'il ne permet d'exécuter un jugement qu'après l'avoir signifié d'abord à l'avoué, ensuite à la personne ou au domicile de la partie, on prétend conclure qu'à l'égard d'une partie condamnée par défaut, faute de plaider, le délai de l'Appel ne peut courir par le seul effet de la signification qui est faite du jugement à son avoué et de l'expiration des huit jours suivans, sans opposition de sa part; mais pour que cette conséquence fût exacte, il faudrait que l'on pût la pousser plus loin : il faudrait que l'on pût aller jusqu'à dire que le délai de l'Appel ne court pas, même pour un jugement contradictoire, du jour de la signification à personne ou domicile, lorsque cette signification n'a pas été précédée de la signification à avoué. Or, comment accorderait-on un pareil système avec la première partie de l'art. 443 qui, pour faire courir le délai de l'Appel d'un jugement contradictoire, n'exige que la signification à personne ou domicile, et par conséquent se contente, pour cela, d'une signification à personne ou domicile faite valablement, c'est-à-dire, d'après l'art. 1030, non entachée d'une nullité formellement prononcée par la loi. Où trouverait-on, en effet, une disposition législative qui, sous le prétexte qu'une pareille signification n'aurait pas été précédée d'une signification à avoué, permettrait de la déclarer nulle et par suite insuffisante pour faire courir le délai de l'Appel? Ce ne serait assurément pas dans l'art. 147; car cet article déclare bien nulle l'*exécution* qui a été pratiquée avant la signification à avoué; mais il n'annulle pas la signification à personne ou domicile que celle-ci n'a pas précédée; et dès qu'il ne l'annulle pas, dès qu'il la laisse subsister, il est clair qu'il lui conserve au moins la vertu de former, pour le délai de l'Appel, un point de départ fixe et indubitable.

Aussi a-t-on vainement soutenu en 1808 devant la cour d'Appel de Liège, qu'un Appel n'avait pas couru du jour de la signification à personne ou domicile, non précédée d'une signification à avoué. Un arrêt de cette cour, du 22 décembre de la même année, a nettement jugé le contraire, « attendu que l'art. 147 du même Code, invoqué » par l'appelant, n'est pas applicable, parcequ'il » ne concerne que l'exécution des jugemens et n'a »pas de rapport au cours des délais de l'Appel (1) ».

Dira-t-on qu'il résulte toujours de l'art. 147 du Code de procédure civile, que le jugement n'est censé légalement connu de la partie condamnée, que par la signification qui en est faite à sa personne ou à domicile; et que c'en est assez pour que la formalité de la signification à personne ou domicile soit sous-entendue dans la partie de l'art. 443 qui est relative au cours du délai de l'Appel des jugemens par défaut, faute de plaider?

Mais quel est l'objet de la signification à personne ou domicile prescrite par l'art. 147? Ce n'est pas d'informer légalement la partie condamnée de l'existence du jugement : c'est de l'avertir que, si elle n'exécute pas ce jugement de bonne grace, elle y sera incessamment contrainte par des voies rigoureuses. Et la preuve que cet article n'a effectivement pas autre chose en vue, la preuve que son objet n'est pas de déterminer d'une manière exclusive le moyen d'informer légalement la partie condamnée de l'existence du jugement, c'est que le législateur ne s'occupe de cette détermination, relativement au délai de l'Appel, que dans l'art. 443.

Et que fait-il dans cet article? Il distingue entre les jugemens contradictoires et les jugemens par défaut. Pour les premiers, il veut que le délai de l'Appel ne coure que du jour de la signification à personne ou domicile; mais pour les seconds, il le fait courir *du jour où l'opposition ne sera plus recevable*. Il décide donc que, pour les jugemens contradictoires, les parties condamnées ne sont censées les connaître que du jour où ils leur sont signifiés à personne ou domicile, et que, pour les jugemens par défaut, c'est du jour où l'opposition cesse d'être recevable, qu'elles sont censées en avoir acquis une connaissance suffisante.

Le moyen, dès-lors, de résister à l'argument qui sort du rapprochement des deux parties de cet article? Dire dans la première que le délai de l'Appel courra, *pour les jugemens contradictoires, du jour de la signification à personne ou domicile*, et dans la seconde, que, pour les jugemens par défaut, il courra *du jour où l'opposition ne sera plus recevable*, n'est-ce pas dire aussi clairement qu'il est possible, qu'à l'égard des jugemens par

---

(1) Jurisprudence de la cour de cassation, tome 9, partie 2, page 299.

défaut, la signification à personne ou domicile ne sera nécessaire pour faire courir le délai de l'Appel, qu'autant qu'elle le sera pour faire courir le délai de l'opposition, et par conséquent qu'elle ne le sera point, lorsqu'il s'agira d'un jugement par défaut, faute de plaider, parceque ce jugement est censé connu de la partie condamnée par cela seul qu'à la suite de la signification qui en a été faite à son avoué, il s'est écoulé un intervalle de huit jours?

Opposer à un texte aussi positif la considération du danger d'exposer une partie à la privation de la voie d'Appel, sans qu'elle soit personnellement avertie des dispositions du jugement qui la condamne, qu'est-ce autre chose que lutter contre la loi?

» Le danger (disent fort judicieusement les rédacteurs du Recueil des *décisions notables de la cour d'Appel de Bruxelles*) existe sous d'autres rapports, et cependant on n'y voit pas de remède.

« Par exemple, si la cause n'est pas sujette à l'Appel, la voie de l'opposition n'en est pas moins fermée après la huitaine; et le jugement acquiert l'autorité de la chose jugée quoiqu'il n'ait été notifié qu'à l'avoué.

» Il en est de même en cause d'Appel : lorsque l'affaire est en état, le délai de l'opposition est fatal.

» Cependant qui oserait, dans ces deux cas, décider que l'opposition reste ouverte sous prétexte que le jugement n'a pas été signifié à personne ou domicile » ?

Enfin, ce qui prouve démonstrativement que l'opinion à laquelle je crois que l'on doit s'en tenir, est précisément celle que le conseil d'état a embrassée à tort ou avec raison, lorsqu'il a rédigé l'art. 443, c'est la manière dont s'est expliqué, sur la seconde partie de cet article, l'orateur du gouvernement dans l'*exposé des motifs* qu'il a présenté au corps législatif, le 7 avril 1806 :

« On a dû, à l'égard des jugemens par défaut, songer, non-seulement au temps nécessaire pour appeler, mais encore *prendre des précautions particulières pour que la partie condamnée par défaut, en ait connaissance.*

» Ce double objet a été rempli, en ordonnant que le délai pour interjeter Appel des jugemens par défaut, sera de trois mois, à compter du jour où l'opposition ne sera plus recevable.

» Or, suivant une autre disposition du Code, l'opposition contre les jugemens rendus par défaut sera recevable pendant la huitaine, *à compter du jour de la signification à l'avoué qui aurait été constitué*; lorsqu'il n'y aura point eu de constitution d'avoué, l'opposition sera recevable jusqu'à l'exécution du jugement ».

XI. Une autre règle commune à tous les délais d'Appel qui ne courent qu'à compter du jour de la signification du jugement à personne ou domicile, c'est que la signification à domicile ne remplace efficacement la signification à personne, qu'autant qu'elle est faite au *domicile réel*, et qu'elle n'en tiendrait pas lieu si elle était faite à *un domicile élu*.

Mais n'y a-t-il pas une exception à cette règle pour les jugemens qui, dans les tribunaux de commerce, sont rendus à la suite d'une élection de domicile, dans le cas prévu par l'art. 422 du Code de procédure, lequel est ainsi conçu : « Si » les parties comparaissent et qu'à la première » audience il n'intervienne pas jugement défini- » tif, les parties non domiciliées dans le lieu où » siège le tribunal, seront tenues d'y faire l'élec- » tion d'un domicile. L'élection de domicile doit » être mentionnée sur le plumitif de l'audience; » à défaut de cette élection, toute signification, » même celle du jugement définitif, sera faite » valablement au greffe du tribunal » ?

Cette question s'est présentée, en 1821, devant la cour supérieure de justice de Bruxelles.

Le sieur Espanet, négociant à Saint-Étienne d'Escade, département du Gard, fait assigner au tribunal de commerce de Bruxelles, la veuve Vitou et le sieur Degroof, pour se voir condamner à lui remettre des marchandises qu'il avait adressées au mari de la première, et sur lesquelles le second prétendait avoir privilége pour les avances qu'il avait faites en qualité de commissionnaire.

La cause n'ayant pas été jugée à la première audience, le sieur Espanet, obéissant à loi, fait élection de domicile chez un particulier de Bruxelles.

Jugement intervient ensuite qui rejette sa demande.

Il en appelle, mais plus de trois mois après la signification qui lui en a été faite au domicile qu'il avait précédemment élu, et sans qu'il y ait eu de signification, soit à sa personne, soit à son domicile réel.

Question de savoir si cet Appel a été interjeté en temps utile. Le sieur Degroof soutient que non, et se fonde sur l'art. 422.

Mais par arrêt du 26 avril 1821,

« Attendu que la règle générale consacrée par le Code de procédure civile, que le délai légal pour interjeter Appel, court, pour les jugemens contradictoires, du jour de la signification à personne ou domicile, renferme évidemment l'idée du domicile réel, et non pas d'un domicile élu, qui étant une fiction, doit être littéralement énoncée dans la loi, et est essentiellement limitée au cas pour lequel elle a été introduite;

» Attendu qu'aucun texte de loi n'établit une exception formelle à cette règle générale, par rapport à l'Appel des jugemens rendus par les tribunaux de commerce, qui reste par conséquent sous l'empire de cette même règle; l'élection de domicile mentionnée dans l'art. 422 du Code de procédure, invoqué par l'intimé, ne concernant que les actes de procédure devant les tribunaux de commerce, et la signification des jugemens rendus par ces tribunaux, seulement à l'effet de les mettre à exécution ;.

» D'où il suit que le point de départ du délai de trois mois pour interjeter Appel du jugement dont il s'agit, n'a pas été la signification de ce même jugement au domicile élu de l'appelant à Bruxelles, et que, par une suite ultérieure, ledit Appel a eu lieu dans le délai légal....;

» La cour, M. l'avocat-général Daumhauer, pour le procureur-général entendu, et de son avis sur la fin de non-recevoir proposée par l'intimé contre l'Appel, dont il est débouté, reçoit ledit Appel.... (1) ».

En prononçant ainsi, la cour supérieure de justice de Bruxelles s'est-elle bien conformée à l'esprit dans lequel est rédigé l'art. 422 du Code de procédure ? J'ai peine à le croire. A quelle fin cet article oblige-t-il, dans le cas qu'il prévoit, la partie non-domiciliée dans la ville où siége le tribunal, d'y élire-domicile ? Est-ce seulement pour qu'on puisse lui signifier, à ce domicile, les actes d'instruction qui peuvent précéder le jugement définitif ? Non, c'est pour qu'on puisse lui signifier au même endroit, et ces actes et le jugement définitif lui-même. Et à quelle fin permet-il de lui signifier le jugement définitif, soit au domicile qu'il a élu, soit à défaut d'élection de domicile, de sa part, au greffe du tribunal ? L'arrêt dont il s'agit, reconnaît lui-même que c'est pour que ce jugement puisse être exécuté contre lui directement et sans autre signification, soit à sa personne, soit à son domicile réel. Or, comment refuser à la signification d'un jugement, suffisante pour en valider l'exécution immédiate, l'effet de faire courir le délai de l'Appel ? Comment la partie condamnée qui est tellement réputée, par la loi, dûment avertie de l'existence du jugement, qu'elle peut être sur-le-champ contrainte par corps à l'exécuter, pourrait-elle n'être pas réputée dûment avertie qu'il faut qu'elle appelle dans les trois mois suivans, si elle ne veut pas que le jugement passe en force de chose jugée ? Cela est évidemment impossible.

Aussi la même question s'étant présentée l'année suivante, à la cour de cassation, y a-t-elle été jugée tout autrement. Il ne s'agissait, à la vérité, que du délai de l'opposition à un jugement par défaut faute de plaider; mais cela revenait absolument au même que s'il se fût agi du délai de l'Appel ; car, les tribunaux de commerce n'ayant pas d'avoués, le délai de l'opposition à un jugement par défaut faute de plaider, ne peut y courir, comme celui de l'Appel d'un jugement contradictoire, contre les parties domiciliées dans la ville où siége le tribunal, que du jour de la signification du jugement à la personne ou au domicile réel du condamné ; et, par conséquent, il est clair que, si, relativement aux parties domici-

liées hors de la ville où siége le tribunal, la signification au domicile élu, ou au greffe, faute d'élection de domicile, remplace la signification à personne ou domicile réel, pour le délai de l'opposition à un jugement par défaut faute de plaider, elle doit nécessairement aussi la remplacer pour le délai de l'Appel d'un jugement contradictoire. Or, par l'arrêt de la cour de cassation, du 13 décembre 1822, dont l'espèce se trouve dans le *Répertoire de Jurisprudence*, au mot *Péremption*, sect. 2, §. 2, n°. 2, il est dit en toutes lettres, « que l'art. 422 du Code de procédure, en
» ordonnant aux parties non-domiciliées dans le
» lieu où siége le tribunal de commerce, de faire
» élection d'un domicile dans ledit lieu, si, à la
» première audience, il n'intervient pas un jugement définitif, et en statuant qu'à défaut de
» cette élection d'un domicile, toute signification,
» même celle du jugement définitif, sera faite valablement au greffe du tribunal, a eu pour
» objet de favoriser la prompte expédition des
» affaires commerciales; le domicile dont il parle,
» n'est pas un de ces domiciles librement élus par
» les parties, et qui ne sont censés l'être que pour
» l'instruction; celui-là est un domicile exigé par
» la loi, ou donné par elle, non pas seulement
» pour l'instruction, mais pour que toute signification, même celle du jugement définitif, y
» soit faite valablement, d'où il résulte que le
» délai de se pourvoir par opposition, court du
» jour de semblable notification ».

XII. Une troisième règle, commune à tous les délais d'Appel qui ne commencent à courir qu'à compter d'une signification, c'est qu'ils ne courent contre une partie, ni par l'effet de ses propres diligences, ni par l'effet des diligences de son adversaire, qui ne sont pas dirigées contre elle personnellement. *V.* l'article *Délai*, §. 1.

XIII. Le délai de l'Appel court-il contre la caution à l'égard du jugement rendu contre le débiteur principal, par le seul effet de la signification qui en est faite à celui ci ?

Non, et c'est le corollaire naturel du principe établi au mot *Acquiescement*, §. 22, que la caution peut appeler du jugement rendu contre le débiteur principal, même après que le débiteur principal y a acquiescé ; car il suit évidemment de là que la faculté d'appeler du jugement qui, en condamnant le débiteur principal, a condamné virtuellement la caution, est, pour la caution même, un droit qui lui est tellement propre que le débiteur principal ne peut pas l'en priver par son fait ; et l'on sent bien que, si la caution ne peut pas, en cette matière, souffrir du fait du débiteur principal, elle ne peut pas souffrir davantage de son inaction ; ce qui amène nécessairement la conséquence ultérieure que la caution conserve son droit d'appeler, à défaut d'Appel de la part du débiteur principal, tant qu'elle n'a

---

(1) Jurisprudence de la cour supérieure de justice de Bruxelles, année 1821, tome 1, page 193.

pas été personnellement constituée en demeure de l'exercer, ou, en d'autres termes, tant que le jugement ne lui a pas été signifié à elle-même, et qu'il ne s'est pas écoulé depuis un espace de trois mois. *V.* l'article *Chose jugée*, §. 18.

Ce que nous disons de la caution, s'applique de soi-même, tant aux co-débiteurs solidaires d'une chose divisible, qu'aux co-propriétaires et co-débiteurs d'une chose indivisible, qui sont virtuellement condamnés par le jugement rendu contre leur co-débiteur ou co-propriétaire ; car ils peuvent appeler, comme on l'a vu à l'endroit cité de l'article *Acquiescement*, quoique celui d'entre eux contre lequel le jugement a été rendu, y ait acquiescé ; et il est évident que, si leur co-débiteur ou co-propriétaire ne peut pas les priver par son fait de la faculté d'appeler du jugement rendu contre lui, cette faculté dure pour eux tant qu'ils n'en sont pas déchus par leur propre inaction ; c'est-à-dire, tant que le jugement ne leur a pas été signifié.

Il en serait, autrement, sans doute si le jugement pouvait être exécuté contre eux en vertu de la seule signification qui en serait faite à leur co-débiteur ou co-propriétaire condamné. Mais il n'en est pas ainsi dans la pratique ; et la preuve en est écrite en toutes lettres dans l'arrêt du conseil, du 13 juillet 1709, qui est rapporté à l'article *Chose jugée*, §. 18.

XIV. On traitera à l'article *Délai*, §. 5, la question de savoir si, dans la supputation du délai de l'Appel, on doit faire entrer le jour d'où il part, et le jour où il finit.

XV. Le délai de l'Appel court-il contre un jugement nul dans la forme ?

V. le plaidoyer du 5 avril 1810, rapporté aux mots *Union de créanciers*, §. 2.

XVI. Le délai de l'Appel court-il, à l'égard d'un jugement qui statue sur une question de compétence, tant qu'il n'a pas été suivi d'un jugement sur le fond ?

Voici une espèce dans laquelle on a prétendu, d'après les art. 170 et 425 du Code de procédure civile, qu'il ne courait pas, mais dans laquelle aussi un arrêt qui l'avait ainsi jugé, a été justement annulé par la cour suprême.

« François Capdeville et compagnie, négocians à Nismes (est-il dit, dans le *Bulletin civil* de cette cour), firent citer devant le tribunal de commerce, le 14 janvier 1810, Jacques Capdeville, en rétablissement, dans la caisse sociale, de différentes sommes se montant à 33,262 francs 33 centimes, qu'il en avait détournées à son profit personnel, dans l'exercice de ses fonctions en qualité de commis-gérant et administrant ladite société, ainsi qu'il résultait de ses propres écrits, dans le livre ou carnet de ladite caisse, le tout à l'insu du chef de ladite maison, sans son consentement et sans droit, titre, ni qualité.

» Jacques Capdeville déclina la juridiction du tribunal, comme n'étant point négociant, pour litispendance, à raison de ce qu'il avait cité en conciliation, dès le 11 du même mois de janvier, son frère François Capdeville, en paiement de 9,282 francs 63 centimes, pour solde de prêt, créances, appointemens de commis, que sondit frère lui devait, ensemble les intérêts, et ce, suivant le compte par lui présenté ; et, en outre, il motiva l'incompétence sur ce que l'objet du litige était étranger au fait du commerce.

» Le tribunal de commerce, par jugement du 13 janvier 1810, se déclara compétent, fondé sur ce qu'il était convenu que Jacques était le commis-gérant et administrant ladite société, que la demande était relative à l'exercice de ses faits en sadite qualité ; il le débouta, en conséquence, du déclinatoire et ordonna qu'il serait plaidé au fond.

» Jacques alors conclud au fond, sans entendre (dit-il) acquiescer audit jugement ; il demanda et obtint, le même jour, le dépôt au greffe des livres, journaux et registres de la société, pour en prendre communication et extrait au besoin. Il produisit un acte notarié du 17 vendémiaire an 12, consenti par François Capdeville, son frère, comme commencement de preuve par écrit du prêt et créances par lui prétendus en solde du compte demandé ; et il forma en conséquence, et par exception, sa demande reconventionnelle, et demanda à être admis à la preuve par témoins de faits précis et concluans et aveux faits par sondit frère.

» Les demandeurs actuels en cassation nièrent et demandèrent le rejet de la preuve offerte, persistant dans leurs premières conclusions. Il intervint alors, au tribunal de commerce, un jugement sur le fond, en date du 23 mai 1810.

» Le tribunal, reconnaissant que le fait du prélèvement des sommes réclamées, résultait et des aveux et des écrits de Jacques sur les livres journaux, qu'il en avait ainsi agi en sa qualité susdite de commis-gérant, et à l'insu et sans le consentement du chef, et sans droit, titre ni qualité, ordonna qu'il rétablirait dans la caisse sociale lesdites sommes détournées, par toutes les voies de droit et avec contrainte par corps ; et quant au chef concernant les gages de commis, à raison de 1200 francs par an, outre le logement et nourriture, attendu qu'il n'apparaissait nullement qu'il eût autrement rien reçu desdits gages, il l'autorisa à précompter sur lesdites sommes à rétablir dans la caisse sociale, la somme de 5,787 francs, montant des gages convenus entre les parties ; et quant au prêt de 25,000 francs et autres créances, il renvoya Jacques devant le tribunal civil.

» Celui-ci appela de ce jugement le 29 du même mois, étendant (dit-il) son Appel au jugement du 17 janvier précédent, rendu sur la compétence ; mais, à l'occasion de ce dernier, la maison de commerce lui opposa la déchéance encourue, parcequece le jugement du 17 janvier

APPEL, §. VIII, ART. I.

lui avait été signifié à personne et domicile, le 2 février suivant 1810, et qu'il s'était écoulé trois mois et 27 jours à l'époque de son Appel fait le 29 mai de la même année.

» L'appelant conclud néanmoins à ce que la cour, recevant ledit Appel du jugement sur la compétence, l'annullât, pour raison d'incompétence, et subsidiairement, au cas du maintien, que le second jugement au fond fût réformé, et qu'il fût admis à la preuve par lui offerte, vu ce qui résultait de l'acte du 17 vendémiaire an 12, faisant un commencement de preuve par écrit; persistant dans le surplus de ses fins en première instance.

» Les intimés persistèrent dans la déchéance demandée et au démis de l'Appel du deuxième jugement sur le fond, du 23 mai précédent.

» Le 9 juin 1810, la cour d'Appel rendit l'arrêt attaqué en cassation, et décida, à l'égard de l'Appel du jugement du 17 janvier, que, s'agissant d'incompétence à raison de la matière, l'Appel en était recevable, nonobstant le contenu aux art. 443 et 444 du Code, attendu qu'il résultait des art. 170, 425 et 470 du même Code, une exception auxdits articles. Examinant ensuite s'il y avait incompétence à raison de la matière, il a décidé, en fait, que Jacques n'étant ni chargé de la caisse, ni comptable à cet égard, et qu'ayant été déjà reconnu qu'il n'était point négociant, ce n'était donc point pour opération de commerce, ni à raison du trafic de marchand qu'il avait agi; que l'objet du litige n'était que pour simples prêts et créances de cette nature; ce qui n'est point de la compétence des tribunaux de commerce; et, en conséquence, il a annullé le premier jugement du tribunal de commerce, et renvoyé à se pourvoir pardevant les tribunaux civils.

» La maison de commerce s'est pourvue, par une même requête, et en réglement de juges, et subsidiairement en cassation.

» Cette dernière demande ayant été admise par arrêt de la section des requêtes, du 9 janvier 1811, elle a reproduit son même système que devant les premiers juges et en cause d'Appel. Elle a invoqué deux moyens de cassation : violation des art. 443 et 444, quant à l'Appel du jugement définitif sur la compétence et fausse application des art. 170 et 425; violation de l'art. 634, en ce que l'arrêt, en retenant le fait de la qualité de commis, ne déniant point ce qui avait été constaté, que c'est en cette qualité qu'il avait pris ou touché ces sommes, ainsi qu'il résulte de ses propres écrits consignés dans le livre de caisse, l'arrêt a néanmoins prétendu, par une fausse qualification ou dénomination de la qualité, justifier, sur la question en droit, la non-application de l'art. 634.

» Le défendeur, en soutenant les décisions de l'arrêt, a en outre combattu la prétention des demandeurs de faire casser et annuller, comme suite et dépendance de l'arrêt attaqué, une assignation donnée par Jacques contre son frère François devant le tribunal civil de Nîmes, en reprise de son action annoncée par la citation en conciliation du 11 janvier 1810, et dans le procès-verbal de non-conciliation du 17 du même mois, relativement au prêt particulier et à une créance de 3000 francs réclamée par Jacques contre son frère François en nom particulier et personnellement.

» L'arrêt de cassation (en date du 25 février 1812) est ainsi conçu :

» Ouï le rapport de M. le conseiller Syeyes; Loiseau, avocat pour les demandeurs; Camus, avocat pour le défendeur, et M. l'avocat général Giraud, en ses conclusions;

» Vu les art. 443 et 444 du Code de procédure....,

» Considérant que le jugement contradictoire du 17 janvier 1810 est définitif sur la compétence; que l'Appel n'en a été interjeté qu'après les délais prescrits, et que la déchéance prononcée, audit cas, par l'art. 444 ci-dessus, est absolue;

» Considérant qu'on ne peut faire résulter aucune dérogation à cette déchéance formelle, du contenu aux art. 170 et 425 du même Code; que l'art. 170, relatif à l'état de la procédure devant les tribunaux inférieurs, en disposant que le renvoi pour incompétence à raison de la matière, pourra être demandé *en tout état de cause*, n'est que l'exception à l'art. 169 qui précède, et jusqu'au jugement définitif à intervenir; que l'on retrouve dans la même partie du Code, sur la procédure devant les tribunaux de commerce, à l'art. 424, la même disposition qu'à l'art. 169; que l'art. 425, qui suit, dit bien que « le tribunal » pourra, par un même jugement, en rejetant le » déclinatoire, statuer sur le fond, mais par deux » dispositions distinctes, l'une sur la compétence, » l'autre sur le fond; que les dispositions sur la » compétence pourront *toujours* être attaquées » par la voie de l'Appel »; mais que ce mot *toujours* ne pouvant s'entendre d'une manière vague et illimitée, et comme dérogeant par avance aux règles prescrites, sur les Appels, au titre particulier qui les concerne, ne peut évidemment se rapporter qu'à la faculté d'appeler du premier jugement définitif sur la compétence; lors même que l'on avait déjà appelé du second jugement sur le fond; qu'il n'a été employé audit art. 425 que pour faire remarquer principalement le changement survenu sur la matière, et qui se trouve expliqué aux articles suivans, 453 et 454, titre *des Appels*, en permettant d'appeler du jugement sur la compétence, encore qu'il eût été qualifié en dernier ressort;

» Considérant que l'exception prétendue aux règles précises et absolues des art. 443 et 444 ne peut se présumer sans une disposition expresse dérogatoire, qu'on ne trouve point nulle part dans le Code; qu'ainsi, l'arrêt, en recevant l'Ap-

4e édit., Tome I. 40

pel d'un jugement passé en force de chose jugée dans l'intérêt des parties, a violé les art. 443 et 444 ci-dessus, et fait une fausse application des autres articles précités;

» Et quant à l'annullation demandée de l'assignation du 14 juin 1810 devant le tribunal civil de Nismes, par Jacques contre son frère François individuellement, pour prêt simple et autre créance de 3000 francs et des paiemens y relatifs;

» Attendu que cette demande, quoique postérieure à l'arrêt attaqué en cassation, n'en est pas une suite ni dépendance réelle; qu'elle n'est que la reprise de la citation en conciliation et du procès-verbal de non-conciliation des 11 et 17 janvier 1810, et qu'à l'égard dudit prêt et créance, elle a été expressément réservée sur le fond;

» La cour, statuant sur le tout, casse et annulle l'arrêt du 9 janvier 1810, et décharge le défendeur de la demande en annullation de l'assignation du 14 juin suivant et des jugemens y relatifs ».

ART. II. *Quel est le délai de l'Appel à l'égard des jugemens rendus dans les affaires correctionnelles et de simple police?*

I. En matière correctionnelle, le délai pour appeler varie suivant la qualité de la partie qui appelle.

Le condamné, la partie civile et le procureur du roi près le tribunal correctionnel, n'ont pour appeler, suivant l'art. 203 du Code d'instruction criminelle, qu'un délai de *dix jours au plus après celui où le jugement a été prononcé*. Aussi un arrêt de la cour de cassation, du 18 juillet 1817, rapporté dans le *Bulletin criminel* de cette cour, tome 22, page 163, a-t-il cassé un jugement en dernier ressort du tribunal correctionnel de Troyes, qui avait reçu l'Appel interjeté, le 26 avril précédent, d'un jugement prononcé le 15 du même mois, c'est-à-dire le onzième jour après la prononciation de ce jugement.

Sous le Code du 3 brumaire an 4, ce délai était un peu plus long. L'art. 184 de ce Code portait que l'Appel du condamné, de la partie plaignante et du commissaire du gouvernement près le tribunal correctionnel, serait interjeté *le dixième jour au plus tard, après celui qui suivrait la prononciation du jugement*. Le délai, sous ce Code, était donc réellement de douze jours, y compris celui de la prononciation du jugement. La cour de cassation l'a ainsi jugé le 26 vendémiaire an 9 et le 17 ventôse an 12.

Mais le ministère public près le tribunal qui doit statuer sur l'Appel, a, suivant l'art. 197 du Code du 3 brumaire an 4, un mois, et suivant l'art. 203 du Code d'instruction criminelle de 1808, deux mois pour appeler, soit en faveur du prévenu condamné, soit contre le prévenu acquitté; et ce délai court également *du jour de la prononciation du jugement*.

Lorsque le jugement n'a pas été *prononcé au condamné*, c'est-à-dire, lorsqu'il a été rendu par défaut contre le prévenu, quel délai celui-ci a-t-il pour en appeler?

On a soutenu, à cet égard, sous le Code du 3 brumaire an 4, deux assertions bien opposées: l'une, que le condamné pouvait appeler, même après les dix jours qui avaient suivi la signification faite à sa personne ou à son domicile, du jugement prononcé contre lui en son absence; l'autre, qu'il était tenu d'appeler dans les dix jours de la *prononciation* du jugement.

Mais la cour de cassation les a proscrites toutes deux; et elle a décidé qu'en fait de jugement par défaut, la signification équivaut, pour le condamné, à la prononciation.

Compadre, condamné par un jugement correctionnel par défaut, du 13 ventôse an 7, qui lui avait été signifié le 25 du même mois, avait interjeté Appel le 13 germinal suivant; et cet Appel avait été reçu par le tribunal criminel du département de Seine-et-Oise.

Le 13 fructidor an 7, arrêt de la cour de cassation, qui casse et annulle celui du tribunal criminel, « Attendu que, dans la rigueur de la lettre » de la loi, le condamné, sans distinction, n'a- » que dix jours après celui qui suit la prononcia- » tion du jugement, pour faire sa déclaration » d'Appel; que, dans tous les cas, *la signification* » *du jugement vaut prononciation;* que, dans » l'espèce, le jugement a été *dûment signifié*, et » cependant l'Appel seulement émis le dix-hui- » tième jour après cette *signification;* qu'en ad- » mettant le système du tribunal criminel de » Seine-et-Oise, qui prétend que ni le Code ni » aucune loi n'a déterminé les formes et les délais » dans lesquels les condamnés par les tribunaux » correctionnels et défaillans doivent émettre » leur Appel, d'où il conclud à la non-déchéance, » ce serait accorder au condamné contumax, *mais* » *légalement signifié du jugement*, ce que la loi » refuse au condamné présent ».

Un jugement du tribunal correctionnel d'Auxerre, du 14 pluviôse an 8, avait condamné par défaut Jacques Ferlet, Pierre Bouron, Jean Denon et Charles Ferlet solidairement à une amende de 500 francs, à pareille somme de dommages-intérêts, et aux dépens, pour avoir extrait des pierres d'une carrière située dans un bois national.

Le 26 germinal suivant, époque où il ne leur avait pas encore été signifié, ils en ont appelé par le ministère d'un fondé de pouvoir spécial, qui a remis, le même jour, au greffe, une requête contenant leurs moyens d'Appel.

Le 11 prairial an 8, jugement du tribunal criminel du département de l'Yonne, qui, d'après l'art. 194 du Code des délits et des peines, déclare les appelans non-recevables, par la raison que leur Appel n'a pas été interjeté dans les dix jours qui ont suivi la prononciation du jugement. Bouron, Denon, et Ferlet se pourvoient en cassation de ce jugement.

La cause portée à l'audience de la section criminelle, j'ai établi que le tribunal criminel avait appliqué à faux l'art. 174 du Code des délits et des peines.

« Cet article (ai-je dit) se lie nécessairement avec ceux qui le précèdent, notamment avec les art. 184 et 186, qui exigent, l'un, que le prévenu soit interrogé à l'audience du tribunal correctionnel, l'autre, que ses conclusions, ainsi que celles du commissaire du gouvernement, soient fixées par écrit; et comme ces deux articles ne se réfèrent qu'aux jugemens contradictoires, il en résulte clairement que c'est aussi des jugemens contradictoires et non des jugemens par défaut, qu'entend parler l'art. 194, lorsqu'il fait partir du jour de leur *prononciation*, le délai de dix jours qu'il accorde aux prévenus pour en appeler.

» Aussi avez-vous rendu, le 23 prairial an 5, un jugement qui casse, par ce motif, un jugement du tribunal criminelle de Saône-et-Loire, par lequel Piot et consorts avaient été déclarés déchus de la faculté d'appeler d'un jugement par défaut du tribunal correctionnel de Mâcon, sous prétexte qu'ils n'en avaient pas appelé dans les dix jours après sa prononciation.

» Dans ces circonstances et par ces considérations, nous estimons qu'il y a lieu de casser et annuller le jugement dont il s'agit, pour fausse application de l'art. 194 du Code des délits et des peines, et attendu que le délai fixé par cet article ne peut courir contre les prévenus condamnés par défaut, qu'après signification à eux faite du jugement ».

Le 7 fructidor an 8, arrêt, au rapport de M. Goupil, qui adopte ces conclusions, par le motif que « les art. 194 et 195 du Code des délits » et des peines sont manifestement relatifs aux » articles qui les précèdent, notamment aux art. » 184 et 186 du même Code; d'où il suit que la » déchéance de l'Appel, prononcée par l'art. 195, » n'est point applicable à la partie contre laquelle » il a été rendu un jugement par défaut ».

Le 7 nivôse an 9, arrêt semblable, au rapport de M. Génevois, et sur les conclusions de M. Lefessier: il casse un jugement du tribunal criminel du département de l'Ain, du 22 vendémiaire précédent, qui avait déclaré non-recevable l'Appel émis par Claude Bernard et Claude Brody, d'un jugement correctionnel rendu par défaut, quoique cet Appel eût été déclaré plus de dix jours, il est vrai, après la *prononciation*, mais le lendemain de la *notification* :

» Vu (porte-t-il) l'art. 194 du Code des délits et des peines;

» Considérant que, d'après la disposition de cet article, la seule prononciation du jugement ne peut faire courir le délai pour appeler, qu'à l'égard du *condamné présent à cette prononciation*, et non à l'égard de celui qui est condamné, jusques après la notification ;

» 1°. Les articles de la loi qui précèdent l'art. 194, sont tous rédigés de manière qu'ils supposent le prévenu présent à la prononciation du jugement qui le condamne;

» 2°. On voit que dans d'autres cas analogues, le législateur ayant eu à régler la conduite de celui qui se laissait condamner par défaut, n'a pas manqué de décider que les délais qui lui étaient préfixés, ne commençaient à courir qu'après la notification des jugemens; c'est ainsi que, dans les art. 159 et 160, où il s'agit de jugement par défaut rendu en simple police, le délai de dix jours n'est compté qu'à dater du jour de la signification du jugement ;

» 3°. Enfin la justice et la raison veulent que nul ne puisse être condamné sans être entendu; et c'est néanmoins ce qui arriverait, si le délai pour appeler comptait de la prononciation du jugement en défaut, puisque, dans ce cas, le condamné est jugé avant d'avoir pu proposer des défenses; et que, d'un autre côté, on ne peut pas lui reprocher d'avoir négligé d'appeler d'un jugement dont il est censé avoir ignoré jusqu'à l'existence, tant qu'il ne lui a pas été signifié ».

C'est ce qui a encore été jugé le 29 frimaire an 10, dans l'espèce suivante :

Le 13 germinal an 8, jugement du tribunal correctionnel d'Altkirck, qui, sur les poursuites de la régie des douanes, déclare valable, par défaut, une saisie de marchandises prétendues anglaises, faite sur le sieur Klenck, et condamne celui-ci aux peines portées par la loi du 10 brumaire an 5.

Opposition à ce jugement de la part du sieur Klenck, avant qu'on le lui ait signifié.

Le 13 floréal suivant, jugement contradictoire qui donne main-levée au sieur Klenck de la majeure partie des objets saisis.

La régie des douanes appelle de ce jugement.

Le 25 fructidor an 8, le tribunal criminel du département du Haut-Rhin le déclare nul, pour vice de forme, et renvoie le fond de la cause au tribunal correctionnel de Bedfort.

L'affaire en cet état, le sieur Klenck se désiste de son opposition au jugement par défaut du 13 germinal an 8; et comme ce jugement ne lui est pas encore signifié, il en interjette Appel.

La régie le soutient non-recevable.

Jugement du tribunal criminel du département du Haut-Rhin, du 24 messidor an 9, qui rejette la fin de non-recevoir, fait droit sur l'Appel, et prononce au fond, comme l'avait fait le jugement contradictoire du tribunal correctionnel d'Altkirck.

La régie des douanes se pourvoit en cassation contre ce jugement. Elle emploie à l'appui de son recours deux moyens qui consistent à dire, l'un,

40.

que le tribunal criminel du Haut-Rhin a violé, en recevant l'Appel de Klenck, les art. 194 et 195 du Code des délits et des peines; l'autre, qu'il a violé, au fond, la loi du 5 brumaire an 5, relative aux marchandises anglaises.

Ce second moyen a eu tout le succès qu'en attendait la régie des douanes; mais la cour de cassation n'en a pas moins cru devoir rejeter le premier, avant d'annuler le jugement attaqué par la régie; elle s'est expliquée en ces termes :

« Attendu qu'il est de principe que tout délai de rigueur ne commencer à courir que du jour où la partie intéressée a été légalement et régulièrement interpellée ou prévenue; que, dans l'espèce, le jugement rendu contre le défendeur, le 13 germinal an 8, est par défaut et qu'il ne lui a pas été signifié.

» Le tribunal rejette le premier moyen proposé par la régie des douanes ».

Cette jurisprudence a été formellement consacrée, sous le Code du 3 brumaire an 4, par un avis du conseil d'état, du 12 février 1806, approuvé le 18 du même mois; et elle est expressément érigée en loi par l'art. 203 du Code d'instruction criminelle : « Si le jugement est par dé-
» faut (porte-t-il) la déclaration d'appeler doit
» être faite au greffe, dix jours au plus tard après
» celui de la signification qui en aura été faite
» à la partie condamnée ou à son domicile, outre
» un jour par trois myriamètres ».

III. Cette disposition est-elle applicable aux jugemens qui, sans être par défaut, ne sont cependant pas contradictoires, c'est-à-dire aux jugemens qui, d'après certaines lois d'exception, doivent être rendus sans citation préalable des parties qu'elles concernent; tels qu'étaient, sous le régime de la conscription militaire, ceux que rendaient les tribunaux correctionnels contre les conscrits réfractaires et leurs pères et mères, en conséquence des arrêtés que leur transmettaient les préfets ?

Dans l'affaire dont j'ai rapporté l'espèce dans le *Répertoire de Jurisprudence*, au mot *Appel*, sect. 2, §. 3, n°. 6, le procureur général de la cour d'Appel de Rome proposait un deuxième moyen de cassation qui consistait à dire que Joseph Bianchini n'avait interjeté son Appel que le dix-neuvième jour après celui où avait été prononcé le jugement du tribunal correctionnel de Perrugia.

« Le succès de ce moyen ne serait pas douteux (ai-je dit à l'audience de la section criminelle, le 25 février 1815), si nous devions ici consulter le texte de la loi plutôt que son esprit. Car, d'un côté, l'art. 203 du Code d'instruction criminelle n'accorde, pour appeler d'un jugement correctionnel, que *dix jours après celui où il a été prononcé*; et ce n'est qu'à l'égard des jugemens par défaut, qu'il déclare que les dix jours ne courront qu'à compter de celui où la signification en aura été faite à personne ou domicile. D'un autre côté, il n'est pas ici question d'un jugement par défaut, puisque les parties contre lesquelles il a été rendu, n'avaient pas dû être citées, comme en effet elles ne l'avaient pas été, pour le voir rendre.

» Mais si, au lieu de nous arrêter à la lettre de la loi, nous pénétrons jusqu'à son esprit, nous reconnaîtrons bientôt que l'art. 203 distingue entre les jugemens contradictoires et les jugemens qui ne le sont pas; que ce n'est que pour les jugemens contradictoires qu'il limite la faculté d'appeler au dixième jour après celui de leur prononciation à l'audience; que si, pour l'Appel des jugemens qui ne sont pas contradictoires, faute de comparution des prévenus cités régulièrement, il accorde dix jours à compter de leur signification à personne ou domicile, à plus forte raison est-il censé accorder le même espace de temps pour l'Appel des jugemens qui ne sont pas contradictoires faute de comparution des prévenus non cités; et que lui prêter une intention contraire, c'est supposer, contre toute raison, qu'il traite mieux les prévenus qui ont à se reprocher une désobéissance aux ordres de la justice, que les prévenus qui n'ont aucun reproche de ce genre à se faire.

» A entendre le procureur général de la cour de Rome, le jugement du 17 octobre 1812 doit être réputé contradictoire, parcequ'il n'a pas dû être précédé de la citation des parties contre lesquelles il a été rendu.

» Et cela est vrai quant à ce qui concerne la régularité de ce jugement; cela est vrai en ce sens, que tout jugement de cette nature a, contre la partie qu'il a condamnée sans l'entendre, la même force que s'il ne l'avait condamnée qu'après l'avoir entendue.

» Mais inférer de là qu'il n'y ait, pour appeler d'un pareil jugement, lorsqu'on en ignore jusqu'à l'existence, que le délai fixé pour appeler d'un jugement à la prononciation duquel on a été présent, c'est aller trop loin; et nous en trouvons la preuve dans la manière dont se sont constamment exécutés les art. 3, 4, 5 et 7 du tit. 5 de la loi du 10 vendémiaire an 4, relative à la police des communes.

» Suivant ces articles, lorsque des rassemblemens ont causé du dégât dans le territoire d'une commune, la commune qui ne s'y est pas opposée, doit être condamnée, sans citation ni défense préalable, et sur le seul réquisitoire du ministère public, aux dommages-intérêts des parties lésées.

» Cependant, on n'a jamais douté que la commune ainsi condamnée ne pût appeler, tant qu'il ne s'était pas écoulé trois mois après la notification faite du jugement à ses officiers municipaux. On n'a jamais douté que la commune condamnée de nouveau sur l'Appel, ne pût se pourvoir en cassation, tant qu'il ne s'était pas écoulé trois mois après la signification faite à ses officiers municipaux de l'arrêt confirmatif; et c'est ce qu'a supposé bien clairement un arrêt de la section civile du 23 janvier 1810, par la manière dont il a motivé la disposition par laquelle il a déclaré non-recevable le recours en cassation que la commune de Prévenchères avait exercé contre un arrêt de la cour d'Appel de Nîmes, après les trois mois de la signification qui en avait été faite à son maire par les parties intéressées.

» Le deuxième moyen de cassation du procureur-général de la cour de Rome, ne peut donc pas avoir, auprès de vous plus de succès que le premier ».

Par arrêt du 25 février 1813, au rapport de M. Audier-Massillon,

« Attendu que le délai de dix jours porté par l'art. 203 du Code d'instruction criminelle, pour faire la déclaration d'Appel des jugemens rendus par les tribunaux de police correctionnelle, ne concerne que les jugemens contradictoires, ce qui ne peut s'appliquer à des jugemens qui sont rendus sans citation préalable ;

» La Cour rejette le second moyen proposé par le procureur-général de Rome ».

IV. Doit-on considérer comme rendu par défaut, et, par conséquent, comme susceptible d'Appel, même après les onze jours de sa prononciation, et dans les onze jours de sa signification à personne ou domicile, le jugement qui, dans une matière où le prévenu devait comparaître en personne, a condamné celui-ci, en son absence, mais d'après la défense qu'il avait été illégalement admis à proposer par l'organe d'un tiers ?

Cette question s'est présentée sous le Code du 3 brumaire an 4, suivant l'art. 184 duquel le prévenu devait toujours être interrogé à l'audience, et, par conséquent, comparaître en personne.

Dans le fait, le sieur Hemmel, cité devant le tribunal correctionnel d'Autun, n'y avait pas comparu en personne, mais s'y était fait représenter par un défenseur, qui avait été entendu. Condamné par un jugement prononcé en présence de ce défenseur, il avait laissé écouler près de quatre ans sans en appeler. Il est même à remarquer que, dans l'intervalle, il lui avait été signifié une contrainte exécutoire, dans laquelle le jugement du tribunal correctionnel était énoncé et daté.

Malgré ces circonstances, le tribunal criminel du département de Saône-et-Loire avait, par jugement du 12 fructidor an 8, reçu son Appel, et réformé le jugement qui en était l'objet. Mais, sur le réquisitoire du ministère public, la cour de cassation a rendu, le 8 brumaire an 9, au rapport de M. Oudart, un arrêt par lequel,

« Vu les art. 194 et 195 du Code des délits et des peines ;

» Attendu que la cause a été entendue contradictoirement, entre le commissaire du gouvernement, au nom de l'agent forestier, et le défenseur de Hemmel, non-désavoué par ce dernier; et que Hemmel n'est pas recevable à opposer que le tribunal aurait dû refuser d'entendre son défenseur pendant son absence, et juger la cause par défaut ;

» Attendu que le jugement du tribunal correctionnel est énoncé et daté, dans la contrainte décernée contre Hemmel, et qu'il a été signifié copie de cette contrainte; qu'ainsi Hemmel n'a pas ignoré l'existence de ce jugement;

» Attendu que Hemmel n'a fait sa déclaration d'Appel au greffe, et n'y a déposé sa requête qu'en thermidor an 8, et que le jugement avait été rendu en fructidor an 4; et que la contrainte dans laquelle il est énoncé et daté, a été signifiée à Hemmel en floréal an 6; et qu'ainsi, le tribunal d'Appel devait le déclarer déchu de son Appel ;

» Le tribunal casse et annulle, pour contravention aux articles ci-dessus cités, le jugement rendu par le tribunal criminel du département de Saône-et-Loire, le 12 fructidor dernier ».

V. Dans les affaires de contributions indirectes, le délai de l'Appel des jugemens correctionnels n'est pas le même que dans les autres matières. Le décret du 1er germinal an 13 porte que, dans celles-là, *l'Appel devra être notifié dans la huitaine de la signification du jugement, et qu'après ce délai, il ne sera point recevable*.

Mais n'est-il pas dérogé à cette disposition par la généralité de l'art. 203 du Code d'instruction criminelle ?

Non, parceque cette disposition forme, pour la matière des contributions indirectes, une loi spéciale, et que, suivant un principe rappelé aux mots *Délits ruraux*, §. 1, n°. 1, les lois générales ne sont jamais censées déroger aux lois spéciales qui les ont précédées. *V.* ci-après, §. 10, art. 3, n°. 15.

VI. A l'égard des jugemens des tribunaux de police, l'Appel doit, suivant l'art. 174 du Code d'instruction criminelle, en être interjeté dans les dix jours de leur signification à personne ou domicile.

Art. III. *A quelle époque peut-on appeler en matière civile ?*

I. Avant la loi du 24 août 1790, la faculté d'appeler commençait à l'instant même où était prononcé le jugement ; mais l'art. 14 du tit. 5 de cette loi a introduit là-dessus une nouvelle règle dont j'ai rendu compte dans le *Répertoire de Jurisprudence*, au mot *Appel*, sect. 1, §. 5, et qui est maintenue par l'art. 451 du Code de procédure civile, avec cette modification, que l'Appel doit bien être déclaré non-recevable, lorsqu'il a été interjeté dans la huitaine, à dater du jour du jugement, mais qu'il peut être réitéré, *si l'appelant est encore dans le délai*.

Comment doit se calculer *la huitaine, à dater du jour du jugement*, dont il est parlé dans cet article? Le jour où le jugement a été prononcé doit-il être compris dans la supputation de ce temps, ou doit-il en être exclu? et, en conséquence, l'Appel qui serait interjeté, le 9 mars, d'un jugement prononcé le 1er du même mois, devrait-il ou non être déclaré non-recevable?

Cela dépend, comme l'on voit, du point de savoir si le jour du terme *à quo* est compris dans ce terme même. Ainsi, *V.* l'article *Délai*, §. 5.

II. L'art. 451 du Code de procédure civile excepte formellement de sa disposition les jugemens qui sont *exécutoires par provision.*

Cette disposition ne s'applique pas non plus aux jugemens à l'égard desquels le délai de l'Appel est, par des exceptions qui sont indiquées ci-dessus, art. 1, n°. 10, limité à un espace de temps au-dessous de celui qu'accorde le droit commun.

Elle ne s'applique pas davantage aux jugemens des tribunaux de commerce. L'art. 645 du Code de commerce porte en toutes lettres que *l'Appel pourra en être interjeté le jour même du jugement.*

III. L'article 14 du titre 5 de la loi du 24 août 1790 comprenait les jugemens préparatoires comme les jugemens définitifs dans la défense d'en appeler dans la huitaine de leur date; mais, comme on l'a déjà vu, §. 1, n°. 8, l'art. 452 du Code de procédure civile va plus loin : il ne permet l'Appel des jugemens préparatoires qu'après le jugement définitif.

Sur ce dernier point, ainsi que sur la différence qu'il y a à cet égard, dans le langage du Code de procédure civile, entre les jugemens interlocutoires et les jugemens préparatoires, *V.* l'article *Interlocutoire*, §. 2.

IV. J'ai déjà dit, §. 1, n°s. 6 et 11, que, suivant l'art. 455 du Code de procédure civile, contraire en cela à l'ancienne jurisprudence, l'Appel d'un jugement par défaut n'est pas recevable, tant que n'est pas expiré le délai de l'opposition à ce jugement.

Mais là-dessus il s'élève trois questions.

1°. La disposition de cet article est-elle applicable aux jugemens par défaut des tribunaux de commerce?

Elle ne l'est certainement pas, si c'est des jugemens par défaut comme des jugemens contradictoires, que doivent être entendus ces termes de l'art. 645 du Code de commerce, *l'Appel pourra être interjeté le jour même du jugement.*

Or, comment douter que ces termes ne doivent s'entendre des uns comme des autres, lorsqu'on fait attention qu'ils sont placés à la suite de ceux-ci : « Le délai pour interjeter Appel des jugemens » des tribunaux de commerce, sera de trois mois » à compter du jour de la signification du juge- » ment pour ceux qui auront été rendus contra- » dictoirement, et *du jour de l'expiration du* » *délai de l'opposition pour ceux qui auront été* » *rendus par défaut* »? Il est de toute évidence que, dans la première partie de cet article, le législateur s'occupe à la fois et des jugemens par défaut et des jugemens contradictoires; et que si, dans la seconde qui n'en est pas même séparée par un alinéa, il n'avait en vue que les deuxièmes, il ne manquerait pas d'en exclure les premiers.

Cependant l'opinion contraire a trouvé des partisans, et cinq arrêts des cours d'Appel de Colmar, du 31 décembre 1808 (1), de Limoges, du 15 novembre 1810 (2), de Paris, des 18 mai 1809 et 7 janvier 1812 (3), et de Montpellier, du 31 août 1813 (4), l'ont formellement adoptée, les uns sans en donner d'autre raison que la généralité de l'art. 455 du Code de procédure civile, les autres par le motif que, d'après l'art. 648 du Code de commerce, les Appels des jugemens des tribunaux de commerce *doivent être instruits et jugés conformément au livre* 3, *première partie du Code de procédure civile*, duquel fait partie l'art. 455.

Mais, d'abord que conclure ici de ce que l'art. 455 du Code de procédure civile ne fait aucune distinction entre les jugemens des tribunaux de commerce et les jugemens des tribunaux ordinaires? L'art. 449 n'en fait pas non plus quand il dit qu'*aucun Appel d'un jugement non exécutoire par provision ne pourra être interjeté dans la huitaine à dater du jour du jugement.* Cela empêche-t-il qu'on ne puisse appeler sur-le-champ des jugemens des tribunaux de commerce, lors même qu'ils ne contiennent pas la clause d'exécution provisoire? Et pourquoi cela n'y apporte-t-il aucun obstacle? Parceque l'art. 645 du Code de commerce déroge à l'art. 449 du Code de procédure civile. Eh bien ! Il déroge aussi à l'art. 455 du même Code; il y déroge, parcequ'il porte littéralement sur les jugemens par défaut ni plus ni moins que sur les jugemens contradictoires; il y déroge parcequ'il permet d'appeler *le jour même du jugement;* il y déroge enfin parcequ'il s'exprime en termes trop généraux et trop absolus, pour que l'on puisse raisonnablement lui supposer une autre intention.

Ensuite, l'art. 648 du Code de commerce, bien loin de justifier les arrêts dont il s'agit, ne fait qu'en mettre le mal jugé dans un plus grand jour. En effet, il dit bien que *les Appels des jugemens des tribunaux de commerce seront* INSTRUITS ET JUGÉS *comme Appels de jugemens en matière sommaire;* mais il ne dit pas que ces Appels seront *interjetés* de même : et pourquoi ne le dit-il

---

(1) Jurisprudence de la cour de cassation, année 1814, partie 2, page 377.
(2) *Ibid.*, page 388.
(3) *Ibid.*, tome 12, partie 2, page 148.
(4) *Ibid.*, tome 16, page 409.

pas ? Parceque l'art. 645 vient d'y pourvoir; parceque cet article venant de régler le délai dans lequel l'Appel doit être interjeté et l'époque à laquelle il peut l'être, l'art. 648 n'a plus à s'occuper que du mode suivant lequel l'Appel doit être instruit et jugé.

Mais, dit M. Carré, dans son *Analyse raisonnée du Code de procédure civile*, n°. 1492, deux arrêts de la cour de cassation, des 22 avril et 24 octobre 1811, ont jugé que la disposition de l'art. 454 du Code de procédure, par cela seul qu'elle *est générale*, et qu'elle *se trouve au titre unique de l'Appel et de l'instruction, gouverne les Appels des jugemens des justices de paix, comme ceux des jugemens des tribunaux inférieurs*. Donc par la même raison, la disposition de l'art. 455 qui est également générale et fait partie du même titre, gouverne aussi les Appels des jugemens des tribunaux de commerce, comme les Appels des jugemens des tribunaux ordinaires.

Oui, il les gouvernerait, s'ils n'en étaient pas exceptés; mais ils le sont par l'art. 645 du Code de commerce, et ce seul mot répond à tout.

Vainement, au surplus, M. Carré prétend-il que les cinq arrêts cités des cours d'appels de Colmar, de Limoges, de Paris, de Montpellier, ont fixé la jurisprudence en faveur de son opinion. La preuve qu'ils ne l'ont rien moins que fixée, c'est que le dernier de tous, celui de la cour d'Appel de Montpellier, du 31 août 1813, ayant été déféré à la cour de cassation, il y est intervenu, le 24 juin 1816, au rapport de M. Chabot, un arrêt par lequel,

« Vu l'art. 455 du Code de procédure civile, l'art. 645 du Code de commerce, et l'art. 2 de la loi du 15 septembre 1807 (relative à la mise en activité du même Code).... ;

» Attendu que le quatrième livre du Code de commerce a réglé par deux titres spéciaux, la forme de procéder devant les tribunaux de commerce, et la forme de procéder sur les Appels des jugemens de ces tribunaux;

» Que, dans ces deux titres, aux art. 642, 643 et 648, se trouvent énoncées celles de ces dispositions du Code de procédure civile que la législation a voulu appliquer à l'instruction et aux jugemens des affaires commerciales;

» Mais que, ni dans ces titres, ni dans les autres titres, il n'y a aucune disposition qui soumette les Appels des tribunaux des jugemens de commerce, à l'exécution de l'art. 455 du Code de procédure civile;

» Qu'au contraire, l'art. 646, après avoir déterminé dans sa première partie quelle est la durée du délai pour interjeter Appel des jugemens, soit contradictoires, soit par défaut, rendus par les tribunaux de commerce, dispose dans sa seconde partie, d'une manière générale et sans aucune distinction entre les jugemens par défaut et les jugemens contradictoires, *que l'Appel pourra être interjeté le jour même du jugement*.

» Que cette disposition est formellement exclusive, pour les Appels en matière de commerce, de la disposition de l'art. 455 du Code de procédure civile;

» Que, si elle l'a exclue, c'est évidemment dans l'intérêt du commerce et pour accélérer la décision des affaires commerciales, en n'obligeant pas les parties qui sont condamnées, à attendre, pour interjeter Appel des jugemens, l'expiration des délais fixés par l'opposition;

» Qu'enfin, il suffit que l'art. 645 précité ait statué sur les époques auxquelles commence et auxquelles finit la faculté d'interjeter Appel des jugemens des tribunaux de commerce, pour que, d'après l'art. 2 de la loi du 15 septembre 1807, l'art. 455 du Code de procédure civile ne puisse être appliqué à ces Appels;

» D'où il suit que l'arrêt dénoncé a faussement appliqué ce dernier article, et formellement violé l'art. 545 du Code de commerce, ainsi que l'art. 2 de la loi du 15 septembre 1807;

» La cour casse et annulle...... (1) ».

La question est représentée, l'année suivante, devant la cour de Bordeaux et par arrêt du 14 février 1817, elle a été jugée de la même manière qu'elle l'avait été à la cour de cassation, « Attendu que » l'art. 645 du Code de commerce fixe les règles » qu'on doit suivre à l'égard des Appels des juge- » mens des tribunaux de commerce et qu'elles » sont consignées dans cet article seul; que l'art. » 443 du Code de procédure ne règle les Appels » qu'en matière civile et n'est pas commun aux » matières commerciales; que les art. 156, 158 » et 159 ne disposent que pour les oppositions; » qu'aux termes du dernier paragraphe de l'art. » 645 du Code de commerce, l'Appel est recevable » sans égard à l'opposition qu'on aurait pu y » former (2) ».

2°. La disposition de l'art. 455 est-elle applicable aux jugemens par défaut qui sont exécutoires par provision ?

Pourquoi ne le serait-elle pas ? Elle est générale, elle ne fait aucune distinction, et cela dit tout.

Cependant la question s'étant présentée devant la cour d'Appel de Paris, il y est intervenu, le 27 juin 1810, un arrêt qui en a jugé autrement; « en ce qui touche, a-t-il dit, la fin de non-recevoir » (opposée par la dame Foubert à l'Appel interjeté par son mari d'un jugement qu'elle avait obtenu par défaut contre lui et auquel il était encore temps pour former opposition), « considérant que le jugement attaqué a ordonné » l'exécution provisoire nonobstant opposition, » et qu'en ce cas, l'Appel a été forcé, comme

―――

(1) Bulletin civil de la cour de cassation, tome 18, page 130.
(2) Jurisprudence de la cour de cassation, tome 17, partie 2, page 292.

« seul moyen légal d'en prévenir l'exécution; la » cour rejette la fin de non-recevoir (1) ».

Mais il est aisé de sentir que l'exception ajoutée par cet arrêt à l'art. 443, ne peut s'accorder, ni avec le motif qui a déterminé la disposition de cet article, ni avec le soin qu'a pris le législateur de ne pas faire dans cet article, relativement à l'Appel des jugemens par défaut, la distinction qui se trouve dans l'art. 449, relativement à la défense d'appeler dans la huitaine, entre les jugemens exécutoires par provision et ceux qui ne le sont pas.

Quel est le motif de l'art. 443 ? Je l'ai déjà dit, §. 1 ; n°. 6 : c'est que l'on ne doit pas recourir au juge supérieur tant qu'il reste une voie ouverte pour obtenir du premier juge la réformation de ce qu'il a fait, tant que le premier juge n'a pas épuisé la mesure entière de ses pouvoirs. Or, il est évident que le premier juge peut, sur l'opposition de la partie qu'il a condamnée par défaut, rapporter la disposition de son jugement qui le déclare exécutoire par provision.

D'un autre côté, les art. 449 et 455 sont trop voisins l'un de l'autre pour que l'on puisse, avec tant soit peu d'apparence de raison, supposer que, si le législateur eût voulu, par celui-ci, rendre commune à la défense d'appeler pendant le délai de l'opposition, l'exception qui, dans celui-là, limite la défense d'appeler dans la huitaine, il n'aurait pas omis de s'en expliquer formellement.

Aussi la question s'étant représentée depuis devant la cour d'Aix, y est-il intervenu, le 24 juillet 1813, un arrêt qui a déclaré le sieur Huvier non-recevable dans l'Appel qu'il avait interjeté, avant l'expiration du délai de l'opposition, d'un jugement par provision du 25 avril précédent, *exécutoire par provision et sans caution*.

Et inutilement le sieur Huvier s'est-il pourvu en cassation ; son recours a été rejeté par arrêt de la section des requêtes, du 17 juin 1817, au rapport de M. Liger de Verdigny, et sur les conclusions conformes de M. l'avocat-général Cahier, « Attendu que l'art. 455 du Code de procédure » n'admet aucune distinction ; qu'il dispose en » termes absolus que *l'Appel n'est point recevable* » *pendant la durée de l'opposition* (2) ».

3°. La défense d'appeler d'un jugement par défaut dans le délai de l'opposition, est-elle applicable à l'Appel comme de juge incompétent ?

Ce qui pourrait, au premier abord, faire pencher pour la négative, c'est qu'on a vu plus haut, §. 1, n°. 10, qu'encore que le parlement de Douai n'admît pas en général les Appels des jugemens par défaut, il ne laissait pas de les admettre quand ils attaquaient la compétence des premiers juges, et qu'ils avaient pour objet de faire décider

(1) Journal des Audiences de la cour de cassation, premier volume supplémentaire, page 180.
(2) *Ibid.*, tome 17, page 335.

que ceux-ci n'avaient pas eu le droit d'accorder défaut.

Cela serait effectivement assez plausible, si l'art. 455 ne portait, commes les lois romaines qui formaient la base de la jurisprudence du parlement de Douai, que sur l'Appel des jugemens par défaut. Mais il porte sur l'Appel de tout jugement qui est susceptible d'opposition. Or, d'une part, tel est évidemment le jugement par lequel un défaut a été accordé incompétemment ; et de l'autre, l'art. 451 ne distingue pas entre l'Appel qui attaque la compétence des premiers juges et l'Appel qui est dirigé contre leur décision sur le fond de la cause. L'un n'est donc pas plus recevable que l'autre tant que le délai de l'opposition n'est pas expiré, et c'est ce qu'a jugé un arrêt de la cour de Paris, du 16 novembre 1810, rapporté dans les *Annales du notariat*, tome 3, page 105.

ART. IV. *A quelle époque peut-on appeler en matière correctionnelle et de simple police ?*

I. Nulle difficulté là-dessus, lorsque le jugement est contradictoire. Du moment qu'il est prononcé, l'Appel en est ouvert, puisque c'est de ce moment même que le délai commence à courir, au moins dans les matières correctionnelles.

Mais si le jugement est par défaut, la partie contre laquelle il a été rendu, peut-elle appeler avant que soit expiré le délai qu'elle a pour y former opposition ?

Cette question s'est présentée sous le Code du 3 brumaire an 4, à la cour de justice criminelle du département des Pyrénées-Orientales, qui, par arrêt du 21 nivôse an 11., l'a décidée négativement, en déclarant Etienne Crastes non-recevable dans l'Appel qu'il avait interjeté d'un jugement par défaut à une époque où l'opposition lui était ouverte.

Mais Etienne Crastes s'étant pourvu en cassation, arrêt est intervenu, le 19 ventôse suivant, au rapport de M. Lacheze, pour lequel ;

« Attendu que, nulle part, dans le même Code (celui du 3 brumaire an 4), la voie de l'Appel n'est subordonnée à l'épreuve de celle de l'opposition au jugement de police correctionnelle, et qu'au contraire, la faculté d'appeler est accordée indéfiniment à la partie condamnée ;

» Qu'ainsi, il y a eu, de la part du tribunal criminel des Pyrénées-Orientales, usurpation de pouvoir, en ce qu'il a créé des nullités et des fins de non-recevoir qui ne sont pas dans la loi ;

» Le tribunal casse et annule.... ».

Cependant la question ayant été soumise au gouvernement par un rapport du ministre de la justice, en même temps que celle de savoir si les jugemens par défaut en matière correctionnelle étaient susceptibles d'opposition, le conseil d'état l'a résolue par son avis du 11 février 1806, approuvé le 18 du même mois, dans un sens opposé à l'arrêt de la cour de cassation. « L'avis est (a-t-il dit) que l'Appel étant une voie introduite pour faire réformer les erreurs des premiers juges, on ne doit y recourir que lorsque la partie lésée n'a plus les moyens de les faire revenir eux-mêmes de leur jugement ; que l'Appel ne doit donc être ouvert que lorsqu'on a perdu le moyen simple de l'opposition ; que c'est pour cela que, dans le projet du Code de procédure civile, il est dit que le délai pour interjeter Appel des jugemens par défaut ne court que du jour où l'opposition n'est plus recevable ».

Il y avait pourtant, en faveur de l'opinion que la cour de cassation avait embrassée, une raison déterminante et sans réplique ; c'est que l'art. 455 du Code de procédure auquel l'avis fait allusion, n'était encore qu'en projet ; que le principe qui y était consigné, était, même pour les matières civiles, comme je l'ai dit plus haut, §. 1, n°. 4, une innovation à la jurisprudence qui jusqu'alors avait laissé à tout condamné par défaut le choix libre entre l'opposition et l'Appel ; et que cette innovation, quelque sage qu'elle fût, ne pouvait être établie que par une loi.

Aussi la cour de cassation, tout en reconnaissant que cet avis tenait lieu de loi pour l'avenir, n'a-t-elle pas hésité, peu de temps après sa publication, à décider qu'il ne pouvait s'appliquer à un Appel qui avait été interjeté antérieurement.

Dans le fait, le tribunal correctionnel de Coni avait rendu, le 13 nivôse an 14, contre Antoine Valami un jugement par défaut qui avait été signifié au condamné le 15 janvier 1806. Celui-ci, au lieu d'y former opposition, en avait interjeté Appel dans la huitaine. La partie civile, intimée sur cet Appel, a soutenu qu'il était non recevable, parcequ'il avait été signifié à une époque où le jugement était encore passible d'opposition. Mais par arrêt du 17 mars de la même année, la cour de justice criminelle du département de la Stura a rejeté la fin de non-recevoir, reçu l'Appel et réformé le jugement par défaut. Et vainement la partie civile s'est-elle pourvue en cassation ; par arrêt du 9 mai suivant, son recours a été rejeté, au rapport de M. Lamarque, « attendu que, si les nouvelles lois ne prohibent point l'opposition aux jugemens par défaut sujets à l'Appel, elles ne prohibent pas non plus l'Appel de ces mêmes jugemens, bien qu'ils puissent être attaqués par la voie de l'opposition ».

Depuis, s'est élevée la question de savoir si l'avis cité du conseil d'état était applicable aux jugemens par défaut, rendus par les tribunaux correctionnels dans les matières de droits-réunis (aujourd'hui contributions indirectes), qui sont, relativement à la forme de procéder, régis par une loi spéciale, c'est-à-dire, par le décret du premier germinal an 13 ; et voici deux arrêts par lesquels la cour de cassation l'a décidée pour la négative.

Jacques Pons Saunier, condamné par un jugement rendu contre lui par défaut, sur la poursuite de l'administration des droits-réunis, en appelle dans le délai fixé par le décret du premier germinal an 13, mais avant que soit expiré le délai dans lequel il pouvait y former opposition. La cause portée devant la cour de justice criminelle du département des Basses-Alpes, le procureur général conclud à ce que cet Appel soit déclaré non-recevable, et invoque, dans cette vue, l'avis du conseil d'état de 1806.

Le 29 janvier 1808, arrêt qui rejette la fin de non-recevoir et accueille l'Appel.

Recours en cassation de la part du procureur général ; et le 3 septembre 1808, arrêt au rapport de M. Retand, par lequel,

« Attendu que les principes établis dans l'avis du conseil d'état, du 18 février 1806, ne sont évidemment applicables, quant à la forme de procéder en matière correctionnelle, que dans les cas non prévus par des dispositions formelles et positives et dans les cas où ces dispositions et celles du Code de procédure civile n'auraient rien d'inconciliable ;

» Attendu que le mode de procéder en matière de droits réunis, a été réglé par une loi spéciale ; que cette loi fixe à huitaine le délai pour interjeter Appel ; qu'elle veut que, passé ce délai, l'Appel ne soit point recevable, et qu'elle ne fait point de distinction entre les jugemens contradictoires et les jugemens par défaut ;

» Qu'ainsi, la cour de justice criminelle du département des Basses-Alpes, en jugeant, dans l'espèce, que l'Appel d'un jugement par défaut interjeté et notifié dans le délai prescrit, était valable, s'est conformée scrupuleusement aux termes et à l'esprit de la loi ;

» Par ces motifs, la cour rejette le pourvoi du procureur général impérial près ladite cour ».

Le 5 septembre 1810, jugement par défaut contre l'administration des droits réunis, qui acquitte un prévenu de contraventions constatées par un procès-verbal.

Le prévenu ne levant pas ce jugement, l'administration le fait expédier ; et après l'avoir fait signifier avec protestation, le 11 octobre 1810, elle en interjette Appel dès le 17 du même mois, à la cour de justice criminelle du département du Taro.

Là, se fondant sur l'avis du conseil d'état de 1806, le prévenu soutient qu'elle est non-recevable, parceque la voie de l'opposition lui est encore ouverte ; et la cour de justice criminelle le juge ainsi.

Mais sur le recours en cassation de l'administration, arrêt du 12 avril 1811, au rapport de M. Chasles, par lequel,

« Vu l'art. 32 du décret du premier germinal

an 13, portant : L'*Appel devra être notifié dans la huitaine de la signification du jugement; après ce délai, il ne sera point recevable;*

» Attendu que, dans l'espèce, la régie avait interjeté Appel, le 17 octobre 1810, du jugement rendu contre elle par défaut, le 5 septembre précédent ; qu'elle l'avait elle-même signifié, sans protestation, le 11 dudit mois d'octobre; que l'acte d'Appel contenait assignation à la première audience de la cour criminelle; que cet Appel était régulier et conforme aux dispositions du décret précité, qui est le seul Code des droits réunis, et qui ne défend pas d'interjeter Appel d'un jugement par défaut, dans le délai de huitaine que les lois générales accordent pour y former opposition;

» Attendu que, si on voulait appliquer les lois générales aux affaires qui intéressent la régie, on entraverait, ou au moins on ralentirait la marche de la procédure, que le législateur s'est attaché à simplifier et à rendre plus rapide; qu'il serait même impossible d'appliquer à cette matière la dernière disposition de l'avis du conseil d'état, sans exposer la régie à ne pouvoir pas appeler d'un jugement rendu contre elle par défaut ; car, en supposant que ses agens eussent négligé d'y former opposition dans la huitaine de la signification, qui était le terme légal et général lorsque cet avis a été rendu, la régie n'aurait plus été recevable à en appeler, puisque le délai de huitaine, qui serait le même pour l'Appel que pour l'opposition, aurait été expiré;

» Attendu qu'en déclarant non-recevable l'Appel dont il s'agit, qui était conforme au décret du 1er. germinal an 13, la cour de justice criminelle du département du Taro a fait une fausse application de l'avis du conseil d'état, qui est étranger à la matière, et violé les dispositions du décret précité ;

» Par ces motifs, la cour casse et annulle..... ».

Il reste maintenant à savoir si, dans les matières correctionnelles ordinaires, l'avis du conseil d'état du 11-18 février 1806 fait encore loi depuis la mise en activité du Code d'instruction criminelle.

M. Legraverend, dans son *Traité de la législation criminelle*, tome 2, pages 349 et 350, soutient l'affirmative. Il en le soutient, à la vérité, que par rapport aux jugemens par défaut des tribunaux de police, mais il convient expressément qu'il ne peut y avoir, à cet égard, aucune différence entre les jugemens par défaut des tribunaux de police et les jugemens par défaut des tribunaux correctionnels : « Cet avis est (dit-il) » antérieur à la publication du Code d'instruction » criminelle, et ne concerne que les tribunaux » correctionnels; mais, à l'époque où il fut rendu, » les jugemens des tribunaux de police n'étaient » pas sujets à l'Appel ; le principe que consacre » cet avis, est d'ailleurs un principe général. Les » jugemens par défaut émanés des tribunaux correctionnels, n'étaient même alors susceptibles » d'opposition que par suite d'une jurisprudence » qui n'était point fondée sur le Code du 3 bru- » maire an 4, mais qu'on avait puisée dans les » règles ordinaires de l'administration de la jus- » tice; et le Code d'instruction criminelle, quoi- » que postérieur à l'avis du conseil d'état, n'a pu » déroger à un principe reconnu et déclaré com- » mun à tous les cas où l'opposition est admise ; » il s'est nécessairement référé à ce principe, en » indiquant, en termes exprès, la voie de l'oppo- » sition comme un moyen d'attaquer les jugemens » par défaut; et il ne peut être douteux que, dans » les matières de police, comme dans les ma- » tières correctionnelles, le délai de l'Appel ne » doive courir que du jour où l'opposition n'est » plus recevable »; doctrine qui, si elle est exacte entraîne nécessairement la conséquence que, tant que n'est pas expiré le délai de l'opposition à ces jugemens, l'Appel en est interdit.

C'est effectivement ce qu'a jugé un arrêt de la cour royale de Colmar, du 24 octobre 1823.

Samuel Brunschweig avait appelé d'un jugement par défaut du tribunal correctionnel d'Altkirch, qui ne lui avait pas encore été signifié, et par conséquent, non-seulement avant que le délai de l'opposition fût expiré, mais même avant qu'il eût commencé à courir.

Par l'arrêt cité,

« Attendu que le jugement du 19 août dernier a été rendu par défaut; qu'il n'a pas été signifié; qu'ainsi, le défaillant, encore dans les délais de l'opposition, ne peut pas user, quant à présent, de la voie de l'Appel;

» Par ces motifs, la cour donne défaut contre Samuel Brunschweig, non comparant, bien que dûment assigné, le déclare non-recevable dans son Appel (1) ».

Mais juger ainsi, c'est évidemment méconnaître à la fois le texte et l'esprit des art. 187 et 203 du Code d'instruction criminelle.

L'art. 187 accorde au condamné par défaut, cinq jours, à compter de la signification qui lui a été faite du jugement, pour y former opposition; et l'art. 203 ajoute qu'il y aura déchéance de la faculté d'appeler, si la déclaration d'Appel n'a pas été faite « au greffe du tribunal qui a rendu » le jugement dix jours au plus tard après celui » où il a été prononcé; *et si le jugement est rendu » par défaut, dix jours au plus tard après celui » de la signification qui en aura été faite à la » partie condamnée ou à son domicile*..... ».

Que résulterait-il de ces deux articles, si le délai de l'Appel ne courait pas avant l'expiration du délai de l'opposition, et par conséquent, si, tant que dure le délai de l'opposition, la voie de l'Appel était fermée ? Bien évidemment il en ré-

---

(1) Journal des Audiences de la cour de cassation, 1er. volume supplémentaire; page 196.

sulterait de toute nécessité que le délai de l'Appel d'un jugement par défaut serait de quinze jours à compter de celui de la signification du jugement. Cependant la loi le limite impérieusement à dix jours. Donc elle veut que ce délai coure en même temps que celui de l'opposition. Donc elle ne veut pas que la faculté de former opposition, exclue la faculté d'interjeter Appel. Et c'est ainsi que l'a jugé un arrêt de la cour de cassation, dont voici l'espèce.

Le 7 août 1824, le sieur Devins et la dame Dumarton citent le sieur Pepin, chacun par un exploit séparé, devant le tribunal correctionnel d'Aubusson, pour se voir condamner à des dommages-intérêts résultant de mauvais traitemens qu'il a exercés sur le fils mineur de l'un et sur la personne de l'autre.

Le 27 du même mois, jugement qui, nonobstant l'opposition des plaignans, joint les deux plaintes comme connexes, ordonne qu'il sera plaidé au fond à la même audience, et accorde seulement une heure de sursis.

L'heure écoulée, les deux plaignans refusent de plaider. En conséquence, jugement qui donne défaut contre eux, et renvoie le sieur Pepin de leur plainte.

Ce jugement leur est notifié le 31 du même mois.

Le 11 septembre suivant, et par conséquent plus de dix jours après celui de la signification, le sieur Devins appelle de ce jugement. La dame Dumarton en appelle aussi, mais plus tard encore, le 15 du même mois.

Ces deux Appels étaient interjetés en temps utile, dans le système de M. Legraverend, adopté par l'arrêt de la cour royale de Colmar, du 24 octobre 1823; et effectivement ils ont été reçus par jugement en dernier ressort du tribunal correctionnel de Gueret, du 19 septembre 1824.

Mais sur le recours en cassation du sieur Pepin, arrêt du 22 janvier 1825, au rapport de M. Cardonnel, et sur les conclusions de M. l'avocat-général de Vatimesnil, par lequel ;

« Vu les art. 203 et 408 du Code d'instruction criminelle.... ;

» Attendu que......, dans l'espèce, le jugement définitif rendu par défaut, le 27 août et notifié le 31, n'a été attaqué par la voie de l'Appel que le 11 septembre suivant, c'est-à-dire, le 11e. jour après la notification ; qu'aux termes de l'art. 203 du Code d'instruction criminelle, il y a déchéance de l'Appel du jugement rendu par défaut, si la déclaration n'en a point été faite dix jours, au plus tard, après celui de la signification ; que, dans cet état, la déclaration d'Appel du jugement préparatoire du 27 août qui avait joint les deux plaintes, est comme non avenue ; et que, d'un autre côté, la déclaration d'Appel du jugement définitif du même jour, 27 août, est tardive, comme ayant été faite hors les délais prescrits par l'art. 203 ;

» Attendu que l'avis du conseil d'état, du 18 février 1806, invoqué par le sieur Devins, et qui a décidé que les délais de l'Appel d'un jugement rendu par défaut ne devaient courir que du jour de l'expiration du délai de l'opposition, est antérieur de plusieurs années à la promulgation du Code d'instruction criminelle, et que cette décision a disparu devant l'art. 203, qui déclare formellement la déchéance des Appels qui n'auraient pas été faits dix jours après la signification du jugement par défaut..... ;

» Par ces motifs, la cour casse et annulle... » (1).

II. Le ministère public peut-il appeler d'un jugement par défaut, avant l'expiration du délai qui est accordé au prévenu pour y former opposition ?

La négative a été soutenue deux fois sous le Code du 3 brumaire an 4, et à une époque où l'avis du conseil d'état du 11-18 février 1806 était dans toute sa vigueur. Mais deux fois la cour de cassation a proscrit ce système, comme donnant une extension illégale à la règle consignée dans cet avis. En effet, il résultait bien de cette règle que les jugemens correctionnels par défaut n'étaient, de la part des condamnés, passibles d'Appel que lorsqu'ils ne l'étaient plus d'opposition ; mais il n'en résultait nullement que la partie qui avait obtenu la condamnation, fût obligée, pour en appeler *à minimâ*, d'attendre que le condamné fût lui-même recevable à en interjeter Appel.

Charles Robbe et Pierre Camus sont traduits devant un tribunal correctionnel, pour avoir introduit des porcs dans une forêt de l'État ; et faute de comparaître, ils sont condamnés par défaut à l'amende ; mais le tribunal les décharge de la demande formée contre eux par le procureur du gouvernement, à ce qu'ils fussent condamnés à une somme égale à l'amende pour restitution et dommages-intérêts.

Dans le mois de la prononciation de ce jugement, le procureur-général de la cour de justice criminelle du département de Sambre et Meuse, en interjette Appel, et fait citer les deux prévenus à l'audience de cette cour.

Charles Robbe comparaît seul sur cette citation, et soutient que le procureur général est non-recevable, quant à présent, dans son Appel, attendu que le jugement par défaut dont il provoque la réformation, n'a pas encore été signifié ; qu'ainsi, les parties condamnées sont encore dans le délai de l'opposition, et que, tant que ce délai ne sera pas expiré, il ne peut pas y avoir lieu à l'Appel, même de la part du ministère public.

Le 20 février 1808, arrêt qui, « attendu que » l'Appel du procureur-général a été interjeté dans » le délai utile de l'opposition, déclare le procu-

---

(1) Bulletin criminel de la cour de cassation, tome 30, page 45.

» reur général non-recevable quant à présent. »

Le procureur général se pourvoit en cassation ; et par arrêt du 17 mars suivant, au rapport de M. Carnot,

« Vu l'art. 456 du Code du 3 brumaire an 4.... ;

» Et attendu, que l'art. 197 du Code du 3 brumaire an 4, exige impérativement des procureurs-généraux, qu'ils notifient leur appel dans le mois de la prononciation des jugemens intervenus en police correctionnelle, sous peine de déchéance;

» Que cet article ne fait d'exception pour aucun cas ;

» Que, dès-lors, aucune exception ne peut être admise par les tribunaux, sans usurper une partie du pouvoir législatif;

» Que cependant, quoique le procureur général près la cour de justice criminelle du département de Sambre-et-Meuse eût notifié son Appel dans le mois de la prononciation du jugement, l'arrêt l'y a déclaré non-recevable;

» Que la cour de justice criminelle n'a pu voiler cette usurpation de pouvoir, en déclarant seulement le procureur général non-recevable, quant à présent, dans son appel, puisque l'article cité du Code ni aucune autre loi n'autorise, dans aucun cas, de surseoir au jugement des Appels régulièrement interjetés ;

» Que surseoir en pareil cas, est donc un véritable déni de justice ;

» Que ce déni de justice résulte même formellement des dispositions de l'art. 199, qui porte que le rapport de l'affaire sera fait pardevant les tribunaux criminels dans le mois de la notification de l'Appel ;

» Que peu importe si le jugement dont est Appel, a été rendu contradictoirement ou par défaut, dès que la loi est conçue en termes généraux, et qu'elle n'admet pas cette distinction ;

» Que d'ailleurs l'opposition aux jugemens rendus, par défaut en matière correctionnelle, n'est que de simple tolérance; qu'elle ne se trouve fondée sur aucun article formel du Code, tandis que l'Appel est la voie légale d'attaquer les jugemens ;

» Que de là suit que, quand il existe cumulativement Appel et opposition, c'est toujours sur l'Appel qu'il faut procéder;

» Que, si cela est vrai en thèse générale, cela doit l'être à plus forte raison, lorsque l'opposition n'est encore qu'éventuelle, tandis que la cour de justice criminelle se trouvait déjà saisie par citation de l'Appel interjeté ;

» Que tel était l'état des choses, lorsque fut rendu l'arrêt attaqué ;

» Par ces motifs, la cour casse et annulle.... »

Un arrêt semblable a été rendu le 15 avril 1808, au rapport de M. Lamarque.

Ce que ces deux arrêts ont jugé sous le Code du 3 brumaire an 4, on doit à plus forte raison le juger aujourd'hui que, suivant l'expression de l'arrêt de la même cour, du 23 janvier 1825, rapporté au n°. précédent, la décision du conseil d'état suivant laquelle l'Appel d'un jugement par défaut n'était recevable qu'après l'expiration du délai de l'opposition, *a disparu devant l'art.* 203 *du Code d'instruction criminelle.*

Cependant la question s'étant représentée en 1823 devant la cour royale de Colmar, dans l'une des espèces dont il est rendu compte au n°. précédent, cette cour, partant de l'idée que la décision dont il s'agit, subsistait encore, a cru devoir prendre un milieu entre le système proscrit, sous le Code du 3 brumaire an 4, par les deux arrêts de cassation des 17 mars et 15 avril 1808, et le principe proclamé par ces mêmes arrêts, qu'*aucune loi n'autorise à surseoir au jugement des Appels régulièrement interjetés*. Comme le ministère public était appelant *à minimâ* en même temps que Samuel Brunschweig l'était au principal du jugement par défaut non encore signifié, et relativement auquel par conséquent le délai de l'opposition ne courait pas encore, elle a, par son arrêt du 24 octobre 1823, *donné acte au ministère public de son Appel, et sursis à y statuer jusqu'à épuisement de la juridiction des premiers juges à l'égard du droit d'opposition de Samuel Brunschweig.*

Il est évident que cet arrêt aurait été cassé, s'il eût été dénoncé à la cour suprême, puisque le sursis qu'il prononçait, reposait sur une base absolument fausse.

§. IX. 1°. *La fin de non-recevoir qui résulte, contre un Appel, de ce qu'il a été interjeté trop tard, peut-elle, en matière civile, être proposée en tout l'état de cause et après défense au fond?*

2°. *Peut-elle l'être en matière correctionnelle et de police?*

3°. *Doit-elle, en matière civile, être suppléée par le juge d'Appel, lorsque la partie à qui elle est acquise, n'en excipe pas ?*

Doit-elle l'être dans les matières correctionnelles de police?

I. Sur la première question, l'affirmative est incontestable, et c'est ce que je prouverai dans le n°. 3, ainsi que dans les notes que j'y ajoute dans cette édition.

II. La seconde question ne peut être résolue que dans le même sens, non-seulement parce-que la déchéance qui résulte de l'expiration des délais de l'Appel, forme, dans les matières correctionnelles et de police, comme dans les matières civiles, une exception péremptoire et extinctive de l'action, mais encore parcequ'elle ne peut pas, dans les premières, comme on le verra ci-après, n°. 4, être couverte même par le consentement exprès des parties.

C'est ainsi d'ailleurs que cette question a été jugée par un arrêt de Cassation, du 20 mars 1812, qui est cité dans des conclusions du 28 janvier 1813, rapportées dans le *Répertoire de jurisprudence*, au mot *Procuration*, §. 2.

III. La troisième question s'étant présentée à l'audience de la cour de cassation, section civile, le 1ᵉʳ. messidor an 9, dans la cause de Jacques Seeberger et Jean Huzel, demandeurs en cassation d'un jugement du tribunal civil du département des Vosges, du 9 messidor an 7, contre Jean et Valentin Hauck, j'ai conclu en faveur des parties qui soutenaient que le juge d'Appel avait dû suppléer d'office la fin de non-recevoir.

Les opinions s'étant trouvées partagées sur ce point, cinq nouveaux juges ont été appelés pour vider le partage; et l'affaire reportée à l'audience du 21 thermidor suivant, j'ai dit :

« Le jugement du tribunal civil du département des Vosges (du 9 messidor an 7), qui vous est dénoncé, en confirme quatre du tribunal civil du département du Bas-Rhin; et vous avez à décider s'il a pu les confirmer, sans contrevenir aux lois qu'il devait prendre pour guides dans l'examen de leurs dispositions.

» Et d'abord, la procédure sur laquelle ces quatre jugemens avaient été rendus, n'était-elle pas radicalement nulle, et ne devait-elle pas être déclarée telle, par l'effet de l'irrégularité de l'exploit introductif de la demande des cit. Hauck ?

Cette première question n'est pas difficile à résoudre.

» L'exploit qui en est l'objet, avait été signifié aux demandeurs le 25 floréal an 4, par *Guillaume Becker*, se qualifiant *huissier national*, *demeurant à Billigheim*.

» Les demandeurs, en comparaissant sur cette assignation, avaient soutenu qu'elle était nulle, parceque Guillaume Becker n'était pas huissier du tribunal civil du Bas-Rhin, mais seulement de la justice de paix du canton de sa résidence.

» Ils auraient pu ajouter, mais ils ne l'ont pas fait, que cet huissier n'avait pas indiqué la juridiction dans laquelle il était immatriculé ; et qu'en conséquence, la nullité de son exploit était prononcée par l'art. 2 du tit. 2 de l'ordonnance de 1667.

» De leur côté, les défendeurs ont prétendu, non pas que l'exploit fût valable, mais que les demandeurs en avaient couvert l'irrégularité par leur comparution, et qu'ils n'étaient pas recevables, en comparaissant, à alléguer les vices de l'exploit en vertu duquel ils comparaissaient.

» Cette défense eût été victorieuse, si le canton de Billigheim eût été, en l'an 4, comme il l'était avant sa réunion à la république, soumis aux règles de la jurisprudence allemande; car nous lisons dans les *Observations pratiques* de Mysinger, cent. 2, ob. 18, que l'une des plus constantes de ces règles, est qu'une partie assignée ne peut pas, en se présentant, exciper des vices de formes de son assignation : *Hoc tamen*, dit-il, *intelligendum quando ex parte citati nemo comparet ; secùs, si pars citata compareat, quia citationis effectus est comparitio ; et ideò sufficit eam comparuisse ; nec ei prodest si allegat se illegitimè citatam*. Il ajoute que la chose a été ainsi réglée par un arrêt de la chambre impériale de Wetzlaer, séante alors à Spire, le 15 avril 1550, chambres assemblées; et que ce tribunal en a encore jugé de même, le 21 octobre 1554.

» Mais, cette jurisprudence a dû cesser dans le canton de Billigheim, du moment que, par sa réunion au ressort du tribunal du Bas-Rhin, il est devenu sujet à l'ordonnance de 1667.

» En effet, l'art. 5 du tit. 5 de cette ordonnance veut que les nullités d'exploits soient opposées dès l'entrée de la cause ; il veut donc que le défendeur puisse les opposer, même en comparaissant; car si le défendeur se privait, en comparaissant, du droit de les opposer, il serait souverainement ridicule de lui enjoindre de les opposer au premier instant de sa comparution (1).

» Et cependant, le tribunal du Bas-Rhin a rejeté l'exception des cit. Seeberger et Huzel, par le seul motif que les cit. Seeberger et Huzel avaient comparu ; il a prononcé à cet égard, comme l'eût fait la chambre impériale; il a, par conséquent, motivé le rejet de cette exception, d'une manière qui contrarie directement le vœu de l'ordonnance de 1667.

» Mais du reste, l'exception, telle que la proposaient les cit. Seeberger et Huzel, était-elle fondée? C'est là ce que nous devons examiner; car si elle n'était pas fondée, le tribunal du Bas-Rhin a bien jugé en la rejetant; et il n'importe qu'en jugeant bien, il se soit appuyé sur un mauvais motif.

» Or, où est-il écrit qu'un huissier de juge de paix ne peut pas, dans l'étendue de son ressort, donner une assignation devant un tribunal ordinaire? La seule loi que nous ayons sur les pouvoirs des huissiers des juges de paix, est celle du 19 vendémiaire an 4; et voici ce qu'elle porte, art. 27 :

» *Il y aura auprès de chaque tribunal non divisé en sections, et de chaque section de tribunal, deux huissiers nommés et révocables par le tribunal.*

» *Ils feront concurremment tous exploits de justice dans tout le département, hormis pour les justices de paix et bureaux de conciliation.*

» *Ceux des huissiers des tribunaux actuels qui ne seront pas du nombre des précédens, continueront provisoirement d'instrumenter en concurrence avec eux dans le département, et seront révocables comme eux.*

» *Il n'y aura qu'un seul huissier pour chaque justice de paix,* LEQUEL NE POURRA INSTRUMENTER QUE DANS LE RESSORT DE SA JUSTICE.

» Il y a, comme vous le voyez, d'après cette loi, trois sortes d'huissiers : les huissiers audienciers,

---

(1) *V.* l'article *Assignation*, §. 5.

dont elle autorise la nomination par les tribunaux, civils, criminels, correctionnels et de commerce; pour le service de chacun de ces établissemens, les huissiers des ci-devant tribunaux de district et les huissiers des juges de paix.

» Les huissiers des deux premières classes peuvent exercer dans tout le département où ils sont domiciliés, et y faire toute espèce d'exploits; mais il leur est défendu de s'immiscer dans les actes relatifs aux justices de paix et aux bureaux de conciliation.

» Quant aux huissiers de la troisième classe, ils ne peuvent exercer que dans le ressort des justices de paix auxquels ils sont respectivement attachés; mais la loi ne détermine pas ce qu'ils pourront ou ne pourront pas y faire; elle se contente d'exiger qu'ils ne sortent pas de leurs arrondissemens; elle laisse donc subsister à leur égard, cette ancienne règle attestée par Jousse, sur l'art. 2 du tit. 2 de l'ordonnance de 1667, que, pour déterminer la compétence d'un huissier, *on ne doit considérer que le lieu où l'exploit est posé, pour savoir si l'huissier exploite hors de son ressort, et non le juge devant lequel l'assignation est donnée.*

» Inutilement alléguerait-on ici le droit de réciprocité; inutilement dirait-on que la loi défendant aux huissiers des tribunaux ordinaires, d'instrumenter pour les juges de paix, il doit être pareillement défendu aux huissiers des justices de paix d'instrumenter pour les tribunaux ordinaires.

» Cette raison eût été bonne à proposer à la tribune du corps législatif; mais les magistrats ne doivent voir dans la loi que ce qui y est réellement. Si le législateur eût voulu exclure les huissiers des justices de paix du droit d'assigner devant les tribunaux ordinaires, il l'aurait dit; et ce qui prouve qu'il ne l'a pas voulu, c'est qu'il n'a dérogé que relativement aux huissiers des tribunaux ordinaires, à la règle générale qui autorise tout huissier exploitant dans son ressort, à assigner devant toute espèce de juridiction (1).

» Au surplus, veut-on qu'il y ait, à cet égard, du doute dans la loi? Eh bien! Du moins, en résolvant ce doute en faveur des huissiers des juges de paix, on ne viole pas formellement le texte du législateur; et dès-là, point d'ouverture à cassation contre un jugement qui a déclaré valable une assignation donnée par un huissier de juge de paix, devant un tribunal civil.

» Aussi, remarquez-vous que les demandeurs fondent leur recours, non pas sur l'incompétence prétendue de l'huissier Becker, mais sur le défaut de mention dans son exploit du tribunal où il était immatriculé.

» Déjà nous avons observé que, si les demandeurs eussent articulé ce défaut devant le tribunal du Bas-Rhin, l'exploit aurait infailliblement dû être déclaré nul; et nous devons ajouter, comme une conséquence nécessaire, que ce serait pour eux un moyen péremptoire de cassation. Mais les demandeurs n'en ont pas dit le mot, même devant le tribunal d'appel; c'est devant vous qu'ils en parlent pour la première fois; et certainement ils y sont non-recevables, d'après l'art. 4 de la loi du 4 germinal an 2 (1).

» Ce n'est pas tout. Quand on irait jusqu'à supposer, dans le jugement du tribunal du Bas-Rhin une contravention formelle, soit à l'art. 2 du tit. 2 de l'ordonnance de 1667, soit à l'art. 23 de la loi du 19 vendémiaire an 4, les demandeurs n'en seraient pas plus avancés; car ce jugement avait acquis toute l'autorité de la chose jugée, lors de celui par lequel le tribunal des Vosges en a prononcé la confirmation; il l'avait acquise, non, comme l'ont prétendu les défendeurs dans leur mémoire, par le défaut absolu d'appel; car les conclusions que les défendeurs eux-mêmes ont prises devant le tribunal des Vosges, prouvent que les demandeurs en étaient appelans; mais par le défaut d'appel dans les trois mois de sa signification.

» En effet, ce jugement a été rendu le 4 messidor an 4, et signifié le 13 du même mois. Le délai pour en appeler, a donc expiré le 13 vendémiaire an 5. Or, ce n'est que long-temps après, et *incidemment* à leur Appel principal signifié seulement le 10 germinal an 5, que les demandeurs ont appelé du jugement du 4 messidor an 4. Ce jugement était donc alors inattaquable; et le tribunal des Vosges n'aurait pas pu le réformer, sans manquer essentiellement au respect dû à la chose jugée, sans se rendre coupable de contravention à l'art. 5 du tit. 27 de l'ordonnance de 1667.

» Il est vrai que les défendeurs n'ont pas opposé, devant le tribunal des Vosges, la fin de non-recevoir qui s'élevait contre cet appel incident de leurs adversaires.

» Il est vrai encore que le tribunal des Vosges n'a pas déclaré cet Appel non-recevable, et qu'il a confirmé le jugement du 4 messidor an 4, comme ayant bien jugé au fond.

» Mais le moment n'est pas encore venu de discuter les questions qui naissent de ces deux circonstances : elles se représenteront dans l'examen du deuxième moyen de cassation des demandeurs; et c'est à cette partie de la cause que nous croyons devoir les renvoyer.

» En quoi consiste donc le deuxième moyen des demandeurs? Il consiste à dire que le tribunal des Vosges a porté atteinte à l'autorité de la chose jugée, en confirmant le jugement du tribunal du Bas-Rhin, du 4 ventôse an 5, qui avait dessaisi les demandeurs d'une succession dont

---

(1) *V.* l'article *Huissiers de juge de paix.*

(1) *V.* l'article *Cassation*, §. 37.

ils jouissaient en vertu d'un jugement arbitral rendu en dernier ressort le 26 floréal an 2.

» Et en effet, il n'est pas possible de douter que l'autorité de la chose jugée n'ait reçu, de la part du tribunal des Vosges, l'atteinte la plus formelle, si ce tribunal a dû considérer le jugement arbitral du 26 floréal an 2, comme un véritable jugement, comme un jugement encore existant.

» Mais a-t-il dû le considérer comme tel? C'est à quoi se réduit notre question ; et déjà vous avez observé qu'il l'a décidée pour la négative, comme l'avait fait, avant lui, le tribunal du Bas-Rhin.

» Le tribunal du Bas-Rhin s'était fondé d'abord sur la nullité du jugement arbitral du 26 floréal an 2 ; et cette nullité, il l'avait fait résulter de ce que, des cinq arbitres qui avaient prononcé, y compris le sur-arbitré, quatre seulement avaient signé le résultat de leur délibération, sans qu'il fût fait mention que le cinquième eût refusé de le signer.

» C'est-à-dire que le tribunal du Bas-Rhin s'est, en quelque sorte, érigé en tribunal de cassation, et qu'il a fait, à l'égard du jugement arbitral, ce que vous seuls auriez été autorisés à faire.

» C'est-à-dire, par conséquent, que le tribunal du Bas-Rhin a excédé ses pouvoirs, en regardant comme nul de plein droit, un jugement qui devait subsister tant qu'il n'aurait pas été cassé par la seule voie reconnue pour légale.

» Et inutilement prétendrait-on qu'il n'est pas besoin de recourir à la cassation contre les jugemens arbitraux, lorsqu'ils ne sont pas signés de tous les arbitres qui ont concouru à leur formation; inutilement prétendrait-on qu'alors ces actes n'ont pas le caractère de jugement.

» C'est comme si l'on prétendait qu'un jugement rendu par un tribunal d'appel, au nombre de juges déterminé par la loi du 27 ventose an 8, peut, sous le prétexte que la minute n'en est pas signée du greffier, être considéré et écarté comme nul, soit par le même, soit par un autre tribunal d'appel.

» C'est comme si l'on prétendait qu'un jugement rendu par un tribunal criminel composé de trois juges, conformément à la loi du 27 ventose an 8, peut, sous le prétexte que la minute n'est signée que d'un ou deux de ces magistrats, être déclaré nul, soit par le même, soit par un autre tribunal criminel.

» Non : dès qu'un acte a la forme extérieure d'un jugement en dernier ressort, dès qu'il prononce entre deux parties sur les différends qui les divisaient, dès qu'il condamne ou décharge, il n'appartient qu'au tribunal de cassation de l'annuler ; et tant que le tribunal de cassation ne l'a pas annulé en effet, il subsiste dans toute sa force ; il conserve toute son autorité (1).

» Mais le tribunal du Bas-Rhin ne s'est pas borné, pour écarter le jugement arbitral du 26 floréal an 2, au motif tiré du défaut de signature de l'un des arbitres ; il a pensé, en outre, que ce jugement devait être considéré comme n'existant plus, parcequ'il avait, suivant lui, été rendu en conséquence des dispositions rétroactives de la loi du 17 nivose an 2, et qu'il se trouvait, d'après cela, aboli par l'art. 11 de la loi du 3 vendémiaire an 4.

» Mais quels sont les jugemens qu'abolit cette dernière loi? Ceux-là seuls *qui ont*, dit-elle, *leur fondement dans les dispositions rétroactives des lois des 5 brumaire et 17 nivose an 2.*

Or, le jugement arbitral qui avait adjugé aux héritiers Hunstel la succession dont il s'agit, la leur avait-il adjugée en vertu des dispositions rétroactives de ces deux lois? Non, bien évidemment non. Les dispositions rétroactives de ces deux lois ne remontaient qu'aux successions ouvertes depuis le 14 juillet 1789; elles ne pouvaient donc pas atteindre, et dans le fait les arbitres n'avaient pas jugé qu'elles atteignissent, la succession de Georges-Jacques Hunstel, qui s'était ouverte en 1783.

» Il est vrai que le jugement avait été rendu en arbitrage forcé, et que, pour composer le tribunal arbitral, on avait procédé conformément aux règles établies par les lois des 17 nivose et 23 ventose an 2, relativement à l'effet rétroactif de la première de ces lois.

» Mais ce n'était pas à dire pour cela que ce jugement eût son *fondement* dans les dispositions rétroactives de la loi du 17 nivose. Il en résultait seulement que la loi du 17 nivose avait été prise pour guide, quant à la *forme* de ce jugement. Or, encore une fois, l'art. 11 de la loi du 3 vendémiaire an 4 n'abolit que les jugemens *qui ont leur fondement dans les dispositions rétroactives* de la loi du 17 nivose; il ne touche en aucune manière aux jugemens qui, soit par erreur, soit par le consentement de toutes les parties intéressées, ont été rendus dans la forme déterminée par cette loi, et dont le fond a été motivé par les lois existantes à l'époque de l'ouverture des successions qu'ils avaient pour objet.

» Le tribunal du Bas-Rhin n'a donc pas pu regarder le jugement du 26 floréal an 2 comme aboli par la loi du 3 vendémiaire an 4 ; et ce n'est que par une très-fausse application de cette loi, qu'après lui le tribunal des Vosges a écarté l'exception de chose jugée que les héritiers Hunstel tiraient de ce jugement.

» Le tribunal des Vosges avait cependant un moyen bien simple d'arriver au même résultat : il pouvait dire que cette exception de chose jugée avait été rejetée par le jugement du tribunal du Bas-Rhin, du 4 messidor an 4, et conclure de là que le jugement du 26 floréal an 2 n'existait plus aux yeux de la loi, au moment

---

(1) *V.* l'article *Arbitres*, §. 4.

où le tribunal du Bas-Rhin avait rendu son jugement du 4 ventôse an 5, sur le fond.

» En effet, il n'existait plus, puisqu'un jugement passé en chose jugée l'avait déclaré comme non avenu.

» Nous disons, *un jugement passé en chose jugée* : car nous en avons déjà fait la remarque, le jugement du 4 messidor an 4 avait été signifié dès le 13 du même mois; le délai pour en appeler s'était écoulé, sans que les demandeurs en eussent interjeté appel; les demandeurs n'en avaient appelé qu'après le jugement du fond; et ce qui le prouve invinciblement,

» C'est 1°. qu'il n'existe, de leur part, d'autre exploit d'appel principal que celui qui porte sur le jugement du fond, rendu, comme vous le savez, le 4 ventôse an 5;

» C'est 2°. que, dans l'acte d'appel incidemment interjeté le 22 floréal an 6, du jugement d'admission à preuve du 15 fructidor an 4, les demandeurs eux-mêmes ont reconnu implicitement, à la vérité, mais d'une manière bien claire, qu'il n'existait encore, à cette époque, d'autre appel de leur part, que celui dont ils avaient frappé, le 10 germinal précédent, le jugement du 4 ventôse an 5 ;

» C'est 3°. que, si l'appel interjeté, n'importe à quelle époque précise, du jugement du 4 messidor an 4, l'eût été antérieurement à l'Appel principal signifié seulement le 10 germinal an 5, très-certainement l'appel principal aurait été de plein droit dévolu au tribunal devant lequel eût été précédemment porté l'Appel du jugement du 4 messidor an 4; et que, dès-lors, il aurait été, non-seulement inutile, mais même souverainement absurde, de proposer des exclusions de tribunaux dans l'acte d'Appel du 10 germinal an 5, proposition que l'on y a cependant faite, et qui seule démontre qu'à cette époque, il n'y avait pas d'autre Appel que celui du jugement du 4 ventôse an 5;

» C'est 4°. que les demandeurs, dans leur citation du 14 thermidor an 5, devant le tribunal des Vosges, n'ont parlé que des Appels dont ils avaient frappé d'abord le jugement du 4 ventôse an 5, ensuite le jugement du 15 fructidor an 4;

» C'est enfin que les demandeurs ont, par leurs conclusions insérées dans le jugement attaqué, qualifié expressément d'*Appels incidens* les Appels qu'ils avaient interjetés des jugemens des 4 messidor et 15 fructidor an 4 et 21 nivôse an 5.

» Qu'est-ce, en effet, qu'un *Appel incident*? Écoutons les auteurs de la nouvelle édition de Denisart, au mot *Appel*, §. 1, n°. 5 : *On nomme Appel incident un Appel accessoire, qu'on interjette à l'occasion d'un autre* QUI EST DÉJA PENDANT. *Ce dernier Appel est alors appelé* PRINCIPAL, *par opposition à celui dont on vient de parler.*

» L'Appel du jugement du 4 messidor an 4 n'a donc été interjeté que par suite ou à l'occasion de l'Appel du jugement du 4 ventôse an 5.

» Il ne l'a donc été que postérieurement à ce dernier Appel.

» Il ne l'a donc été que long-temps après l'expiration des trois mois qui avaient suivi la signification du jugement du 4 messidor an 4.

» Il n'était donc plus recevable.

» Le tribunal des Vosges ne pouvait donc pas y avoir égard.

» Il ne pouvait donc pas s'en faire un titre pour réformer le jugement du 4 messidor an 4.

» Il a donc dû maintenir ce jugement.

» Il a donc très-bien jugé, quoique par de très-mauvais motifs, en décidant que le jugement arbitral du 26 floréal an 2 ne pouvait pas produire d'exception de chose jugée en faveur des héritiers Hunstel.

» Vous ne pouvez donc pas casser le jugement du tribunal des Vosges, pour n'avoir pas accueilli cette exception.

» Telles sont les idées qui se présentent naturellement à l'esprit. Mais elles sont combattues par deux objections d'une grande importance, et qui ont occasioné, dans la section civile, le partage que vous êtes appelés en ce moment à vider.

» La première est que les défendeurs n'ont pas, devant le tribunal des Vosges, opposé à l'Appel incident du jugement du 4 messidor an 4, la fin de non-recevoir qui résultait de ce que cet Appel avait été émis trop tard;

» La seconde, que le tribunal des Vosges n'a pas déclaré cet Appel non-recevable; il n'y a, du moins, fait droit qu'en déclarant qu'il avait été bien jugé par le jugement du 4 messidor an 4.

» De là, deux questions à examiner :

» Les défendeurs, par leur silence sur les trois mois écoulés et beaucoup au-delà, depuis la signification du jugement du 4 messidor an 4, ont-ils couvert la fin de non-recevoir qui s'élevait contre l'Appel incident des demandeurs? *C'est la question principale* ;

» En supposant que le tribunal des Vosges eût dû, d'office, déclarer cet Appel non-recevable, son jugement peut-il et doit-il être cassé pour n'avoir pas prononcé dans cette forme, pour avoir statué sur le fond du jugement du 4 messidor an 4, et pour avoir confirmé ce jugement? *C'est la question subsidiaire.*

» Sur la première question (1), nous devons d'abord remarquer que, dans l'ancien droit romain, la fin de non-recevoir qu'élevait contre un appelant le laps des délais fataux, n'était pas couverte par le silence de l'intimé; et c'est une vérité dont nous trouvons la preuve dans le §. 5,

---

(1) Je dois avertir à l'avance que le nouvel examen auquel j'ai soumis cette question, m'a conduit à un résultat entièrement contraire à celui que j'avais adopté en 1801 dans ces conclusions. Je vais en conséquence, dans les notes suivantes, répondre à chacune des raisons qui m'avaient égaré.

de la loi 5, C. *de temporibus et reparationibus appellationum* (1).

» Il résulte en effet de ce paragraphe, que, par les lois antérieures, il n'était permis aux parties, ni de convenir que l'une d'elles ne pourrait pas appeler (2), ni de se dispenser mutuellement des délais fataux qui étaient réglés en matière d'Appel ; et c'est sans doute au nombre de ces lois que doit être rangée, comme l'indique Godefroy dans sa glose, la loi 27, D. *de regulis juris* ; car elle dit expressément que, bien que les obligations puissent être modifiées par les conventions des parties, il n'en est pas de même des actions judiciaires, dont le mode est déterminé, soit par la loi, soit par les édits du préteur : *nec est prætorio, nec ex solemni jure privatorum pactione quiquam immutandum est, quamvis obligationum causæ pactione possint immutari, et ipso jure et per pacti conventi exceptionem ; quia actionum modus, vel lege, vel per prætorem introductus, privatorum pactionibus non infirmatur, nisi tunc cùm inchoatur actio inter eos convenit.* (3).

» Or, bien certainement ce que les parties ne pouvaient pas faire par conventions expresses, elles ne le pouvaient pas davantage par leur silence ; ce qu'elles ne pouvaient pas faire par des actes positifs, elles ne pouvaient pas le faire tacitement.

» Il est donc évident que, dans l'ancien droit romain, la fin de non-recevoir que formait contre un appelant, l'expiration du délai fixé pour l'Appel, appartenait toute entière à l'ordre public, et que le juge était tenu de la suppléer d'office, lorsque la partie intéressée à la faire valoir ne la proposait pas.

» Justinien a-t-il, par la loi que nous venons de citer, changé quelque chose à cette législation ? Vous allez en juger par les termes de cette loi même.

» Si les parties, dit-elle, ont cru devoir convenir, ou qu'elles ne pourraient pas appeler, ou que les délais fataux ne pourraient pas leur être opposés respectivement, leur convention, si elle a été rédigée par écrit, doit avoir son entier effet ;

---

(1) On verra dans un instant que cette loi ne dit rien moins que cela.

(2) S'il résultait de ce paragraphe qu'avant Justinien, il n'était pas permis aux parties de convenir que l'une d'elles ne pourrait pas appeler, ce paragraphe se trouverait en opposition diamétrale avec la loi 1, §. 3, D. *à quibus appellari non licet*, où il est dit en toutes lettres que, *si quis antè sententiam professus fuerit se à judice non provocaturum, indubitatè provocandi auxilium perdidit.* Mais la vérité est que la loi 5, C. *de temporibus et reparationibus appellationum*, ne contient pas un mot d'où l'on puisse tirer une pareille conséquence ; et c'est ce que je démontrerai tout à l'heure.

(3) Je dois avouer que j'ai bien mal entendu cette loi. Elle n'établit pas, comme je l'ai supposé, entre les obligations et les actions judiciaires, une différence consistant en ce que les unes peuvent et que les autres ne peuvent pas être modifiées par les conventions des parties. Elle parle, il est vrai, des actions judiciaires ; mais c'est uniquement en les considérant dans leurs rapports avec les obligations contractuelles dont elles sont le mode d'exécution ; et son seul objet est de décider, conformément aux principes reçus dans le droit romain sur ce que l'on y entendait par *nudum pactum*, que les obligations contractuelles étant réglées par le droit civil ou prétorien, il n'y peut être rien changé par de simples pactes faits après coup ; ou que du moins ces pactes ne produisent qu'une exception et que, pour qu'il en résultât une action, il faudrait qu'ils eussent été faits à l'instant même du contrat, *incontinenti adjecta contractui*.

Voici en effet comment le docteur Dantoine traduit cette loi dans son Commentaire sur les règles de droit ; « Les » particuliers ne peuvent, par aucune convention, altérer » ni changer le droit prétorien ou le droit civil, en ce qui » regarde la forme essentielle des contrats et des autres » dispositions ; quoique les causes des obligations, c'est-à- » dire, les choses qui dépendent uniquement des parties, » puissent être changées, soit de plein droit par une con- » vention insérée dans l'acte même, soit par un second » acte contenant une clause qui déroge au premier et qui » produit une exception : d'autant que l'on ne saurait » avancer que la qualité donnée à chaque action, ou par la » loi civile, ou par les édits des préteurs, soit anéantie de » plein droit par les conventions des parties, si ce n'est lors- » qu'elles sont insérées dans l'acte même ».

Il ajoute que les interprètes ne sont pas bien d'accord sur le sens de cette règle.

« A la vérité (continue-t-il) ils conviennent tous en un point, savoir, que pour entendre les principes que l'on y propose, qui sont, que, dans tout acte, il faut distinguer entre la forme essentielle, les qualités naturelles, et les pactes accessoires ; mais ils ne conviennent pas dans l'explication de deux termes, *obligationum causæ*, et *actionum modus*, lesquels ne paraissent pas aux uns ce qu'ils paraissent aux autres ; je ne m'arrêterai pas sur leurs différends pour éviter les controverses de l'école, qui ne sont pas de mon goût, je m'efforcerai seulement d'éclaircir une contradiction qui paraît dans le texte qui a trois parties.

» Le jurisconsulte, après avoir décidé dans la première, qu'à l'égard de la forme essentielle des contrats et des autres dispositions, les particuliers ne peuvent faire aucune convention contraire au droit, il décide dans la seconde qu'à l'égard des causes qui sont des circonstances accessoires, il est permis de les changer, ou de plein droit par une clause insérée dans le premier acte, qui est nommé par le jurisconsulte *pactum incontinenti adjectum*, ou par voie d'exception, lorsque, dans un second contrat, on insère une clause contraire au premier, ce que l'on nomme *pactum ex intervallo* ; ensuite, dans la troisième, il dit que la qualité de chaque action ne peut être changée que par le moyen du pacte *incontinenti*, car c'est ainsi que l'on explique ces termes qui sont à la fin du texte, *dùm inchoatur actio*.

» S'il est donc vrai, selon les interprètes, que ces deux termes, *obligationum causæ* et *actionum modus* signifient la même chose, sans doute il y a une contradiction évidente dans le texte, puisqu'après avoir dit dans la seconde partie que les causes des obligations, *obligationum causæ*, peuvent être changées par les deux pactes *incontinenti* et *ex intervallo*, on dit dans la troisième partie que les qualités des actions, *actionum modi*, qui sont la même chose que les causes des obligations, ne peuvent être changées que par le moyen du pacte *incontinenti*.

» Pour concilier ces contrariétés, il n'y a pas d'autre parti à prendre que celui que j'ai pris en ajoutant dans la version, que l'on ne peut pas avancer que la qualité de chaque action soit anéantie de plein droit *per pactum incontinenti* par les conventions des parties, si ce n'est lorsqu'elles sont insérées dans l'acte même. De cette manière l'on n'exclud pas la liberté de l'anéantir aussi par voie d'exception, c'est-à-dire, *per pactum ex intervallo*. Ainsi,

car nous voulons que la rigueur des lois anciennes soit à cet égard mitigée par les conventions des parties : *Sin autem partes inter se*, SCRIPTURA INTERVENIENTE, *pasciscendum esse crediderint, nemini parti licere ad provocationis auxilium pervenire, vel ullum fatale observare* (1), *eorum pactionem firmam esse censemus. Legum enim austeritatem in hoc casu volumus pactis mitigari*.

» Justinien a donc dérogé aux anciennes lois, en ce qu'elles déclaraient nulles, relativement aux Appels, les conventions par lesquelles les parties renonçaient aux fins de non-recevoir résultant du laps des délais fataux (1).

» Mais pour quel cas y a-t-il dérogé? Pour le cas seulement où ces conventions seraient fixées par écrit, *scripturâ interveniente*.

» Donc les conventions non écrites sont demeurées, à cet égard, ce qu'elles étaient avant Justinien.

» Donc, elles sont encore nulles, comme elles l'étaient dans l'ancien droit romain.

» Donc, aujourd'hui encore, la renonciation à la fin de non-recevoir qui résulte contre un appelant, de ce qu'il n'a pas interjeté son Appel dans le délai fatal, ne pourrait pas, quoiqu'elle fût faite en termes exprès, dispenser le juge de déclarer l'appelant non-recevable, si d'ailleurs elle n'était pas consignée dans un écrit, et rédigée en forme de convention.

» Donc, et à bien plus forte raison, une pareille renonciation serait-elle sans effet, si elle n'avait pas été faite par une convention écrite, si elle n'était établie que par induction, si on ne la faisait résulter que du silence de la partie intéressée à opposer la fin de non-recevoir (2).

---

l'on accordera facilement le principe de la seconde partie de la règle avec celui de la troisième.

»Sans le concours de ce raisonnement, on ne saurait soutenir le sens que l'on donne à ces termes, *dum inchoatur actio*, pour signifier le pacte *incontinenti*, qui change la qualité de l'action *ipso jure* de plein droit en vertu de la clause insérée dans l'acte principal, ce qui le distingue du changement qui se fait par voie d'exception par le moyen du pacte *ex intervallo*, c'est-à-dire, de la clause qui est insérée dans un second acte».

Au surplus quand on interpréterait cette loi autrement que ne le fait Dantoine, il resterait toujours constant que le sens n'en est pas assez clair pour que l'on puisse en inférer que, dans l'ancien droit romain, les parties ne pouvaient pas se dispenser mutuellement des délais fataux qui étaient réglés en matière d'Appel.

(1) Le mot *observare* est ici synonyme de *advertere diligenter* et des verbes français *épier*, *veiller sur*. Il signifie donc, par sa liaison avec les termes qui les précédent, que l'on doit tenir pour obligatoire, tout pacte écrit par lequel deux parties conviennent que l'une ne pourra pas épier, à l'effet de se prévaloir de leur expiration, les délais fataux dans lesquels l'autre devrait ou aurait dû, d'après les règles générales, interjeter et relever son Appel; et par conséquent il signifie qu'une partie peut valablement renoncer, en faveur de l'autre, à la fin de non-recevoir qu'elle peut tirer de l'expiration de ces délais. Aussi Godefroy, dans ses notes sur ce texte, en conclud-il que *pactum valet ut dies fatales non observentur, potest conveniri ut nullum fatale servetur*. Il remarque d'ailleurs que tel est le sens dans lequel la substance de ce texte est retracée dans l'Abrégé des Basiliques, liv. 9, tit. 8, chap. 128.

Ce qu'il y a de singulier, c'est que, malgré un texte aussi positif, cinq à six docteurs italiens, cités par Scaccias, savant jurisconsulte de Rome, dans son traité *de Appellationibus* (réimprimé à Cologne en 1717), part. 15, art. 10, enseignent que *partes non possunt communi consensu prorogare tempora fatalia*, par la raison *quia lex volens obviare litibus, quibus judex inquietatur, res publica læditur, partes vexantur expensis, et materia criminibus ex longâ concertatione præbetur, præfixit certum terminum cui partes non debent prorogatione posse renuntiare, quia ille terminus concernit rei publicæ præjudicium*.

Une singularité plus frappante encore, c'est que ces docteurs, tout en soutenant que les parties ne peuvent pas proroger le délai de l'Appel, conviennent cependant qu'elles peuvent le *suspendre*.

Comment expliquer une contradiction aussi étrange? Quelle différence y a-t-il entre une convention qui *proroge* le délai de l'Appel et une convention qui le *suspend* ?

Scaccias répond que l'on ne peut en concevoir aucune: *Sed illa differentia quam adducunt inter prorogationem et suspensionem non videtur realis... miramur quod doctores ita elaboraverint faciendo ejus modi differentiam*.

Aussi n'hésite-t-il pas à dire, en se fondant sur la loi citée et sur la Clémentine 4, *de Appellationibus*, qui en renouvelle la disposition, *que tempus exercendæ appellationis potest augeri vel minui per pactum*. Il ajoute même qu'il en a été ainsi jugé par une décision de la Rote de Rome et par un arrêt du sénat de Turin.

Tulden, professeur de droit à Louvain et conseiller au grand conseil de Malines, dit aussi, dans son commentaire sur le Code, titre *de Appellationibus*, que *fatalibus nequidem conventione partium renuntiari posse tempusve hoc proferri plures putant; mais que ab iis alii et usus dissentiunt per legem 5, §. 5, hoc titulo*.

(1) Quel est, dans cette loi, le sens des termes, *legum asperitatem in hoc casu volumus mitigari*? Justinien veut-il dire que les anciennes lois ne permettaient pas de renoncer par des conventions à la fin de non-recevoir, résultant du défaut d'Appel dans le délai fatal, et que ce qu'elles ne permettaient pas, il juge à propos de le permettre? Si telle était sa pensée, il dirait aussi que les anciennes lois ne permettaient pas non plus de renoncer par des conventions à la faculté d'appeler; et cependant on a vu dans l'une des notes précédentes, que de pareilles renonciations étaient favorablement accueillies par la loi 1, §. 3, D. *à quibus appellari non licet*. Il est donc impossible d'entendre les termes dont il s'agit dans le sens que j'ai supposé ici; et, dès-lors, que signifient-ils? Rien autre chose si ce n'est que les parties peuvent, par leurs conventions, déroger à la rigueur des lois en général, soit anciennes, soit modernes, qui déterminent la faculté d'appeler et le délai de l'Appel. Justinien ne dit pas que les anciennes lois en disposaient autrement, et, encore une fois il ne pourrait pas le dire sans aller contre le texte littéral d'une loi qu'il avait fait placer dans ses Pandectes; il dit seulement que telle est sa volonté, sans exprimer si, par là, il introduit une innovation aux anciennes maximes, ou s'il ne fait que les confirmer.

(2) Il résulte bien des termes de la loi, *scripturâ interveniente*, que Justinien n'admet pas la preuve par témoins d'une convention écrite par laquelle une partie renonce à la faculté d'appeler, ou est relevée du défaut d'avoir appelé dans le délai fatal ; mais pour pouvoir conclure de là que, si sans convention préalable, la partie qui a succombé en première instance, n'appelle qu'après l'expiration du délai, le silence de son adversaire sur la fin de non-recevoir qu'il pourrait lui opposer, ne la couvrira point, il faudrait que l'on pût aussi en conclure que si,

» Voilà quelles sont, sur cette matière, les dispositions du droit romain ; et nous ne devons pas perdre de vue que ces dispositions forment, pour les parties qui plaident devant vous, des lois véritables et proprement dites, puisque les demandeurs sont, comme les défendeurs, domiciliés et que la succession qui fait la matière de leur différend, s'est ouverte dans un pays de droit écrit.

» Mais ces dispositions n'ont-elles pas été abrogées ou modifiées par nos lois nouvelles ? Ne l'ont-elles pas été notamment par cet article si souvent invoqué à votre audience, par l'art. 4 de la loi du 4 germinal an 2, lequel déclare, comme vous le savez, que, *si c'est par le fait de l'une des parties qu'a été omise ou violée une forme prescrite...., cette violation ou omission ne peut donner ouverture à la cassation, que lorsqu'elle a été alléguée par l'autre partie devant le tribunal dont celle-ci prétend faire annuler le jugement, pour n'y avoir pas eu égard.*

» Nous ne craindrons pas de le dire, ce serait faire un étrange abus de cet article, que de l'appliquer au silence d'un intimé sur la tardiveté de l'Appel qu'il combat.

» Sans doute si, dans un exploit fait en temps utile pour la signification d'un Appel, il avait été omis par l'appelant quelqu'une des formes que prescrivent, pour sa régularité, les art. 1, 2 et 3 du tit. 2 de l'ordonnance de 1667, et que cette omission n'eût pas été relevée par l'intimé devant le tribunal d'Appel, le silence de l'intimé suffirait pour couvrir l'irrégularité de l'exploit ; et s'il prétendait, après avoir défendu au fond, ou même après que le fond aurait été jugé, se faire un moyen de ce que cet exploit était entaché de nullité, la loi du 4 germinal an 2 s'élèverait contre sa prétention et lui fermerait la bouche.

» Mais s'il n'y a pas eu d'acte d'Appel signifié en temps utile, est-ce encore le cas d'appliquer la loi du 4 germinal an 2 ?

» Sous quel prétexte l'appliquerait-on ? Ne pas appeler d'un jugement dans les trois mois de sa signification à personne ou domicile, ce n'est ni violer ni omettre une forme de procédure, c'est acquiescer au jugement, c'est l'ériger en jugement en dernier ressort, c'est lui imprimer le caractère irrévocable de chose jugée ; et assurément la loi du 4 germinal an 2 est totalement étrangère à cette opération.

» A défaut de la loi du 4 germinal an 2, invoquera-t-on l'art. 5 du tit. 5 de l'ordonnance de 1667, lequel veut que, *dans les défenses, soient employées les fins de non-recevoir, nullité des exploits ou autres exceptions péremptoires, si aucunes y a, pour y être préalablement fait droit.*

» Mais 1°. s'il est certain, d'après cet article, que les défenses au fond couvrent, soit les fins de non-recevoir, soit les exceptions péremptoires, qui ont pour objet d'établir que l'action a été mal dirigée, il est certain aussi qu'elles ne couvrent pas, soit les fins de non-recevoir, soit les exceptions péremptoires, qui tendent à prouver, ou qu'il n'y a pas d'action contre le défendeur, ou que, s'il en a existé une, elle n'existe plus, ou que l'on doit juger comme s'il n'y en avait point.

» Nous en trouvons la preuve et l'exemple dans ce passage de Rodier, sur l'article cité de l'ordonnance de 1667 : *Les fins péremptoires de paiement ou de la prescription, et autres de ce genre, peuvent être proposées dans le cours de l'instance, quoiqu'on ne les ait pas proposées dans les premières défenses ; l'ordonnance entend moins astreindre les parties à les proposer dans le cahier des défenses, que les juges à y faire droit par préalable lorsqu'elles sont proposées.*

» Plusieurs arrêts viennent à l'appui de cette doctrine.

» Il en existe deux dans le Journal du Palais de Toulouse, tome 2, page 552, qui jugent que *le possesseur est reçu à prouver la possession d'un temps légitime pour la prescription, quoiqu'il ait commencé à se défendre comme ancien propriétaire, qu'il ait d'abord prétendu simplement que la chose lui appartenait indépendamment de la prescription, et sans l'avoir proposée au commencement de l'instance.* Le magistrat qui nous retrace ces arrêts, ne les date point ; mais il dit que l'un des deux a été rendu à son rapport, ce qui suffit bien pour en constater l'existence.

» Cet auteur rend compte, à la page 236 du même tome, d'un autre arrêt du 26 août 1740, qui juge encore de même.

» Et Denisart, au mot *Prescription*, en cite un du parlement de Paris, de 1769, qui a admis l'exception de la prescription, quoiqu'elle n'eût été proposée qu'en cause d'Appel, et qu'on eût donné en première instance, des consentemens qui y paraissent contraires.

» D'autres jurisconsultes vont beaucoup plus

---

sans avoir, par une convention écrite, renoncé à la faculté d'appeler, la partie qui a succombé, acquiesçait au jugement par un fait quelconque qui manifestât, de sa part, l'intention de l'exécuter, elle n'en conserverait pas moins le droit de l'attaquer par la voie d'Appel. Or, de ces deux conséquences, la seconde serait absurde ; la première ne peut donc pas être vraie.

Il y a cependant des auteurs cités par Scaccias, *de Appellationibus*, quest. 12, n°. 101, qui, partant du prétendu principe (réfuté dans l'une des notes précédentes) que les parties ne peuvent pas, même par leur consentement exprès, faire cesser la fin de non-recevoir résultant de l'expiration du délai de l'Appel, soutiennent que, *licet appellatus non opponat contra appellationem interpositam post decem dies, tamen sententia quæ fertur non valet, quia sententia à quâ non fuit appellatum intra decem dies, transivit in rem judicatam quam partes non potuerunt impedire, et sententia lata contra rem judicatam est nulla.*

Mais Scaccias n'a garde d'adhérer à cette doctrine ; et l'on sent assez qu'elle ne peut pas se soutenir en présence de la loi 5, §. 5, C. *de temporibus et reparationibus appellationum*, qui en détruit la base.

loin encore. Écoutons Voët sur le Digeste, titre *de judiciis*, n°. 49.

« Après avoir établi, d'après la loi unique, C. *ut quæ desunt advocatis*, que le juge est tenu de suppléer d'office les moyens de droit sur lesquels les parties ont gardé le silence, il en conclud que les tribunaux d'Appel doivent déclarer désert tout Appel qui est dans le cas de la désertion, quoique l'intimé ne la demande et même ne l'articule pas; *parte licet adversâ nec allegante nec petente;* et la raison en est, dit-il, que la désertion d'Appel emporte de plein droit la confirmation du jugement de première instance : *in quantùm appellatione desertâ, confirmata est ipso jure judicis inferioris sententia.*

» Le juge, continue Voët, doit aussi suppléer d'office les exceptions omises par les parties, lorsqu'elles sont du pur droit, et que les faits ou les actes dont elles dérivent, sont reconnus ou produits au procès : *Sed et exceptionum quæ meri juris sunt, neglectarum, perindè judex rationem habere debet ac si à parte objectæ essent : si modo itâ facta in judicio commemorata fuerit, vel instrumenta talia producta, ut ex iis exceptiones spontè resultent.* Il cite à l'appui de cette assertion, Parladorius, dans son recueil *rerum quotidianarum,* liv. 2, chap. 10; le président Favre, dans son Code, liv. 2, tit. 7, déf. 2.; Cancerius, dans sa Collection *variarum resolutionum*, part. 1, chap. 18; et Zangerus, dans son Traité *de exceptionibus*, part. 3; chapitre dernier.

» Ainsi, dit-il encore, s'il est constant au procès que l'auteur d'un testament produit en formant la base de l'action intentée, était fils de famille, le juge commettrait une grande iniquité, s'il ne déclarait pas le testament nul, quoique la partie intéressée à exciper de l'incapacité du testateur, n'ait pas proposé son exception : *Quid enim si ex allegatis constet filiumfamilias fuisse testatorem, ex cujus testamento actio movetur? Certè cùm juris manifesti sit invalidum præcipuè testamentum esse, is qui testamentum fecit caruit testamenti factione, iniquus planè judex fuerit, si sciens ista actori adjudicaverit quæ nullo fuerant jure petita.*

» Il en est de même, c'est toujours Voët qui parle, il en est de même de l'exception de la prescription. Quoique le défendeur ne l'oppose pas, dès qu'il est établi au procès qu'il s'est écoulé un temps suffisant pour prescrire, le juge est tenu de la suppléer : *Idemque juris est, si non fuerit à reo convento objecta actori agentipræscriptio actionis quâ convenitur, quoties ex allegatis indubium est elapsa esse tempora actioni tali movendæ præfinita;* et c'est en effet, dit encore Voët, ce qu'enseignent Grotius, dans sa *Manuductio ad jurisprudentiam Hollandiæ*, liv. 3, chap. 49. ; Zangerus, dans son traité *de exceptionibus,* part. 3; chapitre dernier; Mynsinger, cent. 3, obs. 28; Christin, sur la coutume de Malines, tit. 12, art. 9; à Sande, dans son recueil d'arrêts du conseil de Frise, liv. 1, tit. 7, §. 3; et Carpzow, dans ses *Definitiones forenses*, part. 1, chap. 25, §. 1, 2 et 5 (1).

» Vous nous avez sûrement prévenus sur les conséquences qui sortent de tous ces détails.

» Le tribunal des Vosges avait sous les yeux des pièces qui prouvaient incontestablement que l'Appel incidemment interjeté par les demandeurs, du jugement du 4 messidor an 4, l'avait été long-temps après l'expiration du délai fatal. Il ne pouvait donc pas, même en considérant comme une exception de droit privé, la fin de non-recevoir qui, d'après cela, s'élevait contre cet Appel, il ne pouvait pas, disons-nous, se dispenser de déclarer les appelans non-recevables.

» Voilà ce qui résulte de la doctrine de Voët, de Grotius, de Zangerus, de Mynsinger, de Christin, d'à Sande et de Carpzow.

» Celle de Rodier et les quatre arrêts rappor-

---

(1) Cette doctrine de Voët, quant à la prescription, n'était pas, à beaucoup près, sans contradicteurs; elle était même, comme on peut le voir dans le *Répertoire de jurisprudence*, au mot *Prescription*, sect. 1, §. 3, n°. 3, rejetée le plus généralement; et elle a fini par être condamnée par l'art. 2223 du Code civil.

De là résulte une conséquence aussi simple que décisive : c'est que, si, dans l'ancienne jurisprudence et par tout où il était passé en maxime que le juge pouvait et devait suppléer la prescription, la fin de non-recevoir résultant de l'expiration du délai de l'Appel, pouvait et devait être suplée par le juge, il n'en est plus de même aujourd'hui.

En effet, je crois avoir démontré dans le recueil que je viens de citer, sect. 1, n°. 3, que cette fin de non-recevoir est une véritable prescription. Mais, dès-lors, quelle difficulté y a-t-il d'y appliquer la règle à laquelle l'art. 2223 du Code civil soumet la prescription en général ?

Dira-t-on, avec le rédacteur du *premier volume supplémentaire du Journal des audiences de la cour de cassation*, page 183, « qu'il y a des cas où l'on ne pourrait pas ap-
» pliquer les principes de la prescription à la déchéance
» de l'Appel; (que), par exemple, le délai de l'Appel
» court à l'égard d'un jugement qui contient des nullités
» de forme, quoique l'art. 2267 du Code civil porte qu'un
» titre nul ne peut servir de base à la prescription; (et que),
» de même il faut décider que l'art. 2223 ne concerne pas
» la fin de non-recevoir résultant de l'expiration du délai
» de l'Appel »?

Mais c'est comme si, pour prouver que la déchéance dont l'art. 1504 frappe l'action en nullité d'un contrat, qui n'a pas été intentée dans les dix ans de la passation de l'acte, n'est pas une véritable prescription, l'on disait que les dix ans courent nonobstant la nullité même du contrat. Assurément une pareille argumentation serait absurde; et pourquoi le serait-elle? Par deux raisons qui s'appliquent également à la déchéance de l'Appel. 1°. L'art. 2267 ne porte pas sur la prescription en général; il n'a pour objet que la *prescription acquisitive* de dix ou vingt ans, et jamais on ne s'est avisé de l'étendre à la *prescription libératoire*. 2°. Dans le cas dont s'occupe l'art. 2267, le titre sert de base à la prescription, et c'est pour cela que la loi veut qu'il n'y ait point de prescription, si le titre est nul. Ici, au contraire, la déchéance couvre la nullité du titre; et ce n'est assurément pas un motif pour lui refuser le caractère de prescription proprement dite.

tés, tant dans le Journal du Palais de Toulouse que dans la collection de Denisart, ne nous conduisent pas à une conséquence aussi étendue; mais il en résulte toujours que l'art. 5 du tit. 5 de l'ordonnance de 1667 n'attribue pas aux défenses fournies sur le fond, l'effet de couvrir les exceptions péremptoires, même de pur droit privé, qui tendent à anéantir l'action (1).

» 2°. S'il en est ainsi des exceptions péremptoires de pur droit privé, à bien plus forte raison doit-il en être de même de celles qui sont de droit public, c'est-à-dire, de celles que le législateur a introduites, non pour l'avantage particulier des plaideurs, mais pour le bien-être général de la société.

» Et effectivement, on n'a jamais osé soutenir que des exceptions d'un ordre si relevé pussent être couvertes par les défenses sur le fond ; jamais on n'a osé contester au juge le droit de les suppléer d'office, lorsque la partie intéressée à les faire valoir, gardait le silence ; jamais même

(1) L'art. 173 du Code de procédure civile le leur attribue encore bien moins, puisqu'il n'en fait résulter qu'une renonciation aux nullités d'exploits ou d'actes de procédure, et que de là même il suit clairement (comme je l'ai établi dans des conclusions du 3 décembre 1811, rapportées dans le *Répertoire de jurisprudence*, aux mots *Inscription de faux*, §. 6) que la déchéance résultant de l'expiration des délais fataux, peut être opposée en tout état de cause et après défense au fond.

Il y a cependant un arrêt de la cour royale de Colmar, du 9 novembre 1815, qui juge (comme on le voit dans le Recueil de M. Sirey, tome 16, partie 2, page 374) qu'après avoir défendu au fond sur un Appel, on n'est plus fondé à en alléguer la tardiveté; mais sur quoi s'appuie-t-il ? Précisément sur le texte qui devait amener une décision toute contraire. « Considérant (porte-t-il) que, d'après » l'art. 173 du même Code, les moyens de nullité doivent » être proposés avant toute autre exception, et que les » exceptions, autres que celle d'incompétence, doivent » précéder les défenses au fond, à peine de déchéance de » la faculté de les opposer; que, lors de l'arrêt que les in-» timés ont obtenu par défaut le 3 février 1809, ils n'ont » conclu au fond, et n'ont proposé aucun moyen de nullité » contre l'Appel; qu'ils ont, par cela fait, couvert, toutes les » irrégularités qu'ils auraient pu découvrir par la suite , et » se sont rendus inadmissibles dans la fin de non-recevoir » qu'ils opposent aujourd'hui ».

Aussi la question avait-elle été jugée tout autrement par un arrêt de la cour de Turin, du 6 juillet 1808, également rapporté par M. Sirey, tome 12, partie 2, page 374, et l'a-t-elle encore été de même par un arrêt de la cour royale de Nismes, du 12 décembre 1820, que l'on trouve dans le *Journal des audiences de la cour de cassation*, 1er. volume supplémentaire, page 180.

Mais ces deux arrêts vont trop loin dans leurs motifs. De ce que l'exception de tardiveté peut être opposée à un Appel après défense au fond, ils concluent qu'elle peut et doit être suppléée par le juge; comme si cette exception était autre chose qu'une prescription, et que le juge pût et dût suppléer la prescription, par cela seul qu'il doit l'admettre en tout état de cause !

Sur quoi se fondent-ils donc pour motiver de cette manière l'admission qu'ils prononcent justement de l'exception de tardiveté, quoiqu'opposée seulement après défense au fond. C'est ce qu'on verra dans la note suivante.

on n'a osé, dans ce cas, prétendre que ce ne fût pas pour lui un devoir impérieux.

» Il ne s'agit donc plus que de savoir si c'est à cet ordre d'exceptions qu'appartient la fin de non-recevoir résultant, contre un Appel, du laps du temps fixé par la loi pour son émission.

» Or, il est bien constant que l'on doit ranger dans cette classe supérieure, que l'on doit considérer comme exceptions de droit public, toutes celles que le législateur a établies en haine des procès, et dans la vue, soit de les prévenir, soit de les abréger, soit de les simplifier (1).

(1) C'est en adoptant ce principe dans toute sa généralité, que, par son arrêt du 1er. décembre 1820, cité dans la note précédente, la cour royale de Nismes, a dit que « l'Appel relevé hors du délai, est d'une nullité radicale; » que cette nullité est d'ordre public; que, dès-lors, cette » nullité n'aurait pas pu être couverte par le silence de » l'avoué, lorsque la cour aurait pu et aurait dû la pro-» noncer d'office ».

Mais, je dois le dire franchement, en avançant ce prétendu principe dans mes conclusions du 21 thermidor an 9, je n'ai avancé qu'une erreur ; et j'en trouve la preuve dans la loi 5 , §. 5, C. *de temporibus et reparationibus appellantium*, transcrite plus haut. En effet, c'est bien certainement dans la vue d'abréger les procès, que la législation s'est occupée, dans tous les temps et dans tous les pays, du soin de régler les délais de l'Appel. Cependant la loi citée autorisait les conventions écrites par lesquelles les parties se dispensaient mutuellement de la fin de non-recevoir, résultant de l'expiration de ces délais. Pourquoi les autorisait-elle ? Brunneman, sur cette loi même, en donne la raison : ratio, dit-il, *a lege pendultima*, C. *de pactis* (qui porte que chacun est le maître de renoncer à ce qui a été introduit en sa faveur), *quia fatalia appellationis introducta sunt ut lites abbrevientur in favorem partium, cui partes renunciare possunt*. Ainsi, l'abbréviation des procès est sans doute le but de la loi qui fixe les délais de l'Appel ; mais ce but, la loi ne se le propose qu'en faveur des parties, les parties peuvent donc y renoncer.

Qu'on ne dise pas avec l'auteur du *premier volume supplémentaire du Journal des audiences de la cour de cassation*, page 183, qu'une pareille renonciation serait aujourd'hui annullée par l'art. 6 du Code civil, aux termes duquel *on ne peut déroger par des conventions particulières, aux lois qui intéressent l'ordre public*.

Le même principe était écrit tout au long dans les lois romaines : *privatorum pactis jus publicum mutari non potest*, disait la loi 38, D. *de pactis* et la loi 45, §. 1, D. *de regulis juris*; et puisque ce principe n'excluait pas, dans le droit romain, la faculté de déroger par convention aux délais fataux de l'Appel, pourquoi l'exclurait-il sous le Code civil ? En empruntant ce principe du droit romain, le Code civil n'en a pas agrandi l'application ; il ne l'a pas étendue aux objets qui, intéressant directement et en première ligne les particuliers, n'intéressent l'ordre public que secondairement et d'une manière indirecte. Autrement, il n'est point de loi à laquelle il ne fallût l'appliquer ; car de toutes celles qui règlent les droits privés, il n'en est aucune qui n'ait des rapports plus ou moins éloignés avec le bien général de la société, puisque c'est du bien être des particuliers que se compose le bien être de la masse sociale.

Ainsi, c'est pour prévenir les procès et par conséquent par des motifs de bien public, que les lois de tous les temps et de tous les pays, ont introduit la prescription et l'exception de chose jugée. En est-il moins vrai que l'on peut renoncer à l'une et à l'autre ? Que l'on puisse renon-

» Ainsi, c'est *pour prévenir les procès*, que l'art. 2 du tit. 10 de la loi du 24 août 1790 veut qu'aucune action en matière civile ne soit reçue, si, avant de l'intenter, le demandeur n'a fait citer son adversaire au bureau de conciliation ; et par cette raison, vous avez jugé plusieurs fois, notamment le 6 vendémiaire an 7 et le 27 ventôse an 8, que le défaut de citation en conciliation emporte une fin de non-recevoir tellement absolue, tellement liée à l'ordre public, que le juge est obligé de la suppléer d'office, et qu'il y a lieu de casser les jugemens qui ne la prononcent pas, quoique les parties ne l'aient proposée ni en première instance, ni en cause d'Appel (1).

» Ainsi, c'est *pour abréger les procès*, que la loi du 27 novembre 1790 limite à trois mois après la signification d'un jugement en dernier ressort, la faculté de se pourvoir devant vous pour en obtenir la cassation ; et certainement toutes les fois qu'une demande en cassation est présentée après ce délai, la section des requêtes est obligée de la rejeter sans examen, quoique la partie intéressée à faire valoir le laps de temps ne soit point là pour en exciper.

» Ainsi, c'est encore *pour abréger les procès*, que le réglement de 1738 veut que tout jugement d'admission d'une requête en cassation soit signifié au défendeur dans les trois mois de sa date; et par cette raison, lorsqu'un pareil jugement n'a pas été signifié dans le terme légal, ou lorsqu'il l'a été dans une forme irrégulière, et qu'il ne reste plus de temps pour réparer cette irrégularité, vous vous faites un devoir de déclarer le demandeur déchu, quoique le défendeur fasse défaut et garde conséquemment le silence sur l'exception péremptoire qui lui appartient. Vous l'avez encore ainsi jugé le 2 floréal dernier, au rapport du cit. Pajon, dans l'affaire de Gilles Pastéels et consorts, demandeurs en cassation, contre Jacques-Bénoît de Kessel, défendeur et défaillant (1).

» Ainsi, c'est encore *pour abréger les procès*, que la loi du 24 août 1790 attribue aux tribunaux de première instance le droit de juger en dernier ressort jusqu'à la somme de 1,000 francs; et par cette raison, vous avez jugé, le 3 prairial dernier, au rapport du cit. Henrion, qu'il y a lieu à la cassation d'un jugement du tribunal supérieur, qui a statué sur l'Appel d'un jugement rendu en dernier ressort par un tribunal de première instance, quoique l'intimé ait plaidé au fond sur cet Appel, sans opposer aucune fin de non-recevoir (2).

» Ainsi, c'est *pour simplifier les procès*, que

---

cer à la prescription, c'est ce qui est écrit en toutes lettres dans l'art. 2220 du Code civil. Que l'on puisse renoncer à l'exception de chose jugée, c'est ce que je prouverai à l'article *Chose jugée*, §. 2 *bis*. Et d'où dérive pour les parties, la faculté de renoncer à ces deux exceptions ? Précisément de ce que le bien public n'entre qu'indirectement dans les motifs des lois qui les ont établies, parceque ces lois n'ont pour objet direct et principal que des intérêts privés.

Du reste, je conviens que les parties, n'ont plus, pour renoncer à l'exception de tardiveté de l'Appel, la même latitude que leur accordait la loi 5, §. 5, *C. De tempori- bus et reparationibus appellationum*. Cette loi leur permettait d'y renoncer tant avant qu'après l'expiration des délais fataux, car elle ne faisait point de distinction entre la renonciation faite postérieurement, et la renonciation antérieure à l'époque où cette exception était acquise, et par conséquent elle n'en comportait aucune. Mais aujourd'hui que, mettant fin aux controverses des anciens jurisconsultes sur la question de savoir si l'on peut renoncer à la prescription, le Code civil décide, art. 2220, qu'on ne peut, lorsque la prescription est acquise, et qu'on ne le peut pas auparavant, il est clair que l'on devrait tenir pour nulle, la convention par laquelle une partie s'engagerait envers son adversaire, avant l'expiration du délai de l'Appel, à ne pas se prévaloir contre lui de l'exception de tardiveté.

(1) Telle était effectivement, à l'époque de la prononciation de ce plaidoyer, la jurisprudence de la cour de cassation; mais depuis, l'opinion contraire a prévalu, comme on le verra à l'article *Bureau de paix*, §. 1 ; et pourquoi la cour de cassation s'en est-elle tenue à celle-ci ? Parcequ'elle a reconnu que le bien public n'était pas le but direct et principal de l'art. 2 du tit. 10 de la loi du 24 août 1790; parcequ'elle a senti que cet article intéressait directement et en première ligne les particuliers ——re lesquels il y avait des demandes judiciaires à former; parcequ'elle a conclu de là qu'il devait être libre aux particuliers de renoncer à une fin de non-recevoir que le législateur avait établie dans leur intérêt personnel.

(1) Ni cet exemple, ni le précédent ne prouvent rien contre ce que j'ai avancé dans les notes précédentes. Pourquoi la cour de cassation se croit-elle obligée de suppléer d'office la fin de non-recevoir qui résulte de ce qu'un recours en cassation a été formé trop tard, ou de ce qu'il l'a été irrégulièrement ? Parceque le but principal de son institution est l'intérêt de la loi; et que l'intérêt privé des parties lésées par des jugemens en dernier ressort n'entre qu'accessoirement dans l'objet des recours en cassation dirigés contre ces jugemens. Cela est si vrai que, comme l'a jugé un arrêt de cette cour, du 25 juillet 1806, rapporté dans le *Répertoire de jurisprudence*, au mot *Cassation*, §. 6, n°. 11, un arrêt qui ne viole aucune loi, n'en doit pas moins être maintenu, quoique la partie contre laquelle il a prononcé déclare expressément consentir à ce qu'il soit cassé. De là, en effet, il résulte clairement que, dans l'exercice de sa haute mission, la cour suprême doit faire abstraction du silence comme des déclarations des parties qui plaident devant elle, et ne prendre que la loi pour base de ses arrêts.

(2) Cet exemple ne prouve pas plus que les deux précédens.

D'abord je pourrais, à l'arrêt de la cour de cassation, du 3 prairial an 9, en opposer un du 17 juillet 1825, par lequel, pour rejeter une demande en cassation dirigée contre un jugement du tribunal civil de Strasbourg, qui avait reçu l'Appel d'un jugement de justice de paix que l'on prétendait avoir été rendu en dernier ressort, la même cour a considéré, entr'autres motifs, « que le de- » mandeur n'ayant point excipé devant le tribunal de » Strasbourg, de la prétendue fin de non-recevoir tirée » de ce que le jugement du 6 février était rendu en der- » nier ressort, il ne peut, dès-lors, s'en faire un moyen » devant la cour ».

Ensuite, si, comme je le crois, et comme je l'établirai à l'article *Dernier ressort*, §. 25, l'arrêt du 3 prairial an 9, est plus conforme aux principes que celui du 17 juillet 1825, quelle conséquence peut-on en tirer par rapport à notre question ? Aucune. Son seul fondement est la loi du 3 brumaire an 2 défend d'appeler des jugemens préparatoires et de pure instruction ; et sans doute si un tribunal supérieur avait reçu et jugé l'Appel d'un jugement de cette nature, vous vous croiriez obligés de casser son jugement, quoique la partie contre laquelle l'Appel avait été interjeté, n'y eût pas opposé la fin de non-recevoir (1).

que l'ordre des juridictions étant de droit public, les parties ne pourraient pas, par une convention expresse, convertir, dans leur intérêt, un tribunal souverain en tribunal sujet à l'Appel, et que tout ce qu'elles ne peuvent pas faire par une convention expresse, comme je l'ai dit dans l'une des notes précédentes, elles ne peuvent pas le faire par leur silence. Mais je l'ai déjà dit, aucune loi, aucun principe ne s'oppose à ce qu'intimé sur un Appel interjeté trop tard, je renonce expressément au droit que j'ai de le faire déclarer non-recevable. Je puis donc également y renoncer par mon silence.

(1) Il y a, en effet, un arrêt de la cour de cassation, du 24 brumaire an 12, qui est, à cet égard, très-positif. Le voici tel qu'il existe dans les registres de cette cour.

« Entre Thomas Cuisenier, demeurant à Besançon, demandeur en cassation d'un jugement rendu par le tribunal d'Appel séant en la même ville, le 14 thermidor an 9, d'une part ; et Anne Willemain, veuve d'Isidore Marquet, demeurant en ladite ville, défenderesse, d'autre part.

» Dans le fait, par acte passé devant Hildebaud, notaire à Besançon, le 13 brumaire an 7, la défenderesse s'est reconnue débitrice du demandeur d'une somme de 2,500 francs qu'elle s'est obligée de lui payer dans six mois, sans intérêts jusqu'à cette époque.

» Par un autre acte passé devant le même notaire, le 29 frimaire suivant, la défenderesse s'est reconnue encore débitrice d'une autre somme de 1,500 francs qu'elle s'est engagée également à lui payer dans six mois, mais sans intérêts comme la première.

» La défenderesse n'ayant point acquitté ces deux obligations à leur échéance, le demandeur exerça contre elle des saisies mobilières, et fit même procéder à l'expropriation forcée de ses immeubles.

» La veuve Marquet se voyant ainsi sur le point d'être expropriée, traduisit, le 28 thermidor an 8, le demandeur devant le tribunal de première instance de Besançon, et demanda que les deux obligations par elle souscrites fussent déclarées nulles, comme entachées d'une énorme usure.

» Sur cette demande, ce tribunal a, par jugement du 6 fructidor, ordonné que le demandeur serait interrogé sur faits et articles ;

» Celui-ci ayant subi cet interrogatoire, la défenderesse a demandé à prouver tant par titre que par témoins,

» 1°. Que Thomas Cuisenier est dans l'habitude d'emprunter à dix pour cent pour prêter à soixante-quinze, même sur gage ;

» 2°. Que lorsqu'il faisait les prêts d'argent mentionnés dans les obligations ci-dessus énoncées, il prélevait sur les capitaux 1 franc 50 centimes par mois par pièce de 24 livres, et remettait ensuite les 10 pour cent à ceux qui lui avaient fourni les fonds ;

» 3°. Que la veuve Marquet a compté sur le pansoire de sa fenêtre, en prairial an 7, 900 livres à Thomas Cuisenier, pour deux mois d'intérêts des sommes prêtées ;

» 4°. que ce dernier a dit à différentes personnes qu'il percevait plus de 400 francs par mois de la veuve Marquet, et qu'en moins de deux ans il espérait être propriétaire des biens de cette veuve ;

» 5°. Qu'il a dit aux mêmes personnes que les sommes

» Ainsi, c'est encore *pour simplifier les procès*, que la loi du 2 brumaire an 4 défend de se pourvoir en cassation contre les jugemens qui ne sont

dont il s'agit avaient été prêtées à raison d'un franc 50 centimes par mois, par pièce de 24 francs ;

» 6°. Que les frères Cuisenier qui fournissaient au demandeur en cassation partie des fonds prêtés par celui-ci à la veuve Marquet, ayant eu une dispute sur le mode de partage des intérêts payés par cette veuve, Philippe et Jean-Baptiste dirent à Thomas qu'il avait déjà reçu plus de 4,000 francs dont ils n'avaient pas eu leur part, et qu'il les volait ;

» 7°. Enfin, que du 12 pluviose an 7, au 7 germinal an 8, la veuve Marquet avait payé à Thomas Cuisenier dans une maison particulière les intérêts des capitaux à raison d'un franc par pièce de 24 francs par mois, à fin d'obtenir du temps pour le remboursement des capitaux ; qu'à chaque paiement qu'elle faisait de mois en mois, les intérêts étaient calculés sur ce taux ;

» Le tribunal de Besançon a, par jugement du 22 pluviose an 9, admis la défenderesse à la preuve des faits par elle articulés, sauf au demandeur à faire la preuve contraire, s'il le jugeait convenable, pour, l'enquête faite et rapportée à l'audience, être statué ce qu'il appartiendrait, dépens réservés.

» Thomas Cuisenier s'est rendu appelant de ce jugement ; mais le tribunal d'appel de Besançon a ordonné l'exécution pure et simple par celui dont Cuisenier demande la cassation.

» Cette demande était principalement fondée sur une contravention à l'art. 2, tit. 20, de l'ordonnance de 1667, et sur une fausse application de l'art. 3 du même titre, dont l'un interdit la preuve testimoniale contre et outre le contenu aux actes, et dont l'autre ne fait d'exception à ce principe que dans le cas où il y a un commencement de preuve par écrit.

» Sur quoi, ouï le rapport du cit. Aumont, l'un des juges ; les observations du cit. Leblanc, défenseur-avoué du demandeur ; celles du cit. Gerardin, défenseur de la défenderesse, et les conclusions du cit. Arnaud, substitut du commissaire du gouvernement, lequel a requis la cassation du jugement du 9 thermidor an 9, comme contraire à l'art. 6 de la loi du 3 brumaire an 2, en ce qu'il a reçu l'appel d'un jugement qui ne contenait que des dispositions purement préparatoires et réservait tous les droits des parties au fond ;

» Attendu que par les moyens développés dans sa requête, le demandeur propose à juger les questions au principal sur lesquelles il n'a pas été statué définitivement par le tribunal de première instance ; que l'effet du jugement d'appel n'est que de confirmer le jugement préparatoire, et comme préparatoire, en sorte que tous les moyens au fond demeurent réservés au demandeur, et même la faculté d'appeler du jugement préparatoire après le jugement définitif ;

» Le tribunal rejette le pourvoi de Thomas Cuisenier ;

» Et faisant droit sur les conclusions du substitut du commissaire du gouvernement,

» Vu l'art. 6 de la loi du 3 brumaire an 2 ;

» Considérant que cette disposition de la loi de brumaire an 2 contient une défense formelle d'appeler des jugemens préparatoires, et l'injonction non moins expresse d'attendre le jugement définitif ; que, dans l'espèce, le jugement de première instance étant préparatoire, l'Appel en était interdit tant qu'il n'était pas intervenu de jugement définitif ; que le consentement de la veuve Marquet n'a pas donné à Cuisenier le droit de faire ce qui lui était expressément défendu par la loi ; et qu'en jugeant mal fondés les griefs de l'appelant, au lieu de déclarer son Appel non-recevable, le jugement attaqué a formellement violé la disposition citée de la loi, du 3 brumaire an 2 ;

que préparatoires ; et bien sûrement, si l'on présentait à la section des requêtes une demande en cassation d'un semblable jugement, la section des requêtes ne pourrait pas se dispenser de la rejeter d'office (1).

» À cette série, bien frappante sans doute, d'exemples qui prouvent que les exceptions introduites par la loi, *pour prévenir, abréger ou simplifier les procès*, sont toutes d'ordre public, viendra-t-on opposer celui de la péremption d'instance, et l'opinion des auteurs qui enseignent, soit que le juge ne peut pas la suppléer d'office, soit qu'elle se couvre par les procédures que fait volontairement la partie à qui elle est acquise?

» Mais, à cet égard, il faut bien distinguer ce qui est de routine, d'avec ce qui est de principe.

» Vous savez qu'avant la révolution, la jurisprudence des tribunaux avait en général plus de tendance à favoriser les procès qu'à les éteindre.

» De là, les arrêts sans nombre qui avaient, contre le texte précis de l'ordonnance de 1667, admis les Appels pendant trente ans, même après les sommations qu'elle prescrit pour les limiter à trois années et demie, à compter du jour de la signification des sentences.

» De là, les arrêts non moins multipliés qui avaient, contre la disposition formelle de la loi romaine que nous avons citée tout à l'heure, jugé que les parties ne pouvaient pas, même par convention expresse, attribuer, soit à des tribunaux de première instance, soit à des arbitres, le droit de les juger en dernier ressort.

» De là aussi, ce cri presque unanime des praticiens, que la péremption ne pouvait pas être suppléée d'office par le juge, et qu'elle se couvrait par des procédures volontaires.

» Cependant il s'est trouvé, même alors, des hommes assez au-dessus des préjugés de la routine, pour professer une doctrine contraire, et mettre la péremption au rang des exceptions de droit public.

» L'annotateur du *Traité des péremptions* de Menelet, assure, page 132, que, par un arrêt du parlement de Dijon du 26 janvier 1694, il a été jugé, à la vérité, *multis contradicentibus*, que la péremption *est un moyen de droit que le juge peut suppléer*, quoique la partie ne l'oppose pas.

» Bouchel, dans les *Additions* à sa *Bibliothèque de droit*, article *Péremption*, dit que *la péremption, une fois valablement acquise, ne se couvre point par une procédure volontaire, depuis faite en l'instance périe; en sorte que, nonobstant qu'on ait repris cette instance, on peut faire juger la péremption*. Il ajoute que la chose a été ainsi jugée par deux arrêts, même du parlement de Paris, des 27 juillet 1604 et 27 août 1610.

» L'on a encore jugé, continue-t-il, que, *même en cause d'Appel, l'on pouvait se servir de la péremption acquise avant la sentence, parceque l'art. 15 de l'ordonnance de Roussillon, porte que toutes instances par discontinuation de procédure pendant trois ans, sont éteintes et péries; c'est un droit public auquel on ne peut déroger.*

» Qu'importe que, depuis, le parlement de Paris ait réglé le contraire, pour son ressort, par un arrêté du 28 mars 1692? Ce règlement n'a pas pu changer le principe général, et encore est-il à remarquer que le parlement de Paris a limité l'effet de ce règlement au cas où les procédures faites dans l'instance périmée, après la péremption acquise, l'ont été par l'ordre spécial de la partie; en sorte que, comme l'observe l'auteur du Journal des Audiences, en rapportant cet arrêté, il est demeuré pour règle, nonobstant sa disposition, que *la péremption d'instance acquise à une partie, ne peut être couverte par les procédures volontaires faites par son procureur, qui n'a pu lui ôter cet avantage, ni la priver de la péremption* (1).

» Mais, au surplus, voulez-vous savoir si, dans notre législation nouvelle, et pour le cas où elle s'en est occupée, la péremption a repris son véritable caractère d'exception de droit public? Vous n'avez qu'à vous fixer sur l'art. 7 du tit. 7 de la loi du 14-26 octobre 1790, relative à la forme de procéder devant les tribunaux de paix. Voici comment il est conçu : *Les parties seront tenues de*

» Le tribunal casse et annulle, dans l'intérêt de la loi, ledit jugement».

Mais quelle influence cet arrêt peut-il avoir sur notre question? Aucune. Autre chose est un jugement non sujet à l'Appel quant à présent, autre chose est un jugement à l'égard duquel est expiré le délai de l'Appel dont il est passible à l'instant même où il a été rendu. Le premier est hors la juridiction du tribunal d'Appel; et l'incompétence du tribunal d'Appel pour en apprécier le mérite, étant fondée sur le défaut de matière, et par conséquent absolue (vérité qui résulte des développemens que l'on trouvera ci-après, §. 14, art. 1, n°. 22-2°.), elle ne peut être levée, ni par le consentement exprès, ni, et encore moins, par le silence de l'intimé. Le second, au contraire, ne peut être soustrait à la juridiction du tribunal d'Appel que par la prescription; il faut donc, pour l'y soustraire en effet, que la partie à laquelle est acquise la prescription de la faculté d'appeler, en excipe. Le tribunal d'Appel ne peut donc pas suppléer d'office cette prescription.

(1) Effectivement, on trouvera au mot *Interlocutoire*, §. 5, plusieurs arrêts de la section des requêtes, qui ont, d'office, rejeté, comme non-recevables, des demandes en cassation d'arrêts interlocutoires non passibles de ce genre de recours. Mais cela tient à un principe particulier à la cour de cassation, et qui est tout-à-fait étranger aux tribunaux d'Appel.

(1) On sent bien que, si, des variations infinies de l'ancienne jurisprudence sur la péremption, il ne peut être tiré aucun argument contre l'opinion que je soutenais en 1801 dans ces conclusions, il n'en peut non plus résulter aucun contre l'opinion que j'embrasse aujourd'hui, du soin que prend l'art. 359 du Code de procédure civile d'établir, sur cette matière, par une disposition spéciale une règle uniforme dans toute la France.

APPEL, §. IX.

mettre leur cause en état d'être jugée définitivement, au plus tard dans le délai de quatre mois, à partir du jour de la notification de la citation, après lequel L'INSTANCE SERA PÉRIMÉE DE DROIT ET L'ACTION ÉTEINTE. Le jugement que le juge de paix rendrait ensuite sur le fond, serait sujet à l'Appel, même dans les matières où il a droit de juger en dernier ressort, et annulé par le tribunal du district.

» Ces mots, *l'instance sera périmée de droit*, annoncent bien clairement que le juge de paix doit déclarer la péremption acquise, lors même que la partie intéressée n'y conclud pas; et certainement, si l'occasion s'en présentait, vous n'hésiteriez pas à casser un jugement qui aurait décidé le contraire (1).

» Tout s'accorde donc, surtout dans notre législation nouvelle, tout concourt à élever les exceptions introduites pour prévenir, abréger ou simplifier les procès, au rang des exceptions d'ordre public, et par conséquent à imposer aux juges l'obligation de les suppléer d'office, lorsqu'elles sont négligées par les défenseurs des parties.

» Cela posé, nous n'avons plus qu'un pas à faire pour arriver à la solution complète de la difficulté qui nous occupe : c'est d'établir que c'est en haine des procès, et pour les *abréger*, que la loi du 24 août 1790 a voulu que le laps de trois mois après la signification du jugement de première instance, emportât déchéance de l'Appel.

» Or, c'est là une vérité qui se sent d'elle-même, une vérité qu'il suffit d'énoncer pour qu'elle paraisse, en quelque sorte, investie de toutes ses preuves, une vérité qui porte un caractère si frappant d'évidence, que l'on peut hardiment défier le plus habile argumentateur de la contester.

» Dès-là, plus de doute sur la nature de l'exception résultant, en matière d'Appel, du laps de trois mois : c'est une exception d'ordre public; c'est une exception que la partie à qui elle est acquise, ne peut pas couvrir par son silence; c'est une exception que le juge d'Appel doit toujours prononcer, soit que la partie la fasse ou ne la fasse pas valoir.

» Et combien ces raisons, déjà si décisives par elles-mêmes, ne vont-elles pas se fortifier encore, par les termes dont se sert la loi du 24 août 1790 ! *Nul Appel d'un jugement contradictoire* NE POURRA ÊTRE SIGNIFIÉ, *ni avant le délai de huitaine, à dater du jugement, ni après l'expiration de trois mois, à dater du jour de la signification du jugement, faite à personne ou domicile;* CES DEUX TERMES SONT DE RIGUEUR, ET LEUR INOBSERVATION EMPORTERA LA DÉCHÉANCE DE L'APPEL.

» Voyez comme toutes ces expressions sont tranchantes, comme elles sont démonstratives!

» *Ne pourra être signifié !* Donc si un Appel est signifié de fait, soit avant, soit après le délai fixé par la loi, la signification en est comme non avenue; elle est nulle de plein droit, elle est nulle d'une nullité absolue et radicale. C'est, comme vous le savez, ce qui résulte de ce texte si connu et si souvent cité de Dumoulin (sur la loi première, D. *de verborum obligationibus,* n°. 2) : *negativa præposita verbo* potest, *tollit potentiam juris et facti, et inducit necessitatem præcisam, designans actum impossibilem* (1).

» *Ces deux termes sont de rigueur et leur inobservation emportera la déchéance de l'Appel !* Ici, la pensée du législateur se manifeste toute entière. Les termes qu'il fixe, ce n'est pas seulement pour l'avantage particulier de tel ou tel individu qu'il les prescrit; ce sont des termes *de rigueur*, ce sont des termes qu'il rattache à l'ordre général de la société, des termes qu'il déclare faire partie du droit public. Et qu'arrivera-t-il, si ces termes ne sont pas observés? La personne qui a obtenu le jugement, sera-t-elle seulement autorisée à en tirer une fin de non-recevoir ? Non, *leur inobservation emportera la déchéance de l'Appel;* ainsi, la déchéance sera acquise de plein droit : et le juge sera tenu de la prononcer, soit qu'on la lui demande, soit qu'on ne la lui demande pas (2).

---

(1) Il n'est pas bien sûr que ces termes, *l'instance sera périmée de droit*, qui se retrouvent dans l'art. 15 du Code de procédure civile, emportent, pour le juge de paix, la faculté, et encore moins l'obligation de déclarer périmée une instance dont aucune des parties ne lui demande la péremption, ou ne lui expose que la péremption est encourue. Ces termes peuvent signifier simplement que la partie qui a intérêt de faire déclarer l'instance périmée, pourra y conclure en tout état de cause et nonobstant les procédures qu'elle aurait faites postérieurement à l'expiration des quatre mois. C'est ainsi qu'encore que l'art. 2180 du Code civil porte que *les hypothèques s'éteignent par la prescription*, il est cependant certain, d'après l'art. 2267 du même Code, que la prescription des hypothèques ne peut pas plus que la prescription des autres droits, être suppléée par le juge, quand la partie intéressée n'en excipe pas.

Mais quelque parti que l'on prenne sur cette question, sur laquelle les commentateurs sont partagés (comme on peut le voir dans l'*Analyse raisonnée du Code de procédure civile*, par M. Carré, n°. 45), il restera toujours à dire que c'est là une disposition particulière aux justices de paix.

(1) Que de cette maxime de Dumoulin, dont on abuse trop souvent, on infère que la signification d'un Appel est nulle, lorsqu'elle est faite après le délai de la loi, à la bonne heure. Mais cette nullité est-elle d'ordre public par cela seul qu'elle est introduite pour abréger les procès? Non, répond Brunneman, à l'endroit cité, dans une des notes précédentes : elle n'a pour objet direct et principal que l'intérêt des parties; et, par cette raison, les parties peuvent y renoncer, comme elles peuvent renoncer à la prescription et à l'exception de chose jugée, bien que l'abréviation des procès soit le but de l'exception de chose jugée et de la prescription.

(2) On pourrait faire le même raisonnement sur l'art. 444 du Code de procédure civile qui remplace aujourd'hui l'art. 14 du tit. 5 de la loi du 24 août 1790 : *ces délais,* y est-il dit, *emporteront déchéance.* Mais ces termes, réduits à leur juste valeur, que signifient-ils? Bien autre chose si ce n'est que la faculté d'appeler sera prescrite ; car point de différence entre la prescription et la déchéance d'une action. Or, de ce qu'une loi dit que, tel délai passé, telle action sera prescrite, s'ensuit-il qu'en cas que cette action soit intentée après le délai de la loi, et que la par-

4e édit., Tome I. 43

» Mais ce qui nous frappe le plus dans cet article, ce qui nous paraît mettre absolument à nu la volonté impérieuse de la loi, c'est le soin qu'elle prend de placer absolument sur la même ligne, de faire marcher de front, d'assimiler complètement l'une à l'autre, la défense d'appeler avant la huitaine, à dater du jour du jugement, et la défense d'appeler après les trois mois, à dater du jour de sa signification.

» Très-certainement, ce n'est point pour l'intérêt privé, ce n'est point pour l'avantage individuel de la partie en faveur de laquelle a été rendu le jugement, que la loi défend à son adversaire d'en appeler avant la huitaine : elle ne prononce cette défense que pour prévenir les Appels trop multipliés auxquels donnerait lieu, de la part de ceux qui viennent de succomber, leur mauvaise humeur encore, pour ainsi dire, bouillonnante; elle ne la prononce par conséquent que pour l'intérêt public; et il n'a pas pu entrer dans ses vues, surtout en la revêtant d'expressions aussi absolues et aussi sévèrement imposantes, d'en faire dépendre l'effet de la manière dont pourrait se défendre la partie adverse de l'appelant, puisque, dans la réalité, cette partie n'a aucun intérêt à en exciper, l'appelant étant toujours le maître d'appeler de nouveau, tant qu'il se trouve dans les trois mois de la signification du jugement.

» Eh bien! Ce que la loi dit pour l'Appel interjeté trop tôt, elle le dit de l'Appel interjeté trop tard; elle le dit dans les mêmes termes; elle le dit dans la même phrase; elle confond l'un avec l'autre; elle les identifie tellement, qu'il est impossible d'admettre pour l'un, une distinction que la loi repousse relativement à l'autre.

» Si donc la déchéance a lieu de plein droit, si le juge est obligé de prononcer d'office, dans le cas où l'Appel a été interjeté avant la huitaine, il faut de toute nécessité qu'elle ait également lieu de plein droit, que le juge soit également obligé de la prononcer d'office, dans le cas où l'Appel a été interjeté après les trois mois. (1)

tie intéressée n'excipe pas de l'expiration de ce délai, le juge pourra et devra d'office la déclarer non-recevable? L'art. 2223 du Code civil décide nettement que non.

(1) Deux réponses à cet argument.
1°. De ce que le juge pourrait et devrait suppléer la déchéance résultant de ce que l'Appel a été interjeté trop tôt, il ne résulterait nullement qu'il pût et dût suppléer également la déchéance résultant de ce que l'Appel a été interjeté trop tard. Pour que, de ces deux obligations prétendues, la première emportât nécessairement la seconde, il faudrait qu'on ne pût les considérer l'une et l'autre que comme deux conséquences du même principe; et c'est ce qui n'est pas; car la première pourrait n'être attribuée qu'à la volonté arbitraire de la loi; tandis que la seconde se trouverait évidemment en opposition avec la double maxime que la déchéance résultant de ce que l'Appel a été interjeté trop tard, n'est qu'une prescription, et que la prescription ne peut ni ne doit être suppléée par le juge.

2°. Il n'est pas vrai que le juge puisse et doive suppléer la déchéance résultant de ce que l'Appel a été interjeté trop tôt. En effet, quoique la partie intimée sur cet

» Ainsi les dispositions du droit romain qui ont une autorité véritablement législative sur les parties, l'esprit général de nos lois et de vos jugemens sur le caractère des exceptions introduites en haine des procès, et pour les prévenir, les abréger ou les simplifier, les termes dans lesquels est conçu l'art. 14 du tit. 5 de la loi du 24 août 1790, tout se réunit ici pour démontrer que l'Appel interjeté par les demandeurs, long-temps après l'expiration des trois mois de la signification du jugement du 4 messidor an 4, était absolument comme non avenue; que, frappé par la loi d'une nullité absolue, il n'a pas pu acquérir, par le silence des défendeurs, même une ombre d'exis-

Appel, sache très-bien que la déchéance qu'elle a le droit d'en faire prononcer, n'empêchera pas son adversaire d'en interjeter un nouveau dans le délai fatal, elle n'en a pas moins un véritable intérêt à la faire prononcer effectivement, parcequ'il peut arriver, ou que son adversaire n'appelle pas de nouveau, ou qu'il commette, dans le nouvel Appel qu'il interjettera, des nullités qu'il n'a pas commises dans le premier; et dès qu'elle y est véritablement intéressée, il est clair que l'on ne peut pas dire que ce soit uniquement pour l'intérêt public que la prononciation de cette déchéance est prescrite par la loi. Cela posé, il ne reste plus qu'à savoir si c'est l'intérêt public qui prédomine dans la disposition de la loi qui veut que cette déchéance soit prononcée; et pour peu qu'on y réfléchisse, on sentira que non. Quel est le but de cette disposition? C'est d'épargner à la partie qui a obtenu gain de cause devant le premier juge, la chance d'un Appel irréfléchi, comme le but de la disposition qui frappe de déchéance l'Appel interjeté trop tard, est de lui épargner l'incertitude et l'anxiété qui résulteraient de la trop grande prolongation de la faculté d'appeler. Ces deux dispositions ont donc cela de commun que, quoique motivées toutes deux sur la haine des procès, quoique appartenant toutes deux, sous ce rapport, aux mesures d'ordre public, elles n'ont cependant l'une et l'autre pour objet direct et immédiat que l'intérêt privé de la partie au profit de laquelle a été rendu le jugement de première instance; et dès-lors, nul doute que l'on ne doive appliquer à l'une comme à l'autre, la théorie de M. le président Henrion de Pensey, dans son Traité *des biens communaux*, chap. 19, §. 12, sur les mesures d'ordre public en général : « Ces mesures » (dit-il) sont de deux sortes: celles qui, principalement » établies pour le règlement général de l'état, n'intéressent » les citoyens que comme membres du corps social; et » celles qui, faites dans l'intérêt immédiat et direct des » particuliers, n'influent sur la masse des citoyens que se- » condairement, et seulement parcequ'il n'est pas possible » qu'une fraction de la société éprouve une lésion quel- » conque, sans que le corps entier en ressente une sorte » de malaise. Ces deux espèces de mesures ont des carac- » tères bien différens; et s'il est défendu aux particuliers » de déroger aux premières, il doit leur être permis de » renoncer aux avantages qui leur sont assurés par les se- » condes ».

Et dans le fait, supposons qu'intimée sur un Appel interjeté trop tôt, la partie qui a obtenu gain de cause en première instance, vienne dire aux juges : « Je pourrais » demander que l'appelant soit déclaré non-recevable; » mais j'y renonce, je ne m'en fais à cet égard d'accord avec » lui ». Assurément personne n'oserait soutenir que le tribunal d'Appel pût et dût passer au-dessus de cette renonciation, et déclarer d'office l'appelant non-recevable. Mais si l'on est forcé de convenir que la partie intimée sur un Appel interjeté trop tôt, peut en couvrir la précocité par son consentement exprès, il faut bien que l'on convienne aussi qu'elle peut la couvrir par un consentement tacite, ou, en d'autres termes, par son silence.

tence quelconque; et qu'enfin le tribunal des Vosges a dû le repousser d'office.

» Mais ici s'élève notre seconde question. Le tribunal des Vosges, au lieu de déclarer non-recevable l'Appel tardivement interjeté par des demandeurs, y a fait droit, et a confirmé le jugement qui en était l'objet. Cette manière de prononcer offre-t-elle une ouverture de cassation ? Et le jugement du tribunal des Vosges, qui indubitablement serait à l'abri de toute atteinte, s'il avait maintenu par fin de non-recevoir celui du tribunal du Bas-Rhin, du 4 messidor an 4, peut-il, doit-il être cassé, pour l'avoir maintenu comme ayant bien jugé?

» Cette question, comme vous le voyez, n'est, à proprement parler, qu'une question de mots.

» Car le tribunal des Vosges, en prononçant comme il l'a fait, n'a rien changé au sort ni aux droits des parties; le sort et les droits des parties sont absolument les mêmes que s'il eût prononcé comme il eût dû le faire, puisque, d'une manière comme de l'autre, le jugement du 4 messidor an 4 est toujours maintenu.

» Dès-là, n'est-ce point ici le cas de la règle tracée par *Guy-Pape*, dans ses questions 76 et 436, et rendue ainsi par *Choricr*, son abréviateur : « Si les arbitres convenus sur une cause
» d'Appel, ont prononcé par bien ou mal jugé ;
» encore que cette forme de juger ne soit pas bien
» convenable aux arbitres, leur jugement ne sera
» pas néanmoins nul. Une expression incongrue
» ne nuit pas à la substance de l'acte ».

» La loi dernière, D. *Quod cùm eo qui in alienâ potestate est, gestum esse dicetur*, nous présente une décision qui rentre, à beaucoup d'égards, dans cette règle. Le préfet des subsistances de Rome, *præfectus annonæ*, avait condamné un particulier au paiement d'une dette cautionnée par son esclave; il avait basé sa condamnation sur un motif contraire aux principes du droit; et ce particulier s'était pourvu au conseil de l'empereur. Là, il fut reconnu que le jugement pouvait être justifié par des raisons qui avaient échappé au préfet des subsistances; en conséquence, il fut maintenu par l'empereur, *sententiam conservavit imperator*.

» De cette décision, que Guy-Pape, dans sa question 436, qualifie de décision dorée, *aurata decisio*, est résultée la maxime, qu'en cause d'Appel comme en instance de cassation, tout jugement bon en soi, doit être confirmé, quoique les motifs en soient vicieux; et cette maxime acquiert chaque jour une nouvelle consistance, par l'application que vous êtes dans la sage habitude d'en faire aux jugemens déférés à votre censure suprême.

» Et qu'on ne dise pas que, dans notre espèce, le vice n'est pas seulement dans les motifs, mais encore dans le texte même du dispositif du jugement.

» Il est vrai que, dans le dispositif, se trouvent ces deux propositions : il a été bien jugé par le jugement du 4 messidor an 4, et ce jugement doit être exécuté selon sa forme et teneur.

» Mais de ces deux propositions, la première n'est, à proprement parler, que le motif de la seconde; car pourquoi le tribunal des Vosges ordonne-t-il l'exécution du jugement du 4 messidor an 4, ou, en d'autres termes, pourquoi le maintient-il ? C'est parcequ'il a *bien jugé*. La proposition qui maintient le jugement du 4 messidor an 4, est dont véritablement ce qui constitue le dispositif du jugement du tribunal des Vosges; et dès-là, il importe peu, pour mettre le jugement du tribunal des Vosges à l'abri de la cassation, qu'il n'ait pas pris pour motif le laps de temps qui rendait non-recevable l'Appel du jugement du 4 messidor an 4, et qu'il soit mal à propos motivé sur le bien jugé prétendu de ce jugement.

» Mais, après tout, comment pourrait-on casser, sous ce prétexte, le jugement du tribunal des Vosges ?

» D'abord, on ne peut pas casser un jugement *pour une contravention qui provient du fait du demandeur en cassation lui-même*. Or, dans notre espèce, si le tribunal des Vosges a contrevenu, par sa manière de prononcer, à l'art. 14 du tit. 4 de la loi du 24 août 1790, c'est bien évidemment par le fait des héritiers Hunstel; c'est par eux, en effet, que cet article a été violé en ce qu'ils ont appelé dans un temps où il leur en faisait la défense absolue ; et certes, ils ne sont pas recevables à se plaindre de ce que cette violation a été consacrée par le jugement qu'ils attaquent.

» Ensuite, on ne peut casser un jugement que sur la demande d'une partie qui, pour la former, ait, à la fois intérêt et qualité.

» Or, en cette matière, qui est-ce qui a intérêt et qualité ? C'est la partie à qui le jugement fait grief; tout autre y serait non-recevable.

» Mais ici, à qui la manière de prononcer adoptée par le tribunal des Vosges, fait-elle grief?

» Ce n'est certainement pas aux demandeurs; puisque le tribunal des Vosges, en ne prononçant pas comme il aurait dû le faire, leur a fait grace d'une fin de non-recevoir qui s'opposait invinciblement à ce que leur Appel fût reçu. Traités par le tribunal des Vosges, mieux qu'ils n'auraient dû l'être, ils sont sans qualité pour attaquer cette partie de son jugement; et c'est une règle générale que *point de qualité, point d'action*.

» La manière de prononcer du tribunal des Vosges ne fait donc grief qu'aux défendeurs; les défendeurs auraient donc seuls qualité pour en demander la cassation. Mais, d'une part, ils ne la demandent pas; et d'un autre côté, quand ils la demanderaient, vous ne devriez pas les écouter, parcequ'au moyen de ce que le jugement du 4 messidor an 4 est maintenu, ils seraient véritablement sans intérêt.

» Il n'y aurait donc ici que le ministère public qui fût recevable à vous demander la cassation

43.

du jugement du tribunal des Vosges, en ce qu'au lieu de déclarer l'Appel non-recevable, il en a jugé et rejeté le fond. Mais le ministère public ne la demande pas, quant à présent; le moment n'est même pas encore venu pour lui de se pourvoir : ce ne sera qu'après que vous aurez statué sur le recours qui vous est soumis par les parties intéressées, qu'il pourra exercer le sien, s'il le juge nécessaire.

» En résumant cette partie de la dicussion, vous voyez que trois raisons également péremptoires, s'opposent à ce que le jugement du tribunal des Vosges soit cassé pour avoir prononcé par *bien jugé*, au lieu de prononcer par *fin de non-recevoir*:

» 1°. La déclaration qu'il a été bien jugé par le jugement du 4 messidor an 4, n'est, dans le jugement du tribunal des Vosges, que le motif de la disposition qui maintient le premier de ses deux jugemens; et il est de principe qu'un jugement ne peut pas être cassé à raison de ses motifs, lorsque d'ailleurs il est bon en soi.

» 2°. La contravention qu'offre la manière de prononcer du tribunal des Vosges à l'art. 14 du tit. 5 de la loi du 24 août 1790, provient du propre fait des demandeurs ; et les demandeurs ne peuvent pas opposer leur propre fait au jugedont ils se plaignent.

» 3°. Les demandeurs sont sans qualité pour provoquer de ce chef la cassation du jugement du tribunal des Vosges, parceque ce n'est pas à eux, mais aux défendeurs que ce jugement fait grief en ne prononçant point par fin de non-recevoir.

» Ainsi, sous tous les rapports, il est impossible de casser le jugement du tribunal des Vosges, pour n'avoir pas suppléé d'office la fin de non-recevoir qui s'élevait contre le jugement du 4 messidor an 4. Mais du reste, cette fin de non-recevoir n'en conserve pas moins toute sa force, à l'effet d'assurer le maintien du jugement du tribunal des Vosges.

» Et puisque, par là, le jugement du 4 messidor an 4 recouvre, dans son intégrité parfaite, l'autorité de la chose jugée qu'il avait acquise par le laps de trois mois, les demandeurs ne peuvent plus invoquer ici le jugement arbitral du 26 floréal an 2 ; ils ne peuvent plus se plaindre de ce que ce jugement a été considéré comme non avenu par celui du tribunal des Vosges...

» Par ces considérations, nous estimons qu'il y a lieu de rejeter la requête des demandeurs, et de les condamner à l'amende ».

Ces conclusions n'ont pas été suivies.

Sur dix-sept juges, huit les ont adoptées purement et simplement ; mais les neuf autres ont opiné dans le sens contraire : quelques-uns, parce-qu'ils ont pensé que la fin de non-recevoir résultant du laps des trois mois accordés pour l'Appel, avait été couverte par le silence des intimés ; mais la plupart, par le seul motif que, dans le fait, il ne leur paraissait pas clairement prouvé qu'il y eût eu lieu à cette fin de non-recevoir; et c'est sur ce motif qu'est basé l'arrêt rendu le 21 thermidor an 9, au rapport de M. Rousseau :

« Attendu (porte-il) qu'il ne conste pas qu'il n'y ait pas eu d'Appel interjeté en temps utile du jugement du 4 messidor an 4 ; que cet Appel, quoique sans date, est relaté dans le jugement attaqué; que, s'il n'avait pas été interjeté dans le temps, il n'est pas vraisemblable que les intimés n'en eussent pas excipé ; qu'au surplus, c'est là un fait sur lequel le tribunal de cassation n'est pas en état de statuer; qu'il ne peut, par conséquent, considérer le jugement du 4 messidor comme ayant acquis le caractère de la chose jugée;

» Attendu qu'en confirmant ce jugement, le tribunal civil du departement des Vosges a violé lui-même l'autorité de la chose jugée, acquise à la sentence arbitrale du 26 floréal an 2, en faisant une fausse application de la loi du 3 vendémiaire an 4, qui ne révoque que les jugemens fondés sur les dispositions rétroactives des lois des 5 brumaire et 17 nivôse an 2 ou d'autres lois subséquentes, et n'annulle point ceux qui sont rendus par des arbitres nommés en conformité de cette loi, mais qui ne sont pas fondés sur la rétroactivité ;

» Attendu, d'un autre côté, qu'il résulte du jugement arbitral, que les cinq juges arbitres y sont établis; que le sur-arbitre a procédé conjointement avec eux; que le défaut de signature de l'un des arbitres n'entraîne pas la nullité de leur sentence; que cette nullité n'est prononcée, en ce cas, par aucune loi ; que d'ailleurs, un pareil jugement, rendu en dernier ressort, n'aurait pu, du moment que la loi du 3 vendémiaire an 4 n'y trouvait pas applicable, être rétracté que par la voie de la requête civile, aux termes de l'art. 1 du tit. 35 de l'ordonnance de 1667 ;

» Déterminé par ces motifs, vu l'art. 11 de la loi du 3 vendémiaire an 4, l'art. 5 du tit. 27 et l'art. 1 du tit. 35 de l'ordonnance de 1667....;

» Le tribunal casse et annulle, pour fausse application de l'art. 11 de la loi du 3 vendémiaire an 4, et contravention aux articles de l'ordonnance ci-dessus rapportés, le jugement rendu par le tribunal civil du département des Vosges, le 9 messidor an 7 ».

Les notes que je viens d'opposer aux conclusions qui ont précédé cet arrêt, prouvent assez que, si cet arrêt eût prononcé sur la question de savoir si, en fait d'Appel, l'exception de tardiveté peut et doit être suppléée par le juge, c'est la négative qui aurait dû prévaloir.

Mais mon opinion actuelle sur cette question, n'est-elle pas combattue par un arrêt que la cour de cassation a rendu le 3 brumaire an 10, c'est-à-dire, peu de temps après celui que je viens de transcrire ?

On va en juger par cet arrêt même ; le voici tel qu'il existe dans les registres de la section civile :

« Le tribunal de cassation a rendu le jugement suivant, entre André Macaire, demandeur en cassation du jugement rendu le 28 ventôse an 9, par le tribunal civil du département du Rhône, d'une part; Jeanne Macaire, veuve Plantier ; François et Joseph Clément, Claude Expert, et Marie Clément, cités sur cette demande, comparant, d'autre part.

» Antoine Macaire est décédé, laissant trois enfans, savoir : André, demandeur en cassation, qu'il avait institué son héritier ; Jeanne, veuve Plantier; et Thérèse Macaire, mère des Clément.

» Jeanne et Thérèse furent mariées du vivant de leur père, qui leur constitua des dots, et leur légua ensuite, dans son testament, des sommes en argent, pour leur tenir lieu de légitime.

» Jeanne Macaire se constitua, dans son contrat de mariage, généralement tous ses biens présens et à venir.

» Jacques Plantier reçut, le 13 décembre 1767, en qualité de mari et maître des droits de Jeanne Macaire, sa femme, le legs de 1,000 livres qui lui avait été fait par son père, avec les intérêts.

» Le 28 octobre 1768 Clément et Thérèse Macaire, sa femme, reçurent pareille somme, et en donnèrent quittance.

» Le 5 vendémiaire an 5, la veuve Plantier et les enfans Clément assignèrent André Macaire, pour se concilier sur la demande en supplément de légitime, qu'ils se proposaient de former contre lui, avec déclaration que, faute de conciliation, ils se pourvoiraient pour faire ordonner la composition de masse des biens de la succession d'Antoine Macaire, père commun, même le partage, s'il y avait lieu.

» La conciliation n'ayant pu s'opérer, ils assignèrent André Macaire devant le tribunal civil de l'Isère, pour voir leur adjuger leur demande.

» Par jugement par défaut du 2 nivôse an 5, ce tribunal ordonna une composition de masse, et la délivrance de deux neuvièmes à la veuve Plantier, et aux enfans Clément, sous toutes imputations et distraction de droit.

» André Macaire forma opposition à ce jugement ; mais, comme elle était tardive, il y fut déclaré non-recevable par un second jugement du 14 ventôse de la même année.

» Le 8 floréal suivant, il appela de ce dernier jugement seulement.

» Le tribunal civil du Rhône, saisi de cet Appel, rendit, le 25 prairial an 5 un jugement par défaut, par lequel il confirma purement et simplement celui du 14 ventôse précédent.

» Sur l'opposition formée encore à ce dernier jugement par André Macaire, il s'engagea une discussion sur le fond, dans laquelle la veuve Plantier et les enfans Clément soutinrent que les quittances des 13 décembre 1767 et 23 octobre 1768 étaient nulles ; et que, par conséquent, rien ne pouvait s'opposer à la délivrance de leur légitime en corps héréditaires, c'est-à-dire, de deux neuvièmes de la succession d'Antoine Macaire.

» Dans cet état, le tribunal civil du Rhône, après s'être proposé de décider la seule question de savoir s'il y avait lieu à relâcher la légitime demandée, a, par son jugement contradictoire du 28 nivôse an 6, dit qu'il avait été bien jugé par celui du 14 ventôse an 5, mal et sans griefs appelé : et, entrant ensuite dans l'examen du fond du jugement du 2 nivôse, ce tribunal étendit les dispositions de ce dernier jugement, en déclarant exigibles en corps héréditaires les légitimes, sans avoir égard aux quittances opposées par André Macaire.

» Celui-ci a demandé la cassation de ce dernier jugement du 28 nivôse an 6, comme violateur de la loi 35, au Code, *de inofficioso testamento*, et autres du même titre, qui veulent que les légitimaires qui ont reçu en argent leur légitime, soient non-recevables à la demander ensuite en corps héréditaires, et que, s'il y a lieu à un supplément de légitime, il soit payé en numéraire ; en ce que le tribunal du Rhône a condamné le demandeur en cassation à délivrer en corps héréditaires, à la veuve Plantier et aux enfans Clément, le montant de droits légitimaires déjà reçus en argent.

» La veuve Plantier et les enfans Clément, assignés pour défendre à la demande d'André Macaire, ne se sont point opposés à la cassation demandée ; mais ils ont soutenu que c'était par défaut de compétence, et non par aucun des moyens pris du fond, que le jugement attaqué devait être cassé. Le tribunal du Rhône était en effet incompétent (ont-ils dit) pour prononcer sur le fond décidé par le jugement par défaut du 2 nivôse an 5, puisqu'il n'avait été saisi que de la question du bien ou mal jugé de celui du 14 ventôse suivant, qui avait déclaré non-recevable l'opposition formée par André Macaire au premier ; ils terminaient par observer que le tribunal de cassation ne devait entrer dans l'examen des moyens de cassation, relatifs au fond, qu'après avoir décidé que les juges du Rhône en avaient été valablement saisis.

» André Macaire a répliqué, en prétendant que la loi du 4 germinal an 2 formait une fin de non-recevoir contre le moyen de cassation, tiré du défaut d'Appel du jugement du 2 nivôse an 5, attendu que les parties n'avaient pas allégué ce moyen de forme devant le tribunal du Rhône, qui a rendu le jugement dont il a demandé la cassation ; qu'elles avaient respectivement plaidé comme si cet Appel existait, et qu'il eût été interjeté dans le délai utile ; il a, au surplus, cherché à établir que l'Appel de tout jugement qui déboutait d'une opposition à un jugement embrassait nécessairement le jugement par défaut.

» Il s'agissait donc, avant d'entrer dans l'examen des moyens présentés par André Macaire, à l'appui de sa demande, de décider si le tribunal civil du Rhône n'avait pas excédé ses pouvoirs, en prononçant sur le fond de l'affaire, quoiqu'il n'eût été saisi que de l'Appel du jugement du 14 ventôse an 5, qui avait déclaré non-recevable l'opposition formée à celui du 2 nivôse précédent, et si la loi du 4 germinal an 2 pouvait être appliquée à un moyen résultant, non d'une omission ou violation de forme dans l'acte d'Appel, mais du défaut absolu d'Appel dans le délai prescrit par la loi.

» Sur quoi, ouï le rapport de Louis-Jacques Rousseau, l'un des juges, et les conclusions du cit. Lefessier, substitut du commissaire du gouvernement;

» Attendu que rien ne constate dans le jugement et la procédure, qu'il ait été interjeté Appel du jugement du 2 nivôse an 6;

» Qu'il ne s'agit point de la validité d'un Appel en la forme, mais du fait même de son existence; que, conséquemment la loi du 4 germinal an 2, relative à l'obligation d'alléguer les violations de forme devant le tribunal dont le jugement est attaqué, ne peut être invoquée comme formant une fin de non-recevoir contre le moyen résultant du défaut d'Appel;

» Que, sans cet Appel, les juges n'avaient pu être saisis de la connaissance du jugement du 2 nivôse, et ne devaient statuer que sur la question qui leur était dévolue par l'Appel de celui du 14 ventôse suivant, et qui se bornait à savoir s'il avait été bien jugé en déclarant l'opposition non-recevable; que, par conséquent les juges, en prenant connaissance du fond même du jugement du 2 nivôse an 5, ont évidemment excédé leurs pouvoirs, et étaient incompétens dans cet état pour en changer les termes, en modifier ses dispositions, les étendre ou les interpréter;

» Que ce moyen pris de l'incompétence du tribunal, dispense de l'examen des autres moyens proposés au fond contre le jugement attaqué;

» Par ces motifs, le tribunal, sans s'arrêter à la fin de non-recevoir opposée par le demandeur, et qui demeure rejetée, casse et annulle le jugement du 28 nivôse an 6, pour excès de pouvoir et incompétence; remet les parties au même état qu'elles étaient avant ledit jugement; les renvoie à procéder devant le tribunal d'Appel séant à Grenoble.... ».

Cet arrêt semblerait, à la première vue, pouvoir être invoqué à l'appui de l'opinion que j'avais embrassée dans mes conclusions du 21 thermidor an 9. La cour royale de Nismes l'a même envisagé dans les motifs de son arrêt déjà cité, du 16 décembre 1820, comme la consacrant *in terminis*, comme décidant que la nullité de *l'Appel, relevé hors du délai, est d'ordre public*, et que, par cette raison, elle doit être prononcée d'office, lors même qu'il n'en est pas excipé par la partie intéressée.

Mais, en l'examinant de près, on reconnaît facilement que ce n'est là qu'une fausse apparence.

Que décide-t-il, en effet? Rien autre chose, si ce n'est que, sur l'Appel d'un jugement qui déclare non-recevable l'opposition formée trop tard à un jugement par défaut, le tribunal supérieur ne peut pas, en confirmant l'un, statuer sur le fond jugé par l'autre, encore que le fond même ait été discuté par les parties, et que l'intimé, au profit duquel le jugement par défaut avait prononcé, n'ait pas excipé de ce qu'il n'y en avait point d'Appel.

Qu'il soit, sur ce point, conforme aux vrais principes, cela n'est pas douteux. Dans l'hypothèse sur laquelle il porte, le tribunal supérieur ne pourrait juger le fond qu'en l'évoquant. Or, il ne peut l'évoquer qu'en réformant le jugement dont l'Appel lui est soumis; il ne le peut pas lorsqu'il confirme ce jugement. Il est donc arrêté, relativement à la connaissance du fond, par le plus insurmontable de tous les obstacles, par le défaut de pouvoir. Qu'importe que les parties lui aient supposé, à cet égard, un pouvoir qu'il n'avait pas! En le supposant, elles n'ont pas pu le lui conférer; car, s'il dépend des parties de convertir, par une renonciation anticipée à la voie d'Appel, un tribunal de première instance en tribunal souverain, il ne dépend jamais d'elles de convertir un tribunal d'Appel en tribunal de première instance. En un mot, l'Appel est la seule voie par laquelle les tribunaux supérieurs puissent être saisis de la connaissance des affaires qui ont subi un premier degré de juridiction. Ils sont donc, à défaut d'Appel, absolument incompétens pour statuer sur ces affaires; et puisque leur incompétence ne serait pas couverte par le consentement exprès des parties à plaider devant elles, il est tout simple qu'elle ne le soit pas non plus par leur silence sur l'inexistence d'un acte d'Appel.

Mais ce que juge l'arrêt dont il s'agit, pour le cas où il n'existe point d'acte d'Appel, peut-il être appliqué au cas où il existe un acte d'Appel tardif?

L'affirmative n'a pas paru douteuse à la cour de Turin, lorsque, par son arrêt déjà cité, du 6 juillet 1808, elle a rejeté la fin de non-recevoir par laquelle le sieur Rolfi combattait l'exception de tardiveté opposée à son Appel, après défense au fond : « C'est en vain (a-t-elle dit) que » Rolfi, pour soutenir le contraire, invoque le » prescrit par l'art. 173 du Code, portant que » toute nullité d'exploit ou d'acte de procédure » est couverte, si elle n'est proposée avant toute » défense ou exception; car, quoiqu'il soit vrai de » dire que les intimés, en faisant signifier leurs » écrits, touchant le fond, au sieur Rolfi, et en » demandant que le jugement en Appel fût con- » firmé quant à tous les intéressés, aient défendu » et excipé au fond, avant que d'opposer à Rolfi » la fin de non recevoir dont il s'agit, il est ce- » pendant à observer qu'une telle exception,

» comme tendante à établir la forclusion de Rolfi
» pour interjeter et introduire l'Appel, n'est sub-
» stantiellement qu'une exception d'incompétence
» absolue des juges d'Appel, non comprise, et
» même spécifiquement réservée par la disposition
» de l'article cité, et conséquemment proposable
» en tout état de cause, comme fondée sur des
» principes d'ordre public, d'après lesquels il
» n'appartient aucunement aux parties de pro-
» roger, par leur fait, la juridiction au-delà des
» termes fixés par la loi ».

Mais il est permis de croire que la cour de Turin n'aurait pas ainsi motivé son arrêt, si elle eût bien réfléchi sur la différence qu'il y a entre le cas où il existe un Appel tardif et le cas où il n'en existe point du tout.

Sans doute, un Appel tardif est nul. Mais autre chose est la *nullité*, et autre chose est l'*inexistence* d'un Appel. Il est nul aussi l'Appel qui est interjeté dans une forme irrégulière ; mais, par cela seul qu'il existe matériellement, il subsiste tant que, sur la réclamation de la partie à laquelle il a été signifié, la nullité n'en est pas déclarée par le juge supérieur ; et, par conséquent, il suffit pour saisir le juge supérieur du droit d'apprécier le jugement contre lequel il est dirigé. Et pourquoi n'en serait-il pas de même d'un Appel tardif ? Tout tardif qu'il est, il n'en existe pas moins matériellement que l'Appel simple nul dans la forme. Il faut, par conséquent, que la nullité de l'un soit, comme la nullité de l'autre, déclarée par le juge supérieur. Et comment le juge supérieur qui ne peut pas suppléer la nullité du second, pourrait-il suppléer la nullité du premier ? Comment le juge supérieur, qui devient incompétent pour connaître, soit du bien ou mal jugé, soit de la régularité ou de l'irrégularité du jugement de première instance, du moment que la nullité de forme de l'un n'est pas opposée par l'intimé avant toute défense au fond, ne le deviendrait-il pas également lorsque l'intimé n'excipe ni avant ni après avoir défendu au fond, de la nullité de l'autre ? Il faudrait, pour cela, que l'intimé ne pût pas, par son silence avant le jugement, couvrir la nullité de l'Appel tardif, comme il peut, par son silence avant de défendre au fond, couvrir la nullité de l'Appel vicieux dans la forme ? Mais le moyen de soutenir un pareil système alors que l'on est forcé de reconnaître que l'intimé peut, par une convention expresse, renoncer à l'un tout aussi bien qu'à l'autre ? Le moyen de le soutenir surtout alors qu'il est d'une vérité si constante, si notoire, et si formellement reconnue par l'arrêt de la cour de cassation, du 15 pluviôse an 13, rapporté dans le *Répertoire de Jurisprudence*, aux mots *Chose jugée*, §. 20, que les parties entre lesquelles a été rendu un jugement passé en force de chose jugée, sont maîtresses de consentir à ce qu'il soit tenu pour non-avenu, et qu'elles sont censées y consentir, par cela seul que, sans exciper de ce jugement, elles renouvellent, devant les mêmes juges, la contestation sur laquelle il a prononcé (1).

Aussi M. Toullier, tome 10, n°. 74, remarque-t-il fort judicieusement qu'en rapportant et justifiant, à l'endroit que je viens de citer du *Répertoire de jurisprudence*, l'arrêt de la cour de cassation du 15 pluviôse an 13, j'avais déjà abandonné l'opinion professée dans mes conclusions du 21 thermidor an 9, et qu'il condamne comme je le fais aujourd'hui ; et que, si je n'en ai point averti dans les éditions postérieures de mon *Recueil de Questions de droit*, c'est un oubli facile à commettre dans la révision d'un ouvrage aussi étendu.

Enfin, quelle différence y a-t-il, par rapport à notre question, entre l'opposition tardive à un arrêt par défaut, et l'Appel tardif d'un jugement de première instance ? Aucune, absolument aucune, puisque, faute d'opposition dans le délai fixé par la loi, l'arrêt par défaut acquiert toute l'autorité d'un arrêt contradictoire, comme, faute d'Appel dans le délai fixé par la loi, le jugement de première instance acquiert toute l'autorité d'un jugement en dernier ressort. Si donc le juge pouvait et devait suppléer d'office l'exception résultant de ce qu'un Appel a été interjeté trop tard, il pourrait et devrait aussi suppléer d'office l'exception résultant de ce qu'une opposition à un arrêt par défaut a été formée après le délai fatal. Eh bien ! Un arrêt de la cour de cassation, section civile, du 14 messidor an 13, a jugé (comme on peut le voir dans le *Répertoire de jurisprudence*, aux mots *Opposition à un jugement*, §. 3, art. 1, n°. 6) que la partie qui n'a pas excipé de la tardiveté d'une opposition, ne peut pas se faire de cette tardiveté un moyen de cassation contre l'arrêt par lequel l'opposition a été reçue. Cet arrêt a donc jugé, qu'en matière civile, l'exception de tardiveté d'une opposition n'est pas d'ordre public ; et par conséquent il a aussi jugé, du moins implicitement, que l'on ne peut pas ranger dans la catégorie des exceptions d'ordre public, celle qui résulte de la tardiveté d'un appel.

IV. La quatrième question, c'est-à-dire, celle de savoir si, dans les matières correctionnelles ou de police, le juge d'Appel peut et doit suppléer d'office l'exception de tardiveté de l'Appel, revient à celle de savoir si la règle établie, relativement à la prescription, par l'art. 2223 du Code civil, est applicable à ces matières ; et il est certain qu'elle ne l'est pas. Il y a, en effet, dans le *Répertoire de jurisprudence*, au mot *Prescription*, sect. 1, §. 3, n°. 3, plusieurs arrêts de la cour de cassation qui ont jugé que, soit en matière criminelle proprement dite, soit en matière correctionnelle, la prescription acquise à l'accusé ou prévenu, doit être suppléée par le juge. Il en doit donc être de même de la déchéance d'Appel, puisqu'encore une fois elle n'est pas autre chose qu'une prescription.

(1) *V.* l'article *chose jugée*, §. 2.

Et c'est ce qu'a en effet jugé un arrêt de la cour de cassation dont voici l'espèce.

Le 18 décembre 1816, jugement du tribunal correctionnel des Andelys, qui acquitte Marie-Adélaïde Trognon des poursuites exercées contre elle par le procureur du roi près ce tribunal, pour avoir exposé son enfant nouveau né dans un lieu solitaire.

Le 19 février 1817, et par conséquent après l'expiration du délai de deux mois qu'avait, pour en appeler, le procureur du roi du tribunal correctionnel d'Évreux, juge supérieur de celui des Andelys, ce magistrat fait notifier à Marie-Adélaïde Trognon, un acte d'Appel de ce jugement.

Le 28 du même mois, l'affaire est portée à l'audience; et là Marie-Adélaïde Trognon, sans faire attention à la tardiveté de l'Appel qui remettait son sort en question, se borne à soutenir qu'elle n'est pas coupable, et que les premiers juges n'ont fait, en l'acquittant, que ce qu'ils ont dû faire.

Le même jour, jugement qui la déclare convaincue du fait d'exposition de son enfant dans un lieu solitaire, et en conséquence, la condamne à une année d'emprisonnement.

Mais elle se pourvoit en cassation et par arrêt du 12 avril 1817, au rapport de M. Audier Massillon,

« Vu l'art. 205 du Code d'instruction criminelle;

» Attendu que Marie-Adélaïde Trognon a été renvoyée de la plainte portée contre elle, par le tribunal correctionnel des Andelys, le 16 décembre dernier; qu'après la prononciation de ce jugement, il s'est écoulé deux mois entiers sans qu'il y ait eu aucune notification d'Appel à la requête du ministère public; que ces deux mois expiraient le 18 février, et que ce n'est que le 19 du même mois que le procureur du roi près le tribunal d'Évreux a fait notifier son Appel;

» Attendu que la déchéance de cet Appel étant prononcée par la loi, était opérée de plein droit et avait son effet par la seule expiration du délai; que, dès-lors, le jugement qui avait acquitté ladite Trognon, était devenu irrévocable et avait acquis l'autorité de la chose jugée; que tout Appel de ce jugement survenu postérieurement, était nul, et ne pouvait avoir l'effet d'investir légalement le tribunal devant lequel il était porté, du droit de prononcer de nouveau sur la plainte; d'où il suit que le tribunal d'Évreux, en recevant l'appel du procureur du roi, notifié après l'expiration des délais déterminés par la loi, et en réformant le jugement du tribunal correctionnel des Andelys, devenu irrévocable, avait violé ledit art. 205, ainsi que les règles de la compétence;

» La cour casse et annulle.... (1) ».

Aurait-on dû juger de même dans le cas in-

(1) Bulletin criminel de la cour de cassation, tome 22, page 83.

verse, c'est-à-dire, si Marie-Adélaïde Trognon, condamnée en première instance, eût appelé après les dix jours fixés par l'art. 203 du Code d'instruction criminelle, et que, faute par le ministère public d'avoir excipé de la tardiveté de son Appel, le jugement de première instance eût été réformé?

Oui sans doute; car s'il ne dépend pas des prévenus de se soumettre, par leur consentement exprès ou tacite, aux peines dont la loi les a libérés, il ne dépend pas davantage du ministère public de leur faire remise des peines qu'ils ont légalement encourues.

Et de là le principe qu'en matière criminelle, le juge doit, comme je l'établis à l'article *Ministère public*, §. 1, suppléer d'office à tout ce qui est omis par le ministère public pour déterminer la condamnation, comme pour déterminer l'absolution du prévenu ou de l'accusé.

Aussi l'arrêt de la cour de cassation, du 20 mars 1812, dont il est parlé au n°. 2, énonce-t-il formellement que la tardiveté de l'Appel d'un jugement correctionnel de condamnation, *en opère de plein droit la déchéance*, indépendamment des conclusions que le ministère public prend ou peut prendre à cet égard.

§. X. *Quelles sont les formalités nécessaires pour la validité d'un acte d'Appel?*

I. Il faut, sur ce point, distinguer trois sortes d'Appels:

Les Appels des jugemens civils rendus en matière ordinaire;

Les Appels des jugemens civils rendus sur des faits de douanes;

Les Appels des jugemens rendus en matière correctionnelle et de simple police.

On va passer en revue les règles qui concernent les Appels interjetés dans chacune de ces matières; on traitera ensuite quelques questions qui leur sont communes à tous.

Art. I. *Forme des Appels des jugemens rendus en matière civile ordinaire.*

I. Ces Appels n'étaient, avant le Code de procédure civile, sujets à aucune formalité particulière.

« L'Appel d'un jugement (portait l'art. 8 de la » loi du 3 brumaire an 2) ne sera notifié que par » un simple exploit ».

Le tribunal civil du département de l'Escaut avait déclaré nul, le 11 floréal an 6, un acte d'Appel interjeté par la régie des douanes, d'un jugement de la justice de paix du canton d'Axel, sous prétexte que cet acte ne contenait pas les moyens d'Appel, et que, par là, il était en contravention à l'art. 1 du tit. 2 de l'ordonnance de 1667, lequel veut, à peine de nullité, que les ajournemens soient libellés, et qu'ils contiennent les conclusions et sommairement les moyens de la demande. Mais ce jugement a été cassé le 19 frimaire an 8, sur les conclusions de M. Lefessier,

« Attendu que l'art. 6 de la loi du 14 fructidor an 3, qui règle la forme de procéder dans les affaires de douanes, n'exige que la déclaration d'appel, avec assignation à trois jours, devant le tribunal civil; que cette loi ni aucune autre relative aux douanes, non-abrogée, n'exigeaient des préposés l'énonciation sommaire des moyens de l'Appel dans l'acte d'Appel contenant assignation.

» Que, dans l'espèce, l'exploit de déclaration d'Appel contenait assignation à trois jours; qu'il était donc conforme à la loi du 14 fructidor an 3; d'où il suit qu'en le déclarant nul, sous prétexte qu'il ne contenait pas les moyens d'Appel, et n'était point conforme à l'art. 1 du tit. 2 de l'ordonnance de 1667, le tribunal civil du département de l'Escaut a fait une fausse application de cet article, et, par suite, violé l'art. 6 de la loi du 14 fructidor an 3. »

II. L'art. 456 du Code de procédure civile porte que « l'acte d'Appel contiendra assignation dans les délais de la loi, et sera signifié à personne ou domicile, à peine de nullité ».

De là plusieurs questions.

Et d'abord, l'acte d'Appel qui serait nul s'il ne contenait pas la constitution de l'avoué qui doit occuper pour l'appelant, l'est-il également si celui qu'il constitue comme avoué, n'en a pas la qualité et n'en exerce pas les fonctions? L'intimé qui se présente sur un pareil acte, en soutenant qu'il est nul, en couvre-t-il la nullité?

« Le procureur général expose que la cour d'Appel de Metz a rendu, le 20 août 1808, un arrêt qui paraît violer directement une loi expresse, et contre lequel l'acquiescement de la partie lésée par sa décision, ouvre la voie de la cassation dans l'intérêt de la loi elle-même.

» Le 14 mars 1807, Hubert Pierret se rend appelant d'un jugement du tribunal de première instance de Briey, du 20 décembre 1806; et par l'acte qu'il fait, à cette fin, signifier à Jacques et Jean-Baptiste Génin, ses adversaires, il déclare élire domicile chez un avocat de Metz, qu'il qualifie d'avoué, et qu'il constitue comme tel, quoiqu'il n'en ait jamais exercé les fonctions.

» Le 23 avril suivant, jour de l'échéance de l'assignation, le sieur Duchamp, avoué près la cour d'appel de Metz, se présente pour l'appelant à l'audience de cette cour, et demande acte de sa constitution.

» Le même jour, le sieur Noiret, avoué de Jacques et Jean-Baptiste Génin, intimés, se présente pour eux, soutient que l'Appel d'Hubert Pierret doit être déclaré nul, à défaut de constitution d'avoué dans l'acte qui en contient la signification, et demande, sous la réserve de cette nullité, acte de ce qu'il se constitue pour ses cliens.

Le même jour, le sieur Noiret réitère sa constitution par un acte signifié au domicile du sieur Duchamp, et réserve par cet acte, la nullité qu'il a proposée à l'audience.

Le fait important de cette réserve géminée, omis, on ne sait pourquoi, dans l'arrêt dont il va être parlé, est néanmoins constaté par le plumitif de l'audience, ainsi que l'affirme le procureur général de la cour d'appel de Metz, par une lettre du 25 avril dernier, ci-jointe. Il est d'ailleurs rappelé en toutes lettres dans un second arrêt de la même cour, rendu entre les mêmes parties par suite du premier, et que l'exposant joint également.

» Le 6 juillet 1808, Hubert Pierret fait signifier ses griefs à l'avoué de Jacques et Jean-Baptiste Génin.

» Ceux-ci les laissent sans réponse, mais ils poursuivent l'audience; et le 20 août suivant, il intervient en conséquence de leurs poursuites, un arrêt par défaut, ainsi conçu : — « *Questions*.

» L'appel signifié par Hubert Pierret, est-il nul, pour ne pas contenir élection de domicile et la constitution d'un avoué exerçant près la cour;

» et, en supposant cette nullité, ce moyen n'a-t-il pas été couvert par le fait des intimés?

» En admettant que, sous ce dernier rapport, le moyen proposé ne soit pas admissible, l'Appel au fond est-il dans le cas de prospérer; et le jugement dont est Appel, doit-il être réformé?

» — Considérant, sur la première question, que l'acte d'Appel du 14 mars 1807 contient, à la vérité, une élection de domicile, mais chez un avocat qui n'exerce point les fonctions d'avoué, et qui néanmoins est qualifié tel par le susdit exploit, ce qui annonce évidemment l'intention de l'appelant de se conformer au vœu de la loi, et ne constitue qu'une simple erreur, dont il serait extrêmement rigoureux de ne pas permettre la rectification et qui se trouve d'ailleurs réparée dans l'acte des griefs signifié le 6 juillet dernier, comme elle l'avait déjà été à l'audience du 23 avril 1807, jour de l'échéance de l'assignation, et à laquelle Duchamp a comparu et s'est constitué comme avoué de l'appelant; que les intimés ont tellement considéré eux-mêmes l'appelant comme ayant un avoué en cause; que c'est au domicile de cet avoué que Noiret, qui occupe pour eux, a signifié, le même jour 23 avril, son acte de constitution; d'où il résulte que le moyen de nullité proposé contre l'Appel, doit être écarté;

» Considérant, sur la deuxième question, que, si l'Appel doit être déclaré recevable, il ne peut paraître fondé, puisque l'appelant qui a eu un temps plus que suffisant pour préparer ses moyens de défenses, ne se présente pas néanmoins pour soutenir son Appel, quoique dûment averti par le rôle du jour où la cause devait recevoir sa décision; la cour, sans s'arrêter au moyen de nullité proposé contre l'Appel, au principal donne congé-défaut contre l'appelant, non-comparant, ni personne pour lui; et, pour le profit, met l'appellation au néant... ».

» Jacques et Jean-Baptiste Génin s'empressent de lever cet arrêt, et le font signifier, *sans aucune réserve*, à Hubert Pierret; ce qui emporte, de leur part, une renonciation bien évidente au recours en cassation qui aurait pu l'atteindre. Ce fait est justifié par l'arrêt ci-joint, qui est intervenu en conséquence le 7 mars 1809.

» Dans ces circonstances il est du devoir de l'exposant d'examiner, d'office et pour l'intérêt de la loi, si le premier de ces deux arrêts ne contrevient pas directement au Code de procédure civile.

» L'art. 456 de ce Code porte que « l'acte d'Appel *contiendra assignation* dans les délais de la loi, et sera signifié à personne ou domicile, à peine de nullité ». Il faut donc que l'acte d'Appel soit revêtu, à peine de nullité, de toutes les formalités requises, sous cette peine, dans les exploits d'ajournement.

» Or, l'art. 61 du même Code veut que l'exploit d'ajournement contienne « 1°. la date des jours, mois et an, les nom, profession et domicile du demandeur, *la constitution de l'avoué qui occupera pour lui*, et chez lequel l'élection de domicile sera de droit, à moins d'une élection contraire par le même exploit...., *le tout, à peine de nullité* ». Ainsi, tout exploit d'ajournement dans lequel se trouve omise la *constitution de l'avoué*, qui doit occuper pour le demandeur, est radicalement nul.

» Comment donc la cour d'Appel de Metz a-t-elle pu ne pas prononcer la nullité de l'acte d'Appel d'Hubert Pierret?

» Elle en a donné trois raisons.

» D'abord, a-t-elle dit, Hubert Pierret, en constituant pour son avoué un avocat qui n'en avait pas la qualité, comme il n'en exerçait pas les fonctions, a évidemment annoncé l'intention de se conformer au vœu de la loi; et il serait extrêmement rigoureux de ne lui pas permettre de rectifier une pareille erreur.

» Ensuite, cette erreur a été suffisamment réparée, et par la présentation de l'avoué Duchamp, qui s'est constitué pour Hubert Pierret, à l'audience du 23 avril 1807, et par l'acte de griefs que le même avoué a fait signifier à celui des intimés, le 6 juillet suivant.

» Enfin, les intimés eux-mêmes ont tellement considéré l'avoué d'Hubert Pierret comme valablement constitué, que c'est à lui qu'ils ont fait signifier, le 23 avril 1807, l'acte de constitution de leur propre avoué.

» Il est extrêmement pénible de voir une cour supérieure se mettre ainsi en opposition avec la oi, et s'armer pour cela d'aussi vains sophismes.

» 1°. Depuis quand les nullités sont-elles subordonnées à l'intention plus ou moins évidente qu'ont eue les parties à qui on les reproche, de contrevenir à la loi qui les prononce? Il y a nullité, toutes les fois qu'une forme prescrite par la loi sous cette peine, a été omise ou violée; que la partie qui a omis ou violé cette forme, ait ou n'ait pas eu l'intention de la violer ou de l'omettre, c'est de quoi la loi s'inquiète peu. Parlons plus juste, jamais une partie qui viole ou omet une forme essentielle, ne peut être supposée avoir eu l'intention de l'omettre ou de la violer; une telle intention serait, de sa part, un trait de démence. Le système de la cour de Metz ne tendrait donc à rien moins qu'à excuser toutes les omissions, toutes les violations de formes prescrites à peine de nullité; et c'est assez de dire que ce système doit être proscrit sans ménagement.

» 2°. Si l'exploit dont il s'agit, n'avait contenu, ni le nom, ni la profession, ni le domicile d'Hubert Pierret, aurait-il suffi, pour en couvrir la nullité, que l'avoué d'Hubert Pierret, soit en se présentant à l'audience du jour indiqué par cet exploit, soit par l'acte de griefs qu'il aurait fait ensuite signifier aux intimés, déclarât quel était le nom, quelle était la profession, quel était le domicile de son client? Non sans doute; on lui aurait répondu : la nullité a été acquise aux intimés, du moment où l'exploit d'Appel leur a été signifié; elle forme pour eux un droit inaltérable; il n'est pas en votre pouvoir de la couvrir, en faisant après coup, ce que vous auriez dû faire par votre exploit même. — Eh bien ! La constitution d'avoué est placée par l'art. 61 du Code de procédure civile, sur la même ligne que la mention du nom, de la profession et du domicile du demandeur. Vous ne pouvez donc pas plus réparer, après coup, la nullité qui résulte du défaut de constitution d'avoué dans votre exploit d'Appel, que vous n'auriez pu, en vous présentant à l'audience, réparer la nullité qui serait résultée du défaut de mention de votre nom, de votre profession, de votre domicile.

» 3°. Il est vrai que les intimés, en faisant signifier au sieur Duchamp, en sa qualité d'avoué d'Hubert Pierret, l'acte de constitution de leur propre avoué, ont reconnu qu'il s'était constitué pour lui et qu'il le représentait; mais ils ont soutenu en même temps que sa constitution était tardive, quant à la validité de l'exploit; ils ont soutenu en même temps que, si sa constitution lui donnait caractère pour défendre, au nom d'Hubert Pierret, à la demande en nullité qu'ils formaient contre son acte d'Appel, elle ne pouvait pas du moins leur ôter le droit de faire déclarer son acte d'Appel nul : en un mot, ils n'ont reconnu le sieur Duchamp pour avoué d'Hubert Pierret, que sous la réserve du droit qui leur était acquis, de faire prononcer la nullité de son acte d'Appel.

Or, tout le monde sait que *protestatio servat jus protestantis*. Très-certainement une partie assignée par un exploit nul, peut, en comparaissant sur cet exploit, et en reconnaissant, par sa comparution, qu'il lui est parvenu, demander que cet exploit soit annullé; pourquoi donc n'aurait-il pas été permis à Jacques et Jean-Baptiste Génin, en faisant signifier leur acte de constitution à l'avoué d'Hubert Pierret, de demander que son acte d'Appel fût déclaré nul, à défaut de constitution d'avoué dans cet acte?

» Ce considéré, il plaise à la cour, vu l'art. 88 de la loi du 27 ventôse an 8, l'art. 61 et l'art.

456 du Code de procédure civile, casser et annuller, dans l'intérêt de la loi, et sans préjudice de son exécution entre les parties intéressées, l'arrêt de la cour d'Appel de Metz du 20 août 1808, ci-dessus mentionné; et ordonner qu'à la diligence de l'exposant, l'arrêt à intervenir sera imprimé et transcrit sur les registres de ladite cour.

» Fait au parquet le 28 août 1809. *Signé* Merlin

» Ouï le rapport de M. Rousseau, l'un des juges...;

» Vu les articles ci-dessus relatés;

» Attendu qu'il conste, d'après les pièces jointes, que les sieurs Génin, intimés, ne s'étaient constitués sur l'exploit, que sous la réserve de leurs moyens de nullité, et qu'ils avaient conclu expressément, lors du jugement par défaut du 20 août 1808, à la nullité de l'exploit, sous le motif qu'il ne contenait pas élection de domicile chez un avoué, et que la personne constituée et qualifiée d'avoué, n'en exerçait pas les fonctions, mais seulement celles d'avocat; que ce moyen de forme n'avait pas été couvert, puisque les parties y avaient persisté expressément et n'avaient conclu au fond que subsidiairement; que l'adhésion au jugement qui a écarté ce moyen, sous le prétexte de l'intention de l'appelant de se conformer au vœu de la loi, et de la réparation subséquente du vice de forme par la constitution réelle d'un avoué en titre, et de la signification faite à cet avoué, mais avec réserves, ne peut permettre cet arrêt à l'abri de la cassation dans l'intérêt de la loi;

» La cour casse et annulle l'arrêt de la cour d'Appel de Metz du 20 août 1808....;

» Fait et jugé..., section civile, le 4 septembre 1809 ».

La même chose a été jugée depuis au sujet d'un acte d'Appel dans lequel la dame Rochechouart-Pontville avait, au lieu de constituer un avoué, constitué un avocat. La cour de Bourges avait déclaré cet acte nul, et la dame Rochechouart-Pontville s'est pourvue en cassation; mais son recours a été rejeté par arrêt de la section des requêtes du 5 janvier 1815, au rapport de M. Lasagni,

« Attendu, en droit, que l'exploit d'ajournement doit contenir, entre autres choses, la constitution de l'avoué qui occupera pour le demandeur, à peine de nullité;

» Attendu, en fait, que l'exploit d'Appel dont il s'agit, au lieu de contenir la constitution d'un avoué, ne contenait que la constitution d'un avocat; qu'ainsi, en décidant que l'exploit de cet Appel était nul, et par conséquent l'Appel non-recevable, l'arrêt attaqué, loin de violer les art. 61 et 456 du Code de procédure, en a fait une juste application ».

III. 1°. L'acte d'Appel est-il nul, faute de contenir l'exposé sommaire des griefs de l'appelant?

2°. Est-il nul, en pareil cas, s'il porte sur un jugement d'ordre?

3°. Est-il nul dans tous les cas, s'il n'énonce pas expressément l'objet de la demande sur laquelle le jugement a prononcé?

Sur la première de ces questions, la négative est incontestable.

Le 17 prairial an 10, acte par lequel le sieur Casale, avocat, *se constitue caution, promisseur, expromisseur et principal débiteur*, envers le sieur Figarella, marchand à Bastia, d'une somme de 7000 francs que lui doit le sieur Pouson, fournisseur des vivres des troupes.

A défaut de paiement de cette somme, le sieur Casale est assigné par le tuteur des enfans mineurs et héritiers du sieur Figarella, devant le tribunal de commerce de Bastia.

Le sieur Casale décline la juridiction de ce tribunal.

Le 14 novembre 1807, jugement qui rejette son déclinatoire.

Appel : par arrêt du 21 janvier 1808, la cour d'Ajaccio met l'appellation au néant.

Le 13 février suivant, cet arrêt est signifié au sieur Casale en personne.

Pendant que l'Appel se poursuit, le tribunal de commerce de Bastia prononce sur le fond; et par jugement du 9 janvier 1808, il condamne le sieur Casale, *par corps*, au paiement de la somme qu'il a cautionnée.

Le 11 avril de la même année, le sieur Casale appelle de ce jugement par un exploit contenant assignation dans les délais de la loi.

Le 9 juin, la cause est portée à l'audience; le sieur Casale ne s'y présente pas, et le tuteur des mineurs Figarella conclud à ce que son acte d'Appel soit déclaré nul, attendu qu'il ne contient pas l'exposé sommaire de ses griefs.

Le même jour, arrêt par défaut qui prononce conformément aux conclusions du tuteur. Le sieur Casale forme opposition à cet arrêt.

Le 21 juillet 1808, arrêt contradictoire par lequel,

« Vu l'art. 61 du Code de procédure civile, portant : *l'exploit d'ajournement contiendra l'objet de la demande et l'exposé sommaire des moyens, à peine de nullité* ; vu l'art. 470 portant : *les autres règles établies pour les tribunaux inférieurs, seront observées dans les tribunaux d'Appel;*

» Considérant que l'Appel de Casale, du 11 avril ne contient pas l'exposé sommaire de ses moyens, ni aucune indication d'iceux; qu'en admettant, ainsi que Casale le prétend, que les seules formalités prescrites, sous peine de nullité, pour les actes d'Appel, sont celles énoncées dans l'art. 456 du même Code, il en résulterait l'inconvénient visible qu'un acte d'Appel non contenant aucune des formalités prescrites par l'art. 61, serait valable; que l'art. 462, en ordonnant à l'appelant de signifier ses griefs d'Appel après constitution d'avoué par l'intimé, ne dispense aucunement l'appelant de remplir dans son acte d'Appel, qui est un véritable ajournement, les formalités exigées pour les ajournemens; que l'accomplissement de ces mêmes formalités dans l'espèce, devient d'autant plus indispensable, qu'il s'agit de matière sommaire dans laquelle les

Appels sont portés à l'audience sur simple acte, sans autre procédure;

» Par ces motifs, la cour rejette l'opposition, et ordonne que son arrêt du 13 juin dernier sera exécuté selon sa forme et teneur ».

Le sieur Casale se pourvoit en cassation contre cet arrêt et contre celui du 9 juin 1808.

« Trois moyens de cassation (ai-je dit à l'audience de la section civile, le 4 décembre 1809) vous sont proposés dans cette affaire:

Incompétence du tribunal de commerce pour connaître du fond de la cause;

Contravention aux art. 1, 2 et 6 de la loi du 15 germinal an 6, relative à la contrainte par corps; fausse application de l'art. 456, et violation de l'art. 1030 du Code de procédure civile.

» De ces trois moyens, il y en a deux qui sont ici sans objet: ce sont le premier et le second: Le premier, parceque la question de savoir si c'était au tribunal de commerce à connaître du fond de la cause, a été jugée affirmativement par l'arrêt de la cour d'Appel d'Ajaccio, du 21 janvier 1808, contre lequel le sieur Casale ne s'est pas pourvu; le second, parceque les arrêt contre lesquels se pourvoit en ce moment le sieur Casale, n'ont pas confirmé le jugement qui le condamne *par corps*, mais ont seulement déclaré nul l'Appel qu'il avait interjeté.

» Nous n'avons donc à examiner ici que le troisième moyen du sieur Casale, et nous nous hâtons de dire que cet examen ne sera ni long ni pénible.

» L'art. 456 du Code de procédure civile porte, que « l'acte d'Appel contiendra *assignation* dans » les délais de la loi, et sera signifié à personne » ou domicile, à peine de nullité ». Il faut donc que l'acte d'Appel soit revêtu des formalités prescrites par l'art. 61 du même Code pour la validité des ajournemens, et conséquemment qu'il contienne 1°. la date du jour, du mois et de l'an, la profession et le domicile de l'Appelant, la constitution de l'avoué qui occupera pour lui; 2°. le nom, la demeure et l'immatricule de l'huissier, le nom et la demeure de l'intimé, la mention de la personne à qui est laissée la copie de l'exploit; 3°. l'indication du tribunal qui doit statuer sur l'Appel et le délai dans lequel l'intimé devra comparaître; le tout à peine de nullité.

» Mais doit-il aussi contenir, sous la même peine, l'exposé sommaire des griefs de l'appelant?

» L'affirmative semblerait, au premier abord, ne souffrir aucune difficulté. En effet, l'art. 61 met au rang des choses que l'exploit d'ajournement doit contenir, à peine de nullité, *l'objet de la demande et l'exposé sommaire des moyens*. Sans doute, l'acte d'Appel est censé contenir *l'objet de la demande*, par cela seul qu'il indique le jugement contre lequel il est dirigé, et qu'il est fait pour parvenir à la réformation de ce jugement. Mais ce n'est pas assez qu'il contienne *l'objet de la demande*, il faut encore qu'il contienne

l'exposé sommaire des moyens; il faut, par conséquent, que l'appelant y consigne sommairement ses griefs.

» Pour écarter cet argument, le sieur Casale vous dit d'abord, que l'art. 456 ne se réfère pas à l'art. 61 dans toutes ses parties; qu'il ne prescrit que *l'assignation* dans les délais de la loi et la signification à personne ou domicile; que ce sont là les deux seules formalités dont il frappe l'omission de nullité; qu'ainsi, on ne peut pas y ajouter les autres formalités prescrites par l'art. 61; et qu'en jugeant le contraire, la cour d'Ajaccio a violé l'art. 1030, suivant lequel *aucun exploit ou acte de procédure ne peut être déclaré nul, si la nullité n'en est pas formellement prononcée par la loi*.

» Mais ce système est en opposition diamétrale avec l'arrêt que vous avez rendu, sur notre réquisitoire, le 4 septembre dernier, et par lequel vous avez cassé, dans l'intérêt de la loi, un arrêt de la cour de Metz qui avait jugé valable un acte d'Appel qui ne contenait pas la constitution de l'avoué de l'appelant, formalité sur laquelle l'art. 456 est absolument muet, et qui n'est prescrite que par l'art. 61.

» Le sieur Casale vous dit ensuite qu'un acte d'Appel est censé, par cela seul, qu'il désigne le jugement qu'il a pour objet, contenir l'*exposé sommaire des moyens* de l'appelant; et, en effet, de quoi celui-ci se plaint-il par son acte d'Appel? Précisément de ce que le premier juge n'a pas eu égard aux moyens qu'il avait employés devant lui, pour justifier sa demande ou établir sa défense. Il se réfère donc virtuellement, par son acte d'Appel, aux moyens qu'il a employés devant le premier juge; il répète donc virtuellement ces moyens dans son acte d'Appel; il satisfait donc virtuellement à la disposition de l'art. 61 du Code de procédure civile, qui exige que tout exploit d'ajournement contienne l'*exposé sommaire des moyens* du demandeur.

» Et ce qui prouve invinciblement que c'est dans ce sens que doit être entendu l'art. 456, lorsqu'il dit que *l'acte d'Appel contiendra assignation*, c'est que l'art. 462 oblige l'appelant de *signifier ses griefs contre le jugement, dans la huitaine de la constitution d'avoué par l'intimé*, obligation qu'il ne lui imposerait certainement pas, qu'il ne pourrait même pas lui imposer, si les griefs devaient se trouver dans l'acte d'Appel.

» Dans cette hypothèse, en effet, la loi prescrirait, pour l'instruction de l'Appel, la même marche que pour l'instruction de la demande formée en première instance; et de même que sur une demande formée en première instance, par un exploit d'assignation contenant l'*exposé sommaire des moyens* du demandeur, l'instruction doit s'ouvrir, aux termes de l'art. 77, par la signification des défenses du défendeur, de même aussi, sur un acte d'Appel qui contiendrait l'exposé sommaire des griefs de l'appelant, l'instruction s'ouvrirait, non par une répétition inutile de ces mêmes griefs de la part de celui-ci, mais par la signification des réponses de l'intimé.

» Et vainement objecterait-on avec la cour d'Ajaccio, que « dans l'espèce, il s'agit de ma-
» tière sommaire dans laquelle les Appels sont
» portés à l'audience sur simple acte, sans au-
» tre procédure ».

» La forme à laquelle l'art. 456 du Code assujétit les Appels, est commune aux matières sommaires et aux matières ordinaires ; elle est consé-
quemment la même pour les unes que pour les autres. Si donc le défaut d'exposé sommaire des griefs de l'appelant, ne peut pas vicier un acte d'Appel dans les matières ordinaires, il ne peut pas non plus le vicier dans les matières sommaires.

» Qu'on ne dise pas au reste qu'il résulte de là que, dans les matières sommaires, l'intimé ar-
rivera à l'audience, sans connaître les griefs de l'ap-
pelant, sans savoir sur quoi devra porter sa défense.

» Nous avons déjà remarqué que l'appelant est censé, par cela seul qu'il attaque le jugement rendu en première instance, se plaindre de ce que le premier juge n'a pas eu égard aux moyens qu'il a fait valoir devant lui, et par conséquent proposer ces mêmes moyens pour griefs. L'intimé est donc suffisamment averti, par l'acte d'Appel, des moyens que l'appelant lui opposera à l'audience.

» Il est vrai qu'en matière sommaire, l'appelant peut, à l'audience, employer d'autres moyens que ceux qu'il a fait valoir devant le premier juge.

» Mais il peut aussi, dans les matières ordinai-
res, employer à l'audience d'autres griefs que ceux qu'il a fait signifier. L'intimé ne serait donc pas plus garanti de cet inconvénient, en matière sommaire, par l'insertion des griefs dans l'acte d'Appel, qu'il ne l'est, en matière ordinaire, par la signification que l'appelant lui fait de ses griefs après la constitution d'avoué.

» Enfin, MM., ce qui doit lever jusqu'à l'om-
bre du plus léger doute, c'est que l'art. 456 du Code offrait, dans sa première rédaction, telle qu'elle avait été arrêtée par les commissaires, une disposition qui exigeait que l'acte d'Appel contînt l'énonciation sommaire des griefs, et que cette disposition en fût retranchée par le conseil d'état, sur les observations des cours d'Appel de Grenoble, de Nancy et d'Orléans.

» Nous estimons, en conséquence, qu'il y a lieu de casser et annuller les deux arrêts dont il s'agit».

Par arrêt du 4 décembre 1809, au rapport de M. Cassaigne,

« Attendu, sur le premier moyen, que la compétence du tribunal de commerce pour connaî-
tre de la contestation, a été reconnue et jugée par arrêt rendu dans la même cause entre les mêmes parties, et passé en force de chose jugée;

» Attendu, sur le second, que les arêts at-
taqués ne contiennent aucune disposition sur la contrainte par corps;

» La cour rejette les deux premiers moyens ;

» Et sur le troisième, vu l'art. 1030 du Code de procédure civile...;

» Attendu que l'acte d'Appel est une plainte faite au juge supérieur, de l'injustice du jugement rendu par le juge inférieur; qu'un pareil acte porte en lui-même sa cause, et n'a pas besoin, pour être valable, de contenir *l'exposé som-
maire des moyens;* que cela résulte de l'art. 462 du Code de procédure civile, qui ordonner que, dans la huitaine de la constitution d'avoué par l'intimé, l'appelant signifiera ses griefs contre le ju-
gement; que le vœu de la loi se manifeste égale-
ment par la rédaction de l'art. 456; que, dans le projet de cet article, il était dit expressément, que l'acte d'Appel contiendrait l'énonciation sommaire des griefs; et, dans la rédaction définitive, cette formalité se trouve retranchée et remplacée par la signification prescrite par l'art. 462; qu'enfin, il n'y a pas plus de raison d'exi-
ger cette formalité dans les matières sommaires que dans les causes ordinaires, puisque la loi ne fait pas de distinction, et que, dans les matières sommaires, les griefs peuvent être énoncés verbalement à l'audience, comme être signifiés, en matière ordinaire, dans le cas prescrit par l'art. 462;

» D'où il résulte que les arrêts attaqués ont créé une nullité et conséquemment violé l'art. 1030 du Code de procédure civile, en annullant l'acte d'Appel dont il s'agit, sous prétexte qu'il ne contient point l'énonciation sommaire des moyens;

» La cour casse et annulle les arrêts rendus par la cour d'Appel d'Ajaccio, le 9 juin et 21 juillet 1808..... ».

La même question s'est élevée peu de temps après l'arrêt de la cour d'Ajaccio, cassé par celui que je viens de rapporter, devant la cour de Bruxelles, au sujet de l'acte d'Appel que les sieurs Palmaert et Opdenberg avaient fait signifier aux sieurs Danoot, d'un jugement du tribu-
nal de première instance de Malines.

Les sieurs Danoot soutenaient que cet acte était nul, parcequ'il n'énonçait aucun grief de la part des sieurs Palmaert et Opdenberg.

Le 19 décembre 1808, arrêt par lequel,

« Attendu que, s'il est statué par l'art. 61, §. 3, du Code de procédure, que l'assignation, à l'effet de comparaître pardevant le premier juge, contiendra l'exposé sommaire des moyens, il n'en résulte aucunement qu'il doit en être de même dans les assignations sur Appel, d'autant moins que les procédures de cette dernière espèce sont précédées de la signification d'un écrit de griefs;

» Attendu que l'art. 470 du même Code ne doit pas s'entendre des formes des ajournemens, mais des règles établies par l'instruction de la procédure.....;

» La cour faisant droit entre les appelans et les intimés, et sans prendre égard à la fin de non-recevoir proposée par ces derniers, dans laquelle ils sont déclarés non-fondés, met l'appellation et ce dont est Appel au néant..... ».

Recours en cassation contre cet arrêt de la part des sieurs Danoot; mais par arrêt du 1ᵉʳ. mars 1810, au rapport de M. Zangiacomi et sur les conclusions de M. l'avocat-général Daniels,

« Considérant qu'il résulte de la combinaison des art 456, 462 et 1030 du Code de procédure, que l'acte d'Appel ne doit pas nécessairement contenir l'exposé des griefs de l'appelant;

» La cour (section des requêtes) rejette le pourvoi..... ».

La seconde question paraît, à la première vue, devoir, d'après l'art. 763 du Code de procédure, être résolue tout différemment. « L'Appel d'un » jugement d'ordre (porte cet article) ne sera » reçu, s'il n'est pas interjeté dans les dix jours » de sa signification à avoué, outre un jour par » trois myriamètres de distance du domicile réel » de chaque partie; *il contiendra assignation et » l'énonciation des griefs* ».

Il est certain, en effet, qu'en imposant à l'appelant d'un jugement d'ordre, l'obligation d'énoncer ses griefs dans l'acte d'Appel, cet article fait exception à la règle générale qui est prescrite par l'art. 456 pour l'Appel en matière ordinaire. Mais, cette exception, l'étend-il jusqu'à déclarer non-recevable l'Appel dans l'acte duquel on n'aura pas énoncé de griefs?

On peut dire pour l'affirmative, qu'il place l'*énonciation des griefs* sur la même ligne que l'*assignation*; qu'en exigeant l'assignation, il l'exige indubitablement à peine de nullité; qu'il attache donc également la peine de nullité à l'omission de l'*énonciation des griefs*; qu'en un mot, il fait, de l'une comme de l'autre formalité, la condition essentielle de la recevabilité de l'Appel qu'il a pour objet, et que, dès-lors, la fin de non-recevoir, dont il commence par frapper l'appel non-interjeté dans les dix jours de la signification du jugement à avoué, doit s'appliquer à l'inobservation de l'une, ni plus ni moins qu'à l'inobservation de l'autre.

Mais ces raisons, plus spécieuses que concluantes, n'ont pas empêché la cour d'Appel de Rennes de juger le contraire par un arrêt du 4 mai 1812. « Elle a considéré (dit M. Carré, » dans son *Analyse raisonnée du Code civil*, » quest. 2376) que l'art. 763 contient deux par-
» ties distinctes et indépendantes l'une de l'au-
» tre; que la première portant en termes prohi-
» bitifs, l'*Appel ne sera pas reçu*, n'est relative
» qu'au cas où l'on aurait laissé passer le délai
» de dix jours sans interjeter Appel du jugement
» d'ordre; que la seconde dispose seulement que
» l'exploit d'Appel contiendra assignation et énon-
» ciation des griefs, sans supposer, comme la
» première, que l'inobservation de ces formalités
» rendra l'Appel non-recevable; qu'à la vérité,
» le défaut d'assignation dans l'exploit en opère-
» rait la nullité suivant la disposition expresse de
» l'art. 456; mais qu'on ne trouve nulle part cette

» peine prononcée dans le cas où l'on aurait omis
» d'y énoncer les griefs; d'où il résulte qu'elle
» ne peut être appliquée sans contravention à
» l'art. 1030 ».

La question s'est représentée depuis devant la cour supérieure de justice de Bruxelles, et y a été jugée dans le même sens. Par arrêt du 13 janvier 1819.

Il s'agissait de l'Appel que Joseph Vandenbrouk avait interjeté d'un jugement d'ordre rendu au profit de Marie Courtins, veuve Broussart, et que celle-ci soutenait non-recevable, faute d'énonciation de griefs dans l'acte qui en contenait la signification avec assignation par l'arrêt cité,

« Vu les art. 763 et 1030 du Code de procédure civile;

» Et attendu que l'art. 763 ne prononçant pas formellement la nullité de l'Appel pour défaut d'énonciation de griefs, cet Appel, d'après l'art. 1030, ne peut être déclaré nul; que d'ailleurs la différence entre les expressions dans lesquelles les diverses parties de l'art. 763 sont conçues, ainsi que le but et toute l'économie de la loi font entendre que, dans le sens de cet article, la non-recevabilité de l'Appel n'est attachée qu'au terme d'icelui, borné à dix jours, et non au défaut d'énonciation de griefs; qu'ainsi, la lettre et l'esprit de la loi concourent à faire rejeter la fin de non-recevoir;

» Que, si le défaut d'assignation entraîne la nullité de l'appel, c'est que l'art. 456 de Code la prononce expressément, et que, si, en première instance, l'exploit d'ajournement doit contenir l'objet de la demande et l'exposition sommaire des moyens, c'est que l'art. 61, n°. 3, du même Code, prononce encore formellement cette nullité; que l'art. 763, au contraire, ne la prononce pas, et que la différence de ces dispositions peut provenir de ce qu'en première instance, les moyens du demandeur n'étant pas connus du défendeur, doivent nécessairement être communiqués par l'exploit d'ajournement, tandis qu'en instance d'Appel, l'intimé connaît l'état de la cause par tout ce qui a été fait et déduit en première instance;

» Par ces motifs, la cour, le premier avocat-général entendu et de son avis, rejette la fin de non-recevoir; condamne l'intimé aux dépens de l'incident, ordonne à l'appelante de déduire ses griefs séance tenante (1) ».

Reste la troisième question, celle de savoir si un acte d'Appel est nul, comme l'exploit d'ajournement introductif d'une première instance, lorsqu'il ne désigne pas expressément l'objet de la contestation qui divise les parties.

Elle s'est présentée devant la cour supérieure de justice de Bruxelles, au sujet de l'Appel que

---

(1) Jurisprudence de la cour supérieure de justice de Bruxelles, année 1819, tome 1, page 237.

le sieur Longis avait interjeté d'un jugement du tribunal de commerce d'Anvers, et dans l'acte duquel il avait simplement déclaré conclure à ce que l'appellation et ce dont était Appel fussent mis au néant.

L'intimé soutenait, en invoquant l'art. 6 du Code de procédure, qui veut, *à peine de nullité*, que l'*exploit d'ajournement* contienne l'objet de la demande, que cet acte d'Appel devait être annullé, parcequ'il n'énonçait pas l'*objet de la demande* sur laquelle les premiers juges avaient statué.

Mais, par arrêt du 4 mai 1822, la cour a justement proscrit cette mauvaise chicane :

« Attendu, sur la nullité de l'acte d'Appel (a-t-elle dit), que l'appelant a, par son acte d'Appel, soumis à la réformation du juge supérieur le jugement *à quo*, porté sur les conclusions des parties ;

» Attendu que ces conclusions, connues des deux parties, contiennent l'objet de la demande de l'une, et les exceptions de l'autre partie contre cette demande;

» D'où il suit que, d'après la maxime, *certioratus non est certiorandus*, l'acte d'Appel ne doit pas, comme l'exploit d'ajournement en première instance, contenir ultérieurement l'objet de la demande de l'appelant; qu'ainsi, l'acte d'Appel, dans l'espèce, ne peut être argué de nullité pour ne mentionner que le but de l'appelant, de faire mettre l'appellation et ce dont est Appel au néant.....;

» Par ces motifs, la cour......, sans avoir égard à l'exception de nullité de l'acte d'Appel, dont l'intimé est débouté, avant de statuer sur l'Appel, ordonne à l'appelant, etc.... (1) ».

IV. L'Appel interjeté au nom d'une partie par un fondé de pouvoir, est-il valable? Peut-on le déclarer tel, nonobstant la maxime qui défend aux particuliers de plaider par procureur?

L'affirmative est établie par le plaidoyer et consacrée par l'arrêt du 22 brumaire an 12, rapportés à l'article *Prescription*, §. 14.

Cependant la question s'étant représentée depuis à la cour d'Appel de Bordeaux, y a été jugée tout autrement. Voici l'espèce.

Le 21 germinal an 3, jugement qui prononce au profit du sieur Thounens contre les sieurs Lameyer et compagnie, sur une contestation relative à un traité passé entre eux pour des marchandises, et spécialement sur le point de savoir si la vente avait été faite au *maximum*.

Le 15 floréal suivant, acte extrajudiciaire par lequel le sieur Medeville déclare, au nom et comme fondé de pouvoir des sieurs Lameyer et compagnie, interjeter Appel de ce jugement, et cite le sieur Thounens devant le bureau de conciliation pour faire le choix d'un tribunal d'Appel.

Le sieur Medeville se présente, toujours comme fondé de pouvoir des sieurs Lameyer et compagnie, au bureau de conciliation; et là il est convenu entre lui et le sieur Thounens, que l'Appel sera porté au tribunal de district de la Réole.

En conséquence, le sieur Thounens, anticipant l'Appel des sieurs Lameyer et compagnie, les fait assigner devant le tribunal de la Réole, pour voir dire qu'ils seront déclarés non-recevables ou mal fondés dans leur Appel.

Les sieurs Lameyer se présentent en personne sur cette assignation, et déclarant, en tant que de besoin, appeler de nouveau du jugement du 21 germinal an 3 (non encore signifié), ils concluent à ce qu'il soit réformé.

De son côté, le sieur Thounens, sans opposer à l'Appel de ses adversaires aucun vice de forme, et s'appuyant uniquement sur des moyens tirés du fond de la cause, conclud purement et simplement à la confirmation du jugement.

Le 21 prairial an 3, jugement qui, sans poser aucune question sur la forme de l'Appel, et par le seul mérite des moyens du fond, déclare qu'il a été bien jugé.

Les sieurs Lameyer et compagnie se pourvoient en cassation contre ce jugement, et obtiennent, le 22 messidor an 4, un arrêt qui, en le cassant, renvoie les parties devant le tribunal civil du département de la Gironde, auquel la cour d'Appel de Bordeaux est ensuite subrogée par la loi, du 17 ventôse an 8.

La cause portée à l'audience de cette cour, le sieur Thounens revient sur la forme de l'Appel des sieurs Lameyer et compagnie, et conclud à ce qu'il soit déclaré nul, attendu que, dans le fait, il a été signifié à la requête du sieur Medeville, se disant fondé de leurs pouvoirs à cet effet, et qu'en droit, il est de principe que, le gouvernement seul excepté, nul ne peut plaider par procureur.

Les sieurs Lameyer répondent que ces conclusions ne sont ni recevables ni fondées ; qu'elles ne sont pas recevables, parceque l'arrêt de cassation du 22 messidor an 4 n'a rien changé à l'état où se trouvaient les procédures au moment où le tribunal de la Réole avait rendu le jugement annullé par cet arrêt; qu'elles ne sont pas fondées, parceque ce n'est point plaider par procureur que d'appeler par le ministère d'un fondé de pouvoir.

Le 2 juillet 1808, arrêt qui, sans avoir égard à la fin de non-recevoir des sieurs Lameyer et compagnie, accueille le moyen de nullité proposé par le sieur Thounens, et déclare l'Appel comme non avenu.

Mais les sieurs Lameyer et compagnie se pourvoient en cassation ; et, par arrêt contradictoire du 18 juin 1823, au rapport de M. Poriquet et sur les conclusions de M. l'avocat-général Joubert,

« Vu les art. 1 et 14, tit. 5, de la loi du 24 août 1790....;

---

(1) *Ibid.*, année 1822, tome 2, page 72.

» Attendu que, si Medeville a déclaré, dans l'acte extrajudiciaire du 15 floréal an 3, interjeter Appel pour, au nom et comme fondé de pouvoirs des demandeurs, il n'a pas relevé cet Appel au tribunal de la Réole, et n'a pas été anticipé pour y procéder, à la requête du demandeur ;

» Qu'il n'a été partie ni directement ni indirectement dans la procédure ; qu'ainsi, on ne peut pas dire que les demandeurs aient plaidé par procureur sur l'Appel du jugement du 21 germinal an 3 ;

» Attendu que les demandeurs, anticipés à la requête du défendeur, par exploit signifié à leur domicile, ont comparu en personne, sur cette assignation, assistés d'un défenseur officieux ;

» Que les qualités du jugement du tribunal d'Appel de la Réole constatent que, loin de désavouer leur mandataire, ils se sont personnellement déclarés appelans et ont pris des conclusions tendantes à ce que, faisant droit sur l'Appel, le jugement fût réformé ;

» Que, lorsqu'ils ont ainsi procédé, les délais pour interjeter Appel, fixés par l'art. 14 du tit. 5 de la loi du 24 août 1790, n'étaient pas expirés, et que les Appels n'étaient assujétis à aucune forme spéciale ;

» Attendu enfin que la cour de cassation n'a, par son arrêt du 22 messidor an 4, annullé que le jugement du tribunal d'Appel de la Réole, et a renvoyé les parties à un autre tribunal, pour y être fait droit, ainsi qu'aurait dû le faire le tribunal dont le jugement était attaqué ;

» Qu'ainsi, la cour royale n'a pu, sous aucun prétexte, en statuant sur l'Appel dont le tribunal de la Réole avait été saisi, se dispenser d'avoir égard aux erremens de la procédure postérieure à l'exploit d'anticipation ;

» D'où il suit qu'en confirmant le jugement du 21 germinal an 3, dont les sieurs Lameyer et compagnie étaient appelans, par le seul motif que le premier acte par lequel ils auraient manifesté la volonté d'en obtenir l'infirmation, aurait été fait pour eux et en leur nom par un fondé de pouvoirs, la cour royale a faussement appliqué tant l'arrêt de la cour de cassation du 22 messidor an 4, que la maxime, *nul autre que le roi ne peut plaider par procureur,* et créé, contre l'Appel que les demandeurs avaient formé, en leur nom personnel, régulièrement et en temps utile, une fin de non-recevoir qui n'est pas fondée sur la loi ;

» Par ces motifs, la cour casse et annulle...(1) ».

V. L'Appel interjeté au nom d'une partie, par un tiers non fondé de pouvoir à cette fin, profite-t-il à cette partie ; et quel est l'effet de la ratification qu'en fait celle-ci, après le délai accordé par la loi pour appeler ?

Cette question s'est présentée à l'audience de la section des requêtes de la cour de cassation, le 24 brumaire an 9, sur la requête du sieur de Lafarre, curateur du sieur Avignon, en cassation d'un jugement du tribunal civil du département des Bouches-du-Rhône, du 21 ventôse an 8, rendu en faveur du sieur Martin.

« Le jugement dont la cassation est demandée par le citoyen Lafarre (ai-je dit à cette audience), déclare constant un point de fait sur lequel roule la principale question que vous offre cette affaire.

» Ce point de fait est que, le 2 novembre 1790, la ci-devant sénéchaussée d'Aix a rendu une ordonnance qui, en interdisant le citoyen Avignon, et lui nommant le citoyen Lafarre, entre autres, pour curateur, a fixé le *manoir,* c'est-à-dire le domicile de la curatelle, dans la maison même de l'interdit.

» C'est en exécution de cette ordonnance que toutes les significations judiciaires qui depuis ont été faites au citoyen Lafarre, en sa qualité de curateur du citoyen Avignon, l'ont été au domicile de celui-ci.

» Et le citoyen Lafarre a tellement reconnu la légalité de ces significations, que, dans un mémoire imprimé, produit en l'an 7, devant le tribunal des Bouches-du-Rhône, et cité dans le jugement dont il est ici question, il soutenait que le citoyen Barrachie, contre lequel il plaidait alors, n'avait pu valablement le faire assigner en sa qualité qu'au domicile de l'interdit, et que par suite, la signification qu'il lui avait fait faire à Alais, lieu de son domicile personnel, d'un acte d'opposition à un jugement par défaut, était nulle.

» C'est aussi au domicile de l'interdit qu'ont été faites, sans réclamation de la part du citoyen Lafarre, les nombreuses significations qui, dans cette affaire, ont précédé le jugement arbitral obtenu contre lui par le citoyen Martin, et dont l'Appel a été déclaré non-recevable par le jugement qu'il attaque aujourd'hui.

» D'après ces faits aussi positifs, il est fort indifférent qu'en thèse générale, le domicile personnel du curateur soit celui de l'interdit pour tout ce qui a rapport aux matières judiaires : en reconnaissant ce principe, on voit évidemment qu'il ne peut recevoir ici aucune application, puisque l'ordonnance de la sénéchaussée d'Aix, que le citoyen Lafarre n'attaque pas, et qu'il a d'ailleurs constamment exécutée, en a disposé autrement par rapport à la curatelle du citoyen Avignon.

» Mais il y a plus, et nous devons ajouter qu'elle a dû en effet disposer de cette manière. Car, comme le dit le jugement du tribunal des Bouches-du-Rhône, *la curatelle est indivisible,* termes qui supposent évidemment que plusieurs curateurs avaient été à la fois nommés au citoyen Avignon ; et il n'y avait aucune raison pour que les significations se fissent au domicile de l'un, plutôt qu'au domicile de l'autre.

---

(1) Bulletin civil de la cour de cassation, tome 25, page 282.

» Ces faits posés et constatés comme ils le sont par le jugement dont il s'agit, il est clair que ce jugement n'a violé aucune loi; qu'il n'a fait, au contraire, qu'appliquer littéralement les vrais principes, en décidant que le jugement arbitral rendu entre le citoyen Martin et le citoyen Lafarre, avait été valablement signifié à celui-ci, au domicile de la curatelle.

» Cette signification étant régulière, il est incontestable qu'elle a fait courir, contre le citoyen Lafarre, le délai de trois mois dans lequel la faculté d'appeler est circonscrite par l'art. 14 du titre 4 de la loi du 24 août 1790.

» Si donc le citoyen Lafarre n'a pas appelé dans les trois mois de cette signification, nécessairement l'Appel qu'il a pu interjeter après, n'est pas recevable.

» Or, cette signification est du 24 vendémiaire an 8; ainsi, nul doute que le citoyen Lafarre n'ait dû appeler avant le 25 nivôse suivant; et que, s'il ne l'a fait que depuis, il ne soit dans le cas de la fin de non-recevoir.

» Existe-t-il donc, dans l'intervalle du 24 vendémiaire au 25 nivôse, un Appel régulièrement interjeté par le citoyen Lafarre ? Voilà toute la question.

» Le citoyen Lafarre se prévaut d'un acte d'Appel interjeté en son nom le 13 brumaire, et conséquemment dans les trois mois, par le citoyen Ranchier, se disant son fondé de procuration.

» Mais le jugement constate que le citoyen Ranchier n'avait aucun pouvoir du citoyen Lafarre, pour émettre cet Appel; qu'il n'en avait même eu aucun pour suivre l'affaire devant les arbitres qui l'avaient jugée; que, dans le fait, ce n'était pas le citoyen Ranchier qui l'y avait suivie : qu'elle y avait été suivie par un autre homme de loi; et que la procuration dont le citoyen Ranchier se trouvait porteur, de la part du citoyen Lafarre, n'était relative qu'à des recouvremens de fermages sur le fermier qui en était débiteur.

» Qu'importe, après cela, qu'en thèse générale, le procureur *ad lites* qui a été chargé de la poursuite d'une affaire jusqu'au jugement définitif, ait qualité pour appeler de ce jugement? Cette qualité dérive de celle de *dominus litis* qu'il acquiert par la contestation en cause, et qu'il conserve tant que le procès, quoique terminé par le juge devant lequel il l'a instruit, n'est pas dévolu au tribunal d'Appel. Mais le citoyen Ranchier n'était ni ne pouvait être le *dominus* du procès entre le citoyen Lafarre et le citoyen Martin; il n'y avait figuré en rien; c'était pour lui une affaire absolument étrangère; il n'avait donc aucune qualité pour appeler au nom du citoyen Lafarre; et l'Appel qu'il s'est permis d'interjeter, n'a pas pu avoir plus d'effet que s'il eût été l'ouvrage d'une personne que le citoyen Lafarre n'eût pas même connue ni vue de sa vie.

» Et remarquez que le citoyen Lafarre ne peut pas même reprocher au citoyen Martin de l'avoir induit à se reposer sur l'Appel signifié par le citoyen Ranchier; car le jugement constate qu'au moment même où le citoyen Martin recevait cette signification, il a interpellé le citoyen Ranchier de lui exhiber son pouvoir, et que, sur le défaut de celui-ci d'en justifier, il lui a déclaré qu'il allait exécuter le jugement, ce qu'il a fait. Ainsi, dès le 15 brumaire, c'est-à-dire, avant même l'expiration du premier mois qui courait depuis la signification du jugement arbitral, le citoyen Martin a hautement déclaré qu'il ne reconnaissait point le citoyen Ranchier pour partie compétente à l'effet d'appeler au nom du citoyen Lafarre, il a par conséquent averti implicitement le citoyen Lafarre d'appeler lui-même dans les deux mois et dix jours qui lui restaient ; et assurément, si le citoyen Lafarre ne l'a pas fait, il ne peut l'imputer qu'à lui-même.

» Qu'importe encore que le citoyen Lafarre ait ratifié par acte signifié le 1er. pluviôse, c'est-à-dire après l'expiration des trois mois, l'Appel que le citoyen Ranchier avait émis en son nom le 15 brumaire ? Il est bien vrai que toute ratification a un effet rétroactif à l'acte qu'elle confirme : *omnis ratihabitio*, dit une règle de droit, *retrotrahitur ad initium et mandato comparatur*. Mais cette règle cesse toutes les fois qu'il s'agit de l'intérêt d'un tiers; jamais une ratification ne peut dépouiller un tiers du droit qui lui est acquis par le laps de temps dans lequel aurait dû être fait valablement l'acte qu'elle a pour objet, et qui se trouve nul pour n'avoir pas été ratifié dans le délai fixé par loi.

» Par ces considérations, nous estimons qu'il y a lieu de rejeter la requête ».

Par arrêt du 24 brumaire an 9,

« Attendu, 1°. que des faits établis dans le jugement attaqué, et non contredits par aucune espèce de preuve de la part du demandeur, il résulte que le domicile de l'interdit duquel le demandeur était curateur, était le domicile auquel devaient être faites les significations relatives à cette curatelle, et que cela avait été reconnu par le demandeur lui-même; d'où il suit que le jugement attaqué n'a violé aucune loi, en déclarant valable la signification du jugement duquel le demandeur était appelant;

» Attendu qu'il résulte aussi du jugement attaqué, que l'individu qui avait déclaré et signé l'Appel au nom de Lafarre, demandeur en cassation, était sans qualité pour le faire, et que ce prétendu Appel n'avait été ratifié par Lafarre que plus de trois mois après la signification du jugement contre lequel cet Appel était dirigé; d'où il suit que le jugement attaqué a fait une juste application de la loi d'août 1790, en dé-

4e édit., Tome I.

clarant le demandeur non-recevable dans son Appel ;

» Le tribunal rejette le pourvoi.... ».

Il y a, dans le *Répertoire de jurisprudence*, au mot *Procuration*, §. 2, deux arrêts de la cour de cassation des 15 mai et 12 septembre 1812, qui ugent la même chose en matière correctionnelle.

VI. La déclaration que la partie à laquelle est signifié un jugement, fait à l'huissier dans l'exploit même de la signification, de s'en rendre appelant, de constituer un tel pour son avoué et d'assigner son adversaire dans le delai de la loi, devant le tribunal supérieur, équivaut-elle à un acte d'Appel signifié à personne ou domicile?

Voici ce que nous lisons là-dessus dans le *Bulletin civil* de la cour de cassation :

« Le 25 février 1808, un jugement du juge de paix de Robastens a prononcé, au profit du sieur Fontan, une condamnation pécuniaire contre le sieur Beuquez.

» Ce jugement a été signifié au sieur Beuquez, qui a fait la réponse suivante, que l'huissier a insérée à la suite de son exploit de signification : *A répondu qu'il est bien et dûment appelant dudit jugement; et, à cet effet, assignation est donnée au sieur Fontan pour comparaître, au délai de la loi, devant le tribunal de Tarbes, pour voir réformer ledit jugement, pour les torts et griefs qu'il infère au requérant, et qu'il déduira dans le cours de l'instance, constituant pour son avoué M*. Dartignan, et a signé avec nous......

» Il n'y a pas eu, de la part du sieur Beuquez, d'autre acte d'Appel.

» Le sieur Fontan, ainsi intimé, s'est présenté devant le tribunal de Tarbes, mais uniquement pour soutenir que la déclaration d'Appel était irrégulière, et en demander la nullité.

» Le sieur Beuquez a prétendu que son Appel était régulier, et il a pris des conclusions sur le ond.

» Le 8 janvier 1812, jugement du tribunal de Tarbes, qui déclare l'Appel recevable, et prononçant sur le fond, annulle le jugement du juge de paix pour cause d'incompétence.

» Le sieur Fontan s'est pourvu en cassation contre ce jugement, et présenté divers moyens, dont le principal avait pour objet de soutenir qu'en déclarant l'Appel dont il s'agit, recevable, le tribunal de Tarbes avait violé l'art. 456 du code de procédure.

» Le sieur Beuquez a fait défaut.

» Par arrêt du 5 Avril 1808, ouï M. Zangiacomi et les conclusions de M. Jourde, avocat général ;

» Vu l'art. 456 du code de procédure ;

» Attendu que la déclaration d'Appel faite par Beuquez, n'a pas été signifiée dans une forme légale, ni à la personne ni au domicile de Fontan ; et par conséquent, qu'en jugeant cet Appel régulier et recevable, le tribunal de Tarbes a violé la loi ci-dessus ;

» La cour casse et annulle le jugement du tribunal de Tarbes, du 8 janvier 1812... ».

VII. Un acte d'Appel doit-il être déclaré nul par cela seul que le domicile de l'appelant n'y est pas exprimé, quoique d'ailleurs il soit assez connu de l'intimé d'après la relation de cet acte à un autre acte et le jugement contre lequel il est dirigé ?

La négative paraît, à la première vue, être la conséquence nécessaire du principe que, dans les cas où la loi n'en dispose pas autrement, et dans ceux où on ne s'y oppose pas par la nature des objets dont il s'agit, l'obligation d'exprimer une chose dans un acte quelconque, est équipollemment remplie par la relation de cet acte à un autre où elle est exprimée (1) ; et c'est ainsi que l'a jugé un arrêt de la cour de cassation dont voici l'espèce :

Le 8 juillet 1817, jugement du tribunal de première instance de Vervins, qui renvoie les sieurs Demolon et consorts d'une demande formée contre eux par la veuve Pailla et ses nombreux consorts, héritiers du sieur Wamant.

Le 29 novembre de la même année, signification d'un acte d'Appel de ce jugement « à la re-
» quête de la dame Marie-Thérèse Drouin, veuve,
» du sieur François Pailla, demeurant à Aubigny,
» et de ses consorts dénommés au jugement du
» 8 juillet dernier, ci-après repris, ès noms et
» qualités quils procèdent d'héritiers du sieur
» Jean-Baptiste Wamant ».

L'affaire portée à l'audience de la cour royale d'Amiens, les intimés demandent la nullité de cet Appel, à l'égard des consorts de la dame Pailla, sur le fondement que leurs noms, professions et domiciles n'y sont pas indiqués.

Le 5 décembre 1818, arrêt qui, en effet, déclare l'Appel nul, à l'égard des consorts de la dame Pailla (2), attendu qu'aux termes de l'art. 456 du code de procédure, il devait *contenir assignation* et par conséquent être revêtu de la formalité d'un ajournement; que l'art. 61 de ce Code veut, à peine de nullité, que tout exploit d'ajournement contienne les nom, profession et domicile du demandeur; et que, dans l'espèce, les noms, professions et domiciles des individus dont il s'agit, ne sont pas indiqués dans l'exploit du 29 novembre 1817.

_____

(1) *V.* le Répertoire de jurisprudence, aux mots *Motifs des jugemens*, n°. 7.
(2) Les auteurs du *Journal des audiences de la cour de cassation* (année 1822, page 23) et de la *jurisprudence de la cour de cassation* (tome 22, page 139) rapportent cet arrêt comme prononçant en termes purs et simples la nullité de cet Appel. Mais il est évident qu'il n'a pu la prononcer que contre les consorts de la dame Pailla, puisque l'exploit du 29 novembre 1817 signalait littéralement celle-ci comme *demeurant à Aubigny*.

Recours en cassation contre cet arrêt; et le 7 novembre 1821, au rapport de M. Cassaigne, arrêt par lequel,

« Vu les art. 61 et 456 du Code de procédure civile.....;

» Attendu que si, comme l'arrêt attaqué le décide, en assimilant l'acte d'Appel à l'exploit d'ajournement, ces articles exigent, pour la validité de l'acte d'Appel, qu'il contienne les nom, profession et domicile de l'appelant, c'est uniquement afin de faire connaître, d'une manière précise, à l'intimé l'individu qui se rend appelant; que ce but est également rempli, soit que l'acte d'Appel les exprime par une insertion littérale dans son contexte, soit qu'il les énonce seulement en termes implicites, en se référant à cet égard à un autre acte qui les contient, connu de l'intimé et étant en son pouvoir, puisque, dans les deux cas, l'intimé est également mis en état de connaître d'une manière constante celui qui est appelant; que, par une suite, en l'un des cas comme dans l'autre, l'acte d'Appel est valable, et ne peut être annulé;

» Et attendu que, dans le fait, l'acte d'Appel dont il s'agit, a été rédigé dans les termes suivans : *A la requête de dame Marie-Thérèse Drouin, veuve du sieur François Pailla, demeurant à Aubigny*, ET DE SES CONSORTS DÉNOMMÉS AU JUGEMENT DU 8 JUILLET DERNIER, CI-APRÈS REPRIS, *et les noms et qualités qu'ils y procèdent, d'héritiers de M. Jean Baptiste Wamant, a été signifié...*, etc.; que ce jugement contenait les noms, professions et domiciles des appelans, et était nécessairement connu des intimés qui l'avaient fait signifier; que, par une suite, en annulant ledit acte, sous prétexte qu'il ne remplit point le vœu des articles précités, l'arrêt dénoncé viole ces articles et en fait une fausse application à l'espèce;

» La cour casse et annulle..... (1) ».

Mais cet arrêt ne fait-il pas une application trop large du principe sur lequel il se fonde pour casser celui de la cour royale d'Amiens?

Quel est le domicile que doit indiquer, de la part du demandeur, à peine de nullité, l'exploit d'ajournement signifié à la requête de celui-ci? Ce n'est pas le domicile que le demandeur avait à telle ou telle époque antérieure; c'est celui qu'il a actuellement. Or, que résultait-il, quant à l'indication du domicile des consorts de la dame Pailla, de la relation de l'acte d'Appel du 29 novembre 1817 au jugement du 8 juillet précédent? Il en résultait bien que les consorts de la dame Pailla étaient censés avoir indiqué, dans cet acte, les lieux où ils demeuraient respectivement au moment où le jugement du 8 juillet avait été rendu, mais il n'en résultait pas *nécessairement* qu'ils fussent censés avoir indiqué le lieu où demeurait chacun d'eux à l'instant même où ils faisaient signifier cet acte. Il n'y avait donc pas, entre cet acte et le jugement du 8 juillet, une relation suffisante pour remplir, par rapport à l'indication du domicile, le vœu de l'art. 61 du Code de procédure civile.

Et c'est ce que la cour de cassation elle-même a reconnu et jugé depuis.

Le 14 mai 1821, un acte d'Appel est signifié au sieur Boileau. « à la requête du sieur Houy, » qui est appelant, et interjette Appel par ces » présentes, d'un jugement rendu contradictoi- » rement, entre lui et ledit sieur Boileau, par le » tribunal civil de première instance séant à » Soissons, le 28 mars dernier, enregistré et » signifié à domicile le 4 mai présent mois ».

Demande en nullité de cet exploit, de la part du sieur Boileau, qui se fonde sur le défaut de désignation du domicile du sieur Houy.

Et le 30 novembre de la même année, arrêt de la cour royale d'Amiens qui annulle l'acte d'Appel,

« Attendu que l'art. 456 du Code de procédure veut que l'acte d'Appel contienne, à peine de nullité, assignation dans les délais de la loi, et par conséquent remplisse toutes les conditions essentielles pour la validité d'une assignation ou ajournement; qu'aux termes de l'art. 61 du même Code, l'ajournement doit contenir, entre autres indications, à peine de nullité, celle du domicile du demandeur; qu'ainsi, dans l'exploit d'Appel, l'indication du domicile de l'appelant est une formalité essentielle sans laquelle cet exploit ne peut être maintenu;

» Attendu que, dans l'espèce, l'exploit signifié ne fait qu'indiquer l'avoué chez lequel le domicile est élu; qu'il n'indique pas le domicile même de la partie; qu'à la vérité, la suite de l'acte annonce que ladite partie interjette Appel du jugement rendu par le tribunal civil de Soissons, le 28 mars précédent, signifié à domicile le 4 du même mois; mais que ce n'est pas là indiquer suffisamment le domicile *actuel* de l'appelant, d'autant que ce domicile peut n'être pas le même qu'à l'époque de la signification ».

Le sieur Houy se pourvoit en cassation contre cet arrêt, et fait valoir les motifs qui ont déterminé l'annullation de celui de la même cour du 5 décembre 1818.

Mais par arrêt contradictoire du 9 mars 1825, au rapport de M. Minier,

« Attendu que l'acte d'Appel, signifié le 14 mai 1821, à la requête du demandeur, n'indiquait pas expressément quel était son domicile, ainsi que le veut impérativement à peine de nullité l'art. 61 du Code de procédure;

» Attendu que le demandeur ne faisait valoir aucune considération propre à établir que, s'il n'avait pas fait mention explicite de son domicile dans son exploit d'Appel, il l'avait, au moins, fait connaître implicitement, en déclarant que

---

(1) Bulletin civil de la cour de cassation, tome 23, page 291.

45.

son Appel était dirigé contre le jugement rendu à son préjudice le 28 mars 1821;

» Qu'en effet, il n'a pas été dit, dans cet acte d'Appel, que son domicile était énoncé dans les qualités de ce même jugement, et qu'il n'en avait pas changé depuis sa prononciation;

» D'où il suit qu'en s'attachant, comme l'a fait la cour royale d'Amiens, aux termes positifs et impératifs des art. 61 et 456 du Code de procédure, pour déclarer nul l'acte d'Appel signifié à la requête du demandeur, cette cour en fait une juste application;

» La cour (section civile) rejette le pourvoi.... (1) ».

La cour d'Appel de Liège avait précédemment rendu un arrêt semblable.

« Dans la cause entre Drion, appelant, et Lyon-Coupienne, intimé (disent les rédacteurs des *Décisions notables des cours d'Appel de Bruxelles et de Liège*, tome 16, page 89), l'acte d'Appel était argué de nullité, pour omission de l'indication du domicile de l'appelant, prescrite par l'art. 61. L'appelant a soutenu que cet article ne devait s'entendre que du premier exploit d'ajournement en cause, et que son domicile était suffisamment connu de l'intimé par la précédente instance.

» Néanmoins, la cour a déclaré l'Appel non-recevable, par le motif que l'art. 456, qui veut que l'acte d'Appel contienne assignation, requiert une assignation valable et conforme au vœu de l'art. 61. L'arrêt est du 25 janvier 1809, seconde chambre ».

Il faut pourtant convenir qu'il y a bien de la rigueur dans cette manière de juger, et qu'il serait plus équitable de dire, avec l'arrêt de cassation du 7 novembre 1821, que, pour la validité d'un acte d'Appel, il doit suffire que, d'après son contenu, la partie intimée ne puisse pas ignorer quelle est la personne qui le lui fait signifier, et que cet objet est parfaitement rempli par la relation de l'acte d'Appel au jugement contre lequel il est dirigé, lors même qu'il n'y est pas dit que le domicile actuel de l'appelant est toujours dans le lieu désigné par ce jugement.

Et c'est ainsi, en effet, que l'on devrait prononcer si l'art. 61 du Code de procédure était, par rapport à l'obligation qu'il impose au demandeur d'indiquer son domicile dans l'exploit d'ajournement, rédigé dans le même esprit que l'est l'art. 2148 du Code civil, par rapport à l'obligation qu'il impose au créancier qui prend une inscription hypothécaire, d'y énoncer son domicile; c'est-à-dire, si l'un laissait les tribunaux maîtres de décider si, dans telles ou telles circonstances, le défaut de désignation du domicile du demandeur dans l'exploit d'ajournement, empêche ou non le défendeur de savoir positivement et sans équivoque, quelle est la personne qui le fait assigner, comme l'autre leur permet de déclarer valable l'inscription hypothécaire qui, sans énoncer expressément le domicile du créancier, contient tous les renseignemens nécessaires pour donner au public pleine connaissance de la personne inscrite.

Mais quelle différence entre l'art. 61 du Code de procédure civile et l'art. 2148 du Code civil! Celui-ci ne frappe pas de la peine de nullité l'omission des formalités qu'il prescrit; il ne dit pas non plus que ces formalités pourront être omises impunément; mais par le silence qu'il garde là-dessus, il est censé dire qu'elles ne sont nécessaires que pour faire connaître au public le créancier qui s'inscrit, et que l'omission n'en est *irritante*, que lorsqu'il peut en résulter de l'incertitude sur la personne du créancier dénommé dans l'inscription. Celui-là, au contraire, déclare expressément nul tout exploit d'ajournement qui n'indique pas le domicile du demandeur. Peut-être le législateur aurait-il dû excepter de cette disposition le cas où le demandeur aurait énoncé dans l'exploit un acte contenant l'indication du domicile qu'il avait à l'époque de la confection de cet acte; mais il ne l'a point fait; et à lui seul appartenait le pouvoir de le faire.

On trouvera, à l'article *Assignation*, §. 15 et 16, d'autres questions analogues à celles-ci.

IX. Quel est l'effet d'un acte d'Appel signifié à la requête d'une commune, avant qu'elle ait obtenu du conseil de préfecture l'autorisation d'appeler?

V. l'article *Commune*, §. 6, n°. 2.

X. Pour appeler d'un jugement rendu au profit d'une femme mariée qui a plaidé *seule* et sans que son mari figurât dans les qualités de la cause, est-il nécessaire de signifier l'acte d'Appel au mari en même temps qu'à la femme?

Non, si le mari avait autorisé sa femme à plaider en première instance, et si son autorisation s'étendait jusqu'à appeler ou défendre à un Appel.

Mais 1°. l'Appel est-il valablement signifié à la femme seule, lorsqu'elle a plaidé seule en première instance, soit sans autorisation, soit avec autorisation limitée à cette instance même?

2°. La femme ne couvrirait-elle pas la nullité de cette signification, en se présentant sur l'Appel comme autorisée par son mari, sans néanmoins en rapporter la preuve, et en concluant à la confirmation de la sentence?

3°. Cette nullité serait-elle réparée par l'assignation particulière que l'appelant ferait donner au mari après l'expiration du délai de l'Appel?

Je ne proposerais pas ici les deux premières questions, qui, évidemment doivent être résolues pour la négative, s'il n'existait pas un arrêt de la

---

(1) Journal des audiences de la cour de cassation, année 1825, page 195.

cour d'Appel de Besançon, qui, sur l'une et l'autre, adopte l'opinion contraire.

Dans le fait, une contestation s'élève devant le tribunal de première instance de Saint-Claude, entre le sieur Morel et la dame Martelet, qui figure seule dans les qualités, sans s'expliquer sur le point de savoir si elle est autorisée à cet effet par son mari.

Jugement intervient, qui donne gain de cause à la dame Martelet.

Le sieur Morel s'en rend appelant, et ne fait signifier son Appel qu'à celle-ci.

La dame Martelet se présente sur cet Appel, en se qualifiant de *femme autorisée par son mari*, et conclud à la confirmation de la sentence. Puis, revenant sur ses pas, elle demande que l'acte d'Appel soit déclaré nul, parceque la signification n'en a pas été faite à son mari en même temps qu'à elle.

- Par arrêt du 13 juillet 1808,

« Considérant, que la fin de non-recevoir, résultant de ce qu'on n'a pas signifié l'acte d'Appel à Alexandre Martelet, n'est pas fondée, puisque ce dernier ne figure pas dans les qualités de la cause, et qu'il n'y avait pas été en première instance ; que la femme Martelet ne peut pas se prévaloir de ce moyen ; et que, d'ailleurs, elle aurait couvert la nullité en assignant Isidore Morel sur son Appel, se disant autorisée de son mari, quoiqu'elle ne le fût pas, et en concluant à la confirmation de la sentence...;

» Par ces motifs, la Cour rejette les fins de non-recevoir présentées.... (1). »

Que serait devenu cet arrêt, s'il eût été déféré à la cour de cassation ? Je ne doute pas qu'il n'eût été cassé.

D'abord, de ce que la dame Martelet avait plaidé en première instance sans autorisation, il ne s'ensuivait pas qu'elle fût habile à plaider de même en cause d'Appel. En première instance, elle avait gagné son procès ; et, par là, se trouvait couverte, aux termes de l'art. 225 du Code civil, la nullité résultant de ce qu'elle n'avait pas été autorisée par son mari. Mais sur l'Appel, la cause se trouvait au même point que si, en première instance, à rendre le jugement, la dame Martelet eût conclu à l'annullation de toutes les procédures faites avec elle, annullation que le premier juge n'eût pu se dispenser de prononcer sans violer ouvertement l'art. 215 du même Code.

En second lieu, de ce que la dame Martelet s'était présentée sur l'Appel comme autorisée par son mari, s'ensuivait-il qu'elle devait être considérée comme telle, ou que, du moins, elle fût non-recevable à nier une autorisation qu'elle avait elle-même annoncée comme constante ? non, certainement. (*V.* le Répertoire de juris-

prudence, aux mots *Autorisation maritale*, sect. 6, §. 4).

Enfin, la dame Martelet avait-elle couvert la nullité de l'acte d'Appel, en concluant à la confirmation de la sentence ? Il est évident que non. D'une part, elle ne pouvait, à défaut d'autorisation, rien faire qui préjudiciât à ses droits. De l'autre, la nullité résultant du défaut d'autorisation, n'est pas une simple nullité d'exploit ; c'est (comme je l'ai établi à l'endroit cité du *Répertoire de jurisprudence*, sect. 3, §. 4) un vice radical et péremptoire, qui peut être allégué en tout état de cause, et doit même être suppléé d'office par le juge, dans l'intérêt de la femme.

La troisième question s'est présentée dans l'espèce suivante :

Le 23 août 1822, jugement du tribunal de Sens, qui rejette par fin de non-recevoir une demande formée par le sieur Soufflet, contre la dame Dhallot, plaidant avec l'autorisation de son mari pour un objet qui la concerne personnellement.

Le sieur Soufflet appelle de ce jugement, dans les trois mois, et ne fait signifier son Appel qu'à la femme. Mais ensuite, et après les trois mois, il donne une assignation séparée au mari, à l'effet d'autoriser la femme, pour la régularité de la procédure.

La dame Dhallot et son mari soutiennent que l'Appel est nul, parceque, suivant l'expression de l'arrêt de la cour de cassation du 5 août 1812, rapporté dans le *Répertoire de jurisprudence*, aux mots *Autorisation maritale*, sect. 3, §. 4, l'assignation donnée primitivement au mari, était insuffisante, et que l'insuffisance n'en a pas été réparée dans le délai fatal.

Mais par arrêt du 13 août 1823,

« Considérant que le sieur Dhallot ne figure au procès que pour autoriser sa femme, qui s'y trouve seule intéressée ; que, si l'acte d'Appel du 4 novembre 1822, contenant assignation dans le délai de la loi, n'a été signifié qu'à la dame Dhallot, sans ajouter, *et à son mari, pour la validité de la procédure*, cette omission a été réparée en temps utile par l'assignation du 5 avril 1823, donnée au sieur Dhallot, avant le jugement de l'Appel...;

» La cour (royale de Paris), sans s'arrêter à l'exception de nullité proposée par les sieur et dame Dhallot, contre l'Appel de Soufflet, a mis et met l'appellation et le jugement dont est Appel au néant.... (1) ».

Une observation très-simple suffit, selon moi, pour faire toucher au doigt et à l'œil le mal jugé de cet arrêt. Si le sieur Dhallot, au lieu d'attendre que le sieur Soufflet l'assignât dans la cause d'Appel, après les trois mois, pour auto-

---

(1) Journal des audiences de la cour de cassation, 1ᵉʳ volume supplémentaire, page 162.

(1) Jurisprudence de la cour de cassation, tome 25, partie 2, page 111.

riser sa femme, y était intervenu de lui-même, et se fût joint à son épouse pour conclure à la nullité de l'acte d'Appel, aurait-on pu juger que, par-là, il avait couvert cette nullité? La négative résulte clairement des deux arrêts de la cour de cassation, des 7 octobre 1811 et 25 mars 1812, qui sont rapportés dans le *Répertoire de jurisprudence*, à l'endroit cité. Or, quelle différence y a-t-il entre cette hypothèse et le cas sur lequel a prononcé l'arrêt de la cour royale de Paris, du 13 août 1823? Aucune. Aussi cet arrêt est-il directement contraire aux principes consignés dans un autre de la cour de cassation, du 14 juillet 1819, qui est rapporté au même endroit.

XI. Déclarer devant un notaire que l'on entend appeler de tel jugement, et faire signifier, avec assignation, l'acte qui contient cette déclaration, est-ce remplir le vœu de l'article 456 du Code de procédure civile? Est-ce appeler valablement?

On a soutenu la négative devant la cour d'Appel de Pau. Un acte d'Appel, a-t-on dit, appartient essentiellement au ministère des huissiers. Il est donc nul, s'il est fait par un notaire. Qu'importe que, dans l'espèce, un huissier soit intervenu pour signifier l'acte que le notaire avait précédemment reçu? L'art. 456 du Code de procédure civile exige que l'acte d'Appel renferme dans un seul contexte, et la déclaration de l'appelant qu'il entend se pourvoir, et l'assignation à l'intimé pour se présenter devant le tribunal supérieur. Ces deux parties de l'acte d'Appel en constituent l'essence; elles ne peuvent donc pas être séparées l'une de l'autre.

Mais, ce n'étaient là que des chicanes; et la cour d'Appel de Pau les a proscrites par arrêt du 16 août 1809.

« Attendu que c'est en divisant deux actes essentiellement indivisibles, qu'on attaque l'acte notarié, comme ne contenant pas assignation, au désir de l'art. 456 du code de procédure, et l'assignation, comme ne renfermant pas déclaration d'Appel;

» Que l'acte notarié constatant la volonté de Catherine Hiribarren d'appeler du jugement dont il s'agit, ayant été signifié, aux fins y contenues, à Guillaume Hiribarren, avec assignation sur l'Appel, ces deux actes, qui émanent de Catherine Hiribarren, s'identifient essentiellement; en sorte que l'exploit présente à la fois et la déclaration de l'Appel, et l'ajournement sur cet Appel; par où, sous ce premier rapport, l'esprit, comme le texte de l'article précité du code, se trouvent éminemment remplis;

» Que d'ailleurs, pût-on séparer l'acte fait devant le notaire, de l'assignation, celle-ci contiendrait Appel; car le mot *Appel* n'est pas sacramentel; il n'est pas indispensable de l'employer; il peut être remplacé par des équipollens; or, on trouve dans l'assignation, qu'elle est donnée pour voir infirmer le jugement du 27 juillet 1808; ainsi, sous tous les rapports, le vœu de la loi a été rempli (1) ».

V. ci-après, art. 3, n°. XV-2°.

XII. Dans quelle forme doit être interjeté l'Appel des jugemens des tribunaux de paix?

Le Code de procédure civile ne s'explique pas spécialement là-dessus: il se borne à dire, art. 16, que « l'Appel des jugemens de la justice de paix » ne sera pas recevable après les trois mois, à » dater du jour de la signification faite par l'huis- » sier de la justice de paix, ou tel autre, commis » par le juge ». Mais, par là même, il est censé se référer à l'art. 456, et par conséquent exiger que cet Appel soit interjeté par acte signifié à personne ou domicile et qu'il contienne assignation.

Quoique l'on ne puisse pas invoquer en faveur de cette thèse, assez évidente d'ailleurs par elle-même, la manière dont la question avait été jugée avant le code de procédure civile, et sous la loi du 24 août 1790, parcequ'à cette époque, elle dépendait d'autres élémens, je n'en crois pas moins devoir retracer ici la décision qu'elle avait reçue alors, relativement à la nécessité de l'assignation.

Le 29 thermidor an 6., le sieur Dademar fait signifier au sieur Pavageau un acte par lequel, sans lui donner assignation, il déclare appeler d'un jugement rendu à son profit par le tribunal de paix du canton de Saint-Fort; et long-temps après, il le fait citer devant le tribunal civil de l'arrondissement de Jonzac pour procéder sur son Appel.

Le sieur Pavageau comparaît et soutient que l'acte d'Appel est nul, parcequ'il ne contient pas assignation. Il est vrai, dit-il, que les anciennes ordonnances, notamment celle de 1453, art. 15, et celle de 1493, art. 59, dispensaient l'appelant d'assigner l'intimé par l'acte même de son Appel; et que l'assignation n'est devenue, à l'égard des jugemens des tribunaux ordinaires, une formalité essentiellement constitutive de l'acte d'Appel, que par l'art. 456 du code de procédure civile. Mais la loi du 24 août 1790 avait, à leur égard, devancé, pour l'Appel des jugemens des tribunaux de paix, la disposition de cet article : « L'Appel des jugemens des juges de paix (avait- » elle dit, tit. 3, art. 12), lorsqu'ils seront sujets » à l'Appel, sera porté devant les juges de dis- » trict, et jugé en dernier ressort à l'au- » dience, et sommairement *sur le simple exploit* » *d'Appel* ».

Le 14 janvier 1812, jugement qui, adoptant ce moyen de nullité, déclare l'appel du sieur Dademar non-recevable.

Le sieur Dademar se pourvoit en cassation, et dénonce ce jugement comme violant, par une

---

(1) *Ibid.*, tome 14, partie 2, page 390.

fausse application de la loi du 24 août 1790, les art. 15 et 59 des ordonnances de 1453 et 1493. En effet, dit-il, l'art. 12 du tit. 3. de la loi du 24 août 1790 suppose bien que l'on peut donner assignation par l'acte d'Appel, mais il n'en impose pas formellement l'obligation. Il ne fait donc pas cesser la faculté qu'accordaient les anciennes lois de ne donner l'assignation que par un acte séparé.

Mais par arrêt du 6 septembre 1814, au rapport de M. Lefessier de Grand-Prey, et sur les conclusions de M. l'avocat général Lecoutour,

« Attendu qu'aucune des lois anciennes invoquées par le réclamant, ne peut s'appliquer aux formes des Appels des jugemens des justices de paix, juridiction qui n'a été établie en France que par la législation nouvelle; et que la loi du 24 août 1790 veut, notamment dans l'art. 12 du tit. 3, que, dans les cas où un jugement de juge de paix sera sujet à l'Appel, cet Appel soit porté devant les juges du district et jugé par eux en dernier ressort à l'audience et sommairement sur le simple exploit d'Appel; ce qui établit que cet exploit doit contenir assignation devant le tribunal indiqué; et qu'en jugeant d'après ces principes, qu'une simple déclaration sans assignation n'introduisait point un Appel, les jugemens dénoncés loin d'avoir violé aucune loi, n'ont fait, au contraire, qu'une juste application de celle qui devait servir à leur décision;

» La cour rejette le pourvoi... ».

XIII. Dans quelle forme doit-il être appelé d'un jugement qui, dans une matière non sujette à contradiction, a été rendu sur la seule requête de la partie à laquelle il porte préjudice?

Qu'il ne puisse pas en être appelé dans la forme prescrite par l'art. 456 du code de procédure civile, cela est de toute évidence, puisqu'il n'existe point de partie à laquelle l'acte d'Appel puisse être signifié, soit à personne, soit à domicile, ni qui puisse être assignée pour défendre le jugement.

Force est donc alors d'appeler par une requête présentée au tribunal d'Appel.

C'était effectivement ce qu'avait fait le sieur F...., dans l'espèce rapportée ci-dessus, §. 1, n° 5; et par l'arrêt du 28 novembre 1823, qui est rapporté au même endroit, la cour supérieure de justice de Bruxelles a reçu son Appel,

« Attendu que le jugement attaqué a été prononcé sur la seule déclaration de l'appelant, sans qu'il y ait eu de procédure contradictoire entre le demandeur en déclaration de faillite, et aucune autre partie quelconque;

» Qu'en conséquence, l'appelant n'ayant aucun contradicteur, ne pouvait faire que ce qu'il a fait en effet, c'est-à-dire, s'adresser par requête à la cour pour lui demander la reformation du jugement susdit;

» D'où il suit que, dans le présent cas, l'Appel est recevable de la manière et dans la forme dont il a été interjeté ».

ART. II. *Forme des Appels des jugemens civils rendus en matière de douanes.*

Ces appels doivent, suivant l'art. 6 de la loi du 14 fructidor an 3, *contenir assignation à trois jours, devant le tribunal civil dans le ressort duquel se trouve le juge de paix qui a rendu le jugement.*

Voici une question qui s'est élevée sur l'interprétation de cet article, et sur laquelle la section civile de la cour de cassation a prononcé le 3 messidor an 9. — Je copie mes propres conclusions dans cette affaire.

« La régie des douanes avait appelé, par acte du 24 thermidor an 7, d'un jugement de la justice de paix de la troisième section de la commune d'Anvers, rendu au profit de Jean Daems, et que celui-ci avait fait signifier le 16 du même mois.

» Par le même acte, la régie des douanes avait assigné Daems à comparaître au tribunal civil des Deux-Nèthes, *dans trois jours francs*, qui échéraient le 28 dudit mois de thermidor, à 9 *heures du matin.*

» La cause portée à l'audience, Jean Daems demanda que l'appel fût déclaré *péri et désert*, attendu que l'assignation avait été donnée à trois jours francs, tandis que, suivant lui, elle eût dû l'être simplement à trois jours, et par conséquent échoir le 27 thermidor, au lieu du 28.

» Et le tribunal des Deux-Nèthes l'a ainsi jugé sur-le-champ, en se fondant sur sa propre jurisprudence, confirmée, a-t-il dit, par le tribunal de cassation.

» La régie des douanes vous demande la cassation de ce jugement; et nous devons nous hâter de dire qu'il nous paraît en effet devoir être cassé tant comme appliquant à faux l'art. 6 de la loi du 14 fructidor an 3, que comme violant, de la manière la plus formelle, l'art. 6 du tit. 3 de l'ordonnance de 1667.

» L'art. 6 de la loi du 14 fructidor an 3 dit bien que *la déclaration d'Appel* d'un jugement rendu au civil en matière de douanes, *contiendra assignation à trois jours*. Mais il ne dit pas que ces trois jours seront comptés *de momento ad momentum*; il ne dit pas que le jour de l'échéance de l'assignation sera compris dans ce délai; il laisse cet objet à la disposition de la loi générale sur la manière de compter les délais des assignations.

» Or, cette loi générale est consignée dans l'art. 6 du tit. 3 de l'ordonnance de 1667, et voici ce qu'elle porte : « dans les délais des assignations » et des procédures, ne seront compris les jours » des significations des exploits et actes ni les jours » auxquels écherront les assignations ».

» Dira-t-on que cette loi n'a pas lieu dans les affaires de douanes? Mais quelle raison y aurait-il de les en excepter? Si le législateur eût voulu

360   APPEL, §. X, Art. III.

les en excepter effectivement, il l'aurait dit : son silence est la meilleure preuve qu'il a eu l'intention de les laisser, à cet égard, sous l'impire de la règle commune à toutes les affaires.

» A la vérité, on cite un jugement de la section des requêtes, du 23 brumaire an 6, qui a rejeté le recours des cit. Romberg et Zeghers contre un jugement par défaut du tribunal des Deux-Nèthes, qu'ils attaquaient comme rendu sur une assignation à trop bref terme, en ce que le délai n'y était pas de trois francs.

» Mais ce jugement, sur quoi est-il fondé ? En voici le prononcé :

» *Vu l'art.* 4 *de la loi du* 4 *germinal an* 2.... ;

» *Et considérant, d'une part, que les demandeurs déclarent dans leur mémoire, qu'ils se sont présentés le* 9 *messidor à l'audience du tribunal civil des Deux-Nèthes où le commissaire du pouvoir exécutif leur a donné connaissance des jugemens rendus contre eux la veille ; que, d'une autre part, il est constant que les demandeurs n'ont point réclamé, à cette audience, contre le prétendu vice de forme résultant de ce que les jugemens qu'ils attaquent, avaient été rendus la veille du jour pour lequel ils avaient été assignés ;*

» *Vu aussi l'art.* 3 *de la loi du* 14 *fructidor an* 3, *portant*.... A COMPAROIR LE LENDEMAIN ;

» *Et considérant qu'on voit par les termes de cet article, que le législateur a voulu qu'en matière de douanes, le jour où l'assignation est donnée, soit compté dans le délai de l'assignation ;*

» *D'où il résulte que le premier moyen proposé n'est pas admissible ;*

» *Le tribunal rejette le pourvoi...* ».

» Vous voyez que ce jugement emploie deux motifs pour rejeter le premier moyen des cit. Romberg et Zeghers. Assurément le second de ces motifs n'est pas le plus plausible, car de ce que l'art. 3 de la loi du 14 fructidor an 3 veut qu'en première instance, l'assignation soit donnée le jour de la saisie pour comparoir le lendemain, il ne s'ensuit certainement pas que l'art. 6 ait entendu faire courir *de momento ad momentum* le délai de trois jours dont il y est question, relativement aux assignations sur l'Appel.

» Du reste, dans cette affaire, la fraude était si manifeste, qu'il n'est peut-être pas étonnant que la section des requêtes d'alors ait prononcé comme elle l'a fait.

» Mais depuis, la question s'est représentée à la section civile, et elle y a été jugée bien différemment.

» Le 12 prairial an 6, la régie des douanes notifie à Adrien Pompen, un acte par lequel elle se déclare appelante d'un jugement rendu par un tribunal de paix, le 25 floréal précédent, et assigne Adrien Pompen *à trois jours*, devant le tribunal civil du département des Deux-Nèthes.

» Le 15 du même mois, le receveur de la régie se présente à l'audience du tribunal civil du département des Deux-Nèthes ; et attendu la non comparution d'Adrien Pompen, obtient, par défaut, un jugement qui infirme celui du tribunal de paix.

» Recours en cassation de la part d'Adrien Pompen ; et le 14 nivôse an 8, arrêt qui, « vu » l'art. 6 de la loi du 14 fructidor an 3 ; attendu » que le jugement par défaut a été rendu le 15 » prairial, sur un ajournement du 12, à trois » jours, et que les trois jours n'étaient pas expirés ; » que par conséquent il a été rendu avant le délai » fixé par l'ajournement ; et que, sous ce rapport, » il doit être considéré comme rendu sans assi- » gnation préalable, en contravention à l'art. 6 » de la loi du 14 fructidor an 3 ; par ces motifs..., » casse.... ».

» Nous croirions abuser de vos momens, si nous insistions davantage sur la nécessité d'annuller le jugement qui vous est aujourd'hui dénoncé. La loi est claire, le tribunal des Deux-Nèthes l'a violée, et il n'est pas vrai qu'il ait en cela suivi la jurisprudence du tribunal de cassation. Voilà toute la cause.

» Par ces considération, nous estimons qu'il y a lieu de casser et annuller le jugement du tribunal civil du département des Deux-Nèthes, du 28 thermidor an 7.... ».

Par arrêt du 3 messidor an 9, au rapport de M. Doutrepont,

« Vu l'art. 6 du tit. 3 de l'ordonnance de 1667, et l'art. 6 de la loi du 14 fructidor an 3 ;

» Attendu qu'il résulte évidemment de la disposition de l'art. 6 du tit. 3 de l'ordonnance de 1667, que les trois jours mentionnés dans l'art. 6 de la loi du 14 fructidor an 3, sont trois jours francs, d'autant moins incontestablement que l'art. 3 du tit. 11 de la loi du 22 août 1791 veut que, dans les procédures des saisies, on se conforme à ce qui est prescrit par les lois générales de la république ;

» D'où il suit que le jugement attaqué a expressément contrevenu à l'art. 6 du tit. 3 de l'ordonnance de 1667, et faussement appliqué l'art. 6 de la loi du 14 fructidor an 3 ;

» Par ces motifs, le tribunal casse et annulle... ».

ART. III. *Forme des Appels des jugemens rendus en matière correctionnelle et de simple police.*

I. Le Code des délits et des peines du 3 brumaire an 4 contenait, sur la forme de l'Appel en matière correctionnelle, des dispositions qu'il importe, même aujourd'hui, de remarquer à raison des conséquences que l'on peut tirer de leurs rapprochemens avec celles du Code d'instruction criminelle.

A la suite de l'art. 193 de ce Code qui ouvrait l'Appel *au condamné, à la partie plaignante, au commissaire du pouvoir exécutif* (actuellement représenté par le procureur du roi) *et à l'accusateur public* près le tribunal criminel du département (aujourd'hui représenté par le procureur du roi du tribunal d'Appel et par le procureur gé-

néral), venait l'art. 194 qui était ainsi conçu:
« Le condamné, la partie plaignante, ou le com-
» missaire du pouvoir exécutif qui veulent appeler,
» sont tenus d'en passer leur déclaration au greffe
» du tribunal correctionnel, le dixième jour au
» plus tard après celui qui suit la prononciation
» du jugement ».

L'art. 195 ajoutait :
« La requête contenant les moyens d'Appel est
remise au greffe du tribunal correctionnel, dans
les dix jours accordés par la loi pour appeler.
» Elle est signée de l'appelant ou de son fondé
de pouvoir.
» Dans ce dernier cas, le pouvoir est joint à la
requête d'Appel.
» Le tout à peine de déchéance de l'Appel ».

L'art. 196 réglait le mode de transmission de
la requête d'Appel au greffe du tribunal criminel
du département.

L'art. 197 continuait ainsi :
« L'Appel émis par l'accusateur public, n'est
pas sujet aux dispositions des trois articles précédens.
» L'accusateur public a, pour le notifier au prévenu, soit que celui-ci ait été condamné, soit
qu'il ait été acquitté, un délai d'un mois, à compter du jour de la prononciation du jugement ».

Ces dispositions sont, dans le Code d'instruction criminelle, remplacées par les suivantes:
« Art. 203. Il y aura, sauf l'exception portée en
l'art. 205 ci-après, déchéance de l'Appel, *si la
déclaration n'a pas été faite au greffe du tribunal
qui a rendu le jugement*, dix jours au plus tard
après celui où il a été prononcé; et si le jugement est rendu par défaut, dix jours au plus tard
après celui de la signification qui en aura été faite
à la partie condamnée ou à son domicile, outre
un jour par trois myriamètres....

» 204. La requête contenant les moyens d'Appel, pourra être remise, dans le même délai, au
même greffe; elle sera signée *de l'appelant, ou
d'un avoué ou de tout autre fondé de pouvoir
spécial.*
» Dans ce dernier cas, le pouvoir sera annexé
à la requête.
» Cette requête pourra aussi être remise directement au greffe du tribunal où l'Appel sera porté.
» 205. Le ministère public près le tribunal ou
la cour qui doit connaître de l'Appel, devra notifier son recours, soit au prévenu, soit à la personne civilement responsable du délit, dans les
deux mois à compter du jour de la prononciation
du jugement, ou, si le jugement lui a été légalement notifié, dans le mois du jour de cette notification ; sinon, il sera déchu ».

On voit de suite en quoi ces dispositions
s'accordent avec celles du Code du 3 brumaire
an 4, et en quoi elles en diffèrent.

Les deux Codes s'accordent en ce qu'il est voulu
par l'un comme par l'autre, 1°. que l'Appel du
condamné, celui de la partie civile et celui du
procureur du roi du tribunal de première instance, soient formés par une déclaration au greffe
du tribunal correctionnel; 2°. que celui du procureur du roi du tribunal supérieur, ou du procureur-général, le soit par une notification faite
au prévenu, ou à la personne civilement responsable.

Mais ils diffèrent, 1°. en ce que le premier
n'attachait expressément aucune peine au défaut
de déclaration d'Appel au greffe du tribunal correctionnel dans les dix jours, au lieu que le
second en fait résulter la déchéance de la faculté
d'appeler; 2°. en ce que, par l'un, la déchéance
de l'Appel était la peine du défaut de remise au
greffe de la requête contenant les moyens d'Appel
dans les dix jours, et que l'autre n'attache aucune
peine à ce défaut (1).

On pressent assez par là de quelle utilité il
peut être, pour résoudre les questions qui s'élèvent
sur cette matière, de se reporter à la manière dont
elles étaient jugées sous le Code du 3 brumaire
an 4; et c'est ce que prouvent encore mieux les
détails dans lesquels je vais entrer.

II. Le dépôt de la requête au greffe du tribunal
correctionnel, peut-il, lorsqu'il est effectué dans
le délai de l'Appel, suppléer au défaut de déclaration d'Appel dans le même délai?

Cette question s'est présentée sous le Code du
3 brumaire an 4.

Etienne Crastes avait, dans les dix jours de la
prononciation d'un jugement du tribunal correctionnel de Prades, qui l'avait condamné à une
peine, déposé au greffe de ce tribunal une requête contenant ses moyens d'Appel; mais il n'a-
vait fait au greffe aucune déclaration par laquelle
il se fût expressément porté appelant; et sur ce
fondement, le tribunal criminel du département
des Pyrénées-Orientales l'avait déclaré non-recevable. Mais sur son recours en cassation, arrêt
est intervenu, le 19 ventôse an 11, au rapport de
M. Lachèze, par lequel,

« Vu l'art. 456 du Code des délits et des peines;
» Attendu qu'il est justifié au procès, par la
note écrite et signée du greffier du tribunal correctionnel de Prades, en marge de la requête
contenant la déclaration et les moyens d'Appel
de Crastes, et de lui signée, que cette requête
avait été déposée au greffe le 7 frimaire dernier,
neuvième jour de la prononciation du jugement
correctionnel, et qu'il avait été, de cette manière,
suffisamment satisfait aux dispositions des art.
194 et 196 du Code des délits et des peines.....;

» Qu'ainsi, il y a eu, de la part du tribunal criminel du département des Pyrénées-Orientales,
usurpation de pouvoir, en ce qu'il a créé des nullités et des fins de non-recevoir qui ne sont pas
dans la loi;

---

(1) Ce que je ne fais qu'énoncer ici par rapport à cette
seconde différence, est étranger à ce paragraphe; mais j'y
reviendrai dans le §. 13, art. 2, n°. 3.

4. Edit., Tome I.

» Le tribunal casse et annulle.... ».

Pourrait-on encore juger de même aujourd'hui.

M. Carnot, dans son Commentaire sur le Code d'instruction criminelle, tome 1, page 587, présente l'affirmative comme constante. Et en effet, d'une part, la loi, comme on le verra plus particulièrement dans le §. suivant, n'assujétit la *déclaration d'Appel* à aucune forme sacramentelle ; et de l'autre, exposer les moyens sur lesquels on se fonde pour appeler, c'est bien déclarer implicitement que l'on appelle.

Mais il faut pour cela que la requête d'Appel soit déposée, non-seulement dans le délai de l'Appel, mais encore, comme l'observe très-justement M. Carnot au même endroit, au greffe du tribunal qui a rendu le jugement ; car si, suivant la faculté qu'en accorde à l'appelant l'art. 204 du Code d'instruction criminelle, la requête d'Appel n'était pas déposée, même pendant les dix jours, qu'*au greffe du tribunal où l'Appel doit être porté*, la déchéance de l'Appel résultant du défaut de déclaration au greffe, ne serait pas couverte.

C'est ainsi que sous le Code du 3 brumaire an 4 ; l'obligation qu'il imposait à l'appelant, sous peine de déchéance, de remettre dans les dix jours au greffe du tribunal correctionnel une requête contenant les moyens d'Appel, n'était pas remplie par le dépôt de cette requête, dans le même délai, au greffe de la cour de justice criminelle.

Un inspecteur des forêts avait, dans les dix jours de la prononciation d'un jugement du tribunal correctionnel de Chambéry, passé au greffe de ce tribunal une déclaration par laquelle il s'en était rendu appelant. Mais au lieu de déposer dans le même délai et au même greffe, la requête contenant ses moyens d'Appel, il l'avait remise au greffe de la cour de justice criminelle du département du Mont-Blanc ; et en conséquence, par arrêt du 24 pluviôse an 13, cette cour l'avait déclaré déchu de son Appel. L'administration des forêts s'est pourvue en cassation contre cet arrêt ; mais son recours a été rejeté le 14 germinal de la même année, au rapport de M. Babille,

« Attendu que, d'après l'art. 195 du Code des délits et des peines, la requête contenant les griefs sur l'Appel d'un jugement correctionnel, doit être déposée au greffe correctionnel, à peine de déchéance ;

» Que, dans l'espèce, la requête contenant les griefs de l'Appel interjeté pour l'administration forestière par l'inspecteur forestier, du jugement correctionnel rendu contre elle, a été déposée au greffe criminel, au lieu de l'être au greffe correctionnel, conformément à cet art. 195 ;

» Et qu'ainsi, l'arrêt attaqué n'a pu violer la loi ; en prononçant une déchéance qu'autorisait la loi, ce qui dispense d'examiner les autres moyens de cassation, puisqu'il suffit d'un bon motif pour empêcher la cassation d'un jugement, quand même il présenterait d'ailleurs quelque contravention à la loi ».

III. Est-il nécessaire que la déclaration d'Appel soit faite par l'appelant en personne ?

C'est un principe général, comme je l'établis dans le *Répertoire de jurisprudence*, au mot *Divorce*, sect. 4, §. 9, que l'homme peut, dans tous les cas où la loi ne le lui interdit pas spécialement, faire par l'organe d'un fondé de pouvoir, ce qu'il peut faire lui-même. Or, pour la validité d'une déclaration d'Appel au greffe du tribunal qui a rendu le jugement contre lequel elle est dirigée, l'art. 203 du Code d'instruction criminelle n'exige pas plus que ne l'exigeait l'art. 194 du Code des délits et des peines du 3 brumaire an 4, la comparution personnelle de l'appelant. Celui-ci peut donc aujourd'hui, comme il le pouvait sous le Code du 3 brumaire an 4, faire cette déclaration par procureur ; et c'est ce que reconnaissent formellement trois arrêts de la cour de cassation, des 18 mai, 2 juin et 17 août 1821, que l'on trouvera ci-après, n° 5.

Mais de là naissent d'autres questions.

IV. Pour que la déclaration d'Appel faite par un tiers au nom de la personne intéressée à appeler, soit valable, est-il nécessaire que celui qui la fait, exhibe un pouvoir signé de cette personne, ou bien est-il censé être muni de ce pouvoir par cela seul qu'il se présente au greffe du tribunal correctionnel pour appeler d'un jugement qui ne le concerne pas ?

Cette question était sans intérêt sous le Code du 3 brumaire an 4, parceque la déclaration d'Appel au greffe du tribunal correctionnel n'était pas prescrite sous peine de déchéance. Alors, en effet, de deux choses l'une : ou la partie au nom de laquelle un tiers non muni de pouvoir à cet effet, avait fait une déclaration d'Appel, ne déposait pas au même greffe, dans les dix jours de la prononciation du jugement, une requête d'Appel signée d'elle ou d'un mandataire porteur de sa procuration spéciale, ou elle se mettait en règle à cet égard. Au premier cas, elle était déchue par cette seule raison. Au second cas, le dépôt de la requête d'Appel tenait lieu de la déclaration d'appeler ; et il était indifférent qu'elle eût ou n'eût pas été précédée d'une déclaration d'appeler dont la forme était vicieuse.

Il s'est cependant présenté, même dans le second cas, une espèce dans laquelle on a prétendu qu'il y avait déchéance de l'Appel, par cela seul que la déclaration d'appeler avait été faite par un tiers non muni d'un pouvoir dûment signé.

Bosquier-Gavaudan, condamné aux peines de l'escroquerie par un jugement du tribunal correctionnel de Rouen, en avait d'abord appelé en temps utile par l'organe d'un particulier qui s'était dit son mandataire spécialement constitué à cet effet, mais qui n'avait représenté, en faisant sa déclaration, qu'un pouvoir non signé; ensuite, et avant que le délai de l'Appel fût expiré, il avait remis au greffe une requête d'Appel revêtue de sa signature.

La cause portée à l'audience du tribunal criminel du département de la Seine-Inférieure, le sieur Périaux, partie civile, partant du fait que la déclaration d'Appel était l'ouvrage d'un tiers sans pouvoir, a soutenu qu'elle devait, par cette seule raison, être regardée comme non avenue, et que, dès-lors, Bosquier-Gavaudan devait être déclaré déchu de la faculté d'appeler.

Effectivement le tribunal criminel le jugea ainsi; mais sur le recours en cassation de Bosquier Gavaudan, arrêt du 29 ventôse an 10, au rapport de M. Dutocq, par lequel,

« Vu l'art. 456, §. 1, du Code du 3 brumaire an 4.....;

» Attendu que le tribunal criminel de la Seine-Inférieure a fait une fausse application des art. 194 et 195 du Code précité, en jugeant que l'Appel interjeté par Bosquier, dit Gavaudan, était nul, sous le prétexte que le pouvoir par lui donné pour appeler, n'était pas signé de lui, *puisque l'art. 194 ne dispose pas qu'il soit nécessaire d'un pouvoir à cette fin;* et que la nécessité de ce pouvoir ne tombe que sur l'art. 195, qui a trait à la remise au greffe de la requête d'Appel; qu'il est de fait qu'il a présenté sa requête, signée de lui, dans les dix jours de la prononciation du jugement rendu par le tribunal correctionnel de Rouen, en conformité dudit art. 195; qu'ainsi, il a rempli le vœu de la loi, et a, par là, ratifié, au besoin, l'Appel interjeté en son nom;

» Le tribunal casse et annulle..... ».

Comment, d'après cela, notre question doit-elle être jugée sous le Code d'instruction criminelle? Rien de plus simple.

La partie au nom de laquelle il a été fait une déclaration d'Appel par un tiers sans pouvoir, a-t-elle, avant l'expiration du délai fixé pour l'Appel par l'art. 203, déposé au greffe du tribunal qui l'a jugée, une requête contenant ses moyens d'Appel? Dans ce cas, la requête d'Appel équivaut à une déclaration d'appeler; et par conséquent il importe peu que celle-ci soit régulière ou nulle.

Mais n'y a-t-il pas eu de sa part, dépôt d'une requête d'Appel au greffe du tribunal correctionnel, dans les dix jours de la prononciation du jugement? Alors, réduite, pour écarter la déchéance, à se prévaloir de la déclaration d'Appel qui a été faite en son nom, il est évident qu'elle doit succomber, parceque cette déclaration n'est pas son ouvrage, parcequ'elle ne pourrait se l'approprier qu'autant qu'elle l'aurait autorisée par un mandat exprès, parcequ'elle ne peut pas être censée avoir donné un mandat pour la faire, alors qu'il n'en existe pas un acte revêtu de sa signature.

Opposera-t-on à cela le motif de cassation que l'arrêt du 29 ventôse an 10, tire de ce que l'art. 194 du Code du 3 brumaire an 4 *ne dispose pas qu'il soit nécessaire d'un pouvoir* pour appeler au nom d'un tiers? Et dira-t-on que ce qui n'était pas, à cet égard, prescrit par l'art. 194 du Code du 3 brumaire an 4, ne l'étant pas davantage par l'art. 203 du Code d'instruction criminelle, rien ne peut empêcher le premier venu d'appeler efficacement au nom du condamné ou de la partie civile?

Mais il ne faut pas, dans l'arrêt du 29 ventôse an 10, séparer le motif dont il s'agit, de celui qui le suit immédiatement et qui repose sur un fait emportant, de la part de Bosquier-Gavaudan, dans le délai fatal, la ratification de la déclaration d'Appel précédemment faite en son nom; il résulte bien de ces deux motifs réunis, que la déclaration d'Appel ne peut pas, lorsqu'elle a été valablement ratifiée en temps utile, être annullée sous le prétexte qu'elle est émanée d'un mandataire apocryphe. Mais si vous isolez le premier de ces motifs, vous faites dire à l'arrêt une chose absurde; car il est de toute évidence qu'en exigeant, de la part de celui qui veut appeler, une déclaration d'Appel dans les dix jours de la prononciation du jugement, la loi exige qu'il fasse cette déclaration, ou en personne, ou par l'organe d'un porteur de sa procuration écrite et dûment signée.

C'est ainsi au surplus que la question a été jugée par un arrêt de la cour de cassation du 15 mai 1812, qui est cité dans les conclusions du 28 janvier 1813, rapportées dans le *Répertoire de jurisprudence*, au mot *Procuration*, §. 2.

V. Mais ne doit-on pas, à cet égard, excepter de la règle générale la déclaration d'Appel faite par un avoué du tribunal qui a rendu le jugement contre lequel elle est dirigée?

Nul doute sur l'affirmative, soit que l'avoué ait ou n'ait pas occupé dans la cause pour la partie au nom de laquelle il fait la déclaration d'Appel.

La raison en est que tout ce que fait un avoué au nom d'une partie, il est censé, jusqu'à désaveu, le faire en vertu d'un pouvoir spécial qui lui a été donné à cet effet.

Il est vrai qu'aux termes de l'art. 417 du Code d'instruction criminelle, il n'y a que l'*avoué de la partie condamnée* qui soit admis à faire au nom de cette partie et sans pouvoir spécial, une déclaration de recours en cassation.

Mais on ne peut pas argumenter, en cette matière, de la déclaration de recours en cassation à la déclaration d'Appel; celle-ci est beaucoup plus favorable et doit par conséquent être beaucoup plus facile que celle-là. Sans doute de ce que l'avoué de la partie condamnée a qualité pour faire une déclaration de recours en cassation, il résulte *à fortiori* qu'il a également qualité pour faire une déclaration d'Appel ; mais de ce qu'entre tous ses confrères, il a seul qualité pour pouvoir faire l'une sans pouvoir spécial, il ne s'ensuit nullement que chacun de ses confrères ne doive pas être admis à faire l'autre. Et cela est si vrai que, par l'art. 204 du même Code, *un avoué* quelconque est assimilé à tout autre fondé de pouvoir spécial, pour signer la requête d'Appel au nom de l'appelant.

C'est ainsi, au surplus que la question a été jugée par la cour de cassation dans l'espèce suivante :

Le 4 mars 1812, jugement contradictoire d'un tribunal correctionnel de première instance, qui prononce des condamnations contre le sieur Direk-Petershagen.

Le 17 du même mois, un avoué de ce tribunal qui n'avait pas occupé dans la cause, se présente au greffe, et y fait, au nom du condamné, une déclaration d'Appel.

L'affaire portée devant le tribunal correctionnel de Brême, le ministère public conclud à ce que l'Appel soit déclaré non-recevable, attendu qu'il a été interjeté sans pouvoir spécial du soi-disant appelant.

Jugement du 25 mai 1812, qui rejette la fin de non-recevoir et reçoit l'Appel.

Le ministère public se pourvoit en cassation, et soutient que l'art. 203 du Code d'instruction criminelle a été violé.

Mais par arrêt du 25 janvier 1813, au rapport de M. Basire,

« Attendu qu'il est constaté, dans l'espèce, par un acte émané du greffier de première instance, en date du 13 mars 1812, que la déclaration d'Appel du jugement rendu le 4 du même mois, a été faite dans le délai voulu par l'art. 203 du Code d'instruction criminelle ;

» Attendu qu'en jugeant que l'Appel déclaré par un avoué, était valable, le jugement du 25 mai 1812, n'a point violé le susdit art. 203 ;

» La cour rejette le pourvoi.... ».

Le même principe est encore consigné dans deux autres arrêts rendus par la même cour dans des espèces où il s'agissait de déclarations d'Appel faites par des avoués qui avaient occupé pour ceux au nom desquels ils les avaient souscrites.

Dans la première espèce, la cour royale de Poitiers avait déclaré comme non-avenue une déclaration d'Appel d'un jugement du tribunal correctionnel de Civray, faite au nom de Peignault et de sa femme, par l'avoué qui avait occupé pour eux ; et sur le recours en cassation de ceux-ci, arrêt est intervenu le 18 mai 1821, au rapport de M. Gaillard et sur les conclusions de M. l'avocat général Freteau, par lequel,

« Vu les deux premiers paragraphes de l'art. 202 et le premier paragraphe de l'art. 204 du code d'instruction criminelle.... ;

» Attendu que l'arrêt de la cour royale de Poitiers a reconnu en fait que l'Appel du jugement du tribunal de Civray avait été relevé, pour et au nom de Peignault et sa femme, par Serpherelle, avoué près ce tribunal ; *que la qualité d'avoué près ce tribunal supposait audit Serpherelle, jusqu'à désaveu, le mandat spécial d'appeler;*

» Que cette présomption de droit acquérait encore, dans l'espèce, une force et un effet plus absolus, de la circonstance qu'en première instance ledit Serpherelle avait occupé, en cette qualité d'avoué ; pour ledit Peignault et sa femme ;

» Que l'art. 204 du Code d'instruction criminelle est corrélatif avec l'art. 202 ; que, d'après ce premier article, la requête d'Appel peut être régulièrement signée par l'avoué, comme par l'appelant lui-même ; que des expressions finales de la première disposition de cet article, il résulte que l'avoué est considéré par la loi comme un fondé de pouvoir spécial ;

» Que l'art. 202, en accordant au prévenu et à la partie civile le droit d'appeler, ne leur prohibe pas la faculté de faire leur déclaration d'Appel par un fondé de pouvoir spécial ; qu'il ne déroge donc pas au droit commun ; qu'il doit, au contraire, être réputé s'y être conformé, et que, d'après ce droit commun, on peut faire, quand une disposition formelle de la loi ne le défend pas, par un fondé de pouvoir spécial, tout ce qu'on est autorisé à faire par soi-même et dans son intérêt personnel ;

» Qu'en déclarant donc, dans l'espèce, non-recevable l'Appel relevé au nom de Peignault et sa femme, sur le motif qu'il n'avait été déclaré au greffe que par leur avoué, la cour royale de Poitiers a violé lesdits art. 202 et 204 du Code d'instruction criminelle ;

» La cour casse et annulle.... (1) ».

Dans la seconde espèce, la cour royale de Limoges avait également déclaré comme non-avenu l'Appel interjeté par l'avoué de la veuve Flotard de Montagu-Lomagne et de sa sœur, d'un jugement rendu contre eux par le tribunal correctionnel de Gueret. Par arrêt du 17 août 1821, au rapport de M. Chantereyne, et sur les conclusions de M. l'avocat général Hua,

« Vu les §. 1 et 2 de l'art. 202 et le §. 1 de l'art. 204 du code d'instruction criminelle.... ;

» Attendu que l'arrêt de la cour royale de Limoges a reconnu que les demandeurs, par le ministère de Poujaud, leur avoué, lequel avait occupé pour eux en première instance devant le tribunal correctionnel de Gueret, s'étaient rendus appelans du jugement rendu par ce tribunal, suivant déclaration passée au greffe dans le délai prescrit ;

» Attendu *que la qualité d'avoué près ce tribu-*

---

(1) Bulletin criminel de la cour de cassation, tome 26, page 200.

nal supposait *audit Poujaud*, jusqu'à désaveu, le mandat spécial d'appeler ;

» Que l'art. 204 du Code d'instruction criminelle est corrélatif avec l'art. 202; que, d'après ce premier article, la requête d'Appel peut être régulièrement signée par l'avoué, comme par l'appelant lui-même ; que des dispositions finales de la première disposition de cet article, il résulte que l'avoué est considéré par la loi comme un fondé de pouvoir spécial ;

» Que cet article ne déroge donc pas au droit commun ; qu'il doit être réputé, au contraire, s'y être conformé ; et que, d'après ce droit commun, on peut faire, quand une disposition formelle de la loi ne le défend pas, par un fondé de pouvoir spécial, tout ce qu'on est autorisé à faire par soi-même et dans son intérêt personnel ;

» Qu'en déclarant donc, dans l'espèce, non-recevable l'Appel relevé au nom du comte de Montagu et de sa sœur, sur le motif qu'il n'avait été déclaré au greffe que par leur avoué, la cour royale de Limoges a violé lesdits art. 202 et 204 du code d'instruction criminelle ;

» La cour casse et annule..... (1) ».

VI. Ne doit-on pas également excepter de la règle générale, la déclaration d'Appel qui est faite par un mari au nom de sa femme ?

Ce qui pourrait en faire douter, c'est que, suivant l'art. 216 du Code civil, *l'autorisation du mari n'est pas nécessaire lorsque la femme est poursuivie en matière criminelle ou de police.*

Mais de ce que la femme poursuivie devant un tribunal correctionnel, peut s'y défendre seule et sans l'autorisation de son mari, il ne s'ensuit nullement que le mari ait besoin d'un pouvoir spécial pour la représenter, lorsqu'il s'agit d'appeler du jugement qui l'a condamnée.

Un mineur n'a pas besoin non plus de l'assistance de son tuteur pour défendre à l'action correctionnelle qui est intentée contre lui ; et, cependant on ne saurait nier que, s'il est condamné, son tuteur n'ait qualité pour faire, en son nom, une déclaration d'Appel, pourquoi ? Parce que son tuteur est investi par la loi d'un caractère qui l'identifie avec lui et en vertu duquel il peut faire pour lui tout ce qui, de la part du mandataire d'un majeur, nécessite un pouvoir spécial.

Or, un mari est, en quelque sorte, le tuteur de sa femme. Il lui *doit protection*, suivant l'art. 213 du Code civil, et par cette raison, il est de plein droit, comme on le verra aux mots *Bureau de paix*, §. 9, son mandataire spécial pour tout ce qui concerne ses intérêts ; il a donc qualité pour appeler au nom de sa femme, comme le tuteur a qualité pour appeler au nom de son pupille.

Et c'est ainsi que l'a jugé, sous le Code du 3 brumaire an 4, un arrêt de la cour de cassation, qui, par identité de raison, est applicable au Code d'instruction criminelle (1).

VII. Le père a-t-il besoin d'un pouvoir spécial pour appeler, au nom de son enfant, d'un jugement correctionnel ?

Non, si l'enfant est mineur, puisqu'en ce cas, il se trouve, soit par droit de puissance paternelle, soit à titre de tutelle légitime, de la même condition envers son père, qu'un pupille envers son tuteur ; et voici une espèce dans laquelle la cour de cassation l'a ainsi jugé.

Le 2 mars 1821, jugement du tribunal correctionnel de Thionville qui condamne Anne Monhoven, âgée de 18 ans, à une peine correctionnelle et à des dommages-intérêts pour voies de fait commises sur une fille plus jeune qu'elle.

Le 9 du même mois, Antoine Monhoven se présente au greffe du tribunal, et déclare comme représentant sa fille, mineure de 18 ans, appeler de ce jugement.

L'affaire portée à l'audience de la cour royale de Metz, le ministère public conclud à ce que cet Appel soit déclaré non-recevable à raison du défaut de qualité du père.

Le 7 avril de la même année, arrêt qui rejette cette fin de non-recevoir,

« Attendu que, si, en thèse générale, la faculté d'appeler est personnelle et n'appartient qu'aux prévenus, il n'en est pas moins vrai que ce droit d'Appel, en cas qu'il concerne un mineur, peut être exercé par ceux sous la puissance desquels il se trouve et qui le représentent ;

» Attendu que la sûreté d'un mineur est, en effet, aussi précieuse à un père que la sienne propre, et que, dans le silence de ce mineur à se défendre d'une plainte ou à appeler d'une condamnation, il doit appartenir à un père de provoquer lui-même cette défense, de formaliser un Appel au nom de son enfant ;

» Attendu que l'on jugeait, sous l'ancienne jurisprudence, que le père, le mari, le tuteur, étaient recevables à poursuivre les délits commis envers les personnes qui étaient sous leur puissance ; que les mêmes motifs de décision existent sous la législation actuelle ; d'où il suit qu'un père peut rendre plainte du délit commis envers son fils, le mari, de celui commis envers sa femme ;

» Attendu conséquemment, que si, dans un pareil cas, un père peut agir pour son enfant mineur, à plus forte raison ce droit doit-il lui être accordé, lorsqu'il s'agit de repousser une

---

(1) *Ibid.*, page 376.

(1) Cet arrêt est cité dans celui de la cour royale de Metz, que je rapporte au n°. suivant, comme rendu le 3 septembre 1808. A la vérité, il ne se trouve pas sous cette date dans les registres de la cour de cassation ; mais je n'en crois pasmoins pouvoir assurer qu'il existe. J'en ai eu connaissance dans le temps, et c'est par oubli que je n'en ai pas tenu note.

plainte dirigée contre ce mineur, de se pourvoir en son nom par Appel d'une décision qui l'a condamné, puisqu'un père a plus d'intérêt encore à faire tomber une condamnation prononcée contre son fils qu'à en obtenir une contre l'auteur d'un délit commis envers ce même fils;

» Attendu que *la cour de cassation a déjà fait l'application de ces principes en décidant, le 3 septembre 1808, que l'Appel interjeté par un mari sous le nom de sa femme, est recevable* (1);

» Attendu, d'après l'art. 1384 du Code civil, qu'un père est responsable des dommages-intérêts qui peuvent être prononcés contre son enfant mineur;

» Attendu que ce motif donnait encore droit à Monhoven, père, d'appeler du jugement au nom de sa fille ».

Recours en cassation contre cet arrêt de la part du ministère public.

Mais par arrêt du 2 juin 1821, au rapport de M. Busschop, et sur les conclusions de M. l'avocat général Freteau,

« Considérant qu'il résulte des art. 202 et 204 du code d'instruction criminelle, qu'en matière correctionnnelle, la faculté d'appeler qui compète à la partie condamnée, peut être exercée par un fondé de pouvoir spécial; que le père, par la puissance qu'il exerce sur ses enfans mineurs, en vertu de la loi, est de droit leur fondé de pouvoir spécial pour toutes les affaires qui les concernent; qu'il a donc qualité pour appeler en leur nom des jugemens de condamnation rendus contre eux en matière correctionnelle;

» D'où il suit qu'en recevant, dans l'espèce, l'Appel interjeté par Antoine Monhoven au nom d'Anne Monhoven, sa fille mineure, du jugement du tribunal de première instance de Thionville, qui l'avait condamnée à une peine correctionnelle, et en statuant sur le fond de cet Appel, la cour royale de Metz n'a violé aucune loi ;

» D'après ces motifs, la cour rejette le pourvoi... (2) ».

En serait-il de même si l'enfant était majeur?

Non, parcequ'alors il n'y aurait plus ni puissance paternelle, ni tutelle légitime, ni par conséquent de motif pour autoriser le père à appeler au nom de son enfant qui ne lui en aurait pas donné le pouvoir par un mandat spécial.

De là un arrêt de la cour d'Appel de Rome, du 11 novembre 1812, qui déclare l'Appel interjeté par Domenico Volpicelli, au nom d'Alessandro, son fils majeur, d'un jugement rendu contre lui, par un tribunal correctionnel du ressort de cette cour,

« Attendu que l'art. 204 du Code d'instruction criminelle exige expressément que le mémoire contenant les moyens d'Appel, soit signé par l'appelant ou par un avoué, ou par toute autre personne munie d'un mandat spécial; qu'aucune de ces qualités requises taxativement par la loi, ne se trouve dans la personne de Domenico Volpicelli;

» Attendu en outre que, si le législateur a exigé ces qualités pour les mémoires des moyens d'Appel, à plus forte raison l'une ou l'autre des qualités ci-dessus exprimées doit-elle être nécessairement requise par lui pour la validité de cet acte primitif, qui, s'il n'est point interposé en forme valable dans les dix jours, doit être regardé comme n'ayant point été fait, et la déchéance comme étant encourue » ;

Et vainement Alessandro Volpicelli s'est-il pourvu en cassation. Par arrêt du 28 février 1813, au rapport de M. Benvenuti,

« Attendu que l'Appel n'avait pas été interjeté par le prévenu; que son père, qui l'avait interjeté en son nom, n'avait par été fondé, par lui, de pouvoir spécial à cet effet; et que, dès-lors, la cour de Rome, chambre des Appels de police correctionnelle, en déclarant ledit Appel non admissible, s'est conformée aux art. 202 et 203 du Code d'instruction criminelle ;

» La cour rejette le pourvoi.... ».

VIII. En thèse générale, c'est-à-dire, dans les cas où il faut un pouvoir spécial pour appeler au nom d'autrui, est-il absolument nécessaire que la représentation de ce pouvoir, lors de la déclaration d'Appel, soit constatée par un procès-verbal dressé à l'instant même? N'y peut-il pas être suppléé par d'autres renseignemens?

C'est demander en d'autres termes, si, sous le Code du 3 brumaire an 4, il n'y avait qu'un procès-verbal qui pût constater la jonction prescrite par l'art. 195 de ce Code, du pouvoir spécial à la requête d'Appel.

Or, voici un arrêt de la cour de cassation, du 29 brumaire an 8, qui juge formellement que non:

« Vu les art. 195 et 456 du Code des délits et des peines, et l'art. 255 de l'acte constitutionnel... ;

» Et attendu que le jugement du tribunal correctionnel de l'arrondissement de Saint-Claude, déféré par la voie de l'Appel au tribunal criminel du département du Jura, a été rendu le 29 messidor dernier; que, le 2 thermidor suivant, le receveur des douanes nationales Guillot, partie au procès, a donné procuration au défenseur Marendet de se rendre, au nom de la régie, appelant de ce jugement, signer la déclaration d'Appel, ainsi que la requête contenant les moyens; procuration qui, le même jour 2 thermidor, a été dûment enregistrée;

» Qu'encore le même jour, Marendet, fondé de pouvoir, a fait au greffe du tribunal correctionnel sa déclaration d'Appel, et que la procuration a réellement été déposée au même instant

---

(1) *V.* le n°. précédent, à la note.
(2) Journal des Audiences de la cour de cassation, année 1821, page 384.

APPEL, §. X, ART. III.

au même greffe ; qu'elle est visée dans l'acte d'Appel rédigé par le greffier ;

» Que, le 7 thermidor, la requête contenant les moyens d'Appel, a été mise au greffe du tribunal correctionnel, le pouvoir y ayant déjà été déposé le 2 du même mois ; dépôt que le commis-greffier a certifié par déclaration spéciale du 4 fructidor, où il est dit qu'en faisant sa déclaration d'Appel, le sieur Marendet déposa et laissa sur le bureau le pouvoir du sieur Désiré Guillot ;

» Que le commissaire du pouvoir exécutif près le même tribunal correctionnel a pareillement déclaré que, le 7 thermidor, c'est-à-dire, huit jours après celui de la prononciation du jugement du tribunal correctionnel, la procuration susmentionnée a été remise par le commis-greffier avec les autres pièces de la procédure, et le mémoire contenant les griefs d'Appel de la régie des douanes nationales ; que d'ailleurs, cette même procuration existe encore aux pièces du procès, n'a cessé d'y exister avec la requête d'Appel et a passé sous les yeux du tribunal criminel ;

» Que de tout ce détail il résulte clairement que les dispositions de l'art. 195 du Code des délits et des peines, ci-dessus citées, ont été fidèlement remplies dans l'espèce, et que, dans le délai utile, le pouvoir donné au défenseur Marendet a été joint à la requête d'Appel, déposé au greffe du tribunal correctionnel, remis avec la requête d'Appel et les autres pièces du procès au commissaire du pouvoir exécutif, chargé par la loi d'en faire l'envoi au greffe du tribunal criminel, envoi qui a été effectué avant l'expiration des dix jours accordés pour appeler ;

» Qu'il est donc vrai de dire que le pouvoir réellement déposé au greffe du tribunal correctionnel, réellement existant au dossier, réellement envoyé, avec la requête contenant les moyens d'Appel et les autres pièces du procès, au greffe du tribunal correctionnel, a de fait été joint à la requête d'Appel ; et que dès-lors, il reste constamment prouvé que Marendet était chargé d'appeler, et de signer la requête d'Appel ;

» Qu'ainsi, le tribunal criminel du département du Jura, en donnant à l'art. 195 du Code des délits et des peines, une interprétation extensive que son texte ne comporte pas, et exigeant un procès-verbal particulier de dépôt du pouvoir que la loi ne demande pas, a faussement appliqué le même article, et donné ouverture à cassation de son jugement, aux termes des art. 456 du Code des délits et des peines et 255 de l'acte constitutionnel, ci-dessus pareillement cités ;

« Le tribunal casse et annulle..... ».

X. De ce qu'à la déclaration d'Appel qui a été transmise au tribunal supérieur, ne se trouve pas annexée la procuration en vertu de laquelle il il est prouvé, par les registres du greffe du tribunal de première instance, qu'un tiers l'a faite au nom de l'appelant, s'ensuit-il que le tribunal supérieur peut déclarer l'appelant déchu ?

Non sans doute, puisque ce n'est point l'appelant, mais le ministère public, qui est chargé par la loi de transmettre les pièces au tribunal d'Appel, et que l'un ne peut pas être rendu responsable de l'inexactitude de l'autre.

C'est cependant ce qu'avait fait un arrêt du tribunal criminel du département de la Loire, en déclarant l'Appel que le sieur Fialin avait intejeté par l'organe de son fils, d'un jugement du tribunal correctionnel de Roanne, comme non-avenu, sous le prétexte qu'à la requête d'Appel n'était pas jointe la procuration que les registres du greffe constataient y avoir été remise en même temps que cette requête.

Mais cet arrêt a été cassé le 13 ventôse an 8,

« Vu l'art. 195 du Code des délits et des peines ;

» Attendu qu'il est constaté par l'extrait des registres du greffe du tribunal correctionnel de Roanne, département de la Loire, joint aux pièces, que le sieur Fialin fils a déposé, avec la requête sur l'Appel, expédition en forme de la procuration que son père lui avait passée le 17 ventôse devant Charrein, notaire ; que la loi qui veut que le dépôt soit fait au greffe, n'enjoint pas à l'appelant d'en surveiller l'envoi au tribunal criminel ;

» Que le tribunal ayant rejeté la requête d'Appel sur le seul motif que la procuration n'était pas jointe à la requête, lorsque la déclaration d'Appel faite au greffe, constatait qu'elle y avait été remise, a fait une fausse application de l'art. 195 ci-dessus, et y est contrevenu ».

X. par la même raison, il est clair qu'un appelant qui a fait en temps utile une déclaration régulière d'Appel au greffe du tribunal correctionnel, ne peut pas être déclaré déchu, faute de produire lui-même cette déclaration devant la cour ou le tribunal d'Appel.

Le 6 septembre 1816, jugement du tribunal correctionnel de Vesoul qui prononce une amende contre des contrevenans à la police du pâturage dans les bois de l'État.

Dans les dix jours suivans, l'inspecteur des forêts appelle de ce jugement par une déclaration faite au greffe du tribunal.

Le 5 décembre suivant, arrêt de la cour royale de Besançon, qui le déclare non-recevable,

« Attendu qu'aux termes de l'art. 203 du Code d'instruction criminelle, la déchéance de la faculté d'appeler est prononcée dans le cas où la déclaration d'Appel n'a pas eu lieu au greffe du tribunal qui a rendu le jugement dans les dix jours qui suivent sa prononciation ;

» Que pour justifier l'accomplissement de cette formalité, il est nécessaire que l'acte de déclaration d'Appel qui saisit la cour lui soit représenté dans chaque cause qui lui est soumise ;

» Que, dans le cas particulier, l'administration forestière ne produit aucun acte d'où résulte la preuve qu'elle a émis un Appel régulier ; que de ces considérations il résulte que l'administration doit être déclarée non-recevable. ».

Mais sur le recours en cassation de l'administration des forêts, arrêt du 11 février 1817, au rapport de M. Basire, par lequel,

« Vu l'art. 203 du Code d'instruction criminelle.....;

» Attendu, en droit, que la déchéance d'un Appel ne peut être encourue que dans les cas déterminés par le législateur ; que la loi précitée ne prononce cette déchéance que lorsque la déclaration d'Appel n'a pas été faite au greffe et dans les délais qu'elle détermine ; que, d'après l'art. 207 du susdit Code, ce n'est point par la partie appelante, mais par le procureur royal près le tribunal de première instance, que les pièces doivent être envoyées à la cour ou au tribunal auquel l'Appel est porté ; d'où il suit que, lorsque la partie a déclaré son Appel au greffe et dans les délais voulus par la loi, elle a fait, en ce qui la concerne, tout ce qu'il lui est prescrit de faire pour éviter la déchéance, et qu'on ne peut, sans ajouter à la rigueur de la loi et sans contrevenir à ses dispositions, déclarer cette partie déchue, faute par elle d'avoir produit une expédition qu'elle n'est pas chargée de produire ;

» Attendu, en fait, qu'il n'a point été jugé dans l'espèce que la déclaration d'appeler n'eût point été faite au greffe du tribunal de Vesoul et dans le délai de dix jours; que même et surabondamment le contraire était établi par une expédition jointe aux pièces d'un procès jugé en première instance par le même tribunal de Vesoul, et sur lequel la cour de Besançon avait prononcé la veille du jour où l'arrêt attaqué a été rendu ; que cependant cette cour a prononcé la déchéance, sur le seul fondement que l'appelant n'avait pas justifié devant elle de la régularité de son Appel par la production d'une expédition de la déclaration qu'il pouvait en avoir faite ; en quoi il y a eu violation dudit art. 203 précité du Code d'instruction criminelle ;

» La cour casse et annulle..... (1) ».

XI. La déclaration d'Appel qui n'est faite, ni par la partie intéressée à appeler, ni par son fondé de pouvoir spécial, mais par une personne que celui-ci s'est substituée, est-elle valable si la procuration qui contient à la fois le pouvoir spécial et la faculté de substituer, n'a pas été déposée, dans les dix jours, au greffe du tribunal correctionnel ?

Il s'est présenté, sous le Code du 3 brumaire an 4, une espèce qui a quelque analogie avec cette question.

Le sieur Gosselin, condamné par un jugement correctionnel, passe, devant notaire, une procuration à son fils pour appeler en son nom et signer la requête d'Appel, avec faculté de se substituer qui il lui plaira.

Le sieur Gosselin fils use de cette faculté, et se substitue le sieur Émery, qui, après avoir fait en conséquence, dans le délai fatal, une déclaration d'Appel, dépose, dans le même délai, une requête d'Appel à laquelle sont annexés le pouvoir de son commettant immédiat et une copie certifiée par celui-ci de la procuration notariée du sieur Gosselin père.

L'affaire portée à l'audience de la cour de justice criminelle du département de la Charente, conclusions du ministère public à ce que le sieur Gosselin père soit déclaré non-recevable dans son Appel, attendu qu'aux termes de l'art. 195 du Code du 3 brumaire an 4, la procuration qu'il avait donnée à son fils, et en vertu de laquelle s'était substitué le sieur Émery, n'était pas annexée à la requête d'Appel.

Le sieur Gosselin oppose à ces conclusions une expédition authentique de sa procuration, et soutient que, d'après cette pièce, on ne peut pas révoquer en doute l'intention qu'il a manifestée en temps utile d'interjeter Appel et de remplir, à cet effet, toutes les formalités prescrites par la loi.

Arrêt qui, sans avoir égard à la production tardive du sieur Gosselin, déclare l'Appel non-recevable.

Le sieur Gosselin se pourvoit en cassation ; mais par arrêt du 15 fructidor an 13, au rapport de M. Audier Massillon,

« Attendu qu'il résulte de l'arrêt attaqué, qu'il n'a été joint à la requête d'Appel du sieur Gosselin père, que la procuration de son fils, et non celle du père, qui autorisait le fils à substituer aux pouvoirs qui lui avaient été transmis ;

» Que, lors même qu'on pourrait supposer, contre ce qui est attesté par la cour de justice criminelle dans l'arrêt attaqué, qu'il a été joint à la requête une copie de la procuration de Gosselin père, certifiée et signée par le fils ; et qu'après l'expiration du délai de l'Appel et avant l'arrêt définitif, il a été produit au greffe de ladite cour une expédition en forme de la procuration de Gosselin père ; ces productions, dont l'une est insuffisante et illégale, et l'autre tardive et hors du délai accordé par la loi, ne peuvent pas réparer l'omission de ce qui est prescrit par la loi ; d'où il suit qu'en déclarant Gosselin non-recevable en son Appel, ladite cour s'est conformée à l'art. 195 du Code des délits et des peines ;

» La cour rejette le pourvoi..... ».

Cet arrêt était parfaitement d'accord avec le texte de l'art. 195 du Code du 3 brumaire an 4, qui exigeait, *à peine de déchéance de l'Appel*, que la procuration de la partie qui voulait appeler par le ministère d'un tiers, fût annexée à la requête d'Appel. Mais la décision en est-elle

---

(1) Bulletin criminel de la cour de cassation, tome 22, page 16.

applicable au Code d'instruction criminelle, qui, d'une part, comme je l'ai déjà observé, n°. 5, n'attache plus la peine de déchéance au défaut de dépôt de la requête d'Appel dans les dix jours, ni par conséquent au défaut de jonction de la procuration de l'appelant à cette requête; et de l'autre, ne déterminant pas la forme essentiellement constitutive de la déclaration d'Appel, suppose bien qu'elle ne peut être faite que par un fondé de pouvoir spécial, lorsqu'elle ne l'est pas par l'appelant en personne, mais ne dit pas qu'elle sera valable, si le pouvoir qui y est annexé, n'est produit qu'après le délai fatal?

Je ne le pense pas, et mon opinion me paraît justifiée par les détails que contiennent des conclusions du 27 nivôse an 12, rapportées aux mots *Transcription au bureau des hypothèques*, §. 3, sur la question de savoir si, dans le cas où la transcription de la vente est nécessaire, celle de la procuration en vertu de laquelle la vente a été faite, l'est également.

Il est néanmoins un cas où il en faudrait décider autrement : c'est celui où la procuration de l'appelant, contenant pouvoir de substituer, n'aurait pas été reçue par un notaire et n'aurait point eu une date certaine à l'époque où elle a été énoncée dans la déclaration d'Appel qui a été faite par le substitué.

Alors, en effet, il existerait bien, dans la déclaration d'Appel faite par le substitué, une preuve authentique que l'Appel a été interjeté en temps utile au nom du constituant; mais où serait la preuve authentique que le constituant eût donné en temps utile le pouvoir d'interjeter cet Appel?

XII. Que devrait-on penser d'une déclaration d'Appel qui, au lieu d'être faite sur le registre du greffe et reçue par le greffier, serait écrite sur une feuille détachée et revêtue seulement de la signature de l'appelant ou de son fondé de pouvoir?

Elle serait certainement nulle, si rien ne constatait authentiquement qu'elle eût été remise au greffe dans les dix jours de la prononciation du jugement.

Mais le serait-elle également, si elle était jointe au registre; si le greffier l'y avait transcrite, s'il en avait daté la transcription de l'un des jours compris dans le délai fatal, et si d'ailleurs elle avait été, dans le même délai, revêtue de la formalité de l'enregistrement fiscal?

Un arrêt rendu par le tribunal criminel du département de la Dyle, le 11 messidor an 9, sous le Code du 3 brumaire an 4, dont les dispositions sont, sur ce point, renouvelées littéralement par le Code d'instruction criminelle, avait adopté l'affirmative; mais il a été cassé, comme il a dû l'être, le 26 fructidor suivant, au rapport de M. Genevois,

« Vu l'art. 194 du Code des délits et des peines;

» Considérant que, par cette disposition, la loi n'a prescrit aucune forme particulière pour la déclaration d'Appel; que la seule obligation imposée à l'appelant est de passer cette déclaration au greffe dans le délai qui lui est préfixé ; qu'ainsi, il suffit, pour l'observation de la loi, qu'il conste que la déclaration d'Appel a été faite dans le délai de dix jours fixé par ledit art. 194 précité;

» Attendu que, dans l'espèce, la déclaration d'Appel faite par Joseph Chapel, dans les dix jours de la prononciation du jugement, ne saurait être révoquée en doute, puisqu'elle est transcrite sur les registres du greffe du tribunal correctionnel du canton de Nivelles, et que sa date est fixée par celle de l'enregistrement; que cette date est certifiée, non-seulement par le greffier du tribunal, mais encore par le percepteur du droit d'enregistrement; que par conséquent Joseph Chapel ne pouvait être déclaré non-recevable en son Appel, sur le motif que sa déclaration n'avait pas été faite originalement sur le registre du greffe, et reçue par le greffier, puisque la loi n'exige point que la déclaration d'Appel soit faite dans cette forme; qu'ainsi il y a eu, de la part du tribunal criminel de la Dyle, fausse application de l'art. 194 du Code des délits et des peines ».

XIII. Lorsqu'il n'existe de déclaration d'Appel, ni au greffe du tribunal de première instance, ni dans les pièces transmises à la cour ou tribunal d'Appel, peut-il y être suppléé par un certificat du greffier, énonçant le jour où il en a été fait une dans le délai fatal, mais donné après l'expiration de ce délai?

Il est évident que non. C'est ainsi que, comme l'atteste Chorier dans sa *Jurisprudence de Guypape*, page 208, « le certificat du notaire qu'il » a reçu un contrat, duquel même il y marque » la date et rapporte la substance, ne prouvera » rien, comme il fut jugé pour Claude de Gri- » maud, par arrêt (du parlement de Grenoble) » de l'an 1447, contre Valentin Baquelier »; doctrine également enseignée par Despeisses, tome 2, page 250, et par Rousseaud de la Combe, dans sa *Jurisprudence civile*, au mot *Preuve*, sect. 2, n°. 9.

Voici d'ailleurs un arrêt de la cour de cassation qui le juge ainsi formellement.

Le 4 mars 1812, jugement correctionnel qui prononce des condamnations contre le sieur Petershagen, dans une autre affaire que celle dont il est parlé ci-dessus, n°. 5.

L'Appel porté par celui-ci devant le tribunal correctionnel de Brême, le ministère public conclud à ce qu'il soit déclaré non-recevable, attendu qu'il n'existe dans les pièces qui lui ont été transmises par le procureur du gouvernement près le tribunal de première instance, aucune trace de déclaration d'Appel faite en temps utile au greffe de ce tribunal.

4e édit., Tome I.

Le sieur Peters Hagen oppose à ces conclusions un acte du 12 mai 1812, par lequel le greffier de ce tribunal certifie que l'Appel dont il s'agit, a été interjeté à son greffe le 13 mars précédent.

Le 25 mai 1812, jugement qui rejette la fin de non-recevoir; et le 22 septembre suivant, second jugement qui réforme celui de première instance.

Recours en cassation contre ces deux jugemens de la part du ministère public; et le 22 janvier 1813, arrêt, au rapport de M. Basire, par lequel,

« Vu l'art. 203 du Code d'instruction criminelle..... ;

» Attendu que de cette fixation d'un délai fatal de dix jours pour déclarer au greffe l'Appel des jugemens de police correctionnelle, résulte la nécessité de prouver par acte émané du greffe avant l'expiration de ce délai, que la déclaration d'Appel a été faite conformément à la loi;

» Attendu que, dans l'espèce, le jugement de première instance avait été rendu le 4 mars 1812, et qu'il n'existe aucun acte émané du greffe, pendant les dix jours qui ont suivi la prononciation de ce jugement, et qui constate que l'Appel en eût été déclaré avant l'expiration de ces dix jours;

» Attendu que cette preuve ne pouvait résulter de l'acte par lequel le greffier certifie que cet Appel avait été déclaré le 13 mars 1812, puisque ce certificat n'est daté que du 6 mai 1812, et n'a été délivré qu'à cette date, c'est-à-dire, plus de deux mois après le prononcé du jugement attaqué par la voie de l'Appel, époque où le greffier, signataire du certificat, n'avait plus caractère pour constater la régularité de cette déclaration ; d'où il suit que Peters Hagen n'ayant pas justifié légalement que la déclaration d'Appel dont il s'agit, eût été faite dans les délais fixés par la loi, cet Appel était non-recevable ; et qu'en l'admettant, le jugement attaqué est contrevenu formellement à l'art. 203 précité, du Code d'instruction criminelle;

» Attendu enfin, que l'annullation du jugement du 25 mai 1812 entraîne nécessairement l'annullation du second, rendu le 22 septembre 1812, qui n'est qu'une suite et une dépendance du premier ;

» La cour casse et annulle..... (1) ».

XIV. Est-il nécessaire que la déclaration d'Appel, lorsqu'elle est faite, ou par le condamné, ou par la partie civile, ou par le procureur du roi près le tribunal de première instance, soit notifiée, dans un délai quelconque, aux parties en faveur desquelles a été rendu le jugement qui en est l'objet ?

La négative est établie ci-après, §. 13, art. 2, n°. 2.

Mais il en est tout autrement de l'Appel, soit du procureur général, soit du procureur du roi près le tribunal devant lequel il doit être porté : comme on l'a vu plus haut, n°. 1, l'art. 198 du Code du 3 brumaire an 4 voulait, à peine de déchéance, qu'il fût notifié au prévenu dans le mois de la prononciation du jugement, et l'art. 205 du Code d'instruction criminelle veut, sous la même peine, qu'il le soit dans les deux mois à partir de la même époque.

C'est ce qui donne lieu à plusieurs questions d'un autre ordre que celles que nous venons de parcourir.

1° Cette notification est-elle assujétie aux mêmes règles que l'acte d'Appel en matière civile ?

Elle ne l'est certainement pas en vertu de l'art. 456 du Code de procédure, qui est étranger aux matières correctionnelles.

Elle ne l'est pas davantage en vertu de l'art. 205 du Code d'instruction criminelle, qui est muet sur la manière dont la notification de l'Appel doit être faite.

Mais il est des formes qui tiennent tellement à l'essence des choses, que l'on ne peut les omettre sans vicier radicalement un acte.

Ainsi, il est de l'essence d'une notification d'Appel, qu'elle soit faite par un officier public compétent; et dès-là, il est clair qu'une pareille notification serait nulle, si elle était l'ouvrage d'un huissier qui n'aurait pas qualité pour instrumenter dans le lieu où il l'eût faite. C'est ce que j'ai établi dans les conclusions et ce que reconnaît l'arrêt de la cour de cassation, du 20 février 1812, rapportés dans le *Répertoire de jurisprudence*, au mot *Appel*, sect. 2, §. 11, n°. 7.

Ainsi, il est de l'essence d'une notification d'Appel, qu'elle soit faite, sinon à la personne, du moins au domicile du prévenu ; et sans doute personne n'oserait soutenir la validité d'une semblable notification qui serait faite au prévenu, soit dans un lieu où il ne se trouverait pas et ne serait pas domicilié, soit même dans son domicile, en parlant à une personne qui n'aurait aucun rapport avec lui.

Ainsi, il est de l'essence d'une notification d'Appel qu'elle porte la date du jour, du mois, et l'année où elle a été faite ; et de là un arrêt de la cour de cassation, du 5 octobre 1809, par lequel a été maintenu, au rapport de M. Busschop, un arrêt de la cour de justice criminelle du département des Basses-Pyrénées, qui, pour déclarer nul l'Appel interjeté par le procureur général d'un jugement correctionnel de première instance, s'était fondé sur ce que, dans la copie de la notification de cet Appel, l'huissier avait, par erreur, daté son exploit d'une année antérieure à celle du jugement même, de manière

---

(1) Bulletin criminel de la cour de cassation, tome 18, page 14.

APPEL, §. X, ART. III.

qu'il n'existait point de preuve légale que cet Appel eût été interjeté en temps utile.

Mais on ne pourrait pas déclarer nulle une notification d'Appel du procureur général ou du procureur du roi près le tribunal par lequel l'Appel doit être jugé, sous le prétexte qu'elle ne porterait pas assignation, parceque cette formalité ne tient pas à l'essence d'un acte de cette nature, que l'assignation peut être donnée par un exploit séparé, et qu'elle peut même l'être après l'expiration du délai de l'Appel.

Par la même raison, une pareille notification n'en serait pas moins valable, quoique l'on n'y eût pas exprimé le domicile du prévenu; et c'est ce qu'a jugé, sous le Code du 3 brumaire an 4, un arrêt de la cour de cassation, du 8 juin 1809, qui est transcrit dans les conclusions déjà citées du 20 février 1812.

2°. Une pareille notification est-elle nulle à défaut d'enregistrement dans les quatre jours de la date de l'exploit qui la contient?

L'affirmative semblerait, au premier abord, résulter de l'art. 34 de la loi du 22 frimaire an 7, par lequel l'exploit non enregistré dans les quatre jours de sa date, *est déclaré nul*. En effet, cette disposition est générale, et la preuve qu'elle s'applique aux exploits faits en matière correctionnelle ou criminelle, comme aux exploits faits en matière civile, c'est que, par l'art. 70, §. 1, n° 2, de la même loi, il est dit que les actes faits à la requête des officiers du ministère public, seront *soumis à la formalité de l'enregistrement et enregistrés en débet*.

Cependant le contraire a été jugé par deux arrêts de la cour de cassation, l'un du 23 ventôse an 13, qui est rapporté dans le *Répertoire de jurisprudence*, aux mots *Enregistrement (droit d')*, §. 4, l'autre du 15 mai 1812, dont on trouvera l'espèce et le prononcé dans ce qui sera dit sur la question suivante.

Et à l'appui de cette opinion, viennent encore deux arrêts rendus par la même cour dans des procès de grand criminel;

André Maisonneuve, condamné à cinq années de réclusion par un arrêt de la cour d'assises du département du Calvados, s'est fait un moyen de cassation de ce que la notification qui lui avait été faite de la liste des jurés, conformément à l'art. 394 du Code d'instruction criminelle, n'était pas enregistrée. Mais par arrêt du 1er. février 1816, au rapport de M. Aumont,

« Attendu que l'enregistrement des actes ne tient pas à la substance même de ces actes et n'en est qu'une formalité extrinsèque; que les dispositions de la loi du 22 frimaire an 7, concernant l'apposition de la formalité de l'enregistrement sur les actes d'huissiers, ne sauraient être étendues aux exploits que font ces officiers publics dans les procédures criminelles, en ce sens du moins que du défaut d'enregistrement desdits exploits doive résulter la nullité de ces procédures et des arrêts qui les ont terminées; qu'il est constant en fait que le réclamant a reçu la veille du jour où il a comparu à l'audience de la cour d'assises, la notification de la liste des jurés, qu'il n'a pas dit, au moment de la formation du jury, et qu'il ne dit même pas encore aujourd'hui, qu'il ait été privé du temps que lui accordait la loi pour examiner cette liste et déterminer ceux des individus qui y étaient portés, à l'égard desquels il exercerait son droit de récusation; qu'il a donc été satisfait au vœu de l'art. 394 du code d'instruction criminelle;

» La cour rejette le pourvoi.... (1) ».

Un moyen semblable a été proposé par Jacques Tranchant, contre un arrêt de la cour d'assises du département de la Côte-d'Or, du 6 décembre 1825, qui le condamnait à la peine de mort, pour crime d'incendie; mais il n'a pas eu plus de succès; par arrêt du 7 janvier 1826, au rapport de M. Ollivier,

« Attendu que, quand même l'exploit de notification n'aurait pas été enregistré en temps utile, il ne s'ensuivrait point que la procédure dût être annullée;

» Que, si l'art. 34 de la loi du 22 frimaire an 7 a prononcé d'une manière générale, la nullité des exploits et procès-verbaux non-enregistrés dans le délai prescrit, cette décision générale a été nécessairement restreinte par l'art. 47 de la même loi, qui ne défend de rendre des jugemens sur des actes non-enregistrés, que lorsque ces jugemens seraient rendus en faveur des particuliers; que, par cette restriction, la loi a évidemment voulu conserver toute leur force aux actes qui intéresseraient l'ordre et la vindicte publique, et ne pas subordonner leur effet aux intérêts pécuniaires du fisc, sauf le recouvrement des droits à la charge de qui il appartiendrait... ;

» La cour rejette le pourvoi.... (2) ».

Cette manière de juger est assurément trop conforme à la raison, pour que l'on n'adopte pas sans hésiter le moyen que la cour suprême a trouvé de concilier l'art. 34 de la loi du 22 frimaire an 7 avec l'art. 47 de la même loi.

3°. La nullité de la notification de l'Appel du ministère public, est-elle réparée par l'assignation que le ministère public a donnée régulièrement et dans le délai de la loi, au prévenu, pour procéder sur cet Appel?

L'affirmative, déjà consacrée par l'arrêt de la cour de cassation, du 20 février 1812, rapporté dans le *Répertoire de jurisprudence* au mot *Ap-*

―――――――――
(1) Jurisprudence de la cour de cassation, tome 17, page 67.
(2) Bulletin criminel de la cour de cassation, tome 31, n°. 5.

47.

pel, sect. 2, §. 11, n°. 7, l'a été de nouveau par un autre arrêt de la même cour dont voici l'espèce.

Le 28 décembre 1811, jugement du tribunal correctionnel de Saint-Lô, qui condamne François Lemière à 100 francs d'amende.

Le 4 février 1812, le procureur criminel du tribunal correctionnel de Coutances, juge d'Appel de celui de Saint-Lô, fait notifier à François Lemière un acte par lequel il déclare appeler *à minimâ* de ce jugement.

Point d'enregistrement de cet acte dans les quatre jours suivans.

Le 8 du même mois, autre acte signifié au prévenu à la requête du procureur criminel et enregistré le même jour, par lequel le prévenu est assigné à comparaître à l'audience du 15 février, pour y voir statuer sur l'Ap pel notifié le 4.

Conclusions de la part du prévenu à ce que le ministère public soit déclaré déchu de l'Appel, faute d'enregistrement de l'acte par lequel en a été faite la notification.

Le 7 mars, jugement qui prononce la déchéance.

Le procureur criminel se pourvoit en cassation, et fait valoir deux moyens: inapplicabilité de l'art. 34 de la loi du 22 frimaire an 7, aux actes signifiés en matière criminelle ou correctionnelle à la requête du ministère public; réparation de la prétendue nullité de la notification d'Appel du 4 février, par la citation du 8 du même mois.

Le 15 mai 1812, arrêt, au rapport de M. Aumont, par lequel,

« Vu les art. 48 et 413 du Code d'instruction criminelle....;

» Vu aussi l'art. 205 du même Code....;

» Attendu que cet article ne détermine aucune forme particulière pour la notification de l'Appel du ministère public près le tribunal ou la cour où cet Appel doit être porté;

» Qu'il n'a de disposition absolue que pour le délai qu'il prescrit;

» Qu'il résulte évidemment des termes dans lesquels il est conçu, que l'Appel qui en est l'objet, est régulier et saisit valablement le tribunal ou la cour qui doit en connaître, par cela seul qu'il est établi que l'intimé en a été instruit par le fait du ministère public, dans le délai que détermine ledit article, et qu'ainsi il a été mis à même de produire et faire valoir ses moyens de défense ;

» Attendu que, dans l'espèce, par un exploit en forme légale et dûment enregistré, le prévenu a été averti que le rapport et le jugement du procès poursuivi contre lui par le ministère public, étaient fixés au 15 février, huit heures du matin, et assigné en conséquence à comparaître ledit jour et à ladite heure, à l'audience du tribunal correctionnel de l'arrondissement de Coutances, pour être présent au rapport, être entendu dans ses moyens de défense, et jugé ainsi qu'il appartiendrait, etc.; que cet exploit a été notifié audit prévenu, en parlant à sa personne, le 8 février, et que le jugement de première instance du tribunal de Saint-Lô, attaqué par le procureur criminel, est à la date du 28 décembre précédent;

» Qu'ainsi, c'est dans les deux mois donnés au ministère public par l'art. 205 du Code d'instruction criminelle, pour notifier son recours au prévenu, que le recours du procureur criminel contre le jugement du tribunal de Saint-Lô, a été notifié à Lemière;

» Que le tribunal correctionnel de Coutances, saisi de la connaissance de l'affaire par un acte légal, dûment notifié dans le délai de la loi, n'a pu déclarer ledit procureur criminel déchu de son Appel, et se dispenser de juger ses griefs contre le jugement de Saint-Lô, qu'en violant l'art. 205 du Code d'instruction criminelle et en méconnaissant les règles de compétence établies par la loi;

» D'après ces motifs, *et sans qu'il soit besoin de s'occuper de la question de savoir si l'acte d'Appel signifié à requête du procureur criminel, était nul, faute d'enregistrement ;*

» La cour casse et annulle... (1) ».

4°. Est-il suppléé à la notification de l'Appel du ministère public, dans les deux mois de la prononciation du jugement, par la déclaration que le ministère public fait dans le même délai, à l'audience et en présence du prévenu, qui est lui-même appelant, d'interjeter Appel *à minimâ* de la condamnation prononcée contre celui-ci ?

Voici une espèce dans laquelle la cour de cassation s'est prononcée pour la négative sous le Code du 3 brumaire an 4.

Le 8 brumaire an 8, jugement du tribunal correctionnel d'Autun qui condamne Colin à une peine.

Dans les dix jours de la prononciation de ce jugement, Appel de la part de Colin.

L'affaire portée, le 12 frimaire suivant, à l'audience du tribunal criminel du département de Saône-et-Loire, la partie civile, le commissaire du gouvernement et l'accusateur public déclarent se rendre appelans *a minimâ* du jugement dont il s'agit.

Et le même jour, arrêt qui, accueillant cet Appel, condamne Colin à une peine plus forte que celle dont il est appelant.

Colin se pourvoit en cassation, et le 2 germinal an 8, arrêt au rapport de M. Vergès, par lequel,

« Vu les art. 194 et 197 du Code des délits et des peines....;

» Et attendu que le tribunal dont le jugement est attaqué, en recevant l'Appel émis sur le barreau, à l'audience du 12 frimaire an 8, par le

---

() *Ibid.*, tome 16, page 222.

plaignant, par le commissaire du gouvernement et par l'accusateur public, du jugement rendu par le tribunal de première instance, le 11 brumaire an 8, est formellement contrevenu aux articles ci-dessus cités;

» Que l'art. 194 exige en effet impérieusement que le condamné, que la partie plaignante qui veulent appeler, soient tenus d'en faire leur déclaration au greffe du tribunal correctionnel, le dixième jour au plus tard après celui qui suit la prononciation du jugement;

» Que n'y ayant pas eu d'Appel émis par le plaignant, par le commissaire du gouvernement, postérieurement au jugement de première instance, l'Appel émis sur le barreau le jour du jugement définitif, n'était pas recevable;

» Que, d'après l'art. 197 ci-dessus cité, l'accusateur public aurait dû notifier au réclamant son Appel dans le mois, à compter du jour de la prononciation du jugement de première instance;

» Qu'il y a eu excès de pouvoir de la part du commissaire du gouvernement et de la part de l'accusateur public, appelant sur le barreau le jour du jugement définitif, dès que la loi rejetait cette marche en en prescrivant une autre;

» Le tribunal casse et annulle.... ».

Que, dans cette espèce, l'Appel de la partie civile, quoique purement incident, dût être déclaré non-recevable par cela seul qu'il n'avait pas été interjeté par déclaration au greffe du tribunal de première instance, c'est une question qui est étrangère à notre objet actuel, et que nous examinerons à l'article *Appel incident*, §. 11.

Que celui du commissaire du gouvernement dût être écarté par la seule considération qu'à cette époque, l'action était interdite à cet officier;

Et que celui de l'accusateur public dût l'être sur le seul fondement qu'il avait été interjeté après le mois de la prononciation du jugement,

C'est ce qui ne pouvait faire la matière du plus léger doute.

Mais on voit que, pour décider que la loi avait été violée par l'admission de l'Appel de l'accusateur public, la cour de cassation s'est uniquement fondée sur la forme dans laquelle avait été émis cet Appel, et qu'elle a jugé que, même en le supposant fait en temps utile, il devait être repoussé par la seule raison qu'il n'avait pas été *notifié* au prévenu avant l'audience.

Le prévenu n'en avait-il donc pas acquis une connaissance suffisante par la déclaration d'Appel que l'accusateur public avait solennellement faite en sa présence? Et comment pouvait-il, dès-lors, prétendre que cette déclaration ne lui avait pas été *notifiée*? La notification prescrite par l'art. 197 du Code du 3 brumaire an 4, était-elle assujétie, par cet article même, à quelque forme particulière? Non. L'était-elle par une autre loi? Pas davantage. Il y a donc évidemment erreur dans l'arrêt du 2 germinal an 8; et c'est

assez dire qu'il ne doit pas être pris pour règle sous le Code d'instruction criminelle.

Aussi la question a-t-elle été, sous ce Code, jugée dans le sens diamétralement contraire, par cinq arrêts de la cour de cassation.

Le premier, rendu sur mes conclusions le 20 février 1812, est rapporté dans le *Répertoire de jurisprudence*, au mot *Appel*, sect. 2, §. 11, n°. 7.

Voici les espèces des quatre autres.

Le 27 janvier 1815, jugement du tribunal correctionnel de Pamiers, qui condamne les frères Delrieux à un mois d'emprisonnement, à la restitution d'objets dont ils s'étaient illégalement emparés, et aux dépens.

Le 28 et le 31 du même mois, chacun des deux condamnés fait une déclaration d'appel.

Le 26 février de la même année, le procureur du roi près la cour d'assises du département de l'Arriège, les fait citer à l'audience du tribunal correctionnel de Foix, du 5 mars suivant, *à l'effet de se voir démettre de leur Appel, et prendre par le procureur du roi telles conclusions qu'il avisera*.

A cette audience, le procureur du roi déclare, en présence des prévenus, appeler *à minimâ* de la condamnation portée contre eux, et conclud à ce qu'ils soient condamnés à une année d'emprisonnement.

Le 11 du même mois, jugement qui prononce conformément à ces conclusions.

Recours en cassation de la part des frères Delrieux, qui se fondent sur une prétendue contravention à l'art. 205 du Code d'instruction criminelle.

« On voit par cet article (disent-ils), que le ministère public a deux conditions à remplir pour que son Appel soit recevable; il doit 1°. *notifier* son recours aux parties intéressées; et 2°. faire cette notification dans le délai prescrit par la loi.

» La première de ces obligations est-elle suffisamment remplie, lorsqu'il se contente de déclarer, à l'audience où est porté l'Appel de la partie condamnée, qu'il se rend lui-même appelant du jugement de première instance? La négative résulte des termes même de la loi. D'après l'article qui vient d'être rapporté, le ministère public doit *notifier* son recours. Or, une simple déclaration verbale est-elle une *notification*? Par notification, dans le langage ordinaire, comme dans le langage des lois, entend-on autre chose qu'un exploit signifié?

» Si d'ailleurs il était possible de donner à cette expression une signification différente, ce ne serait point dans l'espèce actuelle. Il est dit, dans l'article dont il s'agit, que le jugement doit être *notifié* au ministère public, afin que le délai qui lui est accordé pour appeler, soit restreint à un mois. Dira-t-on que cette signification peut lui être faite verbalement? Mais si, dans ce dernier cas, le ministère d'un huissier est indispensable, pourquoi serait-il moins nécessaire dans le premier, puisque, dans l'un et l'autre, la loi s'explique dans les mêmes termes? Le législateur aurait-il voulu lui-même occasioner des méprises, en se servant, dans le même article, de la même expression prise dans deux sens différens?

» L'esprit de la loi a également été méconnu par le jugement attaqué. Si, pour appeler, le ministère public pouvait attendre le moment où la partie condamnée va faire juger son propre Appel, cette partie se trouverait engagée dans un piège. Paraissant à l'audience, où elle ne vient que pour se faire décharger des condamnations prononcées contre elle, elle se verrait tout-à-coup obligée de repousser des attaques inattendues, et de soutenir une lutte à laquelle elle ne s'est point préparée. S'il arrive surtout que cette partie se fasse représenter par un mandataire, comment ce mandataire pourrait-il défendre à l'Appel du procureur du roi, quand il n'aura reçu et ne pouvait recevoir d'instructions que pour soutenir l'Appel formé par la partie?

» En vain, dans l'espèce actuelle, opposerait-on aux demandeurs la signification qui leur a été faite, par le ministère public, pour se présenter à l'audience. L'unique objet de cette signification était de faire confirmer le jugement de première instance : il est impossible d'y voir une déclaration d'Appel de la part du ministère public ».

Mais par arrêt du 14 juillet 1815, au rapport de M. Lecoutour, et sur les conclusions de M. l'avocat-général Giraud Duplessis,

« Attendu que l'Appel du procureur du roi a été interjeté dans le délai prescrit par l'art. 205 du Code d'instruction, et que, quoique cette déclaration d'Appel n'ait été faite qu'à l'audience, l'ayant été en présence des prévenus et contradictoirement avec eux, il résulte de ce fait qu'il y a eu notification de l'Appel, dans le sens dudit art. 205, qui ne prescrit aucune forme de notification; sauf aux prévenus, si cet Appel n'eût été interjeté qu'après les débats, et qu'il eût donné lieu à proposer de leur part de nouveaux moyens de défense, à demander un délai pour les exposer....;

» La cour rejette le pourvoi.... (1) ».

Le 22 janvier 1820 jugement du tribunal correctionnel de Villeneuve qui condamne plusieurs prisonniers, coupables de tentative d'évasion, à quelques mois de prison.

Appel de la part des condamnés. La cause portée à l'audience de la cour royale d'Agen, le 23 février suivant, le ministère public déclare, en leur présence, appeler *à minimâ* du jugement qu'ils attaquent.

Arrêt qui, attendu que l'Appel du ministère public n'a pas été notifié aux prévenus, le déclare non-recevable.

Mais sur le recours en cassation du ministère public, arrêt du 21 avril 1820, au rapport de M. Aumont, par lequel,

« Vu les art. 408 et 413 du Code d'instruction criminelle......;

» Attendu que le procureur général près la cour d'Agen avait, le 23 février, déclaré à l'audience, en présence des prévenus, qu'il se rendait appelant du jugement intervenu le 22 janvier précédent au tribunal correctionnel de Villeneuve; que cette déclaration d'Appel, ainsi faite aux prévenus en personne, long-temps avant l'expiration du délai fixé par l'art. 205 du Code d'instruction criminelle, et constatée par l'arrêt dénoncé, avait satisfait aux dispositions de cet article, qui ne prescrit aucun mode de notification; que, si les prévenus n'avaient pas pu préparer leurs moyens de défense contre cet Appel, ils pouvaient réclamer un délai à cet effet, et qu'il aurait été dans les attributions de la cour d'accueillir ou de rejeter cette demande, d'après les circonstances; mais qu'en jugeant le ministère public non-recevable dans ledit Appel, faute de notification par huissier, quoiqu'il eût été déclaré aux prévenus en personne, en présence de la cour, et qu'il eût été ainsi notifié, ladite cour a créé une fin de non-recevoir, qu'elle a commis un excès de pouvoir, excédé les bornes de sa compétence, et fait une fausse application de l'art. 205 du Code d'instruction criminelle ;

» La cour casse et annulle..... (1) ».

Le 24 mars 1821, jugement correctionnel qui condamne le sieur Cazes à de légères peines.

Le sieur Cazes en appelle; et la cause portée, le 14 mai suivant, à l'audience de la cour royale de Montpellier, il demande que les témoins entendus en première instance, le soient de nouveau. Le ministère public y consent; mais il déclare en même temps appeler *à minimâ* du jugement du 24 mars.

Et l'instruction achevée, arrêt qui, sans avoir égard à l'Appel du prévenu et statuant sur celui du ministère public, condamne le prévenu à huit jours d'emprisonnement et 50 francs d'amende.

Le sieur Cazes se pourvoit en cassation, et soutient que l'art. 205 a été violé, en ce que l'Appel du ministère public ne lui avait pas été notifié dans les deux mois.

Mais par arrêt du 2 août 1821, au rapport de M. Ollivier, et sur les conclusions de M. l'avocat-général Hua,

« Attendu qu'à l'audience de la cour royale du 14 mai dernier, et par conséquent avant l'expiration du délai de deux mois pour appeler du jugement du 24 mars précédent, le ministère public demanda acte à la cour de la réserve qu'il

_____

(1) Jurisprudence de la cour de cassation, tome 16, page 112.

(1) Bulletin criminel de la cour de cassation, tome 25, page 157.

faisait, pour couvrir l'échéance du délai, de déclarer Appel du jugement de première instance à l'audience où seraient entendus les témoins.

» Que cette demande fut présentée par lui et accueillie par la cour à l'audience publique, en présence des prévenus et de leurs défenseurs, qui ne s'y opposèrent point;

» Que, dès-lors, elle forma, à leur égard, une déclaration et notification d'Appel, faite en temps utile et d'après laquelle la cour a pu régulièrement statuer sur l'Appel du ministère public et les conclusions prises par lui....;

» La cour rejette le pourvoi..... (1) ».

Le sieur Mauvieux, condamné à une peine correctionnelle par un jugement du tribunal de Dinan, en interjette Appel dans les dix jours.

La cause portée dans les deux mois de la prononciation du jugement, à l'audience du tribunal correctionnel de Saint-Brieux, le procureur du roi près ce tribunal déclare, en présence du prévenu, qu'il se rend appelant *à minimâ*.

Jugement qui donne acte au procureur du roi de sa déclaration, mais en même temps et attendu que son Appel n'a pas été notifié au prévenu avant l'audience, le déclare non-recevable.

Le procureur du roi se pourvoit en cassation; et le 6 juin 1822, au rapport de M. Louvot, et sur les conclusions de M. l'avocat général Freteau,

« Attendu que, par l'art. 205 du Code d'instruction criminelle, le ministère public près le tribunal d'Appel en matière correctionnelle a le droit d'appeler du jugement de première instance, à charge de notifier son Appel dans le délai de deux mois, depuis la prononciation de ce jugement; que cet article ne détermine aucune forme pour cette notification; que, dès-lors, cette notification peut être faite à l'audience, en présence du prévenu ou de son défenseur; que, si cette notification faite à l'audience exigeait un délai pour que le prévenu pût proposer sa défense, le tribunal d'Appel pouvait le lui accorder; mais qu'il ne pouvait déclarer le ministère public non-recevable dans un Appel notifié dans le délai de l'art. 205, sans violer cet article;

» Par ces motifs, la cour casse et annulle...(2) ».

Du reste, on verra ci-après, §. 11, que, pour être réputé appelant à l'audience, lorsqu'il est encore dans le délai de l'Appel, il faut que le ministère public en fasse la déclaration expresse, et qu'il ne serait pas censé la faire, par cela seul qu'il conclurait à la réformation du jugement de première instance.

5°. On sent assez, d'après ce qui est dit sur les questions précédentes, et il résulte d'ailleurs très-clairement de la combinaison des art. 203 et 205 du Code d'instruction criminelle, que ni le procureur général, ni le procureur du roi près le tribunal d'Appel, n'ont besoin, pour appeler, d'en faire la déclaration au greffe du tribunal correctionnel de première instance.

Voici cependant une espèce dans laquelle on a soutenu et fait juger le contraire.

Le 20 avril 1813, le procureur criminel du département de l'Aude fait signifier à Noël, Jeanne et Anne Sarda, un exploit par lequel il se déclare appelant d'un jugement du tribunal correctionnel de Limoux qui les acquitte d'une action intentée contre eux, et les assigne à jour fixe devant le tribunal correctionnel de Carcassone, pour procéder sur son Appel.

A l'audience de ce tribunal, Noël, Jeanne et Anne Sarda concluent à ce que cet Appel soit déclaré non-recevable, attendu que la déclaration n'en a pas été faite au greffe du tribunal de Limoux, conformément à l'art. 203 du Code d'instruction criminelle, et le tribunal de Carcassone le juge ainsi.

Mais sur le recours en cassation du procureur criminel, arrêt du 13 août 1813, au rapport de M. Audier-Massillon, par lequel,

« Vu les art. 203 et 205 du Code d'instruction criminelle....;

» Attendu que l'obligation imposée par l'art. 203 du Code d'instruction criminelle, de faire la déclaration d'Appel au greffe du tribunal de première instance qui a rendu le jugement attaqué, dans les dix jours de la prononciation, et la déchéance portée par cet article, ne concernent que les parties et le ministère public près le tribunal de première instance;

» Qu'il a été fait exception à cet article par l'art. 205, à l'égard du ministère public près le tribunal ou la cour qui doit connaître de l'Appel, lequel est seulement tenu de notifier son recours dans les deux mois de la prononciation du jugement, ou dans le mois de la notification qui lui en aura été faite;

» Attendu que l'Appel du jugement rendu en première instance par le tribunal correctionnel de Limoux, le 31 mars, en faveur de Noël, Jeanne et Anne Sarda, a été déclaré et notifié à la poursuite du procureur criminel du département de l'Aude, par exploit du 30 avril, fait à la requête du procureur général près la cour de Montpellier, et par conséquent qu'il a été fait dans la forme et le délai fixés par l'art. 205; d'où il suit qu'en déclarant cet Appel non-recevable, parcequ'il n'avait pas été déclaré au greffe en conformité de l'art. 203, le tribunal de Carcassone a fait une fausse application de l'art. 203, il a contrevenu à l'art. 205, et, en créant ainsi une fin de non-recevoir non autorisée par la loi, il a excédé ses pouvoirs et violé les règles de sa compétence;

---

(1) *Ibid.*, tome 26, page 410.
(2) *Ibid.*, tome 27, page 258.

» Par ces motifs, la Cour casse et annulle.... (1) ».

XV. Le décret du 1er. germinal an 13 prescrit, art. 32, pour l'Appel des jugemens rendus dans les affaires correctionnelles de contributions indirectes, une forme tout-à-fait différente de celle de l'Appel des jugemens rendus dans les matières ordinaires : « L'appel (porte-t-il) devra être *notifié* » dans la huitaine [de la signification du juge- » ment; après ce délai, il ne sera point rece- » vable, et le jugement sera exécuté purement » et simplement. La *déclaration d'Appel con-* » *tiendra assignation à trois jours* devant le » tribunal criminel du ressort de celui qui aura » rendu le jugement; le délai de trois jours sera » prorogé d'un jour par chaque deux myriamètres » de distance du domicile des défendeurs au chef- » lieu du tribunal ».

De cette disposition naissent plusieurs questions qui sont de nature à se présenter fréquemment. J'en ai déjà traité deux dans le *Répertoire de jurisprudence*, au mot *Appel*, sect. 11, §. 11, n°. 5 et 6; en voici d'autres.

1°. Cette disposition, qui dérogeait, autant pour la forme que pour le délai de l'Appel, aux art. 193 et suivans du Code du 3 brumaire an 4, parcequ'elle y était postérieure, n'est-elle pas, par la raison inverse, abrogée par les art. 203 et 205 du Code d'instruction criminelle?

J'ai déjà dit, §. 8, art. 2, n°. 4, que non; et voici quatre arrêts de la cour de cassation qui le jugent ainsi.

Première espèce. Le 20 mars 1812, jugement du tribunal correctionnel d'Osnabruck, qui renvoie Conrad Niewey, quoique défaillant, des poursuites exercées contre lui par la régie des droits réunis.

Le 16 mai suivant, et avant que ce jugement lui soit signifié, la régie en appelle par un exploit signifié à Conrad Niewey, et portant assignation devant le tribunal correctionnel de Brême.

A l'audience de ce tribunal, Conrad Niewey conclud à ce que l'Appel de la régie soit déclaré non-recevable, et parcequ'il n'a pas été interjeté dans les dix jours fixés par l'art. 203 du Code d'instruction criminelle, et parcequ'il ne l'a pas été par une déclaration faite au greffe du tribunal de première instance.

Le 7 septembre de la même année, jugement qui, en effet, *prononce contre la partie appelante la déchéance de l'Appel*, et la condamne aux dépens de la cause d'Appel,

« Attendu que la loi du 1er. germinal an 13 ne prescrivant aucune forme pour l'interjection d'Appel, celles prescrites par le Code d'instruction criminelle, doivent être observées toutes les fois qu'il n'y est point dérogé par des lois particulières;

» Attendu que l'art. 203 du Code d'instruction

_____
(1) *Ibid.*, tome 18, page 440.

criminelle porte déchéance de l'Appel, si la déclaration d'Appel n'a pas été faite au greffe du tribunal qui a rendu le jugement, dix jours au plus tard après celui où il a été prononcé, et si le jugement est rendu par défaut, dix jours au plus tard après celui de la signification; et que cette formalité, impérieusement voulue, n'ayant pas été observée, la déchéance est donc encourue »;

Mais sur le recours en cassation de la régie, arrêt du 13 août 1813, au rapport de M. Bailly, par lequel,

« Vu l'art. 32 du décret du 1er. germinal an 13;

» Considérant que cet article, qui fait partie du chapitre 7 dudit décret, intitulé : *de la Procédure judiciaire sur les procès-verbaux de contravention*, est la loi spéciale qui règle le délai pour interjeter Appel des sentences des tribunaux de police correctionnelle en matière de droits réunis: d'où il suit qu'en cette matière, le délai de l'Appel contre une sentence de police correctionnelle, ne peut commencer à courir que du jour de la signification de cette sentence; et qu'ainsi, elle est toujours ouverte, tant que cette signification n'a pas été faite à la partie qui veut appeler;

» Considérant que, dans l'espèce, la sentence du tribunal correctionnel d'Osnabruck, du 20 mars 1812, rendue au profit du sieur Conrad Niewey, au domicile et dans la boutique duquel avait été saisi le kilogramme de tabac en poudre qui formait la matière du procès, n'avait pas été signifiée à la régie des droits réunis, lorsqu'elle en a interjeté Appel par exploit du 20 mai même année; d'où la conséquence que cet Appel était recevable, et qu'il était du devoir du tribunal de police correctionnelle de Brême, auquel la connaissance en était légalement déférée, de l'admettre, et de statuer, par suite, sur le fond de la demande que le tribunal d'Osnabruck avait rejetée;

» Considérant que, loin de prononcer ainsi, le tribunal correctionnel de Brême, a, par son jugement en dernier ressort du 7 septembre 1812, déclaré la régie déchue de sondit Appel, et l'a condamnée aux dépens, sur le fondement, d'une part, que le décret du 1er. germinal an 13 ne prescrivant aucune forme pour l'interjection d'Appel, il aurait fallu qu'aux termes de l'art. 203 du Code d'instruction criminelle, l'Appel de la régie eût été déclaré au greffe du tribunal d'Osnabruck, au plus tard dans les dix jours après celui de la sentence susdatée; tandis qu'au contraire, il avait été interjeté par exploit, et bien postérieurement à l'expiration de ce délai;

» Considérant qu'en jugeant de la sorte, le tribunal de Brême a faussement appliqué ledit art. 203 du Code d'instruction criminelle, lequel est étranger aux matières de droits réunis, et est même sans application dans les matières ordinaires, pour les cas particuliers où la loi a ordonné que l'Appel serait notifié, en même temps

qu'il a violé formellement l'art. 32 dudit décret du 1er. germinal an 13 ;

» Que la fausse application résulte 1°. de ce que le délai pour interjeter Appel, tient au fond même de la faculté d'appeler, tellement qu'en vain l'appelant aurait rempli dans son acte d'Appel toutes les formes prescrites pour sa régularité, il n'y aurait pas moins lieu à déchéance, par cela seul que l'Appel n'aurait pas été fait dans le délai fatal ; 2°. de ce que le décret du 1er. germinal an 13 ayant déterminé, pour l'Appel des sentences à intervenir sur les procès-verbaux de contravention en matière de droits-réunis, un délai de huitaine, à partir de la signification de la sentence de première instance, au lieu du délai de dix jours que le Code d'instruction criminelle fait courir du lendemain de la prononciation, et indépendamment de l'existence ou du défaut de signification de la sentence susceptible d'Appel, c'était une erreur évidente d'alléguer que, pour l'Appel de la sentence d'Osnabruck, du 20 mars 1812, il y avait absence de loi spéciale, et nécessité d'y suppléer, en recourant à l'art 203 du Code d'instruction criminelle ; 3°. de ce que l'art. 32 dudit décret du 1er. germinal an 13 ayant ordonné la notification de l'Appel, c'était encore décider en sens inverse de l'art. 203 du Code d'instruction criminelle, que d'exiger pour cet Appel, et indépendamment de la notification, une déclaration au greffe, qu'il n'a voulu que pour les cas où une loi particulière n'ordonne pas de notification ;

» Quant à la violation directe dudit art. 32, qu'il est impossible de ne pas la reconnaître dans le jugement du tribunal de Brême, dudit jour 7 septembre 1812, duquel il s'agit, puisque la sentence d'Osnabruck n'ayant pas été signifiée à la régie, et par conséquent le délai pour en appeler n'ayant pas même commencé à courir, il s'ensuivait nécessairement que l'Appel dont le jugement dénoncé a prononcé la déchéance, avait été notifié au sieur Nieweg dans le délai légal, et devait être jugé et déclaré recevable ;

» Par ces motifs, la cour, faisant droit sur le pourvoi de la régie des droits-réunis, casse et annulle.... ».

Deuxième espèce. Le 22 février 1817, jugement du tribunal correctionnel de Saint-Quentin, département de l'Aisne, qui, sur une action intentée correctionnellement par l'administration des contributions indirectes, contre la veuve Lequeneux, prononce à l'avantage de celle-ci.

Le 18 mai suivant, l'administration à laquelle ce jugement n'est pas encore signifié, en appelle par un exploit portant assignation devant le tribunal correctionnel de Laon, chef-lieu judiciaire du département.

La veuve Lequeneux, invoquant l'art. 203 du Code d'instruction criminelle, soutient que cet Appel a été interjeté trop tard, et que par conséquent il est nul.

Le 27 juin 1818, jugement qui le décide ainsi, « attendu que les dispositions du Code d'instruction criminelle qui sont *générales* pour tous » *Appels* en matière de police *correctionnelle*, et » ne souffrent d'autre exception que celle mention- » née en l'art. 205 du même Code, en faveur du » ministère public près le tribunal ou la cour qui » doit prononcer sur l'Appel, ont *nécessairement* » *et tacitement* ABROGÉ *toutes dispositions con-* » *traires* qui peuvent se trouver dans *des lois* AN- » TÉRIEURES, telles que celles portées en la loi du » 1er. germinal an 13 ».

Mais par arrêt du 31 décembre 1819, au rapport de M. Bailly et sur les conclusions de M. l'avocat-général Freteau de Peny, arrêt par lequel,

« Vu l'art. 32 du décret du 1er. germinal an 13... ;

» Vu aussi les art. 202 et 203 du Code d'instruction criminelle.... ;

» Considérant qu'il suit dudit art. 32, que, dans les matières de contributions indirectes, non-seulement la voie de l'Appel est ouverte contre un jugement en premier ressort, émané d'un tribunal de police correctionnelle, tant que ce jugement n'a pas été signifié, mais encore qu'il suffit, pour la recevabilité de l'Appel, qu'il ait été notifié dans la huitaine de la signification de ce jugement, n'importe qu'il ait été ou n'ait pas été déclaré au greffe dudit tribunal ;

» Considérant, en fait, qu'il s'agissait d'un jugement de tribunal correctionnel, rendu en matière de contributions indirectes ; que rien n'indique qu'il ait été signifié ; que l'Appel qui en a été interjeté, a été notifié le 18 mai 1816, conformément à ce qui est prescrit par ledit art. 32 du décret du 1er. germinal an 13 ; et qu'ainsi, cet Appel a été notifié régulièrement et en temps utile ; d'où la conséquence qu'il devait être jugé recevable.... ;

» Considérant que, néanmoins, le tribunal de police correctionnelle de Laon, chef-lieu judiciaire du département de l'Aisne, a, par son jugement en dernier ressort du 27 juin 1818, dont la cassation est requise par ladite administration, déclaré ledit Appel non-recevable, faute d'avoir été déclaré au greffe dans les dix jours de la prononciation du jugement dont Appel ;

» Que, pour juger de la sorte, le tribunal de Laon a posé en principe que les dispositions desdits art. 202 et 203 du Code d'instruction criminelle de 1808 étant générales, faisaient nécessairement règle pour tous les Appels à interjeter en matière de police correctionnelle, notamment par les parties civiles ; et que, par conséquent, elles avaient tacitement abrogé toutes les dispositions contraires des lois antérieures, telles que celles du décret législatif dudit jour 1er. germinal an 13 ;

» Mais qu'une législation spéciale ne peut être

abrogée ni modifiée que par des dispositions législatives contraires également spéciales;

» Et que d'ailleurs l'art. 484 du Code pénal de 1810 dispose : *dans toutes les matières qui n'ont pas été* RÉGLÉES PAR LE PRÉSENT CODE (celle des contributions indirectes est de ce nombre), *et qui sont réglées par des lois et réglemens* PARTICULIERS, *les cours et tribunaux* CONTINUERONT DE LES OBSERVER;

» De tout quoi, il résulte qu'en déclarant ledit Appel *non-recevable*, le tribunal correctionnel de Laon a violé ledit art. 32 du décret du 1er. germinal an 13, en même temps qu'il a fait une fausse application desdits art. 202 et 203 du Code d'instruction criminelle ;

» Par ces motifs, la cour casse ledit jugement du 27 juin 1818.... (1) ».

Troisième espèce. Le 21 mai 1818, jugement du tribunal correctionnel de Marvejols, qui rejette une demande intentée par l'administration des contributions indirectes contre un prévenu de contravention.

Point de signification de ce jugement de la part du prévenu.

Le 29 juillet et le 26 août suivant, l'administration en appelle par des exploits signifiés successivement au prévenu et au procureur du roi.

Le 18 novembre de la même année, jugement du tribunal correctionnel de Mende, qui déclare cet Appel nul, sur le fondement qu'il n'a pas été interjeté dans le délai fixé par l'art. 203 du Code d'instruction criminelle.

Mais sur le recours en cassation de l'administration, arrêt du 7 juin 1821, au rapport de M. Chasle, et sur les conclusions de M. l'avocat général Hua, par lequel,

« Vu l'art. 32 du décret réglementaire du 1er. germinal an 13....;

» Attendu, en principe, que des lois ou réglemens spéciaux et particuliers, pour telle ou telle autre matière, ne peuvent être considérés par les tribunaux comme étant abrogés par des lois générales postérieures, qu'autant que ces lois générales contiennent des dispositions formelles et expresses d'abrogation, ou lorsque l'exécution simultanée des unes et des autres est inconciliable ;

» Que ce principe a été consacré et maintenu par l'art. 484 du Code pénal, qui porte que, dans toutes les matières qui n'ont pas été réglées par ledit Code, et qui sont régies par des lois et réglemens particuliers, les cours et les tribunaux continueront de les observer;

» Qu'il suit de ce principe, que le décret du 1er. germinal an 13, qui n'a été abrogé par aucune loi postérieure, est maintenu dans toute sa force; et qu'étant le seul réglement sur la forme de procéder

en matière de contributions indirectes, il doit être religieusement observé;

» Attendu, dans l'espèce, que le jugement de première instance, rendu par le tribunal correctionnel de Marjevols, le 21 mai 1818, n'ayant point été signifié à l'administration contre laquelle il avait été rendu, il s'ensuivait que le délai de huitaine, déterminé par l'art. 32 ci-dessus rappelé, n'avait pas pu courir contre cette administration ; et que, dès-lors, l'Appel qu'elle avait déclaré et notifié au prévenu et au procureur du roi de Marjevols, les 29 juillet et 26 août 1818, était régulier;

» Que, néanmoins, au lieu de recevoir cet Appel et de statuer sur le fond, le tribunal de Mende a rejeté ledit Appel, en s'appuyant sur l'art. 203 du Code d'instruction criminelle, qui veut, sous peine de déchéance, que les Appels des jugemens correctionnels soient interjetés dans les dix jours qui suivent leur prononciation ;

» Que cet art. 203 est absolument étranger à la matière des contributions indirectes; que le tribunal de Mende en a fait une fausse application à l'espèce, et qu'il a, en même temps, violé l'art. 32 du réglement du 1er. germinal an 13 ;

» Par ces motifs, la cour casse et annulle...(1) ».

Quatrième espèce. Le 18 août 1818, jugement du tribunal correctionnel de Limoges, qui décharge le sieur Perigeas des poursuites exercées contre lui par l'administration des contributions indirectes, pour contravention aux droits sur les voitures publiques.

Plus de dix jours après la prononciation de ce jugement, mais avant qu'il lui ait été signifié, l'administration en appelle par un exploit contenant assignation, et régulièrement notifié au sieur Perigeas.

L'affaire portée à la cour royale de Limoges, le sieur Perigeas conclud à ce que cet Appel soit déclaré nul, et parcequ'il a été interjeté hors du délai fixé par l'art. 203 du Code d'instruction criminelle, et parcequ'il l'a été dans une forme différente de celle que prescrit le même article.

Le 29 juillet 1819, arrêt qui, adoptant ces deux moyens, annulle l'acte d'Appel.

Mais l'administration se pourvoit en cassation, et par arrêt du 8 août 1822, au rapport de M. Busschop et sur les conclusions de M. l'avocat général Hua,

« Vu l'art. 32 du décret du 1er. germinal an 13...;

» Considérant, en principe, que les lois et réglemens relatifs à des matières spéciales, ne peuvent être considérés comme abrogés par des lois générales postérieures, qu'autant que celles-ci contiennent des dispositions formelles et expresses d'abrogation ;

» Que le décret du 1er. germinal an 13 est

---

(1) Bulletin criminel de la cour de cassation, tome 25, page 1.

(1) *Ibid.*, tome 26, page 248.

spécial pour la matière des droits-réunis (aujourd'hui contributions indirectes);

» Que le Code d'instruction criminelle, qui trace les règles de la procédure en matière correctionnelle en général, ne contient aucune disposition formelle et expresse qui abroge l'art. 32, dudit décret;

» Que, d'après cet art. 32, le délai de l'Appel ne court contre la régie, que du jour où le jugement de première instance lui a été signifié;

» Que, dans l'espèce, aucune signification n'avait été faite à la régie, du jugement contre lequel elle s'est pourvue par Appel;

» D'où il suit, qu'en déclarant la régie déchue de son Appel, à défaut de l'avoir déclaré dans la forme et dans le délai prescrits par l'art. 203 du Code d'instruction criminelle, la cour royale de Limoges a faussement appliqué cet article, et violé ledit art. 32 du décret du 1er. germinal an 13;

» D'après ces motifs, la cour, faisant droit au pourvoi de l'administration des contributions indirectes, casse et annulle l'arrêt de la cour royale de Limoges, du 29 juillet 1819..... (1) ».

2°. L'Appel qui, en matière de contributions indirectes, serait interjeté avant la signification et dans les dix jours de la prononciation du jugement, par acte passé au greffe, mais qui, après la signification du jugement, n'aurait pas été notifié dans les huit jours suivans à la partie adverse, serait-il valable?

Il y a dans le *Répertoire de jurisprudence*, aux mots *Inscriptions de faux*, §. 6, n°. 1-1°, un arrêt de la cour de cassation, du 29 juin 1810, qui juge que non.

3°. L'Appel d'un jugement rendu en matière de contributions indirectes, serait-il nul par cela seul que la déclaration en serait faite au greffe du tribunal correctionnel, si d'ailleurs elle était notifiée à la partie dans le délai fixé par l'art. 32 du décret du 1er. germinal an 13? Pourrait-il du moins être annulé sur le fondement qu'il ne contiendrait pas assignation, et que l'assignation ne serait donnée que par l'acte de notification?

La négative résulte clairement des principes sur lesquels est fondé l'arrêt de la cour royale de Pau, du 16 août 1809, rapporté ci-dessus, art. 1, n°. 11 ; c'est d'ailleurs ce qu'a jugé un arrêt de la cour de cassation, du 4 décembre 1812, dont le Bulletin criminel de cette cour retrace ainsi l'espèce et le prononcé :

« Deux employés des droits-réunis s'étant fait ouvrir la porte d'une cave, dépendante d'un corps de logis, voisin du local occupé par les demoiselles Hersiat, caffetières à Bois-le-Duc, et ayant trouvé dans cette cave 4 bouteilles de lie de vin, 84 de vin rouge, 19 de vin du Rhin, et 4 de curaçao, avaient saisi le tout, le 19 avril 1812,

---

(1) *Ibid*, tome 27, page 312.

comme *appartenant* à ces demoiselles, en contravention aux art. 17, 25 et 26 du décret du 5 mai 1806, aux art. 15 et 18 de la loi du 25 novembre 1808, et aux art. 19 et 23 du règlement du 21 décembre de la même année.

» Ensuite, une dame nommée Antoinette Van-Leewarden, étant venue auprès des deux saisissans, s'étant qualifiée *maîtresse du quartier* (bâtiment) où était la cave, et ayant dit que les boissons saisies lui appartenaient, sans avoir pu fixer le nombre de bouteilles de vin, ils lui avaient également déclaré procès-verbal et saisie de toutes ces boissons.

» Sur la demande formée en conséquence, à fin de confiscation des choses saisies, et de condamnation à l'amende et aux dépens, une sentence du tribunal correctionnel de Bois-le-Duc, du 13 mai 1812, a rejeté les conclusions de la régie des droits réunis, et acquitté les citées Hersiat et Van-Leewarden.

» Appel par la régie le 20 mai, par *déclaration* faite au *greffe* du tribunal de Bois-le-Duc.

» Le 22 juin, exploit de notification de cet Appel aux trois prévenues, *avec assignation à trois jours francs* devant le tribunal correctionnel d'Anvers, chef-lieu judiciaire du département des deux Nèthes.

» Et le 7 août suivant, jugement en dernier ressort, par lequel ce tribunal a déclaré l'*Appel non-recevable* avec dépens, sur le fondement que l'acte d'Appel ne *contenait pas l'assignation à trois jours prescrits par l'art. 32 du décret du premier germinal an 13*.

» Sur le pourvoi de la régie, ce jugement a été cassé (le 4 décembre 1812), par l'arrêt dont voici les motifs et le dispositif :

» Ouï le rapport de M. Bailly et les conclusions de M. Pons, avocat-général;

» Vu l'art. 32 du décret du 1er. germinal an 13...;

» Considérant que l'irrecevabilité d'Appel prononcée par la première disposition de cet article, pour le seul cas où l'Appel n'a pas été notifié dans la huitaine *de la signification* du jugement de première instance, n'étant point reproduite dans la seconde disposition du même article, spécialement relative au délai de trois jours, auquel l'assignation doit être donnée devant les juges d'Appel, le tribunal correctionnel d'Anvers a fait une fausse application dudit article; et usurpé les fonctions législatives, dans son jugement en dernier ressort du 7 août 1812, en déclarant la régie des droits-réunis non-recevable dans son Appel de la sentence du tribunal de police correctionnelle de Bois-le-Duc, du 13 mai précédent, sous le prétexte que cet Appel ne contenait pas assignation à trois jours;

» Considérant aussi que cette déclaration de de non-recevable est autant plus étonnante, que, d'une part, le délai de huitaine pour appeler n'avait pas même commencé de courir, la sentence du 13 mai n'ayant pas été signifiée, et que,

48.

d'autre part, l'exploit par lequel la régie a réitéré, le 22 juin, sa déclaration d'Appel précédemment faite au greffe du tribunal de Bois-le-Duc, contenait de fait assignation à trois jours ; d'où il suit qu'indépendamment de la fausse application de l'art. 32 dudit décret, le jugement dudit jour 7 août a commis une contravention directe et formelle au même article ;

« La cour casse et annulle ledit jugement...... ».

4°. Y aurait-il nullité, si l'assignation était donnée à un délai plus court que celui dont l'art. 32 du décret du 1er. germinal an 13 contient la fixation ?

Le Bulletin criminel de la cour de cassation nous fournit, en ces termes, un arrêt du 8 avril 1813, qui juge nettement que non :

« Par acte d'Appel interjeté par la régie des droits-réunis, du jugement correctionnel de Mayence, du 1er. juin 1811, elle avait cité l'intimé à comparaître devant le tribunal de Coblentz dans le délai de trois jours francs, augmenté des jours de distance conformément à l'art. 1033 du Code de procédure civile.

» Il s'était écoulé vingt jours francs entre cette citation, qui est du 16 mars, et 6 avril, où l'affaire fut portée à l'audience.

» Quoique l'intimé eût eu tout le temps de préparer sa défense, et qu'aucune disposition légale ne permît d'annuler cette citation, néanmoins il en proposa la nullité, à l'audience du 6 avril, pour contravention à l'art. 32 du décret du 1er. germinal an 13 ; et le tribunal de Coblentz accueillit ces conclusions, par les motifs que les dispositions de ce décret sont de rigueur, et que l'observation des délais n'est pas de pure formalité, mais qu'elle a pour objet essentiel de laisser au défendeur le temps de préparer sa défense.

» Le jugement a été cassé dans les termes suivans :

» Ouï le rapport de M. Chasle, conseiller, et les conclusions de M. Pons de Verdun, avocat général ;

» Vu l'art. 32 du décret du 1er. germinal an 12, ainsi conçu...... ;

» Attendu que, lorsque l'affaire dont il s'agit, fut portée à l'audience du 6 avril, à laquelle l'intimé comparut, les délais fixés pour les assignations sur Appel, soit par l'art. 32 du décret précité, soit par l'art. 1033 du Code de procédure civile, étaient plus qu'expirés ; qu'ainsi, *l'intimé n'était pas recevable à se plaindre de la brièveté du délai de la citation.*

» Attendu que la peine de déchéance que prononce ledit art. 32 du décret, n'est relative qu'à sa première disposition, qui veut que l'Appel soit interjeté dans la huitaine de la signification du jugement, et qu'elle ne peut pas être appliquée à la citation qui doit être contenue dans l'acte d'Appel ; puisque la loi ne l'a pas dit ;

» Qu'ainsi, en annulant la citation du 16 mars,

le tribunal de Coblentz a commis un excès de pouvoir, en créant une nullité que la loi n'a pas prononcée, et violé ledit art. 32 ;

» Par ces motifs, la cour casse et annulle..... ».

4e. A plus forte raison n'y aurait-il pas nullité, si le délai de l'assignation excédait celui qui est fixé par l'art. 32 du décret du 1er. germinal an 13 ; et c'est ce qu'ont jugé deux arrêts de la cour de cassation du 5 décembre 1808, rapportés dans le *Répertoire de jurisprudence*, au mot *Délai*, section 1, §. 1, n°. 7.

XVI. Il reste à nous fixer sur la forme dans laquelle doivent être interjetés les Appels des jugemens des tribunaux de police, dans les cas où, suivant l'art. 172 du Code d'instruction criminelle, ces jugemens sont susceptibles d'Appel de la part des prévenus.

Le Code d'instruction criminelle est muet à cet égard. Il dit bien, art. 174, que *l'Appel des jugemens rendus par le tribunal de police, sera porté au tribunal correctionnel ; que cet Appel sera interjeté*, non dans les dix jours de la prononciation du jugement, lorsqu'il aura été rendu contradictoirement, mais, même en ce cas, *dans les dix jours de la signification de la sentence à personne ou domicile* ; et qu'*il sera suivi et jugé dans la même forme que les Appels des sentences des justices de paix ;* mais il n'y a rien dans tout cela qui porte spécialement sur la forme dans laquelle doit être interjeté l'Appel dont il s'agit ; car de ce que cet Appel doit, lorsqu'il est interjeté, lorsqu'il existe, être *suivi et jugé* dans la même forme que l'Appel dirigé, en matière civile, contre une sentence de justice de paix, il ne s'ensuit nullement que l'émission de l'un soit soumise à la même forme que l'émission de l'autre, et qu'elle doive, par suite, être réglée par l'art. 456 du Code de procédure.

Dira-t-on que, du moins, il résulte de l'art. 174 du Code d'instruction criminelle, qu'il est dans l'esprit de ce Code d'assimiler les jugemens des tribunaux de police, en ce qui concerne la manière de les attaquer, aux jugemens des tribunaux civils ; et que, dès-lors, c'est dans la forme prescrite pour l'Appel de ceux-ci que doit être interjeté l'Appel de ceux-là ?

Mais la preuve qu'il n'est point dans l'esprit du Code d'instruction criminelle, de placer les jugemens des tribunaux de police, relativement à la manière de les attaquer sur la même ligne que les jugemens des tribunaux civils, c'est que, suivant les art. 177 et 416, c'est par une déclaration faite au greffe que doit être formé le recours en cassation, contre ceux les jugemens des tribunaux de police qui sont rendus en dernier ressort, tout aussi bien que contre les arrêts et les jugemens rendus en dernier ressort, soit en matière criminelle, soit en matière correctionnelle.

A la vérité, il n'y a dans le Code d'instruction

criminelle aucune disposition qui déclare commune à l'Appel des jugemens des tribunaux de police non rendus en dernier ressort, la forme prescrite par l'art. 203 pour l'Appel des jugemens des tribunaux correctionnels. Mais il n'y en a non plus aucune de laquelle on puisse inférer qu'un Appel interjeté dans cette forme d'un jugement de simple police, ne doive pas être reçu.

Que devons-nous donc conclure du silence de la loi sur ce point? Une chose fort simple : c'est qu'en matière de simple police, l'Appel peut indifféremment être interjeté, soit par une déclaration au greffe, soit par une signification à personne ou domicile.

XVII. Mais à la personne ou au domicile de qui faut-il que l'appelant fasse faire cette signification, lorsqu'il n'appelle pas par une simple déclaration au greffe?

C'est sans contredit à la personne et au domicile de la partie contre laquelle il est dans l'intention de l'appelant de faire valoir son Appel.

Ainsi, l'appelant entend-il faire valoir son Appel contre la partie civile, à l'effet de se faire décharger des dommages-intérêts auxquels il a été condamné envers elle? Il faut qu'il le lui fasse signifier à personne ou domicile.

Entend-il faire valoir son Appel contre le ministère public, à l'effet de se faire décharger de la peine d'amende ou d'emprisonnement à laquelle le ministère public l'a fait condamner? Il faut qu'il le fasse signifier à la personne ou au domicile de l'officier qui exerce ce ministère.

Qu'arrivera-t-il donc si le prévenu, étant condamné envers la partie civile à des dommages-intérêts, et envers le ministère public à une amende, ne faisait signifier son Appel qu'à l'un ou à l'autre? Son Appel serait sans doute valablement interjeté à l'égard de la partie à laquelle il en aurait fait faire la signification ; mais à l'égard de l'autre partie, il serait comme non avenu; et le jugement passerait en force de chose jugée dans l'intérêt de celle-ci.

XVIII. Pour que l'Appel, dans le cas où il n'est pas interjeté par une déclaration au greffe du tribunal de police, le soit valablement, à l'égard du ministère public, par une signification à personne ou domicile, est-il absolument nécessaire que le prévenu le fasse signifier à l'officier du ministère public près le tribunal de police même, ou faut-il qu'il en fasse faire la signification au procureur du roi près le tribunal d'Appel?

L'art. 172 ne s'expliquant point là dessus, il est clair que nous ne pouvons pas être plus exigeans que la loi, et que par conséquent l'Appel signifié au procureur du roi près le tribunal d'Appel, doit être reçu ni plus ni moins que si la signification en avait été faite à l'officier du ministère public près le tribunal de police.

Cependant le tribunal correctionnel de l'arrondissement de Neufchâtel en avait jugé autrement, au sujet de l'Appel qu'avait interjeté le sieur Bicheux d'un jugement du tribunal de police de la même ville. Il l'avait déclaré nul, sur le fondement que la signification n'en avait été faite qu'au procureur du roi. Mais le sieur Bicheux s'étant pourvu en cassation, arrêt est intervenu, le 27 août 1825, au rapport de M. Ollivier et sur les conclusions de M. Laplagne-Barris, avocat-général, par lequel,

« Attendu que le ministère public est indivisible; que les officiers qui l'exercent devant les tribunaux de simple police, sont les délégués ou les substituts du procureur du roi du ressort, comme celui-ci est lui-même le substitut du procureur général; que, dès-lors, l'Appel d'un jugement de simple police peut être utilement signifié au procureur du roi près le tribunal de première instance, chargé par la loi de défendre à cet Appel ; et qu'en jugeant le contraire, le tribunal de Neufchâtel a, dans le silence de la loi, excédé ses pouvoirs, en créant une nullité qu'elle n'établit pas;

» Par ces motifs, la cour casse et annulle...(1)»

ART. IV. *Questions communes aux Appels interjetés en matière civile ordinaire, en matière de douanes et en matière correctionnelle.*

I. Dans les cas où le délai de l'Appel ne commence à courir que du jour de la signification du jugement qui en est l'objet, la nullité de l'acte par lequel il a été appelé d'un jugement non encore signifié, emporte-t-elle déchéance absolue de l'Appel?

Cette question s'est présentée à la cour de cassation, dans l'espèce suivante :

L'administration des droits-réunis avait interjeté Appel dans une forme irrégulière d'un jugement qui ne lui avait pas été signifié.

Saisie de cet Appel, la cour de justice criminelle du département de Jemmapes l'avait déclaré nul, et avait en conséquence ordonné l'exécution du jugement qui en était l'objet.

Mais l'administration des droits-réunis s'étant pourvue en cassation, arrêt est intervenu, le 11 mars 1808, au rapport de M. Busschop, par lequel,

«Vu l'art. 32 du décret du 1er. germinal an 13, et l'art. 456, §. 6, du Code des délits et des peines, du 3 brumaire an 4;

» Considérant que, d'après les dispositions de l'art. 32 précité, la voie de l'Appel contre un jugement de police correctionnelle, rendu en matière de droits-réunis, et toujours ouverte,

---

(1) Bulletin criminel de la cour de cassation, tome 30, page 464.

tant que ce jugement n'a point été signifié ; que l'Appel émis avant cette signification, peut bien, pour défaut de forme, être déclaré nul, et l'appelant, dans l'état, être renvoyé de l'instance ; mais que cette nullité de l'Appel n'en emporte point la déchéance, et par conséquent ne donne point à la cour criminelle qui en est saisie, le droit de confirmer purement et simplement le jugement dont est Appel ;

» Considérant, dans l'espèce, que le jugement correctionnel dont était Appel, n'avait point été signifié ; et que néanmoins la cour de justice criminelle du département de Jemmapes, en déclarant l'Appel de la régie nul dans la forme, a, sur ce seul motif, et sans examiner les moyens du fond, confirmé ledit jugement correctionnel ; qu'ainsi, cette cour a excédé ses pouvoirs et violé l'art. 32 ci-dessus cité ;

» Par ces motifs, la cour, faisant droit au pourvoi de la régie, casse et annulle l'arrêt rendu par la cour de justice criminelle du département de Jemmapes, le 23 janvier 1808..... ».

Le principe sur lequel est fondé cet arrêt, est encore consacré par ceux des 4 décembre 1812 et 8 avril 1813, qui sont rapportés dans l'article précédent, n°°. 1 et 2.

Il est aussi rappelé dans un arrêt de la même cour, du 18 avril 1811, rapporté dans le *Répertoire de jurisprudence*, aux mots *Opposition à un jugement*, §. 3, art. 1, dans une note sur l'art. 162 du Code de procédure criminelle ; et j'y reviens encore dans le plaidoyer du 10 janvier 1810, qui est rapporté au mot *Commune*, §. 5, n°. 3.

II. 1°. L'acte par lequel une partie adhère à l'Appel précédemment interjeté, soit par elle-même, soit par une autre partie, équivaut-il pour elle à un Appel proprement dit ?

2°. Peut-il en avoir l'effet, s'il n'est revêtu des formalités d'un acte d'Appel direct ?

3°. Que devient-il, lorsqu'il est revêtu de ces formalités, si l'acte d'Appel direct est déclaré nul ?

Sur la première de ces questions, l'affirmative ne peut être révoquée en doute, d'après le principe établi dans le §. suivant, que l'on doit assimiler à un Appel tout acte par lequel une partie manifeste, n'importe en quels termes, l'intention de se pourvoir contre un jugement.

La seconde question se résoud par le même principe. Dès qu'il n'y a point de différence entre un Appel direct et l'adhésion à un Appel précédemment interjeté, il est clair que celle-ci ne peut être d'aucun effet, si elle n'est revêtue de toutes les formalités nécessaires à la validité de celle-là ; et voici une espèce dans laquelle la cour d'Appel de Rennes l'a ainsi jugé :

Les héritiers Vallot avaient appelé régulièrement d'un jugement rendu contre eux par le tribunal de commerce de Nantes ; et craignant ensuite qu'on ne leur opposât deux autres jugemens qui, dans la même affaire, avaient été rendus par le même tribunal et par des arbitres, ils avaient fait signifier au domicile de leurs adversaires deux exploits par lesquels ils avaient déclaré adhérer, quant à ces deux jugemens, à l'Appel déjà interjeté par eux du troisième. Mais ces deux exploits se trouvant nuls, l'un parce-qu'il ne contenait pas assignation, l'autre à défaut de date régulière, ils ont cru réparer ces nullités en faisant signifier à leurs adversaires, au domicile de leur avoué, un acte par lequel ils les ont cités à l'audience pour être statué en même temps et sur leur Appel principal et sur leur *Appel en adhérant*.

Mais par arrêt du 3 février 1808, cet acte a été déclaré nul,

« Attendu que, depuis la mise en activité du nouveau Code de procédure, l'exploit d'Appel devant être notifié à personne ou domicile, ne peut être remplacé par un dénoncé signifié d'avoué à avoué, par lequel les héritiers Vallot demandent qu'il leur soit décerné acte de leur Appel en adhérant ; que l'exploit d'Appel n'est plus un acte de simple procédure qu'il suffit de signifier à un avoué ; l'appelant engage un nouveau combat judiciaire, pour lequel il est tenu, à peine de nullité, d'ajourner son adversaire dans la forme prescrite par l'art. 456 du Code de procédure, qui dispose, art. 1029, qu'aucune des nullités qui y sont prononcées, n'est comminatoire ;

» Qu'ainsi, l'Appel irrégulier des héritiers Vallot n'a point saisi la cour de la connaissance du bien ou mal jugé des jugemens qui leur sont opposés (1) ».

C'est encore par le même principe que notre troisième question doit être résolue. L'adhésion à un Appel déjà interjeté, n'est pas simplement un accessoire de cet Appel ; c'est un Appel qui subsiste par soi, et qui par conséquent ne participe pas aux nullités dont l'Appel direct peut se trouver entaché.

Le contraire avait cependant été jugé dans l'espèce suivante :

Dix prévenus de délits forestiers sont traduits devant un tribunal correctionnel. Jugement qui

---

(1) Cet arrêt qui est rapporté dans le Recueil de M. Sirey, tome 8, partie 2, page 107, juge, sans contredit, très-bien en tant qu'il décide que l'*Appel en adhérant* est, en thèse générale, soumis aux mêmes formalités que l'Appel principal ; et c'est comme consacrant ce principe, que je l'emploie ici. Mais juge-t-il également bien dans l'espèce, où l'*Appel en adhérant* était émané des mêmes parties que l'Appel principal, et avait pour elles tous les caractères d'un Appel incident ? *V.* l'article *Appel incident*, §. 10.

les acquitte. Le garde général, qui avait dressé le procès-verbal des délits, fait au greffe, dans les dix jours, une déclaration d'Appel au nom de l'administration des forêts. Dans le même délai, le ministère public fait au même greffe un acte par lequel il déclare adhérer à l'Appel du garde général, et expose les moyens sur lesquels il se fonde pour provoquer la réformation du jugement.

L'affaire portée à l'audience du tribunal criminel du département du Rhin et Moselle, arrêt qui déclare nul l'Appel du garde général, et par suite annulle également l'adhésion donnée à cet Appel par le ministère public.

L'administration des forêts acquiesce à cet arrêt, mais le ministère public en demande la cassation.

Et le 25 nivôse an 11, arrêt, au rapport de M. Carnot, qui,

« Vu les art. 193 et 194 du Code du 3 brumaire an 4...;

» Et attendu que ce fut le 8 brumaire, le deuxième jour seulement, après la prononciation du jugement du 28 vendémiaire, que le remplaçant du commissaire du gouvernement, absent, déclara adhérer à l'appellation interjetée dudit jugement par le garde général forestier, et que cette adhésion de sa part ne peut être considérée que comme une véritable appellation, puisque, par le même acte, le commissaire du gouvernement donne ses griefs d'Appel;

» Par ces motifs, casse et annulle... ».

III. Après avoir conclu purement et simplement à la confirmation du jugement de première instance, l'intimé peut-il encore exciper de la nullité de la signification de l'acte d'Appel?

V. Le plaidoyer et l'arrêt du 10 janvier 1810, rapportés à l'article Commune, §. 5, n°. 3.

§. XI. *Pour appeler avec effet d'un jugement, est-il nécessaire d'employer le mot* APPELER? *Ne peut-on pas y substituer des expressions équipollentes?*

Cette question est traitée spécialement par Saccias, dans son Traité *de Appellationibus*, quest. 4, art. 2; et l'on pressent assez comment cet auteur la décide: *Concludo*, dit-il, *non esse necessarium ut appellans utatur verbo* APPELLO, *sed potest uti verbis æquipollentibus, quia non refert quod ex verbis æquipollentibus proferatur.*

C'est aussi l'opinion à laquelle je me suis rangé sans hésitation, en concluant à l'audience de la section des requêtes, sur une demande en cassation formée par le sieur Vitet contre la veuve Carrichon.

« Le demandeur (ai-je dit) attaque, comme contraire à l'art. 5 du tit. 27 de l'ordonnance de 1667, le jugement du tribunal d'Appel de Paris, du 8 fructidor an 8, rendu sur l'Appel qu'il avait interjeté d'un jugement du tribunal du département de la Seine, du 3 nivôse précédent.

» Il n'explique pas, par sa requête, en quoi ce jugement a, suivant lui, violé l'article cité de l'ordonnance, ou, ce qui est la même chose, en quoi il a contrevenu à l'autorité de la chose jugée.

» Mais quand on fait attention que, dans la copie signifiée de ce jugement, qui se trouve jointe à sa requête, il a pris le soin de souligner ces mots, *condamne l'appelant aux frais des causes d'Appel et demandes*; quand on se reporte aux qualités de ce même jugement, et qu'on y remarque la veuve Carrichon y figurer, non-seulement comme intimée, mais encore comme *demanderesse sur le barreau*; quand on voit enfin que le tribunal d'Appel commence par confirmer, en termes purs et simples, le jugement du tribunal civil de la Seine; qu'ensuite, il déclare que ce même jugement a mal jugé, en ce qu'il n'a pas liquidé l'indemnité accordée au demandeur; qu'*émendant quant à ce*, il l'a liquide à une somme de 2,222 francs; et que, néanmoins, il condamne le demandeur à tous les dépens, ce qu'il n'aurait pas pu faire, si c'eût été sur sa demande, et nonobstant les défenses de la veuve Carrichon, qu'il eût infirmé le jugement de première instance, en ce qui concernait l'indemnité; quand on réunit toutes ces circonstances, il n'est pas difficile de deviner quelle est l'application que le demandeur entend faire à la cause de l'art. 5 du tit. 27 de l'ordonnance de 1667.

» Il est sensible, en effet, que c'est sur la demande de la veuve Carrichon, que le tribunal d'Appel a infirmé, en un chef, le jugement du tribunal civil de la Seine, et sans doute, le demandeur prétend que la veuve Carrichon n'ayant pas appelé de ce jugement, il avait acquis envers elle l'autorité de la chose jugée.

» Mais il n'y a évidemment en cela qu'une équivoque facile à éclaircir.

» Que la veuve Carrichon n'ait pas littéralement appelé du jugement du tribunal civil de la Seine, c'est un fait qui paraît constant.

» Mais si la veuve Carrichon a formé sur le barreau une demande tendante à ce qu'il fût dit que le tribunal de la Seine avait mal jugé en ne fixant pas l'indemnité due au citoyen Vitet, n'est-ce pas comme si elle se fût expressément et nominativement déclarée appelante de ce chef?

« Or, que cette demande ait été formée sur le barreau par la veuve Carrichon, c'est ce que la contexture du jugement du tribunal d'Appel ne permet pas de révoquer en doute.

» Dira-t-on que la veuve Carrichon n'était plus à temps pour appeler?

» Il est vrai que le jugement de première instance a été rendu le 3 nivôse an 8.

» Mais d'abord, a-t-il été signifié à la veuve

Carrichon? C'est ce qui ne paraît pas. En tout cas, s'il lui a été signifié, il ne peut l'avoir été avant l'acte d'Appel du citoyen Vitet; car si le citoyen Vitet l'avait fait signifier, sans en appeler, il y aurait acquiescé par cela seul, et son Appel eût été non-recevable. Or, ce n'est que le 22 messidor an 8, que le citoyen Vitet a appelé du jugement du 3 nivôse précédent, et c'est le 25 thermidor suivant, par conséquent bien long-temps avant l'expiration des trois mois, que la veuve Carrichon a formé sur le barreau la demande qui, évidemment, équipollait à un Appel incident.

» Ensuite, c'est une règle générale, que l'Appel incident peut être interjeté en tout état de cause...: (1).

» Par ces considérations, nous estimons qu'il y a lieu de rejeter la requête ».

Arrêt du 2 ventôse an 9, au rapport de M. Cassaigne, qui adopte ces conclusions,

« Attendu que le jugement du 8 fructidor an 8, dont est question, ne présente point de contraventions à l'art. 5 du tit. 27 de l'ordonnance de 1667; qu'il ne fait mention d'autre jugement que de celui dont était Appel, et qu'il confirme ce dernier jugement, sauf en ce que la somme y adjugée n'y était point liquidée; en quoi seulement il est réformé; et qu'à cet égard, il ne le réforme qu'à l'effet de liquider, ainsi que, de fait, il liquide cette somme, et il ne le fait, qu'après avoir constaté que la veuve Carrichon s'était rendue, de son côté, demanderesse sur le barreau;

» Attendu qu'il ne présente non plus aucune infraction des règles de la procédure ».

On a vu plus haut, §. 10, art. 1, n°. 11, un arrêt de la cour d'Appel de Pau, du 16 mai 1809, qui reconnaît également « que le mot Appel n'est » pas sacramentel, qu'il n'est pas indispensable » de l'employer, et qu'il peut être remplacé par » des équipollens ». Et c'est dans le même esprit qu'est rédigé l'arrêt de la cour de cassation du 15 mai 1821 qui est rapporté au même paragraphe, art. 3, n°. XIV-3°.

Il ne faut cependant pas inférer de là qu'en matière correctionnelle, le ministère public près le tribunal d'Appel, lorsqu'il est encore dans le délai pour appeler au moment où la cause est portée à l'audience, soit censé appeler effectivement par cela seul qu'il conclud à la réformation du jugement de première instance. Et c'est ce qu'a décidé formellement l'arrêt de la cour de cassation, du 9 juin 1820, qui est rapporté ci-dessus, §. 5, n°. 3, premier cas.

En effet, il n'en est pas, à cet égard, du ministère public comme d'une partie privée.

Lorsqu'une partie privée annonce, par l'acte qu'elle fait signifier à son adversaire, qu'à l'audience du tribunal devant lequel est donnée l'assignation portée par cet acte, elle conclura à ce que le jugement qu'elle signale comme préjudiciant à ses droits, soit réformé, il est impossible de douter qu'elle n'ait l'intention d'appeler, parceque si telle n'était pas son intention, l'acte qu'elle fait signifier, n'aurait point d'objet.

Mais le ministère public, lorsqu'il porte la parole à l'audience d'un tribunal d'Appel en matière correctionnelle, et qu'il est encore dans le délai pour appeler, peut, au lieu d'appeler effectivement, et d'exercer par là son droit d'action, comme organe de la société, se borner au simple rôle d'organe de la loi et ne faire que de simples réquisitions. Il ne manifeste donc pas en concluant à la réformation du jugement de première instance, l'intention de remplir plutôt le premier de ces rôles que le second; et comme, dèslors, il n'est pas clair qu'il veuille appeler, il est impossible de le réputer appelant.

§. XII. De la désertion d'Appel.

V. l'article Désertion d'Appel.

§. XIII. De l'instruction et de la forme du jugement des causes d'Appel.

Les questions que je me propose de traiter ici, se rapportent, les unes aux matières civiles, les autres aux matières correctionnelles.

Art. I. Questions sur l'instruction et la forme des jugemens des causes d'Appel en matière civile.

I. Peut-on, en cause d'Appel, proposer des fins de non-recevoir, des exceptions, des moyens de défense sur lesquels on a gardé le silence devant les premiers juges?

Peut-on, en cause d'Appel, former des demandes qui n'ont pas été présentées en première instance?

Dans le cas où de nouvelles demandes sont recevables en cause d'Appel, dans quelle forme doivent-elles être faites?

Les deux premières questions sont traitées ci-après, §. 14, art. 1, n°. 16 et suivans. La première l'est aussi dans les conclusions du 21 thermidor an 9, rapportées ci-dessus, §. 9, et dans celles du 2 vendémiaire an 10, rapportées au mot Signature, §. 2.

Sur la troisième question, voici ce que porte l'art. 465 du Code de procédure:

« Dans les cas prévus par l'article précédent (rapporté ci-après, §. 14, art. 1, n°. 16), les nouvelles demandes et les exceptions du défendeur ne pourront être formées que par de simples actes de conclusions motivées.

» Il en sera de même dans les cas où les parties voudraient changer ou modifier leurs conclusions.

» Toute pièce d'écriture qui ne sera que la répétition des moyens ou exceptions déjà employés

---

(1) V. l'article Appel incident.

par écrit, soit en première instance, soit sur l'Appel, ne passera point en taxe.

» Si la même pièce contient à la fois et de nouveaux moyens ou exceptions, et la répétition des anciens, on n'allouera en taxe que la partie relative aux nouveaux moyens ou exceptions ».

Résulte-t-il de cet article qu'une nouvelle demande, dans les cas où elle est admissible en cause d'Appel, doit être repoussée par le juge d'Appel, si elle n'est pas formée avant l'audience, par acte signifié à avoué?

L'affirmative avait été adoptée dans l'espèce suivante.

Le 25 mai 1810, le sieur Rocca, prétendant que le sieur Scotti l'a troublé dans la possession exclusive dans laquelle il est du canal de Godi, conjointement avec la congrégation de la société de la *Vierge-du-Peuple* et le couvent du *Saint-Esprit, représenté par le gouvernement*, le fait citer devant le juge de paix de la situation de ce canal, pour voir dire que défenses lui seront faites de l'y troubler à l'avenir, et qu'il sera condamné à 80 francs de dommages-intérêts et aux dépens, tant pour lui que *pour ses consorts*.

Le 28 août suivant, jugement qui, attendu que le sieur Scotti prétend avoir lui-même la possession annale du canal litigieux, et que le sieur Rocca ne prouve pas la sienne, déboute celui-ci avec dépens.

Le sieur Rocca appelle de ce jugement au tribunal civil de Parme, et reconnaissant à l'audience qu'il est sans qualité pour agir au nom de ses consorts, il prend, par un écrit qu'il remet à l'instant même au greffier, des conclusions tendant à ce que ce tribunal, en réformant la décision de la justice de paix, fasse défense au sieur Scotti de le troubler à l'avenir dans sa possession, et le condamner à lui payer 80 francs pour dommages et dépens.

Le sieur Scotti lui oppose deux exceptions : l'une, dont il sera parlé ci-après, §. 14, art. 1, n°. 16; l'autre, qu'il tire de l'art. 465 du Code de procédure, et qui consiste à dire que la nouvelle demande n'est pas recevable, parcequ'elle n'a pas été formée avant l'audience, par un acte signifié.

Le sieur Rocca répond à la deuxième de ces exceptions, que l'art. 465 ne porte pas la peine de nullité, et que l'art. 1030 défend de la suppléer.

Le 28 septembre 1811, jugement qui, accueillant les deux exceptions, rejette l'Appel du sieur Rocca.

Mais le sieur Rocca se pourvoit en cassation, et, par arrêt du 1er. septembre 1813, au rapport de M. Cassaigne,

« Vu les art. 464, 465 et 1030 du Code de procédure civile...;

» Attendu que, suivant l'art. 1030 du même Code, aucun acte de procédure ne peut être déclaré nul, si la nullité n'en est pas formellement prononcée par la loi; que l'art. 465, qui prescrit de former, par de simples actes contenant les motifs, les corrections de conclusions ou nouvelles demandes, n'attache point cette peine à son inobservation; qu'il se borne à défendre de passer en taxe les écritures superflues qui pourraient être faites à cet égard, ce qui indique suffisamment qu'il a pour objet principal d'éviter les frais et longueurs des procédures; qu'il n'est donc pas permis d'annuler des conclusions, par cela seul qu'elles n'ont pas été prises dans cette forme, lorsqu'elles sont d'ailleurs constantes dans le fait;

» Que Rocca, en rectifiant sa demande devant le tribunal d'Appel, a pris ses conclusions motivées aux audiences des 4 juillet et 12 août 1811, et les a remises par écrit au greffier de ce tribunal, ainsi qu'il résulte du jugement attaqué qui le constate, et que Scotti, qui les a connues, a été en mesure d'y défendre, et y a opposé en effet les exceptions qu'il a cru propres à sa défense; que par conséquent, le tribunal d'Appel devait y faire droit; et en les déclarant nulles et non-recevables, il a créé une nullité que l'art. 465 ne prononce pas, et a, par une conséquence ultérieure, violé l'art. 1030 du Code;

» Attendu enfin, qu'en rejetant par suite l'Appel du jugement de la justice de paix, le tribunal de Plaisance a commis un excès de pouvoir et un acte arbitraire que les articles ci-dessus transcrits réprouvent formellement;

» Par ces motifs, la cour casse et annule.... ».

II. Peut-on statuer à l'audience, d'après de simples plaidoiries, sur l'Appel d'un jugement qui, en première instance, a été rendu à la suite d'un rapport?

L'ordonnance de 1667, tit. 11, art. 14, 16, 17, 18 et 19, ne laissait aucune espèce de doute sur la négative.

Et un arrêt du parlement de Dijon, du 29 décembre 1783, avait en conséquence enjoint « à » tous procureurs postulans dans le ressort de la » cour, de se conformer à l'art. 14 du tit. 11 de » l'ordonnance de 1667; en conséquence, leur » avait fait défense de porter à l'audience les appellations des sentences rendues en procès par » écrit, à peine d'être condamnés en leurs propres » et privés noms, sans répétition contre leurs » cliens, au paiement de toute la procédure qu'ils » auraient faite, et de toute celle à laquelle ils » auraient donné lieu ».

Il n'a certainement été dérogé à cette règle, ni par la loi du 24 août 1790, ni par celle du 27 novembre de la même année; car, en exigeant que tous les rapports se fissent en public, ces deux lois n'ont introduit aucun droit nouveau sur les cas où il y aurait lieu de juger sur rapport; elles ont, à cet égard, maintenu le droit ancien, par cela seul qu'elles ne l'ont pas abrogé.

Mais peut-on en dire autant de la loi du 3 brumaire an 2? Les art. 9 et 10 de cette loi n'ont-ils pas autorisé les juges d'Appel, ne les ont-ils même pas obligés, de juger sur simples plaidoiries, les procès appointés en première instances, lorsqu'ils croiraient pouvoir le faire? Pesons bien les termes de ces deux articles :

« Il sera statué dans les tribunaux *et dans toutes les affaires*, sans aucuns frais, *sur défenses verbales*, ou sur un simple mémoire qui sera lu à l'audience par l'un des juges.

» Les juges des tribunaux pourront, *si l'objet paraît l'exiger*, nommer un rapporteur qui fera son rapport le jour indiqué dans le jugement de nomination, lequel rapport devra être fait, au plus tard, dans le délai d'un mois ».

Il est évident que de pareilles dispositions sont inconciliables avec l'exécution des art. 14, 16, 17, 18 et 19 du tit. 11 de l'ordonnance de 1667.

Dans une affaire qui a été plaidée les 3 fructidor an 9 et 24 nivôse an 10, à la section civile de la cour de cassation, entre les héritiers et créanciers Sérilly, demandeurs en cassation d'un jugement du tribunal civil du département du Lot, le 9 pluviôse an 8, d'une part, et le sieur Fénis-Saint-Victour de l'autre et dont j'ai parlé sous les mots *Action*, *Actionnaire*, §. 1, on se faisait un moyen de cassation de la différence qui se trouvait, quant à ce point de forme, entre le jugement attaqué et le jugement de première instance.

Le jugement de première instance avait été rendu sur un rapport fait par l'un des juges du tribunal civil du département de la Corrèze.

Sur l'Appel, le tribunal du Lot avait considéré l'affaire comme une cause de pure audience; et il l'avait jugée sur simples plaidoiries, après un délibéré, sans nomination de rapporteur, sans rapport, et même sans mis de pièces sur le bureau.

Et de là, suivant les demandeurs, résultait une contravention évidente à l'ordonnance de 1667, et par suite une ouverture de cassation.

J'ai opposé à ce moyen les art. 9 et 10 de la loi du 3 brumaire an 2; et les magistrats l'ont *unanimement* rejeté dans leur délibération.

Mais n'a-t-il pas été dérogé à ces articles par la loi du 27 ventôse an 8; et cette loi n'a-t-elle pas remis en vigueur, à cet égard, les dispositions citées de l'ordonnance de 1667?

Cette question s'est présentée à l'audience de la section des requêtes, le 9 floréal an 13, sur la demande du sieur Chapouille en cassation d'un arrêt rendu par la cour d'Appel de Paris, le 15 thermidor an 11, au profit du sieur Lacoste.

« C'est à la suite d'un appointement en droit (ai-je dit à cette audience), c'est sur productions respectives, c'est sur le rapport de l'un des juges, qu'a été rendue la sentence du châtelet, du 26 janvier 1783. La cour de Paris ne pouvait donc pas juger sur simples plaidoiries, les Appels que les deux parties avaient interjetés de cette sentence; les art. 14 et 19 du tit. 11 de l'ordonnance de 1667 lui enjoignaient de ne les juger que comme procès par écrit; elle a donc, en les jugeant sur simples plaidoiries, contrevenu à la loi qui devait régler sa marche. Tel est le premier moyen de cassation des demandeurs.

» Nous ne trouvons rien à y redire, quant au fait, ni quant au point de droit.

» En fait, il est constant que le châtelet n'avait jugé que d'après un rapport, et qu'il n'y a pas eu de rapport en cause d'Appel.

» En droit, il résulte, non-seulement des art. 14 et 19, mais encore des art. 16, 17 et 18 du tit. 11 de l'ordonnance de 1667, qu'on doit juger sur rapport, les Appels des sentences qui ont été rendues sur rapport par les premiers juges.

» Il n'est même pas dérogé à cette règle par l'art. 14 du tit. 2 de la loi du 24 août 1790....

» Les art. 9 et 10 de la loi du 3 brumaire an 2 avaient été plus loin par la manière générale dont ils s'étaient exprimés sur la forme de procéder aux jugemens *dans toutes les affaires*; ils avaient autorisé les tribunaux d'Appel, il les avaient même obligés, de juger sur simples plaidoiries, les procès appointés en première instance, lorsqu'ils croyaient pouvoir le faire sans rapport.

» Mais ces articles ne faisaient plus loi à l'époque où a été rendu l'arrêt attaqué : ils avaient été implicitement abrogés par les dispositions de la loi du 27 ventôse an 8, portant rétablissement des avoués; du moins le gouvernement l'a ainsi déclaré par son arrêté du 18 fructidor de la même année; et cette interprétation n'ayant jamais reçu aucune atteinte par les voies qu'indiquent les constitutions de l'empire, est elle-même devenue, pour tous les tribunaux, une loi à laquelle ils ne peuvent se soustraire.

» Nous ne conclurons cependant point de là avec le demandeur, que l'arrêt dont il se plaint, doive être cassé; et nous avons, pour ne pas raisonner comme lui à cet égard, deux motifs également péremptoires.

» Le premier, c'est que les articles de l'ordonnance de 1667 auxquels a contrevenu la cour d'Appel de Paris, en jugeant sans rapport, ne prononcent point la peine de nullité; que l'art. 2 de la loi du 4 germinal an 2 ne permet pas d'y suppléer cette peine; et qu'ainsi, il ne peut, d'après l'art. 34 du tit. 35 de l'ordonnance de 1667, en résulter qu'une ouverture de requête civile;

» Le second, que la contravention dont il s'agit, ne provient pas précisément du fait des juges; qu'elle est bien plutôt l'ouvrage de celle des parties qui a assigné l'autre directement à l'audience, sans qu'au préalable un rapporteur eût été nommé; et que cette forme de procéder n'ayant pas été critiquée par le demandeur devant la cour d'Appel, l'art. 4 de la loi du 4 germinal an 2 déclare le demandeur non-recevable à s'en faire devant vous un moyen de cassation.... ».

Par arrêt du 9 floréal an 13, au rapport de M. Liger-Verdigny,

« Attendu 1°. qu'en admettant même qu'il n'ait point été dérogé par les lois nouvelles aux art. 14 et 19 du tit. 14 de l'ordonnance de 1667 l'exécution de ces articles invoqués n'est point prescrite à peine de nullité;

» La cour rejette le pourvoi.... ».

Au surplus, l'art. 461 du Code de procédure civile maintient expressément les choses, en cette matière, sur le pied où les avait mises la loi du 3 brumaire an 2 : « Tout Appel (porte-t-il), » même de jugement rendu sur instruction par » écrit, sera porté à l'audience, sauf au tribunal » à ordonner l'instruction par écrit, s'il y a lieu ».

III. Les tribunaux d'Appel divisés en chambres, peuvent-ils juger, chambres réunies, certaines causes d'Appel? *V.* l'article *Sections des tribunaux.*

IV. Au lieu de confirmer ou d'infirmer le jugement qui lui est déféré, un tribunal d'Appel peut-il, *sans s'arrêter à ce jugement, faire droit par jugement nouveau?*

Voici ce que j'ai dit sur cette question, à l'audience de la cour de cassation, section des requêtes, le 11 ventôse an 11.

« La veuve Bourdon vous demande l'annullation d'un jugement du tribunal d'Appel de Douai, rendu le 24 floréal an 10, en faveur du cit. Franqueville et de son épouse; et pour moyens de cassation, elle emploie d'abord un vice de forme qu'elle croit apercevoir dans ce jugement.

» Il s'agissait, dit-elle, devant le tribunal d'Appel de Douai, de savoir s'il avait été bien ou mal jugé par le tribunal civil de l'arrondissement de Cambrai, auquel avaient été soumises en première instance les contestations des parties. Le tribunal d'Appel devait donc ou confirmer ce jugement ou le réformer. Cependant il n'a fait ni l'un ni l'autre. Il s'est servi d'une formule inconnue dans l'ordre judiciaire: il a déclaré que, *sans s'arrêter au jugement dont était Appel,* il allait *prononcer par jugement nouveau sur les demandes des parties;* et c'est, en effet, *par jugement nouveau* qu'il y a fait droit.

» En proposant ce premier moyen, la veuve Bourdon n'indique pas la loi que le tribunal d'Appel de Douai a violée; et dans le fait, il n'en a violé aucune. Il n'a fait, au contraire, que se conformer à la loi du 8 mai 1791, qui lui enjoignait, attendu que l'ordonnance de 1667 n'a jamais été publiée dans le département du Nord, de prendre pour règles de sa manière de juger, celles qui avaient eu lieu au parlement de Douai; car le parlement de Douai prononçait tous les jours en ces termes: *sans s'arrêter à la sentence dont est Appel, et faisant droit par jugement nouveau;* et il avait adopté cette formule pour les cas où, comme ici, il n'y avait lieu, ni de confirmer purement et simplement, ni de réformer pour le tout, les sentences dont les Appels lui étaient soumis.

» Aussi la section civile a-t-elle rejeté, le 27 nivôse dernier, au rapport du cit. Aumont, une demande en cassation formée par le cit. Fanyau, contre un jugement du tribunal d'Appel de Douai, et que celui-ci, dans ses observations à l'audience, fondait principalement sur ce que, par ce jugement, le tribunal d'Appel de Douai avait prononcé précisément comme dans l'espèce actuelle ».

En conséquence, j'ai requis le rejet de la requête en cassation; et il a été prononcé le 11 ventôse an 11, au rapport de M. Lombard, « Attendu que le dispositif du jugement attaqué n'a » rien de contraire, dans la forme, à ce qui a été » constamment usité par les tribunaux dans le » département du Nord, et n'offre, à cet égard, » aucune violation de la loi ».

Il s'est présenté depuis une espèce dans laquelle une difficulté à peu près semblable était élevée contre un arrêt qui, sans prononcer l'infirmation d'un jugement de première instance, l'avait cependant infirmé réellement.

La dame Valmalette avait appelé d'un jugement du tribunal de première instance de Mauret, qui l'avait déboutée de sa demande en radiation d'une inscription hypothécaire que le sieur Augé avait prise sur elle sans intérêt, et qu'elle soutenait par suite être vexatoire.

Par arrêt du 6 mars 1819, « La cour (royale » de Toulouse), disant droit sur l'Appel relevé » par la dame Valmalette, sans avoir égard aux » conclusions prises par les sieurs Augé, dont » elle les a démis et démet, a déclaré inutile et » frustratoire l'hypothèque du 20 germinal an 13, » consentie au sieur Augé, père, dans l'acte de » cautionnement; ce faisant, a ordonné et or- » donne que, dans le délai de quinzaine, les » sieurs Augé seront tenus de faire rayer l'inscrip- » tion prise à la suite dudit acte... ».

Les sieurs Augé se pourvoient en cassation contre cet arrêt, et l'attaquent notamment par un moyen de forme consistant à dire « qu'on » ne voit pas dans son dispositif, que la cour ait » déclaré mettre l'appellation et ce dont est Ap- « pel au néant, ni qu'elle ait énoncé d'une ma- » nière expresse qu'elle infirmait le jugement de » première instance ».

Mais par arrêt du 18 juillet 1820,

« Attendu, sur le moyen de forme, qu'il résulte suffisamment des dispositions de l'arrêt attaqué, qu'il infirme le jugement dont était Appel, puisqu'il fait droit sur cet Appel en accueillant la demande originaire et principale de l'appelante, qu'avait au contraire rejetée le jugement soumis à la réformation de la cour royale; d'où suit l'anéantissement virtuel de ce jugement, qui ne peut subsister simultanément avec l'arrêt qui l'a réformé et infirmé ... ;

» La cour (section des requêtes) rejette le pourvoi.... (1) ».

V. Les tribunaux d'arrondissement peuvent-ils, en prononçant sur l'Appel des jugemens des justices de paix, se servir, comme les cours royales, soit de la formule, *met l'appellation au néant*, lorsqu'ils confirment ces jugemens, soit de la formule, *met l'appellation et ce dont est Appel au néant*, lorsqu'ils les infirment?

On voit dans le Recueil de Papon, liv. 19, tit. 1, n°. 27, que ces formules étaient tellement réservées par l'usage aux cours souveraines, que l'on douta au parlement de Paris, en 1422, si les chambres des enquêtes, qui faisaient partie de la cour et jugeaient souverainement comme la grand'chambre, pouvaient se les arroger; il fut, dit cet auteur, *par arrêt du 25 janvier audit an, jugé qu'oui*. Cela n'est donc pas permis, continue-t-il, *aux juges présidiaux, quoique quelques-uns le fassent* aujourd'hui, entreprise qui a été réprimée par trois arrêts des 13 mai 1566, 15 décembre 1573 et 29 décembre 1586, lesquels ont *dit mal jugé, pour avoir été l'appellation mise au néant par des présidiaux*, et *à eux étroitement défendu de plus prononcer de cette façon*.

Brillon, au mot *Appel*, n°. 50, cite un arrêt semblable qui avait été rendu au parlement de Paris, le 5 juillet 1537, contre le prévôt de Poitiers.

Il y a aussi dans le recueil de Dufail, liv. 2, chap. 394, un arrêt du parlement de Rennes, du 26 septembre 1571, qui fait défense aux officiers du présidial de la même ville « de prononcer » par *l'appellation au néant*, sous peine de sus- » pension de leurs charges, et leur enjoint de » juger au *benè vel malè* ».

Mais ces réglemens peuvent-ils aujourd'hui lier les tribunaux civils d'arrondissement? Je ne le crois pas.

D'un côté, par cela seul qu'ils étaient purement locaux, ils seraient sans force pour les tribunaux civils d'arrondissement qui remplacent les juridictions inférieures des pays étrangers à ceux pour lesquels ils avaient été faits.

D'un autre côté, ils seraient au besoin abrogés, dans toute la France, par l'art. 1041 du Code de procédure civile; combiné avec les art. 141 et 470 du même Code.

Quelle serait d'ailleurs l'autorité qui pourrait annuler un jugement de tribunal civil d'arrondissement pour avoir employé la formule dont il s'agit, en prononçant sur l'Appel d'un jugement de justice de paix? Ce ne serait certainement pas la cour royale du ressort; car un pareil jugement ne pourrait lui être déféré sous aucun prétexte. Ce ne serait pas non plus la cour de cassation; car elle ne peut annuler les jugemens en dernier ressort qui lui sont dénoncés,

---

(1) Jurisprudence de la cour de cassation, tome 21, page 97.

qu'autant qu'ils violent quelque loi; et aucune loi n'interdit aux tribunaux civils d'arrondissement, lorsqu'ils prononcent comme juges d'Appel, l'usage d'une formule que les cours royales emploient habituellement dans le même cas.

Qu'il soit dans les convenances qu'un tribunal civil d'arrondissement, s'abstienne de cette formule, j'en conviens. Mais autre chose est de manquer à certaines convenances, autre chose est d'enfreindre une loi.

VI. Les cours royales qui infirment des jugemens de première instances, peuvent-elles, à la formule ordinaire, *met l'appellation et ce dont est Appel au néant*, substituer celle de *casse et annulle*?

Il en est de cette formule comme de celle dont il est parlé au n°. précédent : l'une est réservée par l'usage à la cour de cassation, comme l'autre l'est par l'usage aux cours royales. Mais l'usage n'est pas plus une loi pour l'une, qu'il ne l'est pour l'autre. Un arrêt de cour royale ne pourrait donc pas plus être censuré pour avoir prononcé par *casse et annulle*, qu'un jugement rendu en cause d'Appel par un tribunal civil d'arrondissement, ne pourrait l'être pour avoir prononcé par *met l'appellation au néant*.

Ce qui d'ailleurs tranche là-dessus toute difficulté, c'est que les art. 213, 214 et 215 du Code d'instruction criminelle chargent expressément les cours et tribunaux d'Appel en matière correctionnelle, d'*annuler*, dans les cas qu'ils déterminent, les jugemens de première instance qui leur sont déférés. Il serait en effet bien étrange qu'un arrêt qui emploierait à la fois les mots parfaitement synonymes, *casse et annulle*, pût être censuré, tandis que celui qui n'en emploierait que le second, serait à l'abri de toute improbation.

ART. II. *Questions sur l'instruction et la forme des jugemens des causes d'Appel en matière correctionnelle*.

I. J'ai déjà dit, §. 10, art. 3, n°. 1, que, sous le Code du 3 brumaire an 4, il devait, dans les dix jours accordés par la loi pour appeler à la partie civile, au prévenu et au ministère public du tribunal de première instance, être remis au greffe une requête contenant les moyens d'Appel, et que, faute de cela, l'appelant était déchu.

Je dois ajouter ici que, suivant l'art. 199 du même Code, l'Appel devait être jugé sur un rapport fait par l'un des juges *dans le mois de la notification de l'Appel*.

Ces dispositions ont servi de prétexte à un jugement du tribunal criminel du département du Mont-Terrible, du 14 prairial an 8, qui a déclaré la régie des douanes déchue de son appel d'un jugement du tribunal correctionnel de Courtlary, du 2 nivôse précédent, sur le fondement *que sa requête d'Appel n'avait pas été enregistrée; que l'ordonnance pour assigner les parties, n'a-*

vait pu être faite, ni déterminer une journée dans le terme prescrit par la loi; que cette requête d'Appel, renvoyée au défenseur officieux de la régie, n'avait été enregistrée que le 29 nivôse; qu'il ne lui avait pas été donné de suite; et qu'elle n'avait plus été présentée à ce tribunal, qu'à l'audience du 14 prairial, fixée sur une pétition de Jacques Bernel, prévenu.

« Ainsi (disais-je à l'audience de la section criminelle de la cour de cassation, le 8 thermidor an 8) le tribunal criminel a jugé

1°. Que la requête d'Appel, en matière correctionnelle, est sujette à l'enregistrement;

2°. Que, dans l'espèce, l'enregistrement de la requête d'appel n'a pas été fait dans le terme fixé par la loi;

3°. Que la régie des douanes a mis par là le tribunal criminel dans l'impossibilité de désigner légalement un jour d'audience pour plaider sur l'Appel;

» 4°. Qu'à défaut d'avoir obtenu cette désignation de jour, dans le terme fixé par la loi, elle a encouru la déchéance.

» Or, sur chacun de ces quatre points, le tribunal criminel s'est mis en opposition directe avec la loi.

» 1°. La loi du 22 frimaire an 7, qui forme le dernier état de notre législation sur l'enregistrement, ne contient pas un mot d'où l'on puisse conclure que les requêtes soient soumises à cette formalité.

» On y voit bien que les ordonnances rendues par les juges sur les requêtes des parties, doivent être enregistrées sur les minutes.

» On y voit bien aussi qu'il en est de même des exploits de signification de ces requêtes.

» Mais sur les requêtes elles-mêmes, silence absolu, et dans la loi du 22 frimaire an 7, et dans toutes les lois qui l'ont précédée ou suivie.

» 2°. Supposons cependant que la requête d'Appel de la régie des douanes, dans l'affaire dont il est ici question, ait été sujette à l'enregistrement. Nous dirons alors que, dans le fait, elle a été enregistrée le 29 nivôse, le dix-septième jour après le dépôt qui en avait été fait au tribunal correctionnel de Courtray. Or, par l'art. 20 de la loi du 22 frimaire an 7, les délais pour faire enregistrer les actes publics, sont, savoir...... de vingt jours pour les actes judiciaires soumis à l'enregistrement sur les minutes. Ainsi, l'enregistrement, s'il eût été nécessaire dans notre espèce, se trouverait encore fait en temps utile.

» 3°. Le tribunal criminel a supposé que c'était à la diligence de la partie appelante, que la requête d'Appel devait être mise sous les yeux du tribunal d'Appel, pour faire désigner aux parties le jour d'audience à l'effet de plaider. Mais c'est une grosse erreur. L'appelant n'a aucune diligence à faire; dès que, dans les dix jours de la prononciation du jugement, il a fait sa déclaration d'Appel et remis au greffe du tribunal correctionnel la requête contenant ses moyens, il a rempli tout ce que la loi exigeait de lui pour saisir le tribunal d'Appel, et il peut attendre tranquillement qu'on l'avertisse du jour que le tribunal d'Appel aura fixé pour entendre les parties. Aussi voyons-nous qu'aux termes de l'art. 196 du Code des délits et des peines, c'est par le commissaire du gouvernement près le tribunal correctionnel, que la requête d'Appel doit être envoyée au greffe du tribunal criminel; et cette disposition est confirmée spécialement, pour les procédures relatives aux marchandises anglaises, par l'art. 6 de la loi du 11 prairial an 7.

» 4°. Enfin le tribunal criminel s'est encore étrangement trompé, en supposant qu'il y avait dans la loi un terme passé lequel, faute d'avoir obtenu jour de l'audience pour plaider sur son Appel, l'appelant devait être déclaré déchu.

» L'art. 199 du Code des délits et des peines dit bien que le tribunal criminel est tenu de juger dans le mois de la notification de l'Appel.

» L'art. 6 de la loi du 11 prairial an 7 dit bien que, dans les affaires de marchandises anglaises, il est tenu de juger dans les dix jours qui suivent l'envoi fait à son greffe, de la requête d'Appel déposée par l'appelant au greffe du tribunal correctionnel.

» Mais ni l'une ni l'autre loi ne disent que c'est à la diligence de l'appelant que doivent se faire les poursuites et les citations nécessaires pour qu'il intervienne un jugement, soit dans le mois, soit dans les dix jours; et dans le fait, il est notoire que c'est le commissaire du gouvernement près le tribunal criminel qui fait d'office ces poursuites et ces citations.

» Il y a plus : c'est que ni l'une ni l'autre loi n'obligent l'appelant qui a interjeté son Appel au greffe, dans les dix jours de la prononciation du jugement, de le notifier à son adversaire, soit dans ces dix jours mêmes, soit dans le mois suivant.

» Aussi trouvons-nous quatre jugemens du tribunal de cassation des 11 et 13 brumaire, 17 ventôse et 14 thermidor an 5, qui ont cassé des jugemens des tribunaux criminels de l'Hérault, du Gers et de la Dordogne, par lesquels des appelans de tribunaux correctionnels avaient été déclarés déchus, faute d'avoir notifié leurs Appels, ainsi que leurs moyens, dans les dix jours de la prononciation des jugemens qu'ils attaquaient.

» Nous en trouvons encore un du 19 brumaire an 5, qui a annullé un jugement du tribunal criminel de la Somme, pour avoir déclaré Wallem déchu de son appel d'un jugement de police correctionnelle, faute de l'avoir notifié dans le mois à sa partie adverse.

» Disons donc qu'il n'y a rien de plus mal imaginé, de plus arbitraire, de plus fortement marqué au coin de l'excès de pouvoir, que les motifs sur lesquels le tribunal criminel du Mont-Terrible s'est fondé pour prononcer la déchéance de l'Appel interjeté par la régie, du jugement du tribunal correctionnel de Courtlary, du 2 nivôse dernier....

» Dans ces circonstances et par ces considérations, nous estimons qu'il y a lieu de casser et annuller le jugement du tribunal criminel du département du Mont-Terrible, du 14 prairial dernier, pour avoir créé, par excès de pouvoir, des moyens de déchéance d'Appel, à l'effet de déclarer forclos un Appel qui était interjeté et poursuivi régulièrement... ».

Ces conclusions ont été adoptées par arrêt du même jour, 8 thermidore an 8, au rapport de M. Viellart,

« Attendu que l'art. 195 du Code des délits et des peines ne prononce la déchéance d'un Appel, en matière de police correctionnelle, que s'il n'a point été mis, dans les dix jours de la prononciation du jugement attaqué, au greffe du tribunal correctionnel, requête contenant les moyens, signée de l'appelant ou de son fondé de pouvoir, lequel pouvoir, en ce dernier cas, est joint à la requête d'Appel:

« Que, dans l'espèce, toutes ces formalités ayant été exactement remplies, il y a eu fausse application de la loi, dans le jugement du tribunal criminel du Mont-Terrible, du 18 prairial dernier, qui a déclaré la régie forclose de son Appel, sous prétexte que la requête contenant les moyens, n'avait été enregistrée que le 29 nivôse, en quoi il n'y avait aucune inexécution de la loi;

» Qu'il y a eu aussi fausse application de l'art. 199, qui, en voulant que le rapport soit fait dans le mois de la notification de l'Appel en matière de police correctionnelle, ne l'exige pas à peine de nullité....»

II. On vient de voir que, sous le Code du 3 brumaire an 4, il n'était pas nécessaire que la déclaration d'Appel, lorsqu'elle était faite, ou par le condamné, ou par la partie civile, ou par le ministère public du tribunal de première instance, fût notifiée dans un délai quelconque aux parties en faveur desquelles avait été rendu le jugement qui en était l'objet; et il est évident qu'il en doit être de même sous le Code d'instruction criminelle.

Voici cependant deux espèces dans lesquelles cette vérité, méconnue par un arrêt et par un jugement en dernier ressort, a eu besoin d'être raffermie par l'autorité de la cour de cassation.

Le 1er. juillet 1813, jugement du tribunal correctionnel de Strasbourg, qui condamne trois particuliers à des amendes et à des restitutions.

Le 5 du même mois, acte au greffe de ce tribunal par lequel le procureur du roi déclare en appeler *à minimâ*.

Les pièces transmises à la cour royale de Colmar, et l'affaire portée à l'audience, les trois prévenus soutiennent que l'Appel du procureur du roi est comme non-avenu, parcequ'il ne leur a pas été notifié dans les deux mois de la prononciation du jugement.

Le 6 novembre de la même année, arrêt qui, adoptant ce moyen de défense, déclare le procureur du roi déchu de son Appel.

Mais le procureur général se pourvoit en cassation, et, par arrêt du 21 janvier 1814, au rapport de M. Aumont,

« Vu les art. 202, 203 et 205 du Code d'instruction criminelle;

» Attendu que, par le premier de ces articles, la faculté d'appeler appartient au procureur du roi du tribunal de première instance et au ministère public près le tribunal ou la cour qui doit prononcer sur l'Appel; que de la combinaison de cet article, avec le 203°. et le 205°., il résulte que l'obligation de notifier au prévenu le recours formé contre le jugement de première instance, n'est pas imposée au procureur du roi près ce tribunal, qui doit relever son Appel, par déclaration au greffe du même tribunal, mais uniquement au procureur général ou au procureur du roi près la cour ou le tribunal chargé de prononcer sur l'Appel; que ces fonctionnaires ne pouvant pas faire de déclaration au greffe d'un lieu où le plus souvent ils n'ont pas leur domicile, suppléent à cette déclaration par un acte d'Appel contenu dans un exploit d'huissier, qui, n'étant pas consigné sur un registre public, ne peut être connu du prévenu que par la notification qui lui en est faite;

» Que, dans l'espèce, le recours contre le jugement du tribunal correctionnel de Strasbourg, du 1er. juillet, à été formé, le 5 du même mois, par le procureur du roi près ce tribunal, et par déclaration au greffe; que, de là, il suit qu'en jugeant le ministère public déchu de son Appel, faute de notification au prévenu, la cour de Colmar a violé l'art. 202 du Code d'instruction criminelle, et fait une fausse application de l'art. 205 du même Code;

» La cour casse et annulle l'arrêt de ladite cour, du 6 novembre dernier, en ce qu'il déclare le ministère public non-recevable dans son Appel du jugement du tribunal correctionnel de Strasbourg ».

Dans les dix jours de la prononciation d'un jugement du tribunal correctionnel de Dreux, qui acquitte plusieurs prévenus, le procureur du roi près ce tribunal en interjette Appel par acte passé au greffe.

Plus de deux mois après, le procureur du roi près le tribunal correctionnel de Chartres, juge d'Appel de celui de Dreux, y fait citer les prévenus pour voir statuer sur l'Appel interjeté par le procureur du roi de première instance.

De là, deux fins de non-recevoir que les prévenus opposent au procureur du roi de Chartres; vous êtes non-recevable (lui disent-ils) dans l'Appel que vous êtes censé avoir interjeté vous-même par votre citation, parcequ'il y avait, lorsque vous nous avez cités, plus de deux mois qu'avait été prononcé le jugement dont il s'agit; et vous êtes non-recevable à poursuivre l'Appel du procureur du roi de Dreux, parceque cet Appel devait, sous la peine de déchéance écrite dans l'art. 305 du Code d'instruction criminelle, nous être notifié dans les deux mois de sa prononciation.

Jugement qui accueille ces deux fins de non-recevoir; mais le procureur du roi, de Chartres se pourvoit en cassation, et par arrêt du 10 mai 1816, au rapport de M. Busschop,

« Vu les art. 202, 203 et 205 du Code d'instruction criminelle....;

» Considérant qu'il résulte des dispositions de ces articles, que la faculté d'appeler qui est accordée au ministère public près le tribunal de première instance de police correctionnelle, est absolument distincte et indépendante de la même faculté qui est accordée au ministère public près le tribunal qui doit connaître de l'Appel; que le tribunal est donc légalement saisi pour statuer sur le bien ou mal jugé en première instance, par l'Appel, soit de l'un, soit de l'autre des deux agens du ministère public, déclaré dans le délai et dans la forme qui leur sont respectivement prescrits par les art. 203 et 205;

» Qu'en fait, il a été reconnu par le tribunal de Chartres, que le ministère public près le tribunal de Dreux, qui a rendu le jugement de première instance, avait déclaré son Appel dans le délai et dans la forme qui lui sont prescrits par l'art. 203; que le tribunal de Chartres, devant lequel était porté ledit Appel, et qui, d'ailleurs était compétent pour en connaître, devait donc y statuer en confirmant ou en réformant le jugement dont était Appel;

» Que, néanmoins, et sur le motif que le ministère public près le tribunal d'Appel n'avait point notifié son Appel dans le délai de deux mois fixé par l'art. 205, le tribunal de Chartres a déclaré la déchéance de cet Appel, a refusé de prononcer sur celui régulièrement formé par le ministère public près le tribunal de première instance; qu'en cela, le tribunal de Chartres a méconnu les règles de sa compétence, en appliquant faussement l'art. 205, et en violant ouvertement les art. 202 et 203 du Code d'instruction criminelle;

» Qu'il est d'ailleurs constaté par les pièces du procès, que le ministère public près le tribunal de Chartres n'a point déclaré d'Appel; qu'il a seulement fait assigner les prévenus devant le tribunal pour voir statuer sur l'Appel émis par le ministère public près le tribunal de première instance de Dreux; que, si ladite assignation n'avait été donnée que plus de deux mois après la date du jugement dont était Appel, cette circonstance ne pouvait opérer la déchéance de l'Appel, la loi n'ayant, pour ces sortes d'assignations, prescrit aucun délai à l'inobservation duquel elle ait attaché une pareille peine;

» La Cour casse et annulle.... (1) ».

III. J'ai dit plus haut, §. 10, art. 3, n°. 1, que, sous le Code d'instruction criminelle, l'appelant n'encourt plus, comme sous le Code du 3 brumaire an 4, la déchéance de son Appel pour n'en avoir pas exposé les moyens dans une requête déposée à cet effet, au greffe; et c'est ce qui résulte clairement de la différence qu'il y a, à cet égard, tant entre l'art. 203 et l'art. 204 du premier de ces Codes, qu'entre l'art. 204 du même Code et l'art. 195 du second.

Le contraire avait cependant été jugé, dans l'espèce suivante :

Le 6 décembre 1814, jugement du tribunal correctionnel d'Annecy, qui prononce en faveur des sieurs Revechat, sur des poursuites exercées contre eux par l'administration des forêts.

Le 27 du même mois, et par conséquent dans le délai fixé par l'art. 203 du Code d'instruction criminelle, l'administration des forêts fait, au greffe de ce tribunal, une déclaration d'Appel; mais au lieu de se conformer à l'art. 204, en déposant une requête dans le même délai, elle se présente directement à l'audience du tribunal correctionnel de Chambéry, juge supérieur de celui d'Annecy, pour plaider ses moyens d'Appel.

Les sieurs Revechat s'opposent à ce qu'elle soit entendue, et demandent qu'elle soit déclarée déchue de son Appel, faute de dépôt d'une requête dans le délai déterminé par l'art. 204.

L'administration des forêts répond que le dépôt d'une requête d'Appel était purement facultatif de sa part, et elle invoque, pour le prouver, l'expression *pourra*, dont se sert cet article.

« Point du tout (répliquent les sieurs Revechat), il n'y a de facultatif dans la loi que le choix du greffe où la requête d'Appel doit être déposée. En effet, ces mots *la requête pourra être remise*, n'annoncent-ils pas clairement qu'il doit exister une requête et qu'il s'agit seulement de savoir où le dépôt devra en être fait? D'ailleurs, quel serait ici l'objet de la loi, si elle n'ordonnait pas une mesure de rigueur? Y aurait-il eu besoin d'une disposition expresse pour que l'appelant pût accompagner sa déclaration d'Appel d'une requête contenant ses moyens?

» Et quand même, au surplus, le dépôt d'une requête ne serait pas ici d'une nécessité absolue, tout ce qui en résulterait, c'est que l'appelant pourrait remplacer cette mesure par quelqu'autre formalité dont le résultat serait le même; car il faut que, d'une manière quelconque, la partie

―――――
(1) Bulletin criminel de la cour de cassation, tome 2, page 65.

qui a obtenu le jugement, connaisse les moyens auxquels elle devra répondre. Or, quelle est la formalité dont la régie peut se prévaloir, comme ayant à cet égard satisfait au vœu de la loi ? A-t-elle fait, par exemple, notifier aux intimés ses moyens d'Appel ? Nullement; sa déclaration d'Appel faite au greffe du tribunal, est le seul acte qui soit émané d'elle. On ne peut donc pas douter qu'elle ne soit aujourd'hui déchue de son appellation ».

Le 17 mai 1815, jugement qui, adoptant ces moyens, déclare l'administration déchue de son Appel.

Mais l'administration se pourvoit en cassation, et par arrêt du 29 juin suivant, au rapport de M. Basire,

« Vu les art. 202, 203 et 204 du Code d'instruction criminelle.... ;

» Attendu qu'aux termes de l'art. 202, l'administration forestière avait qualité pour appeler; que sa déclaration d'Appel ayant été reçue, le 26 décembre 1814, au greffe du tribunal d'Annecy, qui, le 16 décembre précédent, avait rendu le jugement de première instance, a été faite dans la forme et dans les délais voulus par l'art 203; d'où il suit, que le tribunal de Chambéry a été régulièrement saisi de cet Appel;

» Attendu qu'aux termes de l'art. 204, la production d'une requête à l'appui de l'Appel, est purement facultative ;

» Attendu que, dans tout autre cas que celui de l'art. 205, la notification de l'acte d'Appel et des moyens à l'appui, n'est exigée par aucune des dispositions du Code d'instruction criminelle, sous peine de déchéance, et que, dès-lors, la déchéance de l'Appel, hors ce cas, ne peut être prononcée par le défaut de cette notification.

» Par ces motifs, la cour casse et annulle... (1) ».

IV. Peut-il être procédé au jugement de l'Appel d'un jugement correctionnel, d'après les seules conclusions du ministère public et sans que les autres parties aient été citées à l'audience pour y faire valoir leurs moyens respectifs ?

La preuve que cela ne serait pas moins contraire à l'esprit de la loi qu'au droit naturel, c'est que l'art. 208 du Code d'instruction criminelle s'occupe des jugemens par défaut sur l'Appel, et que par conséquent il suppose la nécessité de la citation des parties, puisqu'il ne peut pas y avoir défaut là où il n'y a pas eu citation.

Quelle voie y aurait-il donc à prendre contre un arrêt ou jugement qui prononcerait sur un Appel sans citation préalable des parties?

Que l'on pût attaquer un pareil arrêt ou jugement par la voie d'opposition, et que l'on pût même le faire en tout temps, c'est ce qu'il n'est pas possible de révoquer en doute (1).

Mais pourrait-on, au lieu de prendre cette voie, y substituer celle du recours en cassation ?

On le pouvait sans contredit sous le Code du 3 brumaire an 4.

Bouisse, père et fils, avaient appelé d'un jugement du tribunal correctionnel de Mautauban qui les avait déclarés coupables d'excès et mauvais traitemens, et condamnés comme tels ; et ils avaient rempli toutes les formalités nécessaires pour faire recevoir leur Appel. Les pièces de la procédure transmises au tribunal criminel du département du Lot, il y était intervenu un arrêt qui, sans que les appelans eussent été cités ni entendus, avait confirmé le jugement. Bouisse, père et fils, se sont pourvus en cassation, et, le 6 nivôse an 7, il est intervenu arrêt qui,

» Vu l'art. 200 du Code des délits et des peines ainsi conçu : *Le prévenu, soit qu'il ait été condamné ou acquitté, la partie civile plaignante, l'accusateur public et le commissaire du pouvoir exécutif près le tribunal criminel, sont entendus à la suite du rapport, et avant que le rapporteur et les autres juges émettent leur opinion, le tout à peine de nullité.....* ;

» Attendu que rien ne justifie que les prévenus aient été appelés au jour où le jugement a été rendu ; qu'aussi ce jugement ne donne point défaut contre eux ; que le jugement lui-même énonce qu'aucune des parties n'a été présente ni entendue; qu'ainsi, sous tous les rapports, il y a contravention à l'art. 200 ci-dessus cité.

» Casse et annulle,..... ».

Mais si la question se représentait sous le Code d'instruction criminelle, pourrait-on encore juger de même ?

Je ne le crois pas. Il est vrai que l'art. 200 de ce Code renouvelle les dispositions de l'art. 200 de celui du 3 brumaire an 4; mais il en retranche les mots, *le tout à peine de nullité*. On ne peut donc pas, sous le Code d'instruction criminelle, appliquer à ce cas les art. 408 et 413 de ce Code qui déclarent qu'il y aura lieu à cassation toutes les fois *qu'il y aura eu violation ou omission de quelques-unes des formalités que le présent Code prescrit sous peine de nullité*, comme on y pouvait appliquer, sous le Code du 3 brumaire an 4, l'art. 456 du même Code qui autorisait l'annulation *des jugemens criminels*, toutes les fois que *des formes ou procédures prescrites par la loi à peine de nullité*, auraient *été violées* ou *omises*. Et dès-là, il faut nécessairement en revenir à la règle générale qui interdit le recours en cassation contre tout jugement en dernier ressort qui peut être attaqué par une autre voie, la requête civile exceptée (2).

_____
(1) *V. le Répertoire de Jurisprudence*, aux mots *Opposition à un jugement*, §. 1.
(2) *V.* les conclusions du 28 mars 1810, rapportées à l'article *Serment*, §. 1.

_____
(1) *Ibid.*, tome 20, page 83.

APPEL, §. XIII, Art. II.

V. Lorsque l'appelant a usé de la faculté que lui accorde l'art. 204 du Code d'instruction criminelle, de déposer, dans le délai qu'il avait pour appeler, une requête contenant ses moyens d'Appel, peut-il, dans les débats devant la cour ou le tribunal d'Appel, présenter d'autres moyens que ceux qu'il a consignés dans cette requête?

Pourquoi ne le pourrait-il pas? En lui accordant cette faculté, la loi ne lui ôte pas le droit naturellement attaché à sa qualité d'appelant, de proposer devant le juge d'Appel, tout ce qu'il croit propre à faire réformer le jugement dont il se plaint. Il conserve donc nécessairement ce droit.

Ce qui lève d'ailleurs toute difficulté sur ce point, c'est que l'appelant ne peut pas être de pire condition en usant d'une *faculté*, qu'il ne serait en remplissant une *obligation*. Or, si la loi, au lieu de lui permettre de proposer ses griefs par une requête déposée dans le délai de l'Appel, l'y obligeait expressément, le priverait-elle par là du droit d'ajouter, dans les débats, aux griefs qu'il aurait, dans le délai de l'Appel, consignés dans sa requête? Non certainement, et il en existe deux preuves irréfragables.

La première, c'est qu'en matière civile, l'obligation imposée à l'appelant par l'art. 462 du Code de procédure, *de signifier ses griefs dans la huitaine de la constitution d'avoué par l'intimé*, ne le prive pas du droit de proposer de nouveaux griefs à l'audience.

La seconde preuve est encore plus topique. Sous le Code du 3 brumaire an 4, tout appelant d'un jugement correctionnel, autre que le ministère public, non-seulement *pouvait*, mais même *devait, à peine de déchéance*, déposer dans les dix jours, une requête contenant ses moyens d'Appel. Eh bien! L'appelant qui avait rempli cette obligation, en avait-il moins le droit de proposer de nouveaux griefs dans les débats auxquels son Appel donnait lieu? On a soutenu la négative sous l'empire de ce Code. Mais la cour de cassation l'a hautement proscrite dans l'espèce que voici.

Le 5 juin 1809, jugement du tribunal correctionnel d'Acqui, par lequel Jacques Bogliolo est condamné à une peine.

Le 15 du même mois, Jacques Bogliolo en appelle et dépose en même temps une requête contenant les moyens sur lesquels il se fonde pour réclamer contre sa condamnation.

Les débats ouverts devant la cour de justice criminelle du département de Montenotte, Jacques Bogliolo oppose aux poursuites exercées contre lui, en première instance, des moyens de forme sur lesquels sa requête d'Appel est muette. On lui objecte qu'il est non-recevable à proposer ces moyens; et il intervient un arrêt qui le juge ainsi.

Mais sur son recours en cassation, arrêt du 18 mai 1810, au rapport de M. Vergès, et sur les conclusions de M. l'avocat-général Lecoutour, par lequel,

« Vu l'art. 456, n°. 6, du Code des délits et des peines....;

» Vu l'art. 195 du même Code....;

» Considérant que Jacques Bogliolo a interjeté Appel, le 15 juin 1809, du jugement rendu contre lui le 5 du même mois, par le tribunal correctionnel d'Acqui; qu'il a déposé, en même temps, au greffe de la cour dont l'arrêt est attaqué, la requête d'Appel, par le ministère d'un fondé de pouvoir; qu'il a fait valoir, dans cette requête, des moyens qui avaient pour objet l'injustice du jugement au fond;

» Considérant que, lors des débats qui ont eu lieu devant la cour dont l'arrêt est attaqué, Jacques Bogliolo a fait valoir plusieurs moyens de forme; que ladite cour a déclaré ledit Jacques Bogliolo non-recevable à proposer ces moyens, sous prétexte qu'ils n'avaient pas été présentés dans la requête d'Appel;

» Considérant qu'il suffisait que ledit Bogliolo eût donné des moyens d'Appel dans sa requête, pour qu'il eût le droit d'en invoquer de nouveaux devant ladite cour; qu'en effet, la loi, en ordonnant de présenter des moyens d'Appel dans la requête, n'exclud nullement l'addition et la présentation de nouveaux moyens, postérieurement à cette requête, avant ou pendant les débats; que la loi, bien loin de limiter les moyens qui tiennent à la défense, laisse au contraire aux accusés la latitude commandée par la justice;

» Considérant que les fins de non-recevoir et les déchéances sont de droit étroit, et ne peuvent être par conséquent étendues d'un cas à un autre, sans excès de pouvoir; qu'il est nécessaire qu'elles soient littéralement écrites dans la loi, pour que les tribunaux soient autorisés à les prononcer; que par conséquent la cour dont l'arrêt est attaqué, en déclarant ledit Jacques Bogliolo non-recevable à ajouter, pendant les débats, les nouveaux moyens par lui invoqués, à ceux dont il s'était prévalu dans sa requête, a commis un excès de pouvoir et faussement appliqué l'art. 195 du Code du 3 brumaire an 4;

» Par ces motifs, la cour casse et annulle.... ».

VI. 1°. L'appelant qui, dans les débats ouverts en cause d'Appel, articule un nouveau fait à l'appui de l'action ou de la défense qu'il a proposée devant les premiers juges, peut-il être déclaré non-recevable dans ses conclusions, à fin de permission de le prouver, sur le fondement que ces conclusions forment une demande nouvelle et que cette demande nouvelle doit, en matière correctionnelle, comme en matière civile (ainsi qu'on le verra ci-après, §. 14, art. 2, n°. 5), parcourir deux degrés de juridiction? 2°. Peut-il y être déclaré non-recevable, sur le fondement que ces conclusions ne sont pas fixées par écrit?

La première de ces questions ne peut évidemment être résolue que pour la négative. D'une part, il est certain, et l'on verra particulièrement ci-après, §. 14, art. 1, n°. 16, qu'un moyen nouveau n'est pas la même chose qu'une demande nouvelle, et que de l'inadmissibilité d'une nouvelle demande en cause d'Appel, il ne s'ensuit nullement qu'en cause d'Appel, on ne puisse pas proposer des moyens que l'on n'a pas fait valoir en première instance. D'un autre côté, il résulte clairement de l'art. 411 du Code d'instruction criminelle que l'on peut, sur l'Appel d'un jugement rendu correctionnellement, en établir le bien ou mal jugé par tous les moyens qui auraient pu être employés en première instance, pour justifier ou repousser l'action sur laquelle il a statué.

La seconde question doit évidemment être résolue dans le même sens. Que, sous le Code du 3 brumaire an 4, on pût étendre à la cause d'Appel la disposition de l'art. 186 qui voulait, sous la peine de nullité prononcée par l'art. 189, qu'en première instance, les conclusions du ministère public, de la partie civile et du prévenu, fussent fixées par écrit, soit. Mais cette disposition ne se retrouve pas dans le Code d'instruction criminelle ; et dès-là, nul doute qu'aujourd'hui les juges d'Appel ne soient tenus de prononcer sur les conclusions prises verbalement devant eux à l'audience, ni plus ni moins que si elles étaient consignées par écrit.

C'est ainsi au surplus que ces deux questions ont été jugées par un arrêt de la cour de cassation, du 23 août 1823, dont voici les termes :

« Vu les art. 408 et 413 du Code d'instruction criminelle, d'après lesquels il y a ouverture à cassation, lorsqu'il a été omis ou refusé de statuer sur une ou plusieurs demandes des parties, tendant à user d'une faculté ou d'un droit accordé par la loi ;

» Considérant que, dans la requête insérée dans l'arrêt de la cour royale de Besançon, du 9 juin 1823, et sur laquelle cet arrêt est intervenu, il est allégué qu'à l'audience à la suite de laquelle l'arrêt dénoncé a été prononcé, l'avocat des demandeurs a conclu à ce que ceux-ci fussent admis à prouver que, postérieurement à la citation en police correctionnelle, les prévenus Aymonin et André avaient fait des changemens à la construction de leurs voitures, de nature à faire disparaître la contravention pour laquelle ils étaient poursuivis ; que cette allégation n'ayant point été contredite par ladite cour royale, doit être tenue pour exacte ;

» Considérant qu'aux termes de l'art. 211 du Code d'instruction criminelle, toutes les preuves autorisées par les articles précédens du même Code, lorsqu'elles tendent à établir la demande primitive, peuvent être suppléées en tout état de cause ;

» Que la preuve à laquelle les demandeurs ont conclu à être admis, tendait évidemment à établir leur demande primitive ; que leurs conclusions avaient donc pour objet l'exercice d'une faculté accordée par la loi ; d'où il suit, que le refus qu'a fait la cour royale de Besançon d'y statuer, forme un moyen de cassation ;

» Que ce refus ne peut d'ailleurs être justifié par aucun des deux motifs sur lesquels est fondé ledit arrêt du 9 juin 1823, savoir : 1°. que lesdites conclusions formaient une demande principale soumise aux deux degrés de juridiction ; 2°. qu'elles n'avaient pas été rédigées par écrit, ni déposées sur le bureau du président ;

» Que le premier de ces motifs est totalement erroné, puisque lesdites conclusions n'avaient pour objet que de prouver la contravention sur laquelle est fondée la demande principale et introductive du procès ;

« Que le second motif est pris de l'omission de formalités qu'aucune disposition du Code d'instruction criminelle n'a prescrites pour la validité ou la régularité des conclusions des parties ; que d'ailleurs il serait inapplicable à des conclusions prises verbalement à l'audience, et qu'il doit être réputé constant que des conclusions conformes à celles de l'écrit auquel se réfère ce second motif, ont été ainsi déclarées par le défenseur représentant légalement les demandeurs ;

» La cour casse et annulle.... (1) ».

VII. Par là se résolvent d'elles-mêmes deux autres questions : la première, si l'on peut, en cause d'Appel, entendre de nouveau les témoins qui ont été entendus en première instance ; la seconde, si l'audition d'un témoin qui n'a pas paru et n'a même pas été cité, en première instance, peut être requise et ordonnée en cause d'Appel.

Le Code du 3 brumaire an 4 décidait affirmativement la première de ces questions, mais il était muet sur la seconde : « Les témoins (portait-» il simplement, art. 200) peuvent être entendus » de nouveau, si le prévenu ou l'accusateur public » le requièrent ». Et de là sont venus sous l'empire de ce Code, plusieurs arrêts de cours de justice criminelle qui ont refusé, en cause d'Appel, l'audition de témoins non entendus en première instance. Mais de tous ceux de ces arrêts qui ont été dénoncés à la cour de cassation, il n'en est pas un qui n'ait été annulé.

C'est ainsi que la cour de justice criminelle du département du Pas-de-Calais ayant, sur l'Appel interjeté par le sieur Neuville, d'un jugement du tribunal correctionnel d'Arras, rejeté la demande de l'appelant à fin d'audition de plusieurs témoins qu'il n'avait pas produits devant les premiers juges, il est intervenu, le 9 nivôse an 14, au rapport de M. Babille, un arrêt par lequel,

« Vu l'art. 200 du Code des délits et des peines ;

» Attendu que cet article, en autorisant les tri-

---

(1) Bulletin criminel de la cour de cassation, tome 28, page 338.

bunaux criminels à entendre, sur l'Appel, de nouveau les témoins, ne prohibe pas l'audition de ceux qui n'auraient pas été entendus en première instance;

» Que cette prohibition est d'autant moins présumable que, si elle existait, la loi, tout en autorisant l'Appel des jugemens correctionnels, priverait souvent l'appelant du seul moyen d'en assurer le succès;

» Et que tel serait précisément dans l'espèce, l'effet d'une semblable prohibition, puisque, si, à faute par le demandeur en cassation d'avoir fait entendre des témoins devant les premiers juges, il ne pouvait plus provoquer leur audition, il se trouverait alors privé de la faculté d'établir, à l'appui de son Appel, des faits qui, s'ils étaient prouvés, détruiraient l'imputation à lui faite d'avoir recélé un déserteur, et lui assurerait, en conséquence, la réformation d'un jugement qui l'avait condamné comme recéleur;

» Attendu que la cour qui a rendu l'arrêt attaqué, n'a dénié au demandeur la faculté de faire entendre des témoins sur son Appel, qu'en supposant que cet article ne le permettait que quand les témoins ont déjà été entendus en première instance, encore bien qu'une semblable prohibition ne résulte pas de sa disposition;

» Et qu'en entendant ainsi cet article, cette cour en a fait évidemment une fausse interprétation, et en a, par suite, violé la disposition;

» Par ces motifs, la cour casse et annulle.... ».

Pareille décision dans l'espèce suivante :
Le 22 octobre 1806, procès-verbal de trois gardes forestiers qui constate que deux bergers ont été trouvés gardant, à bâton planté, 160 moutons dans un bois.

Le 26 janvier 1807, jugement du tribunal correctionel d'Espalion, qui, attendu que ce procès-verbal n'a été affirmé que par un seul des trois gardes qui l'ont dressé, et vu l'art. 14 du tit. 9 de la loi du 15-29 septembre 1791, renvoie les prévenus de l'action intentée contre eux.

Appel de la part du ministère public, et conclusions à ce que, pour réparer le défaut d'affirmation de deux des trois gardes, ceux-ci seront cités et entendus comme témoins.

Le 13 mars de la même année, arrêt de la cour de justice criminelle du département de l'Aveyron qui rejette ces conclusions et confirme le jugement.

Mais le ministère public se pourvoit en cassation, et par arrêt du 9 mai 1807, au rapport de M. Aumont,

« Vu l'art. 456 du Code, du 3 brumaire an 4, aux termes duquel les arrêts des cours criminelles sont annullés, lorsqu'il y a eu de quelque manière que ce soit excès de pouvoir;

» Attendu qu'à l'audience de la cour de justice criminelle, le procureur général a requis l'audition de ceux des gardes forestiers qui, ayant concouru au procès-verbal rapporté contre Vailet et Gattier, ne l'avaient pas affirmé; que cette audition eût rempli le vœu de l'art. 14 du tit. 9 de la loi du 29 septembre 1791, et complété la preuve commencée par la déclaration dûment affirmée du garde Molenat; que ni l'art. 200 du Code du 3 brumaire an 4, ni aucune autre loi ne s'opposaient à ce que l'offre du procureur général, de faire entendre des témoins, fût accueillie; et qu'en la rejetant sur l'unique motif du silence gardé à cet égard devant les premiers juges par le procureur général, la cour de justice criminelle a créé une fin de non-recevoir et commis un excès de pouvoir manifeste;

» Par ces motifs la cour casse et annulle.... ».

Vers le même temps, le sieur Briant, pour justifier l'Appel qu'il a interjeté d'un jugement rendu à son désavantage par un tribunal correctionnel, demande à la cour de justice criminelle du département de la Seine-Inférieure, l'audition de plusieurs témoins qu'il n'a pas fait entendre en première instance. Repoussé, comme l'avaient été dans les deux espèces précédentes, le sieur de Neuville et le procureur général du département de l'Aveyron, il se pourvoit, comme eux, en cassation ; et par arrêt du 28 mai 1807, au rapport de M. Lamarque,

« Vu l'art. 200 du Code du 3 brumaire an 4;

» Attendu que cet article de la loi, en laissant aux cours de justice criminelle, la faculté d'entendre les témoins qui ont déjà été ouïs devant le tribunal de première instance, ne prohibe point l'audition de ceux qui n'ont pas été appelés, et que le prévenu produit pour la première fois devant la cour d'Appel; que le principe d'après lequel un prévenu doit être admis en tout état de cause, à faire entendre des témoins à décharge, lorsqu'il a été entendu contre lui des témoins à charge, est un principe général en police correctionnelle comme en matière criminelle, et repose sur le droit naturel, qui ne peut souffrir d'atteinte et de restriction, si ce n'est par une loi expresse et formellement prohibitive;

» Que la prohibition ne se trouvant point dans le texte, pourrait d'autant moins se tirer par interprétation du sens de l'article précité, qu'aujourd'hui, d'après l'art. 1er. de la *loi du 29 avril 1806*, dérogeant, quant à ce, à l'art. 202 du Code du 3 brumaire (et rapporté ci-après, §. 14, art. 2, n°.), les cours de justice criminelle, dans le cas même où elles prononcent la nullité d'un jugement définitif en matière correctionnelle (sauf l'annullation pour cause d'*incompétence*), sont obligées de statuer *sur le fond;*

» Ce qui rend indispensablement nécessaire la connaissance et appréciation des moyens respectifs, et s'oppose conséquemment à ce que l'une des parties soit privée, en cause d'Appel, de la faculté de faire entendre des témoins, par cela seul qu'elle n'en aurait pas produit en première instance;

» Qu'il suit de là que la cour qui a rendu l'arrêt attaqué, et qui, en refusant d'ouïr les témoins produits par le demandeur, a jugé que l'art. 200 du Code du 3 brumaire prohibait l'audition de ceux qui n'avaient pas été entendus devant les premiers juges, a faussement interprété cet article, et en a, par suite, violé la disposition;

» Par ces motifs, la cour casse et annulle... ».

On trouvera aux mots *Procès-verbal*, §. 11, deux autres arrêts de la cour de cassation des 9 juin et 19 octobre 1809, qui jugent encore de même.

La jurisprudence établie par ces arrêts, était trop en harmonie avec les règles fondamentales d'une bonne administration de la justice, pour que le Code d'instruction criminelle la réprouvât. Aussi ne l'a-t-il pas fait. On a cependant soutenu le contraire, sous le prétexte que, par l'art. 175, relatif à l'Appel des jugemens des tribunaux de police, susceptibles d'être attaqués par cette voie, il est dit que, « lorsque, sur l'Appel, » le procureur du roi ou l'une des parties le re- » querra, les témoins pourront être entendus » de nouveau, et il pourra même en être entendu » d'autres ». On a prétendu que cet article, même en le supposant applicable aux matières correctionnelles, ne permettait en cause d'Appel, l'audition de nouveaux témoins que dans le cas où il avait été fait en première instance un commencement de preuve testimoniale, et que, hors ce cas, toute audition de témoins, non produits en première instance, était interdite en cause d'Appel.

Mais ce système, inconciliable avec la généralité de l'art. 211 du Code d'instruction criminelle, et avec la conséquence qui résulte de la combinaison de ce texte avec l'art. 154 du même Code, a été condamné, dans l'espèce suivante, par la cour de cassation.

Le 6 septembre 1819, trois gendarmes dressent, contre Antoine Blanc, un procès-verbal duquel il résulte qu'il l'ont surpris chassant avec un fusil à deux coups, sans permis de port d'armes.

Cité, par suite, devant le tribunal correctionnel de Saint-Marcellin, Antoine Blanc y est acquitté à raison de l'irrégularité du procès-verbal, et par conséquent faute de preuve légale du délit dont il est prévenu.

Appel de la part du ministère public à la cour royale de Grenoble; et conclusions à ce que les trois gendarmes soient cités à l'audience pour déposer comme témoins sur les faits consignés dans leur procès-verbal.

Le 16 décembre de la même année, arrêt par lequel, sans avoir égard à ces conclusions, 1°. parceque les rédacteurs d'un procès-verbal ne peuvent pas être entendus comme simples témoins sur des faits qu'ils ont cherché à constater officiellement par cet acte; 2°. parcequ'on ne peut pas, en cause d'Appel, requérir une instruction testimoniale qui n'a été ni faite ni requise en première instance; la cour royale confirme purement et simplement le jugement attaqué.

Mais sur le recours en cassation du ministère public, arrêt du 3 février 1820, au rapport de M. Busschop, par lequel,

« Vu les art. 408 et 416 du Code d'instruction criminelle, d'après lesquels la cour de cassation doit annuler les arrêts et jugemens en dernier ressort qui contiennent violation des règles de compétence établies par la loi;

» Vu aussi les art. 154 et 189 du même Code... ;

« Considérant que, relativement au premier.... (1);

» Que, relativement au second motif, les moyens de preuves peuvent être suppléés en tout état de cause; qu'ils n'altèrent pas la demande positive; qu'ils n'ont pour objet que de l'établir; que l'audition de témoins, quoique non requise ou offerte en première instance, peut donc être demandée en cause d'Appel, et qu'elle y doit être admise, si elle y paraît utile à l'instruction de la cause;

» Que l'art. 154 du Code d'instruction criminelle, qui prescrit que les délits seront prouvés par témoins, à défaut de procès-verbaux ou rapports, ou à leur appui, est conçu d'une manière générale; que sa disposition s'applique à l'instruction en cause d'Appel, comme à celle qui peut être faite en première instance;

» Que l'art. 175 du même Code, qui donne aux tribunaux d'Appel le droit d'accorder ou de refuser l'audition de témoins non produits en première instance, est relatif au cas où, en première instance, il y a eu des témoins entendus; qu'il ne modifie donc pas la disposition de l'art. 154 pour le cas où la preuve testimoniale n'a pas été employée devant les premiers juges;

» Que le second motif de la cour royale de Grenoble est donc contraire à la loi; que le refus qui en a été la conséquence, renferme excès de pouvoir et violation des règles de la compétence des tribunaux, qui, et dans les cas prévus par les lois, est renfermée dans le cercle qu'elles ont tracé;

» D'après ces motifs, faisant droit au pourvoi du procureur général, casse et annulle... (2) ».

VIII. A plus forte raison la réaudition d'un témoin qui aurait été entendu en première instance, ne pourrait-elle pas être refusée sur l'Appel, sous le prétexte que le sort de la cause dépend uniquement des preuves qui ont été fournies devant les premiers juges, et que, dès-lors, les éclaircisse-

---

(1) *V.* l'article *Procès-verbal*, §. 12, n°. 3.
(2) Bulletin criminel de la cour de cassation, tome 25, page 55.

mens qui pourraient résulter de la nouvelle déposition du témoin déjà produit devant les premiers juges, seraient insignifians.

Voici cependant une espèce dans laquelle il en avait été décidé autrement.

D'après le procès-verbal, en bonne forme, d'un garde forestier, constatant que Méneret fils a été trouvé coupant du bois dans une forêt de l'État, Méneret, père de deux enfans âgés, l'un de neuf ans, l'autre de cinq ans, est cité avec le délinquant, comme civilement responsable, devant le tribunal correctionnel de Sens. Il se présente seul, et soutient que le garde s'est mépris sur l'auteur du délit qu'il a découvert.

Le garde, appelé à la requête du ministère public pour s'expliquer sur ce point, déclare simplement que l'individu qu'il a surpris coupant du bois, avait une brûlure à la poitrine.

Jugement qui, sans ordonner la comparution personnelle de l'aîné des fils de Méneret, et attendu qu'il ne peut pas être suppléé par une déposition orale à l'obscurité d'un procès-verbal faisant foi jusqu'à inscription de faux, renvoie Méneret père de l'action intentée contre lui.

Appel de la part du ministère public au tribunal correctionnel d'Auxerre. Là, le procureur du roi expose que, depuis le jugement, et par son ordre, le garde s'est transporté chez Méneret père, et qu'il s'y est assuré d'une manière positive que Joseph Méneret, fils aîné de celui-ci, était le véritable délinquant. En conséquence il demande que le garde soit entendu de nouveau.

Jugement qui, sans s'arrêter à ces conclusions, « attendu qu'au moment où le jugement dont est » Appel a été rendu, le véritable délinquant n'é-
» tait pas désigné suffisamment pour que les » premiers juges pussent asseoir une condam-
» nation; que les recherches faites depuis le ju-
» gement, pour s'assurer du nom du délinquant, » ne suffisent pas pour faire annuler un juge-
» ment légalement rendu dans l'état où la cause » se présentait », et adoptant au surplus les motifs des premiers juges, confirme la décision du tribunal de Sens.

Mais le procureur du roi se pourvoit en cassation; et par arrêt du 21 juillet 1820, au rapport de M. Basire,

« Vu les art. 154, 189 et 211 du Code d'instruction criminelle;

• En droit, relativement au motif du jugement attaqué, fondé sur ce que des recherches faites postérieurement à un jugement de première instance, pour s'assurer du nom du délinquant, ne suffisent pas pour faire annuler ce jugement rendu légalement dans l'état où la cause se présentait ;

» Attendu qu'aux termes de l'art. 211 du Code d'instruction criminelle, toutes les preuves autorisées par les art. 154 et 189 du même Code, lorsque ces preuves n'ont pour objet que d'éta-
blir la demande primitive, pouvant être suppléées en tout état de cause; que l'audition de témoins sur un fait resté douteux en première instance, peut donc être demandée en cause d'Appel, et qu'elle doit y être admise, si elle paraît utile à la manifestation de la vérité; d'où il suit qu'un jugement de première instance, quoique rendu légalement dans l'état où la cause s'y présentait, peut être réformé sur l'Appel, lorsque les preuves qui y sont administrées, dissipent les doutes qui existaient au moment où le jugement de première instance a été rendu;

« Que l'art. 211 précité, en admettant en Appel, quant à la nature des preuves, toutes les dispositions législatives applicables en première instance, ne distingue point entre les preuves découvertes depuis le jugement appelé et celles précédemment acquises; d'où il suit que les unes comme les autres doivent être admises sur l'Appel..... (1);

». Par ces motifs, la cour casse et annulle (2) »

IX. Mais 1°. de ce que les juges d'Appel peuvent à la fois entendre de nouveau les témoins déjà entendus devant les premiers juges, et entendre des témoins que les premiers juges n'ont pas entendus; s'ensuit-il que la loi est toujours violée par le rejet qu'ils font d'une demande tendant, soit à la réaudition des uns, soit à l'audition des autres? 2° Lorsqu'il a été entendu ou réentendu des témoins en cause d'Appel, y a-t-il nullité dans le jugement ou l'arrêt, par cela seul que le greffier n'a pas tenu note de leurs dépositions dans le procès-verbal des débats?

Sur la première question, la négative, évidente par elle-même, avait été consacrée, sous le Code du 3 brumaire an 4, par un arrêt de la cour de cassation, du 18 avril 1806, rendu sur mes conclusions, et rapporté dans le *Répertoire de jurisprudence*, au mot *Appel*, sect. 2, §. 8 ; et elle l'a été de nouveau sous le Code d'instruction criminelle, par trois arrêts de la même cour.

Dans l'espèce du premier, le sieur Rebaud attaquait comme violant l'art. 76 du Code d'instruction criminelle, lequel veut que les dépositions des témoins entendus dans l'instruction, soient signées par le juge, par le greffier et par les témoins eux-mêmes, un jugement du tribunal correctionnel de Châteauroux, qui, sur la foi des notes tenues par le greffier de ce tribunal des dépositions des témoins en première instance, *et sans entendre de nouveau ces témoins*, avait confirmé le jugement correctionnel dont il s'était rendu appelant. Mais son recours en cassation a

---

(1) Sur le second motif du jugement du tribunal de Sens, adopté subsidiairement par le tribunal d'Auxerre, *V.* l'article *Procès-verbal*, §. 12, n°. 3.

(2) Bulletin criminel de la cour de cassation, tome 25, page 293.

été rejeté par arrêt du 4 août 1820, au rapport de M. Ollivier,

« Attendu qu'aucun article de la loi n'oblige les tribunaux correctionnels d'entendre derechef, en Appel, des témoins déjà entendus en première instance; qu'à cet égard, les art. 175 et 176 du Code d'instruction criminelle laissent aux tribunaux d'Appel, en matière correctionnelle, une faculté purement discrétionnaire;

« Que, d'après l'art. 155, rendu commun par l'art. 189, aux matières correctionnelles, le greffier doit, lors du jugement de première instance, tenir note du serment des témoins, de leurs noms et prénoms, ainsi que de leurs principales déclarations;

» Que c'est sur ces élémens de l'instruction orale, ainsi recueillis et constatés pour servir d'élémens de conviction au tribunal supérieur, au cas d'Appel, que ce tribunal doit prononcer sur le bien ou le mal jugé du jugement de première instance, lorsqu'il ne croit pas convenable d'entendre de nouveau les mêmes témoins (1) ».

Dans la seconde espèce, qui est rapportée ci-dessus, §. 10, art. 3, n°. XIV-4°, le sieur Cases tirait contre l'arrêt de la cour royale de Montpellier, qui avait confirmé le jugement correctionnel dont il s'était rendu appelant, un premier moyen de cassation qu'il faisait résulter de ce que cette cour, après avoir entendu quelques-uns des témoins qu'il avait produits en première instance, s'était refusée à l'audition des autres; et il prétendait que, par là, il avait été contrevenu à l'art. 175 du Code d'instruction criminelle. Mais la cour de cassation a rejeté ce moyen, comme celui dont il est rendu compte à l'endroit cité,

« Attendu que l'art. 175 du Code d'instruction, loin d'imposer aux tribunaux correctionnels l'obligation d'entendre de rechef en Appel, les témoins déjà entendus en première instance, ne fait que leur en accorder la faculté;

» Que, dès-lors, c'est à ces tribunaux qu'il appartient d'apprécier les motifs qui peuvent déterminer l'adoption de cette mesure; et que, de cette appréciation, il ne saurait résulter ouverture à cassation ».

La troisième espèce offre des particularités assez remarquables.

Charles Tollay avait été traduit devant le tribunal correctionnel de Mantes, comme prévenu de vol de rouelles de charrues.

Le 29 septembre 1825, jugement de ce tribunal qui, en le déclarant coupable de ce fait, le condamne à un an de prison et 16 francs d'amende.

Sur l'Appel qu'il en interjette au tribunal correctionnel de Versailles, le ministère public conclud à la réaudition des témoins entendus en première instance.

Le 27 octobre de la même année, jugement qui, sans avoir égard à cette réquisition, « attendu que les notes d'audience et les procès-verbaux d'instruction écrite, *rapportent suffisamment* les dépositions des témoins »; et considérant au fond qu'il n'est pas *suffisamment prouvé* que le prévenu ait commis le vol qui lui est imputé, infirme le jugement de première instance et renvoie Charles Tollay des poursuites dirigées contre lui.

Le procureur du roi se pourvoit en cassation, et soutient d'abord qu'il y a contradiction entre les motifs et le dispositif de ce jugement. En effet, dit-il, s'il n'y avait pas *preuve suffisante*, comment le tribunal pouvait-il juger que l'audition des témoins n'était pas nécessaire, et que leurs dépositions avaient été *suffisamment* retenues?

Il dénonce ensuite ce jugement comme contraire à l'art. 211 du Code d'instruction criminelle, et par suite aux art. 154 et 189 du même Code, avec lesquels il se combine nécessairement. La preuve d'un délit, dit-il, ne peut se faire que par témoins. Refuser au ministère public le droit de produire les preuves qu'il indique, c'est aller contre le but de la loi, c'est s'exposer à commettre des erreurs, soit contre l'intérêt de la société, soit contre celui du prévenu, c'est repousser la lumière.

Par arrêt du 16 décembre 1825, au rapport de M. Bernard, et sur les conclusions de M. de Vatimesnil, avocat-général,

« Attendu qu'aux termes de l'art. 175 du Code d'instruction criminelle, lorsque, sur l'Appel, le procureur du roi ou l'une des parties le requiert, les témoins pourront être entendus de nouveau et il pourra même en être entendu d'autres;

» Que, si, lorsqu'à défaut de procès-verbal qui constate le délit, il n'a pas été entendu de témoins en première instance, il est indispensable qu'il en soit entendu en cause d'Appel, il est absolument loisible aux juges d'Appel, dans tous les autres cas, d'entendre ou de refuser d'entendre les témoins qui seront indiqués, soit par les parties, soit par le ministère public;

» D'où il suit que, dans l'espèce, le tribunal de Versailles a pu se refuser à entendre les témoins, cités par le procureur du roi, s'il a jugé leur audition inutile, sans violer aucune loi;

» La cour rejette le pourvoi..... ».

La seconde question s'est présentée dans une espèce qui est rapportée aux mots *Pouvoir discrétionnaire*, §. 2; et il y a été jugé par un arrêt de la cour de cassation, du 30 octobre 1812, qu'il ne résulte ni de l'art. 155, ni de l'art. 189, ni de l'art. 211 du Code d'instruction criminelle, que

---

(1) Jurisprudence de la cour de cassation, tome 2, page 39.

le silence d'un procès-verbal des débats sur le contenu des dépositions des témoins entendus en cause d'Appel, emporte nullité.

En effet, la peine de nullité prononcée par le premier de ces articles, auquel se réfèrent les deux autres, ne frappe que sur le défaut de mention dans le procès-verbal des débats, du serment que les témoins doivent prêter avant de déposer.

§. XIV. *Quelle est l'étendue et quelles sont les limites des pouvoirs des tribunaux d'Appel, relativement aux affaires dont ils prennent connaissance en cette qualité?*

Ce paragraphe sera divisé en deux articles, l'un pour les matières civiles, l'autre pour les matières correctionnelles et de simple police.

Art. I. *Attributions et pouvoirs des tribunaux d'Appel en matière civile.*

I. Les tribunaux d'Appel sont institués pour recevoir les réclamations qui s'élèvent contre les jugemens des tribunaux de première instance, les réformer ou annuller lorsqu'ils les trouvent injustes ou irréguliers, et les confirmer dans le cas contraire.

Nulle difficulté sur la nature et l'étendue de leurs attributions, lorsqu'il leur parait, ou que l'Appel a été interjeté, soit trop tôt, soit trop tard, ou qu'il l'a été irrégulièrement, ou qu'il l'a été sans griefs légitimes. Le déclarer non-recevable dans le premier cas, et le rejeter dans le second, en confirmant le jugement contre lequel il est dirigé, c'est tout ce qu'ils ont à faire; et il n'ont jamais à craindre, en faisant l'un ou l'autre, de rester en deçà ou d'aller au-delà de leur mission.

Leur mission est également facile à remplir dans sa juste mesure, toutes les fois que, s'agissant d'un jugement définitif au fond sur tout les objets litigieux et régulier dans sa forme, ils trouvent que l'Appel en a été interjeté en temps utile, qu'il l'a été régulièrement et qu'il est bien fondé en tout point. Dans ce cas, en effet, ils n'ont qu'à infirmer ce jugement et prononcer comme ils pensent que le tribunal de première instance aurait dû faire (1).

Mais les limites de leurs pouvoirs ne sont pas aussi aisées à définir,

Lorsque le jugement qui leur est dénoncé et qu'ils infirment, n'est pas définitif, mais seulement interlocutoire;

Lorsque, définitif ou non, il est vicieux dans la forme ou rendu incompétemment;

Lorsqu'il est définitif, mais rendu trop précipitamment et sans instruction suffisante;

Lorsqu'il n'est définitif que sur quelques-uns des points litigieux, et qu'il laisse les autres indécis;

Lorsqu'il ne prononce que sur un incident, et lorsqu'au lieu de statuer sur le fond, il l'écarte en adoptant une exception tirée, soit du fond même, soit de la forme, soit de la compétence.

Dans chacun de ces cas, le tribunal d'Appel peut et doit sans doute corriger ce qu'il y a de vicieux ou d'erroné dans le prononcé des premiers juges. Mais peut-il et doit-il faire plus? Peut-il et doit-il, par exemple, en déclarant inutile ou inadmissible l'interlocutoire que les premiers juges ont ordonné, statuer lui-même sur le fond? Le peut-il et le doit-il, en déclarant le jugement de première instance nul dans la forme ou incompétemment rendu? Le peut-il et le doit-il, lorsque, pour le faire, il a besoin d'un complément d'instruction que le jugement de première instance a négligé? Le peut-il et le doit-il, en rejetant l'exception que les premiers juges ont admise mal à propos, etc.?

Il y a sur tout cela deux principes à consulter: l'un, que le tribunal d'Appel peut et doit, en infirmant le jugement de première instance, faire tout ce qui aurait dû être fait par le premier juge; l'autre, que les parties ont droit à un premier degré du juridiction.

Mais ces deux principes paraissent souvent se heurter mutuellement. Que le tribunal d'Appel, par exemple, en infirmant comme inutile ou inadmissible, un interlocutoire ordonné par les premiers juges, évoque le fond pour y statuer lui-même, il fera sans doute ce que les premiers juges auraient dû faire; mais le premier degré de juridiction n'aura été épuisé que relativement à la question de savoir s'il y avait lieu de prononcer un interlocutoire; il ne l'aura pas été sur le fond que les premiers juges ont laissé indécis.

Comment donc accorder ces deux principes? Comment les appliquer tous deux, lorsque l'un se trouve violé par l'application de l'autre?

On a pensé long-temps que le second principe devait céder au premier, en sorte que toutes les fois que le juge d'Appel infirmait une sentence par laquelle le premier juge avait laissé le fond indécis, il devait retenir la cause entière pour y statuer lui-même, soit sur-le-champ, lorsque la matière y était disposée, soit après une nouvelle instruction.

Le pape Alexandre III, consulté en 1209, sur ce qu'avaient à faire des juges d'Appel à qui était déférée une sentence rendue sur la validité d'une élection par des juges subalternes, et que l'appelant arguait de nullité à raison de l'incapacité de l'un de ceux-ci, répondit, comme on le voit au chap. 29, *extrà, de sententiis et re judicatâ,* que, s'ils trouvaient le moyen de nullité mal-fondé, ils devaient confirmer la sentence; mais que, dans le cas contraire, et même dans celui où la sentence leur paraîtrait devoir être réformée pour toute autre cause, ils devaient, en la réfor-

---

(1) *V.* l'arrêt de la cour de cassation, du 7 février 1809, rapporté ci-après, n°. 5.

mant, prendre eux-mêmes connaissance de la validité de l'élection : *Vos autem interim Cognoscatis de confirmatione sententiæ quæ lata est à judicibus delegatis de électione custodis, ut eam, sicut de jure fuerit faciendum, confirmare vel infirmare curetis, ita quidem, ut si pro eo quod unus ex delegatis judicibus, qui eandem sententiam protulerunt, excommunicationis vinculo esset publicè innodatus, quandò sententia lata fuit, sicut per metropolitani litteras perhibetur, aut ex aliâ justâ causâ eandem sententiam constiterit infirmandam ; ipsâ cassatâ, de ipsius electio ne custodis iterùm cognoscatis.*

Le concile de Latran, tenu sous le pape Innocent III, en 1216, déclara également, par un décret qui forme le chap. 49 du titre de *appelationibus* des décrétales recueillies par Grégoire IX, que le juge d'Appel d'une sentence qui ne décidait pas le fond, ne devait renvoyer le fond même au premier juge, que dans le cas où il trouvait que le tribunal de première instance avait bien jugé : *Superior de appellatione cognoscat : et si minus rationabiliter eum appelasse constiterit, illum ad inferiorem remittat, et in expensis alteri parti condemnet ; alioquin et ipse procedat.*

Le motif de cette jurisprudence était, comme le dit Scaccias, dans son traité *de appelationibus* (quest. 17, limit. 47, memb. 3, n° 2.), *quia judex qui semel gravavit, videtur suspectus parti quàm gravavit.*

Ce motif avait fait accueillir les décisions d'A-lexandre III et du concile de Latran, même dans les tribunaux d'Appel laïcs ; et, par là, les juridictions inférieures se trouvaient souvent dépouillées de la connaissance du fond des affaires.

Pour remédier à cet inconvénient, l'ordonnance de Blois de 1579, et celle de 1667 avaient fait une distinction aussi sage que simple. Elles avaient dit aux tribunaux d'Appel : lorsque vous infirmerez un jugement de première instance, ou vous vous trouverez suffisamment éclairés pour juger définitivement le fond, ou vous aurez besoin, pour le faire, d'une instruction ultérieure. Au premier cas, vous pourrez statuer vous-même, parceque vous déciderez par là que le premier degré de juridiction a été dûment épuisé ; mais, par la raison contraire, vous ne le pourrez pas au second cas ; et encore dans le premier, faudra-t-il que vous statuiez sur le fond par le même jugement qui infirmera celui de première instance ; car si vous n'y statuiez que par un jugement séparé et postérieur, vous prouveriez par là même que le tribunal de première instance n'était pas encore, au moment où il a prononcé, en état de statuer définitivement ; vous prouveriez par conséquent que le premier degré de juridiction n'a pas été suffisamment rempli.

Tels étaient le but et le sens de la première de ces lois, lorsqu'elle disait, art. 149 : « pour le régard de nos cours souveraines, leur défen- » dons, en procédant au jugement des causes » d'Appel, d'évoquer le principal de la matière, » si ce n'est pour le vuider, et sur le champ » ; et de la seconde, lorsqu'elle défendait, tit. 6, art. 2: « à tous juges, sous peine de nullité des » jugemens qui interviendraient, d'évoquer les » causes, instances et procès pendans aux siéges » inférieurs....., sous prétexte d'Appel....., si ce » n'est pour juger définitivement en l'audience et » sur le champ, par un seul et même jugement ».

Mais que devinrent ces lois, lorsqu'en 1790 les parlemens, les conseils supérieurs, les cours des aides et tous les siéges inférieurs firent place à d'autres tribunaux ?

Elles durent, sans contredit, conserver toute leur autorité, s'il n'y fut pas dérogé par des lois spéciales ; et c'est ce que supposait clairement l'art. 3 de la loi du 27 novembre 1790. institutive de la cour de cassation, en disant que, *jusqu'à la formation d'un Code unique des lois civiles, la violation des formes des procédures prescrites sous peine de nullité....., donnerait ouverture à la cassation.* Et cela est si vrai que l'ordonnance de 1667 ne cessa d'être obligatoire qu'au moment où le Code de procédure civile fut mis en activité.

Cependant, on verra tout à l'heure que, jusqu'à la mise en activité du Code de procédure civile, la cour de cassation jugeait constamment que les tribunaux d'Appel, non-seulement pouvaient, mais encore devaient, en infirmant les jugemens de première instance, faire généralement tout ce qui avait pu et dû être fait par les premiers juges, et qu'ils n'étaient plus à cet égard, asservis aux conditions écrites dans les articles cités des ordonnances de 1579 et 1667.

Comment cette jurisprudence s'était-elle établie ? Par suite du décret du 1er. mai 1790 qui avait déclaré qu'il y aurait, en matière civile, deux degrés de juridiction, et des dispositions de la loi du 24 août de la même année, desquelles il résultait qu'il ne pourrait pas y en avoir un plus grand nombre. On avait considéré ce décret et ces dispositions comme des lois spéciales qui dérogeaient aux restrictions apportées par les ordonnances de 1579 et 1667 au pouvoir des tribunaux d'Appel ; et c'est assez dire que l'on avait étrangement abusé de ce décret et de ces dispositions.

En effet, le décret du 1er. mai 1790 n'avait eu que deux objets et n'avait eu en établissant qu'il y aurait deux degrés de juridiction en matière civile : l'un, de rejeter le système des novateurs qui, en matière civile, ne voulaient plus d'Appel ; l'autre, de déroger aux anciennes lois en tant qu'elles admettaient presque partout, et dans une infinité de cas, jusqu'à trois, quatre et même cinq degrés de juridiction. Il n'avait donc pas entendu déroger aux anciennes lois, en tant qu'elles réglaient, même dans les lieux et les cas où elles n'admettaient que deux degrés de juridiction, la manière dont les tribunaux d'Appel devaient procéder en infirmant les jugemens de première instance ; et il est bien évident que la loi du 24 août 1790, calquée sur l'esprit de ce décret, ne devait pas être appliquée dans un autre sens.

Quoi qu'il en soit, l'art. 189 de l'ordonnance de 1579 et l'art. 2 du tit. 6 de l'ordonnance de 1667 ne sont plus loi depuis que l'art. 1041 du Code de procédure a abrogé toute l'ancienne législation sur la procédure civile. Mais voici les dispositions qu'y a substituées l'art. 473 du même Code :

« Lorsqu'il y aura Appel d'un jugement interlocutoire, si le jugement est infirmé, et que la matière soit disposée à recevoir une décision définitive, les cours et autres tribunaux d'Appel *pourront* statuer en même temps sur le fond définitivement, par un seul et même jugement.

» Il en sera de même dans le cas où les cours et autres tribunaux d'Appel infirmeraient, soit pour vices de forme, soit pour toute autre cause, des jugemens définitifs ».

Ces notions préliminaires posées, entrons dans le détail des questions dont nous venons de présenter un aperçu général, et plaçons en regard des arrêts qui les ont jugées sous le Code de procédure civile, ceux qui les avaient jugées sous la loi du 24 juillet 1790. Ce sera le seul moyen de rendre d'autant plus sensibles, les différences qu'il y a, sur cette matière importante, entre la jurisprudence actuelle et la jurisprudence intermédiaire.

II. Le tribunal d'Appel qui infirme un jugement interlocutoire de première instance, à raison, soit de l'inutilité, soit de l'inadmissibilité de l'instruction préalable qu'il ordonne, peut-il statuer lui-même sur le principal par un jugement séparé ?

Cette question n'est pas résolue aussi clairement par l'art. 473 du Code de procédure civile, qu'elle l'était par les ordonnances de 1579 et 1667.

Les dispositions ci-dessus transcrites des ordonnances de 1579 et de 1667 ne se bornaient pas à autoriser les tribunaux d'Appel à évoquer le fond toutes les fois qu'ils infirmaient un jugement de première instance, sous la condition d'y statuer définitivement par un seul et même jugement; elles déclaraient expressément nul tout jugement qui, sans observer cette condition, évoquerait le principal; au lieu que l'art. 473 du Code de procédure civile se contente d'attribuer la même faculté aux tribunaux d'Appel et de les subordonner à la même condition, mais ne prononce aucune peine pour le cas où cette condition ne serait pas observée.

Cependant on ne peut pas douter qu'il ne soit dans l'esprit de cet article de frapper également de la peine de nullité l'infraction qui serait faite de cette condition; et c'est ce qu'a parfaitement démontré l'arrêt de la cour de cassation, du 18 juin 1817, qui est rapporté ci-après, n°. 7.

Mais n'y a-t-il pas une exception à faire pour le cas où le jugement interlocutoire est infirmé par un arrêt qui n'est lui-même qu'interlocutoire, c'est-à-dire, par un arrêt qui, déclarant inadmissible ou insuffisante l'instruction préalable ordonnée par le tribunal de première instance, en ordonne une autre qu'il juge plus propre à éclairer légalement la justice ? Ne peut-on pas dire alors que l'instruction ordonnée par l'arrêt infirmatif de l'interlocutoire ordonné par le premier juge, ne doit être que l'exécution de cet arrêt; qu'ainsi, il dépend de la cour qui l'ordonne, de la faire elle-même, et par conséquent de retenir le fond pour le juger séparément; et que cela résulte du texte même de l'art. 472, lequel après avoir dit que, « si » le jugement est confirmé, l'exécution appar- » tiendra au tribunal dont est Appel », ajoute que, *si le jugement est infirmé, l'exécution, entre les mêmes parties, appartiendra à la cour d'Appel qui aura prononcé, ou à un autre tribunal qu'elle aura indiqué par le même arrêt.*

Cette question est d'autant plus importante, qu'elle porte également sur le cas où un jugement définitif étant infirmé, *soit pour vices de forme, soit pour toute autre cause,* le fond se trouve hors d'état d'être jugé définitivement, et ne peut l'être qu'après une nouvelle instruction. En effet, cette nouvelle instruction, c'est l'arrêt infirmatif qui l'ordonne. C'est donc en exécution de cet arrêt qu'elle doit être faite; et dès-là, il semblerait que la cour qui l'ordonne, pût, au lieu de la renvoyer devant un tribunal de première instance, la faire elle-même en retenant le fond.

C'est ainsi, en effet, qu'a raisonné la cour d'Appel de Rennes, dans une affaire où le jugement non-définitif de première instance qui lui était déféré, était vicieux dans la forme, et où cependant le fond ne pouvait recevoir une décision définitive qu'après une enquête. Par un arrêt du 17 avril 1812, elle a annullé ce jugement, et retenant le fond, elle a ordonné l'enquête par un *avant faire droit,* « attendu (a-t-elle dit) que la cour, » en infirmant pour contravention à la loi, est » autorisée par l'art. 472, à retenir la connais- » sance du fond ».

M. Carré, qui rapporte cet arrêt dans ses *Questions sur le Code de procédure civile,* n°. 424, n'hésite pas à l'improuver. « L'art. 472 » (dit-il) n'est pas celui qui donne aux juges d'Ap- » pel le droit de retenir le fond; il ne fait que sup- » poser ce droit, en disposant, pour le cas où il » est exercé, que l'exécution appartiendra, ou au » juge d'Appel, ou à un autre tribunal que ce juge » indique. L'exercice de ce droit reste subordonné » à la disposition de l'art. 473, qui, encore une » fois, ne l'accorde que pour le cas où la matière » est disposée à recevoir une décision définitive, » et sous la condition de rendre cette décision par » le même jugement qui infirme ».

Je suis entièrement de l'avis de M. Carré, et l'on verra bientôt (n°. 4, 7 et 9) qu'il est confirmé par trois arrêts de la cour de cassation, des 12 novembre 1816, 18 juin 1817 et 22 mars 1821;

mais il me semble que M. Carré ne le justifie pas d'une manière bien palpable, et qu'il suppose plutôt qu'il n'établit que l'art. 472 ne donne pas aux tribunaux d'Appel, dans le cas dont il s'agit, le droit de retenir le fond. Prouvons donc qu'en effet, cela n'est pas dans l'esprit de cet article.

Dans cette phrase, *si le jugement est infirmé, l'exécution appartiendra...*, qu'est-ce qu'entend l'art. 472 par le mot *l'exécution?* Entend-il tout ce qui se fait ou doit se faire en vertu de l'arrêt infirmatif, quel qu'il soit, ou n'entend-il que ce qui se fait en vertu d'un arrêt qui est à la fois infirmatif du jugement de première instance, et définitif sur le fond du procès?

Nous devons d'abord convenir qu'il entendait l'un et l'autre dans la première rédaction qui en avait été présentée au conseil d'état; et ce qui ne permet pas d'en douter, c'est qu'à la lecture du projet qui était ainsi conçu: « Si le jugement est
» confirmé, l'exécution appartiendra au premier
» jugé; s'il est infirmé, l'exécution entre les mê-
» mes parties appartiendra à la cour d'Appel qui
» aura prononcé, ou à un autre tribunal qu'elle
» aura indiqué », un membre du conseil demanda « comment on le concilierait avec l'art.
» 422, portant que, *s'il y a Appel d'un jugement
» interlocutoire*, on ne peut se dispenser de ren-
» voyer au juge *à quo* ou à un autre tribunal,
» l'exécution de l'arrêt qui *le réforme* ».

A cette observation, qui eût évidemment été sans objet, si, dans l'article proposé, le mot *Exécution*, n'eût dû s'entendre que de ce qui se fait en vertu d'un arrêt définitif, que fut-il répondu par ceux qui soutenaient cet article? Allégua-t-on que cet article était mal compris par le membre du conseil qui le critiquait? Allégua-t-on que cet article était étranger à ce qui se ferait en vertu des arrêts non définitifs, et qu'il ne portait que sur ce qui se ferait en vertu d'arrêts qui termineraient définitivement les procès mal jugés en première instance?

Point du tout. On reconnut, au contraire, que l'article, tel qu'il était conçu, embrassait, sous le mot *Exécution*, tout ce qui se ferait en vertu d'un arrêt infirmatif, n'importait qu'il fût définitif ou qu'il ne fût pas; mais que, par cette raison même, il était trop général, et qu'il était *possible d'exprimer que, dans ce cas* (dans celui sur lequel portait l'observation), *le juge d'Appel ne pourrait retenir, mais qu'il serait tenu de renvoyer, ou devant une autre section que celle qui aurait rendu le jugement infirmé, ou devant un autre tribunal*.

En conséquence, l'article fut adopté avec l'addition de ces mots : « néanmoins dans le cas
« prévu par l'art. 447 (452 du Code), *la cour
» d'Appel ne pourra pas retenir l'exécution* ».

Jusques-là, il n'était pas encore question d'évocation même facultative du principal par l'arrêt infirmatif du jugement interlocutoire : l'idée n'en était encore venue à personne : et si l'article fût resté dans cet état, jamais une cour d'Appel qui aurait infirmé un jugement interlocutoire, n'aurait pu juger le fond, quelque disposé qu'il eût été à recevoir une décision définitive.

Mais le tribunal, sur la communication qui lui fut donnée de l'article, observa que le renvoi du fond à un tribunal de première instance, ne devrait être obligatoire, pour la cour d'Appel qui infirmait un jugement interlocutoire, que lorsqu'elle ne trouvait pas la matière assez éclaircie pour y statuer définitivement ; et que, comme il y avait identité de raison pour le cas d'infirmation d'un jugement définitif, soit pour *vices de forme*, *soit pour toute autre cause*, il devrait en être de même dans ce cas.

Ce furent ces observations qui amenèrent la coupe de l'art. 472 en deux parties, dont l'une le conserve tel qu'il était primitivement rédigé, et l'autre forme l'art. 473.

Mais de là il résulte évidemment que l'art. 473 referme implicitement l'addition qui, dans la séance du conseil d'état du 5 prairial an 13, avait été faite à l'art. 472, des mots : *néanmoins, dans le cas prévu par l'art. 452, la cour d'Appel ne pourra pas retenir l'exécution ;* que seulement il y met une exception pour le cas où la cour d'Appel trouverait la matière disposée à recevoir une décision définitive, et qu'en même temps il étend la règle générale qu'il sous-entend, aussi bien que l'exception par laquelle il la limite, à l'arrêt qui infirme un jugement définitif, *soit pour vices de forme, soit pour toute autre cause*.

III.-1°. Pour que les juges d'Appel puissent, sur la demande de l'une parties, user de la faculté qui leur est accordée de statuer sur le fond par le même jugement qui infirme l'interlocutoire, est-il nécessaire que les deux parties aient plaidé le fond devant eux, ou au moins qu'elles aient pris devant eux des conclusions sur le fond même?

La négative est incontestable, lorsque le fond a été plaidé et qu'il y a été conclu en première instance par les deux parties ; et la raison en est sensible : c'est que les conclusions prises sur le fond par les deux parties en première instance, subsistent. De là, en effet, il résulte que l'affectation de l'une d'elles à ne pas reproduire ses conclusions en cause d'Appel, ne peut pas empêcher qu'elle n'ait joui, sur le fond, d'un premier degré de juridiction sur la suffisance duquel la loi s'en rapporte entièrement à la prudence du tribunal d'Appel.

Voici d'ailleurs un arrêt de la cour de cassation qui le juge ainsi formellement.

Le 17 juin 1807, le tribunal de première instance de Grenoble rend d'office, après de longues plaidoiries entre la dame N... et le sieur B..., sur le fond du procès qui les divise, un jugement qu'il qualifie de *préparatoire*, mais qui a tous les caractères d'un interlocutoire proprement dit.

Le sieur B... appelle de ce jugement et conclud à l'évocation du principal.

La dame N.... se borne à soutenir que l'Appel

du sieur B... est non-recevable ; et loin de reproduire ses conclusions de première instance sur le fond, elle ne s'explique même pas sur celles du sieur B...., qui tendent à ce que le principal soit évoqué.

De son côté, le sieur B.... conclud à ce qu'il soit donné contre elle défaut faute de conclure et de plaider au fond.

Les choses en cet état, arrêt du 11 juillet 1809 par lequel la cour de Grenoble, après en avoir délibéré en la chambre du conseil à la suite des plaidoiries, et sur les dossiers respectifs des parties, rejette la fin de non-recevoir de la dame N..., reçoit l'Appel du sieur B..., et

« Considérant que l'art. 473 du Code de procédure civile autorisant les cours et autres tribunaux d'Appel, en infirmant un jugement interlocutoire porté devant eux, à statuer en même temps sur le fond et principal par un seul et même jugement, il importe fort peu que Victoire N... se soit bornée à faire plaider par devant la cour sur la fin de non-recevoir dont elle excipait, et pour la confirmation des jugemens dont le sieur B.... avait appelé, sans vouloir entrer dans le mérite du fond de la cause, ni prendre des conclusions à cet égard ;

» Que, dès que, par la remise des pièces respectives des deux parties sur le bureau, que la cour a ordonnée, et par la vérification exacte qu'elle en a faite, elle juge que la matière est prête de recevoir jugement, le silence affecté de l'une des parties ne peut l'empêcher d'user du droit que la loi lui accorde de prononcer, par un seul et même arrêt, sur toutes les branches d'une contestation qui, depuis trop long-temps, est l'objet d'un scandale public... ;

» A mis d'Appel interjeté par B... du jugement du 17 juin 1807, et ce dont est Appel, quant à ce, au néant ; et par nouveau jugement, déclare n'y avoir lieu à la mise en cause de.... (objet de l'interlocutoire) ; et passant outre au jugement du fond, donne défaut contre Victoire N...., faute de conclure et de plaider ; et néanmoins, vu et vérifié les pièces remises sur le bureau, faisant ce qu'auraient dû faire les premiers juges, déclare, etc.. ».

La dame N... se pourvoit en cassation contre cet arrêt, et le dénonce spécialement comme faisant une fausse application de l'art. 473 du Code de procédure civile, en ce qu'il évoque le fond sans qu'elle ait plaidé ni conclu sur le fond même, et surtout sans qu'elle ait été, par un arrêt *ad hoc*, mise en demeure de faire l'un et l'autre.

Mais par arrêt du 8 décembre 1813, au rapport de M. Lefessier de Grandprey, et sur les conclusions de M. l'avocat général le Coutour,

« Attendu que l'arrêt (attaqué) déclare que la remise des pièces respectives des parties a eu lieu, et que, par la *vérification* exacte qu'en a faite la cour, elle a jugé que la matière était prête à recevoir jugement ;

» D'où il suit que l'arrêt attaqué, loin d'avoir faussement appliqué l'art. 473 du Code de procédure civile, s'y est exactement confirmé ;

» La cour (section des requêtes) rejette le pourvoi.... ».

Mais s'il y avait une des parties qui n'eût ni plaidé ni conclu au fond en première instance, le juge d'Appel pourrait-il également, sur la seule demande de l'une d'elles, évoquer le fond en infirmant l'interlocutoire ?

Il ne le pourrait certainement pas dans l'état où il trouverait la cause d'après les seules plaidoiries sur le mérite de l'interlocutoire dont l'Appel lui serait déféré, puisqu'il serait impossible que, dans cet état, la cause fût disposée à recevoir une décision définitive.

Mais ne le pourrait-il pas, s'il avait préalablement et avant faire droit sur l'Appel de l'interlocutoire, ordonné aux parties de plaider au fond ? C'est une autre question qui sera traitée ci-après, n°. III.-3°.

III.-2°. La faculté d'évoquer le fond a-t-elle lieu pour la cour royale qui est saisie de l'Appel d'un jugement interlocutoire, par suite d'un renvoi après cassation, lorsque, dans l'intervalle du recours en cassation à la cassation même, il est intervenu, sur le fond, un jugement définitif dont l'Appel se trouve porté devant la cour royale dont l'arrêt a été cassé ?

Cette question s'est présentée à la suite de l'arrêt de la cour de cassation du 28 décembre 1818, que l'on trouvera sous le mot *Interlocutoire*, §. 5.

Pendant que le légataire universel du sieur Bruère poursuivait sa demande en cassation de l'arrêt de la cour royale d'Orléans, confirmatif du jugement interlocutoire qui avait admis les héritiers *ab intestat* à la preuve testimoniale du *fidéicommis verbal* qu'ils articulaient, ceux-ci avaient, de leur côté, poursuivi l'exécution de ce jugement.

En conséquence, il avait été fait devant le tribunal de première instance d'Orléans, une enquête et une contre-enquête, qui avaient été suivies d'un jugement définitif, par lequel testament du sieur Bruère avait été déclaré nul ; et le légataire universel avait appelé de ce jugement à la cour royale d'Orléans, devant laquelle la cause se trouvait pendante au moment où l'arrêt qui avait confirmé le jugement interlocutoire, a été cassé, avec renvoi de l'Appel de celui-ci devant la cour royale de Paris.

L'affaire portée à l'audience de cette cour, les deux parties ont plaidé tout à la fois sur l'interlocutoire et sur le fond. Les intimés ont même consenti à ce que le fond fût évoqué.

Le 31 juillet 1819, arrêt ainsi conçu :

« Faisant droit sur l'Appel interjeté par le sieur Bruère, du jugement interlocutoire du 27 août, ensemble sur les autres demandes et conclusions respectives des parties ;

» Considérant que le testament olographe d'Étienne-Antoine Bruère est régulier dans sa forme ;

» Considérant que le fidéicommis tacite allégué par les intimés, et qui aurait pour objet de charger le légataire universel de partager la succession entre les héritiers, ne peut s'établir par la preuve testimoniale ;

» la cour a mis et met l'appellation et ce dont est Appel au néant ; émendant, évoquant le principal et y faisant droit, conformément à l'art. 473 du code de procédure, et d'après les *conclusions des parties*, ordonne que le testament d'Étienne-Antoine Bruère, du 5 août 1813, sera exécuté suivant sa forme et teneur. »

Recours en cassation contre cet arrêt de la part des héritiers *ab intestat*.

La cour royale de Paris, disent-ils, était bien investie par l'arrêt de cassation du 28 décembre 1818, du droit de prononcer sur le mérite du jugement interlocutoire qui avait admis la preuve testimoniale ; mais elle ne l'était ni ne pouvait l'être du droit de juger le fond ; le fond était dévolu à la cour royale d'Orléans par l'Appel que le légataire universel y avait lui-même interjeté du jugement définitif ; et la cour royale d'Orléans avait seule le droit d'y statuer. Qu'importe que nous ayons consenti devant la cour royale de Paris, à ce qu'elle évoquât le fond ? L'ordre des juridictions est de droit public ; les parties ne peuvent le régler au gré de leurs caprices ; et toutes les conventions qu'elles font à ce sujet, sont nulles. (*V.* ci-après, n°. 22).

Par arrêt du 17 août 1821, au rapport de M. Lecoutour, et sur les conclusions de M. l'avocat général Joubert,

« Attendu que la cour royale de Paris, saisie par le renvoi que lui avait fait la cour de cassation du droit de prononcer sur l'Appel d'un jugement interlocutoire, avait, en même temps, en infirmant ce jugement, le droit de statuer sur le fond par un seul et même arrêt, conformément à l'art. 473 du Code de procédure civile ; qu'ainsi, la cour royale de Paris n'a ni excédé sa compétence, ni fait une fausse application dudit article... ;

» La cour (section des requêtes) rejette le pourvoi. (1) »

On voit que la cour de cassation ne s'est pas occupée, dans cet arrêt, de l'influence que pouvait avoir sur la régularité de celui de la cour royale de Paris, le consentement que les héritiers *ab intestat* avaient donné devant cette cour à l'évocation du principal. Et, en effet, il était évident que la cour royale de Paris n'avait pas eu besoin de leur consentement pour évoquer ;

pourquoi ? Parce que l'arrêt de cassation du 28 décembre 1818 avait anéanti le jugement définitif qui avait été rendu à Orléans sur le fond, et par une suite nécessaire, rendu sans objet l'Appel qui avait été interjeté de ce jugement, à la cour royale de la même ville ; parceque, dès-lors, les parties s'étaient retrouvées au même état que si le fond n'eût pas encore été jugé en première instance dans un ressort étranger à la cour royale de Paris ; et que par conséquent la cour royale de Paris avait pu évoquer le fond comme elle l'aurait incontestablement pu si le jugement définitif n'eût pas existé.

III.-3°. Le juge d'Appel conserve-t-il la faculté d'évoquer le fond, lorsqu'avant de se prononcer sur le mérite du jugement interlocutoire qui lui est déféré, il interloque lui-même sur un point dont le tribunal de première instance ne s'est pas occupé ? Et peut-il, en définitive, par un seul et même jugement fondé sur les résultats de son propre interlocutoire, infirmer le jugement de première instance et statuer sur le fond ?

Nul doute sur l'affirmative.

D'une part, il est de principe, comme on le verra au mot *Expert*, §. 1, qu'il peut y avoir *interlocutoire sur interlocutoire*, ou, en d'autres termes, qu'un premier jugement interlocutoire, rendu dans une affaire, n'empêche pas qu'il n'en soit rendu un second.

De l'autre, il est également de principe que le juge d'Appel peut employer, pour éclairer sa religion, tous les moyens qui étaient à la disposition du premier juge.

Or, le tribunal de première instance aurait pu, après avoir rendu un premier jugement interlocutoire, le laisser de côté, et en ordonner un second. Le tribunal d'Appel peut donc aussi, avant de se prononcer sur le mérite du jugement interlocutoire qui lui est déféré, ordonner une instruction qui a été négligée par le premier juge ; et il serait absurde qu'en usant de cette faculté, il se privât de celle d'évoquer le principal en définitive.

Aussi a-t-on vainement soutenu le contraire, dans l'espèce suivante :

Le 13 mars 1821, jugement du tribunal de première instance d'Étampes, qui, avant faire droit sur une demande en bornage formée par le sieur Delivry-Lelièvre, contre le sieur Delahaye, qu'il accuse d'avoir anticipé sur sa propriété, ordonne la mise en cause de la dame Bayant, propriétaire des terres adjacentes.

Appel de ce jugement à la cour royale de Paris.

Le 9 février 1822, arrêt qui, avant faire droit sur l'Appel, ordonne qu'il sera procédé à la visite des lieux par des experts, pour être ensuite statué ce qu'il appartiendra.

Le procès-verbal d'expertise rapporté à la cour, arrêt définitif qui, attendu qu'il en résulte clairement qu'il n'y a pas eu d'anticipation de la part

---

(1) Journal des Audiences de la cour de cassation ; année 1821, page 220.

du sieur Delahaye, infirmé le jugement interlocutoire, et trouvant le principal suffisamment instruit, l'évoquant et y faisant droit, déboute le sieur Délivry-Lelièvre de sa demande.

Recours en cassation contre cet arrêt et contre celui du 9 février 1822, comme violant tous deux l'art. 473 du Code de procédure.

Mais, par arrêt du 22 décembre 1824, au rapport de M. de Menneville et sur les conclusions de M. l'avocat général Joubert,

« Attendu, en droit, que, s'il est vrai que l'art. 473 du Code de procédure exige impérativement que les juges d'Appel, pour infirmer un jugement interlocutoire, et juger le fond, prononcent sur l'un et l'autre chef par un seul et même jugement, il est vrai aussi qu'ils peuvent, qu'ils doivent même réunir les élémens qu'ils croient nécessaires pour former leur conviction sur la confirmation ou l'infirmation du jugement interlocutoire;

» Et attendu, en fait, que, dans l'espèce, les juges, ne se voyant pas encore à même de prononcer sur l'interlocutoire, ont cru devoir chercher de nouvelles lumières; et que ce n'est qu'après s'en être entourés, qu'ils ont infirmé le jugement interlocutoire et statué sur le fond, par un seul et même jugement; qu'ainsi, le vœu dudit art. 473 a été parfaitement rempli;

» La cour (section des requêtes) rejette le pourvoi.... (1) »

IV. 1°. Le tribunal d'Appel qui annule, pour vice de forme, un jugement de première instance par lequel il a été statué définitivement sur le fond, est-il obligé d'évoquer le fond même? Peut-il, en l'évoquant, n'y statuer qu'après une instruction ultérieure?

Sur ces deux questions, la négative était clairement établie par les dispositions citées des ordonnances de 1579 et de 1667; mais l'opinion contraire avait prévalu, avant le Code de procédure civile, dans la jurisprudence de la cour de cassation. C'est ce qu'attestent notamment deux arrêts rendus sur le réquisitoire du ministère public et dans l'intérêt de la loi; l'un, du 17 vendémiaire an 7, l'autre, du 30 frimaire an 9, et tous deux transcrits dans les conclusions du 2 ventôse an 11, rapportées ci-après, n°. 7.

A la vérité, ces deux arrêts avaient seulement décidé que les tribunaux d'Appel étaient tenus de statuer sur le fond, toutes les fois qu'ils déclaraient nuls, pour vice de forme, les jugemens de première instance qui y avaient statué définitivement; et ils n'avaient pas été jusqu'à décider que les tribunaux d'Appel pouvaient, en ce cas, statuer sur le fond par des jugemens séparés. Mais il est évident que l'un emportait l'autre. Du moment que les tribunaux d'Appel ne pouvaient pas renvoyer le fond aux premiers juges, il fallait bien qu'ils y statuassent eux-mêmes; et, comme ils n'y pouvaient statuer que lorsqu'ils se trouvaient suffisamment éclairés pour le faire en pleine connaissance de cause, il est clair qu'ils pouvaient, après avoir annullé les jugemens de première instance, ordonner toute instruction ultérieure qui leur paraissait nécessaire.

C'est d'ailleurs ce qu'a jugé formellement, à l'époque dont il s'agit, un arrêt, dont voici l'espèce :

Un grand procès divisait depuis plus d'un siècle les auteurs du sieur Van-Nuffel et ceux du sieur Vandernoot, tous deux de Bruxelles; et il était resté indécis pendant près de cent ans au conseil souverain de Brabant. Après la réunion de la Belgique à la France, le sieur Van-Nuffel reprit ce procès devant le tribunal civil du département de la Dyle. Le sieur Vandernoot l'y soutint non-recevable, par deux raisons : la première, parceque l'instance était périmée ; la seconde, parceque le fond était prescrit.

Sur cet incident, jugement du 15 frimaire an 6, qui déclare l'action non-éteinte, et l'instance valablement reprise; et ordonne, en conséquence, au sieur Vandernoot de contredire les conclusions prises au fond par le sieur Van-Nuffel.

Appel par le sieur Vandernoot, et demande en annullation de ce jugement, pour vices de forme, notamment pour défaut de conclusions du ministère public; conclusions qui étaient de nécessité rigoureuse dans cette affaire, pour des raisons inutiles à rappeler ici.

Sur cet Appel, jugement du tribunal civil de l'Escaut du 14 floréal an 7, qui annulle le jugement de première instance, à raison des vices de forme relevés par le sieur Vandernoot; mais qui, faisant droit par jugement nouveau, déclare pareillement l'action non-éteinte, donne acte au sieur Van-Nuffel de la reprise de l'instance, et renvoie les parties à la première audience, pour plaider sur le fond.

Recours en cassation. Le sieur Vandernoot soutenait que le tribunal civil de l'Escaut avait excédé ses pouvoirs; qu'il avait fait une évocation illégale, en retenant le fond du procès; qu'il n'avait été saisi que de la question de péremption d'instance; qu'il n'avait pas pu statuer sur le fond, puisque, sur le fond, il n'était pas encore intervenu un jugement de première instance; qu'ainsi, il aurait dû renvoyer devant le tribunal de la Dyle, et que, ne l'ayant pas fait, il avait violé la règle des deux degrés de juridiction.

Ces moyens ont été développés avec beaucoup de force et d'étendue par le défenseur du sieur Vandernoot; mais la section civile n'y a eu aucun égard. Par arrêt du 24 brumaire an 9, à la suite d'un délibéré, elle a rejeté la requête en cassation, « Attendu qu'il résulte du jugement définitif du » 14 floréal an 7 et de celui du 3 messidor an 5,

---

(1) Jurisprudence de la cour de cassation, tome 25, page 195.

» que le tribunal du département de la Dyle avait
» été saisi, non-seulement de la demande en re-
» prise d'instance, mais encore de celle en adju-
» dication des conclusions prises en 1700 et 1708,
» par Gabriel Van-Buren et ses héritiers; d'où il
» résulte que le tribunal du département de l'Es-
» caut n'a contrevenu ni à l'art. 7 de la loi du
» 5 brumaire an 2, ni à aucune autre loi ».

Cette manière de juger étant nettement condamnée, sur le premier point, par l'art. 473 du Code de procédure civile, elle l'est nécessairement aussi sur le second; et c'est ce que décide expressément l'arrêt de la cour de cassation, du 22 mars 1821, que l'on trouvera ci-après, art. 2, n°. 4.

IV.-2°. Le tribunal d'Appel qui annulle un jugement définitif, sur le fondement que le tribunal de première instance était illégalement composé, peut-il retenir le fond et y statuer par le jugement même d'annullation?

Cette question s'était présentée avant le Code de procédure civile, au sujet d'un jugement du tribunal d'Appel de Rennes, qui, en déclarant nul un jugement de première instance, parce-qu'il y était intervenu deux suppléans dont la présence n'était pas nécessaire (1), avait retenu le fond et y avait statué. Ce jugement était attaqué par Arnold Ruisset, comme violant la règle des deux degrés de juridiction. Mais par arrêt du 30 ventôse an 11, au rapport de M. Vermeil, le recours en cassation d'Arnold Ruisset a été rejeté (2), « attendu 1°. que le tribunal, saisi par les
» Appels respectivement interjetés, a pu pronon-
» cer sans violer aucune loi, par jugement nou-
» veau sur le litige porté devant lui; 2°. qu'en
» déclarant nul le jugement de première instance
» comme ayant été rendu par quatre juges et
» deux suppléans, il n'était pas moins en droit
» de statuer sur les demandes formées en cause
» principale, sans contrevenir à la règle des deux
» degrés de juridiction ».

Que, sous le Code de procédure civile, les cours et tribunaux d'Appel puissent encore juger de même, et que la cour de cassation doive encore, en pareil cas, maintenir leurs arrêts ou jugemens, c'est ce qui résulte évidemment de la faculté que l'art. 473 de ce Code attribue aux cours et aux autres tribunaux d'Appel, d'évoquer et d'y statuer sur-le-champ toutes les fois qu'ils infirment des jugemens définitifs pour quelque cause que ce soit, notamment pour vices de forme.

Il est néanmoins des personnes qui font, à cet égard, une distinction. Elles conviennent bien que l'évocation peut avoir lieu lorsqu'un juge-

ment émané d'un tribunal composé légalement, est annullé à raison d'un vice de forme qui s'y est glissé; mais elles prétendent qu'il en est autrement lorsque l'annullation du jugement est motivée sur l'illégalité de la composition du tribunal qui l'a rendu, parcequ'en ce cas, on ne peut pas dire qu'il y ait un vrai jugement de première instance, ni par conséquent que le premier degré de juridiction ait été rempli; et c'est ce qu'a, en effet, jugé un arrêt de la cour royale de Montpellier, du 22 mars 1824,

« Attendu que la composition des tribunaux est d'ordre public; qu'on ne saurait voir un jugement dans l'acte auquel a concouru toute autre personne que celle désignée par la loi; que ce vice constitue une nullité radicale;

» Attendu qu'il n'y ayant pas de jugement, il ne peut pas y avoir lieu d'évoquer; que la cause n'étant pas censée avoir subi le premier degré de juridiction, il faut renvoyer les parties devant un autre tribunal (1) ».

Mais le contraire avait été jugé précédemment par un arrêt de la cour de cassation, confirmatif d'un autre de la cour de Metz.

Dans le fait, il avait été rendu le 24 prairial an 12, au tribunal de première instance de Thionville, entre le sieur Simonet de Singley et les héritiers Connan, un jugement qui n'était l'ouvrage que d'un juge et de deux avocats; et il en avait été appelé en 1807, c'est-à-dire, après la mise en activité du Code de procédure civile.

La cause portée à l'audience de la cour de Metz, le sieur Simonet de Singly, appelant, n'eût pas de peine à établir que ce jugement était nul (2); et les héritiers Connan le sentirent si bien qu'ils s'en rapportèrent à cet égard à la prudence de la cour. Du reste, toutes les parties plaidèrent et conclurent au fond.

Les choses en cet état, arrêt du 29 juillet 1807, qui annulle le jugement dont est Appel, et statuant au fond, prononce également en faveur des héritiers Connan.

Le sieur Simonet de Singly se pourvoit en cassation contre cet arrêt, et l'attaque comme faisant une fausse application de la faculté attribuée aux juges d'Appel par l'art. 473 du Code de procédure civile. Cet article (dit-il) autorise bien les cours qui annullent pour vices de forme, des jugemens définitifs, à statuer en même temps sur le fond; mais il suppose que le jugement annullé pour vices de forme, avait d'ailleurs le caractère d'un véritable jugement. Or, celui dont la cour d'Appel de Metz a prononcé l'annullation, n'avait de jugement que le nom; il n'en avait et ne pouvait en avoir le caractère. La cour d'Appel de Metz a donc, en prononçant comme elle l'a fait, appliqué à faux l'art. 473,

---

(1) V. le Répertoire de jurisprudence, au mot Jugement, §. 1, n°. 5-3.
(2) Jurisprudence de la cour de cassation, tome 3, page 215.

(1) Ibid, tome 24, partie 2, page 209.
(2) V. l'article Avocat, §. 1 et 2.

et violé la grande règle des deux degrés de juridiction.

Mais par arrêt du 4 octobre 1808, au rapport de M. Ruperon, et conformément aux conclusions de M. Giraud-Duplessis, substitut,

« Attendu que la cour d'Appel, en statuant sur le fond, en même temps qu'elle a annullé le jugement dans la forme, non-seulement a fait ce à quoi avaient conclu toutes les parties, mais encore s'est conformée littéralement au texte de l'art. 473 du Code de procédure civile ;

» La cour rejette le pourvoi..... ».

Plus récemment, la cour royale d'Aix n'a pas fait difficulté, en déclarant nul, par arrêt du 16 novembre 1824, un jugement lors duquel les fonctions du ministère public avaient été remplies par un avocat, tandis qu'elles devaient l'être par un juge ou par un suppléant, de proclamer que, *d'après l'art. 473 du Code de procédure, elle pouvait sur-le-champ statuer au fond* (1).

Plus récemment encore la question a été agitée très-sérieusement devant la cour royale de Colmar, qui, par deux arrêts des 21 et 25 avril 1825, l'a jugée dans le même sens, « attendu » que, d'après l'art. 473 du Code de procédure » civile, §. 2, l'évocation devient facultative » toutes les fois que les cours d'Appel infirment » des jugemens définitifs pour des vices de forme, » ou pour toute autre cause ; que cette règle, qui » est générale, ne peut recevoir d'exception que » dans les cas précisés par la loi ; qu'elle déroge » aux lois organiques des 1er. mai et 24 août » 1790, sur les deux degrés de juridiction, en ce » sens, qu'elle regarde le premier degré comme » épuisé, lors même qu'un tribunal aurait été » irrégulièrement composé, et qu'elle renferme » la faculté d'évoquer dans la disposition générale » de l'infirmation pour toute autre cause (2) ».

IV.-3°. Peut-il y avoir évocation du principal, lorsqu'un jugement définitif de première instance est annullé, sur le fondement qu'il a été rendu contre une partie qui avait bien qualité pour agir ou défendre, mais qui ne l'avait que moyennant l'assistance d'un tiers, qui n'est intervenu qu'en cause d'Appel, et a adhéré par ses conclusions à celles de l'appelant ?

Cette question doit être résolue d'après les mêmes principes et dans le même sens que la précédente, et par conséquent pour l'affirmative ; et c'est ce qu'a jugé, avec une grande solennité, un arrêt de la cour de cassation dont voici l'espèce.

Le 26 octobre 1808, concordat entre les sieurs Ouvrard et Vanlerberghe, négocians faillis, et leurs créanciers, par lequel ceux-ci rétablissent ceux-là dans l'administration de leurs biens, *sous la surveillance et avec l'assistance* de trois commissaires nommés précédemment à leur faillite.

Le 13 mai 1818, le sieur Séguin fait assigner les sieurs Ouvrard et Vanlerberghe au tribunal de commerce de Paris, pour se voir condamner à lui payer une somme de 1,670,484 francs, avec intérêts depuis le 20 mai 1812.

Le 10 août suivant et le 6 janvier 1819, jugemens par défaut qui, sans que les commissaires de la faillite aient été mis en cause, condamne les sieurs Ouvrard et Vanlerberghe au paiement des sommes réclamées par le sieur Séguin.

Appel de ce jugement de la part des sieurs Ouvrard et Vanlerberghe.

Sur cet Appel, intervention des trois commissaires de la faillite, qui déclarent y adhérer, et concluent, comme les sieurs Ouvrard et Vanlerberghe eux-mêmes, *en principal*, à ce que la demande du sieur Séguin soit déclarée nulle, pour n'avoir pas été formée contre toutes les parties qui avaient qualité pour y défendre, et *subsidiairement* à ce qu'elle soit déclarée non-recevable.

Le 27 février 1823, arrêt de la cour royale de Paris qui, attendu que, d'après le concordat du 26 octobre 1808, les sieurs Ouvrard et Vanlerberghe, quoique ayant intérêt, droit et qualité pour défendre personnellement à la demande formée contre eux, ne pouvaient cependant pas *ester seuls en jugement*, et qu'ils devaient être assistés par les commissaires de leur faillite, reçoit l'intervention de ceux-ci, et y faisant droit, ainsi que sur l'Appel, déclare nuls les jugemens des 10 août 1818 et 6 janvier 1819.

Mais, attendu que la demande formée par le sieur Séguin contre les sieurs Ouvrard et Vanlerberghe, n'est pas nulle ; que d'ailleurs, par l'intervention des commissaires de la faillite, par les conclusions tant principales que subsidiaires, qu'ils ont prises sur le fond, de concert avec les appelans, et par la demande du sieur Séguin tendant à ce que l'arrêt à intervenir soit déclaré commun avec eux, les parties ont, d'un commun accord, disposé la cause à recevoir une décision définitive, le même arrêt, usant de la faculté écrite dans l'art. 473 du Code de procédure civile, évoque le principal, et y statuant, prononce comme l'avaient fait les premiers juges.

Recours en cassation contre cet arrêt, notamment pour violation de la règle des deux degrés de juridiction, et pour fausse application de l'art. 473 du Code de procédure.

« Que les lois de 1790 sur les deux degrés de juridiction aient été violées par l'arrêt dénoncé, c'est (disent les demandeurs) un point défait incontestable, puisque les sieurs Ouvrard et Vanlerberghe, irrégulièrement assignés, avaient refusé de défendre au fond, et que les commissaires

---

(1) Jurisprudence de la cour de cassation, tome 25, parties 2, page 306.
(2) *Ibid.*, page 363.

de la faillite n'avaient pas même été mis en cause.

» Mais cette violation formelle des lois de 1790, peut-elle être excusée par l'évocation que la cour royale a faite du fond, en disant user de la faculté portée en l'art. 473 du Code de procédure civile? Elle n'aurait pu l'être qu'autant que cet article aurait créé une exception à la règle des deux degrés de juridiction; mais il ne l'a pas créée, et si la latitude des expressions de la deuxième partie de cet article a pu faire naître quelques doutes qui ont induit en erreur certains jurisconsultes, et même plusieurs tribunaux, il est facile, *en y regardant de plus près*, de reconnaître que ces mots *ou pour toute autre cause*, doivent être sainement interprétés, et n'indiquent que celles de ces autres causes qui ont de l'analogie avec les vices de forme dont il est parlé dans ce même article.

» Au surplus, quand on supposerait que l'art. 473 établit une exception à la règle des deux degrés de juridiction, cette exception ne serait applicable qu'au cas où la cause aurait été mise en état *devant les premiers juges*.

» Et cela se rattache à cette règle invariable, dont on ne peut s'écarter sans tomber dans l'erreur, que *les juges supérieurs ne peuvent faire que ce qu'auraient pu faire les premiers juges*.

» Or, il est constant, en fait, que la cause n'avait pas été mise en état *devant les premiers juges*; il est constant qu'en l'absence des commissaires de la faillite, le tribunal de commerce n'avait pas pu le condamner au paiement des sommes réclamées par Séguin; donc la cour royale n'a pu prononcer contre eux ces condamnations, qu'en faisant une fausse application de l'art. 473 du Code de procédure civile.... ».

A ces moyens de cassation, que nous retraçons d'après le *Bulletin civil* de la cour suprême, le sieur Séguin oppose une réponse dont le même recueil nous offre ainsi la substance :

« Les demandeurs fondent leur recours en cassation sur ces trois propositions qu'ils érigent en principes:

» 1°. Que l'art. 473 du Code de procédure civile ne contient pas d'exception à la règle des deux degrés de juridiction;

» 2°. Qu'en tout cas, l'exception ne serait applicable qu'autant que l'affaire aurait été mise en état de recevoir une décision *devant les premiers juges* ;

» 3°. Enfin, que les juges supérieurs ne peuvent faire que ce qu'auraient pu faire les premiers juges.

» Mais rien n'est plus facile que la réfutation de ces trois propositions.

» A l'égard de la première, elle n'en exige pas d'autre que celle qui en a été faite par les demandeurs eux-mêmes, lorsqu'ils ont reconnu que, pour l'admettre, il faut accuser le législateur de n'avoir pas compris la valeur des mots dont il s'est servi pour exprimer sa pensée, et d'avoir dit *pour vices de forme ou pour toute autre cause*, lorsqu'il voulait, et par conséquent devait dire, « pour celles des autres causes qui auraient de l'analogie' avec les vices de forme »; c'est, il faut en convenir, singulièrement comprendre la faculté d'interpréter les lois dont la rédaction présente quelque obscurité, que d'en faire un semblable usage.

» Quant à cette deuxième proposition, qu'il faut que la cause ait été mise en état *devant les premiers juges*, la jurisprudence en a fait déjà complète justice, par les arrêts qui ont été cités dans l'instruction; et d'ailleurs comment se concilierait-elle avec la généralité de ces expressions de la loi, *si la matière est disposée ?* Comment trouverait-on dans ces mots un motif pour imposer aux juges supérieurs l'obligation de rechercher si, avant l'Appel sur lequel ils vont statuer, la matière *avait* été disposée à recevoir une décision définitive, où, comment, à quelle époque et de quelle manière l'affaire a été disposée à recevoir cette décision ?

» Reste donc cette troisième proposition invariable dont on ne peut pas, dit-on, s'écarter sans erreur, que les juges supérieurs ne peuvent faire que ce qu'auraient pu faire les premiers juges.

» Sur ce point, il ne faut pas faire d'équivoque.

» Veut-on parler des cas ordinaires où les juges statuent comme juges d'Appel et par voie de dévolution? La proposition est vraie; c'est même la formule d'usage, *émendant, et faisant ce que les premiers juges auraient dû faire*, etc.

» Mais, pour ne pas donner aux juges d'Appel d'autres et plus grands droits que ceux qu'ils tiennent de leur institution, il ne fallait pas de loi particulière; l'art. 473 du Code de procédure civile aurait été complétement inutile.

» Veut-on dire que les juges supérieurs ne peuvent statuer définitivement sur le fond, que dans les cas où les premiers juges pourraient le faire, si la cause se trouvait devant eux dans le même état où elle a été mise par l'instruction faite depuis l'Appel? La proposition est sans objet, elle est insignifiante.

» Écartons donc ces prétendus principes créés pour le besoin de la cause, et revenons au texte de l'art. 473 du Code de procédure civile; il est clair et précis; il exprime tout ce que le législateur a jugé nécessaire pour autoriser les juges supérieurs à évoquer le fond; c'est là qu'on doit s'arrêter, et il n'appartient ni aux jurisconsultes, ni aux magistrats, sous le prétexte de faire une loi qui, suivant eux, serait meilleure, d'établir des exceptions ou de modifier et restreindre celles que le législateur a faites aux règles générales.

» Il y a donc lieu d'espérer que cette nouvelle atteinte qu'on a essayé de porter à la généralité de l'art. 473 du Code de procédure civile, n'aura d'autre effet que de fournir à la cour suprême l'occasion, en persistant dans sa jurisprudence,

APPEL, §. XIV, Art. I.

de maintenir dans toute son étendue une exception dont la cause actuelle suffirait pour démontrer la sagesse et même la nécessité ».

Par arrêt du 21 juin 1825,

« Ouï le rapport fait par M. le conseiller Poriquet; les observations de Scribe, avocat des demandeurs; celles de Petit de Gatines, avocat du défendeur; ensemble les conclusions de M. de Marchangy; et après qu'il en a été délibéré en la chambre du conseil, le tout aux audiences des 13, 14 et 15 de ce mois, et à celle de ce jourd'hui;

» En ce qui touche la violation de l'art. 494 du Code de commerce, résultant, suivant les demandeurs, de ce que la cour royale n'a annullé que les jugemens, et n'a pas déclaré nulle la demande formée par Séguin contre Ouvrard et Vanlerberghe,

» Attendu que la cour royale a déclaré, en fait, que, par un concordat du 26 octobre 1808, les créanciers avaient rétabli Ouvrard et Vanlerberghe dans le droit d'administrer leurs biens sous la surveillance et avec l'assistance de trois commissaires de leur faillite;

» Qu'il suit de là qu'en ne déclarant pas nulle la demande de Séguin, en tant qu'elle était dirigée contre Ouvrard et Vanlerberghe, qui avaient intérêt, droit et qualité pour y défendre, la cour royale n'a pas violé l'art. 494 du Code de commerce, que le concordat rendait inapplicable à la cause;

» En ce qui touche la violation des lois de 1790, qui ont établi la règle de deux degrés de juridiction, et la fausse application de l'art. 473 du Code de procédure civile,

» Attendu que, pour l'exécution des lois de 1790, il faut que toute demande principale soit formée devant des juges de première instance; mais qu'il n'est pas toujours nécessaire que ces demandes, et les contestations accessoires ou incidentes auxquelles elles ont donné lieu, soient définitivement jugées par les premiers juges;

» Que, dans l'intérêt des justiciables, pour rendre l'administration de la justice plus prompte et moins dispendieuse, les juges supérieurs ont été autorisés expressément, par l'art. 473 du Code de procédure civile, à statuer sur le fond, par voie d'évocation, toutes les fois que les circonstances suivantes se trouvent réunies :

» 1°. Lorsqu'il est intervenu en première instance un jugement, soit interlocutoire, soit définitif;

» 2°. Lorsqu'il y a lieu d'infirmer ce jugement, pour vice de forme ou *pour toute autre cause*;

» 3°. Lorsque la matière est disposée à recevoir une décision définitive sur le fond;

» 4°. Enfin, lorsque les juges supérieurs peuvent infirmer le jugement et rendre cette décision définitive par un seul et même jugement;

» Que ces conditions, exprimées dans les termes les plus généraux et qui ne présentent aucune équivoque, sont les seules que le législateur ait crues nécessaires pour conserver aux évocations tous leurs avantages, et prévenir l'abus qu'on en aurait voulu faire;

» Appliquant ces principes à la cause,

» Attendu que Séguin avait formé au tribunal de commerce, contre Vanlerberghe et Ouvrard seulement, la demande qui a fait la base du procès;

» Que ces conclusions lui avaient été adjugées définitivement par les jugemens par défaut des 10 août 1818 et 6 janvier 1819;

» Que, sur l'Appel interjeté par Ouvrard et Vanlerberghe, les commissaires nommés à leur faillite sont intervenus; que, s'ils se sont fait un moyen de ce qu'on les avait privés du premier degré de juridiction, ils n'ont cependant pas demandé à être renvoyés devant les premiers juges pour y être statué avec eux sur la demande de Séguin;

» Qu'ils ont, au contraire, en adhérant à l'Appel et aux moyens de Vanlerberghe et Ouvrard, conclu à l'infirmation des jugemens, de même que s'ils avaient été rendus avec eux, et demandé qu'en statuant au fond, la demande de Séguin fût annullée; subsidiairement, au cas où la nullité n'en serait pas prononcée, que Séguin y fût déclaré non-recevable;

» Que les demandeurs ne peuvent donc pas dire qu'ils n'aient conclu que subsidiairement sur le fond, puisque c'était aussi sur le fond qu'étaient prises leurs conclusions principales à fin de nullité de la demande de Séguin, et qu'ils n'en ont pas pris d'autres;

» Mais qu'en tout cas, pour être subsidiaires, ces conclusions et les discussions qui en ont été la suite, ne donnaient pas moins lieu à l'application de l'art. 473 du Code de procédure civile, puisqu'elles ont mis la cour royale en état de prononcer, et que, trouvant ainsi la matière disposée à recevoir une décision définitive avec toutes les parties, elle a, en effet, prononcé en même temps, et sur l'Appel des jugemens qu'elle a infirmés, et sur le fond du procès qu'elle a réglé définitivement;

» Attendu que, si, par suite de ces erremens, les commissaires de la faillite ont été privés du premier degré de juridiction, ils ne sont pas fondés à s'en plaindre;

» *En droit*, parceque l'art. 473 du Code de procédure civile modifie en cette matière le principe des deux degrés de juridiction;

» *En fait*, parceque c'est volontairement qu'ils y ont renoncé,

» 1°. En n'usant pas de la faculté qu'ils avaient, dans leur système, de former, devant le tribunal de commerce, une tierce opposition aux jugemens des 10 août 1818 et 6 janvier 1819;

» 2°. En ne se bornant pas à intervenir dans

4ᵉ édit. Tome I.

l'instance pour demander le renvoi de la demande de Séguin au tribunal de commerce, pour y subir avec eux le premier degré de juridiction, mais en intervenant sur l'Appel des jugemens qui avaient statué définitivement sur la demande en condamnation formée par Séguin, et en concluant, comme Ouvrard et Vanlerberghe, à ce que lesdits jugemens fussent infirmés, et à ce que cette demande fût annullée; subsidiairement à ce que Séguin y fût déclaré non-recevable;

» 3°. Enfin, parcequ'intervenir sur l'Appel d'un jugement qui a prononcé sur le fond, c'est renoncer au premier degré, c'est consentir à être jugé, comme les autres appelans, par des tribunaux institués pour juger en dernier ressort;

» D'où il suit que la cour royale, loin d'avoir violé ou faussement appliqué les lois de 1790 et l'art. 473 du Code de procédure civile, s'est conformée à la lettre et à l'esprit de ces lois;

» La cour rejette le pourvoi... (1) ».

V. Le tribunal d'Appel qui infirme un jugement définitif de première instance, sur le fondement qu'il a été rendu trop précipitamment et sans instruction suffisante, peut-il s'abstenir de statuer sur le principal et le renvoyer devant les premiers juges?

Avant le Code de procédure civile, cette question était constamment jugée pour la négative par la cour de cassation.

Un jugement du tribunal civil du département de l'Eure avait, sur la demande de Jean-André Adam, condamné la veuve et les héritiers Cottard à des dommages-intérêts qu'il avait fixés à une somme déterminée.

La veuve et les héritiers Cottard avaient appelé de ce jugement, comme rendu avec une précipitation irrégulière; et effectivement, le tribunal civil du département de l'Orne avait, par jugement du 29 messidor an 7, déclaré qu'il avait été mal jugé, en ce que la fixation des dommages-intérêts n'avait pas été précédée d'une instruction sur leur quotité; il avait en conséquence ordonné que les parties seraient tenues d'instruire à cet égard; et au lieu de les faire procéder devant lui à cette instruction, il les avait renvoyées, pour cet effet, *devant les juges compétens*.

Ce jugement a été dénoncé à la cour de cassation par la veuve et les héritiers Cottard.

Et le 24 prairial an 8, arrêt, au rapport de M. Borel et sur les conclusions de M. Lefessier, qui le casse,

« Attendu qu'aux termes des décrets, il ne doit y avoir que deux degrés de juridiction en matière civile; que le tribunal civil du département de l'Orne, en renvoyant, par le jugement susdaté, pardevant les juges compétens, pour statuer sur la quotité des dommages-intérêts dont le citoyen Adam avait formé la demande devant les juges de première instance, a fait subir plus de deux degrés de juridiction pour le règlement définitif de la même demande principale;

» Et qu'ainsi, il a contrevenu formellement aux dispositions des lois relatives à l'organisation judiciaire ».

Le sieur Leboucher, propriétaire d'une ferme de laquelle venait de sortir le sieur Vernier, répétait contre les héritiers de celui-ci des dommages-intérêts qu'ils soutenaient ne pas devoir, et il articulait à l'appui de sa demande un fait dont il offrait la preuve, en cas qu'il fût dénié.

Le 20 fructidor an 12, jugement de la justice de paix du canton de Trouard, qui, sur la dénégation de ce fait, de la part des héritiers Vernier, et sans admettre la preuve qui en était offerte, déboute purement et simplement le sieur Leboucher de sa demande.

Sur l'Appel au tribunal civil de Caën, jugement du 27 mars 1806, qui infirme celui de la justice de paix, admet la preuve offerte en première instance par le sieur Leboucher, et pour être procédé à cette preuve, ainsi qu'à un nouveau jugement, renvoie les parties, non, comme on devait s'y attendre, devant le suppléant du juge de paix qui avait déjà prononcé, mais devant ce juge de paix lui-même.

Recours en cassation de la part des héritiers Vernier; et le 19 novembre 1808, arrêt, au rapport de M. Babille, par lequel,

« Vu la loi du 1er. mai 1790....;

» Et, attendu que cette loi borne à deux seulement le nombre des degrés de juridiction, ce qui oblige les juges d'Appel à retenir, quand ils infirment, la connaissance du fond, pour le juger, alors même qu'avant faire droit, ils rendent un jugement interlocutoire, puisqu'autrement, et s'ils renvoient, pour l'exécution de cet interlocutoire, les parties en état de première instance, ils leur font, contre le vœu de la loi, parcourir au-delà des deux degrés de juridiction qu'il leur prescrit;

» Attendu que cette obligation imposée à ces juges, même dans le cas où le jugement aurait, au lieu de statuer définitivement sur le fond qui lui était soumis, ordonné des mesures interlocutoires, devient encore plus rigoureuse, quand le juge *à quo* a, au contraire, statué définitivement sur le fond, et, par là, totalement épuisé sa juridiction;

» Attendu que, dans l'espèce, le juge de paix de Trouard, avait, sans égard pour la preuve offerte par le défendeur, débouté celui-ci de sa demande, et avait ainsi statué sur le fond, et épuisé sa juridiction;

---

(1) Bulletin civil de la cour de cassation, année 1825, page 198.

» Et qu'en cet état, les juges d'Appel, en réformant d'abord ce débouté, parceque, dans leur opinion, le juge de paix aurait dû admettre cette preuve, et en l'ordonnant ensuite eux-mêmes, devaient aussi ordonner qu'elle fût faite devant eux, pour ensuite juger le fond sur le résultat de cette preuve;

» Attendu qu'au lieu de cette marche simple et régulière que leur traçait la loi, ces juges ont, au contraire, renvoyé les parties en état de première instance, et pour cette preuve et pour le jugement du fond;

» Et qu'en le faisant, ils les ont nécessairement soumises à un troisième degré de juridiction, et même, en cas d'Appel, à un quatrième;

» Attendu, d'ailleurs, qu'en faisant ce renvoi devant le même juge de paix qui avait refusé la preuve qu'ils ordonnaient, ces juges d'Appel exposaient ce juge à rendre ensuite, sur le fond, une décision absolument opposée à celle qu'il avait déjà rendue; le 22 fructidor an 12, soit sur cette preuve, soit sur le fond, et, par suite à se réformer; ce qui est effectivement arrivé lors du jugement qu'il a rendu en exécution de ce renvoi, le 8 décembre 1807, puisqu'il a nommé alors deux experts pour régler le montant de l'indemnité que, ce même jour, 8 décembre, ce juge de paix venait de déclarer, en conséquence de la preuve faite devant lui, acquise au défendeur, à faute par les demandeurs d'avoir rendu la pièce de Lormelet en nature de sainfoin, ainsi que leur auteur l'avait reçue;

» Par ces motifs, la Cour casse et annulle.... ».

Mais pourrait-on encore juger de même aujourd'hui?

Non, puisque l'art. 473 du Code de procédure n'oblige pas, mais autorise seulement le tribunal d'Appel à prononcer sur le fond, lors même qu'en infirmant un jugement définitif de première instance, il y trouve la matière disposée.

VI. 1°. Le juge d'Appel peut-il, en infirmant le jugement définitif de première instance, sur le fondement qu'il a été rendu trop précipitamment et sans instruction suffisante, ordonner, en retenant le principal, qu'avant d'y statuer, il soit procédé devant lui aux actes d'instruction que le premier juge aurait dû faire?

2°. Le peut-ils ans infirmer préalablement le jugement définitif de première instance?

Sur la première question, l'affirmative ne pouvait pas être douteuse avant le Code de procédure civile.

En effet, à cette époque, il n'y avait (abstraction faite de la mauvaise interprétation que la jurisprudence avait donnée à la règle des deux degrés de juridiction, établie par le décret du 1er. mai 1790 et par la loi du 24 avril suivant) aucune disposition législative qui s'opposât à ce qu'un tribunal d'Appel, en infirmant pour mal jugé une sentence qui avait terminé le procès, et par là épuisé entièrement le premier degré de juridiction, ordonnât avant de statuer lui-même sur le fond, les actes d'instruction qu'il jugeait nécessaires; car on ne pouvait pas dire que cette manière de procéder fût condamnée, soit par l'art. 149 de l'ordonnance de 1579, soit par l'art. 2 du tit. 6 de l'ordonnance de 1667, puisque l'un et l'autre ne défendaient aux tribunaux d'Appel que d'*évoquer* le principal sans le juger sur-le-champ, et qu'il ne pouvait pas y avoir d'*évocation*, lorsque le principal avait été décidé en première instance par un jugement régulier dans la forme, et rendu compétemment.

De là, l'arrêt que la cour de cassation a rendu dans l'espèce suivante:

Le 5 ventôse an 12, jugement du tribunal de première instance du département de la Seine, qui, sur le fondement que les faits articulés par la dame de Lapoureille, à l'appui de sa demande en divorce, ne sont pas pertinens, en refuse la preuve, et déclare la demande en divorce non-recevable, sans que, préalablement, il ait été statué sur l'admissibilité de cette demande (1).

Le 5 messidor suivant, arrêt de la cour de Paris, qui confirme ce jugement.

Le 18 frimaire an 14, arrêt de la cour de cassation, qui annulle celui de la cour de Paris, et renvoie l'Appel de la dame de Lapoureille à la cour d'Amiens.

Là, il intervient d'abord un arrêt qui infirme le jugement de première instance, et déclare la demande en divorce admissible.

A cet arrêt, en succède un second qui ordonne une enquête.

Et l'enquête achevée, troisième arrêt qui prononce en faveur de la dame de Lapoureille.

Le sieur de Lapoureille se pourvoit en cassation, et soutient, entre autres choses, que la cour d'Appel a excédé ses pouvoirs en faisant procéder devant elle à une enquête qui rentrait naturellement dans les attributions des premiers juges.

Mais, par arrêt du 26 mai 1807, au rapport de M. Bailly,

« Considérant, sur le premier moyen, qu'aucun des articles invoqués du Code civil n'a *défendu* d'admettre, quoique postérieurs à la plainte en divorce, des *faits* d'injures graves, qui d'ailleurs seraient pertinens; que loin, de contenir une pareille défense, l'art. 24 veut que ce soit à l'*audience à huis clos* POSTÉRIEURE *à cette plainte*, que le demandeur expose les *motifs* de sa demande, et nomme ses témoins;

» Sur le second moyen, considérant que les cours d'Appel ont essentiellement le droit d'ordonner et de retenir le *complément* d'instruction.

---

(1) V. le *Répertoire de Jurisprudence*, au mot *Divorce*, sect. 4, §. 13, n°. 1.

qu'elles estiment nécessaire pour arriver à la décision des demandes en divorce, dont la connaissance leur a été dévolue par des Appels légalement interjetés....;

» La cour (section des requêtes) rejette le pourvoi.... ».

Mais la seconde disposition de l'art. 473 du Code de procédure civile permettrait-il de juger encore de même aujourd'hui?

À la première vue, il semble que non. L'art. 473, en disant que la cour d'Appel pourra, en infirmant un jugement de première instance, statuer sur le fond par l'arrêt même qui infirmera ce jugement, et par conséquent qu'elle ne pourra pas y statuer par un arrêt séparé, ne restreint sa disposition, ni au cas où le fond n'a pas été jugé en première instance, ni au cas où il ne l'a été qu'incompétemment ou avec une irrégularité qui en fait regarder le jugement comme nul; il semble donc, par la généralité qu'il lui donne, la rendre commune au cas où le jugement est infirmé pour avoir prononcé trop précipitamment et sans instruction suffisante, ou en d'autres termes, au cas où le premier degré de juridiction a été complètement rempli, au cas où il n'est pas besoin de l'évoquer en cause d'Appel pour le juger; il semble par conséquent aller plus loin que les ordonnances de 1579 et 1667. En effet, celles-ci ne défendaient que l'évocation non accompagnée du jugement du principal; et leur défense devenait sans objet lorsqu'il n'y avait plus matière à évocation. L'art. 473, au contraire, défend de statuer sur le principal lorsqu'il n'est pas possible de le faire par l'arrêt infirmatif; et encore une fois, sa défense paraît trop indéfinie, trop absolue, pour ne pas porter sur le cas où il n'y a plus rien à évoquer, comme sur le cas où l'évocation peut avoir lieu.

Cependant M. Carré soutient le contraire, dans ses *Questions sur le Code de procédure civile*, n°. 2431.

« Nous avons dit (ce sont ses termes) que, d'après l'art. 473, le juge d'Appel ne peut statuer sur le fond lorsqu'il infirme un jugement interlocutoire ou un jugement définitif, qu'autant que l'affaire est en état, et par un seul et même jugement...... Mais il faut faire attention aux termes de l'art. 473 qui disposent pour le cas où le jugement de première instance est *infirmé*, c'est-à-dire, *invalidé*, rendu *sans force*, *sans effet* pour un vice quelconque, soit de compétence, d'excès de pouvoir ou d'irrégularité, et non pas pour celui où il est *réformé*, expression qui suppose la validité du jugement; mais un mal jugé pour défaut d'application ou fausse application de la loi, précipitation, erreur de fait ou injustice, qui obligent le juge d'Appel à faire un nouveau jugement, soit en totalité, soit en partie.

» L'art. 473 fournit lui-même la preuve de cette distinction entre le cas d'*infirmation* et celui de *réformation*, puisqu'il autorise le juge qui *infirme à statuer sur le fond*; ces expressions seraient redondantes, si le mot *infirmer* exprimait la même chose que *réformer*; car ce dernier mot suppose nécessairement que le juge d'Appel a déjà pris connaissance du fond pour décider s'il y a lieu à *réformer*, tandis que le mot *infirmer* ne suppose qu'une décision résultant d'un examen de questions absolument distinctes et indépendantes du fond.

» Nous convenons que le mot *infirmé* exprime, dans l'art. 472, et l'*infirmation*, telle que nous venons de la définir, et la *réformation*, en un mot, l'idée opposée à la *confirmation*. Mais il est évident qu'il ne peut être pris en ce double sens dans l'art. 473, par cette raison qui nous semble décisive, que le législateur suppose que le juge d'Appel n'a pas pris connaissance du fond.

» Cela posé, l'art. 473 n'ayant aucun rapport avec le cas de réformation, rien n'empêche, et la loi exige au contraire que le juge d'Appel qui, après avoir entendu les plaidoiries des parties, estime qu'il peut y avoir lieu à réformer, si tel fait est prouvé, telle vérification faite, tel préliminaire rempli, ordonne par un interlocutoire une mesure de ce genre afin de se conformer au principe qui veut qu'il fasse ce que le premier juge devait faire ».

Mais comment admettre la distinction que fait ici M. Carré, entre la *réformation* et l'*infirmation* d'un jugement? Démentie, de son propre aveu, par l'art. 472, où le mot *infirme* est employé dans un sens qui répond autant à l'idée de ce qu'il appelle *réformation*; qu'à celle de ce qu'il entend par *infirmation*, comment pourrait-elle s'accorder avec l'art. 473, dans lequel le même mot se trouve répété deux fois, sans que rien y indique qu'il doive y être entendu autrement que dans l'article précédent? C'est, dit M. Carré, parceque, dans l'art. 473, *le législateur suppose que le juge d'Appel n'a pas pris connaissance du fond*. Mais la preuve que le législateur y suppose précisément tout le contraire, c'est qu'en cas d'infirmation du jugement de première instance, il autorise le juge d'Appel à statuer sur le fond, s'il trouve *la matière disposée à recevoir une décision définitive;* c'est-à-dire, s'il a pris connaissance du fond dans le cours de l'instruction de la cause d'Appel, et s'il le connaît assez pour prononcer définitivement.

Remarquons d'ailleurs ces termes de la seconde disposition de l'art. 473: *infirmerait, soit pour vices de forme, soit* POUR TOUTE AUTRE CAUSE; il en résulte évidemment que, dans cette disposition, le législateur a en vue non-seulement, comme le prétend M. Carré, l'infirmation *pour un vice quelconque, soit de compétence, d'excès de pouvoir ou d'irrégularité*, mais encore l'infirmation *pour mal jugé, défaut d'application ou fausse application de la loi, précipitation, erreur de fait ou de droit.*

Enfin, ce qui achève de lever toute espèce de doute, c'est que, dans la première disposition du même article, le mot *infirmation* est appliqué à un jugement qui n'a d'autre défaut que d'être interlocutoire, et qui, par conséquent, ne peut être infirmé que comme ordonnant une instruction, soit inutile, soit inadmissible, ou, ce qui est la même chose, comme jugeant mal, comme n'appliquant pas la loi qui défend cette instruction, ou appliquant à faux la loi qui la prescrit.

M. Carré invoque, il est vrai, à l'appui de sa doctrine, deux arrêts de la cour de cassation ; mais quels sont-ils?

Le premier est celui du 26 mai 1807, dont je viens de retracer l'espèce. Rendu sur un Appel interjeté avant la mise en activité du Code de procédure civile, il n'a, conformément à l'art. 1041, ni pris ni dû prendre pour règle la seconde disposition de l'art. 473 de ce Code ; il ne peut donc pas faire autorité sur la manière d'entendre et d'appliquer cet article.

Le second arrêt a été rendu le 7 février 1809, au sujet d'un Appel qui était entièrement soumis au Code de procédure civile ; mais que juge-t-il?

Dans le fait, un jugement du tribunal de première instance du département de la Seine, du 28 août 1807, avait nommé le sieur Roger curateur à la succession vacante du sieur Bergeret.

La veuve du sieur Bergeret a formé tierce-opposition à ce jugement, et a demandé qu'attendu les motifs qui l'empêchaient d'avoir confiance dans le sieur Roger, il fût fait choix d'un autre curateur.

Jugement qui rejette la tierce-opposition et maintient le sieur Roger dans les fonctions qui lui ont été déférées par celui du 28 août.

Appel de la part de la dame Bergeret, et conclusions à ce qu'un autre curateur soit nommé à la place du sieur Roger.

Le 13 février 1808, arrêt de la cour de Paris, qui infirme les deux jugemens et nomme un autre curateur.

Le sieur Roger se pourvoit en cassation, et soutient que, d'après l'art. 812 du Code civil et l'art. 898 du Code de procédure, le droit de nommer un curateur à la succession vacante du sieur Bergeret, était exclusivement réservé au tribunal de première instance ; qu'ainsi, par l'arrêt dont il se plaint, la cour d'Appel a excédé ses pouvoirs.

Mais par l'arrêt cité, la section des requêtes, au rapport de M. Bailly,

« Vu l'art. 473 du Code de procédure civile...;

» Et considérant que le juge d'Appel, légalement saisi, peut faire tout ce qui était au pouvoir du tribunal de première instance ; et que, dans l'espèce, la cour d'Appel de Paris était régulièrement saisie de la question de savoir si la nomination du sieur Roger à la curatelle de la succession vacante du sieur Bergeret, tiendrait, ou si, en infirmant ce dont est Appel, la curatelle de cette succession serait déférée à un autre individu ; d'où il résulte que l'arrêt du 13 février 1808 qui, après avoir infirmé ce dont est Appel, a nommé un autre curateur que le sieur Roger, ne renferme ni excès de pouvoir, ni fausse application des art. 812 du Code civil, 998 et 999 du Code de procédure civile, qui écarte le premier moyen de cassation ;

» Rejette le pourvoi.... ».

Quel rapport y a-t-il entre cette espèce et notre question ? Aucun, évidemment aucun. D'une part, c'était par un seul et même arrêt que la cour d'Appel de Paris avait infirmé les deux jugemens du tribunal de première instance, et qu'elle avait fait elle-même ce qu'elle avait décidé avoir dû être fait par ce tribunal. D'un autre côté, qu'était, dans cette espèce, la nomination que la cour d'Appel avait faite d'un nouveau curateur? Rien autre chose que l'exécution de l'arrêt infirmatif de la disposition du jugement de première instance qui avait rejeté la demande en destitution du sieur Roger.

La cour d'Appel n'avait donc fait, en procédant elle-même à cette nomination, que ce qui lui était expressément permis par l'art. 472 ; et dès-là, eût-elle nommé le nouveau curateur par un arrêt séparé, elle ne serait pas encore sortie de la sphère de ses pouvoirs.

Mais si cet arrêt et le précédent sont étrangers à notre question, en voici un qui la juge de la manière la plus positive, et qui la juge contre l'opinion de M. Carré.

En 1811, jugement du tribunal de paix du canton de Gaillon, qui, statuant sur une action en complainte intentée par le sieur Holterman contre le sieur Leprévost de Chantemesle, maintient le premier dans la possession d'une partie d'un bois.

En 1816, le sieur Holterman se pourvoit de nouveau en complainte devant le même juge de paix contre le sieur Leprévost de Chantemesle, pour avoir coupé une lisière du même bois.

Le 21 avril 1819, jugement du tribunal de Louviers qui déclare périmée l'instance à laquelle cette nouvelle action a donné lieu.

Le 5 juin suivant, le sieur Holterman, se fondant sur le principe que la péremption n'éteint que l'instance et laisse subsister l'action, forme, devant le même juge de paix, une nouvelle demande en complainte pour raison du trouble qu'il a éprouvé en 1816, par la coupe de la lisière de bois dont il s'agit.

Le 1er. juillet de la même année, jugement contradictoire qui le déclare non-recevable pour n'avoir pas agi dans l'année du prétendu trouble que sa demande a pour objet.

Appel de la part du sieur Holterman, et le

11 août 1820, jugement par lequel, « attendu que le juge de paix aurait dû consacrer un er- rement *préalable*, tendant à faire connaître et à fixer ce dont le sieur Holterman avait été jugé possesseur par un jugement rendu à ce sujet entre les parties, en 1811, et à le distinguer d'avec le surplus du bois en contestation »;

Le tribunal de Louviers « déclare le jugement dont est Appel mal et précipitamment rendu; et retenant la cause, tous moyens de fait et de droit tenant état, ordonne que, pour éclairer sa religion, le bois contentieux sera accédé par un des juges ».

Mais sur le recours en cassation du sieur Leprévost de Chantemesle, arrêt du 28 avril 1823, au rapport de M. Poriquet, et sur les conclusions conformes de M. l'avocat-général Jourde, par lequel,

« Vu l'art. 473 du Code de procédure civile...;

» Attendu que, par la première disposition de son jugement, le tribunal a statué sur l'Appel; que, par la seconde disposition, il a retenu la cause au fond, et que, au lieu d'y statuer définitivement, il a ordonné un interlocutoire qui était, ainsi qu'il l'a déclaré, un errement préalable, pour le mettre en état de recevoir une décision définitive;

» Qu'ainsi, il a violé expressément l'art. 473 du Code de procédure civile, soit en retenant une cause qui n'était pas en état de recevoir une décision définitive, soit en ne statuant pas sur l'Appel et définitivement sur le fond par un seul et même jugement;

« Par ces motifs, la cour casse et annulle (1) ».

Mais quelque décisif que soit cet arrêt contre l'opinion de M. Carré, il n'en reste pas moins à examiner s'il doit faire, s'il fait réellement jurisprudence; et si la doctrine qu'il condamne ne pourrait pas être justifiée par d'autres raisons que celles dont M. Carré se sert pour l'établir.

Avant de nous expliquer définitivement làdessus, fixons-nous sur la seconde des questions qui font la matière de ce numéro, c'est-à-dire, sur celle de savoir si le juge d'Appel peut, avant de se prononcer sur le mérite du jugement définitif qui lui est déféré, ordonner qu'il sera procédé devant lui à une instruction propre à le mettre en état de confirmer ou d'infirmer ce jugement.

Cette question peut se présenter dans deux cas différens : dans celui où l'instruction qu'il s'agit d'ordonner en cause d'Appel, avant qu'il soit procédé, en cause d'Appel même, au jugement du fond, n'a pas été *refusée*, mais seulement *omise* par le tribunal de première instance; et dans celui où le tribunal de première instance l'a expressément rejetée, soit comme inutile, soit comme inadmissible.

----
(1) Bulletin civil de la cour de cassation, tome 25, page 186.

Au premier cas, nulle difficulté, même en supposant que l'on doive s'en tenir, sur notre première question, à l'arrêt de la cour de cassation du 28 avril 1823. Je l'ai déjà dit (n°. III-3°), la faculté d'interloquer n'est pas et n'a jamais été restreinte au juge inférieur; elle est nécessairement et elle a toujours été commune au juge d'Appel; et par conséquent l'exercice qu'en fait le juge d'Appel, ne peut pas former obstacle à celui de la faculté de statuer ensuite sur le fond par le même jugement qui, d'après le résultat de l'interlocutoire qu'il ordonne, infirmera le jugement du tribunal de première instance.

Voici néanmoins une espèce dans laquelle on a soutenu le contraire, mais sans succès.

En 1821, le sieur Prestat, fabriquant de draps à Louviers, fait assigner les sieurs Ribouleau et Jourdain, fabricans de draps comme lui, et de plus filateurs de laines, devant le conseil de prud'hommes de la même ville, pour voir dire qu'attendu que de la manière dont ils ont filé des laines qu'il leur avait confiées, il est résulté, dans les draps, à la fabrication desquels il les a employées en partie, un vice connu sous le nom de *ribaudure*, et par conséquent un obstacle à ce qu'il en emploie le restant au même genre de fabrication, ils seront tenus de prendre le tout à leur compte, de l'indemniser de ses déboursés et de lui payer mille francs de dommages-intérêts.

Le 2 janvier 1822, jugement qui condamne les sieurs Ribouleau et Jourdain à supporter la moitié de la perte que les draps éprouveront à la vente, et laisse l'autre moitié à la charge du sieur Prestat.

Appel de ce jugement de la part des sieurs Ribouleau et Jourdain au tribunal civil de Louviers.

La cause portée à l'audience, les appelans soutiennent à la fois et que le conseil des prud'hommes était incompétent et qu'il a mal jugé.

Le 15 avril 1822, jugement qui rejette le moyen d'incompétence, et avant de statuer au fond, ordonne que trente pièces de draps non-encore foulées le seront, parceque ce ne sera qu'après le foulage qu'on pourra reconnaître le vice de *ribaudure* allégué par le sieur Prestat.

Les sieurs Ribouleau et Jourdain se pourvoient en cassation, et proposent trois moyens : un qui est étranger à notre question; un autre consistant à dire que l'art. 473 du Code de procédure a été violé, « en ce que les juges d'Appel, après avoir infirmé le jugement interlocutoire rendu en première instance, ont eux-mêmes rendu un jugement interlocutoire, et ont ainsi retenu le fond, sans y statuer par un seul et même jugement »; et un troisième qui est fondé sur l'incompétence du conseil de prud'hommes.

Par arrêt du 5 février 1823, au rapport de M. Henri-Larivière, et sur les conclusions de

M. l'avocat-général Cahier, la cour de cassation, accueillant le troisième moyen, annulle le jugement attaqué; mais en même temps elle rejette expressément le second moyen, « attendu (notamment) que les tribunaux d'Appel, saisis du fond du litige, ont le pouvoir d'en juger définitivement une partie et d'en interloquer l'autre, en ordonnant une expertise ou toute autre vérification (1) ».

Mais n'en est-il pas autrement dans le second cas, c'est-à-dire, lorsque l'instruction qu'il s'agit d'ordonner en cause d'Appel, a été expressément rejetée par le jugement de première instance? Dans ce cas, et en supposant toujours que, sur notre première question, l'on doit s'en tenir à l'arrêt de cassation du 28 avril 1823, le tribunal d'Appel ne viole-t-il pas, par l'avant-faire droit qui ordonne cette instruction, pour être faite devant lui-même, la disposition de l'art. 473 du Code de procédure civile, d'après laquelle il ne peut, en infirmant un jugement définitif, retenir le fond qu'à la charge d'y statuer par un seul et même jugement?

Non. Cette disposition serait sans doute violée dans le système adopté par l'arrêt de cassation du 28 avril 1823, si le tribunal d'Appel commençait par infirmer en entier le jugement définitif, comme rendu trop précipitamment et sans l'instruction qu'il juge indispensable. Sans doute alors il ne pourrait pas, suivant cet arrêt, procéder à l'instruction qu'il déclare avoir dû devancer le jugement définitif de première instance, parceque ce serait, de sa part, retenir le fond et s'engager à y statuer par un jugement séparé. Mais elle ne peut pas être violée, même dans le système de l'arrêt du 28 avril 1823, lorsque le tribunal d'Appel fait dépendre de l'instruction même qu'il ordonne, le sort du jugement sur le mérite duquel il a à prononcer; et c'est ainsi que la question a été jugée par la cour de cassation, dans l'espèce qui est rapportée dans le *Répertoire de jurisprudence*, aux mots *Motifs des jugemens*, n°. 13.

Au moyen de cassation qui est retracé en cet endroit, les sieurs Benezech en ajoutaient deux qui consistaient à dire, l'un que l'art. 472 du Code de procédure civile n'admettant que deux manières de statuer sur un Appel, savoir, la confirmation et l'infirmation du jugement de première instance, la cour royale de Montpellier n'avait pas pu, sans infirmer préalablement le jugement du tribunal de Saint-Pons, et par un simple avant-faire droit, ordonner une expertise et une enquête, que les premiers juges avaient déclarées inadmissibles; l'autre, que, d'après

---

(1) Je reviendrai dans un instant sur un autre motif de rejet.

l'art. 473, la cour royale de Montpellier qui infirmait virtuellement la disposition du jugement de première instance, en tant qu'il rejetait l'expertise et l'enquête, ne pouvait pas se dispenser, en statuant définitivement sur ce point, de statuer en même temps sur le fond.

Mais, par arrêt du 4 janvier 1820, la demande des sieurs Benezech a été rejetée,

« Attendu, sur le deuxième moyen, 1° que le défendeur a expressément demandé, sur l'Appel, par des conclusions subsidiaires, qu'il plût à la cour de Montpellier, avant-faire droit, ordonner une nouvelle expertise et la preuve testimoniale des faits par lui articulés; 2° que cette cour n'a prononcé qu'avant-faire droit au fond; qu'elle a pu s'abstenir de toute infirmation du jugement de première instance, même quant à la disposition relative à la preuve testimoniale et à l'expertise, et différer jusqu'à l'arrêt définitif à statuer sur cette disposition; que l'Appel étant suspensif de l'exécution du jugement de première instance, il ne peut y avoir une opposition réelle entre la disposition de ce jugement par laquelle les demandes de l'expertise et de la preuve testimoniale ont été rejetées, et l'arrêt interlocutoire qui a ordonné la preuve et l'expertise; qu'ainsi, la cour de Montpellier n'a, sous aucun rapport, violé la loi, et surtout l'art. 472 du Code de procédure qui n'a point de trait à la cause;

» Attendu, sur le troisième moyen, 1°. qu'aux termes de l'art. 473 du Code de procédure, ce n'est que sur l'Appel d'un jugement interlocutoire, ou dans le cas d'infirmation d'un jugement définitif pour vice de forme ou pour toute autre cause, et quand la matière est disposée à recevoir jugement définitif, que les tribunaux et la cour d'Appel peuvent statuer en même temps sur le fond définitivement par un seul et même jugement;

» Attendu 2°. que la cour de Montpellier n'a pas été saisie de l'Appel d'un jugement interlocutoire; qu'elle n'a pas infirmé un jugement définitif pour vice de forme ou toute autre cause de nullité; que d'ailleurs l'exercice du pouvoir conféré aux tribunaux et aux cours d'Appel, est purement facultatif, et qu'ainsi la cour de Montpellier n'a pas contrevenu à l'article précité en se bornant à rendre, avant faire droit au fond, un arrêt interlocutoire pour éclairer sa religion ».

Mais en continuant toujours de supposer que l'arrêt de cassation du 28 avril 1823 doit servir de règle sur notre première question, n'y a-t-il pas contravention à l'art. 473 du Code de procédure civile, lorsque, sur l'Appel d'un jugement qui contient deux dispositions, l'une par laquelle il se refuse à l'instruction requise par l'une des parties, l'autre par laquelle il prononce sur le fond, le tribunal d'Appel commence par infirmer la première de ces dispositions, et avant de statuer sur la seconde, ordonne qu'il sera procédé devant lui à l'instruction que l'appelant a inutilement requise en première instance?

A la première vue, l'affirmative ne paraît pas douteuse. Dans ce cas, en effet, l'infirmation du jugement de première instance précède le jugement qui, en Appel, ordonne l'instruction refusée, par le premier juge; et là, par conséquent, semble devoir s'appliquer la disposition de l'art. 473 qui ne permet au tribunal d'Appel de retenir le fond que pour y statuer par un seul et même jugement, chose que le tribunal d'Appel se reconnaît lui-même hors d'état de faire quant à présent. Qu'importe que l'infirmation du jugement de première instance ne frappe que sur l'un des chefs du jugement attaqué? L'art. 473 ne distingue pas entre le jugement qui n'est infirmé que dans l'un de ses chefs seulement, et le jugement qui l'est en entier.

Mais en quoi ce cas diffère-t-il de celui sur lequel porte l'arrêt du 4 janvier 1820, dont on vient de voir l'espèce et le prononcé? En rien, si ce n'est dans les mots. Qu'avait fait la cour royale de Montpellier en ordonnant, avant faire droit sur l'Appel des sieurs Benezech, qu'il serait procédé à l'enquête et à l'expertise qui, par l'un des chefs du jugement attaqué, avaient été déclarées inadmissibles? Elle avait jugé directement le contraire de ce que portait le chef du jugement attaqué; elle l'avait par conséquent infirmé virtuellement, et par conséquent encore elle avait fait la même chose que si elle l'eût infirmé en termes exprès. Pourquoi cependant son arrêt a-t-il été maintenu? Parcequ'en infirmant le jugement de première instance au chef qui rejetait l'enquête et l'expertise, elle l'avait laissé subsister pour le moment au chef qui statuait sur le fond; parceque l'interlocutoire qu'elle avait prononcé, n'avait eu pour objet que de la mettre en état de décider si le fond avait été bien ou mal jugé. La cour de cassation a donc nécessairement reconnu, en maintenant cet arrêt, que l'infirmation même expresse de la partie d'un jugement définitif qui rejette l'instruction requise par l'une des parties, n'ôte pas au juge d'Appel la faculté d'ordonner interlocutoirement cette instruction, comme moyen d'apprécier le chef du même jugement qui statue sur le fond.

Au surplus, ce qu'elle n'avait jugé, dans cette espèce, que d'une manière implicite, elle l'a depuis jugé formellement, mais par un motif tout différent que celui que je viens d'indiquer, et qui exige une grande attention.

En 1822, le sieur Guibert fait curer un canal qui lui appartient. Le sieur Imbert, propriétaire riverain, prétendant que, par cette opération, le sieur Guibert a endommagé sa propriété et donné trop de largeur au lit du canal, le fait citer devant le juge de paix du canton.

Le juge de paix, après avoir entendu les parties, ordonne qu'il se transportera sur les lieux, et qu'il entendra les témoins qu'ils pourront respectivement faire citer.

Le transport s'effectue le 23 août 1823. Mais le juge de paix refuse d'entendre les témoins produits par le sieur Guibert, sous le prétexte qu'ils se présentent sans citation préalable; et par le même jugement qui exprime ce refus, il condamne le sieur Guibert à resserrer son canal.

Appel de ce jugement par le sieur Guibert, au tribunal civil de Riom.

Le 4 août 1823, jugement qui infirme le chef portant refus d'entendre les témoins produits par le sieur Guibert, et avant faire droit sur le chef portant sur le fond, ordonne, conformément aux conclusions de l'appelant, que ces témoins seront entendus à l'audience du 22 du même mois.

Le 22, les témoins du sieur Guibert sont entendus; et immédiatement après, jugement intervient qui confirme celui du juge de paix.

Le sieur Guibert se pourvoit en cassation, et dénonce ce jugement comme violant l'art. 473 du Code de procédure.

Mais par arrêt du 26 avril 1825, au rapport de M. Lasagni et sur les conclusions de M. l'avocat-général Joubert,

« Attendu, en droit, que ne pouvant y avoir d'évocation, où tout le procès et en la forme et au fond a été définitivement et compétemment jugé en première instance, la disposition de l'art. 473 du Code de procédure civile n'est point applicable;

» La cour (section des requêtes) rejette le pourvoi... ».

Ce que la section des requêtes a dit par cet arrêt, pour justifier le rejet qu'il a prononcé, la section civile l'avait déjà dit, le 5 février précédent, pour motiver le rejet du moyen de cassation qui, dans l'antépénultième des espèces que je viens de rapporter, était tiré par les sieurs Riboleau et Jourdain, de ce que le tribunal de commerce de Louviers, procédant comme juge d'Appel du conseil de prud'hommes de la même ville, n'avait statué sur le fond, en infirmant le jugement définitif de première instance, qu'après avoir interloqué :

« Attendu, sur le deuxième moyen (ce sont les termes de cette partie de l'arrêt déjà cité, du 5 février 1825), que le conseil des prud'hommes avait statué sur le fond de la contestation des parties; que le tribunal de commerce en avait été saisi, de plein droit, par l'Appel interjeté du jugement de ce conseil; que, dès-lors, le tribunal de commerce n'a pas eu d'évocation à faire du fond; qu'aussi ne l'a-t-il pas évoqué; que les tribunaux d'Appel, saisis du fond du litige, ont le pouvoir d'en juger définitivement une partie, et d'en interloquer l'autre, en ordonnant une expertise ou toute autre vérification;

» D'où il suit que le tribunal de commerce n'a pas violé l'art. 473 du Code de procédure civile, qui n'est applicable qu'au cas où les cours et autres tribunaux d'Appel infirment ou annullent un jugement interlocutoire ou tout autre jugement définitif, *mais qui ne statue pas sur le fond*, retiennent le fond, et n'y font pas droit par un seul et même jugement ou arrêt ».

On aperçoit tout de suite à quelle conséquence ces assertions doivent nous conduire, si elles sont exactes. Il doit nécessairement en résulter que, sur notre première question, il faut abandonner la décision de l'arrêt de cassation de la section civile, du 28 avril 1823, et revenir à l'opinion de M. Carré, quelqu'insoutenable que soit la distinction que fait ce jurisconsulte, pour la justifier, entre l'*infirmation* et la *réformation* d'un jugement de première instance.

Et c'est effectivement le parti qu'a pris la section des requêtes, dans une espèce qui s'est présentée devant elle, peu de temps après son arrêt du 26 avril 1825.

Le 28 juillet 1823, jugement du tribunal de première instance de Saint-Marcellin qui, statuant sur plusieurs contestations élevées entre le sieur Mathieu et le sieur Blanc, déclare nulle, pour cause de lésion, la vente faite le 6 messidor an 11, pendant la minorité du premier, d'un bien national qui lui appartenait.

Sur l'Appel du sieur Blanc, arrêt de la cour royale de Grenoble, du 25 mars 1825, qui, entr'autres dispositions, infirme le chef du jugement relatif à la vente du 6 messidor an 11, et avant faire droit, à cet égard, ordonne une expertise à l'effet de constater si le mineur Mathieu a été lésé ou non par cette vente; pour, le procès-verbal des experts rapporté, être statué ce qu'il appartiendra.

Le sieur Blanc se pourvoit en cassation et soutient qu'en interloquant sur ce chef du jugement, sans en renvoyer l'objet au premier juge, la cour royale de Grenoble a violé la seconde disposition de l'art. 473 du Code de procédure civile.

Mais par arrêt du 15 décembre 1825, au rapport de M. Lasagni, et sur les conclusions de M. l'avocat-général Lebeau,

« Attendu, en droit, qu'il ne peut pas y avoir d'évocation toutes les fois que le procès a été, en première instance, entièrement et définitivement jugé au fond, puisque, dans ce cas, le premier degré étant épuisé, les premiers juges ayant consommé leur juridiction, aucune litispendance ne subsiste devant eux; qu'ainsi, les juges, régulièrement saisis par la voie de l'Appel, ont pu (comme ils l'ont fait) ordonner une expertise, avant de prononcer sur l'action en lésion intentée par Mathieu;

» La cour (section des requêtes) rejette le pourvoi.... (1) ».

Il existe, comme l'on voit, entre cet arrêt et celui du 28 avril 1823, une contrariété frappante. Par l'arrêt du 28 avril 1823, la section civile décide que l'art. 473 du Code de procédure est violé, lorsqu'en infirmant, comme rendu trop précipitamment et sans instruction suffisante, un jugement de première instance qui a prononcé définitivement sur le fond, le tribunal d'Appel ordonne qu'il sera procédé devant lui à une instruction qu'il juge propre à le mettre en état d'y statuer lui-même. Et, par celui du 15 décembre 1825, la section des requêtes décide, au contraire, qu'en pareil cas, l'art. 473 reste sans atteinte; puisque *les premiers juges ont consommé leur juridiction*, et que par conséquent il ne peut y avoir lieu de renvoyer, soit devant eux, soit devant d'autres juges de première instance, qui ne seraient que leurs représentans, l'acte d'instruction dont le tribunal d'Appel reconnaît la nécessité.

Auquel de ces deux arrêts devons-nous nous en tenir?

En thèse générale, dans le choc d'un arrêt de cassation avec un arrêt de rejet, c'est ordinairement au premier que l'on s'attache de préférence. Mais ici l'arrêt de rejet du 15 décembre 1825 a, sur l'arrêt de cassation du 28 avril 1823, un avantage remarquable. C'est que celui-ci est isolé, au lieu que celui-là est appuyé sur les motifs de deux autres.

Cet avantage ne serait cependant pas d'un fort grand poids, si des deux assertions sur lesquelles se fonde l'arrêt du 15 décembre 1825, et qu'il puise dans ceux des 5 février et 26 avril précédens, il n'y en avait pas au moins une de vraie.

Or, 1°. est-il bien vrai que la seconde disposition de l'art. 473 n'interdit que l'*évocation* en cause d'Appel, lorsqu'il n'est pas possible de prononcer sur le fond par le même jugement qui infirme celui de première instance; et que, par suite, elle n'est pas applicable au cas où, en première instance, *tout le procès en la forme et au fond a été définitivement et complétement jugé*? 2°. Est-il bien vrai que cette disposition ne peut être violée que dans le cas où les cours et tribunaux d'Appel, en infirmant ou annulant un jugement interlocutoire ou tout autre jugement définitif, MAIS QUI NE STATUE PAS SUR LE FOND, retiennent le fond et n'y font pas droit par un seul et même jugement ou arrêt?

La première de ces assertions n'est certainement pas justifiée par le texte de l'art. 473, qui, suivant l'observation que j'en ai déjà faite, ne parle point d'*évocation*, et substitue, au contraire, à la défense contenue dans les ordonnances de 1579 et 1667, d'évoquer le principal sans le juger

---

(1) Bulletin civil de la cour de cassation, année 1826, page 88.

sur-le-champ, la défense beaucoup plus large de *statuer sur le principal* sans remplir la même condition.

La seconde assertion, qui n'est d'ailleurs que la conséquence de la première, ne paraît pas plus soutenable. Le moyen, en effet, de dire, en présence du texte de l'art. 473, que la disposition n'en est applicable qu'au cas où le jugement définitif infirmé n'a pas statué sur le fond? Cette disposition, par cela seul qu'elle porte indéfiniment sur les *jugemens définitifs*, ne comprend-elle pas les jugemens définitifs qui statuent sur le fond, comme ceux qui ne statuent que sur un incident ou sur une exception? Eh! Comment ne les comprendrait-elle pas? N'est-ce pas aux jugemens qui statuent sur le fond, que s'applique éminemment la dénomination de jugemens définitifs? Et la restreindre aux jugemens qui, ne statuant que sur un incident ou sur une exception, ne sont définitifs que relativement à cette exception, à cet incident, et ne le sont par conséquent que d'une manière imparfaite, n'est-ce pas violer le grand principe, *ubi lex non distinguit, nec nos distinguere debemus?*

Mais ne nous hâtons pas trop de signaler ces deux assertions comme erronées. Si elles ne sont pas justifiées par la lettre de l'art. 473, elles peuvent découler de l'esprit de cet article, et n'oublions pas qu'à côté de la règle qui défend aux magistrats et aux jurisconsultes de distinguer là où la loi ne le fait pas, il en est une autre qui leur permet, ou plutôt qui leur enjoint, d'éviter, à l'égard des lois même les plus générales, toute interprétation qui, en respectant leur généralité apparente, aboutirait à leur donner une interprétation absurde (1).

Or, il est facile de prouver que l'on ferait dire à l'art. 473 une chose absurde, si, s'en tenant à son texte littéral, on en inférait qu'il ne se contente pas, à l'exemple des anciennes ordonnances, d'interdire l'évocation du principal sans le juger sur-le-champ, et que, s'il ne défend pas d'interloquer en infirmant un jugement qui, régulier dans sa forme et rendu compétemment, a statué définitivement sur le fond, il ne le permet du moins qu'à la charge de renvoyer l'exécution et les suites de l'interlocutoire, soit au même, soit à un autre tribunal de première instance.

Il est universellement reconnu que l'art. 473 ne s'oppose pas à ce que le tribunal d'Appel, à qui est déféré un jugement définitif sur le fond, commence, avant de l'infirmer comme rendu trop précipitamment, par ordonner les actes d'instruction que le premier juge a mal-à-propos omis; et à ce qu'ensuite, éclairé par le résultat de ces actes, il prononce sur le fond par son jugement infirmatif; et cependant il est impossible de se dissimuler, suivant la remarque que j'ai déjà faite, qu'un pareil interlocutoire équipolle par-

_____
(1) *V.* l'article *Déclaration de Command*, §. 2.

faitement à l'infirmation du jugement définitif; car dire que l'on ne peut statuer sur le mérite de ce jugement, sans avoir au préalable fait procéder à des actes d'instruction omis par le tribunal de première instance, c'est nécessairement dire que le tribunal de première instance a eu tort de ne pas faire lui-même procéder à ces actes; c'est par conséquent improuver nécessairement sa manière de juger, et par conséquent encore, c'est nécessairement prononcer virtuellement l'infirmation de son jugement.

Et l'on voudrait que l'art. 473 attachât à l'infirmation expresse du jugement définitif, un effet qu'il n'attache pas à l'infirmation virtuelle de ce jugement! L'on voudrait qu'il fît résulter de la première un obstacle à la faculté de retenir le fond et d'y statuer par un jugement séparé, que ni son texte ni le bon sens ne permettent de faire résulter de la seconde? On voudrait qu'il fût censé dire, au tribunal saisi de l'Appel d'un jugement définitif qui a statué sur le fond sans instruction suffisante : « Vous ne pouvez pas, en in-
» firmant ce jugement, et en ordonnant par
» suite les actes d'instruction qu'il a injustement
» omis, retenir le fond pour y statuer séparé-
» ment; je vous le défends même, à peine de
» cassation; mais je vous laisse un moyen aussi
» simple que facile d'éluder ma défense : il ne tient
» qu'à vous de ne pas commencer par infirmer en
» termes exprès le jugement qui vous est dénoncé,
» et de vous borner d'abord à ordonner les actes
» d'instruction que les premiers juges ont eu tort
» de ne pas ordonner eux-mêmes. A la vérité,
» vous ferez par là l'équivalent de ce que vous
» feriez par une infirmation expresse; mais qu'im-
» porte? Je vous permets de faire par une voie
» détournée, ce que je vous défends de faire
» par une voix directe et franchement. A la vé-
» rité, ma défense se trouve, par là, n'être plus
» qu'une disposition puérile; elle ne porte plus
» que sur des mots, et la validité du jugement
» que vous avez à rendre, ne dépendra que du
» choix que vous ferez entre deux formules qui
» viennent absolument au même. Mais qu'im-
» porte encore? Telle est ma volonté » !

Non, telle n'a pas pu être, telle n'a pas été l'intention du législateur, lorsqu'il a rédigé l'art. 473; et dès-lors, nul doute que l'arrêt de cassation du 28 avril 1823, en appliquant littéralement la seconde disposition de cet article, n'en ait méconnu et violé l'esprit; nul doute que l'esprit de cet article n'ait été mieux saisi, et plus justement appliqué par les trois arrêts de rejet des 5 février, 26 avril et 15 décembre 1825 (1).

VII. Lorsque le jugement dont est Appel, n'est définitif qu'en ce qu'il accueille une exception ou

_____
(1) Au moment où ceci s'imprime, je me rappelle qu'avant ces trois arrêts, la section civile en avait rendu un semblable sur mes conclusions, et au rapport de M. Carnot, le 8 juillet 1812. *V.* le *Répertoire de Jurisprudence*, au mot *Légitimité*, sect. 2, §. 2, n°. 5-1°.

fin de non-recevoir qui, soit pour toujours, soit quant à présent, rend inutile l'examen du fond, les juges d'Appel qui l'infirment, peuvent-ils retenir le fond même pour y statuer par un jugement séparé?

Ils ne le pouvaient pas sous l'ordonnance de 1667; mais, quoique les dispositions de l'art. 2 du tit. 6 de cette loi n'ait été abrogé, comme je l'ai établi plus haut, n°. 1, ni par le décret du 1er. mai 1790, ni par la loi du 24 août de la même année, la cour de cassation, ne laissait pas de juger que ce décret et cette loi leur en accordaient la faculté.

C'est ce que prouve notamment l'arrêt du 15 germinal an 10, qui est transcrit dans les conclusions du 2 ventôse an 11; rapportées ci-après, n°. 9.

En voici deux autres qui justifient également mon assertion.

Une société d'assureurs de Lille avait pris, par une police d'assurance, l'engagement de payer aux sieurs Salomez, père et fils, la valeur du navire le *Saint-Joseph*, trois mois après la signification qui lui serait faite des preuves constatant la perte de ce navire.

Ce navire étant venu effectivement à périr, les sieurs Salomez font assigner les assureurs au tribunal de commerce de Lille, en condamnation à leur en payer la valeur *au taux convenu par la police*.

Les assureurs opposent une exception dilatoire: qui ne doit, disent-ils, *ne doit rien*.

Le 17 brumaire an 11, jugement qui, accueillant cette exception, déclare les sieurs Salomez non-recevables quant à présent.

Appel de la part des sieurs Salomez au tribunal d'Appel de Douai.

Le 13 pluviôse de la même année, arrêt qui, attendu que l'on ne peut pas considérer *comme prématurée une demande à fin de paiement au bout des trois mois fixés par la police*, infirme le jugement du tribunal de commerce, et ordonne aux parties de plaider au fond; et, après que le fond a été plaidé, second arrêt qui condamne les assureurs.

Les assureurs se pourvoient en cassation contre ces deux arrêts, et attaquent notamment le premier, comme violant la règle des deux degrés de juridiction.

Mais, par arrêt du 10 pluviôse an 12, au rapport de M. Boyer,

« Attendu que, quoique les demandeurs paraissent s'être bornés en première instance à proposer une exception dilatoire, néanmoins le fond de la contestation a été soumis aux premiers juges par les conclusions formelles prises à cet égard par Salomez, père et fils; qu'ainsi, les premiers juges en ont été véritablement saisis, et que, s'ils se sont bornés à statuer sur l'exception dilatoire, les juges d'Appel n'ont pas moins été autorisés, en faisant ce que les juges de première instance auraient dû faire, à statuer définitivement sur le fond, et qu'en le faisant, ils n'ont aucunement violé la loi des deux degrés de juridiction.

» Le tribunal rejette le pourvoi,... ».

Dans le courant de l'année 1802, une instance introduite, en 1792, devant le conseil de Brabant, est reprise devant le tribunal de première instance de Bruxelles.

Le 30 floréal an 11, jugement qui déclare cette instance périmée.

Appel à la cour de Bruxelles; et, le 5 ventôse an 12, arrêt qui infirme le jugement, rejette la demande en péremption, et, faisant ce que les premiers juges auraient dû faire, ordonne aux parties de plaider au fond.

Recours en cassation contre cet arrêt, pour violation de la règle des deux degrés de juridiction.

Mais, par arrêt du 27 germinal an 13, au rapport de M. Genevois,

« Attendu que les questions du fond ont été soumises au premier juge, et qu'il a dépendu de lui d'y statuer lors du jugement du 30 floréal; que, par conséquent, la cour d'Appel a procédé régulièrement en se retenant la connaissance du principal;

» La cour (section des requêtes) rejette le pourvoi.... ».

Mais, ce qui prouve que, si ces deux arrêts eussent été rendus sous le Code de procédure civile, ils auraient dû casser ceux qu'ils ont maintenus, c'est la manière dont il a été statué par la cour de cassation, le 9 octobre 1811, sur l'espèce qui est rapportée dans le *Répertoire de jurisprudence*, aux mots *Prorogation de juridiction*, n°. 2; et le 18 juin 1817, sur celle que voici:

Le sieur Dequeux, assigné à la requête de la dame Duchatelet, devant le tribunal de première instance d'Abbeville, en paiement d'un grand nombre d'années d'arrérages d'une rente qu'il lui doit, obtient d'abord un jugement qui lui permet de faire interroger la demanderesse sur faits et articles.

Avant que la dame Duchatelet ait subi l'interrogatoire ordonné par ce jugement, le sieur Dequeux conclud à l'annullation de l'exploit introductif d'instance, sur le fondement que son domicile n'y est pas énoncé.

Jugement qui rejette cette demande, attendu qu'elle n'a pas été proposée *in limine litis*.

Appel de la part du sieur Dequeux.

Le 18 décembre 1807, arrêt de la cour d'Amiens qui infirme ce jugement par un motif étranger à celui qui avait déterminé le tribunal d'Abbeville, reconnaît néanmoins la validité de l'exploit introductif d'instance, et ordonne aux parties de plaider au fond.

Près de sept mois se passent sans que les plaidoiries aient lieu.

Le 26 mai 1814, la dame Duchatelet obtient, contradictoirement avec le sieur Dequeux, qui ne comparait que sous la réserve de tous ses droits

53.

à l'égard de l'arrêt du 26 mai 1807, un arrêt qui l'autorise à subir l'interrogatoire ordonné par le premier jugement du tribunal d'Abbeville, devant un commissaire délégué à cet effet.

Et, après avoir subi cet interrogatoire, elle poursuit l'audience sur le fond.

Enfin, le 16 juin de la même année, arrêt par défaut qui condamne le sieur Dequeux au paiement de tous les arrérages réclamés par la dame Duchatelet.

Mais le sieur Dequeux se pourvoit en cassation, tant contre l'arrêt du 26 mai 1807, que contre ceux des 26 mai et 16 juin 1814; et le 18 juin 1817, au rapport de M. Poriquet, arrêt par lequel,

« Vu la loi du 1er. mai 1790, l'art. 17 du tit. 2 de la loi du 24 août de la même année, et l'art. 473 du Code de procédure....;

» Attendu, en droit, que les lois des 1er. mai et 24 août 1790 ont posé en principe et comme base fondamentale de l'organisation judiciaire, qu'en matière civile, il y aura deux degrés de juridiction ;

» Que ce principe est d'ordre public, établi dans l'intérêt général, et pour assurer la plus parfaite administration de la justice ;

» Qu'il n'y peut être dérogé par les tribunaux que dans les cas déterminés par la loi, et lorsque, dans l'intérêt des parties, pour abréger les procès et simplifier les procédures, elle a cru devoir y apporter quelque modification ;

» Que c'est ainsi qu'en vertu de l'art. 473 du Code de procédure, les tribunaux qui sont saisis de l'Appel d'un jugement interlocutoire, ou même de jugemens définitifs, pour vices de forme ou pour toute autre cause, sont autorisés à statuer sur le fond; mais seulement lorsque la matière y est disposée, et, à la charge de prononcer, par le même jugement, tant sur l'Appel que sur le fond ;

» Qu'il ne faut pas séparer la faculté donnée aux tribunaux, des conditions sous lesquelles elle leur est accordée ;

» Que, regarder ces conditions comme comminatoires, ce serait méconnaître l'esprit de la loi, et préparer le renouvellement de ces évocations abusives, trop souvent pratiquées par les anciens tribunaux ;

» Que, si, néanmoins, en considérant que cette exception a été créée dans l'intérêt des parties, on pouvait raisonnablement en conclure qu'elles ne sont pas recevables à se pourvoir, après y avoir acquiescé, contre un arrêt qui, en statuant sur l'Appel, n'aurait pas prononcé sur le fond par le même jugement, il faudrait toujours, en ce cas, que l'acquiescement des parties fût exprès, ou le résultat d'actes qui ne permissent pas de révoquer en doute leur intention ;

» Attendu, en fait, que la cour royale n'a pas statué sur l'Appel et sur le fond des contestations pendantes entre le sieur Dequeux et la dame Duchatelet, *par le même jugement* ;

» Qu'elle n'aurait pas même pu le faire par son arrêt du 18 décembre 1807, parceque la matière n'y était pas disposée, la dame Duchatelet n'ayant pas alors satisfait au jugement passé en force de chose jugée, par lequel il était ordonné qu'elle serait préalablement interrogée sur faits et articles ;

» Attendu que ce n'est qu'après avoir ordonné une nouvelle instruction, et commis un de ses membres, par arrêt du 26 mai 1814, pour recevoir les réponses de la dame Duchatelet, que la cour royale, par un dernier arrêt du 6 juin suivant, lorsqu'elle n'était plus saisie de l'Appel jugé par l'arrêt du 18 décembre 1807, qu'elle a prononcé sur le fond, et y a prononcé par défaut contre le sieur Dequeux, que l'arrêt du 26 mai déclare n'avoir comparu que sous réserve de tous ses moyens, droits et actions ;

» Qu'ainsi, en donnant, en cet état, à l'art. 473 du Code de procédure, une extension aussi contraire à la lettre qu'à l'esprit de la loi, la cour royale a fait une fausse application dudit art. 473, et a expressément violé, tant la loi du 1er. mai 1790, que l'art. 17 du tit. 2 de celle du 24 août de la même année, sur les deux degrés de juridiction ;

» Par ces motifs, la cour casse et annule... (1) ».

VIII. Lorsque le jugement dont il y a Appel, a prononcé que sur une demande incidente, le tribunal d'Appel peut-il, en l'infirmant, retenir le fond et le faire plaider devant lui, pour y statuer par un jugement séparé ?

La négative est la conséquence nécessaire des principes qui ont déterminé les deux arrêts de la cour de cassation, des 9 octobre 1811 et 18 juin 1817, rapportés au n°. précédent ; et en voici un autre, qui la consacre formellement.

Le 19 juin 1813, opposition de la part du sieur Laboissière, se qualifiant fils des sieur et dame Darribeau, à la levée des scellés apposés après le décès de sa prétendue mère, à la requête du sieur Darribeau, son prétendu père, et de la dame Martinelly, sa prétendue sœur.

Le 10 juillet suivant, ordonnance de référé qui autorise le sieur Laboissière à assister à la levée des scellés.

Le sieur Darribeau et la dame Martinelly font assigner le sieur Laboissière devant le tribunal de première instance de Marmande, pour voir dire que défenses lui seront faites de prendre la qualité qu'il s'attribue.

Jugement qui renvoie à deux mois l'instruction sur la question d'état, et, par provision, déclare que, conformément à l'ordonnance du 14 juillet, les scellés ne pourront être levés qu'en présence du sieur Laboissière.

Appel de ce jugement et de cette ordonnance à la cour royale d'Agen.

Le 10 février 1814, arrêt qui infirme l'un et l'autre, et, évoquant le principal, ordonne aux parties de plaider sur la question d'état.

---

(1) Bulletin civil de la cour de cassation, tome 19, page 193.

APPEL, §. XIV, Art. I. 421

A cet arrêt qui n'est exécuté, de la part du sieur Laboissière, que sous la réserve de tous ses droits, en succèdent deux autres des 21 juin et 12 août de la même année, qui rejettent définitivement toutes ses prétentions.

Mais sur son recours en cassation, arrêt du 22 novembre 1818, au rapport de M. Zangiacomi, par lequel,

« Vu l'art. 473 du Code de procédure civile... ;

» Considérant que la question d'état qui constituait le fond de cette affaire, n'a été ni instruite ni jugée en première instance ; que le tribunal n'a prononcé que sur l'incident relatif aux scellés ; que, suivant l'article ci-dessus cité, la cour royale, saisie de l'Appel de ce jugement, n'aurait pu retenir la connaissance du fond qu'autant 1°. que le fond eût été disposé à recevoir une décision définitive, et 2°. qu'il eût pu être expédié avec l'incident par un seul et même arrêt ; qu'il est certain, dans l'espèce, qu'au moment où l'arrêt d'évocation a été rendu, le fond de l'affaire n'était pas en état de recevoir une décision définitive, puisque la cour a ordonné une plus ample instruction; d'où il est résulté que, contrairement à l'art. 473 du Code de procédure, l'incident et le fond ont été jugés par des arrêts différens et à des époques éloignées; qu'il est inexact de dire que Laboissière a acquiescé à l'arrêt d'évocation, puisqu'au moment où il a été rendu, il a déclaré *qu'il ne pouvait, dans l'état actuel de la cause, plaider ni conclure au fond* ; puisque depuis il s'est pourvu en cassation contre cet arrêt; puisqu'enfin, lors des plaidoiries qui ont précédé l'arrêt définitif, il a fait *réserve de tous ses moyens et exceptions, notamment à raison de son pourvoi* contre l'arrêt (d'évocation), du 19 février 1814;

» La cour casse et annulle l'arrêt rendu par la cour royale d'Agen, le 10 février 1814, mais uniquement dans la disposition par laquelle cette cour a retenu le fond de l'affaire, en ordonnant une plus ample instruction ; casse et annulle par voie et suite de conséquence, les deux arrêts que la cour a postérieurement rendus sur le fond, le 21 juin et le 12 août 1814... (1) »

IX. Si le premier juge, au lieu de statuer sur le fond qui lui était soumis par le demandeur, s'était mal-à-propos déclaré incompétent pour en connaître, le tribunal d'Appel pourrait-il, en infirmant son jugement, retenir le fond même et y statuer ensuite par un jugement séparé ?

Voici les conclusions que j'ai données sur cette question, avant le Code de procédure civile et à une époque où, déjà préjugée et même explicitement jugée à l'avance pour l'affirmative, par un grand nombre d'arrêts de la cour de cassation, il n'était plus possible de tenter de la faire juger dans le sens contraire.

« Vous avez à statuer (ai-je dit à l'audience de la section des requêtes, le 2 ventôse an 11) sur la demande en cassation formée par le cit. Borchgrave contre un jugement du tribunal d'Appel de Liége, du 14 germinal an 9; et à cet égard, trois questions se présentent à votre examen : 1°. La demande en cassation est-elle formée régulièrement ? 2°. Est-elle recevable ? 3°. Est-elle fondée ?

» Sur la première question, vous avez observé que, par sa première requête en cassation, le cit. Borchgrave n'attaque que le jugement du 25 ventôse an 10 ; et que la quittance de consignation d'amende qui y est annexée, n'a également pour objet que ce seul jugement.

» Mais vous avez aussi observé que le jugement du 14 germinal an 9 n'a été signifié ni à la personne, ni au domicile du cit. Borchgrave ; et de là il résulte nécessairement que le cit. Borchgrave était encore à temps pour en demander la cassation, lorsqu'il a pris des conclusions à cette fin, par sa requête d'ampliation du 16 thermidor an 10.

» Il est d'ailleurs évident qu'une seule consignation d'amende a dû suffire pour les deux jugemens, puisqu'il existe entre eux une connexité intime.

» Ainsi, point de doute que la demande en cassation du jugement du 14 germinal an 9, ne soit régulière dans la forme.

» Mais pour savoir si elle est recevable et fondée, il faut nous reporter à ce qui avait été fait devant les premiers juges.

» Le cit. Borchgrave s'était pourvu, en 1777, devant l'official-juge ordinaire du pays de Liége, pour faire déclarer bon et valable le congé qu'il venait de faire donner au cit. Vanstraeten, locataire de son château d'Exanten.

» De là s'était formée, entre les parties, une instance dans laquelle les conclusions s'étaient tellement compliquées et la procédure tellement grossie, que rien n'était encore jugé définitivement, lorsque le pays de Liége fut réuni à la république française.

» En l'an 8, le cit. Vanstraeten a repris cette instance devant le tribunal civil de l'arrondissement de Liége. Le cit. Borchgrave s'y est présenté, et tous deux ont plaidé au fond.

» Au lieu de prononcer sur le fond, le tribunal de l'arrondissement de Liége s'est, d'office, déclaré incompétent; par la raison que le cit. Vanstraeten, défendeur originaire, n'était pas domicilié dans son ressort; comme s'il n'eût pas été libre aux deux parties de choisir ce tribunal pour leur juge; et comme si, de fait, ils ne l'eussent pas choisi et reconnu pour tel, en plaidant au fond devant lui.

» Le cit. Vanstraeten a appelé de ce jugement au tribunal d'Appel de Liége, et a conclu à ce qu'en l'infirmant, ce tribunal retînt la connaissance du principal.

» De son côté, le cit. Borchgrave a adhéré à

(1) Bulletin civil de la cour de cassation, tome 20, page 286.

APPEL, §. XIV, Art. I.

l'Appel de son adversaire ; et sur sa demande en retention du principal, il a déclaré s'en rapporter à la prudence du tribunal.

» Là-dessus, jugement du 14 germinal an 9, qui confirme celui des juges de première instance, déclare que ces juges étaient compétens, retient la cause et ordonne aux parties de plaider au fond.

» Ici, une première question se présente : la déclaration faite par le cit. Borchgrave devant le tribunal d'Appel de Liége, qu'il s'en rapportait à sa prudence sur la retention du principal, n'élève-t-elle pas une fin de non-recevoir contre la demande qu'il forme aujourd'hui, en cassation de la disposition du jugement du 14 germinal an 9, par laquelle, en effet, le principal a été retenu? Cette déclaration n'emporte-t-elle pas, de la part du cit. Borchgrave, un acquiescement anticipé à ce que le tribunal d'Appel jugera à propos de faire? N'emporte-t-elle pas une renonciation à toute espèce de recours contre le jugement qui pourra intervenir?

» Déjà, sur une question semblable, nous avons soutenu la négative à l'audience de la section criminelle, dans la cause de la dame Sirey; et la section criminelle a adopté cette opinion, par un jugement du 30 fructidor an 10 (1).

« En effet, s'en rapporter à la justice, c'est dire aux juges : *Je vous crois trop justes, trop éclairés, pour ne pas faire ce que la loi vous prescrit : j'ignore quel est le vœu de la loi sur la difficulté qui s'agite devant vous ; mais ce vœu, vous devez le connaître ; c'est à vous à le consulter ; et je ne doute pas que vous ne vous y conformiez.*

» Or, s'exprimer ainsi, ce n'est certainement pas abdiquer, à l'avance, toute réclamation contre l'erreur que pourra commettre le tribunal devant lequel on plaide ; ce n'est pas renoncer au droit de recourir au juge supérieur, pour lui demander la réformation de cette erreur.

» Cela est si vrai, qu'il a fallu une disposition expresse dans la loi du 24 août 1790 et dans celle du 27 ventôse an 8, pour priver de la ressource de l'Appel, ceux qui, par un compromis pur et simple, s'en rapportent aux lumières et à la justice d'arbitres de leur choix ; et cette disposition étant limitée aux décisions des arbitres, il est évident qu'on ne peut pas l'étendre aux jugemens des tribunaux.

» Mais voyons si ce qui s'est passé depuis le jugement du 14 germinal an 9, n'a pas fermé la porte à toute réclamation de la part du cit. Borchgrave, contre ce jugement.

» Vous savez qu'en exécution de ce jugement, le cit. Borchgrave a été assigné à l'audience du tribunal d'Appel de Liége, du 18 thermidor an 9 ; et que là est intervenu un jugement qui a relevé le cit. Borchgrave de la forclusion de produire son enquête, qu'avait prononcée contre lui une sentence de l'official de Liége du 3 octobre 1791, à la charge de refondre les frais préjudiciaux, et de représenter son enquête dans le mois.

» Le 6 frimaire an 10, nouveau jugement par défaut, contre le cit. Borchgrave, qui, faute par lui d'avoir rapporté son enquête et payé les frais préjudiciaux, déclare définitivement encourue la condamnation prononcée contre lui par une sentence de l'official de Liége, du 19 avril 1784, dans le cas où il ne ferait pas preuve des faits énoncés dans cette sentence.

» Le cit. Borchgrave forme opposition à ce jugement ; et, le 25 ventôse de la même année, troisième jugement qui le déboute de son opposition.

» Sans doute, ce n'est pas pour avoir laissé prendre un défaut, le 6 frimaire an 10, que le cit. Borchgrave peut être censé avoir acquiescé au jugement du 14 germinal an 9, et par suite être déclaré non-recevable dans sa demande en cassation.

» Mais n'a-t-il pas acquiescé à ce jugement, en se présentant et en plaidant sans protestation ni réserve à l'audience du 18 thermidor an 9 ? N'y a-t-il pas acquiescé en formant opposition au jugement par défaut du 6 frimaire an 10, qui n'était qu'une suite de celui du 14 germinal an 9 ? N'y a-t-il pas acquiescé en plaidant sur cette opposition, et toujours sans protestation ni réserve, à l'audience du 25 ventôse ?

» Non, et la raison en est bien simple : c'est que, de tout ce qui a été fait en exécution du jugement du 14 germinal an 9, rien ne l'a été volontairement par le cit. Borchgrave.

» S'il a plaidé à l'audience du 18 thermidor an 9, c'est qu'il y avait été assigné par le cit. Vanstraeten ; c'est que le cit. Vanstraeten avait, pour le contraindre à y plaider, un jugement en dernier ressort, un jugement qui devait être exécuté nonobstant toutes protestations et réserves, et par conséquent un jugement contre lequel il était inutile de faire des réserves et des protestations, pour n'être pas censé y acquiescer.

» Si le cit. Borchgrave a formé opposition au jugement du 6 frimaire an 1 , et s'il a plaidé sur cette opposition le 25 ventôse suivant, c'était toujours pour l'effet nécessaire et inévitable pour lui, du jugement du 14 germinal an 9.

» C'est ainsi que, par jugement du 4 brumaire dernier, la section civile a cassé, sur le recours du cit. Leboullanger, un jugement du tribunal d'Appel de Rouen, du 1er. prairial an 9, qui lui avait ordonné de plaider au fond, quoique, sur la poursuite de son adversaire, il eût effectivement plaidé au fond, deux jours après : « Attendu (a-t-elle dit) qu'en défendant au fond, sans » aucune réserve de se pourvoir, par suite du » jugement qui, après avoir rejeté la fin de non- » recevoir, l'avait ainsi ordonné, Leboullan-

---

V. l'article *Sections des tribunaux*, §. 2, et l'article *Acquiescement*, §. 3.

» ger ne s'était pas interdit la faculté de la faire
» valoir ultérieurement, d'autant mieux qu'il s'a-
» gissait d'un jugement en dernier ressort ; et
» que d'ailleurs cette exécution de ce jugement
» n'était point un acte libre de sa part, mais
» avait été provoquée par son adversaire (1) ».

« Il n'y a donc pas, il ne peut donc pas y avoir ici, de fin de non-recevoir à opposer à la demande en cassation du cit. Borchgrave.

» Mais, cette demande est-elle aussi bien fondée qu'elle est recevable, ou en d'autres termes, le tribunal d'Appel de Liége a-t-il, en retenant le fond de la cause par son jugement du 14 germinal an 9, violé le décret du 1er. mai et l'art. 17 du titre 2 de la loi du 24 août 1790? C'est la troisième question que nous avons posée, et la solution n'en sera pas difficile.

» C'est un principe constant, en matière civile, que tout tribunal d'Appel doit, en réformant le jugement qui lui est déféré, faire au fond ce qu'eût dû faire le tribunal de première instance, c'est-à-dire, statuer sur la demande principale et la juger définitivement, lorsque le tribunal de première instance a mal-à-propos refusé de le faire.

» Non-seulement il n'existe aucune loi qui interdise cette manière de prononcer aux tribunaux d'Appel; mais il en existe une qui la leur prescrit implicitement: c'est l'art. 7 de la loi du 3 brumaire an 2.

» Cet article, en effet, en disant que les juges d'Appel ne peuvent statuer *que sur les demandes formées en première instance*, insinue assez clairement qu'ils peuvent statuer sur toutes les demandes qui ont été *formées* devant le premier tribunal, quoique le premier tribunal ne les ait pas décidées ; et qu'ils doivent le faire toutes les fois que le premier tribunal a mal procédé, en ne les jugeant pas.

» Le tribunal civil du département de l'Isère, sur l'Appel d'un jugement de celui du département du Mont-Blanc, avait, pour de prétendus vices de forme, déclaré ce jugement nul, et renvoyé les parties devant les juges de première instance, pour prononcer de nouveau sur le fond.

» Les parties intéressées avaient acquiescé à son jugement ; mais notre prédécesseur en a requis la cassation ; et, le 17 vendémiaire an 8, ce jugement a été cassé, « sans préjudice du droit
» des parties, attendu que la loi n'admet que
» deux degrés de juridiction; qu'elle rend les tribu-
» naux civils juges d'Appel les uns des autres;que,
» dans l'espèce, le tribunal civil du département
» de l'Isère, après avoir déclaré nul le jugement
» de première instance, a renvoyé les parties devant le premier tribunal, pour faire prononcer
» de nouveau, au lieu de prononcer lui-même ;
» qu'il a, par là, forcé les parties à parcourir plus
» de deux degrés de juridiction; qu'il a donc, sous

(1) V. l'article *Interlocutoire*, §. 2.

» ce rapport, violé la loi du 1er. mai 1790, et ex-
» cédé son pouvoir ».

» C'est encore sur le réquisitoire du ministère public qu'a été rendu le jugement suivant.

» Le tribunal civil du département des Côtes-du-Nord s'était déclaré incompétent pour connaître d'une demande formée devant lui en paiement d'une somme de deniers.

» Sur l'Appel, jugemens du tribunal civil du du département du Finistère, des 26 brumaire et 26 nivôse an 7, qui annullent le jugment du tribunal des Côtes-du-Nord, et renvoient les parties devant le même tribunal, pour faire statuer sur le fond.

» Et le 26 vendémiaire an 8, jugement, au rapport du cit. Vergès, et sur les conclusions du cit. Zangiacomi, par lequel, vu la loi du 1er. mai 1790, qui veut que, dans toute affaire civile, il n'y ait que deux degrés de juridiction ; vu l'art. 7 de la loi du 3 brumaire an 2, qui veut que les juges d'Appel ne puissent prononcer que sur les demandes formées en première instance ; d'où il suit qu'ils doivent statuer sur toutes celles qui y ont été formées ; et attendu que le tribunal civil du département du Finistère, en statuant, par les jugemens des 26 brumaire et 26 nivôse an 7, sur la question de compétence qui s'était élevée en première instance, devant le tribunal civil du département des Côtes-du-Nord, aurait dû statuer en même temps sur la demande au fond déjà formée en première instance ; qu'en se bornant à prononcer sur la compétence, le tribunal d'Appel a violé la loi du 1er. mai 1790 et l'art. 7 et la loi du 3 brumaire an 2 ; le tribunal, faisant droit sur le réquisitoire, casse et annulle les jugemens rendus par le tribunal civil du département du Finistère, les 26 brumaire et 26 nivôse an 7 ».

» En prairial an 6, Pierre-Xavier de Brouchoven et consorts ont fait assigner au tribunal civil du département de la Dyle, le citoyen Barthélemy, tuteur d'Antoine-Philippe de Wisscher de Celles, Jean-Joseph Vanderdift, tant en son nom que comme tuteur de ses enfans, et Charles de Roote, à titre de son épouse, pour voir dire qu'il leur serait accordé relief de laps de temps, à l'effet de se pourvoir en révision contre un arrêt du conseil de Brabant, du 24 janvier 1790, et qu'en conséquence la voie d'Appel leur serait ouverte, conformément à l'arrêté des représentans du peuple, en mission dans la Belgique, du 30 vendémiaire an 4, qui avait converti en Appels les demandes en révision formées ou à former contre les arrêts des anciens tribunaux du pays.

» Le 14 fructidor an 6, jugement par lequel le tribunal de la Dyle se déclare incompétent.

» Appel de la part des cit. Brouchoven et consorts.

» Le tribunal civil du département de l'Escaut, saisi de cet Appel, rend, le 17 germinal an 7, un jugement par lequel, en infirmant celui de première instance, il déclare que les tribunaux sont compétens pour connaître d'une demande en restitution en entier contre le laps des délais fixés pour intenter la révision, et ordonne en conséquence aux parties de contester devant lui, sur la demande formée par le cit. Brouchoven et consorts devant le tribunal de la Dyle.

» Par un deuxième jugement du 9 messidor an 7, le même tribunal, faisant droit sur cette demande, relève les cit. Bouchoven et consorts du laps des jours fataux prescrits pour se pourvoir en révision contre l'arrêt du 24 janvier 1794, et déclare cet arrêt sujet à l'Appel.

» Les cit. Barthélemy et consorts se pourvoient en cassation contre ce second jugement, et, entre autres moyens, ils soutiennent qu'en statuant sur le fond de la demande en restitution, quoique le tribunal de première instance n'y eût point fait droit et ne s'en fût pas même occupé, le tribunal civil de l'Escaut avait violé l'art. 5. de la loi du 24 août 1790, et l'art. 7 de la loi du 3 brumaire an 2.

» Mais par jugement contradictoire du 13 nivôse an 9, au rapport du cit. Rousseau, et sur les conclusions du cit. Jourde, il a été prononcé en ces termes : « Attendu que les juges » de première instance avaient été saisis du fond » de la question relative au relief de laps de temps » qui avait été contesté devant eux; et que, par » l'Appel, la connaissance du tout avait été dé- » volue au tribunal de l'Escaut, qui conséquem- » ment à pu statuer sur la question; le tribunal » rejette la demande en cassation.... ».

» Le jugement rendu le 21 brumaire an 10, entre Etienne Manget, et Jean Vanversin, ne contrarie nullement cette jurisprudence.

» On voit dans le Bulletin civil du tribunal de cassation (an 10, n°. 25), que le seul motif de ce jugement a été que le fond n'avait pas été plaidé devant le tribunal de première instance; qu'il ne l'avait même pas été sur l'Appel, par le demandeur en cassation; qu'à plus forte raison, ne l'avait-il pas été par le défendeur, qui, en cause d'Appel, n'avait fait que soutenir le bien jugé de la sentence par laquelle les premiers juges s'étaient déclarés incompétens; qu'ainsi, le tribunal d'Appel de Paris n'avait eu aucun prétexte pour se saisir du fond, l'évoquer et le juger, comme il avait fait; toutes circonstances qui évidemment tiraient de la thèse générale, la question que présentait cette affaire.

» C'est dans les mêmes circonstances qu'a été rendu, le 11 ventôse an 10, un autre jugement que l'on pourrait encore nous opposer.

» Les cit. Cabarus s'étaient pourvus en l'an 7, devant le tribunal civil du département des Basses-Pyrénées, contre le cit. Gendre, qui, sans défendre au fond, avait proposé une exception déclinatoire; et cette exception avait été accueillie par le tribunal.

» Sur l'Appel porté par les cit. Cabarus au tribunal civil du département des Hautes-Pyrénées, ceux-ci avaient plaidé le fond en même temps que la question de compétence; mais le cit. Gendre s'était strictement renfermé dans cette question.

» Par jugement du 29 ventôse an 8, le tribunal d'Appel ne s'était pas contenté d'infirmer le jugement de première instance, et de déclarer que le premier juge était compétent, il avait encore jugé le fond au préjudice du cit. Gendre.

» Le cit. Gendre s'est pourvu en cassation; le et, 21 ventôse an 10, au rapport du cit. Aumont, la section civile a cassé ce jugement; « attendu » que la partie qui conteste la compétence du » tribunal devant lequel elle est appelée, n'é- » tant pas obligée de plaider le fond devant lui, » et le vœu d'aucune loi ne pouvant être qu'une » partie soit jugée sans être défendue ou avoir » été mise à portée de se défendre; il s'ensuit » que le tribunal saisi de l'Appel d'un jugement » qui ne décide qu'une question de compétence, » ne doit juger que cette question, si les parties » ne se réunissent pas pour plaider le fond; que » les renvoyer devant le tribunal qui doit en » connaître, ce n'est pas multiplier arbitrairement » les degrés de juridiction, puisque la contestation » sur le fond n'ayant pas encore été jugée, et » l'effet du renvoi n'étant que de la faire juger » dans un tribunal en première instance, d'où » elle reviendra à celui d'Appel; elle n'aura été » soumise qu'aux deux degrés de juridiction éta- » blis par la loi; que, dans le système du tribu- » nal civil du département des Hautes-Pyrénées, » la partie qui voudrait décliner la juridiction » des juges devant lesquels elle serait traduite, » ne pourrait le faire sans défendre en même » temps au principal, ou sans s'exposer à n'être » jugée que par un seul tribunal, et sans se pri- » ver ainsi de l'avantage des deux degrés de juri- » diction; que ce système viole ouvertement » l'art. 3 du tit. 6 de l'ordonnance de 1667 et la » loi du premier mai 1790 ».

» Vous voyez que ce jugement est uniquement motivé sur la circonstance, qui ne se rencontre pas ici, que le fond n'avait pas été plaidé devant le tribunal de première instance, et qu'il ne l'avait été devant le tribunal d'Appel que par l'une des parties (1). Il laisse donc intacte,

___

(1) C'est ce qu'a encore décidé un arrêt du 28 nivôse an 11. Voici dans quelles circonstances.

Le 28 thermidor an 8, le sieur Lange, propriétaire d'un privilége pour la fabrication des lampes connues sous le nom de *quinquets*, cite le sieur Noël, ferblantier, devant le tribunal de paix de son arrondissement, pour le faire condamner des dommages-intérêts, comme infracteur de son privilége.

Le 24 vendémiaire an 9, jugement qui ordonne, contre le sieur Noël, l'exécution du titre invoqué par le sieur

APPEL, §. XIV, Art. I.   425

comme celui du 21 brumaire an 10, la jurisprudence établie par les précédens jugemens, et d'après laquelle le fond peut et même doit être retenu par le juge d'Appel, toutes les fois que le premier juge pouvant y statuer, ne l'a pas fait.

» Voici d'ailleurs un jugement postérieur de la même section, qui confirme ce que nous avançons.

» Le cit. Delannoy, assigné devant le tribunal civil de l'arrondissement de Valenciennes, à la requête du cit. Lutton, avait soutenu que la citation devant le bureau de paix, le procès-verbal de non-conciliation, l'assignation et toute la procédure dont elle avait été suivie, étaient nuls; et

Lange, et condamne le premier aux dommages-intérêts du second.

Le sieur Lange fait notifier ce jugement à tous les ferblantiers de Paris.

Ceux-ci se réunissent en grand nombre, sous les noms de *Moynat*, *Brillet*, *Lecoque et consorts*, et font assigner le sieur Lange au tribunal de première instance du département de la Seine, pour voir dire qu'il est déchu de son privilège.

Pendant qu'on instruit sur cette demande, le sieur Moynat continue de fabriquer et de vendre des *quinquets*.

Le sieur Lange le fait citer au tribunal de paix de la division des Gardes-Françaises de Paris.

Le sieur Moynat comparaît, et oppose l'exception de litispendance; il soutient qu'il y a identité entre la nouvelle action du sieur Lange, et celle dont est saisi le tribunal de première instance du département. Il demande le renvoi de l'affaire à ce tribunal.

Le 12 nivôse an 9, jugement qui ordonne le renvoi demandé par le sieur Moynat.

Appel de la part du sieur Lange, tant pour déni de justice qu'autrement.

Cet appel est porté, conformément à la loi du 29 ventôse an 8, devant le tribunal de première instance du département de la Seine.

Le 3 messidor an 9, ce tribunal infirme le jugement de la justice de paix, comme ayant accueilli un déclinatoire non fondé; et prononçant sur le principal, donne gain de cause au sieur Lange.

Recours en cassation contre ce jugement; et après une instruction contradictoire, arrêt de la section civile, au rapport de M. Rousseau, par lequel,

« Vu la loi du 1er. mai 1790, qui veut qu'il y ait deux degrés de juridiction, l'art. 17 du tit. 2 de la loi du 24 août 1790, et l'art. 3 du tit. 6 de l'ordonnance de 1667;

» Attendu que, dans la cause, il s'agissait d'un déclinatoire pour raison de litispendance; que la compétence du juge de paix était par conséquent contestée; que ce juge ne pouvait pas en même temps prononcer sur le fond; au lieu que, dans les cas de nullité d'exploits et autres exceptions péremptoires, où la compétence est reconnue, l'ordonnance oblige de les comprendre dans les défenses; et le juge peut, par le même jugement, faire droit d'abord sur les exceptions, ensuite sur le fond;

» D'où il suit que le tribunal d'arrondissement de Paris, en retenant le fond et y prononçant, tandis que le juge de paix n'avait pu y statuer dans l'état de la cause, a privé ainsi les parties de deux degrés de juridiction, et qu'il y a, par suite, violation de la loi du 24 août 1790, art. 17 qui défend de distraire les parties de leurs juges par d'autres attributions ou évocations [que celles spécifiées par la loi; et en outre contravention à l'ordonnance de 1667, art. 3 du tit. 6;

» Le tribunal casse et annulle... ».

un jugement du 29 nivôse an 9 avait effectivement annullé ces différens actes.

« Sur l'Appel du cit. Lutton, jugement du tribunal d'Appel de Douai, du 25 prairial suivant, qui déclare qu'il a été mal jugé, bien appelé, émendant, déboute Delannoy de ses moyens de nullité, ordonne aux parties de plaider au fond, et à cet effet continue la cause au 14 messidor prochain.

» Le 2 thermidor de la même année, autre jugement qui prononce au fond, et condamne le cit. Delannoy.

» Celui-ci se pourvoit en cassation, et réclame la règle des deux degrés de juridiction qu'il prétend avoir été violée.

» Par jugement du 25 germinal an 10, au rapport du cit. Cochard, la section civile rejette la demande du cit. Delannoy, « attendu que » le tribunal d'Appel de Douai n'a pas statué par » évocation sur le fond de l'affaire, et qu'il n'a » pas supprimé l'un des deux degrés de juridic- » tion, parce que le décret du premier mai et l'art. » 17 du tit. 2 de la loi du 24 août 1790, en établis- » sant les deux degrés de juridiction, et en défen- » dant en général l'évocation, n'ont eu d'autre » but que celui d'empêcher en général les tribu- » naux d'Appel de statuer sur des contestations » qui n'auraient pas d'abord été portées parde- » vant les tribunaux de première instance, et » qu'ils n'ont pas entendu interdire aux premiers » de prononcer sur le principal, quand il n'a » tenu qu'aux derniers d'y faire droit; que, dans » l'espèce, Lutton ayant pris ses conclusions sur » le fond, devant les premiers juges qui auraient » pu y statuer, a pu les renouveler en cause » d'Appel; d'où il suit que le tribunal d'Appel » ayant statué sur le mérite desdites conclusions, » n'a prononcé aucune évocation prohibée par » les lois ».

» Depuis encore, et le 20 vendémiaire an 11, la même section a rendu un jugement fondé sur le même principe. Voici dans quelle circonstance.

» Le 4 fructidor an 5, jugement du tribunal civil du département du Lot, qui rescinde, pour cause de lésion, une vente faite par Souffran à Tronchet.

» Le 14 frimaire an 7, jugement du tribunal civil du département de Lot-et-Garonne, qui, sur l'Appel de celui du 4 fructidor an 5, le déclare nul pour vice de rédaction, et ne statue rien sur le fond.

« Le 7 germinal an 8, le tribunal civil du département du Lot, devant lequel les parties étaient retournées plaider au fond, rend un second jugement qui prononce définitivement sur leurs conclusions respectives.

» Le 16 ventôse an 9, le tribunal d'Appel d'Agen annulle ce dernier jugement comme contraire à la loi de deux degrés de juridiction, et néanmoins déclare n'y avoir lieu de procéder

4e édit., Tome I.   54

426   APPEL, §. XIV, Art. I.

devant lui sur le fond, attendu que le tribunal civil du département de Lot-et-Garonne n'ayant pas jugé le fond, comme il devait le faire le 14 frimaire an 7, Souffran aurait dû attaquer son jugement, soit par une requête civile, soit par cassation, au lieu de revenir devant le tribunal de première instance; qu'ainsi, le second jugement du tribunal de première instance est nul par excès de pouvoir; et que le tribunal d'Appel lui-même ne pourrait, sans excès de pouvoir, juger le fond du procès, lequel ne pourrait retomber sous sa juridiction que par l'annullation du jugement du 14 frimaire an 7.

» Souffran se pourvoit en cassation contre ce jugement; et le 20 vendémiaire dernier, « attendu
» que le premier jugement du tribunal civil du dé-
» partement du Lot, celui du 4 fructidor an 5,
» ayant épuisé le premier degré du juridiction,
» le tribunal d'Appel, comme remplissant le
» deuxième degré, était saisi du susdit procès, et
» qu'il en est resté saisi, puisqu'il n'y a pas été
» statué par le jugement du 14 frimaire an 7;
» qu'il ne résulte nullement de son silence, à l'é-
» gard du fond, que Souffran aurait dû attaquer
» son jugement par requête civile ou pourvoi en
» cassation; qu'il n'y aurait eu lieu à l'un de ces
» deux recours, qu'autant que le tribunal aurait
» déclaré n'y avoir lieu de procéder devant lui
» sur le fond, ou aurait remis, sur le fond, les
» parties en état de première instance, par une
» disposition expresse; qu'il suit de là que le tri-
» bunal dont le jugement est attaqué, aurait dû,
» en cassant le second jugement du tribunal ci-
» vil du département du Lot, prononcer sur le
» fond du procès: et qu'en déclarant, au con-
» traire, n'y avoir lieu de le faire, il a violé la
» loi du premier mai 1790; par ces motifs, le
» tribunal casse et annulle le jugement rendu par
» le tribunal d'Appel d'Agen, le 16 ventôse an
» 9, etc. ».

» Ce n'est pas tout. Le 30 frimaire dernier, la section civile a encore cassé, sur notre réquisitoire, un jugement du tribunal civil du département du Loiret, du 19 ventôse an 9, qui en déclarant nul, pour vice de forme, un jugement du tribunal de commerce d'Orléans, du 23 brumaire précédent, rendu définitivement entre les cit. Branle et Guérin d'une part, et le cit. Fleury, de l'autre, avait renvoyé les parties devant le même tribunal pour y être de nouveau statué sur le fond; et elle l'a cassé, au rapport du cit. Lassaudade, « attendu qu'au lieu de statuer défini-
» tivement sur le fond de la contestation sur
» lequel il avait été statué par le tribunal de com-
» merce, le jugement du 19 ventôse an 7, en
» renvoyant de nouveau devant ledit tribunal de
» commerce, pour être statué sur le même sujet,
» a établi un troisième degré de juridiction et
» même un quatrième, en cas d'Appel; en quoi
» il a contrevenu à la loi du 1er. mai 1790, et à
» la maxime NON BIS IN IDEM ».

» Enfin, vous avez vous-même mis le couronnement à cette jurisprudence, en rejetant, sur nos conclusions et au rapport du cit. Boyer, le 21 floréal an 10, la réquête du cit. Darentière en cassation d'un jugement du tribunal d'Appel de Dijon, du 25 frimaire précédent.

» Par ce jugement, le tribunal d'Appel de Dijon avait réformé, comme contraire à l'art. 1er. du tit. 21 de l'ordonnance de 1667, un jugement interlocutoire du tribunal civil de Châtillon-sur-Seine, du 8 messidor an 9, qui avait ordonné, après un rapport d'experts d'avis uniformes, une descente sur les lieux, non requise *par écrit*, et il avait en conséquence évoqué et jugé le fond (au profit des demoiselles Damas).

» Le cit. Darentière attaquait ce jugement par plusieurs moyens, et il en tirait notamment un de la règle des deux degrés de juridiction qu'il accusait le tribunal d'Appel de Dijon d'avoir violée.

» Le rejet de la demande en cassation est motivé, à cet égard, sur ce que « toutes les parties
» ayant pris en première instance des conclu-
» sions sur le fond, on ne peut pas dire que
» leurs demandes n'aient pas subi le premier de-
» gré de juridiction; qu'ainsi, les juges d'Appel,
» en statuant sur le fond, et faisant, à cet égard,
» ce que, dans leur opinion, les juges de pre-
» mière instance auraient dû faire, n'ont com-
» mis aucune contravention, soit au décret du
» 1er. mai 1790, qui exige les deux degrés de ju-
» ridiction, soit à l'art. 17 de la loi du 24 août
» suivant, sur l'ordre judiciaire ».

» En voilà assez, en voilà même beaucoup trop pour démontrer que la demande en cassation du jugement du 14 germinal an 9, doit être rejetée; et c'est à quoi nous concluons ».

Ces conclusions ont été adoptées par arrêt du 2 ventôse an 11, au rapport de M. Delacoste, « Attendu que les juges d'Appel, en ordonnant
» que les parties instruiraient au fond devant eux,
» vu que les juges de première instance avaient
» épuisé leur pouvoir, n'ont point contrevenu aux
» lois qui établissent deux degrés de juridiction,
» ni interverti l'ordre constitutionnel des juridic-
» tions, et encore moins violé l'art. 17 du tit. 2
» de la loi du 24 août 1790; qu'ils ont, au con-
» traire, fait une juste application de ces lois ».

Mais l'art. 473 du Code de procédure civile s'oppose formellement à ce que l'on juge encore de même aujourd'hui; et c'est ce qu'a décidé un arrêt de la cour de cassation, dont voici l'espèce.

Les sieur et dame d'Esson, assignés par ces sieur et dame de Jouvencel devant le tribunal de première instance de Brest, en paiement du prix d'une acquisition d'immeubles, demandent leur renvoi devant le tribunal de première instance de Paris, lieu de leur domicile, et cependant proposent leur défense au fond.

Le 22 avril 1811, jugement qui accueille leur déclinatoire.

Appel de la part des sieur et dame de Jouvencel.

Le 5 mai 1813, arrêt de la cour de Rennes qui infirme le jugement attaqué, et déclare que les sieur et dame d'Esson sont justiciables du tribunal de Brest; puis, « considérant que l'on a » plaidé au fond devant les premiers juges, et » que, dans ce cas, l'art. 473 du Code de procé- » dure autorise les cours à retenir la connaissance » de l'affaire, pour être, par elles, définitivement » statué ; ordonne aux parties de plaider au fond, » et pour les entendre, fixe la cause au 12 de ce » mois ».

Mais les sieur et dame d'Esson se pourvoient en cassation, tant contre cet arrêt que contre l'arrêt définitif qui s'en est ensuivi le 5 décembre de la même année ; et le 12 novembre 1816, arrêt, par lequel, au rapport de M. Pajon, sur les conclusions de M. l'avocat général Jourde,

« Vu l'art. 473 du Code de procédure ;

» Et attendu qu'en admettant, comme l'énonce l'arrêt du 5 mai 1813, que la cause eût été plaidée sur le fond devant le tribunal de première instance, il s'ensuivrait tout au plus que la cour royale de Rennes pouvait statuer en même temps et par un seul arrêt, tant sur le déclinatoire que sur le fond ;

» D'où résulte qu'en statuant seulement sur le déclinatoire par son premier arrêt, et renvoyant à une autre audience pour être statué sur le fond, elle a manifestement contrevenu à l'article du Code de procédure ci-dessus cité ;

» La cour casse et annulle... (1) ».

IX.-2°. Que serait devenu, dans l'espèce que je viens de retracer, l'arrêt de la cour de Rennes, s'il eût prononcé sur le fond en même temps qu'il infirmait le jugement de première instance?

Il eût vraisemblablement été maintenu avec d'autant moins de difficulté qu'en première instance, les sieur et dame d'Esson ne s'étaient pas bornés à plaider leur exception déclinatoire, et qu'ils avaient subsidiairement conclu au fond.

A la vérité, l'arrêt de cassation semble faire entendre, par la manière dont il s'exprime sur cette circonstance, qu'elle n'aurait pas encore levé tous les doutes; « en admettant (dit-il) que, » comme l'énonce l'arrêt du 5 mai 1813 ; la cause » eût été plaidée sur le fond devant le tribunal de » première instance, il s'ensuivrait tout au plus » que la cour royale de Rennes pouvait statuer » en même temps et par un seul arrêt, tant sur » le déclinatoire que sur le fond ». Mais il est permis de croire que la cour de cassation ne s'est expliquée avec cette réserve, que pour ne pas trancher sans nécessité une question qui ne lui était pas soumise. En effet, dès que le fond avait été plaidé en première instance, quel prétexte auraient eu les sieur et dame d'Esson pour se plaindre de n'avoir pas joui, sur le fond comme sur le déclinatoire, d'un premier degré de juridiction? Aucun, évidemment aucun. Aussi, verra-t-on dans un instant que M. le président Henrion de Pansey, dans son traité de l'*Autorité judiciaire*, chap. 29, n'hésite pas à dire qu'en pareil cas, l'évocation peut avoir lieu.

Mais la question est plus douteuse quand la partie qui a proposé en première instance un déclinatoire mal à propos accueilli par le premier juge, s'y est renfermée strictement et n'a pas abordé le fond. Le savant magistrat que je viens de citer, pense même qu'alors évoquer le fond, ce serait violer l'art. 473 du Code de procédure.

« Les mots (de cet article), dit-il, *si la matière est disposée à recevoir un jugement définitif*, sont remarquables. Il en résulte que le juge supérieur ne peut évoquer que dans les circonstances où le juge inférieur aurait pu juger ; ou autrement que le tribunal d'Appel ne peut faire, par la voie de l'évocation, que ce que le tribunal de première instance aurait pu et dû faire lui-même.

» Ainsi, lorsque le demandeur s'est strictement renfermé dans l'exception d'incompétence, et que le premier juge s'est déclaré incompétent, la cour d'Appel, à laquelle ce jugement est déféré, doit, si elle l'infirme, renvoyer l'affaire devant le même juge. Mais si la partie qui a proposé le déclinatoire avait cependant conclu au fond, en réformant la sentence par laquelle le juge se serait déclaré incompétent, la cour d'Appel serait autorisée à statuer sur le tout et à terminer le procès par un jugement définitif.

» La différence entre ces deux espèces est sensible : dans la première, le juge était dans l'impossibilité de statuer sur le fond de la contestation, puisque le défendeur s'était borné à proposer l'exception d'incompétence ; mais, dans la seconde, les deux parties ayant également conclu au fond, la matière était disposée à recevoir un jugement définitif ».

Mais à quoi se rapportent, dans l'art. 473, les mots, *si la matière est disposée à recevoir une décision définitive?* Évidemment, ils se rapportent, non pas exclusivement à l'état où l'affaire s'est trouvée devant le premier juge, mais en général, à l'état où elle se trouve devant le juge d'Appel au moment où est infirmé le jugement de première instance. Ils signifient sans doute que le tribunal d'Appel peut évoquer le fond et y statuer, si le fond a été plaidé de part et d'autre en première instance, quoiqu'il ne l'ait été que par l'appelant en cause d'Appel ; et c'est ce qu'a jugé l'arrêt de la cour de cassation du 8 décembre 1813, dont il est parlé ci-dessus, n°. 3 ; mais ils signifient aussi que le juge d'Appel peut également évoquer le fond en y statuant par son arrêt infirmatif, lorsque les conclusions prises devant lui, tant par l'intimé que par l'appelant, le met-

---

(1) Bulletin civil de la cour de cassation, année 1816, tome 16, page 208.

tent à portée de le faire; car ils ne précisent pas la manière dont il faut que la cause soit *disposée à recevoir une décision définitive*, pour que le juge d'Appel puisse user de cette faculté; et par conséquent ils s'appliquent au cas où la cause se trouve disposée à recevoir une décision définitive, par les conclusions prises de part et d'autre en Appel, ni plus ni moins qu'au cas où elle s'y trouve disposée par les conclusions qui ont été prises, de part et d'autre, en première instance; les interpréter autrement, c'est à la fois leur faire dire ce qu'ils ne disent pas, et ne pas leur faire dire tout ce qu'ils disent.

Que l'on ne s'étonne pas au reste de ce que le législateur s'exprime avec cette généralité, et que, par là, il permette aux juges d'Appel de prononcer sur le fond d'après les conclusions prises à cette fin devant lui, tant par l'intimé que par l'appelant. Si, dans ce cas, le premier degré de juridiction n'a pas été rempli de la part du défendeur, il l'a été du moins de la part du demandeur; et celui-ci ne doit pas souffrir du tort qu'a eu celui-là de décliner un tribunal qu'il avait saisi compétemment de sa demande, lorsque d'ailleurs celui-là même répare ce tort en cause d'Appel, par les conclusions qu'il prend au fond.

Mais, dit M. le président Henrion de Pansey, « l'évocation dépouille le premier juge. Dé-
» pouiller un juge de sa juridiction, c'est en quel-
» que sorte lui infliger une peine. Or, une peine
» suppose une faute; et quelle faute peut-on re-
» procher au juge qui a fait tout ce qu'il pouvait
» légitimement faire »?

N'y a-t-il donc pas faute de la part du premier juge, lorsque, saisi compétemment d'une affaire, il refuse d'en connaître, lorsqu'il a accueilli sans motif légitime, un déclinatoire qu'il devait rejeter? Quel prétexte aurait-il d'ailleurs pour se plaindre de ce que l'arrêt infirmatif de son jugement évoque le fond dont il a dénié la connaissance, au lieu de le renvoyer, comme il pouvait incontestablement le faire, devant un autre tribunal de première instance? Enfin, ce qui tranche toute difficulté, c'est que, comme l'a dit l'orateur du gouvernement, sur l'art. 473 même, dans le passage de l'*exposé des motifs* qui sera transcrit ci-après, n°. 10, *dans la nouvelle organisation judiciaire, on ne regarde pas la juridiction d'un tribunal comme une sorte de patrimoine.*

Aussi la doctrine de M. Henrion de Pansey se trouve-t-elle en opposition avec plusieurs arrêts de la cour de cassation.

Le sieur Lassus-Cannon ayant acheté du sieur Saint-Arroman un droit de prise d'eau avec garantie de l'usage libre et indéfini qu'il en ferait, a cru pouvoir arrêter les eaux aux extrémités de son terrain.

Assigné, en réintégrande, devant le juge de paix du canton de Montrejean par les propriétaires des fonds riverains qu'il privait, par là, des eaux qui leur étaient nécessaires, il a mis en cause le sieur Saint-Arroman, son vendeur, et pris contre lui des conclusions en garantie.

Jugement qui prononce la réintégrande en faveur des parties qui la réclament, mais accueille, sur la demande en garantie, le déclinatoire proposé par le sieur Saint-Arroman, et la considérant comme tenant au pétitoire, la renvoie devant les juges qui en doivent connaître.

Appel de la part du sieur Lassus-Cannon au tribunal civil de Saint-Gaudens, qui confirme le jugement au chef relatif à la réintégrande, l'infirme au chef qui porte sur la demande en garantie, et trouvant, à cet égard, le fond en état de recevoir une décision définitive, condamne le sieur Saint-Arroman à garantir et indemniser le sieur Lassus-Cannon.

Le sieur Saint-Arroman se pourvoit en cassation et fait valoir deux moyens.

Il prétend d'abord que la demande en garantie n'était pas de la compétence du juge de paix, ni par suite de celle du tribunal d'Appel.

Il soutient ensuite que, même en supposant le juge de paix et par suite le tribunal d'Appel compétens pour prononcer sur la demande en garantie, le tribunal d'Appel n'avait pas pu statuer sur cette demande, parcequ'elle n'avait pas subi un premier degré de juridiction; et il invoque les arrêts rendus en cette matière par la cour de cassation, avant le Code de procédure civile.

Mais par arrêt du 11 janvier 1809, au rapport de M. Bailly,

« Vu l'art. 473 du Code de procédure.....;
» Et considérant qu'il a été reconnu et déclaré en fait, par le jugement dénoncé, que le sieur Saint-Arroman s'était obligé à garantir le sieur Lassus-Cannon de la voie de fait qui a donné lieu à l'action en réintégrande dirigée contre le sieur Lassus, ce qui a suffi pour autoriser le tribunal de Saint-Gaudens, tant à infirmer la disposition par laquelle le juge de paix du canton de Montrejean s'était déclaré incompétent pour prononcer sur la demande en garantie formée par le sieur Lassus contre le sieur Saint-Arroman, qu'à adjuger de suite cette garantie;
» La cour (section des requêtes) rejette le pourvoi..... ».

En 1821, le sieur de Wendel, propriétaire de forges vendues, par l'état en l'an 5, au sieur de Villeroi dont il est l'ayant-cause, est assigné devant le tribunal de première instance de Thionville, à la requête du sieur Cochard, propriétaire voisin, en abornement de leurs propriétés respectives.

Au lieu de défendre au fond, il soutient que la demande formée contre lui est de la compétence exclusive du conseil de préfecture, parcequ'il n'y peut être statué que par interprétation de l'acte de vente de l'an 5.

Le 24 juillet 1821, jugement qui, accueillant le déclinatoire du sieur de Wendel, renvoie les parties devant le conseil de préfecture.

Appel de la part du sieur Cochard ; et le 23 juin 1823, arrêt de la cour royale de Metz, qui,

« Attendu que la vente de l'an 5 ne contenant rien d'explicite touchant les rives et digues dont il s'agit, et les parties se prévalant respectivement de titres antérieurs et de la possession, les premiers juges ne devaient pas les renvoyer devant l'autorité administrative;

» Que la cause est disposée à recevoir une décision définitive, et que, dès-lors, c'est le cas d'évoquer..... ;

» Met l'appellation et ce dont est Appel au néant, émendant, etc. ».

Le sieur de Wendel se pourvoit en cassation contre cet arrêt, et soutient notamment qu'en statuant sur le fond, qui n'avait été ni plaidé ni jugé en première instance, il a violé l'art. 473 du Code de procédure ;

Mais par arrêt du 16 novembre 1825, au rapport de M. Zangiacomi,

« Attendu que la cour royale, saisie d'un jugement rendu sur un déclinatoire, a pu, aux termes de l'art. 473 du Code de procédure civile, évoquer le fond et le juger..... » ;

» La cour (section des requêtes) rejette le pourvoi..... (1) ».

X. Lorsque le jugement dont il est appelé, a statué sur le fond, mais incompétemment et par excès de pouvoir *ratione materiæ*, le tribunal d'Appel peut-il, en l'infirmant, retenir le fond et y faire droit ?

Qu'il ne le puisse pas par un jugement séparé, c'est ce qui résulte évidemment de l'art. 473 du Code de procédure civile; et c'est ce qu'a jugé l'arrêt suivant de la cour de cassation.

Le sieur Ducoudrai appelle, comme de juge incompétent, au tribunal d'Évreux, d'un jugement de la justice de paix de Pacy-sur-Eure, qui le déboute d'une action qu'il a intentée contre la commune du même lieu, représentée par le sieur Saint-Albin, son maire, non autorisé à cet effet par le conseil de préfecture.

Le 29 février 1820, jugement qui infirme celui du juge de paix, et évoquant le fond, renvoie à l'audience du lendemain pour y statuer.

Le lendemain, le maire, au lieu de plaider sur le fond, expose qu'il n'est pas autorisé par le conseil de préfecture à plaider au nom de la commune, et qu'ainsi, il ne peut pas la défendre.

Jugement qui ordonne que la commune sera tenue de se faire autoriser; faute de quoi, il permet au sieur Ducoudrai de poursuivre l'autorisation.

Le maire ne faisant aucune diligence pour exécuter ce jugement, le sieur Ducoudrai poursuit l'autorisation et l'obtient.

La cause, en cet état, revient à l'audience du 3 août 1821.

Là, une nouvelle exception est proposée par le maire, avec refus de plaider au fond. C'est en ma qualité d'administrateur de la commune, et par conséquent d'agent du gouvernement (dit-il), que j'ai fait ce pour quoi je suis actionné par le sieur Ducoudrai. L'autorisation du gouvernement devait donc précéder l'action intentée contre moi. Cette action est donc non-recevable quant à présent.

Le sieur Ducoudrai combat cette exception et développe ses moyens au fond.

Le même jour, jugement qui, sans avoir égard à l'exception du maire, et donnant défaut faute de plaider contre la commune, la condamne à délaisser au sieur Ducoudrai le terrain litigieux.

Mais le maire se pourvoit en cassation contre ces trois jugemens, et les attaque notamment comme violant l'art. 473 du Code de procédure civile.

Par arrêt du 2 février 1824, au rapport de M. Cassaigne et sur les conclusions de M. l'avocat-général Cahier,

« Vu l'art. 473 du Code de procédure civile...;

» Attendu que le juge d'Appel ne peut évoquer le fond qu'autant que la matière est disposée à recevoir une décision définitive, et qu'il y statue par le même jugement ;

» Que le tribunal d'Evreux, en statuant sur l'Appel du jugement du juge de paix, a, par son jugement du 29 février 1820, évoqué le fond, sans aucune de ces conditions, puisqu'il a renvoyé à l'audience du lendemain pour y être fait droit; que le lendemain il en a rendu un second, portant que la commune se ferait autoriser à plaider; qu'un nouveau moyen d'incompétence a été proposé, et que ce n'est qu'au rapport de cette autorisation, et après le jugement de ce nouveau moyen, qu'il a statué au fond faute de défendre;

» Qu'il suit de là que le jugement du 29 février 1820 viole formellement l'art. 479 du Code de procédure ci-dessus cité; qu'il y a lieu de l'annuller avec tout ce qui s'en est suivi, et qu'aucune fin de non-recevoir ne peut être opposée à cet égard au sieur de Saint-Albin, qui a constamment réclamé contre la compétence, sans défendre au fond ;

» La cour casse et annulle (1).... ».

Mais le tribunal d'Appel ne peut-il pas statuer sur le fond par le jugement même qui confirme, comme incompétemment rendu, celui du tribunal de première instance ?

Il ne le pourrait pas, si l'on s'en tenait à ce

---

(1) Journal des audiences de la cour de cassation, année 1823, page 66.

(1) Bulletin civil de la cour de cassation, tome 26, page 33.

qu'enseigne Scaccias dans son traité *de Appellationibus*, à l'endroit cité plus haut, n°. 1 : *quandò appellatum est*, dit-il, *à pronunciatione latâ super exceptione incompetentiæ, seu aliâ ad impediendum, et judex appellationis pronuntiat fuisse benè appellatum, nihilominùs judex appellationis non potest procedere in causâ principali, neque illam potest remittere, sed debet supersedere in causâ, quia cùm ipse succedat in locum judicis à quo, et pronuntiet judicem à quo esse incompetentem, ipse etiam dicitur incompetens*. Il ajoute que cela résulte du chap. 7, aux décrétales, *de exceptionibus*; et, en effet, le sens de ce chapitre, suivant le sommaire qu'en donne l'archevêque de Palerme, dans le *Corpus juris canonici* de Boéhmer, tome 2, page 352, est que, *si exceptio jurisdictionis exclusiva propter quam fuit appellatum, probetur vera, judex appellationis non debet de principali cognoscere*.

Mais notre législation peut-elle s'accorder avec cette doctrine? Distinguons quatre cas:

1°. Celui où le tribunal d'Appel n'est pas le juge supérieur du tribunal devant lequel l'affaire aurait dû être portée en première instance, comme si la cour royale de Paris infirmait, pour cause d'incompétence absolue, un jugement par lequel le tribunal de commerce de la même ville aurait prononcé, en matière non commerciale, des condamnations contre un défendeur domicilié à Douai;

2°. Celui où le tribunal d'Appel se trouve être précisément le tribunal compétent pour connaître en première instance de l'affaire dont il s'agit; ce qui arrive toutes les fois qu'un tribunal d'arrondissement infirme un jugement, par lequel un juge de paix a prononcé sur un différend placé par la loi hors du cercle de ses attributions;

3°. Celui où le tribunal d'Appel est à la fois le juge supérieur du tribunal de première instance qui a prononcé incompétemment, et du tribunal de première instance qui était compétent pour connaître de l'affaire : comme si la cour royale de Rouen infirmait un jugement par lequel le tribunal de commerce du Hâvre aurait jugé une cause dont la connaissance appartenait au tribunal de première instance de la même ville;

4°. Celui où la cour d'Appel ayant dans son ressort et le tribunal qui a prononcé incompétemment et le tribunal compétent, il se trouve que l'incompétence du premier ne dérive pas seulement de la nature de la contestation, mais encore de ce que l'affaire se trouve engagée, soit devant le second, soit devant des arbitres volontaires à qui les parties l'ont soumise par un compromis.

Dans le PREMIER CAS, il est clair que l'incompétence du tribunal de première instance entraîne celle du tribunal d'Appel; et que, par conséquent, le tribunal d'Appel doit se borner à infirmer le jugement qui a incompétemment statué sur le fond, et renvoyer les parties devant le tribunal compétent.

Dans le SECOND CAS, il faut distinguer :
L'affaire dont le juge de paix s'est incompétemment arrogé la connaissance par le jugement qui est déféré au tribunal d'arrondissement, est-elle de nature à être jugée en dernier ressort par celui-ci? Nul doute que celui-ci ne puisse, si les parties ont plaidé devant lui sur le fond, en même temps que sur la question de compétence, statuer à la fois sur la question de compétence en infirmant le jugement de la justice de paix, et sur le fond, en accueillant ou rejetant la demande principale.

S'agit-il, au contraire, d'un différend que le tribunal d'arrondissement ne peut juger qu'à la charge de l'Appel? Dans ce cas, le tribunal d'arrondissement peut sans doute, s'il trouve le fond en état de recevoir une décision définitive, le retenir et y statuer; mais il ne peut le faire que comme tribunal de première instance, il ne le peut pas comme tribunal d'Appel; et l'on en sent la raison : c'est que, s'il prononçait sur le fond comme tribunal d'Appel, il se constituerait lui-même juge en dernier ressort d'une affaire qu'il ne lui appartient pas de terminer irrévocablement.

C'est ce qu'ont décidé, même avant le Code de procédure civile, trois arrêts de la cour de cassation, dont deux des 22 fructidor an 11 et 7 frimaire an 13, sont rapportés dans le *Répertoire de jurisprudence* au mot *Appel*, sect. 1, §. 9, n°. 6, et dont l'autre, du 12 prairial an 8, a été rendu dans l'espèce suivante :

Le sieur Morin était en possession publique d'une pièce de terre, nommée *la Couture-Denis-Legendre*, située à Livet-le-Bauduin, canton de Fervaques, département du Calvados, lorsqu'en brumaire an 5, le sieur Milcent fit abattre des arbres croissans sur ce terrain.

Le sieur Morin le fit citer devant le juge de paix du canton de Fervaques, pour se voir condamner à 300 francs de dommages-intérêts, et à la restitution des arbres abattus ou de la valeur à dire d'expert.

Le sieur Milcent appela en garantie le sieur Aubert, de qui il prétendait avoir acheté ce terrain avec d'autres fonds, par contrat du 10 vendémiaire an 3.

Il prétendit en suite que le juge de paix n'était pas compétent, attendu qu'il s'agissait de la propriété de l'immeuble litigieux.

Le sieur Morin répondit qu'il n'était pas question de la propriété, mais seulement de la possession de cet immeuble; et que le juge de paix était compétent pour connaître d'une action purement possessoire.

Le 9 ventôse an 5, le juge de paix, se fondant sur la seule possession du sieur Morin, se déclara compétent; prononçant ensuite sur le fond, il

APPEL, §. XIV, ART. I.

maintint ce dernier dans la propriété, possession et jouissance de la *Couture-Denis-Legendre*, et condamna le sieur Milcent, vu l'enlèvement des arbres, à en payer au sieur Morin la vraie valeur.

Le 18 du même mois, autre jugement qui condamne le sieur Milcent à payer 33 francs pour la valeur des arbres, et 1000 francs pour dommages-intérêts.

Le 29 germinal suivant, le sieur Milcent appelle de ces deux jugemens au tribunal civil du département du Calvados.

Le 11 fructidor suivant, il relève son Appel, en citant le sieur Morin devant ce tribunal.

De son côté, le sieur Morin conclud à ce que l'Appel du sieur Milcent soit déclaré désert pour n'avoir pas été relevé dans les trois mois du jour où il a été interjeté.

Le 9 pluviôse an 7, le tribunal civil du département du Calvados, sans s'arrêter à la demande en désertion d'Appel, formée par le sieur Morin, déclare nuls et incompétemment rendus, les deux jugemens du juge de paix, sauf aux parties à se pourvoir par les voies de droit, sur les objets qui les divisent.

Le sieur Morin se pourvoit en cassation contre ce jugement. Il soutient que le tribunal civil du département du Calvados devait, en déclarant nuls les deux jugemens de la justice de paix, statuer lui-même au fond; qu'en renvoyant, à cet égard, les parties à se pourvoir, il a violé les lois qui n'établissent que deux degrés de juridiction.

Arrêt contradictoire du 12 prairial an 8, au rapport de M. Doutrepont, et sur les conclusions de M. Bigot-Préameneu, par lequel,

« Considérant que le tribunal civil du département du Calvados s'est conformé aux lois, en déclarant nuls les jugemens du juge de paix de Fervaques, des 9 et 10 ventôse an 5, comme incompétemment rendus, et qu'il ne pouvait prononcer rien de plus dans cette cause, parceque la procédure faite devant le juge de paix de Fervaques étant valable, quoique les jugemens qui en ont été les suites, fussent nuls comme incompétemment rendus, cette circonstance donnait ouverture à un règlement de juges;

» Le tribunal rejette la demande en cassation dudit jugement du 9 pluviose an 7 ».

Ce que la cour de cassation avait jugé par ces trois arrêts, avant le Code de procédure civile, elle l'a également jugé sous l'empire de ce Code, par un arrêt du 20 novembre 1814, dont le *Bulletin civil* de cette cour nous retrace ainsi l'espèce et les termes :

« Le maire de la commune de Larreule avait intenté une action en réintégrat contre le sieur Daubas, en réparation du trouble qu'il prétendait avoir été fait à la commune, par la coupe d'arbres-chênes dans la forêt du Mont, au préjudice du droit exclusif qu'avait la commune, du glandage dans ladite forêt.

» Le maire avait conclu à quarante-huit francs de dommages-intérêts.

» Par un premier jugement, le juge de paix du canton de Maubourguet, qui avait été saisi, avait ordonné que la commune rapporterait la preuve de sa possession annale et exclusive de son droit prétendu, sauf au sieur Daubas la preuve contraire.

» A la vue des enquêtes respectives, le juge de paix avait maintenu la commune dans son droit exclusif de glander dans la forêt du Mont, avec défense au sieur Daubas de l'y troubler à l'avenir, en coupant des arbres dans ladite forêt, ou autrement.

» Le sieur Daubas s'était rendu appelant des deux jugemens; et, dans l'instance sur l'Appel, la dame Parabere, en sa qualité de propriétaire de ladite forêt, était intervenue.

» L'intimé soutint que l'Appel était non-recevable, attendu que, s'agissant d'une action possessoire, à raison de laquelle il n'avait été demandé que quarante-huit francs de dommages-intérêts, les jugemens qui étaient intervenus, étaient en dernier ressort.

» Le tribunal de Tarbes, saisi de l'Appel, en pensa autrement : il décida qu'il s'agissait réellement, dans la cause, d'une action pétitoire, et, par suite, il annulla les jugemens dénoncés pour cause d'incompétence : mais, au lieu de s'en tenir là, et de délaisser aux parties à se pourvoir ainsi qu'elles l'aviseraient, le tribunal de Tarbes prononça, par nouveau jugement, sur le fond du droit, c'est-à-dire, sur le pétitoire.

» Le maire de la commune de Larreule s'étant pourvu en cassation contre ce jugement, a proposé deux ouvertures de cassation.

» Il a fait résulter la première de ce que le tribunal de Tarbes avait reçu l'Appel d'un jugement en dernier ressort rendu par un tribunal compétent;

» Et la seconde, de ce qu'en jugeant que le juge de paix était incompétent à raison de la matière, le tribunal de Tarbes avait évoqué et jugé le fond; ce qui avait privé les parties d'un premier degré de juridiction.

» Le premier moyen était d'une telle évidence, que la cour de cassation n'a pas eu à s'en occuper; d'où il suit que, sur le point de compétence, l'affaire demeure entière, et qu'elle devra être discutée de nouveau, sans aucun préjugé de part ni d'autre, devant le tribunal auquel la cause et les parties sont renvoyées par l'arrêt dont la teneur suit :

« Ouï le rapport de M. le conseiller Carnot, les observations de Mailhe, avocat de la commune de Larreule; celles de Darrieux, avocat des défendeurs, et les conclusions de M. Giraud-Duplessis, avocat-général;

» Vu l'art. 12 du tit. 3 de la loi du 24 août 1790, et l'art. 473 du Code de procédure civile;

» Attendu qu'en jugeant que c'était une action

pétitoire qui avait été portée devant le juge de paix du canton de Maubourguet, le tribunal de Tarbes a nécessairement décidé que le juge de paix n'avait pas été compétemment saisi, et par suite, que ce juge n'avait pas rempli le premier degré de juridiction;

» Que, cependant, le tribunal de Tarbes a prononcé, par nouveau jugement, sur le fond du droit;

» Qu'en le jugeant ainsi, le tribunal de Tarbes a privé le demandeur d'un second degré de juridiction;

» Que ce n'était pas le cas de faire l'application à l'espèce, des dispositions de l'art. 473 du Code de procédure civile, qui ne dispose que pour celui où le tribunal de première instance aurait été compétemment saisi, et qu'il aurait épuisé le premier degré de juridiction;

» Qu'il ne peut se juger sur l'Appel que les questions qui auraient pu être jugées par le tribunal qui a rendu le jugement attaqué;

» Que le tribunal de Tarbes a donc fait une fausse application dudit art. 473, et, par suite, a ouvertement violé la loi sur les deux degrés de juridiction;

» Et attendu que l'annulation du jugement se trouve suffisamment déterminée par ce motif; qu'il devient dès-lors inutile de s'occuper de la première ouverture de cassation, tirée de ce que c'était réellement une action possessoire qui avait été portée devant le juge de paix;

» La cour, sans entendre rien préjuger sur cette question, casse et annulle le jugement rendu par le tribunal civil de Tarbes, le 10 mars 1813.... ».

Pour le TROISIÈME CAS, la question s'est d'abord présentée devant la cour de cassation dans l'espèce suivante:

Le 29 juin 1808, jugement du tribunal de commerce d'Issengeaux, qui prononce entre les sieurs Jumet et Baboin, plaidant devant lui de leur consentement mutuel, sur une contestation non commerciale, et la décide en faveur du premier.

Le sieur Baboin appelle de ce jugement, et l'attaque, non-seulement comme injuste au fond, mais encore comme entaché d'un vice d'incompétence qu'il n'a pu couvrir par son consentement.

Le 5 janvier 1809, arrêt de la cour d'Appel de Riom, qui annulle ce jugement, comme rendu incompétemment à raison de la matière, et usant de la faculté attribuée aux cours et tribunaux d'Appel par l'art. 473 du Code de procédure civile, prononce sur le fond, en faveur de l'appelant.

Le sieur Jumet se pourvoit en cassation, et soutient qu'en jugeant le fond, la cour d'Appel a faussement appliqué l'art. 473 du Code de procédure: « *Déclarer nul et incompétemment rendu, le* » *jugement du tribunal de première instance* (dit-» il), *c'est juger que les parties n'ont pas légale-*

» *ment plaidé devant ce tribunal; c'est par con-*
» *séquent juger qu'elles n'ont pas encore joui, aux*
» *yeux de la loi, d'un premier degré de juridiction.*
» *Dès-là, que doit faire le tribunal d'Appel? Il*
» *doit nécessairement renvoyer les parties à se*
» *pourvoir devant qui de droit; car le juge d'Appel*
» *ne peut pas être compétent pour prononcer comme*
» *tel, lorsque le tribunal de première instance ne*
» *l'est pas pour juger à la charge de l'Appel.* C'est
» le raisonnement de M. Merlin, en ses *Questions*
» *de droit*, au mot *Appel*, §. 14, n°. 4 ».

Effectivement, j'ai dit cela dans la première édition de ce recueil.

Mais, d'une part, cette édition a paru en 1803; c'est-à-dire, avant le Code de procédure civile; et ce n'est que faute d'avoir revu ce passage, lors des seconde et troisième éditions, publiées en 1810 et 1819, que je l'y ai laissé subsister.

D'un autre côté, ce qui prouve qu'en m'exprimant ainsi, en 1803, j'avais, sinon uniquement, du moins principalement, en vue le cas sur lequel portent les arrêts de la cour de cassation, des 12 prairial an 8, 27 fructidor an 11, 7 brumaire an 13 et 28 novembre 1814, c'est que je n'ai cité que le premier de ces arrêts à l'appui de ce que j'avançais.

Quoi qu'il en soit, le recours en cassation du sieur Jumet ne pouvait pas se soutenir en présence de l'art. 473 du Code de procédure, et il a été rejeté par arrêt contradictoire du 23 janvier 1811, au rapport de M. Delacoste, après un délibéré en la chambre du conseil, « attendu que » la cour d'Appel de Riom a déclaré qu'elle trou-» vait l'affaire suffisamment instruite pour rece-» voir jugement définitif, et qu'elle était, dès-» lors, autorisée à prononcer au fond par l'art. 473 » du Code de procédure civile ».

Cet arrêt a pourtant trouvé des censeurs.

D'une part, M. Berriat de Saint-Prix, dans son *Cours de procédure civile*, page 385, note 115, après avoir dit que de ces expressions de l'art. 473, ou *pour toute autre cause*, la cour de cassation a inféré « que le juge d'Appel peut retenir le fond, » lors même qu'il annulle pour incompétence », ajoute : « on pourrait répondre 1°. l'art. 473 » n'emploie pas le mot *annulle*, mais le mot *in-* » *firme*, qui ne s'applique pas à l'anéantissement » d'une décision pour cause d'incompétence, ou » qui, du moins, autorise à présumer que la ré-» daction de l'article est vicieuse; 2°. il paraît » certain que le tribunat qui a proposé cette » partie de l'art. 473, la motivait sur des principes » opposés à ceux de l'arrêt du 23 janvier; il obser-» vait, entr'autres, que, dans le cas où le tri-» bunal inférieur *qui devait juger le fond*, ne » l'avait pas fait, il était injuste de lui renvoyer » les parties.... Mais peut-on dire qu'un premier » tribunal, incompétent *ratione materiæ*, ait dû » et même pu juger le fond » ? Et il répète à peu près la même chose dans sa cinquième édition, page 454.

D'un autre côté, M. Carré qui, dans son *Analyse raisonnée du Code de procédure*, n°. 1550, avait applaudi à l'arrêt cité, se rétracte dans ses *Questions sur le même Code*, n°. 2426, et se déclare pour l'opinion de M. Berriat de Saint-Prix : « Nous en puisons (dit-il) les motifs dans un dernier arrêt du 30 novembre 1814, par lequel la » cour suprême déclaré que *l'art. 473 ne dispose* » *que pour le cas où le tribunal de première instance* » *aurait été* COMPÉTEMMENT *saisi*; d'où suit que » le droit de retenir n'appartient pas au juge » d'Appel, lorsqu'il infirme pour incompétence » ou excès de pouvoir. On ne peut dire, en effet, » soit comme le remarque M. Berriat, qu'un tri- » bunal incompétent, autrement sans pouvoir, » ait dû et même pu juger le fond ; soit que l'af- » faire *soit en état*, puisque le vice d'incompé- » tence entraîne la nullité de toute la procédure » de première instance ».

Mais qu'est-ce que tout cela prouve contre l'arrêt dont il s'agit ?

1°. Je conviens, avec M. Berriat de Saint-Prix, qu'appliqué à un jugement, et pris dans son acception la plus ordinaire, le mot *infirmé* présente plutôt l'idée d'un jugement qui, rendu compétemment et régulier dans sa forme, est déclaré injuste au fond, que celle d'un jugement qui, juste ou injuste au fond, est déclaré, soit irrégulier dans la forme, soit incompétemment rendu. Mais la preuve que l'art. 473 attache l'une et l'autre idée à ce mot, la preuve qu'il l'emploie comme signifiant un jugement *annullé*, ni plus, ni moins qu'un jugement réformé pour mal jugé au fond, c'est qu'il porte sur le cas où un jugement est *infirmé pour vices de forme*, comme sur le cas où le jugement est *infirmé pour toute autre cause*.

2°. M. Berriat de Saint-Prix suppose que les deux dispositions de l'art. 473 ont été motivées par le tribunat, dans la proposition qu'il en a faite, sur la considération que le tribunal de première instance, dont le jugement est infirmé, *devait juger le fond*.

La vérité est cependant que le tribunat n'a ainsi motivé que la première disposition de cet article, c'est-à-dire, celle qui est relative au cas où est infirmé un jugement interlocutoire : « Si la justice exige » t-il dit) que le jugement interlocutoire soit in- » firmé, pourquoi le tribunal d'Appel ne jugerait- » il pas lui-même le fond ? L'ordre constitutionnel » établit deux degrés de juridiction ; mais ne suf- » fit-il pas que les parties les aient parcourus ? » Si le tribunal inférieur qui *devait juger le fond*, » ne l'a pas fait, serait-il juste que les parties » fussent obligées de retourner devant les juges » inférieurs, pour parcourir encore une fois le » cercle de deux juridictions » ?

Quant à la seconde disposition, il ne l'a pas motivée de même. « Ce qu'on a dit du cas où le » tribunal d'Appel infirme un jugement prépara- » toire ou interlocutoire, s'applique, à plus forte.

» raison, au cas où le tribunal d'Appel réformé, » *pour vices de forme ou toute autre cause*, le » jugement de première instance. Il serait déri- » soire que les tribunaux n'eussent pas alors la » faculté de prononcer sur le fond (1) ».

Mais quand on appliquerait aux deux dispositions de l'art. 473 les motifs donnés à la première seulement par le tribunat, serait-ce une raison pour ne pas comprendre dans la seconde, le cas où le jugement de première instance est infirmé pour cause d'incompétence ? Non, assurément, puisque l'intention de la seconde, d'étendre jusqu'à ce cas la faculté qu'elle accorde aux juges d'Appel, résulte nécessairement de la généralité des termes qui y sont employés, *soit pour vices de forme, soit pour toute autre cause*; et qu'il est d'ailleurs de principe que, lorsqu'une loi va plus loin dans son dispositif que dans son motif, la spécialité de son motif ne doit pas empêcher que son dispositif ne soit entendu dans toute la latitude du sens que présentent par elles-mêmes les expressions dont il est composé (2).

3°. Qu'importe, d'après cela, que le vice d'incompétence, comme l'objecte M. Carré, *entraîne la nullité de toute la procédure en première instance*, et que, par conséquent, le premier degré de juridiction n'ait pas été valablement rempli ? Ce qui prouve que le législateur ne s'est pas arrêté à cette considération, c'est qu'il n'a pas excepté de sa disposition générale le cas où un jugement serait infirmé pour cause d'incompétence ; c'est que, par la généralité des termes dont il s'est servi, il a manifestement repoussé une pareille exception ; c'est, enfin, que, dans l'exposé des motifs du titre *de l'Appel*, du Code de procédure civile, il est dit, en toutes lettres, au sujet du pouvoir attribué, par l'art. 473, aux tribunaux d'Appel, que, « dans l'organisation ju- » diciaire, on ne regarde plus la juridiction d'un » tribunal comme une sorte de patrimoine, et » rien ne s'oppose à ce que le droit de juger » soit attribué ou modifié suivant l'intérêt des » parties ».

4°. Prendre dans un sens absolu cette phrase de l'arrêt de la cour de cassation, du 30 novembre 1814, *l'art. 473 ne dispose que pour le cas où le tribunal de première instance aurait été compétemment saisi*, c'est oublier la maxime : *verba debent intelligi secundùm subjectam materiam*. De quoi s'agissait-il, dans l'espèce de cet arrêt ? Uniquement de savoir si un tribunal d'arrondissement peut statuer, comme tribunal d'Appel, sur le fond d'une affaire qui a été portée in-

(1) Esprit du Code de procédure civile de M. Locré, tome 2, page 273, n°. 2.

(2) *V.* l'article *Restitution*, pour délit forestier, et le n°. 1 du même article dans le *Répertoire de jurisprudence. V.* aussi, dans le même recueil, ce que je dis à l'article *Divorce*, sect. 4, §. 10, sur les motifs de la loi du 26 germinal an 11.

4e édit., Tome I.

434　　　　　　　　APPEL, §. XIV, Art. I.

compétemment dans une justice de paix ; et si, comme on n'en peut douter, c'est uniquement pour résoudre cette question que l'arrêt dont il s'agit, s'est expliqué comme il le fait, il est clair qu'en s'expliquant comme il le fait, il n'entend pas faire l'application de ce qu'il dit au cas qui nous occupe en ce moment.

Ce qui, d'ailleurs, tranche là-dessus toute difficulté, c'est que ce cas s'étant représenté deux fois à la cour de cassation, postérieurement à son arrêt du 30 novembre 1814, y a été jugé deux fois de la même manière qu'il l'avait été en 1811.

Le 24 janvier 1818, exploit par lequel le sieur Lefèvre de Villebrune fait commandement au sieur Talon, son fermier, de lui fournir, suivant la convention qu'il prétend en avoir faite avec lui, par le bail à ferme, le fourrage nécessaire à la nourriture d'un cheval pendant un an.

Le 26 du même mois, le sieur Talon forme opposition à ce commandement, et assigne le sieur Lefèvre de Villebrune en référé devant le président du tribunal de première instance de Rouen.

Le 30, le président, après avoir entendu les deux parties, rend une ordonnance par laquelle il reçoit l'opposition, et annulle le commandement.

Le sieur Lefèvre de Villebrune appelle de cette ordonnance à la cour royale de Rouen, et conclud à ce qu'elle soit infirmée, tant comme rendue incompétemment et par empiétement sur les attributions du tribunal de première instance, que comme injuste au fond.

Le 28 juin de la même année, arrêt qui annulle, en effet, l'ordonnance de référé, pour cause d'incompétence, et, attendu que la matière est disposée à recevoir une décision définitive, évoquant le principal, y statue de la même manière que l'avait fait l'ordonnance annullée.

Cet arrêt est déféré à la cour de cassation, par le sieur Lefèvre de Villebrune, qui l'attaque comme violant la règle des deux degrés de juridiction, et emploie, pour établir qu'il doit être cassé pour fausse application de l'art. 473 du Code de procédure civile, les argumens ci-dessus rappelés de M. Berriat de Saint-Prix et de M. Carré.

Mais, par arrêt du 24 août 1819, au rapport de M. Borel de Brétizel, et sur les conclusions de M. l'avocat général Jourde,

« Sur le moyen résultant d'une prétendue fausse application de l'art. 473 du Code de procédure civile et de violation de la loi du 1er. mai 1790, et autres relatives à l'observation des deux degrés de juridiction,

» Attendu que, dans tous les cas, lorsque la matière est disposée à recevoir une décision définitive, les juges d'Appel peuvent statuer définitivement ;

» Attendu que l'arrêt attaqué constate que le demandeur en cassation a plaidé au principal, et que la cause a reçu de sa part toute l'instruction dont elle était susceptible ; qu'ainsi, l'incompétence même des premiers juges n'a pu empêcher la cour d'Appel de statuer elle-même lorsqu'elle n'excédait pas les limites de sa compétence déterminée par l'action introductive d'instance ; d'où il résulte qu'il a été fait une juste application de l'art. 473 du Code de procédure civile, lequel contient une exception aux autres lois invoquées ;

» La cour (section des requêtes) rejette le » pourvoi..... (1) ».

Le sieur Rebattu, assigné par le sieur Derepas, de la faillite duquel il a été successivement agent provisoire, syndic provisoire, syndic définitif et caissier, devant le tribunal de commerce du lieu de son domicile, en condamnation de dommages-intérêts pour 128 objets de son compte, décline la juridiction de ce tribunal sur le tout.

Jugement qui accueille son déclinatoire sur quelques chefs et le rejette sur les autres.

En conséquence, les parties plaident à la fois devant le tribunal civil et devant le tribunal de commerce.

Le 26 août 1822, jugement du tribunal civil qui, statuant sur les chefs dont le tribunal de commerce lui a fait le renvoi, déboute le sieur Derepas de presque toutes ses demandes.

Et le 25 février 1823, jugement du tribunal de commerce qui, statuant sur les demandes qu'il a retenues, les rejette aussi presque toutes.

Le sieur Derepas appelle de ces deux jugemens, et spécialement du second comme de juge incompétent *ratione materiæ*.

Le 24 janvier 1824, arrêt de la cour royale de Dijon, qui, en joignant les deux Appels, déclare notamment le jugement du tribunal de commerce nul et incompétemment rendu ; évoquant le fond à cet égard, en vertu de l'art. 473 du Code de procédure, et infirmant en même temps le jugement du tribunal civil, condamne le sieur Rebattu à 8,000 francs de dommages-intérêts envers le sieur Derepas.

Le sieur Rebattu se pourvoit en cassation contre cet arrêt, et l'attaque comme faisant, à l'égard des chefs de la contestation qui avaient été retenus et jugés par le tribunal de commerce, une fausse application de l'art. 473 du Code de procédure, et violant la règle des deux degrés de juridiction établie par le décret du 1er. mai 1790 : j'ai soutenu (dit-il) sur l'Appel comme de juge incompétent du sieur Derepas, que le seul résultat de cet Appel pouvait être d'annuller le jugement, pour incompétence et de renvoyer le fond devant le tribunal civil. Néanmoins la cour royale de Dijon a retenu le fond et y a statué à mon préjudice. « Qu'une cour évoque une de » mande déjà portée devant le premier juge, » compétent pour y statuer, et disposée à rece- » voir jugement, la chose est légale ; mais il se-

(1) Jurisprudence de la cour de cassation, tome 20, page 106.

» rait illégal qu'elle pût évoquer une affaire qui
» n'a pas encore subi le premier degré de juri-
» diction. Or, une demande jugée incompétente,
» n'est pas jugée en premier degré ».

Mais, par arrêt du 24 décembre 1824, au rapport de M. Voisin de Gertempe et sur les conclusions de M. l'avocat général Lebeau,

« Attendu que, si le tribunal de commerce ne fut pas compétent en première instance, lors même qu'aucune des parties n'excipait de l'incompétence, pour prononcer sur la demande en dommages-intérêts personnels de Derepas, toutefois revêtue de la plénitude de l'autorité judiciaire, la cour royale, sur l'Appel, compétente pour prononcer en dernier ressort, dans les instances soumises avant, soit au tribunal de commerce, soit au tribunal civil (la jonction des Appels une fois faite), a pu, usant du pouvoir supérieur qui lui est délégué par la loi, dès l'instant qu'elle réformait le jugement pour quelque cause que ce fût, même pour incompétence, évoquer le fond de la cause disposée à recevoir une décision définitive, et par suite y statuer irrévocablement pour terminer tout litige ultérieur entre les parties;

» Attendu que, loin d'avoir ainsi encouru aucun reproche, l'arrêt n'a fait qu'une juste application de l'art. 473 du Code de procédure civile (1) ».

Ici s'applique encore par identité de raison, l'arrêt de la cour de cassation, du 5 octobre 1808, qui est rapporté plus haut, n°. IV-2°.

Reste le QUATRIÈME CAS, c'est-à-dire, celui où la cour d'Appel ayant dans son ressort et le tribunal qui a prononcé incompétemment et le tribunal compétent, il se trouve que l'incompétence du premier dérive, non-seulement de la nature de la contestation, mais encore de ce que l'affaire est engagée, soit devant le second, soit devant des arbitres volontaires à qui les parties l'ont soumise.

La question de savoir si, dans ce cas, la cour d'Appel peut, en infirmant le jugement du tribunal qui a prononcé incompétemment, évoquer le fond de la cause et le juger par son arrêt infirmatif, s'est présentée devant la cour de cassation dans une espèce où j'ai peine à croire qu'elle ait été résolue comme elle aurait dû l'être. Voici les faits:

Le 24 février 1808, acte par lequel le sieur Capellin, d'une part, et les sieur et dame Perret, de l'autre, transigent sur des procès pendans entre eux dans des tribunaux civils et correctionnels, et nomment des arbitres pour le règlement du compte qu'ils se doivent réciproquement.

Un article du traité fixe le délai dans lequel les parties remettront aux arbitres leurs livres, titres et papiers respectifs.

Un autre article fixe à quatre mois la durée du compromis, avec pouvoir aux arbitres de la proroger pendant trois mois.

L'art. 12 porte qu'en cas de déport, de décès ou de révocation d'un ou de plusieurs arbitres, ils seront remplacés par le tribunal de commerce de Lyon, si les parties ou les autres arbitres ne peuvent pas s'accorder sur le choix des remplaçans.

Par l'art. 13, le sieur Capellin s'oblige de donner, dans la quinzaine, aux sieur et dame Perret une caution valable et suffisante pour le paiement des condamnations que le jugement arbitral pourrait prononcer contre lui.

Et l'art. 15 ajoute : « Si la présente transaction
» ne peut avoir sa pleine et entière exécution,
» par des événemens imprévus, ou par le fait de
» l'une des parties, il est solennellement convenu
» que les parties seront remises au même état
» qu'avant la présente transaction ; que la partie
» par la faute de laquelle la présente transaction
» ne pourrait avoir lieu, sera condamnée envers
» l'autre en une somme de 30,000 livres, qui,
» dans aucun cas, ne pourra être considérée
» comme une clause comminatoire ».

Avant l'expiration des quatre mois, des contestations s'élèvent entre les parties sur de prétendues infractions qu'elles se reprochent mutuellement aux clauses de l'écrit du 24 février. Des requêtes sont présentées, de part et d'autre, aux arbitres, pour qu'ils décident de quel côté se trouve le tort, si la peine de 30,000 livres est encourue, et au profit de qui elle l'est; et les arbitres fixent le jour auquel ils entendront oralement les parties sur ces prétentions.

Les choses en cet état, le jour de l'expiration des quatre mois, deux des arbitres donnent leur démission. Le sieur Capellin se pourvoit devant le tribunal de commerce de Lyon pour les faire remplacer ?

Opposition à cette demande de la part des sieur et dame Perret. Ils prétendent que le compromis est rompu par les infractions du sieur Capellin au traité du 24 février, tant en ce qu'il n'a pas fourni le cautionnement qu'il avait promis par l'art. 13, qu'en ce qu'il n'avait pas remis ses livres, titres et papiers aux arbitres, dans le délai fixé.

Le sieur Capellin soutient, de son côté, qu'il n'a enfreint le traité ni sous l'un ni sous l'autre rapport.

Le 10 juin 1808, jugement par lequel,

« Considérant qu'il n'est pas établi que le sieur Capellin ait violé la transaction du 24 février 1808; qu'ainsi, l'art. 15 de cette transaction n'est point applicable ;

» Qu'à la forme de l'art. 12 dudit traité, en cas de non acceptation, décès ou déport de deux arbitres, c'est au tribunal à pourvoir à leur remplacement ;

---

(1) Journal des Audiences de la cour de cassation, année 1826, partie 1, page 53.

» Le tribunal, sans s'arrêter aux exceptions proposées par les mariés Perret, dont ils sont déboutés, nomme arbitres d'office les sieurs Huguenin et Valesque, commissionnaires à Lyon, en remplacement des sieurs Charrasou et Prodon ».

Les sieur et dame Perret appellent de ce jugement, et, convertissant en demande l'exception qu'ils ont opposée au sieur Capellin en première instance, ils concluent à ce qu'attendu qu'il a enfreint le traité du 24 février, il soit condamné à leur payer la peine de 30,000 francs.

Le sieur Capellin répond que, dans le fait, il n'y a eu de sa part aucune infraction au traité, et que, dans le droit, l'art. 464 du Code de procédure s'oppose à ce qu'il soit fait droit à la demande toute nouvelle des appelans.

Les sieur et dame Perret répliquent qu'à la vérité, la demande qu'ils forment en cause d'Appel, n'a pas été présentée aux premiers juges, mais qu'elle est la conséquence nécessaire de l'exception qu'ils ont proposée devant eux, et que, par conséquent, elle est recevable en cause d'Appel, puisqu'elle sert de défense à la demande en nomination d'arbitres supplémentaires.

Le 6 août 1808, arrêt par lequel, attendu qu'il est prouvé par les circonstances, que le sieur Capellin a formellement contrevenu à la transaction du 24 février; qu'ainsi, il a encouru la peine stipulée par l'art. 15 de cet acte; que d'ailleurs la demande en paiement de cette peine est la conséquence nécessaire de l'exception proposée par les sieur et dame Perret devant le tribunal de commerce, contre la continuation de l'arbitrage, ou pour mieux dire, qu'elle s'identifie avec cette exception, et que l'art. 464 du Code de procédure permet de former, en cause d'Appel, des demandes nouvelles, lorsqu'elles sont une défense à l'action principale; la cour d'Appel de Lyon déclare comme non avenue la transaction du 24 février, et condamne le sieur Capellin à payer aux sieur et dame Perret la somme de 30,000 francs.

Recours en cassation contre cet arrêt de la part du sieur Capellin, qui l'attaque

1°. Comme violant les règles de la compétence, en ce qu'à l'époque où avait été rendu le jugement du tribunal de commerce, le délai du compromis n'était pas expiré; que, par conséquent, ce tribunal n'avait pas pu s'occuper de la question encore pendante devant les arbitres, de savoir, si l'une des parties était en demeure d'exécuter les clauses du traité du 24 février 1808; et que, par une conséquence ultérieure, la cour d'Appel n'avait pas pu s'en occuper elle-même;

2°. Comme violant les mêmes règles, en ce que les parties n'avaient pas pu, par leur consentement mutuel, couvrir l'incompétence matérielle et absolue du tribunal de commerce pour connaître de la demande qui lui avait été soumise par l'une d'elles; et que la cour d'Appel n'a-vait pas pu, en infirmant, pour mal jugé au fond, le jugement de ce tribunal qu'elle aurait dû déclarer nul, statuer sur un objet litigieux qui était hors de la juridiction de ce tribunal;

3°. Comme violant l'art. 464 du Code de procédure civile, en ce que la cour de Lyon avait prononcé sur la demande en paiement de la peine de 30,000 francs que les sieur et dame Perret n'avaient formée qu'en cause d'Appel.

Par arrêt du 22 juillet 1809, au rapport de M. Genévois,

« Vu les art. 48, 424, 1003, 1008, 1012 et 1028 du Code de procédure civile;

» Considérant que, de ces divers textes, il résulte

1°. Que la juridiction arbitrale étant régulièrement constituée par un compromis, le pouvoir des arbitres ne peut être révoqué, l'arbitrage ne peut être abandonné qu'après l'expiration du délai fixé par le compromis, ou par le consentement unanime des parties; qu'avant l'expiration du délai, l'une des parties ne pourrait porter le différend, soumis aux arbitres, devant les tribunaux ordinaires, et ces tribunaux s'en retenir la connaissance, sans qu'il en résultât une contravention évidente aux textes précités du Code de procédure civile, et une usurpation de pouvoir manifeste, par la juridiction ordinaire, sur la juridiction des arbitres;

» 2°. Que les tribunaux de commerce, dans les matières qui ne sont pas de leur compétence, ne peuvent s'en retenir la connaissance, lors même que le déclinatoire n'a pas été proposé; il en résulte aussi que, pardevant la juridiction ordinaire, en matière civile, aucune demande principale ne peut être formée, sans que le défendeur ait été préalablement appelé en conciliation devant le juge de paix;

» 3°. Il en résulte enfin que, dans le cas où il y aurait Appel du jugement rendu par le tribunal de première instance, il ne peut être formé, en instance d'Appel, aucune demande nouvelle; et la loi n'excepte de cette prohibition, que la demande en compensation et la demande nouvelle qui seraient proposée comme défense à l'action principale;

» Attendu que l'arrêt dénoncé a violé ouvertement toutes ces règles, ainsi que les textes de lois, d'où elles émanent:

» 1°. Il est établi au procès jugé par cet arrêt que les arbitres nommés par le compromis, intervenu entre les parties, avaient, pour rendre le jugement, un délai de quatre mois, qui fut prorogé jusqu'à sept, à partir du 24 février 1808, lequel, par conséquent, n'aurait expiré que le 24 septembre suivant;

» Que, long-temps avant cette époque, les parties s'étaient fait réciproquement le reproche d'avoir manqué aux conditions du compromis; elles s'imputaient réciproquement la faute d'avoir mis obstacle à l'exécution de la transaction du 24 février 1808; et réciproquement elles protestaient de recourir aux tribunaux pour se faire adjuger les 30,000 francs d'indemnité énoncés dans la clause pénale de ce traité;

» En même temps, il est établi par les requêtes respectives des parties, présentées aux arbitres les 4 et 13 mai, ainsi que par les ordonnances dont ces requêtes furent répondues, que le débat fut porté devant leur tribunal; que le demandeur et le défendeur, tout à la fois, les prièrent de déclarer lequel des deux avait encouru le reproche de manquer aux conditions du compromis, d'avoir porté obstacle à l'exécution de la transaction; et lequel des deux s'était rendu passible de la peine ou indemnité de 30,000 francs stipulée en l'art. 15. du traité;

» De son côté, le tribunal d'arbitres, reconnaissant sa compétence et l'étendue de ses attributions, soit d'après les clauses du compromis, soit d'après la volonté expresse des parties, détermina et fixa dans sa juridiction la litispendance sur cet incident, en assignant aux parties une audience particulière et à jour préfix, pour y débattre leurs moyens respectifs.

» C'est dans cette position qu'intervient le jugement du tribunal de commerce du 10 juin 1808, portant nomination de deux arbitres en remplacement de ceux qui avaient donné leur démission; c'est alors qu'intervient, le 19 juin, un Appel de ce jugement de la part des mariés Perret, et qu'à l'occasion de cet Appel porté devant la cour séant à Lyon, Perret soumet à la décision de cette cour la question relative à la clause pénale; qu'il demande l'exécution à son profit de cette clause et l'adjudication des 30,000 francs d'indemnité;

» C'est alors enfin qu'intervient l'arrêt du 6 août 1808, qui juge que c'est Capellin, et non Perret, qui a contrevenu à la transaction; que c'est par la faute de Capellin, et non par celle de Perret, que cette transaction ne peut plus être exécutée.

» Cependant, à cette époque même du 6 août 1808, date de l'arrêt qui prononce sur ce point du litige, la juridiction des arbitres, leur pouvoir durait encore, puisque la durée de ce pouvoir, d'après la clause spéciale du compromis et d'après la prorogation ordonnée conformément à cette clause, cette durée de pouvoir et de juridiction n'avait son terme qu'au 24 septembre suivant;

» D'un autre côté, la question de savoir laquelle des deux parties pouvait être justement accusée d'avoir contrevenu aux conditions, soit du compromis, soit de la transaction qui contenait ce compromis (question dont la solution était nécessairement préliminaire à l'exercice de toute action en paiement de l'indemnité de 30,000 francs, puisque ce n'est évidemment que par la solution de cette question qu'on pouvait connaître si l'un des contractans s'était mis dans le cas de subir l'application de la clause pénale), la connaissance de cette question appartenait incontestablement à la juridiction des arbitres; car eux seuls pouvaient décider si la production des livres, registres, factures, quittances et autres pièces, faite par l'une ou l'autre des parties, était suffisante pour les mettre en état de rendre leur jugement; cette connaissance leur appartenait, d'après les termes du compromis, où il est dit : *Les arbitres décideront toutes les difficultés relatives aux comptes à faire entre les parties;* mais elle leur appartenait encore, et bien plus évidemment, par le consentement formel et uniforme des parties, qui, dans leurs requêtes aux arbitres, avaient demandé expressément qu'ils voulussent bien décider s'il avait été contrevenu au traité, et sur qui devait tomber la peine imposée au contrevenant; de ce consentement unanime, et de l'ordonnance des arbitres qui assignait une audience aux parties pour entendre leurs débats sur cet incident, il était résulté une véritable litispendance devant la juridiction arbitrale.

» Ainsi, lorsque la cour d'Appel s'est retenu la connaissance de cette contestation incidente, lorsqu'elle l'a jugée à une époque, où les délais fixés par le compromis n'étaient point expirés, à une époque où le tribunal arbitral, encore existant, était saisi de cette même contestation, tant par le fait que par le droit; il est évident que la cour d'Appel n'a pu procéder ainsi, sans commettre un excès de pouvoir, une véritable usurpation sur la juridiction arbitrale; d'où il résulte la violation des articles précités 1003, 1008, 1012 et 1028 du Code de procédure civile;

» Considérant 2° qu'en admettant, sous un autre rapport, que la cour d'Appel eût pu être régulièrement saisie de cette question d'indemnité, par suite de l'Appel du jugement rendu par le tribunal de commerce, et dans la supposition que ce jugement (quoiqu'il ne s'agisse dans son dispositif que d'une nomination d'arbitres) aurait cependant prononcé indirectement sur cette même question, dans ce cas, la cour d'Appel aurait eu à prononcer sur une action purement civile, et nullement commerciale, puisqu'il s'agissait d'appliquer la clause pénale d'une transaction, et d'une transaction relative à des procès en police correctionnelle et en inscription de faux, à des objets enfin qui, par leur nature, excluaient nécessairement la juridiction du tribunal de commerce :

» Or, la cour d'Appel aurait commis, sous ce dernier rapport, une double contravention, 1°. en se bornant à réformer, quant au fond, le jugement du tribunal de commerce, au lieu d'en prononcer l'annullation, comme ayant été rendu incompétemment *ratione materiæ*; et 2°. en prononçant sur une demande principale en matière civile, sans que l'exercice de cette action eût été précédé, conformément à la loi, d'un essai de conciliation devant le juge de paix; d'où est résulté la violation des art. 48 et 424 du Code de procédure civile;

» Considérant, 3°. enfin, que l'arrêt viole pareillement l'art. 464 du même Code, en ce qu'il a prononcé, en instance d'Appel, sur une demande principale, qui n'avait point été formée en première instance, et alors que cette demande n'était ni un objet de compensation, ni une exception à l'action intentée en première instance;

» Par ces motifs, la cour casse et annulle... ».

Je n'ai pas à m'expliquer ici sur le troisième motif de cet arrêt : étranger à la question qui m'occupe en ce moment, il sera l'objet d'une discussion particulière que l'on trouvera ci-après, n°. XVI-11°. Mais j'ose dire ici que cet arrêt ne peut être justifié, ni par son premier, ni par son second motif.

Et d'abord, quant au premier, je conviens qu'à l'époque où le tribunal de commerce avait jugé la question de savoir s'il y avait, de la part de l'une ou de l'autre des parties, refus ou demeure d'exécuter les conditions du traité du 24 février 1808, cette question était pendante devant les arbitres nommés par le traité; et que la connaissance ne pouvait leur en être ôtée, d'après l'art. 1008 du Code de procédure civile, *que du consentement unanime des parties.*

Mais les parties n'avaient-elles pas consenti unanimement à ce que cette question, quoiqu'encore pendante devant les arbitres, fût distraite du compromis et jugée par le tribunal de commerce? D'une part, les sieur et dame Perret l'avaient eux-mêmes engagée devant le tribunal de commerce, en excipant, contre la demande du sieur Capellin en nomination d'arbitres pour remplacer les deux démissionnaires, de ce qu'il avait rompu le compromis par son refus d'exécuter deux des clauses principales du traité qui y étaient relatives; et assurément ils avaient, par là, manifesté, aussi clairement que possible, leur consentement à ce que les arbitres ne connussent plus de cette question.

D'un autre côté, le sieur Capellin, loin de repousser leur exception par celle de la litispendance de la question devant les arbitres, ne l'avait combattue que comme mal fondée; et, par là, qu'avait-il fait? Bien évidemment il avait joint son consentement à celui des sieur et dame Perret à ce que les arbitres ne connussent plus de cette question, à ce que cette question fût jugée par le tribunal de commerce.

Qu'avait-il manqué, dès-lors, pour qu'il y eût *consentement unanime des parties,* à ce que le compromis restât sans effet par rapport à cette question? Pour qu'il y eût manqué quelque chose, il aurait fallu que l'exception de litispendance à laquelle le sieur Capellin avait renoncé par son silence, eût été de nature à ne pouvoir pas être couverte par son consentement tacite à plaider sur le fait dont il s'agissait devant le tribunal de commerce. Or, le contraire est évidemment fondé en raison (1), et clairement établi par l'art. 171 du Code de procédure civile. Donc le tribunal de commerce avait pu prononcer sur ce fait. Donc ce fait avait été légalement soumis à la cour d'Appel. Donc l'arrêt de la cour d'Appel n'a pu ni dû être cassé, sous le prétexte de litispendance sur ce fait devant les arbitres. Donc le premier motif de l'arrêt de cassation porte sur une base absolument fausse.

Le second motif se divise en deux branches.

L'arrêt de cassation commence par dire que le jugement du tribunal de commerce étant rendu incompétemment *ratione materiæ,* la cour d'Appel aurait dû, au lieu de l'infirmer pour mal-jugé au fond, le déclarer nul, et je conviens que cela eût été plus régulier. Mais quelle différence y aurait il eu, pour le résultat, entre ces deux manières de prononcer? Aucune, puisqu'aux termes de l'art. 473 du Code de procédure civile, et comme nous venons de le voir en discutant le *troisième cas,* la cour d'Appel n'aurait pas moins eu la faculté de statuer sur le fond par l'arrêt qui eût annullé le jugement de première instance, comme incompétemment rendu, qu'elle ne l'avait eu en infirmant ce jugement pour mal-jugé dans la supposition qu'il avait été rendu compétemment.

L'arrêt de cassation dit ensuite *qu'en prononçant sur une demande principale en matière civile, sans que l'exercice de cette action eût été précédé, conformément à la loi, d'un essai en conciliation, devant le juge de paix, la cour d'Appel a violé les art. 48 et 424 du Code de procédure.*

Mais 1°. de ce que le tribunal de commerce avait violé l'art. 424 du Code de procédure civile, en ne se dessaisissant pas d'office d'une contestation dont la connaissance lui était interdite à raison de la matière, il ne s'ensuivait nullement que la cour d'Appel eût prononcé illégalement sur cette contestation même, alors qu'elle l'avait fait par l'arrêt infirmatif du jugement de ce tribunal; cette conséquence était, au contraire, formellement démentie par l'art. 473 dont l'arrêt de cassation ne dit pas le mot.

2°. Le sieur Capellin n'avait pas excipé du défaut de citation en conciliation sur la demande formée contre lui par les sieur et dame Perret, et il y avait long-temps à cette époque, comme on peut le voir aux mots *Bureau de paix,* §. 1, qu'il était passé en maxime qu'un pareil défaut se couvre par le silence du défendeur.

3°. On verra ci-après, n°. XVI-11°., que la demande formée en cause d'Appel par les sieur et dame Perret, devait, quoique *nouvelle,* être considérée par la cour de cassation, comme servant de défense à l'action principale, par conséquent

_____

(1) *V.* les conclusions du 14 octobre 1806, rapportées dans le *Répertoire de [j]urisprudence,* au mot *Compte,* §. 3.

comme admissible aux termes de l'art. 464, et, par conséquent encore comme non sujette à l'essai en conciliation.

Le deuxième motif de l'arrêt de cassation n'est donc pas mieux fondé dans l'une que dans l'autre de ses deux branches.

Et, de là, il suit que cet arrêt ne pouvant pas être pris pour règle sur le quatrième des cas sur lesquels porte notre question, ce cas doit être jugé dans le même sens que le troisième.

XI. Mais que faudrait-il décider, si le jugement dont il est appelé, avait laissé le fond intact et s'était borné à rejeter un déclinatoire qu'il devait accueillir? Le tribunal d'Appel pourrait-il alors, en l'infirmant, évoquer le fond et y statuer par le jugement même qui déciderait que le tribunal de première instance s'en est mal-à-propos dessaisi?

Il ne le pourrait certainement pas dans le premier des trois cas que j'ai signalés dans le n°. précédent. Mais pourquoi ne le pourrait-il pas dans le troisième, c'est-à-dire, lorsqu'il est à la fois le juge supérieur et du tribunal qui aurait dû connaître de l'affaire en première instance, et du tribunal qui s'était mal-à-propos déclaré compétent? Pourquoi ne le pourrait-il pas également dans le deuxième cas, lorsqu'il est compétent pour statuer en dernier ressort comme juge de première instance? Qu'importe, en effet, qu'alors le fond n'ait pas subi, même de fait, un premier degré de juridiction? Encore une fois, l'art. 473 du Code de procédure civile n'exige qu'une condition pour que le tribunal d'Appel puisse, en infirmant un jugement définitif, pour quelque cause que ce soit, évoquer le fond et y statuer par un seul et même jugement, c'est qu'il trouve la matière disposée à recevoir une décision définitive; et l'on ne peut pas dire que cette condition n'est pas remplie, lorsque, sur l'Appel d'un jugement qui rejette mal-à-propos une déclinatoire, et qui, par cela même, est définitif, les deux parties plaident, non-seulement la question de compétence, mais encore le fond, de manière à mettre le tribunal supérieur en état de prononcer définitivement sur l'une et sur l'autre.

XII. Que peut et doit faire, en matière de compte, la cour qui infirme un jugement de première instance?

Le Code de procédure distingue.

Le jugement de première instance est-il infirmé pour avoir rejeté mal-à-propos une demande en reddition de compte? L'art. 528 porte que « l'arrêt infirmatif renverra, pour la reddi- » tion et le jugement de compte, au tribunal où » la demande avait été formée, ou à tout autre » tribunal de première instance que l'arrêt in- » diquera ».

Le jugement de première instance a-t-il admis la demande en reddition de compte, et a-t-il statué sur le compte rendu en conséquence? Le même article décide que « l'exécution de l'arrêt » infirmatif appartiendra à la cour qui l'aura rendu, » ou à un autre tribunal qu'elle aura indiqué par » le même arrêt. »

Ces dispositions forment-elles dans le Code de procédure civile, des exceptions aux règles générales sur les pouvoirs et les obligations des tribunaux d'Appel, ou ne sont-elles que des conséquences de ces règles? Ecoutons l'orateur du gouvernement dans l'*exposé des motifs* de cette partie du Code :

» Une question de compétence, controversée sous l'empire de l'ancienne législation, est décidée dans le nouveau système.

» D'après l'art. 472, si un jugement dont est Appel est infirmé, l'exécution entre les mêmes parties appartient, sauf quelques exceptions, à la cour d'Appel qui a prononcé.

» En appliquant ce principe aux jugemens rendus sur les poursuites de comptes, le législateur a dû établir une distinction entre le jugement qui prononcerait sur un compte ordonné et rendu, et le jugement qui rejetterait la demande en reddition de compte.

» Au premier cas, les motifs qui ont dicté l'art. 472, doivent conduire à prononcer que l'exécution appartiendra, soit à la cour d'Appel, soit au tribunal que cette cour indiquera par l'arrêt infirmatif.

» Pour le second cas, il faut reconnaître d'abord que l'on ne peut pas supposer aux premiers juges la même répugnance et la même prévention; et en supposant ensuite qu'il s'élevât contre les juges inférieurs de justes soupçons de répugnance et de prévention, qui ne permissent pas de leur renvoyer l'exécution du jugement qui ordonnerait la reddition du compte, au moins ne faudrait-il pas alors que ces motifs pussent conduire à priver les parties intéressées des deux degrés de juridiction que la loi leur accorde; en ce cas, la cour d'Appel ne peut que renvoyer à un autre tribunal de première instance; mais ne peut retenir l'*exécution* ».

Si l'on s'en tient à ces motifs, il n'est pas douteux que l'art. 528 ne soit calqué sur les règles générales de la compétence des tribunaux d'Appel.

Mais il est bien difficile de concilier avec ces règles celle des deux dispositions de l'art. 528 qui autorise la cour d'Appel à retenir, dans tous les cas, la connaissance d'un compte que le tribunal de première instance dont elle infirme le jugement, a entendu et jugé. Sans doute, lorsqu'il ne s'agit que de l'exécution d'un arrêt définitif qui infirme un jugement de première instance, l'art. 472 laisse à la cour d'Appel le choix, ou de la retenir, ou de la renvoyer devant un autre tribunal inférieur. Mais l'arrêt qui, sur un compte rendu et jugé en première instance, infirme la décision du premier juge, n'est pas toujours définitif; il peut, comme dans l'espèce rapportée aux mots *Réparation d'injures*, §. 2, ne prononcer que sur une question incidente; il peut aussi n'être qu'interlocutoire; et dans l'un comme dans l'autre cas, l'art. 473 s'oppose évidemment à ce que la cour d'Appel retienne le fond. Il faut donc dire que la seconde disposition de l'art. 528 fait, par sa généralité, exception à l'art. 473.

D'un autre côté, il n'est pas plus possible de concilier avec l'art. 472, la disposition de l'art. 528 qui veut impérativement que l'arrêt infirmatif d'un jugement par lequel la demande en reddition de compte a été rejetée, *renvoie pour la reddition et le jugement du compte*, à un tribunal de première instance. Cet arrêt est certainement définitif, et la reddition du compte en est certainement l'exécution. La cour qui rend un pareil arrêt, devrait donc, d'après l'art. 472, avoir le choix, ou de retenir la reddition du compte, ou de la renvoyer à un autre tribunal inférieur. C'est donc par dérogation à cet article que le renvoi de la reddition du compte, à un tribunal inférieur, est prescrite dans le cas dont il s'agit, par la première disposition de l'art. 528.

XIII. Que peut et doit faire, relativement à la demande en partage d'une succession, la cour qui infirme le jugement de première instance, par lequel cette demande a été rejetée? Peut-elle et doit-elle la retenir? Ou peut-elle et doit-elle la renvoyer, soit au même, soit à un autre tribunal de première instance?

Voici une espèce dans laquelle la cour de cassation a jugé, avant le Code de procédure civile, qu'une cour d'Appel avait procédé légalement en renvoyant une pareille demande au tribunal qui l'avait déjà rejetée.

En thermidor an 10, la demoiselle Chaverot intente, contre ses neveux, une demande en partage de la succession de leur père et ayeul, décédé le 13 octobre 1782. Ils lui opposent la renonciation qu'elle a faite à cette succession, après son mariage, par un acte du 2 novembre 1769; et ils soutiennent que, si cette renonciation était nulle dans son principe, la nullité en a été couverte par le laps des dix ans qui se sont écoulés depuis l'ouverture de l'hérédité.

Jugement du tribunal de première instance de Macon, qui déclare la demoiselle Chaverot non-recevable, sur le fondement que son action en nullité est prescrite.

Mais sur l'Appel, arrêt de la cour de Dijon, qui infirme ce jugement, et renvoie les parties devant le tribunal de première instance pour procéder au partage de la succession.

Les neveux se pourvoient en cassation; et dénoncent cet arrêt comme violant, par le renvoi qu'il fait du partage devant les premiers juges, la régle qui défend aux tribunaux de faire parcourir aux parties plus de deux degrés de juridiction.

Par arrêt du 12 juin 1806, au rapport de M. Poriquet,

« Considérant que, si les juges de première instance, saisis uniquement de la question de savoir s'il y avait lieu à ordonner le partage de la succession de l'ayeul des demandeurs, sans avoir égard à la renonciation dont il s'agit, l'avaient décidée affirmativement, ils auraient dû ordonner qu'il serait procédé devant eux aux opérations dudit partage et à la discussion de toutes les questions qui en auraient été la suite; et qu'ainsi, la cour d'Appel, en infirmant le jugement qui avait déclaré la veuve Demisgreux non-recevable, et en ordonnant qu'il serait procédé audit partage devant les juges de première instance, a fait réellement ce que ceux-ci auraient dû faire; d'où il suit que, loin de violer les lois citées par le demandeur, sur les deux degrés de juridiction, la cour d'Appel s'y est conformée;

» La cour (section de requêtes) rejette le pourvoi.... ».

Cet arrêt s'écartait singulièrement, comme l'on voit, de la jurisprudence qui, avant le Code de procédure civile, avait donné une si grande latitude à la règle qu'il ne peut y avoir, dans chaque affaire, que deux degrés de juridiction; et il faut convenir que l'on pouvait rétorquer avec avantage, contre sa décision, le principe sur lequel il la fondait; car de ce que le juge d'Appel doit faire ce qui aurait dû être fait par le premier juge, il était assez naturel de conclure que le juge d'Appel devait procéder au partage que le premier juge avait déclaré inadmissible, et non pas le lui renvoyer.

Quoi qu'il en soit, cet arrêt ne peut plus aujourd'hui nous servir de guide, parceque la question dépend d'autres élémens.

Qu'est-ce que le partage dans le cas dont s'agit? Rien autre chose que l'exécution de l'arrêt qui a réformé le jugement par lequel en avait été rejetée la demande. Or, aux termes de l'art. 472, la cour qui infirme un jugement, peut ou retenir l'exécution de son arrêt, ou la renvoyer à un tribunal de première instance. Il semblerait donc qu'en infirmant le jugement par lequel a été rejetée une demande en partage, la cour pût, au lieu de renvoyer les opérations du partage même devant un autre tribunal inférieur, les retenir pardevers soi et y procéder elle-même.

Mais prenons garde à l'exception par laquelle l'art. 472 limite lui-même la faculté qu'il attribue aux juges d'Appel : *sauf les cas* (y est-il dit) *de la demande en nullité d'un emprisonnement, en expropriation forcée*, ET AUTRES DANS LESQUELS LA LOI ATTRIBUE JURIDICTION. Que cette exception soit applicable à la demande en partage d'hérédité, c'est ce que l'art. 822 du Code civil ne permet pas de révoquer en doute : « L'action en partage » (porte-t-il), et les contestations qui s'élèvent » dans le cours des opérations, sont soumises au » tribunal du lieu de l'ouverture de la succes- » sion ». Donc de même qu'encore qu'un empri-

APPEL, §. XIV, Art. I.

sonnement pratiqué en vertu d'un arrêt infirmatif d'un jugement de première instance, ne soit que l'exécution de cet arrêt, la connaissance immédiate ne laisse pas d'en appartenir au tribunal de première instance du lieu où il a été fait, sans que la cour d'Appel puisse la retenir ni se la réserver; de même aussi, bien que l'on ne puisse considérer le partage ordonné par un arrêt infirmatif du jugement qui en avait rejeté la demande, que comme l'exécution de cet arrêt, la cour qui a rendu cet arrêt, ne laisse pas d'être incompétente pour en connaître immédiatement.

A plus forte raison ne pourrait-on pas s'adresser à la cour d'Appel, comme juge immédiat de l'exécution de son arrêt infirmatif, si, par le jugement infirmé, il n'avait été prononcé que sur la question de savoir quels étaient les droits des prétendans à la succession, sans qu'il eût été pris, de part ni d'autre, des conclusions à fin de partage.

Le contraire a cependant été jugé dans une espèce que rapportent en ces termes les rédacteurs des *Décisions notables des cours d'Appel de Bruxelles et de Liége*, tome 15, page 371:

« La commune de Stockroye annonça qu'elle était disposée à remettre aux descendans de N... les biens saisis sur lui pour défaut de paiement de tailles.

» La veuve Elens se présenta, et les biens lui furent rendus.

» Jean Seps, qui se croyait plus proche du saisi, ou au même degré que la veuve Elens, forma demande en revendication; mais il fut éconduit par jugement du tribunal de Hasselt.

» La cour de Liége, saisie de l'Appel, réforma le jugement et ordonna que la moitié des biens serait restituée à Jean Seps, avec les fruits perçus. L'arrêt est du 17 avril 1807.

» Il s'agissait de procéder au partage par moitié, Seps en forme la demande devant la cour d'Appel, sur le fondement de l'art. 472 du Code de procédure civile.

» La veuve Elens soutient que c'est une nouvelle demande et non une suite de l'arrêt, et qu'elle était du ressort du juge de première instance.... ».

« Par arrêt du 27 juillet 1808,

» Attendu que la demande formée par la partie demanderesse, n'a pour objet que la seule exécution de l'arrêt rendu par la cour le 17 avril 1807;

» Qu'ainsi, elle est bien intentée, puisqu'il est statué, par l'art. 472 du Code de procédure civile, que, dans le cas où le jugement est infirmé, l'exécution, entre les parties, appartiendra à la cour d'Appel qui aurait prononcé;

» La cour déclare la partie demanderesse recevable dans sa demande ».

Mais cet arrêt aurait-il échappé à la cassation, s'il eût été attaqué par cette voie? il paraît évident que non.

D'abord, la demande en partage portée immédiatement par Jean Seps devant la cour de Liége, avait bien son fondement dans l'arrêt de cette cour du 17 avril 1807, mais elle n'en était pas, à proprement parler, l'exécution. Cet arrêt n'avait eu à statuer que sur la qualité des parties et sur leurs droits respectifs à la chose en litige; et il n'avait statué que sur ces points. Dès-lors, comme le disait très-bien la veuve Elens, « le » procès n'était-il pas terminé ? La cour n'avait-» elle pas dit virtuellement aux parties: *La chose* » *vous appartient par moitié*, voilà tout ce que vous » m'avez proposé de juger. Si vous ne vous ar-» rangez pas sur le fait du partage, vous avez vos » juges naturels; c'est le sujet d'une toute autre » contestation que celle que je termine en ce » moment...... Quelle est maintenant la situa-» tion des parties? Elles sont évidemment dans le » même cas, que des héritiers qui sont d'accord » sur la quotité de leurs parts héréditaires, mais » qui restent encore dans l'indivision; car l'arrêt » ne leur attribue pas un nouveau droit, il ne fait » que déclarer que tel est leur droit, d'après l'ap-» plication de la loi: rien ne s'oppose même à » ce que les parties jouissent par indivis, autant » de temps qu'elles le voudront...... La demande » en partage n'est donc pas une exécution de » l'arrêt, ce n'est qu'une action fondée sur l'ar-» rêt, sur la chose jugée, ce qui est tout diffé-» rent ».

Ensuite Jean Seps eût-il pris, dans l'instance terminée par l'arrêt du 17 avril 1807, des conclusions à fin de partage? Cet arrêt eût-il ordonné qu'il serait procédé, entre Jean Seps et la veuve Elens, au partage par moitié des biens litigieux? La cour de Liége en eût-elle été plus compétente pour connaître immédiatement de la demande qu'elle a jugée valablement intentée devant elle? Elle l'eût été sans doute, d'après la règle générale qu'établit l'art. 472 du Code de procédure civile; car c'eût été son arrêt infirmatif qu'il se fût agi d'exécuter. Mais les parties se trouvaient précisément dans l'un des cas d'exception qui sont écrits dans cet article; et c'est ce que faisait très-judicieusement remarquer le défenseur de la veuve Elens: « L'art. 472 (disait-» il) excepte les cas de demande en nullité d'em-» prisonnement, expropriation forcée, *et autres,* » *dans lesquels la loi attribue juridiction*. Or, le » Code civil (art. 822) dit que l'action en partage » est soumise au tribunal de l'ouverture » de la succession. C'est là que sont les titres, et » communément la plupart des biens. Le partage » nécessite beaucoup d'opérations qui doivent » se faire aux moindres frais et avec la plus » grande facilité possible: n'y aurait-il pas de » nombreux inconvéniens à surcharger les cours » d'Appel de toutes ces opérations qui s'exécu-» tent à des distances éloignées du lieu de leur » établissement ».

XIV. Le droit qu'attribue l'art. 472 à la cour

qui a infirmé un jugement, de connaître immédiatement de l'exécution de son arrêt, lorsqu'elle ne l'a pas renvoyé par son arrêt même à un tribunal de première instance, a-t-il lieu dans le cas où, n'infirmant le jugement que pour vice de forme, elle en a adopté au fond toutes les dispositions?

Pourquoi non? La disposition de l'art. 472 est générale. Elle porte donc sur le cas où le jugement de première instance est infirmé pour vices de forme, comme sur le cas où il est infirmé pour mal-jugé au fond.

On a cependant soutenu le contraire dans l'espèce suivante.

Le 14 mars 1816, jugement du tribunal de première instance de Mayenne, qui accorde à la dame Jarry sa séparation de corps et de biens d'avec son mari.

Appel de la part du sieur Jarry.

Le 10 juillet suivant, la cour royale d'Angers déclare ce jugement nul pour vices de forme; mais statuant au fond, prononce de nouveau la séparation de corps et de biens, condamne l'appelant à rendre compte des biens de la communauté dans le délai d'un mois et retient l'exécution de son arrêt.

Le sieur Jarry, nonobstant la signification qui lui est faite de cet arrêt à domicile, laisse passer plusieurs mois sans rendre le compte ordonné.

La dame Jarry s'adresse alors à la cour royale d'Angers, comme juge immédiat de l'exécution de cet arrêt, pour obtenir une prorogation de délai à l'effet de délibérer si elle acceptera ou répudiera la communauté.

Le sieur Jarry conclud au renvoi de cette demande devant le tribunal de première instance, et se fonde notamment sur la circonstance que le jugement du 14 mars 1816 n'a été infirmé que quant à la forme.

Le 18 décembre de la même année, arrêt qui, sans avoir égard à cette exception, accorde à la dame Jarry le délai qu'elle réclame.

Le sieur Jarry se pourvoit en cassation, et attaque cet arrêt comme violant, par une fausse application de l'art. 472 du Code de procédure civile, la règle des deux degrés de juridiction.

« L'art. 472 (dit-il) porte bien que, si le jugement *est infirmé l'exécution appartiendra à la cour royale qui aura prononcé;* mais il s'agit de savoir comment cette disposition doit être entendue, et si elle est applicable au cas où, comme dans l'espèce, le jugement n'est annullé que pour vices de formes, et sa décision au fond est maintenue par la cour royale.

» Or, cette question n'est pas difficile à résoudre. Le législateur, quand il a privé les tribunaux du droit de connaître de l'exécution des arrêts qui ont infirmé leurs jugemens, a sans doute été déterminé par la crainte que, prévenus par ces mêmes jugemens, les juges de première instance n'altérassent les dispositions rendues par les magistrats supérieurs, en les faisant exécuter dans le sens de l'opinion qu'ils auraient émise.

» Mais ce motif n'existe plus quand le premier jugement, annullé seulement dans la forme, ordonne au fond la même chose que ce qui est ordonné par l'arrêt. C'est sa propre décision que le tribunal fait alors exécuter, comme si son jugement eût été pleinement confirmé par la cour royale.

» Il est clair, dès-lors, qu'il ne peut être privé d'une exécution qui lui appartient naturellement ».

Quand ces raisonnemens auraient été aussi bien fondés qu'ils l'étaient peu, ils n'auraient pas même pu déterminer l'admission de la demande en cassation du sieur Jarry, parceque l'arrêt du 16 juillet 1816 avait expressément *retenu l'exécution*, et qu'il était irrévocablement passé en force de chose jugée. Aussi est-il intervenu, le 29 janvier 1818, au rapport de M. La Saudade, et sur les conclusions de M. l'avocat-général le Beau, un arrêt par lequel,

« Attendu que l'art. 473 du Code de procédure porte qu'il en sera de même dans les cas où les cours infirmeraient pour vices de forme des jugemens définitifs;

» Qu'au surplus l'arrêt du 16 juillet qui a retenu l'exécution a acquis l'autorité de la chose jugée; que la demande en prorogation de délai n'était qu'incidente au fond retenu;

» La cour (section des requêtes) rejette le pourvoi.... (1) ».

XV. De ce que l'art. 473 fait porter sur le cas où les tribunaux d'Appel *infirmeraient des jugemens définitifs*, la faculté qu'il leur accorde, dans sa seconde partie, de retenir le fond et d'y statuer sur-le-champ, résulte-t-il que cette faculté cesse, lorsqu'ils infirment des jugemens provisoires?

La négative serait incontestable, si, dans la seconde partie de l'art. 473, les mots *jugemens définitifs* étaient l'opposé de *jugemens provisoires;* car, dans cette hypothèse, la défense d'évoquer en infirmant des jugemens provisoires, serait implicitement renfermée dans la permission d'évoquer en infirmant des jugemens définitifs; comme la défense d'évoquer le fond sans y statuer sur-le-champ, est implicitement renfermée dans la permission de l'évoquer en y statuant par un seul et même arrêt.

Mais les *jugemens définitifs* ne sont évidemment, dans la seconde partie de l'art. 473, que l'opposé des *jugemens interlocutoires* dont il est parlé dans la première partie du même article; et, dès-là, rien n'empêche d'appliquer la disposition de la seconde partie *au cas* d'infirmation d'un juge-

___
(1) Journal des Audiences de la cour de cassation, année 1818, page 668.

ment provisoire; car un jugement provisoire est *définitif* quant à son objet ; et c'est parcequ'il est considéré comme tel, qu'il était susceptible d'Appel, même sous la loi du 3 brumaire an 2, qui ne permettait d'appeler que des jugemens définitifs.

Aussi, dans l'espèce rapportée ci-dessus, §. 1, n°. 8, la cour royale de Montpellier n'a-t-elle fait aucune difficulté, en recevant, par son arrêt du 29 août 1822, l'Appel interjeté par le sieur Pons du jugement qui, par provision, lui avait nommé un administrateur provisoire, et en infirmant ce jugement, *de retenir la cause et de statuer définitivement, conformément à l'art.* 473 *du Code de procédure civile;* et ce qu'il y a de bien remarquable, c'est que la veuve Vigoureux, reconnaissant que cet arrêt était inattaquable, en ce qu'il avait évoqué le fond, ne l'a critiqué devant la cour de cassation qu'en tant qu'il avait jugé l'Appel du sieur Pons recevable.

XVI. On a déjà vu, §. 2, n°. 4, que, par l'art. 7 de la loi du 3 brumaire an 2, il était dit qu'*il ne sera formé, en cause d'Appel, aucune nouvelle demande, et les juges ne pourront prononcer que sur les demandes formées en première instance.*

De ces deux propositions, l'art. 464 du Code de procédure civile ne reproduit que la première : il n'y ajoute pas une défense aux juges d'Appel de prononcer sur des demandes formées devant eux pour la première fois. Mais ce n'est pas à dire pour cela qu'il abroge cette défense; il en résulte seulement qu'il la sous-entend comme une conséquence nécessaire de la disposition qu'il renouvelle.

On sent, en effet, que cette disposition serait inutile, si elle ne renfermait pas implicitement, pour les juges d'Appel, la défense de s'occuper de nouvelles demandes ; et que les parties la violeraient perpétuellement, si, en présentant de nouvelles demandes aux juges d'Appel, elles avaient l'assurance que les juges d'Appel, tout en les regardant comme mal formées, ne laisseraient pas de devoir, ou au moins de pouvoir y statuer.

D'ailleurs cette disposition n'est qu'un corollaire de la règle des deux degrés de juridiction, qui ne lie pas moins les juges d'Appel que les parties.

Au surplus, elle a donné lieu à plusieurs questions.

1°. Peut-on, à une demande en nullité de contrat, que l'on a formée par action principale en première instance, substituer ou joindre subsidiairement, en cause d'Appel, une demande tendant à ce que l'acte dont il s'agit, soit, pour l'avenir seulement, regardé comme non-avenu?

La négative est consacrée par plusieurs arrêts de la cour de cassation, qui sont cités dans les conclusions du 22 mars 1810, rapportées aux mots *Contrat pignoratif.*

2°. Le débiteur incarcéré qui, en première instance, demande, pour défaut de forme, la nullité de son emprisonnement ou de sa recommandation, peut-il, en cause d'Appel, conclure à ce, qu'attendu qu'il est entré dans sa soixante-dixième année, il soit mis en liberté, conformément à l'art. 800 du Code de procédure civile ?

Le principe d'après lequel la question précédente est décidée pour la négative, nécessite la solution de celle-ci dans le même sens; et c'est ce qu'a jugé, en effet, un arrêt de la cour supérieure de justice de Bruxelles, du 11 mars 1824,

« Attendu que les conclusions de l'appelant, en première instance, se sont bornées à la validité ou non validité des actes mentionnés du 29 novembre 1823, et ainsi à la légalité ou illégalité de l'exercice de la contrainte par corps, *quoad formam*, mais n'ont nullement eu pour objet le bénéfice du droit auquel l'appelant croit pouvoir prétendre d'être mis en liberté à cause de son âge avancé ;

» Que, par suite de ce qui précède, ce moyen, dans l'état de la cause, doit être considéré comme une demande nouvelle, qui doit subir deux degrés de juridiction, et dont la cour ne peut jusqu'ici connaître (1) ».

3°. Résultait-il de l'art. 7 de la loi du 3 brumaire an 2, tel qu'il était conçu et avant qu'il fût explique par l'art. 464 du Code de procédure civile, que les juges d'Appel ne pouvaient pas s'occuper des exceptions nouvelles, des nouvelles fins de non-recevoir, des nouveaux moyens de défense que le défendeur faisait valoir devant eux, surtout quand il les proposait en forme de demandes?

La négative a été proclamée par un arrêt de la section civile de la cour de cassation du 9 frimaire an 9, au rapport de M. Henrion.

Il s'agissait d'un jugement du tribunal civil du département du Jura, du 11 floréal an 6, dont Charles Venot demandait la cassation, contre Claude Roi, sa femme, et Philippe-Antoine Vieux, au profit desquels il avait été rendu.

Charles Venot se plaignait de ce que, par ce jugement, le tribunal du Jura avait refusé, par une fausse application de l'art. 7 de la loi du 3 brumaire an 2, de faire droit sur les conclusions qu'il avait prises en cause d'Appel seulement, à ce que Philippe-Antoine Vieux fût tenu de prendre, dans la succession du partage de laquelle il était question, d'autres biens en remplacement de celui qu'il réclamait. Il soutenait que ces conclusions ne constituaient pas une de ces *nouvelles demandes* que la loi défend de former en cause d'Appel; qu'elles ne présentaient qu'un moyen de défense, qu'une exception ; et

---

(1) Jurisprudence de la cour supérieure de justice de Bruxelles, année 1824, tome 2, page 4.

que, conséquemment, elles avaient pu être prises en tout état de cause.

Par l'arrêt cité, celui du tribunal civil du département du Jura a été cassé, « attendu qu'en
» refusant de s'occuper du moyen du demandeur
» en cassation, tendant à faire ordonner subsi-
» diairement que Philippe-Antoine Vieux, l'un
» des défendeurs, prendrait d'autres biens de la
» succession dont il s'agissait, en remplacement
» de la moitié du domaine de Saulgy, le tribunal
» civil du département du Jura a fait une fausse
» application de l'art. 7 de la loi du 3 brumaire
» an 2, puisque ce moyen n'était autre chose
» qu'une exception à la demande originaire, qui
» pouvait être proposée en tout état de cause ».

La même chose a été jugée le 21 vendémiaire an 11. L'arrêt et les conclusions sur lesquelles il a été rendu, sont rapportés à l'article *Chose jugée*, §. 9.

Elle l'a encore été le 8 germinal de la même année, par un arrêt que l'on trouvera à l'article *Compte courant*, §. 1.

Elle l'a été, enfin, par trois autres arrêts des 5 nivose an 13, 4 août et 14 octobre 1806, rapportés dans le *Répertoire de jurisprudence*, sous les mots *Testament*, sect. 3; *Compensation*, §. 1, n°. 5 et *Curateur*, §. 2.

On sent d'ailleurs que juger autrement, c'eût été se mettre dans l'impossibilité d'accueillir aucun Appel de jugemens rendus par défaut, non-seulement faute de comparoir, mais encore faute de plaider, quand il n'y avait eu de la part de l'ajourné aucune signification de défenses.

Aussi l'art. 464 du Code de procédure civile a-t-il expressément consacré cette manière d'interpréter la loi du 3 brumaire an 2: après avoir dit qu'*il ne sera formé, en cause d'Appel, aucune nouvelle demande*, il a ajouté : *à moins qu'il ne s'agisse de compensation, ou que la nouvelle demande ne soit la défense à l'action principale*.

4°. Quoiqu'une disposition aussi formelle semblât devoir prévenir toute contestation ultérieure sur un principe aussi simple et d'une application aussi facile, on a encore mis en question si un défendeur qui, en première instance, n'avait attaqué une inscription hypothécaire dont on se prévalait contre lui, que sur le fondement que le bien qui s'en trouvait grevé, n'était point passible, pouvait, en cause d'Appel, demander qu'elle fût déclarée nulle, parcequ'elle n'indiquait pas le domicile du créancier; et le sieur Rousset-Folmont a soutenu la négative dans l'espèce rapportée à l'article *Hypothèque*, sect. 2, §. 2, art. 18, n°. 3, du *Répertoire de jurisprudence*.

Poursuivi par la dame Coste-Champeron, comme détenteur d'une rente foncière sur laquelle elle avait acquis hypothèque avant la loi du 11 brumaire an 7, et qu'elle avait en conséquence frappé d'une inscription hypothécaire depuis la publication de cette loi, il a prétendu que cette inscription était sans effet, parcequ'elle portait sur un objet que les lois nouvelles avaient mobilisé.

Ce système, rejeté en première instance par le tribunal de Pamiers, a été adopté sur l'Appel, par un arrêt de la cour de Toulouse; mais cet arrêt a été cassé le 30 août 1807, et l'affaire a été renvoyée devant la cour de Montpellier.

Là, le sieur Rousset-Folmont a renouvelé sa demande en nullité de l'inscription hypothécaire dont il s'agissait; mais il l'a fondée sur un nouveau moyen: il a soutenu qu'elle était nulle, parcequ'au lieu d'indiquer le domicile réel de la dame Coste-Champeron, comme elle eût dû le faire aux termes de l'art. 17 de la loi du 11 brumaire, elle n'indiquait que son domicile d'élection.

La cour de Montpellier a accueilli ce moyen et annullé l'inscription hypothécaire.

Recours en cassation contre cet arrêt de la part de la dame Coste Champeron. Mais, par arrêt du 6 juin 1810, au rapport de M. La Saudade, et sur les conclusions de M. l'avocat général Giraud du Plessis,

« Attendu que l'arrêt de cette cour, du 30 août 1807, en renvoyant les parties à procéder de nouveau sur le fond, les a remises au même et semblable état qu'elles étaient avant l'arrêt de la cour d'Appel de Toulouse; qu'en cet état, et procédant sur l'Appel du jugement du tribunal de Pamiers, qui avait déclaré la rente dont il s'agit, affectée et hypothéquée aux créances de la demanderesse, et condamné Marty à lui payer les arrérages échus, courans et à écheoir, le dé- défendeur a pu, en cause d'Appel, proposer, contre l'inscription qui lui était opposée, un moyen de nullité qui n'avait point été proposé en première instance, sans contrevenir à l'art. 464 du Code de procédure civile, ni aux lois précédentes qui avaient la même disposition;

la cour (section des requêtes) rejette le pourvoi ».

On trouvera aux mots *Appel incident*, §. 9, un arrêt de la cour de cassation, du 26 octobre 1808, qui va plus loin encore et juge qu'un défendeur peut, en cause d'Appel, attaquer pour la première fois comme nulle, une inscription hypothécaire dont il n'avait contesté que les effets en première instance.

Par la même raison, il est clair qu'un tiers-acquéreur, poursuivi hypothécairement par un créancier de son vendeur, peut, après s'être borné en première instance, à soutenir que l'inscription prise par ce créancier, était nulle, alléguer et faire juger en cause d'Appel, qu'elle est périmée faute de renouvellement dans les dix années de sa date! La cour royale de Toulouse l'avait ainsi jugé le 29 août 1820; et son arrêt a été maintenu par la cour de cassation, section civile, le 3 février 1824,

« Attendu, en droit, que l'art. 464 du Code de procédure établit une exception relativement aux moyens nouveaux et aux demandes nouvelles, qui sont la défense à l'action principale;

» Attendu, en fait, que la péremption et la nullité de l'inscription dont il s'agit, n'étaient qu'un moyen nouveau contre l'action principale, et que même en les considérant comme une demande nouvelle, la demande n'aurait été que la défense à cette action; qu'en effet, l'action principale n'était fondée que sur l'inscription hypothécaire, et n'avait pour objet que de forcer le défendeur à payer la créance du demandeur, ou à souffrir l'expropriation de l'immeuble qu'il avait acquis;

»D'où il suit que le défendeur a pu proposer immédiatement, en cause d'Appel, la péremption et la nullité de l'inscription, et que la cour royale, en accueillant cette exception ou demande nouvelle, loin d'avoir violé l'art. 464 du Code de procédure, s'est, au contraire, conformée à sa disposition (1) ».

5°. On a également mis en question si un donateur qui, poursuivi par les héritiers du donataire en délaissement des biens donnés, s'était borné, en première instance, à critiquer la donation dans la forme, pouvait, en cause d'Appel, demander qu'elle fût déclarée caduque, parcequ'elle n'était pas entre-vifs, mais à cause de mort, et qu'elle avait été révoquée par le décès du donataire?

L'affirmative n'était pas douteuse ; et cependant on a soutenu le contraire dans l'espèce suivante.

Le 10 avril 1778, le sieur Déidié, en épousant la demoiselle Roux, domiciliée comme lui à la Guadeloupe, lui fait une donation entre-vifs, par contrat de mariage, d'une somme de 100,000 livres à prendre, *après le décès du futur époux, sur les plus clairs et les plus liquides des biens qu'il laissera*.

La dame Déidié décède en 1789, avant son mari, qui meurt lui-même quelque temps après.

Les héritiers de l'un actionnent en paiement des 100,000 livres, les héritiers de l'autre.

Ceux-ci répondent que la donation n'a pas été insinuée, et que, par conséquent, elle est nulle. Mais l'acte d'insinuation est produit, et en conséquence, le 28 août 1819, jugement du tribunal de première instance de la Pointe-à-Pitre, qui rejette le moyen de nullité et ordonne l'exécution de la donation.

Les héritiers du sieur Déiédié appellent de ce jugement, et abandonnant le moyen de nullité qu'ils avaient fait valoir devant le premier juge, ils soutiennent que la donation, quoique qualifiée entre-vifs, est véritablement à cause de mort; qu'elle a évidemment ce caractère d'après l'en-semble des clauses du contrat de mariage; et que, dès-lors, elle est devenue caduque par le prédécès de la dame Déidié.

Les héritiers de la dame Déidié opposent à ce nouveau moyen une fin de non-recevoir qu'ils font résulter de ce qu'il constitue, suivant eux, une demande nouvelle.

Le 12 mai 1820, arrêt de la cour royale de la Guadeloupe qui rejette cette fin de non-recevoir, « attendu qu'il résulte des art. 464 et
» 465 du Code de procédure, que l'on peut em-
» ployer devant les cours tous moyens et toutes
» exceptions, et même former toute demande
» nouvelle qui serait la défense à la demande
» principale; que les exceptions péremptoires au
» fond se proposent en tout état, et que l'emploi
» d'un moyen pour détruire une action, ne peut
» empêcher l'emploi d'un autre qui tend au
» même but; que le choix des moyens de défense
» est, jusqu'au dernier instant de la cause, entre
» les mains du défendeur, à moins qu'il n'y ait
» formellement renoncé; que, si les appelans
» ont attaqué la donation pour cause de défaut
» d'insinuation, il n'en résulte point qu'ils aient
» renoncé au droit de prouver sa caducité, s'ils
» peuvent en trouver la preuve dans un examen
» mieux approfondi des lois qui concernent la
» matière ».

Recours en cassation de la part des héritiers de la dame Déidié. Cet arrêt (disent-ils) a violé l'art. 464 du Code de procédure, « en ce qu'il a déclaré
» recevable la demande en caducité de la dona-
» tion, bien qu'elle n'eût pas été formée en pre-
» mière instance, qu'elle soit une demande nou-
» velle, et qu'on ne puisse dire que ce soit une
» défense à la demande principale ».

Mais par arrêt du 24 janvier 1822, au rapport de M. Rousseau, et sur les conclusions de M. l'avocat-général Cabier,

« Attendu que l'exception prise de la caducité de la donation, n'était qu'un *moyen nouveau* qui pouvait être opposé en tout état de cause, et par conséquent en Appel.....;

» La cour (section des requêtes) rejette le pourvoi.... (1) ».

6°. On a aussi prétendu, dans une espèce qui est rapportée sous les mots *Révocation de testament*, §. 1, que produire en cause d'Appel, sur une demande en délaissement de succession, un second testament qui instituait le défendeur, déjà institué par un premier testament qui se trouvait nul, c'était former une demande nouvelle et contrevenir à la règle générale écrite dans l'art. 464 du Code de procédure civile; et l'on a attaqué, sous ce prétexte, l'arrêt de la cour d'Appel de Douai, du 16 juin 1809, qui avait jugé que les vices du premier testament étaient réparés par la régularité du second; mais cet ar-

---

(1) Jurisprudence de la cour de cassation, tome 24, page 194.

(1) *Ibid.*, page 287.

rêt a été maintenu par la cour de cassation, le 23 janvier 1810, au rapport de M. Aumont, « Attendu qu'en produisant, pour la première » fois, sur l'Appel, le testament de l'an 10, Le- » gros a opposé un moyen de défense à l'action » de ses adversaires, et n'a pas formé une de- » mande nouvelle proscrite par l'art. 464 du » Code de procédure civile ».

7°. On a pareillement prétendu qu'il y avait contravention à l'art. 464, de la part d'un détenteur d'immeubles qui, après avoir soutenu en première instance, pour répondre à la demande en délaissement formée contre lui, qu'il les possédait comme propriétaire, soutenait en cause d'Appel qu'il les possédait comme créancier exerçant les droits de son débiteur. Mais ce système a été proscrit par un arrêt de la cour de cassation, du 8 avril 1812, rapporté, avec les conclusions qui l'ont précédé, dans le *Répertoire de jurisprudence*, au mot *Testament*, sect. 5, §. 2.

8°. Peut-on, après avoir conclu en première instance, à la résolution d'un contrat de vente en vertu duquel on était poursuivi en délaissement de l'immeuble qui en était l'objet, conclure, en cause d'Appel, à ce que ce contrat soit déclaré simulé et par conséquent nul ?

On ne le pourrait sans doute pas, si c'était là une demande nouvelle dans le sens de la règle générale établie par l'art. 464 du Code de procédure. Mais ce n'est évidemment qu'un moyen de défense à l'action principale en délaissement de l'immeuble; et, dès-lors, nul doute que l'art. 464, bien loin de s'opposer à ce qu'il soit proposé en cause d'Appel, le permet expressément. Aussi un arrêt de la cour d'Appel de Colmar, du 23 juin 1812, qui l'avait ainsi jugé, a-t-il été maintenu par la cour de cassation, section civile, le 18 janvier 1814, « attendu que le défendeur, en » excipant de la simulation de l'acte du 1er mai » 1810, ne formait point une demande nouvelle » dans le sens dudit article, mais proposait uni- » quement cette exception comme moyen de dé- » fense à l'action en délaissement contre lui exer- » cée par la demande (1) ».

9°. Lorsqu'une demande formée pour la première fois en cause d'Appel, n'est pas seulement *défensive*, mais encore *aggressive*, c'est-à-dire, lorsqu'elle ne tend pas seulement à faire rejeter la demande principale, mais encore à faire prononcer une condamnation quelconque contre le demandeur originaire, le juge d'Appel ne peut-il y statuer que sous le premier rapport, ou peut-il et doit-il y statuer également sous le second ?

Par exemple, vous m'avez assigné en paiement d'une somme de dix mille francs, à laquelle je m'étais précédemment obligé envers vous, et n'ayant opposé à votre demande devant le premier juge, que des exceptions insignifiantes, j'ai été condamné. Mais, sur l'Appel, je produis un acte public qui vous constitue vous-même mon débiteur de quinze mille francs, et je conclus, en conséquence, à ce que je sois reconnu votre créancier de cette somme, à ce que votre créance de dix mille francs soit déclarée éteinte par compensation, et à ce que vous soyez condamné à me payer l'excédant de ma créance sur la vôtre ? Que doit faire le juge d'Appel dans cet état de choses ? Doit-il se borner à déclarer votre créance compensée par la mienne, et me renvoyer à me pourvoir pour l'excédant de la mienne sur la vôtre ? Ou doit-il, en me déchargeant de votre demande, à titre de compensation, vous condamner à me payer cet excédant ?

Il paraît que de ces deux partis, c'est le second qu'il doit embrasser. En effet, l'art. 464 du Code de procédure civile ne dit pas que la nouvelle demande qui sera formée en cause d'Appel, ne sera accueillie qu'en tant qu'elle servira de défense à la demande principale. Il dit, en termes généraux et absolus, que, dès qu'elle sert de défense à la demande principale, elle sera accueillie ; il veut, par conséquent, qu'elle soit accueillie, non-seulement comme *défensive*, mais encore comme *aggressive*.

A quel propos, d'ailleurs, le tribunal d'Appel pourrait-il, ou devrait-il la morceler, en juger une partie et renvoyer celui qui la forme, à se pourvoir pour le restant ? Ne faut-il pas qu'il la déclare bien fondée pour en faire la base du jugement par lequel il rejette la demande principale ? Et comment, justifiée qu'elle est par un titre indivisible, la jugerait-il bien fondée pour une partie seulement ?

Enfin, quel serait, dans l'exemple proposé, le résultat du renvoi que ferait le tribunal d'Appel à votre juge domiciliaire, de ma demande en condamnation aux cinq mille francs qui forment l'excédant de ma créance sur la vôtre ? Ce juge pourrait-il prendre connaissance du titre sur lequel je me suis appuyé devant le tribunal d'Appel, pour combattre votre demande principale ? Non certainement, puisque le tribunal d'Appel lui-même a jugé ce titre valable et obligatoire. Le renvoi à votre juge domiciliaire ne serait donc qu'une vaine et dispendieuse formalité.

Que serait-il arrivé, d'ailleurs, si, devant le premier juge, je vous avais opposé le titre de ma créance, et que, contre les conclusions que j'aurais prises en conséquence à fin de compensation de la vôtre, et de condamnation au paiement de l'excédant, vous eussiez excipé de ce qu'elles formaient, quant à l'excédant, une demande principale, et de ce qu'à cet égard, elles n'avaient pas été précédées de ma part, d'une citation en conciliation ? Votre exception aurait-elle pu être accueillie par le premier juge ? Voici un arrêt de la cour de cassation qui décide nettement que non :

___

(1) *Ibid.*, tome 14, page 161.

Le 28 novembre 1815, le sieur Dupuy d'Aubignac, après un essai inutile de conciliation, fait assigner la demoiselle Aldebert en main-levée de l'opposition qu'elle a formée à son mariage, en se fondant sur la promesse qu'il lui avait faite par écrit, en 1795, de l'épouser, et sur la foi de laquelle il l'avait rendue mère d'un enfant; et il conclud contre elle à 3,000 francs de dommages-intérêts.

La demoiselle Aldebert comparaît sur cette assignation, et sans citer le sieur Dupuy d'Aubignac devant le bureau de conciliation, elle conclud subsidiairement contre lui à ce qu'il soit condamné à lui payer 100,000 francs de dommages-intérêts pour l'inexécution de sa promesse.

Le sieur Dupuy d'Aubignac lui oppose le défaut de citation en conciliation.

Elle répond que ses conclusions reconventionnelles ne sont qu'un moyen de défense à l'action principale qu'il a intentée contre elle, et que, dès-lors, elles ne sont pas comprises dans la disposition de l'art. 48 du Code de procédure.

Le 9 décembre 1813, jugement qui le décide ainsi, et, donnant main-levée de l'opposition de la demoiselle Aldebert, condamne le sieur Dupuy d'Aubignac à lui payer 25,000 francs de dommages-intérêts.

Appel de la part des deux parties.

Le 4 janvier 1814, arrêt de la cour de Nismes qui, sur l'Appel du sieur Dupuy d'Aubignac, dit qu'il a été bien jugé, et sur celui de la demoiselle Aldebert, porte les dommages-intérêts à 40,000 francs.

Le sieur Dupuy d'Aubignac se pourvoit en cassation, et soutient que l'art. 48 du Code de procédure a été violé à son préjudice.

Mais, par arrêt du 17 août 1814, au rapport de M. Sieyes, et sur les conclusions de M. l'avocat général Lecoutour,

« Attendu que la demande subsidiaire de la demoiselle Aldebert en dommages-intérêts, n'étant que la défense, et par suite une exception à la demande introduite par le réclamant lui-même, il n'y a point eu de contravention à l'art. 48 du Code de procédure.... ;

» La cour (section des requêtes) rejette le pourvoi.... ».

Assurément, il en est de la défense faite par l'art. 464 de former en cause d'Appel des demandes qui n'ont pas subi un premier degré de juridiction, comme de la défense faite par l'art. 48, de former, devant les premiers juges, des demandes qui n'ont pas subi un essai préalable de conciliation; et le bon sens qui fait excepter celles-ci de la disposition de l'art. 48, lorsqu'elles servent de défense à l'action principale, doit nécessairement, dans le même cas, faire excepter celles-ci de la disposition de l'art. 464.

10°. En serait-il de même, si le défendeur originaire avait, en première instance, proposé comme exception, contre la demande principale, le fait qu'il aurait pris, en cause d'Appel, pour base d'une demande en condamnation contre le demandeur originaire.

Par exemple, assigné par vous au paiement du restant du prix d'un immeuble que vous m'avez vendu, j'excipe du dol par lequel vous avez surpris mon consentement à la vente, et je conclus simplement à ce que vous soyez débouté de votre demande. Jugement qui rejette mon exception et me condamne à vous payer la somme que vous réclamez. J'en appelle, et mettant dans tout son jour, devant la cour royale, la preuve du dol que je vous ai reproché en première instance, je conclus, non-seulement à ce que vous soyez déclaré non-recevable dans votre demande originaire, mais encore à ce que le contrat de vente, qui en forme le titre, soit rescindé comme le fruit du dol, et à ce qu'en conséquence, vous soyez condamné, tant à me restituer la portion du prix que vous en avez déjà touchée, qu'à me payer les dommages-intérêts qui sont résultés pour moi de votre dol. La cour royale peut-elle m'adjuger les deux chefs de ces conclusions que je n'ai pas pris devant le premier juge ?

Elle le pourrait certainement, et c'est ce qui résulte de ce qui est dit sur la question précédente, si je ne vous avais pas opposé en première instance l'exception du dol que je reproduis en cause d'Appel; et elle ne le pourrait pas, parce que je me suis borné, devant les premiers juges, à tirer de cette exception la conséquence que vous étiez non-recevable dans votre demande? De quel prétexte colorerait-on un pareil système ? L'exception que je reproduis en cause d'Appel, n'a-t-elle pas toujours le même objet qu'elle avait en première instance ? Ne tend-elle pas toujours à faire rejeter votre demande ? Et qu'importe, dès-lors, qu'en première instance, je n'en aie pas tiré une conséquence aussi étendue que j'en tire en cause d'Appel ? En ne concluant en première instance qu'au rejet de votre demande, ai-je fait quelque chose d'incompatible avec les conclusions ultérieures que je prends aujourd'hui ? Non, et bien loin de là, ces conclusions ne sont que le corollaire inévitable et forcé de l'exception que je vous ai opposée devant le premier juge. Que ferait donc la cour royale si, au lieu de me les adjuger, elle en renvoyait la prononciation à votre juge domiciliaire ? Elle constituerait celui-ci organe passif et nécessaire d'une condamnation qu'elle aurait elle-même prononcée d'avance implicitement; elle ferait par conséquent une chose ridicule.

Mais, ne peut-on pas opposer à cela l'un des chefs de l'arrêt de la cour de cassation, du 22 juillet 1809, dont l'espèce est rapportée ci-dessus, n°. 10, QUATRIÈME CAS?

On se rappelle

Que le sieur Capellin s'étant pourvu devant le tribunal de commerce de Lyon, en nomination de deux arbitres, pour remplacer ceux qui avaient donné leur démission du compromis consigné dans le traité du 24 février 1808, les sieur et dame Perret avaient excipé contre lui des infractions qu'il avait, suivant eux, faites à ce traité; et qu'ils étaient partis de là pour soutenir que le compromis était rompu, et que, par suite, il ne pouvait y avoir lieu au remplacement d'arbitres qu'il sollicitait;

Que le tribunal de commerce n'avait eu aucun égard à cette exception ni à la conséquence qu'en tiraient les sieur et dame Perret; et que, trouvant mal fondé le reproche fait au sieur Capellin d'avoir contrevenu au traité du 24 février, il avait accueilli sa demande en nomination de nouveaux arbitres;

Que, sur l'Appel, les sieur et dame Perret, revenant à leur exception, en avaient fait la base d'une demande en paiement de la peine de 30,000 francs stipulée par le traité du 24 février;

— Que le sieur Capellin avait prétendu que cette demande n'ayant pas été formée en première instance, était non-recevable en cause d'Appel ; et que les sieur et dame Perret avaient soutenu au contraire qu'elle devait être admise, parcequ'elle n'était que la reproduction de l'exception qu'ils avaient fait valoir en première instance, et qu'elle servait, comme cette exception, de défense à la demande du sieur Capellin en nomination d'arbitres supplémentaires;

Que, par son arrêt du 6 août 1808, la cour d'Appel de Lyon avait rejeté la fin de non-recevoir du sieur Capellin, et adjugé aux sieur et dame Perret leur demande en peine de la somme de 30,000 francs;

Et que ce chef de son arrêt a été cassé pour contravention à l'art. 464 du Code de procédure.

Ne semble-t-il pas résulter de la cassation de ce chef de l'arrêt, que les sieur et dame Perret avaient perdu, en ne tirant, devant les premiers juges, qu'une exception du fait qu'ils avaient opposé au sieur Capellin, le droit de se prévaloir de ce fait en cause d'Appel pour faire condamner le sieur Capellin à la peine de 30,000 francs, qui cependant n'en était que le corollaire. Telle est assurément la première idée qui se présente à la lecture de cette partie de l'arrêt de cassation; mais elle est trop étrange pour n'être pas fausse. Faisons bien attention à la manière dont cette partie de l'arrêt de cassation est motivée.

« Considérant 3°. enfin, que l'arrêt viole pareillement l'art. 564 du même Code, en ce qu'il a prononcé, en instance d'Appel, sur une demande principale, qui n'avait point été formée en première instance, et alors que cette demande n'était ni un objet de compensation, ni une exception à l'action intentée en première instance;

» En effet, il est difficile de concevoir comment la régularité ou la nécessité d'une nomination d'arbitres, demandée au tribunal de commerce, aurait pu dépendre de l'adjudication ou du refus d'une somme de 30,000 francs à titre d'indemnité; et l'on conçoit moins encore que l'une de ces demandes pût être considérée comme un moyen de défense envers l'autre : dans le cas particulier où se trouvaient les parties, il ne pouvait y avoir de moyen d'exception contre la demande en nomination d'arbitres, à l'effet de remplacer ceux qui avaient donné leur démission, que ceux qui seraient résultés de l'art. 12 de la transaction, où l'on avait prévu le cas où cette nomination devait avoir lieu; et, si, dans le fait, la nomination d'arbitres réclamée par Capellin, n'eût pas été conforme à ce qui avait été convenu par l'art. 12; de là, mais de là seulement, auraient pu résulter des exceptions à la demande sur laquelle est intervenu le jugement de première instance.

» Il est vrai que les juges de la cour d'Appel ont cru voir, dans ce jugement de première instance, une prononciation indirecte sur la question d'indemnité, en ce que Perret aurait donné pour motif de son opposition à la nomination d'arbitres, la violation de la transaction par Capellin, et la nécessité de lui appliquer la clause pénale de l'art. 15 du traité; en ce que le tribunal aurait ensuite prononcé en ces termes: *sans s'arrêter aux exceptions proposées par les mariés Perret, dont ils sont déboutés, nomme, etc*.

» Mais ce que les mariés Perret auraient voulu faire résulter, de la clause pénale dont il s'agit, une exception à la demande en nomination d'arbitres, peut-on en conclure qu'ils avaient eux-mêmes formé demande de l'indemnité fixée par cette clause pénale? Et de ce que le tribunal aurait déclaré ne pas s'arrêter à une telle exception, peut-on en conclure que, par là, il aurait débouté les mariés Perret, ou seulement eu l'intention de les débouter d'une demande qui aurait eu pour objet l'adjudication des 30,000 francs d'indemnité stipulés à l'art. 15 du traité? Le peut-on, surtout, dans le cas où il est évident que le tribunal de première instance eût été, comme le tribunal de commerce, incompétent pour prononcer sur une action de ce genre? Cependant il faudrait aller jusques-là, pour admettre avec la cour d'Appel, que la demande principale sur laquelle elle a prononcé en instance d'Appel, n'était point une demande nouvelle, et que déjà elle avait été présentée aux juges de première instance.

» Il est manifeste que des argumens, des inductions de ce genre n'ont pu changer le véritable état du litige qui se trouvait constaté et parfaitement précisé, tant par les conclusions respectives des parties, que par la manière dont avait été posée la question à juger, et, enfin, par les termes du jugement.

» *Les conclusions*: elles étaient absolument restreintes à ce qui faisait le sujet de l'instance devant les premiers juges : on y demandait, d'un côté, la nomination des deux arbitres, en remplacement de ceux qui avaient donné leur démission : de l'autre côté, on concluait purement et simplement au déboutement de cette demande avec dépens ; mais ni d'un côté ni de l'autre, il n'était rien demandé, rien conclu concernant l'indemnité de 30,000 francs.

» Quant à *la question à juger*, elle était ainsi posée : « En droit, il s'agit de décider si, d'après » le départ de MM. Charrasson et Prodon, on » doit nommer d'office deux arbitres en leur rem- » placement ; ou si, sur la demande des mariés » Perret, on doit prononcer qu'il n'y a pas lieu à » l'arbitrage »?

» Le dispositif porte ensuite : « Sans s'arrêter » aux exceptions proposées par les mariés Perret, » dont ils sont déboutés, les sieurs Huguemin et » Valesque sont nommés d'office arbitres, en » remplacement des sieurs Charrasson et Pro- » don ».

» Ainsi, devait-on nommer ou ne pas nommer des arbitres en remplacement? Voilà tout ce qui formait le sujet du litige en première instance ; voilà donc sur quoi, uniquement sur quoi le tribunal de commerce a prononcé, et à moins d'y suppléer par l'imagination, il est impossible d'y voir quelque autre sujet de litige ; impossible surtout, d'y voir que le tribunal de commerce ait délibéré en aucune manière, encore moins qu'il ait prononcé (attendu son incompétence absolue) sur la question de savoir lequel des deux devait être condamné à l'indemnité de 30,000 francs ;

» D'où il suit que la demande relative à cette indemnité, a été portée directement devant la cour d'Appel ; que cette demande formait une action principale et nouvelle ; que par conséquent la cour d'Appel n'a pu y statuer, en cet état de la procédure, sans commettre une contravention évidente à l'art. 464 du Code de procédure civile ;

» Par ces motifs, la cour casse et annule.... ».

Une chose bien remarquable dans tout cela, c'est que l'arrêt dont il s'agit, bien loin de contrarier la doctrine établie sur la question précédente, la confirme de la manière la moins équivoque, puisqu'il commence par dire que, si la demande formée en cause d'Appel par les sieur et dame Perret, eût servi *d'exception à l'action intentée* contre eux en première instance, elle eût pû et dû être accueillie telle qu'elle était, et par conséquent comme *aggressive*, en même temps que comme *défensive*.

Pourquoi donc casse-t-il l'arrêt de la cour d'Appel de Lyon? Uniquement parcequ'il juge que la demande formée en cause d'Appel par les sieur et dame Perret, ne pouvait pas, par elle-même et indépendamment de l'exception que ceux-ci avaient proposée en première instance, être considérée comme une défense à l'action principale du sieur Capellin en nomination de nouveaux arbitres.

En effet, c'est par là qu'il débute, en se fondant sur ce que, *dans le cas particulier où se trou-* *vaient les parties, il ne pouvait y avoir de moyens d'exception contre la demande en nomination d'arbitres, à l'effet de remplacer ceux qui avaient donné leur démission, que ceux qui seraient résultés de l'art. 12 de la transaction, où l'on avait prévu les cas où cette nomination devait avoir lieu ; et que, si, dans le fait, la nomination d'arbitres réclamée par Capellin, n'eût pas été conforme à ce qui avait été convenu par l'art. 12, de là, mais de là seulement, auraient pu résulter des exceptions à la demande sur laquelle est intervenu le jugement de première instance.*

Et l'on sent bien qu'en partant d'une pareille base, il n'a plus eu à examiner la question de savoir si, en thèse générale, le principe qu'une demande en condamnation qui sert de défense à l'action principale, est admissible en cause d'Appel (principe auquel encore une fois il rend lui-même hommage), doit ou non être appliqué au cas où le défendeur originaire a proposé en première instance, comme défense à cette action, le fait qu'il a ensuite pris, en cause d'Appel, pour fondement de sa demande en condamnation contre le demandeur originaire.

A la vérité, l'arrêt ajoute que la cour d'Appel de Lyon a envisagé la demande du sieur Capellin en nomination de nouveaux arbitres, sous un autre aspect ; qu'elle l'a considérée comme pouvant être écartée par l'exception que les sieur et dame Perret y avaient opposée en première instance, et qu'ils avaient tirée des infractions du sieur Capellin à la transaction du 24 février 1808 ; ce qui conduisait naturellement à dire qu'elle avait aussi pu la considérer comme susceptible d'être écartée par la demande que les sieur et dame Perret avaient formée en cause d'Appel, puisque celle-ci était, comme l'exception proposée par eux en première instance, une défense à l'action principale.

Mais en faisant cette observation, il ne se départ pas de l'assertion par laquelle il débute ; il ne convient pas que la cour d'Appel de Lyon ait pu, sans contrevenir à l'art. 12 de la transaction, juger que les infractions du sieur Capellin aux autres articles de ce traité, aient pu fournir aux sieur et dame Perret une exception contre la demande en nomination de nouveaux arbitres.

Que fait-il donc? Il se rabat à dire que l'exception tirée en première instance par les sieur et dame Perret, des infractions du sieur Capellin à la transaction, ne renferme pas, de leur part, une demande en condamnation à la peine de 30,000 francs ; qu'à la vérité, celle-ci dérive du même fait que celle-là, mais qu'elle n'en est pas pour cela plus admissible en cause d'Appel, du moment qu'elle n'a pas été proposée devant le premier juge.

Dès-lors, que juge-t-il? Rien autre chose si ce n'est que, pour que le juge d'Appel puisse statuer sur une demande formée pour la première fois devant lui, mais qui se rattache à une exception proposée en première instance contre l'action

4ᵉ édit., Tome I.

principale il faut que l'action principale eût pu être écartée légalement en première instance, par l'exception qui y avait été proposée ; et que cette condition manquant, le juge d'Appel doit repousser la nouvelle demande.

Ainsi réduit à ses véritables termes, et abstraction faite de l'irrégularité de la base sur laquelle il repose, l'arrêt n'offre rien que de conforme aux vrais principes.

Je dis, abstraction faite de l'irrégularité de la base sur laquelle il repose ; car il repose tout entier sur l'assertion qui en forme le début, savoir, que les prétendues infractions du sieur Capellin au traité du 24 février 1808, n'avaient pas pu fournir aux sieur et dame Perret une exception contre la demande en nomination de nouveaux arbitres ; et l'on ne peut se dissimuler que cette assertion ne soit un excès de pouvoir, puisque la cour d'Appel de Lyon avait décidé le contraire par l'interprétation de l'ensemble des articles dont se composait le traité, et que la cour de cassation n'est pas instituée pour redresser les erreurs que les tribunaux pourraient commettre dans l'interprétation des actes.

11°. Peut-on en cause d'Appel, pour écarter l'action principale, élever une question préjudicielle sur l'état de celui qui l'a intentée ?

Il y a un arrêt de la cour royale de Colmar, qui, par l'un de ses motifs, juge que non.

Dans le fait, la fille Beck, accouchée le 19 avril 1811, d'un enfant dont le sieur Schmidt s'était reconnu le père par un acte notarié du 27 mars précédent, s'était pourvue sept ans après, contre celui-ci, devant le tribunal de première instance de Strasbourg, pour le faire condamner à lui payer une pension alimentaire pour son enfant.

Le sieur Schmidt avait répondu qu'il avait rempli cette obligation au-delà de ce qu'on pouvait exiger de lui, et que d'ailleurs la mère devait partager la charge des alimens dus à l'enfant.

Le 8 octobre 1818, jugement qui condamne le sieur Schmidt à payer à la fille Beck douze francs par mois, jusqu'à la quinzième année accomplie de l'enfant dont il s'agit.

Le sieur Schmidt appelle de ce jugement, et changeant tout le système de sa défense, il soutient que la reconnaissance notariée du 27 mars 1811 lui a été surprise ; qu'il est, d'après les circonstances dont il rend compte, physiquement impossible qu'il soit le père de l'enfant dont la fille Beck est accouchée le 19 avril suivant ; qu'en conséquence, il ne doit rien à cet enfant.

La fille Beck prétend, de son côté, que le sieur Schmidt n'est pas recevable, d'après l'art. 464 du Code de procédure, à proposer en cause d'Appel un désaveu de paternité, dont il n'a pas été dit un seul mot en première instance.

Par arrêt du 11 mars 1819, la cour déclare les nouvelles conclusions du sieur Schmidt non-recevables, « attendu qu'ayant pour objet de contester à l'enfant de l'intimée, l'état dont il a une possession conforme à son titre de naissance, elle forme une action préjudicielle qui ne peut être introduite en cause d'Appel, et qui serait d'ailleurs d'autant moins admissible, que cet enfant ne figure pas au procès (1) ».

Que le second motif de cet arrêt soit bien fondé, rien de plus évident. Mais comment justifier le premier ? D'une part, les nouvelles conclusions que le sieur Schmidt avait prises en cause d'Appel, étaient manifestement une *défense à l'action principale*; et conséquemment l'art. 464 du Code de procédure, bien loin de les prohiber, les autorisait expressément. D'un autre côté, où est-il écrit *qu'une action préjudicielle ne peut pas être introduite en cause d'Appel ?* Condamné en première instance à souffrir une servitude, que vous prétendez sur mon fonds, ne puis-je pas, en cause d'Appel, mettre en fait et prouver que vous n'êtes pas propriétaire du fonds pour l'utilité ou l'agrément duquel vous réclamez cette servitude ? Condamné, sur vos poursuites exercées civilement, à des dommages-intérêts pour avoir mis mes bestiaux en pâturage dans un canton de bois qui vous appartient et que l'autorité compétente avait préalablement déclaré défensable, ne pourrai-je pas, sur l'Appel, mettre en fait et prouver que j'ai sur votre bois un droit d'usage qui légitime ce que vous qualifiez de délit ? Et si, dans ces cas, *l'action préjudicielle* est recevable en cause d'Appel, pourquoi ne le serait-elle pas également lorsqu'elle porte sur une question d'état ? Elle ne le serait pas sans doute, s'il était de la nature des questions d'état de ne pouvoir être engagées devant les tribunaux que par *action principale*; mais il est bien généralement reconnu qu'elles peuvent l'être incidemment ; et dès-lors, nul doute qu'il n'y ait erreur dans le premier des motifs de l'arrêt cité.

12°. Peut-on, en cause d'Appel, à l'appui de la demande principale que l'on a formée en première instance, élever, pour la première fois, une question préjudicielle sur l'état du défendeur à cette demande ?

Cela dépend de la manière dont la question d'état est engagée en cause d'Appel, et il faut à cet égard distinguer deux cas.

Le demandeur originaire conclud-il directement à ce qu'il soit déclaré que le défendeur n'a pas l'état qu'il s'attribue, et à défaut duquel il serait sans qualité pour lui disputer la chose litigieuse ?

Dans ce premier cas, nul doute que de pareilles conclusions ne soient inadmissibles. En effet, elles forment véritablement une demande nouvelle, et par conséquent elles sont naturelle-

---

(1) Journal des audiences de la cour de cassation, année 1821, supplément, page 4.

ment comprises dans la prohibition portée par l'art. 464 du Code de procédure civile. Qu'importe qu'elles aient pour objet d'appuyer l'action principale intentée en première instance? L'art. 464 n'excepte de la prohibition qui prononce, que les demandes nouvelles qui combattent cette action; il n'en excepte pas celles qui l'appuient; et ne point les excepter, c'est les y soumettre.

Mais le demandeur originaire conclud-il seulement en cause d'Appel, à ce que sa demande principale lui soit adjugée, attendu que le défendeur n'a pas l'état qu'il s'attribue, et que par suite il est sans qualité pour lui disputer l'objet du litige? En d'autres termes, son but, en contestant l'état du défendeur, n'est-il pas d'y faire statuer par le dispositif du jugement à intervenir, mais seulement d'y faire statuer par les motifs de ce jugement, et de manière que (comme je l'établis dans le *Répertoire de jurisprudence*, aux mots *Question d'état*, §. 1 et 2) la question de savoir si tel est ou n'est pas véritablement l'état du défendeur, reste entière entre les deux parties, et puisse encore être jugée directement dans une autre instance?

Dans ce second cas, point de prétexte pour ne pas admettre de pareilles conclusions; car elles ne forment, en cause d'Appel, de la part du demandeur originaire, qu'un moyen pour appuyer son action principale; elles ne constituent pas une demande proprement dite; et personne ne doute que le demandeur originaire ne puisse, soit qu'il ait triomphé, soit qu'il ait succombé en première instance, ajouter, en cause d'Appel, de nouveaux moyens à ceux qu'il a fait valoir devant les premiers juges. Ainsi, après m'être fondé en première instance, pour vous évincer d'un immeuble que vous détenez, sur un contrat par lequel Pierre m'a vendu ce fonds, je puis, en cause d'Appel, pour défendre à l'exception que vous avez tirée contre moi, de ce que ce fonds n'a jamais appartenu à Pierre, alléguer et prouver, soit que Paul, qui en était le propriétaire véritable, me l'a vendu ou donné, soit que j'en avais prescrit la propriété par une possession suffisante, avant qu'il tombât entre vos mains. *Positiones factæ in causâ principali* (dit Scaccias, dans son traité *de appellationibus*, quest. 2, n°. 28) *possunt mutari in causâ appellationis, et ideò admittitur variatio; ut si egi ex venditione in primâ instantiâ, et volui probare, quod res petita pertinebat ad me jure domini ex traditione mihi factâ à Sejo, nunc potero variare, et dicere quod fuit mihi tradita à Mævio vel quod ad me spectat per præscriptionem vel ex legato.*

Auquel de ces deux cas est relatif l'arrêt de la cour de cassation du 18 avril 1820, que les deux auteurs qui le rapportent, présentent, l'un (1) comme décidant qu'*un parent ne peut, en cause d'Appel, contester l'état de sa partie adverse, lorsqu'il n'a pas formellement attaqué cet état devant le premier juge;* l'autre (1) comme jugeant que *celui qui a demandé, en première instance, la restitution d'une somme d'argent, en se fondant sur ce que la somme aurait été payée sans cause valable, ne peut, en cause d'Appel, expliquer que ce défaut de cause valable consiste en ce que le défendur n'est pas enfant légitime, et demander à prouver son illégitimité; et que c'est là plutôt une demande nouvelle, qu'une justification de la première demande?*

Voici l'espèce sur laquelle il a prononcé.

Le 3 janvier 1795, la demoiselle Mandave accouche d'une fille nommée Marie-Hélène Malo Emma, qui est inscrite dans les registres de l'état civil, comme née de son commerce avec le contre-amiral Magon de Médine.

Cette fille est élevée tant par le père que par la mère, comme leur enfant naturel.

Cependant la demoiselle Mandave épouse le sieur de L. M.....: et dès ce moment, c'est comme fille du sieur de L. M... qu'Emma est traitée.

Le contre-amiral Magon de Médine meurt en 1799, laissant entre les mains de la dame de L. M... des billets d'une grande valeur qu'il a souscrits en sa faveur, et un testament par lequel il reconnaît devoir à la demoiselle Emma une somme de 60,000 francs.

En 1807, la mort du sieur de L... M... donne lieu à la convocation d'un conseil de famille, pour régler la tutelle de la demoiselle Emma; le sieur Magon de Saint-Ellier, frère et unique héritier du contre-amiral, y figure comme ami du défunt, et accepte la fonction de subrogé-tuteur.

Cependant, des contestations s'élèvent entre le sieur Magon de Saint-Ellier et la veuve de L... M...

Le 7 août 1810, transaction par laquelle celle-ci consent à ce que les billets souscrits à son profit, par le contre-amiral, soient regardés comme non-avenus, et le sieur Magon de Saint-Ellier s'oblige à payer à la demoiselle Emma les 60,000 francs dont le contre-amiral s'est, par son testament, reconnu débiteur envers elle.

Le sieur Magon de Saint-Ellier paie, en effet, cette somme à la demoiselle Emma, en la qualifiant de nouveau, par la quittance qu'il s'en fait donner, de fille légitime du sieur de L... M...

Mais, en 1818, il fait assigner la demoiselle Emma devant le tribunal de première instance de Saint-Malo, en restitution de cette somme, qu'il prétend avoir payée sans cause, attendu que la reconnaissance consignée dans le testament du contre-amiral, n'avait été, de sa part, qu'une donation déguisée en faveur de sa fille naturelle.

La demoiselle Emma répond qu'il est non-recevable à la qualifier de fille naturelle du con-

---

(1) Journal des audiences de la cour de cassation, année 1822, page 142.

(1) Jurisprudence de la cour de cassation, tome 22, page 224.

tre-amiral, après l'avoir reconnue solennellement par différens actes pour fille légitime du sieur de L. M.....

Il réplique qu'il ne l'a reconnue pour telle par ces actes, que parcequ'il ignorait qu'elle eût été inscrite sur les registres de l'état civil comme fille naturelle du contre-amiral et de la demoiselle Mandave; mais il ne prouve pas qu'il n'a eu connaissance de cette inscription que postérieurement aux actes qui lui sont opposés.

En conséquence, jugement qui le déclare non-recevable dans sa demande.

Appel, de sa part, à la cour royale de Rennes. Là, il conclud à ce qu'avant faire droit, il soit admis (ce sont les propres termes des deux auteurs cités) *à contester à la demoiselle Emma l'état de fille légitime du sieur de L. M....., et à prouver qu'elle est fille naturelle du sieur Magon de Médine.*

Le 24 mai 1819, arrêt qui le déclare non-recevable dans ses conclusions, par deux motifs,

« 1°. Attendu que les conclusions prises par l'appelant devant le tribunal de Saint-Malo, ne tendaient qu'à obtenir la répétition d'une somme de 60,000 francs, qu'il prétendait avoir été indûment reçue par l'intimée, et qu'il n'avait pas formellement demandé à être admis à contester l'état civil dont elle jouissait;

» 2°. Attendu que l'acte de tutelle rapporté le 3 décembre 1807, par le juge de paix du canton de Saint-Malo, constatait qu'à défaut de parens paternels et maternels de la demoiselle de L. M....., on avait appelé à son conseil de famille, six personnes connues pour avoir eu des relations habituelles d'amitié avec le sieur de de L. M..... et ladite demoiselle Mandave, sa veuve; qu'au nombre de ces six personnes, il s'en trouvait trois du nom de l'appelant, et que ce dernier avait même accepté les fonctions de subrogé-tuteur de la demoiselle de L. M.....; qu'il était encore reconnu que, par plusieurs actes postérieurs, et notamment par un traité du 7 août 1810, l'appelant avait transigé avec la dame veuve de L. M....., tutrice de la demoiselle de L. M....., sa fille, sur toutes les difficultés qui auraient pu s'opposer à l'exécution des dernières volontés du contre-amiral Magon, frère dudit appelant, et qui l'avait institué son exécuteur testamentaire; qu'il résulte de ces différens actes, toujours déterminés par les mêmes motifs, et rédigés d'après la plus mûre réflexion, dans l'intervalle de plusieurs années, que l'appelant ne s'était jamais mépris sur le nom et les qualités des personnes avec lesquelles il traitait volontairement; que son consentement à ces actes n'avait point été donné par erreur, ni surpris par dol ».

En conséquence, l'arrêt *renvoie la cause pour être statué sur le fond,* c'est-à-dire, sur la demande en restitution des 60,000 francs, à l'audience du 7 juin suivant.

Le 7 juin, le sieur Magon de Saint-Ellier ne se présente pas; et par suite, arrêt par défaut qui confirme le jugement de première instance.

Recours en cassation contre ces deux arrêts.

On trouvera à l'article *Défaut,* §. 1, le moyen par lequel le sieur Magon de Saint-Ellier attaque le premier de ces arrêts.

Quant au second, il l'attaque « pour violation
» des art. 319 et 328 du Code civil, desquels il
» résulte que la qualité de fille naturelle du sieur
» Magon de Médine, donnée à la demoiselle
» Emma, par son acte de naissance, devait seule
» lui être attribuée; en ce que l'arrêt dénoncé a
» *refusé d'admettre une demande tendant à lui faire*
» *attribuer cette qualité,* sous le prétexte d'une fin
» de non-recevoir fondée sur la reconnaissance
» faite par le demandeur d'une qualité différente
» à la demoiselle Emma, et sur une déchéance
» résultant de ce que la demande n'a été formée
» qu'en cause d'Appel, bien que, dans les matières qui intéressent l'ordre public, les parties
» ne puissent, par des conventions particulières,
» déroger aux dispositions de la loi; d'où il suit
» que l'acquiescement des parties ou la tardiveté
» de la demande ne peut créer une fin de non-
» recevoir, ou donner lieu à aucune déchéance ».

Par arrêt du 18 avril 1820, au rapport de M. Louvot, et sur les conclusions de M. l'avocat-général Lebeau,

« Attendu, sur le moyen résultant de la violation des art. 319 et 328 du Code civil, que par son arrêt du 24 mai 1819, la cour de Rennes, en déclarant le sieur Magon de Saint-Ellier non-recevable à attaquer l'état de la demoiselle de L. M....., s'est fondée, soit sur le fait que cet état n'avait point été attaqué pardevant les premiers juges, soit sur ce que, dans une série d'actes qu'il était dans son obligation d'apprécier, le sieur Magon de Saint-Ellier avait formellement reconnu cet état; et qu'en prononçant ainsi, la cour royale de Rennes n'a pu violer les articles cités;

» Attendu encore, sur ce moyen, que le sieur Magon de Saint-Ellier n'a point produit, soit pardevant les premiers juges, soit pardevant la cour royale, l'acte de naissance dont il se prévaut, et qu'il l'a produit seulement pardevant la cour; que, dès-lors, la cour royale de Rennes n'a point eu à s'en occuper;

» La cour (section des requêtes) rejette le pourvoi..... ».

Il est clair que, dans cette espèce, le sieur Magon de Saint-Ellier avait pris, en cause d'Appel, des conclusions directes à ce que la demoiselle Emma fût déclarée fille naturelle du contre-amiral Magon de Médine : non-seulement il en convenait lui-même dans sa requête en cassation, puisqu'il s'y plaignait de ce que l'arrêt du 24 mai 1819 avait *refusé d'admettre une demande tendante à lui faire attribuer cette qualité;* mais cela résulte encore nécessairement de ce qu'il est dit dans cet arrêt même, qu'il n'avait pas *formellement demandé*, en première instance, *à être admis à contester l'état civil dont jouissait la demoiselle Emma*; car il est impossible que, par ces termes, la cour royale de Rennes ait voulu dire autre chose si ce n'est que le sieur Magon de Saint-Ellier avait bien pris, devant le premier juge, des conclusions à ce qu'attendu que la demoiselle Emma était fille naturelle de son frère, elle fût condamnée à lui restituer la somme de 60,000 francs qu'il lui avait payée dans sa prétendue ignorance de cette qualité; mais qu'il n'en avait pas pris de directes à ce qu'elle fût déclarée telle.

Ce n'est donc qu'au premier cas que se rapporte l'arrêt de la cour de cassation du 18 avril 1820; et par conséquent nul argument à en tirer pour le second cas.

13°. Du principe établi sur la question précédente, que la faculté dont jouit le demandeur en cause d'Appel, de faire valoir de nouveaux moyens à l'appui des conclusions qu'il a prises en première instance, n'emporte pas celle d'y former, à l'aide de ces nouveaux moyens, une demande véritablement nouvelle, résulte-t-il que, lorsqu'un associé, après avoir, devant les premiers juges, demandé la nullité du traité social, quant à certaines clauses, conclud, en Appel, à ce que la société soit déclarée nulle pour défaut de publicité, il y a contravention à l'art. 464 du Code de procédure?

Non, et par une raison bien simple : c'est que les contrats étant indivisibles et ne pouvant en conséquence être annullés malgré l'une des parties, dans quelques-unes de leurs dispositions, sans l'être pour le tout, l'associé qui demande en première instance la nullité d'une clause de l'acte d'association, demande, par cela seul, la nullité de l'acte entier, et que, dès-lors, en étendant à l'acte entier, par les conclusions qu'il prend en cause d'Appel, celles qu'il a prises en première instance pour l'annullation d'une seule clause de l'acte, et en les fondant sur le défaut de publicité, il ne fait qu'ajouter un nouveau moyen à ceux qu'il a soumis aux premiers juges.

De là l'arrêt que la cour de cassation a rendu dans l'espèce suivante :

Le sieur Fontenilliat avait, par un exploit du 16 avril 1824, assigné ses enfans, héritiers du sieur Manoury, devant le tribunal de commerce de Rouen, pour voir dire que l'art. 4 d'un contrat de société existant entre eux, fût déclaré nul.

Le 16 août de la même année, jugement qui renvoie les parties devant des arbitres.

Le même jour, le sieur Fontenilliat père fait signifier à ses enfans un nouvel exploit, par lequel, en interjetant Appel de ce jugement, il conclud à ce que l'acte de société soit déclaré nul pour défaut des publications exigées par la loi.

Le 10 septembre suivant, arrêt de la cour royale de Rouen qui, attendu que le sieur Fontenilliat père a couvert, par des faits multipliés, la nullité qu'il reproche à l'acte de société, met l'appellation au néant.

Recours en cassation contre cet arrêt de la part du sieur Fontenilliat père, qui l'attaque comme violant l'art. 464 du Code de procédure, en ce qu'il prononce sur des conclusions prises pour la première fois en cause d'Appel, à fin d'annullation de l'acte social pour défaut de publicité.

Par arrêt du 12 juillet 1825, au rapport de M. Lecoutour, et sur les conclusions de M. l'avocat-général Lebeau,

« Attendu que, par exploit du 16 avril 1824, le sieur Fontenilliat avait demandé *que l'acte de société fût déclaré nul*, notamment quant à la cession des objets énoncés en l'art. 4; que, par suite, il a, dans un autre exploit du 16 août 1824, et dans ses conclusions devant la cour royale, demandé que ledit acte fût aussi déclaré nul pour défaut de publicité; que cette demande n'était pas une demande nouvelle, dans le sens de l'art. 464 du Code de procédure, mais une ampliation des moyens de nullité qu'il proposait contre l'acte, et qu'il a pu cumuler ces deux moyens qui tendaient au même résultat, sans contrevenir audit article.....;

» La cour (section des requêtes) rejette le pourvoi... (1) ».

14°. l'héritier *ab intestat* qui, en première instance, a, par action principale, attaqué le testament sur le fondement que le défunt n'était pas sain d'esprit, peut-il, en cause d'Appel, l'attaquer comme étant le fruit d'une suggestion frauduleuse ?

Quelle raison y aurait-il d'en douter, d'après le principe si clairement justifié dans la discussion des deux questions précédentes, qu'ajouter et même substituer, en cause d'Appel, de nouveaux moyens à ceux dont on s'était aidé devant les premiers juges la demande qu'on leur a soumise, ce n'est pas contrarier la loi qui prohibe les nouvelles demandes en cause d'Appel ?

Cependant, le contraire a été jugé par un arrêt de la cour supérieure de justice de Bruxelles, du 12 janvier 1826, que les rédacteurs de la *Jurisprudence* de cette cour (année 1826, tome 1er, page 132) rapportent en ces termes :

« Rumold Vanmieghem, propriétaire à Cruybeke, avait, par testament, reçu le 23 août 1822, par le notaire Vanosselaer à Saint-Nicolas, institué pour ses seuls et uniques héritiers Augustin Buytaert et Thérèse Vanmieghem, son épouse.

» Après le décès du sieur Vanmieghem, ses héritiers *ab intestat* demandèrent la nullité de son testament, en se fondant sur ce qu'à l'époque où il avait été fait, le testateur se trouvait dans un état d'imbécillité; et à l'effet d'en administrer la

---

(1) Jurisprudence de la cour de cassation, année 1825, partie 1, page 360.

preuve, ils articulèrent divers faits dont quelques-uns tendaient à établir que le testament aurait été le fruit de la captation et de la suggestion, sans qu'aucune conclusion fût cependant prise par eux de ce chef devant le premier juge.

» Mais devant la cour où l'affaire fut portée par suite de l'Appel interjeté par les héritiers institués, d'un jugement du tribunal de Termonde, du 18 mars 1824, qui, d'après eux, leur infligeait grief, les héritiers *ab intestat*, prétendirent que le testament faisant l'objet du procès devait au moins être annullé pour cause de captation et de suggestion ; et ils soutinrent qu'ils étaient recevables à en demander la nullité de ce chef d'Appel, attendu que les faits d'où ils voulaient faire résulter la preuve de cette captation et de cette suggestion, avaient été également articulés par eux devant le premier juge :

» Cette prétention fut repoussée par la cour, par les motifs, que, devant les premiers juges, les héritiers *ab intestat* s'étaient bornés à demander la nullité du testament du sieur Vanmieghem, du chef seulement de l'état d'imbécillité dans lequel il se trouvait lorsqu'il l'avait fait, et que tous les faits alors articulés par eux, même ceux de captation et de suggestion, ne l'avaient été qu'à l'effet d'administrer la preuve de cet état d'imbécillité ; d'où il suivait qu'ils ne pouvaient, en instance d'Appel, attaquer ce testament pour cause de captation et de suggestion, considérées en elles-mêmes, puisque la nullité qu'ils voulaient faire résulter de là, ne constituait pas un moyen nouveau, mais bien une demande nouvelle, qui ne pouvait être formée que par une nouvelle action et dans une nouvelle instance ».

Comment cet arrêt a-t-il pu dire que demander en cause d'Appel qu'un testament fût annullé pour cause de suggestion, après avoir demandé en première instance qu'il fût annullé comme fait par un imbécille, ce n'était pas employer en cause d'Appel, un nouveau moyen, mais former une nouvelle demande? Qu'avait demandé l'héritier *ab intestat* en première instance? La nullité du testament. Que demandait-il en cause d'Appel? La nullité du testament. La nullité du testament était donc, en cause d'Appel comme en première instance, l'objet direct et principal de ses conclusions. Suivant l'arrêt dont il s'agit, l'héritier *ab intestat* n'avait conclu en première instance qu'à ce que le testateur fût déclaré n'avoir pas été sain d'esprit ; mais l'arrêt confond évidemment le but de l'action de l'héritier *ab intestat*, avec le moyen sur lequel il l'avait fondée : où a-t-on pris qu'après avoir attaqué, en première instance, un testament par acte public comme nul faute de mention de la lecture, on ne peut pas, en cause d'Appel, l'attaquer comme nul par l'incompétence de l'officier public qui l'a reçu?

15°. Si, dans une contestation entre deux communes, sur leurs droits respectifs dans une forêt dont elles reconnaissent respectivement que l'une est propriétaire et l'autre usagère, j'ai été assigné par la commune possédant comme usagère, en garantie du droit d'usage qui lui a été concédé par mes auteurs, et que je n'aie élevé en première instance aucune prétention sur la forêt, puis-je conclure en cause d'Appel, à ce que la propriété de la forêt me soit adjugée?

M. Sirey, tome 25, page 503, présente comme jugeant pour la négative, un arrêt de la cour de cassation du 27 décembre 1824, dont il rapporte ainsi l'espèce.

« Le 16 juillet 1792, la commune d'Oyonax, se disant propriétaire des forêts noires existantes dans son enclave, vend au sieur Pansut, 3,000 pieds d'arbres à prendre dans ces forêts.

» La commune de Veysiat, se disant usagère dans ces mêmes forêts, en vertu d'une concession à elle faite en 1523, par le seigneur de Montréal, s'oppose à la consommation de la vente, alléguant que l'exploitation des bois vendus doit porter atteinte à son droit d'usage.

» Plus tard ; la commune de Veysiat assigne devant le tribunal de Nantua, d'une part, le sieur Pansut, pour voir déclarer nulle la vente qui lui a été consentie ; d'autre part, la commune d'Oyonax, pour voir également prononcer cette nullité, et en outre ordonner qu'il sera procédé à un cantonnement dans les forêts dont il s'agit, d'après des bases qu'elle indique.

» La commune d'Oyonax répond, sur la demande en nullité de la vente des 3,000 pieds d'arbres, que cette vente est valable et doit être maintenue ; qu'elle est la conséquence des droits de *propriété et jouissance* qui lui appartiennent dans les forêts dont il s'agit, droits dans lesquels elle demande à être maintenue ; elle consent d'ailleurs au cantonnement exigé par la commune de Veysiat, mais d'après d'autres bases.

» De son côté, il assigne le comte de Douglas, propriétaire actuel de la terre de Montréal, pour se voir condamner à garantir la concession usagère de 1523.

» De son côté, le comte de Douglas se borne à conclure *à ce que, sous le bénéfice de la déclaration qu'il fait de* NE PRENDRE AUCUNE PART A LA CONTESTATION *qui divise les parties, il soit* RENVOYÉ *des demandes, fins et conclusions prises contre lui*, SE RÉSERVANT TOUS SES DROITS POUR LES FAIRE VALOIR COMME IL AVISERAIT.

» Le 12 mars 1819, jugement du tribunal de Nantua, lequel considère *que la commune de Veysiat reconnait implicitement ; que celle d'Oyonax est propriétaire des forêts existant dans son enclave ; que, la simple qualité d'usagère ne lui permet pas de contrarier l'exercice du droit de propriété, en critiquant l'adjudication faite au sieur Pansut ; que la commune d'Oyonax étant reconnue* PROPRIÉTAIRE, *et celle de Veysiat seulement* USAGÈRE, *la mise en cause exercée par celle-ci contre le sieur de Douglas, est inutile dans son intérêt ;* en conséquence, maintient la commune de Vaysiat dans son droit d'usage, ordonne le cantonnement sur les bases par elle indiquées, et sur la demande en garantie formée contre le sieur Douglas, *le met hors de cause.*

» Appel de ce jugement par la commune d'Oyonax, contre la commune de Veysiat, au chef qui déclare la commune d'Oyonax *propriétaire* des forêts dont il s'agit.

» Pour la première fois alors le comte de Douglas conclud « *à ce que, par jugement nouveau, la commune d'Oyonax, comme celle de Veysiat, soit déclarée simplement usagère dans les forêts dont il s'agit; qu'en conséquence, il soit déclaré qu'il sera gardé et maintenu dans la* PROPRIÉTÉ ET JOUISSANCE *desdites forêts.*

» La commune d'Oyonax repousse cette demande, en soutenant que le comte de Douglas est non-recevable et mal fondé dans son Appel; *non-recevable*, 1°. parceque sa demande n'avait pas été soumise au tribunal de première instance; 2°. parceque, soit devant ce tribunal, soit antérieurement, il avait implicitement reconnu que c'était à elle que les forêts appartenaient en toute propriété; 3°. parceque le jugement lui avait accordé tout ce qu'il avait demandé; *mal fondé*, parcequ'il n'avait ni possession ni titre, tandis qu'elle avait en sa faveur et des titres et une longue possession.

» Le 20 août 1821, arrêt de la cour royale de Lyon, lequel,

» *Considérant qu'il n'apparaît pas que, depuis que le procès est en rapport, le sieur de Douglas ait pris part aux débats et qu'il ait déposé des conclusions; que, si, lorsque l'instance a commencé, il avait déclaré qu'il s'en rapportait, cette déclaration ne pouvait être envisagée comme une renonciation à ses droits, dans la circonstance surtout où elle avait été faite avec réserve; qu'au fond, il résultait des actes, des faits et des circonstances du procès (actes, faits et circonstances que l'arrêt énumère et apprécie), que les seigneurs de Montréal étaient* PROPRIÉTAIRES *, et la commune d'Oyonax simplement* USAGÈRE *, que c'était vainement que celle-ci disait qu'elle s'était considérée comme propriétaire, parceque, une fois constituée usagère, il ne lui avait pas été libre de changer sa qualité à volonté; et que, ni les actes, ni les faits dont elle se prévalait (lesquels sont également énumérés et appréciés par l'arrêt) ne sauraient être considérés comme une interversion de possession; par ces motifs, réforme seulement en ce qui concerne la* PROPRIÉTÉ *des forêts, déboute la commune d'Oyonax des fins de non-recevoir qu'elle avait opposées à l'Appel du sieur de Douglas; et déclare que cette commune était simplement* USAGÈRE *dans lesdites forêts, dans la* PROPRIÉTÉ ET JOUISSANCE *desquelles elle garde le sieur de Douglas.*

» Pourvoi en cassation par la commune d'Oyonax, 1° pour violation de l'art. 7 de la loi du 20 avril 1810, en ce que la cour royale de Lyon a rejeté, sans en donner aucun motif, l'exception de *demande nouvelle*, proposée contre l'action que le sieur de Douglas avait introduite pour la première fois en Appel, à fin d'être maintenu dans la *propriété* des forêts litigieuses; 2° pour violation de l'art. 464 du Code de procédure civile, en ce que cette demande, à fin de maintenue dans la propriété des forêts litigieuses, était, en effet, une *demande nouvelle*, que l'art. 464 ne permettait pas de former pour la première fois en Appel.

Ainsi s'explique M. Sirey. Voici maintenant le prononcé de l'arrêt dont il s'agit:

« Vu la loi du 1er. mai 1790, portant qu'il y aura deux degrés de juridiction en matière civile, et l'art. 464 du Code de procédure;

» Attendu qu'aux termes de ces articles, aucune demande nouvelle ne peut être formée en cause d'Appel;

» Attendu qu'il résulte du jugement du 12 mars 1819, dont était Appel, qu'en première instance il n'avait été formé, de la part de la commune d'Oyonax, *contre le comte de Douglas*, ni de la part du comte de Douglas, *contre la commune d'Oyonax*, aucune demande en maintenue dans la propriété des bois contentieux;

» Que, d'après l'instruction de la cause, et notamment d'après la reconnaissance implicitement faite par la commune de Veysiat, de la propriété de la commune d'Oyonax, le tribunal de Nantua, n'a eu à prononcer, et n'a, en effet, prononcé, que sur la demande en cantonnement formée par la commune de Veysiat, contre la commune d'Oyonax, que sur les conclusions par elle prises à fin de nullité de la vente de bois faite au sieur Pansut, que sur celles prises contre elle par ledit Pansut à fin de dommages-intérêts; et enfin, que, sur la demande en garantie formée par la commune de Veysiat contre le comte de Douglas, relativement à laquelle il a mis les parties hors de cause;

» Attendu que c'est seulement en cause d'Appel que la demande en maintenue dans la propriété desdits bois, a été formée par le comte de Douglas, contre la commune d'Oyonax; qu'ainsi, c'était une demande nouvelle qui, n'ayant pas subi un premier degré de juridiction, ne pouvait pas être admise par la cour d'Appel, qui devait dû renvoyer les parties à se pourvoir, par les voies de droit, devant le tribunal de première instance, où elles seraient recevables à faire valoir leurs droits respectifs, sur lesquels il n'avait pas été statué par le jugement du 12 mars 1819;

» De tout quoi il résulte que la cour royale de Lyon a violé les articles de la loi précitée..., sans qu'il soit besoin de s'occuper du mérite des autres moyens;

» Par ces motifs, la cour casse et annulle ».

Rien de plus juste que cet arrêt, rien de plus régulier que la cassation qu'il prononce. Mais juge-t-il, en thèse générale, comme l'annonce M. Sirey, que « celui qui, dans un procès entre

» deux communes, a été assigné en garantie
» d'un droit d'usage prétendu par l'une d'elles,
» dans une forêt dont l'autre se dit propriétaire,
» et qui n'a alors élevé lui-même aucune pré-
» tention sur la propriété de cette forêt, ne
» peut, en Appel et pour la première fois, de-
» mander, que la propriété de la forêt lui soit
» adjugée, et que c'est là une demande nou-
» velle qui ne peut être introduite en Appel,
» qu'après avoir subi un premier degré de juri-
» diction ».

Non, il ne le juge, au moins, selon ma manière de voir, que pour le cas particulier sur lequel il statue.

Sans doute, dans ce cas, le comte de Douglas ne pouvait pas être admis en cause d'Appel à demander que la propriété des forêts dont il s'agissait lui fût adjugée ; mais pourquoi ?

Parcequ'il ne pouvait pas, en cause d'Appel, revenir sur la déclaration qu'il avait faite en première instance de *ne prendre aucune part à la contestation qui divisait* les parties ;

Parceque cette déclaration renfermait, de sa part, un consentement formel à ce que les deux communes continuassent de procéder en leurs qualités respectives de propriétaire et d'usagère, et à ce qu'elles fussent jugées comme telles, sauf à lui à faire valoir ses droits par action séparée, et sans que le jugement qui serait rendu entre elles, pût lui préjudicier;

Parcequ'il ne pouvait plus, dès-lors, prendre part, en cause d'Appel, à une contestation qui lui était devenue étrangère ;

Et surtout, parceque la demande en garantie qui avait été formée contre lui en première instance, n'avait plus d'objet en cause d'Appel, et que la cour royale de Lyon n'en était pas saisie, puisqu'il avait été mis hors de cause sur cette demande, et que la commune de Veysiat, seule intéressée à combattre ce chef du jugement, n'en avait pas appelé.

Mais, qu'y aurait-il eu à redire à l'arrêt de la cour royale de Lyon, si le comte de Douglas, après s'être borné en première instance, à soutenir que la demande en garantie formée contre lui par la commune de Veysiat, était sans objet, ou qu'elle était mal fondée, et avoir été cependant condamné à garantir cette commune, eût interjeté Appel du jugement contre la commune d'Oyonax, et qu'il lui eût dit : « Les prétentions que
» vous élevez contre la commune de Veysiat, de
» laquelle je suis jugé garant, n'ont d'autre base
» que votre prétendue qualité de propriétaire des
» forêts dont il s'agit; or, cette qualité, vous ne
» l'avez pas ; c'est à moi, et à moi seul qu'elle
» appartient, et je le prouve ; il est vrai, que je
» ne l'ai pas réclamée en première instance ;
» mais qu'importe ? En la réclamant en cause
» d'Appel, je ne fais qu'opposer à votre demande
» principale une défense qui la fait nécessaire-
» ment tomber; et l'art. 464 du Code de procé-
» dure civile m'y autorise expressément ».

Très-certainement, dans cette hypothèse, l'arrêt de la cour royale de Lyon eût dû être maintenu. Eh ! Le moyen d'en douter, lorsqu'on réfléchit qu'aux termes de l'art. 466 du Code de procédure, le comte de Douglas, s'il n'eût pas été partie dans le jugement de première instance, aurait pu intervenir sur l'Appel de la commune de Veysiat; qu'il en aurait eu le droit, parcequ'il aurait eu celui de former tierce-opposition à l'arrêt qui, en son absence, eût confirmé le jugement par lequel la commune d'Oyonax était reconnue propriétaire des forêts, et qu'il aurait pu conclure à ce que la cour royale déclarât que c'était à lui que la forêt appartenait ? Comment l'empêcher de faire par la voie d'Appel, dans la position où il se trouvait, ce qu'il aurait pu faire par la voie de l'intervention dans une position différente?

16°. Une demande qui n'a été proposée que virtuellement en première instance, peut-elle être formée expressément en cause d'Appel, lorsqu'elle ne se trouve pas précisément dans le cas de l'exception qui limite la disposition générale de l'art. 464 du Code de procédure civile, c'est-à-dire, lorsqu'elle n'est pas un moyen de *défense* à l'action principale ?

M. Sirey, tome 9, page 594, présente comme jugeant que non, l'arrêt de la cour de cassation, du 22 juillet 1809, dont il est parlé ci-dessus (10°).

Mais il généralise trop l'induction qu'il tire de cet arrêt.

Sans doute cet arrêt décide que les sieurs et dame Perret ne pouvaient pas être censés avoir formé, en première instance, leur demande en paiement de la peine de 30,000 francs, par cela seul qu'ils avaient excipé, en première instance, du fait sur lequel ils auraient pu, en première instance même, fonder cette demande.

Mais il ne juge nullement que, si les sieur et dame Perret avaient présenté aux premiers juges une demande qui, sans servir de défense aux conclusions principales du sieur Capellin, eût renfermé implicitement la demande qu'ils avaient ensuite formée expressément en cause d'Appel, celle-ci eût dû être déclarée non-recevable.

Et la preuve que, par cet arrêt, la cour de cassation n'a nullement entendu décider, comme l'avance M. Sirey, que *des juges d'Appel ne peuvent pas accorder des chefs de demandes qu'ils reconnaissent n'avoir été que virtuellement formées en première instance*, c'est que le 17 octobre suivant, elle a formellement décidé le contraire par un arrêt que l'on trouvera sous les mots *Séparation de patrimoines*, §. 2.

Au surplus, c'est parceque l'art. 464 du Code de procédure civile ne défend pas de former expressément en cause d'Appel des demandes qui n'ont été présentées que virtuellement aux premiers juges, que deux arrêts des cours royales d'Agen et de Bourges, des 8 janvier et 3 mai 1824, ont décidé que, dans un procès en partage d'une succession, les co-partageans peuvent former en cause d'Appel des demandes en rapport qu'ils n'ont pas proposées en première instance ;

« Attendu (est-il dit dans le premier) que la fixation du patrimoine de l'auteur commun étant le seul point du litige, ce serait mal comprendre le sens de l'art. 464 du Code de procédure civile, que de renvoyer devant les premiers juges des demandes en rapport, sous le prétexte que ces demandes n'ont pas été soumises au premier degré de juridiction ; d'où il suit que la fin de non-recevoir, prise de ce que certaines demandes en rapport sont des demandes nouvelles, ne saurait être admise, puisqu'elles ne tendent qu'à déterminer la consistance du patrimoine ;

» Attendu (porte le second) que la demande de Pirot est une défense à celle formée contre lui par les héritiers de son épouse ; que c'est une compensation qu'il oppose à ces demandes ; qu'il s'agit d'un compte et d'une liquidation à faire entre les parties, dont les articles doivent se compenser réciproquement ; qu'ainsi, suivant l'art. 464 du Code de procédure, Pirot a pu opposer cette demande en la cour saisie par l'Appel du réglement de ce compte et de cette liquidation (1) ».

17°. Mais de là s'ensuit-il que celui qui n'a demandé devant les premiers juges, que le paiement d'une somme principale, peut, en cause d'Appel, conclure au paiement des intérêts de cette somme à compter du jour où il a formé sa demande en première instance ? Peut-il dire qu'en demandant en première instance le paiement de son capital, il est censé en avoir demandé les intérêts ?

L'affirmative ne serait pas douteuse, si l'on pouvait encore regarder comme lois les dispositions du droit romain qui obligeaient le juge de condamner d'office aux intérêts du capital, par cela seul que le capital était dû, et quoique le demandeur en paiement du capital n'eût pas conclu aux intérêts. Mais ces dispositions étant abrogées par l'art. 1153 du Code civil (2), c'est à la négative que nous devons nous tenir ; et voici un arrêt de la cour supérieure de justice de Bruxelles, du 15 juin 1825, qui le juge formellement :

« Attendu que l'intimé n'ayant formé devant le premier juge aucune demande d'intérêts de la somme principale qu'il réclame des appelans, l'objet de ses conclusions reconventionnelles constitue une demande nouvelle que l'art. 464 du Code de procédure civile ne l'autorise pas à former devant la cour, l'exception portée audit article à la règle générale qu'il trace, ne devant recevoir d'application que lorsqu'une demande d'intérêts ayant déjà été faite devant le premier juge, de nouveaux intérêts sont échus depuis le jugement dont Appel, lesquels, dans ce cas, peuvent être ajoutés, par forme de majorisation à la demande originaire ;

» La cour déclare l'intimé non-recevable dans ses conclusions reconventionnelles (1) ».

18°. Une demande qui n'est qu'une modification en moins, qu'une réduction de celle qui a été formée devant le premier juge, est-elle recevable en cause d'Appel ?

L'affirmative résulte évidemment du principe sur lequel est fondé l'arrêt de la cour de cassation du 8 messidor an II, que l'on trouvera sous les mots *Bureau de paix*, §. 4 ; et elle a été consacrée par deux arrêts de la cour royale de Paris, dont l'un a été vainement attaqué par la voie de cassation.

Dans l'espèce du premier, il s'agissait de savoir si, sur l'Appel d'un jugement qui avait autorisé la dame P.... à faire prononcer son divorce pour cause d'excès et de mauvais traitemens, cette femme pouvait restreindre sa demande à une séparation de corps.

Le sieur P...., intimé, soutenait que non, et que l'affaire devait être jugée dans l'état où elle s'était trouvée devant les premiers juges.

« L'action en divorce et l'action en séparation de corps (disait-il) sont absolument distinctes, et dans leurs effets et dans leur mode d'instruction ; le divorce est soumis à une procédure particulière, tandis que la demande en séparation doit, d'après l'art. 307 du Code, être intentée, instruite et jugée de la même manière que toute autre action civile ; ainsi, il n'était pas au pouvoir du demandeur de changer arbitrairement la nature de sa demande, de substituer un mode d'instruction à un autre, et de soumettre enfin l'époux défendeur, pour la demande en séparation, à des preuves qui ne sont prescrites que pour le divorce ;

» Il est de règle générale en procédure, que celui qui forme une action, doit, à peine de nullité, se conformer au mode d'instruction et de procédure indiqué par la loi ; et si ce principe est exact en thèse générale, son application en est d'autant plus impérieuse dans l'espèce ; car il s'agit d'une manière extraordinaire où tout est de rigueur, et l'on ne peut, par conséquent, sans violer l'art. 307 du Code civil, admettre une demande en séparation formée à la suite d'une

---

(1) Jurisprudence de la cour de cassation, tome 25, partie 2, page 210.
(2) *Répertoire de jurisprudence*, au mot *Intérêts*, §. 4, n°. 6. M. Toullier, liv. 3, tit. 3, chap. 3, n°. 272.

(1) Jurisprudence de la cour supérieure de justice de Bruxelles, année 1825, tome 2, page 126.

procédure qui n'est pas celle que cet article prescrit, d'une procédure enfin qui ne doit avoir lieu que pour le divorce.

» La cause doit être jugée d'après les erremens qui ont été suivis, et dans l'état où elle se trouve. On a formé une action en divorce; c'est donc une action en divorce qu'il faut juger. Il résulterait du système contraire ; une versatilité, une incertitude dans l'administration de la justice, qui finiraient par devenir funestes à toutes les parties. Qui ne voit d'ailleurs le motif secret de cette conversion ? N'est-il pas clair qu'en changeant ses conclusions sur l'Apppel, le demandeur se flatte d'arriver, par ce moyen irrégulier, à un résultat qu'il désespère d'obtenir par la voie qu'il avait d'abord suivie, à cause de l'insuffisance de sa preuve » ?

Par arrêt du 13 août 1814,

« Considérant, en ce qui touche la fin de non-recevoir contre la séparation de corps, qu'en règle générale, le demandeur, pendant tout le cours du litige, a la faculté de restreindre ou de modifier sa demande primitive; qu'aucune disposition de la loi ne fait exception à cette règle en matière de divorce ou de séparation de corps; que la rigueur des formes et de la procédure établies pour la poursuite du divorce, ne peut être un obstacle à ce qu'il soit donné aux excès, sévices ou injures, s'ils sont prouvés, un effet moins grave, et portant une moindre atteinte à l'intérêt des enfans issus de mariage et aux bonnes mœurs; que la sévérité des épreuves subies par le demandeur en divorce, donne aux magistrats une plus grande garantie de la réalité des causes de la séparation de corps; que le consentement du défendeur n'est pas nécessaire pour la restriction de la demande, celui-ci ne pouvant avoir un intérêt légitime à ce que toute voie au rapprochement des époux soit fermée ;

» Considérant, au fond, que de l'enquête, il résulte preuve suffisante des excès, sévices et injures graves de P.... envers sa femme;

» La cour a mis et met l'appellation et ce dont est Appel au néant; émendant, ordonne que ladite femme P.... est et demeure séparée de corps et d'habitation d'avec son mari.... (1) ».

Dans la seconde espèce, les sieurs Lafarge et Mitouflet demandent et obtiennent, en première instance, le prélèvement de huit deniers pour livre sur le produit des rentes appartenant aux actionnaires de l'établissement connu sous le nom de *caisse d'épargnes*, déduction faite des frais de gestion; et ils prennent en cause d'Appel, des conclusions subsidiaires tendant « à ce que, dans » le cas où la cour penserait que la loi du 9 ven- » démiaire an 6, portant réduction des rentes, » a pu déroger aux conventions des parties, il » leur soit donné acte de ce qu'ils consentent à » ce que le droit stipulé à leur profit, demeure » réduit, pour le passé et l'avenir, à partir de » 1809, à un franc par action portant rente, » conformément à une délibération du 25 bru- » maire an 9 ».

En conséquence, le 16 avril 1821, arrêt, en audience solennelle, qui infirme le jugement de première instance et prononce conformément aux conclusions subsidiaires des intimés.

Recours en cassation contre cet arrêt *pour violation de la règle des deux degrés de juridiction et de l'art. 464 du Code de procédure civile.*

« Dans le principe (dit-on) les sieurs Lafarge et Mitouflet réclamaient leurs droits de fondateurs, d'inventeurs, ou ce qu'ils appelaient leur droit de propriété; ils répétaient huit deniers pour livre ; en un mot, ils demandaient l'exécution de leurs statuts sans restriction. Sur l'Appel, ils abandonnent ce système évidemment insoutenable....

» Sous la forme de conclusions subsidiaires, ils proposent un arrangement, une transaction à la cour. Or, ce projet de transaction constituait évidemment une demande nouvelle, et cette demande, produite pour la première fois, en cause d'Appel, n'était point admissible, puisqu'elle n'était pas une défense à l'action principale ».

Mais par arrêt du 22 mai 1822, au rapport de M. Lecoutour,

« Attendu que les conclusions subsidiaires prises en cause d'Appel par Lafarge et Mitouflet, étaient une suite et une modification de leurs conclusions principales, et se rattachaient à l'intention qu'avaient manifestée les actionnaires lors de la délibération du 25 brumaire an 9, et renouvelée dans le projet de transaction du 31 mai 1820; que d'ailleurs la demande nouvelle accordée par l'arrêt, était moins avantageuse à Lafarge et Mitouflet que les huit deniers pour livre adjugés par le tribunal de première instance ;

» La cour (section des requêtes) rejette le pourvoi.... (1) ».

La question s'est représentée depuis tant devant la cour royale d'Amiens que devant la cour de cassation, et y a encore été jugée de même. Dans le fait, le sieur Leclercq de Vauxchelles avait fait fermer un chemin qui traversait ses propriétés, et sur lequel les habitans de Bellancourt étaient en possession de passer tant à pied qu'avec leurs voitures.

La commune de Bellancourt l'a fait assigner pour voir dire que ce chemin était de la classe de ceux que les lois qualifient de *publics*; que,

---

(1) Jurisprudence de la cour de cassation, tome 16, page 78.

(1) Journal des audiences de la cour de cassation, année 1822, page 260.

par suite, elle en était propriétaire ; et que par conséquent les habitans dont elle était composée, ne pouvaient être privés du droit d'y passer et d'y faire passer leurs voitures.

Le 9 juin 1820, jugement qui, après enquête et contre-enquête, accueille les conclusions de la commune, en exprimant dans ses motifs « que » ce n'est pas un simple droit de passage que la » commune de Bellancourt réclame sur la pro- » priété du sieur Leclerq de Vauxchelles, mais » la maintenue dans la propriété du chemin » conduisant de Mouffière à Bois-Ricard ».

Sur l'Appel interjeté de ce jugement à la cour royale d'Amiens par le sieur Leclercq de Vauxchelles, la commune se désiste du chef qui la déclare propriétaire du chemin, et restreint ses conclusions à la maintenue des habitans *dans le droit et possession de passer à pied et à cheval par le terrain litigieux*.

Le sieur Leclerq de Vauxchelles soutient que c'est là une demande nouvelle, que l'art. 464 du Code de procédure s'oppose à ce qu'il y soit statué par la cour. Le droit de servitude et le droit de propriété (dit-il) sont essentiellement distincts. Aussi, l'un ne s'acquiert-il pas de la même manière que l'autre. On ne peut donc pas considérer la demande tendant à obtenir la servitude, comme une simple modification de la demande tendant à obtenir la propriété.

Par arrêt du 30 janvier 1823, « attendu que » de ce que les intimés devant la cour restrei- » gnent leur action, relativement au chemin dont » il s'agit, à n'y exercer qu'un droit de passage » à pied et à cheval, il ne s'ensuit pas qu'ils » forment une demande nouvelle proscrite par » l'art. 464 du Code de procédure ; » la cour royale d'Amiens rejette la fin de non-recevoir ; et statuant au fond, déclare la servitude acquise à la commune.

Le sieur Leclercq de Vauxchelles se pourvoit en cassation, mais inutilement : par arrêt du 14 juillet 1824, au rapport de M. Lecoutour et sur les conclusions de M. l'avocat-général Lebeau,

« Attendu, sur le moyen proposé et fondé sur la violation de l'art. 464 du Code de procédure civile qui défend de former en cause d'Appel des demandes nouvelles,

» Que la demande formée par la commune de Bellancourt, tendait à se faire maintenir dans la possession *du droit de passer avec voitures*, sur le terrain dont il s'agit ; que ce droit lui avait été accordé par le tribunal de première instance ; mais que, sur l'Appel du sieur Leclercq, comte de Vauxchelles, la commune a déclaré qu'elle restreignait sa demande *au droit de passer seulement à pied et à cheval sur ledit chemin* ; que cette restriction n'était point une *demande nouvelle* prohibée par l'art. 464 du Code de procédure, et qu'elle se trouvait nécessairement comprise dans celle qui avait été formée en première instance ; qu'ainsi, l'arrêt dénoncé, en rejetant la fin de non-recevoir proposée par le comte de Vauxchelles, contre la demande restreinte au droit de passer à pied et à cheval, qu'il prétendait être nouvelle, n'a point violé ledit article ;

» La cour (section des requêtes) rejette le pourvoi.... (1) ».

18°. Y a-t-il demande nouvelle de la part de celui qui, ayant été débouté en première instance d'une action qu'il avait intentée tant en son nom que dans l'intérêt d'un tiers, dont il n'est ni le fondé de pouvoir ni le représentant légal, déclare en cause d'Appel ne plus agir qu'en son nom privé ?

Dans l'espèce rapportée ci-dessus, §. 13, art. 1, le sieur Scotti soutenait l'affirmative contre le sieur Rocca.

En première instance (disait-il à celui-ci), vous concluïez tant pour vous que pour le gouvernement et pour la congrégation de la Sainte-Vierge-du-Peuple, à la maintenue dans la possession exclusive du canal de Godi. Aujourd'hui c'est pour vous seul que vous y concluez. Vous changez donc votre première demande, vous la changez de manière qu'elle n'est plus en cause d'Appel la même que devant le premier juge, et par conséquent vous formez une demande véritablement nouvelle, c'est-à-dire, une demande qui est formellement prohibée par l'art. 464 du Code de procédure.

La réponse du sieur Rocca à cette fin de non-recevoir était aussi simple que tranchante. Que faut-il pour qu'une demande soit *nouvelle* dans le sens de l'art. 464 ? Il faut qu'elle ajoute à la demande qui a été formée en première instance. Or, les conclusions que je prends en cause d'Appel, ajoutent-elles à la demande que j'ai formée devant le juge de paix ? Non, et bien loin de là, puisqu'elles en retranchent tout ce qui est étranger à mon intérêt personnel. Il n'y a donc rien dans ces conclusions qui blesse la loi.

Cependant le tribunal civil de Plaisance avait cru voir dans ces conclusions une infraction à l'art. 464, et il les avait en conséquence déclarées non-recevables.

Mais sur le recours en cassation du sieur Rocca, l'arrêt déjà cité du premier septembre 1813 a prononcé en ces termes :

« Vu l'art. 464.... du Code de procédure civile... ;

» Attendu 1°. que, si l'art. 464 du Code de procédure civile défend de former aucune demande nouvelle en cause d'Appel, il excepte nommément de sa disposition certains cas, et l'art. 465 autorise les parties à changer et modifier leurs conclusions en tout état de cause ;

» Que Rocca n'a formé devant le tribunal d'Appel aucune nouvelle demande prohibée par ces

(1) Jurisprudence de la cour de cassation, tome 25, page 330.

58.

articles; qu'il a seulement fait à ses conclusions primitives des corrections qu'ils autorisent;

» Qu'il est constant, en fait, d'après les actes de l'instruction et le jugement attaqué lui-même, que Rocca a demandé en Appel, comme en première instance, d'être maintenu en la possession du droit d'user du canal de Godi pour l'arrosement de ses fonds, avec dommages-intérêts et dépens, contre Scotti, auteur du trouble; qu'il suit évidemment de là qu'il a reproduit en Appel la même demande qu'il avait soumise au premier juge;

» Qu'à la vérité, il a demandé cette maintenue et 80 francs de dommages-intérêts pour lui personnellement, tandis qu'en première instance, il les avait demandés tant pour lui que pour le gouvernement et pour la congrégation de la Sainte-Vierge-du-Peuple, mais qu'il était sans qualité pour agir au nom de ceux-ci; qu'il ne pouvait par conséquent se dispenser d'abandonner sa demande, en ce qui les concernait, et de la restreindre à son intérêt personnel; de sorte qu'en l'y restreignant, il n'a fait que la réduire à ses justes limites; et s'il a augmenté sa demande en indemnité, il n'a fait qu'user de la faculté que l'art. 464 accorde de demander en Appel des dommages-intérêts pour le préjudice souffert depuis le jugement; qu'en aucun cas, le juge d'Appel ne peut se dispenser de prononcer sur la partie de cette réclamation déjà soumise au premier juge;

» Qu'il est encore vrai qu'en première instance Rocca avait présenté sa possession comme étant exclusive, en demandant la maintenue pour lui et ses consorts, et qu'en Appel il ne lui a pas donné cette qualification, mais qu'il ne pouvait évidemment la qualifier de même en cause d'Appel; puisqu'il l'isolait de celle de ses consorts, et que de son aveu, ceux-ci étaient également en possession d'user du canal;

» Qu'enfin, si en cause d'Appel, Rocca a prétendu pour la première fois, qu'il doit être maintenu en sa possession à l'égard de Scotti, parceque celui-ci ne prouve point la sienne, il n'a fait qu'user du droit qui compète aux parties, de relever en Appel les moyens omis ou négligés en première instance;

» Qu'ainsi Rocca n'a présenté en Appel aucune demande prohibée, mais seulement des corrections de conclusions permises par les art. 464 et 465 du Code; que conséquemment en déclarant non recevables les conclusions par lui prises en Appel, le jugement attaqué a, d'après les faits même par lui reconnus, violé et faussement appliqué la disposition de ces articles;

» Par ces motifs, la cour casse et annulle.... ».

XVII. A la prohibition qu'il faisait aux tribunaux d'Appel de prononcer sur des demandes non proposées en première instance, l'art. 7 de la loi du 3 brumaire an 2 mettait une exception ainsi conçue : « Ils statueront néanmoins sur les » intérêts et termes de loyers ou baux échus » depuis le jugement définitif, ainsi que sur les » dommages-intérêts ayant pu résulter à l'une » des parties depuis la même époque ».

L'art. 464 du Code procédure civile dit la même chose.

Lorsqu'un tribunal d'Appel, en vertu de cette disposition, adjuge des dommages-intérêts pour des faits postérieurs au jugement rendu en première instance, doit-il les liquider lui-même, ou peut-il en renvoyer la liquidation au premier juge?

Cette question s'est présentée à la section civile de la cour de cassation, sur le recours formé par la veuve Dewailly et consorts, contre un jugement du tribunal civil du département de la Seine-Inférieure, du 6 fructidor an 7.

Ce jugement, infirmant celui qui avait été rendu en première instance par le tribunal civil du département de la Somme en faveur de la veuve Dewailly et consorts, avait condamné ceux-ci aux dommages-intérêts résultant de son exécution provisoire, et avait, pour la liquidation de ces dommages-intérêts, renvoyé les parties devant le même tribunal.

La veuve Dewailly et consorts ont soutenu qu'en prononçant ce renvoi, le tribunal d'Appel avait violé l'art. 7 de la loi du 3 brumaire an 2.

Le 14 nivôse an 9, au rapport de M. Borel, et sur les conclusions de M. Arnaud, arrêt qui casse le jugement du 6 fructidor an 7,

« Attendu que le tribunal civil du département de la Seine-Inférieure, en prononçant sur des dommages-intérêts ayant pu résulter au profit de l'une des parties, depuis le jugement définitif, a renvoyé les parties procéder devant les juges dont était Appel, aux fins de faire liquider lesdits dommages-intérêts;

» Attendu qu'il a ainsi contrevenu à l'art. 7 de la loi du 3 brumaire an 2, qui attribuait aux juges d'Appel le droit de statuer dans ce cas, et qu'il a, par cette disposition, introduit de nouveaux degrés de juridiction que la loi n'admettait pas audit cas ».

Mais l'art. 472 du Code de procédure civile ne permettrait pas de juger de même aujourd'hui.

De ce qu'en cause d'Appel les parties peuvent demander les intérêts échus depuis le jugement de première instance, s'ensuit-il qu'elles ne peuvent les demander qu'au juge d'Appel, et que celui-ci est seul compétent pour en connaître, surtout pendant qu'il est saisi de l'Appel même?

Voici une espèce dans laquelle on a vainement soutenu l'affirmative.

Le sieur Junca, poursuivi par le sieur Esprene devant le tribunal de première instance de Toulouse, en paiement de trois années d'intérêts d'un capital, soutient qu'il ne doit ni capital ni intérêts.

Le 25 juillet 1815, jugement qui déclare que le capital est bien légitimement dû, et condamne en conséquence le premier au paiement des trois années d'intérêts.

Le sieur Junca appelle de ce jugement.

Pendant que l'Appel s'instruit devant la cour royale, une quatrième année d'intérêts vient à échoir; et le sieur Esprene fait donner une nouvelle assignation au sieur Junca devant le tribunal de première instance, pour se voir condamner à la lui payer.

Le sieur Junca invoque l'art. 464 du Code de procédure, et soutient que le paiement de cette quatrième année d'intérêts ne peut lui être demandée que devant la cour royale.

Le 7 août 1815, jugement par lequel le tribunal de première instance se déclare imcompétent.

Appel de la part du sieur Esprene qui soutient qu'à la vérité, « l'art. 464 permet aux parties de demander en cause d'Appel les intérêts » ou arrérages échus depuis le jugement de pre- » mière instance, parceque c'est une dépendance » de la demande primitive; mais que cet article » est conçu en termes facultatifs; qu'il a pour » objet unique d'éviter au créancier les lon- » gueurs et les frais du premier degré de juridic- » tion, sans cependant lui imposer l'obligation de » le franchir; que d'ailleurs une année d'intérêts » échus forme une nouvelle créance, dont la de- » mande en paiement, lorsqu'elle est contestée, » doit suivre les règles ordinaires et passer par les » deux degrés de juridiction, et que le débiteur est » sans intérêt à prétendre le contraire ».

Le sieur Junca répond : « Il est de principe » certain en droit, que l'accessoire doit toujours » suivre le sort du principal. Les intérêts sont » l'accessoire du capital; donc la demande d'in- » térêts doit être soumise aux juges saisis du » principal. L'intérêt d'une somme ne constitue » pas une nouvelle créance : ce n'est que la suite, » la conséquence de la créance qui les produit; » d'où il suit que, tant que les parties sont en in- » stance sur cette créance, c'est au tribunal » nanti de cette instance, que doivent être de- » mandés les intérêts échus. Décider le contraire, » ce serait autoriser un créancier à ruiner son » débiteur par de frais considérables, sans en » retirer aucun avantage personnel; ce serait » pure méchanceté, et l'on connaît la maxime » *malitiis non est indulgendum* ».

Par arrêt du 6 décembre 1817, la cour royale de Toulouse réforme le jugement du tribunal de première instance, « attendu que l'art. 464 du » Code de procédure, sur les demandes dont les » juges d'Appel peuvent être saisis, est conçu en » termes facultatifs et n'enlève point aux parties » le droit de parcourir les deux degrés de juri- » diction ».

Le sieur Junca se pourvoit en cassation, mais inutilement : sa demande est rejetée par arrêt de la section des requêtes, du 18 février 1819, au rapport de M. Jaubert et sur les conclusions de M. l'avocat général Lebeau, « attendu que l'art. » 464 du Code de procédure est conçu en termes » facultatifs ».

Les auteurs qui rapportent cet arrêt (1), ne nous disent pas si, dans l'espèce sur laquelle il a été rendu, le jugement de première instance, du 25 juillet 1815, qui avait déclaré le sieur Junca débiteur du capital et l'avait condamné à payer les trois années d'intérêts alors échues, était exécutoire par provision et nonobstant l'Appel; mais on doit supposer qu'il l'était. Car dans l'hypothèse contraire, l'Appel du sieur Junca étant suspensif, le sieur Esprene aurait été évidemment non-recevable à se pourvoir devant le premier juge, pour faire condamner le sieur Junca au paiement de l'année d'intérêts échue depuis l'Appel même. En effet, il n'aurait pu demander cette quatrième année que sur le fondement que le capital lui était dû. Or, de savoir si le capital lui était dû, c'était une question qu'il ne pouvait pas soumettre au tribunal de première instance, qui, l'ayant déjà jugée en sa faveur, s'en trouvait dessaisi, et sur laquelle il n'appartenait plus qu'à la cour royale de statuer.

Du reste, en supposant le jugement du 25 juillet 1815, exécutoire nonobstant l'Appel, l'arrêt de la cour royale de Toulouse et celui de la cour de cassation qui l'a maintenu, sont parfaitement d'accord avec la lettre de l'art. 464 du Code de procédure civile, mais ils sont bien rigoureux; et l'on peut dire que, par leur rigueur même, ils signalent dans cet article un vice de rédaction qu'il serait sage de faire disparaître.

XVIII. Une cour royale pouvait-elle, avant la loi du 8 mai 1816, accorder à une femme procédant en divorce, et peut-elle aujourd'hui accorder à une femme plaidant en séparation de corps, une provision à laquelle il n'a pas été conclu, de la part de celle-ci en première instance?

Le sieur Corbin a soutenu la négative, en demandant la cassation d'un jugement du tribunal civil du département du Calvados, du 5 ventôse an 8, qui avait accordé à son épouse, demanderesse originaire en divorce, et appelante d'un jugement du tribunal civil du département de la Seine-Inférieure qui l'avait déboutée, une provision de 600 francs, qu'elle n'avait demandée qu'en cause d'Appel.

Il prétendait que, par là, il avait été contrevenu à l'art. 7 de la loi du 3 brumaire an 2.

---

(1) Jurisprudence de la cour de cassation, tome 19, page 304; Journal des audiences de la cour de cassation, année 1819, page 305.

APPEL, §. XIV, Art. I.

Voici ce que j'ai observé sur ce moyen, à l'audience de la section des requêtes, du 2 nivôse an 9 :

« L'art. 7 de la loi du 3 brumaire an 2 autorise lui-même les juges d'Appel à statuer, non-seulement sur les intérêts et termes de loyers ou de baux échus depuis le jugement des premiers juges, mais encore sur les dommages-intérêts que l'une des parties a pu éprouver depuis la même époque, par le fait de l'autre.

» Or, qu'est-ce qu'une provision accordée à une femme qui plaide en divorce, et qui, sur l'Appel, obtient l'effet de sa demande ? Rien autre chose, si ce n'est, ou l'intérêt des deniers dotaux que son mari lui retient, ou la représentation d'une partie des revenus de ses propres fonciers dont il a la jouissance, ou l'indemnité du tort qu'elle éprouve par les longueurs et les retards que son mari apporte à la décision de son Appel.

» Le tribunal d'Appel est donc, sous l'un ou l'autre de ces trois points de vue, autorisé par la loi à adjuger une provision à la femme qui la lui demande.

» La loi du 3 brumaire an 2 n'a donc pas été violée par le jugement qu'attaque le cit. Corbin.

» Nous estimons, en conséquence, qu'il y a lieu de rejeter la requête du cit. Corbin, et de le condamner à l'amende ».

Ces conclusions ont été adoptées sur-le-champ, au rapport de M. Boyer.

On trouvera, dans le *Répertoire de jurisprudence*, au mot *Appel*, sect. 1, §. 9, n°. 7, un arrêt semblable du 14 juillet 1806.

En voici un troisième.

En 1809, la dame Boccalin, plaidant en divorce contre le sieur Darracq, son mari, devant la cour d'Appel de Pau, et poursuivant l'exécution d'un arrêt du 23 juin 1808, infirmatif d'un jugement de première instance, forme, par requête d'avoué à avoué, une demande tendant à ce qu'il lui soit alloué une provision alimentaire de 2,400 francs.

Pour toute réponse à cette demande, le sieur Darracq soutient qu'elle est non-recevable, parcequ'elle n'a point subi un premier degré de juridiction.

Le 15 avril 1809, arrêt qui, sans avoir égard à cette fin de non-recevoir, adjuge la provision.

Recours en cassation, de la part du sieur Darracq.

Mais, par arrêt du 5 juillet de la même année, au rapport de M. Bailly,

« Considérant, que la cour d'Appel s'est renfermée dans le cercle de ses attributions, en jugeant la demande à fin de provision alimentaire incidemment formée par la dame Boccalin, puisque cette demande, occasionée par un préjudice souffert depuis l'arrêt du 23 juin 1808, était de la nature de celles que la seconde partie de l'art. 464 du Code de procédure civile autorisait à former en cause d'Appel.... ;

» La cour (section des requêtes) rejette le pourvoi.... ».

XIX. 1°. Une cour d'Appel peut-elle adjuger à un demandeur en délaissement d'immeubles, une provision à laquelle celui-ci n'avait pas conclu en première instance ?

2°. Peut-elle lui adjuger la restitution de fruits perçus, quoique la demande n'en ait pas été faite en première instance, mais seulement en cause d'Appel ?

3°. En matière de revendication, le demandeur qui n'a pas, devant les premiers juges, conclu aux dommages-intérêts résultant du procès qui le prive de la jouissance de sa chose, peut-il, sur l'Appel du jugement qui l'a débouté, conclure à ce que ces dommages-intérêts lui soient adjugés; et le tribunal d'Appel peut-il, en réformant le jugement de première instance, les lui adjuger en effet ?

La première de ces questions, déjà implicitement décidée pour l'affirmative, par les trois arrêts rapportés au n°. précédent, s'est présentée, avec la seconde, à l'audience de la cour de cassation, section civile, le 21 vendémiaire an 10, entre le sieur Dubarry, demandeur en cassation d'un jugement du tribunal civil du département de l'Aude, du 25 prairial an 7, et la dame Lonjon.

Voici les conclusions que j'avais préparées sur cette affaire (1) :

« Le demandeur soutient que le jugement dont il se plaint, a violé l'art. 7 de la loi du 3 brumaire an 2, en prononçant sur des demandes qui n'avaient été formées par la femme Lonjon qu'en cause d'Appel.

« Cet article porte *qu'il ne sera formé en cause d'Appel aucune nouvelle demande, et que les juges ne pourront prononcer que sur les demandes formées en première instance*. Or, dit le cit. Dubarry, la femme Lonjon n'avait demandé en première instance, ni la restitution des fruits échus depuis le 4 germinal an 4, époque de ma rentrée en possession du domaine de *Ricaumont*, ni une provision, soit de 1200 francs, soit de toute autre somme. Ce n'est qu'en cause d'Appel qu'elle a conclu à ces deux objets. La loi a donc été violée par le jugement même qui l'a, sur l'un comme sur l'autre, prononcé conformément à ses conclusions.

» Pour bien apprécier ce raisonnement, distinguons les deux objets sur lesquels il frappe; et, d'abord, examinons-le sous le rapport de la demande en restitution de fruits.

« Vous n'avez pas oublié qu'à l'époque à laquelle le jugement fait remonter cette restitution, c'est-à-dire, le 4 germinal an 4, les parties étaient déjà en instance pour faire décider à qui devait appartenir le domaine de Ricaumont.

---

(1) Je n'ai pas pu les prononcer moi-même; mais M. Lefessier-Grandpré, qui me remplaçait, a bien voulu s'en aider.

» En effet, dès le 21 ventôse an 4, le cit. Dubarry avait fait citer le cit. Loujon au tribunal civil du département de la Garonne, avec conclusions expresses à ce qu'il fût condamné à lui délaisser ce domaine. Et il est à remarquer que cette citation avait été précédée d'un procès-verbal de non-conciliation, dans lequel le cit. Lonjon avait donné connaissance à son adversaire du contrat de mariage par lequel il avait disposé, en faveur de son épouse, de la propriété du bien litigieux.

» Ce n'est d'ailleurs que quatre jours après la rentrée du cit. Dubarry en possession de ce bien, que la femme Lonjon elle-même est intervenue dans l'instance; car son intervention date du 9 germinal an 4.

» Il est donc bien constant que depuis sa rentrée en possession, le cit. Dubarry n'a pu jouir qu'à la charge de restituer, en cas d'éviction, les fruits qu'il pourrait percevoir jusqu'au jugement définitif; car du moment qu'il y a une instance engagée sur la propriété d'un fonds, le détenteur de ce fonds cesse d'en faire les fruits siens ; tous les fruits de ce fonds sont affectés à la partie qui, en définitive, sera déclarée propriétaire. Ainsi, l'ont réglé les lois romaines; ainsi le décide expressément l'art. 94 de l'ordonnance de 1539 ; ainsi l'enseignent tous les auteurs.

» Cela posé, l'art. 7 de la loi du 3 brumaire an 2 pouvait-il empêcher que le tribunal d'Appel n'adjugeât à la femme Lonjon les fruits échus depuis le 4 germinal an 4 ?

» Oui, sans doute, il aurait pu et dû l'empêcher, si la femme Lonjon n'eût pu obtenir ces fruits, qu'autant qu'elle les eût demandés expressément et nominativement; car, s'il fallait pour cela une demande spéciale, ce n'était pas en cause d'Appel que cette demande pouvait être formée.

» Mais aussi, dans la supposition qu'il n'eût pas été nécessaire pour obtenir les fruits, de les demander expressément et nominativement, il importerait peu que la demande n'en eût été formée qu'en cause d'Appel. Cette demande, alors, aurait été absolument surabondante, et ce serait le cas de la maxime, *quod abundat non vitiat*.

» La question se réduit donc, en dernière analyse, à savoir si les fruits d'un fonds litigieux, perçus pendant le litige même, peuvent être adjugés à celui qui est définitivement déclaré propriétaire de ce fonds, quoiqu'il n'en ait pas fait la demande expresse.

» Or, il est de principe que la restitution des fruits perçus pendant le litige, doit être ordonnée d'office par le juge : *Fructus post litem contestatam officio judicis restituendi sunt*, dit la loi 15, D. *de usuris et fructibus*.

» La raison en est qu'en demandant la restitution du fonds, la partie qui triomphe en définitive, est censée avoir demandé tout ce qu'elle aurait eu, si le fonds lui eût été remis au moment où l'instance s'est engagée: *nec enim*, dit la loi 10, *de rei vindicatione*, au Digeste, *nec enim sufficit corpus ipsum restitui: sed opus est ut et causa rei restituatur; id est, ut, omne habeat petitor quod habiturus foret eo tempore quo judicium accipiebatur, si restituta illi res fuisset*.

» Le §. 3, *de officio judicis*, aux Institutes, dit absolument la même chose : *Si ad exhibendum actum fuerit, non sufficit si exhibeat rem is cùm quo actum est; sed opus est ut etiam rei causam debeat exhibere, id est, ut cam causam habeat actor, quam habiturus esset, si cùm primùm ad exhibendum egisset, exhibita res fuisset*.

» Et voilà pourquoi, continue le même paragraphe, le juge doit ordonner la restitution des fruits perçus pendant l'instance : *Fructuum medii temporis, id est ejus quod post acceptum judicium, ante rem judicatam, intercesserit, rationem habere debet judex*.

» La loi 25, §. 8, *de ædilitio edicto*, au Digeste, confirme et développe de plus en plus le même principe : il y est question d'un esclave dont la propriété fait la matière d'un procès; et elle décide que, pour les revenus qu'il a pu rapporter, comme pour les détériorations qu'il a pu essuyer avant l'instance, le juge ne peut rien accorder, au-delà de ce qui lui a été demandé; mais qu'à l'égard des revenus échus et des détériorations essuyées pendant le litige, le juge est tenu de les adjuger d'office : *Item sciendum est, hæc omnia quæ exprimuntur edicto ædilium, præstare non debere, SI ANTE JUDICIUM ACCEPTUM FACTA SINT; idcircò enim necesse habuisse ea enumerari, ut, si quid eorum ante litem contestatam contigisset, præstaretur; cæterùm post judicium acceptum, tota causa ad hominem restituendum in judicio versatur; et tam fructus veniunt, quàm id quo deterior factus est cæteraque veniunt: JUDICI ENIM STATIM ATQUE JUDEX FACTUS EST, OMNIUM RERUM OFFICIUM INCUMBIT, QUÆCUMQUE IN JUDICIO VERSANTUR. Ea autem quæ ante judicium contingunt, non valdè ad eum pertinent, nisi fuerint ei nominatim injuncta*.

» Vous sentez avec quelle justesse s'applique à l'affaire qui vous occupe en ce moment, ce que décide cette loi relativement à la question de propriété d'un esclave. Une fois l'instance engagée sur le domaine litigieux, tout ce qui a rapport à la restitution de ce domaine est censé mis en jugement: *Post judicium acceptum, tota causa ad hominem restituendum in judicio versatur*. Ainsi les fruits y sont compris, et les dégradations le sont pareillement: *Et tam fructus, quàm id quo deterior factus est, veniunt*. Or, il est du devoir du juge de prononcer d'office sur tout ce qui est mis en jugement : *Judici, statim atque judex factus est, omnium rerum officium incumbit, quæcumque in judicio versantur*.

» Ce texte est assurément trop clair pour avoir besoin d'explication ni d'autorités ultérieures. Cependant nous citerons ce que dit à ce sujet Papon dans son recueil d'arrêts, liv. 18, tit. 41 :

« Est notable pour le jugement de restitution des fruits, que s'ils ne sont demandés, le juge ne peut les adjuger à celui qui obtient. Cela s'entend des fruits qui sont perçus avant la contestation de plaids; mais quant à ceux qui sont perçus après la contestation, bien qu'ils ne soient demandés, le juge les peut adjuger, par la loi 25, §. 8, D. *de ceditilio edicto*, et ainsi fut jugé par arrêt de Paris, du 23 juin 1526 ».

» En voilà assez, en voilà même plus qu'il n'en faut, pour établir que le tribunal de l'Aude n'a pas violé l'art. 7 de la loi du 3 brumaire an 2, en adjugeant à la femme Lonjon les fruits échus depuis le 4 germinal an 4.

» Examinons maintenant s'il ne l'a pas violé, en accordant à la femme Lonjon une provision de 1,200 francs.

» La première idée qui se présente à cet égard, c'est que la somme adjugée par provision, fait partie du principal, puisqu'elle doit s'y imputer; et de là sort naturellement la conséquence, qu'avoir demandé le principal devant les premiers juges, c'est avoir implicitement demandé la provision.

» Mais d'ailleurs, quel est l'objet de cette provision? C'est suivant le jugement même, de mettre la femme Lonjon à portée de faire face aux dépenses de l'expertise qu'il ordonne. C'est, par conséquent de faciliter, d'assurer l'exécution de ce jugement, en ce qui concerne l'expertise. Or, le tribunal de l'Aude était-il compétent pour ordonner l'expertise ? Oui, certainement ; il l'était donc aussi, et nécessairement, à l'effet d'ordonner ce qui était indispensable pour que l'expertise eût lieu.

» Ainsi, en lui demandant une provision, la femme Lonjon n'a fait que lui demander les moyens d'exécuter son propre jugement ; et, certes, il n'est pas entré dans la pensée du législateur, lorsqu'il a fait la loi du 3 brumaire an 2, d'ôter aux tribunaux d'Appel le droit d'ordonner tout ce qui tiendrait à l'exécution des jugemens qu'ils seraient dans le cas de rendre.

» Enfin, la provision dont il s'agit, peut encore être considérée comme accordée à la femme Lonjon, pour l'indemniser des longues privations que lui avaient causées les obstacles successivement apportés, depuis la fin de l'an 4, au jugement de la cause d'Appel; et, sous ce point de vue, elle se trouverait encore expressément autorisée par la loi du 3 brumaire an 2 elle-même, puisque l'art. 7 de cette loi permet aux tribunaux d'Appel de statuer sur les dommages-intérêts que l'une des parties peut avoir essuyés postérieurement au jugement de première instance.

» A ces diverses raisons se joint encore l'autorité d'un jugement de la section des requêtes, du 2 nivôse dernier, qui a décidé formellement sur mes conclusions, en rejetant la requête en cassation du cit. Corbin, contre un jugement du tribunal civil du Calvados, du 5 ventôse an 8,

qu'il n'avait pas été contrevenu par ce dernier jugement à l'art. 7 de la loi du 3 brumaire an 2, quoiqu'il eût accordé à l'épouse du demandeur, plaidante en divorce, une provision de 600 francs, à laquelle celle-ci n'avait pas conclu en première instance.

» Le premier moyen du demandeur est donc aussi peu fondé sous le rapport de la provision, que sous celui de la restitution des fruits perçus ».

Sur ces raisons, arrêt du 21 vendémiaire an 10, au rapport de M. Delacoste, qui rejette le recours du sieur Dubarry.

« Attendu 1°, que la restitution de la moitié des fruits était une conséquence du chef de demande en délaissement du domaine ;

» 2°. Qu'en ordonnant une visite et une opération d'experts, les juges ont pu adjuger à la partie qui ne possédait pas le fonds, une somme à titre de provision, pour subvenir aux frais de l'opération ».

La seconde question pourrait-elle encore être aujourd'hui jugée dans le même sens qu'elle l'a été par cet arrêt ?

Je n'entrevois aucune raison d'en douter. A la vérité, on a vu plus haut, n°. 17, que les intérêts moratoires d'un capital, qui n'ont pas été demandés en première instance, ne peuvent pas l'être en cause d'Appel. Mais d'où cela vient-il? Uniquement de ce que le Code civil abroge les dispositions des lois romaines qui chargeaient le juge d'ajouter d'office à la condamnation au paiement du capital, la condamnation au paiement des intérêts échus pendant l'instance. Or, le Code civil abroge-t-il également les dispositions des mêmes lois qui chargeaient le juge d'ajouter d'office à la condamnation au délaissement d'une chose revendiquée par le légitime propriétaire, la condamnation à restituer les fruits que cette chose avait produits depuis que l'instance avait commencé ? Il leur ôte bien, aux termes de l'art. 7 de la loi du 30 ventôse an 12, le caractère et l'autorité des lois proprement dites; mais il leur laisse le caractère et l'autorité de raison écrite; et certainement il n'y a rien de plus conforme à la raison, de plus parfaitement calqué sur la nature même des choses, que celles de ces lois par lesquelles il est décidé que, par le fait seul que l'on revendique un bien détenu par un injuste possesseur, on est censé demander, et par conséquent mettre le juge dans la nécessité de prononcer, la restitution des fruits que l'on aurait retirés de ce bien, s'il eût été délaissé par l'usurpateur au moment même où l'action a été intentée.

Que le Code civil en dispose autrement pour les intérêts moratoires d'une somme d'argent, rien de plus simple. Une somme d'argent ne produit point de fruits par elle-même ; et de ce que vous en auriez obtenu le paiement à l'instant même où vous en avez formé la demande, il ne s'ensuit pas que vous en auriez, dès ce même instant, retiré des intérêts ; car vous auriez pu n'en pas faire tout de suite un emploi fructueux. Vous ne pouvez donc en faire courir les intérêts que par des conclusions expresses à ce qu'ils vous soient adjugés comme indemnité du retard que vous éprouvez dans l'emploi de votre capital, par la résistance de votre débiteur au paiement que vous lui en demandez. Mais peut-on en dire autant lorsque vous revendiquez un fonds qui vous appartient? Non certes; fructueux par lui-même, ce fonds vous rapporterait des profits dès le moment où vous le réclamez en justice, si l'usurpateur qui le détient, vous l'abandonnait dès ce moment. Vous êtes donc censé, en le réclamant, demander que ces profits vous soient adjugés; et il n'en faut pas davantage pour obliger le tribunal à qui vous vous adressez, de vous les adjuger d'office.

La troisième question est traitée à l'article *Revendication*, §. 1.

XX. Peut-il être statué en cause d'Appel sur une demande en garantie qui y a été formée pour la première fois?

La négative est consacrée par plusieurs arrêts de la cour de cassation que l'on trouvera sous les mots *Tribunal d'Appel*, §. 2.

XXI. La défense faite aux cours et en général aux tribunaux d'Appel de connaître de nouvelles demandes qui ne servent pas de défense à l'action principale, et d'évoquer le fond hors des cas et sans remplir les conditions déterminées par l'art. 473 du Code de procédure civile, suppose nécessairement, et à plus forte raison, celle de connaître immédiatement d'une action principale qui n'a pas encore subi le premier degré de juridiction.

En effet, dit M. le président Henrion de Pansey, dans son Traité de *l'autorité judiciaire*, chap. 29, « les cours d'Appel ont, il est vrai, la plénitude
» de l'autorité judiciaire; leur juridiction est uni-
» verselle, mais elle n'est pas immédiate: bor-
» nées aux affaires dont la connaissance leur est
» dévolue par la voie de l'Appel, il y aurait de
» leur part excès de pouvoir, si elles se permet-
» taient de statuer sur une demande principale
» qui n'aurait pas subi le premier degré de juri-
» diction ».

Cette règle tient même à l'essence de la constitution des cours d'Appel; et elle était, par cette raison, généralement reconnue même avant le Code de procédure civile. Aussi un arrêt du parlement de Paris, qui y avait contrevenu, a-t-il été cassé, comme on peut le voir dans le *Répertoire de jurisprudence* au mot *Nullité*, §. 3, n°. 1, par un arrêt du conseil du 24 octobre 1777.

XXII. Il reste à examiner deux questions qui sont communes, et à la défense faite aux tribunaux d'Appel de statuer sur de nouvelles demandes qui ne servent pas de défense à l'action principale, et à la défense qui leur est faite d'é-
voquer ou de retenir le fond et d'y statuer hors des cas et sans remplir les conditions déterminés par l'art. 473 du Code de procédure civile, et à la défense qui leur est faite de connaître d'une action principale qui n'a pas subi le premier degré de juridiction.

1°. Le défaut de pouvoir résultant de ces défenses, est-il couvert par un arrêt préparatoire non attaqué ou passé en force de chose jugée, qui a ordonné, soit de plaider sur la nouvelle demande formée en cause d'Appel, soit sur le fond du procès non encore en état d'être jugé, soit sur l'action principale intentée directement devant la cour d'Appel?

Oui, sans doute, car l'autorité de la chose jugée couvre tous les vices, toutes les nullités, tous les excès de pouvoir. C'est la conséquence nécessaire de la maxime *res judicata pro veritate habetur*; et voici deux arrêts de la cour de cassation qui le jugent ainsi.

Le sieur Guillot, mis en cause dans une instance pendante devant la cour royale de Lyon, entre les sieurs Raymond et la veuve Caillat, sur l'Appel d'un jugement rendu entr'eux en première instance, déclare, par un acte signifié en son nom, qu'encore qu'il n'ait pas été partie dans ce jugement et qu'il ne se trouve dans aucun des cas où l'on pourrait le forcer d'intervenir, néanmoins il veut bien, pour éviter des procédures inutiles, renoncer au premier degré de juridiction.

En conséquence, il intervient un arrêt préparatoire qui, du consentement de toutes les parties, joint leurs Appels et leurs demandes respectives.

L'affaire s'instruit, se plaide à l'audience et est terminée par un arrêt du 23 janvier 1817, qui prononce en faveur de la veuve Caillat et du sieur Guillot.

Les sieurs Raymond se pourvoient en cassation contre cet arrêt, en ce qu'il a statué dans l'intérêt du sieur Guillot, non partie dans le jugement de première instance. Il résulte, disent-ils, du décret du 1er. mai 1790 et de plusieurs dispositions du Code de procédure, que toute affaire doit subir un premier degré de juridiction; cette règle est de droit public, et par conséquent il n'y peut être dérogé par les conventions des particuliers. La cour royale de Lyon devait donc, sans s'arrêter au consentement des parties, renvoyer le sieur Guillot à se pourvoir devant qui de droit.

Mais par arrêt du 18 août 1818, au rapport de M. Favart de Langlade, et sur les conclusions de M. l'avocat général Jourde,

« Considérant qu'il résulte de l'arrêt attaqué, que les parties ont demandé à être jugées sur toutes leurs contestations par la cour royale; que même le sieur Guillot, qui n'était pas en instance devant les premiers juges sur l'objet de la société, avait été sommé par les demandeurs en cassation eux-mêmes, de déclarer s'il voulait

4e édit., Tome I.   59

consentir à plaider devant la cour royale sur les demandes qu'ils se proposaient de former contre lui, et franchir par là le premier degré de juridiction ; que le sieur Guillot avait répondu par écrit qu'il y consentait; que, dans cet état des choses, les Appels et toutes les demandes avaient été joints ;

» Considérant que les demandeurs ne se sont pas pourvus contre l'arrêt de jonction qui, d'après le consentement des parties, avait fixé d'une manière irrévocable l'état du procès et les points sur lesquels la cour aurait ultérieurement à prononcer ; que l'arrêt définitif du 23 janvier 1817 n'ayant été qu'une suite, qu'une exécution de l'arrêt de jonction, il en résulte que le moyen d'excès de pouvoir et de violation des deux degrés de juridiction, ne peut plus être opposé... ;

» La cour (section des requêtes) rejette le pourvoi.... (1) ».

Le 18 avril 1815, jugement du tribunal de première instance d'Abbeville, qui, statuant sur un incident élevé dans une instance en réglement de compte entre le sieur Mazure, négociant en faillite, et la demoiselle Manessier, déboute celle-ci de sa demande en communication des registres de son adversaire.

La demoiselle Manessier en appelle ; et le 2 décembre de la même année, arrêt de la cour royale d'Amiens qui, en infirmant ce jugement « et » ordonne à Mazure et à ses syndics de commu- » niquer les registres qui ont été présentés aux » créanciers de Mazure lors de sa faillite ; pour, » après ladite communication, être requis et ordonné » ce qu'il appartiendra ».

Le sieur Mazure exécute cet arrêt en communiquant ses registres. Mais deux ans après, se fondant sur l'art. 473 du Code de procédure qui ne permettait pas, dit-il, d'évoquer le fond sans y statuer définitivement par l'arrêt infirmatif, il demande que le réglement de compte soit renvoyé devant les premiers juges.

Le 5 juin 1817, arrêt qui, sans avoir égard à cette demande, ordonne qu'il sera plaidé sur le réglement de compte, « attendu que les parties » ont été traduites devant la cour sur un Appel » interjeté par la demoiselle Manessier d'un ju- » gement du tribunal d'Abbeville, qui a été in- » firmé par arrêt du 2 décembre 1815, lequel » arrêt ordonne entre les parties communication » de pièces que ce jugement avait refusées, et » ordonne aussi qu'après cette communication, » il serait requis et statué ce qu'il appartien- » drait; d'où il suit que la cour est seule compé- » tente pour entendre et statuer sur ce qui est » requis d'après la communication ordonnée ».

Recours en cassation de la part du sieur Mazure. Mais il est rejeté par arrêt du 16 juin 1819, « Attendu que la cour royale d'Amiens, en or-

» donnant, par son arrêt infirmatif du 2 décem- » bre 1815, la communication refusée par le tri- » bunal de première instance, a réservé de statuer » sur ce qui serait requis après la communica- » tion ; que cet arrêt n'a point été attaqué ; que » l'arrêt du 5 juin 1817, qui a ordonné de plaider » devant la même cour sur la demande formée » en conséquence de ladite communication. » n'est que la conséquence du premier arrêt » passé en force de chose jugée ; d'où il suit que le » pourvoi contre l'arrêt du 5 juin ne peut être » accueilli (1) ».

2°. Le défaut de pouvoir d'une cour d'Appel, soit pour statuer sur une nouvelle demande hors des cas prévus par l'art. 464 du Code de procédure civile, soit pour évoquer ou retenir le fond hors des cas et sans remplir les conditions déterminés par l'art. 473 du Code, soit pour connaître immédiatement d'une affaire qui n'a pas encore subi le premier degré de juridiction, est-il couvert par le consentement des deux parties, soit à ce que la cour d'Appel prononce sur la nouvelle demande, soit à ce qu'elle évoque ou retienne le fond, soit à ce qu'elle connaisse en première instance de toute une affaire ?

Nulle difficulté sur cette question, dans le cas où l'arrêt qui a violé, de l'une de ces trois manières, la règle des deux degrés de juridiction, est attaqué par une partie qui n'a joué qu'un rôle passif dans la violation de cette règle, c'est-à-dire, qui, soit sur la nouvelle demande formée contre elle en cause d'Appel, soit sur le fond que la cour d'Appel a illégalement retenu en infirmant le jugement de première instance, soit sur l'action principale intentée directement contre elle devant la cour d'Appel, n'a plaidé et conclu que pour obéir à un arrêt qui le lui enjoignait et dont elle n'aurait pas pu suspendre l'effet par un recours en cassation, ou qu'après avoir déclaré que, sur la question de compétence, elle s'en rapportait à la prudence des magistrats. Il est évident que, dans ce cas, il n'y a point de fin de non-recevoir à opposer à la partie qui attaque l'arrêt. Cela résulte de ce qui est dit à l'article *Acquiescement*, §. 9, n°. 1.

Mais il est deux cas où la chose n'est pas, à beaucoup près, aussi claire.

Le premier est celui où l'arrêt est attaqué par la partie qui a, elle-même pris l'initiative de la contravention à la règle des deux degrés de juridiction, soit en portant immédiatement une action principale à la cour d'Appel, soit en formant devant la cour d'Appel une nouvelle demande, non servant à la défense à l'action principale, soit en concluant devant la cour d'Appel à l'évocation ou à la retention illégale du fond.

Le second est celui où la partie qui attaque l'arrêt, n'a fait, au lieu de réclamer contre son

---

(1) Jurisprudence de la cour de cassation, tome 19, page 33.

(1) *Ibid.*, tome 20, page 109.

adversaire l'exécution de la règle des deux degrés de juridiction, qu'adhérer à celles de ses conclusions qui tendaient à ce qu'elle fût violée.

Ces deux cas paraissent au premier coup d'œil fort différens l'un de l'autre; et cependant on ne peut, en y regardant de bien près, s'en dissimuler la parfaite identité. En effet, si, dans l'un, la partie qui attaque l'arrêt, a le tort de l'avoir provoqué, et si, par là, elle revient contre son propre fait, il en est évidemment de même dans l'autre; car au lieu de détourner les juges de s'occuper d'une affaire ou d'une branche d'affaire dont la connaissance leur était interdite, elle les y a elle-même excités par ses propres conclusions; elle s'est donc rendue complice du tort de son adversaire, et par conséquent si ce tort produisait une fin de non-recevoir contre son adversaire, il la produirait également contre elle.

Nous avons donc à examiner s'il résulte de ce tort contre la partie qui l'a encouru, une fin de non-recevoir capable de faire écarter le recours en cassation dont elle voudrait frapper l'arrêt qui, trompant ses espérances, a jugé à son désavantage une affaire ou une branche d'affaire sur laquelle il aurait dû renvoyer les parties à se pourvoir devant un tribunal de première instance.

Cette question est aussi difficile qu'importante; et la difficulté en vient principalement de la diversité des arrêts qui l'ont jugée jusqu'à présent.

Elle a été d'abord résolue pour la négative par l'arrêt du conseil du 24 octobre 1777, qui est cité au n°. précédent.

Elle l'a été ensuite dans le même sens par un arrêt de la cour de cassation du 9 octobre 1811, dont on trouvera l'espèce dans le *Répertoire de jurisprudence*, aux mots *Prorogation de juridiction*, n°. 2.

Il s'agissait de cinq arrêts de la cour d'Appel de Bruxelles, dont le premier, en infirmant un jugement du tribunal de commerce d'Anvers, qui avait annullé l'assignation originaire, avait ordonné aux parties de plaider au fond; le second avait rejeté l'opposition de l'intimé au premier; le troisième avait, après les plaidoiries sur le fond, admis l'appelant à articuler les faits dont il demandait à faire preuve, sauf à l'intimé à les dénier; le quatrième avait admis l'appelant à faire preuve par témoins des faits déniés par l'intimé, sauf à celui-ci la preuve contraire; et le cinquième avait, d'après les enquêtes respectives, donné gain de cause à l'appelant.

L'intimé attaquait ces cinq arrêts à la fois, et par là se mettait à l'abri de la fin de non-recevoir qui, d'après ce qui est dit sur la question précédente, aurait pu lui être opposée, s'il ne se fût pourvu que contre l'arrêt définitif.

L'arrêt de cassation les a annullés tous, comme violant l'art. 473 du Code de procédure civile, et sans avoir égard au moyen de défense que l'appelant tirait contre l'intimé, de ce que celui-ci avait acquiescé à la retention que la cour d'Appel avait faite du fond en infirmant le jugement de première instance.

Il aurait pu écarter ce moyen par la considération qu'il n'y avait pas eu de véritable acquiescement de la part de l'intimé à la retention du fond, et justifier cette considération par la doctrine établie sous le mot *Acquiescement*, §. 9, n°. 1.

Mais il a été plus loin, et supposant que l'intimé avait effectivement consenti à ce que la cour d'Appel, en infirmant le jugement de première instance, retînt le fond, quoique non encore en état d'être jugé, il a décidé que la cour d'Appel, en retenant ainsi le fond, avait commis *un déni formel du premier degré de juridiction assuré par la loi constitutionnelle à toutes les parties; que ce déni du premier degré de juridiction produit une nullité radicale, absolue et d'ordre public, telle enfin qu'elle ne peut être couverte par aucune exécution subséquente et par aucun acquiescement.*

Cet arrêt a donc jugé bien positivement que la règle des deux degrés de juridiction tient tellement à l'ordre public, que la partie même qui a librement consenti à ce qu'une cour d'Appel s'en écartât hors des cas qui en sont exceptés par les art. 464 et 473 du Code de procédure civile, est recevable à réclamer, dans son intérêt privé, contre les infractions qui y ont été faites.

Le principe fondamental de cet arrêt se retrouve encore dans celui du 18 juin 1817, qui est rapporté ci-dessus, n°. 7 : la règle des deux degrés de juridiction, y est-il dit, *est d'ordre public; elle est établie dans l'intérêt général, et pour assurer la plus parfaite administration de la justice.*

Il est vrai que, dans cette espèce, la dame Duchatelet opposait au sieur Dequeux qu'il avait couvert par son acquiescement à l'arrêt de la cour royale d'Amiens, du 18 décembre 1807, portant évocation du fond sans y statuer sur-le-champ, la contravention qui avait été commise, par là, à l'art. 473 du Code de procédure civile; et que, pour écarter cette objection, la cour suprême, au lieu de déclarer, comme elle l'avait fait le 9 octobre 1811, qu'en cette matière l'acquiescement des parties était indifférent, s'est bornée à dire qu'*en droit, si, en considérant que l'exception apportée par l'art. 473 du Code de procédure civile, à la nécessité des deux degrés de juridiction, a été créée dans l'intérêt des parties, on pouvait raisonnablement en conclure qu'elles ne sont pas recevables à se pourvoir, après y avoir acquiescé, contre un arrêt qui, en statuant sur l'Appel, n'aurait pas prononcé sur le fond par le même jugement, il faudrait toujours, en ce cas, que l'acquiescement des parties fût expressément le résultat d'actes qui ne permissent pas de révoquer en doute leur intention; et que, dans le fait, le sieur Dequeux n'avait rien fait postérieurement à l'arrêt du 18 décembre 1807, d'où l'on pût induire qu'il y eût acquiescé.*

Mais en s'expliquant ainsi, la cour suprême

s'est-elle départie du principe qu'elle avait proclamé dès le début de son arrêt? A-t-elle voulu faire entendre que, si l'acquiescement du sieur Lequeux avait été aussi réel que le supposait la dame Duchatelet, il en serait résulté contre lui une fin de non-recevoir qui aurait paralysé son moyen de cassation?

Il est évident que non, et qu'elle n'a entendu faire, par là, qu'une supposition surabondante qui faisait ressortir avec une nouvelle force la justice et la nécessité de la cassation qu'elle prononçait.

Cet arrêt vient donc, par son motif prédominant, à l'appui du principe sur lequel repose celui du 9 octobre 1811, et qui précédemment avait déjà déterminé celui du conseil du 24 octobre 1777.

Cependant, il s'en faut beaucoup que la jurisprudence soit encore fixée sur ce point; et voici des arrêts de la section des requêtes qu'il est impossible de concilier avec ceux de la section civile et du conseil que je viens de rappeler.

Dans une affaire soumise à cette section, le 14 octobre 1806, et dont j'ai rendu compte dans le *Répertoire de jurisprudence*, au mot *Curateur*, §. 2, la dame de Navailles se plaignait de ce que la cour d'Appel d'Aix avait statué, en la rejetant, sur une nouvelle demande qu'elle avait formée directement devant cette cour. J'aurais pu, en portant la parole sur cette affaire, me contenter de dire, comme je l'ai fait, que la prétendue nouvelle demande dont parlait la dame de Navailles, n'était qu'une exception à l'action principale intentée contre elle en première instance. Mais à ce moyen tranchant, j'ai cru devoir en ajouter un autre qui me paraît aujourd'hui bien hasardé : « Si l'arrêt critiqué (ai-je dit) contreve-
» nait réellement à l'art. 7 de la loi du 3 bru-
» maire an 2, à qui en serait la faute? Qui est-ce
» qui aurait provoqué cette contravention? Qui
» est-ce qui a engagé le combat devant la cour
» d'Appel sur les moyens de nullité, de fraude et
» de lésion? Ce combat aurait-il été engagé par la
» veuve Cresp, par la veuve Gras, par les héri-
» tiers, Lombard? Non, messieurs, il l'a été par
» la dame de Navailles elle-même; la dame de
» Navailles elle-même vient de vous en faire l'a-
» veu. Mais d'après cela, n'est-il pas évident que
» la dame de Navailles ne peut pas ici se préva-
» loir d'une disposition législative qu'elle aurait
» elle-même enfreinte, suivant son propre sys-
» tème, en formant en cause d'Appel des de-
» mandes qui n'auraient pas été préalablement
» soumises à un premier degré de juridiction?
» Ce n'est pas la première fois que des parties
» viennent accuser devant vous des tribunaux
» d'Appel d'avoir statué sur des demandes qu'elles
» avaient formées directement devant eux; mais
» toujours vous les avez déclarées non-receva-
» bles; et nous pourrions citer plusieurs de vos
» arrêts qui, sur nos conclusions, ont été rendus
» dans ce sens ».

Quels sont les arrêts auxquels je me référais ainsi? Il n'en reste aucune trace dans mes papiers, et je n'en ai pas conservé le moindre souvenir. Mais je ne puis douter, d'après la manière dont j'en ai parlé, qu'ils n'existent réellement.

Ce qu'il y a d'ailleurs de certain, c'est que, pour rejeter, par son arrêt du 14 octobre 1806, le recours en cassation de la dame de Navailles, la section des requêtes s'est fondée sur les deux considérations que je lui présentais, et notamment sur ce que c'était la dame de Navailles qui avait elle-même formé en cause d'Appel la nouvelle demande dont elle dénonçait le rejet comme contraire à l'art. 7 de la loi du 3 brumaire an 2.

Les arrêts de la section civile, des 9 octobre 1811 et 18 juin 1817 n'ont rien changé, dans la section des requêtes, à cette manière de juger. Témoins les deux arrêts suivans.

Le sieur d'Angeville revendiquait devant le tribunal de première instance de Belley, contre les communes de Lompnes, de Cormaranches et d'Hauteville, des forêts dont elles avaient la possession, et qu'il soutenait lui appartenir; mais provisoirement et avant que les plaidoiries sur le fond fussent entamées, il demandait que ces forêts fussent mises en séquestre.

Le 10 janvier 1814, jugement qui rejette cette demande.

Le sieur d'Angeville en appelle à la cour royale de Lyon; et tout en concluant à l'infirmation de ce jugement, il demande l'évocation du principal qu'il plaide pendant plusieurs audiences.

De leur côté, les trois communes concluent à la confirmation du jugement, mais en même temps elles plaident le principal et consentent à ce qu'il soit évoqué.

Les choses en cet état, le ministère public porte la parole à l'audience du 3 août 1816. L'affaire est mise en délibéré, et les vacances arrivent avant qu'elle soit jugée.

Le 17 avril 1817, le sieur d'Angeville fait signifier aux trois communes un acte par lequel il déclare se désister de son Appel du jugement du 10 janvier 1814, et demande qu'en conséquence les parties soient renvoyées devant le premier juge pour y plaider le fond.

Les trois communes refusent d'accepter ce désistement, et soutiennent qu'il est non-recevable, soit à raison de ce qu'il n'a été signifié qu'après la clôture des débats opérée par les conclusions du ministère public, soit à raison du consentement donné par toutes les parties à l'évocation du principal.

Le 18 avril de la même année, arrêt par lequel,

« Considérant, sur le désistement du sieur d'Angeville, que, sur l'Appel du sieur d'Angeville du jugement du 10 janvier 1814, il a pris des conclusions principales, et saisi la cour de la connaissance du fond; que les communes ayant pris des conclusions semblables, l'instance s'est liée entre toutes les parties, le contrat judiciaire s'est formé, et qu'il ne dépendait plus de l'une des parties d'enlever à la cour la connaissance de l'affaire au fond, à moins qu'elle ne se désistât de ses prétentions mêmes élevées sur le fond;

» Que les conclusions présentées par les parties au moment même où l'arrêt va être rendu, ne peuvent rien changer à l'état du procès réglé par les conclusions sur lesquelles il a été plaidé, et qui ont servi de base aux conclusions de M. le procureur général; que c'est dans cet état ainsi fixé que la cause doit être jugée;

» Que, d'ailleurs, le désistement partiel présenté par le vicomte d'Angeville, ne porte aucun abandon de prétentions au fond, comme cela devrait être pour dessaisir la cour dans l'état présent du procès; que le désistement n'a point été accepté, et même a été repoussé par les communes qui persistent à demander arrêt;

» La cour, sans avoir égard au désistement du sieur d'Angeville, met l'appellation au néant, et statuant au fond, déclare les communes de Lompnès, Cormaranches et Hauteville, propriétaires des forêts dont s'agit ».

Le sieur d'Angeville se pourvoit en cassation contre cet arrêt, et indépendamment d'un premier et d'un quatrième moyens étrangers à la question qui nous occupe ici, il en propose deux qui consistent à dire,

L'un, que les art. 402 et 403 ont été violés, en ce que la cour royale a appliqué à un désistement d'Appel qui n'a pas besoin d'acceptation pour avoir tout son effet (1), la règle qu'ils n'établissent que pour le désistement d'une demande;

L'autre, qu'il a été contrevenu à la règle des deux degrés de juridiction et à l'art. 473 du Code de procédure civile, d'abord en ce que la cour royale a évoqué le fond, quoiqu'elle ne pût le faire qu'en infirmant le jugement de première instance, ce qu'elle n'a point fait; ensuite, en ce que les parties n'avaient pu, par leur consentement mutuel à l'évocation du fond, attribuer à la cour royale une juridiction que la loi lui refusait.

Mais par arrêt du 1er. juillet 1818, au rapport de M. Lepicard et sur les conclusions de M. l'avocat-général Lebeau,

« Attendu, sur les deuxième et troisième moyens, que ce n'était point par l'Appel du demandeur du jugement du tribunal civil de Belley, du 10 janvier 1814, que la cour royale se trouvait investie du droit de prononcer sur le fond des contestations d'entre les parties; mais bien par les conclusions respectivement prises et tendantes à l'évocation du principal; conclusions sur lesquelles la cause avait été plaidée pendant neuf audiences, et sur lesquelles le ministère public avait été entendu, en sorte que l'état des choses sur le fond ne pouvait plus changer au moment du désistement signifié par le demandeur, surtout dans la circonstance où ce désistement non accepté ne portait que sur l'Appel du jugement du 10 janvier 1814, rendu sur l'incident, et n'aurait pu, s'il avait été, dessaisir la cour royale que de la connaissance de cet incident; ce qui écarte toute application et toute violation des art. 402, 403 et 473 du Code de procédure....;

» La cour (section des requêtes) rejette le pourvoi....(1) ».

Le sieur Choisnard, cité devant le juge de paix du canton de Calais, par l'administration des douanes, en paiement d'un supplément de droits pour des mercures qu'il a introduits en France pour le compte des sieurs Pasteur-d'Étreillis, négocians à Paris, se défend par diverses exceptions qui sont rejetées par un jugement de condamnation.

Il appelle de ce jugement au tribunal civil de Boulogne-sur-Mer, et mettant en cause ses commettans, il prend contre eux des conclusions en garantie.

Les sieurs Pasteur-d'Étreillis, au lieu de demander leur renvoi devant leur juge naturel, comme ils en avaient le droit, d'après ce qui est dit au n°. 20, concluent à ce que le tribunal d'Appel *évoque le fond*, et y statuant, rejette le recours en garantie exercé contre eux par le sieur Choisnard.

Le 21 mars 1823, jugement qui confirme celui du juge de paix et condamne les sieurs Pasteur-d'Étreillis à indemniser le sieur Choisnard des condamnations prononcées contre lui.

Les sieurs Pasteur-d'Étreillis se pourvoient en cassation contre ce jugement, et le dénoncent comme violant la règle des deux degrés de juridiction, à laquelle ils soutiennent qu'ils n'ont pu valablement déroger par leur consentement à ce que le tribunal de Boulogne-sur-Mer prononçât sur la demande formée contre eux pour la première fois en cause d'Appel.

Le 15 juin 1824, arrêt, au rapport de M. Lasagni, et conformément aux conclusions de M. l'avocat-général Lebeau, par lequel,

« Attendu, en droit, que le *garant* doit, comme tout autre plaideur, jouir de deux degrés de juridiction; toutes les fois cependant que, traduit devant les juges d'*Appel légalement* saisis de la contestation, il prend des conclusions formelles pour obtenir le jugement *au fond*, il est non-recevable alors à critiquer une décision qu'il a lui-même provoquée;

» Et attendu qu'il est constant, en fait, 1°. que le tribunal civil de Boulogne-sur-Mer était légalement saisi de la demande originaire en vertu de l'Appel interjeté par Choisnard; 2°. que les

---

(1) V. le Répertoire de jurisprudence, aux mots Désistement d'Appel.

(1) Jurisprudence de la cour de cassation, tome 19, page 258.

demandeurs en cassation, traduits en leur qualité de garans pardevant le tribunal d'Appel, loin de décliner sa juridiction, ont, au contraire, par des conclusions formelles, demandé *l'évocation* et la décision définitive de la contestation; que, dans ces circonstances, il ne pouvait plus leur être permis de réclamer un degré de juridiction auquel ils avaient eux-mêmes si formellement renoncé;

» La cour (section des requêtes) rejette le pourvoi.... (1) ».

Ces deux arrêts s'accordent parfaitement avec celui que la section des requêtes avait rendu le 14 octobre 1806 et avec ceux de la même section dont j'ai parlé vaguement dans mes conclusions du même jour; mais les concilier avec celui du conseil du 24 octobre 1777, avec celui de la section civile du 9 octobre 1811, et avec le principe rappelé dans le premier motif de celui de la même section du 18 juin 1817, c'est la chose impossible. Quel parti devons-nous donc prendre dans le choc d'autorités aussi imposantes?

La question serait bientôt résolue en faveur de la jurisprudence de la section des requêtes, si l'on devait s'en tenir judaïquement au principe que nul ne peut revenir contre son propre fait (*nemo proprium factum impugnare potest*), dit le président Favre, en son Code, liv. 2, tit. 36, de fin. 3); car celui-là revient évidemment contre son propre fait, qui attaque comme rendu par excès de pouvoir, un arrêt par lequel il a été, d'après sa demande, ou de son consentement exprès, statué sur une affaire ou branche d'affaire dont la connaissance immédiate appartenait à un tribunal de première instance.

Mais le président Favre remarque lui-même, dans le recueil cité, liv. 1, tit. 71, défin. 71, que ce principe est limité par deux exceptions: l'une, pour le cas où le fait contre lequel on prétend revenir, est entaché d'une nullité qui le rend comme non avenu; l'autre pour le cas où ce fait est contraire aux lois: *potest quis etiam contrà proprium factum venire, si tale factum sit ipso jure nullum, vel contrà leges*.

Je laisse de côté la première de ces exceptions, parcequ'elle est ici sans objet. Elle ne pourrait être applicable, soit à la nouvelle demande qui a été formée en cause d'Appel hors des cas réglés par l'art. 464 du Code de procédure civile, soit à la demande principale qui a été portée immédiatement devant un tribunal d'Appel; qu'autant que l'une et l'autre seraient nulles; et il est certain qu'elles ne le sont pas, mais seulement sujettes à être renvoyées devant les juges qui doivent en connaître en première instance; et cela est si vrai qu'elles ont, suivant l'art. 2246 du Code civil, l'effet d'interrompre la prescription.

Mais je m'arrête à la seconde exception, et je commence par me fixer sur le sens qu'y attache le président Favre.

De quelles lois veut parler ce magistrat, quand il dit que *potest quis etiam contrà proprium factum venire, si tale factum sit.... contrà leges?* Des lois prohibitives sans doute et uniquement des lois prohibitives; car il s'appuie sur la loi 5, C. *de legibus*, et ce n'est que des contraventions aux lois de cette nature que ce texte s'occupe, et lorsqu'il veut que *ea quæ lege fieri prohibentur, si fuerint facta, non solùm inutilia, sed pro infectis habeantur, licet legislator fieri prohibuerit tantùm, nec specialiter dixerit inutile esse debere. quod factum est; et lorsqu'il déclare que secundùm prædictam regulam quâ ubicumque non servari factum lege prohibente, censuimus, certum est nec stipulationem hujusmodi tenere, nec mandatum ullius esse momenti, nec sacramentum admitti.*

Il ne faut pourtant pas conclure de là que, pour être recevable à revenir contre son propre fait, il suffise d'établir qu'il est prohibé par une loi; car la règle écrite dans le texte que nous venons de retracer, ne porte évidemment que sur les lois qui prohibent quelque chose dans l'intérêt public. Jamais il n'a été révoqué en doute que vous ne soyez non-recevable à revenir sur votre propre fait, lorsqu'il n'est prohibé que par une loi dont votre intérêt privé est l'unique objet; jamais on n'a osé soutenir que, si, par exemple, vous aviez, après le décès de votre père, approuvé les dispositions qu'il a faites de la partie de ses biens dont la loi lui défendait de disposer à votre préjudice, vous fussiez recevable à revenir contre votre approbation.

Cela posé, que faut-il pour que la seconde exception soit applicable à celui qui revient contre son propre fait, en attaquant comme vicié d'un excès de pouvoir, l'arrêt par lequel une cour d'Appel a statué sur une affaire ou branche d'affaire qu'il lui avait soumise immédiatement et contre le vœu de la loi? Deux choses: il faut d'abord que la loi soit prohibitive en cette partie; il faut ensuite que la prohibition de la loi soit portée dans l'intérêt public.

De ces deux conditions, nul doute que la première ne se rencontre ici; car la loi défend, soit en termes exprès, soit d'une manière implicite, de former devant une cour d'Appel, hors des cas réglés par les art. 464 et 473 du Code de procédure civile, des demandes qui n'ont pas subi un premier degré de juridiction.

Il ne reste donc plus de difficulté que sur la seconde condition; et par conséquent notre question se réduit, en dernière analyse, à celle de savoir si la défense dont il s'agit, est, comme l'a dit la section civile de la cour de cassation, dans ses arrêts des 9 octobre 1811 et 16 juin 1817, *d'ordre public et établie dans l'intérêt public*, ou si elle n'est établie que dans l'intérêt privé des parties.

Que l'intérêt privé des parties soit entré pour quelque chose dans les motifs de cette défense,

---

(2) Journal des audiences de la cour de cassation, année 1824, page 242.

c'est ce qu'on ne peut se refuser à reconnaître ; il importe, en effet, aux parties qui veulent être jugées en pleine connaissance de cause, que leurs demandes soient élaborées dans un premier degré de juridiction, avant d'arriver au deuxième.

Mais il n'en est pas moins certain que cette défense a été éminemment motivée sur l'intérêt général, et que par conséquent elle est d'ordre public.

Elle est incontestablement motivée sur l'intérêt général, elle est incontestablement d'ordre public, la défense faite aux tribunaux criminels, correctionnels et de police de connaître d'une action purement civile, aux tribunaux de commerce de connaître d'un fait non commercial, aux tribunaux quelconques de connaître d'un fait d'administration ; et ce qui le prouve d'une manière sans réplique, c'est qu'il est universellement reconnu qu'une partie est recevable à attaquer, pour cause d'incompétence, un arrêt qui, sur sa propre poursuite, a été rendu par une cour criminelle, tandis que, d'après la nature de l'affaire, il devait l'être par une cour civile ; qu'une partie est recevable à attaquer, pour la même cause et dans les mêmes circonstances, un jugement rendu par un tribunal de commerce sur une affaire non commerciale ; qu'une partie est recevable à faire déclarer nul, comme renfermant un excès de pouvoir, un jugement qui, sur sa propre requête, a été rendu par un tribunal quelconque sur un objet administratif (1).

Mais d'où cela vient-il ? De ce que l'incompétence des tribunaux criminels, correctionnels et de police pour connaître d'actions civiles, des tribunaux de commerce pour connaître d'actions non commerciales, de tous les tribunaux pour connaître de faits d'administration, n'est pas purement *relative*, mais *absolue*. Et pourquoi est-elle *absolue* ? parcequ'elle est *matérielle*; parceque c'est dans l'intérêt général que sont faites les lois dont l'objet est de déterminer les matières dont chaque tribunal peut connaître, parceque c'est à l'ordre public qu'appartiennent les mesures qu'elles prescrivent pour cet objet.

Or, quelle différence y a-t-il entre le demandeur qui a saisi un tribunal criminel d'une action civile, un tribunal de commerce d'une action non-commerciale, un tribunal quelconque d'une action administrative, et celui qui, en cause d'Appel, a formé une nouvelle demande et conclu à l'évocation ou à la rétention du principal hors des cas fixés par les art. 464 et 473 du Code de procédure, ou qui a porté directement devant un tribunal d'Appel toute une affaire qu'il aurait dû préalablement soumettre à un tribunal de première instance ? Pourquoi le premier est-il admis à revenir contre son propre fait et à faire annuller le jugement qu'il a provoqué lui-même ? Parcequ'il a été jugé par des magistrats qui étaient sans juridiction sur le différend qu'il leur a soumis, qui n'étaient, par rapport à ce différend, que de simples particuliers, et à qui il n'a pas pu, par sa seule volonté, conférer un caractère qu'ils n'avaient pas. Mais n'en est-il pas de même du second ? Quelle juridiction avaient les magistrats par qui a été jugée la demande qu'il a formée devant eux ? Aucune pour le moment : institués par la loi pour connaître de cette demande après qu'elle aurait subi l'examen d'un tribunal inférieur, ils ne l'étaient pas pour en connaître directement ; et ce n'était pas par une incompétence purement relative, qu'ils en étaient empêchés, c'était par une incompétence que l'on ne pouvait considérer que comme absolue, parcequ'elle était matérielle, parceque la matière de leur juridiction ne se composait que des causes d'Appel.

Qu'on ne dise pas que, toute limitée qu'elle était à ces causes, leur juridiction a pu être prorogée par le consentement des deux parties.

Sans doute le consentement des deux parties peut couvrir l'incompétence relative d'un juge qui a juridiction sur la matière du litige; il peut même étendre jusqu'à une somme plus forte, la compétence d'un juge qui n'est institué que pour connaître des actions dont l'objet n'excède pas une certaine somme (1). Mais il ne peut certainement pas conférer à un tribunal incompétent *ratione materiæ*, une juridiction dont il n'a pas même le principe. Or, encore une fois, c'est à raison de la matière qu'un tribunal d'Appel est incompétent pour statuer sur une affaire non soumise préalablement à un tribunal de première instance ; et il importe peu que son incompétence ne soit que temporaire : on peut bien proroger une juridiction qui existe actuellement; mais proroger une juridiction qui n'existe pas encore, mais lever, par la prorogation, l'obstacle que la loi elle-même oppose à ce qu'une juridiction qui peut exister un jour, soit mise dès-à-présent en activité, on ne le peut pas.

Qu'on ne dise pas non plus que, puisque le consentement des parties peut ériger un juge de première instance en juge souverain, il peut bien aussi faire d'un juge d'Appel un juge en premier et dernier ressort.

Que font deux parties qui consentent à être jugées en dernier ressort par un tribunal de première instance ? Elles ne lui confèrent pas une juridiction qui lui manque, elles étendent seulement la juridiction dont il est investi, elles renoncent seulement à la faculté d'appeler du jugement qu'il rendra, et il leur est bien libre d'y renoncer en effet. Mais qu'entendent les parties qui consentent à être jugées en premier et dernier ressort par un tribunal d'Appel ? Elles

---

V. le *Répertoire de jurisprudence*, au mot *Incompétence*, n°. 2.

(1) *V*. les conclusions du 22 décembre 1806, rapportées dans le *Répertoire de jurisprudence*, au mot *Hypothèque*, sect. 2, §. 2, art. 4, n°. 1.

entendent lui conférer une juridiction qu'il n'a pas quant à présent, et qu'il ne peut acquérir que par un Appel. Elles entendent proroger une juridiction qui n'existe pas ; elles entendent par conséquent faire une chose qui est au-dessus de leur pouvoir. Ce qui prouve d'ailleurs qu'il n'y a pas l'ombre d'analogie entre ces deux propositions : *les parties peuvent, par leur consentement réciproque, ériger un juge de première instance en juge souverain ; donc elles peuvent, par la même voie, faire d'un juge d'Appel un juge en premier et dernier ressort*, c'est que la loi s'est abstenue, en consacrant l'une, de s'expliquer sur l'autre, et qu'en se taisant sur celle-ci, elle l'a implicitement condamnée.

XXIII. Au surplus si l'on persistait dans le système adopté par les arrêts de la section des requêtes de 1806, 1818 et 1824, pourrait-on aller jusqu'à dire que le tribunal d'Appel devant lequel serait formée directement une demande sujette à un premier degré de juridiction, serait tenu d'y statuer et ne pourrait pas s'y refuser sans violer les règles de la compétence ?

Non sans doute : il faudrait alors en revenir au principe établi à l'article *Prorogation de juridiction*, §. 4, qu'un juge dont la juridiction est valablement prorogée hors de ses limites naturelles, n'est pas tenu de déférer à la prorogation que les parties en font volontairement, et qu'il lui est libre de s'abstenir de la connaissance de l'affaire qu'elles lui soumettent.

Et c'est ce que la section des requêtes a jugé dans l'espèce suivante :

Le 12 avril 1815, jugement du tribunal de première instance de Belfort qui condamne les héritiers Heydet à payer au sieur Sellier une créance de la validité de laquelle le sieur Crave était garant.

Sur l'Appel interjeté de ce jugement par les héritiers Heydet, le sieur Sellier met en cause le sieur Crave et conclud à ce qu'il soit condamné à le garantir.

Le sieur Crave, au lieu d'exciper contre cette demande, de ce qu'elle n'a pas subi le premier degré de juridiction, la combat au fond et conclud à ce qu'elle soit rejetée.

Par arrêt du 1er. juin 1816, la cour royale de Colmar infirme le jugement de première instance, décharge les héritiers Heydet de la condamnation prononcée contre eux au profit du sieur Sellier, et déclare celui-ci non-recevable dans sa demande en garantie contre le sieur Crave parcequ'il ne l'a formée qu'en cause d'Appel.

Le sieur Sellier se pourvoit en cassation, et soutient 1°. qu'en déclarant sa demande en garantie non-recevable, la cour royale de Colmar l'a implicitement rejetée, et que, par-là, elle a violé l'art. 1628 du Code civil ; 2°. qu'en tout cas, elle a créé arbitrairement une fin de non-recevoir qui n'était écrite dans aucune loi ; que, d'une part, aucune disposition législative ne défend d'assigner devant le juge d'Appel un garant qui n'a pas figuré dans la première instance (système proscrit, comme on l'a vu au n°. 20, par la jurisprudence constante de la cour de cassation) ; et que, d'un autre côté, le sieur Crave, loin de décliner la juridiction de la cour royale de Colmar, s'y était expressément soumis.

Le 11 février 1819, arrêt, au rapport de M. Liger de Verdigny, et sur les conclusions de M. l'avocat général Jourde, par lequel ;

« Attendu qu'il résulte évidemment du rapprochement et de la combinaison des deux dernières dispositions de l'arrêt, que la cour royale de Colmar, en rejetant par fin de non-recevoir la demande en garantie dirigée contre Crave, n'a rien préjugé sur le fond ; que cette fin de non-recevoir, telle qu'elle est motivée, est fondée sur le vœu formel de l'art. 178 du Code de procédure civile ;

» La cour (section des requêtes) rejette le pourvoi..... (1) ».

ART. II. *Attributions et pouvoirs des tribunaux d'Appel en matière correctionnelle et de simple police.*

I. En matière correctionnelle, les pouvoirs des tribunaux d'Appel étaient circonscrits dans un cercle fort étroit, par les art. 201, 202, 203 et 204 du Code des délits et des peines, du 3 brumaire en 4.

Si le tribunal de première instance avait procédé régulièrement dans la forme, et bien jugé au fond, le tribunal criminel devait rejeter la requête d'Appel (*art.* 201).

Si, en première instance, il y avait eu violation ou omission de formes prescrites par la loi à peine de nullité, ou vice d'incompétence à raison du lieu du délit ou de la résidence du prévenu, le tribunal criminel devait annuler le jugement du premier juge, et renvoyer le procès à un autre tribunal d'arrondissement, pour y être recommencé, à partir du plus ancien des actes dans lesquels il s'était trouvé une nullité (*art.* 202).

Si le jugement de première instance était entaché d'un vice d'incompétence absolue, *ratione materiæ*, le tribunal criminel devait l'annuler et renvoyer le procès à qui de droit (*art.* 203).

Enfin, si le jugement de première instance était régulier dans la forme, mais mal rendu au fond, le tribunal criminel devait l'annuler et statuer lui-même définitivement (*art.* 204).

II. Quelle était la marche que devait suivre, d'après ces articles, un tribunal criminel qui, se trouvant saisi de l'Appel d'un jugement correctionnel, portant, en matière de douanes, con-

---
(1) Journal de la cour des audiences, de la cour de cassation, année 1819, page 307.

APPEL, §. XIV, Art. II.

firmation d'un procès-verbal de saisie, croyait devoir déclarer ce procès-verbal nul pour défaut de forme ? Devait-il renvoyer le fond à un autre tribunal correctionnel, ou devait-il le juger lui-même ?

Cette question est traitée dans le plaidoyer suivant, que j'ai prononcé à l'audience de la cour de cassation, section criminelle, le 6 messidor an 8, dans une affaire où Louis Chaigneau, négociant de Brest, formait opposition à un jugement du tribunal de cassation, du 2 thermidor an 7 :

« Les faits qui ont donné lieu à ce jugement, vous étant déjà connus, nous ne vous en retracerons qu'une esquisse rapide.

» Le 16 thermidor an 5, saisie de faïences qualifiées anglaises qui avaient été expédiées d'Ostende et de Dunkerque pour Brest. Le même jour, procès-verbal commencé, continué le lendemain 17, et clos le 18, pour constater cette saisie.

» Le 18, après la clôture, signification de la copie des trois contextes du procès-verbal au prévenu.

» Le 4 fructidor suivant, jugement du tribunal correctionnel de Morlaix, qui déclare la saisie valable, avec confiscation et triple amende.

» Appel au tribunal criminel du département du Finistère.

» Le 29 vendémiaire an 6, jugement de ce tribunal qui infirme le jugement du tribunal correctionnel, 1°. parcequ'en contravention à l'art. 3 de la loi du 14 fructidor an 3, le procès-verbal de la saisie n'avait pas été signifié le 15 au prévenu, quoique présent; 2°. parcequ'en contravention au même article, le prévenu n'avait pas été sommé par le procès-verbal, de comparaître le lendemain devant le juge de paix ; 3°. parcequ'en contravention à l'art. 4 de la même loi, le procès-verbal avait été affirmé devant le juge de paix, hors la présence du prévenu, qui était alors en maison d'arrêt; 4°. parcequ'au fond, la déclaration du voiturier que les faïences étaient anglaises, ne pouvait pas faire foi au préjudice du propriétaire ; que, dans le fait, il était prouvé qu'elles venaient d'Ostende et de Dunkerque.

» Recours en cassation de la part de la régie des douanes contre ce jugement.

» Le 6 nivôse an 6, jugement du tribunal de cassation qui l'annulle : « Attendu, 1°. que, si
» l'art. 4 de la loi du 14 fructidor an 3 exige que
» les parties saisies soient citées devant le juge de
» paix, c'est pour voir prononcer le jugement
» que cet article prescrit au juge de paix de ren-
» dre sans délai, et non pas particulièrement
» être présentes à l'affirmation du procès-verbal
» de saisie; que cette citation est devenue con-
» séquemment inutile par les dispositions de la
» loi du 10 brumaire an 5, qui attribue à la po-
» lice correctionnelle les contestations du genre
» dont il s'agissait au procès; qu'en annullant le

» procès-verbal de saisie du 19 thermidor
» dernier, sur le fondement de non-citation
» devant le juge de paix pour leur affirmation,
» le tribunal du Finistère a fait conséquem-
» ment une fausse application de l'art. 4 de la
» loi du 14 fructidor an 3, et violé la loi du 10
» brumaire an 5, notamment l'art. 19 de cette
» loi ; 2°. Que le même tribunal a contrevenu éga-
» lement à la loi du 10 brumaire an 5, en pro-
» nonçant que les faïences dont il était question
» n'étaient point de fabrique anglaise, d'après
» des pièces qui ne prouvaient autre chose, ainsi
» que le tribunal l'a lui-même reconnu, si ce
» n'est que les faïences étaient venues des ports
» d'Ostende et Dunkerque. »

» En conséquence, par le même jugement, les parties sont renvoyées devant le tribunal du département des Côtes-du-Nord, « pour être pro-
» cédé et statué sur le fond, conformément à la
» loi ».

« Le 6 messidor an 6, après le rapport et les plaidoiries, conclusions du commissaire du gouvernement près le tribunal criminel des Côtes-du-Nord, à ce que, sans s'arrêter au moyen de nullité proposé par le prévenu contre le procès-verbal et l'affirmation qui en a été la suite, la confiscation des marchandises dont il s'agit, soit déclarée valable, et à ce que le prévenu soit condamné à l'amende de la triple valeur des objets saisis.

» Le même jour, jugement qui, sur le seul motif que le prévenu n'avait pas été présent ni appelé à l'affirmation du procès-verbal de saisie,
« déclare nuls le procès-verbal, l'affirmation qui
» en a été faite, et tout ce qui s'en est ensuivi ;
» renvoie, en conséquence, les parties (d'après
» l'art. 202 du Code des délits et des peines) à se
» pourvoir au tribunal correctionnel de l'arrondis-
» sement de Launion, pour y être procédé à une
» nouvelle instruction ».

» Recours en cassation de la part de la régie contre ce jugement. Elle soutient, comme elle l'avait fait en attaquant le jugement du tribunal du Finistère, qu'il y a fausse application de l'art. 4 de la loi du 14 fructidor an 3, en ce que la présence des prévenus à l'affirmation des procès-verbaux n'est pas requise par cet article, que pour les affaires purement civiles; et que cet article ne la requiert que par suite de la comparution qu'il ordonne devant le juge de paix, pour être statué en première instance sur la validité ou l'invalidité de la saisie.

» Le commissaire du gouvernement près le tribunal criminel des Côtes-du-Nord se pourvoit également de son côté; il emploie le même moyen, il le développe avec beaucoup d'étendue dans son mémoire, et il finit par observer qu'il ne serait pas entré dans d'aussi grands détails, « si déjà deux tribunaux criminels n'avaient pas
» jugé de la même manière, et si la décision du

4ᵉ édit., Tome I.

» second, d'après un premier jugement de cassation, ne mettait pas le tribunal (suprême) dans la nécessité de soumettre la question au corps législatif, aux termes de l'art. 256 de l'acte constitutionnel ».

» C'est sur ce double recours qu'est intervenu, le 2 thermidor an 7, le jugement auquel le cit. Chaigneau est aujourd'hui opposant.

» Ce jugement casse celui du tribunal criminel des Côtes-du-Nord, et renvoie au tribunal criminel du Morbihan, pour être statué sur l'Appel du jugement du tribunal correctionnel de Morlaix. Voici comment il est motivé.

» D'abord, il vise et transcrit l'art. 202, l'art. 204 et le §. 6 de l'art. 456 du Code des délits et des peines, desquels il résulte 1°. que le tribunal criminel, lorsqu'il statue sur l'Appel d'un jugement émané d'un tribunal correctionnel, doit, s'il trouve des vices de forme dans la procédure, renvoyer les pièces et les parties devant un autre tribunal correctionnel, pour recommencer l'instruction, à partir du plus ancien des actes annullés ; 2°. que, s'il n'y trouve qu'un mal jugé au fond, il doit statuer lui-même définitivement ; 3°. qu'il y a lieu à cassation, toutes les fois que les règles de compétence ont été violées.

» Ensuite, appliquant ces trois articles au jugement du tribunal des Côtes-du-Nord, le jugement de cassation expose que ce tribunal a déclaré nul le procès-verbal de saisie, sans rien prononcer sur la saisie même ; qu'au contraire, il a renvoyé les parties devant un autre tribunal correctionnel, pour y procéder à une nouvelle instruction ; que néanmoins ce renvoi ne pouvait plus avoir aucun objet ; qu'il ne devait plus y avoir d'instruction sur un procès-verbal annullé ; que tout était consommé dans le système adopté par le tribunal criminel ; que l'acte annullé ne pouvait pas être réparé devant le tribunal correctionnel de Launion ; qu'il n'y avait plus lieu à faire un nouveau procès-verbal de saisie, qui ne saurait être dressé qu'au moment même de la contravention ; qu'ainsi, il y a eu fausse application de l'art. 202 du Code des délits et des peines, qui suppose que l'annullation dont il parle, porte sur un acte de procédure fait devant les premiers juges, et susceptible d'être recommencé ; qu'ici, l'annullation frappant le titre même de l'action dirigée contre les contrevenans, jugeait évidemment le fond ; que c'était le cas de se conformer à ce qui est prescrit par l'art. 23 du tit. 10 de la loi de 1791, c'est-à-dire de prononcer la confiscation sans amende, sur les conclusions du commissaire du gouvernement, qui avait même requis l'application des peines portées par la loi du 10 brumaire an 5 ; que la loi suppose même que cette confiscation sans amende, est prononcée par les juges d'Appel ; *qu'ainsi, en renvoyant à un tribunal correctionnel, le tribunal criminel des Côtes-du-Nord a violé les règles de compétence ; que cela vicie tout le jugement de ce tribunal,* et que la première disposition, c'est-à-dire, celle qui annulle le procès-verbal pour défaut de présence des prévenus à son affirmation, contraire à la jurisprudence constante du tribunal de cassation et aux règles de la procédure criminelle et correctionnelle, encore bien qu'elle paraisse conforme à un précédent jugement du tribunal du Finistère, *ne peut subsister, se trouvant dans un jugement nul et susceptible de cassation.*

» Voilà comment est conçu le jugement qui se trouve en ce moment soumis à votre examen.

» Le cit. Chaigneau commence par déclarer que, par l'opposition qu'il y a formée, il n'entend pas attaquer celle de ses dispositions qui établit que le tribunal criminel des Côtes-du-Nord a violé les règles de compétence, en renvoyant à un nouveau tribunal correctionnel, au lieu de juger lui-même le fond.

» Mais il demande le rapport de deux autres dispositions qu'il prétend être renfermées dans ce jugement, l'une qui casse, suivant lui, pour contravention à l'art. 23 du tit. 10 de la loi du 22 août 1791, en ce que le tribunal criminel n'a pas prononcé la confiscation des objets saisis ; l'autre qui casse, dit-il encore, pour contravention aux règles de la procédure criminelle et correctionnelle qui, d'après la jurisprudence constante du tribunal de cassation, ne permettent pas d'appliquer aux procès-verbaux dressés en matière de délits, l'article par lequel la loi du 14 fructidor an 3 exige la présence du prévenu à l'affirmation des procès-verbaux dressés en matière purement civile.

» Raisonnant ensuite comme si ces deux dispositions étaient rapportées effectivement ; le cit. Chaigneau en infère que le jugement de cassation ne doit être maintenu qu'au chef qui casse pour renvoi indûment prononcé par le tribunal criminel devant un autre tribunal correctionnel ; et il conclud en conséquence à ce que le jugement de cassation soit exécuté en cette partie, mais sans renvoi à un autre tribunal, attendu l'anéantissement de toute action, opéré par l'anéantissement de la saisie.

» A notre égard, si nous avions à discuter les deux prétendues dispositions que le cit. Chaigneau croit voir dans le jugement de cassation du 2 thermidor an 7, il ne nous serait pas difficile de les justifier.

» En effet, quels sont les argumens que le cit. Chaigneau oppose à la première, c'est-à-dire, à celle qui, à ses yeux, casse pour n'avoir pas, en déclarant le procès-verbal nul, prononcé la confiscation des marchandises saisies ?

» Il doute d'abord si le vœu de l'art. 23 du tit. 10 de la loi de 1791 est bien véritablement que la confiscation soit prononcée, malgré la nullité de la saisie. Cela signifie en d'autres termes qu'il doute si la loi de 1791 est une loi.

» Il prétend ensuite que le tribunal des Côtes-du-Nord n'aurait pas pu prononcer la confisca-

APPEL, §. XIV, Art. II.

tion, en vertu de cette loi, parcequ'il était constant et prouvé au procès que les faïences saisies n'étaient point de fabrique anglaise.

» Mais, comme nous l'observions dans une affaire que vous venez de juger tout à l'heure, il ne s'agit pas ici de savoir s'il est prouvé ou non que les faïences saisies soient de la classe des marchandises prohibées. Le fait est que le tribunal des Côtes-du-Nord n'a point jugé qu'elles n'en fussent pas, et c'est pour cela qu'il y aurait, au besoin, lieu à la cassation de son jugement ; car ce n'eût été qu'en décidant qu'elles n'étaient pas de fabrique anglaise, qu'il eût pu se dispenser d'en prononcer la confiscation, puisque ce n'était que par une décision expresse sur ce fait, qu'il eût pu écarter la disposition de l'art. 23 du tit. 10 de la loi de 1791.

» Ajoutons encore qu'en soutenant, comme un point constant et prouvé au procès, que les faïences saisies n'étaient point de fabrique anglaise, le cit. Chaigneau attaque même l'autorité de la chose jugée par le jugement de cassation du 6 nivose an 6, auquel cependant il n'est ni ne peut être reçu opposant. Sur quelles pièces, en effet, appuie-t-il cette assertion ? Précisément sur celles qui avaient servi de motif au tribunal du Finistère, pour annuler la saisie par son jugement du 29 vendémiaire an 6, c'est-à-dire, sur des pièces dont il résulte seulement que les faïences viennent des ports d'Ostende et de Dunkerque. Eh bien ! Ce jugement a été cassé positivement, parce qu'il avait contrevenu à la loi du 10 brumaire an 5, *en prononçant que les faïences n'étaient point de fabrique anglaise, d'après des pièces qui ne prouvaient autre chose, ainsi que le tribunal du Finistère l'avait lui-même reconnu, si ce n'est que les faïences étaient venues des ports d'Ostende et de Dunkerque.*

» Et remarquons bien qu'ici la confiscation était d'autant plus inévitable, que le commissaire du gouvernement l'avait expressément requise. Le cit. Chaigneau est même forcé de convenir que le silence du tribunal des Côtes-du-Nord sur cette réquisition, ne peut pas être justifié ; mais il prétend, d'après l'art. 34 du tit. 35 de l'ordonnance de 1667, qu'il ne peut résulter de là qu'un moyen de requête civile.

» Sans doute, le cit. Chaigneau n'a pas fait attention qu'à cet égard, ce qui est moyen de requête civile dans les affaires ordinaires, est expressément converti en moyen de cassation pour les matières criminelles, par le §. 4 de l'art. 456 du Code des délits et des peines.

» Il reste donc que, si le jugement du 2 thermidor an 7 avait cassé celui des Côtes-du-Nord, pour avoir omis de prononcer la confiscation des marchandises saisies, quoiqu'il y fût obligé par l'art. 23 du titre 10 de la loi de 1791, et que le commissaire du gouvernement y eût conclu, le cit. Chaigneau ne pourrait rien critiquer à ce motif de cassation, et qu'il devrait être débouté de l'opposition qu'il y forme.

» Quant à la prétendue disposition par laquelle le cit. Chaigneau prétend que le jugement des Côtes-du-Nord a été cassé pour avoir annulé l'affirmation du procès-verbal, et par suite le procès-verbal lui-même, nous devons convenir que, si elle existait dans le jugement de cassation du 2 thermidor an 7, ce jugement, quoique très-exact en soi, serait, quant à la forme, en contravention à l'art. 256 de l'acte constitutionnel de l'an 3, d'après lequel il n'aurait appartenu qu'au corps législatif de statuer par une loi, sur le moyen de cassation qui attaquait un second jugement, après avoir déjà fait anéantir un premier.

» Mais dans cette hypothèse, faudrait-il, même en faisant abstraction de la nécessité qu'imposerait toujours la loi de 1791, de prononcer la confiscation des marchandises saisies, faudrait-il, disons-nous, adjuger au cit. Chaigneau ses conclusions, c'est-à-dire, confirmer purement et simplement le jugement de cassation, au chef qui casse pour renvoi indûment ordonné, et ne pas renvoyer le fond à un autre tribunal criminel ?

» Non certes : il faudrait seulement alors, ou rapporter purement et simplement cette partie du jugement, ou bien employer, pour la faire maintenir, la voie que la loi du 27 ventôse dernier a substituée à l'art. 256 de l'acte constitutionnel de l'an 3, c'est-à-dire, ordonner, avant faire droit sur le moyen de cassation dont il s'agit, qu'il en serait référé aux sections réunies du tribunal.

» Mais il est temps d'abandonner les suppositions et de revenir à la réalité. Est-il donc vrai que le jugement du 2 thermidor an 7 renferme les deux dispositions auxquelles le cit. Chaigneau s'est rendu opposant, et n'est-il pas plus exact de dire que l'opposition du cit. Chaigneau n'est dirigée que contre des êtres de raison ?

» En effet, qu'on lise et qu'on relise tant qu'on voudra le jugement du 2 thermidor an 7, il est impossible qu'on y aperçoive plus d'une disposition, celle qui casse pour renvoi indûment ordonné au tribunal correctionnel de Launion, et violation des règles de compétence.

» Et la preuve que le tribunal n'a entendu casser que ce chef, c'est que, dans la partie du jugement qui contient la transcription des lois sur lesquelles il est fondé, on n'y trouve que l'art. 202, l'art. 204 et le §. 6 de l'art. 456 du Code des délits et des peines.

» Mais, dira-t-on, pourquoi donc, dans ce jugement, est-il parlé de la confiscation, comme ayant dû être prononcée par le tribunal des Côtes-du-Nord, d'après l'art. 23 du tit. 10 de la loi de 1791 ?

» Pourquoi ? Suivez la marche du jugement, et vous en toucherez, pour ainsi dire, la raison au doigt et à l'œil.

60.

» Le jugement commencé par établir que ce n'est point le cas, en déclarant le procès-verbal nul, de renvoyer les parties devant un autre tribunal correctionnel ; et qu'en ordonnant ce renvoi, le tribunal criminel a fait une fausse application de l'art. 202.

» Le jugement ajoute que le tribunal des Côtes-du-Nord aurait dû, après avoir annullé le procès-verbal, statuer lui-même sur le fond, et que cela lui était impérieusement commandé par l'art. 204.

» Ensuite, le jugement prévoit une objection que l'on pourrait faire; il prévoit qu'on pourrait dire : « mais le procès-verbal étant anéanti, » il ne restait plus rien à juger ; il n'y avait donc » pas de fond sur lequel on pût statuer » ; et il se hâte de détruire cette objection, en disant que l'annullation du procès-verbal ne devait ni ne pouvait empêcher les juges de statuer sur la confiscation qui avait été requise par le commissaire du gouvernement, en vertu de l'art. 23 du tit. 10 de la loi de 1791 ; que la loi suppose même que c'est par les juges d'appel que la confiscation doit, en ce cas, être prononcée ; qu'ainsi, en s'abstenant d'y statuer eux-mêmes, les juges ont violé les règles de compétence, et par conséquent donné ouverture au moyen de cassation indiqué par le §. 6 de l'art. 456 du Code.

» Le jugement n'en dit pas d'avantage à cet égard ; et certainement s'énoncer ainsi, ce n'est pas casser pour rejet des conclusions tendantes à la confiscation, c'est casser uniquement pour violation des règles de compétence.

» Quant à la disposition du jugement du tribunal-des-Côtes du Nord, qui contient l'annullation même du procès-verbal, le jugement de cassation dit bien que cette disposition, quoique conforme à un précédent jugement du tribunal du Finistère, est contraire, tant à la jurisprudence constante du tribunal de cassation, qu'aux règles de la procédure criminelle et correctionnelle ; mais ce n'est pas à raison de cette contrariété qu'il la casse. Il ne la casse que parce qu'elle se trouve dans un jugement nul et cassable pour violation des règles de compétence.

» C'est donc la violation, la seule violation des règles de compétence qui motive la cassation prononcée par le jugement du 2 thermidor an 7 ; et dès-là, l'opposition du cit. Chaigneau, qui est forcé de reconnaître la légitimité de ce motif, ne peut pas être admise.

» Nous estimons en conséquence qu'il y a lieu de la rejeter ».

Sur ces conclusions, arrêt du 6 messidor an 8, au rapport de M. Chasle par lequel,

« Considérant que, loin que l'opposant ait atténué les motifs qui ont déterminé le jugement du 2 thermidor an 7, résultant de la fausse application faite par le tribunal criminel des Côtes-du-Nord, de l'art. 202 du Code des délits et des peines, et de la contravention à l'art. 204 dudit Code, il reconnaît-lui-même la solidité de ces motifs, en convenant dans son mémoire que l'annullation de la saisie ayant éteint la base de l'action, il ne pouvait y avoir lieu à aucun procès, puisque tout se trouvait jugé par là ;

» Considérant que les énonciations et raisonnemens exprimés audit jugement du 2 thermidor, quoique fondés en droit, n'ont ni motivé ni déterminé la cassation ;

» Le tribunal, sans s'arrêter à l'opposition de Chaigneau au jugement dudit jour 2 thermidor an 7, ordonne qu'il sera exécuté selon sa forme et teneur ».

III. La disposition de l'art. 202 du Code du 3 brumaire an 4, qui avait donné lieu à la question traitée dans le n°. précédent, était fort sage, en tant qu'elle portait sur le cas où le jugement de première instance serait annullé pour cause d'incompétence ; mais elle entraînait de grands abus en tant qu'elle portait sur le cas où le jugement de première instance serait annullé pour violation ou omission de formes prescrites à peine de nullité. De là le changement qu'elle a subi par la loi du 28 avril 1806.

« En matière correctionnelle (a dit l'orateur du gouvernement, en présentant au corps législatif le projet de cette loi), l'instruction se fait à l'audience ; le prévenu y est interrogé, les témoins y déposent en sa présence, il propose ses reproches ; sa défense est entendue ; s'il y a des pièces, elles sont lues, et le jugement doit être prononcé de suite, ou au plus tard à l'audience suivante :

» Ces règles d'instruction orale sont si précises et leur exécution si simple et tellement indispensable, que l'on ne connaît point d'exemples que les juges s'en soient écartés. Les nullités dont les condamnés se prévalent, ne sont presque jamais fondées que sur des omissions dans des formalités moins importantes.

» Les noms, l'âge, la profession des témoins doivent être insérés dans le jugement ; le greffier aura omis de les y écrire ; il aura omis d'exiger, avant le jugement, les conclusions par écrit du prévenu ; où la rédaction du jugement ne contiendra pas exactement ou assez complètement les diverses parties dont il doit se composer ; le texte de la loi pénale n'y sera pas inséré, ou il n'y sera pas constaté que ce texte ait été lu à l'audience.

» Telles sont les causes habituelles des nullités qui, dans l'état présent de la législation, autorisent les prévenus à demander que la procédure soit de nouveau recommencée devant un autre tribunal correctionnel.

» Il faut sans doute conserver au prévenu d'un délit correctionnel tous les droits, tous les moyens de défense qu'il peut justement réclamer.

» La loi lui donne le droit de recourir à la cour d'Appel contre un jugement qu'il regarde comme inique.

» Pourvu que ce double examen soit fait et par les premiers juges, et par la cour d'Appel, il ne peut plus prétendre, et la loi ne peut plus présumer qu'il y ait erreur dans l'un et l'autre jugement.

» Or, il est démontré par l'expérience et par la marche de la procédure devant les premiers juges, que les nullités opposées par le condamné qui interjette Appel, ne sauraient être de nature à faire présumer qu'ils aient prononcé sans connaissance de cause. L'intention de la loi sera donc remplie, et le prévenu aura toutes les sûretés qu'il peut désirer, si, au lieu de renvoyer devant un autre tribunal de première instance, « la cour criminelle statue sur le fond ».

» Alors le prévenu n'opposera même pas les nullités qu'il croira indifférentes pour sa défense; et s'il en est dont il ait un véritable intérêt de se prévaloir, la cour d'Appel rétablira ou réformera ce qui aura été omis, ou ce qui aura été défectueux.

» Ainsi la justice aura un cours régulier, prompt et sûr, et on évitera tous les inconvéniens d'un renvoi que les cours d'Appel sont maintenant obligées de faire à un autre tribunal.

» On évitera une multiplicité de procédures ruineuses pour le condamné, s'il est solvable; et pour le trésor public, dans les cas fréquens où les frais restent à sa charge.

» Les témoins faciles à réunir sur les lieux, ne se déplacent qu'avec peine et à plus grands frais.

» L'exécution du renvoi entraîne des délais; le prévenu a le temps de gagner les témoins qui lui sont contraires et d'en faire paraître de nouveaux en sa faveur.

» Les juges auxquels on renvoie, sont le plus souvent très-surpris, que, dans ce passage d'un tribunal à l'autre, l'affaire ait entièrement changé de face.

» Chaque nullité commise dans la procédure, loin d'inspirer au prévenu la crainte que la religion de ses juges ne soit surprise, ou ne soit pas éclairée, est pour lui, en cas de condamnation, une ressource, une chance nouvelle.

» Il en est même qui se gardent d'opposer devant la cour d'Appel les nullités commises en première instance.

» Ils trouvent que, pour écarter les preuves et tromper la justice, ils ont un avantage bien plus grand à réserver ces nullités, pour s'en faire, lorsqu'ils auront été condamnés, des moyens de cassation, dans l'espoir de prolonger ainsi à l'infini, une procédure dont ils redoutent le résultat définitif.

» Il est vrai que la cour de cassation se montre sévère dans l'examen de pareils moyens. C'est ainsi que la sagesse de sa jurisprudence avertit les législateurs des abus que l'application des lois lui découvre, et des modifications qu'elles exigent pour faire cesser ces abus.

» On a dû, dans tous les cas, maintenir la disposition relative aux nullités par cause d'incompétence. Elles tiennent essentiellement à l'ordre public. Celui qui les oppose, ne peut être repoussé comme non-recevable ».

C'est par ces motifs que l'art. 1er. de la loi dont il s'agit, a disposé en ces termes : « Lorsque, » sur l'Appel d'un jugement définitif en matière » correctionnelle, la cour de justice criminelle en » prononcera la nullité pour violation ou omis- » sion des formes prescrites par la loi, ladite » cour statuera sur le fond; il est quant à ce, » dérogé à l'art. 203 du Code des délits et des » peines du 3 brumaire an 4. La disposition de » cet article relative à l'annullation des jugemens » pour cause d'incompétence, continuera de re- » cevoir son exécution ».

Ensuite est venu le Code d'instruction criminelle, dont l'art. 215 renouvelle la disposition principale de cette loi, mais sans y ajouter la même réserve pour le cas d'incompétence : « Si le » jugement (porte-t-il simplement) est annullé » pour violation ou omission non-réparée de » formes prescrites par la loi à peine de nullité, » la cour ou le tribunal (d'Appel) statuera sur » le fond ».

De là naissent plusieurs questions qui portent, les unes sur la disposition qui se trouve également dans ces deux textes de lois, les autres sur celle qui ne se trouve que dans le premier.

1°. L'obligation imposée aux juges d'Appel, de statuer sur le fond, lorsqu'ils annullent les jugemens de première instance pour vice de forme, cesse-t-elle dans le cas où l'annullation d'un jugement de première instance est motivée sur le fait; que des trois magistrats qui ont prononcé en première instance, il y en avait qui n'avaient pas assisté à toutes les audiences de la cause ?

Un arrêt de la cour royale de Besançon, du 27 août 1817, avait jugé pour l'affirmative; mais il a été cassé le 24 octobre de la même année, au rapport de M. Basire, et sur les conclusions de M. l'avocat général Giraud-Duplessis,

« Vu l'art. 215 du Code d'instruction criminelle;

» Attendu que tout jugement correctionnel de première instance, rendu par trois juges, est revêtu de la forme extérieure nécessaire pour constituer un jugement, et que, dans ce cas, on ne peut pas dire qu'il n'existe point de jugement; d'où il suit que, si ce jugement est attaqué par Appel, comme irrégulier, sous quelque rapport que ce soit, il doit être prononcé sur cet Appel conformément à l'art. 215 ci-dessus transcrit, et, conséquemment, que la cour ou le tribunal saisi de l'Appel, doit statuer sur le fond;

» Et attendu que, dans l'espèce, la cour royale de Besançon, après avoir déclaré nul le jugement de première instance, parceque l'un des juges qui l'avaient rendu, n'avait pas assisté à toutes les audiences précédentes, a refusé de statuer sur le fond, par le motif qu'il n'existait pas de jugement : en quoi cette cour a méconnu sa propre compétence, et violé l'art. 215 précité du Code d'instruction criminelle ;

» Par ces motifs la cour casse et annulle... (1) ».

2°. Lorsque le jugement de première instance est annullé à raison de ce que faute de prestation de serment de la part des témoins sur les dépositions desquels il est motivé, la décision se trouve dénuée de preuves légales, les juges d'Appel peuvent-ils renvoyer le fond devant un autre tribunal correctionnel, ou doivent-ils y statuer eux-mêmes ?

C'est demander en d'autres termes, s'il leur est possible de se procurer par la réaudition régulière des témoins entendus devant les premiers juges, la preuve légale qui a manqué à ceux-ci par leur faute ; et comme il n'est pas douteux que cela ne soit possible pour eux, il ne l'est pas davantage que cela ne soit aussi pour eux d'une obligation rigoureuse.

Le tribunal correctionnel de Guéret, en prononçant, comme juge d'Appel de celui d'Aubusson, sur quatre affaires dans lesquelles il lui paraissait, par une erreur fort étrange, et qui n'avait rien de commun avec l'objet dont nous nous occupons ici, que les premiers juges n'avaient pas suffisamment constaté la prestation du serment de chacun des témoins qu'ils avaient entendus, avait, par quatre jugemens du 5 décembre 1819, annullé ceux du tribunal de première instance, et renvoyé le fond à celui de Bourganeuf.

Mais sur le réquisitoire de M. le procureur général à la cour de cassation, arrêt est intervenu, le 5 mai 1820, au rapport de M. Busschop, par lequel,

« Vu l'art. 215 du Code d'instruction criminelle....;

» Considérant que, d'après les dispositions formelles de cet article, l'annullation pour vices de formes d'un jugement de première instance rendu en matière de police correctionnelle, ne dessaisit point les juges d'Appel, et qu'ils doivent, au contraire, statuer eux-mêmes sur le fond du procès ; que l'annullation des jugemens de première instance, que, dans l'espèce, le tribunal de Guéret a prononcée pour prétendu défaut de serment, en supposant que cette formalité eût réellement été omise, ne pouvait donc dispenser ledit tribunal de statuer lui-même sur le fond des préventions qui faisaient respectivement l'objet desdits jugemens annullés ; d'où il suit qu'en renvoyant les procès et les parties devant un nouveau tribunal de première instance, le tribunal de Guéret a interverti l'ordre de juridiction et violé les règles de compétence établies par ledit art. 215 ;

» D'après ces motifs, faisant droit sur le réquisitoire du procureur général, conformément à l'art. 442 du Code d'instruction criminelle, la cour casse et annulle, *dans l'intérêt de la loi* et sans préjudice des droits des parties, les quatre jugemens rendus par le tribunal correctionnel de Guéret, en date du 3 décembre 1819, sur Appel des quatre jugemens du tribunal de première instance d'Aubusson, intervenus les 3 juin, 5 et 19 août 1819, sur les plaintes respectivement poursuivies contre Pierre Leonnet, Léonard Bourderionnet, Blaise Faure, Jean Ast et Léonard Aubry.... (1) ».

3° De ce que l'art. 215 du Code d'instruction criminelle ne charge le tribunal d'Appel de statuer sur le fond, que lorsqu'il annulle le jugement de première instance *pour violation ou omission non réparée de formes prescrites par la loi, à peine de nullité*, s'ensuit-il que, si le jugement de première instance est annullé pour mal-jugé, le tribunal d'Appel doit renvoyer le fond devant un autre tribunal correctionnel ?

Non, sans doute. Il est vrai que le Code d'instruction criminelle ne contient aucun texte qui renouvelle expressément la disposition de l'art. 204 du Code du 3 brumaire an 4, portant que « si le jugement est annullé pour mal-jugé au » fond, le tribunal criminel statue lui-même dé- » finitivement ». Mais il est nécessairement censé la renouveler dans l'art. 215, par cela seul qu'il charge le tribunal d'Appel de statuer lui-même sur le fond, lorsqu'il annulle le jugement de première instance pour vice de forme ; car il ne peut disposer ainsi qu'en présupposant que le tribunal d'Appel doit faire tout ce qui aurait dû être fait par le tribunal de première instance ; et il est évident que le tribunal d'Appel contrevient à cette obligation, lorsqu'en décidant que le tribunal de première instance a mal jugé, il s'abstient de juger le fond suivant ses lumières et sa conscience, comme il y contrevient lorsqu'en décidant que le tribunal de première instance a jugé le fond irrégulièrement, il ne substitue pas un jugement régulier sur le fond à celui qu'il annulle.

De là un arrêt de la cour de cassation, du 27 août 1813, qui annulle, comme violant les règles de la compétence (ainsi qu'on peut le voir dans le *Répertoire de jurisprudence*, aux mots *Tribunal de police*, sect. 3, §. 3, note sur l'art. 215), un jugement par lequel un tribunal d'Appel, en réformant un jugement correctionnel qui avait admis une inscription de faux inutile, et en déclarant admissible par cette voie la preuve of-

---

(2) Bulletin criminel de la cour de cassation, tome 22, page 627

(1) *Ibid.*, tome 25, page 199.

ferte par l'une des parties, avait renvoyé devant le premier juge pour procéder à cette preuve.

De là encore l'arrêt que la même cour a rendu depuis dans l'espèce suivante.

D'après un procès-verbal de douaniers qui constate une importation de marchandises de contrebande effectuée par *le nommé Milliez d'Anor*, le sieur *Dumilliez*, voiturier de la commune d'Anor, est traduit, à la requête de l'administration des douanes, devant le tribunal correctionnel de Vervins.

Il soutient n'être pas le *Milliez*, *d'Anor*, auquel est imputé, par le procès-verbal, le fait de contrebande dont il s'agit; et il offre de prouver son *alibi* à l'époque dont le procès-verbal porte la date.

Le 18 décembre 1820, jugement qui admet la preuve offerte par Demilliez, et ordonne que les préposés rédacteurs du procès-verbal seront cités pour reconnaître l'identité du prévenu.

L'administration des douanes appelle de ce jugement au tribunal correctionnel de Laon, et soutient que les premiers juges se sont mis en opposition diamétrale avec l'art. 11 du tit. 4 de la loi du 9 floréal an 7, aux termes duquel les procès-verbaux des préposés des douanes font foi jusqu'à inscription de faux, lorsqu'ils sont en bonne forme et dûment affirmés.

Le 31 mars 1821, jugement par lequel le tribunal correctionnel de Laon, adoptant le moyen d'Appel de l'administration, déclare que l'identité du prévenu est légalement constatée par le procès-verbal; en conséquence annulle le jugement de première instance, et renvoie les parties devant le tribunal correctionnel de Saint-Quentin.

Mais Demilliez se pourvoit en cassation, et fait valoir deux moyens : 1° fausse application de l'art. 11 du tit. 4 de la loi du 9 floréal an 7; 2° violation des règles de compétence et de la loi des deux degrés de juridiction.

Et par arrêt du 4 juillet 1822, au rapport de M. Rataud,

« Vu les art. 213, 214 et 215 du Code d'instruction criminelle, l'art. 1er de la loi du 29 avril 1826....., et l'art. 202 de la loi du 3 brumaire an 4, expliquant que l'incompétence à raison de laquelle l'annullation prononcée par un jugement d'Appel, donne lieu au renvoi devant un autre tribunal, est l'incompétence à raison du lieu du délit et de la résidence du prévenu;

» Attendu que de ces articles combinés, il résulte que, lorsque, sur l'Appel rendu par un tribunal correctionnel, le tribunal ou la cour qui en a été saisi, a annulé ce jugement, il n'y a pas lieu à renvoi pour être de nouveau procédé en nouvelle instance, et que les juges d'Appel doivent retenir l'affaire, et statuer eux-mêmes définitivement sur le fond;

» Que, si, dans l'espèce, où il s'agissait d'une saisie de marchandises prohibées, et par conséquent d'un fait de la compétence de la juridiction correctionnelle, le tribunal de Laon, saisi par l'administration des douanes, de l'Appel du jugement rendu en première instance par le tribunal correctionnel de Vervins, qui avait ordonné que les préposés rédacteurs du procès-verbal de saisie seraient appelés pour reconnaître l'identité d'Alexis Dumilliez, voiturier de la commune d'Anor, mis en cause comme prévenu d'avoir été le conducteur desdites marchandises, avec l'individu désigné par ledit procès-verbal sous le nom de Milliez, voiturier à Anor, et admis ledit Alexis Dumilliez à la preuve qu'il demandait à faire de son alibi, eût déclaré l'Appel mal fondé, et confirmé le jugement, c'est bien devant les premiers juges seuls que les parties auraient dû revenir pour son exécution; mais que l'annullation en ayant été prononcée pour mal jugé, c'est au tribunal d'Appel qu'il appartenait de statuer de suite et définitivement sur le fond;

» Que cependant ledit tribunal a renvoyé devant un autre tribunal correctionnel pour y être jugé sur le fond, en premier ressort;

» En quoi ce tribunal a méconnu et violé les règles de sa compétence;

» Par ce motif, qui dispense d'entrer dans l'examen du premier moyen de cassation, pris de ce qu'en annullant le jugement de première instance, les juges d'Appel auraient fait, dans l'espèce, une fausse application de l'art. 11 du tit. 4 de la loi du 9 floréal an 7, qui veut que les rapports réguliers des préposés des douanes, soient crus jusqu'à inscription de faux;

» La cour casse et annulle..... (1) ».

C'est encore sur le même principe qu'est fondé l'arrêt de cassation dont voici l'espèce :

Pancrace Avon, cité devant le tribunal correctionnel de Marseille par Ernestine Fredly, pour mauvais traitemens exercés sur elle, lui oppose une fin de non-procéder qu'il tire de ce qu'elle n'est point assistée d'un avoué, et conclud à ce qu'il lui soit donné congé de sa demande.

Le 1er. juillet 1825, jugement qui, attendu que la partie civile n'est point assistée d'un avoué, il est impossible d'ouvrir les débats, ordonne que la demande d'Ernestine Fredly sera rayée du rôle, sauf aux parties leurs droits et exceptions.

Appel de ce jugement de la part d'Ernestine Fredly.

Le 24 août suivant, arrêt par lequel la cour royale d'Aix, « considérant qu'en matière correctionnelle, les parties ont la faculté d'employer ou » de ne pas employer le ministère des avoués », infirme le jugement dont est Appel, et renvoie les parties devant les premiers juges, pour y être

---

(1) *Ibid.*, tome 27, page 280.

procédé à l'instruction et au jugement de l'affaire, *à la première audience*.

Recours en cassation de la part du procureur général, qui le fonde sur trois moyens : excès de pouvoir en ce que la cour royale a statué sur un Appel à l'admission duquel s'opposait la nature du jugement qui en était l'objet (1); violation des lois sur l'institution des avoués, notamment des art. 93 et 94 de celle du 27 ventôse an 8 (2); entreprise sur les attributions du tribunal correctionnel, à qui il appartient essentiellement de fixer l'audience à laquelle il doit s'occuper de l'affaire dont le renvoi lui est fait par la cour royale.

Par arrêt du 17 février 1826, au rapport de M. Busschop, et sur les conclusions de M. l'avocat-général Laplagne-Barris,

« La cour rejette les trois moyens présentés par le procureur général.

» Mais vu l'art. 215 du Code d'instruction criminelle......;

» Considérant qu'il résulte de cet article, combiné avec la loi non abrogée du 29 avril 1806, que lorsque le fait du procès est de la compétence correctionnelle, les cours et tribunaux d'Appel en cette matière, ne peuvent, en annulant ou réformant le jugement qui leur est déféré, renvoyer l'affaire devant un tribunal correctionnel de première instance, que dans le seul cas où le tribunal qui avait rendu le jugement appelé était incompétent à raison du lieu du délit;

» Que tel n'était pas le cas dont il s'agit dans l'espèce; et que, dès-lors, le renvoi devant le tribunal correctionnel de Marseille, qui a été ordonné, est une violation dudit art. 215 et des règles de compétence établies par la loi ;

» D'après ces motifs, la cour casse et annulle l'arrêt rendu le 24 août par la cour royale d'Aix, dénoncé par le demandeur; mais seulement dans sa disposition qui ordonne le renvoi de l'affaire devant le tribunal correctionnel de Marseille ;

» Renvoie les parties et les pièces du procès devant la cour royale de Nismes, chambre des Appels de police correctionnelle, pour y être procédé et statué sur le fond de la plainte dont il s'agit; le tout conformément à la loi... (3) ».

4°. Que doit faire, à l'égard du fond, le tribunal d'Appel qui annulle le jugement de première instance comme rendu incompétemment?
Il faut distinguer.

L'incompétence des premiers juges dérive-t-elle de ce que le fait sur lequel ils ont prononcé, constitue, non un simple *délit*, mais un *crime* passible d'une peine afflictive ou infamante ?

---

(1) *V.* l'article *préparatoire (jugement),* §. 2.
(2) *V.* l'article *Avoué,* §. 6.
(3) Bulletin criminel de la cour de cassation, tome 31, page 83.

L'art. 214 du Code d'instruction veut, d'accord en cela avec l'art. 203 du Code du 3 brumaire an 4, et toujours en harmonie avec le principe que le juge d'Appel doit faire ce qu'il reconnaît avoir dû être fait par le premier juge, que *la cour ou le tribunal décerne, s'il y a lieu, le mandat de dépôt, ou même le mandat d'arrêt, et renvoie le prévenu devant le fonctionnaire public compétent, autre toutefois que celui qui aura rendu le jugement ou fait l'instruction.*

L'incompétence des premiers juges dérive-t-elle de ce que le fait sur lequel ils ont prononcé en le prenant pour un *délit,* ne constitue qu'une contravention de police ?

Reprenons ici le fil de notre principe régulateur, et voyons ce qu'auraient dû faire les premiers juges, si le fait leur avait été présenté avec son véritable caractère, ou si leur ayant été présenté comme *délit*, ils avaient commencé par reconnaître qu'il n'était qu'une contravention de police.

De deux choses l'une ; ou le renvoi du prévenu devant le tribunal de police n'aurait été requis, ni par le ministère public, ni par la partie civile ; ou il eût été requis, soit par l'un, soit par l'autre.

Au premier cas, ils auraient dû prononcer comme tribunal de police, et leur jugement aurait été en dernier ressort. C'est la disposition expresse de l'art. 192 du Code d'instruction criminelle.

Et de là même il résulte que, dans le second cas, ils auraient dû, en s'abstenant de la connaissance du fond, le renvoyer au tribunal de police.

Donc le tribunal d'Appel qui est chargé par la loi de faire ce qui aurait dû être fait par eux, doit, en se mettant à leur place, lorsque leur jugement est attaqué devant lui du chef d'incompétence, dans le premier cas, soit condamner le prévenu à la peine qu'il le juge avoir encourue, soit l'acquitter ; et dans le second cas, le renvoyer devant le tribunal de police.

Aussi voyons-nous, par l'art. 213, que, lors même qu'un jugement de tribunal correctionne qui a statué sur une *contravention de police,* en la considérant par erreur comme un *délit*, n'est pas attaqué par Appel comme de juge incompétent, mais seulement comme jugeant mal au fond, le tribunal d'Appel n'en doit pas moins prononcer de la même manière que les premiers juges auraient dû faire, c'est-à-dire, statuer sur le fond, si, en première instance, le renvoi n'a été demandé, ni par la partie publique, ni par la partie civile, et ordonner le renvoi dans le cas contraire.

Enfin, l'incompétence dérive-t-elle de ce que ni le lieu du délit ni celui du domicile ou de la résidence du prévenu ne se trouvent dans l'arrondissement du tribunal correctionnel? C'est toujours le même principe qui doit nous servir de boussole. Qu'auraient dû faire les juges dont

APPEL, §. XIV, Art. II.

le tribunal d'Appel annulle le jugement pour cause d'incompétence? Nul doute qu'ils n'eussent dû s'abstenir de tout examen du fond, et se borner à renvoyer la plainte ou la citation devant les juges délégués par la loi pour en connaître. Donc, par la même raison, nul doute que le tribunal d'Appel ne doive, en déclarant leur jugement incompétemment rendu, et faisant ce qu'ils auraient dû faire, renvoyer la connaissance du fond aux juges auxquels elle appartient.

Il est vrai que le Code d'instruction criminelle ne renouvelle pas littéralement l'exception qui limite la disposition générale de l'art. 1er. de la loi du 29 avril 1806, c'est-à-dire l'exception par laquelle est maintenue la partie de l'art. 202 du Code du 3 brumaire an 4, où il est dit que, *si le jugement est annullé… pour incompétence à raison du lieu du délit ou de la résidence du prévenu, le tribunal d'Appel renvoie le procès à un autre tribunal correctionnel…, pour y être recommencé.* Mais l'esprit qui avait dicté cette exception, sous la loi du 29 avril 1806, se retrouve tout entier dans les art. 212, 214 et 215 du Code d'instruction criminelle; car chacun de ces articles est fondé sur le principe que le juge d'Appel doit, en matière correctionnelle, faire tout ce qu'il décide avoir dû être fait par le premier juge; et ce principe entraîne nécessairement, pour le juge d'Appel qui déclare que le premier juge a prononcé incompétemment, l'obligation de s'abstenir de la connaissance du fond. Ce n'est donc pas comme abrogatif, mais au contraire comme tacitement confirmatif de l'exception dont il s'agit, que l'on doit considérer le silence du Code d'instruction criminelle sur cette exception même. Aussi vient-on de voir les arrêts de la cour de cassation, des 4 juillet 1822 et 17 février 1826 citer, comme faisant encore loi, la partie de l'art. 202 du Code du 3 brumaire an 4 qui est conservée par la loi du 29 avril 1806; et l'on verra dans un instant que la cour de cassation s'est encore exprimée de même dans deux autres arrêts des 22 septembre 1821 et 17 juin 1826.

Comment, d'après cela, M. Legraverend peut-il dire, dans sa *Législation criminelle,* tome 2, page 406, 2e. édition, que, « si le jugement,
» quoique rendu par un tribunal incompétent,
» est annullé pour violation ou omission des formes
» prescrites par la loi à peine de nullité, la cour
» ou le tribunal d'Appel doit statuer sur le fond,
» et acquitter le prévenu, s'il est disculpé par
» l'instruction, ou lui appliquer la peine déter-
» minée par la loi, s'il est reconnu coupable, *et
» faire enfin tout ce que le tribunal de première in-
» stance aurait dû faire* » ? Qu'importe, lorsque le tribunal de première instance a prononcé incompétemment, qu'il ait ou n'ait pas observé les formes prescrites par la loi à peine de nullité ? S'il les a observées exactement, son jugement est sans doute régulier en soi; mais sa régularité n'en couvre pas l'incompétence. S'il les a omises

ou violées, son jugement est entaché de deux vices qui en nécessitent également l'annullation; et que doit donc faire le tribunal d'Appel pour réparer ces deux vices? Il doit, comme le dit très-bien M. Legraverend lui-même, *faire tout ce que le tribunal de première instance aurait dû faire.* Il doit par conséquent substituer un jugement régulier à un jugement nul, et par ce jugement renvoyer le prévenu devant la juridiction compétente pour statuer sur la plainte portée contre lui.

5°. Quel est le devoir du tribunal d'Appel, lorsque le tribunal de première instance s'est mal-à-propos déclaré incompétent?

C'est sans contredit non-seulement de déclarer que le tribunal de première instance était compétent, et par conséquent d'annuller le jugement qui a décidé le contraire, mais encore d'instruire le fond et de le juger; car le tribunal de première instance devait faire l'un et l'autre; et encore une fois, tout ce qui a dû être fait par le tribunal de première instance, doit l'être par le tribunal d'Appel.

De là les quatre arrêts suivans de la cour de cassation :

« Marc Donati avait été renvoyé par la chambre d'accusation de la cour de Florence devant le tribunal correctionnel de Montepulciano, sur une prévention qui avait paru à cette cour ne constituer qu'un délit, et conséquemment rentrer dans les attributions de la police correctionnelle.

» Mais le tribunal de Montepulciano, jugeant que le fait de cette prévention avait les caractères d'un crime, se déclara incompétent.

» Le tribunal correctionnel de Sienne, chef-lieu du département de l'Ombrone, fut saisi de l'Appel. Il apprécia le fait de la prévention comme l'avait apprécié la chambre d'accusation de la cour, et n'y reconnaissant que les caractères d'un délit, il annulla le jugement du tribunal de Montepulciano; mais au lieu d'instruire et de prononcer sur le fond de la prévention, il renvoya, pour cette instruction et le jugement, devant le tribunal de Scanzano.

» En refusant ainsi de consommer l'exercice de la juridiction qui lui appartenait comme tribunal d'Appel, le tribunal de Sienne a méconnu et conséquemment violé les règles de son attribution et de sa compétence.

» Son jugement a été cassé par (l'arrêt du 14 mai 1813), dont la teneur suit :

» Oui, le rapport de M. Benvenuti, conseiller…..;

» Vu les art. 408 et 416 du Code d'instruction criminelle….. ;

» Et attendu que le tribunal correctionnel de Sienne, saisi de l'Appel d'un jugement du tribunal correctionnel de Montepulciano, avait reconnu la compétence de la juridiction correc-

4e édit., Tome I.

tionnelle sur les faits dont était prévenu Marc Donati ; que, dès-lors, il devait prononcer sur le fond de cette prévention ; qu'en refusant de consommer ainsi l'exercice de sa juridiction, et en renvoyant à un autre tribunal, dans un cas qui ne rentrait dans aucun de ceux où le Code d'instruction criminelle ordonne aux tribunaux correctionnels, jugeant sur Appel, de prononcer un renvoi, le tribunal a méconnu et conséquemment violé les règles de compétence établies par la loi ;

» La cour casse et annulle le jugement du tribunal correctionnel de Sienne, du 18 mars 1813 (1) ».

« Pierre Rigot avait été renvoyé à la police correctionnelle par ordonnance rendue par la chambre du conseil du tribunal de première instance de Châteaudun, sur une prévention qui avait paru à cette chambre ne constituer qu'un simple délit. Le tribunal de police correctionnelle a pensé que le fait de cette prévention avait les caractères d'un crime et s'est déclarée incompétent.

» Le procureur du roi ayant appelé de ce jugement, le tribunal de Chartres, chef-lieu du département, a été saisi de l'Appel; il a apprécié le fait de la prévention comme il l'avait été dans l'ordonnance de la chambre du conseil; et n'y reconnaissant que les caractères d'un délit, par jugement du 6 février, il a annullé celui du tribunal correctionnel de Châteaudun ; mais au lieu d'instruire et de prononcer définitivement sur le fait de la prévention, il a renvoyé, pour l'instruction et le jugement devant le tribunal correctionnel de Nogent-le-Rotrou.

» En refusant ainsi de consommer l'exercice de la juridiction qui lui appartenait comme tribunal d'Appel, le tribunal de Chartres a méconnu et conséquemment violé les règles de son attribution et de sa compétence.

» Son jugement a été cassé par l'arrêt (du 5 avril 1816), dont la teneur suit :

» Ouï le rapport fait par M. Audier-Massillon, conseiller, et les conclusions de M. Giraud-Duplessis, avocat-général ;

» Vu les art. 408 et 416 du Code d'instruction criminelle.... ;

» Attendu que le tribunal correctionnel de Chartres, saisi de l'Appel du jugement du tribunal correctionnel de Châteaudun, avait reconnu la compétence de la juridiction correctionnelle, sur les faits dont était prévenu Pierre Rigot ; qu'il avait aussi reconnu la compétence du tribunal de Châteaudun, à raison du lieu du délit ou du domicile du prévenu; que, dès-lors, en infirmant le jugement du tribunal de Châteaudun, qui s'était déclaré incompétent, seulement à raison de la nature et des circonstances du fait de la prévention, il devait prononcer sur le fond de cette prévention ; et qu'en renvoyant à un autre tribunal dans un cas qui ne rentrait dans aucun de ceux où le Code d'instruction criminelle ordonne aux tribunaux correctionnels, jugeant sur Appel, de prononcer un renvoi, ce tribunal a méconnu et conséquemment violé les règles de compétence établies par la loi;

» La cour casse et annulle..... (1). »

» Le 20 mars 1821, le maire de la commune de Salavre est injurié dans l'exercice de ses fonctions par le sieur Suraud, son adjoint; il en rend plainte devant le tribunal correctionnel de Bourg, juge du lieu du délit, et tout à-la-fois du domicile du prévenu.

» Le 2 juin de la même année, jugement par lequel, considérant qu'au préfet seul appartient le droit de statuer sur un différend survenu entre deux fonctionnaires de l'ordre administratif, et que, d'ailleurs, le prévenu ne peut, à raison de sa qualité d'adjoint, et d'après l'art. 75 de la constitution du 22 frimaire an 8, être mis en jugement, qu'en vertu d'une autorisation du gouvernement, le tribunal correctionnel de Bourg, se déclare incompétent.

» Ce jugement est déféré par un Appel du procureur du roi à la cour royale de Lyon, qui, par arrêt du 9 août suivant, le réforme, attendu que ce n'est pas en agissant comme fonctionnaire public, et que c'est, au contraire, en agissant comme simple particulier, que le sieur Suraud est prévenu d'avoir injurié le maire ; mais au lieu de retenir le fond, et d'y statuer définitivement après l'instruction nécessaire, le renvoie au tribunal correctionnel de Lyon, pour y subir le premier degré de juridiction qui est dans le vœu général de la loi.

» Recours en cassation de la part du procureur général, et par arrêt du 21 septembre 1821, au rapport de M. Ollivier,

« Vu les art. 213, 214 et 215 du Code d'instruction criminelle.... ; vu l'art. 1er. de la loi du 29 avril 1806.... ; vu l'art. 202 de la loi du 3 brumaire an 4, expliquant que l'incompétence, à raison de laquelle l'annullation prononcée par un jugement d'Appel donne lieu au renvoi devant un autre tribunal, est l'incompétence, à raison du lieu du délit et de la résidence du prévenu; -

» Attendu que, de ces articles combinés, il résulte que l'annullation des jugemens correctionnels ne doit donner lieu à un renvoi devant d'autres autorités, que dans le cas prévu par l'art. 202 de la loi du 3 brumaire an 4, où le tribunal aurait déclaré l'incompétence à raison du lieu du délit ou de la résidence du prévenu, et dans celui des art. 213 et 214 du Code d'instruction criminelle, où le fait imputé constituerait un crime ou une simple contravention de police ;

» Attendu que, dans l'espèce, où l'annullation

(1) Bulletin criminel de la cour de cassation, tome 18, page 254.

(2) Bulletin criminel de la cour de cassation, tome 29 page 39.

n'a point été motivée sur ce que le fait imputé constituait, soit une simple contravention, soit un crime, mais sur la déclaration d'incompétence du tribunal pour d'autres causes, la disposition des art. 213 et 214 précités ne saurait être appliquée pour justifier ce renvoi ;

» Attendu que l'incompétence déclarée par le jugement correctionnel de Bourg, n'était point l'incompétence à raison du lieu du délit ou de la résidence du prévenu ;

» Qu'au contraire, le tribunal l'avait fondée sur ce qu'à raison de ses fonctions d'adjoint de la commune de Sulavre, le prévenu n'était, dans la cause, justiciable que de l'autorité administrative, et que, dès-lors, l'incompétence tirée de ce fait, ne rentrait point dans celle à raison de laquelle l'annullation du jugement doit, d'après l'art. 202 de la loi du 3 brumaire an 4, donner lieu au renvoi ;

» Attendu, d'ailleurs, que ce tribunal n'avait pas même déclaré cette incompétence d'une manière absolue ;

» Qu'en effet, il considérait également qu'en supposant que le fait imputé fût établi, le prévenu ne pourrait être cité devant le tribunal correctionnel qu'après une autorisation du gouvernement ;

» Qu'en conséquence, il se déclarait incompétent, quant à présent ;

» Que, par là, loin de déclarer irrévocablement son incompétence, il présupposait la possibilité éventuelle d'être régulièrement saisi ; décision qui portait nécessairement sur l'appréciation de la question au fond ;

» Attendu qu'en annullant ce jugement ainsi motivé, la cour royale de Lyon ne pouvait fonder la nécessité d'un renvoi, ni sur les art. 213 et 214 du Code d'instruction criminelle, ni sur l'art. 1er. de la loi du 29 avril 1806, ni sur l'art. 202 de la loi du 3 brumaire an 4, tous également inapplicables à la cause ;

» Qu'en effet, elle ne les a pas donnés pour base à son arrêt ; qu'elle l'a uniquement fondé, d'une part, sur ce que c'était au moment où le maire se trouvait dans l'exercice de ses fonctions, que Suraud s'était livré à des diffamations, injures et outrages envers lui ;

» De l'autre, sur ce que la qualité d'adjoint, de Suraud n'empêchait pas que, dans la cause, il ne dût être considéré comme un simple particulier ;

» Mais, attendu que ce motif d'annullation d'un jugement déclarant l'incompétence, ne rentre dans aucun des cas d'après lesquels le renvoi pouvait être prononcé ;

» Qu'au contraire, il présupposait que, par son jugement, le tribunal correctionnel avait décidé une question tenant au fond de l'affaire, et par suite consommé sa juridiction ;

» Que, dès-lors, en annullant son jugement, la cour royale devait statuer au fond, et qu'en renvoyant, à raison de ce, devant le tribunal correctionnel de Lyon, elle a méconnu les règles de sa compétence ;

» Par ces motifs, la cour casse et annulle.... (1) ».

» Le sieur Dufaur, maire de la commune de Boulogne, cité au tribunal correctionnel de Saint-Gaudens, sur une plainte en diffamation portée contre lui par les sieurs Raymond-Sainte-Colombe et consorts, excipe du défaut d'autorisation administrative pour le poursuivre, et conclud, en conséquence, à ce que le tribunal se déclare incompétent, quant à présent.

»Jugement qui accueille cette exception.

» Appel de la part des plaignans.

» Le 13 avril 1826, arrêt de la cour royale de Toulouse qui infirme le jugement, et renvoie les parties devant le tribunal correctionnel de Saint-Gaudens, pour l'instruction et le jugement de l'affaire.

» Recours en cassation de la part du ministère public et du sieur Dufaur.

» Par arrêt du 17 juin 1826, au rapport de M. Ollivier, et sur les conclusions de M. l'avocat-général Laplagne-Barris,

« Vu l'art. 215 du Code d'instruction criminelle...., et l'art. 1er. de la loi du 29 avril 1806, portant : *Lorsque, sur l'Appel d'un jugement définitif en matière correctionnelle, la cour de justice criminelle en prononcera la nullité, pour violation ou omission de formes prescrites par la loi, ladite cour statuera sur le fond ; il est, quant à ce, dérogé à l'art. 202 du Code des délits et des peines, du 3 brumaire an 4 ; la disposition de cet article, relative à l'annullation de jugemens pour cause d'incompétence, continuera de recevoir son exécution ;* cet article portait que l'incompétence à raison de laquelle l'annullation prononcée par un jugement d'Appel donnait lieu au renvoi devant un autre tribunal, était l'incompétence à raison du *lieu du délit et de la résidence du prévenu ;*

» Attendu que de la combinaison de ces articles il résulte que, lorsque l'incompétence alléguée n'est pas celle qui dérive du lieu du délit ou de la résidence du prévenu, le tribunal d'Appel, en rejetant l'incompétence, doit statuer sur le fond ;

» Que, dans l'espèce, l'exception préjudicielle opposée par Dufaur, n'était pas une incompétence *ratione loci ;*

» Que, dès-lors, en rejetant cette exception, et en renvoyant pour juger au fond devant le tribunal correctionnel de Saint-Gaudens, au lieu d'y statuer de suite, la cour royale de Toulouse a violé les dispositions combinées des art. 215 du Code d'instruction criminelle, et 1er. de la loi du 29 avril 1806, par suite, celle de l'art. 202 du Code du 3 brumaire an 4, et méconnu les règles de sa compétence ;

(1) *Ibid.*, tome 26, page 42.

« Par ces motifs, la cour casse et annulle la disposition de l'arrêt de la cour royale de Toulouse, du 15 avril dernier, qui renvoie, pour être statué au fond, devant le tribunal correctionnel de Saint-Gaudens; et pour être statué au fond sur l'Appel du jugement du tribunal correctionnel de Saint-Gaudens, du 6 mars dernier, sur la p'ainte en diffamation portée par Cazaux et consorts, contre Dufaur, maire de Boulogne, renvoie les parties et les pièces de la procédure devant la cour royale de Bordeaux, chambre correctionnelle (1) ».

IV. Dans les matières de simple police, les tribunaux d'Appel ont-ils le même pouvoir que dans les matières correctionnelles?

Non. La loi ne dit pas, dans les unes, au juge supérieur, comme elle lui dit dans les autres : *Vous ferez tout ce que le premier juge aurait dû faire*; elle lui tient un langage tout différent : *Vous ferez* (lui dit-elle), *en réformant, lorsqu'il y aura lieu, le jugement du tribunal de police, tout ce que vous auriez le droit de faire, si ce jugement émanait d'un tribunal de paix, et que, par conséquent, il statuât sur une affaire purement civile.* « L'Appel » des jugemens rendus par le tribunal de police » (porte l'art. 174 du Code d'instruction crimi- » nelle) sera... suivi et jugé dans les mêmes » formes que les Appels des sentences des justices » de paix ». Or, nous avons vu, à l'article précédent, qu'en matière civile, le tribunal d'Appel ne peut, en infirmant, soit un jugement interlocutoire, soit un jugement définitif, statuer lui-même sur le fond, que lorsque la matière est, dès-à-présent, *disposée à recevoir une décision définitive*, et que, hors ce cas, il doit renvoyer le fond devant un autre tribunal de première instance. Il en doit donc être de même en matière de simple police; et c'est ce que la cour de cassation a solennellement jugé dans l'espèce suivante.

Le 4 septembre 1820, jugement du tribunal de police de Rouen qui, sur une plainte portée par Jean-Baptiste Gosset, contre Amable Boullaud, condamne celui-ci, entr'autres choses, à 348 francs de dommages-intérêts.

Appel de la part de Boullaud, avec conclusions à ce que ce jugement soit déclaré nul pour vice de forme.

Le premier décembre 1820, jugement du tribunal correctionnel de la même ville qui, en effet, annulle celui du tribunal de police et ne prononce rien de plus.

Le 16 janvier 1821, Gosset, voulant faire juger le fond, s'adresse au président du même tribunal, et en obtient une ordonnance qui renvoie les parties à l'audience du 24 du même mois.

Boullaud cité en conséquence à l'audience du 24, s'y présente, mais uniquement pour décliner le tribunal correctionnel de Rouen qu'il soutient être sans pouvoir pour statuer sur le fond.

Jugement du même jour, par lequel le tribunal correctionnel retient la cause et la renvoie au 7 février.

Boullaud se pourvoit en cassation et Gosset intervient pour défendre le jugement attaqué.

Par arrêt du 22 mars 1821, au rapport de M. Ollivier, et sur les conclusions de M. l'avocat général Freteau,

« La cour reçoit Gosset en son intervention, et y statuant ainsi que sur le pourvoi de Boullaud, déclare convertir le pourvoi en demande en réglement de juges;

» Vu l'art. 215 du Code d'instruction criminelle..... ;

» Attendu que cet article n'est relatif qu'aux Appels émis en matière correctionnelle de jugemens rendus par des tribunaux correctionnels;

» Que, dans l'espèce, il s'agit d'un jugement de tribunal correctionnel rendu sur l'Appel d'un jugement d'un tribunal de simple police;

» Que l'Appel de ce jugement ne pouvait donc rentrer dans l'application de l'art. 215, qui ne saurait être étendu hors les cas auxquels il se réfère;

» Attendu d'ailleurs que, d'après l'art. 174 du Code d'instruction criminelle, les Appels des jugemens des tribunaux de simple police doivent être jugés dans les mêmes formes que les Appels des jugemens des justices de paix;

» Mais que, si, d'après l'art. 473 du Code de procédure civile, lorsque les cours ou tribunaux infirment pour vice de forme, ou pour toute autre cause, des jugemens définitifs, ils peuvent statuer en même temps sur le fond définitivement, il faut, suivant le même article, qu'ils le fassent par un seul et même jugement;

» Que, dans l'espèce, le tribunal correctionnel de Rouen avait prononcé, par un premier jugement, l'annullation, pour vices de forme, du jugement de simple police de la même ville, et la condamnation aux dépens contre le plaignant, sans statuer en même temps sur le fond;

» Que, par cette double décision, il avait épuisé sa juridiction, et se trouvait dessaisi de la connaissance de la cause; qu'il ne pouvait, sans excéder ses pouvoirs, se ressaisir de nouveau de la même cause, dans l'état où l'avait réduite son précédent jugement;

» D'après ces motifs, sans avoir égard au jugement du tribunal correctionnel de Rouen, du 24 janvier dernier, qui sera déclaré nul et comme non-avenu, renvoie les parties et les pièces de la procédure devant le tribunal de police du canton d'Yvetot, pour y être instruit, s'il y a lieu, et statué conformément à la loi, sur la plainte de Gosset (1) ».

Le 22 mars de la même année, arrêt semblable entre les mêmes parties, dans une autre

---

(1) *Ibid.*, tome 31, page 344.

(1) *Ibid.*, tome 26, page 107.

affaire dont les circonstances étaient absolument les mêmes (1).

V. Les tribunaux d'Appel peuvent-ils, en matière correctionnelle et de simple police, prononcer sur des demandes nouvelles qui ne servent pas de défense à l'action principale?

Qu'ils ne le puissent pas en matière de simple police, c'est la conséquence nécessaire et de la disposition de l'art. 174 du Code d'instruction criminelle qui veut que les Appels des jugemens rendus par les tribunaux de police, soient *suivis et jugés dans les mêmes formes que les Appels des justices de paix*, et de la disposition de l'art. 464 du Code de procédure civile, rapporté ci-dessus, art. 1, n°. 16.

Mais le peuvent-ils en matière correctionnelle? Peuvent-ils notamment statuer sur les conclusions du ministère public qui portent sur un délit dont il n'a pas été question en première instance?

Voici un arrêt de la cour de cassation, du 23 mars 1810, qui juge que non. Nous le puisons dans le Bulletin criminel de cette cour.

« Jean Rigal est propriétaire d'un bâtiment voisin de la forêt dite de Murat; il a voulu adosser à ce bâtiment un petit logement; mais l'administration forestière l'a traduit devant le tribunal correctionnel de Murat pour faire ordonner la destruction de sa nouvelle bâtisse.

» Sur les moyens de défense proposés par Rigal, l'administration forestière fut déboutée de sa demande par jugement du 2 octobre 1809, dont elle n'a pas interjeté Appel.

» Le procureur général de la cour criminelle du département du Cantal s'est rendu seul appelant de ce jugement; il a demandé que Rigal ne fût pas seulement condamné à la démolition de sa nouvelle construction, mais encore à démolir son ancien bâtiment. Il a en outre conclu à la confiscation du terrain sur lequel le bâtiment se trouvait.

» Les conclusions de M. le procureur général ont été adoptées par arrêt du 19 janvier 1810.

» Rigal s'est pourvu en cassation : il a fait valoir les moyens qui ont servi à motiver l'arrêt suivant :

» Oui M. Favart de Langlade, et M. Pons, avocat général;

» Vu l'art. 456 du Code des délits et des peines, n°. 6.....;

» Considérant que, d'après le Code du 3 brumaire an 4, toute plainte pouvant donner lieu à des peines correctionnelles, doit être soumise à deux degrés de juridiction, savoir, au tribunal correctionnel du lieu du délit, et ensuite à la cour de justice criminelle du département, si l'on interjette Appel du jugement intervenu en première instance;

» Considérant que la citation du 17 octobre 1808, donnée à Jean Rigal, à la requête de l'administration générale des forêts, devant le tribunal correctionnel de Murat, avait uniquement pour objet de faire démolir la nouvelle construction faite par ledit Rigal et adossée à son ancien bâtiment, dont la démolition n'était pas requise; que le tribunal de Murat n'a prononcé que sur la démolition de cette nouvelle bâtisse, par son jugement du 2 octobre 1809, non attaqué par l'administration générale des forêts; que, sur l'Appel interjeté de ce jugement par M. le procureur général de la cour de justice criminelle du Cantal, ce magistrat n'a pu, en ajoutant aux conclusions prises par l'administration forestière devant les premiers juges, former une nouvelle demande principale, et requérir, en exécution du décret du 22 brumaire an 14, la démolition de l'ancien bâtiment dont Rigal jouissait depuis plus de cent ans, ainsi que la confiscation du terrain sur lequel il était bâti; que cette seconde demande était essentiellement principale, puisqu'elle était distincte de celle agitée en première instance, et qu'elle devait être appréciée, instruite et jugée sur une disposition de loi, et sur les élémens d'instruction et de preuves, indépendans et différens de ceux qui devaient servir de base au jugement de l'instance relative à la construction nouvelle; que cette demande, qui avait pour objet la destruction de l'ancien bâtiment et la confiscation du terrain sur lequel il était construit, aurait donc dû être portée d'abord devant le tribunal correctionnel de Murat, pour y subir le premier degré de juridiction ordonné par la loi; que, dès-lors, la cour de justice criminelle du département du Cantal n'en a pas été régulièrement saisie, et qu'elle a commis un excès de pouvoir en adoptant le réquisitoire de son procureur général;

» D'après ces motifs, la cour casse et annulle l'arrêt de la cour de justice criminelle du département du Cantal du 19 janvier dernier.... ».

§. XV. *Quel est, à l'égard de ceux qui, ayant intérêt de faire réformer un jugement, n'en ont pas appelé, ou n'en ont appelé que trop tard, ou irrégulièrement, l'effet de la réformation qu'en obtient celui de leurs co-intéressés qui l'a attaqué en temps utile par un Appel régulier?*

I. Cette question paraît devoir se résoudre par le grand principe que les jugemens ne profitent qu'à ceux qui les ont obtenus. Quelle raison y aurait-il, en effet, de ne pas appliquer ce principe aux jugemens rendus en cause d'Appel, comme aux jugemens rendus en première instance?

Cependant plusieurs lois romaines, dont on trouve le texte dans les conclusions du 19 prairial an 11, rapportées au mot *Nation*, §. 2, faisaient, par rapport aux jugemens rendus en cause d'Appel, une distinction entre le cas où deux

---

(2) *Ibid.*, page 137.

individus condamnés par la même sentence, s'étaient défendus, devant les premiers juges, par des moyens différens, et celui où ils avaient employé les mêmes moyens. Au premier cas, elles restreignaient l'effet du jugement qui réformait la sentence des premiers juges, à la partie qui avait appelé. Dans le second, au contraire elles le déclaraient commun aux deux parties.

Mais cette distinction est-elle encore admissible?

J'ai prouvé dans les conclusions citées que, si elle n'avait pas été abolie, avant l'ordonnance de 1667, par la jurisprudence des tribunaux français, elle l'avait été implicitement par les dispositions générales de cette ordonnance sur l'autorité de la chose jugée, et par celles de la loi du 24 août 1793, sur le délai de l'Appel ; et cela est encore devenu bien plus clair depuis.

D'une part, en effet, l'art. 1351 du Code civil limite expressément l'autorité de la chose jugée aux parties contre lesquelles a été rendu le jugement dont elle dérive ; et l'art. 7 de la loi du 30 ventôse an 12 ne laisse aux lois romaines, sur les matières dont s'occupe le Code civil, que le caractère de *raison écrite*, caractère que n'avaient certainement pas celles dont il s'agit.

D'un autre côté, l'art. 1041 du Code de procédure abroge formellement toutes les lois non renouvelées par ce Code qui étaient relatives à la procédure civile.

Qu'importe que deux arrêts de la cour d'Appel de Turin des 28 février 1810 et 9 mars 1811 aient jugé, même sous le Code de procédure civile, « que l'appellation interjetée par l'un des co-litigés, » est censée commune et utile aux autres, pourvu » qu'ils aient le même intérêt en l'affaire, et que » leurs moyens de défense soient communs avec » l'appelant » (1) ? Deux arrêts qui auraient été cassés s'ils avaient été dénoncés à la cour suprême, ne peuvent pas faire autorité en cette matière.

II. Est-ce à dire pour cela que, si le débiteur principal appelle seul du jugement qui l'a condamné, sa caution ne profitera pas du jugement qui, sur son Appel, déclare que la dette est éteinte ou n'a jamais existé légalement ? Est-ce à dire pour cela que, lorsque deux co-débiteurs solidaires d'un objet divisible ou deux co-débiteurs ou co-propriétaires d'un objet indivisible, sont condamnés par le même jugement, il n'y en a qu'un seul qui s'en rend appelant, son Appel sera sans effet pour l'autre ?

Non, et il y a une raison bien simple ; c'est qu'il est de principe, comme on le verra aux mots *Chose jugée*, §. 18, que le jugement rendu en faveur du débiteur principal, profite à la caution, et que le jugement rendu, soit en faveur de l'un des débiteurs solidaires d'un objet divi-

sible, soit en faveur de l'un des co-débiteurs ou co-propriétaires d'un objet indivisible, profite à son co-débiteur ou co-propriétaire, quoique la caution n'ait pas été partie dans l'un et que le co-débiteur ou co-propriétaire ne l'ait pas été dans l'autre. De là, en effet, il résulte très-clairement que, pour que l'infirmation d'un jugement rendu, soit contre le débiteur principal, soit contre l'un des co-débiteurs solidaires d'une chose divisible, ou contre l'un des co-débiteurs ou co-propriétaires d'un objet indivisible, tourne au profit, soit de la caution, soit des co-débiteurs ou co-propriétaires, il n'est pas nécessaire qu'il soit appelé de ce jugement par chacune des parties auxquelles il peut être opposé, et que toutes sont censées en appeler par cela seul que l'une d'elles s'en rend appelante.

C'est au surplus ce qui est implicitement jugé par les deux arrêts suivans.

Le 20 messidor an 12, jugement du tribunal de première instance de Strasbourg, qui condamne *solidairement* les héritiers maternels de Salomé Hertzog, parmi lesquels se trouvait Antoine Schœffel, à restituer au cessionnaire de l'un des héritiers paternels, sa portion héréditaire qu'ils avaient confondue dans la leur et qu'ils s'étaient distribuée.

Antoine Schœffel n'appelle de ce jugement qu'après les trois mois de la signification qui lui en a été faite ; et cependant il intervient sur l'Appel que ses co-héritiers en ont interjeté en temps utile, et déclare y adhérer.

L'intimé soutient qu'il est non-recevable ; « une succession (dit-il) est, par sa nature, di» visible ; chacun peut prendre sa part en nature ; » en conséquence, si l'un des héritiers acquiesce, » s'il renonce ou s'il interjete Appel tardivement, » la diligence de ses co-héritiers ne le relève point; » le jugement de première instance a acquis » contre lui l'autorité de la chose jugée ».

Mais par arrêt du 11 mars 1807,

« 1°. Attendu qu'Antoine Schœffel, ayant été condamné solidairement en première instance avec ses co-héritiers, cette condamnation est indivisible ; dès-lors, l'Appel de ses co-héritiers en temps utile, l'a relevé de la prescription de son Appel, interjeté après les trois mois de la date de la signification à lui faite du jugement dont Appel; qu'ainsi, la fin de non-recevoir n'est nullement fondée.......;

« La cour (d'Appel de Colmar) sans s'arrêter à la fin de non-recevoir, met l'appellation et ce dont est Appel au néant..... (1) ».

Le 25 mars 1821, jugement par défaut, qui, sur une demande formée par le sieur Mollin contre le sieur Peyrachon, le subrogé tuteur de son fils et l'abbé Merle, condamne *solidairement* les

_____

(1) Journal des audiences de la cour de casation, année 1812, supplément, page 3.

(1) Jurisprudence du Code civil, tome 9, page 147.

défendeurs au paiement d'une somme de 50,000 francs pour avoir détourné à leur profit des effets héréditaires.

Le subrogé tuteur et l'abbé Merle appellent de ce jugement en temps utile, mais dans une forme irrégulière.

Cependant le sieur Peyrachon fils, devenu majeur, appelle de nouveau et soutient y être recevable, parceque le jugement n'a été signifié à son père qu'en son nom et ne l'a pas été en sa qualité de tuteur.

L'abbé Merle adhère à ce nouvel Appel, et conclud à ce que le bénéfice lui en soit déclaré commun.

Le 3 juin 1823, arrêt de la cour royale de Riom qui reçoit l'Appel du sieur Peyrachon fils, et en déclare le profit commun à l'abbé Merle, *attendu qu'il s'agit d'une matière indivisible*, et statuant au fond, réforme le jugement de première instance.

Le sieur Mollin se pourvoit en cassation contre cet arrêt, et l'attaque comme violant le principe qui veut que chacune des parties interjette Appel du jugement qui la condamne, principe qu'il soutient être applicable même aux condamnations solidaires.

Mais par arrêt du 30 mars 1825, au rapport de M. Lasagni, et sur les conclusions de M. l'avocat-général Joubert,

« Attendu, en droit, que, dans les matières indivisibles, l'Appel interjeté par l'une des parties, profite aux autres;

» Que la matière est indivisible, toutes les fois qu'il y a impossibilité absolue d'exécuter les deux jugemens, celui rendu contre la partie non-appelante, et celui rendu en faveur de la partie qui a interjeté Appel ;

« Et attendu qu'il a été reconnu, en fait, que le sujet unique du procès sur lequel est intervenu le jugement par défaut, du 25 mai 1821, était une soustraction imputée à Peyrachon fils, comme auteur principal, et à l'abbé Merle comme auxiliaire et complice; que la condamnation prononcée contre eux par le même jugement, était solidaire; que, d'après les faits de la cause, cette condamnation serait retombée encore sur Peyrachon fils, si elle avait continué d'exister contre Merle ; qu'enfin, ayant le même intérêt et faisant valoir les mêmes moyens, Merle s'était joint, de fait, aux conclusions de Peyrachon fils ;

« Que, dans ces circonstances, en décidant que l'Appel interjeté par Peyrachon fils contre le jugement par défaut du 25 mai 1821, devait profiter encore à Merle, l'arrêt attaqué ne s'est mis en contradiction avec aucune loi ;

« La cour (section des requêtes) rejette le pourvoi.....(1) ».

Je dis que, par ces arrêts, il est jugé implicitement que, lors même qu'il n'est appelé que par un des débiteurs solidaires du jugement qui les condamne tous solidairement, ils doivent tous profiter de l'infirmation de ce jugement; car il ne peut y avoir aucune différence entre le cas où il n'est point interjeté Appel, et le cas où il n'y a d'interjeté qu'un Appel nul et dont la nullité n'est pas couverte par le fait ou le silence de l'intimé ; et, des-lors, il est clair que l'on doit appliquer au premier de ces cas ce que les arrêts cités ont jugé pour le second.

III. On ne doit pas non plus conclure de ce qui est dit au n° 1, qu'en matière de garantie formelle, l'Appel interjeté par le gârant, soit sans effet pour le garanti ; et bien loin de là, le contraire résulte clairement du principe que le garanti est lié par le jugement rendu contre le garant, lors même que, sur sa demande, il a été mis hors de cause. En effet, le garanti ne peut pas courir la chance d'être condamné virtuellement par le jugement qui interviendra contre le garant, sans courir en même temps celle d'être déchargé virtuellement par le jugement que le garant obtiendra contre le demandeur principal. Or, qu'importe que le garant ne triomphe qu'en cause d'Appel ? S'il avait triomphé en première instance , le garanti aurait profité de sa victoire. La victoire qu'il obtient en cause d'Appel, doit donc également être commune au garanti ? *V.* l'article *Appel incident*, §. 5.

Mais l'Appel du garanti doit-il, par réciprocité, profiter au garant qui n'a pas appelé?

Oui, mais par une autre raison : parceque le jugement d'éviction étant infirmé sur l'Appel du garanti, il ne reste plus rien sur quoi le garant puisse être inquiété.

D'une part, en effet, le garanti ne peut pas alors répéter contre le garant la valeur du bien dont le demandeur principal a prétendu le dépouiller, puisque, par cela seul qu'il est maintenu dans la propriété de ce bien, il est sans action pour en réclamer la valeur.

D'un autre côté, ce serait en vain que le demandeur principal exciperait contre le garant de la force de chose jugée que le jugement a acquise contre lui par le défaut d'Appel de sa part. Que contenait le jugement d'éviction avant qu'il fut réformé? Deux dispositions qu'il faut bien distinguer : l'une qui ordonnait le délaissement du bien au profit du demandeur principal ; l'autre, qui condamnait le garant à rembourser au garanti la valeur de ce bien. Or, de ces deux dispositions, la seconde était étrangère au demandeur principal ; ce n'était pas dans son intérêt qu'elle avait été prononcée ; il était donc sans qualité pour en réclamer l'exécution, et par conséquent il lui importe peu qu'elle survive ou non à l'infirmation du jugement d'éviction. Il en était, à la vérité, autrement de la première ; elle l'intéressait personnellement, mais ce n'était pas contre le garant qu'elle avait été prononcée,

---

(1) Jurisprudence de la cour de cassation, tome 25, page 417.

elle ne l'avait été que contre le garanti, ou du moins le garanti y avait été représenté par le garant, et ce n'est que contre lui qu'elle aurait pu être exécutée, si elle n'eût pas été réformée.

§. XVI. *Autres questions sur les matières d'Appel.*

V. les articles *Amende de fol appel*, *Appel incident*, *Arbitres*, *Caution*, *Commune*, *Délai*, *Dernier ressort*, *Direction de créanciers*, *Divorce*, *Expropriation forcée*, *Péremption*, *Récusation* et *signification de jugemens*.

APPEL COMME D'ABUS. *V.* l'article ABUS.

APPEL INCIDENT. §. I. 1°. *Peut-on appeler incidemment d'un jugement, après y avoir acquiescé postérieurement à la signification de l'Appel principal?*

2°. *Y a-t-il acquiescement, par le seul fait que l'intimé a conclu purement et simplement à la confirmation du jugement attaqué?*

3°. *L'Appel incident est-il recevable de la part de l'intimé qui, avant la signification de l'Appel principal, a acquiescé au jugement.*

4°. *Présenter une requête à la cour d'Appel pour obtenir une abréviation de délai, à l'effet de plaider sur l'Appel principal, est-ce, de la part de l'intimé, acquiescer au jugement, et, par suite, renoncer à la faculté d'en appeler incidemment?*

5° *L'Appel incident peut-il être interjeté par acte d'avoué à avoué, ou doit-il nécessairement l'être, d'après la règle générale établie par l'art. 456 du Code de procédure civile, par acte signifié à personne ou domicile et contenant assignation?*

I. Les quatre premières questions ont été agitées dans l'espèce suivante :

Le 24 janvier 1809, jugement du tribunal de commerce de Bayonne, qui, ayant faire droit sur une affaire pendante entre le sieur Pouyet et la veuve de son frère, admet le premier à faire preuve de faits qu'il avait articulés.

Le 3 février suivant, le sieur Pouyet fait purement et simplement signifier ce jugement à la veuve Pouyet, et l'assigne en même temps *pour être présenté à l'audition des témoins qu'il se propose de faire entendre.*

Le lendemain, la veuve Pouyet appelle du jugement du 24 janvier.

Le 23 mars, le sieur Pouyet obtient, sur une requête tendante à ce qu'il soit fixé *une audience rapprochée pour plaider sur l'Appel dont il s'agit*, une ordonnance du président de la cour d'Appel de Pau, qui permet d'assigner au 8 avril.

Le 22 avril, il déclare appeler incidemment du jugement attaqué par la veuve Pouyet.

La veuve Pouyet soutient qu'il y est non-recevable.

Le 9 juin 1810, arrêt qui, sans avoir égard à la fin de non-recevoir, reçoit l'Appel incident, et y statue en faveur du sieur Pouyet.

Recours en cassation de la part de la veuve Pouyet.

« Le principe sur lequel repose (ai-je dit à l'audience de la section des requêtes, le 21 août 1813) le premier moyen de cassation de la demanderesse, n'est susceptible d'aucune contradiction.

» Sans doute, on ne peut plus appeler d'un jugement après y avoir acquiescé ; et quoique cette règle, qui était écrite en caractères lumineux dans les lois romaines et dans l'ordonnance de 1667, ne se trouve littéralement, ni dans le Code civil, ni dans le Code de procédure civile, elle n'en est pas moins dans l'esprit de l'un et de l'autre, elle n'en est ni moins constante ni moins sacrée.

» Elle s'applique d'ailleurs à l'Appel incident comme à l'Appel principal.

» A la vérité, l'art. 443 du Code de procédure civile porte, en renouvelant une maxime de notre ancienne jurisprudence, que *l'intimé peut interjeter incidemment Appel en tout état de cause, quand même il aurait signifié le jugement sans protestation.*

» Mais cet article ne peut s'entendre que des cas où, avant d'interjeter son appel incident, l'intimé n'avait pas acquiescé, depuis la signification de l'Appel principal, au jugement qui est l'objet de ces Appels ; et c'est ce que la cour a décidé par plusieurs arrêts.

» Le 6 frimaire an 13, au rapport de M. Cofinhal, vous avez rejeté la requête en cassation d'un arrêt de la cour de Paris qui avait déclaré le sieur Chaillo non-recevable à appeler incidemment d'un jugement dont le sieur Durnei avait appelé avant lui ; et cela sur le seul fondement qu'en anticipant l'Appel du sieur Durnei, il lui avait donné assignation pour voir confirmer ce jugement sans réserve.

» Le 31 octobre 1809, au rapport de M. Boyer, vous avez pareillement rejeté la requête en cassation d'un arrêt de la cour d'Agen, qui avait déclaré les dames Deshoues non-recevables à appeler incidemment du jugement sur l'Appel principal duquel elles avaient donné assignation à bref délai, avec des conclusions expresses à ce qu'il fût confirmé purement et simplement.

» Et le 23 janvier 1810, au rapport de M. Carnot, la même section a prononcé en ces termes sur le recours en cassation du sieur Pousaud contre un arrêt de la cour de Paris, qui l'avait déclaré non-recevable à appeler incidemment d'un jugement dont il avait lui-même demandé et obtenu par défaut la confirmation pure et simple :

» *Attendu que, si l'art. 443 du Code de procédure civile autorise l'Appel incident en tout état de cause, sans que la signification du jugement sans réserve puisse le faire déclarer non-recevable, il n'en résulte ni ne peut en résulter que l'Appel incident soit recevable, lorsqu'il y a eu acquiescement formel au jugement par des actes subséquens et géminés ; et que,* dans le fait, le demandeur ne s'était pas borné à faire signifier le jugement dont les héritiers Quatremère s'étaient rendus appelans; qu'il avait de plus conclu à la confirmation pure et simple du jugement; qu'il avait sollicité, obtenu et signifié l'arrêt par défaut qui l'avait confirmé, et même conclu, sur l'opposition à cet arrêt, à ce que les défendeurs en fussent déboutés. — » La cour rejette le pourvoi..... (1) ».

» Il est donc bien clair que, si, dans notre espèce, le sieur Pouyet, avant d'appeler incidemment de la disposition du jugement du 24 janvier 1809, qui l'admettait à une preuve, avait acquiescé purement et simplement à cette disposition, la cour de Pau aurait dû, sous peine de cassation de son arrêt, le déclarer non-recevable dans son Appel incident.

» Mais quels sont les actes dont la demanderesse prétend induire que Jean-Jacques Pouyet avait acquiescé à cette disposition du jugement du 24 janvier 1809, avant d'en appeler incidemment?

» Il y en a deux: l'assignation du 3 février 1809, pour assister à l'audition des témoins, et la requête du 23 mars suivant en abréviation de délai.

» Mais 1°. l'assignation du 3 février 1809 est antérieure à l'Appel de la veuve Pouyet; et si, comme on n'en peut douter, elle renferme, de la part de Jean-Jacques Pouyet, un acquiescement formel au jugement du 24 janvier, du moins cet acquiescement est tacitement subordonné à la condition que la veuve Pouyet n'appellera pas elle-même de ce jugement. La veuve Pouyet ne peut donc plus se prévaloir de cet acquiescement, dès qu'elle en a rompu la condition par son propre Appel. Jean-Jacques Pouyet est censé, par son assignation du 3 février 1809, avoir dit à la veuve Pouyet: *J'exécute le jugement du 24 janvier, parceque vous n'en avez pas encore appelé, et dans la supposition que vous n'en appellerez pas.* La veuve Pouyet ne peut donc pas, en appelant, tirer avantage de l'exécution que Jean-

---

(1) Cet arrêt décide bien nettement que dans l'art. 443 du Code de procédure civile, les termes, *en tout état de cause*, ne signifient pas que l'Appel incident soit recevable après que l'intimé a manifesté, par des actes postérieurs à l'Appel principal, son intention d'acquiescer au jugement de première instance, et en effet, il ne tombe pas sous le sens que, par ces termes, le législateur ait voulu déroger au grand principe que tout jugement acquiert irrévocablement l'autorité de la chose jugée, par l'acquiescement de la partie intéressée à en demander la réformation.

C'est ainsi, au surplus, que la question a encore été jugée par quatre arrêts de la cour supérieure de justice de Bruxelles.

Le premier août 1820, premier arrêt qui,

« Attendu que les intimés, après l'Appel principal, ont conclu *à ce que l'appellation fût mise à néant*, ou, en d'autres termes, à la confirmation du jugement dont Appel; qu'ils ont ainsi acquiescé à ce jugement postérieurement à l'Appel interjeté par les appelans, et que partant ils ne peuvent prétendre que cet acquiescement ne soit que conditionnel et subordonné à celui des appelans;

« Déterminée au surplus par aucun des motifs du premier juge;

« La cour, M. l'avocat-général Destoop entendu sur l'Appel incident et de son avis, déclare cet Appel non-recevable... ». (*Jurisprudence de la cour supérieure de Bruxelles, année 1820, tome 1, page 200.*)

Le 15 mai 1822, second arrêt par lequel,

« Attendu que l'administration des domaines a signifié postérieurement à l'Appel, un mémoire pour le président des conseillers et maîtres des comptes, à la veuve Boulanger, appelante, dans lequel mémoire l'administration demande la confirmation du jugement de première instance; que cet acte, en tant qu'il contient un acquiescement formel audit jugement, peut être invoqué par l'appelante pour repousser l'Appel incident, quoiqu'en Appel l'instruction de la cause ait été ordonnée sur plaidoiries à l'audience, puisqu'un acquiescement peut même résulter d'un acte extra-judiciaire, et qu'il suffit, à cet égard, que la volonté d'acquiescer au jugement soit clairement manifestée comme dans l'espèce; que de ce qui précède, il suit que l'administration est non-recevable dans son Appel incident, tendant à obtenir les arrérages échus antérieurement au Code civil;

« La cour.... déclare l'administration des domaines non-recevable dans son Appel incident.... ». (*Annales de jurisprudence de M. Sanfourche-Laporte, année 1822, tome 2, page 289*).

Le 10 octobre 1823, troisième arrêt qui,

« Attendu que, lors de la position des qualités, les intimés ont conclu purement et simplement à la confirmation du jugement; et qu'ainsi, l'Appel incident, interjeté par eux à la dernière audience, est tardif, aux termes d'une jurisprudence certaine et notoire, et que, par une suite ultérieure, il n'est pas recevable....;

« Statuant sur l'Appel incident, le déclare non-recevable.... ». (*Jurisprudence de la cour supérieure de Bruxelles, année 1823, tome 2, page 302*).

Le 3 février 1825, quatrième arrêt par lequel,

« Attendu que, lors de la position des qualités, les intimés, sans faire aucune réserve pour un Appel incident, ont conclu à ce que l'appellation fût mise au néant; que cette conclusion renfermait implicitement la demande de confirmation dudit jugement, et par une conséquence ultérieure, un acquiescement à ce même jugement; qu'ainsi les intimés ne sont plus recevables à interjeter postérieurement Appel;

« Par ces motifs, la cour, de l'avis de M. l'avocat général Baumhauer, met l'Appel incident au néant.... ». (*Annales de jurisprudence de M. Sanfourche-Laporte, année 1825, tome 2, page 90*).

Il y a cependant un arrêt de la cour royale de Toulouse du 22 novembre 1824, qui porte:

« Attendu que les conclusions prises par l'avocat, lors de la position des qualités, n'ont pas ôté à la partie le droit de former un Appel incident, quand la loi permet de le former en tout état de cause ;

« Par ces motifs, sans avoir égard à la demande au rejet de l'Appel incident, démet, etc. ».

Mais il est à croire que, dans l'espèce de cet arrêt, l'avocat qui avait conclu à la confirmation du jugement de première instance l'avait fait de son chef et sans être assisté de l'avoué de sa partie; car si l'avoué y eût été présent, il aurait fallu, comme je l'ai établi à l'article *Acquiescement*, §-18, n°. 2, un désaveu pour neutraliser l'acquiescement qui eût résulté de ces conclusions; et admettre l'Appel incident de l'intimé, sans que le désaveu eût préalablement été jugé valable, c'eût été violer l'un des principes les plus constans de l'ordre judiciaire.

Jacques Pouyet a donnée au jugement. Elle ne peut donc pas lui dire : *Je sépare l'exécution que vous avez donnée au jugement, de la condition que vous y avez mise; et je veux, en faisant faillir celle-ci, m'emparer de celle-là.*

» Inutile d'objecter que l'art. 443 du Code de procédure civile ne relève l'intimé, à qui son adversaire a fait notifier un Appel, que de la signification qu'il aurait précédemment faite du jugement, sans protestation; et qu'en ne le relevant pas des autres actes qu'il aurait faits avant l'Appel de son adversaire, pour parvenir à l'exécution du jugement, il laisse subsister contre lui la fin de non-recevoir qu'ils élèvent par eux-mêmes contre toute espèce d'Appel de sa part.

» Ces expressions de l'art. 443, quand même il aurait fait signifier le jugement sans protestation, ne sont pas limitatives : elles ne font qu'indiquer l'une des manières les plus communes d'acquiescer à un jugement dont on pourrait appeler; et en l'indiquant, elles n'excluent pas les autres; elles ne dérogent pas, pour les autres, aux principes généraux qui, avant le Code de procédure civile, régissaient les Appels incidens. Or, il est certain qu'avant le Code de procédure civile, la jurisprudence autorisait l'intimé à appeler incidemment du jugement auquel il avait acquiescé, n'importe par quel acte et de quelle manière, avant que son adversaire en eût interjeté appel; et qu'elle l'y autorisait, parceque son acquiescement était réputé n'avoir eu lieu que sous une condition qui avait failli par l'Appel de son adversaire.

» Nous pourrions en citer des exemples sans nombre, en voici un qui est très-positif.

» Le 12 frimaire an 7, jugement du tribunal civil du département de l'Ardèche, qui prononce sur une contestation entre l'administration de ce département et le sieur Millot. Le 11 ventôse suivant, l'administration, par l'organe du commissaire du gouvernement établi près d'elle, appelle de ce jugement; mais, le 12 brumaire an 8, elle se désiste de son Appel, et consent, par un arrêté exprès, que ce jugement soit exécuté. Le 9 frimaire de la même année, le sieur Millot appelle lui-même d'une disposition de ce jugement qui lui est désavantageuse. En conséquence, l'administration rétracte son désistement, et les deux Appels sont portés devant la cour de Nîmes, qui, par arrêt du 27 prairial an 12, sans avoir égard à la fin de non-recevoir opposée par le sieur Millot à l'Appel de l'administration, réforme le jugement dans toutes ses dispositions. Le sieur Millot se pourvoit en cassation contre cet arrêt, et soutient que la cour de Nîmes a violé l'art. 5 du tit. 27 de l'ordonnance de 1667, qui déclare non-recevable l'Appel de tout jugement auquel on a formellement acquiescé. Mais par arrêt du 3 prairial an 13, au rapport de M. Genevois et sur nos conclusions, *Attendu..... que l'émission de l'appel du demandeur a* fait rentrer l'administration dans son droit d'appeler ou de poursuivre l'instance sur l'Appel qu'elle avait précédemment émis... *La Cour rejette le pourvoi.* (1) ».

» 2°. Quant à la requête de Jean-Jacques Pouyet, du 23 mars 1809, en abréviation de délai, il est vrai qu'elle est postérieure à l'Appel de la veuve Pouyet; et que, si elle conte-

―――――――――――

(1) Ce que cet arrêt avait jugé sous l'ordonnance de 1667, l'arrêt suivant l'a encore jugé sous le Code de procédure civile.

Le 19 mars 1817, jugement du tribunal de première instance de Châteauroux, qui condamne le comte de Joviac, à payer aux héritiers Roman, sur le pied de la réduction à faire d'après le tableau de dépréciation des assignats, treize années et demie d'arrérages échus pendant le cours du papier monnaie, d'une rente constituée par contrat du 17 avril 1791.

Le 17 juillet suivant, les héritiers Roman font signifier ce jugement au comte de Joviac, avec commandement d'y satisfaire.

Le 6 octobre suivant, Appel de ce jugement de la part du comte de Joviac.

Le 31 décembre 1818, les héritiers Roman en appellent incidemment au chef qui ordonne la réduction.

Le comte de Joviac conclud à ce qu'ils y soient déclarés non-recevables. Il reconnaît que, d'après l'art. 443 du Code de procédure, l'Appel incident peut, *en tout état de cause*, être interjeté après l'Appel principal, quand même l'intimé *aurait signifié le jugement sans protestations*; mais il soutient qu'autre chose est de signifier purement et simplement un jugement de première instance, autre chose est de le signifier avec commandement de l'exécuter; que, dans le premier cas, l'Appel incident est admis, parcequ'il n'est pas bien clair que l'intimé ait eu, en faisant signifier sans réserve le jugement qu'il a obtenu, l'intention d'y acquiescer dans tous ses chefs; mais que, dans le second, il ne peut y avoir là-dessus aucun doute, et que, dès-lors, la disposition de l'art. 443 devient son objet.

Le 15 janvier 1819, arrêt de la cour royale de Bourges qui rejette la fin de non-recevoir du comte de Joviac, et reçoit l'Appel incident, « attendu que vainement on op-
» pose, comme acquiescement, la signification sans ré-
» serves du jugement du 19 mai 1817, et le commande-
» ment que les héritiers Roman ont fait de payer confor-
» mément à la réduction; que cette signification et ce
» commandement ont eu lieu avant l'Appel interjeté par
» le comte de Joviac; que, depuis cet Appel, les héri-
» tiers Romans se sont incidemment rendus appelans au
» chef qui ordonne la réduction, et que celui qui veut
» bien faire le sacrifice d'une partie de ses droits dans
» l'espérance que le jugement sera exécuté dans toutes
» ses dispositions, peut appeler incidemment après l'Ap-
» pel principal ».

Recours en cassation de la part du comte de Joviac; mais par arrêt du 10 mai 1820, au rapport de M. Voisin de Gartempe et sur les conclusions de M. l'avocat général Joubert,

« Attendu que l'Appel incident de l'intimé fut régulier et légal, malgré la signification faite du jugement avec sommation d'y satisfaire, lorsque l'Appel principal du demandeur eut recommencé le litige entre les parties, conformément à la disposition textuelle de l'art. 443 du Code de procédure civile, fondé lui-même sur l'ancienne maxime de droit, *nihil licere debet actori quod non liceat reo....*; »

» La cour (section des requêtes) rejette le pourvoi..... (*Jurisprudence de la cour de cassation*, tome 20, page 438).

naît, de la part de Jean-Jacques Pouyet, un acquiescement formel à l'appointement à faire preuve prononcé par le jugement du 24 janvier précédent, il a dû en résulter, contre l'Appel incident de Jean-Jacques Pouyet, une fin de non-recevoir insurmontable.

» Mais, où la demanderesse a-t-elle pris que, par cette requête, Jean-Jacques Pouyet avait acquiescé à la disposition du jugement du 24 janvier qui l'appointait à faire preuve ? Jean-Jacques Pouyet expose par cette requête que, *s'il faut faire une enquête, il est instant d'y procéder, parceque les preuves peuvent dépérir* ; et par cette raison, il demande que le président de la cour de Pau fixe *une audience rapprochée pour plaider sur l'Appel* de la veuve Pouyet. Assurément par ces mots, *s'il faut faire une enquête, il est instant d'y procéder*, Jean-Jacques Pouyet n'a pas dit qu'il fût dans son intention absolue de faire procéder à l'enquête ordonnée par le premier juge ; il n'a parlé que conditionnellement, et il a clairement annoncé qu'il lui paraissait possible que l'enquête n'eût pas lieu. Comment cela était-il possible ? De deux manières : ou parceque le jugement pouvait être réformé sur l'Appel de la veuve Pouyet, ou parcequ'il pouvait l'être sur l'Appel qu'il interjetterait lui-même. Il n'a donc pas renoncé, par les termes dont il s'agit, au droit d'appeler lui-même. Il a donc conservé ce droit. Et s'il y avait là-dessus quelque doute, quelle loi aurait violée la cour d'Appel, en les interprétant à l'avantage de Jean-Jacques Pouyet ? Aucune. La cour de Pau n'aurait fait en cela qu'user du droit qu'elle avait de juger, d'après sa conscience, la question de volonté qui naissait, à l'égard de Jean-Jacques Pouyet, de sa requête du 23 mars 1809.

» Le premier moyen de cassation de la demanderesse, est donc, à tous égards, dénué de fondement...... ».

Par arrêt du 21 août 1811, au rapport de M. Oudart,

« Attendu 1°. que Jean-Jacques Pouyet a été reconnu n'avoir, par aucun acte postérieur à l'Appel de la demanderesse, acquiescé au jugement de première instance ; et qu'en appelant de ce jugement, la demanderesse avait rendu à Jean-Jacques Pouyet le droit d'en appeler lui-même......;

» La cour rejette le pourvoi.... ».

Sur la première question, *V.* encore les deux §. suivans.

II. La cinquième question n'en était pas une sous l'ordonnance de 1667 ; car alors l'Appel principal pouvait être interjeté par un simple acte signifié au procureur qui avait occupé en première instance pour la partie contre laquelle il était dirigé (1) ; et à plus forte raison l'Appel incident pouvait-il être interjeté par un simple acte signifié au procureur qui occupait pour cette partie en cause d'Appel.

A la vérité, cette faculté avait cessé, pour l'Appel incident comme pour l'appel principal, par la suppression que la loi du 3 brumaire an 2 avait faite des avoués. Mais la loi du 27 ventôse an 8 l'avait fait revivre en rétablissant ces officiers.

C'est cependant en supposant que, d'après les dispositions de l'ordonnance de 1667 remises en vigueur par cette dernière loi, l'Appel principal ne pouvait être interjeté que par acte signifié à personne ou domicile, que les sieurs Pelletier ont soutenu, en 1806, qu'il en devait être de même de l'Appel incident, et qu'ils ont attaqué un arrêt de la cour d'Appel de Paris par lequel avait été déclaré valable un Appel incident, que les héritiers Colin avaient interjeté contre eux par requête d'avoué à avoué.

« L'art. 8 de la loi du 3 brumaire an 2 (disaient-ils) veut que la notification d'un Appel soit faite par *exploit*, et l'art. 3 du tit. 2 de l'ordonnance de 1667 porte que tous exploits seront, à peine de nullité, *faits à personne ou à domicile*.

» L'Appel incident n'a donc pas pu être signifié par simple acte d'avoué à avoué.

» A la vérité, l'art. 4 du tit. 12 de l'ordonnance citée porte que *les assignations données aux personnes aux domiciles des procureurs, auront pareil effet pour les compulsoires....., et* POUR LES AUTRES ACTES DE PROCÉDURE, *que si elles avaient été faites au domicile des parties*. Mais évidemment on ne peut appliquer cette disposition à un Appel incident, qui n'est pas un simple acte de procédure, et ne peut par conséquent être interjeté d'avoué à avoué, non plus qu'un Appel principal ».

Par arrêt du 12 février 1806,

« Attendu que, s'agissant, dans l'espèce, d'un Appel incident et non d'un Appel principal, il a suffi, pour la régularité de cet Appel incident, qu'il ait été signifié à l'avoué des demandeurs qui les représentait sur l'Appel principal.

» D'où il résulte que c'était le cas d'appliquer l'art. 4 du tit. 12 de l'ordonnance de 1667 ;

» La cour (section des requêtes) rejette le pourvoi..... (1) ».

On voit qu'en prononçant ainsi, la cour a supposé, avec les demandeurs en cassation, que, s'il se fût agi d'un Appel principal, l'acte n'en eût pu être signifié qu'à personne ou domicile. Mais de là même il résulte que cet arrêt a, en quelque sorte, prélude à la manière dont notre question doit être jugée sous le Code de procédure civile.

En effet, d'une part, ce qu'il a supposé être écrit, relativement à l'Appel principal, dans l'ordonnance de 1667, l'est en toutes lettres dans

---

(1) *V.* le nouveau Denisart, au mot *Appel*, §. 8, n°. 3.

(1) Journal des audiences de la cour de cassation, année 1806, supplément, page 97.

l'art. 456 du Code actuel; et d'un autre côté, l'art. 337 du même Code reproduit en substance la disposition de l'art. 4 du tit. 12 de l'ordonnance de 1667 qui voulait que toute demande incidente fût signifiée à procureur. C'est donc comme si, par cet arrêt, la cour de cassation eût dit : L'art. 456 du Code actuel ne porte que sur l'Appel principal; il n'est donc pas applicable à l'Appel incident qui, par cela seul qu'il constitue, de la part des intimés, une demande incidente à la cause d'Appel, rentre dans la disposition générale de l'art. 337.

Aussi verra-t-on ci-après, §. 8, que, par un arrêt du 26 octobre 1808, la cour de cassation a formellement jugé que, sous le Code de procédure civile, il ne faut, pour appeler incidemment, qu'une signification à avoué; et c'est aujourd'hui une maxime universellement reconnue.

§. II. 1°. *L'Appel incident est-il recevable de la part d'un intimé qui, après avoir fait signifier le jugement de première instance sans protestation ni réserve, n'a pas interjeté cet Appel par les premières conclusions qu'il a prises devant le juge supérieur, et qui tendaient à la confirmation du jugement, mais a seulement fait alors la réserve de changer ou étendre par la suite lesdites conclusions, ainsi que de tous ses moyens de droit et de fait, et qui, par des conclusions postérieures, s'est réservé expressément la faculté de se porter, de son chef, incidemment appelant?*

2°. *En général, l'intimé qui conclud à la confirmation du jugement de première instance, conserve-t-il, par la réserve du droit de changer ou étendre ses conclusions, celui d'appeler incidemment?*

I. Sur la première question, un arrêt de la cour royale de Rouen, du 12 novembre 1813, avait adopté la négative. Mais il a été cassé, le 20 décembre 1815, au rapport de M. Boyer.

« Attendu, en droit, qu'aux termes de l'art. 443, §. 3, du Code de procédure, la faculté d'appeler incidemment, en tout état de cause, d'un jugement de première instance, ne peut être couverte que par un acquiescement formel donné à ce jugement par l'intimé, postérieurement à l'Appel émis par la partie condamnée;

» Attendu, en fait, que, loin qu'il ait été justifié, dans l'espèce, d'un semblable acquiescement de la part du demandeur en cassation, il résulte, au contraire, des pièces du procès, 1°. qu'après l'Appel émis par le sieur Lecaron, du jugement du tribunal de première instance du Havre, du 27 novembre 1812, les demandeurs prirent, le 28 juillet 1813, des conclusions motivées et déposées au greffe, par lesquelles, en concluant à la mise au néant de l'appellation, ils faisaient des réserves expresses de changer ou étendre par la suite lesdites conclusions, ainsi que de tous leurs moyens de fait et de droit; que, par une requête signifiée le 18 août suivant, ils firent de nouvelles et semblables réserves, *même pour se rendre incidemment appelans dudit jugement de première instance;* 3°. enfin, qu'en effet les demandeurs interjetèrent leur Appel incident à l'audience de la cour de Rouen, du 6 novembre 1813, avant la clôture de la discussion, laquelle porta, entre autres choses, sur le mérite dudit Appel, et donna lieu à l'une des questions posées dans l'arrêt dénoncé;

» Attendu que, dans un tel état de choses, l'arrêt dénoncé n'a pu déclarer les demandeurs non-recevables dans leur Appel incident, faute par eux d'en avoir fait la réserve expresse en posant les qualités, sans une contravention formelle à l'art. 443 précité du Code de procédure civile;

» Par ces motifs, la cour casse et annulle l'arrêt de la cour royale de Rouen, du 12 novembre 1813.....».

II. La seconde question rentre évidemment dans la première, et conséquemment est jugée à l'avance par l'arrêt que je viens de rapporter sur celle-ci. Aussi a-t-elle été résolue dans le même sens par un arrêt plus récent dont voici l'espèce.

Le 11 décembre 1819, jugement interlocutoire du tribunal de première instance de Louviers, entre le sieur Duchemin et Marie-Catherine Auger.

Le sieur Duchemin en appelle; et la cause portée à la cour royale de Rouen, l'intimée conclud d'abord *au bien jugé*, mais *sous toutes réserves de fait et de droit*; et plus tard, elle se rend incidemment appelante.

Le sieur Duchemin soutient que son Appel incident est non-recevable parcequ'elle ne l'a interjeté qu'à la suite de conclusions qui emportaient de sa part acquiescement au jugement de première instance; qu'en vain se prévaut-elle des réserves qu'elle avait apposées à ces conclusions au moment même où elle les avait prises; que ces réserves étaient substantiellement contraires aux conclusions qu'elles modifiaient; et que c'était par conséquent le cas d'appliquer la maxime, *protestatio actui contraria tollit protestationis effectum.*

Le 29 mai 1820, arrêt qui rejette la fin de non-recevoir, *attendu que les réserves écartent l'idée d'acquiescement.*

Le sieur Duchemin se pourvoit en cassation; mais, par arrêt contradictoire, du 26 août 1823, au rapport de M. Henri Larivière, et sur les conclusions de M. l'avocat général Joubert,

« Attendu que l'art. 443 du Code de procédure donne à l'intimé la faculté d'appeler incidemment en tout état de cause; que, si les défendeurs ont d'abord conclu à la confirmation du jugement de première instance, ils ont formellement déclaré que c'était sous toutes réserves de *fait et de droit;* que la cour royale, appréciant ces réserves, y a vu celle d'interjeter Appel incident, et que d'ailleurs elles ne sont pas incompatibles par elles-mêmes avec les conclusions tendantes à la confirmation du jugement;

» D'où il suit qu'en recevant l'Appel incident des défendeurs, la cour royale n'a pas violé l'art. 5 du tit. 27 de l'ordonnance de 1667 concernant l'acquiescement, non plus que l'art. 1350 du Code civil, relatif à l'autorité de la chose jugée, et qu'elle a fait une juste et non pas une fausse application de l'art. 443 du Code de procédure.....;

» La cour rejette le pourvoi..... (1) ».

§. III.

L'intimé qui, après avoir, postérieurement à l'Appel principal, appelé incidemment d'un chef du jugement et conclu à ce que, pour le surplus, le jugement fût confirmé, peut-il encore, en vertu de la réserve générale qu'il a faite depuis de changer ou modifier ses conclusions, appeler incidemment d'un autre chef du même jugement.

Il est évident que non. Sans doute la réserve générale de changer ou modifier les conclusions que l'on prend, suffit, comme l'ont jugé les arrêts rapportés au §. précédent, pour qu'elle conserve le droit d'appeler incidemment. Mais elle ne peut avoir cet effet qu'autant qu'elle n'a pas été précédée de conclusions tendant à la confirmation du jugement de première instance; car si elle l'a été, il y a acquiescement de la part de l'intimé, et il est bien constant, comme on l'a vu dans le §. 1, que l'intimé ne peut pas revenir sur l'acquiescement qu'il a donné après l'Appel principal.

Voici cependant une espèce où l'opinion contraire semble avoir prévalu.

Le 5 août 1820, jugement du tribunal de première instance de Bordeaux, qui, statuant sur des contestations élevées entre le sieur Ducasse, le sieur Chavaille et la dame Giraud, respectivement propriétaires de maisons contiguës, déboute le sieur Ducasse de sa demande en suppression d'un fourneau que le sieur Chavaille avait établi dans sa cuisine, condamne le sieur Chavaille et la veuve Giraud à faire fermer à verre dormant quatre croisées pratiquées dans l'exhaussement de leurs murs, déclare non-recevable, quant à présent, la demande reconventionnelle du sieur Chavaille contre le sieur Ducasse en démolition d'un petit bâtiment, et ne statue rien sur les conclusions en garantie prises par la veuve Giraud contre le sieur Chavaille, son vendeur, à raison de la fermeture à verre dormant de celles des quatre croisées pratiquées dans l'exhaussement de leur mur, qui lui appartiennent.

Appel de ce jugement de la part du sieur Ducasse, au chef qui rejette sa demande en suppression du fourneau.

Sur cet Appel, le sieur Chavaille fait signifier au sieur Ducasse, le 20 mars 1822, un acte d'avoué à avoué par lequel il déclare appeler incidemment du chef qui écarte sa demande reconventionnelle en démolition du petit bâtiment, et conclud, sans aucune réserve, à ce que le jugement soit confirmé dans ses autres dispositions.

La cause en cet état, les deux parties se présentent, le 23 février 1823, à l'audience de la cour royale de Bordeaux, y prennent de vive voix les conclusions qu'elles se sont précédemment signifiées, et ajoutent chacune, ainsi que l'atteste l'arrêt définitif dont il sera parlé dans un instant, la réserve de les changer, modifier ou étendre. Mais l'affaire n'est pas plaidée ce jour-là, et elle est renvoyée au 6 mars suivant

Le 28 du même mois de février, la dame Giraud fait signifier au sieur Chavaille un acte par lequel elle se déclare appelante du jugement en ce qu'il ne statue pas sur la demande en garantie qu'elle avait formée contre lui.

Le sieur Chavaille s'empresse de demander la jonction de cet Appel à celui qu'a précédemment interjeté le sieur Ducasse; et elle est prononcée par arrêt du 20 mars de la même année, avec la clause, *tous Appels incidens réservés.*

Dès le lendemain, le sieur Chavaille, se prévalant de cette clause, fait signifier au sieur Ducasse un nouvel Appel incident qui porte sur le chef du jugement par lequel il est condamné, conjointement avec la veuve Giraud, à faire fermer à verre dormant les croisées ouvertes dans l'exhaussement de leur mur; et il conclud à ce qu'il lui soit permis de faire preuve par témoins de la possession dans laquelle il est, depuis plus de trente ans, de tenir ces croisées dans l'état où elles sont.

Le 25 avril, la veuve Giraud appelle aussi incidemment du même chef, et prend, à cet égard, les mêmes conclusions que le sieur Chavaille.

Le sieur Ducasse soutient que le sieur Chavaille n'est pas recevable dans son second Appel incident, parcequ'en concluant, par son premier acte d'Appel incident du 2 mars 1822, à la confirmation du jugement dans les chefs étrangers à celui-ci, il a manifestement acquiescé au chef sur lequel porte ce second Appel, et qu'il a ratifié cet acquiescement par les conclusions qu'il a prises à l'audience du 27 février.

Le 9 mai 1823, arrêt qui rejette la fin de non-recevoir du sieur Ducasse, et accueille le second Appel incident du sieur Chavaille.

« Attendu, dans la forme, que cet Appel est recevable, parceque la loi permet à l'intimé d'interjeter incidemment Appel en tout état de cause; d'où il suit que l'Appel est recevable jusqu'au moment où tous les moyens des parties ayant été développés, la contestation est soumise à la délibération des tribunaux qui doivent statuer;

---

(1) Jurisprudence de la cour de cassation, tome 25, page 51.

» Attendu que c'est mal à propos qu'on s'autorise des conclusions prises par toutes les parties, à l'audience du 27 février, pour justifier qu'à cette époque, où l'affaire a été valablement engagée devant la cour, il ne fut pas fait mention de ce nouvel Appel incident; ces conclusions ayant pu être changées, modifiées, étendues au gré des parties, d'après les réserves qu'elles en avaient faites, suivant l'usage constamment pratiqué, il en résulte que le sieur Chavaille a été libre de changer et d'étendre les siennes, de faire porter son Appel incident sur d'autres chefs du jugement dont il n'avait pas encore démêlé les inconvéniens, puisque la disposition de l'art. 443 du Code de procédure donne à l'intimé toute latitude à cet égard ».

Le sieur Ducasse se pourvoit en cassation contre cet arrêt, et l'attaque comme violant le grand principe que l'acquiescement donné à un jugement, après l'Appel principal, élève une barrière insurmontable contre tout Appel incident de la part de l'intimé.

Il soutient d'abord qu'en supposant avec l'arrêt que les parties se fussent réservé, à l'audience du 27 février, la faculté de changer, modifier ou étendre les conclusions qu'elles y avaient prises, ces réserves générales, vagues et banales n'avaient pu, par elles-mêmes, conserver au sieur Chavaille le droit d'appeler incidemment.

Il soutient ensuite qu'elles ont encore bien moins pu lui conserver ce droit relativement au chef du jugement dont il avait lui-même précédemment demandé la confirmation par son premier Appel incident du 2 mars 1822, sans y joindre aucune réserve spéciale ni même générale. Qu'importe en effet, dit-il, la différence qui se trouve à cet égard entre l'espèce actuelle et celle de l'arrêt de la section civile, du 25 juillet 1810 (cité dans les conclusions rapportées ci-dessus, §. 1)? Qu'importe que, dans celle-ci, l'acquiescement de l'intimé résultât, suivant cet arrêt même, 1°. de ce qu'il avait obtenu un arrêt confirmatif par défaut; 2°. de ce qu'il avait conclu sans réserves à ce que l'appelant principal fût déclaré non-recevable dans son opposition à cet arrêt ? Cette différence, dans le fait, peut-elle en amener une dans le droit? Peut-elle justifier une solution opposée ? On ne saurait le croire. Ce n'est pas du nombre et de la multiplicité des actes, mais bien de leur intensité et de leur énergie que résulte l'acquiescement; cet acquiescement n'est pas moins formel, n'est pas moins l'expression de la volonté de l'intimé, lorsque, dans un acte par lequel il déclare appeler incidemment du chef d'un jugement, il conclud, sans réserve, à ce que le jugement soit confirmé sur tous les autres chefs, que s'il avait fait signifier dix actes de la même nature.

Enfin, dit encore le sieur Ducasse, en admettant que l'Appel incidemment interjeté par la veuve Giraud, du chef du jugement relatif à la fermeture des quatre croisées de surhaussement à fer maillé et à verre dormant, eût pu profiter au sieur Chavaille, son garant, ce n'a pu être que pour les trois de ces croisées qui appartiennent à la maison de cette dame. Mais le sieur Chavaille figurait encore au procès, pour la quatrième croisée, dépendant de l'hôtel des Sept-Frères. Or, à cet égard, les réserves qu'il a pu faire, le 27 février 1823, n'ont pu le relever de l'acquiescement qu'il avait donné dès le 2 mars 1822.

Ce moyen de cassation a été adopté, mis dans un nouveau jour et développé avec une grande force par M. l'avocat-général Lebeau, qui en fait le fondement de conclusions tendant à l'admission de la requête du sieur Du Casse.

Mais, par arrêt du 30 décembre 1821, au rapport de M. Botton de Castellamonte, et après une heure de délibération dans la chambre du conseil,

« Attendu que le Code de procédure civile permet à l'intimé d'interjeter un Appel incident *en tout état de cause* ; que l'intimé peut, à la vérité, renoncer à ce droit, et qu'on ne pourrait pas l'admettre à revenir contre une pareille renonciation; mais que cette exception à la loi générale ne peut avoir lieu que dans le cas d'une renonciation, sinon expresse et formelle, au moins implicite, et comme une conséquence nécessaire des actes émanés de l'intimé;

» Attendu que, quoique Chavaille, dans un premier exploit, n'ait fait mention que de l'Appel incident sur un chef, en concluant au rejet de l'Appel principal du demandeur, il ne résulte pas de là qu'il eût abandonné la faculté accordée par la loi de former d'autres Appels incidens ultérieurs, si le développement et l'état subséquent de la cause l'exigeaient;

» Attendu que l'arrêt constate, en point de fait, que, lors de la première comparution à l'audience, et à une époque où l'affaire n'était pas suffisamment instruite, Chavaille avait fait des réserves de nature à l'autoriser à former ultérieurement un Appel incident;

» Attendu que les parties étant revenues à l'audience, sur un Appel formé par la veuve Giraud, qui changeait l'état de l'affaire, un arrêt du 20 mars joignit toutes les instances, *tous Appels incidens demeurant réservés*; et qu'enfin, c'est en exécution de cet arrêt, et même forcé par la nécessité de se défendre contre l'attaque de la veuve Giraud, que Chavaille forma l'Appel incident dont il s'agit, et à une époque où les choses, d'après les réserves consignées dans l'arrêt, se trouvaient encore entières;

» La cour (section des requêtes) rejette le pourvoi..... (1) ».

Cet arrêt aurait-il pu prononcer comme il l'a

---

(1) Journal des audiences de la cour de cassation, année 1825, page 45.

fait, si le sieur Ducasse ne se fût pas borné à attaquer celui de la cour royale de Bordeaux, du 9 mai 1823; s'il eût attaqué en même temps celui du 20 mars précédent, par lequel cette cour avait ajouté à la jonction de son Appel à celui de la veuve Giraud, la clause *tous Appels incidens réservés*?

Je ne saurais le croire, et je me fonde sur le principe même par lequel il débute.

Il reconnaît que l'intimé peut, après l'Appel principal, renoncer au droit d'appeler incidemment, et qu'*on ne pourrait pas l'admettre à revenir contre une pareille renonciation*, lors même que, sans être formelle et expresse, elle ne serait qu'*implicite et une conséquence nécessaire des actes émanés de l'intimé*. Or, la renonciation du sieur Chavaille à la faculté d'appeler incidemment du chef du jugement relatif à la fermeture des quatre croisées du surhaussement, n'était-elle pas la conséquence nécessaire de l'acte du 2 mars 1822, par lequel, en appelant incidemment du chef du jugement qui rejetait comme prématurée la demande reconventionnelle en démolition d'un petit bâtiment, il avait conclu, sans réserve quelconque, à ce que les autres chefs du jugement fussent confirmés? Quoi de plus contradictoire avec de pareilles conclusions que la faculté d'en prendre dans la suite de nouvelles, pour la réformation d'un autre chef du même jugement? Dire qu'en concluant, par son exploit du 2 mars 1822, à la confirmation du jugement dans les chefs étrangers à l'Appel incident qu'il interjetait par cet acte, le sieur Chavaille n'avait pas nécessairement *abandonné la faculté accordée par la loi de former d'autres Appels incidens ultérieurs, si le développement et l'état subséquent de la cause l'exigeaient*, ce n'est pas seulement livrer à un arbitraire sans bornes l'application d'un principe incontestable en soi, c'est encore se mettre manifestement en opposition avec ce que la section des requêtes elle-même et la section civile avaient décidé par leurs arrêts des 6 frimaire an 13, 31 octobre 1809 et 23 janvier 1810, cités dans les conclusions rapportées ci-dessus, §. 1 ; car, dans l'espèce de ces trois arrêts, c'était aussi à raison du *développement et de l'état subséquent de la cause* que l'intimé avait appelé incidemment, après avoir conclu purement et simplement à la confirmation du jugement de première instance; et cependant la section des requêtes et la section civile l'avaient repoussé sans la moindre hésitation.

À la vérité, l'arrêt de la section civile, du 23 janvier 1810, se fonde spécialement sur ce que, dans son espèce, il y a eu, de la part de l'intimé et postérieurement à l'Appel principal, *acquiescement au jugement par des actes subséquens* ET GÉMINÉS. Mais on se tromperait étrangement si l'on inférait de là qu'en thèse générale un seul acte ne suffit pas pour opérer, de la part de l'intimé, une renonciation irrévocable au droit d'appeler incidemment. L'arrêt ne s'exprime ainsi que parcequ'à raison d'une particularité propre à son espèce, il fallait que le premier acte d'acquiescement fût suivi d'un second pour qu'il en résultât une fin de non-recevoir contre l'Appel incident de l'intimé. En effet, l'intimé avait bien, par ses premières conclusions à ce qu'il fût donné défaut contre l'appelant, et que, pour le profit, le jugement fût confirmé, renoncé à la faculté d'appeler lui-même incidemment ; mais il n'y avait renoncé qu'eu égard à l'état où la cause se trouvait alors; il n'y avait renoncé que dans la supposition que l'arrêt par défaut passerait en force de chose jugée; il n'y avait pas renoncé pour le cas où cet arrêt se trouverait frappé d'une opposition qui le rendrait comme non avenu. Une nouvelle renonciation était donc devenue nécessaire de sa part, au moment où l'appelant avait formé opposition à l'arrêt par défaut; et ce n'est que parcequ'il y avait effectivement renoncé de nouveau, en concluant, sur l'opposition de l'appelant, à la confirmation pure et simple du jugement, qu'il a été déclaré non-recevable dans l'Appel incident qu'il avait ensuite interjeté (1).

Le sieur Chavaille avait-il été placé par l'Appel subséquent de la veuve Giraud, dans la même position que l'avait été l'intimé dans l'espèce de cet arrêt, par l'opposition de l'appelant à la confirmation par défaut du jugement de première instance?

Qu'il l'eût été relativement à trois des croisées de l'exhaussement desquelles il s'agissait, c'est-à-dire, de celles de ces croisées qui appartenaient à la veuve Giraud dont il était garant, le défenseur du sieur Ducasse en convenait devant la cour de cassation ; et cela résultait clairement de la doctrine établie au mot *Appel*, §, 15, n°. 3.

Mais que, par les Appels de la veuve Giraud, le sieur Chavaille eût été relevé de son acquiescement antérieur, relativement à celle de ses croisées qui lui appartenait personnellement, c'est ce qu'il est impossible d'admettre.

Donc, rien ne pouvait, au moins relativement à cette croisée, nécessiter de sa part, après l'Appel de la veuve Giraud, un nouvel acquiescement au chef du jugement dont elle était l'objet, pour qu'il fût irrévocablement lié par le premier acquiescement qu'il avait donné à ce même chef par son exploit du 2 mars 1822.

Donc, au moins, relativement à cette croisée, son second Appel incident était non-recevable.

---

(1) Cela est si vrai que, dans une espèce où l'intimé qui avait obtenu par défaut un arrêt confirmatif du jugement de première instance, avait interjeté son Appel incident sur l'opposition même que l'appelant principal avait formée à cet arrêt, il a été jugé, par arrêt de la cour de Rennes, du 26 juin 1810, rapporté par M. Carré, dans ses *Questions sur le Code de procédure civile*, n°. 2229, que son Appel incident était encore recevable.

Donc la loi avait été violée par l'arrêt de la cour royale de Bordeaux qui avait reçu l'Appel. — Donc cette violation pouvait tout au plus être couverte par le défaut de recours en cassation contre la disposition de l'arrêt du 20 mars précédent qui, en joignant l'Appel principal de la veuve Giraud à l'Appel principal du sieur Ducasse et au premier Appel incident du sieur Chavaille, avait *réservé tous Appels incidens*, et par conséquent jugé à l'avance que le sieur Chavaille était encore à temps pour appeler incidemment du chef du jugement de première instance, autre que celui dont il s'était porté incidemment appelant par son exploit du 2 mars 1822.

§. IV. *Après avoir fait signifier sans protestation ni réserve un jugement à deux parties que l'on avait en tête devant le tribunal de première instance, peut-on, à l'occasion de l'Appel qu'on interjette l'une de ces deux parties, en appeler soi-même incidemment contre l'autre partie qui n'en est pas appelante?*

La négative est évidente, et elle a été consacrée par l'arrêt de la cour de cassation, du 27 juin 1820, rapporté au mot *Acquiescement*, §. 5, n°. 1.

§. V. 1°. *L'Appel que le garant, condamné à indemniser le garanti, interjette du chef du jugement qui accueille la demande principale, suffit-il pour autoriser, de la part du garanti qui n'a pas appelé dans le délai de la loi, un Appel incident de ce même chef du jugement?*

2°. *Suffit-il pour autoriser le demandeur principal à appeler incidemment contre le garant, du même chef, en ce qu'il ne lui adjuge pas tout ce qui lui appartient ou lui est dû?*

I. Sur la première de ces questions, il faut distinguer entre le cas où l'Appel est interjeté par un garant simple et le cas où il l'est par un garant formel.

Au premier cas, la négative est la conséquence naturelle du principe consigné dans l'arrêt de la cour de cassation, du 27 juin 1820, cité au §. précédent, que *l'Appel incident n'est recevable*, soit après acquiescement, soit après les délais de la loi, qu'autant qu'il y a eu Appel principal de la partie contre laquelle il est interjeté ; et c'est ainsi, en effet, que l'a jugé l'arrêt suivant de la même cour.

Le 21 janvier 1811, jugement du tribunal de première instance de Strasbourg, qui condamne le sieur Thomann à payer à la dame de Beaufranchet le capital et les arrérages échus d'une redevance prétendue foncière, et qu'il soutenait être féodale, et sa ci-devant épouse, divorcée, à l'indemniser de la moitié de cette redevance.

Le 18 février de la même année, signification de ce jugement au sieur Thomann, à la requête de la dame de Beaufranchet.

Quelques jours après, le sieur Thomann fait lui-même signifier le jugement à sa ci-devant épouse.

Le 16 mars suivant, celle-ci en appelle par un acte qu'elle fait signifier tant à la dame de Beaufranchet qu'au sieur Thomann.

Le 1er. février 1812, c'est-à-dire, long-temps après l'expiration des trois mois qui ont suivi la signification du 18 février 1811, le sieur Thomann intervient sur cet Appel et se rend lui-même incidemment appelant contre la dame de Beaufranchet.

Question de savoir si cet Appel incident est recevable. La dame de Beaufranchet soutient que non, parcequ'il n'y a pas eu d'Appel principal de sa part.

Le 8 février 1812, arrêt de la cour de Colmar qui rejette la fin de non-recevoir, reçoit l'Appel incident du sieur Thomann et, infirmant le jugement de première instance, déclare la redevance dont il s'agit, féodale et par conséquent abolie.

Mais, sur le recours en cassation de la dame de Beaufranchet, arrêt du 18 juillet 1815, au rapport de M. Carnot, et sur les conclusions de M. l'avocat-général Lecoutour, par lequel,

« Vu l'art. 443 du Code de procédure civile... ;

» Considérant que la demanderesse n'était pas appelante du jugement du 21 janvier 1811, et que, dès-lors, il ne pouvait y avoir Appel incident de la part de Thomann, du même jugement dans ses rapports avec la demanderesse ; que l'Appel interjeté par la femme Thomann, défenderesse à la garantie, ne pouvait relever Thomann, seule partie au procès, de ce qu'il n'avait pas lui-même interjeté Appel dans le délai utile à l'encontre de la demanderesse principale, celle-ci n'ayant aucun intérêt direct ni indirect à ce qui avait été jugé sur la demande en garantie intentée par Thomann contre sa femme ; que c'est donc avoir faussement appliqué la troisième disposition de l'art. 443 du Code de procédure civile, que d'en avoir fait l'application à l'Appel interjeté par Thomann, après les trois mois expirés, à compter du jour que le jugement lui avait été signifié à la requête de la demanderesse, et par suite avoir violé la première disposition dudit article qui prononce la déchéance de l'Appel qui n'a pas été interjeté dans le délai de rigueur;

» Par ces motifs, la cour casse et annulle... (1) ».

Dans le second cas, la question dépend de principes d'un ordre différent.

L'effet de la garantie formelle étant de mettre le garant qui ne la conteste pas, ou qui est jugé en être tenu, à la place du garanti, et de faire réfléchir sur le second tout le résultat de la défense que le premier oppose à la demande prin-

---

(1) Bulletin civil de la cour de cassation, tome 16, page 144.

cipale, il est clair que le garanti n'a pas besoin, lorsque le jugement qui l'évince, est frappé par le garant d'un Appel principal, d'en interjeter lui-même un Appel incident, puisque, soit qu'il en appelle, soit qu'il n'en appelle pas personnellement, le jugement qui interviendra sur l'Appel de son garant, sera toujours exécutoire en sa faveur comme à son désavantage.

Mais de ce que le garanti n'a pas besoin d'appeler personnellement, s'ensuit-il que l'Appel qu'il interjette après le délai de la loi, incidemment à l'Appel interjeté par son garant, soit non-recevable.

Non, ou du moins ce serait sans intérêt qu'on le déclarerait tel, parce que le garanti est, quoique mis hors de cause, autorisé par l'art. 182 du Code de procédure, *à y assister pour la conservation de ses droits*, et que par conséquent l'Appel incident qu'il interjette, doit, tout tardif qu'il est, équipoller à un acte par lequel il se bornerait à déclarer qu'il assiste à la cause d'Appel que le garant a introduite.

III. Sur la seconde question, nul doute que, si l'Appel est interjeté par un garant simple, le demandeur principal, qui est intimé sur cet Appel, ne soit non-recevable à s'en faire un titre pour appeler lui-même incidemment contre le garanti. Il n'y a, en effet, alors ni raison ni prétexte pour ne pas appliquer le principe que l'Appel incident n'est ouvert que contre la partie qui l'a en quelque sorte provoqué par un Appel principal.

Mais n'en est-il pas autrement lorsqu'il s'agit de l'Appel interjeté par un garant formel? Le demandeur principal, intimé sur cet Appel, ne peut-il pas, quoiqu'il soit hors des délais, ou qu'il ait acquiescé au jugement qui ne lui a adjugé qu'une partie de ses conclusions, interjeter, on ne dit pas contre le garant (car il ne peut y avoir aucun doute à cet égard), mais contre le garanti non appelant, un Appel incident dont l'objet soit de lui faire obtenir l'entier effet de la demande qu'il a formée en première instance?

Il le peut, selon moi, avec d'autant moins de difficulté, que ce n'est, de sa part, qu'une mesure surérogatoire; et que, quand même il n'appellerait pas incidemment contre le garanti, l'Appel incident qu'il interjetterait contre le garant, suffirait, en cas de réformation du chef du jugement qui lui porte préjudice, pour que l'arrêt infirmatif opérât contre le garanti, d'après l'art. 185 du Code de procédure civile, le même effet que si cet Appel eût été dirigé contre le garanti lui-même.

Voici néanmoins une espèce dans laquelle a été cassé un arrêt qui l'avait ainsi jugé.

Le 25 brumaire an 5, contrat de mariage par lequel Isaac Vincens fait donation de deux immeubles à Henri-César, l'un de ses fils.

En 1806, ces deux immeubles sont vendus par expropriation forcée sur le donataire. Le sieur Bodin s'en rend adjudicataire, moyennant la somme de 27,825 francs; et il les revend ensuite aux sieurs Picard et Théron.

Plusieurs années après, trois des enfans d'Isaac Vincens, décédé, forment contre les sieurs Picard et Théron une demande en réduction, sur laquelle ceux-ci exercent un recours en garantie contre le sieur Bodin, leur vendeur.

Le sieur Bodin se reconnaît garant, et, de concert avec les sieurs Picard et Théron qui restent en cause, il conclud au rejet de la demande principale.

Le 14 avril 1820, jugement du tribunal de première instance de Nismes, qui admet la demande en réduction, mais seulement sur les 27,825 francs qui ont formé le prix de l'adjudication de 1816, et en affranchit les deux immeubles en nature.

Les légitimaires font signifier ce jugement tant au sieur Bodin qu'aux sieurs Picard et Théron, avec sommation de leur payer la somme qu'il leur adjuge.

Appel de ce jugement de la part du sieur Bodin.

De leur côté, les légitimaires en appellent incidemment tant contre le sieur Bodin que contre les sieurs Picard et Théron, et concluent à ce que ceux-ci soient condamnés à délaisser les deux immeubles.

Les sieurs Picard et Théron soutiennent que cet Appel est non-recevable à leur égard, parceque les légitimaires ont acquiescé au jugement par la signification qu'ils en ont fait faire avec sommation de l'exécuter. Il est vrai (ajoutent-ils) que l'Appel du sieur Bodin, notre garant, vous a relevés de cet acquiescement en ce qui le concerne; mais il ne vous en a point relevés par rapport à nous, puisque nous n'avions pas appelé. Votre Appel incident reste donc, de vous à nous, soumis à toute la rigueur de la règle qui ne l'admet que contre la partie qui a interjeté un Appel principal.

Le 28 mai 1822, arrêt de la cour royale de Nisme qui rejette cette fin de non-recevoir,

« Attendu que le sieur Bodin, cité en garantie formelle par les hoirs Théron et Picard, a déclaré prendre leur fait et cause ; que, dès-lors, l'action des demandeurs Vincens a été liée indivisément entre eux, demandeurs originaires, et le garant; que la présence en l'instance des garantis, faute par eux d'avoir demandé leur mise hors de cause, n'a pu nuire à ladite indivisibilité, étant indifférent, pour les demandeurs, que les garantis assistent ou non dans la cause avec le garant, du moins en ce qui concerne l'objet principal de la demande en matière réelle ; qu'on ne saurait établir cette séparation entre les garantis et le garant, par cela seul que les demandeurs ont signifié aux garantis le jugement intervenu entre les parties avec la déclaration qu'il serait procédé à son exécution;

» Qu'une telle signification a pu être faite en conformité de l'art. 185 du Code de procédure, d'après lequel les jugemens rendus contre le garant sont exécutoires contre les garantis; que, par cet acte, les demandeurs se sont privés du droit d'interjeter Appel principal; mais que le garant qui représente les garantis, ayant toujours la faculté d'appeler lui-même, et ayant usé de cette faculté, les demandeurs devenus intimés, ont pu se rendre incidemment appelans à l'égard de toutes les dispositions du jugement; car l'Appel du garant pouvant profiter aux garantis, il est d'une juste réciprocité qu'ils courent aussi les chances défavorables;

» Que, si, dans l'espèce, le jugement eût ordonné le *désistat* des biens, comme il avait été demandé par l'exploit introductif d'instance, les droits du garant n'auraient pu être lésés par l'acquiescement des garantis; par la même raison, le garant ayant appelé du jugement qui n'avait pas fait droit à la demande en *désistat*, les intimés ont pu réclamer, par Appel incident, quoique, dans leur acte envers les garantis, on eût pu trouver un acquiescement de leur part; toujours subordonné au cas où ceux-là, ou leur garant, n'eussent pas eux-mêmes interjeté Appel;

» Que, de toutes ces considérations, il résulte que les hoirs Théron et Picard ont été légalement amenés en la cause pour continuer d'y assister comme en première instance ».

Le 11 juillet suivant, second arrêt qui, statuant au fond, infirme le jugement de première instance en ce qu'il a limité l'action des légitimaires au prix de l'adjudication de 1806, et condamne les sieurs Picard et Théron à délaisser en nature les immeubles dont il s'agit.

Les sieurs Picard et Théron se pourvoient en cassation contre le premier de ces arrêts et par suite contre le second.

En recevant l'Appel incident des légitimaires (disent-ils), la cour royale de Nismes a, par une fausse application des art. 182, 183, 184, 185 et 443 du Code de procédure, violé les art. 1350 et 1351 du Code civil sur l'autorité de la chose jugée.

« Quoique les termes de l'art. 443 du Code civil (ajoutent-ils) semblent n'apporter aucune restriction à la faculté d'appeler incidemment, il a été néanmoins admis en principe que l'Appel incident ne peut excéder la mesure de l'Appel principal. Ainsi, lorsqu'une demande formée contre deux défendeurs, est accueillie en partie et en partie rejetée, et que l'un des deux défendeurs interjette Appel principal de la disposition qui lui préjudicie, le demandeur originaire, qui aurait acquiescé au jugement, pourrait bien sans doute encore appeler incidemment de la disposition qui rejette une partie de sa demande, mais seulement vis-à-vis de l'appelant principal. Quant à l'autre défendeur qui n'a pas appelé, l'Appel incident est non-recevable. C'est ce que la cour de cassation a jugé par arrêt du 27 juin 1820.

» Dans l'espèce, l'Appel principal interjeté par Bodin, ne pouvait autoriser les enfans Vincens à appeler incidemment à l'égard des héritiers Picard et Théron, qui avaient acquiescé en ce qui les concernait; cependant la cour de Nismes a jugé le contraire. Le principal, on, pour mieux dire, l'unique motif sur lequel elle s'est fondée, c'est que la cause des héritiers Picard et Théron et de Bodin, leur garant, était indivisible. Mais il est facile de prouver que cette indivisibilité n'existe pas.

» Sans doute, lorsqu'après avoir appelé son garant, le garanti demande et obtient sa mise hors de cause, il se trouve lié par les actes du garant, parceque, laissant le garant seul en cause, il s'est entièrement reposé sur lui du soin de la défense commune. Mais si, loin de demander sa mise hors de cause, le garanti a voulu y rester pour veiller à ses intérêts, alors, quoique le garant et le garanti aient des rapports communs, puisque l'objet de la difficulté est le même pour eux, leurs droits sont cependant distincts et séparés. Supposez, en effet, qu'au lieu de rejeter la demande en délaissement formée contre les défendeurs, le jugement l'eût ordonné, et que les garantis y eussent acquiescé, cet acquiescement n'aurait pu lier le garant. Supposez, au contraire, que ce soit le garant qui ait acquiescé, cet acquiescement n'aura pas pu nuire non plus aux garantis. On en peut dire autant d'un aveu, d'un désistement. Leurs intérêts ne sont donc pas indivisibles. Ainsi tombe le motif sur lequel s'est fondée la cour de Nismes ».

A ces moyens, les légitimaires, défendeurs à la demande en cassation, opposent vainement les motifs qui ont déterminé la cour royale de Nismes en leur faveur. Par arrêt du 17 mai 1825, au rapport de M. Piet, conformément aux conclusions de M. l'avocat général de Marchangy, et après un délibéré en la chambre du conseil,

« Vu les art. 182, 183, 184, 185 et 443 du Code de procédure et les art. 1350 et 1351 du Code civil...;

» Considérant qu'aux termes de l'arrêt du 28 mai 1822, le jugement du 14 avril 1820 a été signifié, d'abord à l'avoué des tiers-acquereurs, ensuite à leurs domiciles, à la requête des enfans Vincens, avec déclaration que l'exécution en serait poursuivie;

» Qu'il est reconnu par cet arrêt, que les défendeurs se sont privés par là du droit d'interjeter Appel, cette signification formant, de leur part, un acquiescement à la chose jugée;

» Considérant que cet acquiescement a fait cesser, dès-lors, ce qu'il y avait de commun et d'identique dans l'intérêt des garantis et du gatant, puisque les garantis se trouvaient pleinement rassurés contre l'éviction dont la demande les avait menacés, seul objet qui les concernât.

» Que, si l'Appel principal du sieur Bodin, dirigé contre les enfans Vincens, autorisait ces derniers à proposer un Appel incident contre lui de ce même jugement auquel ils avaient acquiescé, ils n'ont pu diriger ce même Appel incident contre les héritiers Picard et Théron, qui non-seulement n'avaient pas attaqué ce jugement de première instance, mais qui, tout au contraire, en avaient consenti et entendaient réclamer l'exécution ;

» Qu'en déclarant recevable cet Appel incident, en tant qu'il était dirigé contre les tiers-détenteurs, sous le prétexte de l'indivisibilité avec Bodin, vendeur, qui s'était reconnu garant formel, et en les condamnant, par suite, à délaisser les immeubles acquis par Picard et Théron, leurs auteurs, les 25 mai et 2 août 1809, l'arrêt du 28 mai 1822 et celui du 11 juillet suivant ont contrevenu à la chose jugée et devenue irrévocable ; que ces arrêts ont à la fois violé les art. 1350 et 1351 du Code civil, et fait une fausse application des art. 182, 183, 184, 185 et 443 du Code de procédure ;

» Par ces motifs, la cour casse et annulle les arrêts rendus par la cour royale de Nismes les 28 mai et 11 juillet 1822.... (1) ».

J'ai beaucoup médité cet arrêt, et j'ai cherché, par toutes les combinaisons possibles, à le concilier avec le principe régulateur de la garantie formelle ; mais je n'ai pu y parvenir.

Supposons d'abord que, devant les premiers juges, les sieurs Picard et Théron se fussent, d'après la faculté que leur en laissait l'art. 182 du Code de procédure, retirés de l'instance, dès le moment où le sieur Bodin, reconnaissant sa qualité de garant formel, avait déclaré prendre leur fait et cause.

Dans cette hypothèse, les légitimaires auraient-ils eu besoin, après l'Appel principal du sieur Bodin, de faire signifier un Appel incident aux sieurs Picard et Théron pour faire infirmer contre eux le chef du jugement de première instance qui limitait leur action au prix de la vente par expropriation forcée de 1806 ? Non, certes. Il leur eût suffi, pour cela, d'appeler incidemment contre le sieur Bodin. Pourquoi ? Parcequ'en faisant prononcer leur mise hors de cause en première instance, les sieurs Picard et Théron avaient évidemment consenti à ce que le sieur Bodin les remplaçât à tous égards ; parcequ'ils l'avaient, par là, constitué leur représentant ; parceque l'art. 185 voulant que le jugement rendu contre le garant, soit, de plein droit, exécutoire contre le garanti, est nécessairement censé vouloir que les procédures faites contre l'un, soient censées faites contre l'autre.

Mais, dès-lors, comment, dans cette même hypothèse, les sieurs Picard et Théron auraient-ils pu se prévaloir de ce qu'avant d'appeler incidemment, les légitimaires leur avaient fait signifier le jugement de première instance avec sommation de l'exécuter ? Avec quelle force, avec quelle justesse, les légitimaires ne leur auraient-ils pas répondu ? « En vous faisant signifier le » jugement de première instance, en vous sommant de l'exécuter, en usant même du droit » que nous donnait l'art. 185, nous avons sans » doute acquiescé envers vous à ce jugement, » comme nous y avons acquiescé envers le sieur » Bodin, en lui faisant la même signification et » la même sommation ; mais nous n'y avons ac- » quiescé envers vous que sous la condition qu'il » n'en serait pas appelé dans votre intérêt, comme » nous n'y avons acquiescé envers le sieur Bodin » que sous la condition qu'il n'en serait pas ap- » pelé dans l'intérêt qui lui était propre. Or, cette » double condition a failli de votre part, comme » de celle du sieur Bodin, par l'Appel que le sieur » Bodin nous a fait signifier. Nous rentrons donc, » par l'effet de cet Appel, dans la faculté d'ap- » peler incidemment. Qu'importe que cet Appel » ne soit pas votre ouvrage personnel ? Qu'importe » qu'il n'ait été interjeté que par le sieur Bodin ? » Le sieur Bodin, en l'interjetant, n'a pas seule- » ment agi pour lui-même, il a encore agi pour » vous. Car il était votre représentant ; il l'était » par cela seul qu'il avait pris votre fait et cause ; » il l'était parcequ'en vous retirant de l'instance, » vous l'aviez virtuellement chargé de faire pour » vous tout ce qu'il jugerait nécessaire à la dé- » fense de vos intérêts ; il l'était parcequ'il est » impossible que la loi déclare exécutoire contre » vous le jugement rendu contre lui, sans dé- » clarer, par celamême, que les procédures et les » diligences faites par lui, sont censées faites par » vous ».

Qu'auraient pu opposer les sieurs Picard et Théron à cette réponse ? Rien assurément que de vaines cavillations, rien que des futilités qui seraient tombées d'elles-mêmes.

Eh bien ! le langage victorieux et péremptoire qu'on aurait pu leur tenir dans l'hypothèse dont il s'agit, c'est-à-dire, dans le cas où, devant les premiers juges, ils se fussent retirés de l'instance, n'a-t-on pas pu le leur tenir également dans le cas où ils se trouvaient réellement ? N'a-t-on pas pu le leur tenir, quoique, devant les premiers juges, ils eussent déclaré vouloir rester en cause ? Oui sans doute, on l'a pu, et par une raison bien simple : parcequ'ils n'étaient restés en cause, suivant l'expression de l'art. 182, que *pour la conservation de leurs droits* ; parcequ'ils n'y étaient restés que pour être à portée de contredire ou désavouer sur-le-champ les déclarations et les actes que le sieur Bodin eût pu faire à leur pré-

---

(1) Bulletin civil de la cour de cassation, tome 27, page 108 ; et Journal des audiences de la cour de cassation année 1825, page 326.

judice; parcequ'en y restant, ils n'avaient pas cessé d'avoir le sieur Bodin pour représentant; parcequ'ils n'avaient, par là, ni atténué, ni, à plus forte raison, neutralisé la prise de leur fait et cause par le sieur Bodin ; parceque, dès-lors, tout ce qui, fait par le sieur Bodin, n'était ni contredit ni désavoué par eux, leur devenait nécessairement propre.

Donc, même en restant en cause, ils étaient censés avoir appelé par l'organe du sieur Bodin.

Donc l'Appel interjeté par le sieur Bodin, autorisait les légitimaires à appeler incidemment, non-seulement contre le sieur Bodin, mais encore contre eux, quoiqu'à leur égard, une signification d'Appel incident ne fût pas nécessaire et qu'il pût y être suppléé par une simple assignation à intervenir dans la cause d'Appel.

Donc l'arrêt de la cour royale de Nismes, du 28 mai 1822, avait bien jugé.

Sans doute les intérêts du garanti ne sont pas tellement indivisibles de ceux du garant qui a pris son fait et cause, que le premier ne puisse acquiescer au jugement qui l'évince, tandis que le second s'en rend appelant; et que le second ne puisse acquiescer au jugement qui le rend responsable de l'éviction qu'il prononce contre le premier, tandis que celui-ci en appelle. Sans doute, lorsque le garanti acquiesce au jugement qui l'évince, l'éviction est irrévocablement prononcée à son égard, et le garant ne peut appeler qu'à l'effet de faire juger qu'elle a été prononcée injustement et qu'il n'en est point responsable.

Sans doute, lorsque le garant acquiesce au jugement qui, en prononçant l'éviction, le condamne à en indemniser le garanti, le garanti peut en appeler aux risques et périls du garant.

Mais quelle conséquence pouvait-on tirer de là contre l'arrêt de la cour royale de Nismes? Qu'il n'était pas motivé avec assez de précision? D'accord. Qu'il devait être cassé, alors que, pour le justifier, se présentait cette grande et irréfragable considération que les sieurs Picard et Théron étaient censés avoir pris part à l'Appel du sieur Bodin, par cela seul qu'ils ne l'avaient ni désavoué ni contredit par un acquiéscement personnel au jugement dont il s'agissait; et que, dès-lors, il autorisait contre eux le même Appel incident que contre le sieur Bodin? J'ose croire que non.

§. VI. *Lorsque, sur une demande formée contre une partie comme responsable des faits d'un tiers qu'elle a fait citer en garantie, il est intervenu un jugement qui, en condamnant cette partie, a rejeté l'action récursoire qu'elle avait exercée contre son prétendu garant, parcequ'il n'était pas en faute, et que ce chef du jugement a acquis, en faveur du prétendu garant, l'autorité de la chose jugée, le demandeur originaire peut-il, sur l'Appel qu'interjette contre lui son adversaire direct, appeler incidemment du chef du jugement qui décharge le prétendu garant?*

Qu'il ne le puisse pas contre le prétendu garant qui n'est ni ne peut être appelant du chef du jugement au maintien duquel il est interressé, cela est de toute évidence; et c'est la conséquence nécessaire du principe que *l'Appel incident n'est recevable après les délais de la loi, qu'autant qu'il y a eu Appel principal de la partie contre laquelle il est interjeté.*

Mais ne le peut-il pas contre la partie condamnée, son adversaire direct, à l'effet de faire juger que le tiers qu'elle avait cité en garantie, était en faute, et neutraliser, par là, le grief qu'elle tire contre le jugement qui la condamne, de ce qu'il a décidé le contraire?

Voici une espèce dans laquelle un arrêt, qui avait adopté la négative, a été confirmé par la cour de cassation.

Le 16 janvier 1814, les sieurs Belliol et Vallat, négocians à Lodève, chargent les sieurs Coste et Bimar, commissionnaires de roulage à Montpellier, de cinq balles de drap qu'ils envoient à Paris.

Les sieurs Coste et Bimar remettent ces marchandises au voiturier Bousquier, qui, arrivé à Clermont-Ferrand, les remet à son tour aux sieurs Lafeuillade père et fils, commissionnaires, pour les faire parvenir à leur destination.

Mais, dans le trajet de Clermont-Ferrand à la capitale, les cinq balles de drap deviennent la proie de l'ennemi.

Les sieurs Belliol et Vallat prétendant que les marchandises n'ont été perdues que par la faute de la maison Coste et Bimar, ou du moins des agens qu'elle avait employés et dont elle devait répondre, la font assigner au tribunal de commerce de Lodève pour se voir condamner à leur en payer la valeur.

Les sieurs Coste et Bimar appellent en garantie le voiturier Bousquier, qui lui-même appelle en arrière-garantie les sieurs Lafeuillade, père et fils.

Jugement qui condamne les sieurs Coste et Bimar à indemniser les sieurs Belliol et Vallat de la perte des marchandises; mais attendu qu'il n'y a aucune faute à imputer, soit au voiturier Bousquier, soit aux sieurs Lafeuillade, les décharge de la garantie à laquelle les sieurs Coste et Bimar prétendaient les obliger.

Les sieurs Coste et Bimar appellent de ce jugement à la cour royale de Montpellier, non contre le voiturier et les sieurs Lafeuillade, mais contre les sieurs Belliol et Vallat.

Ceux-ci, de leur côté, font signifier aux sieurs Coste et Bimar un acte d'avoué à avoué, par lequel ils se déclarent incidemment appelans du chef du jugement qui décide qu'il n'y a aucune faute à imputer aux sieurs Lafeuillade.

Le 25 janvier 1819, arrêt qui,

« Attendu, d'une part, que le jugement dont est Appel, a décidé contradictoirement avec les sieurs Belliol et Vallat, qu'aucune faute n'a été commise par les sieurs Lafeuillade; que les sieurs Belliot et Vallat n'ayant point appelé de ce chef du jugement contre la maison Lafeuillade, en faveur de laquelle il était rendu, il a, d'après l'art. 1351 du Code civil, acquis, à leur égard, la force de la chose jugée, nonobstant leur Appel incident, uniquement dirigé contre les sieurs Coste et Bimar;

» Attendu, d'un autre côté, qu'il n'y a non plus aucune faute à imputer, soit aux sieurs Coste et Bimar, soit au voiturier de leur choix;

» Infirme le jugement du tribunal de commerce, et déboute les sieurs Belliol et Vallat de leur demande ».

Les sieurs Belliol et Vallat se pourvoient en cassation contre cet arrêt, et le dénoncent notamment comme faisant une fausse application de l'art. 1351 du Code civil. La demande en garantie formée par les sieurs Coste et Bimar (disent-ils) contre les sieurs Lafeuillade, leurs sous-commissionnaires, nous était entièrement étrangère; et le chef du jugement par lequel le tribunal de commerce avait statué sur cette action récursoire, ne pouvait pas plus nous être opposée que si nous n'eussions point figuré dans ce jugement. La cour royale de Montpellier n'a donc pas pu puiser dans ce chef du jugement, une exception de chose jugée contre notre réclamation.

Mais par arrêt du 1er août 1820, au rapport de M. Botton de Castellamonte, et sur les conclusions de M. l'avocat-général Lebeau,

« Attendu que la responsabilité qu'a pu encourir la maison de roulage Coste et compagnie de Lodève, envers les demandeurs en cassation, en se chargeant du transport à Paris des draps en question, a dû être et a été en effet appréciée par la cour de Montpellier, sous deux rapports, 1°. sous celui des faits personnels à la compagnie que l'on vient de nommer; 2°. sous le rapport des faits personnels au roulier Bousquier, à qui elle avait confié le transport, et à la compagnie Lafeuillade, de Clermont, à qui Bousquier remit les draps, pour qu'elle les envoyât à leur destination;

» Attendu que, dans le commerce du roulage, aucune loi ne défend à un commissionnaire, ou voiturier, de faire, pendant sa route, la remise des marchandises à un autre commissionnaire, ou voiturier, pour les faire parvenir à leur destination ultérieure, et que l'arrêt dénoncé a constaté que tel était notoirement l'usage du commerce (1);

» Attendu que, s'il est vrai que les parties pouvaient déroger à ce principe dans la lettre de voiture ou par des conventions particulières, la cour de Montpellier, en appréciant toutes les circonstances de cette affaire, a reconnu que les demandeurs ne se trouvaient pas dans le cas de l'exception à la règle générale;

» Attendu que les dispositions particulières du droit romain et des lois françaises relatives aux maîtres de navires, sont étrangères à l'espèce;

» Attendu, au surplus, que l'arrêt dénoncé a déclaré, en point de fait, que la conduite personnelle tant de la compagnie Coste que de Bousquier, avait été irréprochable;

» Considérant que, malgré cela, et en principe, la compagnie Coste ne laisserait pas que d'être responsable des fautes de la maison Lafeuillade; mais que l'arrêt constate que, par le jugement de première instance, il avait été décidé contradictoirement avec les demandeurs en cassation, qu'aucune faute n'avait été commise par Lafeuillade, et qu'ils avaient en conséquence été condamnés à lui payer ses droits et ses frais;

» Attendu que, si les demandeurs se croyaient lésés par le jugement, ils auraient dû se pourvoir par Appel principal et dans le délai de la loi contre Lafeuillade, et non par un Appel incident contre la compagnie Coste: mais que, n'ayant pas formé d'Appel principal contre Lafeuillade, ayant au contraire acquiescé au jugement rendu en faveur de ce dernier, l'arrêt dénoncé en a inféré, et avec raison, que l'autorité de la chose jugée formait une fin de non-recevoir contre les conclusions relatives aux faits de Lafeuillade;

» La cour (section des requêtes) rejette le pourvoi......(1) ».

Qu'il me soit permis d'exposer ici franchement les raisons qui me portent à douter que cet arrêt et celui qu'il confirme, soient bien d'accord avec les principes relatifs à la chose jugée et à l'Appel incident.

Je commence par reconnaître que les sieurs Belliol et Vallat avaient tort de soutenir que la disposition du jugement du tribunal de commerce de Lodève, par laquelle la maison Lafeuillade avait été déchargée de l'action récursoire de la maison Coste et Bimar, leur était étrangère et ne pouvait avoir contre eux aucune espèce d'autorité de chose jugée.

En effet, ce n'était pas seulement en leur présence, c'était encore contradictoirement avec eux, qu'avait été prononcée la décharge de la maison Lafeuillade; et l'on sent très-bien pourquoi ils l'avaient contredite: c'est qu'ils avaient un double intérêt à ce qu'elle ne fût pas prononcée. Ils y avaient intérêt, parceque la condamnation de la maison Lafeuillade aurait emporté pour eux une preuve légale et irrésistible qu'il y avait eu, de la part de cette maison, des fautes dont la maison Coste et Bimar se serait trouvée de plein droit responsable envers eux. Ils y avaient intérêt, parceque la maison Lafeuillade étant jugée en faute, ils auraient pu, par cela seul, et d'après la solidarité qui existe, envers le com-

---

(1) V. l'article *Commissionnaire*, §. 3.

(1) Journal des audiences de la cour de cassation, année 1821, page 266.

mettant, entre le commissionnaire direct qui se charge du transport, et le commissionnaire intermédiaire qu'il emploie pour remplir le mandat qu'il a accepté (1), exiger directement d'eux la valeur de leurs marchandises et les y faire condamner solidairement avec la maison Coste et Bimar.

Cela posé, que résultait-il de ce que la disposition du jugement du tribunal de commerce qui avait déchargé les sieurs Lafeuillade de l'action récursoire de la maison Coste et Bimar, avait acquis eu leur faveur l'autorité de la chose jugée, c'est-à-dire, de ce qu'il n'y en avait en Appel ni de la part des sieurs Coste et Bimar, ni de la part des sieurs Belliol et Vallat, dans les trois mois de la signification qu'ils leur en avaient fait faire ?

Il en résultait sans doute que les sieurs Belliol et Vallat avaient perdu le droit de faire juger contre eux par un tribunal supérieur qu'ils étaient en faute ; mais en résultait-il aussi qu'ils avaient perdu le droit de le faire juger contre la maison Coste et Bimar ? Non, assurément.

L'autorité de la chose jugée ne s'étend pas ainsi d'une personne à une autre qui ne la représente pas. Les diligences qui ont amené le laps de temps dont elle est le résultat, ne profitent qu'à la partie qui les a faites ; elles sont sans effet pour toute autre partie (2). Qu'aurait-il donc fallu pour que les sieurs Belliol et Vallat fussent déchus de la faculté de provoquer, contre la maison Coste et Bimar, la réformation du chef du jugement qui avait décidé qu'il n'y avait pas eu faute de la part des sieurs Lafeuillade ? Bien évidemment il aurait fallu qu'ils eussent acquiescé, envers la maison Coste et Bimar, à ce chef du jugement. Or, il était impossible qu'ils eussent acquiescé irrévocablement envers cette maison, avant l'Appel principal que cette maison avait interjeté du chef du jugement qui la condamnait au paiement de la valeur des marchandises. L'acquiescement qu'ils avaient pu y donner au paravant, était essentiellement subordonné au cas où cette maison n'appellerait pas ; et le cas contraire arrivant, le droit d'Appeler du chef du jugement dont ils avaient à se plaindre, renaissait pour eux à l'intant même.

Inutile d'objecter que, par là, il aurait pu être jugé tout à la fois que les sieurs Lafeuillade étaient en faute et qu'ils n'y étaient pas ; et que c'eût été une chose choquante.

Choquante, tant que l'on voudra, elle eût été la conséquence nécessaire du principe que l'autorité de la chose jugée n'a d'effet qu'en faveur de la partie à qui elle est acquise. Eh ! Ne voit-on pas tous les jours les tribunaux juger en faveur d'une partie le contraire de ce qu'ils ont jugé la veille sur le même objet, et d'après les mêmes

(1) V. le procès-verbal de la discussion du Code de commerce au conseil-d'état, séance du 20 janvier 1807, nos. 32 et 33.
(2) V. l'article *Délai*, §. 1, n°. 2.

moyens, en faveur d'une autre partie ? Aussi la loi ne fait-elle de la contrariété qui existe entre deux arrêts, une ouverture de requête contre le second, que lorsqu'il a été rendu entre les mêmes parties que le premier.

§. VII. *L'Appel incident est-il recevable, soit après acquiescement, soit après les délais dans lesquels la faculté d'appeler est circonscrite, lorsqu'il porte sur un chef de jugement distinct de celui contre lequel l'Appel principal est dirigé ?*

Cette question était controversée dans l'ancien ordre judiciaire.

La loi dernière, C. *de appellationibus*, semblait, en accordant à l'intimé la faculté d'appeler incidemment, n'y mettre aucune limite. *Sancimus* (portait-elle) *si appellatio semel in judicium venerit, et causas appellationis suæ proposuerit, habere licentiam et adversarium ejus,* SI QUID JUDICATIS *opponere maluerit, si præstò fuerit, hoc facere et judicialé mereri præsidium.* Quoi de plus général, en effet, que ces expressions, *si quid judicatis opponere maluerit*? N'en résulte-t-il pas que l'intimé pouvait, à l'occasion de l'Appel interjeté par son adversaire, attaquer toutes les dispositions du jugement de première instance qui ne lui étaient pas favorables, et que par conséquent, il n'y avait, à cet égard, aucune distinction à faire entre les dispositions sur lesquelles portait l'Appel principal et les dispositions que l'Appel principal n'attaquait pas ?

Cependant plusieurs interprètes soutenaient que l'Appel incident n'était recevable après les délais ordinaires de l'Appel, que relativement aux chefs du jugement qui étaient l'objet de l'Appel principal. *Sed* (disait Brunneman, sur la loi citée, d'après la glose, Balde, Felinus, Surdus, Carpzovius, Boerius, etc.) *limitatur decisio legis, nisi à separatis capitulis appellatum fuerit; nam tunc* restricta *appellatio aliter non proderit.*

On trouve même dans le recueil d'A Sande, liv. 1, tit. 13, défin. 7, un arrêt du conseil souverain de Frise, du 19 avril 1615, qui l'a ainsi jugé.

Dans un procès élevé sur l'estimation d'une maison, et des améliorations qui y avaient été faites, il était intervenu une sentence qui avait fixé la valeur de l'une et le montant des autres. L'une des parties ayant appelé en temps utile du chef qui concernait la maison, l'intimé appela incidemment, après le délai de la loi, du chef concernant les améliorations ; et il y fut déclaré non-recevable : *visum fuit senatui* (dit le magistrat cité) *communioni appellationis in meliorationibus non esse locum; cùm ab earum taxatione non sit appellatum, et communio præsupponat appellationem. Appellatus igitur utens communione appellationis à taxatione domús rusticæ, eam non potest extendere ad taxationem meliorationis fundi à quá appellatum non est.*

Le président Favre nous retrace, dans son

APPEL INCIDENT, §. VII.

Code, liv. 7, tit. 26, défin. 20, un arrêt du sénat de Chambéry, du 22 mai 1591, qui juge la même chose. Suivant cet arrêt, dit-il, lorsqu'il est appelé indéfiniment par l'une des parties, d'une sentence contenant plusieurs chefs distincts, l'autre partie peut appeler incidemment de celui de ces chefs qui lui porte préjudice ; mais si l'Appel principal est restreint à l'un des chefs déterminés de la sentence, la partie adverse ne peut pas s'en aider pour appeler incidemment des autres chefs : *si quis ab eâ sententiâ quæ plura capita continet, generaliter et indistinctè appellaverit, permittitur adversario ut ejusdem appellationis auxilium imploret, si fortè aliquo sententiæ capite injuriam sibi putet illatam, nec appellationem suam separatim introducere et prosequi cogitur. Sed si appellans in ipso appellationis actu declaraverit à quo sententiæ capite appellet, non potest adversarius pro aliis ejusdem sententiæ capitibus eâdem uti appellatione, sed appellare expressim debet.*
Mais sur quoi le président Favre fonde-t-il cette manière de juger ? Sur la loi 4, C. *de temporibus et reparationibus appellationum.* Et que dit cette loi ? Rien autre chose si ce n'est qu'en cause d'Appel, l'intimé peut, comme l'appelant, alléguer de nouveaux faits et proposer de nouvelles exceptions, pourvu que ces faits et ces exceptions soient connexes avec ce qui a été dit en première instance (1) ; disposition qui bien évidemment n'a rien de commun avec l'objet de la loi dernière *C. de appellationibus,* par laquelle, encore une fois, il n'est mis aucune restriction à la faculté qu'elle accorde à l'intimé d'appeler incidemment.
Aussi la cour de cassation jugeait-elle avant le Code de procédure civile, comme le prouvent les arrêts des 26 prairial an 11 et 3 prairial an 13, rapportés, l'un au mot *Acquiescement,* §. 5, n° 1, l'autre, dans le n° 1 du §. 1 de cet article, que l'Appel incident n'était pas moins recevable lorsqu'il portait sur un chef distinct de celui contre lequel était dirigé l'Appel principal, que dans le cas où les deux Appels portaient sur le même chef.
Mais cette jurisprudence n'est-elle pas abrogée par l'art. 443 du Code de procédure civile ?
C'est demander en d'autres termes si la troisième disposition de cet article par laquelle il est dit *que, même après les délais fixés par la première, l'intimé pourra appeler incidemment en tout état de cause, quand même il aurait signifié le jugement sans protestations,* doit être restreinte au cas où l'intimé n'attaque par son Appel incident que les chefs du jugement qui sont l'objet de l'Appel principal ; et la première idée qui se présente à cet égard, c'est que la troisième disposition de l'art. 443 étant générale, elle ne peut pas être limitée par des distinctions qu'elle proscrit par son silence.

Cependant le contraire est soutenu par M. Carré, dans son *Analyse raisonnée du Code de procédure civile,* et par M. Sirey, dans une consultation du 20 octobre 1820, qui est insérée dans son recueil, tome 20, partie 2, page 238.

Leur opinion a même été adoptée par un arrêt de la cour d'Appel de Nismes qu'ils datent du 18 mai 1806, c'est-à-dire, d'une époque antérieure à la publication du Code de procédure civile, mais qui y est nécessairement postérieure, puisqu'il en cite l'art. 443.

Quoi qu'il en soit, les motifs de cet arrêt sont

« Qu'il est de maxime que, lorsqu'un jugement statue sur plusieurs chefs de demande, indépendans les uns des autres, la disposition du jugement qui frappe sur chacun des chefs du procès, est regardée comme un jugement séparé, dont il est permis à chaque partie d'appeler, sans se priver du droit d'acquiescer aux autres dispositions, et même d'en poursuivre l'exécution ; maxime consacrée par l'adage de droit, *tot capita, tot sententiæ;*

» Que de ce principe naît la conséquence que les parties d'un procès peuvent respectivement acquiescer, soit expressément, soit par leur silence, dans le temps qui donne force de chose jugée à un chef d'un jugement entièrement distinct de celui dont elles ont chacune, ou dont l'une d'elles peut avoir la volonté de se plaindre ;

» Que cette distinction est expressément admise dans la jurisprudence de la cour de cassation, qui a toujours éconduit les fins de non-recevoir élevées contre l'Appel d'un chef de jugement, sur le fondement de l'acquiescement à un autre chef ;

» Qu'il est vrai que la législation ancienne et moderne, sur la forme de procédure, a toujours autorisé l'intimé sur l'Appel d'un jugement, à relever Appel incident de ce jugement, quoique le délai de l'Appel fût expiré, et quoiqu'il y eût même formellement acquiescé, en en demandant la confirmation pure et simple ; mais que cette disposition législative n'est applicable qu'au cas où l'intimé se rend appelant du même jugement, dont il y a Appel principal, et non du chef entièrement distinct et séparé qui forme seul par lui-même un jugement et qui a été respectivement acquiescé : cette faculté extensive du droit commun n'étant fondée que sur le droit qu'a une partie intimée, de se faire relever d'un acquiescement conditionnel, qu'elle n'est présumée avoir donné que parce que l'autre partie n'avait point elle-même appelé ; et que c'est dans cette seule hypothèse et par ce seul motif, que la cour de cassation s'est toujours décidée pour admettre un Appel incident survenu après l'acquiescement de la partie qui l'interjette ;

» Que le même motif n'existe pas pour relever

---

(1) *Per hanc divinam sanctionem decernimus, ut licentia quidem pateat in exercendis consultationibus tam appellatori quàm adversæ parti novis etiam assertionibus utendi, vel exceptionibus, quæ non ad novum capitulum pertinent, sed ex illis oriuntur, et illis conjunctæ sunt, quæ apud anteriorem judicem nascuntur propositæ.*

de cet acquiescement, celui contre lequel il n'a été interjeté Appel que d'un chef de jugement qui n'a aucun rapport ni aucune connexité avec le chef attaqué par la partie contraire; qu'il n'y a, dans le fait, en pareil cas, aucun Appel principal du chef du jugement dont l'intimé prétend appeler incidemment, ce qui est incident devant être nécessairement une dépendance, avoir un rapport avec son principal; et que, par la même raison que l'appelant de l'un des chefs du jugement, qui a acquiescé aux autres chefs, ne pourrait être reçu à en appeler, qu'autant que l'intimé en releverait lui-même un Appel avant l'expiration du délai, celui-ci ne peut être reçu à en appeler le premier après ce délai ou l'acquiescement, lorsque l'appelant ne peut plus y étendre son Appel; que l'art. 443 du Code de procédure, quoique ne pouvant être applicable à un Appel émis antérieurement à sa publication, ne déroge pas à ces principes, en disposant que l'intimé pourrait, en tout état de cause, appeler d'un jugement, qu'il aurait même fait signifier sans réserves ni protestations, parce qu'il n'a prétendu conserver à cet intimé que le droit d'être relevé de l'acquiescement qu'on aurait pu lui opposer à ce qui fait l'objet de l'Appel principal, tandis que cet acquiescement n'était subordonné qu'à celui de l'appelant, ce qui ne peut être d'aucune conséquence entre deux chefs qui n'ont aucun rapport, et sur lesquels les parties auraient pu traiter indépendamment de l'Appel d'un autre chef ».

A cet arrêt s'en joint un autre de la cour d'Appel de Rennes, qui va encore plus loin.

Le 30 juin 1808, jugement qui prononce sur un chef, en faveur des héritiers Gouyon, et sur un autre qui en est bien distinct, en faveur du sieur et de la demoiselle Dacosta, frère et sœur.

Le 1er. décembre de la même année, les héritiers Gouyon signifient ce jugement au sieur et à la demoiselle Dacosta, *sous toutes réserves d'Appel*.

Le 16 novembre suivant, le sieur et la demoiselle Dacosta appellent, non pas précisément de la disposition qui leur est défavorable, mais indéfiniment.

Le 8 mai 1809, acte d'avoué à avoué, par lequel les héritiers Gouyon appellent incidemment de la disposition qui leur porte préjudice.

Le sieur et la demoiselle Dacosta soutiennent que leur Appel est non-recevable : à la vérité (leur disent-ils), vous êtes encore à temps pour l'interjeter comme *Appel principal*, par signification à personne ou à domicile; mais l'interjeter comme Appel incident, vous ne le pouvez pas, parceque le chef du jugement sur lequel il porte, n'a rien de commun avec celui dont je suis moi-même appelant.

Les héritiers Gouyon répondent 1°. qu'il suffit que l'Appel principal du sieur et de la demoiselle Dacosta ait été indéfini, pour qu'ils aient été autorisés à le regarder comme portant sur les deux dispositions du jugement, et, par conséquent, à prendre, pour faire réformer celle qui leur préjudicie, la voie de l'Appel incident; 2°. que, d'ailleurs, quand même ils eussent restreint leur Appel principal au chef du jugement dont ils croyaient avoir à se plaindre, leur Appel incident n'en serait pas moins valablement interjeté; qu'en effet, l'art. 443 du Code de procédure civile ne limite pas la faculté qu'il accorde à l'intimé, d'appeler incidemment en tout état de cause, au cas où l'intimé n'attaque qu'une disposition connexe à celle qui est l'objet de l'Appel principal.

Par arrêt du 1er. août 1810,

« Considérant, qu'il est de principe consacré par la jurisprudence, que les jugemens sont divisibles, et que chacune de leurs dispositions est elle-même un jugement;

» Que, conséquemment tout Appel relevé dans le cours d'un premier Appel, est un Appel principal, à moins qu'il n'ait pour objet la même disposition déjà attaquée par le premier Appel, auquel cas seulement il doit être qualifié *Appel incident*;

» Que, quoique l'Appel relevé par les sieurs Dacosta, ne désigne pas les dispositions qui en sont l'objet, les héritiers Gouyon n'ont pu supposer qu'ils étaient appelans d'une disposition qui leur était favorable;

» Que tout Appel doit être signifié à personne ou domicile, à peine de nullité, suivant l'art. 436 du Code de procédure, et que celui relevé par les héritiers Gouyon était un Appel principal qui, au mépris de cet article, n'a été signifié que d'avoué à avoué;

» La cour, faisant droit sur l'Appel des héritiers Gouyon, les y déclare non-recevables (1) ».

M. Carré reconnaît que cette décision est susceptible de controverse, à raison de la circonstance que l'Appel des sieur et demoiselle Dacosta était indéfini, et par conséquent semblait porter sur l'ensemble du jugement. « Mais (continue-t-il) nous ne nous attacherons pas à la » justifier, parceque nous pouvons assurer que la » cour de cassation a rejeté le pourvoi qui avait » été formé contre elle. Cet arrêt n'a pas été im- » primé, à notre connaissance; il a été rendu le » 12 septembre 1812 ».

Il y revient encore dans ses *Questions sur le Code de procédure civile*, n°. 2,224, et, en répétant que cet arrêt, *pour n'avoir pas été imprimé dans les recueils de jurisprudence, n'en existe pas moins*, il ajoute : « Nous affirmons en avoir eu l'expédition authen- » tique sous les yeux en rédigeant la 1,442e. ques- » tion de notre analyse ».

Que cet arrêt existe, et qu'il rejette le recours en cassation des sieur et demoiselle Dacosta, c'est ce que personne ne contestera à M. Carré.

---

(2) Jurisprudence de la cour de cassation, tome 14, partie 2, page 368.

Mais sur quoi motive-t-il le rejet qu'il prononce? Sur le prétendu principe que l'Appel incident n'est recevable qu'autant qu'il porte sur le chef même qui est attaqué par l'Appel principal? Je puis assurer que non, et je le prouve.

Les sieur et demoiselle Dacosta fondaient leur recours en cassation sur trois moyens, dont le premier consistait à dire qu'en adoptant ce prétendu principe, la cour de Rennes avait violé l'art. 443 du Code de procédure civile, et les deux autres portaient sur le fond.

Qu'a prononcé la cour de cassation? Voici le texte de son arrêt:

« Ouï le rapport de M. Génevois, conseiller en la cour, et les conclusions de M. Giraud, avocat général,

» Attendu 1. que la cour d'Appel, tout en déclarant l'Appel incident des héritiers de Gouyon non-recevable, a néanmoins prononcé au fond, sur le chef du jugement de première instance qui était l'objet de cet Appel; ce qui rend le moyen de cassation absolument illusoire;

» Attendu 2°. que la cour d'Appel ayant reconnu en fait, et d'après les circonstances du procès, que les Dacosta n'étaient, à l'égard du sieur de Gouyon, ni des emprunteurs, ni des mandataires, mais seulement des prête-noms, les lois concernant la société ou le mandat, que les demandeurs invoquent à l'appui de leur pourvoi, ne sont point applicables à la cause;

» Attendu 3°. que, dans l'espèce, les obligations que les demandeurs veulent imposer aux frères Dacosta, ne résultent d'aucune convention écrite; et que, sur ce point, le dispositif de l'arrêt est uniquement le résultat d'une discussion de faits et de circonstances débattus entre les parties, ce qui écarte nécessairement l'application des différens textes du Code civil invoqués par les demandeurs;

» La cour rejette le pourvoi, et condamne les demandeurs en l'amende de 150 francs envers le trésor public;

» Jugé et prononcé à l'audience publique de la cour de cassation, section des requêtes, le 12 septembre 1811 ».

Ce qui prouve, au surplus, que la cour de Rennes elle-même n'a pas regardé cet arrêt comme approbatif de l'opinion qu'elle avait embrassée le 1er. août 1810, c'est que, depuis, elle a jugé deux fois le contraire: « Nonobstant son » arrêt du 1er. août 1810 (dit M. Carré dans ses » *Questions sur la procédure civile*, n°. 2,224), cette » cour, par arrêts des 11 mars et 20 août 1817, a » jugé dans un sens diamétralement opposé; at- » tendu que l'art. 443 n'établit aucune distinction » et n'admet point la divisibilité du jugement; il » s'agissait de l'Appel de quelques chefs seulement » du jugement attaqué, interjeté incidemment » par acte d'avoué à avoué ».

Ajoutons qu'à ces deux arrêts en ont succédé de semblables d'autres cours royales, et surtout de la cour de cassation.

La dame Lematte avait interjeté un Appel principal d'un jugement qui, en lui donnant gain de cause au fond, avait mis à sa charge une partie des dépens. Le vicomte d'Hervilly, intimé sur cet Appel, se rend incidemment appelant du chef du jugement qui porte sur le fond. Question de savoir s'il y est recevable? La dame Lematte soutient la négative. Mais, par arrêt du 29 mars 1822, la cour royale d'Amiens reçoit l'Appel incident, « attendu que l'art. 443 du Code de procédure » qui donne à l'intimé le droit d'appeler, en tout » état de cause, du jugement dont il existe un » Appel principal, est conçu en termes généraux » qui embrassent le jugement entier et ne bornent » pas le droit de l'intimé à attaquer, de son côté, » et seulement les chefs sur lesquels frappe l'Ap- » pel principal; qu'en conséquence, encore que » la dame Lematte n'ait appelé que de la disposi- » tion du jugement susdaté qui a mis à sa charge » une portion des dépens, le vicomte d'Hervilly » a pu, en vertu de l'article du Code de procé- » dure ci-dessus cité, appeler incidemment de » tous les chefs de ce jugement qui lui font » grief ».

Le 10 mars suivant, la question s'est représentée à l'audience de la même cour, et par un arrêt du même jour,

« Sur la question de savoir si l'Appel est non-recevable, comme frappant sur des dispositions du jugement autres que celles dont Marcion a interjeté Appel principal;

» Considérant, que l'art. 443 du Code de procédure civile autorise l'intimé, sans distinction ni restriction aucune, à appeler incidemment, en tout état de cause, du jugement dont un Appel principal a été interjeté par sa partie adverse, encore qu'il ait signifié le jugement sans protestation; que, conséquemment, la fin de non-recevoir opposée par Marcion, doit être écartée...;

» La cour, statuant sur l'Appel incident des veuve et héritiers Guillot, sans s'arrêter à la fin de non-recevoir y opposée par Marcion, etc... ».

Le 15 mai de la même année, arrêt de la cour royale de Lyon, qui, dans l'espèce suivante, consacre également cette doctrine.

Charles Saquin était mort laissant un testament par lequel il instituait héritier Louis Saquin, son enfant naturel, et léguait à Nicolas Saquin, son frère, l'usufruit du tiers de tous ses biens, à la charge de reconstruire une écurie et un hangart. Le sieur Thomasset, cessionnaire des droits de l'enfant naturel, ayant actionné Nicolas Saquin, pour le faire condamner à le laisser jouir des deux tiers de la succession, et reconstruire le hangar et l'écurie, Nicolas Saquin a formé contre lui une demande reconventionnelle en distraction de sa légitime sur une donation entre-vifs que ses père et mère avaient faite à son frère et à sa sœur.

Le 10 juin 1819, jugement du tribunal de première instance de Lyon, qui, d'une part, condamne Nicolas Saquin à laisser jouir le sieur Thomasset des deux tiers des biens de Charles; mais le décharge de la demande en reconstruction de l'écurie et du hangart, et de l'autre, le déboute de ses conclusions en distraction de sa légitime.

Au mois d'octobre 1820, ce jugement est signifié à Nicolas Saquin, avec un acte d'Appel de la disposition qui le dégage de l'obligation de reconstruire le hangar et l'écurie; et ce n'est que quatre mois après, que Nicolas Saquin se rend incidemment appelant de la disposition qui rejette sa demande reconventionnelle.

Le sieur Thomasset soutient, en reproduisant toutes les subtilités sur lesquelles est fondé l'arrêt cité de la cour de Nîmes, que cet Appel est interjeté trop tard, et par conséquent non-recevable.

Le 15 mai 1822, arrêt qui rejette la fin de non-recevoir,

« Attendu que l'art. 443 du Code de procédure dispose que l'intimé pourra incidemment appeler en tout état de cause; que cette disposition est indéfinie; qu'en admettant que, lorsque, dans un même jugement, il existe plusieurs dispositions distinctes, chacune de ces dispositions forme un tout, il faut aussi admettre que la loi, en autorisant indistinctement l'Appel incident, a eu pour objet de venir au secours de la partie qui, n'ayant obtenu qu'une partie de ses conclusions, mais, dans la vue de terminer un procès, et dans l'espérance que sa partie adverse acquiescera au jugement, n'interjetera pas d'Appel, et de le relever de l'espèce d'acquiescement et du temps qu'il aurait laissé écouler, dans le cas où son adversaire se pourvoirait par Appel aux chefs qu'il croit lui faire griefs;

» Que c'est une erreur de prétendre que l'Appel incident doit se rattacher aux dispositions attaquées par l'Appel principal, et ne peut porter sur les autres dispositions du jugement; parceque, d'abord, il est hors de doute que le plaideur ne se pourvoira par Appel que contre les chefs qu'il a pensé lui être contraires, et qu'alors l'Appel incident, autorisé par la loi, en tout état de cause, serait sans objet; parcequ'ensuite, en admettant ce système, ce serait fournir au plaideur intrépide qui calculerait le temps, le moyen d'ôter à sa partie adverse le droit de réclamer contre les chefs dont il aurait lui-même à se plaindre, et, par là, rendre nul le recours de l'Appel incident; parcequ'enfin la loi, en autorisant l'intimé à interjeter incidemment Appel en tout état de cause, n'a mis aucune restriction à ce droit, et que là où elle ne distingue pas, il n'est pas permis de distinguer ».

Le sieur Thomasset se pourvoit en cassation; mais par arrêt du 13 janvier 1824, au rapport de M. de Ménerville, et sur les conclusions de M. l'avocat-général Lebeau,

« Attendu que l'art. 443 du Code de procédure civile autorise, sans distinction, l'Appel incident en tout en état de cause, et que là où la loi ne distingue pas, il n'est pas permis de distinguer;
» La cour (section des requêtes) rejette le pourvoi... (1) ».

La cour royale de Lyon qui, dans cette affaire, avait si bien motivé l'opinion qu'elle avait embrassée, l'a encore motivée d'une manière plus lumineuse dans un autre arrêt qu'elle a rendu peu de temps après celui du 15 mai 1822.

Dans le fait, le sieur Chollier-Decibeins avait appelé d'un jugement qui contenait plusieurs chefs distincts dont quelques-uns étaient jugés en sa faveur, et il n'en avait appelé que relativement à ceux dont il avait à se plaindre. Intimé sur cet Appel, et plus de trois mois après la signification qui lui avait été faite de ce jugement, le sieur de Souvigny en a appelé incidemment aux chefs qui lui portaient préjudice. Le sieur Chollier-Decibeins a prétendu, en faisant valoir toutes les raisons et toutes les autorités qui servent de base au système de M. Carré, que cet Appel incident était non-recevable: mais sa fin de non-recevoir a été rejetée,

« Attendu que l'art. 443 du Code de procédure, en ajoutant, après avoir fixé le délai de l'Appel à trois mois, que néanmoins l'intimé pourra interjeter incidemment Appel en tout état de cause, quand même il aurait signifié le jugement sans protestation, n'a pas entendu limiter cette faculté; le mot *incidemment* veut encore dire *par suite*, *par occasion*, et cette interprétation est la plus naturelle, comme la plus juste. Si l'une des parties interjette Appel, cet Appel est pour l'autre une occasion d'appeler à son tour du jugement; son Appel arrive incidemment, il est provoqué par l'Appel principal, sans lequel il n'aurait pas eu ni pu avoir lieu. Aussi paraît-il que le tribunal se fondait sur ces principes, lorsqu'il a proposé la disposition finale de l'art. 443, qui n'était point dans le projet;

» Attendu qu'on ne saurait d'ailleurs supposer au législateur l'intention d'avoir voulu forcer les parties à suivre tous les degrés de juridiction, en imposant à celle qui, pour terminer toutes contestations, pour son repos, consentirait aux sacrifices qui résulteraient pour elle d'une première décision, l'obligation d'en interjeter Appel dans les trois mois, dans la crainte que son adversaire n'attendît le dernier moment du délai pour interjeter lui-même Appel de quelques chefs astucieusement choisis, sans connexité avec d'autres, pour rendre l'Appel incident sans effet;

» La loi a un but plus loyal et plus moral; elle dit aux parties : si l'une de vous appelle d'un jugement, elle donne à l'autre qui aurait con-

_____
(1) Journal des audiences de la cour de cassation, tome 24, page 83.

APPEL INCIDENT, §. VII.

senti de l'exécuter, l'occasion d'appeler à son tour des dispositions qui lui feraient grief; c'est à l'appelant de peser les risques de voir réformer les dispositions qui lui sont trop favorables; mais il serait injuste qu'il pût s'en prévaloir pour ne demander que la réformation de celles qui ne seraient qu'un équivalent ou une compensation de cette faveur. Si le combat s'engage de nouveau, les armes doivent être égales ».

Et vainement le sieur Chollier-Decibeins s'est-il pourvu en cassation. Sa réclamation a été rejetée par arrêt de la section des requêtes, du 16 juin 1824, au rapport de M. Lecoutour, et sur les conclusions de M. l'avocat-général Lebeau, « attendu que l'art. 443 du Code de procédure, » en autorisant l'intimé à interjeter Appel en » tout état de cause, n'a mis aucune restriction à » cette faculté d'Appel, et ne l'a point limitée aux » chefs dont il y aurait un Appel principal; et qu'en » jugeant ainsi, l'arrêt dénoncé n'est point en » contravention avec ledit art. 443 (1) ».

Le 26 mars 1821, jugement du tribunal de première instance de Perpignan, qui, sur deux ventes faites en 1803 et 1813 par la dame de Prude à son frère, et attaquées par elle ainsi que par son mari, déclare la première valable et la seconde nulle. Le sieur André en appelle au chef qui annule la vente de 1813. Dans le cours de l'instruction et plus de cinq mois après la signification qui leur a été faite du jugement, les sieur et dame de Prude appellent incidemment de l'autre chef. Le sieur André leur oppose la fin de non-recevoir banale.

Le 21 novembre 1821, arrêt de la cour royale de Montpellier qui la rejette, « attendu que, » lorsque la loi donne la faculté de l'Appel incident, » quand il y a Appel principal, la circonstance qu'il » y aurait plusieurs dispositions dans le jugement, » ne saurait faire obstacle à l'Appel principal ».

Recours en cassation de la part du sieur André. Mais, par arrêt du 8 juillet 1824, au rapport de M. Rousseau, et sur les conclusions de M. l'avocat général Joubert,

« Attendu que, d'après l'art. 443 du Code de procédure civile, l'intimé a la faculté d'interjeter Appel en tout état de cause; que cet article ne distingue pas si l'Appel principal porte sur des dispositions ou des chefs distincts de ceux qui forment l'objet de l'Appel incident; qu'il suffit qu'il y ait été statué par un même jugement; que la loi est sainement entendue dans ce sens que, lorsque la partie signifie un jugement dont quelques chefs seulement la blessent, elle n'annonce à cet égard qu'un acquiescement conditionnel, subordonné à celui de l'autre partie, sur les chefs où elle a succombé, et qu'elle conserve son droit d'Appel du même jugement, si son adversaire engage, en tout ou partie, le procès par un Appel particulier... ;

» La cour (section des requêtes) rejette le pourvoi.... (1) ».

On trouvera dans le §. suivant, un arrêt semblable de la cour royale d'Agen, du 15 janvier 1825.

Il est vrai que, près de deux années auparavant, le 24 février 1823, la cour royale de Pau en avait rendu un contraire en faveur du sieur Belloc-Dumaine, et au préjudice des sieurs et dame Maton. Mais ceux-ci se sont pourvus en cassation, et par arrêt contradictoire du 22 mars 1826,

« Ouï, le rapport fait par M. le conseiller Cassaigne, ensemble les conclusions de M. l'avocat général de Vatimesnil;

» Vu l'art. 443 du Code de procédure... ;

» Considérant que cet article autorise l'intimé à interjeter incidemment Appel en tout état de cause, quand même il aurait signifié le jugement sans protestations; que cette disposition est générale et absolue, sans aucune distinction ni exception, et a essentiellement pour objet de rétablir l'équilibre dans les droits et prétentions respectifs des parties; qu'elle autorise par conséquent l'intimé à interjeter incidemment Appel des chefs distincts et indépendans de ceux dont il y a Appel principal, comme de ceux qui dépendent de cet Appel ou qui y sont connexes; qu'en jugeant le contraire, l'arrêt viole formellement ledit article;

» Par ces motifs, la cour casse et annulle l'arrêt dont il s'agit... (2) ».

Il n'est pas douteux que cet arrêt et ceux qui l'ont précédé dans le même sens, ne doivent fixer invariablement la jurisprudence sur cette question.

Qu'importe, en effet, que les chefs distincts d'un jugement soient, à certains égards (3), censés former autant de jugemens séparés ? Encore une fois, l'art. 443 du Code de procédure ne restreint pas sa troisième disposition au cas où l'Appel incident est dirigé contre le chef du jugement qui est l'objet de l'Appel principal; et la preuve qu'il n'est pas dans son intention de l'y restreindre, c'est la manière dont s'est exprimé là-dessus l'orateur du gouvernement dans l'*exposé des motifs* du titre de *l'Appel.* « Le plus » souvent (a-t-il dit), les droits respectifs des

---

(1) *Ibid.* 1ᵉʳ volume supplémentaire, page 192.

(1) Bulletin civil de la cour de cassation, tome 28, page 128.
(2) *Ibid.*
(3) Je dis à certains égards, car il est des rapports sous lesquels on les envisage autrement. Ainsi, pour se pourvoir en cassation contre un arrêt qui renferme plusieurs condamnations différentes, il ne faut consigner qu'une amende. Ainsi, comme on le verra à l'article *Dernier ressort*, §. 6, l'Appel est ouvert contre un jugement par lequel il est prononcé sur plusieurs chefs différens qui, séparés, sont dans le cas du dernier ressort; mais réunis, n'y sont pas.

» parties ont été justement balancés par les con-
» damnations réciproques. L'intimé qui a signi-
» fié le jugement sans protester, pouvait être dis-
» posé à respecter cette intention des premiers
» juges; mais lorsque, par l'Appel, on veut rom-
» pre cet équilibre, la justice demande que, pour
» le maintenir, l'intimé puisse employer le même
» moyen ».

Qu'importe encore que la troisième disposition de l'art. 443 du Code de procédure soit, comme le dit M. Sirey dans sa consultation du 20 octobre 1820, une exception aux règles consignées dans les deux premières dispositions du même article? En est-il moins vrai que cette exception est conçue dans les termes les plus généraux, et que, dès-lors, elle doit être appliquée sans distinction?

§. VIII. *L'Appel incident a-t-il lieu en matière d'ordre, comme dans les affaires civiles ordinaires?*

L'affirmative n'est pas douteuse; et cependant on l'a contestée deux fois.

Le 20 mars 1817, jugement du tribunal de première instance de Rouen qui, statuant sur la demande de la dame Guillaume en sous-collocation dans un ordre où la dame Morris se trouve colloquée pour sa dot, pour les intérêts qui en sont dus, et pour un *don mobile*, admet cette demande pour le don mobile et la rejette tant pour la dot que pour les intérêts qui en sont dus.

La dame Morris appelle de ce jugement en temps utile.

La dame Guillaume en appelle aussi incidemment, mais après les dix jours fixés par l'art. 763 du Code de procédure civile pour l'Appel des jugemens d'ordre.

Question de savoir si elle y est recevable. La dame Morris soutient la négative. « Un titre spé-
» cial du Code de procédure civile (dit-elle) trace
» toute la procédure à suivre dans les contesta-
» tions qui s'élèvent en matière d'ordre. Toutes
» les procédures que le législateur a voulu y ad-
» mettre, il les a indiquées dans ce titre d'une
» manière expresse; toutes celles qu'il a voulu
» en exclure, il les a passées sous silence. L'Ap-
» pel principal y est réglé complètement; mais
» il n'y est nullement question de l'Appel in-
» cident; il faut en conclure que l'Appel inci-
» dent n'est point admis. Ici il n'y a pas lieu à
» suppléer; car les formes prescrites par ce titre,
» dérogent aux formes ordinaires. Ainsi, il faut
» s'arrêter là où cette loi spéciale s'arrête ».

Ce raisonnement tombait de lui-même devant le principe établi dans le *Répertoire de jurisprudence*, au mot *Loi*, §. 11, que les lois spéciales sont censées se référer aux lois générales dans tous les points qu'elles ne règlent pas expressément.

Aussi la fin de non-recevoir de la dame Morris a-t-elle été rejetée par arrêt de la cour royale de Rouen, du 1er. août 1817, « attendu que le Code
» de procédure civile contient, en matière d'or-
» dre, un titre spécial sur la forme de procéder
» aux collocations, et sur les Appels des jugemens
» sur ce intervenus; mais que l'on n'y voit au-
» cune disposition inconciliable avec le principe
» de l'Appel incident, qui, par les règles géné-
» rales du droit, est autorisé, dans l'intérêt de
» l'intimé, en tout état de cause; d'où il suit que
» la fin de non-recevoir proposée ne peut être ad-
» mise...... (1) ».

Le 10 mars 1824, jugement du tribunal de première instance de Condom, qui, statuant sur l'ordre du prix des biens d'Antoine Lubespère, colloque comme hypothécaires la veuve de celui-ci et le sieur Rousselet, mais seulement pour une partie de leurs créances.

Appel de ce jugement de la part du sieur Guillaume Dussy qui n'a figuré dans l'ordre que comme créancier chirographaire.

De leur côté, le sieur Rousselet et la veuve Lubespère en interjettent incidemment Appel après l'expiration des délais, et par de simples actes d'avoué à avoué.

De là deux questions: 1°. peut-on appeler incidemment d'un jugement d'ordre comme de tout autre jugement? 2°. En supposant que, dans la thèse générale, l'Appel incident soit recevable en matière d'ordre, l'est-il dans l'espèce où il porte sur deux chefs du jugement attaqué qui sont totalement indépendans de celui contre lequel est dirigé l'Appel principal?

Par arrêt du 15 janvier 1825, la cour royale d'Agen embrasse l'affirmative sur l'une et l'autre question : « Attendu que, s'il est vrai en principe
» que le délai de l'Appel d'un jugement d'ordre
» est restreint à dix jours de la signification à
» avoué, il est également de règle que l'Appel
» principal donne à l'intimé la faculté d'appeler
» de son chef en tout état de cause; cette der-
» nière règle est générale, et il n'existe pas de
» disposition législative ni de motif légitime qui
» puisse autoriser une exception pour les matières
» d'ordre. La faveur d'appeler incidemment s'é-
» tend même à tous les cas où il a plu à l'une des
» parties de troubler le jugé par un Appel; et il
» importe peu que l'attaque ne soit dirigée que
» sur un des chefs, le législateur ayant prévu
» que l'intimé pourrait ne garder le silence sur
» les chefs qui le blessent, qu'à la faveur de son
» succès où les parties où il a triomphé, et qui
» sont remises en question par l'Appel principal.
» Ainsi, quoique l'Appel dont il s'agit ne soit venu
» qu'après les dix jours fixés par l'art. 703 du
» Code de procédure civile; quoique son objet

(1) Jurisprudence de la cour de cassation, tome 19, partie 2, page 140.

» soit sans connexité avec celui de l'Appel prin-
» cipal, il n'en doit pas moins être reçu (1) ».

§. IX. *Celui qui, ayant été partie en première instance, n'a pas été intimé sur l'Appel, mais intervient sur l'Appel même, peut-il appeler incidemment du chef du jugement qui lui porte préjudice?*

Qu'il ne le puisse pas vis-à-vis de la partie contre laquelle est interjeté l'Appel principal et qui n'est pas elle-même appelante, c'est ce qui résulte clairement de l'arrêt de cassation du 18 juillet 1815, rapporté ci-dessus, §. 5; et c'est ce qu'a encore jugé un arrêt de la cour d'Appel de Montpellier, dont voici l'espèce.

Condamné solidairement avec son mari, par un jugement du tribunal de commerce de Montpellier, à payer au sieur Amans une somme de 1,636 francs, la dame Tessier en appelle.

Le sieur Tessier intervient dans la cause d'Appel, et fait signifier au sieur Amans un acte d'avoué à avoué par lequel il déclare appeler incidemment de la condamnation prononcée contre lui.

Le sieur Amans répond que n'ayant pas appelé lui-même du jugement dont il s'agit, il ne peut pas y avoir lieu contre lui à un Appel incident; qu'ainsi, l'Appel qualifié d'incident par le sieur Tessier, ne peut être qu'un Appel principal, et, que, comme tel, il est nul, parcequ'au lieu d'être interjeté comme il aurait dû l'être par exploit signifié à personne ou domicile, il l'a été par requête d'avoué à avoué.

Par arrêt du 30 avril 1811,

« Attendu que l'Appel de François Tessier ne peut pas être considéré comme un Appel incident, mais bien comme un Appel principal qui, aux termes de l'art. 456 du Code de procédure civile, aurait dû être signifié à personne ou domicile, et non par acte d'avoué;

» La cour rejette l'Appel de François Tessier (2) ».

Mais si la partie au profit de laquelle a été rendu le jugement, en était elle-même appelante, nul doute que celui de ses adversaires qu'elle a omis d'intimer sur son Appel, ne puisse, en intervenant, opposer un Appel incident à l'Appel principal.

Le 17 floréal an 13, jugement du tribunal de première instance de Versailles, par lequel, dans un ordre ouvert pour la distribution du prix d'un immeuble vendu par expropriation forcée, le sieur Richard, inscrit pour une somme de 6,382 francs, n'est colloqué que pour une somme de 3,782 francs.

Le sieur Richard en appelle vis-à-vis des créanciers poursuivans, et conclud à ce que sa collocation soit étendue à toute la somme comprise dans son inscription.

Le sieur Aubé, créancier inscrit immédiatement après lui, qu'il n'a pas intimé sur son Appel, mais à qui le jugement avait été signifié depuis plus d'un an, intervient, et appelant incidemment de sa collocation par acte d'avoué à avoué, soutient qu'elle doit être réformée pour le tout, parceque son inscription est nulle.

Le sieur Richard lui oppose deux fins de non-recevoir: Vous êtes non-recevable à appeler incidemment (lui dit-il), parceque l'Appel incident n'est ouvert par l'art. 443 du Code de procédure civile, qu'à l'intimé, et que je ne vous ai pas intimé sur mon Appel; et vous l'êtes également à demander, en cause d'Appel, la nullité de mon inscription, parceque vous ne l'avez pas demandée en première instance.

Le 25 août 1807, arrêt de la cour d'Appel de Paris qui rejette les deux fins de non-recevoir, reçoit l'Appel incident, et infirmant le jugement de première instance, rejette le sieur Richard de l'ordre.

Le sieur Richard se pourvoit en cassation, et propose trois moyens: violation des art. 443 et 444 du Code de procédure civile, en ce que l'Appel du sieur Aubé, qui ne pouvait être considéré que comme un Appel principal, a été admis après plus d'une année écoulée depuis la signification du jugement; violation de l'art. 456 du même Code, en ce que cet Appel a été jugé valablement interjeté par un simple acte d'avoué à avoué; violation de l'art. 464, en ce qu'il a été fait droit en cause d'Appel sur une demande en nullité d'inscription qui n'avait pas été formée en première instance.

Mais par arrêt du 26 octobre 1808, au rapport de M. Aumont,

« Attendu qu'Aubé, créancier colloqué immédiatement après Richard, avait un intérêt sensible à ce que le jugement de floréal an 13, qui retranchait 2,600 livres de la créance dudit Richard, ne fût pas réformé en cette partie; que, *devant être intimé sur l'Appel de ce dernier*, il était placé dans l'exception portée au dernier paragraphe de l'art. 443 du Code de procédure civile; que son Appel était un Appel incident qui n'était pas susceptible de l'application des autres dispositions du même article, et de celles des art. 444 et 446 dudit Code;

» Attendu que la nullité proposée contre l'inscription de Richard, n'était pas une demande nouvelle de la nature de celles que l'art. 464 du

---

(1) Journal des audiences de la cour de cassation, année 1825, partie 2, page 237.

(2) Cet arrêt qui est rapporté par M. Sirey, tome 14, partie 2, page 361, me paraît néanmoins avoir mal jugé, dans l'espèce sur laquelle il a été rendu, parceque le sieur Tessier étant condamné solidairement avec sa femme, n'avait pas eu besoin, comme je l'établis au mot *Appel*, §. 15, n°. 2, d'appeler lui-même pour profiter de l'Appel que sa femme avait interjeté; et que, dès-lors, son Appel incident n'était qu'un acte surérogatoire.

Code de procédure défend de former en cause d'Appel; que c'était un moyen de défense à l'action de Richard, à fin de collocation dans l'ordre de son hypothèque; et que l'article autorise même formellement les demandes nouvelles qui sont une défense à l'action principale;

» La cour (section des requêtes) rejette le pourvoi..... (1) ».

§. X. *La partie à laquelle on oppose un autre jugement que celui contre lequel est dirigé l'Appel principal, peut-elle en appeler incidemment?*

Lorsqu'il s'agit de l'Appel incident du jugement qui est l'objet de l'Appel principal, la question de savoir s'il est recevable, soit après les délais de la loi, soit après acquiescement, se confond, comme on l'a vu plus haut, §. 1, n°. 3, et §. 8, avec celle de savoir s'il peut être interjeté par un simple acte d'avoué à avoué; et la solution de l'une emporte nécessairement celle de l'autre.

Mais ici ce n'est plus la même chose; car on ne peut pas sérieusement mettre en problème si, par l'Appel incident d'un autre jugement que celui contre lequel l'Appel principal est dirigé, la partie qui l'interjette, est relevée de la déchéance qu'elle a précédemment encourue de la faculté d'en appeler; et soutenir la négative, ce serait donner à l'art. 443 du Code de procédure une extension que n'en comportent ni le texte ni l'esprit.

Il ne peut donc être ici question que de savoir si, lorsque la faculté d'appeler d'un autre jugement que celui contre lequel est dirigé l'Appel principal, est encore entière, elle peut être exercée par un simple acte d'avoué à avoué, ou si l'Appel doit nécessairement être interjeté par un exploit signifié à personne ou domicile, et contenant assignation.

Cette difficulté peut se présenter dans deux cas : dans celui où c'est l'appelant qui oppose à l'intimé un autre jugement que celui qui est l'objet de son Appel principal; et dans celui où c'est l'intimé qui se prévaut de ce jugement contre l'appelant.

Dans le premier cas, Pigeau (*Traité de la procédure civile*, tome 1er, page 555) ne doute pas que l'intimé ne puisse prendre contre le jugement qu'on lui oppose, la voie d'Appel incident : « L'Appel incident (dit-il) s'interjette par l'ad-« versaire de l'appelant principal......, lorsque » l'appelant principal fonde son Appel d'un ju-» gement sur un autre jugement. Exemple : Paul » se prétendant créancier de Pierre de 1,200 francs, » l'assigne à Paris; sa demande est rejetée. Pierre » va demeurer à Versailles; Paul, en vertu de sa » créance proscrite par le jugement de Paris, fait » une saisie-arrêt sur Pierre, et en demande la va-

---

(1) Jurisprudence de la cour de cassation, tome 9, page 98.

» lidité à Versailles, suivant l'art. 567 du Code de » procédure; il obtient jugement qui, malgré le » jugement de Paris, déclare la saisie-arrêt vala-» ble. Pierre en appelle et fonde son Appel sur ce » que le jugement de Paris ayant décidé qu'il » n'y avait pas de créance, il n'y avait pas lieu à » saisie pour cette créance. Si Paul n'appelait pas » du jugement de Paris, celui de Versailles serait » nécessairement infirmé. Il est donc obligé, pour » écarter ce jugement de Paris, d'en appeler in-» cidemment à l'Appel que Pierre a interjeté de » celui de Versailles, afin qu'en faisant infirmer » celui de Paris, et faisant juger qu'il est créan-» cier, le jugement de Versailles soit confirmé ».

M. Carré pense, au contraire, dans son *Analyse raisonnée du Code de procédure civile*, n°. 1441, qu'il n'y a pas lieu, en pareil cas, à l'Appel incident, et que l'intimé ne peut appeler que par acte signifié à personne ou domicile. « Il suf-» fit (dit-il), dans notre opinion, de rapprocher » l'art. 443 des motifs du titre *de l'Appel*, déve-» loppés par les orateurs du gouvernement et du » tribunat, pour se convaincre qu'il en résulte » clairement que l'exception posée dans la der-» nière disposition de cet article, c'est-à-dire, la » faculté d'appeler incidemment par acte d'avoué, » ne se rapporte qu'à l'Appel interjeté par l'intimé, » du jugement qui est l'objet de l'Appel antérieur » de sa partie adverse. C'est aussi ce qui a été » décidé par la cour d'Aix, le 24 mai 1808, et par » celle de Rennes, le 2 juillet 1810. Ces deux ar-» rêts ont décidé que la règle générale posée dans » l'art. 456, et qui exige la signification de l'Ap-» pel à personne ou domicile, doit être observée » toutes les fois qu'un intimé appelle incidem-» ment d'un jugement dont sa partie adverse ne » s'est pas rendue elle-même appelante ».

Que ces deux arrêts aient adopté l'opinion professée par M. Carré, je veux bien le croire. Mais que cette opinion soit justifiée par *les motifs du titre de l'Appel développés par les orateurs du gouvernement et du tribunat*, c'est ce que je nie formellement. Ces motifs ne portent que sur la faculté accordée à l'intimé d'appeler incidemment, non-seulement après les délais de la loi, mais encore nonobstant son acquiescement antérieur à l'Appel principal. Il n'y est pas du tout question de la forme dans laquelle l'Appel incident doit être interjeté. Ainsi, il résulte bien de ces motifs que l'on ne peut pas appeler incidemment, soit après les délais de la loi, soit après acquiescement, d'un autre jugement que celui contre lequel est dirigé l'Appel principal; mais il n'en résulte nullement que, lorsqu'il n'y a ni acquiescement ni laps du délai fatal, on ne puisse pas appeler incidemment d'un pareil jugement par acte d'avoué à avoué.

Cela ne résulte pas davantage du texte de la troisième disposition de l'art. 443; il n'y est pas dit que l'Appel incident du jugement dont il y a Appel principal, peut être interjeté par acte d'avoué à avoué; et ce n'est pas de cette disposition que dérive la faculté de l'interjeter dans cette forme.

D'où dérive-t-elle donc? Je l'ai déjà dit, §. 1, n°. 3, elle dérive uniquement de la règle générale établie par l'art. 337, que *les demandes incidentes seront formées par un simple acte contenant les moyens et les conclusions*, et rendue commune aux causes d'Appel par l'art. 470.

Or, cette règle est-elle moins applicable à l'Appel interjeté incidemment d'un autre jugement que celui qui est l'objet de l'Appel principal, qu'à l'Appel interjeté incidemment du jugement même contre lequel l'Appel principal est dirigé? Dans un cas comme dans l'autre, n'est-ce pas toujours une demande incidente à la cause d'Appel qui est formée par la partie qui appelle incidemment? Et quelle raison y aurait-il, dès-lors, d'assujétir, dans l'un, cette demande à des formes dont on est forcé de convenir que, dans l'autre, elle est affranchie?

Aussi s'est-on vainement prévalu de l'opinion de M. Carré et des autorités sur lesquelles il la fonde, dans l'espèce que voici.

Le 11 octobre 1811, jugement qui condamne le sieur Pascal à payer aux sieurs Gaillard et fils le reliquat d'un compte.

Le sieur Pascal appelle de ce jugement, et pour prouver que, bien loin d'être le débiteur des sieurs Gaillard et fils, il est, au contraire, leur créancier, il produit un jugement du 16 juillet de la même année, et par conséquent antérieur, par lequel le tribunal de commerce d'Avignon les a condamnés à lui payer la valeur d'un billet qu'ils avaient souscrit à son ordre *pour solde de tout compte*.

Ce dernier jugement n'ayant pas été signifié, et la faculté d'en appeler étant encore entière, les sieurs Gaillard et fils en interjettent incidemment Appel par un simple acte d'avoué à avoué.

Le sieur Pascal soutient que cet Appel est non-recevable, parceque portant sur un autre jugement que celui dont il est lui-même appelant, il n'a pu être interjeté que dans la forme prescrite par l'art. 456.

Mais par arrêt du 7 janvier 1812,

« Attendu que le jugement rendu par le tribunal de commerce d'Avignon, le 16 juillet dernier, n'a jamais été signifié à Gaillard et fils ;

» Qu'il leur est opposé comme fondement du grief d'Appel que Pascal fait résulter de la violation de la chose jugée ;

» Que, dès-lors, l'Appel que Gaillard et fils relèvent de ce jugement est recevable ;

» La cour (de Nîmes) reçoit Gaillard et fils à appeler du jugement du 16 juillet dernier; et en disant droit audit Appel, etc. (1) ».

Dans le second cas, la solution doit évidemment être la même ; car l'Appel incident qu'interjette l'appelant du jugement qui lui est opposé par l'intimé, n'est, comme celui qu'interjette l'intimé dans le premier cas, qu'une des demandes incidentes dont il est parlé dans l'art. 337 combiné avec l'art. 470; et par conséquent nul prétexte pour que l'un ne puisse pas, aussi bien que l'autre, être interjeté par acte d'avoué à avoué. C'est aussi ce qu'enseigne Pigeau, à l'endroit cité.

« On vient de dire (ce sont ses termes) que l'Appel incident peut être interjeté, soit par l'appelant principal, soit par l'autre partie.

» Il s'interjette par l'appelant principal, lorsque, pour écarter son Appel principal et soutenir le jugement dont il se plaint, on lui oppose un jugement encore sujet à l'Appel. Exemple : un jugement condamne Pierre à payer à Paul 1200 francs; Pierre n'en appelle pas d'abord : depuis, en vertu de cette créance de 1200 francs, mais sans parler du jugement, Paul fait une saisie-arrêt sur Pierre, et obtient un deuxième jugement qui la déclare valable. Pierre en appelle; on lui oppose que ce deuxième jugement est juste, puisqu'il est fondé sur une créance consacrée par un premier jugement dont il ne se plaint pas. Si Pierre n'appelait pas de ce premier jugement, sa créance étant constante d'après ce premier jugement, le deuxième basé sur le premier, serait confirmé. Il est donc obligé, pour écarter ce premier jugement, d'en appeler aussi. Ce deuxième Appel est incident, puisqu'il est fait après l'Appel principal et pour le soutenir, comme on voit un demandeur principal former une demande incidente tendante à écarter un obstacle qu'on oppose à sa demande principale ».

A cela Pigeau ajoute : *Voyez ci-devant page 387*. Pourquoi? Parcequ'à la page 387, il s'occupe des demandes incidentes en général, et qu'il y établit notamment que non-seulement elles peuvent, mais qu'elles doivent, d'après l'art. 337, être formées par acte d'avoué à avoué. Il est donc bien clair que, dans l'opinion de Pigeau, c'est par acte d'avoué à avoué que doit être interjeté l'Appel incident de l'appelant, comme c'est dans cette forme que doit être interjeté l'Appel incident de l'intimé.

Voici cependant un arrêt de cour royale qui juge le contraire et qui a triomphé d'une demande en cassation.

Le 21 juillet 1810, jugement qui déclare Martial Constant non-recevable dans son opposition à un jugement par défaut, du 30 septembre 1809, qu'il avait lui-même signifié sans réserve à ses adversaires, et ordonne aux parties de plaider au fond.

Le 20 du même mois, jugement définitif qui, statuant au fond, prononce contre Martial Constant.

Martial Constant appelle d'abord de ce jugement et de celui du 30 septembre 1809, par un exploit qu'il fait signifier au domicile de chacun de ses adversaires.

Mais ses adversaires lui opposant, à l'égard du

---

(1) Jurisprudence de la cour de cassation, tome 14, partie 2, page 371.

jugement du 30 septembre 1809, qu'il est confirmé par le rejet qu'a fait celui du 21 juillet 1810 de l'opposition qu'il y avait formée, il leur fait signifier, le 29 mai 1811, un acte d'avoué à avoué par lequel il déclare appeler incidemment de ce premier jugement.

Le 24 juin 1813, arrêt de la cour de Bordeaux qui déclare cet Appel non-recevable, « attendu » qu'aux termes de l'art. 456 du Code de procé- » dure, l'acte d'Appel doit contenir assignation » et être signifié à personne ou domicile à peine » de nullité; que cette règle absolue ne souffre » d'autre exception que celle établie par le dernier » paragraphe de l'art. 443 du même Code; mais » que cette exception n'a lieu qu'*en faveur de l'in-* » *timé* qu'elle autorise à interjeter incidemment » Appel du jugement déjà attaqué par l'Appel » principal interjeté contre lui ; que, dans l'es- » pèce de la cause, Martial Constant est appe- » lant principal des jugemens des 30 septembre » 1809 et 28 juillet 1810; que, s'il croyait avoir à » se plaindre de celui du 21 du même mois de » juillet, dont ses adversaires n'ont point appelé, » il avait, sans contredit, la faculté de l'attaquer » par un Appel principal, mais, que d'après l'art. » 456, il ne pouvait le faire par Appel incident ; » et qu'il s'ensuit que l'Appel qu'il a incidemment » interjeté par requête d'avoué à avoué, est nul ».

Recours en cassation de la part de Martial Constant; mais par arrêt du 26 mai 1814, au rapport de M. Borel, et sur les conclusions de M. l'avocat général Lecoutour,

« Attendu que la faculté d'interjeter Appel incident en tout état de cause, n'est accordée, par l'art. 443 du Code de procédure civile qu'au seul intimé, et qu'il a été fait une juste application dudit article par l'arrêt attaqué;

» La cour (section des requêtes) rejette le pourvoi….. ».

Je comprends très-bien cet arrêt, si Martial Constant n'avait, comme le dit M. Sirey, tome 14, page 258, interjeté son Appel incident qu'*après les délais expirés*, c'est-à-dire, si le jugement du 21 juillet 1810 lui avait été, dans le temps, signifié à personne ou domicile, et s'il n'en avait appelé incidemment que plus de trois mois après la signification ; et en le supposant ainsi, cet arrêt maintiendrait celui de la cour royale de Bordeaux, non d'après les motifs qui y sont énoncés, mais d'après le principe général que j'ai établi au commencement de ce paragraphe.

Mais si Martial Constant était encore dans le délai de l'Appel, au moment où il avait appelé incidemment, je ne comprends pas comment il a pu être jugé que l'arrêt de la cour royale de Bordeaux avait fait une juste application de l'art. 443, en déclarant l'Appel incident non-recevable, par cela seul qu'il avait été interjeté par acte d'avoué à avoué.

Il est vrai, comme l'énonce l'arrêt de rejet, que *la faculté d'interjeter Appel incident en tout état* *de cause*, c'est-à-dire, après les délais fixés par les deux premières dispositions de l'art. 443, n'est accordée par la troisième disposition de cet article qu'au seul intimé, et je dois ajouter, *qu'à l'égard du* *jugement dont il y a Appel principal interjeté par lui*.

Mais où est-il écrit que la faculté d'interjeter Appel incident, par acte d'avoué à avoué, est limitée à la personne de l'intimé, et au jugement dont il y a eu contre lui un Appel principal ? Ce n'est assurément pas dans l'art. 443 qui est absolument muet sur la forme dans laquelle l'Appel incident doit être interjeté. Ce n'est pas non plus dans l'art. 337 combiné avec l'art. 470 ; car la disposition de l'un, étendue par l'autre aux causes d'Appel, n'est pas restreinte à l'intimé, elle est commune à toutes les parties, et parconséquent à l'appelant ; et, dès-lors, sur quel fondement prétendrait-on que l'appelant ne peut pas, comme l'intimé, appeler incidemment, par acte d'avoué à avoué, d'un jugement qu'on lui oppose comme motif de confirmation de celui qui est l'objet de son Appel principal ? Qu'il puisse appeler de ce jugement, cela n'est pas douteux. Mais quel est le caractère de l'Appel qu'il interjette ? C'est, sans contredit, un Appel incident, comme c'est, aux termes de l'art. 493, une *re-* *quête civile incidente* que celle qui est intentée contre un jugement en dernier ressort, dont une partie se prévaut contre l'autre dans une autre instance que celle où il a été rendu. Or, qu'est-ce qu'un Appel incident ? Rien autre chose, encore une fois, qu'une demande formée incidemment, et qui a pour but de faire infirmer le jugement contre lequel elle est dirigée. Et comment doivent être formées les demandes incidentes ? Elles doivent l'être, soit par l'intimé, soit par l'appelant, par acte d'avoué à avoué. Qu'importe qu'il n'y ait pas d'exception dans l'art. 456 qui veut que *l'acte d'Appel soit signifié à personne* *ou domicile ?* De même que l'art. 68 est limité par la nature même des choses, aux exploits introductifs des causes de première instance, de même aussi l'art. 456 se restreint nécessairement aux actes d'Appel introductifs de causes d'Appel; et de même que l'un n'empêche pas que les demandes incidentes qui surviennent par suite d'un premier exploit, ne soient intentées par acte d'avoué à avoué, de même aussi l'autre ne peut pas empêcher que l'on n'interjette dans la même forme les Appels incidens qui surviennent par suite d'un Appel principal.

§. XI. *L'Appel incident est-il admis en ma-* *tière correctionnelle?*

Cette question en renferme deux :

1°. La partie contre laquelle il est appelé d'un jugement correctionnel, après qu'elle y a acquiescé, peut-elle, si elle est encore dans les délais, en appeler elle-même incidemment ?

2°. Le peut-elle, soit qu'elle ait acquiescé ou non au jugement, si elle n'est plus dans le délai de la loi ?

Sur la première question, il n'y a ni ne peut y avoir de différence entre les matières civiles et les matières correctionnelles.

On sent, en effet, que, dans celles-ci, l'appelant ne peut pas plus que dans celles-là, séparer l'acquiescement donné au jugement par l'intimé, avant l'Appel, de la condition que l'intimé est censé y avoir mise; et que l'intimé n'ayant consenti à l'exécution du jugement que dans la supposition que son adversaire n'en appellerait pas, son consentement s'évanouit du moment que son adversaire en interjette Appel.

C'est d'ailleurs ce qu'a jugé formellement un arrêt de la cour de cassation, du 25 octobre 1824, dont on trouvera ci-après l'espèce, les motifs et le prononcé.

Sur la seconde question, il est d'abord certain que le ministère public près la cour ou le tribunal d'Appel, qui n'a pas profité, pour appeler, du délai de deux mois que lui accorde à cet effet l'art. 205 du Code d'instruction criminelle, ne peut pas, lorsque la cause sur l'Appel du prévenu ou de la partie civile, se présente à l'audience, réparer par un Appel incident la déchéance qu'il a encourue de la faculté d'appeler. Il ne peut pas dire, en effet, qu'il ne s'est abstenu d'appeler que dans l'espérance que sa partie adverse n'appellerait pas, puisque l'Appel de sa partie adverse avait devancé de beaucoup l'époque où le délai de l'Appel est expiré pour lui. Le motif qui, en matière civile, fait admettre l'Appel incident après le délai de la loi, cesse donc absolument à son égard.

Et c'est ce que suppose bien clairement l'avis du conseil d'état, du 25 octobre-12 novembre 1806, lorsqu'après avoir décidé que, sur le seul Appel interjeté par la partie civile, d'un jugement correctionnel, la cour supérieure ne peut pas prononcer contre le prévenu une peine que ce jugement a déclaré ne devoir pas lui être appliquée, il ajoute : « Pour établir le contraire, il » faudrait donner aux cours criminelles les fonc- » tions qui appartiennent au ministère public ; et » ce serait confondre, avec le pouvoir de pour- » suivre et requérir, celui de juger ; ou il faudrait » donner au procureur général la faculté d'ap- » peler jusqu'à l'arrêt définitif, tandis que le » Code des délits et des peines ne lui accorde » qu'un mois, à compter du premier jugement ».

Aussi lisons-nous dans le recueil de M. Sirey, tome 17, page 345, que, par un arrêt de la cour de cassation, du 27 décembre 1811, il a été jugé « qu'un procureur général qui n'a point appelé » d'un jugement correctionnel dans le délai de » deux mois, conformément à l'art. 205 du Code » d'instruction criminelle, n'est point recevable à » appeler incidemment sur l'Appel émis dans le » délai par la partie condamnée ».

A la vérité, M. Sirey ne rapporte ni l'espèce, ni le prononcé de cet arrêt ; mais les voici :

Le 21 août 1811, jugement du tribunal correctionnel d'Anvers, qui condamne Joseph Ruelens, syndic des gens de mer, domicilié à Boom, département des Deux-Nèthes, à une année d'emprisonnement, à 500 francs d'amende envers le trésor public et aux frais de la procédure, pour avoir favorisé l'embarquement, sur un bâtiment de commerce, de Marcel Vankerckœve, matelot au service de l'Etat.

Appel de ce jugement dans les dix jours, de la part de Ruelens.

L'affaire portée, le 14 novembre suivant, à l'audience de la cour d'Appel de Bruxelles, le procureur général déclare appeler incidemment, en ce qu'il n'a pas été fait à Ruelens une juste application de la loi pénale.

Le lendemain, arrêt par lequel,

« Considérant que l'inscription maritime est, pour la marine de l'Etat, ce qu'est la conscription militaire pour les armées de terre; qu'ainsi, les inscrits marins appelés au service de l'Etat, dès qu'ils n'obéissent pas à l'Appel à eux fait, doivent être rangés dans la même classe que les conscrits réfractaires, et que, par suite, la loi du 24 germinal an 6 établissant des peines contre les recéleurs de ces derniers et leurs complices, doit aussi être applicable à ceux qui recèlent les premiers, ou qui favorisent ce recèlement, surtout si l'on considère que l'art. 5 de la loi du 24 brumaire an 6, veut que la peine soit appliquée, dès que le recéleur n'a pas pris les mesures prescrites pour s'assurer de l'état de l'individu recélé ;

» Attendu que, si, au cas présent, le premier juge a rangé le prévenu recéleur dans la classe des habitans de l'intérieur, ainsi qu'il l'est réellement, et l'a puni d'après l'art. 4 de ladite loi, tandis qu'en sa qualité de fonctionnaire public, Ruelens était passible d'une peine plus forte, d'après l'art. 2 de la même loi, il ne peut se plaindre de cette faveur ;

» Quant à l'Appel incident interjeté à l'audience par le ministère public, suivi de ses conclusions tendantes à la réformation du jugement *à quo*, et à ce qu'une peine majeure à la première soit infligée audit Ruelens, d'après les décrets et loi invoqués,

» Considérant qu'en matière correctionnelle, la loi a établi un terme fixe pour l'Appel des parties, au-delà duquel les Appels ne sont plus reçus ; qu'au cas présent, le ministère public ayant laissé passer ce terme, le jugement *d quo* est passé, quant à l'intérêt public, en force de chose jugée ; d'où il suit que la cour n'étant saisie que de l'Appel interjeté par le prévenu, et dans son intérêt civil, c'est sur cet Appel seul qu'elle peut et doit prononcer, le procureur général n'ayant pas, d'après l'avis du conseil d'état, approuvé par S. M., le 12 novembre 1806, la faculté d'appeler jusqu'à l'arrêt définitif ;

» Par ces motifs, la cour déclare le ministère public *non-recevable* dans son *Appel incident;* et statuant sur l'Appel interjeté par Joseph Ruelens, la cour rejette sa requête et ordonne que le jugement du tribunal de première instance d'Anvers, en date du 21 août dernier, sortira son plein et entier effet ».

Le ministère public et Ruelens lui-même se pourvoient contre cet arrêt.

A l'appui de son recours, le procureur général expose :

« Que Ruelens ayant lui-même interjeté Appel en temps utile du jugement qui le condamnait, la cour se trouvait ainsi saisie de la connaissance du délit reproché audit Ruelens; qu'il n'était donc pas nécessaire que le ministère public appelât dans les délais prescrits par l'art. 205 du Code d'instruction criminelle, et qu'on ne pouvait pas inférer du silence qu'il a gardé jusqu'au jour de l'audience de la cour, qu'il avait acquiescé au jugement du tribunal d'Anvers, puisque la cour devant connaître du bien ou mal jugé de ce jugement, il était encore temps à l'audience que le ministère public instruisît la cour des motifs qui devaient faire réformer le jugement dont était Appel, et que, puisque la même question qui s'était présentée en première instance, se reproduisait encore devant la cour, savoir si Ruelens était ou n'était pas coupable; que, puisque les parties s'y présentaient dans le même état, l'une d'accusateur et l'autre d'accusé, et que cette dernière pouvant employer tous les moyens possibles pour sa défense, il devait être laissé au ministère public, ici partie accusatrice, la faculté aussi de pouvoir requérir la juste application des lois qui régissaient la matière.

» On peut d'autant moins (ajoute-t-il) dire que le ministère public avait acquiescé au jugement en n'interjetant pas Appel, que ce jugement demeurait sans effet jusqu'à la prononciation de l'arrêt de la cour; et que, si même il avait interjeté Appel dans les délais, il n'aurait pas porté à la connaissance de la cour une question différente de celle qui y avait été portée par l'appelant lui-même; car, en définitive, il s'agissait de savoir si le tribunal d'Anvers avait bien ou mal jugé; et la chambre de la cour se trouvant saisie de cette question, le ministère public venait encore en temps à l'audience pour instruire la cour des motifs qui militaient à réformer le jugement dont était Appel, pour omission des lois applicables à la matière;

» Au surplus, si l'art. 205 du Code d'instruction criminelle établit le délai de deux mois pour que le ministère public près de la cour où la cause sera portée, puisse appeler, ce délai n'est indiqué que pour le cas où le ministère public se rend d'abord appelant, mais non pas lorsque, comme dans l'espèce, il était d'abord simplement intimé ».

Quant à Ruelens, il soutient d'abord que la première partie de l'arrêt, c'est-à-dire, celle qui confirme le jugement de première instance, doit être cassée pour fausse application de la loi; ensuite que la seconde partie, c'est-à-dire, celle qui rejette l'Appel incident du ministère public, doit être maintenue, parcequ'elle est conforme aux règles du Code d'instruction criminelle.

Par arrêt du 27 décembre 1811, au rapport de M. Schwendt,

« Statuant sur le pourvoi du procureur général près la cour de Bruxelles,

» Attendu qu'il n'existait pas d'Appel du ministère public, interjeté en temps utile; et que celui émis incidemment par lui à l'audience, l'a été hors du délai prescrit par l'art. 205 du Code d'instruction criminelle;

» La cour rejette ledit pourvoi contre l'arrêt de la cour de Bruxelles du 15 novembre dernier;

» Statuant sur le pourvoi de Joseph Ruelens en cassation, du même arrêt,

» Attendu 1°. que l'arrêté du 1er. floréal an 12, art. 49, rend communes à la marine les dispositions de la loi du 24 brumaire an 6; qu'ainsi, il a été fait une juste application de cette loi, qui même n'a pas été appliquée au réclamant dans toute sa rigueur; 2°. que la culpabilité du réclamant a paru à la cour de Bruxelles, établie sur des faits qu'il lui appartenait exclusivement d'apprécier et qui ne sont pas du domaine de la cour;

» La cour rejette le pourvoi de Joseph Ruelens.... ».

Mais il y a plus de difficulté par rapport à l'Appel incident qu'interjetterait, après les dix jours écoulés depuis celui de la prononciation du jugement, soit le ministère public contre le prévenu, soit le prévenu contre le ministère public, soit la partie civile contre le prévenu, soit le prévenu contre la partie civile.

A ne consulter que la raison et l'équité, on devrait, en ce cas, admettre l'Appel incident en matière correctionnelle, comme l'art. 443 du Code de procédure l'admet en matière civile. Supposons, par exemple, un jugement qui, en déclarant le prévenu coupable, le condamne à une légère amende. Le condamné, préférant le sacrifice d'une modique somme d'argent aux frais et aux chances d'un Appel, laisse passer les dix jours sans en appeler. Mais le procureur du roi fait au greffe, à la dernière heure de ces dix jours, une déclaration d'Appel dont le but est de faire aggraver la condamnation; ou bien le procureur général fait notifier, dans les deux mois, un acte d'Appel qui tend au même but. Comment refuser au condamné la faculté de soutenir devant le tribunal d'Appel, au moyen d'un Appel incident, que non-seulement il ne doit pas subir une peine plus forte que celle que lui inflige le jugement, mais même qu'il n'en doit subir aucune, ou parcequ'il n'a pas commis le délit qu'on lui impute ou parceque le fait qu'on lui impute à délit, n'en a pas le caractère?

Cependant on a vu au mot *Appel* (§. 5, n°. 3,

troisième cas), M. l'avocat-général de Vatimesnil avancer dans le réquisitoire sur lequel a prononcé l'arrêt de la section criminelle, du 4 mars 1825, que l'Appel incident *n'est que toléré au civil, et formellement rejeté en matière correctionnelle;* et il y a effectivement deux arrêts de la cour de cassation qui l'ont ainsi jugé sous le Code du 3 brumaire an 4.

Le premier, qui est du 2 germinal an 8, est rapporté au mot *Appel*, §. 10, art. 4, n°. 14-4°.

Le second a été rendu dans l'espèce suivante :

La veuve Guillot, poursuivie par les sieurs Lebouteillier et consorts, devant le tribunal correctionnel de Caen, comme coupable d'escroquerie, leur oppose une exception de chose jugée qu'elle tire d'un arrêt de la cour spéciale du département de la Seine, du 22 juillet 1806.

Le 23 juillet 1808, jugement par lequel ce tribunal, considérant qu'il est incompétent pour statuer sur la plainte dont il est saisi, et que, par suite, il ne lui appartient pas de statuer sur l'exception de chose jugée dont se prévaut la veuve Guillot, délaisse les parties à se pourvoir devant les juges compétens.

Appel de ce jugement, dans les dix jours, de la part des sieurs Lebouteillier et consorts à la cour de justice criminelle du département du Calvados.

La veuve Guillot en appelle aussi incidemment, mais seulement après les dix jours, et par des conclusions prises à l'audience; et elle en appelle en ce qu'il a omis de statuer sur son exception de chose jugée.

Les sieurs Lebouteillier et consorts soutiennent qu'elle est non-recevable, et invoquent, pour le prouver, l'art. 194 du Code du 3 brumaire an 4, qui porte, sans distinction entre l'Appel principal et l'Appel incident, que « le condamné, la partie » plaignante, ou le commissaire du pouvoir exé- » cutif qui veulent appeler, sont tenus d'en passer » leur déclaration au greffe du tribunal correc- » tionnel, le dixième jour au plus tard après celui » qui suit la prononciation du jugement ».

Arrêt qui, d'après le principe consacré par l'art. 443 du Code de procédure, et attendu qu'il doit naturellement s'appliquer aux matières correctionnelles comme aux matières civiles, reçoit l'Appel incident de la veuve Guillot; et accueillant l'exception de chose jugée de celle-ci, déclare l'action des plaignans éteinte par l'arrêt de la cour spéciale du département de la Seine, du 22 juillet 1806.

Recours en cassation de la part des sieurs Lebouteillier et consorts.

En recevant l'Appel incident de la veuve Guillot, disent-ils, la cour de justice criminelle a violé, par une fausse application de l'art. 443 du Code de procédure civile, totalement étranger aux matières correctionnelles, les art. 194, 195 et 594 du Code du 3 brumaire an 4.

Elle en a violé l'art. 194; car, aux termes de cet article, la veuve Guillot qui avait figuré en première instance comme prévenue, n'avait, pour appeler du jugement par lequel le tribunal correctionnel s'était déclaré incompétent, qu'un délai de dix jours à compter du lendemain de la prononciation de ce jugement.

Elle en a violé l'art. 195; car, d'après cet article, la veuve Guillot aurait dû être déclarée déchue même de l'Appel qu'elle eût interjeté en temps utile, par cela seul qu'elle n'avait pas déposé, dans les dix jours, au greffe du tribunal de première instance, une requête contenant ses moyens d'Appel.

Enfin, elle en a violé l'art. 594 qui porte que *les dispositions du présent Code doivent seules régler à l'avenir l'instruction et la forme tant de procéder que de juger relativement aux délits de toute nature*, et par conséquent ne permet pas d'appliquer à l'art. 194 la modification que la jurisprudence en vigueur au temps de sa publication, mettait, en faveur de l'Appel incident, aux diverses lois qui avaient déterminé les délais de l'Appel.

Et qu'on ne dise pas, avec la cour de justice criminelle du Calvados, que l'on doit en juger autrement depuis la mise en activité du Code de procédure. L'art. 443 de ce Code n'a pas introduit un droit nouveau. Il n'a fait qu'ériger en loi un point de jurisprudence universellement admis en matière civile, mais qui n'avait pas lieu en matière correctionnelle; et la preuve que, par là, le législateur n'a pas voulu établir une règle applicable aux matières correctionnelles comme aux matières civiles, c'est qu'il ne l'a pas reproduite dans le Code d'instruction criminelle qui n'est pas encore en activité dans ce moment; c'est qu'au contraire, l'art. 203 de ce Code frappe de déchéance, comme le Code du 3 brumaire an 4, tout Appel qui, en matière correctionnelle, n'est pas interjeté dans la forme et dans le délai fixés par l'art. 202.

A ces moyens de cassation, la veuve Guillot oppose une défense que je crois devoir retracer ici littéralement.

« Le droit d'appeler incidemment en tout état de cause, découle des principes généraux qui sont applicables en matière correctionnelle comme en matière civile. Ce droit, comme on l'a observé, n'est pas créé, il n'est que confirmé par l'art. 443 du Code de procédure.

» Le Code du 3 brumaire an 4 a soumis les Appels à des délais plus courts qu'en matière civile; il a prescrit à l'appelant l'obligation de former son Appel par une déclaration préalable et le dépôt de sa requête au greffe, tandis qu'en matière civile, la loi ne prescrit que la signification de l'acte d'Appel à personne ou domicile.

» C'est donc, quant à la forme et au délai seulement, que la loi du 3 brumaire établit quelque différence; et puisqu'elle ne contient aucune disposition patriculière qui restreigne ou modifie le droit d'appeler, ce droit reste soumis aux règles générales auxquelles il ne peut être dérogé que par des dispositions expresses.

» Or, en principe général, la faculté d'appeler appartient à tous ceux qui se croient lésés par un jugement rendu en premier ressort ; cette faculté ne se perd que par l'acquiescement. Cet acquiescement est formel ou tacite ; il est formel, lorsqu'il résulte de quelques actes ; il est tacite, lorsqu'il résulte du laps de temps accordé pour user de cette faculté.

» Mais celui qui a acquiescé à un jugement en premier ressort, ne devient pas non-recevable à en appeler, si son adversaire s'en rend appelant lui-même ; d'abord, parcequ'il peut se faire, et c'est notre cas, que l'intimé n'eût qu'un faible intérêt à appeler, mais que cet intérêt devienne très-important à raison de l'Appel interjeté par son adversaire.

» Enfin, il ne peut s'élever de fin de non-recevoir contre l'intimé, si de son acquiescement il n'est point résulté de contrat. Or, il ne peut y avoir contrat, dès que l'acquiescement n'est pas réciproque. Donc l'Appel interjeté par l'une des parties, rétablit l'autre dans ses droits.

» Le Code du 3 brumaire an 4 n'a pas dérogé à ce principe, dont la justice réclame l'application plus impérieusement encore en matière correctionnelle qu'en matière civile.

» Il n'est, du moins, aucun motif pour admettre l'Appel incident en tout état de cause, en matière civile, qui ne milite également pour autoriser cet Appel en matière correctionnelle.

» Le Code de brumaire an 4 a tracé les obligations de celui qui veut attaquer un jugement par la voie de l'Appel ; mais il n'a pas parlé de l'intimé ; il n'a pas restreint une faculté dont ce dernier n'a intérêt d'user qu'à raison de l'Appel principal ».

A ces raisonnemens qui assurément n'étaient pas sans force, le défenseur de la veuve Guyot ajoutait une observation qui était décisive pour l'espèce.

« Au reste (disait-il), la cour de justice criminelle du Calvados, saisie de l'Appel principal, avait le droit d'examiner et de réformer toutes les dispositions du jugement du tribunal correctionnel ; et la veuve Guillot qui voyait reproduire devant cette cour les conclusions prises par les appelans en première instance, était recevable, sans être obligée d'appeler incidemment, à opposer à ces derniers, les exceptions qu'elle leur avait opposées en première instance.

» Or, en supposant que l'Appel incident fût irrégulier, que la cour de justice criminelle n'ait pu le recevoir, puisque cet Appel était superflu et que cette cour eût pu accueillir l'exception de chose jugée, lors même que la veuve Guillot n'aurait pas appelé incidemment, la disposition relative à l'Appel incident, devrait être considérée comme non avenue : le vice de cette disposition indifférente en soi, ne pourrait entraîner l'annullation de l'arrêt qui la renferme ».

Par arrêt du 18 mars 1809, au rapport de M. Carnot, et après un délibéré en la chambre du conseil,

« Attendu qu'en déclarant, dans l'espèce, que la cour de justice criminelle spéciale du département de la Seine, par son arrêt du 22 juillet 1806, formait, dans l'état des choses, une fin de non-recevoir contre la nouvelle instance introduite sur les mêmes faits qui avaient été les élémens de cet arrêt, la cour de justice criminelle du département du Calvados n'a violé aucune loi ;

» Que cette fin de non-recevoir était une exception dont l'appréciation rentrait dans les attributions de la cour criminelle du Calvados, qui, se trouvant saisie de l'action principale, avait essentiellement caractère pour statuer sur toutes les exceptions qui s'y rattachaient :

» Attendu que l'Appel incidemment interjeté par la dame Guillot n'a eu pour objet et pour effet que de soumettre à la cour de justice criminelle du département du Calvados, une exception qu'elle aurait pu faire valoir sans recourir à cette forme de procédure ; que la cour de justice criminelle du Calvados, saisie de la cause par les Appels régulièrement interjetés par les réclamans et le ministère public, avait qualité pour apprécier et juger cette exception ; que, si la forme irrégulière d'un Appel incident a été illégalement employée et accueillie, il n'en est donc résulté aucun préjudice aux réclamans, ni aucun avantage à la dame Guillot ; qu'une irrégularité qui n'a rien changé aux droits respectifs des parties, ne saurait être, devant la cour, une ouverture suffisante de cassation ;

» La cour rejette le pourvoi, *en improuvant la disposition de l'arrêt attaqué, qui a reçu pour la forme une déclaration d'Appel illégalement faite hors les délais et sous les formes voulues par les art.* 193 *et* 195 *du Code de brumaire an* 4 ».

Si cet arrêt a bien jugé *en improuvant la disposition* de celui de la cour de justice criminelle *qui avait reçu pour la forme l'Appel incident de la veuve Guillot*, il n'est pas douteux qu'il ne doive, comme le soutient effectivement Denevers (*Journal des audiences* de la cour de cassation, année 1809, page 229), servir de règle pour l'application des art. 202 et 203 du Code d'instruction criminelle, puisque cet article ne fait, à quelques exceptions près qui sont ici insignifiantes, que renouveler les dispositions des art. 194 et 195 du Code du 3 brumaire an 4.

Mais a-t-il réellement bien jugé ?

L'affirmative ne souffrirait aucune difficulté, si, comme le disait M. l'avocat-général de Vatimesnil dans le réquisitoire cité plus haut, *l'Appel incident n'était que toléré au civil*. Dans cette hypothèse, en effet, la faculté d'appeler incidemment serait, dans les matières civiles, une anomalie qu'il faudrait restreindre sévèrement à ces matières ; et la s'appliquerait, dans toute son énergie, la grande maxime du droit romain, *quod contrà rationem juris receptum est, non est producendum ad consequentias* (loi 14, *D. de legibus*).

Mais le moyen d'envisager la faculté d'appeler incidemment sous cet aspect, lorsqu'on la voit établie, dès l'année 530, par la loi dernière, C. *de appellationibus*; lorsqu'on la voit accueillie plusieurs siècles avant le Code de procédure civile, non-seulement par les tribunaux des pays de droit écrit qui étaient soumis à cette loi, mais même par ceux des pays coutumiers où cette loi n'avait par elle-même aucune autorité; lorsqu'on voit ceux-ci s'accorder avec ceux-là pour la regarder comme une mesure dictée par la raison et commandée par la justice?

Sans doute, ces considérations ne seraient d'aucun poids, si, comme le disait encore M. l'avocat général de Vatimesnil, l'Appel incident était formellement *rejeté par la loi en matière correctionnelle*. Mais où le rejet en est-il écrit? Il ne pourrait l'être que dans les art. 202 et 203 du Code d'instruction criminelle; et que portent ces articles? Rien autre chose si ce n'est que l'Appel du condamné, de la partie civile et du procureur du roi ne sera reçu qu'autant qu'il aura été interjeté le dixième jour au plus tard après celui de la prononciation du jugement. Mais de quel Appel est-il là question? De l'Appel principal, uniquement de l'Appel principal, et point du tout de l'Appel incident.

Dire que l'Appel incident est compris dans la généralité du mot *Appel*, ce serait méconnaître le caractère de l'Appel incident; ce serait oublier que l'Appel incident n'est qu'un moyen de défense à l'Appel principal, et que la défense est toujours permise à quiconque est attaqué.

Assurément les art. 202 et 203 du Code d'instruction criminelle ne sont pas plus formels sur la nécessité d'appeler des jugemens correctionnels dans les dix jours qui suivent celui de leur prononciation, que l'art. 14 du tit. 5 de la loi du 24 août 1790, ne l'était sur la nécessité d'appeler des jugemens civils dans les trois mois de leur signification à personne ou domicile. *Nul Appel* (portait-il) *d'un jugement contradictoire ne pourra être signifié après l'expiration des trois mois, à dater du jour de la signification du jugement faite à personne ou domicile; ce* TERME *sera de rigueur, et son inobservation emportera déchéance*. Et cependant il est bien notoire que, sous l'empire de cette loi, l'Appel incident était recevable de la part de l'intimé, non-seulement après les trois mois de la signification qui lui avait été faite du jugement à personne ou domicile, mais même après qu'il y avait formellement acquiescé.

C'est en présence de cette loi ainsi entendue, c'est avec pleine connaissance de l'accord unanime des jurisconsultes et des tribunaux à ne pas l'appliquer, quelque générale qu'elle fût, à l'Appel incident, que je proposai, le 3 brumaire an 4, les art. 194 et 195 du Code des délits et des peines; et si, comme tout porte naturellement à le croire, ces articles furent décrétés dans le même esprit que je les avais proposés, il est clair qu'ils n'étaient pas plus exclusifs de l'*Appel* incident en matière correctionnelle après les dix jours, que la loi de 1790 ne l'était de l'Appel incident en matière civile après les trois mois.

Il est vrai que, lors de l'arrêt de la cour de cassation, du 18 mars 1809, on prétendait prouver le contraire par l'art. 594 du même Code. Mais fixons-nous bien sur cet article, et au lieu de n'en citer, comme on le faisait, qu'un lambeau détaché, transcrivons-le en entier avec celui dont il est immédiatement suivi:

Les dispositions du présent Code DEVANT (et non pas DOIVENT, comme disaient les adversaires de la veuve Guillot) *seules, à l'avenir, régler l'instruction et la forme tant de procéder que de juger, relativement aux délits de toute nature, les lois des 16 et 29 septembre 1791, concernant la police de sûreté, la justice criminelle et l'établissement des jurés, sont rapportées, ainsi que toutes celles qui ont été rendues depuis pour les interpréter ou modifier.*

Sont pareillement rapportées les dispositions de la loi du 19 juillet 1791, relatives à la forme de procéder et aux règles d'instruction d observer par les tribunaux de police municipale et correctionnelle.

On voit que ces articles ne disent pas d'une manière absolue et en forme dispositive, que le Code dont ils font partie, réglera seul à l'avenir la forme de procéder et de juger tant dans les affaires de grand criminel qui doivent être soumises à des jurés, que dans celles de police correctionnelle et municipale; qu'ils ne le disent qu'en forme énonciative et comme motif de l'abrogation qu'ils prononcent, relativement aux uns, soit des décrets des 16 et 29 septembre 1791, soit des décrets postérieurs qui les ont interprétés ou modifiés; et relativement aux autres, des parties du décret du 19 juillet de la même année qui se rapportent à la procédure. On voit par conséquent que cette abrogation est le seul objet qu'ils aient en vue.

Dès-lors, sans doute, s'il y avait eu dans le décret du 19 juillet 1791, une disposition qui eût permis l'Appel incident en tout état de cause, les art. 594 et 595 seraient censés dire que les art. 194 et 195 ne contenant ni exception ni réserve en faveur de l'Appel incident, l'Appel incident est, par cela seul, déclaré inadmissible après le délai dans lequel est circonscrit l'Appel en général. Mais le décret du 19 juillet 1791 ne s'expliquait pas plus sur l'Appel incident que l'art. 14 du tit. 5 de la loi du 24 août 1790; il portait simplement, tit. 2, art. 61: « Les juge-» mens en matière de police correctionnelle, » pourront être attaqués par la voie de l'Appel. » L'Appel sera porté au tribunal de district. *Il* » *ne pourra être reçu après les quinze jours du juge-* « *ment signifié à la personne du condamné ou à son* « *dernier domicile* »; disposition qui ne prohibait pas plus l'Appel incident après le délai généralement fixé pour l'Appel des jugemens correctionnels, que l'article cité de la loi du 24 août 1799 ne le prohibait après le délai généralement fixé pour l'Appel des jugemens rendus en matière civile. Les art. 594 et 595 ne sont donc censés, relativement au délai de l'Appel des jugemens correctionnels, dire autre chose, si ce n'est que ce délai sera désormais réglé uniquement par les art. 194 et 195, et qu'au lieu d'être, comme précédemment, de quinze jours après la signification à personne ou domicile, il ne sera plus que de dix jours après la prononciation à l'audience; et par conséquent ils laissent indécise la question de savoir si ce délai aura lieu ou non pour l'Appel qui ne serait interjeté qu'incidemment à un Appel principal.

Prétendra-t-on qu'ils décident cette question pour la négative, par cela seul qu'ils commencent par énoncer que *les dispositions du présent Code doivent seules, à l'avenir, régler la forme de procéder et de juger* en matière correctionnelle? Prétendra-t-on que, par cette énonciation, ils proscrivent les manières d'attaquer les jugemens correctionnels qui ne sont pas expressément autorisées par le Code dont ils font partie, et qui n'ont leur fondement que dans des règles générales que ce Code ne renouvelle pas formellement?

Mais, je l'ai déjà dit, cette énonciation ne se réfère visiblement qu'aux dispositions des décrets des 19 juillet, 16 et 19 septembre 1791; elle ne peut donc pas être regardée comme abrogatoire des règles générales du droit commun qui ne se trouvent pas dans ces décrets.

L'une de ces règles, introduite d'abord par la seule puissance de l'usage, et érigée ensuite en disposition législative par les lois citées sous le mot *Avocat*, §. 1, est qu'en cas d'absence ou d'empêchement de l'un des juges du tribunal, il doit être remplacé par un avocat. Cette règle n'était pas renouvelée par le Code du 3 brumaire an 4, et ne l'avait pas été davantage, soit pour les matières criminelles par les décrets des 16 et 29 septembre 1791, soit pour les matières correctionnelles par le décret du 19 juillet de la même année. Résultait-il de là qu'elle n'était, sous le Code du 3 brumaire an 4, applicable ni aux uns ni aux autres? Deux arrêts de la cour de cassation, des 11 prairial an 13 et 26 vendémiaire an 14, rapportés dans le *Répertoire de jurisprudence*, aux mots *Cour de justice criminelle*, n° 2, prouvent nettement que non: il y est dit en toutes lettres, « que, dans l'ordre général, la justice ne peut
» être administrée que par ceux que la loi a
» constitués à cet effet; que cependant, pour
» éviter toute interruption dans le cours de la
» justice, la loi du 30 germinal an 5 a, par son
» art. 16, accordé à chaque section du tribunal
» civil, en cas d'empêchement momentané de
» quelques-uns des juges et de l'absence des
» suppléans, la faculté d'appeler *un ou deux ci-*
» *toyens au plus du nombre de ceux qui sont dans*
» *l'usage d'exercer le ministère de défenseurs officieux,*
» *d l'effet de compléter instantanément le nombre*
» *de juges requis pour le jugement des procès;* que
» cette disposition qui pourrait ne paraître ap-
» plicable qu'aux tribunaux civils dont il y est
» fait mention, a, par l'usage, par identité de
» raison, et conformément à ce qui a toujours et
» universellement été pratiqué et autorisé, été
» adoptée dans les tribunaux criminels »,

Une autre règle non moins ancienne et non moins constante, est que les jugemens par défaut peuvent être attaqués par opposition; mais comme elle n'était pas renouvelée par le Code du 3 brumaire an 4, on a prétendu que ce Code l'avait rejetée, tant par son silence, que par l'énonciation contenue dans son art. 594, que *les dispositions du présent Code devaient seules à l'avenir, régler l'instruction et la forme de procéder relativement aux délits de toute nature*: et qu'est devenu ce système? Il a été proscrit d'abord par les arrêts de la cour de cassation, ensuite par un avis du conseil d'état, du 11 février 1806, approuvé le 18 du même mois, dont le motif principal a été que l'art. 192 du Code du 3 brumaire an 4, *en ouvrant* l'Appel contre les jugemens correctionnels, *n'interdit pourtant pas une voie plus simple* ET DE DROIT COMMUN.

Or, sous le Code du 3 brumaire an 4, la faculté d'appeler incidemment après le délai de la loi, était-elle moins *de droit commun* pour l'intimé, que la faculté de s'adjoindre des avocats pour se compléter, ne l'était pour un tribunal quelconque, que la faculté de former opposition à un jugement par défaut, ne l'était pour tous les défaillans condamnés? Non certainement; il n'y avait donc pas, sous le Code du 3 brumaire an 4, plus de raison pour refuser la première à l'intimé sur l'Appel d'un jugement correctionnel, qu'il n'y en avait pour refuser la seconde à un tribunal jugeant correctionnellement, qu'il n'y en avait pour refuser la troisième à la partie qu'un jugement correctionnel avait condamnée par défaut.

Mais, je le répète, les art. 202 et 203 du Code d'instruction criminelle ne sont, à quelques exceptions près qui sont ici insignifiantes, que les échos des art. 194 et 195 du Code du 3 brumaire an 4; et dès que ceux-ci n'étaient pas exclusifs de l'Appel incident après le délai fixé, pour l'Appel en général, aux dix jours qui suivent la prononciation du jugement, ceux-là ne peuvent pas l'être davantage.

On peut, je le sais, opposer à cela une objection assez spécieuse. Pourquoi les art. 194 et 195 du Code du 3 brumaire an 4 (peut-on dire) n'excluaient-ils pas l'Appel incidemment interjeté après le délai de la loi? Parcequ'à l'époque où ils avaient été décrétés, il existait, pour toutes les matières indistinctement, une règle de droit commun qui permettait à l'intimé d'appeler incidemment en tout état de cause, et que cet article ne dérogeant pas en termes exprès à cette règle, ils étaient censés s'y référer. Mais il n'en peut plus être de même aujourd'hui. La règle de l'ancien droit commun qui permettait à l'intimé d'appeler en tout état de cause, est aujourd'hui restreinte aux matières civiles, puisque ce n'est que pour les matières civiles que le Code de procédure civile la reproduit, et qu'il n'en est pas dit un mot dans le Code d'instruction criminelle. Donc les art. 202 et 203 du Code d'instruction criminelle ne peuvent pas être censés s'y référer. Donc elle ne peut plus modifier tacitement les dispositions générales de ces articles. Donc ces articles excluent, par leur généralité, l'Appel incident après le délai de la loi.

Mais cette objection repose tout entière sur la supposition que l'art. 443 du Code de procédure, en ne consacrant l'ancienne règle dont il s'agit, que pour les matières civiles, l'y a restreinte, et il s'en faut de beaucoup que cette supposition soit exacte.

Ce n'est aussi que pour les matières civiles que la loi du 30 germinal an 5, en renouvelant la règle de l'ancien ordre judiciaire qui autorisait les tribunaux tant civils que criminels à appeler des avocats pour se compléter, leur avait imposé la condition de n'en appeler que deux, afin qu'obligés qu'ils étaient alors de juger au nombre de cinq juges, les avocats appelés en remplacement de magistrats légitimement empêchés ou absens, ne s'y trouvassent jamais qu'en minorité. Cependant par les arrêts cités de la cour de cassation, des 11 prairial an 13 et 26 vendémiaire an 14, il a été jugé que les tribunaux criminels institués par le Code du 3 brumaire an 4, que ce Code avait composés de trois juges, ne pourraient, pour se compléter, appeler qu'un seul avocat.

Ce n'est aussi que pour les matières civiles que l'art. 453 du Code de procédure déclare *sujets à l'Appel, les jugemens qualifiés en dernier ressort, lorsqu'ils auront été rendus par des juges qui ne pouvaient prononcer qu'en première instance.* Cependant un arrêt de la cour de cassation, du 26 novembre 1812, rapporté, avec les conclusions qui l'ont précédé, dans le *Répertoire de jurisprudence*, au mot *Cassation*, §. 3, n°. 1, a jugé *que l'art. 453 du Code de procédure civile, est, par l'identité de motifs, applicable à la procédure en matière de police.*

Eh! Comment pourrait-on, d'après cela, restreindre aux matières civiles, la faculté que l'art. 443 du Code de procédure civile accorde à l'intimé d'appeler incidemment en tout état de cause? En renouvelant, pour les matières civiles, la règle de l'ancien droit commun qui établissait cette faculté pour toutes les matières, l'art. 443 du Code de procédure ne l'a pas abrogée pour les matières correctionnelles ; il l'a laissée, pour celles-ci, telle qu'elle était, et par conséquent il l'a maintenue implicitement.

Cette vérité deviendra encore plus sensible, si l'on fait attention que, pour ne pas abroger, relativement aux matières civiles, la faculté qu'accordait l'ancien droit à l'intimé d'appeler incidemment en tout état de cause, il était nécessaire que le Code de procédure la maintînt expressément, et qu'au contraire, pour la maintenir relativement aux matières correctionnelles, le Code d'instruction criminelle n'a eu besoin que de ne pas l'abroger.

Pourquoi était-il nécessaire que, pour ne pas abroger cette faculté relativement aux matières civiles, le Code de procédure la maintînt en termes exprès? Parceque l'art. 1041 de ce Code porte en toutes lettres que du moment où il sera mis en activité, *toutes lois, coutumes règlemens et usages relatifs à la procédure civile, seront abrogés* ; et conséquemment parceque, si l'art. 443 n'avait pas maintenu cette faculté, l'art. 1041 aurait abrogé *la loi* romaine qui l'avait introduite dans les pays de droit écrit, et l'*usage* qui l'avait étendue aux pays coutumiers.

Pourquoi, au contraire, le silence du Code d'instruction criminelle sur cette faculté, a-t-il suffi pour la maintenir relativement aux matières correctionnelles? Parceque ce Code n'abroge ni les lois ni les usages antérieurs qu'il ne rappelle pas expressément; parcequ'il n'en faut pas davantage pour maintenir celles de ces lois et de ces usages qui, fondés sur la nature des choses, ne sont que l'expression de la raison et de l'équité.

Ce n'est pas tout.

L'argument que l'on voudrait tirer ici en faveur de l'opinion que je combats, du contraste que l'on croit trouver sur notre question, entre la disposition de l'art. 443 du Code de procédure civile et le silence du Code d'instruction criminelle, est le pendant exact de celui que l'on tirait, sous le Code du 3 brumaire an 4, du contraste que l'on faisait remarquer entre l'art. 159 et l'art. 192 de ce Code, pour prouver que les jugemens par défaut des tribunaux correctionnels ne pouvaient pas être attaqués par opposition. L'art. 159, disait-on, ouvre la voie de l'opposition contre les jugemens par défaut des tribunaux de police. L'art. 192 ne contient rien de semblable, il porte simplement que *les jugemens du tribunal correctionnel peuvent être attaqués par la voie d'Appel.* Donc la voie de l'opposition n'est admise que contre les jugemens des tribunaux de police. Donc elle est rejetée à l'égard des jugemens des tribunaux correctionnels.

Eh bien! Cet argument a été jugé vicieux, tant par les arrêts de la cour de cassation que par l'avis du conseil d'état du 11-18 février 1806. Et pourquoi l'a-t-il été? Par une raison qui reçoit une application directe et entière à notre question ; parceque l'art. 159 du Code du 3 brumaire an 4 ne faisait que renouveler, pour les jugemens par défaut des tribunaux de police, une règle aussi ancienne que l'administration de la justice, et qui n'était que le simple corollaire de la raison naturelle ; parcequ'il ne l'avait renouvelée que pour éclairer d'autant mieux les parties qui, réduites par l'art. 71 à la nécessité de se défendre elles-mêmes, *sans pouvoir être assistées d'un défenseur officieux ou conseil*, pouvaient ne pas la connaître ; parceque l'art. 192, en ne la renouvelant pas pour les jugemens par défaut des tribunaux correctionnels, ne l'avait pas abrogée à l'égard de ces jugemens.

Je dis que cette raison s'applique directement à notre question ; mais c'est trop peu dire : elle s'y applique *à fortiori*. Car la disposition de l'art. 443 du Code de procédure n'est pas, relativement à la faculté qu'elle accorde à l'intimé d'appeler en tout état de cause dans les matières civiles, une disposition surérogatoire comme l'était dans l'art. 159 du Code du 3 brumaire an 4, celle qui ouvrait la voie de l'opposition au condamné par défaut en matière de simple police ; elle était, au contraire, comme je viens de le remarquer, d'une nécessité indispensable pour empêcher que cette faculté ne fût comprise dans l'abrogation générale que prononce l'art. 1041. Si donc, même dans le cas où elle eût été purement explicative et par conséquent surérogatoire, elle n'aurait apporté aucun obstacle à ce que cette faculté continuât d'être commune aux matières correctionnelles, à combien plus forte raison ne doit-elle y en apporter aucune, alors qu'elle était, pour les matières civiles, nécessitée par un motif qui, relativement aux matières correctionnelles, se trouvait sans objet ?

Enfin, ce qui me paraît lever toute difficulté, c'est qu'il n'y a pas plus de raison pour refuser à l'intimé la faculté d'appeler incidemment après le délai de la loi, qu'il n'y en a pour la lui refuser, lorsqu'il a acquiescé au jugement de première instance, avant que l'appelant eût fait sa déclaration d'Appel ; et que, puisqu'on est forcé de l'en laisser jouir dans le second cas, il est impossible qu'on la lui conteste dans le premier.

C'est, au surplus, ce que la cour de cassation, trop éclairée pour ne pas reconnaître l'erreur qui avait dicté les deux arrêts qu'elle avait rendus sur notre question sous le Code du 3 brumaire an 4, et trop supérieure aux faiblesses de l'amour propre pour ne pas la réparer, a jugé, de la manière la moins équivoque, par un arrêt que son Bulletin criminel nous retrace en ces termes, sous la date du 23 octobre 1824.

« *Annullation, sur le pourvoi de l'administration des forêts, d'un jugement rendu par le tribunal de Saint-Mihiel, le 8 décembre 1823, entre ladite administration, d'une part, et les époux Bastien et consorts, poursuivis à raison d'un délit forestier, d'autre part.*

» Le jugement soumis à la censure de la cour, était attaqué par divers moyens, qui n'étaient pas tous bien fondés ; mais il avait déclaré nulle l'affirmation d'un procès-verbal reçue par le premier suppléant, pour l'empêchement du juge de paix du canton ; cet excès de pouvoir a déterminé la cassation par les motifs énoncés dans l'arrêt suivant :

» Ouï M. Chantereyne, conseiller, en son rapport, et M. de Vatimesnil, avocat général, en ses conclusions ;

» Sur le premier moyen de cassation présenté par l'administration des forêts,

» Attendu que, si le prévenu n'a point excipé en première instance de la nullité du procès-verbal qui lui était opposé, son silence sur ce point ne pouvait le rendre non-recevable à la proposer, soit en cause d'Appel, soit même devant la cour, puisqu'en matière criminelle, les nullités sont d'ordre public et ne peuvent être couvertes par le fait des parties ;

» Que le prétendu acquiescement des prévenus au jugement de première instance, résultant du paiement de l'amende à laquelle ils avaient été condamnés, ne constitue pas davantage une fin de non-recevoir, qui puisse leur être utilement opposée ; puisque c'est précisément l'insuffisance de l'amende acquittée par eux, qui a servi de base à l'Appel de l'administration, et que, dès-lors, après l'Appel interjeté, le contrat qui pouvait résulter entre les parties de l'exécution volontaire du jugement, avait cessé de les lier ;

» Sur le deuxième moyen de cassation,

» Vu la loi du 29 septembre 1791, portant que les procès-verbaux des gardes forestiers seront affirmés par-devant le juge de paix du canton, et, à son défaut, par-devant l'un de ses assesseurs ;

» Vu également la loi du 29 ventôse an 9, qui, en remplaçant les assesseurs par des suppléans, dispose qu'en cas de maladie, absence ou autre empêchement du juge de paix, ses fonctions seront remplies par un suppléant ;

» Et attendu que, du rapprochement de ces dispositions de lois et de leur combinaison avec l'art. 11 de la loi du 27 floréal an 10, il résulte que, si, en thèse générale, l'affirmation des procès-verbaux des gardes forestiers ne peut être reçue par un suppléant, pour les délits commis sur le territoire de la commune où il réside, que dans le cas où cette commune n'est pas celle de la résidence du juge de paix, les suppléans continuent d'avoir, comme les adjoints à l'égard des maires, un caractère légal pour, en cas de maladie, absence ou autre empêchement du juge de paix, recevoir, dans tout le canton où ils sont destinés à le remplacer au besoin, et conséquemment dans la commune même qu'il habite, lesdits actes d'affirmation ;

» Que la loi du 28 floréal an 10, loin d'avoir voulu, sous ce rapport, restreindre les dispositions des lois antérieures, a donné aux suppléans une plus grande latitude de pouvoir, en les autorisant à recevoir l'affirmation des procès-verbaux des gardes forestiers pour les délits com·

mis dans la commune où ils résident et que n'habite pas le juge de paix; qu'ainsi, le législateur a nécessairement maintenu ces fonctionnaires publics dans l'exercice du droit de remplir toutes les fonctions attachées à leur titre;

» Attendu, en fait, que dans l'espèce, le procès-verbal dressé contre la femme Bastien et consorts, a été affirmé devant devant le premier suppléant pour l'empêchement du juge de paix, circonstance énoncée dans l'acte même d'affirmation; que cet acte a donc été reçu par un suppléant qui a procédé dans la mesure du pouvoir qu'il tient de la loi, et pour un des cas déterminés par elle;

» Que cependant le tribunal de Saint-Mihiel a cru devoir déclarer nul ledit procès-verbal, sous prétexte qu'il a été affirmé devant un suppléant du juge de paix, résidant dans la même commune que ce juge;

» En quoi ce tribunal a fait une fausse application de l'art. 11 de la loi du 28 floréal an 10, commis un excès de pouvoir, en créant une nullité qui n'est pas dans la loi, violé celle du 29 ventôse an 9; et par suite l'art. 12, tit. 32, de l'ordonnance de 1669;

» Par ces motifs, la cour casse et annulle le jugement rendu, le 8 décembre dernier, par le tribunal de Saint-Mihiel, entre l'administration des forêts et les époux Bastien et consorts ».

Il est à regretter que le rédacteur de cette partie du *Bulletin criminel*, n'ait pas rappelé toutes les circonstances de l'affaire sur laquelle a été rendu l'arrêt dont il s'agit. Mais l'arrêt seul suffit pour nous indiquer ce que la cour suprême a jugé par le rejet du premier moyen de cassation des administrateurs des forêts.

On y voit en effet bien clairement que Bastien et consorts, condamnés à une amende envers l'administration, s'étaient empressés de la payer entre les mains du receveur de l'enregistrement; que l'administration trouvant cette amende inférieure à celle que la loi infligeait aux prévenus, avait appelé du jugement qui l'avait prononcée; que la cause portée à l'audience du tribunal correctionnel de Saint-Mihiel, Bastien et consorts avaient soutenu qu'aucune condamnation n'avait pu être prononcée contre eux, parceque le procès-verbal d'après lequel ils avaient été poursuivis, était nul, faute d'affirmation reçue par un fonctionnaire compétent; que le tribunal de Saint-Mihiel, accueillant ce moyen proposé pour la première fois devant lui, avait annullé le procès-verbal et par suite rejeté l'Appel de l'administration.

Cela posé, de deux choses l'une: ou Bastien et consorts avaient, en termes exprès, appelé incidemment à l'audience du jugement de première instance qui les condamnait à l'amende que l'administration trouvait insuffisante; ou ils s'étaient bornés à conclure ce que le procès-verbal qui formait la base de leur condamnation, fût déclaré nul, et par conséquent à ce que leur condamnation elle-même fût jugée illégale.

Au premier cas, il est clair que le tribunal de Saint-Mihiel les avait admis à appeler incidemment du jugement de première instance, quoique tout à la fois ils y eussent acquiescé et qu'ils ne fussent plus dans le délai fatal; il est clair par conséquent que le premier moyen de cassation des administrateurs des forêts consistait à dire que, par l'accueil qu'il avait fait à cet Appel incident, le tribunal de Saint-Mihiel avait violé la loi; et par conséquent encore il est clair qu'en rejetant ce premier moyen de cassation, la cour suprême a jugé que l'Appel principal de l'administration avait fait revivre, en faveur des prévenus, la faculté d'appeler qu'ils avaient perdue tant par leur acquiescement que par le défaut d'Appel dans le délai fixé par la loi.

Au second cas, c'est encore la même chose, et j'en ai dit la raison au mot *Appel*, §. 11 : c'est que, pour être reçu appelant, il n'est pas nécessaire d'en prendre expressément la qualité; c'est que Bastien et consorts étaient censés avoir appelé incidemment à l'audience du tribunal de Saint-Mihiel, par cela seul qu'ils y avaient conclu à l'annullation du procès-verbal dressé contre eux par les gardes-forestiers, et, à ce qu'en conséquence, la condamnation prononcée contre eux par les premiers juges, fût jugée illégale.

§. XII. *L'Appel incident a-t-il lieu en matière de simple police?*

Denevers (*Journal des audiences de la cour de cassation*, année 1809, page 229) soutient l'affirmative.

Après avoir dit, sur la foi de l'arrêt de la cour de cassation, du 18 mars 1809, auquel je crois avoir suffisamment répondu dans le §. précédent, que l'Appel incident n'a pas lieu en matière correctionnelle, il ajoute':

« Les Appels, en matière de simple police, sont-ils soumis à la même règle?

» Cette question n'a pu s'élever sous l'empire du Code du 3 brumaire an 4, qui, en cette matière, excluait l'Appel.

» Mais elle pourra se présenter sous celui du Code d'instruction criminelle qui, par son art. 172, permet d'appeler, dans les cas prévus, des jugemens des tribunaux de simple police.

» Il paraît bien qu'il y a même raison de décider, en matière de simple police, comme en matière correctionnelle, qu'on ne peut appeler incidemment en tout état de cause; mais il ne faut pas perdre de vue que la prohibition de l'Appel incident hors les délais en matière correctionnelle, est une dérogation au droit commun, et que toute exception au droit commun doit être renfermée dans les bornes établies par la loi.

» Or, le nouveau Code n'a pas déclaré cette

dérogation au principe général, commune aux Appels en matière de simple police; ce qui peut être fondé sur ce qu'en cette matière, il ne peut être question que de réprimer de légères contraventions, et non de véritables délits : en sorte que les affaires attribuées aux tribunaux de police, tiennnent beaucoup plus du *civil* que du *criminel*.

» Aussi, par l'art. 174 du nouveau Code, le législateur a-t-il voulu que ces affaires fussent suivies et jugées sur Appel, *dans la même forme* que sur Appel des sentences de justices de paix, c'est-à-dire, comme *en matière civile*, sauf la solennité de l'instruction, la nature des peines, la forme, l'authenticité et la signature du jugement dont s'occupe l'art. 176; et il ne l'a pas voulu ainsi, quant à la forme à suivre sur les Appels en matière correctionnelle, l'art. 211 du même Code s'étant borné à parler de la solennité de l'instruction, de la nature des peines, de la forme, de l'authenticité et de la signature du jugement.

» Or, si les Appels, en matière de simple police, doivent être suivis et jugés *dans la même forme* que les Appels *en matière civile*, ne doit-on pas en conclure que l'Appel incident hors les délais, doit, en cette matière, être admis, puisque l'art. 443 du Code de procédure l'autorise en matière civile ».

En laissant de côté tout ce qui, dans ce passage, porte sur la fausse supposition que le Code d'instruction criminelle interdit l'Appel incident en matière correctionnelle, je conviens avec Denevers que l'art. 174 de ce Code semble, à la première vue, autoriser l'Appel incident en matière de simple police. En effet, cet article, en disant que l'Appel des jugemens des tribunaux de police sera *suivi et jugé* dans les mêmes formes que l'Appel des jugemens des tribunaux civils, semble dire qu'il pourra, à la suite de l'un, être pris les mêmes voies et opposé les mêmes défenses qu'à la suite de l'autre; et de là à la conséquence qu'il pourra, dans le cas de l'un comme dans le cas de l'autre, être interjeté Appel incident par l'intimé, il semble n'y avoir qu'un pas.

Il n'y aurait effectivement aucune difficulté là-dessus, si la faculté d'appeler d'un jugement de police était, à l'instar de celle d'appeler des jugemens civils, ou même correctionnels, commune à toutes les parties qui y ont figuré; car, dans cette hypothèse, l'intimé pourrait, tout aussi bien, en matière de simple police qu'en matière civile ou correctionnelle, dire à son adversaire : « Je ne me suis abstenu d'appeler dans le » délai de la loi que parceque j'ai supposé que » vous vous en abstiendriez vous-même. Votre » Appel rompt la condition de mon acquiesce- » ment au jugement rendu entre nous; je rentre » donc dans mon droit ».

Mais le moyen que l'intimé sur l'Appel d'un jugement de simple police, puisse tenir le même langage à l'appelant, alors qu'il est d'une jurisprudence constante, comme on l'a vu au mot *Appel*, §. 2, n°. 10, que la faculté d'appeler d'un pareil jugement n'appartient qu'au condamné; et que la partie civile et le ministère public n'ont d'autre voie ouverte contre un pareil jugement que le recours en cassation. « Ce n'est point (leur » répondrait victorieusement le condamné ap- » pelant) dans l'espérance qu'il n'y aurait point » d'Appel de ma part, que vous vous êtes abs- » tenus d'appeler dans le délai fixé par l'art. 174 » du Code d'instruction criminelle; c'est unique- » ment parceque la loi vous fermait la voie de » l'Appel. Comment donc vous auraîs-je ouvert » cette voie, en la prenant moi-même? La loi » ne le dit pas, et vous ne pourriez pas le lui » faire dire sans lui prêter une absurdité; car » il serait absurde qu'elle fît dépendre du parti » que je prendrais d'appeler ou de n'appeler pas, » la voie que vous auriez à prendre contre le » jugement qui m'a condamné. Les voies de droit » à prendre contre les jugemens, appartiennent » au droit public; et les règles de droit public ne » peuvent être changées, ni par la volonté, ni » par le fait des parties ».

Aussi trouvons-nous dans le *Bulletin criminel* de la cour de cassation, un arrêt du 24 juillet 1818, qui décide en toutes lettres que des parties civiles, intimées sur l'Appel d'un jugement de simple police, n'avaient pas été recevables à en appeler incidemment, *parcequ'il n'avait été prononcé contre elles aucune des condamnations qui, aux termes de l'art.* 172, *peuvent autoriser l'Appel en matière de police simple* (1).

---

(1) Cet arrêt est ainsi conçu :

« Ouï le rapport de M. Aumont, conseiller, et M. Henri Larivière, avocat général en ses conclusions;

» Vu les art. 408 et 416 du Code d'instruction criminelle, d'après lesquels la cour de cassation doit annuler les jugemens en dernier ressort qui ont violé les règles de compétence;

» Vu aussi l'art. 172 du même Code ainsi conçu : « Les » jugemens rendus en matière de police pourront être at- » taqués par la voie de l'Appel, lorsqu'ils prononceront un » emprisonnement, ou lorsque les amendes, restitutions » et autres réparations civiles excèderont la somme de cinq » francs outre les dépens ;

» Attendu que, sur la plainte portée devant lui par Françoise et Catherine Pavat, mère et fille, le tribunal de police du canton de Méniton-sur-Cher avait rendu, le 21 mars dernier, un jugement définitif qui, d'après le n°. 8 de l'art. 479 du Code pénal, avait condamné Thérèse Couvreux, femme Marseille, à 11 francs d'amende et à 30 francs de dommages et intérêts envers les parties plaignantes, comme coupable d'avoir participé à des bruits ou tapages nocturnes injurieux pour elles ; et avait en outre condamné Jacques-Philippe Marseille Couvreux, son mari, à la solidarité de ces condamnations, comme civilement responsable des faits de sa femme ;

» Que par exploit du 8 avril suivant, ce jugement avait été signifié à Marseille et à sa femme, à la requête desdites Françoise et Catherine Pavat, avec sommation d'y satisfaire ;

» Que Jacques-Philippe Marseille en avait seul relevé Appel dans la disposition qui lui était personnelle, et par

APPLICATION (FAUSSE) D'UNE LOI. *V.* les articles *Assignation*, §. 5, n°. 2; et *Cassation*, §. 49.

ARBITRES. §. I. *Les sentences arbitrales sont-elles sujettes au recours en cassation, lorsque, par le compromis, les parties, sans se réserver cette voie, ne se sont pas réservé celle de l'appel, ou y ont renoncé?*

L'art. 211 de la constitution de l'an 3 ne laissait aucun doute sur la négative : « La décision » des Arbitres (portait-il) est sans appel et sans » recours en cassation, si les parties ne l'ont ex- » pressément réservé ».

Mais cette disposition n'a jamais fait loi pour les jugemens arbitraux rendus sous l'empire de la loi du 24 août 1790, c'est-à-dire, ni pour ceux qui ont précédé la constitution de l'an 3, ni pour ceux qui sont intervenus depuis que cette constitution est abolie, et elle le fait encore moins pour les jugemens arbitraux rendus sous l'empire du Code de procédure civile.

Or, d'une part, l'art. 4 du tit. 1er. de la loi du 24 août 1790 ne parlait point du recours en cassation ; il disait simplement « qu'il ne serait point » permis d'appeler des sentences arbitrales, à » moins que les parties ne se fussent expressé- » ment réservé, par le compromis, la faculté de » l'appel ».

De l'autre, l'art. 1010 du Code de procédure civile établit que l'appel des sentences arbitrales est de droit, s'il n'y a été renoncé *lors ou depuis le compromis*.

Ainsi, la question proposée revient à celle-ci : du défaut de réserve de l'appel et de la renonciation à cette voie, résulte-t-il une renonciation à la faculté de se pourvoir en cassation ?

Cette question a été agitée à la section des requêtes, le 21 messidor an 9, c'est-à-dire, à une époque où la loi du 24 août 1790 avait repris toute son autorité ; et après une longue délibéra-

laquelle les condamnations prononcées contre sa femme avaient été déclarées solidaires contre lui ;

» Que le tribunal correctionnel de Romorantin, saisi seulement par cet Appel, ne pouvait donc connaître du jugement du tribunal de police qu'entre ledit Marseille et les parties plaignantes, en faveur desquelles la solidarité avait été prononcée à son préjudice, et qu'il n'avait à statuer que sur le bien ou mal jugé de cette condamnation ;

» Que, si, par des conclusions subsidiaires prises devant ce tribunal, *les femme et fille Pavat s'étaient aussi rendues appelantes incidemment du jugement du tribunal de police*, cet Appel incident avait été restreint par elles à une de ses dispositions relatives aux dépens : que d'ailleurs cet Appel, *quoiqu'ainsi relevé incidemment*, *n'était pas recevable*, *parcequ'il n'avait été prononcé contre lesdites femme et fille Pavat aucune des condamnations qui, aux termes de l'art.* 172 *du Code d'instruction criminelle, peuvent autoriser l'Appel en matière de police simple;* que cet Appel n'avait pas même été relevé dans le délai de l'art. 203 dudit Code ; qu'eût-il déclaré dans ce délai, l'acquiescement de la femme Marseille à un jugement qui lui avait été notifié avec sommation d'y satisfaire par lesdites femme et fille Pavat, les rendait irrévocablement non-recevables à attaquer ce jugement dans ce qu'il avait jugé à l'égard de ladite femme Marseille ;

» Que néanmoins le tribunal correctionnel de Romorantin ne s'est pas borné, dans son jugement du 23 avril dernier, à réformer le jugement du tribunal de police en faveur de Marseille, et dans la disposition qui le concernait; qu'il a aussi annullé ce jugement dans son entier pour vice dans l'instruction ; qu'en faisant droit en suite aux conclusions du procureur du roi, il l'a reçu partie intervenante, a évoqué le principal, et a ordonné en conséquence que les personnes prévenues des bruits et tapages nocturnes, sur lesquels il avait été statué par le tribunal de police, seraient citées à comparaître, à son audience du 7 mai, ainsi que les témoins que le procureur du roi jugerait convenable d'y faire entendre ; que, relativement à l'Appel incident et restreint des femme et fille Pavat, il n'a rien prononcé ;

» Que ce tribunal a ainsi annullé, à l'égard de la femme Marseille, un jugement rendu avec elle, quoiqu'elle n'en eût pas appelé; qu'il a prononcé cette annullation sans l'entendre, sans même qu'elle eût été citée à comparaître devant lui; qu'il a fait revivre contre elle une instance irrévocablement éteinte à son égard par un jugement définitif auquel elle avait acquiescé ; qu'il a prononcé une évo-

cation dont la matière ne pouvait être, avec elle, l'objet d'aucune instruction ni d'aucun jugement ; que, sur cette évocation, il a reçu, comme partie intervenante, le ministère public dont l'action et les droits étaient épuisés et consommés, relativement à ladite femme Marseille, par un jugement du tribunal de police dont il n'avait pas appelé, et dont l'Appel ne lui aurait pas d'ailleurs été permis d'après l'art. 172 du Code d'instruction criminelle, qui, en dérogeant au droit ancien, suivant lequel les jugemens de police simple étaient affranchis de tout recours par voie d'Appel, n'a admis ce recours qu'en faveur des parties condamnées à l'emprisonnement ou à des amendes, restitutions et autres réparations civiles excédant la somme de 5 francs outre les dépens ;

» Qu'à l'audience du 7 mai, et en conséquence dudit jugement du 23 avril, la femme Marseille a comparu pour faire valoir l'autorité de la chose jugée et l'incompétence absolue du tribunal ;

» Que cependant il a été rendu jugement par lequel ces exceptions ont été rejetées ;

» Que, par ce jugement, comme par celui du 23 avril, les règles établies par la loi sur l'autorité de la chose jugée et la compétence des tribunaux correctionnels relativement aux jugemens rendus par les tribunaux de police simple, ont été violées ;

» D'après ces motifs, la cour casse et annulle le jugement rendu en dernier ressort, le 7 mai dernier, par le tribunal correctionnel de Romorantin, qui a rejeté l'exception d'incompétence de la femme Marseille et sa fin de non-recevoir contre les poursuites du ministère public; casse, par suite, tout ce qui peut avoir été fait depuis ;

» Casse et annulle de même le jugement rendu aussi en dernier ressort par ce tribunal le 23 avril précédent, dans toutes ses dispositions autres que celle qui a statué sur l'Appel particulier de Jacques-Philippe-Marseille, et à décharge celui-ci de la condamnation de solidarité prononcée contre lui par le jugement du tribunal de police du canton de Menton-sur-Cher, du 21 mars, laquelle disposition est maintenue, et recevra son plein et entier effet, tant au principal que relativement aux dépens adjugés contre les intimés ;

« Et pour être prononcé conformément à la loi tant sur l'Appel incident relevé par les femme et fille Pavat, que sur les conclusions prises par le procureur du roi, à l'audience du 23 avril, lesquelles tendaient à l'évocation du principal, ainsi qu'à son intervention dans la cause, renvoie les parties et les pièces devant le tribunal de police correctionnelle de Blois.

tion, elle a été résolue à l'affirmative, au rapport de M. Vasse, et sur les conclusions de M. Arnaud. Voici dans quelle espèce :

Le 9 vendémiaire an 9, compromis passé à Porentruy, entre Henriette Verger et consorts, et Marie-Anne Lintrmann, par laquelle des Arbitres sont nommés pour prononcer *en dernier ressort* sur les contestations qui les divisent.

Le 30 brumaire suivant, sentence arbitrale en dernier ressort, qui statue effectivement sur toutes ces contestations.

Demande en cassation de la part de Henriette Verger et consorts.

C'est cette demande qui a été déclarée inadmissible par l'arrêt cité. Il est conçu en ces termes :

« Vu les dispositions des art. 1, 2 et 4 du tit. 1er. de la loi du 24 août 1790, qui statuent que *la faveur et l'efficacité des compromis ne pourront être diminuées* ; que *les Arbitres ne pourront prononcer sur les intérêts privés des personnes ayant l'exercice de leurs actions* ; qu'*il ne sera point permis d'appeler des sentences arbitrales, à moins que la faculté de l'appel n'ait été réservée par le compromis* ; la disposition de l'art. 65 de la constitution, qui porte : *le tribunal de cassation prononce sur les demandes en cassation contre les jugemens en dernier ressort rendus* PAR LES TRIBUNAUX ; et la disposition de l'art. 3 du tit. 1er. de la loi du 27 ventôse an 8 ; sur l'organisation des tribunaux, ainsi énoncée : *il n'est point dérogé au droit qu'ont les citoyens de faire juger leurs contestations par des Arbitres de leur choix ; la décision de ces Arbitres ne sera point sujette à l'appel, s'il n'est expressément réservé ;*

» Vu aussi la sentence arbitrale du 30 brumaire an 9, ensemble le compromis énoncé en ladite sentence arbitrale et produit, icelui signé à Porentruy le 9 vendémiaire précédent, terminé par cette clause : *promettant les comparans de s'en tenir irrévocablement et sans appel à ce qui sera, par les Arbitres, sentencié et arbitré, et exécuter leur sentence et arbitrage, comme s'ils étaient rendus en dernier ressort ;*

» Attendu que le recours en cassation ouvert contre les jugemens en dernier ressort *rendus par les tribunaux*, n'est recevable contre les jugemens rendus par des Arbitres du choix des parties, sinon lorsque les parties, en se réservant par le compromis la voie de l'appel, ont manifesté leur intention de rentrer dans la ligne des tribunaux ;

» Le tribunal rejette la demande en recours formée par les héritiers Verger, contre le jugement arbitral du 30 brumaire an 9 ; condamne les demandeurs à l'amende de 150 francs envers la république ».

Il a été rendu depuis et avant le Code de procédure civile, une foule d'arrêts semblables. Il y en a notamment un du 16 pluviôse an 13, qui est rapporté dans le *Répertoire de jurisprudence*, au mot *Cassation*, n°. 3.

Mais dans le projet de ce Code, adopté d'abord par le conseil d'état et communiqué ensuite au tribunat ; il y avait un article (c'était le 1079°, remplacé aujourd'hui par le 1009°), qui était terminé par ces mots : *elles ne pourront renoncer au recours en cassation*.

Le tribunat, adhérant à cette disposition, proposa de la transporter à l'art. 1099 (aujourd'hui 1028), et de le rédiger ainsi : « Les parties ne » pourront renoncer au recours en cassation, qui » pourra toujours avoir lieu, même dans le cas » où les parties auraient renoncé à l'appel ».

Ainsi, deux des trois branches du pouvoir législatif étaient d'accord pour déroger à la jurisprudence que la cour de cassation s'était faite sur notre question.

Mais de nouvelles réflexions ayant fait sentir la parfaite conformité de cette jurisprudence aux vrais principes, on prit le parti de retrancher de l'art. 1009 la disposition qui prohibait la renonciation au recours en cassation, d'y substituer dans l'art. 1028 une disposition directement contraire à celle que le tribunal proposait d'ajouter à cet article, et de dire purement et simplement : « Il ne pourra y avoir recours en cassation que » contre les jugemens rendus par les tribunaux, » soit sur requête civile, soit sur appel d'un ju- » gement arbitral ».

Cette règle n'a cependant pas lieu pour les jugemens arbitraux rendus en matière commerciale entre associés. L'art. 52 du Code de commerce porte qu'*il y aura lieu à l'appel du jugement arbitral, ou au pourvoi en cassation, si la renonciation n'a pas été stipulée* ; et il résulte clairement du mot *ou*, que la renonciation à l'appel n'emporte pas plus renonciation au recours en cassation, que la renonciation au recours en cassation n'emporte renonciation à l'appel.

D'où vient cette différence entre les jugemens arbitraux rendus sur les contestations relatives aux sociétés commerciales, et les jugemens arbitraux rendus sur des affaires ordinaires ? C'est que, comme on le voit dans la discussion de l'art. 52 du Code de commerce, « dans les contes- » tations civiles, personne n'est obligé de se re- » tirer devant des Arbitres ; qu'au contraire, dans » les contestations de commerce, l'arbitrage est » forcé ; différence qui oblige de varier les dispo- » sitions (1) ».

§. II. *Le recours en cassation est-il ouvert contre une sentence arbitrale rendue à la suite d'un compromis par lequel les parties se sont expressément réservé ce recours, en renonçant à la voie d'appel ?*

L'affirmative n'est pas douteuse lorsqu'il s'agit d'une sentence arbitrale rendue entre associés commerçans, puisque, comme on vient de le

---

(1) Procès-verbal de la discussion du Code de commerce, séance du 19 février 1807, n°. 11.

voir, elles seraient passibles du recours en cassation, quand même les parties ne se seraient pas réservé cette voie, en renonçant à celle de l'appel.

Mais il en serait tout autrement, s'il s'agissait d'une sentence arbitrale rendue par suite d'un compromis volontaire; et c'est ce qui a été jugé dans l'espèce suivante.

Le 8 frimaire an 9, Jean-Baptiste-Charles-Marie Chauffer-Toulaville, et Hervé-Marie Dubeaudier, subrogé-tuteur de ses enfans, ont passé à Paris, devant le bureau de paix de la section de la Fontaine-Grenelle, un compromis par lequel ils ont conféré à des Arbitres le droit de décider *en dernier ressort, sauf seulement le pourvoi en cassation*, les contestations existantes entre eux à raison du douaire de la mère des enfans Toulaville.

Le 18 germinal suivant, les Arbitres ont rendu leur sentence qualifiée *en dernier ressort*.

Le sieur Toulaville en a demandé la cassation, par requête du 5 thermidor de la même année.

L'affaire distribué à M. Lachèze, et d'après le rapport qu'il en a fait à la section des requêtes, arrêt du 25 nivôse an 10, qui porte:

« Vu les dispositions des art. 1, 2 et 4 du tit. 1er. de la loi des 16-24 août 1790; l'art. 65 de la constitution, et l'art. 3 du tit. 1er. de la loi du 27 ventôse an 8;

» Attendu que le recours en cassation n'est autorisé, aux termes de l'art. 65 de la constitution, que contre les jugemens en dernier ressort rendus par les *tribunaux*, et que, dans cette dénomination, nos lois n'ont jamais compris les arbitrages volontaires; que tel est le but de l'institution du tribunal de cassation, de garantir les citoyens des contraventions et des abus de pouvoir commis par les juges que la loi leur a choisis; mais qu'il n'en est pas ainsi, relativement aux Arbitres, qui sont du choix des parties, et à l'égard desquels la loi constitutionnelle de l'Etat ne doit et n'a promis aucune garantie;

» Attendu que, si elles ont la faculté indéfinie de se choisir des Arbitres, il ne peut pas dépendre de même de leur volonté, de donner au tribunal de cassation une attribution que la loi ne lui donne pas; que la disposition des lois citées, en permettant aux parties qui compromettent leurs différends devant des Arbitres, de se réserver la faculté de l'appel, réserve qui entraîne nécessairement celle du pourvoi en cassation contre les jugemens rendus sur les appels par les tribunaux, exclud par son silence la faculté de la réserve du pourvoi en cassation, lorsque l'Appel n'a pas été réservé, ou qu'il y a été renoncé;

» Par ces motifs, le tribunal déclare le demandeur non-recevable dans son pourvoi en cassation.... ».

§. III. *Avant le Code de procédure*, pouvait-on prendre la voie de la requête civile contre une sentence arbitrale, rendue à la suite d'un compromis dans lequel les parties ne s'étaient réservé ni la voie d'appel ni le recours en cassation?

Cette question s'est présentée à l'audience de la cour de cassation, section des requêtes, le 8 floréal an 10; et voici de quelle manière je l'ai discutée, en concluant sur l'affaire qui l'avait fait naître:

« Le 8 pluviôse an 8, le cit. Potter, propriétaire de la manufacture de grès anglais de Chantilly, et le cit. Gorneau, fils, nomment deux Arbitres pour prononcer, *par décision sans appel et irrévocable*, sur les difficultés qui les divisaient, et sur toutes les demandes qu'ils pourraient en conséquence former respectivement.

» Le 15 floréal suivant, les Arbitres rendent leur jugement; et il est rendu exécutoire, le 22 messidor de la même année, par une ordonnance du président du tribunal civil du département de la Seine.

» Le 13 ventôse an 9, après une tentative inutile de conciliation, le cit. Potter intente une action en requête civile contre ce jugement, et à cet effet assigne le cit. Gorneau devant le tribunal d'appel de Paris.

» Le 19 messidor suivant, jugement de ce tribunal qui déclare le cit. Potter non-recevable,

» *Attendu que les jugemens rendus par des juges non sujets à l'appel, sont, en général, irréformables; que la demande en requête civile n'est qu'une exception et une voie extraordinaire qui ne peut être étendue hors des cas que la loi a formellement exprimés; que l'art. 1 du tit. 35 de l'ordonnance de 1667 n'autorise le pourvoi par lettres en forme de requête civile, que contre les arrêts et jugemens en dernier ressort; lequel mot*, JUGEMENT EN DERNIER RESSORT, *ne doit s'entendre, ainsi que l'explique le procès-verbal de ladite ordonnance, que des jugemens rendus au souverain par les ci-devant maîtres des requêtes et autres commissaires du ci-devant conseil, et non des jugemens rendus en certains cas sans appel par les tribunaux inférieurs, qui, alors, n'étaient connus que sous le nom de* SENTENCES; *que l'art. 4 du même titre de l'ordonnance de 1667 permet également de se pourvoir par voie de simple requête, sans lettres de chancellerie, pour faire rétracter les sentences présidiales, rendues au premier chef de délit; mais que cette ouverture n'est admise contre aucune autre espèce de sentences, de quelque nature qu'elles soient, ni contre les sentences que les juges-consuls étaient autorisés à rendre en dernier ressort, ni contre celles qui étaient rendues par les bailliages et sénéchaussées en matière pure personnelle, jusqu'à la somme de 60 livres, ni en particulier contre les sentences arbitrales rendues sur des compromis par lesquels on aurait renoncé à la faculté d'appeler;*

» *Que le pourvoi contre les décisions arbitrales est d'autant plus contraire à l'esprit, ainsi qu'au texte de l'ordonnance de 1667, que, suivant l'art. 20 du titre cité, les demandes en requête civile doivent être portées et plaidées aux mêmes compagnies où les jugemens en* dernier ressort ont été donnés, chose impraticable à l'égard d'un tribunal arbitral, qui est dissous aussitôt que le jugement est rendu; et peut même être anéanti en tout ou en partie, comme dans l'espèce, par le décès des Arbitres.

» C'est contre ce jugement que le cit. Potter se pourvoit en cassation, et vous avez à examiner si son recours est fondé.

» Cette question revient à celle de savoir si les motifs sur lesquels le tribunal d'Appel de Paris a étayé le rejet de la requête civile du cit. Potter, sont conformes aux dispositions de l'ordonnance de 1667, ou s'ils y sont contraires.

» D'abord, il est constant que l'art. 1 du tit. 35 de cette ordonnance ouvre la voie de la requête civile contre tous les *jugemens en dernier ressort*, sans distinction : *les arrêts et jugemens en dernier ressort* (porte-t-il) *ne pourront être rétractés que par lettres en forme de requête civile, à l'égard de ceux qui y auront été parties ou duement appelés, et de leurs héritiers, successeurs et ayant cause.*

» Le procès-verbal de l'ordonnance, quoi qu'en dise le tribunal d'Appel, ne renferme rien qui tende à restreindre la signification des mots *jugemens en dernier ressort*. Bien loin de là, il confirme de la manière la plus positive, la généralité du sens que présentent ces termes : *lecture faite* (y est-il dit) *de l'art.* 1, M. le premier président a dit que l'on ne connaît point au parlement d'autres jugemens en dernier ressort, que ceux des présidiaux; qu'il faudrait s'expliquer davantage, et dire quels sont ces jugemens en dernier ressort, pour en exclure ceux des requêtes de l'hôtel, auxquels on ne peut passer cette qualité. M. Pussort a dit qu'il n'était pas nécessaire de s'expliquer davantage, étant certain qu'il y avait des jugemens en dernier ressort, autres que ceux des requêtes de l'hôtel.

» Vous voyez que l'observation du premier président n'avait pour but que de soutenir la prétention qu'avait le parlement de Paris, de ne pas considérer comme jugemens en dernier ressort, les décisions que rendaient, en certaines matières, les requêtes de l'hôtel.

» Vous voyez aussi que le conseiller d'état Pussort, qui avait eu la principale part à la rédaction du projet de l'ordonnance, n'a ni avoué ni combattu la prétention du parlement; que, la laissant de côté, il s'est borné à dire qu'indépendamment des jugemens des requêtes de l'hôtel, il y en avait d'autres qui étaient incontestablement en dernier ressort; et que de là il a conclu qu'il devenait inutile d'expliquer quels étaient les jugemens en dernier ressort qu'il s'agissait d'assujétir à la requête civile; ce qui était bien clairement énoncer que la requête civile devait atteindre tous les jugemens, de quelques tribunaux qu'ils fussent émanés, dès qu'ils étaient rendus en dernier ressort.

• Or, qu'est-il résulté de ces débats ? C'est que l'article proposé par les auteurs du projet, a été adopté purement et simplement.

» Le premier président est encore revenu à la charge sur l'art. 2, portant permission de *se pourvoir par simple requête à fin d'opposition contre les arrêts et jugemens en dernier ressort donnés sur requête*, ou dans lesquel on n'aurait été ni partie ni dûment appelé. Il a demandé sur cet article, comme sur le précédent, que l'on expliquât quels étaient les jugemens que l'on devait regarder comme rendus en dernier ressort. Mais son observation a été de nouveau écartée, et l'article a été converti en loi, tel qu'il avait été proposé.

» Il n'y a donc pas plus de distinction à faire entre les jugemens en dernier ressort susceptibles de requête civile, qu'entre les jugemens en dernier ressort susceptibles d'opposition; et puisque l'opposition peut être exercée contre tous les jugemens en dernier ressort, il est clair qu'il en doit être de même de la requête civile.

» On objecte, il est vrai, que l'art. 4 a fait une mention spéciale des sentences rendues par les présidiaux au premier chef de l'édit, c'est-à-dire, dont l'objet n'excédait pas 250 francs; et que cette mention spéciale n'aurait pas été nécessaire, si tous les jugemens en dernier ressort avaient été soumis à la voie de la requête civile.

» Mais l'objection s'évanouit, dès que l'on fait attention au but de la mention spéciale que fait l'art. 4 des sentences rendues en dernier ressort par les présidiaux. L'art. 4 en parle, non pour les assujétir à la voie de la requête civile, ce qui était visiblement inutile, d'après la disposition générale de l'art. 1re., mais pour dispenser la requête civile exercée contre ces sortes de jugemens, de la formalité des lettres de chancellerie : *ne seront* (porte-t-il) *obtenues lettres en forme de requête civile contre les sentences présidiales rendues au premier chef de l'édit; mais il suffira de se pourvoir par simple requête au même présidial.*

» Le tribunal d'appel de Paris objecte encore que ni les sentences consulaires, ni celles des bailliages et sénéchaussées n'étaient sujettes à la requête civile, dans le cas où elles étaient rendues en dernier ressort.

» Où cela est-il écrit ? Il n'existe à cet égard ni loi ni arrêt. Du moins nous n'avons rien trouvé, soit dans l'ancienne législation, soit dans l'ancienne jurisprudence, qui y soit relatif; et, dès-là, nous devons croire que ces sortes de sentences étaient soumises à la règle générale établie par l'art. 1 du tit. 35 de l'ordonnance de 1667.

» Mais du moins, dit le tribunal d'appel de Paris, il est certain que l'on ne pouvait pas se pourvoir par requête civile contre les sentences Arbitrales, lors même que les parties avaient renoncé par leur compromis à la faculté d'en appeler.

» Oui, cela est certain, mais par quelle raison ? Parcequ'avant la loi du 24 août 1790, on regardait comme nulle toute renonciation faite par un compromis à la faculté d'appeler d'une sentence arbitrale. Cette jurisprudence avait été introduite

ARBITRES, §. III.

par les chapitres *veniens* et *quintavallis*, aux décrétales, *de jurejurando*, et un grand nombre d'arrêts l'avaient confirmée. On remarque, entre autres, celui du parlement d'Aix du 17 février 1634, rapporté par Boniface, tome 2, part. 3, liv. 2, tit. 8, chap. 1.

» Aujourd'hui des idées plus saines ont remplacé ces principes ultramontains ; et depuis la loi du 24 août 1790, nous regardons comme rendues en dernier ressort, toutes les décisions d'Arbitres contre lesquelles les parties ne se sont pas réservé la voie d'Appel.

» De là une première conséquence : c'est que les jugemens d'Arbitres sont, comme tous les jugemens en dernier ressort, passibles de la voie d'opposition ouverte par l'art. 2 du tit. 35 de l'ordonnance de 1667, et qu'ils peuvent être attaqués par cette voie, même devant les tribunaux ordinaires, après que les pouvoirs des Arbitres sont expirés. Le tribunal civil du département du Bas-Rhin avait cependant jugé le contraire, le 28 ventôse an 8; mais son jugement a été cassé le 21 fructidor an 9, au rapport du cit. Audier-Massillon, et sur nos conclusions (1).

» Cette première conséquence en amène une autre qui n'est pas moins évidente : c'est que la requête civile est admissible contre les jugemens d'arbitres, comme elle l'est contre tout autre jugement en dernier ressort ; car où serait, à cet égard, la raison de différence entre la requête civile et l'opposition? Si, pour rendre les jugemens d'arbitres susceptibles d'opposition, l'on est forcé de les regarder comme compris dans l'art. 2 du tit. 35 de l'ordonnance de 1667, il faut bien aussi qu'on les regarde comme compris dans l'art. 1ᵉʳ. du même titre ; et par une conséquence nécessaire, il faut bien qu'ils soient passibles de la requête civile.

» Aussi ont-ils été déclarés tels par un jugement de la section civile du 11 fructidor an 8, rendu en très-grande connaissance de cause. En voici l'espèce que nous avons extraite du jugement même.

» Le 6 nivôse an 6, compromis par lequel Louis-Antoine-Isidore Pinel-Prebisson et son épouse, d'une part, Jean et François Le Saulnier de l'autre, donnent pouvoir à deux Arbitres de juger les contestations qui existaient entre eux, sur des arrérages de rente foncière dus par ceux-ci à ceux-là par suite d'un bail à rente du 30 octobre 1754, et conviennent que le jugement arbitral sera *irrévocable et sans appel*.

» Le 21 ventôse suivant, jugement par lequel les arbitres condamnent les cit. Le Saulnier, à payer dans le mois les arrérages de la rente foncière ; à défaut de quoi, le cit. Pinel-Prebisson et son épouse sont renvoyés en possession des biens arrentés.

---

(1) *V.* ci-après, §. 5.

En fructidor de la même année, les cit. Le Saulnier font assigner le cit. Pinel-Prebisson et son épouse en requête civile contre le jugement arbitral. Ils se fondent sur ce que ce jugement a prononcé *ultrà petita*.

» Le cit. Pinel-Prebisson et son épouse, traduits par cette assignation devant le tribunal civil du département de la Mayenne, soutiennent que la requête civile est non-recevable.

» Le 13 floréal an 7, le tribunal, *considérant que, par le compromis, les parties n'ont entendu donner à leurs arbitres d'autre pouvoir que celui de les régler sur le compte des arrérages de la rente dont il s'agit ; et que, par conséquent, les arbitres, en prononçant la rentrée dans les fonds arrentés, faute de paiement dans un délai déterminé, avaient outrepassé les limites du mandat qui leur avait été donné, et jugé ce qui ne leur avait pas été soumis*, rescinde le jugement arbitral attaqué par la voie de la requête civile, et remet les parties dans le même état où elles étaient avant ce jugement.

» Recours en cassation de la part du cit. Pinel-Prebisson et de son épouse.

» Jugement de la section des requêtes, qui admet leur recours.

» L'affaire plaidée contradictoirement à la section civile, jugement du 11 fructidor an 8, au rapport du cit. Liborel, qui rejette la demande en cassation, « attendu que la voie de la requête » civile contre les jugemens en dernier ressort, » autorisée par le tit. 35 de l'ordonnance de 1667, » est devenue commune aux jugemens arbi- » traux, depuis que, par l'art. 4 du tit. 1 de la » loi du 16-24 août 1790, il a été déclaré qu'il ne » serait point permis d'appeler de ces jugemens, » à moins que les parties s'en fussent expressé- » ment réservé la faculté, et que, par l'art. 1 de » celle des 11 et 12 février 1791, il a été ordonné » que les requêtes civiles seraient, de la même » manière et dans les mêmes formes que les Ap- » pels, portées à l'un des sept tribunaux d'arron- » dissement ; attendu que les art. 210 et 211 de la » constitution de l'an 3 n'ont point défendu ce re- » cours contre lesdits jugemens arbitraux, mais » seulement celui en cassation, lorsque les par- » ties ne se l'étaient point expressément réservé ; » attendu que, par le jugement arbitral dont » il s'agissait, il avait été prononcé sur chose qui » n'avait pas été soumise aux arbitres, et qui ne » leur avait pas été demandée ».

» Ce jugement répond d'avance, par l'observation qu'il contient sur la manière actuelle de juger les requêtes civiles, à la dernière objection du tribunal d'appel de Paris ; et nous devons ajouter que, si l'on s'arrêtait à cette objection, il faudrait, par le même principe, aller jusqu'à dire qu'un jugement d'Arbitres ne pourrait plus, après la dissolution du tribunal arbitral, être frappé d'opposition par la partie qui n'y aurait pas été appelée ; et c'est effectivement, comme nous l'avons déjà remarqué, ce qu'avait décidé le tribunal civil du Bas-Rhin, le 28 ventôse an 8; mais le sort qu'a eu son jugement, pronostique assez celui que doit avoir le jugement contre lequel se pourvoit le cit. Potter.

» Nous estimons qu'il y a lieu d'admettre la requête en cassation, et d'en ordonner la communication au cit. Gorneau ».

Ces conclusions ont été adoptées par arrêt du 8 floréal an 10 au rapport de M. Bailly.

En conséquence, la cause a été portée à la section civile, où elle n'a pas été jugée, faute de poursuites de la part du demandeur; mais depuis, une affaire semblable a été soumise à cette section, et il en est résulté, le 11 ventôse an 11, un arrêt conforme à celui du 11 fructidor an 8.

La veuve Annette avait pris une requête civile contre une sentence arbitrale du 29 messidor an 5, intervenue sur un compromis passé entre son mari, d'une part, le sieur Guibert et sa femme, de l'autre.

La cour d'appel de Rennes avait entériné la requête civile et remis les parties au même état où elles étaient avant la sentence arbitrale.

Le sieur Guibert et sa femme s'étaient pourvus en cassation contre cet arrêt. Ils alléguaient, entre autres moyens, que les sentences arbitrales n'étaient point passibles de la requête civile.

Par l'arrêt cité, la cour de cassation a cassé, il est vrai, celui de la cour d'appel de Rennes, mais par des motifs absolument étrangers à ce moyen; elle a fait plus, elle a rejeté ce moyen par une disposition expresse, afin de ne plus laisser aucun doute sur la question, et de la décider irrévocablement pour l'affirmative.

Depuis, le Code de procédure civile a érigé cette décision en loi. Voici ses termes:

« Art. 1026. La requête civile pourra être prise contre les jugemens arbitraux, dans les délais, formes et cas ci-devant désignés pour les jugemens des tribunaux ordinaires.

» Elle sera portée devant le tribunal qui eût été compétent pour connaître de l'appel.

» 1027. Ne pourront cependant être proposés pour ouvertures,

» 1°. L'inobservation des formes ordinaires, si les parties n'en étaient autrement convenues, ainsi qu'il est dit en l'art. 1009;

2°. Le moyen résultant de ce qu'il aura été prononcé sur choses non demandées, sauf à se pourvoir en nullité, suivant l'article ci-après ».

§. IV. 1°. *Peut-on se pourvoir devant un tribunal de première instance, en nullité d'une sentence arbitrale qui contient excès de pouvoir, ou a été rendue, soit sans compromis, soit sur un compromis nul ou exprès?*

2°. *Lorsqu'il y a excès de pouvoir dans un chef d'une sentence arbitrale, cette sentence doit-elle être annullée pour le tout?*

I. Voici une espèce dans laquelle la première de ces questions s'est présentée devant la cour de cassation.

Charles-François Muyeau décède sans enfans, le 13 août 1793. Des contestations s'élèvent, pour le partage de sa succession, entre Marie-Catherine Bény, et les sieurs Lecaisne et consorts.

Pour terminer ces contestations, les parties nomment des Arbitres, avec pouvoir de les juger en dernier ressort.

Les 10 et 17 thermidor an 3, Marie-Catherine Bény fait notifier aux Arbitres et à ses adversaires, des actes par lesquels elle leur déclare qu'elle n'entend être jugée qu'à charge de l'appel.

Le 22 fructidor suivant les Arbitres se réunissent et se constituent.

Le 2 fructidor an 4, après une instruction dans le cours de laquelle Marie-Catherine Bény avait constamment renouvelé sa déclaration de ne vouloir être jugée qu'à la charge de l'appel, les Arbitres rendent leur sentence définitive.

Ils commencent par déclarer que, sans avoir égard aux actes des 10 et 17 thermidor an 3, ils prononceront en dernier ressort; ensuite, ils décident le fond au désavantage de Marie-Catherine Bény.

Marie-Catherine Bény se pourvoit en cassation de cette sentence. Le 10 prairial an 5, sa requête est rejetée en ces termes:

Le tribunal, attendu que, lorsque les Arbitres ont excédé les pouvoirs qui leur ont été donnés par les parties, les droits de celles-ci sont entiers, et qu'elles peuvent les faire valoir devant les tribunaux ordinaires; d'où il suit, qu'alors même il ne peut y avoir lieu à la voie du recours au tribunal de cassation;

» Déclare qu'il n'y a pas lieu de statuer sur le mémoire en cassation présenté pour Marie-Catherine Bény, et condamne cette dernière en l'amende de cent cinquante francs envers la république ».

Cet arrêt indiquait assez clairement à Marie-Catherine Bény la voie qu'elle devait prendre pour faire réformer la sentence arbitrale.

Elle suit cette indication, et elle fait citer ses adversaires au tribunal civil du département de l'Aisne, pour voir déclarer cette sentence nulle et de nul effet.

» Le 27 frimaire an 6, jugement qui la déclare non-recevable, attendu qu'il n'y a, quant à la manière de se pourvoir contre les jugemens, aucune différence entre ceux des Arbitres et ceux des tribunaux ordinaires; qu'ainsi, on ne peut attaquer que par la voie d'Appel, une sentence arbitrale à laquelle on reproche un excès de pouvoir.

Marie-Catherine Bény appelle de ce jugement au tribunal civil du département de l'Oise, qui le confirme purement et simplement, le 15 floréal de la même année.

Nouveau recours en cassation de la part de

Marie-Catherine Bény. Il est admis le 6 floréal an 7.

Et l'affaire portée à la section civile, arrêt du 12 prairial an 10, au rapport de M. Oudot, par lequel,

« Vu la loi du 1ᵉʳ. mai 1790, qui porte : *l'assemblée nationale déclare qu'il y aura deux degrés de juridiction en matière civile*;

» Attendu que la décision arbitrale du 2 fructidor an 4, étant attaquée pour excès de pouvoir, ne pouvait l'être que par voie de nullité; par action principale et en première instance; que cependant il résulte du jugement du tribunal civil du département de l'Oise, que la demanderesse serait privée d'un degré de juridiction, et que le jugement a contrevenu en conséquence à la loi citée;

» Le tribunal casse et annulle le jugement du tribunal civil du département de l'Oise, rendu le 15 floréal an 6; renvoie les parties au tribunal d'appel séant à Amiens ».

L'art. 1028 du Code de procédure civile consacre formellement cette jurisprudence :

« Il ne sera besoin (porte-t-il) de se pourvoir par appel ni requête civile, dans les cas suivans :

» 1°. Si le jugement a été rendu sans compromis, ou hors des termes du compromis;

» 2°. S'il l'a été sur compromis nul ou expiré;

» 3°. S'il n'a été rendu que par quelques Arbitres non autorisés à juger en l'absence des autres;

» 4°. S'il l'a été par un tiers sans en avoir conféré avec les Arbitres partagés;

» 5°. Enfin, s'il a été prononcé sur choses non demandées.

» Dans tous ces cas, les parties se pourvoiront par opposition à l'ordonnance d'exécution, devant le tribunal qui l'aura rendue, et demanderont la nullité de l'acte qualifié *jugement arbitral* ».

Mais cet article donne lieu à plusieurs questions.

1°. Résulte-t-il de ces termes, *il ne sera besoin de se pourvoir par Appel ni requête civile, dans les cas suivans*, que, dans les cas énumérés par cet article, il y a choix entre la voie d'appel ou de requête civile, et celle d'opposition à l'ordonnance d'*exequatur* ?

J'ai prouvé, au mot *Appel*, §. 1, nᵒˢ. 6 et 24, que, dans le véritable sens de cet article, l'opposition à l'ordonnance d'*exequatur* est la seule voie qui soit ouverte pour faire valoir les nullités établies par cet article même, et que l'on ne peut y substituer ni la voie d'appel, ni celle de requête-civile.

2°. La disposition de cet article est-elle applicable aux jugemens qui, sous l'empire des lois des 10 juin et 2 octobre 1793 et 17 nivôse an 2, ont été rendus par des Arbitres forcés, sur des contestations relatives à des biens communaux ou prétendus tels, et à des successions ?

Voici un arrêt de la cour de cassation qui juge formellement que non.

Le 24 juillet 1793, arrêté du département de la Côte-d'Or, qui, sur la pétition de la commune de Beaumont-sur-Vigeanne, en réintégration dans la propriété de bois qu'elle prétend lui avoir été enlevés, sous le régime féodal, par son ci-devant seigneur, le sieur de Saulx-Tavannes, émigré, et représenté par l'état, la renvoie à se pourvoir devant les tribunaux remplacés par des arbitres forcés.

La commune fait, en conséquence, citer l'agent national du district de Dijon devant le juge de paix, pour procéder à la formation d'un tribunal d'Arbitres.

L'agent national ne comparaissant pas, le juge de paix nomme d'office des arbitres qui rendent par défaut, le 8 floréal an 2, un jugement par lequel la commune est envoyée en possession des bois compris dans sa réclamation.

Ce jugement est aussitôt déclaré exécutoire par le président du tribunal de district, conformément à la loi du 2 octobre 1793; il est ensuite signifié à l'agent national, et il reçoit sa pleine exécution.

En 1802, le préfet du département de la Côte-d'Or, usant du remède introduit par la loi du 28 brumaire an 7, pour réparer les spoliations souffertes par l'État, sous le régime de l'arbitrage forcé, interjette appel de ce jugement à la cour de Dijon.

Peu de temps après, le sieur de Saulx-Tavannes, rentré en France, est réintégré dans ses droits, en vertu du sénatus-consulte du 6 floréal an 10, intervient dans la cause, et reprend les erremens de l'appel interjeté par le préfet.

Mais bientôt il se désiste de cette instance pour prendre une autre voie; et le 22 mars 1808, il fait assigner la commune de Beaumont devant le tribunal de première instance de Dijon, pour voir dire qu'il sera reçu opposant à l'ordonnance d'*exequatur* apposée par le président du ci-devant tribunal de district de la même ville, à la sentence arbitrale du 8 floréal an 2, et voir déclarer cette sentence nulle, de deux chefs : 1°. parcequ'elle est émanée d'Arbitres que le juge de paix n'aurait pu nommer d'office qu'autant que l'État eût été valablement assigné pour coopérer à leur nomination, et que l'assignation qui lui a été donnée à cet effet dans la personne de l'agent national du district, était radicalement nulle (1); 2°. parcequ'elle n'a pu, par la même raison, être rendue par défaut.

La commune répond que, si la sentence arbitrale est nulle, ce n'est point par opposition à l'ordonnance d'*exequatur*, mais seulement par appel, ou recours en cassation, que l'annulation peut en être demandée, et que, ni l'art. 1028

___
(1) *V.* l'article *Nation*, §. 2.

du Code de procédure civile, ni l'ancienne jurisprudence de la cour de cassation qu'il consacre, ne sont applicables aux jugemens rendus par des Arbitres forcés.

Le 4 mars 1809, jugement qui, adoptant cette défense, rejette la demande du sieur de Saulx-Tavannes.

Et, sur l'appel, arrêt de la cour de Dijon, du 12 janvier 1811, qui met l'appellation au néant.

Recours en cassation de la part du sieur de Saulx-Tavannes; mais, par arrêt contradictoire du 30 décembre 1812, au rapport de M. Boyer, et sur les conclusions de M. l'avocat général Lecoutour,

« Attendu que, quelles que puissent être les irrégularités de ladite sentence, dès-lors qu'elle était émanée d'Arbitres ayant aux yeux de la loi véritable caractère de juges, et qu'en fait, elle n'était pas attaquée par la voie de l'opposition, autorisée par les articles ci-dessus cités de l'ordonnance de 1667, le demandeur ne pouvait se pourvoir par la voie de nullité, ouverte contre les jugemens d'Arbitres volontaires par l'art. 1028 du Code de procédure civile, mais seulement par celle du recours en cassation, autorisé par la loi du 12 prairial an 4, sauf et sans préjudice de celle de l'appel, ouverte depuis par la loi du 28 brumaire an 7;

» La cour (section civile) rejette le pourvoi... ».

3°. La disposition de l'art. 1028 du Code de procédure civile est-elle applicable aux jugemens rendus par des Arbitres forcés entre associés pour fait de commerce?

J'ai prouvé que non, au mot *Appel*, §. 1, n°. 24, et j'en ai tiré la conséquence que la voie d'appel est la seule que l'on puisse prendre pour faire annuller ces jugemens, lorsque, non rendus en dernier ressort, ils le sont, ou sans compromis, ou sur un compromis nul, ou sur un compromis expiré, ou hors des termes du compromis.

C'est ici le lieu d'ajouter que, lorsqu'ils sont rendus en dernier ressort, ils ne peuvent, par la même raison, être attaqués, dans les mêmes cas, que par recours en cassation; et c'est ce qu'a, en effet, jugé un arrêt de la cour suprême, dont voici l'espèce.

Le 29 floréal an 8, contrat de société entre le sieur Saint-James et d'autres particuliers, pour l'exploitation d'un droit de passe (1) dont ils se sont rendus adjudicataires. Il y est stipulé que, s'il survenait des contestations entre les associés, elles *seraient jugées irrévocablement par des Arbitres choisis par les parties*.

Des difficultés surviennent, en effet, et le 25 ventôse an 11, des Arbitres nommés, les uns par quelques-unes des parties, les autres d'office par le tribunal de commerce, rendent une sentence qui prononce diverses condamnations contre le sieur Saint-James, et que le président du tribunal de commerce déclare exécutoires.

Le sieur Saint-James en appelle inutilement. Par arrêt du 24 messidor au 11, son appel est déclaré non recevable d'après la clause du contrat de société qui autorisait les Arbitres à statuer *irrévocablement*, et par conséquent en dernier ressort.

Il se pourvoit en cassation contre cet arrêt, et n'est pas plus heureux : sa requête est rejetée.

Que fait-il alors? Croyant trouver dans la sentence arbitrale quelques-uns des vices énumérés dans l'art. 1028 du Code de procédure civile, et s'aidant, sinon du texte de cet article, qu'il sait bien ne pouvoir pas invoquer comme loi dans une affaire née et jugée avant ce Code, du moins des principes éternels qui l'ont motivé, il forme opposition à l'ordonnance d'*exequatur*, et conclud à ce que la sentence soit déclarée nulle.

Cette demande, accueillie d'abord par les juges du tribunal de commerce, est rejetée, sur l'Appel, par un arrêt de la cour de Rouen du 2 janvier 1809, « Attendu que les Arbitres qui ont rendu le jugement du 25 ventôse an 11, n'ont pas été institués par la seule volonté des parties, mais bien par les dispositions de l'ordonnance de 1673; qu'ils n'ont pas pris leur qualité de juges dans l'acte de société, mais dans la loi, qui veut que les contestations entre associés soient jugées par des arbitres; et qu'ainsi, la décision des Arbitres ne peut être attaquée que par les mêmes voies par lesquelles on pourrait combattre les jugemens des tribunaux de commerce ».

Le sieur Saint-James se pourvoit en cassation contre cet arrêt, et parvient à faire admettre sa requête. Mais, par arrêt contradictoire du 26 mai 1813, au rapport de M. Zangiacomi, et sur les conclusions de M. l'avocat général Jourde,

« Considérant, que les Arbitres ayant prononcé sur les différends relatifs à une société de commerce, ne peuvent être considérés comme Arbitres volontaires, puisqu'il n'était pas au pouvoir des parties de se soustraire à leur juridiction; que ces Arbitres, comme tous ceux auxquels on est forcé par la loi de recourir, ont le caractère de juges, et donnent à leurs décisions, rendues soit en premier, soit en dernier ressort, l'autorité de jugemens ou arrêts, contre lesquels la voie de nullité ne peut être admise.

» La cour (section civile) rejette le pourvoi... ».

4°. Mais, que serait-ce, si les associés avaient donné à leurs Arbitres la qualité d'*amiables compositeurs*, avec renonciation à la faculté d'attaquer leur décision par appel et par recours en cassation? Y aurait-il encore arbitrage forcé, et, par conséquent obstacle insurmontable à l'action en

---

(1) *V.* l'article *Taxe d'entretien des routes.*

nullité devant le tribunal de commerce; ou bien, n'y aurait-il qu'arbitrage volontaire, et par conséquent lieu à l'application de l'art. 1028 du Code de procédure civile?

Disons-le sans hésiter, il n'y aurait alors qu'arbitrage volontaire; et la raison en est extrêmement simple : c'est que la loi force bien les commerçans associés à faire *juger*, par des Arbitres, les contestations qui les divisent ; mais qu'elle ne les force pas de transiger sur ces contestations, et que des Arbitres investis de la qualité d'amiables compositeurs, ne sont, dans la réalité, que des mandataires préposés pour terminer, par une transaction équitable, les différends soumis à leur examen.

Quelle est d'ailleurs la raison fondamentale de l'inapplicabilité de l'art. 1028 du Code de procédure civile à l'arbitrage forcé ? Je l'ai déjà dit, au mot *Appel*, §. 1, n°. 24, c'est que les Arbitres forcés ne faisant que remplacer les premiers juges, ceux-ci sont nécessairement censés prononcer par l'organe de ceux-là, et que dès-lors, permettre aux premiers juges d'accueillir l'action en nullité du jugement rendu par les Arbitres forcés, ce serait violer ouvertement le grand principe qui défend à tout juge de se *déjuger lui-même*. Or, cette raison cesse évidemment toutes les fois que les Arbitres nommés par des commerçans associés, ont reçu d'eux le pouvoir de concilier et d'éteindre leurs différends par une composition amiable; car, alors on ne peut pas dire que les premiers juges sont remplacés par les Arbitres, et qu'ils sont censés faire eux-mêmes l'acte qualifié de jugement arbitral, puisqu'ils ne peuvent pas, comme on le verra, ci-après, §. 14, art. 8, n°. 1, cumuler les fonctions de juges avec celles d'amiables compositeurs.

Cependant la question s'étant présentée, en 1815, devant la cour royale d'Orléans, l'opinion contraire y a prévalu. Voici l'espèce.

Le 7 mars 1824, le sieur Chevalier fait signifier au sieur Leclerc, son associé dans une entreprise de coupe de bois, un acte par lequel il déclare dissoudre la société, et le somme de, se trouver le même jour, dans l'étude d'un notaire, à l'effet de convenir d'Arbitres pour procéder, conformément au Code de commerce, à la liquidation de leurs intérêts communs et de régler toutes les difficultés qui s'élèveraient entre eux.

Le même jour, acte notarié par lequel les deux associés nomment deux *Arbitres amiables compositeurs*, qu'ils dispensent de l'observation des délais et des formes judiciaires, et qu'ils autorisent tant à choisir, au cas de partage, un tiers-Arbitre pour les départager, qu'à prononcer en dernier ressort.

Les deux Arbitres acceptent le compromis, et les parties leur remettent leurs pièces et mémoires respectifs.

Le 2 avril suivant, le sieur Fort, se prétendant intéressé dans l'entreprise sociale, présente aux Arbitres une requête par laquelle il déclare intervenir dans la contestation et adhérer au compromis.

Opposition de la part du sieur Leclerc à son intervention.

Le 9 du même mois, jugement du tribunal civil de Chinon, faisant fonctions de tribunal de commerce, qui admet l'intervention du sieur Fort.

Le 16 et le 17 mai de la même année, les deux Arbitres se trouvant divisés d'opinions, rédigent chacun un avis par lequel l'un déclare que, dans la position où le jugement du 9 avril a mis les choses, il croit ne pouvoir pas s'occuper de l'affaire, parcequ'à ses yeux le compromis est dissous ; l'autre prononce sur le fond et condamne le sieur Leclerc à payer aux sieurs Chevalier et Fort une somme d'environ 6,000 francs.

Pour les départager, un tiers-Arbitre est nommé par les parties ; et le 23 du même mois, ce tiers-Arbitre rend un jugement par lequel il adopte l'avis tendant à la condamnation du sieur Leclerc.

Ce jugement est déclaré exécutoire, le 28, par une ordonnance du président du tribunal de Chinon.

Le 4 juin suivant, opposition à cette ordonnance de la part du sieur Leclerc, avec assignation aux sieurs Chevalier et Fort, devant le tribunal de Chinon pour voir déclarer le jugement arbitral du 23 mai, nul de plusieurs chefs.

Les sieurs Chevalier et Fort soutiennent qu'il est non-recevable, et invoquent, pour le prouver, l'arrêt de la cour de cassation du 26 mai 1813.

Le 14 juillet 1814, jugement qui, en effet, déclare le sieur Leclerc non recevable dans son action en nullité.

« Attendu, dans le fait, que les parties, pour raison des comptes, précomptes, partages, sont convenus d'Arbitres ; que les Arbitres ont rendu leur sentence, laquelle est suivie d'ordonnance d'*exequatur* ; que Leclerc a formé opposition à cette ordonnance avec assignation pour voir prononcer la nullité de ladite sentence arbitrale, et que les parties soient remises au même et semblable état qu'elles étaient auparavant ;

» Attendu, dans le droit, que toutes contestations entre associés de commerce et pour raison de société, doivent être jugées par des Arbitres ; que, dans ces cas, les Arbitres sont établis juges par la loi, et ne peuvent être considérés comme Arbitres volontaires, puisqu'il n'est pas au pouvoir des parties de se soustraire à leur juridiction ; que ces Arbitres ont le caractère de juges, et donnent à leurs décisions, soit en premier, soit en dernier ressort, l'autorité d'un jugement ou arrêt ;

» Attendu que l'on ne peut se pourvoir contre un jugement arbitral, dans ce cas, que par l'appel, si on n'y a pas renoncé, ou par un pourvoi en cassation ».

Le sieur Leclerc appelle inutilement de ce jugement à la cour royale d'Orléans : par arrêt du 2 février 1815, « la cour, adoptant les motifs » des premiers juges, met l'appellation au néant ».

Mais sur le recours en cassation du sieur Leclerc, arrêt du 16 juillet 1817, au rapport de M. Vergès, sur les conclusions de M. l'avocat-général Jourde, et après un délibéré en la chambre du conseil, par lequel,

« Vu l'art. 51 du code de commerce, et les art. 1019 et 1028 du Code de procédure civile..... ;

» Considérant que, par le compromis du 7 mars 1814, les Arbitres ont été formellement autorisés à prononcer souverainement en qualité d'amiables compositeurs, et dispensés, à ce titre, de l'observation des délais et des formes judiciaires ;

» Que, d'après l'art. 1019 du Code de procédure, les Arbitres sont dispensés de juger conformément aux règles du droit, lorsque le compromis leur donne le pouvoir de prononcer comme amiables compositeurs ;

» Que la loi commerciale n'établit l'arbitrage forcé que pour les contestations qui sont soumises par les commerçans aux tribunaux de commerce ;

» Que, dans ce cas, les Arbitres forcés sont substitués aux juges ordinaires, et tenus de juger conformément aux règles du droit ;

» Que néanmoins, il n'est ni dans la lettre ni dans l'esprit de la loi, de priver les commerçans du droit essentiel et primitif qui appartient à tous les citoyens, de ne pas recourir aux tribunaux et de se faire juger par des Arbitres volontaires ;

» Que, dans l'espèce, c'est réellement à des Arbitres volontaires et privés que les parties ont conféré le droit de les juger, puisqu'elles leur ont donné la qualité d'amiables compositeurs, qualité qui, d'après l'art. 1019 du Code de procédure, dispense de juger suivant les règles du droit, tandis que les Arbitres forcés sont au contraire tenus de prendre ces règles pour base de leurs jugemens ;

» Que, dès-lors, la voie de nullité devant les tribunaux contre la sentence, était recevable, en vertu de l'art. 1028 du Code de procédure;

» Que la cour royale d'Orléans, en déclarant le demandeur non-recevable dans sa demande en nullité de ladite sentence, a par conséquent faussement appliqué l'art. 51 du Code de commerce, et par suite expressément violé les art. 1019 et 1028 du Code de procédure civile ;

» La cour casse et annule l'arrêt de la cour royale d'Orléans du 2 février 1815.... ; et sur le fond, renvoie la cause et les parties devant la cour royale de Poitiers (1) ».

Et la cause plaidée de nouveau, devant la cour royale de Poitiers en audience solennelle, il intervient, le 7 mars 1818, un arrêt par lequel,

« Considérant que les parties, pour faire régler leurs contestations à raison de leur société, ont, par compromis du 7 mai 1814, nommé deux Arbitres qu'elles ont investis du pouvoir de juger souverainement en qualité d'*amiables compositeurs*, les dispensant des délais et formes judiciaires ;

» Qu'en donnant ainsi à leurs Arbitres la qualité d'amiables compositeurs, les parties ont usé du droit que la loi assure à toutes personnes ayant la libre disposition de leurs droits ; de compromettre sans être tenus de renvoyer aux tribunaux pour faire prononcer sur leurs intérêts, dans tous les cas et dans toutes les matières, sans autres exceptions que celles énoncées dans l'art. 1004 du Code de procédure civile ;

» Qu'il résulte de ce droit qui appartient à tous les citoyens, que, si l'art. 51 du Code de commerce statue que *toutes contestations entre associés et pour raison de leur société seront jugées par des arbitres*, on ne doit pas en conclure que des associés, forcés de prendre en ce cas la voie de l'arbitrage, soient astreints à suivre le mode d'arbitrage fixé par ledit article ; car s'il en était autrement, les parties n'auraient pas pu, ainsi qu'elles l'ont fait par leur compromis, autoriser leurs Arbitres à juger comme amiables compositeurs et les dispenser de suivre les délais et les formes judiciaires, puisque le mode particulier fixé par le Code de commerce, ne leur en laissait pas la faculté ; qu'il faut donc plutôt conclure de cet article qu'en obligeant les associés à prendre la voie de l'arbitrage, il n'a fait qu'enlever aux juges de commerce la connaissance de cette espèce de contestation, sans avoir entendu priver les parties du droit de prendre la voie de l'arbitrage volontaire ;

» Qu'il résulte des termes du compromis, que c'est cette voie qui a été prise par les parties, en donnant à leurs Arbitres la qualité d'amiables compositeurs ; qu'alors il doit être régi par les dispositions du Code de procédure civile relatives aux arbitrages ; et que par conséquent Leclerc a pu se pourvoir par opposition à l'ordonnance d'exécution et demander la nullité de la sentence arbitrale, cette voie lui étant ouverte par l'art. 1028 dudit Code.... ;

» La cour dit qu'il a été mal jugé par le jugement dont est appel, a déclaré la partie de Bréchard (Leclerc) non-recevable dans son opposition à l'ordonnance d'exécution donnée par le président du tribunal de Chinon ; émendant, et faisant ce que les premiers juges auraient dû faire, reçoit la partie de Bréchard opposante à ladite ordonnance, et y statuant, rapporte ladite ordonnance pour n'avoir aucun effet ;

» Évoquant le principal et y faisant droit, *sans avoir égard aux fins de non-recevoir proposées*, déclare nulle et de nul effet la prétendue sentence arbitrale du 25 mai 1814.... (1) ».

---

(1) Bulletin civil de la cour de cassation, année 1817, page 243.

(1) Jurisprudence de la cour de cassation, tome 18, page 201.

5°. A plus forte raison, devrait-on juger de même, si, à la clause du compromis par laquelle les commerçans associés auraient donné à leurs Arbitres la qualité d'amiables compositeurs, se joignait la circonstance qu'un tiers étranger à la société serait intervenu dans le compromis, par l'organe d'un mandataire non suffisamment autorisé à compromettre de cette manière.

Alors, en effet, le compromis ne pourrait, même indépendamment de la clause dont il s'agit, être considéré comme forcé; il serait nécessairement volontaire, par cela seul qu'un tiers y aurait été partie, et qu'il ne pourrait pas être réputé tel par rapport à ce tiers, sans l'être en même temps par rapport aux deux associés.

Le 22 octobre 1809 et 1er. avril 1810, compromis par lesquels les sieurs Lambert et Saint-Denis, voulant opérer la liquidation d'une société commerciale qui a existé entre eux, nomment trois Arbitres pour *prononcer sur tous leurs différends comme amiables compositeurs, sans observer les règles de la procédure, même par défaut et sans aucun recours.*

A ces compromis interviennent les syndics de la faillite du sieur Levacher-Grandmaison, cessionnaire d'une partie des intérêts du sieur Lambert dans la société; mais ils n'y interviennent qu'en vertu de l'autorisation qui leur en a été accordée par une partie de créanciers du failli, et sans que cette autorisation ait été homologuée en justice.

Le 18 mars 1811, les trois Arbitres rendent une sentence qui règle d'abord les droits respectifs des sieurs Lambert et Saint-Denis, ensuite ceux du sieur Lambert et des syndics de la faillite.

Cette sentence est déposée au greffe du tribunal d'Évreux et déclarée exécutoire par une ordonnance du président de ce tribunal.

Le sieur Lambert forme opposition à cette ordonnance, et demande que la sentence soit, en vertu de l'art. 1028 du Code de procédure civile, annullée comme rendue sur un compromis dont la nullité résulte du défaut de pouvoirs dans les syndics de la faillite de Levacher-Grandmaison pour compromettre, et surtout pour conférer à des Arbitres la qualité d'amiables compositeurs.

Conclusions de la part du sieur Saint-Denis et des syndics à ce que cette opposition soit déclarée non-recevable, attendu qu'il s'agit d'un arbitrage forcé, et que par conséquent ce n'est pas à l'art. 1028 du Code de procédure civile, mais à l'art. 51 du Code de commerce, que l'on doit s'attacher.

Réponse du sieur Lambert que la sentence doit être considérée comme rendue par des Arbitres volontaires, et parceque le compromis avait été passé avec les représentans d'un tiers étranger à la société, et parcequ'il avait conféré aux Arbitres le pouvoir de juger comme amiables compositeurs.

Le 7 juin 1813, jugement du tribunal d'Évreux qui annulle le compromis et par suite la sentence arbitrale.

Et le 20 juin 1814, arrêt de la cour royale de Rouen qui confirme ce jugement,

« Attendu que l'acte de société dont il s'agit, n'a été contracté qu'entre Saint-Denis père et Lambert; qu'il était absolument étranger à Levacher-Grandmaison; *que, si les compromis des 22 octobre 1809 et 1er. août 1810 eussent été arrêtés entre les deux associés seulement, et uniquement pour le règlement de leur compte et droits sociaux, ce serait le cas de considérer l'arbitrage comme forcé;* mais les associés ayant admis à ces compromis les syndics des créanciers de Levacher-Grandmaison, à qui Lambert avait cédé la moitié de son intérêt dans la société, cession absolument étrangère à Saint-Denis, les compromis sont l'effet de la volonté libre des trois parties qui les ont signés, ce qui caractérise un arbitrage volontaire;

» Attendu que les syndics Levacher-Grandmaison ne pouvaient valablement compromettre pour la généralité des créanciers, puisque plusieurs d'entre eux n'avaient pas souscrit l'acte de leur nomination, qui d'ailleurs n'avait aucune autorité, n'ayant pas été homologué ».

On voit que, des deux moyens de défense employés par le sieur Lambert, cet arrêt n'adoptait que le premier, et que même, par une erreur partagée, l'année suivante, par la cour royale d'Orléans, il proscrivait formellement le second.

Mais le sieur Saint-Denis et les syndics s'étant pourvus en cassation contre cet arrêt, le sieur Lambert a reproduit ses deux moyens devant la section civile pour le défendre; et le 6 avril 1818, au rapport de M. Poriquet et sur les conclusions de M. l'avocat-général Joubert, il est intervenu un arrêt contradictoire, par lequel,

« Attendu que Lambert et Saint-Denis n'ont pas soumis la liquidation de leur société à des Arbitres forcés (que, soit en admettant dans leur compromis des personnes étrangères à leur société, soit en donnant aux Arbitres nommés dans ce même compromis, le pouvoir de juger hors des termes de la loi, et comme amiables compositeurs, sans appel ni recours en cassation), ils ont institué des Arbitres volontaires; qu'ainsi, la cour royale a dû recevoir, ainsi qu'elle l'a fait, l'opposition formée à l'ordonnance d'*exequatur* du jugement arbitral rendu par ces Arbitres;

» Attendu que, si les syndics des créanciers Levacher avaient eu pouvoir de nommer des Arbitres forcés, ils n'auraient pu, conformément à l'art. 1023 du Code de procédure civile, nommer des Arbitres volontaires, qu'en vertu d'une autorisation spéciale qui ne leur avait pas été conférée; que de là il suit que la cour royale s'est conformée à la loi, en déclarant nul le compromis volontaire souscrit sans pouvoirs par les syndics des créanciers Levacher;

» Attendu enfin que, par le concours de ces

syndics non autorisés, et d'ailleurs étrangers à la société Lambert et Saint-Denis, à la nomination des Arbitres chargés de procéder à la liquidation de cette même société, le tribunal arbitral avait été irrégulièrement formé, et que la cour royale a pu, dans cet état, sans violer aucune loi, déclarer nulles toutes les décisions portées par ce tribunal;

» Par ces motifs, la cour rejette le pourvoi.... (1) ».

II. La question de savoir si une sentence arbitrale dans un chef de laquelle il y a excès de pouvoir, doit être annullée pour le tout, s'est élevée dans une espèce qui est rapportée sous le mot *Date*, §. 5.

§. V. 1°. *Les jugemens arbitraux rendus pendant le cours de l'arbitrage forcé, sont-ils susceptibles d'opposition?*

2°. *S'ils le sont, peuvent-ils être attaqués par cette voie devant les tribunaux ordinaires?*

Un jugement arbitral du 26 thermidor an 2, rendu par défaut contre la veuve Lowenhaupt, avait réintégré la commune d'Enveiller dans la propriété d'un terrain communal dont celle-ci prétendait avoir été anciennement dépouillée par l'effet de la puissance féodale.

La veuve Lowenhaupt a formé opposition à ce jugement, par acte du 27 fructidor an 7; elle a fait assigner les habitans au tribunal civil du département du Bas-Rhin, pour voir statuer sur cette opposition.

Le 28 ventôse an 8, jugement par lequel le tribunal civil du Bas-Rhin se déclare incompétent.

Recours en cassation de la part de la veuve Lowenhaupt.

La cause portée à l'audience de la section civile de la cour de cassation, j'ai dit :

« La veuve Lowenhaupt a-t-elle formé son opposition en temps utile? Oui, car le tribunal du Bas-Rhin a reconnu lui-même que le jugement arbitral n'avait jamais été signifié, soit à la personne, soit au domicile de la demanderesse.

» Cette voie était-elle ouverte contre un jugement arbitral par défaut? Pourquoi non? Tous les jugemens en dernier ressort sont passibles d'opposition, lorsqu'ils ont été rendus, soit par défaut de comparaître, soit par défaut de plaider. L'art. 3 du tit. 35 de l'ordonnance de 1667 le veut ainsi formellement, et sa disposition comprend nécessairement les décisions arbitrales, puisqu'il ne les en excepte pas.

» Sur quel fondement le tribunal du Bas-Rhin a-t-il donc, par son jugement du 28 ventôse an 8, repoussé l'opposition de la demanderesse? Parcequ'il s'est regardé comme incompétent d'en connaître.

» Mais si les tribunaux ordinaires ne pouvaient pas connaître de l'opposition à un jugement par défaut émané d'Arbitres forcés, quels seraient donc les juges qui en prendraient connaissance?

» Seraient-ce les Arbitres qui ont rendu le jugement? Ils n'en ont plus le pouvoir; ils sont sans caractère depuis que l'arbitrage forcé est aboli.

» Serait-ce le tribunal de cassation? Il y aurait de l'absurdité à le proposer, et c'est ce que jamais on n'a osé mettre en avant.

» Il resterait donc à dire qu'aucun juge ne serait compétent; et cependant la demanderesse ne peut pas avoir, comme elle a incontestablement, le droit de former son opposition, sans qu'il existe un tribunal quelconque qui ait le droit de la juger.

» Il faut donc en revenir à l'idée qu'aux tribunaux ordinaires seuls appartient et peut appartenir le droit de statuer sur les oppositions aux jugemens rendus par défaut sous le régime de l'arbitrage forcé.

» C'est même ce qui résulte implicitement de l'art. 1er. de la loi du 9 ventôse an 4; cet article, en effet, déclare que « les affaires qui, par les lois
» antérieures à la constitution (de l'an 3), étaient
» attribuées à des Arbitres forcés, seront portées
» devant les juges ordinaires ».

» Par ces considérations, nous estimons qu'il y a lieu de casser et annuller le jugement du tribunal civil du Bas-Rhin, du 28 ventôse an 8; renvoyer les parties, pour le jugement du fond, devant le tribunal qui doit en connaître, etc. ».

Arrêt du 21 fructidor an 9, conforme à ces conclusions; en voici le prononcé :

« Vu les art. 2 et 3 du tit. 35 de l'ordonnance de 1667;

» Attendu que les lois qui ont donné aux arbitrages forcés le caractère et l'autorité de jugemens en dernier ressort, n'ont pas supprimé les voies établies par l'ordonnance de 1667, pour attaquer les jugemens en dernier ressort, dans le cas où celui qui se croit lésé, a été condamné par défaut, comme aussi lorsqu'il n'a pas été partie ou dûment appelé;

» Attendu que le jugement arbitral du 26 thermidor an 2, qui a condamné la demanderesse à délaisser à la commune d'Enveiller trois arpens de prés, a été rendu par défaut, et que ce jugement n'a jamais été signifié à la demanderesse;

» Attendu que la demanderesse n'a jamais été partie ni dûment appelée au procès; qu'elle n'a jamais été citée à domicile; qu'il ne paraît pas qu'elle ait autorisé personne à comparaître pour elle, et que tous ces faits sont constatés et reconnus dans le jugement du tribunal civil du département du Bas-Rhin, du 28 ventôse an 8;

» Attendu qu'en refusant de connaître de l'opposition formée par la cit. Lowenhaupt envers le susdit jugement arbitral, après avoir reconnu que le jugement avait été rendu par défaut, en l'absence de la partie, et sans qu'elle eût été légalement appelée, le tribunal civil du

---

(1) Jurisprudence de la cour de cassation, part. 1re., page 328.

département du Bas-Rhin a commis une espèce de déni de justice, et contrevenu aux articles de l'ordonnance ci-dessus rapportée;

» Le tribunal... casse et annulle le jugement rendu par le tribunal civil du département du Bas-Rhin, le 28 ventôse an 8... ».

La question s'est représentée depuis à la section des requêtes, dans l'espèce suivante.

En 1794, la commune de Presle, canton de Montbazon, département de la Haute-Saône, se fondant sur les lois des 28 août 1792 et 10 juin 1793, intenta contre la commune de Thieffrans une action en revendication de deux bois qu'elle prétendit faire partie de son territoire, et qu'elle accusa celle-ci d'avoir, par usurpation, englobés dans le sien.

Des Arbitres furent nommés de part et d'autre pour prononcer sur cette demande; mais la commune de Thieffrans ne comparut point et ne produisit ni mémoires ni titres, quoique dûment sommée de le faire. En conséquence, il fut donné défaut contre elle par jugement du 14 prairial an 2, qui, en même temps, réintégra la commune de Presle dans les bois qu'elle réclamait.

Ce jugement fut rendu exécutoire, le même jour, par une ordonnance du président du tribunal du district de Vezoul.

Et le 18 du même mois, la commune de Presle le fit signifier à celle de Thieffrans.

Le 25, la commune de Thieffrans y forma opposition par une requête adressée aux Arbitres, et répondue par l'un d'eux, d'une ordonnance du même jour, portant que les parties en viendraient à l'audience qui serait tenue par le tribunal arbitral, le 4 messidor suivant.

Cette requête et cette ordonnance furent signifiées le même jour, 25 prairial an 2, à la commune de Presle.

L'audience indiquée pour le 4 messidor, n'eut pas lieu; et tout le temps que dura encore l'arbitrage forcé, s'écoula sans que les Arbitres eussent prononcé sur l'opposition de la commune de Thieffrans.

Le 3 pluviôse an 6, la commune de Thieffrans cita celle de Presle en reprise d'instance devant le tribunal civil du département de la Haute-Saône.

La commune de Presle soutient l'opposition inadmissible et non-recevable, sur le fondement que la loi du 10 juin 1793 n'avait pas autorisé cette manière de recourir contre les jugemens d'Arbitres.

Le 5 ventôse an 8, jugement qui,

« Attendu que l'ordonnance de 1667 admet la voie de l'opposition dans la huitaine, contre les jugemens par défaut en dernier ressort; que la loi du 10 juin 1793, en gardant le silence sur cette matière, permet ce moyen, puisqu'elle ne le défend pas; que la commune de Thieffrans a formé son opposition dans le délai utile; que la contestation n'a changé, par cette opposition, ni de nature ni de caractère; que les Arbitres n'ayant point statué dans le temps sur ladite opposition, c'est au tribunal civil à y prononcer.....;

» Reçoit la commune de Thieffrans opposante à la sentence arbitrale du 14 prairial an 2, remet les parties au même état; déboute la commune de Presle de ses conclusions.....; la condamne à se désister des bois litigieux dont elle s'était mise en possession, etc. ».

Appel de ce jugement de la part de la commune de Presle.

Le 21 brumaire an 10, jugement du tribunal d'appel de Besançon, qui confirme celui du tribunal de la Haute-Saône.

Recours en cassation.

L'affaire portée à l'audience de la section des requêtes, voici comment je me suis expliqué:

« La commune de Presle, en invoquant, dans sa requête, la loi du 28 août 1792, avec les lois des 10 juin et 2 octobre 1793, semblerait vouloir tirer un moyen de cassation de la première; et ce moyen ne pourrait consister qu'à dire que le tribunal d'appel de Besançon en a violé l'art. 8, qui réintègre les communes dans les biens et droits dont elles avaient été précédemment dépouillées par leurs ci-devant seigneurs.

» Mais la commune de Presle n'a pas cru, et avec raison, pouvoir raisonner ainsi; elle a trop bien senti que, dans une cause de cette nature, il ne pouvait pas être question de puissance féodale; et elle n'a fait aucune application du texte cité de la loi du 28 août 1792.

» Il ne s'agit donc ici que de savoir si les lois des 10 juin et 2 octobre 1793 ont été violées par le jugement qui a reçu la commune de Thieffrans opposante à la sentence arbitrale du 14 prairial an 2; et c'est effectivement à ce point que la commune de Presle finit par réduire sa requête.

» L'art. 3 du tit. 35 de l'ordonnance de 1667 permet *de se pouvoir par simple requête contre les arrêts et jugemens en dernier ressort, qui auraient été rendus à faute de se présenter, ou en l'audience à faute de plaider, pourvu que la requête soit donnée dans la huitaine du jour de la signification.*

Or, la sentence arbitrale du 14 prairial an 2 est un *jugement en dernier ressort*, et elle a été rendue *à faute* par la commune de Thieffrans *de se présenter* devant les Arbitres. Elle est donc, par cela seul, susceptible d'opposition; et le jugement qui l'a déclarée telle, n'a fait qu'appliquer littéralement le texte de l'ordonnance.

» Mais, dit-on, la sentence arbitrale n'a pas été rendue sur plaidoiries; elle ne pouvait même pas l'être, d'après la loi du 10 juin 1793. Les parties n'avaient pas le droit d'assister à l'examen du procès; elles ne pouvaient présenter leurs moyens que par des mémoires; elles étaient tenues de les produire dans un délai fixe, comme les Arbitres étaient tenus de prononcer dans un autre délai subséquent. Cette espèce de procédure appartenait donc à la classe des procès par écrit : or, il est certain que les jugemens rendus sur procès par écrit, ne peuvent pas être attaqués par opposition.

» Dans ce raisonnement, la commune de Presle confond deux choses bien différentes : les jugemens rendus par défaut et les jugemens rendus par forclusion.

» Dans les affaires qui s'instruisent par écrit, si une partie, après s'être présentée, est en demeure de rapporter ses pièces, on la juge par forclusion.

» Mais, si, dans les mêmes affaires, une partie ne se présente pas du tout, ce n'est point par forclusion, c'est par défaut qu'on la juge.

» Au premier cas, la partie forclose ne peut pas revenir par opposition ; car l'opposition n'a lieu que contre les jugemens rendus *à faute de se présenter, ou en audience à faute de plaider*; or dans ce cas, la partie s'est présentée, et ce n'est pas à l'audience que le jugement a été rendu.

» Mais au second cas, l'opposition est nécessairement ouverte, puisque la partie ne s'est pas présentée, et que, par conséquent, elle se trouve dans l'une des deux hypothèses où la loi admet l'opposition.

» Qu'importe que, dans ce second cas, l'affaire n'ait pas dû être jugée à l'audience ? La loi ne dit pas que l'opposition ne sera reçue que dans les affaires susceptibles d'être jugées de cette manière : elle dit en général que les jugemens rendus en dernier ressort, *à faute de se présenter*, peuvent être rétractés sur une simple requête ; et ces mots, *à faute de se présenter*, s'appliquent aussi bien aux affaires dont l'instruction ne peut avoir lieu que par écrit, qu'aux affaires qui doivent être portées à l'audience, soit pour y être jugées, soit pour y être appointées.

« Aussi voyons-nous que l'opposition, ou, ce qui est la même chose, la restitution en entier avait lieu contre les arrêts par défaut du ci-devant conseil, quoiqu'au ci-devant conseil toutes les affaires s'instruisissent par écrit.

» Aussi voyons-nous qu'elle avait également lieu contre les arrêts par défaut du ci-devant parlement de Douai, en quelque matière qu'ils eussent été rendus ; et qu'elle avait lieu en vertu même de l'art. 3 du tit. 35 de l'ordonnance de 1667 (converti pour ce tribunal en édit du mois de mars 1674), quoiqu'au parlement de Douai, il n'y eût que très-peu d'affaires qui se plaidassent à l'audience, et qu'on y suivît, à peu de chose près, la même forme de procéder qu'au conseil.

» Aussi voyons-nous encore qu'un décret d'ordre du jour du 3 nivôse an 3 a déclaré *que la loi du 12 brumaire an 2 n'interdit pas aux parties la faculté de former opposition dans les formes et dans les délais fixés par la loi, aux sentences arbitrales rendues par défaut;* quoique d'ailleurs la loi du 12 brumaire an 2 eût introduit, pour le jugement des contestations relatives aux droits successifs des enfans naturels, le même mode et les mêmes formes que celles des 10 juin et 2 octobre 1793, pour le jugement des contestations relatives aux biens communaux.

» Enfin, ce qui tranche toute difficulté, c'est que, relativement à une sentence arbitrale rendue, d'après les lois des 10 juin et 2 octobre 1793, la question a été résolue de même par un jugement de la section civile du 21 fructidor an 9, rendu entre la veuve Lowenhaupt et la commune d'Enveiller.

» Par ces considérations, nous estimons qu'il y a lieu de rejeter la demande en cassation, et de condamner la commune de Presle à l'amende de 150 francs envers la république ».

Ces conclusions ont été adoptées par arrêt du 23 messidor an 10, au rapport de M. Lachèze,

« Attendu que les lois du 28 août 1792 et 10 juin 1793, sur lesquelles les demandeurs ont voulu appuyer leur pourvoi, n'autorisent les communes à se faire réintégrer dans les biens qu'elles ont anciennement possédés, qu'en justifiant qu'elles en ont été dépouillées par l'effet de la puissance féodale ; que, dans l'espèce, ce genre de spoliation n'est pas prouvé ; que d'ailleurs par l'art. 9, sect. 4, de la loi du 18 juin 1793, toutes possessions depuis au-delà de quarante ans, jusqu'à l'époque du 4 août 1789, sont maintenues en faveur des possesseurs actuels ou leurs auteurs non-acquéreurs volontaires, ou donataires, héritiers ou légataires du fief à titre universel, et que, dans l'espèce, les possesseurs actuels ou leurs auteurs n'ont possédé à aucun de ces titres ;

» Attendu, relativement au moyen pris de la forme, qu'aucune loi n'a interdit la voie de l'opposition contre les jugemens arbitraux rendus par défaut ; qu'on ne peut considérer comme rendu par forclusion dans le sens de l'art. 3 du tit. 35 de l'ordonnance de 1667 et de l'art. 17 du tit. 11 de la même ordonnance, un jugement par défaut rendu par des Arbitres, à l'égard desquels les formes établies pour les tribunaux, relativement à l'instruction, à l'ordre et à la tenue des audiences, ne peuvent pas être les mêmes ; que les lois des 28 août 1792 et 10 juin 1793 ne contiennent aucune disposition prohibitive de la voie de l'opposition contre les jugemens arbitraux rendus par défaut dans la forme et dans les délais fixés par les lois ; que, dans l'espèce, il était justifié que l'opposition avait été formée et notifiée dans les délais utiles ; qu'enfin, rien n'annonce, dans le jugement attaqué, que les demandeurs se fussent fait un grief contre le jugement de première instance, rendu par le tribunal civil de la Haute-Saône, de l'admission de cette opposition ».

§. VI. *Un tribunal ordinaire peut-il connaître de l'opposition à une sentence par défaut, rendue*

ARBITRES, §. VII—XI.

par des *Arbitres volontaires* dont les pouvoirs sont expirés?

L'affirmative ne souffrait aucune difficulté, avant le Code de procédure civile.

Cependant le tribunal civil du département du Haut-Rhin avait jugé le contraire, le 21 pluviôse an 6, en déclarant le sieur Beller non-recevable dans son opposition à une ordonnance portant homologation d'une sentence supplétive par défaut, qu'avait rendue un Arbitre qui déjà avait prononcé définitivement sur la contestation dont il s'agissait.

Il s'était fondé sur le prétexte qu'il n'appartenait pas aux tribunaux ordinaires de connaître la validité des sentences arbitrales.

Mais sur le recours en cassation du sieur Beller, ce jugement a été cassé le 5 frimaire an 8, sur les conclusions de M. Lefessier,

« Attendu que les pouvoirs que l'Arbitre avait reçus des parties, avaient fini lors de sa première décision ; que la décision supplétive n'était, par conséquent, qu'un acte émané d'un individu sans pouvoir et sans caractère ; que cette décision pouvait donc être attaquée par les voies de droit ouvertes contre les jugemens en général ; et que l'art. 2 du tit. 35 de l'ordonnance de 1667 permet de se pourvoir par opposition contre tout jugement auquel on n'a pas été appelé ;

» D'où il suit que le tribunal civil du département du Haut-Rhin, en rejetant l'opposition à l'ordonnance du président du tribunal civil du département du Bas-Rhin, portant homologation de la décision supplétive, a contrevenu audit art. 2 du tit. 35 de l'ordonnance de 1667 ».

Mais on ne pourrait plus juger de même aujourd'hui. L'art. 1016 du Code de procédure civile porte qu'*un jugement arbitral ne sera, dans aucun cas, sujet à opposition.* C'est donc par une demande en nullité, que l'on devrait aujourd'hui attaquer un jugement par défaut rendu par des Arbitres sans pouvoir. *V.* ci-devant, §. 4.

§. VII. *Les jugemens arbitraux rendus pendant le cours de l'arbitrage forcé, sont-ils passibles de la tierce-opposition?*

V. l'arrêt du 11 vendémiaire an 10, rapporté à l'article *Opposition(tierce)*, §. 4.

§. VIII. *les jugemens d'Arbitres forcés qui ont accordé un cantonnement aux communes prétendues usagères d'une forêt nationale, sont-ils soumis à l'appel par la loi du 28 brumaire an 7?*

V. le plaidoyer et l'arrêt du 25 germinal an 10, rapportés à l'article *Usage (droit d')* §. 1.

§. IX. *Des Arbitres que les tribunaux de commerce sont dans l'usage de nommer d'office, pour donner leur avis sur certaines affaires compliquées.*

V. le plaidoyer et l'arrêt du 23 floréal an 6, rapportés à l'article *Effets publics*, §. 1.

4ᵉ édit., Tome I.

§. X. 1°. *Les jugemens d'Arbitres font-ils foi de leurs dates, contre les parties entre lesquelles ils sont rendus?*

2°. *Quel égard doit-on avoir à un acte qualifié de jugement, par lequel des ci-devant Arbitres déclarent que la date apposée par eux à leur jugement proprement dit, n'est pas véritable?*

V. l'article, *Date*, §. 5.

§. XI. *Des Arbitres peuvent-ils prononcer sur une contestation dans laquelle on met en litige la validité ou la nullité d'un mariage?*

Cette question est décidée, pour la négative, par un arrêt de la cour de cassation, du 29 pluviôse an 11, ainsi conçu :

« Le commissaire du gouvernement près le tribunal de cassation expose qu'il est chargé par le gouvernement de dénoncer au tribunal, comme renfermant un excès monstrueux de pouvoir, une sentence arbitrale rendue à Saint-Gaudens, département de la Haute-Garonne, le 14 vendémiaire dernier, et homologuée le 15 du même mois, par une ordonnance du président du tribunal civil de cet arrondissement.

» Dans le fait, le 30 ventôse an 7, Barthélemy Audibert, âgé de 19 ans, et Marie Bonnemaison, majeure, se sont mariés, après les publications prescrites par la loi, devant l'administration municipale du canton de Saint-Gaudens.

» Il n'est pas constaté par l'acte de célébration, que les parens du mineur Audibert aient donné leur consentement à ce mariage.

» Et du reste, il paraît que les époux n'ont pas habité ensemble.

» Au commencement de la présente année, les deux époux se sont respectivement querellés sur la validité de leur mariage ; et, au lieu de porter leur contestation devant les tribunaux, ils l'ont soumise à des Arbitres, qui, par la sentence dont il s'agit, ont déclaré le mariage nul.

» S'il n'eût été question que de leurs intérêts particuliers, Barthélemy Audibert et Marie Bonnemaison auraient été bien les maîtres d'en déférer la décision à des Arbitres. L'art. 2 du tit. 1ᵉʳ. de la loi du 24 août 1790 leur en donnait le droit ; mais il ne le leur donnait que pour *faire prononcer sur leurs intérêts privés.*

» Or ce n'est certainement pas une question d'intérêt privé, que celle de savoir si un mariage est valable ou nul.

» Le mariage est un contrat qui n'intéresse pas seulement les parties entre lesquelles il est formé : la société entière est intéressée à son maintien, lorsqu'il existe légalement, comme à son annullation, dans le cas contraire.

» Il ne peut être formé que par l'intervention de l'autorité publique ; l'intervention de l'autorité publique est donc également nécessaire pour en prononcer l'anéantissement : *Nihil tam naturale est quàm, unum quodcumque eodem genere dissolvi quo colligatum est*, dit la loi 35, D. *de regulis juris.*

68

» A ces causes, l'exposant requiert qu'il plaise au tribunal de cassation, vu l'art. 80 de la loi du 27 ventôse an 8, et l'art. 2 du titre 1 de la loi du 24 août 1790, casser et annuller, pour excès de pouvoir, la sentence arbitrale du 14 vendémiaire dernier et l'ordonnance du 15 du même mois qui l'a homologuée, et ordonner que le jugement de cassation à intervenir sera imprimé et transcrit, tant en marge de la minute de ladite sentence, que sur les registres du tribunal civil de l'arrondissement de Saint-Gaudens.

» Fait au parquet, le 4 pluviôse an 11. *Signé* Merlin.

» Oui Muraire, en son rapport....;

» Vu l'art. 80 de la loi du 27 ventôse an 8, et l'art. 2 du tit. 1 de la loi du 24 août 1790;

» Attendu que ce dernier article trace clairement le cercle hors duquel aucun pouvoir ne peut être conféré à des Arbitres;

» Que les pouvoirs dont ils peuvent être investis, ne peuvent être exercés que *sur les intérêts privés* des parties qui se sont soumises à leur décision ;

» Mais que les Arbitres n'ont jamais pu et ne peuvent jamais connaître des matières qui tiennent à l'ordre public, et dans lesquelles l'intervention de la puissance publique est essentiellement requise ;

» Attendu que la question de la validité ou de la nullité d'un mariage est toute du domaine et du ressort de cette puissance publique; que la société y est intéressée; qu'il ne s'y agit pas seulement des intérêts privés des époux, mais de l'intérêt des lois, de l'intérêt des mœurs, du plus grand intérêt public;

» Qu'ainsi, dans l'espèce, le prétendu jugement arbitral qui annulle l'acte civil du mariage passé entre les parties y dénommées, est subversif de tout principe, de tout ordre, *incompétent*, attentatoire, et que l'ordonnance d'*exequatur* mise au bas, renferme l'excès de pouvoir le plus caractérisé;

» Le tribunal, faisant droit au réquisitoire du commissaire du gouvernement, casse et annulle...... ».

La décision de cet arrêt est érigée en loi par la défense que fait l'art. 1004 du Code de procédure civile, de compromettre sur..... *les questions d'état et sur aucunes des contestations qui seraient sujettes à communication au ministère public.*

§. XII. *La voie de l'appel était-elle ouverte, avant le Code de procédure civile, contre une sentence arbitrale rendue à la suite d'un compromis qui contenait la réserve de cette voie, mais n'indiquait pas le tribunal devant lequel l'appel devrait être porté?*

V. l'article *Tribunal d'appel*, §. 3.

§. XIII. 1°. *Dans le cas où il y a lieu d'appel ou au recours en cassation contre une sentence arbitrale, peut-on prendre l'une ou l'autre voie, avant que cette sentence ait été homologuée?*

2°. *La signification d'une sentence arbitrale non homologuée, fait-elle courir le délai de l'appel ou du recours en cassation?*

V. l'article *Hypothèque*, §. 2.

§. XIV. *Quelles personnes peuvent être Arbitres?*

Il n'existe, sur cette question, que des décisions éparses dans le droit romain, dans quelques ordonnances de nos rois purement locales, dans quelques arrêts de réglement, et dans une de nos coutumes; ni le Code de procédure civile, ni aucune des lois générales qui nous régissent actuellement, ne s'en sont occupés.

Il faut donc examiner, avant tout, si, pour déterminer quelles personnes peuvent aujourd'hui être Arbitres, on doit se reporter, comme à des lois proprement dites, aux dispositions que l'on trouve sur cet objet dans notre ancien droit; et ce sera la matière du 1er. article de ce paragraphe.

Nous chercherons dans le deuxième si, dans le cas où notre question ne devrait être résolue, ni par les lois romaines, ni par les anciennes ordonnances, ni par la coutume qui l'ont prévue, il n'existerait pas un principe général qui pût nous en donner la clé.

Enfin, nous entrerons dans le détail des qualités dont la compatibilité avec celles d'Arbitres est le plus communément mise en question, et nous examinerons, dans les sept articles suivans, si, indépendamment de ce qui est déjà dit dans le *Répertoire de jurisprudence*, au mot *Arbitrage*, n°. 1, sur la qualité de parent ou d'allié des parties, on doit considérer comme incapables d'accepter et de vider des arbitrages,

Les personnes à qui manque, ou la raison, ou la faculté d'énoncer et de faire connaître leur avis, ou un certain degré d'instruction,

Les étrangers,

Les condamnés à des peines emportant, ou infamie, ou interdiction des droits civils, mentionnés en l'art. 42 du Code pénal, ou mort civile,

Les mineurs hors de tutelle,

Les femmes,

Le juge appelé à prononcer comme tel sur l'affaire qui est l'objet du compromis.

Art. I. Les dispositions de l'ancien droit sur la question de savoir quelles personnes peuvent être Arbitres, font-elles encore loi?

Ces dispositions ne sont certainement pas abrogées par l'art. 7 de la loi du 30 ventôse an 12. Qu'importe, en effet, qu'aux termes de cet article, *les ordonnances, les coutumes générales ou locales, les statuts ou réglemens*, aient cessé d'avoir force de lois générales ou particulières dans les matières qui sont l'objet des lois composant le Code civil, à compter du

ARBITRES, §. XIV, Art. I.

jour où chacune de ces lois a été rendue exécutoire? L'arbitrage n'est l'objet d'aucune des lois qui forment l'ensemble du Code civil. Cet article laisse donc toute leur autorité aux dispositions législatives de l'ancien régime qui n'avaient pas été abrogées par celles du 24 août 1790 et du 27 ventôse an 8, concernant l'organisation judiciaire, et par conséquent toutes celles qui étaient relatives aux qualités compatibles ou non avec celles d'Arbitre.

Mais le Code de procédure n'abroge-t-il pas ces dispositions?

Ce qui pourrait, à la première vue, faire pencher pour la négative, c'est que, dans le titre de ce Code qui concerne les *arbitrages*, il n'est parlé, relativement à ce qui constitue la substance du compromis et l'organisation de l'arbitrage, que des personnes qui peuvent compromettre, des choses sur lesquelles elles peuvent le faire, de la manière dont elles doivent exercer la faculté qu'elles en ont, et que, sur la question de savoir qui elles peuvent ou ne peuvent pas choisir pour Arbitres, il y règne un silence absolu.

S'il en était ainsi, nous aurions une grande imprévoyance à reprocher aux auteurs du Code de procédure civile.

Mais je crois qu'ils sont loin de mériter un pareil reproche, et je trouve, dans ce Code même une disposition qui me paraît les en absoudre complètement. Après avoir dit que « le présent » Code sera exécuté à dater du premier janvier » 1807 ; et qu'en conséquence, tous procès qui » seront intentés depuis cette époque, seront » instruits conformément à ses dispositions » , l'art. 1041 ajoute : *toutes lois, coutumes, usages et réglemens relatifs à la procédure civile, seront abrogés*.

Remarquons, en effet, que cet article n'abroge pas seulement, en fait de lois, de coutumes, d'usages et de réglemens relatifs à la procédure civile, ceux qui contenaient des dispositions que le Code, dont il fait partie, remplace par d'autres ; mais qu'il les abroge tous sans distinction.

Que faudrait-il, d'après cela, pour que les dispositions de notre ancien droit concernant les qualités requises pour être Arbitre, ne fussent pas comprises dans l'abrogation générale que prononce cet article?

Il faudrait qu'elles ne fussent pas relatives à la procédure civile. Mais il est bien impossible de les considérer comme étrangères à cette procédure, lorsqu'on voit les *arbitrages* former la matière d'un titre exprès du Code dont il s'agit. On ne peut donc pas douter qu'elles n'aient perdu, par cet article, l'autorité législative qu'elles avaient conservée jusqu'alors.

Vainement objecterait-on que le Code de procédure civile n'est pas moins muet sur les qualités requises pour être juge qu'il ne l'est sur les qualités requises pour être Arbitre ; qu'il ne résulte point de là que l'art. 1041 de ce Code abroge les lois précédentes qui concernent celles-là ; qu'il n'en résulte donc pas non plus qu'il abroge les lois précédentes qui concernent celles-ci.

Pourquoi les premières ne sont-elles pas comprises dans l'abrogation dont l'art. 1041 frappe toutes les anciennes lois relatives à la procédure? Parcequ'elles tiennent essentiellement à l'organisation des tribunaux civils ; parceque le Code de procédure trouvant cette organisation toute faite par des lois antérieures et communes à toute la France, il ne s'en occupe pas, et que par conséquent il la maintient dans toutes ses parties.

Mais il en est tout autrement de l'organisation de l'arbitrage. Au lieu de maintenir tacitement celle qui avait été faite précédemment et qui, composée à la fois de lois générales et de lois purement locales, n'offrait qu'un ouvrage imparfait et incohérent de marqueterie, il la laisse de côté, il en refait une toute nouvelle, et il la place sous un titre spécial.

A la vérité, il se tait dans ce titre sur les qualités requises pour être Arbitre, c'est-à-dire, sur une matière qui entre nécessairement dans l'organisation de l'arbitrage. Mais conclure de là que, sur cette matière, il se réfère à d'anciennes lois purement locales, et que, par suite, il laisse sans règles sur cette matière même, les parties de la France qui n'en avaient point dans l'ancien ordre judiciaire, c'est dire qu'il manque son grand objet, et que l'orateur du gouvernement a trompé le corps législatif, lorsque, dans *l'exposé des motifs du livre premier*, il lui a dit : *Grace à la loi qui vous est présentée, nous avons* PARTOUT *et dans toutes les circonstances*, UNE RÈGLE FIXE *et une instruction uniforme*. C'est par conséquent vouloir une chose absurde.

Inutile d'objecter que, dans cette partie de l'art. 1041, *à compter de cette époque, les lois, coutumes, usages et réglemens relatifs à la procédure civile, seront abrogés*, les mots *relatifs à la procédure civile*, ne peuvent pas avoir, par rapport aux qualités requises pour être Arbitre, un sens qu'ils n'ont pas par rapport aux qualités requises pour être juge, et que, puisqu'ils ne peuvent pas s'appliquer aux secondes, ils ne peuvent pas non plus s'appliquer aux premières.

Cette objection disparaîtra bientôt si nous parvenons à prouver que, par cette partie de l'art. 1041, le législateur n'a pas voulu dire, relativement au Code de procédure civile, autre chose que ce qu'avait dit l'art. 7 de la loi du 30 ventôse an 12, relativement au Code civil, savoir, qu'*à compter du jour* qu'il indique, *les lois romaines, les ordonnances, les coutumes générales ou locales, les statuts, les réglemens cesseront d'avoir force de loi* DANS LES MATIÈRES QUI SONT L'OBJET DU PRÉSENT CODE ; car si nous prouvons qu'en effet c'est ainsi que doit être entendu l'art. 1041, il est clair qu'il dépouille les anciennes lois concernant les qualités requises pour être Arbitre, de leur caractère de dispositions législatives ; puis-

68.

qu'elles se rattachent essentiellement à l'arbitrage, et que l'arbitrage est au nombre des matières qui *sont l'objet du Code* de procédure civile.

Or, la preuve que tel est le sens de l'art. 1041, se trouve dans l'art. 3 de la loi du 27 novembre 1790, institutive de la cour de cassation.

Cet article commence par dire que la cour de cassation « annullera toutes procédures dans les-
» quelles les formes auront été violées, et tout
» jugement qui contiendra une contravention
» expresse au texte de la loi » ; puis, il ajoute
» et jusqu'à *la formation d'un Code unique des lois*
» *civiles*, la violation des formes de procédure
» prescrites sous peine de nullité, et la contra-
» vention *aux lois particulières aux différentes parties*
» *de l'empire*, donneront ouverture à la cassation ».

C'est dire bien clairement que, dès le moment où sera fait *le Code unique des lois civiles*, *les lois particulières aux différentes parties de l'empire* perdront toute autorité législative ; car une disposition dont la violation ne donnerait pas ouverture à la cassation, et qui cependant conserverait le caractère de loi, serait une chose monstrueuse.

Or, qu'entend cet article par les mots, *un Code unique de lois civiles* ? Sans doute il entend un Code qui règlera uniformément pour toute la France, les matières civiles ordinaires, les matières civiles commerciales, et la manière de procéder et de juger dans les unes et les autres.

Mais veut-il dire par là que, si ce Code, au lieu d'être fait et publié d'un seul jet, est divisé en trois parties publiées successivement, une première pour les matières civiles ordinaires, une seconde pour les matières civiles commerciales, et une troisième pour la manière de procéder et de juger dans les unes et les autres, les anciennes lois locales concernant les matières traitées dans chacune de ces trois parties, continueront d'être obligatoires jusqu'à ce que ces trois parties soient publiées et mises en activité? Non sans doute. Pris, comme il doit l'être, dans un sens distributif, il signifie que les anciennes lois concernant les matières traitées dans la partie du Code civil qui règlera le fond du droit civil ordinaire, cesseront de faire loi du moment qu'elle le sera elle-même; que les mêmes lois concernant les matières civiles commerciales, cesseront de faire loi du moment où sera publiée et mise en activité la partie du Code civil qui règlera le fond du droit civil commercial; et que les anciennes lois concernant la manière de procéder et de juger tant dans les matières civiles ordinaires que dans les matières civiles commerciales, cesseront de faire loi du moment que la partie du Code civil qui règlera cette manière, commencera à recevoir son exécution.

Aussi est-ce précisément ce qu'a déclaré l'art. 7 de la loi du 30 ventôse an 12, pour les matières réglées par la partie du Code civil qui porte sur le fond du droit civil ordinaire, c'est-à-dire, pour le Code civil proprement dit.

Aussi trouvons-nous, pour les matières réglées par la partie du Code civil qui porte sur le fond du droit civil commercial, une déclaration semblable dans la loi du 15 septembre 1807. Après avoir dit, art. 1, que « les dispositions du Code
» de commerce ne seront exécutées qu'à comp-
» ter du 1er. janvier 1808 », elle ajoute, art. 2,
» à dater dudit jour, 1er. janvier 1808, toutes les
» anciennes lois touchant les matières commer-
» ciales sur lesquelles il est statué par ledit Code,
» sont abrogées ».

Et comment, dès-lors, donner un autre sens à l'art. 1041 de la partie du Code civil qui porte sur la manière de procéder et de juger, tant dans les matières civiles ordinaires que dans les matières civiles commerciales, c'est-à-dire, du Code de procédure civile ? Comment supposer que cet article ne signifie pas qu'à compter du 1er. janvier 1807, toutes les anciennes lois concernant les matières traitées dans ce Code, cesseront d'être obligatoires ? Comment ne pas conclure de cet article que toutes les lois, coutumes, usages et réglemens concernant lesqualités requises pour accepter et vider les arbitrages spécialement traités dans ce Code, cesseront de faire loi à compter du 1er. janvier 1807?

Cette manière d'entendre l'abrogation écrite dans l'art. 1041 de ce Code, est d'autant plus naturelle, disons même, d'autant plus nécessaire, qu'elle est la conséquence directe et immédiate de l'art. 3 de la loi du 27 novembre 1790.

En effet, supposons qu'il n'existe, ni pour les matières traitées dans le Code civil, une disposition législative telle que l'art. 7 de la loi du 30 ventôse an 12, ni pour les matières traitées dans le Code de commerce, une disposition telle que l'art. 2 de la loi du 15 septembre 1807 : l'art. 3 de la loi du 27 novembre 1790 suffirait seul pour ôter toute autorité législative aux anciennes lois locales qui s'occupaient des unes et des autres matières, même dans les points sur lesquels l'un et l'autre Codes sont muets; pourquoi ? Parceque cet article avait expressément désigné la mise en activité de l'un et de l'autre Code, comme l'époque de l'expiration de leur autorité.

Donc, et par la même raison, ce seul article suffit aussi par lui-même pour neutraliser les anciennes lois qui s'occupaient des matières traitées dans le Code de procédure civile, même dans les points sur lesquels ce Code garde le silence.

Donc la partie de l'art. 1041 du Code de procédure qui abroge ces anciennes lois, n'est qu'une disposition surabondante.

Donc elle ne peut pas être entendue dans un sens différent de l'art. 3 de la loi du 27 novembre 1790.

Donc celles des anciennes lois qui réglaient les qualités requises pour être Arbitre, ont été abrogées de plein droit, par le seul effet de l'insertion d'un titre *des arbitrages* dans le Code de procédure civile, et de la mise en activité de ce Code.

Art. II. *Y a-t-il, dans la nature du compromis, un principe d'après lequel puisse être résolue la question de savoir quelles qualités sont ou ne sont pas compatibles avec celles d'Arbitres?*

Considéré dans ses rapports avec les parties entre lesquelles il est passé, le compromis est sans doute une convention qui les oblige l'une envers l'autre à soumettre le différend qui en est l'objet, à l'Arbitre de leur choix, et qu'elles ne peuvent rompre que de leur consentement mutuel.

Mais, considéré dans ses rapports avec l'Arbitre dont il contient la nomination, il n'est qu'un mandat. *Mandato proxime accedit* (dit le président Favre, dans ses *Rationalia* sur la loi 3, §. 1, D. *de receptis qui arbitrum*), *càm arbiter compromissarius intelligatur mandatum habere à litigatoribus, ut de controversiâ in quâ electus fuit, pronunciet.* C'est aussi l'idée qu'en donne l'orateur du tribunat, dans son discours sur le titre des Arbitres du Code de procédure civile : *Les arbitres reçoivent des parties qui les choisissent,* UN VÉRITABLE MANDAT. Ce sont ses propres termes, et c'est dans le même esprit que M. le procureur-général Mourre disait à l'audience de la cour d'appel de Paris, le 16 décembre 1809 : « Le compromis est le mandat; » la sentence n'en est que l'exécution (1) ».

Vainement opposerait-t-on à cela qu'aux termes de l'art. 1984 du Code civil, « le mandat est » un acte par lequel *une personne* donne à une » autre le pouvoir de faire quelque chose *pour le* » *mandant, et en son nom* » ; que ce n'est pas d'une seule personne, mais de plusieurs que l'Arbitre reçoit sa mission; que ce n'est pas pour elles toutes, mais pour l'une ou quelques-unes seulement qu'il doit prononcer : et qu'il ne doit pas prononcer *en leur nom*.

D'abord, il est évident que, par les mots *une personne*, l'art. 1984 du Code civile ne veut pas dire qu'il soit de l'essence du mandat de n'être donné que par un seul individu, et qu'il ne s'oppose nullement à ce qu'il se forme un mandat par le pouvoir émané de deux personnes, tout aussi bien que par le pouvoir émané d'une seule. Cela est même écrit en toutes lettres dans l'art. 2002.

Ensuite, que signifient, dans l'art. 1984, les mots *pour le mandant et en son nom*? Rien autre chose, si ce n'est que le mandataire doit faire, en sa qualité, ce à quoi il est autorisé par le mandat; qu'il doit le faire en vertu du pouvoir que ses commettans lui ont donné, et qu'il doit le faire comme ils pourraient et devraient le faire eux-mêmes, s'ils n'avaient pas eu recours à son ministère. Or, n'est-ce pas en vertu du compromis que l'Arbitre doit prononcer; et ne doit-il pas prononcer comme les parties devraient le faire elles-mêmes, si elles étaient assez justes ou assez éclairées pour se rendre mutuellement justice? Qu'y a-t-il donc dans la manière dont l'Arbitre doit remplir sa mission, qui s'oppose à ce qu'il soit considéré comme mandataire? Rien, évidemment rien.

Tout ce qu'on pourrait dire à cet égard pour établir le contraire, on le disait en 1812 dans une affaire portée devant la cour de cassation, pour justifier un arrêt de la cour d'appel de Paris, du reproche d'avoir violé l'art. 2002 du Code civil, en refusant de condamner solidairement les héritiers Marguerite, à payer les honoraires du notaire Enjubault, qu'ils avaient chargé en commun de la liquidation de la succession qui leur était advenue. Il est vrai, disaient les héritiers, défendeurs à la demande en cassation, que, suivant cet article, « lorsque le manda- » taire a été constitué par plusieurs personnes, » pour une affaire commune, chacune d'elles est » tenue solidairement envers lui de tous les effets » du mandat » ; mais ce n'est pas *en notre nom* que le notaire a fait le travail dont il s'agit; puisque ce n'est pas nous qu'il y a fait parler. Ce n'est donc pas comme mandataire qu'il l'a fait. La cour d'appel de Paris n'a donc pas contrevenu à cet article, en jugeant qu'il n'avait pas, contre chacun de nous, l'action solidaire que l'art. 2002 n'accorde qu'au mandataire caractérisé par l'art. 1984.

Mais quel a été le sort de cette misérable défense? Par arrêt du 27 janvier 1812, celui de la cour d'appel de Paris a été cassé, « attendu qu'en » chargeant Enjubault du travail de la liquida- » tion...., les héritiers Marguerite ont contracté » envers lui les engagemens des mandans envers » le mandataire (1) ».

Ce que la cour suprême a jugé par cet arrêt, pour un notaire chargé par tous les ayant-droit à une succession, de la liquider, le bon sens veut qu'on le juge de même pour un Arbitre chargé par deux ou plusieurs parties, de prononcer sur les contestations qui les divisent. Et en effet, voici un arrêt de la cour royale de Bordeaux, qui est là-dessus très-positif.

Le 22 juillet 1814, compromis par lequel les sieurs Marchais de la Berge et Lalotte choisissent, pour Arbitres des différends qu'ils ont entre eux, par suite d'opérations commerciales, les sieurs Dupouy, Laroze et Andrieu.

Le 19 juin 1816, les trois Arbitres rendent une sentence par laquelle ils condamnent le sieur Mouru-Lalotte à payer au sieur Marchais de la Berge une somme d'environ 16,000 francs, et à la moitié de leurs honoraires, qu'ils fixent à 1,275 francs, l'autre moitié demeurant compensée.

Cette sentence est déposée le même jour au

(1) Œuvres judiciaires de M. Mourre, page 38.

(1) *Répertoire de jurisprudence*, au mot *Notaire*, §. 7, n°. 4.

greffe du tribunal de première instance d'Angoulême.

Quelque temps après, les Arbitres demandent au sieur Marchais de la Berge le paiement de la totalité de leurs honoraires; et sur son refus, ils le font assigner devant le tribunal.

Le sieur Marchais de la Berge leur oppose 1°. qu'ils n'ont point d'action pour le paiement de leurs honoraires; 2°. qu'en tout cas, ils ne pouvaient, d'après leur propre sentence, en exiger de lui que le quart.

Le 14 juin 1819, jugement qui rejette le premier de ces moyens, mais adopte le second, et cependant déclare les Arbitres non-recevables, « attendu que les demandeurs qui, en qualité » d'Arbitres, avaient rendu une sentence, avaient, ». dans cette même sentence, un titre exécutoire; » que, pour le paiement de leurs honoraires, ils » pouvaient agir par voie de commandement; » qu'en agissant par action directe, ils semble- » raient renoncer au bénéfice de cette sentence, » et mettre le tribunal dans le cas d'examiner la » quotité de leurs honoraires, et le mode du » paiement; qu'il pourrait résulter de là une » contradiction entre ce qui serait décidé et ce » qui a été ordonné par la sentence, et que le » tribunal n'a pas le droit de réformer cette sen- » tence ».

Appel de la part des Arbitres, et la cause portée à la cour royale de Bordeaux, ils soutiennent que leur sentence ne règle que les droits des parties entre elles, et qu'elle n'a force de chose jugée, ni pour eux ni contre eux; que du reste, l'art. 2002 du Code civil leur donne une action solidaire contre chacune des parties qui, par le compromis du 22 juillet 1814, les ont constitués leurs mandataires.

De son côté, le sieur Marchais de la Berge persiste à soutenir que les Arbitres n'ont pas d'action pour leurs honoraires; cependant il offre subsidiairement de leur en payer le quart.

Par arrêt du 14 janvier 1826,

« Attendu que *le mandat donné à des Arbitres*, n'est pas gratuit de sa nature ;

» Qu'ils ne peuvent agir par voie de commandement contre ceux qui les ont constitués et leur ont donné le pouvoir de prononcer sur leurs contestations, pour se procurer le paiement de leurs honoraires, taxés et liquidés par eux dans la sentence arbitrale qu'ils ont rendue ;

» Qu'ils ont une action solidaire contre les personnes qui les ont choisis pour une affaire commune ; de sorte que chacune d'elles est tenue solidairement envers eux de tous les effets du mandat (art. 2002 du Code civil) ;

» Que, par conséquent, le tribunal d'Angoulême n'aurait pas dû déclarer les Arbitres non-recevables dans leur demande ;

» Faisant droit de l'appel interjeté par Dupouy, Laroze et Andrieu, Arbitres choisis par Marchais de la Berge et Mouru-Lalotte, du jugement rendu par le tribunal de première instance d'Angoulême, le 14 juillet 1819, a mis et met ledit appel et ce dont a été appelé au néant; émendant, sans s'arrêter à la fin de non-recevoir proposée par Marchais de la Berge, contre l'action de Dupouy, Laroze et Andrieu, non plus qu'aux offres par lui faites, dans les conclusions par lui prises à l'audience, de leur payer le quart de leurs honoraires, auxquels il a été condamné par la sentence arbitrale, dans lesquelles fins de non-recevoir et offres, il est déclaré mal fondé; condamne ledit Marchais de la Berge à payer auxdits Dupouy, Laroze et Andrieu, la somme de 1,275 francs pour les honoraires de la sentence arbitrale qu'ils ont rendue entre lui et Mouru-Lalotte, le 19 juin 1816, déposée au greffe (1) ».

Dès-là, plus de prétexte pour douter qu'un Arbitre ne soit véritablement le mandataire des parties qui l'ont choisi pour leur juge.

Aussi, est-ce des règles du mandat que l'orateur du tribunat, dans le discours déjà cité, fait dériver la disposition de l'art. 1028, qui est relative au jugement arbitral rendu hors des termes du compromis : « Les Arbitres reçoivent des par- » ties qui les choisissent, un véritable mandat ; » ils doivent en observer les termes avec scrupule. » S'ils les excèdent, ce n'est plus comme Arbitres » qu'ils agissent, c'est en usurpateurs ».

Aussi l'art. 1012 porte-t-il que le compromis finit par le *décès ou déport d'un des Arbitres*, comme l'art. 2003 du Code civil fait cesser le mandat par la mort ou la renonciation du mandataire.

Aussi l'art. 1008 de l'un permet-il aux parties de révoquer le compromis d'un commun accord, comme l'art. 2003 de l'autre permet au mandant de révoquer le mandat quand il lui plaît.

Il est vrai qu'aux termes de l'art. 1014 du Code de procédure civile, *les Arbitres ne peuvent se déporter si leurs opérations sont commencées*; tandis que, suivant l'art. 2007 du Code civil, *le mandataire peut*, sans distinction entre le cas où il a commencé ses opérations et le cas où les choses sont encore entières, *renoncer au mandat, en notifiant au mandant sa renonciation*, sauf à indemniser le mandant du préjudice qu'il en souffre. Mais il ne résulte pas de cette différence, que l'Arbitre ne soit pas un mandataire proprement dit ; il en résulte seulement que c'est un mandataire qui, à raison de la nature du préjudice qu'il causerait à ses commettans, en renonçant à son mandat, après en avoir entamé l'exécution, ne peut pas réparer ce préjudice par une indemnité pécuniaire, et doit par conséquent être contraint à achever ce qu'il a commencé; et telle était la pensée de la loi 3, §. 1, D. *de receptis qui Arbitrium*, lorsqu'elle disait : *finge, post causam jam semel*

---

(1) Jurisprudence de la cour de cassation, tome 26, partie 2 ; page 217.

dtque iterùm tractatam, post nudata utriusque intima et secreta negotii aperta, Arbitrum vel gratiæ dantem, vel sordibus corruptum, vel aliâ quâ ex causâ nolle sententiam dicere : quisquàmne potest negare æquissimum fore, prætorem interponere se debuisse, ut officium quod in se recepit, impleret?

Il est vrai encore qu'aux termes de l'art. 1013 du Code de procédure civile, le *décès* des parties, *lorsque tous les héritiers sont majeurs, ne met pas fin au compromis*; tandis que, suivant l'art. 2003 du Code civil, *le mandat finit par la mort du mandant*. Mais, d'une part, cette disposition du Code civil est une innovation à l'ancien droit : *si heredis mentio* (disait la loi 27, §. 1, D. *de exceptis qui Arbitrium*) *vel cæterorum facta in compromisso non fuerit, morte solvitur compromissum*. D'un autre côté, quel a été le motif de cette innovation? C'est que le compromis forme, pour les parties qui le souscrivent, un engagement qu'elles ne peuvent révoquer que de leur consentement mutuel, et que par conséquent il doit lier leurs héritiers respectifs comme il les lie elles-mêmes. Mais assurément il ne résulte pas de là que le compromis soit, des parties à l'Arbitre, autre chose qu'un mandat.

Cette base posée, nous arrivons naturellement au principe régulateur à la recherche duquel nous sommes ici. Dès que l'Arbitre n'est qu'un mandataire, il est évident que quiconque peut être mandataire, peut, par cela seul, être Arbitre, à moins qu'il n'en soit empêché par une loi expresse et spéciale.

Je conviens cependant qu'il y a d'anciens auteurs qui, se fondant sur des lois romaines, pensent autrement; que, suivant eux, on ne peut, d'après ces lois, choisir pour Arbitres que ceux qui réunissent les conditions nécessaires pour être élevés aux fonctions de juges; et que tel est notamment le langage de Brunnemann, qui, sur la loi dernière, C. *de receptis Arbitris*, dit que *eum qui judex esse nequit, nec posse arbitrum.*

Mais quels sont les textes du droit romain que ces auteurs invoquent à l'appui de leur système? Ce sont la loi 1, D. *de receptis qui Arbitrium*, la loi 6 et la loi 7 du même titre, et la loi dernière, C. *de Arbitris receptis*. Or, que disent ces textes?

La loi 1, D. *de receptis qui Arbitrium*, porte que le compromis ressemble aux jugemens, et qu'il a, comme eux, pour objet de mettre fin aux procès : *Compromissum ad similitudinem judiciorum redigitur, et ad finiendas lites pertinet*. Mais pour pouvoir conclure de là, qu'il y a, entre les fonctions d'Arbitres et les fonctions de juges une telle ressemblance que les premières ne peuvent être déférées, par un compromis, qu'aux personnes capables d'exercer les secondes, il faudrait pouvoir en conclure aussi que toutes les dispositions des lois concernant les jugemens rendus par les tribunaux, sont de plein droit applicables aux jugemens rendus par des Arbitres. Or, le moyen de soutenir une pareille thèse, je ne dis pas d'après les principes qui nous régissent actuellement, et qui laissent encore subsister d'assez frappantes différences entre les uns et les autres, mais d'après les lois romaines, suivant lesquelles il est notoire qu'une sentence arbitrale ne produisait pas même l'exception de chose jugée et ne donnait qu'une action en paiement de la peine compromissoire (1), suivant lesquelles tout le monde sait qu'une pareille sentence ne pouvait pas être attaquée par appel (2), suivant lesquelles, enfin, il était de maxime que les particuliers ne pouvaient pas ériger en juge, par le seul effet de leur consentement, l'homme qui n'avait par lui-même aucune juridiction (3)? Que l'on infère du texte cité que les Arbitres sont assimilés aux juges en quelques points, qu'ils doivent, par exemple, suivre dans l'instruction et le jugement des affaires qui leur sont soumises, les mêmes formes que les tribunaux, à la bonne heure. Mais en inférer que les parties ne peuvent nommer pour Arbitres que des personnes qui pourraient être leurs juges, c'est faire dire à ce texte ce qu'il ne dit pas; c'est lui prêter un sens absurde.

La loi 6, D. *de receptis qui Arbitrium*, décide que le fils de famille peut être Arbitre dans la cause de son père, parcequ'il peut aussi en être le juge : *quin etiam de re patris dicitur filium familias Arbitrum esse posse, nam et eum judicem esse posse plerisque placet*. Mais s'il résulte de cette loi que quiconque peut être juge peut être Arbitre, il n'en résulte certainement pas que, pour pouvoir être nommé Arbitre, il faut pouvoir être nommé juge; car ce n'est pas *à pari*, c'est au contraire *à fortiori*, que cette loi argumente de la capacité d'être juge à celle d'être Arbitre ; et c'est ce que démontre parfaitement le président Favre, dans ses *Rationalia* sur cette loi même : *Bona est* (dit-il) *hac in parte æquiparatio judicii et Arbitrii, non ob id solùm quòd redacta sint compromissa ad instar judiciorum, sed etiam quia multò major ratio est propter quam permitti debeat filio ut sit Arbiter in causâ patris, quàm ut sit judex. Quamvis enim non sicut judex, ita Arbiter adstrictus sit formulæ publicoque munere fungatur, hoc tamen amplius est in arbitro quam in judice, quod Arbitrum litigatores eligant, judicem verò non item; ideòque potest imputari litigatori qui filium familias elegit Arbitrum, cur talem elegerit, itemque cur compromiserit; quod non similiter imputari potest ei qui et judicium et judicem accipit, cùm judicium reddatur in invitum*. Lege 83, D. *de verborum obligationibus*. *Nemo autem compromittit invitus. Ergò si potest filius familias judex esse in causâ patris, multò magis potest esse Arbiter.*

---

(1) *V.* l'article Peine compromissoire.
(2) *V.* l'article Appel, §. 1, n°. 20.
(3) *Privatorum consensus judicem non facit eum qui nulli præ est judicio; nec quod is statuit, rei judicatæ continet auctoritatem.* Loi 3, C. *de jurisdictione omnium judicum.*

ARBITRES, §. XIV, Art. II.

L'argument que l'on tire de la loi 41 du même titre, n'est ni plus judicieux ni mieux fondé.

Voici, d'après toutes les éditions des Pandectes, comment s'y exprime le jurisconsulte Callistrate des écrits duquel est tirée cette loi : *Cùm lege Juliâ cautum sit* NE MINOR VIGINTI ANNIS JUDICARE COGATUR, *nemini* LICERE *minorem viginti annis compromissarium judicem eligere, ideòque pœna ex sententiâ ejus nullo modo committitur. Majori tamen viginti annis, si minor viginti quinque annis sit, ex hâc causâ succurrendum, si temerè auditorium receperit, multi dixerunt*; expressions que l'on traduit ainsi en français : « La loi *Julia* défendant de contrain- » dre un mineur de vingt ans à juger, il n'est » permis à personne de choisir un mineur de » vingt ans pour Arbitre ; et par cette raison, s'il » rend une sentence, elle ne produit point d'ac- » tion pour exiger la peine compromissoire. A » l'égard du majeur de vingt ans, mais mineur » de vingt-cinq, plusieurs ont été d'avis que l'on » devait venir à son secours, s'il avait impru- » demment accepté un arbitrage » ; et de la première partie de ce texte on conclud que la capacité d'être Arbitre dépend tout entière, dans le droit romain, de la capacité d'être juge.

Mais on ne fait pas attention que ce texte est évidemment altéré ; qu'au lieu de ces termes de la première partie, *ideòque* POENA *ex ejus sententiâ nullo modo* COMMITTITUR, il faut lire : *Ideòque* POE̊NAM *ex ejus sententiâ nullo modo* COMMITTI ; qu'au lieu de mettre un point après le mot, *committi* qui doit remplacer le mot *committitur*, il n'y faut mettre qu'un point et virgule ; et qu'il faut rapporter à la première comme à la seconde partie, les mots *multi dixerunt* qui terminent le tout. En sorte que, comme le démontre le président Favre, dans ses *Rationalia* sur cette loi (1), le juris-

consulte Callistrate n'énonce pas son opinion personnelle, mais est seulement censé dire : « La « loi *Julia* défendant de contraindre un mineur » de vingt ans à juger, plusieurs ont été d'avis » qu'il n'est permis à personne de choisir pour » Arbitre un mineur de vingt ans, et que, par » cette raison, s'il rend une sentence, elle ne » produit point d'action pour exiger la peine » compromissoire ; mais que, si un mineur de » vingt-cinq ans a imprudemment accepté un » arbitrage, on doit venir à son secours ».

Qu'on ne dise pas que du moins Calistrate ne condamne pas l'opinion dont il rend compte, et que par conséquent il est censé l'adopter.

Le président Favre, à l'endroit cité, prouve très-bien, par les exemples qu'il cite, que telle ne peut pas être la pensée de ce jurisconsulte ; et qu'au contraire, il ne rapporte l'opinion dont il s'agit, que comme se réfutant elle-même par l'absurdité qui la caractérise manifestement (1).

Quoi de plus absurde, en effet, que ce raisonnement : *d'après la loi Julia, un mineur de vingt ans ne peut, quoique revêtu du caractère de juge, être contraint de juger ; donc un mineur de vingt ans ne peut pas être choisi pour Arbitre ?* Comme s'il n'était pas décidé textuellement, par la loi 57, D. *de re judicatâ*, ainsi qu'on le verra ci-après, art. 6, qu'un juge mineur de vingt ans, peut rendre une sen-

---

(1) *Refert in hac lege Callistratus non suam sententiam, sed aliorum, ut constat ex postremis illis verbis,* MULTI DIXERUNT*, quæ ad totam legis sententiam referuntur; neque enim præcedentes infinitivi aliud verbum ullum habent à quo regantur. Quod ab interpretibus nostris vulgò observatum non est, qui ab illis verbis* MAJORI TAMEN*, initium paragraphi desumunt, nec rursùs à librario Florentino, qui pro* COMMITTI*, scripsit* COMMITTITUR*, non animadvertens etiam admisso eo, futurum tamen ut æquè imperfecta sit sententia illa præcedens,* NEMINI LICERE*. Et verò etiamsi maximè judiciis arbitria velis assimilare, ex lege suprà, undè procul dubio petenda esset ratio decidendi hujus legis, nihil tamen aliud assequi poteris, quàm quod facilè admittam, non posse cogi Arbitrum minorem viginti annis ut sententiam dicat. Nam neque aliud cavit lex Julia, nisi ut minor viginti annis judicare non cogatur. Cæterùm non prohibuit eadem lex Julia ne judicare possit, si velit* (L. 57, D. DE RE JUDICATA). *Ergò neque argumentum ex eâ sumi potest, quominùs possit, si velit minor viginti annis, et arbitrium recipere et pronunciare. Consequenter si hic Arbiter sententiam dixerit, cui non pareatur, pœna haud dubiè committetur, ut hanc saltem habeat executionem sententia, quæ si à judice minore viginti annis lata esset, plenissimam executionem mereretur, qualem alia quælibet res judicata. Nam quo casu valeret sententia judicis, et executioni mandari posset,*

eo casu absurdum sit dicere pœnam ex Arbitri sententiâ non committi. Utrumque falsum illud est quod isti dicebant, et nemini licere minorem viginti annis compromissarium judicem eligere, et pœnam ex sententiâ ejus nullo modo committi. Quanquam hoc posterius priori consequens est. Prius siquidem est ut liceat Arbitrum compromissarium eligere quàm ut ejus sententiâ committi pœna possit. Movebat istos, ut puto, quod inutiliter eligi deatur in Arbitrum ille quem prætor non possit etiam invitum cogere ut sententiam dicat ; sed præpostera ista ^{a}*rgumentatio est. Non enim alios Arbitros cogit prætor, quàm qui electi licitè sint. Ergò an eligi possint, nec ne, non ex eo pendet quod cogi à prætore vel possint vel non possint ; sed è contrariò idcircò à prætore coguntur sententiam dicere, quod rectè sint electi. Præcedentia non pendent à consequentibus, sed consequentia à præcedentibus. Cur non ergò liceat minorem etiam viginti annis compromissarium judicem eligere quem tanquam in judicem pedaneum consentire utiliter possent ; non quidem ut possit à prætore cogi sententiam dicere, sed ut, si dixerit, valeat sententia, quantum Arbitri valere potest, id est, quod ad hoc ut si ei paritum non sit, pœna committatur ? Idque Accursius sentire videtur cùm ea verba ex* SENTENTIA EJUS *interpretatur de sententiâ per eum reddita, qui fuerit minor decem et octo annis, de quo tamen nullum planè in hac lege verbum.*

(1) MULTI DIXERUNT : *et malè ut ostendimus. Non ergò credendus est Callistratus idem censisse. Sic Papinianus, in lege 19, D. DE DOLO, aliorum sententiam simpliciter refert, quam tamen ipse improbat in lege 65, D. DE SOLUTIONIBUS. Sic Ulpianus Papiniani sententiam retulit in lege 23, D. DE DONATIONIBUS INTER VIRUM ET UXOREM, quam ipse improbavit in lege 32, §. SIVE AUTEM, juncta lege 33, EODEM TITULO, scripsit lib. 2, conject. c. 7. Et sanè non scripsisset, Callistratus* MULTI DIXERUNT, *si nos eo jure uteremur. Sic enim loqui solent, qui explosas aliorum sententias referunt, quas nec curant refellere.*

tence entre les parties, qui consentent à ce qu'il prononce entre elles en sa qualité, et comme s'il ne résultait point de là à fortiori, qu'un mineur de vingt ans, non revêtu du caractère de juge, peut être pris pour Arbitre volontaire par des parties qui sont bien instruites de son âge.

Quant à la loi dernière, C. *de receptis Arbitris*, sur laquelle se fonde spécialement Brunnemann pour dire que *eum qui judex esse nequit, nec arbitrum posse*, il est vrai que l'empereur Justinien y déclare formellement que les femmes ne peuvent pas être choisies pour Arbitres, et j'examinerai ci-après, art. 7, les raisons qu'il en donne. Mais bien loin que de là il résulte qu'il y ait dans le droit romain une telle affinité entre la qualité de juge et celle d'Arbitre, que la seconde ne pût être déférée par un compromis qu'à celui qui réunissait les conditions nécessaires pour être investi de la première, c'est précisément tout le contraire que l'on doit en inférer. En effet, si l'incapacité d'être juge emportait de plein droit celle d'être Arbitre, quel besoin aurait eu Justinien de faire une nouvelle loi pour interdire spécialement les fonctions d'Arbitres aux femmes qui, déjà, étaient déclarées par la loi 2, D. *de regulis juris*, incapables de celles de juges ? Porter une pareille loi, c'était évidemment reconnaître que jusqu'alors les femmes avaient pu accepter des arbitrages, et telle était en effet, comme le remarquent Cujas et Peleus (1), la jurisprudence qui jusqu'alors avait été constamment suivie. C'était par conséquent reconnaître que, de droit commun, l'incapacité d'être Arbitre n'était rien moins que la conséquence de celle d'être juge.

Une preuve d'ailleurs sans réplique que tel était effectivement l'esprit général du droit romain, c'est que, comme on le verra à l'art 5, la loi 7, D. *de receptis qui Arbitrium*, admettait les infames aux fonctions d'Arbitres volontaires, tandis que celles de juges leur étaient expressément interdites par la loi 2, D. *de senatoribus*, rapprochée de la loi 12, §. 2, D. *de judiciis*, par la loi 2, D. *de officio adsessorum*, et par la loi 2, C. *de dignitatibus*.

En second lieu, qu'importerait aujourd'hui que les lois romaines eussent consacré le système que je combats ici ? On a vu à l'article précédent, que celles de ces lois qui concernent l'arbitrage, sont aujourd'hui dépouillées de toute espèce d'autorité législative, et qu'elles ne peuvent plus être citées en cette matière que comme raison écrite. Or, porteraient-elles bien le caractère de raison écrite, si elles faisaient dépendre la capacité d'être nommé Arbitre de celle d'être nommé juge ? C'est demander en d'autres termes, si l'on peut en bonne logique, lorsque deux choses n'ont entre elles qu'une faible ressemblance, argumenter de l'une à l'autre. Car si l'action de juger et l'action de vider un compromis ont entre elles quelques traits de ressemblance, quoi de plus disparate, sous certains rapports, que la qualité de juge et celle d'Arbitre ? Le juge est un fonctionnaire public ; l'Arbitre n'est qu'un individu privé. L'un tient son autorité de la puissance souveraine ; l'autre ne tient ses pouvoirs que de la confiance d'individus qui ne sont comme lui que des particuliers. Le premier imprime à ses jugemens la force coactive qui leur est nécessaire pour en assurer l'exécution ; le second ne donne qu'un avis qui, par lui-même, n'a de jugement que le nom et ne devient véritablement tel que par l'homologation judiciaire (1), vérité si peu douteuse, que, comme on le verra ci-après, §. 16, il a été jugé par arrêt du parlement de Toulouse, du 13 mai 1748, qu'il est indifférent, pour la validité d'une sentence arbitrale, qu'elle soit rédigée en forme de jugement ou en forme de consultation.

Inutile de dire que Mornac, tout en convenant, sur la loi 1, D. *de receptis qui Arbitrium*, que les Arbitres n'ont que le masque de juges, et qu'il n'en sont, suivant l'expression de quelques interprètes, que les singes (2), tout en reconnaissant que, par le droit romain, il n'y avait rien de commun entre les qualités nécessaires pour être juge et les qualités nécessaires pour être Arbitre, ne laissait pas d'enseigner sur la loi 7 du même titre, que, dans nos mœurs, on ne pouvait plus admettre pour Arbitres que ceux qui pouvaient être juges ; et que, s'il en était ainsi de son temps, il en doit nécessairement être de même aujourd'hui.

Il est vrai que Mornac a professé cette doctrine, mais comment l'a-t-il justifiée ? En disant que, dans nos mœurs, les Arbitres sont tellement considérés comme de véritables juges, que, d'après une ordonnance de François Ier, leurs sentences sont sujettes à l'appel, et que l'on ne peut même en appeler qu'au parlement : *ex constitutione regiâ Francisci primi, Arbitros adeò admittimus in judices, ut appellari ab iis debeat ad senatum*.

Mais d'une part, la seule des ordonnances de François Ier. dans laquelle il soit question de l'appel des sentences arbitrales, est celle du mois d'octobre 1535 ; et l'on a vu au mot *Appel*, §. 1, n°. 20, que cette ordonnance n'a pas été rendue pour tous les parlemens de France, mais uniquement pour celui d'Aix ; que, bien loin d'at-

---

(1) *Videtur* (dit le premier, dans ses observations, liv. 13, chap. 23) *antè constitutionem justiniani, mulier ex compromisso arbitrium recipere potuisse*. « Devant laquelle loi (dit également le second, dans ses *actiones forenses*, liv. 4, chap. 30), une femme de bonne réputation pouvait recevoir un compromis ».

(1) *V*. l'article *Date*, §. 5; les conclusions et l'arrêt du 25 prairial an 11, rapportés à l'article *Hypothèque*, §. 2; et les conclusions du 15 juillet 1812, rapportées à l'article *Jugement*, §. 14, n°. 3.

(2) *Quia arbitri personam solam et similitudinem induunt judicum, appellantur à quibusdam interpretibus simiæ judicum*.

tribuer à cette cour la connaissance exclusive de l'appel des sentences arbitrales, elle la défère expressément aux juges de première instance ; et qu'au surplus, elle s'exprime sur ces sentences d'une manière qui prouve clairement qu'elle ne les considère pas comme susceptibles d'être attaquées par un appel proprement dit.

D'un autre côté, quand nous mettrions à la place de l'ordonnance de François Ier. du mois d'octobre 1535, celle de François II du mois d'août 1560, qui contient véritablement la disposition que Marnac prête à la première, la conséquence qu'en tire cet auteur, n'en serait pas plus juste.

Elle veut, il est vrai, que les sentences arbitrales *aient telle force et vertu que les sentences rendues par nos juges*, et que *l'appel desdits Arbitres ou arbitrateurs, soit relevé en nos cours souveraines*. Mais conclure de là qu'il est dans son intention d'assimiler tellement les Arbitres aux juges, que les qualités nécessaires à ceux-ci le soient également à ceux-là, c'est ce que ne permettent ni le préambule de cette ordonnance, ni les règles les plus constantes sur le mode d'interprétation des lois.

Le préambule de cette ordonnance reconnaît expressément que les décisions arbitrales ne sont que des actes extrajudiciaires : « Comme le vrai
» moyen d'abréger les procès (y est-il dit), de
» venir au devant, et garder qu'ils ne soient
» amenés devant les juges, ainsi décidés *hors ju-*
» *gement par accord et transaction entre les parties*
» *mêmes, ou par Arbitres, arbitrateurs et amiables*
» *compositeurs;* toutefois les esprits des hommes
» sont si pleins de contentions, que ce qu'ils ont
» peu avant accordé et approuvé, tôt après ils
» reprouvent et discordent, en contrevenant aux
» transactions et compromis par eux faits et ac-
» cordés ». Or, comment imaginer que, par cela seul que le législateur attribue aux actes extrajudiciaires qu'elle qualifie de sentences arbitrales, *telle force et vertu que les sentences rendues par les juges*, il entende exiger qu'à l'avenir ceux-là seuls qui peuvent être juges, puissent être choisis pour Arbitres par les parties ? C'est comme si l'on disait : la loi 20, C. *de transactionibus*, portait que *non minorem auctoritatem transactionum, quàm rerum judicatarum esse certâ ratione placuit;* et l'art. 2052 du Code civil porte également que « les transactions ont, entre les parties, l'auto-
» rité de la chose jugée en dernier ressort ». Donc les parties qui veulent transiger par le ministère de fondés procuration, ne peuvent choisir pour mandataires à cet effet que des personnes qui pourraient être leurs juges.

L'une des règles les plus constantes sur le mode d'interprétation des lois, c'est que l'on ne doit jamais tirer d'une disposition contraire aux principes de droit, de conséquence qui lui ferait dire plus qu'elle ne dit en termes exprès : *quod contrà rationem juris receptum est, non est producendum ad consequentias; in his quæ contrà rationem juris cons-*
tituta sunt, non possumus sequi regulam juris. Ce sont les termes des lois 14 et 15, D. *de legibus*. Or, j'ai démontré à l'article *Appel*, §. 1, n°. 20, que rien n'est plus contraire à la nature des choses et aux principes régulateurs des conventions, que la faculté d'appeler d'une sentence arbitrale, lorsqu'elle n'a pas été réservée expressément par le compromis. Donc point de conséquence à tirer de la disposition de l'ordonnance de 1560 qui, par dérogation aux lois romaines, soumet toute sentence arbitrale à un appel proprement dit. Donc point de conséquence à tirer de l'art. 1010 du Code de procédure civile qui, par dérogation aux lois des 24 août 1790, 5 fructidor an 3 et 27 ventôse an 8, permet l'appel de toute sentence arbitrale, hors le cas où il y a été renoncé *lors ou depuis le compromis*. Donc inférer de la faculté d'appeler des sentences arbitrales, que ceux-là seuls qui peuvent être juges, sont capables d'accepter et de vider des arbitrages, c'est faire un raisonnement absurde.

Enfin, ce serait bien inutilement que, pour établir, entre les fonctions d'Arbitre et celles de juge, une identité qui rendrait incapable des premières tout individu qui le serait des secondes, on voudrait argumenter du principe consacré par les arrêts de la cour de cassation, rapportés au mot *Date*, §. 5, que les sentences arbitrales font, par elles-mêmes, foi de leur date, ni plus ni moins que les jugemens des tribunaux.

Un pareil argument serait sans doute concluant, si la certitude de la date d'une sentence rendue par un Arbitre, avait la même cause que la certitude de la date d'un jugement rendu par un tribunal. Mais il est sensible que la cause de l'une n'a rien de commun avec la cause de l'autre. Pourquoi un jugement proprement dit fait-il foi de sa date ? Parcequ'il est l'ouvrage de magistrats qui, par cela seul qu'ils sont revêtus d'un caractère public, impriment le sceau de l'authenticité à tous les actes qu'ils signent dans l'exercice de leurs fonctions. Et d'où dérive la certitude de la date qu'appose un Arbitre à sa sentence ? Elle n'a pour fondement, comme je l'ai établi à l'endroit cité de l'article *Date*, que la qualité de mandataire dont l'Arbitre est revêtu par le compromis, avec le pouvoir qui y est essentiellement inhérent, de rédiger sa sentence sous seing-privé.

ART. III. *Peut-on choisir pour Arbitre, une personne à qui manque, ou la raison, ou la faculté d'énoncer son avis, ou la connaissance de la langue des parties, ou un certain degré d'instruction?*

I. La première branche de cette question porte, comme l'on voit, sur les impubères, les furieux, les insensés et les imbéciles. Privés d'intelligence, ils le sont nécessairement de la faculté d'accepter et d'accomplir un mandat. Leur incapacité d'accepter et de vider un arbitrage dérive donc de la nature même des choses. *Sed neque in pupillum aut furiosum compromittitur*, disait la loi 9, §. 1, D. *de receptis qui Arbitrium*.

II. Ce que cette loi décidait pour les impubères et les furieux, elle le décidait également pour le sourd et pour le muet, *aut surdum aut mutum*.

Mais sa disposition porte-t-elle, sur ce point, comme sur le précédent, le caractère de raison écrite qui l'a fait survivre en ce qui concerne celui-ci, à l'abrogation qu'elle a subie, comme disposition législative, par l'art. 1041 du Code de procédure civile? Je ne le crois pas.

Ou il s'agit d'un individu qui n'est que sourd, ou il s'agit d'un individu qui n'est que muet, ou il s'agit d'un individu qui est à la fois muet et sourd.

1°. Pourquoi l'individu qui n'est que sourd, ne pourrait-il pas être choisi pour Arbitre par des parties qui connaissent son infirmité? Serait-ce parcequ'il ne peut pas entendre leurs moyens respectifs, ni par conséquent prononcer sur leur différend avec connaissance de cause? Cela serait bon, si les parties l'astreignaient, par le compromis, à ne juger que d'après leurs défenses verbales. Alors, en effet, il y aurait contradiction entre le pouvoir qu'elles lui donneraient, et la manière dont elles l'assujettiraient à en user; et, par cela même, elles seraient censées ne faire rien de sérieux. Mais si elles s'obligeaient réciproquement à n'exposer leurs moyens respectifs que par écrit, et si, par suite, elles l'autorisaient à prononcer d'après les pièces et les écritures qu'elles lui remettraient chacune de son côté, quel prétexte pourrait-il y avoir de douter qu'il ne fût habile à prononcer entre elles comme Arbitre? Je n'en aperçois aucun.

2°. Par la même raison, je ne trouve aucune difficulté à ce qu'un individu qui n'est que muet, soit choisi pour Arbitre par des parties qu'il peut entendre et dont il peut lire les défenses.

3°. Mais en est-il de même de l'individu qui est à la fois sourd et muet? Pourquoi non, s'il sait lire et écrire, et si les parties consentent à ce qu'il prononce d'après les pièces et écritures qu'elles lui remettent respectivement?

Par quels motifs, au surplus, les lois romaines interdisaient-elles l'arbitrage à celui qui était ou muet ou sourd, ou l'un et l'autre à la fois, tandis qu'elles lui permettaient d'être mandataire, tandis que la loi 43, D. *de procuratoribus*, disait en toutes lettres: *mutus et surdus per eum modum, qui procedere potest, procuratorem dare non prohibetur, forsitan et ipsi dantur: non quidem ad agendum, sed ad administrandum?* C'était par un autre motif qui est aujourd'hui sans application: parceque, dans le droit romain, l'Arbitre devait entendre oralement les parties et leur faire lui-même lecture de sa sentence (1), parceque sa sentence était nulle, s'il ne la lisait lui-même aux parties.

III. Peut-on choisir pour Arbitre un individu qui ne sait pas écrire?

En thèse générale, non, puisque c'est par écrit qu'il doit prononcer, et qu'il lui est impossible de prononcer de cette manière.

Mais je ne doute pas qu'il n'en fût autrement, si les parties lui donnaient un adjoint qu'elles autoriseraient à rédiger et à signer la décision qu'il lui dicterait.

IV. La connaissance de la langue des parties est-elle, pour l'Arbitre qu'elles choisissent, une condition essentielle de la validité de leur choix?

Oui, si, par le compromis, elles l'astreignent à ne juger que d'après leurs défenses verbales; car, il est évident qu'alors le compromis n'a pu être, de leur part, qu'une plaisanterie.

Mais que doit-on décider si elles l'autorisent à prononcer d'après leurs pièces ou mémoires respectifs?

A cet égard, il peut se présenter deux cas différens: ou les mémoires et les pièces des parties sont écrits dans la langue de l'Arbitre, ou ils le sont dans la langue des parties.

Dans le premier cas, quelle serait la raison de douter que le choix de l'Arbitre ne fût valable? Il ne peut y en avoir aucune. D'un côté, il n'est point de loi qui défende aux parties de nommer pour Arbitre une personne qui n'entend pas leur langue. De l'autre, l'Arbitre qu'elles choisissent, est parfaitement en état d'apprécier leurs défenses respectives. Rien ne s'oppose donc à ce qu'il remplisse le mandat qu'elles lui confient.

Dans le second cas, il semblerait à la première vue, qu'il en dût être tout autrement. Comment, en effet, un Arbitre qui n'entend pas la langue dans laquelle sont écrits les mémoires et pièces des parties, pourrait-il en apprécier le contenu, et prononcer avec connaissance de cause?

Mais il faut se reporter à un principe que le bon sens avait dicté aux jurisconsultes romains, et qui forme la base de la loi 2, D. *de jurisdictione*, de la loi 56 et de la loi 62, D. *de procuratoribus*; c'est-à-dire, au principe que, *qui veut la fin, veut nécessairement les moyens;* que, comme le dit le président Favre, dans ses *Rationalia* sur la première de ces lois, *concesso consequenti, consequenter conceduntur etiam omnia antecedentia necessaria*; et que, comme il le dit sur la seconde, *qui aliquid fieri mandat, ea quoque mandare intelligitur sine quibus id quod mandatum est expediri non potest*.

C'est de ce principe que dérive, pour les Arbitres en général, le pouvoir d'ordonner des enquêtes, des expertises, des descentes sur les lieux. Il doit donc en dériver également, pour l'Arbitre qui n'entend pas la langue dans laquelle

(1) *V.* l'article *Date*, §. 5, n°. 1, vers la fin.

sont écrits les mémoires et pièces soumis à son examen, le pouvoir d'ordonner, par un jugement préparatoire, que les parties seront tenues de s'accorder dans tel délai, sur le choix d'un interprète pour lui traduire ces pièces et ces mémoires; à défaut de quoi la partie la plus diligente sera autorisée à se pourvoir devant les juges ordinaires, pour en faire nommer un d'office : comment, en effet, ne pas sous-entendre ce pouvoir dans le mandat que lui donnent les parties de les juger d'après des écrits dont elles savent qu'il ne comprend pas le contenu? Il faudrait pour cela supposer qu'elles s'accordent, en le choisissant, à ne faire qu'une plaisanterie. Or, le moyen de leur prêter une pareille intention, alors qu'il est possible de donner un autre sens à leur compromis, et surtout d'après la grande règle qui veut que, dans le doute, tout acte soit interprété de manière que *potiùs valeat quàm pereat*?

Il reste cependant une difficulté qui est commune aux deux cas : c'est de savoir en quelle langue l'Arbitre rédigera sa sentence, dans l'un comme dans l'autre.

A cet égard, de deux choses l'une: ou la langue de l'Arbitre est celle du tribunal dont le président doit homologuer la sentence; ou c'est une langue étrangère à ce tribunal.

Dans la première hypothèse, il est clair que l'Arbitre peut et doit rédiger la sentence dans sa langue naturelle.

Mais comment s'y prendra-t-il dans la seconde? Rédigera-t-il sa sentence dans sa langue naturelle; ou bien la fera-t-il rédiger, sous sa dictée, dans la langue du tribunal, par un interprète de son choix?

Je crois d'abord que, si de ces deux modes, il adopte le premier, la sentence sera valable en soi, et qu'encore qu'elle ne puisse pas être déclarée exécutoire par le président du tribunal dans l'état où elle se trouvera au moment où le dépôt en sera fait au greffe, elle pourra et devra l'être sur la traduction qui en sera faite par un interprète convenu entre les parties, ou nommé d'office par le tribunal même, en cas de refus de la part de l'une d'elles ou de dissentiment. Qu'importe en effet qu'un jugement proprement dit dût être considéré comme nul, s'il était rédigé dans une autre langue que celle du tribunal qui l'aurait rendu? Une décision arbitrale n'est pas un jugement proprement dit : *horum propriè judicium non est*, dit Cujas, sur la loi 1, D. *de receptis qui arbitrium* (1); elle n'est, par elle-même, qu'un écrit privé; elle ne prend un caractère public que par l'homologation qu'en prononce l'autorité judiciaire; et assurément l'autorité judiciaire peut tout aussi bien, sur la traduction non contestée qu'elle a sous les yeux d'une sentence arbitrale, conçue en langue étrangère, l'homologuer et la déclarer exécutoire; qu'elle peut, sur une pareille traduction, tenir pour reconnue, et par là convertir en titre hypothécaire, aux termes de l'art. 2123 du Code civil, une obligation de la même nature et de la même forme.

Voici cependant un arrêt de la cour de cassation du 7 floréal an 5, que l'on pourrait, faute d'attention suffisante, citer comme jugeant le contraire (je le copie dans le *Bulletin civil* de cette cour):

« Le tribunal de cassation à rendu le jugement suivant entre les cit. Queffain, Bartholdy et Siègle, demeurant à Colmar, demandeurs en cassation d'un jugement arbitral rendu en faveur de la commune de Hederengheim, le 2 floréal an 2, d'une part, et les habitans de ladite commune, défendeurs, d'autre part ;

» Ceux ci prétendant que les portions de terrain dont jouissaient les premiers dans le canton dit *Allacher*, faisaient partie de leurs communaux, et qu'ils étaient en droit de s'y faire réintégrer en vertu des lois des 28 août 1792 et 10 juin 1793, les citèrent à ce sujet pour nommer des Arbitres; et cette nomination eut lieu devant le juge de paix du canton de Sainte-Croix par procès-verbaux des 12 frimaire et 6 pluviôse de l'an 2.

» Ces Arbitres furent partagés d'opinions sur la question de savoir si, avant de faire droit, les citoyens Queffain, Bartholdy et Siègle devaient être admis à faire preuve de leur possession en qualité de vrais propriétaires, et non à titre de précaire et d'usufruit, depuis et au delà de quarante ans antérieurement à l'époque du 14 août 1789....

» Après un premier sur-Arbitre nommé, lequel refusa, un second le remplaça d'après le procès-verbal du bureau de paix, du 19 ventôse an 2: ce fut le nommé Braudscheid, non citoyen français, mais Allemand, sujet de l'empereur, domicilié dans les terres de l'Empire, et absolument ignare dans la langue française dont il ne savait pas un seul mot.

» Sur ces motifs, le citoyen Siègle, l'un des demandeurs en cassation, le récusa par acte du 3 germinal ; mais par jugement du 14 du même mois, il fut débouté de son opposition et les motifs de récusation déclarés nuls et rejetés, sur le fondement que la loi du 2 octobre 1793 n'admet que deux cas de recusation, qu'elle exprime, contre les communes.

» Le 23 suivant, jour indiqué par le sur-Arbitre, il déclara par son procès-verbal, que, sur le refus du cit. Chauffour, l'un des deux Arbitres, de s'expliquer devant lui en langue Allemande, et de lui répéter dans cet idiôme son opinion ainsi que celle du cit. Rechele, l'autre Arbitre, il s'en était fait faire la traduction et explication par le cit. Bech, secrétaire-interprète juré; qu'il l'avait bien compris, et s'était retiré pour rédiger ensuite son avis par écrit.

» C'était à la chambre de conciliation de Colmar

---

(1) OEuvres de Cujas, édition de Naples, tome 10, page 395.

que cette séance eut lieu ; mais le sur-Arbitre, dans le fait, s'étant retiré, comme il l'a dit dans son procès-verbal du 23 germinal, à Rouffach, il rédigea dans ce dernier lieu, neuf jours après, le 2 floréal, son avis par écrit, lui seul et sans le concours ni la présence des arbitres, qui ne l'ont point signé, et qu'il fit ensuite traduire en français par le truchement, après avoir donné gain de cause aux habitans, en embrassant l'opinon des arbitres de ceux-ci.

» Trois moyens de cassation sont proposés contre ce jugement : les deux premiers, sur la forme, se confondent ; et les demandeurs les font résulter du défaut de pouvoir et de caractère, et de l'incompétence du sur-Arbitre Braudscheid, en ce qu'il était étranger et non citoyen français, sujet des terres de l'Empire; en second lieu, parcequ'il était absolument ignare en langue française, incapable de comprendre par lui-même les opinions qu'il avait à départager, puisqu'elles étaient conçues en français, non plus que l'esprit et la lettre des lois françaises, en conséquence desquelles il avait à prononcer, et qu'il était obligé de se servir d'un truchement ou interprète pour manifester lui-même son opinion ; ce qui ne pouvait être dans l'ordre judiciaire. Incompétence encore, et défaut de pouvoir dans ce sur-Arbitre, en ce qu'il a jugé seul et sans le concours des Arbitres; ce qui est une contravention manifeste à toutes les lois concernant l'ordre judiciaire, et notamment à celle du 28 thermidor an 3, interprétative des autres en cette matière.

» L'autre moyen est pris du fond.... ;

» Sur quoi, ouï le rapport de Joseph.... Chupier, et le cit. Bayard, substitut...;

» Vu 1° le tit. 2 de l'acte constitutionnel (du 5 fructidor an 3) concernant l'état politique des citoyens, lequel porte, art. 10, que *l'étranger ne devient citoyen français, que, lorsqu'après avoir déclaré l'intention de se fixer en France, il y réside* PENDANT SEPT ANNÉES CONSÉCUTIVES, *pourvu qu'il paie une contribution directe, et qu'en outre il possède une propriété foncière, ou un établissement d'agriculture ou de commerce, ou qu'il ait épousé une Française;* et, art. 11, que *les citoyens peuvent seuls voter dans les assemblées primaires, et être appelés aux fonctions établies par la constitution ;*

» Vu les lois concernant l'ordre judiciaire, qui ne permettent point qu'un seul Arbitre juge seul, sans la réunion et le concours des Arbitres qu'il doit départager, puisqu'un jugement n'est que le résultat de l'opinion des juges composant un tribunal, et qu'un tribunal arbitral n'est plus complet lorsqu'il est dépourvu des membres qui le composaient, et qu'un seul Arbitre ne peut former un pareil tribunal.... ;

» Et attendu 1°. que, dans le fait, il n'a point été contesté que le sur-Arbitre Braudscheid fût étranger et sujet de l'Empire; que, d'après le certificat même, produit de la part des défendeurs, il conste qu'il est né à Mayence, et qu'il ne fait sa résidence en France que depuis le 29 mai 1789, au lieu d'y avoir sept ans de résidence, aux termes des art. 10 et 11 de l'acte constitutionnel; que conséquemment il n'avait pu avoir acquis, lors du jugement qu'il a rendu le 2 floréal an 2, la qualité de citoyen français : d'où il résulte une contravention aux articles cités de la constitution ;

» Attendu 2°. que les juges doivent énoncer eux-mêmes leurs opinions, et non par interprète ou truchement, ou autre personne intermédiaire ; laquelle, sans cela, pourrait substituer facilement sa propre décision à celle du juge ; d'où il suit qu'alors il n'y a point de jugement, l'acte émanant immédiatement de l'interprète qui est sans caractère de juge ;

» Attendu 3°. que, dans le fait, le sur-Arbitre Braudscheid a jugé seul, le 2 floréal, et sans le concours et l'assistance des Arbitres, ainsi qu'il en conste par son jugement dudit jour, et par son procès-verbal du 23 prairial précédent ; d'où il résulte une contravention aux lois concernant l'ordre judiciaire, interprétées et confirmées par celle du 28 thermidor an 3 ;

» Par toutes ces considérations, le tribunal casse et annulle le jugement arbitral et sur-arbitral du 2 floréal an 2, dont il s'agit ».

Que cet arrêt ait bien jugé en cassant la sentence du 2 floréal an 2, par le motif que le sur-Arbitre l'avait rendue hors la présence des deux Arbitres qu'il était appelé à départager, cela n'est pas douteux.

Qu'il ait également bien jugé, dans l'espèce dont il s'agissait, en cassant cette sentence, par le motif que le sur-Arbitre était étranger, c'est, comme je l'explique dans une note, au mot *jugement*, §. 14, n°. 3, ce que l'on ne peut pas contester davantage, quoiqu'il soit bien étonnant que, pour établir la pérégrinité de cet individu, à l'époque de sa nomination, qui datait du 19 ventôse an 2, il se fonde sur une loi du 5 fructidor an 3 ; et quoique d'ailleurs le jugement du tribunal de district de Colmar, du 14 germinal an 2, qui avait déclaré cet individu habile à être nommé sur-Arbitre, ne fût pas attaqué.

Enfin, j'admets encore qu'il a dû casser, comme il l'a fait, la sentence du sur-Arbitre, par le motif que celui-ci l'avait rédigée en allemand, parceque le sur-Arbitre n'ayant pas été choisi par les parties, et ne tenant sa mission que de l'autorité publique, devait, à tous égards, être considéré comme un véritable juge, et par conséquent assujéti à la régle générale qui veut que tous les juges rédigent leurs jugemens dans la langue nationale.

Mais conclure de là que, si la sentence du 2 floréal an 2 eût été rendue par un Arbitre volontaire, elle eût pu être annullée sur le seul fondement qu'elle avait été rédigée en langue étrangère, c'est ce que l'on ne peut faire raisonnablement. L'arrêt dont il s'agit, n'avait pas cette question à juger, et il l'a laissée parfaitement intacte.

Supposons maintenant que l'Arbitre auquel les parties s'en sont rapportées, sachant qu'il n'entendait pas la langue du tribunal, et à qui elles ont donné pouvoir de les juger sur leurs pièces et mémoires écrits dans la même langue, prenne, au lieu de rédiger sa sentence dans sa langue naturelle, le parti de la faire rédiger, sous sa dictée, dans la première, par un interprète de son choix : cette sentence sera-elle valable ?

Elle le serait sans doute, si les parties lui avaient donné formellement, par le compromis, le pouvoir de la dicter à un tiers, et s'étaient obligées de reconnaître pour tel l'écrit que ce tiers aurait *rédigé sous sa dictée*. Mais elle serait nulle hors ce cas ; pourquoi ? Parceque les parties sachant qu'il peut la rédiger lui-même dans sa langue naturelle, elles doivent compter qu'en effet il en sera lui-même le rédacteur; parceque c'est à son opinion qu'elles s'en rapportent, et qu'elles ne peuvent trouver la preuve non équivoque de son opinion personnelle, que dans un acte qui soit son propre ouvrage ; parcequ'on ne peut pas considérer comme son propre ouvrage, un acte qu'il n'entend pas, et dont il ne peut conséquemment pas certifier la parfaite conformité à la dictée qu'il a eu l'intention d'en faire ; en un mot, parceque les Arbitres doivent, aux termes de l'art. 1009 du Code de procédure civile, *suivre les formes établies pour les tribunaux, si les parties n'en sont autrement convenues*, et que, comme l'a dit l'arrêt cité de la cour de cassation, « les juges doivent énoncer eux-mêmes leurs » opinions, et non par interprète ou truchement, » ou autre personne intermédiaire, laquelle, » sans cela, pourrait substituer facilement sa » propre décision à celle du juge; d'où il suit » qu'alors il n'y a point de jugement, l'acte émanant immédiatement de l'interprète qui est » sans caractère de juge ».

V. Peut-on choisir pour Arbitre d'une affaire, un individu qui n'a, ou est présumé, par son état, n'avoir pas le degré d'instruction nécessaire pour la juger ?

Domat, tome 2, livre 2, tit. 7, section 2, établit clairement l'affirmative : « On ne mettra pas » (dit-il), dans cette section, parmi les règles des » engagemens des Arbitres, celui de la capacité; » car, encore qu'il soit vrai que, pour juger d'une » contestation, il faut savoir les règles de la ma- » tière dont il s'agit, la capacité des Arbitres étant » de l'intérêt de ceux qui les choisissent, ils ne » manquent pas de choisir ceux qu'ils estiment » les plus capables; ainsi, on choisit d'ordinaire » des juges ou des avocats. Mais si, pour une » question de droit, des parties avaient choisi » d'autres personnes, par la vue de leur bon » sens et de leur probité, ces Arbitres pourraient » s'abstenir de juger, s'ils s'en reconnaissent in- » capables, ou se faire instruire des difficultés, » pour les entendre d'une manière dont les par- » ties eussent sujet d'être contentes, et d'en at- » tendre une décision d'accommodement, que » ces Arbitres pourraient former, ou par leurs » lumières, selon que l'intention des parties leur » en donnerait des ouvertures, ou par le secours » des personnes dont les parties trouveraient bon » qu'ils prissent l'avis; et on pourrait justifier » un tel choix d'Arbitres par le conseil même de » saint Paul qui, pour si peu de chose qu'un » bien temporel, conseille aux fidèles d'en prendre » plutôt pour juges les moindres d'entre eux, que » de porter aux tribunaux des infidèles des pré- » tentions dont aucune ne saurait être de la con- » séquence de la paix qui doit les unir ; ainsi, il » ne paraîtrait pas d'inconvénient qu'un bour- » geois, qu'un gentilhomme ou autre personne » de bon sens et de probité fût pris pour Arbitre » de questions de droit ».

Cependant on trouve dans le Recueil d'Albert, chap. 25, un arrêt du parlement de Toulouse, du 24 décembre 1674, qui, s'il en faut croire cet auteur, juge que *les Arbitres doivent, à peine de nullité du compromis, être de profession à juger le fait pour lequel ils sont pris par les parties.*

« La nommée Pallasse, veuve d'un jardinier (ce sont les termes de l'arrêtiste), pour retirer sa dot et son augment, s'étant mariée quatre mois après la mort de son mari, passa un compromis avec Combartigue, héritière du mari, et prirent pour Arbitres un jardinier et un maître chandelier, et pour tiers un maréchal; et par leur sentence, ils déclarèrent, suivant la loi 1, et l'*Authentique, ejusdem pœnis, C. de secundis nuptiis*, Pallasse, remariée dans l'an du deuil, indigne de tous les avantages et gains nuptiaux; et ayant estimé les harnais, les chevaux, les fruits et les meubles délaissés par son mari, ils lui compensèrent 1,500 livres de dot qu'elle avait, et la rendirent reliquataire, et se taxèrent vingt écus de rapport, de trois livres cinq sols pièce, qu'ils ne mirent point dans la sentence, et qui leur furent payés.

» De cette sentence, quoiqu'acquiescée et exécutée, elle en releva Appel en la cour; disant droit auquel, il lui impétra lettres pour être relevée de tous acquiescemens, et demanda de plus fort la cassation par incompétence de ladite sentence et la restitution du rapport; et bien qu'on ne puisse être appelant de la chose jugée, après y avoir acquiescé, et l'avoir exécutée (loi *ad solutionem*, C. *de re judicatâ*, et loi *ab co*, C. *quomodò et quandò judex*), néanmoins la cour cassa ladite sentence, condamna les Arbitres à la restitution du rapport, en renvoya les parties devant le Viguier, par arrêt du 22 décembre 1674 ».

Ce qu'il y a de singulier dans cet arrêt, ce

n'est pas, comme paraît le croire Albert, le rejet qu'il prononce de la fin de non-recevoir que l'on tirait contre l'appelante, de ce qu'elle avait commencé par exécuter la sentence arbitrale dont elle se plaignait; car il ne fait en cela que se conformer à la disposition expresse que contenait, à cet égard, l'ordonnance du mois de janvier 1561 (1); mais l'arbitraire avec lequel il annulle, comme incompétemment rendue, une sentence émanée d'Arbitres qui étaient certes bien compétens, puisque, d'une part, ils avaient été institués par un compromis dont la forme n'était pas contestée, et que, de l'autre, ils n'étaient déclarés par aucune loi incapables d'accepter et de vider des arbitrages.

Aussi le parlement de Toulouse a-t-il reconnu lui-même, depuis, que l'arrêt dont il s'agit, ne devait pas servir de règle. « Le 23 janvier 1724 » (dit Aguier, dans son supplément au *Journal* » *du palais* de Dejuin, tome 1, §. 323), à l'au- » dience de la grand'chambre....., on s'opposait » à l'*autorisation* (d'une sentence arbitrale), sur » ce que les Arbitres, dont l'un était notaire et » l'autre agrimenseur, ne se sentant pas en état » de décider une question de droit qui était dans » le procès, avaient consulté des avocats de Vil- » lefranche, en Rouergue, et qu'ils avaient dit » dans la sentence que, sur l'avis des avocats, » ils avaient décidé. Mais nonobstant tout cela, » la sentence fut autorisée (2) ».

Le parlement de Bordeaux jugeait également que, pour être Arbitre d'une question de droit, il n'était pas nécessaire d'être jurisconsulte.

Automne, sur les lois 35 et 36, D. *ad legem Juliam de adulteriis*, rapporte un arrêt de cette cour, du 18 mars 1608, par lequel fut confirmée une sentence arbitrale rendue par trois laboureurs, sur une question de légitimité; question qui, d'après l'art. 1004 du Code de procédure civile, ne pourrait plus faire la matière d'un compromis.

Salviat, dans sa *Jurisprudence du parlement* de Bordeaux, au mot *Arbitre*, n°. 6, après avoir dit que « ce n'est pas une nullité de ce qu'un » notaire aura été choisi Arbitre pour décider une » question de droit, » ajoute : « La grand'cham- » bre n'eut point d'égard à un pareil moyen pro- » posé par la demoiselle Saint-Martin, contre un » jugement qu'avait rendu un notaire de Bor-

---

(1) *Voulant* (y était-il dit), *que contre iceux jugemens donnés sur le compromis des parties*, *nul ne soit reçu appelant que préalablement ils ne soient entièrement exécutés, tant en principal et dépens, qu'en la peine*.

(2) Le mot *autorisée* est ici synonyme d'*homologuée*; et à ce sujet, je dois remarquer que le parlement de Toulouse s'était réservé le droit exclusif d'homologuer les sentences arbitrales. *V*. Fromental, au mot *Arbitres*, page 193 et l'arrêt du 6 décembre 1754, rapporté dans le Recueil judiciaire de Toulouse, tome 6, page 221, édition de 1784.

» deaux; et par son arrêt de l'année 1742, elle » déclara n'y avoir lieu de procéder sur l'appel, » que la peine du compromis ne fût payée. La » loi ni les auteurs ne disent pas qu'il faille né- » cessairement être jurisconsulte pour être Ar- » bitre. Suivant l'usage constant de la cour....., » les sentences arbitrales, données par des prê- » tres, des gentilshommes et autres personnes » notables, même dans les matières les plus dif- » ficiles, sont reçues ».

ART. IV. *Peut-on choisir pour Arbitre un étranger?*

On le peut sans contredit, et par la raison toute simple que le compromis n'est, dans ses rapports avec l'Arbitre, qu'un mandat, que le mandat est un contrat du droit des gens, et que les étrangers sont, relativement aux actes du droit des gens, sur la même ligne que les regnicoles.

C'est d'ailleurs ce que j'établirai plus spécialement à l'article *Jugement*, §. 14, n°. 3.

ART. V. *Peut-on choisir pour Arbitres les condamnés à des peines emportant, ou infamie, ou interdiction des droits civils mentionnés dans l'art. 42 du Code pénal, ou mort civile?*

I. Qu'un infame pût être Arbitre dans le droit romain, c'est ce que la loi 6, D. *de receptis qui arbitrium*, décidait expressément : *parvi refert*, disait-elle, *integræ famæ quis sit Arbiter, an ignominiosus*.

Mais en est-il de même dans nos mœurs?

Le président Favre, dans ses *Rationalia* sur cette loi même, la motive d'une manière qui ne permet pas d'en douter. A la vérité, dit-il, les infames sont exclus de toute dignité, de toute fonction publique, notamment de celle de juge, et de toute profession judiciaire, telle que celle d'avocat et de procureur *ad lites*. Mais être Arbitre n'est ni une dignité, ni une fonction publique, ni une profession judiciaire; c'est un ministère purement privé, qu'un infame peut prêter, comme tout autre, à ceux qui l'en requièrent, et qui ne peuvent, suivant l'expression de la loi 17, §. 2, du titre cité, imputer qu'à eux-mêmes le choix qu'ils font de sa personne : *Dignitas non est esse arbitrum, ut est esse judicem; vel jus dicentem, vel jus dicenti assidentem, vel esse advocatum..... Pertinet enim id potius ad privatum officium, quod ultro quis velit litigatoribus cœhibere à quibus electus fuit, et qui proinde sibi debent imputare cur talem elegerint..... Itaque non sunt similia judiciis hac in parte compromissa*.

D'ailleurs il faut toujours en revenir au grand principe qui est établi ci-dessus, art. 2 : qu'est-ce qu'un compromis? Rien autre chose qu'un mandat par lequel deux parties chargent un tiers de prononcer sur leurs différends. Or, où est-il écrit qu'un infame ne peut pas être chargé d'un mandat?

Je sais bien que Mornac, sur la loi citée, en présente la disposition comme incompatible avec les maximes de notre jurisprudence, et qu'il assure que tel est l'avis des avocats les plus distingués de son temps, quoique d'ailleurs il ne soit pas à sa connaissance que la question se soit jamais présentée : *Nondùm apud nos, quod sciam, hæc quæstio mota est. Quod si unquàm moveretur, eò decurrere video sententias primorum nostri ordinis ut dicant nullum fore ejus modi arbitrium nostris moribus.*

Mais sur quoi se fonde-t-il? Sur deux raisons également insignifiantes : la première, que, d'après une ordonnance de François Ier, les sentences arbitrales, sont sujettes à l'appel; que l'on ne peut même en appeler qu'au parlement ; que, dès-là, il est clair que les Arbitres sont, parmi nous, entièrement assimilés aux juges, et que rien n'est plus contraire à la dignité des juges que l'infamie ; la seconde, que les infames sont, même sous le droit romain, exclus de la profession d'avocat : *Constitutione regiâ Francisci primi, Arbitros adeò admittimus in judices, ut appellari ab iis debeat ad senatum; at verò nihil tam dignitati judicum contrarium est quàm infamia. Deinde advocatos infames esse vetat leæ* 1, D. *de postulando.*

La première de ces raisons est déjà réfutée complètement par ce que j'en ai dit ci-dessus, art. 2.

La seconde n'est pas moins futile. Sans doute les infames sont exclus de la profession d'avocat; mais pourquoi? Parceque la profession d'avocat est *judiciaire* de sa nature, parceque le serment d'avocat imprime tellement à celui qui le prête, un caractère public, qu'il l'habilite, comme on le verra au mot *Avocat*, §. 5, à remplacer les juges absens ou empêchés. Mais la fonction d'Arbitre qu'offre-t-elle de *judiciaire?* Qu'offre-t-elle qui suppose un caractère public? Rien, absolument rien; et bien loin de là, il est généralement reconnu qu'un Arbitre n'est qu'un mandataire privé.

Cependant l'opinion de Mornac a trouvé des partisans dans les auteurs de la nouvelle édition du *Dictionnaire des arrêts de Brillon*, au mot *Arbitre*, n°. 12. Mais quelles raisons ajoutent-ils à celles dont il l'avait étayée? Point d'autre que celles-ci :

« Quel est l'avocat, ou tout autre citoyen hon-
» nête, qui pourrait avoir assez peu de délica-
» tesse, pour faire un arbitrage conjointement
» avec un infame »? — La question n'est point là. Il s'agit notamment de savoir si un infame qui serait choisi pour prononcer seul, en qualité d'Arbitre, sur un différend, remplirait valablement sa mission; et je ne trouve aucun obstacle légal qui s'y oppose.

« Il n'est pas vraisemblable qu'un tel choix
» puisse avoir lieu ». — D'accord, mais s'il avait lieu dans le fait, quelle raison de droit imaginerait-on pour le faire annuller?

« Si une partie nommait pour son Arbitre une
» personne dont l'infamie serait notoire, l'autre
» partie n'acquiescerait pas sans doute à cette
» nomination ». — Je le pense comme les auteurs dont il s'agit. Mais enfin si cette nomination était agréée par les deux parties, sous quel prétexte la déclarerait-on nulle?

« Si l'infamie ne survenait, ou si elle n'était
» reconnue qu'après le compromis, nul doute
» que la demande en récusation de l'Arbitre in-
» fame ne fût accueillie ». — Non, cela n'est pas douteux; mais aussi cela ne prouve rien. Je puis récuser un Arbitre de mon choix, lorsqu'après le compromis il contracte avec mon adversaire une alliance qui donnerait lieu, de ma part, à une récusation valable. S'ensuit-il de là que si, à ma connaissance, il était déjà l'allié de mon adversaire au moment où je l'ai choisi, mon choix serait nul (1)?

Du reste, s'il y a des auteurs qui se rangent à l'avis de Mornac, il y en a aussi, et d'un très-grand poids, qui pensent que la disposition de la loi 7, D. *de receptis qui arbitrium*, doit encore être suivie parmi nous. Tel est notamment d'Argentrée, qui, sur l'art. 18 de l'ancienne coutume de Bretagne, note 3, dit expressément que l'infame peut être Arbitre, *sed et infamis esse potest;* doctrine d'autant plus remarquable, que d'Argentrée écrivait dans un pays où les lois romaines n'avaient jamais eu d'autre autorité que celle de raison écrite, et que même, comme il en fait l'observation, le chap. 322 de la très-ancienne coutume de ce pays, rédigée, à ce que l'on croit le plus communément, en 1340, contenait une disposition contraire. *Vetus vetabat, capite* 322.

Qu'on ne dise pas que l'art. 28 du Code pénal condamne implicitement cette doctrine, et ce qu'il déclare qu'un condamné à une peine infamante, ne pourra *jamais être juré, ni expert, ni être employé comme témoin dans les actes, ni déposer en justice autrement que pour y donner de simples renseignemens.*

1°. Qu'y a-t-il de commun entre la qualité de juré et celle d'Arbitre? Pour être juré, il faut, suivant l'art. 381 du Code d'instruction criminelle, *jouir des droits politiques*, c'est-à-dire de droits dont l'infamie emporte nécessairement la privation. Or, où est-il écrit que, pour être *Arbitre*, il soit nécessaire de jouir des droits politiques?

2°. Quelle est, dans l'art. 28 du Code pénal, la pensée du législateur, lorsqu'il dit que l'individu condamné à une peine infamante, ne pourra *jamais être expert?* Nul doute qu'il ne veuille dire que cet individu ne pourra jamais être chargé, en justice, d'une estimation ou vérification de

---

(1) *V.* le *Répertoire de jurisprudence* au mot *Arbitrage*, n°. 1.

laquelle dépend ou paraît dépendre le sort d'un procès. Mais veut-il dire également que cet individu ne pourra jamais être chargé, par deux parties, d'une estimation ou vérification extrajudiciaire? Je ne le crois pas.

D'une part, il est hors de toute vraisemblance que le législateur ait voulu frapper l'individu condamné à une peine infamante, de l'incapacité d'accepter un mandat absolument privé et de pure confiance ; et cependant il faudrait aller jusque-là pour lui supposer l'intention d'interdire à cet individu les fonctions d'expert extrajudiciaire; car ces fonctions ne sont pas autre chose que celles d'un mandataire privé.

D'un autre côté, ce n'est pas sous le nom d'*expert* que les lois désignent celui qui est choisi par deux parties pour procéder extrajudiciairement à une vérification ou estimation : elles le qualifient d'*Arbitre*. Témoin l'art. 1592 du Code civil, qui, en parlant du cas où le vendeur et l'acheteur s'en rapportent, pour le prix de la chose dont ils traitent, à l'estimation qu'en fera une personne en qui ils ont également confiance, dit que le prix *peut être laissé à l'ARBITRAGE d'un tiers*. Il faudrait donc, pour étendre la disposition de l'art. 28 du Code pénal aux estimations et vérifications extrajudiciaires, donner au mot *expert* employé dans cet article, une acception qu'il n'a communément pas dans le langage des lois; et c'est à quoi s'oppose ouvertement le principe que l'on ne doit jamais prendre les termes des lois dans un sens qu'elles ne leur donnent communément pas, surtout lorsqu'en les prenant dans ce sens, on leur prêterait une disposition aussi contraire à la raison qu'au droit commun.

Mais, dès que l'art. 28 du Code pénal ne peut être entendu que des experts nommés en justice, quelle conséquence peut-on en tirer contre la thèse que je soutiens ici? Aucune. En effet, pourquoi cet article interdit-il les fonctions d'expert aux personnes condamnées à des peines infamantes? Parcequ'aux termes de l'art. 307 du Code de procédure civile, qui n'est en cela que l'écho de l'art. 8 du tit. 21 de l'ordonnance de 1667, ces fonctions ne peuvent, même lorsqu'elles sont déférées par le choix des parties, être exercées qu'après la prestation judiciaire d'un serment qui imprime aux experts un caractère public, pour l'opération dont ils sont chargés (1); et il est sensible que l'on ne peut pas en dire autant d'un Arbitre.

5°. Ce ne serait pas avec plus de fondement que l'on prétendrait argumenter de l'incapacité d'être *employé comme témoin dans les actes*, à l'incapacité d'être Arbitre. Ce serait beaucoup accorder que de dire que la première emporterait la seconde, si, pour établir celle-ci, on pouvait se prévaloir des raisons qui ont fait admettre celle-là. Mais il s'en faut du tout au tout qu'il en soit ainsi. Par quels motifs l'art. 28 du Code pénal s'est-il déterminé à déclarer que l'individu condamné à une peine infamante, ne pourrait jamais être employé comme témoin dans les actes? Il s'y est déterminé, en ce qui concerne tant les actes publics en général que les actes notariés entre-vifs, par la considération qu'aux termes de l'art. 9 de la loi du 25 ventôse an 11, on ne peut y admettre comme témoins que des *citoyens*, c'est-à-dire, des regnicoles jouissant des droits politiques; il s'y est déterminé en ce qui concerne spécialement les actes de l'état civil et les testamens, par la considération que le témoin instrumentaire coopère à leur authenticité, et que par conséquent il y remplit une fonction qui, pour n'être que momentanée, n'en a pas moins un caractère public (1); et je n'ai pas besoin de répéter que, pour être Arbitre, il n'est pas nécessaire de jouir des droits de cité, et qu'il n'y a rien de public, qu'il n'y a rien de privé dans la fonction d'Arbitre.

4°. Que conclure ici de l'incapacité dans laquelle l'art. 28 du Code pénal place le condamné à une peine infamante, de *déposer en justice autrement que pour y donner des renseignemens*?

Dans le droit romain, l'infamie était aussi attachée à toute condamnation prononcée à la suite d'un procès de grand criminel (2), et il en résultait aussi une incapacité de porter témoignage en justice (3). Cependant l'infâme pouvait y être Arbitre. L'incapacité d'être Arbitre n'était donc pas, suivant le droit romain, renfermée dans celle d'être témoin judiciaire; et sous quel prétexte voudrait-on qu'elle le fût dans notre jurisprudence?

Dira-t-on que l'art. 28 du Code pénal, par le refus qu'il fait d'admettre l'infâme à déposer comme témoin sous la foi du serment, le déclare évidemment indigne de la confiance de la justice; que la loi ne peut pas le déclarer tel, sans qu'il en résulte pour lui l'incapacité d'être Arbitre, puisque la sentence qu'il rendrait ne pourrait pas faire foi de son contenu aux yeux du magistrat à qui elle serait présentée pour être revêtue d'une ordonnance d'*exequatur*, et que d'ailleurs ce serait blesser toutes les convenances que d'obliger ce magistrat à déclarer exécutoire un acte émané d'un individu flétri?

Mais que l'on me permette une supposition.

---

(1) *V*. le *Répertoire de jurisprudence*, au mot *Expert*, n°. 6.

(1) *V*. l'article *Testament*, §. 17, art. 4.
(2) *Infamem non ex omni crimine sententia facit, sed ex eo quod judicii publici causam habuit : itaque ex eo crimine quod judicii publici non fuit, damnatum infamia non sequetur : nisi id crimen ex eâ actione fuit, quæ etiam in privato judicio infamiam condemnato importat, veluti furti, et bonorum raptorum, injuriarum.*
(3) *Lege Juliâ de vi cavetur ne hac lege in reum testimonium dicere liceat ei...... qui judicio publico damnatus erit.* Loi 3, §. 5, D. *de testibus*.

Un individu condamné à une peine infamante, est, après l'avoir subie, assigné devant le tribunal de son domicile en reconnaissance d'une obligation sous seing-privé qu'il a souscrite. Il comparaît et reconnaît sa signature; que fera le tribunal? Déclarera-t-il qu'il ne peut pas donner acte de la reconnaissance du défendeur, sous le prétexte qu'il est dans l'esprit de l'art. 28 du Code pénal de refuser toute espèce de foi à ce qui est dit ou écrit par un infame? Non, certes; il s'empressera, au contraire, de déclarer l'obligation valablement reconnue; et par là, il la convertira, non-seulement en titre exécutoire (1), mais même en titre hypothécaire. Il jugera donc que l'art. 28 du Code pénal ne s'oppose, ni à ce qu'un écrit émané d'un infâme, soit admis en justice comme faisant foi de son contenu, ni à ce que cet écrit soit revêtu par la justice d'un caractère qui le rende exécutoire.

A la vérité, il ne le jugera, dans cette hypothèse, que contre l'infame lui-même; mais en voici une autre dans laquelle il sera forcé à le juger également contre des tiers.

Je suppose que Pierre, condamné à une peine infamante qu'il a subie, soit chargé par Paul de transiger en son nom avec Jacques sur une contestation qui les divise; que Jacques, à la vue de sa procuration, ne fasse, quoique bien instruit de la peine qu'il a encourue et subie, aucune difficulté de transiger avec lui; qu'en conséquence, il soit passé entre Jacques et Pierre, stipulant au nom de Paul, une transaction sous seing-privé; que Jacques fasse assigner Paul pour reconnaître ou dénier la signature de son mandataire; et que Paul, se présentant sur cette assignation, vienne dire qu'il ne peut être tenu d'avouer ni de dénier une signature qui ne peut faire foi contre lui, parceque Pierre, auquel il l'attribue Jacques, étant incapable de porter témoignage en justice, l'est par cela seul, de signer aucun acte auquel la justice puisse avoir confiance.

Bien sûrement Jacques sera fondé à lui répondre que l'art. 28 du Code pénal doit être, tant comme établissant une incapacité, que comme l'établissant par forme de peine, être rigoureusement renfermé dans ses termes précis, parceque les peines et les incapacités sont des exceptions, et que toute exception est de droit étroit; que cet article ne prive le condamné à une peine infamante, que de quelques-unes des capacités dérivant du droit civil; qu'il lui laisse toutes celles qui dérivent du droit des gens, et par conséquent d'être choisi pour mandataire par les personnes qui peuvent avoir confiance en lui; que, capable d'être mandataire, il est impossible qu'il ne le soit pas de signer les actes qu'exige l'exécution de son mandat; qu'il serait absurde, en le tenant pour capable de signer ces actes, de ne pas faire

———
(2) *V.* le *Répertoire de jurisprudence*, au mot *Prescription*, sect. 2, §. 1, n°. 6.

résulter de sa signature la vertu de faire foi contre le mandant au nom duquel il les a signés.

Bien sûrement le juge prononcera sans difficulté en faveur de Jacques, et ordonnera à Paul de reconnaître ou dénier la signature de Pierre.

Bien sûrement enfin, si Paul reconnaît la signature de Pierre, ou si, déniée par lui, elle est vérifiée par tout autre moyen que le témoignage judiciaire de celui-ci, le juge tiendra cette signature pour reconnue; et, par là, l'acte sous seing-privé, auquel Pierre l'a apposée au nom de Paul, deviendra contre Paul lui-même, un acte exécutoire.

Mais, dès-lors, nul obstacle à ce que la sentence arbitrale qui rend un infame entre deux parties qui l'ont choisi pour leur mandataire commun, à l'effet de prononcer sur les contestations élevées entre elles, fasse foi de son contenu aux yeux du magistrat à qui on la présente pour la déclarer exécutoire; nul obstacle à ce que, sans blesser aucune des convenances sociales, ce magistrat la revête de son ordonnance *d'exequatur*.

III. Mais n'en est-il pas autrement du condamné à une peine emportant la mort civile?

Je ne le pense pas. A la vérité, parmi les incapacités que l'art. 25 fait dériver de la mort civile, se trouvent toutes celles que l'art. 28 du Code pénal fait dériver des peines infamantes; mais il n'en est pas moins constant que le mort civilement conserve, comme le condamné à une peine emportant infamie, toutes les capacités qui dérivent du droit des gens. Il peut donc, comme lui, accepter et exécuter un mandat. Et par conséquent il peut, comme lui, être Arbitre, lorsque la prescription de sa peine, lui rendant son franc aller et venir, le laisse seulement dans les liens de la mort civile.

Cependant Pigeau enseigne le contraire dans son *Traité de la procédure civile*, liv. 1, tit. 3, n°. 5:
« Quant à la qualité des Arbitres (dit-il) le Code
» ne s'expriment pas, on reste sous l'influence des
» anciens principes à cet égard. Ainsi ne pourront
» être Arbitres, *les morts civilement*, les femmes,
» suivant la loi romaine (*L. ult., C. de receptis
» Arbitris*), les mineurs (*ibid.* et L. 41, D. *de receptis qui Arbitrium*), ni enfin les juges naturels
» de la contestation... (L. 9, §. 2, D. *eod. tit.*) ».

Mais d'abord, j'ai déjà prouvé (art. 1) que les dispositions des lois romaines concernant les qualités requises pour être Arbitre, n'ont plus, parmi nous, que l'autorité de raison écrite.

Ensuite, quelle était, dans le droit romain, la disposition dont on pouvait argumenter en faveur de l'opinion enseignée aujourd'hui par Pigeau?

Ce n'était sûrement pas la loi 13, D. *de interdictis, relegatis et deportatis*, qui, en déclarant le mort civilement par déportation, privé de tous ses droits de cité, lui conservait, en termes exprès, toutes les capacités qui dérivent du droit de gens, et par conséquent d'accepter et vider un compromis qui n'est que celle d'accepter et exécuter un mandat : *Deportatus civitatem amittit, non libertatem ; et speciali quidem jure civitatis non fruitur, jure tamen gentium utitur ; emit enim et vendit, locat, conducit, permutat, fœnus exercet et cœtera similia.*

Ce n'était pas non plus la loi 7, D. *de receptis qui Arbitrium*, qui déclarait l'esclave incapable d'accepter un arbitrage : *Labeo in servum compromitti non posse scribit ; et est verum ;* car ce n'était pas à raison de sa mort civile que l'esclave du droit romain était incapable d'être Arbitre, il ne l'était que par suite de l'absence de toute liberté dans sa personne.

S'il n'eût été que mort civilement, il aurait joui de toutes les facultés dérivant du droit des gens, comme les déportés en jouissaient, aux termes de la première des lois que je viens de citer, parcequ'ils perdaient bien les droits de citoyen, mais non pas la liberté : *Civitatem amittit, non libertatem.*

Mais privé qu'il était de la liberté, il l'était nécessairement, par cela seul, de la faculté de s'obliger personnellement : *in personam servilem nulla cadit obligatio*, disait la loi 22, D. *de regulis juris*. Il ne pouvait donc pas accepter de mandat, et dès-lors, comment aurait-il pu être choisi pour Arbitre ? N'ayant point de volonté qui lui fût propre, et réduit à ne connaître pour loi que la volonté de son maître, comment aurait-il pu prononcer entre des tiers sur leurs différends ? Comment ne lui aurait-on pas appliqué la règle écrite dans la loi 17, §. 3, D. *de receptis qui Arbitrium*, où il est dit : *Arbitrium non valere in quo libera facultas Arbitri sententiæ non est.*

On objecterait inutilement que le droit romain nous offre, dans plusieurs de ses textes, des exemples d'esclaves contractant au nom et en vertu des pouvoirs de leurs maîtres, et que notamment il est parlé dans la loi 65, D. *de legatis* 3°., d'esclaves négociateurs que leur maître chargeait de vendre, d'acheter, de louer pour son compte : *legatis servis*, EXCEPTIS NEGOCIATORIBUS, *Labeo scripsit, eos legato exceptos videri, qui præpositi essent negotii exercendi causâ ; veluti qui ad emendum, locandum, conducendum præpositi essent.*

L'esclave qui contractait au nom et par l'ordre de son maître, n'était pas pour cela son mandataire ; il n'en était que l'instrument forcé, que l'organe passif ; aussi n'avait-il pas contre lui l'action *mandati contraria* pour l'obliger à ratifier sa gestion et à l'indemniser des dépenses et des dommages qu'elle lui avait occasionnés. Aussi le maître ne le poursuivait-il pas, par l'action *mandati directa*, pour lui faire rendre compte de la manière dont il avait exécuté son ordre ; mais il le châtiait à son gré.

Le texte dont il s'agit, ne prouve donc pas que l'esclave du droit romain fût capable d'accepter un mandat de la part d'un tiers ; il n'en résulte donc pas que ce n'est point à son incapacité d'accepter un mandat de la part d'un tiers, que l'on doit rapporter son incapacité d'être Arbitre.

Ce qui d'ailleurs lève pour nous toute difficulté sur ce point, c'est qu'il existe des lois françaises qui, relativement aux Colonies où il y a encore des esclaves, placent de front ces deux espèces d'incapacités. « Ne pourront » (porte relativement aux esclaves et nègres de la Louisiane, l'art. 24 de l'édit du mois de mars 1724, qui, n'est en cela que l'écho des édits précédemment rendus pour les esclaves nègres des autres colonies) « ne pour-
» ront, les esclaves être pourvus d'offices, ni de
» commissions ayant quelque fonction publique,
» ni être constitués agens par autres que par leurs
» maîtres, pour gérer et administrer aucun né-
» goce, ni être Arbitres ou experts (1) ».

Vainement, au surplus, invoquerait-on, à l'appui de la doctrine de Pigeau, la disposition de l'art. 2003 du Code civil, qui déclare que le mandat finit.... *par la mort civile du mandataire.*

Pour pouvoir conclure de ce que mort civilement est incapable d'être mandataire et par conséquent Arbitre, il faudrait aussi pouvoir en conclure que l'état de déconfiture emporte l'incapacité d'accepter un mandat ; car l'article cité attribue à la *déconfiture* du mandataire, ni plus ni moins qu'à sa mort civile, l'effet de dissoudre le mandat. Or, de ces deux conséquences, la seconde serait absurde ; la première ne peut donc pas être vraie.

Et en effet, autre chose est qu'un mandataire cesse de l'être par cela seul qu'il encourt la mort civile, ou qu'il tombe en déconfiture ; autre chose est que l'état de mort civile ou de déconfiture emporte l'incapacité d'accepter un mandat. La loi déclare le mandat dissous par la mort civile ou la déconfiture du mandataire, parcequ'elle présume que le mandant n'a honoré celui-ci de sa confiance qu'en considération de l'état ou de la fortune dont il jouissait, et qu'il la lui retire du moment qu'il le voit mort civilement ou manifestement insolvable. Mais ce n'est pas à dire pour cela qu'elle s'oppose à ce qu'un individu mort civilement ou manifestement insolvable, soit chargé d'un mandat par une personne qui, maître de sa confiance, l'en investit avec pleine connaissance de son état actuel.

ART. VI. *Peut-on choisir pour Arbitre un mineur hors de tutelle ?*

On a vu dans l'article précédent Pigeau attacher à la qualité de mineur l'incapacité d'être Arbitre, et se fonder pour cela sur les *anciens principes*, consignés, suivant lui, dans la loi dernière, C. *de receptis arbitris*, et dans la loi 41. D. *de receptis qui arbitrium.*

Mais d'abord, la première des deux lois ro-

---

(1) Recueil judiciaire de Toulouse, tome 4, page 431, édition de 1783.

maines qu'il cite, ne parle que des femmes; et, comme on le verra dans l'article suivant, elle est absolument muette sur les mineurs.

Ensuite, s'il fallait s'en tenir au texte de la seconde de ces lois, tel qu'il est imprimé dans toutes les éditions des Pandectes, il en résulterait bien, comme on l'a vu plus haut, art. 2, qu'un mineur de vingt ans ne peut pas être choisi pour Arbitre; mais de là même il résulterait nécessairement qu'une fois parvenu à l'âge de vingt ans, un mineur peut être choisi pour Arbitre, comme s'il avait atteint sa pleine majorité; et par conséquent que la doctrine de Pigeau est fausse au moins quant au mineur dont la vingtième année est accomplie.

Mais on a vu au même endroit que ce texte est altéré, et que bien loin que l'on puisse en conclure que, dans le droit romain, un mineur de vingt ans ne pouvait pas être choisi pour arbitre, c'est précisément tout le contraire que l'on doit en inférer.

Du reste, la loi 9, §. 1, D. *de receptis qui arbitrium*, transcrite ci-dessus, art. 3, n° 1, fait entendre très-clairement, par la restriction qu'elle fait à l'impubère, de l'incapacité d'être Arbitre, que cette incapacité ne s'étend pas jusqu'au mineur parvenu à l'âge de puberté.

En effet, dans le droit romain, l'âge de puberté affranchissait de plein droit le mineur de la tutelle, et le rendait habile à contracter, par conséquent à accepter et exécuter un mandat, et par conséquent à accepter et vider un arbitrage.

Vainement quelques interprètes ont-ils prétendu, en se fondant sur la loi 57, D. *de re judicatâ*, qu'il fallait au moins pour cela que le mineur eût atteint sa pleine puberté, c'est-à-dire, l'âge de dix-huit ans.

Écoutons Ulpien, auteur de cette loi: *Quidam consulebat an valeret sententia à minore 25 annis judice data? Et æquissimum est tueri sententiam ab eo dictam, nisi minor decem et octo annis sit. Certè si magistratum minor gerit, dicendum est jurisdictionem ejus non improbari; et si forte ex consensu judex minor datus sit, scientibus his qui in eum consentiebant, rectissimè dicitur valere sententiam. Proindè si minor prætor, si consul jus dixerit, sententiamve protulerit, valebit. Princeps enim, qui ei magistratum dedit, omnia gerere decrevit.*

On voit d'abord que, dans ce texte, Ulpien ne s'occupe pas des sentences émanées d'Arbitres choisis librement par les parties, mais des sentences émanées, soit de magistrats, soit d'hommes privés qu'un magistrat a revêtus momentanément de la qualité de juge pour statuer sur les affaires qu'il leur a déléguées (1).

On voit ensuite qu'après avoir décidé en termes absolus que la sentence rendue par un mineur de 25 ans est valable, pourvu que ce mineur ne soit pas au-dessous de l'âge de 18 ans, il passe à deux cas, à celui où un mineur se trouve élevé par le prince à une magistrature qui l'investit du droit de juger, et à celui où un mineur, simple particulier, est délégué par le magistrat pour remplir les fonctions de juge entre deux parties qui l'acceptent; et que, dans l'un de ces cas, comme dans l'autre, il se prononce pour la validité de la sentence, sans répéter la condition qui modifie sa décision principale, *nisi minor decem et octo annis sit* (1).

Or, si, dans le droit romain, un juge imposé aux parties par le magistrat, pouvait, de leur consentement mutuel, prononcer sur leurs différends, quoiqu'il fût simplement hors de tutelle et encore au-dessous de l'âge de pleine puberté, à plus forte raison en était-il de même de l'Arbitre que les parties choisissaient spontanément.

Quoi qu'il en soit, il est au moins très-constant que, dans le droit romain, il ne fallait pas être majeur pour pouvoir être Arbitre.

Le fallait-il davantage dans notre ancienne jurisprudence?

Mornac, sur la loi 41, D. *receptis qui arbitrium*, commence par attester qu'il n'y a point d'exemple qu'une sentence arbitrale ait été annullée pour cela seul que l'un des arbitres était mineur même de vingt ans; il cite ensuite, sans l'approuver ni le critiquer, l'avis d'un ancien avocat de son temps qui pensait que, si la question se fût élevée, elle eût dû être résolue contre la sentence arbitrale, par la raison que les arbitrages sont assimilés aux jugemens, et que nul ne peut, sans dispense du prince, être élevé aux fonctions de juge s'il n'a 25 ans accomplis (2); et il semble

---

(1) *V.* Ce que je dirai ci-après, art. 8, n°. 3, sur la loi 9, §. 2, D. *de receptis qui arbitrium.*

(1) Je sais bien que les rédacteurs de l'abrégé des Basiliques (*synopsis basilicon*), liv. 9, tit. 3, chap. 57, et Cujas, sur la loi 1, C. *Qui ætate*, regardent cette condition comme sous-entendue dans la seconde partie de la loi d'Ulpien; mais ils sont réfutés victorieusement par le président Bynkershoeck dans ses *Observationes juris romani*, imprimées à La Haye, en 1767, liv. 6, chap. 17. *Basilici* (dit-il), *perperam expresserunt sententiam dictæ legis* 57, *cùm aiunt compendio, minorem annis 18 judicare non posse, etiamsi magistratus sit, aut ex consensu judex datus, quin etiamsi prætor aut consul sit. Neque meliùs Cujacius qui, ut dixi, tunc eum qui plenæ pubertatis sit, judicare permittit, si qua causa idonea inciderit, quæ per consequentias et dederit potestatem judicandi, ut si magistratus sit, vel partes scientes et volentes in eum consentiant. Non hæc Ulpiani mens est, sed ea-posse sententiam dicere minorem 25 annis, dummodò ne minor sit annis 18, Et mox distincta sententia, posse et omnem minorem, cujuscunque ætatis, sententiam dicere, si magistratum gerat, vel partes scientes et volentes in eum consentiant. Scientibus et volentibus non fit injuria, sibi imputent quòd in puerum judicem consenserint.*

(2) *In hanc diem vidit nemo infirmatam fuisse unquam arbitralem sententiam ex eo quòd unus forte ex arbitris minor 20 annis esset. Si tamen quæstio illa moveretur, existimabat Jacobus Choertius, quem sæpè honoris causâ nomino, præscripto hujus legis locum fore, cùm arbitria*

finir par reconnaître que l'on devrait prendre pour règle, à cet égard, la disposition du chap. 41, aux décrétales, *de officio et potestate judicis delegati*, suivant laquelle le juge ordinaire peut, du consentement des parties, leur déléguer pour juge un mineur de 25 ans, pourvu qu'il ait atteint l'âge de 18 ans révolus (1); disposition qui cependant n'est, comme l'on voit, que l'écho de la loi 57, D. *de re judicatâ*, et de laquelle, par conséquent, il ne résulte nullement qu'un mineur même de 18 ans, ne puisse pas, lorsqu'il est hors de tutelle, être choisi spontanément pour Arbitre.

C'est assez dire que Mornac lui-même, tout porté qu'il était, comme on l'a vu plus haut, art. 2, à exiger dans un Arbitre la réunion de toutes les qualités requises dans un juge, ne paraît pas pouvoir être cité, quoiqu'il le soit assez communément, au nombre des auteurs modernes qui ont regardé le mineur même parvenu à l'âge de dix-huit ans, comme incapable d'accepter un compromis.

Au surplus, l'opinion de ces auteurs a été proscrite par un arrêt que rapporte, en ces termes, Fromental, dans ses *Décisions du droit civil, canonique et français*, page 19; « La question » s'étant présentée au parlement de Toulouse » au mois de mai 1733, il fut jugé que le mi- » neur choisi par les parties, avait pu valable- » ment rendre une sentence arbitrale ».

Ce qu'a jugé cet arrêt sous notre ancienne jurisprudence, pourrait-on et devrait-on encore le juger aujourd'hui?

Je n'en doute pas; et je n'ai besoin pour justifier mon opinion, que du principe que, des compromettans à l'Arbitre, le compromis n'est qu'un mandat, en le combinant avec la disposition de l'art. 1990 du Code civil, qui déclare que *les mineurs émancipés peuvent être choisis pour mandataires*.

En effet, si de là il résulte clairement qu'un mineur ne peut pas être choisi pour Arbitre tant que l'émancipation, qui ne peut plus avoir lieu qu'à quinze ou dix-huit ans, ne l'a pas affranchi de la puissance paternelle ou tutélaire, il en résulte aussi et non moins clairement qu'une fois émancipé, il peut être choisi pour Arbitre ni plus ni moins qu'un majeur.

— Art. VII. *Peut-on choisir pour Arbitre une femme?*

J'ai déjà dit, art. 2, qu'en dérogeant à l'ancien droit, l'empereur Justinien avait consacré la négative par la loi dernière, C. *de receptis arbitris*; mais en même temps j'ai prouvé, art. 1er., que cette loi n'a plus, dans aucune partie de la France, l'autorité d'une disposition législative.

Cependant Pigeau, dans le passage transcrit ci-dessus, art. 5, n° 5, la présente comme devant encore être observée; et je serais de son avis, si, fondée sur les vrais principes du droit de tous les temps et de tous les pays, elle pouvait encore être invoquée comme raison écrite:

Mais il suffit de la lire en entier pour se convaincre que ce n'est point sous la dictée de la raison que Justinien l'a rédigée. Voici comment elle est conçue : *sancimus mulieres suæ pudicitiæ memores, et operum quæ eis natura permisit, et à quibus eas jussit abstinere, licet summæ atque optimæ opinionis constitutæ, in se arbitrium suscepterint, vel si fuerint patronæ, etiamsi inter libertos suam interposuerint audientiam, ab omni judiciali agmine separari; ut ex earum electione nulla pœna, nulla pacti exceptio adversùs justos earum contemptores habeatur.*

Ainsi, à l'exemple de la loi 12, §. 2, D. *de judiciis*, qui dit que ce n'est point faute des qualités requises dans un bon juge que les femmes sont exclues de l'administration de la justice (1), elle reconnaît elle-même que les femmes sont en général douées d'un excellent jugement, ce qui est reconnaître implicitement qu'il ne leur manque rien pour être d'excellentes Arbitres. Pourquoi donc les déclare-t-elle incapables de l'être effectivement? Parceque l'arbitrage répugne à la pudeur de leux sexe, et au vœu de la nature qui, en les destinant à un genre d'occupations, leur interdit tout ce qui y est étranger; parcequ'il les mettrait en communication avec les agrégations judiciaires dont il est de leur devoir de se séparer. Et c'est assez dire qu'elle se décrédite elle-même par ses propres motifs.

D'abord, en effet, que peut-on trouver de contraire à la pudeur dans l'action d'accepter et de vider un compromis? Que long-temps avant Justinien, un usage qui s'est perpétué jusqu'à nous, ait fait considérer la pudeur comme blessée par la communication des femmes avec ce que ce législateur appelle *agmen judiciale*, et qu'en conséquence, comme le dit la loi 2, D. *de regulis juris* (2), les femmes aient été exclues,

---

ad instar judiciorum sint, in judiciis autem necessarius est annus 25 ; nisi gratiam ætatis fecerit princeps, ut..... constitutiones regiæ sanciunt. Reperio tamen decisionem pontificiam quæ huic magnopere facit. Vult enim capitulum 41, *de officio et potestate judicis delegati, minorem* 25 *annis, dummodo, annos* 18 *excesserit et partes consentiant, posse delegari judicem.*

(1) *Cùm vicesimum annum peregeris, dari potuisti in ætate hujusmodi delegatus. Cæterùm constituto intrà ætatem eamdem, nisi partes scienter consentirent, in eum qui annum* 18 *transcendisset, facta delegatio ab aliis quam à principe, non valet.*

(1) *Non autem omnes judices dari possunt ab his qui judices dandi jus habent. Quidam enim lege impediuntur ne judices sint, quidam naturâ, quidam moribus : naturâ, ut surdus, mutus et perpetuò furiosus, et impubes, quia judicio carent; lege qui senatu motus est; moribus; fœminæ et servi, non quia non habent judicium, sed quia receptum ut civilibus officiis non fungantur.*

(2) *Fœminæ ab omnibus officiis civilibus, vel publicis*

ainsi qu'elles le sont encore, non-seulement des fonctions véritablement *publiques*, mais encore de celles qui ne sont que *civiles*, telles que celles qui s'exercent en justice par les avocats et les procureurs *ad lites*, on le conçoit sans peine : mais qu'y a-t-il de *public*, qu'y a-t-il de *judiciaire* dans l'action d'accepter et de vider un compromis? *Officium arbitri*, dit Cujas à l'endroit indiqué plus haut, art. 2, *est minùs civile quàm privatum*. Une femme qui accepte et vide un arbitrage, ne fait qu'accepter et vider un mandat. Or, a-t-on jamais prétendu que l'acceptation et l'exécution d'un mandat extrajudiciaire fût, de la part d'une femme, incompatible avec la pudeur naturelle à son sexe? Non, et bien loin de là : l'on est toujours demeuré d'accord que l'exclusion des fonctions de procureur dont la loi citée frappe les femmes, ne peut être entendue que des fonctions exercées aujourd'hui par les avoués : « Le cinquième exemple (dit le docteur » Dantoine sur cette loi même) des offices publics » proposés dans notre règle, est celui de procu- » reur dont pareillement les femmes sont exclues. » Ce qui s'entend du procureur a plaid dans les » affaires judiciaires, nommé *procurator forensis;* » mais rien ne les empêche de faire la fonction » de mandataire, c'est-à-dire, de se charger de » procuration pour les affaires extrajudicielles ». Aussi lisons-nous dans l'art. 1990 du Code civil que *les femmes peuvent être mandataires;* et encore est-il à remarquer que cette disposition n'y a pas été insérée comme nécessaire, puisqu'elle n'est que la conséquence directe et immédiate de la capacité générale de contracter, dont les art. 1123 et 1124 déclarent que la femme jouit dans tous les cas non exceptés par la loi, même lorsqu'elle est mariée; mais seulement pour arriver à cette modification que « le mandant n'a » d'action..... contre la femme mariée et qui » accepte le mandat sans l'autorisation de son » mari, que d'après les règles établies au titre » *du contrat de mariage et des droits respectifs des* » *époux* ».

En second lieu, qu'y a-t-il dans l'action d'accepter et de vider un compromis, qui soit en opposition avec le vœu de la nature par rapport au genre d'occupations permises ou interdites aux femmes? Il est sans doute des occupations qui conviennent mieux à leur sexe qu'au nôtre; mais est-ce à dire pour cela qu'il serait dans le vœu de la nature qu'elles s'abstinssent de toutes celles d'un autre genre, et notamment de celles qui, uniquement relatives aux intérêts d'autrui, ne les concernent pas personnellement? La nature ne pourrait être censée les leur avoir interdites, qu'autant qu'elle leur aurait refusé les moyens physiques ou moraux de s'en acquitter. Or, les faits démentent hautement, à cet égard, l'assertion consignée dans la loi de Justinien. Sans parler ici des femmes que l'histoire signale comme ayant rempli avec autant de distinction que de succès les fonctions d'agens diplomatiques (1); sans retracer ici les nombreuses autorités qui prouvent que, dans tous les temps, les femmes ont joui de la capacité dans laquelle les maintient l'art. 1029 du Code civil, d'accepter et de gérer les fonctions d'exécuteur testamentaire (2) ; tout le monde sait que les femmes ont, en général, plus de douceur dans le caractère, et l'esprit plus conciliant que les hommes. Elles sont donc, sous ce rapport, plus propres que les hommes à remplir les fonctions d'Arbitre.

Aussi trouvons-nous dans les temps reculés où, sur la question de savoir qui peut être Arbitre, on ne consultait que le bon sens, une foule d'exemples d'arbitrages déférés à des femmes.

Homère, dans son Odissée, liv. 7, nous représente Aréthuse, femme du roi Alcinoüs, terminant par sa sagesse, tous les différends qui s'élevaient entre les sujets de son mari.

Apollonius de Rhodes, dans son poème des Argonautes, liv. 3, nous peint deux guerriers se soumettant à l'arbitrage d'une femme, avec promesse de s'en tenir à sa décision (3).

Diodore de Sicile, liv. 4, chap. 67, parle d'un différend élevé entre Amphiaraüs et Adraste, au sujet de la couronne du royaume d'Argos, et atteste que les deux contendans s'en rapportèrent à l'arbitrage d'une femme nommée Eriphile.

Tacite, liv. 4, n°° 61 et 65, assure qu'une fille de la nation des Bructères, nommée Velida, fut prise pour Arbitre entre deux peuplades voisines.

Troisièmement, en quoi une femme manquerait-elle, par l'exercice des fonctions d'Arbitre, à la bienséance qui lui interdit toute communication avec ce que Justinien appelle *agmen judiciale*? Une femme violerait sans doute cette règle, si, prenant une qualité judiciaire, elle se mettait en rapport avec des ministres ou des suppôts de la justice. Mais elle n'y contrevient certainement pas par les relations qu'elle a avec eux, soit en son nom et pour ses intérêts privés, soit comme mandataire et pour les intérêts d'autrui. Elle n'y contreviendrait donc pas si, en sa qualité purement privée d'Arbitre, elle conférait avec les avocats des deux parties. Elle n'y contreviendrait donc pas davantage par le dépôt qu'elle ferait de la sentence entre les mains du greffier du tribunal, comme elle n'y contreviendrait pas par les conférences qu'elle aurait, comme mandataire,

---

remotæ sunt; et ideò nec judices esse possunt, nec magistratum gerere, nec postulare, nec pro alio intervenire nec procuratores existere.

(1) *V.* le *Répertoire de jurisprudence*, au mot *Ministre public*, sect. 3.

(1) *V.* Furgole, *Traité des testamens*, chap. 10, sect. 4, n°. 84.

(3) Fabrot sur la paraticle de Cujas *ad C. de receptis arbitris*.

avec l'avocat et l'avoué de son mandant, comme elle n'y contreviendrait pas en faisant dans un greffe, au nom de son mandant, un dépôt ou une déclaration quelconque.

La loi dernière, C. *de receptis Arbitris*, n'a donc été, de la part de Justinien, qu'une innovation capricieuse ; et il ne serait pas étonnant, d'après cela, qu'avant qu'elle eût été abrogée par l'art. 1041 du Code de procédure civile, elle n'eût été reçue en France que dans les pays de droit écrit.

Cependant la question s'étant présentée en 1204, au sujet d'une sentence arbitrale que la reine, femme de Philippe-Auguste, avait rendue, de l'avis de plusieurs évêques, entre une abbaye de Bernardins et un hôpital du diocèse de Sens, le pape Innocent III, consulté sur la validité de cette sentence, répondit, par la décrétale 4, *extra de Arbitris*, que, d'après la loi citée de Justinien, elle aurait dû être considérée comme nulle ; et il ne la déclara valable qu'en considération de l'usage qui alors autorisait en France les femmes d'un haut rang à exercer même la juridiction ordinaire entre leurs sujets (1).

Il est vrai qu'à cette époque et long-temps après, les femmes qui possédaient des seigneuries, pouvaient exercer elles-mêmes la justice qui y était attachée. Mais l'application que le pape Innocent III faisait de cet usage à la sentence arbitrale dont il s'agissait, n'était pas exacte ; car la femme de Philippe-Auguste, toute reine qu'elle était, n'avait aucune juridiction sur les parties qui lui avaient soumis leur différend ; et elle n'était, à leur égard, qu'une personne privée.

Quoi qu'il en soit, il paraît que, dans la suite, l'usage sur lequel se fondait si mal-à-propos le pape Innocent III pour juger valable la sentence arbitrale d'une reine de France, s'étendit jusqu'à permettre à toutes les femmes de distinction d'accepter des compromis ; du moins, Loy-sel écrivait dans ses *Institutes coutumières*, imprimées pour la première fois vers la fin du seizième siècle, liv. 1, tit. 5, art. 35, que *femmes ont voix et répondent en cour et si reçoivent mises et arbitrages*.

Mais en s'exprimant ainsi, Loysel ne parlait vraisemblablement que d'après des exemples qui étaient déjà fort anciens ; car bientôt après, le 29 août 1602, ce qu'il attestait être en usage, fut regardé par le parlement de Paris comme une chose extraordinaire. « La maréchale de Lavar-
» din (dit Leprêtre, Centurie 3, chap. 40, n°s
» 13 et 14), assistée d'une autre dame et d'un
» gentilhomme, avait rendu une sentence arbi-
» trale entre un mari et sa femme qui étaient ses
» vassaux, et avaient compromis en elle et même
» souscrit à son jugement. La cour, comme chose
» nouvelle et inusitée, n'y a eu aucun égard, et
» a été fait jugement nouveau, bien que la sen-
» tence arbitrale fût juste et raisonnable, et que
» la cour ordonnât le semblable ».

L'année suivante, la question se renouvela devant la même cour, et y fut plaidée par Loysel lui-même, qui sans doute ne négligea rien pour faire prévaloir la doctrine qu'il avait enseignée dans ses *Institutes coutumières*. Mais il se trouvait dans la cause une circonstance particulière qui rendit tous ses efforts inutiles. « Le 13 jan-
» vier 1603 (dit Peleus, dans ses *Actions forenses*,
» liv. 4, §. 30) fut cassé (par le parlement de
» Paris) une sentence donnée par la dame mar-
» quise de Nesle et deux autres pris pour Arbi-
» tres avec elle, sur le différend d'un état de
» greffier dudit lieu, en l'exercice duquel était
» empêché l'acheteur d'icelui, auquel le ven-
» deur avait promis de faire agréer le contrat par
» qui il appartiendrait : ayant lesdits Arbitres
» avec ladite dame, privé, *au profit d'icelle*, le
» greffier des émolumens de son état par ladite
» sentence et jugé que le quart denier serait payé
» à ladite dame, *de sorte qu'elle avait jugé en chose
» qui la concernait*. Plaidant Loysel et Dolé ».

Ce fut sans doute le premier de ces arrêts qui, vers la fin du même siècle, détermina Laurière à dire dans ses notes sur le texte cité des *Institutes coutumières* de Loysel, que, « depuis que les
» seigneurs n'ont plus été admis à exercer leurs
» justices, les femmes ont cessé d'être juges, et
» qu'elles ne peuvent plus aujourd'hui recevoir
» mises et arbitrages ».

Mais ces autorités n'en ont pas imposé à Raviot, qui n'y a vu qu'un asservissement routinier à une mauvaise loi de Justinien : « L'empereur
» Justinien qui ne permet pas aux femmes d'être
» Arbitres » (dit-il dans ses observations sur les arrêts du parlement de Dijon, recueillis par Perrier, tome 1, quest. 62, n°. 13) ; « leur fait des
» excuses, en disant qu'il les reconnaît pour des
» personnes d'un jugement excellent : *licet summæ
» atque optimæ opinionis* ; il ajoute qu'un tel emploi
» répugne à la modestie de leur sexe, *mulieres*

---

(1) *Dilecti filii abbas et conventus de scardunâ cisterciensis ordinis suâ nobis querelâ monstrarunt quod, inter eos, ex unâ parte ac hospitalarios ex alterâ, super usuario cujusdam nemoris quæstio verteretur, in reginam Francorum fuit compromissum utrinque, quæ, causæ meritis intellectis, arbitrium dixit per definitivam sententiam promulgandum. Quamvis autem, secundùm regulam juris civilis, fœminæ a publicis officiis sint remotæ, et alibi dicatur quod licet summæ opinionis existant, si arbitrium in se susceperint, vel si patronæ inter libertos suos interposuerint audientiam, ab omni sunt judiciali examine separandæ, ut ex earum prolatione nulla pœna adversùs earum contemptores, nullaque pacti exceptio habeatur. Quia tamen juxtà consuetudinem approbatam quæ pro lege servatur, in partibus gallicanis fœminæ præcellentes in subditos suos ordinariam jurisdictionem habere noscantur, Mandamus quatenus hospitalarios ut arbitrium ipsum, præsertim cùm episcoporum fuerit præsentiâ et consilio roboratum, sicut providè latum est, et ab utrâque parte sponte receptum, observent ; per pœnam in compromisso statutam, appellatione postpositâ, compellatis.*

» suæ pudicitiæ memores; il prétend que la nature
» ne leur permet pas de vaquer à cette œuvre,
» operum quæ natura permisit, et à quibus eas jussit
» abstinere : tout cela n'est que compliment. Nous
» voyons tous les jours des femmes de bon esprit
» et de bon jugement gouverner des royaumes ;
» en Angleterre les reines y portent le sceptre; et
» en France nous avons eu des régentes, quoique
» notre couronne ne puisse être portée que par
» des mâles. J'estime donc qu'en France les
» femmes pourraient être Arbitres, surtout dans
» la France coutumière, où le droit romain ne
» tient lieu que de raison écrite ».

Une chose bien plus remarquable encore, c'est que Pigeau lui-même professait, à cet égard, avant le Code de procédure civile, une doctrine diamétralement contraire à celle qu'il a professée sous l'empire de ce Code. Voici comment il s'expliquait dans son *Praticien du Châtelet*, tome 1, page 20 : « On prétend que les femmes sont
» incapables d'être Arbitres ; mais nous ne voyons
» pas la raison de ce sentiment. Alléguer la pu-
» deur de leur sexe, le genre d'occupations que
» la nature leur a assigné, comme l'a fait une
» loi romaine, pour en conclure qu'elles ne peu-
» vent être choisies, c'est connaître bien peu les
» règles du raisonnement : il n'y a là rien qui
» choque la pudeur. Supposé qu'elles soient in-
» capables de fonctions publiques, rien ne résiste
» à ce que des particuliers s'en rapportent à leur
» avis, puisqu'il n'y a que l'intérêt de ces parti-
» culiers qui soit affecté par la contestation. Elles
» doivent donc être admises, surtout lorsque le
» différend est entre des hommes, parceque l'as-
» cendant que la nature leur donne sur notre
» sexe, les rend plus propres à rétablir la paix,
» qui est l'objet du compromis ».

Au surplus la loi dernière, C. *de receptis Arbitris*, étant aujourd'hui dépouillée, dans toute la France, de son caractère de disposition législative, il est clair qu'elle ne peut plus apporter le moindre obstacle à la validité d'une sentence arbitrale rendue par une femme, et qu'une femme peut accepter et vider un compromis, comme elle peut, aux termes de l'art. 1990 du Code civil, accepter et exécuter un mandat quelconque.

Je n'en excepterais pas même la femme mariée qui ne serait pas autorisée par son mari; car ni elle ni son mari n'auraient intérêt à faire annuller la sentence arbitrale qu'elle aurait rendue ; ni elle ni son mari n'auraient par conséquent qualité pour en provoquer l'annullation. Or, suivant l'art. 225 du Code civil, « la nullité
» fondée sur le défaut d'autorisation, ne peut
» être opposée que par la femme, par le mari,
» ou par leurs héritiers ».

Art. VIII. 1°. *Les fonctions de juge peuvent-elles concourir dans la même affaire, avec celles d'Arbitre et d'amiable compositeur?*

2°. *Peuvent-elles, dans la même affaire, concourir avec celles de simple Arbitre?*

3°. *Un juge peut-il, dans une affaire dont il est appelé à connaître comme tel, être pris pour simple Arbitre et prononcer en cette seule qualité?*

4°. *Peut-il y être pris pour Arbitre et amiable compositeur, et y statuer en cette double qualité, abstraction faite de son caractère public?*

5°. *Peut-il être pris, soit pour simple Arbitre, soit pour Arbitre et amiable compositeur, lorsqu'il n'est que juge délégué?*

I. Il existe, sur la première de ces questions, un arrêt de la cour de cassation qui l'a décidée, comme il devait le faire, pour l'affirmative.

Une affaire portée au tribunal de commerce de Paris entre les sieurs Michaux-Larosière, d'une part, et les sieurs Senn-Bidermann et compagnie, de l'autre, avait été plaidée pendant sept audiences et mise en délibéré, lorsque, par actes des 3 et 11 août 1812, les parties convinrent « de
» s'en rapporter au jugement à rendre par le tri-
» bunal, promettant d'exécuter ledit jugement
» dans tous les points comme un arrêt en dernier
» ressort, renonçant, dès-à-présent, à toutes voies
» d'appel, et déclarèrent consentir « à ce que les
» juges auxquels la présente convention serait
» adressée, prononçassent sur toutes les contes-
» tations qui leur seraient soumises, *par forme
» transactionnelle et comme amiables compositeurs* ».

Le 14 du même mois, les trois juges devant lesquels l'affaire avait été plaidée et qui l'avaient mise en délibéré, après avoir accepté le compromis résultant de ces deux actes, rendirent *à l'audience* un jugement *en dernier ressort* qu'ils terminèrent parce dispositif : « Le tribunal ordonne, et
» par forme transactionnelle et amiable compo-
» sition, que le compte entre Michaux-Larosière
» et Bidermann et compagnie, est définitivement
» réglé et réduit à une somme de 120,000 en ca-
» pital et intérêts compris jusqu'à ce jour, dont
» les sieurs Bidermann sont redevables envers
» Michaux-Larosière ».

Appel de la part des sieurs Bidermann et compagnie ; et par arrêt du 3 janvier 1813,

« Considérant que l'art. 639 du Code de commerce, par la facilité qu'il accorde aux parties et aux juges de faire statuer et de prononcer définitivement et sans appel, n'autorise point, en ce cas, le tribunal à décider d'après d'autres règles que celles du droit ; que le pouvoir de prononcer transactionnellement et comme amiables compositeurs, ne peut être conféré qu'à des Arbitres privés, conformément à l'art. 1019 du Code de procédure civile ; qu'il résulte de la forme et de l'énoncé des actes des 3 et 11 août, comme de la forme du jugement, dont est appel, que les parties n'ont point entendu constituer un arbitrage, ni les juges prononcer comme Arbitres ; qu'ayant tout à la fois prononcé transactionnellement, par amiable compositeur et dans les formes exclusives des tribunaux, les premiers juges ont cumulé des fonctions incompatibles, et statué par un acte irrégulier qui n'offre ni les caractères d'une décision arbitrale, ni ceux d'un jugement;

» Sans s'arrêter aux fins de non-recevoir tirées des actes des 3 et 11 août, lesquels actes sont déclarés nuls;

» La cour (d'appel de Paris) dit qu'il a été nullement jugé par le jugement du 14 août dernier, bien appelé à cet égard; en conséquence met l'appellation et ledit jugement au néant..... ».

Le sieur Michaux-Larosière se pourvoit en cassation contre cet arrêt et l'attaque par trois moyens :

1°. Violation de l'art. 639 du Code de commerce, en ce qu'il reçoit l'appel d'un jugement rendu en dernier ressort du consentement des parties, et contravention à la règle des deux degrés de juridiction, tant en ce que la nullité du compromis n'ayant pas été proposée devant le tribunal de commerce, elle ne pouvait pas faire pour la première fois l'objet d'une discussion en cause d'appel, qu'en ce que ce n'était point par appel, mais par opposition à l'ordonnance d'exécution, que les sieurs Biderman eussent dû se pourvoir;

2°. Violation de la loi du contrat, en ce que la cour d'Appel a déclaré nul un compromis obligatoire par lui-même et qui doit être tenu pour tel par cela seul qu'il n'est prohibé par aucune disposition législative.

3°. Violation des art. 1350 et 1351 du Code civil concernant l'autorité de la chose jugée.

Mais par arrêt contradictoire du 30 août 1813, au rapport de M. Cochard, sur les conclusions de M. l'avocat général Giraud Duplessis, et après un délibéré en la chambre du conseil,

« Sur le premier moyen, tiré de la contravention à l'art. 639 du Code de commerce, en ce que la cour (royale) aurait reçu l'appel d'un jugement rendu en dernier ressort, du consentement des parties, et statué sur la demande en nullité des actes des 3 et 11 août 1812, qui renfermaient ce consentement,

» Attendu que, suivant l'art. 453 du Code de procédure, les jugemens qualifiés en dernier ressort sont sujets à l'appel, lorsqu'ils ont été rendus par des juges qui ne pouvaient statuer qu'en première instance; qu'il résulte de cette disposition, qu'avant de recevoir ou de déclarer non-recevable l'appel du jugement du 14 août 1812, rendu par un tribunal de commerce dans une affaire dont le capital excédait la valeur de 1,000 francs, la cour (royale) a pu et dû préalablement approfondir l'exception par laquelle on se fondait pour soutenir que l'appel n'était pas recevable; et juger si, comme on le prétendait, le tribunal avait été *valablement* autorisé par les parties à prononcer autrement qu'en première instance; examen préalable de la compétence du tribunal, qui n'était interdit ni par l'esprit ni par la lettre de l'art. 639 du Code de commerce (1);

« Sur le second moyen, tiré de la violation de la loi du contrat;

» Attendu que par les actes des 3 et 11 août 1812, qu'il faut apprécier suivant qu'ils ont été exécutés, les parties ont donné aux juges, et les juges ont, en effet, accepté le pouvoir de réunir les fonctions de juges à celles d'Arbitres et d'amiables compositeurs;

» Que *cette réunion*, à laquelle résistent toutes les convenances, *était littéralement prohibée par les lois romaines, par les anciennes ordonnances et par diverses coutumes;*

» Que les lois nouvelles n'ont, à cet égard, aucune disposition expresse, mais que, par cela seul qu'elles n'autorisent pas cette réunion de fonctions aussi essentiellement différentes que celles de juger et celles de faire des transactions, on doit conclure qu'elles l'ont interdite aux juges qui, délégués par le souverain pour rendre la justice en son nom, ne peuvent pas dépasser les limites qu'il leur a tracées et étendre au-delà de ces limites les pouvoirs qu'il leur a confiés.

» Que d'ailleurs les dispositions des Codes de procédure et de commerce s'opposent évidemment à ce que cette réunion puisse jamais avoir lieu, notamment à raison de la différence qu'elles établissent entre les juges et les arbitres, soit dans la forme de leurs jugemens, soit dans les pouvoirs dont elles les ont respectivement investis;

» *La forme de leurs jugemens*, en ce que ceux des tribunaux sont rendus exécutoires par les juges dont ils sont émanés; tandis que les Arbitres ne peuvent donner aucune autorité à leurs décisions, qui n'ont véritablement le caractère de jugemens et ne sont exécutoires qu'après que le président du tribunal civil, au greffe duquel la minute de la décision arbitrale doit

---

(1) Ceci ne répond pas directement à la partie du premier moyen de cassation du sieur Michaux-Larosière qui consistait à dire, conformément à la doctrine établie au mot *Appel*, §. 1, n°. 6, que, si le compromis en vertu duquel avait été rendu le jugement dont il s'agissait, était nul, ce n'était pas par la voie de l'appel, mais par opposition à l'ordonnance d'exécution, que la nullité eût dû en être proposée.

Mais la réponse se présente d'elle-même : c'est que, dans l'espèce, il ne pouvait pas y avoir lieu à l'opposition.

Que, dans les cas ordinaires et lorsque l'ordonnance d'exécution est rendue par le président du tribunal qui, à défaut du compromis, aurait dû connaître de l'affaire, l'opposition à cette ordonnance soit admissible, et le soit même à l'exclusion de l'appel, cela est tout simple. Mais ici, l'ordonnance d'exécution avait été rendue par le tribunal entier, elle faisait partie du jugement, elle était contradictoire comme le jugement lui-même, et par conséquent il était impossible de l'attaquer par la voie d'opposition.

4e édit., Tome I.   71

être déposée, l'a revêtue de l'ordonnance d'exécution ;

» *Dans l'étendue des pouvoirs*, en ce que l'art. 639 du Code de commerce borne ceux des juges à la faculté de juger définitivement et en dernier ressort, du consentement des parties, tandis que par l'art. 1019 du Code de procédure, il est permis aux Arbitres, lorsqu'ils y sont autorisés par les parties, *de s'écarter des règles de droit* pour prononcer comme amiables compositeurs;

» Qu'il suit delà, 1°. que la cour (royale), bien loin d'être tenue d'ordonner l'exécution des actes des 3 et 11 août 1812, a dû déclarer les conventions qu'ils renferment, nulles, comme illicites et contraires au droit public, auquel il n'est jamais permis aux particuliers de déroger; 2°. qu'elle a dû recevoir l'Appel du jugement du 14 août, qui, à défaut de consentement valable des parties à être jugées en dernier ressort, n'avait pu être rendu qu'en première instance; 3°. enfin, qu'elle a dû, en statuant sur cet appel, annuller le jugement du 14 août, comme un acte informe qui, ainsi que le porte l'arrêt dénoncé, n'offre ni les caractères d'une décision arbitrale, ni ceux d'un jugement;

» Par ces motifs, la cour, sans qu'il soit besoin d'observer sur le troisième moyen, tiré de la violation de l'art. 1351 du Code civil, que le jugement du 14 août, étant sujet à l'appel, n'avait pas acquis l'autorité de la chose jugée, rejette le pourvoi.... ».

II. Ce qu'a décidé cet arrêt dans l'espèce sur laquelle il a été rendu, aurait-il dû le décider également dans le cas où les actes des 3 et 11 août n'eussent conféré aux juges du tribunal de commerce de Paris que la simple qualité d'Arbitres, sans y joindre celle d'amiables compositeurs?

Oui, sans doute, et par une raison sans réplique : c'est qu'alors il y aurait également eu, dans les mêmes personnes, non-seulement cumul de la qualité permanente de juge et de la qualité passagère d'Arbitre, mais encore exercice *actuel et simultané* des fonctions attachées à chacune de ces qualités, et par conséquent de fonctions qui s'excluent réciproquement.

C'est même ce qu'avait jugé, dans l'ancien ordre judiciaire, un arrêt du conseil du 25 mai 1726, rendu entre les officiers du conseil d'Artois et les sept bailliages royaux de la même province, qui avait été enregistré au parlement de Paris, le 5 septembre 1750, en vertu de lettres-patentes du 13 décembre 1728. L'art. 17 de cet arrêt faisait *défense aux officiers dudit conseil d'Artois d'accepter et de juger des arbitrages en corps*; défense qui équipollait évidemment à celle de cumuler les fonctions d'Arbitres avec celles de juge.

III. Mais l'arrêt de la cour de cassation, du 30 août 1813, aurait-il dû prononcer comme il l'a fait, s'il se fût agi d'une affaire dans laquelle un juge appelé à en connaître comme tel, eût été pris pour Arbitre et eût statué en cette qualité, sans mêler à son jugement aucune disposition, aucune formule qui eût tenu à son caractère public; en un mot dans une affaire dans laquelle il n'y eût pas eu exercice simultané des fonctions de juge et des fonctions d'Arbitre?

Il semble lui-même proclamer l'affirmative, lorsqu'il dit, dans son second motif, que la *réunion des qualités de juge et d'Arbitre à laquelle résistent toutes les convenances*, était littéralement prohibée par les lois romaines, par les anciennes ordonnances, et par diverses coutumes; et qu'elle n'est pas moins contraire à l'esprit des lois nouvelles.

En effet, il n'y avait certainement, ni dans les lois romaines, ni dans les anciennes ordonnances, ni dans les coutumes, un seul mot qui prohibât le concours de l'*exercice actuel* des fonctions de juge, avec l'*exercice actuel* des fonctions d'Arbitres. Il faut donc nécessairement reconnaître, ou que cette partie du second motif de l'arrêt n'a ni objet ni sens, et qu'elle ne forme qu'une inintelligible superfétation, ou qu'elle veut dire que *les lois romaines, les anciennes ordonnances* et *diverses coutumes* s'opposaient, comme elles s'opposent encore, puisqu'elles ne sont pas abrogées, à ce que, dans une affaire quelconque, le juge qui est appelé par son caractère à en connaître comme tel, soit pris pour Arbitre et prononce en cette qualité privée seulement; en laissant dormir sa qualité publique de magistrat.

Mais si c'est dans ce dernier sens que doit être entendue, dans l'arrêt, l'assertion dont il s'agit, est-elle exacte, et que peut-on en conclure pour la manière dont notre troisième question doit être aujourd'hui résolue? En d'autres termes, est-il bien vrai que *les lois romaines, les anciennes ordonnances et diverses coutumes* déclaraient les juges incapables d'accepter des arbitrages; que tel était le droit commun de la France au moment où sont survenues nos lois nouvelles : qu'il n'est pas abrogé par celles-ci; et que, dès-là, il doit continuer de nous régir?

Ceci exige d'assez longs développemens.

IV. pour commencer par le droit romain, le seul texte qui en soit et puisse-être cité comme interdisant aux juges les fonctions d'Arbitres, est la loi 9, §. 2, D. *de receptis qui arbitrium*.

Elle porte effectivement que, *Si quis judex est, arbitrium recipere ejus rei in quâ judex est, invè se compromitti jubere, lege Julià prohibetur; et si sententiam dixerit, non est danda pœnæ persecutio.*

Mais, c'est déjà, comme l'on voit, une chose fort remarquable, que ce n'est pas de la nature des fonctions de juge et de celles d'Arbitre, qu'elle fait dériver l'inhabileté de l'homme revêtu des premières à exercer les secondes, et qu'elle ne la fonde que sur une loi spéciale, sur la loi *Julia*, faite sous l'empire d'Auguste; et que, par là, elle suppose nécessairement que rien ne s'opposait avant cette loi, à ce qu'un juge acceptât et vidât un arbitrage.

A cette première observation, il s'en joint une seconde qui n'est pas moins frappante : c'est qu'il est impossible que la prohibition écrite dans la loi *Julia*, portât sur tous les juges indistinctement, puisqu'aux termes de la loi 3, §. 3, et de la loi 4 du titre cité, lesquelles sont tirées des écrits d'Ulpien et de Paul, postérieurs de beaucoup au règne d'Auguste, tout magistrat, quel que fût son rang, pouvait être Arbitre, et qu'il y avait seulement, entre les magistrats supérieurs et les magistrats subalternes, cette différence, que les uns ne pouvaient pas être contraints de vider les arbitrages qu'ils avaient acceptés, au lieu que les autres pouvaient l'être (1).

Quels étaient donc les juges à qui la loi *Julia* interdisait les fonctions d'Arbitres, et, que signifient, dans la loi 9, §. 2, D. *de receptis qui Arbitrium*, les mots *si quis judex est?*

Il y avait chez les Romains deux sortes de juges : les uns qui étaient tels par leur propre caractère, c'est-à-dire, par la magistrature dont ils étaient revêtus ; les autres qui ne l'étaient qu'accidentellement, c'est-à-dire, qui, simples particuliers, étaient choisis par un magistrat pour prononcer, d'après les formules qu'il leur traçait, sur les affaires qu'il ne voulait ou ne pouvait pas expédier lui-même, et qui, par cette raison, étaient connus sous le nom de *juges pédanés*, ou *délégués* (2).

Or, on vient de voir que les premiers n'étaient pas compris dans la prohibition portée par la loi *Julia* ; cette prohibition était donc nécessairement restreinte aux juges qui n'étaient tels qu'accidentellement ; et c'est ce que font clairement entendre, dans la loi 9, §. 2, D. *de receptis qui Arbitrium*, les expressions *si quis judex est.*

C'est, d'ailleurs, ce qu'établit nettement le savant professeur Huber, qui avait été conseiller au conseil souverain de Frise, dans ses *Prælectiones juris civilis*, sur le titre du Digeste *de receptis qui Arbitrium*, n°. 3 : *potest* (dit-il) *et in ordinarium judicem qui magistratus est, si velit Arbitrium recipere, compromitti* (L. 3, §. ult. , *cùm lege sequente hoc tit.*). *Verùm in judices pedaneos, qui ad judicandum dati erant, compromitti olim non poterat, sed ministerio suo fungi debebant* (L. 9, §. 2, *hoc tit.*),

---

(1) *Tractemus de personis arbitrantium. Et quidem arbitrum cujuscunque dignitatis coget, officio quod susceperit, perfungi, etiamsi sit consularis : nisi forte sit in aliquo magistratu positus, vel potestate, consul forte, vel prætor : quoniam in hoc imperium non habet* (loi 3, §. 2).

Nam magistratus superiore aut pari imperio nullo modo possunt cogi; nec interest antè, an in ipso magistratu arbitrium susceperint. Inferiores possunt cogi (loi 4).

(2) *Judex in privatis causis dicitur civis aliquis privatus cai prætor.... de lite cognoscendi sententiamque ex formulæ prescripto pronuntiandi potestatem dedit.* Ainsi s'exprime Kahl (*Calvinus*), dans son *lexicon juris*, au mot *judex*.

quod nihil opus ad judices magistratus qui judicare cœperunt, extendere.

C'est aussi ce qu'avait enseigné, avant lui, Zoez, mort en 1627 professeur de droit à l'université de Louvain, dans son Commentaire sur le Digeste, liv. 4, tit. 8, n°. 15 : *de judice* (ce sont ses termes) *quæsitum est an rectè Arbitrium recipiat ? Videtur hoc inhibitum lege Juliâ.* L. 9, §. 2, *hoc tit., quod accipiendum de judice qui in causâ commissus est; nam quin jure civili in consules, prætores et cæteros magistratus compromitti possit, non potest esse dubium, propter leges 3 et L. 4, hoc tit., quæ negant tales posse cogi ut Arbitrentur; additâ ratione, non ex eo quòd judices sint, sed quòd cogi non possint ab inferiore magistratu, cui in superiorem non est imperium; inferiores autem cogi posse habet dicta lex* 4.

Enfin, c'est ce qu'avait démontré, à une époque plus reculée encore, le célèbre d'Argentrée, sur l'art. 18 de l'ancienne coutume de Bretagne, note 4 ; *neque enim* (avait-il dit) *dicto paragrapho si Judex, jurisconsultus de magistratibus qui judices ordinarii dicuntur, respondere voluit, ut rarissimè in jure judicis appellatio consulem, prætorem, præfectum urbis aut alios populi romani magistratus indicat, cùm illi propriis nominibus et titulis splendeant, nec judicandi solum munus, illorum sit, sed augustior appellatio et multò amplius imperium. Sed cùm judices, audis, de his intellige, quos antè dicimus homines senatorii aut equestris ordinis rerum, legum et usûs peritis, qui quotannis singulis decuriis legi à magistratibus solerent, privatorum controversiis judicandis, quique, ex conceptâ formulâ pro oblatâ controversiâ judicare jubebantur, privati ipsi, et imperii atque ideò jurisdictionis omnis exortes. Hi judicandi necessitate obstricti, non minus quàm ad cætera munera personalia simul lecti, annuâ operâ fungebantur, magistratuum levamento qui, reipublicæ negotiis majoribus occupati, vicariâ talium operâ nitebantur, quod lex* 2, C. *de pedaneis judicibus indicat, et lex Munerum.* §. Judicandi, D. *de Muneribus. Hi quâ in causâ erant dati conceptâ formulâ (hoc est, ut loquuntur, secundùm tenorem commissionis) judicare jubebantur...Tales sunt de quibus jurisconsultus in dicto paragrapho si judex respondet. Quare de eo colligendum non fuit compromitti in ordinarium judicem non posse, sed illud potiùs judicem commissum, quâ in causâ commissus sit, Arbitrium suscipere non posse. Nam, jure quidem civili, quin in consules, prætores et cæteros magistratus compromitti possit, vix dubium esse potest ex lege 3 et sequente de Arbitriis, ubi negat tales cogi posse ut Arbitrentur, additâ ratione, non ex eo quòd judices sunt, sed quia ab inferiore magistratu cogi non possunt, quia in superiore imperium non sit inferiori; inferiores tamen cogi posse respondet, tametsi magistratus et ipsos :* L. nam et Magistratus, D. *de Arbitriis, qui textus perspicuus est..*

Je sais bien que les interprètes qui avaient écrit dans les premiers temps de la découverte du corps de droit de Justinien, s'étaient divisés sur l'objet de cette loi, et que la plupart l'avaient appliquée au juge ordinaire, ni plus ni moins qu'au juge délégué.

Mais, d'une part, ils ne l'avaient fait, suivant la remarque de d'Argentrée, que faute de bien connaître l'organisation judiciaire de l'ancienne Rome : *cui controversiæ initium præbuit antiqui moris pardm cognita origo.*

D'un autre côté, ces interprètes, tout en se méprenant ainsi sur le sens de la loi 9, §. 2, D. *de receptis qui Arbitrium*, tout en l'appliquant aux juges ordinaires, par une fausse interprétation, convenaient presque tous qu'ainsi entendue, elle était universellement abrogée par un usage contraire : *quanquàm* (dit d'Argentrée) *glossa dicit* ТОТО MUNDO *contrarium fieri et in judices compromitti, quod ex eâ Bartolus, Alexander, Smola, Romanus repetant, sicut et Cynus, Baldus, Azo et Hostiensis.*

Effectivement, nous trouvons, dans la collection des Décrétales qui fut faite en 1234, de l'autorité du pape Grégoire IX, trois textes qui prouvent clairement, ainsi que le remarquent tous les canonistes, qu'il était alors de maxime, que tout juge ordinaire pouvait être pris pour Arbitre des affaires soumises à sa juridiction, et y statuer comme tel : ce sont, le chap. 8 du titre *de Electione*, et les chap. 5 et 10 du titre *de Arbitris*.

On verra, à la vérité, ci-après, n°. 8, que la fausse interprétation donnée par les anciens interprètes à la loi citée, s'était maintenue dans la Savoie, et que le sénat de Chambéry tenait encore pour constant, en 1591, que les juges ordinaires ne pouvaient pas accepter de compromis. Mais ce n'était là qu'une pratique resserrée dans un petit territoire ; et il n'en était pas moins vrai, moralement parlant, que, comme le dit d'Argentrée, dans son *Aitiologia*, sur l'art. 17 de la coutume de Bretagne, *jam olim Accursii temporibus, totius orbis consensu abrogatam fuisse hanc de judicibus ordinariis sententiam.*

Il serait, du reste, bien difficile d'indiquer le motif qui aurait porté la loi *Julia* à interdire les fonctions d'Arbitres aux juges délégués, tandis qu'elle en laissait le libre exercice aux juges ordinaires.

On ne le trouverait pas, comme l'ont pensé quelques auteurs, dans la combinaison du principe que le juge délégué n'est que le mandataire du magistrat qui l'a commis, avec le principe que le mandataire doit se renfermer dans les limites du mandat qui lui a été confié ; car, s'il avait pu résulter de ces deux principes, que le juge délégué ne pouvait pas accepter la qualité d'Arbitre de l'affaire au jugement de laquelle il était préposé, on aurait dû en tirer la même conséquence pour le juge ordinaire, qui, dans l'exercice de sa magistrature, n'était que le mandataire du souverain.

On ne le trouverait pas davantage dans la combinaison des lois qui plaçaient le juge délégué dans la nécessité de juger, à moins qu'à raison d'empêchemens légitimes, il n'en fût dispensé par le magistrat qui l'avait commis (1), avec les lois qui permettaient aux juges ordinaires de se décharger sur des délégués spéciaux, du soin de juger les affaires qu'il ne leur convenait pas d'examiner eux-mêmes ; car, si, de ce qu'un juge délégué ne pouvait pas se dispenser de juger, on avait dû conclure qu'il était incapable d'accepter un arbitrage, parcequ'après avoir prononcé comme Arbitre, il lui eût été impossible de prononcer comme juge, soit dans le cas où sa sentence arbitrale fût restée sans exécution, soit dans le cas où elle eût été arguée de nullité ; on aurait dû également, de ce qu'un juge ordinaire était obligé de nommer des juges, lorsqu'il ne jugeait pas lui-même, conclure qu'il ne pouvait pas être Arbitre, parcequ'en prononçant comme Arbitre, il se serait mis dans l'impossibilité de nommer des juges dans la même affaire, étant de principe que, nommer des juges était un acte de juridiction (2), et que nul acte de juridiction ne pouvait être exercé par un magistrat dans une cause sur laquelle il s'était prononcé précédemment comme homme privé.

Il est donc bien vraisemblable que la loi *Julia* ne s'était déterminée à défendre les fonctions d'Arbitre aux juges, en restreignant cette défense à ceux qui n'étaient tels qu'accidentellement et par délégation, que pour réprimer des abus dont le temps nous a fait perdre la trace, et auxquels les juges ordinaires n'avaient jamais participé.

Ce qu'il y a du moins de bien constant, c'est que les anciens interprètes s'étaient étrangement trompés en comprenant ceux-ci dans cette défense, et qu'au surplus, cette défense entendue dans le sens qu'ils lui avaient supposé, était généralement tombée en désuétude même dans les temps les plus rapprochés de la découverte des lois romaines.

V. Dira-t-on maintenant que les *anciennes ordonnances* du royaume avaient remis en vigueur et érigé en loi nationale, la manière dont les anciens interprètes entendaient la loi dont il s'agit ?

Mais il n'existe sur cette matière que deux ordonnances de François premier : l'une du mois d'octobre 1535 ; l'autre, du 25 février 1539, connue sous le nom d'ordonnance d'Abbeville ; et il ne faut pas croire, sur la parole de quelques auteurs

---

(1) *Judicandi quoque necessitas inter munera personalia habetur.* Loi 8, §. 14, D. *de muneribus.*
Prætor eos quoscumque intelligit operam dare non posse a judicandum, pollicetur excusaturum.... Qui autem non habet excusationem, etiam invitus judicare cogitur. Loi D. *de vacatione et excusatione munerum.*

(2) *Jus dicentis latissimum est officium. Nam et bonorum possessionem dare potest, et judices litigantibus dare.* Loi 1, D. *de jurisdictione.*
Jurisdictio est etiam judicis dandi licentia. Loi 3 du même titre.

qui les citent sans les avoir lues, qu'elles aient été rendues pour tous les tribunaux du royaume : elles ne l'ont été, la première que pour le parlement de Provence, la seconde que pour le parlement de Dauphiné.

Voici les termes de celle du mois d'octobre 1535, chap. 1, art. 15 : « Pour ce que le nom- » bre des conseillers de notre dite cour est petit, » et que l'on a trouvé la retardation de la vuidange » d'aucun procès étant en icelle, pour autant » qu'aucun desdits conseillers avaient été Arbitres » des causes y estant, et avaient été jugés par » lesdits conseillers, nous enjoignons à nosdits » présidens et conseillers qu'ils s'abstiennent » de prendre charge d'arbitrage ne de com- » promis (1) ».

Trois observations importantes sur cette disposition.

1°. Elle reconnaît que jusqu'alors les conseillers du parlement Provence ont pu légitimement accepter et remplir des arbitrages; et par conséquent qu'ils n'en ont pas été empêchés par la loi 9, §. 2, D. *de receptis qui Arbitrium*. Elle reconnaît donc, ou que cette loi n'a jamais dû être prise dans le sens que lui avaient donné les anciens interprètes, ou qu'elle est valablement abolie par un usage contraire.

2°. Elle ne motive la défense qu'elle prononce par innovation à ce qui s'est pratiqué antérieurement, que sur *le petit nombre des conseillers* dont est composé le parlement de Provence et sur *la retardation de la vuidange d'aucuns procès estant en icelle (cour), pour autant qu'aucuns desdits conseillers avaient été Arbitres des causes y estant* : elle est donc bien loin de supposer qu'il y ait incompatibilité entre la qualité habituelle de juge et la qualité *actuelle* d'Arbitre.

3°. Elle n'étend pas aux juges inférieurs des tribunaux ressortissant au parlement de Provence, l'innovation qu'elle introduit ; elle la limite donc aux magistrats de cette cour ; elle autorise donc implicitement les juges inférieurs à continuer d'accepter des arbitrages.

Quant à l'ordonnance du 23 février 1539 (que l'on trouve, à l'ordre de sa date, dans le *recueil des edits, déclarations, lettres-patentes et ordonnances du roi, arrêts des conseils de S. M. et du parlement de Grenoble, concernant en général et en particulier la province de Dauphiné,* imprimé à Grenoble en 1690), voici ce qu'elle portait, art. 99 : « Et ne » *pourront nosdits présidens et conseillers de notredite* » *cour de parlement* (de Dauphiné), *prendre charge* » *d'arbitrage ni de compromis*, ni faire consultations » en quelque matière que ce soit pendant en » ladite cour, ni ès cours inférieures du ressort » d'icelle, ni aussi pour introduire ou instruire » procès en icelles cours inférieures, ni d'aucune » matière de notredit pays de Dauphiné, ni pa- » reillement être juges en quelque chose ou ma-

(1) Recueil de Néron, tome 4, page 103.

» tière que ce soit, étant en icelui notre pays, ni » par devant quelque juge qui soit autrement » qu'en notre dite cour de parlement, et par » commission d'icelle ou de nous ».

Quelle était avant cette ordonnance, et quelle fut depuis sa publication, la jurisprudence du Dauphiné sur la matière qui nous occupe ?

Guy-Pape qui écrivait en 1440, nous apprend, quest. 554, que, par l'édit du dauphin Humbert, du premier août 1340, portant institution de cette cour sous le nom de *conseil delphinal,* changé en celui de *parlement* par un édit du roi Charles VII, de 1413, il était, à la vérité, défendu aux magistrats qui la composeraient, d'exercer la professsion d'avocat dans aucun des tribunaux séculiers du pays, mais qu'en même temps il leur était permis d'accepter des arbitrages : *Et inhibuit tunc præfatus dominus Humbertus Delphinus consiliariis dicti sui consilii, tunc præsentibus et futuris, ne patrocinia præstent, neque officio advocationis atiantur in curiis temporalibus præsentis patriæ, nisi tantum modò in curiis spiritualibus et in quæstionibus et causis extrà patriam ventilatis ; voluit tamen et concessit præfatis suis consiliariis quod ipsi possint Arbitria et compromissa in se suscipere.*

Ce fut donc par dérogation à cette loi, ou plutôt au droit commun dont elle était la véritable expression, que, par l'art. 99 de l'ordonnance d'Abbeville, François Ier. défendit aux magistrats du parlement de Grenoble d'accepter désormais aucun arbitrage : *Ordinatione regiâ et Delphinensi Abbeville*, art. 99, *inhibetur præsidibus et consiliariis parlamenti Delphinatûs ne munus arbitrii suscipiant.* Ce sont les termes de Pisard, dans une note sur la question 69 de Gui-Pape.

Mais cette dérogation limitée, comme l'on voit, aux membres du parlement de Dauphiné, laissait également subsister le droit commun pour les juges inférieurs de la même province; et d'ailleurs, soit que le souverain l'eût rapportée ou non, elle ne fut pas même observée par rapport aux magistrats de cette cour. « L'ordon- » nance d'Abbeville, dans l'art. 99 (dit Chorier, » *Jurisprudence de Gui-Pape,* sect. 9, art. 4), ne » permet point aux présidens et aux conseillers » du parlement (d'être Arbitres) pour les matiè- » res qui doivent être jugées dans la province; mais » l'usage l'a emporté, et mieux que lui, le régle- » ment de la cour, de l'an 1560, qui le permet » dans l'art. 22 ».

Que l'on nous dise maintenant s'il est bien raisonnable d'inférer de ces deux lois que le vœu général de nos *anciennes ordonnances* était pour l'incompatibilité entre la qualité de juge ordinaire et les fonctions d'Arbitre !

VI. Cette incompatibilité était-elle du moins établie par *diverses coutumes*, et l'était-elle surtout avec un tel accord que l'on dût la regarder comme une règle irréfragable de jurisprudence? Il s'en faut de beaucoup.

Des trois cent et tant de coutumes qui gouvernaient la majeure partie de la France, il n'y en avait qu'*une seule* qui, en dépit de l'usage général, interdît les fonctions d'Arbitres aux juges. C'était celle de Bretagne, dont l'art. 17, copié sur l'art. 18 de l'ancienne, commentée par le savant d'Argentrée, était ainsi conçu : « Les par-
» ties peuvent librement compromettre de leurs
» différends, en telle personne que bon leur
» semblera, fors et excepté en leurs juges ordi-
» naires qui ne peuvent être Arbitres entre leurs
» sujets ».

Et quels avaient été les motifs de cette disposition? Ils étaient consignés en toutes lettres dans le chap. 324 de la très-ancienne coutume, rédigée vers l'an 1340 (1): « et aussi ne devraient-ils
» être Arbitres (y était-il dit) les *sénéchaux* (2)
» sur les sujets de leurs sénéchaussées, ne de
» leurs baillis, pour ce qu'il peut porter préju-
» dice ès suzerains seigneurs, ou ès sujets qui
» en perdraient le ressort, ou les retraits ; et les
» sénéchaux qui auraient juré à faire droit, et à
» garder le droit au seigneur et ès hommes, et à
» faire justice vraie et loïale, s'ils prenaient l'ar-
» bitrage sur eux, ils en pourraient être prou-
» vés parjures. Car ce serait occuper leur droit
» et le droit d'autrui, car ils ne pourraient res-
» sortir, ne être retraits à autre cour, tant
» comme l'arbitrage durerait ».

Assurément des motifs aussi gothiques ne peuvent pas imprimer à la disposition qu'ils ont dictée, ce caractère de raison qui souvent a fait convertir en droit commun des règles qui, sous notre ancienne législation, n'étaient écrites que dans quelques coutumes particulières.

Il reste donc que la prétendue incompatibilité des fonctions transitoires d'Arbitre avec la qualité habituelle de juge, n'était établie, avant les lois qui nous régissent actuellement, ni par le droit romain, ni par nos anciennes ordonnances, ni par l'esprit général du droit coutumier.

VII. Serait-on mieux fondé à prétendre qu'elle l'était par la jurisprudence des arrêts? Il est facile de démontrer que non.

De toutes les anciennes cours souveraines de France, les seules dont nos livres nous fournissent des renseignemens sur leur manière de juger la question, sont les parlemens de Toulouse, de Rouen, de Dijon, de Paris et de Bordeaux ; et voici en quoi consistent ces renseignemens.

1°. Il existe, sur cette matière, deux délibérations du parlement de Toulouse.

La première, qui remonte à l'année 1584,

(1) *V.* la note d'Hévin, sur le recueil de Frain, tome 2, page 98.
(2) C'est ainsi qu'on appelait en Bretagne les juges des seigneurs.

nous est retracée en ces termes par la Roche-Flavin, *des parlemens de France*, liv. 8, chap. 28, n°. 2 : « Par notre Mercuriale de l'an
» 1584, est inhibé aux présidens et conseillers de
» la cour, et gens du roi, accepter aucun arbi-
» trage sans licence et permission de la cour ».

La seconde se trouve sous la date du 22 juin 1701, dans le recueil judiciaire du parlement de Toulouse, tome 2, page 584, édition de 1783 ; et voici comment elle est conçue :

« La cour, les chambres assemblées, ont le rapport fait par les commissaires de toutes les chambres à ce députés, a délibéré ;
» Art. 1. Qu'aucun des officiers du parlement ne pourra accepter d'arbitrages sans permission de la cour ;
» 2. Qu'en aucun cas il ne pourra donner de sentence arbitrale ;
» 3. Qu'en cas de registre portant permission de pouvoir être Arbitre, celui qui aura dit son avis sur quelque article du procès aux parties ou à l'une d'elles, ne pourra être juge sans le consentement par écrit de toutes les parties ».

Résulte-t-il de ces délibérations que le parlement de Toulouse regardait tous les juges en général comme incapables des fonctions d'Arbitre? Non certes, et tout au contraire, il en résulte évidemment qu'aux yeux de cette cour, les fonctions d'Arbitre étaient, de leur nature, compatibles avec le caractère de juge.

D'une part, ces délibérations ne portent que sur les officiers du parlement. Elle n'est donc pas applicable aux juges des tribunaux inférieurs. Elle forme donc, pour les officiers du parlement, une exception à la règle générale. Et cela est si vrai qu'on trouve dans le *Traité des droits seigneuriaux* de Géraud, liv. 2, chap. 5, n°. 27, un arrêt du parlement de Toulouse lui-même, du 7 septembre 1677, qui décide « que les juges subalternes
» peuvent être Arbitres des différends et des
» procès que leurs justiciables ont pendans de-
» vant eux et à leur juridiction ».

D'un autre côté, les délibérations dont il s'agit, supposent bien clairement qu'il n'existe point de loi prohibitive du concours des fonctions d'Arbitre, sinon avec les fonctions actuelles, du moins avec qualité de conseiller de cour souveraine, puisqu'elles réservent au parlement la faculté de permettre ce concours, quand il le trouvera convenable, faculté qui certainement excéderait le pouvoir du parlement, si ce concours était interdit par le législateur. Ces délibérations ne sont donc que des mesures conservatoires de la dignité du parlement, que des précautions prises pour ne pas exposer les membres de cette cour au désagrément de voir leurs décisions arbitrales attaquées par les parties qui en seraient mécontentes, critiquées à l'audience et réformées. Cela est si vrai que la seconde réduit les membres de cette cour qui auront été autorisés spécialement à accepter des compromis, à ne prononcer que verbalement entre les parties qui les auront pris pour juges de leurs différends, sans pouvoir *donner de sentence arbitrale*.

2°. Le parlement de Rouen était, comme celui de Toulouse, bien éloigné de penser qu'il y eût la moindre incompatibilité entre le caractère de juge et les fonctions d'Arbitre. Écoutons Basnage, sur l'art. 12 de la coutume de Normandie :

« C'était autrefois une opinion fort commune, qu'on ne pouvait compromettre sur le juge ordinaire des parties, et par la coutume de Bretagne, art. 18, les parties peuvent librement compromettre sur telles personnes que bon leur semble, excepté sur leurs juges ordinaires, qui ne peuvent être Arbitres entre leurs sujets. Cette coutume avait pris son origine en la loi *si servum* 9, §. *si judex* 2, D. *de receptis qui arbitrium*....

« M. d'Argentrée, sur cet article de sa coutume, a fort bien montré qu'en cette loi, ce mot de *judex* ne s'entendait que de certains commissaires qui étaient députés pour le jugement de certaines causes, *qui in causâ tantùm commissâ judicare jubebantur* ; par conséquent ils ne pouvaient accepter le compromis fait sur eux ; mais pour les magistrats ordinaires, on pouvait compromettre sur eux (lois 3 et suivante D. *de receptis qui arbitrium*).

» Quant aux canonistes, ils tiennent indistinctement *in ordinarium compromitti posse*.....

» Et c'est aussi notre usage ; tous les jours on compromet sur MM. les présidens et conseillers de la cour ».

C'était vers le milieu du dix-septième siècle que Basnage s'exprimait ainsi. Il est vrai que, dans le siècle suivant, les présidens et conseillers du parlement de Rouen, s'habituèrent à ne plus accepter d'arbitrages ; mais ce qui prouve qu'ils ne s'en abstinrent que par un motif semblable à celui qui avait déterminé la délibération du parlement de Toulouse, du 23 juin 1701, c'est ce que nous lisons dans le *Dictionnaire de droit normand*, d'Houard, au mot *Compromis* : « *Anciennement* (1).

» les juges qui, cessant le compromis, auraient été » saisis de la contestation, ne pouvaient être Ar» bitres ; mais depuis que leurs collègues ou des » avocats peuvent leur suppléer, il n'y a point » de difficulté à ce que l'on compromette sur eux.

» Cependant MM. du parlement n'acceptent pas » de compromis, parcequ'il ne pourrait leur con» férer le droit de juger souverainement ; et ainsi

---

(1) Par le mot *anciennement*, Houard ne désigne pas le droit romain mal entendu, comme on l'a vu plus haut, par certains docteurs ; mais une loi anglaise à laquelle il renvoie, en citant son recueil de lois anglo-normandes, tome 2, page 87, et qui était ainsi conçue : *Ballivus qui habet potestatem ordinariam, non potest esse* ARBITER...... *Ballivus autem ordinarius potest esse* ARBITRATER, *id est, amicabilis compositor, quia Ballivus potest per amicabilem compositionem dissolvere quæ sunt dubia inter partes de suis litigiis.*

» leur jugement n'aurait pas la même autorité » que celui qu'ils rendraient dans leur chambre ».

3°. le parlement de Dijon s'était fait là-dessus d'autres règles. Égaré, comme la plupart des anciens interprètes du droit romain, par le texte mal entendu de la loi 9, §. 2, D. *De receptis qui arbitrium*, il jugeait constamment que les magistrats, de quelque rang qu'ils fussent, ne pouvaient être Arbitres des affaires sur lesquelles ils étaient appelés à prononcer en leur qualité publique.

Bouvot, dans ses *Questions notables*, tome 1, partie 2, au mot *Conseiller*, demande « si un » conseiller de la cour peut être Arbitre » ? Et voici sa réponse : « Par arrêt du parlement de Dijon, » du 29 novembre 1571, il a été jugé qu'un con» seiller de la cour qui est juge nécessaire, ne » peut être Arbitre, s'il n'est parent ou récusé ».

Ce que le parlement de Dijon jugeait pour ses propres membres, il le jugeait également pour les magistrats des tribunaux inférieurs.

Bouvot, tome 1, partie 1, aux mots *Deniers dotaux*, après avoir rendu compte de la décision d'un arrêt du 23 février 1579, étranger à l'objet qui nous occupe ici, ajoute : « par le même arrêt fut fait dé» fense au lieutenant de Chaslon de se rendre » Arbitre és cas és quels il aurait été juge, et » d'exécuter les sentences des Arbitres ».

Il parle encore de cet arrêt, tome 2, au mot *Arbitre*, quest. II; et il en cite en même temps un autre qui en a confirmé la disposition : « S'il » est permis (ce sont ses termes) de prendre pour » Arbitres les juges ordinaires ? A été répondu » qu'ils ne peuvent être Arbitres, ni exécuter les » sentences des Arbitres. Jugé par arrêt du 23 » février 1579, et par autre arrêt du 1er. de mars » 1597 ».

Fevret, *Traité de l'abus*, liv. 4, chap. 4, n°. 11, nous retrace trois autres arrêts de la même cour qui jugent de même :

« Quant aux canonistes (dit-il), ils tiennent indistinctement *in ordinarium compromitti posse* ; et néanmoins si l'on avait compromis en la personne de l'official, d'une cause ecclésiastique pendante pardevant lui, il y aurait lieu d'appeler comme d'abus de son jugement donné en qualité d'Arbitre, attendu l'ordonnance de 1535 (1) et les arrêts qui défendent aux juges ordinaires de juger comme Arbitres, les causes pendantes pardevant eux. Arrêt du parlement de Dijon, du 17 juillet 1587. Autre du jeudi 20 juillet 1625, entre Pivert, de Sémur-en-Auxois, et sa femme, intimés :

» Il a même été jugé que les officiers des justices inférieures ne pouvaient être choisis Arbitres

---

(1) Fevret suppose ici, et c'est de sa part une méprise, que l'ordonnance de 1535 faisait le ... ment de Dijon et qu'elle était commune à ... au parlement tandis qu'elle était bien constamment ... tous les juges, ... mitée aux présidens et conseillers du parlement d... de Provence.

des causes pendantes pardevant eux. Arrêt dudit parlement, du jeudi 4 février 1627 entre Rolin Poirot contre Godot ».

Jousse, dans son *Traité de l'administration de la justice*, tome 2, page 696, cite, sans dire où il l'a puisé, un arrêt semblable de la même cour, qu'il assure avoir rendu le 21 mars 1725, au rapport de M. Feutelot.

4°. Quant au parlement de Paris, on trouve dans ses registres plusieurs exemples qui, à entendre les auteurs du nouveau Denisart, au mot *Arbitrage*, §. 2, n°. 3, « prouvent que les con-
» seillers ne devaient pas accepter d'arbitrage,
» sans la permission de la cour ou du roi, et qu'a-
» lors ils devaient prononcer souverainement ».

Mais quels sont ces exemples? « Le 7 juillet
» 1496, trois conseillers, nommés Arbitres, vou-
» lurent être commis par le parlement pour ju-
» ger, et le parlement les commit. Le 24 mai
» 1535, des parties qui étaient en procès, s'étaient
» soumises au jugement de cinq conseillers; la
» cour ordonna qu'ils jugeraient souverainement.
» Semblables exemples des 16 mars 1537 et 10
» juillet 1545. Le 8 mars 1584, le du de Montpen-
» sier et sa belle-mère, qui plaidaient l'un contre
» l'autre ayant pris des Arbitres, du nombre des-
» quels était un conseiller au parlement, le roi
» lui permit d'être Arbitre, et, à cet effet, le
» dispensa de son service ».

Peut-on conclure de ces cinq exemples qu'à défaut de permission de leur compagnie ou du roi, les conseillers au parlement de Paris étaient incapables d'accepter des arbitrages? Non, évidemment non.

Il résulte bien des quatre premiers, que les magistrats qui en sont l'objet, crurent, par déférence pour leur compagnie, ne devoir pas accepter d'arbitrage sans son agrément, et que leur compagnie prit sur elle de les instituer, par un étrange excès de pouvoir, juges en dernier ressort des affaires qui leur avaient été soumises; mais il n'en résulte pas que, si, sans consulter leur compagnie, ils avaient accepté et rempli les arbitrages qui leur avaient été déférés, leurs sentences eussent été nulles.

Cela ne résulte pas davantage du cinquième exemple. Dans l'espèce sur laquelle il porte, il s'agissait d'une affaire dont l'examen exigeait un temps considérable, et ne pouvait par conséquent pas s'allier avec le service journalier du magistrat que les parties avaient choisi pour un de leurs Arbitres. Dispenser ce magistrat de son service journalier, était une chose que le parlement ne pouvait passe permettre. Il fallait donc recourir à l'autorité du roi, parceque, si sa permission n'était pas nécessaire pour que le magistrat acceptât les fonctions d'Arbitre, elle l'était au moins pour qu'il pût les exercer, vu leur incompatibilité de fait avec les devoirs que lui imposait son caractère.

Du reste, il est certain que, dans les deux derniers siècles de son existence, le parlement de Paris ne trouvait ni obstacle de droit, ni inconvénient à ce que ses membres acceptassent des arbitrages, même dans les affaires dont ils étaient rapporteurs; et l'on va voir Mornac l'attester ainsi dans ses observations sur le Digeste.

Mais jugeait cette cour par rapport aux magistrats des tribunaux inférieurs?

La preuve qu'elle ne les regardait pas comme incapables d'accepter des arbitrages, c'est la manière dont s'expliqua là-dessus le ministère public, lors d'un arrêt que Peleus, dans ses *Actions forenses*, §. 33, nous retrace en ces termes :

« Deux frères dont l'un était mineur, passent compromis avec Titius, par lequel ils s'obligent, sous la peine de cinq cents écus, de croire M. Helias Durand, *assesseur du prévôt*, et deux autres commissaires, de tous les différends et procès qui étaient entre eux, et s'obligea l'aîné desdits frères de faire ratifier son frère mineur, quand il sera fait majeur.

» Suivant ce compromis, les Arbitres donnent leur sentence, de laquelle les frères se portent appelans.

» Titius, sur l'intimation qui lui est faite, présente requête à ce que les appelans fussent contraints pour la peine.

» Pour l'empêcher, les appelans allèguent trois nullités de ladite sentence : la première, que les Arbitres n'avaient pas prononcé sur tout ce dont les parties avaient compromis (loi 25, §. *hæc autem*, D. *de receptis qui arbitrium*); la seconde, que ledit assesseur, l'un de leurs Arbitres, était rapporteur du procès pour lequel ils étaient entrés en compromis; la troisième nullité que la sentence arbitrale n'avait pas été prononcée dans le temps (loi 1, §. *ult.*, C, *de receptis qui arbitrium*).

» Sur lesquelles nullités, M. Marion (avocat-général) a remarqué, spécialement sur la seconde, qu'*encore qu'on compromît en la personne de ses juges, néanmoins le compromis ne laissait d'être bon*, et en cela nous n'observons le droit romain, par lequel *compromissum factum in judicem ordinarium non valet* (loi 9, §. *Si quis judex*, D. *de receptis qui arbitrium*). Mais de compromettre en la personne du rapporteur, il ne se pouvait faire, d'autant que le rapporteur du procès pouvait donner quelque terreur et crainte aux parties, et semblait qu'il y pourrait avoir quelque espèce de force.

» Sur la troisième, il a dit aussi que cela pouvait être une nullité, d'autant que si les Arbitres n'avaient prononcé leur sentence dans le temps de leur pouvoir porté par le compromis, elle était nulle.

« Sur quoi la cour, s'arrêtant principalement sur cette qualité de rapporteur, a débouté le défendeur de l'effet de sa requête, et a reçu l'appelant, comme appelant de la sentence desdits Arbitres. Ledit arrêt du 20 mars 1601 ».

Mornal, sur la loi 9, §. 2, D. *de receptis qui Ar-*

bitrium, rend compte du même arrêt, et le présente comme jugeant, par exception à la règle générale qui autorise tout juge à accepter des arbitrages, que le rapporteur d'un procès ne peut pas en devenir l'Arbitre. Mais il ajoute, d'après ce qu'il appelle lui-même une pratique journalière, que cette exception ne s'étend pas jusqu'aux conseillers au parlement : *Secùs ubi senator electus est, ut quotidiè cernimus.*

Cependant, s'il en faut croire Bouchel, dans sa *Bibliothèque civile*, au mot *Arbitre*, et Brillon qui le copie, sous le même mot, n°. 10, « par » arrêt du 31 mai 1622, il fut dit qu'un juge in- » férieur, c'était le lieutenant particulier de » Saumur, *non poterat arbitrium suscipere*; et d'au- » tant qu'au commencement de la plaidoirie, » on demanda la peine commise suivant l'ordon- » nance, l'appelant soutint que la sentence était » nulle *ex defectu potestatis*, il en fut déchargé » par le même arrêt ».

Mais ce qui prouve, ou que le premier de ces auteurs s'est mépris sur le motif de cet arrêt, ou que cet arrêt a été bientôt reconnu ne devoir pas servir de règle, c'est qu'immédiatement après, le même écrivain en cite un autre du 23 décembre 1623, « qui a jugé qu'un juge ou conseiller » d'un siège peut être élu Arbitre ».

Vainement, pour raccorder ce second arrêt avec le premier, pris dans le sens de Bouchel, les auteurs de la nouvelle édition du recueil de Brillon, disent-ils, que, dans l'espèce de celui-ci, le juge qui avait été nommé Arbitre, composait à lui seul tout le tribunal de Saumur. Le tribunal de Saumur était une sénéchaussée, dans laquelle on comptait un lieutenant général, un lieutenant particulier, un lieutenant criminel et plusieurs conseillers.

Au surplus, la question s'est représentée sept ans après, et a encore été jugée, sinon d'une manière positive, du moins implicitement, comme elle l'avait été en 1623. Voici l'espèce, telle que la rapporte Bardet, tome 1, liv. 3, chap. 121 :

« David Ragu ayant promis à Anne Bourguignet, fille de Daniel Bourguignet, de l'épouser, et les articles ayant été signés par les parties et par plusieurs de leurs plus proches parens, Daniel Bourguignet, quelques mois après, fait refus de consentir à la célébration du mariage.

» David Ragu le fait assigner pardevant *le prévôt de Gien*, à ce qu'attendu son refus de consentir audit mariage, il soit condamné à lui rendre et restituer les bagues et joyaux et autres choses qu'il avait données à sa fille, et en tous ses dépens, dommages et intérêts.

» Sur quoi ayant contesté pardevant le prévôt de Gien, ils passèrent un compromis, et nommèrent pour Arbitres ledit prévôt de Gien et un avocat de la même ville, qui rendirent leur sentence arbitrale, par laquelle ils ordonnèrent, qu'attendu l'affinité des parties, les articles de mariage seraient biffés et lacérés, Bourguignet condamné à rendre et restituer à Ragu tout ce qu'il avait donné à sa fille, et en 600 livres pour sommes dommages et intérêts.

» Ragu demanda l'homologation de cette sentence pardevant le bailli de Gien ou son lieutenant, laquelle ayant été homologuée, Bourguignet fait signifier à Ragu, le 15 décembre 1629, qu'il en est appelant.

» Ragu le fait assigner pardevant le prévôt de Gien, pour lui payer la somme de cinq cents livres, stipulée par le compromis, contre celui qui ne voudrait acquiescer à la sentence arbitrale.

» Bourguignet, appréhendant la condamnation de cette somme, fait signifier à Ragu, le 26 janvier 1630, qu'il se désiste de son appel, acquiesce à la sentence, et offre de l'exécuter, *ce qui est accepté par Ragu, sans préjudice de la peine demandée et portée, par le compromis*, de laquelle il obtient condamnation par sentence du lieutenant en ladite prévôté de Gien, dont Bourguignet interjeta appel.

» Pour lequel M°. Adam dit que la sentence ayant été entièrement exécutée par la restitution des dons et présens, et par le paiement des six cents livres de dommages et intérêts, la peine ne peut plus être demandée. *Secundò*, l'appelant n'est pas de pire condition, que si l'on plaidait sur l'appel de la sentence, et qu'on lui demandât la peine avant que d'être reçu à plaider, en laquelle il ne serait point tenu à cause des nullités du compromis. La première est qu'il a été fait pour une chose dont il est défendu de compromettre, *nempe super fœdere matrimonii*; ce qui est absolument prohibé, *cap. quia contigit extra, de arbitris*. La seconde, que les Arbitres sont personnes laïques, entièrement incapables de juger en telles matières purement spirituelles. La troisième, qu'il est fait *en la personne du juge ordinaire, des parties*; ce qui est aussi prohibé par les ordonnances et les arrêts. Ces nullités empêchent que l'appelant ne doive aucune peine, parceque lorsqu'il se rencontre quelques nullités au compromis, l'appelant de la sentence arbitrale n'est point tenu au paiement de la peine stipulée par le compromis, ainsi qu'il a été jugé par plusieurs arrêts. Et conclud à ce que l'appelant soit absous de ladite somme de cinq cents livres portée par le compromis.

» M°. Chamillart, pour Ragu, intimé, dit que, lors de l'acquiescement par l'appelant à la sentence arbitrale, l'intimé avait protesté de recouvrer la peine pour laquelle il avait déjà fait sa demande, et ainsi il n'y a aucune fin de non-recevoir : quant aux prétendues nullités du compromis, ayant acquiescé à la sentence, l'appelant n'est plus recevable à les alléguer ; d'ailleurs elles ne sont aucunement considérables. Quant à la première, l'on n'a point compromis *super fœdere matrimonii*, mais seulement sur les dommages et intérêts et restitution des dons, faute

4. Edit., Tome 1.   72

de l'accomplissement du mariage, dont on a pu valablement compromettre, même en la personne de gens laïcs, qu'on objecte pour seconde nullité. Pour la troisième, *il n'est pas nouveau de compromettre en la personne des juges ordinaires; et tels compromis, et les sentences arbitrales, sont bonnes et valables;* et conclud au bien jugé.

» La cour mit l'appellation au néant; ordonna que ce dont était appel, sortirait son plein et entier effet, et condamna l'appelant aux dépens. Le lundi 5 août 1630, M. le président Lejai prononçant ».

Je dis que, si cet arrêt n'a pas jugé positivement comme celui du 23 décembre 1623, il l'a du moins fait implicitement; et, en effet, admettons que la confirmation de la sentence qui avait adjugé la peine compromissoire, a été déterminée par l'acquiescement de Bourguignet à la sentence arbitrale : qu'aurait fait le parlement de Paris dans cette hypothèse, s'il eût pensé que le prévôt de Gien n'avait pas pu être Arbitre? Il aurait certainement défendu à ce magistrat d'accepter désormais aucun compromis. Or, il n'y a pas un mot de cela dans l'arrêt dont il s'agit.

Enfin, une dernière preuve que le parlement de Paris ne trouvait, ni dans les principes généraux du droit, ni dans les lois qui régissaient son ressort, aucun obstacle à ce que les juges ordinaires acceptassent individuellement des compromis, c'est qu'en enregistrant, le 5 septembre 1730, comme on l'a vu plus haut, n°. 2, l'arrêt du conseil, du 25 mai 1726, il en a bien modifié les art. 6, 10, 11, 14 et 20 (1), mais qu'il n'a ajouté ni modification ni restriction quelconque à l'art. 17, quoique cet article, en défendant au conseil provincial d'Artois d'*accepter ni de juger des arbitrages en corps,* supposât clairement que chacun des officiers de ce tribunal pouvait en particulier être pris pour Arbitre.

Aussi, voyez comment Jousse, qui écrivait dans le ressort du parlement de Paris, s'est exprimé là-dessus, dans son *Traité de l'administration de la justice civile,* tome 2, page 696. Après avoir passé en revue les dispositions des ordonnances rendues en 1535 et 1539, pour les parlemens d'Aix et de Grenoble, et des réglemens cités des parlemens de Toulouse et de Dijon, il ajoute :

« Mais comme il n'y a point d'ordonnance pareille » pour le parlement de Paris, cela fait que le ré- » glement dont on vient de parler, ne s'y observe » point; et l'on souffre dans notre usage, que des » officiers, même d'une compagnie supérieure, » soient pris pour Arbitres des procès dont ils » doivent être juges; ce qui se pratique ainsi par » un motif de bien public, que la faveur des ac- » commodemens autorise ».

5°. À l'égard du parlement de Bordeaux, j'en

(1) *V.* les deux premières éditions du *Répertoire de jurisprudence*, aux mots *Conseil provincial d'Artois.*

ai déjà remarqué dans le *Répertoire de jurisprudence*, au mot *Arbitrage*, n°. 1, deux arrêts de 1714 et 1730, qui supposent clairement qu'il regardait ses propres membres comme libres d'accepter des arbitrages, puisqu'ils n'annullent les sentences arbitrales auxquelles avaient concouru MM. de Cezac et de Caupos, qu'à raison de leur parenté avec les parties.

Mais il y a un autre arrêt de la même cour qui est plus positif: « Le juge devant qui le procès pou- » vait être porté, peut être choisi pour Arbitre. » Ainsi jugé en l'audience de la grand'chambre, » en 1743, plaidant Belliquet et Raynal ». Ce sont les termes de l'un des additionnaires de Lapeyrère, *décisions sommaires du palais,* au mot *Arbitres*, tome 1, page 62, édition de 1807.

Cet arrêt va encore plus loin : il rejette, et avec raison, la restriction que celui du parlement de Paris, du 10 mars 1601, avait mise, relativement aux rapporteurs, à la faculté qu'ont en général les juges inférieurs d'accepter des arbitrages. « Ce n'est pas non plus (dit Salviat, » dans sa *jurisprudence* du parlement de Bordeaux, » imprimé en 1781, page 58) une nullité de ce » que celui qui est le juge naturel des parties, et » devant qui le procès doit être porté, sera choisi » pour Arbitre. Les *conférences* (1) discutent cette » question; elles rapportent les opinions contrai- » res de différents auteurs, tels que Mornac, sur » la loi 9, D. *de receptis qui arbitrium*, le Diction- » naire des arrêts, au mot *Arbitre*, et Bouvot; et » nous enseignent que, parmi cette discordance » et la variété des arrêts des autres parlemens, » le nôtre a fixé la jurisprudence par un arrêt » rendu en 1741, à l'audience de la grand'cham- » bre, plaidans, Belliquet et Raynal, qui a dé- » cidé qu'un juge chargé de rapporter un procès, » avait pu être pris pour Arbitre, et qu'on était » fondé à opposer à l'appelant la fin de non-rece- » voir, quoique ce juge, qui fut nommé rappor- » teur, eût assisté et eût été un des opinans au » jugement qui ordonna qu'on mettrait pièces. » Cet arrêt se trouve non-seulement dans les » *conférences,* mais encore dans plusieurs collec- » tions ».

VIII. Il résulte clairement de ces détails, que de tous les anciens tribunaux souverains de France, dont la jurisprudence soit bien connue sur notre question, le parlement de Dijon était le seul qui,

(1) L'auteur explique lui-même, dans sa préface, ce qu'il entend par ce mot. « J'ai eu recours (dit-il, page VI) » aux différentes *conférences*, aux anciennes tenues chez » M. Planché, et encore plus aux nouvelles auxquelles a » présidé le respectable magistrat dont elles portent le » nom, M. Dudon, aujourd'hui procureur général. On sait » que les unes et les autres sont le fruit des travaux de » plusieurs membres et avocats de notre parlement, con- » sommés dans l'étude du droit, qui s'assemblaient pour » se communiquer mutuellement leurs lumières. Elles » sont assez connues, surtout les dernières, pour que je » n'aie pas besoin de vanter leur mérite ».

donnant à la loi 9, §. 2, D. *de receptis qui arbitrium*, une interprétation démentie par son propre texte, et plus encore par les lois 3 et 4 du même titre, en tirait d'une manière absolue la conséquence que nul juge ordinaire, n'importait qu'il fût supérieur ou subalterne, ne pouvait être Arbitre dès affaires soumises à sa juridiction ; et c'en est assurément bien assez pour nous autoriser à dire que, dans notre ancien ordre judiciaire, le droit commun n'établissait aucune incompatibilité entre les fonctions *actuelles* d'Arbitre et la qualité *habituelle* de juge.

Tel était aussi, à la même époque, le droit commun des Pays-Bas.

Groenevegen, *Tractatus de legibus abrogatis*, sur la loi 9, §. 2, *de receptis qui arbitrium*, dit que *jure canonico judex arbiter esse potest*, et que *hoc praxi nostrorum temporum consentaneum est*.

Et voici comment il s'exprime sur la loi 4 du même titre, aux termes de laquelle, comme on l'a vu plus haut, un préteur, quoique capable d'être Arbitre, ne pouvait pas être contraint par un magistrat du même rang que lui, à vider l'arbitrage qu'il avait accepté : *in nostrâ republicâ, non penes prætorem sive unam personam, sed penes totum senatum sive judicum collegium imperium est et judicandi potestas..... Cùm itaque, exempli gratiâ, senator curiæ Hollandiæ arbitrium recepit, cujuscumque dignitatis sit, ab ipso senatu sive curiâ cogi potest officio quod suscepit perfungi.*

Voët, sur le Digeste, liv. 4, tit. 8, n°. 8, rend témoignage de la même pratique : *nostris moribus infrequens non est judices ordinarios ex partium compromisso arbitros constitui, ac ad implendum arbitrium etiam cogi per ipsum illud collegium judicum, cujus ipsi pars sunt, ut jure canonico cautum est ac pragmatici testantur.*

Ces deux auteurs n'ont écrit que pour la Hollande ; mais nous trouvons dans l'art. 23 de l'ordonnance des archiducs Albert et Isabelle, du 13 avril 1604, concernant *le style et manière de procéder au souverain conseil de Brabant et pays d'outre Meuse*, une preuve sans réplique que ce qu'ils disent des usages de leur pays, était commun à la Belgique.

Cet article porte « que dorénavant nul de nos » conseillers n'acceptera aucune submission (c'est-» à-dire, aucun compromis) des causes pendan-» tes en notre conseil, ou qui, selon les appa-» rences, y pourraient venir, ne fût par avis de » notre chancelier (président de ce tribunal) ».

Il résulte, en effet, clairement de cet article, modelé, sans doute, sur l'ordonnance rendue en 1535, pour le parlement de Provence, que le droit commun de la Belgique était, sur ce point, conforme à celui de la Hollande, puisque, d'une part, il laisse subsister, pour les juges inférieurs, la faculté d'accepter des arbitrages dans les affaires soumises à leur juridiction ; et que, de l'autre, en ôtant cette faculté, pour l'avenir, aux magistrats du conseil de Brabant,

il ne permet pas de douter qu'ils n'en aient joui précédemment.

IX. Voyons maintenant quel a été, sur tout cela, l'effet de la suppression qu'ont subie les anciennes cours souveraines de France en 1790, celles de la Belgique en 1796, et celles de Hollande quelques années après.

Que le droit commun dont on vient de parler, ait survécu à cette suppression, c'est ce qui ne peut faire la matière du plus léger doute ; et c'est ce que supposent manifestement deux décrets rendus le 20 prairial et le 13 messidor an 13, pour l'organisation de la justice dans les états de Parme, de Plaisance et de Gênes. « Les juges » (y est-il dit, art. 5, du titre *des juges et des tri-* » *bunaux en général*) sont salariés par l'Etat ; ils » ne peuvent rien recevoir des parties, soit à » titre de salaire, d'épices, de présens, soit sous » quelque autre dénomination ou prétexte que » ce soit, sous peine d'être poursuivis comme » concussionnaires ; ni les juges de paix, ni au-» cun autre magistrat, ne pourront aussi deman-» der ni recevoir aucun salaire, ni présent, sous » prétexte du temps qu'ils auront employé, ou » du travail qu'ils auront fait pour parvenir à » concilier les parties, et lorsqu'ils seront choisis » *pour leurs Arbitres* (1) ». Il est sensible, en effet, que ces décrets, destinés principalement à établir une parfaite conformité, dans l'administration de la justice, entre les pays qu'ils ont pour objet, et tous ceux dont se composait alors la France, n'eussent pas ainsi laissé aux magistrats parmesans, plaisantins et liguriens la faculté d'accepter des arbitrages dans les affaires dont ils pouvaient ou devaient être juges, si cette faculté n'était pas restée commune à tous les magistrats qui, dans les tribunaux français, remplacent ceux des anciens parlemens, conseils supérieurs, cours des aides, bailliages, sénéchaussées, etc.

X. Mais que sont devenues, par la suppression du parlement de Provence, du parlement de Languedoc et du conseil souverain de Brabant, les règles particulières qui, à cet égard, avaient été imposées aux membres de ces cours, par l'ordonnance du mois d'octobre 1535, par les délibérations de 1584 et 1701, et par l'ordonnance du 13 avril 1604 ? Ont-elles conservé leur empire sur les membres de la cour royale d'Aix, qui remplace le parlement de Provence ; sur les membres des cours royales de Toulouse, d'Agen, de Montpellier et de Nismes, qui remplacent le parlement de Languedoc, et sur les membres de la cour supérieure de justice de Bruxelles, qui remplace le conseil souverain de Brabant ?

Je ne le crois pas,

Non-seulement parcequ'il paraîtrait aujourd'hui souverainement ridicule que les membres de

---

(1) *Bulletin des lois*, 4°. série, n°s. 51 et 53.

quelques cours fussent, en cette matière, soumis à des règles qui ne lieraient pas ceux de la grande majorité des autres cours du même royaume ;

Mais encore 1°. parceque, si le parlement d'Aix est remplacé, dans une partie de son ressort, par la cour royale d'Aix, il l'est dans une autre partie, par la cour royale de Grenoble, à laquelle ressortit l'ancien Dauphiné ;

2° Parceque, si le parlement de Languedoc est remplacé, dans une partie de son ressort, par les cours royales de Toulouse et de Montpellier, il l'est dans d'autres parties, par la cour royale de Nismes, à laquelle ressortit l'ancien comtat venaissin, et par la cour royale d'Agen, à laquelle ressortit une partie de l'ancienne Guyenne ;

3°. Parceque la cour supérieure de justice de Bruxelles ne remplace pas seulement le conseil souverain de Brabant, mais encore le grand conseil de Malines et le conseil souverain de Mons ;

4°. Parceque le conseil souverain de Brabant lui-même est remplacé, pour le Limbourg, par la cour supérieure de justice de Liége ;

Et conséquemment parcequ'il serait absurde que les membres de la cour royale de Grenoble fussent soumis, pour le département des Hautes-Alpes, à une prohibition qui ne les atteindrait pas pour le ressort de l'ancien parlement du Dauphiné ;

Parcequ'il serait absurde que les membres de la cour royale de Nismes fussent soumis, pour les départemens de l'Ardèche, du Gard et de la Lozère ; à une prohibition qui ne les lierait pas pour le département de Vaucluse ;

Parcequ'il serait absurde que les membres de la cour royale d'Agen fussent soumis, pour le département du Lot, à une prohibition qui ne les lierait pas pour le département de Lot-et-Garonne, pour une partie de celui du Gers, et pour une partie de celui de Tarn-et-Garonne ;

Parcequ'il serait absurde que les membres de la cour supérieure de justice de Bruxelles fussent soumis, pour le Brabant, à une prohibition dont ils seraient affranchis pour la Flandre et le Hainaut ;

Enfin, parcequ'il serait absurde que les membres de la cour supérieure de justice de Liége fussent soumis, pour le Limbourg, à une prohibition qui serait sans effet, à leur égard, pour le pays de Liége, pour la province de Namur et pour le grand-duché de Luxembourg.

Les mêmes raisons s'opposent à ce que la cour royale de Dijon se regarde comme liée par la mauvaise jurisprudence que le parlement de Bourgogne s'était faite sur cette matière ; car cette jurisprudence ne pourrait pas être obligatoire pour elle, sans l'être en même-temps pour la cour royale de Lyon, qui remplace le parlement de Bourgogne, quant au département de l'Ain ; et le bon sens veut que les membres de la cour royale de Lyon ne puissent pas être empêchés d'accepter, pour le département de l'Ain, des arbitrages dont l'acceptation leur serait parfaitement libre pour les départemens du Rhône et de la Loire. D'ailleurs, comme le disait très-bien M. Tronchet, le 14 messidor an 4, à la tribune du conseil des anciens, « une simple jurispru-
» dence, quelqu'ancienne qu'elle soit, ne peut
» limiter le pouvoir du juge. Il ne peut être lié
» par l'erreur de ses prédécesseurs, il ne peut
» être lié que par sa propre erreur. Toutes les fois
» que la loi se tait, il n'a point d'autre règle à
» suivre que sa propre conscience, ses lumières
» et les principes du droit naturel et primitif. Il
» ne peut pas réformer ses jugemens antérieurs,
» ou ceux de ses prédécesseurs ; mais il serait
» absurde de dire qu'il ne peut point se sous-
» traire à l'erreur des autres, ni abandonner ses
» propres erreurs ».

Et s'il en était ainsi pour les cours d'appel d'Aix, de Toulouse, de Montpellier, d'Agen, de Nismes et de Bruxelles, avant la publication et la mise en activité du Code de procédure civile, à combien plus forte raison n'en doit-il pas être de même depuis que, par l'art. 1041 de ce Code, entendu comme j'ai prouvé ci-dessus, art. 1, qu'il doit l'être d'après l'art. 3 de la loi du 27 novembre 1790, les dispositions de l'ordonnance du mois d'octobre 1535, des délibérations de 1584 et 1701, et de l'ordonnance du 13 avril 1604, qui interdisaient les fonctions d'Arbitres aux membres du parlement de Provence, à ceux du parlement de Languedoc et à ceux du conseil souverain de Brabant, sont abrogées et cessent de faire loi ?

Objectera-t-on que du moins ces dispositions conservent l'autorité de raison écrite, et qu'il n'en faut pas davantage pour les rendre obligatoires, même dans les pays pour lesquels elles n'ont pas été faites ?

Mais, d'une part, elles n'étaient certainement pas considérées comme raison écrite, avant que l'art. 1041 du Code de procédure civile les eût dépouillées du caractère de lois, puisqu'alors elles formaient des exceptions au droit commun.

D'un autre côté, sous quel prétexte prétendrait-on aujourd'hui leur attribuer une autorité de raison écrite qu'on leur refusait généralement lorsqu'elles faisaient loi ?

Dira-t-on avec Pigeau, *Traité de la procédure civile*, liv. 1, tit. 3, n°. 5, « qu'il est des cas où
» l'on peut se pourvoir contre un jugement arbi-
» tral, ou devant le tribunal qui a rendu l'ordon-
» nance d'exécution, ou devant celui d'appel
» (et que) les juges qui composent ces tribunaux,
» étant revêtus d'une fonction publique de la-
» quelle ressortit la fonction privée qu'ils accep-
» tent, ils le font mal-à-propos, puisqu'ils ne peu-
» vent juger eux-mêmes leurs propres décisions. »
» Mais avec cette manière de raisonner, on par-
» viendrait à établir qu'un juge ne peut accepter,

de la part de ses justiciables, aucune espèce de mandat; car il n'est point de mandat accepté par un juge, qui ne puisse donner lieu à des contestations du ressort de son tribunal; et si, comme on n'en peut raisonnablement pas douter, la qualité de juge n'est pas exclusive de celle de mandataire, comment le serait-elle de celle d'Arbitre? Sans doute le magistrat qui aura prononcé comme Arbitre sur une affaire, ne pourra pas plus que celui qui l'aura gérée comme mandataire, en connaître comme juge, et il sera obligé de se récuser. Mais s'il y a quelques inconvéniens à ce que, par là, le ministère d'un juge soit paralysé, il y en aurait de bien plus grands à placer un juge dans l'impossibilité de répondre en aucun cas à la confiance que ses justiciables ont dans son caractère personnel, dans ses lumières et dans sa droiture. Après tout, il n'appartient qu'au législateur de peser ces inconvéniens respectifs; et tant qu'il se taira, tant qu'il n'aura pas, en trouvant les premiers plus graves que les seconds, déclaré expressément les juges incapables d'accepter des compromis, il y aura évidemment entreprise sur ses attributions, dans tout jugement, dans tout arrêt, qui annullerait un compromis sur le seul fondement qu'il aurait été accepté par un juge.

C'est au surplus en ce sens que la question a été jugée dans l'espèce suivante.

Jean Schneider et Henri Fusch, étant en procès devant le tribunal de première instance de Cousel, font un compromis par lequel ils soumettent leur différend à la décision du président de ce tribunal et d'un avocat.

Les deux Arbitres rendent une sentence qui donne gain de cause à Schneider.

Fusch en demande la nullité au tribunal lui-même, et se fonde sur la loi 9, D. *de receptis qui Arbitrium*.

Jugement qui, en effet, la déclare nulle d'après cette loi.

Mais par arrêt du 24 juin 1812 (1), ce jugement est réformé, « attendu que le moyen tiré de la » loi 9, D. *de receptis qui Arbitrium*, n'était pas » applicable dans l'état de la législation ac- » tuelle (2) ».

___

(1) Jurisprudence du Code civil, tome 20, page 285.
(2) A ce motif très-juste en soi et qui n'a d'autre défaut que de n'être pas assez développé, la cour d'appel de Trèves a cru devoir ajouter, « qu'il s'infère des disposi- » tions du §. 8 de l'art. 378 du Code de procédure, que la » récusation d'un juge qui a été Arbitre, n'étant que fa- » cultative, on doit nécessairement en conclure qu'il n'est » pas interdit à un membre d'un tribunal d'accepter un » arbitrage ». Mais je ne saurais approuver le second de ces motifs, et il est à regretter que la cour d'appel de Trèves l'ait ajouté au premier. Le §. 8 de l'art. 378 du Code de procédure place sur la même ligne le juge qui *a donné conseil, plaidé ou écrit sur le différend*, et le juge qui *en a précédemment connu comme Arbitre*. Or, peut-on inférer de cette disposition qu'il est libre à un juge de donner conseil, plaider ou écrire sur le différend soumis

La même chose a été jugée, l'année suivante, par la cour d'appel de Colmar, dans une espèce qui était antérieure au Code de procédure civile, et présentait spécialement la question de savoir si un juge de paix, devant lequel les parties comparaissent pour se concilier, peut être choisi par elles pour Arbitre de leur différend, et si le jugement qu'il rend, en cette qualité, est valable, comme le serait celui qui rendrait en qualité de juge, dans le cas où elles prorogeaient à cet effet sa juridiction, suivant la faculté que leur en laisse l'art. 10 de la loi du 14-26 octobre 1790, renouvelé par l'art. 7 du Code de procédure.

Dans le fait, le 16 messidor an 13, Nathan Weyl et Sébastien Galliath comparaissent devant le juge de paix du canton de Guebwiller pour se concilier sur la prétention que le premier forme contre le second d'une somme de 3,300 francs, et s'accordent à le nommer Arbitre de leur différend, avec pouvoir de prononcer en dernier ressort.

Le 23 du même mois, jugement arbitral qui condamne Galliath à payer les 3,300 francs à Weyl.

Galliath, pour arrêter les poursuites faites contre lui en vertu de ce jugement et de l'ordonnance d'*exequatur* dont il a été revêtu par le président du tribunal de première instance, soutient qu'il est nul, parceque, d'après la loi 9, §. 2, D. *de receptis qui Arbitrium*, le juge de paix, dont il est émané, n'a pas pu prononcer comme Arbitre.

Le 23 mars 1813, jugement du tribunal de Colmar qui le déboute de sa demande en nullité.

Et sur l'appel, arrêt du 21 décembre de la même année, par lequel,

« Attendu que c'est contrairement à la vérité du fait de la cause, que l'appelant prétend que le juge de paix du canton de Guebwiller n'avait pu juger, le 23 messidor an 13, que par prorogation de juridiction; qu'ainsi, son jugement est un acte arbitraire et nul, et par suite l'ordonnance d'*exequatur*; tandis qu'il conste, par le procès-verbal du 16 dudit mois de messidor, que Galliath, appelé devant le juge de paix par l'intimé, après avoir reconnu devoir légitimement les 3,300 francs répétés par celui-ci, a demandé quatre années de terme, invitant le juge de paix de juger la contestation en dernier ressort, le nommant *Arbitre* à cet effet, et que, de son côté, l'intimé a consenti que ce juge de paix décidât sans appel, le nommant également *Arbitre*; d'où est résulté un compromis formel; or, d'après l'art. 2 du tit. 7 de la loi du 24 août 1790, les parties avaient

___

à son tribunal? Non certainement. On ne peut donc pas en inférer davantage qu'il est libre à un juge d'accepter les fonctions d'Arbitre dans une affaire que sa qualité de magistrat l'appelle à juger. Il faut donc chercher ailleurs la preuve de la liberté qu'il a d'accepter ces fonctions, et cette preuve je la trouve dans la liberté qu'il a d'accepter un mandat quelconque.

le droit de compromettre, et elles étaient maîtresses du choix de leur Arbitre; le juge de paix a donc pu, dans l'espèce, être choisi comme tel, puisqu'aucune loi ne l'avait déclaré inhabile à juger comme Arbitre et en dernier ressort...;

» La cour met l'appellation au néant.... (1) ».

XI. J'arrive à la quatrième question, à celle de savoir si un juge appelé à connaître, comme tel, d'une affaire, peut être chargé par un compromis de la terminer, non comme simple Arbitre, mais comme Arbitre et amiable compositeur.

Qu'il le puisse aujourd'hui que sont dissipés, par l'abrogation de la loi 9, §. 2, D. *de receptis qui Arbitrium*, tous les doutes que l'on avait élevés dans l'ancienne jurisprudence, sur sa capacité d'être simple Arbitre, c'est ce qui ne peut faire la matière d'aucune espèce de difficulté.

Mais le pouvait-il également, avant le Code de procédure civile, dans les pays où, soit d'après une mauvaise interprétation du texte cité du droit romain, soit d'après une loi ou un règlement local, les fonctions de simple Arbitre lui étaient interdites?

L'affirmative passait pour constante au sénat de Chambéry, où, comme on l'a vu au n°. 4, avait prévalu l'opinion qui donnait à la loi 9, §. 2, D. *de receptis qui Arbitrium*, l'effet d'exclure les juges ordinaires des fonctions d'Arbitre. Les présidens et les sénateurs (dit le président Favre, dans son Code, liv. 2, tit. 38, défin. 2), étant considérés comme juges ordinaires, ne peuvent pas être pris pour Arbitre de droit (expressions par lesquelles ce magistrat désigne les simples Arbitres, parcequ'ils sont tenus, comme les juges, de se conformer aux lois tant pour les formes que pour le fond); mais qu'ils puissent être pris pour *Arbitraieurs et amiables compositeurs*, c'est ce dont on ne doute nullement; et le sénat l'a ainsi jugé le 27 juin 1591. *In præsides et senatores non magis compromitti potest tanquàm in Arbitros juris, quàm in alium quemlibet judicem ordinarium, cùm sint et ipsi judices ordinarii; sed tanquàm in arbitratores et benevolos, ut vocant, compositores compromitti haud dubiè potest. Ita tractatum in causâ Joannis* Gaibourg *et Claudii* Chastelain, 4 cal. Julii 1591.

Cependant le parlement de Toulouse, qui avait, par une délibération du 22 juin 1701, interdit les fonctions d'Arbitres à ses membres, a, par un arrêt du 22 août 1741, rapporté dans la nouvelle édition du dictionnaire de Brillon, au mot *Arbitres*, n°. 21, « rejeté un avis arbitral donné » et remis cacheté à un notaire par un conseiller » de ladite cour, *en forme de projet de transaction*, » quoique l'une des parties soutînt que la défense » ne tombait que sur la personne des conseillers » et ne rendait pas le compromis nul ».

_____

(1) Jurisprudence de la cour de cassation, tome 14, partie 2, page 290.

Assurément la *forme de projet de transaction* que le conseiller avait donnée à son avis arbitral, ne permet pas de douter qu'il n'eût été pris, non pour simple Arbitre, mais pour amiable compositeur.

Le parlement de Toulouse a donc jugé, en déclarant nul l'avis de ce magistrat, le contraire de ce que le sénat de Chambéry avait décidé en 1591.

Mais la contrariété de ces deux arrêts s'expliquera facilement, si l'on fait attention à la différence qu'il y avait entre le motif de la défense que le sénat de Chambéry supposait être faite par les lois romaines aux juges ordinaires d'accepter des compromis, et le motif de la défense que le parlement de Toulouse en avait faite à ses propres membres, dans la persuasion qu'il dérogeait par là aux lois romaines elles-mêmes.

Pourquoi, suivant le sénat de Chambéry, la loi 9, §. 2, D. *de receptis qui Arbitrium*, interdisait-elle les fonctions de simple Arbitre au juge ordinaire? Parceque le juge ordinaire est dans la nécessité de juger, parcequ'il ne peut s'y soustraire; et que cependant il s'y soustrairait s'il prononçait comme Arbitre, puisqu'il ne pourrait le faire que de la même manière que s'il prononçait en sa propre qualité. Or, cette raison (assurément bien futile) cessait absolument, lorsque le juge acceptait un compromis qui le constituait amiable compositeur, puisque, dispensé de prononcer suivant la rigueur du droit, le rôle qu'il avait à remplir, était tout différent de celui de magistrat: *ratio differentiæ* (dit le président Favre à l'endroit cité) *est quia judex ordinarius habet judicandi necessitatem* (L. de quâ re, 74, D. de judiciis, §. pen. et ult. D. de vacationibus et excusationibus munerum) *quàm porrò sibi præriperet, si prorsùs modo judicare debet arbiter juris, quo si verè esset judex. Non etiam Arbitrator, qui, non servato judiciorum ordine, judicat ex bono et æquo*, L. societatem 76, §. arbitriorum, D. pro socio.

Dans quelle vue, au contraire, le parlement de Toulouse défendait-il à ses propres membres d'accepter des arbitrages? Uniquement, comme je l'ai prouvé ci-dessus, n°. 6, pour ne pas exposer les magistrats à compromettre leur dignité; et il est évident que ce motif s'appliquait aussi bien aux fonctions d'amiable compositeur qu'à celles de simple Arbitre.

XII. Le juge délégué peut-il être pris, soit pour simple Arbitre, soit pour amiable compositeur, dans l'affaire sur laquelle porte sa délégation?

Que, dans le droit romain, il ne pût pas être pris pour simple Arbitre, c'est, comme on l'a vu plus haut, n°. 3, ce que décidait nettement la loi 9, §. 2, D. *de receptis qui Arbitrium*.

Le canoniste Acosta, sur le chap. 21, aux décrétales, *de præbandis et dignitatibus*, prétend que le droit canonique en dispose autrement; et c'est sur ce chapitre même qu'il se fonde. En effet, il y est dit que les particuliers à qui avait été délégué le jugement d'une contestation entre deux, pourvus du même prieuré, avaient pu, en vertu des pouvoirs que les parties leur avaient conférés par un compromis, adjuger le bénéfice à l'un des compétiteurs, et le grever envers l'autre d'une pension viagère.

Mais, comme l'observe Boehmer dans ses notes sur le même chapitre, les juges délégués dont il y est question, n'avaient pu prononcer comme ils l'avaient fait, que parceque le compromis les avait constitués amiables compositeurs. Si donc il résulte de ce chapitre que les juges délégués peuvent être pris pour amiables compositeurs du différend sur lequel ils sont chargés de statuer, il n'en résulte du moins pas qu'ils puissent, contre la disposition du droit romain, accepter un compromis qui ne leur conférerait que la qualité d'*Arbitres de droit* ou de simples Arbitres : *hoc compromissum non tam in Arbitros qui causam, ordine juris servato, dirimerent, id quod ex delegatione iis datum erat, quàm in arbitratores factum erat, ut ex æquo et bono interponerent Arbitrium, quod pontifex demùm approbavit. Undè ex hoc capitulo colligi nequit, ceu Acosta arbitratur, jure pontificio, post delegationem susceptam, compromitti in delegatos ut Arbitros, posse. Neque enim delegati sententiam secundùm jus dixerant, sed tanquàm arbitratores censuerant, quà ratione lis multis difficultatibus obnoxia componi posset* (1).

Quoiqu'il en soit, il paraît constant, que même sous le droit romain, les fonctions d'amiables compositeurs n'étaient pas interdites aux juges délégués, puisque, comme on l'a vu au n°. précédent, elles ne l'étaient pas aux juges ordinaires, dans l'opinion de ceux qui regardaient ceux-ci comme soumis, relativement aux fonctions de simples Arbitres, à la même prohibition que ceux-là.

Et à plus forte raison n'y a-t-il rien aujourd'hui qui s'oppose à ce qu'un juge délégué accepte un compromis qui lui confère les pouvoirs d'amiable compositeur.

Je dis *à plus forte raison*; car la loi romaine qui l'empêchait d'accepter et de remplir les fonctions de simple Arbitre, est abrogée, comme je l'ai établi plus haut, par l'art. 1041 du Code de procédure civile, combiné avec l'art. 3 de la loi du 27 novembre 1790.

Peut-elle du moins être invoquée aujourd'hui comme raison écrite ? Pas davantage, puisque, comme on l'a vu au n°. 4, les motifs en sont inconnus, et que ceux que l'on pourrait mettre en avant pour la justifier, s'appliqueraient aussi bien aux juges ordinaires, auxquels cependant il n'est pas permis de douter que le droit romain ne laissât la faculté d'accepter des arbitrages.

Ce qui d'ailleurs doit là-dessus lever toute espèce de difficulté, c'est que les juges délégués ne sont plus, parmi nous, comme chez les romains, de simples particuliers à qui le magistrat renvoie le jugement de telle ou telle affaire, mais des juges ordinaires à qui sont attribuées, dans les cas déterminés par les lois, des affaires étrangères à leur juridiction.

§. XV. 1°. *Un compromis est-il nul d'après l'art. 1006 du Code de procédure civile, par cela seul qu'au lieu de désigner spécifiquement chacune des contestations sur lesquelles les Arbitres dont il contient le choix, doivent prononcer, il les désigne collectivement, en masse, et seulement par relation au contrat qui les a fait ou les fera naître ?*

2°. *Quel est l'effet de la clause d'un contrat par laquelle les parties, prévoyant que des difficultés pourront s'élever entre elles sur l'étendue ou l'exécution de leurs engagements respectifs, promettent de nommer chacune un Arbitre pour y statuer ?*

I. Nulle difficulté sur la première question.

En exigeant, à peine de nullité, que le compromis désigne les objets en litige, l'art. 1006 du Code de procédure civile déroge sans contredit à la loi 21, §. 6, D. *de receptis qui arbitrium*, par laquelle était déclaré valable le compromis qui portait vaguement sur tous les différends que les parties pouvaient avoir entre elles : *Plenum compromissum appellatur quod de rebus omnibus controversiisve compositum est; nam ad omnes controversias pertinet*. Mais il ne détermine pas la manière dont les objets en litige doivent être désignés dans le compromis. Il doit donc être expliqué par le principe général que, dans les cas où la loi n'en dispose pas autrement, l'obligation d'exprimer une chose dans un acte, est équipollemment remplie par la relation de cet acte à un autre auquel cette chose se rattache (1); et dèslors, point de doute sur la validité d'un compromis par lequel des parties soumettent au jugement d'Arbitres qu'elles nomment, toutes les contestations qui se sont élevées et pourront s'élever entre elles, soit sur l'étendue, soit sur l'exécution des engagements qu'elles ont pris l'une envers l'autre par tel contrat.

Je dis *et pourront s'élever*, car pour qu'une contestation puisse être la matière d'un arbitrage, il n'est pas nécessaire qu'elle soit actuellement née; il suffit qu'elle puisse naître, comme il suffit qu'un différend soit possible pour que, sans le désigner spécifiquement, on puisse en faire la matière d'une transaction.

Et je suis, en cela, d'accord avec M. Pardessus, dans son *Cours de droit commercial*, n°. 1391 :

---

(1) Édition du corps de droit canonique de Boehmer, tome 2, page 439.

(1) *V*. les conclusions du 19 juillet 1810, rapportées au mot *Testament*, §. 15.

« Il n'est pas indispensable (dit-il) d'exprimer
» les points en contestation ; les parties peuvent
» charger les Arbitres de juger les contestations
» élevées entre elles, ou qui pourraient s'élever
» pour l'exécution des actes, ou pour les objets
» par elles énoncés dans le compromis ».

C'est ainsi que, par arrêt du 4 avril 1808, la cour d'appel de Turin a déclaré valable

« L'acte de compromis, fait par triple original, par lequel les compromettans désirant de trancher toute question entre eux élevée et qui pourrait s'élever dépendamment du contrat de bail fait par M. Selopis au profit des sieurs Alloati et Gaydo, le 10 juin 1805, et des procès ventilés pardevant le tribunal de première instance séant à Turin, commencés, le premier par exploit du 28 messidor an 13, et poursuivi jusqu'à jugement du 3 janvier 1806 ; et le deuxième commencé par exploit du 22 septembre même année, ont nommé et nomment pour leurs Arbitres MM. Nuits, Galvagno et Gastaldi ;

» Attendu que, dans ce compromis, les parties se sont évidemment conformées aux dispositions de l'art. 1006 du Code de procédure, puisque les objets du litige sont clairement et expressément désignés, et les noms des Arbitres y sont suffisamment expliqués :

» Qu'en vain les sieurs Alloati et Gaydo voudraient attaquer de nullité ledit compromis, parceque toutes les contestations qui furent agitées entre eux et le sieur Selopis pardevant les Arbitres, n'ont point été nominativement détaillées dans l'acte ;

» La loi n'oblige point à ce détail, qui souvent serait impossible, puisque les prétentions des parties, dépendamment du même objet de litige, trouvent souvent leur source dans le cours de la procédure et dans les moyens respectifs de défense ; elle n'oblige qu'à spécifier l'objet du litige, et ce, pour circonscrire dans des limites certaines et invariables le mandat des Arbitres, et pour que, dans l'exercice de leurs fonctions, ils n'aient point à divaguer sur des objets étrangers à leur mission ;

» Or, dans l'espèce, le compromis a fixé positivement l'objet du litige, savoir, les questions élevées, ou qui pourraient s'élever, dépendamment du contrat de bail du 10 juin 1805, et des procès y désignés qui en furent la suite ;

» Cette désignation ne laisse point de doute sur le mandat des Arbitres ; elle ne leur permet aucunement de divaguer dans l'exercice de leurs fonctions ; leur domaine est circonscrit à toutes les questions qui concernent le contrat et les procès susdits ; au-delà de ces limites, leur autorité est nulle, et leurs fonctions viennent à cesser ; c'est donc sans fondement qu'on a opposé nullité au compromis en question (1) ».

----
(1) Jurisprudence de la cour de cassation, tome 9, partie 2, page 32.

II. Mais si de là il suit que des parties contractantes peuvent, par l'acte même qu'elles passent entre elles, soumettre d'avance à des Arbitres qu'elles choisissent, le jugement des difficultés qu'elles prévoient pouvoir en résulter, peut-on aussi en conclure que l'on doit regarder comme obligatoire la clause par laquelle, sans nommer actuellement des Arbitres pour statuer sur ces difficultés, elles promettent d'en nommer le cas échéant ?

Il est certain qu'une pareille clause n'est pas un compromis, puisqu'elle ne désigne pas les noms des Arbitres, et qu'aux termes de l'art. 1006 du Code de procédure, il ne peut pas y avoir de compromis sans cette désignation.

Mais est-ce à dire pour cela qu'elle est nulle, qu'elle ne doit pas valoir comme promesse réciproque de compromettre, et qu'en conséquence, arrivant le cas qu'elle a prévu, le juge ne peut pas, sur le refus de l'une des parties de nommer un Arbitre, en nommer un d'office ?

Cette question a été agitée, en 1809, avec une autre qui y était accessoire, devant la cour d'appel de Paris. Voici l'espèce.

Le 10 août 1807, acte par lequel le sieur de Soussaye afferme au sieur Valvin la terre de Gallois, avec obligation des deux parties de soumettre à des Arbitres en dernier ressort toutes les contestations qui pourraient naître de l'exécution du bail.

Le 12 avril 1808, nouvel acte, par lequel les sieurs de Soussaye et Valvin résilient le bail, et nomment chacun un Arbitre pour prononcer en dernier ressort sur tous les différends auxquels cette résiliation pourra donner lieu.

L'Arbitre nommé par le sieur de Soussaye, se déporte ; et, par là, finit, aux termes de l'art. 1012 du Code de procédure civile, le compromis résultant de l'acte du 12 avril.

Mais le sieur Valvin, se fondant sur la clause citée du bail du 10 août 1807, n'en soutient pas moins que le sieur de Soussaye est tenu de nommer un nouvel Arbitre ; et par exploit du 19 juillet suivant, il le somme d'en nommer un dans vingt-quatre heures.

Le sieur de Soussaye en nomme effectivement un le 24 août.

Mais par acte du 9 novembre, son second Arbitre se déporte comme le premier.

Le 19 du même mois, le sieur Valvin somme le sieur de Soussaye de nommer un troisième Arbitre, *dans les vingt-quatre heures, pour tout délai*.

Le 21, le sieur de Soussaye est cité par le sieur Valvin à l'audience du juge des référés, du 23, pour y nommer un Arbitre, sinon en voir nommer un d'office.

Le 23, le sieur de Soussaye fait défaut ; et par suite, ordonnance qui nomme d'office un Arbitre pour procéder, conjointement avec celui du sieur Valvin, au jugement des différends don il s'agit.

ARBITRES, §. X-V.

Le 25, et avant la signification de cette ordonnance, qui n'a lieu que quelques jours après, le sieur de Soussaye nomme un troisième Arbitre, et par le même acte, signifie des défenses au fond.

Le 5 décembre, le sieur Valvin, sans s'arrêter à cette nomination, qu'il soutient être tardive, somme le sieur de Soussaye de comparaître le 6 devant l'Arbitre d'office.

Le 6, l'Arbitre d'office refuse de s'occuper de l'affaire, jusqu'à ce qu'il ait été jugé si sa nomination doit subsister nonobstant celle que le sieur de Soussaye a faite depuis d'un Arbitre volontaire.

Le 13, le juge des référés, saisi de cette question par une citation donnée par le sieur Valvin au sieur de Soussaye, rend par défaut une ordonnance qui la décide en faveur de l'Arbitre d'office.

Le 23, le sieur de Soussaye appelle de cette ordonnance ; et le 24, il appelle également de celle du 23 novembre.

A ce second appel, le sieur Valvin oppose l'art. 809 du Code de procédure civile, qui le déclare non-recevable, faute d'avoir été interjeté dans la quinzaine de la signification de l'ordonnance qui en est l'objet.

Mais reste à apprécier le mérite du premier appel, et par conséquent à juger si l'ordonnance du 13 décembre doit être confirmée en ce qu'elle a déclaré tardive et nulle la nomination faite le 25 novembre d'un Arbitre volontaire, alors que n'était pas même signifiée l'ordonnance du 23 du même mois, qui nommait un Arbitre d'office.

Pour établir la négative, M. Sirey, défenseur de l'appelant, emploie notamment deux moyens.

Il soutient d'abord que le compromis résultant de l'acte du 12 avril 1808, portant résiliation du bail du 10 août 1807, ayant été anéanti par le déport de l'Arbitre nommé en conséquence par son client, le sieur Valvin s'était trouvé sans titre pour contraindre son client à en nommer un nouveau ; qu'en effet, la clause du bail par laquelle les parties s'étaient engagées à soumettre leurs différends à des Arbitres, n'était pas obligatoire ; « que, de tous les temps, et surtout » depuis la publication du Code de procédure » civile, art. 1006, il n'y a d'arbitrage que de- » vant des Arbitres du choix des parties, et nom- » més par elles, hors les cas de société commer- » ciale ».

Ensuite, supposant obligatoire la clause du bail dont il s'agit, il soutient « que la nomination » d'office n'est et ne peut être qu'une *présomption* » de la volonté de la partie ; qu'elle est donc essen- » tiellement subordonnée au cas de manifestation » d'une volonté contraire. Or, cette volonté con- » traire (ajoute-t-il) peut être manifestée tant » que les choses sont entières. Donc, dans l'es- » pèce, où l'Arbitre volontaire avait été nommé » avant même la signification de l'ordonnance

» qui en nommait un d'office, cette nomination » d'office devait être non-avenue ».

Le sieur Valvin se retranche dans sa fin de non-recevoir contre l'appel de l'ordonnance du 23 novembre 1808, et soutient que cette ordonnance conservant toute sa force, celle du 13 décembre suivant doit nécessairement être confirmée.

« En vain, dit-il, prétend-on que, de sa nature, la nomination d'un Arbitre d'office est simplement *comminatoire* : aucune loi ne l'a ainsi décidé ; la nomination d'un Arbitre d'office a les caractères que lui imprime le juge qui fait la nomination ; ordinairement le juge ordonne une mise en demeure de la partie, avant de nommer pour elle un Arbitre d'office ; quelquefois il nomme l'Arbitre d'office et suspend l'effet de cette nomination jusqu'après un délai convenable, pour que la partie puisse en nommer un de sa part, si elle le juge à propos ; d'autres fois aussi le juge s'apercevant qu'il y a mauvaise volonté, et qu'il y a eu mise en demeure, nomme d'office, sans suspendre l'effet de sa nomination.

» Dans tous les cas, son ordonnance doit avoir son plein et entier effet, selon les termes dans lesquels elle est conçue. Si elle est vicieuse, il faut la faire infirmer par la voie de l'Appel ; mais si la partie néglige d'en appeler, l'ordonnance de nomination d'un Arbitre d'office doit avoir son plein effet, sans qu'il soit permis de suspendre son exécution, ou de modifier sa disposition, sous prétexte qu'elle n'est pas absolue, qu'elle est simplement comminatoire ».

M. Cahier, substitut du procureur général et aujourd'hui avocat général à la cour de cassation, adopte d'abord le premier moyen du sieur de Soussaye :

» L'art. 1006 du Code de procédure (dit-il) semble refuser tout effet aux actes antérieurs par lesquels les parties se seraient soumises à des Arbitres, sans les désigner.

» Dans le système du législateur, l'arbitrage n'est valable et légitime qu'autant que les parties ont confiance dans les lumières et l'intégrité des juges privés auxquels est remise la décision de leurs contestations. C'est pourquoi le législateur qui a prévu le cas où il y aurait lieu à nomination d'un tiers-Arbitre (art. 1017 du Code de procédure), n'a pas prévu le cas où il y aurait lieu à nomination d'office d'un Arbitre ».

Passant ensuite au second moyen du sieur de Soussaye, il l'adopte également.

Le 14 février 1809, la cour déclare non-recevable l'appel de l'ordonnance du 23 novembre 1808 ; puis statuant sur celui de l'ordonnance du 13 décembre suivant,

« Considérant que *les conventions des parties* portaient que les Arbitres seraient de leur choix ;

» Considérant que la nomination faite par la partie de Sirey, d'un Arbitre de son choix, avant que l'Arbitre nommé d'office fût entré en fonc-

4ᵉ édit., Tome I.

tions, a fait cesser l'effet de la nomination d'office,

» La cour a mis et met l'appellation et ce dont est appel au néant; émendant, délare ladite ordonnance du 13 décembre dernier comme non-avenue (1) ».

On voit par le premier *considérant* de cet arrêt, que la cour d'appel de Paris n'a pas hésité à regarder comme obligatoire la clause par laquelle les parties s'étaient engagées à soumettre leurs différends à des Arbitres dont elles feraient respectivement choix, le cas échéant.

Et en effet (semble-t-il au premier abord que l'on peut dire) quel vice y a-t-il à reprocher à une pareille convention? Offense-t-elle les bonnes mœurs? Non certainement. Est-elle contraire à l'ordre public? Non encore. Est-elle en opposition avec une loi prohibitive? Pas davantage. Rien ne peut donc empêcher qu'elle ne soit considérée comme *formée légalement*, et par suite, qu'aux termes de l'art. 1134 du Code civil, elle ne tienne lieu de loi à ceux qui l'ont faite.

C'est effectivement ainsi qu'a raisonné la cour supérieure de justice de Bruxelles, dans deux espèces qui se sont présentées devant elle.

Le 10 janvier 1820, traité entre les sieurs de Pauw et Neyt, d'une part, et le sieur Roelandts-Tricot, de l'autre, dont l'art. 10 est ainsi conçu : « Pour les cas où quelques différends s'élèveraient sur l'interprétation et l'exécution des présentes et de leurs suites, il est convenu qu'ils seront décidés à Gand, par trois Arbitres, deux à nommer par les parties respectives, et le troisième par le tribunal de commerce de Gand ; avec faculté aux Arbitres de juger en dernier ressort, et sans autre recours quelconque ».

Au mois de décembre suivant, des difficultés s'étant élevées entre les parties sur l'exécution de ce traité, les sieurs Depauw et Neyt font assigner le sieur Roelandts-Tricot devant le tribunal de commerce de Gand, *en nomination d'Arbitres sur le pied de l'art. 10 de leur convention*.

Le sieur Roelandts-Tricot comparaît sur cette assignation, et soutient que la clause dont se prévalent ses adversaires, n'est pas obligatoire.

Le 11 janvier 1821, jugement qui donne acte aux demandeurs de la nomination qu'ils ont faite d'un Arbitre, ordonne au défendeur d'en nommer un de son côté, dans les trois jours, et nomme le tiers-Arbitre.

Appel de la part du sieur Roelandts-Tricot.

« La loi (dit-il) a institué des tribunaux pour juger les différends des parties; cette loi est d'ordre public; on ne peut déroger par des conventions particulières; nul n'a le droit d'attribuer juridiction à quiconque n'a pas reçu ce pouvoir de la loi. Ce principe général reçoit exception, parceque l'exception est consacrée par la loi même; c'est le cas de l'arbitrage forcé ou volontaire. L'arbitrage forcé n'a lieu qu'entre marchands associés, et pour raison de la société (art. 51 du Code de commerce). L'arbitrage volontaire n'est autorisé que par voie de compromis et dans les formes déterminées par les art. 1003 et suivans du Code de procédure civile. Voilà les deux seules exceptions à la règle générale qui défend aux parties de se créer d'autres juges que ceux établis par la loi; voilà les deux seuls cas où il est permis aux particuliers d'attribuer juridiction à des citoyens non revêtus du caractère de juge.

» Or, dans l'espèce, les parties ne se trouvent dans aucun de ces deux cas; il ne s'agit point ici de l'arbitrage forcé; il n'y a pas non plus de termes habiles à l'arbitrage compromissoire, puisqu'il n'existe pas de compromis. D'après l'art. 1006 du Code de procédure, conforme à l'ancien droit, le compromis doit désigner *les objets en litige et les noms des Arbitres*, à peine de nullité. Si donc on voulait faire envisager la convention du 10 janvier 1820, comme renfermant un compromis dans son art. 10, ce compromis serait frappé d'une nullité radicale, parcequ'il ne désigne ni les objets en litige, ni les noms des Arbitres.

» Il y a plus : c'est qu'au moment de la signature de ce contrat, il n'y avait même aucun objet quelconque en litige entre les parties; or, l'art. 1006 du Code de procédure, en prescrivant la désignation des objets *en litige*, entend bien clairement exclure du compromis les difficultés à naître, ainsi que l'avait fait la loi 21, §. 6, D. *de receptis qui arbitrium: de his rebus et rationibus controversiis judicare Arbiter potest, quæ ab initio fuissent inter eos qui compromiserunt; non quæ postea supervenerunt.*

» Il est donc constant au procès que l'art. 10 de la convention du 10 janvier 1820 ne présente pas les caractères essentiels du compromis, et que par conséquent les parties ne se trouvent point dans le cas de l'arbitrage compromissoire. Cela posé, il est évident que n'étant pas dans l'exception de la loi, les parties n'ont pu déroger à la règle générale qui est d'ordre public, et que leurs différends, s'il y en a, ne peuvent être réglés que par les juges ordinaires ».

Mais par arrêt du 12 février 1821,

« Attendu que les intimés fondent l'action qu'ils ont exercée contre l'appelant, sur l'art. 10 de la convention intervenue entre eux le 10 janvier 1820, lequel est conçu dans les termes suivans : *pour le cas où quelques différends s'élèveraient sur l'interprétation et l'exécution des présentes et de leurs suites, il est convenu qu'ils seront décidés à Gand, par trois Arbitres*; qu'en conséquence, il ne s'agit pas, dans l'espèce, d'un acte de compromis par lequel les parties auraient soumis à des Arbitres des

---

(1) Jurisprudence de la cour de cassation, tome 9, partie 2, page 67.

points précis de contestation, mais de l'exécution de l'article précité de ladite convention; et que, par une suite ultérieure, les points de difficulté que les intimés veulent soumettre à des Arbitres, étant assez caractérisés dans l'exploit introductif d'instance, pour qu'il soit manifeste qu'ils sont relatifs à la nature et à l'exécution de ladite convention, qui ne contient rien de contraire aux lois ni aux bonnes mœurs, ils sont compris dans l'article sus énoncé de cette même convention; d'où il suit ultérieurement encore qu'il sert de base légitime à l'action exercée par les intimés contre l'appelant, et ce sera aux Arbitres à faire expliquer plus clairement, s'ils le jugent convenable, les objets précis des difficultés qui leur seront soumises;

» Par ces motifs, et adoptant au surplus aucuns de ceux du premier juge,

» La cour met l'Appel au néant; condamne l'appelant à l'amende et aux dépens (1) ».

Le 21 septembre 1817, contrat par lequel la société des mines de charbon de terre *du Rieu-du-Cœur*, cède à la société des mines *de la cour* l'exploitation d'une partie de son *charbonnage*. L'acte détermine le mode d'exécution des travaux que celle-ci doit faire, et ajoute, art. 10, que, s'il s'élève des difficultés sur ce point, il sera nommé de part et d'autre *des experts à la décision desquels les parties contractantes s'en rapporteront sans Appel.*

Quelques années après, la société du Rieu-du-Cœur fait assigner celle *de la cour* devant le tribunal de première instance de Mons, en résolution de l'acte de cession du 21 septembre 1817, pour inexécution des engagemens qu'elle s'était imposés par cet acte.

La société *de la cour* excipe de l'art. 10 du traité, et conclud à ce que le tribunal se déclare incompétent.

Le 3 février 1821, jugement qui rejette le déclinatoire,

« Attendu que l'art. 10 est une promesse de compromettre en cas de litige sur les objets y désignés, sans qu'il contienne la nomination des experts-Arbitres;

» Que la nomination des Arbitres ou experts ne peut être que volontaire, et que, d'après l'art. 1006 du Code de procédure civile, le compromis qui ne la contient pas, est nul » ;

Et avant de statuer au fond, ordonne qu'il sera procédé à une expertise et à d'autres preuves.

Mais la société du Rieu-du-Cœur appelle de ce jugement; et le 4 janvier 1825, arrêt par lequel,

« Attendu que l'art. 1006 du Code de procédure suppose une difficulté déjà née sur laquelle les intéressés conviennent, par forme de compromis, de s'en rapporter à la décision des Arbitres,

---

(1) Jurisprudence de la cour supérieure de Bruxelles, année 1821, tome 1, page 141.

et qu'il est, dès-lors, naturel qu'une pareille convention ne soit valable qu'autant que l'objet du litige y soit clairement indiqué et que l'on y désigne les Arbitres auxquels les parties donnent le pouvoir de décider leurs différends;

» Mais que cette règle n'est évidemment pas applicable à la clause du contrat par laquelle il est stipulé qu'en cas de difficultés futures sur l'exécution, elles seront décidées par des Arbitres et sans Appel;

» Qu'en effet, il est alors impossible de déterminer d'avance l'objet précis d'un litige qui n'existe pas encore, et de désigner les personnes qui décideront sur des difficultés, qui peut-être ne se présenteront jamais, ou seulement après un grand nombre d'années;

» Que cependant cette convention, qui ne contient d'ailleurs rien de contraire aux lois ni à l'ordre public, doit pouvoir être exécutée comme une loi que les parties se sont imposée à elles-mêmes; et que l'effet d'une pareille clause doit être nécessairement qu'en cas de difficultés survenues, les parties, ou s'entendront entre elles sur la nomination des Arbitres, ou s'adresseront au juge pour les faire nommer;

» Qu'ainsi, en s'attachant à l'art. 1006 du Code de procédure, le premier juge a confondu deux cas bien distincts, celui où l'arbitrage résulte uniquement du compromis, qui ne doit lier les parties qu'autant qu'il renferme tout ce qui est, par la nature des choses, essentiel à la perfection d'un pareil contrat, et le cas où l'arbitrage résulte, soit de la loi générale, comme en matière de société de commerce, soit de la loi particulière d'un contrat, lorsque les contractans, comme au cas présent, se sont d'avance engagés à compromettre et à nommer des Arbitres en cas de difficultés sur son exécution;

» Par ces motifs, la cour, ouï M. Deguchteneere, substitut de M. le procureur général, et de son avis, met le jugement dont est Appel au néant; émendant, déclare la société intimée non-recevable en la forme et manière qu'elle a agi; moyennant quoi, déclare qu'il n'échoit de statuer sur les conclusions subsidiaires de la société intimée, elle entière de se pourvoir en exécution de l'art. 10 du contrat du 21 septembre 1817, si elle s'y croit fondée.... (1) ».

A ces arrêts s'en joint encore un de la cour de cassation, du 2 septembre 1812, qui, sans se prononcer sur la question, semble, néanmoins supposer qu'elle doit être jugée dans le même sens.

Ni la *jurisprudence de la cour de cassation*, dans laquelle il est rapporté, tome 13, page 84, ni la notice qu'en donne le *Bulletin civil* de cette cour, n'en font assez connaître l'espèce pour que l'on puisse savoir si, par le contrat dont il s'agis-

---

(1) *Ibid.*, année 1825, tome 1, page 33.

73.

sait, les parties s'étaient seulement obligées à nommer des Arbitres pour le jugement des difficultés qui pourraient s'élever entre elles, ou si elles les avaient nommés à l'avance. Mais le voici tel qu'il existe en minute au greffe de la cour de cassation :

« Le 10 janvier 1809, les administrateurs des établissemens du Creuzot ont loué, par acte sous seing privé, au sieur Hibert, pour six ans, les forges dites de Bouviers et les usines de Mevrin et quelques autres objets, pour entrer en jouissance au 1er. avril suivant, moyennant une somme annuelle de 4000 francs.

» Ils se sont désobligé, par ce traité, de mettre ces établissemens en bon état de roulement, *avant le premier avril.*

» L'art. 30 de ce traité qu'il importe plus particulièrement de connaître, comme étant le sujet de la difficulté, prévoit le cas où son exécution pourrait donner lieu à quelques contestations. Il porte, en termes exprès, que *les parties s'interdisent* ABSOLUMENT *tout recours aux tribunaux quelconques, et qu'elles s'en rapportent* ENTIÈREMENT *à des Arbitres;* renonçant à tous moyens évasifs de l'exécution de cette condition, sans laquelle le présent traité n'aurait pas eu lieu.

» L'époque d'avril était arrivée sans que les lieux fussent en état, et cependant le sieur Hibert en prit possession seulement avec quelques meubles, et avec une certaine quantité de bois et approvisionnemens.

» Il s'établit, à ce sujet, une longue correspondance entre le sieur Hibert qui ne cessait de demander avec instance que les réparations fussent confectionnées, et les administrateurs qui, dans chaque réponse à ses lettres, en promettaient le confectionnement.

» Alors, et en novembre 1809, le sieur Hibert somma l'administration de réaliser enfin ce confectionnement tant de fois promis.

» Cette sommation produisit bien l'effet d'une vérification et constatation de ces réparations, mais elle ne fut pas suivie de leur confectionnement.

» Inquiet, à ce qu'il paraît, sur le sort de ses meubles et de ses bois et approvisionnemens, le sieur Hibert annonça, le 11 janvier 1810, à l'administration, qu'il allait procéder à leur enlèvement, ce qu'il fit.

» Depuis, et le 11 juillet suivant, il offrit à l'administration qui les accepta, quelques clefs qu'elle lui avait fait remettre, attendu le besoin qu'elle devait en avoir pour pouvoir faire procéder à ces réparations qui étaient immenses, et qu'il l'interpella de faire dans le plus bref délai.

» Le 25 août, le sieur Hibert fit signifier à l'administration un acte extrajudiciaire, dans lequel, après lui avoir rappelé l'inexécution de ses engagemens relatifs surtout aux réparations, il déclara qu'il allait, conformément à l'art. 30 ci-dessus cité, provoquer la formation d'un tribunal arbitral, à l'effet de faire liquider ses dommages-intérêts, de la faire condamner à faire exécuter, de point en point, tous les travaux et approvisionnemens d'outils comme étant à sa charge, et en conséquence il nomma Me. Berryer, avocat, pour son Arbitre, et somma l'administration d'en nommer un de sa part.

» Le 29, il la fit assigner devant le tribunal de première instance du département de la Seine, pour voir nommer d'office un Arbitre pour elle.

» La cause appelée, l'administration requit la représentation du titre sur lequel le sieur Hibert fondait sa prétention à l'arbitrage.

» Un jugement du 12 octobre 1810 ordonna l'enregistrement du traité sous seing-privé du 10 janvier 1809. Le sieur Hibert le présenta en conséquence à l'enregistrement, et déboursa une somme de 11,000 francs, dont il se réserva, par acte extrajudiciaire du 15 mars 1811, de répéter le coût entier contre l'administration.

» Dès le 20 de ce mois, l'administration demanda sa rentrée dans ses usines, attendu l'abandon volontaire que le sieur Hibert en avait fait.

» Celui-ci demanda, le 17 juin suivant, le renvoi de ce chef de demande devant les Arbitres, et la condamnation aux dépens, dans lesquels entrerait le coût de l'enregistrement du traité.

» Alors, et le 2 juillet, l'administration conclut à la nullité de ce traité. Il est inutile de parler de la partie du débat élevé à cet égard, parceque l'administration qui succomba sur ce point en première instance, a cessé définitivement de reproduire une difficulté dont elle ne pouvait se dissimuler l'extrême injustice.

» Le 16, jugement qui, après avoir déclaré ce traité valable, renvoie, aux termes de son art. 30, les parties devant des Arbitres, tant sur la demande en rentrée formée par l'administration, que sur les dommages et intérêts et le coût de l'enregistrement répétés par le sieur Hibert.

» Sur l'appel, la cour de Paris se demanda si cette rentrée en possession avait dû être renvoyée devant des Arbitres, conformément à cet art. 30; si, dans le cas où elle devrait être jugée par les tribunaux ordinaires, elle était bien fondée, et si l'administration avait été dûment condamnée à payer l'enregistrement de ce traité.

» Puis, considérant, sur le premier chef, que le sieur Hibert, en quittant les lieux avec ses meubles et approvisionnemens, et en remettant les clefs, a suffisamment renoncé à l'exécution du bail, et que la demande en rentrée en possession est *une demande urgente,* dont les juges ordinaires peuvent seuls connaître, et qui ne peut faire partie de celles sur lesquelles les contractans sont convenus de s'en rapporter à des Arbitres;

» Considérant ensuite, sur le second chef, que la question de savoir par qui doit être supporté le coût de l'enregistrement du traité, est une question qui tient au fond de la contestation et sur laquelle les Arbitres auront à s'expliquer;

» Cette cour, par son arrêt du 18 février 1812, mit l'appellation et ce dont est appel au néant, quant à ces deux chefs; émendant et déchargeant l'administration des condamnations prononcées contre elle au principal, elle autorisa l'administration à disposer des lieux vacans par la sortie du sieur Hibert, et renvoya les parties devant les Arbitres qu'elles choisiront sur la question de savoir par qui doit être supporté le coût de l'enregistrement, le jugement sortissant au résidu tout son effet.

» Le sieur Hibert s'est pourvu contre cet arrêt, auquel il reproche d'avoir tout ensemble commis un excès de pouvoir et violé l'art. 1003 du Code de procédure civile, aux termes duquel *toutes personnes peuvent compromettre sur les droits dont elles ont la libre disposition;*

» Il observe d'abord que, s'il a enlevé ses meubles, ça été ensuite de différentes sommations faites à l'administration de rendre les lieux habitables pour en éviter le dépérissement, et même pour diminuer la somme de ses intérêts.

» Il ajoute qu'en même temps, il a provoqué, le 29 août 1810, la composition d'un tribunal arbitral.

» Il en conclud que la demande formée depuis, et le 25 mars 1811, par l'administration, devant le tribunal civil de la Seine, à l'effet de reprendre la possession des différentes usines qu'elle lui avait louées, demande qui était par elle-même une *défense* à sa demande, l'est devenue encore mieux quand, le 2 juillet suivant, l'administration a requis la nullité du traité.

» Il convient bien que le tribunal civil était compétent pour statuer sur cette demande en nullité, parcequ'avant de savoir s'il serait composé un tribunal arbitral en exécution de ce traité, il fallait décider si ce traité existait.

» D'où il infère que le tribunal avait, sur cette question de nullité, prononcé dans les termes de sa compétence, et qu'il avait bien jugé, quand ensuite il avait renvoyé les parties devant des Arbitres sur la double question de l'envoi en possession de l'administration, et par qui serait supporté le coût de l'enregistrement;

» Mais quand, sur l'appel du jugement rendu par ce tribunal, la cour d'appel, en l'infirmant, a autorisé l'administration à prendre possession des lieux qu'elle avait précédemment loués au sieur Hibert, soit parceque, par sa conduite, ce dernier avait renoncé à son bail, soit parceque cette mesure était *urgente* et ne pouvait être réglée que par les tribunaux ordinaires, cette cour a évidemment statué sur un point dont la connaissance était exclusivement réservée à des Arbitres que les parties étaient expressément convenues de nommer pour juger toutes les contestations auxquelles l'exécution de ce traité pourrait donner lieu entre elles, avec d'autant plus de raison que, par là, cette cour jugeait que le sieur Hibert n'avait pas de dommages-intérêts à prétendre.

» L'administration a répondu que l'arbitrage n'avait été convenu que parceque le traité contenait originairement des objets de spéculation et d'entreprise de la part du sieur Hibert, qu'il les a tous abandonnés depuis, pour ne répéter que des dommages-intérêts.

» Dans le fait, il ne s'agit plus que d'un bail abandonné après dix-huit mois de jouissance et d'enlèvement furtif des meubles qui garnissaient les lieux, et sans en avoir payé les loyers.

» Il était donc inutile de recourir à des Arbitres qui, au reste, auraient, sur ce point de difficulté, prononcé comme a fait la cour de Paris.

» S'il faut en croire l'administration, le renvoi devant les Arbitres aurait entraîné les plus graves inconvéniens, puisqu'ils auraient employé plus de deux ans pour le régler, et que pendant ce temps les usines auraient été fermées.

» En supposant, au surplus, que l'intention des parties eût été de faire juger ce point de difficulté par des Arbitres, bien certainement l'*urgence* de la décision à rendre, l'aurait fait sortir de l'arbitrage.

» Et ce n'est même qu'à cause de l'*urgence* que cette cour en a retenu la connaissance, puisqu'elle a renvoyé devant des Arbitres tous les autres points du litige.

» Ainsi, cette cour ne mérite pas le reproche qui lui est si gratuitement adressé, d'avoir commis un excès de pouvoir, d'avoir envahi la juridiction attribuée aux Arbitres par la volonté des parties, et d'avoir violé l'art. 1003 du Code de procédure civile.

» Sur quoi, ouï le rapport de M. Babille, conseiller en la cour; les observations de Dupont, avocat d'Hibert; celles de Guichard, avocat de l'administration; et les conclusions de M. Pons, avocat-général;

» Vu l'art. 1003 du Code de procédure civile...;

» Attendu que l'art. 30 du traité du 10 janvier 1809 soumet à l'arbitrage, généralement et sans aucune exception, toutes les contestations, quelles qu'elles soient, qui pourront naître sur l'exécution de ce traité;

» Que la généralité de cette disposition résulte singulièrement des termes par lesquels les parties s'interdisent *absolument* tout recours aux tribunaux, déclarant s'en rapporter *entièrement*, c'est-à-dire, sur le tout, à des Arbitres, et renonçant à *tout moyens évasifs* de l'exécution de cette condition, sans laquelle *le présent traité n'aurait pas eu lieu;*

» Qu'ainsi, nulle exception à l'arbitrage n'était admissible;

» Que cependant la cour de Paris a voulu excepter de cette disposition si générale les *cas d'urgence;*

» Que c'est sous ce prétexte, si contraire à la lettre même de cet art. 3o, que cette cour a retenu la connaissance du chef de demande tendant à la rentrée de l'administration dans ses usines, qu'elle devait, au contraire et comme le surplus du procès, renvoyer devant des Arbitres;

» Et qu'en admettant cette distinction, elle a non-seulement violé le texte de cet art. 3o, mais encore contrevenu à l'art. 1003 du Code de procédure civile ci-dessus rappelé, qui n'autorise aucune modification ni restriction à l'exercice du droit de compromettre, et a, par suite, commis un excès de pouvoir, en s'emparant d'une juridiction qui était exclusivement déférée et par contrat et par la loi à des Arbitres;

» Par ces motifs, la cour casse et annulle l'arrêt de la cour de Paris, du 18 février 1812... ».

Je dis que cet arrêt semble supposer valable et obligatoire la clause par laquelle le sieur Hibert et les administrateurs des établissemens du Creuzot étaient convenus, dans l'art. 10 de leur bail du 10 janvier 1809, de soumettre à des Arbitres qu'il nommeraient, le cas échéant, les difficultés qui pourraient s'élever entre eux au sujet de cet acte. Et en effet, quelle apparence que la cour de cassation eût jugé que la cour d'appel avait violé l'art. 1003 du Code de procédure civile, si elle n'eût pas pensé que les parties s'étaient placées elles-mêmes dans le cas de cet article, par la clause dont il s'agit, et par conséquent si elle n'eût pas regardé la validité de cette clause comme incontestable?

Mais faisons bien attention à l'état dans lequel se trouvait l'affaire devant la cour de cassation.

Sans doute, en concluant, tant devant les premiers juges que devant la cour d'appel, à la nullité du bail entier, les administrateurs avaient implicitement conclu à la nullité de l'art. 10 de cet acte; car qui demande le plus, demande nécessairement le moins. Sans doute, déboutés par la cour d'appel, comme les premiers juges, de la demande en nullité du bail entier, ils auraient pu se plaindre à la cour de cassation de ce qu'au moins cette demande n'avait pas été accueillie quant à la clause renfermée dans l'art. 10, et de ce que, par là, il avait été contrevenu à l'art. 1006 du Code de procédure civile, dont la disposition, quoique non invoquée par eux, avait dû être suppléée par la cour d'appel (1). Mais ce qu'ils auraient pu faire, ils ne le faisaient pas. Bien loin d'attaquer l'arrêt de la cour d'appel, en ce qu'il avait jugé cette clause valable et en avait ordonné l'exécution, ils le défendaient purement et simplement. Ils forçaient eux-mêmes la cour de cassation à tenir la validité de cette clause pour constante. La cour de cassation n'aurait donc pu juger cette clause nulle sans prononcer *ultrà petita*. Ce n'est donc pas de son propre mouvement que la cour de cassation a supposé cette clause valable, mais uniquement parcequ'il lui était impossible d'en discuter le mérite. Son arrêt du 2 septembre 1812 ne peut donc pas même être cité comme un préjugé tant soit peu propre à étayer l'opinion adoptée par les arrêts des cours de Paris et de Bruxelles, des 14 février 1809, 12 février 1821 et 4 janvier 1825.

Reste à savoir si ces arrêts sont bien d'accord avec l'art. 1006 du Code de procédure civile; et j'ose croire que non.

Je l'ai déjà dit, la clause par laquelle des parties contractantes soumettent à des Arbitres qu'ils se réservent de nommer, le cas échéant, les difficultés qui pourraient s'élever entre elles sur l'étendue et l'exécution de leurs engagemens respectifs, est nulle comme compromis, parcequ'elle ne contient pas la désignation nominative des Arbitres eux-mêmes; et que, par là, elle se trouve dénuée de l'une des deux conditions requises par l'art. 1006 du Code de procédure civile pour la validité des compromis.

Eh! Comment de nulle qu'elle est comme compromis, pourrait-elle devenir valable comme promesse de compromettre?

Qu'à l'instar d'une promesse de vendre qui, aux termes de l'art. 1589 du Code civile, *vaut vente*, lorsqu'il y a consentement réciproque des deux parties sur la chose et sur le prix, c'est-à-dire, lorsqu'elle réunit tout ce qui caractérise une vente proprement dite, une promesse de compromettre vaille compromis, lorsqu'elle contient à la fois et la désignation, soit en termes exprès, soit par relation, des objets actuellement litigieux ou susceptibles de le devenir, et la désignation nominative des Arbitres, et par conséquent les deux conditions dont le concours forme le compromis même, je le conçois très-bien.

Mais ce que je ne puis concevoir, c'est qu'une promesse de compromettre, non accompagnée de la désignation nominative des Arbitres, soit obligatoire, tandis que bien certainement une promesse de vendre non accompagnée d'une convention sur le prix de la chose qui en est l'objet, ne produirait ni obligation, ni action quelconque (1), tandis que bien certainement il ne résulterait ni obligation, ni action quelconque d'une promesse de donner à laquelle manquerait l'une des conditions requises par le Code civil pour la validité d'une donation.

Que l'on y fasse d'ailleurs bien attention : si la clause d'un contrat par laquelle les parties s'engagent à nommer des Arbitres pour statuer sur les difficultés qui en naîtront, était obligatoire comme promesse de compromettre, il faudrait

---

(1) *V.* l'article *Cassation*, §. 20, n°. 8.

(1) *V.* le *Répertoire de Jurisprudence*, au mot *Vente*, sect. 7.

nécessairement aussi considérer comme tel, tout acte par lequel, sur un différent déjà né, les parties s'obligeraient à nommer conjointement des Arbitres pour le juger; et alors que deviendrait l'art. 1006 du Code de procédure civile?

Qu'importe, d'après cela, que la promesse de compromettre non accompagnée de nomination d'Arbitres, ne soit contraire ni à l'ordre public, ni aux bonnes mœurs? Il n'y a non plus rien qui offense l'ordre public et les bonnes mœurs dans une promesse de vendre non accompagnée d'une convention sur le prix; et cependant elle est nulle, ou ce qui revient au même, elle n'est pas obligatoire; pourquoi? Parcequ'il y manque l'une des conditions substantielles de la vente; parceque, ne pouvant pas valoir comme vente, elle ne peut pas valoir comme obligation de vendre; parcequ'il ne peut pas y avoir obligation de vendre, là où les parties ne sont pas d'accord sur ce sans quoi elles ne peuvent ni vendre, ni acheter. Eh bien! C'est ici la même chose. La nomination des arbitres entre essentiellement dans ce qu'on appelle l'*action de compromettre*. L'action de compromettre ne peut donc pas avoir lieu sans la nomination des Arbitres. Il ne peut donc pas y avoir obligation de compromettre, là où les parties ne sont pas d'accord sur ce sans quoi elles ne peuvent pas compromettre effectivement.

§. XVI. *Quelle foi est due dans une sentence arbitrale attaquée comme rendue sans compromis, aux dires des Arbitres qui déclarent prononcer en vertu des pouvoirs que les parties leur ont donnés?*

Salviat, dans sa *Jurisprudence du parlement de Bordeaux*, au mot *Arbitre*, n°. 2, rapporte un acte de notoriété de l'ordre des avocats de cette cour, du 12 mars 1712, qui atteste « que, quand
» un avocat ou un officier gradué et
» connu, a donné un avis arbitral entre les par-
» ties, dans lequel il a pris la qualité d'Arbitre
» verbalement accordée par icelles, on croit l'Ar-
» bitre sur son énonciation, en telle sorte que celle
» des parties qui se prétend grevée par ledit juge-
» ment arbitral, n'est pas reçue à dire qu'elle n'a
» pas donné de pouvoir audit sieur Arbitre, ni à
» attaquer le jugement autrement que par la voie
» d'appel ».
Mais, ajoute le même auteur, « à l'énonciation
» de MM. les avocats doit être formelle et précise.
» Si l'Arbitre prétendu choisi ne déclare pas ex-
» pressément qu'il a été verbalement accordé par
» les parties, on ne peut demander en la cour
» l'homologation de son avis, qui n'est regardé
» que comme conseil, non comme jugement.
» M°. Lamotte avait donné une consultation au
» commencement de laquelle il déclarait avoir
» vu les pièces respectives des parties, et avoir
» ajouté que, si lesdites parties voulaient s'ac-
» commoder, il fallait, etc. On prétendait que
» c'était une sentence arbitrale, et on en deman-
» dait l'homologation. Arrêt à l'audience de la

» grand'chambre, au mois de juillet 1746, qui
» déboute de la demande ».

Le parlement de Toulouse tenait également pour maxime que le compromis était suffisamment constaté par la mention qu'en faisaient des Arbitres dans leur sentence. C'est du moins ce qui paraît résulter d'un arrêt de cette cour, du 13 mai 1748, que rapporte, en ces termes, Dejuin, dans son *Journal du palais de Toulouse*, tome 2, page 280.

« Dans l'espèce de cet arrêt, rendu plaidans M°°. Rhodier et Carrière, la sentence arbitrale commençait par ces mots, *le conseil soussigné*; d'où on inférait que c'était une consultation, et nullement une sentence ou avis arbitral. On disait de plus, que cette consultation ne contenait rien de certain; qu'elle ne pouvait donc pas être prise pour un avis arbitral, lequel doit toujours décider d'une manière certaine; qu'enfin, l'avocat prétendu Arbitre n'avait reçu pouvoir que pour donner une consultation. Telles furent les raisons de M°. Rhodier.

» M°. Carrière disait, au contraire,

» Que, si la sentence arbitrale commençait par ces mots, *le conseil soussigné*, elle ajoutait ceux-ci, *procédant en vertu des droits à nous remis des parties*, ce qui annonçait un véritable compromis, ou un pouvoir de rendre une sentence arbitrale;

» Que les chefs où il n'était rien statué de certain, étaient des chefs interloqués, et que les Arbitres peuvent interloquer de même que les autres juges;

» Et qu'enfin, la clause, *procédant en vertu des droits à nous remis des parties*, justifiait que les parties avaient donné, non le pouvoir de rendre une simple consultation, mais de décider leurs droits.

» Sur ces raisons, l'avis arbitral fut *autorisé* (1), sauf l'appel.... ».

Aguier, dans son Supplément au Recueil de Dejuin, tome 1, §. 157, cite même Dumoulin, comme allant plus loin, comme attribuant à la mention que des Arbitres quelconques, avocats ou non, font du compromis dans leur sentence, l'effet de constater suffisamment le consentement des parties à ce qu'ils prononcent sur leur différend: « Dumoulin (dit-il), sur la Coutume
» de Paris, titre *des Fiefs*, §. 8, *in verbo* Dénom-
» brement, n°. 78, enseigne qu'en fait de sentence
» arbitrale, l'énonciation fait foi du pouvoir des
» Arbitres: *potestas Arbitrorum et compromissum pro-*
» *batur per verba enuntiativa instrumenti sententiæ Ar-*
» *bitrorum latæ* ».

Mais cet auteur n'avait pas bien lu le texte de Dumoulin, où il l'avait mal compris.

Dumoulin dit, au contraire, très-nettement, que l'existence des actes d'un procès n'est pas

---

(1) Sur ce mot *autorisé*, *V*. ci-dessus, §. 14, art. 8, n°. 7, la note sur l'arrêt de la même cour, du 27 janvier 1824.

présumée sur la foi de l'énonciation qu'en contient la sentence rendue même par un juge ordinaire, et que, telle est la décision expresse de la décrétale *Quoniam contrà falsum*, du titre, *de Probationibus*, dans la collection de Grégoire IX : *Undè licet pro actis litis non præsumatur, quamvis in sententiâ enuntientur*, cap. QUONIAM CONTRA FALSUM, *extrà*, DE PROBATIONIBUS.

Seulement il en excepte le cas où la sentence est ancienne : *Hoc fallit in sententiâ antiquâ*; et c'est en appliquant cette exception, qu'il ajoute immédiatement : *et potestas Arbitrorum, sive compromissum, probatur per verba enuntiativa instrumenti sententiæ Arbitrorum latæ ultrà quadraginta annos. Ita decidit Guido papæ in consilio* 241.

Assurément Dumoulin, en restreignant ainsi à la sentence arbitrale qui a plus de 40 ans de date, la vertu de faire foi du compromis qu'elle énonce, est bien loin d'appliquer à la sentence arbitrale dont la date est moins ancienne, la doctrine que lui suppose Aguier.

Aussi cette prétendue doctrine a-t-elle été condamnée par un arrêt de la cour de cassation, du 8 frimaire an 12, dont le Bulletin civil de cette cour nous retrace ainsi l'espèce et le prononcé :

« La loi du 28 août 1792 a autorisé les communes à réclamer les biens dont elles auraient été dépossédées par la puissance des ci-devant seigneurs; et ceux-ci ne peuvent être conservés, aux termes de cette même loi, dans la possession, qu'en représentant un titre qui la légitime.

» En vertu de cette loi, la commune de Vulaine a revendiqué, en 1793, deux pièces de pré et un canton de bois dont elle prétend avoir été dépouillée par l'effet de la puissance féodale.

» Un jugement arbitral du 6 germinal an 2 a condamné le cit. Rochambeau et son épouse à délaisser les objets réclamés par la commune de de Vulaine.

» Ce jugement arbitral ne paraît pas avoir été signifié.

» Le général Rochambeau, qui, dès-lors, était outre-mer pour le service de la patrie, a été admis, par jugement du 26 pluviôse an 11, à proposer ses moyens contre la décision arbitrale, contradictoirement avec la commune de Vulaine, à laquelle le jugement d'admission a été signifié le 16 ventôse suivant; elle n'a point défendu à cette demande.

» Le demandeur a proposé trois moyens de cassation contre la sentence arbitrale du 6 germinal an 2.

» 1°. L'action intentée par la commune était irrégulière et nulle, aux termes de la loi du 14 décembre 1789.

» 2°. Les Arbitres qui ont donné la décision attaquée, n'avaient pas de caractère légal, aux termes de la loi du 10 juin 1793.

» 3°. Les Arbitres ont décidé contre la teneur des titres qu'ils avaient sous les yeux, et contre la disposition de la loi du 28 août 1792.

» Le tribunal de cassation n'a point examiné le mérite de ce moyen du fond. S'attachant aux deux premiers des moyens proposés, il a reconnu, sur le premier moyen, etc....

» Sur le deuxième moyen, le tribunal de cassation a reconnu, d'une part, que la loi du 10 juin 1793 a voulu que les Arbitres fussent respectivement nommés par les parties; qu'à défaut par l'une d'elles, sommée à cet effet par l'autre, de faire sa nomination d'Arbitres, le juge de paix nommât d'office des Arbitres pour la partie sommée et non-comparante, et qu'il en fût dressé procès-verbal ; d'autre part, qu'il n'avait point été satisfait à ces dispositions de la loi; qu'il n'a point apparu de sommation au général Rochambeau de comparaître devant le juge de paix pour nommer des Arbitres, ni de procès-verbal de non-comparution de sa part et de nomination d'office d'Arbitres par le juge de paix pour le général Rochambeau, puisque le jugement arbitral se borne à énoncer que deux des Arbitres avaient été nommés pour le général Rochambeau par le cit. Soulas, au nom et comme fondé de pouvoirs de madame Rochambeau, tant en son nom que comme fondée de la procuration de son époux; laquelle procuration n'est point énoncée avoir été représentée, n'est pas même indiquée par une date quelconque; ensorte que le général Rochambeau n'aurait pas concouru à la nomination des Arbitres; qu'ainsi, les Arbitres étaient sans caractère pour se constituer en tribunal arbitral; donc encore, défaut de pouvoir dans les personnes qui ont donné la décision qui est attaquée; donc, à-la-fois, violation de la loi du 14 décembre 1789, et de celle du 10 juin 1793, et défaut de pouvoir.

» Le jugement qui annulle la sentence arbitrale du 6 germinal an 2, est ainsi conçu :

» Ouï le rapport du cit. Vasse, l'un des juges, et les conclusions du cit. Arnaud, substitut du commissaire du gouvernement;

» Vu.... la loi du 10 juin 1793, art. 3, 5, 6, 9, 10, 11, de la cinquième section;

» Et attendu que, dans l'espèce, le général Rochambeau, partie directe de la commune de Vulaine, comme maître et conservateur des droits de la société conjugale, ne paraît point avoir été légalement cité, et mis en demeure de nommer Arbitres; attendu qu'il n'apparaît non plus de pouvoir par lui donné, à qui que ce soit, à l'effet de nommer pour lui Arbitres, contradictoirement avec la commune de Vulaine;

» Attendu que l'énoncé fait par aucuns des Arbitres de leur nomination par le cit. *Soulas, fondé de pouvoir sous signature privée..., d'Éléonore d'Harville, tante en son nom; que comme fondée de la procuration du cit. Marie-Joseph-Vincent Rochambeau, son époux*, loin de satisfaire aux dispositions de la loi, et de montrer un pouvoir *ad hoc*, émané du cit. Marie-Joseph-Vincent

Rochambeau, ne contient ni la date, ni l'objet, ni l'exhibition de cette procuration vaguement énoncée ;

» Attendu, finalement, qu'il suit de ce qui est dit ci-dessus...., que les Arbitres n'avaient pas caractère suffisant ;

» Le tribunal casse et annulle la décision arbitrale du 6 germinal an 2.... ».

A plus forte raison devrait-on juger de même aujourd'hui, sans distinguer entre la sentence arbitrale qui serait rendue par des avocats et celle qui le serait par de simples particuliers ; car, en disant que « le compromis pourra être fait par » procès-verbal devant les Arbitres choisis, ou » par acte devant notaire, ou sous signature pri- » vée », l'art. 1005 du Code de procédure civile fait entendre très-clairement que le compromis doit, dans tous les cas, être prouvé autrement que par la mention qui en est faite dans la sentence arbitrale.

Mais que serait-ce si les prétendus Arbitres ne se bornaient pas à énoncer dans la sentence arbitrale un compromis dont l'acte ne pourrait pas être représenté par la partie qui aurait intérêt à en prouver l'existence, s'ils l'y transcrivaient en entier, si la transcription qu'ils y en feraient, se trouvait encore corroborée par celle qu'en contiendrait le bureau de l'enregistrement; et que néanmoins l'on soutînt qu'il n'a jamais existé ? Cette question s'est présentée devant la cour de cassation, dans l'espèce suivante :

Le 9 mai 1818, est enregistré au bureau de Pont-Audemer, un acte sous seing-privé, dans lequel il est dit que le sieur Helley et sa sœur, épouse autorisée du sieur Lemarié, soumettent à des Arbitres qui y sont désignés, les contestations qui les divisent.

Cet acte est remis aux Arbitres qui l'acceptent, et en le transcrivant en entier dans leur sentence, prononcent en faveur de la dame Lemarié.

Le 17 septembre de la même année, cette sentence est déclarée exécutoire par le président du tribunal de première instance de Pont-Audemer.

Le sieur Helley forme opposition à cette ordonnance, et, bien assuré que l'original de ce compromis ne se trouve, ni annexé à la sentence arbitrale, ni entre les mains des sieur et dame Lemarié, il soutient que cet acte n'a jamais existé ; qu'ainsi, les Arbitres ont jugé sans pouvoir.

Le 14 décembre suivant, jugement contradictoire qui rejette l'opposition du sieur Helley.

Appel, et le 9 juin 1819, arrêt de la cour royale de Rouen, qui confirme ce jugement, « attendu » que la preuve du compromis résulte de la sen- » tence arbitrale et de l'enregistrement dudit » compromis, sous la date du 9 mai 1818; que » même le compromis a été copié en entier dans » ladite sentence ».

Le sieur Helley se pourvoit en cassation, et soutient qu'en prononçant comme elle l'a fait, la cour royale de Rouen a violé l'art. 1005 du Code de procédure civile qui détermine la forme du compromis, et l'art. 1028 du même Code qui met au nombre des nullités qu'il énumère, le cas où *le jugement a été rendu sans compromis*.

« La preuve qu'il n'a jamais existé de compromis (dit-il) résulte de sa non-représentation : il est certain que les époux Lemarié, s'ils avaient passé un compromis, auraient produit leur copie, et qu'ils l'auraient annexée à la sentence qui leur a donné gain de cause.

» A défaut de cette représentation, qu'a fait la cour royale? Elle en a supposé l'existence ; elle s'est attachée à des preuves *supplétives* ; elle a invoqué l'enregistrement du 9 mai 1818; elle s'est fondée sur la transcription du compromis dans le jugement arbitral.

» Mais, en matière d'arbitrage, la loi ne se contente pas d'indices, d'adminicules, de présomptions; elle exige un compromis, parceque, sans cet acte, il n'y a pas d'Arbitre, ni de jugement arbitral.

» D'ailleurs, il ne suffit pas de prouver qu'un compromis a réellement existé, il faut prouver encore la validité de ce compromis; et cette preuve ne peut résulter que de sa représentation: c'est ce que la cour de cassation a jugé par un arrêt du 17 février 1807, à l'égard d'un testament consumé dans un incendie (1).

» L'art. 1006 du Code de procédure civile exige, par exemple, que le compromis désigne les objets en litige et les noms des Arbitres, à peine de nullité. Comment s'assurer que ces formalités ont été remplies, si le compromis n'est pas représenté ? Comment vérifier encore si le jugement arbitral a été rendu dans le délai convenu par les parties?

» Vainement dit-on que cette preuve résulte de la transcription du compromis faite dans la sentence arbitrale : c'est décider la question par la question. Sans doute si la mission des Arbitres était justifiée, il faudrait ajouter foi aux énonciations que renfermerait leur sentence ; mais la difficulté est précisément de savoir si, dans l'espèce, les individus qui ont rendu le prétendu jugement arbitral dont il s'agit, ont été légalement constitués Arbitres, et la preuve du compromis ne peut évidemment résulter de la transcription qui en serait faite dans ce jugement émané d'individus sans caractère et sans pouvoirs ; ou, ce qui revient au même, dont les pouvoirs et le caractère ne sont nullement prouvés ».

Par arrêt du 3 janvier 1821, au rapport de M. Borel de Bretizel, et conformément aux conclusions de M. l'avocat-général Joubert,

« Attendu que, ni l'art. 1005, ni aucun autre

(1) *V.* le Répertoire de jurisprudence, au mot *Preuve*, sect. 2, art. 1, n°. 27.

du Code de procédure civile n'exigent la représentation matérielle du compromis, lors de l'ordonnance d'*exequatur*; que, dans l'espèce, l'existence d'un compromis résulte, tant de sa transcription au jugement arbitral, que *de la présence des parties et des conclusions par elles prises devant lesdits Arbitres*; que cette dernière circonstance et celle de l'enregistrement dudit compromis à Pont-Audemer, le 9 mai 1818, justifient suffisamment que ledit compromis était signé des parties, et ainsi l'observation des dispositions du Code de procédure civile ;

» La cour (section des requêtes) rejette le pourvoi..... (1) ».

Que cet arrêt ait bien jugé, je n'en doute nullement. Mais est-il motivé comme il devrait l'être? Il me semble que non.

Je conviens que la preuve du fait qu'avait existé le compromis en vertu duquel les Arbitres avaient déclaré rendre leur sentence, pouvait être établie autrement que par la représentation matérielle de l'acte qui avait dû en être dressé entre les parties. Mais il fallait du moins qu'elle le fût par écrit ; et très-certainement elle n'aurait pas pu être faite par témoins, puisqu'on n'alléguait, ni que la pièce originale eût été détruite par force majeure, ni qu'elle eût été soustraite par dol ou violence.

Je conviens encore que la formalité de l'enregistrement dont le compromis avait été revêtu le 9 mai 1818, au bureau de Pont-Audemer, et la transcription qui en était faite dans la sentence arbitrale, formaient des présomptions graves de l'existence de cet acte au moment même où la sentence avait été rendue; mais ce n'étaient que des présomptions (2) ; et l'art. 1353 du Code civil dit en toutes lettres que les présomptions, même les plus graves, les plus précises et les plus concordantes, peuvent bien être assimilées par des juges à de véritables preuves, dans les matières où la loi admet la preuve par témoins, mais non pas dans celles où elle la prohibe.

Or, d'une part, le compromis dont il s'agissait, n'aurait pu être prouvé par témoins, qu'autant qu'il en eût existé un commencement de preuve par écrit;

D'un autre côté, ni la transcription de ce compromis dans la sentence arbitrale, ni l'enregistrement dont il avait été revêtu le 9 mai 1818, ne pouvaient servir de commencement de preuve par écrit contre le sieur Helley, puisque ni l'un ni l'autre n'étaient émanés de lui, et que ni l'un ni l'autre ne se trouvaient compris dans l'exception que l'art. 1336 du Code civil fait à l'art. 1347 du même Code (3).

---

(1) Journal des audiences de la cour de cassation, année 1822, page 149.

(2) V. l'arrêt du parlement de Paris, du 1er février 1538, cité dans les conclusions rapportées au mot *Triage*, §. 1.

(3) V. M. Toullier, *Droit civil français*, liv. 3, tit. 4, chap. 6, sect. 2, art. 2, n°. 71.

Ainsi, nul doute que l'arrêt de la cour royale de Rouen, du 9 juin 1819, n'eût dû être cassé, s'il n'eut été apprécié que d'après ses propres motifs.

Mais il se trouvait dans la cause une circonstance qui fournissait véritablement contre le sieur Helley un commencement de preuve par écrit, et qui par conséquent rendait admissibles les présomptions qu'élevaient contre lui l'enregistrement du compromis au bureau de Pont-Audemer, et la transcription de cet acte dans la sentence arbitrale : c'est que le sieur Helley avait pris *des conclusions devant les Arbitres*; et qu'ainsi, il avait lui-même rendu vraisemblable le fait de son consentement à ce que les Arbitres prononçassent sur les difficultés existantes entre lui et sa sœur.

L'arrêt de la cour royale de Rouen a donc été justement maintenu; mais il me semble que, pour en bien motiver le maintien, il aurait fallu, au lieu de confondre les présomptions résultant de l'enregistrement et de la transcription du compromis, avec la présomption qui résultait des conclusions prises par le sieur Helley devant les Arbitres, dire que celles-ci portant évidemment le caractère de commencement de preuve par écrit, plaçaient celles-là dans la catégorie des présomptions que l'art. 1353 du Code civil permet aux juges de prendre pour base de leurs décisions.

Mais comment aurait-on dû prononcer, si les conclusions du sieur Helley n'eussent pas été *prises devant les Arbitres*, c'est-à-dire, adressées aux Arbitres eux-mêmes, mais qu'elles eussent été simplement couchées dans des écrits signés de lui ou de son fondé de pouvoir, sans qu'il avouât, ni que rien indiquât manifestement que ces écrits eussent été faits plutôt pour une instruction arbitrale que pour une instruction judiciaire ?

Je n'hésite pas à le dire, il aurait fallu alors en revenir à toute la rigueur de la loi, qui ne permet au juge de former sa conviction que d'après les règles qu'elle lui trace. Ainsi, point de commencement de preuve par écrit contre le sieur Helley, point de présomption, quelque grave qu'elle fût, à admettre contre lui.

Et en vain opposerait-on un arrêt du parlement de Toulouse, du 23 janvier 1724, par lequel, suivant Aguier, tome 1, page 258 , « Il fut
» décidé à l'audience de la grand'chambre, qu'une
» sentence arbitrale était bonne, quoiqu'il ne
» parût pas de compromis, et que le consente-
» ment que les parties y avaient donné par la re-
» mise avouée de leurs actes, suffisait pour la
» faire autoriser ».

De deux choses l'une : ou les actes que le réclamant avouait avoir remis aux prétendus Arbitres, contenaient, de sa part, l'*énonciation expresse* que c'était aux Arbitres considérés comme tels, qu'il en avait fait la remise, ou ils ne contenaient rien de semblable. Dans le premier cas, l'arrêt a bien jugé, et il rentre dans l'espèce de celui de la cour de cassation que je viens de rappeler. Mais dans le second, il me paraît insoutenable. Sans doute, les parties pouvaient être supposées avoir remis leurs pièces aux prétendus Arbitres, afin qu'ils les jugeassent. Mais elles pouvaient tout aussi bien être supposées ne les avoir remises que dans la vue d'être éclairées sur leurs droits respectifs, et mises par là à portée de se concilier personnellement; or, dans le doute, laquelle de ces suppositions devait prévaloir? C'était sans contredit la seconde; pourquoi? Parceque tout acte qui est susceptible de deux interprétations différentes, doit être interprété dans le sens qui conserve le plus de liberté à son auteur; parceque nul n'est présumé s'engager au-delà de ce que comportent nécessairement ses paroles ou ses actions; parceque compromettre est un fait positif, et que tout fait positif doit être prouvé par la partie qui en forme la base de sa prétention.

§. XVII. *Les jugemens arbitraux rendus en pays étranger au préjudice de Français, sont-ils compris dans la disposition de l'ordonnance de 1629, qui déclare sans effet en France les jugemens rendus en pays étrangers contre des Français?*

V. l'article Jugement, §. 14, n°. 3.

§. XVIII. *De ce que, par l'art. 1018 du Code de procédure, il est dit que le tiers-Arbitre sera tenu de se conformer à l'un des avis des autres Arbitres, s'ensuit-il que, lorsque la contestation mise en arbitrage, porte sur plusieurs objets distincts, et que les Arbitres sont divisés sur chacun de ces objets, le tiers-Arbitre ne puisse pas, sur l'un, adopter l'opinion de l'un des Arbitres, et sur l'autre, l'opinion de l'autre Arbitre?*

Cette question a été prévue par la section de législation du tribunat, dans ses conférences avec la section de législation du conseil d'état, sur le titre *des Sociétés* du Code de commerce.

« Comment s'exécutera (disait-elle dans ses observations sur l'art. 60) la règle qui prescrit au tiers-Arbitre de se conformer à l'avis de l'un des deux Arbitres? Faudra-t-il que cette conformité s'établisse sur le résultat pris en masse; ou bien le tiers-Arbitre pourra-t-il adopter l'avis d'un des premiers Arbitres sur un point seulement, puis adopter l'avis d'un autre Arbitre sur un autre point, de manière que sa décision étant toujours conforme, dans les détails, à l'opinion, soit de l'un, soit de l'autre, il arrive cependant que, dans la récapitulation générale, elle diffère de tous deux?

» La section pense que ce dernier sentiment doit prévaloir, surtout dans l'espèce présente, où il s'agit de prononcer sur des opérations et des comptes dont chaque article forme un objet à part, il est raisonnable de dire alors qu'autant il y a d'objets autant il y a de jugemens; et si l'acte qui contient ces décisions est unique, les décisions n'en sont pas moins par elles-mêmes essentiellement multipliées et distinctes; autrement le tiers-Arbitre se trouverait forcé de sanctionner des erreurs, même de calcul ».

Une opinion aussi judicieuse ne pouvait pas être contredite, et ne l'a pas été, en effet, par le conseil d'état. Mais la vérité en a paru trop évidente, pour qu'il fût besoin de l'ériger en loi expresse, et surtout de revenir, pour cela, sur l'art. 1018 du Code de procédure qui était promulgué depuis plus d'un an.

Cependant elle a été contestée depuis dans deux affaires; et même il a fallu, dans la seconde, un arrêt de la cour de cassation pour faire disparaître un arrêt de cour royale qui l'avait rejetée.

Dans la première espèce, deux Arbitres nommés respectivement par les sieurs Georget et Ratier, en septembre 1819, pour prononcer sur quatre chefs de contestation, s'étaient trouvés partagés sur chacun, et avaient, suivant le pouvoir que leur en donnait le compromis, nommé un tiers-Arbitre pour les départager.

Le 28 mai 1820, le tiers-Arbitre rend une sentence par laquelle il adopte, sur deux chefs, l'opinion de l'Arbitre du sieur Ratier, et sur les deux autres chefs, l'opinion de l'Arbitre du sieur Georget.

Le sieur Georget demande la nullité de cette sentence, et se fonde, entre autres moyens, sur sa non-conformité à l'avis de l'un des deux Arbitres.

Débouté par un jugement du tribunal de première instance d'Aubusson et par un arrêt confirmatif de la cour royale de Limoges, du 9 août 1822, il se pourvoit en cassation, et soutient que, par la manière dont le tiers-Arbitre a rempli son ministère de départiteur, il a été contrevenu à l'art. 1018 du Code de procédure civile.

Mais par arrêt du 11 février 1824, au rapport de M. Vallée, et sur les conclusions de M. l'avocat-général Lebeau,

« Attendu qu'en jugeant que le tiers-Arbitre est seulement obligé d'adopter, sur chacune des demandes des parties, l'avis de l'un des Arbitres, et non d'adhérer en tout à cet avis, l'arrêt, loin de violer les articles invoqués, s'y est exactement conformé.....

» La cour (section des requêtes) rejette le pourvoi.... (1) ».

_____

(3) Jurisprudence de la cour de cassation, tome 26, page 209.

La seconde espèce est rapporté à l'article *Motifs des jugemens*, §. 2, n°. 3.

§. XIX. *Autres question sur l'arbitrage.*

V. l'article *Peine compromissoire.*

ARGUMENT A CONTRARIO SENSU. *L'argument* à contrario sensu *est-il toujours concluant, lorsqu'il s'agit d'interpréter une loi ?*

V. l'article *Engagiste*, §. 1 ; *Lettres de ratification*, §. 3 ; *Remploi*, §. 4 ; et *Rente foncière*, *Rente gneuriale*, §. 10.

ARMES. *V*, l'article, *Vol*. §. 3.

ARRÉRAGES. §. I. 1°. *Avant le Code civil et dans la coutume de Paris, le tiers-acquéreur d'un immeuble hypothéqué à une rente constituée, devait-il personnellement les arrérages de cette rentes chus depuis le commencement de sa jouissance?*

2°. *En était-il de même dans la coutume d'Artois ?*

1°. Voici ce que j'ai dit sur la première de ces questions à l'audience de la cour de cassation, section civile, le 27 vendémiaire an 11, en concluant sur une demande en cassation formée par le sieur Delabarbe, contre un arrêt de la cour d'Appel de Paris, rendu en faveur du sieur Bouret de Vezelai :

« Cette affaire, d'après le rapport et les plaidoiries que vous venez d'entendre, vous présente, en première ligne, une question de fait à résoudre.

» Le cit. Bouret de Vezelai a-t-il acquis sous les conditions réglées le 18 mars 1786, et par conséquent s'est-il obligé de payer directement aux créanciers qui lui seraient indiqués par les vendeurs, sans pouvoir faire ni offres réelles ni consignation ?

» Ou bien a-t-il acquis sous des conditions nouvelles, et notamment à la charge de déposer le prix de son acquisition entre les mains du notaire Liénard, lequel ferait en conséquence à chacun des créanciers délégataires, le paiement de ce qui lui serait dû ?

» Plaçons-nous d'abord dans l'hypothèse du premier membre de cette alternative, et voyons si le demandeur pourra en faire sortir un moyen de cassation digne de fixer vos regards.

» Dans cette hypothèse, quel sera, abstraction faite de l'opposition du demandeur au sceau des lettres de ratification du cit. Bouret, à la charge de laquelle ces lettres ont été scellées, quel sera, disons-nous le titre du demandeur contre le cit. Bouret ?

» Sera-t-il, comme il le prétend, cessionnaire des droits des veuve et héritiers Leroy de Senneville contre le cit. Bouret, jusqu'à la concurrence du capital et des Arrérages échus de sa rente ; et sous cet aspect, le tribunal d'Appel aura-t-il violé l'art. 108 de la coutume de Paris, relatif aux effets de la cession et transport ?

» Non, car il ne peut y avoir de cession et transport que par le concours du consentement de celui qui cède une créance, et du consentement de celui à qui la créance est cédée ; de même qu'il ne peut y avoir de vente que par le concours des volontés du vendeur et de l'acheteur.

» Que, dans l'espèce, les veuve et héritiers Leroy de Senneville soient censés avoir voulu transporter, au demandeur une partie de leur créance sur le cit. Bouret, par cela seul qu'ils ont indiqué à celui-ci le demandeur comme l'un des créanciers qu'il devait payer par privilège, *transéat*; mais du moins ce projet de transport, cette indication n'ont pas été acceptés par le demandeur ; et dès-là, point de cession et transport intervenu, point de cession et transport consommé entre le demandeur et les représentans de Leroy de Senneville. Conséquemment, nulle application à faire ici de l'art. 108 de la coutume de Paris.

» Mais, dit le demandeur, du moins la seule indication de paiement me donnait une action personnelle contre le cit. Bouret.

» Ceci a besoin d'être expliqué.

» Il est certain que, par l'indication de paiement dont il s'agit, le demandeur n'est devenu, vis-à-vis du cit. Bouret, que ce qu'on appelle en droit *adjectus solutionis gratiâ*.

» Or, de-là même, il résulte, d'après la doctrine de Pothier (*Traité des obligations*, n°. 57), que la créance de 6,400 livres en principal, stipulée par l'acte de vente du 12 janvier 1788, payable au demandeur par le cit. Bouret, n'a pas été, par cette stipulation, transférée propriétairement au demandeur; qu'elle a, au contraire, toujours résidé dans les mains des représentans de Leroy de Senneville ; et que, par conséquent ceux-ci sont toujours demeurés créanciers du cit. Bouret, jusqu'à la concurrence des 6,400 livres, qu'ils l'avaient chargé de payer au demandeur.

» Mais si le demandeur n'est pas devenu, par l'acte de vente du 12 janvier 1788, créancier direct du cit. Bouret, à quel titre aura-t-il pu se pourvoir contre le cit. Bouret par action personnelle ?

» Sans doute, le cit. Bouret aurait pu payer entre ses mains, comme on peut payer entre les mains de tout homme qui, dans un contrat où il n'est point partie, se trouve *adjectus solutionis gratiâ*.

» Mais ce n'est pas une raison pour que le demandeur ait pu agir personnellement contre le cit. Bouret. Il existe dans le droit romain un grand nombre de textes sur les effets des clauses indicatives de paiement ; mais vous n'en trouverez pas un seul qui fasse résulter de ces clauses une action en faveur du tiers indiqué pour recevoir.

» Nous savons bien que, dans nos usages, on n'est pas, à cet égard, aussi sévère qu'on l'était dans le droit romain ; et que, parmi nous, l'*adjectus solutionis gratiâ* passe assez généralement pour chabile à exercer une *action utile* contre le débiteur qui s'est engagé à payer entre ses mains. Mais ce n'est là qu'un point d'usage : aucune loi ne l'a consacré ; et ce n'est pas d'un point d'usage, ce n'est que de la loi, que l'on peut argumenter devant vous lorsqu'il s'agit de faire casser un jugement.

» Ainsi, même en nous plaçant dans l'hypothèse la plus favorable au demandeur, nous serions forcés de conclure au rejet du moyen de cassation qu'il puise dans la circonstance de l'indication de paiement.

» Mais cette hypothèse n'est pas, à beaucoup près, celle de la cause.

» Le jugement attaqué énonce, dans l'exposé des faits, que le cit. Bouret avait acquis, non sous les conditions arrêtées le 18 mars 1786, c'est-à-dire, de payer directement entre les mains des créanciers qui lui seraient indiqués par les vendeurs, mais à la charge de déposer le prix de son acquisition entre les mains du notaire Liénard, par qui chacun des créanciers délégataires serait payé de ce qui lui serait dû.

» Si cette énonciation est exacte, il est bien évident que le demandeur n'a et ne peut avoir aucune action directe contre le cit. Bouret, même en supposant qu'en thèse générale, le créancier du vendeur, *adjectus solutionis gratiâ*, pût agir directement contre l'acquéreur ? pourquoi ? Parceque, si c'est vraiment ainsi que les choses se sont passées, ce n'est pas le demandeur, mais bien le notaire Liénard, qui, dans le contrat du cit. Bouret, a été *adjectus solutionis gratiâ*; que conséquemment c'est au notaire Liénard, et non pas au demandeur, que le cit. Bouret a dû payer ; et qu'ayant payé effectivement entre les mains du premier, il a rempli tous ses engagemens *personnels* ; que conséquemment encore, il ne peut plus être poursuivi personnellement à cet égard par qui que ce soit.

» Il ne reste donc plus qu'un point à examiner, celui de savoir si, sur les clauses de l'acquisition du cit. Bouret, vous devez vous en rapporter à l'exposé des faits contenus dans le jugement attaqué.

Eh ! Pourquoi ne vous en rapporteriez-vous pas à cet exposé ? Le demandeur n'a rien produit pour le détruire. Il lui était cependant bien aisé de prouver le contraire, en représentant l'acte d'adjudication du cit. Bouret ; et de ce qu'il ne l'a point fait, il suit naturellement, ou du moins il doit passer pour constant à nos yeux, que cet acte d'adjudication est conforme au compte qu'en rend le jugement du tribunal d'appel.

» Mais si le demandeur n'est pas fondé dans la critique qu'il fait de ce jugement, d'après les clauses de l'acquisition du cit. Bouret, n'y-a-t-il pas un autre rapport sous lequel ce jugement peut être considéré comme ayant violé la loi, en décidant que le cit. Bouret était à l'abri de toute action personnelle de la part du demandeur ? Ne l'a-t-il pas violée, en n'exceptant pas, au moins de sa décision, les Arrérages échus depuis l'acquisition du cit. Bouret ?

» L'art. 99 de la coutume de Paris déclare que tout détenteur d'héritage assujéti ou hypothéqué à une rente, doit personnellement les Arrérages échus pendant sa jouissance ; et quoiqu'au premier aspect, sa disposition semble limitée aux Arrérages de rentes foncières, il est impossible, en le lisant d'un seul contexte avec l'art. 100, de ne pas demeurer convaincu qu'il porte également sur les Arrérages des rentes constituées. Voici comment ils sont conçus l'un et l'autre :

» Art. 99. *Les détenteurs et propriétaires d'héritages chargés et redevables de cens, rentes, ou autres charges réelles annuelles, sont tenus* PERSONNELLEMENT *de payer et acquitter icelles charges à celui ou ceux à qui dues sont ; et les Arrérages échus de leur temps, tant et si longuement que desdits héritages ou de partie, ou portion d'iceux ; ils seront détenteurs et propriétaires.*

» Art. 100. *Et s'entendent chargés et redevables, quand lesdits héritages sont spécialement obligés, ou qu'il y a générale obligation sans spécialité, ou qu'il y a clause que la spéciale ne déroge à la générale, ni la générale à la spéciale ;* ESQUELS CAS*,* LE DÉTENTEUR EST TENU PERSONNELLEMENT DESDITS ARRÉRAGES.

» Sans doute, si le premier de ces deux articles était isolé, il faudrait le restreindre aux rentes foncières, conformément au droit commun de la France ; et c'est ainsi qu'on l'entendait dans l'ancienne coutume de Paris. Mais le second article ayant été ajouté au premier, dans la réformation de 1583, il n'y a plus à douter que les rentes constituées n'y soient comprises.

» Loyseau, dans son *Traité du déguerpissement*, liv. 2, chap. 6, s'élève avec beaucoup de force contre cette nouvelle disposition de la coutume ; il prouve très-bien qu'elle est contraire aux principes, et il donne avec raison, pour les coutumes muettes, la préférence à l'art. 134 de la coutume de Sens, qui, relativement aux Arrérages de rentes constituées échus depuis son acquisition, ne soumet le tiers-acquéreur qu'à l'action hypothécaire. Mais il ne laisse pas de convenir que, dans le territoire de la coutume de Paris, il n'y a pas moyen de se soustraire à sa disposition : « Toutefois, (dit-il) , puisque la loi est » écrite clairement, bien qu'elle soit rude, il la » faut garder ».

» Ricard, sur l'art. 99 de la coutume de Paris, ne fait pareillement aucune difficulté de dire que cet article et le suivant « parlent des rentes fon» cières et constituées, et obligent les détenteurs » à acquitter personnellement les Arrérages échus » pendant leur détention, en sorte qu'au paie» ment de ces Arrérages, non-seulement les hé» ritages affectés à la rente sont obligés, mais » aussi tous les biens que possède le détenteur ».

» Lemaître, sur la coutume de Paris, tit. 5, dit également « que l'art. 99 a lieu pour les rentes con» stituées, de même que pour les rentes foncières

» non-seulement (ajoute-t-il), parcequ'il parle
» des rentes indistinctement, mais encore parce-
» que, suivant la disposition de l'art. 100, pour
» produire une action personnelle à l'égard des
» Arrérages qui sont échus du temps du posses-
» seur, une simple hypothèque générale suffit;
» et d'ailleurs les rentes constituées à prix d'argent
» peuvent passer pour des charges réelles, puis-
» que ce sont des immeubles, et qu'elles affec-
» tent toujours les héritages qui y sont hypothé-
» qués, en quelques mains qu'ils passent ».

» Telle est aussi la doctrine du lieutenant civil
Lecamus, dans ses observations sur la coutume
de Paris, art. 99 : « ces mots (dit-il), ET AUTRES
» CHARGES RÉELLES ET ANNUELLES, ne comprennent
» pas seulement les rentes de bail d'héritage,
» mais aussi les rentes constituées à prix d'argent ».

» Bourjon, tome 2, page 528, édition de Paris, dit
encore que, « dans la coutume de Paris, l'action
» personnelle a lieu contre le détenteur de l'hé-
» ritage, comme elle a lieu contre le preneur à
» rente lorsque par rapport au premier, il s'agit
» d'une rente, quoique constituée; mais (ajoute-
» il) la personnalité ne milite que pour les ar-
» rérages échus de son temps; c'est disposition
» exorbitante et même inconséquence aux prin-
» cipes ».

» Ces autorités sont plus que suffisantes pour
fixer le vrai sens, le sens assez évident par lui-
même, de l'art. 99 de la coutume de Paris, et
par conséquent pour établir que cet article a été
violé formellement par le jugement qui vous est
dénoncé.

» Par ces considérations, nous estimons qu'il
y a lieu de casser et annuller le jugement du tribunal d'appel de Paris, d'ordonner que l'amende
consignée sera restituée, de renvoyer les parties
devant le tribunal d'appel le plus voisin, et d'ordonner qu'à notre diligence, le jugement à intervenir sera imprimé et transcrit sur les registres
du tribunal d'appel de Paris ».

Sur ces conclusions, arrêt du 27 vendémiaire
an 11, au rapport de M. Babille, par lequel,

« Vu les art. 99 et 100 de la coutume de Paris...;

» Et attendu que le premier de ces articles, en
parlant de *rentes ou autres charges annuelles*, ne
distingue pas entre la rente foncière et la rente
constituée; en sorte que l'obligation personnelle
à laquelle il soumet le détenteur, par rapport
aux Arrérages échus de son temps, s'applique à
la rente constituée, comme à la rente foncière ;

» Attendu que le second article, ajouté, d'après
tous les commentateurs, lors de la réformation
de la coutume pour expliquer le premier, est
relatif, de leur aveu, à la rente constituée, et
soumet le détenteur à cette action personnelle,
pour raison des mêmes Arrérages, surtout quand
l'héritage obligé à la rente est spécialement affecté à son service;

» Attendu qu'il résulte du contrat de vente
consenti, le 27 août 1775, par Delabarbe à Emery,
aux droits duquel est Bouret de Vezelay, comme
acquéreur des héritiers Senneville, que les terres
à cause desquelles Delabarbe a dirigé son action
personnelle contre Bouret de Vezelay, sont af-
fectées et hypothéquées spécialement au service
de la rente dont il s'agit;

» Attendu, enfin, qu'en dirigeant cette action
pour le remboursement du principal de cette
rente, Delabarbe la dirigeait aussi pour raison
des arrérages échus depuis et pendant la détention de Bouret de Vezelay, au paiement desquels
la loi municipale l'obligeait personnellement; et
que néanmoins le jugement attaqué, sans aucun
égard pour son action personnelle qu'il a rejetée,
n'a réservé à Delabarbe que son action hypothécaire, aussi bien quant aux Arrérages, que par
rapport au principal ;

» D'où il suit que le jugement attaqué, en déniant à Delabarbe, par rapport à ces Arrérages,
l'action personnelle que lui accordaient ces articles, et lui réservant seulement l'action hypothécaire, à violé les deux articles précités ;

» Par ces motifs..., casse et annulle le jugement rendu le 27 ventôse an 9, par le tribunal
d'appel séant à Paris, etc. ».

II. La seconde question s'est présentée dans
l'espèce suivante.

Le 15 prairial an 9, la dame de Saint-Remy
fait assigner, devant le tribunal de première instance du département de la Seine, les enfans
et héritiers du sieur Marbaix, dans la personne
du sieur Pierrepont, leur beau-père et tuteur,
et de la dame Pierrepont, leur mère et tutrice,
pour voir dire que le domaine de Gauchin-
le-Gal, situé dans l'arrondissement de Bé-
thune, département du Pas-de-Calais, est
hypothéqué à une rente viagère de 6,000 livres,
constituée à son profit par le prince de Salm-
kyrbourg, de qui leur père a acheté ce domaine
en 1791; et qu'ils seront en conséquence condamnés à lui payer les Arrérages échus et à
échoir de cette rente, si mieux ils n'aiment
abandonner le domaine, en restituant tous les
fruits qu'eux et leur père en ont perçus depuis
1791 jusqu'au jour du délaissement.

Le 28 messidor suivant, jugement par défaut qui prononce conformément à ces conclusions.

Les sieur et dame Pierrepont, en leur qualité,
y forment opposition, et soutiennent 1°. que la
dame de Saint-Remy n'a point d'hypothèque
sur le domaine de Gauchin-le-Gal; 2°. qu'en tout
cas, si les mineurs Marbaix prenaient le parti de
déguerpir, ils ne seraient pas tenus de rapporter
les fruits perçus depuis l'acquisition de 1791,
mais seulement depuis la demande judiciaire du
15 prairial an 9.

Le 26 fructidor de la même année, jugement
contradictoire qui déboute les sieur et dame
Pierrepont de leur opposition.

ARRÉRAGES, §. II.

Appel; et le premier fructidor an 11, arrêt qui met l'appellation au néant.

Recours en cassation, fondé sur deux moyens dirigés, l'un contre le chef de l'arrêt qui juge le domaine de Gauchin-le-Gal hypothéqué à la rente viagère de la dame de Saint-Remy, l'autre contre le chef du même arrêt qui condamne les mineurs Marbaix à payer tous les Arrérages échus et à échoir de la rente viagère, sauf à eux à délaisser, en restituant tous les fruits perçus depuis 1791.

Après avoir discuté le premier moyen, j'ai ajouté sur le second :

« Bien différente de la coutume de Paris, dont les art. 99 et 100, par une disposition contraire à tous les principes, soumettent *personnellement* les détenteurs d'un fonds hypothéqué à une rente constituée, au paiement des Arrérages que cette rente a produits depuis le jour de leur entrée en possession, la coutume d'Artois ne les assujétit qu'*hypothécairement* à ces Arrérages.

» Et de là il suit évidemment que, dans la coutume d'Artois, comme dans toutes les autres semblables, le tiers-détenteur qui, sur une demande en déclaration d'hypothèque, prend le parti de déguerpir, soit avant, soit après la contestation en cause, ne doit le rapport des fruits qu'à compter du jour où cette demande a été intentée contre lui.

» C'est la remarque de Loyseau, *Traité du Déguerpissement*, liv. 5, chap. 15. Après avoir dit que l'action hypothécaire *rem tantùm avocat cùm fructibus à lite contestatâ* ; après avoir cité à l'appui de cette maxime, la loi *si fundus*, §. *interdùm D. de pignoribus et hypothecis*, il ajoute : « Pour » les coutumes qui donnent action personnelle » contre le tiers-détenteur, en le déclarant tenu » des Arrérages des rentes constituées échus de » son temps, comme celle de Paris et peu d'au-» tres; ces coutumes, comme exorbitantes et » contraires au droit commun, méritent d'être » restreintes autant que leurs termes le peuvent » permettre... *Et plus bas* : sans doute qu'aux » coutumes où l'action personnelle n'a lieu con-» tre le tiers-détenteur, mais seulement l'hypo-» thécaire, il suffit, comme il a été dit par la » loi *si fundus*, de rendre les fruits depuis contes-» tation en cause.... ».

» C'est aussi ce qu'enseigne Maillard sur l'art. 188 de la coutume d'Artois ; et Brunel, dans ses *Observations sur le Droit coutumier* de cette province, chap. 6, n°. 59, dit que, « par sentence » rendue au conseil provincial d'Arras, le 26 oc-» tobre 1683, il a été jugé que le tiers-détenteur » d'un héritage affecté à une rente héritière, est » fondé de soutenir qu'il doit passer par l'offre de » déguerpir et de rapporter seulement les fruits » depuis contestation en cause ».

» Même doctrine dans le commentaire manuscrit d'Hébert, conseiller au même tribunal, sur l'art. 88 de la coutume : « Il faut (dit-il) en par-» lant du tiers-possesseur du fonds hypothéqué)» » ou qu'il paie toute la dette, ou qu'il délaisse le » fonds avec restitution des fruits depuis la con-» testation en cause seulement, si ce tiers-pos-» sesseur est propriétaire de bonne foi ».

» C'est, enfin, ce qu'on a constamment jugé dans les coutumes voisines de celles d'Artois.

» Brillon, au mot *Déguerpissement*, n°. 12, rapporte un arrêt du parlement de Paris, du 22 juin 1639, par lequel il a été décidé, « en la cou-» tume de Calais, que le tiers-acquéreur, qui » ne délaisse hypothèque, qu'après la con-» testation en cause, ne doit les fruits que du » jour de la demande et non du jour de la pos-» session ».

» Pollet, dans son recueil d'arrêts du parlement de Douai, part. 1, chap. 20, nous en retrace deux, l'un du 12 septembre 1681, l'autre du 3 juillet 1700, qui jugent, que « le tiers-pos-» sesseur de l'héritage hypothéqué pour une rente, » qui en a joui de bonne foi, ne doit point être » de pire condition, à l'égard du créancier de la » rente, que l'acheteur à l'égard du propriétaire » qui revendique l'héritage acheté; (et que, puis-» que) les fruits que l'acheteur a perçus avant » l'instance de revendication, lui demeurent in-» commutablement, et que la perception des » fruits de l'héritage chargé de la rente, est la » seule raison qu'on puisse apporter pour rendre » le tiers-possesseur responsable des Arrérages » de la rente échus de son temps, il n'est donc » pas tenu de restituer les fruits qu'il a perçus, » ni par conséquent de payer les Arrérages échus » de son temps ».

» Pollet remarque avec raison qu'il faut excepter de cette doctrine, le cas où le tiers-possesseur avait acquis l'héritage hypothéqué, à la charge de la rente. Mais telle n'est certainement pas l'espèce de la cause actuelle. Il est vrai que le sieur Marbaix avait été chargé par son adjudication du 30 décembre 1791, de *payer et acquitter à l'avenir les rentes et généralement toutes les autres prestations annuelles, tant en espèce qu'en nature*, QUI PEUVENT ÊTRE DUES PAR LES BIENS, *et de faire en sorte que pour raison tant des Arrérages que des capitaux de ces rentes et redevances, le vendeur ne puisse être inquiété ni recherché en façon quelconque*. Mais de quelles rentes s'agissait-il dans cette clause? De celles qui étaient *dues par les biens*, et conséquemment des rentes purement foncières.

» Par ces considérations, nous estimons qu'il y a lieu d'admettre la requête des demandeurs ».

La requête a été en effet admise par arrêt du 24 floréal an 13, au rapport de M. Brillat-Savarin ; mais jusqu'à présent, il n'y a pas encore été statué par la section civile.

§. II. *De la prescription des Arrérages de rentes, tant perpétuelles que viagères*.

V. l'article *Prescription*, §. 15.

§. III. *Du nombre d'années d'Arrérages ou d'intérêts pour lesquelles un créancier hypothécaire a droit d'être colloqué dans l'ordre.*

V. les articles *Inscription hypothécaire*, §. 2 ; et §. 2 *bis* ; et *Intérêts*, §. 4 et 5.

ARRESTATION PROVISOIRE pour dettes.
V. l'article *Contrainte par corps*, §. 9.

ARRÊT. *V.* l'article *Jugement.*

ARRÊT DE DÉFENSE. *V.* l'article *Exécution des jugemens en matière civile*, §. 3.

ARRÊT DE RÉGLEMENT. §. I. *Quelle est aujourd'hui, pour les affaires qui doivent être jugées d'après les anciennes lois, l'autorité des Arrêts de réglement des anciens tribunaux supérieurs ?*

Cette question est traitée dans le plaidoyer suivant, que j'ai prononcé à l'audience de la section des requêtes de la cour de cassation, le 2 ventôse an 9, sur une demande en cassation formée par Abraham-Hirsch Moyse, contre François-Jacques Scheitel :

» Cette affaire a pris naissance dans une obligation de 960 florins d'Allemagne, souscrite le 22 juin 1781, par François-Jacques Scheitel, apothicaire à Bouxvillers, et causée pour argent prêté à l'effet d'*acheter des drogues.*

» Cette obligation est stipulée payable pour moitié dans un an, et pour le surplus dans les deux années suivantes.

» Le corps du billet n'est pas écrit de la main de François-Jacques Scheitel, mais celui-ci reconnaît l'avoir signé ; il reconnaît même que c'est de sa main que sont écrits ces mots placés avant sa signature, *bon pour 960 florins* ; et il est à remarquer que cette somme de 960 *florins* est écrite à la fois en toutes lettres et en chiffres.

» Une chose assez étrange, c'est que le demandeur n'a réclamé en justice le paiement de ce billet qu'en l'an 7. Mais il prétend avoir reçu un à-compte le 11 floréal an 3 ; et il se prévaut de la mention qui en est faite au bas de ce billet ; mais outre que cette mention est son propre ouvrage, elle montre assez par sa teneur combien peu elle mérite de confiance ; car, s'il fallait l'en croire, Scheitel se serait obligé, en payant, le 11 floréal an 3, l'à-compte qu'elle énonce, d'acquitter le surplus *en numéraire dans trois mois* ; or, il est bien peu vraisemblable que Scheitel ait pris alors un pareil engagement envers un créancier de la caste du demandeur, qu'il aurait pu payer en papier-monnaie qui, à cette époque, se dépréciait chaque jour de plus en plus.

» Quoi qu'il en soit, Scheitel assigné devant le tribunal civil du Bas-Rhin, a prétendu ne rien devoir. Ce n'est pas qu'il ait nié sa signature apposée au bas du billet ; il l'a au contraire, reconnue formellement.

» Mais il a exposé qu'il avait originairement dû au demandeur une somme de 5,600 florins ; qu'il lui en avait passé sa reconnaissance le 26 août 1779 ; que cette reconnaissance avait été successivement remplacée par d'autres de moindre somme ; que ces dernières, lors du remboursement qu'en avait fait Scheitel, avaient été supprimées ; que c'était par méprise que le billet représenté par le demandeur, n'avait pas été compris dans cette suppression ; et que la preuve que les choses s'étaient ainsi passées, résultait de ce que, le 22 juin 1781, jour de la date du billet dont il s'agissait, Jean-Wolf Moyse, tant pour lui que pour le demandeur, son frère et associé, lui avait donné pardevant notaire une *quittance et décharge générale.*

» Le demandeur niait toutes les assertions de Scheitel, sauf que relativement à la décharge du 22 juin 1781, il soutenait n'avoir jamais été en société générale avec son frère ; d'où il inférait que la quittance de ce dernier ne pouvait pas décharger Scheitel envers lui.

» Scheitel argumentait encore de ce que le demandeur, lors d'une faillite qu'il avait faite peu de temps après le 22 juin 1781, n'avait pas compris l'obligation de cette date dans son bilan ; et il en concluait que le demandeur avait voulu frauder ses créanciers.

» Il eût raisonné plus conséquemment, s'il eût simplement inféré de là que le demandeur n'avait pas regardé cette obligation comme formant titre pour lui ; car, du reste, il ne lui appartenait pas de discuter la conduite du demandeur envers ses créanciers. Mais l'argument qu'il pouvait tirer de là, quoiqu'il ne le tirât point en effet, n'en conservait pas moins toute sa force. A la vérité, le demandeur répondait qu'avant sa faillite, il avait transporté le billet à un tiers, qui le lui avait rétrocédé après ; mais comment le prouvait-il ? Par des actes de transport et de rétrocession qui n'avaient été enregistrés qu'en l'an 6, et par conséquent pouvaient fort bien avoir été fabriqués tout exprès pour rendre plus plausibles les poursuites que le demandeur se préparait dès-lors, à exercer contre Scheitel.

» Pour dernière ressource, Scheitel invoquait les réglemens faits pour réprimer les brigandages que les Juifs commettaient, avant la révolution, dans la ci-devant Alsace.

» Il citait notamment l'arrêt de réglement du Conseil supérieur de Colmar, du 20 mai 1769, les lettres-patentes du 6 novembre 1779, et la loi du 28 septembre 13 novembre 1791.

» Par jugement du 29 prairial an 7, le tribunal civil du département du Bas-Rhin, sans s'arrêter aux exceptions de Scheitel, l'a condamné à payer au demandeur le montant de son obligation du 22 juin 1781, sous la déduction de ce qu'il justifierait avoir déjà payé.

» Appel de la part du demandeur ; et l'affaire dévolue au tribunal civil du département des Vosges, jugement du 11 floréal an 8, qui, sur le seul fondement de l'Arrêt de réglement du 20 mai 1769, infirme le jugement de première instance,

ARRÊT DE RÉGLEMENT, §. I.

déclare nul le billet du 22 juin 1781, et décharge Scheitel de toutes poursuites, en affirmant devant le juge de paix de son domicile, qu'il n'a pas reçu du demandeur la somme énoncée dans ce billet.

» En prononçant ainsi, le tribunal des Vosges a-t-il, comme le prétend le demandeur, violé les déclarations des 30 juillet 1730 et 22 septembre 1733?

» A-t-il pu regarder comme loi un simple Arrêt de réglement?

» A-t-il pu, au mépris de la loi du 13 novembre 1791, sur décret du 27 septembre précédent, reconnaître encore des distinctions entre les Juifs et les autres citoyens français?

» Telles sont les trois questions que présente le mémoire du demandeur; et nous devons en ajouter une quatrième, celle de savoir quel doit être ici l'effet des lettres-patentes du 6 novembre 1779, et de la loi du 13 novembre sur décret du 28 septembre 1791, invoquées par Scheitel en première instance?

» Mais avant de discuter ces quatre questions, il paraît essentiel, de vous faire connaître l'Arrêt de réglement, les lettres-patentes et le décret dont nous venons de parler.

» L'Arrêt de réglement du 26 mai 1769 avait été précédé d'un autre du 19 janvier 1717, que l'on trouve au tome premier des Ordonnances d'Alsace, page 488.

» Le ministère public exposait dans le réquisitoire sur lequel était intervenu celui-ci, *que la ruse et la fraude judaïques s'exerçaient et s'accroissaient chaque jour; que des Juifs insatiables se faisaient passer des obligations pour sommes plus fortes que celles qu'ils prêtaient; qu'il était encore un autre piège tendu par eux aux pauvres débiteurs; et où la nécessité les entraînait : qu'il consistait à renouveller incessamment les obligations sur des décomptes faux et impies, où ces monstres de la société civile convertissaient à la fois leur gain illicite en sort principal; dont le désordre invétéré ne pouvait être arrêté qu'en rappelant les défenses anciennes, fondées même sur les ordonnances, aux notaires et tabellions de renouveller ces sortes d'obligations, sous prétexte de décomptes, et quelque autre que ce pût être.*

» Sûr cet exposé, l'Arrêt de réglement du 9 janvier 1717 avait *fait défenses aux notaires et tabellions du ressort, de plus passer obligations en faveur et au profit des Juifs, que sur deniers réels, à découvert, nombrés et délivrés en présence desdits notaires ou tabellions, dont ils seraient tenus de faire mention dans lesdites obligations, sous prétexte de décomptes ou autres, le tout à peine de faux, d'interdiction contre les notaires et tabellions, et d'amende arbitraire.*

» Il paraît que ce réglement n'atteignit pas, à beaucoup près, son but, car, le 24 mars 1733, le gouvernement se crut obligé de rendre une déclaration qui alla plus loin encore.

» Le préambule de cette déclaration annonçait que les Juifs établis en France, y causaient la ruine d'une infinité de familles, en abusant de la fâcheuse situation de ceux qui leur faisaient des emprunts; que l'abus venait principalement de la liberté qu'ils avaient de prêter sur de simples billets; qu'elle leur facilitait les moyens de soustraire la connaissance de leur conduite aux tribunaux ordinaires, et d'ajouter souvent la fraude et les faussetés à l'usure.

» En conséquence, l'art. 1ᵉʳ défendait de contracter et stipuler avec les Juifs, par de simples billets sous signature privée.

» L'art. 2 voulait que ceux qui emprunteraient d'eux des sommes d'argent, ne pussent s'engager valablement que par des contrats passés devant notaires, et que les deniers n'eussent été véritablement comptés et délivrés en présence de ces officiers, en affirmant devant eux, par les Juifs, que leurs prêts ne renfermaient, même secrètement, aucune convention usuraire; que cette affirmation fût, ainsi que la numération de l'argent, mentionnée expressément dans les contrats, à peine de nullité et de faux.

» L'art. 3 voulait pareillement, que toutes les négociations, ventes de grains, bestiaux, vins, denrées et marchandises, les sociétés, les engagemens et tous les autres actes qui se feraient entre les Français et les Juifs, fussent passés devant notaires, avec pareille affirmation, et sous les mêmes peines.

» L'art. 4 exceptait des prohibitions portées par les précédens; *les lettres de change, billets à ordre et autres écrits licites et ayant lieu dans le commerce ordinaire entre les Juifs et ceux des Français seulement qui exercent en effet la profession de banquiers ou de marchands; et ce, pour le fait de leur banque, commerce ou marchandise, pourvu que le tout se fît en bonne foi, sans dol, fraude, surprise ni usure.*

» Par l'art. 5, les Juifs qui se trouveraient avoir commis quelque dol, surprise et usure, ou qui auraient joint ou accumulé les intérêts aux capitaux des sommes portées dans les billets et contrats passés ci-devant, ou qui le seraient à l'avenir, outre la nullité de ces actes et la perte de leurs créances dont les débiteurs seraient déchargés par la seule vérification du fait, devaient être condamnés à payer aux parties plaignantes le double des sommes portées dans les actes contre lesquels elles se seraient pourvues, et à une amende de 500 livres au profit de l'hospice le plus voisin de la résidence des plaignans, le tout par corps et sans préjudice des poursuites à l'extraordinaire.

» Cette déclaration fut enregistrée au conseil supérieur de Colmar, le 16 avril 1733; mais le 12 septembre suivant, elle fut suspendue par les lettres-patentes sur arrêt que le même tribunal enregistra le 6 octobre de la même année.

» Par là, les Juifs se trouvèrent, relativement aux billets sous seing-privé, traités comme les Français, et, par conséquent, soumis, comme eux aux seules dispositions des déclarations des 30 juillet 1730 et 22 septembre 1733.

» Vous connaissez, les dispositions de ces deux dernières lois; elles veulent que *tous billets sous signature privée, au porteur, d'ordre ou autrement, causés pour valeur en argent, autres néanmoins que ceux qui seront faits par des banquiers, négocians, manufacturiers, artisans, fermiers, laboureurs, vignerons, manouvriers, et autres de pareille qualité, soient de nul effet et valeur, si le corps du billet n'est écrit de la main de celui qui l'aura signé, ou, du moins, si la somme portée audit billet, n'est reconnue par une approbation écrite en toutes lettres, aussi de sa main; faute de quoi, le paiement n'en pourra être ordonné en justice;* que néanmoins celui qui refusera de payer *le contenu auxdits billets ou promesses,* soit tenu d'affirmer qu'il n'en a pas reçu la valeur.

» Tel était, dans toute la France, l'état de la législation sur les billets sous seing-privé, lorsque le procureur général du conseil supérieur de Colmar présenta à ce tribunal le réquisitoire sur lequel est intervenu l'Arrêt de règlement du 20 mai 1769, et qui en forme le préambule.

» Il y est dit que, « malgré l'attention du con-
» seil et la vigilance du remontrant à prévenir les
» fraudes et usures que commettent les Juifs dans
» le prêt d'argent, il n'a pas été possible jusqu'à
» présent d'arrêter les progrès d'un mal qui se
» répand de plus en plus par les intrigues des
» Juifs, toujours ingénieux à imaginer des expé-
» diens pour éluder la disposition des ordonnances
» et des arrêts de réglement du conseil, afin de
» pouvoir pratiquer plus facilement l'usure;

» Que, par arrêt du 9 janvier 1717, le conseil
» a fait défenses aux notaires et tabellions, de
» passer aucune obligation au profit des Juifs,
» que sur deniers nombrés et délivrés en leur pré-
» sence;

» Que, par une déclaration du 30 juillet 1730,
» il a été ordonné que le corps des billets serait
» écrit en toutes lettres par ceux qui les auraient
» signés, à peine de nullité; que, par autre décla-
» ration du 24 mars 1733, il a été statué que ceux
» qui emprunteraient à l'avenir des Juifs, ne
» pourraient s'engager valablement, que parde-
» vant notaires ou tabellions, et sur deniers
» nombrés;

» Qu'il est vrai que l'effet de cette déclaration
» a été suspendu par lettres-patentes du 12 sep-
» tembre de la même année, et que la première
» a reçu une exception relativement aux ban-
» quiers, commerçans, artisans, manouvriers,
» laboureurs, et gens de pareille qualité; mais
» que cette exception n'a eu pour objet que de
» favoriser le commerce, et non les fraudes et
» l'usure des Juifs, bien moins encore de leur
» donner des moyens de les exercer;

» Que néanmoins les Juifs, enhardis par l'i-
» nexécution de cette déclaration, prennent sur
» eux d'écrire eux-mêmes ou de faire écrire par

» d'autres qui sont d'intelligence avec eux, les
» corps des billets, et les font signer par des dé-
» biteurs, de la bonne foi et de la crédulité des-
» quels ils abusent : que de là naissent des con-
» testations journalières qui ont pour motifs la
» surprise, la fraude et l'usure exercées par les
» Juifs;

» Que pour faire cesser, autant qu'il est possi-
» ble, des manœuvres si ruineuses pour le pauvre
» particulier, il est indispensable qu'à l'avenir,
» tous les billets causés pour prêt d'argent, et
» passés au profit des Juifs, PAR DES DÉBITEURS QUI
» NE SAVENT PAS ÉCRIRE, soient rédigés et signés en
» présence de deux témoins irréprochables;

» Que, par ce moyen, on préviendra une foule
» de contestations, et les surprises presque insé-
» parables de la facilité avec laquelle les Juifs ont
» traité jusqu'à présent avec leurs débiteurs, SANS
» GÊNER LE COMMERCE, NI CONTREVENIR AUX LETTRES-
» PATENTES ET EXCEPTIONS CI-DESSUS MENTIONNÉES ».

» C'est sur ce réquisitoire et conformément aux conclusions qui le terminent, qu'a été rendu l'arrêt dont il s'agit. Il ordonne « qu'à l'avenir
» tous billets obligatoires, autres que pour fait de
» banque et de commerce, qui seront passés au
» profit des Juifs, et qui ne seront pas entièrement
» écrits et signés de la main des débiteurs, seront
» rédigés, écrits et signés en présence de deux té-
» moins irréprochables, lesquels signeront pareil-
» lement lesdits billets, A PEINE DE NULLITÉ ».

» Vous remarquerez, sans doute, une différence très-frappante entre le dispositif de cet arrêt et le réquisitoire sur lequel il a été rendu.

» Dans le réquisitoire, il n'est question que des billets souscrits *par des débiteurs qui ne savent pas écrire;* mais le dispositif de l'Arrêt ne fait aucune distinction entre les débiteurs qui savent écrire et ceux qui ne le savent pas.

» Ce n'est pas encore le moment de discuter cette différence; continuons l'exposé que nous avons entrepris.

» Le 23 décembre 1772, le procureur-général du conseil supérieur de Colmar a remontré à ce tribunal, que « la facilité de la plupart des gref-
» fiers-tabellions du ressort, de se transporter
» dans les maisons des Juifs, pour y passer les
» actes des obligations que les chrétiens contrac-
» taient avec eux, exposait ceux-ci à être sans
» cesse surpris et trompés par l'artifice et la ruse
» que les Juifs employaient dans ces circonstances
» pour faire valoir leurs projets iniques ». En conséquence, il est intervenu, le même jour, arrêt qui « fait défense à tous notaires, tabellions et
» greffiers du ressort, de passer des contrats obli-
» gatoires entre Chrétiens et Juifs, lorsqu'ils se-
» ront obligés de se déplacer, ailleurs que dans
» les maisons des prévôts, et, en leur absence,
» dans celles de l'un des préposés des lieux; leur
» enjoint de prendre pour témoins de bons bour-
» geois, gens sans reproche et d'insérer dans leurs
» actes les noms des particuliers chez qui lesdits

» actes seront passés; le tout, à peine de 3,000 livres d'amende, et d'être procédé contre lesdits notaires, tabellions et greffiers, à l'extraordinaire, en cas de récidive».

» Tous ces réglemens prouvent à quels excès de toute espèce les Juifs de la ci-devant Alsace s'étaient livrés envers les citoyens, dans les transactions qu'ils avaient jusques-là passées avec eux.

» Ils furent suivis de plusieurs autres qui nous ont autrefois passé par les mains, mais que nous n'avons pu retrouver, et notamment des lettres-patentes du 6 novembre 1779, qui sont citées dans le jugement de première instance.

» Quel était l'objet précis de ces lettres-patentes? Le jugement de première instance ne nous en dit rien; nous croyons cependant pouvoir assurer qu'elles tendent à faire liquider, par une mesure générale, toutes les créances des Juifs antérieures à leur émanation, sur des citoyens appartenant à ce qu'on appelait alors *la classe du peuple;* qu'à cet effet, elles obligeaient les créanciers juifs de déposer leurs titres au greffe du conseil supérieur de Colmar; qu'à cette formalité elles ajoutaient d'autres dispositions dont le but était de faire connaître les moyens pécuniaires des débiteurs non juifs; et qu'enfin, elles interdisaient toutes poursuites contre ceux-ci, jusqu'à ce qu'il eût été pris par le législateur un parti définitif et général.

» A ces lettres-patentes a succédé la loi du 13 novembre 1791, sur le décret du 28 septembre précédent.

» Pour en bien connaître l'objet, et bien saisir la connexité qu'elle a avec les lettres-patentes du 6 novembre 1779, il est essentiel de vous mettre sous les yeux le discours d'après lequel a été rendu le décret (il n'est pas long).

» L'assemblée constituante venait de rendre à la séance de la veille (27 septembre), un décret par lequel les Juifs étaient admis, sans restriction ni réserve, à jouir des droits de citoyen, en prêtant le serment civique.

« Le lendemain, un membre qui s'était constamment opposé à cette mesure, ne pouvant plus la combattre, prit la parole et dit :
« Vous voulez que votre décret soit exécuté :
» or, le vrai moyen de le faire exécuter sans secousses ni troubles, m'a été suggéré par des
» Juifs eux-mêmes, et par ceux qui s'intéressent
» à leur sort.
» Depuis quarante ans, des convulsions continuelles résultent de l'oppression usuraire dans
» laquelle gémit la classe pauvre du peuple. Les
» Juifs eux-mêmes sentent qu'ils ne peuvent vivre à côté de ces malheureux, avant que tous
» ces procès soient terminés. Les cahiers des
» trois ordres ont chargé les députés de l'Alsace,
» de demander que les états-généraux prissent
» des précautions pour liquider ces créances.
» Je vous propose donc de décréter que, dans
» le délai d'un mois, les Juifs d'Alsace donneront
» aux directoires de district du domicile de leurs
» débiteurs des états détaillés de leurs créances,
» tant en principal qu'en intérêts, que les directoires de district prendront tous les renseignemens possibles sur les moyens de libération
» des débiteurs, afin que, sur l'avis motivé des
» directoires de département, le corps législatif
» puisse statuer sur les moyens de liquider ces
» créances.

» Ce sera le seul moyen de liquider cette classe
» nombreuse et malheureuse, qui vit sous l'oppression usuraire des Juifs; elle verra qu'on s'est
» occupé de son sort.

» Les Juifs sont en ce moment, en Alsace,
» créanciers d'environ 12 à 15 millions, tant en capital qu'en intérêts, de cette classe du peuple.
» Si l'on considère que la réunion des débiteurs
» ne possède pas trois millions, et que les Juifs
» ne sont pas gens à prêter 15 millions sur 3 millions de vaillant, on sera convaincu qu'il y a,
» au moins, sur ces créances 12 millions d'usure.
» Les Juifs disent eux-mêmes que, si on leur
» donnait 4 millions pour la totalité de ces créances, ils seraient fort contens.

» Par le moyen que je vous propose, on connaîtra
» la véritable valeur des créances, et on donnera
» ce qu'il sera possible de donner. Sans cela,
» vous aliénez les esprits contre votre constitution: *voyez cette assemblée nationale*, dira-t-on,
» *elle a tout fait pour des usuriers, et elle n'a pas
» pensé à nous tirer de nos malheurs.*

» Les états dont il est ici question, seront très-
» faciles à faire; car les Juifs avaient déjà été
» obligés de les fournir à la ci-devant cour souveraine de Colmar, et les deux tiers de ce
» travail sont faits.

» Je suis obligé d'employer dans ma rédaction
» l'expression de *classe du peuple*, qui est actuellement très-peu sonore, mais qui se trouve dans
» les anciens réglemens relatifs à cette espèce de
» créances.

» Voici le projet de décret que je propose :
» L'assemblée nationale décrète, que dans le
» mois, les Juifs de la ci-devant province d'Alsace donneront aux directoires du district du
» domicile des débiteurs, l'état détaillé de leurs
» créances, tant en principal, qu'en intérêt, sur
» les particuliers non Juifs dénommés dans les
» anciens réglemens, de la *ci-devant classe du
» peuple* de la même province ;

» 2°. que les directoires de district prendront
» aussitôt tous les renseignemens nécessaires pour
» constater les moyens connus des débiteurs
» pour acquitter ces créances, qu'ils feront passer ces renseignemens, avec leur avis sur le
» mode de liquider, aux directoires des départemens du Haut et Bas-Rhin;

» 3°. Que les directoires des départemens du
» Haut et Bas-Rhin donneront sans délai leur
» avis sur le mode de liquidation, communiqué-

» ront cet avis aux Juifs, et l'enverront avec les
» observations de ces derniers au corps législatif,
» pour être statué ce qu'il appartiendra ».

» Ce projet de décret a été adopté tout de suite, tel qu'il était proposé, et il forme aujourd'hui l'une des lois scellées le 13 novembre 1791.

» Maintenant, il nous est facile de voir quel rapport peuvent avoir avec l'espèce actuelle, et cette loi et les lettres-patentes du 6 novembre 1779.

» En les invoquant devant le tribunal du Bas-Rhin, Scheitel cherchait visiblement à faire ajourner la demande de Moïse, jusqu'à ce que fût intervenue la loi promise par le dernier article du décret du 28 septembre 1791.

» Le tribunal du Bas-Rhin ne s'est pas arrêté à cet incident; d'abord, parceque le billet dont il s'agit, paraît, par sa date, postérieur aux lettres patentes du 6 novembre 1779, et que ces lettres-patentes ne sont vraisemblablement relatives qu'aux titres de créances antérieurs à la date qu'elles portent; ensuite, parceque, dans ces lettres-patentes, ainsi que dans le décret du 28 septembre 1791, il n'est question que des titres de créances sur des particuliers de la *classe du peuple*, et que Scheitel, par son état d'apothicaire, est, dans le langage des anciens préjugés, au-dessus de cette classe.

» En prononçant ainsi, le tribunal du Bas-Rhin a-t-il bien ou mal jugé? C'est un problème pour la solution duquel nous n'avons peut-être pas toutes les données nécessaires; mais du reste, il est inutile de nous en occuper, et il suffit que nous sachions que cela est inutile.

» La raison en est que le jugement rendu sur l'appel de Scheitel, et qui vous est aujourd'hui dénoncé par Moïse, n'a pris en considération, ni les lettres-patentes du 6 novembre 1779, ni le décret du 28 septembre 1791; et qu'il a, par suite, laissé à l'écart la question que Scheitel avait fait naître de leurs dispositions.

» Ainsi, il est bien évident que le jugement attaqué ne peut pas être annulé d'après ces deux dernières lois; et par là se trouve déjà résolue la quatrième des questions que nous avons annoncé devoir discuter dans cette affaire.

» Reprenons maintenant les trois autres, en commençant par celle de savoir si le jugement attaqué contrevient aux déclarations des 30 juillet 1730 et 22 septembre 1733.

» Il y a deux choses à distinguer dans ces déclarations: leur dispositif et les exceptions qui les modifient.

» Par leur dispositif, elles défendent d'ordonner en justice le paiement de *tout billet causé pour valeur en argent, dont le corps n'est pas écrit de la main de celui qui l'a signé*.

» Mais elles exceptent de cette défense, 1°, les billets *faits par des banquiers, négocians, manufacturiers, artisans, fermiers, laboureurs, vignerons, manouvriers et autres de pareille qualité*; 2°, les billets signés même par ceux qu'elles appellent *bourgeois*, lorsque la somme qui y est portée, se trouve reconnue par une approbation écrite de leurs mains en toutes lettres.

» Dans notre espèce, il s'agit d'un billet *causé pour valeur en argent*, et dont le *corps n'est pas écrit de la main de* Scheitel; ainsi, nul doute que le dispositif des deux lois citées n'y soit applicable.

» Mais il n'est pas douteux non plus que ce billet ne soit dans le cas des deux exceptions que nous venons de remarquer, puisque, d'une part, il a été fait par un apothicaire et causé pour achat de drogues; et que, de l'autre, il contient une approbation de la somme, écrite en toutes lettres de la main du signataire.

» Que conclure de là? Une seule chose, c'est que l'on pouvait très-bien, sans contrevenir aux déclarations de 1730 et 1733, condamner Scheitel au paiement de la valeur de son billet, puisque, placé dans les deux exceptions établies par ces lois, ce billet se trouve hors de la défense qu'elles font d'en ordonner le paiement en justice.

» Mais pouvons-nous en conclure également que ne pas condamner Scheitel, c'est contrevenir à ces deux lois? Non, car elles n'ordonnent rien relativement au deux cas qu'elles exceptent de la défense qui compose leur dispositif; elles disent bien qu'il n'est pas défendu aux juges d'ordonner le paiement des billets dont les signataires se trouvent dans l'un ou dans l'autre des deux cas exceptés; mais elles n'ajoutent pas quels juges sont tenus de l'ordonner en effet; elle laisse ces billets sous l'empire des règles générales ou particulières auxquelles ils peuvent être soumis, soit par leur nature, soit par les circonstances.

» Ainsi supposons que la déclaration du 24 mars 1735, portant défense de contracter sous seing-privé avec les Juifs, ne soit pas révoquée: il est évident que, dans cette hypothèse, un billet fait sous seing-privé au profit d'un Juif, pour argent prêté, serait nul et devrait être déclaré tel, quoiqu'il contînt l'approbation de la somme écrite en toutes lettres par le signataire, et que, par là, il se trouvât excepté de la défense portée par les déclarations des 30 juillet 1730 et 22 septembre 1733.

» Par la même raison, s'il existait dans l'Arrêt de règlement du 20 mai 1769, des dispositions véritablement obligatoires, qui annullassent le billet dont il est ici question, ce billet n'en serait pas moins nul, et ne devrait pas moins être annulé en vertu de cet Arrêt, quoique d'ailleurs il fût compris dans les exceptions que nous venons de retracer.

» Et ceci nous mène directement à l'examen de l'autorité intrinsèque de l'arrêt de règlement du 20 mai 1769.

» Si nous devions juger cet arrêt d'après les lois nouvelles qui, en régénérant le pouvoir judiciaire, en ont tracé les limites, nous ne balancerions pas, non-seulement à vous proposer de n'y avoir aucun égard, mais même à en requérir la cassation ; et nous y serions forcés par les art. 10 et 12 du tit. 2 de la loi du 24 août 1790 : « Les tribunaux (y est-il dit) ne pourront prendre directement ou indirectement aucune part » à l'exercice du pouvoir législatif.....; ils ne » pourront point faire de réglement ; mais ils » s'adresseront au corps législatif, toutes les fois » qu'ils croiront nécessaire, soit d'interpréter » une loi, soit d'en faire une nouvelle ».

» Mais ces articles ne disposent que pour l'avenir ; et c'est déjà un puissant préjugé en faveur de la légalité des Arrêts de réglemens émanés, avant la révolution, soit des parlemens, soit des conseils supérieurs.

» Dans le fait, les parlemens et les conseils supérieurs étaient en possession immémoriale de faire, sur toute sorte de matières, des Arrêts de réglement qui étaient lus et publiés comme des lois, et qui en avaient provisoirement toute l'autorité.

» C'est ce que le parlement de Paris exposait avec beaucoup de développemens, dans ses remontrances du 1er. juin 1767, au sujet de l'Arrêt du conseil qui venait de casser son célèbre arrêt de réglement du 17 mai 1762, concernant les stipulations de propres. « Le parlement (y est-il » dit) a rendu, sur toutes les parties de la juris» prudence, sans que les rois l'aient désapprouvés, » un grand nombre de ces décisions solennelles » qui sont toujours faites expressément ou taci» tement sous le bon plaisir du roi, jusqu'à ce » qu'il y ait statué lui-même par une loi, quoique » ces arrêts portent notamment sur les matières » de droit coutumier, ainsi-que ses registres en » offrent des preuves multipliées avant et depuis » la réformation des coutumes....; l'exercice de » sa juridiction en ce genre s'est réellement étendu » sur toute sorte de matières ».

» Ce n'est pas que les Arrêts de réglement ne pussent être attaqués, comme les arrêts entre particuliers, par les individus dont ils blessaient les droits.

» Ainsi, c'est sur la requête d'une partie privée, qu'a été cassé l'Arrêt de réglement du 17 mai 1762, dont nous venons de parler.

» Ainsi, au mois de juillet 1760, le parlement de Metz a rétracté, sur l'opposition du tuteur des enfans Blaise, un article de son Arrêt de réglement du 18 avril 1745.

» Mais ce qu'il y a de très-constant, c'est que, tant que les Arrêts de réglement n'avaient été ni cassés par le conseil, ni rétractés par les tribunaux qui les avaient rendus, ils étaient et devaient être exécutés comme des lois.

» A la vérité, il n'y a pas d'exemple que le conseil ait cassé un arrêt entre particuliers, pour contravention à un Arrêt de réglement antérieur.

» Mais il n'y en a pas non plus qu'il ait cassé un seul arrêt entre particuliers, pour avoir jugé conformément à un Arrêt de réglement non rétracté ni attaqué.

» Et cela s'explique en deux mots.

» La contravention à un Arrêt de réglement n'était pas un moyen de cassation, parceque le tribunal qui avait rendu cet arrêt, n'avait violé, en s'en écartant, que sa propre loi ; et qu'en principe, nulle autorité ne peut s'imposer à elle-même une loi qu'elle ne puisse pas révoquer.

» Mais on n'admettait pas non plus, pour moyen de cassation, la conformité d'un jugement particulier à un Arrêt de réglement non attaqué ni rétracté, parceque tout arrêt non attaqué ni rétracté devait être exécuté, par cela seul qu'il était arrêt, soit qu'il fût rendu entre particuliers, soit qu'il fût en forme de réglement.

» Dans l'espèce, il s'agit d'un Arrêt de réglement antérieur de plus de 20 ans à l'établissement du nouvel ordre judiciaire, d'un Arrêt de réglement qui à été exécuté sans réclamation quelconque, d'un Arrêt de réglement qui aujourd'hui même n'est pas attaqué, puisque Moïse n'en demande pas la cassation.

» Et c'en est assez, sans doute, pour justifier le tribunal des Vosges, du reproche qu'on lui fait d'y avoir conformé son jugement.

» Mais il y a plus encore : c'est que cet Arrêt de réglement a été implicitement approuvé par les lettres-patentes du 26 août 1769, portant privilége pour l'impression du Recueil dont il fait partie. *L'utilité dont a été au public* (portentelles) *le Recueil de nos ordonnances* et DES RÉGLEMENS DE NOTRE CONSEIL SUPÉRIEUR D'ALSACE, *imprimé à Colmar, en 1758, nous a persuadés de celle qu'il y aurait à continuer cet ouvrage*. Suit le détail de tout ce qui a été fait par ordre exprès du gouvernement, pour la perfection de ce Recueil ; après quoi vient le dispositif ainsi conçu : *Désirant favoriser de plus en plus un projet si utile et si nécessaire au bien de la justice, nous avons permis et permettons à notre imprimeur ordinaire à la suite de notre conseil supérieur d'Alsace, d'imprimer ou faire imprimer le Recueil de nos ordonnances et* DES RÉGLEMENS DE NOTRE DIT CONSEIL SUPÉRIEUR D'ALSACE, DEPUIS SA CRÉATION JUSQU'A PRÉSENT.

» En s'exprimant ainsi, le chef du gouvernement reconnaissait bien manifestement que les Arrêts de réglement du conseil supérieur de Colmar étaient obligatoires pour le ressort de ce tribunal ; et cela seul prouve combien peu est fondée la censure que fait le demandeur du jugement du tribunal des Vosges, pour s'être conformé à l'Arrêt de réglement du 20 mai 1769.

» Nous disons que le jugement du tribunal des Vosges s'est conformé à cet arrêt, et c'est une vérité dont le demandeur convient lui-même, puisque c'est, non pour avoir faussement appliqué cet arrêt, mais uniquement pour l'avoir pris pour règle, que le jugement du tribunal des Vosges doit, suivant lui, être cassé.

» Du reste, vous avez remarqué que cet arrêt ne déroge pas aux déclarations des 30 juillet 1739 et 22 septembre 1733, mais qu'il ajoute à leurs dispositions.

» Vous avez remarqué encore que son dispositif n'est pas limité, comme l'avait requis le ministère public, aux billets signés par des débiteurs qui ne savent pas écrire, mais qu'il comprend tous les billets non entièrement écrits de la main du débiteur.

» Vous avez remarqué enfin qu'il excepte bien de sa disposition, les billets *pour fait de banque et de commerce*; mais qu'ici il n'est question, ni d'affaire de banque, ni d'affaire de commerce; qu'il n'y est question que d'argent prêté par un Juif à un apothicaire; et que le motif donné à l'emprunt par le billet de celui-ci, qui énonce l'avoir fait pour acheter des drogues, ne peut pas, de lui au prêteur, donner à ce billet le caractère d'un billet de commerce, puisqu'en dernière analyse, il n'y a eu, entre eux, ni vente, ni achat, ni commission de vendre ou d'acheter, mais un simple prêt de deniers.

» L'Arrêt de règlement du 20 mai 1769 recevait donc une application directe et entière au billet souscrit par Scheitel au profit de Moïse; et dès là, nous n'avons plus à examiner qu'une seule question, celle de savoir si les dispositions de cet Arrêt de règlement n'ont pas été implicitement abolies par la loi du 13 novembre 1791, sur décret du 27 septembre précédent.

» Que porte cette loi?

» L'assemblée nationale, considérant que les
» conditions nécessaires pour être citoyen fran-
» çais et pour devenir citoyen actif, sont fixées
» par la constitution, et que tout homme qui,
» réunissant lesdites conditions, prête le serment
» civique et s'engage à remplir tous les devoirs
» que la constitution impose, a droit à tous les
» avantages qu'elle assure;

» Révoque tous ajournemens, réserves et ex-
» ceptions, insérés dans les précédens décrets,
» relativement aux individus juifs, qui prêteront
» le serment civique, qui sera regardé comme
» une renonciation à tous privilèges et excep-
» tions introduits précédemment en leur faveur ».

» Vous voyez que cette loi a deux objets; l'un, de faire jouir les Juifs qui prêteront le serment civique, de tous les avantages attachés à la qualité de citoyen français; l'autre, de faire cesser, relativement aux Juifs qui prêteront ce serment, les exceptions et les privilèges, qui, en certaines matières, leur avaient été précédemment accordés.

» De ces deux dispositions, la seconde n'a sûrement rien de commun avec l'espèce actuelle.

» Quant à la première, elle y serait sans doute applicable, s'il était ici question d'un billet créé postérieurement à la publication de cette loi; mais il s'agit d'un billet fait plus de dix ans auparavant; et certes ce n'est pas pour valider des obligations nulles dans leur origine, ce n'est pas pour ôter aux signataires de billets sous seing-privé, le droit de réclamer l'Arrêt de réglement du 20 mai 1769, que l'assemblée constituante a voulu, le 27 septembre 1791, qu'à l'avenir, les Juifs participassent au droit commun de tous les Français.

» Et s'il était possible qu'il restât là-dessus le moindre doute, il serait bientôt dissipé par le décret du lendemain 28. Par ce décret, en effet, dont vous connaissez maintenant les motifs ainsi que le texte littéral, l'assemblée constituante a prescrit un mode pour l'exécution des réglemens antérieurs, qui avaient soumis à une liquidation générale tous les titres de créance des Juifs sur des particuliers non Juifs; elle n'a donc pas regardé ce règlement comme abrogé par le décret de la veille, concernant la jouissance des droits du citoyen pour l'avenir; et si ces réglemens ne sont pas abrogés par ce décret, comment l'arrêt du 20 mai 1769 pourrait-il l'être?

» En dernière analyse, il nous paraît démontré que cet arrêt a été, dans son origine, obligatoire pour la ci-devant Alsace, qu'il l'est encore pour tous les actes qui ont précédé le décret du 27 septembre 1791, et qu'il a été appliqué comme il a dû l'être par le tribunal civil des Vosges, au billet souscrit, le 22 juin 1781, par Scheitel en faveur de Moïse.

» Nous ajouterons que, s'il est un cas où la justice doive se féliciter d'avoir de pareilles applications à faire, c'est incontestablement celui où se trouvent les parties entre lesquelles a été rendu le jugement attaqué. Tout semble, en effet, se réunir pour imprimer au billet du 22 juin 1781, le cachet de la surprise et de la fraude, alors si communes de la part des Juifs envers les Français. La quittance générale du jour même où le billet a été signé, le silence du demandeur sur cette obligation dans le bilan qu'il a déposé peu de temps après, la fausseté manifeste de la mention qui est faite d'un à-compte prétendu fourni en floréal an 3, l'intervalle de dix-huit ans écoulés entre la passation de ce billet et les poursuites judiciaires pour en obtenir le paiement, toutes ces circonstances déposent contre la sincérité d'un pareil titre, toutes réclament en faveur d'un signataire évidemment trompé, toutes justifient le jugement du tribunal des Vosges.

» Par ces considérations, nous estimons qu'il y a lieu de rejeter la requête, et de condamner le demandeur à l'amende ».

Par arrêt du 2 ventôse an 9, la requête du demandeur a été admise.

Mais l'affaire portée à la section civile, arrêt est intervenu, le 24 ventôse an 10, au rapport de M. Doutrepont, qui prononce conformément aux conclusions ci-dessus, « attendu que le tri-

» bunal civil du département des Vosges, en dé-
» clarant nulle l'obligation qui faisait l'objet de
» la contestation, a pu valablement fonder son
» jugement sur l'Arrêt de réglement du conseil
» d'Alsace, du 20 mai 1769, d'autant plus qu'au
» 22 juin 1781, date du billet, cet Arrêt de régle-
» ment avait force de loi en Alsace, et que son
» autorité a encore été corroborée par les lettres-
» patentes du 10 juillet 1784, art. 14 ».

§. II. *La contravention à un Arrêt de réglement, dans une affaire qui doit être jugée d'a-
près les anciennes lois, forme-t-elle un moyen
de cassation ?*

J'ai établi la négative dans les conclusions du 2 ventôse an 9, rapportées dans le §. précédent, et dans celles du 24 août 1809, que l'on trouvera sous les mots *Communauté de biens entre époux*, § 5.

Mais dans l'intervalle des unes aux autres, il était intervenu, le 10 décembre 1806, à la section des requêtes de la cour de cassation, un arrêt qui avait fait, à cet égard, une assez singulière distinction.

Un arrêt de la cour d'appel d'Orléans était attaqué pour avoir jugé valable une subrogation d'hypothèque privilégiée, qui avait été consentie par un procès-verbal de conciliation du bureau de paix de Montargis, le 4 décembre 1792; et l'on prétendait que, par là, il avait violé l'Arrêt de réglement du parlement de Paris, du 6 juillet 1690, aux termes duquel la subrogation ne pouvait résulter que d'actes passés devant notaire.

Pour écarter ce moyen de cassation, il aurait suffi de rappeler le passage suivant du *nouveau Denisart*, au mot *Cassation*, §. 2, n°. 3 ; « La contraven-
» tion aux Arrêts de réglement faits par les cours,
» n'est pas un moyen de cassation, parceque ces
» réglemens, quoique faits sous le bon plaisir du
» roi, ne sont pas des lois, mais seulement l'exposé
» du vœu du tribunal souverain sur des points
» non décidés par le législateur, et une déclaration
» que font les magistrats que, jusqu'à ce que le
» prince statue sur ces points, ils décideront de
» telle manière. Mais quelque respectables que
» soient ces réglemens, ils n'émanent pas de l'au-
» torité législative, et par conséquent les juge-
» mens qui y sont contraires, ne peuvent être
» cassés sur ce fondement, puisqu'ils ne con-
» treviennent point aux lois ».

On aurait pu dire encore, et l'arrêt du 10 décembre 1806 a dit, en effet, que le procès-verbal de conciliation du 4 décembre 1792, pouvait d'autant plus, même en supposant à l'Arrêt de réglement du 6 juillet 1690 toute l'autorité d'une loi proprement dite, équipoller à un acte passé devant notaire, qu'il avait été confirmé, entre les mêmes parties, par des actes notariés des 1ᵉʳ. octobre 1794 et 14 pluviôse an 7.

Mais l'arrêt du 10 décembre 1806 a été plus loin. Il a dit, et c'est son principal motif, « que
» l'Arrêt de réglement rendu par le ci-devant par-
» lement de Paris, pouvait être considéré comme
» tenant lieu de loi dans le ressort de ce parle-
» ment, pendant le temps de l'existence de ce
» ressort, temps auquel Montargis en faisait
» partie ; mais que ce ressort ayant été anéanti
» par la nouvelle organisation, et les jugemens
» et arrêt attaqués ayant une date récente, et par
» conséquent postérieure à l'existence de ce ré-
» glement, ne peuvent être considérés comme
» ayant été soumis à l'exécution littérale de ce
» qu'il prescrivait sur les formes constitutives de
» la subrogation ».

Et j'ose croire qu'en s'expliquant ainsi, il a proclamé deux grandes erreurs.

D'abord, il a supposé que l'Arrêt de réglement de 1690 aurait pu fournir un moyen de cassation contre un arrêt par lequel le parlement de Paris lui-même y eût contrevenu ; et le contraire est d'une vérité notoire.

Ensuite, il a décidé que, si l'Arrêt de réglement de 1690 eût eu dans le principe l'autorité d'une loi, la suppression du parlement de Paris l'en aurait dépouillé, comme s'il n'était pas de principe que toute loi survit au pouvoir de qui elle est émanée ! Comme si les lois faites avant l'année 1789, du propre mouvement de nos rois, n'avaient pas conservé toute leur force et n'avaient pas continué de recevoir leur exécution, avant même que la convention nationale eût déclaré par son décret du 21 octobre 1792, que, *jusqu'à ce qu'il en fût autrement ordonné, les lois non abrogées seraient provisoirement exécutées !* comme s'il n'était pas universellement reconnu, ainsi que je le disais dans mes conclusions du 8 janvier 1812, rapportées au mot *Féodalité*, §. 5, qu'*un pays ne change pas de législation civile par cela seul qu'il change de domination, et que la législation civile, survivant à son changement de domination, continue de le régir tant qu'elle n'est pas abrogée par son nouveau souverain !* Comme si la suppression des municipalités du régime antérieur à l'année 1789, avait entraîné l'abolition des réglemens de police qu'elles avaient faits même hors des cas déterminés par le tit. 11 de la loi du 24 août 1790 ! Et comme si l'art. 46 du tit. 1 de la loi du 22 juillet 1791 ne supposait pas manifestement le contraire par la faculté qu'il leur donne de *publier de nouveau ces réglemens, ou de rappeler les citoyens à leur exécution !*

Sans doute les Arrêts de réglement des anciennes cours qui ne portaient que sur la discipline de ces compagnies, ont perdu toute leur autorité par la suppression de ces cours mêmes ; et pourquoi ? Parceque l'objet pour lequel ils avaient été faits, n'existait plus ; mais il n'a pas pu en être de même de ceux de ces arrêts qui réglaient des points de législation.

Au surplus, quelque constant qu'il soit en général, que, dans les affaires qui doivent être jugées d'après l'ancienne jurisprudence, les Arrêts de réglement n'ont pas l'autorité de lois obligatoires, à peine de cassation, l'on sent qu'il en doit être tout autrement de ceux de ces Arrêts qui n'ont fait que renouveler des dispositions législatives antérieures.

De là, l'Arrêt rendu par la cour de cassation dans l'espèce suivante.

En 1815, l'héritier du sieur Desjobert, procureur au bailliage d'Issoudun, fait assigner la dame Debrosse en paiement d'une somme de 708 francs pour frais et déboursés faits pour elle dans diverses procédures depuis l'année 1784 jusqu'à 1791.

La dame Debrosse lui oppose la prescription de deux ans, et se fonde tant sur l'art. 2273 du Code civil, que sur l'Arrêt de règlement du parlement de Paris du 28 mars 1692.

Il replique que l'art. 2273 du Code civil est, d'après l'art. 2281 du même Code, inapplicable à une prescription commencée sous l'ancienne législation; et quant à l'Arrêt de règlement du parlement de Paris, il soutient que la suppression de cette cour en a opéré de plein droit l'abrogation.

Jugement en dernier ressort, qui, adoptant cette défense, condamne la dame Debrosse au paiement des 708 francs.

Mais la dame Debrosse se pourvoit en cassation; et par Arrêt du 29 janvier 1817, au rapport de M. Legonidec, et sur les conclusions de M. l'avocat général Jourde,

« Vu l'art. 2273 du Code civil, et les art. 1 et 2 de l'Arrêt de règlement du ci-devant parlement de Paris, du 28 mars 1692;

» Considérant que l'art. 2273 du Code civil n'a fait que maintenir et consacrer un des points les plus constans de l'ancienne jurisprudence française, suivant laquelle l'action des procureurs, comme aujourd'hui celle des avoués, a toujours été soumise à une courte prescription de deux, trois ou six ans; que tous les auteurs sont unanimes sur ce point;

» Que c'est à tort que le jugement attaqué suppose que cette prescription doit son origine à de simples Arrêts de règlement du parlement de Paris; que, si ces Arrêts en ont régularisé l'exercice, s'ils ont levé des difficultés sur des questions controversées, on n'en doit pas moins reconnaître que le principe en est antérieur à ces mêmes Arrêts de règlement, et qu'il est puisé dans les ordonnances de nos rois, et notamment de Charles VII, de 1446, art. 45; et de 1453, art. 44; de Louis XII, en 1507, art. 115, et de François Ier. en 1535, art. 32; que l'ordonnance de 1453, art. 44, porte: *et pour ce que souvente fois avient qu'après le trépas des procureurs, leurs héritiers demandent grands restes et salaires, et aussi demandent souvent ce qui a été payé auxdits procureurs; voulons et ordonnons qu'ils ne soient reçus à faire demande mêmement de paravant un an ou deux, sans grande évidente cause et présomption;*

» Qu'en exécution de ces ordonnances, et dès le premier février 1447, il fut défendu à tous procureurs de demander leurs salaires, peines et vacations après deux ans, suivant l'ordonnance de Charles VII, art. 45; qu'une série d'Arrêts des 9 février 1613, 7 septembre 1634, et 19 juin 1674, a continué cette jurisprudence jusqu'à l'Arrêt du règlement du 28 mars 1692;

» Qu'un pareil Arrêt, qui a pour objet de maintenir et d'assurer l'exécution de lois aussi positives, doit avoir la même force; qu'il n'est point exact de dire que tous les réglemens des anciennes cours ont été regardés comme ne faisant pas loi; que, si cela peut être vrai pour des réglemens faits du propre mouvement des cours et, en l'absence d'une loi, cela ne l'est point ni pour ceux qui ont reçu l'autorisation souveraine, ni pour ceux qui ont pour objet d'assurer le maintien des lois promulguées; qu'il en est plusieurs de ces deux genres qui ont conservé leur autorité jusqu'au moment où l'action des nouvelles lois a pris leur place et les a révoqués;

» Attendu qu'il s'agissait dans la cause d'un règlement qui avait pour base une loi expresse et positive du législateur d'alors;

» Attendu en fait qu'il était question de frais et salaires pour procédures faites depuis 1784 à 1791, et réclamés seulement en 1815; que, dès-lors, soit que l'on consulte l'ancienne ou la nouvelle législation, il s'était écoulé un temps beaucoup plus que suffisant pour opérer la prescription, et faire rejeter la demande.

» Par ces motifs la cour casse et annule... (1) ».

On voit que cet arrêt assimile aux anciens Arrêts de règlement *qui n'ont eu pour objet que d'assurer le maintien des lois promulguées, ceux qui ont reçu l'autorisation du gouvernement;* et en effet il y a à cet égard, une parfaite similitude entre les uns et les autres. *V.* le §. suivant.

§. III. *Quelle était, avant le Code civil, l'autorité de l'Arrêt de règlement du parlement de Rouen de 1666, connu sous le nom de* PLICITÉS?

V. les conclusions du 12 nivôse an 9, rapportées au mot *Émigrés*, §. 9.

§. IV. *Les cours royales peuvent-elles faire des Arrêts de règlement? Pour quels objets le peuvent-elles?*

V. l'article Cour royale, §. 2.

ARRÊT DU CONSEIL. §. I. *Les Arrêts du ci-devant conseil royal des finances, rendus sur des questions de propriété, entre parties entendues contradictoirement, ont-ils l'autorité de la chose jugée?*

Un jugement du tribunal civil du département de l'Orne, du 19 pluviôse an 8, avait prononcé pour la négative, en faveur de la commune de Ranville, contre le préfet du département du Calvados, agissant au nom de l'État.

---

(1) Bulletin civil de la cour de cassation, tome 19, page 32.

ARRÊT DU CONSEIL, §. I.

Le préfet s'est pourvu en cassation contre ce jugement, et son recours a été admis par arrêt de la section des requêtes, du 22 pluviôse an 9, rendu sur mes conclusions.

Mais un défaut de forme l'ayant ensuite fait déclarer déchu de ce recours, j'ai été obligé d'en former un nouveau, pour le seul intérêt de la loi. Voici comment je me suis expliqué dans un réquisitoire présenté à cette fin :

« Il s'agit au fond de savoir à qui appartiennent les *marais* de la commune de Ranville, près Caen.

» Un jugement du tribunal du district d'Argentan, du 16 février 1793, confirmatif d'un jugement du tribunal du district de Caen, du 4 juillet 1792, et confirmé lui-même par le tribunal de cassation, le 25 vendémiaire an 2, avait décidé que la propriété en appartenait à la commune de Ranville, et avait débouté le cit. Avenelle des prétentions qu'il y formait, en vertu de la concession que lui en avait faite l'ancien gouvernement.

» Ces jugemens furent dénoncés par le cit. Avenelle à la convention nationale ; et deux comités, celui des domaines et celui de législation, furent chargés d'en faire l'examen.

» Par le rapport qui fut fait en conséquence, les deux comités proposèrent à la convention nationale de confirmer la concession faite des marais de Ranville au cit. Avenelle, et de déclarer nuls les trois jugemens que nous venons de rappeler.

» Il paraît que ce rapport fut vivement combattu, en ce qui concerne le cit. Avenelle. Ce qu'il y a de certain, c'est que l'affaire fut renvoyée aux deux comités, pour y être examinée de nouveau.

» Ce nouvel examen donna lieu à un second rapport, à la suite duquel il fut proposé un projet de décret tendant, comme le premier, à annuller les trois jugemens dénoncés, mais aussi à passer à l'ordre du jour sur la pétition du cit. Avenelle, attendu que toutes les aliénations de domaines nationaux se trouvaient révoquées par la loi du 10 frimaire an 2.

» Ce projet de décret était motivé, en ce qui touchait la question de propriété, sur deux *considérans* : le premier « que le marais de Ranville
» fut périodiquement couvert, dans sa majeure
» partie, par le flux et le reflux de la mer dans
» la rivière de l'Orne, avant que les eaux en eus-
» sent été contenues par des travaux exécutés à
» diverses reprises ; qu'il participe conséquem-
» ment à la nature des lais et relais de la mer qui
» appartiennent à la nation » ; le deuxième, « que
» l'ancien gouvernement avait consenti des adju-
» dications de ce marais en 1576, 1674, 1749,
» et qu'il en avait constamment conservé la pro-
» priété directe ».

» La convention nationale n'adopta pas plus ce deuxième projet que le premier. Par décret du 7 fructidor an 3, elle renvoya à la commission des revenus nationaux, pour poursuivre les droits de la nation, s'il y avait lieu, tant contre le cit. Avenelle, que contre la commune de Ranville.

» La commission des revenus nationaux fut supprimée peu de temps après ; mais le ministre des finances qui lui succéda, rendit, le 12 floréal an 4, une décision portant qu'il serait formé une tierce-opposition aux jugemens rendus à Caen et à Argentan contre le cit. Avenelle, et qu'il y serait conclu à ce que le marais de Ranville fût déclaré propriété nationale, sauf à statuer en définitive sur la concession du cit. Avenelle, après la loi à intervenir sur les domaines engagés.

» C'est sur la tierce-opposition, formée en conséquence de cette décision, qu'a prononcé, en la rejetant, le jugement dont l'exposant se voit aujourd'hui forcé de requérir l'annullation.

» Un premier moyen de cassation résulte de ce que le tribunal de l'Orne a tout à la fois violé et faussement appliqué les lois, tant anciennes que nouvelles, concernant l'aliénabilité des petits domaines....

» L'exposant doit ajouter que ce tribunal a de plus violé l'autorité de la chose jugée ; et pour le démontrer, il va d'abord rappeler les faits.

» En 1765, le cit. Avenelle obtient un Arrêt du conseil qui lui fait concession du marais de Ranville, à la charge de le dessécher et mettre en valeur dans quatre ans.

» Des lettres-patentes sont expédiées sur cet arrêt, et adressées au parlement de Rouen.

» Avant de les enregistrer, le parlement de Rouen ordonne une information *de commodo et incommodo*.

» Les habitans, joints à leur seigneur, comparaissent au procès-verbal de cette information, et s'y déclarent opposans à l'enregistrement des lettres-patentes.

» Le cit. Avenelle les fait assigner, non pas au conseil, mais au parlement de Rouen même, en main-levée de leur opposition.

» Au lieu de déférer à cette assignation, les habitans, toujours joints à leur seigneur, se pourvoient directement, où ? Au conseil, et ils y soutiennent qu'ils sont propriétaires, qu'ils le sont à titre incommutable, qu'ils le sont parce qu'ils l'étaient avant l'adjudication de 1576, parceque cette adjudication n'a rien changé à leur droit primitif, parcequ'au besoin, cette adjudication et celles qui l'ont suivie, leur ont transféré une propriété irrévocable.

» En conséquence, ils concluent, par une première requête, signifiée le 8 octobre 1766, « à ce
» qu'il plaise à S. M. les recevoir opposans à
» l'Arrêt du conseil du 10 décembre 1765, et à
» l'exécution des lettres-patentes expédiées sur
» icelui ; et sans s'y arrêter, les maintenir et garder
» respectivement dans la mouvance, propriété et
» possession des marais de Ranville.... ; condam-

» ner Avenelle en 1,500 livres de dommages-in-
» térêts et aux dépens ».

» Par une autre requête, signifiée le 7 mars 1767,
ils concluent à ce « qu'ayant égard aux erreurs
» de fait dans lesquelles ils sont tombés, lorsqu'ils
» ont obtenu l'Arrêt du conseil de 1749, en ce
» qu'ils ont présenté la copie des adjudications de
» 1576 et de 1674 comme leur titre de propriété
» des marais de Ranville, et en ce qu'ils ont paru
» reconnaître que lesdits marais étaient sujets à
» revente, les remettre en tel et semblable état
» qu'ils étaient avant ledit arrêt, qui ne pourra
» leur nuire ni préjudicier, non plus que le paie-
» ment des rentes qu'ils auraient été obligés de
» faire au receveur des domaines; ce faisant, at-
» tendu l'opposition formée, au conseil, à l'adju-
» dication de 1576, par les habitans de Ranville,
» dès 1581, et restée indécise au rapport du sieur
» Talmou, maître des requêtes, sans qu'il soit
» possible de retrouver les pièces, leur donner
» acte de ce qu'ils renouvellent et forment de
» nouveau, en tant que de besoin, opposition à
» ladite adjudication et à celle de 1674; en con-
» séquence, les déclarer nulles, ordonner qu'ils
» continueront de jouir de leurs marais et com-
» munes, en vertu de leurs anciens titres et de leur
» possession immémoriale antérieure à l'année
» 1576, déclarer lesdits marais mouvans de la sei-
» gneurie de Ranville; les décharger de tous cens et
» rentes; et où S. M. ferait difficulté d'annuler entiè-
» rement l'adjudication de 1576, et de les déchar-
» ger des rentes par eux payées au domaine, en
» ce cas, ordonner qu'ils continueront de jouir à
» titre de propriété incommutable de leurs ma-
» rais et communes, tant en vertu de leurs anciens
» titres et des ordonnances concernant l'inalié-
» nabilité des communes, qu'en conséquence des
» édits et réglemens concernant l'aliénabilité à
» perpétuité des terres vaines et vagues, en con-
» tinuant de payer seulement au domaine une
» rente de 16 livres 10 sous ».

» Telles étaient les conclusions des habitans de
Ranville, et ils les appuyaient de tous les raisonnemens qu'ils ont depuis fait valoir devant le
tribunal de l'Orne; ils faisaient mieux encore: ils
produisaient des actes de 1209, 1405, 1443, 1453,
1475 et 1494, sur le contenu desquels le tribunal
de l'Orne a eu depuis la complaisance de s'en
rapporter à leurs simples allégations.

» L'inspecteur-général du domaine a discuté
et leurs conclusions et tout ce qu'ils produisaient
à leur appui; il a démontré la domanialité du
marais de Ranville; et en conséquence, le 29 novembre 1768, arrêt, au rapport du contrôleur-
général des finances, Meynon d'Invaux, qui,
sans s'arrêter à l'opposition et demande du seigneur et des habitans de Ranville, dont ils sont
déboutés, ordonne que l'Arrêt du conseil du 10
décembre 1765 et les lettres-patentes expédiées
sur icelui le 30 du même mois, seront exécutées
suivant leur forme et teneur; et en conséquence,

» qu'il sera procédé à l'enregistrement desdites
» lettres-patentes, nonobstant toutes oppositions
» faites ou à faire par lesdits seigneur et habitans.

» Des lettres-patentes sont expédiées sur cet
arrêt, et adressées au parlement de Rouen.

» Les habitans de Ranville se replient vers ce
tribunal, et y renouvellent leur opposition.

» Le parlement de Rouen la reçoit; et par arrêt
du 11 mai 1769, déclare obreptices et subreptices,
les lettres-patentes expédiées sur les Arrêts du
conseil de 1765 et de 1768. Il fait plus, il maintient expressément les habitans de Ranville dans
la possession du marais.

» Le cit. Avenelle se pourvoit en cassation
contre cet arrêt, et obtient au conseil un arrêt
provisoire qui en suspend l'exécution, ordonne
celles des Arrêts du conseil de 1765 et 1768, et
cependant permet au cit. Avenelle de faire citer
les habitans de Ranville, pour être statué contradictoirement avec eux sur son recours en cassation.

» Le parlement de Rouen n'en persiste pas
moins; et, par arrêt du 1er. mai 1770, il fait défense d'exécuter l'Arrêt provisoire du conseil.

» Le 6 septembre 1772, Arrêt du conseil, dans
la forme du propre mouvement, qui casse ceux
du parlement de Rouen, des 11 mai 1769 et
1er. mai 1770.

» Deux jours après, le 8 septembre, autre Arrêt
qui statue sur la demande en cassation du cit. Avenelle, et sur l'instance qui s'en était ensuivie
entre lui et les habitans, instance dans laquelle
ceux-ci avaient répété tous les moyens employés
inutilement lors de l'Arrêt du 29 novembre 1768.

» Par cet Arrêt, le conseil casse et annulle de
nouveau celui du parlement de Rouen, du
11 mai 1769; et, sans s'arrêter à l'opposition
formée par les habitans, devant ce tribunal, à
l'enregistrement des lettres-patentes expédiées
sur les Arrêts de 1765 et 1768, il ordonne que
ces Arrêts seront exécutés; qu'à cet effet, les
lettres-patentes dont ils sont revêtus seront enregistrées aux requêtes de l'hôtel, et qu'après cet
enregistrement, Avenelle sera mis en possession,
si fait n'a été, avec défense aux habitans de l'y
troubler.

» En 1778, c'est-à-dire, après la pleine exécution des Arrêts dont nous venons de rendre compte,
après le desséchement et la mise en valeur des
marais, opérés par les travaux et les dépenses
d'Avenelle, les habitans s'adressent de rechef au
conseil, et y concluent à ce que, sans avoir égard
au contrat de 1576 à tout ce qui l'a suivi, il
soit ordonné que l'arrêt du parlement de Rouen,
du 11 mai 1769, sera exécuté; qu'en conséquence, ils soient maintenus dans la propriété et
possession du marais de leur commune; et subsidiairement, à ce qu'il soit ordonné que, conformément au contrat de 1576, ils seront maintenus
dans la propriété et possession, non-seulement

ARRÊT DU CONSEIL, §. I.

des soixante acres à eux accordés par forme de règlement (ce qui ne leur était pas contesté), mais encore du surplus.

» Cette fois, le conseil ne crut pas nécessaire d'entendre toutes les parties intéressées ; la nouvelle prétention des habitans était trop évidemment attentatoire aux Arrêts rendus contradictoirement avec eux, les 29 novembre 1768 et 8 septembre 1772 ; en conséquence, par Arrêt du 26 juin 1779, leur requête fut rejetée purement et simplement.

» Voilà donc trois Arrêts qui jugent, avec les habitans eux-mêmes, qu'ils ne sont pas propriétaires des marais à titre patrimonial, et qu'ils ne le sont pas devenus incommutablement par les adjudications de 1576, 1658, 1674, 1749 et 1763 ; et ce sont ces trois Arrêts que l'exposant ne craint pas de faire valoir comme revêtus de toute l'autorité de la chose jugée ; c'est à cette autorité qu'il accuse le tribunal de l'Orne d'avoir porté atteinte, par le jugement qu'il vous dénonce.

» Voyons sur quoi s'est fondé ce tribunal pour prononcer comme il l'a fait :

» 1°. A-t-il dit, l'arrêt du parlement de Rouen, du 11 mai 1769, a solennellement consacré la propriété des habitans, et on ne peut leur opposer des *Arrêts du conseil illégalement rendus.*

» 2°. Le jugement du tribunal du district d'Argentan, qui l'a ainsi décidé, a été confirmé par le tribunal de cassation, le 25 vendémiaire an 2.

» 3°. Les Arrêts du conseil de 1768, 1772 et 1779, fruits de l'intrigue et du crédit, sont autant d'attentats à l'autorité légitime et aux lois fondamentales de l'État.

» 4°. Le conseil des finances, qui a rendu ces Arrêts, n'était qu'un simple bureau d'administration ; il ne pouvait pas connaître du contentieux : le conseil privé avait seul ce pouvoir.

» 5°. Le conseil, en cassant l'arrêt du parlement de Rouen, du 11 mai 1769, avait dû renvoyer le fond devant un autre tribunal supérieur ; en le jugeant lui-même, et en déclarant légitime une concession qu'il avait faite, il s'est rendu juge et partie.

» 6°. Les requêtes de l'hôtel n'ont pas pu être investies du droit d'enregistrer les lettres-patentes de concession d'Avenelle ; le droit d'enregistrement n'appartenait, sous l'ancien régime, qu'aux tribunaux supérieurs ordinaires.

» 7°. Les Arrêts du conseil dont il s'agit, sont expressément annulés par l'art. 8 de la loi du 28 août 1792.

» Reprenons chacun de ces motifs.

» D'abord, il faut avoir sous les yeux le jugement du tribunal de l'Orne, pour croire qu'il ait osé invoquer l'arrêt du parlement de Rouen, du 12 mai 1769, après la cassation qui en avait été prononcée solennellement par l'Arrêt du conseil du 8 septembre 1772, *contradictoirement avec la commune de Ranville.* Toute réflexion ultérieure sur ce premier motif, serait superflue ; autant vaudrait dire que, sous l'ancien régime, les arrêts de parlement n'étaient pas sujets à cassation ; autant vaudrait soutenir que le règlement de 1738, quoique maintenu formellement par les lois des 1er. décembre 1790 et 27 ventôse an 8, n'a jamais été obligatoire.

» En second lieu, que le jugement du tribunal de cassation, du 25 vendémiaire an 2, ait rejeté la requête d'Avenelle en cassation du jugement du tribunal du district d'Argentan, du 16 février 1793, qu'est-ce que cela fait à la nation qui n'a été partie, ni dans l'un ni dans l'autre ?

» Troisièmement, suffit-il, pour annuller trois Arrêts contradictoires du conseil, de dire qu'ils sont *le fruit de l'intrigue et du crédit ?* Et qu'y aurait-il désormais de sacré, si, sous des prétextes aussi vagues et aussi hasardés, les tribunaux se permettent de saper ainsi l'autorité de la chose jugée, l'autorité sans laquelle il n'y a plus, au lieu d'ordre social, que le chaos de l'arbitraire et la confusion de l'anarchie ?

» Et puis, comment le tribunal de l'Orne peut-il avancer que les trois Arrêts dont il s'agit, *sont autant d'attentats à l'autorité légitime et aux lois fondamentales de l'État ?* Sans doute, il veut dire par là, que le ci-devant conseil n'a jamais pu exercer la justice contentieuse ; mais que de monumens s'élèvent et déposent contre cette assertion ! Les rappeler ici tous, serait un détail immense.

» Mais on dira, et c'est un fait prouvé par l'art. 7 de l'ordonnance de Philippe-le-Bel, de 1302, comme par l'ordonnance de Philippe-le-Long, de 1316, que le ci-devant conseil est le premier tribunal qui ait existé dans la nation, et que c'est de son sein qu'a été détaché le parlement de Paris, à l'instar duquel tous les autres ont été ensuite créés.

» On dira que les parlemens n'avaient d'autre juridiction que celle que leur avait donnée le chef du gouvernement ; qu'en la leur donnant, il avait incontestablement pu se réserver le droit de l'exercer lui-même, en son conseil ; et que ce droit était si bien reconnu lui appartenir, notamment en matière de vente de biens domaniaux, que le parlement de Rouen lui-même n'osa pas, en 1638, prononcer sur un différend où il s'agissait de savoir si les habitans de Ranville pouvaient renoncer à leur adjudication de 1576.

» Il est vrai que l'ordonnance de Blois de 1579, et l'édit de 1597, rendus sur les cahiers de l'assemblée des notables de Rouen, défendirent de porter au conseil les contestations entre particuliers, qui seraient de la compétence des parlemens. Mais il en fut de ces lois comme des réglemens de 1318 et 1320, qui avaient prescrit la même chose. Le chef du gouvernement qui les avait portées, conserva nécessairement le pouvoir d'y déroger ; et ce pouvoir, il l'exerça toutes les fois que les circonstances lui parurent l'exiger.

» Cela est si vrai, que, dès le 31 mai 1582, il

parut un réglement par lequel il était ordonné, art. 3, que les mercredis et vendredis, « le con-
» seil expédierait les matières contentieuses, pro-
» cès et différends d'entre les parties, dont la
» connaissance serait retenue et réservée au
» conseil, et lesquels n'auraient été renvoyés aux
» cours de parlement, grand-conseil et autres
» juges ordinaires ».

» Cela est si vrai encore, que, dans le préambule de l'édit du mois de septembre 1643, on lit
» que, de tous les endroits de la France, les sujets
» du roi sont obligés de se pourvoir en ses con-
» seils, pour leurs plus importantes affaires ».

» Cela est si vrai, enfin, que, par le réglement du 8 juillet 1661, Louis XIV, « ordonne à toutes
» les compagnies souveraines, dans toute l'éten-
» due des pays de son obéissance, parlemens,
» grands-conseils, chambres des comptes, cours
» des aides et autres, sous quelques noms qu'elles
» soient établies, de déférer aux Arrêts de son
» conseil; leur faisant très-expresses inhibitions et
» défenses de prendre aucune connaissance des
» affaires et procès dont S. M. aura retenu et ré-
» servé le jugement à soi et à son conseil ».

» Que cet ordre de choses fût essentiellement vicieux, nul n'en peut douter, si ce n'est ceux aux yeux de qui les abus les plus monstrueux de l'ancien régime sont encore le *maximum* de la sagesse humaine. Mais tout vicieux qu'il était, il a dû subsister autant que le gouvernement qui l'avait établi, puisqu'à tout prendre, ce gouvernement était absolu : aussi voyons-nous que l'assemblée constituante elle-même n'a pas cru pouvoir le détruire avant d'avoir entièrement réorganisé les pouvoirs publics : *L'assemblée nationale* (porte le décret du 15 octobre 1789, sanctionné le 20 août 1790) *décrète que jusqu'à ce qu'elle ait déterminé l'organisation du pouvoir judiciaire et celle des administrations provinciales, le conseil du roi est autorisé à continuer ses fonctions comme par le passé, à l'exception des Arrêts du propre mouvement, et de ceux portant évocation des affaires au fond, lesquels ne pourront plus avoir lieu*, A COMPTER DE CE JOUR.

» Ainsi qualifier, comme le fait le tribunal de l'Orne, les trois Arrêts du conseil de 1768, 1772 et 1779, *d'attentats à l'autorité légitime et aux lois fondamentales de l'État*, c'est violer à-la-fois ouvertement, et les lois du régime sous lequel ont été rendus ces Arrêts, et le décret du 15 octobre 1789, qui, en défendant d'en rendre de pareils à l'avenir, a, par cela seul, maintenu ceux qui avaient été rendus précédemment.

» En quatrième lieu, où le tribunal de l'Orne a-t-il pris que le conseil des finances, duquel sont émanés ces trois Arrêts, n'était qu'un bureau d'administration, et qu'il ne pouvait pas connaître du contentieux ?

» Il est certain, au contraire, que le Conseil des finances jugeait toutes les affaires contentieuses qui intéressaient, non-seulement les fermes et les droits fiscaux, mais aussi le domaine.

» Les auteurs de la nouvelle édition de Denisart, au mot *Conseil*, §. 2, s'expriment ainsi :

» *Le Conseil des finances connaît des affaires contentieuses d'une grande importance, dont le contrôleur général croit utile de lui rendre compte*. Plus bas, ils ajoutent : « *Quant aux affaires contentieuses qui intéressent les finances, soit en première instance ou sur évocation, soit sur appel des ordonnances des intendans,* SOIT SUR REQUÊTE EN CASSATION DES ARRÊTS RENDUS PAR LES COURS...., *les minutes des Arrêts que le conseil des finances rend dans toutes ces affaires particulières, sont signées par le chancelier et par le contrôleur-général, comme rapporteur*. Et, plus bas encore, ils disent, que *le ministère des avocats est nécessaire au Conseil des finances, dès que l'affaire est* CONTENTIEUSE.

» Et il est si constant que le conseil des finances pouvait connaître notamment du contentieux des domaines de l'état, que l'on tenait pour maxime, ainsi qu'on le voit dans le *Dictionnaire des domaines*, aux mots *Arrêts*, *Finances*, *et Commensaux*, que les Arrêts rendus dans les autres conseils sur cette matière, ne servaient point de règle, et que l'on pouvait toujours se pourvoir au conseil des finances en opposition à ce qu'ils avaient décidé. C'est même ce qu'ont jugé formellement deux Arrêts des 11 mai et 30 juillet 1718, rapportés au tome 3 du Recueil des réglemens sur les droits d'amortissement et de franc-fief.

» Telles étaient les attributions du conseil des finances, lorsqu'il a rendu les trois Arrêts de 1768, 1772 et 1779; le décret déjà cité, du 15 octobre 1789, les a mêmes maintenues pour l'avenir, jusqu'à l'établissement d'un nouvel ordre de choses, puisqu'il *a autorisé le conseil du roi à continuer jusqu'à cette époque ses fonctions* COMME PAR LE PASSÉ.

» Et il n'est pas nécessaire sans doute d'observer que, par ces mots, *le conseil du roi*, le décret a entendu toutes les sections de ce conseil. Au surplus, s'ils avaient besoin d'être expliqués, ils le seraient avec bien de la clarté par la loi du 27 avril 1791, qui renvoie aux différens tribunaux organisés depuis peu, *toutes les affaires pendantes aux conseils des parties*, DES FINANCES, *des dépêches, à la grande direction, aux commissions particulières, et généralement toutes celles qui ne sont pas de la compétence du tribunal de cassation, et qui existaient*, AUX DIVERSES SECTIONS DU CONSEIL, *soit par appel, soit par évocation, soit par attribution*.

» En cinquième lieu, ce n'est pas avec plus de raison que le tribunal de l'Orne reproche au conseil de n'avoir pas, en cassant l'arrêt du parlement de Rouen, du 11 mai 1769, renvoyé le fond devant un autre tribunal supérieur.

» D'abord, le tribunal de l'Orne oublie ici qu'avant la cassation de l'arrêt du parlement de Rouen, avant même que cet arrêt existât, le conseil en avait rendu un le 28 novembre 1768, qui jugeait absolument le fond; il oublie que c'étaient les habitans de Ranville eux-mêmes qui avaient saisi le conseil de la connaissance du fond de l'affaire, en y portant leur opposition à l'Arrêt de concession obtenu par Avenelle, en 1765; il oublie que, par là, les habitans de Ranville s'étaient rendus non-recevables à critiquer la compétence du conseil relativement à l'Arrêt qui les avait déboutés de leur opposition.

» Ensuite, quand il ne serait ici question que de l'Arrêt contradictoire du 8 septembre 1772, qui, en cassant celui du parlement de Rouen, juge le fond, déjà nous avons prouvé qu'il n'avait fait en cela que suivre une marche autorisée par les anciens réglemens; déjà nous avons fait voir que le décret du 15 octobre 1789 avait, à la vérité, défendu au conseil de rendre, *à compter de ce jour*, aucun Arrêt portant évocation *des affaires au fond*; mais que, par là même, il avait reconnu valables tous les Arrêts de cette nature qui étaient intervenus jusqu'alors.

» C'est aussi ce qui résulte, et plus clairement encore, de la loi du 27 avril 1791, concernant les affaires qui se trouvaient *pendantes* dans les différentes sections du conseil, au moment de sa suppression.

» *Les affaires qui ont été évoquées au conseil* (y est-il dit, art. 2.) *avant d'avoir reçu un jugement rendu dans les tribunaux qui devaient en connaître, seront reportées au tribunal de district, qui, suivant les règles prescrites dans l'organisation judiciaire, doit les juger.*

» L'art. 3 ajoute : *Les affaires qui ont été évoquées au conseil, après un premier jugement rendu dans les tribunaux, seront reportées dans le tribunal de district qui remplace celui où le procès avait été jugé, pour que, si l'une des parties veut être appelante, elle choisisse l'un des tribunaux d'arrondissement, conformément à ce qui est prescrit pour les appels.*

» IL EN SERA DE MÊME (continue l'art. 4) *pour les affaires retenues au conseil après un jugement de cassation.*

» Toutes ces dispositions prouvent évidemment que l'assemblée constituante a reconnu que le conseil avait pu, sous l'ancien régime, évoquer le fond des affaires, soit immédiatement, soit après une sentence ou un jugement en dernier ressort, et qu'il avait même dû retenir jusqu'à sa suppression, celles qui se trouvaient évoquées lors du décret du 15 octobre 1789.

» C'est, au surplus, une puérilité de dire que le conseil, en jugeant le fond, après avoir cassé l'arrêt du parlement de Rouen, s'était rendu juge et partie. Il fallait, pour être conséquent, aller plus loin; il fallait dire que le conseil n'avait pas pu casser l'arrêt du parlement; il fallait dire aussi que tous les Arrêts rendus par le conseil, en matière de fermes et de droits fiscaux, étaient nuls; il fallait, en un mot, faire le procès aux lois des 15 octobre 1789 et 27 avril 1791, par lesquelles avait été maintenu, pour le passé, tout ce qui avait été jugé au fond par le conseil dans les matières où le gouvernement était intéressé.

» En sixième lieu, qu'importe à la république, sous le rapport des prétentions de la commune de Ranville, la légalité ou l'illégalité de l'enregistrement fait aux requêtes de l'hôtel, des lettres-patentes expédiées sur l'arrêt de concession d'Avenelle ? Il ne s'agissait pas, dans la tierce-opposition dont la république avait saisi le tribunal de l'Orne, de savoir si Avenelle avait ou non un titre légal; il s'agissait de savoir si le titre d'Avenelle ayant été jugé illégal entre lui et la commune de Ranville, la république était ou non en droit de réclamer la propriété qui se trouvait décidée ne pas résider sur la tête d'Avenelle; il s'agissait de savoir si l'ancien gouvernement avait ou non été jugé, par les Arrêts de 1768, 1772 et 1779, propriétaire du marais de Ranville; et certainement, il ne pouvait y avoir l'ombre d'un doute sur l'affirmative.

» Septièmement, enfin, le tribunal de l'Orne ne pouvait pas couronner toutes ses erreurs par une erreur plus grave, que d'avancer, comme il l'a fait, que les trois Arrêts du conseil de 1768, 1772 et 1779 avaient été annullés par l'art. 8 de la loi du 28 août 1792.

» Cette loi n'annulle que les Arrêts du conseil obtenus par des ci-devant seigneurs, et le jugement attaqué décide lui-même que jamais l'ancien gouvernement n'a eu ni fief ni extension de fief dans la commune de Ranville.....

» La conséquence qui résulte de tous ces développemens, c'est que, dans cette partie du jugement attaqué, il y a, tout-à-la-fois, fausse application de la loi du 28 août 1792, violation de l'autorité de la chose jugée, violation des lois anciennes sur les attributions du ci-devant conseil, violation des lois des 15 octobre 1789 et 27 avril 1791 sur les mêmes attributions.

» L'exposant a d'ailleurs démontré,

» Que ce jugement contient encore, sous un autre aspect, une contravention manifeste à l'art. 2 de la loi du 22 novembre-1.er décembre 1790, qui déclare les *rivages de la mer* parties intégrantes du domaine national;

» Que, sous un autre aspect encore, il renferme une fausse application de la loi du 28 août 1792;

» Qu'il applique également à faux la loi du 10 juin 1793;

» Qu'il viole celle du 8 août de la même année ;

» Qu'il fait une fausse application de l'art. 521 de la coutume de Normandie, relatif à la prescription;

» Enfin, qu'il applique faussement et qu'il viole, non-seulement les anciennes lois, mais encore celle du 14 ventôse an 7, concernant l'aliénabilité des petits domaines.

» L'exposant n'hésite pas à le dire, jamais jugement aussi monstrueux n'a été dénoncé au tribunal de cassation.

» A ces causes, l'exposant requiert, etc. ».

Sur ce réquisitoire, il est intervenu, le 22 frimaire an 11, au rapport de M. Doutrepont, un arrêt de la section civile, par lequel,

« Attendu que, par les Arrêts du ci-devant conseil, des 29 novembre 1768, 8 septembre 1772 et 26 janvier 1779, il a été contradictoirement et légalement jugé que le marais de Ranville était une propriété domaniale;

» Qu'il est aussi contraire aux anciennes lois qu'aux nouvelles, de prétendre que le ci-devant conseil n'avait pas juridiction pour prononcer dans cette affaire;

» Qu'il n'est pas moins absurde de soutenir, comme l'a fait le tribunal civil du département de l'Orne, que lesdits Arrêts du conseil ont été annulés par l'art. 8 de la loi du 28 août 1792, tandis que cet article ne concerne que les jugemens rendus en faveur de la puissance féodale; et que le jugement du tribunal civil du département de l'Orne reconnaît, en point de fait, que le domaine n'a jamais eu ni fief ni extension de fief dans la commune de Ranville;

» D'où il résulte que le jugement dénoncé a violé, de la manière la plus formelle, l'autorité de la chose jugée, et fait la plus fausse application de l'art. 8 de la loi du 28 août 1792;

» Par ces motifs, le tribunal, pour l'intérêt de la loi et sans préjudice du droit des parties intéressées, casse et annule le jugement du tribunal civil du département de l'Orne, du 19 pluviôse an 8...».

§. II. *Quelle est aujourd'hui l'autorité des Arrêts de règlement rendus par le conseil du roi en matière d'eaux et forêts, mais non enregistrés dans les anciennes cours en vertu de lettres-patentes?*

Si ces Arrêts avaient force de loi avant la révolution, il est clair qu'ils l'ont encore aujourd'hui. C'est la conséquence nécessaire de la loi du 21 septembre 1792 qui porte que « jusqu'à ce qu'il » en soit autrement ordonné, les lois non abro» gées seront provisoirement exécutées ».

Or, quelque constante que fût, avant la révolution, la maxime que les actes de souverain n'étaient obligatoires pour les tribunaux, qu'autant qu'ils avaient été enregistrés dans les cours, il n'en était pas moins constant, à la même époque, qu'en matière d'eaux et forêts, les Arrêts de règlement du conseil faisaient loi dans les juridictions forestières et dans celles dont elles ressortissaient, même sans enregistrement préalable dans les parlemens.

Cette exception à la règle générale est attestée à l'article *Arrêt*, n°. 28, du *Dictionnaire des arrêts* de Brillon; « Les Arrêts et règlemens faits au con» seil, en matières d'eaux et forêts (y est-il dit), » font loi; et les juges d'appel ne peuvent, sans » s'exposer à voir casser leurs décisions, s'écarter » de la disposition de ces Arrêts et règlemens »:

Et dans le fait, nous trouvons dans le *Dictionnaire des eaux et forêts* de Chailland, tome 1er., page 7 de la *Table des Arrêts*, « un Arrêt notable » du conseil (se sont les propres termes de l'au» teur) qui ordonne que les sentences rendues au » siéges des maîtrises, en conformité de l'ordon» nance des eaux et forêts et DES ARRÊTS DU CON» SEIL, seront exécutés selon leur forme et teneur, » sans pouvoir être infirmées aux siéges des ta» bles de marbre, qui, au contraire, doivent les » confirmer en cas d'appel ».

Le même auteur, dans le corps de son ouvrag, aux mots *Arrêts du Conseil*, n°. 1er., cite encore un autre Arrêt du 29 décembre 1693, comme décidant que *les sentences rendues aux maîtrises en conformité des Arrêts du conseil, ne peuvent être infirmées par les juges d'appel.*

Et c'est ce qui explique l'exécution qu'ont reçue constamment, jusqu'à la publication de la loi du 29 septembre 1791 sur l'organisation forestière (ainsi que le prouvent deux Arrêts de la cour de cassation des 27 vendémiaire an 13 et 8 septembre 1809, rapportés dans le *Répertoire de jurisprudence*, aux mots *Déclaration de coupes de bois*), les extensions qu'avaient été données les Arrêts du conseil des 21 septembre 1700 et 11 mars 1757, à l'art. 3 du tit. 26 de l'ordonnance de 1669, qui défendait, sous des peines déterminées, aux propriétaires particuliers de forêts situées à dix lieues de la mer ou à deux lieues des rivières navigables, d'abattre aucun arbre futaie, sans en avoir fait préalablement la déclaration au grand-maître des eaux et forêts du département.

ARRÊTÉS. §. I. *Quelle est l'autorité des Arrêtés pris, dans la Belgique, par les représentans du peuple en mission dans ce pays?*

V. l'article *Loi*, §. 2.

§. II. *Quelles sont les matières sur lesquelles les tribunaux peuvent prendre des Arrêtés?*

V. les articles *Cour royale*, §. 2, et *Pouvoir judiciaire*, §. 8.

§. III. *Dans quels cas les Arrêtés des préfets et des maires sont-ils obligatoires pour les tribunaux?*

V. l'article *Préfet*, §. 4.

ASILE. *V.* l'article *Asyle.*

ASSASSINAT. *Les cours spéciales pourront-elles connaître des complots d'assassinats préparés par des gens armés?*

V. l'article *Cour spéciale.*

ASSIGNATION. §. I. *Dans quelle forme devait-*

on, dans la Belgique, avant le Code de procédure civile, assigner devant les tribunaux français, les étrangers résidans hors de France ?

Le commissaire du gouvernement près le tribunal civil du département de la Meuse-Inférieure s'était pourvu en cassation contre un jugement de ce tribunal, rendu en matière de douanes, au profit du sieur Latour, négociant batave, domicilié à Amsterdam ; et un Arrêt de la section des requêtes, du 21 ventôse an 8, avait admis sa demande.

Pour signifier cet arrêt au sieur Latour, le commissaire du gouvernement s'est cru obligé de recourir à la forme établie par les anciens réglemens judiciaires de la ci-devant Belgique, et même encore admise, à cette époque, dans le département du Nord, relativement aux significations à faire, en pays étranger, de jugemens rendus par des tribunaux français.

Cette forme consistait à afficher dans un lieu qu'on appelait *Bretèque*, le jugement et l'exploit qui en contenait la signification, et à envoyer par la poste, une copie de l'un et de l'autre, signée de l'huissier, à la partie domiciliée hors du territoire de la France.

« C'est en effet (ai-je dit, en concluant sur cette affaire), c'est en effet ainsi qu'a été faite la signification dont il s'agit ; et ce qui le prouve, c'est qu'au bas de l'expédition du jugement d'admission de la requête du commissaire du gouvernement, existe le procès-verbal d'un huissier qui atteste avoir signifié ce jugement au cit. Latour, *par lettre chargée à la poste de Maestricht sur la Hollande*, et l'avoir affiché, ainsi que son exploit, à la *bretèque* du tribunal civil du département de la Meuse-Inférieure.

» Maintenant il importe de savoir si cette signification est valable ; car si elle est nulle, point de doute que le commissaire du gouvernement, qui ne l'a point réitérée dans les trois mois écoulés depuis le jugement d'admission de sa requête, ne soit déchu de son recours en cassation.

» Le cit. Latour conclud à ce qu'elle soit annullée ; et quoiqu'il n'articule aucune loi qui justifie ses conclusions, nous n'en sommes pas moins obligés par état de les discuter.

Nous l'avons déjà dit, le jugement d'admission de la requête du commissaire du gouvernement a été signifiée dans la forme établie par les anciens réglemens judiciaires de la ci-devant Belgique ; mais ces réglemens ont-ils encore force de loi?

» Ils l'ont encore, comme nous l'avons déjà observé, dans les tribunaux du département du Nord ; et pourquoi ? Parceque l'ordonnance de 1667 n'a jamais été enregistrée ni publiée dans ce département, et que conséquemment on n'a jamais pu ni dû y exécuter l'art. 7 du tit. 2 de cette ordonnance, lequel, en abrogeant les assignations qui se donnaient précédemment sur la frontière aux étrangers résidans hors de France, forme qui répondait parfaitement à celle dont il est ici question, veut que désormais ils ne puissent être assignés qu'au domicile des procureurs généraux.

» La ci-devant Belgique est-elle encore, à cet égard, sur le même pied que le département du Nord? Non ; le tit. 2 de l'ordonnance de 1667 y a été publié en vertu d'un arrêté du directoire exécutif du 5 pluviôse an 5. Ainsi, on ne peut pas plus aujourd'hui y faire de significations par affiches et lettres missives, qu'on ne le peut à Paris, à Lyon, à Marseille.

» Nous devons donc regarder comme nulle, la signification du jugement de la section des requêtes, du 21 ventôse an 8 ; et par une conséquence nécessaire, il y a lieu de déclarer le commissaire du gouvernement déchu de sa demande en cassation ».

Conformément à ces conclusions, arrêt du 1er. germinal an 9, au rapport de M. Aumont, par lequel,

« Vu l'art. 7 du tit. 2 de l'ordonnance de 1667 ;

» Considérant que la signification du jugement d'admission du pourvoi du commissaire du gouvernement, et la citation du cit. Latour à comparaître aux fins de ce jugement devant le tribunal de cassation, ont été faites par lettres chargées à la poste de Maestricht sur la Hollande ; déclare nulle la signification du jugement d'admission du pourvoi du commissaire du gouvernement, et, en conséquence, ledit commissaire déchu de sa demande ».

Sur la forme dans laquelle les étrangers doivent actuellement être assignés devant les tribunaux de la Belgique, *V*. le *Répertoire de jurisprudence*, au mot *Bretèque*.

§. II. 1°. *Comment ont dû être assignés devant les tribunaux du territoire continental de la France, les Français qui, avant le Code de procédure civile, avaient leur domicile dans les colonies ?*

2°. *Est-ce au domicile du procureur-général de la cour d'appel où ressortit le tribunal de première instance devant lequel s'agit d'assigner un étranger, ou à celui du procureur du roi de ce tribunal, que l'exploit d'Assignation doit être signifié ?*

I. La première de ces questions n'avait pas été prévue par l'ordonnance de 1667.

L'art. 7 du tit. 2 de cette loi ne pouvait pas s'y appliquer ; il ne parlait que des *étrangers qui seraient hors de France* ; et alors, comme aujourd'hui, un citoyen français ne devenait certainement pas étranger, en fixant son domicile dans une colonie française.

On ne pouvait pas davantage y appliquer l'art. 8 du même titre ; car il ne s'agissait, dans cet article, que des *absens pour faillite, voyage de long cours ou hors de France* ; et l'on ne pouvait pas considérer comme absent d'un lieu, une personne qui avait un véritable domicile dans un autre.

Il n'eût pas été plus raisonnable d'y appliquer

l'article suivant, où il n'était question que de *ceux qui n'ont ou n'ont point eu aucun domicile connu*.

Ainsi, ce n'était ni au domicile de l'officier du ministère public, ni à leur dernier domicile en France, supposé qu'ils en eussent jamais eu un, ni à cri public, que devaient, d'après le texte de l'ordonnance de 1667, être assignés les Français domiciliés dans les colonies.

Mais l'usage était venu sur ce point au secours de la loi; il avait étendu aux colons français la disposition du premier des deux articles cités.

L'idée première en est due à un arrêt du conseil du 25 août 1692, rendu sur la requête de la veuve Dangennes.

Celle-ci avait exposé au conseil qu'elle se trouvait, pour la continuation d'un décret, dans la nécessité d'assigner en reprise d'instance devant les tribunaux de Paris, plusieurs personnes domiciliées aux îles Marie-Galante; que ces parties n'étaient ni étrangères, ni absentes de France, ni hors d'un domicile connu; mais qu'elles étaient nées et établies dans des colonies françaises, distantes de plus de 2000 lieues de la juridiction où il s'agissait de les traduire; que ne trouvant pas dans le texte de l'ordonnance les formalités nécessaires pour les assigner, elle était obligée de demander qu'il y fût suppléé par une interprétation provisoire.

Voici, en conséquence, les conclusions qu'elle avait prises : « attendu que l'espèce qui se présente,
» approche davantage de celle contenue en l'art.
» 9 du titre *des ajournemens*, ordonner par provi-
» sion et en attendant un règlement général, que
» les Assignations et autres significations quelcon-
» ques nécessaires pour la continuation dudit dé-
» cret, circonstances et dépendances qui seront
» données et faites à..., établis et demeurant
» auxdites îles de l'Amérique, par un seul cri
» public aux halles de cette ville de Paris, et dont
» les exploits seront paraphés par le premier des
» juges sur ce requis, seront aussi valables que si
» elles l'avaient été en leurs véritables domiciles
» auxdites îles, si mieux n'aime S. M. prescrire
» à la suppliante une autre forme, pour faire les-
» dits ajournemens et significations ».

L'arrêt cité n'adopte pas ces conclusions; mais il « ordonné par provision et en attendant qu'il y
» soit pourvu par un règlement général, que les
» Assignations et autres significations qui seront
» à faire à..., qui sont établis et demeurant aux
» îles de l'Amérique, seront données ès hôtels
» des procureurs généraux des cours où ressor-
» tissent les appellations des juges devant lesquels
» ils seront assignés ».

Cet arrêt ne statuait, comme l'on voit, que sur un cas particulier; cependant il avait été, par la seule force de l'usage, converti en règle générale; et c'est ce que prouvent, non-seulement l'arrêt du parlement de Paris du 6 juillet 1740, que citent tous les commentateurs de l'ordonnance de 1667, mais encore celui du parlement de Toulouse, du 25 janvier 1757, que rapporte en ces termes l'auteur du *Recueil judiciaire*, tome 5, page 284 :

Arrêt du parlement, qui déclare valable une Assignation donnée à un habitant des colonies françaises, en l'hôtel de M. le procureur général, du 25 janvier 1737.

« *Nota*. Cet arrêt qu'on n'a pas pu se procurer
» en original, fut rendu en la grand'chambre, à
» l'audience de relevée, en la cause des sieurs Dal-
» bon et Marquès, plaidant Boubée et Duclos. L'ap-
» pel était d'un appointement du Sénéchal de Tou-
» louse, qui avait déclaré valable une Assignation
» donnée à un habitant de Léogane, îles des colo-
» nies de l'Amérique française, en l'hôtel de M. le
» procureur général du parlement de Toulouse ».

La loi du 28 germinal an 11 avait dérogé à cet usage, puisqu'en déterminant les délais des assignations à donner aux parties domiciliées dans les colonies, pour comparaître devant les tribunaux de France, elle voulait, art. 1er., que ces délais ne se comptassent que *du jour de la signification à personne ou à domicile*.

Mais l'art. 69, n°. 9, du Code de procédure civile a rétabli cet usage avec une légère modification : « Seront assignés (porte-t-il), ceux qui
« habitent le territoire français hors du continent,
» au domicile du procureur du roi près le tribunal où
» sera portée la demande, lequel visera l'original,
» et enverra la copie..... au ministre de la ma-
» rine ».

II. La seconde question sera traitée sous les mots *Expropriation forcée*.

§. III. *L'Assignation donnée à un domicile élu, est-elle valable, et équivaut-elle à une Assignation donnée au véritable domicile?*

V. l'article *Domicile élu*.

§. IV. *Peut-on, pendant l'année qui suit le changement de domicile d'une partie, l'assigner en matière personnelle devant le juge du domicile qu'elle a quitté?*

V: l'article *Domicile*.

§. V. 1°. *Un exploit d'Assignation postérieur à la loi du 7 nivôse an 7, mais antérieur au Code de procédure civile, dans lequel l'huissier n'a pas énoncé le tribunal dans le ressort duquel il exerce ses fonctions, est-il nul?*

2°. *La partie qui comparaît en vertu d'un exploit d'Assignation nul dans la forme, peut-elle en demander la nullité?*

3°. *Les vices de la copie signifiée d'un exploit d'Assignation, sont ils couverts par la régularité de l'original?*

4°. *Quel est, dans un exploit d'Assignation, l'effet de l'omission, de la fausseté ou de l'irrégularité de sa date?*

I. Voici ce que j'ai dit, sur les deux premières questions, en portant la parole à l'audience de

ASSIGNATION, §. V.

a cour de cassation, section civile, le 1er floréal an 9, sur un incident élevé entre Bernard Monestier, demandeur en déchéance et défendeur au fond, d'une part; la veuve Daydé, défenderesse à la déchéance, et, au principal, demanderesse en cassation, de l'autre :

» Cette affaire ne vous présente que des questions de forme; et la première est de savoir si la veuve Daydé n'est pas déchue de sa demande en cassation.

» D'après l'art. 30 du tit. 4 de la première partie du réglement de 1738, la veuve Daydé était tenue de faire signifier son jugement d'admission dans les trois mois de sa date, à peine de déchéance.

» Le jugement d'admission est du 16 ventôse an 8; si donc la veuve Daydé ne l'a pas fait signifier avant le 18 prairial de la même année, elle est incontestablement déchue.

» Elle l'a bien fait signifier le 13 prairial an 8; mais Bernard Monestier soutient que l'exploit de signification est nul, et il en conclud que le jugement d'admission doit être considéré comme non signifié.

» Que l'exploit de signification soit nul, c'est une vérité qu'il ne paraît pas possible de révoquer en doute.

» Par qui est fait cet exploit? Par un homme qui peut-être n'avait point de caractère pour le faire, qui peut-être aussi était suffisamment qualifié pour cela; mais qui certainement n'a pas exprimé sa qualité de la manière voulue par la loi.

» Boniface Moreau, auteur de cet exploit, s'y est dit simplement *huissier au ci-devant sénéchal de Béziers*, duement patenté sous le n°. 7, *résidant à Béziers*; et, comme vous le voyez, il n'y a pas énoncé le tribunal dans l'étendue duquel il exerce ses fonctions, si véritablement il a encore le droit de les exercer.

» Or, de là résulte une nullité, aux termes de la loi du 7 nivôse an 7.

» Avant cette loi, on ne connaissait, sur cette matière, d'autre règle que l'art. 2 du tit. 2 de l'ordonnance de 1667, qui veut, à peine de nullité, que les huissiers déclarent par leurs exploits *des juridictions où ils sont immatriculés*; et l'on inférait de cette disposition, que l'on devait annuller tous les exploits dans lesquels les anciens huissiers, conservés provisoirement dans leurs fonctions par les lois des 18 décembre 1790 et 19 vendémiaire an 4, ne faisaient pas mention expresse des tribunaux où ils avaient été reçus, quoique ces tribunaux fussent supprimés.

» Mais la loi du 7 nivôse an 7 a proscrit cette jurisprudence, comme *contraire* (ce sont ses termes) *à l'esprit et au texte des lois républicaines*, et *tendante à conserver des dénominations rappelant le régime royal, nobiliaire et féodal*, et elle a en conséquence déclaré, art. 1er, que *le défaut d'énonciation des anciennes immatricules des huissiers....*

n'entraîne point la peine de nullité; art. 2, *que les huissiers..... ne sont tenus..... qu'à énoncer dans leurs actes, le lieu de leur résidence, le tribunal du département dans l'étendue duquel ils exercent leurs fonctions, et leurs patentes, conformément à la loi du 6 fructidor an 4*».

» Sans doute, on n'objectera pas que ce second article n'attache point la peine de nullité au défaut des énonciations qu'il prescrit.

» Car, d'un côté, il suffit de rapprocher le second article du premier, pour demeurer convaincu que le législateur a voulu faire porter, et porter uniquement, sur le défaut des énonciations mentionnées dans celui-là, la peine de nullité, qui précédemment se prononçait à raison du défaut de l'énonciation mentionnée dans celui-ci.

» D'un autre côté, l'art. 2 met l'énonciation du tribunal dans le ressort duquel l'huissier exerce ses fonctions, sur la même ligne que l'énonciation de la patente, pour laquelle il renvoie à la loi du 6 fructidor an 4. Il entend donc exiger la première avec la même rigueur que l'autre; il entend donc frapper le défaut de la première, de la même nullité dont l'art. 18 de la loi du 6 fructidor an 4 frappe expressément le défaut de la deuxième.

» Enfin, la peine de nullité est toujours sous-entendue dans les lois émanées du corps législatif, lorsqu'elles prescrivent quelques formes à observer dans les actes judiciaires en matière civile. Ainsi l'a décidé l'art. 2 de la loi du 4 germinal an 2.

» Il n'est donc pas possible, nous le répétons, de mettre en problème la nullité de la signification du jugement qui a admis la requête en cassation de la veuve Daydé.

» Mais cette nullité n'est-elle pas couverte par la comparution de Bernard Monestier?

» Elle le serait sans contredit, si Bernard Monestier n'en parlait pas, et si, se regardant comme valablement assigné, il proposait purement et simplement ses défenses au fond.

» Mais Bernard Monestier demande expressément la nullité de la signification qui lui a été faite, et il s'agit de savoir s'il y est recevable.

» Quelques auteurs soutiennent que la partie assignée ne peut pas, en comparaissant, alléguer la nullité de son assignation, parceque ce sont deux choses contradictoires de comparaître en conséquence d'une assignation, et de prétendre qu'on n'est pas valablement assigné.

» Telle est notamment la doctrine de Voët, sur le Digeste, titre *de in jus vocando*, n°. 14 : après avoir établi que les procédures et les jugemens qui interviennent à la suite d'une assignation irrégulière, doivent être considérés comme non avenus, il ajoute : *nisi tamen is qui non legitimè vocatus est, atque itâ vocationem poterat contemnere ac abesse, sese spontè stiterit : eo enim ipso roborari atque firmari citationem invalidam adeò, ut*

4e édit., Tome I.   77

ne illegitimæ quidem citationis exceptionem opponere possit, qui sese sistit, in praxi receptum est.

» C'est ce qu'enseigne aussi Mynsinger, cent. 2, ob. 18; et nous trouvons dans la *Gazette des tribunaux*, un arrêt du parlement de Toulouse, du mois d'avril 1782, qui le juge ainsi.

» Mais l'opinion contraire est soutenue par Jousse, sur l'art. 1 du tit. 2 de l'ordonnance de 1667. La nullité de l'exploit d'ajournement, dit-il, « est souvent un des moyens les plus utiles » que le défendeur puisse alléguer; non-seulement sur l'appel ou sur l'opposition, dans le » cas où il aurait été condamné par défaut; mais » même en comparaissant d'abord sur l'Assignation.....; quelquefois même il a grand intérêt » d'alléguer cette nullité, comme dans le cas de » la prescription ».

» Nous devons ajouter que cette opinion, de quelque œil qu'on l'envisage dans les contrées où n'est pas reçue l'ordonnance de 1667, n'est pas du moins susceptible d'une contradiction raisonnable, dans la partie du territoire français où cette ordonnance fait loi.

» En effet, l'art. 5 du tit. 5 de l'ordonnance de 1667 veut que les nullités d'exploit ne puissent être opposées qu'à l'entrée de la cause; il veut donc que le défendeur puisse les opposer en comparaissant (1); car si le défendeur se privait, en comparaissant, du droit de les opposer, il serait souverainement ridicule de lui enjoindre de les opposer au premier instant de sa comparution (2).

» Aussi, lorsqu'à votre audience du premier de ce mois, le cit. Latour, négociant batave, est venu opposer à un recours en cassation du commissaire du gouvernement près le tribunal civil de la Meuse-Inférieure, la nullité de l'exploit de la signification du jugement d'admission, nous n'avons pas cru devoir exciper contre lui de sa comparution sur cet exploit, quoique la république y eût intérêt, et que nous y eussions bien réfléchi; et vous n'avez pas vous-même considéré sa comparution comme un voile qui dût couvrir la nullité de son ajournement, puisque vous avez, sur sa demande et conformément à nos conclusions, déclaré le commissaire du gouvernement déchu de son recours.

» Par ces considérations, nous estimons qu'il y a lieu de déclarer la demanderesse déchue de son recours, et de la condamner à l'amende ».

Conformément à ces conclusions, arrêt du premier floréal an 9, au rapport de M. Doutrepont, par lequel,

« Attendu que le jugement d'admission, du 16 ventôse an 8, a été signifié au défendeur, le 13 prairial suivant, par Boniface Moreau, se disant huissier au ci-devant sénéchal de Béziers, sans avoir énoncé, dans son exploit, le tribunal dans l'étendue duquel il exerce ses fonctions, comme le prescrivait l'art. 2 de la loi du 7 nivôse an 7;

» Attendu que l'omission de cette formalité annulle l'exploit, selon l'art. 2 de la loi du 4 germinal an 2;

» Déterminé par ces motifs, le tribunal déclare nul l'exploit de signification du 13 prairial an 8, et par suite la demanderesse déchue de son pourvoi ».

C'est ce qu'a encore décidé un arrêt de la section civile du 23 du même mois, rendu entre le sieur Bossy et les sieurs Agnès et consorts.

Voici comment j'avais conclu sur cette affaire, qui présentait, comme on le verra bientôt, une autre question plus importante encore, c'est-à-dire, celle qui est énoncée en troisième ligne à la tête de ce paragraphe.

« Vous avez à prononcer sur une demande en déchéance du recours en cassation des cit. Agnès et consorts, contre le jugement du tribunal civil du département du Gard, du 24 ventôse an 6.

» Cette demande repose sur les nullités dont le cit. Bossy prétend qu'est frappée la signification faite à la requête des cit. Agnès et consorts, du jugement d'admission de leur recours; et en effet, si cette signification est nulle, si, par suite, elle doit être considérée comme non avenue, les cit. Agnès et consorts se trouveront nécessairement déchus, d'après l'art. 30 du tit. 5 de la première partie du règlement de 1738.

» Vous l'avez ainsi jugé le premier et le 2 de ce mois, et même encore à cette audience, en déclarant la veuve Daydé, les cit. Pasteels et consorts, et le cit. Mathevot, déchus de leurs demandes en cassation, pour irrégularités commises dans la signification des jugemens de la section des requêtes, qui avaient admis leurs recours contre des jugemens des tribunaux du Gard, de l'Escaut et de Saône-et-Loire.

» Il n'y a donc ici à examiner qu'un seul point, celui de savoir si la signification du jugement d'admission de la requête des cit. Agnès et consorts, est valable ou nulle.

» Si elle est valable, la demande en déchéance doit être rejetée. Mais, si elle est nulle, les cit. Agnès et consorts doivent incontestablement être déclarés déchus.

» Nous ne croyons pas devoir nous arrêter à tous les moyens de nullité que propose le cit. Bossy.

» Il en est deux, entre autres, qui n'ont aucune apparence de fondement. Ce sont ceux qu'il tire de la prétendue omission du domicile de l'huissier dans l'exploit de la signification, et de la prétendue fausseté de l'énonciation du domicile du cit. Agnès dans la commune de Cavaillon.

---

(1) L'art. 173 du Code de procédure civile contient la même disposition, et conduit nécessairement à la même conséquence.

(2) *V.* Les conclusions du 21 thermidor an 9, rapportées au mot *Appel*, §. 9, et le §. 7, ci-après.

ASSIGNATION, §. V.

» Mais, ce qui nous paraît devoir fixer particulièrement l'attention du tribunal, ce sont les moyens que le cit. Bossy fait résulter du silence de l'exploit de signification sur le tribunal dans l'arrondissement duquel l'huissier exerce ses fonctions; et d'une différence importante qui se trouve entre l'expédition et la copie signifiée du jugement d'admission de la requête des cit. Agnès et consorts.

» L'exploit de signification est fait par Verau-Avy, qui se qualifie simplement *officier ministériel, duement patenté de la troisième classe, par l'administration municipale de Cavaillon.* Comme vous le voyez, Verau-Avy n'a pas énoncé le tribunal dans le ressort duquel il a le droit d'exploiter.

» Or, de là résulte une nullité, aux termes de la loi du 7 nivôse an 7....

» Car, sans doute, vous ne vous arrêterez pas plus dans cette affaire que vous l'avez fait, le premier de ce mois, dans celle de la veuve Daydé, à l'objection que l'on fait résulter de ce que le second article de cette loi n'attache point la peine de nullité au défaut des énonciations qu'il prescrit......

» Du reste, on ne peut douter que Verau-Avy ne soit compris dans l'art. 2 de la loi du 7 nivôse an 7. Cet article s'applique à tous les huissiers maintenus provisoirement dans leurs fonctions par la loi du 19 vendémiaire an 4; et la preuve que Verau-Avy est de ce nombre, c'est qu'il existe dans les pièces un exploit fait le 7 *prairial* an 3 par cet individu; de là, en effet, il résulte que Verau-Avy était huissier avant la loi du 19 vendémiaire an 4, et que c'est en exécution de cette loi même, qu'il a depuis continué l'exercice des fonctions d'officier ministériel.

» Aussi les cit. Agnès et consorts reconnaissent-ils que c'est d'après la loi du 7 nivôse an 7, que doit être jugée la question qui vous est soumise.

» Mais, d'une part, ils prétendent que cette loi n'annulle pas les exploits dans lesquels ne sont pas observées les formes qu'elle détermine, système que nous venons de réfuter, et que votre jurisprudence a toujours condamné.

» De l'autre, ils se retranchent sur la possession dans laquelle se trouve publiquement Vérau-Avy de son état d'huissier; mais il ne s'agit pas ici de savoir si Verau-Avy est huissier ou ne l'est pas; il s'agit uniquement de savoir si, en le supposant huissier, il a rédigé son exploit comme tel, et surtout s'il l'a rédigé dans la forme voulue par la loi du 7 nivôse an 7.

» On pourrait, ce semble, faire une objection plus sérieuse: ce serait de dire que, dans l'exploit par lequel le jugement du tribunal civil du Gard, du 24 ventôse an 6, a été signifié aux cit. Agnès et consorts, à la requête du cit. Bossy, l'huissier Verau-Avy s'est exprimé à peu près de même que dans l'exploit de signification du jugement d'admission du recours contre ce jugement; qu'il s'y est bien qualifié *d'officier ministériel exploitant dans toute l'étendue du département de Vaucluse*; mais qu'il n'y a pas énoncé le tribunal de ce département; qu'ainsi, les cit. Agnès et consorts n'ont fait, en se servant du même huissier et en le laissant se qualifier comme le porte son exploit, que suivre l'exemple que leur avait donné le cit. Bossy lui-même; et que le cit. Bossy ne peut pas critiquer, dans les actes faits à la requête de ses adversaires, une forme qu'il avait employée avant eux dans les actes faits à sa propre requête.

» Mais il se présente une réponse péremptoire: c'est que l'exploit de signification du jugement attaqué, est du 27 messidor an 6, et par conséquent antérieur à la loi du 7 nivôse an 7; au lieu que l'exploit de signification du jugement d'admission de la requête des cit. Agnès et consorts, est du 21 messidor an 7, et par conséquent postérieur à la loi que nous venons de citer. Les choses n'étaient donc pas, à cette seconde époque, au même état qu'à la première; dans l'intervalle de l'une à l'autre, le législateur s'était expliqué.

» Les cit. Agnès et consorts ne peuvent donc pas excuser par un exemple antérieur à la loi du 7 nivôse an 7 la contravention qu'a essuyée cette loi de la part de leur huissier.

» Mais il est un autre moyen non moins puissant pour le cit. Bossy: c'est celui qui résulte de la différence qui se trouve entre l'expédition et la copie signifiée du jugement d'admission de la requête des cit. Agnès et consorts.

» D'après la copie signifiée, ce n'est pas le cit. Bossy que le jugement d'admission permet de citer, c'est le cit. Roux. La signification faite au cit. Bossy, est donc nulle, d'après la copie signifiée; car les art. 7 et 10 du tit. 1 de la seconde partie du règlement de 1738 déclarent nulle toute assignation qui serait donnée à des personnes non dénommées expressément dans les arrêts de *soit communiqué*.

» Mais, disent les cit. Agnès et consorts, c'est par erreur de copiste que le nom du cit. Roux a été substitué, dans la copie signifiée, au nom du cit. Bossy. L'expédition du jugement d'admission de notre requête, prouve que c'est véritablement le cit. Bossy que nous avons été autorisés à citer; c'est donc le cit. Bossy que nous avons cité en effet; la citation du cit. Bossy est donc valable.

» Ici, comme vous le voyez, se présente une question très-importante, celle de savoir s'il est possible d'annuler une citation par le seul vice de la copie que représente la personne citée, du jugement qui a permis la citation même; s'il est possible de l'annuler, par la seule raison que, dans cette copie, il n'est pas fait mention de la personne citée, et que l'on y a substitué à son nom celui d'un tiers.

77.

» Sur cette question, il faut en convenir, les premières réflexions qui s'offrent à l'esprit, ne sont pas pour la nullité de l'exploit.

» Admettre comme principe général qu'une personne citée peut tirer de la copie signifiée qu'elle représente, les mêmes inductions que si cette copie était l'original même; vouloir, par suite, que les irrégularités et les omissions de la copie, ne puissent pas être couvertes par un original régulier et complet, ne serait-ce pas ouvrir la porte aux plus grands abus? Ne serait-ce pas remettre entre les mains des huissiers, le sort de tous les jugemens que rend la section des requêtes? Car enfin, les copies signifiées n'étant pas sujettes à l'enregistrement, il n'existe d'autre garantie à leur égard que la signature de l'huissier qui les a délivrées; rien ne peut, par conséquent, empêcher un huissier de retirer des mains d'une partie assignée, la copie régulière et complète qu'il lui a signifiée dans le temps, et de la remplacer par une autre à laquelle il donne la même date, mais dans laquelle il glisse des irrégularités et fait des omissions essentielles.

» A dieu ne plaise que nous fassions aux huissiers en général l'injure de les croire capables de se prêter à de pareilles manœuvres! Mais il suffit qu'il puisse s'en trouver un seul pour que la possibilité et l'extrême facilité du fait nous tienne en garde contre l'adoption d'une jurisprudence qui assimilerait, quant aux parties assignées, les défauts de la copie aux défauts de l'original, en attribuant aux uns la même influence que la loi donne aux autres sur le sort des procédures, et par suite sur la fortune des citoyens.

» Sans doute, si la loi avait établi elle-même cette règle, il faudrait bien nous y soumettre; mais elle ne l'a point fait, du moins en termes exprès; on ne pourrait la faire résulter de quelques-uns de ses textes, que par des raisonnemens, des argumentations, qui, dans la régénération de notre système judiciaire, ne peuvent plus créer des nullités.

» Telles sont, nous devons le répéter, les premières idées qui se présentent à l'esprit dans l'examen de cette question majeure.

» Mais si de la théorie générale à laquelle elles nous conduisent, nous descendons aux applications qu'il faudrait en faire, si elle était adoptée, nous trouverons bientôt qu'elle entraînerait les inconvéniens les plus graves, qu'elle pourrait légaliser les plus grandes injustices; enfin, que, sous le masque d'un feint respect pour la loi, elle n'est réellement qu'un moyen de violation perpétuelle et impunissable de la loi elle même.

» Par exemple, il n'est personne qui ne sente combien il importe à un défendeur en cassation de connaître, avant le rapport de son affaire, tous les moyens qui sont employés contre le jugement qu'il a obtenu. Sans cette précaution, en effet, comment pourrait-il préparer sa défense? Comment pourrait-il se prémunir contre les inductions que tire son adversaire de telle pièce, qui, considérée isolément, paraît victorieuse, mais qui, rapprochée de telle autre pièce, devient insignifiante?

» Supposons donc que l'expédition du jugement d'admission d'une requête en cassation soit parfaitement en règle, mais que, dans la copie qui en a été signifiée au défendeur, on ait omis les moyens les plus essentiels du demandeur; qu'en conséquence, le défendeur se soit contenté de répondre par écrit aux moyens consignés dans cette copie; que, dans la confiance de les avoir complètement pulvérisés, il ne se soit pas présenté à l'audience, au moment du rapport; que, d'après cela, le jugement vienne à être cassé par les moyens dont on lui a soustrait la connaissance; et qu'instruit de la vérité, il vienne demander la rétractation du jugement de cassation.

» Dira-t-on alors que les omissions de la copie sont réparées par l'intégralité de l'original? Eh! mais, répondra le défendeur, que m'importe l'original pour connaître les moyens qui provoquent la cassation de mon jugement? Ce n'est que par la copie qui m'en est laissée, sous la signature d'un officier public, que je puis acquérir et conserver la connaissance de ces moyens. Si la copie en omet quelques-uns, il est impossible que je les connaisse; la copie est donc tout pour moi; elle est pour moi le véritable original; il ne peut pas pour moi en exister d'autre.

» Que répliquera-t-on à ce raisonnement? Alléguera-t-on qu'il est possible que le défendeur ait supprimé la véritable copie qui lui a été signifiée, et qu'il ait corrompu l'huissier pour lui en signifier une autre après coup?

» Mais il est possible aussi, et ce n'est pas trop dire sans doute, il est possible aussi que cela ne soit pas; et entre ces deux possibilités, quelle est celle qui doit prévaloir?

» C'est assurément celle qui tend à empêcher qu'un défendeur ne soit condamné avec l'air d'avoir été entendu, et cependant sans l'avoir été réellement.

» C'est surtout celle que la loi elle-même érige en preuve authentique; c'est, en un mot, le principe général et sacré que foi entière est due, jusqu'à inscription de faux, à tout acte émané d'un officier public compétent, lorsqu'il ne manque à la forme rien de ce que la loi a prescrit pour son authenticité, principe sur le maintien duquel reposent la sûreté de tous les individus, la fortune de toutes les familles, l'ordre et le bonheur de toutes les sociétés policées.

» Voilà donc un cas où bien certainement personne n'oserait contester à un défendeur, le droit de dire que sa copie signifiée lui tient lieu de l'original.

» Mais si le défendeur est fondé à le dire dans ce cas, comment pourrait-il ne pas l'être à ledire également dans tous les autres? Si le principe est vrai dans l'un, il faut nécessairement qu'il le soit dans tous; car ici, nous ne sommes pas législateurs; nous n'avons pas le droit de créer des distinctions au gré de nos idées et de nos opinions diverses; nous ne pouvons pas dire : il est indifférent dans tel cas, il est nécessaire dans tel autre, que la copie soit absolument conforme à l'original. Le législateur aurait le droit de s'exprimer ainsi; mais pour nous, point de milieu : ou il est nécessaire dans tous les cas, ou il ne l'est dans aucun, que l'original et la copie soient parfaitement semblables.

» Voilà déjà un grand pas de fait vers la solution complète de toutes les difficultés qui, à la première vue, semblent environner la question qui nous occupe. Une dernière observation va les faire disparaître.

» La loi, dit-on, n'a pas établi expressément pour règle que la copie signifiée au défendeur, lui tînt lieu d'original : ce n'est que par des raisonnemens, par des inductions, qu'on peut l'inférer de quelques-uns de ses textes; et des raisonnemens, des inductions ne peuvent pas créer des nullités.

» Nous admettons ce dernier principe; mais les précédens, il est impossible de les adopter; et si nous voulons nous en convaincre, rentrons dans notre espèce.

» La loi veut, à peine de déchéance de la demande en cassation, qu'il soit délivré au défendeur copie du jugement d'admission de cette demande.

» Elle veut aussi, à peine de nullité, que le jugement d'admission indique la personne à qui il doit être signifié.

» Voilà deux vérités constantes et irréfragables.

» Maintenant qu'est-ce qu'une copie; si ce n'est la représentation exacte, littérale et complète de l'original? Si elle n'a pas ces caractères; et si elle ne les a pas tous, elle n'est pas plus une copie qu'un portrait non ressemblant n'est un portrait.

» Lors donc qu'il existe des différences entre l'original et ce qu'on appelle la *copie*; lors surtout que ces différences sont telles que l'original serait nul, s'il présentait les mêmes vices ou les mêmes omissions qui se trouvent dans ce qu'on appelle la *copie*, alors on est forcé de dire qu'il n'existe point de *copie*; alors, par conséquent, on est forcé de reconnaître qu'il y a eu violation de la loi qui ordonne que copie de tel acte soit délivrée et signifiée au défendeur ; alors, par conséquent, on est forcé d'appliquer la peine de nullité attachée par la loi au défaut de délivrance et de signification de la copie de tel acte au défendeur.

» C'est donc du texte même de la loi, et non d'inductions arbitraires, et non d'argumentations alambiquées, que sort le principe conservateur des droits de toutes les parties plaidantes, que la copie tient lieu au défendeur d'original, et que toutes les nullités qui résultent des vices de l'une, doivent être prononcées comme si ces vices existaient dans l'autre.

» De tous ces détails, trop alongés peut-être, mais qui nous ont paru nécessaires pour fixer, une fois pour toutes, les idées long-temps incertaines sur ce point essentiel, il résulte très-clairement que, dans notre espèce, le cit. Bossy est bien fondé à invoquer, comme un moyen de nullité contre la signification du jugement d'admission de la requête des demandeurs, le silence que garde sur son nom la copie qui lui en a été délivrée ; et que les demandeurs doivent être déclarés déchus à son égard, comme ils le seraient incontestablement, si le nom du cit. Bossy ne se trouvait pas dans l'original du jugement.

» Par ces considérations, nous estimons qu'il y a lieu de déclarer nulle la signification faite au cit. Bossy, le 21 messidor an 7, du jugement dont il s'agit, et ce tant pour contravention aux art. 7 et 10 du tit. 1ᵉʳ. de la seconde partie du règlement de 1738, que pour violation de l'art. 2 de la loi du 7 nivôse an 7; en conséquence, déclarer les cit. Agnès et consorts déchus de leur demande en cassation, et les condamner à l'amende ».

Ces conclusions ont été adoptées par arrêt du 23 floréal an 9, au rapport de M. Pajon; mais cet arrêt n'est motivé que sur la nullité d'exploit résultant de la loi du 7 nivôse an 7; en voici le prononcé :

« Vu l'art. 2 du tit. 2 de l'ordonnance de 1667 ;

» Vu pareillement l'art. 2 de la loi du 7 nivôse an 7...;

» Et attendu que l'huissier Verau-Avy, qui a signifié le jugement d'admission du 19 prairial an 7, et cité le défendeur à comparaître dans le délai du règlement, n'a point énoncé auprès de quel tribunal il exerçait ses fonctions;

» Le tribunal déclare nulles ladite signification et la citation faite en conséquence, et déclare les demandeurs déchus de leur pourvoi... ».

Voici un troisième arrêt qui consacre les mêmes principes; il a été rendu sur les conclusions suivantes, que j'ai données à l'audience de la section civile, dans la cause entre les sieurs Gagnard et Poyet, demandeurs en cassation, le sieur Rougemont, défendeur et subsidiairement demandeur, et le sieur Gouvilliers, défendeur aux deux demandes.

« Cette affaire, singulièrement compliquée au fond par ses détails, peut, dans la forme, se réduire à deux questions fort simples :

» La première, si le recours en cassation des demandeurs est régulièrement formé vis-à-vis du cit. Gouvilliers;

» La seconde, si, en supposant ce recours irrégulier et nul vis-à-vis du cit. Gouvilliers, il n'en résulte pas que le jugement attaqué doit être maintenu même vis-à-vis du cit. Rougemont.

» Sur la première question, vous avez déjà remarqué que le cit. Gouvilliers, en se présentant sur l'assignation qui lui a été donnée devant le tribunal, en exécution du jugement d'admission de la requête du demandeur, a conclu simplement à la nullité de cette assignation.

» Si donc il y a dans cette assignation une nullité véritable, elle ne peut pas être couverte à l'égard du cit. Gouvilliers, comme elle l'est à l'égard du cit. Rougemont, par les défenses qu'il a fournies.

» Or, que l'assignation dont il s'agit soit nulle, c'est ce qui résulte clairement, et de la manière dont s'y qualifie le prétendu huissier qui y figure, et de l'art. 2 de la loi du 7 nivôse an 7.

» Cette assignation est donnée, le 27 ventôse an 8, par *Jean Boulet, huissier, reçu et immatriculé au ci-devant grenier à sel de Charoltes et chambre de Perrecy, ayant le droit d'exploiter dans le département de Saône-et-Loire, muni de patente du 4 nivôse dernier..., délivrée par l'administration municipale de Charolles, y demeurant.*

» Vous voyez que le soi-disant huissier relate bien dans cet exploit son nom, sa demeure et sa patente; mais vous voyez aussi qu'il n'y fait pas mention du tribunal actuellement existant dans le ressort duquel il a le droit d'exercer ses fonctions.

» Et c'est là, d'après l'art. 2 de la loi du 7 nivôse an 7, une nullité que vous avez prononcée toutes les fois que l'on y a conclu, notamment par les jugemens que vous avez rendus tout récemment contre la veuve Daydé et contre Agnès et consorts, au rapport des cit. Doutrepont et Pajon.

» Il importe peu que le soi-disant huissier Boulet désigne dans l'exploit les anciens tribunaux dans lesquels il était immatriculé. D'un côté, l'art. 1 de la loi que nous venons de citer, décide expressément que cette désignation est inutile; de l'autre, l'art. 2 de la même loi établit non moins positivement, la nécessité de la désignation du tribunal dans l'arrondissement duquel l'huissier exerce actuellement ses fonctions; et bien certainement une désignation inutile ne peut pas suppléer à une désignation nécessaire.

» Il importe également très-peu que Boulet énonce dans l'exploit, qu'il a le *droit d'exploiter dans le département de Saône-et-Loire.*

» D'abord, dire qu'on a le droit d'exploiter dans le département, ce n'est pas dire qu'on a ce droit dans le département entier; celui qui ne peut exploiter que dans une très-petite partie du département, est fondé à dire, sans blesser la vérité, qu'il peut exploiter dans le département, comme un tribunal qui n'occupe qu'une très-petite partie du palais de justice, peut dire qu'il siège dans ce palais.

» Ensuite, ce n'est pas précisément le nom du département dans lequel un huissier a le droit d'exploiter, que ses exploits doivent désigner; la loi veut que les exploits de chaque huissier désignent le nom du tribunal dans le ressort duquel il a le droit d'exploiter; et cela est d'autant plus nécessaire, qu'il pourrait avoir ce droit comme huissier d'un tribunal criminel, comme huissier d'un tribunal de commerce, tout aussi bien que comme un huissier d'un tribunal civil.

» Il n'est donc pas possible d'élever le plus léger doute sur la nullité de l'assignation donnée au cit. Gouvilliers, ni par conséquent sur la nécessité de déclarer les demandeurs en cassation déchus à l'égard de celui-ci... ».

Sur ces conclusions, arrêt du 11 thermidor an 9, au rapport de M. Doutrepont, par lequel,

« Attendu que l'huissier qui a signifié le jugement d'admission à Gouvilliers, n'a point énoncé dans son exploit le tribunal dans le ressort duquel il exerce ses fonctions;

» Le tribunal déclare nul ledit exploit, et par suite les demandeurs déchus de leur pourvoi contre Gouvilliers ».

On trouvera sous les mots *Frais préjudiciaux*, un arrêt du 22 thermidor an 10, qui décide la même chose.

II. La troisième question s'est représentée depuis la mise en activité du Code de procédure civile.

Le 17 février 1809, jugement par défaut du tribunal de première instance d'Avesnes, qui adjuge à la demoiselle Dubois de Hoves les fins d'une demande formée par elle contre le sieur de Grignard.

Le 19 mai suivant, ce jugement est signifié au sieur de Grignard, en son domicile.

Le 10 juin de la même année, le sieur de Grignard en interjette appel, par exploit signifié au domicile de la demoiselle Dubois de Hoves.

La cause portée à l'audience de la cour d'Appel de Douai, l'intimée représente la copie qui lui a été remise de cet exploit, et observe qu'il ne porte point d'autre date que celle *de juin 1809*; que le mot *dix* y a été omis, et que cette omission, d'après l'art. 61 du Code de procédure civile emporte la nullité de l'exploit. En conséquence, elle conclud à l'annullation de l'acte d'appel.

Par arrêt du 23 juin 1810,

« Considérant que, selon l'art. 456 du Code de procédure civile, l'acte d'appel est un exploit d'ajournement; qu'aux termes de l'art. 61 du même Code, tout exploit d'ajournement doit contenir la date du jour, à peine de nullité; que le double laissé à la partie de Deuzy (la demoiselle Dubois de Hoves), tient et doit, relativement à elle, tenir lieu d'original; et que ce double n'énonce pas la date du jour où il a été *remis*;

» La cour déclare l'exploit dont il s'agit, nul et de nul effet ».

Le sieur de Grignard se pourvoit en cassation contre cet arrêt.

« Excès de pouvoir, et fausse application de la

peine de nullité prononcée par l'art. 61 du Code de procédure civile; tels sont (ai-je dit à l'audience de la section des requêtes, le 4 décembre 1811) les termes dans lesquels le demandeur vous présente la substance de ses moyens de cassation.

» Par la manière dont il les développe, il vous fait assez entendre que, dans son système, il y a excès de pouvoir, toutes les fois qu'un juge déclare nul un acte auquel il ne manque rien de ce que la loi exige pour qu'il soit valable, et que tout jugement en dernier ressort qui applique faussement une loi, doit, par cela seul, être cassé.

» Ces deux propositions ne sont pas nouvelles pour vous : tous les jours on les répète à vos audiences; mais sont-elles exactes? Notre ministère qui doit toujours être en garde contre l'emploi des mots dont on abuse trop souvent pour accréditer des idées fausses, nous impose le devoir de nous arrêter d'abord à cette question:

» 1°. Qu'est-ce que l'*excès de pouvoir* ? La transgression des limites dans lesquelles la loi a circonscrit son autorité.....(1).

» 2°. Les erreurs qui se sont répandues sur les effets de la fausse application des lois dans les jugemens, sont bien plus graves encore que celles qui égarent les esprits sur la nature de l'excès de pouvoir. Casser un arrêt comme contenant excès de pouvoir, lorsqu'il a annulé un acte valable en soi, ce n'est errer que sur les mots; car un pareil arrêt doit toujours être cassé, comme violant la loi qui, par cela seul qu'elle n'annulle pas l'acte dont il s'agit, en ordonne le maintien. Mais casser un arrêt, sous le prétexte qu'il applique faussement une disposition législative, c'est errer sur le fond du droit, c'est contrevenir à la loi constitutive de la cour de cassation, qui ne lui permet d'annuller les jugemens en dernier ressort, qu'autant qu'ils violent ouvertement les lois de la matière sur laquelle ils statuent.

» Qu'en matière criminelle, la fausse application d'une loi pénale donne lieu à la cassation, cela est tout simple. Appliquer une loi pénale à un fait qui n'y est pas compris, c'est nécessairement violer, ou la loi par laquelle le législateur, en qualifiant ce fait de délit, en a déterminé la peine, ou, si ce fait n'a pas été qualifié de délit par le législateur, l'art. 4 du Code pénal de 1810, aux termes duquel « nulle contravention, nul » délit, nul crime, ne peuvent être punis de pei- » nes qui n'étaient pas prononcées par la loi, » avant qu'ils fussent commis ».

» Mais appliquer faussement toute autre loi, c'est, en thèse générale, mal raisonner, mal juger, et rien de plus. Que, dans une matière sur laquelle la loi est demeurée muette, un tribunal souverain suppose qu'elle s'est expliquée par une disposition qu'il déplace, sans contredit il fera un mauvais raisonnement; mais il ne violera aucune loi. Il ne violera pas celle dont il fait l'application, puisque cette loi est étrangère à l'objet litigieux ; il ne violera pas non plus celle qui devrait régir l'objet litigieux, puisque cette loi n'existe pas; il n'y aura donc que mal jugé, et par conséquent point d'ouverture à la cassation.

» Ce n'est pas que la cassation ne puisse jamais atteindre un arrêt qui applique faussement une loi non pénale. Il est certain, au contraire, qu'elle doit l'atteindre, toutes les fois qu'en appliquant faussement une loi non pénale, il contrevient, soit à cette loi elle-même, soit à toute autre.

» Par exemple, si un testament par lequel un mineur âgé de 16 ans, mais frappé de démence, a disposé de la moitié de ses biens, est jugé valable par application de l'art. 904 du Code civil, qui permet au mineur parvenu à l'âge de 16 ans de tester jusqu'à cette concurrence, l'arrêt devra être cassé comme violant l'art. 901 du même Code, qui porte que, « pour faire une donation » entre-vifs ou un testament, il faut être sain « d'esprit ».

» Et pour rentrer dans l'espèce qui nous occupe en ce moment, si un exploit d'ajournement est déclaré nul, comme ne contenant pas toutes les formalités prescrites par l'art. 61 du Code de procédure civile, quoiqu'il les contienne réellement, l'arrêt devra être cassé comme violant cet article même, puisque cet article, en infligeant la peine de nullité aux exploits d'ajournement qui ne sont pas revêtus de toutes les formalités qu'il prescrit, en affranchit nécessairement ceux auxquels il ne manque aucune de ces formalités.

» Mais il est sensible que, dans ces sortes de cas, ce n'est point la fausse application de la loi qui doit motiver la cassation de l'arrêt, et que la cassation de l'arrêt ne peut être déterminée que par la violation, soit de la loi même qu'il applique faussement, soit de toute autre loi.

» De ces réflexions préliminaires, que vous pardonnerez, messieurs, au désir que nous avons de n'entendre jamais parler à vos audiences qu'un langage digne de vous, il nous paraît résulter clairement que l'on doit ici mettre à l'écart tout ce que vous dit le demandeur, tant sur le prétendu excès de pouvoir dont il accuse l'arrêt qu'il attaque, que sur la fausse application qu'il lui reproche d'avoir faite de l'art. 61 du Code de procédure civile ; et que la question à juger doit être réduite à ces seuls termes ; l'art. 61 du Code de procédure civile est-il violé par l'arrêt que le demandeur vous dénonce ?

» Cet article veut que tout exploit d'ajournement contienne, entre autres choses, *la date des jour, mois et an*; et il le veut *à peine de nullité*. Mais il veut aussi que tout exploit d'ajournement qui contient *la date des jour, mois et an*, soit, sous ce rapport, tenu pour valable.

---

(1) J'ai placé ici ce que j'ai mis en note dans le *Répertoire de Jurisprudence*, au mot *Divorce*, sect. 4, §. 9.

» Cet article est donc violé par l'arrêt attaqué, si l'exploit que cet arrêt annule, contient *la date des jour, mois et an*.

» Mais la contient-il en effet? Oui, dans l'original; non, dans la copie signifiée.

» Et de là que s'ensuit-il? Une chose fort simple : c'est que l'exploit est nul dans la copie qui en a été signifiée à la demoiselle Dubois de Hoves, quoiqu'il soit régulier dans l'original.

» Mais que sert la régularité de l'original, alors que la copie signifiée est nulle?

» L'exploit se compose nécessairement de deux doubles, l'un qui reste à la partie assignante, l'autre qui est remis à la partie assignée; il faut donc qu'il soit régulier dans celui-ci comme dans celui-là ; la régularité du premier ne peut donc pas couvrir la nullité du second.

» Il est vrai que l'art. 61 ne dit pas que les formalités dont il renferme l'énumération, devront être observées dans la copie comme dans l'original.

» Mais il ne dit pas non plus qu'il suffira de les observer dans l'original seulement. C'est donc comme s'il en prescrivait l'observation dans la copie.

» Est-il nécessaire, pour la validité d'un exploit d'ajournement, que la copie en soit remise à la partie assignée? Oui, sans doute; et le demandeur en convient lui-même.

» Mais qu'est-ce, dans le sens de la loi, que la copie d'un exploit d'ajournement, si ce n'est une représentation exacte, littérale et complète de l'original? Si elle n'a pas ces caractères, et si elle ne les a pas tous, elle n'est pas plus une copie, qu'un portrait non ressemblant n'est un portrait.

» Lors donc qu'il existe des différences entre l'original et ce qu'on appelle *la copie*; lors surtout que ces différences sont telles que l'original serait nul, s'il présentait les mêmes vices ou les mêmes omissions qui se trouvent dans ce qu'on appelle *la copie*, alors on est forcé de dire qu'il n'existe point de copie; alors, par conséquent, on est forcé de reconnaître qu'il y a eu violation de la loi qui veut que copie de tout exploit d'ajournement soit laissée au défendeur ; alors, par conséquent, on est forcé d'appliquer la peine de nullité attachée par la loi au défaut de remise de cette copie.

» C'est donc du texte même de la loi, et non d'inductions arbitraires, non d'argumentations alambiquées, que sort le principe conservateur du droit de toutes les parties plaidantes, que la copie tient lieu au défendeur d'original; et que toutes les nullités qui résultent des vices de l'une, doivent être prononcées comme si ces vices existaient dans l'autre (1).

» Ce principe est au surplus consacré par plusieurs arrêts de la cour... (1).

» Le 24 thermidor an 13, les héritiers du sieur Haudoire d'Hégreville obtiennent un arrêt contre la demoiselle Manchouard. Ils le lui font signifier à domicile, le 29 du même mois; mais dans la copie de son exploit, leur huissier en date la signification du 29 messidor précédent. La demoiselle Manchouard se pourvoit en cassation, le 25 frimaire an 14. Sa requête admise, les héritiers du sieur Haudoire d'Hégreville soutiennent que sa demande est tardive, et que le délai pour la former était expiré dès le 30 brumaire an 14. Elle répond que le délai ne peut être calculé à son égard que d'après la copie de l'exploit de signification, laquelle lui tient lieu de l'original de cet exploit; et que, dans cette copie, il n'y a point de vraie date, puisque celle qui y est énoncée, est antérieure à l'arrêt signifié. Par arrêt du 5 août 1807, au rapport de M. Schwendt, *considérant que les copies d'exploits laissées aux parties, sont leurs titres ; et qu'aucun délai fatal ne peut courir contre une partie qui reçoit la copie d'un exploit de signification d'un jugement qui porte une date antérieure à ce même jugement ; la cour rejette la fin de non-recevoir...*

» Le 5 juillet 1808, la régie de l'enregistrement obtient un arrêt qui admet une demande en cassation formée par elle contre un jugement en dernier ressort rendu au profit du sieur Guérin de Beaupré. Le 14 du même mois, cet arrêt est expédié et enregistré. Le 8 août suivant, la régie le fait signifier au défendeur; mais dans la copie qu'il remet à celui-ci, l'huissier date son exploit du 8 juillet 1808. L'affaire portée à la section civile, le sieur Guérin de Beaupré demande que la régie soit déchue de son recours en cassation, faute de signification légale de l'arrêt du 5 juillet 1808, dans les trois mois de sa date. Cet arrêt, dit-il, n'ayant été expédié et enregistré que le 14 juillet, n'a pas pu m'être signifié le 8 du même mois. Donc la date du 8 juillet 1808, que porte la copie qui m'a été remise de l'exploit de signification de cet arrêt, est fausse, et doit être considérée comme non écrite. Donc l'exploit est sans date à mon égard. Donc nulle preuve que l'arrêt m'ait été signifié dans le délai où il devait l'être à peine de déchéance. A cette exception la régie oppose vainement l'exploit original qui porte la date du 8 août 1808. Par arrêt du 8 février 1809, au rapport de M. Génevois, *attendu que les copies d'exploit laissées aux parties, sont leur titre et leur tiennent lieu d'original, et que les mêmes vices de forme qui auraient pu annuler l'exploit, s'ils avaient été dans l'original, l'annullent incontestablement, quoiqu'ils ne se trouvent que dans la copie; attendu que la signification faite à*

---

(1) Il est pourtant des cas où l'on ne peut pas dire que la copie signifiée tient, à tous égards, lieu d'original. *V.* le plaidoyer rapporté à l'article *Mariage*, §. 8.

(1) *V.* les arrêts des 21 floréal an 10 et 1er. brumaire an 13, rapportés dans le *Répertoire de jurisprudence*, au mot *Copie*, §. 2, n°. 2.

François Guérin, porte la date du 8 juillet 1808 sur la copie d'exploit qui lui a été signifiée; et qu'une telle signification ne peut s'appliquer à l'arrêt d'admission obtenu par la régie, lequel n'a été expédié que le 14 du même mois de juillet; que, par conséquent, il n'y a eu aucune signification de cet arrêt dans les délais fixés par le règlement; la cour déclare la régie déchue de son pourvoi.....

» A ces arrêts, le demandeur en oppose deux qu'il vous présente comme ayant jugé le contraire. Mais vous allez voir, messieurs, qu'il en fait une fausse application.

» Dans l'espèce du premier, le sieur Gigot-Garville demandait la nullité d'une vente faite sur lui par expropriation forcée; et il se fondait, entre autres moyens, sur le défaut de notification des secondes affiches. Il convenait bien que l'huissier lui avait signifié un exploit contenant cette notification, et il en représentait la copie; mais il faisait remarquer que les secondes affiches n'étaient copiées ni en tête ni à la suite de cet exploit; et il concluait de là que la notification ne lui en avait pas été faite, quoique l'exploit même attestât le contraire.

» Par arrêt du 30 pluviôse an 11, la cour d'appel de Dijon a rejeté ce moyen de nullité, sur le fondement que l'exploit attestait que les secondes affiches avaient été délivrées au sieur Gigot-Garville, et qu'il faisait foi de son contenu, jusqu'à inscription de faux.

» Le sieur Gigot-Garville s'est pourvu en cassation, et a soutenu que le principe sur lequel était fondé cet arrêt, ne pouvait pas s'appliquer à l'espèce, parceque le faux était, suivant lui, constaté par l'exploit même.

» Mais (avons-nous dit, en portant la parole sur cette affaire) de ce que la copie de *l'affiche* ne se trouve pas dans le même cahier que la copie de *l'exploit*, s'ensuit-il que celle-là n'a pas été délivrée en même temps que celle-ci ? L'exploit atteste le contraire; et ce n'est pas par la simple allégation d'un faux, que l'on peut détruire la foi qui lui est due.

» *Sans doute*, si la loi du 11 brumaire an 7 exigeait, pour les *affiches*, comme elle l'exige pour les *commandemens*, que copie en fût donnée en tête de l'exploit, l'exploit en tête duquel ne se trouverait pas cette copie, serait, sinon *faux*, du moins *nul*, quand même il énoncerait que cette copie a été délivrée, parcequ'alors il faudrait nécessairement supposer qu'elle aurait été délivrée sur une feuille séparée, ce qui serait contraire à la loi.

» Mais la loi ne prescrivant rien de semblable, il a été bien libre à l'huissier de délivrer séparément de son exploit la copie des secondes affiches; et cela était d'autant plus naturel que les affiches étant et devant être imprimées, c'eût été un travail absolument inutile que de les copier à la main, soit en tête, soit à la suite de l'exploit.

» Dira-t-on que, par l'art. 6 du tit. 2 de l'ordonnance de 1667, les huissiers sont tenus, dans les ajournemens, de donner, dans la même feuille, ou cahier de leurs exploits, copie des pièces sur lesquelles les demandes sont fondées? *Mais*, comme l'observe Jousse, cette forme n'est point prescrite à peine de nullité; et si on le jugeait ainsi avant la révolution, à plus forte raison doit-on juger de même aujourd'hui que la loi du 4 germinal an 2 défend de suppléer la peine de nullité dans les dispositions de nos anciennes lois qui règlent la forme des procédures.

» Sur ces raisons, arrêt du 11 fructidor an 11, au rapport de M. Vallée, qui rejette la demande en cassation, *attendu qu'il conste par l'exploit de l'huissier, que copie des secondes affiches, ensemble copie des procès-verbaux de ces affiches, ont été notifiées au demandeur; qu'ainsi, le moyen tiré de ce qu'effectivement les secondes affiches n'ont pas été notifiées, n'est nullement fondé.*

» Quelle analogie y a-t-il entre cette espèce et la nôtre? Bien évidemment il n'y en a aucune.

» Sans doute, il résulte de votre arrêt du 11 fructidor an 11, que l'exploit d'un huissier fait foi jusqu'à inscription de faux, en tant qu'il constate que le défendeur a reçu de l'huissier même, la copie des pièces qui y sont énoncées; et par conséquent il en résulte que, si la demoiselle Dubois de Hovés eût été venue soutenir devant la cour d'appel de Douai, qu'elle n'avait pas reçu la copie de l'exploit d'appel du sieur de Grignard, elle n'aurait pas pu être écoutée, sans s'inscrire en faux contre cet exploit.

» Mais votre arrêt du 11 fructidor an 11 n'a pas jugé que, dans le cas où la copie que l'exploit constate avoir été remise au défendeur, est représentée, et où l'on y trouve des nullités qui ne sont pas dans l'original, l'original doit prouver, jusqu'à inscription de faux, que ces nullités ne se trouvent pas même dans la copie; il n'a pas jugé que, si le sieur Gigot-Garville eût représenté la copie des secondes affiches que l'exploit de l'huissier constatait lui avoir été remise, et qu'il s'y fût trouvé des omissions essentielles, le sieur Gigot-Garville eût été non-recevable à soutenir, sans inscription de faux préalable, que ces omissions ne se trouvaient pas dans la copie qui lui avait été laissée.

» Eh! Comment aurait-il pu juger une chose aussi absurde? Si la signature de l'huissier, apposée au bas de l'exploit original, fait foi, jusqu'à inscription de faux, qu'il en a été laissé une copie au défendeur, cette même signature apposée au bas de la copie représentée par le défendeur, fait aussi foi, jusqu'à inscription de faux, que c'est cette copie qui a été laissée au défendeur, à l'instant même où l'huissier lui a fait la signification de son exploit. Elle fait donc aussi foi, jusqu'à inscription de faux, que la copie laissée au défendeur n'était pas conforme à l'original, et que, quoique l'original fût régulier, elle était elle-même irrégulière.

» Le second arrêt, dont se prévaut le sieur de Grignard, est-il cité plus à propos? Vous allez en juger;

» Le 5 février 1807, la cour d'appel de Douai rend, au profit du sieur Deschuytener, un arrêt contre lequel les sieurs Brouwet, Benoît et consorts se pourvoient en cassation. La requête admise, ceux-ci la font signifier au sieur Deschuytener; et, dans la copie qu'il laisse à ce dernier de son exploit, l'huissier le date de *l'an mil cent neuf*, au lieu de *mil huit cent neuf.* La cause portée à l'audience de la section civile, le sieur Deschuytener prétend que cet exploit est nul, parcequ'il ne contient point, dans la copie, la véritable *date de l'an*, et que, par là, il se trouve dénué de l'une des formalités requises, à peine de nullité, par l'art. 61 du Code de procédure civile. En conséquence, il conclud à ce que les sieurs Brouwet, Benoît et consorts soient déclarés déchus de leur recours en cassation, pour n'avoir pas fait signifier l'arrêt d'admission dans les trois mois de sa date. Mais, par arrêt du 15 janvier 1810, la section civile rejette cette demande, et par quel motif? *Attendu qu'il résulte suffisamment des énonciations consignées dans la signification de l'arrêt d'admission, et des pièces qui l'ont accompagné, qu'elle a été faite dans le délai prescrit par la loi.*

» Vous voyez, messieurs, que, pour juger cet exploit valable, la section civile ne s'est pas arrêtée à la régularité de l'original, et qu'elle aurait prononcé de même, si l'original eût, comme la copie, présenté les mots *mil cent neuf*, au lieu de *mil huit cent neuf.*

» Pourquoi donc la section civile a-t-elle jugé cet exploit valable, nonobstant l'omission de la vraie *date de l'an*? Parceque'en tête de l'exploit, se trouvait la copie de l'arrêt d'admission, portant la date du 28 décembre 1808, et enregistré le 18 janvier 1809; parceque, dans le corps même de l'exploit, la véritable date de cet arrêt, et celle de son enregistrement, étaient rappelées en toutes lettres; parceque, de ces deux circonstances, il résultait évidemment que le sieur Deschuytener avait été suffisamment averti par l'exploit, que c'était en 1809 et non en 1109, que l'arrêt d'admission lui avait été signifié; parceque l'omission du mot *huit*, qui, à cet égard, viciait la copie de l'exploit, était complètement réparée dans la copie elle-même.

» Peut-on, dans l'espèce actuelle, en dire autant de l'omission de *la date du jour*, dans la copie laissée à la demoiselle Dubois de Hoves, de l'exploit d'appel du sieur de Grignard? Non certes. Car rien, dans cette copie, n'indique, ni expressément, ni par une relation quelconque, quel est le jour où elle a été remise à la demoiselle Dubois de Hoves: on y voit seulement qu'elle lui a été remise dans le mois de *juin* 1809; et il est impossible de deviner, d'après la seule teneur de cette copie, quel est, des trente jours qui composent le mois de juin, celui où l'huissier s'est présenté chez la demoiselle Dubois de Hoves.

» Mais, dit le sieur de Grignard, il est au moins prouvé par cette copie, que mon appel a été interjeté dans le délai de la loi; car ce délai ne devait expirer que le 19 août 1810; il importe donc peu que j'aie interjeté mon appel, ou le 1er, ou le 30 juin : dans l'un comme dans l'autre cas, je l'ai interjeté en temps utile; et que faut-il de plus?

» Ce qu'il faut de plus? Il faut que vous l'ayez interjeté régulièrement. Or, pour interjeter régulièrement un appel, il faut, aux termes de l'art. 456 du Code de procédure civile, que l'acte par lequel on l'interjette, *contienne Assignation*; et par conséquent qu'il soit revêtu de toutes les formalités prescrites par l'art. 61 du même Code; et par conséquent encore qu'il contienne *la date des jour, mois et an* de sa signification.

» Remarquons bien ces termes, *date des jour, mois et an.* Ils correspondent parfaitement à ce que prescrivait l'art. 47 de l'ordonnance de 1735, pour les testamens. *Tous testamens*, portait cet article, *contiendront la date des jour, mois et an; et ce encore qu'ils fussent olographes*; et voici ce qu'avait écrit Furgole sur cet article, dans son Traité des Testamens, chap. 51, sect. 4, n°. 18 : *La disposition est nulle, non-seulement si la date est totalement omise ou laissée en blanc, mais encore si on a omis d'y marquer le jour, le mois ou l'année. Il ne suffirait pas d'avoir marqué le jour et le mois, sans marquer l'année, ni d'avoir exprimé le jour et l'an, sans marquer le mois,* NI ENFIN D'AVOIR MARQUÉ LE MOIS ET L'AN, SANS MARQUER LE JOUR.

» Et pourquoi n'en serait-il pas d'un exploit d'Assignation comme d'un testament? La loi n'est pas moins impérative à l'égard de l'un qu'à l'égard de l'autre; elle doit donc être appliquée à l'un comme à l'autre, avec une égale rigueur.

» Voyez d'ailleurs où conduirait le système du sieur de Grignard, si, comme il le prétend, on venait à juger que, pour la validité d'un exploit d'appel, il suffit qu'il fasse foi de la signification en a été faite dans le délai fatal?

» Il faudrait aller jusqu'à regarder comme valable, un exploit d'appel qui ne contiendrait ni date du jour, ni date de mois, ni date d'année, mais qui se trouverait enregistré à une époque antérieure à l'expiration du délai de la loi.

» Il faudrait par conséquent effacer de l'art. 61 du Code de procédure civile, la disposition qui veut, à peine de nullité, que tout exploit d'ajournement soit daté du jour, du mois et de l'année de sa signification.

» Et c'est assez dire que le système du sieur de Grignard n'est qu'un paradoxe insoutenable.

» Nous estimons qu'il y à lieu de rejeter la requête du demandeur, et de le condamner à l'amende de 150 francs ».

Par arrêt du 4 décembre 1811, au rapport de M. Pajon;

« Attendu, 1°. que, d'après la disposition de l'art. 456 du Code de procédure, les exploits d'appel doivent contenir Assignation, à peine de nullité ;

» 2°. Que l'art. 61 du même Code exige que les exploits d'ajournement contiennent la date du jour, mois et an auxquels ils sont signifiés ;

» 3°. Que toute copie d'exploit tient lieu d'original pour la partie à laquelle elle est remise ; d'où résulte que celle remise à la demoiselle Dubois de Hoves, ne faisant point mention du jour auquel l'huissier la lui avait remise, l'arrêt attaqué n'a fait qu'une juste application de l'art. 61 de ce Code ;

» La cour rejette le pourvoi.... ».

III. La quatrième question énoncée en tête de ce paragraphe, est résolue par les détails contenus dans le plaidoyer rapporté au numéro précédent.

§. VI. *Avant la loi du 7 nivôse an 7, les exploits d'assignation devaient-ils, à peine de nullité, contenir la mention du tribunal dans le ressort duquel l'huissier exerçait ses fonctions ?*

Il existe un arrêt de la cour de cassation, section civile, du 7 ventôse an 7, qui annulle, au rapport de M. Bayard, un exploit d'Assignation antérieur à la loi du 7 nivôse précédent, parce que l'huissier n'y avait exprimé, ni le tribunal dans le ressort duquel il exerçait ses fonctions, ni celui dans lequel il avait été anciennement immatriculé.

Voici comment il est conçu :

» Le tribunal de cassation a rendu le jugement suivant entre Antoine Caire, cultivateur, et Jean Ferrand, boulanger, l'un et l'autre domiciliés en la commune de Marseille, demandeurs en cassation d'un jugement rendu le 21 pluviôse an 5, par le tribunal civil du département de la Drôme, d'une part ; et Honoré Vautray, propriétaire en la même commune, défendeur, d'autre part.

» Le jugement attaqué a condamné les demandeurs en cassation de vider et délaisser au défendeur un domaine appelé *le Ravelle*. Par jugement du 5 prairial an 6, le mémoire en cassation a été admis, et il a été permis aux demandeurs de faire citer le défendeur.

» Le 8 messidor suivant, ce jugement a été notifié à ce dernier par le ministère d'un nommé Pécoul, se qualifiant *officier ministériel à la résidence de Marseille*, avec citation à comparoir à l'audience du tribunal, pour entendre prononcer définitivement sur les fins et conclusions prises par les demandeurs en cassation.

» Le défendeur a demandé la nullité de cet exploit de notification et citation.

» Il a fondé cette nullité sur l'art. 2 du tit. 2 de l'ordonnance de 1667, qui veut que les huissiers déclarent, par leurs exploits, la juridiction où ils sont immatriculés.

» Il s'agit de statuer sur cette exception préalable.

» Sur quoi, ouï le rapport du cit. Bayard, l'un des juges, les observations du fondé de pouvoir du défendeur, et les conclusions du cit. Bourguignon, substitut du commissaire du directoire exécutif, et après en avoir délibéré en la chambre du conseil ;

» Vu les dispositions de l'art. 2 du tit. 2 de l'ordonnance de 1667 ; vu aussi les art. 1 et 2 de la loi du 7 nivôse dernier....; vu enfin l'art. 30 du tit. 4 de la première partie du réglement de 1738 ;

» Attendu 1°. que la loi du 7 nivôse an 7 n'établit pas un droit nouveau, mais explique seulement le sens des lois anciennes combinées avec les lois nouvelles, et qu'il en résulte que, si les huissiers, depuis la suppression des anciens tribunaux ont dû être censés exempts d'énoncer dans leurs exploits leurs anciennes immatricules, ils sont cependant demeurés obligés à déclarer le tribunal dans le ressort duquel ils sont autorisés à instrumenter ; ce qui est d'autant plus nécessaire, que les lois nouvelles, en autorisant tous les anciens huissiers à exercer leur ministère dans le ressort du tribunal civil du département dans lequel ils ont leur domicile, ont en même temps établi près des justices de paix, *des huissiers qui sont bornés à faire les actes relatifs aux tribunaux de paix*(1) ; d'où il suit qu'il faut qu'un huissier exprime sa qualité, pour que l'on sache s'il a droit ou non d'instrumenter dans l'étendue d'un département ;

» Attendu 2°. que l'exploit du 8 messidor an 6, portant signification à Honoré Vautray, à la requête d'Antoine Caire et de Jean Ferrand, du jugement d'admission de la requête de ces derniers, rendu par le tribunal de cassation le 5 prairial, et citation à comparaître au tribunal, signé *Pécoul*, ne contient d'autre indication de la qualité et du pouvoir du nommé Pécoul, que ces mots : *Nous, officier ministériel en la résidence de cette commune de Marseille*, indication absolument insuffisante d'après les lois citées ;

» Considérant que, par suite de la nullité de cet exploit, la déchéance du pourvoi en cassation est acquise au défendeur, le délai pour citer aux fins de plaider sur ledit pourvoi étant expiré, aux termes de l'art. 30 du tit. 4 de la première partie du réglement de 1738 ;

» Le tribunal déclare nul l'exploit du 8 messidor an 6, portant signification à Honoré Vautray, à la requête d'Antoine Caire et de Jean Ferrand, du jugement d'admission de la requête de ces derniers, et citation à comparaître au tribunal ; en conséquence, déclare Antoine Caire et Jean Ferrand déchus de leur demande en cassation ; les condamne en l'amende de 300 francs envers la république, et de 150 francs envers la partie ; au paiement des débours liquidés à la somme de 50 francs, et au coût et signification du présent jugement ».

La question s'est représentée depuis, mais dans

---

(1) *V.*, sur cette assertion, l'article *Huissier des juges de paix.*

une espèce où l'huissier avait rappelé dans son exploit son ancienne immatricule.

La demoiselle Leroux et le sieur Brandin demandaient que le sieur Decougny fût déclaré déchu de son recours en cassation contre un jugement rendu en leur faveur. Ils se fondaient sur ce que, dans la signification du jugement d'admission de la requête en cassation du sieur Decougny, l'huissier n'avait pas énoncé le tribunal dans le ressort duquel il exerçait ses fonctions, et avait rappelé son immatricule primitive au ci-devant bailliage de Caudebec.

« Cette demande (ai-je dit) nous paraît ne reposer que sur deux suppositions absolument fausses; l'une, que la loi du 20 mars 1791, décrétée le 18 décembre 1792, et la loi du 19 vendémiaire an 4, ordonnent aux huissiers d'énoncer dans leurs exploits le tribunal civil dans l'étendue duquel ils exercent leurs fonctions; l'autre, que la loi du 8 pluviôse an 2 déclare nuls, les exploits dans lesquels les huissiers rappellent les tribunaux de l'ancien régime où ils étaient immatriculés avant la révolution.

» Nous disons que ces deux suppositions sont également fausses, et en effet :

» D'une part, la loi du 20 mars 1791 porte simplement, art. 13, que « tous les huissiers ou
» sergens royaux, même ceux des ci-devant jus-
» tices seigneuriales ressortissant immédiatement
» aux parlemens et cours supérieures supprimées,
» pourront, en vertu de leurs anciennes imma-
» tricules, et sans avoir égard aux priviléges et
» attributions de leurs offices qui demeurent abo-
» lis, continuer d'exercer concurremment entre
» eux, leurs fonctions dans le ressort des tribu-
» naux de district qui auront remplacé celui dans
» lequel ils étaient immatriculés, et même dans
» l'étendue de tous les tribunaux de district dont
» les chefs-lieux seront établis dans le territoire
» qui composait l'ancien ressort des tribunaux
» supprimés ».

» Et la loi du 19 vendémiaire an 4, art. 27, n'ajoute à cette disposition qu'une seule chose : c'est que *les huissiers des tribunaux actuels, qui ne seront pas du nombre des huissiers audienciers* (dont elle autorise la nomination, à raison de deux par chaque section de tribunal civil), *continueront provisoirement d'instrumenter en concurrence avec eux, dans les départemens, et seront révocables comme eux.*

» Or, dans l'une comme dans l'autre loi, pas un mot sur la prétendue obligation des huissiers, *d'énoncer dans leurs exploits le tribunal civil dans l'étendue duquel ils exercent leurs fonctions.*

» D'un autre côté, la loi du 8 pluviôse an 2 défend bien « à tous notaires, greffiers et autres
» dépositaires quelconques, d'insérer à l'avenir
» dans les minutes, expéditions ou extraits d'ac-
» tes de toute nature, quelle que soit leur date,
» des clauses, qualifications, énonciations ou
» expressions tendantes à rappeler, d'une ma-
» nière directe ou indirecte, le régime féodal ou
» nobiliaire, sous les peines portées par l'art. 7
» de la loi du 17 juillet (1793), sauf auxdits dé-
» positaires à délivrer lesdits extraits ou expédi-
» tions, après les avoir purgés de tout ce qui est
» proscrit par la présente loi et celles anté-
» rieures ».

» Mais d'abord, les huissiers ne sont ni *notaires* ni *greffiers*; et ils ne peuvent pas non plus être compris dans cette disposition, sous les mots *dépositaires quelconques*; car ces termes ne désignent visiblement que les personnes chargées de la garde et du dépôt des minutes d'actes qu'elles n'ont pas redigées elles-mêmes, et ils n'ont trait qu'aux expéditions que ces mêmes personnes pourraient délivrer de ces minutes.

» Ensuite, la loi que nous venons de citer, déclare-t-elle nuls les actes dans les minutes desquels des notaires ou greffiers pourraient insérer des clauses ou qualifications prohibées ? Non, mais elle soumet ces notaires ou greffiers aux peines portées par l'art. 7 de la loi du 17 juillet 1793, contre ceux qui seraient *convaincus d'avoir caché, soustrait ou récelé des minutes ou expéditions des actes qui doivent être brûlés, aux termes de l'article précédent,* c'est-à-dire, *à cinq années de fers;* or, il est de principe, et tous les auteurs enseignent unanimement, que les dispositions prohibitives n'emportent pas de plein droit la peine de nullité, lorsque le législateur les a soumises expressément à une autre peine, parcequ'alors on ne pourrait déclarer nul l'acte prohibé, sans supposer que le législateur a voulu infliger deux peines à la fois, ce que la loi 41, D. *de pœnis*, ne permet pas de présumer.

» Ainsi, dans l'ancien droit romain, la loi *furia* défendait de léguer plus de mille sous à une seule personne ; et parcequ'elle condamnait à une amende du quadruple le légataire qui recevait quelque chose au-delà de ce taux, on regardait le legs comme valable en lui-même. (Fragmens d'Ulpien, tit. 1, §. 2).

» Enfin, la loi du 7 nivôse an 7 tranche là-dessus toute espèce de difficultés. Elle nous apprend que, jusqu'à cette époque, tous les tribunaux se sont accordés à regarder comme nécessaire, à peine de nullité, la mention des anciennes immatricules des huissiers conservés dans leurs fonctions par les lois des 10 mars 1791 et 19 vendémiaire an 4 ; et en condamnant cette jurisprudence, elle déclare que le défaut de cette mention n'emporte pas la nullité des exploits, mais elle ne dit pas que les exploits seront nuls, si cette mention s'y trouve. En un mot, elle dispense de cette mention, mais elle ne la défend pas.

» Maintenant, sous quel prétexte pourrait-on annuler la signification faite à la cit. Leroux, du jugement d'admission de la requête du demandeur ?

» A la vérité, l'huissier qui l'a faite, s'est simplement qualifié d'*huissier-reçu et immatriculé au ci-devant bailliage de Caudebec, autorisé à exercer ses fonctions, muni de patente, n°. 245, demeurant à Bolbec.*

» Mais à quelle époque cette signification a-t-elle été faite? *Le 4 pluviôse an 6*, c'est-à-dire, près d'un an avant que l'art. 2 de la loi du 7 nivôse an 7 eût déclaré inutile la mention des anciennes immatricules des huissiers, et eût prescrit celle des tribunaux actuellement existans dans les ressorts desquels les huissiers exercent leurs fonctions.

» Il faudrait donc, pour annuler cette signification, faire rétroagir sur le passé la loi du 7 nivôse an 7; or, c'est ce que les principes ne permettent pas.

» Inutilement les défendeurs viennent-ils dire que la loi du 7 nivôse an 7 n'est que *déclarative*.

» Elle n'est que déclarative sur l'inutilité de la mention des anciennes immatricules des huissiers; mais sur la nécessité de la mention du tribunal dans l'étendue duquel les huissiers exercent leurs fonctions, elle est certainement introductive d'un droit nouveau; et ce qui le prouve invinciblement, c'est qu'il n'existe aucune loi antérieure qui contienne une disposition semblable.

» On cite un jugement du tribunal de cassation du 1er. prairial an 8, qui a, dit-on, décidé le contraire; mais nous avons vérifié la minute de ce jugement, et qu'y avons-nous vu? Qu'il s'y agissait d'un exploit signifié *le 18 brumaire an 8*, dans lequel l'huissier n'avait pas énoncé le tribunal dans l'étendue duquel il avait le droit d'exploiter.

» Le tribunal a déclaré nulle la signification du jugement d'admission, et a en conséquence prononcé la déchéance à laquelle avait conclu la partie assignée; mais par quel motif? Parce que cette signification était postérieure à la loi du 7 nivôse an 7, et soumise à toutes ses dispositions.

» Ici, la signification, loin de *suivre*, a *précédé* cette loi de près d'un an; elle est donc valable, par la raison même qui a fait déclarer nulle celle dont il était question le 1er. prairial an 8. »

J'ai conclu par ces raisons au rejet de la demande en déchéance, et il a été prononcé le 22 thermidor an 9, au rapport de M. Henrion, « Attendu que l'exploit de signification du juge-» ment d'admission est antérieur à la loi du 7 » nivôse an 7. »

Je ne connaissais pas encore, à cette époque, l'arrêt du 7 ventôse an 7; mais voyez le plaidoyer du 22 brumaire an 13, rapporté au mot *Triage*, §. 2.

§. VII. *Est-il nécessaire, dans l'exploit d'Assignation qui se donne à la suite d'un arrêt portant admission d'une requête en cassation, d'exprimer le nom de la partie à la diligence de laquelle cet exploit est donné?*

V. le plaidoyer et l'arrêt du 22 thermidor an 10, rapportés à l'article *Frais préjudiciaux.*

§. VIII. *De la nécessité de la constitution d'un avoué dans un exploit d'ajournement.*

V. l'article *Appel*, §. 10, art. 1, n°. 2.

§. IX. 1°. *Peut-on n'assigner que le mari, sur la demande en cassation d'un arrêt rendu au profit de deux époux, dans une affaire où il s'agit de droits dotaux et mobiliers de la femme?*

2°. *Lorsque la partie contre laquelle est formée une demande de cassation, vient à mourir, après l'arrêt portant admission de la requête, peut-on, en vertu de cet arrêt, assigner ses héritiers en nom collectif au domicile du défunt?*

3°. *Lorsque l'huissier ne trouve personne au domicile de la partie qu'il est chargé d'assigner, ni aucun voisin à qui il puisse en remettre la copie, suffit-il qu'il dépose cette copie au secrétariat de la municipalité, ou faut-il qu'il la remette au maire ou à l'adjoint en personne? Est-il nécessaire, dans ce cas, qu'il fasse mention du visa du maire ou de l'adjoint, dans l'original et dans la copie de son exploit?*

4°. *Lorsque, par un même exploit, on assigne deux personnes qui ont le même intérêt, la nullité de l'Assignation à l'égard de l'une, en emporte-t-elle la nullité à l'égard de l'autre?*

Le 1er. septembre 1808, le sieur Douesy obtient à la cour de cassation, section des requêtes, un arrêt qui admet sa demande en cassation d'un arrêt de la cour d'appel de Caen, rendu en faveur des sieur et dame Carbonnel de Canisy, de la veuve Levicomte-Deblangis, de la veuve Merel, des héritiers du sieur Coffin et de plusieurs autres parties; et lui permet de faire assigner tous ses adversaires devant la section civile.

Il les y fait assigner en effet; mais il est à remarquer

1°. Que, dans l'exploit qu'il fait signifier au sieur Carbonnel de Canisy, il ne parle nullement de son épouse, quoiqu'elle ait été partie, tant en première instance qu'en cause d'appel, comme héritière du sieur Mathau, et qu'elle y ait procédé comme autorisée par son mari;

2°. Que la veuve Levicomte-Deblangis étant morte après l'arrêt d'admission, il se contente de faire assigner *les sieurs Levicomte-Deblangis et cohéritiers, à la succession de la dame Leberceur, veuve Deblangis, leur mère, en leur domicile, communs de Juvigny;*

3°. Que, dans l'exploit de l'Assignation donnée aux héritiers du sieur Coffin, qui avaient repris l'instance devant la cour d'appel, il est dit que l'arrêt est signifié *au sieur François-Edouard Coffin, apothicaire à Falaise, en son domicile, parlant à sa personne, tant pour lui que pour le sieur Pierre-Gaspard Coffin, son frère, inspecteur des vivres à l'armée, dont le domicile est inconnu, chargé de lui faire savoir, de ce sommé;*

4°. Que l'huissier du sieur Douesy ne trouvant personne au domicile de la veuve Merel à Caen, ni aucun voisin qui veuille se charger de la copie de l'exploit, il se transporte au secrétariat de la municipalité, et y dépose cette copie, sans énoncer, soit dans l'exploit original, soit dans cette copie même, qu'il l'a remise au maire ou à son adjoint, ni que l'exploit original a été visé par l'un ou l'autre.

L'affaire portée en cet état devant la section civile, les sieur et dame Carbonnel de Canisy, les héritiers de la veuve Levicomte-Deblangis, les héritiers du sieur Coffin et la veuve Merel concluent à ce que le sieur Douesy soit déclaré déchu de son recours en cassation, et subsidiairement à ce qu'il en soit débouté.

« Notre premier devoir dans cette affaire (ai-je dit à l'audience de la section civile, le 29 novembre 1809) est d'examiner les moyens de déchéance qui sont employés contre le demandeur, par le sieur Carbonnel de Canisy et son épouse, par les héritiers de la veuve Levicomte-Deblangis, par les sieurs Coffin et par la veuve Merel.

» Ces moyens ont pour bases communes, et la disposition du règlement de 1738, qui veut que les arrêts d'admission des requêtes en cassation, soient signifiés dans les trois mois de leur date, aux parties qui y sont dénommées, à peine de déchéance ; et le principe suivant lequel une signification nulle par un vice de forme, est considérée comme non avenue.

» C'est en appliquant cette disposition et ce principe aux significations qui leur ont été respectivement faites de l'arrêt de la section des requêtes du 1er. septembre 1708, que les sieur et dame Carbonnel de Canisy, les héritiers de la veuve Levicomte-Deblangis, les sieurs Coffin et la veuve Merel concluent à ce que le sieur Douesy soit déclaré déchu de son recours en cassation.

» Et il s'agit de savoir si ces conclusions sont fondées.

» Qu'elles le soient de la part des sieur et dame Carbonnel de Canisy, c'est ce qui, à la première vue, paraît hors de doute.

» La dame Carbonnel de Canisy était partie en son nom personnel devant la cour de Caen : il semble donc qu'elle eût dû être également assignée en son nom personnel devant la cour de cassation ; et cette conséquence devient encore plus apparente, lorsqu'on réfléchit que c'est de son chef et comme exerçant ses propres droits, que son mari et elle se trouvent héritiers du sieur Mathan, de la succession duquel provenait la terre du prix de laquelle le paiement est contesté. Aussi avez-vous remarqué que l'arrêt de la section des requêtes, du 1er. septembre 1708, comprend, en termes exprès, la dame Carbonnel de Canisy au nombre des parties qu'il permet au sieur Douesy de citer devant vous.

» Mais si la dame Carbonnel de Canisy n'a été, dans l'arrêt de la cour de Caen, qu'une partie, en quelque sorte, surabondante ; si son mari a eu, par son seul titre de mari, un pouvoir suffisant pour exercer l'action sur laquelle cet arrêt a statué ; s'il a pu exercer cette action sans qu'elle intervînt au procès, sans qu'elle y figurât personnellement ; si, en un mot, elle a pu être censée partie au procès, par cela seul que son mari s'y trouvait en qualité ;

» Alors, n'en doutons pas, le sieur Douesy aura pu se dispenser de lui faire signifier son arrêt d'admission ; ou, pour mieux dire, alors le sieur Douesy sera censé le lui avoir fait signifier, par cela seul qu'il l'a fait signifier à son mari.

» C'est ainsi que, sou. la loi du 24 août 1790, bien que les conclusions du ministère public fussent nécessaires, à peine de nullité, dans toutes les causes où des femmes mariées étaient parties, elles cessaient de l'être lorsqu'une femme mariée ne se trouvait partie que surabondamment, lorsque le mari avait qualité pour agir seul, tant en son nom qu'en celui de son épouse.

» Or, 1°. quelle était la matière de l'action sur laquelle a été rendu l'arrêt attaqué ? Bien sûrement c'était une action mobilière ; elle ne tendait pas à la revendication de la terre de Corbey-Carabillon ; elle ne tendait qu'à faire déclarer nul le paiement du prix de cette terre reçu par le sieur Coffin ; elle ne tendait qu'à obliger le sieur Douesy de payer ce prix une seconde fois ; et jamais on n'a douté de la nature purement mobilière d'une action qui ne tend qu'au paiement du prix d'un immeuble.

» 2°. Quel est le pouvoir du mari sur les actions mobilières de sa femme ? Il faut distinguer,

» Ou la femme est séparée de biens, ou elle ne l'est pas.

» Si elle est séparée de biens, son mari ne peut pas exercer ses actions mobilières ; l'exercice n'en appartient qu'à elle ; seulement elle a besoin, pour les exercer, de l'autorisation de son mari.

» Si elle n'est pas séparée de biens, de deux choses l'une : ou elle est en communauté avec son mari, ou elle est sous le régime dotal.

» Si elle est en communauté avec son mari, c'est à son mari, et à son mari seul, qu'appartient l'exercice de ses actions mobilières. L'art. 1428 du Code civil est là-dessus très formel.

» Si elle est sous le régime dotal, c'est encore la même chose. Le mari seul, porte l'art. 1549 du Code civil, a l'administration des biens dotaux de sa femme ; il a seul le droit d'en poursuivre LES DÉBITEURS et détenteurs.

» Cela posé, la dame Carbonnel est-elle séparée de biens d'avec son mari ? Rien ne l'annonce, rien ne permet de le présumer ; la dame Carbonnel ne l'articule même pas.

» Il importe peu, d'après cela, qu'elle soit en

communauté avec son mari, où qu'elle vive sous le régime dotal, puisque, dans l'un comme dans l'autre cas, son mari aurait qualité pour intenter et soutenir seul toutes les actions mobilières qui la concernent.

» Et vainement dirait-on qu'elle ne peut pas être réputée commune en biens avec le sieur Carbonnel.

» Il résulterait bien de là que, parcequ'elle a été mariée sous la coutume de Normandie, dont l'art. 389, non-seulement n'admettait pas, mais même, suivant l'interprétation que lui avait donnée la jurisprudence du parlement de Rouen, prohibait la communauté entre le mari et la femme, le sieur Carbonnel ne pourrait pas exercer, à titre de communauté, l'action de son épouse en paiement du prix de la terre de Corbey-Carabillon; mais il n'en résulterait pas qu'il fût incapable d'exercer cette action à un autre titre.

» En effet, ou c'est le Code civil, ou c'est la coutume de Normandie que nous devons ici consulter.

» Si c'est le Code civil, nulle difficulté; l'action en paiement du prix de la terre de Corbey-Carabillon tient à la dame Carbonnel de Canisy, nature d'un bien dotal; et cette action étant mobilière, le mari a seul qualité pour l'exercer.

» Si c'est la coutume de Normandie, nous arriverons encore au même résultat. « La coutume » (dit Basnage, art. 443) ne déclare point si le » mari peut plaider pour les intérêts de sa femme, » sans son aveu et sa procuration. L'ancienne » coutume, liv. 2, chap. 1, disait qu'ils devaient » être ouis ensemble de toutes choses qui appartiennent » à la femme; mais Terrien ajoute que cela doit » s'entendre du cas héréditaire, où le mari ne peut » agir ni plaider sans procuration de sa femme; » mais comme il est le maître des meubles, il » est aussi le maître et le seigneur des actions » mobilières et possessoires procédant du côté » de sa femme, lesquelles il peut intenter sans » elle ».

» Et il ne faut pas s'étonner si, nonobstant l'exclusion de communauté prononcée par l'art. 389 de la coutume, Basnage dit que le mari *est le maître des meubles de sa femme*. Il n'est, en cela, que l'écho de l'art. 390 qui portait : *Les meubles échus à la femme constant le mariage, appartiennent au mari.*

» A la vérité, le même article ajoutait : *à la charge d'en employer la moitié en héritages ou rentes, pour tenir le nom, côté et ligne de la femme, si tant est qu'ils excèdent la moitié du don mobil qui a été fait au mari en faveur du mariage;* mais cette obligation n'altérait en rien la propriété du mari, à l'égard des tiers; elle ne concernait que le mari et la femme entre eux; elle n'empêchait pas qu'en tout ce qui pouvait intéresser les tiers, le mari ne fût propriétaire absolu des meubles échus à la femme pendant le mariage.

» Ainsi, dans toutes les hypothèses possibles, le sieur Carbonnel de Canisy a qualité pour défendre seul à la demande en cassation formée contre l'arrêt rendu au profit de son épouse, comme au sien. Le sieur Doucsy a donc pu n'assigner, sur sa demande en cassation, que le sieur Carbonnel de Canisy. Les conclusions en déchéance prises contre lui par le sieur Carbonnel de Canisy et son épouse, ne peuvent donc pas être accueillies.

» Celles que prennent aux mêmes fins les héritiers de la veuve Levicomte-Deblangis, sont-elles mieux fondées?

» Vous vous rappelez, MM., que la veuve Levicomte-Deblangis étant morte après l'arrêt d'admission obtenu par le sieur Doucsy, le sieur Doucsy s'est vu forcé de le signifier à ses héritiers, et que ne pouvant pas, dans le court intervalle de temps qui lui restait, parvenir à la connaissance des noms de chacun des héritiers de la veuve Levicomte-Deblangis, il a pris le parti de leur faire cette signification au domicile de la défunte, sous leur nom collectif d'héritiers.

» Cette signification est-elle valable?

» Les héritiers Levicomte-Deblangis prétendent que non. Elle est nulle, disent-ils, parcequ'elle ne désigne pas nommément les personnes à qui elle est faite; que, par là, elle manque à l'une des conditions essentiellement requises par l'art. 68 du Code de procédure civile, pour la validité des exploits; et que d'ailleurs il n'en a été laissé qu'une seule copie au domicile de la défunte, quoique la défunte ait laissé plusieurs héritiers.

» Des co-héritiers, ajoutent-ils, ne forment ni une société ni une corporation; il n'est donc pas permis de les assigner sous une dénomination collective; on ne peut donc pas se dispenser de les assigner tous individuellement.

» Il faut convenir que, si ce système pouvait triompher, le sort d'un demandeur en cassation serait souvent à plaindre, et que sa partie adverse venant à mourir dans les trois mois de l'arrêt d'admission qu'il aurait obtenu, il lui serait rarement possible d'éviter la déchéance. Rarement, en effet, il connaîtra le nombre, les noms, les demeures des héritiers; et s'il ne les connaît pas, comment faire, à chacun d'eux, des significations individuelles?

» Usera-t-il de la faculté qu'accorde l'art. 69 du Code de procédure civile, d'assigner par affiches ceux qui n'ont aucun domicile en France? Mais, pour exercer cette faculté, il faut connaître les noms des personnes dont on ignore le domicile; et dans notre hypothèse, le demandeur en cassation ne connaît pas plus les noms que les domiciles des héritiers de son adversaire.

» Les mêmes inconvéniens peuvent se reproduire au sujet des appels; et, à cet égard, le Code de procédure civile les a prévus. « Les délais de l'appel (porte-t-il, art. 447) sont suspendus par la mort de la partie condamnée; ils ne reprennent leur cours qu'après la signification du jugement faite au domicile du défunt, avec les formalités prescrites en l'art. 61, et à compter de l'expiration des délais pour faire inventaire et délibérer, si le jugement a été signifié avant que ces derniers délais fussent expirés. *Cette signification pourra être faite aux héritiers collectivement, et sans désignation des noms et qualités* ».

» Sans doute, on ne peut pas, en raisonnant par analogie, d'après cet article, regarder comme suspendu par la mort du défendeur à la demande en cassation, le délai dans lequel l'arrêt d'admission doit lui être signifié.

» Pour que l'on pût appliquer à ce délai ce que règle l'article cité par rapport à celui de l'appel, il faudrait que l'on pût aussi employer, pour le faire courir de nouveau, la voie indiquée par le même article pour faire reprendre son cours au délai dans lequel l'appel doit être interjeté; et il est sensible que la chose n'est pas praticable.

» Mais c'est précisément parcequ'il n'existe aucun moyen de suspendre, en cas de mort du défendeur à la demande en cassation, le délai dans lequel l'arrêt d'admission doit être signifié à ses héritiers, que nous devons être moins sévères sur la forme de cette signification; c'est précisément par ce motif, que nous devons nous empresser d'adapter à cette signification la forme autorisée par la dernière partie de l'art. 447 du Code de procédure civile, pour la signification du jugement sujet à l'appel, après la mort de la partie condamnée.

» Et si, en appliquant ainsi cette partie de l'art. 447, nous en transgressons les termes, du moins nous en observons l'esprit. Il y a plus : nous ne faisons que nous conformer à un texte célèbre du droit romain : *non possunt omnes articuli sigillatim aut legibus aut senatus-consultis comprehendi; sed cùm in aliquâ causâ sententia eorum manifesta est; is qui jurisdictioni præest, ad similia procedere atque ita jus dicere debet.* Ce sont les termes de la loi 12, D. *de legibus;* et il est à remarquer que cette marche est prescrite même à l'égard des lois nouvelles, comme est ici le Code de procédure civile, qui s'expliquent sur des cas omis dans les lois précédentes, et qu'est ici la réglement de 1738 : *nam, ut ait Pedius* (dit la loi 13 du même titre), *quoties lege aliquid unum vel alterum* INTRODUCTUM EST, expression qui caractérise évidemment une nouvelle loi, *bona occasio est cætera quæ tendunt ad eamdem utilitatem, vel interpretatione vel certè jurisdictione supplere.*

» Nous ne pouvons donc pas plus nous arrêter au moyen de déchéance proposé par les héritiers Levicomte, qu'à celui des sieur et dame Carbonnel de Canisy.

» Mais que dirons-nous de celui que vous proposent François-Edouard et Pierre-Gaspard Coffin ?

» Ils le font résulter, comme nous l'avons vu, de ce que la signification qui devait leur être faite à chacun individuellement, soit à personne, soit à domicile, ne l'a été qu'à l'un d'eux, à François-Edouard, *tant pour lui que pour Pierre-Gaspard, son frère, inspecteur des vivres aux armées, dont le domicile est inconnu, chargé de lui faire savoir, de ce sommé.*

» Et de là, deux quetions : la première, si, cette signification est nulle par rapport à Pierre-Gaspard; la deuxième, si par cela seul qu'elle serait nulle par rapport à Pierre-Gaspard, elle le serait également par rapport à François-Edouard.

» La nullité de cette signification par rapport à Pierre-Gaspard Coffin, ne paraît pas susceptible du plus léger doute.

» Pierre-Gaspard Coffin avait figuré devant la cour d'appel avec son frère et ses sœurs, comme héritiers du sieur Coffin, leur père commun, décédé pendant l'instance. Le sieur Douesy avait donc eu tout le temps nécessaire pour s'informer de son domicile; mais eût-il fait à cet égard toutes les recherches possibles, et les eût-il faites sans succès, il ne lui aurait pas été permis pour cela de le faire citer au domicile et dans la personne de François-Edouard Coffin, son frère. D'une part, François-Edouard n'avait, ni par sa qualité de frère, ni par celle de co-héritier de Pierre-Gaspard, le droit de recevoir pour lui un ajournement. D'un autre côté, si le domicile de Pierre-Gaspard était inconnu, que devait faire le sieur Douesy? Il devait faire ce que prescrit, pour ce cas même, l'art. 69, n°. 8, du Code de procédure civile : il devait faire citer Pierre-Gaspard par exploit affiché à la porte de l'auditoire du palais où siége la cour, présenter l'original de cet exploit à notre *visa* et nous en remettre une copie; et vous savez, MM., qu'à l'omission de ces formes l'art. 70 du même Code inflige expressément la peine de nullité.

» Mais, de ce que la citation de Pierre-Gaspard est nulle, s'ensuit-il que celle de François-Edouard l'est également?

» *Utile non vitiatur per inutile.* Voilà la règle générale; et la conséquence en est que l'exploit de citation qui contient, par rapport à François-Edouard, tout ce que prescrit la loi pour sa validité, ne peut pas être vicié à l'égard de celui-ci, par les énonciations qui y ont été ajoutées concernant Pierre-Gaspard.

» Ainsi, autant il est clair que le moyen de déchéance qui vous est proposé dans l'intérêt de Pierre-Gaspard, doit être accueilli; autant il est clair que celui qui vous est proposé dans l'intérêt de François-Edouard, doit être rejeté.

» Reste à savoir quel sera le sort de celui que

ASSIGNATION, §. IX.   625

vous propose la veuve Merel, ou en d'autres termes, si l'exploit de la signification faite à la veuve Merel, est valable ou nul.

» Dans le fait, vous n'avez pas oublié que l'huissier qui s'est présenté au domicile de la veuve Merel à Caen, pour lui faire cette signification, ne l'y a pas trouvée; qu'en conséquence, il a ainsi rédigé son exploit: *Vu qu'il ne s'est trouvé personne audit domicile, ni de voisin qui ait voulu se charger de la présente, je me suis transporté au secrétariat de la mairie, où j'ai déposé la présente copie;* qu'il n'a pas énoncé qu'il eût remis son exploit au maire ni que le maire l'eût visé; et que cependant l'original de son exploit est revêtu du *visa* du maire.

» Dans le droit, vous savez que, par l'art. 48 du Code de procédure, il est dit, sous la peine de nullité prononcée par l'art. 70 : « tous ex-
» ploits seront faits à personne ou domicile; mais
» si l'huissier ne trouve au domicile ni la partie
» ni aucun de ses parens ou serviteurs, il re-
» mettra de suite la copie à un voisin, qui signera
» l'original; si ce voisin ne peut ou ne veut signer,
» l'huissier *remettra la copie au maire ou adjoint* de
» la commune, *lequel visera l'original* sans frais ;
» l'huissier *fera mention du tout*, tant sur l'original
» que sur la copie ».

» L'huissier du sieur Douesy a donc omis deux choses essentielles dans son exploit. 1°. Il devait en remettre copie au maire ou à l'adjoint du maire de la ville de Caen; et il s'est contenté de la remettre au secrétariat de la mairie. 2°. Il devait faire mention, tant sur l'original que sur la copie, du *visa* du maire; et il n'en a fait mention ni sur l'un ni sur l'autre.

» Voilà donc deux nullités bien caractérisées, bien clairement prononcées par la loi; et qu'allègue-t-on, de la part du sieur Douesy, pour les écarter ?

» On allègue, sur la première, que remettre la copie au maire, et la remettre au secrétariat de la mairie, c'est la même chose.

» Mais la loi, en exigeant que la copie soit remise au maire ou à son adjoint, ne dit pas qu'au lieu de leur être remise personnellement, elle pourra l'être, soit au secrétariat de la mairie, soit aux parens ou serviteurs qui se trouveront dans le domicile de l'un ou de l'autre; et la preuve que la loi veut que la copie soit remise au maire ou à son adjoint personnellement, c'est qu'elle veut que le maire ou son adjoint vise l'original au moment même où la copie lui est remise.

» Sans doute, il peut arriver que l'huissier ne trouve à leur domicile, ni le maire, ni l'adjoint; et la loi ne dit pas quelle conduite il devra tenir dans cette occurrence. Mais, si alors il peut remettre la copie de son exploit, soit aux parens ou serviteurs qui se trouvent dans l'un ou l'autre domicile, soit au secrétariat de la mairie; si alors l'absence du maire et de l'adjoint peut te-

nir lieu de *visa*, il faut du moins que l'absence du maire et celle de l'adjoint soit constatée par l'exploit même; il faut du moins que l'exploit énonce la personne à qui l'huissier à parlé, soit dans le secrétariat de la mairie, soit dans le domicile du maire ou dans celui de l'adjoint.

» Et ici point de mention de l'absence du maire, point de mention de l'absence de ses adjoints, point de mention de la personne à qui l'huissier a remis la copie de l'exploit; par conséquent point de moyen de couvrir la nullité qui résulte de l'omission d'une des principales formalités prescrites par l'art. 68 du Code de procédure civile.

» Quant à la seconde nullité, on prétend l'écarter en disant que le *visa* du maire est une formalité extrinsèque à l'exploit; que cette formalité ne peut s'accomplir qu'après la clôture de l'exploit; et même après la délivrance faite au maire de la copie; qu'ainsi, il est bien impossible que l'huissier fasse mention du *visa* du maire, dans la copie et dans l'original.

» Mais raisonner ainsi, c'est argumenter contre le texte même de la loi. L'art. 68 du Code de procédure civile, après avoir dit que *l'huissier remettra la copie au maire ou adjoint de la commune, lequel visera l'original sans frais,* ajoute : *l'huissier fera mention DU TOUT, tant sur l'original que sur la copie.* Ces mots, *du tout,* embrassent évidemment les deux formalités, la remise de la copie au maire et le *visa* de celui-ci. Il faut donc que l'huissier fasse mention du *visa* du maire, comme de la remise de la copie. Il y a donc nullité, aux termes de l'art. 70, si la mention du *visa* du maire ne se trouve pas dans l'exploit.

« Si l'huissier, au lieu de remettre la copie au maire, la remettait à un voisin qui signât l'original, serait-il nécessaire que la signature du voisin fût mentionnée dans l'original et dans la copie ? Sans doute, puisque la loi dit : *il remettra de suite la copie à un voisin qui signera l'original, et il fera mention du tout.* Sans cela, en effet, où serait la garantie de la vérité de la signature du voisin ? Or, ce que la loi dit de la signature du voisin, elle le dit également du *visa* du maire; elle s'exprime sur celui-ci, de la même manière, dans les mêmes termes, que sur celle-là. Il faut donc que le *visa* du maire soit relaté dans l'exploit, ni plus ni moins que la signature du voisin.

» Et inutilement objecte-t-on que l'exploit doit être clos au moment où le maire le vise.

» La preuve qu'il ne doit pas l'être, la preuve qu'il n'est parfait, que conséquemment il n'est réputé clos que par le *visa* du maire, c'est, encore une fois, que la loi ne met aucune différence entre le *visa* du maire et la signature du voisin; c'est que la signature du voisin doit être apposée à l'instant physique où l'huissier clôt son exploit; c'est que, par une suite nécessaire, il en doit être de même du *visa* que la loi exige de la part du maire ou de son adjoint.

4ᵉ édit., Tome I.   79

» Il demeure donc bien constant que l'exploit de la signification faite à la veuve Merel, est nul de deux chefs : qu'il est nul parceque la copie n'en a pas été remise au maire personnellement, ou du moins parceque l'exploit n'indique pas la personne à qui elle a été remise en son absence ; qu'elle est encore nulle, parceque le *visa* du maire n'est relaté, ni dans la copie, ni dans l'original.

» Cette double nullité est-elle couverte par la circonstance que la copie de l'exploit est parvenue à la veuve Merel, et que la veuve Merel la représente? Non, certainement : l'art. 173 du Code de procédure dit bien que *toute nullité d'exploit ou d'acte de procédure est couverte, si elle n'est proposée avant toute défense et exception*; mais par là même il établit que l'on peut, tout en comparaissant sur un exploit nul, tout en convenant qu'on l'a reçu, en demander l'annulation ; et c'est ce que vous avez jugé plusieurs fois, sur nos conclusions, sous l'empire de l'ordonnance de 1667, dont l'art. 5, tit. 5, renfermait une disposition semblable (1).

» Ainsi, plus de doute sur la nécessité de déclarer le sieur Douesy déchu de son recours en cassation envers la veuve Merel, comme envers Pierre-Gaspart Coffin ; et il ne nous reste plus qu'à examiner si ce recours est fondé envers les autres parties... ».

Par arrêt du 4 décembre 1809, sur délibéré, au rapport de M. Chasle, la cour a *rejeté*, au fond, la demande en cassation du sieur Douesy ; et a, en conséquence, déclaré qu'il n'était pas besoin de s'occuper des moyens de déchéance que lui opposaient ses adversaires.

§. X. 1°. *Lorsque, par un même exploit, un huissier assigne deux personnes qui ont le même intérêt et demeurent ensemble, ont élu le même domicile, est-il nécessaire qu'il laisse à chacune d'elles une copie séparée de cet exploit?*

2°. *S'il n'a pas exprimé littéralement dans son exploit, qu'il en avait laissé deux copies séparées, peut-on présumer, d'après des circonstances particulières, qu'il l'a fait réellement ?*

3°. *L'omission, dans un exploit d'Assignation, des prénoms de la partie à laquelle il est signifié, en emporte-t-elle la nullité?*

I. La première question a été jugée pour l'affirmative par quatre arrêts de la cour de cassation, des 2 septembre 1808, 12 mars 1810, 14 août 1813 et 15 février 1815, qui sont rapportés dans le *Répertoire de jurisprudence*, le premier, aux mots *Séparation de biens*, sect. 2, §. 5, n°. 10 ; le second et le troisième au mot *Surenchère*, n°. III-5°; le quatrième aux mots *Domicile élu*, §. 5, n°. 3 *bis*.

Elle a encore été jugée depuis dans le même sens par un arrêt de la cour royale de Dijon, du 14 mars 1818, et par deux autres arrêts de la cour de cassation des 23 juillet 1823 et 28 janvier 1826, dont on trouvera les espèces au mot *Enquête*, §. 2.

J'ai déjà annoncé aux mots *Acte respectueux*, §. 3, *question* 3, que la cour supérieure de justice de Bruxelles avait rendu des arrêts contraires à cette jurisprudence ; et en effet, voici ce que nous lisons dans la *jurisprudence* de cette cour, année 1815, tome 2, page 120 :

«Lorsque plusieurs personnes, ayant le même intérêt, poursuivent en commun l'exécution d'un jugement et n'élisent qu'un seul et même domicile dans le commandement, la partie condamnée qui veut appeler de ce jugement, doit-elle, sous peine de nullité, laisser au domicile élu autant de copies de l'exploit d'appel qu'il y a d'intimés, ou suffit-il d'une seule copie pour tous?.

» Deux arrêts de la cour supérieure (des 14 juillet et 6 octobre 1815) ont décidé qu'une seule copie suffisait pour tous les intimés ».

Mais les rédacteurs de ce Recueil conviennent eux-mêmes que le premier de ces arrêts a été rendu sans qu'il eût dit un seul mot des quatre arrêts de la cour de cassation qui déjà, à cette époque, avaient fixé la jurisprudence sur la question ; et il n'est d'ailleurs motivé que par la sèche assertion du contraire de ce qu'avaient jugé ceux-ci :

«Attendu (porte-t-il) que les intimés ayant un intérêt commun, il n'échéait de faire au domicile élu qu'un seul et unique exploit pour tous les intimés ; que par conséquent l'Appel est recevable ;

» L'avocat-général Destoop entendu et de son avis,

» La cour, sans avoir égard à la fin de non-recevoir proposée par les intimés, et dont ils sont déboutés, met l'appellation au néant, avec amende et dépens ».

Quant au second arrêt, voici, suivant le même Recueil, comment M. l'avocat-général Destoop *a résumé la plaidoirie qui l'a précédé*.

«Les intimés, héritiers légaux de Jean-François-Léopold Vandenherreweghen, ont soutenu la nullité d'un testament qui leur enlevait la succession ; ils ont gagné leur procès au tribunal de Nivelles, et en signifiant le jugement afin d'en poursuivre l'exécution, ils ont élu tous un domicile commun, conformément à l'art. 584 du Code de procédure. Les appelans ont fait signifier à ce domicile leur exploit d'appel, mais ils n'en ont laissé qu'une seule copie pour tous les intimés. Ceux-ci prétendent que, de ce chef, l'appel doit être déclaré nul, se fondant sur l'art. 456 du Code de procédure.

» Cette question n'est pas nouvelle ; elle a été décidée par cette chambre peu de temps avant les vacances ; la cour a jugé que des héritiers qui avaient tous le même intérêt, ayant élu ensemble un domicile où la loi permet de signifier l'exploit

---

(1) *V*. ci-devant, §. 5.

ASSIGNATION, §. X.

d'appel, pouvaient être considérés collectivement, et qu'il suffisait de leur laisser pour tous, une seule copie de cet exploit.

» Les intimés opposent à cette décision un arrêt de la cour de cassation de France, rendu le 15 février 1815.

» Cet arrêt, messieurs, ne doit point l'emporter sur le vôtre, par la seule force de l'autorité, puisque la cour qui l'a rendu n'est plus régulatrice pour nous, et que vos justiciables ne seront point dans le cas de recourir, pour une décision suprême, aux juges dont cet arrêt est émané. Voyons si les motifs qui l'ont dicté, sont assez solides pour l'emporter sur ceux qui ont fait la base de votre décision.

» Il n'est parlé expressément, dans aucun article du Code de procédure, du nombre des copies à laisser aux assignés; mais l'art. 68 dit: *tous exploits seront faits à personne ou domicile*; et l'art. 456 dit, à l'égard de l'acte d'appel, qu'il sera fait à personne ou domicile, à peine de nullité : de là résulte naturellement qu'il doit être laissé à la personne, ou au domicile pour la personne, copie de l'exploit d'Assignation, et régulièrement il doit y avoir autant de copies que de personnes assignées. Mais cette règle n'admet-elle point d'exceptions? Il n'y en a qu'une seule, dit l'arrêt qu'on oppose; elle est écrite dans la loi, c'est lorsqu'il s'agit d'assigner un corps moral.

» A cela nous répondons: de même que la loi n'a point expressément énoncé le principe qu'il faut autant de copies que de personnes citées, de même elle n'a point expressément établi d'exception, pas plus à l'égard des corps moraux qu'à l'égard des individus. En effet, l'art. 69, où il est question des premiers, n'a pour objet que de déterminer *comment* et *en quel lieu* ces corps doivent être assignés, et il dit : *Les sociétés de commerce, tant qu'elles existent, seront assignées en leur maison sociale.* Cependant il est bien évident que les intérêts de tous les membres sont confondus, et qu'il suffit d'une seule copie des actes d'Assignation; mais il n'est pas vrai de dire que cette exception soit exprimée dans la loi.

» La cour de cassation de France a aussi décidé que lorsqu'on assigne le mari et la femme communs en biens, pour les droits propres à celle-ci, une seule copie de l'exploit est suffisante. Cette exception n'est pas non plus écrite dans le Code, mais elle est fondée sur l'unité d'intérêt. La raison ne réclame-t-elle pas une pareille exception dans le cas qui nous occupe? Des héritiers peuvent être considérés collectivement; c'est ainsi qu'en matière d'hypothèque, la jurisprudence a admis qu'on peut valablement inscrire le bordereau à charge *des héritiers* du débiteur primitif, sans le nommer, et que l'on peut aussi prendre inscription au nom *des héritiers* du créancier primitif, sans aucune désignation individuelle.

» L'art. 584 du Code de procédure a eu pour but de faciliter les moyens d'arrêter une exécution par une signification prompte de l'acte d'appel. Il doit paraître certain qu'en laissant une seule copie, tous les héritiers qui, ayant un même intérêt, ont simultanément et par un même exploit élu un même domicile, seront tous instruits que l'appel a été interjeté. Pourquoi donc voudrait-on rendre plus difficile, en exigeant des écritures multipliées, ce que la loi a voulu faciliter? Pourquoi chercherait-on à grossir considérablement les frais par un grand nombre de copies, tandis qu'une seule peut atteindre le but de la loi?

» Au lieu de dire avec la cour de cassation de France: *qu'une seule copie donnée à tous et pour tous ne pouvant se rapporter individuellement à l'un plutôt qu'à l'autre, elle ne peut être utile pour aucun d'eux*, rétorquons ce raisonnement et disons qu'une seule copie donnée à tous et pour tous ne pouvant se rapporter individuellement à l'un plutôt qu'à l'autre, doit être considérée comme commune et être utile pour chacun des assignés ».

En conséquence, conclusions au rejet de la fin de non-recevoir opposée par les intimés aux appelans; et arrêt par lequel,

« Attendu, que l'acte d'appel désigne suffisamment que copie en a été laissée à Ferdinand Lippeas; qu'ainsi, cet acte contient la mention qu'exige l'art. 61 du Code de procédure ;

» Attendu que si, d'après les dispositions du Code de procédure, il doit être fait mention dans l'original et dans la copie, des personnes auxquelles l'exploit a été laissé, à peine de nullité, et qu'on doive en conclure qu'il faut autant de copies qu'il y a de personnes distinctes et séparées à ajourner; cependant l'on ne rencontre aucune disposition de la loi qui prescrive de laisser différentes copies, lorsque les individus que l'on assigne, comme dans l'espèce des intimés (qui sont en grand nombre) ont plaidé conjointement et en masse, ont élu tous un même domicile, et ont tellement mis en commun leurs intérêts, qu'eux-mêmes n'ont fait tous ensemble qu'un seul et même exploit à chacun des appelans; en sorte que ce serait inutilement multiplier les actes et augmenter les frais, que de laisser au même domicile vingt-trois copies, pour autant d'individus qui plaident en masse et dans des intérêts communs.

» Par ces motifs, la cour, l'avocat-général Destoop, pour le procureur général, entendu, et de son avis, sans prendre égard aux conclusions des intimés en nullité d'appel, dont ils sont déboutés, met ce dont appel au néant.... ».

Mais je ne crains de dire que le savant et judicieux magistrat dont cet arrêt a été adopté les conclusions, aurait pris une détermination toute différente, et que cet arrêt aurait prononcé tout autrement, si les intimés, au lieu de se borner à la citation de l'arrêt de la cour de cassation du

15 février 1815, qui ne fait qu'énoncer le principe sur lequel il est motivé, s'étaient prévalus et de l'arrêt de la même cour du 14 août 1813, et de mes conclusions du même jour qui avaient porté la démonstration de ce principe jusqu'au plus haut degré d'évidence.

Aussi la cour supérieure de justice de Bruxelles n'a-t-elle pas persisté dans cette mauvaise jurisprudence. Le 24 janvier 1821, elle a eu à statuer sur la question de savoir : *si lorsqu'on appelle contre des héritiers, d'un jugement rendu au profit des défendeurs, il faut, à peine de nullité, laisser une copie à chacun d'eux, même alors qu'ils ont un domicile commun;* et cette question elle l'a résolue pour l'affirmative,

« Attendu que, d'après l'art. 156 du Code de procédure civile, l'acte d'appel doit, et à peine de nullité, être signifié et partant copie de cet acte doit être laissée à personne ou domicile ;

» Qu'il en résulte que, quand plusieurs individus sont assignés par un même acte d'appel, l'exploit ne peut être valable qu'à l'égard de ceux à qui copie en a été séparément laissée ; que, quant aux autres, il sne peuvent être censés en avoir eu connaissance légale ;

» Attendu que, dans l'espèce, l'exploit ne fait pas preuve que du susdit acte d'appel, l'huissier ait laissé autre copie que celle produite au procès, qu'il avait remise à la veuve *Burton* et qui n'indiquait pas même que cette copie devait être commune aux trois co-héritiers de cette veuve ;

» Attendu qu'on ne peut rien déduire, de ce qu'au moins trois des quatre intimés avaient un domicile commun, puisque leur intérêt n'en était pas moins séparé; qu'ils ne figurent pas au procès comme ayant formé une société entre eux; qu'il n'y a donc que la veuve *Burton* à qui, dans ce cas, cette copie peut être censée être parvenue (1) ».

II. La seconde et la troisième questions se sont présentées dans l'espèce suivante :

Le 13 février 1810, arrêt de la section des requêtes qui admet un recours en cassation formé par le sieur Barret contre les demoiselles Anne-Emmanuelle Gardien et Anne-Henriette Gardien, sœurs, demeurant ensemble à Tours.

Le 14 mai suivant, le sieur Barret fait signifier cet arrêt, avec Assignation devant la section civile, *aux demoiselles Emmanuelle et Marthe Gardien, maîtresses de pension, à Tours, en leur domicile, rue de la Monnaie.*

Les demoiselles Gardien se présentent sur cette signification, et soutiennent qu'elle est nulle, 1°. parceque il ne leur en a été délivré, pour toutes deux, qu'une seule copie; 2°. parceque les noms de l'une d'elles, Anne-Henriette, ne s'y trouvent pas rappelés : elles concluent, d'a-près cela, à ce que le sieur Barret soit déclaré déchu de son recours en cassation. Cependant elles proposent subsidiairement leurs défenses au fond.

Le sieur Barret répond,

Au premier moyen, que l'on ne peut douter qu'il n'ait été délivré à chacune des demoiselles Gardien, une copie séparée de l'exploit de signification, puisque l'huissier a porté le coût de deux copies dans la note qui se trouve au bas de l'exploit original ;

Au second, que l'exploit étant signifié *aux demoiselles Emmanuelle et Marthe Gardien*, prouve par lui-même qu'il l'a été non-seulement à la demoiselle Emmanuelle-Marthe Gardien, mais aussi à une autre demoiselle Gardien que l'huissier a par erreur nommée *Marthe;* qu'il n'existait pas, dans la maison où a été remis l'exploit, d'autres demoiselles Gardien qu'Emmanuelle-Marthe et Anne-Henriette; qu'ainsi, la signification doit être censée faite à l'une comme à l'autre.

Par arrêt du 7 août 1811, au rapport de M. Boyer,

« Attendu qu'il ne résulte pas nécessairement de la contexture de la signification faite, le 14 mai 1810, aux demoiselles Gardien, qu'il n'y ait eu qu'une seule copie de donnée pour les deux sœurs ; qu'il y est expressément dit au contraire que copie en a été donnée aux demoiselles Gardien, ce qui n'exclud aucunement l'idée d'une copie laissée à chacune d'elles; que cette induction se fortifie par l'énonciation que fait l'huissier du droit par lui perçu pour les copies; et que, dans le doute même, c'est le cas de suivre la règle qu'il faut interpréter les actes dans le sens propre à les faire valoir;

» Que, quant à l'erreur intervenue, de la part de l'huissier, sur les prénoms desdites demoiselles Gardien, cette erreur ne peut pas opérer la nullité de l'acte, dès-lors que les noms y sont clairement énoncés, et qu'il y a d'ailleurs désignation suffisante des personnes assignées;

» La cour rejette les fins de non-recevoir ».

Il ne faut pas conclure de la manière vague dont est motivé le rejet de la première fin de non-recevoir, que l'on ne doive croire à la non-délivrance de deux copies, que dans le cas où la preuve en résulte de la teneur même de l'exploit. Il est certain, au contraire, que c'est par l'exploit même que doit être clairement constatée la délivrance de deux copies séparées à deux personnes demeurant ensemble, et c'est ce qu'a nettement décidé, après une discussion plus approfondie, l'arrêt du 14 août 1813, rappelé ci-dessus.

A l'égard de la seconde fin de non-recevoir, on ne dira pas sans doute, pour en justifier le rejet, que l'art. 61 du Code de procédure ne parle que des *noms* du défendeur ; qu'il ne

---

(1) Annales de jurisprudence de M. Sanfourche-Laporte, année 1822, tome 2, page 39.

parle pas de ses *prénoms*; qu'ainsi, il avait été pleinement satisfait à cet article, envers la demoiselle Anne-Henriette Gardien, par l'exploit dont il s'agissait.

L'art. 61 du Code de procédure ne se contente pas d'exiger que le *nom* du défendeur soit inséré dans l'exploit : il exige qu'on y insère *ses noms*; et assurément *les noms* d'une personne se composent à la fois de son nom de famille et de son prénom. Cela est si vrai que toutes les fois que, dans les dispositions qui ont pour objet de faire connaître les personnes, le législateur emploie le mot *nom* au singulier, il y ajoute l'obligation de joindre au *nom*, le *prénom* qui doit toujours le précéder. Ainsi, par l'art. 2153 du Code civil, il est dit que, dans toute inscription hypothécaire, le créancier indiquera son *nom*, au singulier, et son *prénom*.

Mais ce qui justifie pleinement le rejet de la seconde fin de non-recevoir de la demoiselle Anne-Henriette Gardien, c'est que, tout en omettant ses vrais prénoms, et même en lui en donnant un faux, il ne laissait aucun doute sur l'identité de sa personne avec celle qui était assignée. *V.* l'article *Inscription hypothécaire* §. 4.

§. XI. *Pour assigner une commune dans la personne de son maire, conformément à l'art. 69 du Code de procédure civile, suffit-il d'assigner le maire purement et simplement, sans exprimer que c'est au nom et pour le compte de la commune qu'on l'assigne?*

V. L'arrêt de la cour de cassation du 10 juin 1812, rappelé et discuté dans le plaidoyer rapporté au §. suivant.

§. XII. *En cas d'absence d'un maire, à qui doit être laissée la copie de l'assignation donnée à la commune qu'il représente? Peut-elle l'être à l'adjoint? Ou faut-il qu'elle le soit, à peine de nullité, soit au juge de paix, soit au procureur du roi?*

Le 1er. juillet 1812, arrêt de la section des enquêtes qui admet la demande en cassation de la commune d'Ennezat contre un arrêt de la cour d'appel de Riom, rendu en faveur de la commune de Riom même.

Le 23 septembre suivant, cet arrêt est signifié, à la requête de la commune d'Ennezat, avec Assignation devant la section civile, *aux habitans de la commune de la ville de Riom, en la personne de M. Chabrol, maire de ladite ville de Riom, demeurant à Riom, département du Puy-de-Dôme; hôtel de la mairie, où je me suis transporté* (dit l'huissier), *en parlant à M. Antoine Bayle, aîné, adjoint à ladite mairie, en l'absence du maire...; et afin que M. le maire et habitans de la commune de Riom n'en ignorent, je leur ai laissé copie en la personne de M. Chabrol, maire de ladite ville de Riom, parlant audit sieur Bayle, adjoint, en l'absence du maire, tant dudit arrêt d'admission que du présent.*

Au bas de cet exploit, est écrit : *Reçu copie et visé, le 25 septembre 1812. Signé Bayle aîné, adjoint*.

Le 28 avril 1813, le maire de Riom se présente sur cette assignation, soutient qu'elle est nulle, aux termes de l'art. 69, n° 5, du Code de procédure, et conclud, par suite, à ce que, conformément à l'art. 30 du tit. 4 de la seconde partie du réglement de 1738, la commune d'Ennezat soit déclarée déchue de son recours en cassation.

« L'art. 69 du Code de procédure (ai-je dit à l'audience de la section civile, le 22 novembre 1813) veut que l'État, lorsqu'il s'agit de domaines et de droits domaniaux, soit assigné *en la personne ou au domicile du préfet;* que le trésor public le soit *en la personne ou au bureau de l'agent;* que les administrations et les établissemens publics le soient *en leurs bureaux, dans le lieu où réside le siège de l'administration;* que le chef du gouvernement, pour ses domaines, le soit *en la personne de l'officier du ministère public près le tribunal de l'arrondissement;* que *les communes le soient en la personne ou au domicile du maire;* et il ajoute : *dans les cas ci-dessus, l'original sera visé de celui à qui copie de l'exploit sera laissée; en cas d'absence ou de refus, le visa sera donné, soit par le juge de paix, soit par le procureur du roi près le tribunal de première instance, auquel, en ce cas, la copie sera laissée.*

» Peut-on conclure de ces dispositions que l'Assignation donnée, le 23 septembre 1812, par la commune d'Ennezat à la commune de Riom, soit nulle ?

» La commune de Riom soutient l'affirmative, et elle se fonde sur la circonstance, que cette Assignation a bien été donnée au maire, et dans l'hôtel de la mairie, mais qu'elle n'a pas été visée par le maire lui-même, et qu'elle l'a été, à raison de son absence, par l'un de ses adjoints; tandis qu'elle aurait dû l'être, en l'absence du maire, soit par le juge de paix, soit par le procureur du roi.

» Ce système, il faut l'avouer, quelque subtil, quelque rigoureux qu'il soit, quelque gênantes, quelque multipliées que puissent être les entraves qui en résulteraient pour *tous ceux qui auraient des assignations à donner aux communes,* paraît, au premier abord, justifié par le texte littéral de la loi.

» Mais la loi dit-elle réellement ce qu'elle semble dire à cet égard ?

» Pour nous en assurer, examinons si l'Assignation dont il s'agit, serait valable, dans le cas où, sans désigner nominativement la personne du maire, elle eût été donnée au maire purement et simplement, et qu'à raison de l'absence du maire, l'un des adjoints de cet officier en eût reçu copie et eût visé l'original.

» Que pourrait-on, dans cette hypothèse, opposer à la validité de l'Assignation ?

» On dirait sans doute que, d'après la lettre de la loi, l'Assignation doit être donnée au maire; que le vœu de la loi ne peut être rempli que par une Assignation donnée au maire lui-même, et visée, soit par lui en personne, s'il est présent et si l'huissier le trouve, soit, hors l'un et l'autre cas, par le juge de paix ou le procureur du roi.

» Mais qu'arriverait-il, d'après cette manière judaïque d'interpréter la loi, si la commune qu'il s'agirait d'assigner, était dépourvue de maire, à l'instant même où l'huissier se présenterait pour donner l'Assignation ; si, dans cet instant, la place de maire était vacante par mort ou démission ?

» Assurément, dans cette hypothèse, l'Assignation serait nulle, si elle était donnée au domicile du maire décédé ou démissionnaire ; elle ne pourrait, dans cette hypothèse, être donnée qu'à la personne ou au domicile de l'adjoint qui remplacerait le maire ; et le *visa* dont cet adjoint revêtirait l'original de l'Assignation, serait aussi valable que si cet adjoint était maire en titre.

» Or, quelle différence y a-t-il entre le cas où une commune se trouve sans maire, soit par mort, soit par démission, et le cas où le maire d'une commune en est absent ? Aucune.

» Le maire absent est, comme le maire décédé ou démissionnaire, remplacé par un adjoint ; c'est la disposition expresse de l'art. 15 de la loi du 28 pluviôse an 8, combinée avec l'art. 2 de la loi du 21 fructidor an 3 ; et il n'est point de vérité que la pratique journalière ait rendue plus triviale.

» Ainsi, lorsque le maire d'une commune en est absent, ce n'est plus sa personne qui est maire : cette qualité ne réside plus que dans celui de ses adjoints qui le remplace.

» C'est donc l'adjoint remplaçant qui, dans ce cas, est censé être assigné par l'exploit signifié au maire ; c'est donc l'adjoint remplaçant qui doit, dans ce cas, recevoir la copie de l'exploit ? c'est donc par l'adjoint remplaçant que l'original de l'exploit doit, dans ce cas, être visé.

» Et, dès-là, nul doute que, dans notre espèce, l'Assignation n'eût été valable, si, sans indiquer le nom individuel du maire de Riom qui était absent, elle avait été donnée à cet officier parlant à l'adjoint qui le remplaçait, et qui eût visé l'original.

» Il ne reste donc plus qu'à savoir si la désignation qui est faite dans l'exploit de la personne du maire de Riom, peut entraîner la nullité d'un ajournement qui, sans cette désignation, serait à l'abri de toute critique.

» Une chose bien certaine, c'est que, par l'exploit dont il est ici question, ce n'est pas l'individu portant le nom de *Chabrol*, qui a été assigné à la requête de la commune d'Ennezat ; c'est que la commune d'Ennezat n'a fait assigner, par cet exploit, que le maire de la commune de Riom ; c'est que les mots, M. *Chabrol*, ne forment, dans cet exploit, qu'un pléonasme absolument inutile.

» Or, des expressions qui ne se trouvent dans un acte que par surabondance, peuvent-elles le vicier ? Le bon sens nous dit que non ; et ce que le bon sens nous dit à cet égard, une règle de droit très-connue l'a confirmé : *Utile non vitiatur per inutile; quod abundat non vitiat.*

» Si l'huissier de la commune d'Ennezat, se trompant sur le nom du maire de la commune de Riom, l'eût, dans son exploit, appelé *Bayle aîné*, qu'il eût remis son exploit, non au sieur *Bayle aîné*, adjoint, mais au sieur *Chabrol*, maire, et que la chose fût constatée par le *visa* du sieur Chabrol lui-même, oserait-on dire que l'exploit fût nul ? Sans doute, l'esprit de système n'oserait pas aller jusque-là ; car il faudrait dire aussi que si, dans un exploit signifié à un officier du ministère public, l'huissier se trompait sur le nom de ce fonctionnaire et le remplaçait par celui de son substitut, la signification serait sans effet : idée véritablement absurde, et qui ne pourrait entrer que dans une tête absolument désorganisée.

» C'est cependant jusqu'à cet excès d'argutie qu'il faudrait aller pour déclarer nulle, dans notre espèce, l'Assignation de la commune d'Ennezat. Car l'adjoint *Bayle aîné* se trouvant maire effectif par l'absence du sieur Chabrol, maire en titre, tout ce qui résulte de la mention faite dans le corps de l'exploit du nom du sieur Chabrol, c'est que l'huissier de la commune d'Ennezat a mal à propos qualifié le sieur Chabrol de maire en exercice ; et qu'il a réellement fait ce qu'il a dû faire en délivrant la copie de son exploit au sieur *Bayle aîné*, en le faisant revêtir du *visa* du sieur *Bayle aîné*, considéré comme maire par *interim*.

» Mais, vient-on nous dire, il existe un arrêt de la cour, qui, dans une espèce parfaitement semblable à celle-ci, a jugé que l'Assignation était nulle.

» Voyons si, en effet, l'espèce actuelle ressemble parfaitement à celle qui a donné lieu à cet arrêt.

» Le 30 janvier 1809, jugement du tribunal de première instance de Lodève, qui, sur la demande de la commune de Saint-Privat, représentée par son maire, condamne Pierre Fulcran à délaisser quelques héritages à cette commune.

» Le 21 février suivant, Pierre Fulcran fait signifier à l'adjoint du maire de Saint-Privat un acte d'appel ainsi conçu : « A la requête de....., » je....., huissier....., ai donné Assignation à » M. le maire de Saint-Privat, en la personne » du sieur Jaoul, propriétaire foncier (c'était le » nom du maire), demeurant en la même com» mune, à comparaître,..... baillé copie du pré» sent exploit au sieur Fromenty, adjoint de la» dite commune, dans son domicile, parlant à » sa personne, qui a visé le présent original, en » recevant ladite copie, le maire absent ».

» La cause portée à l'audience de la cour de

Montpellier, la commune de Saint-Privat conclud à la nullité de cet exploit, attendu (dit-elle) que les formalités prescrites par l'art. 69 du Code de procédure, n'y ont pas été observées; et voici le dilemme qu'elle propose à l'appui de sa demande : « Ou l'adjoint pouvait, en cas d'absence, » suppléer le maire, ou il ne le pouvait pas. Au » premier cas, c'était la commune qu'il fallait » assigner en sa personne, c'était à lui qu'il fallait » laisser la copie de l'Assignation, et c'était son » *visa* qu'il fallait requérir. Au second cas, en as-» signant la commune dans la seule personne du » maire, la copie devait être laissée au domicile » de ce maire, et l'original devait être visé par » le juge de paix ou le procureur du gouverne-» ment. Or, dans l'espèce, ce n'est pas la com-» mune qui a été assignée par le demandeur, mais » le maire qui l'a été pour la commune. Donc c'é-» tait au domicile de ce dernier, et non à celui de » l'adjoint, que la copie devait être laissée; et » c'était par le juge de paix ou le procureur du » gouvernement que l'original devait être visé ».

» Sur cet incident, arrêt du 19 juin 1809, qui annulle en effet l'acte d'appel de Pierre Fulcran, « attendu que, par l'exploit du 21 février, le » maire de Saint-Privat a été cité en la personne » du sieur Jaoul, et que la copie a été laissée à » tout autre domicile et à tout autre individu que » celui qui était cité, puisqu'elle a été laissée au » sieur Fromenty, adjoint, et au domicile dudit » Fromenty, et que le *visa* a été apposé par ledit » sieur Fromenty ; qu'ainsi, il y a trois contra-» ventions à l'art. 69 : 1°. *en ce que la commune* » *n'a pas été assignée*, mais bien le maire, en la » personne du sieur Jaoul ; 2°. en ce que la copie » n'a été laissée ni à la personne, ni au domicile » du sieur Jaoul, qui était personnellement cité ; » 3°. en ce que le *visa* a été apposé par l'adjoint, » tandis que la loi veut, d'une manière formelle » et précise, qu'en cas d'absence du maire, l'ex-» ploit soit visé, soit par le juge de paix, soit par » le procureur du gouvernement, auxquels la » copie doit être laissée ; attendu qu'on ne peut » pas dire que le *visa* apposé par l'adjoint , en » l'absence du maire, soit comme si c'était le » maire lui-même qui l'eût apposé, puisque la » loi l'a dit lorsqu'elle a voulu que le *visa* fût ap-» posé par le maire ou par l'adjoint, ainsi que » cela résulte de l'art. 68 qui précède ; d'où il » suit que l'exploit est nul, et que, par suite, » l'appel doit être rejeté ».

Pierre Fulcran se pourvoit en cassation contre cet arrêt ; et le 10 juin 1812, au rapport de M. Pajon, « attendu que l'arrêt attaqué, en décla-» rant que l'exploit d'appel, signifié à la requête » du demandeur, ne l'avait point été conformé-» ment à la disposition de l'art. 69 du Code de » procédure, n'en a fait qu'une juste application, » en prononçant la nullité de cet exploit ; la cour » rejette.... ».

» Par ce rejet, messieurs, avez-vous adopté les trois motifs de l'arrêt de la cour de Montpellier ?

» Nous osons croire que vous n'avez adopté ni le second, ni le troisième.

» Vous n'avez pu adopter le second ; car, en laissant la copie de son exploit à l'adjoint qui se trouvait maire par *interim*, au moyen de l'absence du titulaire de la mairie, l'huissier de Pierre Fulcran avait complètement rempli le vœu de la loi ; il l'avait rempli ni plus ni moins que le remplirait un huissier qui, en assignant, par son nom individuel, le préfet d'un département, en laisserait la copie au conseiller de préfecture qui le remplacerait pour cause d'absence ; il l'avait rempli ni plus ni moins que le remplissent les huissiers de la cour qui, pendant notre absence, en nous signifiant, sous notre nom individuel, des arrêts d'admission de requêtes en cassation rendus contre des étrangers, en laissent les copies au premier avocat-général de notre parquet.

» Vous n'avez pas pu adopter le troisième motif de l'arrêt de la cour de Montpellier ; car de ce que l'art. 68 du Code de procédure veut que l'huissier, lorsqu'il ne trouve au domicile de la partie qu'il assigne, ni cette partie même, ni aucun de ses parens ou serviteurs, et qu'il n'y a point de voisin qui veuille ou puisse recevoir la copie et signer l'original de son exploit, *remette la copie au maire ou adjoint de la commune, lequel visera l'original sans frais*, il résulte bien que, dans ce cas particulier, l'adjoint peut recevoir la copie et viser l'original, quoique le maire ne soit pas absent, et qu'il y a, à cet égard, pour la facilité du service, prévention et concurrence de fonctions pour le maire et l'adjoint ; mais il n'en résulte nullement que, dans le cas de l'art. 69, l'adjoint ne puisse pas, en l'absence du maire, et lorsque, par l'effet de l'absence du maire, il en réunit dans sa personne toutes les fonctions, le remplacer dans le *visa* de l'exploit signifié à la commune ; et pourquoi ne peut-on pas en tirer une pareille conséquence ? Parce qu'alors, on rentre nécessairement dans le droit commun, dont le vœu bien prononcé est que l'adjoint soit maire effectif toutes les fois que le titulaire de la mairie est absent ou empêché ; parce que, s'il en était autrement, il deviendrait impossible de faire une signification à une commune dont le maire serait ou mort, ou démissionnaire, ou destitué ; parceque, si cette manière de raisonner était admise à l'égard d'un maire, dans le cas où il s'agit d'assigner une commune, il n'y aurait ni raison ni prétexte pour ne pas l'admettre également à l'égard d'un procureur du gouvernement, dans le cas où il s'agirait d'assigner le chef de l'État *pour ses domaines* ; et par conséquent il faudrait regarder le substitut d'un procureur du gouvernement, comme incapable de recevoir la copie et de viser l'original d'une Assignation donnée au chef de l'État.

» Car, il ne faut pas s'y tromper : ce n'est pas

seulement au cas d'absence d'un maire que se rapporte le dernier alinéa de l'art. 69 du Code de procédure : il se rapporte au cas d'absence de tous les fonctionnaires qui, dans les cinq numéros précédens, sont désignés comme les agens auxquels les Assignations doivent être laissées pour le compte des autorités ou corporations qu'ils représentent. Si donc un maire ne pouvait pas, en cette partie, être remplacé par son adjoint, un procureur du gouvernement ne pourrait pas non plus l'être par son substitut, et un préfet ne pourrait pas l'être par le conseiller de préfecture qui remplit ses fonctions pendant son absence.

» Mais, si vous n'avez pu adopter, ni le second, ni le troisième motif de l'arrêt de la cour de Montpellier, du 19 juin 1809, vous avez très-bien pu adopter le premier, et c'est en quoi cette espèce diffère de la nôtre.

» Dans l'espèce actuelle, la commune d'Ennezat a fait assigner *les habitans de la commune de Riom en la personne du maire de ladite ville ;* et en cela, elle s'est littéralement conformée à l'art. 69 du Code de procédure, qui veut que les communes soient assignées en *la personne ou au domicile des maires.*

» Dans l'espèce de l'arrêt du 19 juin 1809, au contraire, Pierre Fulcran n'avait fait assigner que *le maire de Saint-Privat ;* il n'avait point fait assigner la commune dont le sieur Jaoul était maire ; il n'avait même point parlé de cette commune dans son exploit ; et sur ce fondement, la cour de Montpellier avait dit qu'il y avait, dans cet exploit, une première contravention à l'art. 69, *en ce que la commune n'avait pas été assignée, mais bien le maire en la personne du sieur Jaoul.*

» Qu'opposait, devant vous, Pierre Fulcran à ce premier motif de l'arrêt qu'il attaquait? Rien ; et en effet, il n'y pouvait rien opposer qui pût mériter votre attention.

» D'une part, un maire peut être assigné en sa qualité, sans que, par cela seul, la commune soit réputée assignée dans sa personne ; et la raison en est simple : c'est qu'un maire peut, en sa qualité, être appelé devant les tribunaux pour des intérêts étrangers à sa commune ; c'est qu'il peut l'être, comme officier de l'état civil ; c'est qu'il peut l'être, comme officier de police judiciaire ; c'est qu'il peut l'être, comme administrateur-né d'une fondation. En un mot, il en est d'un maire relativement à sa commune, comme d'un procureur du gouvernement relativement au chef de l'Etat ; et de même qu'une Assignation donnée à un procureur du gouvernement, n'est point, de plein droit et sans expression formelle, censée au chef de l'Etat, de même aussi une Assignation donnée à un maire ne peut pas être censée, de plein droit et sans expression formelle, donnée à la commune dont il administre les affaires.

» D'un autre côté, Pierre Fulcran aurait bien pu, devant la cour de Montpellier, soutenir que l'Assignation qu'il avait donnée au maire de Saint-Privat, devait, par sa relation à la date du jugement du tribunal civil de Lodève qu'elle tendait à faire réformer, être censée lui avoir été donnée au nom et dans l'intérêt de la commune. Mais, pour le juger ainsi, il fallait interpréter l'exploit qui avait été signifié au maire de Saint-Privat ; et si la cour de Montpellier pouvait, si même elle devait naturellement l'interpréter dans ce sens, elle avait aussi le pouvoir de l'interpréter dans le sens opposé ; elle avait aussi le pouvoir de juger que l'Assignation était étrangère à la commune ; elle avait aussi le pouvoir de juger, et elle l'avait fait textuellement, que la commune n'avait pas été assignée dans la personne du maire.

» Dès-lors, quelle ressource pouvait-il rester à Pierre Fulcran pour faire casser l'arrêt de la cour de Montpellier? Inutilement démontrait-il que cet arrêt avait violé, par une fausse application de l'art. 69, et par une mauvaise interprétation de l'art. 68 du Code de procédure civile, la loi générale qui règle les attributions des adjoints en cas d'absence des maires : le premier motif de cet arrêt n'en conservait pas moins toute sa force ; et les deux motifs illégaux dont il était surabondamment appuyé, ne pouvaient pas faire triompher une demande en cassation qu'il repoussait seul victorieusement.

» Ainsi, point de conséquence à tirer, dans notre espèce, de l'arrêt par lequel vous avez maintenu celui qu'attaquait Pierre Fulcran.

» Mais, au moins, vous dit encore la commune de Riom, le sieur Bayle aîné n'est pas le premier adjoint du maire ; il n'est que le second ; il ne pouvait donc remplacer le maire qu'à défaut du premier. Or, il n'existe aucune preuve, que le premier adjoint fût absent ou empêché à l'époque de l'Assignation dont il s'agit. Il n'existe même aucune preuve que le maire fût absent à cette époque ; car ce n'est point à son domicile, c'est à l'hôtel de la mairie, que l'assignation a été donnée ; et il est possible que le maire eût été trouvé à son domicile, si l'huissier s'y fût présenté.

» Mais 1°. la commune de Riom est-elle recevable à vous proposer ce moyen subsidiaire?

» Elle ne vous l'a point proposé avant de défendre au fond : elle ne vous l'a proposé qu'à l'audience ; elle aurait donc couvert ce moyen, s'il était capable, par lui-même, de faire quelque impression.

» 2°. Où est la preuve que le domicile du maire en titre de la commune de Riom n'est pas à l'hôtel de la mairie? Où est la preuve que le sieur Bayle aîné n'est pas le premier adjoint du maire de Riom?

3°. Il suffit que l'exploit énonce que le sieur Bayle aîné remplace le maire absent, pour qu'on ne puisse pas, sans rapporter la preuve du contraire, être admis à soutenir, soit que le maire n'était pas absent, soit que le sieur Bayle aîné n'était pas appelé par l'ordre de sa nomination à le remplacer. La section criminelle l'a ainsi jugé par un Arrêt du 1er. septembre 1809, relativement à un procès-verbal de garde-champêtre dont l'affirmation avait été reçue par un adjoint, *en l'absence du maire* (1) ; et il n'y a aucune raison pour que l'on juge autrement lorsqu'il s'agit d'une Assignation donnée à une commune.

» Par ces considérations, nous estimons qu'il y a lieu de rejeter la fin de non-recevoir proposée par la commune de Riom ».

Arrêt du 22 novembre 1813, au rapport de M. Reuvens, par lequel,

« Attendu qu'il est prescrit par l'art. 69, §. 5, que les communes seront assignées en la personne ou au domicile du maire; que l'original sera visé de celui à qui la copie de l'exploit sera laissée; qu'en cas d'absence ou de refus, le visa sera donné, soit par le juge de paix, soit par le procureur du gouvernement près le tribunal de première instance, auquel, en ce cas, copie sera laissée; que cet article exclud l'adjoint du maire, par cela même qu'il ne le nomme pas, et qu'en cas d'absence ou de refus du maire, il appelle expressément et immédiatement, pour recevoir la copie et donner le visa, d'autres autorités ;

» Attendu que, dans l'espèce, l'huissier a laissé, en l'absence du maire, la copie à l'adjoint, et a fait donner le visa par lui, sans recourir, soit au juge de paix, soit au procureur du gouvernement près le tribunal de première instance ;

» D'où il suit, que l'exploit est nul, aux termes de l'art. 70 précité ;

» La cour admet la fin de non-recevoir, déclare en conséquence les demandeurs déchus de leur pourvoi ».

J'avoue que cet arrêt m'a fort étonné, et plusieurs magistrats des deux autres sections m'en ont parlé, dans le temps, comme d'une décision qui, ouvertement contraire à la loi, ne pouvait pas faire jurisprudence.

Cependant la question s'étant représentée en 1817, a encore été jugée de même.

Les héritiers de Choiseul s'étaient pourvus en cassation contre un jugement d'arbitres forcés rendu en faveur de la commune de Reynel ; un arrêt de la section des requêtes, du 12 mai 1813, avait admis leur recours ; et ils avaient fait signifier cet arrêt à la commune, avec Assignation devant la section civile. Mais l'huissier qu'ils avaient chargé de cette signification, n'ayant pas trouvé le maire, avait remis la copie de son exploit à l'adjoint qui avait visé l'original.

La commune a soutenu que cette Assignation était nulle, et a cité, comme l'ayant jugée telle à l'avance, les deux arrêts des 10 juin 1812 et 22 novembre 1813.

J'ignore si les héritiers de Choiseul ont opposé à ce système, toutes les raisons qu'ils pouvaient employer.

Mais par arrêt du 10 février 1817, au rapport de M. Boyer,

« Vu l'art. 69, n°. 5, du Code de procédure... ;

» Attendu que cet article exige impérieusement que la signification d'un exploit notifié à une commune, soit laissée au maire de cette commune ou à son domicile, que l'original en soit visé par lui, ou, en son absence, par le juge de paix de l'arrondissement, ou par le procureur du Roi près le tribunal de première instance, auquel, en ce cas, il en doit être laissé copie ;

» Attendu que, parmi les fonctionnaires désignés en cet article, il n'est fait aucune mention de l'adjoint du maire; et que, dans le silence du législateur à cet égard, il n'est pas dans la puissance de la cour de reconnaître, dans ce dernier fonctionnaire, une attribution que la loi elle-même ne lui a pas accordée ;

» Attendu, en fait, que, dans l'espèce, la signification de l'Arrêt portant admission du pourvoi, a été faite à la commune de Reynel, dans la personne de l'adjoint du maire de cette commune, en l'absence de ce dernier, et que l'original n'en a été visé que par ledit adjoint ; d'où il suit que cette signification est irrégulière, et nulle, et que n'ayant été suivie d'aucune autre signification dans le délai de la loi, les demandeurs doivent être déclarés déchus de leur pourvoi, aux termes du réglement de 1738 ;

» La cour déclare les demandeurs en cassation déchus de leur pourvoi.. »

§. XIII. *Une commune est-elle valablement assignée, lorsque l'exploit est donné à son maire et visé par lui, en son domicile, mais hors du territoire de la commune elle-même ?*

Le 20 avril 1814, arrêt de la section des requêtes qui admet une demande en cassation formée par le comte Walsh de Serrant contre un arrêt de la cour d'appel d'Angers rendu au profit des communes de Denée et de Mozé.

Le 23 mai suivant, cet arrêt est, à la requête du comte Walsh de Serrant, signifié « à la com» mune de Denée, en la personne de M. Delaunay, » maire de ladite commune, demeurant à Angers, » cul-de-sac Saint-Julien, en son domicile, en parlant à lui-même, lequel a visé l'original de l'exploit de signification ».

Le 8 août suivant, arrêt qui, donnant défaut contre la commune de Denée, casse celui de la cour d'appel d'Angers.

La commune de Denée se fait restituer contre cet arrêt dans le délai fixé par le règlement de 1738, et soutient qu'à son égard, le comte Walsh de Serrant est déchu de sa demande en cassation,

---

(1) *V. le Répertoire de jurisprudence*, aux mots *Adjoint et Maire*.

4e édit., Tome I.

parcequ'il ne lui a pas fait signifier régulièrement l'arrêt d'admission dans les trois mois de sa date; qu'en effet, la signification qui lui a été faite de cet arrêt le 23 mai, est nulle; qu'elle n'aurait pu être valable, qu'autant que le *maire* l'eût visée; que le sieur Delaunay l'a bien visée comme *maire*, mais qu'il l'a visée, comme tel, hors du territoire de sa mairie; et que là, il n'était qu'un simple particulier.

L'affaire portée à l'audience de la section civile, la commune de Denée s'est désistée de cette fin de non-recevoir, et a, par là, rendu inutiles les conclusions que j'avais préparées pour établir la régularité de l'Assignation.

Quoi qu'il en soit, voici ces conclusions:

« La commune de Denée ne nie pas qu'elle a pu être assignée, conformément au n°. 5 de l'art. 69 du Code de procédure civile, *en la personne ou au domicile de son maire.*

» Elle ne nie pas non plus qu'une Assignation qui peut être donnée à la personne de l'assigné, peut, en thèse générale, lui être donnée en quelque lieu que l'assigné se trouve.

» Mais elle soutient que l'Assignation donnée à son maire, en personne, dans la ville d'Angers, est nulle, parceque le *visa* dont elle se trouve revêtue de la part du maire, y a été apposé hors du territoire de la mairie; et elle en fonde la nullité ainsi motivée, sur la loi dernière, D. *de jurisdictione.*

» Que porte donc cette loi? Rien autre chose, si ce n'est que l'on désobéit impunément au magistrat qui exerce sa juridiction hors de son territoire: *extra territorium jus dicenti impune non paretur.*

» Et que peut-on ici conclure de ce principe?

» D'abord, s'il était ici question d'un acte de juridiction, nous aurions à dire que ce principe ne porte que sur les actes de juridiction contentieuse, et qu'il est étranger aux actes de juridiction gracieuse ou volontaire.

» C'est la remarque que font, sur la loi citée, tous les interprètes du droit romain; et ils justifient cette distinction par plusieurs textes très-formels.

» Les proconsuls (dit la loi 2, D. *de officio proconsulis*) peuvent, dès qu'ils ont mis le pied hors de la ville de Rome, pour se rendre dans leurs provinces, faire toute espèce d'actes de juridiction volontaire; ainsi, on peut adopter un enfant, émanciper un fils de famille, ou affranchir un esclave devant eux; mais ce n'est que dans son territoire que chacun d'eux à l'exercice de la juridiction contentieuse: *omnes proconsules, statim quam urbem egressi fuerint, habent jurisdictionem, sed non contentiosum, sed voluntariam: ut ecce manumitti apud eos possunt tam liberi quam servi, et adoptiones fieri.*

» La loi 36, §. 1, D. *de adoptionibus*, dit la même chose: *apud proconsulem, etiam in ea provinciâ quam sortitus non est, et manumitti et in adoptionem dari posse placet.*

» La loi 17, D. *de manumissis vindictâ*, déclare également que *apud proconsulem, postquam urbem egressus est, vindictâ manumittere possumus.*

» Ce que les interprètes du droit romain nous enseignent à cet égard pour la juridiction civile, les canonistes nous l'enseignent également pour la juridiction ecclésiastique. « La ju-
» ridiction ecclésiastique (dit d'Héricourt dans
» ses *Lois ecclésiastiques*, tome 1, page 19) est
» ou volontaire ou contentieuse. La première
» s'exerce *de plano*, comme parlent les cano-
» nistes, c'est-à-dire, sans aucune instruction ju-
» diciaire; la seconde, en suivant les procédures
» qui sont prescrites par les canons et par les or-
» donnances. Le supérieur ecclésiastique peut user
» du droit que lui donne la première, *même
» hors de son territoire*; pour l'autre, il faut qu'il
» soit dans son territoire ».

» Aussi n'a-t-on jamais douté qu'un évêque ne pût, hors de son diocèse, accorder ou refuser à ses diocésains des dispenses de bans de mariage, et aux prêtres qui lui sont subordonnés, des permissions de prêcher ou confesser.

» Aussi n'y a-t-il rien de plus commun que des mandemens d'évêques portant permission de manger des œufs ou de la viande certains jours de carême, terminés par cette clause : *Donné à Paris, où nous sommes retenus par les affaires de notre diocèse.*

» Que signifient, d'après cela, les divers exemples que la commune de Denée vous cite de l'application qui se fait journellement du principe consigné dans la loi dernière, D. *de jurisdictione?*

» Pourquoi un maire ne peut-il pas exercer, hors de sa commune, les fonctions d'officier de police judiciaire, ou de juge de simple police? Parceque ces fonctions tiennent à la juridiction contentieuse.

» Pourquoi les exploits que fait un huissier hors de l'arrondissement du tribunal auquel il est attaché, sont-ils nuls? Ce n'est pas seulement parceque ces exploits sont presque toujours des actes coactifs et qui, par conséquent, dépendent de la juridiction contentieuse; c'est encore parceque des lois expresses l'ont ainsi réglé.

» Pourquoi les actes qu'un notaire fait hors de son territoire, sont-ils nuls comme actes notariés? C'est parceque l'art. 68 de la loi du 25 ventôse an 11 l'a ainsi voulu; et, il a tellement fallu, pour cela, une disposition formelle de cette loi, que précédemment on tenait la maxime contraire pour très-constante. La loi du 18 brumaire an 2 avait même déclaré positivement que *les actes que les notaires auraient reçus ou recevraient hors des limites du département dans l'étendue duquel leur résidence était fixée, ne pourraient pas être annulés du chef de l'incompétence de ces officiers;* et que ces officiers seraient seulement punis, pour la première fois, d'une amende de 1,000 francs, et, en cas de récidive, destitués,

Il est vrai que, sous l'ancienne jurisprudence, la question était fort controversée, et que, même, nonobstant l'avis de Pontanus, sur l'art. 17 de la coutume de Blois, de Bacquet, dans son *Traité des droits de. justice*, liv. 3, chap. 35, et de Loyseau, dans son *Traité des offices*, liv. 1, chap. 6, n°. 100, tous les parlemens, à l'exception de celui de Provence, déclaraient nuls les actes reçus par les notaires hors de leur arrondissement (1). Mais par là, jugeait-on que les actes de juridiction volontaire ne pouvaient pas être faits hors du territoire de l'officier investi de cette juridiction? Non: car les notaires n'ont jamais été, à proprement parler, investis de la juridiction volontaire; mais on jugeait ainsi, parceque, comme l'avoue Loyseau lui-même, n°. 97, il existait des ordonnances de François Ier. et de Henri II, qui défendaient, en termes exprès, aux notaires *d'entreprendre sur les limites les uns des autres, à peine de nullité*; parceque très-judicieusement, et contre l'opinion de Loyseau, on regardait ces ordonnances, non comme simplement *comminatoires*, mais comme absolument impératives.

» Pourquoi la loi du 28 pluviôse an 8 veut-elle qu'un préfet et un maire soient remplacés, en cas d'absence, l'un par un conseiller de préfecture, l'autre par son adjoint? Et pourquoi ne fait-elle, à cet égard, aucune distinction entre les actes de juridiction volontaire et les actes de juridiction contentieuse? C'est uniquement, du moins en ce qui concerne les actes de juridiction volontaire, pour la commodité des *administrés*; c'est uniquement pour épargner aux administrés, relativement aux actes de juridiction volontaire, l'embarras d'aller chercher au loin leur maire ou leur préfet. Et certainement si un préfet, se trouvant dans une commune voisine de son département dont il serait sorti sans avoir eu le temps de se faire remplacer, y faisait un acte de juridiction volontaire, cet acte serait aussi valable que s'il l'eût fait dans son département même (2).

» En second lieu, s'agit-il ici d'un acte de juridiction, même volontaire? S'agit-il même d'un acte de simple administration? Nullement.

» Il s'agit d'un simple certificat constatant la remise de la copie d'un exploit; il s'agit d'un simple *récépissé* de cette copie.

» Et où est-il écrit qu'un maire ne peut pas, hors de son arrondissement, reconnaître, par sa signature, qu'un exploit lui a été signifié, que la copie en a été laissée entre ses mains?

» L'art. 69 du Code de procédure dit-il que le maire ne pourra être assigné en sa qualité d'agent de sa commune que dans l'arrondissement de sa commune elle-même? Non: il dit, au contraire, que le maire peut être assigné en sa *personne* ou en son *domicile*. On peut donc l'assigner, en parlant à sa personne, quel que soit le lieu dans lequel il se trouve. On peut donc l'assigner à son domicile, lors même que son domicile est, comme il arrive très-souvent, hors de la commune qu'il administre.

» La loi est, il est vrai, plus sévère pour les Assignations à donner aux administrations et établissemens publics; elle veut, il est vrai, que ces administrations et établissemens ne puissent être assignés qu'en leurs *bureaux*.

» Mais de là même il suit que la loi n'ayant pas dit la même chose pour les Assignations à donner aux maires, que la loi n'ayant pas exigé que les maires fussent assignés dans les bureaux des mairies, les maires peuvent être assignés partout où on les trouve momentanément.

» Oui, s'écrie la commune de Denée, un maire peut être assigné partout où on le trouve; mais c'est à une condition: c'est à la condition que, dans le lieu où on le trouve, il soit véritablement *maire*. Or, il ne peut exister comme maire, que dans le territoire de sa commune; hors de là, il n'est qu'un simple particulier.

» Distinguons. Un maire hors de sa commune n'est qu'un simple particulier, soit pour les actes de juridiction contentieuse proprement dite, soit pour les actes d'administration qui statuent entre deux ou plusieurs parties contendantes. Mais de même qu'un évêque hors de son diocèse, est toujours évêque pour les actes de juridiction gracieuse, de même aussi un maire hors de sa commune, est toujours maire pour les actes du même genre, et à plus forte raison pour les actes qui ne consistent qu'en certificats, qui ne forment que des *récépissés*.

» Inutile d'objecter que le maire est remplacé de droit par son adjoint, du moment qu'il met le pied hors de sa commune.

» Il est sans doute, en ce cas, remplacé de droit par son adjoint, pour les actes qui, soit par la nature même des choses, soit d'après les dispositions de la loi, ne peuvent être faits que dans l'arrondissement de la mairie.

» Mais rien n'empêche que, tandis que son adjoint le remplace dans la commune pour ces actes, il ne procède lui-même, hors de la commune, à d'autres actes que ni la nature des choses ni la loi n'obligent de faire dans la commune elle-même.

» Ainsi, lorsque, sous le régime de la conscription militaire, un maire s'absentait de sa commune pour en conduire les conscrits au chef-lieu de la préfecture, c'était comme maire qu'il les y conduisait, quoique, pendant son absence, son adjoint le remplaçât dans ses autres fonctions.

» Ainsi, lorsqu'un maire s'absente de sa com-

---

(1) *V.* le *Répertoire de jurisprudence*, au mot *Testament*, sect. 2, §. 2, art. 1, n°. 1.
(2) *V.* le *Répertoire de jurisprudence*, aux mots *Juridiction volontaire*, n°. 5, et *Mariage*, sect. 4, §. 1, n°. 3, 3e. question.

80.

mune pour aller suivre, devant un tribunal de première instance, ou devant une cour supérieure, un procès dans lequel sa commune est intéressée, c'est comme maire qu'il agit hors de sa commune, quoique, pendant son absence, ses autres fonctions soient exercées par son adjoint.

» Et pourquoi le maire ne pourrait-il pas également, hors de sa commune, recevoir et viser en sa qualité un exploit d'ajournement, pendant que son adjoint fait pour lui sur les lieux tout ce qu'il y ferait lui-même, s'il n'en était pas absent ?

» La commune de Denée se prévaut, pour établir qu'il ne le peut pas, des deux arrêts de la cour, des 10 juin 1812 et 22 novembre 1813, qui ont jugé qu'en l'absence du maire, son adjoint ne peut pas recevoir et viser pour lui un exploit d'Assignation donné à la commune (1).

» Mais il nous semble que ces deux arrêts, en supposant qu'ils doivent faire jurisprudence, conduisent directement et nécessairement à une conséquence toute contraire, au moins pour le cas où, comme dans notre espèce, le maire est domicilié hors de la commune.

» En effet, suivant l'art. 69 du Code de procédure, l'huissier chargé d'assigner une commune, ne peut porter la copie de son exploit au juge de paix ou au procureur du roi, que dans deux cas : dans celui où, en se présentant chez le maire, il le trouve absent ; et dans celui où le maire, présent à son domicile, refuse de viser l'original de cet exploit.

» Comment donc l'huissier du comte de Serrant s'y serait-il pris, le 23 mai, pour assigner la commune de Denée, s'il n'avait pas pu l'assigner, comme il l'a fait, dans la personne et au domicile du sieur Delaunay, son maire, à Angers ?

» Il devait (dit-on) se transporter dans la commune de Denée : mais qu'y aurait-il fait ?

» Il s'y serait informé du domicile du maire ; et que lui aurait-on répondu ? *Le maire ne demeure pas ici ; il demeure à Angers.*

» Dès-lors, aurait-il pu procéder comme si le maire eût été absent ? Non, car on ne peut être réputé absent que du lieu où l'on a sa résidence habituelle.

» Il n'aurait donc pas pu faire ce que la loi prescrit pour le cas d'absence du maire ; il n'aurait donc pas pu porter son exploit, soit au juge de paix, soit au procureur du roi.

» Prétendra-t-on qu'il aurait dû se présenter à la *maison commune*, et que, faute d'y trouver le maire, il aurait pu procéder comme si le maire eût été absent ?

» Mais, d'une part, y a-t-il une maison commune à Denée ? C'est un point fort douteux, et d'autant plus douteux qu'il y a en France plus de la moitié des communes rurales qui n'ont point de maison commune.

» D'un autre côté, la maison commune n'est point le domicile du maire ; c'est seulement le bureau de la mairie ; et ce n'est point au bureau de la mairie, c'est au domicile du maire, que l'huissier doit s'adresser pour assigner la commune que le maire représente.

» On objecte que le maire, lors même qu'il est domicilié *civilement* au dehors, a toujours et nécessairement son *domicile politique* dans sa commune.

» Supposons-le, qu'en résultera-t-il ? Rien qui ait pu faire cesser l'embarras dans lequel se serait trouvé l'huissier du comté de Serrant, si, au lieu d'assigner le sieur Delaunay à Angers, il se fût transporté dans la commune de Denée pour l'y assigner. Car le domicile politique, lorsqu'il n'est pas réuni à une résidence effective, n'est qu'une abstraction ; et l'huissier du comte de Serrant eût vainement frappé à toutes les portes de la commune de Denée pour rencontrer le domicile politique du sieur Delaunay ; toutes ses recherches auraient été vaines.

» Tout se réunit donc pour assurer la validité de l'assignation que le comte de Serrant a fait donner à la commune de Denée dans la personne et au domicile de son maire à Angers ; et nous estimons qu'il y a lieu de rejeter la demande en déchéance dont il s'agit ».

§. XIV. *La femme qui, sans autorisation de justice, réside hors de la maison conjugale, y est-elle valablement assignée pour défendre à une action d'adultère intentée contre elle, soit par son époux, soit par le ministère public agissant d'après la dénonciation du mari ?*

La dame L.... a vainement soutenu la négative dans l'une des espèces rapportées au mot *Adultère*, §. 10. Assignée au domicile de son mari, à la requête du ministère public, d'après la plainte que son mari lui-même avait portée contre elle, et condamnée par défaut faute de comparoir, elle a prétendu, sur l'appel, que l'assignation était nulle, et que, par suite, le jugement rendu contre elle par défaut, devait être déclaré comme non avenu.

De deux choses l'une, a-t-elle dit : ou le lieu de ma résidence était connu de M. le procureur du roi, ou il ne l'était pas. Au premier cas, M. le procureur du roi devait m'assigner en ce lieu même. Au second cas, M. le procureur du roi devait, aux termes de l'art. 69, n°. 8, du Code de procédure, m'assigner à son propre parquet et faire afficher un double de la copie de l'exploit à la porte principale de l'auditoire du tribunal. Inutile de dire que, d'après l'art. 108 du Code civil, le domicile de mon mari est mon domicile légal. Cela est bon en matière ordinaire, mais non dans l'espèce. En effet, si la loi ne reconnaît d'autre domicile à la femme que celui

---

(1) *V.* le paragraphe précédent.

de son mari, c'est parceque celui-ci est l'administrateur de sa fortune et le défenseur de sa personne. Mais quand le mari attaque sa femme et qu'il l'accuse d'un crime, la loi ne peut plus voir en lui un protecteur; c'est un ennemi auquel on ne peut plus confier le soin de sa défense. Le domicile du mari cesse, dans ce cas, d'être le domicile légal de sa femme.

Ces raisonnemens n'ont dû faire et n'ont effectivement fait aucune impression sur la cour d'appel de Paris. Par arrêt du 18 février 1813, le jugement attaqué par la dame L...., a été confirmé.

La dame L.... s'est pourvue en cassation; mais sa requête a été rejetée par arrêt du 13 mai de la même année, « attendu que la demanderesse » n'avait pas été autorisée à quitter le domicile » de son mari, et que le tribunal civil du département » de la Seine ne lui avait pas indiqué une maison » où elle fût tenue de résider; qu'ainsi, la citation » lui a été légalement notifiée au domicile de son » mari».

V. l'article *Mariage*, §. 6.

§. XV. *Une Assignation dans laquelle le demandeur n'indique pas expressément son domicile mais fait seulement mention d'un acte où il est indiqué, est-elle valable?*

J'ai établi la négative au mot *Appel*, §. 10, art. 1, n°. 8, et j'en ai donné une raison qui paraît sans réplique : c'est que, d'une part, la relation de l'exploit à l'acte antérieur dont il fait mention, indique bien le domicile qu'avait le demandeur à l'époque de cet acte, mais laisse ignorer celui qu'il a actuellement; et que, de l'autre, le domicile dont l'art. 61 du Code de procédure civile exige, à peine de nullité, la mention dans l'exploit, n'est pas celui que le demandeur avait à telle ou telle époque, mais celui qu'il a au moment où l'exploit même est signifié.

C'est aussi ce qu'a jugé un arrêt de la cour supérieure de justice de Bruxelles dont voici l'espèce.

Le 21 juin 1817, jugement du tribunal civil de Charleroy qui prononce des condamnations au profit du sieur Hunnequelle, demeurant à Morlanwelz, contre le sieur Courtois, marchand de bois au même lieu.

Le sieur Courtois appelle de ce jugement par un exploit d'Assignation dans lequel il ne désigne pas son domicile, mais se qualifie de marchand *patenté par acte délivré à Morlanwelze....*

Le sieur Hunnequelle demande la nullité de cet exploit, et se fonde sur l'art. 61 du Code de procédure.

Le sieur Courtois répond qu'il est suppléé au défaut de mention de son domicile dans l'exploit, de deux manières : 1°. par la relation de l'exploit au jugement de première instance dans lequel son domicile est littéralement indiqué; 2°. par la mention expresse que contient l'exploit de la patente qui lui à été délivrée à Morlanwelz, et conséquemment par la preuve qui en résulte que c'est à Morlanwelz même qu'il est domicilié.

Le 7 décembre 1818, arrêt par lequel,

« Attendu que, d'après les art. 456 et 61 combinés du Code de procédure civile, les actes d'appel doivent, comme les exploits d'ajournement, contenir le domicile de l'appelant, à peine de nullité;

» Qu'ainsi, puisque les formes des ajournemens sont de rigueur, il ne peut être suppléé à la mention du domicile par une relation à un autre acte non joint à celui d'appel;

» Attendu que, dans l'espèce, *le domicile de l'appelant* n'est mentionné dans l'acte d'Appel *que par relation* à sa patente, dont il ne conste pas;

» Par ces motifs, la cour déclare nul l'appel du 11 octobre 1817 dont il s'agit, condamne l'opposant à l'amende et aux dépens (1) ».

On voit que, dans cette espèce, l'appelant ne produisait pas sa patente dans laquelle était mentionné son domicile. Mais de ce que l'arrêt dit au sujet du défaut de production de cette pièce, il ne faut pas conclure qu'il eût jugé autrement dans le cas où cette pièce eût été produite et eût porté une date antérieure à l'exploit d'appel; car l'exploit d'appel ne se référait pas seulement à cette pièce, il se référait aussi au jugement de première instance qui indiquait en toutes lettres le domicile de l'appelant. L'arrêt juge donc bien clairement que l'omission du domicile de l'appelant dans l'exploit d'appel, n'est pas couverte par la relation de cet exploit à un acte antérieur dans lequel ce domicile est indiqué. Que signifie donc ce que dit l'arrêt au sujet de la non production de la patente de l'appelant? Une seule chose ; c'est que, si la patente de l'appelant eût été produite, et qu'elle se fût trouvée de la même date que l'exploit d'appel, l'exploit d'appel eût été, comme il eût dû l'être, jugé valable.

§. XVI. *Une Assignation est-elle nulle faute d'expression du domicile de l'assigné,* 1°. *Lorsque l'exploit est fait d'un domicile élu?* 2°. *Lorsqu'il est fait à la personne de l'assigné même?*

I. L'art. 61 du Code de procédure exige, à peine de nullité, que le domicile de l'assigné soit indiqué dans l'exploit d'Assignation; et en ne limitant pas sa disposition au cas où l'exploit est signifié au domicile réel de l'assigné; il la rend nécessairement commune au cas où la signification de l'exploit est faite à un domicile élu. Pour qu'il en fût autrement, il faudrait que le motif de cette disposition fût inapplicable au second de ces deux cas. Or, ce motif quel est-il? C'est, dit Pigeau (*Traité de la procédure civile*, liv. 2, part. 1, tit. 2, chap. 7), parceque, « sans » cette indication, on ne connaîtrait pas d'une

(1) Jurisprudence de la cour supérieure de justice de Bruxelles, année 1818, tome 2, page 255.

» manière précise l'assigné, le même nom étant
» porté par plusieurs ». Et il est évident que ce
motif s'applique aussi bien à l'Assignation donnée à un domicile élu qu'à l'Assignation donnée à
un domicile réel. Comment donc l'une pourrait-elle n'être pas nulle tout aussi bien que l'autre, à défaut de mention du domicile réel dans l'exploit ?

La question s'est présentée deux fois depuis la publication du Code de procédure civile, et deux fois elle a été jugée en ce sens.

Elle l'a été d'abord par un arrêt de la cour d'appel de Bruxelles du 4 juillet 1807, « attendu
» que le domicile conventionnel du débiteur ne
» dispense pas le créancier de se conformer à
» l'art. 61 du Code de procédure dans les pour-
» suites qu'il exerce contre le débiteur (1) ».

Elle l'a été ensuite par un arrêt de la cour d'appel de Turin, du 11 mai 1811,
« Attendu que le vœu de la loi, en prescrivant cette mention, a été de prévenir, autant que possible, toute espèce de méprise ou d'équivoque sur l'identité de la personne assignée;
» Que, quoiqu'il soit vrai de dire que, lorsqu'un domicile a été élu, et qu'à ce domicile la signification est faite, il est difficile d'équivoquer à l'égard de la partie assignée; néanmoins, comme il est possible que deux personnes, ayant le même nom, aient fait la même élection de domicile, cette possibilité seule démontre que le vœu de la loi n'est suffisamment rempli, même à l'égard de la signification faite au domicile élu, que lorsque l'exploit d'ajournement contient la mention de la demeure du défendeur (2) ».

II. Quelle raison y aurait-il d'en décider autrement dans le cas où l'assignation est donnée à la personne même de l'assigné ? Non-seulement on n'en aperçoit aucune, mais la preuve qu'au contraire, l'art. 61 comprend dans sa disposition le cas où l'Assignation est donnée à personne, comme le cas où elle est donnée à domicile, c'est qu'à la suite de cette disposition qui prescrit, à peine de nullité, la mention du domicile de l'assigné dans l'exploit d'Assignation, se trouve l'art. 68 qui veut, sous la peine de nullité prononcée par l'art. 70, que *tous exploits soient faits à personne ou domicile*, et qui par conséquent est censé dire, ou plutôt dit aussi clairement qu'il est possible de le désirer, que, soit que l'on signifie l'exploit à domicile, soit qu'on le signifie à personne, il faut toujours y remplir les formalités prescrites par les articles précédens, formalités au nombre desquelles figure éminemment la désignation du domicile de l'assigné.

Mais que serait-ce si l'exploit d'Assignation, au lieu d'énoncer le domicile de l'assigné, énonçait sa profession, et constatait que l'assigné a déclaré à l'huissier qu'il était réellement l'individu désigné par le nom et la profession mentionnés dans l'exploit même ?

Ce cas s'est présenté devant la cour supérieure de justice de Bruxelles, et voici comment il y a été statué par un arrêt du 14 janvier 1822 :

« Attendu que l'acte d'appel dont il s'agit, a été signifié, au vœu de l'art. 456 du Code de procédure, à la personne de l'intimé, y désignée dans les termes les plus clairs, savoir *le sieur Eugène-Séraphin Dejonghe, se disant débiteur de la loterie des Pays-Bas, trouvé au palais de justice du tribunal de première instance de l'arrondissement de Malines, y parlant à sa personne qui se dit être tel, de ce sommé et interpellé;*

» Attendu que, bien que le n°. 2 de l'art. 61 dudit Code de procédure, dispose en termes formels que l'exploit d'ajournement contiendra les noms et domicile du défendeur, et que l'acte d'appel soit assujéti aux formes prescrites pour l'exploit d'ajournement, toutefois il est évident que l'acte d'appel étant signifié à personne, il ne peut dispenser de renfermer le domicile de l'intimé, d'autant qu'il est sensible que l'objet de la disposition consignée dans le n°. 2 de l'art. 61 sus énoncé du Code de procédure, est qu'il y ait une certitude morale que l'exploit parviendra à la connaissance de l'individu assigné, laquelle raison cesse dans toute son étendue lorsqu'il a été fait à la personne même, clairement désigné, et par conséquent il y a lieu d'appliquer la maxime *cessante in totum ratione legis, cessat et ipsa lex;*

» Par ces motifs, la cour, M. l'avocat-général Baumhaver, pour le procureur-général, entendu et de son avis, sans s'arrêter au moyen de nullité proposé par l'intimé contre l'exploit d'appel dont il s'agit, et dont il est débouté, déclare ledit exploit valable; condamne l'intimé aux dépens de l'incident; continue la cause à l'audience de mercredi prochain pour poser qualités au fond (1) ».

Je ne trouverais rien à redire à cet arrêt, si l'art. 61 du Code de procédure laissait aux juges, en cas d'omission de quelqu'une des formalités auxquelles il assujétit les exploits d'Assignation, la même latitude que l'art. 2148 du Code civil leur laisse en cas d'omission de quelqu'une des formalités auxquelles il assujétit les inscriptions hypothécaires. Mais, comme je l'ai déjà remarqué, au mot *Appel*, §. 10, art. 1, n°. 8, il s'en faut de beaucoup que les juges aient, pour valider des exploits d'Assignation non revêtus de toutes les formalités prescrites par l'art. 61 du Code de procédure, le même pouvoir que pour valider des inscriptions hypothécaires non revêtues de toutes les formalités prescrites par l'art. 2148 du Code civil.

L'art. 61 du Code de procédure veut, de la manière la plus impérative, que tout exploit dans

---

(1) Décisions notables de la cour d'appel de Bruxelles, tome 12, page 234.
(2) Journal des audiences de la cour de cassation, année 1813, supplément, page 46.

(1) Jurisprudence de la cour supérieure de justice de Bruxelles, année 1821, page 125.

lequel ne se trouve pas la mention expresse des *noms et demeure du défendeur*, soit déclaré nul ; et si, par là, il ne détermine pas une forme sacramentelle pour la mention qu'il prescrit, s'il n'exclud pas absolument toutes les espèces d'équipollences qui pourraient être employées pour en tenir lieu, on peut du moins assurer qu'il ne serait pas moins contraire à son texte qu'à son esprit, d'admettre, en cette matière, des équipollences qui ne seraient pas parfaitement *adéquates et identiques* (2).

Or, qu'y avait-il dans l'exploit d'Assignation déclaré valable par l'arrêt dont il s'agit, qui pût équipoller *adéquatement et identiquement* à la mention du domicile de l'assigné ?

Ce n'était certainement pas la désignation de la profession qu'il s'attribuait de *débitant de la loterie des Pays-Bas* ; car l'art. 61 n'exige pas la désignation de la profession de l'assigné ; et assurément une désignation que cet article ne prescrit pas, ne peut pas suppléer à une désignation qu'il prescrit à peine de nullité.

Ce n'était pas non plus la déclaration que l'assigné avait faite à l'huissier, d'être effectivement *Eugène-Simphorien Dejonghe*, se disant *débitant de la loterie des Pays-Bas* ; car il pouvait y avoir dans le royaume des Pays-Bas, deux individus portant le nom d'*Eugène Simphorien Dejonghe* et prenant la qualité de *débitant de la loterie*.

Rien ne pouvait donc, dans l'espèce de cet arrêt, faire fléchir la rigueur de la loi qui veut que tout exploit d'Assignation où ne se trouve pas la mention du domicile de l'assigné, soit déclaré nul.

Ce qui d'ailleurs doit nous tenir singulièrement en garde contre tout système tendant à valider, sous le prétexte d'équipollence, les exploits d'Assignation dans lesquels des formalités non prescrites par la loi, seraient substituées à celles que la loi prescrit à peine de nullité ; c'est le principe implicitement consacré, comme on l'a vu plus haut, §. 5, par l'art. 173 du Code de procédure civile, qu'une partie mal assignée peut, en comparaissant, demander et faire prononcer la nullité de son Assignation. A ne consulter que le vœu de la simple équité, le juge pourrait lui dire : « les formalités de l'Assignation » ne sont établies que pour constater que l'Assi- » gnation même a été remise à l'assigné. Elles sont » donc remplies par équipollence, toutes les fois » qu'il est constant que l'assigné a reçu l'Assi- » gnation signifiée à sa personne ou à son domi- » cile. Or, la preuve que vous avez reçu l'Assi- » gnation qui vous a été donnée par votre » adversaire, c'est que vous la représentez vous- » même en comparaissant. Il y a donc ici équipol- » lence parfaitement adéquate et identique. Vous

(1) *V. le Répertoire de Jurisprudence*, au mot *Testament*, sect. 2, §. 1, art. 7, n°. 10, et §. 2, art. 4, n°s. 2, 3 et 4.

» êtes donc non-recevable dans votre exception ». Mais ce raisonnement ne serait qu'une vaine lutte contre la disposition de la loi.

§. XVII. *Autres questions relatives à la forme des Assignations.*

V. les articles *Cassation*, *Délai*, *Litispendence* et *Signification de jugement*.

ASSIGNATION A LA BRETEQUE. *V.* l'article *Assignation*, §. 1.

ASSIGNATS. *V.* l'article *Papier-monnaie.*

ASSOLEMENT. Il y a des cantons où la défense de *dessoler* n'a lieu que pour la dernière année du bail, de manière que, cette année seulement, le fermier est tenu de laisser en jachère le tiers des terres qui composent son exploitation.

Une sentence de la prévôté de Bouchain, du 2 décembre 1772, avait admis Charles Jacquemant et Claude-Louis La Rivière à prouver qu'il était d'usage à Iwy (village du Hainaut, où la coutume de Cambresis faisait loi en matière d'actions personnelles), « que les fermiers laissent » et abandonnent le tiers des terres qu'ils occu- » pent, absolument libre après la récolte de la » huitième année de jouissance de leurs baux », sauf à Jacques-Philippe Raoult (c'était le nom du fermier) à faire telle preuve qu'il aviserait.

Les enquêtes ayant été faites, il est intervenu, le 11 août 1774, une sentence définitive, qui porte : « Avons condamné et condamnons le dé- » fendeur à payer aux demandeurs, à dire d'ex- » perts choisis par les parties, sinon nommés d'of- » fice, les dommages et intérêts résultans de la » récolte par lui faite en 1773, sur les terres dont » est question au procès, et lesquelles devaient res- » ter en jachère ladite année ; le condamnons en » outre aux dépens ».

Le fermier a interjeté appel de cette sentence. Mais, par arrêt rendu en 1776, au rapport de M. Cordier, le parlement de Douai l'a confirmée purement et simplement.

ASILE. Les jurisconsultes distinguent deux sortes de droits d'Asile :

L'un qui a été introduit par des idées religieuses, et qui, en certains pays, a lieu dans les églises ; il y a long-temps qu'il n'en est plus question en France ;

L'autre, qui a sa source dans le droit des gens, et dont jouissent dans un état les citoyens ou sujets d'un autre état qui sont venus s'y réfugier. Il en sera parlé à l'article *Etranger*.

ATERMOIEMENT. §. I. *Sous l'ordonnance de 1673, celui qui n'avait été ni présent ni appelé à un contrat d'Atermoiement, ni assigné lors du jugement qui en avait prononcé l'homologation, pouvait-il être obligé par la suite d'y accéder ?*

J'ai établi la négative dans le *Répertoire de jurisprudence*, au mot *Atermoiement*, et j'y ai fait voir qu'on ne devait pas s'arrêter à une décision contraire du parlement de Toulouse, qui est rapportée par Catelan, liv. 6, chap. 33.

Effectivement, je vois que la question s'étant représentée depuis cette décision au parlement de Toulouse même; il y a été jugé, le 5 septembre 1707 et le 6 septembre 1726, qu'un créancier n'est pas obligé d'entretenir un contrat d'Atermoiement fait et homologué sans lui. Ces deux arrêts sont rapportés dans le Journal du palais de Toulouse, tome 4, page 423, et tome 5, page 167.

Le parlement de Douai a jugé la même chose dans l'espèce suivante.

Gérard Lacroix, marchand à Avesnes, se trouvait porteur de billets payables par Latteur, aussi marchand en la même ville.

Ce dernier, avant l'échéance des deux billets, déposa son bilan, et demanda à ses créanciers un Atermoiement.

Gérard Lacroix ne fut point convoqué à leur assemblée. L'Atermoiement fut accordé sans lui, et il ne fut point assigné pour en voir prononcer l'homologation.

Quelque temps après, il fit assigner Latteur en condamnation au paiement des deux billets.

Latteur excipa de son contrat d'Atermoiement, et offrit de payer sur le pied réglé par cet acte.

Lacroix répondit que, n'ayant pas été appelé lorsqu'il s'était agi de passer le contrat ou de l'homologuer, il n'était point tenu de le reconnaître; et il fit valoir la maxime, *plus valet unius neglectio, quàm multorum contradictio* (l'omission d'un seul a plus d'effet que l'opposition de plusieurs).

Le premier juge avait condamné Latteur à payer la valeur entière des deux billets.

Sur l'appel, le parlement de Douai, par arrêt rendu le 17 mai 1784, au rapport de M. de Franqueville, confirma la sentence avec amende et dépens.

§. II. *Sous l'ordonnance de 1673, le débiteur qui, avant ou après le contrat d'Atermoiement passé avec tous ses créanciers, avait fait, avec l'un d'eux, un arrangement particulier qui tendait à favoriser celui-ci, pouvait-il, par la suite, se refuser à l'exécution de cet arrangement, et forcer le créancier au profit duquel il l'avait souscrit, de revenir à l'Atermoiement général ?*

Cette question s'est présentée au parlement de Provence, dans l'espèce que voici :

Le 18 mars 1775, contrat d'Atermoiement par lequel la veuve Giraud et David, négocians, s'obligent envers la généralité de leurs créanciers, du nombre desquels sont Roux et Esteve, de payer toutes leurs dettes dans le terme de dix ans, à raison d'un dixième chaque année.

Au même instant, promesse secrète de leur part d'anticiper le paiement à l'égard de Roux et Esteve. Pour remplir cette promesse, ils font, peu de temps après, cinq billets de 1,243 livres 9 sous chacun. Le premier n'était payable que le 10 avril 1777, les autres devaient l'être successivement et chaque année.

Le 17 avril 1777, protêt du premier billet, après néanmoins le paiement d'un à-compte de 600 livres.

Le 24 du même mois, Assignation à la veuve Giraud et à David, devant le juge de Salon, pour se voir condamner à en payer le restant.

Le 26 mai de la même année, sentence qui les y condamne.

Appel au lieutenant d'Arles. Le 3 mars 1778, sentence qui confirme celle du juge de Salon.

Second appel au parlement de Provence. Voici quels étaient, en substance, les moyens de la veuve Giraud et de David.

« Les délibérations prises par les créanciers d'un débiteur failli, et les contrats d'Atermoiement qu'ils signent, sont des lois pour eux; il faut qu'ils les exécutent ponctuellement. Ainsi, lorsqu'ils ont accordé, soit des termes, soit des remises à leur débiteur, aucun d'eux ne peut jouir d'une condition plus avantageuse que celle qui a été réglée par le contrat. Si, par promesse ou par menaces, il exige du débiteur quelque somme ou quelque avantage particulier, c'est un dol, une fraude que la justice doit réprimer, en le ramenant à la loi générale qu'il a voulu enfreindre. Le dol et la fraude sont des vices qui annulent de plein droit tous les actes qui en sont infectés. Ainsi le décident la loi 7, D. *de dolo malo*, la loi 51, D. *de actionibus empti*, et la loi 31, D. *depositi*.

» Ces sortes de fraudes ne sont que trop fréquentes dans le commerce; un débiteur qui attend sa tranquillité et son existence civile de la signature de son contrat d'Atermoiement, résiste difficilement aux conditions desquelles un créancier trop avantageux fait dépendre sa signature; c'est une voix impérieuse qui le subjugue. Il y a long-temps que Savary (*Parfait Négociant*, tome 1, part. 2, liv. 4, chap. 4) en a fait la remarque ».

Roux et Esteve répondaient que l'à-compte de 600 livres, payé par la veuve Giraud et David, élevait une fin de non-recevoir insurmontable contre leur réclamation ; que, par ce paiement, ils avaient reconnu la légitimité de leurs obligations; qu'ils n'étaient point alors agités de ce mouvement tumultueux qui les avait portés depuis à méconnaître leurs engagemens ; que cette approbation ultérieure était une reconnaissance et un acquiescement qui fortifiait leur signature.

« Le prétexte de dol et de fraude (ajoutaient-ils) ne peut faire la moindre impression; si, d'une part, la veuve Giraud et David disent avoir été surpris à l'époque de la signature du contrat d'Atermoiement; de l'autre, ils ne peuvent faire valoir la même exception contre ce qu'ils ont fait deux années après; contre le paiement qu'ils ont effectué d'une partie de la somme; ce paiement prouve que l'accord a été libre et sincère, et il écarte tout soupçon de surprise et de captation. (Loi 13, C. *De non numeratâ pecuniâ*).

» Au fond, il est d'une jurisprudence constante dans les tribunaux consulaires, que les avantages faits par un débiteur à l'un de ses créanciers, lors de la signature de son contrat d'Atermoiement, ne peuvent être annullés ni réduits qu'à la demande des autres créanciers; le débiteur lui-même est obligé de les entretenir; il lui est libre de gratifier qui bon lui semble; et d'ailleurs, il ne le fait le plus souvent que pour maintenir la confiance des négocians avec lesquels il traite.

» Dans l'espèce, malgré le contrat d'Atermoiement, la veuve Giraud et David étaient obligés naturellement à payer de suite ce qu'ils devaient à chacun de leurs créanciers; les billets qu'ils ont souscrits au profit de Roux et Esteve, ne sont que l'exécution de cette obligation naturelle; et cela seul suffit pour en rendre la cause légitime. C'était le consentement réciproque des parties qui avait étendu à dix années le terme du paiement de leurs dettes; ce même consentement a donc pu le resserrer. Il n'y a là ni dol ni fraude; on n'a fait que se rapprocher du premier état des choses.

» Aussi, toutes les fois que des faillis ont voulu attaquer des billets souscrits dans de pareilles circonstances, pour indemniser quelques-uns de leurs créanciers, de la remise qu'ils en avaient obtenue, ils ont toujours été repoussés, et les billets jugés valables.

» Magnon et Amerat, négocians à Marseille, ayant fait faillite et proposé à la généralité de leurs créanciers un contrat d'Atermoiement qui réduisait leurs dettes chirographaires à neuf pour cent, avaient souscrit, au profit de Nance, des billets à ordre pour l'indemniser du surplus de sa créance, et par ce moyen, le déterminer à signer leur contrat. La chose fut ainsi exécutée; mais dans la suite, Magnon voulut revenir contre ses billets. Qu'arriva-t-il ? Par arrêt du mois de juin 1753, au rapport de M. Beaurecueil, il fut débouté de sa demande avec dépens.

» Une dernière considération qui s'élève encore contre la veuve Giraud et David, c'est qu'ils étaient rétablis, lorsqu'ils ont fait les billets qu'ils attaquent. Sans doute qu'alors ils connaissaient la force de leur engagement; et la liberté avec laquelle ils se l'ont imposée, achève leur condamnation ».

Ces raisons ont désarmé la veuve Giraud et David. Le 9 juin 1779, ils ont passé un arrêt par lequel la sentence du lieutenant d'Arles a été confirmée purement et simplement.

La même chose avait été jugée précédemment par trois arrêts du parlement de Toulouse. Voici en quels termes ils sont rapportés dans le supplément au Journal du palais de Toulouse, tome 2, page 333.

« Durand, de Montpellier, ayant failli débiteur de Faucillon, fit trois billets à ce créancier, faisant ensemble 2,400 livres, pour avoir sa signature à son concordat. Durand, après que le concordat fut signé et homologué, se pourvut en rescision contre ces trois billets, comme ayant été consentis pour prix et condition de la signature dudit Faucillon, en sorte que, par ce moyen, il serait payé au-dessus du relâchement fait par le concordat. Le sénéchal, par sa sentence du 14 juillet 1770, le démit de ces lettres de rescision. Il en fit appel; mais par arrêt du 10 février 1772, rendu au rapport de M. De Lassus, il en fut débouté avec dépens.

» Le même point avait été jugé contre Augier, père et fils, qui, en faillite, ayant concordé avec leurs créanciers, le 9 mai 1759, avaient fait à Espagne, Teyssier et compagnie, de Montpellier, pour obtenir leurs signatures, un billet de 1,500 livres, outre et par dessus ce qui pouvait leur revenir aux termes du concordat. Assignés à la bourse, le 11 février 1765, à défaut de paiement, ils y furent condamnés. Appel au parlement : ils en furent déboutés.

» Pareil arrêt fut rendu pour le baron de Nizas, contre Etienne et Daniel Laurens, négocians de Montpellier, qui lui avaient consenti pour 10,000 livres de lettres de change à des époques. Les tireurs se pourvurent. Sentence au rapport de M. Crassous, syndic de la bourse, qui jugea qu'un créancier pouvait, avant la signature du concordat, faire des conditions particulières avec son débiteur, puisqu'elle ordonna que les lettres de change seraient payées à leur échéance. Appel au parlement; l'arrêt confirma la sentence.

» Il est vrai que, dans ces causes, il n'y avait de contestation que de la part des débiteurs, et que les sommes par eux promises n'étaient point réclamées par les syndics des créanciers; auquel cas, de pareils débiteurs ne méritent pas la protection des lois vis-à-vis des créanciers bien plus favorables. On ne saurait penser que la cour eût jugé de même, si les syndics des créanciers avaient réclamé d'un traité qui aurait été fait en fraude à leur égard; car la disposition du droit condamne généralement ce qui est fait en fraude des créanciers ».

§. III. *Sous l'ordonnance de* 1673, *les contrats d'Atermoiement qui se faisaient volontairement entre un débiteur non failli et ses créanciers, étaient-ils, comme ceux qui intervenaient à la suite d'une ouverture ou déclaration de faillite, soumis aux formalités prescrites par la déclaration du* 13 *septembre* 1739 ?

Le nommé Delaunay faisait le commerce de bestiaux; il avait pour créanciers des marchands qui lui avaient vendu une quantité considérable de bœufs. Se trouvant obéré par différentes pertes qu'il avait éprouvées sur ses reventes, il se retira vers ses créanciers, et leur exposa la difficulté qu'il avait de satisfaire à ses engagemens.

Les créanciers signèrent tous un acte par lequel, sur la simple déclaration de Delaunay, d'avoir perdu beaucoup dans les marchés qu'il avait faits avec eux, ils lui remirent la moitié de leurs créances respectives, en commettant l'un d'entre eux pour recevoir de lui l'autre moitié en deux termes qui furent fixés.

L'un des créanciers toucha le premier terme; mais sur le défaut du paiement du deuxième, il poursuivit Delaunay pour le faire condamner à lui payer le montant entier de sa créance, déduction faite seulement de ce qu'il avait reçu.

Delaunay, par ses défenses, opposa le contrat d'Atermoiement, et offrit la somme qu'il devait pour deuxième terme.

Le créancier soutint l'offre insuffisante, et prétendit que l'acte était nul, parcequ'il n'avait pas été précédé d'un dépôt de bilan et de livres, quoique, par ce même acte, Delaunay se fût constitué en faillite.

Delaunay répondit qu'il n'était point failli; qu'il n'y avait eu chez lui, ni saisie, ni rupture de commerce, ni cessation de paiemens, puisqu'il avait payé tout ce à quoi les créanciers s'étaient restreints de leur plein gré.

Le premier juge avait déclaré les offres de Delaunay suffisantes; et sur l'appel, le parlement de Rouen, par arrêt du 14 août 1778, confirma la sentence avec amende et dépens.

ATTRIBUTION DE JURIDICTION. §. I. *Lorsque plusieurs individus se trouvent prévenus d'un même crime, et que chacun d'eux l'est en même temps de divers autres crimes commis dans des départemens différens; si l'instruction sur chacun de ces crimes est de nature à répandre du jour sur celle de chacun des autres, y a-t-il lieu de la part de la cour de cassation d'attribuer le tout à un seul juge d'instruction et à une seule cour de justice criminelle?*

Voici ce que j'ai dit, en portant la parole à l'audience de la section des requêtes de la cour de cassation, le 11 nivôse an 9, sur un réquisitoire tendant à faire prononcer une Attribution de cette espèce :

« Le réquisitoire sur lequel vous avez à statuer, ne paraît susceptible d'aucune espèce de difficulté.

» Une coalition de brigands s'est formée dans les départemens du Doubs, du Jura et de la Haute-Saône.

» Un assassinat et des vols sont jusqu'à présent les fruits connus de cette ligue exécrable.

» Deux des auteurs de l'assassinat présumés sont devant le directeur du Jury de Gray, département de la Haute-Saône, leur juge naturel.

» Plusieurs de leurs associés sont prévenus et de complicité de cet assassinat et de vols commis dans différens arrondissemens des départemens du Doubs et du Jura.

» Les deux principaux prévenus de l'assassinat le sont en même temps de complicité de ces vols.

» Ainsi, tous les individus arrêtés sont impliqués dans les préventions les uns des autres, et il est impossible de ne pas les soumettre tous à une instruction commune.

» Commencera-t-on par les juger tous à Gray, et définitivement au tribunal criminel de la Haute-Saône, sur la prévention d'assassinat seulement?

» Mais alors, s'ils ne sont pas tous condamnés, il faudra juger séparément les autres sur les préventions de vols, d'abord à Besançon, ensuite à Lons-le-Saunier ; et l'effet qui résultera de cette division, c'est que les individus déjà condamnés pour assassinat, ne figurant point dans les procédures sur les vols, ces procédures ne recevront point le degré de lumière auquel elles seraient susceptibles d'atteindre, au moyen des aveux et des déclarations qui pourraient échapper à ceux-ci.

» S'ils sont tous acquittés sur l'assassinat, peut-être ne le seront-ils que parceque le tribunal criminel de la Haute-Saône n'aura pas eu le droit de soumettre au jury la conduite qu'ils ont tenue dans les départemens du Doubs et du Jura; peut-être ne le seraient-ils pas, si, de la combinaison des différens délits pour lesquels ils sont arrêtés, on pouvait faire sortir des preuves ou des développemens de preuves, que les circonstances isolées de l'assassinat peuvent ne pas fournir.

» Il importe donc singulièrement à la manifestation de la vérité et par conséquent à la sûreté publique, que tous les prévenus soient jugés ensemble sur tous les délits qui ont motivé l'arrestation de chacun d'eux.

» Et c'est par un motif semblable qu'a été rendu le jugement du 18 pluviôse an 5, qui est cité dans le réquisitoire, et dont voici la véritable espèce.

» Le nommé Salembier se trouvait traduit devant un directeur du jury du département de la Lys, comme prévenu d'un assassinat récemment commis dans ce département.

» Pressé par un remords peu commun aux hommes qui se sont fait une habitude de verser le sang, il avoua son crime et en découvrit une multitude d'autres semblables, auxquels il avait coopéré dans les départemens du Nord, du Pas-de-Calais et de la Somme. Il fit plus : il révéla tous ses complices qui étaient au nombre de plus de 60, et qui formaient une vraie armée de brigands.

Le ministre de la justice fut consulté pour savoir quelle marche devait tenir le directeur du jury dans une circonstance aussi intéressante pour l'ordre public.

» D'après le travail qui fut fait en conséquence, le commissaire du gouvernement près le tribunal de cassation fut chargé de requérir, pour cause de sûreté publique, un jugement qui attribuât au directeur du jury de Courtrai la connaissance de tous les crimes commis par Salembier et par ses complices, et qui lui renvoyât ceux-ci.

» Et le 18 pluviôse an 5, il intervint en effet un jugement qui prononça conformément au réquisitoire.

» Fort de cet exemple, et plus encore de la loi qui ne met aucune restriction au pouvoir qu'elle vous attribue de renvoyer les affaires d'un tribunal à un autre, toutes les fois que la sûreté publique vous paraît l'exiger, nous estimons qu'il y a lieu d'adopter les conclusions du réquisitoire ».

Ainsi jugé le 11 nivôse an 9, au rapport de M. Muraire. Il a été depuis rendu une foule d'arrêts semblables.

§. II. *Lorsque après s'être pourvu devant deux tribunaux différens contre deux parties différentes, un demandeur essuie, de la part de chacune de ces parties, une exception qui rend le même objet litigieux devant les deux tribunaux à la fois, ce demandeur peut-il, par voie de règlement de juges, obtenir que les deux affaires soient renvoyées à un seul et même tribunal?*

V. les conclusions du 30 germinal an 11, rapportées aux mots *Chose jugée*, §. 5, et l'article *Réglement de juges*, §. 2.

§. III. *Que devient l'Attribution de juridiction faite d'un tribunal par un arrêt de cassation, pour instruire et juger de nouveau une affaire, lorsque ce tribunal vient d'être supprimé? L'arrêt d'Attribution conserve-t-il encore quelque effet? Est-il nécessaire, dans tous les cas, de recourir à la cour de cassation pour en obtenir un nouveau?*

Le 28 juin 1810, arrêt par lequel la cour de justice criminelle et spéciale du département de la Dordogne, se fondant sur le décret d'amnistie du 25 mars précédent, déclare qu'il n'y a pas lieu de continuer les poursuites contre Pierre Villemur-Pinsac, prévenu d'avoir, en qualité de secrétaire de la mairie de Grèzes, arrondissement de Sarlat, commis un faux pour soustraire un conscrit au service militaire.

Le 19 juillet suivant, cet arrêt est cassé par la cour de cassation; et l'affaire est renvoyée devant la cour de justice criminelle et spéciale du département de la Corrèze.

Cette cour est supprimée avant que le prévenu ait été mis en jugement; et alors s'élève la question de savoir quel est, dans la nouvelle organisation judiciaire, le tribunal devant lequel le prévenu doit être traduit.

Consulté sur cette question, par le procureur criminel du gouvernement dans le département de la Corrèze, le procureur général de la cour de Limoges pense que le juge d'instruction du tribunal de première instance de Sarlat est seul compétent.

En conséquence, le prévenu et les pièces de la procédure sont renvoyés à ce magistrat.

Le 30 mars 1812, ce magistrat, après avoir complété l'instruction, en fait rapport à la chambre du conseil, qui rend une ordonnance de prise de corps contre Pierre Villemur-Pinsac.

Le 16 avril de la même année, arrêt de la cour de Bordeaux, chambre d'accusation, ainsi conçu :

« Considérant que, par son arrêt du 19 juillet 1810, la cour de cassation, en annullant l'arrêt de la cour spéciale du département de la Dordogne, en date du 28 juin précédent, a renvoyé les pièces du procès et le prévenu devant la cour spéciale du département de la Corrèze;

» Considérant que, quoique la nouvelle organisation judiciaire ait fait cesser les pouvoirs de la cour spéciale du département de la Corrèze, avant le jugement de l'affaire instruite contre Villemur-Pinsac, cette nouvelle organisation n'a pu anéantir l'arrêt de la cour de cassation qui attribuait la connaissance de cette affaire aux magistrats dudit département; que cet arrêt conservant encore toute sa force relativement aux Attributions qu'il donne à ces magistrats, puisqu'aucune réclamation ne s'est élevée contre ses dispositions, et la cour de cassation ayant seule le droit de le réformer, c'était aux magistrats composant la nouvelle cour de ce département, à poursuivre l'instruction de la procédure, suivant les règles prescrites par le Code d'instruction criminelle et conformément à ce qui est indiqué dans les art. 4 et 5 du décret du 23 juillet 1810;

» Considérant qu'en instruisant la procédure d'après le renvoi qui en a été fait par le procureur criminel du département de la Corrèze, le juge d'instruction du tribunal de première instance de Sarlat a méconnu les règles de compétence et violé formellement les dispositions de l'arrêt de la cour de cassation dont il s'agit ; que ces mêmes règles de compétence ont aussi été violées par la chambre du même tribunal, lorsque, sur le compte rendu du juge d'instruction, elle a décerné contre Villemur-Pinsac, une ordonnance de prise de corps;

» Considérant que, depuis l'émission de cette ordonnance de prise de corps, l'affaire n'ayant pas changé de nature, et l'arrêt de la cour de cassation conservant toute son autorité, la cour ne peut, sans excéder ses pouvoirs et tomber dans l'erreur commise par le tribunal de première instance de Sarlat, prononcer sur l'affaire instruite contre Villemur-Pinsac ; qu'elle doit donc se borner comme aurait dû le faire le tribunal de Sarlat, à déclarer qu'il n'y a lieu de procéder sur cette affaire, sauf à qui de droit, à se pourvoir ainsi qu'il avisera.

» Par ces motifs, la cour, faisant droit de la réquisition du procureur général, dans le chef qui est relatif à l'incompétence, déclare qu'il n'y a pas lieu de procéder sur la procédure instruite

81.

contre Pierre Villemur-Pinsac ; et sur l'ordonnance de prise de corps incompétemment rendue par la chambre d'instruction du tribunal de première instance de Sarlat contre ledit Pinsac, renvoie à se pourvoir ainsi qu'il y aura lieu ».

Le 21 mai suivant, requête du procureur général de la cour de Limoges à la cour de cassation, tendante « à ce qu'il lui plaise déterminer, » dans sa sagesse, à quel tribunal et à quelle cour » d'assises appartient, depuis la nouvelle organisa- » tion judiciaire, l'instruction et le jugement du » faux dont est prévenu Pierre Villemur-Pinsac ; » en conséquence, maintenir l'ordonnance de prise » de corps déjà rendue, ainsi que l'envoi des pièces » fait par le tribunal de Sarlat, en chambre du » conseil, à M. le procureur général en la cour de » Bordeaux ; et statuer, relativement à l'arrêt de » ladite cour du 16 avril dernier, ainsi qu'il appar- » tiendra, sur le réquisitoire que fera, à cet égard » M. le procureur général ; ou, dans tous les cas, » s'il est décidé avoir été bien jugé par ledit arrêt, » renvoyer le prévenu et la procédure devant tel » juge d'instruction qui sera désigné par la cour ».

« Quel doit être, dans la nouvelle organisation judiciaire (ai-je dit à l'audience de la section criminelle, le 25 juin 1812) l'effet de l'arrêt du 19 juillet 1810, par lequel vous avez cassé celui de la cour de justice criminelle et spéciale du département de la Dordogne, et renvoyé le prévenu, à l'égard duquel cette cour s'était mal-à-propos déclarée incompétente, devant la cour de justice criminelle et spéciale du département de la Corrèze ? Telle est la question que vous avez à résoudre dans cette affaire.

» Il nous paraît d'abord incontestable qu'il n'y a, dans le département de la Corrèze, aucun tribunal qui, en vertu de cet arrêt, puisse aujourd'hui continuer l'instruction commencée contre Pierre Villemur-Pinsac.

» Sans doute, lorsque, postérieurement à un arrêt de la cour de cassation qui a renvoyé une affaire à un tribunal qui n'en était pas le juge naturel, ce tribunal vient à être supprimé et remplacé par un autre avant de l'avoir jugée, le tribunal remplaçant peut, s'il a les mêmes Attributions que le tribunal qu'il remplace, connaître de cette affaire sans une nouvelle délégation. C'est ainsi, par exemple, que les affaires dont la cour d'appel de Paris se trouvait saisie par des arrêts de renvoi de la cour de cassation, au moment où elle a été remplacée par une cour organisée d'après la loi du 20 avril 1810, ont continué d'être instruites et ont été jugées par celle-ci. C'est ainsi que les cours d'assises ont jugé, sans délégation nouvelle, les affaires que vous aviez, avant leur institution, renvoyées aux cours de justice criminelle qu'elles remplacent respectivement.

» Mais il en est autrement lorsque le tribunal remplaçant n'est pas investi des mêmes Attributions que le tribunal remplacé ; et voici une espèce dans laquelle vous l'avez ainsi jugé formellement.

» Le 5 avril 1811, vous aviez annullé, pour violation des lois de la matière, un arrêt de la cour de justice criminelle du département de l'Ain, du 7 février précédent, qui avait statué sur l'appel d'un jugement du tribunal correctionnel de Genève ; et vous aviez renvoyé l'affaire et les parties devant la cour de justice criminelle du département de l'Ain, séant à Bourg.

» Peu de temps après, la cour de justice criminelle du département de l'Ain a été supprimée.

» Au lieu de recourir à la voie du règlement de juges, pour faire substituer une autre cour ou un autre tribunal à la cour de justice criminelle du département de l'Ain, qui n'avait été saisie que par une Attribution spéciale et indépendante de la hiérarchie légale des tribunaux, l'une des parties a poursuivi le jugement de l'affaire devant le tribunal correctionnel de Bourg, devenu par l'art. 200 du Code d'instruction criminelle et le décret du 18 août 1810, juge d'appel du tribunal correctionnel de Genève ; et ce tribunal l'a jugé le 18 et le 24 juin 1811.

» Mais sur le recours en cassation de ces jugemens, arrêt est intervenu, le 29 août suivant, au rapport de M. Chasle, par lequel, « attendu que » la cour ayant, par son arrêt du 5 avril dernier, » cassé et annullé l'arrêt de la cour de justice cri- » minelle du département du Léman, qui avait » statué sur l'appel du jugement de police cor- » rectionnelle de Genève du 2 janvier, avait ren- » voyé l'affaire, et les parties devant la cour de » justice criminelle du département de l'Ain ; » attendu que cette dernière cour ayant été sup- » primée avant d'avoir jugé l'affaire, ni le tribunal » de l'arrondissement de Bourg, ni aucun autre » tribunal ou cour, n'ont été légalement saisis de » ladite affaire, et n'ont pu s'en attribuer la con- » naissance ; attendu que le tribunal de Bourg n'a » pas pu légitimer l'Attribution qu'il s'en est faite » de son autorité, sous le prétexte que, dans » l'ordre actuel des choses, il est légalement établi » juge d'appel du jugement de police correction- » nelle du tribunal de Genève, parceque d'abord » la cour de justice criminelle du Léman, qui était » alors juge d'appel de Genève, avait consommé » son pouvoir par l'arrêt qu'elle avait rendu et qui » avait été cassé ; et en second lieu parceque la » cour de justice criminelle de l'Ain, à laquelle » le tribunal de Bourg s'est substitué arbitraire- » ment, n'avait été saisie que par une Attribution » spéciale qu'aucune loi n'a déclarée dévolutive » à une autre cour ou tribunal ; par ces motifs, » la cour casse et annulle..... ; et procédant par » règlement de juges, renvoie... ».

» Dans notre espèce, quel est le tribunal qui remplace la cour de justice criminelle et spéciale du département de la Corrèze ? Il n'y en a point d'autre que la cour spéciale créée, dans le même département, par le Code d'instruction criminelle.

» Or, cette cour est-elle investie des mêmes attributions, que la ci-devant cour de justice criminelle qu'elle remplace ? Non : elle est notamment incompétente pour connaître des crimes de faux. Elle ne peut donc pas, en vertu de votre arrêt du 19 juillet 1810, juger le prévenu Villemur-Pinsac. Votre arrêt du 19 juillet 1810 est donc aujourd'hui comme non-avenu, en tant qu'il saisit de la connaissance du crime de faux imputé à Villemur-Pinsac, la ci-devant cour de justice criminelle et spéciale du département de la Corrèze.

» Mais cet arrêt est-il également comme non-avenu, en tant qu'il dessaisit de la connaissance de cette affaire, la ci-devant cour de justice criminelle et spéciale du département de la Dordogne ? Et ne peut-on pas, ne doit-on même en inférer que du moins il n'y a, dans le département de la Dordogne, aucun juge, aucun tribunal, qui puisse aujourd'hui connaître de cette affaire ?

» Si, par cet arrêt, au lieu de casser un arrêt de cour de justice criminelle et spéciale, vous aviez cassé un arrêt de cour de justice criminelle ordinaire, il est indubitable que, dans la nouvelle organisation judiciaire, le prévenu ne pourrait plus, sous aucun prétexte et dans aucun cas, être traduit, pour le même fait, devant aucun des juges ordinaires du département dans lequel siégeait cette cour.

» En effet, le traduirait-on, dans le cas où la mise en accusation eût été annulée avec l'arrêt, devant le juge d'instruction du lieu où il avait d'abord été déclaré qu'il y avait lieu à accusation ? Mais ce juge représente le directeur du jury ; et si le directeur du jury existait encore, il ne pourrait certainement plus instruire contre le prévenu ; le juge d'instruction ne le peut donc pas davantage.

» Le traduirait-on devant la cour d'assises, dans le cas où l'arrêt seul eût été cassé ? Mais cette cour représente la cour de justice criminelle ; il ne serait donc pas possible de la saisir d'une affaire dont la cour de justice criminelle aurait été précédemment dessaisie.

» Le traduirait-on devant le tribunal correctionnel, dans le cas où, par le résultat de la nouvelle instruction, le fait qui lui est imputé, aurait perdu le caractère de crime et n'aurait conservé que celui de simple délit ? Mais dans ce tribunal se trouveraient, et le juge d'instruction qui représente le directeur du jury, et le procureur du gouvernement qui représente le magistrat de sûreté : directeur du jury et magistrat de sûreté qui ne pourraient plus, s'ils existaient encore, prendre connaissance de son procès. Le tribunal correctionnel ne serait donc pas composé de manière à pouvoir le juger. Et c'est ce que vous avez décidé le 12 septembre 1811, en cassant, sur notre réquisitoire, un arrêt de la cour de Liége qui avait renvoyé devant le tribunal correctionnel de la même ville, le nommé Jean-Joseph Rousseau que précédemment vous aviez vous-mêmes renvoyé devant le magistrat de sûreté et le directeur du jury de Maestricht, en cassant un arrêt de la cour de justice criminelle du département de l'Ourthe et une instruction faite par le magistrat de sûreté et le directeur du jury de Liége, à la suite de laquelle cet arrêt avait été rendu.

» Mais ce n'est pas un arrêt de la cour de justice criminelle du département de la Dordogne, c'est un arrêt de la cour de justice criminelle et spéciale du même département, que vous avez cassé le 19 juillet 1810. Et quels juges trouvons-nous dans le département de la Dordogne, qui représentent ceux dont le fait avait donné lieu à la cassation que vous avez prononcée ?

» Sont-ce ceux du tribunal de première instance de Sarlat ? Ils n'ont eu, ni par eux-mêmes, ni par ceux qu'ils remplacent, aucune part à l'instruction de l'affaire sur laquelle est intervenu votre arrêt de cassation.

» Sont-ce les juges de la cour d'assises ? Ils ne représentent que la cour de justice criminelle. Et encore une fois, ce n'est pas de la cour de justice criminelle qu'était émané l'arrêt que vous avez cassé.

» Il est vrai que les juges de la cour de justice criminelle siégeaient dans la cour de justice criminelle et spéciale ; mais celle-ci n'en formait pas moins un corps distinct et séparé de celle-là ; et l'on ne peut pas dire que la cour d'assises représente l'une, par cela seul qu'elle représente l'autre.

» Il n'y a donc plus, dans le département de la Dordogne, aucun juge qui représente ceux que vous avez dessaisis par votre arrêt de cassation. Votre arrêt de cassation est donc comme non-avenu, en tant qu'il dessaisit la cour de justice criminelle et spéciale du département de la Dordogne, comme il l'est en tant qu'il saisit la cour de justice criminelle et spéciale du département de la Corrèze.

» Mais, dès-là, nul obstacle à ce que le juge d'instruction du tribunal de première instance de Sarlat instruisît contre Villemur-Pinsac. Nul obstacle à ce que la chambre du conseil de ce tribunal rendît contre Villemur-Pinsac, une ordonnance de prise de corps. Votre arrêt de cassation étant anéanti de plein droit par le nouvel ordre judiciaire, les choses rentraient de plein droit dans l'état où elles se seraient trouvées, si les juges ordinaires avaient eu, dès l'an 1810, la connaissance des crimes de faux. Le juge d'instruction et le tribunal de première instance de Sarlat ont donc dû procéder comme si cet arrêt n'eût jamais existé.

» Dès-là, nul obstacle à ce que la cour de Bordeaux renvoyât Villemur-Pinsac devant la cour d'assises du département de la Dordogne, ou déclarât n'y avoir lieu de le mettre en accusation.

» La cour de Bordeaux a donc méconnu sa propre compétence, par l'arrêt que vous avez sous les yeux.

» Et par ces considérations, nous estimons qu'il y a lieu, en statuant par réglement de juges, et sans avoir égard à l'arrêt de la cour de Bordeaux du 6 avril dernier, lequel demeurera comme non-avenu, d'ordonner qu'il sera, par cette cour, statué ainsi qu'il appartiendra, et conformément à la loi, sur l'ordonnance de prise de corps décernée par le tribunal de première instance de Sarlat contre Villemur-Pinsac ».

Par arrêt du 25 juin 1812, au rapport de M. Audier-Massillon.

« Attendu que la cour, par son arrêt du 19 juillet 1810, a cassé et annullé l'arrêt de la cour de justice criminelle spéciale du département de la Dordogne, qui avait statué sur la procédure en faux instruite contre Villemur-Pinsac, et renvoyé l'affaire et les parties devant la cour spéciale de la Corrèze ;

» Que cette dernière cour ayant été supprimée avant d'avoir jugé l'affaire et même avant d'avoir rendu un jugement de compétence, l'instruction du procès doit être faite en conformité du nouveau Code criminel, d'après l'art. 5 du décret du 23 juillet 1810 ;

» Que, depuis la mise en activité du nouveau Code pénal et du Code d'instruction criminelle, l'attribution faite aux cours spéciales de la connaissance des crimes de faux a cessé, et que ces matières ont été rendues aux tribunaux ordinaires ;

» Qu'en cet état, il n'existe aucun tribunal ou cour qui ait été légalement saisi de ladite affaire ; ou qui ait pu s'en attribuer la connaissance ; que le tribunal de Tulle et la cour d'assises de la Corrèze qui remplaçaient la cour de justice criminelle de la Corrèze pour les affaires ordinaires, ne peuvent pas connaître d'une affaire renvoyée à la cour spéciale par une attribution particulière.

» Que, d'autre part, le tribunal de Sarlat, juge du lieu du délit, ni les autres tribunaux de la Dordogne ne pouvaient pas prendre connaissance de cette affaire dont ils avaient été dépouillés par l'arrêt de la cour du 19 juillet 1810 (1),

et que la cour pouvait seul déterminer les juges qui doivent connaître de cette affaire et remplacer par une nouvelle Attribution le renvoi porté par le susdit arrêt du 19 juillet 1810, qui n'a pas pu recevoir son exécution ;

» La cour, statuant par voie de réglement de juges sur le pourvoi du procureur général près la cour de Limoges,

» Sans avoir égard à l'ordonnance rendue par le tribunal de première instance de Sarlat, laquelle demeurera comme non-avenue, non plus qu'à l'instruction faite devant ce tribunal, laquelle ne pourra être employée que pour simple renseignement, revoie la plainte en faux portée contre Villemur-Pinsac et la procédure instruite contre lui devant le juge d'instruction du tribunal de première instance de Brives, et par suite, s'il y a lieu, devant les tribunaux et cours qui doivent en connaître, dans l'orde ordinaire des juridictions, pour être procédé et jugé conformément à la loi..... ».

§. IV. *Autres questions sur les attributions de juridiction.*

V. les articles *Appel*, §. 14, art. 1, n°. 4-2°, *Chose jugée*, §. 5, *Réglement de juges* et *Suspicion légitime.*

AUDIENCE. *V.* les articles *Chambre du conseil* et *Rapport (ordre judiciaire).*

AUMONIER DES ARMÉES. *V.* l'article *Mariage*, §. 8.

AUTHENTIQUE (acte). §. I. *Les actes signés par un prince souverain d'Allemagne, et contre-signés par son secrétaire intime, sont-ils Authentiques, lors même qu'ils ont pour objet ses affaires privées ou des biens situés en France ?*

S'ils sont Authentiques en Allemagne, le sont-ils également dans le territoire français ?

Un acte qui, au moment de sa passation, était Authentique dans le pays où il a été passé, conserve-t-il son authenticité en France, lorsque le pays où il a été passé, vient à être réuni à la France elle-même ?

V. le plaidoyer et l'arrêt du 7 juin 1809, rapportés aux mots *Inscription hypothécaire*, §. 1.

§. II. *Doit-on, en France, considérer comme Authentique l'acte qui a été passé en pays étranger devant les officiers publics désignés et dans les formes requises par la loi du lieu ?*

Qu'un pareil acte ne puisse pas, en France, être considéré comme Authentique en ce sens qu'il y emporte exécution parée, c'est ce qu'établit nettement l'art. 546 du Code de procédure.

Qu'il ne le puisse pas non plus en ce sens qu'il y rende efficace la stipulation d'hypothèque qu'il contient, c'est ce que décide textuellement l'art. 2128 du Code civil.

Mais n'y est-il pas Authentique en ce sens qu'il y fasse foi de son contenu jusqu'à inscription de faux ?

---

(1) Cette assertion est-elle bien exacte ? Il me semble, comme je l'avais dit dans mes conclusions, que l'arrêt de cassation du 19 juillet 1810 n'avait dépouillé que les juges qui avaient rendu l'arrêt cassé, et ceux qui pourraient dans la suite, les remplacer. Or 1°. le tribunal de Sarlat ne représentait sous aucun rapport, la ci-devant cour de justice criminelle et spéciale de la Dordogne ; 2°. Les crimes de faux étant rentrés, par l'effet de la nouvelle loi, dans le cercle des attributions des juges ordinaires, l'arrêt de cassation devait lui-même être réputé non avenu ; et le tribunal de Sarlat devenait, de plein droit, juge de la prévention sous laquelle se trouvait Villemur-Pinsac.

Il est certain qu'autre chose est qu'un acte ne soit ni exécutoire ni hypothécaire, autre chose est qu'il se réduise à la condition d'un acte sous signature privée, auquel la dénégation de la partie à qui on l'oppose, suffit pour ôter toute croyance, jusqu'à ce qu'il ait été vérifié en justice.

Une transaction passée devant un juge de paix siégeant en bureau de conciliation, n'est pas exécutoire, et elle ne produit pas d'hypothèque, même en vertu de la stipulation expresse qu'elle en renferme. Cependant on ne peut pas douter qu'elle ne soit Authentique, en prenant ce mot comme synonyme de *faisant pleine foi de son contenu* (1).

Pourquoi le contrat passé devant notaires, en pays étranger, n'est-il pas exécutoire en France? Parceque les contrats notariés ne tiennent leur force exécutoire que du mandat d'exécution qu'y oppose le notaire comme délégué à cet effet par l'autorité publique; et que l'autorité publique d'un pays étranger ne peut pas conférer au notaire institué par elle, le pouvoir de commander en France l'exécution des actes qu'il reçoit.

Pourquoi une hypothèque sur des biens situés en France, serait-elle vainement stipulée par un acte passé en pays étranger? Parceque la convention ne suffit pas pour créer une hypothèque; parcequ'il y faut de plus le concours de l'autorité publique agissant par l'organe d'un notaire sur les biens qui en sont l'objet; parceque l'autorité publique d'un pays étranger ne peut pas agir sur des biens situés hors de son territoire.

Mais quand il s'agit de savoir si un acte passé devant les notaires d'un pays, fait foi de son contenu dans un autre, on ne doit pas seulement s'attacher au principe que le caractère public de ces officiers est limité au territoire de la souveraineté qui les a établis; il faut encore combiner ce principe avec la grande règle du droit des gens, que la forme probante d'un acte ne dépend que de la loi du lieu où il est passé. Or, que résulte-t-il de la combinaison de l'un avec l'autre? Deux conséquences qui se marient très-bien ensemble : la première, que l'acte passé devant notaires en pays étranger, n'a point en France le caractère d'acte public; la seconde, qu'il y fait cependant foi de son contenu ni plus ni moins que s'il avait été passé en France même et devant des notaires français.

Aussi voyez quelle différence mettait l'art. 121 de l'ordonnance de 1629 entre les jugemens rendus en pays étranger, et les contrats qui y étaient passés devant notaires : « Les jugemens rendus, » contrats ou obligations reçues ès royaumes et » souverainetés étrangères, pour quelque cause » que ce soit, n'auront aucune hypothèque ni » exécution en notre dit royaume; mais tiendront » les contrats lieu de simples promesses; et, no-» nobstant les jugemens, nos sujets contre les-» quels ils auront été rendus, pourront de nouveau » débattre leurs droits comme entiers pardevant » nos officiers. » Ainsi, aux termes de cette loi, les contrats passés en pays étranger et les jugemens qui y étaient rendus, avaient cela de commun que ni les uns ni les autres n'emportaient, soit exécution parée, soit hypothèque en France. Mais les premiers différaient des seconds, en ce que ceux-ci étaient en France comme non avenus, au lieu que ceux-là avaient en France l'effet de simples promesses; et cette différence en amenait une autre qui est ici fort remarquable : c'est que le législateur ne permettait de remettre en question devant les tribunaux français que ce qui avait été décidé par les jugemens rendus en pays étranger; et qu'à l'égard des contrats passés en pays étranger, il se gardait bien de dire que l'on pourrait de même contester devant les tribunaux français la foi qui leur serait due d'après la loi de leur passation (1).

C'est d'après cette différence que les auteurs du nouveau Denisart, aux mots *Donation entre-vifs*, §. 11, n°. 10, répondent à la question de savoir si « la donation entre vifs, passée en pays » étranger, devant un officier public qui en con-» serve la minute dans un dépôt public, peut » avoir son exécution en France », comme revêtue de la formalité prescrite par l'art. 1er. de l'ordonnance de 1731, renouvelé par l'art. 931 du Code civil.

« Les actes passés en pays étrangers, devant des personnes publiques (disent-ils), sont ordinairement assimilés aux écritures privées; en conséquence, on leur refuse l'hypothèque, qui, parmi nous, est la suite du contrat passé devant un officier public.

» Néanmoins ces écritures sont, dans la réalité, des écritures publiques; et s'il y est fait une mention expresse de l'acceptation, la donation entre-vifs qu'ils contiennent de biens situés en France, nous paraît être valable; et nous pensons qu'elle doit avoir son exécution, après que l'expédition délivrée par l'officier qui en a le dépôt, aura été déposée chez un notaire de France pour minute et dûment insinuée; dans ce cas, la lettre et l'esprit de la loi sont remplis ».

Au surplus, toute difficulté paraît levée là-dessus par les art. 47 et 999 du Code civil. *V.* le *Répertoire de jurisprudence*, au mot *Loi*, §. 6, n°. 7.

§. III. *Les actes Authentiques font-ils pleine foi contre les tiers, de ce qu'ils attestent avoir été contenu ou fait par les parties devant les officiers publics qui les ont reçus?*

V. l'article *Dot*, §. 11.

---

(1) *V.* le *Répertoire de Jurisprudence*, aux mots *Bureau de conciliation*, n°. 5.

(1) Le même raisonnement s'applique, pour le royaume des Pays-Bas, à l'arrêté législatif du 9 avril 1814, qui est rapporté dans le *Répertoire de jurisprudence*, au mot *Jugement*, §. 9 bis.

AUTORISATION MARITALE. §. I. *La maxime du droit romain*, NEMO POTEST AUCTOR ESSE IN REM SUAM, *est-elle applicable à l'autorisation dont la femme mariée a besoin pour s'obliger valablement, et en conséquence, la femme qui, avec l'Autorisation de son mari, s'est obligée pour lui, peut-elle faire annuler son obligation sur le fondement qu'elle l'a contractée sans l'Autorisation de la justice?*

La négative, comme je l'ai établi dans le *Répertoire de jurisprudence*, aux mots *Autorisation maritale*, sect. 6, §. 1, était incontestable avant le Code civil, dans tous les pays où était reconnue l'incapacité dans laquelle il place la femme mariée de s'obliger sans l'Autorisation de son mari ou celle de la justice.

Quels changemens le Code civil a-t-il faits à cet égard aux anciens principes? Aucun qui porte sur notre question. Il a bien étendu à tous les pays qu'il gouverne, la nécessité de l'Autorisation du mari ou de la justice pour la validité des obligations contractées par la femme; mais il n'a pas dit un mot de la maxime, *nemo potest esse auctor in rem suam;* et par conséquent il ne l'a pas adaptée à cette matière totalement inconnue au droit romain.

Voici cependant une espèce dans laquelle la cour d'appel de Turin avait jugé le contraire.

Le 17 mars 1809, acte sous seing-privé par lequel le sieur Borelli et Irène Radicati, sa femme, *dûment assistée et autorisée de son mari*, reconnaissent devoir au sieur Tabasso une somme de 52 pièces d'or, qu'ils s'obligent solidairement de lui payer.

Peu de temps après, le sieur Borelli meurt insolvable, et sa veuve est assignée par le sieur Tabasso en paiement de sa créance.

Jugement du tribunal de première instance de Turin, qui, attendu que les 52 pièces d'or n'étaient dues au sieur Tabasso que par le sieur Borelli; que l'épouse de celui-ci ne s'y est obligée que comme caution; que, dès-lors, elle n'aurait pu s'y obliger valablement qu'avec l'Autorisation de la justice; déclare l'acte du 17 mars 1809 nul à l'égard de la défenderesse.

Appel de la part du sieur Tabasso; et le 27 août 1810, arrêt confirmatif.

Mais le sieur Tabasso se pourvoit en cassation, et par arrêt du 15 octobre 1812, au rapport de M. Carnot,

« Vu les art. 217, 218 et 219 du Code civil;

» Et attendu qu'il résulte des dispositions combinées de ces articles, que la femme est suffisamment autorisée par son mari pour contracter des obligations envers des tiers, et qu'elle ne doit recourir à l'autorité de la justice que dans le cas d'absence ou de refus de son mari de l'autoriser;

» Que le Code civil a bien établi quelques exceptions à cette règle générale, mais qu'il n'en a établi aucune pour le cas où la femme contracte avec des tiers, dans le seul intérêt de son mari; et que les exceptions étant de droit étroit, ne peuvent s'appliquer par identité d'un cas à un autre;

» Que, si l'on consulte les dispositions de l'art. 1431, on voit même que l'esprit du législateur a été que la femme puisse s'obliger, dans le seul intérêt de son mari, sans avoir besoin d'en demander l'Autorisation à la justice;

» Qu'il ne faut pas, en effet, confondre le cas particulier où la femme Borelli s'est obligée par le même acte, conjointement avec son mari, envers des tiers, avec celui où une femme contracte une obligation personnelle envers son mari; que la disposition de l'art. 1427, quelque soit le sens dans lequel il peut être entendu, ne peut recevoir, dans l'espèce, aucune application;

» Attendu cependant que, contre la teneur des art. 217, 218 et 219, la cour d'appel de Turin a jugé que l'obligation contractée par la femme Borelli, conjointement et solidairement avec son mari envers un tiers, était nulle, sur le motif que la femme Borelli n'avait pas été autorisée en justice pour la contracter;

« Que la cour d'appel de Turin n'a pu le décider de la sorte, sans violer ouvertement le principe établi par lesdits articles, et sans supposer dans le Code une exception qui ne s'y trouve pas;

» La cour casse et annulle...... ».

§. II. *Quels ont été, par rapport à l'incapacité de la femme de s'obliger sans l'Autorisation de son mari, les effets de l'inscription du mari sur la liste des émigrés?*

V. l'article *Émigré*, §. 3.

§. III. *Le créancier d'une femme mariée peut-il, en vertu de l'art.* 1166 *du Code civil, exercer l'action qu'elle a pour faire annuller l'obligation qu'elle a contractée ou l'aliénation qu'elle a faite au profit d'un tiers, sans l'Autorisation de son mari?*

V. l'article *Hypothèque*, §. 4, n°. 5.

AUTORISATION POUR PLAIDER. *V.* les articles *Commune* et *Curateur.*

AUTORITÉ ADMINISTRATIVE. *V.* les articles *Maire, Préfet, Pouvoir judiciaire* et *Tribunal de police.*

AVAL. §. I. 1°. *Sous l'ordonnance de* 1673, *celui qui avait mis son Aval sur une lettre de change, pouvait-il opposer au porteur qui ne lui en avait pas fait signifier le protêt dans le terme prescrit par l'art.* 15 *du tit.* 5 *de cette ordonnance, la fin de non-recevoir établie par l'art.* 15 *du même titre de la même loi?*

2°. *Le pouvait-il, lorsqu'il avait donné son Aval par un acte séparé de la lettre de change?*

3°. *Le pouvait-il, lorsque, par l'acte contenant son Aval, il s'était, en termes exprès, obligé solidairement* d'acquitter la lettre de change, comme s'il en eût été endosseur?

Ces questions ont été portées, le 5 floréal an 10, à l'audience des sections réunies de la cour de cassation.

Les parties étaient, d'un côté, le sieur Lanfrey, demandeur en cassation d'un Arrêt de la cour d'appel d'Orléans, du 8 messidor an 9; de l'autre, Dominique-César Leleu, défendeur.

Après le rapport de la cause, fait par M. Henrion de Pansey, et les plaidoiries des défenseurs respectifs des deux parties, j'ai donné mes conclusions dans les termes suivans:

« Les grands intérêts pécuniaires qui sont agités dans cette cause, l'anxiété des parties qui attendent en suspens la décision qu'elle va recevoir, les reproches qu'elles se font mutuellement sur les circonstances qui lui ont donné l'être, rien de tout cela ne peut en ce moment fixer nos regards; la sévérité de notre ministère nous défend de nous en occuper.

» Un objet plus grand et plus élevé appelle toute notre application; c'est l'intérêt que les magistrats, que les jurisconsultes, que les négocians, que tous les citoyens doivent prendre au jugement d'une affaire dans laquelle les dispositions de la loi semblent s'entrechoquer, où deux tribunaux d'appel les ont entendues dans un sens, et le tribunal de cassation dans un autre, où le pour et le contre paraissent également vraisemblables, où la faveur de la libération est balancée par celle d'un créancier frustré de sa créance, et où il reste encore quelque chose de plus, où il s'agit de chercher, de découvrir, de démontrer les principes sur lesquels reposent les opérations les plus importantes du commerce et de la banque.

» Commençons par rappeler les faits.

» Le 6 frimaire an 6, le cit. Lanfrey vend, et le cit. Saint-Simon achète par facture signée de lui seul, et cependant faite triple, une partie considérable de toiles.

» Le prix de ces marchandises est fixé à 287,908 francs. Sur cette somme, le cit. Saint-Simon paie comptant au cit. Lanfrey 25,000 francs en espèces sonnantes, et il y ajoute deux traites à court terme, fournies par J.-B. Leleu, et montant ensemble à 100,000 francs.

» Pour les 162,908 francs qui restent à payer, le cit. Saint-Simon remet au cit. Lanfrey six lettres de change, qui, réunies, s'élèvent à cette somme.

» Ces lettres sont tirées par un cit. Mouton, de Saint-Quentin, sur le cit. Saint-Simon lui-même, qui les accepte et en passe l'ordre au cit. Lanfrey.

» Le cit. Lanfrey donne quittance de tous ces objets au cit. Saint-Simon, et il la donne au pied de la facture.

» Nous avons déjà observé que cette facture avait été faite triple; aussi l'un des trois exemplaires en est remis à Jean-Baptiste Leleu, et voici ce qu'y écrit le cit. Saint-Simon : la partie de toiles mentionnée en la présente facture, ayant été achetée de compte à demi entre M. Jean-Baptiste Leleu et moi, je l'autorise par ce présent à traiter pour la vente, pour le mieux de notre avantage. Signé Saint-Simon.

» Le même jour, Jean-Baptiste Leleu et Dominique-César Leleu, son oncle, ici défendeur, passent au cit. Lanfrey, qui l'accepte, un acte dans lequel, après avoir énuméré les six traites du cit. Mouton, ils s'expriment ainsi : « Re-
» connaissons que ces traites n'ont été acceptées
» par le cit. Lanfrey, que sous nos responsabi-
» lité et garantie solidaires. En conséquence,
» nous nous rendons, par ces présentes, garans
» solidaires du paiement desdites traites à leurs
» échéances; et nous engageons, sous ladite soli-
» darité, de faire personnellement les fonds pour
» l'acquit desdites traites, si elles n'étaient pas
» acquittées à leurs échéances, ainsi et de la
» même manière que si nous étions endosseurs
» desdites traites; au moyen de quoi, le présent
» engagement servira d'Aval, et aura en justice la
» même force que lesdites traites ».

» Les six traites de Mouton étaient payables, savoir, deux le 4 brumaire, deux le 4 frimaire, et deux le 4 nivôse an 7; et elles l'étaient par le cit. Saint-Simon, qui les avait acceptées.

» A l'échéance des deux premières, point de paiement; en conséquence, protêt à la requête du cit. Bourgeois, porteur de l'ordre du cit. Lanfrey.

» Dix jours après, le 14 brumaire an 7, le cit. Lanfrey écrit en ces termes à Jean-Baptiste Leleu : « Le cit. Bourgeois m'a informé que vous
» et vos associés avez laissé protester les effets....
» échus le 4 de ce mois; et que cependant vous
» lui aviez promis d'acquitter vos engagemens
» avant le 15 du courant. Je vous déclare que
» j'ai donné ordre de dénoncer le protêt aujour-
» d'hui, si vous ne tenez pas votre parole, et ne
» satisfaites le cit. Bourgeois avant trois heures
» après midi de ce jour. J'ai lieu d'espérer que
» vous voudrez bien éviter les frais de cette dé-
» nonciation de protêt, en faisant honneur à vos
» engagemens ».

» Il parait que le lendemain, Jean-Baptiste Leleu s'est abouché avec le cit. Lanfrey, et qu'il lui a souscrit, entre autres, un billet à ordre de 8,000 francs, payable le 29 du même mois. Du moins ce billet est produit sous la date du 15 brumaire an 7; et il est endossé par le cit. Lanfrey à l'ordre du cit. Bourgeois.

» Le 29 brumaire arrive, le billet est d'abord protesté; mais presque aussitôt après, il est acquitté par Jean-Baptiste Leleu.

» Le 4 pluviôse suivant, Jean-Baptiste Leleu remet au cit. Lanfrey douze nouvelles lettres de change tirées par Mouton de Saint-Quentin : la première, de 7,000 francs payable le 20 du même mois; la deuxième, de 8,000 francs payable le 20 ventôse suivant; les autres, de sommes graduellement plus fortes, et payables du 20 germinal de la même année au 4 nivôse an 9.

» Six jours après, le 10 pluviôse an 7, lettre du cit. Lanfrey à Jean-Baptiste Leleu: « Mon » conseil (lui dit-il) m'ayant fait de justes ob-» servations sur le laps de temps qu'ont à courir » les lettres de change que vous m'avez remises, » je vous serai infiniment obligé de prier le cit. » Leleu, votre oncle, de vouloir bien se rendre » demain matin à neuf heures, ou à une heure » après midi, si cela lui est plus commode, chez » le cit. Hubert, notaire, qui est chargé de lui » soumettre les susdites observations, et de pren-» dre avec lui les arrangemens convenables pour » me garantir l'assurance du paiement des lettres » de change que j'ai reçues de vous. Je suis » persuadé qu'il ne se refusera pas à me procu-» rer, à cet égard, toutes les assurances qui sont » en son pouvoir ».

» Le rendez-vous provoqué par cette lettre, a-t-il eu lieu? Rien ne l'annonce. Mais voici, sous la date du 27 du même mois pluviôse an 7, une autre lettre du cit. Lanfrey à Jean-Baptiste Leleu: «J'ai été cette après-midi, à quatre heures, » chez le cit. Hubert; vous ne vous y êtes pas » trouvé. Je vous invite à vous y trouver demain » matin à neuf heures; j'y serai aussi. Je vous » prie de vouloir bien ne pas oublier que votre » traite de 7,000 livres échoit après demain, et que » vous m'avez promis de m'en remettre demain » la moitié; alors, j'attendrai encore quelque » temps pour le reste ».

» De cette lettre, de la précédente et de la remise faite par Jean-Baptiste Leleu au cit. Lanfrey, de douze nouvelles lettres de change, il sort une induction qui ne laisse pas que d'être de quelque importance dans la cause: c'est que le cit. Lanfrey considérait Jean-Baptiste Leleu comme seul intéressé dans cette affaire avec Saint-Simon, et que Dominique-César Leleu, oncle, n'était à ses yeux que le répondant de la vente qu'il leur avait faite de ses toiles en frimaire an 6. Pourquoi, en effet, s'adresse-t-il toujours directement à Jean-Baptiste Leleu? Pourquoi ne traite-t-il qu'avec lui? Pourquoi reçoit-il de lui seul les douze nouvelles lettres de change? Et pourquoi, après les avoir reçues, témoigne-t-il le désir de prendre avec Leleu, oncle, *les arrangemens convenables pour lui garantir l'assurance du paiement de ces effets?* La réponse se présente d'elle-même, et nous venons de l'indiquer.

» Quoi qu'il en soit, il paraît qu'à l'échéance de la deuxième des douze nouvelles lettres de change, c'est-à-dire, le 20 ventôse an 7, Jean-Baptiste Leleu n'a pas rempli ses engagemens, et que, dès-lors, le cit. Lanfrey a pris le parti de se replier sur l'acte du 6 frimaire an 6, dont il était toujours resté muni.

» Le 21 ventôse an 7, il a été assigné au tribunal de commerce de Paris, par le cit. Bour-geois, son porteur d'ordre, en remboursement des 162,908 francs, qui formaient le montant des six premières traites; et le lendemain, il a dénoncé cette assignation aux cit. Leleu, oncle et neveu, en les citant à son tour devant le même tribunal, pour se voir condamner par corps à le garantir.

» Le 24 du même mois, jugement par défaut qui adjuge au cit. Bourgeois et au cit. Lanfrey leurs conclusions respectives, sauf qu'il ne prononce pas, contre Dominique-César Leleu, la contrainte par corps.

» Le 16 floréal suivant, autre jugement par défaut, qui déboute Dominique-César Leleu de son opposition au premier.

» Appel, tant par Dominique-César Leleu, en ce qu'il est condamné à payer les 162,908 francs portés dans l'acte du 6 frimaire an 6, que par le cit. Lanfrey, en ce qu'il n'a pas obtenu la contrainte par corps.

» L'affaire portée au tribunal civil du département de la Seine, le cit. Leleu soutient,

» Que, par l'acte du 6 frimaire an 6, il ne s'est constitué qu'endosseur des six lettres de change fournies par son neveu et par Saint-Simon au cit. Lanfrey; qu'en conséquence, le cit. Lanfrey aurait dû le poursuivre en garantie dans les délais fixés par l'art. 15 du tit. 5 de l'ordonnance de 1673;

» Que le cit. Lanfrey n'ayant donné que long-temps après, son assignation en garantie, est, par cela seul, non-recevable; que, d'ailleurs le cit. Bourgeois, demandeur originaire, ayant intenté son action trop tard contre le cit. Lanfrey, la fin de non-recevoir qui repousse sa demande, doit en même temps repousser l'action du cit. Lanfrey en garantie;

» Qu'enfin, et à tout événement, l'acte du 6 frimaire an 6 n'existe plus; que l'engagement contracté par cet acte, a été éteint par une novation qui a été le résultat de la substitution des douze nouvelles traites du 4 pluviôse an 7 aux six premières traites du 6 frimaire an 6; qu'ainsi à tous égards, il a été mal jugé par le tribunal de commerce de Paris.

» Le cit. Lanfrey répond

» Que l'acte du 6 frimaire an 6 n'est pas un endossement, mais un cautionnement simple et solidaire, pour l'exécution duquel l'art. 20 du tit. 5 de l'ordonnance de 1673 accorde trois ans au porteur des lettres de change cautionnées;

» Qu'en tout cas, le cit. Leleu, même considéré comme endosseur, devrait prouver, aux termes de l'art. 16 du même titre de l'ordonnance, que Saint-Simon, accepteur des six traites, avait fonds ou provision pour les payer;

» Qu'en tout cas encore, comme co-acheteur des toiles vendues le 6 frimaire an 6, qualité qu'il offre de justifier par témoins, le cit. Leleu ne peut pas se dispenser d'en acquitter le prix;

» Qu'enfin, il n'y a pas l'ombre de novation dans toute cette affaire.

» Le 24 messidor an 7, jugement interlocutoire qui ordonne qu'il sera rapporté des parères des places de Paris, Rouen et Orléans, sur les questions suivantes:

» 1°. L'acte du 6 frimaire an 6 doit-il être considéré comme un Aval?

» 2°. Est-il reçu et usité dans le commerce, qu'un Aval séparé de la traite ait tous les effets d'un Aval mis sur la traite elle-même, et d'un endossement?

» En conséquence, l'art. 15 du tit. 5 de l'ordonnance de 1673 est-il applicable à un pareil Aval, en cas de défaut de protêt ou de demande en garantie dans les délais fixés par la loi?

» Ou bien y a-t-il lieu, dans cette espèce, à l'application de l'art. 20, qui donne trois ans pour agir contre les *cautions baillées par l'événement des lettres de change*?

» 3°. Est-il reçu et usité dans le commerce, que le porteur d'une lettre de change acceptée puisse exiger, soit du donneur d'Aval, soit du tireur, soit des endosseurs, la preuve que l'accepteur était redevable, ou avait provision au temps où la traite aurait dû être protestée?

» Sur ces trois questions, des parères ont été rapportés de part et d'autre, et comme il arrive presque toujours en ces sortes d'occasions, ils ne se sont pas accordés dans leurs résultats. Il est sans doute une classe de banquiers et de négocians qui se respectent trop pour défigurer, par leurs attestations, les véritables usages du commerce ou de la banque. Mais il n'est que trop ordinaire de voir la complaisance, l'esprit de système, l'intérêt personnel même, présider à la rédaction de certains parères.

» Le 14 fructidor an 7, jugement définitif qui, sur l'appel du cit. Lanfrey, dit qu'il a été bien jugé; sur celui du cit. Leleu, infirme le jugement du tribunal de commerce, décharge le cit. Leleu des condamnations prononcées contre lui, et faisant droit au principal, déclare le cit. Lanfrey non-recevable dans ses demandes.

» Les motifs de ce jugement sont,

» D'abord, que le cit. Bourgeois est non-recevable dans son action en remboursement contre le cit. Lanfrey; que par conséquent, le cit. Lanfrey l'est également dans son recours en garantie contre le cit. Leleu;

» Ensuite, que même abstraction faite de la fin de non-recevoir que le cit. Lanfrey pourrait opposer au cit. Bourgeois, et dont il ne peut pas priver son garant, le cit. Lanfrey est encore personnellement non-recevable,

» 1°. Parceque, par l'acte du 16 frimaire an 6, le cit. Leleu n'a voulu s'obliger que comme endosseur; que les termes de l'acte même le prouvent; et que, s'il y avait à cet égard quelque doute, ce serait en faveur de l'obligé que devrait s'en faire l'interprétation; que, dès-là, il est fondé à opposer au cit. Lanfrey le défaut de dénonciation des protêts et de poursuite en garantie, dans les délais déterminés par l'art. 13 du tit. 5 de l'ordonnance de 1673;

» 2°. Que l'on arrive au même résultat, en considérant l'acte du 6 frimaire an 6 comme un simple *Aval*; qu'en effet, il est suffisamment reconnu, et il résulte de l'ensemble des parères fournis respectivement, que, dans le commerce, les Avals séparés des lettres de change, opèrent, à l'égard de ceux qui les donnent, les mêmes effets que les endossemens;

» 3°. Qu'il n'est nullement justifié que D.-C. Leleu soit acheteur ou co-acheteur des toiles dont il s'agit; que, bien loin de là, il est prouvé par titre que ces toiles n'ont été achetées que par Saint-Simon et J.-B. Leleu; que ce point de fait est reconnu par le cit. Lanfrey lui-même, dans son premier mémoire imprimé; et que, d'après l'art. 2 du tit. 20 de l'ordonnance de 1667, l'offre du cit. Lanfrey de prouver le contraire par témoins, n'est pas admissible;

» 4°. Que Saint-Simon, accepteur des lettres de change, était débiteur du prix des toiles; et que, par là, il est suffisamment satisfait à la condition de laquelle l'art. 16 du tit. 5 de l'ordonnance de 1673 fait dépendre le succès de la fin de non-recevoir résultant, soit du défaut de protêt, soit du défaut de dénonciation de protêt à temps;

» 5°. Enfin, que des douze nouvelles traites remises au cit. Lanfrey par J.-B. Leleu, le 4 pluviose an 7, il est résulté une novation qui aurait, au besoin, détruit les engagemens contractés par le cit. Leleu, dans l'écrit du 6 frimaire an 6.

» Le cit. Lanfrey n'a pas cru que, pour être ainsi motivé, le jugement du tribunal civil de la Seine en fût plus à l'abri de la cassation. Il l'a attaqué comme violant

» 1°. Les lois qui veulent que les conventions soient respectées;

» 2°. Les lois qui règlent la nature et les effets du contrat de change;

» 3°. Les lois qui admettent la preuve par témoins dans les affaires commerciales.

» De ces trois moyens, le second seul a fixé l'attention de la section civile du tribunal de cassation; et le 14 germinal an 9, jugement est intervenu qui a cassé celui du tribunal de la Seine, tant pour fausse application de l'art. 15, que pour contravention aux art. 16, 20, 21 et 33 du tit. 5 de l'ordonnance de 1673, et a renvoyé la cause au tribunal d'appel d'Orléans.

» Pour prononcer ainsi, la section civile s'est fondée sur deux motifs principaux, l'un de droit, l'autre de fait.

» Elle a considéré, dans le droit,

» Que la fin de non-recevoir établie par l'art. 15 du tit. 5 de l'ordonnance de 1673, n'a lieu que contre le tireur et les endosseurs effectifs d'une lettre de change; qu'elle est sans effet contre un

82.

garant quelconque, qui, par assimilation, serait placé dans la classe des endosseurs ;

» Qu'aux termes de l'art. 16, le tireur et les endosseurs eux-mêmes ne peuvent profiter de cette fin de non-recevoir, qu'en prouvant que l'accepteur avait provision au temps du protêt ;

» Que, par l'art. 33, tout donneur d'Aval est tenu solidairement avec l'accepteur ; et que, d'après l'art. 21, l'accepteur ne prescrit sa libération que par le terme de cinq ans, et en affirmant ;

» Que, suivant l'art. 20, l'obligation des cautions données pour l'événement des lettres de change, dure au moins trois ans.

» Elle a considéré, dans le fait,

» Que l'acte du 6 frimaire an 6 contient expressément, de la part du cit. Leleu, l'obligation directe et solidaire *de faire personnellement les fonds pour l'acquit des six traites désignées* dans son préambule, *si ces traites n'étaient pas acquittées à leurs échéances* ;

» Que, par cette obligation, D.-C. Leleu s'est placé de lui-même dans la classe d'un garant direct et personnel de l'accepteur ; qu'il a même reconnu par là qu'il ne pouvait être dans celle d'un simple endosseur, et surtout d'un endosseur qui peut prouver que l'accepteur a eu provision au temps du protêt ;

» Que la clause explicative, *ainsi et de la même manière que si nous étions endosseurs, au moyen de quoi le présent engagement servira d'Aval*, ne pouvant être séparée de celle qui la termine, *et aura en justice la même force à notre égard que lesdites traites*, ne peut atténuer et n'atténue en rien l'obligation de faire les fonds pour l'acquit des lettres de change, et d'en garantir le paiement.

» Et de tout cela, il a été conclu par la section civile, que l'art. 15 du tit. 5 de l'ordonnance de 1673 ne pouvait pas s'appliquer à un pareil engagement ; que l'art. 33 contenait le principe applicable à cette obligation ; et que les art. 20 et 21 ne permettaient pas d'admettre une prescription de quinzaine, soit contre un garant d'accepteur, soit contre une caution de la sûreté des traites.

» Ce n'est pas encore le moment de discuter ces différens motifs ; il faut, avant cela, vous rappeler ce qui a suivi le jugement qu'ils ont dicté.

» Les parties se sont présentées devant le tribunal d'appel d'Orléans, et y ont plaidé respectivement les moyens qu'elles avaient fait valoir, d'abord devant le tribunal civil du département de la Seine, ensuite devant le tribunal de cassation.

» Assurément le jugement dont nous venons de rendre compte, était rédigé de manière à ne laisser aucun doute sur les points de vue sous lesquels la section civile avait envisagé le fond de l'affaire ; et c'était pour le cit. Lanfrey une puissante autorité à opposer au cit. Leleu.

» Mais le tribunal d'appel d'Orléans, usant du droit qu'il avait de ne pas s'arrêter à une décision sectionnaire du tribunal suprême, a prononcé, le 18 messidor an 9, comme l'avait fait le jugement annullé.

» Ce n'est pas qu'il ait adopté tous les motifs de celui-ci ; il a, au contraire, rejeté le moyen que tirait le cit. Leleu de la novation qu'il prétendait faire résulter des négociations du 4 pluviôse an 7, et il s'est renfermé dans le développement des autres considérations qui avaient déterminé le tribunal civil du département de la Seine.

» Le cit. Lanfrey s'est pourvu de nouveau en cassation, et, se référant aux moyens qu'il avait employés avec tant de succès lors du jugement du 14 germinal an 9, il a demandé et obtenu la permission de faire citer son adversaire devant les sections réunies.

» Il s'agit maintenant d'apprécier ces moyens, c'est-à-dire, d'examiner

» 1°. Si le tribunal d'appel d'Orléans a violé les lois conservatrices du respect dû aux contrats ;

» 2°. S'il a faussement appliqué et enfreint les dispositions de l'ordonnance de 1673, relatives à la nature et aux effets du contrat de change ;

» 3°. S'il a contrevenu à l'art. 2 du tit. 20 de l'ordonnance de 1667, concernant la preuve testimoniale.

» Nous commencerons par observer que, de ces trois moyens le premier rentre nécessairement dans le second, et que le troisième n'a pas même l'ombre de fondement.

» Nous disons d'abord que le premier rentre dans le second, et c'est une vérité extrêmement sensible.

» De quoi est-il question au procès ? Il y est question, sinon uniquement, du moins principalement, de savoir si, par l'acte du 6 frimaire an 6, le cit. Leleu s'est rendu simplement garant, ou si seulement il s'est constitué, soit endosseur, soit donneur d'Aval, des six traites litigieuses.

» Si cet acte n'offre, de la part du cit. Leleu que la promesse pure et simple de garantie d'une dette ordinaire, qu'un cautionnement de pur droit commun, bien évidemment il y a, dans le jugement attaqué, fausse application de l'art. 15 du tit. 5 de l'ordonnance de 1673, et par suite contravention aux lois qui veulent que les contrats soient exécutés.

» Mais aussi supposez à l'acte du 6 frimaire an 6, le caractère et les effets, soit de l'Aval, soit de l'endossement, alors l'article dont nous venons de parler, aura reçu une juste application, et il n'y aura plus lieu d'invoquer les lois générales sur les contrats, parceque le contrat de change est soumis par l'ordonnance de 1673 à des règles particulières, à des règles qui font exception à ces lois générales.

» Nous avons ajouté que le moyen tiré de l'art. 2 du tit. 20 de l'ordonnance de 1667, n'avait aucune apparence de fondement, et trois observations infiniment simples vont le démontrer.

» Le cit. Lanfrey se plaint de ce que, par le jugement attaqué, le tribunal d'appel d'Orléans a rejeté son offre de prouver par témoins, que le cit. Leleu était co-acheteur des marchandises dont le prix est, en majeure partie, représenté par les six traites litigieuses.

» Or, d'une part, l'art. 2 du tit. 20 de l'ordonnance de 1667 ne dit pas que les tribunaux de commerce seront tenus d'admettre la preuve par témoins au-dessus de 100 francs, dans tous les cas où elle sera offerte. Il dit seulement qu'en défendant la preuve par témoins, *de toutes choses excédant la somme ou valeur de 100 livres*, il n'entend *rien innover, pour ce regard, en ce qui s'observe en la justice des juges et consuls des marchands*.

» Et que s'observait-il à ce sujet dans les tribunaux de commerce, à l'époque de la rédaction de l'ordonnance de 1667? Nous l'apprenons par le procès-verbal de cette ordonnance elle-même, pages 216 et 217 : « M. le premier président a
» dit.... qu'à l'égard de l'exception que l'on fait
» en faveur des juges et consuls, encore que
» l'article ne décide rien précisément, ils croiront
» néanmoins avoir un titre qu'ils expliqueront en
» leur faveur; que l'on a toléré qu'ils aient reçu
» la preuve par témoins au-dessus de 100 livres,
» lorsque l'on a cru qu'ils étaient aidés par quel-
» ques adminicules ; mais il serait dangereux
» d'en faire un article d'ordonnance, parcequ'ils
» en pourraient abuser. M. Pussort a dit que
» l'article avait été rédigé chez M. de Verlamont,
» où les consuls lors en charge avaient été enten-
» dus et qu'ils dirent sur ce point qu'ils recevaient
» ou admettaient la preuve par témoins, selon la
» qualité des personnes.... ; (qu'en conséquence)
» l'on avait cru qu'il serait mieux de ne rien in-
» nover et de les laisser en leur possession, et que
» cela avait été arrêté par le roi ». Ainsi, il est très-clair que l'ordonnance de 1667 a délégué aux tribunaux de commerce et par suite aux tribunaux supérieurs, en cas d'appel, une sorte de de pouvoir discrétionnaire sur la preuve testimoniale; et dès-là, nul moyen d'arguer de contravention à cette ordonnance, d'un jugement qui, en matière de commerce, admet ou rejette la preuve par témoins, puisque, dans un cas comme dans l'autre, il ne fait qu'exercer une faculté établie par la loi.

» D'un autre côté, comment le cit. Lanfrey, même en allant jusqu'à considérer le tribunal de cassation comme juge de révision du fond des affaires, pourrait-il se plaindre devant vous de n'avoir pas été admis à la preuve testimoniale d'un fait qui était démenti par toutes les pièces du procès, d'un fait auquel il avait lui-même imprimé, par sa propre correspondance, le caractère de l'invraisemblance la moins supportable, d'un fait qu'il avait lui-même reconnu faux, ainsi que l'énonce le jugement du tribunal de la Seine, par le premier de ses mémoires imprimés?

» Enfin, il est de principe que le juge ne doit jamais admettre la preuve d'un fait qui ne peut concourir en rien à la décision du procès: *frustra probatur quod probatum non relevat*. Or, qu'importait au jugement de l'affaire soumise au tribunal d'Appel d'Orléans, que le cit. Leleu fût ou ne fût pas co-acheteur des toiles vendues par le cit. Lanfrey au cit. Saint-Simon? Si en paiement de marchandises que vous m'avez vendues, j'endosse à votre profit une lettre de change que j'ai dans mon porte-feuille, en serez-vous moins tenu, en cas de protêt, de me poursuivre en garantie dans la quinzaine? et si vous ne le faites pas, en serez-vous moins déclaré non-recevable dans votre recours contre moi? Échapperez-vous à la fin de non-recevoir, sous le prétexte que la lettre de change dont je vous ai fait le transport, est le prix de marchandises que j'ai achetées de vous? Il faut, nous osons le dire, il faut, pour soutenir un pareil système, n'avoir aucune idée des matières de commerce; il faut fouler aux pieds tous les principes de contrat de change; il faut rendre presque sans effet la disposition générale et indéfinie de l'art. 15 du tit. 5 de l'ordonnance de 1673.

» Que le cit. Leleu ait soutenu, ait prouvé devant le tribunal d'appel d'Orléans, qu'il n'avait pris aucune part à l'achat des toiles du cit. Lanfrey, il le devait peut-être à sa délicatesse : mais pour le fond de son droit, c'était la chose du monde la plus indifférente.

» Était-il caution simple, où n'était-il qu'endosseur? Voilà uniquement ce qu'il fallait discuter.

» S'il était caution simple, co-acheteur ou non, il devait être condamné. S'il n'était qu'endosseur, co-acheteur ou non, il devait être absous.

» Abandonnons donc le troisième moyen de cassation du cit. Lanfrey, et fixons-nous sur le second, sur celui qui a seul attiré l'attention de la section civile, lors du jugement du 14 germinal an 9.

» Ici plusieurs questions se présentent; et dans l'impossibilité où nous sommes de les discuter toutes à la fois, nous devons commencer par celle de savoir s'il est vrai, comme le soutient le cit. Lanfrey, que « la fin de non-recevoir établie
» contre le tireur et les endosseurs pour non-
» exercice de poursuite dans la quinzaine du
» jour du protêt faute de paiement, n'a lieu que
» contre le vrai tireur, et contre celui qui a ef-
» fectivement endossé une lettre de change dans
» la forme et aux charges prescrites, et non con-
» tre un garant quelconque, qui, par assimila-
» tion, serait placé dans la classe des endosseurs »?

» Pour défendre cette proposition, l'on veut dire que les fins de non-recevoir sont en général peu favorables; que l'on ne peut conséquemment pas les étendre d'un cas à l'autre; et que, par une conséquence ultérieure, celui qui n'est endosseur que fictivement, ne peut pas s'approprier une fin de non-recevoir que la loi n'accorde qu'à l'endosseur véritable et proprement dit.

» Mais d'abord, peut-on appliquer à la fin de non-recevoir résultant du défaut de dénonciation à temps du protêt d'une lettre de change, le principe général que les fins de non-recevoir ne jouissent pas d'une grande faveur? Ce qu'il y a de favorable dans le commerce, ce qui mérite spécialement la protection de la loi et la faveur de la justice, c'est généralement tout ce qui peut contribuer à la prompte expédition des affaires, tout ce qui tend à les dégager de toute espèce d'entraves, tout ce qui a pour objet de mettre chacun à portée d'exercer rapidement les actions qu'il peut avoir. Or, tel est évidemment le caractère de la fin de non-recevoir dont il s'agit. Pourquoi, en effet, la loi l'a-t-elle prononcée? Elle l'a prononcée en haine du tort que le porteur de la lettre de change protestée fait à ses garans, en ne les mettant pas à même d'exercer leur propre recours contre leurs arrière-garans, en ne leur fournissant pas le titre qui pourrait seul fonder ce recours, en les exposant par là à toutes les chances d'insolvabilité qui peuvent survenir dans l'intervalle; car sans cette dénonciation, comment pourraient-ils agir? Comment prouveraient-ils, soit à leurs propres cédans, soit à l'accepteur, le défaut où a été celui-ci d'acquitter la lettre à son échéance? Et s'ils n'en ont pas la preuve en main, comment réussiront-ils dans leur action récursoire? C'est donc pour l'avantage du garant, que la dénonciation du protêt doit lui être faite dans la quinzaine du protêt même; c'est en sa faveur que l'ordonnance la requiert; on ne peut donc pas la négliger, sans nuire à ses intérêts; et dès-là, bien loin de regarder comme odieuse, on doit, au contraire, accueillir comme très-favorable, la fin de non-recevoir que la loi fait résulter d'une semblable négligence.

» Mais si cette fin de non-recevoir est favorable, quelle raison y aurait-il de la restreindre assez rigoureusement pour en interdire l'usage aux endosseurs fictifs?

» C'est évidemment aller contre la maxime qui veut que toute fiction ait, dans le cas pour lequel elle a été introduite, les mêmes effets que la vérité: *Tantum operatur fictio in casu ficto, quantum veritas in casu vero.*

» Et cette maxime s'applique avec bien plus de force encore, aux fictions conventionnelles, aux fictions qui ont fait partie des conditions sous lesquelles une obligation a été contractée, aux fictions sans lesquelles peut-être cette obligation n'existerait pas. J'ai bien voulu, sans endosser une lettre de change, vous en garantir le paiement; mais je ne l'ai voulu qu'à condition que je serais, à votre égard, considéré comme endosseur de cet effet; je ne l'ai voulu qu'à condition que les lois de l'endossement me seraient applicables. Si cette condition ne vous convenait pas, il fallait vous opposer à ce que je l'insérasse dans mon acte de garantie; vous ne l'avez point fait, vous avez accepté mon acte de garantie tel qu'il est conçu; il fait donc loi entre nous; et vouloir aujourd'hui séparer de la garantie que je vous ai promise, la condition que j'y ai opposée, vouloir me traiter, non comme endosseur, mais comme garant pur et simple, c'est diviser un contrat qui, par le concours de nos volontés originaires, a été rendu indivisible; c'est manquer à la foi qui lui est due, c'est violer la loi qui en commande l'exacte et littérale observation.

» Disons donc que le cit. Lanfrey part d'un faux principe, en avançant que l'*endosseur par assimilation* ne peut pas invoquer la fin de non-recevoir établie par l'ordonnance de 1673 en faveur de l'endosseur réel.

» Disons au moins que casser un jugement pour avoir adopté le principe contraire, ce serait abuser du droit d'annuller les décisions des juges supérieurs *pour contravention expresse à la loi*; car le principe contraire n'est certainement en opposition avec aucun texte de l'ordonnance de 1673; et fût-il douteux, fût-il privé de l'avantage d'être aussi bien démontré, aussi évident qu'il l'est dans la réalité, il ne pourrait encore donner aucune prise à la cassation.

» Cela posé, la cause peut se réduire à ce seul point de fait : le cit. Leleu s'est-il rendu, par l'acte du 6 frimaire an 6, garant pur et simple du paiement des six traites qui y sont désignées; ou s'est-il seulement soumis à garantir ce paiement, ni plus ni moins que s'il eût été endosseur? Au premier cas, on pourrait soutenir, avec quelque apparence de fondement, que l'art. 15 du tit. 5 de l'ordonnance a été faussement appliqué par le jugement dont se plaint le cit. Lanfrey (proposition néanmoins que nous nous réservons de discuter ci-après); mais au deuxième cas, le tribunal d'appel d'Orléans n'a évidemment fait de cet article qu'une application parfaitement juste.

» Or, cette question de fait est clairement résolue par l'acte du 6 frimaire an 6 : *reconnaissons* (porte-t-il) *que ces traites n'ont été acceptées*, (c'est-à-dire reçues en paiement), *par M. Lanfrey, que sous notre responsabilité et garantie solidaire. En conséquence, nous nous rendons, par ces présentes, garans solidaires du paiement desdites traites à leurs échéances; et nous engageons, sous ladite solidarité, de faire personnellement les fonds pour l'acquit desdites traites, si elles n'étaient pas acquittées à leurs échéances, ainsi et de la même manière que si nous étions endosseurs desdites traites; au moyen de quoi, le présent engagement servira d'Aval, et aura, en justice, la même force à notre égard que lesdites traites.*

» Ces termes, *ainsi et de la même manière que, si nous étions endosseurs desdites traites*, sont assurément bien décisifs. Le cit. Leleu se rend, à la vérité, garant solidaire du paiement des six lettres de change; mais ce n'est pas purement et simplement, c'est comme endosseur qu'il se constitue tel; il n'est donc obligé que comme le serait un endosseur; il n'est donc pas obligé dans les cas où un endosseur cesserait de l'être.

» Mais, dit le cit. Lanfrey, le cit. Leleu, en se plaçant dans la classe d'un garant direct et personnel de l'accepteur, a reconnu qu'il ne pouvait pas être dans celle d'un simple endosseur.

» Point du tout. Le simple endosseur, par cela seul qu'il écrit et signe son ordre au dos d'une lettre de change, se rend bien constamment le garant direct, le garant personnel, le garant solidaire et de celui qui l'a tirée et de celui qui doit la payer; et quelle en est la raison? C'est, dit Pothier, dans son *Traité du contrat de change*, n°. 79, que « l'endossement est un vrai
» contrat de change par lequel celui à qui l'ordre
» est passé, échange l'argent qu'il donne à l'en-
» dosseur dans le lieu où se fait l'endossement,
» contre l'argent que l'endosseur s'oblige, de
» son côté, de lui faire recevoir dans le lieu où
» la lettre de change qu'il lui remet, est tirée. Ce
» contrat (ajoute le même auteur) est entière-
» ment semblable à celui qui intervient entre le
» tireur et le donneur de valeur. Il produit, entre
» l'endosseur et celui à qui l'ordre est passé...,
» en cas de refus de paiement, les mêmes obli-
» gations et les mêmes actions que la lettre de
» change produit entre le tireur et le donneur
» de valeur ». Aussi voyez-vous que, par l'art. 33 du tit. 5 de l'ordonnance de 1673, les endosseurs sont, pour la garantie solidaire et personnelle, assimilés *aux tireurs, promtteurs, donneurs d'Aval* et *accepteurs*.

» Il n'y a donc rien, absolument rien d'incompatible entre la clause par laquelle le cit. Leleu s'est rendu garant direct et solidaire du paiement des six lettres de change, et la clause par laquelle il a déclaré se soumettre à cette garantie, *ainsi et de la même manière que s'il eût été endosseur*. La première n'est pas plus exclusive de la seconde, que n'est incompatible, dans un endosseur ordinaire, sa qualité d'endosseur même avec l'obligation directe et solidaire qu'il contracte par son ordre, d'acquitter la lettre de change au défaut de celui sur qui elle est tirée.

» Mais, dit encore le cit. Lanfrey, la cause explicative, *ainsi et de la même manière que si nous étions endosseurs*, ne peut pas être séparée de la clause qui termine l'acte, *et aura en justice la même force à notre égard que lesdites traites*. Elle ne peut donc pas atténuer l'obligation de faire les fonds pour l'acquit des traites, et d'en garantir le paiement.

» Non, sans doute, elle ne l'atténue pas, elle n'en diminue pas l'intensité, elle n'en altère pas la solidité directe et personnelle; mais elle en subordonne l'effet à des formalités de rigueur, ce qui est très-différent.

» Ne voyez-vous pas d'ailleurs que l'argument se rétorque de lui-même contre le cit. Lanfrey?

Dès que la clause qui termine l'acte, ne peut pas être séparée de la clause, *ainsi et de la même manière que si nous étions endosseurs*, bien évidemment, et par cela seul, l'obligation de faire les fonds à l'échéance, au défaut de l'accepteur, se trouve subordonnée à l'accomplissement des formalités que le porteur est tenu de remplir envers les endosseurs ordinaires; et si le porteur manque à ces formalités, il sera sans action, par la raison même que les deux clauses sont indivisibles.

» Ici s'applique la sixième des règles que Pothier nous donne pour l'interprétation des conventions. *On doit*, dit-il, dans son *Traité des obligations*, n°. 96, *on doit interpréter une clause par les autres clauses contenues dans l'acte, soit qu'elles précèdent, ou qu'elles suivent*, et c'est ce qu'il prouve par la loi 126, D. *de verborum significatione*.

» Il n'importe donc que la clause, *ainsi et de la même manière que si nous étions endosseurs*, ne commence ou ne termine pas l'acte du 6 frimaire an 6; il n'importe qu'elle suive ou qu'elle précède, soit la clause par laquelle le cit. Leleu se rend garant direct et solidaire du paiement des six traites, soit la clause par laquelle il est dit que cet acte aura, à l'égard du cit. Leleu, *la même force que lesdites traites*. En quelque partie de l'acte qu'elle soit placée, elle en modifie nécessairement toutes les autres clauses; elle en restreint nécessairement les effets à ceux d'un simple endossement; elle en soumet nécessairement l'exécution éventuelle à la condition que le porteur se mettra en règle envers le cit. Leleu, comme il serait tenu de le faire envers un endosseur.

» Et s'il y avait là-dessus du doute, ce ne serait certainement pas en faveur du cit. Lanfrey que l'acte devrait être interprété. *Dans le doute*, porte la septième règle de Pothier, *une clause doit s'interpréter contre celui qui a stipulé quelque chose, et à la décharge de celui qui a contracté l'obligation*, et la raison en est simple: c'est, dit la loi 99, D. *de verborum obligationibus*, que le créancier était maître de s'expliquer plus clairement, et qu'il doit s'imputer de ne l'avoir pas fait: *quia stipulatori liberum fuit verba late concipere*.

» Et combien cette raison, déjà si puissante auprès d'un tribunal d'appel, ne l'est-elle pas davantage devant le tribunal de cassation? Car enfin, si le sens de l'acte du 6 frimaire an 6 est ambigu, non-seulement le tribunal d'appel a dû l'interpréter en faveur du cit. Leleu; mais par cela même qu'il est ambigu, il est impossible d'accuser le tribunal d'appel d'avoir violé une loi quelconque, en l'interprétant d'une manière plutôt que de l'autre; par cela même qu'il est ambigu, la demande en cassation du jugement du tribunal d'appel est inadmissible.

» Mais voici un autre point de vue, sous lequel le cit. Lanfrey trouve le jugement du tribunal de la Seine, et par suite celui du tribunal d'appel d'Orléans, en contradiction avec la

loi. C'est, dit-il, que « l'obligation imposée par
» la loi à ceux qui auront mis leur Aval sur des
» lettres de change ou autres actes concernant
» le commerce, est d'être tenus solidairement
» avec les accepteurs, encore qu'il n'en soit pas
» fait mention; c'est que l'obligation des accep-
» teurs n'est prescrite que par cinq ans, et à la
» charge d'affirmer la libération; c'est que celle
» des cautions données pour l'événement des
» lettres de change, dure au moins trois ans;
» c'est qu'enfin, l'art. 33 contient le principe
» applicable à cette obligation; et que les art. 20
» et 21 ne permettaient pas d'admettre une pres-
» cription de quinzaine contre un garant d'ac-
» cepteur ou une caution de la sûreté des
» traites ».

» Nous ne craindrons pas de le dire, cette partie de la défense du cit. Lanfray n'est qu'un tissu d'erreurs condamnées par le texte même de l'ordonnance de 1673, et par l'usage universel du commerce.

» Fermons pour un instant les yeux à la clause de l'acte du 6 frimaire an 6, par laquelle le cit. Leleu s'est constitué *endosseur* des six lettres de change, et ne voyons dans cet acte que la clause portant que *le présent engagement servira d'Aval*.

» Dans cette hypothèse, on sera du moins forcé de convenir, avec les tribunaux de la Seine et d'Orléans (et le jugement de cassation du 14 germinal an 9 est, à cet égard, implicitement d'accord avec eux), que l'on doit considérer comme un *Aval* effectif, l'engagement que le cit. Leleu a contracté par l'acte du 6 frimaire an 6.

» Il est d'ailleurs reconnu de part et d'autre, et c'est une vérité extrêmement notoire, pour ne pas dire triviale, que les *Avals* ne se donnent plus sur les lettres de change auxquelles ils servent de cautionnemens, mais par des actes séparés. Cet usage était même déjà en vigueur dans les dix dernières années du dix-septième siècle; car, voici ce que nous lisons dans le quatorzième *parère* du recueil de Savary: *l'usage n'est plus de mettre l'Aval au bas de la signature de celui qui tire une lettre de change, parceque les cambistes ont trouvé qu'il nuisait à la négociation des lettres.*

» Or, où est-il écrit que le signataire d'un *Aval* ne peut pas, comme le simple endosseur, se prévaloir contre le porteur, du défaut de dénonciation du protêt?

» Cela est écrit, dit-on, dans les art. 20, 21 et 33 du tit. 5 de l'ordonnance de 1673: dans l'art. 20 en ce qu'il fait durer trois ans l'obligation de ceux qui ont cautionné l'événement des lettres de change; dans l'art. 21, en ce qu'il fait durer cinq ans l'action en paiement contre l'accepteur; dans l'art. 33., en ce qu'il déclare le donneur d'Aval solidairement tenu avec les accepteurs, tireurs et endosseurs.

» Mais c'est abuser étrangement de ces trois articles, que d'en tirer une pareille conséquence.

» D'abord, l'art. 20 n'a rien de commun avec les cautionnemens qualifiés d'*Aval*; il n'est relatif qu'aux cautions fournies pour l'événement des lettres de change adirées; et pour s'en convaincre, il suffit de le rapprocher des art. 18 et 19, c'est-à-dire, des deux articles qui le précèdent immédiatement.

» L'art. 18 porte: « La lettre payable à un
» particulier, et non au porteur ou à ordre,
» étant adirée, le paiement en pourra être pour-
» suivi et fait en vertu d'une deuxième lettre,
» SANS DONNER CAUTION ».

» L'art. 19 ajoute: « Au cas que la lettre adi-
» rée soit payable au porteur ou à ordre, le
» paiement n'en sera fait que par ordonnance du
» juge, ET EN BAILLANT CAUTION DE GARANTIR LE PAIE-
» MENT QUI EN SERA FAIT », précaution extrêmement sage, parceque, comme l'observe Jousse,
« si la lettre est payable au porteur, elle peut
» tomber entre les mains d'un inconnu, qui dira
» en avoir fourni la valeur; et que, si elle est à
» ordre, on peut supposer que celui qui la re-
» çoit, a passé son ordre à quelqu'un qui en
» viendra demander le paiement ».

» C'est à la suite de ces dispositions que l'art. 20 continue en ces termes: «Les cautions bail-
» lées POUR L'ÉVÉNEMENT DES LETTRES DE CHANGE,
» seront déchargées de plein droit, sans qu'il soit
» besoin d'aucun jugement, procédure ou som-
» mation, s'il n'en est fait aucune demande pen-
» dant trois ans, à compter du jour des dernières
» poursuites ».

» Remarquons bien ces termes: *pour l'événement des lettres de change*. La loi ne parle pas des cautions fournies pour rassurer le porteur contre les chances de l'insolvabilité de celui sur qui la lettre est tirée: elle ne parle que des cautions fournies pour *l'événement des lettres de change*. Et à quoi se rapporte le mot *événement*? Il se rapporte évidemment à la perte que le porteur a de la lettre de change qui lui a été transmise; il restreint évidemment l'art. 20 aux lettres de change *adirées* dont parle l'art. 19; en un mot, il ne s'occupe évidemment que des cautions *baillées* par le porteur pour la sûreté de l'accepteur; et il est évidemment étranger aux cautions *baillées* au porteur lui-même pour sa propre sûreté.

» Cette vérité devient plus sensible encore par les termes suivans: *sans qu'il soit besoin*, dit l'art. 20, *d'aucun jugement, procédure ou sommation*. On aurait pu soutenir que la caution *baillée* en exécution de l'art. 19, c'est-à-dire, la caution fournie à l'accepteur de la lettre de change adirée, ne pouvait pas être déchargée sans jugement ou procédure; et l'on se serait fondé sur ce que cette caution ayant été reçue par un jugement, il fallait un autre jugement pour la décharger: *unum quodcumque eodem modo dissolvitur quo colligatum est.*

» Mais cette opinion, quoique d'accord avec la rigueur des principes du droit, était trop contraire à la simplicité qui est l'âme des affaires de commerce, pour pouvoir être adoptée ; et l'ordonnance a pris soin de la proscrire. Or, ce soin même, que prouve-t-il ? Sans contredit, il prouve que l'art. 20 n'a pour objet que les cautions données en justice, que les cautions données; non au porteur, mais par le porteur, que les cautions dont il est parlé dans l'art. 19.

» Comment d'ailleurs supposer que l'art. 20 comprend dans sa disposition les cautionemens qualifiés d'*Aval*, tandis qu'il n'est question de ceux-ci que dans les art. 32 et 33 ? C'est pour la première fois que, dans les art. 32 et 33, l'ordonnance s'occupe des donneurs d'*Avals*; et l'on voudrait leur appliquer l'art. 20 ! Il est difficile d'imaginer rien de moins conséquent.

» Enfin, ce qui tranche toute difficulté, c'est que l'art. 20 n'est que l'extrait de la déclaration du 9 janvier 1664, rendue spécialement pour les cautions fournies en cas d'adirement de lettres de change.

» Voici de quelle manière Toubeau, dans ses *Instituts du droit consulaire*, liv. 2, tit. 6, nous trace la généalogie de cette déclaration. « Parce-» que les lettres de change égarées n'étaient ac-» quittées qu'en rapportant de secondes lettres de » change, en vertu de jugement et en donnant » caution qui demeurait obligée pendant trente » années, cela empêchant beaucoup de per-» sonnes de s'engager dans de tels cautionne-» mens, faisait beaucoup de tort au commerce. » Les juges et consuls de Paris voyant cela, con-» voquèrent, le 19 octobre 1662, en leur cham-» bre du conseil, les anciens juges et consuls, » auxquels ayant proposé la chose, ils furent d'a-» vis qu'à l'avenir toutes cautions baillées pour » l'événement des lettres de change égarées ou » perdues, ne demeureraient responsables que » pour un an, après lequel la caution, l'accep-» teur et le tireur ne pourraient être recherchés » ni inquiétés en façon quelconque. Ce résultat » porté au parlement avec requête des juges et » consuls pour l'entériner, la cour, qui est aussi » indulgente qu'elle est clairvoyante, après avoir » mandé et ouï douze notables marchands, sur » les conclusions de M. le procureur-général, par » son arrêt du 7 septembre 1663, réformant en » quelque façon ce résultat, ordonna que toutes » cautions données pour l'événement des lettres » et billets payables au porteur ou ordre, qui se » trouveraient perdus, ne demeureraient obligés » et responsables que pendant trois ans; que, les » trois ans passés, l'accepteur qui aurait payé, le » tireur et ceux qui auraient passé leurs ordres, » demeureraient déchargés, sans qu'après les trois » ans accomplis et révolus, ils pussent être re-» cherchés ni inquiétés. Sur ce résultat et sur cet » arrêt, fut rendue une déclaration du roi, le 9

» janvier 1664, par laquelle ce réglement fut ap-» prouvé et homologué ».

» Et en effet, il existe, sous cette date, une déclaration qui porte : « Approuvons, louons et » homologuons ledit réglement porté par ledit » arrêt; ce faisant, voulons et nous plaît que, » conformément à icelui, à l'avenir, toutes cau-» tions qui seront baillées pour l'événement des » lettres de change et billets payables au porteur » ou à ordre, QUI SE TROUVERONT PERDUS, ne de-» meureront obligés et responsables que pendant » trois ans ».

» Assurément dans cette loi, il n'est pas question des cautionnemens fournis au porteur en forme d'Aval; il n'y est question que des cautionnemens fournis par le porteur, en cas de perte de la lettre de change ; et puisque c'est sur le type de cette loi qu'a été formé l'art. 20 du tit. 5 de l'ordonnance de 1673, il est clair, plus clair que le jour, que cet article n'a pas non plus d'autre objet;

» Effectivement Toubeau nous dit, à l'endroit déjà cité, que l'ordonnance de 1673 n'a fait que refondre, dans l'art. 20 du tit. 5, la disposition de la déclaration du 9 janvier 1664.

» Aussi vous a-t-on fait remarquer que, dans le nouveau projet du Code de commerce, dont nous parlerons tout à l'heure, la disposition de l'art. 20 est rédigée dans des termes qui la limitent expressément aux cautions fournies en cas de lettres de change adirées.

» Mais, dit-on, Savary, et, après lui Jousse, ont pensé que l'art. 20 devait s'étendre aux *Avals*, comme aux cautionnemens fournis en exécution de l'art. 19.

» L'autorité de ces écrivains est respectable sans doute; mais elle doit céder à l'évidence.

» Il y a plus : nous verrons bientôt Savary et Jousse eux-mêmes établir, comme une maxime constante, que les cautions obligées par *Aval*, sont libérées par le défaut de dénonciation du protêt à temps, de la part du porteur; et dans le fait, cette maxime n'est nullement en discordance avec la manière dont ils entendent l'art. 20.

» L'art. 20, en effet, n'est pas limitatif du mode de libération des *cautions baillées pour l'événement des lettres de change*; il n'est, à cet égard, qu'indicatif; et ce qui mérite d'être bien observé, ce n'est qu'*à compter du jour des dernières poursuites*, qu'il fait courir les trois ans du laps desquels il fait résulter la décharge de ces cautions. — *A compter du jour des dernières poursuites !* L'article suppose donc qu'il a déjà été exercé des poursuites contre les cautions dont il s'occupe. Il suppose donc (si l'on veut à toute force, l'appliquer aux cautions par *Aval*) que le porteur s'est mis en règle à leur égard, en leur dénonçant le protêt, et en les faisant assigner en garantie dans la quinzaine. Il ne dispense donc pas le porteur de ces formalités envers elles. Il laisse donc subsister en leur faveur la fin de non-recevoir qui résulte de l'omission de ces formalités.

» La même observation s'applique à l'art. 21; et pour nous en convaincre au plus haut degré d'évidence, il faut bien faire attention que cet article contient deux parties très-distinctes.

» Il veut d'abord que *les lettres ou billets de change soient réputés acquittés après cinq ans de cassation de demande et poursuites, à compter du lendemain de l'échéance du protêt*, ou de la dernière poursuite.

» Il ajoute ensuite, par exception, que *les prétendus débiteurs seront tenus d'affirmer, s'ils en sont requis, qu'ils ne sont plus redevables*.

» De ces deux parties, il y en a une, et c'est la seconde, qui manifestement ne peut s'entendre que des accepteurs de lettres et des créeurs de billets de change.

» Mais la première est commune à tous ceux qui interviennent dans le contrat de change ; et Jousse en fait expressément la remarque : à ces mots, *acquittés après cinq ans*, il ajoute : *tant à l'égard du tireur, que de celui sur qui la lettre est tirée, et soit que ce dernier l'ait acceptée ou non*.

» Ainsi, la prescription de cinq ans est établie en faveur des tireurs et des endosseurs, comme elle l'est en faveur des accepteurs. La seule différence qu'il y ait entre les uns et les autres, c'est que ceux-ci sont tenus d'affirmer leur libération, et que ceux-là en sont exempts.

» Mais de ce que les tireurs et les endosseurs sont libérés par la prescription de cinq ans, s'ensuit-il qu'ils ne le sont pas par le défaut de dénonciation du protêt dans la quinzaine ? Non, certes. Il s'ensuit seulement qu'il existe en leur faveur deux sortes de prscriptions : l'une de quinzaine avec omission de dénonciation du protêt, l'autre de cinq ans ; et que, si après leur avoir dénoncé le protêt, si, après avoir exercé contre eux des poursuites en garantie, si, après leur avoir par là ôté le bénéfice de la prescription de quinze jours, on laisse écouler cinq ans, sans les poursuivre ultérieurement, l'action sera, non-seulement périmée, mais encore prescrite et absolument éteinte.

» Il ne nous reste plus qu'à répondre à l'art. 33, et la chose n'est pas difficile. Commençons par bien peser les termes dans lesquels il est conçu : « Ceux qui auront mis leur Aval sur des
» lettres de change, sur des promesses d'en four-
» nir, sur des ordres ou des acceptations, ou
» autres actes de pareille qualité concernant le
» commerce, seront tenus solidairement avec les
» tireurs, prometteurs, endosseurs et accepteurs,
» encore qu'il n'en soit fait mention dans l'Aval ».

» Cet article dit-il que les donneurs d'Aval ne pourront pas exciper du défaut de dénonciation du protêt dans la quinzaine ? Non : il les assimile seulement, pour la solidarité de leur obligation, aux tireurs, aux prometteurs, aux endosseurs et aux accepteurs ; et comme, parmi ceux-ci, il en est plusieurs à qui le défaut de dénonciation du protêt dans la quinzaine assure une pleine libération, il est évident que l'art. 35 ne met aucun obstacle à ce que ce défaut procure le même avantage aux donneurs d'Aval.

» Ce n'est donc pas dans l'art. 33 qu'il faut chercher la solution du point de savoir si les donneurs d'Aval peuvent ou non exciper de ce défaut.

» Où faut-il donc la chercher, cette solution si importante dans la cause actuelle ? Pas bien loin. L'art. 32 va nous en fournir le germe et le principe : *à défaut de paiement du contenu dans un billet de change, le porteur fera signifier ses diligences* à celui qui aura signé le billet ou l'ordre ; *et l'assignation en garantie sera donnée dans les délais ci-dessus prescrits pour les lettres de change*.

» Remarquons ces paroles extrêmement précieuses, *à celui qui aura signé le billet*.

» L'ordonnance veut-elle dire que les diligences faites à défaut de paiement d'un billet de change, contre l'individu qui l'a créé, et qui s'est obligé en première ligne d'en acquitter la valeur, doivent être signifiées, sous peine de déchéance, à ce même individu ? Non, évidemment non, et ce serait une absurdité de lui prêter une pareille intention. Le créeur d'un billet de change est à l'instar de l'accepteur d'une lettre de change ; il n'y a pas plus de diligences à faire contre un que contre l'autre, du moins avant le dernier jour de la cinquième année.

» Quelle est donc la personne que l'ordonnance désigne par ces mots, *celui qui aura signé le billet ?* Serait-ce l'endosseur ? Non encore ; car, pour l'endosseur, elle emploie une expression particulière : *à celui*, dit-elle, *qui aura signé le billet ou l'ordre* ; ces mots *ou l'ordre* se réfèrent visiblement à l'endosseur, et ne peuvent se référer qu'à lui.

» Encore une fois, que veut donc dire l'ordonnance, lorsqu'elle s'exprime ainsi : *à celui qui aura signé le billet ?* Elle veut dire, et il est impossible de lui donner un autre sens, elle veut dire que celui qui a cautionné par son Aval, l'obligation personnelle et primitive du créeur, sera poursuivi en garantie dans la quinzaine à défaut de paiement de la part du créeur.

» Aussi, voyons-nous que tel était l'usage du commerce, même du temps de Savary. « Il est
» certain (dit-il dans son *Parfait Négociant*, liv.
» 3, chap. 8), que, pour établir la garantie contre
» ceux qui donnent leur Aval ou leur ordre, les
» porteurs doivent leur faire signifier les diligen-
» ces..... ». Et plus bas : « il faut que les porteurs
» de billets fassent signifier les diligences aux don-
» neurs d'ordres, et à ceux qui les auront sous-
» crits ou donné leur aval, parcequ'ils sont aussi
» bien débiteurs du billet que ceux qui les ont
» faits »..... Et plus bas encore : « ce mot aval si-
» gnifie faire valoir la lettre ou le billet, c'est-à-
» dire, les payer, en cas qu'ils ne soient pas ac-
» quittés ; c'est proprement une caution ».

» Vous remarquez que Savary ne borne pas ce

qu'il dit aux Avals mis sur les billets de change, mais qu'il l'étend aux Avals mis sur les lettres de change; et, en effet, il est impossible d'établir une différence entre les uns et les autres, jamais même on n'en a eu la pensée.

» C'est ce qu'il confirme encore bien plus positivement dans son quatre-vingt-quatrième parère; voici dans quelle espèce se présentait la question qu'il avait à résoudre.

» Le 28 février 1684, billet de 2,309 livres créé par Guillaume, à l'ordre de Thimothée.

» Le 1er. mars suivant, endossement de ce billet par Thimothée, au profit de Charles.

» Le 1er. juillet 1684, endossement de Charles au profit de Jacques.

» Trois mois avant cet endossement, le 1er. avril 1684, Pierre avait donné à Charles, sur acte séparé, un *Aval* ainsi conçu: *Je declare à M. Charles que, quoique je n'aie pas souscrit le billet de 2,309 livres fait le dernier février, par Guillaume, à l'ordre de Thimothée, qu'il a passé à l'ordre dudit sieur Charles, je m'oblige de lui en payer le montant.*

» À l'échéance du billet, Jacques, qui en était le dernier porteur, n'a pu parvenir à s'en faire payer. Il l'a fait protester; mais il n'en a pas dénoncé le protêt dans le terme fatal à Pierre, donneur de l'Aval.

» Question de savoir si Pierre peut opposer la fin de non-recevoir à Jacques? Voici la réponse de Savary : « Le soussigné estime que Jacques était » tenu de faire dénoncer audit Pierre les pour-» suites qu'il a faites, tant contre Guillaume et » Thimothée, que contre Charles; car encore » que, dans les affaires qui ne sont point de commerce, quand deux personnes sont obligées so- » lidairement, un seul pour le tout, sans division » ni discussion envers un autre, il soit loisible à » cette personne de s'attacher seulement à l'un » des coobligés, et de le poursuivre en justice, » sans qu'il soit tenu de faire dénoncer ses diligences à l'autre coobligé; néanmoins EN MATIÈRE » DE COMMERCE, DE LETTRES ET BILLETS DE CHANGE, » l'on en doit user autrement, parce que les marchands et négocians font souvent des affaires de » commerce ensemble; ainsi, il se peut faire » qu'un négociant qui aura passé son Aval sur un » billet d'un autre négociant, pour lui faire plaisir, que depuis la passation d'icelui il deviendra, par une négociation, son débiteur, et de » même des passeurs d'ordre. De sorte que, si le » porteur du billet n'est pas payé à l'échéance, » et qu'il fasse des diligences contre celui qui a » fait le billet, s'il les fait dénoncer au donneur » d'Aval dans le temps porté par l'ordonnance, » il donnera à celui au profit duquel est fait le » billet ou à celui qui sera porteur de son ordre, » la somme qu'il lui doit, et l'emploiera au paiement du contenu au billet pour lequel il a fait » son Aval. Ainsi, l'on voit l'importance qu'il y a » que le porteur d'un billet fasse dénoncer au » donneur d'Aval les diligences et poursuites qu'il

» a faites, tant contre celui qui a fait le billet, » que contre les donneurs d'ordres. De sorte que, » quoiqu'il n'y ait aucune disposition dans l'or-» donnance qui ait statué sur cette question, » néanmoins les juges la doivent décider en cette » rencontre par la droite raison.

» Ici, vous remarquez, sans doute, que Savary regardait l'ordonnance de 1673 comme muette sur l'obligation du porteur de dénoncer au donneur d'Aval, le protêt de la lettre ou du billet de change non payé à son échéance; et que cependant il présentait cette obligation comme constante et ne devant éprouver aucune espèce de contradiction.

» Mais nous devons ajouter que depuis, les commentateurs de l'ordonnance de 1673, en proclamant la même doctrine, ont pris soin de la fonder sur le texte même de l'art. 32 du tit. 5 de cette loi, c'est-à-dire, sur le texte que nous analysions tout à l'heure.

» Bornier est le premier qui ait aperçu le véritable sens de cet article. Voici comment il s'explique sur les mots, OU A CELUI QUI AURA SIGNÉ LE BILLET : » il semble qu'il n'est absolument néces- » saire de signifier ces diligences à celui qui a si- » gné le billet, parcequ'il est débiteur, et que » cela doit être entendu A L'ÉGARD DE CEUX QUI MET- » TENT LEUR AVAL.....».

» Mais ce que Bornier ne dit, en quelque sorte qu'en tremblant, Jousse le dit du ton le plus affirmatif. Il rappelle ces termes de l'art : 32, *à celui qui aura signé le billet ou l'ordre;* puis il ajoute : « c'est-à-dire, A CEUX QUI ONT MIS LEUR AVAL ou l'or- » dre sur le billet, et à ceux qui l'ont souscrit, au- » tres que celui qui l'a subi, et à qui cette signi- » fication serait inutile, étant lui-même débiteur».

» Même langage de la part de Pothier, dans son *Traité du contrat de change,* n°. 213 : » après » avoir fait les diligences contre le débiteur du » billet de change, dans les dix jours, à comp-» ter du lendemain de l'échéance, le porteur doit » les signifier à celui qui aura signé le billet ou l'or-» dre, c'est-à-dire, aux endosseurs et CAUTIONS, » et donner contre eux l'assignation en garantie » dans les mêmes délais prescrits pour les lettres » de change ; c'est la disposition de l'art. 32 ».

» Il est donc clair que le donneur d'Aval jouit, tout aussi bien que le simple endosseur, du droit d'opposer au porteur le défaut de dénonciation de protêt; et que ce droit, il le tire, non-seulement de l'usage, mais encore de la disposition littérale de l'ordonnance de 1673.

» L'usage, au surplus, n'est pas équivoque sur ce point. Déjà nous avons vu Savary l'attester pour la fin du dix-septième siècle; et il existe deux monumens authentiques de sa permanence jusqu'à nos jours.

» Il y a environ dix-huit ans que le garde des sceaux, Miromesnil, nomma une commission pour réviser l'ordonnance de 1673.

» Cette commission, composée de trois intendans du commerce, Huguet de Montaran, père et fils, et Tolozan, et de trois députés du commerce, Marion, Rostagny et Deschamps, rédigea en conséquence un projet de Code destiné à remplacer l'ordonnance, et elle eut soin d'y insérer, sur les Avals, deux dispositions fort importantes.

» La première, renfermée dans l'art. 31 du tit. 4, était copiée littéralement sur l'art. 33 du tit. 5 de l'ordonnance de 1673, article qui déclare, comme vous le savez, les donneurs d'Aval solidairement responsables, avec les *tireurs*, *endosseurs*, *prometteurs et accepteurs*, du paiement des lettres et des billets de change.

» La seconde venait à la suite, et formait l'art. 32. Voici dans quels termes elle était conçue : « à » défaut de paiement du contenu dans l'Aval, » ainsi que du contenu dans un billet de change, » le porteur de l'engagement fera signifier les di- » ligences à celui qui l'aura signé, et l'assigna- » tion en garantie sera donnée dans les délais » ci-dessus prescrits pour les lettres de change ».

» Et ne croyez pas que les membres de la commission se soient ainsi exprimés dans l'intention d'introduire un droit nouveau, par rapport aux donneurs d'Aval. La preuve du contraire est écrite dans un des mémoires de l'un deux, du député du commerce de Marseille, *Rostagny*, qui est imprimé à la suite de leur projet de Code. Dans ce mémoire, *Rostagny* recherche quel est, relativement aux divers garans solidaires du paiement des lettres de change, l'esprit de l'ordonnance de 1673, et voici de quelle manière il s'exprime :

» Un corps de lois est une chaîne dont tous les » anneaux se correspondent ; et si on en arrache » un chaînon, la chaîne ne subsiste plus. L'or- » donnance du commerce a voulu que ceux qui » mettaient leur aval sur des lettres de change, » sur des ordres ou des acceptations, fussent » tenus solidairement avec les tireurs, promet- » teurs, endosseurs et accepteurs : voilà l'obli- » gation à laquelle la loi soumet tous les acteurs » d'une lettre de change ; mais à quelle condition » la loi les y soumet-elle ? C'est à celle que le por- » teur de leur obligation solidaire fera, pour être » payé, dans les délais qu'elle détermine, les for- » malités qu'elle prescrit ».

» On ne pouvait pas, sans doute, dire plus clairement qu'à défaut de protêt ou de dénonciation de protêt dans le terme fixé par l'ordonnance, le donneur d'Aval est déchargé ni plus ni moins que le tireur et l'endosseur.

» Mais ce n'est pas tout.

» Le 13 germinal an 9, le gouvernement nomme une commission pour rédiger un nouveau projet de Code de commerce. Il la compose du cit. Gorneau, juge au tribunal d'appel de Paris, distingué par trente années d'exercice des fonctions d'homme de loi près la juridiction consulaire de la même ville, du cit. Vignon, président du tribunal de commerce actuel, du cit. Boursier, ancien juge du même tribunal, du cit. Vital Leroux, négociant, Legras, jurisconsulte, du cit. Coulomb, ancien magistrat, et du cit. Mourgue, administrateur des hospices.

» Le 13 frimaire dernier, cette commission présente au gouvernement le résultat de son travail ; et voici ce que nous y lisons, sous le titre de *la lettre de change*, §. *de l'Aval*, art. 101 : « Le » paiement d'une lettre de change, indépen- » damment de l'acceptation et des endossemens, » peut être garanti par la voie de l'Aval. Art. 102. » Cette garantie est fournie par un tiers ET PAR » UN ACTE SÉPARÉ. Les effets de cette garantie sont » déterminés par les conventions des parties. » Art. 103. A défaut de paiement, et s'il n'y a » stipulation contraire, les poursuites contre le » donneur d'Aval doivent être faites dans les délais » prescrits ci-après pour le paiement des lettres » de change ».

« Ainsi voilà, sur l'effet des Avals, le projet de Code du commerce de l'an 10, d'accord avec celui de la commission nommée par l'ancien gouvernement ; et tous deux le sont avec l'usage de la fin du dix-septième siècle attesté par Savary ; tous deux le sont avec l'esprit de l'ordonnance de 1673, exprimé, manifesté, avec la plus grande évidence, dans l'art. 32 du tit. 5 de cette dernière loi.

» Ce n'est pas tout encore. Le tribunal de la Seine avait ordonné, le 4 messidor an 7, qu'il serait rapporté des parères sur plusieurs questions, qui, en dernière analyse, se réduisaient à savoir si l'acte du 6 frimaire an 6 pouvait être considéré comme un Aval, et si les obligations imposées par cet acte au cit. Leleu s'étaient résolues par le défaut de dénonciation des protêts dans la quinzaine.

» En exécution de ce jugement, des parères ont été rapportés de part et d'autre ; et de part et d'autre ils se sont trouvés en sens contraire. Mais ce qu'il importe de bien observer, c'est que les parères donnés en faveur du cit. Leleu, présentent les signatures les plus avantageusement connues dans le commerce, telles que *Perregaux*, *Tourton* et *Ravel*, *Delessert*, *Boursier* (l'un des rédacteurs du projet de Code de commerce), *Etienne Leroux*, ancien membre du tribunal de commerce de Paris, *Decretot*, *Huchedé*, administrateur de la caisse des comptes courans, et une foule d'autres également distingués dans la banque.

» Quant aux parères produits devant le tribunal de la Seine, par le cit. Lanfrey, une seule observation suffit, indépendamment de toutes les autres dont ils sont susceptibles, pour leur ôter toute croyance : c'est qu'ils contredisent un usage que nous avons vu remonter jusqu'au dix-septième siècle, et que les monumens les plus respectables certifient s'être toujours maintenu depuis. Il en est un d'ailleurs, et c'est celui de Rouen, qui prouve, par sa propre teneur, que, parmi les signatures dont il est muni, il en est qui ont été véritablement mendiées; pour ne pas dire surprises. Car parmi les signatures dont il est revêtu, sous la date du 2 fructidor an 7, se trouve celle de *Robasse-Buisson*, qui avait, le 7 thermidor précédent, souscrit une opinion contraire en faveur du cit. Leleu.

» Le cit. Lanfrey, depuis son recours en cassation, a obtenu de nouveaux parères à Dieppe, au Hâvre, à Abbeville, à Amiens, à Rouen et à Paris. Mais que portent-ils? pas un mot sur la question actuelle.

» Ils se bornent à dire, savoir, ceux de Dieppe, d'Amiens et d'Abbeville, que l'acte du 6 frimaire oblige solidairement les cit. Leleu, oncle et neveu, au paiement des six lettres de change, obligation qui n'a jamais été contestée; ceux de Rouen et de Paris, que de l'acte du 6 frimaire an 6, il résulte la preuve que le cit. Leleu, oncle, était co-acheteur des marchandises, et que comme tel, il doit garantir le paiement des traites; celui du Hâvre, que l'acte du 6 frimaire an 6 *présente les mêmes caractères que l'Aval pur et simple mis au dos d'une lettre de change.*

» Tous gardent le plus profond silence sur la question de savoir si le défaut de dénonciation à temps des protêts des six traites, élève ou non en faveur du cit. Leleu, une fin de non-recevoir autorisée par l'ordonnance de 1673.

» Le cit. Lanfrey a aussi produit des consultations, et nous n'en parlerions pas, s'il n'y en avait une dans laquelle cinq défenseurs au tribunal de commerce de Rouen ont cité un arrêt du parlement de Paris, du 23 février 1760, comme ayant jugé, en confirmant une sentence consulaire de la même ville, du 12 novembre 1759, que le donneur d'Aval, par acte séparé, demeure soumis à ses engagemens, encore qu'on ne lui ait pas signifié le protêt dans la quinzaine.

» Cet arrêt, disent-ils, a été rendu entre *Chenu*, d'Orléans, tireur d'une lettre de change, *Sautereau*, accepteur, et *Viard*, caution par acte séparé; et quel en a été le motif? C'est, continuent-ils, « que le tiers-porteur, qui ne connaissait pas la caution, n'avait pu exercer de » recours contre elle, par conséquent faire les » diligences dans le délai de l'ordonnance; et, » comme il les faisait le jour fatal, le donneur » d'Aval par acte séparé, qui n'avait pu être ap» pelé en garantie que le lendemain, soutenait » une fin de non-recevoir : il en fut débouté ».

« Tout cela est souligné dans la consultation, apparemment comme extrait d'un ouvrage que l'on n'indique pourtant point; et cependant, nous devons le dire, dans tout cela, il n'y a pas un mot de vrai.

» Il existe bien, à la date désignée dans la consultation, et nous nous en sommes assurés par les recherches que nous avons faites aux archives judiciaires, il existe bien un arrêt du parlement de Paris rendu sur l'appel d'une sentence de la juridiction consulaire du 12 novembre 1759, qui avait, *par défaut*, condamné Viard à payer une lettre de change de 424 livres, tirée de Paris, le 29 mars précédent, par Chenu, d'Orléans, sur Sautereau, de Paris, et que Viard avait cautionnée le même jour par acte séparé.

» Mais, d'abord, dans l'espèce sur laquelle cette sentence avait prononcé, Viard n'excipait pas, et ne pouvait pas même exciper, d'un défaut de dénonciation de protêt à temps, puisque le protêt avait été fait le 10 novembre 1759, jour de l'échéance du billet, et qu'on le lui avait signifié *le surlendemain.*

» En second lieu, cette sentence n'a pas été confirmée par l'arrêt dont il s'agit; elle ne pouvait même pas l'être, puisqu'elle était rendue en dernier ressort, l'objet litigieux n'excédant pas 500 livres.

» Enfin, loin de la confirmer, l'arrêt la déclaré nulle et incompétemment rendue : nous ignorons par quel motif; mais vraisemblablement parceque, d'un côté, la lettre de change ne portant pas remise de place en place, ne devait être considérée que comme un billet à ordre; et que, de l'autre, Viard n'étant pas marchand, n'était pas justiciable de la juridiction consulaire.

» Il faut convenir que voilà un arrêt étrangement défiguré par les conseils du cit. Lanfrey.

» On dira, sans doute, que le prétendu motif dont leur consultation fait dériver la décision qu'elle prête à cet arrêt, n'en subsiste pas moins comme objection, et cela est vrai. Mais l'objection n'est pas difficile à détruire.

» De deux choses l'une : ou le porteur qui n'a pas connaissance de l'Aval donné par acte séparé, se met en règle envers l'endosseur qui est muni de cet Aval, en lui signifiant le protêt en temps utile; ou il néglige cette formalité essentielle.

» Au premier cas, l'endosseur qui a l'Aval en mains, n'a aucune excuse pour se dispenser d'agir lui-même dans la quinzaine suivante contre le signataire de cet acte.

» Au second cas, l'endosseur qui a l'Aval en mains, est quitte envers le porteur, et n'a par conséquent rien à répéter contre le donneur d'Aval.

» La circonstance que le porteur peut n'avoir pas connaissance de l'Aval, ne signifie donc rien dans la question qui nous occupe.

» Mais voici une autre objection du cit. Lanfrey.

» A la bonne heure, dit-il, que l'Aval donné sur un endossement, entraîne pour le porteur, en cas de protêt, les mêmes formalités envers le donneur d'Aval qu'envers l'endosseur : cela se conçoit, parcequ'il est assez naturel que la caution de l'endosseur soit traitée comme lui.

» Mais il n'en doit pas être de même de l'Aval donné sur une acceptation; l'accepteur ne peut jamais opposer le défaut de dénonciation du protêt; ce n'est pas pour lui que cette formalité a été introduite. Le défaut de dénonciation du protêt ne peut donc pas non plus profiter à sa caution; la caution de l'accepteur ne peut pas être de meilleure condition que l'accepteur lui-même.

» Deux réponses, l'une de fait, l'autre de droit.

» Dans le fait, le cit. Leleu s'est bien constitué par son Aval, caution de l'accepteur Saint-Simon ; mais il ne s'est constitué tel que comme *endosseur*; c'est donc comme endossement qu'il faut considérer son Aval. Il est impossible de diviser son engagement; ou, si on le divise, il s'évanouit.

» Dans le droit, l'art. 32 du tit. 5 de l'ordonnance de 1673 prouve clairement que la caution par Aval du *prometteur* ou de l'*accepteur* ne doit pas être traitée, en cette matière, comme l'*accepteur* ou *prometteur* même : il veut que les diligences faites contre celui-ci à l'échéance, soient signifiées dans la quinzaine, non-seulement à ceux qui ont signé les *ordres*, c'est-à-dire, aux endosseurs et à leurs cautions par Aval, mais encore à ceux qui ont *signé le billet* de change, ce que nous avons déjà remarqué, avec Bornier et Jousse, ne pouvoir s'entendre que de ceux qui ont cautionné par Aval, l'engagement du prometteur originaire, l'engagement du principal obligé.

» Aussi, dans le premier des deux passages de Savary que nous avons cités, aussi dans les deux projets de Code de commerce dont nous avons rappelé les termes, aussi dans les parères rapportés par le cit. Leleu, il n'est fait aucune distinction entre le donneur d'Aval sur un endossement, et le donneur d'Aval sur une acceptation.

» Nous ne pouvons donc pas nous arrêter à l'objection qui, sur cette partie de la cause, forme la dernière ressource du cit. Lanfrey ; et il ne nous reste plus qu'à nous fixer sur la troisième branche du moyen de cassation que tire le cit. Lanfrey des dispositions de l'ordonnance de 1673, c'est-à-dire, sur la question de savoir si, d'après l'art. 16 du tit. 5 de cette loi, le cit. Leleu n'aurait pas dû être obligé de prouver que l'accepteur Saint-Simon avait reçu provision ou était redevable du montant des six traites, à l'époque où elles avaient dû être protestées.

» A cet égard, le jugement attaqué est parti d'un point de fait qui ne peut plus être réduit en problème devant vous : c'est (nous répétons ses propres termes) qu'il est constant que *Saint-Simon, comme acquéreur et détenteur, soit par lui-même, soit par J.-B. Leleu, son associé, des toiles, avait nécessairement provision pour l'acquit des traites qui étaient le prix desdites toiles*. Et cela seul lève toute difficulté.

» Mais il y a plus encore : c'est que les six traites ayant été acceptées par Saint-Simon avant le protêt, il ne pouvait plus y avoir lieu à l'application de l'art. 16 du tit. 5 de l'ordonnance. Qu'exige, en effet, cet article ? La preuve que la personne sur qui la lettre de change était tirée, avait reçu provision ou était redevable. Or, dans l'espèce, cette preuve était toute faite à l'avance : elle résultait de l'acceptation de Saint-Simon, puisque, par cette acceptation, il s'était constitué redevable du montant de six traites : toute autre preuve devenait donc inutile.

» Et c'est ce qu'enseigne Pothier, dans son *Traité du contrat de change*, n°. 158.

» Ainsi, dans le droit comme dans le fait, le dernier moyen de cassation du cit. Lanfrey n'est pas mieux fondé que les autres ; et, par ces considérations, nous estimons qu'il y a lieu de rejeter sa requête, et de le condamner à l'amende. »

Conformément à ces conclusions, arrêt sur délibéré, du 9 floréal an 10, par lequel,

« Sur les deux premiers moyens, considérant qu'au tribunal civil du département de la Seine, ainsi qu'au tribunal d'appel d'Orléans, il s'est uniquement agi de déterminer le sens et l'efficacité de l'acte du 6 frimaire an 6. Par cet acte, Dominique-César Leleu s'était-il engagé comme caution des six lettres de change y énoncées, ou simplement comme endosseur de ces traites ? Telle était l'unique question à décider.

» Considérant qu'au tribunal civil du département de la Seine, cet acte était produit seul et sans aucune pièce qui pût éclairer sur l'intention que les parties avaient eue en le souscrivant ; et que, dans cet état de choses, les juges de ce tribunal n'ayant pu baser leur détermination que sur les clauses mêmes de l'acte, ont dû paraître lui avoir donné une fausse interprétation, en décidant que Dominique-César Leleu ne s'était engagé, en le souscrivant ; que comme simple endosseur, parcequ'en effet toutes ses dispositions conduisaient à l'idée d'un véritable cautionnement ;

» Considérant que deux pièces produites, pour la première fois, au tribunal d'appel d'Orléans, ont jeté sur l'affaire un jour nouveau, et ont mis ce tribunal à même d'interpréter l'acte du 6 frimaire, non plus uniquement par la lettre de ses dispositions, mais par ce qui était dans l'intention des parties en le souscrivant ; lesquelles pièces sont deux lettres, l'une de Lebourgeois, porteur des six traites, et l'autre de Lanfrey, au profit duquel elles étaient tirées, toutes deux du 14 brumaire an 7, adressées à Jean-Baptiste Leleu, et portant, savoir, celle de Lanfrey : *J'ai donné ordre de dénoncer le protêt aujourd'hui, si vous ne satisfaites le cit. Lebourgeois avant trois heures après midi de ce jour*; et celle de Lebourgeois : *C'est aujourd'hui le dernier jour qui me reste pour dénoncer le protêt ; si vous ne venez, l'ordre sera donné de dénoncer le protêt, tant à vous qu'aux autres endosseurs* ;

» Considérant que de ces deux lettres, le tribunal d'Orléans a dû, ou du moins a pu, comme il l'a fait dans le *considérant* du jugement attaqué, tirer la conséquence que Dominique-César Leleu ne s'est réellement obligé, vis-à-vis du cit. Lanfrey, que comme simple endosseur, et que c'est dans ce sens que le cit. Lanfrey lui-même et le cit. Lebourgeois, porteur de six traites, ont conçu et entendu l'engagement souscrit par Dominique-César Leleu, ainsi qu'il résulte de leurs lettres du 14 brumaire an 7;

» Considérant enfin que le sens de l'acte du 6 frimaire étant ainsi déterminé d'après l'écrit de Lanfrey lui-même, il ne peut pas reproduire contre le dernier jugement, les critiques qu'il avait élevées contre celui du tribunal civil du département de la Seine, et qu'il n'y a plus lieu de dire que les juges ont violé les lois qui assurent l'exécution des conventions, et par suite les dispositions de l'ordonnance de 1673 relatives aux cautions des lettres de change, et à ceux qui les ont acceptées ou revêtues de leur Aval;

» Sur le troisième moyen de cassation, attendu que le tribunal d'appel d'Orléans a décidé, en point de fait, que Saint-Simon, accepteur des six traites, avait provision suffisante à l'époque de leur échéance;

» Le tribunal rejette le pourvoi....».

Je n'ai pas besoin de faire remarquer que l'arrêt de rejet n'a été ainsi motivé que pour masquer le contraste frappant qu'il formait avec celui de cassation qui avait été rendu dans la même affaire, le 14 germinal an 9.

Du reste, la cour de cassation a tellement reconnu la surprise qui avait été faite par ce dernier arrêt à ses lumières, que, le 14 du même mois floréal an 10, elle a déclaré, en toutes lettres, par un nouvel arrêt, «que, dans l'usage du commerce, ceux qui ont mis leur Aval sur des lettres ou billets négociables, sont entièrement assimilés aux endosseurs, et qu'il n'importe pas moins à celui qui a mis son Aval sur un billet à ordre qu'à celui qui a endossé une lettre de change, d'être promptement averti du défaut de paiement de ce billet, pour pouvoir exercer utilement son recours contre le tireur qui peut devenir insolvable (1)».

§. II. *Le Code de commerce déroge-t-il, quant aux donneurs d'Aval, au principe qui précédemment ne permettait de les considérer que comme endosseurs? En d'autres termes, le donneur d'Aval qui a cautionné, soit le tireur d'une lettre de change, soit le souscripteur d'un billet à domicile, dont la provision n'a pas été faite à l'échéance, est-il libéré par le seul défaut de protêt, comme il le serait s'il n'était que simple endosseur* (2), *ou si c'était un endosseur qu'il eût cautionné?*

L'art. 141 du Code de commerce porte que le paiement d'une lettre de change, indépendamment de l'acceptation et de l'endossement, peut être garanti par un Aval.

L'art. 142 ajoute : « Cette garantie est fournie » par un tiers, sur la lettre de change ou par acte » séparé. Le donneur d'Aval est tenu solidaire-
» ment et par les mêmes voies que les tireurs et » endosseurs, sauf les conventions différentes des » parties ».

Ces dispositions s'accordent parfaitement avec l'art. 33 du tit. 5 de l'ordonnance de 1673; et dès-là, il semble, que, sous le Code de commerce, comme sous l'ordonnance de 1673, le donneur d'Aval ne peut, en aucun cas, être considéré que comme endosseur, et que, par conséquent, il peut, dans tous les cas, faire valoir les mêmes exceptions que si, au lieu de donner un Aval, il avait donné un simple endossement.

Telle est effectivement la doctrine de M. Pardessus, dans son *Cours de droit commercial*, tome 1, n°. 397 : « Lorsque l'Aval est pur et simple » dit-il), celui qui l'a donné, est soumis aux mê- » mes obligations que les endosseurs; et celui » qui veut en invoquer les effets, doit faire toutes » les diligences prescrites au porteur, pour con- » server et exercer ses droits *contre les endosseurs*»; ce qui entraîne nécessairement la conséquence, que le donneur d'Aval est libéré, nonobstant le défaut de provision, lorsque le porteur n'a pas fait ces diligences.

Cependant un arrêt de la cour d'appel de Limoges, du 18 juin 1810, a jugé le contraire, par le motif que « la loi (c'est-à-dire, l'art. 168 » du Code de commerce) ne comprend dans ses » dispositions que les *endosseurs*; qu'à eux seuls » est accordée la faculté de proposer la déchéance; » qu'elle n'accorde ce droit au tireur, qu'autant » qu'il justifie qu'il y avait provision; qu'elle » ne parle pas des cautions du tireur ou *donneur » d'Aval*; que, par-là même qu'elle ne les com- » prend pas dans sa disposition, elle ne les en » exclud, d'après la maxime, *qui de uno dicit, de » ultero negat*: qu'on doit, dès-lors, prononcer à » l'égard des cautions ou donneurs d'Aval, d'a- » près les règles ordinaires du droit commun (1)».

Et il parait que c'était aussi la pensée de M. Locré, lorsque, dans son *Esprit du Code de commerce*, tome 2, page 58, il disait : « Le don- » neur d'Aval profite de la déchéance acquise au » tireur et aux endosseurs, faute par le porteur » d'avoir fait le protêt; car la caution peut opposer » au créancier toutes les exceptions qui appartiennent » au débiteur principal, et qui sont inhérentes à la » dette. (*Code civil*, art. 2013)».

Enfin, la question s'est présentée depuis peu à la cour de cassation, et c'est dans ce sens qu'elle y a été jugée. Voici les faits.

En 1813, le sieur Gauvenet, propriétaire de vignobles, livre aux sieurs Clayeux et Fraguiè- res, négocians à Autun, huit pièces de vin, pour prix desquelles ceux-ci souscrivent à son ordre trois billets de 2000 francs chacun, payables chez le sieur Prisset, négociant à Dijon; et le sieur Prisset, par une lettre qu'il lui adresse, le

---

(1) *V.* la *Jurisprudence de la cour de cassation*, tome 2, page 283.
(2) *V.* l'article *Protêt*, §. 7.

(1) *V. Jurisprudence de la cour de cassation*, tome 14, part. 2, page 381.

27 février de la même année, se constitue garant de ces trois effets, sous deux conditions : 1°. qu'il donnera sa parole d'honneur de garder le plus profond silence sur cette affaire; 2°. qu'il consentira à ce qu'on lui escompte ses billets à six pour cent par an. Le sieur Gouvenet accepte ces deux conditions.

Le premier de ces billets est acquitté à son échéance.

Le second échoit le 10 janvier 1814, et n'est, ni payé ce jour-là, ni protesté le lendemain. Le protêt ne s'en fait que le 6 juillet suivant.

Quant au troisième billet, il échoit le 10 du même mois de juillet, et, à défaut de paiement, il est protesté à temps.

En cet état, le sieur Gauvenet fait assigner le sieur Prisset devant le tribunal de commerce de Dijon, pour se voir condamner au paiement des deux billets avec intérêts, à compter du jour de l'échéance de chacun.

Le sieur Prisset offre le paiement du troisième billet; mais à l'égard du second, il soutient qu'il en est libéré faute de protêt à temps, et qu'en tout cas, il n'en devrait les intérêts que du jour du protêt effectif.

Le sieur Gauvenet répond qu'il n'y a pas eu *provision* à l'échéance, et de ce fait que le sieur Prisset ne peut pas contredire, il tire la conséquence, que l'exception résultant du défaut de protêt à temps, qui serait péremptoire dans la bouche d'un endosseur ou du donneur d'Aval d'un endosseur, est insignifiante dans celle d'un donneur d'Aval du tireur, comme elle le serait dans celle du tireur lui-même. Il ajoute que d'ailleurs le billet contesté n'a pas pu être protesté le jour de son échéance, parceque les troupes étrangères qui s'approchaient alors de la ville de Dijon, y avaient interrompu toutes les affaires de commerce.

Le 5 septembre 1814, jugement qui condamne le sieur Prisset au paiement des deux billets, et aux intérêts de celui qui était échu le 10 janvier précédent, à compter de ce jour-là même.

Appel de la part du sieur Prisset; et par arrêt du 19 décembre de la même année,

« Considérant, qu'aux termes de l'art. 142 du Code de commerce, le donneur d'Aval est obligé solidairement et par les mêmes voies que les tireurs et endosseurs, sauf les conventions des parties; que, par suite de cette obligation solidaire, le propriétaire d'une lettre de change a, contre celui qui a mis son Aval au bas, la même action que contre le tireur de cette lettre; que celui qui met son Aval au bas de l'endossement, donne contre lui une action pareille à celle que le propriétaire de l'effet peut exercer contre l'endosseur ou l'accepteur;

» Que ces principes, consacrés par l'opinion des jurisconsultes les plus estimés, ont acquis une nouvelle autorité par la discussion au conseil d'état sur le Code de commerce, par les dispositions législatives de ce Code, et par la jurisprudence de cours de justice;

» Que l'art. 187 du Code de commerce rend communs aux billets à ordre les dispositions relatives à l'échéance, la solidarité, l'Aval, le paiement, le protêt, les droits et devoirs du porteur de la lettre de change;

» Que, si le porteur doit exiger le paiement le jour de l'échéance, ou constater, le lendemain, le refus de paiement par un protêt, il n'encourt néanmoins la déchéance de ses droits contre le tireur, que lorsque celui-ci justifie qu'il y avait provision en temps utile;

» Que cette restriction est conforme à l'équité; car si le tireur n'a pas fait les fonds, le porteur ne lui fait aucun préjudice par le retard du protêt;

» Que, s'il en était autrement, le tireur s'approprierait, sans bourse délier, le montant de la lettre de change dont il aurait reçu la valeur;

» Que, s'il est juste que le tireur soit libéré en justifiant qu'il a fait les fonds, les endosseurs doivent l'être, sans être astreints à cette preuve, parceque chacun d'eux a payé la valeur de la lettre de change en l'acquérant, et parceque l'endosseur qui a rempli ses obligations, ne doit pas être exposé à payer une seconde fois cette lettre de change, tandis que le porteur seul en faute serait indemnisé;

» Que de ce rapprochement il résulte que la condition du tireur est et doit être moins favorable que celle des endosseurs; et que celui qui cautionne le tireur, ne peut réclamer d'autres avantages que ceux accordés à ce tireur;

» Qu'en examinant l'acte du 27 février 1813, on voit que Prisset ne s'est pas contenté de garantir le paiement des trois billets à ordre dont il s'agit, mais qu'il a exigé le secret sous la parole d'honneur du créancier, afin de ne pas altérer le crédit de Clayeux et Fraguières; que, d'après les conditions proposées, conditions sans l'acceptation desquelles Prisset n'eût pas donné son Aval, les billets à ordre n'ont été ni dû être négociés, parceque la recommandation et la réserve d'escompter à six pour cent ne permettaient plus à Gauvenet de mettre ces effets en circulation, et fixaient toute sa confiance dans la solvabilité bien connue du donneur d'Aval; que, sous ce rapport, Prisset paraîtrait non-recevable à exciper du défaut de diligences utiles;

» Qu'à la vérité, cette omission se justifierait difficilement par la circonstance de l'invasion de l'ennemi, parceque les communications n'ayant été absolument interrompues que le 19 janvier 1814, jour de l'entrée des alliés à Dijon, Gauvenet aurait pu faire le protêt du second billet, le 11 du même mois;

» Mais qu'étant avoué au procès qu'il n'y avait point eu de fonds faits chez Prisset, à l'échéance des deux derniers billets, Prisset doit être poursuivi en paiement de ces effets, de la même manière que les débiteurs qu'il a cautionnés; et qu'il est mal fondé dans l'appel qu'il a interjeté;

» La cour (royale de Dijon) met l'appellation au néant ».

Le sieur Prisset se pourvoit en cassation contre cet arrêt, et l'attaque comme ayant violé, en le condamnant à payer le principal du billet non protesté à temps, les art. 168 et 187 du Code de commerce; et comme ayant contrevenu, en le condamnant aux intérêts de ce billet à compter du jour de l'échéance, tant au même art. 187 qu'à l'art. 184 du même Code, et à l'art. 1153 du Code civil.

Le second moyen n'était susceptible d'aucune réponse. Mais le premier a été rejeté après une discussion très-contradictoire.

Par arrêt du 26 janvier 1818, au rapport de M. Portalis,

« Vu les art. 142, 168, 170, 184 et 187 du Code de commerce, et l'art. 1153 du Code civil;

» Attendu, en fait. qu'il s'agissait, dans l'espèce, de deux billets à ordre que le demandeur avait revêtus de son Aval par un acte séparé, à condition que le secret lui serait gardé, que les billets ne seraient point mis en circulation, et qu'il les escompterait à six pour cent l'an, si les circonstances le lui faisaient désirer; et que le donneur d'Aval était la même personne au domicile de laquelle les billets devaient être acquittés; d'où il suit qu'il y avait, entre les parties, des conventions particulières que l'arrêt attaqué a pu et dû interpréter;

» Attendu que le défaut de protêt ou de signification du protêt dans le délai fixé par la loi, ne libère point le souscripteur d'un billet à ordre; d'où il suit que l'absence de ces formalités ne saurait libérer le donneur d'Aval qui a cautionné ce souscripteur, avec lequel il est engagé solidairement; et que la libération n'est prononcée, en ce cas, par l'art. 168 du Code de commerce, qu'en faveur des endosseurs;

» Attendu, en outre, que les donneurs d'Avals ne sont pas, en tout état de cause, assimilés aux endosseurs, mais tour à tour aux tireurs, aux endosseurs et aux accepteurs, selon qu'ils ont cautionné les uns ou les autres;

» D'où il suit que la cour royale de Dijon, en décidant, sous l'empire du Code de commerce, qui déclare, art. 187, que toutes les dispositions relatives aux lettres de change et concernant les droits et devoirs du porteur, sont applicables aux billets à ordre, que le demandeur était tenu solidairement avec les souscripteurs des billets et était obligé pour le même temps, n'a fait qu'une juste application des art. 142 et 170 du Code de commerce;

» Mais attendu qu'en faisant remonter le paiement des intérêts d'un des billets souscrits, à la date de son échéance, quoiqu'il n'eût été protesté, et que la demande judiciaire du paiement, tant du principal que des intérêts, n'eût été formée que long-temps après, l'arrêt attaqué a violé formellement les dispositions de l'art. 1153 du Code civil et de l'art. 184 du Code de commerce;

» La cour casse et annulle, *au chef seulement qui concerne les intérêts*, l'arrêt de la cour royale de Dijon.... ».

V. le §. suivant.

§. III. *Le donneur d'Aval peut-il, sous le Code de commerce, se prévaloir de ce que le porteur, après avoir fait le protêt à l'échéance, ne le lui a pas dénoncé et ne s'est pas pourvu contre lui personnellement dans le délai fixé par l'art. 165 de ce Code? Ou les diligences que le porteur a faites en temps utile, contre la personne cautionnée par le donneur d'Aval, suffisent-elles pour conserver son action contre celui-ci?*

Cette question n'en serait pas une, si le Code de commerce avait adopté, sur cette matière, les mêmes règles que l'ordonnance de 1673; car on a vu plus haut, §. 1, que l'art. 32 du tit. 5 de cette ordonnance voulait expressément que le donneur d'Aval fût poursuivi, après le protêt, dans le même délai que s'il eût été, ou tireur, ou accepteur, ou endosseur.

Mais, d'une part, cette disposition ne se retrouve pas dans le Code de commerce; et de l'autre, ce qui prouve que ce n'est point par oubli, mais à dessein, qu'elle y a été omise, c'est qu'elle avait été proposée par la commission chargée de la rédaction du projet de ce Code (1).

Il faut donc, sur ce point comme sur celui qui est traité dans le §. précédent, en revenir à l'idée générale que le donneur d'Aval n'étant qu'une caution solidaire, ne peut opposer que les exceptions qui appartiennent à celui qu'il a cautionné; que les diligences faites contre le principal obligé, étant censées faites contre la caution, il ne peut pas repousser l'action intentée contre lui, sous le prétexte qu'elle l'a été hors du délai dans lequel ont dû être et ont été exercées les poursuites contre le tireur, l'accepteur ou l'endosseur dont il s'est rendu garant.

A l'appui de cette conséquence si simple, si naturelle, et qui justifie si évidemment la détermination adoptée par la cour de cassation dans l'affaire retracée au §. précédent, on citait, dans cette affaire, un arrêt de la cour d'appel de Paris du 13 décembre 1813. Effectivement cet arrêt a jugé que le protêt d'une lettre de change dont l'acceptation avait été garantie par un Aval, ayant été dénoncé à l'accepteur en temps utile, le donneur d'Aval ne pouvait pas exciper de ce que la dénonciation ne lui en avait été faite à lui-même que long-temps après.

---

(1) *V.* ci-devant, §. 1.

Mais autant cet arrêt eût bien jugé, si, dans l'espèce sur laquelle il a été rendu, il avait été question d'un Aval donné sous le Code de commerce, autant il doit paraître étrange, alors que l'on considère que l'Aval dont il s'agissait, remontait au 29 brumaire an 12, et ne pouvait conséquemment être régi que par l'ordonnance de 1673.

Et vainement l'arrêt a-t-il dit que, par l'acte du 29 brumaire an 12, celui qui l'avait signé, s'était constitué, *non-seulement caution, mais débiteur solidaire*. Cela empêchait-il, comme l'arrêt l'a fait entendre, et comme on l'annonce littéralement dans l'ouvrage où il est rapporté (1), que cet acte ne fût un Aval proprement dit? qu'est-ce qu'un Aval, si ce n'est un cautionnement solidaire?

AVANTAGES AUX HÉRITIERS PRÉSOMPTIFS.

§. I. *Rapprochemens des dispositions que renferment sur cette matière la loi du 17 nivôse an 2, celle du 4 germinal an 8 et le Code civil.*

Avant la loi du 17 nivôse an 2, il existait en France plusieurs coutumes d'*égalité parfaite*, c'est-à-dire, dans lesquelles on ne pouvait avantager un héritier présomptif au préjudice des autres.

L'art. 16 de la loi du 17 nivôse an 2 avait étendu les dispositions de ces coutumes à toute la France : « Les dispositions générales de la pré-
» sente loi ne font point obstacle, pour l'ave-
» nir, à la faculté de disposer du dixième de son
» bien, si l'on a des héritiers en ligne directe, ou
» du sixième, si l'on n'a que des héritiers collaté-
» raux, *au profit d'autres que des personnes appelées
» par la loi au partage des successions* ».

Mais la loi du 4 germinal an 8 permettait d'avantager un successible, jusqu'à concurrence

D'un quart de ses biens, si le disposant laissait à son décès moins de quatre enfans;

D'un cinquième, s'il laissait quatre enfans;

D'un sixième, s'il en laissait cinq, et ainsi de suite ;

De la moitié, si, n'ayant pas d'enfans, il laissait, soit des ascendans, soit des frères ou sœurs, soit des enfans ou petits-enfans de frères ou de sœurs;

Des trois quarts, s'il laissait, soit des oncles, ou grands-oncles, des tantes ou grandes-tantes, soit des cousins-germains ou cousines-germaines, soit des enfans des uns ou des autres ;

Et de la totalité, à défaut de parens dans les degrés ci-dessus déterminés.

Le Code civil, art. 913 et suivans, permet à chacun de disposer, soit en faveur de ses successibles, soit en faveur de tout autre,

Des trois quarts de ses biens, s'il ne laisse pour héritiers que des ascendans d'une seule ligne ;

De la moitié, s'il laisse, ou un enfant, ou à dé-faut d'enfans, un ou plusieurs ascendans dans chacune des lignes paternelle et maternelle ;

Du tiers, s'il laisse deux enfans;

Du quart, s'il en laisse trois ou un plus grand nombre;

De la totalité, s'il ne laisse ni descendans ni ascendans.

§. II. *Des Avantages indirects, déguisés ou frauduleux. Questions sur cette matière, et arrêts qui les ont jugées.*

I. Il n'arrivait que trop souvent, dans les coutumes d'égalité parfaite, que l'on cherchât à éluder leurs dispositions prohibitives par des avantages déguisés.

On a fait la même chose à l'égard de la loi du 17 nivôse an 2.

On l'a fait également pour transgresser les bornes que la loi du 2 germinal an 8 avait mises à la faculté de disposer entre successibles.

Et l'expérience prouve qu'on le fait aussi sous le Code civil.

Ces fraudes, dans les coutumes d'égalité parfaite et sous la loi du 17 nivôse an 2, se faisaient de deux manières : par déguisement de contrats, et par interposition de personnes.

De ces deux manières, la première est la seule qui, sous la loi du 4 germinal an 8, ait pu avoir lieu sans le concours de la seconde, parcequ'elle ne donnait pas plus de latitude pour disposer au profit d'étrangers, qu'en faveur de successibles. C'est la même chose sous le Code civil.

II. Sur la *fraude par déguisement de contrats*, nous devons remarquer cette disposition de l'art. 26 de la loi du 17 nivôse an 2 : « Toutes donations
» à charge de rentes viagères ou *rentes à fonds per-
» dus*, en ligne directe ou collatérale, à l'un des
» héritiers présomptifs, ou à ses descendans, sont
» interdites, à moins que les parens du degré de
» l'acquéreur et des degrés plus prochains n'y
» interviennent et n'y consentent ».

A cette disposition l'art. 918 du Code civil substitue la suivante.... « La valeur en toute pro-
» priété des biens aliénés, soit à charge de rente
» viagère, soit à fonds perdus, ou avec réserve
» d'usufruit, à l'un des successibles en ligne di-
» recte, sera imputée sur la portion disponible, et
» l'excédant, s'il y en a, sera rapporté à la masse.
» Cette imputation et ce rapport ne pourront être
» demandés par ceux des autres successibles en
» ligne directe qui auraient consenti à ces aliéna-
» tions, ni, dans aucun cas, par les successibles
» en ligne collatérale ».

On voit que cette disposition s'accorde avec celle de la loi du 17 nivôse an 2, en ce que, dans l'intérêt des successibles qui ont droit à une réserve, elle répute donation toute aliénation faite au profit de l'un d'eux, soit à la charge d'une rente viagère, soit à fonds perdus ;

Qu'elle en diffère, en ce qu'elle assimile à la

---

(1) Jurisprudence de la cour de cassation, tome 16, part. 2, page 98.

vente à fonds perdus, la vente avec réserve d'usufruit, ce que ne faisait pas (comme on le verra dans le §. suivant) la loi du 17 nivôse an 2;

Qu'elle en diffère encore, en ce qu'elle n'annulle l'aliénation qu'elle répute donation, que jusqu'à concurrence du préjudice qui en résulte pour la réserve, au lieu que la loi du 17 nivôse an 2 l'annullait pour le tout;

Et que cette seconde différence provient de ce que, sous la loi du 17 nivôse an 2, tous les successibles, même en ligne collatérale, avaient droit à une réserve qui embrassait la totalité de leur part héréditaire; au lieu que, sous le Code civil, la réserve est limitée à une quotité de la part héréditaire et n'est établie qu'en faveur des successibles en ligne directe.

Du reste, comme on le verra au mot *Donation*, §. 5, ni l'art. 918, ni aucun autre texte du Code civil ne s'opposent à ce qu'une donation déguisée, même au profit d'un successible en ligne directe, ait tout son effet, lorsqu'elle ne porte aucune atteinte à la réserve des autres héritiers.

III. A l'égard de la *fraude par interposition de personnes*, on vient de voir que l'art. 26 de la loi du 17 nivôse an 2 assimilait les *descendans* du successible au successible lui-même.

En était-il de même de ses ascendans?

En était-il de même surtout de ses ascendans qui étaient en communauté avec lui?

En était-il de même encore de son époux, lorsqu'il était marié et qu'il existait une communauté de biens entre le mari et la femme?

Voici une espèce dans laquelle j'ai discuté ces trois questions.

Le 25 germinal an 6, Denis-Samuel Dalau vend à Marie Bonneau, veuve de René Dalau, son frère, l'universalité de ses biens, moyennant une rente viagère de 400 francs.

Marie Bonneau avait alors plusieurs enfans qui, après le décès de leur père, étaient restés, par continuation, en communauté avec elle.

Le vendeur décède en l'an 7.

Les sieurs Robin, Rousseau, Bardet et Gaisneau, ses héritiers naturels, provoquent le partage de la succession.

Marie Bonneau s'y oppose, et soutient qu'en vertu de son contrat du 25 germinal an 6, tous les biens de cette succession lui appartiennent exclusivement.

Jugement du tribunal civil de l'arrondissement des Sables d'Olonne, du 24 frimaire an 9, qui prononce en ces termes:

» Considérant que l'art. 26 de la loi du 17 nivôse an 2 défend de céder des domaines aux héritiers directs ou collatéraux à charge de rente viagère;

» Considérant que les enfants de René Dalau étaient en communauté de biens avec Marie Bonneau, leur mère, lorsqu'elle a traité avec Denis-Samuel Dalau, le 25 germinal an 6;

» Considérant que, sous ce rapport, cet acte a nécessairement profité à ses enfans, et qu'il se trouve par là en contravention à la loi précitée;

» Considérant que, dans ce cas, un acte étant nul pour partie, l'est nécessairement pour le tout;

» Le tribunal déclare nul et comme non avenu l'acte d'abandon consenti le 25 germinal an 6 par Denis-Samuel Dalau à Marie Bonneau, sa belle-sœur.... ».

Marie Bonneau se rend appelante de ce jugement à la cour de Poitiers, où il intervient, le 7 thermidor an 9, après une plaidoirie contradictoire, un arrêt ainsi conçu:

» Considérant que la disposition de l'art. 26 de la loi du 17 nivôse an 2 est prohibitive, et par conséquent ne peut s'étendre hors des termes dans lesquels elle est exprimée;

» Considérant que cette disposition ne frappant de nullité que les ventes à fonds perdus faites à l'héritier présomptif ou à ses descendans, la prohibition ne peut ni ne doit s'étendre aux ascendans dudit héritier présomptif; qu'ainsi, Marie Bonneau n'étant qu'ascendante de quelques-uns des héritiers présomptifs de son vendeur, elle a pu valablement acquérir sa rente viagère;

» Considérant que l'art. 12 du tit. 2 de la loi du 24 août 1790 porte, en termes exprès, que *les tribunaux doivent s'adresser au corps législatif toutes les fois qu'ils croient nécessaire, soit d'interpréter une loi, soit d'en faire une nouvelle*; qu'ainsi, il n'appartient à aucun tribunal de la république d'étendre la prohibition d'une loi, sous prétexte d'en pénétrer l'esprit;

» Considérant, enfin, que la loi du 22 ventôse an 2, art. 55, s'exprime ainsi: *la loi valide ce qu'elle ne défend pas*; qu'ainsi, on ne peut comprendre, sous aucun prétexte, dans la prohibition de l'art. 26 de la loi du 17 nivôse an 2, d'autres personnes que celles que cette loi exprime elle-même; qu'ainsi, les ascendans de l'héritier présomptif sont et doivent être jugés capables d'acquérir à titre de rente viagère, jusqu'à ce qu'une loi positive en décide autrement;

» Le tribunal... dit qu'il a été mal jugé..., bien appelé...; faisant ce que les premiers juges auraient dû faire, relaxe et renvoie ladite Bonneau des fins et conclusions contre elle prises.... ».

Les sieurs Robin, Rousseau, Bardet et Gaisneau se pourvoient en cassation contre cet arrêt, et leur requête est distribuée à M. Poriquet, membre de la section des requêtes.

Après le rapport de ce magistrat, j'ai dit:

« L'affaire qui se présente devant vous, offrait à juger au tribunal d'appel de Poitiers, deux questions bien distinctes.

» 1°. Marie Bonneau est-elle comprise dans la prohibition portée par l'art. 26 de la loi du 17 nivôse an 2, par cela seul qu'elle est mère de quelques-uns des héritiers présomptifs du vendeur à fonds perdus?

» 2°. Y est-elle comprise à raison de la circonstance qu'à l'époque de la vente dont il s'agit, ses enfans étaient en communauté avec elle ?

» De ces deux questions, le tribunal d'appel de Poitiers n'a, dans ses motifs, discuté que la première; mais il ne les a pas moins jugées toutes deux, en décidant que Marie Bonneau avait pu acquérir à rente viagère l'universalité des biens de l'oncle de ses enfans.

» Vous avez donc à examiner si, en les jugeant ainsi l'une et l'autre, le tribunal d'appel de Poitiers a violé l'art. 26 de la loi du 17 nivôse an 2.

» Et d'abord, cet article, en défendant les donations ou ventes à rente viagère en faveur des enfans de l'un des successibles, est-il censé défendre également celles qui seraient faites en faveur de ses ascendans ?

» Cette question revient, comme vous le voyez, à celle de savoir si la prohibition de donner au fils renferme celle de donner au père.

» Pour la résoudre en pleine connaissance de cause, nous devons l'examiner dans ses rapports avec l'ancienne jurisprudence, et dans ceux qu'elle peut avoir avec la législation nouvelle.

» Dans notre ancienne jurisprudence, de grands débats se sont élevés, notamment sur le plus ou le moins d'extension que l'on devait donner à la défense faite au mari et à la femme, par la plupart des coutumes, de s'avantager réciproquement.

» Cette défense était-elle limitée à la personne des époux, ou embrassait-elle leurs descendans, leurs ascendans et leurs parens collatéraux les plus proches ?

» Pour leurs enfans, les arrêts ont beaucoup varié; mais ils ont fini par se fixer (même dans la coutume de Paris, où l'on avait jugé le contraire jusqu'au 5 avril 1784) en faveur de l'opinion qui étendait la prohibition aux enfans que l'un des époux pouvait avoir d'un mariage précédent.

» Quant aux parens collatéraux, tous les auteurs s'accordaient à les regarder comme hors de la prohibition; et les arrêts avaient constamment sanctionné cette doctrine.

» A l'égard des ascendans des époux, la question a été plus controversée. Mais, à tout prendre, l'ancienne jurisprudence était plutôt favorable que contraire à l'opinion qui étendait au père et à la mère de chacun des époux, la prohibition faite à celui-ci de s'avantager réciproquement; et d'après cela, d'après surtout les raisons lumineuses sur lesquelles Ricard étaye cette opinion (1) nous ne balancerions pas à penser de même, si la question se présentait à juger suivant les anciennes maximes.

» Mais la manière dont est conçu l'art. 26 de la loi du 17 nivôse an 2, peut-il permettre d'adapter cette opinion à la prohibition que renferme cet article?

(1) *V.* l'article *Avantage entre époux*, §. 4.

» Contre qui cet article établit-il la prohibition ? Contre les *successibles et leurs descendans*.

» *Et leurs descendans !* Les rédacteurs de la loi du 17 nivôse an 2 connaissaient parfaitement toutes les fluctuations qu'avait essuyées l'ancienne jurisprudence sur la question de savoir si l'incapacité de la personne prohibée était applicable à ses enfans et à ses ascendans.

» Pourquoi donc n'ont-ils parlé que des enfans du successible ? Sans contredit, c'est parce qu'ils n'ont pas voulu que la prohibition s'étendît à d'autres personnes; c'est conséquemment parce qu'ils n'ont pas voulu que les ascendans y fussent sujets.

» Cette conséquence est d'autant plus évidente, que, dans l'une des lois interprétatives de celle du 17 nivôse an 2, dans l'art. 55 du décret du 22 ventôse de la même année, on lit ces mots : *la loi valide ce qu'elle ne défend pas*; principe qui forme l'une des principales bases de la législation nouvelle, et qui n'est que la répétition de celui que la *déclaration des droits de l'homme et du citoyen*, du 26 août 1789, avait proclamé en ces termes : *Tout ce qui n'est pas defendu par la loi, ne peut être empêché.*

» Enfin, quand on irait jusqu'à supposer que le tribunal d'appel de Poitiers eût pu se donner assez de latitude pour étendre à la mère des enfans de René Dalau, la prohibition que la loi n'avait prononcée que contre eux, qui est-ce qui oserait lui faire un crime de n'avoir pas pris cette licence ? Et comment pourrait-on tirer de sa sage circonspection, de sa prudente réserve, un moyen de cassation contre son jugement.

» Son jugement ne pourrait être cassé, aux termes de l'art. 66 de la constitution, que pour *contravention expresse* à la volonté du législateur. Or, bien loin de contrevenir *expressément* à l'art. 26 de la loi du 17 nivôse an 2, son jugement n'y contrevient pas même d'une manière implicite; car, non-seulement le texte de cet article est muet sur les ascendans des successibles, mais par cela seul qu'il n'étend l'incapacité des successibles qu'à leurs enfans, il manifeste clairement l'intention de ne pas l'étendre à leurs pères, mères, aïeux ou aïeules.

» Nous osons le dire, casser un pareil jugement, ce serait avertir tous les tribunaux d'appel qu'ils peuvent, qu'ils doivent imiter les anciens parlemens, et, à leur exemple, interpréter; étendre, resserrer, modifier, maîtriser les lois auxquelles leur gloire est d'être aveuglément soumis; et votre sagesse, nous est un sûr garant que vous ne leur donnerez pas un avertissement aussi évidemment subversif de l'ordre constitutionnel, aussi évidemment corrupteur de la législation nationale.

» Mais il s'élève une autre question : c'est de savoir si la circonstance que Marie Bonneau était, à l'époque de la vente à fonds perdus, en communauté avec plusieurs des successibles du vendeur, ne devait pas forcer le tribunal d'appel de Poitiers d'annuller cette vente, comme faite, au moins en partie, à des personnes prohibées?

» Cette question s'est présentée au tribunal de cassation dans trois espèces; et dans l'une, elle paraît avoir reçu une décision absolument opposée à celle qui est intervenue dans les deux autres.

» Dans la première, il s'agissait d'une vente que Nicolas-Philippe Lebatteur et sa femme avaient faite, le 28 pluviôse an 5, à Frédéric Osmond, mari d'Anne Lebatteur, nièce du vendeur, et l'une de ses héritières présomptives, moyennant un prix de 100 francs une fois payé, et une rente viagère de 800 francs.

» Après la mort du vendeur, Victoire-Agnès Lebatteur et ses consorts ont demandé la nullité de la vente, comme frauduleuse et faite en contravention à l'art. 26 de la loi du 17 nivôse an 2.

» Le 13 pluviôse an 6, jugement du tribunal civil du département de la Seine-Inférieure, qui leur adjuge leurs conclusions.

» Sur l'appel, jugement du tribunal civil du département de l'Eure, du 23 messidor an 7, qui infirme, et maintient la vente, sur le fondement que la prohibition portée par l'art. 26 de la loi du 17 nivôse an 2, ne s'étend pas au mari de l'héritière présomptive.

» Le 28 ventôse an 8, jugement du tribunal de cassation, au rapport du cit. Rataud, et sur les conclusions du cit. Lefessier, qui casse celui du tribunal civil de l'Eure, « attendu que la prohibition des ventes à fonds perdus aux successibles, n'a pour objet que d'empêcher que les biens des vendeurs ne parviennent directement ou indirectement au successible ou à ses enfans, à l'exclusion des autres successibles; prohibition qu'il serait facile d'éluder, si elle ne s'étendait pas au conjoint du successible; la vente qui lui serait faite devant produire plus tôt ou plus tard l'effet de transmettre le bénéfice de la jouissance au conjoint, et la propriété à ses enfans; et que par conséquent les ventes à fonds perdus, faites au conjoint du successible, doivent être considérées comme si elles l'avaient été au successible lui-même, et que, sous ce rapport, elles se trouvent comprises dans la prohibition légale; d'où il suit qu'en maintenant une vente de ce genre en faveur d'un conjoint d'un successible, le tribunal civil du département de l'Eure a, par son jugement du 23 nivôse an 7, violé l'art. 26 de la loi du 17 nivôse an 2 ».

» En exécution de ce jugement, l'affaire a été portée devant le tribunal d'appel de Rouen qui, par jugement du 1er. fructidor an 8, a confirmé celui du tribunal civil du département de la Seine-Inférieure, du 13 pluviôse an 6, et par conséquent adopté les principes qui avaient motivé la cassation de celui du tribunal civil du département de l'Eure.

» Les représentans de Frédéric Osmond se sont à leur tour pourvus en cassation contre le jugement du tribunal d'appel de Rouen; et vous avez admis leur requête, par jugement du 17 prairial an 9.

» Mais l'instruction étant devenue contradictoire, la requête en cassation a été rejetée par jugement du 4 germinal an 10, au rapport du cit. Doutrepont : «Attendu que, dans la vente dont
» il s'agit, la rente viagère de 800 francs et l'usu-
» fruit de la maison vendue réservé aux vendeurs
» forment la majeure partie du prix d'achat;
» qu'ainsi, cette vente ne peut être censée faite
» qu'à fonds perdus ; — Attendu que l'intention
» bien prononcée de la loi du 17 nivôse an 2 a été
» d'établir une égalité parfaite entre tous les hé-
» ritiers légitimes de la même personne ; — Que,
» pour éviter qu'on éludât cette intention, elle a,
» par son art. 26, interdit les ventes à fonds perdus
» à un héritier présomptif ou à ses descendans;
» — Que cette intention de la loi serait visible-
» ment éludée, si l'on déclarait valables des ventes
» faites à fonds perdus, à une personne interposée,
» telle que l'époux d'un successible, lorsque,
» comme dans l'espèce, le successible est appelé
» par la loi à recueillir la propriété d'une partie
» de la jouissance d'une autre partie des objets
» achetés par son époux, et que les héritiers de
» l'époux, acheteur, sont leurs enfans communs:
» *In fraudem legis facit, qui, salvis verbis legis,
» sententiam ejus circumvenit* (loi 29, D. *de legibus*);
» — Que, selon les art. 329 et 389 de la coutume
» de Normandie, les époux ne sont pas communs
» en biens, soit meubles, soit conquêts immeu-
» bles, et que les femmes ne commencent à avoir
» droit à la moitié de ces objets qu'à la dissolution
» du mariage; qu'ainsi, la maison vendue à Os-
» mont, le 28 pluviôse an 5, par Nicolas-Philippe
» Lebatteur, appartenait en totalité à ce dernier,
» au moment de la vente à laquelle on a fait in-
» tervenir sa femme, bien moins comme partie
» nécessaire, que comme moyen nouveau d'élu-
» der la loi ; — Qu'enfin, les droits qu'a pu ac-
» quérir la veuve Lebatteur, par la mort de son
» mari, en vertu de l'art. 329 de ladite coutume,
» sur la maison vendue, lui sont absolument
» personnels, et n'appartiennent ni directement
» ni indirectement à feu Jean-Baptiste-Frédéric
» Osmont, ni à ses enfans ».

» Les deux autres espèces se sont présentées dans cette section même, l'une au rapport du cit. Poriquet, l'autre au rapport du cit. Zangiacomi.

» Dans la première, il s'agissait d'une vente prétendue simulée, que Louis Benoît avait faite le 28 pluviôse an 9, à la veuve Caliuat; sa belle-sœur..... (1).

_____

(1) *V*. à l'article *Absent*, §. 3, le plaidoyer et l'arrêt du 21 ventôse an 9.

» Voici la seconde espèce :

» Philippine Waghenard est décédée en nivôse an 5, à Mons, département de Jemmappes. Comme elle ne laissait pas d'enfans, sa succession devait être divisée, conformément à la loi du 17 nivôse an 2, en deux portions égales, l'une pour la ligne paternelle, l'autre pour la ligne maternelle.

» La défunte avait, par son testament et deux codicilles, légué à la dame Flameng, l'unique héritière de la portion afférente à la ligne maternelle, et à Henri Delattre, son mari, tout son argent comptant, sa vaisselle et son mobilier.

» Elle avait ordonné en outre par l'un de ses codicilles, que plusieurs ci-devant fiefs, situés près de Valenciennes (coutume du Hainaut), seraient vendus dans l'année de sa mort, et que le prix qui en proviendrait, fût remis à sa cousine Flameng et à Henri Delattre, son époux, à qui elle en avait pareillement fait don et legs.

» En l'an 7, deux ans après l'ouverture de la succession, Henri Delattre fait assigner les héritiers de la ligne paternelle au tribunal civil du département de Jemmapes, pour les faire condamner à lui délivrer les legs.

» Ceux-ci s'opposent et soutiennent,

» 1°. Que la valeur des legs réunis excède le sixième disponible;

» 2°. Que les ci-devant fiefs réclamés par le demandeur, auraient dû être vendus dans l'année de l'ouverture de la succession; que la testatrice ne lui avait pas donné ces biens, mais seulement le prix qui en proviendrait; que le demandeur qui réunissait en même temps la qualité d'exécuteur testamentaire, ne devait s'en prendre qu'à lui, si la volonté de la testatrice n'avait pas été exécutée, puisque c'était à lui à faire la vente;

» 3°. Que l'héritier légal ne pouvait cumuler la portion héréditaire et des legs; que par conséquent les legs devaient retourner à la masse de la succession;

» 4°. Que vainement le demandeur alléguait que sa femme seule était successible et point lui, puisque lui et sa femme ne faisaient qu'une seule et même personne, au moyen surtout de la communauté qui était établie entre eux par leur contrat de mariage; et que la loi serait toujours éludée, si l'on pouvait, par une personne interposée, favoriser un héritier présomptif; qu'enfin, la loi voulait qu'en ligne collatérale, la succession fût divisée en deux parts égales, l'une pour la ligne paternelle, l'autre pour la ligne maternelle, et que, dans le cas particulier, la ligne maternelle aurait la moitié plus le sixième, puisque ce sixième serait transmis par le demandeur à ses enfans qui étaient dans la ligne maternelle, et devaient par conséquent un jour recueillir la portion afférente à cette ligne.

» 5°. Enfin, les défendeurs ont prétendu que le demandeur pouvait tout au plus réclamer la moitié des legs, l'autre devant nécessairement retourner à la masse de la succession, comme faite à une personne incapable.

» Le 11 fructidor an 7, jugement du tribunal civil du département de Jemmapes, qui adjuge au demandeur la totalité des legs, sauf leur réduction au sixième disponible, s'ils se trouvent l'outrepasser;

» Les motifs de ce jugement sont,

» 1°. Que la loi du 17 nivôse ne déclare incapable de recevoir un don que les personnes appelées directement à la succession; que le demandeur n'étant point successible, mais seulement sa femme, la testatrice avait pu lui transmettre le sixième disponible;

» 2°. Que la dame Flameng, femme Delattre, étant incapable de recevoir les legs, sa portion devait appartenir à son mari, avec lequel elle était, par les dispositions testamentaires, unie *re et terbis*;

» 3°. Que la défunte n'avait ordonné la vente de ses fiefs, que parceque, dans l'ancienne coutume du Hainaut, elle n'avait que cette voie pour en disposer, et que la coutume étant abolie à cet égard avec le régime féodal, elle avait pu donner la chose ou le prix indifféremment, et qu'il devait être égal aux défendeurs que le légataire reçût de l'une ou de l'autre manière.

» Les héritiers paternels ont appelé de ce jugement au tribunal civil du département de la Lys, qui l'a confirmé par les mêmes motifs.

» Sur leur recours en cassation, le cit. Chabroud, leur défenseur, n'a pas manqué de se prévaloir du jugement de la section civile, du 28 ventôse an 8.

» Mais, par jugement du 18 fructidor an 9, il a été prononcé en ces termes : « Ouï le rapport du » cit. Zangiacomi, l'un des juges, et les conclu- » sions du cit. Arnaud, substitut du commissaire » du gouvernement; — Considérant, sur le pre- » mier moyen, que le jugement de première » instance n'étant pas représenté, on ne peut » vérifier le fait allégué par les demandeurs; » — Sur le deuxième moyen, « que l'art. 26 de la » loi du 17 nivôse an 2 ne regarde que le successible, » et que cette disposition étant prohibitive, ne peut » être étendue à l'époux du successible; — Sur le » troisième moyen, que ce n'est pas par droit » d'accroissement que Delattre recueille la moitié » des legs; mais que la totalité lui en appartient de » son chef; car aux termes de la loi 80, D. *de legati* » 3°., le legs dont il s'agit doit être considéré » comme fait uniquement au profit de Delattre; » — Par ces motifs, le tribunal rejette la demande » en cassation, et condamne les demandeurs à » l'amende de 150 francs ».

» Ce jugement, comme vous le voyez, et

AVANTAGES AUX HÉRITIERS PRÉSOMPTIFS, §.

celui du 21 ventôse précédent, sont aussi formels pour l'opinion adoptée dans notre espèce par le tribunal d'appel de Poitiers, que le sont pour l'opinion contraire les deux jugemens de la section civile, des 28 ventôse an 8 et 24 germinal an 10.

» Et remarquez que ces deux derniers jugemens ne balancent pas même par leur nombre ceux que vous avez rendus les 21 ventôse et 4 fructidor an 9; car ce que vous avez jugé les 21 ventôse et 14 fructidor an 9, en rejetant les demandes en cassation d'André Camus et consorts, et des héritiers paternels de la dame Waghenard, vous l'avez encore préjugé le 17 prairial de la même année, en admettant la requête des héritiers Lebatteur contre le jugement du tribunal d'appel de Rouen, du 1er. fructidor an 8.

» Ainsi, les préjugés que l'on peut opposer à la décision du tribunal d'appel de Poitiers, sont plus que balancés par ceux qui la justifient; cependant la question pouvant encore être considérée comme entière, nous l'examinerons avec la même impartialité, que si elle se présentait pour la première fois.

» Pour suivre dans cet examen la même marche que nous avons adoptée dans celui de la question précédente, nous devons d'abord chercher à bien connaître la jurisprudence qui avait lieu avant la loi du 17 nivôse an 2, sur le point de savoir si le mari ou la femme de la personne que des lois particulières déclaraient incapable de recevoir, participait à l'incapacité de celle-ci, surtout lorsqu'entre l'incapable et son époux, il existait une communauté de biens.

» Plusieurs auteurs, et notamment Ricard, soutenaient l'affirmative; mais il est à remarquer que, de tous les arrêts qui se trouvent dans nos livres sur cette question, il n'en est pas un seul qui ait adopté leur avis.

» Ces arrêts sont au nombre de quatre; mais il y en a deux auxquels il paraît inutile de nous attacher, parceque, dans les espèces sur lesquelles ils ont été rendus, les donateurs avaient mis aux donations qu'ils avaient faites aux époux de ceux à qui ils ne pouvaient pas donner directement, la condition que les objets donnés n'entreraient pas en communauté. Ces arrêts sont ceux des 7 septembre 1676, et 12 juillet 1759, rapportés l'un dans le Journal du Palais, à l'ordre de sa date, l'autre dans la Collection de Denisart, aux mots *Avantage indirect*.

» Les deux autres arrêts sont des 6 décembre 1606 et 12 juillet 1670.

» Le premier nous a été conservé par l'un des magistrats qui avaient coopéré à le rendre, par le savant Bouguier, lettre D, §. 12.

» Dans le fait, Renée Muance de la Corbinière, dont les biens étaient régis par la coutume de Poitou, avait, par son testament, légué au mari de Marguerite Muance, sa nièce, et l'une de ses héritières présomptives, tous ses meubles, tous ses acquêts et le tiers de ses propres.

» Après le décès de la testatrice, le mari de Marguerite Muance fait assigner les héritiers en délivrance de son legs.

» Ceux-ci consentent à cette délivrance pour les meubles et les acquêts; mais ils la contestent pour le tiers des propres; et ils se fondent sur l'art. 215 de la coutume de Poitou, qui porte: *L'on ne peut donner à son héritier présomptif, ou aux héritiers présomptifs de son héritier, de son héritage propre, outre la portion légitime et coutumière dudit héritier.*

» Le mari répond que la coutume défendait bien à Renée Muance de donner le tiers de ses propres à Marguerite Muance, sa nièce; mais que cette défense ne pouvait pas s'étendre jusqu'à lui; que, si la coutume eût voulu comprendre l'époux de l'héritier présomptif dans la prohibition, elle l'eût dit expressément; que la prohibition ne portant que sur l'héritier présomptif et ses héritiers, on ne pouvait pas l'appliquer au mari.

» Après avoir ainsi proposé ses moyens de défenses, le mari décède sans enfans. Marguerite Muance, sa veuve, reprend l'instance, comme donataire mutuelle par acte postérieur de deux ans au testament de sa tante.

» Les héritiers ne manquent pas de se prévaloir de cette circonstance: « Ils insistent plus que
» devant (ce sont les termes de l'arrétiste), et
» disent que les choses étant venues au point de
» la coutume, c'est-à-dire, entre les mains de
» l'héritier présomptif, il n'y avait difficulté quel-
» conque qu'il fallait la déclarer non-recevable. »

» Au contraire, Marguerite Muance soutenait la
» coutume étant prohibitive, ne recevoir aucune
» extension d'un cas à autre; que la donation
» avait subsisté en la personne de son mari qui
» était comme étranger à la testatrice; qu'il ne
» fallait considérer ce qui était depuis arrivé,
» ni la donation mutuelle qui était incertaine;
» *cùm fraus non ex eventu, sed ex consilio sit ac-
» cipienda*, son mari, ayant par ses services, mé-
» rité le legs particulier fait par sa tante ».

« Sur ces débats, sentence du présidial de Poitiers, qui fait délivrance à Marguerite Muance du legs fait à son mari du tiers des propres de Renée Muance de la Corbinière.

» Appel par les héritiers; et le procès porté à la cinquième chambre des enquêtes, où siégeait Bouguier, arrêt qui, après un partage, met l'appellation au néant.

» Voici (dit notre auteur) quels en ont été les motifs: — « En matière de lois prohibitives, on fait
» une distinction. — Ou la loi défend une chose qui
» de soi est contre les bonnes-mœurs, contre
» l'honnêteté publique, contre le droit naturel;
» et de ces prohibitions se doit entendre la règle,

» *cùm quid prohibetur, prohibentur omnia quæ se-*
» *quuntur ex illo (cap.* 3ı) *de regulis juris, in* 6°.);
» ou bien elle défend quelque chose qui de soi
» est indifférente, mais par des raisons particuliè-
» res d'état ou de police; et en ce cas, nous disons,
» *quod omissum est suppleri non debet.* — Balde sur la
» loi 64, D. *soluto matrimonio,* dit également:
» *quandò lex providet de remedio extraordinario, si*
» *cessant verba legis, intelligitur et mens ipsius*
» *cessare; et ideò non fit extensio, quia extensio*
» *non fit nisi per mentem et sententiam legis.* —
» Nous dirons ici en la coutume particulière de Poi-
» tou, qu'ayant défendu de donner à son héri-
» tier apparent, cette prohibition étant extraor-
» dinaire, cessant en la personne du mari de l'hé-
» ritière, le sens aussi cesse, et que la donation
» subsiste, et qu'en ce cas, nous sommes en la
» décision de Bartole, qui veut que *statuta non*
» *recipiant interpretationem extensivam;* étant le mari
» vraiment étranger à la testatrice, et la femme
» n'ayant pu prétendre aucun droit, part et por-
» tion audit legs du vivant de son mari, qui était
» maître de la communauté. — Le legs fait au mari
» a (donc) subsisté en sa personne, *fuit hereditas d*
» *legato separata;* et encore que depuis, par un nou-
» veau droit, il soit parvenu entre les mains de l'hé-
» ritier, *non propterea evanescit;* car... l'héritier qui
» est Marguerite Muance, nièce de la testatrice, le
» prétend, *non ex causâ legati, sed ex causâ donationis,*
» qui a été faite deux ans après, et qui avait en
» soi un événement incertain de la mort de l'un
» ou de l'autre, et lequel partant excluà toute pré-
» somption de fraude. — Que si l'on veut dire que
» la propriété d'une moitié de ce legs ait, dès
» l'instant, appartenu à la femme *jure societatis,* et
» que par conséquent *ab initio* le legs et l'hérédité se
» sont rencontrés par ensemble, *saltem* pour une
» moitié, et que par conséquent pour cette moitié,
» *evanescit legatum;* l'on peut encore satisfaire à
» cette difficulté, pour ne laisser rien en arrière,
» par une décision très-belle, qui est en la loi
» *aristo,* titre *qui potiores,* au Digeste, *ubi per extra-*
» *neum quis consequitur quod ex personâ suâ non ha-*
» *beret:* l'espèce est dans la loi *si quis duos,* D. *de*
» *liberatione legatâ.* Par le moyen de la société conju-
» gale, Marguerite Muance prend le legs qu'elle
» ne pourrait avoir comme héritière, ayant sub-
» sisté tout entier en la personne de son mari.
» Aussi en ce fait, *si socii sint* (dit cette loi) *propter*
» *eum qui capax est, et si qui capere non potest capit*
» *per consequentias;* ce que la loi permet en certains
» cas. — Par ces raisons (continue Bouguier), qui
» servaient de réponse à toutes celles qui ont été
» alléguées au contraire, l'opinion de M. le com-
» partiteur semblait être plus juridique de con-
» firmer la sentence, et passa par cet avis le
» 6 décembre 1606 ».

» Le second arrêt que nous avons annoncé est cité dans le Journal du palais, tome 1, page 774, comme *un arrêt célèbre,* par lequel il a été décidé que la femme du médecin, lequel, de droit commun, est une personne *prohibée, n'était pas néan-*moins comprise dans la prohibition de la loi.

» Voilà, nous le répétons, les seuls arrêts que nous fournisse l'ancienne jurisprudence, sur la question de savoir si l'incapacité de recevoir prononcée contre l'un des époux communs en biens, est susceptible d'extension à l'autre époux.

» Et vous voyez qu'ils avaient uniformément décidé cette question pour la négative.

» Or, s'ils l'ont ainsi décidée par rapport à des lois dans l'application desquelles les anciens tribunaux s'étaient mis en possession de ne reconnaître ni gêne ni entraves, comment peut-on se flatter de faire annuller un jugement qui l'a décidée de même dans l'application de la loi du 17 nivôse an 2, c'est-à-dire, d'une loi faite dans un ordre de choses où les juges ne peuvent plus se permettre de suppléer à la volonté du législateur?

» Assurément, lorsqu'on a rédigé cette loi, on n'ignorait pas que, dans les anciens tribunaux, il avait été souvent soutenu que l'époux de l'incapable était incapable lui-même; on n'ignorait pas que plusieurs auteurs l'avaient ainsi enseigné; et cependant vous voyez qu'en déclarant les successibles incapables de recevoir, on s'est borné à rendre commune *à leurs descendans* l'incapacité que l'on prononçait contre eux.

» On n'a donc pas voulu étendre cette incapacité à leurs époux; car, si on l'eût voulu, on l'eût dit expressément; et l'on s'y serait cru d'autant plus obligé, que l'on tenait pour maxime irréfragable, ainsi que l'a proclamé peu de temps après le décret du 22 ventôse, que *la loi valide tout ce qu'elle ne défend pas.*

» Inutile de dire que la défense de donner aux successibles sera souvent éludée, s'il est permis de donner à ceux qui sont en communauté avec lui.

» C'est là, sans doute, un inconvénient; mais il est impossible que la loi ne l'ait pas prévu: et qu'elle n'y a pas remédié, de quel droit prétendrions-nous y remédier nous-mêmes?

» Ne sait-on pas d'ailleurs qu'il n'est pas rare en droit de rencontrer des cas où l'on peut faire indirectement et par voie de conséquence, ce qu'il ne serait pas permis de faire directement?

» C'est ce que nous remarquons singulièrement dans la loi 29, D. *de liberatione legatâ,* l'une de celles que l'on citait lors de l'arrêt du 6 décembre 1606. Si, dit-elle, ayant deux débiteurs solidaires, j'ordonne à mon héritier de les libérer tous deux, le legs de libération ne doit pas moins avoir son effet, quoique l'un d'eux soit incapable de recevoir, et qu'il soit associé avec l'autre. A la vérité, l'incapable ne peut pas en profiter directement, mais il en profite d'une manière indirecte, parceque son co-débiteur ne peut pas être libéré qu'il ne le soit lui-même: *Si socii sint, propter eum qui capax est, et ille qui capere non potest capit per consequentias.* Et là-dessus Godefroy fait cette observation : *Quod per me non possum, possum interdùm propter alium, putà meum socium.*

» Par ces considérations, nous estimons qu'il y a lieu de rejeter la requête des demandeurs, et de les condamner à l'amende de 150 francs ».

Arrêt du 6 prairial an 10, qui adopte ces conclusions,

« Attendu que l'art. 26 de la loi du 17 nivôse an 2 est prohibitif, et ne peut pas, par conséquent, s'étendre d'un cas à un autre; qu'il ne comprend que les successibles et leurs descendans; et que, s'il y a quelques inconvéniens à ne pas l'avoir étendu, soit aux ascendans, soit à l'époux en communauté avec le successible ou avec les descendans du successible, il y en aurait encore davantage à créer, sous le prétexte d'analogie, des prohibitions que la loi n'a pas établies;

» Attendu que, créer ces nouvelles prohibitions, ce serait, quelque justes qu'elles puissent être, entreprendre sur l'autorité législative, ce qui, dans l'espèce, serait d'autant moins pardonnable, qu'il n'y avait pas de question plus controversée, avant la loi du 17 nivôse, que celle de l'étendue de prohibitions; d'où il suit que c'est en connaissance de cause que les législateurs l'ont restreinte expressément aux successibles et à leurs descendans;

» Attendu, enfin, qu'il ne peut pas y avoir ouverture à la cassation d'un jugement auquel on ne peut pas faire d'autre reproche que d'être conforme à la lettre de la loi ».

On trouvera dans les conclusions du 23 brumaire an 12, rapportées aux mots *Vente à fonds perdus*, un autre arrêt de la cour de cassation, du 24 frimaire an 5, qui juge également que, sous la loi du 17 nivôse an 2, l'aliénation faite à rente viagère au profit de deux époux, dont l'un était successible du vendeur, n'était pas réputée, quant à l'autre, Avantage indirect par interposition de personne.

Doit-on encore juger de même sous le Code civil?

Voici une espèce dans laquelle la cour royale de Douai s'est prononcée pour l'affirmative.

La veuve Tirant, mère de plusieurs enfans, avait aliéné à rente viagère un capital de 6,000 francs au profit des sieur et dame Radot, l'un son gendre, l'autre sa fille.

Après sa mort, ses autres enfans se portent héritiers à réserve, et demandent l'imputation de la somme de 6,000 francs sur la portion disponible.

Les sieur et dame Radot y consentent pour la moitié de cette somme, mais s'y refusent pour l'autre moitié, parceque, si l'art. 918 du Code civil répute donation le contrat fait entre eux et la veuve Tirant, la fiction qu'il établit, ne peut avoir lieu qu'à l'égard de celui d'entre eux qui était successible.

Les héritiers à réserve répliquent qu'aux termes de l'art. 911 du Code civil, *sont réputées personnes interposées, les père et mère, les enfans et descendans et l'époux de la personne interposée;* qu'ainsi, le sieur Radot doit être considéré comme *personne interposée* par sa femme pour recevoir la moitié du capital dont il s'agit; ils ajoutent que tel est également l'esprit des art. 1099 et 1100, concernant les Avantages faits à un second époux au préjudice des enfans d'un premier lit.

Le 5 août 1822, jugement du tribunal de première instance de Lille, qui accueille l'offre des sieur et dame Radot de rapporter la moitié de la somme dont il s'agit, à la succession de la veuve Tirant, pour être imputée sur la partie disponible, et déboute les héritiers à réserve du surplus de leur demande,

« Attendu que toutes les précautions prises par les lois relativement au partage des successions en ligne directe, tendant à ce que les héritiers au même degré aient une part égale, et à ce que l'on ne puisse, par voies indirectes, avantager l'un au préjudice des autres;

» Que, pour atteindre ce but, l'art. 918 veut que *la valeur en pleine propriété des biens aliénés à charge de rente viagère....., à l'un des successibles en ligne directe, soit imputée sur la portion disponible, et l'excédant, s'il y en a, rapporté à la masse;*

» Qu'ainsi, dans l'espèce, la somme donnée à charge de rente viagère à la femme Radot, fille de la veuve Tirant, doit être rapportée;

» Attendu qu'il n'en est pas de même à l'égard de Radot, gendre de ladite veuve, lequel n'étant pas successible, n'est pas tenu de rapporter;

» Qu'en vain l'on dirait que ledit Radot doit être regardé comme personne interposée, puisque le Code civil ne considère comme telle, en l'art. 911, que l'époux de la personne *incapable*, c'est-à-dire l'époux de l'une des personnes que les art. 908 et 909 ont déclarées incapables de recevoir;

» Que la disposition de l'art. 911 n'est pas applicable à l'art. 908, puisque le premier parle de personnes rigoureusement incapables de recevoir, tandis que le second a pour objet des personnes qui peuvent recevoir et qui doivent rapporter dans les cas désignés;

» Qu'à la vérité, les art. 1099 et 1100 parlent aussi de dons indirects et de personnes interposées; mais que ces deux articles ne sont applicables qu'aux dispositions entre époux, soit par contrat de mariage, soit pendant le mariage ».

Appel de la part des héritiers à réserve; mais, par arrêt du 7 novembre 1823, la cour royale de Douai, « adoptant les motifs des premiers juges, » met l'appellation au néant ».

C'est au défenseur des sieur et dame Radot, que je dois le compte que je viens de rendre de cet arrêt. « On citait, pour l'opinion contraire » (m'a-t-il écrit le 3 décembre 1825) les *Questions transitoires* de M. Chabot, aux mots *Avantages indirects*, tome 1, page 43. Mais, ni à

» Lille ni à Douai, on ne s'est étayé de l'opinion » que vous avez professée dans vos *Questions de* » *droit,* aux mots *Avantages aux héritiers présomp-* » *tifs,* §. 2, à la fin du n°. 3. Mes adversaires, à » qui j'en fis part aussitôt après la prononciation » de l'arrêt, éprouvèrent un grand regret de ne » pas en avoir eu connaissance ».

Qu'avais-je donc écrit dans les précédentes éditions de ce recueil, dont les adversaires des sieur et dame Radot pussent se prévaloir ? Voici mot pour mot comment je m'étais exprimé à la suite immédiate de mes conclusions du 6 germinal an 10, et de l'arrêt rendu le même jour par la cour de cassation :

« Je n'ai pas besoin d'avertir qu'il faudrait au- » jourd'hui juger différemment, pour les actes » faits depuis la publication du Code civil, et con- » tenant donation au profit, soit du père, soit de » la mère, soit de l'époux d'un *incapable.* Cela est » clairement établi par l'art. 911 de ce Code ».

Mais en m'expliquant ainsi, je n'avais évidemment en vue, et je le disais en toutes lettres, que le cas d'une *donation* faite, sous le Code civil, *soit au père, soit à la mère, soit à l'époux d'*UN INCAPABLE, et je n'avais parlé de ce cas, comme devant désormais être régi par l'art. 911 du Code civil, que pour que l'on n'y appliquât point ce que j'en avais dit dans mes conclusions du 6 prairial an 10, notamment l'arrêt du parlement de Paris du 12 juillet 1670, qui avait jugé *que la femme d'un médecin, lequel, de droit commun, est une personne prohibée, n'était pas néanmoins comprise dans la prohibition de la loi.*

Quant à M. Chabot, il paraît assez, quoique cela ne soit pas bien clair, que le passage qu'en citaient les adversaires des sieur et dame Radot, était plus favorable à leur système. Voici les propres termes de ce magistrat :

« De tout temps, et notamment dans les coutumes d'égalité, et surtout depuis la loi du 5 brumaire, on chercha à éluder, par des Avantages indirects et déguisés, la prohibition relative aux Avantages en faveur des héritiers présomptifs.

» Cette fraude se pratiquait, ou en déguisant des donations réelles, sous la forme de contrats à titre onéreux, ou par l'interposition de personnes qui étaient capables de recevoir, et qu'on chargeait, par contre-lettres ou autrement, de remettre le don à ceux de ses héritiers qu'on voulait avantager.

» Les coutumes ne contenaient pas de dispositions pour réprimer cette fraude.....

» La loi du 17 nivôse an 2, statua, par l'art. 26, que toutes donations à charge de rente viagère, ou ventes à fonds perdus, en ligne directe ou collatérale, à l'un des héritiers présomptifs où à ses descendans, étaient interdites, à moins que les parens du degré de l'acquéreur et des degrés plus prochains, n'y intervinssent et n'y consentissent.

» Mais elle ne s'occupa pas des autres déguisemens de donations, et l'on voit que, même pour les donations à charge de rente viagère et les ventes à fonds perdus, elle ne déclara *personnes interposées,* que les descendans des héritiers présomptifs.

» Le Code civil, poussant plus loin la prévoyance contre les Avantages indirects, a déclaré nulle toute disposition au profit d'un incapable, soit qu'on la déguise sous la forme d'un contrat onéreux, soit qu'on la fasse sous le nom de personnes interposées ; et en même temps, il a réputé personnes interposées, non-seulement les enfans et descendans de l'individu incapable de recevoir la libéralité, mais encore ses père et mère et son conjoint (art. 911) ».

On voit que M. Chabot présente la disposition de l'art. 911 du Code civil comme une extension de la présomption de fraude que l'art. 26 de la loi du 17 nivôse an 2 attachait, en fait de vente à fonds perdus, à la circonstance que l'acquéreur se trouvait descendant de l'un des successibles du vendeur ; et il paraît, dès-lors, bien difficile de ne pas croire que, dans son opinion, la vente à fonds perdus, faite sous le Code civil, au profit de l'époux d'un successible en ligne directe, est imputable dans la portion disponible, quoiqu'elle fût hors de toute atteinte sous la loi du 17 nivôse an 2.

Ce qui d'ailleurs paraît lever toute espèce de doute sur le fond de la pensée de M. Chabot, c'est la manière dont il termine, page 56, sa dissertation sur la question de savoir si, *après la publication de la loi du 17 nivôse an 2, les ascendans et le conjoint d'un des héritiers présomptifs devaient, comme ses descendans, être considérés comme des personnes interposées à l'égard des donations à charge de rente viagère ou de vente à fonds perdus.* Après avoir rappelé, en copiant mes conclusions du 6 prairial an 10, tout ce que j'avais dit là-dessus de l'ancienne jurisprudence, et les arrêts de la cour de cassation qui y sont cités, il conclud en ces termes : « Nous estimons, en consé- » quence, qu'on doit déclarer valables, MÊME » *après la publication de la loi du 3 mai 1803* (c'est- » à-dire du titre du Code civil, dans lequel en » sont placés les art. 911 et 918), les dons entre » vifs....., à charge de rente viagère ou sous la » forme de ventes à fonds perdus, consentis sous » la loi du 17 nivôse an 2, à un ascendant ou à » un conjoint de l'un des héritiers présomptifs » du donateur. ». Ces expressions, *même après la publication de la loi du 3 mai 1803,* annonçant assez clairement que, suivant l'opinion de M. Chabot, la disposition de l'art. 918 du Code civil doit être expliquée et étendue par celle de l'art. 911.

Mais il reste à savoir si, en rejetant cette opinion, l'arrêt de la cour royale de Douai, du 7 novembre 1823, a bien jugé ; et je suis fort porté à le croire, d'après le principe posé par M. Toullier (liv. 3, tit. 2, chap. 2, n°. 79),

relativement à une autre question, que « c'est
» pour prévenir l'arbitraire, que la loi a désigné
» les personnes qu'elle présume interposées, et
» qu'il est de la nature des présomptions légales
» de ne pouvoir être étendues d'un cas ni d'une
» personne à une autre ».

Il s'élève cependant contre cette doctrine une
objection fort spécieuse. Si vous ne soumettez
pas à l'imputation dans la portion disponible
(peut-on dire) la vente dont le prix consiste en
une rente viagère, lorsqu'elle est faite au profit
de l'époux de l'un des successibles en ligne directe du vendeur, vous ne pourrez pas non plus
l'y soumettre lorsqu'elle sera faite au profit de ce
successible. Ainsi, un père qui a deux fils, savoir :
Pierre qui a encouru sa haine par un mariage
disproportionné qu'il a contracté à l'âge de trente
ans, après les actes respectueux prescrits par la
loi, et Paul qui a formé, avec son consentement,
une union de laquelle il lui est né un enfant,
pourra éluder impunément l'impuissance dans
laquelle il se trouve de déshériter entièrement le
premier ; il lui suffira, pour y parvenir, de vendre tous ses biens à l'enfant du second, moyennant une rente viagère. Pierre aura beau dire que
l'acquéreur n'est que le prête nom de Paul, il ne
pourra pas le prouver, et la présomption légale
de l'interposition lui manquant, il succombera.
Or, quelle apparence que le législateur ait autorisé une injustice aussi criante ! Et s'il n'est pas
permis de le supposer, si l'on est, dès-lors, forcé
de recourir, pour ce cas, à l'art. 911, afin d'en
appliquer la disposition à l'art. 918, il faut bien
que l'on y recoure aussi pour le cas où la vente à
rente viagère est faite au profit de l'époux de l'un
des enfans du vendeur ; car on ne peut pas, en
divisant la disposition de l'art. 911, la juger à
la fois étrangère au second de ces cas et commune au premier.

Mais s'il résulte de l'inconvénient sur lequel
porte cette objection, que la disposition de l'art.
918 est une loi imparfaite, il n'en résulte pas qu'il
soit au pouvoir du juge d'en corriger l'imperfec-
tion en l'étendant hors de ses termes. Et c'est une
vérité dont on se pénétrera facilement, si l'on
considère que c'est avec pleine connaissance de
ce qu'il faisait, que le législateur l'a rendue aussi
imparfaite qu'elle est. Il avait sous les yeux, en
la rédigeant, le texte de l'art. 26 de la loi du
17 nivôse an 2 ; et son intention était d'en conserver la disposition pour les ventes faites à la
charge de rente viagère ou à fonds perdus, au
profit de successibles en ligne directe, mais de la
modifier même à cet égard. Et comment l'a-t-il
modifiée ? Par l'addition des mots, *ou avec réserve
d'usufruit*, et par la suppression de ceux-ci, *ou à
ses descendans*. Ainsi, sous un rapport, il en a
étendu la juste sévérité, mais sous un autre, il
l'a restreinte, et le devoir des magistrats est de
respecter la restriction qu'il y a mise ; ni plus ni
moins que l'extension qu'il lui a donnée.

IV. Au surplus, soit qu'il s'agisse de fraude
par interposition de personnes, hors des cas déterminés par la loi, soit qu'il s'agisse de fraude
par déguisement de contrats, on ne doit jamais
perdre de vue ce qu'a écrit Danty, dans son com-
mantaire sur le *Traité* de Boiceau, *de la preuve par
témoins*.

Il demande *de quel caractère doivent être les présomptions de droit, afin qu'on puisse ajouter foi,
quand il s'agit de décider si un acte est frauduleux ou
simulé ?*

« Il me semble (répond-il) que, puisque l'on
n'est obligé de s'en rapporter à des présomptions,
que lorsque les preuves par témoins ou par écrit
viennent à manquer, il s'ensuit que la loi regarde
les présomptions comme des témoins, puisque
c'est sur la foi de ces présomptions qu'elle se détermine, et que par conséquent elles doivent avoir
les mêmes qualités que celles que la loi requiert
dans les dépositions des témoins, pour y ajouter
une croyance entière.

» Or, la première qualité d'une déposition, est
qu'elle doit être grave et précise, c'est-à-dire, que
le témoin doit précisément déposer du fait principal qu'il s'agit de prouver ; autrement, s'il ne
dépose que d'une circonstance particulière, sa
déposition ne prouve que la circonstance qu'il
articule, et non pas le fait dont il s'agit ; et si
cette circonstance n'est pas essentielle, et n'a pas
une liaison nécessaire avec le fait en question,
on ne peut en tirer une conséquence certaine de
ce fait.

» La seconde est qu'une déposition doit être
claire et juste, c'est-à-dire, sans équivoque et sans
variation ; car si elle est conçue en termes obscurs
et à double sens, si elle se dément par elle-même,
ou si le témoin varie dans sa déposition, elle ne
doit faire aucune impression, toute sa force et
toute son évidence consistant dans cette justice et
dans cette conformité qu'elle doit avoir avec la
vraisemblance du fait ; en telle sorte qu'en lui
donnant un sens raisonnable, elle ne puisse
prouver un autre fait que celui dont il s'agit, ni
avoir un double sens qui renferme quelque contrariété.

» La troisième est que cette déposition ne doit
pas être unique, *unus testis, nullus testis*; il faut
qu'elle soit soutenue du moins par la déposition
d'un autre témoin, également forte et convain-
cante.

» Ainsi, pour qu'une présomption de simulation ou de fraude puisse déterminer le juge contre le contrat, il faut qu'elle soit soutenue par
d'autres présomptions, et que ces présomptions
aient de la liaison les unes aux autres, de telle
sorte qu'elles ne se démentent point, et que l'une
naisse en quelque façon de l'autre. Car *plusieurs
présomptions légères de fraude ne doivent être d'aucune considération*, parceque ce n'est pas de leur
nombre qu'il faut tirer leur certitude, mais de

85.

leur vraisemblance et de leur conformité entre elles ».

Ainsi, dans cette matière comme dans toute autre, gardons-nous de prendre pour indices de fraude, ces conjectures vagues et arbitraires, qui peuvent s'appliquer avec une égale facilité à des faits différens; ces vraisemblances incertaines, ces rapports éloignés, sur lesquels l'esprit de système peut fonder tout ensemble l'accusation et les preuves du dol. La loi n'entend par indice, qu'une induction si forte d'un fait, qu'il en résulte que la chose est telle qu'elle l'annonce, et qu'il est impossible qu'elle soit autrement, *ut res aliter se habere non possit*.

Aussi, par arrêt du parlement de Rouen, du 9 juillet 1665, rapporté dans le Commentaire de Bérault, dernière édition, page 235, il a été jugé qu'un père avait pu renoncer à la succession d'un neveu, l'appréhender au nom de ses enfans, et par là les obliger à la partager comme collatérale, sans que l'aîné pût s'en plaindre.

Par un autre arrêt du 22 novembre 1743, la même cour a décidé, suivant le témoignage qu'en rend Houard *(Dictionnaire de droit normand, au mot Avantage)*, « qu'un contrat de constitution
» fait par un père en faveur de l'un de ses enfans,
» n'était point réputé Avantage indirect par la
» seule qualité des parties; qu'il fallait prouver
» qu'il était frauduleux. La même chose a encore
» été jugée le 13 mars 1752 ».

Et cette jurisprudence se trouve confirmée bien positivement par l'art. 55 du décret du 22 ventôse an 2, interprétatif de la loi du 17 nivôse de la même année.

On demandait à la convention nationale, « qu'en expliquant l'art. 26 de la loi du 17 ni-
» vôse, relatif aux ventes à fonds perdus faites
» à des successibles, il fût décrété que les ventes
» faites à autre titre..., fussent maintenues, quand
» elles auraient eu lieu de bonne foi, sans lésion,
» et sans aucun des vices qui pouvaient annuler
» les contrats ».

L'article cité répond « que la loi valide ce
» qu'elle n'annulle pas; qu'ayant anéanti entre
» successibles les ventes à fonds perdus..., sour-
» ces trop fréquentes de donations déguisées, par-
» cceque les bases d'estimation manquent, elle
» n'y a pas compris les autres transactions com-
» merciales contre lesquelles on n'invoquait ni
» lésion, ni dé-faut de paiement ».

Du reste, *V.* l'article *Interposition de personnes*.

§. III. *Les ventes faites à des successibles avec réserve d'usufruit, sous l'empire de la loi du 17 nivôse an 2, sont-elles valables, ou doivent-elles être annulées comme ventes à fonds perdus déguisées?*,

V. l'article *Vente à fonds perdus*.

§. IV. *Celui qui, sous l'empire de la loi du 4 germinal an 8, a laissé pour héritiers des frères* et des sœurs d'un seul côté, et un oncle ou grand-oncle dans l'autre ligne, a-t-il pu disposer, au profit de ses frères et de ses sœurs, des trois-quarts de ses biens?

Sans contredit, il n'aurait pu, au préjudice de ses frères et de ses sœurs, disposer au-delà de la moitié de ses biens. Cela est écrit textuellement dans l'art. 3 de la loi du 4 germinal an 8.

Et s'il eût, à leur préjudice, excédé le taux fixé par la loi, ses frères et ses sœurs survivans auraient eu le droit, non-seulement de faire réduire ses dispositions jusqu'à cette concurrence, mais même, comme on le verra ci-après, §. 6, de les faire annuller pour le tout.

Mais c'est au profit de ses frères et de ses sœurs mêmes qu'il a disposé des trois quarts de ses biens; et il s'agit de savoir si, par son concours avec eux dans l'hérédité *ab intestat*, l'oncle acquiert le droit de faire déclarer la disposition nulle, en tant qu'elle excède la moitié; droit qu'il n'a pas de son propre chef, et qu'il n'aurait conséquemment pas s'il était seul héritier; car l'art. 3 de la loi du 4 germinal an 8 valide toutes les libéralités qui n'excèdent pas les trois quarts des biens du disposant, *lorsqu'il laisse*, soit des *oncles ou grands-oncles, tantes ou grandes-tantes*, soit des *cousins-germains ou cousines-germaines*, soit des *enfans desdits cousins ou cousines*.

Si l'on s'attache judaïquement à la lettre de la loi, nul doute que la question ne doive être résolue en faveur de l'oncle.

Le défunt, dans l'espèce proposée, a laissé des frères et des sœurs; et il n'importe qu'ils ne le soient que d'un seul côté. La loi ne fait, à cet égard, aucune distinction. Les frères utérins et consanguins sont, en cette matière, assimilés aux frères germains.

Or, lorsque le *disposant laisse des frères ou sœurs*, la loi ne valide de ses libéralités que jusqu'à la concurrence de la moitié de ses biens.

Et la loi ne limite pas sa décision au cas où les frères ou sœurs succéderont sans concours d'oncles ni de tantes, ou, ce qui revient au même, au cas où les frères ou sœurs, tenant au défunt par la ligne paternelle comme par la ligne maternelle, lui succèdent intégralement dans l'une comme dans l'autre.

Il semblerait donc, au premier aspect, que l'oncle d'une ligne succédant avec le frère ou la sœur d'une autre ligne, la disposition dût être restreinte à la moitié, ni plus ni moins que si la succession était déférée à des frères germains.

Mais si, de ce premier aperçu, nous remontons à l'objet de la loi, à l'esprit dans lequel elle a été faite, nous nous sentirons, en quelque sorte, forcés par notre propre sens intime, de prononcer contre l'oncle.

Quel est l'objet de la loi? C'est (nous n'en pouvons douter d'après les *motifs* qui ont été exposés par les orateurs du gouvernement à la séance du corps législatif où le projet en a été présenté, encore moins d'après la manière dont ces mêmes orateurs se sont expliqués à la séance où elle a été décrétée), c'est de graduer sur la parenté plus ou moins proche, sur les affections plus ou moins fortes qui en dérivent, sur les devoirs plus sévères qu'elle impose, la faculté accordée à tout citoyen de disposer à titre gratuit de son patrimoine.

Et dans quel esprit la loi a-t-elle été faite ? Bien évidemment elle a voulu, en permettant ainsi les dispositions gratuites, assurer à chacun des parens en faveur desquels elle resserre l'exercice de cette faculté, une portion indisponible, une réserve légale, calculée sur le plus ou le moins de proximité des liens qui l'unissent au disposant; c'est là ce qu'elle a voulu, et elle n'a voulu que cela.

L'objet de la loi est donc rempli, son but est donc atteint, son intention est donc satisfaite, lorsque chacun des parens au profit desquels elle a établi une réserve, trouve dans les biens dont il n'a pas été disposé, l'équipollent de sa réserve personnelle.

Et de quel droit, à quel titre, se plaindrait-il? Il ne peut pas être ici question de ces nullités *absolues* qui peuvent être invoquées par tout le monde. La nullité d'une disposition gratuite, en tant qu'elle excède la réserve légale de chaque héritier, n'est *relative* qu'à l'intérêt de l'héritier lui-même. L'héritier ne peut donc la faire valoir que dans son intérêt d'hériter ; et c'est bien dire en d'autres termes, qu'elle ne peut lui profiter que jusqu'à la concurrence de la portion dont, en sa qualité d'héritier, il ne peut être privé par une disposition gratuite.

Vouloir, par respect pour les expressions littérales de la loi, lui donner un autre sens, c'est vouloir qu'elle ait elle-même contredit les *motifs* qui l'ont dictée; et assurément ce n'est pas ainsi que doivent s'interpréter les actes législatifs.

Lorsqu'il s'agit de fixer la véritable signification d'une loi, il faut d'abord chercher ce qu'elle a eu en vue; et ce point une fois trouvé, on doit y ramener les expressions dont elle s'est servie. *Benignius leges interpretandæ sunt, quò voluntas earum conservetur,* dit la loi 18, D. *de legibus*.

Il faut surtout s'attacher à ne pas lui prêter un sens qui blesse la raison, car on ne peut pas lui supposer des intentions déraisonnables; et c'est, au contraire, précisément par son accord avec la raison que l'on doit juger de sa volonté : *in ambiguâ voce legis, ea potiùs accipienda est significatio quæ vitio caret : præsertim cùm etiam voluntas legis ex hoc colligitur* (loi 19 du titre cité).

§. V. *Comment doit se faire, dans l'espèce proposée au §. précédent, le prélèvement des trois quarts des biens donnés par le défunt à ses frères et sœurs ?*

Rien de plus simple. Le défunt a pu disposer des trois quarts au préjudice de son oncle. Il faut par conséquent, en ce qui concerne l'oncle, donner à ses dispositions le même effet que si celui-ci concourait dans l'hérédité *ab intestat*, non avec des frères et des sœurs d'un seul côté, mais avec des oncles ou des cousins de leur ligne.

Or, dans cette hypothèse, quelle serait la portion indisponible de l'oncle ? Elle consisterait dans le huitième des biens du défunt ; car la succession du défunt se divisant en deux lignes, et le défunt ayant pu disposer des trois quarts ou des six huitièmes dans chaque ligne, il est évident que la portion indisponible de chaque ligne est limitée à deux huitièmes de la totalité des biens.

Les frères et sœurs prendront donc les trois quarts des biens, en vertu de la disposition faite en leur faveur ; et ils viendront à partage comme héritiers, dans le quart restant, avec leur oncle, mais de manière que ce quart se divise en deux portions égales, dont une pour leur oncle, et l'autre pour eux.

Mais, dira-t-on, opérer ainsi, c'est charger la ligne dans laquelle l'oncle est appelé, de l'effet entier de la disposition du défunt.

Point du tout. La disposition du défunt porte autant sur la ligne des frères et sœurs que sur celle de l'oncle ; et la chose deviendra extrêmement sensible, si l'on suppose qu'au lieu de donner à ses frères et sœurs, le défunt a donné à un étranger.

Bien certainement dans ce cas, l'oncle ne pourra pas refuser à l'étranger, les trois quarts des biens de sa ligne, comme les frères et sœurs ne pourront pas lui contester la moitié des biens de la leur.

Pourquoi donc la condition de l'oncle deviendrait-elle meilleure par la circonstance que le défunt, au lieu de gratifier un étranger, a gratifié ses frères et sœurs ?

Encore une fois, l'oncle ne peut réclamer comme portion indisponible, que le quart des biens qu'il aurait eus *ab intestat*. Or, *ab intestat*, qu'aurait-il eu? La moitié de tous les biens du défunt. Le défunt a donc pu disposer à son préjudice des trois quarts de cette moitié. Il ne revient donc à l'oncle, dans notre espèce, que le huitième du tout.

§. VI. *Une disposition, qui sous l'empire de la loi du 4 germinal an 8, a excédé les bornes assignées par cette loi à la disponibilité des biens, est-elle nulle pour le tout, ou seulement réductible ?*

Il faut distinguer si cette disposition est faite à titre particulier, ou si elle l'est à titre universel.

Au premier cas, on doit partir du principe que la nullité d'une disposition excessive n'est pas absolue, mais seulement relative à l'intérêt que chaque héritier a de conserver intacte la portion que la loi déclare indisponible à son profit, et en conclure qu'une disposition excessive n'est pas nulle pour le tout, mais seulement réductible dans les bornes que la loi prescrit en faveur de l'héritier réclamant.

Inutile d'objecter que la loi, en déclarant *valables les libéralités qui seront faites...., lorsqu'elles n'excéderont pas* la quotité qu'elle détermine, les a implicitement déclarées nulles pour le tout, lorsqu'elles excéderaient cette quotité.

On convient que la loi du 17 nivôse an 2 avait une disposition contraire ; et en effet, l'art. 39 de cette loi portait : « Dans tous les cas ci-dessus, » si les avantages (à titre particulier) excèdent la » somme à laquelle ils peuvent légalement s'éle- » ver, ils y seront réduits ».

Or, cette disposition a-t-elle été abolie par la loi du 4 germinal an 8 ?

Pour nous convaincre de la négative, il suffira de nous rappeler l'une des règles les plus lumineuses que le droit romain nous a tracées sur l'interprétation des lois : *posteriores leges ad priores pertinent, nisi contrariæ sint*, dit la loi 28, D. *de legibus*.

Il résulte nettement de cette règle, que la loi du 4 germinal an 8 est censée s'en référer à la loi du 17 nivôse an 2, dans tous les points sur lesquels elle n'a pas de disposition formellement contraire à celle-ci.

Or, il n'y a pas un seul mot dans la première, qui tende à faire penser que le législateur ait voulu déroger à l'article de la seconde, qui maintient jusqu'à la concurrence de la portion disponible, les libéralités qui excèdent ce taux.

Au second cas, la loi du 17 nivôse an 2 voulait qu'il en fût autrement ; et sa disposition n'a pas été abrogée par la loi du 4 germinal an 8 : elle ne l'a été que par l'art. 920 du Code civil. C'est ce que j'ai établi dans un plaidoyer du 26 juin 1809, et ce qu'a jugé, le même jour, un arrêt de la cour de cassation, rapportés dans le *Répertoire de jurisprudence*, aux mots *Institution d'héritier*, sect. 1, n°. 8.

§. VII. *Est-ce avantager indirectement un successible, que de le cautionner envers un tiers ? Le cautionnement, en pareil cas, est-il nul à l'égard des co-héritiers du successible cautionné ?*

J'ai établi la négative dans un plaidoyer du 17 fructidor an 12, rapporté au mot *Transfert* ; et cette opinion a été consacrée par un arrêt de la cour de cassation, du 5 avril 1809, dont le Bulletin civil de cette cour nous retrace ainsi l'espèce et le dispositif :

« Le 23 mai 1784, Noël Guillemin épousa Louise Roveyre.

» Il fut stipulé par leur contrat de mariage, que le survivant aurait la propriété des meubles de la communauté et l'usufruit des immeubles, *en donnant caution*.

» En 1785, décès de Louise Roveyre. Son mari, pour jouir de la donation, fournit pour *caution* Elisabeth Dez, *sa mère*, veuve alors de Pierre Guillemin.

» En 1798, les héritiers de Louise Roveyre prirent inscription sur tous les biens de la veuve Guillemin qui avait cautionné son fils.

» En 1804, décès de cette veuve, arrivé sous l'empire du Code civil.

» La succession fut acceptée sous bénéfice d'inventaire par Noël Guillemin, débiteur cautionné, et par Eléonore Guillemin, sa sœur, femme Machet.

» Celle-ci forma, le 12 vendémiaire an 14, contre les héritiers de Louise Roveyre, une demande en radiation de l'inscription qu'ils avaient prise sur les biens de sa mère, ou du moins en restriction sur la portion héréditaire de Noël Guillemin, son frère.

» Le 18 frimaire suivant, jugement par défaut rendu par le tribunal civil de Châlons, qui donne main-levée de l'inscription prise sur la totalité des biens d'Elisabeth Dez, et qui ordonne que cette inscription sera restreinte à la portion héréditaire de Noël Guillemin dans la succession de sa mère, attendu que le cautionnement donné par celle-ci, présentait un avantage indirect au profit de son fils, avantage prohibé par l'art. 100 de la coutume de Châlons.

» Sur l'appel, les héritiers de Louise Roveyre ont observé qu'ils étaient étrangers à la succession d'Elisabeth Dez ; que le droit hypothécaire qui leur compétait, dérivait d'un titre souscrit à leur profit par Elisabeth Dez ; que la réduction de l'hypothèque *générale* qu'ils avaient droit d'exercer sur tous ses biens, à la portion héréditaire de son fils, rendait illusoire l'obligation de la caution.

» Et ils ont soutenu que l'art. 100 de la coutume de Châlons n'était applicable entre les co-héritiers, que pour les biens *libres* de la succession ; et que, quant aux dettes dont la succession était grevée envers les tiers *non successibles*, elles devaient être acquittées par la succession elle-même.

» Le 18 août 1806, arrêt de la cour d'appel de Paris, qui confirme le jugement de première instance.

» Cet arrêt présentait une fausse application de l'art. 100 de la coutume de Châlons ; et une violation des art. 873 et 2017 du Code civil ; l'un et l'autre ont été réprimés par l'arrêt suivant :

» Ouï le rapport de M. Liger-Verdigny, l'un des juges, les observations des avocats des parties, et les conclusions de M. Giraud, substitut du procureur général ;

» Vu les art. 873 et 2017 du Code civil ;

» Considérant que le cautionnement est un acte licite de sa nature ;

» Que l'usage de ce contrat admis dans l'ancien droit, a été maintenu par le Code civil ;

» Que les engagemens des cautions passent à leurs héritiers qui en sont tenus personnellement pour leur part et portion virile, et hypothécairement pour le tout, sauf leur recours contre le principal obligé ;

» Considérant que le cautionnement n'a pour objet direct que la sûreté de la tierce personne au profit de laquelle il est contracté ;

» Que cautionner, sans fraude et pour cause légitime, un successible, ce n'est point enfreindre la prohibition de l'avantage au préjudice de de ses co-héritiers, puisque, d'une part, suivant la définition du droit, on n'entend par Avantage que ce qui est donné à quelqu'un au-delà de ce que la loi lui attribue, et que, d'autre part, le fidéjusseur, bien loin de rien donner à ce successible, acquiert contre lui une action éventuelle, soit en garantie, soit en indemnité :

» Que, s'il fallait entendre le précepte de l'égalité dans le sens de l'arrêt attaqué, la plupart des relations de bienveillance seraient interdites entre les père et mère et leurs enfans, et ceux-ci se trouveraient le plus souvent écartés de toutes les affaires, de tous les emplois dans lesquels il faut être cautionné ;

» Considérant, enfin, qu'il n'a point été articulé, soit en première instance, soit en cause d'appel, que le cautionnement donné par la mère, fût frauduleux, ou qu'il eût été fait à une personne interposée ; qu'il a même été maintenu par l'arrêt dénoncé sur la portion virile de Guillemin fils ;

» Par ces motifs, la cour casse et annulle l'arrêt rendu par la cour d'appel de Paris, le 18 août 1806, pour fausse application de l'art. 100 de la coutume de Châlons, et pour violation des art. 873 et 2017 du Code civil...».

§. VIII. *Peut-on disposer au profit d'un enfant légitime, soit de la totalité, soit d'une partie, de la portion que la loi donne à l'enfant naturel ?*

V. l'article *Réserve*.

AVANTAGES ENTRE ÉPOUX. §. I. *Tableau raisonné des lois et des coutumes qui régissaient cette matière avant la loi du 17 nivôse an 2.*

I. Dans les pays de droit écrit, les lois romaines permettaient aux époux de se faire par testament tels Avantages qu'ils voulaient.

Elles leur permettaient aussi de s'avantager par donations entre-vifs ; mais elles n'attribuaient un entier effet à cette donation, que lorsque l'époux donateur était mort sans l'avoir révoquée.

Quelques auteurs ont prétendu que, sur ce dernier point, les art. 2 et 3 de l'ordonnance de 1731 dérogeaient aux lois romaines.

« La donation et le testament (disaient les nouvaux éditeurs de la collection de Denisart, aux mots *Avantage prohibés*, §. 3) ont aujourd'hui leur caractère particulier ; il faut que chacun de ces actes soit revêtu des formes qui lui conviennent, pour produire son effet ; de manière que ce qui ne peut valoir comme donation, ne peut pas non plus valoir comme testament.

» Ainsi, comme, dans le droit écrit, les époux ne peuvent point se faire de donation l'un à l'autre par actes entre-vifs ; il s'ensuit que, s'ils avaient pris cette voie, l'Avantage ne pourrait se soutenir comme disposition à cause de mort ; on leur dirait, vous pouviez vous avantager par testament, et vous ne l'avez pas fait ; vous vous êtes avantagés par donation entre-vifs, et vous ne le pouviez point faire. *Quod potuit non fecit, fecit quod non potuit* ».

Les nouveaux éditeurs de la Collection de Denisart étayaient cette opinion d'un arrêt qu'ils disaient, sur la foi de Pothier, avoir été rendu à la troisième chambre des enquêtes de Paris. « Un » mari (ce sont leurs termes), dans la vue d'avanta» ger sa femme, lui avait donné quittance d'une » somme pour augmentation de dot, sans l'avoir » reçue. La femme, qui convenait de ce fait, » prétendait que c'était un Avantage permis en» tre conjoints qui devait avoir son effet, puisque » le mari ne l'avait point révoqué. Mais la cour » n'eut aucun égard aux principes de droit sur » lesquels elle fondait sa prétention ; la sentence » qui l'avait admise, fut infirmée ».

Ces auteurs concluaient de là qu'au « parle» ment de Paris, on jugeait, *conformément à l'or*» *donnance de 1731*, qu'une donation qui ne pou» vait être valable comme donation entre-vifs, » ne pouvait être confirmée par la mort du con» joint donateur, qui ne l'avait point révoquée ».

Mais cette conséquence et la doctrine qu'elle tendait à confirmer, péchaient à-la-fois contre les lois romaines et contre l'ordonnance de 1731.

D'abord, on supposait que les lois romaines ne font valoir que comme des testamens, les donations entre-vifs que le mari peut faire à sa femme ; et cela n'est pas exact. Elles les regardent tellement comme donations entre-vifs, qu'elles les assujétissent à la formalité de l'insinuation, et que, dans le cas où cette formalité n'a pas été remplie, elles ne leur attribuent aucun effet, quoique le donateur soit mort sans les révoquer. Elles vont plus loin : lorsque ces donations ont été insinuées et qu'il n'en a été fait aucune révocation de la part du donateur avant son décès, elles veulent que les actes qui les contiennent, aient leur entière exécution, non du jour que le donateur les a confirmées par sa mort, mais du jour même de leur date. (Loi 25, D. *de donationibus inter virum et uxorem*). Ce ne sont donc pas des testamens, ce sont des donations proprement dites, que le droit romain permet aux époux de faire en faveur l'un de l'autre ; et dès-là, on ne peut pas leur appliquer le principe introduit par l'ordonnance de 1731, que ce qui ne peut pas valoir comme donation entre-vifs, ne peut pas non plus valoir comme testament.

Il y a plus. L'ordonnance de 1731 exceptait formellement de ses dispositions les actes par lesquels les époux se faisaient des Avantages permis. L'art. 46 de cette loi ne laissait à cet égard aucune prise aux doutes ni aux équivoques.

« N'entendons (portait-il) comprendre dans les » dispositions de la présente ordonnance, ce qui » concerne les dons mutuels, *et autres donations* » *faites entre maris et femmes*, autrement que par » les contrats de mariages, ni pareillement les do- » nations faites par *le père de famille aux enfans* » étant dans sa puissance ; à l'égard de toutes » lesquelles donations, il ne sera rien innové jus- qu'à ce qu'il ait été autrement par nous » pourvu ».

Si un texte aussi clair avait besoin d'interprétation, nous citerions Sallé, qui dit, en son commentaire sur cet article: « On voit que notre » ordonnance n'a rien entendu innover, ni aux » lois, ni à la jurisprudence, *soit sur les formes*, » *soit sur le fond* de ces sortes d'actes ».

Le parlement de Toulouse avait donc bien raison de dire, par l'art. 40 de ses réponses aux questions proposées par M. le chancelier d'Aguesseau depuis l'ordonnance de 1731, que cette loi n'avait pas changé les maximes de son ressort sur l'effet des donations entre-vifs entre mari et femme, lorsque l'époux donateur ne les avait point révoquées.

L'arrêt du parlement de Paris, que citent Pothier et les réformateurs de Denisart, n'a rien jugé de contraire à cette jurisprudence. L'Avantage qu'il a proscrit, n'avait pas la forme d'une donation entre-vifs, et il n'a été annullé que parce que n'étant ni donation, ni testament, ni contrat, il a paru ne pouvoir être considéré que comme un acte sans cause, ou, ce qui est encore pis, comme un acte coloré d'une cause fausse(1).

Au surplus, les nouveaux éditeurs de Denisart ont eux-mêmes rétracté, à l'article *Donation à cause de mort*, la doctrine qu'ils avaient professée sous les mots *Avantage prohibé*. Ils ont même justifié leur rétractation par un arrêt du parlement de Paris, du 25 mai 1781, par lequel avait été jugée valable, comme donation à cause de mort, une donation entre-vifs qu'un mari avait faite à sa femme en pays de droit écrit, mais qui était nulle comme telle; voici comment ils ont terminé le récit de l'espèce de cet arrêt:

« Un magistrat qui nous a communiqué le journal manuscrit dont nous avons tiré cette espèce, et qui a assisté au jugement, s'en explique de cette manière dans ce journal :

» *En vertu de la disposition de l'art.* 46, nous avons

___

(1) Mais voyez à l'article *Donation*, §. 5, ce que l'on doit penser, en thèse générale, des libéralités déguisées, entre personnes capables de donner et de recevoir.

confirmé la donation, et reconnu que l'ancien droit en pays de droit écrit n'avait reçu aucune atteinte par l'ordonnance de 1731, pour ce qui concerne les *dons mutuels et autres donations faites entre mari et femme, autrement que par contrat de mariage ; qu'ainsi ces sortes de donations valaient comme donations à cause de mort* ».

Il est, au surplus, une observation qui ne doit pas nous échapper : c'est que, chez les Romains, la liberté qui était laissée aux époux de révoquer les donations qu'ils s'étaient faites pendant le mariage, n'avait pas précisément pour principe la crainte que la tendresse des époux l'un pour l'autre ne les dépouillât de leurs biens.

A la vérité, ce motif est le seul annoncé par Ulpien dans la loi 1re., *de donationibus inter virum et uxorem*, au Digeste : *hoc autem*, dit-il ; *receptum est, ne mutuo amore invicem spoliarentur, donationibus non temperantes, sed profusâ ergà se facilitate*.

« Cette jurisprudence a été introduite, pour que » les époux ne se dépouillent pas l'un l'autre, » par des donations peu ménagées et des libéralités » dont un amour mutuel facilite la profusion ».

Mais la raison principale, la raison déterminante de cette jurisprudence, est aussitôt présentée dans la loi 2 qui est du jurisconsulte Paul. Nous avons, dit-il, réprouvé les donations entre mari et femme, *de peur que mariages ne vinssent à se rompre, si l'époux qui pouvait avantager l'autre, refusait de le faire*.

Voilà la grande raison, la raison fondamentale du point de droit dont il s'agit. C'est Ulpien lui-même qui va nous en fournir la preuve. Voici comment il s'explique, loi 3, §. 1er. du titre cité:

« Voyons entre quelles personnes les donations sont prohibées. Et d'abord, s'il s'agit d'un mariage qui n'ait rien de contraire à nos lois et à nos mœurs, la donation sera nulle.

» Mais s'il s'y trouve quelque empêchement, en sorte que ce ne soit point du tout un mariage, la donation sera valable. Par exemple, si c'est la fille d'un sénateur qui a épousé un affranchi, contre la défense du senatus-consulte; ou si, au mépris des ordonnances, un homme en place dans quelque province, y prend une femme ; une donation faite entre de telles personnes, sera valide par la raison que leur mariage est nul.

» Il n'est pourtant pas permis de donner effet à ces sortes de donations, parce qu'on ne doit pas jouir d'une condition meilleure, pour avoir enfreint les lois. Cependant l'empereur Sévère en a décidé autrement à l'égard de l'affranchie d'un certain sénateur; mais c'était à cause qu'elle n'avait pas été tenue à titre d'épouse, et qu'elle n'avait eu d'autre qualité que celle de concubine ».

D'après un texte aussi lumineux; il est aisé de sentir que, si les lois romaines rejettent les donations entre époux, c'est principalement par l'intérêt qu'elles prennent à la durée de l'union conjugale : car nous voyons que là où cet intérêt cesse, les donations ne sont plus défendues.

AVANTAGES ENTRE ÉPOUX, §. I.

On conçoit aussi par là comment les mêmes lois qui annullaient les libéralités faites à une épouse, laissaient cependant subsister celles qui étaient faites en faveur d'une concubine ou même d'une fille publique. Bien des personnes sont choquées de cette différence : mais on voit qu'elle tenait à de grands motifs. D'un côté, les Romains voulait êtres libres pour disposer, et voilà pourquoi ils toléraient les donations faites aux concubines. D'un autre côté, il était du bien public que les mariages fussent stables, et cette raison devait amener la liberté de révoquer les donations entre mari et femme.

II. Quant au droit coutumier sur cette matière, le meilleur moyen de nous en former un plan exact, est de conférer la disposition que renfermait sur cette matière la coutume de Paris, avec ce qu'en décidaient les autres coutumes.

Comme elles sont très-variées, nous les diviserons en sept classes principales.

III. La première est composée de celles qui, à l'instar de la coutume de Paris, défendaient indistinctement aux époux de s'avantager autrement que par don mutuel. Telles étaient Bretagne, art. 210 et 215; Vermandois, art. 50; Châlons, art. 27 et 36; Péronne, Roye et Montdidier, art. 110; Senlis, art. 143 et 144; Valois, art. 131; Sedan, art. 102 et 126; Clermont en Argonne, tit. 5, art. 24; Bar, art. 82 et 163; Gorze, tit. 5, art. 27 et 28; Bassigny, art. 65 et 166; Etampes, art. 141; Dourdan, art. 94 et 95; Troyes, art. 84; Vitry-le-Français, art. 113; Chaumont en Bassigny, art. 68; Meaux, art. 18; Melun, art. 234; Sens, art. 112; Auxerre, art. 222 et 228; Grand-Perche, art. 98; Orléans, art. 280 et 281; Montargis, chap. 11, art. 3 et 4; Berry, tit. 8, art. 1 et 3; Blois, art. 160, 168 et 174 (1); Touraine, art. 243, etc.

On peut rapporter à la même classe les coutumes *d'entravestissement par lettres* et *de dernier vivant tout tenant*. (*V.* ces mots dans le *Répertoire de jurisprudence*.)

IV. Dans la seconde classe, sont les coutumes qui ne permettaient pas même aux époux de se faire des dons mutuels. Telles étaient celles de la ville et cité de Metz, tit. 7, art. 9 et 11; de l'évêché de Metz, tit. 8, art. 2 (2); de Romorantin, chap. 5, art. 8.

Il faut y ajouter celle de la châtellenie de Lille: à la vérité, elle décidait simplement, tit. 12, art. 6, que « deux époux par mariage ne peuvent » directement ni indirectement, par donation en- » tre-vifs ou de dernière volonté, avancer l'un » l'autre »; et Pollet, part. 3, §. 36, soutenait que cette prohibition ne comprenait pas la donation mutuelle. Mais un arrêt du parlement de Flandre, du 9 août 1703, rapporté par Desjaunaux, tome 3, §. 44, a déclaré nulle une donation réciproque que deux époux s'étaient faite dans cette coutume, quoiqu'elle ne fût arguée d'aucun des défauts qui viciaient le don mutuel dans les coutumes où il était permis.

V. Dans la troisième classe, sont les coutumes qui permettaient aux époux de s'avantager, mais seulement par acte de dernière volonté, et dans le cas où il n'y avait pas d'enfans, soit du mariage actuel, soit d'un lit précédent. Telles étaient Montfort, art. 149, et Mantes, art. 145 et 146.

VI. La quatrième classe est composée de celles où les époux pouvaient s'avantager par testament, même lorsqu'il y avait des enfans, mais point par donation entre-vifs. C'étaient Château-Neuf, art. 113; Chartres, art. 91; Dreux, art. 81; Nivernais, chap. 23, art. 27, et chap. 30, art. 1; Bourbonnais, art. 226; Ponthieu, art. 23, etc.

Nous plaçons aussi dans cette classe la coutume de Normandie. Elle décidait, art. 410, que « gens mariés ne se peuvent céder, donner ou » transporter l'un à l'autre quelque chose que ce » soit, ni faire contrats ou confessions, par les- » quels les biens de l'un viennent à l'autre, en » tout ou partie directement ou indirectement ». Par l'art. 422, elle défendait au mari de donner à *sa femme et parens d'icelle*, par testament ou donation à cause de mort, aucune partie de ses immeubles. Mais elle ajoutait, 429 : « le mari » n'ayant enfans...., peut donner ses meubles » à sa femme...., jusques à la concurrence de la » moitié de la valeur des héritages et biens im- » meubles qu'il possède lors de son décès; et s'il » a enfans, il... lui en peut donner... à l'avenant » du tiers de ses immeubles ».

En rapprochant cette dernière disposition de l'art. 410, on voit clairement qu'elle n'accordait que le pouvoir de donner à cause de mort, puisque, par l'art. 410, il était dit que le mari et la femme ne pouvaient se donner entre-vifs *quelque chose que ce soit*.

Cependant Basnage, art. 429, soutenait que « le mari pourrait, par donation entre-vifs, don- » ner à sa femme telle part de ses meubles, qu'il » pourrait lui laisser par testament; ce qui a été » jugé (ajoutait-il) par arrêt en la chambre des » enquêtes, sur un rapport de M. de Montaigu, le 23 » décembre 1644. Une donation faite par un mari » qui n'avait point d'enfans, de tous ses meubles » à sa femme, fut déclarée valable, suivant cet » article, qui permet au mari de donner à sa » femme jusqu'à la concurrence de la valeur de la » moitié de ses immeubles; ce qui est d'autant » plus juste, que la donation entre-vifs est moins » suspecte de suggestion que la testamentaire ».

---

(1) *V.* la note de Brodeau sur cet article.
(2) Cette coutume exceptait les châtellenies de Rembervilliers, Bacarat et Moyen, où « le mari et la femme » (disait-elle) se peuvent réciproquement donner l'usufruit » de leurs acquêts, et, où il n'y aurait acquêts, de leurs an- » ciens ».

4ᵉ édit., Tome I.

Mais, comme le remarque Houard (*Diction. du Droit normand*, au mot *Femme*, sect. 5), Basnage, en adoptant cette opinion, ne répondait pas à l'objection qu'il se faisait lui-même, qu'*il ne serait pas juste qu'un mari se liât les mains par un don irrévocable, qui le dépouillerait de la disposition de l'objet donné.*

« Et nous ne pouvons dissimuler (continue Houard) qu'en méditant cette objection, elle nous paraît décisive; car après la donation faite à la femme, si l'on dit que le mari cesserait d'être le maître de disposer de la chose donnée, on admet que l'acte de donation divise les intérêts de l'homme d'avec ceux de la femme quant à cet objet; ce qui est absurde, le mari ne pouvant sans cause, cesser de guider sa femme dans tous ses actes, et de l'autoriser dans toutes ses dispositions. Or, il ne pourrait être ni son conseil ni son guide dans l'usage qu'elle ferait des effets dont il l'aurait gratifiée, puisque, lors de la donation, il n'aurait pu prévoir la manière dont elle en userait. Si, au contraire, on convient que, par la donation, l'autorité du mari n'éprouve aucune diminution, il faut en conclure que la donation entre-vifs est inutile à la femme, le mari pouvant, suivant les circonstances, lui permettre de disposer de tout ou de partie de son mobilier.

» L'arrêt du 23 décembre 1644 ne contredit pas cette conséquence. L'acte de donation dont il s'agissait lors de cet arrêt, était, quoique fait entre-vifs, à cause de mort; il était donc dans les principes que nous suivons, depuis l'ordonnance du mois d'août 1734, un véritable testament, puisqu'il ne pouvait avoir l'effet qu'après le décès du donateur, et qu'il ne le dessaisissait pas; ainsi, il ne dépouillait point le mari de son pouvoir sur le mobilier donné, et l'arrêt ne répond conséquemment pas à l'objection tirée de la nécessité que la loi impose à la femme d'être toujours soumise à ce pouvoir, tant pour sa personne que pour ses biens, durant le mariage, quand elle n'est pas séparée de corps ou de biens ».

Voici une autre espèce qui s'est présentée plus récemment sur cette matière.

Le 17 mars 1731, le sieur Doessey de Beaudrap arrêta des articles de mariage avec la demoiselle Sallot de Beaumont; une des clauses du contrat était ainsi conçue: « Le futur donne douaire coutumier à sa future sur tous ses biens, et en » outre ses meubles en cas de prédécès sans en-» fans, estimés à la somme de 2,000 livres ». Les meubles du sieur de Beaudrap pouvaient valoir alors cette somme; mais depuis ce temps, ils avaient considérablement augmeté. Il décéda sans enfans, et laissa beaucoup d'immeubles, avec un mobilier de 40,000 écus.

Il appartenait à la veuve la moitié des meubles, en vertu de l'art. 392 de la coutume: là-dessus nulle difficulté; mais il s'éleva une question entre elle et les héritiers du mari, pour savoir si elle emporterait le surplus en vertu de la donation contenue dans le contrat de mariage, attendu que son mari avait pu le lui donner, et qu'ils n'excédaient pas la moitié de la valeur des immeubles existans à l'époque de son décès; ou si la donation devait être réduite à la somme de 2,000 livres à laquelle on l'avait estimée dans les articles de mariage.

Par arrêt du 9 avril 1778, le parlement de Normandie adjugea la totalité des meubles à la dame de Beaudrap.

VII. La cinquième classe comprend les coutumes qui permettaient aux époux de s'avantager, même par donation entre-vifs, et à plus forte raison par testament, soit qu'il y eût des enfans, soit qu'il n'y en eût pas. C'étaient Anjou, art. 321 et 325; Lodunois, chap. 25, art. 83; Poitou, art. 209; Angoumois; art. 52; usance de Saintes, art. 57; Douai, chap. 3, art. 13; gouvernance de Douai, chap. 7, art. 13; Orchies, chap. 2, art. 1; Tournai, tit. 23, art. 2, etc.

Il faut ranger sur la même ligne la coutume de Saint-Jean-d'Angély; c'est ce qu'a jugé un arrêt du parlement de Paris, dont voici l'espèce.

La mère du sieur Garnier avait épousé en secondes noces le sieur Lefèvre. Pendant cette deuxième communauté, les époux acquirent plusieurs héritages situés dans le ressort de la coutume de Saint-Jean-d'Angély. La dame Lefèvre fit son testament, et légua à son mari l'usufruit de leurs conquêts, la propriété réservée à son fils.

Après le décès de sa mère, le sieur Garnier a attaqué le testament, et a soutenu que le sieur Lefèvre, son beau-père, était incapable de recevoir aucun legs de la part de sa femme. Il se fondait 1°. sur ce que les époux s'étaient mariés et vivaient sous l'empire de la coutume de la Rochelle, qui, comme celle de Paris, prohibait tout Avantage entre époux, lorsqu'il y avait des enfans; 2°. Il soutenait que la coutume de Saint-Jean-d'Angély était prohibitive, et il citait l'art. 84, qui était ainsi conçu : « Toute personne ha-» bile à tester, qui a des biens immeubles » obvenus par succession, peut disposer à son » plaisir et volonté de ses meubles et acquêts » immeubles, et de la tierce partie de ses hé-» ritages, s'il n'a enfans naturels et légitimes ». Le sieur Garnier concluait de ce texte, que toute personne habile à tester ne pouvait plus le faire lorsqu'elle avait des enfans, parceque qui dit tout, n'excepte personne, et que les époux étaient compris dans la prohibition générale.

Le sieur Vivès et son épouse, représentant le sieur Lefèvre, soutenaient, au contraire, que la coutume de Saint-Jean-d'Angély était une de celles qui permettaient aux époux de s'avantager, même *exstantibus liberis*.

« L'art. 71 de cette coutume (disaient-ils) s'exprime ainsi : « Le mari et la femme peuvent

» faire mutuelle et simple donation entre-vifs
» l'un à l'autre, ou par testamment, de tous et
» chacun leurs biens meubles, acquêts immeu-
» bles à perpétuité, et de tout l'héritage à vie
» seulement, ou de la tierce-partie d'icelui à perpé-
» tuité, au choix et élection de l'héritier, soit
» que la donation soit faite alternativement du
» tout à vie, ou du tiers à perpétuité seule-
» ment ».

» Cet article n'étant modifié par aucun autre, l'existence des enfans n'y peut apporter aucune restriction. Desvignes et Méchin, commentateurs de cette coutume, un acte de notoriété donné par les juges du siége de Saint-Jean-d'Angely en 1720, les avocats exerçant dans cette juridiction, les avocats du parlement de Bordeaux où ressortit la Saintonge, tous attestent qu'une femme qui a des biens libres, peut en disposer, ainsi que du tiers de ses propres, ou de la totalité en usufruit, au profit de son époux, quoiqu'il y ait des enfans; et que cette clause, *s'il n'a enfans*, ajoutée dans la nouvelle coutume, n'est absolument point suivie dans l'usage, *abiit in desuetudinem*, disent les commentateurs.

» Si la prohibition pouvait avoir lieu, aux termes de l'art. 84, ce ne serait tout au plus que pour le tiers des propres. Toute personne habile à tester, peut disposer de ses meubles, acquêts immeubles, *et de la tierce-partie des héritages, s'il n'a enfans* : c'est ainsi que l'interprète Ricard ; ce qui n'est pas en question, puisque la dame Lefèvre n'a légué que l'usufruit de ses acquêts immeubles.

» Du reste, les biens se régissant par les lois de leur situation, ces lois sont des statuts réels; et suivant leur nature, elles gouvernent seules les biens qui sont sous leur empire ».

Par arrêt du 15 mai 1784, rendu à la troisième chambre des enquêtes, le parlement de Paris, sans avoir égard aux moyens de nullité proposés par le sieur Garnier, a ordonné l'exécution du testament, et a fait délivrance du legs qu'il contenait.

La coutume du Maine doit être aussi rangée dans la classe des lois qui permettaient les Avantages, tant par donation que par testament. Mais elle ne décidait pas clairement quelles étaient les espèces de biens qui pouvaient être compris dans ces Avantages.

Voici ce qu'elle portait, art. 334 : « Deux con-
» joints ensemble par mariage, soit nobles ou cou-
» tumiers, peuvent, par donation mutuelle ou
» autrement, *liberis existentibus*, donner l'un à
» l'autre, tant seulement leurs meubles à perpé-
» tuité, les acquêts et conquêts pour en jouir à
» viager, et tant qu'ils seront en viduité, à la
» charge de nourrir les enfans mineurs jusqu'à ce
» qu'ils soient en âge; et s'il n'y a meubles, ac-
» quêts ni conquêts, pourront donner l'un à
» l'autre la tierce-partie de leur patrimoine à
» perpétuité; et s'il n'y a aucuns enfans, lesdits
» deux conjoints peuvent donner l'un à l'autre
» leurs meubles et acquets à perpétuité ».

La coutume du Maine paraissait distinguer, dans cet article, quatre espèces de biens : les meubles, les acquêts, les conquêts et les propres; et en conséquence, elle semblait permettre aux époux de se donner, non-seulement leurs meubles et leurs conquêts, et au cas qu'ils n'en eussent pas, le tiers de leurs propres, mais aussi les acquêts que chacun d'eux pouvait avoir faits avant le mariage.

Ainsi, à en juger par le sens qui se présente à la première vue, les termes *acquêts* et *conquêts*, employés par la coutume, devaient être pris dans leur signification naturelle: et on ne devait pas les restreindre aux conquêts de communauté.

C'est effectivement ce qu'on décidé plusieurs arrêts. Le plus ancien est du 5 février 1572. Il est cité par Bodereau, dans son petit Commentaire sur l'art. 334. Il y en a deux autres, du 22 février 1683, et de l'année 1695. On en trouvera la notice dans le Recueil d'Augeard, tome 1, page 621, édition de 1756.

L'opinion contraire a cependant entraîné les suffrages de tous les commentateurs de la coutume ; et elle a fini par être reçue sans contradiction dans tout le Maine.

Bodereau, art. 334, après avoir dit que, « par le mot *acquêts*, il ne faut entendre que les » acquêts faits pendant le mariage », ajoute que « cela a été jugé par sentence de la sénéchaussée » du Mans, de 1596 », première décision, « que » cela a encore été, après une enquête, jugé par tur- » bes, par arrêt de l'année 1607 »; seconde décision d'autant plus importante, qu'elle est conforme à l'usage de la province, justifié préalablement par une enquête par turbes.

Une troisième décision est celle de l'arrêt du 7 février 1609. Bodereau observe « qu'il a été » publié le 9 mars suivant, au palais du Mans, » qu'il a rendu après turbes faites....., et qu'il » doit servir de loi, ayant été rendu en grande » connaissance de cause, nonobstant que l'héri- » tier eût produit des jugemens contraires, » comme un arrêt du 5 février 1572 et une sen- » tence du 11 janvier 1586 ».

C'étaient sans doute ces jugemens qui avaient donné lieu à une seconde enquête par turbes, faite deux ans après l'arrêt de 1607; mais les turbiers, en 1609, ont été conformes à ceux de 1607 ; ainsi, nouvelle confirmation de l'usage de la province.

Une quatrième décision, rapportée encore par Bodereau, sur l'art. 534, est celle de la sentence du prévôt du Mans, qui avait jugé disertement que « les acquêts antérieurs au mariage, n'en- » trent point dans le don mutuel entre maris et » femmes ». Bodereau observe que cette sentence fut infirmée par la sénéchaussée du Mans, mais que, sur l'appel au parlement de Paris, elle y fut confirmée par arrêt du 21 août 1654, à la seconde chambre des enquêtes, au rapport de M. Mandat ».

Une cinquième décision est celle de l'arrêt qui a été rendu sur les conclusions de M. l'avocat-général Talon, le 22 juillet 1657. Il infirme une sentence des requêtes du palais, qui avait annullé en entier un testament fait par une femme du Maine au profit de son mari, et il ordonne que « délivrance sera faite au mari survivant de » tous les meubles de sa défunte femme, et des » conquêts faits pendant leur communauté; et » au regard des acquêts faits avant ladite com- » munauté et propres de la défunte, il est dit » qu'ils seront partagés également entre les hé- » ritiers de la défunte, suivant la coutume des » lieux ». Cet arrêt est rapporté au Journal des audiences.

Enfin, cette jurisprudence est consacrée par un arrêt rendu en forme de réglement. Le sieur Cousin n'ayant point d'enfans, avait fait, le 15 janvier 1696, un testament olographe, par lequel il léguait à sa femme trois métairies et une *clauserie* qu'il avait acquises avant son mariage, et la plus grande partie de ses meubles meublans. La veuve ayant demandé la délivrance de son legs, Julienne Cousin, sœur du défunt, s'y opposa, et soutint que les époux ne pouvaient se donner leurs aquêts faits avant leur mariage. Sur la contestation formée au siége de Laval, intervint sentence, le 19 novembre 1700, qui ordonna la délivrance du legs fait à la veuve. Appel au parlement par Julienne Cousin. Le procès distribué à la quatrième chambre des enquêtes, arrêt du 29 août 1701, qui infirme la sentence, déclare que la veuve ne pourra profiter d'aucun des acquêts faits par son mari avant son mariage, et ordonne que cet arrêt sera publié, tant au siége de Laval qu'à la sénéchaussée du Mans.

VIII. Dans la sixième classe est une coutume qui accordait aux époux la même faculté que les précédentes, mais seulement dans le cas où ils se l'étaient réservée par leur contrat de mariage. Cette coutume est celle du ci-devant duché de Bourgogne, tit. 4, art. 7.

IX. La septième classe n'est composée que des coutumes qui mettaient, à cet égard, une différence entre le mari et la femme. Les deux principales sont celles d'Auvergne et du chef-lieu de Valenciennes.

La première permettait au mari, chap. 9, art. 39, d'avantager la femme, même par donation entre-vifs; et, par l'art. 28 du même chapitre, elle défendait à la femme de donner à son mari.

La seconde n'était pas tout-à-fait aussi claire. Voici ce qu'elle portait, art. 16 : « Le mari ne » peut donner à sa femme, d'entre-vifs, aucun » héritage ou rente réputée immeuble, n'est qu'il » le fasse aux mambours d'icelle pour elle, les- » quels seront à ce dénommés et commis en fai- » sant ledit don, lequel il lui conviendra faire » par-devant la loi dont lesdits héritages et rentes » sont mouvans; autrement, tel don est nul ».

L'art. 17 ajoutait: « Deux conjoints par ma- » riage peuvent librement donner l'un à l'autre » à cause de mort ».

De ces deux articles, le second permettait très-clairement au mari et à la femme de se faire, par testament, tels avantages qu'ils jugeaient à propos. Mais le premier, qui avait pour objet les donations entre-vifs, ne parlait que du mari, et c'était à lui seul qu'elle prescrivait la manière dont il devait s'y prendre *pour donner à sa femme d'entre-vifs*.

Que devait-on conclure de là, par rapport à la femme qui voulait donner à son mari? Rien autre chose, sans doute, si ce n'est qu'elle ne le pouvait pas. Il serait aisé d'en détailler ici les raisons, mais elles se sentent assez d'elles-mêmes.

X. Que devait-on penser des Avantages entre époux dans les coutumes muettes? Cela dépendait du génie de ces coutumes.

Si elles avaient des rapports marqués avec le droit romain, point de doute qu'elles ne dussent s'interpréter par ses dispositions, et que l'on ne dût par conséquent y admettre les Avantages entre époux de la même manière qu'on les admettait dans les pays de droit écrit.

Si elles étaient du nombre de celles qui, par la situation de leurs territoires, le temps de leur rédaction, ou d'autres rapports semblables, paraissaient devoir s'interpréter par la coutume de Paris, il eût été bien difficile d'autoriser, dans leurs ressorts, les époux à s'avantager autrement que par don mutuel.

Ces circonstances à part, le silence d'une coutume semblait devoir être regardé comme une preuve qu'elle laissait aux époux la liberté qu'ils tenaient du droit naturel, et que conséquemment elle leur permettait de se faire tels Avantages qu'il leur plaisait.

On peut résoudre par les mêmes principes, la question de savoir si la prohibition que faisait une coutume des Avantages par testament, emportait celle des Avantages par donation entre-vifs, et réciproquement.

Les coutumes de Château-Neuf en Thimerais et de Chartres permettaient, comme on l'a vu ci-devant, les donations testamentaires entre époux; et il a été jugé par arrêt du 26 avril 1608, rapporté dans les *arrêtés de la cinquième chambre* recueillis par Leprêtre, que les époux ne pouvaient pas y faire de donations entre-vifs, même au profit des enfans l'un de l'autre.

La coutume de Ponthieu autorisait le mari et la femme à se donner leurs meubles, leurs acquêts, et le quint de leurs propres, soit par coutrat de mariage, soit par testament ; et il y a été jugé, par arrêt du 18 janvier 1655, rapporté au Journal des audiences, qu'une femme, qui, durant l'infirmité de son mari, avait donné entrevifs le quint de ses propres à l'enfant de ce dernier, pouvait révoquer la donation, comme nulle et contraire à la coutume.

§. II. *Les dispositions des lois et des coutumes qui permettent ou prohibent les Avantages entre époux, forment-elles des statuts personnels ou des statuts réels ?*

Ce qui pourrait faire pencher pour la personnalité de ces statuts, c'est qu'ils *s'adressent aux personnes.*

Mais ce qui fait qu'un statut est personnel, ce n'est pas qu'il s'adresse aux personnes, autrement, tous les statuts seraient personnels, car ce n'est jamais aux choses, c'est toujours aux personnes, que la loi parle.

Le caractère distinctif du statut personne, c'est qu'il règle l'état de la personne, indépendamment des biens : *quod legem ponit personnæ citrà adjectionem aut subjectionem realem*, dit d'Argentrée ; c'est qu'il *affecte la capacité générale et absolue de la personne*, dit M. le chancelier d'Aguesseau.

Tel est, par exemple, le statut de l'autorisation maritale : il a lieu même lorsque la femme ne possède aucun bien.

Mais tel n'est pas le statut prohibitif d'Avantages entre époux : il suppose l'état des époux, il ne le fait pas ; il ne prononce pas contre les époux une incapacité générale et absolue, il dit seulement : dans mon territoire, pour les biens que je gouverne, point de dispositions valables, si elles sont suspectes de suggestions, de captation ; et je présume suggérées, captées, toutes les libéralités d'un époux à son épouse.

Il est impossible qu'un semblable statut ne soit pas réel ; aussi le parti de la réalité compte-t-il un nombre immense de sectateurs.

Tels sont les deux Voët, père et fils, Rodemburg, d'Argentrée, Chopin, Christin, Grotius, Dumoulin sur Alexandre, liv. 5, conseil 41 ; Constant, sur la coutume de Poitou ; Pallu, sur l'art. 243 de celle de Touraine ; Vandermeulen, sur les coutumes de Vianem et Ameyden ; Boullenois, en son *Traité de la personnalité et de la réalité des lois et coutumes*, etc.

L'opinion contraire a cependant aussi ses partisans. Ce sont Bartole, sur la loi 1, C. *de summâ Trinitate* ; Imbert, en son Enchiridion, au mot *Institution d'héritier* ; Tessaurus, *lib.* 2, *quæst.* 4 ; Bouvot, titre *des droits appartenans à gens mariés*, art. 7 ; Merenda, *lib.* 4, *Controvers.* 35 ; Radelant, Décisions du conseil d'Utrecht, n°. 12 ; Pontanus, sur la coutume de Blois, tit. 12, §. 13 ; Ricard, *du don mutuel*, n°. 325, Balde, sur la loi 1, C. *de summâ Trinitate*, n°. 18 ; Chasseneuz, sur la coutume de Bourgogne, tit. 4, §. 7, n°. 16 ; Maillart, sur la coutume d'Artois, art. 89, n°s. 38 et 41.

Le président Bouhier a pris un milieu entre ces deux systèmes ; et pour éviter les inconvéniens qu'il a cru entrevoir dans l'un et dans l'autre, il en a imaginé un troisième : suivant lui, la faculté de s'avantager entre époux doit être déterminée par le domicile matrimonial ; de sorte qu'en quelqu'endroit que les biens fussent situés, et que les époux eussent transporté leur domicile depuis leur mariage, ce serait toujours à cette loi qu'il faudrait s'en rapporter.

Il faut avouer que ce dernier parti serait le plus commode ; mais comme ce n'est pas aux jurisconsultes à faire des lois, et qu'ils ne peuvent se conduire que par les principes, on ne doit pas s'y arrêter. L'opinion de Bouhier pourrait très-bien servir de règle à un législateur, mais elle ne peut pas être suivie par les magistrats ; et dès-lors, c'est la première opinion qui doit être préférée.

On fait pourtant, en faveur du parti de la personnalité, une objection assez spécieuse.

« Quel est (dit-on), l'objet de la loi qui défend » les avantages entre époux ? C'est d'assurer entre » eux l'union et la concorde. Or, ce motif est » personnel, puisqu'il est tiré de la personne » même des époux ; il doit donc rendre person- » nel le statut dont il est le fondement ».

On ajoute : « La prohibition faite au mari et à » la femme de s'avantager, n'est fondée sur au- » cune considération qui ait rapport à la chose , » puisque la chose peut d'elle-même être com- » prise dans une donation. Il faut donc que cette » prohibition soit fondée sur des considérations » propres à la personne, et que par conséquent » elle soit réglée par la loi qui régit la personne, » c'est-à-dire, par celle du domicile ».

Ces objections peuvent éblouir un instant ; mais examinées de près, elles tombent d'elles-mêmes.

Pour discerner si un statut est réel ou personnel, il ne faut pas précisément s'arrêter aux motifs qui ont pu déterminer le législateur, ni à la qualité des personnes auxquelles ce statut permet ou défend quelque chose ; il ne faut considérer que l'objet sur lequel il porte, et c'est d'après la qualité de cet objet qu'on doit juger de la qualité du statut. Or, quel est l'objet d'une loi qui défend les avantages entre époux ? Si nous consultons le droit romain, la loi 1, D. *de donationibus inter virum et uxorem*, nous apprend que l'objet de cette prohibition est, au moins en partie, d'empêcher les époux de se dépouiller mutuellement de leurs biens : *hoc autem receptum est ne mutuo amore invicem spoliarentur*. La spoliation des biens est donc l'objet de cette prohibition ; c'est donc sur les biens que cette prohibition tombe principalement ; et comme l'acte qu'elle interdit aux époux n'est pas personnel, mais réel, puisqu'il renferme une aliénation des biens, il faut nécessairement que ce statut soit également réel.

Si nous consultons les principes du droit coutumier, nous trouverons que l'intérêt des parens est le motif principal de la défense faite aux époux de s'avantager. Pourquoi, en effet, une coutume fait-elle cette défense ? Ce n'est point précisément pour entretenir l'union et la concorde entre les époux; c'est de peur qu'en détruisant cette union et cette concorde par des flatteries ou des menaces réciproques, ils ne fassent sortir les biens de leurs familles, et n'enlèvent à leurs héritiers un patrimoine qui leur était destiné. La qualité des époux n'aurait peut-être pas déterminé par elle-même la coutume à leur défendre de s'avantager l'un de l'autre; mais elle a vu que cette qualité les conduisait à l'aliénation de leurs biens, et pouvait par conséquent rendre inutile le désir qu'elle a de conserver les biens dans les familles; et pour parer à cet inconvénient, elle leur a interdit tout avantage réciproque.

Ainsi, la conservation des biens dans les familles a été le motif principal de cette prohibition, et la qualité des époux n'en a été que le motif secondaire.

Encore une fois, cette prohibition ne peut donc former qu'un statut réel.

Et c'est ce qu'ont jugé des arrêts sans nombre.

Louet, lettre C, §. 42, en rapporte deux de 1574 et 1609, qui ont jugé qu'un testateur, domicilié à Paris, avait pu instituer sa femme légataire de tous les biens qu'il possédait dans les pays de droit écrit.

Constant, dans sa préface sur la coutume de Poitou, rapporte aussi le premier de ces arrêts, qu'il dit avoir été rendu sur une instance de révision, et il en cite deux autres : l'un, sans date, pour un parisien, au sujet de biens situés en Poitou ; l'autre, du 12 janvier 1613, pour une donation faite en Poitou, qui fut jugée bonne pour la propriété, quant aux biens de Poitou, et réduite au simple usufruit, quant aux immeubles régis par la coutume d'Angoumois.

Vrevin, sur l'art. 59 de la coutume de Chaulny, dit avoir vu juger, par arrêt du 20 mai 1623, qu'un mari qui avait épousé une femme à Chartres, et était venu depuis demeurer à Paris, où il était décédé, lui avait pu léguer des héritages situés dans le pays chartrain.

Boullenois, tome 2, pages 106 et 107 du Traité que l'on a cité plus haut, en rapporte deux semblables.

Le premier, de 1663, a jugé qu'un don mutuel fait à Paris, par des époux domiciliés à Paris et mariés avec entière soumission à la coutume de Paris, ne pouvait avoir aucun effet en Normandie, où, suivant l'art. 410 de la coutume, « gens mariés ne
» peuvent céder, donner et transporter l'un à l'au-
» tre quelque chose que ce soit, ni faire contrat ou
» concession par lesquels les biens de l'un viennent
» à l'autre, en tout ou partie, directement ou indi-
» rement ».

Le second, rendu le 7 janvier 1671, a décidé qu'un donataire mutuel devait jouir en toute propriété des biens situés dans la coutume de Senlis, conformément aux dispositions de cette loi, quoique la coutume de Paris, qui avait été celle du domicile des époux jusqu'au décès du premier mourant, ne permît de donner mutuellement que l'usufruit.

Il a été rendu en 1762, sur les conclusions de M. l'avocat-général Joli de Fleury, deux arrêts qui ont jugé la même chose.

Le sieur de Régusse, domicilié à Aix, avait été institué héritier et légataire universel par son épouse. Celle-ci avait laissé des biens dans les pays de droit écrit, et à cet égard il n'y eut pas de difficulté ; mais elle en avait aussi laissé dans les coutumes de Paris et de Senlis, et ils firent la matière d'une contestation, qu'un arrêt du 2 avril termina en ces termes : « La cour déclare la
» partie de Dorigny (le sieur de Régusse) incapable de retenir le bien compris dans le legs
» dont il s'agit, comme situés ès coutumes prohibitives de tout avantage entre conjoints ».

M. de Vauban s'était soumis par son contrat de mariage au droit écrit observé dans le Mâconnais. Par son testament du 14 juin 1760, il légua à son épouse l'usufruit de quatre domaines, dont un était situé dans le Mâconnais, et trois régis par la coutume de Bourgogne. On respecta ce legs pour le premier ; mais on l'attaqua pour les trois autres. Et, par arrêt du 13 mai, le parlement de Paris a déclaré « la dame de Vauban incapable de retenir la jouissance des biens immeubles situés en
» Bourgogne, et régis par la coutume de cette
» province ; ce faisant, a ordonné que le legs en
» jouissance à elle fait, n'aurait effet que pour les
» biens régis par le droit écrit; et que ceux régis
» par la coutume de Bourgogne, demeureraient
» exempts des dispositions portées au testament,
» sans que la dame de Vauban pût prétendre aucune indemnité ni récompense sur les autres
» biens ».

Un arrêt du 1er. septembre 1780 a mis le sceau à la jurisprudence établie par les précédens.

La dame de l'Épine, domiciliée au Quesnoy, ville du chef-lieu de Valenciennes, avait des rentes régies par la coutume de cette partie du Hainaut, des fiefs soumis aux chartes générales de la même province, d'autres situés en Cambrésis, et des rentes sur l'État, gouvernées par la coutume de Paris.

Par son testament du 10 mai 1774, elle institua son mari légataire universel.

Après sa mort, procès sur ce testament. Des deux coutumes qui régissaient le domicile de la dame de l'Épine, l'une (c'étaient les chartes générales) la déclarait absolument incapable de tester des fiefs ; l'autre, c'est-à-dire, la coutume de Valenciennes, lui permettait de disposer en faveur de son mari.

Ainsi, deux questions se présentaient à juger.

La première, si c'étaient les chartres du Hainaut, ou la coutume de Valenciennes, qui devaient décider de la capacité de la dame de l'Épine, relativement aux biens régis par les coutumes de Paris et de Cambray; et à cet égard, il fut jugé que la coutume de Valenciennes devait seule servir de règle (1).

La seconde question était de savoir si la dame de l'Épine, étant regardée comme capable de tester par rapport aux biens dont on vient de parler, avait pu faire usage de cette capacité en faveur de son mari; sur ce point, les parties s'accordèrent à l'audience, à dire que le statut permissif ou prohibitif des Avantages entre époux était réel; et l'arrêt cité le jugea de même dans les termes les plus précis. J'en ai rapporté le dispositif dans le *Répertoire de jurisprudence*, sous le mot *Testament*, sect. 1, §. 2, art. 3.

La même chose a été jugée en 1783, dans des circonstances qui semblaient annoncer de la fraude.

Le sieur B......, ancien capitaine de dragons, épousa en novembre 1747, la demoiselle P...... Il y avait entre les époux une grande disproportion d'âge; le futur avait quarante-cinq ans : la future en avait à peine vingt. Sa dot fut de 120,000 livres. Les biens du mari montaient à la somme de 210,000 livres. La mise réciproque en communauté fut fixée à 20,000 livres, et le douaire à 6,000 livres de rente. Le contrat de mariage contenait aussi donation entre-vifs par le futur et la future, en cas de survie, soit qu'il y eût enfant ou non, de la somme de 30,000 livres.

L'union a été très-heureuse entre les époux. Trois enfans en sont provenus. Un fils et deux filles mariées, l'une au sieur la B...., l'autre au sieur M..., chacune avec la dot de 16,000 livres de rente, au principal de 400,000 livres.

Les 17 juillet et 13 novembre 1780, le mari a fait à sa femme, par personnes interposées deux donations d'objets régis par la coutume de Paris, et qui, de ce chef, ne pouvaient manquer de paraître frauduleuses et d'être déclarées nulles.

Le 13 octobre 1781, contrat d'acquisition de la terre du B..... et de ses dépendances, situées dans la coutume de Chartres, faite par le sieur B....., moyennant la somme de 470,000 livres, et 6,000 livres de pot-de-vin. Le prix principal est stipulé payable moitié après l'obtention des lettres de ratification, l'autre moitié en deux termes égaux, à un an de distance l'un de l'autre. Plus, par le même acte, vente et cession de tout le mobilier pour le prix de 30,000 livres, et de différens autres objets évalués 10,000 livres; ces deux dernières sommes, faisant celle de 40,000 livres, sont payées comptant.

Le même jour, onze heures du soir, codicille

_____

(1) V. le *Répertoire de jurisprudence*, au mot *Testament*, sect. 1, §. 5, art. 1, n°. 3.

du sieur B....., par lequel, pour marquer l'estime et l'attachement qu'il a pour son épouse, il lui donne et lègue la même terre de B...., avec toutes ses appartenances et dépendances, sans en rien excepter ni réserver.

Le sieur B..... est décédé le 27 du même mois. Par son testament, fait avant le codicille dont on vient de parler, il avait assigné à chacune de ses filles une partie de ses biens, pour les remplir de 400,000 livres de dot données à chacune par contrat de mariage, et avait, du surplus, institué son fils son légataire universel, à la charge de payer toutes ses dettes.

Le sieur B....., fils, prétendant que, déduction faite des objets donnés à ses sœurs, des reprises et droits de survie de sa mère, des donations faites à celle-ci, des dettes à acquitter, du nombre desquelles était le prix entier de la terre de B....., il ne lui restait presque rien, ou peut-être moins que rien; le sieur B...... , fils, disons-nous, a pris le parti d'attaquer les deux donations et le legs faits par le défunt à sa mère, comme des Avantages indirects et prohibés.

Une sentence par défaut, du 6 mars 1782, ayant déclaré les trois actes nuls, la dame de B..... en a interjeté appel.

La cause a été plaidée à l'audience de la grand' chambre, par M. Treilhard, pour la dame B....., et par M. Hardouin de la Reynerie, pour le sieur B.... fils :

« Le legs (disait entre autres choses celui-ci) » est infecté d'une nullité radicale. Les conjoints » sont domiciliés et leurs biens sont situés à » Paris, dans une coutume prohibitive de toute » espèce d'Avantages. L'un des conjoints, pres- » que à l'instant de sa mort, se hâte de con- » clure le marché d'une terre en coutume permis- » sive, à un prix considérable, resté dû en entier » dans sa succession; il en fait le jour même, par » codicille, don et legs à la femme épousée; et » l'on pourrait douter de la fraude manifeste faite » à la coutume, par le moyen de laquelle un mari » fait passer à sa femme plus de 500,000 livres, » qu'il ne pouvait lui donner, en chargeant sa suc- » cession de payer le prix de la terre » !

Le sieur B..... fils concluait, en conséquence, à la nullité du legs de la terre, si mieux n'aimait la dame B..... en payer le prix et la retenir. Un ancien arrêt, rapporté par Charondas, qui, dans une espèce semblable, avait autorisé une veuve à garder une terre léguée de même, en payant le prix qui en était dû, lui avait donné l'idée de ces conclusions subsidiaires

La dame B..... répondait que la validité du legs de la terre de B..... ne pouvait être douteuse. « Il est constant (disait-elle) que tout » homme est libre, jusqu'au moment de sa mort, » d'acquérir des biens dans telle coutume qu'il » lui plaît, et d'en disposer conformément aux » coutumes qui les régissent. Or, la terre de

» B....., appartenant bien réellement au sieur
» B....., au moment où il en a disposé, et cette
» terre étant située dans une coutume qui permet
» de se léguer réciproquement, il s'ensuit que sa
» disposition est hors de toute atteinte. La cir-
» constance du prix ne change rien à la thèse,
» parceque c'est le contrat de vente qui transmet
» de suite la propriété incommutable, et non le
» paiement du prix qui peut être différé d'un
» temps à un autre ».

Dans ces circonstances, arrêt est intervenu le 24 janvier 1783, qui a déclaré, conformément aux conclusions de M. l'avocat-général Séguier, le legs fait à la dame B......, de la terre du B....., bon et valable, et lui en fait la délivrance.

La réalité du statut des Avantages entre époux, si clairement décidée dans cette espèce, l'a encore été formellement depuis, dans une affaire jugée à la troisième chambre des enquêtes. L'arrêt est du 15 mai 1784. Il est rapporté ci-dessus, §. 1, n°. 7, avec toutes ses circonstances. C'est celui qui a en même temps jugé que, dans la coutume de Saint-Jean-d'Angély, un époux qui avait des enfans pouvait, aussi bien que celui qui n'en avait pas, avantager l'autre par donation ou par testament.

On voit donc bien que la jurisprudence du parlement de Paris était très-constante sur la réalité du statut dont il s'agit.

Il en était de même de celle du parlement de Douai.

Pollet, part. 2, §. 36, dit que les coutumes prohibitives de tout Avantage entre époux « sont du nombre de celles que les interprètes » appellent réelles. D'où l'on tire (ajoute-t-il), » deux décisions importantes : la première, que » deux conjoints étrangers ne peuvent donner » l'un à l'autre les biens qu'ils possèdent sous » une coutume qui porte cette défense, encore » bien que, par celle du lieu de leur domicile, » ils aient la liberté de s'avantager l'un l'autre; » la deuxième, que les conjoints sujets à ces cou-» tumes, ne sont point empêchés de donner l'un » à l'autre les biens qu'ils possèdent sous les cou-» tumes qui le permettent. Et il a été ainsi jugé » par arrêt du parlement, rendu le ..., au rap-» port de M. Mullet ».

Le recueil du président Desjaunaux nous fournit un arrêt semblable, rendu le 25 janvier 1701. C'est le 296 du tome second.

Du Laury, §. 2, en rapporte deux du grand conseil de Malines, qui jugent absolument de même. Le premier est du mois de juin 1564; l'autre, du 16 janvier 1685, confirme une sentence du conseil provincial de Gand, du 21 mai 1672.

Les commentateurs de la coutume de Bourgogne nous retracent un arrêt du parlement de Dijon, qui confirme encore la réalité du statut prohibitif des Avantages entre époux.

Philibert des Pretz, domiciliée en Mâconnais, pays de droit écrit, et possédant des biens en Bourgogne, institue héritier Pierre Loyasse, son mari. On demande si le testament doit avoir son effet en Bourgogne, attendu qu'il n'y a eu ni réserve par le contrat de mariage, ni consentement des héritiers présomptifs. Par arrêt que Bouvot (aux mots *Institution d'héritier*, part. 1, quest. 3) date du 21, mais que Bégat et d'Epringles (*dans leurs Annotations sur la coutume de Bourgogne*, titre des *Droits appartenans à gens mariés*, art. 7, vers le milieu) disent être du 25 janvier 1621, le parlement de Dijon ordonne que l'institution sera exécutée selon sa forme et teneur pour les biens du Mâconnais, mais qu'elle demeurera nulle pour ceux de Bourgogne.

On ne peut donc plus révoquer en doute la réalité du statut qui laisse, ôte ou modifie la liberté des Avantages entre époux.

Mais peut-on conclure de là qu'un mari domicilié sous une loi prohibitive, est en droit de donner à sa femme des deniers et des meubles qui sont soumis à l'une des lois par lesquelles il est permis aux époux de s'avantager?

Voici ce qu'a jugé là-dessus un arrêt du parlement de Paris, du 7 avril 1740.

Le sieur de Chaillon, domicilié à Paris, fait son testament, et y insère une disposition par laquelle il donne à son épouse « la somme de » 30,000 livres et tous les meubles meublans du » château de Mézières, estimés à la somme de » 40,000 livres, et tous les bagues et joyaux, tant » audit sieur testateur, qu'à ladite dame de Chail-» lon, le tout suivant la coutume de Dreux ».

Le frère du sieur de Chaillon attaque ce legs. Sentence des requêtes du palais qui le déclare nul. Appel.

Le célèbre Cochin, pour la dame de Chaillon, appelante, disait que cette disposition du défunt, *suivant la coutume de Dreux*, devait être entendue de même que s'il eût dit, *à prendre sur les biens régis par la coutume de Dreux*; que c'était en vertu de la coutume de Dreux qu'il avait disposé, et qu'il l'avait fait pour que sa disposition fût exécutée aux termes de la coutume de Dreux; que le statut prohibitif d'Avantages entre époux était purement réel, et ne s'appliquait qu'aux biens régis par les coutumes prohibitives, sans qu'il empêchât de disposer des biens régis par des coutumes contraires; que, par la coutume de Dreux, il était permis aux époux de se donner; qu'ainsi, le legs de deniers et de meubles fait par le sieur de Chaillon à son épouse, était valable, quoique le sieur de Chaillon fût domicilié dans la coutume de Paris.

Gueau de Réverseaux, pour l'intimé, disait

que le testateur n'avait disposé que d'effets mobiliers, qui, suivant la loi du domicile, devaient se régler par la coutume de Paris, soit qu'on la considérât comme un statut réel, ou comme un statut personnel; qu'à l'égard de ces mots, *suivant la coutume de Dreux*, qui terminaient la disposition faite par le sieur de Chaillon, c'était en vain que le testateur avait invoqué cette coutume pour soutenir un legs de meubles sujet à celle de Paris; que la distinction des coutumes et leur réalité faisaient partie de l'ordre public, qui ne dépend point de la volonté de particuliers; qu'un testateur qui ne pouvait pas disposer d'un effet suivant la loi de la situation, n'était pas le maître de le soustraire à son empire, pour le soumettre à une loi étrangère qui lui fût plus favorable.

M. l'avocat-général Joly de Fleury a observé que, quand même il y aurait eu dans le testament, *à prendre les 30,000 livres sur la terre de Mézières, située dans la coutume de Dreux*, cela ferait encore difficulté, parceque ce serait toujours un legs mobilier, qui doit se régler par le domicile du testateur.

Sur ces raisons, arrêt du 7 avril 1740, qui confirme la sentence des requêtes du palais.

On trouvera dans le *Répertoire de jurisprudence*, aux mots *Avantages entre époux*, un arrêt de la cour de cassation, du 2 juin 1806, qui est fondé sur le même principe.

§. III. *La défense qui, avant la loi du 17 nivôse an 2, était faite aux époux de s'avantager, les empêchait-elle respectivement de donner aux enfans l'un de l'autre?*

Cette question doit être considérée sous trois faces:
1°. Par rapport aux pays de droit écrit;
2°. Par rapport aux coutumes qui la décidaient;
3°. Par rapport aux coutumes qui n'en parlaient pas.

I. Suivant les principes du droit écrit, pour savoir si la nullité, ou plutôt la révocabilité des donations qu'un époux fait à l'autre, embrasse les libéralités dont l'un d'eux peut gratifier les enfans que son époux a eus d'un précédent mariage, il faut examiner si celui-ci a sous sa puissance les enfans à qui les avantages sont faits, ou si ces enfans sont émancipés.

Au premier cas, les enfans sont regardés comme une seule et même personne avec leur père; et comme il profite, à titre de puissance paternelle, des donations qui leur sont faites, il est naturel de rendre sur ce point leur condition égale à la sienne.

C'est aussi ce que font le §. 5 de la loi 3, le §. 2 de la loi 5, et les §. 16, 18, 19, 20 et 21 de la loi 32, D. *de donationibus inter virum uxorem*.

Boniface, tome 1, page 482, rapporte un arrêt du parlement de Provence, du 4 juin 1667, qui s'écarte de cette règle générale, mais par un motif qui semble sortir de la règle elle-même. Il était question de savoir si une donation faite en faveur de mariage par une belle-mère au profit de l'enfant de son mari, était irrévocablement validée par la clause de retour stipulée en faveur de la donatrice, pour le cas où le donataire mourrait sans enfans. L'arrêt a jugé pour l'affirmative.

Un autre arrêt de la même cour, aussi inséré dans le tome cité, liv. 7, tit. 3, chap. 8, a décidé la même chose dans un cas où il n'y avait pas de stipulation de retour; mais la donatrice était morte sans avoir révoqué la donation; et de là, la nécessité de l'exécuter.

En effet, dans les pays de droit écrit, les donations du mari à la femme ou de la femme au mari ne sont pas précisément défendues, mais seulement révocables; et elles se confirment par la mort du donateur. Or, puisque les donations directes de la femme au mari ne sont pas prohibées en pays de droit écrit, mais seulement susceptibles de révocation, ne doit-on pas dire la même chose des donations faites par la femme aux enfans du premier lit de son mari, lorsqu'on envisage ceux-ci comme personnes interposées? Il n'y aurait pas de raison de traiter avec plus de rigueur la donation réputée faite au mari dans la personne de ses enfans, que celle qui lui est faite directement; ainsi, les unes comme les autres sont simplement révocables.

Lorsque les enfans sont émancipés, comme ils n'acquièrent plus que pour eux-mêmes, et qu'ils profitent personnellement de tous les bienfaits dont on les gratifie, rien n'empêche qu'ils ne reçoivent irrévocablement les donations entre-vifs qu'une belle-mère peut avoir intention de leur faire; aussi les §. 6 et 7 de la loi citée les en déclarent-ils expressément capables.

Il en serait de même, si, étant sous la puissance de leur père, l'épouse de celui-ci leur donnait quelque chose pour leur tenir lieu de pécule castrense. C'est ce que décide le §. 4 de la même loi.

Mais il paraît que le parlement de Paris n'admettait point ces distinctions pour les pays de droit écrit sur lesquels s'étendait son ressort.

C'est ce qui résulte d'un arrêt du 6 juillet 1784, rendu sur la question de savoir si une donation faite par contrat de mariage à une fille du premier lit, par sa belle-mère, conjointement avec son père, était révocable de la part de la donatrice, dans la circonstance que cette donation avait été reconnue et avouée onéreuse dans une transaction sur procès, après laquelle s'étaient écoulés dix ans de possession, du vivant de son mari.

Comme le mariage émancipait dans tout le ressort du parlement de Paris, il n'était point douteux, dans cette espèce, que la donation ne dût profiter à la belle-fille personnellement; et par conséquent, dans les principes du droit romain, cette libéralité était irrévocable.

C'est aussi ce qu'avait jugé la sénéchaussée de Lyon, en déclarant la donatrice non-recevable et mal fondée dans la demande en nullité qu'elle avait formée et dans les lettres de rescision qu'elle avait prises, après la mort de son mari, tant contre la donation que contre la transaction.

Sur l'appel, la donatrice soutenait que cette sentence ne pouvait pas subsister, si on la rapprochait des faits et des principes de la matière.

Voici d'abord comment elle rendait compte des faits :

« Le 6 juillet 1766, contrat de mariage du sieur Chazel avec la demoiselle Dumoulin. Le sieur Dumoulin, père de la future, et la demoiselle Grangé, sa belle-mère, lui font une donation, vaine de la part de son père, puisqu'il n'avait rien, mais très-réelle de la part de la demoiselle Grangé. Elle a donné son domaine du Paillet, qui était pour elle un bien paraphernal, et qui a été vendu 26,000 livres; sa terre de Villedieu, qui est un objet de 6,000 livres de rente; son mobilier, estimé dans le contrat à 15,000 livres seulement, pour échapper aux lois du contrôle, et toutes ses autres créances, droits et actions.

» Elle ne se réserve qu'un modique usufruit, à la charge qu'il passera à son mari, au cas qu'elle prédécède. Elle charge la donataire d'acquitter les dettes des biens donnés, et celles même de Dumoulin. On ne stipule point de droit de retour au cas que la donataire décède sans enfans; et Dumoulin, s'il survit à sa fille, a l'espoir de recueillir ces mêmes biens à titre d'héritier légitime, et écarte par-là, non-seulement la donatrice, mais encore tous ses parens.

» Il est sensible, d'après ces faits (continue la donatrice), que Dumoulin trouvant tant d'avantages dans cette donation, c'était pour lui-même qu'il avait dépouillé sa femme de toute sa fortune; que ne pouvant se la faire donner directement, soit à cause de la prohibition faite aux conjoints de s'avantager pendant le mariage, soit parcequ'il craignait que la donatrice ne vînt à révoquer ses libéralités, il l'avait fait indirectement par l'interposition de sa fille du premier lit, espérant par-là mettre la donation à l'abri de la prohibition ou de la révocation.

» Cette donation est, en effet, révocable au gré de la donatrice. S'il fallait la juger par le texte des coutumes qui prohibent toute donation faite entre conjoints, elle serait constamment nulle. Mais le droit romain, qui régit les parties et les biens, autrefois aussi sévère que les coutumes, a été par la suite tempéré; en permettant aux conjoints de se donner, il y a attaché en même temps, pour condition essentielle, la faculté absolue de révoquer la donation; il en a fait des espèces de testamens révocables jusqu'au dernier moment de la vie, et qui ne sont confirmés que par la mort. La donation n'est donc valable qu'autant que le donateur ne la révoque pas; sa révocation dépend donc absolument de sa volonté, après la mort, comme pendant la vie, de la personne qu'il avait gratifiée; et la déclaration de cette volonté la fait rentrer dans le néant.

» La donation faite à l'enfant du conjoint, est soumise aux mêmes règles que celle qui a été faite au conjoint lui-même, parceque le motif de décision est le même. Les coutumes défendent aux conjoints de donner aux enfans l'un de l'autre, quand même celui qui donne, n'a point d'enfans à lui. Sans cela, la porte serait ouverte à toutes les fraudes par lesquelles on voudrait éluder les prohibitions de la loi; et la jurisprudence (deux arrêts récens en sont là preuve) a consacré la règle qu'en pays de droit écrit, une femme, quoiqu'elle n'ait point d'enfans, ne peut pas donner entre-vifs aux enfans du premier lit de son mari, ou du moins qu'elle peut révoquer à son gré la donation.

» Qu'importe, la transaction faite entre les donateurs et les donataires, où la demoiselle Grangé, toujours soumise à la puissance de son mari, toujours placée sous son empire, confirme la même donation, et assure à celui-ci les mêmes avantages? Ce sera, si l'on veut, une seconde donation; mais elle l'aurait renouvelée chaque jour, elle aurait fait cent actes confirmatifs, et de quelque genre que ce soit, qu'ils seraient tous soumis à la disposition de la loi qui régit les conjoints : ce sont, pour le donateur régi par la coutume, tout autant d'actes nuls; et pour le donateur régi par le droit écrit, tout autant d'actes révocables à sa volonté.

» Par rapport à l'exécution qu'ont eue ces actes, qu'elle soit volontaire ou forcée, peu importe encore; elle ne peut pas avoir plus d'effet que les actes mêmes ».

Sur ces moyens, arrêt du 6 juillet 1784, à la première chambre des enquêtes, qui infirme la sentence de la sénéchaussée de Lyon, entérine les lettres de rescision prises contre la donation et la transaction, et condamne le sieur Chazel et son épouse à délaisser à la demoiselle Grangé les biens compris dans la donation, avec restitution des fruits depuis la demande.

Le sieur Chazel et son épouse se sont pourvus en cassation contre cet arrêt; mais leur requête a été rejetée par un arrêt du conseil, rendu au commencement de l'année 1785.

II. Parmi les coutumes qui interdisaient les Avantages entre époux, il en était quelques-unes qui étendaient formellement cette prohibition aux enfans, sans distinguer s'ils étaient en puissance de père ou émancipés. Telles étaient Bailleul, rubr. 6, art. 11; et Ipres, rubr. 9, art. 85.

L'art. 283 de la coutume de Paris était-il conforme ou contraire à ces coutumes? C'est une question qui n'est pas facile à résoudre.

Cet article porte : « Ne pourront lesdits conjoints donner aux enfans l'un de l'autre d'un premier mariage, au cas qu'ils ou l'un d'eux aient enfans ».

Ces termes signifient-ils que, si l'un des époux a des enfans d'un premier mariage, ils ne peuvent recevoir aucune donation de l'autre époux; ou permettent-ils ces sortes d'avantages, lorsque l'époux qui voudrait les faire, n'a pas d'enfans d'un mariage précédent? En un mot, ces expressions, *au cas qu'ils ou l'un d'eux aient enfans*, se rapportent-elles au donateur, ou bien au père ou à la mère des enfans à qui l'on veut donner? C'est à ce point que se réduit la difficulté.

Il faut en convenir de bonne foi, de quelque manière qu'on entende la coutume, sa disposition est obscure, conçue en termes équivoques, entortillée.

Si l'on dit que la coutume a entendu restreindre la prohibition au cas où les deux époux ont des enfans, ou de leur mariage, ou de mariages précédens, comment ne s'est-elle pas contentée de dire : *au cas qu'ils aient tous deux des enfans?* Qu'avait-elle besoin d'ajouter ces mots : *ou l'un d'eux?*

Si l'on dit que la coutume a voulu étendre la prohibition, même au cas où l'un des deux époux n'aurait pas d'enfans, à quoi bon la dernière partie de l'article, *au cas qu'ils ou l'un d'eux aient enfans?* Tout avait été dit dans le premier membre de la disposition, *ne peuvent donner aux enfans l'un de l'autre d'un premier mariage;* avec cette disposition seule, le mari, soit qu'il eût des enfans, soit qu'il n'en eût pas, ne pouvait donner aux enfans de sa femme; la femme, soit qu'elle eût des enfans, soit qu'elle n'en eût pas, ne pouvait donner aux enfans de son mari : *ne peuvent donner aux enfans l'un de l'autre*. Il était ridicule d'ajouter : *au cas qu'ils ou l'un d'eux aient enfans*. C'était dire que le conjoint même qui n'a pas d'enfans, ne peut pas donner aux enfans de l'autre conjoint, *au cas que cet autre conjoint ait des enfans*.

On conçoit aisément, d'après cela, que, dans les premiers temps qui ont suivi la réformation de la coutume, les opinions ont dû être singulièrement partagées sur son interprétation.

Le premier arrêt rendu sur cette matière, est du 12 juillet 1584, entre Bonaventure de Lomont et François Bernard. Il est rapporté par Robert, liv. 2, chap. 15, et par Chenu, quest. 68. Une femme avait fait un testament en faveur des enfans du premier lit de son mari, et d'un parent collatéral de ce dernier. Le parlement de Paris confirma le legs fait au parent, et cassa celui qui était fait aux enfans.

Trois ans après cet arrêt, en 1587, la question s'étant représentée, fut jugée différemment. Voici comment Auzanet en rapporte l'espèce : « Il s'agissait d'une donation faite par une femme » mariée qui n'avait point d'enfans, à la fille du » premier lit de son mari, en faveur et par contrat » de mariage, à la charge que, si la donataire dé- » cédait sans enfans, ou ses enfans sans enfans, » les choses données retourneraient à la donatrice » et à ses héritiers; et ainsi, dans aucun cas, le » mari et ses héritiers n'en pouvaient profiter ».

Si telle était vraiment l'espèce de cet arrêt, on voit d'avance combien toutes les circonstances qui accompagnaient la donation sur laquelle il a statué, pouvaient déterminer les juges à la favoriser, sans tirer à conséquence pour d'autres qui n'auraient pas été faites dans les mêmes circonstances. Cette donation avait été faite par contrat de mariage, le plus favorable de tous les contrats dans nos mœurs : le mari et ses héritiers, d'après les précautions que l'on avait prises, ne pouvaient jamais en profiter. Cette espèce, ainsi présentée, ne pouvait donc offrir aux juges qu'une donation très-favorable, et digne d'exciter leur indulgence.

Mais Chenu rapporte cette espèce différemment : il dit que la donation avait été faite par un nommé Babat, au profit de la fille du premier lit de sa femme.

Quoi qu'il en soit, la donation fut confirmée par arrêt du 4 juillet 1587, et même avec solennité. On avait ouï les juges, les avocats et les procureurs du Châtelet : deux des conseillers de chacune des chambres du parlement avaient été appelés pour assister au jugement du procès; il fut ordonné que l'arrêt serait lu et publié au Châtelet. Cet arrêt, après avoir jugé l'espèce particulière, jugea la question générale en ces termes : «En interprétant et déclarant ledit 283e. » article de ladite coutume, nouvellement rédi- » gée, notre dite cour a ordonné et ordonne que » les conjoints ne pourront donner aux enfans » l'un de l'autre, au cas qu'ils aient enfans de » leur mariage, ou que le donnant en ait d'autres » mariages précédens; et où ledit donnant n'au- » rait aucuns enfans, vaudra la donation faite » aux enfans de l'autre conjoint ».

Il semble qu'un arrêt prononcé avec autant d'appareil et de solennité, devait fixer à jamais la jurisprudence, et former une espèce de loi inviolable : cependant il ne tarda pas à être contredit par d'autres arrêts.

La question s'étant présentée de nouveau, on soutint, contre l'arrêt de 1587, que le parlement, *en interprétant et déclarant* l'art. 283, comme le législateur eût pu le faire, avait outrepassé ses droits. Les juges, disait-on, ne sont point les maîtres des lois; ils n'en sont que les dépositaires. Organes de la volonté du souverain, ils ont le pouvoir de nous la transmettre, mais non de l'altérer; et leur premier devoir est de s'y soumettre, comme leur plus haut droit est de la faire exécuter. L'art. 283 a été conçu par une négative, qui prohibe la donation dans tous les cas; on n'a pu y suppléer une affirmative, qui la permit dans certains cas. Qu'on eût déclaré valable la donation particulière qui faisait l'objet de l'arrêt, la cour avait pu le faire par des cir-

87.

constances qu'elles avait jugées, dans sa sagesse, devoir opérer la validité de la donation contestée; mais qu'on eût jugé et déclaré en général ces donations valables contre la prohibition expresse de l'art. 283, c'est ce qui n'aurait pu être fait sans le consentement de trois états, de l'avis et du commun consentement desquels la coutume avait été réformée en 1580. *L'art. 283, ajoutait-on, ne permet point, mais défend absolument de donner aux enfans; et le 280. improuve, entre conjoints, les donations mutuelles, qui sont beaucoup plus favorables que les simples, quand il y a enfans desdits conjoints, ou de l'un d'eux, lors du décès du premier mourant.*

C'est ainsi que Brodeau (lettre D, §. 17) détaille les moyens puissans qu'on fit valoir alors contre l'arrêt de 1587 : il était difficile qu'on n'y eût pas égard. Aussi Brodeau ajoute : *Nonobstant cet arrêt, qui contient une sanction si claire, si formelle et si précise, la question fut jugée diversement en la même coutume de Paris.*

Montholon nous apprend que, lors de l'arrêt de 1610, dont on parlera dans l'instant, ceux qui contestaient la validité de la donation dont il s'agissait alors, citèrent dix ou douze arrêts rendus depuis celui de 1587, lesquels avaient tous déclaré ces donations nulles, malgré ce même arrêt de 1587 qui les avait déclarées valables. Les adversaires ne niaient ni l'existence ni les décisions de ces arrêts; ils se contentaient de dire que l'arrêt de 1587 *avait été rendu solennellement*, et qu'on devait, par cette raison, y avoir plus d'égard qu'à tous les autres.

On ne nous a point conservé les espèces de ces dix ou douze arrêts; mais Robert, liv. 2, chap. 13, en cite un qui, probablement, était du nombre; il fut rendu le 10 juin 1595, au profit de Renée Cartier, contre Jean de Villeneuve, à la grand'chambre. Robert dit qu'il écrivait dans cette affaire par Renée Cartier; l'espèce en était la même que celle de l'arrêt de 1584 : la donation fut cassée, comme elle l'avait été par celui-ci.

En 1610, la jurisprudence varia encore. Un mari avait fait une donation aux enfans que sa femme avait eus d'un premier lit : dans la suite, s'en étant repenti, il voulut la faire annuller, comme lui ayant été suggérée par sa femme. Cependant la donation fut confirmée par arrêt du 6 avril 1610; et le président, après l'avoir prononcée, annonça au barreau que la cour avait jugé la question en thèse générale.

Malgré cet arrêt et l'avertissement dont il fut suivi, il paraît que, toutes les fois que la question s'est présentée depuis, elle a été jugée diversement; suivant la diversité des circonstances; et que, pour peu que ces circonstances parussent militer contre la donation attaquée, le parlement n'a jamais manqué de l'annuller, et de revenir ainsi au principe de la prohibition établie par l'art. 283. En voici quelques exemples :

En 1613, un père, en instituant son fils héritier universel, l'avait, en cas de mort sans enfans, grevé de fidéicommis pour moitié au profit d'un enfant que sa femme avait eu d'un précédent mariage.

Le fils institué mourut, en effet, trois mois après son père : ses héritiers attaquèrent la donation faite par le père au fils de la femme.

Il est vrai que le donateur avait un enfant de son mariage, lorsqu'il avait fait cette donation au fils du premier lit de sa femme : mais cette donation ne devait avoir son effet qu'au cas que le fils du donateur décéderait sans enfans; ce cas arrivant, le donateur n'avait plus d'enfans au moment où la donation saisissait le donataire.

D'après l'arrêt de 1610, il semble que la donation aurait dû être confirmée : cependant elle fut déclarée nulle par arrêt du 17 août 1613, cité par Tournet sur l'art. 283. *Nonobstant*, dit cet auteur, *que le cas fût advenu, auquel l'un des conjoints, qui était le donateur, se trouvait sans enfans.*

Auzanet cite deux autres arrêts, l'un de 1618, et l'autre de 1628, qui ont déclaré nulles de semblables donations. À la vérité, les testamens qui contenaient ces donations *étaient débattus*, le premier de suggestion, et le second de faux : mais il ne paraît pas qu'il y eût rien de prouvé dans les faits allégués. La seule apparence ou présomption des vices dont on inculpait ces donations, a suffi pour déterminer les juges à les déclarer nulles : preuve certaine que le parlement de Paris, malgré les arrêts de 1587 et de 1610, a toujours eu à cœur le principe de la prohibition, comme plus conforme à l'esprit de la coutume.

Lors même que ces donations ont été confirmées depuis l'arrêt de 1610, on voit que cette confirmation a toujours essuyé les plus fortes contradictions de la part d'un grand nombre de juges.

Auzanet rapporte que la question ayant été agitée à l'audience de la grand'chambre, entre Bagereau, Prévôt et Charles Dolet, après quatre plaidoiries, la cause fut appointée au conseil, et depuis évoquée et renvoyée à la troisième chambre des enquêtes, où, enfin, la donation, après bien des débats, fut confirmée par arrêt du 6 août 1616, *multis tamen contradicentibus*, dit Auzanet; *et partant*, ajoute cet auteur, *cela a besoin d'une décision formelle et précise, et conçue en termes qui expliquent nettement tous les cas.*

Brodeau assure qu'il fut rendu un arrêt semblable, le 10 mars 1620, à l'audience de la grand'chambre.

En voici un du 17 mars 1631, qui juge tout le contraire; nous le tirons du Journal des audiences, tome 1.

Marguerite Mauregard, veuve sans enfans, épousa, en secondes noces Robert Dubois, ayant cinq enfans d'un premier lit. Par le contrat de mariage, il fut convenu que les meubles des époux leur demeureraient propres, et que la communauté ne serait composée que des meubles et conquêts immeubles qui seraient acquis pendant le mariage.

Quelques années après, la communauté étant devenue opulente, le mari, qui croyait survivre sa femme, la sollicita, à ce qu'elle prétendit dans la suite, de faire en sorte que ses héritiers ne vinssent point partager avec lui les fruits de ses travaux et de son industrie. En conséquence, elle fit donation entre-vifs aux enfans de son mari, de tout ce qui lui pourrait appartenir en vertu de la communauté; et cela, était-il dit dans le contrat, en considération des bons et agréables services qu'elle avait reçus d'eux, et qu'elle espérait d'en recevoir. Moyennant cette donation, les enfans donataires s'obligeaient, le décès de leur père arrivant, 1°. de rendre à leur belle-mère la somme de 5,000 livres, à laquelle se montaient les meubles inventoriés lors de son mariage, qui lui avaient été stipulés propres; 2°. de lui payer une somme de 90 livres de pension viagère pour son douaire, et en outre 112 livres de pension annuelle, sa vie durant.

Peu de temps après, la femme se repentit d'avoir fait cette donation; et son mari étant décédé, elle obtint, pour la faire casser, des lettres de rescision fondées sur des faits de suggestion allégués contre son mari.

La cause portée au Châtelet, sentence intervint, par laquelle il fut ordonné que la donation serait exécutée par provision, et les parties réglées à écrire et informer des faits contenus aux lettres.

La femme appela de cette sentence. C'était avouer qu'elle n'avait aucune preuve de la suggestion alléguée, et en effet, il n'en fut fourni aucune. Les donataires ne manquèrent pas de s'en faire un moyen; ils disaient que, puisque l'on insistait sur des faits pour obtenir la nullité d'une donation prétendue faite contre la volonté de la femme, il était étrange qu'on appelât d'une sentence qui avait reçu celle-ci à en faire preuve.

Néanmoins, sur la raison donnée par le défenseur de la donatrice, que la donation attaquée était un avantage indirect, par lequel le mari, réduit à l'impossibilité de dépouiller sa femme de sa part dans la communauté, en se la faisant donner à lui-même, l'avait fait indirectement par l'interposition de ses enfans du premier lit, l'arrêt cité, évoquant le principal, entérina les lettres, quoique dénuées de preuves, et cassa la donation.

Ainsi, pour résumer en deux mots toutes les espèces que nous venons de parcourir, en 1584, arrêt qui annulle les donations dont il s'agit: en 1587, arrêt qui les confirme. De 1587 à 1610. plusieurs arrêts qui les annullent, notamment celui de 1595. En 1610, arrêt qui les confirme. Depuis 1610, plusieurs arrêts qui les annullent, notamment celui de 1631.

Voilà donc une fluctuation perpétuelle d'arrêts qui se contredisent les uns les autres sur un même point.

Cependant tous les commentateurs de la coutume, à l'exception de Laurière, ont embrassé l'opinion adoptée par l'arrêt du réglement de 1587; et ceux qui paraissent le plus portés à croire qu'elle est contraire aux principes, conviennent néanmoins qu'elle doit être admise dans la coutume de Paris, exorbitante en cela, disent-ils, du droit commun, mais fixée par une jurisprudence qui est devenue invariable.

Qu'est-ce donc que l'on doit entendre par jurisprudence? C'est une suite non interrompue de jugemens semblables sur une même question: *Series constans rerum perpetuò similiter judicatarum*, dit la loi 38, D. *de legibus*.

Ici, les jugemens sont sans cesse en contradiction: il n'y a donc point de jurisprudence. L'arrêt de 1584 a été détruit par celui de 1587; celui de 1587 l'a été par une douzaine d'autres subséquens; ceux-ci l'ont été par celui de 1610; celui de 1610, à son tour, a éprouvé des contradictions et a été suivi d'autres arrêts qui ont jugé différemment la question, suivant les circonstances.

Tous ces arrêts laissent donc la question entière.

Aussi a-t-elle été jugée tout de nouveau en 1784; voici dans quelle espèce.

Le sieur Taitbout, consul-général de France en Mo..ée, resté veuf avec deux enfans au berceau, épousa en secondes noces la fille du sieur Lalouette, médecin de Paris, et de la demoiselle Ledran, son épouse.

Par le contrat de mariage, du 29 décembre 1766, le père et la mère de la demoiselle Lalouette lui constituèrent en dot une somme de 62,500 livres, pour les intérêts de laquelle ils s'obligèrent de lui payer une rente annuelle et perpétuelle de 2,500 livres. L'aïeul et le grand-oncle maternel de la demoiselle y ajoutèrent, l'un 10,000 livres, l'autre 3,000 livres, ce qui formait une dot de 75,000 livres.

Le contrat de mariage contenait une mise en communauté de 15,000 livres de la part de chacun des époux, avec stipulation qu'en cas de mort de la future sans enfans, le futur demeurerait propriétaire de l'universalité de la communauté, sans être tenu de faire inventaire, et que, sur la mise en communauté, il retiendrait 8,000 livres pour l'indemniser des frais de noces.

De ce mariage sont nés quatre enfans, dont aucun n'a vécu.

Le 10 juillet 1767, la dame Taitbout, sur le point de partir pour accompagner son mari à Alexandrie en Égypte, où le gouvernement venait de le nommer consul, fit un testament olographe, par lequel elle légua à son beau-fils 25,000 livres, et à sa belle-fille tout le surplus de ses biens, en substituant ses beaux-enfans l'un à l'autre; et instituant, en tant que de besoin, le survivant des deux son légataire universel, pour n'avoir, lesdites dispositions, lieu qu'en cas de décès d'elle sans enfans, ou desdits enfans en minorité, sans postérité.

Par une clause subséquente, la testatrice voulut qu'en cas qu'elle vînt à décéder avant son père, il jouît, sa vie durant, de 2,000 livres de rente, à prendre sur celle qui lui avait été constituée en dot, et que le surplus, tant de cette rente que de ses autres biens, fût partagé annuellement et par moitié entre ses beaux-enfans jusqu'au décès de son père, après lequel les premières dispositions de son testament auraient leur entier effet.

La dame Taitbout est morte à Tripoli en Syrie, le 3 août 1780.

Le sieur Taitbout, de retour en France, en 1782, a formé, comme tuteur de ses enfans, la demande en délivrance des legs qui leur avaient été faits par leur belle-mère.

Le père et la mère de la dame Taitbout ont contesté l'exécution du testament.

Une sentence par défaut, du 26 août 1783, a prononcé la délivrance des legs.

Le sieur Lalouette et son épouse en ont interjeté appel.

Leurs moyens ont été établis dans une consultation, aussi savante que profonde, de M. Sabarot.

Ce jurisconsulte a d'abord examiné la question générale de droit. Il l'a considérée ensuite sous le point de vue relatif à l'espèce particulière; et il a prouvé que les principes et les circonstances se réunissaient dans la cause, pour faire déclarer nulle la donation de la dame Taitbout aux enfans du premier lit de son mari.

Dans la première partie, il s'est proposé d'établir que la prohibition faite aux époux, par l'art. 283 de la coutume, de donner aux enfans l'un de l'autre, n'était limitée par aucune exception et embrassait tous les cas.

Pour le prouver, il a remonté à l'origine du principe de la prohibition des avantages entre époux, qu'il a trouvé établi dans le droit romain.

« C'est de cette source (a-t-il dit) que ce prin-
» cipe a passé dans nos lois et dans nos mœurs.
» On le trouve partout dans notre ancien droit.
» Il est consacré dans les capitulaires de Char-
» lemagne, dans les établissemens de Saint-
» Louis, dans les *Coutumes notoires du Châtelet*, de-
» puis 1300 jusqu'en 1387, dans *le grand Coutu-*
» *mier de France*, dans l'ancienne coutume de
» Paris, rédigée en 1510, dans les ordonnances
» de 1539, 1549, 1560; enfin, dans une multi-
» tude infinie d'arrêts rendus depuis la première
» rédaction de la coutume jusqu'à sa réforma-
» tion en 1580; qui ont proscrit les donations
» de l'époux sans enfans aux enfans de l'autre
» époux ».

De cet esprit de notre droit coutumier, M. Sabarot a conclu que l'intention des réformateurs de la coutume n'avait pu être que de prohiber généralement et dans tous les cas les donations dont il s'agit; et il l'a prouvé par un examen approfondi du texte de l'art. 283.

» Quel est le sens (ce sont ses termes) que cet article présente à quiconque le lit sans prévention? D'abord, on voit une prohibition expresse, absolue, faite aux conjoints de donner aux enfans l'un de l'autre : *Ne peuvent lesdits conjoints donner*, etc. Ensuite vient l'énumération des différentes manières dont les conjoints peuvent se trouver avoir des enfans : *au cas qu'ils, ou l'un d'eux aient enfans*.

» Par où l'on voit que ces différentes manières, ces différens cas ne peuvent qu'être au nombre de trois.

» Ou les conjoints ont des enfans communs de leur mariage, ou un seul en a d'un mariage précédent; dans ce cas, celui qui n'en a point d'un premier lit, ne peut donner aux enfans du premier lit de l'autre : *Ne peuvent donner au cas qu'ils aient enfans*.

» Ou les conjoints n'ont point d'enfans communs de leur mariage, mais en ont l'un et l'autre d'un mariage précédent; et dans ce cas encore, aucun des deux ne peut donner aux enfans de l'autre : *au cas qu'ils*, etc.; car le pronom *ils* est ici commun aux deux cas.

» Ou enfin, un seul des conjoints a des enfans d'un précédent mariage; et alors, celui qui n'en a pas, ne peut donner aux enfans de celui qui en a : *Ne peuvent lesdits conjoints donner au cas que l'un d'eux* seulement *ait enfans*.

» *L'un d'eux*, c'est-à-dire, le père ou la mère des enfans donataires. Nous ne croyons pas qu'il soit possible de donner un autre sens à ces mots, si on veut ne consulter que les lumières de la raison et du simple bon sens; car vouloir, avec quelques auteurs, interpréter ces mots d'après l'arrêt de 1616, et prétendre que, par *l'un d'eux*, il faut entendre le donateur, c'est vouloir que les réformateurs aient dit une absurdité.

» En effet, le cas porté par la coutume, est que l'un des deux conjoints ait des enfans et que l'autre n'en ait pas : or, si, par celui qui a des enfans, les rédacteurs ont entendu le donateur, ils ont donc dit que celui qui a des enfans, ne peut donner aux enfans de celui qui n'a pas d'enfans; ce qui est absurde, et serait absolument contraire à l'opinion que nous devons avoir de ces hommes sages, tirés de tous les ordres de l'état, qui ont présidé à la réformation de la coutume, et dont les avis, mûrement pesés et long-temps débattus, ont enfin reçu force de loi par la sanction du souverain; tellement qu'on doit les regarder comme la volonté du souverain lui-même, et qu'il n'est pas permis d'y apporter le moindre changement sans son ordre exprès.

» La subversion du principe de l'égalité entre conjoints, entraînerait celle d'un autre principe encore plus sacré dans nos mœurs : c'est celui de la conservation des biens dans les familles, conservation qui a toujours fait l'objet le plus précieux de la vigilance de nos lois : elles ne le perdent jamais de vue dans toutes leurs dispositions ; toutes se rapportent à l'intérêt général des familles, dont elles ont voulu mettre les propriétés à l'abri de la séduction et de la fraude : cette attention paraît particulièrement dans l'art. 280.

»Mais l'intérêt général des familles ne serait pas moins lésé par les donations faites aux enfans des conjoints, que par celles faites au conjoint lui-même ; puisque, comme nous l'avons dit si souvent, le père et le fils n'étant, en droit, qu'une seule et même personne, ce qui est donné à l'un est censé donné à l'autre, et que, suivant notre coutume, ils profitent également tous les deux de ce qui est donné à l'un ou à l'autre.

» L'identité des personnes du père et du fils éclate de tous côtés dans nos lois : l'art. 3 de la coutume, titre *des Fiefs*, porte que, quand un fief du père échet au fils, ou un fief du fils échet au père, par succession, il n'est dû au seigneur féodal que la bouche et les mains, sans aucuns droits de relief, quand le fils ou le père les ont payés dans leur temps : *Tellement* (dit Tournet sur cet article) *que le fait de l'un est tenu pour le fait de l'autre. Loi* Dedit dotem, *D. de collationibus. Quod pater meus filiæ meæ dedit, perindè est ac si dedissem : c'est pourquoi il n'est dû aucun droit de ego rachat en succession directe, presque dans toutes les coutumes.*

» C'est par le même principe que l'art. 276, qui défend aux mineurs et autres personnes étant en puissance d'autrui, de donner à leurs tuteurs ou autres administrateurs, leur défend aussi de donner aux enfans de celui-ci.

» C'est encore par le même principe qu'une femme convolant en secondes noces, ayant enfans, ne peut donner à son mari, ni à ses père, mère ou enfans, plus qu'à l'un de ses enfans : c'est la disposition de l'édit de secondes nôces.

» Il est donc évident que le père et le fils sont une seule et même personne ; que ce qui est donné à l'un, est réputé donné à l'autre ; que ce qui ne peut être donné à l'un, ne peut être donné à l'autre. Par conséquent, si le conjoint sans enfans ne peut donner à l'autre conjoint qui a des enfans, même par don mutuel, il ne peut, à *fortiori*, donner aux enfans de ce conjoint par donation simple. Et que serait-ce qu'un article de la coutume qui détruirait tout ce qui a été établi dans les autres articles et dans les ordonnances ? On ne peut supposer une pareille inconséquence dans les réformateurs de la coutume.

» Il faut convenir que les principes qui ont dicté l'art. 280, sont, à peu de chose près, les mêmes que ceux qui ont dicté l'art. 283 ; que ces deux articles se prêtent un appui et une lumière réciproques ; et que, par conséquent, la prohibition qui est contenue dans l'un et dans l'autre, doit avoir lieu, soit que les deux conjoints aient des enfans, soit qu'un seul d'eux en ait. Ces mots de l'art. 283 *au cas qu'ils ou l'un d'eux ayent des enfans*, ne sont donc pas inutiles, quoique, par *l'un d'eux*, on n'entende pas le donateur. On doit donc les regarder, non comme restrictifs et limitatifs de la proposition générale qui précède, mais comme explicatifs des différens cas où cette proposition générale, cette règle reçoit son application.

» On doit d'autant moins regarder ces mots comme une exception, qu'il est contre l'usage ordinaire de la langue et les lois du raisonnement, qu'une proposition négative soit restreinte par une proposition affirmative non expresse, mais qu'on veut qui y soit tacitement renfermée. On restreint une permission, on la limite à certains cas, par ces expressions exceptives , *pourvu que, à moins que, excepté que,* etc. Mais on ne saurait restreindre ainsi une prohibition. On pourrait dire : *Les conjoints peuvent donner aux enfans l'un de l'autre d'un premier mariage, pourvu, à moins qu'ils n'ayent enfans* ; ce qui pourrait signifier que les conjoints peuvent donner aux enfans l'un de l'autre d'un premier mariage, s'ils n'ont point d'enfans communs ; mais il serait ridicule de dire : *Les conjoints ne peuvent donner, pourvu qu'ils ou l'un d'eux ayent des enfans.* C'est pourtant ce qu'on fait dire à la coutume, en soutenant valables les donations du conjoint sans enfans aux enfans de l'autre ; car on fait dépendre la faculté de donner, accordée à l'un des conjoints, de la condition qu'il n'ait point d'enfans, puisqu'on ne lui refuse cette faculté que dans le cas où il a des enfans. Les mots de l'article, *au cas qu'ils,* etc., ne sont donc pas restrictifs, mais explicatifs de la proposition négative qui précède, et signifient que la prohibition doit s'étendre à tous les cas, soit que les deux conjoints aient des enfans, soit qu'un seul d'eux en ait.

» Ajoutons une observation qui nous paraît être décisive. La coutume d'Orléans a été réformée en 1583, c'est-à-dire, trois ans après celle de Paris. Tout le monde sait que celle-ci a servi de modèle à l'autre, et qu'elles ont ensemble une très-grande affinité. C'est pourquoi, lorsqu'à la réformation de la coutume d'Orléans, il s'agit d'établir la prohibition des avantages entre conjoints ; on consulta la coutume de Paris, et on ajouta dans la nouvelle coutume ces mots : *directement ni indirectement*, conformément à la coutume de Paris, art. 283.

» Ce qui fit dire à M. Talon, avocat-général, à l'occasion d'une donation pareille à celle dont il s'agit, *qu'en l'ancienne coutume d'Orléans, la question de la validité de la donation aurait pu recevoir de la difficulté ; mais que la nouvelle coutume avait voulu retrancher toutes les difficultés par l'addition de ces mots* DIRECTEMENT NI INDIRECTEMENT ; *et sur ces conclusions, il fut jugé, par arrêt du* 16 *février* 1628, *que la donation était nulle*».

Dans la seconde partie, M. Sabarot a fait l'application des principes généraux au testament de la dame Taitbout. Il a présenté plusieurs considérations qui rendaient la cause des père et mère de la testatrice infiniment favorable, et qui ne se rencontraient pas dans les espèces des arrêts de 1587 et de 1610, où il s'agissait de donations modiques faites par un mari aux enfans de sa femme, et attaquées uniquement par des collatéraux. Ici, disait-il, c'est une donation universelle qui est faite par une femme aux enfans de son mari; elle est faite par une femme tendre et sensible, qui paraît ne s'y être déterminée que par l'extrême passion que son mari lui avait inspirée; elle est faite à des enfans en bas âge, au détriment d'un père, d'une mère, et de deux frères tendrement chéris et dignes de l'être; enfin, c'est la donation de la dot même constituée par des père et mère qui ont sacrifié leur aisance pour marier leur fille avantageusement, au détriment de leurs autres enfans ; et ce sont ces père et mère vénérables qui demandent la nullité de cette donation surprise à leur fille.

Ces moyens ont été adoptés par M. l'avocat-général Séguier, qui a discuté le point de droit avec la plus grande étendue, et démontré que la prohibition écrite dans l'art. 283, était absolue et frappait sur tous les cas.

Par arrêt rendu, conformément aux conclusions de ce magistrat, après un délibéré sur-le-champ, le 5 avril 1784, le parlement a mis l'appellation et ce au néant; émendant, a déclaré nuls les legs universels et particuliers portés au testament de la dame Taitbout de Marigny, au profit des enfans du premier lit de son mari, et a envoyé les appelans en possession de la succession mobilière de leur fille.

III. Mais que devait-on décider par rapport aux coutumes muettes, c'est-à-dire, qui ne s'expliquaient pas sur le point de savoir si la défense qu'elles faisaient aux époux de s'avantager, empêchait ceux-ci de donner aux enfans l'un de l'autre?

Il est certain que, suivant l'esprit général de l'ancien droit français, les avantages faits aux enfans étaient censés faits au père, même lorsqu'ils étaient émancipés ou n'avaient jamais été sous sa puissance.

C'est ce que justifient clairement et l'édit des secondes nôces, qui étendait en termes exprès aux *enfans des maris*, la prohibition de donner à ceux-ci plus d'une portion filiale; et l'extension que tous les parlemens avaient faite aux enfans des tuteurs, de la défense que l'art. 131 de l'ordonnance de 1539 faisait à ces derniers de recevoir de leurs pupilles; et l'art. 14 de l'édit perpétuel de 1611, qui, en établissant la même défense pour les Pays-Bas, lui donnait précisément la même extension.

Cependant il y a bien des arrêts qui ont jugé le contraire.

Duluc, liv. 8, tit. 6, n°s. 1 et 2, et Le Vest, §. 225, en rapportent quatre de 1547, 1552, 1553 et 1555, qui confirment, dans les coutumes prohibitives, des donations faites par un époux au profit des enfans de l'autre.

Mornac, sur la loi 3, §. *Ab uxoris*, D. *de donationibus inter virum et uxorem*, en cite un semblable du 7 avril 1609, intervenu dans la coutume de Troyes; et Legrand, commentateur de cette coutume, atteste qu'il a été rendu dans sa famille.

C'est ce qu'a encore jugé un arrêt du 4 avril 1653, dans la coutume de Meaux. Il est rapporté par Berroyer, dans ses notes sur les arrêts de Bardet, tome 1, liv. 1, chap. 25.

Même arrêt, en février 1659, pour la coutume de Senlis. On le trouve dans le *Traité des donations* de Ricard, partie 1, n°. 732.

Maillart, sur l'art. 89 de la coutume d'Artois, n°s. 67, 68 et 69, en rapporte trois plus récens. Voici ses termes:

« Par arrêt rendu à la quatrième, le 7 juin 1690, au rapport de M. Portail de Chaton, les legs faits par la femme aux enfans de son mari, dans un testament où elle avait été autorisée par son mari, ont été déclarés valables en Artois.

» Par arrêt rendu à la cinquième, au rapport de M. Loisel, le 20 juillet 1702, infirmatif des sentences rendues au conseil d'Artois, les 7 novembre 1699 et 15 février 1700, la pension viagère de 150 florins, créée solidairement au profit du fils de la femme par le mari et par la femme, pour titre sacerdotal, a été déclarée exécutoire pour la moitié sur les héritiers du mari.

» Du 20 juin 1706, arrêt rendu au rapport de M. Le Vasseur, à la première des enquêtes, confirmatif de la sentence du conseil provincial d'Artois. Cet arrêt a déclaré valable le legs universel fait par une femme qui n'avait pas d'enfans, à ceux du premier lit de son mari ».

On cite encore deux arrêts semblables, des 25 avril 1711 et 14 juin 1730, rendus dans la coutume de Vitry; mais on ajoute en même-temps que les espèces sur lesquelles ils ont prononcé, étaient particulières.

Dans l'arrêt de 1711, il s'agissait d'un legs qui ne consistait qu'en meubles et était très-modique : on a suivi la note de Dumoulin, *secùs si legatum filiis uxoris sit modicum*; note que Ricard, d'après les lois romaines, a étendue bien plus loin : il dit, part. 1, n°. 387, « que l'on confirmerait une » modique donation faite par un conjoint à l'au- » tre, si le donataire l'avait méritée par quelque » service extraordinaire, comme par de grandes » attentions dans une maladie ou autrement » ; et dans l'espèce de l'arrêt dont nous parlons, il y avait encore cette circonstance, que les donataires étaient cinq garçons majeurs qui avaient toujours travaillé au profit de leur père, laboureur, et auraient, par conséquent, été en droit d'exiger pour leur service une récompense qui eût dû se prendre sur la communauté (1).

L'arrêt du 14 juin 1730 a confirmé un legs fait par le sieur Defaux au profit des enfans de sa femme ; mais dans quelles circonstances ? Le sieur Defaux avait intention, en épousant sa femme, de lui faire un Avantage; cependant par la négligence des notaires, il se trouvait qu'elle perdait beaucoup : la communauté avait été stipulée sans réserve, et par là tout le bien de la femme y était entré, parcequ'il consistait en contrats de rentes que les notaires ignoraient être réputés meubles par la coutume de Vitry. Le mari, de son côté, devait plus de vingt mille livres de dettes mobilières qu'il avait fallu payer sur cette communauté, laquelle d'ailleurs avait été ruinée et réduite à rien par un incendie, qui avait consumé une maison et pour plus de soixante mille livres d'effets (2).

Quoi qu'il en soit, il est certain que les arrêts qui avaient déclaré nuls les Avantages faits par un époux aux enfans de l'autre, étaient en plus grand nombre, et méritaient plutôt de faire jurisprudence que ceux du parti contraire.

Tel est celui du 1er. février 1553, par lequel le legs fait par une femme aux enfans de premières noces de son mari, a été déclaré nul. Il est rapporté par Pithou, sur l'art. 48 de la coutume de Troyes.

Tel est encore l'arrêt de 1558, cité par Le Vest, §. 64, lequel jugea que « la prohibition portée par » la coutume (ancienne) de Paris, entre mari et » femme, de s'entredonner directement ou indi-» rectement, s'étendait aux enfans de l'un d'iceux » provenus en autre lit, de sorte que la donation » faite par une femme mariée, aux enfans de son » mari, issus d'un premier mariage, n'était va-» lable ».

Cette donation fut cassée (dit Chenu, question 68), « encore que par icelle il fût porté qu'ad-» venant le décès d'aucun desdits enfans, leur part » accroîtrait aux autres, et qu'il y eût déclaration » au procès, du père, qu'il n'entendait aucune-» ment profiter de la donation, soit par leur décès » ou autrement, et advenant le décès de tous ses-» dits enfans, que les plus proches parens en amen-» dassent et non lui ».

Par un autre arrêt fort célèbre, du 15 juin 1575, cité par Brodeau sur Louet, lettre D, une donation qu'un mari avait faite aux enfans de sa femme, fut déclarée nulle, « nonobstant que, lors de la » donation, les donataires fussent en âge, hors » de la puissance de leur mère, laquelle était dé-» cédée peu de temps après, de sorte qu'elle n'a-» vait jamais profité des choses données ».

Chenu, quest. 68, rapporte deux autres arrêts semblables, l'un du 8 février, l'autre du 26 avril 1578. Dans l'une et l'autre espèce, les pères avaient déclaré ne rien prétendre aux Avantages faits à leurs enfans; cependant ces donations furent annullées, comme comprises dans la prohibition de la loi.

Voilà ce qu'on jugeait dans la coutume de Paris, lorsqu'elle était encore muette, c'est-à-dire, avant qu'on y eût ajouté l'art. 283, ce qui ne s'est fait qu'en 1580.

S'il pouvait rester le moindre doute sur la jurisprudence de cette époque, il serait aisé de le dissiper par une autorité d'un grand poids, celle de Dumoulin : sur l'art. 156 de l'ancienne coutume, il est d'avis que la donation faite aux enfans du premier lit, par celui des époux qui n'a point d'enfans, est nulle ; et, faisant allusion à quelques arrêts qui avaient maintenu de pareilles libéralités, sous le prétexte que le père ou la mère avait renoncé au droit d'en profiter jamais, Dumoulin dit : on a quelquefois jugé en faveur des enfans donataires, mais mal : *quandoque judicaverunt pro filiis uxoris ex priore viro, et malè; quia sic patrimonia evertuntur.*

Dumoulin réprouve tellement toutes ces donations, qu'il blâme même une substitution faite par le mari au profit de la fille d'un premier lit de sa femme ; il parle d'un arrêt interlocutoire qui, dans cette circonstance, avait ordonné une enquête par turbes; et il s'élève contre cet arrêt avec une force et une hardiesse qui font bien voir à quel point il était pénétré de la vérité de son opinion : *quod est fatuum* (dit-il, n°. 17 de ses notes posthumes sur l'art. 156).

Depuis la réformation de la coutume de Paris, il est intervenu, dans celles qui étaient vraiment muettes sur la question, jusqu'à dix-sept arrêts qui ont mis le sceau à cette jurisprudence.

Le premier, du 26 avril 1608, a déclaré nulle une donation faite par un époux aux enfans de l'autre, dans la coutume de Châteauneuf en Thimerais.

Le second, du 19 décembre 1612, a prononcé de même dans la coutume d'Orléans, qu'on sait cependant avoir été rédigée après celle de Paris, et sur son esprit.

Le troisième, du 10 février 1626, au rôle de Senlis, « a déclaré nulle, en la cause d'un » nommé Rollet, une donation entre-vifs faite » par un mari qui n'avait point d'enfans, aux » enfans de sa femme d'un autre mariage, dans » l'espèce de la coutume de Senlis ». Ce sont les termes de Ricard.

Le quatrième, rendu au rôle de Paris, le 29 février 1628, sur les conclusions de M. l'avocat général Talon, a également « jugé, en la coutume » d'Orléans, qui prohibe aux conjoints de se » donner l'un à l'autre entre-vifs directement ou » indirectement, qu'une donation faite par le mari » aux enfans de sa femme en faveur de leur ma-» riage, était nulle et contraire à la coutume,

---
(1) *Recueil d'arrêts de Rousseaud de la Colombe fils*, page 70.
(2) *Ibid.* page 71.

4e. édit., Tome 1.

» comme présumée faite en faveur de sa femme,
» laquelle, par ce moyen, était autant déchargée
» des avancemens qu'elle devait à ses enfans, et
» que la maxime est toujours véritable, que
» *donatum filio videtur donatum patri aut matri* ».
Ainsi s'exprime l'auteur du Journal des audiences, tome 1er. liv. 2, chap. 10.

Le cinquième, du 26 avril 1646, a encore jugé la même chose pour la coutume de Troyes; et, après l'avoir prononcé, M. le premier président Molé avertit le barreau qu'on ne devait plus plaider de pareilles causes décidées par tant d'arrêts. On le trouve dans le *Traité des donations* de Ricard, part. 1, n°. 729.

Le sixième, rendu dans la coutume de Berry, le 6 mars 1652, entre les héritiers de Valier et Perrette de Laire, sa veuve, a jugé, en infirmant la sentence du prévôt de Bourges, que le legs fait par le sieur Vallier aux enfans du premier lit de sa femme, était nul, quoique qualifié fait en récompense de services, et pour demeurer propre aux légataires (1).

Le septième, du 18 juin 1655, a décidé la même chose, pour la coutume de Ponthieu. Il est inséré dans le Journal des audiences.

Brodeau sur Louet, lettre D, §. 17, en rapporte un huitième sans date, qui a déclaré nulle une donation faite par un époux aux enfans de l'autre, dans la coutume de Vitry. On le connaît sous le nom d'*arrêt rendu contre le baron des Arcs.*

Le neuvième, du 30 août 1697, rendu dans la même coutume, et rapporté par Durand, son dernier commentateur, art. 100, confirme une sentence du bailliage de Saint-Dizier, qui avait déclaré nulle une semblable donation.

Le dixième, du 15 février 1729, a été rendu en forme de règlement dans la coutume de Senlis. François Buffé, n'ayant point d'enfans, avait fait un testament par lequel, après quelques legs à ses neveux, et un entr'autres de 200 livres de pension viagère au sieur Rochermine, l'un d'eux, il nommait légataire universelle, pour moitié, Catherine Cosme, femme de Nicolas Valantain, fille d'un premier lit de Marguerite Compagnon, femme du testateur.

Le sieur Rochermine ayant pris seul le parti de se porter héritier, les légataires universels obtinrent contre lui un jugement de délivrance.

Sur l'appel, il consentit à l'exécution du legs universel, par rapport au co-légataire de Catherine Cosme. Mais à l'égard de celle-ci, il soutint que la disposition était nulle pour les biens situés dans la coutume de Senlis, « soit (disait-il) parce-
» que les lois prohibitives, quand elles sont fondées
» sur des motifs d'intérêt public, doivent être
» étendues à tous les cas nécessaires pour en as-
» surer l'exécution, soit parceque le père ou la
» mère sont censés réellement avantagés dans la
» personne de leurs enfans, suivant la décision de

_____
(1) *Gazette des Tribunaux*, 1781, tome 12, page 170.

» plusieurs lois; soit enfin parceque la seule proxi-
» mité des personnes forme une présomption de
» voie indirecte et frauduleuse, présomption gé-
» nérale qui dispense d'avoir recours, dans chaque
» occasion particulière, à des preuves souvent dif-
» ficiles à découvrir, et qu'il est important, par-
» là même, de conserver dans toute sa force, sans
» l'affaiblir par des distinctions ».

Par l'arrêt cité, il fut dit que la portion des biens situés dans la coutume de Senlis, léguée à Catherine Cosme, demeurerait à Rochermine; et il fut ordonné que l'arrêt serait publié au bailliage de Senlis.

Le onzième arrêt a aussi été rendu en forme de règlement, pour la coutume de Châlons. En voici l'espèce.

Le 30 novembre 1731, François-Cosme Ruette, courrier du cabinet, a fait un testament par lequel, après deux legs particuliers de 6,000 livres chacun, à deux sœurs qu'il avait, et qui étaient ses héritières présomptives, il a fait ses légataires universels les enfans et petits-enfans du premier mariage de Claude Patillet sa femme, et il a légué sa charge de courrier du cabinet à François Hardy, l'un de ces derniers.

Après la mort du testateur, Françoise-Parquette Ruette, l'une des héritières présomptives, traite avec les légataires universels, et leur cède tous ses droits: mais l'autre, nommée Marie Ruette, se pourvoit devant les juges de Châlons, et demande la nullité des dispositions faites au profit des enfans et petits-enfans de Claude Patillet.

Sentence par défaut qui lui adjuge ses conclusions. Appel.

La cause portée à l'audience, et plaidée solennellement par Le Normant pour les légataires universels, et Laverdy, pour l'héritière, il est intervenu, le 1er. mars 1734, sur les conclusions de M. l'avocat général Gilbert, un arrêt qui confirme la sentence au chef qui déclarait nuls les legs universel et particulier faits au profit des enfans et petits enfans du premier lit de la femme du testateur, et « ordonne que le présent
» arrêt sera lu et publié au bailliage royal de
» Châlons, l'audience tenante, et transcrit dans
» les registres dudit bailliage, pour servir de règle-
» ment dans la coutume de Châlons... ».

Le principe de décision a été que, dans la coutume de Châlons, titre *des Droits appartenans* *aux gens mariés*, art. 27, il est dit indistinctement, « qu'homme et femme ne peuvent s'avantager
» l'un l'autre par don, testament, ou autrement,
» directement ou indirectement, *ni par personnes* *interposées* ». Cette règle (a-t-on dit), qui défend tout avantage entre époux, enveloppe les enfans, par la raison que le père et le fils ne peuvent véritablement être regardés comme des personnes distinctes. L'un est, pour ainsi dire, confondu dans l'autre: mêmes intérêts, même fortune, mêmes affections; tout ce qu'on fait en faveur de celui-ci, est réellement fait en faveur de celui-là. Si

AVANTAGES ENTRE ÉPOUX, §. III.

la prohibition de s'avantager, entre mari et femme, ne s'étendait pas aux enfans qu'ils ont d'autres mariages, la disposition de la loi deviendrait illusoire; ce que le père ne pourrait pas obtenir pour lui-même, il l'obtiendrait pour ses enfans. Pourquoi désire-t-on du bien, si ce n'est pour l'établissement de sa famille? Et de là, la conséquence que toutes les prohibitions qui regardent les pères et les mères embrassent les enfans.

Le douzième arrêt est du 27 juillet 1736; il a été rendu à la quatrième chambre des enquêtes, pour la coutume de Lorris.

Le treizième est intervenu dans la coutume de Vitry, le 25 juin 1737, et il a été, comme plusieurs de ceux qui précèdent, porté en forme de réglement.

Par acte du 1er. septembre 1726, Nicolas Jacobé fait, pendant son mariage avec Louise Clément, une donation universelle de ses immeubles au profit de Claude Gillet, fille du premier lit de sa femme. Clause dans cette donation qu'arrivant le décès de Claude Gillet sans enfans, les biens donnés retourneront aux héritiers du donateur. Après sa mort, contestation entre ses héritiers et la donataire.

Sentence du bailliage de Vitry, qui appointe les parties en droit. Appel par les héritiers.

De la part des appelans, on soutenait la nullité de la donation sur le fondement de l'art. 113 de la coutume de Vitry, suivant lequel « deux » conjoints par mariage, nobles ou roturiers, ne » peuvent contracter aucunement ensemble, ni » eux avantager par testament ni autrement, en » quelque manière que ce soit ».

« Ces termes, *en quelque manière que ce soit* (disaient les appelans), contiennent une prohibition expresse et indéfinie; ainsi, il n'est permis en aucune façon aux conjoints de s'avantager : or, c'est ici un avantage indirect, prohibé par la coutume; c'est avantager la mère que de donner à son fils, puisque la mère étant obligée de nourrir et entretenir son fils, elle en est déchargée, lorsque ce fils a suffisamment du bien. »

» La prohibition portée par l'art. 113 de la coutume de Vitry, est fondée sur le motif du bien public, qui ne permet pas qu'on enrichisse un étranger des dépouilles de l'héritier du sang; elle doit donc être étendue au cas dont il s'agit ici; parceque bien qu'en général les prohibitions ne s'étendent point d'un cas à un autre, on a toujours distingué celles qui sont fondées sur l'intérêt public d'avec celles qui n'ont pour objet que des intérêts particuliers; les premières s'étendent à tous les cas nécessaires, les secondes sont limitées et ne s'étendent point ».

Sur ces moyens, arrêt qui, conformément aux conclusions de M. l'avocat général Gilbert, « faisant droit sur l'appel, a mis et met l'appellation, » et ce dont est appel au néant; émendant, évo» quant le principal, et y faisant droit, déclare la » donation dont est question nulle..., faisant droit » sur le réquisitoire du procureur général, ordonne » que le présent arrêt sera lu et publié au bailliage » de Vitry, l'audience tenante, et enregistré au » greffe dudit bailliage ».

Le quatorzième a été rendu à la quatrième chambre des enquêtes, le 7 mai 1742, entre François Peuchelle et Hubert Legrand. « Il était » question (dit l'Epine de Grainville, page 8) » d'une disposition faite, dans la coutume d'Ar» tois, en faveur d'un enfant du premier mariage » de l'un des conjoints. Outre les moyens qui » servaient à la discussion de la question en elle» même, il y en avait d'autres; mais ils n'ont » point influé sur la décision ».

Le quinzième arrêt est du 29 avril 1768. Pothier qui le cite, dans son *Traité des donations entre mari et femme*, dit qu'il a été rendu dans la coutume de Melun.

Le seizième est intervenu dans la coutume d'Artois.

La question qu'il a décidée, était précisément de savoir si une femme qui n'a point d'enfans, est privée de la liberté de faire des legs modiques à ses petits-cousins, par la seule raison qu'elle a épousé leur aïeul.

Dans le fait, Charles Carlier, marchand à Arras, avait eu de son premier mariage, une fille nommée Amable-Sophie Carlier, qu'il maria au sieur Camus, notaire.

Le sieur Carlier ayant perdu sa femme, en prit une seconde dans la même famille : c'était Marie-Marguerite Desseinges, cousine germaine de la première.

La fille du premier lit jouissait d'environ 400 livres de revenu; son père n'y avait aucun droit, et néanmoins il les toucha et les versa dans la seconde communauté, pendant laquelle furent faits des conquêts, dont la deuxième femme profita.

Cette fille du premier lit demeura vingt ans chez sa belle-mère, sa cousine; elle la servit gratuitement dans son commerce.

Le sieur Carlier, parvenu au plus grand âge, était devenu imbécille, lorsque sa femme, pour satisfaire à la coutume, requit son autorisation à l'effet de tester. La réponse de ce vieillard, consignée dans un procès-verbal, fut que sa femme croyait apparemment qu'il allait mourir.

La dame Carlier, autorisée par justice, fit son testament le 10 mars 1773. Elle légua 1°. à Caroline-Romaine Camus, petite-fille de son mari, une croix et une bague de diamans; 2°. à la même et à son frère, la moitié de quarante arpens de terres acquises pendant la communauté. Elle greva ce second legs d'une rente viagère de quatre mesures de bled.

Elle partagea le surplus de tous ses biens entre Catherine et Rose Lecocq, ses nièces, ou leurs enfans, par représentation, et les enfans d'Hélène-Pélagie Lecocq, son autre nièce.

Les legs particuliers faits aux enfans Camus, valaient environ 8,000 livres.

Les autres biens conservés aux héritiers les plus proches, montaient à 26,722 livres.

Cette distribution, ou pour mieux dire, les legs faits aux mineurs Camus, ont été attaqués comme Avantages indirects entre mari et femme; on leur a opposé l'art. 80 de la coutume d'Artois, qui s'exprime ainsi : « L'homme ne peut » *avancher* la femme, ni la femme son mari, par » disposition testamentaire, ni autrement ».

La sentence du conseil provincial d'Artois avait, en conséquence, débouté les mineurs Camus, de leur demande en délivrance de legs.

Sur l'appel au parlement de Paris, ils ont fait valoir l'article même de la coutume d'Artois, qu'on leur opposait; ils l'ont comparé à l'art. 282 de la coutume de Paris, qui porte : « homme et » femme conjoints par mariage, constant icelui, » ne se peuvent avantager l'un l'autre par doua- » tion faite entre-vifs, testament ou ordonnance » de dernière volonté, *directement ni indirectement*, » *en quelque manière que ce soit* » ; et ils ont soutenu que ces derniers mots ne se trouvant point dans la coutume d'Artois, celle-ci leur était favorable; que d'ailleurs l'art. 120 de cette même coutume permettait au mari de *conditionner*, en faisant quelque acquêt, que ce serait pour lui et sa femme, le *dernier vivant tout tenant*. (1).

Ils ont aussi observé, 1°. que Carlier avait refusé son consentement à sa femme, pour faire son testament, et qu'elle avait été obligée de se faire autoriser en justice; 2°. que Carlier étant en enfance, son état excluait toute idée de suggestion ; 3°. que les legs n'étaient qu'une reconnaissance des services rendus par la mère des mineurs Camus à la testatrice; 4°. que celle-ci était d'ailleurs la tante à la mode de Bretagne de la légataire, et qu'une parenté aussi proche devait faire cesser la prohibition de la coutume.

Toutes ces considéralions n'ont point empêché M. l'avocat général Joly de Fleury de conclure à la confirmation de la sentence d'Arras, et elle a été prononcée par arrêt du 23 janvier 1779.

Le dix-septième arrêt est du 4 juillet 1781.

Jeanne Gaulis, fille majeure, épousa Etienne Martin, alors veuf, et ayant de son premier mariage, deux enfans, Marie-Prosper et Etienne Martin. Jeanne Gaulis et Etienne Martin étaient, lors de ces deux mariages, domiciliés dans la coutume d'Etampes.

En 1776, Jeanne Gaulis décéda sans enfans, sous l'empire de cette coutume. Elle avait fait devant notaire, le 10 juillet 1774, un testament par lequel elle avait institué Marie-Prosper et Etienne Martin, légataires universels de tous ses biens meubles et immeubles, pour en jouir en toute propriété, après son décès.

Marie-Anne Gaulis, héritière *ab intestat* de la défunte, a attaqué cette disposition, et a obtenu des premiers juges, une sentence qui l'a déclarée nulle.

Sur l'appel, la cause a été plaidée à l'audience de la grand'chambre; et par arrêt rendu le 4 juillet 1781, sur les conclusions de M. l'avocat-général d'Aguesseau, la sentence a été confirmée avec amende et dépens.

Le parlement de Douai a varié long-temps, comme celui de Paris, sur cet objet; mais, comme lui, il a fini par se décider contre la faculté de donner aux enfans de l'époux incapable de recevoir.

M. l'avocat général Waymel du Parcq, dans ses additions au commentaire manuscrit de M. de Flines sur la coutume de Tournai, tit. 15, art. 8, dit que « par arrêt rendu le 7 mai 1701, entre » Jean Galliot, appelant, d'une part, Gilles et » Nicolas Cardon, intimés, d'autre part, il a été » jugé, en réformant la sentence des mayeur » et échevins de Lille, que la donation faite au- » dit Galliot par sa belle-mère, était valable, et » ne tombait point dans le cas de la prohibition » de l'Avantage indirect entre conjoints ».

Le 26 juin 1718, arrêt contraire dans la coutume de Cambresis.

Le sieur Liévon avait fait plusieurs legs à Philippe-Joseph et Marie-Françoise Dupuis, enfans du premier mariage de son épouse. Après sa mort, Jérôme-Joseph Liévon, son héritier *ab intestat*, attaqua ces legs comme faits en fraude de la prohibition de s'avantager entre époux; et par sentence de l'official-juge ordinaire de Cambrai, confirmée par l'arrêt cité, ils furent déclarés nuls avec dépens.

Pareil arrêt le 2 mai 1731.

Mais le 26 juillet 1754, le parlement de Douai, en confirmant une sentence rendue par les mayeur et échevins de Lille, en faveur de Jean-Charles Boucher, contre le sieur Leroy, procureur, a ordonné l'exécution d'un legs universel fait par Pétronille-Françoise Choquet, au profit de Henriette-Joseph Michel, fille du premier mariage de Pierre-François Michel, son mari.

Le 17 décembre 1760, arrêt contraire, qui annulle le legs fait par l'épouse du sieur Bigot, à une fille qu'il avait eue d'un mariage précédent.

Au mois de mars 1761, arrêt qui permet à la dame d'Inche, fille de premières noces de la dame de Bischop, de faire vendre (pour l'exécution d'un legs de 27 à 30,000 livres en argent, que lui avait fait le sieur Bischop, son beau-père, domicilié dans la coutume de Douai) des immeubles situés dans la châtellenie de Lille, où les Avantages entre époux étaient sévèrement prohibés.

Il paraît que cet arrêt est le dernier de ceux

---

(1) *V.* le *Répertoire de jurisprudence*, aux mots *Conditionner un héritage* et *Dernier vivant tout tenant*.

qu'on peut citer en faveur de la liberté de donner aux enfans d'un époux, qui est par lui-même incapable de recevoir. Depuis, il en est intervenu plusieurs qui ont constamment jugé le contraire; et cette jurisprudence a été enfin consacrée par un arrêt de règlement du 24 février 1772, qui a été envoyé dans toutes les juridictions du ressort. (*V.* l'article *Communauté des biens entre époux*, §. 4).

§. IV. *Avant la loi du 17 nivôse an 2, le père, la mère et les parens collatéraux d'un époux pouvaient-ils, dans les coutumes prohibitives, être avantagés par l'autre?*

La coutume d'Auvergne décidait clairement cette question: « La femme (disait-elle, chap. 14, » art. 46), durant le mariage, ne peut faire à » son préjudice, aucune association, donation, » ni autre contrat avec son mari, ou au profit » d'icelui, ou d'autre à qui le *mari puisse ou doive* » *succéder* ».

Ainsi, dans cette coutume, il suffisait, pour annuller l'avantage que pouvait faire une femme à un parent de son mari, quelque éloigné qu'il fût, que celui-ci se trouvât l'héritier présomptif de ce parent.

La coutume de Bourbonnais disait la même chose, art. 226 : « Le mari, durant le mariage, » ne peut faire aucune association, donation, ou » autre contrat, avec sa femme, enfans de sadite » femme d'autre lit, ni autres, auxquels elle » doive ou puisse succéder *immediaté*; *nec é con-* » *trà* la femme au mari, à ses enfans ou autres, » ésquels le mari doive succéder *immediaté*, sup- » posé que lesdits contrats soient validés par » serment ».

C'est ce que décidait encore l'art. 5 de la nouvelle coutume d'Utrecht, publiée le 14 avril 1669.

La coutume de Normandie, art. 422, allait plus loin : elle étendait la prohibition à tous les parens respectifs des époux indistinctement; et il a été jugé, par arrêt du 14 août 1643, rapporté dans le Commentaire de Basnage, art. 410, que cette prohibition ne comprenait pas seulement les héritiers présomptifs, mais *toute la parenté*.

La disposition de ces lois formait-elle, avant la publication de notre Code civil, le droit commun de la France?

Tous les auteurs qui ont écrit sous l'ancien régime, conviennent que les parens collatéraux des époux ne sont pas compris dans la prohibition.

Il y a dans le Journal des audiences un arrêt du 5 septembre 1636, qui confirme un legs fait par un mari au frère de sa femme.

Ricard, part. 1, n°. 748, dit que, par un autre arrêt du lundi 18 mars 1652, le parlement de Paris a jugé valable le legs universel fait au profit de Jean-Marie l'Hoste, par la femme de Léonore l'Hoste, son frère; et il ajoute « que cet » arrêt a été rendu en conséquence de ce que » les conjonctures du tacite fidéicommis allé- » guées par les héritiers de la testatrice, ne se » trouvèrent pas suffisantes, se fondant seule- » ment sur ce que le mari était le présomptif » héritier de son frère, qui n'avait pas d'en- » fans, et qu'ils avaient toujours vécu dans une » parfaite intelligence l'un avec l'autre ».

Il y a, dans le Journal du palais, un arrêt semblable, du 13 juillet 1680.

A l'égard des ascendans des époux, la question souffre plus de difficulté. Mais du premier coup d'œil, elle paraît devoir être décidée de la même manière que pour les collatéraux.

Cuvelier, §. 4, rapporte un arrêt du grand conseil de Malines, du 9 mai 1598, qui confirme une sentence du conseil provincial d'Artois, par laquelle la donation faite par un mari à sa belle-mère, dans la coutume d'Artois, avait été déclarée valable.

Bacquet, *des Droits de justice*, chap. 21, n°. 38, en cite un du parlement de Paris, du 19 septembre 1599, qui ordonne, dans la coutume de la capitale, l'exécution d'un legs fait par un gendre à sa belle-mère indigente, pour lui tenir lieu d'alimens.

Le Journal des audiences contient un arrêt semblable, du 15 mai 1649, rendu dans la même coutume.

On trouve dans le commentaire manuscrit de M. de Flines, sur la coutume de Tournai, à l'endroit cité plus haut, §. 4, une note qui nous apprend que cette question fut fortement agitée au parlement de Flandre en juin 1669, sur l'appel d'une sentence de la gouvernance de Lille ; que *la cour résolut* que la donation faite par une femme à la mère de son mari, était valable ; mais que, comme il y avait dans le fait plusieurs circonstances qui donnaient lieu de présumer la fraude et l'interposition de personnes, elle engagea les parties à transiger.

Le 19 novembre 1694, sentence du conseil provincial d'Artois, qui déclare valable un legs fait au père d'un époux, en affirmant : elle est rapportée par Maillart sur l'art. 89 de la coutume d'Artois ; et il paraît qu'il n'y en a point eu d'appel.

Maillart est cependant d'un avis contraire, et nous lui sommes redevables de la conservation d'un arrêt qui a confirmé son opinion. Voici ses termes:

« si le donataire est ascendant de la personne prohibée, pour lors la donation est nulle, parce-que les enfans sont appelés par la nature à la succession de leurs ascendans, sur laquelle ils ont même un droit de légitime ; l'on présume que la donation n'a été faite à l'ascendant, que dans la vue qu'elle passerait en tout ou en partie dans la personne prohibée.

» Sur ce principe, un arrêt du mercredi 13 avril 1698, rendu à la grand'chambre, au rapport de M. Joly de Fleury, a jugé que le legs universel fait par la femme au profit de la mère de son mari, n'était pas valable, quoique, lors de la confection de l'acte, la mère donataire eût encore une fille, laquelle, par conséquent, aurait pu exclure l'idée que le legs n'avait été fait qu'en considération de la personne prohibée».

Le même arrêt est rapporté dans le Recueil d'Augeard, à l'ordre de sa date.

Maillart n'est pas le seul qui pense de la sorte; long-temps avant lui, Ricard avait enseigné la même doctrine. Les termes de cet auteur sont précieux, les voici :

« La même raison qui nous a fait résoudre
» que le mari ou la femme ne peuvent pas dis-
» poser au profit des enfans l'un de l'autre d'un
» précédent mariage..., en doit faire autant à
» l'égard des père et mère de la personne prohi-
» bée, c'est-à-dire, du beau-père ou de la belle-
» mère du donateur... ; et en effet, il y a beau-
» coup plus de raison de comprendre les pères
» et les mères dans la prohibition que non pas
» les enfans, d'autant qu'il y a plus lieu de soup-
» çonner la fraude à l'égard de ceux-là que de
» ceux-ci; n'y ayant point d'apparence que les ma-
» risaient eu en considération la mort prématurée
» des enfans donataires, dans l'espérance que
» leur père les survivrait, comme ils ont pu pré-
» voir que la mort d'un père, dans le cours natu-
» rel, donnerait lieu à faire passer la possession
» des choses données entre les mains de son fils,
» lorsqu'il se rencontre la personne prohibée ; à
» quoi il faut encore ajouter que les pactions d'un
» fidéicommis tacite se peuvent pratiquer beau-
» coup plus facilement avec un père, que non
» pas un enfant ».

Inutile d'objecter que cette opinion n'a pas en sa faveur autant d'arrêts que l'avis contraire.

Car 1°. l'arrêt du grand conseil de Malines de 1598, la *résolution* du parlement de Flandre de 1669, et la sentence du conseil provincial d'Artois de 1694, n'ont eu, suivant les auteurs qui les rapportent, qu'un motif reconnu maintenant pour faux : on a cru, lors de ces jugemens, que la prohibition ne s'étendait pas même du père aux enfans ; et de ce principe, dont l'erreur a été mise ci-devant dans le plus grand jour, on a conclu qu'elle ne s'étendait pas non plus des enfans au père.

2°. L'arrêt du parlement de Paris de 1599, a été dicté par deux circonstances particulières. D'abord, c'est dans la coutume de Paris que la question se présentait ; et nous avons vu plus haut qu'à cette époque, on y pensait assez généralement que les enfans de l'époux prohibé n'étaient pas compris dans la prohibition. Ensuite, le legs dont il s'agissait, méritait par lui-même beaucoup de faveur : « et néanmoins (dit Ri-
» card) la cour ne laissa pas de prononcer,
» *sans tirer à conséquence*. Cet arrêt (comme le remarque le même auteur) fait donc plus contre ceux qui s'en prévalent, qu'il n'est à leur avantage ».

3°. L'arrêt du 15 mai 1649 a pareillement été rendu pour la coutume de Paris, et dans un temps où l'on était encore aveuglé par une fausse interprétation de l'art. 283 de cette loi municipale. Ainsi, point de conséquence à en tirer ici. Nous remarquons même qu'il n'a passé qu'avec beaucoup de difficulté, « M. l'avocat-général Bi-
» gnon qui en parla en cette cause (dit le rédacteur
» du Journal des audiences, liv. 5, chap. 9),
» considérant que la coutume prohibant aux con-
» joints de s'avantager, même indirectement,
» serait tout-à-fait éludée, s'il leur était permis
» de donner aux père et mère de l'un d'eux,
» lesquels amassent tout ce qu'ils peuvent pour
» leurs enfans, conclut à ce que les legs faits par
» Bourgoin, à la demoiselle Mandat, sa belle-
» mère, fussent déclarés nuls pour la part et por-
» tion que demoiselle Marie Guilloire, sa fille,
» femme Bourgoin, pouvait profiter et amender
» de ces legs, venant à sa succession : et la cour
» de sa part y trouva tant de difficultés, qu'elle
» ne voulut juger la thèse sur-le-champ, et ap-
» pointa la cause au conseil ».

§. V. *Le consentement donné, du vivant de l'époux donateur, par ses héritiers présomptifs, pouvait-il, avant la loi du 17 nivôse an 2; valider les avantages qu'il faisait à l'autre contre la défense de la coutume ?*

L'opinion générale est pour la négative.

Dumoulin, sur l'art. 46 du chap. 14 de la coutume d'Auvergne, demande ce qu'on devrait penser d'une donation faite par une femme à son mari, du consentement des héritiers apparens de la donatrice: *Quid si*, dit-il, *ei donet de concensu fratrum suorum qui essent ejus heredes?* Et il répond que la donation ne vaudrait rien, quand même les héritiers présomptifs en auraient garanti la validité :« *Respondeo quòd non valet etiamsi* ses frères
» promettaient garantir. »

La raison en est, dit le même jurisconsulte, sur l'art. 156 de l'ancienne coutume de Paris, qu'un pareil consentement ne peut pas être présumé libre ; et qu'il est visiblement extorqué par la crainte qu'éprouve l'héritier présomptif, d'être exhérédé par son parent, s'il se refusait à ses vues.

Cette doctrine a été reçue dans tous les tribunaux.

Bordeau, sur l'art. 113 de la coutume de Vitry, la confirme par un arrêt du 9 avril 1543, rapporté dans le recueil de Le Vest, §. 25.

Basnage, art. 410, en cite un du parlement de Rouen, du 28 novembre 1665, qui a adopté le même principe.

Du Laury, §. 187, nous en retrace un semblable du grand conseil de Malines, du 20 juillet 1617. Il s'agissait d'une donation mutuelle faite entre époux dans la coutume de Courtray, qui étend la prohibition jusqu'à ces sortes d'Avantages. L'arrêt l'a déclarée nulle, nonobstant le consentement que les héritiers respectifs des deux époux y avaient donné pendant le mariage.

L'arrêt du parlement de Flandre, du 9 août 1703, que nous avons rappelé ci-devant, §. 1. n°. 4, d'après le président Desjaunaux, a jugé la même chose dans la coutume de la châtellenie de Lille.

Il y avait cependant quelques coutumes qui en disposaient autrement.

Telle était celle de Metz, tit. 7, art. 9 : « Conjoints par mariage ne peuvent s'avantager l'un » l'autre par dons mutuels de leurs biens tenant » nature de fond, ni de l'usufruit d'iceux, sans » le consentement de leurs héritiers présomp- » tifs ».

Celle d'Épinal, tit. 5, art. 2, établissait quelque chose de semblable : « Le mari ne peut li- » cencier ni autoriser sa femme pour l'avantager » directement ou indirectement, sans l'aveu et » consentement exprès des parens d'elle, qui au- » trement lui pourraient succéder ès choses don- » nées ».

La coutume de Bourgogne avait adopté la même exception. On a vu plus haut qu'elle permettait aux époux de s'avantager, quand ils s'en étaient réservé le pouvoir par leur contrat de mariage. Mais quand cette réserve avait été omise, le consentement des héritiers présomptifs pouvait y suppléer. C'était la disposition de l'art. 7 du tit. 4.

Pothier, Traité des donations entre mari et femme, n°. 44, disait avec raison que cette loi devait être restreinte à son territoire. Le parlement de Dijon avait fait plus : il avait jugé qu'elle devait être renfermée dans ses termes précis, et qu'on ne pouvait pas l'étendre hors du cas spécifique pour lequel elle avait été faite. Voici l'espèce de cette décision.

Le sieur B.... et la demoiselle R.... sa femme, s'étaient réservé, par leur contrat de mariage, « la faculté de disposer, au profit l'un de l'autre, » de la propriété des meubles et acquêts de leur » communauté, et de l'usufruit de leurs consti- » tutions dotales seulement ».

Après la mort de son père, la dame B... avait exigé de la dame E......, sa sœur et son unique héritière présomptive, qu'elle l'autorisât à disposer, en faveur de son mari, de l'usufruit de tous ses biens *anciens*.

En vertu du consentement de la dame E..., la dame B .... avait, en effet, donné à cause de mort, à son mari, la propriété des meubles et acquêts de leur communauté, et *l'usufruit de tous ses biens anciens; le déchargeant même de donner caution, pour sûreté dudit usufruit.*

Cette donation avait été confirmée par le testament de la dame B...., fait après la mort de la dame E....

Ces actes ont été attaqués par les enfans de la dame E.... Ils ont soutenu que la réserve stipulée par le contrat de mariage de leur tante, contenait implicitement la prohibition d'excéder le pouvoir qu'elle accordait; qu'ainsi, il n'avait pas été permis de s'en écarter.

Le sieur B... défendait la donation et le testament par l'art. 7 du tit. 4 de la coutume, qui permet aux gens mariés de se donner pendant leur mariage, du consentement de leurs plus proches parens vivans.

Mais les enfans E... répliquaient que l'exception permise par la coutume, ne devait s'appliquer qu'à la prohibition portée par la coutume elle-même, et qu'elle ne pouvoit autoriser la dérogation à la loi du contrat.

Il était donc question de savoir si l'exception de la coutume avait lieu, soit que la réserve de disposer eût été limitée par le contrat de mariage, soit que le mariage eût été célébré sans contrat, ou que le cas eût été omis dans l'acte qui avait précédé la célébration.

Par arrêt du 28 janvier 1777, le parlement de Dijon a jugé, conformément aux conclusions de M. l'avocat-général Colas, que la disposition du contrat faisait cesser la disposition de la coutume; en conséquence, la donation de la dame B..... a été réduite à l'usufruit de la constitution dotale seulement.

§. VI. *Avant la loi du 17 nivôse an 2, des époux pouvaient-ils se réserver, par leur contrat de mariage, la liberté de se faire, pendant le mariage, des libéralités défendues par la coutume?*

Ils le pouvaient en Bourgogne, comme on l'a vu ci-devant, §. 1 et 5.

Mais ils ne le pouvaient pas de droit commun. Trois arrêts l'ont ainsi jugé.

Le premier, rendu au parlement de Paris, le 27 mars 1575, a cassé une donation qui avait été faite entre époux, en vertu d'une pareille réserve. Il est rapporté par Charondas, dans ses *Réponses de droit français*, liv. 19, chap. 86.

Le second est du grand conseil de Malines. Il a été rendu le 14 octobre 1617, entre Jean de la Motte, donataire d'Isabelle de Valencia, son épouse, et les héritiers de celle-ci. On le trouve dans le Recueil de du Laury, §. 72.

Le troisième a été rendu au conseil souverain d'Utrecht, et confirmé en révision par le même tribunal. Il en est cité par Rodemburg, l'un des juges qui avaient co-opéré à le rendre, dans son *Traité de jure quod oritur ex statutorum diversitate*, tit. 3, chap. 4, n°. 6.

§. VII. *Avant la loi du 17 nivôse an 2, le mari et la femme pouvaient-ils, dans les coutumes qui défendaient aux époux de s'avantager, laisser à celui des deux qui survivrait l'autre, le pouvoir de partager les biens du prédécédé entre leurs enfans communs, de telle manière qu'il trouverait convenir?*

L'affirmative est soutenue par Pollet, dans son *Recueil d'arrêt du parlement de Flandre*, partie 1, §. 32 :

« Le pouvoir qui est laissé au survivant (dit-il), ne peut lui procurer aucune utilité. *Has ultimas voluntates conjugum*, dit M. Stockmans (*Décis.* 19, n°. 9), *quibus plenum arbitrium superstiti relinquitur, sic accipi oportet, ut non intelligatur liberior potestas data quàm per leges licet.*

» Le survivant n'a pas plus de droit sur les biens du premier mourant, ni pour la propriété, ni pour l'usufruit, que les coutumes et ses conventions matrimoniales ne lui en donnent. Il ne peut rien retenir pour soi, ni disposer en aucune manière au préjudice de ses enfans, Son pouvoir est borné à partager les biens entre eux, selon qu'il le trouve à propos ; ce n'est qu'une bonne précaution pour maintenir les enfans dans le respect et l'obéissance envers le survivant ».

Pollet ajoute qu'il en a été ainsi jugé par deux arrêts du parlement de Flandre, des 6 juin 1699 et 23 mai 1707. Dans cette dernière espèce, continue-t-il, « les conjoints testateurs avaient même
» donné au survivant, le pouvoir de vendre les
» biens. Le survivant n'en avait point usé. Mais
» on prétendait que du moins, en ce point, le
» testament contenait un Avantage indirect au
» profit du survivant. Cette difficulté n'a point
» fait de peine. Si les testateurs vont excédé en
» ce regard, rien n'empêche que la disposition
» ne subsiste pour le surplus : *utile per inutile non
» vitiatur in dividuo* ».

§. VIII. *Examen de l'exception qu'apportait l'art. 281 de la coutume de Paris, à la prohibition des Avantages entre époux.*

I. Quoique la coutume de Paris fût une des coutumes les plus sévères sur la prohibition des Avantages entre époux, elle permettait pourtant à ceux-ci, lorsqu'ils mariaient leurs enfans, de stipuler « que ces enfans laisseront jouir le sur-
» vivant de leur père ou de leur mère, des meu-
» bles et conquêts du prédécédé, la vie durant
» du survivant, pourvu qu'il ne se remarie pas».
C'étaient les termes de l'art. 281.

La raison pour laquelle cette espèce de disposition était exceptée de la défense des Avantages entre époux, est qu'on la regardait comme un forfait pour les jouissances qu'eût pu prétendre l'enfant qui se mariait, sur les biens du premier mourant de son père ou de sa mère. Aussi la coutume disait-elle que *tel accord n'est réputé Avantage indirect entre les conjoints.*

Cette stipulation n'était, comme le prouve le texte de la coutume, autorisée que par rapport aux meubles et aux conquêts. Si cependant elle eût compris des propres, ou, ce qui revient au même, des acquêts faits avant le mariage du père et de la mère, aurait-elle été nulle ?

Non ; mais l'enfant marié aurait eu, dans ce cas, le choix de laisser jouir le survivant de tout l'effet de la clause, ou de l'en empêcher, en lui rendant la moitié de ce qui lui avait été donné par son contrat de mariage ; et il n'aurait pas pu se refuser à cette alternative, sous prétexte que la prohibition faite aux époux de s'avantager, était absolue, puisque le père et la mère, en le mariant, ne lui avaient fait la donation qu'à cette condition expresse, et qu'alors il n'existait pas encore l'art. 900 du Code civil, qui, même dans les *dispositions entre vifs*, répute *non imiter* les conditions contraires aux lois.

C'est d'ailleurs ce qu'ont jugé plusieurs arrêts. Ricard, *des Donations*, part. 1, n°. 386, en rapporte un du 1er. juillet 1655, qui a condamné un fils à rapporter les Avantages que lui avait faits le survivant, s'il n'aimait mieux consentir que celui-ci eût la jouissance des propres, suivant le contrat de mariage.

Pareil arrêt en 1716, pour le tuteur du sieur Nicolaï-Goussainville, contre la dame Le Camus. Il est cité par Denisart, au mot *Avantage*.

Le même auteur nous en a conservé deux semblables, des 4 août 1729 et 23 août 1735.

II. L'art. 281 de la coutume de Paris, après avoir expliqué la convention que pouvaient faire le père et la mère, en mariant leurs enfans, ajoutait : *pourvu qu'ils ne se remarient.* Quel était l'effet de cette restriction ?

Les uns disaient que, si le survivant du père et de la mère se remariait, il devait perdre, du jour de son second mariage, la jouissance stipulée.

D'autres allaient plus loin, et soutenaient que le second mariage du survivant avait un effet rétroactif au décès du premier mourant ; qu'en conséquence, le survivant devait être entièrement privé de sa jouissance, et restituer tout ce qu'il avait perçu depuis sa viduité.

Il paraît, en effet, que l'intention de la coutume était de résoudre et d'anéantir la convention par le second mariage. Ces mots, *pourvu que le survivant ne se remarie*, faisaient assez entendre que la convention n'était autorisée et ne pouvait être exécutée que sous cette condition. Si donc le survivant se remariait, la convention était comme non avenue ; les enfans se retrouvaient au même état, et avaient par conséquent le même droit de répéter les jouissances, à compter du jour du décès du premier mourant, que si cette convention n'avait jamais existé.

Denisart dit que le parlement de Paris «l'a ainsi
» jugé par arrêt rendu sur les conclusions de M.
» l'avocat général d'Aguesseau de Plimont, le 11
» août 1727, contre Philippe Vandive, en faveur
» de la demoiselle Vandive, sa petite-fille ».

Mais pour profiter de cette restitution d'intérêts, et même pour demander simplement le partage, à l'occasion du second mariage du survivant, ne fallait-il pas que les enfans renonçassent à la condition que celui-ci leur avait faite, et qu'ils lui en fissent la remise ?

L'affirmative ne paraît pas susceptible de doute.

AVANTAGES ENTRE ÉPOUX, §. VIII.

Si la convention était résolue, elle l'était de part et d'autre ; elle était anéantie à l'égard du survivant des époux, comme à l'égard des enfans ; elle ne pouvait pas subsister en faveur de ceux-ci, et perdre tout son effet pour celui-là.

III. Pour la validité de cette convention, était-il nécessaire qu'elle fût répétée dans le contrat de mariage de tous les enfans ?

Lebrun, *de la Communauté*, liv. 3, chap. 2, sect. 6, dist. 2, n°. 4, et Duplessis, *des Donations*, liv. 2, chap. 3, sect. 6, prétendaient que cela était indispensable. Ce qui les déterminait à prendre ce parti, c'étaient les inconvéniens attachés à l'inégalité des parts des enfans dans la succession du prédécédé ; inégalité qui était inévitable dans le cas où la stipulation dont il s'agit, n'était pas répétée dans les contrats de mariage de tous les enfans.

Mais ce qui devait faire décider pour l'opinion contraire, c'est qu'on ne pouvait pas assujétir le survivant à des conditions plus dures envers l'enfant doté, que celles qui avaient été réglées avec lui. Le contrat de mariage de ce dernier était un acte synallagmatique, qui obligeait l'enfant envers le survivant, et sous la foi duquel il avait été doté ; l'enfant ne pouvait donc pas revenir contre les clauses de cet acte.

Il en eût été autrement, s'il y avait eu dans son contrat de mariage une promesse de stipuler la même réserve d'usufruit dans ceux de ses frères et sœurs. En ce cas, la promesse aurait été inséparable de la réserve : si l'une n'était pas exécutée, l'autre cessait d'être obligatoire ; et l'enfant que, dès-lors, cette réserve cessait de lier, pouvait demander partage.

IV. Les enfans qui avaient été dotés sous la condition de laisser jouir le survivant de leur père et de leur mère, des meubles et acquêts du prédécédé, pouvaient-ils exiger de celui-ci les preuves de l'emploi qu'il avait fait des fonds de la communauté dont il avait la jouissance ?

Il y a dans la collection de Denisart, un arrêt du 4 mai 1745, qui juge pour la négative.

Mais il ne faut pas inférer de cette décision, que la réserve de jouissance dont il s'agit, ôtait aux enfans avec qui elle avait été stipulée, le droit de faire inventaire au moment où le décès du premier mourant de leur père et de leur mère opérait la dissolution de la communauté.

V. Autre question. Un enfant qui avait consenti à cette réserve par son contrat de mariage, pouvait-il, après la mort de son père ou de sa mère, résilier la convention qu'il avait faite en se mariant, c'est-à-dire, rendre ce qu'il avait reçu du survivant, et jouir par lui-même des meubles et acquêts qui composaient la part du prédécédé dans la communauté ? Le pouvait-il malgré le survivant ?

Denisart rapporte un arrêt du 14 juillet 1751, qui a jugé qu'il le pouvait. Mais le cas était particulier ; et cet arrêt n'a prononcé comme il l'a fait, que parceque la réserve de jouissance au profit du survivant des époux, n'était pas stipulée d'une manière absolue.

Cette circonstance à part, la stipulation autorisée par l'art. 281 de la coutume de Paris, devait avoir tout son effet, et il ne dépendait pas de l'une des parties de l'anéantir par un simple changement de volonté. « L'enfant marié (dit » Renusson, *de la Communauté*, part. 1, chap. 14, » n°. 18) n'est pas recevable à dire qu'il offre de » rendre ce qu'il a reçu de ses père et mère, en » avancement d'hoirie ».

VI. Une question qui nous reste à résoudre, est de savoir si la disposition de l'art. 281 de la coutume de Paris pouvait être étendue aux coutumes qui n'en parlaient pas ?

La question est délicate, et il paraît d'abord que cette disposition n'étant écrite dans la coutume de Paris, que par forme d'exception à la défense faite aux époux de s'avantager, elle devait être strictement renfermée dans le territoire de cette coutume.

Cependant, comme d'un côté, les conventions, et principalement les contrats de mariage, sont susceptibles de toutes les clauses et conditions qui n'ont rien de contraire aux bonnes mœurs ; et que, de l'autre, les réformateurs de la coutume de Paris avaient expressément déclaré que *tel accord n'est pas réputé avantage indirect entre les conjoints*, il paraît qu'on ne devait faire aucune difficulté d'adopter partout, à cet égard, la disposition de cette coutume. D'ailleurs, dans les autres coutumes, comme dans celle de Paris, « il est bien juste (pour nous » servir des termes de Renusson, *loc. cit.* n°. 5), » puisque les père et mère se dépouillent, de » leur vivant pour donner un établissement à » leurs enfans, en les mariant, qu'ils puissent » se mettre en repos, en stipulant que leurs en- » fans laisseront jouir le survivant de leur père et » mère, de la part des meubles et conquêts du » prédécédé, qui proviennent de leur commune » collaboration ».

L'arrêt qu'on trouve au Journal du Palais, sous la date du 4 août 1681, et qui a été rendu dans la coutume de Vitry, n'est pas contraire à cette doctrine. La réserve d'usufruit dont il y était question, n'était pas bornée aux meubles et acquêts : elle comprenait les propres du prédécédé ; et ce n'était que contre l'abandon de la jouissance de ces propres, que les enfans s'étaient pourvus. Encore est-il à remarquer que l'arrêt n'a pas jugé cet abandon nul, puisqu'il a entériné les lettres obtenues en chancellerie pour le faire rescinder. Une autre circonstance qui affaiblit encore le préjugé résultant de cet arrêt, c'est que la contestation n'était pas entre le sur-

4e édit., Tome I.

89

AVANTAGES ENTRE ÉPOUX, §. IX.

vivant et les enfans, mais entre ceux-ci et les créanciers du premier.

§. IX. *L'effet des donations à cause de mort entre époux, faites avant la loi du 17 nivôse an 2, doit-il être déterminé par les lois qui étaient en vigueur au temps de la confection des actes contenant ces donations; ou doit-il l'être, soit par la loi du 17 nivôse an 2 elle-même, soit par le Code civil? En conséquence, ces donations doivent-elles ou non être exécutées relativement aux biens situés dans les coutumes qui prohibaient tout avantage entre mari et femme?*

Cette question s'est présentée à l'audience de la cour de cassation, section des requêtes, le 28 germinal an 11. Voici les conclusions que j'ai données sur l'affaire qui l'avait fait naître:

« Le recours exercé par le cit. Crugeot contre le jugement du tribunal d'appel de Douai, du 29 germinal an 10, vous présente une de ces questions transitoires que fait naître si souvent la différence de notre législation actuelle d'avec la législation qui l'a précédée, et qui sont le résultat inévitable du passage de celle-ci à celle-là.

» Dans le fait, Eugène-Vulgan Crugeot avait fait à Douai, lieu de son domicile, le 28 décembre 1790, un testament par lequel Angélique Dervillers, son épouse, actuellement remariée au cit. Lagouz, était instituée son héritière universelle.

» Cette manière de s'avantager entre mari et femme, était autorisée par la coutume de Douai; mais elle était prohibée par deux des coutumes qui régissaient les biens du testateur, celle d'Artois et celle de la châtellenie de Lille.

» Ainsi, dans le cas où le cit. Crugeot fût mort immédiatement après avoir fait son testament, son héritière instituée n'eût eu rien à prétendre, soit dans les biens de la châtellenie de Lille, soit dans ceux d'Artois.

» Une autre raison encore lui eût, dans la même hypothèse, ôté tout droit à une partie des uns et des autres; c'est que les uns et les autres étaient en partie grevés de substitutions fidéicommissaires.

» Le demandeur ajoute une troisième cause, qui aurait dû, suivant lui, exclure l'héritière instituée de la totalité de ces biens: c'est que, ni la coutume d'Artois, ni celle de la châtellenie de Lille, ne permettait d'en disposer par testament, même en faveur d'étrangers: mais là-dessus, il se présente deux observations.

» 1°. Il est vrai que la coutume d'Artois déclarait indisponibles par testament, tous les *héritages patrimoniaux*, c'est-à-dire, propres, et qu'elle ne permettait de tester que des meubles et des acquêts. Mais, dans l'espèce, nous ne voyons pas que les biens du feu cit. Crugeot, régis par la coutume d'Artois, lui fussent propres; le jugement attaqué n'en dit pas le mot, et le demandeur ne produit aucune pièce qui puisse, sur ce point, suppléer au silence du tribunal d'appel. Or, dans le doute si un bien était acquêt ou propre à un défunt, c'est toujours en faveur de la première de ces deux qualités que doit pencher la balance.

» 2°. Il est vrai que la coutume de la châtellenie de Lille prohibait toute disposition testamentaire de *fiefs* et *héritages*; mais en même temps elle déclarait, tit. 7, art. 11, que les biens tenus en francs-alleux ne devaient pas être considérés comme héritages; elle les assimilait, en tout point, aux meubles. Or, à l'époque où a été fait le testament dont il s'agit, il n'existait plus, dans la châtellenie de Lille, comme dans toute la France, que des immeubles d'une seule espèce, c'est-à-dire, des francs-alleux (1): dès-là, quand même les biens du cit. Crugeot, situés dans la châtellenie de Lille, lui auraient précédemment tenu nature de fiefs ou de censives, il n'en aurait pas moins été, en décembre 1790, maître d'en disposer par testament, en faveur de tout autre que de son épouse, si d'ailleurs ils n'eussent pas été grevés de fidéicommis.

» Ainsi, lorsque le cit. Crugeot a testé au profit de son épouse, il ne pouvait y avoir, pour celle-ci, que deux obstacles à ce que son institution embrassât les biens d'Artois et de la châtellenie de Lille, savoir le fidéicommis et la prohibition des avantages entre époux.

» Mais ces deux obstacles ont été levés par la suite, et du vivant du cit. Crugeot.

» Ils l'ont été, le premier, par la loi du 14 novembre 1792, qui a aboli les substitutions; le deuxième, par la loi du 17 nivôse an 2, qui, en généralisant la disposition de la coutume de Douai, l'a rendue commune à tout le territoire français.

» Le cit. Crugeot a survécu à ces deux lois: il est mort le 21 messidor an 6, sans avoir retouché son testament; et de là est venue la question de savoir si les biens d'Artois et de la châtellenie de Lille étaient compris dans l'institution qu'il avait faite en faveur de sa veuve, ou s'ils en étaient exclus.

» Ils en étaient exclus, si l'on devait s'attacher à la législation qui était en vigueur au temps du testament.

» Mais ils y étaient compris, si c'était la législation du temps de la mort du testateur, qui devait servir de règle.

» Entre ces deux partis, le tribunal civil de l'arrondissement de Valenciennes a donné la préférence au premier; mais sur l'appel, et après partage, le jugement attaqué a prononcé pour le second. Voici comment il est conçu: « Considé-
» rant que c'est l'époque de la mort, et consé-
» quemment la loi qui se trouve alors en vigueur,
» qu'on doit considérer pour déterminer l'étendue

---

(1) *V.* l'article *Féodalité*, §. 3.

AVANTAGES ENTRE ÉPOUX, §. IX.

» d'un legs universel, et non pas l'époque où le
» testament a été fait, ni la loi qui existait alors;
» — Considérant que de ce principe il résulte
» qu'un legs universel se compose de tous les
» biens indistinctement que la loi qui se trouve
» en vigueur à l'époque du décès du testateur,
» rend disponibles par testament, sans considé-
» rer s'il possédait ou non ces biens lors de la
» confection de son testament, s'ils étaient ou
» point alors disponibles; que telle est la volonté
» présumée de celui qui a fait un legs universel;
» volonté qui, sans être formellement exprimée,
» sort de la nature même d'une pareille disposi-
» tion; — Considérant qu'il suit de là, qu'on n'a
» pas à rechercher si celui qui a fait un legs uni-
» versel, a eu ou n'a point eu l'intention de léguer
» *tel* ou *tel* bien, puisqu'il ne lègue rien; comme
» il n'exclud rien déterminément; que sa vo-
» lonté connue et clairement exprimée, à laquelle
» seule on doit s'arrêter, a été d'instituer un lé-
» gataire universel, c'est-à-dire, une personne
» qui eût le droit de recueillir tout ce qu'il dé-
» laisserait de disponible à sa mort par testament,
» d'après les lois qui seraient alors en vigueur,
» et qu'il est censé s'en rapporter, pour détermi-
» ner l'étendue de sa disposition, à la loi qui se-
» rait existante lors de son décès, sans s'occuper
» de ce qu'il peut ou de ce qu'il ne peut pas lé-
» guer à l'époque où il fait son testament; —
» Considérant que, dans l'espèce de cette cause,
» feu Eugène Crugeot a fait un legs universel en
» faveur d'Angélique Derviller sa femme, en
» l'instituant purement et simplement son héri-
» tière universelle; que, par cette disposition, il
» est conséquemment censé avoir voulu, qu'il a
» voulu même, faisant abstraction des biens
» qu'il possédait alors, de leur nature, de leur
» disponibilité ou indisponibilité, que sa femme
» recueillît indistinctement tous les biens qu'il
» laisserait à sa mort, disponibles par testament
» en sa faveur, d'après la loi qui serait alors en
» vigueur, sans considérer si les biens qui entre-
» raient à cette époque dans le legs universel,
» pouvaient ou ne pouvaient pas en faire partie
» lors de la confection de son testament; — Que
» de là il résulte que, si les biens litigieux qui
» se trouvaient, lors de la confection du testa-
» ment d'Eugène Crugeot, ou fidéicommissés,
» ou régis par des coutumes qui prohibaient les
» avantages entre époux par testament, se trou-
» vaient, à l'époque de sa mort, dévinculés et
» rendus disponibles en faveur de sa femme,
» par l'effet d'une loi nouvelle qui aurait abrogé
» les anciennes, il est incontestable qu'ils feraient
» partie du legs universel dont il s'agit; qu'il
» n'est donc question que de savoir si les lois
» nouvelles ont levé l'obstacle qui empêchait que
» lesdits biens ne fissent partie de ce legs uni-
» versel; — Considérant qu'Eugène Crugeot n'é-
» tant décédé que le 21 messidor an 6, et l'art.
» 61 de la loi du 17 nivôse an 2 ayant déclaré,

» au moyen des dispositions qu'elle prescrit,
» abolir toutes lois, coutumes, usages et statuts
» relatifs à la transmission des biens par succes-
» sion ou *donation*, c'est la loi du 17 nivôse qu'on
» doit consulter seule, pour savoir comment doi-
» vent être transmis les biens délaissés par ledit
» Crugeot, et si les biens qui, lors de son testa-
» ment, se trouvaient ou fidéicommissés, ou
» régis par des coutumes prohibitives d'Avan-
» tages entre époux par disposition testamen-
» taires, tombent dans le legs universel qu'il a
» fait en faveur de sa femme; et qu'il n'est plus
» permis d'avoir égard aux lois et coutumes an-
» térieures, qu'on doit regarder dans l'espèce de
» cette cause, comme si elles n'avaient jamais
» existé; — Considérant que la loi du 17 nivôse,
» qui a changé toute la législation sur la trans-
» mission des biens par succession ou *donation*,
» après avoir annulé, article premier, toutes
» dispositions à cause de mort dont l'auteur
» était encore vivant ou n'était décédé que le
» 14 juillet 1789 ou depuis, prescrit, art. 13,
» que les Avantages singuliers ou réciproques,
» stipulés entre les époux *encore existans, soit par
» leur contrat de mariage, soit par des actes posté-
» rieurs, auront leur plein et entier effet;* nonobstant
» les dispositions de l'article premier, auquel il
» est fait exception; — Que de la disposition de
» cet article, il résulte évidemment que tous les
» avantages faits entre époux *encore existans* à
» l'époque de la loi, c'est-à-dire, qui ne doivent
» avoir leur effet qu'après la promulgation de la
» loi, en quelque temps qu'ils aient été faits, sont
» validés et confirmés, sans qu'on puisse se re-
» porter à des lois contraires qui sont anéanties;
» — Considérant que, dès qu'à l'époque de la
» mort d'Eugène Crugeot, les lois et les cou-
» tumes prohibitives d'Avantages entre époux par
» disposition testamentaire, qui faisaient obs-
» tacle à ce que les biens qu'elles régissaient,
» fissent partie du legs universel qu'il a fait au
» profit de sa femme, étaient abolies, sans qu'il
» soit permis de les invoquer dorénavant; que,
» dès que la loi du 17 nivôse, qui a écarté cet
» obstacle, valide indistinctement tous avantages
» stipulés entre époux, pourvu qu'ils se trouvent
» *encore existans* à l'époque de la loi, il est évi-
» dent que ces biens sont compris dans le legs
» universel; et que le jugement du tribunal civil
» de Valenciennes, qui a décidé le contraire,
» doit être réformé; — Qu'il peut d'autant moins
» y avoir de difficulté à cet égard, qu'Eugène
» Crugeot ayant survécu de quatre ans à la loi
» du 17 nivôse an 2, puisqu'il n'est décédé que
» le 21 messidor an 6, ayant connu conséquem-
» ment qu'ils se trouvaient, par la dévincula-
» tion opérée par cette loi, compris dans le legs
» universel qu'il avait fait en faveur de sa femme,
» s'il ne manifestait une volonté contraire, n'en
» a pas moins laissé subsister son testament tel
» qu'il l'avait fait en 1790; et qu'il est consé-

» quemment censé avoir persévéré dans la dispo-
» sition universelle qu'il avait faite; ce qui écarte
» toute idée qu'il n'aurait pas voulu en gratifier
» sa femme, s'il avait pu prévoir qu'une loi abro-
» gative de celle sous l'empire de laquelle il avait
» testé, lui en aurait donné la faculté; — Que
» c'est en vain qu'on prétend, comme l'ont fait
» les premiers juges, et comme on l'a répété sur
» l'appel, que la loi du 17 nivôse an 2 ne con-
» firme que les avantages *légalement* stipulés entre
» époux, c'est-à-dire, ceux qui étaient autorisés
» par les lois qui étaient en vigueur lorsqu'ils
» ont été stipulés ; — Qu'on peut répondre d'a-
» bord, que cette objection porte à faux dans
» l'espèce de cette cause, la coutume de Douai,
» où était domicilié Crugeot, permettant tout
» avantage entre époux par disposition testamen-
» taire; qu'on ne peut pas dire conséquemment
» que la disposition testamentaire qu'il a faite
» en faveur de sa femme, n'ait pas été légale-
» ment faite; — Que l'objection ne pourrait être
» à considérer que dans le cas où Crugeot aurait
» déterminément et nommément légué en fa-
» veur de sa femme, les biens situés sous l'em-
» pire des coutumes d'Artois et de la châtellenie
» de Lille, qui prohibaient tout avantage entre
» époux par testament; mais qu'ayant fait un
» legs universel à son profit, c'est-à-dire, lui
» ayant légué tout ce que la loi, qui, à sa mort,
» réglerait la transmission de ses biens, rendrait
» disponibles par testament; et sa femme, d'a-
» près le statut de son domicile, se trouvant ca-
» pable de recevoir une pareille disposition, il
» ne peut pas être question d'illégalité; — Qu'on
» peut répondre, d'un autre côté, que l'art. 13
» de la loi du 17 nivôse ne fait aucune distinc-
» tion, lorsqu'il confirme les avantages faits en-
» tre époux *encore existans*; qu'il ne restreint pas
» sa disposition à ceux qui ont été légalement
» stipulés; qu'il les déclare tous indistinctement
» valables, conséquemment tant ceux faits dans
» les coutumes permissives d'Avantages entre
» époux, que ceux faits dans des coutumes pro-
» hibitives; et que, pour que ces dernières cou-
» tumes ne puissent pas mettre obstacle à ce que
» les Avantages qu'elles prohibaient, n'aient leur
» plein et entier effet, la loi les déclare abolies;
» — Que l'art. 14 de la loi du 17 nivôse lève
» d'ailleurs toute équivoque à cet égard, en dé-
» terminant, d'une manière précise, en quel cas
» il faut que les Avantages entre époux aient été
» faits *légalement*, pour qu'ils soient maintenus
» au profit du survivant; — Qu'en effet, cet
» article porte que les Avantages légalement sti-
» pulés entre époux, dont l'un est décédé avant
» le 14 juillet 1789, seront maintenus au profit
» du survivant, et qu'à l'égard de tous autres
» Avantages échus et recueillis postérieurement,
» ou qui pourront avoir lieu à l'avenir, soit qu'ils
» résultent des dispositions matrimoniales, soit
» qu'ils proviennent d'institutions, dons entre-
» vifs, ou legs faits par un mari à sa femme ou
» par une femme à son mari, ils obtiendront
» également leur effet ; — Qu'il est visible que la
» loi, d'après l'article cité, fait une distinction
» entre les Avantages faits entre époux, dont l'un
» est décédé avant le 14 juillet 1789 (avant la
» loi du 17 nivôse, d'après celle qui révoque
» l'effet rétroactif introduit par ladite loi), et
» ceux faits entre époux *encore existans* à cette
» époque; que, quant aux premiers, la loi ne
» les maintient qu'autant qu'ils sont conformes
» aux lois qui étaient alors en vigueur, lois que
» le législateur n'aurait pas pu abroger sans
» donner à sa disposition un effet rétroactif, ce
» qu'il ne croyait pas faire en ne la faisant re-
» monter que jusqu'au 14 juillet 1789, comme il
» paraît par la réponse à la quatrième question
» de la loi du 22 ventôse an 2 ; — mais *qu'à l'é-
» gard de tous autres Avantages*, conséquemment
» même de ceux non stipulés *légalement*, c'est-à-
» dire, ceux non autorisés par les lois anté-
» rieures, échus et recueillis postérieurement,
» c'est-à-dire, à l'égard des Avantages stipulés
» entre époux *encore existans* à l'époque de la loi,
» soit qu'ils résultent des dispositions matrimo-
» niales, soit qu'ils proviennent d'un legs fait
» par un mari à sa femme, ou par une femme à
» son mari, la loi veut qu'ils obtiennent égale-
» ment leur effet; — Que c'est donc mal-à-pro-
» pos qu'on prétend que, pour que des Avan-
» tages stipulés entre époux, soient confirmés
» par la loi du 17 nivôse, il faille indistinctement
» qu'ils l'aient été légalement; c'est-à-dire, qu'ils
» se trouvent autorisés par les lois qui existaient
» lorsqu'ils ont été faits; qu'il est évident, au
» contraire, qu'il n'y a que ceux stipulés entre
» époux, *dont l'un est décédé avant la loi*, qui doi-
» vent avoir ce caractère; mais que, quant aux
» autres, ils sont tous indistinctement confirmés;
» et que s'il pouvait rester encore quelque doute
» à cet égard, ce doute serait dissipé par le
» trente-cinquième *considérant* de la loi du 9 fruc-
» tidor an 2; — Considérant enfin, que la loi
» du 17 nivôse ayant aboli toutes les lois et cou-
» tumes relatives à la transmission des biens par
» succession ou *donation*, pour leur substituer ses
» seules dispositions, cette loi doit être la seule
» et commune règle des héritiers légaux et de la
» légataire universelle de feu Crugeot; qu'il ne
» leur est plus permis d'en invoquer d'autres,
» soit pour, soit contre le legs universel dont il
» s'agit; que la transmission des biens dudit feu
» Crugeot doit être réglée comme si son testa-
» ment avait été fait depuis la loi du 17 nivôse;
» qu'en ce cas supposé, les biens litigieux seraient
» évidemment compris dans ledit legs universel;
» qu'ils doivent conséquemment y être compris
» dans le cas qui est arrivé; — Oui les appelans,
» etc. ; — Oui aussi le commissaire du gouver-
» nement, en ses conclusions ainsi conçues; —
» Attendu que Crugeot est décédé postérieure-

AVANTAGES ENTRE ÉPOUX, §. IX.

» ment à la publication de la loi du 17 nivôse
» an 2; — Que cette loi abroge toutes les lois,
» coutumes et statuts antérieurs y relatifs; —
» Qu'elle ne respecte que les droits acquis anté-
» rieurement à sa publication; — Que l'intimé
» n'avait aucun droit acquis aux biens dont il
» s'agit, avant cette époque; et que ne puisant
» sa qualité d'héritier, que dans la loi en vigueur
» à l'époque du décès, il ne peut invoquer les
» autres lois par elle abrogées; — Qu'il en ré-
» sulterait une cumulation de la loi du 17 ni-
» vôse avec les lois qu'elle abroge, cumulation
» expressément proscrite par la loi du 22 ventôse
» an 2, question 47; — Que les lois romaines,
» relatives aux successions, ne sont pas moins
» abrogées que les autres, et que leur application
» est ici déplacée; — Que la règle Catonienne
» est relative à des cas où il s'agit de legs déter-
» minés, qui se trouvent nuls par quelques-unes
» de leurs circonstances, et n'a aucun rapport
» avec le cas présent, où il s'agit d'une disposi-
» tion universelle, dont l'objet n'est déterminable
» qu'à la mort du testateur; — Que le testa-
» ment de Crugeot n'ayant pu être taxé d'illéga-
» lité avant la publication de la loi du 17 nivôse,
» n'a pu devenir illégal depuis cette époque; de
» sorte que le principe *quod ab initio non valuit*,
» etc., ne pourrait s'appliquer ici qu'en sens in-
» verse, et par une induction contraire aux pré-
» tentions des intimés; — Que Crugeot était in-
» contestablement propriétaire des biens dont il
» s'agit, propriétaire vinculé avant la loi du 17
» nivôse, et dévinculé depuis cette époque; —
» Qu'il avait les qualités nécessaires pour tester,
» et sa femme celles requises pour recevoir par
» testament; — Que tout ce qui regarde la fac-
» tion testamentaire, est relatif à la personne et
» non pas à la chose; et que cela suffit, surtout
» lorsqu'il s'agit d'une disposition universelle, où
» les biens ne sont aucunement désignés; qu'ainsi,
» les dispositions de Crugeot sont légales; —
» Qu'elles ne cesseraient pas de l'être dans le
» cas même où elles renfermeraient des avantages
» entre époux, qui excéderaient les bornes fixées
» par les lois anciennes, parceque la loi du 9
» fructidor an 2, réponse à la trente-cinquième
» question, les maintient même expressément
» dans ce cas; — Qu'enfin, suivant toutes les
» jurisprudences, la volonté du testateur qui
» dispose universellement de ses biens, se fixe
» par sa mort, et se détermine par l'état des
» biens et les dispostions des lois alors existantes;
» et que cette volonté doit être certaine d'une
» certitude légale, c'est-à-dire, qu'on doit la cher-
» cher dans les expressions écrites dans le testa-
» ment, suivant les formes prescrites par les
» lois, sans qu'on puisse y suppléer par aucune
» autre disposition verbale ou écrite, encore
» moins par des connaissances privées, ou par
» des présomptions et des inductions; j'estime
» que c'est le cas de dire qu'il a été mal jugé,

» bien appelé; émendant, débouter la partie de
» Delgorgue (le cit. Crugeot) de ses fins et con-
» clusions, etc.; — Le tribunal procédant au
» départage, déclare qu'il a été mal jugé, par le
» jugement du tribunal civil séant à Valen-
» ciennes, du 4 frimaire dernier, bien appelé;
» émendant, déboute l'intimé de ses demandes,
» fins et conclusions, et le condamne aux frais
» des causes, principal et d'appel ».

» Tel est, le jugement que vous dénonce le demandeur.

» Il vous le dénonce comme violant la disposition des coutumes d'Artois et de la châtellenie
de Lille (nous ne dirons plus en ce qu'elles ne
permettent de tester, la première, que des meubles et acquêts, la seconde, que des meubles;
car d'après les observations que nous venons de
faire, ce jugement n'a évidemment pas pu les
violer sous ce rapport); mais bien en ce qu'elles
prohibent tout Avantage entre mari et femme.

» Il vous le dénonce comme violant l'art. 13
de l'édit perpétuel de 1611, lequel veut que la
disponibilité testamentaire des biens soit réglée
uniquement par les coutumes de leur situation.

» Il vous le dénonce, enfin, comme violant les
lois des 17 nivôse, 22 ventôse et 9 fructidor an
2, et celle du 18 pluviôse an 5, en ce qu'elles
ne maintiennent les dispositions gratuites entre
époux, qu'autant qu'elles ont été *légalement
faites*.

» Le demandeur convient cependant qu'aucune de ces contraventions prétendues n'existerait dans le jugement attaqué, si le tribunal
d'appel eût dû s'en référer à la législation qui
gouvernait toute la France, à l'époque du décès
du testateur; et par là, les quatre moyens de
cassation qu'il emploie, se trouvent réduits à un
seul, c'est-à-dire, à celui qu'il puise dans la célèbre règle de Caton : *Quod si testamenti facti tempore decessisset testator, inutile foret; id legatum,
quandocumque decesserit, non valere.*

» La question que vous avez à juger, est donc
tout entière dans ce seul point : le tribunal d'appel a-t-il ou n'a-t-il pas contrevenu à la règle de
Caton?

» S'il y a contrevenu, point de doute que son
jugement ne doive être annullé; car la règle de
Caton fait loi, sinon dans la coutume d'Artois,
où elle ne peut être invoquée que comme raison
écrite; du moins dans la coutume de la châtellenie de Lille, qui renvoie expressément au droit
écrit les cas échappés à sa prévoyance.

» Mais s'il a laissé cette règle intacte, ou, ce
qui est la même chose, si cette règle n'était pas
applicable à l'espèce sur laquelle il a prononcé,
point de doute qu'il ne doive être maintenu,
et que la requête du demandeur ne doive être
rejetée.

» Pour résoudre cette question, nous croyons
devoir l'envisager sous deux aspects qui peuvent
présenter des résultats différens.

» Nous commencerons par supposer qu'il s'agit ici, non d'une institution universelle, mais d'une disposition spéciale et nominative de biens d'Artois et de la châtellenie de Lille; et sous ce rapport, nous examinerons si la règle de Caton s'opposait à ce que ces biens fussent adjugés à la veuve Crugeot.

» Nous rentrerons ensuite dans la véritable espèce de la cause ; et en nous rappelant qu'il est ici question, non d'un legs spécial et nominatif des biens litigieux, mais d'un titre universel, d'une institution d'héritier, nous examinerons si, même d'après la règle de Caton, ces biens ont dû être déférés à l'héritier *ab intestat*, ou s'ils appartiennent à l'héritière instituée.

» La règle de Caton, vous le savez, fait la matière d'un titre particulier du Digeste. Ce titre, qui a pour rubrique, *de Regulâ Catonianâ*, n'est composé que de cinq lois ; cependant il est, pour ainsi dire, hérissé d'épines. Les plus célèbres commentateurs, Cujas, Hotman, le président Favre, Gordonius, ont été obligés, pour donner à ces cinq lois des explications raisonnables, de corriger, chacun à sa manière, la lettre de quelques-unes, d'ajouter à leurs textes ce qu'elles ne disent pas ; et de se livrer à des systèmes dans lesquels ils ne s'accordent presque jamais entre eux, quelquefois pas avec eux-mêmes.

» Ce n'est pas ici le lieu de retracer toutes ces explications, encore moins d'examiner quelle serait celle que nous devrions préférer, s'il s'agissait de les discuter scolastiquement. Nous ne devons pas oublier que c'est au tribunal de cassation que nous avons l'honneur de parler ; et comme aux termes de l'art. 66 de l'acte constitutionnel, le tribunal de cassation ne peut annuller les jugemens en dernier ressort que pour contravention expresse à des lois claires et positives, cette seule idée doit nous conduire à la conséquence, que, dans une matière sur laquelle il n'existe que des lois obscures et ambiguës, il est impossible qu'une contravention prétendue à ces lois forme jamais un moyen légal de cassation.

» Du reste, s'il y a quelque chose de clair dans le titre *de Regulâ Catonianâ*, c'est son commencement et sa fin.

» Il commence par une loi de laquelle il résulte qu'un legs qui serait nul, si le testateur était mort à l'instant même où il a disposé, ne peut valoir en quelque temps que décède le testateur, mais que cette règle est restreinte par plusieurs exceptions : *Regula Catoniana sic definit. : quod si testamenti facti tempore decessisset testator, inutile foret, id legatum, quandocumque decesserit, non valere. Quæ definitio in quibusdam falsa est.*

» Et il est terminé par une loi qui déclare que cette même règle n'est pas applicable aux lois nouvelles : *Regula Catoniana ad novas leges non pertinet.*

» Que signifient dans ce texte les mots, *novas leges*? Voët, *ad Pandectas*, titre *de Regulâ Catonianâ*, n°. 1, les traduit par ceux-ci : *Id est, lege duodecim tabularum recentiores ;* et l'exactitude de cette traduction paraît suffisamment justifiée par les lois 1, 2 et 3, D. *de Hereditatis petitione*. Il y dit, en effet, que les lois des douze tables forment l'ancien droit, et que le droit nouveau est composé de senatus-consultes et des ordonnances impériales.

» Le sens de la loi 5, D. *de Regulâ Catonianâ*, est donc que la règle de Caton n'a été faite que pour l'application de la loi des douze tables, et qu'on ne doit pas la prendre pour guide dans l'application des lois postérieures à celle-ci.

» Ce qu'il y a de certain, c'est qu'elle a été faite dans un temps où la loi des douze tables était encore dans toute sa vigueur, et où il n'y avait encore été dérogé ni ajouté, soit par les empereurs, qui ne sont venus que plusieurs siècles après, soit par le peuple romain, soit même par le sénat ; car tous les interprètes s'accordent à lui donner pour auteur Marcus-Portius Caton, fils de Caton le censeur ; et la vérité de leur assertion est pleinement garantie par un passage du livre de Cicéron *de Oratore*.

» Il n'est donc pas étonnant que la règle de Caton ait été restreinte aux matières régies par la loi des douze tables, c'est-à-dire, aux matières pour lesquelles elle avait été faite, et qu'on ne l'ait pas étendue aux objets sur lesquels les lois postérieures avaient introduit ou pourraient introduire un droit nouveau.

» Or, est-ce de la loi des douze tables que les coutumes d'Artois et de la châtellenie de Lille ont tiré la défense qu'elles font au mari et à la femme de s'avantager par des dispositions à cause de mort ? Non certainement.

» Il est vrai que Cujas (sur le texte d'Ulpien, qui forme la loi 1, D. *de Donationibus inter virum et uxorem*), fait dériver de la loi des douze tables la prohibition des Avantages entre époux par acte entre-vifs (prohibition que cependant la loi 1, D. *de Donationibus inter virum et uxorem*, dit avoir été introduite par le seul usage, *moribus*, et que la loi 3 du même titre atteste n'avoir été érigé en loi proprement dite, que par un senatus-consulte rendu sur la proposition de l'empereur Antonin).

» Mais jamais chez les Romains, il n'a été défendu au mari et à la femme de s'avantager par des actes de dernière volonté, ni par conséquent de s'instituer héritier l'un de l'autre. Il y a plus : les donations même entre-vifs qu'ils se faisaient, n'étaient pas radicalement nulles, elles valaient comme donation à cause de mort. C'est ce que nous apprennent toutes les lois du titre cité.

» C'est donc par un droit absolument *nouveau*, c'est-à-dire, postérieur à la loi des douze tables, que les coutumes d'Artois et de la châtellenie de

AVANTAGES ENTRE ÉPOUX, §. IX.

Lille ont défendu les donations à cause de mort entre mari et femme.

» Donc on ne peut pas appliquer à cette défense la règle de Caton.

» Donc on ne peut pas conclure de la règle de Caton, qu'un legs qui, d'après cette défense, aurait été nul, si le testateur fût mort immédiatement après l'avoir fait, n'a pas pu être validé par la prolongation de la vie du testateur jusqu'à une époque où cette défense a été levée.

» Donc il a été bien jugé par le tribunal d'appel de Douai, même dans la supposition qu'il s'agisse ici d'un legs spécifique des biens d'Artois et de la châtellenie de Lille.

» Nous n'avions même pas besoin, pour arriver à cette conséquence, de recourir aux lois romaines, explicatives de la règle de Caton.

» Cette conséquence est écrite textuellement dans l'art. 35 de la loi du 9 fructidor an 2.

» On demandait à la convention nationale, qu'en expliquant les art. 13 et 14 de la loi du 17 nivôse précédent, elle statuât *sur le sort des dispositions entre époux, lorsque, faites avant le 14 juillet 1789, elles excédaient le point indiqué, soit par des conventions, soit par les lois d'alors.*

» C'était demander bien clairement qu'il fût décidé si le testament d'un mari qui avait donné à sa femme des biens situés dans une coutume prohibitive d'Avantages entre époux, devait être considéré comme nul, par cela seul qu'il avait été fait avant l'époque à laquelle remontait alors la loi du 17 nivôse, époque que la loi du 3 vendémiaire an 4 a depuis replacée à la publication de la loi du 17 nivôse elle-même.

» C'était par conséquent demander si un pareil testament, fait avant la loi du 17 nivôse, devait ou non avoir son effet par rapport aux biens que les coutumes en vigueur au temps de sa confection, déclaraient indisponibles, soit purement et simplement, soit en faveur de l'époux du testateur.

» Eh bien ! A cette question l'art. 35 de la loi du 7 fructidor an 2, répond *que, s'il s'agit de dispositions dont l'effet ait été ouvert avant le 14 juillet 1789* (expressions qui actuellement équivalent à celle-ci : *avant la publication de la loi du 17 nivôse an 2*), *elles doivent être ramenées à ce terme; mais qu'à l'égard des dispositions dont l'effet s'est ouvert depuis, elles n'ont d'autres règles que les art. 13 et 14 de la loi du 17 nivôse;* ce qui signifie bien clairement que, si l'époux testateur est mort avant la publication de la loi du 17 nivôse, ses dispositions ne doivent être exécutées que jusqu'à la concurrence des biens que la coutume de leur situation permettait de donner entre mari et femme; mais que, s'il est décédé depuis la publication de cette loi, elles doivent être exécutées pleinement, ou du moins sans autre restriction que celle qui est établie par cette loi même en faveur des enfans; et que, dans ce cas, on ne doit plus avoir aucun égard aux prohibitions des Avantages entre époux

écrites dans certaines coutumes, quoique d'ailleurs ces prohibitions eussent encore toute leur force au temps de la confection du testament.

» Répétons-le donc avec confiance, le jugement attaqué par le demandeur, ne contrarierait pas les lois romaines, il serait même conforme aux lois nationales, si, comme nous l'avons supposé jusqu'à présent, il avait été rendu dans l'espèce d'un legs spécifique des biens d'Artois et de la châtellenie de Lille.

» Mais il faut abandonner cette supposition et revenir à la vérité : ce n'est point aux biens d'Artois et de la châtellenie de Lille que le feu cit. Crugeot a appelé son épouse par le testament qu'il a laissé; c'est à l'universalité de son patrimoine, c'est à tout ce qui lui serait de libre disposition, en un mot, c'est d'une institution d'héritier qu'il est ici question.

» Or, a-t-on jamais consulté la règle de Caton pour déterminer les effets utiles d'une institution d'héritier? A-t-on jamais pu dire : *Si le testateur était mort au moment même où il a testé, l'héritier institué n'aurait eu droit qu'aux biens dont le testateur était alors propriétaire; donc les biens que le testateur a acquis depuis la confection de son testament, n'appartiennent pas à l'héritier institué?* Non assurément; et il a toujours été reconnu, comme principe élémentaire, que l'institution d'héritier confère à la personne honorée de ce titre, l'universalité de biens dont le testateur était saisi au moment de son décès, n'importe qu'il les ait acquis avant ou depuis son testament.

» Dira-t-on qu'il y a de la différence entre les biens dont le testateur n'est devenu propriétaire qu'après avoir fait son testament, et les biens qui, dans le temps où il a fait son testament, n'étaient pas disponibles? Mais cette différence, en quoi consisterait-elle, et sur quelle raison pourrait-on la fonder?

» Dans un cas comme dans l'autre, il n'est question que de savoir ce qu'a voulu et pu vouloir le testateur.

» Or, de même qu'il a voulu et pu vouloir que son héritier institué prît à ce titre tous les biens qu'il acquerrait dans l'intervalle de son testament à son décès, de même aussi il a pu vouloir, et il a évidemment voulu, donner à son héritier institué tous les biens qui, au moment de sa mort, se trouveraient de libre disposition.

» Supposons une succession ouverte dans une de nos colonies, et dans laquelle se trouvent des esclaves nègres. Dans le système du demandeur, l'héritier *ab intestat* pourrait dire à l'héritier institué : *Tel nègre qui est aujourd'hui esclave, et que le testateur a possédé comme tel, était libre à l'époque de la confection du testament. Donc ce nègre ne vous appartient pas, parcequ'il n'aurait pas pu vous appartenir si le testateur était mort immédiatement après avoir disposé.*

» Mais bien certainement si l'héritier *ab intestat* osait soutenir en justice une pareille prétention, elle serait rejetée; et le nègre libre au temps du testament, serait adjugé à l'héritier institué, comme le nègre dont l'esclavage a précédé cette époque. Voilà pourtant à quoi se réduit, en d'autres termes, le système du demandeur, et c'est assez dire que ce système n'a pas l'ombre de fondement.

» Ajoutons qu'il est condamné, de la manière la plus précise, par un texte du droit romain.

» La loi 51, D. *de Legatis* 2°. prévoit le cas où un testateur s'exprimerait ainsi : *Je lègue à un tel le maximum de ce que la loi le rend capable de recevoir;* ou bien : *Je lègue à un tel le maximum de ce que je peux lui donner.* Et elle demande si, pour déterminer l'étendue d'un pareil legs, on doit considérer quelle était la capacité du légataire à l'époque du testament, ou, si l'on doit s'arrêter à ce que le légataire était capable de recueillir au temps du décès du testateur; et c'est pour ce dernier parti qu'elle se décide : *Si quis ita testamento cavisset* : ILLI QUANTUM PLURIMUM PER LEGEM ACCIPERE POTEST, DARI VOLO; *utique tunc cùm quando capere poterit, videtur ei relictum; sed et si dixerit*, QUAM MAXIMAM PARTEM DARE POSSUM, DAMNAS ESTO HERES MEUS EI DARE, *idem erit dicendum*.

» Assurément celui qui institue un héritier universel, lui donne bien tout ce que la loi lui permet de donner, il l'élève bien au *maximum* de ce qu'il est capable de recevoir. Notre espèce rentre donc parfaitement dans celle de cette loi; et dès-là, nul doute que, pour régler la latitude d'une semblable institution, il ne faille s'arrêter uniquement aux règles de disponibilité qui existent au moment du décès de l'instituant.

» Par ces considérations, nous estimons qu'il y a lieu de rejeter la requête du demandeur, et de le condamner à l'amende de 150 francs ».

Ces conclusions ont été adoptées par arrêt du 28 germinal an 11, au rapport de M. Target.

« Attendu que les coutumes d'Artois et de la châtellenie de Lille qui prohibaient les dispositions entre mari et femme, et qui s'appliquaient aux biens situés dans leurs territoires, ont été révoquées par la loi du 17 nivôse an 2; à la promulgation de laquelle le cit. Crugeot a survécu de plusieurs années;

» Attendu que le sort de ses dispositions testamentaires à l'égard de sa femme, a dû se régler, non par la loi en vigueur au moment du testament, mais par les art. 13 et 14 de la loi du 17 nivôse, promulguée au temps du décès du testateur, ainsi qu'il est établi par les vrais principes et par l'art. 35 de la loi du 6 fructidor an 2;

» Attendu que l'art. 1er. de la loi du 18 pluviôse an 5 n'est applicable qu'aux dispositions irrévocables et légales, faites sous l'empire des anciennes lois;

» Attendu que la règle catonienne, dont l'application manque en beaucoup de cas, n'est pas applicable aux nouvelles lois, suivant la loi 5, D. *de Regulâ Catonianâ*; et que, suivant les lois romaines même, et notamment la loi 51, D. *de Legatis* 1°., quand un legs est fait de tout ce dont un testateur peut disposer, c'est la loi subsistante au temps de la mort du testateur, et non celle du temps du testament, qui doit régler l'effet de cette disposition;

» D'où il résulte que, loin d'avoir violé les lois, ou fait une fausse application de leurs dispositions, le jugement du tribunal d'appel de Douai s'y est, au contraire, scrupuleusement conformé ».

§. X. 1°. Les dons mutuels entre époux ont-ils pu, sous l'empire de la loi du 17 nivôse an 2, avoir lieu dans les coutumes qui les prohibaient?

2°. Ont-ils pu comprendre tous les biens présens et à venir du mari et de la femme?

V. l'article *Don mutuel*, §. 5.

§. XI. 1°. Les conditions et les formalités auxquelles les coutumes assujétissaient les dons mutuels qu'elles autorisaient entre époux ; ont-elles encore été en vigueur sous la loi du 17 nivôse an 2 ?

2°. Les actes par lesquels des époux convenaient, sous l'empire de la loi du 17 nivôse an 2, que le survivant jouirait de la totalité ou d'une portion des biens du prédécédé, étaient-ils soumis aux formalités, soit des donations entre-vifs, soit des testamens ?

V. l'article *Don mutuel*, §. 3 et 4.

§. XII. Les donations pures et simples, faites entre époux, par contrat de mariage, sous l'empire de la loi du 17 nivôse an 2, sont-elles révoquées par la survenance d'enfans ?

V. l'article *Révocation de donation*, §. 3.

§. XIII. Art. Ier. Questions sur les avantages entre époux.

V. les articles *Bagues et Joyaux*, *Contrat de Mariage*, *Contrat entre époux*, *Insinuation*, *Secondes Noces*, §. 4, et *Remploi*.

AVENAGE. *V.* l'article *Terrage*.

AVEU. §. I. Dans quel cas le silence d'une partie sur un fait articulé contre elle en justice, équivaut-il à l'aveu de ce fait ?

V. les articles *Monnaie-décimale*, et *Terrage*, §. 1.

§. II. De la divisibilité ou de l'indivisibilité de l'*Aveu* en matière civile.

V. l'article *Confession*.

Au surplus, *V.* l'article *Reconnaissance*.

AVIS. *V.* l'article *Opinion*.

AVIS LE PLUS DOUX. *V.* l'article *Partage d'opinions*.

AVOCAT (1). §. I. 1° *Un tribunal d'appel peut-il s'adjoindre des Avocats pour se compléter ?*

―――――
(1) Je transporte ici l'article *Homme de loi*, des éditions précédentes.

2°. *Quel nombre d'Avocats peut-il s'adjoindre à cet effet ?*

I. « Telles sont (ai-je dit à l'audience de la cour de cassation, section des requêtes, le 4 pluviôse an 10) les deux questions que vous présente la demande en règlement des juges, formée par la veuve Cottin, contre le cit. Sélis, maire de Liége.

» Sur la première, la veuve Cottin soutient la négative, et sur ce fondement conclud à ce que vous renvoyiez à l'un des tribunaux d'appel les plus voisins, l'affaire pendante entre elle et le cit. Sélis, au tribunal d'appel de Liége.

» Le cit. Sélis, au contraire, soutient l'affirmative, mais il ne se borne point là : il prétend en outre que, quand même vous décideriez cette question contre lui, ce ne serait pas encore une raison pour dépouiller le tribunal d'appel de Liége, 1°. parceque rien n'empêcherait, suivant lui, de compléter ce tribunal, en faisant rentrer momentanément dans son sein les trois membres qui président les tribunaux criminels des départemens de l'Ourthe, de Sambre-et-Meuse, et de la Meuse-Inférieure; 2°. parcequ'il ne s'agit pas, quant à présent, de juger le fond du procès, mais seulement de statuer sur les incidens qui tiennent uniquement à la procédure; qu'ainsi, les trois juges qui, jusqu'à ce moment, se sont abstenus, comme ayant déjà en première instance, connu du fond en qualité de membres du ci-devant tribunal civil du département de l'Ourthe, pourraient, sans aucune espèce d'inconvénient, reprendre leurs places dans le tribunal d'appel, et concourir aux jugemens à rendre.

» A ces deux moyens subsidiaires, le cit. Sélis ajoute une proposition qui est de la même nature : il soutient que, si, contre son attente, l'affaire est renvoyée à un autre tribunal, elle ne devra et ne pourra l'être que pour le jugement des récusations à juger entre les parties, sauf à étendre le renvoi au fond, au cas que les récusations soient admises.

» La demanderesse, de son côté, oppose à la défense de son adversaire,

» L'incapacité dont elle prétend que les présidens des tribunaux criminels sont implicitement frappés par la loi du 27 ventôse an 8, de siéger dans les tribunaux d'appel, tout le temps que dure leur présidence;

» La récusation que la loi autorise elle-même contre les juges de première instance qui voudraient prendre part aux jugemens à rendre sur l'appel de leurs propres sentences, sans que le législateur distingue entre les jugemens à rendre sur les incidens et les jugemens à rendre sur le fond;

» Enfin, l'impossibilité qu'il y a, suivant elle, de scinder un renvoi, de ne dessaisir qu'en partie un tribunal, et de n'en saisir un autre que partiellement.

» Tel est le résumé de tout ce qui a été dit dans cette affaire; et vous voyez que, des quatre questions qui y sont agitées, il est possible que vous n'en jugiez qu'une.

» Car, si vous décidiez la première contre la veuve Cottin, il deviendrait inutile d'examiner les trois subséquentes, puisque celles-ci n'ont été élevées par le cit. Sélis, que pour le cas où il serait jugé que le tribunal d'appel ne peut pas être complété par des hommes de loi.

» C'est donc à la première question que nous devons d'abord nous attacher; et, à cet égard, voici quels sont les moyens de la demanderesse.

» La loi du 27 ventôse an 8 porte, en toutes lettres, que *les jugemens des tribunaux d'appel ne pourront être rendus par moins de sept juges*. Voilà une disposition impérative et absolue; c'est par sept *juges* au moins que doivent être rendus les jugemens de tribunaux d'appel; donc, s'il se trouve moins de sept *juges* dans un tribunal d'appel, il n'y peut être rendu aucun jugement. Et qu'on ne dise pas que des hommes de loi peuvent tenir lieu de *juges*: la loi ne leur a pas donné ce caractère; et la preuve qu'elle a, au contraire, entendu le mot *juges* dans sa signification stricte et littérale, c'est qu'elle n'a pas établi de suppléans près les tribunaux d'appel, comme elle en a établi près les tribunaux de première instance et près les tribunaux criminels.

» Cette seule observation, continue la demanderesse, fait tomber à l'avance l'objection que l'on pourrait tirer de l'art. 16 de la loi du 30 germinal an 5 : car il y avait des suppléans près les tribunaux civils de département; il n'est donc pas étonnant que cette loi ait permis à ces tribunaux de se compléter, à défaut de suppléans, par l'appel de *défenseurs officiaux*. D'ailleurs, cette loi a été faite pour un ordre de choses qui n'existe plus; elle a, par conséquent et à ce seul titre, cessé d'être loi.

» C'est ainsi que raisonne la demanderesse; c'est sur ce système que repose sa demande en renvoi.

» Nous remarquerons d'abord que le droit, ou plutôt le devoir des tribunaux, d'appeler des hommes de loi pour se compléter, lorsqu'il leur manque un ou plusieurs membres nécessaires à cet effet, est, en France, presque aussi connu que l'ordre judiciaire; et cela résulte de ce qu'il est, non pas établi, mais reconnu comme déjà existant sans contradiction, par l'art. 6 de l'ordonnance du 15 juillet 1519, par l'art. 11 de l'ordonnance de 1539, par l'art. 5 de l'édit des présidiaux de 1551, par l'art. 17 de l'ordonnance de Moulins de 1566, et par l'art. 25 du tit. 24 de l'ordonnance de 1667.

» La loi du 24 août 1790, en réorganisant l'ordre judiciaire, s'est tue sur ce point; comme l'ont encore fait depuis, d'abord la constitution de l'an 3, ensuite la loi du 27 ventôse an 8; et de son silence sont nées des contestations très-

4ᵉ *Edit.*, *Tome I.*

nombreuses sur la validité des jugemens que les nouveaux tribunaux avaient rendus avec le concours d'hommes de loi.

» Pour faire cesser ces contestations, l'assemblée législative a rendu, le 29 août 1792, une loi ainsi conçue :

» Art. 1. *Tous jugemens auxquels ont concouru des gradués assermentés, ou des hommes de loi, pour l'absence ou l'empêchement des juges des tribunaux, sont déclarés valides.*

» 2. *En cas d'absence ou d'empêchement de juges, les tribunaux sont autorisés à appeler des gradués assermentés ou des hommes de loi, pour les remplacer et concourir aux jugemens.*

» Les doutes écartés par cette loi, se sont reproduits sous la constitution de l'an 3. On a prétendu qu'en exigeant le concours de *cinq juges,* pour rendre des jugemens dans les tribunaux civils de département, cette constitution avait dérogé à l'ancienne règle qui faisait, des hommes de loi, les suppléans-nés des juges. Mais l'art. 16 de la loi du 30 germinal an 5 a fait justice de ce système; et il est à remarquer que la jurisprudence n'avait pas attendu cette loi pour se fixer : elle avait, sur ce point, pressenti la volonté du législateur, et en avait devancé la manifestation : ce qui était d'autant plus raisonnable, que la loi du 29 août 1792 n'avait été révoquée par aucune autre; qu'ainsi, elle subsistait encore.

» On devait croire, d'après cela, que la difficulté ne se représenterait plus dans le nouvel ordre judiciaire qu'a établi la loi du 27 ventôse an 8; et le conseil d'état, c'est-à-dire, le premier rédacteur de cette dernière loi, était bien loin de s'y attendre, lorsque, par son avis du 17 germinal an 9, approuvé le même jour, il annonçait que la parti le plus sage que pussent prendre les tribunaux d'appel, en cas de partage, était de *choisir un départiteur parmi les hommes de loi ou avoués qui auraient assisté à l'audience et entendu les plaidoiries.* On ne peut pas, en effet, exprimer plus clairement que les hommes de loi sont encore dans le nouvel ordre judiciaire, ce qu'ils étaient dans le précédent, dans l'ancien et dans le très-ancien, c'est-à-dire, habiles à siéger dans les tribunaux d'appel, comme dans ceux de première instance, à y remplacer les juges, à concourir aux jugemens qui s'y rendent.

» Cependant la demanderesse vient encore leur contester cette honorable prérogative; mais sans doute ses efforts n'auront pas le succès qu'elle paraît en espérer.

» Le silence de la loi du 27 ventôse an 8 est pour elle un bien faible argument, lorsque l'on considère que la constitution de l'an 3 était pareillement restée muette sur l'habilité des hommes de loi à suppléer les juges, et que néanmoins la loi du 30 germinal an 5 a maintenu cette habilité : ce qu'elle n'eût pas pu faire, si le seul silence de la constitution de l'an 3 eût été abrogatif de la loi du 29 août 1792.

» C'est encore un bien faible argument que de dire : la loi du 30 germinal an 5 était relative aux tribunaux civils de département; elle ne peut donc pas être appliquée aux tribunaux d'appel.

» D'abord, les tribunaux d'appel n'ont pas besoin, en cette matière, de la loi du 30 germinal an 5, qui, en effet, ne parle que des ci-devant tribunaux civils; il leur reste une loi plus ancienne et plus générale, celle du 29 août 1792, qui comprend dans sa disposition tous les *tribunaux* sans distinction, et qui par conséquent s'applique aujourd'hui aux tribunaux actuels, comme elle s'appliquait précédemment aux tribunaux créés par la loi du 24 août 1790.

» C'est ainsi que la loi du 24 août 1790 elle-même, la loi du 3 brumaire an 2, et celle du 23 vendémiaire an 4, quoique faites pour des tribunaux actuellement supprimés, n'en conservent pas moins tout leur empire sur les nouveaux tribunaux de première instance et d'appel, dans tous les points auxquels il n'a pas été dérogé par l'institution de ceux-ci.

» En second lieu, l'art. 5 de la loi du 30 germinal an 5 n'a pas été fait précisément pour attribuer aux ci-devant tribunaux civils le droit d'appeler dans leur sein des hommes de loi, en remplacement des juges absens ou empêchés. Il ne fallait pas pour cela de nouvelle disposition législative; et, comme nous l'avons déjà dit, il n'existait là-dessus aucune difficulté dans la jurisprudence.

» Mais il fallait une loi pour fixer le nombre des hommes de loi que les tribunaux civils pourraient s'adjoindre; car jusqu'alors ce nombre était indéfini; et c'est pour le limiter à deux au plus, qu'a été décrété l'art. 16 de la loi dont il s'agit.

» Enfin, c'est inutilement que la demanderesse se prévaut de ce que la loi du 27 ventôse an 8 n'a pas établi de suppléans près les tribunaux d'appel.

» Y avait-il des suppléans près les tribunaux supprimés en 1790 ? Non. Cependant ces tribunaux étaient autorisés, et même obligés, de se compléter par l'appel d'hommes de loi. Il n'y a donc rien de commun entre l'existence ou la non-existence des suppléans en titre dans les tribunaux, et le droit qu'ont les tribunaux, ou le devoir qui leur est imposé, de s'agréger des hommes de loi pour remplacer les juges absens, malades, ou valablement récusés (1).

_____

(1) J'aurais pu ajouter ici que la question avait déjà été jugée en ce sens depuis la mise en activité de la loi du 27 ventôse an 8.

Dans le fait, la veuve Bouliech et son fils attaquaient un arrêt rendu par une cour d'appel qui, pour se compléter s'était adjoint un avocat.

« Ils disaient (ce sont les termes de M. Sirey, tome 2, page 4). que jamais les anciennes cours souveraines n'appelèrent de simples gradués sur leur siège ;

» Que nos tribunaux d'appel doivent se l'interdire, d'autant plus qu'appeler un défenseur subitement pour

» Mais voici une autre difficulté. Il ne reste, dans le tribunal d'appel de Liége, que quatre juges non récusés ou non retenus dans les fonctions de présidens des tribunaux criminels. Il faudrait donc, pour pouvoir rendre des jugemens dans l'affaire dont il s'agit, que le tribunal d'appel de Liége s'adjoignit trois hommes de loi. Or, la loi du 30 germinal an 5 n'autorise les tribunaux civils de département à s'adjoindre qu'un ou deux défenseurs officieux. Il n'y a donc ici aucun moyen légal de compléter le tribunal d'appel de Liége; il y a donc nécessité de prononcer le renvoi demandé par la veuve Cottin.

» Cette objection est très-spécieuse; mais nous ne la croyons pas concluante.

» Pourquoi la loi du 30 germinal an 5 limite-t-elle à un ou deux le nombre des défenseurs officieux qu'elle permet aux tribunaux civils de département de s'agréger, en remplacement de leurs membres absens ou empêchés? C'est évidemment parceque ces tribunaux étaient, dans chaque section, composés de cinq juges; et qu'il

juger à l'instant même, ce serait rendre impossible toutes *récusations péremptoires*, puisque, d'après la loi du 5 vendémiaire an 4, elles doivent être faites trois jours avant l'audience;

» Que, si la loi du 29 août 1792 établit cette permission, ce fut par la force des circonstances révolutionnaires, et pour maintenir une foule de jugemens infectés de cette irrégularité; mais que la constitution de l'an 3 et la loi du 19 vendémiaire an 4 rétablirent bientôt la pureté des principes, en ne confiant le pouvoir de juger, même momentanément, qu'à *des élus du peuple* ;

» Qu'à la vérité, la loi du 30 germinal an 5 permit encore aux tribunaux d'appeler un ou deux défenseurs officieux; mais que cette loi fut également circonstancielle et rendue avec *urgence*; que d'ailleurs elle est essentiellement abrogée par la constitution de l'an 8 et par la loi du 27 ventôse suivant;

» Qu'en matière de pouvoirs publics, chaque nouvelle distribution change absolument la distribution précédente; que, si l'organisation judiciaire, faite en conséquence de la constitution de l'an 5, avait abrogé la loi du 29 août 1792, tellement que, pour autoriser l'usage des gradués ou hommes de loi, il fallût la loi du 30 germinal an 5, par identité de raison, l'organisation judiciaire, faite en conséquence de la constitution de l'an 8, doit avoir abrogé la loi du 30 germinal an 5 ;

» Que la loi du 27 ventôse an 8, a prévu le cas *d'empêchement* de quelques juges, et qu'elle y a pourvu en donnant des *suppléans* élus aux tribunaux de première instance, et en donnant aux tribunaux d'appel un nombre de juges assez considérable pour n'avoir jamais besoin de suppléans;

» Qu'à la vérité, le conseil d'état, par sa délibération du 17 germinal an 9, a émis l'opinion, que les tribunaux d'appel pouvaient faire monter sur le siége un homme de loi pour vider les *partages*; mais qu'il ne faut pas en conclure qu'ils aient la même faculté *pour se compléter*; que la même délibération a grand soin de montrer comment il leur est toujours facile de *se compléter* eux-mêmes, tandis que souvent il leur serait impossible de prendre dans leur sein pour vider les partages ».

Mais par arrêt du 22 thermidor an 9, au rapport de M. Boyer, la section des requêtes a rejeté le recours en cassation de la veuve Boulicch et de son fils, *attendu que la loi du 30 germinal an 5 n'est point abrogée*.

entrait dans les vues du législateur, que les juges fussent en majorité, comparativement aux hommes de loi.

» Mais aujourd'hui l'état des choses est changé : les tribunaux d'appel ne peuvent plus prononcer qu'au nombre de sept juges; et comme il y a de trois à sept la même proportion que de deux à cinq, il est évident que trois hommes de loi peuvent aujourd'hui être appelés, par le même motif, que deux pouvaient l'être dans les ci-devant tribunaux civils de département.

» En se servant de l'expression *un ou deux défenseurs officieux*, la loi du 30 germinal an 5 n'a voulu désigner qu'un nombre de *défenseurs officieux* inférieur d'*un* seulement à celui des juges ; elle n'a voulu que restreindre le droit des juges d'appeler des hommes de loi, au cas où les juges excéderaient au moins d'*un* le nombre de ceux-ci.

» Les tribunaux d'appel se conforment donc non-seulement à l'esprit, mais encore au texte bien entendu de cette loi, lorsqu'ils s'agrégent trois défenseurs officieux ou avoués en remplacement d'un pareil nombre de juges absens ou empêchés.

» Un exemple très-frappant par son analogie avec notre espèce, va mettre cette vérité dans tout son jour.

» Vous savez que la loi du 24 août 1790 n'autorisait les tribunaux de district à juger en dernier ressort, qu'au nombre de quatre juges; mais qu'elle se contentait de trois juges pour les jugemens de première instance.

» Vous savez aussi que, par l'art. 2 de la loi du 7-12 septembre 1790, ces tribunaux ont été chargés de juger à bureau ouvert et en dernier ressort, *au nombre de trois juges*, toutes les contestations relatives aux impositions indirectes; c'est-à-dire que, relativement à ces contestations, le législateur n'a pas exigé plus de juges pour les jugemens en dernier ressort, qu'il n'en exigeait dans les affaires ordinaires pour les jugemens rendus à la charge de l'appel.

» Les tribunaux de district ayant été supprimés par la constitution de l'an 3, et remplacés par les tribunaux civils de département, il s'est agi de savoir si ceux-ci pouvaient, comme ceux-là, juger en dernier ressort et à bureau ouvert, toutes les causes qui auraient des impôts indirects pour objet; et l'affirmative a réuni sans difficulté toutes les opinions.

» Mais on a prétendu qu'ils pouvaient les juger au nombre de trois juges, parceque telle était, relativement aux tribunaux de district, la disposition littérale de l'art. 2 de la loi du 7-12 septembre 1790; et que cette loi n'ayant été ni rapportée ni modifiée par aucune autre, devait continuer de recevoir sa pleine et stricte exécution.

» Ce système n'était, comme vous le voyez, que le pendant exact et anticipé de celui qu l'on élève aujourd'hui à votre audience, sur l'application de l'art. 16 de la loi du 30 germinal an 5.

» Eh bien ! Qu'a-t-il été décidé sur ce point ? Il a été décidé, par un très-grand nombre de jugemens du tribunal de cassation, que l'art. 2 de la loi du 7-12 septembre 1790 ne pouvait plus être exécuté que comme signifiant que les tribunaux civils de départemens pouvaient statuer en dernier ressort sur les impôts indirects, au même nombre de juges qu'ils étaient autorisés à le faire en première instance sur les autres objets; et que, comme, sur les autres objets, ils ne pouvaient prononcer qu'au nombre de cinq juges, il fallait aussi que, même en procédant d'après l'art. 2 de la loi du 7-12 septembre 1790, ils jugeassent, au nombre de cinq juges, toutes les contestations relatives aux impositions indirectes.

» Et c'est d'après ces décisions multipliées du tribunal suprême, que le ministre de la justice d'alors s'est déterminé à proposer au directoire exécutif le rapport d'un arrêté du 2 frimaire an 4, par lequel les représentans du peuple Pérès et Portier, en leur qualité de commissaires du gouvernement dans la ci-devant Belgique, avaient ordonné, conformément au texte littéral de la loi du 7-12 septembre 1790, que les tribunaux civils des départemens réunis statueraient sur ces sortes d'affaires, *au nombre de trois juges*.

» Cette proposition ne pouvait pas manquer d'être accueillie; en conséquence, arrêté du 24 thermidor an 4, qui porte :

« *Considérant que cet arrêté* (celui du 2 frimaire précédent) *est, quant à la forme des jugemens à rendre par les tribunaux civils, en opposition avec l'art. 220 de l'acte constitutionnel, d'après lequel des tribunaux ne peuvent juger, soit en premier, soit en dernier ressort, qu'au nombre de cinq juges...* ;

» *L'arrêté du 2 frimaire, ci-dessus mentionné, est rapporté, et ce qu'il a ordonné que les tribunaux civils des départemens réunis jugeront, au nombre de trois juges, les actions civiles relatives à la perception des impôts indirects.*

» Maintenant, quelle différence y a-t-il entre la question décidée par cet arrêté, ou plutôt par les jugemens du tribunal de cassation dont il n'était que l'écho, et la question sur laquelle vous avez aujourd'hui à prononcer? Bien évidemment il n'y en a aucune; et le même motif qui, sous la constitution de l'an 3, a rendu nécessaire le concours de cinq juges dans les affaires où la loi du 7-12 septembre 1790 n'en exigeait que trois, nous force, sous le régime judiciaire de l'an 8, de regarder les tribunaux d'appel comme autorisés à s'adjoindre trois hommes de loi ou avoués, par la loi même qui, sous la constitution de l'an 3, ne leur permettait pas d'en appeler plus de deux.

» Tout se réunit donc pour écarter le moyen sur lequel la veuve Cottin se fonde, dans sa requête, pour demander son renvoi à un autre tribunal d'appel que celui de Liége; et nous croyons inutile d'après cela de discuter les réponses subsidiaires que lui a faites le cit. Sélis.

» Mais, à ce moyen écrit, la veuve Cottin en a ajouté de vive-voix, à l'audience, un autre qui, du premier abord, nous a frappés.

» Quelle confiance (nous a-t-elle dit) puis-je avoir dans les hommes de loi que le tribunal d'appel de Liége pourrait s'adjoindre pour me juger ? Il n'en est peut-être pas un seul qui n'ait été consulté par mon adversaire. Je tiens à la main une consultation que lui ont donnée, en 1789, *cent trente-cinq avocats, prélocuteurs et procureurs*; et, ce qui prouve bien qu'il n'en reste plus guère d'autres que le tribunal d'appel puisse s'agréger, c'est que, pour se compléter à l'effet de rendre les jugemens préparatoires déjà intervenus sur mon appel, il a été obligé de prendre deux des signataires de cette consultation.

» Si ce fait était vrai, nous ne balancerions pas à vous proposer le renvoi, en le motivant sur la suspicion légitime.

» Mais la prétendue consultation dont vous a parlé la veuve Cottin, n'est qu'un acte de notoriété sur des points de droit et d'usage, dans lequel il n'est question ni d'elle, ni du cit. Sélis, ni de quelque individu que ce soit; et, certes, il est très-permis, après avoir signé un pareil acte, de connaître, comme juge, d'un procès auquel il peut servir de motif de décision.

» Il y a plus : c'est que l'acte de notoriété dont il s'agit, paraît avoir été donné en faveur de la veuve Cottin elle-même; car il tend à établir que les tribunaux du ci-devant pays de Liége regardaient leurs jugemens comme susceptibles d'exécution en France, au moyen de lettres rogatoires; ce qui conduit naturellement à la conséquence que, par réciprocité, ils permettaient aussi d'exécuter dans le ci-devant pays de Liége les jugemens qui étaient rendus par les tribunaux français... (1).

» Il est difficile, d'après cela, de concevoir comment la veuve Cottin a pu se servir de cette prétendue consultation, pour établir son moyen de suspicion contre tous les hommes de loi exerçant près le tribunal d'appel de Liége.

» Ce n'est pas, au reste, avec plus de raison qu'elle a invoqué, à l'appui de ce moyen, la prétendue injustice du jugement de première instance dont elle est appelante devant le tribunal de Liége.

» Il n'entre pas, quant à présent, dans les devoirs de notre ministère de nous expliquer sur ce jugement.

» Mais nous dirons que la question sur laquelle il a prononcé au désavantage de la veuve Cottin, est susceptible d'une discussion très-profonde, et dans laquelle on peut invoquer des auto-

(1) *V.* l'article *Réunion*.

rités très-imposantes en faveur du parti qu'il a adopté.

» Nous dirons encore, et c'est tout ce qu'il faut pour la cause aujourd'hui soumise à votre examen, que, si ce jugement est injuste, le tribunal d'appel est là pour le réformer ; que c'est pour cela même qu'il a été institué par la loi; et que, si l'injustice réelle ou supposée d'un jugement de première instance pouvait servir, non pas de moyen, mais de prétexte, pour décliner la juridiction du tribunal d'appel à qui la connaissance en appartient de droit, il n'y aurait pas un seul appel qui ne donnât lieu à un réglement de juges ; ce qui serait, de toutes les absurdités possibles, la plus choquante et la plus monstrueuse.

» Par ces considérations, nous estimons qu'il y a lieu de rejeter la demande formée par la veuve Cottin en réglemens de juges ».

Sur ces conclusions, arrêt du 4 pluviôse an 10, au rapport de M. Delacoste, ainsi conçu :

« Considérant, que le renvoi d'une affaire dont un tribunal est régulièrement et légalement saisi, soit en première instance, soit en cause d'appel, à un autre tribunal, ne doit être ordonné que dans les cas prévus par la constitution et par les lois organiques, c'est-à-dire, pour cause de suspicion légitime ou de sûreté publique; que la dernière de ces deux causes n'est pas même alléguée ; que la première ne l'est qu'indirectement, et sous le rapport de la réduction du nombre des juges non récusés et non récusables, au-dessous du nombre qui est désigné par la loi du 27 ventôse an 8, comme étant celui qui est au moins requis pour que les tribunaux d'appel puissent valablement prononcer; que le motif n'est fondé ni en fait ni en droit ;

» En fait, puisqu'il résulte des faits exposés respectivement par les parties, qu'outre les quatre juges non récusés, il reste les trois juges qui remplissent les fonctions de présidens dans les trois tribunaux criminels dans le ressort du tribunal d'appel séant à Liége, et que ce serait préjuger la récusation du cit. Defrance, l'un d'eux, que de décider qu'il manque à ce nombre de sept pour prononcer sur le fond ; puisque, pour juger cette récusation, il y a à Liége des hommes de loi, ou des avoués, qui peuvent être appelés, au nombre de deux ou même de trois, avec les juges non récusés ; qu'il en est de même de celle du cit. Béanin ;

» En droit, pour conclure, comme l'a fait la demanderesse, du silence de la loi du 27 ventôse an 8, sur l'admission des hommes de loi ou des avoués pour compléter le tribunal, et de ce que cette loi, en donnant des suppléans aux juges de première instance, n'en a pas donné aux juges d'appel, dans les cas prévus par la loi du 30 germinal an 5, il faudrait supposer, ou que le législateur n'a pas prévu le cas où les tribunaux d'appel, surtout ceux qui ne sont composés que d'une section, pourraient être réduits à un nombre moindre que celui de sept qu'il exige ; ou qu'en le prévoyant, il a voulu que ces tribunaux fussent fréquemment exposés à être dépouillés de la connaissance des affaires qui leur ont été attribuées ; que la première de ces présomptions n'est pas admissible, et que la seconde n'est pas fondée ;

» Qu'en effet, on ne peut s'autoriser de ce qu'il dit, *sept juges au moins*, pour en conclure qu'il n'admet que *des juges de la section* pour prononcer valablement dans tous les cas ; que l'art. 220 de la constitution de l'an 3, disait aussi *cinq juges* : et que la loi du 30 germinal an 5, qui n'a pas été rapportée, permettait d'appeler *deux hommes de loi*, pour le cas où ce nombre de cinq juges ne pourrait se compléter ; qu'il n'existe d'autre différence entre cet art. 220 de la constitution de l'an 3 et l'art. 27 de la loi du 27 ventôse an 8, que dans le nombre ; que la décision est la même pour le fond ; qu'il doit exister parité de mode de suppléer à l'insuffisance du nombre de juges, en augmentant le nombre des hommes de loi que la loi de germinal an 5 permet d'appeler dans la proportion de celui des juges requis;

» Considérant, que, s'il est vrai que ceux des membres d'une section civile qui sont choisis pour présider les tribunaux criminels, doivent être privativement et journellement occupés de l'importante fonction qui leur est confiée, ce serait prêter à la loi un sens et une volonté contraire à son principal objet, que de prétendre, d'après quelques phrases de l'exposé fait des motifs de la loi, lors de la présentation de son projet au corps législatif, que ces juges ne peuvent, dans aucun cas, même celui d'insuffisance de nombre de leurs collègues, remplir des fonctions civiles ; que, s'il existait un doute sur cette faculté qu'ils ont conservée, puisqu'elle ne leur est pas expressément et clairement enlevée, ce doute serait levé par l'arrêté du conseil-d'état du 17 germinal an 9, qui, pour le cas de partage d'opinion en matière civile, admet les membres du tribunal, et n'en exclud pas les présidens des tribunaux criminels; que le même arrêté ajoute que, supplétivement, on peut appeler des hommes de loi ; ce qui confirme à la fois les deux motifs d'après lesquels,

» Le tribunal débouté la demanderesse de sa demande en renvoi, et la condamne aux dépens liquidés à 15 francs, pour tous dommages et intérêts ».

II. La faculté que cet arrêt juge clairement appartenir aux tribunaux d'appel, comme au tribunaux de première instance, de s'adjoindre des Avocats pour se compléter, n'a-t-elle pas été suspendue, à l'égard des uns et des autres, pendant tout le temps qui s'est écoulé depuis la promulgaion de la loi du 22 ventôse an 12, concernant les écoles de droit, jusqu'au 21 septembre 1809 ?

Ce qui pourrait le faire penser ainsi, c'est la manière dont est rédigé l'art. 30 de la loi citée : « à compter du 1er. vendémiaire an 12, les Avocats, » selon l'ordre du tableau, et après eux, les avoués, » selon la date de leur réception, seront appelés, » en l'absence des suppléans, à suppléer les juges, » les commissaires du gouvernement et leurs sub- » stituts ». Dire que les Avocats et, à leur défaut, les avoués *seront appelés*, dans le cas prévu par cet article, à suppléer les juges, *à compter du 1er. vendémiaire an 12* (21 septembre 1809), n'est-ce pas dire implicitement qu'avant cette époque, les juges ne pourront, dans le même cas, être suppléés ni par des Avocats ni par des avoués ?

Telle serait, en effet, la conséquence qu'il faudrait tirer de cet article, si elle ne se trouvait pas en opposition avec le principe qu'une loi nouvelle n'est censée déroger aux lois antérieures qu'autant qu'il n'est pas possible de la concilier avec celles-ci.

Or, il est un moyen bien simple de concilier la disposition ci-dessus transcrite de l'art. 30 de la loi du 22 ventôse an 12, avec l'idée qu'elle ne suspend pas, jusqu'au 1er. vendémiaire an 12, le droit attribué par les lois antérieures aux Avocats de suppléer les juges décédés, démissionnaires ou empêchés ; et ce moyen, nous le trouvons dans le rapprochement de cet article avec le précédent.

Par l'article précédent, il est dit que, conformément à ce qui se pratiquait dans l'ancienne organisation judiciaire, *il sera formé un tableau des Avocats exerçant près les tribunaux*.

Et c'est d'après cela que, par l'art. 30, il est dit qu'à compter du 1er. vendémiaire an 12, ce sera *selon l'ordre du tableau* qui aura été formé, que les Avocats seront appelés à remplacer les juges, comme les avoués le seront, à défaut d'Avocats, *selon la date de leur réception* ; au lieu que précédemment, l'usage était, comme l'atteste l'avis du conseil-d'état du 17 germinal an 9, d'appeler, pour suppléer les juges, *les hommes de loi ou avoués qui assistaient à l'audience*.

Cet article ne suspend donc pas jusqu'au 1er. vendémiaire an 12, l'exercice du droit conféré par les lois précédentes aux Avocats et aux avoués de remplacer les juges ; mais il maintient jusqu'à cette époque, et il n'abroge que pour les temps qui y seront postérieurs, l'usage de ne suivre, en appelant les Avocats et les avoués à cette faculté, ni *l'ordre du tableau* pour les uns, ni *la date de leur réception* pour les autres.

Et ce qui prouve que c'est ainsi qu'il doit être entendu, c'est que tel est précisément le sens que lui a donné l'art. 49 du décret du 30 mars 1808, contenant réglement pour la police et la discipline des cours et tribunaux.

« En cas d'empêchement d'un juge (y est-il dit), il sera, pour compléter le nombre indispensable, remplacé, ou par un juge d'une autre chambre qui ne tiendrait pas audience dans le même temps, ou par un des juges suppléans, *en observant, dans tous les cas, et autant que faire se pourra, l'ordre des nominations*.

». A défaut de suppléant, on appellera un Avocat attaché au barreau, et, à son défaut, un avoué, en suivant aussi l'ordre du tableau ».

III. Mais ce décret donne lieu à une autre question. L'article que je viens de citer, est placé sous le titre, *des Tribunaux de première instance* ; et le titre *des Cours d'appel* ne contient rien de semblable. Résulte-t-il de là que les Avocats, et à leur défaut, les avoués, n'ont pas droit au remplacement des magistrats supérieurs, comme au remplacement des juges inférieurs ?

Non ; car, appliquer, comme le fait le décret dont il s'agit, la disposition de l'art. 30 de la loi du 22 ventôse an 12 aux tribunaux de première instance, ce n'est pas la déclarer inapplicable aux cours d'appel. Pourquoi le décret ne s'occupe-t-il que des tribunaux de première instance, relativement aux moyens de remplacer, par des Avocats ou des avoués, les juges morts, démissionnaires, empêchés ou absens ? Parceque c'est dans ces tribunaux où le nombre des juges est communément fort restreint, que se fait le plus fréquemment sentir la nécessité de ce remplacement. Mais, en se taisant sur les cours d'appel, il ne déroge pas, pour ce qui les concerne, à la généralité de l'art. 30 de la loi du 22 ventôse an 12.

Ce qui d'ailleurs tranche toute difficulté, c'est que l'art. 35 du décret du 14 décembre 1810 porte, sans distinction entre les cours d'appel et les tribunaux de première instance, que les Avocats « seront appelés, dans les cas déterminés par la » loi, à suppléer les juges et les officiers du mi- » nistère public » ; et que, tout en abrogeant ce décret, l'art. 45 de l'ordonnance du roi, du 20 novembre 1822, maintient expressément *les usages observés dans le barreau, relativement* AUX DROITS *et aux devoirs des Avocats dans l'exercice de leur profession*.

Enfin, c'est dans ce sens que la question a été jugée par les arrêts de la cour de cassation que l'on trouvera ci-après, §. 4 et 5.

§. II. 1°. *Lorsque dans un tribunal de première instance, il ne se trouve plus qu'un juge non récusé ou non empêché, ce juge peut-il, pour compléter le tribunal, s'adjoindre deux Avocats ?*

2°. *Y a-t-il lieu à l'adjonction d'un Avocat, lorsqu'il se trouve dans le tribunal, soit un juge et un suppléant, soit deux suppléans ?*

I. Voici ce que j'ai écrit sur la première de ces questions au ministre de la justice, le 24 pluviôse an 10 :

« Je viens de communiquer à la section des requêtes, de laquelle est émané le jugement du 4 de ce mois (rapporté dans le §. précédent), la lettre que vous m'avez fait l'honneur de m'écrire hier sur la question de savoir si, lorsque par

AVOCAT, §. II.

l'effet de récusations, absences ou autres causes, il ne se trouve plus qu'un juge dans un tribunal de première instance, ce juge peut s'adjoindre deux hommes de loi.

» La section des requêtes a bien voulu discuter cette question en séance, comme s'il se fût agi de rendre un jugement; et le résultat de la discussion a été que je serais chargé de vous répondre,

» Que déjà la négative a été préjugée par plusieurs jugemens, qui, en statuant sur des demandes en réglemens de juges, ont renvoyé à des tribunaux complets, des affaires pendantes devant des tribunaux où il ne se trouvait de non empêché qu'un seul juge, soit titulaire, soit suppléant, et qui ont motivé ces renvois sur ce qu'il ne pouvait pas, pour les compléter, être appelé des hommes de loi en plus grand nombre que les juges restans (1);

» Que le tribunal de cassation doit maintenir, cette jurisprudence, parcequ'elle est fondée sur l'art. 16 de la loi du 30 germinal an 5, dont la volonté bien évidente est de ne permettre aux tribunaux de s'adjoindre des hommes de loi, que dans une proportion inférieure au nombre des juges ou des suppléans non empêchés;

» Qu'à la vérité, la loi du 29 août 1792 n'avait apposé aucune limite au droit des juges, d'appeler des hommes de loi pour se compléter; mais qu'il a été dérogé à cette loi, par l'art. 16 de celle du 30 germinal an 5;

» Que le même motif qui a fait décider, le 4 de ce mois, que les tribunaux d'appel peuvent appeler trois hommes de loi, quoique l'art. 16 de la loi du 30 germinal an 5 en fixe le nombre à deux au plus, doit faire décider que les tribunaux de première instance n'en peuvent appeler qu'un;

» Qu'en effet, il est impossible de s'en tenir à la lettre de cet article pour les tribunaux de première instance, dès que, pour les tribunaux d'appel, c'est à son esprit que l'on s'attache;

» Qu'il y aurait une véritable contradiction entre ces deux manières de juger;

» Que cette jurisprudence peut, sans doute, entraver quelquefois la marche de la justice; mais que l'opinion contraire aurait encore de plus grands inconvéniens, en ce qu'elle remettrait souvent à un seul juge le sort des contestations portées devant son tribunal; que ces inconvéniens sont surtout à craindre dans les petites villes, où l'esprit de localité exerce toujours son influence avec plus de force; qu'au surplus, inconvéniens pour inconvéniens, le devoir des magistrats est de s'exposer plutôt à ceux qui résultent de l'exécution de la loi, qu'à ceux qui s'en écartent ».

(1) Il a été rendu par la même section, plusieurs arrêts semblables depuis que cette lettre a été écrite, notamment le 23 thermidor an 10, au rapport de M. Poriquet, le 14 vendémiaire et le 17 ventôse an 11, au rapport de M. Cassaigne.

Ce que la section des requêtes préjugeait, à l'époque où j'ai écrit cette lettre, la section criminelle l'a jugé depuis d'une manière positive, par deux arrêts de cassation, des 11 prairial an 13 et 16 vendémiaire an 14, rappelés dans le *Répertoire de jurisprudence*, aux mots *Cour de justice criminelle*, n°. 2;

C'est ce qu'a aussi fait la section civile, par un arrêt du 7 janvier 1806, portant cassation d'un jugement en dernier ressort du tribunal civil de Semur, et par un autre du 30 octobre 1811, portant cassation d'un jugement en dernier ressort du tribunal civil de Troyes.

« Vu (est-il dit dans le premier de ces arrêts, copié littéralement dans le second) l'art. 16 de la loi du 27 ventôse an 8;

» Considérant que, dans l'espèce, un seul juge a participé au jugement attaqué, auquel ont concouru deux avoués;

» Que, si la loi du 30 germinal an 5 permet le concours des avoués en remplacement des juges absens ou empêchés, ce n'est qu'à l'effet seulement de *compléter* au besoin le tribunal; mais qu'il n'en résulte pas que les avoués puissent y être appelés en nombre supérieur à celui des juges; ce qui, en effet, ne serait pas *compléter* le tribunal, mais plutôt le constituer;

» La cour donne défaut contre les défendeurs, et statuant sur la demande en cassation, annule, pour contravention à l'art. 16 de la loi du 27 ventôse an 8, le jugement dénoncé...... ».

II. La seconde question se réduit à savoir si un suppléant doit être considéré comme juge, à l'effet de concourir avec le juge titulaire qui reste, à former dans le tribunal une majorité qui puisse se compléter par l'adjonction d'un Avocat, ou si c'est comme Avocat que l'on doit le considérer lui-même.

Ma lettre du 24 pluviôse an 10, rapportée au n°. précédent, annonce clairement qu'à cette époque, la section des requêtes ne mettait, à cet égard, aucune différence entre un juge suppléant et un juge titulaire.

Mais on a prétendu depuis que l'art. 41 de la loi du 20 avril 1810 avait dérogé à cette jurisprudence, en déclarant que les juges suppléans n'auraient voix délibérative qu'en cas de partage; et sous ce prétexte, un jugement en dernier ressort du tribunal civil de Mirande, composé d'un juge, d'un suppléant et d'un Avocat, a été dénoncé à la cour de cassation comme violant l'art. 16 de la loi du 27 ventôse an 8, qui exige le concours de trois juges dans tout jugement émané d'un tribunal d'arrondissement.

« La loi du 30 germinal an 5 (disait le demandeur en cassation) défend, dans la formation d'un tribunal, l'adjonction d'hommes de loi en plus grand nombre que celui des juges.

» D'après l'art. 41 de la loi du 20 avril 1810, les suppléans n'ont que voix consultative; ils n'ont voix délibérative qu'en cas de partage ; donc on ne peut les considérer comme juges dans la rigoureuse acception du mot; donc un tribunal n'a pu être régulièrement composé, lorsqu'un Avocat et un juge suppléant s'y trouvaient former la majorité, par rapport au seul juge titulaire qui en a fait partie ».

Mais, par arrêt du 21 décembre 1820, au rapport de M. Lasagny et sur les conclusions de l'avocat général Joubert,

« Attendu que, lorsque, dans les cas prévus par la loi, un juge suppléant concourt à rendre un jugement, il y concourt comme juge et nullement comme simple homme de loi ; que, dans l'espèce, un seul homme de loi a été adjoint aux juges; qu'ainsi, le vœu de la loi qui défend l'adjonction des hommes de loi en plus grand nombre que celui des juges, a été régulièrement rempli ;

» La cour (section des requêtes) rejette le pourvoi..... (1). »

§. III. 1°. *Lorsqu'un Avocat est appelé en remplacement d'un juge absent ou empêché, est-il nécessaire de constater, par le jugement même auquel il concourt, qu'il n'a été appelé qu'à défaut d'autres juges ou des suppléans ?*

2°. *Lorsqu'il est ou doit être tenu pour constant que ce n'est pas à défaut d'autres juges ou de suppléant, qu'un Avocat a été appelé pour compléter le tribunal, le jugement est-il nul par cela seul ?*

I. La première de ces questions s'est présentée à la section des requêtes de la cour de cassation, en février 1801, pendant que j'y faisais le service du parquet en qualité de substitut. Informé que déjà elle était résolue pour la négative par un très-grand nombre d'arrêts de cette section même, je n'ai pas cru devoir l'examiner à fond; et prenant ces arrêts pour règle, je me suis borné à conclure au rejet du recours en cassation, auquel la proposition contraire servait de principal fondement.

Mes conclusions ont, en effet, été adoptées par un arrêt du 12 pluviôse an 9, qui est rapporté au mot *Bail*, §. 8.

Mais depuis je me suis dit plusieurs fois à moi-même que cette jurisprudence, uniquement fondée sur le prétendu principe que, par cela seul qu'un Avocat a été appelé en remplacement d'un juge empêché, il y a, comme le dit l'arrêt que je viens de citer, *présomption légale de la nécessité de ce remplacement*, était vicieuse et ne pouvait pas s'accorder avec les nombreux arrêts de la cour suprême qui décident que, dans le silence d'un jugement sur l'accomplissement des formalités essentielles pour sa validité, on doit présumer que ces formalités ont été omises.

En effet, il en doit être, à cet égard, des conditions comme des formalités ; et puisque, dans le silence d'un jugement quelconque, l'on ne présume jamais, ni l'accomplissement de la formalité de la présence du nombre de juges déterminé par la loi, ni l'accomplissement de la formalité des conclusions du ministère public, lorsqu'elles sont nécessaires, ni l'accomplissement de la formalité d'un rapport préalable dans les matières où elle est prescrite, ni l'accomplissement de la prononciation à l'audience (1), quelle raison y aurait-il de présumer plutôt, dans le silence d'un jugement auquel a concouru un Avocat appelé en remplacement d'un juge empêché, l'accomplissement de la *condition* de laquelle la loi fait dépendre la validité de son adjonction, c'est-à-dire, l'absence de tout autre juge ou suppléant ?

Aussi ne la présume-t-on plus ; et c'est ce qu'ont jugé nettement deux arrêts de la cour de cassation des 16 juin 1824 et 19 janvier 1825.

Le premier est rapporté, en ces termes, dans le *Bulletin civil*, année 1824, page 216 :

« Un jugement du tribunal civil de Barbézieux, du 8 mai 1821, avait été rendu par deux des juges, et par un avoué appelé *pour compléter le tribunal*.

» Mais il n'était pas dit dans ce jugement que les juges, les juges suppléans, ou les Avocats attachés au barreau de Barbézieux, eussent été appelés avant cet avoué, comme le prescrit l'art. 49 du décret du 30 mars 1808.

» Ainsi, il n'était pas établi que le jugement eût été rendu par un tribunal légalement constitué.

» Le sieur Levraud, contre lequel il était rendu, l'ayant dénoncé à la cour suprême, a invoqué, à l'appui de son pourvoi, 1°. le texte de l'art. 49 du décret du 30 mars 1808 ; 2°. les arrêts des cours royales et de la cour de cassation, par lesquels a été jugé *que la composition des tribunaux est d'ordre public; qu'on ne saurait voir un jugement dans l'acte auquel a concouru toute autre personne que celles désignées par la loi, et que ce vice constitue une nullité radicale.*

» Il a fait observer, de plus, que le juge qui, dans cette cause, avait rempli les fonctions de président, avait donné un certificat portant qu'il n'avait appelé l'avoué que pour cause d'absence ou d'empêchement des juges, des suppléans ; mais que ce certificat se trouvait en opposition avec ceux des juges suppléans et d'un Avocat, qui attestaient qu'ils n'avaient pas été appelés, et que, s'ils l'avaient été, ils n'avaient pas de motifs pour refuser ;

» D'où le sieur Levraud a tiré la conséquence qu'il était plus nécessaire dans cette cause que dans toute autre, de s'en tenir à cette maxime

---

(1) Jurisprudence de la cour de cassation, tome 21, partie 2, page 209.

(1) V. le *Répertoire de jurisprudence*, au mot *Jugement*, §. 1, n°. 8.

consacrée par la jurisprudence; que c'est dans le jugement même qu'on doit trouver la preuve que le tribunal s'est complété conformément à la loi, parcequ'en effet c'était la seule manière de prévenir toute espèce d'arbitraire dans la composition des tribunaux;

» La cour, adoptant ce moyen, a annullé le jugement du tribunal civil de Barbezieux, ainsi qu'il suit :

» Ouï le rapport fait par M. le conseiller Poriquet, les observations de Piet, Avocat du demandeur, celles de Compans, Avocat du défendeur, et les conclusions de M. l'avocat-général Jourde;

» Vu l'art. 49 du décret du 30 mars 1808;

» Attendu que le jugement dénoncé ne contient pas en lui-même la preuve que le tribunal qui l'a rendu, ait été légalement constitué, puisqu'il n'y est pas dit que les juges, les juges suppléans, et les Avocats attachés au barreau de Barbezieux, aient été empêchés et aient refusé de le compléter;

» Attendu qu'il ne peut être suppléé à cette preuve, ni par des présomptions que la loi n'autorise pas, ni par des attestations des présidens ou juges du tribunal;

» Qu'ainsi, c'est en contravention expresse à l'art. 49 du décret du 30 mars 1808, ci-dessus cité, que l'avoué Grassin a été appelé;

» La cour casse et annulle.... ».

Le second arrêt a été rendu sur le recours en cassation du sieur Martin, contre un jugement rendu le 2 décembre 1822 par le tribunal civil d'Espalion, au profit de la direction générale de l'enregistrement.

« Le jugement attaqué par le sieur Martin (est-il dit dans le *Bulletin civil*, année 1825, page 36), avait été rendu par deux juges titulaires et un Avocat appelé en remplacement d'un autre juge; mais rien ne constatait, dans ce jugement, l'absence ou l'empêchement des juges suppléans attachés au tribunal d'Espalion; d'où résultait une contravention expresse à l'art. 30 de la loi du 12 ventôse an 12, contravention qui a été réprimée par l'arrêt suivant :

« Ouï le rapport fait par M. le conseiller Boyer, les observations de Piet, Avocat de Martin, celles de Teste-Lebeau, Avocat de la régie; et les conclusions de M. l'avocat-général Cahier;

» Vu l'art. 30 de la loi du 22 ventôse an 12;

» Attendu qu'aux termes de cet article, les Avocats ne peuvent être appelés à concourir aux jugemens, en remplacement des juges titulaires, qu'à défaut des juges suppléans;

» Attendu qu'au nombre des juges qui ont rendu le jugement attaqué, figure un Avocat, le sieur Gaubret, appelé, y est-il dit, en remplacement de M. Gayrul-Lacombe, juge d'instruction, occupé à d'autres fonctions, sans que rien, dans ce même jugement, constate l'absence ou l'empêchement d'aucun des juges suppléans attachés au tribunal civil d'Espalion, et par suite la nécessité du remplacement par un Avocat, ce qui constitue une violation formelle de l'article précité;

» La cour casse et annulle.... ».

Des arrêts semblables ont été rendus le 22 mars 1824, par la cour royale de Montpellier (1); les 21 et 28 avril 1825, par la cour royale de Colmar (2), et le 20 juin de la même année, par la cour royale de Riom (3).

En voici encore un qui a été rendu dans le même sens par la cour supérieure de justice de Liége, le 4 juillet 1826 :

« Attendu que l'art. 49 du règlement du 30 mars 1808, ainsi que l'art. 118 du Code de procédure civile, n'admettent les avoués qu'à défaut des suppléans des Avocats, et des juges, les uns et les autres suivant l'ordre du tableau;

» Attendu que tout jugement doit renfermer la preuve qu'il a été rendu par le tribunal légalement composé; que celui dont il s'agit, a été porté à l'intervention de l'avoué Galand, sans qu'il y soit fait mention de l'absence ou de l'empêchement des juges, des suppléans et des Avocats, auquel cas seulement, le concours d'un avoué était admissible;

» Attendu que le pouvoir judiciaire et la composition des tribunaux sont d'ordre public; que le jugement qui a été fait et prononcé par le concours d'une personne qui n'avait pas reçu par la loi l'autorité de juger, est entaché dans sa forme constitutive, et par conséquent d'une nullité radicale;

» Par ces motifs, la cour déclare nul le jugement *à quo*.... (4) ».

V. l'article *Suppléant (juge)*, §. 3.

II. La seconde question est formellement résolue pour la nullité du jugement, par les arrêts de cassation des 16 juin 1824 et 19 janvier 1825, qui sont rapportés au n°. précédent.

Cependant, s'il en faut croire les auteurs du Journal des audiences de la cour de cassation, année 1826, page 331, il a été rendu depuis, par la section des requêtes, un arrêt de rejet qui l'a décidée dans le sens contraire.

Dans le fait, un jugement rendu par le tribunal de première instance de Lyon, le 21 février 1824, entre les sieur et dame Lavie, plaidant en séparation de corps, était ainsi terminé : « Fait » et prononcé.... par MM. Durand, juge, faisant » fonctions de président, attendu que M. le pré- » sident s'est récusé, Capelin, juge, et Beaudrin, » Avocat, appelé sur les rangs ».

Le sieur Lavie a attaqué ce jugement devant la cour royale de la même ville, et en a demandé

---

(1) Jurisprudence de la cour de cassation, tome 24, partie 2, page 209.
(2) *Ibid.*, tome 25, partie 2, page 363.
(3) *Ibid.*, tome 26, partie 2, page 113.
(4) Annales de jurisprudence de M. Sanfourche-Laporte, année 1827, partie 1, page 281.

la nullité sur le fondement que le tribunal aurait dû, pour se compléter, appeler d'abord un juge d'une autre chambre, et à son défaut un suppléant, et qu'il n'avait pu appeler un Avocat qu'à défaut de l'un et de l'autre.

Le 23 février 1825, arrêt qui rejette la demande en nullité et confirme le jugement.

Recours en cassation de la part du sieur Lavie contre cet arrêt qu'il dénonce comme violant, non l'art. 30 de la loi du 22 ventôse an 12, dont il ne parle pas, mais 1°. l'art. 12 de la loi du 27 ventôse an 8, portant que *les suppléans n'auront point de fonctions habituelles, qu'ils seront uniquement nommés pour remplacer momentanément, selon l'ordre de leur nomination, soit les juges, soit les commissaires du gouvernement*; 2°. l'art. 118 du Code de procédure, portant qu'*en cas de partage, on appellera pour le vider, un juge; à défaut du juge, un suppléant; à son défaut, un Avocat attaché au barreau, et à son défaut, un avoué; tous appelés selon l'ordre du tableau*; 3°. l'art. 48 du décret du 30 mars 1808 dont les dispositions sont retracées ci-dessus, §. 1, n°. 2.

Mais, par arrêt du 22 juin 1826, au rapport de M. Pardessus et sur les conclusions de M. l'avocat-général Joubert,

« Attendu que l'art. 12 de la loi du 27 ventôse an 8 est sans application à la cause, puisqu'il ne s'agit pas d'un suppléant appelé pour compléter le tribunal;

» Que d'ailleurs l'art. 48 du décret du 30 mars 1808, expliquant les différens cas dans lesquels il est nécessaire de compléter le tribunal, veut qu'on appelle les suppléans et les Avocats dans l'ordre du tableau, *autant que faire se pourra*, s'en rapporte à la prudence des tribunaux, et leur fournit les moyens de prévenir tout ce qui pourrait suspendre le cours de la justice;

» Que le cas dont il s'agit, n'a rien de commun avec celui qui est prévu par l'art. 118 du Code de procédure, relatif au cas de partage;

» La cour rejette le pourvoi... ».

Je conçois très-bien que cet arrêt n'ait eu aucun égard au moyen de cassation que le sieur Lavie prétendait tirer de l'art. 118 du Code de procédure. Il ne pouvait, en effet, résulter de cet article que ce que les scholastiques appellent un *argument à simili*, toujours insuffisant pour établir une contravention à la loi.

Mais ce que je ne puis concevoir, ce qui même me porte presqu'à douter de l'existence de cet arrêt, tel qu'il est rapporté, c'est la manière dont il motive le rejet des moyens de cassation tirés par le sieur Lavie, de l'art. 12 de la loi du 27 ventôse an 8 et de l'art. 48 du décret du 30 mars 1808.

Par quel motif déclare-t-il que l'art. 12 de la loi du 27 ventôse an 8 *est sans application à la cause*? Parcequ'*il ne s'agit pas d'un suppléant appelé pour compléter le tribunal*. Non sans doute, ce n'est pas d'un suppléant prétendu appelé indûment pour compléter le tribunal, qu'il s'agit; mais il s'agit d'un Avocat qui a été appelé pour compléter le tribunal dépourvu d'un juge nécessaire, tandis qu'aux termes de cet article, c'était par un suppléant que le juge manquant devait être remplacé; il s'agit par conséquent d'un Avocat qui a été appelé par une contravention formelle à cet article; et par conséquent encore d'un Avocat qui a exercé incompétemment des fonctions que la loi déléguait à un suppléant.

Et par quel motif l'arrêt rejette-t-il le moyen de cassation tiré de l'art. 48 du décret du 30 mars 1808? Parceque cet article veut que, dans les différens cas où il est besoin de compléter le tribunal, *on appelle les suppléans et les Avocats dans l'ordre du tableau, autant que faire se pourra*; qu'ainsi, *il s'en rapporte à la prudence des tribunaux, et leur fournit les moyens de prévenir tout ce qui pourrait suspendre le cours de la justice*.

Mais faisons bien attention à une chose. L'art. 48 du décret du 30 mars 1808 n'a pour objet que de régler le mode d'exécution de l'art. 30 de la loi du 22 ventôse an 12, suivant lequel, comme le dit textuellement l'arrêt de cassation du 19 janvier 1825, *les Avocats ne peuvent être appelés à concourir aux jugemens, en remplacement des juges titulaires, qu'à défaut de juges suppléans*; il doit donc être pris dans un sens aussi absolu que cette disposition, à moins qu'il ne la modifie. Mais pour qu'il soit censé la modifier, il faut qu'il s'en explique clairement; et pour peu qu'il y ait de doute, on doit croire qu'il la laisse telle qu'elle est.

Or, que lisons-nous dans cet article?

Il porte d'abord que la chambre qui se trouvera incomplète, appellera, pour se compléter, *ou un juge d'une autre chambre qui ne tiendrait pas audience dans le même temps, ou un des juges suppléans, en observant dans tous les cas*, AUTANT QUE FAIRE SE POURRA, *l'ordre des nominations*.

Puis il ajoute, par une disposition séparée: *à défaut de suppléans, on appellera un Avocat attaché au barreau, et à son défaut, un avoué, en suivant aussi l'ordre du tableau*.

Que fait-il par ces mots *à défaut de suppléans*? Bien évidemment il confirme la règle écrite dans l'art. 30 de la loi du 22 ventôse an 12, de ne point appeler d'Avocats tant qu'il y aura des suppléans; et il la confirme d'une manière aussi absolue, aussi dégagée de tout arbitraire, qu'elle est établie par cet article.

Et que veut-il dire par ces mots, *en suivant aussi l'ordre du tableau*? Rien autre chose si ce n'est que, lorsqu'à défaut de suppléans, il y aura lieu à l'appel d'Avocats, ce sera l'ordre du tableau qui déterminera quels sont ceux qui devront être appelés.

Que de l'adverbe *aussi*, intercalé entre les mots *en suivant* et les mots *l'ordre du tableau*, on infère que l'ordre du tableau des Avocats ne doit pas être suivi plus rigoureusement que ne doit l'être l'ordre des *nominations* des juges titulaires d'une autre chambre ou des suppléans, et qu'il n'est de stricte obligation qu'autant que *faire se pourra*, à la bonne heure.

Mais en inférer que les Avocats peuvent être appelés, même en suivant à la rigueur l'ordre du tableau, lorsqu'il se trouve des suppléans disponibles, c'est, au moins, dans ma manière de voir, faire dire au décret non-seulement ce qu'il ne dit pas, mais tout le contraire de ce qu'il dit, et le présenter comme modifiant la disposition de l'art. 12 de la loi du 22 ventôse an 12, tandis que la rappelant telle qu'elle est, il paraît évidemment lui laisser le caractère absolu qu'elle a par elle-même.

§. IV. *Une cour d'assises peut-elle, à défaut d'un nombre suffisant de juges, appeler des Avocats pour se compléter?*

« Jean Barrié (ai-je dit à l'audience de la section criminelle, le 27 décembre 1811) vous demande la cassation d'un arrêt de la cour d'assises du département de l'Aude, du 10 novembre dernier, qui le condamne, comme complice d'un crime de faux en écriture privée, à la réclusion et à la flétrissure; et il vous propose dix moyens de cassation.

» Le premier est tiré de la manière dont était composée la cour d'assises qui a rendu l'arrêt dont il s'agit.

» D'après l'art. 253 du Code d'instruction criminelle, c'étaient le président et les trois plus anciens juges du tribunal de première instance de Carcassonne qui devaient, avec un conseiller de la cour de Montpellier, délégué à cet effet, concourir à former la cour d'assises.

» Mais le président et les trois plus anciens juges avaient déjà, et antérieurement à la mise en activité du Code d'instruction criminelle, pris part, dans la cour spéciale du département de l'Aude, à un arrêt du 30 mars 1811, par lequel cette cour s'était déclarée, conformément à la loi du 23 floréal an 10 alors en vigueur, compétente pour juger Jean Barrié, comme prévenu de faux; et ils ont cru, sur ce fondement, devoir s'abstenir.

» D'après cela, et comme les sieurs Gritte et Génie, qui les suivent immédiatement dans l'ordre du tableau, se trouvaient empêchés, le premier, parcequ'il avait rempli, à l'égard de Jean Barrié, les fonctions de juge d'instruction; le second, parcequ'il était intimement lié avec le sieur Bertrand Ramel, partie civile, et que d'ailleurs il avait manifesté son opinion sur la culpabilité de l'accusé, il a fallu chercher quatre autres juges dans le tribunal pour compléter la cour d'assises.

» Mais au lieu de quatre juges, il ne s'en est trouvé que trois, savoir : les sieurs Rouch, Durand et Nancadery.

» Il restait, à la vérité, des juges suppléans; mais aucun d'eux n'était habile à remplir, dans cette affaire, les fonctions de juges. Ils en étaient tous empêchés : les uns, parcequ'ils s'étaient chargés de la défense des parties; les autres, parcequ'ils avaient manifesté leur opinion avant l'ouverture des débats.

» Dans ces circonstances, le président de la cour d'assises a cru devoir, pour la compléter, appeler M^e. Albarel, le plus ancien des Avocats non empêchés.

» Et c'est devant la cour d'assises ainsi composée, que les débats ont été ouverts; c'est par la cour d'assises ainsi composée, qu'a été rendu l'arrêt que Jean Barrié vous dénonce aujourd'hui.

» Jean Barrié critique cette composition de la cour d'assises; et il la critique sous deux rapports.

» Il prétend d'abord que les membres du tribunal de première instance qui avaient concouru à l'arrêt de compétence de la cour spéciale, n'étaient pas, pour cela, empêchés de siéger dans la cour d'assises.

» Il prétend ensuite qu'en aucun cas, il n'était permis à la cour d'assises de s'adjoindre un Avocat pour se compléter.

» Sur la première de ces propositions, nous avons à examiner si l'arrêt de compétence rendu contre Jean Barrié, par la cour spéciale de l'Aude, n'équipollait pas, pour lui, à un arrêt de mise en accusation; car s'il y équipollait effectivement, nul doute que les juges qui avaient concouru à cet arrêt, ne dussent, par cela seul, être exclus de la cour d'assises : « Les membres » de la cour qui auront voté sur la mise en accusation (porte l'art. 257 du Code d'instruction » criminelle), ne pourront, dans la même affaire, » ni présider les assises, ni assister le président, » à peine de nullité ».

» Or, que faisaient les cours spéciales sous la loi du 23 floréal an 10, lorsqu'elles se déclaraient compétentes pour juger un particulier? Elles ne se bornaient pas, elles ne devaient pas se borner à déclarer que le crime imputé à un particulier, était de leur compétence; elles déclaraient encore, et elles devaient déclarer, que ce particulier était réellement prévenu du crime dont il s'agissait, et qu'il existait contre lui des charges suffisantes pour nécessiter sa mise en jugement. Un arrêt de compétence était donc alors, de la part d'une cour spéciale, un véritable arrêt de mise en accusation ; et cela est si vrai, qu'une fois l'arrêt de compétence rendu, l'acte d'accusation devenait forcé pour le procureur général; cela est si vrai, qu'une fois l'arrêt de compétence rendu, le procureur général ne pouvait pas se dispenser de dresser cet acte; cela est si vrai, qu'une fois l'arrêt de compétence rendu, la cour spéciale ne pouvait plus déclarer qu'il n'y avait pas lieu à accusation contre le prévenu.

» Ainsi, nul reproche à faire aux membres du tribunal de première instance de Carcassonne qui avaient siégé, le 30 mars 1811, dans la cour spéciale de l'Aude, de s'être abstenus de siéger dans la cour d'assises pour le jugement de Jean Barrié; et au contraire, ces magistrats n'ont fait, en s'en abstenant, que remplir un devoir qui leur était implicitement prescrit par l'art. 257 du Code d'instruction criminelle.

» La deuxième proposition de Jean Barrié est-elle plus exacte que la première?

» Le Code d'instruction criminelle ne dit nulle part que des Avocats pourront être appelés à défaut de juges et de suppléans, pour compléter une cour d'assises.

» Mais il ne dit pas non plus qu'ils ne pourront pas l'être; il se tait absolument sur ce mode de remplacement des juges empêchés.

» Le Code du 3 brumaire an 4 n'en disait, à cet égard, ni plus ni moins que le Code d'instruction criminelle; il gardait, comme celui-ci, un silence absolu sur ce mode de remplacement.

» Et comment procédait-on, en pareil cas, sous le Code du 3 brumaire an 4? Nous l'apprenons par un arrêt que vous avez rendu, le 11 prairial an 13, au rapport de M. Seignette : «Attendu (y est il dit) que, dans l'ordre géné-
» ral, la justice ne peut être administrée que
» par ceux que la loi a constitués à cet effet; que
» cependant, pour éviter toute interruption dans
» le cours de la justice, la loi du 30 germi-
» nal an 5 a, par son art. 16, accorde à chaque
» section du tribunal civil, en cas d'empêche-
» ment momentané de quelques-uns des juges et
» de l'absence des suppléans, la faculté d'appe-
» ler *un ou deux citoyens, au plus, du nombre de
» ceux qui sont dans l'usage d'exercer le ministère de
» défenseurs officieux*, à l'effet de compléter instanta-
» nément le nombre des juges requis pour le jugement
» du procès; que cette disposition, qui pourrait
» ne paraître applicable qu'aux tribunaux civils
» dont il y est fait mention, a, par l'usage, par
» identité de raison, et conformément à ce qui
» a toujours et universellement été pratiqué et
» autorisé, été adoptée par les tribunaux crimi-
» nels, etc. ».

» Par un autre arrêt du 26 vendémiaire an 14, au rapport de M. Vergès, vous avez également établi » qu'il résulte de l'art. 16 de la loi du 30
» germinal an 5, que les tribunaux civils sont
» autorisés à appeler des défenseurs officieux,
» afin d'éviter toute espèce d'interruption dans
» le cours de la justice; que néanmoins cette
» loi exige impérieusement que les juges de ces
» tribunaux et les suppléans demeurent en ma-
» jorité lors des jugemens à rendre; que, s'il en
» est ainsi en matière civile, il doit en être de
» même, par réciprocité de raison, et même
» bien plus essentiellement, en matière crimi-
» nelle; que la législation et la jurisprudence
» sont constantes sur ce point...... ».

» Cette jurisprudence a même été expressément consacrée par la loi du 22 ventôse an 12, dont l'art. 30 porte, sans distinguer entre les matières criminelles et les matières civiles, que « les
» Avocats, selon l'ordre du tableau, et, après
» eux, les avoués, selon la date de leur récep-
» tion, seront appelés, en l'absence de sup-
» pléans, à suppléer les juges, les commissaires,
» du gouvernement et leurs substituts »;

» Et qu'on ne dise pas que le Code d'instruction criminelle a dérogé à cette loi par son silence.

» S'il y avait dérogé par son silence pour les matières criminelles, la loi du 20 avril 1810 y aurait également dérogé pour les matières civiles, comme pour les matières criminelles elles-mêmes; car elle les embrasse toutes dans ses dispositions, et, parmi ses dispositions, il n'en est pas une seule qui, soit pour les uns, soit pour les autres, s'explique sur la question de savoir si les Avocats peuvent encore suppléer les juges.

» Et bien ! Le décret du 14 décembre de la même année, concernant l'ordre des Avocats, porte, en toutes lettres, art. 35, que « les Avocats
» seront appelés, dans les cas déterminés par la
» loi, à suppléer les juges et les officiers du mi-
» nistère public, et ne pourront s'y refuser sans
» motif d'excuse ou empêchement ».

» Nous estimons, en conséquence, qu'il y a lieu de rejeter la demande en cassation de Jean Barrié ».

Par arrêt du 27 décembre 1811, au rapport de M. Oudart,

« Attendu que les motifs pour lesquels des juges se déclarent empêchés et sont remplacés, ne peuvent donner ouverture à cassation ;

» Que, sous l'empire de la loi du 3 brumaire an 4, les avocats selon l'ordre du tableau étaient admis à remplacer les juges et suppléans absens ou autrement empêchés, soit dans les tribunaux civils, soit dans les cours de justice criminelle;

» Que le Code d'instruction criminelle appelant les juges du tribunal de première instance du chef-lieu, selon l'ordre du tableau, à la composition de la cour d'assises, les y appelle avec la faculté qu'ils tiennent de la loi d'être remplacés par des avocats en cas d'absence ou d'autre empêchement; que le décret du 14 décembre 1810 ne porte aucune limitation; et que le Code d'instruction criminelle ne contient aucune dérogation;

» Par ces motifs, la cour rejette... ».

§. V. 1°. *Une cour royale peut-elle appeler des Avocats pour se compléter, lorsqu'elle tient une audience solennelle?*

2°. *Doit-elle faire prêter aux Avocats qu'elle appelle, le serment prescrit aux magistrats?*

Le 17 juin 1809, la cour d'appel de Grenoble, ayant à statuer sur une affaire qui devait être portée à une audience solennelle, appelle quatre Avocats, pour compléter les deux chambres qui devaient se réunir à cet effet; et elle rend, ainsi composée, un arrêt qui déboute la dame Nitot, l'une des parties, de ses prétentions.

La dame Nitot se pourvoit en cassation et soutient 1°. que l'arrêt dont elle se plaint, doit être cassé, parcequ'aucune loi n'autorise les Avocats à siéger en audience solennelle, et que cette faculté leur est implicitement refusée par l'art. 20 du décret du 20 mars 1808.; 2°. qu'il doit encore l'être, parceque les Avocats appelés par la cour d'appel de Grenoble, n'ont pas prêté, avant de siéger, le serment prescrit aux fonctionnaires publics.

Par arrêt du 8 décembre 1813, au rapport de M. le Fessier de Grandprey,

« Attendu que le procès soumis par appel à la cour de Grenoble, était de nature à être jugé en audience solennelle; que pour tenir cette audience, deux sections ont dû se réunir; que, dans l'espèce, plusieurs des magistrats s'étant abstenus, la cour a eu le droit d'appeler des Avocats pour remplacer les magistrats absens, et se compléter;

» Attendu que ces Avocats avaient prêté serment, et pouvaient concourir aux fonctions de juges sans en prêter un nouveau;

» Par ces motifs la cour rejette le pourvoi.... ».

§. VI. *Un juge de paix qui se permettrait d'exercer la profession d'Avocat consultant, aurait-il action pour le paiement de ses honoraires?*

En 1813, le sieur de V...., ancien Avocat et juge de paix du canton de...., fait assigner la veuve de Jean-Baptiste Desadeleere, cultivateur à...., commune du même canton, devant le tribunal civil d'Audenarde, pour se voir condamner à lui payer une somme de 738 francs 76 centimes pour honoraires des conseils qu'il a donnés à son mari dans un grand nombre d'occasions, tant avant que depuis 1802.

Le 24 janvier 1816, jugement interlocutoire qui l'admet à la preuve des faits servant de base à sa demande.

Pour remplir l'objet de son interlocutoire, il produit, entre autres pièces, l'état de tout ce qu'il a fait et écrit pour Jean-Baptiste Desadeleere, les livres et annotations d'après lesquels il a dressé cet état, et une lettre du 21 juin 1811, par laquelle son client le prie de l'aider de ses conseils et de sa plume dans l'affaire dont il lui parle, avec promesse de lui en payer *les honoraires, ainsi que ceux de ses vacations antérieures*.

Le 22 avril 1818, jugement en dernier ressort, par lequel,

« Attendu que la lettre signée de feu l'époux de la défenderesse, portant la date du 21 juin 1811, est écrite à une époque où le demandeur, juge de paix du canton de.... depuis l'année 1802, ne pouvait, sans contrevenir aux lois, se charger de l'exécution d'un mandat incompatible avec ses fonctions judiciaires;

» Que pour la partie d'honoraires que le demandeur serait en droit d'exiger en qualité d'Avocat, à une époque antérieure à celle où il s'est chargé d'une fonction publique, il n'offre de les justifier que par des notes informes sur feuilles volantes, qui ne contiennent ni désignation de l'objet des honoraires, ni aucune date de l'époque où ils auraient été faits;

» Que, si, d'après l'ancienne jurisprudence, foi était ajoutée aux annotations tenues par les Avocats, relativement à leurs honoraires, ce n'était que pour autant qu'elles fussent couchées sur des journaux, livres ou registres tenus régulièrement par ordre d'année et de date, et qu'elles indiquassent la nature des vacations employées;

» Qu'il suit de ce qui précède, que le demandeur n'a pas atteint la preuve à lui imposée par le jugement interlocutoire, et ne justifie pas ses prétentions pour prétendus honoraires mérités contre le défunt époux de la défenderesse;

» Par ces motifs, le tribunal déclare le sieur de V...... non-recevable, ni fondé dans ses conclusions et le condamne aux dépens ».

Le sieur de V. se pourvoit en cassation contre ce jugement devant la cour supérieure de justice de Bruxelles.

« Excès de pouvoir et violation des dispositions du décret du 14 décembre 1810, sur la profession d'Avocat, ainsi que des art. 1985 et suivans du Code civil, qui permettent de convenir d'un salaire pour l'exécution d'un mandat.

» Violation (par le refus qu'a fait le tribunal civil d'Audenarde) d'admettre comme preuve la lettre du 21 juin 1811) de l'art. 1322 du Code civil, portant que l'acte sous seing-privé, reconnu par celui auquel on l'oppose, a, entre ceux qui l'ont souscrit, et entre leurs héritiers ou ayant-cause, la même foi que l'acte authentique ».

Tels sont ses moyens de cassation.

La cause portée à l'audience, M. l'avocat-général Destoop réfute le premier en ces termes:

« Il nous semble que c'est aux principes généraux, applicables au mandat, comme à tous les autres contrats, que nous devons remonter.

» Il ne peut y avoir d'action recevable en justice, si elle ne résulte d'une obligation qui ait une cause licite. La cause est illicite, dit l'art. 1133 du Code civil, quand elle est prohibée par la loi; quand elle est contraire aux bonnes mœurs ou à l'ordre public. Ce principe est tiré des lois romaines, loi 7, §. 4 et 7, D. *de pactis;* lois 26, 27, 35, §. 1, et 107, D. *de verborum obligationibus.*

» Il doit paraître contraire à l'ordre public qu'un fonctionnaire se mette hors d'état de remplir ses fonctions, dans le cas de devoir s'abstenir; qu'afin de gagner des honoraires comme Avocat, il s'expose à ne pouvoir remplir ses fonctions de juge de paix, tandis qu'il en perçoit le traitement. D'après les règles générales, tous les différends entre les particuliers, s'ils ne sont jugés par le juge de paix, doivent être portés devant lui en conciliation, avant d'être introduits en justice. La société peut-elle espérer un conciliateur zélé dans celui pour qui les discussions et les procès sont des moyens de fortune? Les particuliers s'approcheront-ils de lui avec confiance? Il est donc contraire au service et à l'ordre public qu'un juge de paix exerce une partie quelconque de la profession d'Avocat.

» Jamais, dit-on, le demandeur, depuis qu'il est juge de paix, ne s'est présenté à l'audience d'un tribunal pour y plaider.

» On le croira facilement, car aucun tribunal n'aurait souffert un pareil scandale, et bien certainement le nom d'un juge de paix ne serait point inscrit sur le tableau des Avocats exerçans. Apparemment aussi que le demandeur n'a jamais fait mention sur ses écrits du montant de ses honoraires, quoique tout Avocat soit tenu de le faire (art. 44 du décret du 14 décembre 1810). Il exerçait, pour ainsi dire, clandestinement et à la dérobée les fonctions d'un état infiniment honorable. Mais dans l'examen qui nous occupe en ce moment, que faisons-nous autre chose qu'apprécier la moralité d'un fait? Or, lorsque le juge, en appréciant la moralité d'un fait, déclare qu'il est contraire à l'ordre public; que partant il ne peut en résulter une action en justice, la première partie de cette décision n'est point attaquable en cassation, et la seconde est conforme à l'art. 1133 du Code civil.

» Enfin, une disposition formelle de la loi est venue confirmer cette conséquence que nous avons tirée de la nature des faits. L'art. 18 du décret du 14 décembre 1810 porte: *La profession d'Avocat est incompatible avec toutes les places de l'ordre judiciaire, excepté celle de suppléant.* Un juge de paix est bien certainement un fonctionnaire de l'ordre judiciaire. Donner des avis verbalement ou par écrit, pour en recevoir un salaire, c'est exercer la profession d'Avocat (art. 44 du décret du 14 décembre 1810). Donc le demandeur n'avait point d'action pour paiement d'honoraires prétendûment mérités depuis qu'il était investi des fonctions de juge de paix ».

Passant ensuite au second moyen, M. l'avocat général fait observer que la lettre du 11 juin 1821 ne prouve nullement que les honoraires dont il y est parlé, se rapportent à des vacations antérieures à l'époque où le sieur de V.... est devenu juge de paix, seul cas où ces honoraires seraient exigibles; qu'ainsi, en écartant cette lettre, le jugement attaqué n'a point contrevenu à l'art. 1322 du Code civil.

En conséquence, il conclud au rejet de la demande en cassation.

Par arrêt du 11 février 1820,

« Attendu que le premier juge n'a commis aucun excès de pouvoir en déclarant que le demandeur ne pouvait rien exiger pour des *devoirs* faits comme Avocat, depuis qu'il est juge de paix; qu'il s'est au contraire conformé à l'art. 18 du décret du 14 décembre 1810; partant qu'il n'y a pas lieu à cassation de ce chef;

» Attendu que la lettre du 21 juin 1811, écrite par feu l'époux de la défenderesse, suppose des *devoirs* faits par le demandeur et non payés à cette époque; et le demandeur ayant conclu à être admis à en faire la preuve, et le tribunal ayant déclaré qu'il n'avait pas fait la preuve qu'il aurait fait des *devoirs* avant qu'il fût juge de paix, n'a violé ni l'art. 1322 du Code civil, ni aucune des lois concernant le mandat, invoquées par le demandeur;

» Par ces motifs, la cour, sur les conclusions conformes de M. Destoop, avocat-général, rejette le pourvoi..... (1) ».

§. VII. *Peut-on forcer un Avocat à déposer comme témoin sur des faits qui lui ont été confiés dans le secret du cabinet?*

V. L'article *Témoin judiciaire.*

AVOUÉ. §. I. 1°. *Des registres que les Avoués sont obligés de tenir des avances qui leur sont faites par leurs cliens.*

2°. *De la prescription que ceux-ci peuvent leur opposer.*

3°. *De celle qu'ils peuvent opposer à une demande en restitution de pièces.*

I. Les deux premiers de ces trois objets sont traités dans le plaidoyer suivant, que j'ai prononcé à l'audience de la section des requêtes de la cour de cassation, le 23 ventôse an 10:

« Le cit. Picart vous demande la cassation d'un jugement en dernier ressort du tribunal civil de l'arrondissement de Neufchâteau, du 8 pluviôse an 9, qui le déclare non-recevable dans sa demande en paiement d'une somme de 54 livres 14 sous 9 deniers, à laquelle s'élevaient, suivant lui, les frais et déboursés faits par son père, en sa qualité de procureur au ci-devant bailliage de la Marche, dans un procès dont il avait été chargé par le cit. Delion.

» Ce jugement est fondé sur deux motifs, dans chacun desquels le cit. Picart trouve un moyen de cassation.

» Le premier motif est que le cit. Picart n'a pas représenté, comme le lui avait enjoint un jugement préparatoire du 18 frimaire an 9, les registres que son père avait dû tenir, d'après l'art. 14 du titre des *Avocats* et des *Procureurs* de l'ordonnance civile de Lorraine, du mois de novembre 1707; et à cet égard, le demandeur ob-

(1) Jurisprudence de la cour supérieure de Bruxelles, année 1820, tome I, page 10.

AVOUÉ, §. I.

serve que le ci-devant bailliage de la Marche n'a jamais été assujéti aux lois des ducs de Lorraine ; qu'il ressortissait au parlement de Paris ; que par conséquent c'est à tort et contre toute raison que le tribunal de Neufchâteau lui a appliqué une loi qui n'en a jamais été une pour lui ni pour ses parties adverses.

» L'observation du demandeur est juste en soi. Le ci-devant bailliage de Bassigny, séant à la Marche, faisait partie de ce qu'on appelait le *Barrois mouvant*, et par suite du ressort du parlement de Paris. C'est un point reconnu par une charte de Robert, duc de Bar, de l'an 1377, par le traité de Liverdun, de 1632, et par une foule de titres postérieurs.

» L'ordonnance civile de Lorraine, de 1707, n'a donc jamais fait loi dans le ci-devant bailliage de la Marche.

» Mais si nous retrouvons dans les lois françaises la disposition de cette ordonnance sur laquelle s'est fondé le tribunal de Neufchâteau, à coup sûr la méprise de ce tribunal se trouvera réparée.

» Or, voici ce que porte l'art. 44 de l'ordonnance de Charles VII, du mois d'avril 1453 : « Et pour ce que souventefois advient que après » le trépassement des procureurs, leurs héritiers » demandent grandes taxes et salaires, et aussi » les héritiers demandent souvent ce que a été » payé auxdits procureurs ; voulons et ordonnons » que lesdits procureurs fassent dorénavant regis- » tre de ce qu'ils auront et recevront des parties, » et ne soient reçus à faire demande mesmement » de paravant un an ou deux, sans grande et évi- » dente cause ou présomption ».

» C'est sur le fondement de cette loi, qu'un arrêt du parlement de Paris, du 6 mars 1674, rapporté au Journal du Palais, dans l'ordre de sa date, a ordonné, avant faire droit sur la demande d'un procureur en paiement de ses frais et déboursés, qu'il serait *tenu de représenter dans huitaine, par-devant le conseiller-rapporteur, ses registres de recettes, et iceux affirmer véritables*.

» Et c'est pour assurer l'exécution de la même loi, que l'art. 3 de l'arrêt de règlement de la même cour, du 28 mars 1692, s'est expliqué en ces termes : « Les procureurs seront tenus d'avoir des » registres en bonne forme, d'y écrire toutes les » sommes qu'ils recevront de leurs parties ou par » leurs ordres, de les représenter et affirmer vé- » ritables toutes les fois qu'ils en seront requis ; à » peine, contre ceux qui n'auront pas de registres » ou qui refuseront de les représenter et affirmer » véritables, d'être déclarés non-recevables en » leurs demandes et prétentions de leurs frais, sa- » laires et vacations ».

» Voilà bien, quoiqu'en d'autres termes, la même disposition qui compose l'art. 14 du titre des *Avocats* et *Procureurs* de l'ordonnance civile de Lorraine, de 1707. Cet article, en effet, est ainsi conçu : « Enjoignons aux procureurs d'avoir un » registre relié en bonne forme, dans lequel il[s] » enregistreront les causes dont ils seront chargés, » les noms et qualités de leurs parties, ensemble » l'argent qu'ils auront reçu, en y marquant le » jour de la réception, et par quelles mains ; à » peine, en cas de difficultés pour leurs salaires, » d'être ajouté foi au serment des parties sur l'ar- » gent qui leur aurait été donné ».

» Cela posé, que voyons-nous dans le jugement dont se plaint le cit. Picart ?

» Le cit. Picart, pour satisfaire au jugement préparatoire du 28 frimaire an 9, représente un registre qu'il dit avoir été celui de son père.

» Ses adversaires soutiennent que ce registre n'est pas conforme à l'ordonnance de 1707, et le tribunal de Neufchâteau le déclare expressément ainsi.

» En quoi ce registre n'est-il pas conforme à l'ordonnance de 1707 ? Le jugement ne s'explique point là-dessus, mais il n'en constate pas moins ce défaut de conformité, et le cit. Picart paraît en convenir lui-même dans sa requête en cassation.

» Mais si ce registre n'est pas conforme à l'ordonnance de 1707, il ne l'est certainement pas non plus à l'arrêt de règlement de 1692 ; c'est trop peu dire, il ne peut pas l'être non plus à l'ordonnance de 1453 ; car celle-ci, en obligeant les procureurs à tenir registre de leurs recettes, a évidemment entendu que ce registre serait en bonne forme, qu'il serait tout au moins relié, qu'il serait écrit de suite et sans aucun blanc.

» Et puisque du jugement attaqué, puisque de l'aveu implicite du demandeur lui-même, il résulte que le registre du ci-devant procureur Picart n'était pas tenu avec cette régularité, il est clair que le tribunal de Neufchâteau a dû, comme il l'a fait, déclarer le demandeur non-recevable.

» Le second motif du jugement attaqué est que, quand même on devrait prendre pour règle de la contestation, l'arrêt du parlement de Paris, du 28 mars 1692, la demande du cit. Picard serait encore frappée de la fin de non-recevoir que l'art. 1er. de cet arrêt fait résulter de la prescription de deux ans ; et c'est là ce qui fournit au demandeur son deuxième moyen de cassation.

» Dans le fait, il est constaté par le jugement, et le demandeur en convient, que le feu procureur Picard était décédé plus de deux ans avant la signification de l'exploit introductif d'instance. Il y avait donc, à l'époque de cette signification, plus de deux ans que la procuration donnée par les cit. Hélion au feu procureur Picard, était révoquée ; car la mort d'un procureur *ad lites* emporte bien constamment la révocation de son mandat ; et dès-là, rien de plus naturel que d'appliquer au demandeur la disposition de l'arrêt de règlement, du 28 mars 1692, par laquelle il est dit que *les procureurs ne pourront demander le paiement de leurs frais, salaires et vacations, deux ans après qu'ils auront été révoqués, ou que les parties seront décédées, encore qu'ils aient continué d'occuper pour les mêmes parties, ou pour leurs héritiers en d'autres affaires.*

» C'est cependant cette disposition que le demandeur vous présente comme violée par le jugement du tribunal civil de Neufchâteau. La prescription de deux ans, dit-il, ne peut courir que de deux époques; le décès des parties et la révocation du procureur : or, dans l'espèce, les parties sont encore vivantes, et le procureur n'a été révoqué par aucune d'elles. Il y a donc fausse application du règlement.

» Mais si le procureur Picart n'a pas été révoqué par ses parties, il l'a été par la nature, il l'a été par la loi qui attache expressément à la mort l'effet de mettre fin à toute espèce de mandat. C'est donc du jour de sa mort que la prescription de deux ans a dû courir contre son héritier; et remarquons bien que cette prescription n'a pas été introduite comme un droit nouveau par l'arrêt de règlement du 28 mars 1692; cet arrêt n'a fait que rappeler les dispositions de l'art. 44 de l'ordonnance de 1453.

» Par ces considérations, nous estimons qu'il y a lieu de rejeter la requête en cassation, et de condamner le demandeur à l'amende de 150 francs ».

Arrêt du 23 ventôse an 10, au rapport de M. Minier, qui prononce conformément à ces conclusions;

» Attendu que le demandeur n'a pas justifié devant les juges du tribunal de Neufchâteau, d'un registre tenu par son père, en sa qualité de ci-devant procureur, en la forme voulue par les lois et les réglemens observés en France et dans le ressort du ci-devant parlement de Paris, auquel appartenait le ci-devant bailliage de la Marche, lois et réglemens semblables en tout point aux dispositions de l'ordonnance de Lorraine, citées par le tribunal de Neufchâteau dans son jugement;

» D'où il résulte qu'il a été justement déclaré non-recevable dans sa demande; et que, d'après cette fin de non-recevoir, il serait superflu d'examiner si on pouvait au fond lui opposer la prescription.

II. Sur le troisième objet, *V.* le mot *Prescription*, §. 2; et l'art. 151 du décret du 16 février 1807, contenant le tarif des frais et dépens.

§. II. 1°. *Un tribunal d'appel peut-il s'adjoindre des Avoués pour se compléter ?*

2°. *Quel nombre d'Avoués peut-il s'adjoindre à cet effet ?*

3°. *Que doit-on décider à cet égard, relativement aux tribunaux de première instance ?*

V. l'article *Avocat*, §. 1 et 2.

§. III. *Lorsqu'un Avoué est appelé au jugement d'une affaire, en remplacement d'un juge, est-il nécessaire de constater par le jugement même, qu'il n'a été appelé qu'au défaut des autres juges, des suppléans et des avocats ?*

V. l'article *Avocat*, §. 3.

§. IV. *Les préfets sont-ils tenus de constituer Avoué dans les causes où ils plaident au nom de l'État ?*

Voici un arrêt de la cour de cassation, section civile, du 16 messidor an 10, qui décide cette question négativement et de la manière la plus positive :

« Le commissaire du gouvernement près le tribunal de cassation expose qu'il est chargé par le gouvernement de dénoncer au tribunal un jugement en dernier ressort du tribunal civil de l'arrondissement de Péthiviers, du 28 ventôse dernier, qui, dans une affaire où le préfet du département du Loiret était demandeur en passation de titre nouvel d'une rente due à la république, comme subrogée aux droits de la fabrique de Beaune, lui a ordonné de constituer un avoué.

» Les motifs exprimés dans ce jugement, sont
» que la loi du 27 ventôse an 8 ayant rétabli les
» Avoués, leur rend les mêmes pouvoirs qu'avaient
» les procureurs, par l'ordonnance de 1667, qui
» est remise en activité par l'arrêté des consuls
» du 18 fructidor an 8; que le commissaire du
» gouvernement peut d'autant moins agir person-
» nellement dans les affaires qui intéressent la ré-
» publique, qu'il cumulerait en sa personne deux
» qualités dans les affaires qui seraient dirigées
» contre des mineurs ou interdits, ce qui impli-
» querait contradiction; que la lettre du mi-
» nistre, dont il a été fait lecture, ne pourrait
» être, de sa part, qu'une opinion facultative;
» que l'art. 94 de la loi du 27 ventôse an 8,
» qui confère exclusivement aux Avoués le droit
» de postuler et de prendre des conclusions dans
» les tribunaux près lesquels ils sont établis,
» ne contient aucune distinction ni exception;
» que l'arrêté du directoire exécutif, du 10
» thermidor an 4, la loi du 17 frimaire an 6, qui
» ordonnent aux administrateurs, aujourd'hui
» représentés par les préfets, de proposer leurs
» moyens et conclure devant les tribunaux, par le
» ministère des commissaires du gouvernement
» près les tribunaux, dans les affaires où la répu-
» blique se trouve partie, ont été rendus dans un
« temps où il n'y avait plus ni procédure ni Avoués;
» d'où il suit que ces lois et arrêtés sont incom-
» patibles avec le rétablissement des Avoués et de
» la procédure, et se trouvent par conséquent
» abrogés par la loi postérieure du 27 ventôse
» an 8, et l'arrêté du 18 fructidor suivant, qui en
» ordonne le rétablissement; que la disposition
» de l'art. 89 de la loi du 27 ventôse an 8, au titre
» du *Tribunal de cassation*, ne contient qu'une ex-
» ception particulière à ce tribunal, et qui, loin
» de pouvoir s'appliquer aux autres tribunaux,
» confirme, au contraire, en leur faveur, la
» règle générale.

Il n'est pas un de ces motifs qui ne renferme une erreur.

» 1°. Il est vrai que l'art. 94 de la loi du 27 ventôse an 8 attribue aux Avoués le *droit exclusif de postuler et de prendre des conclusions dans le tribu-*

nal près lequel ils seront établis, et que cet article ne contient aucune distinction ni exception.

» Mais quelque générale que soit la disposition de l'art. 94 de la loi du 27 ventôse an 8, il est aisé de sentir qu'elle ne comprend pas les causes dans lesquelles la république se trouve partie, soit par le ministère des régies chargées de la poursuite judiciaire d'une certaine classe de ses droits et revenus, soit par le ministère des préfets appelés par la loi du 19 nivôse an 4 à stipuler ses intérêts en justice toutes les fois que le fond d'un droit se trouve en litige entre elle et un ou plusieurs particuliers.

» Ainsi, la régie de l'enregistrement n'a pas besoin d'Avoué pour intenter ou soutenir devant les tribunaux, les actions nationales dont l'exercice lui est délégué, et c'est ce que décide textuellement l'art. 17 de la loi du 27 ventôse an 9.

» En vain dirait-on que cet article prouve par lui-même la nécessité d'une loi d'exception pour déroger, même en faveur de la république, à la généralité de la disposition de la loi du 27 ventôse an 8; car cet article n'était pas nécessaire pour dispenser la régie de l'enregistrement d'employer le ministère des Avoués; il ne l'était que pour étendre cette dispense aux parties contre lesquelles la régie de l'enregistrement serait dans le cas de plaider; et voilà pourquoi il porte en termes généraux que, *dans l'instruction des instances que la régie aura à suivre pour toutes les perceptions qui lui sont confiées....,* LES PARTIES *ne seront pas obligées d'employer le ministère des Avoués.*

» Ainsi, la régie des douanes peut également intenter ou soutenir par elle-même, sans assistance d'Avoué, toutes les actions qui sont relatives à l'administration dont elle est chargée; et c'est ce qu'a décidé, en termes exprès, un jugement de la section des requêtes, du 1er. germinal an 10, rendu au rapport du cit. Bailli, sur le réquisitoire de l'exposant. (*V.* ci-après, §. 5).

» A la vérité, ce jugement est en partie motivé sur l'excès de pouvoir commis par le tribunal civil de l'arrondissement de Turnhout, dont il annulle deux arrêtés par lesquels il avait été décidé, en thèse générale et par forme de réglement, que les régisseurs des douanes ne pouvaient pas plaider sans assistance d'Avoué.

» Mais ce n'est pas là le seul motif de ce jugement; il est encore motivé sur ce *que les deux arrêtés* du tribunal de Turnhout *sont en opposition à l'art.* 17 *du tit.* 6 *de la loi du* 4 *germinal an* 2, *sur les douanes, en ce que l'instruction par Avoué est inconciliable avec l'instruction par simples mémoires et sans frais* (que prescrit ce dernier article); sur ce que *l'art.* 94 *de la loi du 27 ventôse an* 8 *n'est nullement applicable en matière de douanes, en ce que cette loi, faite en général pour les matières civiles* ORDINAIRES, *ne contient nulle dérogation à la loi* SPÉCIALEMENT *décrétée pour les douanes.*

» Or, ces derniers motifs s'appliquent aussi bien aux préfets qu'à la régie des douanes.

» De même, en effet, que la régie des douanes a, dans la loi du 4 germinal an 2, un réglement spécial pour la manière dont elle doit instruire les affaires dont la poursuite lui est confiée; de même aussi la loi du 19 nivôse an 4 et l'arrêté pris en conséquence par le directoire exécutif, le 10 thermidor suivant, tracent aux administrations départementales, aujourd'huire présentées par les préfets, une marche particulière pour l'instruction des causes dans lesquelles elles sont parties au nom de la république.

» La loi du 19 nivôse an 4 est ainsi conçue :
» — Art. 1. Toutes les actions en justice, princi-
» pales, incidentes ou en reprise, qui seront
» intentées par les corps administratifs, le seront
» au nom de la république, par le commissaire
» du directoire exécutif près l'administration dé-
» partementale, à la poursuite et diligence du
» commissaire du directoire exécutif près l'ad-
» ministration municipale, dans le ressort de la-
» quelle se trouveront les objets contentieux.
» — Art. 2. Si ces actions donnent lieu à des pour-
» suites devant le tribunal du département, elles
» y seront suivies et dirigées par le commissaire
» du directoire exécutif près l'administration dé-
» partementale, au nom de laquelle elles auront
» été intentées ».

» C'est pour régulariser uniformément le mode d'exécution de cette loi, qu'a été rendu l'arrêté du directoire exécutif du 10 thermidor de la même année; en voici les termes : « Le direc-
» toire exécutif, informé que les dispositions
» de la loi du 19 nivôse dernier, qui char-
» gent ses commissaires près les administra-
» teurs, de la poursuite et de la direction des
» actions judiciaires qui intéressent la république,
» ne sont pas exécutées dans tous les départemens
» avec l'uniformité qu'exigent le bien du service
» et la conservation des droits nationaux; que,
» dans plusieurs départemens, les commissaires
» du directoire exécutif près les administrations,
» font paraître à l'audience des défenseurs offi-
» cieux qui plaident au nom de la république et
» que les administrateurs salarient; que, dans
» d'autres, les commissaires du directoire exé-
» cutif près les tribunaux portent la parole pour
» les commissaires du directoire exécutif près les
» administrations, et font valoir les moyens
» que leur fournissent ceux-ci par les mémoires
» qu'ils leur adressent à cet effet; — Considé-
» rant 1°. qu'il importe de saisir toutes les oc-
» casions qui se présentent d'économiser les
» deniers de la république et de retrancher toutes
» les dépenses superflues; 2°. qu'il est contraire
» à la dignité de la république, qu'elle ne soit
» représentée devant les tribunaux que par de
» simples particuliers; tandis qu'il existe auprès
» de ces tribunaux mêmes, des fonctionnaires
» publics chargés de stipuler ses intérêts et de
» défendre ses droits; arrête ce qui suit : —
» Art. 1. Dans toutes les affaires portées devant

» les tribunaux, dans lesquelles la république sera partie, les commissaires du directoire exécutif près les administrations en vertu des arrêtés desquelles elles seront poursuivies, seront tenus d'adresser aux commissaires du directoire exécutif près ces tribunaux, des mémoires contenant les moyens de défense de la nation.

» — 2. Les commissaires du directoire exécutif près les tribunaux pourront lire à l'audience les mémoires qui leur auront été adressés par les commissaires du directoire exécutif près les administrations; et, soit qu'ils les lisent ou non, ils proposeront tels moyens et prendront telles conclusions que la nature de l'affaire leur paraîtra devoir exiger. »

» Voilà donc un mode spécial établi pour l'instruction des affaires poursuivies au nom de la république par les préfets, aujourd'hui subrogés aux administrations départementales.

» Or, ce mode est tout aussi *inconciliable* avec l'exécution de l'art. 94 de la loi du 27 ventôse an 8, que l'est avec l'exécution du même article, celui que trace, pour les matières de douanes, l'art. 17 du tit. 6 de la loi du 4 germinal an 2.

» Car, d'un côté, il est évident, que soumettre les préfets à la disposition de l'art. 94 de la loi du 27 ventôse an 8, ce serait aller doublement contre le but de l'arrêté du 10 thermidor an 4 :

» Ce serait y aller, en évitant d'*économiser les deniers de la république et de retrancher toutes les dépenses superflues;*

» Ce serait y aller encore, et manquer *à la dignité de la république*, en l'obligeant de se faire représenter devant les tribunaux de la même manière que les simples particuliers, *tandis qu'il existe près de ces tribunaux mêmes, des fonctionnaires publics chargés de stipuler ses intérêts et de défendre ses droits.*

» D'un autre côté, si la république était tenue d'employer le ministère des Avoués, les commissaires du gouvernement près les tribunaux n'auraient plus à parler qu'au nom de la loi, et comme *officiers du ministère public.* Ils ne seraient plus dans le cas de *lire à l'audience les mémoires* des préfets, et *de prendre* au nom de ceux-ci *telles conclusions que la nature de l'affaire leur paraîtrait devoir exiger.* Dès-lors, l'arrêté du 10 thermidor an 4 demeurerait absolument sans exécution.

» Il y a donc, encore une fois, incompatibilité absolue, à l'égard de la république, entre l'exécution de l'arrêté du 10 thermidor an 4 et l'exécution de l'art. 94 de la loi du 27 ventôse an 8.

» Il y a par conséquent même raison de dispenser la république plaidant par l'organe des préfets, de l'exécution de l'art. 94 de la loi du 27 ventôse an 8, que d'en dispenser la république plaidant par l'organe de la régie des douanes.

» Et, par une conséquence ultérieure, les motifs du jugement de la section des requêtes du 1er. germinal an 10, reçoivent ici une application directe et entière.

» Inutilement dirait-on que l'arrêté du 10 thermidor an 4 n'est pas une loi.

» Cet arrêté a été pris en exécution de la loi du 19 nivôse an 4 ; et, sous ce seul rapport, il n'a été, de la part du directoire exécutif, qu'un acte d'autorité légitime.

» Aussi n'a-t-il excité aucune réclamation de la part du corps législatif; et bien loin de là, le corps législatif lui-même l'a approuvé de la manière la moins équivoque, en adaptant ses dispositions à la loi qu'il a faite, le 17 frimaire an 6, pour régler la reprise et le jugement des procédures existantes contre les émigrés, qui, par le décret du 1er. floréal an 3, avaient été éteintes et soumises à un arbitrage forcé.

» Voici ce que porte cette loi : Art. 2. Les demandes auxquelles les procédures reprises pourront donner lieu, seront signifiées aux administrations liquidantes, qui seront tenues de répondre auxdites demandes par des mémoires signifiés dans la forme ordinaire. — » 3. Les originaux des mémoires signifiés seront remis au commissaire du pouvoir exécutif près le tribunal chargé de la connaissance de l'affaire, lequel en donnera son récépissé. » — 4. Les administrations liquidantes n'auront, près les tribunaux, ni défenseurs officieux, ni procureurs fondés; seulement les mémoires signifiés par elle, seront lus à l'audience par le commissaire du pouvoir exécutif, qui sera d'ailleurs tenu de faire valoir tous les moyens que lui suggéreront la justice et l'intérêt de la république ; et il sera fait, dans le jugement, mention de cette lecture, à peine de nullité ».

» Enfin, ce qui tranche toute difficulté, ce qui prouve même que l'arrêté du 10 thermidor an 4 doit encore être exécuté dans l'organisation actuelle des tribunaux, c'est que, par l'arrêté des consuls, du 7 messidor an 9, relatif aux rentes et domaines nationaux affectés aux hospices par la loi du 4 ventôse précédent, il est dit, art. 4, que, dans l'instruction des affaires contentieuses qui auront lieu au sujet de ces rentes et domaines, « les commissaires du gouvernement près les tribunaux.... se conformeront particulièrement aux dispositions de l'arrêté du directoire exécutif, du 10 thermidor an 4 ».

» 2°. Par là se trouve réfuté à l'avance le motif que le tribunal de Pithiviers tire de ce que l'arrêté du 10 thermidor an 4 et la loi du 17 frimaire an 6, « ont été rendus dans un temps où il n'y avait plus ni procédure ni Avoués, et se trouvent par conséquent abrogés par la loi du 27 ventôse an 8 et l'arrêté des consuls du 18 fructidor suivant, qui en ordonnent le rétablissement ».

» Les consuls ont si peu entendu, par leur arrêté du 18 fructidor an 8, rapporter l'arrêté du directoire exécutif du 10 thermidor an 4, que le

7 messidor an 9, ils ont ordonné itérativement l'exécution de celui-ci.

» Et d'ailleurs, il n'existait pas plus d'Avoués lors de la publication de la loi du 4 germinal an 2 sur les douanes, qu'il n'en existait lors de l'arrêté du 10 thermidor an 4 et de la loi du 17 frimaire an 6. Si donc, comme l'a jugé la section des requêtes, le 1er. germinal an 10, la loi du 4 germinal an 2 n'a pas été abrogée par l'art. 94 de la loi du 27 ventôse an 8, de quel droit viendrait-on soutenir que cet article a abrogé, soit la loi du 17 frimaire an 6, soit l'arrêté du 10 thermidor an 4 ?

» 3°. Ce n'est pas avec plus de raison que le tribunal de Pithiviers se fonde sur ce *que la loi du 27 ventôse an 8, ayant rétabli les Avoués, leur rend le même pouvoir qu'avaient les procureurs par l'ordonnance de 1667.*

» De là, au contraire, sort contre son système un argument sans réplique.

» Les procureurs, en effet, n'avaient pas le droit de postuler ni de conclure dans les affaires où l'État se trouvait partie. Ces affaires n'étaient suivies, n'étaient instruites, que par les procureurs généraux dans les tribunaux supérieurs, et par leurs substituts dans les juridictions subalternes. Les Avoués n'ont donc pas acquis, sur ces affaires, des droits que n'avaient pas les procureurs ; ils en sont donc exclus comme l'étaient les procureurs eux-mêmes.

» 4°. Et c'est ce qui répond à ce *considérant* du jugement du tribunal de Pithiviers, que *le commissaire du gouvernement peut d'autant moins agir personnellement dans les affaires qui intéressent la république, qu'il cumulerait en sa personne deux qualités dans les affaires qui seraient dirigées contre des mineurs ou interdits, ce qui impliquerait contradiction ;* le commissaire du gouvernement peut et doit faire, dans l'ordre judiciaire actuel, ce que faisait le procureur général dans l'ancien. Comme celui-ci, il réunit effectivement deux qualités dans les affaires où l'État est partie. Défenseur de l'État, il intente son action, il propose ses moyens, il prend ses conclusions. Ensuite, organe de la loi, comme officier du ministère public, il requiert même contre l'État, ce qui lui paraît être dans le vœu de la loi.

» Le tribunal de Pithiviers voit là une *contradiction*; mais elle n'est qu'apparente, et elle n'existe pas plus aujourd'hui qu'elle n'existait avant le rétablissement des Avoués.

» Avant le rétablissement des Avoués, le commissaire du gouvernement était, comme aujourd'hui, dans le cas de parler au nom de la loi, après avoir parlé au nom de la république ; et il n'est pas sans exemple qu'il ait fait contre la république, des *réquisitions* opposées aux *conclusions* qu'il avait prises pour elle.

» C'est même ce que l'exposant et ses collègues du parquet font tous les jours à l'audience du tribunal de cassation, d'après l'art. 89 de la loi du 27 ventôse an 8.

» Mais, dit le tribunal de Pithiviers, l'art. 89 de la loi du 27 ventôse an 8 *ne contient qu'une exception particulière au tribunal de cassation; et cette exception, loin de pouvoir s'appliquer aux autres tribunaux, confirme, en leur faveur la règle générale.*

» Ce n'est point par exception, c'est, au contraire, par extension de la mesure prescrite par l'arrêté du 10 thermidor an 4, que l'art. 89 de la loi du 27 ventôse an 8 dispose comme il le fait.

» L'arrêté du 10 thermidor an 4 n'était relatif qu'aux tribunaux de département ; son préambule en contient la preuve.

» Il fallait donc une nouvelle disposition pour le rendre applicable au tribunal de cassation ; et l'art. 89 de la loi du 27 ventôse an 8 n'a été fait que dans cette vue.

» A ces causes, l'exposant requiert qu'il plaise au tribunal de cassation, vu la loi du 19 nivôse an 4, l'arrêté du directoire exécutif du 10 thermidor suivant, les art. 2, 3 et 4 de la loi du 17 frimaire an 6 ; les art. 89 et 94 de la loi du 27 ventôse an 8, et l'arrêté des consuls du 7 messidor an 9 ; casser et annuller le jugement rendu en dernier ressort par le tribunal civil de l'arrondissement de Pithiviers, le 28 ventôse an 10, en ce qu'il ordonne au préfet du département du Loiret de constituer un avoué ; ordonner qu'à la diligence de l'exposant, le jugement de cassation à intervenir sera imprimé et transcrit sur les registres du tribunal civil de l'arrondissement de Pithiviers.

» Fait au parquet, le 3 messidor an 10. *Signé* Merlin.

» Ouï le rapport fait par le cit. Babille, l'un des juges....;

» Vu l'art. 94 de la loi du 27 ventôse an 8...; la loi du 19 nivôse an 4...; l'arrêté du directoire exécutif du 10 thermidor suivant...; l'arrêté des consuls du 7 messidor an 9...; et la loi du 17 frimaire an 6...;

» Et attendu que la loi du 27 ventôse an 8, art. 94, n'est applicable qu'aux affaires entre particuliers, et nullement à celles qui intéressent la république, pour raison desquelles les lois des 19 nivôse an 4 et 17 frimaire an 6, art. 2, 3 et 4, non abrogés par l'art. 94 de ladite loi du 27 ventôse, ainsi qu'il résulte notamment d'un arrêté des consuls, du 7 messidor an 9, ont considéré les commissaires du gouvernement près les tribunaux, comme les véritables défenseurs et fondés de pouvoir de la république, et comme devant, par conséquent, même depuis la loi du 27 ventôse, remplir, dans l'intérêt de la république, les mêmes fonctions que, dans toutes les autres affaires, les Avoués remplissent pour les particuliers ;

» D'où il suit que le jugement attaqué a, non-seulement fait une fausse application de l'art. 94 de la loi du 27 ventôse an 8, mais encore violé les lois du 19 nivôse an 4 et 17 frimaire an 6, dans les articles précités ;

» Par ces motifs, le tribunal casse et annulle... »

Un arêt semblable a été rendu à la section des requêtes, le 29 thermidor an 10. En voici les termes :

« Le commissaire du gouvernement près le tribunal de cassation, expose qu'il est chargé par le gouvernement de requérir l'annullation de trois jugemens du tribunal d'appel de Paris, des 6 pluviôse, 23 ventôse et 16 messidor an 9, tant comme contenant excès de pouvoir, que pour contravention aux lois sur la forme de procéder, dans les actions qui intéressent la république.

» La municipalité de Paris voulant, en 1791, faire réparer les murs du pont de la Cité, s'empara des caves du cit. Duhamel, qui étaient ou paraissaient nécessaires à cette opération; et pour l'indemniser, lui abandonna, par arrêté du 4 novembre de la même année, les bâtimens de l'église de Saint-Denis-de-la-Chastre.

» Depuis, l'administration du département de la Seine, oubliant ou regardant comme nul cet arrangement, loua au cit. Lemol les bâtimens cédés par la municipalité au cit. Duhamel.

» Le cit. Lemol en demanda les loyers à celui-ci, et se les fit adjuger par deux jugemens par défaut du tribunal civil du département, des 12 brumaire et 23 nivôse an 4.

» Le cit. Duhamel interjeta appel de ces jugemens, et fit assigner en garantie le préfet du département de la Seine.

» Sur cette assignation, le préfet crut devoir se régler d'après le mode de procédure qu'il avait suivi jusqu'alors dans les instances où il avait été partie au nom de la république : il se borna, en conséquence, à adresser au commissaire du gouvernement près le tribunal d'appel, un mémoire contenant des instructions pour sa défense.

» Le cit. Duhamel pensa, au contraire, qu'il pouvait agir avec le préfet comme avec un simple particulier ; et, sous le prétexte que le préfet n'avait pas constitué d'Avoué, il leva contre lui, au greffe, le 23 nivôse an 9, un défaut dont il se fit adjuger le profit par jugement du 6 pluviôse suivant.

» Le 23 du même mois, le préfet forma opposition à ce jugement par acte extra-judiciaire.

» Mais bientôt il fut assigné par le cit. Duhamel, en vertu d'une ordonnance sur requête, pour voir dire qu'il serait tenu de réitérer son opposition par le ministère d'un Avoué.

» Sur cette demande, le préfet proposa encore sa défense suivant le mode qu'il avait précédemment employé : il adressa au commissaire du gouvernement un mémoire par lequel, en établissant qu'aucune loi ne justifiait la prétention incidentelle du cit. Duhamel, il concluait à ce que le jugement du 6 pluviôse fût regardé comme nul et non avenu.

» Mais par jugement du 23 ventôse an 9, le tribunal d'appel de Paris accueillit le système du cit. Duhamel ; et, déterminé par les mêmes motifs qui ont depuis dicté au tribunal civil de l'arrondissement de Pithiviers, le jugement cassé le 16 messidor dernier, sur le réquisitoire de l'exposant, et au rapport du cit. Babille, il ordonna que le préfet du département de la Seine serait tenu, dans le délai de trois jours, de réitérer, par le ministère d'un Avoué, l'opposition qu'il avait formée par l'acte extra-judiciaire du 23 pluviôse précédent.

» Après ce jugement, le cit. Duhamel poursuivit l'audience sur le fond ; et, le 16 messidor de la même année, il en obtint un autre par défaut, qui ordonna l'exécution de celui du 6 pluviôse.

» C'est ainsi que les droits de la république ont été sacrifiés à des exceptions de forme.

» Si ces exceptions étaient fondées sur la loi, la république n'aurait pas à s'en plaindre. Il est des formes qui sont établies pour elle comme pour les particuliers ; et, lorsque ses agens y manquent, nul doute qu'elle ne doive en souffrir.

» Mais ici, il s'agit de formes dont la république est affranchie par des lois expresses ; et, avoir jugé comme l'a fait le tribunal d'appel de Paris, que les préfets, plaidant au nom de la république, sont tenus, comme les simples citoyens, de se faire représenter par des Avoués, c'est avoir méconnu la loi, c'est avoir substitué à la loi une volonté arbitraire.

» L'exposant ne peut, à cet égard, que s'en référer aux détails contenus dans son réquisitoire du 3 messidor an 10, et aux motifs du jugement de la section civile du 16 du même mois, qui en a adopté les conclusions, en cassant le jugement du tribunal de Pithiviers, du 28 ventôse précédent ; les uns et les autres sont plus que suffisans pour démontrer l'indispensable nécessité de casser également les trois jugemens du tribunal d'appel de Paris, des 6 pluviôse, 23 ventôse et 16 messidor an 9.

» L'exposant doit seulement prévenir une observation qui, à la première vue, semble justifier ces jugemens, en les rangeant dans une classe distincte de celle à laquelle appartient le jugement du tribunal de Pithiviers ; c'est que, dans ces jugemens, le préfet n'est désigné que comme *représentant la commune de Paris*.

» Mais cette dénomination n'est qu'une erreur de plus. Il est aisé de reconnaître que l'affaire dans laquelle il a été ordonné au préfet du département de la Seine, de constituer Avoué, ne regardait pas la commune de Paris, mais bien la république entière.

» On sait, en effet, que les municipalités exercent deux espèces de fonctions : les unes propres au pouvoir municipal, les autres propres à l'administration générale, et déléguées aux municipalités; que, notamment, par une loi du 27 mars 1791, le département de Paris a été autorisé à déléguer à la municipalité, les fonctions relatives à l'administration et à l'aliénation des domaines nationaux.

» Dans l'espèce, il s'agit d'une action intentée par Lemol contre Duhamel, en paiement de loyers de la ci-devant église de Saint-Denis-de-la-Chastre, qui avait été donnée à bail à Lemol, par la municipalité de Paris. Duhamel a assigné le préfet en garantie, en se fondant sur ce que la municipalité lui avait donné la jouissance de la même église, en indemnité ou compensation de caves qu'elle lui avait prises pour déposer les matériaux du pont de la Cité. Cette église, qui était une propriété nationale, n'a pu être louée par la municipalité que comme exerçant alors une partie de l'administration du domaine national. L'objet principal de la cause intéressait donc la république. Aussi les jugemens ne sont-ils pas fondés sur ce qu'il s'agissait des intérêts de la commune de Paris : toute la discussion, au contraire, a roulé sur le point de savoir si, dans les affaires qui intéressent la république, les préfets doivent constituer Avoué, si l'arrêté du 10 thermidor an 4 et la loi du 19 frimaire an 6 subsistent encore, ou sont abrogés à cet égard.

» Mais ce n'est pas seulement une infraction à l'arrêté du 10 thermidor an 4 et à la loi du 17 frimaire an 6; ce n'est pas seulement une fausse application de l'art. 94 de la loi du 27 ventôse an 8, qu'il y a lieu de reprocher aux trois jugemens du tribunal d'appel de Paris. Ces trois jugemens sont encore infectés d'un abus de pouvoir, en ce qu'ils ont été rendus, comme l'observe le ministre de la justice, dans sa lettre du 15 de ce mois à l'exposant, dans une affaire purement administrative. *L'une des parties* (ce sont les termes du ministre) *demande à jouir d'un édifice en vertu d'un bail passé par l'autorité administrative. L'autre prétend à l'usage du même édifice, en vertu d'une disposition de la même autorité, et en indemnité d'un autre local dont elle a disposé pour le service public. Il s'agit donc d'examiner et d'expliquer des actes émanés de l'autorité administrative, de déterminer l'effet qu'ils doivent avoir, et l'indemnité qui peut être due à l'une des parties. La difficulté étant relative à des opérations administratives, il semble que le tribunal ne devait pas en prendre connaissance.*

» A ces causes, l'exposant requiert qu'il plaise au tribunal de cassation, vu l'art. 80 de la loi du 27 ventôse an 8, l'art. 13 du tit. 2 de celle du 24 août 1790, et les autres lois sur lesquelles est motivé le jugement de la section civile, du 16 messidor dernier; casser et annuller les jugemens rendus par le tribunal d'appel de Paris, les 6 pluviôse et 16 messidor an 9; et ordonner qu'à la diligence de l'exposant, le jugement de cassation à intervenir sera imprimé et transcrit sur les registres du tribunal d'appel de Paris...., signé Merlin.

» Oui le rapport du cit. Zangiacomi, l'un des juges...;

» Vu la loi du 24 août 1790, tit. 2, art. 13, et la loi du 16 fructidor an 3, qui fait itératives défenses aux tribunaux de connaître des actes d'administration, de quelque espèce qu'ils soient, aux termes de droit...; l'art. 94 de la loi du 27 ventôse an 8, portant : *les Avoués auront exclusivement le droit de postuler et de prendre des conclusion dans le tribunal pour lequel ils sont établis ;* la loi du 19 nivôse an 4, relative aux actions en justice à intenter au nom de la république, art. 2....; l'arrêté du directoire exécutif, du 10 thermidor suivant, art. 2...; l'arrêté des consuls, du 7 messidor an 9, relatif aux rentes et dotations nationaux affectés aux hospices, art. 4... ; la loi du 17 frimaire an 6, rendue pour régler la reprise et le jugement des procédures existantes contre les émigrés ;

» Considérant 1°. qu'il s'agissait, dans l'affaire actuelle, de prononcer sur la validité d'actes administratifs passés au profit de Duhamel et de Lemol, et que, sous ce rapport, le tribunal de Paris n'a pu en connaître sans commettre excès de pouvoir, aux termes des lois des 24 août 1790 et 16 fructidor an 3;

» Considérant 2°. que la loi du 27 ventôse an 8, art. 94, relative aux Avoués, n'est applicable qu'aux affaires entre particuliers; qu'à l'égard de celles qui concernent la république, les autres lois ci-dessus citées constituent les commissaires du gouvernement seuls défenseurs de l'intérêt national, et les autorisent à faire ce que les Avoués font dans les affaires qui ne regardent que les citoyens;

» Par ces motifs, faisant droit sur le réquisitoire du commissaire du gouvernement, le tribunal annulle, tant pour excès de pouvoir, que pour contravention aux lois, etc.».

§. V. *La régie des douanes peut-elle plaider sans l'assistance d'un Avoué?*

Il existe sur cette question, un arrêt de la cour de cassation, section des requêtes, du 1er. germinal an 10; qui est ainsi conçu :

« Le commissaire du gouvernement près le tribunal de cassation expose qu'il est chargé par le gouvernement, de lui dénoncer deux *délibérations* du tribunal civil de l'arrondissement de Turnhout.

» Par la première de ces *délibérations*, en date du 23 frimaire dernier, le tribunal civil de l'arrondissement de Turnhout a déclaré ne pouvoir admettre le receveur des douanes de cet arrondissement à prendre des *conclusions dans la cause en matière de contravention aux lois des 10 brumaire et 26 ventôse an 5, que par le ministère d'un Avoué.*

» Il a fondé cette délibération sur la disposition générale de l'art. 94 de la loi du 27 ventôse an 8, qui attribue aux Avoués le droit exclusif de prendre des conclusions dans les affaires portées devant les tribunaux près desquels ils sont établis.

» Le ministre de la justice, informé de cette délibération, a chargé le commissaire du gouvernement près le tribunal de Turnhout, d'en requérir le rapport; ce qu'il a fait.

» Mais le 3 pluviôse dernier, ce tribunal a pris une nouvelle délibération qui maintient la précédente.

» Si le tribunal de Turnhout avait fait, par un jugement et pour une cause particulière, ce qu'il a fait par ces deux délibérations, il y aurait à lui reprocher un mal jugé évident, une contravention formelle à l'art. 17 du tit. 6 de la loi du 4 germinal an 2, relative aux douanes, et une fausse application de l'art. 94 de la loi du 27 ventôse an 8.

» En effet, ni l'art. 94 de la loi du 27 ventôse an 8, ni aucune autre loi n'a abrogé l'art. 17 du tit. 6 de la loi du 4 germinal an 2, qui porte : *en première instance et sur l'appel, l'instruction sera verbale, sur simples mémoires et sans frais de justice à répéter de part ni d'autre.*

» Or, comment la régie des douanes pourrait-elle être assujétie à l'obligation de se servir du ministère des Avoués, sans avoir le droit d'en répéter les frais contre les parties, à la charge desquelles elle obtiendrait condamnation? L'astreindre à l'une et la priver de l'autre, serait, de la part de la loi, une contradiction manifeste; et prêter à la loi une pareille contradiction, comme l'a fait le tribunal de Turnhout, c'est insulter à sa sagesse, c'est violer son texte littéral.

» Le tribunal de Turnhout est, à cet égard, d'autant moins excusable, qu'il avait sous les yeux une lettre circulaire du ministre de la justice, en date du 16 vendémiaire an 10, qui l'avertissait que la loi du 27 ventôse an 8 n'avait dérogé à aucune des lois rendues en matière de douanes; et qu'en conséquence, c'était mal à propos que plusieurs tribunaux avaient douté si la régie des douanes était encore dispensée d'employer le ministère des Avoués dans les procédures où elle se trouvait partie.

» Mais ce n'est pas seulement un mal jugé, ce n'est pas seulement une fausse application de la loi du 27 ventôse an 8, et une violation expresse de la loi du 4 germinal an 2, qu'offrent les délibérations du tribunal de Turnhout, des 23 frimaire et 3 pluviôse derniers.

» Ces deux délibérations sont en outre entachées du plus grand de tous les vices, de l'excès de pouvoir, puisqu'elles contiennent un réglement, et que par conséquent elles transgressent,

en violant l'art. 12 du tit. 2 de la loi du 24 août 1790, les bornes dans lesquelles tous les juges doivent se renfermer.

» Il est vrai que, par l'art. 35 de la loi du 6-27 mars 1791, *les tribunaux sont provisoirement autorisés à faire des arrêtés relatifs à la police et à l'ordre des audiences;* mais par cela seul qu'ils n'y sont autorisés que *provisoirement,* il est évident qu'ils ne peuvent pas, sans excéder leur pouvoir, user de ce droit dans les matières sur lesquelles la loi a réglé elle-même définitivement la forme de procéder.

» A ces causes, le commissaire du gouvernement requiert qu'il plaise au tribunal de cassation, casser et annuller les deux délibérations dont il s'agit; ordonner qu'à la diligence de l'exposant, le jugement de cassation à intervenir, sera imprimé et transcrit sur les registres du tribunal civil de l'arrondissement de Turnhout. Signé Merlin.

» Ouï le rapport fait par le cit. Bailly, l'un des membres du tribunal....;

» Vu l'art. 12 du tit. 2 de la loi du 24 août 1790; l'art. 94 de la loi du 27 ventôse an 8, conçu en ces termes : *les Avoués auront exclusivement le droit de postuler et de prendre des conclusions dans le tribunal pour lequel ils seront établis;* l'art. 17 du tit. 6 de la loi du 4 germinal an 2, *spéciale pour les douanes;*

» Le tribunal, considérant que le tribunal civil de première instance de l'arrondissement de Turnhout a fait un réglement, et par conséquent a commis un excès de pouvoir, en prenant, le 23 frimaire an 10, une délibération par laquelle il a arrêté de *ne pouvoir admettre les conclusions de receveur des douanes de l'arrondissement, dans les causes en matière de contravention aux lois des 10 brumaire et 26 ventôse an 5, QUE PAR LE MINISTÈRE D'UN AVOUÉ;* et que, par une autre délibération du 3 pluviôse an 10, il a commis le même excès de pouvoir, en maintenant ce premier arrêté;

» Considérant que ces deux arrêtés sont en opposition avec l'article ci-dessus cité du tit. 6 de la loi sur les douanes, en ce que l'instruction *par Avoués* est inconciliable avec une instruction *sur simples mémoires et sans frais;*

» Considérant que l'art. 94 de la loi du 27 ventôse an 8 n'est nullement applicable en matière de douanes, en ce que cette loi, faite *en général* pour les matières civiles *ordinaires,* ne contient nulle dérogation à la loi *spécialement* décrétée pour les matières des douanes;

» Statuant sur le réquisitoire du commissaire du gouvernement, annulle pour excès et usurpation de pouvoir, les deux arrêtés du tribunal civil de première instance de l'arrondissement de Turnhout, ci-dessus énoncés, des 23 frimaire et 3 pluviôse an 10;

» Les casse et annulle en même temps, tant pour fausse application de l'art. 94 de la loi du 27 ventôse an 8, que pour contravention directe à l'art. 17 du titre 6 de celle du 4 germinal an 2, spéciale pour les douanes.... ».

§. VI. 1°. *La régie de l'enregistrement est-elle obligée de constituer Avoué dans les affaires qui ont pour objet, non des impositions indirectes, mais des recouvremens de revenus nationaux ou de frais de justice ?*

2°. *Y est-elle obligée lorsque, pour des objets étrangers aux droits d'enregistrement, elle poursuit une saisie et arrêt pratiquée à sa requête dans les mains d'un tiers-débiteur ?*

I. La cour d'appel d'Amiens ayant décidé la première question pour l'affirmative, par arrêt rendu le 21 frimaire an 10, en faveur des sieurs Neveu et consorts, la régie de l'enregistrement s'est pourvue en cassation ; et l'affaire portée à l'audience de la section des requêtes, le 16 messidor de la même année, j'ai dit :

« La cassation du jugement qui vous est dénoncé par la régie de l'enregistrement, est déjà, en quelque sorte, prononcée à l'avance par le jugement que vous avez rendu le 1er. germinal dernier, sur notre réquisitoire et au rapport du cit. Bailly.

» Par ce jugement, vous avez annullé deux arrêtés du tribunal civil de l'arrondissement de Turnhout, des 23 frimaire et 23 pluviôse an 10, qui avaient décidé que la régie des douanes ne pouvait être admise à plaider devant ce tribunal, que par le ministère d'un avoué.

» Et vous en avez motivé l'annullation, non-seulement sur l'excès du pouvoir qu'avait commis le tribunal de Turnhout, en faisant, par ces deux arrêtés, une espèce de réglement général, mais encore sur un *considérant* tiré du fond même de ces arrêtés, et qui porte *qu'ils sont en opposition avec l'art. 17 du tit. 6 de la loi du 4 germinal an 2, sur les douanes, en ce que l'instruction par Avoués est inconciliable avec une instruction par simples mémoires et sans frais ; que l'art. 94 de la loi du 27 ventôse an 8 n'est nullement applicable en matière de douanes, en ce que cette loi, faite en général pour les matières civiles* ORDINAIRES, *ne contient nulle dérogation à la loi* SPÉCIALEMENT *décrétée pour les matières des douanes.*

» Et en conséquence, voici de quelle manière vous avez rédigé le dispositif du jugement que ces divers motifs vous avaient déterminé à rendre : *Annulle pour excès et usurpation de pouvoir, les deux arrêtés ci-dessus énoncés...., les casse et annulle en même-temps, tant pour fausse application de l'art. 94 de la loi du 27 ventôse an 8, que pour contravention directe à l'art. 17 du tit. 6 de celle du 4 germinal an 2*, SPÉCIALE *pour les douanes.*

» Cela posé, il est bien évident que le jugement du tribunal d'appel d'Amiens, du 8 frimaire dernier, doit être également annullé, s'il existe pour la régie de l'enregistrement, une loi semblable à celle du 4 germinal an 2 pour la régie des douanes.

» Or, cette loi existe, et pour nous en convaincre, nous n'avons besoin que de nous arrêter à l'art. 7 de celle du 29 septembre 9 octobre 1791, et de la rapprocher de l'art. 25 de celle du 5-19 décembre 1790.

» L'art. 7 de la loi du 29 septembre -9 octobre 1791 porte que *la forme de procéder prescrite par l'art. 25 de la loi du 5-19 décembre 1790, sera suivie par toutes les instances relatives aux domaines et aux droits dont la régie est réunie à celle de l'enregistrement.*

» Et l'art. 25 de la loi du 5-19 décembre 1790 est ainsi conçu : *L'introduction et l'instruction des instances relatives à la perception des droits d'enregistrement, auront lieu par simples requêtes ou mémoires, respectivement communiqués sans aucuns frais autres que ceux du papier timbré et de signification des jugemens interlocutoires et définitifs, sans qu'il soit nécessaire d'y employer le ministère d'aucuns avocats ou procureurs, dont les écritures n'entreront point en taxe.*

» Voilà bien assurément, pour la régie de l'enregistrement et des domaines, une loi qui forme le pendant exact de celle du 4 germinal an 2 relative à la régie des douanes ; et la disposition de cette loi n'est pas restreinte aux affaires concernant les impôts indirects, dont la perception est confiée à la régie de l'enregistrement : elle embrasse toutes les affaires qui ont rapport même aux fermages, aux revenus et aux créances dont le recouvrement se fait par cette administration, pour le compte du trésor public.

» Nous pouvons donc dire de la régie de l'enregistrement, ce que vous avez dit de la régie des douanes, dans votre jugement du 1er. germinal dernier : la régie de l'enregistrement n'a pas besoin du ministère des Avoués, parceque, quelque générale que soit la disposition de l'art. 94 de la loi du 27 ventôse an 8, la régie de l'enregistrement a une forme de procédure qui lui est spéciale, et qui est inconciliable, dans son exécution, avec cet article ; elle n'en a pas besoin, parceque la loi du 27 ventôse an 8 ne dispose que pour les matières ordinaires, et n'a pas pu conséquemment abroger cette forme spéciale de procédure.

» Si donc, vous avez annullé, le 1er germinal, les deux arrêtés du tribunal de première instance de Turnhout, qui obligeaient la régie des douanes de constituer Avoué, il y a évidemment identité absolue de raison pour annuller également le jugement du tribunal d'appel d'Amiens, qui impose la même obligation à la régie de l'enregistrement.

» Mais qu'est-il besoin ici de raisonnemens pour établir une règle que la loi elle-même a pris soin de consacrer dans les termes les plus positifs ? L'art. 17 de la loi du 28 ventôse an 9 porte : *L'instruction des instances que la régie aura à suivre* POUR TOUTES LES PERCEPTIONS *qui lui sont confiées, se fera par simples mémoires respectivement signifiés, sans plaidoiries. Les parties ne seront point obligées d'employer le ministère des Avoués.* On ne peut assurément rien de plus clair, rien de plus précis.

» Et en vain le tribunal d'appel d'Amiens a-t-il prétendu que cette disposition n'était relative qu'aux impôts indirects et aux amendes dont le recouvrement est délégué à la régie de l'enregistrement.

» De quel droit le tribunal d'appel d'Amiens a-t-il ainsi restreint une disposition générale et indéfinie ? La loi dit, *toutes les perceptions* ; elle entend par conséquent les perceptions de fermages, les perceptions de revenus fonciers, les perceptions d'intérêts, les perceptions de sommes une fois payées, comme les perceptions de droits d'enregistrement, comme les perceptions de droits de timbre, comme les perceptions de droits de patentes, comme les perceptions de droits sur le tabac, comme les perceptions d'amendes ; elle dit, *toutes les perceptions*, et qui dit tout, n'excepte rien.

» Par ces considérations, nous estimons qu'il y a lieu d'admettre la requête de la régie ».

Ces conclusions ont été adoptées par arrêt du 15 messidor an 10, au rapport de M. Lachèze ; et l'affaire portée en conséquence à la section civile, arrêt y est intervenu, le 20 nivôse an 11, au rapport de M. Babille, par lequel,

« Vu l'art. 94 de la loi du 27 ventôse an 8 ; Vu aussi l'art. 17 de la loi du 27 ventôse an 9 ;

» Et attendu que l'art. 17 de cette dernière loi, postérieure à celle du 27 ventôse an 8, en dispensant la régie d'employer le ministère des Avoués dans les procès qu'elle aura à soutenir pour toutes les perceptions qui lui sont confiées, embrasse indistinctement dans sa disposition, et les affaires concernant la perception des revenus nationaux, etc. elles relatives aux droits d'enregistrement ; et qu'au reste, cet art. 17 formerait au besoin une exception pour toutes les affaires de la régie, à la disposition générale de l'art. 94 de la loi du 27 ventôse an 8, qui a rendu aux Avoués leur droit exclusif de postuler et de prendre des conclusions ;

» D'où il suit que le jugement attaqué, en imposant, d'après cet art. 94, à la régie, l'obligation de constituer avoué dans l'espèce, parce qu'il s'agissait, non d'une affaire d'enregistrement, mais de perception de revenus nationaux, a fait une distinction que ne comportait pas la généralité de la disposition de l'art. 17 de la loi du 27 ventôse an 9 ; en quoi il a fait une fausse application de l'art. 94 de la loi du 27 ventôse an 8, et violé l'art. 17 de celle du 27 ventôse an 9 ;

» Par ces motifs, le tribunal casse et annule... ».

Il a été rendu depuis quatre à cinq arrêts semblables.

II. La seconde question s'est élevée à l'occasion d'un arrêt de la cour de justice criminelle du département de Lot-et-Garonne, du 21 août 1808, qui, en condamnant Joseph Bouyne à la peine de mort, l'avait en même temps condamné aux frais de la procédure.

Pour parvenir au recouvrement de ces frais, l'administration des domaines a fait pratiquer une saisie-arrêt entre les mains du sieur Sterlin, débiteur du condamné.

Assigné devant le tribunal de première instance de Marmende, par suite de cette saisie-arrêt, le sieur Sterlin a demandé que l'administration fût tenue de constituer un Avoué.

Et un jugement en dernier ressort, du 28 juin 1809, l'a ainsi ordonné, « Attendu que, si la régie
» est dispensée de constituer Avoué pour soutenir
» une contrainte décernée par elle, aux termes
» de la loi du 22 frimaire an 7, il n'en est pas
» de même dans le cas présent ; qu'elle n'en est
» pas plus exempte, dans l'espèce, que les autres
» plaideurs, et qu'elle est assujétie aux dispositions de l'art. 61 du Code de procédure civile ».

Mais ce jugement était en opposition diamétrale, avec l'avis du conseil d'état du 12 mai-1er juin 1807 qui déclare, comme on peut le voir dans le *Répertoire de jurisprudence*, aux mots *Enregistrement (droit d')*, §. 58, que le Code de procédure civile n'a rien changé à la forme de procéder particulière aux instances que l'administration des domaines est dans le cas de soutenir pour les perceptions et recouvremens dont elle est chargée.

Aussi a-t-il été cassé par arrêt du 28 juillet 1812, au rapport de M. Boyer,

« Vu l'art. 17 de la loi du 27 ventôse an 9 ;

» Attendu que la disposition de cet article est générale et ne présente aucune exception ; que, dans l'espèce, l'instance avait pour objet une perception confiée à la régie des domaines et de l'enregistrement ; que la saisie-arrêt pratiquée à sa requête dans les mains d'un tiers débiteur, n'était qu'un accessoire de cette instance, et tendait au même but que les poursuites exercées contre le débiteur direct ; qu'ainsi, il n'y avait aucun motif de s'écarter, pour ce cas particulier, de la forme de procéder prescrite par la disposition générale de la loi... ».

§. VII. *Le ministère des Avoués est-il nécessaire en matière correctionnelle ?*

On a vu au mot *Appel*, §. 14, art. 2, n°. 3-5°, qu'un arrêt de la cour royale d'Aix, du 24 août 1825, avait jugé que non ; et que le ministère public l'ayant attaqué devant la cour suprême, son moyen de cassation avait été rejeté par arrêt du 17 février 1826.

Les motifs de ce rejet sont

« Que les fonctions des Avoués doivent être déterminées d'après les règles des procédures qui sont propres aux tribunaux auprès desquels ils ont été respectivement placés ;

» Que ce principe, d'ailleurs conforme au but de l'institution de ces officiers ministériels, a été reconnu par l'arrêté du gouvernement du 18 fructidor an 8, rendu sur une délibération du conseil d'état relative aux lois qui jusqu'alors avaient été rendues sur le même objet;

« Que les règles de procédure, pour les tribunaux criminels et correctionnels, ont été tracées dans le Code d'instruction criminelle; que c'est donc d'après les dispositions de ce Code que doivent être déterminées les fonctions que les Avoués ont à y exercer;

» Que les art. 185, 204, 295, 417 et 468 dudit Code, les seuls où il soit fait mention d'Avoués, ne contiennent aucune disposition qui prescrive aux parties la nécessité d'employer leur ministère; que les art. 185 et 468 l'excluent même formellement dans les cas y prévus ; qu'il s'ensuit donc que, hors ces cas, leur ministère est purement facultatif, et qu'ainsi les parties ont toute liberté de s'en servir ou de ne pas s'en servir ;

» Que cette faculté résulte encore de l'art 183 du même Code, qui oblige la partie civile de faire, dans son acte de citation, élection de domicile dans la ville où siège le tribunal, obligation qui serait superflue, si la citation devait, comme l'exige le Code de procédure en matière civile, contenir constitution d'Avoué, puisqu'elle emporterait de droit élection de domicile chez l'Avoué désigné ;

» Que le même droit facultatif résulte également de la forme d'instruction prescrite par l'art. 160 dudit Code, ainsi que de l'art. 3, §. 1er., du décret du 18 juin 1811, relatif aux frais de procédure en matière criminelle, correctionnelle et de police;

» Qu'on ne peut tirer aucune induction contraire de l'art. 113 du décret du 6 juillet 1810; que cet article ne prescrit aucune forme de procédure ; qu'il s'occupe seulement du placement des Avoués alors attachés aux tribunaux des chefs-lieux de département, ou qui précédemment l'avaient été aux cours de justice criminelle qui venaient d'être supprimées et remplacées par les cours d'assises;

» Qu'il suit de ces diverses considérations que la cour royale d'Aix s'est conformée à la loi, en décidant que le tribunal correctionnel de Marseille avait mal à propos imposé à la demoiselle Fredly, partie civile, l'obligation de se faire assister d'un Avoué, et refusé, à défaut de cette assistance, de procéder à l'instruction du procès (1) ».

§. VIII. *La disposition de l'art.* 107 *du Code de procédure civile qui affranchit de l'appel le jugement par lequel un Avoué est condamné à remettre les pièces qu'il a prises en communication, est-elle applicable au jugement qui décharge un Avoué de la demande tendant à cette condamnation ?*

La négative est évidente, et elle a été consacrée par un arrêt de la cour supérieure de justice de Bruxelles, du 12 octobre 1822,

« Attendu qu'en règle générale, il échoit appel de tout jugement, à moins que la faculté d'appeler ne soit interdite dans des cas particuliers et par une disposition formelle de la loi ;

» Attendu que l'art. 107 du code de procédure civile, en statuant que, si les Avoués ne rétablissent, dans les délais fixés, les productions par eux prises en communication, il sera, sur le certificat du greffier et sur un simple acte pour venir plaider, rendu jugement à l'audience, qui les *condamnera personnellement et sans appel* à ladite remise, aux frais du jugement sans répétition, en dix francs au moins de dommages-intérêts par chaque jour de retard, renferme une disposition particulière et exceptionnelle, et dont le but unique est la prompte restitution à la partie, des pièces prises en communication par l'Avoué de la partie adverse ;

» Que cette disposition, prise dans cette vue unique et dans le cas particulier seulement de condamnation de l'Avoué, ne peut être appliquée par conséquent à la partie qui, l'ayant provoquée, ne l'a pas obtenue, et la priver ainsi de la faculté d'appeler de la disposition du jugement qui a écarté sa demande (2) ».

§. IX. *Autres questions sur les Avoués.*

V. les articles *Appel*, §. 10, art. 1, n°. 2; *Caution*, §. 1; *Copie*, §. 4; *Droits litigieux* et *Intervention*.

(1) Bulletin criminel de la cour de cassation, tome 31, page 88.
(2) Jurisprudence de la cour supérieure de Bruxelles, année 1822, tome 2, page 301.

BAGUES ET JOYAUX.

BAGUES ET JOYAUX. *Dans quel cas la donation de Bagues et Joyaux, faite par un mari à sa femme, est-elle subordonnée à la condition de survie ? Dans quel cas est-elle censée pure et simple ?*

V. le plaidoyer et l'arrêt du 2 ventôse an 11, rapportés à l'article *Dot*, §. 5.
V. aussi l'article *Gains de survie*.

BAIL. §. I. *Le bailleur peut-il, en indemnisant le preneur, se dégager de l'obligation qu'il s'est imposée par son Bail, de le faire jouir de la chose louée ?*

Cette question revient à celle de savoir si le contrat de louage produit un engagement précis, ou si, parcequ'il tend à un *fait*, on doit y appliquer la règle de Bartole (sur la loi *stipulationes non dividuntur*, n°. 8), que, dans l'obligation *ad factum*, l'obligé n'est pas précisément tenu d'exécuter le contrat, et qu'il s'er déchargé en payant les dommages-intérêts de l'autre partie, par la raison que nul ne peut être contraint à ce qui est de pur fait, *nemo potest præcisè cogi ad factum.*

La plus commune opinion des interprètes est en faveur du premier parti. La maxime, *nemo potest præcisè cogi ad factum*, s'applique bien aux obligations qui assujétissent la personne du débiteur à quelque acte *corporel*, auquel on ne pourrait le forcer que par un attentat à la liberté qu'il tient de la nature; c'est ainsi que, si vous vous étiez obligé de faire un voyage pour moi, je ne pourrais pas vous contraindre de marcher; et votre obligation, en cas de refus, devrait se résoudre en dommages-intérêts; c'est ce que les jurisconsultes appellent *merum factum*.

Mais il en est autrement de l'obligation que contracte un bailleur; ces sortes de faits, pour parler le langage des interprètes, *non sunt mera facta*, ce ne sont pas des actes corporels; ce sont des faits *quæ ad dationem magis accedunt*, qui consistent plutôt à donner qu'à agir; et le débiteur peut y être précisément contraint, sans qu'on attente à sa personne ni à sa liberté, puisqu'il ne faut pour cela qu'une permission de justice qui autorise le fermier à se mettre en possession des biens qu'il a pris à bail. (*V.* l'article *Transfert.*)

En un mot, le contrat de louage et celui de vente se règlent par les mêmes principes. Or, en matière de vente, il est de droit commun que l'acquéreur peut se faire livrer la chose, et qu'il ne suffit pas de lui offrir des dommages-intérêts. Il en doit donc être de même en fait de louage.

Il y a cependant quelques coutumes qui, exceptant de cette règle les cas où les choses sont encore entières, permettent au bailleur de résilier tant que le fermier n'a pas pris possession.

Telles sont notamment celles de Douai, de Cambrai et du Tournaisis; on peut y ajouter celle de Tournai, quoiqu'elle ne parle nommément que de la vente, parceque, comme on vient de le dire, la vente et le louage se règlent par les mêmes principes. Mais cette exception même prouve que l'obligation précise d'entretenir un Bail est de droit commun.

Aussi, dans le ressort même de ces coutumes, le fermier qui a une fois commencé à jouir, est fondé à se maintenir dans sa jouissance jusqu'à la fin du Bail.

C'est ce qui a été jugé dans la coutume de Tournai, par un arrêt du parlement de Flandre, du 11 mai 1700.

Le sieur La Hamayde, propriétaire de différens héritages à labour, qu'il avait affermés à Philippe Thieffries, voulait expulser celui-ci avant la fin du Bail, en l'indemnisant. Un premier arrêt du 13 août 1699 ordonna qu'il serait informé de l'usage. L'enquête n'ayant rien prouvé ni pour ni contre, le procès fut remis sur le bureau, et la question jugée contre le propriétaire. (Pollet, partie 2, §. 60.)

Au surplus, les dispositions des coutumes dont on vient de parler, sont abrogées par le Code civil.

§. II. *Lorsqu'en entrant dans une métairie, un fermier se charge d'un certain nombre de bestiaux du propriétaire, et qu'on en fixe la valeur par une estimation insérée dans le bail, ce fermier peut-il, à sa sortie, exiger qu'on lui paye les bestiaux sur le pied de leur valeur actuelle, ou peut-on l'obliger à se contenter du prix auquel ils ont été estimés lors de son entrée dans la ferme?*

Cette question s'est présentée, dans l'espèce suivante, au parlement de Grenoble.

Le 12 juin 1731, un fermier se charge de six bœufs pour labourage; quatre étaient âgés de six ans, deux de huit; les bœufs lui sont donnés au capital de 180 livres: il se charge aussi de trois vaches, l'une âgée de sept ans, et deux de huit, qui lui sont remises au capital de 51 livres: ces prix sont fixés par experts. Le procès-verbal ajoute que le fermier *rendra toutes choses ainsi qu'elles sont décrites et inventoriées.*

Ce fermier et, après lui, ses enfans restent dans la ferme jusqu'en 1771, et remettent alors à celui qui leur succède, six bœufs, qui sont portés par une expertise, à la somme de 380 livres, et trois vaches que les experts estiment 81 livres.

Le nouveau fermier refuse de payer ce qui excède l'estimation contenue dans le procès-verbal de 1731; il prétend que le bétail qu'on lui remet, ne vaut pas plus que celui de 1731; que l'augmentation dans le prix est le bénéfice du temps seul; que ce bénéfice doit être pour le maître et non pour le fermier; en un mot, que celui-ci est tenu de laisser à sa sortie le même bétail, en qualité et quantité.

L'ancien fermier répond que l'estimation emporte vente, et qu'il ne doit que le prix, payable à la vérité, en bétail; mais que ce bétail doit être estimé eu égard à sa valeur lors de la sortie, et qu'il est juste qu'ayant eu tous les dangers pour son compte, il ait aussi le bénéfice de l'augmentation.

Le propriétaire intervient dans le procès, pour soutenir le système du nouveau fermier.

Sur ces contestations, arrêt à la grand'chambre, le 15 mars 1775, qui condamne le nouveau fermier à payer à l'ancien la somme excédant l'estimation du procès-verbal du 12 juin 1731, et décide par conséquent que le fermier n'est débiteur que du prix auquel sont portés les bestiaux qu'on lui remet, c'est-à-dire, qu'en rendant le bétail à sa sortie, on lui doit ce que ce bétail vaut de plus, quelque ancien que soit le bail.

V. l'art. 1826 du Code civil.

§. III. *La loi* emptorem, *avant qu'elle eût été modifiée par les art.* 2 *et* 3 *de la loi du* 28 *septembre-*6 *octobre* 1791, *sur la police rurale, et abrogée par le Code civil, avait-elle lieu dans les coutumes de Normandie et de Cambrésis ?*

Cette loi n'était pas suivie dans le Hainaut; mais c'est parcequ'il y était dérogé formellement par l'art. 15 du chap. 117 des chartes générales.

Quelques-uns ont cru qu'elle ne devait pas non plus être admise en Normandie ni en Cambrésis. Les coutumes de ces deux contrées ne disaient pourtant rien qui pût y faire présumer la moindre dérogation ; mais voici comment on a raisonné.

Le vendeur, a-t-on dit, ne peut transmettre à l'acquéreur de plus grands droits qu'il n'en a lui-même. Or, suivant la loi *æde*, il ne peut expulser le fermier, que pour lui-même occuper le fonds, en indemnisant son locataire; et encore cette faculté est-elle bornée aux maisons. Donc, en fait de biens ruraux, l'expulsion ne peut pas avoir lieu au profit de l'acquéreur, même en indemnisant.

C'est, ajoutait-on, ce qu'ont jugé quatre arrêts du parlement de Rouen, des 25 avril 1626, 16 février 1649, 16 mai 1653 et 18 mai 1726, rapportés par Basnage et par Latournerie, sur l'art. 551 de la coutume de Normandie. Il n'y a point d'arrêts semblables pour la coutume de Cambrésis; mais l'esprit de cette loi supplée bien par son évidence au défaut d'autorités. Elle porte, chap. 21, art. 1, que le propriétaire ne peut pas expulser le fermier dès qu'il est en possession, même en offrant de l'indemniser. Par là, il est dérogé clairement au droit que le bailleur avait, aux termes des lois romaines, de résilier quand il lui plaisait, en payant les dommages-intérêts du fermier; or, c'est ce droit qui, chez les Romains, était le fondement et la source du privilège de la loi emptorem. Donc le vendeur, qui ne l'a plus en Cambrésis, ne peut pas le transmettre à l'acquéreur ; donc point de faculté d'expulser pour celui-ci.

Ainsi raisonnaient, dans les deux coutumes citées, les antagonistes de la loi *emptorem*. Il était facile de répondre à leurs argumens, ainsi qu'aux autorités dont ils les étayaient; et voici comment je l'ai fait, dans la première édition de ce Recueil avant la publication du titre *du Louage* du Code civil.

Pour se dispenser de suivre, dans une contrée particulière, une loi romaine qui, par l'adoption qu'on en a faite dans le reste de la France, est devenue une loi nationale, et forme pour nous un droit commun, il faudrait, ou que la coutume de cette contrée la rejetât, sinon en termes exprès, du moins implicitement, ou qu'elle pût être regardée comme abrogée par la jurisprudence.

Or, pour commencer par la ci-devant Normandie, il est certain que ni la coutume de cette contrée, ni les arrêts du parlement de Rouen, ne sont contraires à la loi *emptorem*.

Pour s'assurer du véritable esprit de la coutume, il faut consulter les commentateurs qui l'ont interprétée. On en compte cinq, savoir, Bérault, Pesnelle, Godefroy, Basnage, Roupnel et Latournerie, qui ont prévu et discuté notre question; mais il s'en faut beaucoup qu'ils l'aient tous décidée contre l'acquéreur.

1°. Bérault, sur l'art. 551, dit expressément que « le décret fait et passé, et l'état tenu, l'ad- » judicataire n'est tenu de souffrir le bail *non* » *plus qu'un autre acquéreur* ». Et il ajoute qu'il a » été ainsi jugé par arrêt du 18 février 1603, et » par un autre de 1583 ». Il remarque cependant que, dans l'espèce du premier de ces arrêts, le bail avait été reconnu en justice.

2°. Pesnelle semble d'abord adopter l'opinion de ceux qui rejettent en Normandie la loi *emptorem*; mais il finit par dire que cette opinion a été condamnée par plusieurs arrêts et qu'elle ne peut être suivie que dans le cas où l'acquéreur s'est chargé par son contrat d'entretenir le bail.

3°. Godefroy pense absolument comme Bérault, et cite comme lui les arrêts de 1583 et 1603. Il est vrai qu'il en excepte trois cas particuliers, sur lesquels, suivant lui, il peut y avoir des doutes : le premier, lorsque le fermier a une hypothèque spéciale sur le fonds; le deuxième, lorsqu'il a payé le prix du bail par avance ; le troisième, lorsqu'il laboure à moitié, et que conséquemment il est associé du bailleur.

Que ces restrictions soient fondées ou non, c'est ce qu'il importe peu d'examiner ici. Toujours est-il vrai que Godefroy est, en thèse générale, du même avis que Pesnelle et Bérault.

4°. Roupnel estime pareillement, et même, suivant lui, il est d'une jurisprudence constante, que l'acquéreur, par contrat volontaire, peut déposséder le fermier, quand même le bail de celui-ci serait authentique. Il convient pourtant, avec Forget, qu'un arrêt du 26 avril 1606 a jugé le contraire, mais il ajoute que cet arrêt n'est pas suivi.

5°. Latournerie rapporte un arrêt du 18 mai 1726 dont se prévalent les antagonistes de la loi *emptorem*; mais ce qu'en a dit ce jurisconsulte, prouve clairement que l'espèce dans laquelle il a été rendu, n'a pas l'ombre de rapport avec notre question.

6°. Reste Basnage, qui, il faut en convenir, s'explique peu nettement, et paraît plus con-

BAIL, §. III.

traire que favorable au parti de la loi *emptorem*. Mais des trois arrêts qu'il cite pour accréditer l'opinion à laquelle il semble donner la préférence, deux la détruisent de fond en comble; et à l'égard de l'autre, non-seulement il ne prouve rien, mais l'existence en est très-incertaine.

Voici comment s'explique cet auteur : « Bérault n'est point d'avis que l'acheteur soit » obligé d'entretenir le Bail du fermier, soit qu'il » y ait hypothèque générale ou spéciale. Le con- » traire a été jugé deux fois. Par un ancien arrêt » du 25 avril 1626, il fut dit que, quand le Bail » était passé devant tabellion, avec générale hy- » pothèque, le fermier doit jouir, sauf le recours » de l'acheteur contre son vendeur ».

C'est cet arrêt dont l'existence est révoquée en doute. On l'a cherché sur les registres du parlement de Rouen ; et il ne s'y est trouvé, ni à la date du 25 avril 1626, ni à aucune autre date du même mois.

Par un autre arrêt du 16 mai 1653, continue Basnage, « il fut dit que l'acheteur peut expul- » ser le fermier, suivant la loi *emptorem*, si le pro- » priétaire n'a obligé le fonds à l'entretien du » Bail par une hypothèque spéciale ».

On ne comprend pas comment cet arrêt, même en le supposant bien rapporté, pourrait être contraire au sentiment de Bérault : dispenser l'acquéreur de l'entretien d'un bail pour lequel il n'a qu'une hypothèque générale, ce n'est certainement pas juger contre la loi *emptorem*; c'est au contraire prononcer d'après le texte de cette loi.

Du reste, voici l'espèce de cet arrêt, telle que la présentent les registres du parlement de Normandie. Le 11 juillet 1652, le sieur de Gorge vendit aux nommés Le Noël plusieurs pièces de terres à labour qui étaient affermées aux sieurs Parmentier et Lévard. Ceux-ci avaient encore plusieurs années à jouir. Sur les poursuites des nommés Le Noël, intervint au siège de Lithert, une sentence du 29 octobre 1652, par laquelle il fut ordonné que les fermiers mettraient en cause de Gorge, leur bailleur, et que cependant ils jouiraient des héritages *pour l'année*. Les nommés Le Noël ont appelé de cette sentence. Par l'arrêt cité, le parlement a mis l'appellation au néant ; et néanmoins, évoquant le principal, a condamné les sieurs Parmentier et Lévard à déguerpir les terres en question, sauf leur recours contre leur bailleur, à la charge néanmoins qu'ils jouiraient des fonds litigieux *pendant l'année* alors *présente seulement*.

Cet arrêt ne contrarie sûrement pas la loi *emptorem*; il la confirme, au contraire, de la manière la plus positive et la plus formelle.

Voyons ce qu'a jugé celui sur lequel il nous reste à écouter Basnage :

« Un particulier avait baillé à ferme 8 acres de terres labourables, moyennant 96 livres pour six années ; deux ans après, il fieffa ces mêmes terres à Louis, pour 115 livres, de rente irrachetable, à condition de faire un bâtiment sur le fonds, de la valeur de 600 livres, et d'entretenir le Bail, ou de dédommager le fermier.

» Sur la sommation faite par Louis au fermier de sortir de la ferme, il s'en défendait par cette raison, qu'il n'en était pas des terres labourables comme des maisons des villes, où l'on permet au propriétaire de dédommager le locataire, parceque, sur l'assurance du Bail, le fermier s'était fourni de chevaux, de bestiaux et de tous les ustensiles nécessaires pour le labourage, qui lui seraient inutiles si on était recevable à le dédommager; que, dans les trois premières années, il n'avait rien recueilli, ayant engraissé et cultivé les terres dans l'espérance d'en profiter durant le reste de son bail, et de se recompenser de la dépense qu'il avait faite.

» Le vicomte et le bailli ayant débouté le preneur à fieffe de son action, les sentences furent confirmées par arrêt, au rapport de M. Lenoble, le 6 février 1649, en la grand'chambre ».

Cet arrêt, du premier abord, ne paraît pas favorable à la loi *emptorem*; mais écoutons la réponse qu'y fait Houard (*Dictionnaire du droit normand*, au mot *Acquéreur*):

« En citant l'arrêt de 1649, Basnage n'a point parlé des moyens employés par les parties.... Mais l'arrêt lui-même nous a conservé les motifs que Louis donnait à sa prétention.

» Le terrain que ce particulier avait acquis, était situé à Quevilly, qui tient au faubourg de Rouen ; et dans le vu de l'arrêt, on voit que Louis forma sa demande contre Dupas, locataire, voulant habiter les lieux personnellement, et y faire comme une maison à demeure, ainsi qu'il s'y était soumis et obligé par son contrat. Louis ne s'étayait donc pas de la loi *emptorem*, c'était sur la loi *æde* qu'il établissait son droit; il voulait appliquer cette loi *æde* à un héritage de campagne. C'était aller contre sa teneur. L'arrêt maintint le fermier en possession, et ce fut avec justice; car dès que Louis se réduisait à invoquer la loi *æde*, il se rendait non-recevable à profiter de la faculté que lui accordait la loi *emptorem*; par là, il faisait présumer qu'il ne voulait pas s'exposer à un dédommagement envers le locataire ; en l'expulsant en vertu de cette loi *emptorem*, pour louer le fonds à un autre; qu'au contraire, son but était de se soustraire à tout dédommagement, la loi *æde* ne lui en imposant pas l'obligation ».

C'est cependant sur la foi de cet arrêt, que Basnage nous présente comme un point d'usage certain, que « le propriétaire ne peut expulser le » fermier qui tient des héritages, en le dédom- » mageant; et que cela n'a lieu que contre les » locataires des maisons des villes, nonobstant » la loi *emptorem* ».

Il est évident que Basnage tire de l'arrêt dont

BAIL, §. III.

il s'agit, une conséquence à laquelle il ne conduit ni directement ni indirectement.

Il est vrai que, pour pallier son erreur, Houard dit qu'il parle du *propriétaire*, c'est-à-dire, du bailleur même, et non d'un acquéreur.

Mais ce n'est comme nous le disons, qu'un palliatif. Basnage parle d'un propriétaire qui est dans le cas de s'aider de la loi *emptorem* : c'est donc à un propriétaire devenu tel par acquisition, à un successeur à titre singulier du bailleur, que doit s'appliquer ce qu'il dit.

Voici, au surplus, une espèce beaucoup plus récente dans laquelle le conseil d'état et le parlement de Normandie ont reconnu comme une maxime incontestable, que l'acquéreur n'est pas obligé d'entretenir les Baux de son vendeur, lorsqu'il ne s'en est pas chargé, et que le locataire expulsé a une action en dédommagement contre le vendeur, lorsqu'il est dépossédé. Nous parlons d'après Houard, à l'endroit cité.

Le sieur Bricqueville, propriétaire d'une métairie affermée à la veuve Lelièvre, lui avait fait un nouveau bail pour 9 ans, à commencer à Noël 1770.

Mais avant que la jouissance de ce bail fût commencée, le sieur Bricqueville fit un échange avec l'évêque de Bayeux ; et dans le nombre des fonds échangés, se trouva comprise la métairie affermée à la veuve Lelièvre.

Le sieur Bricqueville n'avait point chargé, par le contrat d'échange, l'évêque de Bayeux d'entretenir le bail de cette veuve ; elle fut cependant laissée en jouissance par l'évêque de Bayeux, et y demeura jusqu'en 1776.

Mais ce prélat s'étant alors démis de son évêché, les économes-séquestres firent un nouveau Bail de la métairie.

La veuve Lelièvre refusa de déguerpir ; elle fut *expulsée en vertu d'arrêt du conseil*.

Alors, fondée sur ce qu'elle ne tenait pas sa ferme de l'évêque de Bayeux, mais du sieur Bricqueville, elle fit assigner celui-ci pour le faire condamner à des dommages-intérêts.

Il la soutint non-recevable, sur le fondement que l'évêque de Bayeux avait permis l'exécution de son Bail durant plusieurs années, et qu'elle l'avait reconnu en lui payant ses fermages comme à son propriétaire.

Mais elle répondit qu'elle n'avait pu et dû agir que de l'instant où elle avait été troublée ; qu'ayant été décidé qu'en vertu de la loi *emptorem*, l'évêque de Bayeux avait été en droit de l'expulser, le sieur Bricqueville ne pouvait, suivant cette même loi, se dispenser de l'indemniser.

Le premier juge prononça en faveur de la veuve Lelièvre ; et sur l'appel, le parlement de Rouen confirma la sentence par arrêt du 7 juillet 1778.

La question a été depuis jugée formellement aux requêtes du palais de Paris, entre le sieur Boisbarbot, acquéreur de biens de campagne situés en Normandie, le sieur Béguin, fermier des biens vendus, et demandant l'exécution des Baux que lui en avait passés le vendeur, et le sieur Pantin, fermier du nouvel acquéreur. Par cette sentence, l'acquéreur a été autorisé à se mettre en jouissance des biens vendus, et à expulser le fermier, qui a été condamné à lui payer les fermages depuis l'époque des jouissances cédées par le contrat de vente, sauf son recours contre le vendeur.

Passons maintenant à la coutume de Cambresis. Elle ne parle pas de la loi *emptorem*, mais par son silence même, elle lui conserve toute sa force, puisque, par les lettres-patentes d'homologation qui la terminent, il est ordonné que *les cas non compris dans cette coutume, soient, selon la disposition du droit commun, jugés, décidés et déterminés*.

Qu'oppose-t-on à cela ? Nous l'avons vu plus haut : on prétend que, parceque le propriétaire ne peut pas expulser le fermier dès qu'il est en possession, l'acquéreur ne le peut pas non plus.

C'est-à-dire qu'on argumente de celui qui a contracté personnellement avec le fermier, à celui qui, n'étant que successeur à titre singulier, n'a à remplir aucune des obligations personnelles de son vendeur. Quand la coutume déclare qu'un fermier mis en possession, ne peut pas être privé de son bail par le propriétaire de qui il le tient, la coutume ordonne une chose juste, l'exécution des engagemens du bailleur, et elle l'ordonne à celui qui ne peut pas les méconnaître, au bailleur lui-même. Mais conclure de là qu'un tiers, qui n'est que successeur particulier, est tenu de remplir une obligation qu'il n'a point contractée, autant vaut-il dire qu'un acheteur est obligé à toutes les dettes de son vendeur.

D'ailleurs la faculté que la loi *emptorem* accorde à l'acquéreur, elle ne la donne, ni à celui qui a passé le bail, ni à son successeur universel ; cette faculté, au contraire, n'est accordée à l'acquéreur que parceque le Bail n'est point son ouvrage, et qu'il n'est point des faits de son vendeur. Il est donc de la plus grande inconséquence de dire : « Le vendeur ne le pouvait pas : » donc on ne doit pas non plus le permettre à » l'acquéreur ».

Ce n'est pas tout. La coutume de Cambresis fait dépendre de la non-mise en possession du fermier, le privilège qu'elle accorde au bailleur de résilier le Bail. Mais par la loi *emptorem*, la mise en possession du fermier est-elle un obstacle à l'exercice de la faculté que cette loi donne à l'acquéreur ? Non, il est donc absurde de conclure de l'un à l'autre.

Enfin, cette coutume, en permettant au bailleur lui-même de résilier, tant que le fermier n'est point en possession, est toute favorable au premier, et contraire au second. Elle accorde à l'un une faculté destructive des droits que les principes généraux faisaient résulter pour l'autre de la seule passation de son Bail ; comment donc a-t-on pu imaginer que, par une disposition aussi discordante avec le droit commun, la loi *emptorem* avait souffert en Cambresis une dérogation dont tout l'avantage était pour le fermier ?

Mais, nous dit-on, il n'est pas vrai que, par le droit commun, le bailleur fût tenu à l'exécution de son bail : il pouvait, au contraire, résilier quand il lui plaisait, en indemnisant le fermier : or, il ne le peut plus en Cambresis, dès qu'il y a prise de possession. Donc l'acquéreur qui, de droit commun, ne peut expulser le fermier que parceque le bailleur a lui-même cette faculté, ne peut pas en user dans la coutume de Cambresis, du moins quand une fois le fermier est en possession.

Nous avons réfuté ci-devant, §. 1, la majeure de cet argument. Ce n'est donc pas parceque le bailleur pouvait résilier lui-même en payant les dommages-intérêts du preneur, que la loi *emptorem* permet à l'acquéreur d'expulser celui-ci ; et ce qui le prouve, c'est que cette expulsion ne soumet l'acquéreur à aucune indemnité.

Que devient, après cela, l'objection qui consiste à dire que le vendeur ne peut pas céder à l'acquéreur un droit qu'il n'a pas lui-même ?

Si c'était du vendeur que dût émaner la faculté portée par la loi *emptorem*, l'objection serait conséquente ; mais alors il s'ensuivrait que cette loi aurait été illusoire, puisque jamais le bailleur lui-même n'a pu user de la faculté qu'elle donne.

Cette faculté, c'est de la loi que l'acquéreur la tient ; ce n'est point le vendeur qui la lui confère ; loin de là, l'acquéreur n'en jouit que parcequ'il ne représente point le vendeur, qu'il n'est point son successeur universel, et qu'il n'est point tenu de remplir les obligations, dès qu'elles sont restées en pure personnalité.

Il n'est pas sans exemple qu'un acquéreur ait des droits que son vendeur n'avait pas et ne pouvait pas avoir. C'est ainsi que souvent il peut prescrire, quoique celui-ci ou son héritier en eût été incapable.

Eh ! ne voit-on pas la coutume de Cambresis consacrer elle-même le principe sur lequel porte la loi *emptorem* ? Nous l'avons déjà dit, cette loi n'est fondée que sur ce que le successeur à titre singulier n'est point tenu d'accomplir les obligations purement personnelles du vendeur. « La raison » de cette loi (dit Coquille, question 202), est que, » par la location, il n'y a qu'obligation person» nelle, de laquelle le successeur à titre singulier » n'est tenu ». Mais qu'on ouvre la coutume de Cambresis, n'y verra-t-on pas qu'aucune obligation ne passe à la charge d'un acquéreur, si elle n'a été *réalisée* par déshéritance et adhéritance ?

Au surplus, la question a été jugée d'une manière très-précise au parlement de Douai.

Le 4 décembre 1782, Louis Scourgeon et Michel Baralle, sa femme, vendent à Marie-Joseph Hocquet, veuve en secondes noces de Jean-François Delecroix, trois *mencaudées* de terres à labour.

Nulle mention dans le contrat de Baux existans de ces terres.

Cependant elles étaient affermées au sieur Hachin.

Le 10 août 1784, la veuve Delecroix présente à l'official-juge ordinaire de Cambray, une requête tendante à faire « condamner le sieur Ha» chin de se désister de l'occupation des terres » dont est question ; et par provision, attendu » que la suppliante est fondée en titre, lui faire » défense de toucher auxdites terres, sous les » peines portées par les ordonnances ; de con» damner en outre à payer le *rendage* au *prorata* » de son indue jouissance, avec dépens, dom» mages et intérêts ; et pour fixer ledit paiement, » lui ordonner de représenter les dernières quit» tances de l'ancien propriétaire ou le Bail » dernier ».

Sur les productions respectives des parties, sentence du 8 octobre 1784, qui déboute la veuve Delecroix de sa demande en désistement, et lui donne acte des offres faites par Hachin de finir le Bail et d'en acquitter le fermage. La veuve Delecroix a appelé de cette sentence. Hachin a bien senti qu'il aurait de la peine à la soutenir ; aussi a-t-il pris des conclusions subsidiaires à ce qu'au cas où il serait jugé que la loi *emptorem* avait lieu dans la coutume de Cambray, il lui fût au moins permis de prouver par témoins que la veuve Delecroix s'était obligée, lors de son contrat d'acquisition et depuis, d'entretenir le Bail.

Les moyens qu'il employait pour établir que la coutume déroge à la loi *emptorem*, et qui tous sont réfutés ci-dessus, n'ont aucunement touché les juges. Mais les circonstances sur lesquelles il fondait ses conclusions subsidiaires, ont fait plus d'impression. Par arrêt du 12 juillet 1785, rendu à la deuxième chambre, au rapport de M. Wéry, le parlement, avant faire droit, a admis Hachin à la preuve des faits qu'il avait articulés.

J'écrivais dans cette affaire, pour la veuve Delecroix. On m'a assuré que plusieurs des juges avaient opiné à rejeter la preuve offerte, et que sur ce point, l'arrêt n'avait passé que de six voix contre quatre.

Cette décision, au reste n'est point la seule qui ait proscrit le système des antagonistes de la loi *emptorem* en Cambresis ; elle a été confirmée, un mois après par un nouvel arrêt.

Le comte de Taufkirck, gentilhomme bavarois, avait hérité du marquis de Wargnies, son oncle, les terres de Crèvecœur, de Rumilly et de Saint-Souplet, soumises à la coutume de Cambrai. Il jugea à propos de les vendre ; et comme il voulait en tirer le meilleur prix, il eut soin de ne pas imposer aux amateurs la charge d'entretenir les Baux qui subsistaient. Le comte de Villers-au-Tertre fit l'acquisition de la terre de Rumilly, et voulant profiter du bénéfice de la loi *emptorem*, il somma le sieur Defontaines, qui en était fermier, de déguerpir.

Sur son refus, il le fit assigner devant les bailli et hommes de fiefs de Rumilly même, qui par sentence du 7 décembre 1784, le condamnèrent à délaisser la ferme et les biens, sauf son action en dommages-intérêts.

Le sieur Defontaines a appelé de cette sentence au bailliage de Cambresis; et par l'effet d'une prévention locale, il y est intervenu, le 26 février 1785, une sentence par laquelle celle des juges de Rumilly a été infirmée, et le fermier maintenu dans la jouissance de son Bail.

Le comte de Villers-au-Tertre en a appelé, à son tour, au parlement de Flandre.

Là, les parties sont entrées réciproquement dans de très-grands détails, l'une pour prouver que la loi *emptorem* devait avoir lieu en Cambresis, l'autre pour établir que cette loi répugnait à l'esprit de la coutume de Cambrai.

Enfin, par arrêt rendu le 13 août 1785, à la première chambre, au rapport de M. Durand, la sentence du bailliage de Cambresis a été infirmée, celle des juges de Rumilly confirmée dans tous ses points, et Defontaines condamné à tous les dépens.

Un autre arrêt du même jour a confirmé une sentence de l'official-juge ordinaire de Cambray, qui avait jugé la question contre le même Defontaines, et en faveur du sieur Frémicourt, acquéreur d'une autre partie des biens du comte de Tauffkirck.

§. IV. *L'acquéreur pourrait-il, dans l'ancien droit, expulser le fermier, lorsque, sans s'assujétir à l'entretien du Bail, il s'était chargé d'acquitter le vendeur des dommages-intérêts auxquels pourrait donner lieu l'exercice de la loi* EMPTOREM?

Cette question a été jugée pour l'affirmative, par le premier des arrêts du 13 août 1785, que nous venons de rapporter.

Dans le fait, le comte de Villers-au-Tertre était convenu, en acquérant la terre de Rumilly, de garantir et indemniser le comte de Tauffkirck, de toutes les condamnations qui pourraient être prononcées contre celui-ci, pour l'inexécution du Bail fait précédemment au sieur Defontaines.

A cette circonstance, que le fermier regardait comme très-favorable à sa cause, s'en joignait une autre sur laquelle il comptait encore davantage : c'est qu'il était dit dans le contrat de vente, que « le rendage (fermage) de la ferme de Ru-
» milly revient à raison d'un mencaud et d'un
» cinquième de bled par chaque mencaudée de
» terre, le surplus étant pour les terres et prés
» qui sont de l'étendue de la seigneurie du petit
» Crèvecœur, les prés ayant été évalués sur le pied
» de 13 florins 10 patars chaque mencaudée ». Par cette clause, disait le sieur Defontaines, le comte de Villers-au-Tertre s'est soumis à l'entretien du Bail. En effet, qu'est-ce que l'exécution d'un contrat de cette nature, et qu'est-ce que consentir à cette exécution? Exécuter un Bail, c'est en remplir toutes les conditions; c'est, de la part du bailleur, faire jouir le fermier de la chose qu'il lui a louée; et de la part du fermier lui-même, c'est en payer le loyer, c'est veiller à la conservation du bien; consentir à l'exécution d'un Bail, c'est en agréer, de part et d'autre, les différentes conditions; c'est reconnaître qu'elles doivent avoir leur effet; c'est, en un mot, s'y soumettre pour ce qui nous regarde. Or, le comte de Villers-au-Tertre s'est obligé de ne recevoir le fermage des terres qu'il achetait, que sur le pied réglé par le Bail de Defontaines; il a donc promis d'entretenir ce Bail, et par suite, consenti à son exécution.

Le comte de Villers-au-Tertre a réfuté ces deux moyens, de la manière la plus victorieuse :

« Il s'est chargé (disait son défenseur) des dommages-intérêts résultant de l'inexécution du Bail; donc, suivant Defontaines, il a contracté l'obligation d'entretenir le Bail même.

» Il nous paraît qu'en bonne logique, il fallait tirer la conséquence inverse, et dire : Le comte de Villers-au-Tertre s'est soumis aux dommages-intérêts que pourrait occasioner la rupture du Bail; donc il n'a pas acquis à la charge du Bail; donc il n'a pas souscrit à la condition d'entretenir le Bail même.

» Si un vendeur résiliait en Cambresis une vente qu'il aurait faite, et qu'il offrît d'indemniser son acheteur, conformément à la faculté que lui en donne la coutume, dirait-on qu'il veut entretenir la vente? Ne dirait-on pas, au contraire, qu'il ne le veut pas, puisqu'il offre des dommages-intérêts?

» L'autre moyen de Defontaines n'est pas conséquent.

» Que contient la clause du contrat de vente, qu'il invoque avec tant de confiance? L'énonciation du fermage. Donc il renferme l'obligation et la charge d'entretenir le Bail! Quel raisonnement! Je vends un immeuble, je déclare combien il est loué, donc j'oblige l'acquéreur à conserver mon fermier! — Le législateur s'est donc servi d'expressions bien impropres, lorsqu'il a dit que le successeur à titre singulier peut expulser le preneur, à moins que son contrat d'achat ne lui impose la loi de n'en rien faire, *nisi ed lege emit* : il aurait donc dû, pour répondre au système de l'adversaire, mettre une exception plus générale, et dire *nisi cognoverit locationis pretium* (à moins qu'il n'ait eu connaissance, en acquérant, de l'importance du loyer)!

» D'ailleurs, l'énonciation dont il s'agit, n'a

été mise dans le contrat, que pour prévenir les difficultés qui auraient pu s'élever entre les différens acquéreurs des biens affermés à Defontaines. Il pouvait arriver que les uns, tel que le comte de Villers-au-Tertre, voulussent user du privilége de la loi *emptorem*, et que les autres préférassent d'entretenir le Bail : pour savoir ce que ceux-ci auraient dû, en ce cas, toucher dans le fermage général de Defontaines, il fallait connaître l'importance du fermage de chaque mesure de terre. C'est pour leur donner cette connaissance qu'a été apposée la clause dont il est question ; elle n'a eu ni pu avoir d'autre objet ; il est donc ridicule de vouloir, bon gré malgré, la travestir en stipulation de laisser jouir le fermier pendant tout le temps qui reste a courir de son Bail ».

Sur ces raisons, l'arrêt cité a, comme nous l'avons dit, condamné Defontaines à délaisser la ferme et les terres dépendantes de la terre de Rumilly.

§. V. *Un fermier pouvait-il, dans l'ancien droit, en expulser un autre dont le Bail était antérieur au sien ?*

Non. Le droit d'expulser un fermier n'était, dans l'esprit de la loi *emptorem*, que le résultat du droit qu'avait dans la chose, celui qui l'exerçait ; un preneur ne pouvait donc pas l'exercer contre un autre preneur ; ils n'avaient l'un et l'autre aucun droit réel : ils étaient par conséquent tous deux de condition égale ; or, il a toujours été de principe qu'entre deux contendans dont les droits sont égaux, c'est le possesseur qui doit être préféré : *In pari causâ melior est conditio possidentis*.

Il a même été jugé au parlement de Normandie, en 1778, qu'un Bail sous seing-privé devait, en pareil cas, l'emporter sur un Bail passé postérieurement devant notaire.

Le sieur Boulloche, propriétaire d'un domaine, avait pour fermier le sieur Hourdon ; le 10 janvier 1770, il lui fit, sous seing-privé, une continuation de Bail pour neuf années, qui devaient commencer par les semailles de 1775, l'ancien Bail expirant à la récolte de 1774.

Le 1 octobre 1771, le sieur Boulloche fit un autre Bail, mais devant notaire, au sieur Lemonier, pour récolter en 1777.

Le sieur Lemonier, en vertu de son Bail, voulut déposséder le sieur Hourdon, qui s'y opposa parcequ'il était déjà en pleine jouissance du dernier Bail, et qu'il avait fait les récoltes de 1775 et 1776 ; il soutint, par cette raison, qu'il ne pouvait pas être dépossédé, même en vertu d'un Bail passé devant notaire.

A son tour, le sieur Lemonier prétendit qu'il fallait distinguer entre un acquéreur et un fermier ; qu'un acquéreur en vertu d'acte sous seing-privé, et sitôt qu'il avait pris possession, ne pouvait pas être dépossédé par un autre acquéreur, en vertu d'un acte postérieur, quoi-que passé devant notaire, parceque la tradition assurait la propriété, et qu'on ne pouvait d'ailleurs posséder qu'en vertu d'un contrat d'acquisition ; mais qu'il n'en était pas de même d'un fermier, parcequ'il pouvait jouir sans Bail ; que, quand il en représentait un sous seing-privé, ce Bail n'avait de date assurée que du jour qu'il l'opposait ; et que par cette raison, un pareil acte ne pouvait arrêter l'exécution d'un Bail passé devant notaire.

Cependant, par arrêt du 3 juillet 1778, Lemonier fut débouté de sa demande, sauf son recours contre le propriétaire.

§. VI. *Lorsqu'en vertu de la loi* emptorem, *un successeur à titre singulier expulsait le fermier établi par son prédécesseur, avait-il qualité pour demander, contre ce fermier, l'exécution des clauses du Bail qui avaient été stipulées pour le bien être de la chose louée ?*

Cette question s'est présentée au grand conseil, entre l'abbé Saint-Didier, titulaire de l'abbaye de Saint-Nicolas-aux-Bois, et Léonard Belin, fermier de la terre de Choigny, dépendante de ce monastère.

Les prieur et religieux de Saint-Nicolas-aux-Bois, en vertu d'un Bail à vie que le sieur Desmarets, leur abbé commendataire, leur avait fait de tous les biens et revenus attachés à sa mense, avaient affermé à Léonard Belin la terre et seigneurie de Choigny, sous la condition, entre autres, qu'il leur fournirait, dans le courant de la première année, une déclaration nouvelle, par plans et figures géométriques, de toutes les terres, de tous les prés et de toutes les dépendances de cette seigneurie, et un cueilleret en bonne forme des cens et droits seigneuriaux reconnus par les censitaires, le tout à ses frais.

Avant l'expiration de ce bail, l'abbé Desmarets a donné sa démission de l'abbaye de Saint-Nicolas-aux-Bois ; et l'abbé Saint-Didier, son successeur, a demandé, en expulsant Léonard Belin, qu'il fût tenu de lui fournir le plan et le cueilleret mentionnés dans son bail.

La contestation portée au grand conseil, Belin a prétendu qu'il régnait dans le système de l'abbé Saint-Didier, une contradiction manifeste et palpable.

« L'abbé de St.-Didier demande (disait-il) que le Bail soit exécuté dans les clauses qui contiennnet les charges, et qu'il soit anéanti dans celles qui concernent la jouissance. Une telle contradiction ne fait-elle pas sentir combien son procédé est injuste ?

» Il est de principe qu'un Bail est un acte synallagmatique, qui oblige également le bailleur et le preneur, et qui ne peut subsister en faveur de l'un, qu'il ne subsiste pareillement en faveur de l'autre. Tant qu'il en peut résulter des engagemens et des obligations réciproques, les deux parties peuvent s'en aider. Mais ce serait le comble de l'injustice, que de le laisser subsister relativement aux engagemens d'une des parties, et de le détruire relativement à ceux de l'autre.

» C'est cependant ce que demande l'abbé de Saint-Didier : il prétend forcer Belin à remplir les charges auxquelles il s'est assujéti par ce Bail; et il ne veut pas que Belin jouisse du bénéfice qui peut en résulter. Ne sait-il pas que les charges imposées par un Bail, sont partie du prix de la location, et que c'est de sa part exiger une partie de cette location, sans vouloir laisser la jouissance des objets qui en sont le prix?

» Il y a plus : l'abbé de Saint-Didier ne peut demander l'exécution de ce Bail, quant aux charges qui y sont énoncées, que comme se prétendant aux droits des prieur et religieux de St.-Nicolas-aux-Bois, dont ce Bail est l'ouvrage : car Belin n'a contracté aucune sorte d'obligation vis-à-vis de l'abbé de Saint-Didier. Les charges d'un Bail sont de pure convention entre ceux qui l'ont passé; et elles ne sont personnelles qu'aux parties qui ont contracté, à leurs héritiers ou ayant cause.

» Il n'y a donc que les prieur et religieux de Saint-Nicolas-aux-Bois qui aient qualité pour demander l'exécution des charges du Bail du 12 avril 1751; et pour que l'abbé de Saint-Didier fût en droit de former une telle demande, il devrait rapporter une cession des droits et actions des religieux à cet égard; mais il n'en rapporte pas.

» Les droits que l'abbé de Saint-Didier peut réclamer, sont ceux qui résultent du Bail à vie fait par l'abbé Desmarets aux religieux de Saint-Nicolas-aux-Bois. Si, par ce Bail, les religieux se sont obligés de donner une déclaration nouvelle, par plans et figures géométriques, de toutes les dépendances de la ferme dont il s'agit, et un cueilleret de cens et droits seigneuriaux, c'est contre les religieux que l'abbé de Saint-Didier doit exercer son action, sauf leur garantie contre celui qui n'est que leur sous-fermier : mais lui personnellement n'a aucune action à exercer contre ce fermier.

» Au surplus, Belin n'a jamais refusé d'exécuter les charges de son Bail; il offre même de les remplir, si toutes ne l'ont point été; et ces offres ne doivent point empêcher que l'abbé de Saint-Didier ne soit non-recevable à cet égard, puisqu'il n'a aucune action directe contre Belin ».

Le défenseur de l'abbé de Saint-Didier a soutenu, au contraire,

Que Belin ne pouvait se dispenser de remettre le plan et le cueilleret qu'il s'était obligé de fournir dans le courant de la première année de son Bail;

Que cette obligation résultait des engagemens qu'il avait contractés librement et volontairement, et que son peu d'exactitude à les remplir donnait lieu de craindre qu'il n'y eût de sa part quelque manœuvre contraire aux intérêts du bénéfice;

Que, pour se dispenser de remplir ses engagemens à cet égard, Belin prétendait n'en avoir contracté aucun vis-à-vis de l'abbé de Saint-Didier; que l'on en convenait; mais que ce dont Belin ne pouvait pas raisonnablement disconvenir, c'est que la clause qui se trouvait dans son Bail, était indirectement stipulée en faveur de l'abbé de Saint-Didier; que les titulaires des bénéfices n'étaient que de simples usufruitiers; que l'aliénation des fonds leur était expressément défendue, et qu'ils étaient obligés de veiller à la conservation de tous les droits qui en dépendaient, afin de les remettre à leurs successeurs, dans le même état qu'ils les avaient pris;

Que les religieux de Saint-Nicolas-aux-Bois, par le concordat passé entre eux et le sieur Desmarets, s'étaient trouvés aux droits de leur abbé; qu'ils avaient exigé de Belin qu'il s'engageât à leur fournir un plan et un cueilleret de la terre de Choigny; mais que ce n'était pas pour leur intérêt personnel qu'ils avaient fait cette stipulation; qu'ils n'avaient pu la faire que pour celui de l'abbé.

Sur ces moyens respectifs, arrêt sur délibéré, du 10 septembre 1761, qui « condamne Belin à
» remettre dans un mois, à compter du jour de
» la signification du présent arrêt, à personne ou à
» domicile, audit abbé de Saint-Didier, conformé-
» ment au bail du 12 avril 1751, une déclaration
» nouvelle, par plans et figures géométriques, des
» terres, prés et dépendances de ladite ferme et
» seigneurie de Choigny, ensemble un cueilleret
» en forme des cens et droits seigneuriaux d'icelle,
» reconnu et signé des censitaires dudit Choigny
» et des officiers de la justice dudit lieu, et à ga-
» rantir et à indemniser ledit abbé de Saint-Di-
» dier des pertes qu'il pourrait souffrir et des pres-
» criptions qui pourraient être acquises, faute,
» par ledit Belin, d'avoir fait faire lesdites décla-
» rations et cueilleret dans le temps porté par
» ledit Bail; condamne en outre ledit Belin aux
» dommages et intérêts dudit abbé de Saint-Di-
» dier, à donner par déclaration, et en tous les
» dépens ».

§. VII. *Est-ce à titre et comme portions de fermages, que la loi du 10 avril 1791 oblige le fermier de payer à son bailleur la valeur de la dîme et de la taille?*

Voici ce que j'ai dit sur cette question, en concluant, à l'audience de la cour de cassation, section civile, le 22 thermidor an 9, sur le recours exercé par le sieur Desrains, contre un jugement rendu par le tribunal civil du département de l'Yonne en faveur du sieur Delaporte.

« Le cit. Desrains devait au cit. Delaporte un restant de fermages, en vertu d'un bail du 30 mai 1784, et une somme, soit de 1,800 livres, soit de 1,000 livres, en vertu d'une transaction du 29 janvier 1793.

» Pour se libérer de ces deux objets, le cit.

Delaporte a fait offrir en assignats, au cit. Desrains, le 11 *messidor an* 3, une somme de 2,061 livres, qu'il a déclarée devoir à titre de restant de fermages, et d'une autre de 1,000 livres, qu'il a énoncée être par lui due d'après la transaction.

» Le jugement attaqué a annullé les offres réelles comme insuffisantes, parcequ'à la somme due pour restant de fermages, le demandeur n'avait pas ajouté la valeur de la dîme et le montant de la taille des années 1791, 1792 et 1793, ainsi qu'il y était tenu par la loi du 10 avril 1791; 2°. parceque, par la transaction du 29 janvier 1793, ce n'était pas seulement 1,000 livres, mais 1,800 livres qu'il devait au cit. Delaporte.

» Pour obtenir la cassation de ce jugement, le demandeur emploie deux moyens.

» Dans la forme....

» Au fond, le demandeur convient d'un principe véritablement incontestable : c'est que son offre a dû être déclarée insuffisante, si elle ne comprenait pas tout ce qu'il redevait au cit. Delaporte pour restant de ses fermages.

» Mais il prétend que, dans le fait, tout ce qu'il redevait pour restant de ses fermages, était compris dans son offre. Il ne nie pas que son offre ne comprenait, ni la valeur de la dîme, ni le montant de la taille des années 1791, 1792 et 1793; il ne nie pas non plus que la loi du 10 avril 1791 l'obligeait de payer ces deux objets au cit. Delaporte.

» Toute la question se réduit donc à savoir si ces deux objets étaient compris dans les fermages. S'ils y étaient compris, l'offre du demandeur a dû, comme elle l'a été, être déclarée insuffisante, et par conséquent, annullée. Mais s'ils n'y étaient pas compris, l'offre du demandeur devait être déclarée valable, et le tribunal de l'Yonne a fait une fausse application de la loi du 10 avril 1791.

» Encore une fois, nous n'avons donc à examiner qu'un seul point : est-ce comme faisant partie de ses fermages, que la valeur de la dîme et le montant de la taille des années 1791, 1792 et 1793, étaient dus par le demandeur au cit. Delaporte? Voilà, en dernière analyse, le nœud de la difficulté que vous avez à résoudre.

» Elle serait bientôt résolue, si la dîme et la taille, dans le temps qu'elles existaient en vigueur, eussent pu être considérées comme des charges du propriétaire, payées à son acquit par le fermier; car il est de principe que tout ce qu'un fermier paie à l'acquit du propriétaire, est censé faire partie de son fermage.

» Mais d'abord, la dîme n'était généralement considérée que comme une charge des fruits; c'était donc le fermier qui la devait personnellement : aussi est-il sans exemple que l'on ait recouru avec succès sur le propriétaire, pour le refus que le fermier pouvait faire de ce droit, sans l'aveu exprès du propriétaire lui-même.

» Quant à la taille, c'était la dette personnelle du fermier ; car il n'est point question dans la loi du 10 avril 1791, de la *taille réelle*; cette loi n'oblige le fermier à payer désormais au propriétaire que la taille d'exploitation, et c'est ce qu'elle explique parfaitement par l'art. 2, en déclarant qu'elle n'entend parler que des tailles auxquelles le fermier *aura été personnellement cotisé sur les rôles de 1790, à raison de chaque fermage*.

» Ces considérations ne sont pourtant pas décisives.

» Sans doute, le fermier devait personnellement la dîme et la taille, mais il les devait précisément comme fermier ; il les devait, parcequ'il jouissait des fruits au lieu et à la place du propriétaire; il les devait, par conséquent, à la décharge du propriétaire lui-même; et cela est si constant, que si le propriétaire n'eût pas affermé ses biens, c'eût été sur lui personnellement qu'eussent pesé et l'obligation de payer la dîme et l'obligation de payer la taille.

» Sous ce rapport, le seul vrai, le seul juste, la dîme et la taille faisaient donc, lorsqu'elles existaient, partie des fermages des biens assujétis à ces deux charges.

» Avant 1791, elles se payaient à la nation, qui recevait l'une par les mains du clergé; l'autre par les mains de ses propres percepteurs.

» Mais en 1791, la nation a cru devoir les supprimer, et les remplacer par une contribution foncière, dont les propriétaires ont été seuls chargés.

» Et comme, d'une part, elle ne les supprimait pas pour l'avantage des fermiers; que, de l'autre, c'était sur les propriétaires qu'elle en faisait peser le remplacement, il était de toute justice qu'à l'avenir les fermiers payassent directement aux propriétaires ce qu'ils avaient jusqu'alors payé pour eux à la nation.

» C'est aussi ce qu'ont ordonné expressément les lois des 10 décembre 1790 et 10 avril 1791.

» Et comme la dîme faisait, ainsi que la taille, partie des fermages, lorsqu'on la payait à la nation, elle a dû nécessairement, et même à plus forte raison, être encore considérée de même, du moment où elle a été payable aux propriétaires directement.

» Nous n'avions même pas besoin de tant de raisonnemens, pour établir une vérité aussi simple.

» C'est *comme fermier* que le demandeur doit payer au cit. Delaporte les dîmes et la taille des années 1791, 1792 et 1793; or, le demandeur peut-il, *comme fermier*, devoir à son bailleur une chose qui ne soit pas réputée *fermage*? Le bon sens nous dit que non, et c'en est assez pour justifier le jugement du tribunal de l'Yonne.

» Mais, dit le demandeur, à l'époque où j'ai fait mon offre réelle, ni ce que je devais pour la dîme, ni ce que je devais pour la taille, n'étaient liquides; il n'avait pas même encore été nommé d'experts pour en faire la liquidation. Je n'ai donc pas pu en comprendre le montant dans mon offre.

« La réponse est dans l'art. 10 de la loi du 10 avril 1791 : « Lorsque le propriétaire (y est-il dit), n'aura point formé de demande, le fermier pourra faire offre, par acte extra-judiciaire, d'une somme déterminée pour la valeur de la dîme, et le montant d'impositions dont il doit tenir compte; en désignant néanmoins l'expert dont il entend faire choix pour procéder à une nouvelle évaluation, au cas où la sienne serait contestée ».

» Le cit. Desrains pouvait donc, nonobstant le défaut de liquidation et même de demande de la part du cit. Delaporte, offrir à celui-ci une somme déterminée pour les deux objets dont il est question.

» Il pouvait donc joindre cette somme à celle de 2,061 livres qu'il a réellement offerte le 11 messidor an 3. Il ne l'a point fait; c'est donc par sa faute que son offre s'est trouvée insuffisante. Le tribunal de l'Yonne a donc bien jugé, en la déclarant telle.

» Et par ces considérations, nous estimons qu'il y a lieu de rejeter la requête en cassation, et de condamner le demandeur à l'amende ».

Arrêt du 22 thermidor an 9, au rapport de M. Babille, qui adopte ces conclusions,

« Attendu que les offres réelles du 11 messidor an 3 étaient insuffisantes et nulles, ainsi que la consignation qui s'en est ensuivie, soit parceque ni ces offres ni cette consignation ne comprenaient rien pour raison de la dîme et de la taille, dont, aux termes de la loi du 10 avril 1791, Desrains était comptable envers Delaporte, ainsi que de ses fermages et dans le même temps; soit parcequ'elles ne portaient qu'à 1,000 francs, au lieu de 1,800 francs, l'indemnité que Desrains devait, d'après l'arrangement du 29 janvier 1793.....

» D'où il suit que le jugement n'a point faussement appliqué la loi du 10 avril 1791..... ».

§. VIII. *La disposition de l'art. 35 de la quatrième section de la loi du 25 juillet 1793, concernant les biens des émigrés, était-elle applicable aux fermiers cultivant par des colons partiaires?*

Les sieurs Astier et consorts demandaient la cassation d'un jugement du tribunal civil du département de l'Ardèche, du 13 fructidor an 7, qui avait décidé cette question pour l'affirmative.

» La cause portée à l'audience des requêtes, voici comment je me suis expliqué :

« Y a-t-il lieu d'annuler, ou devez-vous maintenir, dès aujourd'hui, le jugement du tribunal civil du département de l'Ardèche, qui vous est dénoncé par les demandeurs?

» Pour résoudre cette question, vous n'avez à examiner que deux points.

» Et d'abord, le jugement attaqué est-il nul,

à raison de ce qu'au nombre de ceux qui l'ont formé par le concours de leurs suffrages, se trouve un homme de loi *appelé en remplacement d'un juge abstenu*, sans que l'absence ni l'empêchement de tous les autres juges et des suppléans se trouvent attestés par le jugement même ?

» Ce moyen vous a été proposé vingt fois depuis le 1er. floréal an 8, et vingt fois vous l'avez rejeté, dans le cas où, comme ici, le demandeur en cassation n'a élevé, devant le tribunal dont il attaque le jugement, aucune réclamation contre l'assistance de l'homme de loi au jugement même. Vous avez constamment tenu pour principe, que la présomption doit toujours être en faveur de la régularité des opérations judiciaires, surtout lorsqu'elles ne sont pas contredites au moment où elles se font; et de ce principe, aussi certain que sage, vous avez constamment tiré la conséquence que les hommes de loi appelés en remplacement par les tribunaux, sont censés ne l'avoir été que sur la preuve acquise de l'empêchement ou de l'absence de tous les juges suppléans ou titulaires, qui auraient pu servir de remplaçans (1).

» Cette première question écartée, nous n'avons plus qu'à fixer votre attention sur celle-ci :

» Le tribunal civil du département de l'Ardèche a-t-il fait une fausse application de l'art. 35 de la quatrième section de la loi du 25 juillet 1793, en adjugeant au cit. Laurent la récolte de l'année du courant de laquelle les demandeurs avaient fait l'acquisition du domaine de *Lislette*, provenant de l'émigré Montaigu?

» A cet égard, il est avoué de part et d'autre, que le Bail en vertu duquel le cit. Laurent tenait ce domaine à ferme, était nul, parcequ'il était sous seing-privé, et qu'il n'avait été enregistré que le 4 octobre 1792, tandis qu'aux termes de l'art. 34 de la loi citée, il n'aurait pu valoir qu'autant qu'il eût acquis une date certaine avant le 9 février précédent.

» Il est également avoué de part et d'autre, que le cit. Laurent ne cultivait pas ce domaine par ses propres mains; mais par celles d'un cit. Lombart, que l'on qualifie, tantôt de *rentier* et tantôt de *granger*.

» Mais il y a quelques nuages sur la véritable qualité de celui-ci.

» Était-il *métayer* proprement dit, ainsi que le mot *rentier* semble l'insinuer, ou n'était-il qu'un ouvrier laboureur, salarié par le cit. Laurent ?

» Il nous semble qu'on ne peut pas douter raisonnablement que sa véritable qualité ne fût celle de *métayer* ou *colon partiaire*.

» Il est vrai que le jugement attaqué ne définit pas, dans son dispositif, l'expression *granger*, sous laquelle il désigne Lombard.

---

(1) La cour de cassation a reconnu depuis que cette jurisprudence était vicieuse. *V.* l'article *Avocat*, §. 3.

» Mais voici ce que nous lisons dans son préambule : *Le même jugement* (celui de première instance) *réserva en faveur de Lombard*, granger, LA PORTION COLONIQUE LE COMPÉTANT. Lombard, en sa qualité de *granger*, avait donc droit à la *portion colonique* de la récolte; or, cette portion, à quel titre lui aurait-elle appartenu, s'il n'eût pas été colon partiaire ou métayer?

» Et remarquez que le jugement de première instance, dont le jugement attaqué retrace ainsi une disposition, se sert, dans cette disposition même, non du mot. *granger*, mais du mot *rentier*. Et c'est en la retraçant que le tribunal d'appel substitue au mot *rentier*, le mot *granger*. Le tribunal d'appel annonce donc bien clairement qu'il regarde ces deux expressions comme synonymes, comme désignant toutes deux un métayer, un colon partiaire; autrement, il faudrait supposer que, tout en rendant compte du jugement de première instance, il se permet de le tronquer et d'en dénaturer le sens; genre d'infidélité qui n'est, sous aucun rapport, présumable.

» Enfin, ce qui lève toute difficulté là-dessus, c'est que le jugement attaqué ne dit ni ne fait entendre, en aucune manière, que le tribunal de l'Ardèche ait pensé, en le rendant, que Lombard ne fût pas un véritable métayer; c'est qu'au contraire, tout porte à croire que c'est comme métayer, comme colon partiaire, qu'il a considéré Lombard.

» Cela posé, la question se réduit en dernière analyse à ce seul point : Le fermier Laurent n'ayant pas cultivé et ensemencé lui-même les terres de la récolte desquelles il s'agissait devant le tribunal de l'Ardèche, ce tribunal a-t-il pu lui appliquer le bénéfice de l'art. 55 de la quatrième section de la loi du 25 juillet 1793?

» Les demandeurs soutiennent la négative. Suivant eux, la loi n'accorde au fermier évincé la récolte de l'année courante, que lorsqu'elle est le produit de ses travaux personnels; et cela résulte clairement, ajoutent-ils, du décret du 28 germinal an 2, dans lequel il est dit que, par les art. 9 et 11 de la loi du 15 frimaire précédent, le législateur n'a pas entendu ôter aux fermiers dépourvus de Baux authentiques, la faculté que leur avait laissée la loi du 25 juillet 1793, *de recueillir, dans l'année de leur éviction, les fruits dus à leurs soins et à leurs sueurs*.

» Nous commencerons par observer que ce décret n'avait pas pour objet de décider à quelle espèce de fermiers s'appliquait la loi du 25 juillet 1793, mais uniquement si les fermiers quelconques pouvaient encore réclamer l'exécution de cette loi. C'est déjà une raison très-puissante de ne pas s'attacher si littéralement aux termes qui expriment les motifs sur lesquels il fonde sa décision; car, en général, c'est toujours relativement à l'objet direct qu'elles ont en vue, que les lois choisissent leurs expressions; et il est souvent dangereux d'en argumenter pour un autre objet.

» Mais, d'ailleurs, le décret du 28 germinal an 2 ne restreint pas plus que ne l'avait fait la loi du 25 juillet 1793, la dénomination de *fermiers* à ceux qui cultivent par leurs propres mains; et cependant cette restriction serait le résultat nécessaire du sens rigoureusement littéral des termes sur lesquels les demandeurs fondent leur système. Ainsi, pour être conséquens, les demandeurs devraient aller jusqu'à dire que le tribunal de l'Ardèche aurait mal jugé, même dans le cas où Lombard n'eût été que le valet laboureur du fermier Laurent.

» Veut-on d'ailleurs une preuve claire et sans réplique que, dans l'esprit du législateur, le fermier cultivant par les mains d'un métayer ou colon partiaire, n'est pas moins favorable que le fermier cultivant, soit par ses propres mains, soit par celles d'un ouvrier laboureur? Il n'y a qu'à ouvrir la loi du 5 novembre 1790, sur l'administration des biens nationaux.

» L'art. 9 de la loi du 14 mai précédent avait, comme vous le savez, imposé aux acquéreurs l'obligation d'entretenir les Baux authentiques dont la date serait antérieure au 2 novembre 1789.

» Bientôt s'éleva la question de savoir si, dans cette disposition, qui n'avait d'autre objet que de favoriser les agriculteurs, se trouvaient compris les Baux généraux que les grands bénéficiers faisaient assez fréquemment de l'universalité de leurs revenus.

» L'assemblée constituante, frappée de l'idée que les fermiers généraux des menses épiscopales ou abbatiales étaient plutôt les agioteurs de l'agriculture, que de véritables agriculteurs, déclara, par l'art. 5 du tit. 3 de la loi citée, que les Baux généraux n'étaient pas compris dans l'art. 9 de la loi du 14 mai 1790, et voulut qu'ils fussent dès-lors résiliés.

» Mais elle y mit, par l'art. 6, cette exception : *Les Beaux généraux dont les preneurs occupent ou font valoir par eux-mêmes, ou* PAR DES COLONS PARTIAIRES, *les biens qui en sont l'objet, continueront d'être exécutés.*

» Il n'y a donc pas, quant à la faveur attachée à la qualité de cultivateur, de différence entre celui qui cultive par lui-même et celui qui cultive par un colon partiaire.

» Et dans le fait, le fermier qui cultive par un colon partiaire, ne court-il pas les mêmes risques que le fermier exploitant par ses propres mains? Que la récolte soit bonne ou mauvaise, ne faut-il pas toujours qu'il paye son fermage ? N'est-ce pas lui qui fournit au colon partiaire les bestiaux, les instrumens aratoires, en un mot tout ce qui compose une exploitation rurale ? Et si tous ces objets viennent à périr par un incendie, ce qui n'est pas extrêmement rare, ne faut-il pas qu'il les remplace ?

» Voyez donc jusqu'où allait l'inconséquence du jugement réformé par le tribunal de l'Ardèche! Il reconnaissait qu'au fermier Laurent appartenaient les bestiaux et tous les effets qui avaient servi à cultiver, engraisser et ensemencer les terres; il adjugeait la portion colonique au granger Lombard, qui avait mis en œuvre les effets et les bestiaux du fermier Laurent; mais au fermier Laurent lui même, au propriétaire des bestiaux et des effets sans lesquels Lombard n'aurait pas pu récolter un grain de bled, il n'accordait rien !

» Encore un mot. La loi du 25 juillet 1793 ne distingue pas entre le fermier cultivant par lui-même et le fermier cultivant par un colon partiaire; et cependant celui-ci n'est pas moins fermier qui celui-là. La loi les comprend donc tous deux dans sa disposition; et dès-là, le jugement attaqué n'en a fait qu'une application à la fois exacte et juste.

» Nous estimons en conséquence qu'il y a lieu de rejeter la requête ».

Ainsi jugé le 12 pluviôse an 9, au rapport de M. Boyer.

» Attendu, sur le premier moyen, que le jugement attaqué constatant que le défenseur officieux Sauffret n'a été appelé à y concourir, qu'en remplacement d'un juge abstenu, il y a présomption légale de la nécessité de ce remplacement.

« Attendu, sur le second moyen, que l'art. 4 de la sect. 5 de la loi du 25 juillet 1793 accorde aux fermiers de biens d'émigrés, dont le Bail est annullé, la récolte par lui ensemencée; que cette disposition de la loi est générale, et s'applique au cas où le fermier a ensemencé par le ministère d'un métayer, comme à celui où il a ensemencé par lui-même.

» Que cette disposition n'est aucunement atténuée par l'énonciation portée dans la loi du 28 germinal an 2, qui n'a point pour objet la distinction dont il s'agit dans l'espèce de l'affaire actuelle ».

§. IX. *De la résiliation des baux autorisée par la loi du premier jour complémentaire an 7, en faveur des réquisitionnaires et conscrits.*

Le sieur Folie s'étant pourvu en cassation contre un arrêt de la cour d'appel de Rouen, rendu sur cette matière le 21 prairial an 8, en faveur du sieur Sénéchal, voici les conclusions que j'ai données sur sa demande, à l'audience de la section des requêtes :

« Le demandeur attaque dans la forme et au fond le jugement qu'il vous dénonce.

« Dans la forme, il soutient que ce jugement est nul....

« Examinons maintenant si, au fond, le jugement a contrevenu, comme le soutient le demandeur, à la loi du 1ᵉʳ jour complémentaire an 7.

» Il est dit, par l'art. 1 de cette loi : *Les conscrits qui, avant d'être appelés à l'activité de service, auraient pris à titre de loyer ou de ferme, une maison ou un domaine pour l'habiter ou l'exploiter personnellement,* auront la faculté, s'ils sont obligés de partir pour l'armée, de demander la résiliation de leurs engagemens.

» Et l'art. 6 déclare cette disposition applicable aux *citoyens qui, sous la foi de congés obtenus, avaient contracté des promesses ou engagemens qui font la matière de l'art. 1, et seraient obligés de rejoindre l'armée active, en vertu des dispositions de la loi du 27 messidor an 7 portant annullation de ces congés.*

» C'est sur ces deux articles que le demandeur se fondait pour faire résilier le Bail du 9 vendémiaire an 7, par lequel il avait pris à loyer pendant neuf ans, une maison à usage de fabrique, qu'il devait habiter personnellement.

» Le jugement dont il s'agit, a jugé que ni l'un ni l'autre article n'était applicable à ce Bail, et a en conséquence rejeté la prétention du demandeur.

« Qu'il ait bien jugé par rapport au premier article, le demandeur en convient lui-même, puisque ce n'est pas comme conscrit, mais comme réquisitionnaire qu'il s'est trouvé, postérieurement à la passation du bail, dans l'obligation de rejoindre l'armée.

» Mais a-t-il également bien jugé par rapport à l'art. 6, ou, ce qui revient au même, l'art. 6 est-il également inapplicable à la position dans laquelle se trouve le demandeur ?

» Cet article, comme vous l'avez vu, fait dépendre la résiliation qu'il autorise, du concours de deux conditions :

» La première que le Bail ait été passé *sous la foi d'un congé obtenu*, c'est-à-dire, qu'au temps de la passation de cet acte, le preneur ait été dégagé de l'obligation du service militaire;

» La seconde que depuis, il ait été contraint par la loi du 27 messidor an 7, de rejoindre l'armée.

» De ces deux conditions, il n'y a nul doute que la seconde n'ait eu lieu à l'égard du demandeur, puisqu'il existe au procès une décision du jury du département de la Seine-Inférieure, assemblé à Dieppe en exécution de la loi du 27 messidor; qui ne lui donne pour rejoindre l'armée, que trois mois, à dater du deuxième jour complémentaire an 7.

» Mais la première condition est-elle également remplie, ou, en d'autres termes, le demandeur était-il, à l'époque de l'engagement qu'il a contracté par le Bail du 9 vendémiaire an 7, muni d'un *congé* qui le dispensât du service militaire?

« Le demandeur soutient l'affirmative, et voici quelles sont les pièces dont il en tire la preuve.

» La première est un certificat qui constate que, le 16 germinal an 2, le demandeur, alors âgé de 23 ans, et comme tel soumis à la première réquisition, a été reçu par cause de maladie dans l'*hospice de l'Humanité* de Rouen, et qu'il en est sorti le 11 vendémiaire an 3. — Il est inutile sans doute d'observer que ce certificat ne peut, sous aucun rapport, équivaloir à un congé.

» La deuxième pièce est un extrait du régistre des défenseurs de la patrie blessés, de la commune et du canton d'Elbœuf.

» Il résulte de cet extrait que, le 18 vendémiaire an 3, le demandeur s'est présenté à la municipalité d'Elbœuf pour y réquérir le visa et l'enregistrement,

1° D'un certificat du chirurgien en chef de l'hospice de l'Humanité de Rouen, du 11 du même mois vendémiaire an 3, portant que le demandeur est attaqué à la jambe droite d'un ulcère ancien et rebelle à tous les remèdes qui lui ont été administrés;

2°. D'une ordonnance du cit. Thierry, *agent militaire supérieur dans le département de la Seine-Inférieure*, du 1er du même mois, qui le renvoie devant le cit. Blanche, pour la contre-visite;

3°. Du procès-verbal de cette contre-visite, en date du même jour, par lequel le cit. Blanche et le cit. Benard estiment que le demandeur *est incapable de servir*;

4° D'un *vu bon*, daté du 17 du même mois, et signé de *l'agent militaire* Thierry.

» Ce serait peut-être ici le lieu d'examiner si ces pièces que le demandeur ne représente pas, qui ne sont que relatées dans l'extrait de registre qu'il produit, ont jamais existé véritablement; et si ce n'est pas ici le cas de la maxime, *non creditur referenti nisi constet de relato*.

» Mais il est inutile de nous arrêter à cette question, parce que, même en supposant ces quatre pièces véritables, elles ne peuvent pas être considérées comme un congé même provisoire, par la raison que les visites dont elles parlent, n'avaient pas été ordonnées par l'administration du district dans l'arrondissement duquel se trouvait le demandeur, et que d'ailleurs ces pièces n'ont pas été visées dans le temps par cette même administration, mais seulement par la municipalité de son domicile.

» Il existe à ce sujet une loi très-précise, qui n'a pas été citée au procès, ni dans le jugement, mais que nous n'en devons pas moins mettre sous vos yeux; c'est celle du 22 vendémiaire an 2; voici comment elle est conçue : Tout citoyen mis
» en réquisition pour le service des armées, qui
» prétendra être dispensé d'obéir à la réquisition
» pour cause de maladie ou d'infirmités, sera
» tenu de faire constater son état par un médecin
» ou chirurgien qui sera nommé, à cet effet, par
» l'administration du district du lieu où il se
» trouvera. Le certificat délivré par le médecin
» ou chirurgien, sera visé par ladite administra-
» tion, qui sera autorisée à faire vérifier de nou-
» veau l'état du citoyen à qui le certificat aura
» été délivré. »

» Le demandeur produit encore, mais seulement en copie collationnée par un commissaire des guerres, un certificat de visite du médecin *Benard* et du chirurgien *Blanche*, en date du 15 prairial an 3, visé le même jour par le commissaire des guerres chargé de la police des hôpitaux militaires de Rouen, et portant que l'ulcère dont il est atteint à la jambe droite, le met dans l'impossibilité de supporter les fatigues de la guerre.

« Ce certificat, comme vous le voyez, n'est pas plus en règle que les précédens. Ce n'est pas l'administration du district qui en a chargé les rédacteurs de visiter de nouveau le demandeur; et d'ailleurs le *visa* de cette administration y manque également. Ainsi, la loi du 22 vendémiaire an 2 ne permet pas d'y avoir plus d'égard qu'aux autres.

» Enfin, le demandeur produit, au bas de la copie du certificat dont nous venons de parler, un *visa* des mêmes officiers de santé, daté de l'hôpital de Rouen, du 18 nivôse an 4, qui porte: *Vu bon pour avoir été réformé pour cause d'un ulcère ancien à la jambe droite, hors d'état de reprendre son service militaire*. Encore même défaut de visite préalablement ordonnée par l'administration municipale de Rouen, subrogée alors à celle du district; même défaut de *visa* de cette administration.

Par conséquent mêmes contraventions à la loi du 22 vendémiaire an 2.

» Il est vrai qu'à la suite de ce *visa*, on lit ces mots: *Vu bon, Rouen, 18 nivôse an 4*, signé *Marillat*. Mais quel était le caractère de l'individu indiqué par cette signature ? C'est ce qu'aucune pièce ne justifie. Le demandeur le qualifie de *général*, et il est possible qu'il l'ait été. Mais, d'une part, le timbre apposé à côté de son *visa*, porte seulement ces mots : *Agent du gouvernement*. De l'autre, il est certain qu'en nivôse an 4, le commandant de la 15e division militaire s'appelait, non pas *Marillat*, mais *Huet*. Au surplus, quelle que soit la qualité en laquelle Marillat a visé cette pièce, il est certain que son *visa* n'a pu tenir lieu de celui de l'administration subrogée au district, ni conséquemment remplir le vœu de la loi du 22 vendémiaire an 2.

» Telles sont les seules pièces dont le demandeur était muni, lorsqu'il a signé le Bail du 9 vendémiaire an 7; et certainement il s'en faut beaucoup qu'elles lui assurassent une exemption absolue du service militaire; il s'en faut beaucoup qu'elles pussent lui tenir lieu de congé; il s'en faut beaucoup qu'elles remplissent la première des conditions exigées par l'art. 6 de la loi du 1er. jour complémentaire an 7, pour opérer la résiliation des Baux antérieurs à la loi du 27 messidor précédent.

» Ces pièces, nous l'avons démontré, étaient nulles, d'après la loi du 22 vendémiaire an 2; elles n'emportaient conséquemment pas, même dispense provisoire du service; et dès-là, le demandeur était visiblement en état de désertion, lorsqu'il a signé le Bail dont il s'agit.

» Cette vérité paraîtra plus évidente encore, si l'on se reporte à l'arrêté du gouvernement du 4 ventôse an 4, par l'art. 1 duquel « toutes exemp-
» tions de réquisition précédemment accordées,
» sous quelque titre que ce soit, soit par les co-
» mités de gouvernement, soit par les représen-
» tans du peuple en mission, soit par les divers
» corps, les généraux, les commissaires des

» guerres, etc., autres que celles délivrées par le ministre de la guerre, en vertu d'arrêtés du directoire exécutif, conformément à la loi du 4 frimaire dernier, sont annullées ».

» Le demandeur prétend que cette disposition n'a trait qu'aux congés limités, et il se fonde sur ce qu'il est parlé de congés limités dans la loi du 4 frimaire an 4.

» Effectivement cette loi parle de congés limités; mais elle parle aussi, dans le dernier article, d'exemptions de la réquisition, et elle défend à toute autre autorité que le directoire exécutif d'en accorder. Or, qui dit *exemption de la réquisition*, dit certainement *un congé absolu*.

» Mais du moins, objecte le demandeur, il ne s'agit pas pour moi d'une exemption de la réquisition; il s'agit d'un congé de réforme pour infirmités, pour incapacité absolue de servir; or, ce congé, j'en étais porteur lors du Bail du 9 vendémiaire an 7.

» L'arrêté du 4 ventôse an 4 répond de deux manières également victorieuses à cette objection.

» D'abord, l'art. 1 annulle *toutes exemptions de réquisitions précédemment accordées*, sous QUELQUE TITRE QUE CE SOIT; et certes, une disposition aussi générale, aussi exclusive de toute exception, embrasse les exemptions de réquisition accordées pour cause de maladie ou d'infirmités, comme celles qui avaient pu être délivrées pour d'autres motifs.

» En second lieu, l'art. 7 frappe précisément sur les prétendus congés de réforme accordés au demandeur par les officiers de santé de l'hospice de Rouen : « Tous certificats d'officiers de santé » (y est-il dit) portant exemption pour cause de » maladie ou d'infirmités, sont annullés ».

» Et remarquons bien que, par cette disposition, il est répondu d'avance à l'argument que le demandeur prétend tirer de l'art. 4 de la loi du 23 fructidor an 6, relative aux réquisitionnaires qui, à cette époque, n'avaient pas encore joint, ou avaient quitté l'armée.

» Que porte en effet cet article ? *Sont dispensés* PROVISOIREMENT *de rejoindre, ceux qui, à raison de leurs infirmités, sont jugés incapables de servir*.

» Sans doute, si, à l'époque de cette loi, ou dans l'intervalle écoulé entre sa publication et le Bail du 9 vendémiaire an 7, le demandeur s'était fait juger légalement incapable de servir, à raison de ses infirmités, il aurait, par cela seul, été dispensé *provisoirement* de rejoindre.

» Mais, d'une part, le demandeur n'était, à l'époque de la loi du 23 fructidor an 6, ni à celle du Bail du 9 vendémiaire an 7, porteur d'aucune pièce qui pût tenir lieu du jugement d'incapacité requis par cette loi; puisque ses certificats d'infirmité avaient été annullés par l'arrêté du 4 ventôse an 4, et que d'ailleurs ils se trouvaient en contravention à la loi du 22 vendémiaire an 2.

» D'un autre côté, quand les certificats produits par le demandeur, seraient aussi réguliers, aussi valables qu'ils le sont peu, la loi du 23 fructidor an 6 dit elle-même qu'il n'en aurait pu résulter pour lui qu'une dispense provisoire de rejoindre.

» Or, ce n'est pas à ceux qui, lors de la passation de leurs baux, n'étaient dispensés de rejoindre que provisoirement, que la faculté de résilier est accordée par la loi du 1er. jour complémentaire an 7; cette faculté n'est accordée qu'à ceux qui, en contractant, étaient porteurs de congés, et qui n'ont contracté que sous la foi due à ces actes.

» Le motif de la loi se fait assez sentir de lui-même. Le réquisitionnaire qui, en signant un Bail, était muni d'un congé légal, devait se regarder comme exempté pour toujours du service militaire, et par suite, contracter avec la ferme assurance de jouir de la maison et du domaine qu'il prenait à loyer ou à ferme. Voilà pourquoi son congé étant ensuite annullé par une puissance supérieure et irrésistible, la loi vient à son secours, en lui permettant de résilier. Mais la loi ne doit pas la même faveur, ou pour mieux dire, elle n'en doit aucune, au réquisitionnaire qui, lors de la passation de son Bail, n'avait qu'une exemption provisoire de service, puisque son exemption étant révocable d'un moment à l'autre, il a dû, en contractant, savoir qu'il était exposé à ne pouvoir pas jouir personnellement de l'effet de sa location, et que, s'il a couru des risques, il ne peut l'imputer qu'à lui-même.

» Du reste, il n'est pas vrai, quoi qu'en dise le demandeur, que la loi du 1er. jour complémentaire an 7 ait étendu jusqu'aux porteurs d'exemptions provisoires, la faveur qu'elle a accordée aux porteurs de congés. Le texte même du législateur résiste à cette interprétation ; et ce qui achève de la détruire, c'est que la loi du 1er. jour complémentaire an 7 rappelle l'annullation des congés prononcée par la loi du 27 messidor précédent, et ne rappelle pas du tout l'annullation des exemptions provisoires prononcées par la même loi.

» D'après ces développemens, il est bien inutile de suivre pied à pied la critique que fait le demandeur des motifs du jugement dont il se plaint. Qu'importe que quelques-uns de ces motifs soient plus ou moins justes, plus ou moins conformes à l'esprit de la loi ? Ce ne sont pas les motifs qu'il s'agit de casser, c'est le dispositif même du jugement. Or, ce dispositif, nous en avons dit assez, nous en avons même dit beaucoup plus qu'il n'en faut, pour le justifier; et par ces considérations, nous estimons qu'il y a lieu de rejeter la requête, et de condamner le demandeur à 150 francs d'amende ».

Arrêt du 21 brumaire an 9, au rapport de M. Vergès, qui prononce conformément à ces conclusions :

« Attendu que la loi du 1er. jour complémentaire an 7, qui autorise la résiliation des baux à ferme, n'est applicable qu'aux conscrits qui avaient contracté des engagemens de cette nature, avant d'être appelés à l'activité du service, et aux citoyens qui, sous la foi de congés obtenus, avaient également contracté de semblables engagemens;

» Que le demandeur n'eût pas été fondé à prétendre qu'il était dans cette dernière classe;

» Qu'il aurait dû représenter, pour établir sa demande, un congé absolu délivré par l'autorité supérieure déléguée par la loi;

» Que les certificats dont le demandeur s'est étayé, sont, à tous égards, insignifians pour suppléer à la non-représentation du congé absolu prescrit par la loi du 1er. jour complémentaire an 7;

» Que, conséquemment, le tribunal dont le jugement est attaqué, en le décidant ainsi, a fait une juste application de la loi citée ».

§. X. *L'acquéreur par expropriation forcée, pourrait-il, sous la loi du 28 septembre 6 octobre 1791, et avant le Code civil, expulser le fermier du débiteur exproprié?*

V. l'article *Résolution de Bail*.

§. XI. 1°. *Dans le silence du Bail d'une maison sur la contribution des portes et fenêtres, à la charge de qui est cette contribution? Le propriétaire qui l'a payée pendant deux années consécutives, est-il encore recevable à la répéter contre le locataire? L'est-il notamment, lorsqu'il n'en a pas fait la réserve dans ses quittances de loyer?*

2°. *Le fermier ou locataire qui, ayant payé la contribution foncière à l'acquit de son bailleur, a négligé de s'en faire tenir compte sur ses fermages, est-il encore recevable à la répéter?*

V. l'article *Contribution des portes et fenêtres*.

§. XII. *En cas de faillite d'un fermier de biens ruraux, le propriétaire peut-il obliger les syndics provisoires à lui payer ses fermages échus, et à résilier le Bail? Ne faut-il pas qu'il attende pour former ces demandes, que les syndics provisoirs soient remplacés par des syndics définitifs?*

Le 14 thermidor an 9, contrat notarié par lequel le sieur Bréant de la Neuville afferme à Claude Meignen et à son épouse, solidairement, des terres situées à Presle, les unes pour onze ans, les autres pour neuf, moyennant 1140 francs par chaque année.

Le 15 juin 1808, à défaut de paiement du fermage échu le 11 novembre 1807, le sieur Bréant de la Neuville fait procéder à une saisie-brandon de la récolte.

Le même jour, jugement du tribunal civil de Pontoise qui déclare Claude Meignen failli depuis la veille, et nomme un agent provisoire à sa faillite.

Ce jugement est signifié au sieur Bréant de la Neuville, avec assignation en référé pour qu'il lui soit fait défense de passer outre à la vente de la récolte saisie, et que l'agent provisoire soit autorisé à engranger cette récolte.

Le sieur Bréant de la Neuville s'oppose à cette demande, et s'étaie de l'art. 2102 du Code civil, aux termes duquel il a privilége sur la récolte, pour les fermages échus et à échoir.

Le 30 du même mois, jugement qui accueille la demande de l'agent provisoire.

Le 21 septembre suivant, le sieur Bréant de la Neuville fait assigner les syndics provisoires qui ont succédé à l'agent, Claude Meignen et sa femme, pour voir dire 1°. que le Bail sera résilié; 2°. qu'ils seront condamnés à 1000 francs de dommages-intérêts pour inexécution du bail, dessolement et dégradation des terres; 3°. qu'ils seront pareillement condamnés solidairement à lui payer 2280 francs, savoir, 1140 francs pour le fermage échu le 11 novembre 1807, et pareille somme pour le fermage de l'année courante; 4°. enfin, qu'il lui sera permis de faire vendre aux enchères la récolte de 1807 que l'agent provisoire a été autorisé à engranger.

Il fonde ses conclusions 1°. sur l'art. 442 du Code de commerce, suivant lequel tout failli est, par le seul fait de sa faillite, dessaisi de l'administration de ses biens; 2°. sur ce que, dans un tel état de choses, il n'y a plus de sûreté ni pour le paiement de ses fermages, ni pour la culture de ses terres; 3°. sur l'art. 1188 du Code civil, qui prive le débiteur du droit *de réclamer le bénéfice du terme* qui lui a été accordé, *lorsqu'il a fait faillite*.

Les défendeurs répondent 1°. que la culture des terres a été continuée par les soins des syndics provisoires; 2°. que la créance du demandeur est bien constatée par un acte authentique, mais que, pour en ordonner le paiement, il faut attendre la fin des opérations de la faillite, la nomination des syndics définitifs et le résultat de l'assemblée qui doit être convoquée pour le concordat; que tout créancier est tenu de se soumettre à ces formalités; que chacun des créanciers aurait individuellement le droit de critiquer le paiement réclamé par le demandeur; 3°. qu'à l'égard de la demande en résiliation du Bail, les syndics provisoires pensent qu'il est de l'intérêt de tous les créanciers d'exercer le droit qui leur est attribué par l'art. 2102 du Code civil, *de relouer la ferme pour le restant du Bail*, et *d'en faire leur profit, à la charge de payer au propriétaire tout ce qui lui sera dû*; 4°. que, quant à la femme Meignen, co-preneur solidaire dans le Bail dont il s'agit, elle est séparée de biens, et n'offre aucune apparence d'insolvabilité. En conséquence les défendeurs concluent à ce que le sieur Bréant de la Neuville soit déclaré non-recevable dans ses demandes.

Le 26 novembre de la même année, le sieur Bréant de la Neuville fait signifier une requête par laquelle il expose que la culture des terres est négligée; que, pour qu'il y ait lieu au paiement des fermages mêmes non encore échus et à la résiliation du Bail, il suffit, d'après les art

1188, 1721 et 1766 du Code civil et les art. 442 et 448 du Code de commerce, que les preneurs ne remplissent pas leurs obligations et soient faillis, sans que le bailleur soit tenu d'attendre la fin des opérations de la faillite, négligée d'ailleurs à dessein par les syndics provisoires qui agissent de concert avec Claude Meignen ; que la femme de celui-ci, sa co-obligée solidaire, ne présente pas plus de solidité que lui.

Le 19 du même mois, jugement qui, après avoir posé ainsi les questions à décider : *la demande en résiliation du Bail est-elle fondée ? Doit-on y avoir égard, ou y déclarer le demandeur non-recevable ;* déclare le sieur Bréant de la Neuville *non-recevable, quant à présent,* dans cette demande,

« Attendu qu'aux termes de l'art. 2102 du Code civil, la créance du bailleur se trouve assurée, tant pour ce qui est à échoir du prix de son Bail, que pour ce qui est échu ; et que, dans ces deux cas, les autres créanciers *ont le droit de relouer la maison ou la ferme pour le restant du Bail, et de faire leur profit des baux ou fermages, à la charge toutefois de payer au propriétaire tout ce qui lui serait encore dû ;*

» Qu'une pareille détermination, de leur part, ne peut être prise qu'autant qu'ils seront en mesure d'opérer un concordat entre eux et le failli ; qu'il n'y a pas de péril pour un créancier bailleur à loyer, à attendre cette époque des opérations de la faillite, puisque d'une part, sa créance est privilégiée, et que, de l'autre, la gestion et administration des biens du failli sous la surveillance des créanciers, lui assure d'autant plus la conservation de sa chose ;

» Enfin, que la femme, l'une des parties, elle-même créancière, est preneur pour une moitié, et, comme telle, obligée à l'exécution du Bail ».

Ce jugement prononcé, le sieur Bréant de la Neuville laisse écouler six mois dans l'attente que les syndics provisoires méneront à fin les opérations de la faillite. Mais voyant, au bout de ce terme, qu'ils n'ont encore rien fait, il lève le jugement, le fait signifier et en interjette appel, en concluant à ce que, par provision, il lui soit permis de faire la récolte de l'année, sous la surveillance de la personne qui sera commise par la cour, de la renfermer dans une grange particulière, et de la faire ensuite vendre aux enchères.

Le 3 juillet 1809, arrêt par défaut de la cour d'appel de Paris, qui adjuge au sieur Bréant de la Neuville cette demande provisoire.

Les intimés forment opposition à cet arrêt ; et la cause est portée, sur le tout, à l'audience.

Le sieur Bréant de la Neuville y conclud à ce que les intimés soient déboutés de leur opposition, à ce qu'en réformant le jugement du tribunal de Pontoise, la cour lui adjuge ses conclusions de première instance, qu'il répète mot à mot, en y ajoutant seulement une demande en paiement des fermages échus depuis le jugement.

Par arrêt du 18 novembre 1809, la cour d'appel de Paris reçoit les intimés opposans à l'arrêt par défaut, du 3 juillet ; et, sur le fond, adoptant les motifs des premiers juges, met l'appellation au néant, avec amende et dépens.

Le sieur Bréant de la Neuville se pourvoit en cassation contre cet arrêt.

« La question que vous présente cette affaire (ai-je dit à l'audience de la section des requêtes le 4 avril 1811), n'est pas difficile à résoudre.

» Il s'agit de savoir si les art. 1888 et 2102 du Code civil sont violés par l'arrêt dont se plaint le demandeur.

» Et d'abord, comment l'art. 1888 serait-il violé par cet arrêt ?

» Cet article, placé sous la rubrique *des obligations à terme*, se borne à dire que *le débiteur ne peut plus réclamer le bénéfice du terme* qui lui est accordé par son obligation, *lorsqu'il a fait faillite ;* et qu'a de commun cette disposition avec la demande du sieur Bréant de la Neuville en résiliation du Bail ?

» Sans doute, le sieur Bréant de la Neuville était en droit, d'après cet article, d'exiger le fermage de 1808, avant qu'il fût échu, et c'est ce qu'il a fait. Mais partir de là pour demander la résiliation du Bail, il ne le pouvait pas.

» Quant à l'art. 2102, il en résulte bien qu'en cas de faillite d'un fermier, ses créanciers ne peuvent faire leur profit du restant de son bail, qu'*à la charge de payer au propriétaire tout ce qui lui serait dû ;* et il semblerait, à la première vue, en résulter aussi que la cour d'appel de Paris n'a pas pu déclarer le sieur Bréant de la Neuville non recevable, même *quant à présent,* dans sa demande ne résiliation du Bail, sans obliger les syndics provisoires de la faillite de son fermier, de lui payer les fermages de 1807 et 1808.

» Mais 1°. l'arrêt attaqué, ou du moins le jugement qu'il confirme, reconnaît formellement que ces fermages sont dus, même par privilège, au sieur Bréant de la Neuville ; et que les créanciers de son débiteur seront tenus de les lui payer, s'ils veulent continuer le bail à leur profit.

» 2°. Il est vrai que ni l'arrêt ni le jugement qu'il confirme, ne condamnent les créanciers de Claude Meignen à payer ces fermages à l'instant même. Mais d'où cela vient-il ? Uniquement de ce que les créanciers de Claude Meignen ne sont encore représentés que par des syndics provisoires ; de ce que les syndics provisoires sont bien chargés par les art. 491 et suivans du Code de commerce, de recouvrer les créances du failli, de faire vendre ses meubles, effets et marchandises, de verser à la caisse d'amortissement les sommes provenant des unes et des autres, mais ne le sont nullement de payer même les dettes privilégiées ; que le paiement de ces dettes ne peut avoir lieu qu'après le contrat d'union formé suivant l'art. 527, à défaut de concordat ; et que

4e. édit., Tome I.   95

ce paiement ne peut être effectué, aux termes de l'art. 533, que par les syndics définitifs.

» Si donc le sieur Bréant de la Neuville n'a pas encore touché les fermages qui lui sont dus, ce n'est ni au tribunal de première instance ni à la cour de Paris qu'il doit s'en prendre : il ne peut accuser que la lenteur des syndics provisoires à se mettre en règle, lenteur assurément très-répréhensible, mais que, ni la cour de Paris, ni le tribunal de première instance n'étaient appelés à réprimer dans la contestation particulière sur laquelle ont statué le jugement et l'arrêt qui vous sont dénoncés.

» Par ces considérations, nous estimons qu'il y a lieu de rejeter la requête du demandeur, et de le condamner à l'amende de 150 francs ».

Arrêt du 4 avril 1811, au rapport de M. Botton, par lequel,

« Sur le moyen pris de ce que les syndics provisoires n'ont pas, en formant leur demande, désintéressé le demandeur, en conformité de l'art. 2102 du Code civil, attendu que l'arrêt dénoncé n'a fait autre chose que décider qu'il fallait attendre la nomination des syndics définitifs pour procéder régulièrement sur les prétentions respectives ; en quoi la cour d'appel, loin d'avoir violé aucune loi, s'est conformée aux dispositions des art. 491, 496, 497 et 533 du Code de commerce ;

» La cour rejette le pourvvoi..... ».

§. XIII. *Le Bail d'un revenu communal passé par le maire de la commune, d'un particulier et revêtu de l'approbation du préfet, peut-il être considéré comme un acte administratif, dont l'interprétation soit interdite aux tribunaux?*

V. l'article *Pouvoir judiciaire*, §. 9.

§. XIV. *Le Bail fait pour trois, six ou neuf ans, doit-il être considéré comme formant trois baux distincts, dont chacun expire de plein droit à la fin de la troisième, de la sixième et de la neuvième année ; ou ne doit-il l'être que comme un seul Bail de neuf ans, qui ne peut être révolu à l'expiration de la troisième ou de la sixième année, qu'en donnant préalablement un congé dans le délai d'usage?*

La loi du 22 frimaire an 7 tranche la question pour le droit d'enregistrement : « seront consi-
» dérés (porte-t-elle, art. 69, §. 3, n°. 2), pour
» la liquidation et le paiement du droit, comme
» baux de neuf années, ceux faits pour trois, six
» ou neuf ans ».

Mais les droits respectifs du bailleur et du preneur ou locataire doivent-ils être réglés par le même principe ?

Voici une espèce dans laquelle la négative, adoptée en première instance, a été justement proscrite en cause d'appel.

En 1810, la ville de Mons afferme au sieur Merkx, *pour trois, six ou neuf ans*, une prairie dont l'entrée en jouissance est fixée au 1er. octobre de la même année.

Survient la loi du 20 mars 1813, qui ordonne l'aliénation des biens des communes.

En exécution de cette loi, les sieurs Antoine et Fontaine se rendent adjudicataires de la prairie affermée par la ville de Mons au sieur Merkx ; et par exploit du 25 septembre de la même année, ils font signifier à celui-ci un congé.

Le sieur Merkx leur répond qu'ils lui ont manifesté trop tard leur intention de résoudre le Bail ; et qu'en conséquence, il entend rester en possession de la prairie jusqu'à l'expiration de la neuvième année, sauf à eux à lui signifier un nouveau congé dans le délai d'usage, avant l'expiration de la sixième.

Les sieurs Antoine et Fontaine répliquent que ce n'est que surabondamment, et pour prévenir toute équivoque, qu'ils lui ont fait faire, le 25 septembre, la signification d'un congé ; que son Bail n'a pas été fait pour neuf ans, avec faculté réciproque de le résilier à la fin de la troisième ou de la sixième année ; qu'il ne l'a été que, soit pour trois ans, soit pour six ans, soit pour neuf ans, au choix des parties ; que, dès-lors, il a cessé de plein droit à l'expiration du premier de ces trois termes ; et qu'il n'aurait pu, à cette époque, être prorogé ultérieurement que par une sorte de réconduction tacite.

La contestation portée au tribunal de première instance de Mons, jugement qui, adoptant le système des sieurs Antoine et Fontaine, les autorise à expulser le fermier.

Mais celui-ci en appelle à la cour supérieure de justice de Bruxelles, et s'attache à établir 1°. que, pour faire cesser au premier octobre 1813, le Bail dont il s'agit, un congé était indispensable ; 2°. que le congé du 25 septembre est tardif et par conséquent nul.

« C'est un usage généralement reçu (dit-il) de considérer comme Baux de neuf années ceux faits pour trois, six ou neuf ans. La division de la durée de ces locations en trois termes égaux, indique seulement la faculté que se réservent expressément ou tacitement le preneur et le bailleur, de résilier le contrat à la fin de chaque période triennale. Interpréter autrement ces sortes de baux, ce serait contrarier l'intention présumée des parties contractantes, qui sont toujours censées avoir voulu ménager leurs intérêts communs. Est-il à croire en effet que le bailleur, ainsi que le preneur, aient eu l'intention préjudiciable à tous les deux, de s'exposer à être pris au dépourvu le jour même de l'expiration de la troisième ou de la sixième année ? N'ont-ils donc pas l'un et l'autre un intérêt sensible à connaître d'avance s'ils peuvent ou non compter sur la durée de leur convention ? L'on conçoit qu'il ne faille pas donner congé pour faire cesser un Bail écrit qui n'est fait que pour un seul terme continu : là les deux parties savent à quoi s'en tenir dès le jour même du contrat, qui leur sert d'avertissement.

» Mais à l'égard du Bail fait pour trois, six ou neuf ans, le preneur et le bailleur, dans le système des intimés, seraient dans une incertitude complète sur la durée de la location, jusqu'à la dernière heure précise de la troisième ou de la sixième année. C'est méconnaître les règles d'une bonne interprétation que de supposer dans les contractans des intentions aussi absurdes et aussi contraires à leurs vrais intérêts. C'est donc avec raison que, dans l'usage, on considère comme baux de neuf années, ceux faits pour trois, six ou neuf ans.

» Cela étant, il s'ensuit que l'on ne peut ici se prévaloir de l'art. 1737 du Code civil, qui statue que *le Bail cesse de plein droit à l'expiration du terme fixé, lorsqu'il a été fait par écrit, sans qu'il soit nécessaire de donner congé.* On pourra invoquer cette disposition à la fin de la neuvième année, qui est le terme fixé. Mais pour faire cesser le Bail en question après la troisième année, c'est-à-dire, pour user de la faculté de résilier le contrat à l'expiration de ce premier terme, les intimés devaient notifier à l'appelant leur intention formelle à cet égard par un acte de congé. Ils ont suivi cette marche en signifiant le congé du 25 septembre; mais cette signification est tardive....

» En vertu de quelle loi ou de quel usage sera-t-il permis à l'une des parties d'avertir l'autre seulement cinq jours d'avance, dans le cas où, comme dans l'espèce, il est nécessaire de donner congé? A la vérité, l'usage, en ce qui regarde le délai dans lequel l'avertissement doit être fait, peut varier selon les lieux; mais il n'en est pas un seul qui, même à l'égard des Baux à loyer, se contente d'un congé donné cinq jours à l'avance. Si le Code civil n'a pas bien précisément prévu le cas discuté, il offre cependant des dispositions qui y sont analogues : tel est l'art. 1748, dans lequel il s'agit de l'hypothèse où le Bail est résoluble en cas de vente : cet article exige, pour les biens ruraux, un congé signifié au moins un an à l'avance. Au surplus, que l'on consulte le Code civil, ou qu'on s'en rapporte à l'usage, toujours est-il certain qu'un congé donné cinq jours avant l'époque déterminée pour la résiliation, n'est qu'un acte nul et dérisoire, qui ne remplit ni le vœu de la loi ni l'intention des parties contractantes ».

Sur ces raisons, inutilement combattues par les sieurs Antoine et Fontaine, arrêt du 31 mars 1814, par lequel,

« Attendu que l'acte en vertu duquel l'appelant exploite le bien rural dont il s'agit au procès, est un Bail authentique pour neuf ans, en trois termes égaux, avec faculté d'y renoncer de part et d'autre, à la troisième et sixième année ;

» Considérant que les clauses et conditions de ce Bail sont opérantes et exécutables également et indistinctement pour le second terme de trois ans, comme elles le furent pour le premier terme; d'où il suit que les principes applicables à la reconduction tacite, que les intimés ont invoqués relativement aux effets du congé donné à l'appelant, sont absolument étrangers à cette espèce ;

» Attendu que le susdit congé, donné cinq jours seulement avant l'expiration du premier terme de trois années dudit Bail, n'a pas été donné en temps utile, soit d'après l'usage local, soit d'après la loi ;

» La cour met le jugement dont appel au néant; émendant, déclare nul et sans effet le congé dont il s'agit au procès; déclare par suite les intimés non-recevables ni fondés dans leurs conclusions prises en première instance.... (1) ».

La question s'est représentée depuis devant la même cour, et y a encore été jugée de même, par arrêt du 6 novembre 1823,

« Attendu (porte cet arrêt) que l'engagement que contractent les parties par le louage de maisons pour trois, six ou neuf ans, au choix et à l'option du locataire, ne peut être censé avoir été autrement que pour le terme de neuf ans, sauf au locataire, s'il le trouve convenable, de faire cesser cet engagement après le cours de trois ou six ans ;

» D'où il suit, en premier lieu, que la disposition de l'art. 1737 du Code civil, invoquée par l'appelant, ne peut opérer sur des contrats de louage de cette espèce, qu'après l'expiration des neuf ans, si le locataire n'a fait usage de la faculté de faire cesser plus tôt son engagement;

» Et en second lieu, que le silence du locataire ou son défaut de faire notifier une renonciation en due forme, à l'expiration des trois ou des six ans, fait continuer l'engagement réciproque, quand même le locataire aurait réellement vidé la maison par lui louée de cette manière, après les trois ou six ans, puisqu'il suit de la nature des choses, que le locataire, qui veut faire usage de la faculté qui lui est accordée par le contrat, est tenu, de son côté, d'informer à temps et d'une manière convenable le locateur de sa résolution, avant que le terme soit écoulé, afin que celui-ci soit mis à même de pouvoir disposer de son bien comme il le jugera convenable;

» Attendu que l'appelant n'a point établi au procès, qu'avant l'expiration de six ans de location de la maison dont il s'agit dans l'espèce, il aurait fait connaître à l'intimé son intention de faire cesser l'engagement résultant du contrat de louage ;

---

(1) Jurisprudence de la cour supérieure de justice de Bruxelles, année 1814, tome 2, page 193.

» Par ces motifs la cour met l'appellation au néant.... (1) ».

§. XV. *Autres questions relatives au contrat de Bail.*

V. les articles *Assolement*, *Fumier*, *Loyers* et *Fermages*, et *Prescription*, §. 16.

BAIL A CENS. §. I. *Des actes qui doivent être considérés comme Baux à cens, de leurs effets, et de l'abolition des redevances stipulées par ces actes.*

V. les articles *Bail à rente*, *Emphytéose*, *Féodalité*, *Jeu de fief*, *Inféodation*, *Locatairie perpétuelle*, *Rente foncière*, *Rente seigneuriale*.

§. II. *Pouvait-on, sous le régime féodal, faire rescinder un Bail à cens pour lésion d'outre-moitié ? Peut-on aujourd'hui faire rescinder, pour la même cause, un Bail à cens passé sous ce régime ?*

V. l'article *Rescision*, §. 3.

BAIL A COLONGE. *V.* le plaidoyer et l'arrêt du 3 pluviôse an 10, rapportés à l'article *Rente foncière*, §. 6.

BAIL A FIEFFE. *V.* l'article *Fieffe*.

BAIL A RENTE. §. I. 1°. *Un usufruit peut-il être baillé à rente ?*

2°. *Doit-on considérer comme mêlé de vente et de Bail à rente, un contrat par lequel le propriétaire d'un bien en vend l'usufruit, moyennant une somme payée comptant, et une rente annuelle dont la prestation durera autant que l'usufruit même ?*

3°. *Cette rente est-elle devenue réductible, par la suppression d'un droit de chasse qui faisait partie de l'usufruit ?*

Ces questions se sont présentées à l'audience de la cour de cassation, section des requêtes, le 26 pluviôse an 11, sur la demande en cassation formée par le sieur Gouttard, contre un arrêt de la cour d'appel de Paris, rendu en faveur du sieur Leriche.

Voici les conclusions que j'ai données sur cette affaire.

« Deux questions intéressantes se présentent en ce moment à votre décision.

» Quelle est la nature du contrat qui a été fait entre les parties, le 22 décembre 1788 ? C'est la première.

» Si ce contrat est un Bail à rente, le cit. Leriche est-il fondé à demander la réduction de la rente de 2,000 livres qui y est stipulée ? C'est la seconde.

» Vous connaissez, par le rapport que vous venez d'entendre, la teneur du contrat du 22 décembre 1788.

» Vous savez que, par cet acte, le cit. Gout-

---

(1) *Ibid.*, année 1824, tome 1, page 295.

tard a déclaré *vendre* au cit. Leriche *l'usufruit et jouissance, pendant la vie de ce dernier*, du château de Brueilpont, des jardins et du parc qui en dépendaient, et du droit de chasse dans toute l'étendue de la seigneurie dont ce château formait le chef-lieu.

» Vous savez aussi que, par l'art. 29 de ce contrat, il a été dit que *lesdites vente à vie, conservation de chasse et jouissance*, étaient *faites et accordées moyennant la somme de* 10,000 *livres* payée comptant, et 2,000 *livres de rente annuelle*, *exempte de toute retenue d'impositions*, que le cit. Leriche s'est obligé de payer tant qu'il vivrait et que durerait son usufruit, au cit. Gouttard, son vendeur.

» Vous savez encore que le droit de chasse ayant été supprimé par les lois du 4 août 1789, et longtemps après, le cit. Leriche a demandé que la rente de 2,000 livres fût réduite proportionnellement à la valeur pour laquelle la jouissance viagère de ce droit avait pu entrer dans la convention du 22 décembre 1788, et qu'il a invoqué, à cet effet, l'art. 38 du tit. 2 de la loi du 15-28 mars 1790 ;

» Mais que, par jugement du 3 prairial an 9, le tribunal civil de l'arrondissement de Mantes l'a déclaré non-recevable dans cette demande, sur le fondement que le contrat dont il s'agissait, n'était point un Bail à rente, mais une vente d'usufruit ; et que l'art. 36 de la loi citée n'accordait aucun recours, aucune réduction de prix aux acquéreurs, par contrats de vente, de droits supprimés par les décrets du 4 août 1789.

» Vous savez enfin que, sur l'appel interjeté de ce jugement par le cit. Leriche, jugement est intervenu au tribunal d'appel de Paris, le 29 pluviôse an 10, qui a prononcé en sa faveur, *attendu*, y est-il dit, *que le droit de chasse fait partie de l'acquisition, et vu l'art.* 38 *du tit.* 2 *de la loi du* 15 *mars* 1790.

» Ce dernier jugement, qui est aujourd'hui l'objet du recours exercé par le cit. Gouttard, aurait pu, sans doute, être motivé avec plus de soin. Cependant on aperçoit assez facilement qu'il a considéré le contrat du 22 décembre 1788 comme un Bail à rente ; et qu'il l'a en conséquence jugé passible, non de l'application de l'art. 36, mais de celle de l'art. 38 de la loi que les parties s'opposaient l'une à l'autre.

» Vous avez donc à examiner, avant tout, quelle est la nature du contrat du 22 décembre 1788 ; et à cet égard, il faut convenir que, si l'on devait juger de la nature des contrats, par les noms que leur donnent les parties contractantes, il serait impossible d'envisager celui du 22 décembre 1788 autrement que comme une *vente* pure et simple. Mais il est de principe qu'en cette matière, il faut moins s'arrêter aux expressions qu'aux choses ; et que c'est principalement par les stipulations renfermées dans un acte, que doit s'en déterminer le caractère.

» Il importe donc peu, dans notre espèce, que le cit. Gouttard et le cit. Leriche aient déclaré, l'un *vendre* et l'autre *acheter*, le droit d'usufruit et la jouissance dont il est question. Si, dans le fait, au lieu de vendre et d'acheter, ils ont baillé et pris à rente, il faudra dire que c'est un Bail à rente, et non pas un contrat de vente, qui a été passé entre eux le 22 décembre 1788 ; et si, à cette époque, au lieu de vendre et d'acheter purement et simplement, ils ont tout à la fois vendu et acheté, baillé et pris à rente, nous devrons considérer leur contrat comme un mélange de Bail à rente et de vente.

» Mais avant de nous livrer à cet examen, il faut résoudre une question préliminaire : c'est de savoir si un droit d'usufruit peut faire la matière d'un Bail à rente.

» Il n'en est pas, à cet égard, du Bail à rente comme de la vente. On peut vendre, et tous les jours on vend, des meubles comme des immeubles. Mais les immeubles seuls peuvent être baillés à rente ; les meubles ne sont pas susceptibles de cette espèce de contrat, « La raison en est » (dit Pothier, *Traité du contrat de Bail à rente*, » n°. 7) qu'il est de l'essence du Bai la rente que » le bailleur se réserve et retienne dans la chose » qu'il donne à rente, un droit de rente qui soit » un droit réel, c'est-à-dire, un droit dans la » chose dont elle demeure chargée, en quelques » mains que la propriété de la chose passe : or, » il n'y a que les immeubles qui soient suscepti- » bles de ces charges réelles ; notre jurisprudence » ne permet pas que les meubles en soient sus- » ceptibles ».

» Cependant les *héritages*, c'est-à-dire, les fonds de terre et les maisons, ne sont pas les seuls immeubles que l'on puisse bailler à rente. *On peut aussi*, dit encore Pothier (*Ibid*, n°. 6), *bailler à rente des droits incorporels, tels que des droits de champart, des dîmes, des droits de fief, des censives, des justices, des droits de pêche, des péages*, etc. Et il n'y a pas de raison pour qu'à cette nomenclature nous n'ajoutions pas les droits d'usufruit, quand ce sont des immeubles qui en sont grevés, puisque l'usufruit est un droit dans la chose, puisqu'il fait partie de la propriété du fonds, puisqu'enfin il est tellement considéré comme un immeuble réel, qu'on ne peut l'hypothéquer et l'aliéner qu'avec les formalités requises pour hypothéquer et aliéner une propriété pleine et entière.

» Du reste, il est fort indifférent que le droit d'usufruit ne soit que viager. De ce qu'il doit s'éteindre par la mort de la personne à qui on le transfère, il ne s'ensuit pas qu'on ne puisse point le lui transférer par Bail à rente, comme par vente, comme par legs, comme par donation entre-vifs ; il en résulte seulement que, si, on le lui tranfère par Bail à rente, on fera un *Bail à rente à temps*, comme on fera une *vente à temps*, un *legs à temps*, une *donation à temps*, si on le lui transfère par l'une de ces trois dernières voies.

» L'usufruit n'a d'ailleurs rien qui répugne à l'essence du Bail à rente. En vous transportant un usufruit, je peux m'y retenir un droit réel ; je peux ne vous le transporter que sous la réserve de ce droit ; je peux ne vous le transporter que diminué par cette réserve ; et voilà précisément ce que l'on fait, lorsqu'on donne un héritage à rente foncière.

» Aussi Loyseau, dans son *Traité du déguerpissement*, liv. 1, chap. 5, n°^{s}. 14 et 16, range-t-il expressément dans la classe des rentes foncières, les pensions qui, avant l'abolition des bénéfices ecclésiastiques, étaient retenues sur ces sortes d'usufruits, par ceux qui les résignaient à d'autres. Voici ses propres termes : « Le Bail d'héri- » tage fait la rente foncière..... D'où il s'ensuit » que les pensions qui se constituent sur les bé- » néfices, sont vraiement charges foncières ; elles » sont réglées par mêmes maximes que les charges » foncières, et ne sont jamais constituées, sinon » en faveur de celui qui cède le droit qu'il avait » au bénéfice, QUI EST LA MARQUE DE LA RENTE FON- » CIÈRE ».

» Nous ne devons donc pas hésiter à reconnaître que le droit d'usufruit aliéné par le cit. Gouttard au profit du cit. Leriche, a pu l'être par un Bail à rente ; et dès-là, rien ne nous empêche plus d'aborder notre question principale.

» Ce qui distingue éminemment le contrat de vente des autres contrats translatifs de propriété, c'est le prix que l'acheteur paie ou s'oblige de payer au vendeur.

» Mais ce prix, en quoi doit-il consister ? *Il doit*, répond Pothier (*Traité du contrat de vente*, n°. 3°, *consister en une somme de deniers. S'il consistait dans toute autre chose, le contrat ne serait pas un contrat de vente*.

» Il n'est pourtant pas nécessaire, lorsque le prix est une fois déterminé, qu'il soit payé comptant, ni même qu'il soit stipulé exigible à des termes fixes : le vendeur peut le laisser entre les mains de l'acquéreur à titre de constitution de rente, soit perpétuelle, soit viagère, sans que, pour cela, le contrat de vente soit dénaturé, sans que sa substance en reçoive la moindre atteinte.

» Mais, observons-le bien ; ce n'est que lorsque le prix est déterminé par le contrat, qu'il y a vente réelle et proprement dite, nonobstant la conversion de ce prix en une rente annuelle.

» Si le contrat ne détermine point de prix, s'il se borne à la stipulation d'une rente, alors ce n'est plus une vente, c'est un Bail à rente véritable.

» Et si, après avoir déterminé un prix, le contrat ajoute qu'en sus, il sera payé annuellement une rente, sans en fixer le capital, eu ce cas il y aura tout à la fois vente et Bail à rente, ou, ce qui est la même chose, le contrat sera un Bail à rente avec deniers d'entrée.

» Il serait facile de vous citer, à l'appui de ces principes, une foule d'autorités ; mais une seule nous suffira : voici ce que dit Loyseau, à l'endroit déjà indiqué, n°s. 14 et 17 : « Donc le Bail » d'héritage fait la rente foncière, soit qu'il soit » pur et simple, soit qu'il soit mêlé du contrat » de vente, comme quand l'héritage est partie ven- » du, partie baillé à rente, et que l'acquéreur en » paie certaines sommes comptant, et outre pro- » met payer sur icelui certaine rente par chacun » an. Toutefois, en toutes ces rentes foncières, il » y a une signalée précaution, et une remarque » de grande importance : c'est que, si le contrat » est fait en terme de vente, auquel le prix soit » particularisé et spécifié, pour lequel prix ainsi » spécifié, à la suite du même contrat, soit con- » stitué rente, alors, à bien entendre, telle rente » ne doit pas être estimée foncière, mais simple » rente constituée... Comme, par exemple, quand » le contrat porte que Jean a vendu sa maison à » Pierre, pour la somme de 400 écus, à savoir, » moitié argent comptant, et moité rente ; reve- » nant à 5o livres de rente, que Pierre a promis » lui payer. La raison est que l'expresssion du » prix est la vraie marque du contrat de vente »

» Voilà des principes clairs, incontestables et universellement reconnus. Il ne s'agit donc plus que de les comparer avec les clauses du contrat du 22 décembre 1788.

» Par ce contrat, le cit. Gouttard transporte au cit. Leriche l'usufruit d'un château, de plusieurs immeubles qui en dépendent, et d'un droit de chasse.

» En point de droit, cet usufruit est susceptible d'être transporté par Bail à rente, comme de l'être par vente : c'est une vérité que nous croyons avoir complétement démontrée.

» En point de fait, est-ce par Bail à rente, ou par vente, que cet usufruit a été transporté au cit. Leriche ? L'art. 29 du contrat va répondre à cette question.

» L'usufruit est cédé, porte cet article, *moyennant la somme de* 50,000 *livres* payée comptant. Voilà bien le caractère d'une vente.

» Mais le même article ajoute : *et* 2,000 *livres de rente annuelle*, que le cit. Leriche devra payer au cit. Gouttard, tant que durera son usufruit.

» Remarquons bien que le contrat ne donne point de capital à cette rente. On ne peut donc pas la considérer comme une rente constituée à prix d'argent ; elle est donc nécessairement foncière ; l'acte qui la stipule, renferme donc un Bail à rente.

» Si cet acte la stipulait seule, il formerait un Bail à rente pur et simple. Mais il la stipule conjointement avec une somme payée comptant ; il forme donc à la fois un Bail à rente et une vente, ou, ce qui revient au même, comme nous l'avons déjà observé, un Bail à rente avec des deniers d'entrée.

» Inutilement dirait-on que ce n'est pas sur l'usufruit qui lui était transporté, mais sur sa personne seulement, que le cit. Leriche a constitué la rente de 2,000 livres.

» Il est vrai qu'au paiement de cette rente, le cit. Leriche a, par l'art. 31 du contrat, obligé la généralité de ses biens ; ce qui caractérise, de sa part, une obligation personnelle.

» Mais en même temps, et par le même article, il a été dit qu'*au paiement annuel des deux mille livres, les objets vendus demeuraient, par privilège, expressément* RÉSERVÉS, *affectés, obligés et hypothéqués*.

» Que signifie ce mot *réservés* ? Il signifie que l'usufruit est cédé au cit. Leriche, moins la rente stipulée au profit du cit. Gouttard. Il signifie que le cit. Gouttard se retient une rente de 2,000 livres dans l'usufruit qu'il aliène. Il signifie par conséquent que cette rente n'est pas personnelle, mais foncière ; et par une conséquence ultérieure, il signifie que le contrat, en tant qu'il stipule cette rente, n'est pas une vente, mais un Bail à rente véritable et proprement dit.

» Ceci nous conduit naturellement à notre seconde question, à celle de savoir si le tribunal d'appel de Paris a justement appliqué à cette rente l'art. 38 du tit. 2 de la loi du 15-28 mars 1790.

» Il y a là-dessus un premier point bien constant : c'est que l'article dont il s'agit comprend dans sa disposition le Bail à rente mêlé de vente, comme le Bail à rente pur et simple, sauf qu'il n'accorde au preneur ni indemnité, ni recours, ni restitution, relativement au prix, c'est-à-dire en tant que le contrat est réputé vente. *Les preneurs à rente d'aucuns droits abolis*, porte-t-il, *ne pourront demander qu'une réduction proportionnelle des redevances dont ils sont chargés, lorsque les baux contiendront, outre les droits abolis, des bâtimens, immeubles ou autres droits dont la propriété est conservée, ou qui sont simplement rachetables..... sans pouvoir prétendre aucune indemnité ni restitution de deniers d'entrée*.

» Ainsi, dans notre espèce, si nous supposons l'art. 38 applicable à un droit de chasse, le cit. Leriche ne pourra exiger aucune indemnité ni restitution sur la somme de 50,000 livres qu'il a payée comptant au cit. Gouttard, et pour raison de laquelle ce contrat est qualifié de *vente*. Mais, dans la même supposition, il lui sera dû une réduction sur la rente de 2,000 livres : et cette réduction devra être proportionnelle à la valeur pour laquelle le droit de chasse est entré dans la fixation de cette rente. Là-dessus, encore une fois, point de difficulté.

» Il ne reste donc plus qu'à savoir si le droit de chasse est compris dans l'art. 38, sous la dénomination générale de *droits abolis*.

» Le cit. Gouttard soutient la négative ; et pour le prouver, il part d'un point qu'il n'est pas possible de révoquer en doute : c'est que les *droits abolis* sur lesquels s'explique l'art. 38, sont ceux dont l'abolition est prononcée par la loi dont cet article fait partie.

» Et en effet, l'art. 38 ne forme, pour ainsi dire, qu'un seul et même contexte avec les art. 36 et 37, lesquels ne frappent que sur les *droits abolis par le présent décret*.

» Mais où cette donnée va-t-elle conduire le cit. Gouttard? Elle le conduit à dire que le droit de chasse ne peut pas être compris dans la loi du 15-28 mars 1790, puisque, d'une part, il n'a été aboli que par la loi du 30 avril-1er. mai suivant, et que, de l'autre, il n'en est pas dit un seul mot dans la loi du 15-28 mars elle-même.

» Serait-il donc vrai que le droit de chasse eût été maintenu jusqu'au 30 avril-1er. mai 1790 ? Et qu'eût donc voulu dire la loi du 4 août 1789, lorsqu'elle avait supprimé *le droit exclusif de la chasse* et rendu *à tout propriétaire le droit de détruire et faire détruire*, SEULEMENT SUR SES POSSESSIONS, *toute espèce de gibier* ?

» A entendre le cit. Gouttard, la loi du 4 août 1789 n'avait pas, en s'expliquant ainsi, défendu aux ci-devant seigneurs de chasser sur les terres qui précédemment étaient tenues d'eux, soit en fief ou censive, soit en justice; la loi du 30 avril-1er. mai 1790 est la première qui leur ait ôté cette faculté, en défendant *à toute personne de chasser sur le terrain d'autrui, sans son consentement*.

» Il nous semble cependant que la loi du 4 août 1789 avait tout fait, sur ce point, à l'égard de seigneurs. Elle avait d'abord aboli *le droit exclusif de la chasse*; et c'était déjà, relativement aux seigneurs, dépouiller ce droit de tout ce qu'il pouvait avoir d'agréable et même d'utile. Mais elle avait été plus loin : elle avait déclaré que tout propriétaire avait le droit de chasser ou faire chasser *sur ses possessions seulement*; et c'était bien prohiber la chasse même aux ci-devant seigneurs, sur le terrain d'autrui.

» Que restait-il à faire, d'après cela, par rapport au droit de chasse ? Il restait à exécuter ce qu'avait promis la loi même du 4 août 1789 : il restait à faire une loi de police, pour prévenir les désordres qui pourraient naître de ce nouvel état de choses.

» Et cette loi de police a été faite le 30 avril 1790; car la loi qui porte cette date, n'est pas autre chose qu'une loi de police : elle ne s'occupe plus du droit de chasse considéré comme seigneurial; elle se contente d'annoncer, dans son préambule, qu'il a été supprimé le 4 août 1789; et dans tout son dispositif, elle ne le considère que comme un droit inhérent à la propriété foncière.

» Mais du moins, dit le cit. Gouttard, il est certain que ce n'est pas la loi du 15-28 mars 1790 qui a prononcé la suppression du droit de chasse; on ne peut donc pas comprendre le droit de chasse parmi les droits supprimés par cette loi; on ne peut donc pas appliquer la disposition de l'art. 38 du tit. 2 de cette loi, au Bail à rente d'un droit de chasse.

» Ce raisonnement ne roule que sur une équivoque. A proprement parler, la loi du 15-28 mars 1790 n'a supprimé aucun des droits ci-devant seigneuriaux; elle n'a fait que renouveler, expliquer et développer la disposition de la loi du 4 août 1789, qui détruisait *entièrement le régime féodal*, abolissait sans indemnité les droits féodaux dépendans ou représentatifs, soit de la main-morte, soit de la servitude personnelle, et déclarait rachetables tous les autres. Ainsi, pour que l'art. 38 du tit. 2 de cette loi porte sur tel droit féodal supprimé, il n'est pas et il ne peut pas être nécessaire que la suppression de ce droit ait été prononcée, pour la première fois, par un des articles précédens de la même loi ; il suffit qu'un des articles précédens de la même loi en ait renouvelé ou confirmé, soit implicitement, soit en termes exprès, la suppression déjà prononcée le 4 août 1789.

» Autrement, il faudrait dire que le droit même de main-morte ne serait pas compris dans l'art. 38 du tit. 2 de la loi du 15-28 mars 1790; car ce droit, quoique supprimé nominativement par l'art. 1er. du même titre, l'avait déjà été, de la manière la plus positive, par la loi du 4 août 1789.

» Or, ce que la loi du 15-28 mars 1790 a fait en termes spéciaux pour la main-morte, elle l'a fait en termes généraux pour le droit de chasse; car, en déclarant, tit. 1er., art. 1er., que *toutes distinctions honorifiques, supériorité et puissance résultant du régime féodal, étaient abolies*, elle a bien clairement confirmé et au besoin renouvelé la disposition de la loi du 4 août 1789, qui supprimait le *droit de chasse considéré comme droit de fief*, puisque ce n'était que par l'effet de la *supériorité et puissance résultant du régime féodal*, que les ci-devant seigneurs de fief s'étaient attribué le droit de chasser sur les terres de leurs ci-devant vassaux et censitaires.

» Mais si le droit de chasse, considéré comme *droit de fief*, doit être rangé, comme la main-morte, dans la classe des droits dont la suppression a été confirmée par la loi du 15-28 mars 1790, bien évidemment il est, comme la main-morte elle-même, soumis à l'art. 38 du tit. 2 de cette loi ; et en appliquant cet article à un Bail à rente dans lequel était compris un droit de chasse, le tribunal d'appel de Paris n'a fait rigoureusement que ce qu'il devait faire.

» Il reste cependant une difficulté à résoudre, et la voici : Le droit de chasse n'était pas seulement un droit de fief, on le considérait aussi comme un droit de justice; et c'est de là que les seigneurs hauts-justiciers tenaient la faculté de chasser en personne sur les fiefs qui ne relevaient pas d'eux féodalement, mais qui ressortissaient à leur haute-justice. Or, l'art. 39 du tit. 2 de la loi du 15-28 mars 1790 renvoie à prononcer dans un autre temps sur les droits dépendans de celui de justice; on ne peut donc pas ranger les droits de justice, ni par conséquent celui de chasse considéré comme tel, dans la classe de ceux sur lesquels porte l'art. 38 du même titre de cette loi.

» Non, sans doute, l'art. 38 du tit. 2 de la loi du 15-28 mars 1790 ne s'applique point, par lui-même, au droit de chasse considéré comme droit de justice; mais il s'y applique par l'effet d'une autre loi, par l'effet de la loi du 15-20 avril 1791, qui, après avoir, tit. 1er., art. 16, *aboli sans indemnité..... généralement tous les droits ci-devant dépendans de la justice seigneuriale*, ajoute, art. 35 du même titre : *sont communes au présent décret les dispositions des art.* 36, 37 *et* 38 *de celui du* 15 *mars* 1790.

» Ainsi, le droit de chasse, partie vendu et partie baillé à rente, en 1788, au cit. Leriche, était-il purement féodal? Il a été supprimé, ou, ce qui revient au même, la suppression en a été confirmée par la loi du 15-28 mars 1790 : et dès-là c'est par l'art. 38 du tit. 2 de cette loi que doit-être jugée l'action en recours exercée par le cit. Leriche contre le cit. Gouttard.

» Ce droit de chasse n'était-il, au contraire, qu'une dépendance de la justice seigneuriale annexée au fief de Breuilpont? Il a été supprimé, ou plutôt la suppression en a été confirmée par la loi du 15 20 avril 1791; et d'après la disposition expresse de cette loi, c'est encore par l'art. 38 du tit. 2 de celle du 15-28 mars 1790, que doit être réglé le sort des parties.

» Et inutilement viendrait-on dire que, sous le régime féodal, le droit de chasse était incessible; que, par suite, il ne pouvait pas entrer légalement dans un Bail à rente; et qu'ainsi, ce n'est pas un Bail à rente dans lequel avait été, de fait, compris un droit de chasse, qu'a pu avoir en vue l'art. 38 du tit. 2 de la loi du 15-28 mars 1790.

» Plusieurs réponses se présentent pour écarter cette dernière objection; mais nous nous bornerons à une seule, parcequ'elle est péremptoire.

» Dans notre espèce, le cit. Leriche n'a pas seulement pris à rente l'usufruit du droit de chasse du fief de Breuilpont; il a encore acquis au même titre l'usufruit d'une portion du domaine de ce fief.

» Or, il était de principe, sous le régime féodal, que l'usufruitier d'un fief avait, quant à la chasse, les mêmes droits que le propriétaire.

» Il était encore de principe, sous ce régime, que, pour pouvoir chasser dans toute l'étendue d'un fief, il suffisait d'en avoir, soit en propriété, soit en usufruit, une portion quelconque. *Comme malgré la division du fief en plusieurs portions*, dit Latouloubre (*Jurisprudence féodale*, partie 1, page 103), *c'est toujours un seul et même fief, chacun des co-seigneurs a droit de chasser faire chasser dans toute l'étendue du fief.*

» Ainsi, par cela seul que le cit. Leriche devenait, par le Bail à rente du 22 décembre 1788, usufruitier d'une portion du domaine féodal de Breuilpont, il acquérait légalement le droit de chasser et faire chasser dans toute l'étendue de ce domaine.

» Il est vrai que, par ce Bail à rente, le cit. Gouttard lui a cédé, sous quelques modifications, le droit qu'il avait lui-même de chasser et faire chasser sur les mêmes terres. Mais il n'y avait rien dans cette cession qui blessât les lois d'alors. Les lois d'alors ne défendaient pas à deux co-possesseurs d'un droit de chasse, de traiter ensemble de l'exercice de ce droit; elles ne défendaient pas à l'un d'y renoncer en faveur de l'autre.

» Ainsi, sous tous les rapports, l'art. 38 du tit. 2 de la loi du 15-28 mars 1790 est applicable au Bail à rente du 22 décembre 1788; sous tous les rapports, il est dû au cit. Leriche une réduction proportionnelle de la rente de 2,000 livers dont il est chargé envers le cit. Gouttard; sous tous les rapports, il a été bien jugé par le tribunal d'appel de Paris.

» Et, par ces considérations, nous estimons qu'il y a lieu de rejeter la requête du demandeur et de le condamner à l'amende de 150 francs ».

Ces conclusions ont été adoptées par arrêt du 26 pluviôse an 11, au rapport de M. Gandon.

« Attendu que le droit exclusif de chasse sur tous les domaines relevant d'une ci-devant seigneurie, tel qu'il avait été aliéné par le contrat du 22 décembre 1788, a été aboli par le décret du 4 août 1789; et que les dispositions de la loi du 15-28 mars 1790 sont applicables à tous les droits féodaux supprimés sans indemnité;

» Que la question se réduit au point de savoir si le contrat du 22 décembre 1788 est un pur contrat de vente, ou un contrat de Bail à rente, ou un contrat mixte qui soit partie vente et partie Bail à rente;

» Que, parmi plusieurs dispositions particulières de ce contrat, on remarque que le prix de l'usufruit aliéné pour la vie de l'acquéreur, est de deux espèces : une partie de ce prix consiste dans une somme d'argent une fois payée, et l'autre partie consiste dans une rente annuelle à payer par l'acquéreur, autant que son existence prolongera la durée de l'usufruit par lui acquis;

» Que l'usufruit est un droit réel, immobilier, susceptible d'être baillé à rente; qu'un des caractères distinctifs du Bail à rente est l'aliénation d'un droit réel, pour le prix d'une rente, avec obligation de la chose aliénée, par privilége, au paiement de la rente;

» Que cela se rencontre dans le contrat du 22 décembre 1788, et qu'ainsi, le jugement entrepris n'a contrevenu à aucune loi, en jugeant ce contrat comme étant en partie un Bail à rente; et que, par suite, il n'a pas fait une fausse application de l'art. 58 de la loi du 15-28 mars 1790 ».

Aurait-on dû juger de même si, par le Bail à rente, le preneur eût pris tous les événements futurs à ses risques?

V. l'article *Locatairie perpétuelle*, §. 1.

§. II. *Des Baux à rente contenant stipulation de cens.*

V. l'article *Rente foncière, Rente seigneuriale.*

§. III. *Les Baux à rente que les concessionnaires des mines avaient passés avant la loi du 12 juillet 1791, sur les mines, ont-ils survécu à cette loi ; et les redevances qu'ils stipulaient au profit des bailleurs, leur sont-elles encore dues par les détenteurs actuels?*

V. l'article *Mines*, §. 5.

On reviendra sur les Baux à rente, sous les mots *Emphytéose*, *Fief* et *Locatairie perpétuelle*.

BANALITÉ, §. I. *Les Banalités qui, au moment de la publication de la loi du 15-28 mars 1790, se trouvaient établies par convention légalement prouvée, entre des communautés d'habitans et des particuliers non seigneurs, subsistent-elles encore?*

Cette question doit paraître fort étrange à la vue des dispositions de la loi du 15-28 mars 1790, qui la préviennent et la décident nettement pour l'affirmative.

Après avoir dit, tit. 2, art. 23, que *tous les droits de Banalité de fours, moulins, pressoirs...., sont supprimés et abolis sans indemnité*, cette loi ajoute, art. 24 :

« Sont exceptées de la suppression ci-dessus, et seront rachetables,

» 1°. Les Banalités qui seront prouvées avoir été établies par une convention souscrite entre une communauté d'habitans et un particulier non seigneur;

» 2°. Les Banalités qui seront prouvées avoir été établies par une convention souscrite entre une communauté d'habitans et son seigneur, et par laquelle le seigneur aurait fait à la communauté quelque avantage de plus, que de s'obliger à tenir perpétuellement en état les moulins, fours ou autres objets banaux;

» 3°. Celles qui seront prouvées avoir eu pour cause une concession faite par le seigneur, à la communauté des habitans, de droits d'usage dans ses bois ou prés, ou des communes en propriété ».

Elle a soin, d'ailleurs, de déterminer le mode de preuve des conventions qu'elle signale comme les seules sources desquelles puissent dériver les droits de Banalité qu'elle déclare excepter de la suppression générale : « Lorsque les possesseurs » des droits conservés par les art. .... 24..... ci-

» dessus (dit-elle, art. 29), ne seront pas en état » de représenter le titre primitif, ils pourront y » suppléer par deux reconnaissances conformes, » énonciatives d'une plus ancienne, non contre- » dites par des reconnaissances antérieures, » données par la communauté des habitans....., » pourvu qu'elles soient soutenues d'une posses- » sion actuelle qui remonte, sans interruption, » à quarante ans, et qu'elles rappellent, soit les » conventions, soit les concessions mentionnées » dans lesdits articles ».

Il paraît bien impossible, d'après des dispositions aussi claires et aussi précises, de ne pas maintenir aujourd'hui un droit de Banalité qui, à l'époque de la publication de cette loi, se trouvait établi par *une convention souscrite entre une communauté d'habitans et un particulier non seigneur*, et dont le titre primitif est, soit représenté en original ou expédition authentique, soit reproduit dans deux reconnaissances revêtues de toutes les conditions prescrites par l'art. 29.

Cependant on élève là-dessus deux difficultés.

Et d'abord l'art. 24 du tit. 2 de la loi du 15-28 mars 1790 est-il encore aujourd'hui ce qu'il était au moment de sa promulgation ?

Non. Il est bien constant que, des trois exceptions qu'il contient à l'abolition générale des Banalités prononcée par l'art. 23, la seconde et la troisième, par lesquelles, dans les cas qui y sont exprimés, il conserve les Banalités conventionnelles au profit des ci-devant seigneurs, sont abrogées par la loi du 17 juillet 1793.

Mais la question est de savoir, si l'art. 24 n'est pas également abrogé en tant que, par la première de ces exceptions, il maintient jusqu'au rachat, *les Banalités établies par une convention souscrite entre une communauté d'habitans et un particulier non seigneur*.

Qu'il ne soit pas abrogé en cette partie par la loi du 17 juillet 1793, c'est ce qui résulte manifestement du texte de celle-ci ; car elle se borne à supprimer sans indemnité *toutes redevances seigneuriales, droits féodaux fixes et casuels, même ceux conservés par le décret du 25 août 1792*; et il est évident que les droits de Banalité établis par convention entre des communautés d'habitans et des particuliers non seigneurs, ne sont compris dans cette disposition, ni sous la dénomination de *redevances seigneuriales*, ni sous celle de *droits féodaux fixes ou casuels*.

Mais l'abrogation que repoussent aussi clairement les propres termes de la loi du 17 juillet 1793, quelques jurisconsultes croient la trouver dans l'art. 5 de la loi du 25 août 1792.

Voyons donc comment est conçu cet article:

« *Tous les droits féodaux ou censuels utiles, toutes les redevances seigneuriales* annuelles, en argent, grains, volailles, cire, denrées ou fruits de la terre, servis sous la dénomination de cens, cen-

4e. édit., Tome I.

BANALITÉ, §. I.

sives, sur-cens, capcasal, rentes seigneuriales et emphytéotiques, champart, tasque, terrage, arage, agrier, complant, soëté; dîmes inféodées, en tant qu'elles tiennent de la nature des redevances féodales ou censuelles, et conservées indéfiniment par l'art. 2 du tit. 3 du décret du 15 mars 1790;

» Tous ceux des droits conservés par les art. 9, 10, 11, 17, 24 et 27 du tit. 2 du même décret, et connus sous la dénomination de feu, cheminée, feu allumant, feu mort, fouage, monéage, bourgeoisie, congé, chiennage, gîte aux chiens, guet et garde, stage ou estage, chassipolerie, entretien des clôtures et fortifications des bourgs et châteaux, pulvérage, banvin, vet du vin, étanche, cens en commende, gave, gavenne ou gaule, poursoin, sauvement et sauve-garde, avouerie, vouerie, étalonnage, minage, muyage, ménage, leude, leyde, pugnière, bichenage, levage, petite coutume, sextérage, coporage, copal, coupé, cartelage, stellage, sérage, palette, aunage, étale, étalage, quintalage, poids et mesures, *Banalités* et corvées;

» Ceux des droits conservés par les art. 6 et 14, tit. 1er., du décret du 15 avril 1791, et connus sous les noms de troupeau à part, de blairie ou de vaine pâture;

» Les droits de quête, de collecte et de vintoin ou de tarche, non mentionnés dans les précédens décrets;

» Et généralement *tous les droits seigneuriaux, tant féodaux que censuels*, conservés ou déclarés rachetables par les lois antérieures, quelles que soient leur nature ou leur dénomination, même ceux qui pourraient avoir été omis dans lesdites lois, ou dans le présent décret, ainsi que tous les abonnemens, pensions ou prestations quelconques qui les représentent, *sont abolis sans indemnité, à moins qu'ils ne soient justifiés avoir pour cause une concession primitive de fonds, laquelle cause ne pourra être établie qu'autant qu'elle se trouvera clairement énoncée dans l'acte primordial d'inféodation, d'accensement, ou de bail à cens, qui devra être rapporté* ».

Admettons pour un moment que, dans le second alinéa de ce texte, on doive entendre par le mot *Banalités*, non-seulement les Banalités conventionnelles que l'art. 24 de la loi du 15-28 mars 1790 maintenait au profit des ci-devant seigneurs qui les avaient payées par des concessions faites aux habitans, mais encore les Banalités de la même nature que le même article maintenait au profit des particuliers non seigneurs, qui les avaient acquises à titre onéreux: qu'en résulterait-il par rapport à celles-ci?

Il en résulterait sans doute que les titres primitifs des conventions qui les ont créées, ne peuvent plus être suppléés par deux reconnaissances conformes, énonciatives d'une plus ancienne et non contredites par des reconnaissances antérieures, et qu'à défaut de représentation de ces titres, elles sont abolies; mais il en résultera en même temps qu'elles sont maintenues lorsque ces titres sont représentés.

C'était même la conséquence qui sortait évidemment de ce texte, par rapport aux Banalités conventionnelles que la loi du 15-28 mars 1790 avait conservées au profit des ci-devant seigneurs; et si elle n'est pas soutenable aujourd'hui, c'est uniquement par une raison inapplicable aux Banalités dont il est ici question : c'est uniquement parceque la loi du 17 juillet 1793 a supprimé sans indemnité tous les droits *féodaux que le décret du 25 août 1792 avait conservés.*

Mais les Banalités dont il est ici question, sont-elles comprises dans l'art. 5 de la loi du 25 août 1792, en ce sens que les conventions qui les ont créées, ne puissent plus être prouvées que par la représentation du titre primitif? En d'autres termes, le mot *Banalités*, désigne-t-il, dans l'art. 5 de la loi du 25 août 1792, les Banalités établies par convention au profit de simples particuliers, comme les Banalités établies par convention au profit de ci-devant seigneurs?

Il se présente pour l'affirmative une raison fort spécieuse : c'est que, tandis que, dans le premier alinéa de l'art. 5, le législateur qualifie de *droits féodaux*, les droits qu'il y énumère, il ne qualifie, dans le second, que de *droits*, ceux dont il s'y occupe, et au nombre desquels il place les *Banalités*; c'est que, dans ce second alinéa, il parle de TOUS CEUX DES DROITS CONSERVÉS par les art...... 24 .... du tit. 2 du *décret du 15 mars 1790*, et qu'au nombre de ces droits, se trouvent bien constamment les Banalités *établies par une convention souscrite entre une communauté d'habitans et un particulier non seigneur*.

Mais n'oublions pas le principe que, dans les lois, comme dans les contrats, les expressions, même les plus indéfinies, ne doivent jamais être étendues au-delà du sens qu'elles reçoivent de l'objet auquel on les applique: *Verba semper debent intelligi secundùm subjectam materiam.*

Quel est l'objet de la loi du 25 août 1792? Écoutons-la elle-même dans son préambule : « Considérant que le régime féodal est aboli; » que, néanmoins, il subsiste dans ses effets, et » que rien n'est plus instant que de faire disparaître » du territoire français ces décombres de la ser» vitude qui couvrent et dévorent les propriétés, » décrète qu'il y a urgence ». L'extirpation des restes du régime féodal est donc, dans cette loi, l'objet général du législateur. C'est donc aux restes du régime féodal qu'il doit être censé rapporter tout ce qu'il va dire. C'est donc comme ci-devant féodaux, qu'il doit être censé considérer tous les droits dont il va parler. On ne peut donc pas supposer (à moins qu'il ne s'en explique formellement, comme il le fait dans l'art. 18, au sujet du *rabatement de décret* usité dans le ressort du parlement de Toulouse) qu'il s'occupe de droits absolument étrangers à la féodalité, et surtout qu'il s'en occupe pour substituer à la loi précédente, qui avait pris soin de les signaler comme tels, dans la crainte qu'on ne les comprît par un mal-entendu dans l'abolition des droits ci-devant féodaux, une disposition qui les confonde avec ceux-ci, et les anéantisse sans cause; sans raison et contre toute justice.

C'en est déjà bien assez, pour nous faire un devoir de restreindre, dans l'art. 5 de la loi, l'acception du mot *Banalités*, aux droits de ce nom dont l'origine est à-la-fois conventionnelle et féodale, c'est-à-dire, aux droits de Banalité qui ont été conservés aux ci-devant seigneurs par la loi du 15-28 mars 1790. Mais ce devoir nous paraîtra bien plus impérieux encore, si nous nous reportons à la fin de l'art. 5 lui-même.

Sont abolis sans indemnité (y est-il dit), *à moins qu'ils ne soient justifiés avoir pour cause une concession primitive de fonds, laquelle cause ne pourra être établie qu'autant qu'elle se trouvera clairement énoncée dans l'acte primitif d'inféodation ; d'accensement ou de bail à cens ; qui devra être rapporté.*

Quels sont les droits auxquels, dans ce membre de phrase, se réfèrent les mots *sont abolis*? Sont-ce seulement ceux qui, dans le premier alinéa, sont qualifiés de *droits féodaux ou censuels utiles*? Sont-ce seulement ceux qui, dans le cinquième alinéa, sont qualifiés de *droits seigneuriaux tant féodaux que censuels*? Non. Ce sont aussi les *droits* qui, sans autre qualification que leur désignation nominative, sont compris dans le second, le troisième et le quatrième alinéa; ce sont, par conséquent aussi les *droits de Banalités*; ce sont, en un mot, tous les droits dont l'énumération précède les termes du cinquième alinéa , *sont abolis.*

Eh bien! Il n'y a pour tous ces droits, il n'y a par conséquent, pour ceux de Banalité, qu'un moyen d'échapper à l'abolition dont les frappe la loi ; c'est de prouver, par la représentation d'un *acte primordial d'inféodation, d'accensement ou de bail à cens*, qu'ils sont le prix d'une concession de fonds.

Mais à qui était-il permis, sous le régime féodal, de concéder un fonds à titre d'inféodation, d'accensement ou de bail à cens? Aux seigneurs et aux seigneurs seulement. En vain un particulier non seigneur aurait-il, en concédant un fonds, stipulé que son concessionnaire le tiendrait de lui en fief ou en censive : sa stipulation eût été considérée comme non-avenue (1). Ce n'est donc qu'aux ci-devant seigneurs que la loi laisse un moyen de soustraire à l'abolition qu'elle prononce, les droits de Banalité qui ont été conservés par celle de 1790. Pourquoi ne le laisse-t-elle ce moyen qu'à eux? Pourquoi n'en fait-elle pas autant pour les particuliers non ci-devant seigneurs? Serait-ce parcequ'elle entend traiter ceux-ci avec plus de rigueur que ceux-là? Il serait absurde de le penser. C'est donc uniquement parceque les ci-devant seigneurs sont les seuls qu'elle a en vue dans l'abolition qu'elle prononce ; c'est donc uniquement parcequ'elle ne prononce que contre eux l'abolition des droits de Banalité dans laquelle la loi de 1790 les avait maintenus ; c'est donc uniquement parceque, dans son second alinéa, elle n'entend par le mot *Banalités*, que les droits de Banalité à-la-fois féodaux et conventionnels ; c'est donc uniquement parcequ'il n'est pas dans son intention de toucher à ce qu'a fait la loi de 1790, par rapport aux droits de Banalité qui sont bien *conventionnels*, mais non pas *féodaux*.

Aussi, voyez comment s'exprime la loi du 17 juillet 1793, pour abroger le moyen qui restait encore aux possesseurs des droits conservés par celle de 1790, d'échapper à l'abolition dont elle les frappait! Elle qualifie expressément ces droits de *féodaux*. Donc, elle reconnaît que l'art. 5 de la loi du 25 août 1792, n'avait eu en vue que des droits *féodaux*, lorsqu'elle avait subordonné le maintien de ceux dont il contenait l'énumération, à la représentation du titre primordial de la convention qui les avait créés. Donc elle reconnaît que les droits portant les mêmes dénominations, mais non féodaux, n'étaient pas compris dans cet article. Donc elle reconnaît que ceux de ces droits qui ont été, dans la loi de 1790, l'objet de dispositions particulières, demeurent soumis à ces dispositions. Donc elle reconnaît que les droits de Banalité créés avant la loi de 1790, *par une convention souscrite entre une communauté d'habitants et un particulier non seigneur*, continuent d'être régis par cette loi. Donc elle reconnaît, non-seulement qu'ils ne sont pas abolis, mais encore qu'à défaut du titre primitif de la convention qui les a créés, il peut y être suppléé par deux titres recognitifs.

Du reste, il n'est pas à ma connaissance que l'on ait encore prétendu faire dépendre la conservation des droits de Banalité purement conventionnels de la représentation rigoureuse et spécifique du titre primordial, sans que les deux titres récognitifs admis par l'art. 29 du tit. 2 de la loi de 1790, pussent en tenir lieu.

Mais on a soutenu plusieurs fois que ces droits étaient abolis par les lois de 1792 et 1793, sans distinction entre le cas où ils seraient prouvés par la représentation du titre primordial et celui où ils ne seraient que par la représentation de deux reconnaissances.

Et quel a été le sort de ce système? Il a été proscrit trois fois par la cour de cassation.

Il l'a été d'abord par un arrêt du 7 fructidor an 13, qui a cassé un jugement arbitral par lequel avait été déclaré aboli un droit de Banalité stipulé en 1598 entre un particulier non seigneur et une communauté d'habitants (1).

---

(1) *V.* le *Répertoire de jurisprudence*, au mot *Cens*, §. 8.

(1) *Ibid.*, au mot *Banalité*, n°. 12.

96.

Il l'a été ensuite par l'un des motifs d'un arrêt du 31 mars 1813, dans lequel il est dit en toutes lettres, que toutes les *Banalités sont supprimées, à la seule exception de celles qui seraient prouvées avoir été établies par une convention souscrite entre une communauté d'habitans et un particulier non seigneur* (1).

Il l'a été, enfin, par un arrêt dont voici l'espèce.

Le 4 décembre 1723, acte par lequel la commune de Sisteron, autorisée à aliéner ses biens pour payer ses dettes, vend au sieur Regnaud huit fours qu'elle possède, avec le droit de Banalité qui y est annexé et en vertu duquel tous ses habitans sont assujétis à y faire cuire leur pain.

Plusieurs années après la publication des lois des 28 mars 1790, 25 août 1792 et 17 juillet 1793, les sieurs Beinet, Gueirard et Estudier, regardant la Banalité acquise en 1723 par le sieur Regnaud, comme abolie, font construire de nouveaux fours dans l'enceinte de la ville de Sisteron.

Assignés en démolition de ces fours par les sieurs Roux et Crudy, successeurs du sieur Regnaud, devant le tribunal de première instance de Sisteron, ils ne nient pas que la Banalité vendue par la commune de Systeron en 1723, n'eût alors tous les caractères d'une Banalité établie par convention entre une université d'habitans et un particulier non seigneur, et que, par conséquent, elle n'ait été conservée par la première des exceptions écrites dans l'art. 24 du tit. 2 de la loi du 28 mars 1790; mais ils soutiennent que cette exception a été révoquée par l'art. 5 de la loi du 25 août 1792.

Le 22 février 1813, jugement qui condamne les sieurs Beinet, Gueirard et Estudier à démolir leur fours, « attendu que les fours banaux vendus
» par la commune de Sisteron, sont possédés par
» des propriétaires non seigneurs; que la pro-
» priété de ces fours n'a rien de seigneurial, de
» féodal, ni de censuel; que leur Banalité ne
» dérive ni de seigneurie ni de féodalité, mais
» des besoins qu'a eus la commune de l'établir
» et de l'aliéner; que cette Banalité, loin d'avoir
» été supprimée, a été maintenue et conservée
» par la loi du 15 mars 1790; que les lois de
» 1792 et 1793, qu'invoquent les défendeurs, ne
» sont intervenues que pour l'entière abolition
» des droits seigneuriaux, féodaux, censuels,
» dérivant de puissance de fief, et nullement
» pour l'abolition des Banalités conventionnelles
» et redevances acquises à prix d'argent, ou pour
» concession de fonds, sans mélange de féoda-
» lité ».

Appel de ce jugement à la cour (royale) d'Aix qui, par arrêt du 6 août de la même année, en adopte les motifs et le confirme.

Les sieurs Beinet, Gueirard et Estudier se pourvoient en cassation, et parviennent à faire admettre leur requête, en alléguant qu'il n'a été prouvé, ni en première instance, ni en cause d'appel, par la représentation des titres exigés par l'art. 29 du tit. 2 de la loi du 28 mars 1790, que le droit de Banalité dont il s'agit, ait été originairement consenti par tous les habitans au profit d'un particulier non seigneur; et que, quand même il l'eût été au profit de la commune, il ne serait pas compris dans l'exception.

Mais l'affaire portée à la section civile, M. l'avocat-général Henri-Larivière commence par établir que les demandeurs la dénaturent par la nouvelle question qu'ils élèvent, et qu'ils n'y sont pas recevables, parceque la seule mission de la cour suprême est de s'assurer si le procès a été jugé conformément aux lois dans l'état où il s'est présenté devant la cour royale, et que, devant cette cour, toutes les parties se sont accordées à reconnaître qu'il s'agissait d'une Banalité purement conventionnelle, créée par l'universalité des habitans au profit de l'être moral connu sous la dénomination de *commune de Sisteron*.

Il rappelle ensuite les trois exceptions que l'art. 24 du tit. 2 de la loi du 28 mars 1790 a mises à l'abolition prononcée par l'article précédent de toutes les Banalités, et il continue ainsi :

» Arrêtons-nous à la première de ces exceptions.

» Il est évident qu'elle s'étend à toutes les Banalités conventionnelles entre particuliers, à celles consenties au profit d'une commune par ses habitans, comme à celles consenties par une communauté d'habitans en faveur d'un particulier non seigneur, quoique l'article qui vient d'être cité, ne fasse mention que de ces dernières Banalités. La raison en est que la disposition de la loi sur ce point est exemplaire, démonstrative et non pas limitative et exclusive (1).

_____
(1) Ceci est-il bien exact?
Qu'une commune ait pu, avant la loi du 15-28 mars 1790, en acquérant la Banalité qu'un tiers exerce sur les habitans, dont elle est composée, conserver ce droit sur ceux-ci, on le conçoit très bien (comme je l'ai expliqué dans les conclusions du 31 mars 1813, sur lesquelles est intervenu l'arrêt de la cour de cassation du même jour), d'après la distinction qui se fait naturellement, par rapport à ce droit, entre les habitans considérés *ut singuli*, et les habitans considérés *ut universi*.
Mais que les habitans aient pu s'obliger *ut singuli*, envers eux-mêmes considérés *ut universi*, à l'établissement d'une Banalité toute nouvelle, cela ne se conçoit peut-être pas aussi facilement. C'est du moins faute d'avoir fait les réflexions nécessaires pour le bien concevoir, que, dans les conclusions que je viens de rappeler, il m'est échappé de dire que, quand même dans l'acte de 1597, par lequel la commune de Fossano avait acquis de son seigneur, pour l'exercer sur ses habitans, le droit de Banalité qu'il avait sur les habitans, elle eût traité avec le concours et par l'organe de tous les individus dont elle était composée, ce droit, en s'éteignant comme féodal par la con-

_____
(2) *Ibid.*, n°. 13.

» Si donc il n'était pas survenu d'autres lois après celle du 15 mars 1790, il serait évident que la Banalité dont il s'agit, n'aurait point été abolie, et qu'elle aurait, au contraire, été maintenue jusqu'au rachat.

» Mais il existe des lois ultérieures, et les demandeurs les invoquent : ce sont celles des 25 août 1792 et 17 juillet 1793.

» La première de ces lois déclare, art. 2, que *toute propriété foncière est réputée franche et libre de tous droits, tant féodaux que censuels, si ceux qui les réclament, ne prouvent le contraire dans la forme qui sera prescrite ci-après.*

» Elle révoque et annulle, art. 3, *tous les actes d'affranchissement de la main-morte réelle ou mixte, et tous autres actes équivalens.*

» L'esprit de la loi est clairement manifesté dans ces deux articles : il est facile de le saisir et de voir que le législateur n'a en vue et qu'il ne se propose pour but que la liberté des propriétés foncières et leur affranchissement des droits féodaux et censuels de toute espèce, dont l'origine, la création et le titre ne sont pas conformes à ce qu'il va déclarer.

» Si donc les Banalités se trouvent comprises dans la disposition qu'il va porter, ce ne pourra être que les Banalités qui dérivent immédiatement de la féodalité, ou qui s'y rattachent par la nature des choses, par la qualité de seigneur qu'a eue celui au profit de qui elles ont été établies.

» Après avoir annoncé son intention, le législateur a disposé en ces termes : art. 5. *Tous les droits féodaux ou censuels utiles, toutes les redevances seigneuriales annuelles.... conservées indéfiniment par l'art. 2 du tit. 3 du décret du 15 mars 1790, tous ceux des droits conservés par les art. 9, 10, 11, 17, 24, et 27 du tit. 2 du même décret, et connus sous la dénomination de feu....,* BANALITÉ *et corvée....,* *sont abolis sans indemnité, à moins qu'ils ne soient justifiés avoir pour cause une concession primitive de fonds, laquelle cause ne pourra être établie qu'autant qu'elle se trouvera clairement énoncée dans l'acte primordial d'inféodation, d'accensement ou de bail à cens qui devra être rapporté.*

» Nul doute que les Banalités seigneuriales maintenues et déclarées rachetables par les n°. 2 et 3 de l'art. 24 du tit. 2 de la loi du 15 mars 1790, n'aient été atteintes par la suppression prononcée dans l'art. 5 de la loi du 25 août 1792, dans le cas où les ci-devant seigneurs, propriétaires de ces Banalités, se sont trouvés dans l'impossibilité de justifier, par la représentation du titre primordial, qu'elles ont eu pour cause une concession de fonds.

» Mais la maintenue et la conservation des Banalités entre particuliers, qui sont l'objet du n°. 1er. de l'art. 24 de la loi du 15 mars 1790, n'ont pas été subordonnées à cette justification.

» Cela paraît évident, d'après l'esprit de la loi, la pureté de l'origine de ces Banalités, leur cause et leur nature, absolument étrangères à la féodalité.

» Quant à la loi du 17 juillet 1793, elle a aboli tout ce que la loi du 25 août 1792 avait laissé subsister du régime féodal. La loi du 17 juillet n'a pas porté atteinte, plus que ne l'avait celle du 25 août, aux Banalités conventionnelles entre particuliers et exemptes de toute tache, de toute apparence de féodalité.

» Il nous reste à dire quelques mots sur un décret du 16 août 1808, dont les demandeurs se prévalent ; voici le fait :

» Après la réunion des biens immeubles des hôpitaux au domaine de l'état, le gouvernement vendit, en l'an 3, la moitié de cinq moulins provenant de l'hôpital de Sisteron. Il avait été décidé, par un arrêté du conseil de préfecture des Basses-Alpes, du 24 août 1807, que la moitié de la Banalité attachée à ces moulins, n'avait pas été comprise dans la vente. L'hospice de Sisteron réclama la moitié de la Banalité devant le conseil d'état. Sur le pourvoi de l'acquéreur de la moitié des cinq moulins contre l'arrêté du conseil de préfecture, cet arrêté fut annullé, *attendu qu'il reposait sur des bases vicieuses et contraires aux lois des 25 août 1792 et 17 juillet 1793, qui avaient supprimé* TOUTES LES BANALITÉS SANS DISTINCTION, QUEL-QU'EN FÛT L'ORIGINE.

» Cet arrêté ne contient pas de disposition gé-

---

fusion des qualités de créancier et de débiteur dans leurs personnes, n'aurait pas, par cela seul, été recréé comme conventionnel ; que, pour le recréer comme tel par cet acte, il aurait fallu que la commune de Fossano y eût pris des qualités différentes et incompatibles ; qu'il aurait fallu que, pour acquérir le droit de Banalité elle eût d'abord pris, comme elle l'avait fait, la qualité de corps moral ; et que cette acquisition faite, elle se fût, au nom de ses habitans *ut singuli*, soumise envers elle-même considérée comme corps moral, au droit de Banalité dont elle se trouvait propriétaire, *mélange bizarre de qualités* dont l'acte de 1597 n'offrait pas la plus légère trace. Mais la cour de cassation en a jugé autrement. En motivant son arrêt du 31 mars 1813, sur les circonstances qu'il n'était nullement justifié que tous les habitans eussent concouru à acquérir en 1597 la Banalité dont il s'agissait, *ni qu'ils s'y fussent tous individuellement soumis depuis cette acquisition*, elle a clairement fait entendre, que, si les habitans eussent tous concouru à l'acquisition de la Banalité avec la clause qu'elle s'exercerait sur eux, il serait résulté de là une conversion de la Banalité féodale en une Banalité conventionnelle, et que la même conversion aurait eu lieu si, depuis l'acquisition de 1597, les habitans se fussent tous *individuellement* soumis à la Banalité qui en avait été l'objet. Elle a par conséquent décidé qu'une Banalité pouvait être établie au profit d'une commune par le consentement de tous ses habitans.

En effet, du moment que l'on est forcé de reconnaître d'après toutes les autorités citées dans mes conclusions du 31 mars 1813, que, pour l'établissement d'une Banalité conventionelle, le vœu de la majorité d'une commune ne suffit pas, et que le concours individuel de tous les habitans est indispensable, il faut bien que l'on reconnaisse aussi que les habitans figurent à la fois dans un pareil acte *ut singuli* et *ut universi* ; et, dès-lors, rien ne peut s'opposer à ce que, dans le cas où il s'agit d'établir une Banalité au profit d'une commune, les habitans qui stipulent *ut universi*, s'obligent *ut singuli*.

nérale sur la matière; il n'est intervenu que dans une espèce particulière; aussi n'a-t-il pas été inséré au bulletin des lois, et rien n'indique, en point de fait, que la Banalité sur laquelle il a été prononcé, ne fût pas seigneuriale ou du moins mélangée de féodalité.

» On doit d'autant moins avoir égard à ce décret, qu'on retrouve la véritable pensée du gouvernement, sur le sort des Banalités conventionnelles, sans suprématie seigneuriale et sans empreinte de féodalité, dans un décret postérieur, rendu le 9 décembre 1811, pour la Hollande, après la réunion de ce pays à la France, et inséré au bulletin des lois, n°. 408. L'art. 10 de ce décret est ainsi conçu: *sont supprimés sans indemnité, tous droits de Banalité, ensemble les sujétions accessoires et les redevances payées à titre d'abonnement;* SONT EXCEPTÉES LES BANALITÉS ÉTABLIES AU PROFIT D'INDIVIDUS NON SEIGNEURS.

» Ce dernier décret ferait plus que contrebalancer celui du 16 août 1808; il l'écarterait radicalement, s'il en était besoin ».

Je dois dire ici que M. l'avocat général s'est doublement mépris dans la citation de ce décret.

D'abord, ce n'est pas pour la Hollande, mais pour les départemens anséatiques que ce décret a été rendu.

Ensuite, que porte l'art. 16 de ce décret? « Sont supprimés sans indemnité tous droits de » Banalité, ensemble les sujétions accessoires et » les redevances payées à titre d'abonnement.

» Sont exceptées les Banalités établies au profit » d'individus non seigneurs, et celles attribuées » aux seigneurs en vertu d'une convention par » laquelle le seigneur aura fait à la commune » quelque avantage autre que celui de tenir en état » les moulins, fours et autres objets banaux (1) ».

Et pourquoi ce décret disposait-il ainsi pour les départemens anséatiques? Parceque ni la loi du 15-28 mars 1790, ni la loi du 25 août 1792, ni la loi du 17 juillet 1793 n'y avaient été publiées et ne devaient pas l'être; parce que ces départemens devaient être régis, pour tout ce qui concerne les droits féodaux, pas une législation spéciale et calquée sur la première de ces lois.

Ce décret ne devait donc pas être cité par M. l'avocat général, comme interprétatif, soit de la loi du 25 août 1792, soit de la loi du 17 juillet 1793.

Mais du reste, M. l'avocat du général n'avait pas besoin de recourir à ce décret pour écarter l'argument que les demandeurs en cassation prétendaient tirer de celui du 16 août 1808; il avait assez bien prouvé que cet argument était insignifiant.

Aussi a-t-il conclu au rejet de la demande en cassation, et ses conclusions ont été adoptées par arrêt du 5 février 1816, au rapport de M. Boyer,

« Attendu que, soit en première instance, soit en appel, les demandeurs n'ont jamais réclamé l'exhibition ni même mis en question l'existence d'un titre antérieur à celui du 4 décembre 1723, produit par les défendeurs; qu'ils n'ont jamais allégué, soit que la Banalité dont il s'agit, eût été établie au profit d'un ci-devant seigneur, soit que la commune de Sisteron la possédât, en 1723, en vertu d'un titre seigneurial, soit enfin que Regnaud, acquéreur, à cette époque, des fours banaux, eût aucun droit seigneurial sur les habitans soumis à la Banalité; qu'il résulte au contraire de la discussion des parties, en cause principale et d'appel, que les demandeurs, en reconnaissant que cette Banalité était du nombre de celles maintenues par le §. 1er. de l'art. 24 de la loi du 15 mars 1790, ont seulement soutenu que la disposition de ce paragraphe avait été formellement révoquée par l'art. 5 de la loi du 25 août, et plus encore par l'art. 1er. de celle du 17 juillet 1793;

» Mais que cette prétention des demandeurs a été justement proscrite par la cour royale d'Aix, qui a jugé avec raison, que les lois citées de 1792 et 1793, n'ayant eu pour objet que la suppression du régime féodal et des droits dérivant de la féodalité, n'avaient pu ni voulu frapper que celles des Banalités conservées par la loi de 1790, qui, quoique présentant quelque stipulation avantageuse au profit des baniers, n'avaient pas moins un caractère seigneurial, en ce qu'elles avaient été constituées au profit d'un seigneur, telles que celles désignées aux §. 2 et 3 de cette dernière loi; mais que ces lois n'ont pu atteindre les Banalités dont parle le §. 1er., c'est-à-dire, celles qui ont été purement conventionnelles et librement consenties par une communauté d'habitans au profit d'un particulier non seigneur;

» Attendu qu'il suit de là qu'en maintenant, dans l'espèce, les défendeurs dans le droit de Banalité vendu à leur auteur par la commune de Sisteron, le 4 décembre 1723, l'arrêt attaqué n'a fait qu'une juste application des principes et des lois de la matière (1) ».

Voilà donc trois arrêts de la cour de cassation qui s'accordent uniformément à tenir pour non abrogée, la première des exceptions établies en faveur des Banalités par l'art. 24 du tit. 2 de la loi du 15-28 mars 1790.

Mais à ces trois arrêts on oppose (dans un recueil intitulé *Supplément au Bulletin des lois*, année 1823, page 305) deux avis du conseil d'état des 25 et 26 vendémiaire an 14, approuvés les 10 et 11 brumaire suivant; et en faisant observer, dans une note, que la cour de cassation en ignorait jusqu'à l'existence lors de ses arrêts des 7 fructidor an 13, 31 mars 1813 et 5 février 1816, on semble insinuer qu'aujourd'hui qu'elle est à

---

(1) Bulletin des lois, 4e. série, n°. 48, page 526.

(1) Journal des audiences de la cour de cassation, année 1826, page 117.

BANALITÉ, §. I.

portée de se procurer une connaissance officielle de l'un et de l'autre, elle devrait réformer sa jurisprudence.

Que portent donc ces deux avis ?

Voici les termes du premier :

« Le conseil d'état, qui, d'après le renvoi fait par S. M., a entendu le rapport de la section de l'intérieur sur celui du ministre de l'intérieur, relatif aux anciens droits qui appartiennent aux communes du département des Alpes-Maritimes;

» Considérant que l'art. 24 du tit. 2 de la loi du 15 mars 1790 a excepté de la suppression des droits féodaux et déclaré rachetables les Banalités établies par convention entre une communauté d'habitans et un seigneur ou un particulier, au moyen de quelque avantage concédé à la commune; mais que la loi du 25 août 1790 (1) a supprimé sans indemnité, toute Banalité indistinctement, et a prononcé l'abrogation expresse dudit art. 24; que la loi du 17 juillet 1793 a supprimé sans indemnité tous les droits féodaux et censuels, même ceux que la loi du 25 août 1792 avait conservés, c'est-à-dire, ceux qui avaient eu pour cause une concession de fonds, et n'a maintenu que les rentes et prestations purement foncières;

» Qu'ainsi, notre législation actuelle ne permet, sous aucun prétexte, en faveur des communes du département des Alpes-Maritimes, les Banalités de leurs usines, soit qu'elles les aient acquises à titre onéreux, ou qu'elles les aient achetées des anciens seigneurs;

» Que de tous les droits supprimés dans le cours de la révolution, les Banalités sont au nombre de ceux qui sont le plus contraires à la liberté personnelle et à l'industrie;

» Est d'avis qu'on ne peut admettre la proposition faite de maintenir les communes du département des Alpes-Maritimes dans la jouissance des Banalités qu'elles pourraient avoir acquises à titre onéreux ».

Comment donc cet avis, s'il eût existé avant les arrêts de la cour de cassation de 1805, ou s'il eût été rendu public avant ceux de 1813 et 1816, aurait-il pu les influencer de manière à leur faire adopter le système qu'il proscrit ?

Serait-ce par son motif ? Serait-ce par la décision qu'il contient ?

Je conviens que son motif est, par sa généralité, directement contraire à ces trois arrêts. Mais il est lui-même en opposition diamétrale avec le texte et l'esprit des lois des 25 août 1792 et 17 juillet 1793.

Quant à la décision qu'il contient, sur quoi porte-t-elle ? Sur deux sortes de Banalités que des communes avaient exercées sur les habitans de leurs territoires respectifs jusqu'à la publication de la loi du 15-28 mars 1790 : sur des Banalités *féodales* qu'elles avaient *achetées* de leurs ci-devant seigneurs; et sur des Banalités qu'elles avaient *acquises à titre onéreux*.

Pour déclarer les premières abolies, l'avis du 23 vendémiaire-10 brumaire an 14 n'avait pas besoin de faire dire aux lois des 25 août 1792 et 17 juillet 1793, ce qu'elles ne disent pas, ou plutôt le contraire de ce qu'elles disent; il suffisait de considérer que l'abolition en était prononcée, ou par la disposition générale de l'art. 23 du tit. 2 de la loi du 15-28 mars 1790, ou par l'abrogation dont les seconde et troisième exceptions faites à cette disposition par l'art. 24 du même titre, avaient été frappées par la loi du 17 juillet 1793. Ainsi, la cour de cassation n'aurait eu rien à conclure de là par rapport aux Banalités dont l'origine n'a rien de féodal.

Pour les secondes, le gouvernement a pu vouloir que les communes cessassent désormais de les exercer sur leurs habitans. Mais déclarer qu'elles étaient déjà abolies par les lois des 25 août 1792 et 17 juillet 1793, il ne l'a pas pu, parcequ'il était au-dessus de son pouvoir de créer dans des lois antérieures ce qui n'y était pas.

Il est donc, à tous égards, permis de croire que, si l'avis du 23 vendémiaire-10 brumaire an 14 eût existé ou eût été produit lors des arrêts de 1805, 1813 et 1816, la cour de cassation ne le trouvant pas dans le Bulletin des lois avec tous les caractères distinctifs de décrets obligatoires pour les tribunaux (1), ne lui aurait pas attribué d'elle-même une autorité dont le gouvernement avait clairement refusé, en le tenant secret, de le faire jouir.

Le second avis est ainsi conçu :

« Le conseil d'état qui, d'après le renvoi fait par le gouvernement, a entendu le rapport de la section de l'intérieur sur la proposition faite par le ministre de ce département, de confirmer une transaction sur procès entre la commune de Custines, arrondissement de Nancy, département de la Meurthe, et les propriétaires de pressoirs ci-devant banaux, situés dans cette commune;

» Vu 1°. la transaction sur procès du 30 floréal an 13 (20 mars 1805), entre ladite commune et les sieurs Masson, Michel, Toussaint et Simonnin, propriétaires des pressoirs, au sujet des rétributions que ces propriétaires exigent des habitans qui portent leurs raisins et marcs à presser;

» 2°. Les pièces relatives à cette transaction, la consultation de trois jurisconsultes et les délibérations municipales;

» 3°. Les avis du conseil de préfecture et l'ar-

---

(2) Cette erreur existe sur la minute, qui est écrite de la main de M. Mounier, (auditeur au conseil d'état); c'est évidemment 1792 qu'il faut lire. (*Note de l'auteur du Supplément au bulletin des lois*).

(1) *V*. les conclusions du 14 juillet 1814, rapportées dans le *Répertoire de jurisprudence*, aux mots *Rente seigneuriale*, §. 2, n°. 6.

rêté du préfet qui a autorisé le maire à transiger;

» Considérant que, par cette transaction, les habitans de Custines seraient obligés de se servir exclusivement des quatre pressoirs désignés ci-dessus, moyennant une redevance;

» Que les habitans engagés seraient tenus d'acquitter cette redevance, quand même ils porteraient leurs raisins à d'autres pressoirs;

» Qu'une pareille convention ne serait autre chose que le rétablissement d'une Banalité conventionnelle, et le remplacement de la Banalité féodale abolie par le décret du 28 mars 1790;

» Que, si, pour défendre la mesure proposée, on allègue les besoins des habitans, l'avantage résultant pour eux de la certitude de trouver à presser leurs raisins sans être obligés de construire et d'entretenir des pressoirs, les mêmes raisons pourraient être alléguées en faveur de tous les propriétaires de pressoirs, fours et moulins dans toute l'étendue de la France, et que de là suivrait le rétablissement de la Banalité;

» Que la loi, comme la raison, veut que chaque individu soit le maître d'exploiter sa récolte comme il l'entend;

» Enfin, que, si les habitans de la commune de Custines ont besoin de presser leurs raisins, les propriétaires des pressoirs sont, de leur côté, intéressés à faire aux habitans des conditions assez avantageuses pour les engager à se servir de leurs pressoirs, moyennant une redevance;

» Est d'avis que, dans aucun cas, le gouvernement ne doit intervenir dans une semblable contestation;

» Que les arrangemens entre les habitans et les propriétaires de pressoirs, doivent se faire de gré à gré, d'individu à individu, mais qu'il n'est pas convenable de faire prendre aucun engagement à la communauté;

» Que les contestations résultant de l'exécution des diverses clauses de ces contrats de louage, étant de véritables questions de droit civil ordinaire, sont du ressort des tribunaux;

» Qu'en conséquence, il n'y a pas lieu à confirmer la transaction du 30 floréal an 13, sauf aux parties à se pourvoir individuellement devant les tribunaux, comme pour simples contestations entre particuliers, à raison des contrats ordinaires ».

De quoi s'agissait-il dans l'affaire sur laquelle porte cet avis? D'une Banalité féodale, abolie par la loi du 28 mars 1790, et que l'on cherchait à convertir, par une transaction, en Banalité purement conventionnelle. Et que propose le conseil d'état, que décide le gouvernement? Une seule chose : c'est qu'une pareille conversion ne doit pas être autorisée. Rien de plus raisonnable; mais en même temps rien de plus étranger à notre question.

Du reste, veut-on se convaincre que le conseil d'état de cette époque ne regardait ni le motif évidemment erroné de l'avis du 23 vendémiaire-10 brumaire an 14 comme une décision irréfragable, ni l'avis du 26 vendémiaire-11 brumaire de la même année comme un obstacle à ce que l'on rétablît par transaction ou par jugement, et conséquemment à ce que l'on reconnut exister légalement en vertu de la loi du 28 mars 1790, les Banalités qui avaient été *établies par une convention souscrite entre une communauté d'habitans et un particulier non seigneur?* Il n'y a qu'à se reporter à un autre avis du 3 juillet 1806, qui a été transmis officiellement, le 12 du même mois, à tous les préfets. Le voici tel qu'il est imprimé dans le *Supplément au Bulletin des lois*, à la suite de ceux dont je viens de parler :

« Le conseil d'état, après avoir entendu le rapport des sections de l'intérieur et de législation; sur celui du ministre de l'intérieur, relatif au rétablissement des Banalités conventionnelles,

» Est d'avis... que, par l'avis du conseil d'état, du 11 brumaire an 14, il n'a point été entendu que les Banalités conventionnelles, déclarées rachetables par la loi du 28 mars 1790, ne peuvent être rétablies par transaction ou par jugement de tribunaux; mais seulement que les communes ne peuvent, à présent, par aucune stipulation, établir des Banalités nouvelles, ni convertir en Banalités conventionnelles des Banalités supprimées comme féodales ».

Une chose d'ailleurs bien remarquable, c'est que M. le président Henrion de Pansey, dans son *Traité des biens communaux*, chap. 9, cite cet avis du conseil d'état comme preuve de la non abolition des Banalités purement conventionnelles.

Après avoir dit que, dans l'ancienne jurisprudence, « les Banalités conventionnelles se partageaient en deux classes; (que) la première se
» composait de celles qui appartenaient à des
» seigneurs sur leurs vassaux et censitaires; (qu')
» on les désignait sous le nom de Banalités sei-
» gneuriales; (que) dans l'autre classe se plaçaient
» celles qui appartenaient à des communes ou à
» des particuliers non seigneurs; (que) les Bana-
» lités seigneuriales, rappelées dans tous les ti-
» tres de la seigneurie et par ce motif confondues
» avec les droits féodaux, ont péri comme eux
» dans le naufrage de la féodalité »;

Ce savant magistrat ajoute :

« Quant aux Banalités purement conventionnelles, la liberté des parties contractantes étant garantie par leur indépendance réciproque, on ne pouvait supposer dans leur création, ni séduction, ni violence, ni abus de la puissance féodale; elles étaient par conséquent hors de l'atteinte des lois abolitives de la féodalité.

» Aussi voyons-nous que la loi du 15 mars 1790, après avoir aboli toutes les Banalités légales et seigneuriales par l'art. 23 du tit. 2, ajoute, art. 24 : *Sont exceptées de la suppression ci-dessus, et seront rachetables*, 1°. *les Banalités qui seront* prouvées avoir été établies par une convention souscrite entre une communauté d'habitans et un particulier.

» A CETTE AUTORITÉ SE JOINT CELLE D'UN AVIS DU CONSEIL D'ÉTAT DU 3 JUILLET 1806, QUI DÉCLARE « QUE, PAR L'AVIS DU CONSEIL D'ÉTAT DU 11 BRUMAIRE AN XIV, etc. ».

Que l'on juge d'après tous ces détails, si aujourd'hui les deux décisions du conseil d'état des 23 et 26 vendémiaire an 14, produites devant la cour de cassation, lui feraient changer sa jurisprudence, et si, au contraire, elle ne trouverait pas, pour la maintenir, une raison de plus dans celle du 3 juillet 1806.

Que faudrait-il donc pour qu'elle la changeât en effet?

Il faudrait que, tout en reconnaissant que la première des exceptions écrites dans l'art. 24 du tit. 2 de la loi du 15-28 mars 1790, n'est abrogée, ni par la loi du 25 août 1792, ni par celle du 17 juillet 1793, elle jugeât que cette exception n'a pas l'autorité d'une disposition législative, et que les tribunaux non-seulement peuvent, mais doivent même s'en jouer.

Tel est effectivement le système qu'affiche l'auteur du *Supplément au Bulletin des lois*, dans la note déjà citée; voici ses termes:

« Trois arrêts de la cour de cassation, des 7 fructidor an 13, 31 mars 1813 et 6 février 1818, ont décidé que les Banalités conventionnelles étaient exceptées de la suppression......

» Cette jurisprudence s'est établie parcequ'on n'a pas vu qu'elles étaient des servitudes personnelles abolies par les lois du 4 août 1789. Elles sont personnelles, si elles affectent la personne et non la terre, non le détenteur du sol donné pour prix d'établissement de la Banalité, non l'héritier de celui qui a reçu les deniers; mais tous ceux qui habitent le territoire; alors c'est un véritable impôt, une capitation qui frappe sur le pauvre plus que sur le riche; par conséquent un impôt irrégulier et aboli. Qu'importe que ce soit le seigneur qui le perçoive, si la commune ou le cessionnaire de la commune le réclame à titre personnel? Dans ce cas, c'est toujours un reste de servage; c'est un servage plus odieux que la corvée. De quel droit un homme peut-il dire à son semblable: tu ne cuiras pas ton pain ailleurs que chez moi. Celui-ci ne peut-il pas répondre: oui vous a concédé un pareil droit sur ma personne? Mais dit le Baunier, je l'ai payé à la communauté. La communauté avait-elle le droit de m'assujétir à une telle servitude? Ai-je profité des deniers que vous avez versés? Avez-vous contre moi une action réelle ou personnelle? Non, car si je quitte le territoire, vous ne me demandez plus rien.

» Donc c'est une servitude; donc elle est abolie, aussi bien quand elle provient d'un seigneur que quand elle vient d'une communauté; la communauté a usurpé sur moi un droit qu'elle n'avait pas; vous l'avez acheté ce droit, vous vous êtes rendu fermier de l'impôt, et vous en avez joui tant que le servage a existé; mais depuis le décret du 4 août 1789, j'en ai été déchargé. Pour qu'une Banalité conventionnelle pût exister, il faudrait que tous les habitans grevés fussent les successeurs de ceux qui ont pris part à la convention, et qu'à cette époque tout le monde eût consenti. Encore ceux qui auraient renoncé à la succession; seraient-ils affranchis. L'engagement contracté alors n'est qu'une obligation de faire....

» Dans l'origine, l'exception relative aux Banalités conventionnelles a été proposée par M. Merlin à l'assemblée constituante. Trois fois sa proposition fut rejetée, la question fut résolue sans être comprise ».

C'est ce système qui forme, contre l'existence actuelle des Banalités purement conventionnelles, la seconde des difficultés que j'ai annoncées au commencement de ce paragraphe; et l'on sent à l'avance que la réfutation n'en est pas difficile.

Je remarque d'abord qu'en terminant comme il le fait, l'auteur prouve lui-même qu'il ne connaît pas bien la marche de la discussion de cette matière a suivie dans l'assemblée constituante.

C'est moi, en effet, qui ai *proposé l'exception relative aux Banalités conventionnelles*; mais je ne l'ai pas proposée en mon nom seul; je l'ai proposée comme organe du comité des droits féodaux, qui était unanime sur ce point, et qui comptait parmi les trente-deux membres dont il était composé, des jurisconsultes du premier rang, tels que M. Tronchet, qu'il suffit de nommer, M. Regnier, l'aigle du barreau de Nancy, M. Arnoud, *conseil des états de Bourgogne*, M. Redon, mort premier président de la cour d'appel de Riom, M. Goupil de Préfeln, mort conseiller à la cour de cassation etc., tous hommes assurément bien en état de *comprendre* ce qu'ils me chargeaient de dire en leur nom. Et non-seulement ma proposition, en tant qu'elle portait sur les Banalités consenties par les communautés d'habitans au profit de particuliers non seigneurs, n'a pas été *rejetée trois fois*, mais il ne s'est pas même élevé dans l'assemblée une seule voix pour la contredire. C'est une vérité dont on peut se convaincre en se reportant à l'article *Banalité* du *Répertoire de jurisprudence*, n°. 10.

Ensuite, est-ce faute d'attention à la disposition des décrets du 4 août 1789 qui abolissait les *servitudes personnelles*, que le comité des droits féodaux m'avait chargé de proposer l'*exception relative aux Banalités conventionnelles?* Mon rapport, transcrit en entier à l'endroit que je viens de citer, prouve démonstrativement le contraire, puisqu'il va au devant de l'objection que l'on eût pu tirer de ces décrets, et qu'il la réfute en établissant, d'après Dumoulin, qu'une Banalité conventionnelle *non est servitus, sed obligatio personalis, quamvis doctores vocent servitutem, imò abusivè loquuntur.*

Au fond, comment peut-on dire que la Banalité conventionnelle ne peut lier que les héritiers des habitans qui en ont souscrit le titre primitif ? Cela serait bon, s'il s'agissait d'une Banalité consentie par des individus isolés. Mais il s'agit d'une Banalité consentie par des habitans constitués en corps de communauté; et il est sensible qu'ils avaient, comme tels, qualité pour obliger tous ceux qui devaient, à l'avenir, faire partie de ce corps. Qu'importe que, comme je l'ai établi dans les conclusions sur lesquelles a été rendu l'arrêt de la cour de cassation du 31 mars 1813, le consentement de chacun d'eux ait été nécessaire pour former la convention qui a créé la Banalité? Il résulte bien de là qu'ils ont dû y intervenir *ut singuli*; mais il n'en résulte pas qu'ils n'y sont pas également intervenus *ut universi*. Il faut même qu'ils y soient intervenus en cette double qualité, pour que la *communauté d'habitans* ait pu les lier par son vœu et qu'ils aient pu la lier elle-même pour le leur.

Enfin, quand on serait fondé à dire que *la question a été résolue sans être comprise*, il resterait toujours qu'elle l'a été par une loi; que cette loi n'a jamais été rapportée, et que sa transgression, sous le prétexte qu'elle est injuste ou contraire aux principes, serait, de la part des tribunaux, un monstrueux excès de pouvoir.

§. II. *Doit-on considérer comme maintenue par la première des exceptions écrites dans l'art. 24 du tit. 2 de la loi du 15-28 mars 1790, la Banalité qui, originairement féodale et cédée par le seigneur à la commune pour être exercée par elle sur ses propres membres, a été ensuite vendue par la commune elle-même à un particulier non seigneur.*

La négative, établie dans mes conclusions du 31 mars 1813, a été consacrée par l'arrêt de la cour de cassation du même jour; et voici une espèce dans laquelle la question a encore été jugée dans le même sens par la cour royale d'Aix.

Le 22 avril 1506, acte notarié par lequel l'évêque de Marseille, seigneur d'Aubagne, cède à la commune du même nom (*Universitati villæ Albaniæ*), à titre d'*Acapte* et d'*Emphytéose perpétuelle*, le four banal qu'il possède dans ce lieu, avec les droits qui y sont attachés et qu'elle exercera sur tous les habitans, et avec la faculté de construire autant de fours qu'elle jugera à propos, le tout moyennant un cens annuel de cent *florins*, somme équivalente à 60 francs.

En exécution de cet acte, la commune fait construire deux nouveaux fours et en exerce la Banalité sur tous les habitans de son territoire.

En 1636, paraît un édit du roi qui oblige les communes à vendre leurs biens pour payer leurs dettes.

De là, un acte notarié du 27 avril 1644, par lequel « les consuls modernes de la communauté
» d'Aubagne, pour et au nom d'icelle, vendent,
» cèdent et transportent à la dame de la Reynarde,
» les trois fours banaux à cuire pain, en l'état
» qu'ils sont de présent, et avec les mêmes droits,
» facultés, conditions appartenances et dépendances que
» ladite communauté a et les a acquis dudit seigneur
» évêque, et qu'elle a possédés et possède jusqu'à ce
» jour, chargés lesdits trois fours de la cense de
» cent florins envers ledit seigneur évêque, que
» ladite dame lui paiera annuellement et perpé-
» tuellement, et auxquels fours tous les particu-
» liers manans et habitans d'Aubagne sont tenus
» d'aller cuire leurs pains, sans pouvoir ni la
» communauté en construire d'autres dans ledit
» lieu ».

L'acte ajoute que la dame de la Reynarde jouira des fours et de la Banalité qui y est annexée, *en franchise de taille*.

En 1666, déclaration du roi qui soumet à la taille les biens aliénés par les communes en exécution de l'édit de 1636, nonobstant tous pactes de franchise stipulés dans les actes d'aliénation, si mieux n'aiment les acquéreurs souffrir le rachat de la part des communes.

D'après cette loi, la commune d'Aubagne forme contre le comte de Félix du Muy, héritier de la dame de la Reynarde, une demande tendant à le faire condamner au paiement de la taille répartie sur les fours et sur le droit de Banalité, ou à souffrir le rachat de ces objets.

Le procès est évoqué au conseil, et avant qu'il y soit jugé, intervient une déclaration du roi, du 14 septembre 1728, qui maintient dans la franchise de la taille les biens vendus francs de taille par les communes, lorsqu'il sera prouvé qu'ils ont été démembrés des fiefs, en tout ou en partie, avant le 15 décembre 1556.

En conséquence, le 7 juin 1729, arrêt du conseil qui ordonne que le comte de Félix du Muy continuera de jouir des fours banaux d'Aubagne avec la franchise de taille.

Après la publication de la loi du 15-18 mars 1790, plusieurs particuliers de la commune, regardant la Banalité comme abolie, font construire des fours, et les livrent au public.

Le 4 pluviôse an 9, arrêté du préfet du département des Bouches-du-Rhône, qui, sur la pétition du général de Félix du Muy, déclare que la Banalité des fours d'Aubagne n'est abolie par aucune loi, et charge le maire de veiller à ce qu'il n'y soit porté aucune atteinte par les habitans.

Le 16 thermidor suivant, lettre du ministre de l'intérieur qui improuve cet arrêté comme incompétent, mais n'est pas communiquée à la commune.

Le 18 thermidor an 10, nouvel arrêté du préfet qui, en visant cet arrêté, sans en rappeler le contenu, propose à la commune de transiger sur les bases qu'il indique et dont la principale est la reconnaissance de la Banalité.

Le 2 fructidor suivant, transaction calquée sur ces bases, avec la clause expresse que le général du Muy garantira les membres du conseil municipal de toute recherche ou attaque qui pourrait être dirigée contre eux, à raison du parti qu'ils prennent.

Cette transaction n'est soumise à l'approbation d'aucune autorité supérieure, et néanmoins elle s'exécute pendant plusieurs années.

Mais en 1824, la commune, autorisée par un arrêté du conseil de préfecture, fait assigner la dame veuve de Félix, tutrice de son fils mineur, légataire universel du général du Muy, pour voir déclarer la prétendue transaction du 2 fructidor an 10 nulle, et la Banalité abolie.

A cette demande la dame de Félix oppose

1° que la Banalité des fours d'Aubagne n'avait originairement rien de féodal ;

2° Qu'eût-elle été, dans son origine, entachée de féodalité, elle en eût été purgée par l'arrourement qu'en avait opéré le bail emphytéotique de 1506, en la transmettant à la commune ;

3°. Que, féodale ou non dans son origine, elle a été éteinte par confusion, du moment que la commune qui en était grevée, en est devenue propriétaire ;

4°. Que par conséquent la commune n'a pu la vendre, en 1644, à la dame de la Reynarde, qu'en la recréant ; qu'en la recréant, elle l'a rendue conventionnelle ; et que, par là, elle l'a placée à l'avance dans le cas de la première des exceptions écrites dans l'art. 24 du tit. 2 de la loi du 15-28 mars 1790.

Le 18 août 1825, jugement par lequel le tribunal de première instance de Marseille, *chambres assemblées*, « sans s'arrêter à l'acte du 2 fructides
» an 10, lequel, en tant que de besoin, est déclaré
» nul et de nul effet, déclare que la Banalité jadis
» attachée aux fours à cuire pain, situés dans la
» dite commune, aliénés en 1644 à la dame de
» la Reynarde, aujourd'hui représentée par le
» mineur de Félix, légataire du général Dumuy,
» a été supprimée sans indemnité par la loi du
» 28 mars 1790 ».

Appel de ce jugement de la part de la dame de Félix à la cour royale d'Aix.

Sur cet appel, M. Thomas, bâtonnier de l'ordre des avocats de Marseille, qui, en première instance, avait défendu la commune avec un très-rare talent, m'a fait l'honneur, en m'adressant un exemplaire de son éloquent et lumineux plaidoyer, de me demander mon avis ; et voici quelle a été ma réponse :

— « Le soussigné qui a pris lecture du plaidoyer prononcé par M. Thomas, bâtonnier de l'ordre des avocats de Marseille, à l'audience du tribunal de première instance de la même ville, les 23 avril et 19 mai dernier, sur la question de Banalité agitée entre la commune d'Aubagne et la dame de Félix, tutrice de son fils ;

» Consulté spécialement sur la question de savoir si la Banalité dont il s'agit, est maintenue ou abolie par la législation actuelle ;

» Est d'avis que l'abolition de cette banalité ne peut être révoquée en doute.

» Pour justifier cette proposition, il n'est pas nécessaire d'aller, comme l'a fait surabondamment l'habile défenseur de la commune d'Aubagne, jusqu'à soutenir que les lois des 25 août 1792 et 17 juillet 1793 ont abrogé, non-seulement la deuxième et la troisième, mais encore la première des exceptions mises par l'art. 24 du tit. 2 de la loi du 28 mars 1790, à l'abolition générale dont l'art. 23 de la même loi avait frappé toutes les Banalités. Il suffit d'établir avec lui que cette première exception n'est pas applicable à la Banalité dont la commune d'Aubagne réclame l'affranchissement ; et c'est ce qu'il a fait, d'une manière si évidente, qu'il ne laisse presque rien à ajouter à ses preuves.

» Que faudrait-il, en effet, pour que la Banalité dont il s'agit, fût susceptible de cette exception ? Il faudrait, aux termes de l'art. 24 du tit. 2 de la loi du 28 mars 1790, qu'elle fût *prouvée avoir été établie par une convention souscrite entre une communauté d'habitans et un particulier non seigneur* ; et aux termes de l'art. 29, que cette preuve fût faite par la représentation *du titre primitif ou de deux reconnaissances conformes et énonciatives d'une plus ancienne, non contredite par des reconnaissances antérieures, et rappelant la convention primitive.*

» Or, comment la dame de Félix parviendrait-elle à prouver, de l'une de ces deux manières, la convention qui pourrait seule faire maintenir la Banalité prétendue par son mineur ? Ce ne serait sûrement pas en remontant à l'état où se trouvaient les choses avant le bail *nominalement emphythéotique* de 1506, par lequel l'évêque de Marseille, seigneur d'Aubagne, céda à la communauté des habitans, moyennant un cens annuel de 100 florins ou 60 francs, le four qui existait alors dans ce lieu, avec tous les droits qui en dépendaient, et la faculté d'en construire d'autres.

» Que le four existant alors à Aubagne, fût banal dans toute l'énergie de ce terme, c'est une vérité que la dame de Félix chercherait vainement à obscurcir ; le défenseur de la commune l'a portée au plus haut degré d'évidence.

» Que l'évêque de Marseille, à qui appartenait la Banalité de ce four, la possédât, comme seigneur, c'est ce qu'il est impossible de méconnaître ; c'est d'ailleurs un point irrévocablement jugé par l'arrêt du conseil du 7 juin 1729.

» De là il suit nécessairement la conséquence que, si cette Banalité a été transmise aux auteurs du mineur de Félix, telle qu'elle était en 1506, c'est-à-dire, comme Banalité seigneuriale, elle serait aujourd'hui supprimée, quand même on représenterait, ce qu'on est loin de pouvoir faire, le titre primitif d'une convention par laquelle tous les habitans d'Aubagne en auraient consenti l'établissement au profit de leur seigneur.

» La dame de Félix sera-t-elle plus heureuse en soutenant, comme elle l'a fait, que la Banalité a été arroturée en 1506? Non, évidemment non.

» D'abord, rien de plus mal imaginé que son système d'arroturement.

» Il est prouvé par la quittance de franc-fief de 1574, et jugé par l'arrêt du conseil de 1729, que la Banalité faisait, avant 1506, partie du fief du seigneur d'Aubagne. Or, comment de féodale qu'elle était dans les mains du seigneur d'Aubagne, aurait-elle pu devenir roturière dans les mains de la commune? On pouvait bien, sous l'ancien régime, arroturer un domaine corporel par un bail à cens; mais arroturer par cette voie un droit incorporel que l'on possédait comme féodal, on ne le pouvait pas. Tous les feudistes, sans exception, étaient d'accord sur ce principe (1).

» Inutile d'objecter que ce n'est pas par un bail à cens, mais par un bail emphytéotique, que la Banalité des fours d'Aubagne a été transmise à la commune par le seigneur.

» Il ne faut pas ici s'arrêter à l'écorce du mot : c'est une vérité généralement reconnue et consignée, notamment en toutes lettres, dans le *Traité des droits seigneuriaux* de Boutaric, que l'emphytéose, proprement dite, ne pouvait s'exercer que sur des biens allodiaux, et que toutes les fois que l'on baillait à emphytéose un bien ou droit féodal, l'acte ne valait que comme *bail à cens*, ou comme *bail à fief*; comme bail à cens, s'il s'agissait d'un bien corporel, et si le bailleur se réservait, non la foi-hommage, mais la simple directe; comme bail à fief dans tous les cas (2). Ce n'est donc que comme bail à fief, que l'acte de 1506 a pu être exécuté, quant à la Banalité des fours; et la preuve que c'est comme tel qu'il a été exécuté, la preuve que la commune n'a possédé, comme elle n'avait acquis cette Banalité, qu'avec la qualité de féodale, c'est qu'elle a été contrainte en 1574 d'en payer le droit de franc-fief.

» En second lieu, quand on accorderait à la dame de Félix, contre la doctrine de tous les feudalistes, que, sous l'ancien régime, un droit féodal eût pu être arroturé, soit par un bail à cens, soit par un bail improprement qualifié d'emphytéotique; quand on lui accorderait, en fermant les yeux sur la quittance de 1574 et sur l'arrêt du conseil du 7 juin 1729, que la Banalité des fours d'Aubagne avait cessé d'être féodale en passant des mains du seigneur dans celles de la commune, à quel résultat ces concessions, assurément bien gratuites, conduiraient-elles la dame de Félix?

» La Banalité des fours d'Aubagne aurait perdu en 1506 son caractère seigneurial; mais elle n'aurait pas pour cela acquis le caractère de droit établi par une *convention souscrite entre une communauté d'habitans et un particulier*; et par conséquent elle n'en serait pas moins abolie par l'art. 23 du tit. 2 de la loi du 28 mars 1790.

(1) *V.* le Répertoire de jurisprudence, au mot *Cens*, §. 1, n°⁵. 2 et 3.
(2) *Ibid.*, au mot *Fief*, sect. 2, §. 7.

» Enfin, la dame de Félix est-elle mieux fondée à soutenir que le droit de Banalité des fours d'Aubagne s'est éteint par confusion, du moment que la commune en est devenue cessionnaire par l'acte de 1506; que, dès-lors, il a fallu que la commune le recréât pour le comprendre dans la vente qu'elle a faite de ses fours en 1644, à la dame de la Reynarde; qu'elle l'a recréé, en effet, par la clause de l'adjudication qui attribue à ces fours la qualité de *banaux*; et que cette clause doit être assimilée à une convention qui la place dans la première des exceptions écrites dans l'art. 24 du tit. 2 de la loi du 28 mars 1790?

» Examinons successivement chacune de ses assertions.

» D'abord, comment la dame de Félix peut-elle accorder la première avec son système d'arroturement? Comment ne voit-elle pas que, si le droit de Banalité avait été converti par le bail perpétuel de 1506, en droit roturier, il serait par cela seul impossible que ce bail l'eût éteint, puisqu'un droit éteint ne peut pas plus être roturier que noble, pas plus censuel que féodal, puisque, par la nature même des choses, *non entis nullæ sunt qualitates?*

» Ensuite, comment peut-elle concilier la prétendue extinction de ce droit par confusion, avec le texte littéral de l'adjudication de 1644, c'est-à-dire, avec le titre fondamental de sa prétention?

» Qu'ont vendu les consuls d'Aubagne par cet acte, à la dame de la Reynarde? *Trois fours*
» *à cuire pain, banaux, en l'état que sont à présent,*
» *et ce, avec les mêmes droits, facultés, appartenances,*
» *dépendances, qualités et conditions que ladite com-*
» *mune a et les a acquises dudit seigneur évêque, et*
» *qu'elle a possédés et possède jusqu'à présent.*

» Ce n'est donc pas comme devant être banaux à l'avenir, que les trois fours ont été vendus en 1644, à la dame de la Reynarde; c'est comme *actuellement banaux*, c'est *en l'état qu'ils étaient avant la vente et au moment de la vente*, c'est comme encore investis de la Banalité qui avait été exercée long-temps par le seigneur, et qui s'était ensuite continuée au profit de la commune, que la dame de la Reynarde les a acquis.

» La dame de la Reynarde a donc formellement reconnu, en les acquérant, comme les consuls d'Aubagne en les lui vendant, que la Banalité n'en avait pas été éteinte par confusion en 1506.

» Dira-t-on, maintenant, pour le mineur de Félix, que cette reconnaissance a été l'effet d'une erreur, et que, dès-lors, il faut effacer de l'acte d'adjudication de 1644, les termes qui y expriment aussi énergiquement, que la Banalité vendue à la dame de la Reynarde, n'est que la continuation de celle qui avait été possédée jusqu'en 1506, par le seigneur, pour y substituer d'autres termes signifiant que la dame de la Reynarde n'achète qu'une Banalité créée à l'instant même par les vendeurs? Il faut bien que l'on aille jus-

BANALITÉ, §. II.

que là pour soustraire l'odieux droit dont il s'agit, à l'abolition écrite en caractères aussi lumineux qu'impératifs, dans l'art. 23 du tit. 2 de la loi du 28 mars 1790.

» Mais d'abord, le mineur de Félix est-il recevable à tenir aujourd'hui un pareil langage? Ensuite y est-il fondé? Enfin, de ce qu'il y aurait, à cet égard, erreur dans l'adjudication de 1644, en résulterait-il que cet acte pût être considéré comme un titre constitutif de Banalité conventionnelle?

» A chacune de ces questions, il n'est personne qui puisse sérieusement répondre autrement que non.

» 1°. Les devanciers du mineur de Félix ont fait juger contre la commune d'Aubagne, par l'arrêt du conseil, du 7 juin 1729, que la Banalité acquise en 1644, par la dame de la Reynarde, était un démembrement de la seigneurie du lieu ; et ils ont, sur ce fondement, fait condamner la commune à souffrir qu'ils continuassent, nonobstant la déclaration du roi de 1668, de jouir de l'exemption de la taille. Et on l'admettrait aujourd'hui à exciper contre la commune, d'une prétendue erreur dont ses auteurs ont retiré un aussi long et aussi défavorable profit! On l'écouterait aujourd'hui, soutenant, pour faire survivre cette Banalité à la loi qui la proscrit, le contraire de ce qui a été jugé il y a près d'un siècle, pour le maintenir dans le plus injuste de tous les priviléges! Non, cela n'est pas possible, parceque cela est souverainement inique: et c'est ici, où ce ne sera jamais le cas de dire avec une célèbre loi romaine : *quis aspernabitur idem jus sibi dici quod ipse aliis dixit vel dici effecit?* (Loi 1, D. *quod quisque juris in alterum statuerit, ut ipse eodem jure utatur*).

» De quel front, en effet, viendrait-il alléguer que celui dont il a recueilli l'hérédité, a trompé la justice du conseil du prince, au grand préjudice de la commune? *Non potest quidem*, dit à ce sujet le président Favre dans ses *Rationalia* sur la loi citée, *jus iniquum ab aliquo impetratum trahi ad consequentias quantum ad cæteros; sed quantum ad eum qui impetravit, potest; quâ enim fronte aspernabitur idem jus sibi dici quod aliis ipse dici effecerit? Nam et suam turpitudinem allegaret, si auderet dicere iniquum esse jus quod ipse impetravit, turpitudinem vero propriam allegans non est audiendus.*

» Pourquoi, suivant la tutrice du mineur de Félix, la Banalité des fours d'Aubagne serait-elle éteinte par confusion, du moment que, par le bail perpétuel de 1506, la commune en est devenue cessionnaire? Parceque de même que nul ne peut être à la fois créancier et débiteur d'une chose, de même aussi il est impossible qu'une servitude ne s'éteigne pas, lorsque celui-ci qui la doit, succède aux droits de celui à qui elle est due.

» Il n'y aurait, en effet, rien à répondre à cette raison, s'il se fût agi, dans le bail perpétuel de 1506, d'une Banalité due par un individu qui l'aurait acquise d'un autre individu qui l'aurait cédée ; et il est certain que, dans cette supposition, la Banalité eût été éteinte par l'acquisition qu'aurait faite l'individu sur qui elle pesait, des droits de l'individu à qui elle appartenait.

» Mais tels n'ont été ni le but ni l'effet de la cession faite en 1506 de la Banalité des fours d'Aubagne à la commune.

» D'une part, sur qui cette Banalité pesait-elle? Sur la commune en corps? Sur l'être moral que formait la masse des habitans? Non. Elle ne pesait que sur les individus dont se composait cette masse; ce n'était que *ut singuli* qu'ils y étaient sujets.

» D'un autre côté, à qui cette Banalité a-t-elle été cédée par l'évêque de Marseille? Aux individus sur qui elle pesait? Non. Elle n'a été cédée qu'à la *commune* en corps, qu'à l'être moral appelé *commune d'Aubagne*.

» Il n'a donc pas pu s'opérer, par la cession de 1506, une confusion extinctive de la Banalité.

» Il n'y aurait qu'un moyen d'échapper à cette conséquence : ce serait de dire que l'être moral appelé *commune d'Aubagne*, se composant des individus établis sur le territoire de ce nom, ceux-ci ne pouvaient pas être sujets à la Banalité, sans que celui-là le fût en même temps, et que celui-là n'a pas pu l'acquérir en 1506, sans que l'acquisition en fût faite en même temps par ceux-ci.

» Mais raisonner ainsi, ce serait heurter de front les premiers principes.

» Il est d'abord certain que l'on ne peut pas considérer comme charges pesant sur une commune, celles qui pèsent sur les individus dont la commune se compose; car s'il en était autrement, il faudrait, par une réciprocité nécessaire, considérer comme charges pesant sur les individus dont une commune se compose, les charges pesant sur la commune elle-même ; et le contraire est écrit en toutes lettres dans un texte célèbre du droit romain. *Si quid universitati debetur, singulis non debetur; nec quod debet universitas singuli debent*, dit la loi 7, §. 1, D. *quod cujuscumque universitatis nomine vel contrà cam agatur.*

» Aussi est-il généralement reconnu qu'une commune peut, comme corps moral, acquérir sur les biens appartenans aux individus dont elle se compose, des servitudes proprement dites, sans que, d'une pareille acquisition, il résulte aucune confusion. C'est que le soussigné croit avoir démontré dans ses conclusions du 31 mars 1813, rapportées dans le *Répertoire de jurisprudence* au mot *Banalité*, n°. 13; et c'est ce que décide textuellement l'arrêt de la cour d'appel de Turin, du 1er. février 1818, que ces conclusions tendent à justifier.

» Ensuite, il est également notoire que la Banalité n'est pas, par sa nature, une charge communale proprement dite, mais une charge individuelle des habitans qu'elle grève.

» Elle est sans doute communale en ce sens que la commune a qualité pour intervenir en corps dans les contrats qui constituent, modifient ou éteignent ce droit, et dans les procès auxquels ils donnent lieu ; et l'on conçoit très-bien comment elle peut et doit l'être en ce sens. Une commune souffre nécessairement par cela seul que souffrent tous les membres dont elle se compose. Elle est donc intéressée à ce que tous ses membres ne se soumettent pas indiscrètement à une charge quelconque, et à ce qu'ils n'en demeurent pas grevés, alors que la loi les en affranchit.

» Mais ce n'est pas à dire pour cela que la Banalité pèse directement sur la commune en corps. Non, elle ne forme qu'une charge individuelle, et elle n'affecte, à proprement parler, que les habitans considérés *ut singuli*. « Ce n'est » point (dit M. Henrion de Pansey, dans ses *Dis-* » *sertations féodales*, au mot *Banalité*, §. 17), ce » n'est point la communauté en corps qui est as- » sujétie ; ce ne sont pas les habitans comme » membres de la corporation, *ut universi*, ce sont » les habitans comme individus, *ut singuli*. Tout » le monde en convient ; et M. l'avocat général » Séguier a fait de cette maxime le motif de ses » conclusions, lors de l'affaire jugée par l'arrêt » du 2 juillet 1777, arrêt que nous rapportons à » la fin du paragraphe précédent. La Banalité, » disait ce magistrat, est due par la communauté, » *non ut ab omnibus, sed ut à singulis* ».

» Et c'est par cette raison que, suivant l'opinion de la presque unanimité des jurisconsultes, (expressément consacrée, tant par l'arrêt cité de la cour d'appel de Turin, que par celui de la cour de cassation du 31 mars 1813, qui l'a maintenu, et par celui que la cour royale d'Aix a rendu le 10 mai 1819, sur la Banalité des fours de Valensoles), il n'y a de Banalité véritablement conventionnelle, que celle qui est consentie par tous les individus qu'elle affecte, sans en excepter un seul.

» Mais, dès-lors, le moyen d'imaginer que les individus de la commune d'Aubagne, qui étaient sujets, en 1506, à la Banalité des fours envers leur seigneur, soient censés l'avoir acquise, et par conséquent s'en être libérés, à cette époque, par l'effet de l'acquisition qui, à cette époque, en a été faite par la commune elle-même ?

» Il eût fallu pour cela que la commune eût acquis au nom et dans l'intérêt de tous ses membres individuels, au nom et dans l'intérêt de tous les habitans d'Aubagne, *ut singuli*.

» Est-ce là ce qu'elle a fait ? Non, assurément, puisqu'elle n'avait pas reçu de chacun d'eux le pouvoir de traiter pour leur compte personnel ; puisqu'ils ne sont pas intervenus avec elle dans le contrat fait avec leur seigneur ; puisqu'en un mot, elle n'a acquis qu'au nom et dans l'intérêt du corps moral, de l'être fictif qu'elle constituait.

» Inutilement objecterait-on qu'il n'est pas justifié que chacun des habitans n'a pas concouru individuellement en 1506, avec la commune en corps, à l'acquisition faite par celle-ci.

» Non, cela n'est pas justifié ; mais c'est là une pure négative qui n'a pas besoin de preuve. si la dame de Félix croit pouvoir argumenter du fait de ce prétendu concours, c'est à elle à le prouver ; et dès qu'elle ne le prouve pas, il est impossible que la justice le présume.

» C'est ainsi que, dans l'affaire de la Banalité de Fossano, l'arrêt de la cour de cassation, du 31 mars 1813, a tenu pour constant que *tous les habitans* n'avaient pas *individuellement concouru à l'acquisition* que cette commune en avait faite en 1597, par cela seul que la preuve n'en était pas rapportée.

» Mais, d'ailleurs, s'il restait quelques doutes sur ce point de fait, le plus sûr moyen de les éclaircir, serait de consulter la manière dont a été exécutée, à l'égard de la commune d'Aubagne, la cession que le seigneur lui avait faite en 1506, de sa Banalité ; car il est de principe, et Dumoulin l'a dit il y a long-temps, que *talis præsumitur præcessisse titulus, qualis apparet usus et possessio*.

» Or, la manière dont a été exécutée la cession faite à la commune en 1506, nous offre deux preuves incontestables, que les habitans n'avaient pas concouru, *ut singuli*, à cette cession, et que, par suite, il n'en était pas résulté de confusion du droit de Banalité.

» En 1574, la commune a payé le droit de franc-fief, non-seulement pour le four qui existait à l'époque de cette cession et y avait été compris, mais encore pour le four qu'elle y avait ajouté depuis. Elle l'a donc payé, comme le remarque fort bien M. Thomas dans son plaidoyer, page 40, à raison de la Banalité qui était inhérente à ce second four comme au premier ; et, par conséquent, il a été alors décidé que la Banalité, cédée à la commune par le seigneur en 1506, n'avait pas été éteinte par confusion.

» Le 20 avril 1637, la commune a affermé, avec ses fours, le droit de Banalité qui en formait le plus riche attribut. Ce droit existait donc encore en 1637 ; et comment eût-il encore existé à cette époque, s'il eût été éteint par confusion dès 1506 ? La seule manière d'expliquer cela, serait de dire que le droit de Banalité avait été recréé dans l'intervalle, par une convention passée entre la commune, d'une part, et tous les habitans qui la composaient, de l'autre. Mais il ne suffirait pas de le dire, il faudrait le prouver, suivant l'art. 29 du tit. 2 de la loi du 28 mars 1790, par la représentation du titre primitif de la convention même, ou de deux reconnaissances conformes qui la rappelassent expressément. Or, la dame de Félix ne rapporte ni n'est en état de rapporter rien de semblable. Force lui est donc de convenir que la Banalité existait encore en 1644, telle qu'elle était sortie des mains du seigneur, en 1506, ou en d'autres termes, que rien n'est moins erroné que la clause de l'acte d'adjudication de 1644, par laquelle il est conditionné que la banalité vendue à la dame de la Reynarde, est la même qui, en 1506, a été cédée par le seigneur à la commune.

» 3°. Allons plus loin : laissons de côté la fin de non-recevoir, les principes de droit et les faits qui s'élèvent avec tant de force contre le système de confusion imaginé par la dame de Félix, et supposant avec elle qu'il y a eu erreur dans l'acte d'adjudication de 1644; en ce qu'il y est énoncé, que la Banalité vendue à la dame de la Reynarde, n'est que la continuation de la Banalité seigneuriale qui avait été transmise à la commune par l'évêque de Marseille, examinons si, dans cette hypothèse, l'acte d'adjudication de 1644 peut être considéré comme un titre constitutif d'une Banalité conventionnelle.

» Ce ne serait pas assez pour pouvoir l'envisager sous cet aspect, d'y lire ce qu'il ne contient pas, et d'en effacer ce qui y est écrit tout au long; ce ne serait pas assez d'en retrancher la clause par laquelle la commune vend et la dame de la Reynarde achète une banalité féodale, et dont l'existence déjà ancienne n'a jamais souffert d'interruption, et d'y substituer une clause par laquelle l'un vendrait et l'autre achèterait une banalité de nouvelle création, une banalité stipulée par cet acte même.

» Ce tour de force, quelque étrange qu'il fût, ne conduirait pas encore la dame de Félix au résultat qui est l'objet de tous ses efforts.

» A la vérité, on pourrait dire dans son intérêt que, si, en 1644, la commune s'est trompée en exposant en vente une Banalité qui n'existait plus, et en faisant par-là ce qu'elle ne pouvait pas faire, on doit au moins, par une juste interprétation, présumer que ce qu'elle pouvait faire, elle l'a fait réellement; qu'elle pouvait recréer la Banalité qui s'était précédemment éteinte dans ses mains par confusion, et qu'elle l'a recréée en effet, puisqu'elle l'a vendue.

» Mais premièrement, on ne parviendrait, en raisonnant ainsi, qu'à établir une présomption; et en fait de Banalité conventionnelle, ce ne sont pas des présomptions, ce sont des titres clairs et positifs qu'il faut.

» En second lieu, pour que l'on pût ainsi métamorphoser la vente d'une Banalité ancienne et féodale, en vente d'une Banalité qui n'existe pas encore, et qui n'est stipulée qu'au moment même où elle se vend, il ne suffirait pas que l'acte fût accompagné des conditions et revêtu des formalités requises pour la vente d'une Banalité déjà existante, il faudrait encore qu'il fût accompagné des conditions et revêtu des formalités requises pour la constitution d'une Banalité nouvelle.

» Or, c'est précisément ce qui manque à l'acte d'adjudication de 1644.

» Considéré comme vente d'une Banalité ancienne et encore existante, cet acte réunissait tout ce qui était nécessaire à sa validité, puisque la commune d'Aubagne était obligée et par conséquent autorisée par l'édit de 1636, à vendre ses biens pour payer ses dettes, et qu'elle avait pris à cet effet une délibération par l'organe de ceux de ses habitans qui s'étaient rendus à l'assemblée convoquée pour cet objet.

» Mais, considéré comme création d'une banalité toute nouvelle au profit d'un particulier qui en paie le prix, ce même acte eût été évidemment nul de deux chefs.

» Il eût été nul, parcequ'il aurait eu pour objet et pour résultat d'assujétir tous les membres de la commune considérés *ut singuli*, à une charge extrêmement onéreuse, et qu'un pareil assujétissement n'aurait pu avoir lieu, suivant la jurisprudence bien constante du pays, qu'au moyen de l'homologation qui en eût été faite à la cour des aides, formalité qui n'a pas été remplie.

» Il eût été nul, parcequ'il n'aurait pas été souscrit par tous les habitans sans exception; parcequ'en fait de Banalité, comme on l'a établi plus haut, la majorité d'une commune ne fait pas la loi à la minorité; parceque, pour nous servir des expressions du docteur d'Antoine, copiées et adoptées par M. Henrion de Pansey, dans ses *Dissertations féodales*, au mot *Banalité*, §. 5, et dans le *Répertoire de jurisprudence*, sous le même mot, n°. 5, la constitution d'une Banalité est *une affaire dans laquelle chacun de ceux du corps, outre l'intérêt commun, a un intérêt particulier; et alors le consentement de tous est si absolument nécessaire, que le défaut d'un seul est capable de rendre nul tout ce qui est fait sans sa participation.*

» Tout s'élève donc contre l'idée de faire valoir l'acte d'adjudication comme constitutif d'une Banalité conventionnelle.

» Et dès-lors, nécessité absolue d'en revenir au texte de cet acte, suivant lequel la Banalité vendue, en 1644, à la dame de la Reynarde, n'était à cette époque qu'une Banalité dénuée de titre véritablement conventionnel, c'est-à-dire, une Banalité abolie par la loi du 28 mars 1790, une Banalité qui n'a survécu de fait à cette loi que par le plus monstrueux de tous les abus; une Banalité dont la commune d'Aubagne ne peut manquer d'être incessamment déclarée affranchie pour jamais.

» Délibéré à Bruxelles, le 12 novembre 1825 ».

Cette consultation a été imprimée et distribuée à la cour royale d'Aix.

Et le 9 mai 1826, la chambre civile de cette cour, composée de douze magistrats, a rendu l'arrêt suivant :

« Après avoir ouï aux audiences des premier, deux et trois du présent mois, Perrin, avocat, d'Audibert et de Ramatuelle (1); Dessoliers, avocat de la commune d'Aubagne; et Pascalis, avocat d'Espagnol, Melan, Depeyre et Sage (2); et à celle du jour d'hier, les conclusions de M. Dufour, premier avocat général, pour le procureur général du roi;

» Et après en avoir délibéré dans la chambre du conseil à ladite audience du jour d'hier, et à celle de ce jour à laquelle la cause a été renvoyée pour la prononciation de l'arrêt :

» *En ce qui touche la forme du jugement*,

» Considérant que ce jugement a été rendu par les chambres réunies du tribunal de première instance de Marseille, ce qui est contraire aux décrets des 30 mars 1808 et 6 juillet 1810, qui n'autorisent que les cours à prononcer ainsi en audience solennelle; que par conséquent ce jugement doit être annullé comme irrégulier;

» Mais que l'art. 473 du Code de procédure civile autorisant, dans ce cas, les cours à statuer sur le fond par un seul et même arrêt, lorsque la matière y est disposée, il y a lieu de le faire ainsi dans cette occasion;

» *En ce qui touche le fond*,

» *Sur le chef relatif à la demande en suppression de la Banalité;*

» Considérant que la loi du 28 mars 1790, art. 23. a prononcé l'abolition des Banalités sans indemnité, et l'art. 24 a excepté de l'abolition celles qui seraient prouvées avoir été établies par une convention souscrite entre une communauté d'habitants et un particulier non seigneur, exception que les lois postérieures n'ont point révoquée;

» Que l'acte du 27 avril 1644, que le mineur de Félix présente comme prouvant que la Banalité sur les fours d'Aubagne a été établie par une convention souscrite entre la communauté et un particulier non seigneur, n'offre pas ce caractère. C'est bien une convention entre la commune d'Aubagne et la dame de la Reynarde, simple particulier; mais cet acte n'est pas celui d'établissement de la Banalité; la commune vend une Banalité existante, celle que le seigneur d'Aubagne possédait, qu'il avait transmise à la commune en 1506, sous la retenue de droits et devoirs féodaux, et que la commune d'Aubagne avait exploitée jusque-là. Cela est si vrai, que la commune, en vendant à la dame de la Reynarde, en 1644, la charge d'acquitter le cens au seigneur;

---

(1) Tuteur nommé au mineur de Félix, en remplacement de la dame de Félix, décédée depuis l'appel.

(2) Boulangers de la commune d'Aubagne, assignés par le mineur de Félix, en démolition des fours qu'ils avaient construits.

» Considérant que le mineur de Félix présente cet acte de 1644, comme établissant une Banalité nouvelle, celle que la commune avait acquise du seigneur en 1506, ayant été éteinte dès ce moment par la confusion, selon la maxime, *Res sua nemini servit*; et si le droit de Banalité a continué d'être perçu, dit toujours le mineur, c'est qu'il tenait lieu d'une imposition locale, suivant le droit provençal d'alors;

» Considérant qu'en fait, la Banalité a été si peu éteinte en passant dans les mains de la commune, que le seigneur lui imposa l'obligation de la maintenir, et que la commune vendit en 1644 la même Banalité que le seigneur lui avait cédée en 1506, et qu'elle avait elle-même exercée jusque là;

» En droit, *aliud universitas, aliud singuli*; une Banalité a pu être servie par les individus au corps moral, sans qu'elle ait été éteinte pour cela par la confusion;

» Quant au droit provençal, la jurisprudence du parlement d'Aix nous apprend que les Banalités détachées du fief, cédées par les seigneurs aux communes, et exercées par celles-ci sur leurs habitans, ne cessaient pas d'être féodales, et sur ce motif le parlement refusait d'admettre les communes à la faculté de rachat (1);

» Qu'on a, dans la cause même, la preuve que les Banalités féodales que les communes tenaient de leurs seigneurs, ne perdaient pas leur nature primitive. En effet, en 1574, la commune d'Aubagne fut obligée d'acquitter le droit de franc-fief à raison de la possession de la Banalité; un arrêt du conseil du 7 juin 1729 débouta la commune de la prétention qu'elle avait élevée, de soumettre à la taille le possesseur des fours banaux, comme ayant été arrouturés par la vente de 1644;

» Qu'ainsi, le mineur de Félix ne peut, en aucun sens, se placer dans l'exception de l'art. 24 de la loi du 28 mars 1790; qu'il doit alors subir l'abolition de la Banalité prononcée par l'art. 23 de la même loi;

» *Sur la transaction du 2 fructidor an 10;*

» Considérant que cette transaction a été passée dans un temps où les formes pour ces sortes d'actes entre une commune et un particulier, n'étaient pas réglées, et qu'alors il faut se déterminer, comme l'observe M. Henrion de Pansey, dans son *Traité des biens communaux*, par le mérite du fond, et en ordonner l'exécution, si la cause est juste et le résultat avantageux à la commune;

» Que, sous ce rapport, on ne peut se dispenser d'annuller celle dont il s'agit ici; car, par les motifs précédents, elle est évidemment préjudiciable aux intérêts de la commune. On peut ajouter encore que l'arrêté du préfet qui lui sert de base, et que les administrateurs de la com-

---

(1) *V*. le §. suivant.

mune avaient pris pour une décision irréfragable n'en avait pas le caractère, et avait même été improuvé par le ministre de l'intérieur...;

» La cour, faisant droit aux appels principal et incidens, déclare irrégulier et nul le jugement rendu par le tribunal de première instance de Marseille, le 18 août 1825; statuant au fond, conformément à l'art. 473 du Code de procédure civile, et prononçant sur toutes les fins et conclusions des parties;

» Sans s'arrêter à l'acte du 2 fructidor an 10..., lequel est, en tant que de besoin, déclaré nul et de nul effet, non plus qu'aux fins prises à ce sujet par d'Audibert et Ramatuelle, en la qualité qu'il agit, dont l'a démis et débouté, faisant droit aux fins prises par la commune d'Aubagne, et par Espagnol, Melan, Depeyre et Sage, en première instance, déclare la Banalité jadis attachée aux fours à cuire pain, situés dans ladite commune, aliénée à la dame de la Reynarde, représentée aujourd'hui par Ferdinand de Felix, supprimée sans indemnité par la loi du 28 mars 1790....».

§. III. *Quel est, par rapport aux Banalités maintenues par la première des exceptions écrite dans l'art. 24 du tit. 2 de la loi du 15-28 mars 1790, le taux du rachat de celles qui ont été établies à prix d'argent ?*

La régle générale est que les Banalités maintenues par la loi du 15-28 mars 1790, ne peuvent être rachetées par le paiement d'une somme équipollente à leur valeur actuelle : « quant à » celles des Banalités (porte l'art. 18 de la loi du » 3-9 mai 1790) que l'art. 24 du décret du 15 » mars a déclarées exceptées de la suppression, » sans indemnité, lorsque les communautés d'ha- » bitans voudront s'en libérer, il sera fait par des » experts choisis par les parties, ou nommés d'of- » fice par le juge, une estimation de la diminu- » tion que le four, moulin, pressoir ou autre » usine pourra éprouver dans son produit annuel, » par l'effet de la suppression du droit de Bana- » lité et de la liberté rendue aux habitans ».

Il n'y a là, comme l'on voit, aucune distinction entre les Banalités établies à prix d'argent, et les Banalités consenties moyennant des concessions de fonds. Les premières ne peuvent donc pas plus être rachetées par le remboursement du capital qui en a formé originairement le prix, que les secondes ne peuvent l'être par la restitution du fonds en échange duquel elles ont été établies.

Et ce qui prouve que c'est dans cet esprit qu'a été rédigé l'article cité de la loi du 3-9 mai 1790, c'est qu'il déclare expressément ne disposer ainsi que « sans déroger aux *lois antérieures* qui, dans » quelques provinces, ont autorisé les commu- » nautés d'habitans à racheter, pour des condi- » tions particulières, les Banalités auxquelles » elles étaient ou sont assujéties ».

Quelles sont, en effet, les *lois antérieures* auxquelles cet article déclare ne pas déroger, relativement aux pays pour lesquels elles ont été faites ? On n'en connaît point d'autres que celles qui régissaient le ressort du parlement de Provence, au moment où cet article a été décrété; et ces lois permettaient précisément aux communautés d'habitans de racheter les Banalités établies sur elles à prix d'argent, par le remboursement du capital qu'elles avaient originairement reçu.

Voici ce que nous lisons dans un arrêt du conseil du 14 novembre 1730, rapporté dans le commentaire de Julien sur les Statuts de Provence, tome 2, page 261 :

« Sur la requête présentée au roi en son conseil par les procureurs des gens des trois états du pays de Provence, contenant que, par déclaration du feu roi, du mois de février 1666, il fut, entres autres choses, fait défenses aux villes et communautés du pays de surcharger les biens roturiers d'aucunes tasques ou autres levées universelles sur les fruits de leur terroir, soit par des ventes à prix d'argent, ou pour quelque autre cause et prétexte que ce pût être, à peine de nullité des contrats qui auraient établi ces sortes d'impositions; que, sur l'opposition formée par les syndics de la noblesse de Provence à l'enregistrement de ladite déclaration en la cour des comptes, aides et finances dudit pays, elle fut interprétée par arrêt du conseil du 15 juin 1668, par lequel, en renouvelant les mêmes défenses aux habitans des villes et villages de ladite province, de vendre à prix d'argent, à leurs seigneurs ou autres, aucunes tasques ou levées universelles sur les fruits de leurs terroirs, les ventes précédemment faites furent déclarées nulles et rachetables *comme de simples rentes constituées à prix d'argent*, en remboursant par les communautés, en deniers comptans, le même prix pour lequel ces levées universelles auraient été imposées, sans que les acquéreurs fussent tenus de rendre les fruits qu'ils auraient perçus; et l'on n'excepta du rachat que les tasques universelles qui avaient été subrogées aux anciens droits seigneuriaux comme faisant partie des fiefs.

» La disposition de cet arrêt fut confirmée par celui du 7 février 1702, portant réglement au sujet des tailles entre le corps de la noblesse et le tiers-état de Provence. Mais comme peu de communautés de la province ont usé de la faculté de racheter ces sortes de charges, que le temps a rendues encore plus onéreuses qu'elles n'étaient dans leurs origine, les supplians ont reconnu en travaillant à l'affouagement général des communautés du pays, que ces droits se lèvent encore dans un très-grand nombre de ces communautés par les seigneurs des fiefs, ou par d'autres particuliers auxquels ils ont été aliénés; et en ayant recherché la cause, ils l'ont trouvée dans l'impossibilité où ces communautés avaient été jusqu'à présent de rembourser en un seul paiement les sommes qui leur avaient été fournies pour l'établissement de ces impositions; ce qui aurait obligé les procureurs du pays de Provence de supplier Sa Majesté d'*accorder à ces communautés la permission de s'en libérer ou par département ou par imposition en un certain nombre d'années, en diminuant annuellement les intérêts à proportion des sommes qui seront payées sur les capitaux, de même qu'il en a été usé par ces communautés pour le remboursement des créanciers qui leur avaient prêté par obligation ou par contrat de constitution, lesquels étaient dans un cas bien plus favorable que ceux dont il s'agit, parcequ'ils avaient suivi une voie permise pour placer leurs deniers dont ils n'avaient retiré qu'un intérêt légitime; au lieu que les autres ont fait des stipulations contraires aux lois, en recevant des prestations en nature, qui ont de beaucoup excédé le taux des ordonnances.*

» Et Sa Majesté voulant favorablement traiter les communautés de Provence et donner aux procureurs du pays le moyen de mettre ces communautés, à la faveur du nouvel affouagement auquel l'on travaille, dans un état d'arrangement qui leur donne plus de facilité à payer exactement leurs charges et leurs impositions;

» Vu l'avis du sieur Lebret, conseiller d'état, premier président et intendant en Provence; ouï le rapport du sieur Orry, conseiller ordinaire au conseil royal, contrôleur général des finances,

» Le roi, en son conseil, a ordonné et ordonne que les arrêts dès 15 juin 1663 et 7 février 1702 seront exécutés suivant leur forme et teneur; ce faisant, permet aux villes, lieux et communautés du pays de Provence de racheter et éteindre les tasques et levées universelles sur les fruits de leurs terroirs, cens, services, *Banalités* et autres droits et redevances sur elles établis, soit à prix d'argent, ou en paiement des arrérages par elles dus pour d'autres droits seigneuriaux, à la charge de rembourser, par lesdites communautés, les sommes principales qui leur ont été fournies, ou dont la remise leur a été faite pour l'établissement desdits droits; et en conséquence fait Sa Majesté défenses aux seigneurs des fiefs, et autres particuliers acquéreurs desdits droits, d'en continuer la levée.... ».

A cet arrêt a succédé, comme on le voit dans le même recueil, page 265, une déclaration du roi, du 3 février 1764, que le parlement de Provence a enregistrée; et dont l'art. 4 est ainsi conçu:

« Déclarons rachetables à toujours, *comme rentes* » *constituées à prix d'argent*, toutes les redevances » en fruits, grains et tous autres droits, tasques, » cens, *Banalités*, que les communautés justifie- » ront avoir été acquises autrefois, soit par leurs » seigneurs, soit par d'autres particuliers, moyen- » nant des sommes d'argent, ou pour la libération » d'anciens arrérages dus. Autorisons lesdites com- » munautés à exercer ledit rachat qui se fera sur » le pied des sommes principales qui auront été » autrefois fournies auxdites communautés de » quelque nature qu'elle puisse être ».

Il est clair, d'après ces dispositions combinées avec l'art. 18 de la loi du 3-9 mai 1790, que les Banalités établies à prix d'argent dans la Provence, peuvent encore être rachetées par le remboursement du capital qui en a formé originairement le prix; mais il est clair, en même temps, que ce mode de rachat ne peut pas avoir lieu dans les autres parties de la France.

Je dois pourtant convenir qu'au lieu de le restreindre à la Provence, l'assemblée constituante aurait dû l'adopter pour tout le royaume. C'était la pensée de M. Henrion de Pansey, lorsque, dans ses *Dissertations féodales*, imprimées en 1789, en parlant, au mot Banalité, §. 18, des arrêts du conseil des 15 juin 1668, 7 février 1702 et 14 novembre 1730, il les présentait comme *particuliers au pays de Provence, mais fondés sur une raison générale, savoir, que les charges de cette espèce doivent être considérées comme de simples rentes constituées à prix d'argent, rachetables, en remboursant par les communautés, en deniers comptans, le prix pour lequel elles ont été imposées.*

Mais, il faut le dire, cette pensée a échappé à l'assemblée constituante. Ni les arrêts du conseil de 1668, 1702 et 1730, ni la déclaration de 1764 n'ont été mis sous ses yeux. Il n'en avait pas été dit un mot dans le rapport fait par M. Tronchet, au nom du comité des droits féodaux, sur le mode de rachat des droits déclarés rachetables par la loi du 28 mars 1790, et ce n'est que sur un amendement proposé par un député de Provence, qui ne les a cités qu'en termes fort vagues; qu'a été insérée, par exception, dans l'art. 18 de la loi du 3-9 mai, la disposition qui les maintient pour ce pays.

BANON. *Les jachères étaient-elles comprises dans la classe des terres que la coutume de Normandie, art. 81, mettait en défens depuis la mi-mars jusqu'après la récolte?*

Cette question s'est présentée, en 1788, à la haute-justice de Gisors, entre le sieur Rouget, fermier à Chavincourt, et le sieur Lefebvre, fermier au même lieu et à Gamaches.

Le bailli ayant prononcé pour la négative, et jugé que ces sortes de terres ne sont en défends dans aucune saison, Rouget en a interjeté appel au parlement de Rouen, et a obtenu un arrêt par défaut, qui a réformé la sentence, a défendu à Lefevre de faire pâturer ses moutons sur les jachères de Rouget depuis la mi-mars jusqu'à la Sainte-Croix de septembre, et l'a condamné à 50 livres de dommages-intérêts.

Lefevre s'est rendu opposant à cet arrêt; et sur son opposition, la cause a été appointée.

Dans l'instruction, Rouget se prévalait de ce texte de l'ancien coutumier de Normandie: « Terres sont en aucun temps en défends, et les » autres sont communes. Toutes terres cultivées » sont en défends, de quoi bêtes peuvent légère- » ment tollir les fruits vides; terres sont en dé-

» fends depuis la mi-mars jusqu'à la Sainte-Croix
» de septembre : en autre temps, elles sont com-
» munes, si elles ne sont closes ou défendues d'an-
» cienneté ». Il citait en outre deux arrêts du
parlement de Rouen, par lesquels il prétendait
que la question avait été jugée en sa faveur : l'un
du 26 août 1734, l'autre du 6 août 1780.

De son côté, Lefevre invoquait l'art. 8 de la
coutume, suivant lequel, « toutes terres cultivées
» et ensemencées sont en défends en tout temps,
» jusqu'à ce que les fruits soient recueillis ». Il en
concluait qu'une terre dépouillée de ses fruits,
cessait, dès ce moment, d'être en défends; et il
soutenait qu'en rapprochant cet article du suivant, on voyait avec évidence que la coutume
avait très-bien distingué les terres *vides* des terres
en *jachères*. Il ajoutait que l'usage de la paroisse
de Chavincourt était conforme à son interprétation.

Par arrêt du 18 mars 1786, le parlement de
Rouen a reçu Lefevre opposant à l'arrêt par défaut, et mis l'appellation au néant.

Ainsi, il a jugé que l'art. 82 de la coutume ne
frappait pas sur les jachères, et que ces sortes de
terres n'étaient en défends dans aucune saison de
l'année.

Au surplus, voyez le *Répertoire de jurisprudence*,
au mot *Banon*.

BANQUEROUTE. §. I. *Sous le Code pénal du*
25 septembre-6 octobre 1791, la tentative de Banqueroute frauduleuse était-elle un crime? Pourrait-elle
être punie, lorsque la Banqueroute n'avait pas été ef-
fectuée?

Voici le plaidoyer que j'ai prononcé sur cette
question, à l'audience de la cour de cassation,
section criminelle, le 26 messidor an 8 :

« Un jugement du tribunal criminel du département de la Seine, du 24 pluviôse an 7, avait
condamné à six années de fers, Claude Forest,
Nicolas Morel et Nicolas Bernard; le premier
comme auteur, les deux autres comme complices, d'une Banqueroute frauduleuse.

» Il se sont pourvus en cassation contre ce jugement; et le 5 thermidor an 7, le tribunal de
cassation l'a annullé, ainsi que la déclaration du
jury sur laquelle il était intervenu, par le motif
« que, parmi les témoins entendus lors des dé-
» bats, il y en avait un dont l'âge n'était point men-
» tionné dans la liste notifiée aux accusés, et qu'il
» y en avait plusieurs dont l'âge et la profession y
» avaient été faussement énoncés, ce qui présen-
» tait une contravention manifeste à l'art. 346 du
» Code des délits et des peines ».

» Le tribunal de cassation a en même temps
annullé, à l'égard de Claude Forest, tout ce qui
avait été fait devant ou par le directeur du jury
de l'arrondissement de Paris.

» Il a en conséquence renvoyé Morel et Bernard devant le tribunal criminel du département
de Seine et Oise, et Forest devant le directeur du
jury de Saint-Germain-en-Laie.

» Le directeur du jury de Saint-Germain-en-
Laie ayant recommencé la procédure à l'égard
de Forest, le jury d'accusation a déclaré qu'il y
avait lieu à accusation contre celui-ci ; et Forest
ayant été, par suite, traduit devant le tribunal
criminel du département de Seine et Oise, les
accusations ont été jointes conformément à la loi
du 18 germinal an 4.

» Le 29 ventôse dernier, jugement de ce tribunal qui condamne les trois accusés à six années
de fers, l'un comme coupable, les deux autres
comme complices, de tentative de Banqueroute
frauduleuse.

» Le 2 germinal, déclaration de recours en
cassation de la part des trois condamnés.

» Ils allèguent trois moyens :

» Contravention à l'art. 346 du Code des délits
et des peines, en ce que, dans la liste des témoins
notifiée aux accusés, il s'en trouve quelques-uns
dont l'âge, et quinze dont la profession n'y sont
pas désignés ;

» Contravention à l'art. 378, en ce que le tribunal criminel a posé des questions relatives à
une tentative de Banqueroute frauduleuse qui
n'était point énoncée dans les actes d'accusation,
et qu'il est d'ailleurs impossible de regarder
comme un délit ;

» Enfin, contravention à l'art. 2 de la loi du
21 prairial an 4, en ce que, dans les questions
relatives à la tentative de Banqueroute, on a omis
celle de savoir si cette tentative avait été manifestée par des actes extérieurs.

» Sur le premier moyen, nous n'avons à examiner qu'un point de fait....

» Le second moyen se divise en deux branches :
l'une, qui porte sur la forme, l'autre, qui porte
sur le fond.

» Sur la forme, les réclamans prétendent que
la tentative de Banqueroute frauduleuse n'étant
pas énoncée dans les actes d'accusation, n'a pas
pu faire la matière d'une des questions proposées
au jury de jugement ; et qu'en la posant, le tribunal criminel a contrevenu à l'art. 378 du Code
des délits et des peines.

» Mais les actes d'accusation répondent eux-
mêmes à cette première partie du moyen dont il
s'agit. Ces actes renseignent, dans le plus grand
détail, tous les divertissemens frauduleux des effets de Claude Forest ; toutes les manœuvres employées par lui et par ses deux co-accusés, pour
soustraire sa fortune à ses créanciers légitimes ;
la disparition totale de ses papiers, enlevés de sa
maison par des vues criminelles, et remis depuis,
par le hasard, sous la main de la justice ; les démarches faites et les travaux commencés pour
fabriquer de faux registres ; enfin tous les faits,
toutes les circonstances, qui préparent une Banqueroute frauduleuse, qui en facilitent l'exécution et qui la consomment.

» Il a donc bien été permis au tribunal criminel de Seine-et-Oise, disons mieux, le tribunal de Seine-et-Oise n'a donc pu se dispenser, de demander aux jurés, s'il avait été diverti des effets de Claude Forest, et si, en les divertissant, il avait été manifesté une tentative de Banqueroute ?

» Au fond, les réclamans prétendent qu'il est absurde de supposer une tentative de Banqueroute frauduleuse, lorsqu'il n'y a pas eu de Banqueroute. Le jury de jugement, disent-ils, ayant commencé par déclarer qu'il n'était pas constant qu'il y eût eu Banqueroute, avait par cela seul rempli toute sa mission, et là devait se terminer son vote; car le fait principal n'étant pas prouvé, il devenait inutile de s'occuper des accessoires; et de même que, dans une accusation de meurtre, lorsque l'homicide est déclaré non constant, les jurés n'ont plus à examiner si cet homicide a été commis de telle ou telle manière, avec telle ou telle intention; de même aussi, dans une accusation de Banqueroute frauduleuse, dès que le fait de la Banqueroute est reconnu non constant, les jurés ne peuvent plus délibérer sur les moyens employés pour faire la Banqueroute; et pour la faire en fraude des créanciers légitimes; en un mot, dès qu'il n'y a pas Banqueroute, il ne peut pas y avoir de vol fait aux créanciers, puisqu'il n'y a pas de dévolution, à leur profit, de tous les effets du débiteur; il ne peut donc pas alors y avoir lieu à poursuite pour tentative de Banqueroute frauduleuse.

» Ainsi raisonnent les réclamans; et c'est en réduisant ainsi à leur véritable résultat les raisonnemens qu'ils emploient, c'est en les dépouillant de tout le prestige dont l'éloquence les a décorés, que nous parviendrons à les bien juger et à en faire une juste application.

» D'abord, il n'est pas vrai en principe, que le jury soit toujours obligé de rester muet sur les circonstances d'un fait, dès qu'il a déclaré le fait non constant.

» Supposons un vol imputé à un individu qui est accusé d'avoir, pour le commettre, pénétré dans l'intérieur d'une maison, ou avec une fausse clé; ou par escalade, ou à l'aide d'une effraction. Le jury déclare le fait de l'enlèvement qui constitue le vol, non constant; s'ensuit-il de là qu'il ne puisse plus délibérer sur le fait de l'introduction de l'accusé dans la maison où il cherchait à voler, sur l'emploi de la fausse clé, sur l'effraction, sur l'escalade ?

» De même, dans une accusation d'assassinat, de ce que le jury déclare le fait de l'homicide non constant, s'ensuit-il qu'il ne puisse pas déclarer qu'il y a eu attaque, que l'attaque a été faite à dessein de tuer, qu'un tel est convaincu de l'avoir faite, qu'il est convaincu de l'avoir faite dans ce dessein ?

» Et pourquoi n'en serait-il pas de même dans une accusation de Banqueroute frauduleuse ? La loi du 22 prairial an 4 n'a-t-elle pas établi, sans distinction, sans exception quelconque, que toute tentative de crime serait poursuivie et punie comme si le crime eût été consommé, lorsqu'elle serait manifestée par des actes extérieurs, dont l'exécution n'aurait été arrêtée que par des circonstances fortuites ? Et respecterions-nous assez peu la foi publique du commerce, pour créer dans cette loi une exception qu'elle n'y a pas mise en faveur des tentatives de Banqueroute frauduleuse ? Enfin, la Banqueroute frauduleuse sera-t-elle, à cet égard, mieux traitée que le vol, que le meurtre, que l'assassinat, que l'empoisonnement ?

» Mais, pour nous rendre plus sensible à nous-mêmes l'erreur dans laquelle les réclamans cherchent ici à nous entraîner, définissons la Banqueroute frauduleuse, et voyons en quoi la tentative de ce crime peut elle-même être criminelle.

» La Banqueroute simple et la faillite, quoi qu'on en ait dit à l'audience du 18 de ce mois, sont absolument la même chose; l'ordonnance du commerce de 1673 les identifie complètement; et il n'y a pas un jurisconsulte qui ne regarde ces deux mots comme synonymes. C'est d'ailleurs ce que prouve clairement l'expression même de *Banqueroute*, qui est dérivée de l'italien *banco rupto*, et signifie littéralement *rupture de banque*.

» Dans quels cas y a-t-il donc faillite ou Banqueroute ? Est-ce lorsqu'un débiteur doit plus qu'il ne possède ? Non : l'insolvabilité n'a rien de commun avec la faillite; on peut faillir et posséder plus qu'on ne doit. Savary l'a dit il y a plus d'un siècle; et réciproquement on peut être insolvable, c'est-à-dire, au-dessous du courant de ses affaires, et n'être point réputé failli. C'est une vérité justifiée par les arrêts les plus précis (1).

» En quoi consiste donc la faillite ou Banqueroute ? Elle consiste dans l'abandon que le débiteur fait de ses biens et de ses affaires.

» Cet abandon peut avoir lieu de deux manières différentes : *de fait* ou *par déclaration*.

» Il a lieu *de fait*, lorsque le débiteur se retire de sa maison, ou lorsqu'il s'absente pour se soustraire aux poursuites de ses créanciers.

» Il a lieu *par déclaration*, lorsque le débiteur dépose son bilan au greffe, en reconnaissant qu'il est hors d'état de payer; lorsqu'il convoque ses créanciers et fait devant eux la même reconnaissance; lorsqu'il a recours au bénéfice de cession.

» Dans chacun de ces cas, il y a faillite ou Banqueroute; et pour le dire en passant, Claude Forest se trouvait dans le premier de ces cas, puisqu'il est constaté au procès, par une foule

(1) *V*. le Répertoire de jurisprudence aux mots *Faillite et banqueroute*.

de pièces authentiques, qu'il avait quitté sa maison peu de temps après le divertissement de ses effets, et qu'il partait même de Paris au moment où il a été arrêté. Aussi n'est-il pas douteux que le jury n'eût résolu affirmativement la question relative au fait de la Banqueroute, si le tribunal criminel, au lieu de poser cette question comme il l'a fait, c'est-à-dire, en termes qui en font une question de droit, ou au moins de grammaire, s'était borné à demander au jury s'il était constant que Claude Forest avait quitté sa maison pour se soustraire aux poursuites de ses créanciers ?

» Quoi qu'il en soit, dès que nous connaissons bien la nature de la Banqueroute ou faillite, nous connaîtrons bientôt comment une Banqueroute peut devenir frauduleuse.

» Elle peut le devenir de deux manières :

» Ou par des divertissemens et des soustractions antérieurs, soit à la disparition du débiteur, soit à la déclaration qu'il fait lui-même de son impuissance de payer ;

» Ou par des divertissemens et des soustractions postérieurs, soit à l'une, soit à l'autre.

» Cette distinction est trop évidente pour ne pas frapper tous les esprits ; et c'est cette distinction elle-même qui va renverser tout le système imaginé par les réclamans.

» Sans contredit, dès qu'il est constaté par la déclaration d'un jury de jugement, qu'il n'y a pas eu Banqueroute de la part d'un débiteur, il est par là même constaté qu'il n'y a pas eu de divertissemens ni de soustractions postérieurs à la Banqueroute elle-même ; rien ne pouvant être postérieur à ce qui n'existe pas ; et dans ce sens, il est très-vrai qu'il est de toute impossibilité de concevoir une tentative de Banqueroute frauduleuse, là où il n'y a point de Banqueroute simple.

» Mais s'il s'agit de divertissemens ou de soustractions antérieurs à la Banqueroute, c'est-à-dire, de divertissemens opérés ou de soustractions faites avant que le débiteur ait manifesté, soit en se retirant, soit par une déclaration expresse, son impuissance de payer ; par quelle magie un esprit judicieux et impartial pourrait-il s'empêcher de reconnaître dans ces actes tous les caractères d'un acheminement à la Banqueroute frauduleuse, ou, ce qui est la même chose, d'une tentative de ce crime ?

» La Banqueroute frauduleuse a, comme tous les crimes possibles, deux époques, l'une où s'en commence l'exécution, l'autre où elle se consomme.

» Le commencement d'exécution d'une Banqueroute frauduleuse consiste dans le divertissement de l'actif du débiteur, dans la soustraction de sa fortune, dans la disparition de ses papiers, dans la fabrication de faux registres, etc.

» Et quand le crime est une fois préparé, quand l'exécution en est commencée par ces différens actes, le débiteur la consomme en déclarant, soit par le fait en prenant la fuite, soit en termes exprès, qu'il lui est impossible d'acquitter ses dettes.

» Et s'il ne peut pas la consommer de l'une ou de l'autre manière, parcequ'il aura été arrêté à l'instant où il prenait la fuite, on osera soutenir qu'il n'est sujet à aucune poursuite pour le commencement d'exécution qu'il lui a donné ? Autant vaudrait soutenir qu'un voleur ne peut pas être puni pour avoir escaladé une muraille ou brisé la porte d'une maison, parcequ'il a été saisi au moment où il allait mettre la main sur l'objet qu'il se proposait d'enlever.

» C'en est assez, sans doute, pour faire crouler dans toutes ses parties le second moyen des réclamans ; et nous nous hâterons de dire, en deux mots, que le troisième n'est pas mieux fondé.

» En effet, parmi les questions posées par le tribunal criminel, se trouvent celles de savoir s'il y a eu tentative de Banqueroute frauduleuse, si cette tentative a été manifestée par le divertissement d'une partie des effets de l'actif de Forest, si elle a eu un commencement d'exécution, et si elle a été suspendue par des circonstances indépendantes de la volonté de Forest lui-même, de la volonté de Berrard, de la volonté de Morel ?

» Assurément des divertissemens d'effets sont bien des actes extérieurs ; et dès-là, nulle ombre de contravention à l'art. 2 de la loi du 22 prairial an 4. C'est ainsi que, dans une accusation de tentative de vol, on ne contreviendrait pas à ce même article, en posant les questions de savoir s'il y a eu tentative d'enlèvement d'effets, si un tel est auteur de cette tentative, s'il l'a faite dans le dessein de s'approprier les effets, s'il l'a manifesté en s'introduisant dans telle maison, en s'y introduisant par escalade ou à l'aide d'une effraction à la porte extérieure, etc. ?

» Dans ces circonstances et par ces considérations, nous estimons qu'il y a lieu de rejeter la demande en cassation, et d'ordonner que le jugement du tribunal criminel du département de Seine et Oise, du 29 ventôse dernier, sera exécuté selon sa forme et teneur ».

Conformément à ces conclusions, arrêt du 26 messidor an 8, au rapport de M. Dutocq, par lequel,

« Attendu, sur le premier moyen, qu'il résulte des pièces de la procédure, que les accusés ont connu légalement les noms, âge, profession et domicile de tous les témoins entendus au débat ; qu'ainsi, il n'y a pas eu contravention à l'art. 346 du Code des délits et des peines ;

» Sur le deuxième moyen, que les jurés de jugement ayant décidé par leur déclaration, qu'il a été diverti des effets par les accusés, dans le dessein de faire Banqueroute frauduleuse, et qu'ils sont convaincus de ce divertissement, il en résulte qu'ils ont manifesté une tentative pour faire

Banqueroute frauduleuse ; que d'ailleurs, la Banqueroute frauduleuse étant un délit, et la loi du 22 prairial an 4 ne faisant point d'exception relativement à ce délit, la question de tentative a pu être posée par le tribunal et répondue par les jurés;

» Sur le troisième moyen, que les jurés ayant décidé que les accusés ont diverti des effets, il en résulte que ces derniers ont manifesté la tentative de Banqueroute frauduleuse par des actes extérieurs; que, dès-lors, le vœu de la loi du 22 prairial an 4 a été rempli ;

» Attendu, enfin, que l'acte d'accusation a été dressé suivant le vœu de la loi, que la procédure est régulière et que la peine a été justement appliquée;

» Le tribunal rejette le pourvoi ».

§. II. *Des effets civils de la Banqueroute.*

V. les articles *Faillite*, *Hypothèque* et *Inscription hypothécaire*, §. 3.

§. III. *Avant le Code de commerce, le ministère public pouvait-il poursuivre d'office le crime de Banqueroute frauduleuse ?*

V. l'article *Ministère public*, §. 3.

§. IV. *Le jugement d'un tribunal de commerce qui, en homologuant un concordat passé entre un débiteur failli et ses créanciers, déclare la faillite excusable, forme-t-il obstacle à ce que le débiteur soit ensuite poursuivi par le ministère public, comme prévenu de Banqueroute simple ou frauduleuse ?*

V. le plaidoyer du 7 septembre 1810, rapporté à l'article *Cassation*, §. 47.

On trouvera sous le mot *Simulation*, §. 1, une autre question relative à la Banqueroute frauduleuse.

FIN DU TOME PREMIER.

www.ingramcontent.com/pod-product-compliance
Lightning Source LLC
Chambersburg PA
CBHW061732300426
44115CB00009B/1185